执行典范

江平
己亥初冬

执　行　典　范　丛　书

顾问　宋朝武　金俊银

最高人民法院
执行批复理解与适用

（上册）

曹凤国　张阳　主编

曹凤国　审订

法律出版社
LAW PRESS·CHINA
北京

图书在版编目(CIP)数据

最高人民法院执行批复理解与适用：上下册 / 曹凤国，张阳主编. -- 北京：法律出版社，2022
(执行典范丛书)
ISBN 978-7-5197-5076-3

Ⅰ. ①最… Ⅱ. ①曹… ②张… Ⅲ. ①最高法院-执行(法律)-法律解释-中国②最高法院-执行(法律)-法律适用-中国 Ⅳ. ①D926.21

中国版本图书馆CIP数据核字(2020)第211338号

最高人民法院执行批复理解与适用：上下册
ZUIGAO RENMIN FAYUAN ZHIXING PIFU LIJIE YU SHIYONG:SHANGXIACE

曹凤国 张 阳 主编

策划编辑 冯雨春
责任编辑 冯雨春 张 颖
装帧设计 李 瞻

出版发行 法律出版社
编辑统筹 法律应用出版分社
责任校对 晁明慧 王晓萍
责任印制 刘晓伟
经 销 新华书店

开本 710毫米×1000毫米 1/16
印张 104.75 字数 1756千
版本 2022年5月第1版
印次 2022年5月第1次印刷
印刷 北京金康利印刷有限公司

地址：北京市丰台区莲花池西里7号(100073)
网址：www.lawpress.com.cn
投稿邮箱：info@lawpress.com.cn
举报盗版邮箱：jbwq@lawpress.com.cn

销售电话：010-83938349
客服电话：010-83938350
咨询电话：010-63939796

书号：ISBN 978-7-5197-5076-3
定价(上下册)：368.00元

凡购买本社图书，如有印装错误，我社负责退换。电话：010-83938349

总　序

曹凤国博士在军都山下和小月河畔度过了十年的求学生涯，算是一个土生土长的法大人。我记得那是十七年前的秋天，他硕士研究生在读，我在法律出版社参加一个学术研讨会，将要离开的时候，他很真诚地跑到前面请我一起合影留念，并表达了对学术研究的渴望。我以为他只是对民法感兴趣，没想到他分配至法院工作多年，成为一名法官后，并没有抛弃当初的理想，只不过研究的重点转向了民事程序法和强制执行法，这份坚持也很是难得。他认为，我国民事执行的理论研究尚属薄弱，加上制度建构的落伍，实践中反馈的问题较多，应得到理论界和实务界更广泛的关注，从理论和实务、实体和程序相结合的多维视角推进对民事执行的系统化研究。2019 年初冬，他来看望我时，再次阐述了他针对民事执行领域重点和难点问题组织编写一套具有实践指导价值的丛书的愿望。尽管想法多少有些理想主义成分，且付诸实施的难度不小，但相信以他长期对执行理论的研究为基础，辅以丰富的立法和实务经验，能够高水平完成这样一个专门研究执行前沿问题的宏大工程，我对此深表嘉许并给予鼓励。

民事执行现在已经引起全社会的广泛关注，我也了解中国社会确实还存在执行难的问题，最高人民法院有针对性地开展了“基本解决执行难”的专项行动，从信息化和规范化的角度继续探索建立不再产生执行难的长效机制，也取得了一些成效，但执行难还未根治。从民事权利的保障看，裁判的执行是保障人权的重要手段、整合社会诚信体系的关键制度、司法权威的基本表征。执行程序作为实现公平正义的“最后一公里”，如果不能充分体现对权利的尊重，不能高效地兑现实体权利，对市场经济的主体而言，反而拉长了把纸面权利转换为现实权利的时空距离，也就弱化了社会主体内心所认知的司法公信力。目前看来，无论是审判权还是执行权，与其动辄对市场主体重大财产权利进行实体处分的强大功能相比，其行使还没有受到理性的制约，司法自由裁量权还没有生成相对统一、具有可预见性的尺度，这也是人民群众对司法实践仍有微词的症结所在。

在某种意义上，强制执行法的重要性不亚于《民法典》，但相对于发育较为成熟的民事实体法，强制执行法刚刚提上立法日程，能不能制定出一部适合中国国情、现代化的强制执行法，从理念定位、基本原则、体例结构、制度设计、措施手段等方面作出科学安排，仍具有较大的不确定性，需要顶层设计者以及每一位从事法学理论和实践研究的法律工作者高度关注并积极建言献策。

我对法治中国的前景依然保持乐观，法官和律师作为法律共同体的中坚力量，要站在正义河流的源头，多一些悲天悯人的济世情怀，不向强权屈服，只向真理低头。在通往法治国的道路上，不应仅是呐喊，还要顺应时代发展潮流，洞察社会需求，深入研究法律规则的运行效果和规律，以一点一滴的实际行动推动法治社会的来临。

生于忧患、死于安乐，我希望更多的青年才俊能珍惜当下，热切地投入中国法律制度的实证研究和理论研究中去，成为法治社会的践行者和推动者，为法治中国的建构贡献应有的力量。

是为序！

江　平*

2019年12月4日

* 中国政法大学终身教授。

序

我国自21世纪20年代始，进入了实体法和程序法发生剧烈变革的时代，《民法典》作为市场经济的基本法已经施行，作为程序法重要组成部分的民事强制执行法也将提交立法机关进行审议。强制执行立法同《民法典》一样，经历了长期的酝酿和发育成熟的过程，起草中针对关键条文和制度的争议也非常激烈，从侧面反映了对强制执行各项制度优劣比较和取舍的艰难。

全国法院经历了完成基本解决执行难任务的考验，但执行难是各种因素相互交织、各种矛盾相互作用的社会综合征，切实解决执行难更是一项系统工程，需要立足现实，在解决个案、类案中突出问题的同时，从根本上做好执行长效机制和现代化的执行制度建设。这就需要我们坚持系统思维，全面梳理现行司法解释和指导意见，确保各项执行规则清晰、逻辑严谨，秉承善意文明执行理念，以民事强制执行法为核心建立一套行之有效的执行规范体系。

实现强制执行制度的现代化，确立优良的制度体系的路径无非两条：一是认真研究现实问题，总结自身经验教训，充分利用本土资源；二是借他山之石作为攻玉之手段，借鉴域外国家和地区在民事强制执行方面的经验。本书就是一本以民事诉讼和执行专业人士为主要受众，立足于执行实际需要、专注于中国现实问题的著作，编排体例特色鲜明，既有别于纯粹理论探讨的教科书，也不同于法律条文编注和案例汇编，更注重执行前沿重大、疑难、热点问题的分析以及司法解释和指导意见重点条文的理解与实务操作上的适用指引，不仅可作为法官办案的“助手”，而且也可以成为律师、金融机构和其他债权人维护自身合法权益的“帮手”。

本书由曹凤国博士组织编写，参与写作的青年才俊多为法院系统从事执行工作的在职或离任法官，他们不仅具有较为深厚的学术造诣，也具有丰富扎实的审判、执行经验，所转化的成果、针对争议问题得出的结论以及表达的观点，很大程度上代表了国内执行领域的前沿做法。由于我国执行领域还存在不少制度空白，许多问题在法律、司法解释中尚找不到明确答案，这就要求执行实务工作者必须在熟练运用既有规则的基础上，在现行制度框架下进行探索和创新，才能最大限度保障当事人、利害关系人、案外人的合法权益，统一同类执行案件办理的司法尺度。尽管本书有的内容尚未形成定论，还有待于进一步挖掘，但他们有志于打造一部能付实用的精品之作的决心和向理论研究薄弱环节挑战的勇气，以及所体现出的持之以恒、不轻言放弃的韧劲，颇值嘉许。

在我看来，即使民事强制执行法出台之后，学术界仍要加大执行理论研究的投入，实现理论和实践的有机结合与深度交流。执行制度的完善永远在路上，而执行制度的完善，既需要正确的理论指导，更需要有广泛而深入的实践，尤其是对实践作出精准而深刻的总结和提炼，正是在这个意义上，本书作者们的倾情奉献是值得给予支持和鼓励的！

是为序。

江必新*

2021 年 1 月 5 日

---

* 全国人民代表大会宪法和法律委员会副主任委员，原最高人民法院党组副书记、副院长。

民事执行如何渡过统一裁判尺度的湍急之河

21 世纪以降，追求类案裁判尺度的相对统一，已经成为不同法域共同期待破解的司法难题。英美法系遵循先例原则和大陆法系对制定法的体系化追求，虽属殊途之选择，但均未放弃以尊重法官自由裁量权为基础进而寻求解决法律适用分歧方法的努力。实质上，不考量外界因子的渗入，统一的司法裁判尺度不仅要求作为法律人构成主体的法官在客观上对案涉事实和法律关系进行精准研判，还要求他们所坚守的理念以及思维方式不断趋同。从实践反馈的情况看，我国程序法存在的“双重张力”迫使我们有必要达成这样的共识：尊重和维护相对统一的裁判尺度，既是审判权行使应当恪守的基本原则，也是执行权运行必须遵循的理性轨道。作为法律解释者的法官，在适用法律规范时不可避免地带有前见，受到法律传统和当时社会情状的多重约束，而作为解释对象的法律文本一旦确定下来，在时间上就会滞后于变动不居的社会情境和具体事态。即使司法解释与指导意见作为法律适用分歧的微观解决机制，自身也会因条文之抽象，与实践相疏离，在适用的过程中仍不免曲高和寡，难以消除法官援引法律规范解决具体案件争议时存在的差异化理解与对立性观点。

执行自由裁量权失范引发的执行尺度多元现象格外引人注目。最高人民法院出台的批复、意见、复函、回复、答复、通知、纪要等规范性文件（以下总称执行批复），作为解决执行法律适用争议的主要手段，尽管其效力不能与法律等量齐观，但这些称谓不同的规定作为司法政策的释放者和传导体，却负有特定时期引领裁判导向、规制裁判尺度的特殊使命，① 在实践中确实发挥着定分止争的实质性作用。② 近10年来，执行批复以极其罕见的速度次第出笼，从数量上超过了以往全部执行规范的总和，批复的“制造者”所渗透的理念可做如下诠释：如为执行彻底“纾困”，不仅需要从根本上为“民事强制执行法”这个宏大“项目”设计一个科学合理的体系构造，也要基于个案正义通过批复的动态产出为制度实行持续“增信”。执行批复也可看作构建更加优化的保全、诉讼与执行制度的微观因子，逐步达成以个案意识为起点的“规范累积”，最终实现执行制度从量的空白填补到质的体系飞跃。

我们不妨站在一个更加动态的视角，对批复做一番擘肌分理式的剖识。

执行批复具有很强的过渡性类型化案件指导色彩。民事执行覆盖的领域广阔，程序问题和实体问题相互交织，不同程序之间不断转换。批复的制定部门并不限于最高人民法院执行机构，立案、民事、行政、刑事审判部门乃至研究室都曾发布过有关针对执行请示的指导意见。因执行批复一般也不经审判委员会讨论，其效力位阶相对较低，除少量法释文号的批复外，多数则以法、法发、法办文号发布或通过明传下发到各级人民法院，其立项、审批、起草、意见征求、组织论证以及公布程序大幅简化。

争议解决现实需求的满足为执行批复的出台提供了正当性基础。执行程序中未受到合理规制的司法自由裁量权，已为社会广泛诟病，《民事诉讼法》及司法解释有关执行的条文数量稀少，原则性强，可操作性弱，契合度低，执行批复在一定程度上实现了立法空白的填补，约束和规制部分类型案件的自由裁量权的滥用。尽管信息化、网络化和数据化的执行模型塑造促使资源趋向集约化配置，暂时改变了执行到位率低效徘徊的现状，但并未从根本上缩短债权兑现的长周期。执行主观不能与客观不能之间的模糊标准，导致债权实现的普遍焦

---

① 比如，《全国法院民商事审判工作会议纪要》关于股东应否加速到期的规定，直接影响法院根据该纪要精神，在执行程序中追加未届出资期限的股东为被执行人。

② 最高人民法院除定期公布指导性案例、公报案例、年度案例外，2019年制定了《最高人民法院关于建立法律适用分歧解决机制的实施办法》，2020年制定了《最高人民法院关于统一法律适用加强类案检索的指导意见（试行）》《最高人民法院关于完善统一法律适用标准工作机制的意见》，2021年制定了《最高人民法院统一法律适用工作实施办法》，皆旨在通过完善类案检索机制，使在先案例成为法官作出裁判的参照，作为统一法律适用、规范裁量权的制度保障。

虑与执行权低效运行之间的矛盾未得到实质性缓释，执行救济的失灵也需要通过执行批复予以消解。从而，执行批复最初指向个案裁判的价值取向已经超越了当事人的诉求本身，成为相对统一的可以约束未来同类纠纷的解决方法。

“民事强制执行法”缺位情境下批复的重要性日益凸显。执行批复作为不具有普遍约束力的裁判规则，其影响的深度和广度却日益扩展，越来越受到作为裁判者的法院和当事人、利害关系人的高度关注。在执行监督程序中，以执行批复作为申诉理由的比例越来越高，比如，可准许被执行人自行处置资产、未届出资期限的股东可在执行程序中加速到期的指导意见一经公布，就引起社会各界的强烈反响。从司法认同感上，这些执行批复也必然成为各级人民法院执法办案的“思维参照”。

从批复载体的封闭与稀缺性上看，绝大多数执行批复都在法院系统内部施行，并没有通过专门途径向社会正式公布，即使最高人民法院至今也未针对执行批复的有效性进行系统梳理和编纂，文本的公开性、透明性以及获取的便利性不尽如人意；执行批复与纯粹司法解释之间的界限越发模糊，审执隔阂也加剧了批复的“抵触”效应。

当我们以高昂的热情从法解释学的意义上为执行批复正当化的同时，也需要冷静的反思：执行批复虽可视为“制度饥渴”时期的人工施雨，却不能成为确保硕果收获的自然甘霖。脱离问题导向的“规则构想”同没有规则一样是对公正与效率价值的深度伤害。殊不知，当我们发动所有资源遏制虚假诉讼与规避执行的非理性行为之时，正是这些偏颇的规范设定和孤立的制度建构为执行制度异化提供了肥料充足的土壤。以案外人异议审查和异议之诉审理期间一律停止对执行标的处分为例，现行规则不仅无形中摧毁了债务人脆弱的诚信意识，也将债权人推向了高成本收取债权的荆棘之路。再如，将法院账户内应发执行案款归属于破产财产的复函，不仅在废止之前批复的前提下确立了案款所有权归属的反向规则，还可能在实务操作中诱发更多的道德风险。“规范重置”并未在程序法的内部达成逻辑上的一致性与结果的可预期性，执行程序的“反复立法”依然未能有效避免时间向度和空间向度的内在张力的重复发生。除此，价值取向上，执行批复作为“影子规范”将间接导致裁判依据的形骸化，形式上的法条援引与法官自由心证的裁判规则容易断裂，增加了认知向度和交往向度的张力，如在执行异议的审查和异议之诉的裁判中，批复虽不作为正式的法律依据，但裁判结果的逻辑生成却能在批复中找到“隐形印证”。“民事强制执行法”出台之前，越来越丰富的司法实践对确定性规则的需求与立法相对滞后之间形成了新的紧张关系，执行规则的碎片化与程序意识的错位，直接促使办理具体案件的法官难以摆脱法律适用的困境。

无论如何，执行批复的高频度运用，是当下中国执行领域特有的现象。在理论研究和立法技术相对脆弱、执行制度亟待修补的现实境遇下，变幻莫测的执行前沿与应接不暇的执行权规制意见，似乎正在展露一个深刻的悖论：制约执行权最远射程的内外部监督机制以及推进规范执行行为的诸般举措，无不暗含同类案件应遵循大致相同执行标准之义，但实然中权力的任性越轨与频繁跨界，促使执行自由裁量权对法律关系主体的终局保护和对抗性矛盾的一体化消解功能严重弱化。①

当下，最高人民法院统一法律适用工作领导小组热烈开展的统一法律适用尺度行动，虽未明确提出统一执行裁判尺度的标语，但在最新出台的规范性文件中将执行复议监督案件纳入统一法律适用平台数据库并加以编纂，同时叠加赋予当事人、利害关系人申请国家赔偿的权利以反向遏制和消除执行错误的发生。然而，执行领域的多头立法、地方立法、抽象立法、悬空立法与非理性执行行为相互交织，执行当事人应否平等保护、实体权利与程序权利孰轻孰重、效率价值与公平价值优先劣后的立法观念在不同时期反复切换，不同主体的实体权益在执行阶段竞合冲突与激烈博弈。面对如此错综复杂的司法场景，我们不应期望出台更多的执行批复以促成个案争议的暂时消弭，而应以问题为导向，顺应执行规律，建构系统化、现代化、能够调动所有程序参与者积极性的科学执行制度，实现从执行的管理本位向可以激励执行主体的服务本位的理念和模式转换，充分反映绝大多数法官、当事人、利害关系人的深层需求。赋予当事人尽可能多的程序参与权与决定权，实现执行权力和当事人权利义务的合理分配，避免各方参与者利用程序进行损害实体权利的零和博弈。

① 参见曹凤国：《执行程序中自由裁量权的规制》，载《人民法院报》2013 年 4 月 10 日，第 8 版。

最后，这些饱经磨炼仍坚持砥砺前行、未敢忘却济世情怀的作者，正怀着无比激动的心情，热烈期冀着那正在艰难酝酿、不久将来就要问世的“民事强制执行法”，能够铸就一艘安然渡过统一执行裁判尺度湍急之河的司法航船，负起优化执行制度、切实解决“执行难”的时代重任。

曹凤国

2021 年 12 月 26 日

于北京西郊

作者一览表

（按姓氏拼音排序）

作者	职务	篇章
曹凤国	法学博士，资深执行专家，中国法学会银行法学研究会副秘书长	第一章，第六章第一节二，第六章第二节一、十三、十六，第九章第四节，第十三章第一节一，第十三章第二节，第十七章第二节十三，第十七章第三节六，第十七章第四节二，第二十一章二，第二十三章，第二十五章一，第二十七章二，第二十九章一，第三十五章二
陈　恒	法学硕士，北京市第三中级人民法院审判监督庭副庭长，四级高级法官	第六章第一节五，第六章第二节十九，第七章，第十一章二，第十四章三，第十七章第四节四，第十八章七，第三十一章一
高　可	法学硕士，北京市第三中级人民法院执行二庭副庭长，三级高级法官	第六章第二节二、五至十一、十三，第九章第二节三
高　明	法学博士、管理学博士后，中央司法警官学院讲师，原北京市第二中级人民法院执行局法官	第三章五，第九章第一节一，第九章第二节二，第十三章第一节二，第十八章四、十，第二十四章八，第三十章一、二
何青叶	法学硕士，原北京市高级人民法院执行局法官	第三章一，第十七章第四节三，第二十一章一，第二十四章四至六、九，第二十九章二
兰　真	法律硕士，中国行为法学会执行行为专业委员会实务研究基地秘书	第二章，第六章第二节四，第九章第三节一，第九章第六节一，第十章一，第十一章一，第十二章六，第十五章一，第十七章第一节二，第十八章二，第十九章，第二十二章十二，第三十三章四
李文超	法律硕士，北京互联网法院审管办副主任，四级高级法官	第六章第二节三，第十一章三

续表

作者	职务	篇章
刘靖轩	法律硕士，原北京市丰台区人民法院执行局法官	第六章第二节十二，第八章，第十七章第二节一至三、五，第十七章第三节五，第十七章第四节七，第二十二章三，第二十六章，第三十章三，第三十二章一，第三十四章
潘　冰	法学硕士，原北京市第二中级人民法院执行局四级高级法官	第六章第二节十四，第九章第一节二，第九章第三节三，第十三章第一节三、四，第十四章一、二，第十七章第三节九，第十七章第四节五，第十八章六，第三十五章一
王　楠	法学硕士，北京市第二中级人民法院执行二庭庭长，三级高级法官	第九章第二节一
韦培成	法学硕士，北京市密云区人民法院民二庭负责人，四级高级法官	第六章第一节一，第六章第二节十八、二十一，第九章第六节二，第十二章三，第二十七章一，第二十八章
姚富国	法学硕士，北京市高级人民法院执行局法官	第三章三、四，第五章，第六章第一节四，第十二章四，第十五章二，第十七章第一节三，第十八章八、九，第二十二章十、十一，第二十五章二，第二十七章三，第三十三章一、二
姚　军	法律硕士，安徽省肥西县人民法院刑事审判庭副庭长	第四章，第六章第二节十五，第九章第一节三，第九章第五节，第十二章五，第十四章四，第十六章四，第十七章第三节三，第十八章一，第二十二章一、五，第二十四章一至三，第三十章四，第三十一章四、五，第三十二章二、三
杨海超	法学博士，原北京市海淀区人民法院执行三庭副庭长	第三章二，第六章第二节二十，第九章第三节四，第十二章一，第十六章一，第十七章第三节一、二、四、八，第十七章第四节一、六，第十七章第三节七，第十八章三，第二十章一，第二十二章二，第三十三章三
杨牧野	法律硕士，原北京市第四中级人民法院执行局法官	第九章第三节二，第十六章二、三，第二十二章八、九
张　阳	金融学硕士，中国行为法学会执行行为专业委员会理事	第六章第一节三，第十章二、三，第十一章四，第十七章第四节九，第二十二章四、六，第二十四章七，第二十七章四，第三十一章二、三
赵　奇	中国政法大学博士研究生，北京市高级人民法院执行局法官	第六章第二节十七，第十二章二，第十七章第一节一，第十七章第二节四、六至十二，第十七章第四节八，第十八章五，第二十章二，第二十二章七

凡　例

一、法律、法规、规章和规范性文件名称一律省略中华人民共和国，其余一般不省略，但可以简称，如《中华人民共和国民法典》，简称《民法典》。

二、叙述法律、法规、规章和规范性文件，如果因需要区分，有必要在名称前标注制定机关和制定、修改年份，如1991年《民事诉讼法》，对于现行《民事诉讼法》，不再注明修改年份，简称《民事诉讼法》；更改文号但未变更规定名称的，只在前面注明相应年份。

三、为行文方便，对于本书以下出现场合较多的法律、法规、司法解释和规范性文件，使用简称，具体如下：

1.《最高人民法院关于适用〈中华人民共和国民事诉讼法〉的解释》（法释〔2015〕5号，2022年修正），简称《民事诉讼法解释》；

2.《最高人民法院关于适用〈中华人民共和国民法典〉物权编的解释（一）》（法释〔2020〕24号），简称《民法典物权编解释（一）》；

3.《最高人民法院关于人民法院办理财产保全案件若干问题的规定》（法释〔2016〕22号，2020年修正），简称《保全规定》；

4.《最高人民法院关于民事执行中变更、追加当事人若干问题的规定》（法释〔2016〕21号，2020年修正），简称《变更追加规定》；

5.《最高人民法院关于公证债权文书执行若干问题的规定》（法释〔2018〕18号，2020年修正），简称《公证执行规定》；

6.《最高人民法院关于执行和解若干问题的规定》（法释〔2018〕3号，2020年修正），简称《执行和解规定》；

7.《最高人民法院关于执行担保若干问题的规定》（法释〔2018〕4号，

2020 年修正），简称《执行担保规定》；

8.《最高人民法院关于人民法院办理执行异议和复议案件若干问题的规定》（法释〔2015〕10 号，2020 年修正），简称《异议复议规定》；

9.《最高人民法院关于人民法院民事执行中查封、扣押、冻结财产的规定》（法释〔2004〕15 号，2020 年修正），简称《查扣冻规定》；

10.《最高人民法院关于人民法院执行工作若干问题的规定（试行）》（法释〔1998〕15 号，2020 年修正），简称《执行规定》；

11.《最高人民法院关于人民法院办理仲裁裁决执行案件若干问题的规定》（法释〔2018〕5 号），简称《仲裁执行规定》；

12.《最高人民法院关于审理仲裁司法审查案件若干问题的规定》（法释〔2017〕21 号），简称《仲裁审查规定》；

13.《最高人民法院关于首先查封法院与优先债权执行法院处分查封财产有关问题的批复》（法释〔2016〕6 号），简称《优先债权执行批复》；

14.《最高人民法院关于审理民事、行政诉讼中司法赔偿案件适用法律若干问题的解释》（法释〔2016〕20 号），简称《司法赔偿解释》；

15.《最高人民法院关于扣押与拍卖船舶适用法律若干问题的规定》（法释〔2015〕6 号），简称《扣船规定》；

16.《最高人民法院关于适用〈中华人民共和国海事诉讼特别程序法〉若干问题的解释》（法释〔2003〕3 号，2008 年修订），简称《海事程序法解释》；

17.《最高人民法院关于适用〈中华人民共和国民事诉讼法〉执行程序若干问题的解释》（法释〔2008〕13 号，2020 年修正），简称《执行程序解释》；

18.《最高人民法院关于审理劳动争议案件适用法律问题的解释（一）》（法释〔2020〕26 号），简称《劳动争议解释（一）》；

19.《最高人民法院关于审理拒不执行判决、裁定刑事案件适用法律若干问题的解释》（法释〔2015〕16 号，2020 年修正），简称《拒执罪解释》；

20.《最高人民法院关于人民法院立案、审判与执行工作协调运行的意见》（法发〔2018〕9 号），简称《立审执协调意见》；

21.《最高人民法院关于执行权合理配置和科学运行的若干意见》（法发〔2011〕15 号），简称《执行权配置意见》；

22.《最高人民法院关于严格规范终结本次执行程序的规定（试行）》（法〔2016〕373号），简称《终本规定》；

23.《最高人民法院关于适用〈中华人民共和国公司法〉若干问题的规定（二）》（法释〔2008〕6号，2020年修正），简称《公司法解释（二）》；

24.《最高人民法院关于执行案件立案、结案若干问题的意见》（法发〔2014〕26号），简称《执行立结案意见》；

25.《最高人民法院关于在执行工作中进一步强化善意文明执行理念的意见》（法发〔2019〕35号），简称《善意文明执行意见》；

26.《最高人民法院关于适用〈中华人民共和国公司法〉若干问题的规定（三）》（法释〔2011〕3号，2020年修正），简称《公司法解释（三）》；

27.《最高人民法院关于适用〈中华人民共和国行政诉讼法〉的解释》（法释〔2018〕1号），简称《行政诉讼法解释》；

28.《最高人民法院关于适用〈中华人民共和国民法典〉有关担保制度的解释》（法释〔2020〕28号），简称《民法典担保解释》；

29.《最高人民法院关于如何理解〈最高人民法院关于破产法司法解释〉第六十八条的请示的答复》（〔2003〕民二他字第52号，已废止），简称《52号答复》；

30.《最高人民法院关于执行案件移送破产审查若干问题的指导意见》（法发〔2017〕2号），简称《执转破意见》；

31.《最高人民法院关于审理企业破产案件若干问题的规定》（法释〔2002〕23号），简称《破产规定》；

32.《最高人民法院关于适用〈中华人民共和国企业破产法〉若干问题的规定（二）》（法释〔2019〕3号，2020年修正），简称《破产法解释（二）》；

33.《最高人民法院关于刑事裁判涉财产部分执行的若干规定》（法释〔2014〕13号），简称《刑事涉财执行规定》；

34.《最高人民法院关于限制被执行人高消费及有关消费的若干规定》（法释〔2015〕17号），简称《限制高消费规定》；

35.《最高人民法院关于适用〈中华人民共和国刑事诉讼法〉的解释》（法释〔2021〕1号），简称《刑事诉讼法解释》；

36.《最高人民法院关于人民法院民事执行中拍卖、变卖财产的规定》（法释〔2004〕16号，2020年修正），简称《拍卖变卖规定》；

37.《最高人民法院关于以法院专递方式邮寄送达民事诉讼文书的若干规定》（法释〔2004〕13号），简称《邮寄送达规定》；

38.《最高人民法院关于人民法院登记立案若干问题的规定》（法释〔2015〕8号），简称《登记立案规定》；

39.《最高人民法院关于诉讼代理人查阅民事案件材料的规定》（法释〔2002〕39号，2020年修正），简称《查阅规定》；

40.《最高人民法院关于人民法院网络司法拍卖若干问题的规定》（法释〔2016〕18号），简称《网络司法拍卖规定》；

41.《最高人民法院关于民事执行中财产调查若干问题的规定》（法释〔2017〕8号，2020年修正），简称《财产调查规定》；

42.《最高人民法院关于人民法院确定财产处置参考价若干问题的规定》（法释〔2018〕15号），简称《财产处置价规定》；

43.《最高人民法院关于贯彻执行〈中华人民共和国民法通则〉若干问题的意见（试行）》[法（办）发〔1998〕6号，已废止]，简称《民法通则意见》；

44.《最高人民法院关于适用〈中华人民共和国民法典〉婚姻家庭编的解释（一）》（法释〔2020〕22号），简称《婚姻编解释（一）》；

45.《最高人民法院关于适用〈中华人民共和国民事诉讼法〉若干问题的意见》（法发〔1992〕22号，已废止），简称《民诉意见》；

46.《最高人民法院关于适用〈中华人民共和国仲裁法〉若干问题的解释》（法释〔2006〕7号，2008年修订），简称《仲裁法解释》；

47.《最高人民法院关于民事诉讼证据的若干规定》（法释〔2019〕19号），简称《民事诉讼证据规定》；

48.《最高人民法院关于审理建设工程施工合同纠纷案件适用法律问题的解释（一）》（法释〔2020〕25号），简称《建设工程合同解释（一）》；

49.《最高人民法院关于适用〈中华人民共和国民法典〉继承编的解释（一）》（法释〔2020〕23号），简称《继承编解释（一）》；

50.《中央全面依法治国委员会关于加强综合治理从源头切实解决执行难问

题的意见》（中法委发〔2019〕1号），简称《执行难综治意见》；

51.《最高人民法院关于深化执行改革健全解决执行难长效机制的意见——人民法院执行工作纲要（2019—2023）》（法发〔2019〕16号），简称《执行工作纲要》；

52.《最高人民法院关于执行程序中计算迟延履行期间的债务利息适用法律若干问题的解释》（法释〔2014〕8号），简称《迟延履行利息解释》；

53.《最高人民法院关于审理涉及金融不良债权转让案件工作座谈会纪要》（法发〔2009〕19号），简称《海南会议纪要》；

54.《最高人民法院关于审理涉及会计师事务所在审计业务活动中民事侵权赔偿案件的若干规定》（法释〔2007〕12号），简称《审计侵权赔偿规定》；

55.《最高人民法院、国土资源部、建设部关于依法规范人民法院执行和国土资源房地产管理部门协助执行若干问题的通知》（法发〔2004〕5号），简称《国土房管部门协助执行通知》；

56.《最高人民法院关于人民法院对注册商标权进行财产保全的解释》（法释〔2020〕19号），简称《注册商标权保全解释》；

57.《最高人民法院关于适用〈中华人民共和国物权法〉若干问题的解释（一）》（法释〔2016〕5号，已废止），简称《物权法解释（一）》；

58.《全国法院民商事审判工作会议纪要》（法〔2019〕254号），简称《九民纪要》；

59.《最高人民法院关于审理民事案件适用诉讼时效制度若干问题的规定》（法释〔2008〕11号，2020年修正），简称《诉讼时效规定》；

60.《最高人民法院关于防范和制裁虚假诉讼的指导意见》（法发〔2016〕13号），简称《防制虚假诉讼意见》；

61.《最高人民法院、最高人民检察院关于办理虚假诉讼刑事案件适用法律若干问题的解释》（法释〔2018〕17号），简称《虚假诉讼解释》；

62.《最高人民法院印发〈关于依法制裁规避执行行为的若干意见〉的通知》（法〔2011〕195号），简称《制裁规避执行行为意见》；

63.《最高人民法院关于审理民间借贷案件适用法律若干问题的规定》（法释〔2015〕18号，2020年修正），简称《民间借贷规定》；

64.《办理具有强制执行效力债权文书公证及出具执行证书的指导意见》，简称《公证协会指导意见》；

65.《最高人民法院关于适用〈中华人民共和国公司法〉若干问题的规定（四）》（法释〔2017〕16号，2020年修正），简称《公司法解释（四）》；

66.《最高人民法院关于公布失信被执行人名单信息的若干规定》（法释〔2017〕7号），简称《失信规定》；

67.《最高人民法院关于人民法院司法拍卖房产竞买人资格若干问题的规定》（法释〔2021〕18号），简称《房产竞买人资格规定》；

68.《最高人民法院关于人民法院强制执行股权若干问题的规定》（法释〔2021〕20号），简称《股权执行规定》；

69.《最高人民法院关于进一步完善执行权制约机制加强执行监督的意见》（法〔2021〕322号），简称《执行监督意见》；

70.《最高人民法院关于审理涉执行司法赔偿案件适用法律若干问题的解释》（法释〔2022〕3号），简称《执行司法赔偿解释》；

71.《最高人民法院印发〈关于正确适用暂缓执行措施若干问题的规定〉的通知》（法发〔2002〕16号），简称《暂缓执行规定》；

72.《最高人民法院、司法部关于公证机关赋予强制执行效力的债权文书执行有关问题的联合通知》（司发通〔2000〕107号），简称《联合通知》；

73.《最高人民法院关于审理涉及金融资产管理公司收购、管理、处置国有银行不良贷款形成的资产的案件适用法律若干问题的规定》（法释〔2001〕12号，已废止），简称《十二条规定》；

74.《最高人民法院关于金融资产管理公司收购、处置银行不良资产有关问题的补充通知》（法〔2005〕62号），简称《十二条规定补充通知》。

目　　录

第一编　总　　则

第二编　执行程序通则

第三编　实现金钱债权的执行

第四编　实现非金钱债权的执行

第五编　特殊案件的执行

第一编

总则

第一章 基本原则

民事执行的比例原则

意见原文

（一）最高人民法院关于在执行工作中进一步强化善意文明执行理念的意见

2019年12月16日 法发〔2019〕35号

为贯彻落实《中共中央、国务院关于完善产权保护制度依法保护产权的意见》《中共中央、国务院关于营造更好发展环境支持民营企业改革发展的意见》等文件精神，进一步提升人民法院严格规范公正文明执行水平，推动执行工作持续健康高水平运行，为经济社会发展提供更加优质司法服务和保障，根据民事诉讼法及有关司法解释，结合人民法院执行工作实际，提出以下意见。

一、充分认识善意文明执行的重要意义和精神实质

1. 充分认识善意文明执行重要意义。执行是公平正义最后一道防线的最后一个环节。强化善意文明执行理念，在依法保障胜诉当事人合法权益同时，最大限度减少对被执行人权益影响，实现法律效果与社会效果有机统一，是维护社会公平正义、促进社会和谐稳定的必然要求，是完善产权保护制度、建立健全市场化法治化国际化营商环境和推动高质量发展的应有之义，对全面推进依法治国、推进国家治理体系和治理能力现代化具有重要意义。

2. 准确把握善意文明执行精神实质。执行工作是依靠国家强制力实现胜诉裁判的重要手段。当前，被执行人规避执行、逃避执行仍是执行工作中的主要矛盾和突出问题。突出执行工作的强制性，持续加大执行力度，及时保障胜诉当事人实现合法权益，依然是执行工作的工作重心和主线。但同时要注意到，执行工作对各方当事人影响重大，人民法院在执行过程中也要强化善意文明执行理念，严格规范公正保障各方当事人合法权益；要坚持比例原则，找准双方利益平衡点，避免过度执行；要提高政治站位，着眼于党和国家发展战略全局，提升把握司法政策的能力和水平，实现依法履职与服务大局、促进发展相统一。要采取有效措施坚决纠正实践中出现的超标的查封、乱查封现象，畅通人民群众反映问题渠道，对有关线索实行“一案双查”，对不规范行为依法严肃处理。

人民法院在强化善意文明执行理念过程中，要充分保障债权人合法权益，维护执行权威和司法公信力，把强制力聚焦到对规避执行、逃避执行、抗拒执行行为的依法打击和惩处上来。要坚决防止执行人员以“善意文明执行”为借口消极执行、拖延执行，或者以降低对被执行人影响为借口无原则促成双方当事人和解，损害债权人合法权益。

二、严禁超标的查封和乱查封

3. 合理选择执行财产。被执行人有多项财产可供执行的，人民法院应选择对被执行人生产生活影响较小且方便执行的财产执行。在不影响执行效率和效果的前提下，被执行人请求人民法院先执行某项财产的，应当准许；未准许的，应当有合理正当理由。

执行过程中，人民法院应当为被执行人及其扶养家属保留必需的生活费用。要严格按照中央有关产权保护的精神，严格区分企业法人财产与股东个人财产，严禁违法查封案外人财产，严禁对不得查封的财产采取执行措施，切实保护民营企业等企业法人、企业家和各类市场主体合法权益。要注意到，信托财产在信托存续期间独立于委托人、受托人各自的固有财产，并且受益人对信托财产享有的权利表现为信托受益权，信托财产并非受益人的责任财产。因此，当事人因其与委托人、受托人或者受益人之间的纠纷申请对存管银行或信托公司专门账户中的信托资金采取保全或执行措施的，除符合《中华人民共和国信托法》第十七条规定的情形外，人民法院不应准许。

4. 严禁超标的查封。强制执行被执行人的财产，以其价值足以清偿生效法律文书确定的债权额为限，坚决杜绝明显超标的查封。冻结被执行人银行账户内存款的，应当明确具体冻结数额，不得影响冻结之外资金的流转和账户的使用。需要查封的不动产整体价值明显超出债权额的，应当对该不动产相应价值部分采取查封措施；相关部门以不动产登记在同一权利证书下为由提出不能办理分割查封的，人民法院在对不动产进行整体查封后，经被执行人申请，应当及时协调相关部门办理分割登记并解除对超标的部分的查封。相关部门无正当理由拒不协助办理分割登记和查封的，依照民事诉讼法第一百一十四条采取相应的处罚措施。

5. 灵活采取查封措施。对能“活封”的财产，尽量不进行“死封”，使查封财产能够物尽其用，避免社会资源浪费。查封被执行企业厂房、机器设备等生产资料的，被执行人继续使用对该财产价值无重大影响的，可以允许其使用。对资金周转困难、暂时无力偿还债务的房地产开发企业，人民法院应按照下列情形分别处理：

（1）查封在建工程后，原则上应当允许被执行人继续建设。

（2）查封在建工程后，对其采取强制变价措施虽能实现执行债权人债权，但会明显贬损财产价值、对被执行人显失公平的，应积极促成双方当事人达成暂缓执行的和解协议，待工程完工后再行变价；无法达成和解协议，但被执行人提供相应担保并承诺在合理期限内完成建设的，可以暂缓采取强制变价措施。

（3）查封在建商品房或现房后，在确保能够控制相应价款的前提下，可以监督被执行人在一定期限内按照合理价格自行销售房屋。人民法院在确定期限时，应当明确具体的时间节点，避免期限过长影响执行效率、损害执行债权人合法权益。

6. 充分发挥查封财产融资功能。人民法院查封财产后，被保全人或被执行人申请用查封财产融资的，按照下列情形分别处理：

（1）保全查封财产后，被保全人申请用查封财产融资替换查封财产的，在确保能够控制相应融资款的前提下，可以监督被保全人按照合理价格进行融资。

（2）执行过程中，被执行人申请用查封财产融资清偿债务，经执行债权人同意或者融资款足以清偿所有执行债务的，可以准许。

被保全人或被执行人利用查封财产融资，出借人要求先办理财产抵押或质押登记再放款的，人民法院应积极协调有关部门做好财产解封、抵押或质押登记等事宜，并严格控制融资款。

7. 严格规范上市公司股票冻结。为维护资本市场稳定，依法保障债权人合法权益和债务人投资权益，人民法院在冻结债务人在上市公司的股票时，应当依照下列规定严格执行：

（1）严禁超标的冻结。冻结上市公司股票，应当以其价值足以清偿生效法律文书确定的债权额为限。股票价值应当以冻结前一交易日收盘价为基准，结合股票市场行情，一般在不超过20%的幅度内合理确定。股票冻结后，其价值发生重大变化的，经当事人申请，人民法院可以追加冻结或者解除部分冻结。

（2）可售性冻结。保全冻结上市公司股票后，被保全人申请将冻结措施变更为可售性冻结的，应当准许，但应当提前将被保全人在证券公司的资金账户在明确具体的数额范围内予以冻结。在执行过程中，被执行人申请通过二级市场交易方式自行变卖股票清偿债务的，人民法院可以按照前述规定办理，但应当要求其在10个交易日内变卖完毕。特殊情形下，可以适当延长。

（3）已质押股票的冻结。上市公司股票存在质押且质权人非本案保全申请人或申请执行人，目前，人民法院在采取冻结措施时，由于需要计入股票上存在的质押债权且该债权额往往难以准确计算，尤其是当股票存在多笔质押时还需指定对哪一笔质押股票进行冻结，为保障普通债权人合法权益，人民法院一般会对质押股票进行全部冻结，这既存在超标的冻结的风险，也会对质押债权人自行实现债权造成影响，不符合执行经济原则。

最高人民法院经与中国证券监督管理委员会沟通协调，由中国证券登记结算有限公司（以下简称中国结算公司）对现有冻结系统进行改造，确立了质押股票新型冻结方式，并在系统改造完成后正式实施。具体内容如下：

第一，债务人持有的上市公司股票存在质押且质权人非本案保全申请人或申请执行人，人民法院对质押股票冻结时，应当依照7（1）规定的计算方法冻结相应数量的股票，无需将质押债权额计算在内。冻结质押股票时，人民法院应当提前冻结债务人在证券公司的资金账户，并明确具体的冻结数额，不得对资金账户进行整体冻结。

第二，股票冻结后，不影响质权人变价股票实现其债权。质权人解除任何一部分股票质押的，冻结效力在冻结股票数量范围内对解除质押部分的股票自动生效。质权人变价股票实现其债权后变价款有剩余的，冻结效力在本案债权额范围内对剩余变价款自动生效。

第三，在执行程序中，为实现本案债权，人民法院可以在质押债权和本案债权额范围内对相应数量的股票采取强制变价措施，并在优先实现质押债权后清偿本案债务。

第四，两个以上国家机关冻结同一质押股票的，按照在证券公司或中国结算公司办理股票冻结手续的先后确定冻结顺位，依次满足各国家机关的冻结需求。两个以上国家机关在同一交易日分别在证券公司、中国结算公司冻结同一质押股票的，在先在证券公司办理股票冻结手续的为在先冻结。

第五，人民法院与其他国家机关就冻结质押股票产生争议的，由最高人民法院主动与最高人民检察院、公安部等部门依法协调解决。争议协调解决期间，证券公司或中国结算公司控制产生争议的相关股票，不协助任何一方执行。争议协调解决完成，证券公司或中国结算公司按照争议机关协商的最终结论处理。

第六，系统改造完成前已经完成的冻结不适用前述规定。案件保全申请人或申请执行人为质权人的，冻结措施不适用前述规定。

三、依法适当采取财产变价措施

8. 合理确定财产处置参考价。执行过程中，人民法院应当按照《最高人民法院关于人民法院确定财产处置参考价若干问题的规定》合理确定财产处置参考价。要在不损害第三人合法权益的情况下，积极促成双方当事人就参考价达成一致意见，以进一步提高确定参考价效率，避免后续产生争议。财产有计税基准价、政府定价或政府指导价，当事人议价不能、不成或者双方当事人一致要求定向询价的，人民法院应当积极协调有关机构办理询价事宜。定向询价结果严重偏离市场价格的，可以进行适当修正。实践证明，网络询价不仅效率高，而且绝大多数询价结果基本能够反映市场真实价格，对于财产无需由专业人员现场勘验或鉴定的，人民法院应积极引导当事人通过网络询价确定参考价，并对询价报告进行审查。

经委托评估确定参考价，被执行人认为评估价严重背离市场价格并提起异议的，为提高工作效率，人民法院可以以评估价为基准，先促成双方当事人就参考价达成一致意见。无法快速达成一致意见的，依法提交评估机构予以书面说明。评估机构逾期未做说明或者被执行人仍有异议的，应及时提交相关行业协会组织专业技术评审。在确定财产处置参考价过程中，人民法院应当依法履行监督职责，发现当事人、竞拍人与相关机构、人员恶意串通压低参考价的，应当及时查处和纠正。

9. 适当增加财产变卖程序适用情形。要在坚持网络司法拍卖优先原则的基础上，综合考虑变价财产实际情况、是否损害执行债权人、第三人或社会公共利益等因素，适当采取直接变卖或强制变卖等措施。

（1）被执行人申请自行变卖查封财产清偿债务的，在确保能够控制相应价款的前提下，可以监督其在一定期限内按照合理价格变卖。变卖期限由人民法院根据财产实际情况、市场行情等因素确定，但最长不得超过60日。

（2）被执行人申请对查封财产不经拍卖直接变卖的，经执行债权人同意或者变卖款足以清偿所有执行债务的，人民法院可以不经拍卖直接变卖。

（3）被执行人认为网络询价或评估价过低，申请以不低于网络询价或评估价自行变卖查封财产清偿债务的，人民法院经审查认为不存在被执行人与他人恶意串通低价处置财产情形的，可以监督其在一定期限内进行变卖。

（4）财产经拍卖后流拍且执行债权人不接受抵债，第三人申请以流拍价购买的，可以准许。

（5）网络司法拍卖第二次流拍后，被执行人提出以流拍价融资的，人民法院应结合拍卖财产基本情况、流拍价与市场价差异程度以及融资期限等因素，酌情予以考虑。准许融资的，暂不启动以物抵债或强制变卖程序。

被执行人依照9（3）规定申请自行变卖，经人民法院准许后，又依照《最高人民法院关于人民法院确定财产处置参考价若干问题的规定》第二十二、二十三条规定向人民法院提起异议的，不予受理；被执行人就网络询价或评估价提起异议后，又依照9（3）规定申请自行变卖的，不应准许。

10. 充分吸引更多主体参与竞买。拍卖过程中，人民法院应当全面真实披露拍卖财产的现状、占有使用情况、附随义务、已知瑕疵和权利负担、竞买资格等事项，严禁故意隐瞒拍品瑕疵诱导竞买人竞拍，严禁故意夸大拍品瑕疵误导竞买人竞拍。拍卖财产为不动产且被执行人或他人无权占用的，人民法院应当依法负责腾退，不得在公示信息中载明“不负责腾退交付”等信息。要充分发挥网拍平台、拍卖辅助机构的专业优势，做好拍品视频宣介、向专业市场主体定向推送拍卖信息、实地看样等相关工作，以吸引更多市场主体参与竞拍。

11. 最大限度实现财产真实价值。同一类型的执行财产数量较多，被执行人认为分批次变价或者整体变价能够最大限度实现其价值的，人民法院可以准许。尤其是对体量较大的整栋整层楼盘、连片商铺或别墅等不动产，已经分割登记或事后可以分割登记的，被执行人认为分批次变价能够实现不动产最大价值的，一般应当准许。多项财产分别变价时，其中部分财产变价款足以清偿债务的，应当停止变价剩余财产，但被执行人同意全部变价的除外。

12. 准确把握不动产收益权质权变价方式。生效法律文书确定申请执行人对被执行人的公路、桥梁、隧道等不动产收益权享有质权，申请执行人自行扣划收益权收费账户内资金实现其质押债权，其他债权人以申请执行人仅对收费权享有质权而对收费账户内资金不享有质权为由，向人民法院提起异议的，不予支持。在执行过程中，人民法院可以扣划收益权收费账户内资金实现申请执行人质押债权，收费账户内资金足以清偿债务的，不应对被执行人的收益权进行强制变价。

四、充分用好执行和解及破产重整等制度

13. 依法用好执行和解和破产重整等相关制度。要在依法采取执行措施的同时，妥善把握执行时机、讲究执行策略、注意执行方法。对资金链暂时断裂，但仍有发展潜力、存在救治可能的企业，可以通过和解分期履行、兼并重组、引入第三方资金等方式盘活企业资产。要加大破产保护理念宣传，通过强化释明等方式引导执行债权人或被执行人同意依法将案件转入破产程序。对具有营运价值的企业通过破产重整、破产和解解决债务危机，充分发挥破产制度的拯救功能，帮助企业走出困境，平衡债权人、债务人、出资人、员工等利害关系人的利益，通过市场实现资源配置优化和社会整体价值最大化。

五、严格规范纳入失信名单和限制消费措施

14. 严格适用条件和程序。采取纳入失信名单或限制消费措施，必须严格依照民事诉讼法、《最高人民法院关于公布失信被执行人名单信息的若干规定》（以下简称失信名单规定）、《最高人民法院关于限制被执行人高消费及有关消费

的若干规定》等规定的条件和程序进行。对于不符合法定条件的被执行人，坚决不得采取纳入失信名单或限制消费惩戒措施。对于符合法定条件的被执行人，决定采取惩戒措施的，应当制作决定书或限制消费令，并依法由院长审核后签发。

需要特别指出的是，根据司法解释规定，虽然纳入失信名单决定书由院长签发后即生效，但应当依照民事诉讼法规定的送达方式送达当事人，坚决杜绝只签发、不送达等不符合法定程序的现象发生。

15. 适当设置一定的宽限期。各地法院可以根据案件具体情况，对于决定纳入失信名单或者采取限制消费措施的被执行人，可以给予其一至三个月的宽限期。在宽限期内，暂不发布其失信或者限制消费信息；期限届满，被执行人仍未履行生效法律文书确定义务的，再发布其信息并采取相应惩戒措施。

16. 不采取惩戒措施的几类情形。被执行人虽然存在有履行能力而拒不履行生效法律文书确定义务、无正当理由拒不履行和解协议的情形，但人民法院已经控制其足以清偿债务的财产或者申请执行人申请暂不采取惩戒措施的，不得对被执行人采取纳入失信名单或限制消费措施。单位是失信被执行人的，人民法院不得将其法定代表人、主要负责人、影响债务履行的直接责任人员、实际控制人等纳入失信名单。全日制在校生因“校园贷”纠纷成为被执行人的，一般不得对其采取纳入失信名单或限制消费措施。

17. 解除限制消费措施的几类情形。人民法院在对被执行人采取限制消费措施后，被执行人及其有关人员申请解除或暂时解除的，按照下列情形分别处理：

（1）单位被执行人被限制消费后，其法定代表人、主要负责人、影响债务履行的直接责任人员、实际控制人以因私消费为由提出以个人财产从事消费行为，经审查属实的，应予准许。

（2）单位被执行人被限制消费后，其法定代表人、主要负责人确因经营管理需要发生变更，原法定代表人、主要负责人申请解除对其本人的限制消费措施的，应举证证明其并非单位的实际控制人、影响债务履行的直接责任人员。人民法院经审查属实的，应予准许，并对变更后的法定代表人、主要负责人依法采取限制消费措施。

（3）被限制消费的个人因本人或近亲属重大疾病就医，近亲属丧葬，以及本人执行或配合执行公务，参加外事活动或重要考试等紧急情况亟需赴外地，向人民法院申请暂时解除乘坐飞机、高铁限制措施，经严格审查并经本院院长批准，可以给予其最长不超过一个月的暂时解除期间。

上述人员在向人民法院提出申请时，应当提交充分有效的证据并按要求作出书面承诺；提供虚假证据或者违反承诺从事消费行为的，人民法院应当及时恢复对其采取的限制消费措施，同时依照民事诉讼法第一百一十一条从重处理，并对其再次申请不予批准。

18. 畅通惩戒措施救济渠道。自然人、法人或其他组织对被纳入失信名单申请纠正的，人民法院应当依照失信名单规定第十二条规定的程序和时限及时审查并作出处理决定。对被采取限制消费措施申请纠正的，参照失信名单规定第十二条规定办理。

人民法院发现纳入失信名单、采取限制消费措施可能存在错误的，应当及时进行自查并作出相应处理；上级法院发现下级法院纳入失信名单、采取限制消费措施存在错误的，应当责令其及时纠正，也可以依法直接纠正。

19. 及时删除失信信息。失信名单信息依法应当删除（屏蔽）的，应当及时采取删除（屏蔽）措施。超过三个工作日采取删除（屏蔽）措施，或者虽未超过三个工作日但能够立即采取措施却未采取造成严重后果的，依法追究相关人员责任。

被执行人因存在多种失信情形，被同时纳入有固定期限的失信名单和无固定期限的失信名单的，其主动履行完毕生效法律文书确定义务后，一般应当将有固定期限的名单信息和无固定期限的名单信息同时删除（屏蔽）。

20. 准确理解限制被执行人子女就读高收费学校。限制被执行人子女就读高收费学校，是指限制其子女就读超出正常收费标准的学校，虽然是私立学校，但如果其收费未超出正常标准，也不属于限制范围。人民法院在采取此项措施时，应当依法严格审查，不得影响被执行人子女正常接受教育的权利；在新闻媒体对人民法院采取此项措施存在误报误读时，应当及时予以回应和澄清。人民法院经依法审查，决定限制被执行人子女就读高收费学校的，应当做好与被执行人子女、学校的沟通工作，尽量避免给被执行人子女带来不利影响。

21. 探索建立惩戒分级分类机制和守信激励机制。各地法院可以结合工作实际，积极探索根据案件具体情况对被执行人分级分类采取失信惩戒、限制消费措施，让失信惩戒、限制消费措施更具有精准性，更符合比例原则。

各地法院在依法开展失信惩戒的同时，可以结合工作实际，探索开展出具自动履行生效法律文书证明、将自动履行信息向征信机构推送、对诚信债务人依法酌情降低诉讼保全担保金额等守信激励措施，营造鼓励自动履行、支持诚实守信的良好氛围。

六、加大案款发放工作力度

22. 全面推行“一案一账户”系统。案款到账后且无争议的，人民法院应当按照规定在一个月内及时发还给执行债权人；部分案款有争议的，应当先将无争议部分及时发放。目前，最高人民法院正在全面推行“一案一账户”系统，各地法院要按照规定的时间节点和标准要求，严格落实系统部署与使用工作，确保案款收发公开透明、及时高效、全程留痕，有效堵塞案款管理漏洞，消除廉政风险隐患，最大限度保障各方当事人合法权益。

（二）最高人民法院
关于依法妥善办理涉新冠肺炎疫情执行案件若干问题的指导意见

2020年5月13日 法发〔2020〕16号

为贯彻落实党中央关于统筹推进新冠肺炎疫情防控和经济社会发展工作部署会议精神，依法妥善办理涉新冠肺炎疫情执行案件，维护人民群众合法权益，维护社会和经济秩序，维护社会公平正义，依照法律、司法解释相关规定，结合执行工作实际，提出如下指导意见。

一、充分发挥执行工作的服务保障作用。各级人民法院要充分认识此次疫情对经济社会产生的重大影响，立足统筹推进疫情防控和经济社会发展工作大局，充分利用“基本解决执行难”工作成果，有效发挥“统一管理、统一指挥、统一协调”工作机制作用，平稳有序推进执行工作。被执行人有履行能力且具备强制执行条件的，要持续加大执行力度，依法保障胜诉当事人尤其是受疫情影响导致生产生活困难当事人的合法权益。在涉疫情执行案件办理过程中，要准确理解和适用法律，进一步突出强化善意文明执行理念，依法审慎采取强制执行措施，平衡协调各方利益，在依法保障胜诉当事人合法权益的同时，最大限度降低对被执行人权益的影响，积极引导当事人以和解方式化解矛盾纠纷，为统筹推进经济社会发展各项工作提供有力司法服务和保障。

二、依法中止申请执行时效。在申请执行时效期间的最后六个月内，因疫情或者疫情防控措施不能行使请求权，债权人依据《最高人民法院关于适用〈中华人民共和国民事诉讼法〉执行程序若干问题的解释》第二十七条规定主张申请执行时效中止的，人民法院应予支持。

三、准确把握查封措施的法律界限。坚决禁止超标的查封，严禁违法查封案外人财产，畅通财产查控的救济渠道，加大监督力度，切实防止违法执行或采取过度执行措施影响企业财产效用发挥和企业正常运营。做好审判程序与执行程序的衔接，人民法院审理涉疫情民事案件，要加大对财产保全申请的审查力度，对明显超出诉讼请求范围的超标的部分保全申请，依法不予支持。当事人通过恶意提高诉讼标的等方式超标的申请保全，给对方当事人造成损失的，对方当事人可以就所受损失依法提起诉讼。

对受疫情影响导致生产生活困难的被执行人，在不影响债权实现的前提下，人民法院应当选择适当的查封措施。被执行人有多项财产可供执行的，应当选择对其生产生活影响较小且方便执行的财产执行。对能“活封”的财产，不进行“死封”。查封厂房、机器设备等生产性资料，被执行人继续使用对该财产价值无重大影响的，应当允许其继续使用。被执行人申请利用查封财产融资清偿债务，经执行债权人同意或者融资款足以清偿所有执行债务的，可以监督其在指定期限内进行融资。查封被执行人在建工程的，原则上应当允许其继续建设。查封被执行人在建商品房或现房的，在确保能够控制相应价款的前提下，可以监督其在指定期限内按照合理价格自行销售房屋。冻结被执行人银行账户内存款的，应当明确具体数额，不得影响冻结之外资金的流转和账户的使用。

四、有效防止执行财产被低价处置。充分发挥网络司法拍卖公开透明、成本低、效率高、受疫情影响小的优势，加快财产变价流程，降低变价成本，为执行债权人及时回笼资金、减轻资金周转压力、恢复生产经营活动提供有力保障。在疫情期间进行网络司法拍卖，也要适当考虑疫情影响和财产实际情况，把握好拍卖时机，有效实现财产变现价值最大化。被执行人有充分证据证明疫情期间进行拍卖将严重贬损其财产价值，申请暂缓或中止拍卖的，人民法院可以准许。拍卖过程中，应当及时全面客观披露财产现状，充分发挥网拍平台、拍卖辅助机构作用，做好拍卖财产在线推介，吸引更多市场主体参与竞买。对财产价值较大、竞拍参与度可能较低的财产，可以确定适当宽松的拍卖价款支付期限。

对于一些专业化程度高、市场受众面较窄的财产，在不影响债权实现的前提下，可以允许被执行人通过其自身专业优势和渠道，灵活采取自行变卖、融资等方式偿还债务。被执行人认为网络询价或评估价过低，申请以不低于网络询价或评估价自行变卖查封财产清偿债务，人民法院经审查认为不损害执行债权人权益的，可以监督其在指定期限内变卖。网络司法拍卖第二次流拍后，被执行人提出以流拍价融资的，人民法院可以结合拍卖财产基本情况、流拍价与市场价差异程度等因素，酌情予以考虑；准许融资的，暂不启动以物抵债或者强制变卖程序。

五、依法执行疫情期间减免租金的政策规定。人民法院对被执行人的租金债权，可以强制执行。冻结被执行人的租金债权后，承租人在法定期限内提出异议的，依照有关司法解释的规定，人民法院不得对异议部分的租金强制执行。承租人对原租金债权的数额没有异议，但超过法定期限后依照疫情期间对承租国有经营性房屋的中小微企业、个体工商户减免租金的有关政策规定，主张减免租金提出异议，人民法院经审查属实的，应予支持；承租非国有经营性房屋的中小微企业、个体工商户以其与被执行人就疫情期间的租金减免已达成协议为由提出异议，请求对异议部分的租金不予强制执行，人民法院经审查认为租金减免协议真实有效的，应予支持。

对受疫情影响较大的中小微企业、个体工商户欠缴租金的涉众型执行案件，人民法院要充分发挥多元化纠纷解决机制作用，根据双方当事人实际情况，制定合理工作方案，依法妥善处理此类案件产生的矛盾纠纷。

六、强化应用执行和解制度。被执行人受疫情影响导致生产生活困难，无法及时履行生效法律文书确定义务的，人民法院要积极引导当事人协商和解，为被执行人缓解债务压力、恢复正常生产生活创造便利条件。当事人在疫情发生前已经达成和解，确因疫情或者疫情防控措施直接导致无法按照和解协议约定期限履行，申请执行人据此申请恢复执行原生效法律文书的，人民法院不予支持，但当事人另有约定的除外；和解协议已经履行不能或者因迟延履行导致和解协议目的不能实现的，应当及时恢复执行。

七、精准适用失信惩戒和限制消费措施。有效发挥失信惩戒和限制消费措施的惩戒作用，重点打击规避执行、抗拒执行等违法失信行为，进一步推动国家信用体系建设和营商环境改善。建立健全惩戒分级分类机制，准确把握失信惩戒和限制消费措施的适用条件，持续推动惩戒措施向精细化、精准化方向转变。疫情期间，对已纳入发展改革、工业和信息化部门确定的全国性或地方性疫情防控重点保障企业名单的企业，原则上不得采取失信惩戒和限制消费措施；已经采取并妨碍疫情防控工作的，要及时解除并向申请执行人说明有关情况。对未纳入重点保障企业名单的疫情防控企业采取失信惩戒和限制消费措施的，可以根据具体情况参照前述规定办理。对受疫情影响较大、暂时经营困难的企业尤其是中小微企业，人民法院在依法采取失信惩戒或者限制消费措施前，原则上要给予三个月的宽限期。

健全完善信用修复机制，失信名单信息依法应当删除或撤销的，应当及时采取删除或撤销措施。失信名单信息被依法删除或撤销，被执行人因求职、借贷等被有关单位要求提供信用修复证明的，经被执行人申请，人民法院可以就删除或撤销情况出具相关证明材料。受疫情影响较大的被执行企业尤其是中小微企业确因复工复产需要，申请暂时解除失信惩戒措施的，人民法院应当积极与申请执行人沟通，在征得其同意后及时予以解除。

八、合理减免被执行人加倍部分债务利息。被执行人以疫情或者疫情防控措施直接导致其无法及时履行义务为由，申请减免《中华人民共和国民事诉讼法》第二百五十三条规定的相应期间的加倍部分债务利息，人民法院经审查属实的，应予支持；被执行人申请减免生效法律文书确定的一般债务利息的，不予支持，但申请执行人同意的除外。

九、充分发挥破产和解、重整制度的保护功能。对执行债权人人数众多，特别是多个执行债权人正在申请分配案款的案件，被执行企业因疫情影响导致生产经营困难不能清偿所有执行债务的，人民法院要积极引导各方当事人进行协商，依法为被执行企业缓解债务压力、恢复生产经营创造条件；多个案件由不同法院管辖的，上级法院要加强统筹协调，通过提级执行、指定执行等方式协调案件进行集中办理，力争促成各方当事人达成解决债务的“一揽子”协议。当事人未能达成协议且案件符合移送破产审查条件，通过破产和解或重整能够帮助被执行企业恢复经营的，人民法院要进一步加强立审执协调配合，畅通执行移送破产工作渠道，充分发挥破产和解和破产重整制度的保护功能，帮助企业及时走出困境。人民法院在执行过程中，要严格防止被执行企业通过破产程序逃避债务，依法保障执行债权人合法权益。

十、充分利用信息化手段推动执行工作。充分利用“智慧法院”建设成果，特别是以现代信息技术为支撑的执行信息化系统，强化上级法院对下级法院执行工作的监督管理，提高执行效率，降低执行成本，提高执行效果，降低负面效应，避免引发新的矛盾和纠纷。依法优先采取网络查控、网络询价、网络司法拍卖、网络收发案款等在线执行措施，积极通过线上方式开展立案、询问谈话、执行和解、申诉信访、执行辅助等工作，充分满足人民群众的司法需求，确保疫情期间人民法院执行工作平稳有序运行。

（三）最高人民法院
关于充分发挥司法职能作用
助力中小微企业发展的指导意见（节选）

2022年1月3日　法发〔2022〕2号

8. 依法保护中小微企业等市场主体在民事、行政、刑事交叉案件中的合法权益。切实贯彻民法典第一百八十七条的规定，债务人因同一行为应当承担民事责任、行政责任和刑事责任，其财产不足以支付的，依法保障中小微企业等市场主体的民事债权优先于罚款、罚金、没收财产等行政、刑事处罚受偿。在刑事裁判涉财产部分执行过程中，中小微企业等市场主体作为案外人对执行标的提出异议的，严格依照相关规定妥善处理，依法保护其合法财产权益。除法律、司法解释另有规定外，对中小微企业等市场主体与刑事案件犯罪嫌疑人或者被告人产生的民事纠纷，如果民事案件不是必须以刑事案件的审理结果为依据，则不得以刑事案件正在侦查或者尚未审结为由对民事案件不予受理或者中止审理，切实避免因刑事案件影响中小微企业等市场主体通过民事诉讼及时维护其合法权益。在中小微企业等市场主体为被告人的刑事案件审理过程中，应当严格区分违法所得和合法财产、企业法人财产和个人财产，对确实与案件无关的财物，应当及时解除查封、扣押、冻结措施。

12. 建立健全办理拖欠中小微企业账款案件长效机制。将拖欠中小微企业账款案件纳入办理拖欠农民工工资案件的快立快审快执“绿色通道”，确保农民工就业比较集中的中小微企业及时回笼账款，及时发放农民工工资。与拖欠中小微企业账款监管部门密切协作，推进协同治理。加大平安建设考评（执行难综合治理及源头治理部分）在机关、事业单位拖欠中小微企业账款案件中的适用力度。推动将清理拖欠中小微企业账款工作情况纳入营商环境指标体系。开展拖欠中小微企业账款案件专项执行行动，依法加大失信惩戒、限制消费等措施的适用力度，及时兑现中小微企业胜诉权益。

14. 依法保障建设工程领域中小微企业和农民工合法权益。对商品房预售资金监管账户、农民工工资专用账户和工资保证金账户内资金依法审慎采取保全、执行措施，支持保障相关部门防范应对房地产项目逾期交付风险，维护购房者合法权益，确保农民工工资支付到位。冻结商品房预售资金监管账户的，应当及时通知当地住房和城乡建设主管部门；除当事人申请执行因建设该商品房项目而产生的工程建设进度款、材料款、设备款等债权案件外，在商品房项目完成房屋所有权首次登记前，对于监管账户中监管额度内的款项，不得采取扣划措施，不得影响账户内资金依法依规使用。除法律另有专门规定外，不得以支付为本项目提供劳动的农民工工资之外的原因冻结或者划拨农民工工资专用账户和工资保证金账户资金；为办理案件需要，人民法院可以对前述两类账户采取预冻结措施。

15. 积极促成当事人达成执行和解。在执行过程中，中小微企业因资金流动性困难不能清偿执行债务的，积极引导当事人达成减免债务、延期支付的执行和解协议；多个案件由不同人民法院管辖的，可以通过提级执行、指定执行等方式集中办理，积极促成当事人达成履行债务的“一揽子”协议，依法为企业缓解债务压力、恢复生产经营创造条件。

17. 全面清查超标的查封、乱查封问题。开展专项清查行动，依法及时纠正超标的查封、乱查封问题。各级人民法院应当依托12368司法服务热线、执行信访等问题反映渠道，建立解决超标的查封、乱查封问题快速反应机制，对当事人反映的问题及时受理，快速处理；执行人员对超标的查封、乱查封问题存在过错的，依法严肃追责。

18. 依法审慎采取财产保全措施。对中小微企业等市场主体采取保全措施时，人民法院应当依照法律规定的标准和程序严格审查。经初步审查认为当事人的诉讼请求明显不能成立的，对其提出的保全申请，依法予以驳回。当事人明显超出诉讼请求范围申请保全的，对其超出部分的申请，不予支持。在金钱债权案件中，被采取保全措施的中小微企业等市场主体提供担保请求解除保全措施，经审查认为担保充分有效的，应当裁定准许，不得以申请保全人同意为必要条件。加大对错误保全损害赔偿案件的审查力度，严厉惩处恶意申请保全妨碍中小微企业等市场主体正常经营发展的违法行为。

19. 依法灵活采取查封、变价措施。查封中小微企业等市场主体的厂房、机器设备等生产性资料的，优先采取“活封”措施，在能够保障债权人利益的情况下，应当允许其继续使用或者利用该财产进行融资。需要查封的不动产整体价值明显超出债权额的，应当对该不动产相应价值部分采取查封措施；因不动产未办理分割登记而对其进行整体查封后，应当及时协调相关部门办理分割登记并解除对超标的部分的查封。积极引导当事人通过议价、询价等方式确定财产处置参考价，切实为被执行中小微企业等市场主体节省评估费用。发挥网络司法拍卖溢价率高、成本低的优势，优先适用网络司法拍卖方式处置财产。对不动产等标的额较大或者情况复杂的财产，被执行中小微企业等市场主体认为委托评估确定的参考价过低，申请在一定期限内自行处置的，在能够保障债权人利益的情况下，人民法院可以准许。

20. 依法精准适用失信惩戒和限制消费措施。严格区分失信惩戒与限制消费措施的适用条件，被执行中小微企业等市场主体仅符合限制消费情形但不符合失信情形的，不得将其纳入失信名单。严格区分失信与丧失履行能力，中小微企业等市场主体因经营失利丧失履行能力且不具有法律、司法解释规定的规避、抗拒执行等违法情形的，不得以有履行能力拒不履行义务为由将其纳入失信名单。健全信用修复机制，中小微企业等市场主体的失信信息符合法定屏蔽条件的，应当及时采取屏蔽措施；失信信息被屏蔽后，其因融资、招投标等需要请求提供信用修复证明的，人民法院可以出具相关证明材料。

出台背景

《善意文明执行意见》是最高人民法院在全国法院实现基本解决执行难阶段性目标之后，向切实解决执行难目标迈进过程中出台的规范性文件。其实，善意文明执行的理念，在《民事诉讼法》执行程序篇和司法解释的相关条文中已经有所体现，只不过没有在实践中作为重点加以强调。

理论上，人们将注意力集中在研究审判程序裁量权的运行和规范的同时，忽略了同样存在自由裁量权的执行程序。对于执行程序中是否需要自由裁量权存在争议。但实践中，由于案件执行的刚性需要，自由裁量权不得不运用于执行程序的每一个环节。由于缺乏理论指导和合理标准加上实证法上的缺漏，执行自由裁量权的滥用一直为人所诟病，执行不公和司法腐败也多由滥用自由裁量权所引发。近年来，我国对自由裁量权的规范已经走进立法和制度的层面，无论是程序法上赋予当事人更多的异议权和诉权还是进行执行分段流程集约机制改革，都是从不同角度对执行自由裁量权的控制。执行程序中的自由裁量权尽管在某种程度上属于判断权，但仍然不可或缺，不能因为有被滥用的可能就否定其正面的功能，我们要做的是如何在制度上构建一个理性的法律机制，使自由裁量权得以公平公正地发挥其应有的功能。在执行实施中，法官掌握的选择权，容易导致执行的随意性，相类似的执行案件，由于法官选择的查询、处分财产措施或处罚措施差异，导致最终的执行效果判然有别；如果法官心中缺少应有的价值导向，不加限制地实施选择权，极易导致裁量的过度自由和滥用。执行裁决程序中，自由裁量权的性质与审判程序相似，如果没有引入审判自由裁量权的约束机制，将导致随意追加、变更案件当事人，随意驳回、许可案外人异议和执行异议现象的发生。自由裁量权主导的适用法律的不确定性已经成为执行难、执行乱的主要根源，由于“强制执行法”迟迟未出台，执行实践中的自由裁量权运用现状更加严峻，呈现无法可依的“空法”状态。

上述现象存在理念、制度、机制等多方面原因，从立法上看，首先，规范自由裁量权的执行立法缺位。执行方面的立法相对于审判严重滞后。我国《民事诉讼法》执行程序篇即使在修订之后也仅存35条，约占1/8，大量的执行程序或无法可依，或法律规定过于粗犷不具可操作性。在执行裁决和实施方面，法律将选择权概括地交给了法官，法律赋予当事人的参与机会极少，这种过度的选择权缺乏必要法律的约束。其次，自由裁量的理性标准和价值导向缺失。自由裁量权的行使，不能毫无限制边界，应该存在理性的准则和裁量意志的价值导向，这就要求我们要对合理性标准进行具体构建和阐释。在审理阶段，各级法院以会议纪要等形式对各种具体类型案件的处理，确定了法官行使自由裁量权时大致应考量的因素。而执行中，仅将效率与公正作为模糊的价值导向，但对于在实施或裁决中何种价值更为优先，执行政策似乎一直未有明确的态度，法官自由裁量时在价值衡量上容易迷失方向，导致实施法官选择和裁决法官判断时，无法找到合适的价值导向、原则和理性标准。最后，执行监督制约制度供给不足与形式虚置。传统执行模式过于“专制”，执行法官一人对案件负责到底，使自由裁量权的运行在规范的程序上无法得到控制。近年全国范围内开展的“执行民主化”改革，打破执行案件的一人终身负责制，隔离执行实施权和裁决权两种权力，执行流程上奉行分段流水作业，使自由裁量权的运行得到一定程度的程序性控制，但因其制度供给不足和形式虚置，执行自由裁量权仍存在运行失控的可能性。①

从克制执行自由裁量权的目的出发，比例原则作为行政法上的“帝王原则”，在强制执行程序中也有适用的余地。善意文明执行理念的提出，既是民事执行比例原则在实践中的接受和认可，也是对民事执行实践特定需求的回应。从出台的背景看，一是对办理执行案件过程中存在过度执行和错误执行现象的纠正。过往在执行过程中确实出现了一些不良现象，比如对执行人人身和财产

① 参见曹凤国：《执行程序中自由裁量权的规制》，载《人民法院报》2013年4月10日，第8版。

采取过于严厉的强制措施和执行措施，查封、扣押措施较为僵化，导致被执行企业错过了起死回生的机会；对企业法定代表人采取了等同于被执行人的纳入失信措施，对被执行人采取超标的查封或者对案外人财产采取执行措施，损害了当事人、案外人的合法权益，这也说明执行自由裁量权在不做任何约束的情况下难免射程过远，容易伤及无辜。二是对国家保护产权政策的落实。2016年11月4日，中共中央、国务院颁布了《关于完善产权保护制度依法保护产权的意见》，提出将平等保护作为规范财产关系的基本原则，确需查封、扣押、冻结措施和处置涉案财产时，要严格按照法定程序进行，区分个人财产和企业法人财产。2019年12月4日，中共中央、国务院再次颁布了《关于营造更好发展环境支持民营企业改革发展的意见》，表明在执行工作中，也存在保护产权和企业家合法权益的迫切需求，让全社会在感知司法权威、司法公信力的前提下感受到执行工作的温情与温度。三是通过民事执行持续营造良好的营商环境。法治是最好的营商环境。良好的营商环境提高了生效法律文书兑现效率，使当事人尤其是民营企业、中小企业实现胜诉权益的成本大幅降低。在保障胜诉当事人合法权益的同时，体现实事求是、原则性与灵活性相结合的原则，最大限度地减少对被执行人权益的影响，实现法律公平正义与社会和谐发展的有机统一，同样也是营造良好营商环境的举措，这是民事执行领域对改善营商环境所要作的努力和贡献。

2019年9月公布的《民事强制执行法草案》中，明确规定比例原则作为强制执行法的基本原则。①

理解与适用

强制执行的比例原则要求执行人员在行使执行权的过程中，不仅要遵守法定程序，而且对执行自由裁量权要进行合理调控，使执行权用之有度，避免在债权实现程序中给当事人和其他利益相关者造成额外损害。

---

① 《民事强制执行法草案》第5条规定："民事强制执行应当公平、合理、适当，不得超过实现执行目的所需的必要限度。"

（一）比例原则的基本内涵

比例原则的概念源于德国，先后得到行政法院、刑事程序法和警察法典认可，并在行政执行法中予以确认。其目的在于限制公权力之行使，强调在公法行为手段和目的之间实现均衡。我国台湾地区“行政程序法”也明文规定了比例原则。法国1991年改革后，在法律中确定了两个原则，一是辅助性原则；二是比例原则，即债权人要求债务的实现只能在适当的范围内而不能超过范围或滥用。

比例原则包含三个子原则，分别为合适性原则、必要性原则与衡量性原则。所谓合适性原则是指，公权力所采取之措施手段可实现所欲之目的，如果加重实现目的之难度或者根本无法达成目的，则构成合适性原则之违反，以民事执行强制措施为例，对于无任何财产可供执行之债务人，即使采取拘留罚款措施，也无法实现执行债权的清偿，拘留罚款不会发生履行执行义务之效果。从总体上看，执行工作与国家政策的基本方向是一致的。但在特定情形下也会形成紧张关系，例如，房地产调控、购买家用轿车必须先取得资格、小产权房不得交易等，进而对民事执行的财产处置工作产生抑制作用。强制执行的基本目的是保障债权得到及时实现，在此前提下，手段和方法可以更加灵活使用。比如，实行预处罚，在处罚之前提醒警告，使许多被执行人承认并改正错误。

所谓必要性原则是指在所有能达成目的之方法手段中，应选择对当事人、利害关系人损害最小之方法，也称之为最少侵害原则。以执行程序为例，提高执行效率并降低执行成本之方法为最优之选择。对于专业化程度高、市场受众面较窄的财产，在不影响债权实现的前提下，可以允许被执行人通过其自身优势和渠道，自行采取变卖或融资等方式偿还债务，该方法比不问缘由强制拍卖，更能减少对债务人的侵害。而强化执行和解制度运用，虽可以节约司法资源，对债权人而言并非最优。①

所谓衡量性原则，所采取的措施和手段不能给当事人造成过度负担，衡量措施之目的与当事人承受损失之比例性。实际上，要求公权力的运行要兼顾债权人和债务人的利益，找准双方利益平衡点。被执行人有履行能力且具备强制执行条件的，要持续加大执行力度，依法保障胜诉当事人尤其是受疫情影响导

---

① 参见谭秋桂：《善意文明执行理念的新发展》，载《人民法院报》2020年6月11日，第2版。

致生产生活困难当事人的合法权益；还要最大限度降低对被执行人权益的影响，积极引导当事人以和解方式化解矛盾纠纷。通过规范中止申请执行时效、禁止超标的查封、防止债务人的财产被低价处置、合理减免疫情期间加倍部分的债务利息、对债务人进行信用修复等具体措施，实现案件执行的法律效果与社会效果的统一。正确处理依法惩戒和适当宽限的关系。纳入失信名单、限制消费等惩戒措施属于“软强制”，但对被执行人的信用影响很大，应当谨慎使用。人民法院应当提前释明法律风险并适当给予宽限期，充分发挥司法的教育、指引功能，促使被执行人主动履行法律义务。

（二）强制执行程序能否适用比例原则

1. 理论争议

强制执行程序能否适用比例原则，争议较大，即使在德国法学界，也有观点认为强制执行是债权人依据执行名义，申请国家采用公权力强制债务人履行义务，满足债权人私法上请求权之程序，与行政程序判然有别。①

反对将比例原则适用于强制执行的理由不一，以下列举其中代表性观点：（1）比例原则的逻辑起点是保障人权，本质是对基于公共利益需要对限制公民权利的国家权力的限制。作为比例原则审查对象的权利限制关系，主要发生在国家机关与私主体之间，民事领域不必要也不需要比例原则介入。②（2）将内涵不明确的比例原则具体化并作为审查标准可能造成执行机关的负担。（3）实体法要求债务人应不计牺牲全部返还所负债务，亦应承担因强制执行所负担的损失。实体法之权利分配不适用比例原则，实现实体关系之强制执行法亦不能适用。（4）若不允许造成债务人牺牲之强制执行，则债务人自动履行的动机将降低，私法秩序将遭到破坏。③

支持的观点则认为，比例原则适用于强制执行的正当性在于，比例原则为根源于法治国原则与基本权本质之宪法原则，对于国家权力之行使，无论行政、

① 参见姜世明：《民事程序法之发展与宪法原则》，台北，元照出版有限公司 2009 年版，第 306 页。

② 参见梅扬：《比例原则的适用范围与限度》，载《法学研究》2020 年第 2 期。

③ 参见姜世明：《民事程序法之发展与宪法原则》，台北，元照出版有限公司 2009 年版，第 308 页。

立法或司法机关均应适用。强制执行行为系公权力之行使，亦应受其拘束。[①] 此外，强制执行作为公权力介入债权人与债务人之间的私权关系，避免公权力侵害债务人或债权人基本权是强制执行程序设计应当考虑的问题。[②] 针对比例原则具体化及审查加重执行机构负担的观点，其合理性值得商榷，国家权力行使的谦抑性，不可以公权力为本位，即使审查会造成执行机构负担，也不能以此为理由拒绝进行利益衡量。[③]

强制执行虽然存在债权人、执行机关、债务人三方法律关系，不同于行政的国家、国民两方关系结构，但强制执行中执行机关与被执行人之间关系的单向性、主动性和强制性，使对公权力行使的合理性进行审查具备了正当性和必要性。[④] 缺乏比例原则意识，不计代价的强制执行，其结果可能造成被执行人财产被贱卖，债权人也未必获益，更是加重了司法机关的负担。因此，比例原则在强制执行领域有适用空间，强制执行应受到比例原则约束。

2. 比例原则在强制执行中的适用

（1）合适性原则在强制执行中的适用

合适性原则要求手段有助于目的实现，衡量的是“目的与手段”的关系，[⑤] 体现在强制执行中，即审查执行措施是否有助于实现债权人的请求权。但需要注意的是，合适性原则并不要求采取的手段实现全部债权，只能实现部分债权的方式也具备合适性。

《德国民事诉讼法》第 758 条第 1 项规定：“执行员在有必要时才有搜查债

---

① 有观点认为，无论是民事诉讼上的强制执行，还是行政上的强制执行，皆以国家强制力的介入作为执行保障，实乃公权力手段。就这一视角而言，民事强制执行不仅仅是公权力手段，将其看作行政强制执行更为妥当。参见占善刚、张博：《比例原则在民事诉讼中的适用与展开》，载《学习与实践》2019 年第 1 期。

② 强制执行中涉及债权人的基本权主要为财产权、一般行动自由权（债权请求权非属财产法性质的），涉及债务人的基本权主要有财产权、职业（执业）自由等。此外，对住宅、办公场所的搜查影响的是住宅不可侵犯的基本权，责令报告财产、拘提、管收，影响的是自由权与资讯自我决定权。还可能存在生命权、人格权与身体权遭受强制执行侵害的情况。因此，强制执行作为公权力介入债权人与债务人之间的权利冲突，是基本权可能受到侵害的原因。参见姜世明：《民事程序法之发展与宪法原则》，台北，元照出版有限公司 2009 年版，第 311 页。

③ 参见姜世明：《民事程序法之发展与宪法原则》，台北，元照出版有限公司 2009 年版，第 309 ~ 310 页。

④ 参见江必新主编：《强制执行法理论与实务》，中国法制出版社 2014 年版，第 72 页。

⑤ 参见江必新主编：《强制执行法理论与实务》，中国法制出版社 2014 年版，第 71 页。

务人的住所与储存物件处所的权力”。[①] 其内涵就是搜查债务人住所及储存物件处所对发现债务人财产实现债权人债权应有所助益。如在行为请求权执行中，或是已经确定拟查封或取交标的物不在住所或储存物件处所，搜查措施对实现债权不产生作用，此时债权人申请或法院对债务人住所或储存物件处所进行搜查，则属于违反合适性原则。第803条第2项规定的“应扣押的标的物换价后，除偿付强制执行费用外无余额时，不得实施扣押”[②] 也是合适性原则的体现，即在扣押财产无益于债权实现的情况下，没有扣押财产的必要。我国台湾地区“强制执行法”亦有类似规定。[③]

（2）必要性原则在强制执行中的适用

必要性原则体现在强制执行中，要求在多个能够实现债权的手段中选择对被执行人或利害关系人侵害最小的，是“手段与手段”之间的比较与选择。[④]

必要性原则在《德国民事诉讼法》的体现如第758条第1项、第777条、第788条第1项、第803条、第818条等。[⑤] 我国台湾地区“强制执行法”中也有关于必要性原则的体现。如第50条规定：“查封动产，以其价格足以清偿强制执行之债权额及债务人应负担之费用者为限。”

必要性原则在财产执行顺序、执行数额以及执行措施的选择上体现的较为明显。[⑥]《善意文明执行意见》提出的合理选择执行财产、严禁超标的查封、灵活采取查封措施、充分发挥查封财产融资功能等，均体现了必要性原则精神。

---

① 《德国民事诉讼法》，丁启明译，厦门大学出版社2016年版，第159页。

② 《德国民事诉讼法》，丁启明译，厦门大学出版社2016年版，第178页。

③ 我国台湾地区“强制执行法”第50-1条第1项规定：“应查封动产之卖得价金，清偿强制执行费用后，无剩余之可能者，执行法院不得查封。”

④ 参见江必新主编：《强制执行法理论与实务》，中国法制出版社2014年版，第71页。

⑤ 参见姜世明：《民事程序法之发展与宪法原则》，台北，元照出版有限公司2009年版，第320页。《德国民事诉讼法》第777条规定：“债权人占有债务人的动产，因其债权而在该动产上有质权或留置权，如物的价额足以抵偿债权，而债权人对债务人的其他财产执行时，债务人可以依第七百六十六条提出异议。”第788条第1项第1句规定：“强制执行的费用，以必要的为限（第九十一条），由债务人负担。”第803条规定：“（1）对动产的强制执行，以扣押的方法进行。扣押的范围不得超出清偿债权人与支付强制执行费用所必要的限度。（2）应扣押的标的物换价后，除偿付强制执行费用外无余额外，不得实施扣押。”第818条规定：“卖得价金足以清偿债权人，并足以补偿强制执行的费用时，拍卖即应停止。”

⑥ 参见肖建国：《比例原则在民事执行中的适用》，载《人民法院报》2009年4月17日，第6版。

执行法院除考虑财产变现的难易程度外，还应考虑对被执行人生产、生活的影响。在不影响执行效率和效果的前提下，对被执行人提出的先执行某项财产的请求应予准许。比如，小额债权执行中，若被执行人仅有不动产可供执行，通过强制管理措施即可实现债权时，就没有强制拍卖变现的必要。

（3）衡量性原则在强制执行中的适用

衡量性原则又称狭义比例原则、相称性原则，反映在强制执行中，即要求因强制执行行为所造成的损害不能与其所谋求利益，呈现不合比例的关系。此损害并非指强制执行所求利益相对应的给付，而是在诸如财产低于市场价格拍卖等情况下债务人所遭受的损失。[①] 需要注意的是，在进行合适性与必要性审查时，目的本身不被质疑，但在进行衡量性原则审查时，要跳出狭义目的手段关系，将目的也列为检验与衡量的对象。[②] 衡量性原则实质要求法院或执行法官在采取某一执行行为前，对该行为是否涉及当事人应被保护的利益进行判断及衡量。于债权人一方，应考虑是否存在违反诚实信用或滥用权利的情形；于债务人一方，应考虑债务人是否会因强制执行受不可预期的损害，还应考虑对债务人生存权的保护。

具体而言，被执行人特定财产的执行豁免、不轻率发动拘留等侵犯自由权益的执行措施、实行确定次数及固定幅度降价的司法拍卖制度等均体现衡量原则在强制执行中的适用。[③] 如《查扣冻规定》第3条规定不得查封、扣押、冻结被执行人及其所扶养家属生活所必需的衣服、家具、炊具、餐具及其他家庭生活必需的物品、必需的生活费用、完成义务教育所必需的物品等，其体现了保障被执行人生存权的思想。《善意文明执行意见》中提出了应严格按照《财产处置价规定》合理确定财产处置价格。《网络司法拍卖规定》规定了起拍价不得低于评估价或者市价的70%，流拍后再次拍卖的起拍价降价幅度不得超过前次起拍价的20%等。从反面例证来看，有观点指出，法院强制解除被执行人的人寿保险合同提取保险现金价值存在不符合比例原则的嫌疑，因其牺牲投保人（包

① 参见姜世明：《民事程序法之发展与宪法原则》，台北，元照出版有限公司2009年版，第325页。

② 参见纪海龙：《比例原则在私法中的普适性及其例证》，载《政法论坛》2016年第3期。

③ 参见江必新主编：《强制执行法理论与实务》，中国法制出版社2014年版，第75页。

括被保险人及受益人）的巨大利益满足债权人的权利。[①]

（三）执行行为违反比例原则的法律后果

比例原则在强制执行中的作用可区分为立法论的指导与规范作用及实务运作的解释论上的影响。就强制执行实务运作而言，在解释与适用执行规定时应注意比例原则的约束性，随时注意当事人权益的平衡。[②] 这就要求执行法院不能对债权人的申请持放任态度，若发现债权人有违反诚实信用或权利滥用情形的，应当依职权进行审查，并将比例原则作为解释诚实信用与权利滥用的标准。[③] 此外，在采取强制措施时也应兼顾比例原则，做到惩戒程度与违法程度相适应。[④]

由此，违反比例原则的法律后果可以从两个层面进行把握：一方面是对于债权人违反比例原则的申请，法院应裁定驳回。另一方面是对执行法院违反比例原则的执行行为，当事人有权提出异议，法院应予审查，认为理由成立的，裁定撤销或变更执行行为；对裁定不服的，当事人可向上一级法院申请复议。

需要指出的是，在"强制执行法"正式实施之前，比例原则尚未成为我国强制执行的基本原则，在目前的执行实务中，比例原则通常以善意执行内涵出现在被执行人、利害关系人或案外人所提异议中，但法院很少将其作为裁判依据。[⑤] 即便在比例原则成为法定原则后，在适用比例原则时也应注意避免向一般条款逃逸，应首先查找是否存在法律法规或司法解释的具体规定可以援引，在没有相关法规存在时，再考虑引入比例原则。[⑥]

实务操作指引

实践中，有观点认为，《善意文明执行意见》的颁布，会造成执行工作迟

---

① 参见武亦文：《保单现金价值强制执行的利益衡平路径》，载《法学》2018 年第 9 期。

② 参见姜世明：《民事程序法之发展与宪法原则》，台北，元照出版有限公司 2009 年版，第 336 页。

③ 参见江必新主编：《强制执行法理论与实务》，中国法制出版社 2014 年版，第 75 页。

④ 参见江必新：《国家治理现代化背景下的善意执行》，载《中国应用法学》2017 年第 1 期。

⑤ 参见陈杭平：《"善意执行"辨》，载《华东政法大学学报》2021 年第 2 期。

⑥ 参见姜世明：《民事程序法之发展与宪法原则》，台北，元照出版有限公司 2009 年版，第 337 页。

滞、加大执行实施难度，在一定程度上引发执行理念的混乱，比如，执行中的适当的超标的查封具有一定合理性，对上市公司流通股的冻结，法院不考虑申请执行人的申请，以当日的收盘价进行不超标的之冻结，可能会出现法院实际对股票进行强制变现时，股票价格大幅向下波动，无法足额清偿申请执行人的债权。这说明贯彻善意文明执行理念时不能离开依法这个前提。善意文明执行不能与不作为、慢作为画等号，应当采取强制执行措施和间接执行措施而不采取的，不是善意执行，是消极执行行为。因此，不能以“善意”之名行干预案件之实，曲解善意执行应有的旨义。

最高人民法院在发布《善意文明执行意见》的同时，也公布了相关的参照案例，对实务操作具有借鉴意义。

1. 在保全执行中，允许以不影响债权实现为前提，更换查封标的物。在某投资公司与某资源集团公司股权转让纠纷案中，某投资公司申请保全该集团持有的上市公司股票，被保全人及第三人提出以等值土地使用权作为担保，解除对股票的冻结，法院认为在确保申请人债权实现不受影响的情况下，换标的物查封可以最大限度降低对被申请人及案外人的影响，故同意查封土地，解除对股票的冻结。

2. 在不动产执行中，通过分割产权登记，避免超标的查封。对于不动产只有一个产权证、估值远超执行金额的情况，可以办理分割产权登记，避免超标的查封。执行标的物为20层大厦，且仅有一个产权证，如果整体查封，既不利于处置变现，又会对被执行人造成较大影响。执行法院积极和不动产登记部门沟通规划，将标的物产权证分割为24个，进而变更查封部分分割后的房产，避免了超标的查封，也使被执行人得以盘活资产、进行融资，筹得款项清偿涉案全部债务。

3. 对债权复杂但资产可以盘活的被执行人，执行法院充当资产管理者角色，通过对被执行人的资产债务进行重组，圆满解决数量庞大的系列执行案件。以莆田当地某大型房地产企业为被执行人的执行案件有491件，标的本息近30亿元，土地使用权已抵押并被上海某法院查封，如果直接采取强制执行措施，该企业极有可能将转入破产程序，导致400多名消费者无房可住，2亿多元农民工工资被拖欠，该房地产企业开发的其他楼盘3452户产权证无法办理等一系列社会不稳定因素。莆田中院经核查发现该房地产公司开发项目预计销售金额可达40多亿元，在实现资金周转后完全可以解决目前的债务危机。莆田中院充分发挥能动性，扮演资产管理者角色，一是沟通抵押权人及相应执行法院暂缓执行。二是联合多部门研究部署引入莆田当地战略投资者注入资金，一方面，与抵押权人达成分期偿债置换抵押权的协议，另一方面实现项目复工建设。三是引导通过以房抵债或用售房款还债等形式与其他债权人达成和解。四是将该房地产项目作为当地引进人才公寓推动销售，最终实现该房地产企业盘活资产、清偿债务，491件执行案件得到顺利解决。

4. 在行为执行中，找准关键矛盾，化解执行阻力，促成自动履行。最常见的行为执行案件是要求被执行人迁出房屋或场地，在上海宝山法院执行某驾校腾退土地案中，关键矛盾是如何安置驾校基地人员，法院通过多部门联合执法，暂停驾校的招生活动，协调其他驾校接受分流的教练与学员，化解最容易激化的潜在矛盾，使后续说服被执行人配合主动腾退更为容易。

5. 对暂时无法处置的查封财产，执行法院创造性地适用强制管理措施，使查封财产物尽其用。在顺德法院执行某公司厂房案中，法院发现该厂房已被长期租赁给案外人且由案外人进行了大量升级改造，而由于厂房内有大量无证建筑，执行评估拍卖程序需要较长的时间，在厂房拍卖前，如果不允许厂房继续租赁给案外人，不仅会造成厂房的空置浪费，也会给申请执行人和被执行人造成经济损失。顺德法院创造性地提出在评估拍卖前的阶段适用强制管理措施，允许案外人继续租赁使用厂房并按照市场价格支付占用费，由申请执行人收取和管理占用费，制作台账交法院备查，实现了暂无法处置资产的价值变现。

6. 执行依据中未明确赔偿责任确定方法，执行法院可以协调当事各方、科学评估、确定赔偿责任，实现申请执行人债权。在重庆市第五中级人民法院执行的一起借款合同纠纷案中，执行依据载明，如果甲公司质押的，由乙、丙公司保管的5万吨抽余油存量不足或被违约处置，乙、丙公司需在质押物缺失的现值范围内向债权人赔偿损失，甲公司对此承担连带责任。法院在立案执行后，依法冻结了甲、乙、丙三家公司的多个银行账户及不动产。在发现质押物5万吨抽余油根本不存在的情况下，探索对虚拟资产进行种类物现值评估的方式，对涉案质押物现值进行评估。但执行依据并未明确现值评估等具体问题，执行法官协调各方当事人解决了对于如何确定油品现值的基准日以及评估中是否应含税值评估等争议问题，同时督促评估机构规范评估程序并及时作出评估报告，明确了甲、乙、丙三家公司应承担的责任，促使甲公司主动向法院汇入执行款。

第二章 涉执行司法赔偿

一、民事执行国家赔偿责任的构成要件

解释原文

最高人民法院
关于审理民事、行政诉讼中司法赔偿案件
适用法律若干问题的解释

2016年9月7日 法释〔2016〕20号

根据《中华人民共和国国家赔偿法》及有关法律规定，结合人民法院国家赔偿工作实际，现就人民法院赔偿委员会审理民事、行政诉讼中司法赔偿案件的若干法律适用问题解释如下：

第一条 人民法院在民事、行政诉讼过程中，违法采取对妨害诉讼的强制措施、保全措施、先予执行措施，或者对判决、裁定及其他生效法律文书执行错误，侵犯公民、法人和其他组织合法权益并造成损害的，赔偿请求人可以依法向人民法院申请赔偿。

第二条 违法采取对妨害诉讼的强制措施，包括以下情形：

（一）对没有实施妨害诉讼行为的人采取罚款或者拘留措施的；

（二）超过法律规定金额采取罚款措施的；

（三）超过法律规定期限采取拘留措施的；

（四）对同一妨害诉讼的行为重复采取罚款、拘留措施的；

（五）其他违法情形。

第三条 违法采取保全措施，包括以下情形：

（一）依法不应当采取保全措施而采取的；

（二）依法不应当解除保全措施而解除，或者依法应当解除保全措施而不解除的；

（三）明显超出诉讼请求的范围采取保全措施的，但保全财产为不可分割物且被保全人无其他财产或者其他财产不足以担保债权实现的除外；

（四）在给付特定物之诉中，对与案件无关的财物采取保全措施的；

（五）违法保全案外人财产的；

（六）对查封、扣押、冻结的财产不履行监管职责，造成被保全财产毁损、灭失的；

（七）对季节性商品或者鲜活、易腐烂变质以及其他不宜长期保存的物品采取保全措施，未及时处理或者违法处理，造成物品毁损或者严重贬值的；

（八）对不动产或者船舶、航空器和机动车等特定动产采取保全措施，未依法通知有关登记机构不予办理该保全财产的变更登记，造成该保全财产所有权被转移的；

（九）违法采取行为保全措施的；

（十）其他违法情形。

第四条 违法采取先予执行措施，包括以下情形：

（一）违反法律规定的条件和范围先予执行的；

（二）超出诉讼请求的范围先予执行的；

（三）其他违法情形。

第五条 对判决、裁定及其他生效法律文书执行错误，包括以下情形：

（一）执行未生效法律文书的；

（二）超出生效法律文书确定的数额和范围执行的；

（三）对已经发现的被执行人的财产，故意拖延执行或者不执行，导致被执行财产流失的；

（四）应当恢复执行而不恢复，导致被执行财产流失的；

（五）违法执行案外人财产的；

（六）违法将案件执行款物执行给其他当事人或者案外人的；

（七）违法对抵押物、质物或者留置物采取执行措施，致使抵押权人、质权人或者留置权人的优先受偿权无法实现的；

（八）对执行中查封、扣押、冻结的财产不履行监管职责，造成财产毁损、灭失的；

（九）对季节性商品或者鲜活、易腐烂变质以及其他不宜长期保存的物品采取执行措施，未及时处理或者违法处理，造成物品毁损或者严重贬值的；

（十）对执行财产应当拍卖而未依法拍卖的，或者应当由资产评估机构评估而未依法评估，违法变卖或者以物抵债的；

（十一）其他错误情形。

第六条　人民法院工作人员在民事、行政诉讼过程中，有殴打、虐待或者唆使、放纵他人殴打、虐待等行为，以及违法使用武器、警械，造成公民身体伤害或者死亡的，适用国家赔偿法第十七条第四项、第五项的规定予以赔偿。

第七条　具有下列情形之一的，国家不承担赔偿责任：

（一）属于民事诉讼法第一百零五条、第一百零七条第二款和第二百三十三条规定情形的；

（二）申请执行人提供执行标的物错误的，但人民法院明知该标的物错误仍予以执行的除外；

（三）人民法院依法指定的保管人对查封、扣押、冻结的财产违法动用、隐匿、毁损、转移或者变卖的；

（四）人民法院工作人员与行使职权无关的个人行为；

（五）因不可抗力、正当防卫和紧急避险造成损害后果的；

（六）依法不应由国家承担赔偿责任的其他情形。

第八条　因多种原因造成公民、法人和其他组织合法权益损害的，应当根据人民法院及其工作人员行使职权的行为对损害结果的发生或者扩大所起的作用等因素，合理确定赔偿金额。

第九条　受害人对损害结果的发生或者扩大也有过错的，应当根据其过错对损害结果的发生或者扩大所起的作用等因素，依法减轻国家赔偿责任。

第十条　公民、法人和其他组织的损失，已经在民事、行政诉讼过程中获得赔偿、补偿的，对该部分损失，国家不承担赔偿责任。

第十一条 人民法院及其工作人员在民事、行政诉讼过程中，具有本解释第二条、第六条规定情形，侵犯公民人身权的，应当依照国家赔偿法第三十三条、第三十四条的规定计算赔偿金。致人精神损害的，应当依照国家赔偿法第三十五条的规定，在侵权行为影响的范围内，为受害人消除影响、恢复名誉、赔礼道歉；造成严重后果的，还应当支付相应的精神损害抚慰金。

第十二条 人民法院及其工作人员在民事、行政诉讼过程中，具有本解释第二条至第五条规定情形，侵犯公民、法人和其他组织的财产权并造成损害的，应当依照国家赔偿法第三十六条的规定承担赔偿责任。

财产不能恢复原状或者灭失的，应当按照侵权行为发生时的市场价格计算损失；市场价格无法确定或者该价格不足以弥补受害人所受损失的，可以采用其他合理方式计算损失。

第十三条 人民法院及其工作人员对判决、裁定及其他生效法律文书执行错误，且对公民、法人或者其他组织的财产已经依照法定程序拍卖或者变卖的，应当给付拍卖或者变卖所得的价款。

人民法院违法拍卖，或者变卖价款明显低于财产价值的，应当依照本解释第十二条的规定支付相应的赔偿金。

第十四条 国家赔偿法第三十六条第六项规定的停产停业期间必要的经常性费用开支，是指法人、其他组织和个体工商户为维系停产停业期间运营所需的基本开支，包括留守职工工资、必须缴纳的税费、水电费、房屋场地租金、设备租金、设备折旧费等必要的经常性费用。

第十五条 国家赔偿法第三十六条第七项规定的银行同期存款利息，以作出生效赔偿决定时中国人民银行公布的一年期人民币整存整取定期存款基准利率计算，不计算复利。

应当返还的财产属于金融机构合法存款的，对存款合同存续期间的利息按照合同约定利率计算。

应当返还的财产系现金的，比照本条第一款规定支付利息。

第十六条 依照国家赔偿法第三十六条规定返还的财产系国家批准的金融机构贷款的，除贷款本金外，还应当支付该贷款借贷状态下的贷款利息。

第十七条　用益物权人、担保物权人、承租人或者其他合法占有使用财产的人，依据国家赔偿法第三十八条规定申请赔偿的，人民法院应当依照《最高人民法院关于国家赔偿案件立案工作的规定》予以审查立案。

第十八条　人民法院在民事、行政诉讼过程中，违法采取对妨害诉讼的强制措施、保全措施、先予执行措施，或者对判决、裁定及其他生效法律文书执行错误，系因上一级人民法院复议改变原裁决所致的，由该上一级人民法院作为赔偿义务机关。

第十九条　公民、法人或者其他组织依据国家赔偿法第三十八条规定申请赔偿的，应当在民事、行政诉讼程序或者执行程序终结后提出，但下列情形除外：

（一）人民法院已依法撤销对妨害诉讼的强制措施的；

（二）人民法院采取对妨害诉讼的强制措施，造成公民身体伤害或者死亡的；

（三）经诉讼程序依法确认不属于被保全人或者被执行人的财产，且无法在相关诉讼程序或者执行程序中予以补救的；

（四）人民法院生效法律文书已确认相关行为违法，且无法在相关诉讼程序或者执行程序中予以补救的；

（五）赔偿请求人有证据证明其请求与民事、行政诉讼程序或者执行程序无关的；

（六）其他情形。

赔偿请求人依据前款规定，在民事、行政诉讼程序或者执行程序终结后申请赔偿的，该诉讼程序或者执行程序期间不计入赔偿请求时效。

第二十条　人民法院赔偿委员会审理民事、行政诉讼中的司法赔偿案件，有下列情形之一的，相应期间不计入审理期限：

（一）需要向赔偿义务机关、有关人民法院或者其他国家机关调取案卷或者其他材料的；

（二）人民法院赔偿委员会委托鉴定、评估的。

第二十一条　人民法院赔偿委员会审理民事、行政诉讼中的司法赔偿案件，应当对人民法院及其工作人员行使职权的行为是否符合法律规定，赔偿请求人主张的损害事实是否存在，以及该职权行为与损害事实之间是否存在因果关系等事项一并予以审查。

第二十二条 本解释自2016年10月1日起施行。本解释施行前最高人民法院发布的司法解释与本解释不一致的，以本解释为准。

出台背景

国家赔偿责任，也称国家侵权损害赔偿，是指国家机关及其工作人员在执行职务、行使国家管理职权的过程中给公民、法人或其他组织造成损害，由国家承担赔偿，并由该国家机关具体履行的法律责任，[①] 主要由《国家赔偿法》规范。《国家赔偿法》采用了行政赔偿和刑事赔偿合一的体例，[②] 对于除行政赔偿、刑事赔偿以外，仅以人民法院作为赔偿义务机关的，与人民法院在民事、行政诉讼程序和执行程序中行使职权相关的赔偿案件，即实践中所称的非刑事司法赔偿案件，《国家赔偿法》在第38条作出了将其适用刑事赔偿程序的规定。[③] 以第38条为依据，最高人民法院先后制定了《关于民事、行政诉讼中司法赔偿若干问题的解释》（已废止）、《关于审理人民法院国家赔偿确认案件若干问题的规定（试行）》（已废止）作为适用非刑事司法赔偿案件的主要规范。2016年最高人民法院在原司法解释和司法政策的基础上重新制定了《司法赔偿解释》。《司法赔偿解释》有诸多创新亮点，如单列违法先予执行完善体例，丰富体系化侵权行为类型，将实践中问题突出的错误执行及违法保全进行着重规范，明确财产损害的一般及特殊原则，赔偿范围及于间接损失，引入精神损害赔偿等。

---

① 参见江必新、梁凤云等：《国家赔偿法理论与实务》（上卷），中国社会科学出版社2010年版，第12页。

② 参见马怀德、孔祥稳：《我国国家赔偿制度的发展历程、现状与未来》，载《北京行政学院学报》2018年第6期。

③ 参见司法解释起草小组、刘合华等：《〈关于审理民事、行政诉讼中司法赔偿案件适用法律若干问题的解释〉的理解与适用》，载《人民司法（应用）》2016年第31期。

理解与适用

（一）民事执行中的国家赔偿的界定

根据《国家赔偿法》及《司法赔偿解释》的规定，民事执行中的国家赔偿，是指人民法院及其执行人员在执行过程中违法行使职权，给公民、法人或者其他组织的合法权益造成损害，国家依法承担的一种赔偿责任。①

《司法赔偿解释》主要规范五类侵权行为，分别是违法采取对妨害诉讼的司法强制措施，违法采取保全措施，违法采取先予执行措施，对判决、裁定及其他生效法律文书执行错误以及殴打、虐待违法使用器械造成人身损害。从执行程序属于广义的诉讼程序角度看，违法采取对妨碍诉讼的司法强制措施理应包括违法采取对妨碍执行的强制措施。民事执行中均可能存在上述侵权行为，从而引发司法赔偿。

（二）民事执行中国家赔偿责任法理基础及构成要件

由《司法赔偿解释》第21条“人民法院赔偿委员会审理民事、行政诉讼中的司法赔偿案件，应当对人民法院及其工作人员行使职权的行为是否符合法律规定，赔偿请求人主张的损害事实是否存在，以及该职权行为与损害事实之间是否存在因果关系等事项一并予以审查”之规定可知，民事执行过程中国家赔偿的构成要件与一般民事侵权的构成要件并无不同。同样应当具备以下侵权行为四要件：

1. 侵权主体必须是人民法院及其工作人员。

2. 人民法院及其执行人员在执行过程中有违法行使职权的行为。该行为包括积极执行职务的行为和怠于执行职务的行为。职权行为的违法性是人民法院承担国家赔偿责任的前提。如法院在执行中就当事人达成的以物抵债协议所涉财产的权属是否合法、手续是否完备并不存在法定审查义务，由此导致无法办理过户的损失，法院不承担国家赔偿责任。②

对职权行为进行判断时不能只看行为的主观意向，更不能仅仅以该工作人

① 俞朝凤：《民事执行中的国家赔偿》，载《人民司法》2006年第9期。

② 参见宁夏回族自治区银川市中级人民法院赔偿委员会决定书，(2014)银法委赔字第1号。

员所属机关的意向为转移，要看该行为与该工作人员的职责的履行具有必要性或有助于职责的履行，而且致害行为与该工作人员的职务具有内在的联系或外观上具有履行职务的外形以至于一般人都认为是在行使职权。[①] 如《司法赔偿解释》第6条对侵害人身权的规定中，[②] 人民法院工作人员的行为如殴打、虐待等，不属于行使职权的行为，但只要与行使职权有关，或者是作为行使职权的一种手段，或者是假借行使职权之便实施的，或者是在行使职权的时间或场所实施的，国家应当对由此造成相对人的身体伤害或死亡的结果承担赔偿责任。即使人民法院工作人员因上述行为已被追究刑事责任，国家也应当承担赔偿责任。[③] 其法理基础在于：执行人员在执行公务的过程中，其个人的法律人格被完全吸收，其个人所实施的行为系代表国家行使强制执行权的职务行为。故执行公务过程中违法使用暴力造成他人身体伤害的，赔偿的责任主体应是执行人员所在的单位即执行法院，而不是执行人员个人。同时，为了体现对执行人员的惩戒，执行法院在对受害人赔偿后，可在赔偿范围内对执行人员进行追偿。[④]

3. 赔偿请求人有损害事实的发生，即合法权益受损。损害事实由两个要素构成：一是权利被侵害，二是因权利被侵害而导致利益受到损害的客观结果。如果仅有侵权行为而无权利侵害和利益损失的损害事实，就不能发生国家赔偿责任。[⑤]

对损害事实进行认定时需注意错误执行与执行回转的区别。《最高人民法院关于民事、行政诉讼中司法赔偿若干问题的解释》（已废止）规定了两种错误执行但如果可以执行回转的，法院可以不承担国家赔偿责任，即违法执行案外人

① 参见江必新、梁凤云等：《国家赔偿法理论与实务》（上卷），中国社会科学出版社2010年版，第526页。

② 《司法赔偿解释》第6条规定："人民法院工作人员在民事、行政诉讼过程中，有殴打、虐待或者唆使、放纵他人殴打、虐待等行为，以及违法使用武器、警械，造成公民身体伤害或者死亡的，适用国家赔偿法第十七条第四项、第五项的规定予以赔偿。"

③ 参见司法解释起草小组、刘合华等：《〈关于审理民事、行政诉讼中司法赔偿案件适用法律若干问题的解释〉的理解与适用》，载《人民司法（应用）》2016年第31期。

④ 根据《国家赔偿法》第31条的规定，赔偿义务机关对他人进行赔偿后，执行人员有可能要承担三种不同类型的责任：一是承担所在机关向其追偿部分或全部费用的民事责任；二是纪检、监察机关的党纪、政纪处分；三是构成犯罪的，还需承担刑事责任。

⑤ 参见江必新、梁凤云等：《国家赔偿法理论与实务》（上卷），中国社会科学出版社2010年版，第367页。

财产但可以执行回转及明显超过申请数额、范围执行但可以执行回转。其暗含的意思是，能够通过执行回转挽回损失的，受害人即无损害事实发生，法院自然无须承担国家赔偿责任。但执行回转制度的适用前提是执行依据被撤销，根据原执行依据取得财产权利的当事人失去了拥有该财产权利的法律基础。但无论是执行案外人财产还是明显超数额、范围执行，法院据以执行的依据仍是生效的，承担国家赔偿责任的原因在于法院执行错误。此种做法，一方面在制度适用上存在错误，另一方面存在以民事责任逃避国家责任的嫌疑。最高人民法院注意到该问题，在《司法赔偿解释》中进行了修改完善。

4. 违法行使职权行为与损害事实之间有因果关系。有观点认为，直接因果关系、相当因果关系及推定因果关系均有其不完善性，实践中国家赔偿案件运用的因果关系规则呈现多元化的特点，而因果关系确认本身也包含一定价值选择。因此，在认定因果关系时应考虑国家赔偿的基本宗旨，考虑公平负担的基本原则，不能孤立地就因果关系谈因果关系。①

国家赔偿制度从民事侵权赔偿责任制度中分化而来，民事侵权制度的不少内容如归责原则、责任构成、赔偿范围等为国家赔偿制度所吸收、借鉴及确认。国家赔偿以公共负担平等理论为基础，更关注客观损害后果的合理分散，民事侵权赔偿以过错责任理论为基础，更为注重对侵权行为人主观过错的评价，但二者有着实现矫正正义的共同法哲学基础。考虑到《国家赔偿法》与《侵权责任法》（已废止）之间的紧密关系，以及《国家赔偿法》的非自足性，某一赔偿要件应适用《国家赔偿法》但该法中没有规定的，可以适用《侵权责任法》（已废止）的规定。②

修订后的《国家赔偿法》已明确采取多元化归责原则体系，民事执行中国家赔偿的归责原则以违法归责为主。③ 对于“违法”的界定应把握以下几点：(1)“法”应理解为包括对法院或工作人员具有约束力的规范、规定、命令及

---

① 参见江必新、梁凤云等：《国家赔偿法理论与实务》（上卷），中国社会科学出版社 2010 年版，第 349 页。

② 参见江必新：《国家赔偿与民事侵权赔偿关系之再认识——兼论国家赔偿中侵权责任法的适用》，载《法制与社会发展》2013 年第 1 期。

③ 参见最高人民法院赔偿委员会办公室编著：《最高人民法院国家赔偿司法救助司法解释理解与适用》，人民法院出版社 2020 年版，第 93 页。

法律原则在内。(2) 属于“行为违法”范畴，包括法律行为违法和事实行为违法。(3) 对行使自由裁量权或存在消极不作为的场合，需要结合具体情形分析是否存在滥用职权或消极不作为是否达到违法程度。(4) 违法责任原则不应当侧重于对国家机关行为的法律评价，而应侧重考虑公民、法人或其他组织是否受到损失以及这种损失是否应当由受害人自行承担。①

(三) 民事执行中国家赔偿的范围

《司法赔偿解释》规定了民事执行中引发国家赔偿包括五种侵权类型：(1) 第2条列举的五种违法采取对妨害诉讼的强制措施的情形；(2) 第3条规定十种违法保全措施；(3) 第4条列举的三种违法先予执行措施；(4) 第5条规定的十一种对判决、裁定及其他生效法律文书执行错误的情形；(5) 第6条规定的使用暴力或违法使用器械侵害公民生命健康。由此可以看出，对于民事判决错误造成的损失，国家不承担赔偿责任。主要原因有三，首先，民事诉讼的特点是“两造”对抗穷尽攻击防御之措施，法院在其中扮演的角色有限，出现错判的责任究竟是在法院还是在当事人难以分辨。其次，民事诉讼错判导致的损失主要是财产，改判后可以通过执行回转或其他方式予以弥补。对此，《最高人民法院关于人民法院执行〈中华人民共和国国家赔偿法〉几个问题的解释》规定：“人民法院审理的民事、经济、行政案件发生错判并已执行，依法应当执行回转的，或者当事人申请财产保全、先予执行，申请有错误造成财产损失依法应由申请人赔偿的，国家不承担赔偿责任。”最后，如离婚等身份权纠纷，法官往往是根据法院赋予的自由裁量权定夺，判断标准无法精确量化。②

以上五类侵权行为根据侵害的权益不同引发财产赔偿责任或人身损害赔偿责任。但因民事执行程序中强制措施的适用有限，民事执行程序的司法赔偿多以财产损害赔偿为主。《司法赔偿解释》确立了以《国家赔偿法》第36条为一般原则，以《司法赔偿解释》为特别规定的财产损害赔偿规则。特别规定主要体现在三点，一是明确了财产不能恢复原状或者灭失的，应当按照侵权行为发

① 参见江必新、梁凤云等：《国家赔偿法理论与实务》(上卷)，中国社会科学出版社2010年版，第600~603页。

② 参见江必新、梁凤云等：《国家赔偿法理论与实务》(上卷)，中国社会科学出版社2010年版，第138页。

生时的市场价格计算损失。市场价格无法确定或者该价格不足以弥补受害人所受损失的，可以采用其他合理方式计算损失。二是对《国家赔偿法》第36条第5项“财产已经拍卖或者变卖的，给付拍卖或者变卖所得的价款；变卖的价款明显低于财产价值的，应当支付相应的赔偿金”做了区分，如果执行法院按照法定的程序拍卖或变卖的，应当赔偿拍卖或变卖所得价款；如果违法拍卖或者变卖价款明显低于财产价值，则应该支付赔偿金。我们理解，此间的差别在于以是否按照法定程序进行拍卖变卖作为确定价格是否公允、是否真实反映财产价值的判断标准。三是对间接损失的利息确定了计算基准。[①] 上述三点改变被认为是随着国家财政负担能力增强而扩充直接损失赔偿范围的体现，符合理论界对直接损失判断的新标准，即除具备损失客观性外，还具备利益的必然性和赔偿的公平性。如造成身体损害的，误工费虽然是间接损失，但属于必然的可得利益。法院对长期查封的挖掘机保管不善导致其丢失的，不考虑错误查封期间的物的利用价值可获取的收益，仅按照查封时的市场价值进行赔偿显然有失公平。[②]

民事执行中的人身损害赔偿责任来自两个方面，一方面是违法采取对妨碍执行的强制措施，主要是指拘留；另一方面是执行人员违法使用暴力造成他人身体伤害的。根据《国家赔偿法》第35条的规定，执行人员违法使用暴力造成他人身体伤害的，如果致人精神损害，还可能另行承担为受害人消除影响、恢复名誉、赔礼道歉的责任；如果致人精神损害且造成严重后果，还应当支付相应的精神损害抚慰金。关于严重后果的认定，人民法院赔偿委员会应综合考虑受害人人身自由、生命健康受到侵害的情况，精神受损情况，日常生活、工作学习、家庭关系、社会评价受到的影响情况，并考量社会伦理道德、日常生活经验等因素，依法认定侵权行为是否致人损害以及是否造成严重后果。

---

① 《司法赔偿解释》第15条规定：“国家赔偿法第三十六条第七项规定的银行同期存款利息，以作出生效赔偿决定时中国人民银行公布的一年期人民币整存整取定期存款基准利率计算，不计算复利。应当返还的财产属于金融机构合法存款的，对存款合同存续期间的利息按照合同约定利率计算。应当返还的财产系现金的，比照本条第一款规定支付利息。”

② 参见最高人民法院赔偿委员会办公室编著：《最高人民法院国家赔偿司法救助司法解释理解与适用》，人民法院出版社2020年版，第445页。

实务操作指引

（一）民事执行中国家赔偿责任的主体

1. 赔偿请求人

一般情况下只有作为法院职权行为直接实施对象的公民、法人和其他组织才享有赔偿请求权，但在受害的公民死亡、受害的法人或者其他组织终止的情形下，其权利承受人有权要求赔偿。

另外，对公民、法人和其他组织因法院及其工作人员职权行为遭受侵害的财产权应当做广义解释，包括但不限于所有权、他物权、债权、知识产权以及其他具有金钱价值的合法权益类型。① 因此，有权享有赔偿请求权的还包括抵押权人、质权人、留置权人、承租人以及合法占用使用财产的权利人。②

2. 赔偿义务机关

正常情况下司法赔偿义务机关是实施司法行为的法院，但如果该司法行为是经上一级人民法院复议改变后作出的，根据权责一致原则，由复议机关作为赔偿义务机关更符合规范公权力行使的立法宗旨。需要注意的是，如果复议机关仅是维持了法院作出的司法行为的，仍以作出该司法行为的法院为赔偿义务机关。

（二）申请时效和申请期间

赔偿请求人请求国家赔偿的时效为2年，自其知道或者应当知道国家机关及其工作人员行使职权时的行为侵犯其人身权、财产权之日起计算，但被羁押等限制人身自由期间不计算在内。赔偿请求人在赔偿请求时效的最后6个月内，因不可抗力或者其他障碍不能行使请求权的，时效中止。从中止时效的原因消除之日起，赔偿请求时效期间继续计算。《司法赔偿解释》第19条规定，申请赔偿的，除有特殊情况，应当在民事、行政诉讼程序或者执行程序终结后提出。其原因在于非刑事司法赔偿是以穷尽其他救济途径为前提的，只有在诉讼或执

① 参见最高人民法院赔偿委员会办公室编著：《最高人民法院国家赔偿司法救助司法解释理解与适用》，人民法院出版社2020年版，第98页。

② 参见《司法赔偿解释》第17条。

行程序终结后才能确认人民法院或其工作人员采取的司法行为是否违法、是否造成损害结果，目的是防止在诉讼、执行程序及国家赔偿中重复受偿的情形出现。但《司法赔偿解释》也规定了上述原则的例外情形，即可以不必等到程序终结即已确认司法行为违法或与正在进行的诉讼或执行程序无关。

在〔2013〕川法委赔字第4号国家赔偿案中，赔偿请求人以成都中院错误追加其为被执行人并将其房产查封低价拍卖、给其造成财产损失为由申请国家赔偿，成都中院认为从拍卖成交裁定送达赔偿请求人至其提出国家赔偿请求已超过2年申请时效，故驳回其赔偿请求。四川省高级人民法院认为，对成都中院追加赔偿请求人为被执行人的行为，赔偿请求人一直在向法院提执行异议、申请执行监督，虽然成都中院向申请执行人发放债权凭证并裁定终结本次执行程序，但整个执行案件尚未执行终结。因此申请国家赔偿时效尚未超过规定。但成都中院追加赔偿请求人为被执行人、委托拍卖的行为均符合法律规定，因此赔偿请求人要求国家赔偿理由并不成立。

（三）审查程序及司法审查权

赔偿请求人要求赔偿，应当先向赔偿义务机关提出。赔偿义务机关应当自收到申请之日起2个月内，作出是否赔偿的决定。赔偿义务机关在规定期限内未作出是否赔偿的决定，赔偿请求人可以自期限届满之日起30日内向其上一级人民法院赔偿委员会申请作出赔偿决定。赔偿请求人对赔偿的方式、项目、数额有异议的，或者赔偿义务机关作出不予赔偿决定的，赔偿请求人可以自赔偿义务机关作出赔偿或者不予赔偿决定之日起30日内，向赔偿义务机关的上一级人民法院赔偿委员会申请作出赔偿决定。人民法院赔偿委员会应当自收到赔偿申请之日起3个月内作出决定；属于疑难、复杂、重大案件的，经本院院长批准，可以延长3个月。赔偿委员会作出的赔偿决定，是发生法律效力的决定，必须执行。赔偿请求人或者赔偿义务机关对赔偿委员会作出的决定，认为确有错误的，可以向上一级人民法院赔偿委员会提出申诉。

现行《国家赔偿法》改变了以往需要单独确认违法性的前置程序，适用“确赔合一”审理模式，即人民法院赔偿委员会在非刑事司法赔偿案件审查中，对人民法院是否存在违法情形、是否给赔偿请求人造成损失、是否应予赔偿及赔偿数额、标准等一并予以审查，并在其赔偿决定中一并进行认定并说明论证理由。[①]

（四）国家赔偿决定的救济途径

《国家赔偿法》第29条第3款规定赔偿委员会的决定是“一决生效”，为保障赔偿请求人或赔偿义务机关的权益，《最高人民法院关于国家赔偿监督程序若干问题的规定》规定了三种对赔偿委员会作出的生效决定的监督途径：一是赔偿请求人或赔偿义务机关向上一级法院赔偿委员会提起申诉，二是赔偿委员会的本院院长决定或者上级法院指令重新审查，三是检察院提出的重新审查意见。

《国家赔偿法》第30条关于赔偿请求人或者赔偿义务机关对赔偿委员会作出的决定不服可以向上一级法院赔偿委员会提出申诉规定的本意是“一次申诉”原则。但实践中存在大量的对赔偿委员会作出的赔偿决定不服向上一级法院赔偿委员会申诉，对上一级法院赔偿委员会作出的驳回申诉通知书、函等再向上一级法院赔偿委员会申诉的情况，形成跨越三级法院、进行二次申诉的情形，违背了《国家赔偿法》的立法宗旨。[②] 因此，在《最高人民法院关于国家赔偿监督程序若干问题的规定》中明确了赔偿委员会驳回申诉后，再次提起申诉的，人民法院不予受理。在赔偿请求人或赔偿义务机关申诉监督的救济途径用尽后，还可以向检察院提起申诉。根据规定，检察院提出的重新审查意见类似于“抗诉”，同级人民法院赔偿委员会应当直接重新审理。

值得注意的是，全国人大常委会法工委考虑到目前《国家赔偿法》保护“冤假错案”赔偿请求人的力度还不够，规定申诉期限可能会影响赔偿请求人的生命健康权、人身自由权等重大权益，《最高人民法院关于国家赔偿监督程序若干问题的规定》目前对申诉期限未做规定。[③]

---

① 在《国家赔偿法》修订前，“确赔分离”模式广受诟病，一方面，确认违法性的程序是由赔偿义务机关或复议机关作出的，即赔偿义务机关自己确认自己违法，违背了自然公正原则。另一方面，确认程序解决的违法性确认问题在后续的赔偿程序中也可以得到解决，属于程序的重复设置。参见最高人民法院赔偿委员会办公室编著：《最高人民法院国家赔偿司法救助司法解释理解与适用》，人民法院出版社2020年版，第106页。

② 参见最高人民法院赔偿委员会办公室编著：《最高人民法院国家赔偿司法救助司法解释理解与适用》，人民法院出版社2020年版，第118页。

③ 参见最高人民法院赔偿委员会办公室编著：《最高人民法院国家赔偿司法救助司法解释理解与适用》，人民法院出版社2020年版，第139页。

二、司法赔偿中执行错误的认定

批复、解释原文

（一）最高人民法院赔偿委员会关于人民法院错误执行造成的直接财产损失应当承担国家赔偿责任的批复

1998 年 8 月 10 日　〔1998〕赔他字第 8 号

四川省高级人民法院：

你院川高法〔1998〕60 号《关于宋才永请求蒲江县、彭州市法院国家赔偿案有关法律问题的请示》收悉。经研究，答复如下：

一、蒲江县人民法院、彭州市人民法院在宋才永提出执行异议以及成都市农工商公司已表示保全财产不属该公司所有的情况下未严格审查，继续保全并执行，属执行对象错误，应当承担执行错误的主要责任。蒲江县中药材公司、彭州市中药材公司申请保全、执行对象错误，对错误执行应承担次要责任。蒲江县中药材公司、彭州市中药材公司与宋才永并无债权债务关系，获得中药材以及变卖的价款缺乏法律依据，应当予以返还。蒲江县人民法院、彭州市人民法院应对错误执行造成的直接损失部分（差价部分、霉变坏损部分）承担国家赔偿责任。

二、对已经被执行的财产估价，应当根据财产的质量、等级、当时当地市场价格等因素综合考虑。宋才永申请赔偿数额，却不能提供相关证据，故不应支持。

三、宋才永虽具有违反工商行政管理法规的行为，但该行为不影响其财产所有权。违反工商行政管理法规的行为应由工商行政管理部门依法查处，不应作为减轻国家赔偿的依据。

此复

（二）最高人民法院赔偿委员会关于人民法院执行对象错误应当对所造成的损失承担国家赔偿责任的批复

1998年12月30日 〔1998〕赔他字第13号

广西壮族自治区高级人民法院：

你院1998年8月24日《关于广西藤县蒙江少雄船舶修造厂申请国家赔偿案如何适用法律问题的请示报告》收悉。经研究，答复如下：

本案虽然经中、高院审判委员会研究，均认为属错误执行案件，但从现有材料反映，本案未经法定确认程序，应当依法重新确认。在处理本案时应当考虑以下几点：

一、李宗文将尚不属于自己所有的油船壳作为还款保证，导致梧州市万秀区人民法院错误执行并将执行所得为其偿还债务，李宗文应当承担主要责任，应将法院拍卖油船为其还债的部分予以偿还（65万元）；梧州市万秀区人民法院将属于少雄船舶修造厂所有的油船壳作为李宗文的财产予以强制执行，属执行对象错误，应当对李宗文偿还债务之后给少雄船舶修造厂造成的其他直接损失承担赔偿责任（如酌情赔偿少雄船舶修造厂为建造该油船而定购的机器、设备等遭受的损失）。

二、梧州市万秀区人民法院将油船予以变卖的行为，事前有公告，并请物价部门根据实物作价，且高于物价部门作价价格卖出，并无违法。根据《国家赔偿法》第二十八条第（五）项的规定，油船价格应当以拍卖价格为准（65万元）。

此复

（三）最高人民法院赔偿委员会关于违法查封且未尽保管义务造成损害人民法院应当承担国家赔偿责任的批复

2002年3月7日 〔2001〕赔他字第2号

四川省高级人民法院：

你院2001年2月5日〔2001〕川法委赔请字第01号《关于泸州汽车运输

总公司、李平贵申请泸州市中级人民法院违法查封赔偿一案的请示报告》收悉。经研究，答复如下：

同意你院请示报告中的第二种意见。根据《中华人民共和国国家赔偿法》第二十八条第（五）项规定，泸州市中级人民法院违法查封且未尽妥善保管义务造成赔偿请求人的直接损失应以被查封汽车折旧后价值166980元减去该车最终变卖价格6万元的差价计算。

此复

（四）最高人民法院关于审理涉执行司法赔偿案件适用法律若干问题的解释

2022年2月8日　法释〔2022〕3号

为正确审理涉执行司法赔偿案件，保障公民、法人和其他组织的合法权益，根据《中华人民共和国国家赔偿法》等法律规定，结合人民法院国家赔偿审判和执行工作实际，制定本解释。

第一条　人民法院在执行判决、裁定及其他生效法律文书过程中，错误采取财产调查、控制、处置、交付、分配等执行措施或者罚款、拘留等强制措施，侵犯公民、法人和其他组织合法权益并造成损害，受害人依照国家赔偿法第三十八条规定申请赔偿的，适用本解释。

第二条　公民、法人和其他组织认为有下列错误执行行为造成损害申请赔偿的，人民法院应当依法受理：

（一）执行未生效法律文书，或者明显超出生效法律文书确定的数额和范围执行的；

（二）发现被执行人有可供执行的财产，但故意拖延执行、不执行，或者应当依法恢复执行而不恢复的；

（三）违法执行案外人财产，或者违法将案件执行款物交付给其他当事人、案外人的；

（四）对抵押、质押、留置、保留所有权等财产采取执行措施，未依法保护上述权利人优先受偿权等合法权益的；

（五）对其他人民法院已经依法采取保全或者执行措施的财产违法执行的；

（六）对执行中查封、扣押、冻结的财产故意不履行或者怠于履行监管职责的；

（七）对不宜长期保存或者易贬值的财产采取执行措施，未及时处理或者违法处理的；

（八）违法拍卖、变卖、以物抵债，或者依法应当评估而未评估，依法应当拍卖而未拍卖的；

（九）违法撤销拍卖、变卖或者以物抵债的；

（十）违法采取纳入失信被执行人名单、限制消费、限制出境等措施的；

（十一）因违法或者过错采取执行措施或者强制措施的其他行为。

第三条 原债权人转让债权的，其基于债权申请国家赔偿的权利随之转移，但根据债权性质、当事人约定或者法律规定不得转让的除外。

第四条 人民法院将查封、扣押、冻结等事项委托其他人民法院执行的，公民、法人和其他组织认为错误执行行为造成损害申请赔偿的，委托法院为赔偿义务机关。

第五条 公民、法人和其他组织申请错误执行赔偿，应当在执行程序终结后提出，终结前提出的不予受理。但有下列情形之一，且无法在相关诉讼或者执行程序中予以补救的除外：

（一）罚款、拘留等强制措施已被依法撤销，或者实施过程中造成人身损害的；

（二）被执行的财产经诉讼程序依法确认不属于被执行人，或者人民法院生效法律文书已确认执行行为违法的；

（三）自立案执行之日起超过五年，且已裁定终结本次执行程序，被执行人已无可供执行财产的；

（四）在执行程序终结前可以申请赔偿的其他情形。

赔偿请求人依据前款规定，在执行程序终结后申请赔偿的，该执行程序期间不计入赔偿请求时效。

第六条 公民、法人和其他组织在执行异议、复议或者执行监督程序审查期间，就相关执行措施或者强制措施申请赔偿的，人民法院不予受理，已经受理的予以驳回，并告知其在上述程序终结后可以依照本解释第五条的规定依法提出赔偿申请。

公民、法人和其他组织在执行程序中未就相关执行措施、强制措施提出异议、申请复议或者申请执行监督，不影响其依法申请赔偿的权利。

第七条 经执行异议、复议或者执行监督程序作出的生效法律文书，对执行行为是否合法已有认定的，该生效法律文书可以作为人民法院赔偿委员会认定执行行为合法性的根据。

赔偿请求人对执行行为的合法性提出相反主张，且提供相应证据予以证明的，人民法院赔偿委员会应当对执行行为进行合法性审查并作出认定。

第八条 根据当时有效的执行依据或者依法认定的基本事实作出的执行行为，不因下列情形而认定为错误执行：

（一）采取执行措施或者强制措施后，据以执行的判决、裁定及其他生效法律文书被撤销或者变更的；

（二）被执行人足以对抗执行的实体事由，系在执行措施完成后发生或者被依法确认的；

（三）案外人对执行标的享有足以排除执行的实体权利，系在执行措施完成后经法定程序确认的；

（四）人民法院作出准予执行行政行为的裁定并实施后，该行政行为被依法变更、撤销、确认违法或者确认无效的；

（五）根据财产登记采取执行措施后，该登记被依法确认错误的；

（六）执行依据或者基本事实嗣后改变的其他情形。

第九条 赔偿请求人应当对其主张的损害负举证责任。但因人民法院未列清单、列举不详等过错致使赔偿请求人无法就损害举证的，应当由人民法院对上述事实承担举证责任。

双方主张损害的价值无法认定的，应当由负有举证责任的一方申请鉴定。负有举证责任的一方拒绝申请鉴定的，由其承担不利的法律后果；无法鉴定的，人民法院赔偿委员会应当结合双方的主张和在案证据，运用逻辑推理、日常生活经验等进行判断。

第十条 被执行人因财产权被侵犯依照本解释第五条第一款规定申请赔偿，其债务尚未清偿的，获得的赔偿金应当首先用于清偿其债务。

第十一条 因错误执行取得不当利益且无法返还的，人民法院承担赔偿责任后，可以依据赔偿决定向取得不当利益的人追偿。

因错误执行致使生效法律文书无法执行，申请执行人获得国家赔偿后申请继续执行的，不予支持。人民法院承担赔偿责任后，可以依据赔偿决定向被执行人追偿。

第十二条 在执行过程中，因保管人或者第三人的行为侵犯公民、法人和其他组织合法权益并造成损害的，应当由保管人或者第三人承担责任。但人民法院未尽监管职责的，应当在其能够防止或者制止损害发生、扩大的范围内承担相应的赔偿责任，并可以依据赔偿决定向保管人或者第三人追偿。

第十三条 属于下列情形之一的，人民法院不承担赔偿责任：

（一）申请执行人提供财产线索错误的；

（二）执行措施系根据依法提供的担保而采取或者解除的；

（三）人民法院工作人员实施与行使职权无关的个人行为的；

（四）评估或者拍卖机构实施违法行为造成损害的；

（五）因不可抗力、正当防卫或者紧急避险造成损害的；

（六）依法不应由人民法院承担赔偿责任的其他情形。

前款情形中，人民法院有错误执行行为的，应当根据其在损害发生过程和结果中所起的作用承担相应的赔偿责任。

第十四条 错误执行造成公民、法人和其他组织利息、租金等实际损失的，适用国家赔偿法第三十六条第八项的规定予以赔偿。

第十五条 侵犯公民、法人和其他组织的财产权，按照错误执行行为发生时的市场价格不足以弥补受害人损失或者该价格无法确定的，可以采用下列方式计算损失：

（一）按照错误执行行为发生时的市场价格计算财产损失并支付利息，利息计算期间从错误执行行为实施之日起至赔偿决定作出之日止；

（二）错误执行行为发生时的市场价格无法确定，或者因时间跨度长、市场价格波动大等因素按照错误执行行为发生时的市场价格计算显失公平的，可以参照赔偿决定作出时同类财产市场价格计算；

（三）其他合理方式。

第十六条　错误执行造成受害人停产停业的，下列损失属于停产停业期间必要的经常性费用开支：

（一）必要留守职工工资；

（二）必须缴纳的税款、社会保险费；

（三）应当缴纳的水电费、保管费、仓储费、承包费；

（四）合理的房屋场地租金、设备租金、设备折旧费；

（五）维系停产停业期间运营所需的其他基本开支。

错误执行生产设备、用于营运的运输工具，致使受害人丧失唯一生活来源的，按照其实际损失予以赔偿。

第十七条　错误执行侵犯债权的，赔偿范围一般应当以债权标的额为限。债权受让人申请赔偿的，赔偿范围以其受让债权时支付的对价为限。

第十八条　违法采取保全措施的案件进入执行程序后，公民、法人和其他组织申请赔偿的，应当作为错误执行案件予以立案审查。

第十九条　审理违法采取妨害诉讼的强制措施、保全、先予执行赔偿案件，可以参照适用本解释。

第二十条　本解释自2022年3月1日起施行。施行前本院公布的司法解释与本解释不一致的，以本解释为准。

出台背景

实践中，因执行对象错误即执行了案外人财产是引发国家赔偿的一个重要方面。前两个批复都是针对执行对象错误引发的国家赔偿。现对第一个批复所涉案件背景做简要介绍：

彭州市人民法院在执行成都市农工商公司拖欠彭州市中药材公司货款一案中，将原本属于宋某永所有的药材误作为成都市农工商公司的财产予以执行，案外人宋某永以被扣押的中（成）药材不属于成都市农工商公司而属自己所有为由向彭州市人民法院提出执行异议申请，宋某永又请求彭州市人民法院赔偿人民币 537, 664. 12 元。彭州市人民法院经审查认为宋某永所提异议理由不成立，裁定驳回宋某永的执行异议申请。彭州市人民法院在审查异议期间，同彭州市中药材公司对被扣押的中（成）药材进行过磅和清点，并委托成都市中药材公司对药材的质量和价格进行鉴定。彭州市人民法院根据该鉴定意见将被扣押的中（成）药材以抵债方式执行给彭州市中药材公司。后宋某永向彭州市人民法院递交了确认执行错误申请书。该院受理后作出（1997）彭民再字第 1 号民事裁定，确认该院在执行成都市农工商公司拖欠彭州市中药材公司货款纠纷案中，误对宋某永与成都市农工商公司签订承包“下属”（中药材经营部）的合同解除后属于宋某永个人的财产进行执行，属于执行对象错误，故撤销了该院驳回宋某永执行异议申请的裁定。在确认期间，为进一步核实中（成）药材的价格，彭州市人民法院委托成都市价格事务所对中（成）药材的市场价格进行调查，该所出具了成价鉴字（97）51 号调查结论。彭州市人民法院作出（1997）彭法赔字第 1 号决定，认定该院对成都市农工商公司与宋某永签订的承包合同解除后应属宋某永个人的中（成）药材误作为成都市农工商公司的财产予以执行，给赔偿请求人宋某永造成一定的经济损失，应予以赔偿；对彭州市中药材公司未处理的价值人民币 6216. 49 元的部分中（成药）系赔偿请求人宋某永在承包期内购进的，属成都市农工商公司的财产，该院执行正确，不予赔偿；赔偿请求人宋某永与成都市农工商公司解除承包合同后，依法应重新申办营业执照，但仍违法使用成都市农工商公司中药材经营部的营业执照，对该院错误执行应承担一定的责任，故减少国家赔偿人民币 28, 527. 05 元；赔偿请求人宋某永的其他赔偿请求，因证据不充分，不予赔偿。彭州市人民法院依据成都市价格事务所出具的成价鉴字（97）51 号调查结论中提供的价格以及赔偿请求人宋某永提供的磅码单记载的价格，决定赔偿宋某永人民币 114, 108. 18 元。

宋某永不服该赔偿决定，向成都市中级人民法院赔偿委员会申请作出赔偿决定。成都市中级人民法院赔偿委员会依照 1994 年《国家赔偿法》第 2 条第 1 款，第 31 条，第 28 条第 4 项、第 7 项和《最高人民法院关于人民法院赔偿委员会审理赔偿案件程序的暂行规定》（已废止）第 16 条第 2 项的规定，决定：(1) 撤销彭州市人民法院 1997 年 9 月 9 日作出的（1997）彭法赔字第 1 号决定；(2) 由彭州市人民法院在收到本决定书之日起 1 个月内赔偿宋某永人民币

51, 815. 04 元；（3）驳回赔偿请求人宋某永请求彭州市人民法院赔偿资金利息人民币 169, 167. 83 元，差旅费及其他损失人民币 10, 000. 00 元的申请。

理解与适用

（一）对执行错误的界定

执行错误，是指执行行为违背法律规定的要件、程序或者方法。[①] 根据《司法赔偿解释》作出的侵权行为分类，执行错误做狭义理解，仅指对判决、裁定及其他生效法律文书执行错误；做广义理解，应该还包括违法采取保全措施及违法先予执行。2022 年 2 月 8 日发布的《执行司法赔偿解释》第 19 条规定，违法采取妨害诉讼的强制措施、保全、先予执行赔偿案件的审理可以参照适用本解释。引起司法赔偿的执行错误，有的是明显违反法律规定应当执行而不执行或不应当执行而执行，也有的是虽然没有明显违反法律规定但却存在执行方式、手段不当，与法律目的不相符；或者是执行人员责任心不强，没有尽责尽力。

（二）对违法采取保全措施的理解

从《司法赔偿解释》第 3 条的规定来看，违法采取保全措施承担国家赔偿的侵权构成要件，强调了法院及其工作人员行为的“违法性”。并且，与《最高人民法院关于民事、行政诉讼中司法赔偿若干问题的解释》（已废止）将违法保全措施限于“人民法院依职权保全”相比，《司法赔偿解释》删除了该限定表述，将人民法院在依申请及依职权保全过程中违法行使职权造成损害的情形都囊括进去。[②] 以下进行具体分析：

1. 依法不应当采取保全措施而采取的

就诉前保全而言，依法不应当采取保全措施表现在两个方面，一是客观上不需要采取诉前保全措施，如不存在不立即保全将使利害关系人合法权益遭受

---

① 参见俞朝凤：《民事执行中的国家赔偿》，载《人民司法》2006 年第 9 期。

② 参见司法解释起草小组、刘合华等：《〈关于审理民事、行政诉讼中司法赔偿案件适用法律若干问题的解释〉的理解与适用》，载《人民司法（应用）》2016 年第 31 期。

难以弥补损害的情形；二是未提供担保即采取保全措施的。[①]

2. 依法不应当解除保全措施而解除，或者依法应当解除保全措施而不解除的

人民法院应当解除保全措施的情形包括但不限于：（1）债权人申请执行前保全的，债权人法律文书指定的履行期间届满后5日内不申请执行的；[②]（2）财产纠纷案件，被执行人提供担保的；[③]（3）保全错误的；（4）申请人撤回保全申请的；（5）申请人的起诉或者诉讼请求被生效裁判驳回的；[④]（6）人民法院认为应当解除保全的其他情形。[⑤] 在应当解除保全措施的情况下人民法院未解除，给当事人造成利益损害的，应当承担国家赔偿责任。

根据《民事诉讼法解释》第165条的规定，人民法院采取保全措施后，除作出保全措施的人民法院自行解除或者上级人民法院决定解除外，在保全期间，任何单位不得解除保全措施。也就是说，在保全期间届满前，人民法院对不符合应当解除保全措施条件的财产解除保全的，属于依法不应当解除保全措施而解除的情形。

在（2015）新委赔字第7号国家赔偿决定中，新疆维吾尔自治区高级人民法院认为，在一审法院驳回起诉裁定尚未生效的情况下，一审法院将诉讼中保全财产变价款支付给被告的行为，定性为执行尚未发生效力的法律文书，应承担国家赔偿责任。该观点值得商榷。根据《民事诉讼法解释》第166条和《保全规定》第23条之规定，申请人的起诉或者诉讼请求被生效裁判驳回的，人民法院应当依申请作出解除保全裁定。即因起诉被驳回而解除保全措施，非属法院依职权采取的行为，而系当事人申请的结果。在驳回起诉裁定未生效的情况下，法院解除保全措施的行为应属于依法不应当解除保全措施而解除的情形。

3. 明显超出诉讼请求的范围采取保全措施的、在给付特定物之诉中，对与

---

① 参见江必新、梁凤云等：《国家赔偿法理论与实务》，中国社会科学出版社2010年版，第507页。

② 参见《民事诉讼法解释》第163条。

③ 参见《民事诉讼法解释》第166条。

④ 需注意的，如果申请人的起诉或者诉讼请求是被其他人民法院生效裁判驳回的，应由申请人依申请向采取保全措施的法院申请解除保全。

⑤ 参见《民事诉讼法解释》第166条。

案件无关的财物采取保全措施的

保全限于请求的范围，或者与本案有关的财物。在金钱债权的执行中，法院可保全的财产包括动产、不动产及其他财产权，但应以其价额足以清偿法律文书确定的债权额及执行费用为限，不得明显超标的额查封、扣押、冻结。[①] 与案件有关的财物是指保全的财物是本案的诉讼标的物或者有牵连的财物。在特定物返还诉讼中，如请求返还车辆的，法院保全标的物仅限于诉争车辆。

对明显超标的查封的认定应当从以下几个方面进行把握：

首先，应当确定查封财产的价值。查封房产的，可以参照同地段、同条件的房产价值估算。查封房产为一手房的，可以参照房地产开发企业的销售价格、当地房管部门的指导价格；查封房屋为二手房的，可以参照税务机关核定价格、二手房市场成交价格；查封土地使用权的，可以参照出让合同记载的出让金价格；预查封在建工程的，可以参照该工程的投资额、完成的工程量、拆迁安置、销售等情况进行估算；冻结上市公司股票的，可以参照冻结前一交易日收盘价进行估算等。[②] 评价查封、冻结行为是否构成超标的查封、冻结，应当以该行为作出时，被查封、冻结的标的物的价值来判断，而不宜以该标的物在事后某个时间点的价值来判断。[③]

其次，对于明显超标的的理解不应过于机械。如在依法查封的标的物是不动产且未经评估无法精确计算其价值的情况下，对于司法解释规定的“明显超标的额”的限制，应当适当从宽掌握。[④]

再次，查封财产上已经设定的抵押或其他优先债权应从查封财产价值中予以扣除。[⑤]

最后，当事人提出超标的查封异议的，法院应当对案涉财产进行委托评估，

---

① 参见《查扣冻规定》第19条。

② 参见《山东省高级人民法院办公室关于印发规范查封扣押冻结财产工作指引的通知》。

③ 参见最高人民法院执行裁定书，（2019）最高法执复第61号；最高人民法院执行裁定书，（2019）最高法执复第62号。

④ 参见最高人民法院执行裁定书，（2015）执复字第28号。

⑤ 参见最高人民法院执行裁定书，（2015）执监字第38号；最高人民法院执行裁定书，（2015）执复字第51号。

根据委托评估价格认定是否存在超标的查封情形。[①]

保全错误不会立即引发国家赔偿，人民法院发现超标的额保全或保全与案件无关财产的，人民法院在根据被申请人的申请或者依职权，及时解除对超标的额部分或无关财产的保全措施的情况下，未造成当事人损失的，法院无须承担赔偿责任。

4. 违法保全案外人财产的

法院查封财产时对是否属于被保全人或被执行人财产的判断采取外观主义原则，原则上不得保全案外人财产。对于第三人占有的动产或者登记在第三人名下的不动产、特定动产及其他财产权，第三人书面确认该财产属于被执行人的，人民法院才可以对其进行查封、扣押、冻结。由此可见，人民法院在保全或执行过程中应当对被执行人财产权属进行初步判断，该判断不能仅停留在外观上，应当进行一定程度的调查，并听取案外人及被执行人的意见和异议。

在新乐市对外贸易公司破产清算组申请河北省新乐市人民法院违法保全赔偿案中，[②] 新乐市人民法院查封了案外人委托被保全人加工的284包甘草。案外人提出异议被驳回。284包甘草经拍卖得款33,712.7元。案外人另案起诉被保全人承担不能按约交货的违约责任，被保全人按照判决向案外人支付346,104.0元（含诉讼费）。后被保全人破产，清算组向执行法院申请国家赔偿。石家庄市中级人民法院认为，被保全人依民事判决支付给案外人的款项346,104.0元属新乐市人民法院错误查封、扣押284包甘草给被保全人带来的直接损失，依法应予赔偿。执行法院违法保全案外人财产，但案外人选择依据合同约定向被保全人主张权利并已实际获得救济，即被保全人已承担了因执行法院违法保全给案外人造成的损害后果，故被保全人有权作为实际受害人申请并获得国家赔偿。[③]

在《最高人民法院关于民事、行政诉讼中司法赔偿若干问题的解释》（已废止）中，违法保全案外人财产的，有除外情形，即“案外人对案件当事人负有到期债务的”。但这一规定在《司法赔偿解释》中被删除。这一删除较为合理。案外人对案件当事人负有到期债务的，法院可以采取保全措施，但此时保全的

---

① 参见最高人民法院执行裁定书，（2015）执复字第54号。

② 最高人民法院（2012）赔监字第4号驳回申诉通知书。

③ 参见《最高人民法院办公厅关于印发非刑事司法赔偿典型案例的通知》案例2。

效果是案外人禁止向债务人清偿。只有在对到期债权进行执行时，案外人既不履行也不提异议的情况下，法院才能强制执行案外人的财产，也即此时法院才能对案外人的财产采取查封、扣押、冻结等措施。保全程序中如果案外人同意偿付的，则法院可以提存财物或价款，但此时保全的也并不是案外人的财产而是债务人的财产。因此，案外人对案件当事人负有到期债务的，法院并不能直接保全案外人的财产。

5. 对查封、扣押、冻结的财产不履行监管职责，造成被保全财产毁损、灭失的

《民事诉讼法解释》第 154 条第 1 款规定，人民法院在财产保全中采取查封、扣押、冻结财产措施时，应当妥善保管被查封、扣押、冻结的财产。不宜由人民法院保管的，人民法院可以指定被保全人负责保管；不宜由被保全人保管的，可以委托他人或者申请保全人保管。《最高人民法院赔偿委员会关于违法查封且未尽保管义务造成损害人民法院应当承担国家赔偿责任的批复》即是最高人民法院对因人民法院未尽到监管职责造成被保全财产损失承担赔偿责任所作的批复。

对于将保全财产交由被保全人或委托他人或申请保全人保管，造成被保全财产受损的，《司法赔偿解释》对此有明确规定，人民法院依法指定的保管人对查封、扣押、冻结的财产违法动用、隐匿、毁损、转移或者变卖的，国家不承担赔偿责任。人民法院在明知保管人有上述行为但不予阻止造成损害结果是否应承担赔偿责任，最高人民法院先后两个批复给出了不同的答案。最高人民法院〔1997〕赔他字第 8 号批复中表明，虽然人民法院在知悉保管人有擅自动用处置被保全财产的情况下没有制止导致损害结果发生，但人民法院免于承担赔偿责任。由此可见，该解释对人民法院“不履行监管职责”的情形仅限于人民法院应当主动履行监管职责的情形。在随后最高人民法院〔2003〕确他字第 1 号答复中，人民法院在接到有关举报、得知保全财产损害的后果应当积极处置而未处置的行为也被包括在“不履行监管职责”范围内。① 如果执行法院在发

① 参见江必新、梁凤云等：《国家赔偿法理论与实务》，中国社会科学出版社 2010 年版，第 512 页。

现保管人擅自处分财产后及时变更保管人的，则不存在故意不履行监管职责的情形，此时执行法院不应承担赔偿责任。被保全人由此遭受的损失可向保管人主张。

在海南新世界彩色冲印有限公司申请海南省海口市中级人民法院违法保全赔偿案中，海口市中级人民法院依申请查封被保全人财产并指令被保全人负责保管。其后，案外人提出被保全人机器设备所存放的铺面系该公司所有，请求法院将机器设备转移出该铺面。海口市中级人民法院转移查封财产后，没有委托或指定专人负责看管，也没有依法采取适当的保全措施，最后导致被保全财产部分损毁。海南高院赔偿委员会认为，海口市中级人民法院具有监管不力的情形，但被保全人擅自使用，未尽保管之责、又不积极配合财产清点、转移，对造成查封财产损失也有一定过错，最终决定海口市中级人民法院对损失承担50%的赔偿责任。

需要注意的是，《执行司法赔偿解释》第2条第1款列举的措施执行行为第6项，“对执行中查封、扣押、冻结的财产故意不履行或者怠于履行监管职责的”，删除了《司法赔偿解释》第5条第8项的“造成财产毁损、灭失”的限定表述。虽然《执行司法赔偿解释》第19条有关于违法保全赔偿案件可以参照适用《执行司法赔偿解释》的规定，但在认定保全错误时，仍需具有“造成被保全财产毁损、灭失的”的后果。

6. 对季节性商品或者鲜活、易腐烂变质以及其他不宜长期保存的物品采取保全措施，未及时处理或者违法处理，造成物品毁损或者严重贬值的

《民事诉讼法解释》第153条规定，人民法院对季节性商品、鲜活、易腐烂变质以及其他不宜长期保存的物品采取保全措施时，可以责令当事人及时处理，由人民法院保存价款；必要时，人民法院可予以变卖，保存价款。前述规定赋予了人民法院对鲜活易腐等不宜保存物品进行及时处理或变价的义务。这也导致在实践中人民法院对鲜活易腐等不宜保存的物品采取保全措施的动力不足。

在酒泉市绿宝鑫啤酒花有限责任公司申请甘肃省酒泉市中级人民法院违法保全赔偿案中，酒泉中院查封被保全人压缩啤酒花，被保全人多次申请以房产作为担保解除查封，法院未予同意。在当事双方达成和解协议并履行完毕后法院解除查封，因长期查封致使压缩啤酒花甲酸含量降低报废。被保全人申请国

家赔偿，最终与赔偿义务机关协商获得赔偿。在该案中，被保全人多次申请解封并提供房产作为担保，但赔偿义务机关违反法律规定，对应予解封的不宜长期保存财产未予解封，又未依法及时处理或变卖保存价款，导致查封财产毁损变质，违反了上述《民事诉讼法解释》第153条的规定。

7. 对不动产或者船舶、航空器和机动车等特定动产采取保全措施，未依法通知有关登记机构不予办理该保全财产的变更登记，造成该保全财产所有权被转移的

《查扣冻规定》第7条规定，查封、扣押、冻结已登记的不动产、特定动产及其他财产权，应当通知有关登记机关办理登记手续。第9条规定，扣押尚未进行权属登记的机动车辆时，该车辆在扣押期间权利人要求办理权属登记手续的，人民法院应当准许并及时办理相应的扣押登记手续。以民用航空器的保全为例，如果法院未通知民用航空局办理该航空器的权利登记查封，该航空器在查封期间被转让给案外人的，导致申请人在取得胜诉判决后因被执行人无财产可供执行无法实现债权的，人民法院应承担赔偿责任。

8. 违法采取行为保全措施的

违法采取行为保全措施是《司法赔偿解释》的内容，与《民事诉讼法》的规定相呼应，对当事人权益保障更为全面。需要注意的是，现行《国家赔偿法》及相关司法解释未将违法采取证据保全纳入国家赔偿范围。①

9、其他违法情形

本条是兜底条款，主要是指违反保全方法、措施及程序的行为，如对财产保全期限超过《民事诉讼法解释》第485条规定的相应期限的，对财产进行重复查封、冻结的，违反法定程序采取保全措施，造成损害的，均应当承担赔偿责任。在张某娥申请重庆市渝北区人民法院错误执行赔偿案中，法院在发现其对张某娥银行存款的扣划行为属于重复执行时，没有即时进行纠正，导致张某

① 参见《最高人民法院对于证据保全措施违法是否属于国家赔偿违法确认案件受理范围的答复》（〔2006〕确他字第3号）规定："吉林省高级人民法院：你院吉高法（2006）69号《关于证据保全措施违法是否属于国家赔偿确认案件受理范围的请示》收悉。经研究认为：国家赔偿范围系由国家赔偿法确定。现行国家赔偿法及其相关司法解释均未将违法采取证据保全措施纳入国家赔偿范围。故同意你院关于证据保全措施违法不应当属于国家赔偿确认案件受理范围的意见。"

娥的银行存款在该院银行账户上无故停留 9 个多月，属执行行为确有错误的情形，张某娥要求法院赔偿扣划期间存款利息损失的请求符合申请国家赔偿的条件。

（三）对违法采取先予保全措施的理解

先予执行有独立于保全和执行的适用范围和法定条件，在责任构成上违法性判断也具备独立性，为保持与立法体例一致，《司法赔偿解释》将先予执行单列，顺应法院已长期受理并审查违法先予执行的司法实践。① 《司法赔偿解释》第 4 条规定了违法采取先予执行措施的三种情形，其中第三种情形为兜底性规定。

1. 违反法律规定的条件和范围先予执行的

《民事诉讼法》第 109 条、第 110 条及《民事诉讼法解释》第 170 条对先予执行的范围及条件进行了明确的规定。②

《民事诉讼法》第 110 条第 2 款规定，先予执行申请人败诉的，应赔偿被申请人因先予执行遭受的财产损失。《司法赔偿解释》第 7 条规定，属于《民事诉讼法》第 110 条第 2 款规定情形的，国家不承担赔偿责任。根据上述规定，在判断法院是否需因先予执行错误承担国家赔偿责任时，首先需要辨别被申请人所遭受的损失是由先予执行申请人的错误申请引起的，还是由法院违反法律规定的范围和条件或是超出诉讼请求范围先予执行引起的。

2. 超出诉讼请求的范围先予执行的

《民事诉讼法解释》第 169 条规定，《民事诉讼法》规定的先予执行，人民

---

① 参见司法解释起草小组、刘合华等：《〈关于审理民事、行政诉讼中司法赔偿案件适用法律若干问题的解释〉的理解与适用》，载《人民司法（应用）》2016 年第 31 期。

② 《民事诉讼法》第 109 条规定："人民法院对下列案件，根据当事人的申请，可以裁定先予执行：（一）追索赡养费、扶养费、抚养费、抚恤金、医疗费用的；（二）追索劳动报酬的；（三）因情况紧急需要先予执行的。"《民事诉讼法》第 110 条规定："人民法院裁定先予执行的，应当符合下列条件：（一）当事人之间权利义务关系明确，不先予执行将严重影响申请人的生活或者生产经营的；（二）被申请人有履行能力。人民法院可以责令申请人提供担保，申请人不提供担保的，驳回申请。申请人败诉的，应当赔偿被申请人因先予执行遭受的财产损失。"《民事诉讼法解释》第 170 条规定："《民事诉讼法》第一百零九条第三项规定的情况紧急，包括：（一）需要立即停止侵害、排除妨碍的；（二）需要立即制止某项行为的；（三）追索恢复生产、经营急需的保险理赔费的；（四）需要立即返还社会保险金、社会救助资金的；（五）不立即返还款项，将严重影响权利人生活和生产经营的。"

法院应当在受理案件后终审判决作出前采取。先予执行应当限于当事人诉讼请求的范围，并以当事人的生活、生产经营的急需为限。

以（2017）琼01委赔3号决定书所涉先予执行国家赔偿案为例，当事双方诉争标的为《土地租赁合同书》项下桂林洋农场24.8亩土地的租赁使用权。原告提出先予执行的申请，法院作出裁定将24.8亩土地及7.4亩塔市村土地先予执行给原告。此即法院超出诉讼请求的范围先予执行。该案中，因被告申请复议，最终法院并未先予执行7.4亩塔市村土地，法院对24.8亩桂林洋农场土地的先予执行行为，与生效判决所确定的被告应履行的义务相一致，未损害被告的合法权益，不承担国家赔偿责任。因法院未对7.4亩塔市村土地采取执行措施，也就不存在损害被告合法权益的可能，亦不应承担国家赔偿责任。

（四）对判决、裁定及其他生效法律文书执行错误的理解

《司法赔偿解释》规定了11种执行错误的情形，《执行司法赔偿解释》对《司法赔偿解释》规定的11种情形进行了整合，同时增加了3项内容，最终列举了11种错误执行行为。需要注意的是，该11种错误执行行为并非均以人民法院的执行行为具备“违法性”为前提。

《执行司法赔偿解释》规定，错误执行行为包括错误采取财产调查、控制、处置、交付、分配等执行措施或者罚款、拘留等强制措施，将执行全流程都纳入其中。值得注意的是，财产调查并不涉及对财产的控制、处置，此过程中执行行为如何侵犯公民、法人或其他组织合法权益，《执行司法赔偿解释》中并没有具体体现，尚待司法实践进一步探索。从《财产调查规定》来看，为避免可能引发的赔偿请求，在财产调查过程中，执行法院要注意及时对申请人提供的明确、具体的财产线索进行核查（7日内，情况紧急的在3日内），查证确实的，应及时采取相应的执行措施；在进行搜查时应注重程序合法（如采取搜查措施，应由院长签发搜查令）；对于执行案件无关的信息，不得调查等。

下文按照《司法赔偿解释》第5条列举的11种执行错误情形顺序，结合《执行司法赔偿解释》的规定，对条款含义、新旧规定的变化及其适用情形进行分析解读。

1. 执行未生效法律文书的

执行名义必须是已经生效的法律文书。[①] 法院在执行立案审查过程中发现或者被执行人提出申请执行人据以执行的法律文书尚未发生法律效力，经审查属实的，应裁定驳回执行申请。

实践中法律文书的送达容易引起法律文书是否生效的争议。例如，当事人常以未收到判决为由主张判决不生效力，法院则以已采取公告送达进行抗辩，具体到个案中就需要根据实际情况判断法院采取公告送达是否符合法律规定。如果不存在当事人下落不明情形的，法院通过公告送达判决的，因违法的送达方式不产生法律效力，该判决未生效。债权人依据该判决申请执行并且法院予以执行的，即属于执行未生效的法律文书。民事调解书送达前一方反悔未签收的，法院应当及时判决，此时民事调解书未生效力，法院对该调解书立案执行的，亦属于执行未生效法律文书的执行错误情形。[②]

值得注意的是，二审判决作出“维持原判”并已生效的，执行法院对当事人提交的一审判决立案执行的，并不属于执行未生效法律文书。因执行未生效法律文书承担国家赔偿责任，还需满足实体上当事人因该错误执行导致利益受损，在程序上应在执行程序终结后提出。这是因为当事人一般会在执行程序中对法院执行未生效法律文书提出异议，而对法律文书是否生效的判断并不困难，该执行错误在执行程序中被纠正的可能性极大。

2. 超出生效法律文书确定的数额和范围执行的

与财产保全阶段相比，执行阶段查封、扣押、冻结财产的数额还需考虑执行费用、迟延履行利息等。最高人民法院在（2013）执复字第 6 号执行裁定中认为，执行法院有权考虑执行标的应包括的迟延履行利息、被执行人欠缴的土地使用权出让金、各种税费和执行费用、拍卖佣金、拍卖标的物过户费等，以及在确定拍卖保留价时依法可以下浮的比例等因素。

《司法赔偿解释》删除了《最高人民法院关于民事、行政诉讼中司法赔偿若干问题的解释》（已废止）“明显超过申请数额、范围执行且无法执行回转的”

① 参见江必新、梁凤云等：《国家赔偿法理论与实务》，中国社会科学出版社 2010 年版，第 516 页。

② 参见四川省高级人民法院赔偿委员会赔偿决定书，（2018）川委赔监 69 号。

中“且无法执行回转的”的限定表述。依据《最高人民法院关于民事、行政诉讼中司法赔偿若干问题的解释》（已废止）的规定，如果违法执行案外人财产或明显超过申请数额、范围执行，能执行回转，则不属于执行错误。即能够执行回转构成执行法院承担国家赔偿责任的阻却事由。此种对执行回转的适用实际上是脱离执行回转制度本旨的。根据《民事诉讼法》的规定，只有在据以执行的生效法律文书被撤销的情况下，才有可能引发执行回转。根据《司法赔偿解释》的规定，民事裁判文书出现错判并不属于司法赔偿的范围，这是当前的立法选择，其应通过执行回转制度予以解决。如果是因执行依据错误引发的执行错误（无论执行行为本身是否合法），目前也是采取不予赔偿的态度，或者至少不是《司法赔偿解释》调整的范畴，其原因在于，该问题可以通过执行回转程序一并解决。由此，本条所涉及的以执行法院行为不以“违法性”为前提的超数额和范围执行以及下述第 5 条执行案外人财产，并非执行回转制度的适用对象。

《执行司法赔偿解释》将上述第 1 点“执行未生效法律文书的”与本条整合为一项内容，作为第 2 条第 1 项，并对“超出生效法律文书确定的数额和范围执行”添加了“明显”的表述，与《司法赔偿解释》第 3 条违法采取保全措施第 3 项的“明显超出诉讼请求的范围采取保全措施”保持一致。实践中，超出生效法律文书确定的数额和范围执行主要表现为执行过程中的超标的查封、扣押或冻结。实际上，完全严格按照生效文书确定的数额和范围采取财产控制措施并不现实，尤其涉及房产、股票、股权等价值难以精确计量的财产类型，应当允许合理范围的超标的查封。因此，《执行司法赔偿解释》增加“明显”的限定表述更为合理。但对于如何把握“明显”并无客观标准，需要结合具体个案情形分析。在最高人民检察院发布的检例第 79 号南漳县丙房地产开发有限责任公司被明显超标的额查封执行监督案中，生效法律文书确定的债务总额为 5974 万元，申请执行人申请查封的标的额为 6671 万元，而执行法院实际查封的房产价值为 1.21 亿元，此即属于明显超标的额查封被执行人财产的错误执行行为。

3. 对已经发现的被执行人的财产，故意拖延执行或者不执行，导致被执行财产流失的

《最高人民法院关于审理人民法院国家赔偿确认案件若干问题的规定（试

行)》（已废止）将法院在执行程序中的不作为，如故意拖延执行、不执行，应当恢复而不恢复导致的当事人利益受损也列入国家赔偿的范围。该规定于2013年被废止，前述规定于2016年被吸收到《司法赔偿解释》之中，在此期间当事人要求法院对已经发现的被执行人财产故意拖延执行导致被执行财产流失进行国家赔偿的，因缺乏法律依据被驳回。①

对该条及下述第4条应当恢复而不恢复应理解为，人民法院在执行过程中，存在对已有执行财产线索、具备执行可能的被执行人的财产，主观上故意拖延执行或者不执行，应当恢复执行而不恢复，希望或者放任该被执行财产流失的不作为情形。而客观上因其他因素或困难，导致案件无法执行或不具备执行可能的，则不属于前述规定范围。② 在执行回转程序中，当事人向法院申请执行回转，法院未及时启动执行回转，在发现执行回转程序的被执行人财产后未采取执行回转措施，导致被执行人将财产处置，无法执行回转的，也属于本条所指的执行错误行为。③

适用本条时需要注意三个问题：一是被执行人的财产是否具备可执行的条件；二是如何认定执行法院“故意”；三是如果仅主张法院存在故意拖延执行或者不执行，但被执行财产并未流失的，法院是否承担赔偿责任。

关于第一个问题，最高人民法院在（2020）最高法委赔监272号决定书中对被执行人的财产是否具备可执行条件进行了分析。申请人主张营口市中级人民法院在执行过程中，对其提供的鲅鱼圈区人民法院扣留被执行人在红兴公司1500万元土地转让款的财产信息不采取执行措施，导致该款被鲅鱼圈区人民法院解除扣留，后其债权无法实现，故申请赔偿。经审查，在另一执行案中，红兴公司已提供证据证明其所欠土地转让费已经全部付清，不应执行该到期债权。而且鲅鱼圈区人民法院在执行案件过程中虽裁定扣留红兴公司应给付给被执行人的价款1500万元，但该裁定并未实际执行，扣留款项并未划至法院账户。最高人民法院认为，申请人并未举证证明该到期债权的真实情况，也未举证证明该到期债权在其申请执行时尚未实现。并且，申请人未能证明本案的被执行人

① 参见山西省太原市中级人民法院赔偿决定书，（2014）并法赔字第1号。
② 参见最高人民法院赔偿委员会赔偿决定书，（2019）最高法委赔监52号。
③ 参见青海省高级人民法院赔偿委员会赔偿决定书，（2019）青委赔2号。

对红兴公司享有到期债权。即赔偿申请人提供的被执行财产线索并不具备执行的可能性。

关于第二个问题，即如何认定执行法院“故意”，从《国家赔偿法》和《司法赔偿解释》整体规定来看，国家赔偿采违法责任原则为主，结果责任原则、过错责任原则为辅的多元归责原则体系，① 而在执行错误引发的国家赔偿中，本条是《司法赔偿解释》中唯一明确使用了“故意”这样的主观描述词汇的执行错误类型。如何对“故意”进行认定是本条适用的难点。一般认为，对故意拖延执行应以是否超过合理期限为限。

关于第三个问题，只有法院的不作为导致了被执行财产流失的后果，且这种损失客观上已经无可挽回，法院才需要承担赔偿责任。

4. 应当恢复执行而不恢复，导致被执行财产流失的

涉及恢复执行的情形主要有：（1）中止执行情形消失后的恢复执行；（2）裁定终结本次执行程序后发现被执行人有可供执行的财产的；（3）一方当事人不履行或者不完全履行在执行中双方当事人自愿达成的和解协议，对方当事人申请执行原生效法律文书的；（4）其他涉及恢复执行的情形。

适用该条需要把握两点，一是执行案件必须存在法定应当恢复的事由。如申请执行人撤销执行申请后超过执行时效期间申请恢复执行的，人民法院不予受理，此时就不能认定法院存在应当恢复执行而不恢复的执行错误情形。实践中对于是否应恢复执行的争议常见于未履行或未完全履行执行和解协议申请恢复执行的以及案件被裁定终本后申请恢复执行的，因其涉及对当事人是否履行和解协议、履行行为是否存在瑕疵、被执行人是否有可供执行财产等复杂问题的认定和判断。二是不恢复执行导致被执行财产流失的后果。

《执行司法赔偿解释》将第 3 条内容与第 4 条内容整合为一项，作为第 2 条第 2 项，并调整部分内容表述：（1）将“已经发现的被执行人的财产”调整为“发现被执行人有可供执行的财产”；（2）将“应当恢复执行而不恢复”修改为“应当依法恢复执行而不恢复”；（3）删除了“导致被执行财产流失的”的后果

---

① 参见江必新、梁凤云等：《国家赔偿法理论与实务》，中国社会科学出版社 2010 年版，第 578 页。

要件。此种变化基于以下几点考量：一是从目前的执行实践来看，被执行人有财产与被执行人有可供执行的财产是有区别的，终结本次执行程序的要件之一即未发现被执行人有可供执行的财产或者发现的财产不能处置。如果仅是发现了被执行人的财产但不具备执行条件的，不能以此认定法院拖延执行、不执行或者应当恢复执行而不恢复。二是《终本规定》对终结本次执行程序案件的恢复机制已经有明确的规定，在何种情况下应当恢复执行有法可依，修改为“依法应当恢复”更为严谨。三是拖延执行、不执行或者应当恢复执行而不恢复，并非只有在被执行财产流失的情况下才给当事人造成损害，例如，因法院拖延执行致使执行标的物在此期间发生严重贬值，最终导致债权无法完全实现的。考虑到在发现可供执行财产情况下拖延执行、不执行或应当依法恢复而不恢复给当事人造成的损害的成因可能是多样的，并不限于被执行财产流失，删除“导致被执行财产流失”的限定表述更为合理。

5. 违法执行案外人财产的

（1）违法执行案外人财产的原因有以下几点：第一，执行法院未对责任财产进行详细深入的调查核实。批复中的案件，执行法院均未对申请执行人或被执行人提供的财产线索进行深入调查核实是导致执行对象错误的根本原因。执行案件的办理流程要求，执行程序启动后首要工作就是财产调查，财产查明后再进行财产控制、变价等处置程序，故财产调查的准确与否是案件执行的基础。

第二，执行法院对案外人提出的异议未认真审查。如果说执行实施机构未对财产进行详细深入的调查核实是构成错误的原因，那么，在后续的执行程序中对案外人提出的异议未进行认真审查会使错误得不到及时纠正。案外人异议的制度设计和立法本意不仅是要保护案外权利人的合法权益，也旨在纠正违法、错误的执行行为。上述案件中执行法院并没利用好执行异议制度，也是导致执行对象错误的原因之一。

（2）避免违法执行案外人财产可以从以下几个方面着手：第一，执行程序中只能对被执行人占有的动产和登记在被执行人名下的不动产、特定动产及其他财产权采取强制措施，非属被执行人的财产不能予以执行。《财产调查规定》第2条第1款规定：“申请执行人提供被执行人财产线索，应当填写财产调查表。财产线索明确、具体的，人民法院应当在七日内调查核实；情况紧急的，应当在三日内调查核实。财产线索确实的，人民法院应当及时采取相应的执行措施。”据此可以认为执行法院在收到申请执行人提供的财产线索，应当在7日内调查核实。

财产核实的方式与步骤应根据财产的不同类型采取不同做法。如财产线索为被执行人的不动产，应当到不动产登记机关进行调查，调查事项包括：不动产登记簿所记载的权利人是谁、是否有抵押、是否存在查封等，甚至应当亲自到现场调查涉案不动产的租赁与占用情况。若为动产，应传动产占有人谈话，核实权利状态并告知其虚假陈述的法律责任，如果是保管人，应当调取代为保管的相关法律凭证入卷。若为银行账户，应到开户行进行查询，明确账户开户人信息，账户余额及账户性质（是否为保证金账户）等。

第二，对案外人提出的异议依法审查。法律赋予了案外人对执行标的物提出异议的权利，实际权利人应充分运用案外人异议这一救济途径，执行裁决部门也应该通过案外人异议程序纠正执行实施机构违法、错误的执行行为。

依据《民事诉讼法》第234条和《异议复议规定》第2条及参照《执行程序解释》第5条的规定，案外人基于实体权利对执行标的物主张权利的，人民法院的执行裁决部门应当对案外人主张的理由和提交的证据材料进行审查，如情况属实，应当作出中止执行或者解除执行措施的裁定并移送实施机构。

6. 违法将案件执行款执行给其他当事人或者案外人的

实践中确实存在执行法院或法官将一案的执行案款发放给另案当事人或案外人的情况。为规范执行款物的管理工作，各地法院出台相关措施予以规范，如《江苏省高级人民法院关于执行款物交接管理工作的若干规定》第4条规定，执行款物实行专款专付，专案专用，严禁挪用执行款物或将案件执行款物执行给其他当事人或案外人。执行机构应当对执行款物进出情况单立台账，使每个案件均有相应的进出明细账页，并设专人负责与执行人员、院财务部门定期核对执行款物进出情况。2017年最高人民法院出台《关于执行款物管理工作的规定》，规定人民法院应当采取一案一账号的方式，对执行款进行归集管理，案号、款项、被执行人或交款人应当一一对应。但并非所有的执行款均进入法院的执行款专户或案款专户，根据《最高人民法院关于执行款物管理工作的规定》第6条第1款的规定，被执行人可以将执行款直接支付给申请执行人；人民法院也可以将执行款从被执行人账户直接划至申请执行人账户。但有争议或需再分配的执行款，以及人民法院认为确有必要的，应当将执行款划至执行款专户或案款专户。也就是说，现有的执行案款管理制度，仍然存在故意或过失将案件执行款物支付给其他当事人或者案外人的可能性。对此种错误执行行为予以规定确有必要。

《执行司法赔偿解释》将第 5 条内容与第 6 条内容整合为一项，作为第 2 条第 3 项，并对表述进行了细微调整，将“违法将案件执行款执行给其他当事人或者案外人”修改为“违法将案件执行款交付给其他当事人或者案外人”。

7. 违法对抵押物、质押物或者留置物采取执行措施，致使抵押权人、质权人或者留置权人的优先受偿权无法实现的

根据《民事诉讼法解释》的规定，人民法院对抵押物、质押物、留置物可以采取财产保全措施，但不影响抵押权人、质权人、留置权人的优先受偿权。《执行规定》第 55 条第 2 款规定，多个债权人的债权种类不同的，基于所有权和担保物权而享有的债权，优先于金钱债权受偿。有多个担保物权的，按照各担保物权成立的先后顺序清偿。最高人民法院执行局在《人民法院办理执行案件规范》中明确了对未取得执行依据的优先权人、担保物权人，他们可直接申请参与分配，提交的参与分配申请书应写明优先受偿的金额、事实和理由，并提交相关的权利证明文件。

根据上述规定，实践中在对抵押物、质押物或者留置物采取执行措施时，应注意保护抵押权人、质押权人及留置权人的优先受偿权，无论其是否已取得执行依据。通常的做法就是在案款发放或分配前预留出优先受偿权人的份额。如果因法院未预留份额导致抵押权人、质权人或者留置权人的优先受偿权无法实现的，法院即应承担赔偿责任。

《执行司法赔偿解释》第 2 条第 4 项对应本条内容，具体表述调整为“对抵押、质押、留置、保留所有权等财产采取执行措施，未依法保护上述权利人优先受偿权等合法权益的”。有三点重要变化：一是将“违法”二字删除。事实上，执行法院对查封、扣押、冻结的抵押物、质押物、留置物或保留所有权的财产有权采取执行措施，但在分配环节需要保护优先权人的优先受偿权。删除“违法”二字，避免陷入执行法院对抵押物、质押物、留置物或保留所有权的财

产采取措施即属违法的误区，而是将重点放置在后续是否依法保护优先受偿权人的合法利益上。二是增加了保留所有权财产的执行。为与《民法典》及相关司法解释所确立的保留所有权具备担保制度功能的精神保持一致，《查扣冻规定》第 16 条规定："被执行人购买第三人的财产，已经支付部分价款并实际占有该财产，第三人依合同约定保留所有权的，人民法院可以查封、扣押、冻结。保留所有权已办理登记的，第三人的剩余价款从该财产变价款中优先支付；第三人主张取回该财产的，可以依据民事诉讼法第二百二十七条规定提出异议。"与修正前规定的进行查封、扣押、冻结需以"申请执行人已向第三人支付剩余价款或者第三人书面同意剩余价款从该财产变价款中优先支付"为前提条件不同。即在保障了第三人优先受偿权的情况下，不再强调对所有权的保护。该调整完善了优先受偿权人的类型。三是将《司法赔偿解释》表述的"致使优先受偿权无法实现"修改为"未保护优先受偿权等合法权益"。此修改仍是考虑到实践中未保护优先受偿权人合法权益致使其遭受损失的情形并非仅表现为优先受偿权无法实现，迟延实现或者部分实现均可能导致优先受偿权人利益受损。

8. 对执行中查封、扣押、冻结的财产不履行监管职责，造成财产毁损、灭失的

对本条的适用可参照违法采取保全措施中关于对查封、扣押、冻结的财产不履行监管职责，造成被保全财产毁损、灭失的理解分析。

《执行司法赔偿解释》中与本条对应的是第 2 条第 6 项，主要有两处修改，一是将"不履行监管职责"修改为"故意不履行或者怠于履行监管职责"。如前面提到的，最高人民法院〔1997〕赔他字第 8 号批复中，虽然人民法院知悉保管人有擅自动用处置被保全财产的情况而没有制止导致损害结果发生，但人民法院被免于承担赔偿责任。在随后最高人民法院〔2003〕确他字第 1 号答复中，人民法院在接到有关举报、得知保全财产损害的后果应当积极处置而未处置的行为也被包括在"不履行监管职责"范围内。从此可以看出，最高人民法院认为执行法院在对查封、扣押、冻结财产保管的监管问题上应采取更为主动的态度，知道但故意放任或者应当采取行动而消极拖延，给当事人造成损害的，均应当承担赔偿责任。二是删除了"造成财产毁损、灭失"的后果要件。此修改同样是考虑到执行法院故意或懈怠的不作为，给当事人造成的损害并不一定

表现为查封、扣押、冻结财产的毁损、灭失。

9. 对季节性商品或者鲜活、易腐烂变质以及其他不宜长期保存的物品采取执行措施，未及时处理或者违法处理，造成物品毁损或者严重贬值的

对该条可参照前述关于违法采取保全措施中对季节性商品或者鲜活、易腐烂变质以及其他不宜长期保存的物品采取保全措施，未及时处理或者违法处理，造成物品毁损或者严重贬值的分析进行理解。

《执行司法赔偿解释》中与本条对应的是第2条第7项，其表述调整为“对不宜长期保存或者易贬值的财产采取执行措施，未及时处理或者违法处理的”。两点主要修改，一是将“季节性商品或者鲜活、易腐烂变质以及其他不宜长期保存”统一表述为“不宜长期保存”，再增加了“易贬值”的财产，统一将“物品”调整为“财产”，在适用范围上进行了扩展。但如何理解及把握“易贬值”的财产可能会成为本条适用的难点，同时也容易引发实践争议。二是将“造成物品毁损或者严重贬值的”的后果要件删除。结合《执行司法赔偿解释》第2条列举的11项错误执行行为来看，此次修改将《司法赔偿解释》中规定的执行错误情形中附有结果要件的表述都进行了删除，即错误执行行为的司法赔偿构成要件中的损害结果除第1条规定的“侵犯公民、法人和其他组织合法权益并造成损害”外，不再要求具体的错误执行行为中还附有其他的损害后果要件。

10. 对执行财产应当拍卖而未依法拍卖的，或者应当由资产评估机构评估而未依法评估，违法变卖或者以物抵债的

执行程序中，被执行人的财产被采取查封、扣押、冻结后，人民法院应当及时进行拍卖、变卖或者采取其他执行措施。对查封、扣押、冻结的需要变价的财产进行变价处理时，应当首先采取拍卖的方式，法律、司法解释另有规定的除外。执行程序中被执行财产可以不经拍卖的例外，一是《民事诉讼法解释》第489条规定的经申请执行人和被执行人同意，且不损害其他债权人合法权益和社会公共利益的，人民法院可以不经拍卖、变卖，直接将被执行人的财产作价交申请执行人抵偿债务。二是《民事诉讼法解释》第490条规定的被执行财产无法拍卖或者变卖的，经申请执行人同意，且不损害其他债权人合法权益和社会公共利益的，人民法院可以将该项财产作价后交付申请执行人抵偿债务，

或者交付申请执行人管理。因此，需要变价的被执行财产原则上都应当进行拍卖。

根据《财产处置价规定》的规定，人民法院查封、扣押、冻结财产后，对需要拍卖、变卖的财产，应当在30日内启动确定财产处置参考价程序。法律、行政法规规定必须委托评估、双方当事人要求委托评估或者网络询价不能或不成的，人民法院应当委托评估机构进行评估。

实践中，低价拍卖给当事人造成损失的，法院亦应承担相应的赔偿责任。在金昌华西商贸发展有限公司申请甘肃省金昌市金川区人民法院错误执行赔偿案中，金川法院查封了华西公司名下一在建工程，委托评估机构进行评估，评估机构作出在建工程价值为162,289元的评估报告，送达后华西公司未提出异议。金川法院以评估价为基础，三次相同比例降价后以93,478元为保留价，委托拍卖公司进行拍卖。经公开拍卖，以98,810元拍卖成功。随后，华西公司申请确认法院拍卖行为违法，金川法院对华西公司在建工程首次拍卖时，确定的保留价仅为评估价的57.6%。金川法院的行为违法了《拍卖变卖规定》中关于降低保留价的规定，依法应当承担赔偿责任。

《执行司法赔偿解释》与本条对应的是第2条第8项，在表述内容和顺序上都有所调整，一是将“违法变卖或者以物抵债”修改为“违法拍卖、变卖、以物抵债”。《网络司法拍卖规定》第32条规定，“网络司法拍卖被人民法院撤销，当事人、利害关系人、案外人认为人民法院的拍卖行为违法致使其合法权益遭受损害的，可以依法申请国家赔偿；认为其他主体的行为违法致使其合法权益遭受损害的，可以另行提起诉讼”。如上述案例所体现的，执行程序中违反《财产处置价规定》《拍卖变卖规定》《网络司法拍卖规定》等违法拍卖的情形也应当纳入错误执行行为范畴。二是将“应当拍卖而未依法拍卖”调整为“依法应当拍卖而未拍卖”，将“应当由资产评估机构评估而未依法评估”调整为“依法应当评估而未评估”。显然，修改后的表述内涵更为丰富准确。

11. 对其他人民法院已经依法采取保全或执行措施的财产违法执行的

本条是《执行司法赔偿解释》第2条第5项，属于未在《司法赔偿解释》中规定的新增内容。

已经依法被采取保全措施或执行措施的财产，对其他法院来说，未经在先采取保全或执行措施法院的同意不得对其进行处分。《最高人民法院关于首先查封法院与优先债权执行法院处分查封财产有关问题的批复》规定，执行过程中，应当由首先查封、扣押、冻结法院负责处分查封财产。只有在满足特定条件的情况下，可以申请首封法院将财产移送执行。[①] 否则依照 1998 年《执行规定》第 33 条的规定，采取保全或执行措施的法院有权责令擅自处分的其他法院限期追回财产或者承担相应的赔偿责任。[②] 司法实践中，轮候查封法院对查封标的物进行处分是本条所规制的情形之一。

12. 违法撤销拍卖、变卖或者以物抵债的

本条是《执行司法赔偿解释》第 2 条第 9 项，未在《司法赔偿解释》中予以规定的新增内容。

当事人、利害关系人请求撤销拍卖变卖，人民法院应予支持的情形主要规定在《网络司法拍卖规定》及《异议复议规定》中。[③] 此外，对于确定财产处置价过程中严重的实体或程序违法，亦可能产生撤销拍卖变卖的后果。人民法院或上级人民法院认为存在应当撤销拍卖变卖情形的，亦可以依职权进行撤销。

关于执行程序中的以物抵债主要规定在《民事诉讼法解释》及《拍卖变卖

---

① 《最高人民法院关于首先查封法院与优先债权执行法院处分查封财产有关问题的批复》第 1 条规定：“执行过程中，应当由首先查封、扣押、冻结（以下简称查封）法院负责处分查封财产。但已进入其他法院执行程序的债权对查封财产有顺位在先的担保物权、优先权（该债权以下简称优先债权），自首先查封之日起已超过 60 日，且首先查封法院就该查封财产尚未发布拍卖公告或者进入变卖程序的，优先债权执行法院可以要求将该查封财产移送执行。”

② 参见江必新主编：《强制执行法理论与实务》，中国法制出版社 2014 年版，第 545 页。

③ 《异议复议规定》第 21 条规定：“当事人、利害关系人提出异议请求撤销拍卖，符合下列情形之一的，人民法院应予支持：（一）竞买人之间、竞买人与拍卖机构之间恶意串通，损害当事人或者其他竞买人利益的；（二）买受人不具备法律规定的竞买资格的；（三）违法限制竞买人参加竞买或者对不同的竞买人规定不同竞买条件的；（四）未按照法律、司法解释的规定对拍卖标的物进行公告的；（五）其他严重违反拍卖程序且损害当事人或者竞买人利益的情形。当事人、利害关系人请求撤销变卖的，参照前款规定处理。”

规定》中。[①] 根据《执行和解规定》第 6 条的规定，当事人达成以物抵债执行和解协议的，人民法院不得依据该协议作出以物抵债裁定。因此，可以撤销的以物抵债裁定主要是指在未能成功拍卖变卖后进行的以物抵债。根据相关规定，在此种情况下可以申请以物抵债的主体为申请执行人或其他执行债权人。若法院裁定以物抵债给案外人的，于法无据，应予撤销。[②] 但以物抵债不存在违法情形，法院予以撤销的，则属于违法执行行为，给当事人造成损失的，应当承担赔偿责任。

13. 违法采取纳入失信被执行人名单、限制消费、限制出境等措施的

本条是《执行司法赔偿解释》第 2 条第 10 项，未在《司法赔偿解释》中予以规定的新增内容。纳入失信名单、限制消费及限制出境既有被认为是强制措施的可能，又有被认为属于间接执行行为的可能，因其既具备惩戒功能，又在客观上起到了督促被执行人履行生效法律文书确定义务的效果。因此，对违法采取纳入失信名单、限制消费、限制出境等措施的行为予以规制，纳入国家赔偿范围很有必要。

《失信规定》《限制高消费规定》《善意文明执行意见》等均对纳入失信名

① 《民事诉讼法解释》第 489 条规定："经申请执行人和被执行人同意，且不损害其他债权人合法权益和社会公共利益的，人民法院可以不经拍卖、变卖，直接将被执行人的财产作价交申请执行人抵偿债务。对剩余债务，被执行人应当继续清偿。"第 490 条规定："被执行人的财产无法拍卖或者变卖的，经申请执行人同意，且不损害其他债权人合法权益和社会公共利益的，人民法院可以将该项财产作价后交付申请执行人抵偿债务，或者交付申请执行人管理；申请执行人拒绝接收或者管理的，退回被执行人。"《拍卖变卖规定》第 16 条规定："拍卖时无人竞买或者竞买人的最高应价低于保留价，到场的申请执行人或者其他执行债权人申请或者同意以该次拍卖所定的保留价接受拍卖财产的，应当将该财产交其抵债。有两个以上执行债权人申请以拍卖财产抵债的，由法定受偿顺位在先的债权人优先承受；受偿顺位相同的，以抽签方式决定承受人。承受人应受清偿的债权额低于抵债财产的价额的，人民法院应当责令其在指定的期间内补交差额。"第 24 条规定："对于第二次拍卖仍流拍的动产，人民法院可以依照本规定第十六条的规定将其作价交申请执行人或者其他执行债权人抵债。申请执行人或者其他执行债权人拒绝接受或者依法不能交付其抵债的，人民法院应当解除查封、扣押，并将该动产退还被执行人。"第 25 条规定："对于第二次拍卖仍流拍的不动产或者其他财产权，人民法院可以依照本规定第十六条的规定将其作价交申请执行人或者其他执行债权人抵债。申请执行人或者其他执行债权人拒绝接受或者依法不能交付其抵债的，应当在六十日内进行第三次拍卖。第三次拍卖流拍且申请执行人或者其他执行债权人拒绝接受或者依法不能接受该不动产或者其他财产权抵债的，人民法院应当于第三次拍卖终结之日起七日内发出变卖公告。自公告之日起六十日内没有买受人愿意以第三次拍卖的保留价买受该财产，且申请执行人、其他执行债权人仍不表示接受该财产抵债的，应当解除查封、冻结，将该财产退还被执行人，但对该财产可以采取其他执行措施的除外。"

② 参见最高人民法院执行裁定书，(2019) 最高法执监 298 号。

单及限制消费的情形作出了详细的规定。对违反前述规定将不应纳入失信名单或采取限制消费措施的主体采取纳入失信名单或限制消费措施，或是对错误纳入、未及时屏蔽、公布信息不准等问题未及时予以纠正，给当事人合法权益造成损害的，应当承担赔偿责任。

限制出境主要规定于《民事诉讼法》第 262 条，[①] 2013 年《最高人民法院关于限制出境是否属于国家赔偿范围的复函》指出，对于人民法院违法采取限制出境措施的，属于国家赔偿范围。[②]

14. 其他错误情形

本条属于兜底条款，其他执行错误情形，如因执行法院审查不慎导致当事人无法根据执行拍卖公告享受权益，如不能按照执行拍卖公告办理房产证、土地证等，应当属于执行错误。当事人可以依法申请国家赔偿，执行法院应当依法承担相应的国家赔偿责任。

《执行司法赔偿解释》第 2 条第 11 项的兜底条款表述为“因违法或者过错采取执行措施或者强制措施的其他行为”。可以看出，《执行司法赔偿解释》将错误执行行为的归责原则确定为“违法”和“过错”。

（五）执行异议、复议、执行监督审查与国家赔偿程序的选择

实践中，大多数赔偿案例遵循执行异议审查程序前置原则。首先，执行异议审查程序主要是确认执行行为是否存在违法情形，对国家赔偿中许多具体情节的认定都无法逾越执行异议审查环节；其次，执行异议审查程序启动比较迅速，可以在执行程序中快速解决争议，减少损失。当然，实务中也不禁止当事人或利害关系人向执行审查部门和赔偿委员会同时提出申请，但这种做法往往费时费力且效率低下。

---

① 《民事诉讼法》第 262 条规定：“被执行人不履行法律文书确定的义务的，人民法院可以对其采取或者通知有关单位协助采取限制出境，在征信系统记录、通过媒体公布不履行义务信息以及法律规定的其他措施。”

② 《最高人民法院关于限制出境是否属于国家赔偿范围的复函》规定：“江苏省高级人民法院：你院（2012）苏法委赔字第 1 号《关于限制出境是否属于国家赔偿范围的请示》收悉。经研究认为，根据《中华人民共和国国家赔偿法》第三十八条的规定，人民法院在民事诉讼过程中违法采取限制出境措施的，属于国家赔偿范围。对于因违法采取限制出境措施造成当事人财产权的直接损失，可以给予赔偿。你院应针对常州市中级人民法院作出的（2007）常民一初字第 78－1 号民事决定是否构成违法采取限制出境的措施予以认定，并依法作出决定。此复。”

《执行司法赔偿解释》整合了实践经验，提出公民、法人和其他组织在执行异议、复议或者执行监督程序审查期间，就相关执行措施或者强制措施申请赔偿的，人民法院不予受理，已经受理的予以驳回，并告知其在上述程序终结后可以依照《执行司法赔偿解释》第5条的规定依法提出赔偿申请。这与《司法赔偿解释》中规定的司法赔偿申请应在执行程序终结后提出的思路是一致的，因为执行异议、复议或者执行监督程序可能会对执行行为是否违法或存有过错进行认定，并可能改变原执行行为，当事人的利益是否受损以及受损程度仍处于不确定的状态。但在第2款中又提出，公民、法人和其他组织在执行程序中未就相关执行措施、强制措施提出异议、申请复议或者申请执行监督，不影响其依法申请赔偿。即当事人申请司法赔偿不以已经穷尽救济手段为前提。这种做法，一方面是给予了当事人更为充分的救济，另一方面是对法院依法行使执行权施加了更多的压力，在当事人或利害关系人未提起异议复议或执行监督的情况下，法院缺失了从外部获取纠错的机会，这就要求人民法院从前端加强依法行使执行权的意识，在过程和后端中加强自我监督和纠错。

（六）生效法律文书对执行行为违法性的认定可作为司法赔偿审查时认定执行行为违法的依据

《执行司法赔偿解释》第7条提出，经执行异议、复议或者执行监督程序作出的生效法律文书，对执行行为是否合法已有认定的，该生效法律文书可以作为人民法院赔偿委员会认定执行行为合法性的根据。有观点提出，如果违法执行行为已经执行异议、复议或者执行监督程序所认定并撤销，是否还会涉及当事人利益损失并申请国家赔偿的问题。对于该问题，一方面，在某些无法挽回损害结果的情形下，当事人的损害并不会因为违法执行行为被撤销而消解。另一方面，错误执行行为并非均以“违法性”为前提，也就是说，对于不“违法”但错误的执行行为，即便没有生效法律文书的认定，当事人依然可以申请国家赔偿。

最高人民法院2014年12月25日发布的指导性案例43号国泰君安证券股份有限公司海口滨海大道（天福酒店）证券营业部申请错误执行赔偿案，其裁判要点确定：“人民法院审理执行异议案件，因原执行行为所依据的当事人执行和解协议侵犯案外人合法权益，对原执行行为裁定予以撤销，并将被执行财产恢复至执行之前状态的，该撤销裁定及执行回转行为不属于《国家赔偿法》第38条规定的执行错误。”因此，人民法院在审理执行异议案件中对原执行行为予以撤销不属于《国家赔偿法》规定的执行错误。而根据《执行司法赔偿解释》的规定，执行异议已经对原执行行为予以撤销的，如果当事人认为，原执行行为对其合法权益造成侵害并产生损失的，即便原执行行为已经被撤销，仍可以就原执行行为申请国家赔偿。至于是否造成了实际损害的，由法院审查认定。

（七）“不属于错误执行”与“不承担赔偿责任”

与《司法赔偿解释》只规定了人民法院不承担赔偿责任情形的做法相比，《执行司法赔偿解释》从“不承担赔偿责任”的情形中分离出了“不属于错误执行”的类型。需注意的是，“不承担赔偿责任”不等于“不属于错误执行”，如人民法院确实存在错误执行行为，侵犯了当事人合法权益并造成损害，但存在法律规定的阻却事由，如错误执行系因申请执行人提供错误财产线索的，人民法院无须承担赔偿责任。而“不属于错误执行”从一开始就否定了执行行为违法或过错，不存在讨论人民法院是否应承担赔偿责任的空间。

《执行司法赔偿解释》第8条列举了不应被认定为错误执行的六种情形，其基本原理是执行法院作出的执行行为是依据当时有效的执行依据或者依法认定的基本事实作出的，也就是说，执行行为在作出当时是合法正确的，故不应认定为错误执行。如果执行依据被撤销或变更或者基本事实嗣后变更的，则应由审判监督程序通过执行回转予以解决，而非通过司法赔偿途径。

《执行司法赔偿解释》第13条列举了六种人民法院不承担赔偿责任的情形，其核心是错误执行行为并非因人民法院引起，但如果人民法院在其中也有错误执行行为的，应当根据其在损害发生的过程和结果中所起到的作用承担相应的赔偿责任。与《司法赔偿解释》第7条相比，有以下几点重要变化：

1. “申请执行人提供执行标的物错误的，但人民法院明知该标的物错误仍予以执行的除外”调整为“申请执行人提供财产线索错误的”。一方面是表述更为准确，另一方面将“人民法院明知该标的物错误仍予以执行”抽象化为“人民法院在其中有错误执行行为”并适用于《执行司法赔偿解释》第13条第1款所列的所有情形。

2. “属于民事诉讼法第一百零五条、第一百零七条第二款和第二百三十三条规定情形的”调整为“执行措施系根据依法提供的担保而采取或者解除的”。

《民事诉讼法》（2017 年）第 105 条规定的是申请保全有错误的，申请人应当赔偿被申请人因保全所遭受的损失。第 107 条第 2 款规定的先予保全申请人败诉的，应当赔偿被申请人因先予执行遭受的财产损失。第 233 条是关于执行依据被撤销后执行回转的规定。前述情形中，前两项与执行程序无关，最后一项已被《执行司法赔偿解释》归入不属于错误执行的情形。执行措施系根据依法提供的担保而采取或者解除的，如执行担保。

3. 删除“人民法院依法指定的保管人对查封、扣押、冻结的财产违法动用、隐匿、毁损、转移或者变卖的”，其余保留单独作为一条，扩展其内容为“在执行过程中，因保管人或者第三人的行为侵犯公民、法人和其他组织合法权益并造成损失的，应当由保管人或者第三人承担责任。但人民法院未尽监管职责的，应当在其能够防止或者制止损害发生、扩大的范围内承担相应的赔偿责任，并可以依据赔偿决定向保管人或者第三人追偿”。

4. 增加“评估或者拍卖机构实施违法行为造成损害”的情形。

实务操作指引

以下通过两则因执行错误引发国家赔偿的典型案例对执行错误的认定进行分析说明。

案例 1

1997 年 11 月 7 日，交通银行丹东分行与丹东轮胎厂签订借款合同，约定后者从前者处借款 422 万元，月利率 7.92‰。该笔债权几经易手，最终受让者为丹东益阳投资有限公司（以下简称益阳公司）。2007 年 5 月 10 日，益阳公司提起诉讼，要求丹东轮胎厂还款。5 月 23 日，丹东市中级人民法院根据益阳公司财产保全申请作出裁定冻结丹东轮胎厂银行存款 1050 万元或查封其相应价值的财产。次日，丹东市中级人民法院向丹东市国土资源局发出协助执行通知书，要求查封丹东轮胎厂位于丹东市振兴区振七街 134 号的土地六宗。2007 年 6 月 29 日，丹东市中级人民法院作出民事判决书，判决丹东轮胎厂于判决发生法律效力后10日内偿还益阳公司欠款422万元及利息6,209,022.76元（利息暂计至2006年12月20日）。判决生效后，丹东轮胎厂没有自动履行，益阳公司向丹东市中级人民法院申请强制执行。

2007年11月，根据丹东市人民政府市长办公会议作出关于挂牌出让丹东轮胎厂所在地块的决议，丹东市国土资源局、丹东市产权交易中心发布土地挂牌出让公告。2008年1月30日，丹东市中级人民法院作出民事裁定解除对丹东轮胎厂位于丹东市振兴区振七街134号三宗土地的查封。随后，前述六宗土地被一并出让给太平湾电厂，出让款（4680万元）被丹东轮胎厂用于偿还职工内债、职工集资、普通债务等，但没有给付益阳公司。

2009年起，益阳公司多次向丹东市中级人民法院递交国家赔偿申请。丹东市中级人民法院受理后一直未作出决定。益阳公司遂于2015年7月16日向辽宁省高级人民法院赔偿委员会申请赔偿。在辽宁省高级人民法院赔偿委员会审理过程中，丹东市中级人民法院针对益阳公司申请执行案于2016年3月1日作出执行裁定，认为丹东轮胎厂现暂无其他财产可供执行，裁定终结本次执行程序。

辽宁省高级人民法院赔偿委员会于2016年4月27日作出（2015）辽法委赔字第29号决定，驳回益阳公司的国家赔偿申请。益阳公司不服，向最高人民法院赔偿委员会提出申诉。最高人民法院赔偿委员会于2018年3月22日作出（2017）最高法委赔监236号决定，本案由最高人民法院赔偿委员会直接审理。最高人民法院赔偿委员会于2018年6月29日作出（2018）最高法委赔提3号国家赔偿决定：（1）撤销辽宁省高级人民法院赔偿委员会（2015）辽法委赔字第29号决定；（2）丹东市中级人民法院于本决定生效后5日内，支付益阳公司国家赔偿款300万元；（3）准许益阳公司放弃其他国家赔偿请求。

本案的三个争议如下：

1. 丹东市中级人民法院解除对六宗土地的查封行为是保全行为还是执行行为？

最高人民法院赔偿委员会认为丹东市中级人民法院是在诉讼过程中进行的查封，属于财产保全行为。在民事判决进行执行程序后，根据《查扣冻规定》，保全行为已经自动转为执行中的查封措施，在执行阶段丹东市中级人民法院解除对土地的查封的，属于执行行为。

2. 丹东市中级人民法院解除查封的行为是否属于错误执行？是否应当承担国家赔偿责任？

从错误执行的构成要件出发，益阳公司存在债权无法得到清偿的损害结果，与丹东市中级人民法院解除对土地查封的执行行为之间存在因果联系，此时判断丹东市中级人民法院是否应承担赔偿责任的焦点在于丹东市中级人民法院解除查封的行为是否违法。《国家赔偿法》及《司法赔偿解释》均未规定执行行为违法性的构成要件。最高人民法院赔偿委员会认为，丹东市中级人民法院的违法行为不在于解除查封，而是未对土地出让款进行控制。根据解封发生时有效的《最高人民法院关于民事、行政诉讼中司法赔偿若干问题的解释》的规定，对于人民法院擅自解封致使判决得不到执行的错误执行行为，并无明确规定。最高人民法院以第4条第7项“违反法律规定的其他情形”作为法律依据，确定丹东市中级人民法院应承担赔偿责任。

3. 案件处于终本状态，执行程序并未终结，益阳公司申请国家赔偿的条件是否已具备？

根据《最高人民法院关于适用〈中华人民共和国国家赔偿法〉若干问题的解释（一）》的规定，赔偿请求人认为人民法院有《国家赔偿法》第38条规定情形的，应当在民事、行政诉讼程序或者执行程序终结后提出赔偿请求，但人民法院已依法撤销对妨害诉讼采取的强制措施的情形除外。

丹东市中级人民法院认为，本案处于终本状态，执行程序尚未终结，被执行人丹东轮胎厂尚有财产可供执行，益阳公司的申请不符合国家赔偿受理条件。益阳公司则认为，丹东轮胎厂并非暂无财产可供执行，而是已经彻底丧失清偿能力，本案执行已经实质终结，符合申请国家赔偿的条件。

最高人民法院赔偿委员会认为，执行程序终结不是国家赔偿程序启动的绝对标准。对执行程序终结的理解不应当绝对化和形式化，应当从实质意义上进行理解。在人民法院执行行为长期无任何进展、也不可能再有进展，被执行人实际上已经彻底丧失清偿能力，申请执行人等已因错误执行行为遭受无法挽回的损失的情况下，应当允许其提出国家赔偿申请。否则，有错误执行行为的法院只要不作出执行程序终结的结论，国家赔偿程序就不能启动，这样理解与《国家赔偿法》以及相关司法解释的目的是背道而驰的。本案中，丹东市中级人民法院的执行行为已经长达11年没有任何进展，其错误执行行为亦已证实给益阳公司造成了无法通过其他渠道挽回的实际损失，故应依法承担国家赔偿责任。

该案例的典型意义在于执行程序与国家赔偿程序衔接过程中如何有效保护赔偿请求人的权益，实践中经常出现将执行案件终本作为逃避赔偿请求人申请国家赔偿的问题，最高人民法院通过如何对“执行程序终结”“终结本次执行”进行理解的论述为处理此类推诿、回避的国家赔偿纠纷树立了标杆，倒逼及规范法院执行行为，推动解决执行难。[①]

案例2

在海复公司申请大连海事法院错误执行赔偿案中，执行法院在拍卖被查封财产首阳山轮船后，对买受人提出缺少25件通讯设备，设备购置款应从拍卖价款中扣除的请求未作处理，在其后对被执行人财产进行分配时，直接将剩余拍卖价款归还给被执行人，导致买受人损失。本案中执行法院的行为是否具备违法性成为执行法院是否应承担国家赔偿责任的关键。[②]

首先，执行法院在交付船舶前是否对船舶（及船上设备）具有保管义务？

根据《扣船规定》第7条的规定，船舶扣押期间由船舶所有人或光船承租人负责管理。船舶所有人或光船承租人不履行船舶管理职责的，海事法院可委托第三人或者海事请求人代为管理，由此产生的费用由船舶所有人或光船承租人承担，或在拍卖船舶价款中优先拨付。也就是说，在交付前，本案涉船舶的保管人应该是所有权人即被执行人。

其次，执行法院在交付船舶过程中是否存在违法行为？

根据《海事诉讼特别程序法》第38条及《海事程序法解释》第35条的规定，[③] 执行法院在交付中有两项重要工作，一是组织船舶所有人和买受人进行交

---

① 参见最高人民法院赔偿委员会办公室编著：《最高人民法院国家赔偿司法救助司法解释理解与适用》，人民法院出版社2020年版，第462页。

② 参见王天凡：《执行错误国家赔偿的违法性认定与瑕疵担保抗辩——海复公司申请大连海事法院错误执行赔偿案评析》，载《法律适用（司法案例）》2018年第10期。

③ 《海事诉讼特别程序法》第38条规定：“买受人付清全部价款后，原船舶所有人应当在指定的期限内于船舶停泊地以船舶现状向买受人移交船舶。拍卖船舶委员会组织和监督船舶的移交，并在船舶移交后与买受人签署船舶移交完毕确认书。移交船舶完毕，海事法院发布解除扣押船舶命令。”《海事程序法解释》第35条规定：“海事诉讼特别程序法第三十八条规定的船舶现状指船舶展示时的状况。船舶交接时的状况与船舶展示时的状况经评估确有明显差别的，船舶价款应当作适当的扣减，但属于正常损耗或者消耗的燃油不在此限。”

接，二是在船舶按照现状交接时，交接状况与船舶展示时状态有明显差别的情况下，应组织评估，经检验确定损害并核定数额后扣减拍卖价款。但本案中执行法院既未组织所有权人与买受人双方交接，导致买受人失去与所有权人进行直接船舶移交、确认标的物实际状况的可能性，又未在知晓设备缺少的情况下及时组织检验核实及评估，直接将拍卖价款退还原船舶所有人，导致买受人购置设备的价款无法扣减。

最后，本案中执行法院是否可以司法拍卖中标的物瑕疵担保责任作为豁免理由?

在司法拍卖实践中，法院一般都会在拍卖公告中声明对拍卖标的物的瑕疵不承担责任。但本案涉及特殊动产的拍卖，既然相关特别法已经对其拍卖程序、法院应当履行的义务及承担的责任予以规范，则应适用特定法的规定，而不能以在司法拍卖的公告中已作免责声明就豁免其责任。

三、强制措施引发的国家赔偿

批复原文

最高人民法院赔偿委员会
关于法院工作人员在执行公务中造成他人身体伤害国家应当承担赔偿责任的批复

1997 年 1 月 31 日 〔1996〕法赔他字第 3 号

海南省高级人民法院赔偿委员会:

你院《关于王栋伤害案经济赔偿处理意见的请示》收悉。经研究，答复如下:

王栋作为人民法院工作人员在执行公务时违法使用暴力造成他人身体伤害，依照《中华人民共和国国家赔偿法》第十五条第（四）项和第二十四条的规定，由国家承担赔偿责任。作为赔偿义务机关的人民法院在赔偿损失后，应当根据具体情况向王栋追偿赔偿费用。

出台背景

该批复所涉案情如下：1995年3月7日，A法院开庭审理犯罪嫌疑人许某抢劫一案。庭审后某中学教师彭某交给许某一袋食物，许某回看守所后被看守所干警发现食物袋底藏放一把匕首。3月8日，A法院派法警王某与另几名法警传唤彭某到法院查问情况。当车至法院，彭某下车走进法院门口时，王某用手推打彭某的头部，并在彭某弯腰拾眼镜时踢了彭某两脚，致彭某脾脏破裂，伤情鉴定为重伤。王某由检察机关提起公诉。在B法院庭审过程中，彭某提起附带民事诉讼，要求王某赔偿50万元。王某的辩护人称，王某致人伤害的行为应属于国家赔偿范围，不应由王某个人承担赔偿责任，请求B法院驳回彭某的附带民事诉讼请求。是适用国家赔偿，还是适用附带民事诉讼中的民事赔偿，成了本案的争议焦点。对此，最高人民法院赔偿委员会答复认为“王栋作为人民法院工作人员在执行公务时违法使用暴力造成他人身体伤害，依照《中华人民共和国国家赔偿法》第十五条第（四）项和第二十四条的规定，由国家承担赔偿责任。作为赔偿义务机关的人民法院在赔偿损失后，应当根据具体情况向王栋追偿赔偿费用”。江必新教授认为该批复涉及的是国家赔偿责任与刑事附带民事赔偿责任竞合适用的问题，其体现的是支持应适用国家赔偿责任而不适用附带民事赔偿责任的观点。因国家机关侵权责任属于特殊的侵权责任，不能用普通民事侵权责任规范加以调整。①

理解与适用

（一）执行程序中的强制措施

执行程序中的强制措施，是人民法院对妨害执行的行为人在司法上采取的

① 参见江必新：《国家赔偿与民事侵权赔偿关系之再认识——兼论国家赔偿中侵权责任法的适用》，载《法制与社会发展》2013年第1期。

制裁（处罚）措施，也称为妨害民事执行的强制措施。执行中的民事执行权是国家统治权的一种，具有极高的权威性和强制性，当事人或案外人妨碍民事执行的顺利进行，既是对国家权力的蔑视，又会对债权人利益造成损害。[①] 因此，强制措施的目的就在于通过对妨害行为的制裁，排除妨碍，保障执行秩序的正常进行，教育行为人，维护司法和法治的权威和尊严。

我国《民事诉讼法》采取将妨碍民事审判行为与妨害民事执行行为合并规定的集中立法模式。[②]《民事诉讼法》明确规定，对妨害审判及执行活动的主体，可以采取的强制措施有拘传、训诫、责令退出法庭、罚款、拘留、向监察机关或者有关机关提出予以纪律处分的司法建议、依法追究刑事责任等。依据《民事诉讼法解释》第 188 条的规定，有履行能力而拒不按照人民法院执行通知履行生效法律文书确定的义务的属于《民事诉讼法》第 114 条规定的妨碍审判、执行行为，人民法院可以根据情节轻重予以罚款、拘留措施。而根据《失信规定》第 1 条的规定，有履行能力而拒不履行生效法律文书确定义务的，人民法院应将其纳入失信被执行人名单进行信用惩戒。因此，纳入失信被执行人名单也应属于强制措施的一种。

但上述《民事诉讼法》第 114 条所规定的拘留、罚款，纳入失信名单，以及限制出境、限制消费、迟延履行金、迟延履行利息等普遍被认为是间接强制执行措施。[③] 由此可见，实践中对强制措施与间接强制执行措施是不加区分的混用状态。

间接强制执行，是指执行机关不直接以强制力实现债权人之权利，而予债务人一定之不利益，以迫使债务人自行履行债务之执行。[④] 法国的逾期罚款，日本的支付迟延金，德国的强制拘禁、强制罚款、秩序罚款、秩序拘禁、代宣誓

---

① 参见谭秋桂：《民事执行原理研究》，中国法制出版社 2001 年版，第 270 页。

② 参见胡夏冰：《妨害民事执行行为强制措施立法模式的选择》，载《人民法院报》2011 年 6 月 22 日，第 8 版。

③ 参见廖中洪主编：《民事间接强制执行比较研究》，中国检察出版社 2013 年版，第 291 ~ 296 页；孔令章：《德国民事间接执行制度研究——兼论民事间接执行补充性理论》，载《河北法学》2010 年第 1 期；马明夫、史锐：《梳理与重构：民事间接执行措施的体系化路径分析》，载贺荣主编：《深化司法改革与行政审判实践研究（下）——全国法院第 28 届学术讨论会获奖论文集》，人民法院出版社 2017 年版。

④ 参见杨与龄编著：《强制执行法》（最新修正），中国政法大学出版社 2002 年版，第 10 页。

保证制度、债务人名簿制度，我国台湾地区的拘提、管收及怠金等，均为间接强制执行措施。[①] 间接强制执行措施与强制措施较难区分的原因在于，拒不履行与妨害执行是一个问题的两个方面，妨碍履行的核心在于拒绝履行，是拒不履行的表现形式之一。[②] 因此，有观点提出，无论是从手段、目的还是结果来看，并无区分强制措施与间接强制执行措施的必要。

造成当前二者适用及辨别混乱，既有立法的原因也有认知的偏差，但难以区分并非不做区分或乱区分的理由，间接强制执行措施是与直接执行措施同样重要的执行方式，其本质是实现债权的手段，虽然也具有强制性，但核心是以实现债务人履行给予义务、申请人合法权利为目的。被执行人不履行义务，是采取强制执行的前提。不履行的原因既可能是无履行能力，也可能是单纯不愿意履行，其行为表现为消极的不作为，如在履行通知规定的期限内不履行义务。因此，强制措施针对的妨害执行，应该是较被执行人单纯不履行更严重的行为，如隐匿、转移、损毁财产，以暴力、威胁阻碍执行，违反限制消费令消费，与案外人恶意串通逃避执行等，强调主观上的“恶意”和行为上“积极”。除此之外，妨碍执行的主体还包括协助执行义务人。因此，虽然强制措施的实施也可能因其教育作用及对被执行人形成道德和精神压力促使其主动履行，但这只是实施强制措施的“副产品”，不能将其与间接强制执行措施相混淆。[③]

（二）引发国家赔偿的执行强制措施

《国家赔偿法》第 38 条规定：“人民法院在民事诉讼、行政诉讼过程中，违法采取对妨害诉讼的强制措施、保全措施或者对判决、裁定及其他生效法律文书执行错误，造成损害的，赔偿请求人要求赔偿的程序，适用本法刑事赔偿程序的规定。”《司法赔偿解释》第 1 条规定：“人民法院在民事、行政诉讼过程中，违法采取对妨害诉讼的强制措施、保全措施、先予执行措施，或者对判决、裁定及其他生效法律文书执行错误，侵犯公民、法人和其他组织合法权益并造

---

① 参见廖中洪主编：《民事间接强制执行比较研究》，中国检察出版社 2013 年版，第 31、68、115 页；杨与龄编著：《强制执行法》，中国政法大学出版社 2002 年版，第 10 页。

② 参见廖中洪主编：《民事间接强制执行比较研究》（最新修正），中国检察出版社 2013 年版，第 345 页。

③ 江必新主编：《强制执行法理论与实务》，中国法制出版社 2014 年版，第 514 页。

成损害的，赔偿请求人可以依法向人民法院申请赔偿。”虽然均规定的是违法采取对妨害诉讼的强制措施可以申请国家赔偿，但对“诉讼”应做灵活和广义的理解，既适用于案件的审判阶段，也适用于案件的执行阶段，即人民法院违法对妨害执行行为采取的强制措施理应纳入国家赔偿的范围，否则执行中违法采取强制措施的救济将出现空白，最终呈现出对诉讼程序和执行程序的违法强制措施做区别对待的效果，这并非立法本意。因此，无论是从立法逻辑还是从对利益的保护出发，《国家赔偿法》及《司法赔偿解释》所指的妨碍诉讼的强制措施都应该包括妨碍执行的强制措施。

法院只有在为了排除妨害、保证执行顺利进行的情况下才能采取适当的强制措施。如果违反法律规定，对非妨碍诉讼的行为采取强制措施或者采取强制措施违反法定程序从而造成公民、法人或者其他组织损害的，应当承担国家赔偿责任。[①]《司法赔偿解释》第2条列举了五项属于违法采取对妨害诉讼的强制措施的情形：（1）对没有实施妨害诉讼行为的人采取罚款或者拘留措施的；需要注意的是，妨害行为必须是故意实施，过失实施的不构成妨碍行为。（2）超过法律规定金额采取罚款措施的。（3）超过法律规定期限采取拘留措施的。（4）对同一妨害诉讼的行为重复采取罚款、拘留措施的；需要注意的是，罚款和拘留既可以单独适用，也可以合并适用。（5）其他违法情形。此处所指的“法律”也包括司法解释。除却兜底的第5项，其余四项涉及的都是罚款或拘留。这体现了对于违法采取妨碍执行强制措施的国家赔偿的两个特点：一是，从上述列举的民事执行中的强制措施来看，罚款涉及对财产权益的侵害，引发财产损害赔偿责任。拘留涉及对人身的限制，引发人身损害赔偿责任。其他强制措施未被纳入国家赔偿范围的原因在于措施本身的性质决定了其对当事人的影响或造成的损害较为有限，如限制消费并未侵害当事人的财产权益，仅是限制当事人进行高水平消费。限制出境虽然会对人身自由产生一定影响，但与拘留相比，其损害结果甚微。拘传的目的也主要在于保障程序的正常进行，一般也不会对其人身、财产造成损害。二是，一般认为，非刑事司法赔偿采取违法

① 参见江必新、梁凤云等：《国家赔偿法理论与实务》（上卷），中国社会科学出版社2010年版，第501页。

归责和过错归责相结合的原则。[①] 对于拘留和罚款，采用的是“违法”标准，包括实体违法和程序违法。

此外，如果执行法院错误采取拘留措施，并且在执行拘留措施的过程中存在执行人员对当事人进行殴打、虐待或者唆使、放纵他人殴打、虐待等行为，以及违法使用武器、警械造成当事人身体伤害或死亡的，此时属于赔偿责任竞合，按照《司法赔偿解释》第11条的规定，应当依照《国家赔偿法》第33条、第34条的规定计算赔偿金，即赔偿义务机关既需要按照侵犯公民人身自由进行赔偿，也需要按照侵犯公民生命健康权进行赔偿。致人精神损害的，还应当依照《国家赔偿法》第35条的规定，在侵权行为影响的范围内，为受害人消除影响、恢复名誉、赔礼道歉；造成严重后果的，还应当支付相应的精神损害抚慰金。

（三）违法采取强制措施的赔偿方式

1. 违法采取罚款措施的赔偿方式。《司法赔偿解释》确立了以《国家赔偿法》第36条为原则的财产损害赔偿规则，《国家赔偿法》第36条第1项规定，处罚款、罚金、追缴、没收财产或者违法征收、征用财产的，返还财产。第7项规定，返还执行的罚款或者罚金、追缴或者没收的金钱，解除冻结的存款或者汇款的，应当支付银行同期存款利息。也就是说，对违法采取罚款措施申请国家赔偿的，赔偿义务机关应赔偿罚款本金及从缴纳罚款之日起至赔偿义务机关支付之日止的利息。根据《司法赔偿解释》第15条的规定，利息以作出生效赔偿决定时中国人民银行公布的1年期人民币整存整取定期存款基准利率计算，不计算复利。

2. 违法采取拘留措施的赔偿方式。根据《国家赔偿法》第33条的规定，侵犯公民人身自由的，每日赔偿金按照国家上年度职工日平均工资计算。

3. 违法采取强制措施同时存在执行人员侵犯公民生命健康权的，按照《国家赔偿法》第34条的规定执行，《国家赔偿法》第34条规定：“侵犯公民生命健康权的，赔偿金按照下列规定计算：（一）造成身体伤害的，应当支付医疗费、护理费，以及赔偿因误工减少的收入。减少的收入每日的赔偿金按照国家

---

① 参见江必新、梁凤云等：《国家赔偿法理论与实务》（上卷），中国社会科学出版社2010年版，第502页。

上年度职工日平均工资计算，最高额为国家上年度职工年平均工资的五倍；（二）造成部分或者全部丧失劳动能力的，应当支付医疗费、护理费、残疾生活辅助具费、康复费等因残疾而增加的必要支出和继续治疗所必需的费用，以及残疾赔偿金。残疾赔偿金根据丧失劳动能力的程度，按照国家规定的伤残等级确定，最高不超过国家上年度职工年平均工资的二十倍。造成全部丧失劳动能力的，对其扶养的无劳动能力的人，还应当支付生活费；（三）造成死亡的，应当支付死亡赔偿金、丧葬费，总额为国家上年度职工年平均工资的二十倍。对死者生前扶养的无劳动能力的人，还应当支付生活费。前款第二项、第三项规定的生活费的发放标准，参照当地最低生活保障标准执行。被扶养的人是未成年人的，生活费给付至十八周岁止；其他无劳动能力的人，生活费给付至死亡时止。"

实务操作指引

在据以作出司法强制措施的执行依据被撤销后，因错误的执行依据引发的错误强制措施，法院是否应承担国家赔偿的问题，以下通过一则案例进行分析说明。

2009年9月，林某胜诉林某借贷纠纷一案，被大连市中山区人民法院裁定驳回起诉，大连市中级人民法院维持该裁定。2009年8月，中山区人民法院对林某胜诉大连泰鸽高新建材有限公司（以下简称泰鸽公司）、林某借贷纠纷一案，判决泰鸽公司给付林某胜借款418,785.56元，林某承担连带责任。该判决生效后，林某胜向中山区人民法院申请执行。中山区人民法院向林某送达限期申报财产令。林某递交财产申报书称其无任何财产，靠借钱生活。法院调取的林某银行账户明细显示林某未如实报告其财产，遂以林某拒不履行判决书、抗拒执行并虚假报告其财产为由，决定对林某拘留15日。

2010年10月，林某不服中山区人民法院作出的判决，向大连市中级人民法院提出再审申请。大连市中级人民法院裁定指令中山区人民法院再审；再审期间，中止原判决的执行。因林某仍未履行生效判决所确定的义务，中山区人民法院于2010年11月以其拒不履行已生效判决书所确定的义务为由，决定对林某拘留15日。中山区人民法院重新审理林某胜与林某、泰鸽公司借贷纠纷一案后，判决撤销原判决，由泰鸽公司给付林某胜借款418,785.56元。林某胜不服，提起上诉。大连市中级人民法院判决驳回上诉，维持原判裁判。

林某就拘留30日向中山区人民法院申请国家赔偿。中山区人民法院认为原判决被撤销前为生效的法律文书，林某应当履行。林某未按照执行通知履行法律文书确定的义务，又虚假报告其财产情况，中山区人民法院对其采取拘留措施符合法律规定。经辽宁省高级人民法院赔偿委员会调解，林某与中山区人民法院达成补偿林某5470.5元的协议。①

1. 中山区人民法院第一次采取的拘留措施是否会引发国家赔偿？

中山区第一次对林某采取拘留15日的强制措施时，该案存在两个生效判决。辽宁省高级人民法院认为，对同一诉讼请求，同一法院两次诉讼审理，作出不同裁判，民事判决效力待定，因此中山区人民法院采取强制措施依据不足。②

从执行法院角度看，执行生效判决是法院职责所在，至于是否存在另外一份生效判决与执行依据内容存在冲突，应通过审判监督程序予以纠正，执行法院在另外的生效判决未被裁定再审前，不应停止执行。由此，执行法院依法推进执行程序，对被执行人林某拒不履行判决书、抗拒执行并虚假报告其财产的行为采取强制措施并未违反法律规定，不具有可追责性。

原判决被撤销后，执行原判决过程中采取的强制措施是否为违法强制措施？辽宁省高级人民法院认为，国家承担民事执行赔偿责任的归责原则是“错误”而非“违法”，执行民事错误判决的无须赔偿，但执行民事错误判决时采取的司法拘留应予国家赔偿，其原因在于民事判决确认的是财产流转关系，可以通过执行回转程序予以补救。而拘留等强制措施限制人身自由，无法补救。

2. 中山区人民法院第二次采取的拘留措施是否会引发国家赔偿？

在大连市中级人民法院裁定指令中山区人民法院再审，原判决中止执行的情况下，中山区人民法院仍决定对林某司法拘留15日，无法律依据，属于违法采取强制措施，中山区人民法院应予赔偿。

---

① 参见大连中级人民法院赔偿决定书，（2012）大法委赔字第7号；辽宁省高级人民法院赔偿决定书，（2014）辽法委赔监字第4号。

② 参见赵英伟：《民事执行中错误司法拘留的国家赔偿责任——辽宁高院调解林某申请大连中山区法院国家赔偿案》，载《人民法院报》2014年11月20日，第6版。

第三章　执行依据

一、判决理由是否具有执行力

复函原文

最高人民法院执行工作办公室
关于以判决主文或判决理由作为执行依据的请示的复函

2004年1月18日　〔2004〕执他字第19号

辽宁省高级人民法院：

你院〔2003〕辽执监字第157号《关于营口市鲅鱼圈区海星建筑工程公司与营口东方外国语专修学校建筑工程欠款纠纷执行一案的疑请报告》收悉，经研究，答复如下：

同意你院审判委员会少数人意见。判决主文是人民法院就当事人的诉讼请求作出的结论，而判决书中的“本院认为”部分，是人民法院就认定的案件事实和判决理由所作的叙述，其本身并不构成判项的内容。人民法院强调执行只能依据生效判决的主文，而“本院认为”部分不能作为执行依据。但在具体处理上，你院可根据本案的实际情况，依法保护各方当事人的合法权益。

出台背景

本案的基本案情如下：1999年3月31日，营口市鲅鱼圈区海星建筑工程公司（以下简称建筑公司）为营口东方外国语专修学校（以下简称专修学校）修建教学楼，双方为此签订了一份建设工程施工合同。合同签订后，建筑公司按照合同约定完成了全部工程，但专修学校未按照合同约定支付工程款。建筑公司遂向专修学校索要工程款，并与专修学校及其下属的东北大学成教学院营口分院于1999年10月8日签订了一份还款协议，协议确认教学楼工程总造价204万元，利息4万余元，专修学校于1999年12月20日前付款104万元，2000年付清余款。如果不能按期付款，以工程造价每平方米520元为基数，加上水、暖、电等费用，抵给建筑公司办理房屋产权过户手续，即以建筑物抵债。

协议签订后，专修学校未能按期还款，建筑公司遂诉至营口市中级人民法院，专修学校提出反诉，营口市中级人民法院于2000年6月28日作出（2000）营初字第2号民事判决书，判决认定涉案建设工程施工合同、还款协议合法有效。专修学校不按合同约定支付工程款属违约行为，应承担违约责任。专修学校就工程质量问题提出的反诉请求未获支持，东北大学成教学院营口分院因被撤销无法承担责任，全部责任由专修学校承担。营口市中级人民法院判令：专修学校给付建筑公司179万余元工程款及滞纳金、利息等。专修学校不服，向辽宁省高级人民法院提起上诉，辽宁省高级人民法院于2000年10月7日作出（2000）辽民终字第278号民事判决书，驳回上诉，维持原判。

判决生效后，建筑公司申请强制执行，营口市中级人民法院对专修学校现有的教学楼及部分土地使用权进行评估后，委托拍卖机构进行了拍卖，因最终流拍，故将已评估的财产以物抵债给建筑公司。但在以物抵债的价格上双方存在争议，营口市中级人民法院裁定中止执行，待建筑公司同意以评估价格接收或判决确认以还款协议价格给付后恢复执行。建筑公司不服，向辽宁省高级人民法院申请再审，辽宁省高级人民法院于2002年4月24日作出（2002）辽民申字第13号民事裁定书，认为一审、二审判决已认定了建筑工程施工合同及还款协议合法有效，且专修学校除教学楼和部分土地使用权可供抵债外，无其他财产可供执行。故裁定按还款协议中约定的价格恢复执行，营口市中级人民法院依据该裁定做出（2002）营执字第100号民事裁定书，将专修学校教学楼及部分土地使用权以还款协议约定的价格抵给建筑公司。专修学校对辽宁省高级人民法院（2002）辽民申字第13号民事裁定书不服，申诉要求执行回转，经辽宁省高级人民法院审判委员会研究，以（2003）辽执监字第157号裁定书撤销辽宁省高级人民法院（2002）辽民申字第13号裁定，各方当事人均按照原生效判决执行。

营口市中级人民法院在执行回转中发现，建筑公司已将教学楼转卖给案外人营口中等职业技术学校（以下简称技术学校），技术学校取得该教学楼程序合法，并已用于教学。营口市中级人民法院认为，技术学校实际占有、使用教学楼，并付清了购楼款，应视为善意取得，法院不应再对该财产进行拍卖、变卖。同时就有关问题向辽宁省高级人民法院请示。

辽宁省高级人民法院审判委员会针对涉案标的物是按照评估价格以物抵债，还是按照生效判决书“本院认为”部分以还款协议确认的价格以物抵债的问题，向最高人民法院请示。

对于以物抵债价格问题，辽宁省高级人民法院多数意见认为：本案一审、二审判决主文所确认的是工程款债权，专修学校又无其他财产可供执行，仅有还款协议中所涉及的教学楼为被执行财产。既然双方当事人在还款协议中约定了以物抵债的价格且系双方当事人真实意思表示，而该约定并不违反法律规定，应当依照执行。况且一审、二审生效判决中，“本院认为”部分亦对还款协议确认为合法有效，按还款协议价格以物抵债并无不当，符合《合同法》（已废止）的相关规定。少数意见认为，法院的执行依据是判决主文，而判决主文只判了给付债权，没有对物权的归属及价位予以确认。若法院判决回到以判决的“本院认为”部分作为依据的状态，容易损害执行依据的确定性。况且，当事人起诉时选择的是要债权，不是以物抵债，实际执行就得按照判决主文的数额对标的物予以评估拍卖。判决中“本院认为”部分是说理部分，不是执行的依据。执行中只能对标的物评估拍卖或以评估价格以物抵债，不能以还款协议约定的价格以物抵债。辽宁省高级人民法院针对涉案标的物是按照评估价格以物抵债，还是按照生效判决书“本院认为”部分以还款协议确认的价格以物抵债的问题，向最高人民法院请示。最高人民法院针对“本院认为”部分能否作为执行的依据作出了该复函。

执行依据问题不仅关系判决的既判力，也关系审判与执行的界限，是一个重大的理论与实践问题。该案的意义在于确立了执行依据限于判决主文的原则，

“本院认为”部分可以作为执行时的参考因素，但不应作为执行依据。

理解与适用

（一）关于判决理由是否具有既判力的理论研究

判决理由中所为之判断无既判力，既是理论界的主流观点，也被德国、日本及我国台湾地区司法实践采纳。但依然不断有关于判决理由在一定情况下应具有既判力的声音出现。萨维尼（Savigny）提出，判决理由中就先决的法律关系所作的判断结论应赋予其既判力，虽然该观点未被当时的立法者采纳，但立法者认为此理论可避免发生就同一当事人之同一法律问题作出前后矛盾之判断，由此创设了在诉讼程序中应直接以先决事项为诉讼标的之中间确认之诉。[①] 从程序原理上看，中间确认之诉依当事人意思提起，是通过在本诉程序中嵌入一个中间确认之诉从而间接实现既判力之客观范围的扩张。此种做法依然严格恪守着既判力之客观范围限于判决主文的传统模式。[②]

萨维尼之后，措伊纳（Zeuner）的意思关联理论、日本法学家兼子一的判决之参加性效力扩张理论都在一定程度上引起关注。最为引人注目的是日本民诉法学家新堂幸司提出的争点效理论，被认为是日本激进扩张模式系统化拓展的标志。[③] 所谓争点效，是指就诉讼标的以外之各争议事项，在经当事人认真的争执对抗、法院充分实质的审理后，法院所为之判断所生之效力。该效力既不允许后诉当事人提出与该判断结论相冲突的主张或实施相应的举证行为，也不允许后诉法院作出与之相冲突的判断。[④] 新堂幸司认为，该种拘束力不是既判力之扩张，而是诚实信用成为判决之效果所发生的作用。因为争点效限于对判决理由中就诉讼标的之外的争议事项所作的判断，而既判力适用于相同的诉讼标的，故争点效与既判力的适用情形不同。此外，既判力是就诉讼标的之判断无条件发生拘束力，而争点效须具备相应的程序要件，如限于判决理由中所作出

① 参见骆永家：《既判力之研究》，台北，三民书局股份有限公司2021年版，第66～67页。
② 参见丁宝同：《论争点效之比较法源流与本土归化》，载《比较法研究》2016年第3期。
③ 参见丁宝同：《论争点效之比较法源流与本土归化》，载《比较法研究》2016年第3期。
④ 参见［日］新堂幸司：《新民事诉讼法》，林剑锋译，法律出版社2008年版，第492页。

的判断、当事人已经就该争点穷尽了诉讼攻击防御手段、判决理由中对该争点的判断结论是实质性而非程序性的，以及需以后诉程序中当事人提出援引争点效的主张或抗辩为前提。[①] 而在新堂幸司提倡争点效理论之后，日本法院出现了肯定该理论的判例。[②] 有研究指出，虽然新堂幸司本人声称对争点效持肯定与否定的判例各占一半，但他也不得不承认，日本最高裁判所的判例基本否定了争点效理论。[③] 其后，吉村重德又对争点效理论做了进一步发展完善，“认为争点效应系①在前诉关于主要争点的判断中，②为判决主文所必要不可缺之前提判断，③在将来之诉讼将成为问题得合理的预测之情形为限，生拘束力”[④]。

（二）判决既判力的客观范围

最高人民法院之所以同意辽宁省高级人民法院审委会少数人的意见，主要基于以下理由：

判决既判力原则上只对判决主文中表述的判断事项产生，而所谓的判决主文的判断即对于诉讼标的之判断。[⑤] 判决书主文显示的判断既包括当事人向法院提出的请求，即作为诉讼标的的法律关系，也包括法院对当事人申请适当与否作出的判断。我国的判决书一般由开头（当事人基本情况、案件基本事实）、法院认定事实和适用法律及判决主文等组成。通常，法官在判决主文中只就当事人的诉讼请求作出结论，且该结论是在对相关事实的审查和判决理由叙述基础上显示的。可以说是叙述在前，结论在后。[⑥]

裁判理由没有既判力，原因有三：“一是理由判断所涉及的当事人提出的诉讼请求本身，并未经当事人作为争点在诉讼中加以认真辩论，为了避免对未经

---

① 参见［日］新堂幸司：《新民事诉讼法》，林剑锋译，法律出版社2008年版，第499页。

② 例如，前诉X基于土地所有权对Y提起拆除地上建筑物返还土地之诉，X胜诉。在执行完毕后，Y以在前诉言词辩论终结前已经因时效取得土地所有权为由，对X提起确认土地所有权及所有权转移登记之诉，该时效取得并未在前诉中提出。京都地方法院认为前诉判决理由中对于所有权的判断有争点效，排除后诉之审理。参见骆永家：《既判力之研究》，台北，三民书局股份有限公司2021年版，第78页。

③ 参见丁宝同：《论争点效之比较法源流与本土归化》，载《比较法研究》2016年第3期。

④ 骆永家：《既判力之研究》，台北，三民书局股份有限公司2021年版，第77页。

⑤ 参见江伟、肖建国：《论既判力的客观范围》，载《法学研究》1996年第4期。

⑥ 参见于泓：《以判决主文或判决理由作为执行依据请示案》，载最高人民法院执行办公室主编：《强制执行指导与参考》（2004年第4集），法律出版社2005年版，第84～88页。

当事人认真对待的请示作出判断而造成突然袭击，不能认可关于此的理由判断具有既判力；二是如果允许法院对当事人没有认真争执的争点作出的判断产生既判力，当事人就丧失了在今后别的诉讼中就未经争执的争点展开争执的可能性，而且也不能提出与被做出了判断的争点相矛盾的主张；三是从法院的立场上说，如果法院在前诉关于结论的理由判断不具有既判力，则法院在后诉可以迅速且有效地进行诉讼指挥。”①

最高人民法院在（2020）最高法民申4231号民事裁定中体现的观点是：判决的“本院认为”部分是人民法院在认定案件事实的基础上就判决理由所作的阐述，将裁判理由所作判断定性为事实认定，其本身并不构成判项内容。依据事实认定可以被相反证据推翻的民事诉讼证据规则，本案中判决理由所作的事实认定并不影响在另案中被其他证据推翻。当事人有足够相反证据的，仍可在另案中推翻本案认定的事实，并不会对另案当事人利益造成影响。即原判决“本院认为”中的事实认定并不必然导致原判决的裁判理由影响另案判决结果，或出现判决结果相互矛盾、抵触的情况。因此，原则上，当事人不得针对裁判文书判决理由部分申请再审。

从本案原告建筑公司的诉讼请求可以看出，其只要求被告给付工程款及滞纳金，并未要求对还款协议的内容进行裁判。所以一审法院营口市中级人民法院只判令专修学院给付建筑公司工程款、滞纳金及利息，没有就还款协议的内容裁判，符合“不告不理”原则。“判决理由的判断相对于判决主文中的判断而言，居于一种手段性、次元性的地位，是为了说明作出判断的理由，该种判断没有既判力，故不能作为法院强制执行的依据。”②

（三）判决书中“本院认为”部分是否具有执行力

判决主文是人民法院就当事人的诉讼请求作出的结论，而判决书中“本院认为”部分，属于裁判理由，是人民法院就认定的案件事实和判决理由所作的

① 于泓：《以判决主文或判决理由作为执行依据请示案》，载最高人民法院执行办公室主编：《强制执行指导与参考》（2004年第4集），法律出版社2005年版，第84～88页。

② 于泓：《以判决主文或判决理由作为执行依据请示案》，载最高人民法院执行办公室主编：《强制执行指导与参考》（2004年第4集），法律出版社2005年版，第84～88页。

叙述，其本身并不构成判项的内容。人民法院强制执行只能依据生效判决的主文，如果判决主文中没有相应的判项，则“本院认为”部分所作的论述不能作为执行依据。

“本院认为”部分作为判决事实和理由，是针对当事人的诉讼请求，根据查明的案件事实，依照法律规定，明确当事人争议的法律关系，阐述原告请求权是否成立、依法应当如何处理。“判决主文”部分作为审理结果，是对案件实体问题作出的明确、具体、完整的处理结论。案件进入执行程序，应依据判决结果执行。在实践中，如判决结果的内容不明确引起歧义，产生不同的理解和解释，可以结合判决理由进行明确，但不能直接依据判决理由执行。如出现判决理由与判决结果相悖或漏判的情况，只能通过审判监督程序解决，执行部门无权自行变更。

（四）执行裁定、决定书中的裁判理由能否被认定为“已为人民法院发生法律效力的裁判所确认的事实”

在（2021）最高法民申7088号民事裁定中，最高人民法院关于“人民法院生效裁判文书中裁判理由的内容不能被认定为‘已为人民法院发生法律效力的裁判所确认的事实’”的观点值得关注，这与过去最高人民法院在部分判例将前诉裁判理由中认定的事实定性为“已为人民法院发生法律效力的裁判所确认的基本事实”可以在另案中被相反证据推翻的提法相矛盾。①

关于“已为人民法院发生法律效力的裁判所确认的事实”（以下简称已确认事实）的规定，最早出现在《民诉意见》，其第75条规定，“已为人民法院发生法律效力的裁判所确认的事实，当事人无需举证”。2001年《民事诉讼证据规定》（已修正）进一步作出规定，已为人民法院发生法律效力的裁判所确认的事实无须举证证明，但当事人有相反证据足以推翻的除外。2019年《民事诉讼证据规定》修订后对该条进行了调整，将“已为人民法院发生法律效力的裁判所确认的事实”修改为“已为人民法院发生法律效力的裁判所确认的基本事实”（以下简称已确认基本事实）。增加的“基本”二字，被认为是回应了学术界对

① 最高人民法院民事裁定书，（2020）最高法民申4231号；最高人民法院民事裁定书，（2021）最高法民申209号。

免证效力或预决效力应当在适用对象方面加以限制的建议。① 已确认事实可分为要件事实（又称基本事实或关键事实）、间接事实以及背景事实，多数学者认为，只有要件事实才能作为免证效力或预决效力的适用对象。② 一方面，因为免证规则确实在一定程度上违反自由心证，对具备免证效力的已确认事实进行限缩确有必要；另一方面，考虑到基本事实系经过法院审理重点查明的事实，本身已经经过严格的质证和审查程序，赋予免证效力具备合理性。③ 根据 2008 年《最高人民法院关于适用〈中华人民共和国民事诉讼法〉审判监督程序若干问题的解释》（已修正）第 11 条及《民事诉讼法解释》第 333 条的规定，只有在先裁判中对确定当事人主体资格、案件性质、民事权利义务等对判决、裁定的结果有实质性影响的事实，才属于已为生效裁判确认的“基本事实”。

由此，具备免证效力的生效裁判所确认的事实需要具备以下几个要件，首先，要符合正当程序保障原则，即必须是当事人之间攻击防御而形成的结果，是在双方主张及证据的基础上形成的，因此缺席判决所认定的事实不具备免证效力，和解协议亦如是。其次，必须是基本事实，即该事实对最终裁判来说是必需的。其原因在于，如果法院把当事人未能注意到的间接事实或辅助事实作为审理对象，并赋予其在后诉中免证的效力，属于对当事人的突然袭击，侵害了当事人的程序保障权利，也会导致当事人对所有案件事实都穷尽攻击防御之手段，并不利于诉讼程序围绕核心问题顺利展开。再次，已确认事实与后诉中的事实必须同一，前诉已确认事实构成后诉案件事实的一部分或全部。④ 最后，后诉或者后案的当事人是前诉或者前案的当事人或其诉讼承继人等，或者与前诉或前案及其当事人存在法律上的利益关系。⑤

关于确认事实具备免证效力的生效裁判的范围，一般为人民法院作出的民

---

① 学界对已确认事实对后诉的效力有预决力、非预决力及证明效三种观点，但观点之间对概念的界定并不统一，普遍称之为预决效力或者免证效力。

② 参见段文波：《预决力批判与事实性证明效展开：已决事实效力论》，载《法律科学（西北政法大学学报）》2015 年第 5 期。

③ 最高人民法院民事审判第一庭编著：《最高人民法院新民事诉讼证据规定理解与适用》（上），人民法院出版社 2020 年版，第 155 页。

④ 参见江伟、常廷彬：《论已确认事实的预决力》，载《中国法学》2008 年第 3 期。

⑤ 参见邵明：《论法院民事预决事实的效力及其采用规则》，载《人民司法》2009 年第 15 期。

事、刑事及行政裁判。民事裁判中确认的基本事实对后民事诉讼具有约束力，但生效民事判决主要是指人民法院通过普通程序作出的判决，依特别程序作出的判决中认定的事实是否也具有免证效力需要具体分析。如宣告失踪、死亡的判决，在判决作出后有关事实状态可能发生变化，因此法律允许法院依据新的事实状态作出新判决，撤销原判决，故不能认定原宣告判决中的事实有免证效力。[①] 法院裁定用来处理程序事项和临时性救济事项（如保全、先予执行），其效力通常仅存在于本案的诉讼程序中，并且处理临时性救济事项的裁定还具有临时性和附属性，本案判决可以变更或撤销此类裁定，所以裁定的效力通常不及于后诉，故不具备免证效力。[②]

但关于生效裁判范围的讨论多集中在判决程序，对于执行程序中人民法院作出的执行裁定、决定是否属于《民事诉讼证据规定》第 10 条规定的生效裁判以及执行裁定、决定确认的事实是否具有免证效力的问题，国内目前研究鲜有涉及。简单套用裁定、决定仅处理程序事项不涉及事实认定来回应上述疑问并不科学。实际上，执行裁定、决定并非均不涉及事实认定问题。例如，协助执行人不履行协助执行义务、擅自解除执行措施导致被执行财产未能追回，追究协助执行人赔偿责任所作的裁定，就涉及法院对协助执行人是否存在上述不履行协助执行义务的认定。例如，审查处理执行行为异议、复议所作的裁定，涉及对法院的执行行为是否违法的认定。又如，法院对妨碍执行的行为人作出的处罚决定，涉及对行为人是否存在妨碍执行行为的认定。但通过前述列举的具备免证效力的生效裁判所确认的事实应具备的要件可以看出，即便执行裁定、决定中涉及了事实认定问题，也不具备免证效力，最主要的原因在于强制执行强烈的职权主义色彩和效率取向，法院确认的事实并非如审判程序一样是在当事人双方的主张及证据的基础上形成的，并未也无须经过举证质证等环节。虽然不能认为执行采职权主义导致当事人不能充分享有程序保障权，不能接近真实，但从当事人几乎不参与事实确认的证明过程却要接受事实确认结果这一点

---

① 最高人民法院民事审判第一庭编著：《最高人民法院新民事诉讼证据规定理解与适用》（上），人民法院出版社 2020 年版，第 157 页。

② 参见邵明：《论法院民事预决事实的效力及其采用规则》，载《人民司法》2009 年第 15 期。

来看，是与程序保障及自我责任的原理相悖的。[①] 也是基于此，法律法规及司法解释对错误执行裁定、决定设定了充足的程序救济途径，这与非经审判监督程序不轻易改变生效判决形成鲜明对比。

鉴于此，（2021）最高法民申 7088 号裁定认为（2017）粤执复 281 号执行决定书的裁判理由内容不能被认定为证据法上的已确认事实，因此对于其他案件均不产生拘束力和既判力。该裁定结果并无不妥，但执行决定书的裁判理由之所以对其他案件不产生免证效力，与裁定理由是否属于已确认事实这个问题关系不大，主要是执行决定书本身并不属于《民事诉讼证据规定》中具备免证效力的“生效裁判”。

回到裁判理由的内容是否能被认定为已确认事实的问题上，实质是讨论裁判文书中哪些部分是已确认事实。根据 2016 年《人民法院民事裁判文书制作规范》的规定，裁判文书由标题、正文、落款三部分组成。正文的第五部分是裁判文书的事实，主要包括原告起诉的诉讼请求、事实和理由，被告答辩的事实和理由，法院认定的事实和据以定案的证据。第六部分是裁判文书的理由，也即“本院认为”作为开头的部分，核心内容是针对当事人的诉讼请求，根据认定的案件事实，依照法律规定，明确当事人争议的法律关系，阐述原告请求权是否成立，依法应当如何处理。有通过对裁判文书进行分析整理及法官访谈的研究结果表明，大多数法官认为事实认定说理应在“经本院审理查明”（2016 年《人民法院民事裁判文书制作规范》更名为“经本院审理认定”）中进行，“本院认为”是针对法律适用说理。而在经本院审理认为部分，主要针对证据采信情况以及证明力大小做了评价，未涉及事实认定结论是如何产生的这一事实认定的基本逻辑与具体过程。[②] 针对事实认定说理薄弱的弊端，最高人民法院出台了《关于加强和规范裁判文书释法说理的指导意见》，提出裁判文书释法说理

① 参见谭中平：《民事判决事实认定说理的结构性改革——基于事实认定与法律适用关联性说理的视角》，载《人民司法》2019 年第 4 期。

② 参见谭中平：《民事判决事实认定说理的结构性改革——基于事实认定与法律适用关联性说理的视角》，载《人民司法》2019 年第 4 期。

的四个层面[①]，第一层面即是阐明事理，说明裁判所认定的案件事实及其根据和理由，展示案件事实认定的客观性、公正性和准确性。但在未对裁判文书结构进行改革的情况下，事实认定既存在于本院经审理认定部分，也出现在本院认为裁判理由部分，有时候不得不在两个部分重复出现。[②] 因此有观点提出，应当学习德国及日本，事实部分仅对当事人诉请、事实和理由进行记录，列明的是未经法院评价认定的事实。而法院认定的证据及事实后移至本院认为部分，与法律适用说理共同构成裁判说理。[③] 由此，是否能被认定为已确认事实，应该重实质轻形式，不应通过其所处裁判文书的位置进行判断。

实务操作指引

（一）执行依据的范围

执行依据指具有给付内容和执行力的生效法律文书。根据《执行规定》第2条，执行机构负责执行下列生效法律文书：

1. 人民法院民事、行政判决、裁定、调解书，民事制裁决定、支付令，以及刑事附带民事判决、裁定、调解书；

2. 依法应由人民法院执行的行政处罚决定、行政处理决定；

3. 我国仲裁机构作出的仲裁裁决和调解书；人民法院依据《仲裁法》有关规定作出的财产保全和证据保全裁定；

4. 公证机关依法赋予强制执行效力的债权文书；

5. 经人民法院裁定承认其效力的外国法院作出的判决、裁定，以及国外仲裁机构作出的仲裁裁决；

6. 法律规定由人民法院执行的其他法律文书。

2012年《民事诉讼法》修改后，经人民调解委员会调解达成并按法定程序

---

① 其余三个层面分别是要释明法理，说明裁判所依据的法律规范以及适用法律规范的理由；要讲明情理，体现法理情相协调，符合社会主流价值观；要讲究文理，语言规范，表达准确，逻辑清晰，合理运用说理技巧，增强说理效果。

② 参见曹志勋：《对民事判决书结构与说理的重塑》，载《中国法学》2015年第4期。

③ 参见谭中平：《民事判决事实认定说理的结构性改革——基于事实认定与法律适用关联性说理的视角》，载《人民司法》2019年第4期。

经人民法院司法确认的调解协议亦可作为执行依据。

（二）执行依据的执行力问题

《执行规定》第16条对执行案件的受理条件做了明确规定，其中就有关于被执行人与执行标的明确性的要求。《民事诉讼法解释》第461条规定："当事人申请人民法院执行的生效法律文书应当具备下列条件：（一）权利义务主体明确；（二）给付内容明确。法律文书确定继续履行合同的，应当明确继续履行的具体内容。"《民事诉讼法解释》再次明确了作为执行依据的生效法律文书，应符合明确性要求。

"明确性"是生效法律文书成为执行依据的必要条件，而非充分条件，在具体把握执行依据的时候，应依据《执行规定》第16条判断。

执行依据的作出机关应当保证执行依据的明确性，不论是仲裁裁决、公证债权文书、调解书，都应当符合明确性要求。本条约束的是执行依据的制作机关，通过强调不符合明确性要求的生效法律文书不能作为执行依据，来"倒逼"执行依据的质量提高，确实保障生效法律文书确认的权利能够通过强制执行程序得以实现。

对于执行依据不明确的生效法律文书，在立案审查阶段应裁定不予受理，但对于已经进入执行程序的案件，如果发现执行依据不明确，也不能以"法院认为"部分作为执行依据，亦不能简单地"驳回执行申请"。而是先通过召集双方当事人协商或者征求执行依据作出机构的意见等方式确定执行内容，如果确实无法执行的，才裁定驳回执行申请或者裁定终结执行程序。①

（三）确权判决能否进入执行程序

理论上认为，确认判决和形成判决没有给付内容，不能作为执行依据。但在我国执行实践中，一些法院从解决实际问题出发，也允许对确认和形成类法律文书申请执行。比如，对于确认登记在被告名下的房产为原告所有的判决，根据执行法的一般理论，不具有执行力，不能申请执行，原告可直接持该判决申请变更登记。但由于我国登记制度及实际操作还不完善，一些房屋登记机构

---

① 参见江必新：《最高人民法院执行最新司法解释统一理解与适用》，中国法制出版社2016年版，第10页。

不受理当事人的变更申请，而是要求人民法院出具协助执行通知书。在目前情况下，允许此类案件进入执行程序，让生效法律文书确定的权利人通过执行程序完成权属变更登记，具有一定的合理性。

二、确认之诉判决的执行

答复原文

最高人民法院执行工作办公室
关于向人民法院申请执行没有给付内容的
确认判决应裁定不予受理问题的答复

2004 年 11 月 22 日 〔2004〕执他字第 5 号

内蒙古自治区高级人民法院：

你院内高法〔2004〕18 号请示的《关于内蒙古天富房地产股份有限公司与内蒙古达康医疗保健品总公司、内蒙古自治区医院保健分院执行一案的请示报告》收悉。经研究，答复如下：

我院〔2002〕民一终字第 23 号民事判决书是确认判决，没有给付内容，根据我院《关于人民法院执行工作若干问题的规定（试行）》第 18 条第 1 款第（4）项的规定，本案不符合人民法院受理执行案件的条件，你院应裁定不予受理。

此复

出台背景

内蒙古天富房地产股份有限公司（以下简称天富公司）与内蒙古自治区医院（内蒙古医院）、内蒙古达康医疗保健用品总公司（以下简称达康总公司）、内蒙古自治区医院保健分院（以下简称保健分院）侵权、联营合同纠纷一案，内蒙古自治区高级人民法院作出（2001）内民初字第 1 号民事判决，判决如下：

(1) 天富公司与达康总公司、内蒙古医院签订的《联合兴建病房楼协议书》和《关于共同建立内蒙古医院保健分院的补充协议》无效；(2) 内蒙古医院返还天富公司投资款4,620,348.08元及利息损失（利息按建设银行同期同类贷款利率计算，从1996年3月4日起算至实际付清之日止）；(3) 内蒙古医院补偿天富公司经济损失1,451,799.49元；(4) 驳回天富公司其他诉讼请求。

案件进入二审程序后，最高人民法院作出（2002）民一终字第23号民事判决，主文内容为：(1) 维持内蒙古自治区高级人民法院（2001）内民初字第1号民事判决第四项。(2) 撤销内蒙古自治区高级人民法院（2001）内民初字第1号民事判决第一、二、三项。(3) 天富公司与达康总公司签订的《联合兴建病房楼协议书》《关于共同建立内蒙古医院保健分院的补充协议》以及保健分院章程中关于联营各方出资额的约定均为有效。(4) 确认天富公司对保健分院的实际投资额为4,620,348.08元。（2002）民一终字第23号民事判决书生效后，当事人向内蒙古高级人民法院申请执行。因（2002）民一终字第23号民事判决将一审判决中内蒙古医院向天富公司返还投资款及利息损失，补偿经济损失的判决内容撤销，仅确认协议及相关约定有效以及天富公司的投资额，故对于该案是否应该立案受理，如何执行出现争议。内蒙古高级人民法院向最高人民法院执行工作办公室请示，最高人民法院执行工作办公室遂作出此答复。

理解与适用

（一）执行依据应具有明确的给付内容

《执行规定》第16条规定："人民法院受理执行案件应当符合下列条件：(1) 申请或移送执行的法律文书已经生效；(2) 申请执行人是生效法律文书确定的权利人或其继承人、权利承受人；(3) 申请执行的法律文书有给付内容，且执行标的和被执行人明确；(4) 义务人在生效法律文书确定的期限内未履行义务；(5) 属于受申请执行的人民法院管辖。人民法院对符合上述条件的申请，应当在七日内予以立案；不符合上述条件之一的，应当在七日内裁定不予受理。"

《民事诉讼法解释》第461条规定，当事人申请人民法院执行的生效法律文书应当具备下列条件：(1) 权利义务主体明确；(2) 给付内容明确。法律文书确定继续履行合同的，应当明确继续履行的具体内容。《仲裁执行规定》第3条规定："仲裁裁决或者仲裁调解书执行内容具有下列情形之一导致无法执行的，人民法院可以裁定驳回执行申请；导致部分无法执行的，可以裁定驳回该部分的执行申请；导致部分无法执行且该部分与其他部分不可分的，可以裁定驳回执行申请。(一) 权利义务主体不明确；(二) 金钱给付具体数额不明确或者计算方法不明确导致无法计算出具体数额；(三) 交付的特定物不明确或者无法确定；(四) 行为履行的标准、对象、范围不明确。仲裁裁决或者仲裁调解书仅确定继续履行合同，但对继续履行的权利义务，以及履行的方式、期限等具体内容不明确，导致无法执行的，依照前款规定处理。"《公证执行规定》第5条规定："债权人申请执行公证债权文书，有下列情形之一的，人民法院应当裁定不予受理；已经受理的，裁定驳回执行申请：(一) 债权文书属于不得经公证赋予强制执行效力的文书；(二) 公证债权文书未载明债务人接受强制执行的承诺；(三) 公证证词载明的权利义务主体或者给付内容不明确；(四) 债权人未提交执行证书；(五) 其他不符合受理条件的情形。"

以上司法解释分别从法院受理执行案件的条件、申请执行的生效法律文书应当具备的条件、执行依据内容不明确法院可以裁定不予受理或驳回执行申请三个方面明确了申请执行的法律文书应当有给付内容，最高人民法院在作出本答复时，也依据的是《执行规定》第16条第1款第3项"申请执行的法律文书有给付内容，且执行标的和被执行人明确"的规定。具体而言，答复涉及两份民事判决，(2001) 内民初字第1号民事判决主文中有要求当事人返还投资款及利息损失，补偿经济损失的内容，而 (2002) 民一终字第23号民事判决撤销了 (2001) 内民初字第1号民事判决第一、二、三项，即撤销了 (2001) 内民初字第1号民事判决中有给付内容的判项，只确认合同效力及投资金额。因此，该判决书中没有给付金钱的内容，仅有确认法律关系和事实的内容。上述规定要求申请执行的法律文书应当具有明确的给付内容（给付金钱或物品，履行行为），这样才符合法院受理执行案件的条件以及申请执行的生效法律文书应当具备的条件。如果只是确认某一事实，没有给付内容，不符合受理执行案件的条件。

最高人民法院于2021年12月20日发布的《股权执行规定》第17条对股东资格确认纠纷案件中具备给付内容可以执行的情形以及不具备执行内容不予受理执行申请的情形均进行了明确规定。如当事人提出要求公司签发出资证明书、记载于股东名册并办理公司机关登记且主张成立的，人民法院应予支持。当事人未提出前述诉请的，人民法院应根据案件具体情况向其释明，增加诉讼请求。此种情况下，判决主文中除确认当事人的股东资格外，还有要求公司签发出资证明、记载于股东名册并办理工商登记等内容。此判决具有执行内容，即要求公司履行一定行为。公司不履行前述判决的，当事人可以申请人民法院强制执行。如当事人仅主张确认股东资格且成立的，经人民法院释明后也未改变诉请的，则判决的内容仅确认股权属于当事人所有，当事人可以持该生效法律文书自行向股权所在公司、公司登记机关申请办理股权变更手续。公司及公司登记机关不予配合的，当事人向人民法院申请强制执行，人民法院不予受理。人民法院不予受理的原因在于该判决仅确认事实，但没有执行内容。

（二）生效法律文书给付内容是否明确的判断标准

给付可以分为金钱给付和非金钱给付两种，前者是要求支付金钱，后者是要求交付物或者履行特定行为。一般而言，给付内容的确定，可以以质和量两个方面予以判断。《执行规定》《民事诉讼法解释》并没有说明什么是“给付内容明确”，实践中，有的法院则进行了进一步的解释。《北京市法院执行案件办理规范》（2017年修订）第33条规定，有下列情形之一的，属于给付内容不明确：（1）执行依据确定的权利义务主体不明确的；（2）执行依据确定金钱给付但具体数额或者计算方式不明确的；（3）执行依据确定交付的特定物在执行依据作出前已经灭失的；（4）执行依据确定行为义务履行但履行标准不明确的；（5）执行依据确定继续履行合同，但未明确继续履行的具体内容的；（6）给付内容不明确的其他情形。

这一规定从权利义务主体、金钱给付具体数额或计算方式、特定物状况、履行标准、继续履行的具体内容五个方面对“给付内容明确”做了进一步解释。关于公证债权文书，2000年《联合通知》第3条和《北京市法院执行案件办理规范》（2017年修订）也说明了“不明确、不具体”的判断标准，即执行证书载明由债务人给付“律师费”“实现债权的必要费用”但未明确其金额或计算方式等内容的，属于给付内容不明确、不具体，对该部分的执行申请不纳入执行范围。

关于刑事裁判涉财产部分执行，根据《刑事涉财执行规定》第 6 条的规定，刑事案件涉案财物或者被害人人数较多，不宜在判决主文中详细列明的，可以概括叙明并另附清单。判处没收部分财产的，应当明确没收的具体财物或者金额。判处追缴或者责令退赔的，应当明确追缴的财物的名称、数量或者退赔的金额等相关情况。

总体而言，给付内容明确不仅是指有给付的内容，还包括权利义务的主体，金钱给付的具体金额、计算方式，拟交付特定标的物的状态，履行标准、履行内容也必须明确，即前述关于给付质和量两个方面的确定。执行程序不是审判程序，执行法官在执行程序中不能对不明确的法律文书内容直接作出判断，所以，法律文书在进入执行程序时判决主文应确保具体和明确，以避免再度出现争议。

最高人民法院对裁判文书给付内容明确问题也提出了具体要求，《立审执协调意见》第 11 条规定："法律文书主文应当明确具体：（1）给付金钱的，应当明确数额。需要计算利息、违约金数额的，应当有明确的计算基数、标准、起止时间等；（2）交付特定标的物的，应当明确特定物的名称、数量、具体特征等特定信息，以及交付时间、方式等；（3）确定继承的，应当明确遗产的名称、数量、数额等；（4）离婚案件分割财产的，应当明确财产名称、数量、数额等；（5）继续履行合同的，应当明确当事人继续履行合同的内容、方式等；（6）排除妨碍、恢复原状的，应当明确排除妨碍、恢复原状的标准、时间等；（7）停止侵害的，应当明确停止侵害行为的具体方式，以及被侵害权利的具体内容或者范围等；（8）确定子女探视权的，应当明确探视的方式、具体时间和地点，以及交接办法等；（9）当事人之间互负给付义务的，应当明确履行顺序。对前款规定中财产数量较多的，可以在法律文书后另附清单。"第 13 条规定："刑事裁判涉财产部分的裁判内容，应当明确、具体。涉案财物或者被害人人数较多，不宜在判决主文中详细列明的，可以概括叙明并另附清单。判处没收部分财产的，应当明确没收的具体财物或者金额。判处追缴或者责令退赔的，应当明确追缴或者退赔的金额或财物的名称、数量等有关情况。"这两个条文从立案、审判、执行工作顺利衔接和高效运行的角度对法律文书主文（包括刑事法律文书的裁判内容）的制作提出了明确的要求，对之前实践中总结的观点、各地法院的做法进行了归纳，是判断法律文书是否具体明确可以执行的标准。

实务操作指引

（一）执行依据不明确时法院的处理方式与当事人的救济途径

按照本答复的要求，根据没有明确给付内容的法律文书申请执行，不符合法院受理执行案件的条件，法院应裁定不予受理。而对于已经受理的执行案件，法院发现法律文书中没有明确给付执行内容后，实践中的做法是裁定驳回执行申请。《执行规定》第16条规定了不符合受理执行案件条件的，法院应裁定不予受理。《执行立结案意见》第20条规定，执行实施案件立案后，经审查发现不符合《执行规定》第16条规定的受理条件，裁定驳回申请的，以“驳回申请”方式结案。这两种处理方式符合司法解释和相关文件的规定与要求，实践中已有很多实例。

案例1①

尹某与张某林、杨某强因房屋买卖发生纠纷并进行诉讼，该案终审判决主文第一项的内容是“尹某与张某林、杨某强继续履行于2008年11月20日签订的《房屋交易协议》”。张某林向北京市石景山区人民法院申请执行判决书主文第一项。石景山法院认为判决书主文第一项没有明确继续履行的具体内容且不具有给付内容，裁定对张某林的执行申请不予受理。张某林不服裁定，提起上诉。

北京市第一中级人民法院认为，张某林申请执行判决书主文第一项的内容为“尹某与张某林、杨某强继续履行于2008年11月20日签订的《房屋交易协议》”，该项缺乏给付内容，不符合受理条件，不应予以受理。故石景山法院对张某林的起诉裁定不予受理正确，应予维持。裁定驳回上诉，维持原裁定。

---

① 北京市第一中级人民法院执行裁定书，(2017)京01执549号。

案例2①

申请执行人李某宏、余某荣依据（2013）信中法民终字第430号民事调解书向信阳市平桥区人民法院申请执行，平桥区人民法院作出裁定驳回李某宏、余某荣对调解书第三项的执行申请，李某宏、余某荣提出执行异议。

民事调解书第三项为："双方在本调解书签订后90个工作日内，新美公司、三旺公司将李某宏、余某荣的土地使用证和房屋产权证交付李某宏、余某荣。李某宏、余某荣要提供协助。办理两证的费用由新美公司、三旺公司用李某宏已付的40,000元办理，不足部分由两公司补齐承担。超过90个工作日，每超过一天罚款1000元，付给李某宏、余某荣。"执行中，双方就土地证办理事项未形成统一意见。平桥区人民法院认为，调解书第三项内容需申请执行人与被执行人双方配合办理，且未明确确定双方的权利义务，导致执行不能，驳回对该项的执行申请并无不当，遂裁定驳回李某宏、余某荣的执行异议请求。李某宏、余某荣不服裁定，提出复议。

信阳市中级人民法院认为，（2013）信中法民终字第430号民事调解书的第三项，属于行为请求权的执行及因该行为的延期履行而产生的金钱给付义务。该项权利义务主体明确，给付内容明确，符合申请执行的条件。执行法院应当根据调解书的约定，组织双方当事人到相关部门办理土地使用证和房屋产权证。根据相关部门办理以上证照的要求，确定双方的权利和义务。如一方当事人不履行协助义务或因一方当事人的原因导致土地使用证和房屋产权证无法正常办理的，由责任方承担相应责任。执行法院未能穷尽执行措施即认定（2013）信中法民终字第430号民事调解书第三项内容确需双方配合办理，且未明确确定双方的权利义务，导致执行不能，裁定驳回申请人李某宏、余某荣的执行申请，属适用法律错误，应予纠正。对驳回执行申请的裁定，当事人可以直接申请复议，执行法院裁定驳回申请执行人李某宏、余某荣的执行异议请求，属适用法律错误，应予纠正。信阳中院裁定：撤销异议裁定及执行裁定，对（2013）信中法民终字第430号民事调解书第三项继续执行。

---

① 信阳市中级人民法院执行裁定书，（2017）豫15执复49号。

案例 3①

王某依据（2011）鄂中法民一初字第 14 号民事调解书向鄂尔多斯市中级人民法院对金某申请强制执行，要求执行调解书第五项：“选矿厂及采挖出的矿石归属于原告王某。”执行中，鄂尔多斯中院查封了被执行人金某与韩某合伙经营的选矿厂及采挖出的矿石。

金某提出异议，认为查封的选矿厂及矿石并不是调解书第五项中所指的选矿厂及矿石，申请解除查封。鄂尔多斯中院认定，被查封的选矿厂是金某与韩某合伙经营，不是调解书第五项中的选矿厂，故裁定撤销查封裁定。

王某不服裁定，向内蒙古自治区高级人民法院申请复议。内蒙古高院认为，鄂尔多斯中院的认定缺乏事实和法律依据，故裁定撤销鄂尔多斯中院的异议裁定。

金某不服裁定，向最高人民法院申诉。最高人民法院认为，调解书第五项没有指明选矿厂及矿石的特定信息，双方当事人对执行依据指向的特定物存在严重分歧，属于执行依据内容不明确。对于已经受理的执行案件，发现执行依据不明确的，执行机构在执行程序中可以结合执行依据文义，审查确定其具体给付内容。执行程序中无法确定给付内容的，则应当提请生效法律文书的作出机构结合案件审理期间的情况，对不明确的执行内容予以补正或者进行解释说明。内蒙古高院只是撤销了鄂尔多斯中院的异议裁定，但是，对于金某提出的执行异议请求并未作出处理，没有对被查封选矿厂是否是调解书第五项所指选矿厂进行查明。故最高人民法院最终裁定，变更内蒙古高级人民法院复议裁定为，撤销鄂尔多斯中院异议裁定，案件发回鄂尔多斯中院重新审查处理。

从以上 3 个案例反映的情况来看，如果执行依据没有明确具体的给付内容，如法院裁定不予受理，当事人就此提出上诉寻求救济，如案例 1；如法院裁定驳回执行申请，当事人就此提出执行异议及复议寻求救济，如案例 2、案例 3。我们认为目前这 2 种方式是比照诉讼案件来赋予当事人救济权利，在法律依据上有可商榷之处。

---

① 最高人民法院执行裁定书，（2015）执申字第 52 号。

《民事诉讼法》第126条、第157条、第177条及相关司法解释[①]中关于不予受理、驳回起诉及上诉的规定是针对民事诉讼案件，执行案件是否可以适用并不明确。《执行规定》第16条、《执行立结案意见》第20条虽然规定和确认了“不予受理”和“驳回执行申请”的处理方式，但是没有规定和说明当事人的救济途径。对于不予受理执行案件，实践中当事人就是参照不予受理诉讼案件之后的救济方式、上诉来寻求救济。而对于驳回执行申请，实践中不同法院作出驳回执行申请裁定时依据的法律规定不尽相同：有的引用《民事诉讼法》第157条第11项，有的引用《执行规定》第16条，有的引用《民事诉讼法解释》第461条，还有的引用《执行立结案意见》第20条[②]，而有的参照适用《民事诉讼法》第157条第3项及《民事诉讼法解释》第208条。这造成救济途径不明确的问题，实践中典型的救济途径是当事人可以对驳回执行申请的裁定依据《民事诉讼法》第232条的规定，提出执行异议及复议。而也有观点认为可以参照《民事诉讼法》第157条的规定，允许当事人向上一级法院上诉。但是，无论是哪种方式，目前的法律规范仍是付之阙如。[③]

对于确实给付内容不明确的执行案件，无论是不予受理还是驳回执行申请，可以参照《异议复议规定》第2条第3款的规定来进行处理和赋予当事人救济权利。[④] 当事人可以对不予受理、驳回执行申请的裁定向上一级法院申请复议。上级法院经审查后认为符合受理条件的，应当裁定撤销原裁定，指令执行法院立案或者执行。这样，一方面，能体现出执行案件在救济方法上与诉讼案件有

---

① 《民事诉讼法》第126条规定：“人民法院应当保障当事人依照法律规定享有的起诉权利。对符合本法第一百一十九条的起诉，必须受理。符合起诉条件的，应当在七日内立案，并通知当事人；不符合起诉条件的，应当在七日内作出裁定书，不予受理；原告对裁定不服的，可以提起上诉。”第154条第1款规定：“裁定适用于下列范围：（一）不予受理；（二）对管辖权有异议的；（三）驳回起诉……”1992年《最高人民法院关于适用〈中华人民共和国民事诉讼法〉若干问题的意见》（已废止）第139条第1款规定：“起诉不符合受理条件的，人民法院应当裁定不予受理。立案后发现起诉不符合受理条件的，裁定驳回起诉。”《民事诉讼法解释》第208条第3款规定：“立案后发现不符合起诉条件或者属于民事诉讼法第一百二十七条规定情形的，裁定驳回起诉。”

② 《执行立结案意见》不属于司法解释，因此不能作为制作法律文书引用的法律依据。

③ 参见赵晋山、葛洪涛、王赫：《第六届执行论坛综述》，载最高人民法院执行局编：《执行工作指导》2016年第1辑（总第57辑），国家行政学院出版社2016年版。

④ 参见赵晋山、葛洪涛、王赫：《第六届执行论坛综述》，载最高人民法院执行局编：《执行工作指导》2016年第1辑（总第57辑），国家行政学院出版社2016年版。

所区别，不是通过上诉而是通过复议方式赋予当事人救济权利；另一方面，也与《民事诉讼法》第232条规定的执行异议区别开来。

（二）确认之诉的可执行性

没有具体给付内容的法律文书，几乎都是通过确认之诉对某一事实进行法律确认的文书。尽管有前述关于给付内容具体明确的要求，但是实践中不可避免地也会出现争议，是否对所有确认事实的法律文书一概不能立案执行？对此，就有观点认为，确认判决并非一概不可执行。确定一定金额财产在整体中所占比例的判决，就无须再让当事人另行提起给付之诉来获得执行力，而是可以在执行程序中确定执行内容并进而执行。另外，《北京市法院执行案件办理规范》（2017年修订）也提出离婚判决确认财产归一方当事人所有的，对其执行申请亦可予以受理。诸如对共有财产进行分割（如离婚后分割共有财产）、确认当事人对某一财产享有的比例（如确认股东对公司享有一定比例股权）的法律文书事实上已经对事实、法律关系作出了明确的判断，如果当事人不自动将财产转移至权利人名下，那么权利人必然有寻求通过执行程序落实其权利的需求。案例3中，该案调解书第五项“选矿厂及采挖出的矿石归属于原告王某”并无直接的给付内容。但是，当事人的真实意思可以明确为是将采挖出的矿石交付给王某，将选矿厂交付王某实际占有控制并办理相应的权属变更登记。这种情况下如果要求王某必须另行提起交付选矿厂及矿石的给付之诉，取得生效法律文书后才能申请强制执行是徒增当事人诉累。鄂尔多斯中院在执行中将调解书第五项确认为金某向王某移交选矿厂及采挖出的矿石，从而使其具有执行力，既不违反当事人真实意思表示，也有利于减轻当事人诉累，并无不妥。

所以，如果以确认某项财产归属的法律文书没有具体明确的给付内容为由不予受理或者驳回执行申请，那么权利人可能就不得不再次进行诉讼，仅仅就是为了在财产权属已经明确的前提下，获取一份要求对方交付财产的法律文书，当事人会面临财产已确定归其所有，但无法通过执行而获得财产的困境。对于已经明确确认财产的权利主体、具体情况、金额等内容，仅仅是没有明确一方应履行给付义务的法律文书，应当受理并予以执行。只有对那些没有具体、明确内容的法律文书，才应该不予受理或者驳回执行申请。没有明确、具体给付内容的受理标准应该做严格解释，以充分保护当事人的权利和避免浪费司法资源。

一方面，就当事人自己主张权利和审执配合的角度而言，如将来需要被告进行给付，为了避免将来的判决书没有明确的可供执行的给付内容，原告可以在提出确认诉讼请求的同时，一并提出给付诉讼请求。另一方面，法官也应进行适当的释明，避免因为判决书仅有确认的内容而必须再次提起给付之诉。

《立审执协调意见》也对生效法律文书执行内容不明确时，法院内部如何处理进行了规定。第15条规定："执行机构发现本院作出的生效法律文书执行内容不明确的，应书面征询审判部门的意见。审判部门应在15日内作出书面答复或者裁定予以补正。审判部门未及时答复或者不予答复的，执行机构可层报院长督促审判部门答复。执行内容不明确的生效法律文书是上级法院作出的，执行法院的执行机构应当层报上级法院执行机构，由上级法院执行机构向审判部门征询意见。审判部门应在15日内作出书面答复或者裁定予以补正。上级法院的审判部门未及时答复或者不予答复的，上级法院执行机构层报院长督促审判部门答复。执行内容不明确的生效法律文书是其他法院作出的，执行法院的执行机构可以向作出生效法律文书的法院执行机构发函，由该法院执行机构向审判部门征询意见。审判部门应在15日内作出书面答复或者裁定予以补正。审判部门未及时答复或者不予答复的，作出生效法律文书的法院执行机构层报院长督促审判部门答复。"

实际上，对于执行内容不明确的问题，可以先通过法院内部的协调程序设法解决。执行机构发现生效法律文书执行内容不明确的，应该是在已经立案受理之后，此时不应该直接裁定驳回执行申请，而是尽量通过内部协调途径解决，征求作出法律文书部门的意见，充分保障当事人的权利。执行中无法确定给付内容的，应当提请作出生效法律文书的机构，结合案件审理期间的情况，对不明确的执行内容予以补正或者进行解释。① 而如果在立案阶段发现法律文书不明

---

① 对于执行机构是否能够对执行依据不明确的内容进行解释的问题，案例3认为执行机构只能对执行依据进行文义解释，文义解释不能确定的，就应由生效法律文书的作出部门进行解释。这是将执行机构的解释控制在很有限的范围之内。案例2中对调解书第三项的解释应该就是结合文义的解释，没有进行扩大解释。第六届中国执行论坛在讨论这一问题时，多数观点认为，从审判权的职能，避免"以执代审"，提高审判部门对裁判可执行性的重视，从解释的效率及准确性等角度而言，应由审判部门进行解释。参见赵晋山、葛洪涛、王赫：《第六届执行论坛综述》，载江必新、刘贵祥主编，最高人民法院执行局编：《执行工作指导》2016年第1辑（总第57辑），国家行政学院出版社2016年版。

确，是由立案部门直接按照第15条征询审判部门意见，还是立案受理由执行部门征询审判部门意见可能还需要按照《立审执协调意见》的精神由各地法院细化立案、审判、执行工作衔接的有关制度。但总体而言，在立案阶段对裁定不予受理应该严格和谨慎适用。因为在实行立案登记制之后，对于执行依据的审查应当由执行部门而不是立案部门来进行。即使执行依据的明确性存疑，仍然应当允许进入执行程序，再由执行部门审查。①

总体而言，从法院立案、审判、执行工作顺利衔接和高效运行的角度，在审判阶段，应该对当事人进行充分的释明，并且制作明确具体的法律文书，为实现当事人权利打下良好的基础。在执行立案和具体执行阶段，应该严格适用裁定不予受理或裁定驳回执行申请，确实应当裁定不予受理或裁定驳回执行申请的，须保障当事人的救济权利。

三、继续履行合同案件的执行程序

复函、通知原文

（一）最高人民法院关于判决确定履行土地使用权转让合同如何执行问题的复函

2010年4月29日　〔2009〕执监字第217号

上海市高级人民法院：

关于上海枫丹丽舍房地产开发公司（以下简称枫丹公司）申请执行本院〔2006〕民一终字第57号判决确定的继续履行土地使用权转让合同义务一案，经研究并报审判委员会讨论，现提出如下意见：

一、你院在本案执行中未采取法律规定的强制执行措施，〔2007〕沪高执字第17-3号裁定终结本次执行程序依据的事实与理由不充分，本案应当由你院

① 参见赵晋山、葛洪涛、王赫：《第六届执行论坛综述》，载江必新、刘贵祥主编，最高人民法院执行局编：《执行工作指导》2016年第1辑（总第57辑），国家行政学院出版社2016年版。

继续执行。

二、依据判决，本案中上海华夏文化旅游区开发有限公司（以下简称华夏公司）继续履行合同的具体内容，是使涉案土地达到《中华人民共和国城市房地产管理法》规定过户条件及办理土地使用权的过户手续。你院应当认真核查涉案土地状况，在确保枫丹公司履行相应合同义务的前提下，对已符合《中华人民共和国城市房地产管理法》规定过户条件的地块，应直接裁定将土地使用权移转给枫丹公司，并通知土地管理部门协助办理过户手续；对于不具备法定过户条件的地块，应当用足法律规定的各种强制执行措施，促使华夏公司履行使土地达到法定过户条件的义务。

三、如果本案确实存在法律上或事实上的障碍而不能执行，应当努力促成执行和解。如果和解不成，应当告知当事人可以另行提起诉讼。

（二）最高人民法院〔2009〕执监字第217号通知

2010年4月29日　〔2009〕执监字第217号

上海枫丹丽舍房地产开发有限公司：

你公司不服上海市高级人民法院（下称上海高院）（2007）沪高执字第17－3号裁定书，请求本院提级执行或指定其他法院执行本院（2006）民一终字第57号判决一案，本院经审查，通知如下：

本案判决确定继续履行的合同内容复杂，此类判决的执行是疑难问题，能否强制执行及如何强制执行在理论与实践中存在很大争议。根据上海高院执行卷宗（副卷）显示，上海高院在作出（2007）沪高执字第17－3号裁定前，多次到相关行政职能部门进行联系沟通并多次讨论研究，故本案不属于消极执行的情形，你公司关于提级执行或指定执行的请求本院不予支持。

上海高院终结本次执行程序依据的事实与理由不充分，我院已发函上海高院提出明确处理意见。具体事宜，请直接与上海高院联系。

（三）最高人民法院关于判决内容为“交付岩矿经营权”如何执行问题的复函

2014年10月28日　〔2014〕执他字第35号

河北省高级人民法院：

你院《关于刘振树与隆化县郭家屯镇人民政府、姜凤春承包合同纠纷执行一案的请示报告》收悉。经研究，答复如下：

一、关于执行依据中具体执行内容的判断。具体执行内容应主要根据执行依据主文进行判断。必要时，应结合执行依据的其他部分，比如判决书的说理、当事人诉讼请求等内容综合判断。

本案判决的具体内容为“交付岩矿经营权”，该判决能够强制执行。理由如下：第一，本案执行依据的终审判决主文表述为：“……岩矿自××年××月××日起归原告经营”，体现了在规定时间交付经营权的意思。第二，上述终审判决在“本院认为”部分也体现了协议期限届满后，涉案岩矿的经营应恢复到协议前由原告经营状态的意思。第三，当事人的诉讼请求也是要求交还岩矿（包括手续变更）。

二、关于“岩矿经营权”与采矿权证办理的关系。采矿权是一种经行政许可的权利，对于采矿权的执行涉及司法权与行政权的界限。作为本案执行依据的终审判决谨慎地处理了“岩矿经营权”与采矿权证的关系。该判决在“本院认为”部分一方面认定原告享有“岩矿经营权”，同时认为采矿权资格的审查，采矿权属的变更都属于行政机关的职权范围。基于这一判断，判决书在主文中确认了岩矿在规定时间归原告经营，同时撤销了一审主文关于“被告协助原告办理过户手续”的内容。忠实遵照执行依据进行执行，是执行程序的基本原则。由于作为本案执行依据的终审判决已经明确区分了“岩矿的经营权”与“采矿权证的许可”，并将判决的内容限定在前者的范围内，所以执行程序应当严格依判决内容执行。

三、关于“交付岩矿经营权”的具体执行。由于占有是经营的基础，所以在执行程序中应当移交涉案岩矿的占有；由于执行依据区分了“岩矿经营权”与采矿权证的办理，所以执行程序中不能要求行政机关办理采矿权过户手续。中果岩矿经营的权利人因采矿权的许可发生了争议，应当通过其他途径进行救济。

请你院根据上述意见，结合案件具体情况，依法妥善处理相关案件。

出台背景

2001年9月3日，华夏公司与枫丹公司签订《国有土地使用权转让合同》，约定转让面积为1421.6亩的国有土地使用权。后双方发生争议协商未果，枫丹公司向上海市高级人民法院起诉，要求判令华夏公司继续履行合同，转移讼争土地。上海市高级人民法院认为，双方《国有土地使用权转让合同》违反了法律的强制性规定，应认定为无效。枫丹公司不服判决，向最高人民法院上诉。2007年9月20日，最高人民法院作出判决：撤销原判，改判合同有效，继续履行。2007年10月11日，枫丹公司向上海市高级人民法院申请执行。2009年6月8日，上海市高级人民法院经审查认为，本案涉及的合同继续履行及强制转让土地权属存在事实上与法律上的障碍，裁定终结了本次执行程序。枫丹公司不服该裁定，向最高人民法院申请提级执行或指定其他法院执行。对于本案的执行，上海市高级人民法院有两种意见：第一种意见认为，本案应立案执行，但因执行不能应予以终结；第二种意见认为，对于最高人民法院的判决事项，除金钱给付外，其余涉及合同履行的部分不宜立案执行。合议庭最终根据少数服从多数的原则，按第一种意见终结了本次执行程序。

最高人民法院经审查认为：第一，上海市高级人民法院并未查清涉案土地的情况，也没有采取所有可行的执行措施，认定合同存在不能履行的事实或法律障碍、终结本次执行程序依据不足。函告上海市高级人民法院纠正终结本次执行程序的错误裁定，继续执行。第二，上海市高级人民法院受理10个月之后才向被执行人发出继续履行的执行通知不妥，但是由于合同履行类判决是否具有可执行性与如何执行是一个难题，同时卷宗显示上海市高级人民法院一直在与相关部门进行沟通协调工作，因此上海市高级人民法院的执行迟延不构成

《民事诉讼法》第203条（现《民事诉讼法》第226条）的情形，申诉人请求指定执行或提级执行的主张应驳回。第三，如果在本案的执行中，确实出现了法律上或事实上的障碍，使案件不能继续执行，则应告知当事人可以另行提起诉讼。①

理解与适用

（一）作出继续履行合同类判决的限定条件

《民法典》第577条规定，当事人一方不履行合同义务或者履行合同义务不符合约定的，应当承担继续履行、采取补救措施或者赔偿损失等违约责任。但是，第580条同时对要求非金钱债务义务方继续履行合同的情形作出了限制性规定，即"当事人一方不履行非金钱债务或者履行非金钱债务不符合约定的，对方可以要求履行，但有下列情形之一的除外：（一）法律上或者事实上不能履行；（二）债务的标的不适于强制履行或者履行费用过高；（三）债权人在合理期限内未请求履行"。因此，此类案件审理应把好"第一道关"，对合同违约方是否具备继续履行合同应具备的法律和事实上的条件进行充分评估。《民事诉讼法解释》第461条第2款明确规定，法律文书确定继续履行合同的，应当明确继续履行的具体内容。这就从司法解释的层面，对审判部门作出的继续履行合同类判决提出了最低限度的要求。

（二）继续履行合同判决的解释

执行中，关于继续履行合同的判决履行内容不明确、不具体的，应如何作出解释，主要有两种观点：一种观点认为，应该由执行部门负责解释确定。因为该类案件的执行需要判断双方义务及其履行次序、申请执行人是否已完成了己方的义务，即申请执行的条件是否已经具备。这种关于申请条件是否已经具备的判断是执行部门经常需要面对的问题，也是其法定的职能。另一种观点认

---

① 参见黄金龙、葛洪涛：《上海枫丹丽舍房地产开发有限公司申请执行判决确定的继续履行合同义务监督案》，载江必新主编、最高人民法院执行局编：《执行工作指导》2011年第1辑（总第37辑），人民法院出版社2011年版。

为，应充分认识合同继续履行类判决的复杂性，如果由执行部门负责解释，执行人员不仅要判断双方合同的义务及其履行次序，有时还要填补合同漏洞、处理违约问题，这些都涉及实体权利的判断。不仅会违背“审执分立”的原则，还可能会侵害到当事人的实体权利。所以，应要求审判部门对具体的执行内容作出解释。①

（三）继续履行合同判决的执行程序

《民诉法解释》第 463 条实际上是对审判部门作出的裁判文书提出了最低限度的要求，即如果判决当事人继续履行合同，就应当明确继续履行的具体内容。另外，《立审执协调意见》第 11 条第 5 项也规定：“继续履行合同的，应当明确当事人继续履行合同的内容、方式等。”第 15 条则对执行内容不明确的判决主文内容指明了补救措施：“执行机构发现本院作出的生效法律文书执行内容不明确的，应书面征询审判部门的意见。审判部门应在 15 日内作出书面答复或者裁定予以补正。审判部门未及时答复或不予答复的，执行机构可层报院长督促审判部门答复。执行内容不明确的生效法律文书是上级法院作出的，执行法院的执行机构应当层报上级法院执行机构，由上级法院执行机构向审判部门征询意见。审判部门应在 15 日内作出书面答复或者裁定予以补正。上级法院的审判部门未及时答复或者不予答复的，上级法院行机构层报院长督促审判部门答复。执行内容不明确的生效法律文书是其他法院作出的，执行法院的执行机构可以向作出生效法律文书的法院执行机构发函，由该法院执行机构向审判部门征询意见。审判部门应在 15 日内作出书面答复或者裁定予以补正。审判部门未及时答复或者不予答复的，作出生效法律文书的法院执行机构层报院长督促审判部门答复。”关于确定继续履行合同的法律文书如何执行，上述规范可结合本复函精神予以适用。

---

① 参见黄金龙、葛洪涛：《继续履行合同类判决的执行问题》，载《法律适用》2011 年第 12 期（总第 309 期）。

实务操作指引

（一）继续履行合同类判决的执行规则

从枫丹公司申请执行监督一案中，可以得出以下执行规则：第一，继续履行合同类判决的内容需要根据个案具体情况，并结合判决主文、判决说理部分以及当事人的诉讼请求等内容进行判断。第二，具备执行条件的部分内容可以先行执行，执行部门不得因该类判决具有不可执行的内容而认定整个判决不能执行。第三，执行程序中首先应当用好用足法律规定的各种强制执行措施，以实现生效判决中有关“继续履行”的要求。第四，若执行中涉及需要行政机关给予协助执行的，执行部门应主动沟通、协调，避免造成司法权与行政权的紧张。第五，应对“继续履行”的内容是否具有可替代性进行判断，只有在“继续履行”的内容不可替代且采取强制执行措施仍不能实现时，方可认定为不能执行。第六，对不能执行的内容，根据本复函意见，应当努力促成当事人达成执行和解；若是和解不成的，应当告知当事人可以另行提起诉讼。

（二）执行机构应保障当事人知情权，适当行使释明权

第一，要注重保护当事人的程序权利。执行部门应当切实做到程序合法，按时送达执行通知书等法律文书，依法向当事人反馈执行进程，最大限度保护当事人的知情权和参与权，避免消极执行。第二，要根据案件的具体情形给予当事人正确的引导。对于人民法院判决前存在不适用继续履行责任的情形，而判决结果是由违约一方当事人承担继续履行责任的，则应当通过审判监督程序处理。如果不能继续履行的情形是发生在人民法院生效裁判作出之后的，则在当事人不能达成执行和解的情况下，人民法院应当告知当事人通过另行提起诉讼的方式解决，如要求违约方承担赔偿损失的责任等。①

---

① 参见刘德权主编：《最高人民法院司法观点集成民事诉讼卷》（第2版），人民法院出版社2014年版，第554页。

四、行政机关拆违决定是否属于执行依据

批复原文

最高人民法院
关于违法的建筑物、构筑物、设施等强制拆除问题的批复

2013 年 3 月 27 日 法释〔2013〕5 号

北京市高级人民法院：

根据行政强制法和城乡规划法有关规定精神，对涉及违反城乡规划法的违法建筑物、构筑物、设施等的强制拆除，法律已经授予行政机关强制执行权，人民法院不受理行政机关提出的非诉行政执行申请。

出台背景

对违法建筑物、构筑物、设施等强制拆除权的行使，行政机关和法院之间甚至法院内部一直都有不同的认识和做法。北京市高级人民法院于 2012 年 12 月 10 日向最高人民法院提交了《关于违法的建筑物、构筑物、设施等的强制拆除问题的请示》（京高法〔2012〕383 号）。对于是否受理行政机关提出的非诉行政执行申请的问题，该院有两种不同意见：少数意见认为，在现行法律规定下，人民法院应当受理并负责执行。多数意见认为，对行政机关提出的强制执行限期拆除决定的非诉执行申请应当区别对待。凡涉及违反《城乡规划法》的违法的建筑物、构筑物、设施等的强制拆除，都应当由行政机关依法执行，人民法院不受理相关非诉执行案件。最高人民法院对该请示高度重视，并进行了深入的调查研究，于审判委员会第 1572 次会议讨论通过了《最高人民法院关于违法的建筑物、构筑物、设施等强制拆除问题的批复》。①

① 参见王晓滨：《违法建设强制拆除的主体》，载《人民司法（应用）》2013 年第 15 期。

理解与适用

（一）违法建筑强制拆除的主体

依据《行政诉讼法》及其司法解释，违法建筑既可以由行政机关强制拆除也可以启动非诉执行程序申请人民法院强制拆除。行政机关在《城乡规划法》已经授权其强制拆除违法建筑物、构筑物、设施的情况下，再向人民法院提出非诉行政执行申请的，人民法院不予受理。对此，可以从以下三个层面理解：一是“违法建筑物、构筑物、设施”，违反的“法律”仅限于《城乡规划法》。二是行政机关强制拆除“违法建筑物、构筑物、设施”的权力，来源于《城乡规划法》第65条①、第68条②的直接授权。三是人民法院仅限于不受理行政机关提出的“强制拆除”违法建筑物、构筑物、设施的申请，理论上并未排除受理其他内容的执行申请。对此问题，北京市高级人民法院在请示中已提出，“对有关部门依照城乡规划法作出的同一处罚决定中既有责令停止建设、限期拆除内容，又有罚款、没收等给付内容的，人民法院对罚款、没收等给付内容的强制执行申请应当依法受理。”

（二）主要评价

《最高人民法院关于违法的建筑物、构筑物、设施等强制拆除问题的批复》的出台，有观点认为，司法机关是在趋利避害，意在单纯减轻受案压力，“将重活甩给行政机关”，甚至有推卸司法职责之嫌。有观点认为，批复的出台释放出行政强制执行权将向行政机关回归的重要的信号。最高人民法院指出，批复有利于统一法律适用，解决目前违法建筑强制拆除领域的法律理解分歧和困扰人民法院的诸多现实难题，准确贯彻《行政强制法》《城乡规划法》规定精神，体现司法改革中的“裁执分离”原则，切实维护公共利益，保障被执行人及其

① 《城乡规划法》第65条规定：“在乡、村庄规划区内未依法取得乡村建设规划许可证或者未按照乡村建设规划许可证的规定进行建设的，由乡、镇人民政府责令停止建设、限期改正；逾期不改正的，可以拆除。”

② 《城乡规划法》第68条规定：“城乡规划主管部门作出责令停止建设或者限期拆除的决定后，当事人不停止建设或者逾期不拆除的，建设工程所在地县级以上地方人民政府可以责成有关部门采取查封施工现场、强制拆除等措施。”

他利害关系人的合法权益。[①] 与金钱债权案件相比，强制拆除违法建筑物、构筑物、设施这类行为类的执行案件，工作量确实很大，需要调动方方面面的资源，行政机关在协调相关职能部门方面明显更具有优势。而且，由行政机关负责强制拆除违法建筑物、构筑物、设施，既符合《行政强制法》和《城乡规划法》的规定，又有利于维护人民法院的中立地位和司法权威。

实务操作指引

（一）人民法院应当及时受理行政相对人提出的司法保护申请

《最高人民法院关于违法的建筑物、构筑物、设施等强制拆除问题的批复》出台后，有的法院产生了一种错误认识，认为只要涉及强制拆除违反《城乡规划法》的建筑物、构筑物、设施的申请，人民法院可以一律不予受理。其实，根据批复精神，人民法院不予受理的仅是行政机关提出的非诉行政执行申请，并非针对行政相对人。对此问题，最高人民法院行政审判庭负责人在解读批复时指出，行政相对人可以在三个环节中寻求司法保护：一是行政机关以当事人违反《城乡规划法》为由作出责令停止建设、限期改正、限期拆除等决定后，当事人有权向人民法院提起行政诉讼；二是在限期改正、限期拆除等决定作出后强制拆除活动进行前，行政机关如果依照《行政强制法》作出强制执行决定，当事人有权提起行政诉讼；三是当事人针对行政机关实施的强制拆除行为本身也可以依法提起诉讼。需要说明的是，这一环节中当事人原则上只能针对行政强制执行行为本身的合法性提起诉讼，人民法院一般不对原具体行政行为的合法性进行审查。[②] 因此，在行政相对人提出司法保护申请时，人民法院不能以批复已作出特殊规定为由不予受理。

（二）根据法律有无明确授权确定强制拆除主体

《行政强制法》第13条规定，行政强制执行由法律设定，法律没有规定行

① 参见《厘清权属界限，规范拆违行为——最高人民法院行政审判庭负责人答记者问》，载《人民法院报》2013年4月2日，第3版。

② 参见《厘清权属界限，规范拆违行为——最高人民法院行政审判庭负责人答记者问》，载《人民法院报》2013年4月2日，第3版。

政机关强制执行的，作出行政决定的行政机关应当申请人民法院强制执行。《行政强制法》第44条规定，对违法的建筑物、构筑物、设施等需要强制拆除的，应当由行政机关予以公告，限期当事人自行拆除。当事人在法定期限内不申请行政复议或者提起行政诉讼，又不拆除的，行政机关可以依法强制拆除。结合上述两条的规定可知，行政机关的强制拆除权属于"特定授权"，并非"完全授权"。①

因此，在确定违法建筑物、构筑物、设施等的强制拆除主体时，需要结合具体的法律规定进行判断，具体有以下三种情况：一是法律明确赋予行政机关强制执行权的（如《环境保护法》第61条、《水法》第65条至第67条、《水污染防治法》第84条、《防洪法》第42条以及《公路法》第79条、第81条的规定），行政机关有权自行强制拆除。二是法律未明确赋予行政机关强制执行权的（如《文物保护法》第67条、《电力法》第69条、《民用航空法》第60条以及《铁路法》第68条的规定），行政机关应当向人民法院申请执行。三是法律明确规定了行政机关应当依法向人民法院申请执行的（如《土地管理法》第83条、《港口法》第45条以及《土地管理法实施条例》第35条、第36条的规定），行政机关便无强制拆除权。

五、罚款措施向强制执行、司法拘留和刑事处罚措施的转化

答复原文

最高人民法院研究室关于对有义务协助执行单位
拒不协助予以罚款后又拒不执行应如何处理问题的答复

1993年9月27日

湖南省高级人民法院：

你院湘高法研字（193）第1号《关于对罚款决定书拒不执行应如何处理的

① 参见《厘清权属界限，规范拆违行为——最高人民法院行政审判庭负责人答记者问》，载《人民法院报》2013年4月2日，第3版。

请示报告》收悉。经研究，答复如下：

根据《中华人民共和国民事诉讼法》第一百零三条第一款第（二）项和第二款的规定,[①] 人民法院依据生效判决、裁定，通知有关银行协助执行划拨被告在银行的存款，而银行拒不划拨的，人民法院可对该银行或者其主要负责人或者直接责任人员予以罚款，并可向同级政府的监察机关或者有关机关提出给予纪律处分的司法建议。被处罚人拒不履行罚款决定的，人民法院可以根据民事诉讼法第二百三十一条的规定，予以强制执行。执行中，被处罚人如以暴力、威胁或者其他方法阻碍司法工作人员执行职务的，依照民事诉讼法第一百零二条第一款第（五）项、第二款规定,[②] 人民法院可对被处罚人或对有上述行为的被处罚单位的主要负责人或者直接责任人员予以罚款、拘留，构成犯罪的，依照刑法第一百五十七条[③]的规定追究刑事责任。

人民法院在具体执行过程中，应首先注意向有关单位和人员宣传民事诉讼法的有关规定，多做说服教育工作，坚持文明执法、严肃执法。

---

① 1991年《民事诉讼法》第103条规定："有义务协助调查、执行的单位有下列行为之一的，人民法院除责令其履行协助义务外，并可以予以罚款：（一）有关单位拒绝或者妨碍人民法院调查取证的；（二）银行、信用合作社和其他有储蓄业务的单位接到人民法院协助执行通知书后，拒不协助查询、冻结或者划拨存款的；（三）有关单位接到人民法院协助执行通知书后，拒不协助扣留被执行人的收入、办理有关财产权证照转移手续、转交有关票证、证照或者其他财产的；（四）其他拒绝协助执行的。人民法院对有前款规定的行为之一的单位，可以对其主要负责人或者直接责任人员予以罚款；还可以向监察机关或者有关机关提出予以纪律处分的司法建议。"

② 1991年《民事诉讼法》第102条规定："诉讼参与人或者其他人有下列行为之一的，人民法院可以根据情节轻重予以罚款、拘留；构成犯罪的，依法追究刑事责任：（一）伪造、毁灭重要证据，妨碍人民法院审理案件的；（二）以暴力、威胁、贿买方法阻止证人作证或者指使、贿买、胁迫他人作伪证的；（三）隐藏、转移、变卖、毁损已被查封、扣押的财产，或者已被清点并责令其保管的财产，转移已被冻结的财产的；（四）对司法工作人员、诉讼参加人、证人、翻译人员、鉴定人、勘验人、协助执行的人，进行侮辱、诽谤、诬陷、殴打或者打击报复的；（五）以暴力、威胁或者其他方法阻碍司法工作人员执行职务的；（六）拒不履行人民法院已经发生法律效力的判决、裁定的。人民法院对有前款规定的行为之一的单位，可以对其主要负责人或者直接责任人员予以罚款、拘留；构成犯罪的，依法追究刑事责任。"

③ 1979年《刑法》第157条规定："以暴力、威胁方法阻碍国家工作人员依法执行职务的，或者拒不执行人民法院已经发生法律效力的判决、裁定的，处三年以下有期徒刑、拘役、罚金或者剥夺政治权利。"

出台背景

湖南省甲公司诉内蒙古乙公司、包头丙公司货款纠纷一案。判决生效后，进入强制执行程序，执行法官于1991年12月、1992年6月两次派员到包头市郊区农业银行，要求依法协助执行，划拨原已冻结二被执行人在银行的存款。但行长甲无视法律规定，拒不划拨。

执行法官对其进行教育、警告无效后，对该银行以及行长甲进行罚款。罚款决定书送达后，甲既不履行划拨义务，也不履行罚款决定，致使法院判决无法执行。

1992年12月23日，针对此种情况执行法院向湖南省高级人民法院请示，是否可以按《刑法》第157条的规定，以拒不执行人民法院判决、裁定罪处理。

湖南省高级人民法院经讨论后认为，根据现行法院规定，对甲行长的行为不宜以拒不执行法院判决、裁定罪处理。为了慎重起见，湖南省高级人民法院于1993年2月1日以《湖南省高级人民法院关于对罚款决定书拒不执行应如何处理的请示报告》（湘高法研字〔1993〕第1号）向最高人民法院进行了请示。最高人民法院执行局合议庭评议后，1993年9月27日作出了答复。对于被罚款拘留人不服处罚决定的可以在收到决定书之次日起3日内，向上一级法院复议。

理解与适用

（一）对妨害执行行为处罚的规范沿革

答复针对妨害执行如何进行处罚。在当时的历史背景下，执行中对被执行人、协助执行义务人可以采取何种处罚措施、如何实施都没有明确规定，这个答复在当时起到了规范执行行为的作用。后《民事诉讼法》及其司法解释经多次修订，答复的内容被吸收进《民事诉讼法》第 117 条[①]中：

一是将适用的对象扩大。将原来限定的“银行、信用合作社和其他有储蓄业务的单位”扩大为“有关单位”，这是因为随着我国经济的发展，特别是金融业的发展，金融机构或者具有金融机构部分功能的主体不断出现，扩大范围有利于法院执行。

二是明确了顺序。法院罚款后“对仍不履行协助义务的，可以予以拘留”。这明确了首先采取罚款措施的，但在此措施不能迫使协助义务人履行义务时，可以接着实施拘留措施。

（二）处罚措施的类型

1. 罚款。作为民事诉讼强制措施之一，罚款是人民法院在执行程序中常用的手段，执行中的罚款是指法院对拒不履行生效法律文书的被执行人或阻碍执行的个人和单位给予的金钱处罚，以此来惩罚行为人并预防其继续实施妨害行为的强制措施。对妨害执行诉讼行为的处罚不需要经人民法院判决，只要依法经院长批准，作出处罚决定即可执行。

2. 司法拘留。为了保证执行活动正常进行，人民法院对在执行程序中拒不履行生效法律文书确定的义务或严重妨碍执行的协助义务人，有权采取短期剥夺其人身自由的一种强制措施。

3. 刑事处罚。强制执行作为一种民事诉讼程序，很少会出现刑事处罚，但是，如果拒不履行或者妨碍执行行为情节严重的，也会面临刑事制裁。《民事诉讼法》第 113 条[②]做了原则性规定，具体罪名通常有三：分别为《刑法》

---

① 《民事诉讼法》第 117 条规定：“有义务协助调查、执行的单位有下列行为之一的，人民法院除责令其履行协助义务外，并可以予以罚款：（一）有关单位拒绝或者妨碍人民法院调查取证的；（二）有关单位接到人民法院协助执行通知书后，拒不协助查询、扣押、冻结、划拨、变价财产的；（三）有关单位接到人民法院协助执行通知书后，拒不协助扣留被执行人的收入、办理有关财产权证照转移手续、转交有关票证、证照或者其他财产的；（四）其他拒绝协助执行的。人民法院对有前款规定的行为之一的单位，可以对其主要负责人或者直接责任人员予以罚款；对仍不履行协助义务的，可以予以拘留；并可以向监察机关或者有关机关提出予以纪律处分的司法建议。”

② 《民事诉讼法》第 113 条规定：“诉讼参与人和其他人应当遵守法庭规则。人民法院对违反法庭规则的人，可以予以训诫，责令退出法庭或者予以罚款、拘留。人民法院对哄闹、冲击法庭，侮辱、诽谤、威胁、殴打审判人员，严重扰乱法庭秩序的人，依法追究刑事责任；情节较轻的，予以罚款、拘留。”

第313条[①]规定的拒执罪，《刑法》第314条规定的非法处置法院控制的财产罪，《刑法》第277条规定的妨害公务罪，目前对被执行人常适用拒执罪，对协助义务人往往适用其他两个罪名。

（三）处罚主体范围

在本答复出台后，执行法院对于妨碍执行、拒不协助的金融机构处罚有了依据，但应当将处罚对象严格限定在具体金融机构的责任人，不能随意扩大范围。实践中，有的法院在金融机构作为被执行人的案件中，在依法采取罚款、拘留措施后，又逐级对其上级金融机构采取处罚措施。2004年7月9日，最高人民法院以《关于采取民事强制措施不得逐级变更由行为人的上级机构承担责任的通知》对此专门做了规范，要求在执行中，经依法变更由上级金融机构为被执行人的，如该机构在履行此项偿债义务时有妨害执行行为，可以对该上级机构采取民事强制措施，但应该严格坚持过错责任原则，没有过错的情况下严格禁止逐级变更由其上级金融机构负责的情况。

实务操作指引

实务中，罚款拘留是运用频率较高的强制措施，罚款拘留操作流程如下：

（一）采取强制措施的顺位

法院对于不协助执行的相关单位可以首先采取罚款措施，之后可以采取拘留措施，对于仍不配合执行且符合刑事法律规定的可以追究刑事责任，因此，在实务中要注意强制措施的实施先后顺序。

（二）审批程序合法

罚款、拘留作为一种强制措施，对被执行人是否适用的决定权在执行法院，非紧急情况，执行法官一般经过执行庭庭长、局长、院长三级审批后才能作出拘留决定。如果追究当事人、利害关系人的刑事责任，则需要更为严格的启动

① 《刑法》第313条规定，对人民法院的判决、裁定有能力执行而拒不执行，情节严重的，处3年以下有期徒刑、拘役或者罚金；情节特别严重的，处3年以上7年以下有期徒刑，并处罚金。单位犯前款罪的，对单位判处罚金，并对其直接负责的主管人员和其他直接责任人员，依照前款的规定处罚。

程序。

（三）送达决定书

执行法官应根据具体情况制作罚款、拘留决定书、笔录、回执等，并向行为人宣读，告知其权利义务。对于拘留需要特别注意：(1) 笔录应载明已询问过被拘留人是否患有重大疾病；(2) 被拘留人是否具有人大代表、政协委员等特殊身份。

（四）对强制措施的救济

无论是对拒不协助执行人采取罚款还是拘留措施，都要保障其异议权利，依据《民事诉讼法》第 119 条①，不服人民法院作出的罚款、拘留决定的人，可在接到决定书之次日起 3 日内，向作出决定的人民法院提出书面申请，要求上一级人民法院复议，或直接向上一级人民法院申请复议。对提出书面申请有困难的，可以口头申请。当事人的口头申请，应当记入笔录，由当事人签名或者盖章，复议期间不停止执行。

（五）拘留阻碍

对采取拘留措施，要注意以下情况：

首先，依据《治安管理处罚法》第 21 条、《公安部关于印发〈公安机关执行《中华人民共和国治安管理处罚法》有关问题的解释〉的通知》（公通字〔2006〕12 号，部分废止）第 5 条的规定，对于老、幼、孕人员不宜采取拘留措施。

其次，实践中，对患有严重疾病或传染病的违法行为人不宜实施拘留，公安机关一般不会接收关押，拘留措施无法实际执行。

最后，对具有人大代表、政协委员等特殊身份人员拘留，要遵守法律规定的程序进行报备。

---

① 《民事诉讼法》第 119 条规定："拘传、罚款、拘留必须经院长批准。拘传应当发拘传票。罚款、拘留应当用决定书。对决定不服的，可以向上一级人民法院申请复议一次。复议期间不停止执行。"

第四章　执 行 管 辖

证券登记结算机构所在地能否视为上市公司财产所在地确定执行管辖

复函原文

最高人民法院执行局关于法院能否以公司证券登记结算地为财产所在地获得管辖权问题的复函

2010 年 7 月 15 日　〔2010〕执监字第 16 号

广东省高级人民法院：

关于唐山钢铁集团有限责任公司执行申诉一案，你院《关于深圳中院执行中华乐业有限公司与唐山钢铁集团有限责任公司仲裁裁决一案的情况报告》收悉。经研究，答复如下：

经核查，唐山钢铁集团有限责任公司作为上市公司，其持有的证券在上市交易前存管于中国证券登记结算有限责任公司深圳分公司，深圳市中级人民法院以此认定深圳市为被执行人的财产所在地受理了当事人一方的执行申请。本院认为，证券登记结算机构是为证券交易提供集中登记、存管与结算服务的机构，但证券登记结算机构存管的仅是股权凭证，不能将股权凭证所在地视为股权所在地。由于股权与其发行公司具有最密切的联系，因此，应当将股权的发行公司住所地认定为该类财产所在地。深圳市中级人民法院将证券登记结算机构所在地认定为上市公司的财产所在地予以立案执行不当。

请你院监督深圳市中级人民法院依法撤销案件及相关法律文书，并告知申请人依法向有管辖权的人民法院申请执行。同时，鉴于深圳市中级人民法院对被执行人的股权已采取冻结措施，为防止已冻结财产被转移，请你院监督深圳市中级人民法院做好已控被执行人财产与新的执行法院的衔接工作，避免申请执行人的权益受到损害。

出台背景[①]

（一）案件执行及异议复议情况

2008 年 8 月 21 日，中国国际经济贸易仲裁委员会华南分会就中华乐业有限公司（以下称简中乐公司）与唐山钢铁集团有限责任公司（以下简称唐钢公司）签订钢坯买卖合同一案作出裁决。2009 年 6 月 17 日，中乐公司向深圳市中级人民法院申请执行仲裁裁决。深圳市中级人民法院冻结了唐钢公司持有的 100 万股“唐钢股份”（唐山钢铁股份有限公司股份）。

唐钢公司认为，深圳市中级人民法院违法受理该案，遂提出执行管辖异议。异议被驳回后，唐钢公司向广东省高级人民法院申请复议。广东省高级人民法院认为，唐钢公司所持股票存管在中国证券登记结算有限责任公司深圳分公司，深圳市是被执行人的财产所在地之一；中乐公司有权根据法律规定，选择向被申请人住所地或财产所在地的中级人民法院申请执行。深圳市中级人民法院根据申请依法立案执行于法有据，裁定驳回复议申请。

（二）当事人申请执行监督的理由

申诉人唐钢公司向最高人民法院申请执行监督。理由如下：根据 2007 年《民事诉讼法》第 257 条中关于“一方当事人不履行仲裁裁决的，对方当事人可以向被申请人住所地或财产所在地中级人民法院申请执行”的规定，深圳市中级人民法院对本案不具有管辖权。理由如下：（1）被申请人唐钢公司的住所地在唐山市，不在深圳市；（2）上述法条中的“财产所在地”应指主要财产所在

① 参见朱燕：《中华乐业有限公司与唐山钢铁集团有限责任公司仲裁裁决执行案——法院能否以公司证券登记结算地为财产所在地获得管辖权》，载江必新主编：《执行工作指导》，人民法院出版社 2011 年版。此处的出台背景系根据该文信息简写而成。

地，深圳市不是唐钢公司主要财产所在地。

（三）最高人民法院处理意见

最高人民法院在案件审查过程中，合议庭对于深圳市中级人民法院对本案是否具有执行管辖权，形成了两种不同意见。

第一种意见认为：深圳市中级人民法院对本案具有管辖权。确定涉外仲裁裁决执行管辖的连结点有两个：一是被申请人住所地；二是被申请人财产所在地。根据《证券法》的相关规定，证券持有人持有的证券在上市交易时，应当全部存管在证券登记结算机构。唐钢公司所持股票存管在中国证券登记结算有限责任公司深圳分公司，深圳市是被执行人的财产所在地之一，中乐公司有权根据法律规定，选择向被申请人住所地或者财产所在地的中级人民法院申请执行。

第二种意见认为：深圳市中级人民法院对本案不具有管辖权。唐钢公司作为上市公司，其持有证券在上市交易前虽然存管于证券登记结算机构，但此处“存管”是指将股权的物质载体存管于证券登记结算机构。在实践中，应当排除这种将股权的物质载体所在地视为股权所在地的观点，否则对于全国执行上市公司股权的案件，深圳市中级人民法院与上海市中级人民法院都将获得管辖权，这也违背了民事诉讼管辖的一般原则。由于股份与其所发行公司具有最密切的联系，应将股份的发行公司所在地认定为股份所在地，其应当由公司所在地即公司注册登记地或主要营业地、主要办事机构所在地法院管辖。因此，深圳市不是唐钢公司持有的唐钢公司股份所在地，深圳市中级人民法院不能以此获得对此案的执行管辖权。

执行局就此问题向民一庭、民二庭、研究室征求意见，三个庭室意见一致，均同意第二种意见，认为证券登记结算机构所在地不能被认为是上市公司的财产所在地之一，深圳市中级人民法院不能以此为连接点取得对执行案件的管辖权。结合上述意见，合议庭经讨论后，一致同意第二种意见。

理解与适用

（一）商事仲裁裁决的执行管辖

我国法律有关执行管辖的规定，其价值取向在于方便执行法院经济、高效地实现权利人的胜诉权益，一般由被执行人住所地和被执行财产所在地法院管辖，因为这样有利于财产处置和提高执行效率。根据《民事诉讼法》第280条和《仲裁法解释》第29条的规定，涉外商事仲裁裁决和国内商事仲裁裁决的执行法院，都是被申请人住所地或财产所在地的中级人民法院。无论商事仲裁裁决是否涉外，其级别管辖的执行法院均是中级人民法院，其地域管辖的连接点均有两个：一是被执行人住所地；二是被执行人财产所在地。

（二）股票财产所在地的确定

一般说来，对于房地产等常见财产而言，确定财产所在地并不困难。但当股票等投资权益作为执行标的时，由于无法可依，如何确定财产所在地则可能存在不同的认识。最高人民法院在（2017）最高法执监453号执行裁定书中，曾指出“关于股票财产所在地问题，目前并无法律或司法解释明文规定”。

1. 关于投资权益财产所在地的认定标准。主要存在三种观点：一是以投资权益所涉及的法人住所地为财产所在地，根据《执行规定》第36条和第38条的规定，执行措施与投资权益所涉及的有关法人或者其他组织密切相关，以其住所地作为财产所在地能够避免异地执行或者委托执行。二是以股票所托管的证券公司的营业地为财产所在地。对股票的冻结、抛售等执行措施均与其托管的证券公司相关，以证券公司的营业部所在地为财产所在地能够便于执行法院就地执行。三是以证券登记结算机构所在地为财产所在地，《最高人民法院、最高人民检察院、公安部、中国证监监督管理委员会关于查询、冻结、扣划证券和证券交易结算资金问题的通知》第9条，对于在证券公司托管的证券的冻结、扣划，既可以在托管的证券公司办理，也可以在证券登记结算机构办理。据此，证券登记结算机构所在地的法院受理执行案件同样符合选择管辖便于执行的立法目的。①

2. 证券托管与证券结算的性质。证券托管，也称“存管”或“保管”，指托管委托人将其名下持有或受托保管的实物证券，交存给托管人实行代保管的活动。托管人（多为证券公司）营业部所在地即为托管地。证券结算是将买卖双方及证券公司之间的证券买卖数量和金额分别予以抵销，计算应收应付证券

① 参见江必新主编：《强制执行法理论与实务》，中国法制出版社2014年版，第229~230页。

和款项的特殊程序，以实现证券和款项的最少实际交割数量。证券登记结算机构是为证券交易提供集中登记、存管与结算服务的机构，其所在地即为证券登记结算地。证券登记结算机构通过证券登记，可以确认证券合法持有人和处分权人的资格。证券登记结算公司根据证券发行人、上市公司或证券经营机构提供的股东名册及其持股资料，将股东名册与其持股情况作出统一性认定，借此确认特定股东及持券情况，并将其记载于法定表册中。①

可以看出，“托管地”和“结算地”只是证券公司或证券登记结算机构对股票进行记载、对实物证券进行存放以及对证券买卖数量进行结算的地点。股票是股份的凭证，股份凭证所在地是股份的物质载体所处的地点，其与股份所在地不是一个概念。因此，可供执行证券所在的证券交易所、托管的证券公司以及证券登记结算部门的所在地，都不宜视为该证券的所在地。

3. 股份所在地应认定为是发行公司所在地。股份作为一种综合性权利，其财产价值的实现只能在股份发行公司获得，股份的发行、转让等行为的效果实质上都是发生在发行公司的住所地。因而，发行公司的住所地与股份具有最密切的联系，股票所代表的财产所在地应当是该股票的发行公司的住所地，而不是股票的托管地。本案中，被执行的财产是唐钢公司的100万限售流通股股份，唐钢公司享有的股份即构成被执行人的责任财产。因而，唐钢公司持有的100万限售流通股股票所代表的财产所在地，应当认定为是该股票发行人唐钢公司的住所地。

因此，根据现有的规定，本案深圳市中级人民法院应将原受理的执行案件以“销案”的方式结案，并将案件移送有管辖权的唐钢公司住所地的中级人民法院。

4. 证券登记结算机构所在地认定为上市公司财产所在地的弊端。全国上市公司的股票都要在上海证券交易所或深圳证券交易所进行交易，《证券法》规定了全国集中统一运营的证券登记结算制度，上海证券交易所和深圳证券交易所承担的全部证券登记结算业务都由中国证券登记结算有限责任公司承担。由于

① 参见朱燕：《中华乐业有限公司与唐山钢铁集团有限责任公司仲裁裁决执行案——法院能否以公司证券登记结算地为财产所在地获得管辖权》，载江必新主编：《执行工作指导》，人民法院出版社2011年版。

最高人民法院的复函作出时，中国证券登记结算有限责任公司在全国仅下设上海、深圳两个分公司[①]，也即当时全国的证券登记结算机构所在地只有深圳和上海，如果将证券登记结算机构所在地认定为上市公司股票的财产所在地，那么全国所有以上市公司股份为执行标的的执行案件，深圳市中级人民法院或上海中院都将获得案件的管辖权。这种变相集中管辖的结果显然是不妥的，也违反了管辖的一般原则。现在，《人民法院办理执行案件规范》第3条已明确规定，被执行的财产为股权或者股份的，该股权或者股份的发行公司住所地为被执行的财产所在地。

从法律及司法解释层面来看，执行上市公司股份时，股份所在地的确定目前仍然没有明确依据。根据最高人民法院于2021年12月20日发布的《股权执行规定》第3条的规定，依照《民事诉讼法》第231条的规定以被执行股权所在地确定管辖法院的，股权所在地是指股权所在公司的住所地。虽然《股权执行规定》不适用于上市公司及在国务院批准的其他全国性证券交易场所交易的股份有限公司的股份，但在司法解释层面给予了执行上市公司股份管辖问题参照适用的标准。

实务操作指引

（一）关于复函在实务中的适用情况

在最高人民法院作出〔2010〕执监字第16号复函后，当审查管辖异议涉及股票所在地的认定问题时，法院多会参照该复函观点，认定股份发行公司住所地为财产所在地。例如，长沙市中级人民法院在（2018）湘01执异31号执行裁定书中指出，"关于杨某杰质押给申请执行人方正证券股份有限公司的1232.4万股上市公司乐视网股票，参照《最高人民法院执行局关于法院能否以公司证券登记结算地为财产所在地获得管辖权问题的复函》，因股权的发行公司乐视控股（北京）有限公司住所地为北京市，本案应移送北京市朝阳区人民法院

① 中国证券登记结算有限责任公司成立于2001年，同年下设上海、深圳两个分公司。2010年11月，在北京设立了第三家分公司，即中国证券登记结算有限责任公司北京分公司。

处理”①。又如，珠海市中级人民法院在（2014）珠中法执异字第19号执行裁定书指出，“异议人吴某江持有的德豪润达股份属于本案的被执行财产，德豪润达的住所地在珠海市辖区。故珠海市属于被执行财产所在地，本院对本案具有管辖权。因此，吴某江提出的异议请求缺乏依据，不予支持”。2012年7月17日《上海市高级人民法院关于选择财产所在地法院作为执行管辖法院有关问题的解答》规定，上市公司流通股，以上市公司的住所地、主要营业地、主要办事机构所在地为财产所在地，由托管证券公司的营业部所在地法院执行更为方便的，也可以以托管证券公司的营业部所在地为财产所在地，不应因股票在上海证券交易所进行交易或者在中国证券登记结算公司上海分公司进行登记结算而认为财产所在地在上海法院辖区。2019年11月7日《深圳市中级人民法院关于强制执行上市公司股票的工作指引（试行）》也规定，被执行的财产系上市公司股票的，在确定执行管辖法院时应当以该上市公司住所地为《民事诉讼法》第231条所规定的被执行的财产所在地。

最高人民法院在执行监督案件中，也曾对下级法院的上述做法予以认可。例如，最高人民法院在（2017）最高法执监453号执行裁定书中，支持了下级法院参照复函的做法。②

---

① 但本案申请复议后，湖南省高级人民法院在（2018）湘执复171号执行裁定中以本案被执行的乐视网股票存在质押托管情形为由，认为长沙市中级人民法院参照适用复函的观点不妥，撤销了长沙市中级人民法院的裁定。该裁定指出：“本案已执行的被执行人杨某杰名下的乐视网股票因杨某杰与方正证券之间的股票质押回购交易，而由方正证券予以托管，天心区人民法院为方正证券营业部所在地法院，天心区人民法院执行由方正证券托管的乐视网股票具有方便和快速的地域优势。故方正证券营业部所在地可确定为本案被执行财产所在地，天心区人民法院对本案具有执行管辖权。因本案被执行的乐视网股票存在质押托管情形，长沙市中级人民法院异议审查参照适用〔2010〕执监字第16号复函不妥。并且本案大部分执行标的已执行到位，长沙市中级人民法院异议审查处理将导致该执行案件复杂化，不利于提高执行效率和对申请执行人权利的保护，该案宜由天心区人民法院继续执行。”

② 该裁定指出：“关于股票财产所在地问题，目前并无法律或司法解释明文规定。……该函虽是个案答复，但在无相反法律解释的情况下，其他案件可以参照处理。鸿达兴业集团有限公司关于以股票的托管地和实际扣划地为连结点确定管辖权的主张，并非法律或司法解释所确认的观点。因此，本案扬州市中级人民法院参照该复函意见，以发行案涉股票的鸿达兴业股份有限公司的住所地为被执行的股权财产所在地，并无不当。”

（二）执行管辖权异议成立时的处理

根据《执行立结案意见》第18条[①]，被执行人提出的管辖异议成立的，原执行法院应当将案件移送有管辖权的法院处理，原执行案件应作“销案”处理。“销案只是一种结案方式，而不是将案件彻底消除。”[②] 销案与驳回申请都是《执行立结案意见》第14条规定的结案方式，但两者存在不同，驳回申请是立案后才发现这个案件本身就不应当立案所以裁定驳回；而销案是案件已立案，但因出现法定事由，执行法院不能执行案件，也即无权再继续执行这个案件。

同时，对于执行当事人提出管辖异议的执行案件，为防止已冻结财产被转移，在管辖异议的审查、复议以及案件移送期间，原执行法院不必解除已作出的财产控制性措施。等待案件移送到新的执行法院重新立案后，移送法院再和接收法院做好财产冻结的衔接工作，避免损害申请执行人权益。

（三）执行上市公司有限售条件流通股的操作方法

由于法律规定、监管要求或公开承诺等原因，流通股可能有限售的要求，故流通股可分为非限售流通股和限售流通股。非限售流通股一般通过在二级市场上直接卖出的方式变现，可以选择采取竞价交易或大宗交易方式进行处置。限售流通股是已经发行和上市的股票，只是在一定期限内或一定条件下禁止进行转让。在法律和司法解释层面，目前尚没有专门针对限售流通股强制执行的规定。从实务操作层面来看，各地法院这些年来对限售流通股执行的做法可归纳为两种，这两种方法在实务中已普遍采用且已基本达成共识。

第一种方法是评估拍卖，这也是采用较多的传统方式。具体操作程序是：先冻结被执行人持有的限售流通股份，然后对股份进行评估和拍卖，待拍卖成交后，再解除冻结并向证券登记结算机构（如中国证券登记结算公司上海、深圳、北京分公司）送达协助执行通知书，要求将股份过户登记至买受人名下。即使限售股的拍卖可能导致公司实际控制人变更和控制权变化，也不构成强制

---

① 《执行立结案意见》第18条规定：“执行实施案件立案后，有下列情形之一的，可以以‘销案’方式结案：（一）被执行人提出管辖异议，经审查异议成立，将案件移送有管辖权的法院或申请执行人撤回申请的；（二）发现其他有管辖权的人民法院已经立案在先的；（三）受托法院报经高级人民法院同意退回委托的。”

② 江必新、刘贵祥主编，最高人民法院执行局编著：《最高人民法院执行最新司法解释统一理解与适用》，中国法制出版社2016年版，第333页。

执行的实质障碍。这种做法参照《最高人民法院执行办公室关于执行股份有限公司发起人股份问题的复函》（〔2000〕执他字第1号）中规定的"《公司法》对发起人股份转让的限制不得对抗强制执行"的观点。不过，有限售条件流通股的买受人在过户后，仍应当承继原股票持有人的地位并受到限售的约束。

第二种方法是"司法划转"，这是近年来采用的新方式。具体操作程序是：先将有限售条件流通股强制扣划至申请执行人账户，然后待限售期满或办理解禁手续转为无限售条件流通股后，再通过二级市场进行抛售。这种做法在现行法上并不存在障碍，尤其是对于距离解禁日较近的股票处置，更能体现出其优越性。在实践中，部分地方法院将这种做法以司法文件的方式固定下来，如《江苏省高级人民法院关于印发〈关于执行疑难问题的解答〉的通知》（苏高法〔2018〕86号）第6条[①]对这个问题作出了较为明确的规定。

① 《江苏省高级人民法院关于印发〈关于执行疑难问题的解答〉的通知》第6条规定，执行被执行人所持上市公司限售流通股（股票），可以先将限售流通股强制扣划至申请执行人账户，待限售股办理解禁手续转为流通股后再行处置。在此过程中，执行法院视情况可以冻结申请执行人该账户，防止变价款高于执行标的额时申请执行人转移变价款损害被执行人利益。

第五章　委托执行

执行案件委托与执行事项委托

复函、管理办法、规定原文

（一）最高人民法院执行工作办公室关于被执行人为地方企业的案件能否委托军事法院执行的复函

1997年5月9日　法经〔1997〕132号

海南省高级人民法院：

你院给我办的《关于海南赛特实业总公司诉海南琼山钟诚房地产开发公司房屋买卖纠纷一案委托执行的请示报告》收悉。经研究，答复如下：

《中华人民共和国民事诉讼法》第二百一十条规定的可以委托代为执行的当地人民法院，一般是指按照行政区划设置的地方人民法院。凡需要委托执行的，除特殊情况适合由专门法院执行的以外，应当委托地方人民法院代为执行。鉴于军事法院受理试办的经济纠纷案件仅限于双方当事人都是军队内部单位的案件，对涉及地方的经济纠纷案件不能行使审判权和执行权。因此，你院请示的案件不宜委托军事法院执行。

（二）最高人民法院
关于严格规范执行事项委托工作的管理办法（试行）

2017年9月8日　法发〔2017〕27号

为严格规范人民法院执行事项委托工作，加强各地法院之间的互助协作，发挥执行指挥中心的功能优势，节约人力物力，提高工作效率，结合人民法院执行工作实际，制定本办法。

第一条　人民法院在执行案件过程中遇有下列事项需赴异地办理的，可以委托相关异地法院代为办理。

（一）冻结、续冻、解冻、扣划银行存款、理财产品；

（二）公示冻结、续冻、解冻股权及其他投资权益；

（三）查封、续封、解封、过户不动产和需要登记的动产；

（四）调查被执行人财产情况；

（五）其他人民法院执行事项委托系统中列明的事项。

第二条　委托调查被执行人财产情况的，委托法院应当在委托函中明确具体调查内容、具体协助执行单位并附对应的协助执行通知书。调查内容应当为总对总查控系统尚不支持的财产类型及范围。

第三条　委托法院进行事项委托一律通过执行办案系统发起和办理，不再通过线下邮寄材料方式进行。受托法院收到线下邮寄材料的，联系委托法院线上补充提交事项委托后再予办理。

第四条　委托法院发起事项委托应当由承办人在办案系统事项委托模块中录入委托法院名称、受托法院名称、案号、委托事项、办理期限、承办人姓名、联系方式，并附相关法律文书。经审批后，该事项委托将推送至人民法院执行事项委托系统，委托法院执行指挥中心核查文书并加盖电子签章后推送给受托法院。

第五条　受托法院一般应当为委托事项办理地点的基层人民法院，委托同级人民法院更有利于事项委托办理的除外。

第六条　办理期限应当根据具体事项进行合理估算，一般应不少于十天，不超过二十天。需要紧急办理的，推送事项委托后，通过执行指挥中心联系受托法院，受托法院应当于24小时内办理完毕。

第七条　相关法律文书应当包括执行裁定书、协助执行通知书、委托执行函、送达回证（或回执），并附执行公务证件扫描件。委托扣划已冻结款项的，应当提供执行依据扫描件并加盖委托法院电子签章。

第八条　受托法院通过人民法院执行事项委托系统收到事项委托后，应当尽快核实材料并签收办理。

第九条　委托办理的事项超出本办法第一条所列范围且受托法院无法办理的，受托法院与委托法院沟通后可予以退回。

第十条　委托法院提供的法律文书不符合要求或缺少必要文书，受托法院无法办理的，应及时与委托法院沟通告知应当补充的材料。未经沟通，受托法院不得直接退回该委托。委托法院应于三日内通过系统补充材料，补充材料后仍无法办理的，受托法院可说明原因后退回。

第十一条　受托法院应当及时签收并办理事项委托，完成后及时将办理情况及送达回证、回执或其他材料通过系统反馈委托法院，委托法院应当及时确认办结。

第十二条　执行事项委托不作为委托执行案件立案办理，事项委托由受托法院根据本地的实际按一定比例折合为执行实施案件计入执行人员工作量并纳入考核范围。

第十三条　委托法院可在人民法院执行事项委托系统中对已经办结的事项委托进行评价，或向受托法院的上级法院进行投诉并说明具体投诉原因，被投诉的受托法院可通过事项委托系统说明情况。评价、投诉信息将作为考核事项委托工作的一项指标。

第十四条　各高级、中级人民法院应当认真履行督促职责，通过执行指挥管理平台就辖区法院未及时签收并办理、未及时确认办结情况进行督办。最高人民法院、高级人民法院定期对辖区法院事项委托办理情况进行统计、通报。

（三）最高人民法院关于委托执行若干问题的规定

2011年5月3日　法释〔2011〕11号[①]

为了规范委托执行工作，维护当事人的合法权益，根据《中华人民共和国民事诉讼法》的规定，结合司法实践，制定本规定。

第一条　执行法院经调查发现被执行人在本辖区内已无财产可供执行，且在其他省、自治区、直辖市内有可供执行财产的，可以将案件委托异地的同级人民法院执行。

执行法院确需赴异地执行案件的，应当经其所在辖区高级人民法院批准。

第二条　案件委托执行后，受托法院应当依法立案，委托法院应当在收到受托法院的立案通知书后作销案处理。

委托异地法院协助查询、冻结、查封、调查或者送达法律文书等有关事项的，受托法院不作为委托执行案件立案办理，但应当积极予以协助。

第三条　委托执行应当以执行标的物所在地或者执行行为实施地的同级人民法院为受托执行法院。有两处以上财产在异地的，可以委托主要财产所在地的人民法院执行。

被执行人是现役军人或者军事单位的，可以委托对其有管辖权的军事法院执行。

执行标的物是船舶的，可以委托有管辖权的海事法院执行。

第四条　委托执行案件应当由委托法院直接向受托法院办理委托手续，并层报各自所在的高级人民法院备案。

事项委托应当通过人民法院执行指挥中心综合管理平台办理委托事项的相关手续。

---

① 根据2020年12月23日最高人民法院审判委员会第1823次会议通过的《最高人民法院关于修改〈最高人民法院关于人民法院扣押铁路运输货物若干问题的规定〉等十八件执行类司法解释的决定》修正。

第五条 案件委托执行时，委托法院应当提供下列材料：

（一）委托执行函；

（二）申请执行书和委托执行案件审批表；

（三）据以执行的生效法律文书副本；

（四）有关案件情况的材料或者说明，包括本辖区无财产的调查材料、财产保全情况、被执行人财产状况、生效法律文书的履行情况等；

（五）申请执行人地址、联系电话；

（六）被执行人身份证件或者营业执照复印件、地址、联系电话；

（七）委托法院执行员和联系电话；

（八）其他必要的案件材料等。

第六条 委托执行时，委托法院应当将已经查封、扣押、冻结的被执行人的异地财产，一并移交受托法院处理，并在委托执行函中说明。

委托执行后，委托法院对被执行人财产已经采取查封、扣押、冻结等措施的，视为受托法院的查封、扣押、冻结措施。受托法院需要继续查封、扣押、冻结，持委托执行函和立案通知书办理相关手续。续封续冻时，仍为原委托法院的查封冻结顺序。

查封、扣押、冻结等措施的有效期限在移交受托法院时不足1个月的，委托法院应当先行续封或者续冻，再移交受托法院。

第七条 受托法院收到委托执行函后，应当在7日内予以立案，并及时将立案通知书通过委托法院送达申请执行人，同时将指定的承办人、联系电话等书面告知委托法院。

委托法院收到上述通知书后，应当在7日内书面通知申请执行人案件已经委托执行，并告知申请执行人可以直接与受托法院联系执行相关事宜。

第八条 受托法院如发现委托执行的手续、材料不全，可以要求委托法院补办。委托法院应当在30日内完成补办事项，在上述期限内未完成的，应当作出书面说明。委托法院既不补办又不说明原因的，视为撤回委托，受托法院可以将委托材料退回委托法院。

第九条 受托法院退回委托的，应当层报所在辖区高级人民法院审批。高级人民法院同意退回后，受托法院应当在15日内将有关委托手续和案卷材料退回委托法院，并作出书面说明。

委托执行案件退回后，受托法院已立案的，应当作销案处理。委托法院在案件退回原因消除之后可以再行委托。确因委托不当被退回的，委托法院应当决定撤销委托并恢复案件执行，报所在的高级人民法院备案。

第十条 委托法院在案件委托执行后又发现有可供执行财产的，应当及时告知受托法院。受托法院发现被执行人在受托法院辖区外另有可供执行财产的，可以直接异地执行，一般不再行委托执行。根据情况确需再行委托的，应当按照委托执行案件的程序办理，并通知案件当事人。

第十一条 受托法院未能在6个月内将受托案件执结的，申请执行人有权请求受托法院的上一级人民法院提级执行或者指定执行，上一级人民法院应当立案审查，发现受托法院无正当理由不予执行的，应当限期执行或者作出裁定提级执行或者指定执行。

第十二条 异地执行时，可以根据案件具体情况，请求当地法院协助执行，当地法院应当积极配合，保证执行人员的人身安全和执行装备、执行标的物不受侵害。

第十三条 高级人民法院应当对辖区内委托执行和异地执行工作实行统一管理和协调，履行以下职责：

（一）统一管理跨省、自治区、直辖市辖区的委托和受托执行案件；

（二）指导、检查、监督本辖区内的受托案件的执行情况；

（三）协调本辖区内跨省、自治区、直辖市辖区的委托和受托执行争议案件；

（四）承办需异地执行的有关案件的审批事项；

（五）对下级法院报送的有关委托和受托执行案件中的相关问题提出指导性处理意见；

（六）办理其他涉及委托执行工作的事项。

第十四条 本规定所称的异地是指本省、自治区、直辖市以外的区域。各省、自治区、直辖市内的委托执行，由各高级人民法院参照本规定，结合实际情况，制定具体办法。

第十五条 本规定施行之后，其他有关委托执行的司法解释不再适用。

出台背景

实践中，经常发生案件的跨辖区执行，主要有异地执行和委托执行两种方式。异地执行是指执行法院直接到被执行人实际居住地或被执行人的财产所在地现场执行或直接执行。委托执行是指对于被执行人或被执行人财产在外地的案件，执行法院依照法律规定将执行权全部或部分移转给外地法院，由该外地法院予以执行。委托执行又可分为全案委托和事项委托两大类。[①] 设立委托执行制度，主要是为了节省司法资源，提高执行效率，解决异地执行难问题。但是，在当时的社会条件下，关于委托执行制度的规定较为原则。1982 年《民事诉讼法（试行）》（已废止）第 165 条规定："被执行人、被执行的财产在外地的，可以委托当地人民法院代为执行。受委托人民法院收到委托函件后，应当在十五日开始执行；执行完毕后，应当把执行结果及时函受委托人民法院。"1991 年《民事诉讼法》第 210 条第 1 款规定："被执行人或者被执行的财产在外地的，可以委托当地人民法院代为执行。受委托人民法院收到委托函件后，必须在十五日内开始执行，不得拒绝。执行完毕后，应当将执行结果及时函复委托人民法院；在三十日内如果还未执行完毕，也应当将执行情况函告委托人民法院。"1993 年实施的《最高人民法院关于人民法院相互办理委托事项的规定》（已废止）第 11 条规定："在执行中，被执行人、被执行的财产在外地的，负责执行的人民法院可以委托当地基层人民法院代为执行"。[②] 上述法律条文均未明确作为受托法院的"当地人民法院"是否包括军事法院。为此，海南省高级人民法院就此问题专门向最高人民法院进行请示。最高人民法院经研究，于 1997 年 5 月 9 日作出了法经〔1997〕132 号复函。

---

① 在实务操作中，从 2015 年开始全国范围内的全案委托执行处于暂停状态，最高人民法院正在大力推行执行事项委托，以期有效破解委托执行制度的顽疾。目前，依托人民法院执行事项委托系统，全国四级法院业已实现执行事项的线上委托和线上受托，最高人民法院对全国法院执行事项委托情况的监管得到空前强化，有效抑制了法院之间的扯皮和推诿现象，使委托执行制度重新焕发了生机和活力。应该说，人民法院执行事项委托系统的研发和创建，是最高人民法院为推动全国四级法院尽快形成执行协作"一张网"而进行的一次卓有成效的探索和尝试。

② 有关委托执行制度的法律规范主要有：《最高人民法院关于委托执行若干问题的规定》和《最高人民法院关于严格规范执行事项委托工作管理办法（试行）》（法发〔2017〕27 号），《执行规定》第 111 条至第 123 条已经被法释〔2020〕21 号文件删除。

理解与适用

（一）对受托法院的一般要求

第一，受托法院要有行使管辖权的便利条件。《民事诉讼法》第236条第1款规定，被执行人或者被执行的财产在外地的，可以委托当地人民法院代为执行。之所以要求被执行人或者被执行的财产在外地的才能委托执行，主要考虑是受托法院方便查找、控制被执行人，或者方便控制、处分被执行财产，否则便达不到委托执行的目的。

第二，受托法院一般是与委托法院级别相对应的法院。1998年《执行规定》第113条第1款规定，委托执行一般应在同级人民法院之间进行。经对方法院同意，也可委托上一级的法院执行。[①]《最高人民法院关于委托执行若干问题的规定》第1条第1款规定，执行法院经调查发现被执行人在本辖区内已无财产可供执行，且在其他省、自治区、直辖市内有可供执行财产的，可以将案件委托异地的同级人民法院执行。当然，委托同级人民法院执行，也有例外情形。2017年《最高人民法院关于严格规范执行事项委托工作的管理办法（试行）》第5条规定，受托法院一般应当为委托事项办理地点的基层人民法院，委托同级人民法院更有利于事项委托办理的除外。该条实际上确立了以基层法院受托执行为原则，以同级人民法院受托执行为例外的管辖原则。

（二）军事法院的特殊性

第一，军、地法院在级别设置上有着明显不同。地方各级人民法院分为基层人民法院、中级人民法院、高级人民法院。而军事法院则分为中国人民解放军军事法院、大军区级单位的军事法院以及兵团和军级单位的军事法院。其中，中国人民解放军军事法院是军内的最高审级，法院层级为高级；大军区级单位的军事法院为第二级，法院层级为中级，兵团和军级单位的军事法院为第三级，法院层级为基层。

第二，军事法院的管辖权具有特殊性。根据军事审判工作的实际需要，最高人民法院通过答复、复函以及司法解释的形式赋予军事法院对特定案件的管

---

① 2020年修正后的《执行规定》删除了该条规定。

辖权。例如，1988年5月，最高人民法院审判委员会同意军事法院对双方当事人都是军队内部人员和单位的经济纠纷案件审理进行试点。1992年10月4日，《最高人民法院关于军事法院审理军内经济纠纷案件的复函》（法函〔1992〕130号，已废止），明确“同意对双方当事人都是军队内部单位的经济纠纷案件，仍继续由军事法院受理试办”。2001年6月26日，《最高人民法院关于军事法院试行审理军内民事案件问题的复函》（法函〔2001〕33号，已废止），第1条明确“根据《中华人民共和国民事诉讼法》第三十七条第一款的精神，军事法院试行审理双方当事人都是现役军人、部队管理的离退休干部、军队在编职工或者军内法人的民事案件。申请宣告军人失踪、申请宣告军人死亡的案件，申请人向军事法院提出的，军事法院可以受理。民事案件一方当事人为非军人的，由地方人民法院受理”。2012年8月28日，《最高人民法院关于军事法院管辖民事案件若干问题的规定》，首次以司法解释的形式明确规定了军事法院管辖民事案件的范围，并且，在符合一定条件的情况下，军事法院还有权对地方当事人向军事法院提起的诉讼或者申请予以受理。但是，军事法院毕竟是专门法院，其对涉及地方经济纠纷的案件并无普遍的审判管辖权和执行权。

综上，由于军地法院在级别设置以及管辖权上有着明显不同，体系相对独立，因此，地方人民法院对外委托执行时，除特殊情况适合由专门法院执行的以外，应当委托地方人民法院代为执行。

实务操作指引

（一）能否委托军事法院执行取决于当事人的身份

对于双方当事人均系普通民事主体的执行案件，军事法院对这类案件并无普遍的审判权和执行权，因此，地方人民法院不能委托军事法院执行。对于双方当事人均为现役军人或者军事单位的民事案件，根据《民事诉讼法解释》第11条的规定，由军事法院专门管辖，因此也就不存在地方人民法院委托军事法院执行的问题。对于执行案件的一方当事人是军人或者军事单位的执行案件，需要进行区别对待：对于申请执行人一方为军人或者军事单位的案件，根据《最高人民法院关于进一步加强人民法院涉军案件审判工作的通知》第10条的规定，需要加大执行力度，必要时可请上级人民法院提级执行，以确保生效裁判的及时执行，但不可以委托军事法院执行。对于被执行人一方为军人或者军事单位的案件，根据《最高人民法院关于委托执行若干问题的规定》第3条的规定，可以委托对其有管辖权的军事法院执行。

（二）涉军执行案件的难点及应对

被执行人一方为军人或者军事单位的案件是执行实务中的难点，普遍存在军事管理区域难进、被执行人难找、执行文书难送达、涉军财产难认定、难处置等问题。造成上述困难的主要原因在于军地法院之间缺乏一套行之有效的沟通协作机制。为进一步解决涉军执行案件的各种难题，有必要加强顶层设计，通过出台相关政策或指导意见，打通军地法院之间的沟通协作渠道。各省（市）高级人民法院应当在各自职责范围内加强与解放军军事法院的沟通联系，积极建立常态化的执行协作机制，共同推动涉军执行案件的妥善处理。在具体办案过程中，执行法院可以通过被执行人一方所在的部队组织督促被执行人履行法定义务，可以请部队所在地的军事法院协助执行或者委托其代为执行，必要时可以通过组织召开军地法院联席会议、互相通报涉军案件执行信息等多种方式，加强协调，共同推动涉军执行案件的妥善解决。

第六章 执行当事人

第一节 一般规定

一、申请执行的适格主体

答复、函复原文

（一）最高人民法院执行工作办公室关于权利人被吊销营业执照后诉讼主体资格和申请执行主体资格有关问题的答复

2004年4月8日 〔2003〕执他字第16号

天津市高级人民法院：

你院《关于迈柯恒公司和旭帝公司与南开建行存款纠纷两案有关执行问题的请示》收悉。经研究，答复如下：

一、关于天津开发区迈柯恒工贸有限公司（以下简称迈柯恒公司）和天津市旭帝商贸有限公司（以下简称旭帝公司）主体资格问题，我院认为，迈柯恒公司和旭帝公司提交给二审法院和一审法院的企业法人营业执照及法定代表人身份证明书在企业名称、地址、法定代表人、企业类型、注册资金上均是一致的，其在二审诉讼期间未作其他说明。并且在二审诉讼期间，上诉人中国建设银行天津市南开支行对迈柯恒公司和旭帝公司的主体资格问题也未提出异议。故我院（2001）民二终字第126号和（2001）民二终字第127号判决书确认的诉讼主体和参加一审诉讼的主体是一致的。

二、关于迈柯恒公司作为权利人被吊销法人营业执照后，最高人民法院仍以原名称作出判决的问题，我院认为，企业被吊销营业执照，在未经依法清算并办理注销登记前其法人资格并不当然终止，仍可以自己的名义参加诉讼。故我院二审仍以迈柯恒公司的名称作出判决并无不可。

三、关于迈柯恒公司是否具备申请执行人资格的问题。我院认为，被吊销营业执照的迈柯恒公司在审判程序中是诉讼主体，也可以作为执行程序中的申请人。如果该公司成立了清算组（包括公司股东组成的清算组），由清算组代表迈柯恒公司申请执行。

（二）最高人民法院关于企业法人营业执照被吊销后其民事诉讼地位如何确定的函

2000年1月29日　法经〔2000〕24号

辽宁省高级人民法院：

你院《关于企业法人营业执照被吊销后，其民事诉讼主体地位如何确定的请示》收悉。经研究，答复如下：

吊销企业法人营业执照，是工商行政管理局根据国家工商行政法规对违法的企业法人作出的一种行政处罚。企业法人被吊销营业执照后，应当依法进行清算，清算程序结束并办理工商注销登记后，该企业法人才归于消灭。因此，企业法人被吊销营业执照后至被注销登记前，该企业法人仍应视为存续，可以自己的名义进行诉讼活动。如果该企业法人组成人员下落不明，无法通知参加诉讼，债权人以被吊销营业执照企业的开办单位为被告起诉的，人民法院也应予以准许。该开办单位对被吊销营业执照的企业法人，如果不存在投资不足或者转移资产逃避债务情形的，仅应作为企业清算人参加诉讼，承担清算责任。你院请示中涉及的问题，可参照上述精神办理。

此复

出台背景

国家工商行政管理局于1997年发布了《关于公司被吊销营业执照后其清算工作组织实施问题的通知》(工商企字〔1997〕第183号，已废止)，明确了有关主管机关是指依照国家法律、行政法规有权责令公司关闭的部门或机关，不包括公司登记机关。因此，公司登记机关不负责对被吊销营业执照的公司的清算工作。

实践中，公司因法定事由被原工商行政管理机关吊销营业执照后，往往无人组织成立清算组，无债权债务承担者，无法律依据要求已出资到位股东承担责任。那么，其适格的诉讼主体到底应该是谁？是清算组？是股东？是债权债务承担者？是开办单位？还是公司本身？针对实务中的问题，上述两个函复给出了答案："企业法人被吊销营业执照后至被注销登记前，该企业法人仍应视为存续，可以自己的名义进行诉讼活动""被吊销营业执照公司在审判程序中是诉讼主体，也可以作为执行程序中的申请人""清算组承担清算责任，代表公司参与诉讼"。从《公司法》第180条看，公司依法被吊销营业执照、责令关闭或者被撤销，属于公司解散的法定事由，而第183条规定应当在解散事由出现之日起15日内成立清算组，开始清算。根据第184条规定，清算组具有代表公司参与民事诉讼活动的职权。

理解与适用

在我国，具备企业法人条件的全民所有制企业、集体所有制企业、联营企业、在中国境内设立的外资企业和其他企业，应当根据法律、法规有关规定，申请企业法人登记。①

对有下列行为的企业和经营单位，登记主管机关应当吊销其营业执照：经审查不具备企业法人条件或者经营条件的；伪造证件骗取营业执照的；擅自改变主要登记事项，不按规定办理变更登记的，情节严重的；超出经营期限从事经营活动的，视为无照经营；超出核准登记的经营范围或者经营方式从事经营

---

① 参见《企业法人登记管理条例施行细则》(已废止)第2条。

活动的，同时违反国家其他有关规定，从事非法经营的，情节严重的；伪造、涂改、出租、出借、转让、出卖营业执照的，情节严重的；抽逃、转移资金，隐匿财产逃避债务的；不按规定申请办理注销登记的，责令限期办理注销登记，拒不办理的；[①] 公司成立后无正当理由超过6个月未开业的，或者开业后自行停业连续6个月以上的。[②]

企业法人营业执照被吊销后，法人资格是否消灭？一种意见认为，企业法人被吊销营业执照后，不仅丧失其经营资格，同时也丧失其法人资格。“吊销营业执照、注销登记是企业法人资格消亡的两种方式，两者的后果均导致企业法人资格消亡；吊销营业执照是登记主管机关依照法律法规的规定，对企业法人违反规定实施的一种行政处罚，对于企业法人而言，吊销营业执照就意味着其法人资格被强行剥夺，法人资格也随之消亡，并由登记主管机关在企业登记档案上予以载明，不需要被吊销营业执照的企业法人再申请办理注销登记。”[③] 另一种意见认为，“吊销企业法人营业执照，是工商行政管理部门依照国家工商行政管理法规对违法的企业法人作出的一种行政处罚。企业法人在被吊销营业执照后未注销登记前，虽然丧失经营资格，但其法人资格仍然存续”。[④]

吊销营业执照后企业的法人主体资格即丧失的观点主要是受早期我国营业执照与法人主体资格合并的立法模式的影响，如1999年《国家工商行政管理局关于企业登记管理若干问题的执行意见》（工商企字〔1999〕第173号，已废止）第10条规定：“企业被吊销营业执照的，其法人资格或经营资格终止……”2002年《国家工商行政管理总局关于企业法人被吊销营业执照后法人资格问题的答复》（工商企字〔2002〕第106号，已废止）规定：“企业法人营业执照是企业法人凭证，申请人经登记主管机关依法核准登记，领取企业法人营业执照，取得法人资格。因此，企业法人营业执照被登记主管机关吊销，企业法人资格随之消亡。”“对企业法人而言，吊销营业执照就意味着其法人资格被强行剥夺，

---

① 参见《企业法人登记管理条例施行细则》（已废止）第60条第1款。

② 参见《公司法》第221条。

③ 《国家工商行政管理总局关于企业法人被吊销营业执照后法人资格问题的答复》。

④ 《北京市高级人民法院关于企业下落不明、歇业、撤销、被吊销营业执照、注销后诉讼主体及民事责任承担若干问题的处理意见（试行）》（2001年10月9日发布）第15条。

法人资格也就随之消亡，并由登记主管机关在企业登记档案上予以载明，不需要被吊销执照的企业法人再申请办理注销登记。”但从《公司法》关于公司解散程序的规定来看，吊销营业执照是公司解散的事由之一，其结果是公司应启动清算程序，清算程序结束后，向公司登记机关申请注销登记，至此公司的法律主体资格才真正地消灭。①

目前实务中已经达成共识，企业法人被吊销营业执照后，丧失的是经营资格，法人资格并不必然同时丧失。企业法人终止的唯一法定途径是注销登记，《公司登记管理条例》（已废止）②、《个人独资企业登记管理办法》③ 以特别法的形式都对此进行了明确。另外，对登记主管机关吊销营业执照的处罚决定不服的，企业法人需要另行提起行政复议、行政诉讼。如果无法人资格，则无救济途径，其合法权益有可能受到侵害。④ 在中国东方资产管理公司南京办事处（以下简称东方资产公司）与徐州飞虹网架（集团）有限公司（以下简称飞虹集团公司）、江苏苏润建设集团有限公司（以下简称苏润公司）借款合同纠纷一案的执行过程中，东方资产公司将其执行债权转让给盐城众联资产管理有限公司（以下简称众联公司），众联公司变更为本案申请执行人。其后，众联公司申请追加徐州飞虹网架建设有限公司（以下简称飞虹建设）为被执行人，飞虹建设以众联公司已被工商机关吊销营业执照不具备主体资格为由提出异议。最高人民法院认为，吊销营业执照并不等于法人主体资格消灭，众联公司仍具有民事权利能力，可以依法行使其民事权利，承担民事义务，有权依照法律规定，申请变更为本案申请执行人。⑤

公司被吊销营业执照后依法清算并办理注销登记前，有关公司的民事诉讼

---

① 参见杜万华、王艳彬：《公司被吊销营业执照后的法人主体资格——兼论公司被吊销营业执照后的民事主体和诉讼主体资格》，载《人民司法》2000 年第 7 期。

② 《公司登记管理条例》（已废止）第 44 条规定：“经公司登记机关注销登记，公司终止。”

③ 《个人独资企业登记管理办法》第 21 条规定：“经登记机关注销登记，个人独资企业终止。”

④ 《企业法人登记管理条例》（已废止）第 31 条规定：“企业法人对登记主管机关的处罚不服时，可以在收到处罚通知后 15 日内向上一级登记主管机关申请复议。上级登记主管机关应当在收到复议申请之日起 30 日内作出复议决定。申请人对复议决定不服的，可以在收到复议通知之日起 30 日内向人民法院起诉。逾期不提出申诉又不缴纳罚没款的，登记主管机关可以按照规定程序申请人民法院强制执行。”

⑤ 最高人民法院执行裁定书，（2017）最高法执复 8 号。

和执行活动，应当以公司的名义进行。公司成立清算组的，由清算组负责人代表公司参加诉讼；尚未成立清算组的，由原法定代表人代表公司参加诉讼。①

实务操作指引

股东代表诉讼胜诉后应当由谁作为申请执行主体的问题，目前成为实践的难点。《公司法》第151条规定的股东代表诉讼制度，② 又称股东派生诉讼制度，“是指当公司的合法权益遭受侵害，而公司怠于诉讼时，符合法定要件的股东为公司的利益以自己的名义对侵害人提起诉讼，追究其法律责任的诉讼制度。”③该制度在我国确立之后，有关股东代表诉讼的案件呈逐渐递增的趋势。④ 2017年《公司法解释（四）》对股东代表诉讼制度进行了细化，其中第25条明确了股东代表诉讼的胜诉利益归属于公司。但关于股东代表诉讼胜诉后申请执行主体的问题，目前仍无规范可循，司法实践中也未形成统一认识。

有观点认为，《公司法解释（四）》既然已明确股东代表诉讼的胜诉利益归属于公司，那么能够申请执行的主体就应该是公司。股东代表诉讼只是在公司治理机制失灵时的一种救济措施，股东代表诉讼胜诉后就意味着司法介入公司内部治理的目的已经达成，要实现司法介入成果的申请主体理应是该成果的受益主体。股东通过股东代表诉讼实现维护全体股东利益的间接目的在取得胜诉

---

① 《最高人民法院关于适用〈中华人民共和国公司法〉若干问题的规定（二）》第10条规定：“公司依法清算结束并办理注销登记前，有关公司的民事诉讼，应当以公司的名义进行。公司成立清算组的，由清算组负责人代表公司参加诉讼；尚未成立清算组的，由原法定代表人代表公司参加诉讼。”

② 《公司法》第151条规定：“董事、高级管理人员有本法第一百四十九条规定的情形的，有限责任公司的股东、股份有限公司连续一百八十日以上单独或者合计持有公司百分之一以上股份的股东，可以书面请求监事会或者不设监事会的有限责任公司的监事向人民法院提起诉讼；监事有本法第一百四十九条规定的情形的，前述股东可以书面请求董事会或者不设董事会的有限责任公司的执行董事向人民法院提起诉讼。监事会、不设监事会的有限责任公司的监事，或者董事会、执行董事收到前款规定的股东书面请求后拒绝提起诉讼，或者自收到请求之日起三十日内未提起诉讼，或者情况紧急、不立即提起诉讼将会使公司利益受到难以弥补的损害的，前款规定的股东有权为了公司的利益以自己的名义直接向人民法院提起诉讼。他人侵犯公司合法权益，给公司造成损失的，本条第一款规定的股东可以依照前两款的规定向人民法院提起诉讼。”

③ 刘凯湘：《股东代表诉讼的司法适用与立法完善——以〈公司法〉第152条的解释为中心》，载《中国法学》2008年第4期。

④ 参见刘诗瑶：《我国股东代表诉讼制度完善进路研究——以〈《公司法》司法解释（四）〉为切入点》，载《河北法学》2018年第11期。

判决时已然实现，再以股东自身名义申请执行缺乏正当性与合理性。另一种观点则认为，公司及股东均可以作为股东代表诉讼胜诉判决的申请执行主体。股东代表诉讼的诉权基础是股东对公司的管理权和共益权。[①] 既然股东能以自己名义提起诉讼的前提是公司内部治理机制失灵，那么如果不允许股东以自己名义申请执行，公司怠于申请执行的情况下胜诉的利益将无法得到落实。而且，股东出于继续维护公司利益之目的申请执行符合股东代表诉讼这一制度设计的内在逻辑。

在（2021）渝05执复77号执行裁定中，大渡口法院持第一种观点，认为公司股东不属于股东代表诉讼民事判决主文确定的权利人或者继承人、权利承受人，不属于申请执行的适格主体，裁定驳回股东的执行申请。重庆五中院则支持第二种观点，其援引的观点来自（2016）最高法执复28号执行裁定。最高人民法院在该裁定中释明了股东代表诉讼的制度逻辑，即"在股东代表诉讼中，股东个人的利益并没有直接受到损害，只是由于公司的利益受到损害而间接受损，因此，股东代表诉讼是股东为了公司的利益而以股东的名义直接提起的诉讼，相应地，胜诉后的利益归于公司"。而股东代表公司申请强制执行是股东代表诉讼在执行阶段的自然延伸。

此外，该裁定还对股东代表诉讼判决生效后公司与被告达成的以抵销判决义务为内容的和解协议的效力作出了认定。最高人民法院认为，股东代表诉讼的判决是对公司高级管理人员在企业改制过程中贱卖公司资产行为、被告不当得利的纠正。判决在执行过程中，公司与被告达成的和解协议未经申请执行的股东认可，且与生效判决相抵触，和解协议履行的结果将使判决结果落空，各方当事人的权利义务再次回到判决作出前的状态。因此，和解协议不能产生对抗法院生效判决的效力。最高人民法院关于公司达成和解协议应经申请执行股东认可的观点值得肯定。结合案件具体情况分析，股东提起诉讼在一定程度上表明公司的治理机制已经失灵或者陷入瘫痪，通过股东是否认可公司在执行程序中作出的行为，判断公司的治理机构是否已经恢复正常具有合理性。只有在

---

① 参见赵万一、赵信会：《我国股东代表诉讼制度建立的法理基础和基本思路》，载《现代法学》2007年第3期。

公司治理机制正常运转的情况下，才能判断公司是否具备了自行处分其权利的能力。若非如此，股东代表诉讼这一司法介入公司治理的救济制度将被架空。

二、申请执行人被撤销登记后的权利行使主体

复函、答复原文

（一）最高人民法院执行工作办公室关于申请执行人被撤销设立登记后其申请执行的主体资格有关问题的复函

2003年6月5日 〔2002〕执监字第81－1号

北京市高级人民法院：

你院《关于恢复执行北京正合坊企划有限公司诉北京万通实业股份有限公司、北京星辰投资咨询公司房产中介合同的报告》收悉。经研究，答复如下：

一、本案诉讼程序中，北京正合坊企划有限公司具备民事主体资格，我院(1997)民终字第135号民事判决并无不当，应予执行。在执行程序中，虽然北京正合坊企划有限公司被工商登记部门撤销设立登记，但不影响其在此前所进行的正常交易活动，更不能以此否定二审判决的效力。故对北京万通实业股份有限公司和北京星辰投资咨询公司申诉的北京正合坊企划有限公司自始不具备法人资格的理由不予支持。

二、北京正合坊企划有限公司被撤销设立登记，即丧失了作为市场主体进行经营活动的权利，也失去了对本案的判决申请执行的主体资格。但是，公司法人人格并不因被工商行政管理机关吊销营业执照当然终止，其法人资格必须经清算后方可终止。因此，根据《公司法》第一百九十一条的规定，本案应当对北京正合坊企划有限公司进行清算，由原股东组成的清算组作为其法人机关代表行使权利。

此复

（二）最高人民法院执行工作办公室关于能否以接受财产为由追加被执行人问题的复函

2008年6月27日 〔2007〕执他字6号

海南省高级人民法院：

你院《关于信达公司政策性托管银泰公司应如何承担相应法律责任的请示》收悉。经研究，答复如下：

鉴于本案中中国信达资产管理公司是否接受了海南银泰置业有限责任公司的财产，是基于托管、清理接受（代为管理、处置）的财产，还是非法侵占海南银泰置业有限责任公司法人财产等事实，仅凭执行听证程序，不利于保护当事人的合法权益，故海南中级人民法院在执行程序中直接追加中国信达资产管理公司为被执行人不当。可以告知海南明海投资公司、海南日森置业公司，如果认为中国信达资产管理公司在托管期间损害了其合法权益，可以通过诉讼程序解决。

此复。

（三）最高人民法院执行工作办公室关于以承受债务为由追加被执行主体问题的复函

2004年3月8日 〔2003〕执监字第146－1号

山西省高级人民法院：

你院〔2003〕晋执函字第34号《关于追加福建省上杭鸿阳矿山工程有限公司为被执行主体的情况报告》收悉。经研究，现答复如下：

原则同意你院意见。根据你院报告，本案中，福建省上杭鸿阳矿山工程有限公司（以下简称鸿阳公司）已根据三方协议承受了你院调解书确定的债务，债权人已接受其履行并无异议，该公司已经取得了原债务人的地位，因其没有完全履行而追加其为被执行人，是可以成立的。即使按照鸿阳公司提出的“被执行人享有对鸿阳公司的到期债权，鸿阳公司是第三人”的说法，因其在执行过程中已认可并已经履行了部分债务，故不能再提出异议。

请你院根据上述精神答复鸿阳公司，并妥善执行该案。

（四）最高人民法院执行办公室关于中国少年先锋队江苏省工作委员会是否具备独立法人资格问题的复函

2002年3月22日　〔2002〕执他字第5号

江苏省高级人民法院：

你院苏高法〔1999〕38号《关于中国少年先锋队江苏省工作委员会是否具备独立法人资格的请示》收悉。经研究，答复如下：

原则上同意你院的倾向性意见。中国少年先锋队江苏省工作委员会没有独立的财产和经费来源，编制也在共青团江苏委员会，其自身并不具有独立承担民事责任的能力，不具备法人资格。

（五）最高人民法院执行工作办公室关于执行仲裁案件中发现被执行人撤销的应由执行机构变更义务承担人的答复

2000年12月25日　〔2000〕执他字第32号

天津市高级人民法院：

你院〔1999〕津高法执请字第33号《关于执行仲裁机构裁决书、调解书过程中，发现被执行人撤销，应由执行机构还是由原仲裁机构变更义务承担人的请示报告》收悉。经研究，答复如下：

根据我院1998年7月18日颁布施行的《关于人民法院执行工作若干问题的规定（试行）》第83条的规定，所有生效法律文书，凡是在执行过程中发生的需要变更或追加被执行主体的，均由执行法院的执行机构裁定。该《规定》第137条第2款还明确规定，此前作出的司法解释与本规定有抵触的，以本规定为准。请照此办理。

此复

出台背景

实践中，民事执行程序的权利义务主体经常发生变动，比如自然人的死亡、法人的分立、合并以及撤销和注销，债权人可能因特殊情况出现，导致不能作为申请执行人受领相关权利，权利义务承受人如何确定，往往产生较大争议。对于申请执行人被撤销设立登记的，是否仍具有民事主体资格，观点不一。在法律和司法解释作出明确的规定之前，需要通过对出现此类问题的高院提出的请示进行答复的方式作出一个明确的回应，以保障债权人在执行程序中不因主体变更、消灭而影响应享有的合法权益。既然申请执行人被工商登记机关撤销登记不影响之前的民事诉讼行为和判决的法律效力，那么执行过程中申请执行人的权利义务如何行使，对于法院通过强制执行措施执行到位的财产由谁承继，通过何种程序维系执行程序的有序开展等问题确实值得从法理上和实务操作层面深入探讨并达成共识。《变更追加规定》施行前，法律和司法解释对于申请执行人的变更、追加问题一直也没有明确规定，[①] 实践操作中各种做法都存在，导致申请执行人因特定事由主动或被动终止主体资格后，其在执行程序中的利益处于悬空状态，权利义务承受主体的利益无法得到保障，甚至执行法院扣划的案款都没法发还给权利承受人，严重影响了执行程序的公正和效率，导致大量应予执行完毕的案件仍滞留在执行程序中不能有序退出。

理解与适用

（一）撤销公司设立登记的性质

《公司法》第198条和《公司登记管理条例》（已废止）第64条、第65条规定的撤销公司登记的范围包括撤销设立登记、变更登记和注销登记，撤销被许可人以欺骗等不正当手段取得的公司设立登记的，具有溯及既往地否定公司有效成立的效力，因无合法的主体资格，不可能办理相应的注销登记，公司被撤销后所遗留的债务，由原始出资人、发起人或者申请人承担清偿责任。全国

---

① 《变更追加规定》施行后，执行程序中变更、追加申请人的问题才得到了基本解决。

人大常委会法工委认为，撤销该种登记属于对违法行为的纠正，不属于行政处罚。[①] 从行政许可法的视角，撤销公司登记的行为不属于行政处罚，但依照公司法的规定撤销公司设立登记的行为，是否属于行政处罚，实践中还存在较大争议。[②] 审判实务中，多数法官更认同撤销设立登记属于行政处罚的观点。现行法律规定，消灭行政许可的方式除依照行政许可法直接消灭外，还可以依照其他法律作出的撤销、吊销行为间接消灭，因此，将撤销公司设立登记的行为定位于行政处罚，更有利于规范撤销公司登记或吊销营业执照这样对行政相对人权益影响较大的行政行为。

（二）撤销公司登记的行政处罚不具有溯及既往效力

如果将撤销登记作为行政处罚之一种，行政处罚一般不应成为否定民事行为效力的依据，撤销公司登记的行政处罚没有溯及力。根据《公司法》第180条的规定，撤销公司登记和被吊销营业执照、责令关闭同是公司解散的法定事由，公司被依法撤销登记后，应当进行清算，清算程序结束并办理工商注销登记后，该企业法人才归于消灭。因此，撤销公司登记无溯及效力，不能以此为理由否定公司被撤销登记之前的民事行为的效力。

（三）执行中撤销设立登记后主体资格的承继

确定判决生效后，申请执行人被撤销设立登记并被吊销营业执照，不能以此否定判决及申请执行行为的效力。公司法人资格并不因被工商登记管理机关吊销营业执照而自然终止。行政机关作出撤销登记的决定后，公司应当解散，由股东组成清算组进行清算。法人资格的终止必须满足依法清算并办理注销登记两个要件，即法人资格在公司依法清算完毕并办理注销登记时终止。原工商行政管理机关吊销公司营业执照只是取消了公司的营业资格。被撤销设立登记的公司进行清算，由原股东组成的清算组作为其法人机关代表行使执行中的权利。合伙组织被工商登记管理机关撤销后，因合伙人对外承担无限连带责任，

① 参见《全国人民代表大会常务委员会法制工作委员会关于公司法第一百九十八条“撤销公司登记”法律性质问题的答复意见》（法工委复〔2017〕2号）。

② 《最高人民法院关于山西星座房地产开发有限公司不服山西省工商行政管理局工商行政登记一案法律适用问题的答复》（〔2012〕行他字第15号）也认为，撤销公司登记，其行为性质不属于行政处罚。

应由合伙人行使执行中的权利。

(四)《变更追加规定》对复函意见进行了合理吸收

关于作为申请执行人的企业撤销、注销、歇业后申请执行人的变更追加问题，《变更追加规定》第1条对申请人的变更问题做了原则性的规定，在执行过程中，申请执行人或其继承人、权利承受人可以向人民法院申请变更、追加当事人，申请符合法定条件的，人民法院应予支持。第8条规定，作为申请执行人的机关法人被撤销，继续履行其职能的主体申请变更、追加其为申请执行人的，人民法院应予支持，但生效法律文书确定的权利依法应由其他主体承受的除外；没有继续履行其职能的主体，且生效法律文书确定权利的承受主体不明确，作出撤销决定的主体申请变更、追加其为申请执行人的，人民法院应予支持。

关于作为被执行人的企业被注销或出现被吊销营业执照、被撤销、被责令关闭、歇业等解散事由后的被执行人变更追加问题，《变更追加规定》第22条规定，其股东、出资人或主管部门无偿接受其财产，致使该被执行人无遗留财产或遗留财产不足以清偿债务，申请变更、追加该股东、出资人或主管部门为被执行人，在接受财产的范围内承担责任的，人民法院予以支持。

实务操作指引

债权受让人也可以申请变更自己为案件的申请执行人。在执行过程中将判决确认的债权转让给其他案外第三人，并按照《民法典》的有关规定通知了债务人后，受让人可以依据债权转让合同向执行法院提出变更申请执行人的申请，人民法院依法予以审查。《变更追加规定》第9条规定，“申请执行人将生效法律文书确定的债权依法转让给第三人，且书面认可第三人取得该债权，该第三人申请变更追加其为申请执行人的，人民法院应予支持”。因此，执行回收的财产如果因撤销登记不能由原申请执行人受领，可以依法将债权转让给第三人，并出具确认债权转让的书面证明，由第三人申请变更其为新的申请执行人，但争议较大的问题是，执行债权人将债权转让且书面认可第三人取得该债权，在受让人申请执行法院变更申请人时，原执行债权人反悔且不同意变更的，执行法院应依法变更还是需要双方就争议问题另行通过诉讼或仲裁解决，实践中分歧较大，需要在“民事强制执行法”中或出台新的司法解释明确作出规定。

如未发生执行债权的转让，公司被撤销设立登记，丧失了作为市场主体进行经营活动的权利，也失去了对判决申请执行的主体资格。但是，公司法人人格并不因被原工商行政管理机关吊销营业执照当然终止，其法人资格必须经清算后方可终止。

该批复并未明确主体更替的具体程序，从后来司法解释的精神看，申请执行人主体资格被工商机关撤销后，需要权利义务的承接主体申请变更自己为被执行人，继而填补主体消灭后的空缺，配合人民法院完成后续的程序事项。但股东组成的清算组代表原公司行使权利，并非新的权利义务承受人，不需要变更清算组为新的申请执行人。

三、执行案件的代理权限

批复原文

最高人民法院

关于民事诉讼委托代理人在执行程序中的代授权限问题批复

1997年1月23日　法复〔1997〕1号

陕西省高级人民法院：

你院陕高法〔1996〕78号《关于诉讼委托代理人的代理权限是否包括执行程序的请示》收悉。经研究，答复如下：

根据民事诉讼法的规定，当事人在民事诉讼中有权委托代理人。当事人委托代理人时，应当依法向人民法院提交记明委托事项和代理人具体代理权限的授权委托书。如果当事人在授权委托书中没有写明代理人在执行程序中有代理权及具体的代理事项，代理人在执行程序中没有代理权，不能代理当事人直接领取或者处分标的物。

此复

出台背景

当事人参与专业性和复杂性较高的民事诉讼活动需要专门的法律知识和诉讼经验，不具备上述知识和经验的当事人有权委托律师等专业人士代理其参与诉讼活动。当事人委托代理人代为进行诉讼的，需要对诉讼代理人进行授权。根据当事人授权权限的不同，代理活动分为一般代理和特别代理。当事人通过诉讼活动取得生效法律文书后，被告不履行生效法律文书确定的义务的，需要通过执行程序实现其权利。当事人也可以委托代理人进行执行活动。

执行程序中委托代理人权限究竟为何？包括法官和律师在内的职业法律人不甚清楚。一部分委托代理人认为，强制执行是人民法院行使司法权力实现生效法律文书确定的义务的法律程序，委托代理人既没有调查权，也无权采取强制措施，在执行程序中难以发挥实质作用。另一部分委托代理人认为，在当事人给代理人出具“全权代理”的委托书时，委托代理人即取得了当事人的全部诉讼权利，不仅包括和解、撤回执行申请等终结执行的权利，还包含领取执行回款和处分标的物等与实体权利紧密相关的代理权。上述两种认识都存在一定的误区。代理人在执行程序中的作用非常重要，但也不能和当事人完全等同。在涉及当事人的实体权利时，还需要当事人的特别授权。为了区别代理人在诉讼程序和执行程序中的不同作用，有必要明确执行代理人的具体代理权限。

理解与适用

（一）委托代理人的范围

《民事诉讼法》第61条规定了委托代理人的范围：“当事人、法定代理人可以委托一至二人作为诉讼代理人。下列人员可以被委托为诉讼代理人：（一）律师、基层法律服务工作者；（二）当事人的近亲属或者工作人员；（三）当事人所在社区、单位以及有关社会团体推荐的公民。”本条所指的诉讼委托代理人中的“诉讼”是广义的范畴，既包括审判程序，也包括执行程序。

1. 律师

律师是执行程序中委托代理人的主要组成部分。律师代理执行案件不受地域或者管辖法院级别的限制。律师是指通过法律资格考试并经律师协会考核取得正式执业许可的法律服务人员，不包括实习律师。实习律师尚未取得执业证书，不得单独从事代理行为。至于实习律师能否单独立案的问题，最高人民法院、司法部均没有明确规定。各地法院的规定也不尽相同，《山西省依法保障律师执业权利实施细则》第7条规定："办案机关应当依法保障律师在刑事、民事、行政诉讼、国家赔偿案件中的辩护权、代理权。法官应当尊重律师依法接受委托代理的权利，不得干预当事人聘请律师，不得违反法律和有关规定为当事人指定、介绍、推荐律师，不得要求当事人更换律师。申请律师执业实习人员可以根据律师需要，凭申请律师执业人员实习证和律师事务所介绍信代为立案、代为提交领取法律文书，与律师一同参加庭审、会见，但不得发表辩护、代理意见。"而《北京市高级人民法院关于民事诉讼代理人若干问题的解答（试行）》第11条规定："为申请执业而依法参加实习活动的实习律师，可以持律师协会颁发的实习证、律师事务所证明及委托书，与执业律师共同担任诉讼代理人，但应遵守律师法及律师协会的相关规定，不得单独从事代理行为。实习律师不得单独从事立案诉讼行为，但涉及补交立案诉讼材料、缴纳诉讼费用等事务性事项的除外。"

2. 基层法律工作者

根据《基层法律服务工作者管理办法》第27条的规定，基层法律工作者可以代理至少有一方当事人的住所位于其执业的基层法律服务所所在的县级行政区划辖区或者直辖市的区（县）行政区划辖区内的民事诉讼活动，且案件的审理机构须为其执业的基层法律服务所所在的基层人民法院。如果案件进入二审或审判监督程序，基层法律工作者可以继续担任代理人。

3. 近亲属

《民事诉讼法解释》第85条规定，"根据民事诉讼法第六十一条第二款第二项规定，与当事人有夫妻、直系血亲、三代以内旁系血亲、近姻亲关系以及其他有抚养、赡养关系的亲属，可以当事人近亲属的名义作为诉讼代理人"。民事诉讼中的近亲属范围十分广泛，不但包括配偶和直系血亲，还包括三代以内旁系血亲和近姻亲以及其他有抚养赡养关系的亲属。其中近姻亲的范围最高人民法院未作进一步解释，《北京市高级人民法院关于民事诉讼代理人若干问题的解答（试行）》第1条则规定："'近亲属'是指配偶、直系血亲、三代以内旁系血亲、近姻亲以及其他具有扶养、赡养关系的亲属。前述'近姻亲'是指：（1）直系血亲的配偶；（2）两代以内旁系血亲的配偶；（3）配偶的直系血亲及其配偶；（4）配偶的两代以内旁系血亲及其配偶。"上述规定拓宽了公民代理人的范畴，在民事小额诉讼中避免增加当事人的诉讼成本，具有积极意义。

4. 当事人的工作人员

《民事诉讼法解释》第86条规定，"根据民事诉讼法第六十一条第二款第二项规定，与当事人有合法劳动人事关系的职工，可以当事人工作人员的名义作为诉讼代理人"。为防止"黑律师"利用该条提供有偿代理服务，该条所指的劳动人事关系并不包括与当事人签订的法律顾问协议，也不包括仅为特定诉讼活动与当事人签订的劳务协议。鉴于分支机构不具有独立法人资格，故法人的工作人员可以作为分支机构的代理人，分支机构的工作人员也可以作为法人的代理人。

需要特别注意的是，工作人员作为代理人的应按法院要求提交劳动关系证明材料，否则即使工作人员作为委托诉讼代理人出庭，也将被视为未到庭参加诉讼，按撤诉处理。在北京兆信信息技术股份有限公司（以下简称兆信公司）与山东春华农业科技有限公司（以下简称春华公司）计算机软件开发合同纠纷案中，[①] 最高人民法院认为，上诉人春华公司未提交与其委托诉讼代理人闫某之间存在劳动合同关系的证明材料，不能证明代理人系其公司工作人员。闫某在庭审中称其与春华公司是承包关系。经法庭多次向春华公司法定代表人张某及闫某释明不提交证明材料的法律后果，春华公司仍未在指定期限内提交。且该公司亦未主张代理人属于《民事诉讼法》规定的其他代理情形并提供相关证明，故在法院开庭审理中，即使春华公司指派该代理人出庭，亦按照《民事诉讼法》"原告经传票传唤，无正当理由拒不到庭的，或者未经法庭许可中途退庭的，可以按撤诉处理；被告反诉的，可以缺席判决"之规定，被视为未到庭参加诉讼，按撤诉处理。

---

① 最高人民法院民事裁定书，（2021）最高法知民终350号。

5. 当事人所在社区、单位以及有关社会团体推荐的公民

当事人所在社区推荐的公民，是指当事人住所地或经常居住地所在的村民委员会、居民委员会推荐的人员，该当事人既可以是公民也可以是法人或其他组织。

有关社会团体推荐的公民需满足以下条件：（1）该社会团体依法成立；（2）被代理人的公民属于该社会团体成员，或者当事人一方住所地位于该社会团体的活动范围；（3）代理事务属于该社会团体章程载明的业务范围；（4）被推荐的代理人系该社会团体的负责人或与该社会团体有合法的劳动关系。

专利代理人经中华全国专利代理人协会推荐，可以担任专利案件的诉讼代理人，收取相应的服务费用。①

（二）诉讼程序中的委托代理权

《民事诉讼法》规定当事人有委托代理权，当事人可以把法律赋予自己的诉讼权利委托给代理人行使。

根据当事人委托代理人的权利性质，代理权可以分为一般授权和特别授权。一般授权是指当事人仅授予代理人行使不带有处分实体权利性质的一般程序性诉讼权利，包括：（1）起诉、应诉；（2）调取、收集证据；（3）出庭参加法庭调查，参与法庭辩论；（4）发表代理意见；（5）接收法律文件等。特别授权是指当事人授予代理人行使处分其实体权利性质的诉讼权利，包括：（1）代为承认部分或全部诉讼请求；（2）代为放弃、变更或增加诉讼请求；（3）代为和解；（4）提出反诉；（5）代为提出或申请撤回上诉等。特别授权需要当事人在授权委托书中列举具体的委托事项，否则，不能代理授权人行使与其实体权利紧密联系的诉讼权利。另外，根据《民事诉讼证据规定》，当事人自认的不利于自己的事实，对方当事人无须举证证明。当事人自认的形式既可以是主动陈述对自己不利的事实，也可以是对对方陈述的于己不利的事实表示承认。当事人自认

---

① 《民事诉讼法解释》第87条规定："根据民事诉讼法第六十一条第二款第三项规定，有关社会团体推荐公民担任诉讼代理人的，应当符合下列条件：（一）社会团体属于依法登记设立或者依法免予登记设立的非营利性法人组织；（二）被代理人属于该社会团体的成员，或者当事人一方住所地位于该社会团体的活动地域；（三）代理事务属于该社会团体章程载明的业务范围；（四）被推荐的公民是该社会团体的负责人或者与该社会团体有合法劳动人事关系的工作人员。

专利代理人经中华全国专利代理人协会推荐，可以在专利纠纷案件中担任诉讼代理人。"

的主体既可以是当事人自己自认，也可以由诉讼代理人代为承认。当事人为了防止诉讼代理人自认给自己造成诉讼上的不利益，有权对诉讼代理人的自认予以限制。限制的方式包括事前在授权委托书中明确排除自认的权利，也可以在诉讼代理人作出的自认当场予以明确否认。当事人事前排除诉讼代理人自认的，应在授权委托书中明确表示，比如，在代理权限中列明，“不得陈述对委托人不利的事实；不得承认对方陈述的于委托人不利的事实；不得以口头或书面发表自认于委托人不利的事实的代理意见”。

（三）执行程序中的委托代理权

当事人在执行程序中一般享有以下权利：

1. 申请强制执行的权利：债务人不履行生效法律文书确定的义务，债权人可以在法律规定的期限内申请强制执行。

2. 提供证据线索的权利：申请执行人应当向人民法院提供其所了解的被执行人的财产状况或线索。执行法院应当在收到申请执行人提供的财产线索 7 日内予以查证、核实。

3. 要求司法审计的权利：作为被执行人的法人或其他组织不履行生效法律文书确定的义务，申请执行人认为其有拒绝报告、虚假报告财产情况，隐匿、转移财产等逃避债务情形或者其股东、出资人有出资不实、抽逃出资等情形的，可以书面申请人民法院委托审计机构进行审计。

4. 申请发布悬赏公告的权利：被执行人不履行生效法律文书确定的义务，申请执行人可以向人民法院书面申请发布悬赏公告查找可供执行的财产。

5. 申请法院为代理律师出具调查令的权利：在当事人自行调查取证难以获得相关证据时，可以向人民法院申请，要求人民法院给其代理律师签发调查令，接受调查人必须向持令人提供相关证据。

6. 追加和变更当事人的权利：在符合法律、司法解释规定的条件时，申请执行人可以追加或变更被执行人，继受申请执行人权利的人可以申请变更或追加为申请执行人。

7. 提起异议和复议的权利：执行当事人或利害关系人、案外人认为人民法院的执行行为或执行标的错误损害其合法权益的，有权向执行法院提起执行异议（行为异议或案外人异议）。对执行法院作出的异议裁定不服的，有权向上一级法院提起复议。

8. 提起不予执行申请：执行依据为公证债权文书、仲裁裁决、调解书的执行案件的被执行人，如果认为执行依据违法，可以申请法院不予执行。

9. 达成执行和解的权利。

10. 撤回执行申请、撤销执行案件、领取案款的权利。

《执行规定》第20条规定："申请执行人可以委托代理人代为申请执行。委托代理的，应当向人民法院提交经委托人签字或盖章的授权委托书，写明代理人的姓名或者名称、代理事项、权限和期限。委托代理人代为放弃、变更民事权利，或代为进行执行和解，或代为收取执行款项的，应当有委托人的特别授权。"依据该规定，执行程序中当事人委托代理人的，应当向人民法院提交执行程序专用的授权委托书。其中代为申请执行、追加和变更当事人、提起执行异议和复议、申请不予执行都属于新诉，当事人在每个案件中均需要提交具有具体委托事项的委托书，不能使用原审判程序中的没有执行事项的委托书。执行程序中的一般代理权限应当包括：提出执行申请、提供证据线索、要求对被执行人采取强制措施、要求法院开具调查令、接收法律文书等。

委托代理人代为申请对被执行人进行司法审计、发布悬赏公告、撤回执行申请、撤销执行案件、达成执行和解、收取执行案款等事项因与申请执行人的实体权利密切相关，需要有委托人的特别授权。

法院为其代理律师开具调查令属于一般代理权限。有的法院要求当事人对此进行特别授权没有法律依据。但是，为了执行程序的顺畅进行，委托人应该在授权委托书中单独列明代为申请开具调查令的代理权限。法院要求委托代理人代为签署调查令申请书属于特别授权的，应当在授权委托书中单项列明委托权限。

代理人代为收取执行款项，在实务中引发很多矛盾，有的代理人在收取执行回款后既不通知委托人，也不向委托人转付执行回款，导致委托人要求法院赔偿，甚至引发刑事案件。目前，当事人授权代理人领取执行款已无必要。有的法院要求当事人在立案时就提供与申请执行人一致的收取执行款的账号，案款到达法院账户后，执行法院直接向该账户汇款。该措施解决了执行款的发放问题，无须代理人代为领取。如果当事人执意要求代理人代为领取的，执行法院应当审慎处理，至少要求当事人亲自提供经公证的代理领取执行款项的授权委托书。

实务操作指引

（一）代理当事人申请执行

当事人委托代理人申请执行的，应当向执行法院提交经其签字或盖章的授权委托书。当事人在授权委托书中必须写明代理人在执行程序中有代理权及具体的代理事项，不能继续使用审判程序中的授权委托书。当事人委托代理人代为放弃、变更执行权利，或代为进行执行和解，或代为收取执行款项的，应当在委托书中列明所委托的事项。

（二）持令进行财产调查

代理人可以代为向执行法院提交有委托人签字或盖章的调查令申请书，申请调取委托人不能取得的证据或财产线索。代理人在调查令申请书中代为签字的，一般应有委托人的特别授权。实践中，如执行立案阶段已提交的授权委托书中有关于授权代理律师代为收集证据等委托事项的，代理律师可直接向法院提交由律师签字的律师调查令申请书申请调查令。

代理人代为申请司法审计或发布悬赏公告的，应当提交有委托人签字或盖章的申请书，且代理人应当有委托人的特别授权。

（三）执行程序衍生案件的代理

在执行实施程序之外，当事人如果发起其他程序，需要另行立案。代理人需向人民法院提交适用于对应案件的授权委托书：(1) 变更、追加执行当事人；(2) 提出执行异议和复议；(3) 申请不予执行公证债权文书或仲裁裁决；(4) 需要另行诉讼的其他案件。

（四）执行终结阶段的代理

当事人委托代理人撤回执行申请、撤销执行案件或达成和解协议，需要向法院提交列明上述具体委托事项的特别授权委托书。

当事人委托代理人领取执行案款的，应当提交特别授权委托书。人民法院在向代理人发放案款时，可以书面或电话告知当事人执行案款的发放金额、时间，询问当事人对向代理人发放有无异议，是否需要变更委托事项等。

四、执行代理律师的角色发挥

意见原文

最高人民法院、司法部、中华全国律师协会印发《关于深入推进律师参与人民法院执行工作的意见》的通知

2019 年 12 月 25 日　法发〔2019〕34 号

各省、自治区、直辖市高级人民法院、司法厅（局）、律师协会，解放军军事法院，新疆维吾尔自治区高级人民法院生产建设兵团分院，新疆生产建设兵团司法局、律师协会：

为认真贯彻落实中央全面依法治国委员会《关于加强综合治理从源头切实解决执行难问题的意见》（中法委发〔2019〕1 号）有关要求，形成解决执行难工作合力，最高人民法院、司法部、中华全国律师协会研究制定了《关于深入推进律师参与人民法院执行工作的意见》。现印发你们，请认真执行。

为深入贯彻落实党的十八届四中全会提出的“切实解决执行难”“依法保障胜诉当事人及时实现权益”重大决策部署，根据中央全面依法治国委员会《关于加强综合治理从源头切实解决执行难问题的意见》（中法委发〔2019〕1 号）关于“各地区各部门积极引入专业力量参与执行，建立健全仲裁、公证、律师、会计、审计等专业机构和人员深度参与执行的工作机制，形成解决执行难的社会合力”要求，依照相关法律规定，就深入推进律师参与人民法院执行工作，制定本意见。

一、深刻认识律师参与执行工作的重要意义

1. 人民法院执行工作是依靠国家强制力确保法律全面准确实施的重要手段，是维护人民群众合法权益、实现社会公平正义的关键环节。党的十八大以来，以习近平同志为核心的党中央高度重视人民法院执行工作，将解决执行难确定

为全面依法治国的重要内容，作出重大决策部署，要求各地区各有关部门充分认识执行工作重要意义，强化责任落实，形成工作合力，积极构建综合治理、源头治理执行难工作大格局。

律师作为社会主义法治工作者和法律职业共同体的重要组成部分，是人民法院审判执行活动的重要参与者，在推进全面依法治国、建设社会主义法治国家进程中发挥着重要作用。深入推进律师参与执行工作，有助于落实以人民为中心的发展思想，践行司法为民宗旨，依法保障当事人合法权益；有助于建立健全解决执行难长效机制，提升执行工作能力，保持执行工作高水平运行；有助于凝聚各方面力量，提升全社会的法治意识、诚信意识和风险意识，推进全面依法治国和社会诚信体系建设。

二、充分发挥律师在执行工作中的重要作用

2. 充分发挥律师对人民法院执行工作的促进作用。近年来，随着执行案件数量持续增加，执行专业化水平不断提升，亟需律师等专业力量深度参与执行，通过发挥职能作用和承担部分辅助性工作，促进生效法律文书及时有效执行。特别是，不少当事人在专业知识和查人找物等方面存在较大需求，需要律师发挥其在法律规范适用、财产线索查找、执行风险评估、合法权益救济等方面的积极作用，通过提供优质高效的法律服务，满足人民群众日益增长的司法需求。

各级人民法院要进一步提高对律师参与执行重要性的认识，结合工作实际，积极探索和创新保障律师执业权利、改善律师执业环境、推动律师参与执行的各项工作机制，为律师依法履行职责、发挥优势作用提供支撑和便利。

3. 充分发挥律师在推进矛盾纠纷化解中的作用。执行工作对抗性强、风险性高，极易引发矛盾和冲突。要充分发挥代理律师桥梁纽带作用，促进当事人之间、当事人和人民法院之间沟通协调。代理律师要引导、协助当事人正确认识生效法律文书裁判结果，使其充分知悉拒不履行法律义务的风险和后果。当事人不认可裁判结果的，应当引导其依法通过相应程序解决。存在和解可能的，可以提出和解建议，协助委托人与对方当事人达成执行和解。协助当事人起草和解协议时，应当秉持勤勉、专业的要求，确保要素齐全、行文规范、切实可行。当事人不履行和解协议的，代理律师可以协助委托人依法向人民法院申请恢复执行或就履行执行和解协议向人民法院提起诉讼。

各级人民法院要建立健全执行案件多元化纠纷解决机制，鼓励通过律师调解等方式化解执行争议，探索推动设立“律师志愿服务岗”“律师调解工作室”等，做好执调对接工作，为律师以中立第三方身份参与矛盾化解创造条件和便利。

4. 充分发挥律师在财产保全中的作用。代理律师应当向当事人充分释明诉讼风险，明确财产保全对其实现权益的重要性，引导当事人及时向人民法院申请财产保全。已经采取保全措施的，提示当事人可以在保全期限届满七日前向人民法院提出续行保全申请；符合解除保全情形的，提示当事人可以及时申请解除保全。

各级人民法院应当加大诉讼保全适用力度，简化保全工作流程，推广保全保险担保机制，为当事人申请保全提供便利。要公开申请保全的条件、方式和流程，对符合条件的财产保全申请，应当及时受理和采取保全措施，并告知申请保全人或代理律师保全裁定的内容、保全期限届满日及有关申请续行保全的事项，充分保障当事人及其代理律师的知情权、异议权、复议权。

5. 充分发挥律师在执行调查中的作用。申请执行人的代理律师可以协助申请执行人向人民法院提供所了解的被执行人的财产状况或线索，申请人民法院进行调查，必要时，可以向人民法院申请发布悬赏公告或委托审计机构进行审计。被执行人的代理律师应当告知被执行人有向人民法院如实报告财产的义务，并向其说明拒不报告、虚假报告或逾期报告财产的法律后果。

人民法院应当通过执行网络查控系统和其他必要方式开展执行调查。要依法保障律师调查取证的权利，进一步拓宽执行调查方式和渠道，研究建立委托律师调查相关工作机制。

6. 充分发挥律师在财产控制和变价中的作用。人民法院应当及时查封、扣押、冻结被执行人应当履行义务部分的财产，完成财产控制后，应当及时书面告知申请执行人或代理律师财产控制情况。查封、扣押、冻结期限届满前，代理律师可以协助申请执行人向人民法院申请延长期限，防止期限届满后财产被转移等后果出现。

人民法院应当及时对控制的财产进行变价，严禁违规评估、拍卖财产及违规以物抵债。在人民法院确定财产处置参考价过程中，代理律师应当协助当事人配合人民法院依法查明拟变价财产的权属、权利负担、占有使用、欠缴税费、质量瑕疵等事项。人民法院应当依法保障代理律师在财产变价过程中的执业权利，确保财产变价过程的公开、公平、公正。

执行款到账后，人民法院应当在规定的期限内通知申请执行人或有特别授权的代理律师办理领取手续，严禁隐瞒、截留、挪用执行款物及拖延发放执行案款。

7. 充分发挥律师在防范和打击规避执行行为中的作用。被执行人的代理律师应当向当事人释明不履行法律义务的后果，引导、协助其尊重生效法律文书，依法履行义务。被执行人存在失信等违法情形的，申请执行人的代理律师可以协助申请执行人依法申请人民法院采取限制消费、纳入失信被执行人名单等措施。被执行人有能力执行而拒不执行判决、裁定，情节严重、涉嫌犯罪的，申请执行人的代理律师可以依法调查取证，协助申请执行人依法向公安机关提出控告或向人民法院提起自诉。

人民法院应当加大对规避执行行为的防范和打击力度，对符合法定情形的被执行人，依法及时纳入失信被执行人名单。对恶意逃避执行及转移、隐匿财产的被执行人，依法及时适用拘留、罚款等强制措施；对涉嫌拒不执行判决、裁定，非法处置查封、扣押、冻结财产，以及妨害公务犯罪的行为人，应当将案件依法移送公安机关立案侦查。代理律师引导帮助申请执行人提起刑事自诉的，人民法院执行部门应当支持配合，刑事审判部门应当及时受理和裁判。

8. 充分发挥律师在参与分配和执行转破产程序中的作用。被执行人为公民或其他组织，其财产不足以清偿全部债务，其他已经取得执行依据的债权人的代理律师可以协助该债权人向人民法院申请参与分配。对符合条件的申请，人民法院应当及时受理。被执行人为企业法人，资产不足以清偿全部债务或明显缺乏清偿能力的，人民法院应当及时询问申请执行人、被执行人是否同意将执行案件移送破产审查。申请执行人或被执行人同意的，代理律师应当积极协助当事人向人民法院执行部门提供相关材料。进入破产程序后，债务人具备重整条件的，代理律师应当积极协助当事人向人民法院申请重整。被人民法院指定为破产管理人的律师事务所和律师，应当切实履行职责，制定可行重整计划，协助人民法院做好重整工作。

人民法院应当规范执行案件移送破产的审查工作，保障执行程序与破产程序有序衔接。积极推进简易破产程序设计，快速审理“无财产可破”案件。

9. 充分发挥律师在终结本次执行程序中的作用。人民法院拟对案件终结本次执行程序的，应当将案件的执行情况、采取的财产调查措施、被执行人的财产情况、终结本次执行程序的依据及法律后果等信息告知申请执行人或代理律师。代理律师应当在受委托的权限内向人民法院反映当事人关于终结本次执行程序的意见，同时向当事人全面客观释明人民法院终结本次执行程序的法律依据和后果。

人民法院应当将申请执行人及代理律师的意见记录入卷，严禁违规适用终结本次执行程序，不得变相强迫申请执行人或代理律师同意终结本次执行程序。终结本次执行程序后，人民法院应当对案件进行定期查询。发现被执行人有可供执行财产，不立即采取执行措施可能导致财产被转移、隐匿、出卖或毁损的，人民法院可以依申请，也可以依职权立即采取查封、扣押、冻结等控制性措施。

10. 充分发挥律师在执行救济中的作用。在办理执行案件过程中，人民法院应当严格依法规范执行，严禁“冷硬横推”及消极执行、拖延执行、选择性执行。人民法院自收到申请执行书之日起超过六个月未执行的，代理律师可以引导当事人向上一级人民法院申请执行。上一级人民法院应当及时受理并审查，可以责令原人民法院在一定期限内执行，也可以决定由本院执行或指令其他人民法院执行。当事人、利害关系人认为人民法院的执行行为违反法律规定的，代理律师可以引导当事人依法提出执行异议、复议，或依法向人民检察院申请检察监督。

人民法院应当深入推进律师参与化解和代理申诉制度，严格落实中央政法委《关于建立律师参与化解和代理涉法涉诉信访案件制度的意见（试行）》和最高人民法院、最高人民检察院、司法部《关于逐步实行律师代理申诉制度的意见》有关规定，深入推进律师代理执行申诉制度，保障当事人依法行使申诉权利，积极化解执行信访案件。

11. 充分发挥律师在执行法治宣传中的作用。人民法院、司法行政机关和律师协会要充分发挥自身职能作用，积极向社会开展执行法治宣传教育。要广泛宣传拒不履行生效法律文书的后果，增强当事人履行生效法律文书的主动性和自觉性，推动形成“守法守信光荣、违法失信可耻”的良好氛围，提高全社会的法治意识和诚信意识。要讲清“执行难”与“执行不能”的区别，帮助当事人充分认识诉讼风险以及被执行人丧失履行能力的风险，引导人民群众树立法治意识和风险防范意识，推动从源头上解决执行难问题。

三、切实加强律师参与执行工作的保障

12. 保障当事人依法委托律师代理执行案件的权利。人民法院应当在执行案件受理通知书中告知当事人有权委托律师代理执行案件，并列明律师的职能作用。对于符合法律援助条件而没有委托律师的，人民法院应当及时告知当事人有权申请法律援助。因追索赡养费、扶养费、抚育费、抚恤金、劳动报酬等涉民生案件向人民法院申请执行，符合法律援助条件的，人民法院可以按照相关规定向法律援助机构转交申请材料，法律援助机构应当加大法律援助力度。

13. 构建执行人员与律师的良性互动关系。人民法院要全面落实司法公开要求，畅通正常交流及意见建议表达渠道，为律师发挥作用营造风清气正、公平公正、公开透明的司法环境。要严格规范执行人员行为，杜绝执行人员与律师之间不正当交往甚至违法交易等问题。在办理执行案件过程中，严禁执行人员违规会见当事人、代理人、请托人或与其同吃、同住、同行；严禁“吃拿卡要”或让当事人、律师承担不应由其承担的费用；严禁充当诉讼掮客、违规过问案件及泄露工作秘密。积极构建执行人员与律师彼此尊重、平等相待、相互支持、相互监督、正当交往的新型良性互动关系。

14. 构建便捷高效的诉讼服务体系。人民法院要通过APP、即时通讯、微信小程序等技术手段，打造“微法院”“智慧法院”，为当事人和代理律师提供智能化诉讼服务。要深化执行信息化建设与运用，打造集约化执行公开平台，做好平台与法院执行案件管理等系统的对接，为当事人和律师提供“一站式”执行信息公开服务。要增强执行公开网的交流互动性，为当事人和律师提供更加便捷的联系法官渠道，调动律师参与执行、支持执行、监督执行的积极性。

15. 加强对律师执业的监督管理。在参与执行工作中，律师应当恪守“忠诚、为民、法治、正义、诚信、敬业”的职业道德，自觉践行遵守宪法法律、忠于事实真相、严守执业纪律、坚持谨言慎行的基本要求。司法行政机关、律师协会应当加强对律师在执行工作中执业的监督管理，对违反执业规范和职业道德的，应当依法依规作出处理。

16. 建立健全沟通协调机制。人民法院、司法行政机关、律师协会要加强沟通交流，建立健全常态化协调配合工作机制，定期或不定期听取律师对人民法院执行工作的意见建议，研究解决律师参与执行工作中遇到的问题，及时协调处理侵犯律师执业权利和律师违法违规等相关事项，不断推动形成部门联动、齐抓共管、分工协作的工作格局，为深入推进律师参与执行工作提供更加有力的保障。

出台背景

我国目前的执行体制和机制与英美法系及我国香港特别行政区的当事人主义模式明显不同，执行工作的职权主义色彩很重，律师发挥作用的空间较小，除代理当事人催办法院案件进度之外，无权向协助义务机关进行财产的查询、控制和处分措施，即使持有法院开具的调查令，也经常遭到相关机构的拒绝。在这种情况下，为最大化激发律师的执行业务潜能，巩固“基本解决执行难”工作成果，建立健全执行工作长效机制，最高人民法院于2019年6月出台《人民法院执行工作纲要》，提出要“不断深化‘党委领导、政法委协调、人大监督、政府支持、法院主办、部门联动、社会参与’的执行难综合治理工作大格局”“鼓励支持律师参与执行”“充分发挥律师在执行中的作用”。2019年7月，中央全面依法治国委员会发布《执行难综治意见》，要求“各级党委要统筹各方资源，实行综合治理，推动建立党委领导、政法委协调、人大监督、政府支持、法院主办、部门联动、社会参与的综合治理执行难工作大格局”“各地区各部门积极引入专业力量参与执行，建立健全仲裁、公证、律师、会计、审计等专业机构和人员深度参与执行的工作机制，形成解决执行难的社会合力”。为充分发挥律师作用，进一步形成解决执行难的工作合力，最高人民法院联合司法部、中华全国律师协会共同研究制定了本意见。

理解与适用

《最高人民法院、司法部、中华全国律师协会关于深入推进律师参与人民法院执行工作的意见》指出了律师的职能定位以及深入推进律师参与执行的重要意义，概括了律师在规范适用、财产线索查找、执行风险评估、合法权益救济等方面可以对人民法院执行工作起到的促进作用。“每一个方面都是从律师作用发挥和法院职能保障两个角度来阐述。”①

（一）律师参与执行工作的必要性

深入推进律师参与执行，有助于在司法资源高度紧张的情形下，将律师自己能完成的工作环节，交还给律师办理，法院也没必要在一些辅助事项上投入过多资源，这样才能更加高效保障当事人合法权益；有助于建立健全解决执行难的长效机制，提升执行工作能力，保持执行工作高水平运行；有助于凝聚各方面力量，提升全社会的法治意识、诚信意识和风险意识，推进全面依法治国和社会诚信体系建设。

（二）律师在执行程序中发挥作用的空间

律师在执行工作中的作用主要体现在以下几个方面：一是利用其身份优势，发挥桥梁纽带作用，促进当事人之间、当事人和人民法院之间沟通协调，引导、协助当事人正确认识生效法律文书的裁判结果，使其充分知悉拒不履行法律义务的风险和后果，促进矛盾纠纷化解。二是利用其法律专业知识优势，引导权利人正确行使权利，督促义务人履行义务。在财产保全中，向当事人充分释明诉讼风险，明确财产保全对其实现权益的重要性，引导当事人及时申请财产保全。在执行调查中，申请执行人的代理律师可以协助提供财产状况或线索，被执行人的代理律师应当告知被执行人有如实报告财产的义务。进一步拓宽财产调查的途径和渠道，形成多渠道、多途径查找财产的机制，更有效地推进案件执行。② 人民法院查封、扣押、冻结的财产期限届满前，代理律师可以协助申请延长期限；在人民法院确定财产处置参考价过程中，代理律师应当协助当事人配合人民法院依法查明拟变价财产的权属、权利负担、占有使用、欠缴税费、质量瑕疵等事项。在防范和打击规避执行工作中，被执行人的代理律师应当向

---

① 《〈善意文明执行意见〉和〈律师参与执行意见〉新闻发布稿》，载《执行工作指导》2019 年第 4 辑。

② 参见最高人民法院执行局：《强化善意文明执行理念　鼓励律师深入参与执行——就〈善意文明执行意见〉和〈律师参与执行意见〉答记者问》，载《执行工作指导》2019 年第 4 辑。

当事人释明不履行法律义务的后果，引导、协助其尊重生效法律文书，依法履行义务；被执行人存在失信等违法情形的，申请执行人的代理律师可以协助申请采取限制消费、纳入失信被执行人名单等措施；被执行人有能力执行而拒不执行判决、裁定，情节严重、涉嫌犯罪的，申请执行人的代理律师可以依法调查取证，协助向公安机关提出控告或向人民法院提起自诉。在参与分配和执行转破产程序中，被执行人为公民或其他组织，其财产不足以清偿全部债务，其他已经取得执行依据的债权人的代理律师可以协助申请参与分配；进入破产程序的，债务人具备重整条件的，代理律师应当积极协助当事人申请重整。在终结本次执行程序环节，申请执行人的代理律师应当在受委托的权限内向人民法院反映当事人关于终结本次执行程序的意见，同时向当事人全面客观释明人民法院终结本次执行程序的法律依据和后果。在执行督促程序中，人民法院自收到申请执行书之日起超过6个月未执行的，代理律师可以引导当事人向上一级人民法院申请执行。在执行救济程序中，当事人、利害关系人认为人民法院的执行行为违反法律规定的，代理律师可以引导当事人依法提出执行异议、复议，或依法向人民检察院申请检察监督。三是律师可以利用其自身的专业知识和丰富的从业经验，积极开展执行法治宣传教育。

（三）律师参与执行工作的保障

2015年9月，最高人民法院、最高人民检察院、公安部、国家安全部、司法部曾联合印发《关于依法保障律师执业权利的规定》，对依法充分保障律师执业权利作出了较为全面的规定。本意见专门提出加强保障律师参与执行工作，保障当事人依法委托律师代理执行案件的权利，构建执行人员与律师的良性互动关系，打造便捷高效的诉讼服务体系，加强对律师执业的监督管理，建立健全沟通协调机制。

实务操作指引

在律师参与执行工作过程中，应注意以下几点：

1. 人民法院在进一步尊重和保障律师执业权利的同时，严格落实规范执行行为"十个严禁"，防范执行廉政风险。①

2. 司法行政机关、律师协会要加强对律师在执行工作中执业的监督管理力度，对违反执业规范和职业道德的律师，不得参与执行工作，对被纳入失信名单的律师、律师事务所，对帮助进行虚假诉讼、公证、仲裁等以转移财产、逃避执行的律师，人民法院不得要求其办理执行有关的辅助事项。

3. 执行案件的代理律师应在被执行财产线索的发掘、被执行人自身情况的调查及执行和解方案的达成等方面发力，并积极配合法院采取执行措施，协助法院快速推进执行程序的开展。

五、当事人及其代理人的卷宗查阅权

规定、复函原文

（一）最高人民法院关于诉讼代理人查阅民事案件材料的规定

2021年1月1日　法释〔2020〕20号

为保障代理民事诉讼的律师和其他诉讼代理人依法行使查阅所代理案件有关材料的权利，保证诉讼活动的顺利进行，根据《中华人民共和国民事诉讼法》第六十一条的规定，现对诉讼代理人查阅代理案件有关材料的范围和办法作如下规定：

第一条　代理民事诉讼的律师和其他诉讼代理人有权查阅所代理案件的有关材料。但是，诉讼代理人查阅案件材料不得影响案件的审理。

诉讼代理人为了申请再审的需要，可以查阅已经审理终结的所代理案件有关材料。

第二条　人民法院应当为诉讼代理人阅卷提供便利条件，安排阅卷场所。

① 参见《〈善意文明执行意见〉和〈律师参与执行意见〉新闻发布稿》，载《执行工作指导》2019年第4辑。

必要时，该案件的书记员或者法院其他工作人员应当在场。

第三条 诉讼代理人在诉讼过程中需要查阅案件有关材料的，应当提前与该案件的书记员或者审判人员联系；查阅已经审理终结的案件有关材料的，应当与人民法院有关部门工作人员联系。

第四条 诉讼代理人查阅案件有关材料应当出示律师证或者身份证等有效证件。查阅案件有关材料应当填写查阅案件有关材料阅卷单。

第五条 诉讼代理人在诉讼中查阅案件材料限于案件审判卷和执行卷的正卷，包括起诉书、答辩书、庭审笔录及各种证据材料等。

案件审理终结后，可以查阅案件审判卷的正卷。

第六条 诉讼代理人查阅案件有关材料后，应当及时将查阅的全部案件材料交回书记员或者其他负责保管案卷的工作人员。

书记员或者法院其他工作人员对诉讼代理人交回的案件材料应当当面清查，认为无误后在阅卷单上签注。阅卷单应当附卷。

诉讼代理人不得将查阅的案件材料携出法院指定的阅卷场所。

第七条 诉讼代理人查阅案件材料可以摘抄或者复印。涉及国家秘密的案件材料，依照国家有关规定办理。

复印案件材料应当经案卷保管人员的同意。复印已经审理终结的案件有关材料，诉讼代理人可以要求案卷管理部门在复印材料上盖章确认。

复印案件材料可以收取必要的费用。

第八条 查阅案件材料中涉及国家秘密、商业秘密和个人隐私的，诉讼代理人应当保密。

第九条 诉讼代理人查阅案件材料时不得涂改、损毁、抽取案件材料。

人民法院对修改、损毁、抽取案卷材料的诉讼代理人，可以参照民事诉讼法第一百一十一条第一款第（一）项的规定处理。

第十条 民事案件的当事人查阅案件有关材料的，参照本规定执行。

第十一条 本规定自公布之日起施行。

（二）最高人民法院办公厅关于案件当事人及其代理人查阅诉讼档案有关问题的复函

2005年9月15日 法办〔2005〕415号

湖北省高级人民法院：

你院《关于案件当事人及其代理人查阅诉讼档案有关问题的请示》（鄂高法〔2005〕260号）收悉。

经研究，我们认为，按照《人民法院档案管理办法》和《最高人民法院关于诉讼代理人查阅民事案件材料的规定》（法释〔2002〕39号）的规定，当事人也可以查阅刑事案件、行政案件和国家赔偿案件的正卷。

此复。

（三）最高人民法院办公厅关于诉讼档案查阅范围的复函

2006年4月17日 法办〔2006〕110号

上海市高级人民法院办公室：

你院《关于扩大诉讼档案查阅范围的请示》（沪高法办〔2006〕7号）收悉。

关于诉讼档案查阅范围的问题，我们已在2005年答复湖北省高级人民法院的《关于案件当事人及其代理人查阅诉讼档案有关问题的复函》（法办〔2005〕415号）中做了规定，现将该《复函》转发给你们，请遵照执行。关于执行案件的正卷，经研究，我们认为，当事人及其代理人也可以查阅。

此复。

出台背景

实践中，诉讼代理人面临“阅卷难”“取证难”的困境，而阅卷又是诉讼代理人调查取证的关键一环，直接与案件的办理密切相关。2002年《查阅规定》对诉讼代理人查阅民事案件诉讼材料作出规定，但对于执行案件、刑事案件、行政案件和国家赔偿案件等能否查阅相关诉讼材料，没有作出明确具体的规定。而执行案件、刑事案件、行政案件及国家赔偿案件等，相对于民事案件的数量并不少，因此，实践中亟须解决对于这些类型的案件诉讼代理人是否享有查阅诉讼材料的权利。上述批复正是在这一背景下回复了对于执行案件、刑事案件、行政案件和国家赔偿案件，诉讼代理人享有查阅相关诉讼材料的权利这一问题。

理解与适用

（一）对批复及之前相关规定的梳理

《查阅规定》第1条规定："代理民事诉讼的律师和其他诉讼代理人有权查阅所代理案件的有关材料。但是，诉讼代理人查阅案件材料不得影响案件的审理。诉讼代理人为了申请再审的需要，可以查阅已经审理终结的所代理案件有关材料。"该规定仅仅对民事案件卷宗查阅做了规定，对于刑事、行政等其他类型案件未作出规定。从现有司法解释及批复中可以得出如下结论：（1）当事人在执行、刑事、行政和国家赔偿案件中同民事案件一样，均有查阅正卷的权利；（2）《查阅规定》第7条规定，"诉讼代理人查阅案件材料可以摘抄或者复印"，那么在执行、刑事、行政和国家赔偿案件中，诉讼代理人同样也有摘抄或者复印的权利。虽然《人民法院档案管理办法》规定"查阅的案件材料不准摘抄或者复印"，但是该办法于1991年12月24日发布，而《查阅规定》于2002年发布，根据新法优于旧法的原则，诉讼代理人查阅案卷材料应当可以摘抄或者复印。

（二）衍生问题

按照前述梳理，诉讼代理人在办理民事、执行、刑事、行政及国家赔偿案件中均可查阅案卷材料，并可以摘抄或者复印。那么对于这些案件衍生的申诉再审案件，诉讼代理人是否享有前述权利呢？事实上，司法解释已经对再审申诉过程中诉讼代理人所享有的权利予以确认。依据《查阅规定》第1条，诉讼代理人为了申请再审的需要，可以查阅已经审理终结的所代理案件有关材料。

（三）诉讼及执行卷宗副卷

1. 副卷的内容及设置目的

诉讼副卷是人民法院特有的诉讼档案分卷制度的产物。关于正、副卷的内容并无明确的规范，尤其是对于副卷的内容，散见于最高人民法院的批复或规定之中，大致梳理如下：1957 年《最高人民法院、司法部关于律师参加诉讼中两个具体问题的批复》（已废止）规定，评议记录应当保守秘密，当事人及辩护人不能阅览，评议记录可另本装订，附卷。其他虽与案件有关而不属于诉讼过程中的材料（如与他案有关的线索材料等），可另订副卷。评议记录和副卷材料都不予律师阅览。1990 年《最高人民法院关于保守审判工作秘密的规定》明确提出，“案件材料的归类、装订、立卷必须内外有别，按规定立正、副卷。案件的规定、批复，领导的批示，有关单位的意见，合议庭评议案件的记录，审判委员会讨论案件的记录，案情报告以及向有关法院、有关单位征询对案件的处理意见等书面材料，必须装订在副卷内。副卷的材料非因工作需要，又未经本院领导批准，任何单位和个人不得查阅”。1991 年《人民法院诉讼文书立卷归档办法》第 21 条明确规定，应将案件承办人的审查报告，承办人与有关部门内部交换意见的材料或笔录，有关本案的内部请示及批复，合议庭评议案件笔录，审判庭研究、汇报案件记录，审判委员会讨论记录，案情综合报告原、正本，判决书、裁定书原本，审判监督表或发回重审意见书，以及其他不宜对外公开的材料放入副卷。2003 年最高人民法院发布的《诉讼档案收集、整理、立卷、归档、借阅的操作程序》规定，“立卷包括分立正卷和副卷、卷宗封面、卷内目录、备考表的填写及装订。凡我院办理的一审、终审、再审、复核审及有实质性改判意见的申诉卷都要分立正卷和副卷。对那些不宜公开、需要保密的材料要立在副卷内，副卷一律不对外查阅”。2006 年《人民法院执行文书立卷归档办法（试行）》第 20 条对执行案件副卷内容采取了与 1991 年《人民法院诉讼文书立卷归档办法》第 20 条关于诉讼副卷规定基本一致的操作。2011 年《最高人民法院关于在审判工作中防止法院内部人员干扰办案的若干规定》（已废止）第 7 条规定，“案件承办人应当将人民法院领导干部和上级人民法院工作人员提出指导性意见的批示、函文、记录等文字材料存入案件副卷备查，并在审判组织评议和讨论案件时作出说明”[①]。

根据上述规定可知，正卷是基于审判公开原则应对当事人予以公开的材料，如起诉书、证据、庭审笔录等，副卷则是基于保守审判秘密而不对当事人公开的材料，如合议庭笔录、审判委员会讨论记录等。近年来，个别法院将原来应当订立在副卷中的领导批示等内容以活页的形式夹在副卷中，在应对审判管理检查时抽离以示自身独立行使审判权，在案件出现错误需要追责时将其作为“保命符”予以出示，又形成了副卷之外的“卷外卷”。[②]

2. 关于副卷是否应予公开的争论

2021 年新修订的《人民检察院民事诉讼监督规则》第 47 条第 3 款规定，“人民检察院认为确有必要，可以依照有关规定调阅人民法院的诉讼卷宗副卷，并采取严格保密措施”。而《查阅规定》并未作出改变，仍将诉讼代理人可以查阅的案件材料限于案件审判卷和执行卷的正卷。就当事人而言，副卷一直是司法公开的禁区。[③] 周某案[④]、重庆付某案[⑤]、陕西千亿矿权案[⑥]的出现，让副卷成

① 该规定被《最高人民法院关于印发人民法院落实〈司法机关内部人员过问案件的记录和责任追究规定〉的实施办法》（法发〔2015〕11 号）废止。

② 参见李帅：《司法改革视角下的法院副卷公开研究》，载《云南社会科学》2018 年第 5 期。

③ 参见骁克：《规制无形之手：司法公开视角下诉讼副卷的调适与规范》，载《上海法学研究》集刊 2020 年第 3 卷。

④ 周某案：周某在公诉人、主审法官乃至法院院长都认为其不构成挪用公款罪的情况下，因法外力量的干涉使周某获刑 5 年。此案一直到审判该案的法院院长将包括合议庭笔录在内的审判资料交给周某之后才得以公开。参见李帅：《司法改革视角下的法院副卷公开研究》，载《云南社会科学》2018 年第 5 期。

⑤ 重庆付某案：重庆农民付某的蛙场被划入工业园区，在拆迁补偿没谈好的情况下，施工者放炮开山，造成大批蛙死亡。付某因此与爆破公司展开了诉讼。原以为胜算在握的付某，却等来了一场打输的官司。后来付某的律师查阅卷宗时，发现了一份当地管委会发给法院的“公函”，要法院驳回原告诉讼请求，并警告法院不要一意孤行，该函被公开后被戏称为“最牛公函”。骁克：《规制无形之手：司法公开视角下诉讼副卷的调适与规范》，载《上海法学研究》集刊 2020 年第 3 卷。

⑥ 陕西千亿矿权案：陕西省榆林市凯奇莱能源投资公司（以下简称凯奇莱公司）与陕西省地矿局西安地质矿产勘查开发院（以下简称西勘院）关于探矿权的纠纷，涉及 20 亿吨储量的优质煤矿资源，估值高达千亿元。双方签订合作勘查合同后，西勘院随后毁约，想将该煤矿转交其他公司开发。凯奇莱公司老板赵某琦自此展开了长达 12 年的“夺矿之路”。在经历陕西省高级人民法院一审胜诉，重审败诉后，2017 年 12 月 21 日最高人民法院作出判决，赵某琦胜诉。央视新闻周刊栏目曾报道称，这起纠纷此前由于陕西省部分领导参与其中，甚至陕西省政府发密函干预等罕见情节，导致双方缠斗多年。2018 年年底至 2019 年年初，该案在互联网公布出来的领导批示等相关信息引发最高人民法院的重大舆论危机。参见骁克：《规制无形之手：司法公开视角下诉讼副卷的调适与规范》，载《上海法学研究》集刊 2020 年第 3 卷。

为一个难以揭开的“暗箱”，屏蔽公共监督之外的存在。有法官在对某基层法院125件卷宗副卷进行调查分析后发现，法院院长、庭长越位支招现象严重，向院长、庭长汇报案件的笔录占到1/3，有笔录记载向上级法院汇报的占比近10%，有2件从相关笔录中找到地方政府干预的痕迹，甚至受其影响的案件达到39件。① 副卷制度暴露的诸多问题引发了理论界和实务界对副卷制度的批判和呼吁改革的讨论。

从副卷的设置目的和原理出发，是否应该公开副卷、公开的范围和程度取决于对“公开审判”与“保守审判秘密”二者价值衡量的结果。习近平指出：“涉及老百姓利益的案件，有多少需要保密的？除法律规定的情形外，一般都要公开。要坚持以公开促进公正、以透明保廉洁。”② 卷宗公开作为司法公开的一部分，应以公开为原则，不公开为例外。

批评副卷制度的观点可总结为，法院对正副卷分立的做法是自我授权限制了司法公开，以限制当事人知情权的方式损害当事人的诉讼权利，尤其是遮蔽了领导批示、上级法院意见等干预独立司法的第三方力量的介入，背离了司法公开和独立原则，为司法腐败、法外干预、权力寻租提供空间，极大损害了司法权威与公信力。③ 而坚持副卷不应公开的观点则认为，副卷往往涉及审判秘密，一旦公开将会造成不良影响和后果，对司法秩序造成损害，最终阻碍司法公正的实现。

对于副卷制度的批评并不是对其进行全盘否定，目前副卷中的一些内容确实应当作为审判秘密有所保留，但有部分内容应当公开，合议庭评议笔录及审判委员会讨论记录就是关于副卷内容中应否公开争论最激烈的战场。反对公开的观点认为，大陆法系国家，法院是作为一个整体的权威面向外界，法官的署名只是象征性的，不能表述为法官个人的具体意见。我国社会公众对于法治的

---

① 参见兰雅丽：《褪去神秘：司改浪潮中“副卷”之改革进路—以B省某基层法院125件卷宗为样本》，载贺荣主编：《尊重司法规律与刑事法律适用研究（上）——全国法院第27届学术讨论会获奖论文集》，人民法院出版社2016年版。

② 习近平：《严格执法 公正司法》，载中共中央文献研究室编：《十八大以来重要文献选编》（上册），中央文献出版社2014年版。

③ 参见刘仁文：《论我国法院副卷制度的改革》，载《法学评论》2017年第1期。

认知以及司法权威公信力尚未达到公开的正面作用大于负面作用的程度。[①] 秘密评议“确保法官畅所欲言，防止少数派合议庭意见成为当事人上诉或申诉的理由，以及防止当事人对特定法官心生不满。”[②] 而支持公开的观点则认为，秘密评议原则已经不符合司法公开的浪潮，将合议庭少数意见公开非但不会折损法院的权威，还会增加当事人的认同感。并且合议庭少数意见公开的结果可能并不会如上述反对观点所担忧的那样严重。事实上我国已经有法院尝试在判决中公开合议庭少数意见并取得了良好的法律效果和社会效果。如 2001 年 9 月，广州海事法院在一起损害赔偿纠纷判决书中首次记载合议庭两种截然相反的意见。2002 年，上海市第二中级人民法院也进行了在判决书中公布少数意见的尝试。2005 年 6 月，北京市第一中级人民法院在“华星影院案”中公布了合议庭少数意见。[③] 但从现在来看，合议庭少数意见公开的做法并未得到推广。

实务操作指引

（一）查阅案卷材料的时间

诉讼代理人在诉讼过程中需要查阅尚未审结的案件的有关材料的，应当提前与审理该案的审判人员或书记员联系；若查阅已经审理终结的案件有关材料的，应与人民法院有关负责案卷管理的部门联系。

（二）查阅的要求

诉讼代理人查阅案件有关材料应当出示律师或者身份证等有效证件。同时，查阅案件材料还应当填写查阅案件有关材料的阅卷单。

（三）查阅的范围

按照《人民法院诉讼档案管理办法》，人民法院的卷宗是国家的重要档案。卷宗分为正卷、副卷。卷宗副卷归入的有本院审判委员会、合议庭讨论评议案

① 参见骁克：《规制无形之手：司法公开视角下诉讼副卷的调适与规范》，载《上海法学研究》集刊 2020 年第 3 卷。

② 李帅：《司法改革视角下的法院副卷公开研究》，载《云南社会科学》2018 年第 5 期。

③ 参见王韶华：《司法公开、审判秘密与法官独立》，载中国法院网 2013 年 7 月 15 日，https：//www. chinacourt. org/article/detail/2013/07/id/1025911. shtml。

件的记录材料、承办人审查报告和有关案件处理问题的内部请示、报告、批复以及其他不宜公开的材料。因此，诉讼代理人在诉讼中查阅的案件材料范围限于审判卷和执行卷的正卷，包括起诉书、答辩书、庭审笔录及各种证据材料等；案件审理终结后，诉讼代理人也只可以查阅案件卷宗的正卷。总之，查阅范围限于正卷，副卷不得查阅。

（四）复印与摘抄

诉讼代理人查阅案件材料可以摘抄或者复印。但是，涉及国家秘密的材料，依照国家有关规定办理。同时，复印案件材料应经案卷保管人员同意。复印已经审理终结的案件的有关材料的，诉讼代理人可以要求案卷管理部门在复印材料上盖章确认。

（五）查阅义务

第一，诉讼代理人查阅案件有关材料后，应当及时将查阅的全部案件材料交回书记员或者其他负责保管案卷的工作人员；第二，诉讼代理人不得将查阅的案件材料带出法院指定的阅卷场所；第三，查阅案件材料中涉及国家秘密、商业秘密和个人隐私的，诉讼代理人应当保密；第四，诉讼代理人查阅案件材料时不得涂改、损毁、抽取案件材料。否则，人民法院对于修改、损毁、抽取案件材料的诉讼代理人，可以参照《民事诉讼法》第114条第1款第1项规定处理。

（六）执行卷宗的材料

执行卷宗一般包括以下材料：立案审批表、申请执行书、执行依据、执行通知书、财产申报通知书及送达回执、申请执行人、被执行人身份证明、工商登记资料、法定代表人身份证明及授权委托书、律师事务所函、申请执行人、被执行人、案外人举证材料；询问笔录、调查笔录、听证笔录、执行笔录及人民法院取证材料；采取、解除、撤销强制执行措施（包括查询、查封、冻结、扣划、扣押、评估、拍卖、变卖、搜查、拘传、罚款、拘留等）文书材料；追加、变更执行主体裁定书；强制执行裁定书；执行和解协议；执行和解协议履行情况的证明材料；以物抵债裁定书及相关材料；中止执行、终结执行、不予执行、终结本次执行程序裁定书及执行凭证；执行款物收取、交付凭证及有关审批材料；延长执行期限的审批表；结案审批表；送达回证等。

以终结本次执行程序方式结案的案件，卷宗中应有如下材料：执行通知、报告财产令及送达回执；对申请执行人提供财产线索的核查工作记录；结案前3个月内通过全国法院网络执行查控系统查控财产的查控反馈表；对未能实现网络查控的财产进行线下查控的工作证明材料；对被执行人居住地及周边、住所地、经营场所等现场调查工作记录；传唤、电话联系、查找过被执行人的工作记录；查控财产依法不能处置的证明材料；对被执行人作出的限制消费令及送达回执；以面谈、电话、邮件、传真、短信、微信等方式征询申请执行人终本意见的工作记录或证明材料；终结本次执行程序裁定书及送达回执；申请执行人不同意终本时的结案审批表（需逐级报主管副院长批准）。

可以看出，对被执行人依法发出执行通知书及财产报告令、对被执行人作出限制消费决定、穷尽财产调查措施、对被执行人进行终本约谈是案件终本的必要条件，但若案件以执行完毕等实际执结方式结案的，这些案件由于最终申请执行人的债权得以全部受偿，所以在进行限制消费、穷尽财产调查措施等方面便无必须要求。相应地，按照目前办理执行案件的流程节点要求，承办法官应在立案之日起10日内向被执行人发出执行通知书及财产报告令，但若被执行人在立案后10日内依法履行了全部债务，则可不必向被执行人发出执行通知书及财产报告令。也就是说，以实际执结方式结案的案件，卷宗中应有申请执行人债权全部受偿的相关证明材料：包括但不限于执行和解协议；执行和解协议履行情况的证明材料；执行款物收取、交付凭证材料、结案通知书、终结执行、不予执行、驳回申请裁定书及送达回执。综上，终本卷宗中应附有程序及实体符合相关法律规定的证明材料；实结卷宗中应附有实体符合相关法律规定的证明材料。

第二节　变更追加当事人

一、追加被执行人程序中的人格否认

函复、答复、纪要原文

（一）最高人民法院执行工作办公室关于执行程序中可否以注册资金未达法定数额为由裁定企业不具备法人资格问题的函

1997 年 12 月 16 日　［1997］法经字第 389 号

江苏省高级人民法院：

黑龙江省五常市邮电局对你院［1996］苏法执字第 43－12 号民事裁定书不服，向我院申诉称：该局于 1993 年 2 月组建了五常市邮电实业开发公司（以下简称邮电公司），注册资金 20 万元，工商局核发了企业法人营业执照。1995 年 6 月，邮电公司因与他人进行购销活动产生纠纷诉至你院。你院经审理于 1996 年 1 月 10 日作出［1995］苏经初字第 50 号民事判决书。你院在执行此判决时，以邮电公司的注册资金未达到《中华人民共和国企业法人登记条例实施细则》第十五条第七项规定的数额为由，于 1997 年 6 月 26 日裁定邮电公司不具备法人资格，其应承担的向债权人返还定金 200 万元、赔偿损失 400 万元的义务，由其开办单位五常市邮电局承担。该局认为邮电公司具有法人资格，应独立承担民事责任，请求撤销你院［1996］苏法执字第 43－12 号民事裁定书。

我院认为，你院在执行生效判决过程中，以被执行人注册资金未达到《中华人民共和国企业法人登记条例实施细则》第十五条第七项规定的数额为由，裁定变更被执行主体的做法无法律依据。现将有关材料随函转去，请你院认真核查，如情况属实，应纠正错误，撤销你院［1996］苏法执字第 43－12 号裁定书，并将结果报告我院。

（二）最高人民法院执行工作办公室关于执行程序中不可以企业注册资金不实为由而否认其法人资格问题的答复

2001 年 6 月 28 日　〔2001〕执他字第 12 号

江西省高级人民法院：

你院〔2001〕赣高法执指字第 8 号请示报告收悉，经研究，答复如下：

人民法院在执行程序中，对企业法人资格的问题，应当以工商行政管理机关所作的企业登记为准，不可以企业注册资金不实为由而否认其法人资格。如果能够认定被执行人注册资金不实，其开办单位江西农业大学印刷厂应在注册资金不实的范围内承担责任；如果江西农业大学印刷厂注册资金不实，其开办单位江西农业大学应在注册资金不实的范围内承担责任。

（三）全国法院民商事审判工作会议纪要（节选）

2019 年 11 月 8 日　法〔2019〕254 号

（二）关于股东出资加速到期及表决权

6.【股东出资应否加速到期】在注册资本认缴制下，股东依法享有期限利益。债权人以公司不能清偿到期债务为由，请求未届出资期限的股东在未出资范围内对公司不能清偿的债务承担补充赔偿责任的，人民法院不予支持。但是，下列情形除外：

（1）公司作为被执行人的案件，人民法院穷尽执行措施无财产可供执行，已具备破产原因，但不申请破产的；

（2）在公司债务产生后，公司股东（大）会决议或以其他方式延长股东出资期限的。

（四）关于公司人格否认

公司人格独立和股东有限责任是公司法的基本原则。否认公司独立人格，由滥用公司法人独立地位和股东有限责任的股东对公司债务承担连带责任，是股东有限责任的例外情形，旨在矫正有限责任制度在特定法律事实发生时对债权人保护的失衡现象。在审判实践中，要准确把握《公司法》第20条第3款规定的精神。一是只有在股东实施了滥用公司法人独立地位及股东有限责任的行为，且该行为严重损害了公司债权人利益的情况下，才能适用。损害债权人利益，主要是指股东滥用权利使公司财产不足以清偿公司债权人的债权。二是只有实施了滥用法人独立地位和股东有限责任行为的股东才对公司债务承担连带清偿责任，而其他股东不应承担此责任。三是公司人格否认不是全面、彻底、永久地否定公司的法人资格，而只是在具体案件中依据特定的法律事实、法律关系，突破股东对公司债务不承担责任的一般规则，例外地判令其承担连带责任。人民法院在个案中否认公司人格的判决的既判力仅仅约束该诉讼的各方当事人，不当然适用于涉及该公司的其他诉讼，不影响公司独立法人资格的存续。如果其他债权人提起公司人格否认诉讼，已生效判决认定的事实可以作为证据使用。四是《公司法》第20条第3款规定的滥用行为，实践中常见的情形有人格混同、过度支配与控制、资本显著不足等。在审理案件时，需要根据查明的案件事实进行综合判断，既审慎适用，又当用则用。实践中存在标准把握不严而滥用这一例外制度的现象，同时也存在因法律规定较为原则、抽象，适用难度大，而不善于适用、不敢于适用的现象，均应当引起高度重视。

出台背景

实践中，广泛存在股东与公司之间财产相混同，法人财产成为股东财产的一部分，法人人格形骸化；股东制造“空壳”公司，使原公司人、财、物与原公司脱钩，另行组成新公司独立经营，原公司债务新公司不再承担；母公司滥用对子公司的控制权，使子公司从事有违正常营业而损害子公司利益的交易，均属于滥用公司有限责任逃避债务，严重损害债权人合法权益的情形。

执行法院为反制公司股东、实际控制人利用公司有限责任规避执行的行为，往往突破法律和司法解释的规定，扩张运用执行自由裁量权，刺破公司面纱，变更、追加公司的股东作为被执行人。追加程序尽管能使执行债权人得到清偿，但容易侵害案外第三人的合法权益，上述两个指导意见旨在强调执行中追加法定的适格主体作为被执行人时，不应否认公司法人人格。因公司股东滥用法人地位侵害债权人利益的，应在审判程序中认定。

理解与适用

（一）审判程序中适用人格否认的条件

有限责任是现代公司制度的基石，但公司法人的独立地位也不得滥用。《公司法》第20条第3款规定："公司股东滥用公司法人独立地位和股东有限责任，逃避债务，严重损害公司债权人利益的，应当对公司债务承担连带责任。"《民法典》第83条第2款规定，营利法人的出资人不得滥用法人独立地位和出资人有限责任损害法人债权人的利益。

实践中，对人格否认的适用条件，一般严格掌握，从最高人民法院指导性案例总结归纳的原则看，适用人格否认制度一般包括如下情形：一是人格混同。是指公司与股东之间在财产、业务和人员方面高度混同，导致各自财产无法区分，公司丧失独立人格，给债权人带来债务主体辨认上的困难，危害债权人的利益。股东和公司要同时存在人员、业务、财务等多方面的高度混同，才能适用人格否认制度。2019年《九民纪要》提出以公司是否具有独立的意思和独立财产，公司的财产和股东的财产是否混同且无法区分为判断标准。二是股东过度支配和控制公司，导致公司形骸化。主要包括公司股东从原公司抽走资金，成立经营目的相同或者类似的公司，逃避原公司债务、解散公司、再以原公司场所、设备、人员及相同或者相似的经营目的另设公司，逃避原公司债务。三是资本显著不足。我国实行公司资本认缴制情形下，出资显著不足导致滥用法人地位的标准已经难以判断，一般情况下，公司从事的商事交易规模与法人财产明显不匹配，逃避债务，严重损害公司债权人利益，债权人要求适用人格否认制度，人民法院应予支持，但公司已经通过企业信息公示平台如实披露财产情况，债权人仍决定与之交易的除外。

个案中对公司人格的否定并不代表全面、彻底、永久性地否认法人人格，其他债权人提起公司人格否认诉讼，已生效判决认定的事实可以作为证据使用。

诉讼主体方面，债权人对债务人公司的债权已经生效裁判确认，另行提起公司人格否认诉讼，列股东为被告，公司为第三人，或债权人对债务人公司起诉的同时，一并提起人格否认诉讼，列公司和股东为共同被告。而承担连带责任的主体则为实施了滥用法人独立地位和股东有限责任行为的股东，未实施滥用法人独立地位和股东有限责任的其他股东不应承担责任。

（二）执行程序中适用人格否认的立法

我国实体法对公司法人人格否认制度作出明确而原则的规定，债权人可以依据实体法的规定对相关股东提起诉讼，要求其承担民事责任。但是，在执行程序中，债权人是否可以不经审判程序直接要求追加责任股东为被执行人，仍应以是否有明确的法律规定为判断标准，也就是说，执行程序中适用人格否认制度，必须遵循法定原则，如无明确的法律规定，则人民法院不予准许。

《制裁规避执行行为意见》明确提出依法采取多种措施，有效防范规避执行行为的重要手段就是依法变更追加被执行主体或告知申请执行人另行起诉。有充分证据证明被执行人通过离婚析产、不依法清算、改制重组、关联交易、财产混同等方式恶意转移财产规避执行的，执行法院可以通过依法变更追加被执行人或者告知申请执行人通过诉讼程序追回被转移的财产。该意见颁布后，不少地方法院据此裁定追加被执行人的股东或关联企业作为被执行人清偿债务，一定程度上侵害了被追加主体的程序权利和实体权利。

《变更追加规定》对可以追加案外主体为被执行人的情形进行了适度扩张，规定债权人可以申请追加未缴纳或未足额缴纳出资的股东以及出资人或依公司法规定对出资承担连带责任的发起人、抽逃出资的股东及出资人、不能证明公司财产独立于自己财产的一人公司股东、未经清算即注销登记的有限公司股东及股份公司董事和控股股东，作为被执行人清偿债务。

（三）股东出资不到位不得否认公司法人人格

不可否认，在执行中直接适用公司法人人格否认制度，可以有效地解决执行过程中股东滥用公司独立人格逃避执行的问题，更好地保护申请执行人的利益。因此，支持在执行程序中否认公司人格的观点认为，人格否认是实体法调整的范畴，但强制执行法具有程序法和实体法交叉的特征，执行程序的效率原则要求申请执行人免于诉讼程序的烦琐，节约司法资源和诉讼成本。实际上，执行程序直接否认债务人公司人格，对民事主体权利影响巨大，应交由审判程序予以判断，给予当事人充分的救济权，否则为追求个案执行效果，易引发对人格否认制度的滥用，损害债权人之外的其他民事主体的合法权益，动摇公司制度的根基，也超越了人民法院在执行异议审查程序中应当享有的权限。

（四）对于出资不实、抽逃出资的股东、出资人可追加为被执行人

《变更追加规定》第17条规定，未缴纳以及未足额缴纳出资的股东、出资人或依公司法规定对该出资承担连带责任的发起人，债权人可以申请执行法院依法追加为被执行人。这是对追加出资不实的股东、出资人为被执行人的最新规定，其构成要件有二：一是追加上述主体为被执行人，并不以先否定公司人格为前提，而对于其他已经足额缴纳出资的股东，则不应追加为被执行人。二是债务人公司财产不足以清偿生效法律文书确定的债务。追加出逃出资的股东、出资人为被执行人的适用要件亦有二：一是债务人公司财产不足以清偿生效法律文书确定的债务；二是存在抽逃出资的行为，至于何为出逃出资，实践中一般从严掌握，人民法院认定的标准较为严格。

实务操作指引

债权人可以选择在执行程序中申请追加出资不实的股东为被执行人，要求其承担出资不实的责任，也可以选择通过诉讼程序追究股东出资不实的责任。有的人民法院指引申请执行人通过诉讼程序解决追加问题，加重申请人的经济负担，也增大了申请执行人债权清偿的时间成本。另外，被执行人申请破产的，破产申请被受理后，执行程序中追加出资人、股东为被执行人的审查程序和相应措施亦应中止。实践操作中几个比较关键的环节应引起注意：

（一）出资不实的判断

《公司法解释（三）》第13条规定，股东未履行或者未全面履行出资义务，公司或者其他股东请求其向公司依法全面履行出资义务的，人民法院应予支持。公司债权人请求未履行或者未全面履行出资义务的股东在未出资本息范围内对公司债务不能清偿的部分承担补充赔偿责任的，人民法院应予支持；未履行或者未全面履行出资义务的股东已经承担上述责任，其他债权人提出相同请求的，

人民法院不予支持。股东在公司设立时未履行或者未全面履行出资义务，依照本条第1款或者第2款提起诉讼的原告，请求公司的发起人与被告股东承担连带责任的，人民法院应予支持；公司的发起人承担责任后，可以向被告股东追偿。股东在公司增资时未履行或者未全面履行出资义务，依照本条第1款或者第2款提起诉讼的原告，请求未尽《公司法》第147条第1款规定的义务而使出资未缴足的董事、高级管理人员承担相应责任的，人民法院应予支持；董事、高级管理人员承担责任后，可以向被告股东追偿。

这就将出资不实定义为未履行或未全面履行出资义务，包括拒绝出资、不能出资和瑕疵出资等出资期限已经届至但出资不到位情形。认缴制下，出资期限由股东在章程中自行约定，但股东仍负有按期足额缴纳公司章程中规定的各自缴纳出资额的义务。值得注意的是，出资不实股东向公司外部债权人承担出资不实的股东责任后，不能享有与外部债权人同等的受偿地位，即以其对公司享有的债权与外部债权人就执行到位的财产进行分配，否则将会导致对公司其他债权人不公平的结果出现，也与《公司法》对于出资不实股东课以的法律责任相悖。

（二）抽逃出资的认定

《公司法》第35条规定，公司成立后，不得抽逃出资。《公司法解释（三）》第12条明确列举了抽逃出资的类型，一是将出资款转入公司账户验资后又转出，资本实缴制变更为认缴制后，该抽逃出资的情形已经不复存在，[①] 二是通过虚构债权债务关系将其出资转出，三是制作虚假财务会计报表虚增利润进行分配，四是利用关联交易将出资转出，五是未经法定程序将出资抽出的行为。《公司法解释（三）》第14条规定，抽逃出资的股东对公司的债务应该在抽逃出资的本息范围内对公司债务不能清偿的部分承担补充赔偿责任，且协助抽逃出资的其他股东、董事和高级管理人员或者实际控制人对此应承担连带责任。相对于该条规定，《变更追加规定》第18条仅选取实际抽逃的股东和出资人作为责任主体可以追加为被执行人，而对于协助抽逃出资的其他股东、董事和高级

---

① 参见2014年2月17日最高人民法院审判委员会第1607次会议通过的《最高人民法院关于修改关于适用〈中华人民共和国公司法〉若干问题的规定的决定》。

管理人员、实际控制人则不能在执行程序中申请变更追加，只能通过审判程序认定。

（三）修改章程推迟出资日期应当认定为出资不实可以追加为被执行人

对于股东出资应否加速到期的问题，《九民纪要》规定，在注册资本认缴制下，股东依法享有期限利益，债权人以公司不能清偿到期债务为由，请求未届出资期限的股东在未出资范围内对公司不能清偿的债务承担补充赔偿责任的，人民法院不予支持。但是，公司作为被执行人的案件，人民法院已经穷尽执行措施无财产可供执行，已具备破产原因，但不申请破产的，以及在公司债务产生后，公司股东会决议或以其他方式延长股东出资期限的，可以适用加速到期制度。以上两种情形，股东出资义务应加速到期，且可以在执行程序中申请追加股东为被执行人。

股东认缴出资构成对公司的出资承诺，该承诺记载于公司章程并登记在工商登记管理机构后，与公司进行商事交易的主体有理由对股东的承诺以及公司的注册资本产生信赖利益，因此，明知公司对外负有未清偿债务的情况下，修改章程推迟出资期限，损害了债权人的信赖利益，违反诚实信用原则，也损害了公司资本充实状况，应当确认股东出资不实，可以追加股东为被执行人。①

（四）破产申请受理后不得追加股东为被执行人

破产申请被人民法院受理后，执行程序中止，尽管不排除追加债务人公司的股东为被执行人程序的适用，但因股东未缴纳的出资应当作为破产债务人的财产对全体债权人公平受偿，根据《破产法》第35条之规定，由破产管理人追缴该出资较为妥当。在破产宣告情况下，执行程序已经终结且不能恢复执行，也不应再适用变更追加程序。

① 参见北京高级人民法院执行裁定书，（2016）京执复106号。

二、因债权转让变更申请执行人的要件

答复原文

最高人民法院关于判决确定的金融不良债权多次转让人民法院能否裁定变更执行主体请示的答复

2009 年 6 月 16 日　〔2009〕执他字第 1 号

湖北省高级人民法院：

你院鄂高法（2009）21 号请示收悉。经研究，答复如下：

《最高人民法院关于人民法院执行若干问题的规定（试行）》，已经对申请执行人的资格以明确。其中第 18 条第 1 款规定“人民法院受理执行案件应当符合下列条件：……（2）申请执行人是生效法律文书确定的权利人或继承人、权利承受人。”该条中的“权利承受人”，包含通过债权转让的方式承受债权的人。依法从金融资产管理公司受让债权的受让人将债权再行转让给其他普通受让人的，执行法院可以依据上述规定，依债权转让协议以及受让人或者转让人的申请，裁定变更申请执行主体。

《最高人民法院关于金融资产管理公司收购、处置银行不良资产有关问题的补充通知》第三条，虽只就金融资产管理公司转让金融不良债权环节可以变更申请执行主体做了专门规定，但并未排除普通受让人再行转让给其他普通受让人时变更申请执行主体。此种情况下裁定变更申请执行主体，也符合该通知及其他相关文件中关于支持金融不良债权处置工作的司法政策，但对普通受让人不能适用诉讼费用减半收取和公告通知债务人等专门适用金融资产管理公司处置不良债权的特殊政策规定。

出台背景

金融资产管理公司在收购、管理和处置不良资产的过程中，运用其特殊的

法律地位，通过债务重组、债转股、资产证券化等手段，最大限度地保全国有资产，降低不良资产率，缓解金融业经营风险。为了给金融资产管理公司转让不良债权提供法律支撑，最高人民法院在《十二条规定》①（已废止）中明确规定："金融资产管理公司受让国有银行债权后，人民法院对于债权转让前原债权银行已经提起诉讼尚未审结的案件，可以根据原债权银行或者金融资产管理公司的申请将诉讼主体变更为受让债权的金融资产管理公司。"虽然司法解释对诉讼程序中变更诉讼主体进行了规定，但2016年《变更追加规定》出台前执行程序中转让债权的，能否依申请变更申请执行人，尚无明确的法律依据，司法实践中普遍认为执行程序中可变更金融资产管理公司为申请执行主体。

随着金融资产管理公司对不良债权的处置力度加大，政府对回收不良资产的时间提出了更高要求，并且制定了相应的考核指标，金融资产管理公司采取向社会打包出让不良资产的办法以完成考核。但是，由于不良债权转让行为可能存在于诉讼、执行程序中的任一阶段，甚至自金融资产管理公司转让给社会上的企业法人、自然人后，又在社会普通民事主体之间进行多次转让，这些都给法院的执行工作带来了新挑战，不良债权转让后究竟应以金融资产管理公司还是受让人的名义申请执行，直接影响执行工作的顺利开展和金融资产的处置进度。基于实务中面临的诸多问题，最高人民法院于2005年出台了《十二条规定补充通知》，其中第3条规定："金融资产管理公司转让、处置已经涉及诉讼、执行或者破产等程序的不良债权时，人民法院应当根据债权转让协议和转让人或者受让人的申请，裁定变更诉讼或者执行主体。"2008年《海南会议纪要》再次强调："金融资产管理公司转让已经涉及诉讼、执行或者破产等程序的不良债权的，人民法院应当根据债权转让合同以及受让人或者转让人的申请，裁定变更诉讼主体或者执行主体。"不过，对不良债权多次转让中的申请执行主体变更问题，直至2009年《最高人民法院关于判断确定的金融不良债权多次转让人民法院能否裁定变更执行主体请示的答复》才得以明确。无论从金融资产管理公司还是从其他普通债权人受让金融不良债权，均可变更债权受让人为申请执行主体。《变更追加规定》施行后，不再区分债权人主体的类型，执行中转让债

---

① 该司法解释虽已废止，但最高人民法院尚未公布新的关于不良债权转让的司法解释。

权的，均可申请变更受让人为申请执行人。

理解与适用

（一）执行中的变更申请执行主体程序

《变更追加规定》出台前，司法机关对执行中变更执行主体的态度也处于不断变化之中，申请变更申请人的受让人范围不断扩大。《十二条规定补充通知》第 3 条规定："金融资产管理公司转让、处置已经涉及诉讼、执行或者破产等程序的不良债权时，人民法院应当根据债权转让协议和转让人或者受让人的申请，裁定变更诉讼或者执行主体。"《海南会议纪要》对资产管理公司再次转让不良债权，可以变更受让人为申请执行人也持肯定态度，规定金融资产管理公司转让已经涉及诉讼、执行或者破产等程序的不良债权的，人民法院应当根据债权转让合同以及受让人或者转让人的申请，裁定变更诉讼主体或者执行主体。〔2009〕执他字第 1 号答复则更进一步：依法从金融资产管理公司受让债权的受让人将债权再行转让给其他普通受让人的，执行法院可以依据上述规定，依债权转让协议以及受让人或者转让人的申请，裁定变更申请执行主体。

在阜新盛金投资管理有限公司诉沈阳克莱斯特国际置业第一有限公司借款合同纠纷执行案中，原申请执行人盛京银行股份有限公司沈阳市民主支行（以下简称盛京民主支行）与沈阳克莱斯特国际置业第一有限公司（以下简称克莱斯特公司）、沈阳加州阳光花园房屋开发有限公司（以下简称加州公司）借款合同纠纷一案，辽宁省高级人民法院于 2013 年 6 月 8 日作出一审判决，主要内容为加州公司偿还盛京民主支行本金 1.1 亿元及利息、逾期利息等。后加州公司不服判决提起上诉，二审维持原判。判决生效后，盛京民主支行申请执行，辽宁省高级人民法院于 2014 年 1 月 26 日立案受理。执行期间，盛京民主支行与阜新盛金投资管理有限公司（以下简称阜新盛金）签订了债权转让合同，约定将其所有的对加州公司、克莱斯特公司的全部债权转让给阜新盛金，辽宁省高级人民法院于 2015 年 2 月 28 日作出（2014）辽执二字第 15 号执行裁定，裁定变更阜新盛金为本案的申请执行人。加州公司以变更申请执行人不当为由，向辽宁省高级人民法院提出执行异议，不服异议裁定又向最高人民法院申请复议。

最高人民法院认为，依据1998年《执行规定》第18条第1款，[①] 申请执行人是生效法律文书确定的权利人或其继承人、权利承受人。权利人应为生效法律文书所确定，而权利承受人应当包含通过债权转让的方式从权利人处取得债权的人。据此，生效法律文书确定的权利人的权利承受人，提交承受权利的证明文件，可以直接申请执行。关于进入执行程序后，权利承受人申请变更其为申请执行人的，法律并无明确规定。一般来说，应由权利承受人提交承受权利的证明文件，执行法院对该证明文件作形式审查后，可以裁定变更申请执行人。

实践中，转让行为即使发生在执行前，只要转让的是生效法律文书确定的金融不良债权，在执行程序中变更申请执行主体的，一般由转让人或受让人提出变更申请并提供相应证据，如债权转让协议和支付对价等。人民法院审查合格的，则裁定变更受让人为申请执行主体；审查不合格的，则裁定驳回申请。[②]

（二）执行前转让债权能否变更申请执行主体

变更申请执行主体通常是指在已经开始的执行程序中，变更新的权利人为申请执行人。实务中，金融不良债权的转让还可能发生在诉讼结束后、执行立案前，若在此情况下申请强制执行，究竟由原债权人申请，还是受让人申请，没有明确的法律规定，导致司法实践也不统一。有的法院进行形式审查后，直接将受让人作为申请执行人，按照一般程序向被执行人发出执行通知书；有的法院则要求执行立案阶段，只能由裁判文书所载明的权利人申请，移交给执行部门后，再由执行部门裁定变更。[③]

针对这一问题，最高人民法院通过指导性案例34号"李某玲、李某裕申请执行厦门海洋实业股份有限公司、厦门海洋实业总公司执行复议案"予以明确，对实务界产生了较为深远的影响。

原告投资2234中国第一号基金公司（Investments 2234 China Fund I B. V.，

---

① 现2021年《执行规定》第16条第1款。

② 参见最高人民法院执行局、案例指导工作办公室：《〈李晓玲、李鹏裕申请执行厦门海洋实业股份有限公司、厦门海洋实业总公司执行复议案〉的理解与参照——权利承受人可作为申请执行人直接申请执行》，载《人民司法（案例）》2015年第18期。

③ 参见最高人民法院执行局、案例指导工作办公室：《〈李晓玲、李鹏裕申请执行厦门海洋实业股份有限公司、厦门海洋实业总公司执行复议案〉的理解与参照——权利承受人可作为申请执行人直接申请执行》，载《人民司法（案例）》2015年第18期。

以下简称2234公司）与被告厦门海洋实业（集团）股份有限公司（以下简称海洋股份公司）、厦门海洋实业总公司（以下简称海洋实业公司）借款合同纠纷一案，最高人民法院于2012年1月11日作出终审判决。在该判决作出之前的2011年6月8日，2234公司将其对海洋股份公司和海洋实业公司的2274万元本金债权转让给李某玲、李某裕，并签订《债权转让协议》。2012年4月19日，李某玲、李某裕依据上述判决和《债权转让协议》向福建省高级人民法院申请强制执行。2012年4月24日，福建省高级人民法院向海洋股份公司、海洋实业公司发出（2012）闽执行字第8号执行通知。海洋股份公司不服该执行通知，向福建省高级人民法院提出执行异议，理由为"执行通知中直接变更执行主体缺乏法律依据"。

福建省高级人民法院认为：关于执行通知中直接变更申请执行主体的问题。最高人民法院（2009）执他字第1号《关于判决确定的金融不良债权多次转让人民法院能否裁定变更申请执行主体请示的答复》认为，1998年《执行规定》已经对申请执行人的资格予以明确。第18条第1款规定，申请执行人是生效法律文书确定的权利人或其继承人、权利承受人。该条中的权利承受人，包含通过债权转让的方式承受债权的人。依法从金融资产管理公司受让债权的受让人将债权再行转让给其他普通受让人的，执行法院可以依据上述规定，依债权转让协议以及受让人或者转让人的申请，裁定变更申请执行主体。据此，在执行通知中直接将本案受让人作为申请执行主体，未作出裁定变更，程序不当，遂撤销（2012）闽执行字第8号执行通知。

后李某玲不服，向最高人民法院申请复议，理由为：申请执行前，两申请人已同2234公司完成债权转让，并通知了债务人（被执行人），是合法的债权人；根据1998年《执行规定》，申请人只要提交生效法律文书、承受权利的证明等，即具备申请执行人资格，这一资格在立案阶段已予审查，并向申请人送达了案件受理通知书；答复适用于执行程序中依受让人申请变更的情形，而本案申请人并非在执行过程中申请变更执行主体，因此，不需要裁定变更申请执行主体。

在最高人民法院看来：变更申请执行主体是在根据原申请执行人的申请已经开始的执行程序中，变更新的权利人为申请执行人。根据《执行规定》第18

条、第20条（现第16条、第18条）的规定，权利承受人有权以自己的名义申请执行，只要向人民法院提交承受权利的证明文件，证明自己是生效法律文书确定的权利承受人的，即符合受理执行案件的条件。这种情况不属于严格意义上的变更申请执行主体，但二者的法律基础相同，故也可以理解为广义上的申请执行主体变更，即通过立案阶段解决主体变更问题。答复的意见是，《执行规定》第18条（现第16条）可以作为变更申请执行主体的法律依据，并且认为债权受让人可以视为该条规定中的权利承受人。本案中，生效判决确定的原权利人2234公司在执行开始之前已经转让债权，并未作为申请执行人参加执行程序，而是权利受让人李某玲、李某裕直接申请执行。因其申请已经法院立案受理，受理的方式不是通过裁定而是发出受理通知，债权受让人已经成为申请执行人，故并不需要执行法院再作出变更主体的裁定，然后发出执行通知，而应当直接发出执行通知。实践中有的法院在这种情况下先以原权利人作为申请执行人，待执行开始后再作出变更主体裁定，因其只是增加了工作量，而并无实质性影响，故并不被认为程序上存在问题。但是，不能由此反过来认为没有作出变更主体裁定是程序错误。

上述指导性案例肯定了金融不良债权转让案件进入执行程序前，受让人有权以自己的名义直接申请强制执行，只要受让人向人民法院提交承受权利的证明文件，证明自己是生效法律文书确定权利的承受人，法院经立案审查后，认为符合受理执行案件条件的，便可发出立案受理通知，执行法院也可直接发出执行通知，无须再通过裁定进行执行主体变更。这样不仅简化程序，为当事人申请执行提供了便利，也为法院减轻了工作量。《变更追加规定》已经明确了生效法律文书确认的债权受让人可以申请变更自己为申请执行人，至此，不仅金融不良债权转让后可以申请变更受让人为申请执行人，普通民事债权转让后，受让人申请变更的，只要符合司法解释规定的要件，人民法院应予支持。

实务操作指引

案例1

齐鲁投资管理有限公司、济南中银实业有限公司不服变更申请执行人异议

裁定申请复议案

（一）案件基本情况

中国建设银行济南市市中区支行（以下简称建行济南市中区支行）诉山东省齐鲁投资管理有限公司（以下简称齐鲁公司）、济南中银实业有限公司（以下简称中银公司）、商河宏业棉纺织（集团）有限公司（以下简称宏业公司）借款保证合同纠纷一案，山东省高级人民法院作出（2004）鲁民二初字第22号民事判决书。建行济南市中区支行向山东省高级人民法院申请执行后，中国建设银行山东省分行（以下简称建行山东省分行）因统一管理建行济南市中区支行的不良资产，作为申请执行人继续参加该案程序。后中国建设银行与中诚信托有限责任公司（以下简称中诚信托公司）签署资产转让协议，将本案债权转让给中诚信托公司，并受其委托管理及处置上述债权。鲁泰公司委托中国华融资产管理有限公司济南办事处（以下简称华融济南办事处）以后者名义向建行山东省分行收购包括本案债权在内的相关债权。建行山东省分行、华融济南办事处就上述债权转让行为均发布了公告。

经鲁泰公司申请，山东省高级人民法院于2008年8月7日以（2005）鲁执字第8－10号民事裁定书裁定变更鲁泰公司为本案申请执行人。齐鲁公司、中银公司对此提出异议，山东省高级人民法院于2008年11月26日以（2005）鲁执字第8－14号民事裁定书驳回其异议。后齐鲁公司、中银公司不服该裁定，向最高人民法院申请复议。理由为：建行山东省分行与中国建设银行及其他支行非同一法律主体，没有资格向山东省高级人民法院申请变更申请执行人；中诚信托公司受让中国建设银行债权及华融济南办事处受鲁泰公司委托收购上述债权，均非金融资产管理公司收购、处置国有银行不良贷款行为，不符合金融不良债权处置的相关规定；现行法律没有变更申请执行人的规定，山东省高级人民法院变更程序违法。

（二）最高人民法院裁判要点

最高人民法院于2009年4月29日作出（2009）执复字第1号复议裁定，驳回复议申请人齐鲁公司、中银公司的复议请求。裁判要点如下：

1. 商业银行与其分支机构在法律上是同一主体，商业银行总行有权处置分支机构资产，分支机构也有权在总行授权范围内处置辖区内的资产，相应的民事责任由总行承担。

2. 债权由商业银行转让给信托公司后，再由受让的信托公司授权原转让人（商业银行）以自己的名义对外转让给金融资产公司，可视为商业银行处置金融不良资产的一种特殊方式，其实质法律效果与商业银行直接将债权转让给金融资产管理公司，并无差异。此种转让符合《十二条规定》（已废止）。金融资产管理公司受第三人委托收购债权并向第三人交付债权，其实质法律效果与金融资产管理公司自己收购债权后再行转让给第三人，也无实质差异，此种转让符合《十二条规定补充通知》的规定。因此，商业银行和金融资产管理公司在报纸上刊登债权转让通知即视为已经通知了债务人。①

3.《十二条规定补充通知》第3条是金融不良债权转让情况下，执行程序中变更申请执行人的法律依据。现行法律和司法解释并未要求执行中作出的裁定必须经过开庭质证，执行法院有权经审查当事人各方提供的材料后直接作出裁定。

4. 在债权第一次转让时受让人未提出变更申请执行人的，法院无须作出变更执行主体的裁定。在债权连续转让的情况下，只要该债权转让的过程是明确的、连续的，法院可以根据债权转让人或受让人的申请直接裁定变更最后的受让人为申请执行人。

案例2

西安林产化学工厂不服变更申请执行人异议裁定申请复议案

（一）案件基本情况

中国华融资产管理股份有限公司陕西省分公司（以下简称华融陕西分公司）与西安林产化学工厂（以下简称林化厂）、陕西省胶合板厂（以下简称胶合板厂）、西北林业机械厂（以下简称林机厂）借款担保合同纠纷一案，陕西省高级人民法院于2003年2月27日作出（2002）陕民二初字第29号民事判决书。华融陕西分公司于2003年4月3日向陕西省高级人民法院申请强制执行，该院依法立案执行。

---

① 《十二条规定》（已废止）第6条第1款规定："金融资产管理公司受让国有银行债权后，原债权银行在全国或者省级有影响的报纸上发布债权转让公告或通知的，人民法院可以认定债权人履行了《中华人民共和国合同法》第八十条第一款规定的通知义务。"

2003年7月7日，陕西省高级人民法院作出（2003）陕执一民字第008－1号民事裁定书，裁定变更本案申请执行人为西安迪曼门窗有限责任公司（以下简称迪曼公司）。同日，该院作出（2003）陕执一民字第008－2号民事裁定书，裁定冻结、扣划、提取林化厂、胶合板厂、林机厂的存款、收入及投资权益或股权（包括股息或红利），查封扣押其他财产。上述裁定于2003年8月7日向林化厂送达。2017年11月1日，林化厂就上述裁定向陕西省高级人民法院提出执行异议。

陕西省高级人民法院认为，法院作出的变更申请执行人、查控被执行人财产的措施系执行行为，林化厂针对上述执行行为提出的异议属于《民事诉讼法》第225条[①]规定的执行异议受理范围。华融陕西分公司在陕西日报上对该债权转让进行了公告，已履行了对债务人的通知义务，该院依申请将申请执行人变更为迪曼公司，并无不当。对于林化厂是否享有对该债权的优先购买权，涉及实体权利审查，本应通过诉讼程序予以确认，基于林化厂未对债权转让协议效力提起相关诉讼，在债权转让协议有效的情形下，该院的执行行为于法有据。陕西省高级人民法院于2017年11月20日作出（2017）陕执异14号执行裁定书，驳回林化厂的异议请求。

林化厂不服陕西省高级人民法院裁定，向最高人民法院提出复议，理由为：1. 陕西省高级人民法院未对申请执行人变更进行实体性审查，作出的裁定实体不合法。（1）林化厂是天然林保护工程区企业，根据《中国银监会、国家林业局关于下达天然林保护工程区企业金融机构债务免除名单及免除额（第三批）等有关问题的通知》的规定，对于此类拟关闭的破产企业的金融机构债务，不得向社会公开拍卖或转让。（2）根据《国有资产管理法》[②]第55条的规定，国有资产的转让价格应当依法评估并报相关机构核准。但华融陕西分公司未经陕西省林业厅核准直接将债权转让给迪曼公司，应属无效。（3）华融陕西分公司仅将债权转让登报公告，未通知林化厂，根据《合同法》（已废止）第80条的规定，该债权转让行为对林化厂无效。（4）华融陕西分公司明知林化厂属于国

① 现《民事诉讼法》第232条。
② 表述有误，应是《企业国有资产法》。

有企业，在转让本案不良债权时未依照《海南会议纪要》第4条的规定保障地方政府或国资委的优先购买权。(5) 林化厂属于涉及军工的企业，根据《海南会议纪要》第6条第2款关于涉及国防、军工等国家安全和敏感信息的以及其他依法禁止转让或者限制转让情形的债权转让合同无效的规定，华融陕西分公司的债权转让行为无效。2. 陕西省高级人民法院作出的裁定程序违法。(1) 林化厂属于天然林保护工程区森工企业，根据《海南会议纪要》第2条关于国有银行或金融资产管理公司转让天然林保护工程区森工企业不良债权而引发受让人向森工企业主张债权的人民法院不予受理的规定，陕西省高级人民法院不应受理执行程序。(2) 华融陕西分公司并未书面认可迪曼公司取得案涉债权，不符合《变更追加规定》第9条规定的形式要件。(3) 华融陕西分公司2003年7月4日申请变更申请执行人，陕西省高级人民法院2003年7月7日作出裁定，在如此短的时间内作出裁定，说明陕西省高级人民法院未尽到严格审查的义务，程序不合法。

（二）最高人民法院裁判要点

最高人民法院于2018年5月30日作出（2018）最高法执复3号复议裁定，撤销了陕西省高级人民法院（2017）陕执异14号执行裁定书，对林化厂的申请，由陕西省高级人民法院按照执行监督程序审查处理。裁判要点如下：

1. 当事人、利害关系人认为执行行为违法向人民法院提出异议及申请复议程序，是2008年4月1日施行的《民事诉讼法》（已修正）新增规定的制度，只适用于发生在2008年4月1日后作出的执行行为；对于2008年4月1日前发生的执行行为，当事人、利害关系人可以依法提起申诉，人民法院应按监督案件处理。本案中，林化厂请求撤销的两个裁定属于2008年4月1日前发生的执行行为。因此林化厂提出的异议不符合执行异议案件的受理条件。陕西省高级人民法院依据《民事诉讼法》第225条①予以受理审查并作出裁定，适用法律错误。

2. 关于林化厂提出的本案债务因林化厂属于国有森工企业而被免除等问题。该问题不仅影响争议执行行为的合法性，更对执行程序的后续进展具有重大实

① 现《民事诉讼法》第232条。

质性影响，但陕西省高级人民法院在（2017）陕执异14号执行裁定中对上述问题未予审查判断。鉴于执行实施案件立案至今近十五年始终没有执行完毕，为了充分保障当事人的合法权益，促进重大纠纷一次性解决，确保后续执行程序的依法推进，综合本案各方面因素，对林化厂的申请，宜由陕西省高级人民法院另立执行监督案件予以审查处理。

三、对转移财产逃避执行行为的规制

答复原文

最高人民法院执行工作办公室关于被执行人为逃避义务伙同其亲属处分肇事车辆，能否在执行程序中裁定非法占有车款的被执行人亲属交出车款用以偿还被执行人债务的问题的答复

2001年2月22日　〔2000〕执他字第26号

青海省高级人民法院：

你院〔2000〕青法执字第12号请示报告收悉。经研究，现答复如下：

关于〔1998〕青刑终字第68号刑事附带民事判决书执行一案，如确实查明被执行人为逃避对受害人的赔偿义务，伙同其亲属处分肇事车辆，并虚构与其亲属间的债权债务关系，将卖车款分给其亲属非法占有，可以在执行程序中裁定非法占有车款的被执行人亲属交出车款，用以偿还被执行人的债务。如不符合上述条件，且被执行人无其他财产可供执行，可以中止执行。

出台背景

因现行民事执行法律制度不够完善，市场主体诚信意识缺失，对被执行人通过转移财产规避执行的行为，尚未建立有效的反规避措施体系，在执行过程中，被执行人将自己名下车辆、房产等财产转移给其配偶及其他亲属的，应由人民法院采取措施直接追回，还是由申请执行人提起诉讼撤销转移行为，立法目前尚无定论。

实践中，以转移财产规避执行的常见手段有：一是转移财产给配偶。被执行人通过与其配偶假离婚，达到减少或掏空财产的目的，阻碍债权人通过执行程序实现权利。另外，如果被执行人在诉讼前或诉讼中，把财产转移到除配偶之外其他近亲属的名下，法律并未赋予债权人向其他近亲属追偿的权利，也会导致债权人的利益难以得到保障。二是被执行人为逃避义务，虚构与其他人间的债权债务关系，将财产转移第三人，《民法典》第538条、第539条规定，因债务人放弃到期债权或者无偿转让财产，对债权人造成损害的，债权人可以请求人民法院撤销债务人的行为。债务人以明显不合理的低价转让财产，对债权人造成损害，并且受让人知道该情形的，债权人也可以请求人民法院撤销债务人的行为。

最高人民法院就青海省高级人民法院〔2000〕青法执字第12号请示报告作出的答复实际上是针对个案的处理意见，赋予了执行机构直接裁定追回已转移财产的权力，但对其他类案并不具有普遍的指导意义。

理解与适用

债务人恶意串通第三人转移财产逃避债务语境下的转移财产行为包括使债务人债务（或然债务）不合理增加或债务人资产（担保资产）不合理减少的行为。根据其发生时点不同，可以划分为诉前财产转移、诉讼中财产转移、判决作出后申请执行前财产转移及执行阶段财产转移等几个阶段。

（一）诉前财产转移

债权人发现债务人有转移财产的意图或者正在准备实施转移财产行为的，债权人可以通过诉前保全及时有效地防止债务人转移、隐匿、挥霍其财产。由于被申请人的财产处于查封、扣押、冻结状态，其想要逃避法律义务已成为不可能。因此，他们往往会主动与申请人协商解决纠纷。

《民事诉讼法》第104条第1款对诉前保全作出规定：“利害关系人因情况紧急，不立即申请保全将会使其合法权益受到难以弥补的损害的，可以在提起诉讼或者申请仲裁前向被保全财产所在地、被申请人住所地或者对案件有管辖权的人民法院申请采取保全措施。申请人应当提供担保，不提供担保的，裁定驳回申请。”申请诉前财产保全需注意的几个问题：

首先，诉前财产保全是由立案部门立案审查并作出裁定，裁定作出后编立“财保字”案号，移送执行机构实施。①

其次，根据《保全规定》第1条的规定，利害关系人申请诉前保全的，需要提交保全申请书。② 事实上，除保全申请书外，还需提交民事起诉状或仲裁申请书及初步的债权债务关系资料，主张自己系实体上的权利人。至于所要保全的债权是否真实存在、申请保全人是否为适格债权人、被保全人是否为真正实体法上的债务人以及申请保全人能否最终胜诉，并不是保全审查程序所要重点解决的问题。此外，保全申请书中须对存在《民事诉讼法》第104条所规定的“情况紧急，不立即申请保全将会使其合法权益受到难以弥补的损害的”事实予以梳理，如被保全人财产正在转移、灭失以及设定财产负担等情况。③

再次，被保全人名下所有以及实际享有的财产都可以成为财产保全的对象。被保全人对第三人享有的到期债权及未到期债权、在另案中的执行款、诉讼费等在实践中也常常作为被保全对象。④ 申请诉前保全应当提供与请求保全数额相当的担保。目前担保形式越来越丰富，比较便捷的做法是提供保险公司保函。《保全规定》第7条规定，以此种形式提供担保的，保险公司应当开具担保书。

复次，根据《保全规定》第10条的规定，申请保全人应当提供明确的被保全财产的信息。一般应当提供有关财产的种类、具体名称、所在位置以及价值

① 参见曹凤国：《最高人民法院关于人民法院办理财产保全案件若干问题的规定理解与适用》，法律出版社2020年版，第7页。

② 《保全规定》第1条规定：“当事人、利害关系人申请财产保全，应当向人民法院提交申请书，并提供相关证据材料。申请书应当载明下列事项：（一）申请保全人与被保全人的身份、送达地址、联系方式；（二）请求事项和所根据的事实与理由；（三）请求保全数额或者争议标的；（四）明确的被保全财产信息或者具体的被保全财产线索；（五）为财产保全提供担保的财产信息或资信证明，或者不需要提供担保的理由；（六）其他需要载明的事项。法律文书生效后，进入执行程序前，债权人申请财产保全的，应当写明生效法律文书的制作机关、文号和主要内容，并附生效法律文书副本。”

③ 参见曹凤国：《最高人民法院关于人民法院办理财产保全案件若干问题的规定理解与适用》，法律出版社2020年版，第12页。

④ 参见曹凤国：《最高人民法院关于人民法院办理财产保全案件若干问题的规定理解与适用》，法律出版社2020年版，第15页。

金额。不同类型财产提供的信息亦不同。动产比较容易发生保全对象错误，因此申请保全人需要提供动产的买卖合同、发票等权利证明文件，以提高保全成功率。①

最后，根据《民事诉讼法》的规定，在法院采取保全措施后30日内申请人必须提起诉讼或者申请仲裁，否则法院将解除保全措施。《保全规定》第23条进一步明确，采取诉前财产保全措施后30日内不依法提起诉讼或者申请仲裁的，申请保全人应当及时申请解除保全，因未及时申请人民法院解除保全的，应当赔偿被保全人因财产保全所遭受的损失。之所以将保全解除通知的义务赋予保全申请人，源于利害关系人是否提起诉讼或者仲裁往往不告知法院，法院也无从知晓，无从判断是否应当解除，进而可能构成应当解除而未解除的保全措施，引发国家赔偿责任。②

实践中，由于法院对于申请人提出的诉前保全申请是否符合“情况紧急”的条件难以把握、法院案多人少司法资源紧张等原因，诉前保全受理率较低的现象普遍存在。此外，先予执行制度亦可达到对债务人资产进行执行的目的，但其适用范围狭窄、适用条件严格。

（二）诉讼中财产转移

诉讼程序启动后判决作出前，债权人享有法律赋予的财产保全权利。《民事诉讼法》第103条规定的诉讼保全又称为诉中保全，是指对于可能因当事人一方的行为或者其他原因，使判决难以执行或者造成当事人其他损害的案件，人民法院可以依当事人申请或依职权裁定采取保全措施。与受理率低的诉前保全相比，诉中保全的受理条件要宽松得多，申请保全人几乎不用举证证明不保全将使判决难以执行或者造成当事人其他损害，法院为了克服后续执行难也会对诉中保全大开“方便之门”。

与申请诉前保全相比，申请诉讼保全存在以下几点不同：

首先，对被保全财产信息和线索的要求程度不同。根据《保全规定》第10

① 参见曹凤国：《最高人民法院关于人民法院办理财产保全案件若干问题的规定理解与适用》，法律出版社2020年版，第139页。

② 参见曹凤国：《最高人民法院关于人民法院办理财产保全案件若干问题的规定理解与适用》，法律出版社2020年版，第262～263页。

条的规定，申请诉前财产保全，应当向人民法院提供被保全财产信息。而诉讼保全以申请保全人提供明确的财产信息为原则，以提供具体财产线索为补充。我国民事法律关系主体的财产信息公开不足，人民法院依职权查询当事人财产尚有困难，更何况是普通的诉讼当事人。因此，在诉讼当事人因客观原因不能提供具体财产信息，但提供了具体线索的，人民法院经审查认为能够依职权查控被保全财产的，可以根据当事人提供的基本财产线索，作出概括性保全裁定，并移送执行机关查控被保全财产。①

其次，在人民法院根据当事人提供的具体财产线索作出了概括性的保全裁定后，在该裁定的执行过程中，申请保全人可以向已经建立网络执行查控系统的执行法院，书面申请通过该系统查询被保全人的财产。当事人需要提供必要的证据说明已经穷尽了财产查明手段，需要请求人民法院依职权调查。

最后，根据《民事诉讼法解释》第152条的规定，申请诉前保全应当提供担保，以提供全额担保为原则，不提供全额担保为例外。而对申请诉讼保全的，人民法院应当根据案件的具体情况，决定当事人是否应当提供担保以及担保的数额，赋予了人民法院较大的自由裁量空间。《保全规定》则明确了诉讼保全担保数额不超过请求保全数额的30%。

（三）判决作出后申请执行前财产转移

判决作出后债权人申请执行前，债务人串通第三人转移或隐匿财产的动力最为充足，此时债务人的履行义务已经生效判决确认，如拒绝履行将会遭到法院的强制执行。而从判决作出到债权人因债务人不履行生效判决申请执行仍有一个时间差，“由于案件尚未进入执行程序，法院无法对被执行人的财产采取强制措施；即使进入了执行程序，由于我国实行审执分离，立案部门的审查、立案部门移交到执行部门也需时日，执行部门通常也是先发出执行通知后才采取执行措施，因此即使进入了执行程序，法院采取执行措施的最早时间也是在发

① 参见曹凤国：《最高人民法院关于人民法院办理财产保全案件若干问题的规定理解与适用》，法律出版社2020年版，第139页。

出执行通知时”。[1] 这段时间成了债务人转移隐匿财产的“窗口期”。[2]

2005 年《查扣冻规定》（已修订）第 3 条关于“作为执行依据的法律文书生效后至申请执行前，债权人可以向有执行管辖权的人民法院申请保全债务人的财产”的规定，填补了执行前保全的制度空白，《民事诉讼法解释》《保全规定》对其做了进一步的细化完善。“至此，诉前保全、诉讼保全与执行前保全共同构成了一个前后衔接、体系完整的财产保全制度体系。”[3]

执行前保全应当注意以下问题：

第一，当事人必须向有执行管辖权的法院提交书面申请，有管辖权的法院是指第一审法院或者与第一审法院同级的被执行的财产所在地的法院。关于申请应向立案部门还是执行机构提出，现行法律和司法解释没有明确规定，2011 年《执行权配置意见》则明确诉前、申请执行前的财产保全由立案部门进行审查并作出裁定；裁定保全的，移交执行局执行。实践中，大多数法院指定立案部门对执行前财产保全申请受理并予以审查。从立审执分离的司法体制改革思路出发，由立案部门审查也更为合适。需注意的是，《立审执协调意见》规定，申请执行前进行续行保全的，由作出该判决的审判部门作出续行保全裁定。[4]

第二，执行前保全也需要债权人证明存在与诉前保全、诉讼保全所要求的紧急情况，即债务人存在将案件有关的财产损毁、变卖、转移、挥霍或者设定权利负担等行为。[5]

第三，执行前保全阶段，当事人之间的权利关系已经明确，故《保全规定》第 9 条规定，债权人申请执行前保全的，人民法院可以不要求提供担保。但需

---

① 王杏飞：《论执行前财产保全制度的再完善》，载《人民法院报》2016 年 4 月 27 日，第 8 版。

② 原告某银行与被告李某借款合同纠纷一案，经法院调解双方达成分批偿还的民事调解书。在该调解书执行过程中，银行意外发现李某一直承包某镇的鱼塘，且刚转让给他人并已取得转让款，且李某有外出逃避履行的迹象，但由于调解书约定的履行期限未到期，当时的法律没有关于执行前保全的规定，导致银行的保全申请因没有法律依据而未获支持。参见戴曙：《申请执行前的财产保全制度及其完善——以当事人利益平衡与缓解执行难为视角》，载《法治论丛（上海政法学院学报）》2009 年第 2 期。

③ 王杏飞：《论执行前财产保全制度的再完善》，载《人民法院报》2016 年 4 月 27 日，第 8 版。

④ 参见曹凤国：《最高人民法院关于人民法院办理财产保全案件若干问题的规定理解与适用》，法律出版社 2020 年版，第 16 页。

⑤ 参见曹凤国：《最高人民法院关于人民法院办理财产保全案件若干问题的规定理解与适用》，法律出版社 2020 年版，第 17 页。

注意的是，需向人民法院预交保全费。

第四，执行前保全是临时性的救济措施，债权人想要彻底实现债权仍需向人民法院立案部门申请执行，债权人在法律文书确定的履行期间届满后5日内不申请执行的，法院应当解除保全。

（四）执行阶段财产转移

执行阶段债务人转移或隐匿财产逃避执行的情况最为普遍，申请执行人及法院可根据具体情况采取以下反制措施：

1. 保全措施的延续

执行中，人民法院对被执行人的动产、不动产及其他财产权可以采取查封、扣押、冻结等措施。根据《查扣冻规定》及《异议复议规定》可知，人民法院对被执行人财产的判断采取的是“权利外观主义”，而转移型规避恰恰是通过将财产的权利外观粉饰为第三人的方式逃避执行。但若债权人在执行前通过保全程序对债务人的财产予以“锁定”，根据《民事诉讼法解释》第168条“保全裁定未经人民法院依法撤销或者解除，进入执行程序后，自动转为执行中的查封、扣押、冻结措施，期限连续计算，执行法院无需重新制作裁定书，但查封、扣押、冻结期限届满的除外”以及《查扣冻规定》第26条“被执行人就已经查封、扣押、冻结的财产所作的移转、设定权利负担或者其他有碍执行的行为，不得对抗申请执行人”之规定，在执行程序中债权人将处于更主动的地位，体系完整的保全措施可以有效防止被执行人在执行阶段进行转移型规避执行。

2. 对拒不执行或通过虚假诉讼转移的行为予以惩戒

出于对案外人权利保护目的而设置的案外人执行异议及执行异议之诉制度也被一些债务人利用作为逃避执行的工具。对于权利外观属于被执行人的财产，被执行人会与案外人串通虚构债权债务关系，由案外人通过提起案外人异议或异议之诉的方式排除申请人的强制执行或优先于申请执行人受偿，以期达到逃避执行的目的。房地产公司甲公司为了阻却人民法院强制执行其名下房产，冒用自然人艾某某等63人身份，制造虚假证据材料，虚构购房事实，向法院提出执行异议，致使法院作出部分错误执行异议裁定和执行异议之诉判决。后在关联的执行异议之诉案件审理中，该虚假诉讼行为被二审法院查实。因案涉房屋相关执行异议均为虚假，《异议复议规定》第28条和第29条规定的排除执行的条件并不具备，法院依法裁定对甲公司名下相应房屋继续执行。对于甲公司冒用他人名义制造系列虚假诉讼案件的行为，法院对甲公司处以每案100万元、共计6300万元罚款，并将相关犯罪线索和有关材料移送侦查机关。①

在不构成虚假诉讼的场合，如被执行人与其子女串通，将其固定工资收入直接由工作单位发放到子女的银行卡，造成被执行人无财产可供执行的假象，人民法院可以拒不执行生效判决、裁定对其进行罚款、拘留，情节严重的，构成拒不执行判决、裁定罪的，依法追究其刑事责任。

3. 变更追加被执行人

实践中，有当事人或法院依据《制裁规避执行行为意见》第20条关于“有充分证据证明被执行人通过离婚析产、不依法清算、改制重组、关联交易、财产混同等方式恶意转移财产规避执行的，执行法院可以通过依法变更追加被执行人或者告知申请执行人通过诉讼程序追回被转移的财产”之规定，申请追加财产受让人为被执行人或直接裁定受让人为被执行人。

在《变更追加规定》施行前，关于变更追加被执行人的规定散见于2007年《民事诉讼法》第209条、《民事诉讼法解释》第470～473条、1998年《执行规定》第76～83条以及最高人民法院作出的相关批复、复函等。最高人民法院曾在判例中以上述法律及司法解释并未增设在执行阶段可以以《制裁规避执行行为意见》第20条规定的情形为由追加被执行人的具体规则，认为《制裁规避执行行为意见》不能作为执行阶段追加被执行人的直接依据。②

---

① 参见《人民法院整治虚假诉讼典型案例》，载中华人民共和国最高人民法院网2021年11月9日，https：//www. court. gov. cn/zixun－xiangqing－330811. html。

② 最高人民法院执行裁定书，（2012）执复字第30号。基本案情：在蔡某英与萧某、繁荣公司、肖某民间借贷纠纷一案执行中，申请执行人蔡某英提出因繁荣公司、萧某恶意逃避债务，向阜承公司转移财产，请求追加阜承公司为被执行人。福建省高级人民法院审查后认为，被执行人繁荣公司为规避执行，通过第三人阜承公司恶意转移可供执行财产。根据《制裁规避执行行为意见》第20条的规定，裁定追加阜承公司为被执行人。阜承公司向最高人民法院提出复议。最高人民法院经审查认为，“执行程序中追加被执行主体，应当符合《中华人民共和国民事诉讼法》第二百零九条、《最高人民法院关于适用〈中华人民共和国民事诉讼法〉若干问题的意见》第271条至274条以及《最高人民法院关于人民法院执行工作若干问题的规定（试行）》第76条至第82条规定的情形。《制裁规避执行行为意见》第20条是指被执行人恶意转移财产规避执行的，执行法院可以依法变更追加被执行人，并未增设执行程序中直接裁定变更被执行人的法定情形。……本案中，阜承公司收受繁荣公司的财产，并受让‘二轻大厦’49%的权益，均不符合执行机构直接裁定追加被执行人的法定条件”。

《变更追加规定》列举了8种变更、追加申请执行人的情形，16种变更、追加被执行人的情形。以下就《制裁规避执行行为意见》第20条规定的情形能否通过《变更追加规定》予以实现进行分析。

（1）被执行人通过离婚析产逃避债务的。判决法律文书仅将夫妻一方列为债务人的，但有证据证明该债务发生在婚姻关系存续期间，申请执行人能否变更、追加离婚后的配偶为被执行人?《变更追加规定》对此并未规定。最高人民检察院发布的检例第110号案例中，检察院认为生效判决未确认案涉款项为夫妻共同债务，法院在执行阶段直接追加被执行人的配偶为被执行人，无法律依据，属程序违法，遂提出检察建议，法院最终撤销了追加被执行人配偶为被执行人的裁定。因此，申请执行人认为被执行人通过离婚转移资产逃避债务的，应通过另行起诉确认该执行债务为夫妻共同债务。

（2）被执行人未经清算即办理注销。《变更追加规定》第21条规定，公司未经清算即办理注销登记导致公司无法清算，可以申请变更、追加有限责任公司的股东、股份有限公司的董事和控股股东为被执行人，对公司债务承担连带清偿责任。第23条规定，法人或非法人组织，未经依法清算即办理注销登记，在登记机关办理注销登记时，第三人书面承诺对被执行人的债务承担清偿责任，可以申请变更、追加该第三人为被执行人，在承诺范围内承担清偿责任。

（3）被执行人改制重组。改制重组常常涉及合并、分立或撤销，国有企业的改制还会涉及资产被行政命令无偿调拨、划转。《变更追加规定》第11条、第12条、第22条及第25条对此进行了规定。①

---

① 《变更追加规定》第11条规定："作为被执行人的法人或非法人组织因合并而终止，申请执行人申请变更合并后存续或新设的法人、非法人组织为被执行人的，人民法院应予支持。"第12条规定："作为被执行人的法人或非法人组织分立，申请执行人申请变更、追加分立后新设的法人或非法人组织为被执行人，对生效法律文书确定的债务承担连带责任的，人民法院应予支持。但被执行人在分立前与申请执行人就债务清偿达成的书面协议另有约定的除外。"第22条规定："作为被执行人的法人或非法人组织，被注销或出现被吊销营业执照、被撤销、被责令关闭、歇业等解散事由后，其股东、出资人或主管部门无偿接受其财产，致使该被执行人无遗留财产或遗留财产不足以清偿债务，申请执行人申请变更、追加该股东、出资人或主管部门为被执行人，在接受的财产范围内承担责任的，人民法院应予支持。"第25条规定："作为被执行人的法人或非法人组织，财产依行政命令被无偿调拨、划转给第三人，致使该被执行人财产不足以清偿生效法律文书确定的债务，申请执行人申请变更、追加该第三人为被执行人，在接受的财产范围内承担责任的，人民法院应予支持。"

在（2019）最高法执监279号案例中，申请执行人主张被执行人少林汽车公司通过重组改制，将已列入《车辆生产企业及产品公告》的所有产品企业名称变更为少林客车公司，将少林汽车公司土地、厂房等转入少林客车公司，少林汽车公司并将商标使用权以授权的方式提供少林客车公司使用，且无有效证据能够证明支付足够对价，由此导致少林汽车公司丧失继续经营及偿债的能力，致使本案判决生效后少林汽车公司无财产可供执行。河南省高级人民法院依据《变更追加规定》第12条裁定追加少林客车公司为被执行人。少林客车公司不服，向最高人民法院申诉。最高人民法院认为，河南省高级人民法院仅从少林汽车公司与少林客车公司的交易安排认定该交易安排与企业法人分立的法律后果相同，从少林汽车公司将资产分离给少林客车公司的做法认定该做法与企业法人分立的做法相符，但并未对少林汽车公司是否存在分立，以及少林汽车公司与少林客车公司之间是否存在企业法人分立的法律关系进行审查和认定，即适用《变更追加规定》第12条裁定追加少林客车公司为被执行人，属事实认定不清。

通过上述案例可知，适用《变更追加规定》第12条变更、追加分立后新设的法人为被执行人的，需要确认被执行人与被申请变更追加主体之间构成分立关系。①

（4）被执行人通过关联交易逃避债务。关联交易是指某一公司企业与其关联人之间的交易。关联交易本身是中性的，但在现实生活中，关联交易常常伴随相关公司利益的不平等调整，往往是关联的一方利用其股权控制、人事安排等制度实际控制了交易的另一方，从而实质性地控制了交易的进行。② 具体表现为与关联方之间进行的高于市场价格的购入、低于市场价格的卖出或无偿提供担保等，以达成向关联方进行利益输送之目的。因此，不公平的关联交易将使作为利益输出方的被执行人的资产减少，侵害的是被执行人债权人的利益。《变更追加规定》并未对因关联交易导致的被执行人财产不足以清偿生效法律文书

---

① 最高人民法院在（2017）最高法执复8号执行裁定中对非典型企业分立模式下被执行人与被申请变更追加主体之间成立分立关系的认定进行了详尽的分析论述，具有一定参考价值。

② 参见江必新、何东宁等：《最高人民法院指导性案例裁判规则理解与适用（公司卷）》（第3版）（上册），中国法制出版社2018年版，第65页。

确定债务时可以申请追加关联交易方进行规定。申请执行人认为被执行人存在不公平或虚假关联交易的，应通过另行起诉对关联交易行为予以撤销或认定其无效。

（5）财产混同。《变更追加规定》第20条规定了刺破一人有限责任公司面纱情形下的变更追加。作为被执行人的一人有限责任公司，财产不足以清偿生效法律文书确定的债务，股东不能证明公司财产独立于自己的财产，申请执行人申请变更、追加该股东为被执行人，对公司债务承担连带责任的，人民法院应予支持。

在执行程序中只规定了刺破一人有限责任公司面纱追加股东为被执行人的情形，主要是考虑人民法院在执行程序中主要是通过听证程序对变更追加进行审查，并且审查时间有限，不可能像审判程序一样严密。而《公司法》第63条规定，证明公司财产独立于股东财产的证明责任由一人有限责任公司的股东承担。这无疑降低了法院的审查难度，不至于对被申请追加主体的利益造成太大影响。

（6）若被执行人未通过上述形式逃避债务规避执行，仅是简单地将资金或者不动产转移至第三方的，能否申请追加接收财产的第三方为被执行人？以下通过一则案例对该问题予以说明。

徐州市中级人民法院在执行徐州工业煤炭有限公司（以下简称徐州煤炭公司）与绍兴县农村经济开发公司（以下简称绍兴农经公司）购销合同纠纷一案中，徐州市中级人民法院通过司法审计发现，江苏省高级人民法院（2000）苏经终字第39号民事判决书作出后，绍兴农经公司借款给绍兴县星光物资有限公司（以下简称绍兴星光公司）80余万元，为绍兴星光公司垫付运费41万元，转入绍兴农经公司经理张某忠名下30万元。此外还发现，绍兴农经公司2000年3月停止开展经营活动后，绍兴星光公司利用绍兴农经公司的资金开展经营活动，其业务范围、客户及公司人员、财务与绍兴农经公司混同。徐州市中级人民法院认为，绍兴星光公司应对绍兴农经公司的权利义务予以继承，遂作出（2001）徐执字第52-1号裁定，裁定（2000）苏经终字第39号民事判决书确定由绍兴农经公司履行的义务，由绍兴星光公司承继履行，绍兴农经公司迟延履行生效法律文书所产生的法律责任，由绍兴星光公司负担。

本案因被执行人无财产可供执行被多次终本。2015 年徐州煤炭公司向徐州市中级人民法院申请恢复执行，并以张某忠将绍兴农经公司的大量资金转归自己及其妻子丁某定所有为由，申请追加丁某定、张某忠为被执行人。徐州市中级人民法院认为，绍兴农经公司先将资金转移到绍兴星光公司名下。绍兴星光公司不具备法人资格，未独立开展经营活动。绍兴星光公司又将资金转移到丁某定、张某忠名下的行为属于恶意转移财产规避执行，丁某定、张某忠应承担相应法律责任。遂依据 1998 年《执行规定》第 76 条“被执行人为无法人资格的私营独资企业，无能力履行法律文书确定的义务的，人民法院可以裁定执行该独资企业业主的其他财产”的规定，作出（2015）徐复执字第 00013 号执行裁定，裁定追加丁某定、张某忠被本案被执行人。冻结、扣划绍兴农经公司、绍兴星光公司、张某忠、丁某定银行存款 500 万元，如银行存款不足，则查封、扣押、提取其相应价值的其他财产。之后，徐州市中级人民法院再次作出（2016）苏 03 执恢 107 号执行裁定，裁定内容与（2015）徐复执字第 00013 号执行裁定一致。徐州市中级人民法院据此冻结了张某忠、丁某定的银行存款。张某忠、丁某定提出异议。

徐州市中级人民法院查明，绍兴农经公司的性质是集体企业，其行政主管部门任命张某忠担任经理。绍兴农经公司因未参加年检，于本案终审判决作出前被吊销营业执照，进而被注销。丁某定是绍兴星光公司的股东，持股 40% 并担任法定代表人。徐州市中级人民法院经审查认为，执行过程中变更追加被执行人应遵循法定原则，既不能超出法定情形进行追加，亦不能直接引用有关实体裁判规则进行追加。徐州煤炭公司如果认为张某忠无权将绍兴农经公司大量资金转移归自己及其妻子丁某定所有，应向有管辖权的法院提起撤销权诉讼。通过诉讼明确被执行人转移财产以及张某忠、丁某定占有案涉财产的行为是否合法。法院在执行程序中对财产转移及占有行为无权作出裁定。徐州市中级人民法院作出（2017）苏 03 执异 7 号裁定，撤销（2015）徐复执字第 00013 号执行裁定及（2016）苏 03 执恢 107 号执行裁定，解除对张某忠、丁某定银行账户的冻结。徐州煤炭公司不服该裁定，向江苏省高级人民法院申请复议。

江苏省高级人民法院经审查认为，执行程序中如需追加被执行人以外的他人为被执行人，必须有法定的事由并经过法定程序。张某忠系绍兴农经公司经理而非股东，其妻子丁某定系绍兴星光公司占股40%的股东，均不属于法律规定的可在执行程序中直接追加为被执行人的范围。本案中查明的绍兴农经公司划转资金的行为符合《制裁规避执行行为意见》第14条第2款规定的被执行人放弃债权、无偿转让财产或者以明显不合理的低价转让财产的情形。执行法院可以告知申请执行人向有管辖权的人民法院提起撤销权诉讼。徐州煤炭公司以绍兴农经公司将资金转移到丁某定、张某忠名下的行为属于恶意转移财产规避执行，承担相应法律责任的主张应当通过诉讼程序予以解决。遂作出（2018）苏执复30号执行裁定，裁定驳回徐州煤炭公司的复议申请，维持徐州市中级人民法院（2017）苏03执异7号执行裁定。

从该案例中法院的裁判观点可以看出，执行程序中的变更追加严格遵守法定原则，实体裁判规则是变更追加的必要不充分条件，不能直接引用。即便已有充足的证据显示被执行人确实存在转移财产规避执行的行为，在不符合法律及司法解释明确规定可以变更追加的情况下，亦应当通过诉讼程序予以解决。

4. 对当事人恶意诉讼取得的生效裁判文书应当依法再审

《民事诉讼法》第116条规定了对被执行人与他人恶意串通，通过诉讼、仲裁、调解等方式逃避履行法律文书确定的义务的惩罚措施，但并未对被执行人恶意诉讼取得的生效裁判文书如何处理进行规定。《制裁规避执行行为意见》第11条规定，案外人违反管辖规定，向执行法院之外的其他法院起诉，并取得生效裁判文书，将已被执行法院查封、扣押、冻结的财产确权或者分割给案外人，或者第三人与被执行人虚构事实取得人民法院生效裁判文书申请参与分配，执行法院认为该生效裁判文书系恶意串通规避执行损害执行债权人利益的，可以向作出该裁判文书的人民法院或者其上级人民法院提出书面建议，有关法院应当依照《民事诉讼法》和有关司法解释的规定决定再审。

在某银行与石某借款合同纠纷执行案中，执行法院查封石某的房屋并拟进行拍卖，案外人黎某提出异议，指出石某已经将房屋出售给黎某。执行法院经审查后驳回黎某的异议。黎某又提起执行异议之诉，一审、二审法院均未支持其诉求。后黎某在另一法院起诉确认石某的房屋归其所有，法院作出调解书，确认石某房屋归黎某所有。黎某依据该调解书又向执行法院申请异议，执行法院受理后作出中止对该房屋执行的裁定。在该案例中，黎某存在违反管辖规定恶意诉讼的嫌疑，执行法院也存在违反一事不再理的程序违法情形，导致申请执行人的债权陷入难以实现的境地。

上述均是从程序角度论述了如何应对债务人串通第三人转移或隐匿资产逃避债务的行为，但在实践中，因债权人或法院等原因未能及时通过保全等程序措施将债务人的财产予以“锁定”导致债务人将财产转移的，债权人的债权保护则需要通过实体法上多种制度予以“救济”。第一，如果债务人转移财产的行为构成“诈害债权”的，债权人可以依据《民法典》第538条、第539条的规定行使撤销权。① 第二，如果债务人与相对人构成通谋虚伪的，债权人可根据《民法典》第146条第1款“行为人与相对人以虚假的意思表示实施的民事法律行为无效”之规定，起诉主张债务人与第三人之间转移财产的行为无效。通谋虚伪与诈害债权的区别在于，在通谋虚伪中，双方当事人并无作出法律行为的真意，无受合同拘束之意，而诈害债权的当事人具有缔结合同的真意，愿意受合同拘束。② 第三，若债务人转移财产的行为构成《民法典》第154条恶意串通的，债权人可以主张该转让行为因侵害其利益而无效。在选择适用恶意串通规则或是债权人撤销权时，最高人民法院法官认为，这是两种不同的保护债权的方式和途径，在适用范围、期限和证明标准等方面存在区别。从司法实践来看，恶意串通在举证方面面临更高的要求。③ 第四，对于债务人与案外人串通故意怠于行使到期债权抗拒执行的，债权人可依据《民法典》第535条、第536条之

① 值得注意的是，《九民纪要》第120条第1款第2项规定，债务人与他人的权利义务被生效裁判文书确定的，债权人则不能再行使撤销权，但为了对债权人进行救济，债权人可以提起第三人撤销之诉。该规定一方面将被生效法律判定的债务人与相对人之间行为排除在债权人撤销权的行使对象之外，另一方面又认为第三人撤销之诉一般不包括债权人，但作为债权人在前述情况下不能行使撤销权的替代救济手段，例外的允许债权人依据《民事诉讼法》行使第三人撤销之诉。享有撤销权的债权人既不是有独立请求权第三人也不是无独立请求权第三人，故无权提起第三人撤销之诉，系司法通说。但在最高人民法院发布的指导性案例永安市燕诚房地产开发有限公司、郑耀南第三人撤销之诉中［案号：（2017）最高法民终885号］，最高人民法院又提出，作为普通债权人的第三人一般不具有基于债权提起第三人撤销之诉的事由，但如果生效裁判所确认的债务人相关财产处分行为符合《合同法》（已废止）第74条所规定的撤销权条件，则依法享有撤销权的债权人与该生效裁判案件的处理结果具有法律上的利害关系，从而具备以无独立请求权第三人身份提起第三人撤销之诉的原告主体资格。参见金印：《诉讼与执行对债权人撤销权的影响》，载《法学》2020年第11期。

② 参见韩世远：《虚假表示与恶意串通问题研究》，载《法律适用》2017年第17期。

③ 参见吴光侠、高晓力：《〈瑞士嘉吉国际公司诉福建金石制油有限公司等确认合同无效纠纷案〉的理解与参照》，载《人民司法》2015年第18期。

规定，向人民法院诉请以自己的名义代位行使债务人的债权。

实务操作指引

（一）申请执行人提起撤销权诉讼

根据《制裁规避执行行为意见》第14条第2款的规定，被执行人放弃债权、无偿转让财产或者以明显不合理的低价转让财产，对申请执行人造成损害的，执行法院可以告知申请执行人依照《民法典》第538条、第539条的规定向有管辖权的人民法院提起撤销权诉讼。

（二）对执行中转移财产行为的制裁

依据《民事诉讼法》第116条之规定，被执行人在执行中转移财产规避执行的，对其可以进行罚款、拘留，也可以追究其刑事责任。被执行人与他人恶意串通，通过诉讼、仲裁、调解等方式逃避履行法律文书确定的义务的，人民法院应当根据情节轻重予以罚款、拘留；构成犯罪的，依法追究刑事责任。

具体到本答复，法院裁定被执行人亲属交出车款是有前提条件的：首先，确实查明被执行人为逃避对受害人的赔偿义务，伙同其亲属处分肇事车辆，存在规避法院执行的行为；其次，虚构与其亲属间的债权债务关系，将卖车款分给其亲属非法占有。实际上，被执行人财产由被执行人亲属非法占有。只有符合上述条件，才可以在执行程序中裁定非法占有车款的被执行人亲属交出车款，用以偿还被执行人的债务。

（三）可否申请追加财产受让人为被执行人

根据最高人民法院相关指导意见，执行程序中，在法院采取查封、扣押、冻结措施之前，被执行人放弃债权、无偿转让财产或者以明显不合理的低价转让财产，对申请执行人造成损害的，执行法院可以告知申请执行人依照《民法典》第538条、第539条的规定向有管辖权的人民法院提起撤销权诉讼，旨在通过诉讼明确被执行人转移财产的协议以及受让人占有涉案财产的行为是否合法有效，进而明确能否继续执行已经被转移的财产。执行程序上，执行机构对财产转让协议及占有行为无权作出认定，应当依法通过诉讼解决，因此，即使被执行人恶意转移财产，也不得直接追加财产的受让人为被执行人。如果法院采取查封措施之后，被执行人转移已查封财产或者在查封财产上设定权利负担，因无法办理权属转移登记手续，尽管转让及抵押合同有效，但其效力不得对抗申请执行人。①

四、企业承包经营合同关于债权债务的约定可否作为变更追加被执行人的事由

答复原文

最高人民法院经济审判庭关于被执行主体虽未倒闭但又另外承包且无偿还能力可否由按承包合同偿还原债务的主管单位作为被执行主体问题的电话答复

1988年9月17日

江苏省高级人民法院：

你院（88）经复字第19号“关于被执行主体虽未倒闭，但又另外承包，且无偿还能力，可否由按承包合同偿还原债务的主管单位作为被执行主体的请示报告”收悉。经研究答复如下：

冶金部十七冶企业公司（简称“企业公司”）于1988年将其申报成立的长久建材商店（简称“建材商店”）发包给谭大志，并在承包合同中约定：“1987年度商店的报废、积压商品及债权债务由企业公司负责处理”。但是，建材商店的承包并不改变其性质及债权债务关系，承包合同的约定，也不应视为该商店1985年欠江苏省溧阳县劳动服务公司的债务转移由企业公司承担。因此，如果建材商店实际具有法人资格，参照民法通则第四十八条规定，本案在执行程序中，无须变更被执行主体，而仍应由建材商店承担债务。如果建材商店不具有

---

① 《民法典担保解释》第37条第2款规定：“当事人以依法被查封或者扣押的财产抵押，抵押权人请求行使抵押权，经审查查封或者扣押措施已经解除的，人民法院应予支持。抵押人以抵押权设立时财产被查封或者扣押为由主张抵押合同无效的，人民法院不予支持。”

法人资格，参照本院法（研）复［1987］33号批复，在执行程序中，可裁定企业公司承担连带责任，成为被执行人之一。

出台背景

本批复涉及的问题是企业承包经营合同中关于债务承担的约定对承包经营企业对外责任承担的影响。批复出台时正值国有企业承包经营责任制被全面推广的时期。随着经济体制改革的深入和企业类型更加丰富，在国有企业承包经营责任制基础上，又衍生出多种形式、涉及多种主体的承包经营类型，出现了以企业或者个人或个人合伙作为企业经营者承包经营另一企业的新型承包经营模式。发包方为对被承包经营企业拥有所有权、经营管理权或收益处分权的主体，承包方是意图获取被承包企业经营权的企业或个人（个人合伙）。虽然承包的形式更加多样，但对于责任承担问题，司法机关的观点始终如一，即按照“内外有别”的思路，承包经营企业对外问题上，只要承包经营企业具备独立法人资格，无论是否存在承包经营合同，也无论承包经营合同对债权债务作出何种约定，承包经营企业的债权债务均由被承包经营企业自行承担；而在承包经营内部，则由双方按照约定进行处理。①

理解与适用

（一）企业承包经营的概念与内涵

企业承包经营在不同的时代语境下拥有不同的内涵。最早的承包经营肇始于1988年《全民所有制工业企业承包经营责任制暂行条例》（已修改），其是在确立国家与企业责权利关系，使全民所有制企业在坚持全民所有制基础上，做到自主经营、自负盈亏的一种经营管理制度。人民政府指定的有关部门代表国家作为发包方，与由企业经营者代表实行承包经营的企业作为承包方签署承包

① 参见张士顺、姚仁甫、褚红军：《对企业单位承包合同纠纷几个法律问题的探析》，载《人民司法》1991年第7期。

经营合同。企业经营者是企业的厂长（经理）、法定代表人，对企业全面负责。与此同时，外商投资企业承包经营也逐渐兴起，中外合资企业、外商独资企业的治理机制更接近于现代公司，积累的经验为之后公司承包经营提供了宝贵经验。现今，我国国有企业改革早已告别承包经营模式，改采现代公司制度。[①]

公司承包经营，是指公司将公司的全部或部分经营权在一定期限内交给承包人，由承包人对公司进行经营管理，承包人按照合同的约定向发包人支付承包金，并承担相应经营风险的一种经营方式。[②] 在公司制企业成为市场经济主体后，尽管法律上未对公司承包经营作出具体规定，但从前期国有企业承包经营和合营（合作）企业的承包经营中获取了很多制度资源并运用于公司承包经营领域。[③] 可以说公司承包经营是企业承包经营在具有新型产权结构的公司制企业中的传承。[④]

（二）公司承包经营的性质及合同效力

公司承包经营的实质是通过向承包人进行企业经营控制的概括授权，将公司的经营风险和额外的收益机会转移给承包人，以取得低风险的固定收益的一种商业安排。[⑤]

在公司承包经营发展之初，学界对公司承包经营合同的效力产生过争议。有效论认为，法律并无禁止公司承包的规定。无效论认为，承包人获得的公司经营权较大，直接影响公司组织机构间原有的权力配置格局，违反公司法定主义原则。而且董事会的经营管理职责来自《公司法》和公司章程的规定，以及股东会的授权。承包经营，违反了《公司法》关于公司治理结构的设置及其职权的规定。[⑥] 折中说认为，公司承包合同原则上应为有效，但若承包经营合同中将股东会或董事会中不能授予他人行使的权利赋予承包人，或者违反《公司法》

① 参见刘俊海：《新公司法框架下的公司承包经营问题研究》，载《当代法学》2008 年第 2 期。

② 参见李克才：《股东将公司发包给股东的承包经营合同效力》，载《人民司法》2008 年第 24 期。

③ 参见张如海：《公司承包经营的法律效力与法之规制》，载《广西社会科学》2009 年第 12 期。

④ 参见李志强、马宁：《公司承包经营的相关法律问题探析》，载《行政与法》2011 年第 11 期。

⑤ 李志强、马宁：《公司承包经营的相关法律问题探析》，载《行政与法》2011 年第 11 期。

⑥ 参见刘俊海：《新公司法框架下的公司承包经营问题研究》，载《当代法学》2008 年第 2 期；张如海：《公司承包经营的法律效力与法之规制》，载《广西社会科学》2009 年第 12 期。

强制性规定如分红条件等，则应认定合同无效。[①] 还有学者提出，公司承包经营的适用范围应限于有限责任公司，股份公司由于其结构性规则的法律强制性，不得进行承包经营。[②]

（三）公司承包经营期间的责任承担主体认定

普遍认为，承包经营只是经营方式的改变，承包人如果是以公司的名义参与经济活动，所产生的法律后果也应由公司承担。承包人既不能突破合同相对性要求公司的相对方承担责任，亦无须直接向公司的相对方承担责任。以下通过最高人民法院的一则案件进行说明。

在山西省投资集团工贸有限责任公司（以下简称工贸公司）与大同海运煤炭交易服务有限公司（以下简称海运公司）、宣化县安兰煤炭有限公司（以下简称安兰公司）企业承包经营合同纠纷一案中，安兰公司与海运公司签署《煤炭代发合作协议》。工贸公司与安兰公司签署《承包经营合同》，约定安兰公司委托工贸公司全权经营，经营期间，安兰公司与海运公司签订的《煤炭代发合作协议》由工贸公司全权代理执行，工贸公司以5元/吨的价格按照实际发运的数量向安兰公司支付承包费。工贸公司之后起诉要求确认其在承包安兰公司期内，享有安兰公司对海运公司的全部权利，并要求海运公司直接向工贸公司支付相关费用。两审法院及最高人民法院均认为，《承包经营合同》从名称和具体内容的约定均能够显示工贸公司与安兰公司之间系承包经营关系，该合同约束的主体以及权利义务涉及的主体也仅为工贸公司与安兰公司。而《煤炭代发合作协议》的签订双方为海运公司与安兰公司，该合同约束的双方当事人以及权利义务主体亦相应为海运公司与安兰公司。在相对海运公司的外部关系上，工贸公司关于《煤炭代发合作协议》所进行的履行行为系代理安兰公司所为，工贸公司的诉讼请求已超越合同的相对性原则，其要求海运公司支付相关费用的主张缺乏合同依据。[③] 公司在承包经营期间因违法行为而承担责任的原理与上述案例

---

① 参见李克才：《股东将公司发包给股东的承包经营合同效力》，载《人民司法》2008年第24期。

② 参见张如海：《公司承包经营的法律效力与法之规制》，载《广西社会科学》2009年第12期。

③ （2019）晋民终430号民事判决书；（2020）最高法民申2553号民事裁定书。

一致。[①]

值得注意的是，个人独资企业、个体工商户等非法人组织亦可以作为发包对象。但由于个人独资企业不具备独立的法人资格，故应由投资人承担无限连带责任。承包合同中如有关于承包人承担个人独资企业民事责任的约定，并不影响承包合同的效力。[②]

实务操作指引

承包人承诺对被执行人承包经营期间发生的债权债务承担责任，申请执行人可否追加承包人作为被执行人？以下通过一则案例对该问题的处理进行分析。[③]

2000 年 11 月 11 日，常德信托投资公司与湖南华天国际酒店管理有限公司（以下简称华天酒店管理公司）签订了《湖南华天国际酒店管理公司承包经营常德洞庭明珠大酒店合同书》，约定常德市信托投资公司允许华天酒店管理公司将常德洞庭明珠大酒店名称变更为“常德华天大酒店”，承包期限为 2001 年 1 月 1 日至 2011 年 12 月 31 日，承包期满后，双方如无异议，同等条件下享有续签承包经营合同的优先权。华天酒店管理公司承包期内发生的一切债权、债务关系及其他经济责任由其自行承担。

2018 年 8 月 3 日，华天酒店管理公司向常德市财政局提交了解除承包经营合同的函（常德市财政局系投资兴建常德洞庭明珠大酒店的湖南省常德市信托投资公司的主管机关）。2019 年 4 月 28 日，华天酒店管理公司向常德市财政局出具了承诺函，承诺“一、常德华天大酒店在原经营管理工作中遗留的问题，包括但不限于债权债务、应收应付等，都由我司依法依规处理及承担；二、在处理外租户工作中所涉及的经济纠纷、诉讼、赔偿等，都由我司依法依规处理

① 参见李晓晰、吴兵、刘永涛：《企业承包经营期间的违法行为责任主体应如何认定?》，载《中国环境监察》2019 年第 8 期。

② 参见怀晓红、方菲：《个人独资企业承包经营合同效力的认定——广东佛山中院判决周春移诉吴桂林等合同纠纷案》，载《人民法院报》2011 年 5 月 19 日，第 6 版。

③ 汪某、湖南华天国际酒店管理有限公司房屋租赁合同纠纷案，湖南省常德市武陵区人民法院（2021）湘 0702 执异 21 号执行裁定书。

及承担；三、在资产移交以后，大楼内所有的资产均整体移交给贵局，任由贵局处置，不存在任何资产权属纠纷问题”。

后常德市财政局与华天酒店管理公司签订了《常德华天大酒店〈承包经营合同〉解除协议书》，双方约定承包经营合同终止日为2019年4月30日。常德市财政局不再就承包经营合同中的权利义务及华天酒店管理公司提前终止承包经营合同追究违约责任。

2014年5月8日，汪某与常德华天大酒店签署租赁协议，约定汪某承租常德华天大酒店21楼旋转餐厅经营美容美体。因拖欠租金，常德华天大酒店向法院起诉要求汪某支付租金及欠付的其他费用并移交场地。汪某提起反诉要求常德华天大酒店赔偿其单方面解除合同给汪某造成的损失。经过审理，法院判决常德华天大酒店向汪某支付装修损失费用301,156.42元。执行过程中，因常德华天大酒店无可供执行的财产，法院于2019年12月20日裁定终结本次执行。之后汪某以华天酒店管理公司系常德华天大酒店的实际承包人，且向承德市财政局承诺常德华天大酒店经营管理中的遗留问题，包括但不限于债权债务、应收应付等，以及在处理外租户工作中所涉及的经济纠纷、诉讼、赔偿等，均由华天酒店管理公司处理及承担为由，依据《变更追加规定》第22条向法院申请追加华天酒店管理公司为本案的被执行人。

本案的争议焦点在于追加华天酒店管理公司为被执行人是否符合法律的规定。围绕上述问题，法院论证如下：

第一，执行中变更、追加被执行人是人民法院执行权的扩张，须符合事由法定原则。

《变更追加规定》第22条规定：“作为被执行人的法人或非法人组织，被注销或出现被吊销营业执照、被撤销、被责令关闭、歇业等解散事由后，其股东、出资人或主管部门无偿接受其财产，致使该被执行人无遗留财产或遗留财产不足以清偿债务，申请执行人申请变更、追加该股东、出资人或主管部门为被执行人，在接受的财产范围内承担责任的，人民法院应予支持。”该条的适用条件有两个：一是被申请追加的主体是被执行人的股东、出资人或主管部门，二是无偿接收被执行人的财产致使被执行人无财产可供执行。

第二，虽然申请执行人汪某与被执行人常德华天大酒店租赁合同标的物系承包人华天酒店管理公司与常德市财政局承包经营标的物中的一部分，具有法律上的关联性，但申请人汪某主张华天酒店管理公司承担责任，是基于企业承包经营合同另一法律关系，其主张须另寻救济途径，而非在房屋租赁合同纠纷执行案件中直接申请追加华天酒店管理公司为被执行人。并且汪某不能证明华天酒店管理公司系被执行人的股东、出资人或主管部门，不符合《变更追加规定》第22条适用的范围。

企业承包经营是以不改变企业法人独立地位，以被承包经营企业的名义参与经济活动，鉴于承包经营企业作为法人具备独立的民事责任能力，而发包人与承包人之间的合同关系系内部关系、被承包经营企业与债权人之间的债权债务关系属公司外部关系，企业仍应对自己的债务负责。换言之，在对外关系中，债权人有权直接追究被承包经营企业的民事责任，而不应把承包人列为被告或被执行人。在对内关系中，被承包经营企业在承担清偿责任之后，有权向承包人追偿。但至于被承包经营公司能否从承包人处获偿，属于被承包经营企业需自行承担的风险。因此，为了防范自身的法律风险、强化承包经营的风险锁定能力，被承包经营公司可在承包经营合同中要求承包人预先提供充分的担保手段，如风险保证金等。①

此外，由于公司承包经营中的法律规制欠缺，无论是公司还是承包人均应从防范风险的角度在承包经营合同中明确规定经营权限（尤其是需要充分考虑承包经营权限对股东会、董事会等权力机构、监事会等监督机构职权的影响）、②债权债务承担以及解除权的行使条件等核心风险问题。

---

① 参见刘俊海：《新公司法框架下的公司承包经营问题研究》，载《当代法学》2008年第2期。

② 有学者认为，鉴于股东会的决策事项攸关股东的根本利益，原则上股东的职权仍应专属于股东会，不宜交由承包人行使。而作为执行机构的董事会，承包经营合同可以限缩，甚至在承包期内暂时冻结董事会的部分职权，董事会的职责由作出经营管理决策转为代表公司及股东监督承包人的经营行为，并提出纠正、解除合同甚至起诉等建议。监事会则应当继续行使监督职权。承包经营的特性已经决定了公司必须将经理层的经营管理权交给承包人，而由承包人自身或其指派人士担任法定代表人，也是促进交易效率的应有之义。但发包人应注意承包人担任法定代表人的潜在道德风险和法律风险，对法定代表人的限制有必要在承包经营期间的公司章程中予以明确规定。参见刘俊海：《新公司法框架下的公司承包经营问题研究》，载《当代法学》2008年第2期。

五、执行中被撤销的机关法人债务的承担主体

复函原文

最高人民法院关于机关法人作为被执行人在执行程序中变更问题的复函

2005年8月3日　法函〔2005〕65号

青海省高级人民法院：

你院2005年3月22日的请示收函。经研究，答复如下：

鉴于在执行过程中，被执行人在机构改革中被撤销，其上级主管部门无偿接受了被执行人的财产，致使被执行人无遗留财产清偿债务，按照《最高人民法院关于适用〈中华人民共和国民事诉讼法〉若干问题的意见》①（法发〔92〕22号）第271条和《最高人民法院关于人民法院执行工作若干问题的规定（试行）》（法释〔1998〕15号）第81条的规定，可以裁定变更本案的被执行人主体为被执行人的上级主管部门，由其在所接受财产价值的范围内承担民事责任。

此复

出台背景

机关法人一般是指经各级人民代表大会和各级中国共产党代表大会批准建立的各级国家机关和政党机关，如县级以上地方各级政府党政机关及其所属工作部门，以及乡、镇中国共产党委员会和人民政府等。机关法人通常履行行政职能，但机关法人平等参与民事活动的情况也屡见不鲜，因而在民事诉讼、行政诉讼乃至刑事诉讼中，机关法人都有可能被判令独立地承担法律责任，会因

① 《民事诉讼法解释》第470条规定："依照民事诉讼法第二百三十九条规定，执行中作为被执行人的法人或者其他组织分立、合并的，人民法院可以裁定变更后的法人或者其他组织为被执行人；被注销的，如果依照有关实体法的规定有权利义务承受人的，可以裁定该权利义务承受人为被执行人。"

未履行生效法律文书确定的义务而被依法强制执行，如《行政诉讼法》第96条规定："行政机关拒绝履行判决、裁定、调解书的，第一审人民法院可以采取下列措施：（一）对应当归还的罚款或者应当给付的款额，通知银行从该行政机关的账户内划拨；（二）在规定期限内不履行的，从期满之日起，对该行政机关负责人按日处五十元至一百元的罚款；（三）将行政机关拒绝履行的情况予以公告；（四）向监察机关或者该行政机关的上一级行政机关提出司法建议。接受司法建议的机关，根据有关规定进行处理，并将处理情况告知人民法院；（五）拒不履行判决、裁定、调解书，社会影响恶劣的，可以对该行政机关直接负责的主管人员和其他直接责任人员予以拘留；情节严重，构成犯罪的，依法追究刑事责任。"执行过程中，作为被执行人的机关法人因机构改革被撤销，能否变更被执行人，如何确定上级主管部门应承担责任的范围？青海省高级人民法院请示后，最高人民法院于2005年8月3日作出了可以裁定变更上级主管部门为被执行人的复函。

理解与适用

司法解释对作为被执行人的法人被撤销后的执行主体变更问题已作出规定，机关法人属于法人的一种类型，自然可以适用这些规定，1998年《执行规定》第81条规定："被执行人被撤销、注销或歇业后，上级主管部门或开办单位无偿接受被执行人的财产，致使被执行人无遗留财产清偿债务或遗留财产不足清偿的，可以裁定由上级主管部门或开办单位在所接受的财产范围内承担责任。"第82条规定："被执行人的开办单位已经在注册资金范围内或接受财产的范围内向其他债权人承担了全部责任的，人民法院不得裁定开办单位重复承担责任。"《民事诉讼法解释》第470条规定："依照民事诉讼法第二百三十九条规定，执行中作为被执行人的法人或者其他组织分立、合并的，人民法院可以裁定变更后的法人或者其他组织为被执行人；被注销的，如果依照有关实体法的规定有权利义务承受人的，可以裁定该权利义务承受人为被执行人。"《变更追加规定》第22条规定："作为被执行人的法人或非法人组织，被注销或出现被吊销营业执照、被撤销、被责令关闭、歇业等解散事由后，其股东、出资人或主管部门无偿接受其财产，致使该被执行人无遗留财产或遗留财产不足以清偿债务，申请执行人申请变更、追加该股东、出资人或主管部门为被执行人，在接受的财产范围内承担责任的，人民法院应予支持。”

对比复函和司法解释，不难发现几部法律文件的具体表述存在细微差异，复函将可变更为被执行人的范围限定为机关法人的“上级主管部门”，而《执行规定》限定的范围为法人的“上级主管部门或开办单位”、《民事诉讼法解释》限定的范围为法人“依照实体法规定的权利义务承受人”、《变更追加规定》限定的范围为法人的“股东、出资人或主管部门”。复函从性质上属于规范性文件，根据“上位法优于下位法”的原则，其效力位阶低于司法解释。在实务中，法院也较多援引司法解释作为裁判依据，目前唯一能检索到的援引复函的案件，是吉林省白城市中级人民法院审理的吴某祥与大安市粮食和商务局借款纠纷执行一案。①

机关法人被撤销，变更无偿接受其财产的主管部门为被执行人，具有一定的合理性。第一，这种情形属于特定继受，基于执行力主观范围扩张理论，可以在继受财产的限定范围内变更为被执行人；第二，无偿接受被执行人财产的主管部门，其地位相当于自然人死亡后的继承人，在继承财产的同时，也要继承相应的债务。当然，这里应是一种限定承继，即其承担责任的范围应限定在无偿接受的财产范围内，法院不能命其在接受的财产范围之外对申请执行人承担责任，也不能在其承担责任后，再对其他债权人重复承担责任。

---

① 大安市人民法院作出的（1997）大经初字第28号民事判决，内容如下：（1）大安市口岸物资贸易公司给付吴某祥借款本金28,000元及利息10,304元。（2）大安市口岸物资贸易公司逾期不能给付时，由大安市对外经济贸易口岸管理局承担连带责任。判决生效后，吴某祥向法院申请执行，因被执行人大安市对外经济贸易口岸管理局被大安市人民政府撤销，其对外贸易职能被划入大安市粮食和商务局，大安法院于2015年11月16日裁定变更大安市粮食和商务局为本案的被执行人。大安市粮食和商务局对此不服，向大安法院提出执行异议，被驳回后向白城市中级人民法院申请复议。白城中院认为，大安市对外经济贸易口岸管理局被大安市人民政府撤销，其对外贸易职能被划入大安市粮食和商务局后，对于大安市粮食和商务局是否无偿接受了大安市对外经济贸易口岸管理局的财产；如果大安市粮食和商务局无偿接受了大安市对外经济贸易口岸管理局的财产，接受财产价值的范围是多少，执行法院并未予以查明，系认定基本事实不清，故裁定撤销，发回重审。

实务操作指引

实务中，在执行程序中变更被执行人的案件，以企业法人居多，但机关法人与企业法人均可适用《变更追加规定》第22条，因此，机关法人在执行中变更被执行人的，可在一定程度上借鉴企业法人的相关司法实践。一般而言，机关法人变更被执行人须满足以下条件：第一，机关法人被撤销；第二，（上级）主管部门无偿接受机关法人的财产；第三，无偿接受财产的结果致使被执行人无遗留财产用以清偿债务或遗留财产不足以清偿。

（一）机关法人被撤销、注销或歇业

在辽宁省沈阳市中级人民法院审理的张某杰诉鞍山奉邦建筑工程有限公司合同纠纷执行案中，法院认为1998年《执行规定》第81条适用的前提是被执行人被撤销、注销或歇业，如果被执行人的企业机读档案登记资料显示为存续状态，则不能予以变更。同样，湖南省岳阳市中级人民法院审理的岳阳市君山区农村信用合作联社诉湖南富兴中小企业担保有限公司执行回转案中，法院认为被执行人被撤销、注销或歇业，是裁定追加的前提；上级主管部门或开办单位是否无偿接受了被执行人的财产，是裁定追加的基础；两者缺一不可。只有在被执行人确已歇业，上级主管部门或开办单位又无偿接受了被执行人的财产，才可以裁定追加上级主管部门或开办单位在无偿接受财产的范围内承担责任。

（二）（上级）主管部门/开办单位无偿接受财产的认定标准

一是“（上级）主管部门/开办单位”无偿接受机关法人的财产。在广东省高级人民法院审理的恩平市东华燃料公司与李健达债务纠纷执行案中，法院认为，在执行程序中追加被执行人的，需符合的要件之一为被执行人的“上级主管部门”或“开办单位”无偿接受其财产，如果第三人既非上级主管部门或开办单位，亦非“投资者”或“出资人”，即便无偿接受了被执行人的财产，也不能直接在执行程序中追加其为被执行人。

二是（上级）主管部门/开办单位“无偿接受机关法人的财产”，黑龙江省大庆市红岗区人民法院审理的秦某满诉黑龙江省宏远建筑安装工程公司买卖合同纠纷执行案中，法院认为，上级主管部门承担责任的情形必须是其无偿接受了被执行人的财产，如果上级主管部门没有无偿接受被执行人的财产，即使被执行人无财产清偿债务也不能追加其为被执行人。同样，湖北省荆门市中级人民法院审理的黄石李时珍药业集团强立有限公司与湖北省蕲春县李时珍药厂、蕲春县医药管理局合同纠纷执行案中，法院认为即使被执行人的主管部门撤销了被执行人，也不必然导致可将主管部门变更为被执行人，根据《变更追加规定》第22条的规定，在撤销的情况下，必须是主管部门无偿接受了被执行人的财产，致使被执行人无遗留财产或遗留财产不足以清偿债务。申请执行人未向法院提交主管部门无偿接受被执行人相关财产的证据，故驳回其变更被执行人的申请。

（三）无偿接受财产致使被执行人无法清偿

如果（上级）主管部门无偿接受被执行人的财产，但是没有导致被执行人无遗留财产清偿或者遗留财产不足清偿债务，那么也不能变更（上级）主管部门为被执行人。①

一般而言，无偿接受财产的结果致使被执行人无遗留财产用以清偿债务或遗留财产不足以清偿，必然要求（上级）主管部门无偿接受财产的时间，发生在机关法人被撤销后。黑龙江省大庆市中级人民法院审理的李某明等与大庆市第三制药厂合同纠纷执行案中，被执行人大庆市第三制药厂（以下简称第三制药厂）被吊销营业执照、停止生产，无财产可供执行，而其所有的价值约600万元的房产被其上级主管单位石油管理局接收，登记在石油管理局名下。大庆市龙凤区人民法院依据《变更追加规定》第22条，裁定追加石油管理局为被执行人。石油管理局不服，向大庆市中级人民法院提起复议。大庆市中级人民法院认为，被执行人第三制药厂的房产作为历史遗留问题在2004年由石油管理局接受，而第三制药厂在2006年歇业并吊销，故本案事实不符合企业吊销后主管部门无偿接受其财产，致使被执行人无遗留财产的情形，因此，执行法院适用《变更追加规定》第22条错误。同样，在黑龙江省牡丹江市中级人民法院审理的张某国与牡丹江硕业乳业有限公司、佳木斯硕业乳业有限公司民间借贷纠纷执行案中，被执行人于2011年以转账的方式支付给第三人272万元，而申请执行人与被执行人的民事纠纷，在2012年才得以判决，2014年申请执行，执行法

① 参见龚万征：《浅谈被执行主体的变更和追加》，载《法学评论》2001年第3期。

院以第三人在被执行人歇业后无偿接受被执行人的财产，致使被执行人无遗留财产清偿债务为由，裁定追加第三人为被执行人。而牡丹江中级人民法院认为，第三人赵某君接受款项的时间发生在本案诉讼前，这种情况如果发生在法律文书生效后的执行阶段，且无偿接受公司财产的主体属《变更追加规定》第22条规定的上级主管部门或开办单位的，可依法追加为被执行主体。但是，第三人接受款项的事实发生在诉讼前，故不应在执行程序中变更其为被执行人。

六、被执行人开办单位的开办单位能否追加为被执行人

复函原文

最高人民法院执行工作办公室关于能否追加被执行人开办单位的开办单位为被执行人问题的复函

2006年2月6日　〔2006〕执他字第7号

新疆维吾尔自治区高级人民法院：

你院（2004）新执监字第227号《关于能否两次适用〈关于人民法院执行工作若干问题的规定（试行）〉第八十条追加开办单位的开办单位为被执行人的请示》收悉。经研究，答复如下：

同意你院第二种意见。我院《关于人民法院执行工作若干问题的规定（试行）》（下称《执行规定》）第八十条明确规定："被执行人无财产清偿债务，如果其开办单位对其开办时投入的注册资金不实或抽逃注册资金，可以裁定变更或追加其开办单位为被执行人，在注册资金不实或抽逃注册资金的范围内，对申请执行人承担责任。"按照上述规定，人民法院只能追加被执行人的开办单位在其开办时投入的注册资金不实或抽逃注册资金时对申请执行人承担相应的责任，并无其他弹性规定。因此，追加被执行人开办单位的开办单位为被执行人无法律依据，对《执行规定》第八十条不能作扩大适用。

出台背景

依据现行法律和司法解释的规定，执行程序中人民法院虽然不能依职权启动追加被执行人程序，但可以依债权人申请严格审查和认定开办单位是否具有出资不实之情形，执行实施部门查明被执行企业确有出资不实之情形的，应向申请执行人释明，由申请人启动变更、追加被执行人程序。在执行程序中认定开办单位承担责任的依据主要是《变更追加规定》第17条、第18条的规定，“开办单位”实际上是指企业的投资人（股东）。强调股东出资义务的意义在于，公司在登记机关登记的注册资本，是交易相对人判断公司偿债能力的合理依据，在公司不能清偿债务时，债权人可以请求未尽出资义务的股东在出资不实范围内承担民事责任。当然，上述司法解释的规定来源于实体法的规定，修订后的《公司法》将股东的出资从实收资本制变为认缴资本制，即允许股东在法定期间内缴足出资额。这种变化要求执行程序中对股东出资义务的审查不能简单以公司成立时股东出资不到位作为认定其承担责任的唯一理由，对于股东在公司成立后是否补足出资也应予以审查，并且应以要求股东承担出资不实责任时为审查其出资是否到位的截止时间。换言之，在执行程序中认定开办单位的出资不实之责应与追加时开办单位的出资情况存在因果关系。因为股东出资不实主要损害的是公司债权人的利益，只有当公司债权人要求其承担责任时，才存在判断股东责任的必要和前提。

变更、追加制度是对执行依据既判力的突破，是保障申请执行人权益的一种平衡，但由于执行程序与审判程序的审查重点、价值选择等有所不同，如果对变更、追加制度适用条件不加以限制，无疑将会引起执行权的扩张与滥用，违反立法初衷，因此，变更、追加被执行人的条件、主体范围等，必须基于法律明确规定，最高人民法院在2006年2月6日作出的上述复函也明确表达了这一立场。

理解与适用

开办单位实际上指企业的投资者，既可以是一个单位，也可以是两个或多个单位，既可以是自然人，也可以是法人。1998 年《执行规定》第 80 条规定："被执行人无财产清偿债务，如果其开办单位对其开办时投入的注册资金不实或抽逃注册资金，可以裁定变更或追加其开办单位为被执行人，在注册资金不实或抽逃注册资金的范围内，对申请执行人承担责任。"据此，被执行人的开办单位出资不实或抽逃资金，申请执行人可请求变更、追加开办单位为被执行人。不过，当被执行人开办单位的开办单位也存在出资不实或抽逃出资时，依据复函，不能连续两次追加开办单位的开办单位为被执行人。实务中，也确实有申请执行人提出过这样的请求。

在长沙电梯厂诉湖南新乐发展有限公司安装工程承包合同纠纷案中，长沙市开福区人民法院于 1997 年 6 月 25 日作出民事判决，判决终止长沙电梯厂与湖南新乐发展有限公司（以下简称湖南新乐公司）签订的《电梯订货和安装合同》，湖南新乐公司支付长沙电梯厂材料费 52,464.08 元、电梯安装费 15,792 元、架管租赁费 33,264 元。后湖南新乐公司未履行生效法律文书所确定的义务，长沙电梯厂向开福区法院申请强制执行。执行过程中，执行法院以湖南省贤达实业发展总公司（以下简称湖南贤达公司）对被执行人湖南新乐公司的 330 万元出资未到位为由，裁定追加湖南贤达公司为被执行人。后申请执行人长沙电梯厂以被执行人湖南贤达公司的开办单位湖南省政协办公厅出资不实为由向执行法院申请追加湖南省政协办公厅为被执行人。

执行法院认为，执行过程中已依法追加湖南贤达公司为被执行人，现申请执行人又以湖南贤达公司的开办单位湖南省政协办公厅出资不实为由再次申请追加湖南省政协办公厅为被执行人。追加的范围只限于追加原被执行人的开办单位，并不能连续追加原被执行人的开办单位的开办单位，故申请追加无法律依据，裁定驳回长沙电梯厂的申请。长沙电梯厂不服该裁定，向长沙市中级人民法院申请复议称，湖南省政协办公厅作为开办单位对被执行人湖南贤达公司的 900 万元出资未到位，其应在注册资金未到位的范围内对湖南贤达公司的债务承担连带责任。长沙市中院以同样的理由驳回其复议申请。

实务操作指引

1998年《执行规定》第80条、第81条规定了追加被执行人的开办单位为被执行人的若干种情形，但由于开办单位实际上就是企业的投资者，因此，追加被执行人的出资人、股东等情形，也同样可适用于追加开办单位为被执行人。

（一）出资不实

依据《变更追加规定》第17条，被执行人的财产不足以清偿生效法律文书确定的债务，申请执行人可以请求变更、追加未缴纳或未足额缴纳出资的开办单位为被执行人，由其在尚未缴纳出资的范围内依法承担责任。

出资是开办单位的法定义务，开办单位应当按照公司章程足额、按期缴纳出资。如果开办单位违反公司章程所规定的出资额和出资期限，法院可依据前述条款认定开办单位出资不实，追加其为被执行人。不过，2013年《公司法》修改后，取消了股东的法定最低出资比例及缴纳出资期限，这无形中为认定出资不实增加了困难，实务中频频发生公司章程对开办单位实际缴纳出资的期限规定过长甚至不作规定的情况，导致法院强制执行时开办单位尚未届至出资期限，此时能否认定开办单位出资不实，理论和实践中存在争议。有观点认为，按照《公司法解释（二）》第22条、《企业破产法》第25条、《破产法解释（二）》第20条之规定，公司处于解散清算、破产程序时，未届出资期限的未缴出资将视为提前到期，需提前向公司履行。故执行程序完全可以参照以上三条规定，在公司已无财产可供执行的情形下，即使开办单位未届出资缴纳期限，也应将“出资不实”理解为“未缴纳出资”，追加变更该开办单位为被执行人，要求其在已认缴但未实际缴纳的出资范围内承担公司债务。① 但该观点为少数观点，实务中很难得到支持。2019年《九民纪要》第6条规定，在注册资本认缴制下，符合两种情形可以打破股东享有的期限利益，要求股东出资加速到期。一是公司作为被执行人的案件，穷尽执行措施无财产可供执行，已具备破产原因，但不申请破产的；二是公司债务产生后，公司股东（大）会决议或以其他方式延长股东出资期限的。

---

① 参见张元：《〈公司法〉资本制度修改对执行程序的影响》，载《法律适用》2014年第10期。

依据《变更追加规定》第19条，公司的财产不足以清偿生效法律文书确定的债务，其开办单位未依法履行出资义务即转让股权，申请执行人可以请求变更、追加该原开办单位为被执行人，由其在未依法出资的范围内承担责任的，人民法院应予支持。此时的出资，也应作已届履行期理解。

（二）抽逃出资

依据《变更追加规定》第18条，企业法人的财产不足以清偿生效法律文书确定的债务，申请执行人可以请求变更、追加抽逃出资的开办单位、股东、出资人为被执行人，由其在抽逃出资的范围内承担责任的，人民法院应予支持。

抽逃出资是指在公司验资注册后，开办单位将所缴出资暗中隐匿、转移等，造成公司净资产的实质性减少，却仍保留开办单位身份和原有出资数额的一种行为。公司具有独立法人资格，开办单位出资后，资产就变成了公司财产，如果开办单位撤回出资，那么就侵犯了公司的财产权，严重侵蚀公司资本。

实务中，开办单位的下列行为可被认定为抽逃出资：(1) 开办单位通过其控制的其他民事主体与公司之间的关联交易，增加交易成本，变相获得公司财产或伪造虚假的基础交易关系，如公司与开办单位间的买卖关系，公司将开办单位注册资金的一部分划入开办单位个人所有；(2) 将注册资金的非货币部分，如建筑物、厂房、机器设备、工业产权、专有技术、场地使用权在验资完毕后，将其一部分或全部抽走；(3) 违反《公司法》第166条规定，未提取法定公积金和法定公益金或者制作虚假财务会计报表虚增利润，在短期内以分配利润名义提走出资；(4) 抽走货币出资，以其他未经审计评估且实际价值明显低于其申报价值的非货币部分补账，以达到抽逃出资的目的；(5) 公司回购开办单位的股权但未办理减资手续；(6) 通过对开办单位提供抵押担保而变相抽回出资等；(7) 开办单位通过虚假诉讼形式，抽逃公司资产；(8) 开办单位以公司名义向董事、监事、高级管理人员等提供借款而不索还等形式，抽逃公司资产；(9) 脱壳经营。当公司经营陷入困境后，开办单位将原公司的主要人、物、财从公司脱离出来另外组成一个新公司，并将原公司的主要业务转入新公司，原公司完全成为一个“空壳”，新公司完全不承担原公司行为产生的责任，却实际上利用原公司的资产在运作。

不过，由于出资不实和抽逃出资的认定均需要进行全面细致地实体审查，不宜在执行程序中查明和认定。以认定抽逃出资为例，单从公司支付的一笔款项来看，难以判断该行为是抽逃出资还是公司的正常生产经营行为，这需要分析公司的每一笔交易，每笔款项进出，必要时还需要进行审计。因此，申请执行人应尽可能通过诉讼程序，经过审理查明后依法追究股东出资不实或抽逃出资的责任。

（三）未经清算注销公司

依据《变更追加规定》第21条，作为被执行人的公司，未经清算即办理注销登记，导致公司无法进行清算，申请执行人申请变更、追加有限责任公司的股东、股份有限公司的董事和控股股东为被执行人，对公司债务承担连带清偿责任的，人民法院应予支持。

依据《企业法人登记管理条例》（已废止）第21条，企业法人办理注销登记，应当提交法定代表人签署的申请注销报告、主管部门或者审批机关的批准文件、清理债务完结的证明或者清算组织负责清理债权债务的文件，这意味着公司在申请注销登记前必须经过法定清算程序。如果开办单位试图通过恶意注销逃避债务，则不再受有限责任原则的保护，注销后公司的原有债务由开办单位或股东承担。需要注意的是，此处的清算瑕疵行为系开办单位在清算过程存在损害债权人利益的故意，如存有未经清算或未经合法清算等情形。对于经过合法清算程序，虽然实体上仍然存在遗漏债权的可能性，但只要开办单位不存在损害债权人利益的故意，则不应追究开办单位责任。①

（四）无偿受让公司财产

依据《变更追加规定》第22条，作为被执行人的法人或其他组织，被注销或出现被吊销营业执照、被撤销、被责令关闭、歇业等解散事由后，其开办单位或主管部门无偿接受其财产，致使该被执行人无遗留财产或遗留财产不足以清偿债务，申请执行人申请变更、追加该开办单位或主管部门为被执行人，在接受的财产范围内承担责任的，人民法院应予支持。

在该情形下追加开办单位为被执行人，须满足三个要件：第一，公司法人

① 参见张俊：《注销公司股东被追加为被执行人提出异议应否支持》，载中国法院网，http：//www. chinacourt. org/article/detail/2017/02/id/2539136. shtml。

因撤销，或吊销营业执照、责令关闭、歇业等事由而解散；第二，开办单位无偿接受公司法人的财产；第三，无偿接受财产的结果致使被执行人无遗留财产用以清偿债务或遗留财产不足以清偿。需要说明一点，开办单位因无偿受让公司财产而被追加为被执行人时，其承担责任的范围仅限于无偿接受的财产范围内。

（五）一人公司的开办单位不能证明财产独立

一人有限公司由一个自然人或法人开办，其性质仍属于有限责任公司，具有独立的法人资格。一人公司的开办单位出资后，该部分财产即为公司财产，与开办单位财产分离。但事实却是开办单位同时操纵着公司和自己财产，两者之间的转移十分容易，时常发生财产混同，故对一人公司开办单位的责任要求更加严格，依据《变更追加规定》第20条，一人有限责任公司的财产不足以清偿生效法律文书确定的债务时，开办单位不能证明公司财产独立于自己的财产，申请执行人申请变更、追加该开办单位为被执行人，对公司债务承担连带责任的，人民法院应予支持。

七、次债务人的开办单位能否追加为被执行人

答复原文

最高人民法院关于在执行程序中能否将被执行人享有到期债权的第三人的开办单位裁定追加为被执行主体的请示的答复

2005年1月14日 〔2004〕执他字第28号

湖北省高级人民法院：

你院鄂高法〔2004〕470号《关于在执行程序中能否将被执行人享有到期债权的第三人的开办单位裁定追加为被执行主体的请示》一案收悉。经研究，答复如下：

同意你院第二种意见。我们认为，人民法院在执行程序中不得裁定追加被

执行人享有到期债权的第三人的开办单位，因该第三人的法律地位不同于被执行人，其本身不是案件的当事人，裁定追加第三人的开办单位于法无据。且本案中，黄石市中级人民法院于2003年8月18日裁定追加第三人长岭黄河集团有限公司时，该公司已根据陕西省人民政府的决定实施资产分离，分离后原长岭黄河集团有限公司更名为陕西长岭集团有限公司，故黄石市中级人民法院裁定追加长岭黄河集团有限公司缺乏事实依据。因此，上诉裁定依法应予纠正。

出台背景

原告黄石东贝电器股份有限公司（以下简称东贝公司）与被告陕西宝鸡长岭冰箱有限公司、长岭（集团）股份有限公司（以下简称长岭股份）买卖合同给付货款纠纷一案，黄石市中级人民法院于2002年8月16日作出相关判决。本案进入执行程序后，黄石市中级人民法院查明长岭股份对第三人长岭黄河集团有限公司（以下简称长河集团）享有到期债权，并向长河集团送达了履行到期债务通知。长河集团在指定的期限内既没有提出异议，又没有按通知的要求履行义务，黄石市中级人民法院裁定将长岭股份在长河集团中的到期债权2360万元予以强制执行。执行过程中，黄石市中级人民法院核查长河集团的工商注册登记档案，该档案中载明：1996年8月2日，陕西省人民政府将长岭机器厂、长岭股份等四企业的国家股，授权长河集团持有，长河集团作为国有资产的投资主体行使出资者权利。同年11月12日，陕西省国有资产管理局授权长河集团作为国有资产投资和运营机构，统一经营长河集团本部和所属企业的国有资产，包括对长岭股份（上市公司）持有的法人股119,026,400股。长河集团为长岭股份的控股公司。同年11月14日，陕西省工商局批准成立长河集团，注册资金4.64亿元，其中包括作为长河集团注册资本在长岭股份的法人股119,026,400股（每股价值人民币1元）。但是，该股份在中国证券登记结算有限责任公司深圳分公司登记的股东姓名为陕西省国有资产管理局，未过户给长河集团。2004年3月8日，黄石市中级人民法院依东贝公司申请作出追加陕西省国有资产管理局为本案被执行人的裁定。同年3月15日，黄石市中级人民法院依法冻结陕西省国资局持有的长岭股份法人股83,000,000股。黄石市中级人民法院在执行中查明，陕西省国资局与陕西省财政厅合并，作出变更陕西省财政厅为本案被执行人的裁定。随后，黄石市中级人民法院依法扣划陕西省财政厅在金融机构的存款 80 万元和 642 万元和陕西省财政厅的分支机构陕西省生产资金管理局在金融机构的人民币存款 1638 万元。陕西省财政厅不服黄石市中级人民法院（2002）黄执宁第 101－15 号民事裁定，提出异议，黄石市中级人民法院予以驳回。

陕西省财政厅向湖北省高级人民法院申诉反映，其一，黄石市中级人民法院追加长河集团为被执行人毫无事实根据。因长河集团已于 2003 年 7 月 1 日被陕西省人民政府实施了资产分离，并办理了更名和公告手续。而黄石市中级人民法院是在 2003 年 8 月 18 日才追加长河集团为被执行人的，此时，长河集团已不复存在。其二，黄石中院以投资不实追加陕西省财政厅为被执行人严重违法。按照最高人民法院 1998 年《执行规定》第 68 条："在对第三人作出强制执行裁定后，第三人确无财产可供执行的，不得就第三人对他人享有的到期债权强制执行。"2003 年 7 月 31 日的《陕西日报》也刊登了长河集团公司实施资产分离的公告，该公告称，分离后原长岭黄河集团有限公司更名为陕西长岭集团有限公司。陕西长岭集团有限公司也向湖北省高级人民法院来函说明，称 2003 年 8 月中旬，湖北黄石市中级人民法院来人将长河集团的到期债权通知书送到我公司驻西安办事机构，我公司明确告知对方长河集团已于当年 7 月经省政府决定实施了分离，该公司已不存在，并已在相应的报纸上进行了公告，但对方不听我公司人员解释。

湖北省高级人民法院对本案中能否将被执行人享有到期债权的第三人的开办单位裁定追加为被执行主体，有两种不同意见：

第一种意见：绝大多数同志认为，根据 1998 年《执行规定》第 80 条、参照最高人民法院执行办〔2003〕执他字第 1 号批复的精神，本案第三人长河集团的开办单位陕西省国有资产管理局（后并入陕西省财政厅）应在注册资金不实的范围内（长岭股份法人股 119,026,400 股的价值范围内）承担民事责任。1998 年《执行规定》第 68 条中的"不得就第三人对他人享有的到期债权强制执行"，系规范不能对第三人的债务人直接追究民事责任，因第三人与其债务人之间的债权债务关系须经法律程序后才能确认，而本案涉及的不是第三人与其债务人的债权债务关系，而是第三人与其开办单位的注册资金关系，且对第三人强制执行的裁定生效后，第三人即取得被执行人的法律地位，故本案不能适用1998年《执行规定》第68条，而应适用第80条，因此，黄石市中级人民法院可以裁定陕西省财政厅为本案的被执行人。

第二种意见：少数同志认为，根据1998年《执行规定》第68条“在对第三人作出强制执行裁定后，第三人确无财产可供执行的，不得就第三人对他人享有的到期债权强制执行”的规定，不能裁定陕西省财政厅为本案的被执行人。同时，第三人在执行中的法律地位不等同于被执行人，不能适用1998年《执行规定》第80条，故裁定将第三人长河集团的开办单位陕西省国有资产管理局（后并入陕西省财政厅）追加为被执行人无法律根据。本案民事责任的追究，只宜到第三人长河集团为止，不能追究到第三人的开办单位陕西省国有资产管理局（后并入陕西省财政厅）。

2004年10月27日，湖北省高级人民法院向最高人民法院报送了《关于在执行程序中能否将被执行人享有到期债权的第三人的开办单位裁定追加为被执行主体的请示》一案。最高人民法院作出上述〔2004〕执他字第28号答复，认为执行法院在执行程序中不得裁定追加被执行人享有到期债权的第三人的开办单位。具体理由如下：

第一，因被执行人享有到期债权的第三人的法律地位不同于被执行人，其本身不是案件的当事人，更不是案件的被执行人，且现行法律也没有明文规定可以执行到期债权。只是为了有利于实现债权，保护债权人的利益，《执行规定》对被执行人到期债权的执行作出规定，但这类执行具有严格的限制，即只能就第三人现有财产予以执行，且必须是第三人对该执行无异议的。1998年《执行规定》第63条明确，第三人提出异议的，不得对第三人强制执行，执行法院也不对该异议进行审查。第68条还进一步明确不得对第三人对他人享有的到期债权强制执行。虽然《执行规定》没有明确是否可对第三人的开办单位追加执行，但基于上述规定的精神，黄石市中级人民法院不得追加第三人的开办单位为被执行人，因为这种追加于法无据。

第二，黄石市中级人民法院在本案中裁定追加陕西省国资局于法无据，且又继续裁定追加陕西省财政厅及财政厅的分支机构更属执法不当；而陕西省财政厅向黄石市中级人民法院提出异议后，黄石市中级人民法院驳回异议的做法显属错误，应依法予以纠正。黄石市中级人民法院扣划陕西省财政厅在金融机构的存款于法无据，也应依法予以纠正。对1998年《执行规定》第80条的适用范围应严格限定在生效法律文书确定的被执行人的范围内，而不得扩大适用到第三人的范围。①

理解与适用

开办单位产生于我国早期公有制企业参照国家机关组织与管理的特殊历史背景下，开办单位与现行《公司法》下出资人的法律地位并不完全相同，其承担了更多行业管理者的角色，也不必然向企业投入注册资金或参与企业筹建，但确有部分开办单位实际承担了向企业投入注册资金的出资人义务，担任了类似公司股东的角色。

（一）次债务人在执行中的法律地位

通常情况下，执行程序中的当事人包括申请执行人（债权人）及被执行人（债务人），但在部分情况下，因被执行人不能清偿债务且对第三人负有到期债权，法律和司法解释②规定人民法院可以冻结被执行人对第三人享有的到期债权，第三人即次债务人因此与执行程序发生关联。这一制度的目的在于增加债权人受偿机会，最大程度保障债权人利益，但并未因此改变第三人在执行案件中的法律地位。

各方当事人在执行案件中的法律地位应由生效法律文书予以确定，生效法律文书对债权人与债务人的债权债务关系予以确定并明确应当承担责任的主体为债务人，因此进入执行程序中债务人应被列为被执行人，但第三人并非生效

---

① 参见张小林：《在执行程序中能否将被执行人享有到期债权的第三人的开办单位裁定追加为被执行主体的请示案》，载江必新、贺荣、最高人民法院执行局编：《最高人民法院执行案例精选》，中国法制出版社2014年版。

② 《民事诉讼法解释》第499条第1款规定："人民法院执行被执行人对他人的到期债权，可以作出冻结债权的裁定，并通知该他人向申请执行人履行。"《执行规定》第45条第1款规定："被执行人不能清偿债务，但对本案以外的第三人享有到期债权的，人民法院可以依申请执行人或被执行人的申请，向第三人发出履行到期债务的通知（以下简称履行通知）。履行通知必须直接送达第三人。"

法律文书中的当事人，也与生效法律文书中确定的债权人的权利并无直接联系，因此并不能因其对债务人负有债务而想当然地认为其法律地位与被执行人相同。

这一观点已在最高人民法院（2017）最高法执复 71 号案件中被予以明确。该案中，申请执行人依据 1998 年《执行规定》第 61 条[①]关于执行到期债权的规定以及《变更追加规定》第 1 条关于追加当事人的规定，申请追加次债务人为被执行人。最高人民法院认为："人民法院在执行程序中变更、追加被执行人应当符合必要的法定条件，即应当符合《民事诉讼法》第 232 条、变更追加的法定条件。首先，第三人并非案件的被执行人；其次，《执行规定》第 61 条、第 65 条[②]规定系对人民法院如何执行被执行人享有的对第三人的到期债权的条件、方式的规定，该规定与人民法院能否追加被执行人并无关联。故复议申请人周某申请追加青石公司为被执行人不符合法定条件，不应予以支持。"通过该案，法院进一步明确了在执行中次债务人的法律地位不等同于被执行人，不能直接追加其为被执行人。我们认为，次债务人在执行到期债权程序中仅负有对法院执行该笔到期债权的配合义务，限制将次债务人列为被执行人，实质上是限制了执行权的过分扩张，是对次债务人权利的平衡与保护。

（二）次债务人的开办单位应承担责任的范围

《变更追加规定》第 17 条、第 18 条规定在股东、出资人未足额出资或抽逃出资情况下，可以追加股东、出资人为被执行人，要求其在尚未缴纳出资的范围内或抽逃出资的范围内承担责任。1998 年《执行规定》第 80 条规定："被执行人无财产清偿债务，如果其开办单位对其开办时投入的注册资金不实或抽逃注册资金，可以裁定变更或追加其开办单位为被执行人，在注册资金不实或抽逃注册资金的范围内，对申请执行人承担责任。"从这一规定上看，开办单位承担责任的范围与股东、出资人承担的责任范围大体一致。

基于上述规定，开办单位在一定条件下可以被追加为被执行人，其前提是被开办单位是相关案件的被执行人，且开办单位未足额出资或抽逃出资。开办单位应承担的责任范围则亦应限定在未足额出资或抽逃出资的范围内。因此，

---

① 现《执行规定》第 45 条。

② 现《执行规定》第 45 条、第 49 条。

未足额出资或抽逃出资的债务人的开办单位可以被直接追加为被执行人。

但是，就次债务人的开办单位而言不能被追加为被执行人，理由如下：首先，次债务人本身即不能被认定为被执行人，不满足1998年《执行规定》第80条的适用前提，追加次债务人的开办单位为被执行人不符合法律规定；其次，依据《执行规定》第52条的规定："在对第三人作出强制执行裁定后，第三人确无财产可供执行的，不得就第三人对他人享有的到期债权强制执行。"执行到期债权制度中第三人应当限定为与债务人有直接债权债务关系的人，不能将其范围再扩张到第三人的债务人，导致执行权力无限扩张。次债务人的开办单位与债务人之间无任何直接债权债务关系，依据上述规定亦不应当对次债务人的开办单位采取执行措施。

实务操作指引

实践中，对到期债权的保全和执行程序要加以区分。保全程序中，次债务人虽未对法院作出保全债务人对其享有的到期债权的保全裁定提起复议，进入执行阶段后，执行法院仍应向次债务人发出履行到期债务通知书告知其享有异议权利，不能径行裁定次债务人向申请执行人履行债务。最高人民法院在(2015)执申字第23号裁定中认为，人民法院在诉讼中对被执行人在第三人处享有的到期债权采取保全措施，所冻结的到期债权为冻结抽象的债权债务关系，并非直接冻结第三人所拥有或支配的财产，对到期债权采取保全措施只能要求第三人不得对该到期债权进行清偿，对第三人财产没有产生实质性的损害，第三人的法律地位相当于协助执行义务人，此阶段只需履行消极的不作为义务，第三人虽有权提出复议，但不提出复议不代表其认可到期债权的真实存在，也不表明案件进入执行程序后，认可执行法院据此对到期债权采取执行措施。执行法院在执行阶段仍需要向次债务人发出到期债务履行通知书。

八、变更金融机构的上级机构为被执行人的条件

通知原文

最高人民法院关于采取民事强制措施不得逐级变更由行为人的上级机构承担责任的通知

2004年7月9日　法经〔2004〕127号

各省、自治区、直辖市高级人民法院，解放军军事法院，新疆维吾尔自治区高级人民法院生产建设兵团分院：

近一个时期，一些地方法院在执行银行和非银行金融机构（以下简称金融机构）作为被执行人或者协助执行人的案件中，在依法对该金融机构采取民事强制措施，作出罚款或者司法拘留决定后，又逐级对其上级金融机构直至总行、总公司采取民事强制措施，再次作出罚款或者司法拘留决定，造成不良影响。为纠正这一错误，特通知如下：

一、人民法院在执行程序中，对作为协助执行人的金融机构采取民事强制措施，应当严格依法决定，不得逐级变更由其上级金融机构负责。依据我院与中国人民银行于2000年9月4日会签下发的法发（2000）21号即《关于依法规范人民法院执行和金融机构协助执行的通知》第八条的规定，执行金融机构时逐级变更其上级金融机构为被执行人须具备五个条件：其一，该金融机构须为被执行人，其债务已由生效法律文书确认；其二，该金融机构收到执行法院对其限期十五日内履行偿债义务的通知；其三，该金融机构逾期未能自动履行偿债义务，并经过执行法院的强制执行；其四，该金融机构未能向执行法院提供其可供执行的财产；其五，该金融机构的上级金融机构对其负有民事连带清偿责任。金融机构作为协助执行人因其妨害执行行为而被采取民事强制措施，不同于金融机构为被执行人的情况，因此，司法处罚责任应由其自行承担；逐级变更由其上级金融机构承担此责任，属适用法律错误。

二、在执行程序中，经依法逐级变更由上级金融机构为被执行人的，如该

上级金融机构在履行此项偿债义务时有妨害执行行为，可以对该上级金融机构采取民事强制措施。但人民法院应当严格按照前述通知第八条的规定，及时向该上级金融机构发出允许其于十五日内自动履行偿债义务的通知，在其自动履行的期限内，不得对其采取民事强制措施。

三、采取民事强制措施应当坚持过错责任原则。金融机构的行为基于其主观上的故意并构成妨害执行的，才可以对其采取民事强制措施；其中构成犯罪的，也可以通过法定程序追究其刑事责任。这种民事强制措施和刑事惩罚手段只适用于有故意过错的金融机构行为人，以充分体现国家法律对违法行为的惩罚性。

四、金融机构对执行法院的民事强制措施即罚款和司法拘留的决定书不服的，可以依据《民事诉讼法》第 105 条的规定，向上一级法院申请复议；当事人向执行法院提出复议申请的，执行法院应当立即报送上一级法院，不得扣押或者延误转交；上一级法院受理复议申请后，应当及时审查处理；执行法院在上一级法院审查复议申请期间，可以继续执行处罚决定，但经上一级法院决定撤销处罚决定的，执行法院应当立即照办。

以上通知，希望各级人民法院认真贯彻执行。执行过程中有什么情况和问题，应当及时层报我院执行工作办公室。

出台背景

执行实践中，金融机构负担履行义务，一般区分两类不同情况，一是作为生效法律文书确定的义务人，二是因其违反协助执行义务被人民法院处以罚款，但两类义务不自动履行时，人民法院对金融机构采取的执行措施和方法存在较大差别。

实务中，金融机构被人民法院处罚的情形一般有以下几种，一是拒绝或妨碍人民法院调查取证。拒绝法院调查取证，既包括不让法院调查取证，不向法院提供所需要的证据，也包括对法院调查取证的请求不予理睬。妨害法院调查取证，指对法院的调查取证设置障碍，使法院无法得到所需证据，有义务协助调查的单位主要包括管理某些文书档案的单位以及实际握有某一证据或者在该处可能查到某些证据的单位。二是金融机构收到人民法院裁定和协助执行手续后，拒不协助查询、扣押、冻结、划拨、变价财产的，拒不协助扣留被执行人的收入、办理有关财产权证照转移手续、转交有关票证、证照或者其他财产的。

金融机构作为被执行人，在满足一定条件时，可以通过变更、追加程序使其上级金融机构作为被执行人，进而对其上级金融机构采取执行措施，实践中已经达成共识。但对金融机构违反协助义务采取的民事强制措施不同于强制执行措施，能否因金融机构拒不协助执行，而变更其上级机构为被执行人并采取民事强制措施，实践中亟须统一标准，《最高人民法院关于采取民事强制措施不得逐级变更由行为人的上级机构承担责任的通知》做了较为清晰的回应。

理解与适用

（一）金融机构的执行义务

执行程序中，金融机构不仅会以申请执行人、被执行人的身份出现，更经常扮演协助执行义务人的角色。金融机构作为申请执行人，有向法院提供财产线索，配合法院采取执行措施的义务；金融机构作为协助执行义务人，有协助法院办理相关查询、冻结、扣划债务人账户款项的义务；金融机构作为被执行人，则有自动履行生效法律文书的义务。对于违反协助义务和债务履行义务，人民法院均可予以处罚，但金融机构作为协助义务人的，只能对该金融机构采取民事强制措施，遵循责任自担的原则，不能由其上级机构承担。

（二）民事强制措施与强制执行措施的关系

民事强制措施是指法院依《民事诉讼法》有关规定，对行为人采取的一种司法强制手段。而强制执行措施则是执行实施机构强制债务人履行生效法律文书确定义务而采取的法定措施。二者不同之处在于：

一是适用的时间不同。民事强制措施适用于整个民事诉讼过程中，强制执行措施适用于保全和执行阶段。二是适用的条件不同。前者的适用条件是行为人实施了妨害诉讼或执行的行为，后者的适用条件是被执行人在指定期间内不履行生效法律文书所确定的义务。三是适用的对象不同。民事强制措施的适用对象包括当事人、其他诉讼参与人以及案外人，只要有人实施了妨害诉讼或执行的行为，都可以对其采取强制措施。而强制执行措施的对象仅为被执行人的财产或与财产有关的行为，不能指向被执行人的人身。四是采取的手段不同。民事强制措施的法定手段有训诫、责令具结悔过、拘传、罚款和拘留。强制执行措施包括提取、查封、扣押、冻结、拍卖、变卖，强制交付、强制腾退和强制管理等。但从目的上看，两种措施都有助于对行为人违法行为的纠正和生效裁判确定义务的履行。

实务操作指引

（一）逐级变更金融机构上级机构为被执行人的条件

《最高人民法院、中国人民银行关于依法规范人民法院执行和金融机构协助执行的通知》第8条规定：“金融机构的分支机构作为被执行人的，执行法院应当向其发出限期履行通知书，期限为十五日；逾期未自动履行的，依法予以强制执行；对被执行人未能提供可供执行财产的，应当依法裁定逐级变更其上级机构为被执行人，直至其总行、总公司。每次变更前，均应当给予被变更主体十五日的自动履行期限；逾期未自动履行的，依法予以强制执行。”此外，《民事诉讼法解释》第471条、《变更追加规定》第15条第1款，均为执行金融机构案件中的变更被执行人提供了法律依据。

变更金融机构的上级机构为被执行人，一般须满足以下条件：第一，该金融机构须为被执行人，其债务已由生效法律文书确认；第二，该金融机构收到执行法院对其限期履行偿债义务的通知；第三，该金融机构逾期未能自动履行义务；第四，该金融机构未能向执行法院提供其可供执行的财产；第五，该金融机构的上级金融机构对其负有连带清偿责任。在实务中，通常较难把握的是对金融机构不能清偿的判断，在中国农业银行股份有限公司四平分行（以下简称四平农行）与姜某升劳动合同纠纷一案中，申请执行人姜某升与被执行人中国农业银行股份有限公司公主岭市支行（以下简称公主岭农行）的劳动争议，经一审、二审、再审后进入强制执行程序。公主岭市法院作出执行通知书，通知被执行人公主岭农行履行以下义务：（1）立即与姜东升签订无固定期限劳动合同；（2）给付案件受理费2000元；（3）给付执行费50元。然而，公主岭农行逾期仍未自觉履行，执行法院遂对其作出罚款30万元的决定。后对被执行人执行罚款时，因被执行人无可供执行财产，便裁定追加公主岭农行的上级机构四平农行为被执行人。四平农行不服，向四平市法院申请复议，主要理由为劳动关系具有人身属性，不同于民法债权债务关系，30万元行政罚款也不同于民事债权债务，依据法经〔2004〕127号通知，不能追加其为被执行人。四平市法院审理后认为，因被执行人公主岭农行未履行生效判决确定的义务，公主岭市法院对其罚款30万元，符合法律规定。后因被执行人无可供执行财产，故法院依法追加被执行人的上级金融机构四平农行为被执行人并无不当，四平农行的复议理由不成立，不予支持。本案提出了两个值得思考的问题，一是被执行人不履行人身属性的债务，二是被执行人无力支付罚款，是否都可变更上级机构为被执行人。第一，《最高人民法院、中国人民银行关于依法规范人民法院执行和金融机构协助执行的通知》第8条使用的表述是"被执行人未能提供可供执行财产"，《变更追加规定》第15条第1款的表述为"不能清偿债务"，《民事诉讼法解释》第471条规定"人民法院可以裁定执行对该其他组织依法承担义务的法人或者公民个人的财产"，这些法律规范未明确不能履行的债务类型为金钱债务。有的观点认为，金融机构不能履行生效判决、裁定所确定的金钱债务时，才能变更其上级机构为被执行人。第二，民事强制措施中的罚款，是法律对被执行人妨碍执行的法律制裁，不同于生效法律文书所确定的民事债权债务关系。如在执行罚款时，被执行的金融机构无力支付，只能基于分支机构没有独立法人资格，可依法变更追加其所隶属的企业法人承担。

（二）对被执行的金融机构采取民事强制措施的条件

金融机构拒不履行已经发生法律效力的判决、裁定，或拒绝协助执行时，法院可依据《民事诉讼法》第113条、第117条规定，对其主要负责人或者直接责任人员予以罚款、拘留。其中，拒不履行生效判决、裁定构成犯罪的，还将依法追究刑事责任。在对金融机构上级机构采取民事强制措施时，需要满足两个条件：一是依法逐级变更由上级金融机构为被执行人时，法院应当及时向该上级金融机构发出允许其于15日内自动履行偿债义务的通知，在自动履行的期限内，不得对其采取民事强制措施。二是采取民事强制措施应当坚持过错责任原则，金融机构上级机构的妨害执行行为只有基于其主观上的故意，才可以对其采取民事强制措施。

在中国农业银行股份有限公司南阳分行不服桐柏县人民法院采取罚款措施的复议案中，执行依据内容为：(1) 撤销原告中国农业银行桐柏县支行对被告胡某荣作出的解除劳动关系的处理决定，恢复被告胡某荣与原告的劳动关系。(2) 原告赔偿被告仲裁费1000元。进入强制执行程序后，桐柏县法院向被执行人中国农业银行桐柏县支行发出执行通知，在其未履行后送达了罚款决定。后桐柏县法院裁定变更桐柏县农行的上级机构南阳市农行为被执行人，南阳市农行逾期仍未履行，桐柏县法院决定对其采取民事强制措施，罚款20万元。南阳市农行不服，向南阳市中级人民法院申请复议，请求撤销罚款决定。南阳市中级人民法院审理后认为，桐柏县法院变更南阳市农行为被执行人符合相关法律规定，南阳市农行在法定执行期间内未能履行义务，但其未能履行义务的行为并非主观故意，而是客观上没有为申请执行人胡某荣恢复劳动关系的权利，桐柏县法院应依法逐级变更其上级金融机构为被执行人。可见，采取民事强制措施只适用于有故意过错的金融机构，桐柏县法院以其拒不执行对其处罚不符合相关法律规定，故裁定撤销罚款决定。

九、非诉执行程序中人民法院可否依职权裁定变更被执行人

答复原文

最高人民法院对《关于非诉执行案件中作为被执行人的法人终止，人民法院是否可以直接裁定变更被执行人的请示》的答复

2000年5月29日　法行〔2000〕16号

山东省高级人民法院：

你院鲁高法函〔1999〕62号《关于非诉执行案件中作为被执行人的法人终止，人民法院是否可以直接裁定变更被执行人的请示》收悉。经研究，答复如下：

人民法院在办理行政机关申请人民法院强制执行其具体行政行为的案件过

程中，作为被执行人的法人出现分立、合并、兼并、合营等情况，原具体行政行为仍应执行的，人民法院应当通知申请机关变更被执行人。对变更后的被执行人，人民法院应当依法进行审查。

出台背景

《行政诉讼法》第97条[①]确立了非诉执行制度，即行政机关对公民、法人或其他组织作出行政行为后，行政相对人既不申请复议，也不向法院提起诉讼，又不自动履行义务，行政机关可以申请人民法院强制执行。

我国建立非诉执行制度，目的在于以司法权监督行政权，经过司法审查后由法院决定是否执行行政行为，有利于保护行政相对人的合法权益，也有利于监督行政机关依法行使职权，规范执行行为。非诉执行案件具有以下特点：第一，非诉执行案件的执行依据是行政机关作出的行政行为，但该行政行为没有进入行政诉讼程序，没有经过人民法院的裁判，因而不同于人民法院经过行政诉讼判决维持的行政行为的执行。第二，非诉执行案件的申请主体一般是行政机关，是代表国家行使管理权的国家职能部门。只有在特殊情况下，自然人、法人或其他组织可以成为非诉执行案件的申请主体，《行政诉讼法解释》第158条第1款规定："行政机关根据法律的授权对平等主体之间民事争议作出裁决后，当事人在法定期限内不起诉又不履行，作出裁决的行政机关在申请执行的期限内未申请人民法院强制执行的，生效具体行政行为确定的权利人或者其继承人、权利承受人在六个月内可以申请人民法院强制执行。"因此，在绝大多数非诉执行案件中，申请人与被执行人的法律地位并不平等。

在非诉执行案件中，被执行人为行政相对人，通常为自然人、法人或其他组织，因此，也将涉及被执行人终止后的变更问题。最高人民法院经本答复明确，非诉执行案件中的被执行法人终止，人民法院应通知申请机关申请变更被执行人，不得依职权变更追加被执行人。

---

① 《行政诉讼法》（2014年）第97条将"具体行政行为"修改为"行政行为"。最高人民法院遵循1989年《行政诉讼法》的规定，使用的是"具体行政行为"概念。

理解与适用

非诉执行案件中变更被执行人，必须基于法律的明确规定。因为非诉执行制度的本质，是通过执行程序使行政机关的行政行为得以实现，而行政行为的效力具有相对性，仅对行政行为相对人有约束力，法院如果基于行政行为相对人与第三人之间的某种关系，将第三人追加为被执行人，那么实质上是法院在执行中以裁定的方式为第三人创设了行政法律关系。本答复明确了作为被执行人的法人出现分立、合并、兼并、合营等情况下的变更。此外，《民事诉讼法解释》《变更追加规定》等也对变更被执行人问题进行了规定。在非诉执行案件中变更被执行人的情形主要有以下几种：

（一）公民死亡

依据《民事诉讼法解释》第473条，作为被执行人的公民死亡，其遗产继承人没有放弃继承的，人民法院可以裁定变更被执行人，由该继承人在遗产的范围内偿还债务。继承人放弃继承的，人民法院可以直接执行被执行人的遗产。

（二）法人或其他组织合并、分立、兼并、合营

依据《民事诉讼法解释》第470条，作为被执行人的法人或者其他组织分立、合并、兼并、合营，人民法院可以通知申请机关变更被执行人，不能依职权直接裁定变更。

（三）法人或其他组织被撤销、注销或歇业

依据《民事诉讼法解释》第470条，法人或其他组织被注销的，如果依照有关实体法的规定有权利义务承受人的，可以裁定该权利义务承受人为被执行人。此外，被执行人被撤销、注销或歇业后，上级主管部门或开办单位无偿接受被执行人的财产，致使被执行人无遗留财产清偿债务或遗留财产不足清偿的，可以裁定由上级主管部门或开办单位在所接受的财产范围内承担责任。

（四）法人或其他组织出资不实或抽逃出资

被执行人无财产清偿债务，如果其开办单位对其开办时投入的注册资金不实或抽逃注册资金，可以裁定变更或追加其开办单位为被执行人，在注册资金不实或抽逃注册资金的范围内，对申请执行人承担责任。

（五）被执行人为法人的分支机构

被执行人为企业法人的分支机构不能清偿债务时，可以依申请裁定变更企业法人为被执行人。企业法人直接经营管理的财产仍不能清偿债务的，人民法院可以裁定执行该企业法人其他分支机构的财产。

（六）被执行人为私营独资企业

被执行人为无法人资格的私营独资企业，无能力履行法律文书确定的义务的，人民法院可以裁定执行该独资企业业主的其他财产。在湛江经济技术开发区人民法院审理的湛江经济技术开发区人力资源和社会保障局（以下简称开发区人社局）与湛江开发区红树湾大酒店、陈某彪、张某追加被执行人案中，申请执行人开发区人社局作出湛开人社行罚字（2013）第04号劳动保障监察行政处罚决定书，对被执行人红树湾大酒店处以行政罚款15,000元。该行政处罚决定作出后，被执行人红树湾大酒店提出行政复议，复议机关湛江市人力资源和社会保障局作出湛人社复决（2013）11号行政复议决定书，维持了上述行政处罚。后被执行人红树湾大酒店既没有主动履行罚款义务，也没有在法定期限内提起诉讼，申请人开发区人社局遂向法院提出行政非诉审查申请。法院审查后准予强制执行，执行过程中，被执行人红树湾大酒店没有可供执行的财产，申请执行人开发区人社局申请追加陈某彪、张某为被执行人。法院审查后认为，被执行人红树湾大酒店是个人独资企业，投资人为陈某彪。参照该答复意见，在非诉执行案件中，追加个人独资企业的投资人为被执行人，于法不悖。关于被申请人张某（陈某彪的妻子）是否应追加为被执行人问题。《个人独资企业法》第18条规定："个人独资企业投资人在申请企业设立登记时明确以其家庭共有财产作为个人出资的，应当依法以家庭共有财产对企业债务承担无限责任。"被执行人红树湾大酒店的企业登记资料没有明确记载系投资人以其家庭共有财产出资，且该酒店是被申请人陈某彪在婚前设立，显然不是以其和张某的家庭共有财产作为出资，故被申请人张某无须对企业的债务承担清偿责任。因此，对于申请人开发区人社局要求追加被申请人张某为被执行人的申请，依法不予支持。

（七）被执行人为个人合伙组织或合伙联营企业

被执行人为个人合伙组织或合伙联营企业，无能力履行生效法律文书确定的义务的，人民法院可以裁定追加该合伙组织的合伙人或参加该联营企业的法人为被执行人。在湖北省武汉市江岸区人民法院审理的田某华、马某兵等与湖北迪尔律师事务所、庹某绪社会保险纠纷案中，武汉市江汉区地方税务局（以下简称江汉地税局）作出江地税江社处字（2014）第02号《江汉区地方税务局社会保险费行政处理决定书》，对湖北迪尔律师事务所（以下简称迪尔所）应缴未缴的社保费用予以追缴。2015年2月，江汉地税局向江岸区法院申请执行该处理决定书，法院审查后准予强制执行。执行过程中，申请执行人江汉地税局以被执行人迪尔所已被注销为由，申请变更原迪尔所的普通合伙人为被执行人，法院裁定予以变更。原迪尔所合伙人田某华、马某兵、杜某凤提出异议，称申请执行人在被执行人迪尔所被撤销后，依据《最高人民法院对〈关于非诉执行案件中作为被执行人的法人终止，人民法院是否可以直接裁定变更被执行人请示〉的答复》变更被执行人是错误的，该答复所涉及的范围不包括被执行人依法撤销的情形，故不能作为追加的法律依据。江岸区法院认为，原迪尔所作为普通合伙组织，全体合伙人对合伙组织债务承担无限连带责任，已退伙合伙人对基于退伙前发生的合伙组织债务承担无限连带责任，法律有明确规定。现迪尔所因被注销不能履行法律文书所确定的义务时，异议人田某华、马某兵、杜某凤作为原迪尔所合伙人应以其个人财产清偿。因异议人马某兵、杜某凤于2011年1月18日已退伙，对其退伙后该所欠缴的社会保险费不应承担连带责任。在执行中，应通知申请执行人对此部分予以剔除。综上所述，变更田某华、马某兵、杜某凤为被执行人符合法律规定，驳回异议申请。

实务操作指引

（一）非诉执行程序的启动

非诉执行依申请启动，法院无权自行开始。行政机关申请法院强制执行行政行为，应当自被执行人的法定起诉期限届满之日起三个月内提出。行政机关根据法律的授权对平等主体之间民事争议作出裁决后，当事人在法定期限内不起诉又不履行，作出裁决的行政机关在申请执行的期限内未申请法院强制执行的，生效具体行政行为确定的权利人或者其继承人、权利承受人在六个月内可以申请法院强制执行。逾期申请的，除有正当理由外，法院不予受理。行政机关申请法院强制执行其行政行为的，由申请人所在地的基层法院受理；执行对象为不动产的，由不动产所在地的基层法院受理。基层法院认为执行确有困难的，可以报请上级法院执行；上级法院可以决定由其执行，也可以决定由下级法院执行。行政机关申请法院强制执行其行政行为时，应当提交申请执行书、据以执行的行政法律文书、证明该行政行为合法的材料以及被执行财产状况或其他必须提交的材料。

行政机关提出申请后，法院应当对申请进行审查，以确定是否符合非诉案件的执行条件。对于符合非诉案件执行条件的申请，应当立案执行；对不符合非诉案件执行条件的申请，应裁定不予受理。

为避免被执行人随意对财产进行处分，保证行政职能的实现以及公民、法人或其他组织的合法权益，行政机关或行政行为确定的权利人申请强制执行前，有充分理由认为执行人可能逃避执行的，可以申请人民法院采取财产保全措施。自然人、法人或其他组织申请强制执行的，应当提供相应的财产担保。

（二）非诉执行程序的审查

法院受理行政机关申请执行其行政行为的案件后，应当在30日内由行政庭组成合议庭对行政行为的合法性进行审查，这主要基于以下几点考虑：第一，行政相对人在法定期间不起诉被执行的行政行为，并不意味着该行政行为合法有效，一旦该行政行为违法，法院强制执行就会侵害公民、法人或者其他组织的合法权益。第二，法院作为法律实施的最终保障机关，担负着保证法律正确实施和监督行政机关依法行使职权的职能，因此增加一道纠错手续和环节，以起到对行政机关的监督作用。行政庭主要从以下几方面着手，审查行政行为合法与否：（1）作出该行政行为的主体是否适格，是否有作出该行政行为的法定职权；（2）行政行为是否有事实根据，证据是否充分可靠；（3）行政行为适用法律、法规是否正确；（4）行政机关是否滥用了职权；（5）行政行为的作出是否符合法定程序等。

法院审查后，认定行政行为合法正确，应作出准予强制执行的裁定，并送达申请强制执行的行政机关。如果行政行为有下列情形之一的，应当裁定不予执行：（1）明显缺乏事实根据的；（2）明显缺乏法律依据的；（3）其他明显违法并损害被执行人合法权益的。可见，行政行为不予执行的原因，必须是行政行为存在较为明显的错误，即存在一些原则性错误。如果只是有一些欠缺或不足，法院不应裁定不予执行，但应当通知并建议行政机关加以解释、纠正或者作出说明。

（三）非诉执行程序的通知履行

对于行政庭裁定准予执行的非诉行政案件，需要采取强制执行措施的，行政庭应当将案件交由本院负责强制执行非诉行政行为的机构具体执行。负责强制执行的机构，在强制执行前应当再次书面通知被执行人，告知被执行人履行义务，并附履行期限，促使被执行人自觉履行义务。如果被执行人逾期仍不履行义务的，则由执行机构强制执行。

（四）非诉执行程序强制执行措施的采取

法院在非诉执行案件中所采取的执行措施，参照《民事诉讼法》《民事诉讼法解释》等有关执行程序的规定进行。

十、股权转让是否构成追加股东为被执行人的事由

复函原文

最高人民法院执行工作办公室关于股份有限公司转让其正在被执行的独资开办的企业能否追加该股份有限公司为被执行人问题的复函

2003年7月30日　〔2002〕执他字第2号

广西壮族自治区高级人民法院：

你院桂高法〔2001〕294号《关于股份有限公司转让其正在被执行的独资开办的企业能否追加该股份有限公司为被执行人的请示》，收悉，经研究，答复如下：

一、中国四川国际合作股份有限公司（以下简称四川公司）转让北海中川国际房地产开发公司（以下简称北海公司）的股权，收取受让人支付的对价款

不属抽逃北海公司的注册资金，即不能以抽逃资金为由追加四川公司为广西城乡房地产开发北海公司申请执行北海公司一案的被执行人。

二、四川公司转让北海公司股权的行为，是依据《公司法》的规定合法转让的行为。因该转让既不改变北海公司的独立法人地位；也未造成北海公司资产的减少；且四川公司转让北海公司而获益的1000万元，是四川公司通过转让股权获得的对价款，该对价款也不是四川公司在北海公司获得的投资权益或投资收益；至于四川公司与北海公司的并表财务报告等，并不表明四川公司对北海公司的债权债务有继受关系或者属法人格滥用行为。因此，北海市中级人民法院追加四川公司为被执行人没有事实依据和法律依据。

出台背景

广西壮族自治区北海市中级人民法院在执行广西城乡房地产开发北海公司（以下简称城乡公司）诉北海中川国际房地产开发公司（以下简称北海公司）商品房预售合同纠纷一案中，查明以下事实：被执行人北海公司是中国四川国际合作股份有限公司（以下简称中川国际）于1992年7月22日申请注册的、具有独立法人资格的全民所有制企业，注册资金1000万元，中川国际已全额投入。后中川国际于1994年由四川国际技术合作公司改制为股份有限公司，并于同年3月29日上市。在该公司发布的《中国四川国际合作股份有限公司股票上市公告书》中，中川国际已将北海公司的资产并入改制后的股份公司中招股上市，同时在界定北海公司的净资产产权时，已将北海公司到1993年12月31日止所欠城乡公司的708.3万元作为该公司的负债，在其财务表中列为“应付款”予以确认。中川国际在1994～1999年所发布的上市公司年度报表中还明确载明，北海公司1992～1994年购买的商品期末余额1982.5万元载入其股份公司记账栏目而作为其公司财产予以公布。2000年4月11日，北海市中级人民法院在执行该案时，中川国际与四通投资有限公司（以下简称四通公司）签订协议，将其所拥有的北海公司100%股权和坦桑尼亚基汉斯工程项目下所属权益以5674万元转让给四通公司，其中，北海公司100%的股权转让价为1000万元。

对中川国际转让北海公司股权的行为，北海市中级人民法院认为，北海公司已无财产可供执行，中川国际将北海公司转让给四通公司并得益1000万元，是抽逃资金的行为，依法应当在其抽逃资金的范围内承担责任。同时，中川国际已将北海公司整体改组为股份公司上市，并将北海公司的债权、债务列为本公司的债权、债务，因此，中川国际应对北海公司的债务承担责任。故裁定追加中川国际为本案的被执行人，并驳回中川国际的执行异议。中川国际对裁定不服，向广西高级人民法院提出申诉。

广西高级人民法院对能否追加中川国际为被执行人持两种意见：

第一种是应当追加中川公司为被执行人。理由为中川国际转让北海公司100%的股权，并收取1000万元对价款，实际上是卖掉了北海公司，且是在北海公司负债后转让，故应在其转让所得价款范围内对北海公司的债务承担责任。北海中级人民法院裁定追加中川国际为被执行人的意见正确，但认定中川国际抽逃注册资金不妥。第二种是不能追加中川国际为被执行人承担责任。理由为中川国际转让北海公司的股权不是抽逃注册资金的行为，也不是转让北海公司的具体财产，这种转让并未改变北海公司独立法人的地位，只是享有北海公司股权的所有者由中川公司转为四通公司。另外，中川国际将北海公司的债权、债务情况公布在其上市公告书及年度报告中，是一种财务上的并表关系，并不能由此认定中川国际接收和承担北海公司的债权债务。

广西高级人民法院就该案向最高人民法院提出请示，最高人民法院认为争议的焦点问题是：(1) 中川国际转让北海公司股权，并得益1000万元的行为如何定性。(2) 中川国际将北海公司的债权、债务情况公布在其上市公告书及年度报告中，是否由此认定中川国际接收和承担北海公司的债权债务。对此，最高人民法院执行工作办公室于2003年7月30日，以〔2002〕执他字第2号复函广西高级人民法院，对争议问题作出了解答。[①]

---

① 参见《广西城乡房地产开发北海公司与北海中川国际房地产开发公司商品房预售合同纠纷执行案》，载北大法宝网2018年4月20日，http：//www.pkulaw.cn/case_es/payz_1970324837273149.html？match=Exact。

理解与适用

公司股东对外转让股权，是股东依法享有的法定权利。根据《公司法》第3条和第20条第3款的规定，公司是企业法人，有独立的法人财产，享有法人财产权。公司原则上以其全部财产对债务承担责任，股东仅以其认缴或认购的出资额为限承担责任。这体现了公司法人人格独立的基本要求。但当股东滥用公司法人独立地位和股东有限责任，逃避债务，严重损害公司债权人利益时，应当对公司债务承担连带责任。这是公司法人人格否认制度的内涵，在执行程序中则表现为公司法人作为被执行主体，特定情形下可追加股东为被执行人。

《变更追加规定》在上述立法精神下对追加公司股东为被执行人的情形进行了较为细致的规定。《变更追加规定》第17条规定，作为被执行人的营利法人，财产不足以清偿生效法律文书确定的债务，申请执行人申请变更、追加未缴纳或未足额缴纳出资的股东、出资人或依公司法规定对该出资承担连带责任的发起人为被执行人，在尚未缴纳出资的范围内依法承担责任的，人民法院应予支持。第18条规定，作为被执行人的营利法人，财产不足以清偿生效法律文书确定的债务，申请执行人申请变更、追加抽逃出资的股东、出资人为被执行人，在抽逃出资的范围内承担责任的，人民法院应予支持。依据上述规定，法院可以追加股东为被执行人的情形仅限定在股东未足额缴纳出资、抽逃出资的情况下，且股东对公司的责任限定在其未足额缴纳出资或抽逃出资的范围内。对于股东已经履行出资义务的，法院不能追加股东为被执行人。

《变更追加规定》第19条对股东转让股权行为作出了更加明确的规定："作为被执行人的公司，财产不足以清偿生效法律文书确定的债务，其股东未依法履行出资义务即转让股权，申请执行人申请变更、追加该原股东或依公司法规定对该出资承担连带责任的发起人为被执行人，在未依法出资的范围内承担责任的，人民法院应予支持。"即仅在股东未依法出资时，法院可以因其转让股权的行为追加股东为被执行人，承担责任的范围也仅限于未依法出资的部分。对于已经履行依法出资义务的股东，转让股权是股东的法定权利，与股东抽逃注册资金的性质和特征判然有别，此时转让股权并未影响公司对外清偿义务的能力，公司债权人不能因股东转让股权而将转让股权的行为归属到抽逃注册资金范围，进而申请追加股东为被执行人。

实务操作指引

在实务中，被执行人为企业法人的，更多的是有限责任公司而不是全民所有制企业，可以就被执行人为有限责任公司时其股权转让的责任承担问题，作延展式的探究。

首先，应当明确被执行人为公司时，人民法院并不禁止其股东股权的变更。《最高人民法院、国家工商总局关于加强信息合作规范执行与协助执行的通知》第10条规定，人民法院对从工商行政管理机关业务系统、企业信用信息公示系统以及公司章程中查明属于被执行人名下的股权、其他投资权益，可以冻结。《执行规定》第38条第1款规定，对被执行人在有限责任公司、其他法人企业中的投资权益或股权，人民法院可以采取冻结措施。可见，执行程序中只能冻结被执行人对外投资的公司股权，而不能冻结被执行人股东名下的股权，因此，被执行人公司股东的股权在执行程序中依然可以转让。

其次，股东瑕疵股权转让应当承担责任。《变更追加规定》第19条规定，作为被执行人的公司，财产不足以清偿生效法律文书确定的债务，其股东未依法履行出资义务即转让股权，申请执行人申请变更、追加该原股东或依公司法规定对该出资承担连带责任的发起人为被执行人，在未依法出资的范围内承担责任的，人民法院应予支持。可见，被执行人的公司股东须依法履行出资义务后才可转让股权，否则就要承担相应责任。应当注意的是，启动追责程序的前提是必须满足被执行人公司财产不足以清偿生效法律文书确定债务的这个条件。如何界定财产不足以清偿，并非必须穷尽财产调查措施，而是经过法院依法调查，申请人提供线索和财产申报后，未发现被执行人有可供执行的财产或者发现的财产不能处置。

再次，瑕疵股权转让股东应当承担责任的时间节点。实践中，在进入执行程序前被执行公司股东的股权已经发生瑕疵转让，是否可以在执行程序中追究股东责任？在重庆榕港商贸有限公司申请执行中冶勘建筑安装工程有限公司一案中,[①] 因被执行人无可供执行财产，且被执行人现股东中基发展建设工程有限责任公司（以下简称中基公司）、原股东中国冶金地质勘查工程总局一局（以下简称中冶一局）涉嫌抽逃注册资金，申请执行人申请追加两公司为被执行人。经调查，中冶一局于2012年6月将股权转让给中基公司，被执行人成为中基公司100%持股的一人公司。该案于2015年进入执行程序，廊坊市中级人民法院作出（2016）冀10执异字第1号执行裁定认为，中冶一局虽主张其已将全部股权转让他人，不应承担责任，但是，中冶一局转让股权是在其抽逃注册资金之后，应当承担抽逃注册资金的责任，故裁定追加中冶一局为被执行人，在其抽逃注册资金范围内向申请执行人清偿债务。河北省高级人民法院作出（2016）冀执复51号执行裁定维持了廊坊市中级人民法院的裁定。可见，瑕疵转让股权的时间节点即使发生在执行案件立案前，原股东也应承担相应责任。

最后，申请人申请追加股东为被执行人的举证责任承担问题。从被追加股东的角度看，其并非执行依据确定的债务人，让其承担执行依据确定的义务，债权人当然要承担举证责任。但是，也要考虑距离证据的远近情况，离证据近的人应当承担更重的举证责任。因此，对债权人举证证明出资不实的证明标准不可要求过高。债权人或者执行法院有证据证明股东可能存在出资不实的证据的，举证责任即发生转移，由相关股东承担证明足额出资的责任。如果其举证不能，即应认定出资不实。实践中有以下证据证实股东出资不实的，即可转移举证责任：(1）债权人举证证明据以出资的银行凭证或者出资凭证为虚假。(2）评估机构的评估报告已经被生效法律文书所推翻。(3）其他证明出资可能存在不实的证据。如果出资是否不实难以确定的，也可委托审计机构进行审计后确定。

---

① 河北省高级人民法院执行裁定书，(2016）冀执复51号。

十一、股东因出资不实承担补充赔偿责任的范围

复函原文

最高人民法院
关于开办单位对企业注册资金不实承担责任范围问题的复函

1997年12月1日　经他〔1997〕30号

北京市高级人民法院、江苏省高级人民法院：

关于北京市第二中级人民法院和江苏省张家港市人民法院重复执行国家计委产业经济与技术经济研究所（下称计委所）对下属企业债务承担注册资金30万元的责任一事，我院于1997年2月24日以法经〔1997〕14号函，要求你们两院对有关案件进行复查并暂缓执行。最近，计委所又向我院反映：北京市宣武区法院在执行北京建化金属材料公司诉北京万兴技术经济开发咨询公司（以下简称万兴公司）购销合同纠纷一案的生效判决中，也裁定由计委所承担注册资金30万元不实的责任。

根据投资者对其开办的法人企业债务承担有限责任的原则，计委所对万兴公司的全部债务承担责任应以其未投入的注册资金30万元为限，各有关债权人应在此范围内按其债权数额所占比例受偿。现请你们两院互相通报前次案件复查核实情况，由北京市高级人民法院主持，处理万兴公司的各债权人受偿分配及执行事宜。

出台背景

《企业法人登记管理条例》（已废止）第12条第1款规定："注册资金是国家授予企业法人经营管理的财产或者企业法人自有财产的数额体现。"《企业法人登记管理条例施行细则》（已废止）第26条规定："注册资金数额是企业法人经营管理的财产或者企业法人所有的财产的货币表现。除国家另有规定外，企

业的注册资金应当与实有资金相一致。企业法人的注册资金来源包括财政部门或者设立企业的单位的拨款、投资。”据此，企业的注册资金是指设立企业时在原工商行政管理机关登记的资本总额，主要源于投资者的出资，是企业独立承担民事责任的基础。我国企业法人的资本缴纳制度，经历了从资本实缴制到有限制的资本认缴制，再到完全的资本认缴制三个阶段。1993 年《公司法》第 3 条规定：“有限责任公司和股份有限公司是企业法人。有限责任公司，股东以其出资额为限对公司承担责任，公司以其全部资产对公司的债务承担责任。股份有限公司，其全部资本分为等额股份，股东以其所持股份为限对公司承担责任，公司以其全部资产对公司的债务承担责任。”2005 年《公司法》第 3 条规定：“公司是企业法人，有独立的法人财产，享有法人财产权。公司以其全部财产对公司的债务承担责任。有限责任公司的股东以其认缴的出资额为限对公司承担责任；股份有限公司的股东以其认购的股份为限对公司承担责任。”2013 年《公司法》第 3 条规定：“公司是企业法人，有独立的法人财产，享有法人财产权。公司以其全部财产对公司的债务承担责任。有限责任公司的股东以其认缴的出资额为限对公司承担责任；股份有限公司的股东以其认购的股份为限对公司承担责任。”2018 年《公司法》修订时，该条内容未发生变化。企业法人的注册资本采取认缴制，具有降低创业门槛，提高资金利用效率等优点，但即使现行《公司法》确立了完全认缴制，也并不改变开办单位的出资义务，只是改变了开办单位履行具体出资义务的时间与期限，一旦认缴出资时间届至，开办单位依然需要如实出资。

在执行程序中，开办单位欠付注册资金，必然导致企业法人的偿债能力下降，此时如何维护债权人的合法权益，如何确定开办单位承担责任的范围，最高人民法院于 1997 年 12 月 1 日作出《关于开办单位对企业注册资金不实承担责任范围问题的复函》，指出开办单位在未缴纳出资的范围内对其开办企业承担责任。

理解与适用

开办单位应当按照法律规定或章程约定，如期、足额缴纳出资，且不得在出资后抽逃出资，以保证资本充足。然而，并非所有的开办单位都能如实履行出资义务，有的违反出资期限，有的出资额度不够，这些都导致企业的注册资金与实有资金不一致。执行过程中，因企业注册资金不实而无法向债权人偿还债务的情况时有发生。对此，已有多部司法解释及规范性文件，规定开办单位对企业注册资金不实承担责任。例如，《最高人民法院关于企业开办的其他企业被撤销或者歇业后民事责任承担问题的批复》（已废止）第1条第2项规定，企业开办的其他企业已经领取企业法人营业执照，其实际投入的自有资金虽与注册资金不符，但达到了《企业法人登记管理条例施行细则》（已废止）第15条第7项或者其他法规规定的数额，并且具备了企业法人条件的，应当认定其具备法人资格，以其财产独立承担民事责任。但如果该企业被撤销或者歇业后，其财产不足以清偿债务的，开办企业应当在该企业实际投入的自有资金与注册资金差额范围内承担民事责任。《变更追加规定》第17条规定："作为被执行人的营利法人，财产不足以清偿生效法律文书确定的债务，申请执行人申请变更、追加未缴纳或未足额缴纳出资的股东、出资人或依公司法规定对该出资承担连带责任的发起人为被执行人，在尚未缴纳出资的范围内依法承担责任的，人民法院应予支持。"

关于开办单位承担责任的范围问题，无论是《最高人民法院关于开办单位对企业注册资金不实承担责任范围问题的复函》，还是《最高人民法院关于企业开办的其他企业被撤销或者歇业后民事责任承担问题的批复》（已废止）、《变更追加规定》等，均明确将其限制在"尚未缴纳出资的范围"，即开办单位依然对开办企业的债务承担有限责任，而非无限连带责任。即使有多个债权人，也应由各债权人按其债权数额所占比例受偿，开办单位承担责任的总额为认缴的出资额，不能要求其重复承担责任。如果被执行人的开办单位（股东）已经在注册资金的范围内向其他债权人承担了全部责任的，应当视为已经补足出资，人民法院不得因另案再行要求股东重复承担出资不实的责任。

实务操作指引

开办单位对企业注册资金不实承担责任，需注意以下三个问题：第一，开办单位承担责任的前提是被执行人财产不足以清偿债务；第二，开办单位在开办后陆续补足注册资金的，无须承担责任；第三，开办单位承担责任的范围，虽以尚未缴纳的出资为限，但包括迟延履行期间的债务利息。

（一）以被执行人财产不足以清偿债务为前提

实务中，要注意《变更追加规定》第17条对1998年《执行规定》第80条规定的“无财产清偿债务”进行了修正，缓解了启动追加程序的前提标准，只要财产不足以清偿生效法律文书确定的债务，即可启动追加程序。而被执行人无财产清偿债务的标准过于严苛，执行法院须先对被执行人穷尽执行措施，只有在找不到可供执行的财产时，才能启动追加程序。所谓穷尽执行措施，通常指执行法院对被执行人采取了“六查”措施，即查银行存款、查工商登记、查土地登记、查房产登记、查车船登记、查到期债权。

不足以清偿的标准可做如下判断：第一，“六查”后客观上确实无任何财产。第二，没有方便法院执行的财产。第三，有财产但是难以变现，如存在权利瑕疵或变现能力差。第四，有财产但因其他机构在先查封而无法处置。第五，执行法院对案件做终本处理的，可推定为财产不足以清偿债务。

（二）开办单位可在开办后投足注册资金

有观点认为注册资金不实的范围为开办单位实际投入的注册资金与应投入的注册资金的差额。即使开办单位在开办后投足注册资金，也因在开办时未足额投入而构成出资不实。这种理解未免过于机械，一方面，《最高人民法院执行工作办公室关于认定开办单位对企业注册资金是否投足问题的函》规定，被执行人的开办单位对其开办时注册资金不足，开办后以其他形式投足注册资金的，开办单位不承担责任。该文件明确了开办单位可以在开办后投足注册资金。另一方面，无视开办单位在开办后补足注册资金的客观事实，将会使开办单位承担超过出资额的责任，违背有限责任法理。因此，开办单位在开办后补充的注册资金，属于开办单位实际投入的注册资金。“注册资金不实”的范围应为开办单位开办企业后陆续投入的注册资金总额与应投入的注册资金的差额。

在民生证券有限责任公司（以下简称民生证券公司）申请执行宝鸡市财政证券公司证券回购合同纠纷一案中，湖北省高级人民法院委托湖北大公司法鉴定所对被执行人的开办单位是否足额出资进行司法鉴定，鉴定结论为：宝鸡市财政局在申请开办宝鸡市财政证券公司时注册资金为零，注册资金不到位。湖北省高级人民法院据此作出（1999）鄂执字第1-2号民事裁定书，裁定宝鸡市财政局在注册资金500万元不到位的范围内承担责任。宝鸡市财政局不服，以注册资金已全部到位为由向湖北省高级人民法院提出异议。湖北省高级人民法院驳回其异议，后宝鸡市财政局向最高人民法院申请复议，理由为1992年宝鸡市财政证券公司成立时，资金到位有滞后现象，但此后已经陆续补足了出资。经查明：宝鸡市财政局于1992年开办宝鸡市财政证券公司时，应投入资金500万元，实际出资0元，后于2000年12月31日前补足了注册资金。最高人民法院认为，人民法院在执行程序中裁定被执行人的开办单位承担注册资金不实的责任，应以作出裁定时开办单位对被执行人的出资是否到位为依据。开办单位在开办时未足额投入注册资金，开办后以其他方式补足了注册资金的，应为法律所允许。湖北省高级人民法院2003年2月24日作出（1999）鄂执字第1-2号民事裁定书，认定宝鸡市财政局的注册资金不到位，但该鉴定报告仅认定1992年8月宝鸡市财政证券公司成立时注册资金不到位，未涉及宝鸡市财政局此后是否补足注册资金问题，对于宝鸡市财政局在异议中所主张的补足注册资金的事实，湖北省高级人民法院在异议审查中并未作出认定。因此，湖北省高级人民法院驳回异议不当。

（三）责任范围包括迟延履行期间的债务利息

《公司法解释（三）》第13条第2款，债权人可以“请求未履行或者未全面履行出资义务的股东在未出资本息范围内对公司债务不能清偿的部分承担补充赔偿责任”，故开办单位承担的责任范围包括未出资的本金和利息。

广西壮族自治区防城港市中级人民法院审理的黄某奎与钦州市小董钢铁厂（以下简称小董钢铁厂）、钦州市钦北区小董镇人民政府（以下简称小董镇政府）、钦州市小董农村信用合作社（以下简称小董信用社）、中国农业银行钦州分行（以下简称农行钦州分行）债务纠纷一案中，农行小董营业所、小董镇政府、小董信用社等单位签订《钦州市小董钢铁厂合营协议书》，决定合资兴办小董钢铁厂。其中，小董镇政府认缴出资250万元，实际出资50万元，小董营业所和小董信用社共认缴出资350万元，实际出资43万元。1995年，黄某奎借款200万元给小董钢铁厂并约定了利息。后因催收借款未果，于1998年诉至钦州市中级人民法院。钦州市中级人民法院作出一审判决后，小董镇政府、小董营业所、小董信用社均向广西壮族自治区高级人民法院提出上诉。广西壮族自治区高级人民法院作出二审民事判决：维持钦州市中级人民法院（1998）钦法民初字第5号民事判决第一项，即钦州小董钢铁厂偿还黄某奎167.6万元及利息（按月利率千分之二十七计，从1995年6月3日起至还清时止）；变更钦州市中级人民法院（1998）钦法民初字第5号民事判决第二项为：小董钢铁厂不能清偿黄某奎债务部分，由小董镇政府在200万元范围内负责清偿；小董营业所、小董信用社在307万元范围内负责清偿。小董信用社不服二审判决，向广西壮族自治区高级人民法院申请再审，广西壮族自治区高级人民法院作出（2001）桂民再字第74号民事判决，维持（1998）桂民终字第138号民事判决。2000年，黄某奎向钦州市中级人民法院申请执行。钦州市中级人民法院执行农行钦州分行20万元给黄某奎。后该案经高级人民法院指定给防城港市中级人民法院执行。2012年，防城港市中级人民法院作出（2003）防中法执字第102－7号执行裁定，终结对小董信用社、农行钦州分行的执行。申请执行人黄某奎不服，提出执行异议，认为信用社及农行应当对小董钢铁厂不能清偿债务部分在307万元内承担清偿责任。信用社和农行虽然承担了307万元的债务，但因没有按生效判决确定的履行期间及时履行债务，给黄某奎造成损失，故应承担迟延履行期间的债务利息，并承担小董钢铁厂所欠债务利息及赔偿黄某奎的损失。防城港市中级人民法院认为，小董钢铁厂不能清偿黄某奎债务部分，由农行及信用社在307万范围内负责清偿，除此以外并未判决农行及信用社承担偿付利息和赔偿损失。故黄某奎主张信用社及农行承担偿付利息和赔偿损失的责任没有判决依据。此外，农行及信用社不是向黄某奎借款的主体，而仅是小董钢铁厂的股东（出资人），根据《公司法》的规定，有限责任公司的股东以其认缴的出资额为限对公司承担责任。因此，企业出资人对企业债务承担的是有限责任，《最高人民法院关于开办单位对企业注册资金不实承担责任范围问题的复函》（经他〔1997〕30号）亦明确了该原则。信用社及农行对钢铁厂的全部债务承担责任应以其未到位的307万元为限。在农行及信用社已经在307万元范围内履行完毕的情况下，法院裁定终结对农行及信用社的执行是正确的，黄某奎异议的理由不成立。黄某奎不服（2013）防市法执异字第1号执行裁定，向广西壮族自治区高级人民法院申请复议，广西壮族自治区高级人民法院认为，小董信用社、农行钦州分行是小董钢铁厂的联营股东，虽已在判决确定的307万元范围内履行完出资不实的义务，但是却未在本案生效判决确定的期限内履行义务，逾期履行，应当依照《民事诉讼法》第260条的规定，向申请执行人支付迟延履行期间的债务利息。申请人黄某奎复议理由成立，予以支持。

十二、被执行的全民所有制企业改制成有限责任公司后的债务承担

复函原文

最高人民法院关于被执行企业产权
转让其上级主管部门应否承担责任问题的复函

2003年6月2日　〔2002〕执他字第26号

湖北省高级人民法院：

你院《关于请求迅速排除深圳市地方保护主义对开发区法院执行案件违法阻挠的紧急报告》及开发区法院《关于申请执行人中国农业银行武汉市江城支行与被执行人深圳经济协作发展公司（以下简称经协公司）信用证担保纠纷一案被执行人开办人未依法履行出资义务的补充报告》均已收悉。经审查，提出如下处理意见：

一、深圳市国有资产管理办公室（以下简称国资办）作为国有资产管理部门，批准、授权将原企业性质为全民所有制的经协公司有偿转让，并不违反法律规定。经协公司已经深圳市工商行政管理部门办理了变更登记，其法人更名为深圳市国泰联合广场投资有限公司（以下简称国泰公司），即其法人的主体资格并未终止。

你院及开发区法院认定经协公司被撤销，没有事实依据。开发区法院（2002）武开法执字第95－3号民事裁定书以国资办授权转让经协公司为由，适用《民事诉讼法》第213条的规定，裁定国资办承担责任没有法律依据，属适

用法律错误，应予纠正。

二、关于国资办应否承担经协公司注册资金不实的责任，请你院注意以下问题：1. 经协公司的注册资金是否不实？2. 经协公司的权利义务承受人的注册资金是否到位？3. 如经协公司的注册资金不实的情况属实，谁应承担此注册资金不实的责任？

请你院认真研究，依法自行妥善处理。

此复

出台背景

执行法院在执行程序中认为深圳市国资办批准的全民所有制企业经协公司经有偿转让变更为国泰公司后，经协公司被撤销，根据1991年《民事诉讼法》第213条规定[①]作出民事裁定书，裁定国资办承担责任。该裁定在上述复函中被认定为没有法律依据，属于适用法律错误，应予纠正。

企业改制可以采取重组、联合、兼并、租赁、承包经营、合资、转让国有产权（企业出售）和股份制、股份合作制等多种形式进行。上述案例中，经协公司采取企业出售的方式进行企业改制。企业出售是国有企业改革中的一种特有现象，只限于国有中小企业的出售，且作为出卖的一方只能是代表国家的政府或其主管部门。

理解与适用

（一）执行程序中，被执行主体出售后的债权债务承担问题

一是应区别撤销与转让。国资办授权经协办将经协公司产权转让，执行法院却认为经协公司被撤销了。事实上该公司并未被撤销，只是其法人名称通过产权转让的方式变更为国泰公司，法人主体资格一直存续，执行法院通过产权

① 1991年《民事诉讼法》第213条规定："作为被执行人的公民死亡的，以其遗产偿还债务。作为被执行人的法人或者其他组织终止的，由其权利义务承受人履行义务。"

转让合同认定经协公司“被撤销”，事实上是混淆了“被撤销”与“被转让”的性质。企业法人被撤销一般会导致法人终止，但被转让不一定导致法人终止。实务中，执行法院应当通过工商备案登记对企业法人资格进行审查。本案中，深圳市工商局根据国家工商行政管理局工商企字〔1988〕第88号文件，国有企业被整体出售改制为有限责任公司应作变更登记的规定，给经协公司办理了变更登记。该企业法人并未终止，只是企业性质、出资人等有关情况发生了变化。因此，执行法院依据1991年《民事诉讼法》第213条的规定裁定国资办承担责任没有法律依据。

二是对价原则。《变更追加规定》第22条规定：“作为被执行人的法人或非法人组织，被注销或出现被吊销营业执照、被撤销、被责令关闭、歇业等解散事由后，其股东、出资人或主管部门无偿接受其财产，致使该被执行人无遗留财产或遗留财产不足以清偿债务，申请执行人申请变更、追加该股东、出资人或主管部门为被执行人，在接受的财产范围内承担责任的，人民法院应予支持。”那么国资办是否无偿接受了经协公司的财产呢？答案是否定的。在企业出售中，国家丧失了对该企业的所有者权益，而取得了相应对价；买受人则因支付了对价取得了该企业的所有者权益。可见，国家将企业产权出售是符合等价有偿原则的。

三是债务承担。根据《国有资产监督管理委员会关于规范国有企业改制工作的意见》的规定，国有企业改制方案需按照《企业国有资产监督管理暂行条例》（国务院令第378号）和国务院国有资产监督管理委员会的有关规定履行决定或批准程序，未经决定或批准不得实施。深圳国资办作为经协公司的上级主管部门，对其改制履行了决定或者批准程序，同意经协公司以转让产权的方式进行改制，但并不意味经协公司对外产生的债务需要国资办承担责任。

处理国有企业改制中遗留的债务问题要坚持两个基本原则：一是尊重当事人的约定原则。对于被改制企业遗留债务，债权人与被改制企业有约定的，只要不违反法律强制性、禁止性规定，不损害国家利益和善意第三人利益，应当依当事人约定。二是法人财产承担法人债务原则。其核心是企业法人以自己所有的财产对外独立承担民事责任。企业债权债务承继原则和企业债务随企业财产变动原则,[①] 是法人财产原则的具体体现。[②] 上述原则在《最高人民法院关于当前经济审判工作应当注意的几个问题》中有明确规定。

《最高人民法院关于人民法院在审理企业破产和改制案件中切实防止债务人逃废债务的紧急通知》(法〔2001〕105号)第9条规定:"人民法院审理国有企业改制案件,应当依法认真处理好改制企业遗留债务的承担问题。对于改制企业遗留债务,当事人之间约定了新的债务承担人、并经债权人同意的,可依当事人的约定;对于虽未经债权人同意,但新的债务承担人有足够能力清偿债务的,可按照实际情况确认由新的债务承担人承担债务;对于仅对改制企业的财产进行了处理,而未处理改制企业债务的,原则上应当由改制变更后的企业在所接受财产的等值范围内承担原企业遗留债务。"可见,遗留债务的处理采取有约定依约定,无约定一般原则上由改制变更后的企业承担债务的原则。《最高人民法院关于审理与企业改制相关的民事纠纷案件若干问题的规定》第24条至第27条[③]也体现了上述原则。

但是,在特殊情形下出售方亦应承担责任。根据《最高人民法院关于审理与企业改制相关的民事纠纷案件若干问题的规定》第28条[④]、《最高人民法院关

---

① 企业债务随企业财产变动原则,是指当事人对企业遗留债务的承担没有约定或者虽有约定但违反法律强制性、禁止性规定,或者未经债权人同意、损害国家利益和善意第三人利益的情况下,因企业资产负有对企业债务的一般担保性质,受让方依照债务随资产变动原则,根据不同情况承担相应的责任。

② 于泓:《关于被执行企业产权转让其上级主管部门应否承担责任的请示与答复》,载最高人民法院执行工作办公室编:《强制执行指导与参考》2003年第3辑(总第7辑),法律出版社2004年版。

③ 《最高人民法院关于审理与企业改制相关的民事纠纷案件若干问题的规定》第24条规定:"企业售出后,买受人将所购企业资产纳入本企业或者将所购企业变更为所属分支机构的,所购企业的债务,由买受人承担。但买卖双方另有约定,并经债权人认可的除外。"第25条规定:"企业售出后,买受人将所购企业资产作价入股与他人重新组建新公司,所购企业法人予以注销的,对所购企业出售前的债务,买受人应当以其所有财产,包括在新组建公司中的股权承担民事责任。"第26条规定:"企业售出后,买受人将所购企业重新注册为新的企业法人,所购企业法人被注销的,所购企业出售前的债务,应当由新注册的企业法人承担。但买卖双方另有约定,并经债权人认可的除外。"第27条规定:"企业售出后,应当办理而未办理企业法人注销登记,债权人起诉该企业的,人民法院应当根据企业资产转让后的具体情况,告知债权人追加责任主体,并判令责任主体承担民事责任。"

④ 《最高人民法院关于审理与企业改制相关的民事纠纷案件若干问题的规定》第28条规定:"出售企业时,参照公司法的有关规定,出卖人公告通知了债权人。企业售出后,债权人就出卖人隐瞒或者遗漏的原企业债务起诉买受人的,如债权人在公告期内申报过该债权,买受人在承担民事责任后,可再行向出卖人追偿。如债权人在公告期内未申报过该债权,则买受人不承担民事责任。人民法院可告知债权人另行起诉出卖人。"

于人民法院在审理企业破产和改制案件中切实防止债务人逃废债务的紧急通知》（法〔2001〕105号）第10条规定①，在企业出售中，若卖方隐瞒或遗漏原企业债务的，应当由卖方对所隐瞒或遗漏的债务向原企业的债权人承担责任。而卖方是否隐瞒或遗漏原企业债务，是否应当承担责任，承担何种责任均属于实体问题，不宜直接在执行程序中认定，应通过另行诉讼的方式解决。

本案中，如果申请执行人中国农业银行武汉市江城支行认为国资办在转让经协公司的过程中存在隐瞒或遗漏经协公司债务的行为，应通过诉讼程序确认责任承担问题，再依据生效法律文书申请执行。

（二）被执行人的财产依行政命令被无偿调拨、划转给第三人的责任承担

《变更追加规定》第25条规定，作为被执行人的法人或非法人组织，财产依行政命令被无偿调拨、划转给第三人，致使该被执行人财产不足以清偿生效法律文书确定的债务，申请执行人申请变更、追加该第三人为被执行人，在接受的财产范围内承担责任的，人民法院应予支持。在该条规定中，责任承担的主体是接受财产的第三人，也不是作出行政命令的行政机关。

实务操作指引

实践中，涉及企业改制的问题较为复杂，根据《最高人民法院关于审理与企业改制相关的民事纠纷案件若干问题的规定》，企业可通过公司制改造、股份合作制改造、分立、兼并、债转股、出售等方式进行改制。复函所涉案件中被执行人虽然经历了企业改制，但仅是组织形式及股东变更，债务主体未发生变化，因此继续执行改制后的有限责任公司并无不当。但实践中，还存在企业通过设立新主体注销原主体进行改制的情况，能否将新旧主体认定为同一主体是能否变更追加新主体为被执行人的关键。

---

① 《最高人民法院关于人民法院在审理企业破产和改制案件中切实防止债务人逃废债务的紧急通知》（法〔2001〕105号）第10条：“人民法院审理国有企业改制案件，对企业出售中，卖方隐瞒或遗漏原企业债务的，应当由卖方对所隐瞒或遗漏的债务向原企业的债权人承担责任；对企业股份合作制改造及吸收合并中，被兼并或被改制企业原资产管理人隐瞒或遗漏债务的，应当由被兼并或被改制企业原资产管理人对所隐瞒或遗漏的债务承担民事责任；对借企业分立剥离企业有效资产，以逃避债务的，应当将分立后的企业列为共同被告，并依法确认由其承担连带责任。”

在申请执行人中国工商银行高密市支行（后名称变更为中国工商银行股份有限公司高密支行，以下简称工行高密支行）与被执行人山东省高密市五金交电化工股份有限公司、山东高密医药经贸中心、高密市百货总公司、高密华联商厦银行承兑欠款纠纷执行一案中，长城资产山东分公司向潍坊市中级人民法院申请变更其为本案的申请执行人、追加第三人高密鸿生医药有限公司为被执行人。

长城资产山东分公司称，其于2005年7月23日受让案涉债权。长城资产山东分公司发现被执行人山东高密医药经贸中心通过职工全额出资购买净资产的方式改制为高密鸿生医药有限公司，属于法人出资主体性质和名称等变更，山东高密医药经贸中心工商登记信息显示为注销，但其未对企业的债权、债务进行清算。《山东高密医药经贸中心企业改制方案》《关于对山东高密医药经贸中心改制方案的批复》等相关改制文件也明确载明相关债权、债务由改制后的企业承担。现高密鸿生医药有限公司正常经营，名下有财产可供执行，因此本案应追加高密鸿生医药有限公司为被执行人。

潍坊市中级人民法院查明，被执行人山东省高密市五金交电化工股份有限公司、高密市百货总公司、高密华联商厦均已被吊销营业执照。经潍坊市市属企业改革领导小组批复，被执行人山东高密医药经贸中心于2003年10月27日组建高密鸿生医药有限公司，原山东高密医药经贸中心已于同日注销。潍坊市市属企业改革领导小组《关于对山东高密医药经贸中心改制方案的批复》（潍企改〔2003〕29号）载明："……二、新公司一次性买断原山东高密医药经贸中心的全部资产，承担原企业全部债务，具体数额以市国资部门确认为准，接受安置全部在职职工及离退休人员……"高密市市场监督管理局出具的档案查询结果显示，山东高密医药经贸中心成立于1997年9月20日，企业类型为全民所有制，该企业于2003年10月27日注销，注销原因为其他。高密鸿生医药有限公司成立于2003年10月27日，设立方式为一般新设，企业类型为有限责任公司（自然人投资或控股），股东（发起人）为38名自然人。

本案的争议焦点是能否追加第三人高密鸿生医药有限公司为被执行人。

潍坊市中级人民法院认为，被执行人山东高密医药经贸中心经潍坊市市属企业改革领导小组批复，于2003年10月27日组建高密鸿生医药有限公司，申请人主张系名称变更，与事实不符，不予采信。根据长城资产山东分公司提交的证据，其申请追加第三人为被执行人的事实及理由并非《变更追加规定》所规定的追加第三人的法定事由，因此对其追加第三人为被执行人的申请，不予支持。遂于2020年12月31日作出（2020）鲁07执异72号执行裁定书，驳回申请人长城资产山东分公司追加被执行人的申请。

长城资产山东分公司不服上述裁定，向山东省高级人民法院申请复议。长城资产山东分公司称，潍坊市市属企业改革领导小组的潍企改（2003）29号文件《关于对高密医药中心改制方案的批复》第2条载明："新公司一次性买断原山东高密医药经贸中心的全部资产，承担原企业全部债务……"同时，山东高密医药经贸中心的高医药政字（2003）21号文件载明："公司成立后，接收安置现有全部职工，承担原企业全部债权债务。"可见，高密鸿生医药有限公司应承担山东高密医药经贸中心全部债权债务。本案的事实是，山东高密医药经贸中心经过改制，将出资人由国家出资变更为职工出资，同时将企业名称由山东高密医药经贸中心变更为高密鸿生医药有限公司。因山东高密医药经贸中心工商执照性质是全民所有制企业，而高密鸿生医药有限公司性质是有限责任公司，在工商登记系统中无法直接将全民所有制企业的山东高密医药经贸中心名称变更为高密鸿生医药有限公司，原工商局于高密鸿生医药有限公司设立之日，将山东高密医药经贸中心工商执照于同日注销。所以山东高密医药经贸中心的改制实际仅是出资人和企业名称变更。山东高密医药经贸中心与高密鸿生医药有限公司实质上是同一企业法人主体的延续。将本案被执行人山东高密医药经贸中心变更为高密鸿生医药有限公司有充分事实和法律依据。而且，山东高密医药经贸中心在2003年10月27日改制为高密鸿生医药有限公司，原工商局在2003年10月27日直接将山东高密医药经贸中心工商执照注销，而没有责令其进行清算。根据《变更追加规定》第23条的规定，"作为被执行人的法人或非法人组织，未经依法清算即办理注销登记，在登记机关办理注销登记时，第三人书面承诺对被执行人的债务承担清偿责任，申请执行人申请变更、追加该第三人为被执行人，在承诺范围内承担清偿责任的，人民法院应予支持"。因高密鸿生医药有限公司工商档案中的多份书面文件均载明高密鸿生医药有限公司书面认可承担山东高密医药经贸中心全部债权债务，故追加高密鸿生医药有限公司为本案被执行人有充分事实和法律依据。

山东省高级人民法院认为：首先，根据高密市市场监督管理局出具的山东高密医药经贸中心及高密鸿生医药有限公司的档案信息，山东高密医药经贸中心在原工商行政管理部门办理了注销登记，而高密鸿生医药有限公司为设立的公司，并且，两家公司的企业类型完全不同，因此，高密鸿生医药有限公司并非由山东高密医药经贸中心变更而来，长城资产山东分公司主张高密鸿生医药有限公司系由山东高密医药经贸中心变更而来、两家公司系同一企业法人主体的延续，与事实不符。

其次，长城资产山东分公司认为，根据潍坊市市属企业改革领导小组《关于对山东高密医药经贸中心改制方案的批复》内容，高密鸿生医药有限公司应承担山东高密医药经贸中心全部债权债务，但该批复载明，新公司"承担原企业全部债务，具体数额以市国资部门确认为准"。但长城资产山东分公司未提供有效证据证明本案中山东高密医药经贸中心应承担的担保债务在国资部门确认的债务范围内，其认为高密鸿生医药有限公司应承担山东高密医药经贸中心的全部债务，证据不足。

另外，长城资产山东分公司认为，高密鸿生医药有限公司书面认可承担山东高密医药经贸中心全部债权债务，符合《变更追加规定》第23条规定的变更、追加情形。但长城资产山东分公司未提供高密鸿生医药有限公司书面承诺对山东高密医药经贸中心的该笔担保债务承担清偿责任的相关证据，长城资产山东分公司的上述主张，证据亦不足。

山东省高级人民法院于2021年9月29日作出（2021）鲁执复199号执行裁定书，驳回长城资产山东分公司的复议申请，维持潍坊市中级人民法院（2020）鲁07执异72号执行裁定。

十三、已参加诉讼但未承担判决实体义务的当事人能否追加为被执行人

答复原文

最高人民法院关于人民法院在执行程序中能否将已参加过诉讼、但生效裁判未判决其承担实体义务的当事人追加或变更为被执行人的问题的答复

2007年6月20日 〔2007〕执他字第5号

青海省高级人民法院：

你院〔2006〕青执他字第1号《关于青海省储备物资管理局二五一处与中国建设银行李家峡支行、原建行李家峡支行劳动服务公司、原李家峡加油站借欠油料款纠纷一案的请示报告》收悉。经研究，答复如下：

对已参加诉讼、但生效裁判未判决其承担实体义务的当事人，人民法院在执行程序中如需追加或变更该当事人为被执行人，除非追加或变更该当事人为被执行人的事实和理由，已在诉讼过程中经审判部门审查并予以否定，否则，并不受生效裁判未判决该当事人承担实体义务的限制。根据现行法律和司法解释，人民法院有权依据相关法律的规定，直接在执行程序中作出追加或变更该当事人为被执行人的裁定。

基于以上答复意见，请你院自行依法妥善处理本案。

此复

出台背景

生效法律文书进入执行程序后，称为执行依据，依学理通说，生效判决作为执行依据具有既判力，这意味着，终局确定之后，无论裁判结果如何，当事人及法院均受确定判决判项内容之拘束。既判力的范围有客观范围、主观范围

和时间范围之分。客观范围是指执行依据对哪些当事人争议的事项产生既判力，而主观范围是指执行依据对哪些主体产生既判力。一般情况下，既判力的客观范围不会扩张，而主观范围扩张情况较为复杂，既判力的相对性原则决定了既判力原则上只发生于当事人之间，在执行中，案外第三人在一些特殊情况下与执行标的产生密切关系，如果一味坚持既判力相对性原则，执行债权人为了自身权益可能进行重复诉讼，影响诉讼效率和生效执行依据的效力。因此，在特定情况下，法律赋予执行依据的既判力扩张至当事人以外的第三人，即表现为执行程序中的变更、追加制度，也就是最高人民法院在〔2007〕执他字第5号答复中表明的观点，已参加诉讼但生效裁判未判决其承担实体义务的当事人可直接被追加或变更为被执行人。

理解与适用

通常情况下，执行依据所载明的义务主体与被执行人的范围相一致。但是，由于执行依据生效后不会立即进入执行程序，而现实生活又总是复杂多变的，这就导致最初由执行依据所确认的被执行人，因一定的法律事实发生或存在，而将其应承担的给付义务转由其他主体独立承担，或与其共同承担。基于此，法律通过设计变更、追加被执行人制度，以确保及时、高效处理执行案件，保护申请执行人的合法权益。根据法律规定，第三人应当替代生效法律文书确定的债务人向债权人履行义务，或者与生效法律文书确定的债务人共同向债权人履行债务，该第三人经法院裁定独立或者与原执行债务人共同向债权人履行义务而成为执行债务人，此即变更、追加被执行人。其中，变更被执行人的，原来的被执行人退出执行程序，由新的民事主体代替成为被执行人；追加被执行人的，原来的被执行人不退出执行程序，新的民事主体加入成为被执行人。[①] 变更、追加被执行人，只是改变了义务主体，而不改变法律文书中所确定的给付义务内容、方式、期限等实体问题。不过，由于执行审查程序较为简易，而变更、追加被执行人又涉及第三人的重大实体权利义务，因此，必须严格遵循法

① 参见江必新主编：《强制执行法理论与实务》，中国法制出版社2014年版，第107页。

定原则，即在执行程序中变更、追加被执行人，应限于法律、司法解释明确规定的情形，避免随意扩大变更、追加范围，避免出现以执代审、审执不分现象，损害第三人的合法权益。

变更、追加被执行人的法律规范主要有《变更追加规定》以及最高人民法院作出的批复、复函等司法解释和规范性文件。对于未参加过诉讼的当事人，法院在法定情形下可以变更、追加其为被执行人，而对于已参加过诉讼、但生效裁判未判决其承担实体义务的当事人，已经在审判程序中获得了必要的程序保障，只要符合法律和司法解释规定的条件，经当事人申请，法院可直接在执行程序中作出变更、追加该当事人为被执行人的裁定。

实务操作指引

变更、追加被执行人的程序流程如下。

（一）依申请启动追加程序

执行法院不得依职权启动追加程序，理论上认为，追加被执行人应依当事人或者权利人的申请启动，执行法院原则上不得依职权启动。实务中，如果申请执行人认为符合追加条件的，可直接向执行法院立案部门提出书面申请。

申请书中应当写明申请人和被申请追加人的基本情况、执行案号、执行情况，以及追加被执行人的事实、理由、法律依据，并附申请人身份、主体资格证明、相关证据材料、联系方式等。追加申请材料不齐备的，法院应一次性告知补足。没有明确的被追加执行当事人的，不予受理；已经受理的，裁定撤销案件。[①]

（二）立案

追加被执行人属于五种执行审查类案件类型之一，根据《执行立结案意见》第8条、第9条规定，执行立案部门对于符合追加条件的申请，应作为新的执行案件立“执异字”案件类型代号。

关于法院应在几日内立案以及不予立案时如何救济的问题，法律没有作出明确规定。依据《异议复议规定》第2条，合适的做法是：执行法院立案部门

① 应注意的是，书面申请及材料多数法院要求交给立案部门，少数法院依然提交执行案件承办法官。

应在接收材料后3日内立案，不符合受理条件的，裁定不予受理；立案后发现不符合受理条件的，裁定驳回申请。

申请人对不予受理或者驳回申请裁定不服的，可以自裁定送达之日起10日内向上一级法院申请复议。上级法院审查后认为符合受理条件的，应当裁定撤销原裁定，指令执行法院立案或者对申请追加进行审查。

（三）审查

立案后，移送裁决部门审查（裁定书上署裁决法官的名字），原执行实施案件的承办人要回避，不得参与审查。

《变更追加规定》第28条第2款规定，对于事实清楚、权利义务关系明确、争议不大的案件，由执行裁决部门1名法官书面审查即可；对于其他类型案件，执行局裁决部门应组成合议庭审查并公开听证。经审查，理由成立的，裁定变更、追加；理由不成立的，裁定驳回。

执行法院应当自收到书面申请之日起60日内作出裁定，特殊情况下，可由本院院长批准延长。60日的起算点，是“自收到书面申请之日”，也即立案部门接收申请执行人书面材料之日，而非立案之日。

申请执行人经通知不参加听证程序的，视为其放弃追加申请，按照撤回申请处理。被追加人下落不明，或者经传唤或通知拒不到庭的，不影响人民法院审查。不过，鉴于追加被执行人对其影响重大，执行法院要尽量通知其到场参与听证，尽量避免缺席听证。

（四）救济

根据《变更追加规定》第30条、第32条规定，追加被执行人分为两大类：一般追加和特殊追加（六种情形）。司法解释依据不同的追加情形，设计了对变更追加裁定不服时的两种不同的救济途径。

对于一般追加情形，自追加裁定书送达之日起10日内，向上一级人民法院申请复议；对于其余六种特定追加情形[①]，自裁定书送达之日起15日内，直接

---

① 六种特定追加情形是：（1）未按期足额缴纳出资的有限合伙人；（2）未缴纳或未足额缴纳出资的股东、出资人或依公司法规定对该出资承担连带责任的发起人；（3）抽逃出资的股东、出资人；（4）未依法履行出资义务即转让股权的原股东或依公司法规定对该出资承担连带责任的发起人；（5）不能证明公司财产独立于自己财产的一人公司股东；（6）未经清算即办理注销登记的有限公司股东、股份公司董事和控股股东。

向执行法院提起异议之诉。

被追加人不服裁定而提起的异议之诉，与普通的案外人异议之诉存在差别：一是可以在收到追加裁定后直接起诉，无须向执行法院提异议作为前置程序；二是审理对象为是否符合追加的实体条件和程序要件，审理目的是解决能否追加第三人为被执行人的问题。

十四、第三人受让抵押财产引起的执行主体变更

答复原文

最高人民法院关于执行程序中被执行人
无偿转让抵押财产人民法院应如何处理的答复

2006年10月27日 〔2006〕执他字第13号

山东省高级人民法院：

你院《关于执行程序中被执行人无偿转让抵押财产人民法院应如何处理的请示》收悉。经研究，答复如下：

作为执行标的物的抵押财产在执行程序中被转让的，如果抵押财产已经依法办理了抵押登记，则不论转让行为是有偿还是无偿，也不论是否通知了抵押债权人，只要抵押权人没有放弃抵押权，人民法院均可以直接对该抵押物进行执行。因此，你院可以直接对被执行人已经设定抵押的财产采取执行措施，必要时，可以将抵押财产的现登记名义人列为被执行人。

此复。

出台背景

本答复解决的是已办理抵押登记的抵押财产，在被执行人将其转让后，执行法院能否依抵押权人申请对转让后的抵押财产继续采取强制执行措施的问题。

本答复所涉案件，抵押权人作为申请执行人依生效法律文书向法院申请强制执行，要求法院对抵押财产进行评估拍卖，实现抵押权。执行中，法院查明如下事实：第一，抵押财产已由被执行人转让，现该财产登记在案外人名下；第二，转让时，案外人无偿受让了该抵押财产；第三，在转让时并没有通知抵押权人；第四，抵押财产上的抵押权登记依然存在。

《担保法》（已废止）第49条[①]第1款规定，抵押人在转让抵押物时，如果没有通知抵押权人，转让行为应被确认为无效。抵押人以明显低价转让抵押物时，除非抵押人提供担保，否则禁止转让。因此，山东省高级人民法院请示案件中抵押人转让行为无效。

令人困惑的是，转让抵押物的行为已经实际发生，并且抵押财产已经登记在案外人名下时，执行法院应该经由何种程序才能达到申请执行人暨抵押权人债权实现的目的？是由执行实施部门直接作出裁定确认转让行为无效，还是通过执行裁决部门审查后决定，抑或告知抵押权人通过另行诉讼的方式解决，法律法规没有明确规定，实践中的操作也不明确。

另外，抵押财产的受让人处于何种法律地位，更是立法上的空白。针对山东省高级人民法院的困惑，最高人民法院从法律关系和具体操作程序两方面进行了答复。

理解与适用

（一）抵押权人可以对抗抵押物的受让人

抵押权人对抵押物享有担保物权，该担保物权具有对世效力和追及效力，因此，不管抵押物流转于何人之手，抵押权人均有权追及行使其抵押权。在本案例中，不考虑抵押人是否无偿转让抵押物，也无论抵押人有无通知抵押权人，都不会影响抵押权的效力，更不会影响对抵押物的执行，只要抵押登记存在，抵押权人就有权行使抵押权。

---

① 《民法典》第406条规定："抵押期间，抵押人可以转让抵押财产。当事人另有约定的，按照其约定。抵押财产转让的，抵押权不受影响。"

抵押人无偿转让抵押物的，或是转让时没有通知抵押权人的，对于这种行为的效力法律上应如何认定，最高人民法院在答复中回避了这个话题，没有进行实体判断。《民法典》施行后，法律允许抵押人在抵押期间转让抵押财产，未经抵押权人同意的转让行为不再认定为无效。

（二）对抵押物的执行必要时列受让人为被执行人

最高人民法院认为在执行此类案件过程中，不必考虑抵押财产的所有权人变化与否，也不考虑抵押财产转让时对价支付与否，只要认准抵押权对应的登记财产这一法律关系并将其作为解决问题的主线，即可对该抵押财产强制执行。

从程序上看，首先，执行法院实施部门可直接对抵押财产采取强制执行措施，包括查封、评估、拍卖、变卖等。其次，在执行过程中，如有必要，比如需要查清财产的现登记人与抵押财产和执行案件的法律关系时，可以将抵押财产的现登记名义人列为被执行人。从答复内容分析，可以由执行实施部门直接作出裁定。

对于必要时将抵押财产的现登记人列为被执行人，一是便于法律文书对财产的来龙去脉进行清晰的阐述，便于协助执行机关理解和配合；二是对抵押财产的现登记人不考虑其真实意图，就推知其知晓抵押权存在，非属善意第三人，将其列为被执行人便于财产的执行。但是，对于现登记人提出排除执行的案外人异议程序，执行法院以何种案由立案和审理可能还需要进一步的探讨。

实务操作指引

（一）申请执行人非抵押权人时不能要求法院对转移后的财产强制执行

从答复中可知，申请执行人与抵押权人身份重合时，执行法院依据抵押权人的申请，可对抵押财产强制执行。但是，如果申请执行人不是抵押权人，法院能否根据申请执行人的申请对该财产执行？对这个问题，法院首先需要对财产的权属进行判断。只有登记在被执行人名下的财产，或者登记在第三人名下但第三人明确认可该财产属于被执行人所有的财产，才能进行查封。所以，除非第三人向法院明确该财产属于被执行人，否则法院都不能对该财产采取强制执行措施。

如果被执行人为无偿转让，或者以明显低的价格转让财产，申请执行人可以通过另行诉讼的方式请求人民法院撤销转让行为。只有在转让行为被依法撤销后，该财产的所有权才能重新为被执行人所有，此时法院才能对财产采取强制执行措施。

本案例中抵押权人为申请执行人时，其可以对抵押财产强制执行的主要原因是抵押权并没有发生过变化，变化的是抵押财产的所有权人。在申请执行人不是抵押权人时，其只能针对财产的所有权人，而在所有权人变动以后，被执行人与财产已经没有直接的法律关系，如果需要执行，必须满足责任财产归属的形式要件。当申请执行人非抵押权人时，为防止被执行人转移、设定权利负担或实施其他有碍执行的行为，申请执行人应尽早对被执行人财产进行查封。

（二）抵押财产的现登记名义人被列为被执行人无须通过异议程序追加或者变更，其也不是真正的被执行人

将抵押财产的现登记名义人列为被执行人是为表述方便，不是变更或者追加现财产登记名义人为被执行人。首先，根据《变更追加规定》，本答复所涉案例中，抵押财产的现登记名义人不属于应当被追加或者变更为被执行人的情形之一；其次，此时将财产的现登记名义人列为被执行人是法院的职权行为，不需要当事人的申请，更不需要审理；再次，本答复是将抵押财产的现登记名义人列为被执行人的直接法律依据，由执行实施部门直接操作；最后，抵押财产的现登记名义人被列为被执行人只是因为其与财产之间的物权关系，是人民法院便于执行实施所采取的方便之举，事实上其并不是真正的被执行人，不能按照被执行人来对待。因此，在抵押财产现登记名义人被列为被执行人后，只能就该被执行人名下的涉案抵押财产进行相关的查询、查封、扣押、评估、拍卖等强制措施，除此之外的执行行为都应予以禁止。

（三）《民法典》对抵押财产转让设立了新的规则

2007 年《物权法》（已废止）第 191 条第 1 款规定：“抵押期间，抵押人经抵押权人同意转让抵押财产的，应当将转让所得的价款向抵押权人提前清偿债务或者提存。转让的价款超过债权数额的部分归抵押人所有，不足部分由债务人清偿。抵押期间，抵押人未经抵押权人同意，不得转让抵押财产，但受让人代为清偿债务消灭抵押权的除外。”本条对转让抵押财产做了两方面规定：第

一，抵押期间，抵押人转让抵押财产的，应当经抵押权人同意，而不是如《担保法》（已废止）规定的仅仅通知抵押权人并告知受让人；同时，要将转让所得的价款向抵押权人提前清偿债权或者提存。第二，抵押期间，未经抵押权人同意，不得转让抵押财产。除非受让人替抵押人向抵押权人偿还了债务，消灭抵押权。

按照《物权法》（已废止）的制度设计及司法实践，转让抵押财产，必须消除该财产上的抵押权，也就不再有抵押权随抵押财产转移的问题。山东省高级人民法院请示中的案例，将有抵押权的财产过户至第三人名下的情形，在《物权法》（已废止）生效后已基本不再发生了。但是，《民法典》再次刷新了抵押财产的转让制度，这就使本答复又恢复了新的生机，在以后的实践中将发挥更大的作用。《民法典》第406条规定："抵押期间，抵押人可以转让抵押财产。当事人另有约定的，按照其约定。抵押财产转让的，抵押权不受影响。抵押人转让抵押财产的，应当及时通知抵押权人。抵押权人能够证明抵押财产转让可能损害抵押权的，可以请求抵押人将转让所得的价款向抵押权人提前清偿债务或者提存。转让的价款超过债权数额的部分归抵押人所有，不足部分由债务人清偿。"《民法典担保解释》第43条规定："当事人约定禁止或者限制转让抵押财产但是未将约定登记，抵押人违反约定转让抵押财产，抵押权人请求确认转让合同无效的，人民法院不予支持；抵押财产已经交付或者登记，抵押权人请求确认转让不发生物权效力的，人民法院不予支持，但是抵押权人有证据证明受让人知道的除外；抵押权人请求抵押人承担违约责任的，人民法院依法予以支持。当事人约定禁止或者限制转让抵押财产且已经将约定登记，抵押人违反约定转让抵押财产，抵押权人请求确认转让合同无效的，人民法院不予支持；抵押财产已经交付或者登记，抵押权人主张转让不发生物权效力的，人民法院应予支持，但是因受让人代替债务人清偿债务导致抵押权消灭的除外。"由此可见，如果当事人将限制或者禁止抵押物转让的约定记载于不动产登记簿，抵押物所有权的变动对抵押权人无效，执行机构仍可以按照答复的精神对抵押财产予以执行。如果当事人未将限制或者禁止转让的约定登记，抵押权人则不能申请法院对已经发生物权变动的财产强制执行，只能另行向抵押人主张违约责任。

十五、增资不实股东在执行中承担清偿责任的界限

复函原文

最高人民法院执行工作办公室
关于股东因公司设立后的增资瑕疵应否对公司债权人
承担责任问题的复函

2003年12月11日 〔2003〕执他字第33号

江苏省高级人民法院：

你院〔2002〕苏执监字第171号《关于南通开发区富马物资公司申请执行深圳龙岗电影城实业有限公司一案的请示报告》收悉，经研究，答复如下：

我们认为，公司增加注册资金是扩张经营规模、增强责任能力的行为，原股东约定按照原出资比例承担增资责任，与公司设立时的初始出资是没有区别的。公司股东若有增资瑕疵，应承担与公司设立时的出资瑕疵相同的责任。但是，公司设立后增资与公司设立时出资的不同之处在于，股东履行交付资产的时间不同。正因为这种时间上的差异，导致交易人（公司债权人）对于公司责任能力的预期是不同的。股东按照其承诺履行出资或增资的义务是相对于社会的一种法定的资本充实义务，股东出资或增资的责任应与公司债权人基于公司的注册资金对其责任能力产生的判断相对应。

本案中，南通开发区富马物资公司（以下简称富马公司）与深圳龙岗电影城实业有限公司（以下简称龙岗电影城）的交易发生在龙岗电影城变更注册资金之前，富马公司对于龙岗电影城责任能力的判断应以其当时的注册资金500万元为依据，而龙岗电影城能否偿还富马公司的债务与此后龙岗电影城股东深圳长城（惠华）实业企业集团（以下简称惠华集团）增加注册资金是否到位并无直接的因果关系。惠华集团的增资瑕疵行为仅对龙岗电影城增资注册之后的交易人（公司债权人）承担相应的责任，富马公司在龙岗电影城增资前与之交易所产生的债权，不能要求此后增资行为瑕疵的惠华集团承担责任。

出台背景

龙岗电影城成立于1992年11月16日，注册资金为人民币500万元，由惠华集团和布吉镇下李朗经济发展公司（以下简称下李朗公司）分别按94.3%、5.7%的比例出资。1992年12月，龙岗电影城与深圳市宝安县国土局签订30万平方米土地使用权出让合同。1993年7月，经评估，30万平方米土地使用权合同中的15万平方米土地使用权评估价为15,015.5万元。

1993年8月，龙岗电影城以评估报告向工商部门申请变更登记，注册资金由500万元增加到15,500万元，并保证注册书所填报和提供的材料的真实与合法，否则产生的一切后果由其承担。在资金变更登记中载明，增资部分仍由两开办单位分别按94.3%、5.7%的比例以土地使用权出资。工商部门给龙岗电影城办理了注册资金变更登记。但龙岗电影城仅实际取得该合同项下的土地使用权40,503.9平方米，且两开办单位均未另行投入资金。1997年11月，龙岗电影城修改章程，注册资金由500万元变为15,500万元，其中惠华集团出资14,616.5万元，占94.3%，下李朗公司出资883.5万元，占5.7%。两股东分别在该章程上签字盖章，但实际上两股东对增加的注册资金部分均未另行投入。

后龙岗电影城欠富马公司债务，江苏省高级人民法院就惠华集团作为龙岗电影城的开办单位和投资人，应否承担龙岗电影城增加注册资本不实部分的责任请示最高人民法院。

针对江苏省高级人民法院的请示，最高人民法院作出了〔2003〕执他字第33号复函。此外，最高人民法院于2006年9月12日作出的《最高人民法院关于西钢集团执行申诉一案的复函》①（〔2005〕执他字第32号）中也持同样的观点。

---

① 该复函认为，由于赣州市章贡区农村信用合作联合社（以下简称赣州农信社）、赣州市商业银行（以下简称赣州商行）与昆仑证券有限责任公司（以下简称昆仑证券）的债权债务关系发生在西宁特殊钢铁（集团）有限公司（以下简称西钢集团）和青海省企业技术创新投资管理有限责任公司（以下简称青海创投）对昆仑证券增资扩股之前，因此赣州市中级人民法院（以下简称赣州中院）直接追加西钢集团和青海创投为被执行人不符合法律规定，应予纠正。此外，在我院〔2005〕497号明传通知对涉昆仑证券案件实行“三暂缓”的情况下，如果只对赣州农信社和赣州商行与西钢集团和青海创投案强制执行，将损害其他债权人的合法权益，故赣州中院执行西钢集团和青海创投违反了我院上述明传通知精神。请你院监督纠正赣州中院的执行错误，并将处理结果于10月底前报告我院。即该复函以执行债权发生在瑕疵增资扩股之前为由，排除了1998年《执行规定》第80条的适用，禁止追加瑕疵增资股东为被执行人。

理解与适用

（一）复函出台的理论背景

公司注册资本制度功能体现在两方面：一是对企业而言是法人进行民事活动的基础；二是对交易活动的对象来说是对企业法人行为能力和资信的担保和证明。基于商事外观主义，交易相对人（公司债权人）对于公司偿债能力的预断标准很大程度上依赖于公司的注册资本，即所谓的“注册资金的偿债担保”理论。

股东出资义务包括公司设立时的出资义务和公司增资时的出资义务，如果股东未履行或未全面履行出资义务，则违反了资本维持原则，对债权人利益构成损害，要承担在未出资本息范围内的资本充实责任。公司增加注册资本是扩张经营规模、增强责任能力的行为，与公司设立时的初始出资没有本质区别，也是缴纳出资的一种方式。公司设立后增资与公司设立时出资虽然都属于股东的出资义务，但两者最大的不同之处在于股东交付资产的时间不同。

相对人对于公司责任能力的判断应与交易时公司的注册资金情况相对应，这种对应关系可以称为因果关系。虽然这种判断是基于当事人主观方面的判断，但其客观依据即为公司的工商登记注册情况。①

在“注册资金的偿债担保”理论影响下，股东是否因公司设立后的增资瑕疵对公司债权人承担责任，以所涉债权债务发生的时间为界限而有重大区别。如债权债务关系发生在增资扩股之前的，不承担责任；如债权债务关系发生在增资扩股之后，承担责任。最高人民法院作出的〔2003〕执他字第33号复函即是在这种理论背景下的产物。

需要说明的是，由于抽逃增资扩股资金与增资扩股不实具有同一性，在性质和责任承担上并无本质区别，所以这个复函的精神也适用于抽逃增资扩股资金的情形。抽逃扩股资金的股东只对增资扩股之后的债务承担责任，对发生在增资扩股之前的债务不承担责任。

① 参见于泓、人民法院出版社法规编辑中心编：《解读最高人民法院司法复函》（下），人民法院出版社2016年版。

（二）对复函内容合理性的反思

复函精神对司法实践产生了重要影响，有的法院以此为由没有在执行程序中追加瑕疵增资的股东，有的法院在审判程序中径行以复函中的观点为由，排除《公司法解释（三）》第13条、第14条的适用，直接判决驳回公司债权人要求瑕疵增资或抽逃出资的股东对产生于公司增资之前的债务承担责任的诉讼请求。应该说，复函是在注册资本实缴制的特定背景下，理念上过分强调注册资金的资信担保作用的产物。

从现在来看，尤其是《公司法解释（三）》出台以及新《公司法》已将一般公司的注册资本实缴制改为认缴制，结合公司债权人请求权的法理基础，复函作为不具有普遍约束力的答复意见，其中不合理的成分应予以摒弃。实际上，只要股东存在增资扩股不实或抽逃扩股资金的情形，就应当在未出资或抽逃资金范围内就公司债务向债权人承担补充清偿责任，该责任承担与公司债务产生的时间没有关系。

1. 认缴制下注册资金的偿债担保效用大为减弱

修订后《公司法》规定，一般公司的注册资本不采用实缴登记，改为认缴登记制；取消了注册资本最低限额制度和缴足出资的期限规定；公司实收资本不再作为登记事项；设立登记时也无须提交验资报告。在注册资本认缴制下，虽然公司章程中仍需约定股东缴纳出资的期限，该约定在一定程度上也确实构成了债权人对公司资本充足的信赖，但股东的认缴只是其对公司的一种约定义务，这种义务有没有履行、何时履行，债权人是不得而知的。因此，相对于实缴制，认缴制下的“注册资金的偿债担保”效用已经严重减弱。

注册资金并不能反映公司的真实偿债能力，真正对民商事交易行为进行担保的并不是注册资金，而是包括公司资本、公司对外负债、公司资产收益和经营收益在内的公司资产，公司资产在公司成立后开始经营的那一刻起就不断发生变化。也就是说，企业法人是以其所有资产和权利对债权人承担责任，增资不实所缺额或抽逃的那部分资产，作为企业法人财产权利的组成部分，理应对企业法人的所有债务承担责任，而这种责任与该债务产生的时间没有关系。

2. 复函与《公司法解释（三）》第13条相悖

根据《公司法解释（三）》第13条第4款的规定，只要股东在公司增资时增资扩股不实，就应当在未出资本息范围内就公司债务向债权人承担补充清偿责任，该司法解释并没有区分公司债务到底是发生在增资扩股之前还是之后。

对于股东抽逃增资扩股资金的情形，根据《公司法解释（三）》第14条第2款的规定，公司债权人请求抽逃出资的股东在抽逃出资本息范围内对公司债务不能清偿的部分承担补充赔偿责任的，人民法院应予支持。可以肯定的是，该款中的“抽逃出资”既包括抽逃公司设立时初始出资，也包括抽逃公司成立后的增资扩股资金，也即复函中所称的“公司增加注册资本与公司设立时的初始出资并没有区别”。同时，根据该款规定，只要股东抽逃扩股资金，就应当在抽逃出资本息范围内就公司债务向债权人承担补充赔偿责任，而不考虑公司债务产生的时间。

3. 复函与《变更追加规定》第17条、第18条相悖

根据《变更追加规定》第17条的规定，作为被执行人的营利法人，财产不足以清偿生效法律文书确定的债务，申请执行人申请追加未缴纳或未足额缴纳出资的股东为被执行人，在尚未缴纳出资的范围内依法承担责任的，人民法院应予支持。根据《变更追加规定》第18条的规定，作为被执行人的营利法人，财产不足以清偿生效法律文书确定的债务，申请执行人申请追加抽逃出资的股东为被执行人，在抽逃出资的范围内承担责任的，人民法院应予支持。

以上两个条文中的“未缴纳或未足额缴纳出资的股东”“抽逃出资的股东”都包括公司设立后增资时的股东，债权人据此可在执行程序中追究增资扩股不实或抽逃增资扩股资金股东的责任。而且，这种责任的承担，也没有区分公司债务是发生在增资扩股之前还是之后，也即执行债务产生的时间并非判断能否追加的考量因素。

4. 复函与《民法典》债权人代位权法理相悖

股东增资不实或抽逃增资，可以理解为投资人没有按照投资协议尽到履约义务，这是对企业法人的约定之债，仍应继续承担填补或返还责任。关于债权人追究股东增资不实或抽逃增资责任的法理基础，理论上有不同的学说，有的认为是基于债权人代位权原理，有的认为是基于第三人侵害债权原理。由于第三人侵害债权的理论争议太大，且我国支持债权可以成为侵权行为标的这一观点的人数较少，在现行法上也没有法律条文予以支撑，故通说认为债权人请求

权的法理依据是债权人代位权。

尽管理论上对债权人行使代位权的构成要件存在三要件、四要件、五要件等不同学说，但并无本质区别。最重要的是，不管采几要件说，从《民法典》第535条来看，债权人与债务人之间债权的产生时间，从来都不是债权人行使代位权的构成要件。因此，“上述观点[①]基于外观主义原则，从保护第三人的合理信赖角度出发做此规定。然而若从公司债权人代位公司行使权利的角度来看，作此限制似无必要。”[②]

5. 复函导致问题复杂化且不利于遏制瑕疵出资

有观点认为，增资不实或抽逃增资的股东虽然不对产生在增资之前的公司债务承担责任，但债权人可以单独另行通过代位权诉讼或者破产还债程序等途径要求该股东承担相关责任。可是，既然认为单独提起代位权诉讼也能达到同样的效果，那么与其在解释论上人为将简单问题复杂化，无端增加当事人诉讼成本，倒不如在解释论上简化程序，不考虑公司债务产生的时间，而直接让增资不实或抽逃增资的股东承担责任。

现实中如何确定“公司债务产生的时间”存在疑问。以常见的买卖合同为例，“债务产生的时间”究竟是指合同签订时还是指付款时？分期付款时又该如何确定？若买受人依法提出货物质量瑕疵抗辩而导致延迟付款的，又该如何确定“债务产生的时间”？显然，在解释论上强行以时间为界作出区分，这不但人为将简单问题复杂化，更会放宽对过错、违法股东等不诚信行为的惩戒措施，不利于预防、打击瑕疵出资、抽逃出资等行为，不利于维护债权人合法权益。

6. 商事外观主义不能成为复函合理性的理论依据

还有一种观点认为，复函是基于商事交易中的外观主义原则，从保护第三人合理信赖的角度出发作出的规定，本意是将公司注册资金作为公司债务的一种变相的担保，目的是强化注册资金在公司偿还外债能力方面的一种资信担保作用。然而，这种观点犯了本末倒置的错误。因为商事外观主义的目的是鼓励市场交易，增加社会财富，维护交易相对方（公司债权人）的合法权益。如果

---

① 最高人民法院〔2003〕执他字第33号复函所持观点。

② 潘勇锋：《出资不实的股东在执行程序中对公司债权人的责任》，载《执行工作指导》2013年第2辑。

以商事外观主义作为复函合理性的理论依据，反而可能会损害交易相对方的合法权益，这显然违背了商事外观主义制度的初衷。

（三）司法实践中的做法已突破复函的规定

如前所述，由于复函将瑕疵出资或抽逃出资的股东是否承担责任与公司债务产生时间强行捆绑在一起，不具有合理性。因此，司法实践中一些判例已突破复函的规定。如台州市中级人民法院二审改判抽逃增资的股东对产生于增资之前的公司债务承担补充清偿责任。[①]

实务操作指引

审判、执行以及破产程序中，瑕疵出资或抽逃出资的股东对公司债权人承担责任的程序和救济路径应引起重视。

（一）对出资不实或抽逃出资的认定

根据行为方式的不同，股东违反出资义务的行为表现为未履行或未全面履行出资义务。未履行出资义务是指股东根本未出资，具体包括拒绝出资、不能出资、虚假出资等。未全面履行出资义务是指股东只履行了部分出资义务，未按规定数额足额出资，或者出资的时间、形式或手续不符合规定（如迟延出资）。根据《公司法解释（三）》第12条，股东抽逃出资具体表现为四种情形：一是制作虚假财务会计报表虚增利润进行分配；二是通过虚构债权债务关系将其出资转出；三是通过利用关联交易将出资转出；四是其他未经法定程序将出资抽回的行为。

实务中认定抽逃出资时，要综合判断，注意将其与瑕疵出资、股东借款、公司减资区别开来。抽逃出资一般具有以下特点：(1) 发生在公司成立后，股东已经出资且构成了注册资本的一部分，此为抽逃的前提，也是与瑕疵出资的重要区别。(2) 抽逃出资违反了《公司法》第35条，行为具有违法性，这是其与依法减资的区别。(3) 抽逃具有隐蔽性和欺诈性。股东出资后，再以常提、撤回、转移、混同、抵销等违反公司章程或财务会计准则的手段将出资从公司

---

① 台州市中级人民法院民事判决书，(2014) 浙台商终字第90号。

转为股东个人所有，但财务上常以“应收账款”“长期投资”的方式记录。因此，不经调查、审计，只从财务记录上，很难发现抽逃出资的行为。[①]（4）多为控股股东所为。

（二）审判程序中可列出资不实、抽逃出资股东为被告

出资不实股东对公司债务直接承担资本充实责任是审判实践中长期以来的习惯做法，明确的成文法规定可追溯至1993年最高人民法院发布的《全国经济审判工作座谈会纪要》（法发〔1993〕8号，已废止）。最高人民法院1994年发布的《关于企业开办的其他企业被撤销或者歇业后民事责任承担问题的批复》（法复〔1994〕4号，已废止）重申了出资不实的开办单位对公司债权人的责任。2008年《公司法解释（二）》（已修正）第22条第2款，2011年《公司法解释（三）》第13条第2款以及第14条，分别对出资不实和抽逃出资股东的责任再次作出了规定。

据此，在审判程序中，公司债权人如有证据证明股东出资不实或抽逃出资的，可依据前述司法解释作为请求权基础将该股东直接列为共同被告，要求相关股东在未出资或抽逃出资的本息范围内对公司债务承担补充清偿责任。同时，还可依据《公司法解释（三）》第13条第3款，要求公司的发起人与相关股东承担连带清偿责任。[②]

如果案件审理过程中没有将出资不实或抽逃出资股东列为被告，或者在执行程序中才发现股东存在出资不实或抽逃出资情形，追究该股东的责任可以另行提起诉讼，也可以直接申请追加该股东为被执行人。

（三）破产程序应对出资不实或抽逃出资股东中止执行

根据《民事诉讼法解释》第511条，作为被执行人的公司法人进入破产程序后，应当裁定中止执行，同时对出资不实或抽逃出资股东的执行也应随之中止。

---

① 最高人民法院民事审判第二庭编著：《最高人民法院关于公司法解释（三）、清算纪要理解与适用》（注释版），人民法院出版社2016年版，第202页。

② 如最高人民法院判例之“十堰市市政建设工程有限责任公司王洪玉因与东风汽车有限公司合资、合作开发房地产合同纠纷案申请再审案”，（2013）民申字第1504号民事裁定书。

强制执行程序和破产程序虽均为强制实现债权人权利的程序，但前者实现的是特定债权的个别清偿，后者实现的是全部债权的概括清偿（故又称为概括清偿程序）。出资不实或抽逃出资所产生的相关义务属于破产债权，应由管理人代表公司向股东进行追讨，追回的财产作为破产财产按照破产法的规定统一分配，而不允许特定申请执行人在执行程序中继续实现个别清偿。

2004 年 9 月，最高人民法院就东营市中级人民法院执行局执行新华医药集团案件专门作出（2004）执他字第 24 号复函给山东省高级人民法院，明确指出："破产宣告后，所有未清偿完毕的债务人均应依法向破产清算组申报债权，基于对开办单位注册资金不实而追加被执行人的新华医药集团的执行应依法中止执行，其应清偿的债务由破产清算组依法一并处理。"

十六、第三人出具虚假验资报告的赔偿责任

答复、通知原文

（一）最高人民法院关于对帮助他人设立注册资金虚假的公司应当如何承担民事责任的请示的答复

2001 年 9 月 13 日 〔2001〕民二他字第 4 号

上海市高级人民法院：

你院〔2000〕沪高经他字第 23 号关于帮助他人设立注册资金虚假的公司应当如何承担民事责任的请示收悉。经研究，答复如下：

一、上海鞍福物资贸易有限公司（以下简称鞍福公司）成立时，借用上海砖桥贸易城有限公司（以下简称砖桥贸易城）的资金登记注册，虽然该资金在鞍福公司成立后即被抽回，但鞍福公司并未被撤销，其民事主体资格仍然存在，可以作为诉讼当事人。如果确认鞍福公司应当承担责任，可以判决并未实际出资的设立人承担连带清偿责任。

二、砖桥贸易城的不当行为，虽然没有直接给当事人造成损害后果，但由于其行为，使得鞍福公司得以成立，并从事与之实际履行能力不相适应的交易活动，给他人造成不应有的损害后果。因此，砖桥贸易城是有过错的。砖桥贸易城应在鞍福公司注册资金不实的范围内承担补充赔偿责任。

此复

（二）最高人民法院
关于金融机构为企业出具不实或者虚假验资报告资金证明
如何承担民事责任问题的通知

2002 年 2 月 9 号　法〔2002〕21 号

各省、自治区、直辖市高级人民法院，新疆维吾尔自治区高级人民法院生产建设兵团分院：

近年来，我院陆续发布了一些关于验资单位承担民事责任的司法解释，对各级人民法院正确理解和适用民法通则、注册会计师法，及时审理关于验资单位因不实或者虚假验资承担民事责任的相关案件，起到了积极作用。但是，也有一些法院对有关司法解释的理解存在偏差。为正确执行我院的司法解释，规范金融机构不实或者虚假验资案件的审理和执行，现就有关问题通知如下：

一、出资人未出资或者未足额出资，但金融机构为企业提供不实、虚假的验资报告或者资金证明，相关当事人使用该报告或者证明，与该企业进行经济往来而受到损失的，应当由该企业承担民事责任。对于该企业财产不足以清偿债务的，由出资人在出资不实或者虚假资金额范围内承担责任。

二、对前项所述情况，企业、出资人的财产依法强制执行后仍不能清偿债务的，由金融机构在验资不实部分或者虚假资金证明金额范围内，根据过错大小承担责任，此种民事责任不属于担保责任。

三、未经审理，不得将金融机构追加为被执行人。

四、企业登记时出资人未足额出资但后来补足的，或者债权人索赔所依据的合同无效的，免除验资金融机构的赔偿责任。

五、注册会计师事务所不实或虚假验资民事责任案件的审理和执行中出现类似问题的，参照本通知办理。①

出台背景

公司法在采用注册资本认缴登记制之前，实行严格的法定资本制和有限责任制度，以确保公司独立的法人人格。股东出资完成后，投资风险也就转移给了公司及其债权人，股东对公司的债权不直接承担清偿责任，仅以公司资产对外清偿债务。但是，因公司法人治理结构不完善，股东、董事、公司高级管理人员的责任意识和诚信观念缺失，股东以及实际控制人利用公司转移资产、逃避债务的情况较为普遍，股东虚假出资和抽逃出资等违反出资义务的现象屡见不鲜，公司在发生诉讼时，法定代表人经常下落不明，公司也无可供保全或确保判后用于清偿的财产。债权人为使其债权得到最大限度的清偿，转向起诉出资不实的股东及出具不实或虚假验资报告的第三人，以此为事由要求验资单位承担侵权责任。

实践中，债权人倾向于选择多个责任主体中实力较强的主体进行诉讼，如果验资单位是金融机构，债权人在判决生效后更愿意通过在执行程序追加金融

① 另有一代表性复函已被2013年1月14日《最高人民法院关于废止1980年1月1日至1997年6月30日期间发布的部分司法解释和司法解释性文件（第九批）的决定》废止，具体内容如下：

最高人民法院关于会计师事务所为企业出具虚假验资证明应如何处理的复函（1996年4月4日 法函〔1996〕56号）

四川省高级人民法院：

你院（1994）川高法经请字第11号请示收悉，经研究，答复如下：

德阳市会计师事务所为德阳市东方企业贸易公司出具虚假验资证明，并在证明中明确承诺“以上货币资金及固定资产业经逐项验证属实，如有虚假，由我单位负责承担证明金额内的赔偿责任。”因德阳市东方企业贸易公司注册时，事实上并无资金和财产，因此德阳市会计师事务所应依其承诺对德阳市东方企业贸易公司的全部债务在其证明金额内承担赔偿责任。在山西太原南郊化工厂诉德阳市东方企业贸易公司购销合同货款纠纷案中，山西太原南郊化工厂申请追加德阳市会计师事务所为诉讼当事人，并要求其承担赔偿责任，符合法律规定。经审理判定德阳市东方企业贸易公司承担债务后，所清偿债务的不足部分由德阳市会计师事务所在其证明金额内承担赔偿责任。

此外，即使会计师事务所出具的虚假验资证明无特别注明，给委托人、其他利害关系人造成损失的，根据《中华人民共和国注册会计师法》第四十二条的规定，亦应当依法承担赔偿责任。

此复

机构为被执行人，收回债权，人民法院也有加重验资机构赔偿责任的动力，从而放弃追究出资人出资不实责任。验资机构在履行对债权人的赔偿责任后，因缺乏有关追偿的法律规定，却无法向出资人追偿，导致不能有效平衡出资人、验资机构、债权人之间的利益，造成了事实上的不公平保护。因此，验资机构即使在出资的真实性方面存在过错，但也不能使作为责任的最终承担者出资人逃避债务。

债权人因改制前的验资机构验资不实而起诉改制后的验资机构的纠纷较多。验资机构改制有两种，一是"终止新设"，即原验资机构办理了注销手续，国有资本退出，组建新的有限责任或个人合伙制验资机构；二是采取"变更方式"改制，原验资机构在形式上未注销，但在所有制性质、投资主体、所有者权益的归属等各方面，新验资机构与原验资机构相比均发生了根本性变化。《最高人民法院关于会计师事务所、审计师事务所脱钩改制前民事责任承担问题的通知》（法〔2001〕100号），对脱钩改制后的验资机构对原验资机构民事责任承担问题确定了两项基本原则：一是以开办单位的有限清算责任为原则，即开办单位对第三人的责任以其所接收的原验资机构的剩余财产和风险基金为限，原验资机构已办理注销登记，开办单位未接收原验资机构的剩余财产和风险基金的，开办单位承担以被清算人的财产进行清算的责任；二是以改制后的验资机构承担有限清偿责任为例外，即如开办单位将原事务所的剩余财产和风险基金留给改制后的验资机构，则应当由改制后的验资机构在所接受的资产范围内承担责任，否则，改制后的验资机构不承担责任。

此外，因银行、会计师事务所等社会中介机构不规范验资行为而致他人利益受损，人民法院在判决中有加重其责任的问题。在因虚假验资而以验资机构为被告的案件中，潜在的清偿责任主体不仅包括被验资的债务人、被验资单位的出资人、出具虚假验资证据的第三人，也包括帮助设立虚假注册资金公司的第三人及债务人的担保人等。在这些责任主体之中，如何确定验资机构的责任顺序和范围，需要在被验资公司、股东、债权人和验资机构之间进行利益上的平衡，如果对验资机构课以过重的责任，也会加大金融机构及会计师事务所自身的经营风险。

关于验资机构的责任认定，实践中分歧较大，验资机构责任范围、责任顺序的认定，在不同法院甚至同一法院不同审判庭室之间，裁判尺度也不统一，迫切需要出台新的规定合理规制债务人、出资人与验资机构的责任顺序，特别是对验资机构和被验资企业出资不到位的出资人之间的责任顺序、承担责任条件，应作出一个较为合理的制度安排。

相对于债务人和出资人而言，验资机构承担的是一种补充责任、劣后责任和有限责任，同时，该责任的承担还应以债务人、出资人的财产依法强制执行后仍不能清偿债务为前提。债务人对债权人承担民事清偿责任，债务人财产不足以清偿债务的，由出资人在出资不实或虚假资金额范围内承担责任，在企业、出资人的财产依法强制执行后仍不能清偿债务的，由金融机构在验资不实部分或者虚假资金证明金额范围内，根据过错大小承担责任，最高人民法院的批复和答复已经将上述前提作为债权人诉请验资机构承担责任的实质条件。

关于验资单位承担民事责任的问题，立法条文少、原则抽象、可操作性不强。为明确验资单位应承担责任的性质和范围，最高人民法院先后在几年内颁布了若干个批复和答复，指引相关案件审理的法律适用。

理解与适用

最高人民法院于2007年6月制定了《审计侵权赔偿规定》，共计13条，主要针对会计师应承担的法律责任的分配规则进行了重构，明确侵权责任产生的原因既包括验资业务，也包括公司、分立、合并及清算中的审计业务，范围更加广泛；明确了利害关系人的概念和范围；统一过错推定原则和举证责任倒置分配方式，减轻受害人的举证负担；限定事务所承担连带责任的情形为故意侵权，列举了不承担责任和减轻责任的事由，实现责任的公平分担。

（一）验资机构的赔偿责任范围限定在验资不实部分或者虚假资金证明金额范围内

在验资机构承担民事责任的范围方面，几个批复明确验资机构在赔偿范围内根据其过错大小承担责任，这就把验资不实部分或者虚假资金证明金额范围作为验资机构承担责任的上限，因个案的具体情况不同，验资机构承担的赔偿责任由法官在验资不实部分或虚假资金证明金额范围内予以自由裁量。实际上，对验资机构的责任范围，《审计侵权赔偿规定》进行了限缩，需要注意的是，对于验资机构的过错认定，因我国验资业务起点低，验资规则不规范，一段时期不同的验资机构又受不同的验资规范制约。[①] 应以当时的验资规范为标准，而不能以验资行为发生后的规定来审查当时的验资行为。

（二）验资机构的赔偿责任不能定性为担保责任

验资机构承担责任遵循有限原则，即验资单位对一个或多个债权人在验资不实部分之内承担的责任累计已经达到其应当承担责任部分限额的，对于公司其他债权人不再承担赔偿责任。也就是说，验资单位承担了其应承担的责任限额后，即可免除其因出具不实或虚假验资报告而对外所应承担的责任。对于多个债权人同时要求受偿的，验资单位应当在其出具的被验资单位不实的注册资金、证明金额内，就其应当承担责任的部分按比例分别承担赔偿责任，因此，验资机构承担的责任性质为民事侵权责任，而非物权法上的担保责任。

（三）关于验资机构民事责任的构成要件

验资机构的民事责任为侵权责任，应符合侵权责任的构成要件。当事人提供证据证明所受损失应与不实、虚假的验资报告或资金证明有因果关系，验资机构抗辩主张相关当事人未使用该报告或证明的，应承担举证责任。因验资报告的内容在企业营业执照上体现为注册资金，该数额表明了企业的资信和履约能力，交易相对人基于信赖产生安全感而与企业进行交易，只要在交易之前存在该验资报告或证明，就应推定相关当事人使用了该报告或证明。

（四）验资机构的赔偿责任

验资机构的责任应定位为补充责任，还是连带责任，抑或共同的侵权责任，也是实践中各方关注的焦点。根据《审计侵权赔偿规定》的规定，注册会计师故意出具不实报告的，应与被审计单位承担连带赔偿责任；因过失出具不实报告的，根据过错大小确定赔偿责任，承担责任的顺序为：被审计单位，虚假出

---

① 1996 年之前注册会计师验资依据主要有 1991 年 8 月 21 日的《注册会计师验资规则（试行）》、1994 年 1 月 1 日施行的《注册会计师法》，但直到 1996 年 1 月 1 日《中国注册会计师独立审计准则（第一批）》的施行，验资规则才走上规范化的道路。其中，《独立审计实务公告第 1 号——验资》专门就验资做了规定，验资规范才得以完全统一，而且对于不同的出资方式均作出了具体的规定。

资、不实出资或抽逃出资的出资人，存在过失的会计师事务所。第三人出具虚假验资证据材料、帮助设立注册资金虚假企业的情况，主观上多出于故意，甚至与出资人恶意串通，诱导验资机构出具虚假验资证明。另外，验资机构履行赔偿责任后，不享有嗣后追偿权。

（五）不同时期裁判规则的冲突与适用

此前有关验资单位承担责任的司法解释及指导意见与《审计侵权赔偿规定》存在抵触的部分不再继续适用，不存在冲突的部分仍继续发生法律效力。审判中，需要注意如下问题：一是在归责原则上，从一般过错原则转变为采用过错推定原则，并实行举证责任倒置的证据分配模式。二是赔偿范围也发生变化，由会计师事务所在其证明金额的范围内承担赔偿责任、验资单位对公司债务在验资报告不实部分或者虚假资金证明金额以内承担民事赔偿责任到限定为“不实审计金额范围”。三是免责事由出现新的变化，增加了五种不承担责任的抗辩事由。《最高人民法院关于金融机构为企业出具不实或者虚假验资报告资金说明如何承担民事责任问题的通知》规定验资机构免责一般有两种情形：一是企业登记时出资人未足额出资但后来补足的。依我国法律规定，出资人违反出资义务的种类有出资义务不履行和不适当履行，未足额出资系不适当履行的一种表现，验资机构免责的情形并不包括虚假出资、抽逃出资、不出资等出资义务不履行的情形。出资人补足出资后，其承担的差额补缴责任即可免除，验资机构此时承担责任的前提条件已不复存在。二是债权人索赔所依据的合同无效。债权人被验资机构侵害的债权应是在与出资人未出资或未足额出资的企业进行经济往来中依有效或效力待定合同情况下形成的，才涉及验资机构可能承担的验资责任。合同无效表明法律对交易双方的行为给予了否定性的评价和谴责，债权人依据无效合同所享有的债权不能成为验资机构侵权行为的客体。对于第二种“债权人索赔所依据的合同无效”的免责事由，《审计侵权赔偿规定》未予采纳。四是过错责任性质不同，在会计师事务所过失出具审计报告的情况下，由补充赔偿责任转变为按照过错大小承担责任。而在明知的情况下出具审计报告，则需要承担连带赔偿责任。①

① 参见最高人民法院民事审判第二庭编著：《最高人民法院关于会计师事务所审计侵权赔偿责任司法解释理解与适用》，人民法院出版社 2015 年版，第 420 页。

实务操作指引

（一）债权人起诉时应将验资机构一并列为被告

金融机构提供验资服务是历史形成的，根据中国人民银行关于对会计师事务所为企业出具虚假验资证明应如何处理问题给最高人民法院经济审判庭的复函（银条法〔1995〕50号），有关会计师事务所从事业务及违规处理问题，不属于金融法律规范范围，而是归口由财政部负责，会计师事务所是法定的验资机构，银行等金融机构没有为企业出具验资证明的业务。无论是金融机构还是会计师事务所出具的虚假验资报告，债权人起诉债务人时应将承担侵权责任的验资机构一并作为被告。

《审计侵权赔偿规定》第3条规定，利害关系人未对被审计单位提起诉讼而直接对会计师事务所提起诉讼的，人民法院应当告知其对会计师事务所和被审计单位一并提起诉讼；利害关系人拒不起诉被审计单位的，人民法院应当通知被审计单位作为共同被告参加诉讼。利害关系人对会计师事务所的分支机构提起诉讼的，人民法院可以将该会计师事务所列为共同被告参加诉讼。利害关系人提出被审计单位的出资人虚假出资或者出资不实、抽逃出资，且事后未补足的，人民法院可以将该出资人列为第三人参加诉讼。

（二）不得在执行程序中追加验资机构为被执行人

《审计侵权赔偿规定》第12条规定，该司法解释所涉会计师事务所侵权赔偿纠纷未经审判，人民法院不得将会计师事务所追加为被执行人。《变更追加规定》实施后，执行程序中变更追加当事人须遵循法定原则和法定事由，因法律和司法解释并未规定可以追加验资机构为被执行人，应通过诉讼程序要求验资机构承担补充赔偿责任，不能直接在执行程序中追加验资机构为被执行人。

（三）不能清偿的理解

不能清偿概念的外延和内涵至今无法得到清晰界定，《最高人民法院关于适用〈中华人民共和国担保法〉若干问题的解释》（已废止）第131条对不能清偿解释是指对债务人的存款、现金、有价证券、成品、半成品、原材料、交通工具等可以执行的动产和其他方便执行的财产执行完毕后，债务仍未得到清偿的状态，是被执行人已经被采取执行措施仍不能清偿债权的事实状况。在验资机构承担补充赔偿责任的情况下，验资机构抗辩权的行使限制以“不能清偿”为标准，而非以债务未受清偿的实际状态为标准。实践中，存在债权人未起诉出资人而直接起诉验资机构的情况，根据补充责任原则，验资机构应排在出资人之后，法院可通知债权人追加出资人为被告，债权人拒不追加的，则债权人的起诉不符合债务人、出资人的财产依法强制执行后仍不能清偿债务的前提条件，验资机构承担责任的范围无法确定，其起诉应不予受理或予以驳回。

《审计侵权赔偿规定》第10条规定，会计师事务所承担与其过失程度相应赔偿时，应先由被审计单位赔偿利害关系人的损失。被审计单位的出资人虚假出资、不实出资或者抽逃出资，事后未补足，且依法强制执行被审计单位财产后仍不足以赔偿损失的，出资人应在虚假出资、不实出资或者抽逃出资数额范围内向利害关系人承担补充赔偿责任。对被审计单位、出资人的财产依法强制执行后仍不足以赔偿损失的，由会计师事务所在其不实审计金额范围内承担相应的赔偿责任。会计师事务所对一个或者多个利害关系人承担的赔偿责任应以不实审计金额为限。

十七、被执行人转移法人财产导致投资权益价值贬损的困境与应对

答复原文

最高人民法院执行工作办公室
关于如何执行投资权益的请示的答复

2001年12月11日　〔2000〕执他字20号

北京市高级人民法院：

你院京高法发〔2000〕291号函《关于如何执行投资权益的请示》收悉，经研究，现答复如下：

基本同意你院第一种意见。即使是对被执行人在其独资开办的法人企业的投资权益的执行，也不能无视该法人企业作为市场主体的独立性，将其财产径

行作为被执行人的财产予以执行。在该投资权益有可分配的收益时，可用以清偿申请人的债权，否则只能对该投资权益进行变价，以变价款清偿申请人的债权。此外，在经当事人双方同意或者在拍卖、变卖不成，债权人愿意接受该投资权益冲抵债务的情况下，可以以该投资权益抵债。至于如何防范在对被执行人的投资权益执行的过程中，被执行人利用其对投资开办的法人企业的控制转移财产，导致该投资权益价值贬损的问题，现实情况较为复杂，可根据具体情况采取相应的防范措施。

出台背景

对投资权益的执行，是人民法院根据债权人的申请，依据生效的法律文书，对被执行人作为股东在其他公司持有的股份或出资所取得的收益采取强制措施。当股东作为被执行人无力清偿到期债务时，法院可以依照法律规定的条件和程序，将该股东的投资权益以强制转让的方式变现清偿或折抵债务。投资权益作为财产权益之一种，在执行时首先需考虑到执行所带来的后果，在维护债权人合法债权的同时，也要有效地发挥财产权益的价值，保障市场主体的稳定和发展。

理解与适用

（一）投资权益的性质

投资权益也称投资收益，是指企业对外投资所得的收入，包括企业对外投资取得股利收入、债券利息收入以及与其他单位联营所分得的利润等。投资收益是基于投资产生的，投资本身是一种价值。执行投资收益，就是人民法院“强制”把属于被执行人（负债）股东的投资权益依照法定的条件和程序变现或转让给第三人的过程。在该投资权益有可分配的收益时，可用以清偿申请人的债权。该法人企业有可供分配的利润时，该部分利润归还投资者的投资，属于被执行人的财产。股权分红就是投资取得的收益，股权激励是公司或者大股东实施的一种对特定对象的奖励措施。

（二）被执行人投资开办的法人企业是独立的民事主体

法人企业是指取得法人营业执照、具有法人地位的企业。相对于非法人企业，如个人独资企业、合伙企业、分公司等，法人企业能够以企业自己的名义独立享有法定权利和承担义务，独立承担民事责任，独立支配和处分所经营管理的财产。也就是说，法定权利直接归企业享有而非企业主或投资者，同理，法定义务也直接由企业而非企业主或投资者承担。即使是对被执行人在其独资开办的法人企业的投资权益的执行，也要尊重该法人企业作为市场主体的独立性，不能将该法人企业的财产直接作为被执行人的财产予以执行。

实务操作指引

第一，对被执行人投资权益的执行和变现。《执行规定》第39条第1款规定："被执行人在其独资开办的法人企业中拥有的投资权益被冻结后，人民法院可以直接裁定予以转让，以转让所得清偿其对申请执行人的债务。"实践中，如果被执行人在其独资开办的企业中的投资权益的价值大于应当执行的债权及执行费用数额的，执行时可以将该投资权益划分出份额，将部分份额予以转让。在投资权益没有可分配的收益时，可以对该投资权益进行变价，按照《网络司法拍卖规定》《财产处置价规定》启动评估、拍卖程序，以变价款清偿申请人的债权。经当事人双方同意或者在拍卖、变卖不成，申请执行人愿意接受该投资权益冲抵债务的情况下，可以以该投资权益抵债。

第二，不能对被执行人独资开办的法人企业的财产直接采取执行措施。被执行人作为股东出资后，公司享有由股东投资形成的"全部法人财产权"。对公司财产的支配权只能由公司独立行使，任何一个股东虽然享有资产受益权，但不能直接支配整个公司的财产，而且不能直接支配其出资的那部分财产。公司以全部财产对债务独立承担责任，股东个人债务不等于公司的债务。人民法院可以强制执行债务人股权，但不得直接执行公司的资产。

第三，对于被执行人利用控制的法人企业转移财产，导致该投资权益价值贬损的，影响申请执行人债权实现的行为如何进行有效反制，最高人民法院在〔2000〕执他字第20号答复中并未提供解决方案，仅是作出因现实情况较为复杂，可根据具体情况采取相应防范措施的规定。

在过去的司法实践中对于被执行人利用其对企业法人的控制地位或与其他股东恶意串通转移公司资产导致股权价值贬损的行为，可依照《民事诉讼法》的规定，责令协助执行单位履行协助义务，可以对其主要负责人或者直接责任人员予以罚款，还可以向监察机关或者有关机关提出予以纪律处分的司法建议。最高人民法院于2021年12月20日发布的《股权执行规定》对这一反规避执行难题的解决尝试提出解决方案，采取“事前报告”加“事后救济”的规则设计。① 事前报告主要体现在第8条第1款和第2款，即“人民法院冻结被执行人股权的，可以向股权所在公司送达协助执行通知书，要求其在实施增资、减资、合并、分立等对被冻结股权所占比例、股权价值产生重大影响的行为前向人民法院书面报告有关情况。人民法院收到报告后，应当及时通知申请执行人，但是涉及国家秘密、商业秘密的除外。股权所在公司未向人民法院报告即实施前款规定行为的，依照民事诉讼法第一百一十四条的规定处理”。事后救济体现在第3款“股权所在公司或者公司董事、高级管理人员故意通过增资、减资、合并、分立、转让重大资产、对外提供担保等行为导致被冻结股权价值严重贬损，影响申请执行人债权实现的，申请执行人可以依法提起诉讼”。在适用本条时需要注意以下几个问题：

首先，事前报告制度并非对公司经营自治和其他股东权利行使的限制，公司未履行事前报告义务实施的增资、减资、合并或分立等对被冻结股权所占比例、股权价值产生重大影响的行为并非当然无效。

根据《执行规定》《最高人民法院、国家工商总局关于加强信息合作规范执行与协助的通知》的规定，股权被冻结期间，被保全人或被执行人不得转让股权、质押股权或设置其他权利负担、提取股息红利等，是对被执行人部分股东

---

① 参见全国法院执行领域突出问题集中整治建章立制成果新闻发布会，载最高人民法院网2021年12月22日，https：//www. court. gov. cn/zixun－zhuanti－aHR0cHM6Ly93d3cuY2hpbmFjb3VydC5vcmcvYXJ0aWNsZS9zdWJqZWN0ZGV0YWlsL2lkL016QXdOTWd2TklBQkFBLnNodG1s. html。

权利行使的限制。[①] 对于公司或其他股东能否进行增资或减资、公司能否分立、合并或解散，司法实践中存在争议。以增资为例，《国家工商行政管理总局关于未被冻结股权的股东能否增加出资额、公司增加注册资本的答复意见》（工商法字〔2011〕188号）认为冻结某股东在公司的股权，并不构成对公司和其他股东增资扩股等权利的限制。《最高人民法院研究室关于"未被冻结股权的股东能否增加出资额、公司增加注册资本"意见的复函》（法研〔2011〕121号）亦持相同观点。但《最高人民法院关于济南讯华传媒广告有限公司与威海海澄水务有限公司股权确认纠纷一案中涉及法律问题的请示答复》却提出"在人民法院对股权予以冻结的情况下，公司登记机关不得为公司或其他股东办理增资扩股变更登记"。

铜川声威建材有限责任公司（以下简称铜川声威）、铜川市工商行政管理局与焦某工商行政登记纠纷一案，集中体现了上述两种观点的冲突。[②] 焦某是铜川声威股东许某的债权人，许某所持铜川声威5%的股权被铜川市中院冻结。在股权冻结期间，铜川市工商局两次对铜川声威公司的增资扩股办理了工商变更登记，许某所持股权从5%降低至0.9697%。焦某认为，铜川市工商局办理变更登记的行为导致许某的股权价值贬损，影响其债权实现，起诉请求撤销铜川市工商局的变更登记行为。一审、二审法院认为股权冻结的目的在于限制处分，保持股权的财产价值及权利状态不受变动，股权一经冻结，除禁止转移被冻结股权的权属或者对被冻结股权设定权利负担，即禁止转让与质押外，被申请人因股权而具有的收取红利、股息等财产收益权也将受到限制，具有的管理参与权，如影响股权估值，也不能继续行使。此时进行增资扩股，必然使被冻结的股权权利内容产生变动，如股权净资产估值、未分配的红利、股息等因股权比例的降低而减少，其管理权、参与权、表决权价值也相应降低，导致股权价值贬损。

---

① 《最高人民法院关于冻结、拍卖上市公司国有股和社会法人股若干问题的规定》第7条明确了冻结的效力及于股息、红利及红股等孳息。《执行规定》第38条规定："对被执行人在有限责任公司、其他法人企业中的投资权益或股权，人民法院可以采取冻结措施。冻结投资权益或股权的，应当通知有关企业不得办理被冻结投资权益或股权的转移手续，不得向被执行人支付股息或红利。被冻结的投资权益或股权，被执行人不得自行转让。"而《股权执行规定》在第9条单独规定了对股息、红利的冻结和执行。即股权冻结不及于股息红利，如需对股息红利进行冻结或执行的，需要申请人另行申请。

② 陕西省高级人民法院行政判决书，（2020）陕行再20号。

因此，股权被冻结后，权利内容不能发生变动为人民法院强制执行权的应有之意。故铜川市工商局的注册资本变更登记行为构成对法院冻结股权协助义务的违反，应予撤销。陕西省高级人民法院以原一审、二审法院认定焦某与铜川市工商局变更登记行为存在法律上的利害关系并认定其原告主体资格适格错误为由，指令铜川市中院再审。铜川市中院再审维持了原二审判决。陕西省人民检察院抗诉，理由有二：一是人民法院依法冻结某股东在公司的股权，并不构成对公司和其他股东增资扩股等权利的限制。公司登记法律法规、民事执行相关法律法规对部分冻结股权的公司，其他股东增加出资额、公司增加注册资本没有禁止性规定。二是增资变更涉及多方利益，股权冻结期间要求其他股东不能注资，企业不能增资，限制公司登记机关办理公司增资登记，必然限制企业的发展，实质上侵害了公司、其他股东及债权人的权益，以保护一方利益而损害其他股东和企业的利益为代价实属不妥。陕西省高级人民法院提审本案，在判决中明确，铜川市工商局受理铜川声威的申请对增加注册资本进行变更登记，并非对许某股权的变更登记，亦未对许某的股权进行转让或设定质押及其他权利负担。铜川市工商局的变更登记行为并未违反《查扣冻规定》、《最高人民法院、国家工商总局关于加强信息合作规范执行与协助执行的通知》及《国家工商行政管理总局关于未被冻结股权的股东能否增加出资额、公司增加注册资本的答复意见》的规定。而且，铜川声威增加注册资本，引起许某持有的股权由5%变更为0.9697%，但其所对应的许某的出资额并未减少，并未影响焦某对许某债权的实现。判决驳回焦某的诉讼请求。类似案例还有李某龙与昆明市晋宁区市场监督管理局、第三人云南乾升置业有限公司工商行政登记一案，①昆明铁路运输法院在该案判决中明确，公司注册资本的增加可能会稀释被冻结股权在公司股份中的份额，被冻结的股权价值可能有所变动，但这种变动不具有必然性，公司注册资本增加与被冻结股权价值贬损不是必然的因果关系。

结合上述司法实践的观点来观察《股权执行规定》第8条的规定，可以发现，事前报告制度的效力仅限于公司应履行报告义务，并不会对公司实施的增资、减资、合并、分立的行为效力产生影响。根据第8条第1款的规定，人民

① 昆明铁路运输法院行政裁定书，（2019）云7101行初234号。

法院在收到报告后，应当及时通知申请执行人，但并未规定人民法院需要对公司实施的行为是否导致股权价值贬损、股权比例减少损害申请执行人债权实现进行审查，亦并未将人民法院的审查结果作为公司实施增资、减资、合并、分立等行为的前提。[①] 而且公司实施的增资、减资、合并、分立等行为是否会对被冻结股权的价值造成贬损影响申请执行人债权实现涉及实体问题的审查，如在执行程序中予以审查并将其作为公司实施前述行为的前提条件，则超越了股权冻结的效力，实质上扩大了执行权范围。执行权虽以效率为原则，但在影响公司经营自主权、其他股东权利的行使时仍需遵循谦抑的原则。通过将主动权交予申请执行人，在诉讼程序中解决公司或公司董事、高级管理人员实施的增资、减资、合并、分立等行为是否对被冻结股权的价值造成贬损的实体问题，从而对公司实施的上述行为效力作出判定。正如最高人民法院在“全国法院执行领域突出问题集中整治建章立制成果新闻发布会”中解释第 8 条的规则设计背景时所提出的，“既可以满足公司的正常经营需求，也为人民法院制裁不法行为和申请执行人寻求救济预留了规则空间”。

因此，申请执行人在接到人民法院通知后认为公司或者公司董事、高级管理人员实施的增资、减资、合并、分立等行为会导致被冻结股权价值严重贬损，影响其债权实现的，可以根据第 8 条第 3 款的规定提起诉讼。

其次，根据《股权执行规定》第 6 条的规定，人民法院冻结被执行人所持有的股权，仅需向公司登记机关送达裁定书和协助执行通知书，股权冻结自在公示系统公示时发生法律效力。但股权冻结并不当然产生股权所在公司

---

① 《最高人民法院关于股权强制执行若干问题的规定（征求意见稿）》中对股权冻结对公司恶意变更登记事项等的限制提供了两套方案，方案一是人民法院冻结股权比例达公司全部股权 50% 以上的，申请执行人提供充分、有效的担保，以公司恶意合并、分立、解散或变更相关登记事项将严重损害其合法权益为由，申请禁止公司合并、分立、解散或者变更名称、住所、法定代表人姓名、注册资本、公司类型、经营范围、营业期限等登记事项的，人民法院可以裁定予以准许。公司提供充分、有效的担保，申请解除禁止的，人民法院应当裁定予以解除。方案二是限制被执行人股东表决权。人民法院冻结股权比例达公司全部股权 50% 以上的，被执行人对公司合并、分立、解散或者变更登记事项行使股东会或者股东大会表决权时，应当事先取得人民法院许可。人民法院应当重点审查表决事项是否导致股权价值贬损、股权比例减少等明显损害申请执行人权益的后果。人民法院向公司及公司登记机关送达的股权冻结协助执行通知书，可以载明公司对前款所列事项进行股东会或股东大会决议及公司登记机关办理公司相关登记事项时，需审查被执行人行使表决权是否已事先取得人民法院许可。《股权执行规定》对上述两套方案均未采纳。

的协助报告义务，[1] 根据第 8 条第 1 款的规定，需由人民法院另行向股权所在公司送达协助执行通知书，明确公司在未向人民法院作出报告前不得实施增资、减资、分立、合并等对被冻结股权所占比例、股权价值产生重大影响的行为，否则应当承担相应的法律责任。[2] 此外，需要事前报告的情形应与事后救济形成对应，即并不限于增资、减资、合并、分立，还包括转让重大资产、对外提供担保等会影响股权价值的事项，公司同样应当履行报告义务。

最后，《股权执行规定》第 8 条第 3 款规定的事后救济，即申请执行人可以向恶意实施导致股权价值贬损行为的公司或者公司董事、高级管理人员提起诉讼，但并未明确案由及请求权基础，对该诉讼的性质目前亦尚未形成统一认识，既有认为是源于《公司法》上董监高对公司负有的忠实义务和勤勉义务，债权人是代位行使股东诉权的；也有认为这是一种特殊的债权侵权责任；还有认为是基于债权人的撤销权。

在此前的司法实践中，申请执行人认为公司实施的导致冻结股权价值贬损影响其债权实现的行为，如实施增资扩股，一般是提起行政诉讼，要求公司登记机关撤销工商变更登记。也有以公司股东为被告，诉请排除妨碍，如在股权冻结期间公司股东修改章程，剥夺冻结股权的分红权。如前所述，增资、减资、合并、分立等事项涉及多方主体利益，仅是工商变更登记的撤销并未解决公司因实施增资、减资、合并、分立等行为而形成的复杂的法律关系。解决公司实施行为引起的冻结股权价值贬损问题，实质上是确定公司实施行为的效力问题以及对申请执行人的赔偿责任的承担问题。

鉴于《股权执行规定》实施期限尚短，关于第 8 条第 3 款规定的诉讼应如何进行，仍有待对司法实践的进一步观察。此外，对于交付股权案件中股权所在公司恶意增资大幅降低交付股权比例的行为，除第 8 条规定的事前报告制度

① 正式发布的《股权执行规定》改变了《最高人民法院关于股权强制执行若干问题的规定（征求意见稿）》中股权冻结效力自动及于公司不得实施“恶意隐藏、转移、低价变价财产而贬损股权价值”及“恶意合并、分立、解散或变更公司登记事项而损害申请执行人权益”的规定。

② 参见《蕉城法院为防范冻结股权价值被恶意贬损首发“禁令”》，载福建省宁德市蕉城区人民法院网 2022 年 1 月 7 日，http：//jcqfy. chinacourt. gov. cn/article/detail/2022/01/id/6481894. shtml。

外，第16条还为生效法律文书作出后法院依法冻结股权前发生的增资导致的实际持股比例降低提供了反制措施，即生效法律文书已经明确交付股权的出资额的，按照该出资额交付股权；生效法律文书仅明确交付一定比例的股权的，按照生效法律文书作出时该比例所对应出资额占当前公司注册资本总额的比例交付股权。

十八、执行中能否适用反向刺破面纱原则

答复原文

（一）最高人民法院执行工作办公室关于如何对被执行人在另一家公司所拥有的股份进行变现执行的请示的答复

2002年9月20日　〔2002〕执他字第12号

江西省高级人民法院：

你院赣高法报〔2002〕27号《关于如何对被执行人在另一家公司所拥有的股份进行变现执行的请示》收悉。经研究，答复如下：

据你院的请示，你院在执行江西省赣州市第一城市信用社申请执行海南省海口市双海经济发展公司和香港琼运实业有限公司一案中，已于1998年9月裁定将香港琼运实业有限公司在南京金港房地产开发有限公司的股权转让给江西省赣州市第一城市信用社。就本案股权的执行而言，你院已执行终结。如果你院〔1998〕赣高法执字第02—10号裁定存在可撤销的事由，则可予以撤销后再行强制转让该股权。在维持原执行裁定的前提下，你院拟在对该股权“进行强制转让”，并要“对金港大厦剩余的全部房产进行评估、拍卖”，此一则将对同一标的重复执行，二则将执行股东所在的公司的财产，显系错误，不得实施。本案强制转让股权后，申请执行人在金港公司享有的股东权益因其他股东的阻碍不能实现，是股东之间的纠纷，你院应告知申请执行人可通过诉讼另行解决。

（二）最高人民法院执行工作办公室关于执行股权转让金涉及相关法律问题的请示的答复

2001 年 12 月 27 日 〔2001〕执他字第 8 号

辽宁省高级人民法院：

你院《关于执行股权转让金涉及相关法律问题的请示报告》收悉。经研究，答复如下：

执行机构在执行程序中，不可以裁定公司不具备法人资格。本案龙博大厦有限公司经过注册登记并领取了企业法人营业执照，是具有法人资格的合资公司。对被执行人在该公司的股权的执行，应按照执行股权的程序执行。鉴于该公司的另一股东金氏物业公司已明确表示不购买被执行人的股权，可将被执行人的股权对外转让，将转让金执行给本案申请执行人。

此复

出台背景[①]

1994 年《公司法》明确规定了有限责任公司股东之间可以相互转让出资，股东也可以向股东以外的人转让出资。[②] 财产性是股权的最基本属性，是股权可供强制执行的前提，故具有财产价值的股权逐渐成为一种常见的执行标的。早期执行实务中，当执行股东自身财产不足以清偿全部债务时，为保障债权人的利益，法院对该股东的出资曾采取过以下几种方式：（1）强制抽回股东出资来偿债；（2）取消公司设立或解散公司，以收回股东出资来偿债；（3）执行该股东出资的收益来偿债；（4）强制股东转让出资来偿债。[③] 前两种方法无法律依

① 如无特别说明，本部分均以有限责任公司为例。

② 参见 1994 年《公司法》第 35 条。

③ 参见徐武生编著：《中华人民共和国公司法案例评析与实务》，经济日报出版社 1994 年版，第 112 页。

据，违反了资本维持原则，通过减少有限责任公司的资本以清偿被执行人股东所欠的债务，必然会损害公司和其他股东及相对债权人的合法权益。因股东的个人债务而执行公司的财产也违反了资本维持原则，股东在出资后就丧失了对投资财产的所有权，作为对价而取得投资公司相应的股权，公司享有由股东投资形成的全部法人财产权，以其全部财产对公司的债务独立承担责任，不应对股东的个人债务承担责任。第三种方法在法理上具有依据，但实务中受经营风险、原股东不积极行使权利、时间较长等因素，难以有效地实现债权人的债权。① 第四种方法即是对被执行人股权的执行。鉴于股权具有财产价值和可转让性，人民法院可以通过强制转让被执行人所有的股权而满足申请执行人的债权受偿。但如何对股权进行权益评估、变现，如何让受让股东真正享有股东权益仍是司法实务中的难题。因股东的个人债务而实际执行公司财产的行为也经常发生，如答复一中案例，被执行人香港琼运实业有限公司在南京金港房地产开发有限公司的股权已被裁定转让给江西省赣州市第一城市信用社的情形下，因其他股东的阻碍，江西省赣州市第一城市信用社无法真正有效行使股东权益，故执行法院甚至要“对金港大厦剩余的全部房产进行评估、拍卖”，即执行股东所在的公司的财产。另外，还出现过执行机构在执行程序中，裁定公司不具备法人资格，进而处置公司财产用来偿还股东个人债务的情形。针对实务中的这些问题，最高人民法院通过对《辽宁省高级人民法院关于执行股权转让金涉及相关法律问题的请示报告》和《江西省高级人民法院关于如何对被执行人在另一家公司所拥有的股份进行变现执行的请示》的答复，明确了人民法院在执行股东个人股权时应区分股东所在公司财产与股东个人财产。“对被执行人在该公司的股权的执行，应按照执行股权的程序执行”“执行股东所在的公司的财产，显系错误，不得实施”。

最高人民法院于 2021 年 12 月 20 日发布的《股权执行规定》第 2 条明确规定，被执行人是公司股东的，人民法院可以强制执行其在公司持有的股权，不得直接执行公司的财产。该条重申了被执行人和股权所在公司是两个不同的法律主体。

---

① 参见刘璐：《民事执行重大疑难问题研究》，人民法院出版社 2010 年版，第 258 页。

理解与适用

股权是股东通过出资所形成的权利，出资者通过向公司出资，以丧失其出资财产的所有权为代价，换取股权成为公司股东。股权作为一种具有资本性和转让性的财产权利，在股东个人不能清偿到期债务时，可以成为执行标的。[①]

股权是股东的个人财产，公司财产的所有权人则不是股东，两者在制度构建上是分离的。依照分离原则，公司不仅是具有独立人格的主体，还能够独立承担责任，在内外人格展现和自身财产维持上均保持独立与完整。股东只能通过法定或者约定的方式将个人意志传达给公司，不能随意支配或处分公司财产。如果股东滥用公司法人独立地位和股东有限责任，逃避债务，严重损害公司债权人利益，则应当对公司债务承担连带责任，这就是《公司法》中“揭开公司面纱”理论。一般认为，主张适用“揭开公司面纱”的主体是公司的债权人，目的在于要求公司背后的实际责任人与公司共同承担责任。随着该理论适用的扩张，在实务界出现了方向和着力点上与传统刺破正好相反的“反向刺破”，即在某些情况下，公司的特定股东出于种种考虑，主动要求无视公司独立人格，将公司和股东视为一体，从而使公司得以享受本来只能由该股东享受的豁免或保护；或者是公司特定股东的债权人，要求将特定股东与公司视为一体，从而强制公司对该股东的个人债务承担责任。前者学理上称为“内部人反向刺破”，主要为了让公司享受股东专享的特权或豁免；后者学理上称为“外部人反向刺破”，主要是为了以公司财产清偿股东个人债务。“外部人反向刺破”在理论界有很大争议，在司法实务中无相关规则直接适用，鲜有案例。有观点认为：“外部人反向刺破”侵犯了公司的独立法人财产权，违反了法律逻辑并侵犯了公司债权人和其他股东的正当利益，此外，我国《公司法》对揭开公司面纱制度的权利主体和责任主体均做了明确的规定，反向刺破公司面纱制度与该条规定相冲突，因此，在我国司法体系下，不得逆向揭开公司面纱。[②] 法院不能拒绝裁

---

① 参见江必新主编：《强制执行法理论与实务》，中国法制出版社2014年版，第667页。

② 参见江必新、何东宁等：《最高人民法院指导性案例裁判规则理解与适用·公司卷二》，中国法制出版社2016年版，第128页。

判，如遇到符合条件的具体个案时，可以参照相关理论及域外相关判例，勇于创新，在维护公司权益、公司其他股东权益和股东债权人权益之间寻找出一个平衡点，大胆实践。但就目前执行实务而言，对被执行人采取执行措施，必须严格按照法定程序进行，不能执行公司本身的财产，更不可以在执行程序中裁定公司不具备法人资格。

股权转让裁定属于执行措施类裁定，送达后即发生法律效力，该裁定非经法定程序不得撤销。在未被撤销之前，该裁定具有强制执行力，被执行人因此丧失了股权，而受让人因此获得了股权，人民法院的执行行为亦要受其约束，不得对该股权再次重复执行。

股权转让后，受让人即成为股权所在公司的新股东，享有股东所应有的全部权利，承担对公司和社会应承担的全部义务。如果受让股东享有的股东权益因其他股东的阻碍不能实现，是股东之间的纠纷，不在原执行程序中解决，可通过诉讼另行解决。公司股东的权益在学理上可以区分为财产性权益和公司事务参与性权益，前者主要包括股息红利分配请求权、新股优先认购权、剩余财产分配请求权、股份出资转让权等；公司事务参与权益主要包括股东会召集权、表决权、知情权、解散公司权、代表诉讼权等。一旦受让股东认为自己的上述权益受到侵害，可以依据《公司法》等相关法律、司法解释的规定通过诉讼另行解决。如股权因强制执行受让后，公司未向新股东签发出资证明书，未相应修改公司章程和股东名册中有关受让股东及其出资的记载，受让股东可以依据《公司法》第31条、第32条及《公司法解释（三）》第23条等请求公司履行上述义务。

实务操作指引

（一）执行中股权的确认规则

人民法院对股权进行冻结或者实体处分前，应当查询权属。人民法院应先通过企业信用信息公示系统查询有关信息。需要进一步获取有关信息的，可以要求市场监督管理部门予以协助。人民法院对从市场监督管理部门业务系统、企业信用信息公示系统以及公司章程中查明属于被执行人名下的股权，可以冻结。①

由于我国在实务中承认实际出资人的相关权益，在显名股东与实际出资人之间发生利益纠纷时，认可投资权益归属实际出资人。股权执行中发生的股东资格认定，从《公司法》上解析，申请执行人与显名股东或实际出资人之间发生争议，属于公司的外部关系纠纷，在执行实施程序中要排除出资证明书、公司章程、股东名册记载的证据效力，优先适用商法规则。根据商法外观主义原则，工商登记对公司以外的第三人具有公信力。人民法院在执行程序中可以根据工商登记直接确定股东资格，即使股东名册与工商登记不一致时亦应如此。②

如果显名股东是被执行人，因实际出资人与显名股东之间的协议是合同性质，只对双方具有约束力，不具有对抗第三人的法律效力，故人民法院可以直接执行该股权用于偿还债务。因该股权被执行给实际出资人造成损失的，实际出资人可以依据双方的协议向显名股东另行主张。如果实际出资人为被执行人的，在显名股东向法院书面确认该股权属于实际出资人的情况下，人民法院可以执行，显名股东有配合执行的义务。如果显名股东未予确认的，人民法院不能直接强制执行该股权。债权人可以另行诉讼，通过行使代位权向显名股东主张实际出资人的投资权益以实现其债权。

（二）股权冻结的效力

股权被冻结的，未经人民法院许可，不得转让，不得设定质押或者其他权利负担。是否禁止公司增资扩股目前尚未形成统一认识。最高人民法院于2013年11月14日以〔2013〕执他字第12号函向山东省高级人民法院答复："原则上同意你院审判委员会意见。在人民法院对股权予以冻结的情况下，公司登记机关不得为公司或其他股东办理增资扩股变更登记。本案在按判决执行股权时，应向利害关系人释明，作为案外人的其他股东可以提出执行异议，对异议裁定不服，可以提起异议之诉，要注意从程序上对案外人给予必要的救济。"但《最高人民法院研究室关于"未被冻结股权的股东能否增加出资额、公司增加注册

---

① 参见《最高人民法院、国家工商总局关于加强信息合作规范执行与协助执行的通知》（法〔2014〕251号）第9条、第10条。

② 参见江必新主编：《强制执行法理论与实务》，中国法制出版社2014年版，第674页。

资本”意见的复函》持相反观点。

有限责任公司股东的股权被冻结期间，原工商行政管理机关不予办理该股东的变更登记、该股东向公司其他股东转让股权、被冻结部分的公司章程备案，以及被冻结部分股权的出质登记。原工商行政管理机关在多家法院要求冻结同一股权的情况下，应当将所有冻结要求全部公示。股权冻结自在公示系统公示时发生法律效力。公示在先的为在先冻结，在后的为轮候冻结。有效的冻结解除的，轮候的冻结中，送达在先的自动生效。①

（三）强制转让中其他股东优先购买权的处理

股权转让有对内转让和对外转让，因有限公司股东之间通常存在特殊的人身信任或人身依附关系，故对内转让是“无须通知其他股东或取得其他股东同意”。对外转让的结果是新股东加入，这会打破现有股东格局，会损害到现有股东的人合性，故规定“其他股东享有优先购买权，需要其他股东同意”，但有限责任公司资合性又要求股权可以流通，故在对外转让中“不同意的股东应当购买该转让的股权，不购买的视为同意转让”。

执行程序中的优先购买权是指被执行人股权被转让时，在同等条件下，其他股东对该股权享有优先于其他潜在购买人购买的权利，规定优先购买权的主要目的是保证有限责任公司的人合性，保护其他股东在公司的既得利益，使其他股东能够实现对公司的控制权，避免强制执行对公司和股东造成过大的影响。强制执行程序中的股权转让可能是对内转让也可能是对外转让。需要注意的是，强制执行转让时，法院是通知公司及全体股东但不需要股东同意，其他股东在通知之日起满20日不行使优先购买权，视为放弃优先购买权，第三人可以通过强制执行措施受让该股权。如何在强制执行程序中实现“同等条件”呢？目前，在司法网络拍卖平台中，一般是通过给公司的其他股东备注“优先购买权”身份，在相同竞价款的前提下，视为该其他股东为最终竞买人。股权转让后，公司应注销原股东的出资证明书，向新股东签发出资证明书，并相应修改公司章程和股东名册中有关受让股东及其出资的记载，上述修改不再需要股东会表决。

---

① 参见《最高人民法院、国家工商总局关于加强信息合作规范执行与协助执行的通知》（法〔2014〕251号）第12条、第13条。

法律、行政法规对股东资格、持股比例等有特殊规定的，根据《股权执行规定》的规定，人民法院应在拍卖公告中载明。为确保拍卖成交后受让人持股符合法律、行政法规的规定，人民法院应通知买受人持成交确认书向相关部门办理批准手续。取得批准手续的，人民法院作出拍卖成交裁定书；未取得批准的，应当重新组织拍卖。

（四）对未履行或者未全面履行出资义务、抽逃出资、未到出资期限股权的执行

我国实行注册资本认缴登记制后，公司股东认缴的出资总额或者发起人认购的股本总额（公司注册资本）应当在市场监督管理部门登记。公司股东（发起人）应当对其认缴出资额、出资方式、出资期限等自主约定，并记载于公司章程。在实务中，查找到执行人名下登记有股权，但又发现其具有未履行或者未全面履行出资义务或者抽逃出资或者出资尚未到期的情形，在此情况下，能否对其名下的股权进行强制执行？有观点认为，应有所区别，如果该股东未履行出资义务或者抽逃全部出资，在公司催告后的合理期间内仍不缴纳或者返还的，公司可以股东会决议解除该股东的股东资格，解除后及时办理法定减资程序或者由其他股东或者第三人缴纳相应的出资。[①] 鉴于公司有解除该股东资格的事实和法律依据，建议尊重公司自主经营权利，不进行冻结，由公司先行处理。如果该股东未履行部分出资义务或者抽逃部分出资，公司可以限制该股东行使股东权利，但并不能剥夺其股东资格，该股东的股权仍具有价值，人民法院可以直接执行，在评估该股权的价值时应当扣除未足额缴付的或者抽逃的出资额。

公司股东未履行或者未全面履行出资义务的，《公司法》不仅未禁止其转让股权，还对其转让股权作出了规定。受让人对此知道或者应当知道，公司请求该股东履行出资义务、受让人对此承担连带责任的，法院应予以支持。对公司股东抽逃出资、出资未到履行期限也应类似处理。既然实体法未限制其转让，执行程序中应可以执行，法院在强制执行时应将上述未履行或者抽逃或者未到履行期限的情况予以充分的披露，让买受人予以充分的了解，如果其仍然愿意受让此股权，由其承担上述出资义务比较合理。

---

① 《公司法解释（三）》第18条。

《股权执行规定》第14条也明确规定，以“被执行人未依法履行或者未依法全面履行出资义务”“被执行人认缴的出资未届履行期限”为由请求不得强制拍卖的，人民法院不予支持。

十九、申请执行人能否申请追加转移公司财产的法定代表人为被执行人

答复原文

最高人民法院关于“失信被执行人是单位的，建议冻结法定代表人的个人账户”问题的答复

2015年2月9日

最高人民法院于2010年发布了《关于限制被执行人高消费的若干规定》，[①]明确人民法院可以对被执行人发出限制高消费令，禁止其乘坐飞机、列车软卧出行，不得在星级以上宾馆、酒店住宿，不得购买房屋，不得旅游、度假等多达九种类型的高消费行为。同时规定，被执行人是单位的，被限制高消费后，禁止被执行人及其法定代表人、主要负责人、影响债务履行的直接责任人员以单位财产实施规定的高消费行为。在民事活动中，作为被执行人的有限公司和其法定代表人是独立的民事主体，有限公司以其财产范围为限，独立对外承担民事责任，有限公司的债务不能由其法定代表人个人承担，在法定代表人不是被执行人的情况下，人民法院无权查封其个人账户。

但是，如果作为被执行人的有限公司没有财产履行债务，同时，有充分证据证明其法定代表人转移公司资金到个人账户构成抽逃注册资金，或者有充分证据证明法定代表人个人账户的钱就是有限公司的钱，人民法院可以裁定变更或追加其法定代表人为被执行人，从而对其个人账户采取冻结措施。针对目前

① 参见《最高人民法院关于修改〈最高人民法院关于限制被执行人高消费的若干规定〉的决定》（法释〔2015〕17号），2015年7月20日发布。

对单位失信被执行人及其负责人缺乏有效限制手段，以及单位财产与负责人个人财产混同消费现象大量存在的状况，最高人民法院将加强调研，适时对《关于限制被执行人高消费的若干规定》的相关条文进行修改。

为促使被执行人自觉履行生效法律文书确定的义务，推进社会信用体系建设，最高人民法院于2013年7月出台了《关于公布失信被执行人名单信息的若干规定》,[①] 其中明确规定，人民法院可以根据各地实际情况，将失信被执行人名单通过报纸、广播、电视、网络、法院公告栏等其他方式予以公布，并可以采取新闻发布会或者其他方式对本院及辖区法院实施失信被执行人名单制度的情况定期向社会公布。为确保公布信息的准确性，人民法院对失信被执行人自然人公布其多数身份证号码，对失信被执行人法人公布其组织机构代码和法定代表人或负责人姓名。

各级人民法院根据社区居民和农村村民接受信息渠道的特点，除通过网络、电视、广播、报纸等媒体公布失信被执行人信息外，还利用广场、步行街LED屏幕滚动播出失信被执行人资料，并在各个社区、村庄发放资料，让群众在第一时间识别身边熟人中的失信被执行人，利用熟人社会的道德评价压力，对失信被执行人形成“天罗地网”式的信用惩戒威慑。

出台背景

被执行人转移财产以规避执行的手段日趋隐秘，给执行人员查找被执行人财产造成严重困难。法律对被执行人规避执行行为的有效制约手段仍显不足。部分公司法定代表人、实际控制人利用公司逃废债，把公司作为违法牟利的工具，以公司作为“挡箭牌”，导致公司作为被执行人的案件执行难度大。要遏制该类失信行为，不仅需对公司采取惩罚措施，亦需对控制公司的法定代表人、直接责任人等进行惩戒。

被执行人失信惩戒机制，目的是将不履行生效法律文书确定义务的被执行

① 参见《最高人民法院关于修改〈最高人民法院关于公布失信被执行人名单信息的若干规定〉的决定》(法释〔2017〕7号)，2017年2月28日发布。

人信息予以记录，与各社会管理部门实现信息共享，增加被执行人的失信成本，使被执行人一处失信、处处受限，促使被执行人积极履行义务。如果作为被执行人的有限公司没有财产履行债务，同时，有充分证据证明其法定代表人转移公司资金到个人账户，或者有充分证据证明法定代表人个人账户的资金就是有限公司的财产，人民法院也不能依申请裁定变更或追加其法定代表人为被执行人，从而对其个人账户采取冻结措施，致使执行中转移财产的行为大行其道。针对目前对单位失信被执行人及其负责人缺乏有效限制手段，以及单位财产与负责人个人财产混同现象大量存在的状况，有的执行法院对法定代表人名下的账户或其他财产采取执行措施，是否妥当应予以规范。

理解与适用

在公司作为被执行人的案件，执行过程中，经常会发生公司账户资金或其他财产在法院查封、扣押、冻结之前无偿转移给第三人，通常是公司的法定代表人或者财务人员。对于这种情况，有的法院对该转移的财产直接执行回转，有的法院先采取冻结措施，告知申请人提起撤销权之诉，还有的法院因该转移财产行为将相关责任人员纳入限制消费名单。实践中的做法各异，亟须立法机关作出明确规范，既能不侵害当事人的程序权利，又能实现执行程序的高效价值。

第一，在民事活动中，作为被执行人的有限公司和其法定代表人是各自独立的民事主体，有限公司以其财产范围为限，独立对外承担民事责任，有限公司的债务不能由其法定代表人个人承担，在法定代表人不同时是被执行人的情况下，人民法院无权查封其个人财产。

第二，根据《限制高消费规定》，被执行人未按执行通知书指定的期间履行生效法律文书确定义务的，人民法院可以采取限制消费措施。被执行人为单位的，被采取限制消费措施后，被执行人及其法定代表人、主要负责人、影响债务履行的直接责任人员、实际控制人不得实施以下高消费及非生活和工作必需的消费行为：（1）乘坐交通工具时，选择飞机、列车软卧、轮船二等以上舱位；（2）在星级以上宾馆、酒店、夜总会、高尔夫球场等场所进行高消费；（3）购买不动产或者新建、扩建、高档装修房屋；（4）租赁高档写字楼、宾馆、公寓等场所办公；（5）购买非经营必需车辆；（6）旅游、度假；（7）子女就读高收费私立学校；（8）支付高额保费购买保险理财产品；（9）乘坐G字头动车组列车全部座位、其他动车组列车一等以上座位等其他非生活和工作必需的消费行为。

第三，该答复认为如果作为被执行人的有限公司没有财产履行债务，又有充分证据证明其法定代表人转移公司资金到个人账户，或者有充分证据证明法定代表人将公司财产无偿转移至案外人个人名下，人民法院可以裁定对其个人账户采取冻结措施。在执行程序中可以故意转移被执行人财产为由裁定变更、追加法定代表人为被执行人，这在当时为权宜之策，《变更追加规定》施行后，追加法定代表人为被执行人没有明确法律依据。目前对单位失信被执行人及其负责人转移财产的行为缺乏有效限制手段，还需要根据实践情况加强调研对相关司法解释进行修改完善。

实务操作指引

（一）法定代表人在法人作为被执行人的案件中的作用

法定代表人作为公司经营的主要负责人，对公司的营业状况、盈亏情况、清偿能力最为了解。在执行过程中，通过法定代表人可以直接了解公司的履行能力，对执行债权的快速清偿产生重要影响。法定代表人通常能够掌控公司的经营，能够促使公司相关人员按照法院要求履行法律文书确定的义务，若能配合法院，有履行能力则主动履行义务，无履行能力则主动申报财产或主动与申请执行人达成分期还款的和解协议，能及时化解执行矛盾，缓解执行程序中的紧张关系。

（二）对法定代表人进行信用惩戒的原因

依公司法理，法人与法定代表人为相互独立的民事主体，其在人格、资产、责任方面亦相互独立，但法人作为民事主体，其交易行为需要通过具体的自然人完成，一般通过法定代表人对外代表公司。公司法定代表人作为法人的实际代表，在从事的民事活动中，在主观意志、客观行为等方面存在重叠，这种重叠不仅表现在意志、行为方面，也表现在信用、责任方面，因此，法律规定对失信法人惩戒的同时，对法人的法定代表人亦可采取罚款、限制高消费、限制出境、拘留等强制措施。

（三）信用惩戒法定代表人的条件

法定代表人在法人的地位不同也使其对法人的实际支配程度有所差异。对法定代表人的惩戒不应“一刀切”，应通过对法定代表人的不同身份的分析，进而科学判定法定代表人对于公司失信行为的责任。例如，法定代表人为公司的控股股东，能够掌控公司决策和业务活动，对公司清偿债务、履行法院判决具有不可推卸的责任，公司消极履行判决的行为通过法定代表人的行为表现于外，则公司承担对外责任的同时，法定代表人亦应承担相应责任。但是，公司法定代表人为公司普通股东的，其在作出重大决策前需要征询大股东之同意，法定代表人与大股东均为履行法院判决的义务承担者，对履行民事清偿责任及配合法院执行工作作出决策的一方具有直接责任，但法定代表人亦为公司对外事项的参与者，其仍无法完全推卸责任，与控股股东共同承担拒不履行执行义务的责任。如果法定代表人非公司股东应以是否参与实际经营加以区分，对于挂名的，不履行生效判决的责任主体为实际经营者。对于实际负责经营的，应当承担不履行生效判决的责任。①

（四）对法定代表人惩戒的具体路径

可限制法定代表人从事法律规定的高消费活动；可以对法定代表人、主要负责人或者影响债务履行的直接责任人员限制出境；对符合《民事诉讼法》第114条规定情形的，可对拒不履行法院生效判决、裁定的单位的法定代表人采取罚款、拘留等强制措施，构成犯罪的，依法追究其刑事责任。对于企业法人财产不足以清偿生效法律文书确定的债务，可以变更、追加未缴纳或未足额缴纳出资的担任法定代表人的股东、出资人或依公司法规定对该出资承担连带责任的发起人为被执行人，在尚未缴纳出资的范围内依法承担责任。也可以变更、追加抽逃出资的担任法定代表人的股东、出资人为被执行人，在抽逃出资的范围内承担责任。

---

① 参见崔宁：《破解公司执行难之路径选择——以完善失信公司法定代表人惩戒机制为突破口》，载贺荣主编：《深化司法改革与行政审判实践研究（下）——全国法院第28届学术讨论会获奖论文集》，人民法院出版社2017年。

二十、对法人分支机构财产的执行程序

复函原文

最高人民法院关于企业法人无力偿还债务时，
可否执行其分支机构财产问题的复函

1991 年 4 月 2 日　法经函〔1991〕38 号

辽宁省高级人民法院：

你院〔1990〕经执字第 20 号“关于企业法人无力偿还债务时，可否执行其分支机构财产的请示报告”收悉。经研究答复如下：

据来文看，本案被执行人本溪化工塑料总厂（下称“总厂”）的管理体制、经营方式，在案件执行期间与案件审理期间相比，尽管发生了很大变化，但总厂与其分支机构的关系及各自的性质并未改变，总厂的经营活动仍由其分支机构的经营行为具体体现，分支机构经营管理的财产仍是总厂经营管理的财产或者属总厂所有的财产，仍为总厂对外承担民事责任的物质基础。因此，在总厂经济体制改革后，不应视其为无偿付能力。鉴于本案的具体情况，对总厂的债务，同意你院的意见，二审法院可以裁定由总厂的分支机构负责偿还。

此复

出台背景

1986 年《民法通则》（已废止）对于法人的分支机构尚未进行规定，《民法通则意见》第 107 条规定：“不具有法人资格的企业法人的分支机构，以自己的名义对外签订的保证合同，一般应当认定无效。但因此产生的财产责任，分支机构如有偿付能力的，应当自行承担；如无偿付能力的，应由企业法人承担。”从而确定了没有法人资格的分支机构的财产责任可以由企业法人承担。因与本复函中关于企业法人的债务是否可以由分支机构承担的问题正好相反，如果要

适用《民法通则意见》第 107 条，还需要做进一步的解释。企业的分支机构不具有法人资格，而是其所隶属的法人的一部分。分支机构可以拥有财产，但分支机构的财产也可以是法人承担责任的基础。正是由于当时企业法人与分支机构之间责任承担问题的不确定，辽宁省高级人民法院向最高人民法院请示，最高人民法院针对企业法人无力偿还债务时，是否可以执行分支机构财产的问题作出了复函，确定了在总厂（法人）无力偿还债务时，法院可以裁定由分厂（分支机构）来偿还总厂的债务。本复函中确定的原则逐渐被后续的法律及司法解释确认。

理解与适用

在实体法上，1993 年《公司法》第 13 条第 1 款规定："公司可以设立分公司，分公司不具有企业法人资格，其民事责任由公司承担。"2013 年《公司法》第三次修正时，这一条内容没有实质变化。该法第 14 条第 1 款规定："公司可以设立分公司。设立分公司，应当向公司登记机关申请登记，领取营业执照。分公司不具有法人资格，其民事责任由公司承担。"

《民法典》第 74 条规定："法人可以依法设立分支机构。法律、行政法规规定分支机构应当登记的，依照其规定。分支机构以自己的名义从事民事活动，产生的民事责任由法人承担；也可以先以该分支机构管理的财产承担，不足以承担的，由法人承担。"

程序法上，《变更追加规定》第 15 条规定："作为被执行人的法人分支机构，不能清偿生效法律文书确定的债务，申请执行人申请变更、追加该法人为被执行人的，人民法院应予支持。法人直接管理的责任财产仍不能清偿债务的，人民法院可以直接执行该法人其他分支机构的财产。作为被执行人的法人，直接管理的责任财产不能清偿生效法律文书确定债务的，人民法院可以直接执行该法人分支机构的财产。"

在执行企业法人时，是否可以直接裁定执行其分支机构。《变更追加规定》明确：法人为被执行人时，其直接管理的责任财产不能清偿债务的，可以直接执行分支机构的财产，无须经变更追加程序。

实务操作指引

（一）追加与直接执行的程序

被执行人是法人的分支机构时，如果要执行法人的财产，需要申请执行人申请追加该法人为被执行人，作出追加裁定后，方可执行法人的财产。而法人为被执行人时，无须经过追加程序，法院可以直接执行该法人分支机构的财产。法人与其分支机构，在追加与直接执行之间的关系已经明确，但具体由什么机构按照什么程序来进行追加或作出执行的裁定，在实践中还没有统一的规范。

实践中，变更或追加被执行主体的，一直由执行法院的执行机构办理。而当时执行机构内部还没有执行实施权和执行裁决权的职能划分，执行权能的划分是随着对执行权认识的不断深化才逐渐出现。

《执行权配置意见》第3条指出："执行实施权的范围主要是财产调查、控制、处分、交付和分配以及罚款、拘留措施等实施事项。执行实施权由执行员或者法官行使。"第4条指出："执行审查权的范围主要是审查和处理执行异议、复议、申诉以及决定执行管辖权的移转等审查事项。执行审查权由法官行使。"这一意见区分了执行权的不同内涵和不同职能，但是没有明确追加被执行人是属于实施权还是属于审查权的职能范围。第21条指出："执行过程中依法需要变更、追加执行主体的，由执行局按照法定程序办理；应当通过另诉或者提起再审追加、变更的，由审判机构按照法定程序办理。"这一条仍然是在执行局与审判庭之间确定关于追加的职责分工，没有确定在执行局内部，追加被执行人由什么部门具体负责。

2010年《北京市高、中级法院执行局（庭）长座谈会（第二次会议）纪要——关于变更或追加执行当事人若干问题的意见》规定，执行实施机构可以径行裁定执行该企业法人其他分支机构的财产。按照这一理解，执行企业法人时，由执行实施机构而不是执行裁决机构直接作出裁定来执行企业法人的分支机构。但各地法院执行局内部是否分别设立执行实施机构与执行裁决机构的情况不尽相同，实践中各地法院的做法不一。

依据《执行立结案意见》第9条第4项规定，申请追加的案件以执行异议案件予以立案。当事人不服向上一级人民法院申请复议的，以执行复议案件立案。即执行分支机构时追加企业法人由执行裁决机构按照执行异议案件审查，当事人可以对追加或不追加（驳回申请）的裁定提出复议，由上一级人民法院的执行裁决机构按照执行复议案件审查。

实践中有的法院并未按照这一意见执行。例如，江苏省高级人民法院2017年10月31日发布的《关于明确变更、追加当事人有关事项的通知》（苏高法电〔2017〕738号）中要求：(1)变更、追加当事人由执行实施法官审查后以执行案号直接作出是否变更、追加的裁定，不再立“执异字”案号由执行裁决法官审查。(2)被申请人、申请人或其他执行当事人对执行法官作出的变更、追加裁定或驳回申请裁定不服的，可以依据《变更追加规定》第30条的规定自裁定书送达之日起10日内向上一级人民法院申请复议，但符合《变更追加规定》第32条规定的，可以自裁定书送达之日起15日内向执行法院提起执行异议之诉。江苏省高级人民法院2018年5月31日发布的《关于进一步明确变更、追加当事人有关事项的通知》（苏高法电〔2018〕388号）又对前一通知进行了调整：执行程序中变更、追加被执行人事项继续由执行实施法官直接作出裁定，但变更、追加被执行人的裁定统一立“执异字”案号。

综上所述，实践中，关于具体追加分支机构所隶属的企业法人为被执行人的主体，有的是由执行实施机构直接审查和作出裁定，有的则是由执行裁决机构负责。

（二）分支机构责任的承担

企业的分支机构虽然不具有法人资格，但是实践中分支机构独立核算，拥有自己管理财产的情况也十分普遍。分支机构是否能够单独承担责任也成为实践中讨论的问题。在案件审判时，如果当事人只是起诉了分支机构，没有起诉分支机构所隶属的企业法人，法院是否需要也判决企业法人承担责任。这些问题和执行中追加企业法人，直接执行分支机构既有联系，又有区别，需要进一步厘清。

案例①

再审申请人河南现代建设集团有限公司（以下简称现代公司）因与被申请人王某民、杨某华、河南高速公路发展有限责任公司驿阳分公司（以下简称驿

---

① 参见最高人民法院民事裁定书，(2017)最高法民申2417号。

阳分公司）、河南高速公路发展有限责任公司（以下简称河南高速公司）建设工程施工合同纠纷一案，不服河南省高级人民法院（2016）豫民终87号民事判决，向最高人民法院申请再审。

现代公司申请再审的诉求之一便是河南高速公司应与驿阳分公司共同承担支付责任。因驿阳分公司是河南高速公司的分支机构，对于分支机构的债务理应由河南高速公司承担，原判决取消河南高速公司的支付责任，没有事实和法律依据。对此，最高人民法院认为，分公司虽然可以作为民事诉讼的当事人，但是其民事责任应当由公司承担。该案中，河南省高级人民法院查明驿阳分公司为独立核算的经济组织，具有对外独立承担民事责任的能力，故直接认定由驿阳分公司承担支付工程款的责任，而未判决河南高速公司承担。该认定并不违反上述规定，也不导致债权人利益的损害。因为驿阳分公司管理经营的财产也是河南高速公司的财产，驿阳分公司承担民事责任后其财产权益减损的后果最终归属于河南高速公司。即便出现驿阳分公司管理经营的财产不足以清偿债务的情况，也可依据1998年《执行规定》第78条的规定，执行河南高速公司的其他财产。因此，现代公司的该项再审申请理由，亦不能成立。

本案说明了分支机构可以作为独立的诉讼主体，可以独立承担责任。在这个前提下，审判时，法院不会必然判决分支机构所隶属的企业法人承担责任，如果原告没有将企业法人列为被告，那么法院更不会依职权判决。执行时，如果分支机构的财产不足以偿还债务的，申请执行人可以申请追加分支机构所隶属的企业法人为被执行人。

关于分支机构单独作为诉讼主体的问题。《民法通则意见》第40条第5项规定："民事诉讼法第四十九条规定的其他组织是指合法成立、有一定的组织机构和财产，但又不具备法人资格的组织，包括：（5）法人依法设立并领取营业执照的分支机构。"《民法典》第102条规定了非法人组织，包括法人的分支机构。从程序法上看，1991年《民事诉讼法》第49条第1款为："公民、法人和其他组织可以作为民事诉讼的当事人。"《民事诉讼法解释》第52条第5项规定："民事诉讼法第五十一条规定的其他组织是指合法成立、有一定的组织机构和财产，但又不具备法人资格的组织，包括：（五）依法设立并领取营业执照的法人的分支机构。"2012年《民事诉讼法》第48条第1款与1991年《民事诉讼法》第49条第1款相比，内容没有变化。因此，没有法人资格的分支机构，可以独立起诉或应诉。

二十一、对村和街道开办企业的执行

答复、复函原文

（一）最高人民法院执行工作办公室关于追加村民委员会为被执行人后可以执行各村民小组的财产等有关问题的答复

2000年12月21日　〔2000〕执他字第28号

山东省高级人民法院：

你院〔1999〕鲁高法执字第127号《关于山东省济南第一纺织厂与四川省成都市成华区联合毛麻纤维厂购销棉纱欠款纠纷一案执行情况的请示报告》收悉。经研究，答复如下：

根据你院的报告，被执行人成都市成华区联合毛麻纤维厂的开办单位成都市华区联合村村委会应投入的52.5万元注册资金未能到位，故其应在注册资金不实的范围内承担责任；而村民小组不具备法人地位，各村民小组的财产是村委会法人的财产，因此，应追加村委会为被执行人后，可执行各村民小组的财产。

但是，根据成都市成华区联合村村民委员会的反映，此案所涉的注册资金已经到位；又根据该村的村民小组反映，被冻结的款项有应发给五保户的生活、医疗费用。

本院认为：在适用法律上同意你院的意见，投资者在注册资金不实的范围内承担责任，各村民小组不是独立法人，其财产可作为村委会的财产予以执行；在认定事实上因你院的报告情况与被执行人反映的情况不符，请你院监督执行法院认真核查后，根据实际情况依法妥善处理（五保户的生活费、医疗费不应执行）。

（二）最高人民法院关于临沂市罗庄区人民政府应否对罗庄街道办事处的债务承担责任问题的请示的复函

2004年7月8日 〔2004〕执他字第15号

山东省高级人民法院：

你院《关于临沂市罗庄区人民政府应否对罗庄街道办事处的债务承担责任问题的请示》收悉。经研究，答复如下：

同意你院审判委员会少数人意见，根据山东省人民政府鲁政函民字〔2000〕36号批复，“以罗庄镇的行政区域设立罗庄街道办事处。办事处机关驻原罗庄镇人民政府驻地”。鉴于罗庄街道办事处设立的区域及机关驻地与原罗庄镇政府完全一致，且罗庄区人民政府在《关于设立罗庄、傅庄、盛庄、汤庄街道办事处的请示》报告中亦明确表示，新设立的街道办事处“财政体制执行原财政体制，原镇政府的债权债务由设立后的相应办事处承担”，我们认为，新设立的街道办事处与原镇政府在行政区域和财产上具有承继关系，此案可参照我院法释〔1997〕1号批复的精神，由新设立的街道办事处承担原镇政府的债务。

此复

（三）最高人民法院执行工作办公室关于原县级贵港市升格为地级贵港市后如何追加原县级贵港市人民政府因开办单位注册资金不实责任问题的答复

2003年7月4日 〔2003〕执他字第18号

广西壮族自治区高级人民法院：

你院《关于原县级贵港市升格为地级贵港市后如何追加原县级贵港市人民政府因开办单位注册资金不实责任问题的请示报告》收悉，经研究，答复如下：

同意你院审判委员会的第一种意见。根据国务院国函〔1995〕96号函的批复，现地级贵港市政府是在原县级贵港市政府的基础上升格而来的，应是原县级贵港市政府的权利义务继受主体。原县级贵港市政府作为被执行人贵港市经济技术开发总公司的开办单位，对其开办时投入的注册资金不实，根据我院《关于人民法院执行工作若干问题的规定（试行）》第80条之规定，应在注册资金不实的范围内对申请执行人承担责任。因原县级贵港市政府已升格为现地级贵港市政府，故应由现地级贵港市政府承担原县级贵港市政府作为开办单位应承担的责任。如现地级贵港市政府对此提出异议应负相应的举证责任，并由你院依法进行审查处理。

此复

出台背景

村委会、街道办事处开办企业，所成立的企业名称一般为“厂”，性质上大多是集体所有制企业，具有自主经营、独立核算、自负盈亏的特点。这些厂经依法审查，具备法人条件的，登记后取得法人资格，厂长（经理）为企业的法定代表人，企业实行厂长（经理）负责制，厂长（经理）对企业全面负责，代表企业行使职权。从注册资金来源来讲，集体所有制企业可以实行股份制，吸收投资入股。集体的资产（包括集体积累）占企业的注册资金50%以上（含50%），个人投资入股占50%以下，实行集体企业管理制度的企业，其集体所有制性质不变。

在企业所有的财产不能承担民事责任的时候，很多债权人就将目光转向了其开办单位，寻找是否存在注册资金不到位的可能性。山东省高级人民法院对“成华区联合毛麻纤维厂的开办单位成华区联合村村民委员会在注册资金不实的范围内是否要承担责任”提出了疑问，请示最高人民法院予以解答，最高人民法院依实体法，从责任承担的角度作出了指导意见。

根据《地方各级人民代表大会和地方各级人民政府组织法》的规定，市辖区、不设区的市的人民政府，经上一级人民政府批准，可以设立若干街道办事处，作为它的派出机关。即街道办事处的性质为地方行政机关。关于街道办事处的债务责任承担问题，通常从两个角度考察，一是街道办事处作为开办单位对其开办的企业的债务承担怎样的责任？二是设立街道办事处的政府对街道办事处的债务承担怎样的责任？上述两个问题最高人民法院在 1997 年《最高人民法院关于城市街道办事处是否应当独立承担民事责任的批复》（法释〔1997〕1 号，已废止）中均已作出了答复。但实践中仍然会遇到由此衍生而来的很多问题，例如，复函二所涉及的在原镇政府区划内设立并承继其债权债务的街道办事处的责任承担问题，最高人民法院以复函的形式予以答复。

行政机构升格蔓延成风，① 在司法实践中比较集中的体现就是行政机构的主体资格问题。行政机构升格后，如何追究原行政机构的责任？升格前的行政机构与升格后的行政机构是什么关系？能否追加升格后的行政机构等一系列问题都成为困扰司法机关的现实难题。2003 年最高人民法院以答复的形式对上述问题的解决提供了一个参考方向。

理解与适用

上述答复和复函中，涉及的是执行债务人的变化。理论界通说认为，由于实体法的原因，依法应当对债务人的义务承担清偿责任或者连带责任的人，其义务的法定性以及民事执行权的裁判性决定了即使执行名义并未确定其为当事人，也可以在执行程序中变更或者追加为执行当事人。例如独资企业业主，合伙组织的合伙人或参加该联营企业的法人，企业法人及其分支机构，上级主管部门或开办单位等在执行程序中都可能被追加为执行当事人。

最高人民法院执行工作办公室在答复山东省高级人民法院的请示中，亦明确表达了上述观点："如果被执行人成都市成华区联合毛麻纤维厂无力履行债务，其开办单位（出资人）成都市华区联合村村委会确实注册资金不实，应该在注册资金不实的范围内承担责任""各村民小组不是独立法人，其财产可作为村委会的财产予以执行"。

复函二所涉问题应该从两个层面进行分析，第一个层面是关于政府是否应对街道办事处的债务承担责任的问题，其实质是回答街道办事处是否可以独立

① 参见李金龙、张金阁：《当前我国行政机构升格的失范问题及其防治》，载《甘肃社会科学》2013 年第 3 期。

承担民事法律责任的问题；第二个层面是关于街道办事处在何种情况下承担政府债权债务的问题。对于第一个层面的问题，根据《最高人民法院关于城市街道办事处是否应当独立承担民事责任的批复》（法释〔1997〕1号，已废止）关于"街道办事处财产不足以承担时，不能由设立该街道办事处的市或区人民政府承担民事责任。街道办事处进行自身民事活动产生纠纷的，应当独自承担民事责任"之规定，街道办事处可以独立承担民事责任，并且设立街道办事处的人民政府不应对街道办事处的债务承担责任。最高人民法院在答复山东省高级人民法院《关于临沂市罗庄区人民政府应否对罗庄街道办事处的债务承担责任问题的请示》中坚持了该观点，并进一步回答了上述第二个层面的问题，即如果街道办事处承继了政府机构的管理职能和债权债务，那么街道办事处应对政府机构的债权债务承担责任。实践判例可以帮助我们从反面角度理解复函二，在（2017）渝02民终1822号案中，法院认为复函二强调的是"行政机关在行政管理职能和财产与原行政机关具有承继关系时，应当承担原行政机关的债务"，而"区政府作为重庆市万州区一级行政区划的人民政府，与作为该级行政职能部门之一的原万县市人事局之间，既无行政管理职能上的承继关系，也未被证明两者有财产上的承继关系，故其不应承担本案诉争的民事债务"。

对于作为出资不实的开办单位的政府机构在行政升格后是否能被追加作为债务承担主体，也是实践中困扰执行机构的难题。而破解这一问题的关键在于明晰升格后的行政机构与升格前的行政机构是何种关系，所谓的行政升格究竟会产生何种效果？有观点提出，所谓的行政机构升格"是指依法建设、享有行政权力、担负行政职能的中央和地方各级人民政府及其所属工作部门（含地方各级人民政府设立的具有行政管理权限的各种高新区、开发区之类的准政府管理机构）行政级别的平地升迁以及行政地位的提高（行政机构由原来较低层级依序提升到较高层级）。"[①] 而"行政机构升格是对原有行政组织结构的改变与调整，自然会导致行政组织功能的变化"，[②] 且"行政机构升格只能以不断增加的行政职能为基本依据；机构是政府履行职能的载体，行政机构升格会使行政

① 张金阁：《当代中国行政机构升格现象研究》，载《当代中国政治研究报告》2014年第1期。

② 张金阁：《当代中国行政机构升格现象研究》，载《当代中国政治研究报告》2014年第1期。

机构发生一系列的变化，政府职能也相应地会受到影响”，[①] 也就是说，行政机构升格不仅仅只是简单的行政级别的提升，也意味着其机构职能可能会发生变化。升格后的行政机构有可能与原行政机构是完全不同的组织，之间也未必存在职能的承继关系。最高人民法院在广西壮族自治区高级人民法院请示的《关于原县级贵港市升级为地级贵港市后如何追加原县级贵港市人民政府因开办单位注册资金不实责任问题的请示报告》中，从个案评判的角度认为，现地级贵港市人民政府是在原县级贵港市人民政府的基础上升格而来，应是原县级贵港市人民政府的权利义务继受主体，因此由升格后的政府机构承担升格前政府机构的法律责任符合法律规定，依法可以追加升格后的行政机构作为债务承担主体。但需要注意的是，最高人民法院的该答复针对的是个案，并不具有普遍的指导意义，但其也为实践操作中，对行政机构因为升格而引发的责任承担问题提供了一个判断思路，即升格后的行政机构与升格前的行政机构之间是否存在权利义务继受关系。如果存在，则认为应当由升格后的行政机构承担升格前行政机构的责任。

实务操作指引

（一）街道办事处未出资到位的注册资金属于其责任财产范围

市辖区、不设区的市的人民政府，经上一级人民政府批准，可以设立若干街道办事处，作为它的派出机关。[②] 根据我国行政复议法、行政诉讼法的规定，派出机关能够以自己的名义，作为行政复议或行政诉讼法律关系的主体，即作为被申请人或被告，直接参与行政复议或行政诉讼活动，并依法承担独立的法律责任。换言之，派出机关属于能够直接以自己的名义行使职权、实施行政行为的行政机关。街道办事处因自身民事活动产生纠纷的，应当独自承担民事责任。

有一点需要强调，最高人民办公室执行办公室在《关于能否追加被执行人

① 张金阁：《当代中国行政机构升格现象研究》，载《当代中国政治研究报告》2014 年第 1 期。
② 参见《地方各级人民代表大会和地方各级人民政府组织法》第 68 条。

开办单位的开办单位为被执行人问题的复函》中确立了“开办单位的开办单位不能被追加为被执行人”的原则。[1] 如果街道办事处开办的企业不具有法人资格的，应先由企业承担相应的民事责任，不足部分由街道办事处在企业注册资金出资不实的范围内独立承担。街道办事处财产不足以承担时，不能由设立该街道办事处的市或区人民政府承担民事责任。

（二）村民小组的财产属于村委会的责任财产范围

村民委员会是村民自我管理、自我教育、自我服务的基层群众性自治组织。[2] 村民委员会可以根据村民居住状况、集体土地所有权关系等分设若干村民小组。[3] 村民委员会依照法律规定，管理本村属于村农民集体所有的土地和其他财产。属于村民小组的集体所有的土地、企业和其他财产的经营管理以及公益事项的办理，由村民小组会议依照有关法律的规定讨论决定，所作决定及实施情况应当及时向本村民小组的村民公布。[4] 人民政府有关部门委托村民委员会开展工作需要经费的，由委托部门承担。村民委员会办理本村公益事业所需的经费，由村民会议通过筹资筹劳解决；经费确有困难的，由地方人民政府给予适当支持。[5]

可以看出，村民委员会是基层群众性自治组织，有独立的财产，具有独立法人地位。村民小组属于村民委员会的下设组织，可以经营、管理属于自身所有的土地、企业和其他财产，但不具有独立法人地位，其财产属于村民委员会责任财产。

---

① 《最高人民办公室执行办公室关于能否追加被执行人开办单位的开办单位为被执行人问题的复函》(〔2006〕执他字第7号)：“新疆维吾尔自治区高级人民法院：你院〔2004〕新执监字第227号《关于能否两次适用〈关于人民法院执行工作若干问题的规定（试行）〉第八十条追加开办单位的开办单为被执行人的请示》收悉。经研究，答复如下：同意你院第二种意见，我院《关于人民法院执行工作若干问题的规定（试行）》（下称《执行规定》）第八十条明确规定：‘被执行人无财产清偿债务，如果其开办单位对其开办时投入的注册资金不实或抽逃注册资金，可以裁定变更或追加其开办单位为被执行人，在注册资金不实或抽逃注册资金的范围内，对申请执行人承担责任。’按照上述规定，人民法院只能追加被执行人的开办单位在其开办时投入的注册资金不实或抽逃注册资金时对申请执行人承担相应的责任，并无其他弹性规定。因此，追加被执行人开办单位的开办单位为被执行人无法律依据，对《执行规定》第八十条不能作扩大适用。”

② 参见《村民委员会组织法》第2条。

③ 参见《村民委员会组织法》第3条。

④ 参见《村民委员会组织法》第28条。

⑤ 参见《村民委员会组织法》第37条。

村民委员会的财产来源有以下途径：一是委托部门承担，二是筹资筹劳，[①]三是地方人民政府支持，四是土地补偿费。当村民委员会被判令承担金钱给付义务时，由其管理、经营的村集体资产都是可供执行的财产，包括股份经济合作社的财产[②]、各村民小组的财产。

需要注意的是，在金钱债权执行过程中，被执行人的特定财产因法律的特别规定可以免于执行，最为典型的就是生活必需品。[③] 针对“被冻结的款项有应发给五保户的生活、医疗费用”，最高人民法院给出了“不应执行”的答复。

---

① 《北京市村级范围内筹资筹劳管理暂行办法》（京农发〔2003〕29号）：“本办法所称筹资是指改革村提留征收使用办法以后，为发展集体生产公益事业，村经济合作社在村级范围内向社员筹集资金的行为；筹劳是指取消统一规定的农村义务工和劳动积累工（以下简称‘两工’）后，为发展集体生产公益事业，村经济合作社在村级范围内要求社员出工的行为。”

② 近年来，随着城市化步伐的加快，村集体经济组织大多进行了股份制改革，名称一般为“×××股份经济合作社”，登记类型上属于非公司企业法人。经营范围一般为：合作社自有资产的管理、经营，实业投资等。

③ 《查扣冻规定》第3条“人民法院对被执行人下列的财产不得查封、扣押、冻结：（一）被执行人及其所扶养家属生活所必需的衣服、家具、炊具、餐具及其他家庭生活必需的物品……”

第七章 执行送达

民事送达规定在执行程序中的适用

意见原文

最高人民法院关于进一步加强民事送达工作的若干意见

2017年7月19日 法发〔2017〕19号

送达是民事案件审理过程中的重要程序事项，是保障人民法院依法公正审理民事案件、及时维护当事人合法权益的基础。近年来，随着我国社会经济的发展和人民群众司法需求的提高，送达问题已经成为制约民事审判公正与效率的瓶颈之一。为此，各级人民法院要切实改进和加强送达工作，在法律和司法解释的框架内，创新工作机制和方法，全面推进当事人送达地址确认制度，统一送达地址确认书格式，规范送达地址确认书内容，提升民事送达的质量和效率，将司法为民切实落到实处。

一、送达地址确认书是当事人送达地址确认制度的基础。送达地址确认书应当包括当事人提供的送达地址、人民法院告知事项、当事人对送达地址的确认、送达地址确认书的适用范围和变更方式等内容。

二、当事人提供的送达地址应当包括邮政编码、详细地址以及受送达人的联系电话等。同意电子送达的，应当提供并确认接收民事诉讼文书的传真号、电子信箱、微信号等电子送达地址。当事人委托诉讼代理人的，诉讼代理人确认的送达地址视为当事人的送达地址。

三、为保障当事人的诉讼权利，人民法院应当告知送达地址确认书的填写要求和注意事项以及拒绝提供送达地址、提供虚假地址或者提供地址不准确的法律后果。

四、人民法院应当要求当事人对其填写的送达地址及法律后果等事项进行确认。当事人确认的内容应当包括当事人已知晓人民法院告知的事项及送达地址确认书的法律后果，保证送达地址准确、有效，同意人民法院通过其确认的地址送达诉讼文书等，并由当事人或者诉讼代理人签名、盖章或者捺印。

五、人民法院应当在登记立案时要求当事人确认送达地址。当事人拒绝确认送达地址的，依照《最高人民法院关于登记立案若干问题的规定》第七条的规定处理。

六、当事人在送达地址确认书中确认的送达地址，适用于第一审程序、第二审程序和执行程序。当事人变更送达地址，应当以书面方式告知人民法院。当事人未书面变更的，以其确认的地址为送达地址。

七、因当事人提供的送达地址不准确、拒不提供送达地址、送达地址变更未书面告知人民法院，导致民事诉讼文书未能被受送达人实际接收的，直接送达的，民事诉讼文书留在该地址之日为送达之日；邮寄送达的，文书被退回之日为送达之日。

八、当事人拒绝确认送达地址或以拒绝应诉、拒接电话、避而不见送达人员、搬离原住所等躲避、规避送达，人民法院不能或无法要求其确认送达地址的，可以分别以下列情形处理：

（一）当事人在诉讼所涉及的合同、往来函件中对送达地址有明确约定的，以约定的地址为送达地址；

（二）没有约定的，以当事人在诉讼中提交的书面材料中载明的自己的地址为送达地址；

（三）没有约定、当事人也未提交书面材料或者书面材料中未载明地址的，以一年内进行其他诉讼、仲裁案件中提供的地址为送达地址；

（四）无以上情形的，以当事人一年内进行民事活动时经常使用的地址为送达地址。

人民法院按照上述地址进行送达的，可以同时以电话、微信等方式通知受送达人。

九、依第八条规定仍不能确认送达地址的，自然人以其户籍登记的住所或者在经常居住地登记的住址为送达地址，法人或者其他组织以其工商登记或其他依法登记、备案的住所地为送达地址。

十、在严格遵守民事诉讼法和民事诉讼法司法解释关于电子送达适用条件的前提下，积极主动探索电子送达及送达凭证保全的有效方式、方法。有条件的法院可以建立专门的电子送达平台，或以诉讼服务平台为依托进行电子送达，或者采取与大型门户网站、通信运营商合作的方式，通过专门的电子邮箱、特定的通信号码、信息公众号等方式进行送达。

十一、采用传真、电子邮件方式送达的，送达人员应记录传真发送和接收号码、电子邮件发送和接收邮箱、发送时间、送达诉讼文书名称，并打印传真发送确认单、电子邮件发送成功网页，存卷备查。

十二、采用短信、微信等方式送达的，送达人员应记录收发手机号码、发送时间、送达诉讼文书名称，并将短信、微信等送达内容拍摄照片，存卷备查。

十三、可以根据实际情况，有针对性地探索提高送达质量和效率的工作机制，确定由专门的送达机构或者由各审判、执行部门进行送达。在不违反法律、司法解释规定的前提下，可以积极探索创新行之有效的工作方法。

十四、对于移动通信工具能够接通但无法直接送达、邮寄送达的，除判决书、裁定书、调解书外，可以采取电话送达的方式，由送达人员告知当事人诉讼文书内容，并记录拨打、接听电话号码、通话时间、送达诉讼文书内容，通话过程应当录音以存卷备查。

十五、要严格适用民事诉讼法关于公告送达的规定，加强对公告送达的管理，充分保障当事人的诉讼权利。只有在受送达人下落不明，或者用民事诉讼法第一编第七章第二节规定的其他方式无法送达的，才能适用公告送达。

十六、在送达工作中，可以借助基层组织的力量和社会力量，加强与基层组织和有关部门的沟通、协调，为做好送达工作创造良好的外部环境。有条件的地方可以要求基层组织协助送达，并可适当支付费用。

十七、要树立全国法院一盘棋意识，对于其他法院委托送达的诉讼文书，要认真、及时进行送达。鼓励法院之间建立委托送达协作机制，节约送达成本，提高送达效率。

出台背景

送达是人民法院审理民事案件所必须遵守的基本程序规程，是人民法院与当事人、其他诉讼参与人之间沟通诉讼信息的重要手段，是保障当事人诉讼权利的重要内容。作为民事案件审理过程中的重要程序事项，送达也是民事诉讼程序顺利进行的保障。近年来，因人口流动频繁而社会管理手段相对滞后、社会诚信缺失引发的送达难问题凸显，规避、抗拒送达以及通过制造送达困难拖延诉讼的情形日益突出。这种情况不仅严重影响正常的民事诉讼秩序和民事审判的效率，也对当事人诉讼权利的行使和实体权利的救济造成障碍。

以提高送达效率和质量、促进诉讼诚信、防止当事人恶意规避送达为目标，在《民事诉讼法》及其司法解释框架下探索改进送达工作的方法。送达地址确认制度便是改进送达工作方法中的一项举措。落实当事人送达地址确认制度，主要涉及送达地址确认书记载事项、基本要求、适用范围、法律后果、当事人拒绝确认送达地址或者躲避、规避送达等情形下的处理等问题；在严格遵守关于电子送达适用条件的前提下，推行电子送达，对电子送达及送达凭证保全的方式、方法有必要作出进一步规定。

理解与适用

（一）送达地址的确认

送达地址确认制度源于2004年《邮寄送达规定》。在《邮寄送达规定》的基础上，进一步明确送达地址确认书的内容、效力、适用范围以及当事人拒绝提供送达地址等情形。

1. 当事人确认送达地址的时间

人民法院应当在第一次接触当事人时要求当事人填写送达地址确认书，确认送达地址。一是在登记立案阶段，人民法院首先应当要求提起诉讼的当事人确认送达地址。当事人拒绝确认送达地址的，属于《登记立案规定》第7条规定的当事人提交的诉讼材料不符合要求的情形，人民法院应当告知其在指定期限内补正；逾期未补正的，退回诉状并记录在册，或者裁定不予受理、决定不予立案。二是在案件审理过程中，人民法院应当在第一次直接接触当事人时要求当事人确认送达地址，以保障后续诉讼活动的顺利进行。

2. 送达地址确认书的效力范围

《民事诉讼法解释》第137条规定，“当事人在提起上诉、申请再审、申请执行时未书面变更送达地址的，其在第一审程序中确认的送达地址可以作为第二审程序、审判监督程序、执行程序的送达地址”。在《最高人民法院关于进一步加强民事送达工作的若干意见》出台后，有人对于第5条“当事人在送达地址确认书中确认的送达地址，适用于第一审程序、第二审程序和执行程序”的规定与《民事诉讼法解释》第137条的规定是否存在矛盾提出疑问。《民事诉讼法解释》第137条规定针对的是提起上诉、申请再审和申请执行的一方当事人，即发动程序的一方，由于其在发动程序时有充分机会书面变更送达地址，故其未提出书面变更请求的，以其一审程序中确认的地址为送达地址并不损害其诉讼权利。而《最高人民法院关于进一步加强民事送达工作的若干意见》第5条的规定针对的是诉讼双方当事人，由于审判监督程序并非通常诉讼程序，且程序启动的事由和原因比较复杂，在通常诉讼程序终结后，如果送达地址确认书仍然在审判监督程序适用于双方当事人，则很有可能损害被动一方的诉讼权利。故未规定送达地址确认书适用于审判监督程序。就执行程序而言，由于其本身是生效判决胜诉方实现权利的通常方式，当事人对执行程序的启动存在合理预期，且程序启动事由相对简单，故送达地址确认书适用于执行程序不会产生损害当事人诉讼权利问题。

（二）执行程序中的电子送达和公告送达

1. 电子送达

（1）可以适用电子送达的法律文书

依据《民事诉讼法》的规定，电子送达的适用以经受送达人同意为条件，以判决书、裁定书、调解书之外的诉讼文书为适用范围，以能够确认受送达人收悉为送达方式的基本要求。《民事诉讼法解释》第136条规定，受送达人同意采用电子方式送达的，应当在送达地址确认书中予以确认。在 2021 年 12 月 24 日发布的《民事诉讼法》中，将《民事诉讼法解释》第 136 条融入对第 87 条的修改中，变为第 90 条“经受送达人同意，人民法院可以采用能够确认其收悉的电子方式送达诉讼文书。通过电子方式送达的判决书、裁定书、调解书，受送达人提出需要纸质文书的，人民法院应当提供。采用前款方式送达的，以送达信息到达受送达人特定系统的日期为送达日期。”

执行程序中需要送达的执行文书包括裁定书、决定书、令、通知书、公告、委托书、函等法律文件。执行文书的电子送达一直是参照 2017 年《民事诉讼法》第 87 条及《民事诉讼法解释》第 136 条执行的，即经受送达人同意并在送达地址确认书中予以确认，人民法院可以采用电子送达等能够确认其收悉的方式送达执行文书，但裁定书除外。[①] 但在《民事诉讼法》修改后，民事执行程序中，经受送达人同意的，裁定书也可以适用电子送达方式进行送达。

（2）电子送达的媒介

目前电子送达的方式主要包括传真、电子邮件、移动通信等能即时收悉的特定系统。互联网法院在电子送达适用上进行了诸多有益的探索和实践。电子送达的媒介已经扩展至“阿里”“京东”。如北京互联网法院在“阿里”“京东”等平台开设官方送达账户，联合三大通信运营商及主要移动终端制造商，向被执行人在“阿里”“京东”等平台在内的即时通讯系统进行信息推送，实现文书送达。

（3）电子送达地址确认

《最高人民法院关于互联网法院审理案件若干问题的规定》第 16 条第 2 款规定，受送达人未提供有效电子送达地址的，互联网法院可以将能够确认为受送达人本人的近 3 月内处于日常活跃状态的手机号码、电子邮箱、即时通讯账号等常用电子地址作为优先送达地址。北京互联网法院探索通过公司在网站、应用软件、公众号中“联系我们”所留联系方式向公司进行送达。浙江省高级人民法院联合阿里巴巴对接平台海量数据，通过数据分析精确锁定受送达人常

---

① 参见最高人民法院执行局编：《人民法院办理执行案件规范》，人民法院出版社 2017 年版，第 121 页。

用的收货电话和地址。[1]

2. 公告送达

民事执行程序中的公告送达参照的是《民事诉讼法》及《民事诉讼法解释》的相关规定，即受送达人下落不明，或者用其他方式无法送达的，公告送达。自发出公告之日起，经过60日，即视为送达。公告送达可以在法院的公告栏和受送达人住所地张贴公告，也可以在报纸、信息网络等媒体上刊登公告，发出公告日期以最后张贴或者刊登公告的日期为准。对公告送达方式有特殊要求的，应当按要求的方式进行。公告期满，即视为送达。人民法院在受送达人住所地张贴公告的，应当采取拍照、录像等方式记录张贴过程。公告送达应当说明公告送达的原因。公告送达裁定书的，应说明裁判主要内容及救济途径。公告送达，应当在案卷中记明原因和经过。

依托互联网的快速发展，信息技术在公告送达领域也展现出相应的创新能力。《民事诉讼法解释》关于"公告送达可以在法院的公告栏和受送达人住所地张贴公告，也可以在报纸、信息网络等媒体上刊登公告"的规定为电子化公告送达提供了法律依据。北京互联网法院就在其电子诉讼平台开设公告送达板块，以网页飘窗的形式提示登录者注意，同时与案件审判系统实现无缝对接，公告刊登准备时间由20天压缩至30分钟以内，且无须当事人负担任何公告费用，公告送达效率大幅提升。[2] 上海市高级人民法院在上海法院网开设"法院公告"栏目，发布上海市各级法院的诉讼文书公告送达信息，并可进行检索。

2021年修正后的《民事诉讼法》将公告送达期限从原来的60天缩短为30天。最高人民法院院长周强指出，缩短公告送达期限是根据经济社会发展变化作出的合理改变，目的是降低诉讼成本、防止诉讼拖延。并且最高人民法院将建立统一、权威、规范的公告送达平台，大力推进电子公告，全面提升公告送达的覆盖面和精准度。相应地，执行程序的公告送达期限也将随着《民事诉讼法》的修改参照进行调整，在不久之后可能还会实现执行文书电子公告送达的

① 参见北京互联网法院课题组等：《"互联网+"背景下电子送达制度的重构——立足互联网法院电子送达的最新实践》，载《法律适用》2019年第23期。

② 参见北京互联网法院课题组等：《"互联网+"背景下电子送达制度的重构——立足互联网法院电子送达的最新实践》，载《法律适用》2019年第23期。

新形式。

实务操作指引

（一）实践中送达方式的多样化

在《民事诉讼法》及其司法解释以及《邮寄送达规定》确定的直接送达、留置送达等九种送达形式之外增加了短信送达、微信送达、平台送达和专号送达等四种新的送达形式。有条件的人民法院通过建立专门的电子送达平台，或以诉讼服务平台为依托进行电子送达，或者采取与大型门户网站、通信运营商合作的方式，通过专门的电子邮箱、特定的通信号码、信息公众号等方式进行送达。

（二）送达地址确认书的内容

当事人提供的送达地址应当包括邮政编码、详细地址以及受送达人的联系电话等。同意电子送达的，应当提供并确认接收民事诉讼文书的传真号、电子信箱、微信号等电子送达地址。当事人委托诉讼代理人的，诉讼代理人确认的送达地址视为当事人的送达地址。

（三）当事人确认送达地址的后果

当事人确认的内容包括当事人已知晓人民法院告知的事项及送达地址确认书的法律后果，保证送达地址准确、有效，同意人民法院通过其确认的地址送达诉讼文书等，并由当事人或者诉讼代理人签名、盖章或者捺印。因当事人提供的送达地址不准确、拒不提供送达地址、送达地址变更未书面告知人民法院，导致民事诉讼文书未能被受送达人实际接收的，直接送达的，民事诉讼文书留在该地址之日为送达之日；邮寄送达的，文书被退回之日为送达之日。

当事人在送达地址确认书中确认的送达地址，适用于第一审程序、第二审程序和执行程序。当事人变更送达地址，应当以书面方式告知人民法院。当事人未书面变更的，以其确认的地址为送达地址。根据这一规定，执行程序中，可以直接使用在诉讼程序中经当事人确认的送达地址进行送达。

（四）当事人未确认送达地址时如何送达

对当事人躲避、规避送达致使人民法院无法确认送达地址时，可以通过合理方式确定与当事人联系最为密切的地址为送达地址并进行送达，以使其知悉相应的诉讼和执行事项。当事人受送达地址的确定有顺位要求：(1) 对于当事人在与本案有关的民事活动中明确约定了送达地址的，以该地址为送达地址。当事人在合同、往来函件中约定的送达地址为送达地址不明确时第一顺位选择。(2) 曾经在诉讼中向人民法院提供过书面诉讼材料，其上载明的当事人自己的地址可以视为其认可的地址。在当事人对于送达地址无约定的情况下，可以作为送达地址。(3) 在不存在前两种情形时，可以通过关联案件检索确定当事人送达地址。如果能够查询到当事人一年内从事民事活动时经常使用的地址的，可以以该地址为送达地址。比较典型的是网络购物活动中的收货地址，如果当事人经常使用，可以作为人民法院的送达地址。(4) 根据上述规则仍然不能确定送达地址的，自然人以其户籍登记中的住所地或者经常居住地登记的地址为送达地址；法人或者其他组织以其工商登记或者其他依法登记、备案的住所地为送达地址。

（五）执行中电子送达方式的使用

对于移动通信工具能够接通但无法直接送达、邮寄送达的，除判决书、裁定书、调解书外，可以采取电话送达的方式，赋予法院送达极大的“开放性权利”。电话送达中最关键的一点，“通话过程应当录音以存卷备查”。

在前述送达地址能够依法确认后，执行程序中也可以采取诉讼程序中采取的电子送达方式。但是，无论采用传真、电子邮件还是短信、微信等方式送达，均要有电子邮件发送成功网页，短信、微信截图照片等材料存卷证明。

第八章　执 行 费 用

执行费的收取标准与缴纳

复函原文

最高人民法院办公厅关于刑事裁判涉财产部分执行可否收取诉讼费意见的复函

2017 年 1 月 17 日　法办函〔2017〕19 号

发展改革委办公厅：

你厅《关于商请人民法院可否收取刑事案件涉财产执行诉讼费有关问题的函》收悉。经研究，我院认为，刑事裁判涉财产部分执行不同于民事执行，人民法院办理刑事涉财产部分执行案件，不应收取诉讼费。

出台背景

刑事裁判涉财产部分的执行，是指发生法律效力的刑事裁判主文确定的下列事项的执行：（1）罚金、没收财产；（2）责令退赔；（3）处置随案移送的赃款赃物；（4）没收随案移送的供犯罪所用本人财物；（5）其他应当由人民法院执行的相关事项。刑事附带民事裁判的执行，适用民事执行的有关规定。

《诉讼费用交纳办法》第 10 条第 1 项规定："当事人依法向人民法院申请下列事项，应当交纳申请费：（1）申请执行人民法院发生法律效力的判决、裁定、调解书，仲裁机构依法作出的裁决和调解书，公证机构依法赋予强制执行效力的债权文书”，第 38 条第 1 款规定：“本办法第十条第（一）项、第（八）项规定的申请费由被执行人负担”。上述规定明确民事执行中执行申请费由被执行人负担，不由申请执行人预交，人民法院在执行生效法律文书确定的内容之外直接向被执行人收取。执行标的额得以全部执行的，人民法院应当计算全案的执行申请费金额；部分执行的，人民法院应当以实际执行的标的额为基数计算执行申请费数额。

但是，刑事裁判涉财产部分执行不同于民事执行，民事执行一般以一方当事人向人民法院申请执行为要件，而刑事涉财产部分的执行程序启动不以当事人的申请为必要条件，公诉案件为司法机关代表国家行使侦查、起诉、审判和执行的公权力，原则上应由人民法院依职权移送立案，法律未赋予被害人申请执行的权利。鉴于刑事裁判涉财产部分执行的特殊性，最高人民法院在向发展改革委办公厅的复函中认为，人民法院办理刑事裁判涉财产部分执行案件，不应收取诉讼费。

理解与适用

（一）刑事涉财产部分执行案件与民事执行案件的区别

除复函中规定刑事涉财产部分执行案件不收取诉讼费外，相比于民事执行案件，此类案件还有以下特殊规定：

第一，被执行财产变价的无保留价拍卖。《刑事涉财执行规定》第 12 条第 2 款规定：“涉案财物最后一次拍卖未能成交，需要上缴国库的，人民法院应当通知有关财政机关以该次拍卖保留价予以接收；有关财政机关要求继续变价的，可以进行无保留价拍卖。需要退赔被害人的，以该次拍卖保留价以物退赔；被害人不同意以物退赔的，可以进行无保留价拍卖。”该条明确在涉案财物最后一次拍卖未能成交的，若有关财政机关要求继续变价或被害人不同意以物退赔的，可以进行无保留价拍卖。而民事执行案件中，以动产拍卖为例，对于第二次拍卖仍流拍的动产，人民法院可以将其作价交申请执行人或者其他执行债权人抵债，申请执行人或者其他执行债权人拒绝接受抵债或者依法不能交付抵债的，人民法院应当解除查封、扣押，并将该动产退还被执行人。

第二，案外人异议程序。《刑事涉财执行规定》第14条规定："执行过程中，当事人、利害关系人认为执行行为违反法律规定，或者案外人对执行标的主张足以阻止执行的实体权利，向执行法院提出书面异议的，执行法院应当依照民事诉讼法第二百二十五条的规定处理。人民法院审查案外人异议、复议，应当公开听证。"刑事涉财产部分执行案件案外人异议适用异议、复议程序。在民事执行中，如果案外人对执行标的提出异议的，应当适用《民事诉讼法》第234条的规定，先由执行机构审查并作出裁定，申请执行人或案外人对裁定不服的，可以向执行法院提起债权人异议之诉或者案外人异议之诉。因此，异议之诉必须有申请执行人作为原告或者被告参加诉讼。由于大多刑事涉财产部分执行案件无申请执行人，如果进入异议之诉，也缺乏相应的诉讼当事人。虽然在理论上可由检察机关或财政部门代表国家作为申请执行人，但在目前尚无明确立法规定的情况下，司法解释难以作出相应规定。而对该问题适用《民事诉讼法》第232条的规定，不需要区分有无被害人，可一律通过异议、复议程序审查处理，程序简便。鉴于此，对刑事裁判涉财产部分执行案件中的案外人异议，设计了不同于民事执行案件的处理程序，在现行法律框架之下，是相对较为合理的选择。

（二）刑事裁判涉财产部分执行案件裁定书中申请执行人的列明

以没收财产案件为例，从目前司法实践情况看，执行裁定书申请执行人的列明共有四类列法：第一种，列刑事审判法院为申请执行人，如吉林省吉林市中级人民法院作出的（2014）吉中执恢字第59号执行裁定书，[①] 将"吉林省吉林市中级人民法院"列为申请执行人；第二种，列刑事审判庭为申请执行人，如广东省肇庆市中级人民法院作出的（2015）肇中法执恢字第9号执行裁定书，[②] 将"肇庆市中级人民法院刑事审判第一庭"列为申请执行人；第三种，不列申请执行人，如广西壮族自治区南宁市中级人民法院作出的（2015）南市执字第154-2号执行裁定书，[③] 首部未列申请执行人；第四种，不列申请执行

① 参见吉林省吉林市中级人民法院执行裁定书，（2014）吉中执恢字第59号。
② 参见广东省肇庆市中级人民法院执行裁定书，（2015）肇中法执恢字第9号。
③ 参见广西壮族自治区南宁市中级人民法院执行裁定书，（2015）南市执字第154-2号。

人，但注明移送执行机构，如内蒙古自治区锡林郭勒盟中级人民法院作出的（2014）锡中法执字第34－2号执行裁定书，[①] 首部列明移送执行机构“本院刑事审判第一庭”。在责令退赔类案件中，还有列被害人为申请执行人的情形，如河北省唐山市中级人民法院作出的（2016）冀02执303号执行裁定书[②]。

实务操作指引

（一）执行程序中有关费用的收取

第一，民事执行中执行费的收取。《诉讼费用交纳办法》第14条第1项规定：“依法向人民法院申请执行人民法院发生法律效力的判决、裁定、调解书，仲裁机构依法作出的裁决和调解书，公证机关依法赋予强制执行效力的债权文书，申请承认和执行外国法院判决、裁定以及国外仲裁机构裁决的，按照下列标准交纳：1. 没有执行金额或者价额的，每件交纳50元至500元。2. 执行金额或者价额不超过1万元的，每件交纳50元；超过1万元至50万元的部分，按照1.5%交纳；超过50万元至500万元的部分，按照1%交纳；超过500万元至1000万元的部分，按照0.5%交纳；超过1000万元的部分，按照0.1%交纳。3. 符合民事诉讼法第五十五条第四款规定，未参加登记的权利人向人民法院提起诉讼的，按照本项规定的标准交纳申请费，不再交纳案件受理费。”其中，申请承认和执行外国法院判决、裁定以及国外仲裁机构裁决案件的申请费由申请人预交。

第二，实现担保物权案件执行费的收取。《民事诉讼法解释》第205条规定：“拍卖、变卖担保财产的裁定作出后，人民法院强制执行的，按照执行金额收取执行申请费。”

第三，执行和解案件中执行费的收取。参照《诉讼费用交纳办法》第38条第2款、《北京市法院执行案件办理规范》第374条规定，执行中当事人达成和解协议的，执行申请费的负担由双方当事人协商解决；协商不成的，由被执行

① 参见内蒙古自治区锡林郭勒盟中级人民法院执行裁定书，（2014）锡中法执字第34－2号。
② 参见河北省唐山市中级人民法院执行裁定书，（2016）冀02执303号。

人负担，以和解协议约定的给付数额为基数进行计算。

第四，执行异议、复议案件诉讼费的收取。对于该类案件诉讼费如何收取，《诉讼费用交纳办法》没有明确规定。实践中，人民法院暂未收取这类案件的诉讼费用。

（二）实践中申请执行费收取的相关争议

实务中，人民法院在以下几类执行案件中存在执行费收取规范性差、随意性强的问题，或者对是否应当收取执行费存在争议：

一是被执行人直接向申请执行人自动履行义务的案件。该类案件中，申请执行人受偿后向法院申请结案，执行法院一般在收取申请执行人的结案申请、做完结案笔录后径行报结，没有向被执行人收取执行费。

二是注销抵押登记、财产过户等行为类案件。该类案件中，人民法院发出执行通知后就可以采取执行措施，一般不需要被执行人配合。因此，执行法院在强制注销抵押登记、强制过户后与申请执行人办理结案手续的同时向其收取50元作为案件的执行费。

三是被执行人确已在申请执行人申请立案执行前足额履行义务的案件。该类案件中，被执行人在法律文书生效甚至未生效时就已经将全部案款汇入至法院案款专户中，如被执行人为保险公司的机动车交通事故责任纠纷类案件。该类案件是否收取执行申请费存在争议。该类案件被执行人已经在执行立案前履行完毕生效法律文书确定的义务，因此，不应当向其收取执行费，但执行法官应当书写工作说明附卷留存。

四是被执行人向法院申请减免申请执行费的案件。该类案件中，被执行人申请减免的事由多种多样：主张生活困难需要减免；主张其曾主动向申请执行人提出履行但申请执行人拒绝后被申请执行，向法院申请减免等事由，实践中，执行法官有时会视情节减免被执行人应当缴纳的执行费，但目前法律没有规定对被执行人可以减免执行费的法定事由。

五是执行法官以减免执行费促使被执行人履行义务。该类案件中，执行法官在同被执行人谈话时，以减免执行费的方式敦促其履行义务。

为规范执行费的收取和减免，可从以下几个方面着手：一是建议立法明确被执行人可以减免执行费的法定事由；二是对于在执行过程中发生的增加或减少收取执行费的情况，执行法官必须在案卷中说明情况；三是执行法院应当定期检查执行案件执行费的收取情况。

（三）被执行人应承担的另案诉讼费用不应在本案执行款中优先扣收

四川省乐山市中级人民法院（以下简称乐山中院）在执行长城资管四川分公司与四川省哈哥兔业有限公司、荣某富、四川哈哥集团有限公司金融借款合同纠纷一案［（2018）川11民初123号民事判决，以下简称123号判决］中，乐山中院依法拍卖四川哈哥集团抵押的六宗房产、扣划了荣某富网络资金，共计得款3,485,440.14元，在扣除：（1）四川哈哥集团应承担税费246,559.58元；（2）该案被执行人应承担的诉讼费625,000元；（3）该院（2018）川11民初124号民事判决（以下简称124号判决）被执行人应负担的诉讼费270,209元；（4）该院（2018）川11民初79号民事判决（以下简称79号判决）被执行人应负担的诉讼费212,607元；（5）本案执行费13,710.65元后，将剩余款项1,117,353.91元（含申请执行人垫付的评估费52,205元）发还给长城资管四川分公司。长城资管四川分公司提出异议，认为乐山中院将被执行人应承担的124号判决及79号判决的诉讼费用在123号判决执行案件的执行案款中予以扣除没有事实和法律依据，导致长城资管四川分公司实质上承担了另案败诉方应当承担的诉讼费，并且严重损害了其优先受偿权，亦违反了执行案款管理相关规定，应予纠正。

本案的争议焦点在于应由被执行人承担的另案诉讼费用在本案执行案款中优先扣除是否合法。乐山中院认为，诉讼费用的收取不同于普通债权，124号判决及79号判决执行案的申请执行人均为长城资管四川分公司，被执行人均包括四川哈哥集团有限公司，而本案的执行款主要是由四川哈哥集团有限公司的财产变现而来。因此，从本案执行到的四川哈哥集团有限公司的财产变现款中扣除四川哈哥集团另案应当承担的诉讼费用合法。复议法院四川省高级人民法院认为，目前法律法规并无关于同一被执行人在另案中负担的诉讼费用是否可在本案中优先扣收执行的规定，因此乐山中院的做法缺乏法律依据。参照《诉讼费用交纳办法》关于法无明文规定不收费的基本精神，124判决及79号判决执行案处于终结本次执行状态，尚在执行之中并未执行完毕，若在本案中优先执行另案诉讼费用，客观上势必影响本案申请执行人优先受偿权，亦有违公平合理，实属不妥。遂撤销了乐山中院作出的将另案诉讼费用从本案执行案款中优先予以扣除的执行裁定。

《人民法院诉讼收费方法》（已废止）规定诉讼费用及执行申请费均采预交制，2007年出台的《诉讼费用交纳办法》规定诉讼费用仍采预交制，而执行申请费改采后交制。[①] 执行申请费后交制实际是将实现执行申请费的风险转嫁给法院承担，因此执行申请费的优先受偿尤为重要，主要体现在无论存在一个还是多个债权人，执行申请费都应优先于执行债权受偿。[②] 执行案款不足以清偿债务时的清偿顺序主要依据的是《民法典》第561条的规定，即应当先清偿实现债权的有关费用，然后是利息，最后是主债务。[③] 一般认为，实现债权的有关费用包括诉讼费、执行申请费以及保全、评估、鉴定等其他费用。因此，本案的诉讼费用同执行申请费一样可从执行案款中优先扣除。诉讼费由申请执行人预交的，诉讼费用应优先扣除发还给申请执行人。而对于被执行人在另案应负担的诉讼费用能否在本案执行案款中受偿的问题，根据《最高人民法院关于执行款物管理工作的规定》关于"一案一账号"执行案款工作机制的规定，从对执行案款进行有效隔离的角度，不应混淆本案执行案款与另案执行案款。在本案中执行到的执行案款应当专门用于本案执行债权和执行费用的清偿，在被执行人财产不足以清偿多个执行案件债权的情况下，无论多个执行案件的申请执行人是否为同一主体，都应通过参与分配程序进行案款的分配，如此才能确保对每个执行案件的债权人的权益都给予充分的保障。

---

① 《诉讼费用交纳办法》第20条第2款规定："申请费由申请人预交。但是，本办法第十条第（一）项、第（六）项规定的申请费不由申请人预交，执行申请费执行后交纳，破产申请费清算后交纳。"《诉讼费用交纳办法》第10条第1项规定："申请执行人民法院发生法律效力的判决、裁定、调解书，仲裁机构依法作出的裁决和调解书，公证机构依法赋予强制执行效力的债权文书。"《诉讼费用交纳办法》第10条第6项规定："申请破产。"

② 参见江必新主编：《强制执行法理论与实务》，中国法制出版社2014年版，第525页。

③ 根据《最高人民法院关于在执行工作中如何计算迟延履行期间的债务利息等问题的批复》及《迟延履行利息解释》的规定，"先本后息"还是"先息后本"要区分利息的性质以及当事人之间的约定。在没有约定的情况下，加倍部分的债务利息实行的是"先本后息"。参见最高人民法院执行裁定书，（2015）执监字第200号。

第九章　执行救济与监督

第一节　执行异议与复议

一、执行异议与复议实务研究

通知、复函原文

（一）最高人民法院办公厅关于切实保障执行当事人及案外人异议权的通知

2014年5月9日　法办〔2014〕62号

各省、自治区、直辖市高级人民法院，解放军军事法院，新疆维吾尔自治区高级人民法院生产建设兵团分院：

2007年民事诉讼法修正案实施之后，各级人民法院在执行案件压力大、任务重的情况下，办理了大量的执行异议和复议案件，有效维护了执行当事人及案外人的合法权益。但是，我院在处理人民群众来信来访的过程中，也发现在个别地方法院，仍然不同程度地存在忽视甚至漠视执行当事人及案外人异议权的一些问题：有的法院对执行当事人及案外人提出的异议不受理、不立案；有的法院受理异议后，无正当理由不按照法定的异议期限作出异议裁定；有的法院违背法定程序，对异议裁定一裁终局，剥夺异议当事人通过执行复议和异议之诉再行救济的权利。

出现上述问题，既有执行案件数量大幅增加、执行机构人手不够、法律规定不够完善等客观方面的原因，也有个别执行人员司法为民意识不强、素质不高等主观方面的原因。执行当事人及案外人异议权行使渠道不畅，将使当事人对执行程序的公正性存在疑问，对强制执行产生抵触情绪，在一定程度上加剧“执行难”；另一方面，也会使部分群众对人民法院的执行工作产生负面评价，降低司法公信力。因此，必须采取切实有力的措施加以解决。现就有关事项通知如下：

一、高度重视执行当事人异议权的保障。执行异议制度是2007年民事诉讼法修正案所建立的一项救济制度，它对于规范执行程序，维护执行当事人及案外人的合法权利和利益，防止执行权滥用和“执行乱”具有重要意义。各级人民法院要认真组织学习领会民事诉讼法的规定，纠正“提异议就会妨碍执行”的错误认识，克服“怕麻烦”的思想，真正把法律赋予执行当事人及案外人的这项救济权利在司法实践中落到实处。同时，还要注意把政治素质高、业务素质强、作风扎实的法官充实到执行异议审查机构中来，为执行当事人及案外人的异议审查提供人员保障。

二、严格依法受理和审查执行异议。对于符合法律规定条件的执行异议和复议、异议之诉案件，各级人民法院必须及时受理并办理正式立案手续，受理后必须及时审查、及时作出异议、复议裁定或者异议之诉判决。依法应当再审、另诉或者通过其他程序解决的，应当及时向异议当事人进行释明，引导当事人申请再审、另诉或者通过其他程序解决。上级人民法院应当恪尽监督职责，对于执行当事人及案外人反映下级人民法院存在拒不受理异议或者受理异议后久拖不决的，应当责令下级人民法院依法及时受理和审查异议，必要时，可以指定异地人民法院受理和审查执行异议。

三、提高执行异议案件审查的质量。对于受理的执行异议案件，一要注意正确区分不同性质的异议，严守法定程序，确保认定事实清楚，适用法律正确，处理得当；二要注意提高法律文书质量，做到格式规范，逻辑清晰，说理透彻，依据充分；三要注意公开透明，该听证的要及时组织公开听证，确保当事人的知情权和程序参与权。

四、开展专项检查和抽查活动。各高级人民法院要结合最高人民法院安排的各项专项活动，对辖区内各级人民法院保障执行当事人及案外人异议权的情况进行检查，对检查中发现的问题应当及时提出意见、建议并报告我院。我院将结合群众来信来访适时进行抽查。本通知下发之后，对于人民群众反映相关法院存在前述问题的案例，我院一经查实，将在全国法院范围内予以通报批评；情节严重的，要依法依纪严肃处理。

（二）最高人民法院关于东方资产管理公司西安办事处与西安市雁塔区农村信用合作联社开发区分社执行异议一案的复函

2010年6月10日 〔2010〕执监字第88号

陕西省高级人民法院：

东方资产管理公司西安办事处（以下简称东方公司）因与西安市雁塔区农村信用合作联社开发区分社（以下简称雁塔信用社）执行异议一案，不服你院(2010）陕执复字第2、3、4、5、13、14号执行裁定到我院申诉，经调卷审查，现对该案提出如下处理意见：

一、本案中雁塔信用社对西安市中级人民法院查封的涉案不动产主张所有权，按照《最高人民法院关于适用〈中华人民共和国民事诉讼法〉执行程序若干问题的解释》第十五条的规定，只要案外人所提异议指向的对象是执行标的物，且异议所依据的基础权利是所有权或者其他足以阻止执行标的物转让、交付的实体权利的，就构成实体异议。执行法院应当按照民事诉讼法第二百零四条的规定进行审查。执行当事人或者案外人对审查结果不服的，只能提起许可执行之诉或者案外人异议之诉进行救济，而不能向上一级人民法院提起复议。至于案外人所主张的实体权利是不是确定，则属于证据审查和认定问题。你院及西安市中级人民法院错误将雁塔信用社的实体异议作为程序异议并按照民事诉讼法第二百零二条的规定进行审查，属于适用法律错误。请你院尽快撤销你院及西安市中级人民法院的相关裁定，发回西安市中级人民法院重新审查。

二、我院在调阅本案相关执行卷宗中发现，雁塔区人民法院2005年11月30日作出的（2005）雁公执字第21-1号以物抵债裁定存在以下问题：1. 雁塔信用社申请执行现代农业发展中心（以下简称现代农业）一案的执行标的额高达11,320万元，雁塔区人民法院对该案行使管辖权的法律依据是什么？2. 上述以物抵债裁定作出时，涉及现代农业为债务人的还有多笔债权在雁塔区人民法院申请执行，该抵债裁定是否通知其他债权人并经其同意？是否剥夺了其他债权人参与分配的机会？3. 雁塔信用社与现代农业在西安市房地产交易管理中心登记的《房地产抵押合同》表明，约定的借款期限为2002年12月4日至2005年12月4日，而两单位在2004年3月和4月签订以物抵债协议时债务履行期限尚未届满，关于以物抵债的约定是否构成《最高人民法院关于适用〈中华人民共和国担保法〉若干问题的解释》第五十七条规定的“流质条款”？请你院围绕上述问题对该以物抵债裁定进行审查并作出妥善处理。

三、请你院责成西安市中级人民法院立即对争议的涉案不动产重新采取查封措施，根据异议审查结果并视当事人是否提起诉讼依法决定最终是否解除查封。

以上意见，请遵照执行。

（三）最高人民法院关于执行工作中正确适用修改后民事诉讼法第202条、第204条规定的通知

2008年11月28日　法明传〔2008〕1223号

各省、自治区、直辖市高级人民法院，解放军军事法院，新疆维吾尔自治区高级人民法院生产建设兵团分院：

近期，我院陆续收到当事人直接或通过执行法院向我院申请复议的案件。经审查发现，部分申请复议的案件不符合法律规定。为了保证各级人民法院在执行工作过程中正确适用修改后民事诉讼法第202条、第204条的规定，现通知如下：

一、当事人、利害关系人根据民事诉讼法第202条的规定，提出异议或申请复议，只适用于发生在2008年4月1日后作出的执行行为；对于2008年4月1日前发生的执行行为，当事人、利害关系人可以依法提起申诉，按监督案件处理。

二、案外人对执行标的提出异议的，执行法院应当审查并作出裁定。按民事诉讼法第204条的规定，案外人不服此裁定只能提起诉讼或者按审判监督程序办理。执行法院在针对异议作出的裁定书中赋予案外人、当事人申请复议的权利，无法律依据。

三、当事人、利害关系人认为执行法院的执行行为违法的，应当先提出异议，对执行法院作出的异议裁定不服的才能申请复议。执行法院不得在作出执行行为的裁定书中直接赋予当事人申请复议的权力。

特此通知

（四）最高人民法院关于案外人对执行标的提出异议问题的复函

1992年5月5日　法函〔1992〕59号

贵州省高级人民法院：

从你院报送的材料看，遵义市北关贸易经营部（需方）与老河口市两个粮管所（供方）签订的购销粮食合同，明确约定在遵义市南站交货，运费由供方负担，货到站需方先付总货款的50%。供方将货物托运后，又派人与需方的合同签订人一道到遵义市收款交货，提货单由供方携带，待收到需方先付50%的货款后，再交提货单给需方提货。以上事实表明该合同是有约定附加条件的。需方在未按约履行附加条件又未取得提货单的情况下，故意避开已到遵义市的供方派员，将货物提出变卖抵债，应当视为非法占有处分了他人的合法财产。

因其他案件，执行法院根据已生效法律文书，监控执行了遵义市北关贸易经营部非法占有处分的他人的合法财产，直接损害了案外人的合法权益，应当立即予以执行回转，并依法做好善后工作。

（五）最高人民法院关于处理案外人异议问题的函

1998 年 1 月 4 日　〔1998〕经他字第 1 号

天津市高级人民法院：

香港旭展有限公司向本院反映：天津市第二中级法院在执行该公司与山西省海外贸易公司购销生铁纠纷仲裁案时，驳回了案外人山西省粮油总公司天津金良科工贸实业公司对财产保全裁定的异议，5 个月后又受理了该案外人与所持异议主张相同的诉讼请求，此案现正由你院审理。对此，该公司认为：天津市第二中级法院停止执行和受理案外人诉讼，在程序上违法，损害了该公司的合法权益，请求本院对此案予以审查并纠正错误。

本院经审查认为：天津市第二中级法院在执行生效仲裁裁决过程中，已依法驳回了案外人对该院财产保全裁定的异议，此后再受理此“异议之诉”并作出［1997］二中经一初字第 74 号民事判决，没有法律依据；且该院在其制作的法律文书仍发生法律效力的情况下，又用普通程序予以审理，与法相悖。为此，特通知你院：

一、依法撤销天津市第二中级法院［1997］二中经一初字第 74 号民事判决，驳回起诉。

二、监督天津市第二中级法院依法执行本案仲裁裁决书，妥善处理相关事宜，并将执行结果报告本院。

出台背景

执行权是法律赋予法院执行部门强制执行义务人履行生效法律文书所确定义务的权力。通说认为，执行权兼具行政权和司法权性质。执行权具有单向性、强制性、主动性等行政权的色彩，导致其存在被滥用的可能，从而侵害当事人权利，产生“执行乱”的问题。因此，如何在保障执行权正常运行的前提下对执行自由裁量权予以合理规制,[①] 成为当下执行体制改革的重要内容。

自1990年开始，我国《民事诉讼法》逐步确立了执行救济制度，但1991年《民事诉讼法》中关于执行异议的规定，当事人可以提起的异议范围过窄、异议审查程序不明确、复议程序缺失。2000年以后，在立法相对滞后的情况下，部分地方法院利用人民法院执行改革的契机，在将执行权划分为实施权和裁决权的基础上，也不断完善执行异议制度。

2007年修订《民事诉讼法》时，在第202条、第204条首次确立了执行行为异议、复议和案外人异议两种执行救济途径。执行审查权源于执行权内部的分权制约运行需要。为了明确执行工作职能划分，2009年《最高人民法院关于进一步加强和规范执行工作的若干意见》强调优化执行职权配置，要求科学界定执行审查权和执行实施权，对各类执行异议、复议、案外人异议、变更执行法院的申请等事项交由审查机构办理。自此，执行异议有了专门的审查机构，执行异议、复议案件也大量增加。2011年《执行权配置意见》最终明确了执行审查权的名称和范围：执行权是人民法院依法采取各类执行措施以及对执行异议、复议、申诉等事项进行审查的权力，包括执行实施权和执行审查权；执行审查权的范围主要是审查和处理执行异议、复议、申诉以及决定执行管辖权的移转等审查事项。执行审查权由法官行使。执行审查权具有制衡执行实施权的司法权特质，通过处理执行过程中产生的各种程序争议和部分实体性争议发挥监督制约执行实施权的作用。

执行行为异议、复议和案外人异议制度属于广义的执行救济范畴，执行分权体系的建立经过了一个由外生到内生的过程，建立初期一方面由于立法对执行救济制度供给不足，另一方面由于部分执行人员业务水平有待提高，相关制度没有得到很好的运行，司法实践中出现了很多问题，如执行行为异议和案外人异议适用混淆，不同程度地存在忽视甚至剥夺执行当事人及案外人异议权等问题，亟须出台相关保障当事人异议权行使的指导意见。

---

① 参见曹凤国:《执行程序中自由裁量权的规制》，载《人民法院报》2013年4月10日，第8版。

理解与适用

在立法对执行当事人和利害关系人的程序异议权缺乏规定的情况下，上述通知和复函体现了人民法院对执行程序中当事人和案外人异议权保障的重视，《异议复议规定》细化了异议和复议案件的办理程序，并将上述通知和复函的精神融会贯通，人民法院办理执行异议和复议案件无法可依的状况得到根本改善。

（一）异议复议请求审查的原则

1. 权利保障原则

异议复议制度作为执行救济手段，主要为当事人、利害关系人和案外人依法行使相关权利提供保障。一是确保依法应当受理的异议都能够被及时受理和审查。二是确保当事人的程序知情权。三是为当事人寻求救济提供便捷的路径。

2. 分权制衡原则

我国执行异议和复议制度在设计上体现了执行审查权对执行实施权的制衡。一是办案人员的分离，办理执行实施案件的人员不得参与相关执行异议和复议案件的审查。二是审查事项的分离。针对程序事项的异议由执行机构自行审查，而执行标的之实体权利异议最终通过诉讼程序由审判机构裁决。

3. 效率原则

异议审查权是执行权的下位概念，区别于审判权的实体审理，一是坚持有限救济，原则上将“执行程序终结”的时点作为异议提出的最后期限。二是实行形式审查，案外人异议审查一般根据执行标的权利外观表征判断权属的归属。三是审理程序的简化，执行异议和复议的审查，可以实行书面审理，复杂案件可以通知当事人进行听证，然后作出裁决。

4. 利益平衡原则

异议复议制度作为执行救济手段应兼顾效率与公平，确保相关利益人在执行程序中达到合理的优化平衡状态。一是申请执行人与被执行人之间的利益平衡。二是申请执行人与案外人之间的利益平衡。三是当事人、案外人与执行标的受让人之间的利益平衡。

（二）异议复议案件的审理特点

1. 合议制审查

异议复议制度中排除了独任制的适用。根据《异议复议规定》第 11 条第 1 款的规定，人民法院审查执行异议或者复议案件，应当依法组成合议庭。按照《人民法院办理执行案件规范》，异议复议由法官组成合议庭或者法官与人民陪审员共同组成合议庭进行审查。值得注意的是，参照《民事诉讼法》的相关规定人民陪审员仅参与异议案件办理，不适用复议案件。

2. 书面审查为主

执行程序本身要求高效性和及时性，在执行行为异议审查中，执行行为的合法性根据卷宗记载即可查明，案外人异议作为异议之诉的前置程序，根据当事人提交的证据材料审查也满足形式审查的要求。所以，为避免拖延审查，书面审查成为审查执行异议复议案件的主要方式。

3. 一事不再理

根据《异议复议规定》第 15 条的规定："当事人、利害关系人对同一执行行为有多个异议事由，但未在异议审查过程中一并提出，撤回异议或者被裁定驳回异议后，再次就该执行行为提出异议的，人民法院不予受理。案外人撤回异议或者被裁定驳回异议后，再次就同一执行标的提出异议的，人民法院不予受理。"该条规定的目的是有效提高执行效率，防范相关主体恶意提出异议阻滞执行。

（三）执行行为异议的对象

最高人民法院在党某文与裴某文、张某军、鄂尔多斯市益兆典当有限责任公司民间借贷纠纷执行裁定中，对可以提出异议和复议的执行行为及不属于执行异议或者复议案件的受理范围的行为进行了简要总结归纳，[①] 具有很强的指导性和参考性。概言之，对人民法院在执行中作出的行为，当事人、利害关系人可以提出异议并进而申请复议的限于执行法院作出的违反法律和有关司法解释规定的具体执行行为，以及违反执行的期间、顺序等执行机构应当遵守的法定程序的行为。法院上下级之间的监督行为以及内部管理行为不属于执行异议或

---

① 最高人民法院执行裁定书，（2015）执监字第 134 号。

复议案件的受理范围。

1. 可提出异议和复议的执行行为

“执行行为是执行法院在执行过程中作出的能够发生一定法律效果的行为”,[①]《异议复议规定》第7条归纳了三类可以提出异议的执行行为：一是查封、扣押、冻结、拍卖、变卖、以物抵债、暂缓执行、中止执行、终结执行等执行措施违法的；二是违反执行期间、顺序等应当遵守的法定程序的，例如，未经查封、扣押直接处分被执行财产；三是兜底性规定，即法院作出的侵害当事人、利害关系人合法权益的其他行为，“这里的合法权益是指不能排除执行的合法权益，如果主张的是排除执行的实体权益，应当依照第二百二十七条提出案外人异议”[②]。

执行行为一般指积极执行行为，但也不排除特殊情况可以对消极执行行为提出异议，例如，轮候查封债权人要求在先查封法院尽快处置查封财产。[③] 在最高人民法院出台《优先债权执行批复》后，实践中已有当事人对法院依据《优先债权执行批复》作出的移送执行决定提出执行行为异议且法院予以审查的案例。[④] 亦有法官提出，对于符合《优先债权执行批复》关于移送执行的规定但首封法院作出拒绝移送决定的，当事人亦有权提出执行异议。[⑤] 实践中，终结本次执行后申请恢复执行，法院不予处理或拒绝恢复的，当事人认为法院不予恢复执行错误的，亦可以提起执行行为异议。

在（2020）苏执复223号执行案中，关于被执行人提出的判决公告期未满尚未发生法律效力，法院不应受理申请执行人的执行申请，应撤销该执行案的异议，苏州市中级人民法院认为，该异议本质是对执行依据的异议，不属于执

---

① 刘贵祥、范向阳：《〈关于人民法院办理执行异议和复议案件若干问题的规定〉的理解与适用》，载《人民司法》2015年第11期。

② 刘贵祥、范向阳：《〈关于人民法院办理执行异议和复议案件若干问题的规定〉的理解与适用》，载《人民司法》2015年第11期。

③ 参见刘贵祥、范向阳：《〈关于人民法院办理执行异议和复议案件若干问题的规定〉的理解与适用》，载《人民司法》2015年第11期。

④ 参见北京市第三中级人民法院执行裁定书，（2017）京03执异215号；北京市高级人民法院执行裁定书，（2018）京执复15号。

⑤ 参见刘旭峰：《对财产移送执行中的执行行为可提出异议》，载《人民司法（案例）》2018年第26期。

行异议的审查范围，当事人应当通过其他途径主张权利。但江苏省高级人民法院指出，2017 年《民事诉讼法》第 225 条的规定赋予了当事人、利害关系人对违法执行行为提出异议的权利。执行立案作为执行程序的首要环节，对执行立案这一具体的执行行为不服的，理应纳入执行异议的审查范围。执行依据是否发生法律效力关系到权利人是否能申请法院启动强制执行程序。因此，执行法院应当将被执行人提出的执行依据尚未有效送达、没有发生法律效力的异议纳入执行异议审查范围。但需要注意的是，如申请执行人对法院不予受理或驳回执行申请的裁定不服的，应当向上一级人民法院申请复议，① 而非提出执行异议。

除此之外，保全和先予执行裁定的实施也是执行程序的一种，其实施过程中的执行行为理应纳入执行行为异议的范围，《异议复议规定》第 7 条也将保全和先予执行裁定的实施过程中的执行行为列入可以提出执行异议的范畴。

2. 不属于执行异议和复议受理范围的其他行为

对人民法院的内部管理行为和上级人民法院的监督行为，当事人不能提出执行异议。监督行为具体如上级法院依职权对下级法院间产生的执行争议作出的协调处理决定、裁定指定执行、提级执行和针对异议裁定作出的复议裁定、执行监督等，内部管理行为如更换承办人员、延长执行期限等。

在党某文与裴某文、张某军、鄂尔多斯市益兆典当有限责任公司民间借贷纠纷执行裁定中，对于上级法院出具的协调决定书是否可提出执行异议的问题，最高人民法院认为，协调决定书不属于法律及司法解释明确规定的可以申请异议及复议的法律文书类型，其实质是由上级法院按照法律的精神，理顺各争议

---

① 参见最高人民法院执行局：《人民法院办理执行案件规范》，人民法院出版社 2017 年版，第 137 页；《广东省高级人民法院执行局关于执行程序法律适用若干问题的参考意见》（2017 年 5 月）："问题一：对执行申请裁定不予受理，或者执行实施案件立案后，发现不符合受理条件裁定驳回申请后，申请执行人如果不服，应当通过何种程序救济？处理意见：申请执行人申请执行生效法律文书，人民法院裁定不予受理，或者立案后发现不符合受理条件裁定驳回申请的，申请执行人如果不服，可以自裁定书送达之日起十日内向上一级人民法院申请复议。人民法院作出裁定时，应当告知申请执行人申请复议的权利。主要理由：《民事诉讼法》第一百五十四条规定，不予受理和驳回起诉的裁定，可以上诉。参照上述法律规定，对执行申请裁定不予受理，或者立案后发现不符合受理条件裁定驳回申请的，亦应赋予申请执行人法律救济途径。此种救济以直接申请复议为最佳。"

法院之间的执行关系，或对同一执行财产的不同利益进行合理的分配，支持正确的执行，制止错误的不当的执行，是上级法院对下级法院执行工作行使监督、管理职能的体现，其作用的对象是执行法院，而非执行案件当事人，虽然其实质上具有对执行争议进行裁决的性质，可能会对发生争议的案件当事人之间的权利义务关系作出处分，但该种处分落实于执行法院按照协调处理决定而实施的具体执行行为之中。如果当事人、利害关系人认为相关执行法院在依照协调决定后在执行过程中实施的具体执行行为违反法律规定的，则可以提出执行异议进而提出复议。①

以指定执行为例，在广州市粤垦房地产开发有限公司、广东电白二建工程有限公司等与广州市粤垦房地产开发有限公司申请承认与执行法院判决、仲裁裁决案件执行裁定中，最高人民法院指出，指定执行是上一级人民法院出于方便执行、利于执行、防止地方保护主义等目的，结合辖区内工作整体部署而作出的决定，体现了上一级法院对下一级法院的执行监督权。在指定执行中，被指定法院是依据上级法院的指定获得管辖权。而管辖权异议则是在人民法院受理执行申请后，当事人对该法院的管辖权不服提出的异议。因此，当事人对指定执行不服的，不属于管辖权异议的范围，不能依据《执行程序解释》第 3 条的规定提出管辖权异议。

再以执行监督为例，在中国银行股份有限公司济南分行与汇统房地产有限公司、烟台银信投资管理有限公司执行裁定中，最高人民法院认为，执行监督与当事人、利害关系人提出执行异议等执行救济是两个不同的概念，是作为两种不同的纠错机制同时存在的，执行监督不属于执行行为，如果允许当事人、利害关系人对执行监督行为提出异议，将导致程序的循环往复。②

需要注意的是，法院作出的限制出境、罚款和拘留等间接执行措施，虽然是在执行程序中作出的，但本质上也并不属于执行行为，不能对此提出执行行为异议。但由于其行使会对当事人或利害关系人的利益造成影响，故从实际解决问题的角度出发，赋予了当事人申请复议的权利。除此以外，同样不属于执

① 参见最高人民法院执行裁定书，（2015）执监字第 134 号。

② 参见最高人民法院执行裁定书，（2015）执复字第 31 号。

行行为的驳回不予执行公证债权文书申请的裁定，由于公证债权文书的作出未经言词辩论等程序保障，基于司法对公证债权文书严格监督的考虑，允许当事人通过申请复议予以救济。①《异议复议规定》第18条还规定了一类不能提出执行异议的情况，即第三人因书面承诺自愿代被执行人偿还债务而被追加为被执行人后无正当理由反悔提出异议的。

实务操作指引

（一）执行行为异议的审查实务

1. 执行行为异议的立案

《异议复议规定》第2条规定："执行异议符合民事诉讼法第二百二十五条或者第二百二十七条规定条件的，人民法院应当在三日内立案，并在立案后三日内通知异议人和相关当事人。不符合受理条件的，裁定不予受理；立案后发现不符合受理条件的，裁定驳回申请。执行异议申请材料不齐备的，人民法院应当一次性告知异议人在三日内补足，逾期未补足的，不予受理。异议人对不予受理或者驳回申请裁定不服的，可以自裁定送达之日起十日内向上一级人民法院申请复议。上一级人民法院审查后认为符合受理条件的，应当裁定撤销原裁定，指令执行法院立案或者对执行异议进行审查。"实践中，还有些省份的人民法院没有实现异议案件的立案登记制，立案部门要求将异议申请转交执行实施部门，由执行实施部门审查后转交立案，这就使当事人、利害关系人及案外人行使异议权的渠道不畅，有违权利保障这一原则。因此，为保障申请人的权利，《异议复议规定》第3条规定了异议人的救济权利，具体规定为："执行法院收到执行异议后三日内既不立案又不作出不予受理裁定，或者受理后无正当理由超过法定期限不作出异议裁定的，异议人可以向上一级人民法院提出异议。上一级人民法院审查后认为理由成立的，应当指令执行法院在三日内立案或者在十五日内作出异议裁定。"

---

① 参见刘贵祥、范向阳：《〈关于人民法院办理执行异议和复议案件若干问题的规定〉的理解与适用》，载《人民司法》2015年第11期。

2. 执行行为异议的提出时间

《异议复议规定》第6条第1款规定："当事人、利害关系人依照民事诉讼法第二百二十五条规定提出异议的，应当在执行程序终结之前提出，但对终结执行措施提出异议的除外。"《最高人民法院关于对人民法院终结执行行为提出执行异议期限问题的批复》规定："当事人、利害关系人依照民事诉讼法第二百二十五条规定对终结执行行为提出异议的，应当自收到终结执行法律文书之日起六十日内提出；未收到法律文书的，应当自知道或者应当知道人民法院终结执行之日起六十日内提出。批复发布前终结执行的，自批复发布之日起六十日内提出。超出该期限提出执行异议的，人民法院不予受理。"终结执行措施包括执行完毕、终结本次执行程序、终结执行、销案、驳回执行申请，如果当事人对上述终结执行措施有异议的，可以通过执行行为异议程序救济。

3. 执行行为异议的管辖

执行行为异议的管辖一般就是由法院的执行裁判庭或专门的合议庭审查，但执行案件被指定执行、提级执行、委托执行后，当事人、利害关系人对原执行法院的执行行为提出异议的，由提出异议时负责该案件执行的人民法院审查处理；受指定或者受委托的人民法院是原执行法院的下级人民法院的，仍由原执行法院审查处理。

执行异议一般自收到书面异议之日起3日内立案，立案后15日内审查完毕。《民事诉讼法》对执行异议的审查期限做了明确规定，且规定的执行异议审查期限比较短，目的在于提高执行效率，保障当事人或案外人的合法权益，但实践中多数法院很难在15日内作出裁定。

（二）案外人异议的审查实务

1. 案外人异议的提出时间

《民事诉讼法》第234条将案外人提出异议的期间限定为"执行过程中"。但实践中对"执行过程中"存在不同理解。《民事诉讼法解释》第462条规定，案外人应当在争议的"执行标的执行程序终结前"提出。《异议复议规定》第6条第2款在此基础上又区分了"当事人受让该争议标的"与"其他人受让该执行标的"两种情形，"其他人受让该执行标的"适用"执行标的执行程序终结"的截止时间，"当事人受让该争议标的"则放宽至执行程序终结前。2020年12

月15日发布的《北京市法院执行局局长座谈会（第十一次会议）纪要》对这一时间再次细化，执行标的为货币类财产的“执行终结”，是指案款已经发放给申请人；执行标的为非货币类资产，需对该财产予以拍卖、变卖或其他方式变价的，“执行终结”是指拍卖、变卖成交裁定或以物抵债裁定已经送达买受人或承受人。

2. 形式审查为原则，实质审查为例外

如前所述，执行审查权与解决实体争议的审判权不同。此外，案外人异议是提起异议之诉的前置程序，审查期限较短，目的在于保障效率的前提下，解决部分实体争议。《异议复议规定》第25条对于不动产、机动车等特定动产、银行存款、有价证券等都规定了很明确的权利外观判断标准。《异议复议规定》第26~29条，则是赋予案外人异议的审查机构对涉及实体权利的争议行使部分实体审查权。

（三）对滥用异议的反制

随着通知和复函以及相关司法解释的相继颁布，执行救济权得不到保障的情况得到很大改善，同时也出现了大量被执行人和案外人滥用执行救济权妨害执行的情形。虽然“一事不再理”原则使执行行为异议被滥用的现象得到一定程度缓解，但案外人异议被滥用的情形并没有得到很好的规制，根据《异议复议规定》和《民事诉讼法解释》的相关规定，案外人异议及异议之诉期间不得对执行标的进行处分，申请执行人在审查或审理期间如果要求继续执行，需要提供担保，而担保一般要求与异议标的等值，这就给被执行人与案外人恶意串通，通过执行异议妨害执行提供了可乘之机，作为申请执行人，除了选择提供担保继续执行外，还可以尝试以下反制措施：一是可以申请法院加大处罚力度，在执行审查中，一旦法院确信被执行人及案外人拖延时间、转移财产，意图逃避义务的，可以根据《民事诉讼法》采取罚款或司法拘留等强制措施进行惩处，构成刑事犯罪的可以移交公安机关处理。二是提请法院加强司法监督，对案外人与被执行人串通，持有生效法律文书妨碍执行程序的，可以申请执行法院建议作出判决、调解书的其他法院根据审判监督程序撤销有关文书，依职权撤销或不予执行有关仲裁裁决、公证债权文书。三是明确利息起算，如果被执行人或案外人提出异议申请的理由经审查成立，执行中止期间不计入迟延履行利息计算时间。否则，执行中止期间将计入迟延履行期间。[①] 四是另行提起诉讼，要求被执行人、案外人赔偿因此受到的损失。

二、对终结执行行为异议的审查

批复原文

最高人民法院
关于对人民法院终结执行行为提出执行异议期限问题的批复

2016 年 2 月 14 日　法释〔2016〕3 号

湖北省高级人民法院：

你院《关于咸宁市广泰置业有限公司与咸宁市枫丹置业有限公司房地产开发经营合同纠纷案的请示》（鄂高法〔2015〕295 号）收悉。经研究，批复如下：

当事人、利害关系人依照民事诉讼法第二百二十五条规定对终结执行行为提出异议的，应当自收到终结执行法律文书之日起六十日内提出；未收到法律文书的，应当自知道或者应当知道人民法院终结执行之日起六十日内提出。批复发布前终结执行的，自批复发布之日起六十日内提出。超出该期限提出执行异议的，人民法院不予受理。

此复。

出台背景

当事人、利害关系人对终结执行行为有提出异议的权利。《民事诉讼法》第 232 条规定，当事人、利害关系人认为执行行为违反法律规定，可以向负责执行的人民法院提出书面异议。法律全面赋予了当事人、利害关系人对包括终结执

① 参见《北京市高、中级法院执行局（庭）长座谈会（第四次会议）纪要——关于计付延迟履行利息、延迟履行金若干问题的意见》。

行在内的执行行为提出异议的权利。《异议复议规定》第6条第1款规定，当事人、利害关系人依照《民事诉讼法》第232条规定提出异议的，应当在执行程序终结之前提出，但对终结执行措施提出异议的除外。《异议复议规定》进一步规定了当事人、利害关系人对除终结执行以外的执行行为提出异议的截止时间，但是对于终结执行措施有异议的应在程序终结之后多长时间内提出没有明确规定。

实践中，对终结执行行为有异议的，究竟有无提出时间的限定，涉及对当事人、利害关系人程序权利的保障，重要性自不待言。

理解与适用

（一）终结执行的概念及符合终结执行的情形

终结执行是指在执行程序中，已经开始的强制执行因发生某种法定的特殊情况不能继续进行，因而结束执行程序。《民事诉讼法》第264条、《执行立结案意见》第17条、《民事诉讼法解释》第464条、《人民法院办理执行案件规范》第125条都是有关终结执行的规定。《人民法院办理执行案件规范》第125条列明的15种终结执行的情形是对现阶段法律法规进行的全面总结，具体如下。

（1）申请人撤销申请的；（2）当事人双方达成和解协议，申请执行人撤回执行申请的；（3）据以执行的法律文书被撤销的；（4）作为被执行人的公民死亡，无遗产可供执行，又无义务承担人的；（5）追索赡养费、扶养费、抚育费案件的权利人死亡的；（6）作为被执行人的公民因生活困难无力偿还借款，无收入来源，又丧失劳动能力的；（7）被执行人被人民法院裁定宣告破产的；（8）被执行人在破产程序中与全体债权人达成破产和解协议经破产法院确认并已履行完毕的；（9）作为被执行人的企业法人或其他组织被撤销、注销、吊销营业执照或者歇业、终止后既无财产可供执行，又无义务承受人，也没有能够依法追加变更执行主体的；（10）案件被上级人民法院裁定提级执行或者指定由其他法院执行的；（11）按照《最高人民法院关于委托执行若干问题的规定》，办理了委托执行手续，且收到受托法院立案通知书的；（12）特定物的执行中，特定物毁损、灭失，双方当事人对折价赔偿又不能协商一致的；（13）依照《刑法》第53条规定免除缴纳罚金的；（14）行政执行标的灭失的；（15）人民法院认为应当终结执行的其他情形。

法院只有在上述15种情形下才能终结执行，当事人、利害关系人也只有对终结执行有异议的，才能适用批复的规定。

（二）对终结执行有异议必须在限定时间内提出

终结执行行为本身属于执行行为的一种，当事人、利害关系人如果认为终结执行行为违反了法律规定，可以依照《民事诉讼法》第232条规定向负责执行的人民法院提出书面异议，对于提出异议的时间，分三种情形：一是当事人、利害关系人应当自收到终结执行法律文书之日起60日内提出。按照规定，除法律法规规定外，终结执行应当依法制作裁定书，并送达当事人、利害关系人，所以在收到裁定书后，有异议的应在收到法律文书后60日内提出。二是当事人、利害关系人在未收到法律文书时，应当自知道或者应当知道人民法院终结执行之日起60日内提出。这是指在法院没有按照规定送达法律文书时，当事人及利害关系人并不知道法院对案件做了终结执行的结案处理，异议开始的起算点为其自知道或者应当知道人民法院终结执行之日起60日内。三是在本批复发布前终结执行的，自批复发布之日起60日内提出。这对在本批复发布之前已经终结执行的，当事人、利害关系人已经接到法律文书，但是超过了60日的情形的，可以适用该条维护自身权益；另外，虽然当事人及利害关系人没有收到法律文书，但其知道或者应当知道人民法院终结执行之日已经超过60日的，也可以按照该条适用。

实务操作指引

（一）并非所有终结执行情形都作出裁定书

《执行立结案意见》第17条第2款规定，终结执行应当依法制作裁定书，载明终结执行的事由和法律依据，并送达当事人，但是指定执行、提级执行及委托执行不需要制作终结执行裁定书。这是因为提级执行和指定执行，已由上级法院制作了提级执行和指定执行的裁定，执行法院依据上级法院的裁定书将案件移送给相应的法院，提级执行和指定执行裁定书已送达双方当事人，当事人已知道案件的最终处理情况，所以原执行法院依据上级法院的提级执行或指定执行裁定即可报结案件，无须再另行出具裁定书。

《最高人民法院关于委托执行若干问题的规定》第7条规定，受托法院收到委托执行函后，应当在7日内予以立案，并及时将立案通知书通过委托法院送达申请执行人，同时将指定的承办人、联系电话等书面告知委托法院。委托法院收到上述通知书后，应当在7日内书面通知申请执行人案件已经委托执行，并告知申请执行人可以直接与受托法院联系执行相关事宜。因此，在收到受托法院的立案通知书后，委托法院只要将受托法院的立案通知书送达给申请执行人，告知其案件委托执行的情况，即可以根据《最高人民法院关于委托执行若干问题的规定》第2条的规定按照终结执行作结案处理。因此，指定执行、提级执行及委托执行不需要制作终结执行裁定书。

（二）对因指定执行和提级执行而终结执行的执行行为不可以提出执行异议

提级执行和指定执行是以终结执行方式报结案，对于因提级执行和指定执行而终结执行的不可以依照《民事诉讼法》第232条规定提出执行异议，因为并非人民法院在执行中作出的所有行为，当事人和利害关系人均可提出异议。下面两种情形不可以提出执行异议：第一，对于上级法院的监督行为不可以提出执行异议；第二，对于人民法院的内部管理行为不可以提出异议。[①] 指定执行和提级执行属于上级法院对下级法院的监督行为，因此，对于因上述两种情形而终结执行的不能提出异议。

对于委托执行以终结执行方式报结案，是否可以提执行异议，并没有明确的规定，但根据“对终结执行行为提出异议的，应当自收到终结执行法律文书之日起六十日内提出”的说法，因委托执行并不需要制作终结执行裁定书，所以，对于委托执行而终结执行的，不能向委托法院提出执行异议。

（三）三种情形发生竞合时的适用原则

实践中，可能会发生批复提及的三种情形适用的竞合。这种竞合主要是第一种和第三种情形的竞合，第二种和第三种情形的竞合。

---

① 参见江必新、刘贵祥主编，最高人民法院执行局编著：《最高人民法院执行最新司法解释统一理解与适用》，中国法制出版社2016年版，第136页。

对于第一种和第三种情形的竞合，主要发生在本批复刚刚发布实施时的60日内。比如，在本批复发布实施之前，当事人、利害关系人已经收到法律文书的，是适用第一种情形还是第三种情形，从有利于当事人和利害关系人的原则和本意来看，这种情况是适用第三种情形的。

第二种和第三种情形也会发生适用过程中的竞合，比如，在第三种情形下，在本批复发布前已经终结执行的，且过了60日，但是当事人及利害关系人没有收到法律文书的，而且不知道法院终结执行的，应该按照有利于当事人及利害关系人的原则，适用第二种情形。第三种情形的重点应该是指收到了法律文书，或者虽没收到法律文书但在《最高人民法院关于对人民法院终结执行行为提出执行异议期限问题的批复》发布前就知道法院终结执行的，才适用第三种情形。

三、对协助执行通知书异议的审查与处理

答复原文

最高人民法院执行工作办公室关于撤销协助执行通知书的有关法律适用问题的请示的答复

湖北省高级人民法院：

你院鄂高法〔2005〕400号《关于撤销协助执行通知书的有关法律适用问题的请示》收悉。经研究，答复如下：

根据民事诉讼法的有关规定，协助执行通知书是为执行民事裁定书而出具的具体法律手续，应当与民事裁定书同时使用。当协助执行通知书与民事裁定书的内容不一致时，应以裁定书为准。人民法院在执行中如果发现协助执行通知书有错误，应当按照《最高人民法院关于人民法院执行工作若干问题的规定（试行）》第130条规定的精神，及时作出纠正，纠正文书应送达协助执行单位及相关当事人。

此复

出台背景

人民法院扣押、冻结、划拨、变价财产，应当作出裁定，并发出协助执行通知书，有关单位必须办理。据此，执行法院需要对被执行人的财产采取控制性或处分性措施时，需要向协助执行单位或个人送达执行裁定书和协助执行通知书。但是，法律并没有规定执行裁定书和协助执行通知书之间的关系，执行实践中也会出现两者不一致时应以哪个为准的问题。比如，冻结被执行人银行账户时，执行裁定书主文上写明的冻结金额是100万元，发出的协助执行通知书上写明的冻结金额却是10万元，银行应以哪个金额为准？同时，协助执行通知书出现错误时应如何处理，是否和执行裁定书错误时的救济程序一致，是"撤销"还是"纠正"？湖北省高级人民法院就协助执行通知书的有关法律适用问题向上级法院请示，最高人民法院的答复对该问题进行了明确。

理解与适用

（一）协助执行通知书的性质

协助执行，是指负有协助执行义务的有关单位、组织或者个人根据人民的要求，在其职责和权限范围内履行相应的协助执行义务以保证执行措施的实施。人民法院发现、控制被执行人及其可供执行的财产，实现对被执行财产的及时处分都依赖于包括公安机关、工商管理机关、房地产管理部门等国家职能部门，银行、证券公司等金融机构以及其他知晓被执行人及其财产状况、能够协助人民法院执行的单位或者个人协助查询、查封、扣押、冻结、划拨、提取、办理过户登记等。① 所谓协助执行通知书，是被执行人不主动履行生效法律文书确定的债务时，人民法院对被执行人财产负有登记、保管等法定义务的单位或者个人发出的一种协助执行文书，其功能旨在命令协助执行义务人协助人民法院实施查询、冻结或者扣划等工作。

---

① 参见江必新主编：《强制执行法理论与实务》，中国法制出版社2014年版，第402页。

（二）执行裁定书与协助执行通知书的关系

在民事诉讼程序中，人民法院除针对实体争议作出判决外，往往还会就各种程序性事项作出“裁定”“决定”“命令”，这些法律文书[①]在学理上统称为“裁判”。由于“裁判”以书面形式出现，民事判决书、裁定书、决定书等相关文书被称为“裁判文书”。但是，人民法院就程序性事项作出的安排不限于裁定、决定和命令，在《民事诉讼法》及其司法解释中还可看到的“通知”“告知”“公告”“责令”等表述，就属于法院在裁判之外实施的诉讼行为或作出的程序安排[②]，协助执行通知书就属于“通知”中的一种。这些行为或安排一般不被视为“裁判”，但其中有些却带有行使某种程序性职权的性质。

人民法院作出的非裁判文书性质的书面文件，如通知书、告知书等，可与裁判文书一起统称为“法律文书”。不同的法律文书，根据类型不同，适用的方式也不同。有的可以单独使用，如民事判决书、调解书；有的则需搭配使用，如协助执行通知书和民事（执行）裁定书[③]。协助执行通知书不是一种裁判文书，仅为执行民事裁定这一裁判文书而出具的具体法律手续，故裁定书与协助执行通知书之间可谓是一种主从关系。

实际上，协助执行通知书上要求协助执行的内容，只是对执行裁定书主文内容的具体、细化和补充，故协助执行通知书具有从属性，其不能独立使用，而只能与民事裁定书同时使用。因协助执行通知书在内容上具有从属性，当其与裁定书的内容不一致时，应以裁定书内容为准。

（三）协助执行通知书与裁定书结合使用的实践需要

协助执行通知书之所以要与裁定书搭配使用，主要目的是方便执行工作。执行裁定书作为一种正式的裁判文书，有统一规范的格式，而且原则上还要在中国裁判文书网上公开，故不宜手写。但协助执行通知书不是裁判文书，无须上网公开，法院都会自制模板以供使用，该模板一般是空白和制式的，根据工

① “命令”目前只在督促程序中出现，法院依照这种非诉程序发出的支付令就是“命令”。

② 参见王亚新、陈杭平、刘君博：《中国民事诉讼法重点讲义》，高等教育出版社2017年版，第251页。

③ 以前的执行实践中不太注重区分执行裁定书和民事裁定书。根据最高人民法院2016年发布的《人民法院诉讼文书样式》相关内容，两者在使用阶段上有所区别，审判程序中就程序性事项作出的裁定使用民事裁定书，执行程序中就程序性事项作出的裁定使用执行裁定书。

作需要可随时手动填写不同的协助执行内容，盖章即用。

例如，执行裁定书主文可能只是笼统地表述为“冻结被执行人张××银行存款100万元”，甚至写成更概括的“查封、冻结、扣押被执行人张××财产100万元”，至于张××存款在哪家银行以及银行账户是多少，这些冻结所需要的信息可由执行人员根据需要随时填写在制式空白的协助执行通知书上。这样一来，执行人员即可用一份相同的裁定书配合多份根据需要随时变化的协助执行通知书，来实现冻结被执行人财产的目的，从而提高了工作效率。①

（四）协助执行通知书确有错误时的救济程序

协助执行通知书出现的错误，可以分为两种情形：一是协助执行通知书的文字表述上存在错误，如笔误、误算等。二是协助执行通知书的文字表述本身没有问题，但执行行为存在错误。例如，协助单位没有协助义务，或者要求协助执行的事项超出其协助范围或违反法律规定等。此时，协助执行义务人可能会提出执行行为异议，要求撤销协助执行行为。

如果是第一种情形，执行法院可以参照《民事诉讼法》第157条第1款第7项和《民事诉讼法解释》第245条的规定，裁定补正协助执行通知书。② 这种情况纯粹是因执行人员的疏忽而书写错误，故法院作出的这种补正裁定不会对执行当事人实体权利造成任何影响，也不会对协助执行义务人的协助义务产生新的影响，故不属于执行错误。

如果是第二种情形，则属于执行错误的范畴，包括程序上的执行行为错误或实体上的执行标的错误，此时则不属于裁定补正的范围。一般来说，协助执行通知书确有错误指的就是执行错误，而不是文字方面的笔误。前述湖北省高级人民法院请示的关于撤销协助执行通知书的有关法律适用问题，指的就是这种执行错误。根据最高人民法院的答复，执行法院应当适用1998年《执行规定》第130条（现第72条），及时作出“纠正”，并将纠正文书送达协助执行单位及相关当事人。

---

① 目前执行“查控”系统已经可以自动生成执行裁定书和协助执行通知书，并通过“查控”系统直接发送至目标银行。

② 但在实践操作中，执行人员针对个别文字瑕疵，更常见的做法是直接用笔订正，然后在订正处加盖单位校对章，或者是直接更换协助执行通知书。

但是，从现在的法律看来，最高人民法院的答复中的“纠正”，对应的是现行《民事诉讼法》第232条中规定的对执行行为异议的“撤销”。因执行行为异议制度系2007年修改《民事诉讼法》时所创设的，在最高人民法院作出答复时，现行《民事诉讼法》第232条尚不存在，也即当时在法律条文上找不到“撤销”。因此，2005年只能适用1998年《执行规定》第130条（现第72条）的规定精神予以“纠正”，而不是“撤销”。

实务操作指引

（一）违反协助执行义务的法律责任

根据《民事诉讼法》第117条的规定，协助执行单位拒不履行协助义务的，除要继续履行协助义务外，协助单位及其主要负责人或者直接责任人员可能要被罚款、拘留，乃至承担刑事责任。同时，根据《执行规定》第30条的规定，协助单位擅自向被执行人或其他人支付的，人民法院有权责令其限期追回；逾期未追回的，应向申请执行人承担责任。

因被执行人的财产一旦被查封、扣押、冻结，其对该财产的处分权已被限制。协助执行义务人保管财产时，系受人民法院的指定或委托而占有该财产，直接对法院和权利人负有妥善保管的义务，而不是对被执行人负责。协助执行通知书实际上就是法院发出的命令，协助执行人必须服从。如果协助执行义务人擅自转移相关财产，既妨害了法院的执行工作，又侵害了权利人的实体权益，除应当承担妨害执行的责任外，还应向权利人承担实体法上的赔偿责任。

（二）到期债务履行通知书与协助执行通知书的区别

在执行实践中，对于到期债务履行通知书与协助执行通知书应加以区别适用。一是性质不同。根据《执行规定》第45条的规定，前者是指被执行人怠于向第三人主张到期债权，导致申请执行人权益受损，执行法院向第三人发出履行到期债务的通知文书；后者是指被执行人不履行执行债务，执行法院对被执行人财产负有登记、保管等义务的单位或个人发出要求协助实施执行措施的通知文书。二是对象不同。前者发出的对象是对被执行人享有到期债权的第三人，且要求债权明确；后者发出的对象是对被执行人财产负有登记、保管等法定义务的单位或个人。三是法律后果不同。前者送达第三人后，如第三人未在15日内提出异议，法院可对其强制执行，如第三人擅自向被执行人履行，法院可对其罚款、拘留乃至追究刑事责任，如擅自履行造成财产不能追回的，应当承担妨害执行的责任以及实体法上的赔偿责任；后者送达协助执行义务人后，如其违反协助义务，应根据《民事诉讼法》第117条和《执行规定》第30条的规定承担相关责任。

（三）协助执行通知书应当与执行裁定书一并撤销

协助执行通知书的本质，是为了执行民事裁定书这一裁判文书而出具的具体法律手续，其使用时应从属于执行裁定书，故协助执行通知书的存在与撤销也具有从属性。如果执行裁定书被依法撤销，协助执行通知书也就失去了存在的基础，也应当同时予以撤销。实践中，当事人、利害关系人提出执行异议，法院经审查发现异议成立，应依法将协助执行通知书和执行裁定书一并撤销。

第二节 不予执行

一、仲裁司法审查案件的报核

复函、批复、通知原文

（一）最高人民法院关于仲裁协议无效是否可以裁定不予执行的复函

2002年6月20日 〔1999〕执监字第174－1号

广东省高级人民法院：

你院（1999）粤高法执监字第65—2号“关于中国农业银行杭州市延安路支行申请执行杭州市经济合同仲裁委员会杭裁字（1996）第80号裁决书一案”的报告收悉，经研究，答复如下：

申请人中国农业银行浙江省信托投资公司（现为中国农业银行杭州市延安

路支行，以下简称农业银行）与被申请人深圳政华实业公司（以下简称政华公司）、招商银行深圳福田支行（以下简称招商银行）合作投资担保合同纠纷一案，杭州市经济合同仲裁委员会于1996年10月25日作出杭裁字（1996）第80号裁决书裁决：政华公司在裁决生效后十日内归还农业银行借款及利息人民币617万余元，招商银行承担连带偿付责任。在执行该仲裁裁决过程中，被执行人招商银行向深圳市中级人民法院申请不予执行该仲裁裁决。深圳市中级人民法院认为：由于当事人只约定了仲裁地点，未约定仲裁机构，且双方当事人事后又未达成补充协议，故仲裁协议无效，杭州市经济合同仲裁委员会无权对本案进行仲裁。因此，以（1997）深中法执字第10—15号民事裁定书裁定不予执行。

本院认为：本案的仲裁协议只约定仲裁地点而没有约定具体的仲裁机构，应当认定无效，但仲裁协议无效并不等于没有仲裁协议。仲裁协议无效的法律后果是不排除人民法院的管辖权，当事人可以选择由法院管辖而排除仲裁管辖，当事人未向法院起诉而选择仲裁应诉的，应视为当事人对仲裁庭管辖权的认可。招商银行在仲裁裁决前未向人民法院起诉，而参加仲裁应诉，应视为其对仲裁庭关于管辖权争议的裁决的认可。本案仲裁庭在裁决驳回管辖权异议后作出的仲裁裁决，在程序上符合仲裁法和民诉法的规定，没有不予执行的法定理由。执行法院不应再对该仲裁协议的效力进行审查。执行法院也不能将“仲裁协议无效”视为“没有仲裁协议”而裁定不予执行。因此，深圳市中级人民法院裁定不予执行错误，本案仲裁裁决应当恢复执行。

请你院监督执行法院按上述意见办理，在两个月内执结此案并报告。

此复

（二）最高人民法院关于未被续聘的仲裁员在原参加审理的案件裁决书上签名人民法院应当执行该仲裁裁决书的批复

1998年8月31日　法释〔1998〕21号

广东省高级人民法院：

你院（1996）粤高法执函字第5号《关于未被续聘的仲裁员继续参加审理

并作出裁决的案件，人民法院应否立案执行的请示》收悉，经研究，答复如下：

在中国国际经济贸易仲裁委员会深圳分会对深圳东鹏实业有限公司与中国化工建设深圳公司合资经营合同纠纷案件仲裁过程中，陈野被当事人指定为该案的仲裁员时具有合法的仲裁员身份，并参与了开庭审理工作。之后，新的仲裁员名册中没有陈野的名字，说明仲裁机构不再聘任陈野为仲裁员，但这只能约束仲裁机构以后审理的案件，不影响陈野在此前已合法成立的仲裁庭中的案件审理工作。其在该仲裁庭所作的（94）深国仲结字第47号裁决书上签字有效。深圳市中级人民法院应当根据当事人的申请对该仲裁裁决书予以执行。

此复

（三）最高人民法院关于有关仲裁司法审查案件及司法协助案件报备工作的通知

2022年1月12日　法〔2022〕16号

各省、自治区、直辖市高级人民法院，解放军军事法院，新疆维吾尔自治区高级人民法院生产建设兵团分院：

《最高人民法院关于修改〈最高人民法院关于仲裁司法审查案件报核问题的有关规定〉的决定》（法释〔2021〕21号）已于2022年1月1日起施行。2021年12月31日，我院民事审判第四庭通过明传向各高级人民法院涉外商事海事审判业务庭印发了《全国法院涉外商事海事审判工作座谈会会议纪要》法（民四）明传（2021）60号。根据审判工作需要，为及时掌握了解各级人民法院审理相关案件的整体情况，规范案件的审理，现将案件报备工作的要求通知如下。

一、各高级人民法院根据《最高人民法院关于仲裁司法审查案件报核问题的有关规定》第二条第二款审核的案件，应当在作出审核意见之日起十五日内，将答复函及下级人民法院请示报告报至最高人民法院。

二、各中级人民法院或者专门人民法院根据《最高人民法院关于仲裁司法审查案件报核问题的有关规定》第二条第二款向上级人民法院报核的案件，应当在依上级人民法院的审核意见作出裁定后十五日内，将裁定书报至最高人民法院。

三、各中级人民法院或者专门人民法院审结当事人申请承认和执行外国仲裁裁决以及申请认可和执行港澳台仲裁裁决案件的，应当在作出裁定后十五日内，将裁定书报至最高人民法院。

四、各中级人民法院或者专门人民法院审结当事人申请承认和执行外国法院判决以及申请认可和执行港澳台法院判决案件的，应当在作出裁定后十五日内，将裁定书报至最高人民法院。备案材料同时还应包括申请人提交的申请书、外国法院判决及其中文译本或港澳台法院判决。

五、各级人民法院向最高人民法院报送备案材料时应当同时报送纸质版材料及电子版光盘。

本通知的报备材料，由最高人民法院民事审判第四庭综合办公室负责接收。

出台背景

仲裁协议既是仲裁庭取得管辖权的依据，也是仲裁程序启动的前提和基础。《仲裁法》第58条规定，当事人提出证据证明裁决没有仲裁协议的，人民法院应撤销仲裁裁决，《仲裁法解释》第18条规定，仲裁协议被认定无效或被撤销的，视为没有仲裁协议。《民事诉讼法》第244条规定当事人在合同中没有订有仲裁条款或者事后没有达成书面仲裁协议的，人民法院可以裁定不予执行仲裁裁决。最高人民法院在〔1999〕执监字第174－1号复函中认为仲裁协议无效不等于没有仲裁协议，不应裁定不予执行，目前看来，该复函意见存在重大瑕疵。

理解与适用

（一）仲裁协议只约定仲裁地点并不必然无效

《仲裁法》第16条规定仲裁协议对仲裁事项或者仲裁委员会没有约定或者约定不明确的，当事人可以补充协议；达不成补充协议的，仲裁协议无效。仲裁协议只约定仲裁地点而没有约定具体的仲裁机构，依当时法律规定认定无效的结论并无不当。但关于仲裁协议效力的认定，应当强调仲裁协议的可执行性，仲裁协议即使有瑕疵，只要可以执行，就不应当认定为无效。依据《仲裁法解释》第6条的规定，仲裁协议约定由某地的仲裁机构仲裁且该地仅有一个仲裁机构的，该仲裁机构视为约定的仲裁机构。该地有两个以上仲裁机构的，当事人可以协议选择其中的一个仲裁机构申请仲裁；当事人不能就仲裁机构选择达成一致的，仲裁协议无效。如本复函所涉案件的仲裁地点只有一家仲裁机构，则该仲裁协议应为有效。

另外，认为仲裁协议无效并不等于没有仲裁协议的主张也与现行规定不符，根据《仲裁法解释》第18条和《仲裁法》第58条第1款第1项的规定，“没有仲裁协议”是指当事人没有达成仲裁协议。仲裁协议被认定无效或者被撤销的，视为没有仲裁协议。因此，没有仲裁协议应当包括仲裁协议被认定无效的情形。

（二）仲裁协议效力审查权的归属

《仲裁法》第20条及《最高人民法院关于确认仲裁协议效力几个问题的批复》对当事人针对仲裁协议的效力提出异议时，应由法院管辖还是仲裁委管辖进行了规定，但是对当事人在仲裁庭应诉，且仲裁裁决生效后，又对仲裁协议的效力提出异议如何处理没有明确意见。本复函表示，当事人对仲裁协议效力有异议，但是到仲裁庭应诉的，应视为当事人对仲裁庭管辖权的认可，且仲裁庭在裁决驳回管辖权异议后作出仲裁裁决，在程序上符合《仲裁法》和《民事诉讼法》规定。从复函的内容可以解读出四点：一是仲裁庭有权对仲裁协议的效力问题进行审查，进而决定仲裁庭是否享有管辖权；二是仲裁庭在对仲裁协议效力进行审查并作出裁决后，执行法院不能在执行程序中再对该仲裁协议的效力问题进行审查；三是当事人在仲裁审理过程中应诉并参与仲裁庭审活动的，视为当事人对仲裁庭管辖权的认可；四是如当事人认为仲裁协议无效或没有仲裁协议时，可在仲裁裁决作出前向人民法院起诉。应当注意的是，第四点与现行规定不一致，《仲裁法解释》第13条规定，当事人在仲裁庭首次开庭前没有对仲裁协议的效力提出异议，而后向人民法院申请确认仲裁协议无效的，人民法院不予受理。根据现行规定，当事人对仲裁协议效力提出异议的时间点为仲裁庭首次开庭前，而不是复函中表述的仲裁裁决作出前。

（三）法院对不予执行仲裁裁决申请的审查标准

随着《仲裁法》的颁布实施和我国法制发展与国际社会的接轨，人们对仲裁的重视程度在不断提升，仲裁与诉讼的关系也在发生转变，从过去的提倡诉讼对仲裁的监督，转变为以支持仲裁、尊重当事人意思自治为主，逐步弱化诉讼对仲裁的监督，减少撤销仲裁裁决和不予执行仲裁裁决的数量。本复函也体现了上述精神，复函明确指出，在没有不予执行法定理由的情况下，执行法院不应对仲裁协议的效力进行审查，且执行法院也不能将“仲裁协议无效”视为“没有仲裁协议”而裁定不予执行。因此，法院无论是在审理撤销仲裁裁决案件，还是审理不予执行仲裁裁决案件过程中，均要遵守法定主义，严格按照法律规定的事由对仲裁裁决进行审查，不能超越权限否定仲裁裁决的效力。但是，商事仲裁程序的不规范性、裁决结果的不公平性以及救济程序的困境，也引起了实务界的广泛重视，目前，要求法院强化对仲裁程序监督的呼声越来越高。

实务操作指引

（一）法院在审理不予执行仲裁裁决案件中如何审查仲裁协议

《民事诉讼法》明确规定法院在当事人在合同中没有订有仲裁条款或者事后没有达成书面仲裁协议时才可裁定不予执行该仲裁裁决。根据文义解释，执行法院针对仲裁协议或仲裁条款只能审查两种情形，其一，是否没有仲裁条款；其二，事后是否达成书面仲裁协议。因此，仲裁协议是否有效等效力问题不属于执行法院在审查不予执行仲裁裁决案件时的审查范围，就算执行法院能够认定仲裁协议或仲裁条款属于法律规定的无效情形，也不能以此为由裁定不予执行。

（二）当事人对仲裁协议效力提出异议的时点要求

根据《仲裁法》及其司法解释的规定与相关批复精神，当事人对仲裁协议效力有异议的，应当分以下几种情形处理：(1) 在仲裁庭首次开庭前，当事人可以就仲裁协议的效力问题提出异议，一方向仲裁庭提出确认仲裁协议效力主张，另一方请求法院确认的，如果仲裁庭先于法院受理且作出决定的，法院不予受理；如仲裁庭受理申请但未作出决定的，应由法院受理。(2) 当事人在仲裁庭首次开庭后对仲裁协议效力提出异议的，之后不论是向仲裁庭还是向人民法院请求确认协议无效的，均不予受理。(3) 仲裁机构对仲裁协议的效力作出决定后，当事人再向法院申请确认协议效力的，人民法院不予受理；当事人以仲裁协议无效为由请求法院撤销仲裁裁决的，人民法院不予支持。

(三)《仲裁执行规定》实施后仲裁的不予执行发生五大变化

《仲裁执行规定》施行后，仲裁执行发生了很大的变化，就不予执行而言，变化主要体现在以下五个方面：第一，申请人范围扩大。提出不予执行的申请人由过去的被执行人，扩大到案外人。① 第二，不予执行范围扩大，不再仅限于仲裁裁决，对仲裁调解书也可以申请不予执行。② 但应该特别指出的是，当事人请求不予执行仲裁调解书或者根据当事人之间的和解协议、调解协议作出的仲裁裁决书的，人民法院仍是不予支持。③ 第三，对被执行人提出不予执行的时间进行了明确。过去当事人请求不予执行仲裁裁决的，应当在执行终结前向执行法院提出。④ 现在则区分不同的情况进行了时间上的明确。⑤ 对案外人提出不予执行的时间限定为案外人主张的合法权益所涉及的执行标的尚未执行终结，且自知道或者应当知道人民法院对该标的采取执行措施之日起30日内提出。第四，对审查日期进行了明确的规定。人民法院对不予执行仲裁裁决案件的审查，应当在立案之日起2个月内审查完毕并作出裁定；有特殊情况需要延长的，经本院院长批准，可以延长1个月。第五，救济途径有了新的变化。根据不予执行是当事人提出的，还是由案外人提出的，救济途径而有所变化。⑥

(四) 拟认定仲裁协议无效、不予执行或撤销仲裁裁决案件的报核

2017年《最高人民法院关于仲裁司法审查案件报核问题的有关规定》(已修正) 对认定仲裁协议无效、不予执行或撤销仲裁裁决设置了报核制度，根据该规定，法院经审查后认为仲裁协议无效，应不予执行或者撤销仲裁裁决的，应先履行报核手续，在经高级人民法院或最高人民法院审核同意后方可作出裁

---

① 参见《仲裁执行规定》第2条第3款。

② 参见《仲裁执行规定》第2条第3款。

③ 参见《仲裁法解释》第28条、《仲裁执行规定》第17条。

④ 参见《民事诉讼法解释》第479条。

⑤ 参见《仲裁执行规定》第8条。

⑥ 参见《仲裁执行规定》第22条。

定。其中，在涉外涉港澳台的司法审查案件中，拟认定仲裁协议无效，不予执行或撤销我国内地仲裁机构的仲裁裁决、不予认可和执行港澳台仲裁裁决以及不予承认和执行外国仲裁裁决的，应逐级向最高人民法院报核，依最高人民法院的审核意见作出裁定；非涉外涉港澳台仲裁司法审查案件，应当向本辖区高级人民法院报核，并依高级人民法院的审核意见作出裁定。但有两项应当向最高人民法院报核的例外情形，一是仲裁司法审查案件的当事人住所地跨省级行政区域，二是以违背社会公共利益为由不予执行或者撤销我国内地仲裁机构的仲裁裁决。

2021 年最高人民法院对《最高人民法院关于仲裁司法审查案件报核问题的有关规定》进行了修改，对上述报核制度进行了调整。主要变化体现在两方面：一方面是非涉外涉港澳台仲裁司法审查案件应当向最高人民法院报核的两种情形减少了一项，即当事人住所地跨省级行政区域的，不再需要向最高人民法院报核；另一方面是增加了向最高人民法院报备的制度，即由高级人民法院审核的案件，应当在作出审核意见之日起 15 日内向最高人民法院报备。

2022 年 1 月 12 日，《最高人民法院关于有关仲裁司法审查案件及司法协助案件报备工作的通知》对向最高人民法院报备的流程和材料进行了明确规定：高级人民法院应当在作出审核意见后 15 日内将答复函和下级人民法院的请示报告报至最高人民法院，中级人民法院或专门人民法院应当在作出确认仲裁协议无效、不予执行或撤销仲裁裁决的裁定后 15 日内将裁定书报至最高人民法院。报备材料应当同时报送纸质版及电子版光盘。需要注意的是，在之前的实务操作中，非涉外涉港澳台仲裁司法审查案件的报核，由最高人民法院执行局负责接收，涉外涉港澳台的司法审查案件的报核由最高人民法院民事审判第四庭负责接收。根据《最高人民法院关于有关仲裁司法审查案件及司法协助案件报备工作的通知》，现统一由最高人民法院民事审判第四庭综合办公室负责接收。

（五）不予执行仲裁裁决或者仲裁调解书的救济途径

根据最高人民法院的函及相关司法解释，人民法院裁定不予执行仲裁裁决的，当事人可以根据双方达成的书面仲裁协议重新申请仲裁，也可以向人民法院起诉。[1]

根据《仲裁执行规定》第22条第3款的规定，人民法院基于案外人申请裁定不予执行仲裁裁决或者仲裁调解书，当事人不服的，可以自裁定送达之日起10日内向上一级人民法院申请复议；人民法院裁定驳回或者不予受理案外人提出的不予执行仲裁裁决、仲裁调解书申请，案外人不服的，可以自裁定送达之日起10日内向上一级人民法院申请复议。

另外，对于人民法院对仲裁裁决依法裁定不予执行后，当事人对该裁定不服而向执行法院或者上级法院申请再审的，因为没有法律规定对此裁定可以进入再审程序，因此，人民法院对当事人的再审申请应该直接不予受理。[2] 但这并不影响当事人申请对不予执行裁定进行执行监督。

最高人民法院在（2021）最高法执监12号执行裁定中提出，《民事诉讼法》第237条[3]及《民事诉讼法解释》第476条只是规定了当事人对不予执行仲裁裁决的裁定提出执行异议或者复议，人民法院不予受理，但并未禁止人民法院对该类裁定依法启动执行监督程序。虽然当事人不能以对不予执行仲裁裁决的裁定提出执行异议和复议的方式进行救济，但可以重新达成仲裁协议申请仲裁或向法院起诉，不存在当事人救济无门的情况。但毕竟重新达成仲裁协议或向法院起诉增加了当事人的维权成本，如果能够以上级法院监督的方式使错误的不予执行仲裁裁决的裁定得到纠正，仲裁裁决重新获得执行，对当事人来说更加便捷有效。

值得注意的是，在《最高人民法院关于仲裁司法审查案件报核问题的有关规定》修正后，通过上级法院对不予执行仲裁裁决裁定进行监督的可能性降低。该规定第2条第2款规定："各中级人民法院或者专门人民法院办理非涉外涉港

---

① 参见《民事诉讼法解释》第476条、《仲裁执行规定》第22条第2款。

② 《最高人民法院关于当事人因对不予执行仲裁裁决的裁定不服而申请再审人民法院不予受理的批复》（法复〔1996〕8号，该批复已为法释〔2020〕16号决定废止）规定："你院川高法［1995］198号《关于当事人认为人民法院对仲裁裁决作出的不予执行的裁定有错误而申请再审，人民法院应否受理的请示》收悉。经研究，答复如下：依照《中华人民共和国民事诉讼法》第二百一十三条的规定，人民法院对仲裁裁决依法裁定不予执行，当事人不服而申请再审的，没有法律依据，人民法院不予受理。"

③ 现《民事诉讼法》第244条。

澳台仲裁司法审查案件，经审查拟认定仲裁协议无效，不予执行或者撤销我国内地仲裁机构的仲裁裁决，应当向本辖区所属高级人民法院报核；待高级人民法院审核后，方可依高级人民法院的审核意见作出裁定。”第3条规定：“本规定第二条第二款规定的非涉外涉港澳台仲裁司法审查案件，高级人民法院经审查，拟同意中级人民法院或者专门人民法院以违背社会公共利益为由不予执行或者撤销我国内地仲裁机构的仲裁裁决的，应当向最高人民法院报核，待最高人民法院审核后，方可依最高人民法院的审核意见作出裁定。”① 因此，在法院作出的不予执行仲裁裁决的裁定已由高级法院、最高人民法院审核的情况下，当事人申请上级法院对不予执行仲裁裁决的裁定进行监督，重新获得支持的可能性将大大降低。

二、案外人申请不予执行仲裁裁决的条件

复函原文

最高人民法院关于已经查封的财产又被仲裁裁决确权给案外人的情况如何处理问题的复函

〔2007〕执他字第9号

新疆维吾尔自治区高级人民法院：

你院《关于新疆建工集团建设工程有限责任公司与新疆宝亨房地产开发有限公司一案中有关问题的请示》收悉。经研究，现对有关法律问题答复如下：

在人民法院已经查封的财产又被仲裁裁决确权给案外人的情况下，执行法院可以按照民事诉讼法第213条第3款的规定对仲裁裁决进行审查。如果认定

① 2021年12月24日《最高人民法院关于修改〈最高人民法院关于仲裁司法审查案件报核问题的有关规定〉的决定》，将《最高人民法院关于仲裁司法审查案件报核问题的有关规定》第3条中规定的应报最高人民法院审查的“仲裁司法审查案件当事人住所地跨省级行政区域”“以违背社会公共利益为由不予执行或者撤销我国内地仲裁机构的仲裁裁决”两项情形删减为一项。

当事人恶意串通进行仲裁裁决损害其他债权人利益，妨害执行秩序，执行法院应当依法将该裁决视为有违背社会公共利益的情形而裁定不予执行。同时，还应将此种行为视为妨害人民法院执行的行为，依法予以制裁。

出台背景

虚假诉讼行为已经成为司法机关严厉惩治的对象，情节严重的，还应按虚假诉讼罪追究刑事责任。以至于试图获取非法利益并通过法律程序侵害他人权益，规避执行的不法主体从诉讼转向了仲裁，利用仲裁的自治性、私密性和一裁终局的特性，进行虚假仲裁，因仲裁机关和仲裁员审查不严，在收取仲裁费的驱使下，主动识别虚假仲裁的动力不强，导致仲裁裁决、调解书侵害案外人利益的情形时有发生，作为虚假仲裁一方债权人的案外人通常救济无门。一方面，案外人一般无从知晓仲裁案件的存在，即使知晓也会因不是仲裁协议的当事人而无法参与到仲裁程序中，更无法阻却裁决的作出；另一方面，《仲裁法》和《民事诉讼法》规定申请撤销或不予执行仲裁裁决的适格主体限于当事人，第三人撤销之诉的对象限于人民法院作出的判决、裁定和调解书而不包括仲裁裁决，案外人如果对仲裁确权的财产提出案外人异议，也需要该仲裁裁决进入执行程序，否则没有其他救济路径。

被执行人与第三人恶意串通，通过虚构债务申请仲裁并通过裁决书将被执行人名下财产确权给案外人从而达到转移财产或排除执行的目的，是实务中颇为常见的一类规避执行的行为模式。这种借助仲裁裁决将原本可供执行的财产确权给案外人的行为，由于其披上“仲裁裁决”的合法外衣，且被执行人与第三人之间虚构的债务游离于执行法院及申请执行人的视野之外，申请执行人无从窥知真相，执行法院亦无从通过实体审查的方式辨识债务是否真实合法，从而使这种规避执行的行为，较之通过判决、调解的方式将被执行人财产确权给第三人的手法更具隐蔽性与迷惑色彩，危害性极大。因此，新疆维吾尔自治区高级人民法院向最高人民法院请示该类问题的解决办法。

理解与适用

（一）不予执行仲裁裁决的法定事由

《民事诉讼法》第 244 条规定可以申请不予执行仲裁裁决的法定事由有七项，分别为：（1）当事人在合同中没有订有仲裁条款或者事后没有达成书面仲裁协议的；（2）裁决的事项不属于仲裁协议的范围或者仲裁机构无权仲裁的；（3）仲裁庭的组成或者仲裁的程序违反法定程序的；（4）裁决所根据的证据是伪造的；（5）对方当事人向仲裁机构隐瞒了足以影响公正裁决的证据的；（6）仲裁员在仲裁该案时有贪污受贿，徇私舞弊，枉法裁决行为的；（7）人民法院认定执行该裁决违背社会公共利益的，裁定不予执行。

我国涉外仲裁机构作出的裁决，被申请人申请不予执行的法定事由有五项：（1）当事人在合同中没有订有仲裁条款或者事后没有达成书面仲裁协议的；（2）被申请人没有得到指定仲裁员或者进行仲裁程序的通知，或者由于其他不属于被申请人负责的原因未能陈述意见的；（3）仲裁庭的组成或者仲裁的程序与仲裁规则不符的；（4）裁决的事项不属于仲裁协议的范围或者仲裁机构无权仲裁的；（5）人民法院认定执行该裁决违背社会公共利益的，裁定不予执行。

（二）撤销仲裁裁决的法定事由

《仲裁法》第 58 条规定，当事人提出证据证明裁决有下列七种情形之一的，可以向仲裁委员会所在地的中级人民法院申请撤销裁决：（1）没有仲裁协议的；（2）裁决的事项不属于仲裁协议的范围或者仲裁委员会无权仲裁的；（3）仲裁庭的组成或者仲裁的程序违反法定程序的；（4）裁决所根据的证据是伪造的；（5）对方当事人隐瞒了足以影响公正裁决的证据的；（6）仲裁员在仲裁该案时有索贿受贿，徇私舞弊，枉法裁决行为的；（7）人民法院认定该裁决违背社会公共利益的，应当裁定撤销。

（三）〔2007〕执他字第 9 号复函的局限性

该复函提出的解决方法是在《民事诉讼法》对虚假仲裁裁决的案外人缺乏有效救济途径下的无奈之举。应对办法是根据《仲裁法》第 58 条第 2 款、《民事诉讼法》第 244 条第 3 款或第 281 条第 2 款关于“违背社会公共利益”的规定依职权对仲裁裁决进行司法审查，如认为当事人恶意或虚假仲裁作出的仲裁裁决损害第三人合法权益，妨害执行秩序或破坏法律的公平正义，违背了社会公共利益，从而依职权裁定不予执行或者不予认定其效力。实践中，部分法院甚至沿此思路建立了相关机制，先由案外人在执行程序中提出执行异议，经执行局、审委会讨论后，如认为仲裁裁决违反公共利益，依职权启动不予执行仲裁裁决的审查程序。

这种方式能够解决个案现实需求，但也存在致命缺陷。首先，以违反社会公共利益为由，对虚假仲裁裁决和调解书依职权进行审查隐含一个前置性条件，即虚假仲裁一方当事人持该确权裁决书向法院申请强制执行。其次，该复函实质上对社会公共利益进行了不当的扩张解释。最后，复函意见是由法院依职权启动审查程序，并未明确赋予案外人启动救济程序的权利，使案外人救济的条件、程序、效果等存在较大不确定性。

（四）赋予虚假仲裁的案外人申请不予执行的权利

在被执行人与第三人恶意串通，以虚假仲裁方式转移财产损害债权人利益的情形中，由于债权人无法参与到仲裁确权程序中，也无法通过再审或者第三人撤销之诉，撤销被执行人与案外人之间的确权裁决，如此为执行程序中被执行人通过仲裁裁决来损害债权人利益留下了制度缺口。

为了更有效地解决虚假仲裁问题，不少专家提出在第三人撤销之诉制度的基础上创设第三人撤销仲裁裁决之诉制度，但这涉及修改《民事诉讼法》或《仲裁法》，短期内恐难落实，且建构该制度的理论基础亦须进一步夯实。

基于以上考量，《仲裁执行规定》创设案外人申请不予执行仲裁裁决、调解书制度。作为司法解释，它在现有法律框架内尽可能为案外人提供救济路径，既凸显了纾解现实困境的问题导向，又展现出循序渐进完善仲裁制度的改革理性。

实务操作指引

（一）案外人依据另案生效法律文书对执行标的提出异议的审查标准

《异议复议规定》第26条规定："金钱债权执行中，案外人依据执行标的被查封、扣押、冻结前作出的另案生效法律文书提出排除执行异议，人民法院应当按照下列情形，分别处理：（一）该法律文书系就案外人与被执行人之间的权属纠纷以及租赁、借用、保管等不以转移财产权属为目的的合同纠纷，判决、裁决执行标的归属于案外人或者向其返还执行标的且其权利能够排除执行的，应予支持。（二）该法律文书系就案外人与被执行人之间除前项所列合同之外的债权纠纷，判决、裁决执行标的归属于案外人或者向其交付、返还执行标的的，不予支持。（三）该法律文书系案外人受让执行标的的拍卖、变卖成交裁定或者以物抵债裁定且其权利能够排除执行的，应予支持。

金钱债权执行中，案外人依据执行标的被查封、扣押、冻结后作出的另案生效法律文书提出排除执行异议的，人民法院不予支持。

非金钱债权执行中，案外人依据另案生效法律文书提出排除执行异议，该法律文书对执行标的权属作出不同认定的，人民法院应当告知案外人依法申请再审或者通过其他程序解决。”

首先，要区分本案执行的类型是金钱债权的执行还是非金钱债权的执行。其次，在金钱债权的执行中，要根据另案生效法律文书作出的时间是在执行标的被查封之前还是之后区别对待。如果另案生效法律文书作出时间在执行标的被查封之后，无论案外人所持的生效法律文书的基础权利是什么，人民法院都不予支持。如果另案生效法律文书作出时间在执行标的被查封之前，要分情况处理。

（二）案外人申请不予执行的程序要件和实质要件

《仲裁执行规定》赋予了案外人就当事人之间的确权仲裁裁决提出不予执行申请的救济途径，并于第9条和第18条分别规定了程序要件和实质要件。

程序方面，应符合下列条件：(1) 有证据证明仲裁案件当事人恶意申请仲裁或者虚假仲裁，损害其合法权益；(2) 案外人主张的合法权益所涉及的执行标的尚未执行终结；(3) 自知道或者应当知道人民法院对该标的采取执行措施之日起30日内提出。

实务中有以下注意事项：首先，法院在决定是否受理案外人申请时的证据审查应当是初步的、形式的，否则可能导致变相提高案外人异议门槛。其次，提出不予执行的时间点要在执行标的尚未执行终结之前，根据《民事诉讼法》第264条、《民事诉讼法解释》第492条的规定，“执行终结”主要包括申请执行人撤销执行申请，仲裁裁决、仲裁调解书被撤销，以及作为执行标的物的特定物毁损或灭失，且当事人无法对折价赔偿达成一致等情形。最后，准确理解案外人合法权益涉及的执行标的。“案外人的合法权益涉及的执行标的，是指作为执行标的（对象）的法律关系，而非仅指一个标的物。比如，当事人通过虚假仲裁裁决确认了一个虚构债权，在这个仲裁的执行中，损害案外人合法权益的执行标的是这个虚构债权，可能涉及各种执行财产，而非仅指一个执行标的物。”① 其核心在于申请不予执行的案外人是否因虚假仲裁而遭受损失，并不限于必须是对仲裁裁决的具体执行标的物享有权利或利益。

在张某升与天津市恒增房地产开发有限公司（以下简称恒增公司）、徐某庭仲裁调解书一案中，案外人刘某向天津二中院提出不予执行仲裁调解书的申请。② 在刘某是否为申请不予执行本案仲裁裁决的适格主体的问题上，天津市高级人民法院认为，依据《仲裁执行规定》第9条的规定，“案外人主张的合法权益所涉及的执行标的尚未执行终结”是必须满足的程序要件，但刘某主张的合法权益系其与徐某庭、恒增公司因借款纠纷经中国国际经济贸易委员会裁决的一般金钱债权，并未涉及具体的执行标的，不符合案外人申请不予执行仲裁调解书的法定条件。最高人民法院认为，案外人刘某系基于对徐某庭、恒增公司的债权申请不予执行本案仲裁调解书。该债权能否得到清偿与徐某庭、恒增公司的清偿能力相关联。张某升与徐某庭、恒增公司之间虚假仲裁的结果将导致徐某庭、恒增公司清偿能力明显降低，影响刘某债权的实现。刘某的合法债权不应排除于《仲裁执行规定》第9条规定的“合法权益”之外。

实质要件方面，符合下列条件的，人民法院应当支持：（1）案外人系权利或者利益的主体；（2）案外人主张的权利或者利益合法、真实；（3）仲裁案件当事人之间存在虚构法律关系，捏造案件事实的情形；（4）仲裁裁决主文或者仲裁调解书处理当事人民事权利义务的结果部分或者全部错误，损害案外人合法权益。

案外人申请不予执行恶意、虚假仲裁裁决是否符合实质审查标准，这是案外人申请能否得到支持的关键。案外人一般负有证明当事人虚假仲裁损害其合

---

① 刘贵祥等：《〈关于人民法院办理仲裁裁决执行案件若干问题的规定〉的理解与适用》，载《人民司法（应用）》2018年第13期。

② 最高人民法院执行裁定书，（2020）最高法执监10号。

法权益的举证责任。但在实践中，案外人往往无力证明当事人恶意串通。鉴于虚假仲裁和虚假诉讼具有一定相似性，在判断是否构成虚假仲裁时，可以借鉴处理虚假诉讼的相关经验。

（三）案外人申请不予执行的诉讼策略

案外人申请不予执行时，最为关注的是执行标的是否已执行完毕，能否执行回转等问题。对此，可以从中止执行、财产保全、执行回转等方面作出制度设计。根据《仲裁执行规定》第7条第1款的规定，案外人在提供适当担保的前提下，可以申请中止执行仲裁裁决或仲裁调解书，法院应当裁定中止执行，停止处分性措施。

根据《仲裁执行规定》第21条第3款的规定，人民法院基于案外人申请裁定不予执行仲裁裁决或者仲裁调解书，案外人申请执行回转或者解除强制执行措施的，人民法院应当支持。

三、公证债权文书不予执行申请的审查

解释、规定、函复原文

（一）最高人民法院
关于适用《中华人民共和国民事诉讼法》的解释（节选）

2022年1月1日　法释〔2020〕20号

第四百八十条　有下列情形之一的，可以认定为民事诉讼法第二百三十八条第二款规定的公证债权文书确有错误：

（一）公证债权文书属于不得赋予强制执行效力的债权文书的；

（二）被执行人一方未亲自或者未委托代理人到场公证等严重违反法律规定的公证程序的；

（三）公证债权文书的内容与事实不符或者违反法律强制性规定的；

（四）公证债权文书未载明被执行人不履行义务或者不完全履行义务时同意

接受强制执行的。

人民法院认定执行该公证债权文书违背社会公共利益的，裁定不予执行。

公证债权文书被裁定不予执行后，当事人、公证事项的利害关系人可以就债权争议提起诉讼。

第四百八十一条　当事人请求不予执行仲裁裁决或者公证债权文书的，应当在执行终结前向执行法院提出。

（二）最高人民法院关于公证债权文书执行若干问题的规定（节选）

2018 年 10 月 1 日　法释〔2018〕18 号

第五条　债权人申请执行公证债权文书，有下列情形之一的，人民法院应当裁定不予受理；已经受理的，裁定驳回执行申请：

（一）债权文书属于不得经公证赋予强制执行效力的文书；

（二）公证债权文书未载明债务人接受强制执行的承诺；

（三）公证证词载明的权利义务主体或者给付内容不明确；

（四）债权人未提交执行证书；

（五）其他不符合受理条件的情形。

第七条　债权人对不予受理、驳回执行申请裁定不服的，可以自裁定送达之日起十日内向上一级人民法院申请复议。

申请复议期满未申请复议，或者复议申请被驳回的，当事人可以就公证债权文书涉及的民事权利义务争议向人民法院提起诉讼。

第十二条　有下列情形之一的，被执行人可以依照民事诉讼法第二百三十八条第二款规定申请不予执行公证债权文书：

（一）被执行人未到场且未委托代理人到场办理公证的；

（二）无民事行为能力人或者限制民事行为能力人没有监护人代为办理公证的；

（三）公证员为本人、近亲属办理公证，或者办理与本人、近亲属有利害关系的公证的；

（四）公证员办理该项公证有贪污受贿、徇私舞弊行为，已经由生效刑事法律文书等确认的；

（五）其他严重违反法定公证程序的情形。

被执行人以公证债权文书的内容与事实不符或者违反法律强制性规定等实体事由申请不予执行的，人民法院应当告知其依照本规定第二十二条第一款规定提起诉讼。

第十三条 被执行人申请不予执行公证债权文书，应当在执行通知书送达之日起十五日内向执行法院提出书面申请，并提交相关证据材料；有本规定第十二条第一款第三项、第四项规定情形且执行程序尚未终结的，应当自知道或者应当知道有关事实之日起十五日内提出。

公证债权文书执行案件被指定执行、提级执行、委托执行后，被执行人申请不予执行的，由提出申请时负责该案件执行的人民法院审查。

第十四条 被执行人认为公证债权文书存在本规定第十二条第一款规定的多个不予执行事由的，应当在不予执行案件审查期间一并提出。

不予执行申请被裁定驳回后，同一被执行人再次提出申请的，人民法院不予受理。但有证据证明不予执行事由在不予执行申请被裁定驳回后知道的，可以在执行程序终结前提出。

第十五条 人民法院审查不予执行公证债权文书案件，案情复杂、争议较大的，应当进行听证。必要时可以向公证机构调阅公证案卷，要求公证机构作出书面说明，或者通知公证员到庭说明情况。

第十六条 人民法院审查不予执行公证债权文书案件，应当在受理之日起六十日内审查完毕并作出裁定；有特殊情况需要延长的，经本院院长批准，可以延长三十日。

第十七条 人民法院审查不予执行公证债权文书案件期间，不停止执行。

被执行人提供充分、有效的担保，请求停止相应处分措施的，人民法院可以准许；申请执行人提供充分、有效的担保，请求继续执行的，应当继续执行。

第十八条 被执行人依照本规定第十二条第一款规定申请不予执行，人民法院经审查认为理由成立的，裁定不予执行；理由不成立的，裁定驳回不予执行申请。

公证债权文书部分内容具有本规定第十二条第一款规定情形的，人民法院应当裁定对该部分不予执行；应当不予执行部分与其他部分不可分的，裁定对该公证债权文书不予执行。

第十九条 人民法院认定执行公证债权文书违背公序良俗的，裁定不予执行。

（三）最高人民法院执行工作办公室
关于不合法的“强制执行公证书”不能作为执行依据问题的函

1996年12月10日 法经〔1996〕427号

辽宁省高级人民法院：

近日，沈阳飞行船广告有限公司就沈阳市和平区法院执行沈阳市公证处［1996］沈证执字第023号“强制执行公证书”一案，向我院申诉称：沈阳市和平区法院据以执行的公证债权文书是在原合同未经公证，后又由沈阳国际投资公司单方申请，未经对方同意的情况下，由沈阳市公证处作出的。该公证文书于法相悖。而且，本公司也没有义务替海外电脑公司清偿债务。沈阳市和平区法院以错误的公证文书为依据扣划本公司款项的执行行为是错误的，应予纠正。

我们认为，本案涉及的这一份公证文书不属于民诉法第二百一十八条中所称的“赋予强制执行效力的债权文书”，也不符合《公证程序规则（试行）》第三十五条的规定，不能作为执行依据。沈阳飞行船广告有限公司申诉有理，应予支持。现将其申诉材料转去，请你院依法妥善处理，并将处理结果函报我院。

出台背景

作为执行依据，被赋予强制执行力的公证债权文书与生效的法院裁判具有同等执行效力，因此，公证不再是单纯的证明活动，而是具有准司法性质的行为，这对公证员提出更高的要求，必须保持绝对中立，严格遵守法律规范。然而实际情况不容乐观，公证员的素质和能力良莠不齐，有的缺乏责任心，对公证书把关不严；有的职业道德不强，在利益驱使下迎合满足当事人的不合理要求。一旦此类公证债权文书被强制执行，势必会对被执行人、利害关系人的合法权益及社会公共利益造成侵害。基于此，最高人民法院在《最高人民法院执行工作办公室关于不合法的“强制执行公证书”不能作为执行依据问题的复函》中表明，不合法的“强制执行公证书”不能作为执行依据，与《民事诉讼法》第245条所规定的确有错误的公证债权文书不予执行一脉相承。

理解与适用

《民事诉讼法》第245条只是概括性地宣示“公证债权文书确有错误的，人民法院裁定不予执行”，但未进一步明确公证债权文书“确有错误”的类型或判断方法，从债权文书是否经过公证证明，债权文书是否以给付一定货币、物品或有价证券为内容，债权文书中是否载明债务人不履行义务时应受强制执行的意思表示三个方面判断强制执行公证书是否存在不合法情形，从而认定能否作为执行依据。公证债权文书“不合法”与“确有错误”，内涵有异，前者属于后者的情形之一，但后者不仅限于前者。

《民事诉讼法解释》第478条规定了认定公证债权文书确实错误的若干种情形，构成公证债权文书不予执行的错误类型，包括程序错误、实体错误以及违背社会公共利益三大类。[①]《公证执行规定》改变了过去不予执行审查“一刀切”的粗放式做法，对《民事诉讼法解释》第478条中因公证债权文书确有错误而不予执行的五项事由进行细化，分别对程序问题和实体问题设置了不同救济途径。

在对应关系上，《民事诉讼法解释》第478条中第1款第1项（不属于赋予强制执行效力范围）、第2项（未亲自到场或未委托代理人到场公证）、第3项（内容与事实不符或者违反法律强制性规定）、第4项（缺乏执行承诺），第2款

---

① 参见赵晋山、葛洪涛、乔宇：《民事诉讼法执行程序司法解释若干问题的理解与适用》，载《人民司法（应用）》2016年第16期。

（违背公共利益），分别被细化分配在了《公证执行规定》第 5 条第 1 项、第 12 条第 1 款第 1 项和第 2 项、第 12 条第 2 款和第 22 条第 1 款、第 5 条第 2 项、第 19 条。其中，内容与事实不符、违背公共利益属于实体争议，其余的均属于程序争议。

（一）公证债权文书的不予受理和救济途径

《公证执行规定》第 5 条规定了公证债权文书不予受理的五种情形。在《民事诉讼法解释》第 480 条列明的公证债权文书因确有错误而不予执行的五种事由的情况下，新增了“不予受理”“驳回执行申请”的裁定类型。[①] 在此之前，除《异议复议规定》第 22 条第 1 款规定的不予受理情形外，法院对于债权人提交的公证债权文书执行申请，不能不予受理，必须先受理再审查。对于不符合强制执行基本条件的申请，不是直接“挡在门外”，而是“先收进来，再分类处理”，这显然有悖程序法基本原则，造成执行资源的浪费。

1. 公证债权文书属于不得赋予强制执行效力的债权文书

《联合通知》第 1 条规定了公证机关赋予强制执行效力的债权文书应当满足的三个条件，同时第 2 条又规定了公证机关赋予强制执行效力的债权文书范围，并列举了十余种合同类型。实践中常有当事人提出，公证债权文书系某类合同，未在第 2 条列明的范围内，应属不得赋予强制执行效力的债权文书。其实不然，《联合通知》第 2 条第 1 项至第 5 项为列举性规定，第 6 项属兜底条款，即使债权文书非属前五项列明的合同类型，但只要满足第 1 条所规定的三个条件，即可赋予其强制执行效力。

2. 公证债权文书未载明债务人接受强制执行的承诺

在强制执行公证中，被执行人只有作出同意接受强制执行的意思表示，自愿放弃诉讼权利，才能获得法律认可，这是出于保护债务人的考虑。如果经公证的债权文书有多个债务人，其中部分债务人以其未作出愿意接受依法强制执行的承诺为由申请不予执行，人民法院经审查查明属实的，对债权文书中涉及该债务人的部分裁定不予执行。应当不予执行的部分与其他部分不可分的，裁

① 其实，不予受理裁定和驳回执行申请裁定并无区别，本质上都是不符合受理条件，只不过作出的时间不一样，前者是立案审查时即发现，后者是立案后才发现。

定不予执行整个公证债权文书。

3. 公证证词载明的权利义务主体或者给付内容不明确

要求公证证词载明的权利义务主体及给付内容明确，目的在于保障债务人、担保人仅通过公证书即可知晓其应当履行的义务。

4. 债权人未提交执行证书

提交执行证书的要求来自《公证执行规定》第3条，主要目的是确保公证机关在强制执行前对债务人的债务履行情况给予前置审查，确保强制执行的正确性。

《公证执行规定》第7条规定了对公证债权文书不予受理或驳回执行申请裁定的救济途径：自裁定送达之日起10日内向上一级人民法院申请复议。向上级法院的执行审查部门申请复议属于法院系统内部的监督程序，是上级法院对下级法院违反法定程序的执行行为进行的矫正和纵向监督。同时，为防止法院变相侵犯债权人申请执行的权利，该条第2款进一步明确了债权人的选择权：一是在复议期间申请复议，或者在复议申请被驳回后，就公证债权文书涉及的民事权利义务争议向人民法院提起诉讼；二是不选择复议，直接在复议期间届满后就公证债权文书涉及的民事权利义务争议向人民法院提起诉讼。

（二）公证债权文书执行程序中的不予执行审查及救济途径

在通过了审查受理公证债权文书执行申请后，还需再对公证债权文书是否存在错误进行审查，如果确有错误的，应裁定不予执行。《民事诉讼法解释》第478条列举的不予执行的几种情形中，既包括内容与事实不符或者违反法律强制性规定、违背社会公共利益等实体争议，也包括被执行人未到场且未委托代理人到场办理公证等违反公证程序的情形。《公证执行规定》采取了依职权审查与依当事人申请审查两种路径。人民法院仅对公证债权文书是否违背社会公共利益依职权进行审查，其他实体或者程序争议一般依当事人或利害关系人的申请进行审查。

1. 申请不予执行公证债权文书的情形

《公证执行规定》第12条重申并细化拓展了《民事诉讼法解释》第478条第1款第2项“被执行人一方未亲自或者未委托代理人到场公证等严重违反法律规定的公证程序的”中的严重违反公证程序规定的情形，共列举了五项：（1）被执行人未到场且未委托代理人到场办理公证的；（2）无民事行为能力人或者限制民事行为能力人没有监护人代为办理公证的；（3）公证员为本人、近亲属办理公证，或者办理与本人、近亲属有利害关系的公证的；（4）公证员办理该项公证有贪污受贿、徇私舞弊行为，已经由生效刑事法律文书等确认的；（5）其他严重违反法定公证程序的情形。

实践中，下列情形会被认定为严重违反法律规定的公证程序：第一，公证机关签发执行证书前未对债权债务履行情况进行核实，或者核实程序或方式严重违反法律规定或当事人约定的；第二，未经双方当事人同意，执行证书载明的给付标的种类、品质与公证书载明的给付标的种类、品质不同的；第三，公证机关或公证员没有相应的法定资质的。

2. 申请不予执行的期限

根据《公证执行规定》第 13 条第 1 款的规定，被执行人申请不予执行公证债权文书，应当在执行通知书送达之日起 15 日内向执行法院提出书面申请，并提交相关证据材料；如果是基于公证员存在第 12 条第 1 项至第 4 项情形申请不予执行的，应当自知道或者应当知道之日起 15 日内提出。

3. 裁定不予执行后的救济途径

根据《公证执行规定》第 20 条第 1 款的规定，对于被执行人的不予执行"赋强公证债权文书"申请，法院经审查认为理由成立的，裁定不予执行。公证债权文书被裁定不予执行的，当事人可以就该公证债权文书涉及的民事权利义务争议向人民法院提起诉讼[①]（公证债权文书被裁定部分不予执行的，可以就该部分争议提起诉讼）。特别需注意的是，当事人如果对不予执行裁定提出执行异议或者申请复议，人民法院不予受理。这是因为公证债权文书被裁定不予执行后，当事人之间仍处于未决状态的实体权利义务关系应通过诉讼解决，而执行异议或者申请复议并不具有承载解决实体权利义务关系的功能。

4. 裁定驳回不予执行申请的救济途径

根据《公证执行规定》第 21 条（该条沿用了《异议复议规定》第 10 条）

---

① 这是因为不予执行裁定虽然去除了公证债权文书的执行力，但并不具有最终认定实体权利义务关系的功能，裁定不予执行后，仍应赋予当事人通过诉讼解决实体争议的权利。

的规定，当事人对驳回不予执行申请的裁定不服的，可以自裁定送达之日起10日内向上一级人民法院申请复议。上一级人民法院应当自收到复议申请之日起30日内审查。经审查，理由成立的，裁定撤销原裁定，不予执行该公证债权文书；理由不成立的，裁定驳回复议申请。复议期间，不停止执行。

实务操作指引

2000年以来，关于赋强公证债权文书的规范性文件相继出台，如《联合通知》《公证程序规则》《公证协会指导意见》《最高人民法院关于建立健全诉讼与非诉讼相衔接的矛盾纠纷解决机制的若干意见》《民事诉讼法解释》《异议复议规定》《最高人民法院关于人民法院进一步深化多元化纠纷解决机制改革的意见》等，对公证债权文书执行中的重点、难点问题进行了有效回应。《公证执行规定》自2018年10月1日起施行后，强制执行公证在执行案件中的比重逐年增加，一些指导性案例的出台，也填补了法律的空白，为司法实践提供了宝贵的借鉴。

（一）公证债权文书的审查

公证债权文书确有错误是不予执行的条件，故法院受理申请后，首先应将公证债权文书本身作为重点审查对象，审查其是否存在确实错误的情形，此外，实践中，如果公证债权文书据以形成的基础法律关系以及执行证书确有错误，法院是否有必要审查，是否可裁定不予执行的问题也值得思考。

最高人民法院（2011）执复字第2号民事裁定书写道：人民法院在执行程序中，因被执行人提出不予执行抗辩的，应当对公证债权文书的内容是否确有错误进行审查，该审查应当包括公证债权文书的程序和实体问题。除非涉及明显违背当事人真实意愿以及损害社会公共利益或第三人利益的问题，执行程序中将实体审查的对象限定于被赋予强制执行效力的债权文书本身，是适当的。可见，法院对不予执行公证债权文书的审查，原则上不包括形成公证债权文书的基础法律关系。究其原因，在于公证机关赋予债权文书以强制执行效力的条件之一，就是"债权债务关系明确，债权人和债务人对债权文书有关给付内容无疑义"，故公证机关签发公证债权文书时，当事人已达成一致意见，即使之前对债权债务有争议，也因公证时作出“无疑义”的意思表示，而被视为让步和妥协，不得反悔。

如果公证债权文书无误，但执行证书有误，法院有权对公证机关出具的执行证书进行审查，并可以根据当事人提出的异议，依据事实和法律对执行证书的内容进行变更，并对变更后的给付内容予以执行。①

（二）不予执行公证债权文书的审查程序

不予执行公证债权文书原则上依被执行人申请启动，且应当在执行终结前向法院提出。如果在执行程序中，法院经审查认为执行公证债权文书违背社会公共利益的，可依职权裁定不予执行。被执行人提出不予执行申请时，应在申请书中写明不予执行的理由，并附申请人身份、主体资格证明、相关证据材料等。执行部门应当自收到书面申请之日起60日内，最长不超过3个月内作出裁定，审查不予执行案件，一般应以公开听证的方式进行审查，但案情简单、事实清楚，没有必要听证的，可以采取书面审查的方式。需要注意，在听证日，不予执行申请人经通知不来的，视为其放弃申请，按照撤回申请处理。其他当事人拒不到庭的，不影响法院审查。经审查，不予执行理由成立的，裁定不予执行；理由不成立的，裁定驳回。对不予执行裁定不服的，当事人只能就债权争议提起诉讼，对驳回不予执行申请裁定不服的，可向上级法院申请复议。

---

① 参见仲相、司艳丽：《驳回申请不予执行公证债权文书裁定的救济方式与审查范围》，载《人民司法》2013年第8期。

第三节 执 行 回 转

一、执行回转实务研究

复函原文

（一）最高人民法院执行工作办公室关于再审判决作出后如何处理原执行裁定的答复函

2006年3月13日 〔2005〕执他字第25号

辽宁省高级人民法院：

你院《关于本溪钢铁（集团）有限责任公司申请执行无锡梁溪冷轧薄板有限公司一案的疑难请示报告》收悉。经研究，答复如下：

一、关于再审判决生效后，本溪市中级人民法院已给付裁定的抵债标的额在没有超出再审判决所确认标的额的情况下，是否需要依据再审判决重新进行评估的问题。本院认为，执行裁定发生法律效力后，并不因据以执行的法律文书的撤销而撤销。如果新的执行依据改变了原执行内容，需要执行回转的，则人民法院作出执行回转的裁定；如已执行的标的额没有超出新的执行依据所确定的标的额，则人民法院应继续执行。本案中，本溪市中级人民法院已给付裁定的抵债标的额没有超出再审判决所确认的标的额，因此，是否需要重新评估，关键看执行程序是否合法。如果执行程序合法，则维持原执行裁定的效力，继续执行，否则应予纠正，重新评估。

二、关于被执行人无锡梁溪冷轧薄板有限公司（以下简称梁溪公司）的投资权益未经当事人同意直接抵债是否合法的问题。

本院认为，本案不存在以物抵债的问题。韩国联合钢铁工业株式会社（以下简称韩方）只是作为合资他方，收购了被执行人梁溪公司的股权，其并不是债权人。本溪市中级人民法院处理梁溪公司在无锡长江薄板有限公司、无锡太平洋镀锌板有限公司各占有的25%股份时，考虑到韩方在两公司分别占有75%的股份，根据最高人民法院《关于人民法院执行工作若干问题的规定（试行）》第五十四条第二款以及第五十五条第二款的规定，同意韩方以评估价格收购上述股权，由于当时的法律和司法解释，均未明确在拍卖过程中保护优先收购权，因此本溪市中级人民法院未经拍卖，在韩方同意收购梁溪公司股权的情况下，直接以评估价格将上述股权转给韩方并不违法。

此外，请你院对中国航天科工集团公司，被执行人梁溪公司反映的评估报告中存在的问题，尤其是对评估程序、评估方法及评估价格过低的问题认真进行核查。如反映属实，可考虑重新评估拍卖，同时依据最高人民法院《关于人民法院民事执行拍卖、变卖财产的规定》第十四条、第十六条的规定保护韩方作为合资他方的优先购买权。

（二）最高人民法院关于不能恢复对涉案房地产的占有时能否折价抵偿问题的复函

2013年8月8日　〔2013〕执监字第37号

甘肃省高级人民法院：

你院〔2012〕甘执复字第07号《关于祁某某申请执行回转中国农业银行张掖市分行一案的请示报告》收悉。现就有关问题答复如下：

一、关于应否适用执行回转程序

依照本院《关于人民法院执行工作若干问题的规定（试行）》第109条规定，适用执行回转程序的条件为：一是原执行依据中关于给付内容的主文被依法撤销或者变更，二是原执行依据确定的给付内容执行完毕。从你院报告情况看，本院再审判决撤销了原执行依据你院〔2007〕甘民一终字第268号民事判决的全部主文，即原执行依据主文第二项关于祁某某向中国农业银行张掖市分行（以下简称张掖农行）返还财产的给付内容也被撤销。同时，再审判决仍然认定祁某某与张掖农行之间的《抵债资产处置合同》为有效合同，而依据合同，将涉案房地产交付祁某某占有是张掖农行的义务之一。因此，张掖市中级人民法院（以下简称张掖中院）应当裁定执行回转。至于实际上能否回转，则是另外一个问题。

二、关于执行回转的内容

执行回转的实质是将原执行的结果恢复到执行前的状态，因此，执行回转的内容应当根据原执行的内容进行判断。就本案而言，祁某某丧失涉案房地产所有权并非法院的执行所造成的，而是在进入强制执行程序前，由于相关行政机关的行政行为所致，所以，执行回转不是恢复祁某某对涉案房产所有权。同样，祁某某一直没有取得涉案土地使用权，也不存在恢复其土地使用权的问题。但是祁某某基于与张掖农行之间的合同合法占有涉案房产，而张掖中院在执行程序中剥夺了其占有，因此，执行回转的内容应该是恢复其对涉案房地产的占有。

三、关于不能恢复对涉案房地产的占有时能否折价抵偿

依照本院《关于人民法院执行工作若干问题的规定（试行）》第110条的规定，当特定物无法执行回转时，适用“折价抵偿”程序的前提，是执行回转的申请人已经取得特定物的所有权或者相关财产权利，且该物或者财产权利的价值在执行程序中能够确定。如果需要回转的内容不能以货币折算对价，则只能寻求其他程序解决。本案中，由于在张掖中院执行之前，相关行政机关已经撤销了祁某某对涉案房产的所有权登记，也由于其一直没有取得涉案土地使用权，从而使其对涉案房地产的占有处于对物支配的事实状态，而占有的事实状态无法折算为具体的财产对价，因此，不能使用折价抵偿程序。本案如果无法恢复占有，应当终结执行回转程序。同时，此案中申请执行人的合法权益应当得到保护和救济，请你院监督张掖中院务必做好该案的审、执协调配合工作，向祁某某释明其享有另行提起民事诉讼和行政诉讼要求赔偿的权利。如祁某某另案提起诉讼，应当做到及时立案、审理和执行，避免久拖不决。另将张掖农行的申诉材料一并转你院依法妥处。

出台背景

本溪钢铁（集团）有限责任公司（以下简称本钢集团）诉无锡梁溪冷轧薄

板有限公司（以下简称梁溪公司）欠款纠纷一案，本溪市中级人民法院于1997年10月31日作出（1997）本经初字第221号民事调解书，确认梁溪公司欠本钢集团货款103, 565, 052. 22元，于1999年12月31日前全部还清。

案件进入执行程序前，被执行人梁溪公司还款1074. 8万余元。申请执行人本钢集团于2000年4月3日申请执行。本溪市中级人民法院在执行过程中查明，被执行人梁溪公司以其资产与韩国联合钢铁工业株式会社（以下简称韩方）组成新的合资企业——无锡长江薄板有限公司、无锡太平洋镀锌板有限公司。被执行人梁溪公司在上述两公司中分别占有25%的股份，韩方分别占有75%的股份。

2002年11月27日，本溪市中级人民法院在无锡市工商管理局冻结了被执行人梁溪公司在两合资企业中各占有的25%股权。2003年1月，本溪市中级人民法院经抽签选取了评估机构，依法对被执行人在合资企业中各占有的25%股权进行了评估，并对被执行人梁溪公司就评估报告提出的异议召开听证会，评估机构对被执行人梁溪公司的异议进行了解答。

2003年12月4日，韩方按评估价格5700万元收购了被执行人梁溪公司在两合资企业25%的股权，并将收购款汇入本溪市中级人民法院账户。本溪市中级人民法院于2003年12月9日下达了股权处置的执行裁定书，将被执行人梁溪公司在两合资企业的股权裁定给韩方。同年12月17日，该院向申请执行人和被执行人送达了裁定书，并向协助机关无锡市惠山区外贸局下达变更股权的协助执行通知书。

2005年1月11日，本溪市中级人民法院作出（2004）本民再初字第8号民事判决书，被执行人梁溪公司不服提出上诉，辽宁省高级人民法院于2005年9月12日下达了再审民事判决书。内容为：（1）撤销本溪市中级人民法院（2004）本民再初字第8号民事判决书。（2）上诉人梁溪公司给付被上诉人本钢集团货款6100余万元及相应的利息。

2005年9月22日，本溪市中级人民法院再次下达协助执行通知书，继续办理收购股权的变更手续。被执行人梁溪公司向辽宁省高级人民法院提出异议。同年10月12日，辽宁省高级人民法院要求暂缓办理股权过户手续，并对被执行人梁溪公司提出的异议理由进行审查。辽宁省高级人民法院就再审判决生效后，本溪市中级人民法院已给付裁定的抵债标的额有没有超出再审判决所确认标的额的情况下，是否需要依据再审判决重新进行评估的问题向最高人民法院进行请示。

理解与适用

（一）执行回转制度概述

执行回转，是指在部分执行或者全部执行完毕后，因据以执行的法律文书被撤销或者变更，人民法院依新的生效法律文书，将原债权人因执行所得的利益强制执行给原债务人，以恢复到执行开始前状态的一种法律制度。[①]

执行回转制度被认为是极具中国特色的执行制度，[②] 在其他国家和地区鲜有类似规定。从法系意识考察，我国的执行回转制度是对苏联法律的移植及本土化。民事执行回转是苏联民事诉讼特有的诉讼制度，1964 年《苏俄民事诉讼法典》在第 430～432 条对其予以规定。民事执行回转的实体法基础是不当得利之债，因此其本质等同于以实体民事权利义务争议为内容的普通民事诉讼案件。[③] 在处分主义支配的德国、日本以及我国台湾地区的民事诉讼中，如果执行依据因法定原因丧失效力，执行机关不能根据新的生效法律文书直接作出裁定执行回转，必须由原债务人通过不当得利之诉或其他途径取得新的执行依据后，再向执行机关申请执行。[④] 但在实行国家干预原则职权主义诉讼体制的苏联，采取的是依职权启动和合并这两项程序的原则，即受理案件进行重新审判的法院必须主动审理执行的回转问题，并在结束案件的新判决或裁定中解决这一问题。如果重新审判案件的法院没有解决已撤销判决的执行回转问题，则被告人有权

① 参见江必新主编：《强制执行法理论与实务》，中国法制出版社 2014 年版，第 467 页。

② 参见邱强：《“执行回转”制度的检视与完善》，载《人民法院报》2019 年 11 月 20 日，第 7 版。

③ 参见陈刚：《民事执行回转制度的法系意识考察及立法启示》，载《国家检察官学院学报》2021 年第 3 期。

④ 我国台湾地区“民事诉讼法”第 395 条第 2 款规定，法院废弃或变更宣告假执行之本案判决者，应依被告之声明，将其因假执行或因免假执行所为给付及所受损害，于判决内命原告返还及赔偿，被告未声明者，应告以得为声明。参见江必新主编：《强制执行法理论与实务》，中国法制出版社 2014 年版，第 467 页。

在诉讼时效期间内向法院提出关于执行回转的申请书。[①] 进行如此制度设计的目的是以同一程序和同一判决合并解决原判决的纠错与被执行财产的事后救济，排除另诉的可能性，实现对当事人争议的最终调整，追求纠纷解决最大化。[②]

从《民事诉讼法》第 240 条及《执行规定》第 65 条可以看出，我国民事执行回转制度又呈现与苏联不同的特点，即原判决的纠错与被执行财产的事后救济程序是分离的，而在执行回转的启动上，采取了依职权及依申请两种方式，由原执行机构作出执行回转的裁定。[③] 我国的执行回转制度在程序设计上更为简易、直接，有利于减轻当事人讼累和快速恢复原状，但也有其弊端，这也是苏联将原判决审理对象与执行回转问题强制合并于一个诉讼程序的理由，即被执行的财产在原判决受益人的支配下，形态或价值可能已经发生了变化，是否应当返还、在何种范围内返还、不能返还如何折价等问题，均可能在当事人之间引发新的实体争议，由执行机构直接作出裁定，程序上对当事人的利益保障不够充分，也违背审执分离的原则，无法达成对当事人诉争法律关系的全面调整。[④] 此外，《执行规定》第 65 条规定的审执一体化的处置原则也为学界所诟病，认为其违背了《民事诉讼法》第 240 条应由撤销原判决、裁定的机构作出执行回转裁定的立法意旨。

《民事强制执行法草案》（第四稿）拟对现有的执行回转制度进行修改。[⑤] 在申请执行回转之外增加了当事人另行起诉作为被执行财产的事后救济途径，

---

① 参见《苏俄民事诉讼法典》第 431 条，中国人民法学苏联东欧研究所梁启明、邓曙光译，刘家辉校，法律出版社 1982 年版，第 146 页。

② 参见陈刚：《民事执行回转制度的法系意识考察及立法启示》，载《国家检察官学院学报》2021 年第 3 期。

③ 《民事诉讼法》第 240 条规定："执行完毕后，据以执行的判决、裁定和其他法律文书确有错误，被人民法院撤销的，对已被执行的财产，人民法院应当作出裁定，责令取得财产的人返还；拒不返还的，强制执行。"《执行规定》第 65 条规定："在执行中或执行完毕后，据以执行的法律文书被人民法院或其他有关机关撤销或变更的，原执行机构应当依照民事诉讼法第二百三十三条的规定，依当事人申请或依职权，按照新的生效法律文书，作出执行回转的裁定，责令原申请执行人返还已取得的财产及其孳息。拒不返还的，强制执行。执行回转应重新立案，适用执行程序的有关规定。"

④ 参见江必新主编：《强制执行法理论与实务》，中国法制出版社 2014 年版，第 468 页。

⑤ 《民事强制执行法草案》（第四稿）第 54 条规定，执行依据被依法撤销、变更的，原被执行人可以向原执行法院提出执行回转申请，请求原申请执行人返还因强制执行所受的清偿，也可以向有管辖权的人民法院提起诉讼。

将审执一体化落实为执行回转的处理程序。[①] 此修改引起了学界争议。其实，在再审程序中解决被执行财产的回转问题更符合兼顾效率与公平的执行原则及审执分离的改革进路。

（二）依原判决作出的执行裁定的效力

我国立法确立了两审终审制的司法制度，再审也称为审判监督程序，是《民事诉讼法》在二审终审的基础上增加的司法补救措施。二审民事裁判文书生效后，即可以进入强制执行程序，在此期间即使当事人提起再审，执行程序也不受影响，但中止执行的除外。

《民事诉讼法》第205条第2款规定："最高人民法院对地方各级人民法院已经发生法律效力的判决、裁定、调解书，上级人民法院对下级人民法院已经发生法律效力的判决、裁定、调解书，发现确有错误的，有权提审或者指令下级人民法院再审。"第206条规定："当事人对已经发生法律效力的判决、裁定，认为有错误的，可以向上一级人民法院申请再审；当事人一方人数众多或者当事人双方为公民的案件，也可以向原审人民法院申请再审。当事人申请再审的，不停止判决、裁定的执行。"

执行裁定与原生效判决是辩证的关系，原生效判决是执行案件的执行依据，执行裁定依据原生效判决的内容作出，不可超出原判决确定的债权范围；而执行案件又具有相对独立性，即执行裁定一经作出即发生法律效力，被执行人应当根据执行通知书和执行裁定书确定的内容履行义务，否则将根据执行裁定采取强制措施。换言之，执行案件经依法立案，作出执行裁定后，与原审判程序相分离从而形成一个独立的案件。原生效法律文书即使经过再审程序被撤销或者变更，也不会影响执行裁定的效力，可另行通过其他程序对新作出的再审判决确定的内容予以实现。

执行回转和再审后新的生效判决是何关系？举例说明：原生效法律文书确定乙应向甲偿还欠款200万元，甲申请执行后，人民法院依法作出执行裁定书，乙申请再审受理后，并未向执行法院出具中止执行的裁定书，执行法院依法扣

---

① 参见陈刚：《民事执行回转制度的法系意识考察及立法启示》，载《国家检察官学院学报》2021年第3期。

划了乙银行存款150万元并发还给申请执行人甲。再审判决作出后，如果改判乙应偿还甲220万元，那么执行法院应当依据已作出的执行裁定继续执行；如果改判乙应当偿还甲120万元，那么执行法院应当将执行标的为200万元的案件作结案处理，对已依法发还给甲的150万元中的30万元应当以执行回转为由重新立案，作出执行回转裁定，责令甲返还30万元，如果甲不履行，对其将采取强制执行措施。本案中，本溪市中级人民法院已给付裁定的抵债标的额没有超出再审判决所确认的标的额，那么由此本案就确认了两个要点，第一，本案无须执行回转；第二，仍需继续执行，但需要注意的是，答复中提到的“是否需要重新评估，关键看执行程序是否合法”。也就是说，如何继续执行，是按照原生效裁定继续执行还是重新评估后再继续执行，要根据执行程序的合法性审查结果而定。

（三）执行中以物抵债问题

执行中以物抵债分为合意抵债，无法拍卖、变卖的抵债和拍卖、变卖未成交的抵债三种情况，合意抵债是依据《民事诉讼法解释》第489条的规定：“经申请执行人和被执行人同意，且不损害其他债权人合法权益和社会公共利益的，人民法院可以不经拍卖、变卖，直接将被执行人的财产作价交申请执行人抵偿债务。对剩余债务，被执行人应当继续清偿。”无法拍卖、变卖的抵债是依据《民事诉讼法解释》第490条的规定：“被执行人的财产无法拍卖或者变卖的，经申请执行人同意，且不损害其他债权人合法权益和社会公共利益的，人民法院可以将该项财产作价后交付申请执行人抵偿债务，或者交付申请执行人管理；申请执行人拒绝接收或者管理的，退回被执行人。”拍卖、变卖未成交的抵债是依据《拍卖变卖规定》第16条第1款规定，“拍卖时无人竞买或者竞买人的最高应价低于保留价，到场的申请执行人或者其他执行债权人申请或者同意以该次拍卖所定的保留价接受拍卖财产的，应当将该财产交其抵债”。第24条规定，“对于第二次拍卖仍流拍的动产，人民法院可以依照本规定第十六条的规定将其作价交申请执行人或者其他执行债权人抵债。申请执行人或者其他执行债权人拒绝接受或者依法不能交付其抵债的，人民法院应当解除查封、扣押，并将该动产退还被执行人”。第25条规定，“对于第二次拍卖仍流拍的不动产或者其他财产权，人民法院可以依照本规定第十六条的规定将其作价交申请执行人或者其他执行债权人抵债。申请执行人或者其他执行债权人拒绝接受或者依法不能交付其抵债的，应当在六十日内进行第三次拍卖。第三次拍卖流拍且申请执行人或者其他执行债权人拒绝接受或者依法不能接受该不动产或者其他财产权抵债的，人民法院应当于第三次拍卖终结之日起七日内发出变卖公告。自公告之日起六十日内没有买受人愿意以第三次拍卖的保留价买受该财产，且申请执行人、其他执行债权人仍不表示接受该财产抵债的，应当解除查封、冻结，将该财产退还被执行人，但对该财产可以采取其他执行措施的除外”。需要说明的是，第三次拍卖已经被《网络司法拍卖规定》取消，该司法解释规定的司法拍卖由之前的三次变更为两次，也就是说第二次拍卖流拍后无人愿意接受以物抵债的进入变卖程序。

但是，无论何种方式，以物抵债的受让人必须是债权人，即与被执行人有法律上债权债务关系的债权人才有资格接受以物抵债。本案中，韩方是以合资他方的身份收购了被执行人的股权，法律依据为1998年《执行规定》第54条第2款“对被执行人在有限责任公司中被冻结的投资权益或股权，人民法院可以依据《中华人民共和国公司法》第三十五条、第三十六条[①]的规定，征得全体股东过半数同意后，予以拍卖、变卖或以其他方式转让。不同意转让的股东，应当购买该转让的投资权益或股权，不购买的，视为同意转让，不影响执行”，以及第55条第2款也规定“如果被执行人除在中外合资、合作企业中的股权以外别无其他财产可供执行，其他股东又不同意转让的，可以直接强制转让被执行人的股权，但应当保护合资他方的优先购买权”。本案中韩方收购了被执行人梁溪公司股权的行为并不违反当时的法律及司法解释，应当予以保护。

由于本案采取不经拍卖将股权以评估价格抵给合资他方韩方的方式，如果评估报告存在问题，评估方法和程序不当，评估价格过低，就会损害被执行人梁溪公司的权益。因此，如确实存在上述问题，应重新评估拍卖，同时依据《拍卖变卖规定》第11条、第13条的规定保护韩方作为合资他方的优先购买权。

① 现《公司法》第71条、第72条。

实务操作指引

（一）再审申请被受理不必然导致执行程序的中止

再审法院裁定再审的，则应同时裁定中止原判决、裁定、调解书的执行。根据《民事诉讼法》及《民事诉讼法解释》的规定，如果再审法院仅是受理当事人的再审申请而没有决定再审的，不会中止执行；如果决定再审的，则应在再审的裁定书中，同时写明中止原判决、裁定、调解书的执行；情况紧急的，可以将中止执行裁定口头通知负责执行的人民法院，并在通知后10日内作出裁定书。

但是，对于追索赡养费、扶养费、抚恤金、医疗费用、劳动报酬等案件，即使裁定再审的，也可以不中止执行。

（二）再审结果与执行回转的启动

1. 发回重审裁定不能作为执行回转的依据

因为新的生效法律文书内容可能完全否定原法律文书，也可能部分推翻原法律文书的内容，维持部分内容。因此，执行回转的财产范围应限制在被新法律文书撤销或推翻的内容，并不一定对所有已执行的财产一律执行回转。裁定再审的案件只是一个待处理的案件，最终的裁判结果在再审判决作出前无法确定，如果仅有发回再审裁定，则执行回转裁定无法作出，无法启动执行回转程序。

2. 再审判决不必然导致执行回转的发生

如果再审判决并没有改变原有判决项下的执行结果，则没有执行回转的必要。实践中，应以再审判决是否撤销或者完全改变原生效判决为标准判断是否继续采取执行措施。与此同时，还应当审查已经经过的执行程序和采取的查封、扣押、冻结、评估等强制措施是否违反了法律和司法解释的强制性规定，如有错误，应当予以纠正。

在甘肃土地综合开发总公司（以下简称土地总公司）、甘肃省永登综合冶炼总厂（以下简称永登冶炼总厂）等民事执行监督案中，[①] 最高人民法院重申了

---

① 最高人民法院执行裁定书，（2021）最高法执监78号。

据以作出执行的生效法律文书被撤销并不等于执行裁定被撤销的观点。该案中，永登冶炼总厂依据生效判决申请对土地总公司进行执行。执行法院作出裁定，查封土地总公司的财产，将土地总公司名下房屋20年使用权作价651,949元抵偿给永登冶炼总厂。在生效判决被再审判决撤销后，执行法院依据土地总公司的申请裁定执行回转，责令被执行人（原申请执行人）永登冶炼总厂将已取得款项及财产、物品返还给申请执行人（原被执行人）土地总公司。但因永登冶炼总厂已被吊销营业执照无任何财产可供执行而终止执行。在恢复执行后，土地总公司向执行法院提出异议，认为法院在执行原生效判决过程中，作出的查封土地总公司财产的裁定属于超标的查封，将土地总公司房屋使用权作价抵债的裁定亦存在错误，申请对前述执行裁定进行复查并撤销。土地总公司的异议请求未得到法院的支持。最高人民法院认为，执行裁定一经作出即发生法律效力，并不因据以执行的法律文书的撤销而撤销。若新的执行依据改变了原执行裁定的内容，需要执行回转的，则由法院作出执行回转的裁定，而非撤销原执行裁定。

本案例反映了执行回转操作实务中容易引起混淆的两个问题。一是执行回转并非执行程序的继续，执行回转中有新的执行依据、新的当事人，是在原执行程序之外的一个独立的、全新的执行程序。① 依据《执行规定》第65条的规定，原申请执行人返还已取得的财产及其孳息的义务来自原执行法院根据新的执行依据作出的执行回转裁定产生的效力，而非原执行裁定被撤销的结果。另外，原执行依据被撤销并不意味着一定会发生执行回转，甚至还可能会发生继续执行的效果。二是在执行程序中如何处理当事人对原执行裁定提出的执行异议。本案中执行回转程序的申请执行人（原被执行人）对依据原生效判决作出的执行行为提出异议，认为法院超标的查封。根据甘肃高院作出的复议裁定，可以理解为，依据原生效判决作出的执行裁定作为执行回转的对象，其结果是恢复至执行前状态，因此执行裁定存在的问题可以在执行回转程序中予以解决。而且，如果是对原生效判决执行程序中的执行行为提出异议的，被执行人应在原生效判决执行程序终结前提出，在执行回转程序中提出不符合法律及司法解

---

① 参见江必新主编：《强制执行法理论与实务》，中国法制出版社2014年版，第467页。

释的规定，故其请求不应得到支持。

（三）执行回转的标的

按照《民事诉讼法》第240条规定，应返还的是“已被执行的财产”，《执行规定》第65条则规定应返还“已取得的财产及其孳息”。实践中，应注意在执行回转时，返还财产应包括孳息在内，已执行的标的物系特定物的，应当退还原物。同时，被执行人即原申请执行人在收到执行回转裁定和执行通知后，在规定的履行期限内仍不履行已确定的义务的，应根据《迟延履行利息解释》第6条的规定承担迟延履行期间的债务利息或迟延履行金。

（四）执行回转程序中的被执行人

一般情况下，执行回转程序的被执行人为原执行程序的申请执行人。但实践中可能会出现申请执行人将执行债权多次转让的情况，当发生执行回转时，应如何确定被执行人。

在（2021）最高法执监74号执行裁定中，山东省高级人民法院于2017年6月8日对建行市北支行与澳海公司、王某壁、郝某珍、平煤能源公司、平煤物流公司等金融借款合同纠纷作出（2017）鲁民终2号民事判决。在诉讼过程中，建行市北支行将债权转让给山金公司，但建行市北支行一直以自己名义参与审判和执行程序。后山金公司又将债权转让给紫石合伙。在建行市北支行申请青岛市中级人民法院强制执行过程中，紫石合伙变更为申请执行人。青岛市中级人民法院从平煤能源公司、平煤物流公司账户共计扣划约4142.34万元，其中扣除执行费约10.57万元，余款约4131.77万元发还给紫石合伙。2018年12月29日，最高人民法院作出（2018）最高法民再129号民事判决，变更了山东省高级人民法院（2017）鲁民终2号民事判决，驳回了建行市北支行对平煤能源公司、平煤物流公司的诉讼请求。平煤能源公司、平煤物流公司遂向青岛市中级人民法院申请执行回转，请求建行市北支行、山金公司、紫石合伙连带返还原执行程序中从该两公司扣划的案款及孳息。

青岛市中级人民法院认为根据《执行规定》的规定，执行回转案件的被执行人应当同时是原案的申请执行人及取得财产的人，建行市北支行系原告及申请执行人，并通过债权转让取得财产，在执行回转程序中向平煤能源公司、平煤物流公司负有返还责任。建行市北支行则认为，只有从被执行人处取得的财产才是“执行取得财产”，建行市北支行取得“债权转让款”是基于与山金公司的债权转让行为，是从山金公司处取得的债权转让的对价，与执行案件的被执行人没有关系，也与法院的执行行为没有关系，不可能是“执行取得财产”。青岛市中级人民法院发放案款时申请执行人已经是紫石合伙，也是该企业取得了案款。因此，建行市北支行并不符合《民事诉讼法》关于执行回转义务主体的条件。山东省高级人民法院认可了建行市北支行的理由，裁定撤销青岛市中级人民法院对建行市北支行立案执行的行为。平煤能源公司、平煤物流公司向最高人民法院申诉。

最高人民法院认为，根据执行回转相关法律规定，承担回转义务的主体应为在原执行程序中取得财产的申请执行人。在本执行回转案件的原执行程序中，建行市北支行已经将债权转让给山金公司，山金公司又将债权转让给了紫石合伙。依紫石合伙的申请，青岛市中级人民法院裁定变更紫石合伙为原执行案件的申请执行人，青岛市中级人民法院扣划的案款亦发放给了紫石合伙。可见，从原执行程序中取得财产的申请执行人为紫石合伙，而非建行市北支行。虽然建行市北支行因向山金公司转让债权获得了作为对价的债权转让款，但这并非经由原执行程序而是基于另外的法律关系取得财产。山东省高级人民法院认定紫石合伙为回转义务人，于法有据。

执行回转旨在强制原债权人将受领的给付返还给原债务人，[①] 因此执行回转程序中的被执行人应该是通过执行程序受领给付的主体。本案中债权虽经历过多次转让，但通过执行程序取得原债务人财产的主体是接收案款发还主体紫石合伙。也就是说，如果紫石合伙将债权转让给案外人，但未申请执行主体变更、接收案款发还的主体仍是紫石合伙的话，那么执行回转程序中的被执行人仍然是紫石合伙，而非案外人。

---

① 参见江必新主编：《强制执行法理论与实务》，中国法制出版社2014年版，第469页。

二、执行回转申请人权利的优先保护

答复原文

最高人民法院执行工作办公室
关于执行回转案件的申请执行人在被执行人破产案件中
能否得到优先受偿保护的请示的答复

2006年12月14日　〔2005〕执他字第27号

天津市高级人民法院：

你院《关于执行回转案件的申请执行人在被执行人破产案件中能否得到优先受偿保护的请示》收悉。经研究，答复如下：

人民法院因原错误判决被撤销而进行执行回转，申请执行人在被执行人破产案件中能否得到优先受偿保护的问题，目前我国法律尚无明确规定。我们认为，因原错误判决而被执行的财产，并非因当事人的自主交易而转移。为此，不应当将当事人请求执行回转的权利作为普通债权对待。在执行回转案件被执行人破产的情况下，可以比照取回权制度，对执行回转的案件申请执行人的权利予以优先保护，认定应当执行回转部分的财产数额，不属于破产财产。因此，审理破产案件的法院应当将该部分财产交由执行法院继续执行。

出台背景

（一）请示的问题

天津市高级人民法院向最高人民法院报送的《关于执行回转案件的申请执行人在被执行人破产案件中能否得到优先受偿保护的请示》所涉及的情况及问题是：

天津市第二中级人民法院依据天津市高级人民法院的二审判决，已经对原被执行人执行1186万元，发还原申请执行人。该案后经最高人民法院提审，推翻了原生效判决。原被执行人申请执行回转。在执行回转过程中，现被执行人（原申请执行人）被宣告破产。需要解决的问题是：现申请执行人能否从破产财产中就其执行回转的债权优先受偿。申请执行人认为：执行回转程序不能因破产程序而中止；原被执行的财产不能作为破产财产；申请执行人应当优先受偿。

（二）天津市高级人民法院审判委员会意见

天津市高级人民法院审判委员会的意见是：在破产案件中享有取回权的仅为物权，不包括一般债权。虽然执行回转程序具有一定特殊性，但本案申请执行标的性质应为一般债权，且法律也未明确将该种情况列为享有取回权的范畴。因此，本案不应比照破产案件中取回权的程序处理。鉴于此，本案涉及的执行回转申请人在被执行人破产过程中是否享有优先受偿的权利，处理结果对于执行过程中如何适用法律具有指导意义。因目前的法律及司法解释对此均无规定，故请示最高人民法院予以明确答复。

理解与适用

（一）执行回转与取回权

1. 执行回转的适用条件

执行回转的适用条件有三：（1）原生效法律文书已经部分或全部被法院执行完毕；（2）据以执行的判决、裁定及其他法律文书因错误经再审或其他程序审理后被撤销或变更；（3）法院依申请或依职权作出新的执行裁定，即执行回转裁定。

2. 取回权的适用条件

取回权，是指财产权利人向管理人主张返还或者支付不属于破产财产而归其支配的财产的权利。取回权以所有权及其他物权为基础，具有物权性。根据《企业破产法》及其司法解释规定，进入破产程序后企业的财产可分为债务人财产和债务人占有的财产，债务人财产可以纳入破产财产范畴，而债务人基于仓储、保管、加工承揽、委托交易、代销、借用、寄存、租赁等法律关系占有、使用的他人财产或债务人尚未支付全部价款并实际控制的财产，不属于债务人财产，财产的所有权人即权利人有权取回原物或相关替代物。

取回权一般又分为一般取回权和特别取回权。一般取回权是指在管理人接管的债务人财产中符合《破产规定》第71条第1款第1项所列的财产，即债务人基于仓储、保管、加工承揽、委托交易、代销、借用、寄存、租赁等法律关系占有、使用的他人财产，该财产的权利人享有的不依破产程序取回其财产的权利。《企业破产法》第38条规定了一般取回权，即人民法院受理破产申请后，债务人占有的不属于债务人的财产，该财产的权利人可以通过管理人取回。特别取回权则由出卖人取回权和代偿取回权构成。《企业破产法》第39条规定了出卖人取回权，即人民法院受理破产申请时，出卖人已将买卖标的物向作为买受人的债务人发运，债务人尚未收到且未付清全部价款的，出卖人可以取回在运途中的标的物。但是，管理人可以支付全部价款，请求出卖人交付标的物。《破产法解释（二）》第31条规定了代偿取回权，债务人占有的他人财产被违法转让给第三人，第三人已向债务人支付了转让价款，但依据《民法典》第311条的规定未取得财产所有权，原权利人依法追回转让财产的，对因第三人已支付对价而产生的债务，人民法院应当按照以下规定处理：（1）转让行为发生在破产申请受理前的，作为普通破产债权清偿；（2）转让行为发生在破产申请受理后的，作为共益债务清偿。①

（二）破产程序中执行回转财产比照一般取回权

从最高人民法院答复的内容看，破产程序中被执行人财产应执行回转部分比照一般取回权予以定性，应执行回转财产自始至终应属于执行回转申请人（原被执行人）。债务人进入破产程序后，执行回转的财产已由新的生效法律文书裁判确定，应当由破产债务人返还。这部分财产是因法院经执行程序，依据错误的法律裁判文书把本属于执行回转申请人（原被执行人）的财产执行给了被执行人（原申请执行人现破产债务人），非因现申请执行人的意思自治而变更，而是经司法机关强制执行程序变更权利的结果。在原据以执行的生效法律文书被撤销或变更后，破产债务人对这部分财产就由所有变成了占有，不应纳入破产财产。从取回权的角度看，破产取回权中涉及的财产一般都是有物的形

① 2020年12月23日，最高人民法院法释〔2020〕18号决定对《破产法解释（二）》第31条做了修改。

态或者源于有体物（如因原物毁损灭失而形成的代偿取回权），但也承认以金钱形态存在的取回权，如信托财产、股民保证金等。其实质上的权利应属于执行回转申请人（原被执行人）。那么，执行回转申请人也就是原权利人向破产管理人行使取回权应当受到保护。

（三）执行回转的可行性及必要性

《破产规定》第71条未涉及执行回转与破产财产处理上的关系，其他法律和司法解释中也未涉及，属立法空白。但不能因立法的局限性而否定执行回转优先得到保护的可行性，《破产规定》第71条的规定不应理解为是对该类财产的全部范围的规定，应不排斥实践中依法认定其他不属于破产财产范围的财产。

实务操作指引

（一）执行回转债权数额的确定

执行回转程序的执行依据是人民法院或者其他有关机关依法针对原据以执行的法律文书所涉纠纷作出的终局性生效法律文书，如再审发回重审后作出的生效法律文书，而非撤销原判并发回重审的裁定书本身。因此，“新的生效法律文书”中所确定的债权数额即执行回转应执行的数额，也就是执行回转标的。

（二）利息或迟延履行利息的计算

执行回转的执行依据及执行裁定书中对利息已经确定或者确定了利息的计算基数和计算方法的，应当按此执行。同时，被执行人即原申请执行人在收到执行回转裁定和执行通知书后，在规定的履行期限内仍不履行已确定的义务的，应当承担迟延履行期间的债务利息或迟延履行金。具体计算方法参照《迟延履行利息解释》第6条之规定：执行回转程序中，原申请执行人迟延履行金钱给付义务的，应当按照本解释的规定承担加倍部分债务利息。

（三）执行回转中取回权适用的时间

1. 执行回转申请人（原被执行人）不能在未进入破产程序的执行程序中主张优先受偿权

依据答复精神以及取回权的性质，执行回转参照适用取回权制度，应以被执行人进入法院破产程序为前提。破产债务人（原申请执行人）未进入破产程序的，因无适用取回权制度的前提条件，法院对执行回转申请人（原被执行人）针对执行分配方案主张比照取回权制度优先受偿执行款的请求不能得到支持。

天津市高级人民法院作出的（2015）津高民一初字第0020号原告张某诉被告浙江宝业建设集团有限公司、被告天津滨海农村商业银行股份有限公司执行分配方案异议之诉纠纷一审民事判决书中认为：《企业破产法》第38条、第39条分别规定了一般取回权和出卖人取回权。可见，取回权是企业破产法范畴的一项法律制度，只适用于债务人已进入法院破产案件审理程序的情形。对于执行回转能否适用取回权制度，《最高人民法院执行工作办公室关于执行回转案件的申请执行人在被执行人破产案件中能否得到优先受偿保护的请示的答复》（〔2005〕执他字第27号）中作出了规定……该答复明确在被执行人破产案件中，执行回转的财产才能比照取回权制度得到优先保护，即执行回转参照适用取回权制度的前提，是被执行人进入法院破产案件审理程序。该表述与取回权制度适用的法定前提是一致的。由于作为债务人和被执行人的公司未进入法院破产案件审理程序，因此，张某主张比照取回权制度优先分配的基础并不存在。张某关于对执行回转的款项及相关利息享有取回权，优先于宝业公司、滨海农商行分配的诉讼请求，没有法律依据，不予支持。

2. 执行回转申请人应尽量于破产财产变价方案或者和解协议、重整计划草案提交债权人会议表决前向管理人提出取回申请

《破产法解释（二）》第26条规定，“权利人依据企业破产法第三十八条的规定行使取回权，应当在破产财产变价方案或者和解协议、重整计划草案提交债权人会议表决前向管理人提出。权利人在上述期限后主张取回相关财产的，应当承担延迟行使取回权增加的相关费用”。

如果执行回转申请人取得的新法律裁判文书早于上述期限，执行回转申请人应在上述期限届满前提交执行回转申请，因为一旦破产财产变价方案或者和解协议、重整计划草案提交债权人会议通过表决，一是债务人的财产及债权债务已划分清楚，执行回转申请人的执行回转需重新表决，会浪费人力物力，此时相关费用需要执行回转申请人承担；二是可能面临无财产可供执行回转的情况。当然，如果执行回转申请人取得的新裁判文书晚于上述期限，另当别论。

（四）执行回转申请人不需要申报破产债权

依据《企业破产法》第107条第2款的规定，债务人被宣告破产后，债务人称为破产人，债务人财产称为破产财产，人民法院受理破产申请时对债务人享有的债权称为破产债权。因此，所谓破产债权，是指在破产程序启动前成立的，经依法申报确认，并由破产财产中获得清偿的可强制执行的财产请求权。破产债权有以下特征：（1）破产债权是因破产程序启动前发生的原因成立；（2）破产债权是财产上的请求权；（3）破产债权是可以强制执行的债权；（4）破产债权是依法申报并取得确认、有权在破产程序中受偿的债权。由此可以得知，破产债权须是在破产程序中从破产财产中获得清偿的一种债权请求权，而应执行回转的财产并不属于破产财产，所以执行回转案件的申请执行人也就不存在债权申报的问题。

三、执行回转程序中受让财产的债权人是否适用善意取得制度

复函原文

最高人民法院关于对第三人通过法院变卖程序取得的财产能否执行回转及相关法律问题的请示复函

2003年8月5日　〔2001〕执他字第22号

山东省高级人民法院：

人民法院在执行中依法采取拍卖、变卖措施，是基于国家公权力的行为，具有公信力，买受人通过法院的拍卖、变卖程序取得财产的行为，不同于一般的民间交易行为，对其受让所得的权益应当予以保护。根据本案的具体情况，买受人已经取得的土地使用权不宜再执行回转。

此复

出台背景

在本复函所涉案例中，人民法院在强制执行被执行人财产的过程中，依法拍卖变卖了被执行人的土地使用权，并由第三人买受，买受人根据法院的裁定及协助执行通知书办理了土地使用权的过户手续。现在执行依据被撤销，需要执行回转。

在执行回转过程中，虽然人民法院可以作出裁定，责令买受人返还财产，拒不返还财产时，可以强制执行。但是，这种做法对买受人是否公平、对司法拍卖的公信力是否有益，需要慎重考虑。

《民法通则意见》第 89 条指出第三人善意、有偿取得财产的，应当维护第三人的合法权益，从而确认了善意取得制度。山东省高级人民法院面对该问题向最高人民法院请示。最高人民法院经过慎重考虑后，采纳了善意第三人信赖利益保护的制度安排，认为拍卖与变卖是人民法院基于国家公权力的行为，具有公信力，买受人通过法院的拍卖、变卖程序取得财产的行为，不同于一般的民间交易行为，对其受让所得的权益应当予以优先保护，根据本案的具体情况，不得对买受人买受的财产执行回转。

事实上，基于司法拍卖变卖的广泛运用，所有买受人都面临着竞买成功的财产被执行回转的风险，这个问题必须得到圆满解决，否则司法拍卖变卖的公信力将不复存在。最高人民法院通过本复函否定了 1991 年《民事诉讼法》第 214 条确立的规则，并在司法拍卖变卖程序中引入了善意第三人保护制度，维护了人民法院拍卖变卖的公信力，保护了买受人的合法权益。

理解与适用

（一）司法拍卖变卖的性质

司法拍卖变卖措施具有国家公权力属性。关于拍卖变卖的性质，理论上一直存在“私法说”与“公法说”的争议，“公法说”成为主流观点。我国司法界坚持“公法说”，主要理由如下：第一，强制执行的公法性；第二，拍卖变卖主体的特定性；第三，处分标的物的非合意性；第四，拍卖变卖法律关系中权利义务的不对等性；第五，拍卖变卖程序的高度安定性。

司法拍卖变卖的公法性质决定了人民法院是司法拍卖变卖的启动者与主导者。这在法院自行拍卖变卖的情况下容易理解，在委托拍卖变卖时，专业拍卖变卖机构也只是接受人民法院的委托，凭借其专业性，实施拍卖变卖的事务性工作。人民法院才是决定拍卖变卖进程、监督拍卖变卖活动并承担司法拍卖变卖责任的真正主体。司法拍卖变卖权是国家的公权力。

（二）执行回转与善意第三人保护

善意取得也称即时取得，是指无权处分人将动产或者不动产处分给他人，善意受让人依法取得该动产或不动产所有权或其他物权的制度。传统观点认为只有动产才适用善意取得，《物权法》（已废止）第106条已经将善意取得适用范围扩张至包括不动产在内的所有权和其他物权。善意取得制度的本质是牺牲真正权利人的财产权利，保护善意受让人的权利，旨在维护交易安全。轮候法院违法拍卖、变卖财产，很难称得上是无权处分，只不过为保护受让人，可以参照善意取得的规定进行处理。

《民法通则意见》第89条首次将善意取得制度上升为法律制度，为司法适用提供了指导原则。本复函之后陆续出台的法律规定逐渐将善意取得落实到具体制度安排和操作规则之中。

《民法典》第311条第1款规定："无处分权人将不动产或者动产转让给受让人的，所有权人有权追回；除法律另有规定外，符合下列情形的，受让人取得该不动产或者动产的所有权：（一）受让人受让该不动产或者动产时是善意的；（二）以合理的价格转让；（三）转让的不动产或者动产依照法律规定应当登记的已经登记，不需要登记的已经交付给受让人。"

司法拍卖变卖程序中的买受人符合《民法典》第311条第1款规定的三项要件，是善意第三人，如已按照该法的规定取得了该财产的所有权，原所有权人无权追回。而作为公权力性质的司法拍卖变卖，人民法院不但要维护其公信力，保护交易安全，更要保护拍卖变卖程序中善意买受人的合法权益。

因此，本复函不仅维护了司法拍卖变卖的公信力和交易安全，更着重加强了对善意第三人合法权益的保护，至今依然发挥着重要作用。

实务操作指引

(一) 拍卖变卖后买受人取得物权的时间

根据2004年《拍卖变卖规定》第29条①，动产所有权转移时间是动产的交付，自交付时起买受人或者承受人就取得了该动产的所有权。不动产、有登记的特定动产或者其他财产权的所有权转移时间是法院的裁定书送达时。《网络司法拍卖规定》第22条第2款②关于拍卖、抵债财产所有权转移时间的规定，已不区分动产、不动产及其他财产权，拍卖财产所有权自拍卖成交裁定送达买受人时转移。

因此，2021年1月1日以前，动产需要区分是网络拍卖变卖还是传统拍卖变卖，其所有权转移时间有所不同，传统拍卖变卖时，交付时所有权转移。网络拍卖变卖时，裁定送达时所有权转移。2020年12月23日，最高人民法院法释〔2020〕21号对2004年《拍卖变卖规定》第29条做了修改，明确了不动产、动产的所有权和其他财产权自拍卖成交或者抵债裁定送达买受人或者承受人时起转移，结束了动产和不动产所有权转移时间因传统拍卖和网络拍卖而不同的二元格局。③

但应该注意的是，对于不动产、有登记的特定动产或者其他财产权的所有权转移时间，只有法院向协助执行机关送达协助执行通知书时才视为财产完成了所有权转移的全部手续。如果只是向买受人或者承受人送达了裁定书，但并没有向协助执行机关送达协助执行手续，此时执行回转，买受人或者承受人的财产所有权并不受保护。

(二) 以物抵债与拍卖变卖在执行回转时的区别

在执行回转中，区分买受人是申请执行人、其他执行债权人，或者是案外

---

① 该条文原来内容如下："动产拍卖成交或者抵债后，其所有权自该动产交付时起转移给买受人或者承受人。不动产、有登记的特定动产或者其他财产权拍卖成交或者抵债后，该不动产、特定动产的所有权、其他财产权自拍卖成交或者抵债裁定送达买受人或者承受人时起转移。"

② 该条第2款内容如下："拍卖财产所有权自拍卖成交裁定送达买受人时转移。"

③ 2004年《拍卖变卖规定》第29条经修改后，已调整为第26条，内容为："不动产、动产或者其他财产权拍卖成交或者抵债后，该不动产、动产的所有权，其他财产权自拍卖成交或者抵债裁定送达买受人或者承受人时起转移。"

第三人，而对财产的回转方式有所不同。如果是案外第三人买受的，只要动产拍卖的成交裁定已送达，不动产、特定动产的所有权、其他财产权自拍卖成交裁定送达第三人并向协助机关送达协助执行通知书后就不可能再对该财产执行回转。

但是，如果申请执行人或者其他执行债权人接受了被执行财产，后该案执行回转的，即使动产拍卖的成交裁定已送达，不动产、特定动产的所有权及其他财产权抵债裁定送达承受人并向相关机关发送协助执行手续，对于该财产仍然可以执行回转。如果财产在以物抵债后，被再次转让的，则要保护善意第三人，不得再对该财产进行追索。

四、以物抵债裁定撤销后应否对第三人取得的财产执行回转

答复原文

最高人民法院执行工作办公室
关于原执行裁定被撤销后能否对第三人从债权人处买受的
财产进行回转的请示的答复

2007年9月20日 〔2007〕执他字第2号

辽宁省高级人民法院：

你院《关于申请执行人中国工商银行铁岭市清河支行西丰分理处与被执行人西丰县百货公司第三商店借款合同纠纷一案的请示报告》收悉。经研究，答复如下：

依据我院《关于人民法院执行工作若干问题的规定（试行）》第一百零九条、第一百一十条的规定，如果涉案执行财产已经被第三人合法取得，执行回转时应当由原申请执行人折价抵偿。至于涉案执行财产的原所有人是否申请国家赔偿，可告知其自行按照国家有关法律规定办理。

此复

出台背景

本答复针对的是辽宁省高级人民法院向最高人民法院请示的案件，简要案情为：中国工商银行铁岭市清河支行西丰分理处（以下简称铁岭工行西丰分理处）根据（2001）西经初字第53号民事判决书向西丰县人民法院申请执行，要求被执行人西丰县百货公司第三商店偿还借款及利息184万余元。铁岭市中级人民法院将该案指定铁岭县人民法院执行。铁岭县人民法院于2002年10月30日作出（2002）铁执字第254号民事裁定书，以案外人西丰县百货公司第一商店无偿接收被执行人西丰县百货公司第三商店固定资产为由，追加西丰县百货公司第一商店为被执行人。西丰县百货公司第一商店提出异议，铁岭县人民法院在没有答复的情况下，于2002年12月18日再次作出（2002）铁执字第254号民事裁定，将西丰县百货公司第一商店所有的位于西丰县顺城路171号的二层门市房（552.91平方米），以评估价125.7万元抵债给申请执行人。铁岭工行西丰分理处到房产管理部门办理了房屋过户手续。西丰县百货公司第一商店于2003年11月18日向铁岭市中级人民法院提出异议。铁岭市中级人民法院经过审判委员会讨论决定，于2004年7月8日作出（2003）铁执他字第22号民事裁定，裁定内容为：（1）撤销铁岭县人民法院2002年12月18日作出的（2002）铁执字第254号民事裁定。（2）将上列裁定已执行给申请执行人铁岭工行西丰分理处的位于西丰县顺城路171号的二层门市房（552.91平方米）交还案外人西丰县百货公司第一商店。在上述撤销裁定作出前，案外人赵某春在西丰县有线电视台看到了本案债权人铁岭工行西丰分理处发布的竞价售楼广告，于是在2003年9月22日到铁岭工行西丰分理处报价中标。铁岭工行西丰分理处将位于西丰县顺城路171号的二层门市房（552.91平方米）以40万元价款出卖给了案外人赵某春，赵某春于2004年3月25日办理了产权转移过户手续。撤销裁定作出后，西丰县房产局根据铁岭市中级人民法院裁定和协助执行通知书，于2004年9月3日将赵某春取得的房产证在《铁岭日报》声明作废。赵某春就此提出异议，辽宁省高级人民法院审委会倾向性意见认为，本案应当适用1998年《执行规定》第109条的规定[①]。按照该规定，执行回转只能从原申请执行人处返还已取得财产。因为原申请执行人取得财产后，会出现对财产处置和转让的问题，如果已经转让多次就不能回转。执行回转只是对申请人而言，不能对其他组织（个人）执行回转。所以该案的执行回转，只能从申请执行人处进行。现申请执行人将房产卖给赵某春，赵某春属于善意取得，应保护赵某春的权益。因实际上从申请执行人处回转财产已不可能，应该由申请执行人铁岭工行西丰分理处向西丰县百货公司第一商店折价抵偿。如果铁岭工行西丰分理处不抵偿，西丰县百货公司第一商店可以按照国家赔偿程序申请国家赔偿。最高人民法院遂针对辽宁省高级人民法院的请示，作出了上述答复。[②]

执行回转程序中，原物被第三人合法取得导致无法实现执行回转应如何处理，实践中一直不够明确。1991年《民事诉讼法》第214条规定："执行完毕后，据以执行的判决、裁定和其他法律文书确有错误，被人民法院撤销的，对已被执行的财产，人民法院应当作出裁定，责令取得财产的人返还；拒不返还的，强制执行。"这是关于执行回转的基本规定。1998年《执行规定》又对执行回转做了进一步的规定，即本答复中提及的第109条（2020年修正后的第65条）、第110条（2020年修正后的第66条）。这三个条文构成了目前的执行回转制度。

在执行回转中，如果原来执行客体是特定物，那么应当依法将特定物执行回转给被执行人。但是，并非所有的执行回转都能实现返还原物。如果出现特殊情况，如特定物已经灭失、特定物被第三人合法取得等，执行回转特定物就难以实现。对辽宁省高级人民法院提出的问题，最高人民法院在答复中确定了在第三人合法取得涉案执行财产后，不再执行该财产，而是按照折价的方式由原申请执行人折价抵偿。由此对1998年《执行规定》第110条（2020年修正后的第66条）作出了进一步的解释，明确了执行回转时折价抵偿的详细条件。

---

① 2020年修正后，为《执行规定》第65条。

② 参见人民法院出版社编：《司法解释理解与适用全集·执行卷》，人民法院出版社2018年版，第386~387页。

理解与适用

《执行规定》第 65 条规定：“在执行中或执行完毕后，据以执行的法律文书被人民法院或其他有关机关撤销或变更的，原执行机构应当依照民事诉讼法第二百三十三条的规定，依当事人申请或依职权，按照新的生效法律文书，作出执行回转的裁定，责令原申请执行人返还已取得的财产及其孳息。拒不返还的，强制执行。”执行回转应重新立案，适用执行程序的有关规定。第 66 条第 1 款规定：“执行回转时，已执行的标的物系特定物的，应当退还原物。不能退还原物的，经双方当事人同意，可以折价赔偿。”

1991 年《民事诉讼法》第 214 条规定，执行回转时，法院应作出裁定，责令取得财产的人返还财产。该条没有区分取得财产的人是申请执行人还是其他人，而《执行规定》第 65 条进一步限缩责令原申请执行人返还已取得的财产。这是为了保护动态的交易安全，当申请执行人之外的第三人合法取得财产后，应当保护第三人的合法所有权，不应再要求第三人返还财产。因此，因执行行为被撤销而进行的执行回转，如果原申请执行人通过该执行行为取得的财产已被案外人合法取得，则不应对案外人合法取得的财产进行回转。申请执行人已经合法取得涉案财产的情况下，申请执行人作为所有权人可以和案外人进行交易。案外人合法取得财产后，其所有权也应受到保护，否则会严重影响交易安全。[①]《执行规定》第 66 条已经确定了以退还原物为原则，不能退还时折价赔偿为例外的规则，本答复中也指出，可以由原申请执行人折价抵偿。

实践中，处理类似问题时需要注意第三人的合法取得可以分为两种情况：第一种情况是第三人在法院执行程序中通过法院对财产的处置而直接取得财产，可能的方式包括拍卖、变卖和抵债。按照《拍卖变卖规定》，财产流拍或不能变卖后，也可以交给到场的其他执行债权人抵债。所以，除了拍卖、变卖外，第三人也可能通过以物抵债的方式取得执行标的财产的所有权。在抵债的场合，第三人获取财产的程序必须符合法律规定，第三人应该是善意，不能与申请执

① 参见人民法院出版社编：《司法解释理解与适用全集 · 执行卷》，人民法院出版社 2018 年版，第 388 页。

行人恶意串通，故意规避不能从申请执行人以外的其他人处执行回转的规定。第二种情况是第三人从申请执行人处取得财产，如本案中案外人从申请执行人处取得财产。这种情况下，申请执行人应该取得财产的所有权，有权处置财产，第三人也应是善意，不能与申请执行人恶意串通，故意转移财产。[①] 合法取得是指第三人完整取得财产的所有权。取得所有权的时间节点应根据《民法典》《民法典物权编解释（一）》《拍卖变卖规定》的相关规定来判断。满足以上两个条件才属于本答复中确定的第三人合法取得涉案执行财产。

实务操作指引

（一）执行回转时返还原物的条件

申请执行回转，要求返还原物的原被执行人应注意两点：

一是在执行回转中，如果特定的涉案执行财产已经被第三人合法取得的，那么原被执行人不能取回特定执行财产，相反则有取回特定执行财产的可能性。原被执行人可以向法院申请，由法院作出执行回转的裁定，令第三人返还财产。执行回转的案件也适用关于执行的相关规定，可以采取相应的强制措施。

二是应当返还的财产必须是特定物。如果之前执行的不是特定物，那么在执行回转过程中，不必要求原申请执行人、第三人返还，而是执行原申请执行人所有的种类物即可。

案例1[②]

林口县建筑联营公司第十三工程队（以下简称十三工程队）因与牡丹江市鸿博长城消防设施安装有限公司（以下简称长城消防公司）建设工程施工合同纠纷一案，不服黑龙江省高级人民法院（2015）黑高法执复字第45号执行裁

---

① 在对《最高人民法院关于人民法院查封的财产被转卖是否保护善意取得人利益问题的复函》（〔1999〕执他字第21号）的解读中，最高人民法院法官认为，在第三人购买了被查封财产的场合，只有第三人确属善意，而非与被执行恶意串通的情况下，才能对第三人的利益予以一定的保护。参见人民法院出版社编：《司法解释理解与适用全集·执行卷》，人民法院出版社2018年版，第675～676页。本答复涉及的情况虽然与前述答复不完全一致，但从平衡执行案件当事人与第三人利益的角度看，也应要求这里的第三人是善意的。

② 最高人民法院执行裁定书，（2016）最高法执监218号。

定、黑龙江省牡丹江市中级人民法院（2015）牡法执异字第17号、（2015）牡法执字第94号执行裁定，向最高人民法院申诉。

长城消防公司依据（2003）牡民商初字第40号民事判决向牡丹江市中级人民法院对十三工程队申请执行，要求给付931,139.73元及利息。执行中，牡丹江市中级人民法院作出（2003）牡法执字第122－7号执行裁定，将十三工程队在林口县林口镇金桥商场二层东北侧建筑面积1875平方米的房产，按第二次拍卖保留价由长城消防公司接受抵债，抵债金额1,352,475元。长城消防公司接受该房产抵债后将该房产出卖给他人，并完成房屋所有权变更登记。

黑龙江省高级人民法院作出（2011）黑监民再字第127号民事判决，撤销牡丹江市中级人民法院（2003）牡民商初字第40号民事判决，并改判十三工程队给付长城消防公司820,338.35元及利息。十三工程队向牡丹江市中级人民法院申请执行回转，要求长城消防公司返还依据原生效判决强制执行十三工程队在金桥商场二层1875平方米房产；如不能返还原物，按现价评估，折价赔偿。牡丹江市中级人民法院作出（2014）牡法执字第94号执行裁定，驳回了十三工程队的请求。十三工程队提出执行异议。牡丹江市中级人民法院作出（2015）牡法执异字第17号执行裁定，驳回了十三工程队的执行异议。十三工程队不服，向黑龙江省高级人民法院申请复议。黑龙江省高级人民法院作出（2015）黑高法执复字第45号执行裁定，驳回了十三工程队的复议请求。

十三工程队向最高人民法院申诉，最高人民法院认为，因长城消防公司已将接受抵债房产出售给他人，案外人已合法取得上述房产的所有权。故十三工程队主张返还原房产，已不能实现，只能要求长城消防公司折价赔偿。依据（2011）黑监民再字第127号民事判决，十三工程队对长城消防公司仍负有金钱给付义务，只是从最初判决确定的931,139.73元及利息变更为820,338.35元及利息。执行回转中，执行回转的范围应限制在被新的判决撤销或变更的内容，而不是对所有已执行的财产一律执行回转，即长城消防公司对十三工程队所承担的义务（执行标的）应当是返还多受偿的金钱，而非返还房产，也不是不能返还时折价赔偿。最终，最高人民法院裁定驳回十三工程队的申诉请求。

本案情况与本答复所涉案件的情况类似，都是申请执行人接受抵债后，已经将房产出售给第三人，在第三人已经合法取得所有权的情况下，不能再返还原房产。本案对执行回转时具体的操作进行了更详细的说明。是否返还原物，不仅要考虑本答复中设定的条件，还要集合具体的案件情况来判断，即执行回转不仅应该是从原申请执行人处进行，而且回转的范围应限制在被新的判决撤销或变更的内容，而不是对原物一律执行回转。本案中，黑龙江省高级人民法院撤销原判决后也作出了改判，相比而言只是十三工程队需要支付的金额发生了变化，并没有改变其仍需要履行债务的事实。在此情况下，显然不应在执行回转中返还被执行的房产，也不是对不能返还的财产按现价进行整体折价赔偿，而是执行回转申请执行人多受偿的债权即可，执行的责任财产可以是长城消防公司的其他合法财产。需要注意的是，最高人民法院在终审论述时，没有采用被执行的房产不是特定物的观点，而是强调执行回转在具体案件中范围的确定，即根据新的法律文书撤销或变更的内容来确定执行回转的标的。这应该是与涉案财产是否属于特性物不同的原因和理由。

（二）执行回转时折价的确定

不能退还原物时如何折价，1998 年《执行规定》并没有规定，后续的法律、司法解释中也没有明确。处置原物时的评估价及第三人取得财产时实际支付的对价不一定一致，有可能比评估价低，也有可能比评估价高。例如，首次拍卖流拍，降低价格二次拍卖成交，第三人取得原物支付的对价就比原物的评估价要低。而如果首次拍卖竞价激烈，第三人取得原物支付的对价就要高。在采用评估、拍卖方式处置涉案财产的情况下，最终的价格是市场对该财产价值的公允反映，因此，应该考虑根据第三人实际支付的对价来确定折价金额。

案例 2①

申诉人李某钦因不服山东省高级人民法院（2016）鲁执监 4 号驳回申诉通知、聊城市中级人民法院（2015）聊执复字第 33 号执行裁定、聊城市东昌府区人民法院（2015）聊东执异字第 30 号执行裁定、（2006）聊东执字第 751 号民事裁定，向最高人民法院申诉。

聊城交通汽运集团有限责任公司（以下简称交通公司）与李某钦、赵某平客车抽本承包合同纠纷一案，东昌府区人民法院作出（2003）聊东民二初字第

① 最高人民法院执行裁定书，（2016）最高法执监 252 号。

81号民事判决。判决内容为一辆中通客车归李某钦所有，双方相抵后李某钦应支付交通公司67,977.4元。交通公司申请执行，东昌府区人民法院拍卖了应属李某钦所有的客车。

后聊城市人民检察院对东昌府区人民法院（2003）聊东二初字第81号民事判决提起抗诉，东昌府区人民法院作出（2004）聊东民再初字第35号民事裁定，对该案再审，中止原判决的执行。彼时，客车的拍卖款还没有发还给申请人交通公司，仍存于东昌府区人民法院账户。东昌府区人民法院作出（2005）聊东民二再字第7号民事判决、聊城市中级人民法院作出（2006）聊民再字第9号民事判决，维持原判。判决内容为中通客车归李某钦所有，交通公司退还李某钦8211.3元，赔偿李某钦114,607.9元，李某钦偿还交通公司70,578.7元。后李某钦申请执行。交通公司支付了52,240元，对于中通客车，东昌府区人民法院认为汽车已被拍卖，已没有实际执行标的物，只能将原汽车拍卖款给付李某钦。李某钦拒绝领取，要求返还原车或折价18万元。东昌府区人民法院作出（2006）聊东执字第751号民事裁定，裁定终结执行（2005）聊东民二再字第7号民事判决第二项（中通客车归李某钦所有）。

李某钦提出异议，东昌府区人民法院作出（2015）聊东执异字第30号执行裁定，驳回李某钦的异议。李某钦向聊城市中级人民法院申请复议。聊城市中级人民法院作出（2015）聊执复字第33号执行裁定，驳回李某钦的复议申请。李某钦向山东省高级人民法院申请监督。山东省高级人民法院作出（2016）鲁执监4号驳回申诉通知，驳回李某钦的申诉请求。李某钦向最高人民法院提出申诉。

最高人民法院认为，根据1998年《执行规定》第109条、第110条的规定，本案执行标的物客车已经被拍卖，无法执行回转该车辆。而拍卖款是该车辆的变价款，在执行法院未将此款支付给原申请人交通公司的情况下，在新的执行案件中返还给李某钦并无不当。李某钦主张以18万元作为车辆执行回转的折价，于法无据，不予支持。最高人民法院最终裁定驳回李某钦的申诉请求。

本案中，李某钦所有的登记在交通公司名下的客车被拍卖。李某钦根据新的法律文书向东昌府区人民法院申请执行回转，有权请求执行中通客车归其所有等判决内容。由于汽车已被拍卖，已没有实际执行标的物，故不能返还，应当折价赔偿。但是折价款应该是当时的拍卖款，还是李某钦主张的18万元出现了争议。以拍卖价格作为折价价格返还较为合理。关于在执行回转中确定折价赔偿的价格，《民事诉讼法解释》第492条规定："执行标的物为特定物的，应当执行原物。原物确已毁损或者灭失的，经双方当事人同意，可以折价赔偿。双方当事人对折价赔偿不能协商一致的，人民法院应当终结执行程序。申请执行人可以另行起诉。"这就改变了1998年《执行规定》第110条"不能退还原物的，可以折价抵偿"的原则，现在，除非当事人就折价赔偿问题达成一致，否则应该终结执行，当事人需要另诉解决赔偿问题。[①] 2020年修正后的《执行规定》与《民事诉讼法解释》的规定相一致。

第四节　执 行 监 督

执行信访、执行督办与执行监督的关系

规定、意见、规范、通知原文

（一）最高人民法院关于执行案件督办工作的规定（试行）[②]

2006年5月18日　法发〔2006〕11号

为了加强和规范上级法院对下级法院执行案件的监督，根据《中华人民共和国民事诉讼法》及有关司法解释的规定，结合人民法院执行工作的实践，制定本规定。

第一条　最高人民法院对地方各级人民法院执行案件进行监督。高级人民

① 参见最高人民法院执行局编著：《最高人民法院执行司法解释条文适用编注》，人民法院出版社2019年版，第412页。最高人民法院于2020年12月23日，以法释〔2020〕21号决定对1998年《执行规定》做了较大修改，在原110条（现第66条）中增加了一款："双方当事人对折价赔偿不能协商一致的，人民法院应当终结执行回转程序。申请执行人可以另行起诉。"

② 该规定已废止。

法院、中级人民法院对本辖区内人民法院执行案件进行监督。

第二条　当事人反映下级法院有消极执行或者案件长期不能执结，上级法院认为情况属实的，应当督促下级法院及时采取执行措施，或者在指定期限内办结。

第三条　上级法院应当在受理反映下级法院执行问题的申诉后十日内，对符合督办条件的案件制作督办函，并附相关材料函转下级法院。遇有特殊情况，上级法院可要求下级法院立即进行汇报，或派员实地进行督办。

下级法院在接到上级法院的督办函后，应指定专人办理。

第四条　下级法院应当在上级法院指定的期限内，将案件办理情况或者处理意见向督办法院作出书面报告。

第五条　对于上级法院督办的执行案件，被督办法院应当按照上一级法院的要求，及时制作案件督办函，并附案件相关材料函转至执行法院。被督办法院负责在上一级法院限定的期限届满前，将督办案件办理情况书面报告上一级法院，并附相关材料。

第六条　下级法院逾期未报告工作情况或案件处理结果的，上级法院根据情况可以进行催报，也可以直接调卷审查，指定其他法院办理，或者提级执行。

第七条　上级法院收到下级法院的书面报告后，认为下级法院的处理意见不当的，应当提出书面意见函告下级法院。下级法院应当按照上级法院的意见办理。

第八条　下级法院认为上级法院的处理意见错误，可以按照有关规定提请上级法院复议。

对下级法院提请复议的案件，上级法院应当另行组成合议庭进行审查。经审查认为原处理意见错误的，应当纠正；认为原处理意见正确的，应当拟函督促下级法院按照原处理意见办理。

第九条　对于上级法院督办的执行案件，下级法院无正当理由逾期未报告工作情况或案件处理结果，或者拒不落实、消极落实上级法院的处理意见，经上级法院催办后仍未纠正的，上级法院可以在辖区内予以通报，并依据有关规定追究相关法院或者责任人的责任。

第十条　本规定自公布之日起施行。

（二）最高人民法院关于人民法院办理执行信访案件若干问题的意见

2016 年 6 月 27 日　法发〔2016〕15 号

为贯彻落实中央关于涉诉信访纳入法治轨道解决、实行诉访分离以及建立健全信访终结制度的指导精神，根据《中华人民共和国民事诉讼法》（以下简称《民事诉讼法》）及有关司法解释，结合人民法院执行工作实际，现针对执行信访案件交办督办、实行诉访分离以及信访终结等若干问题，提出如下意见：

一、关于办理执行信访案件的基本要求

1. 执行信访案件，指信访当事人向人民法院申诉信访，请求督促执行或者纠正执行错误的案件。执行信访案件分为执行实施类信访案件、执行审查类信访案件两类。

2. 各级人民法院执行部门应当设立执行信访专门机构；执行信访案件的接待处理、交办督办以及信访终结的复查、报请、决定及备案等各项工作，由各级人民法院执行部门统一归口管理。

3. 各级人民法院应当建立健全执行信访案件办理机制，畅通执行申诉信访渠道，切实公开信访办理流程与处理结果，确保相关诉求依法、及时、公开得到处理：

（1）设立执行申诉来访接待窗口，公布执行申诉来信邮寄地址，并配备专人接待来访与处理来信；

（2）收到申诉信访材料后，应当通过网络系统、内部函文等方式，及时向下级人民法院交办；

（3）以书面通知或其他适当方式，向信访当事人告知案件处理过程及结果。

4. 各级人民法院应当建立执行信访互联网申诉、远程视频接访等网络系统，引导信访当事人通过网络反映问题，减少传统来人来信方式信访。

5. 各级人民法院应当建立和落实执行信访案件交办督办制度：

（1）上级人民法院交办执行信访案件后，通过挂牌督办、巡回督导、领导包案等有效工作方式进一步督促办理；

(2) 设立执行信访案件台账，以执行信访案件总数、已化解信访案件数量等作为基数，以案访比、化解率等作为指标，定期对辖区法院进行通报；

(3) 将辖区法院执行信访工作情况纳入绩效考评，并提请同级党委政法委纳入社会治安综合治理考核范围；

(4) 下级人民法院未落实督办意见或者信访化解工作长期滞后，上级人民法院可以约谈下级人民法院分管副院长或者执行局长，进行告诫谈话，提出整改要求。

二、关于执行实施类信访案件的办理

6. 执行实施类信访案件，指申请执行人申诉信访，反映执行法院消极执行，请求督促执行的案件。

执行实施类信访案件的办理，应当遵照“执行到位、有效化解”原则。如果被执行人具有可供执行财产，应当穷尽各类执行措施，尽快执行到位。如果被执行人确无财产可供执行，应当尽最大努力解释说明，争取息诉罢访，有效化解信访矛盾；经解释说明，仍然反复申诉、缠访闹访，可以依法终结信访。

7. 执行实施类信访案件，符合下列情形的，可以认定为有效化解，上级人民法院不再交办督办：

(1) 案件确已执行到位；

(2) 当事人达成执行和解协议并已开始依协议实际履行；

(3) 经重新核查，被执行人确无财产可供执行，经解释说明或按照有关规定进行司法救助后，申请执行人书面承诺息诉罢访。

8. 申请执行人申诉信访请求督促执行，如果符合下列情形，上级人民法院不再作为执行信访案件交办督办：

(1) 因受理破产申请而中止执行，已告知申请执行人依法申报债权；

(2) 再审裁定中止执行，已告知申请执行人依法应诉；

(3) 因牵涉犯罪，案件已根据相关规定中止执行并移送有关机关处理；

(4) 信访诉求系认为执行依据存在错误。

9. 案件已经执行完毕，但申请执行人以案件尚未执行完毕为由申诉信访，应当制作结案通知书，并告知针对结案通知书提出执行异议。

10. 被执行人确无财产可供执行，执行法院根据相关规定作出终结本次执行程序裁定，申请执行人以案件尚未执行完毕为由申诉信访，告知针对终结本次执行程序裁定提出执行异议。

三、关于执行审查类信访案件的办理

11. 执行审查类信访案件，指信访当事人申诉信访，反映执行行为违反法律规定或对执行标的主张实体权利，请求纠正执行错误的案件。

执行审查类信访案件的办理，应当遵照“诉访分离”原则。如果能够通过《民事诉讼法》及相关司法解释予以救济，必须通过法律程序审查；如果已经穷尽法律救济程序以及本意见所规定的执行监督程序，仍然反复申诉、缠访闹访，可以依法终结信访。如果属于审判程序、国家赔偿程序处理范畴，告知通过相应程序寻求救济。

12. 信访当事人向执行法院请求纠正执行错误，如果符合执行异议、案外人异议受理条件，应当严格按照立案登记制要求，正式立案审查。

13. 信访当事人未向执行法院提交《执行异议申请》，但以“申诉书”、“情况反映”等形式主张执行行为违反法律规定或对执行标的主张实体权利的，应当参照执行异议申请予以受理。

14. 信访当事人向上级人民法院申诉信访，主张下级人民法院执行行为违反法律规定或对执行标的主张实体权利，如案件尚未经过异议程序或执行监督程序处理，上级人民法院一般不进行实质性审查，按照如下方式处理：

（1）告知信访当事人按照相关规定寻求救济；

（2）通过信访制度交办督办，责令下级人民法院按照异议程序或执行监督程序审查；

（3）下级人民法院正式立案审查后，上级人民法院不再交办督办。

15. 当事人、利害关系人不服《民事诉讼法》第二百二十五条所规定执行复议裁定，向上一级人民法院申诉信访，上一级人民法院应当作为执行监督案件立案审查，以裁定方式作出结论。

16. 当事人、利害关系人在异议期限之内已经提出异议，但是执行法院未予立案审查，如果当事人、利害关系人在异议期限之后继续申诉信访，执行法院应当作为执行监督案件立案审查，以裁定方式作出结论。

当事人、利害关系人不服前款所规定执行监督裁定，向上一级人民法院继续申诉信访，上一级人民法院应当作为执行监督案件立案审查，以裁定方式作出结论。

17. 信访当事人向上级人民法院申诉信访，反映异议、复议案件严重超审限的，上级人民法院应当通过信访制度交办督办，责令下级人民法院限期作出异议、复议裁定。

18. 当事人、利害关系人申诉信访请求纠正执行错误，如果符合下列情形，上级人民法院不再作为执行信访案件交办督办：

（1）信访诉求系针对人民法院根据行政机关申请所作出准予执行裁定，并非针对执行行为；

（2）信访诉求系认为执行依据存在错误。

四、关于执行信访案件的依法终结

19. 被执行人确无财产可供执行，申请执行人书面承诺息诉罢访，如果又以相同事由持续反复申诉、缠访闹访，执行法院可以逐级报请高级人民法院决定终结信访。

20. 当事人、利害关系人提出执行异议，经异议程序、复议程序及执行监督程序审查，最终结论驳回其请求，如果仍然反复申诉、缠访闹访，可以依法终结信访：

（1）执行监督裁定由高级人民法院作出的，由高级人民法院决定终结信访；

（2）执行复议、监督裁定由最高人民法院作出的，由最高人民法院决定终结信访或交高级人民法院终结信访。

21. 执行实施类信访案件，即使已经终结信访，执行法院仍然应当定期查询被执行人财产状况；申请执行人提出新的财产线索而请求恢复执行的，执行法院应当立即恢复执行。

22. 申请执行人因案件未能执行到位而导致生活严重困难的，一般不作信访终结。

23. 高级人民法院决定终结信访之前，应当报请最高人民法院备案。最高人民法院对于不符合条件的，及时通知高级人民法院予以补正或者退回。不予终结备案的，高级人民法院不得终结。

24. 最高人民法院、高级人民法院决定终结信访的，应当书面告知信访当事人。

25. 已经终结的执行信访案件，除另有规定外，上级人民法院不再交办督办，各级人民法院不再重复审查；信访终结后，信访当事人仍然反复申诉、缠访闹访的，依法及时处理，并报告同级党委政法委。

26. 执行信访终结其他程序要求，依照民事案件信访终结相关规定办理。

（三）最高人民法院执行局关于办理涉执申诉信访案件办理流程规范

2018 年 5 月 21 日　法（执）明传〔2018〕19 号

为进一步提升涉执申诉信访工作规范化、信息化水平，统一全国法院在执行申诉信访系统中高效办理涉执申诉信访案件流程标准，及时解决和纠正消极执行、错误执行等问题，维护信访人合法权益，根据有关法律及司法解释规定，结合执行申诉信访系统流程设计，制定本规范。

第一条　（总体要求）

人民法院办理涉执申诉信访案件，应当坚持依法、公正、规范、及时、为民原则。涉执申诉信访案件均应按要求在执行申诉信访系统中办理。

上级人民法院对下级人民法院的涉执申诉信访工作应进行监督、管理和考核。

第二条　（申诉信访的来源）

人民法院执行信访部门对属于以下情形的执行申诉信访材料应当接收：

（一）现场接访收到的；

（二）群众来信寄送的；

（三）人民法院立案庭等相关部门收转的；

（四）有关领导或领导机关及其他有关单位按程序批转的；

（五）人大代表、政协委员反映的；

（六）人民法院官方网站、微信、微博收到的；

（七）其他相关途径收到的。

第三条　（执行申诉信访的受理）

对收到的申诉信访材料，执行信访部门应进行形式审查，决定是否受理。

申诉信访材料反映的是本院或辖区内下级人民法院执行问题的，应予受理，并根据本规范的有关规定办理。

申诉信访材料反映的是上级人民法院执行问题的，不予受理，告知申诉信访人向上级人民法院反映。

申诉信访材料反映的问题明显不属执行问题的，不予受理，告知申诉信访人向有关单位或部门反映。

第四条 （申诉信访的登记）

受理申诉信访材料后，人民法院执行部门应指定专人负责在执行申诉信访系统中完成登记事项，并将申诉书、执行依据、执行程序中作出的法律文书、申诉信访人的身份证明等材料扫描并上传至执行申诉信访系统。

登记前，登记人员应在执行申诉信访系统中进行重复信访检查。发现属于重复信访的，在系统中登录增加相应的信访次数，不再登记、上传申诉信访材料。

登记人员完成申诉信访材料登记后，应在执行申诉信访系统中及时报送本执行部门信访工作负责人审核。

第五条 （申诉信访的审核）

人民法院执行部门信访工作负责人，应对登记人员在执行申诉信访系统中报送的申诉信访材料及时进行审核，按照下列情形，分别处理：

（一）不属于本规范第三条规定的受理范围的，直接剔除；

（二）登记事项信息不完整、不准确，或者重要材料缺失的，退回登记人员补充、修改；

（三）属于本规范第三条规定的受理范围，且登记事项信息及上传的材料符合要求的，予以审核通过。

第六条 （申诉信访的分办）

申诉信访材料经审核通过后，一般应随机确定承办人办理；其中，案情复杂、影响较大或情况紧急的，报本执行部门负责人研究确定承办人。

第七条 （申诉信访的甄别）

承办人对所分配的申诉信访材料，应按照下列要求及时进行甄别：

（一）再次进行重复信访检查；

（二）对已登记的案件信息进行核查和校对；

（三）补充填写甄别环节需要填写的案件其他信息；

（四）对申诉信访材料反映的问题进行甄别，根据案件情况，按照不同类型，在执行申诉信访系统中提请采用相应的办理方式。

第八条　（直接办理结案）

申诉信访材料反映的问题属于以下情形的，承办人可在执行申诉信访系统中申请直接结案：

（一）基本信息不全，无法处理的；

（二）不属于执行问题的；

（三）属于重复信访，相关问题正在挂网督办的；

（四）对反映错误执行的案件已立正式的执行监督案件的；

（五）已信访终结的；

（六）其他应直接办理结案的。

直接办理结案的，必须写明具体理由，报本执行部门信访负责人审核同意。

第九条　（执行法院直接办理）

申诉信访材料反映的是本院执行问题的，按照本院涉执申诉信访案件相关程序办结后，承办人应在执行申诉信访系统中按要求登录案件相关信息，并扫描上传本规范第四条第一款规定的重要材料；经本执行部门信访负责人审核同意后，才能在执行申诉信访系统中办结。

第十条　（上级法院立案办理）

申诉信访材料反映的是下级执行法院的执行问题，属于以下情形的，按照不同程序正式立案办理：

（一）反映的问题系对下级法院异议裁定不服，且符合本院复议案件立案条件的，承办人应当在执行申诉信访系统中提请本执行部门的信访负责人审核立案；

（二）反映的问题系对下级法院复议裁定不服，且符合本院监督案件立案条件的，承办人应当在执行申诉系统中提请本执行部门的信访负责人审核立案；

（三）不符合第一、二两种情形，但宜由本院正式立案后对相关争议作出处理的，承办人可在执行申诉信访系统中提出监督案件立案建议，并层报本执行部门领导审批决定是否立案。

上述第一、二两种情形经审批同意立案的，信访人反映的问题因进入法律程序审查，申诉信访程序终结；第三种情形经审批同意立案的，不能据此终结申诉信访程序，而应根据案件处理结果，按照交办信访案件核销标准，确定申诉信访程序是否终结。

第十一条　（上级法院挂网交办）

申诉信访材料反映下级执行法院的执行问题，属于以下情形的，承办人应在执行申诉信访系统中提出明确交办要求，经本执行部门信访负责人审核同意后，在系统中直接将案件发至执行法院办理，并提出相应的处理意见：

（一）反映消极执行问题的

1. 应受理执行申请而不受理；
2. 拖延查询被执行人财产信息；
3. 拖延查封、扣押、冻结；
4. 拖延评估执行财产；
5. 拖延拍卖、变卖执行财产；
6. 拖延发放执行款物；
7. 拖延清退、交付房屋；
8. 应纳入失信被执行人名单而不纳入；
9. 应采取罚款、拘留、限制出境及限制消费等其他执行措施而不采取；
10. 未按要求向当事人告知执行进展；
11. 应受理参与分配申请而不受理；
12. 应立执行异议、复议或执行监督等案件拖延不予立案的；
13. 不执行上级法院指令的；
14. 滥用终结本次执行程序的；
15. 对外部干预能排除而不排除的；
16. 应移送追究拒执犯罪而未移送的；
17. 其他消极执行情形。

（二）反映执行错误问题的

1. 超标的查封、扣押、冻结；

2. 评估价严重低于财产价值的；

3. 拍卖、变卖价严重低于财产价值的；

4. 违法执行案外人财产的；

5. 违法中止执行或终结执行的；

6. 违法纳入失信被执行人名单的；

7. 不及时屏蔽、撤销失信被执行人名单的；

8. 违法采取罚款、拘留、限制出境、限制高消费等措施的；

9. 执行分配错误的；

10. 其他执行错误情形。

（三）反映外部问题的

1. 外部机构或人员干预执行的；

2. 协助执行单位拒不协助的；

3. 相关案件的执行法院存在消极或违法执行情形，影响本案执行的；

4. 其他相关外部问题。

第十二条　（甄别、提请办理意见的发回）

本执行部门的信访负责人对承办人的甄别意见和提请采用的办理方式不同意的，应当在执行申诉信访系统中发回承办人重新甄别、提请。

第十三条　（交办信访案件的办理）

对上级人民法院挂网交办的案件，执行法院应当及时确定承办人。

承办人具体办理时，应当联系申诉信访人并制作有关笔录。

承办人办结案件后，应当在执行申诉信访系统中申请核销信访案件；申请核销时，除填写完整准确的核销理由外，还应按要求填写案件判决及执行情况、信访交办办理情况等信息项，并上传案件办理报告等材料。

第十四条　（交办案件超期未办理的督办）

交办案件超期未办理的，上级交办法院应当通过电话、微信工作群、视频会议、巡查督促、预约谈或约谈、通报等多种督办方式进行督办。

高级人民法院对辖区法院办理上级法院交办信访案件承担统筹、督促、指导和管理等责任。

第十五条　（交办信访案件的核销）

交办信访案件的核销申请，经执行法院审核同意后，层报至上级交办法院核查。上级交办法院应当指定专门人员负责核查；对符合核销条件的，在执行申诉信访系统中提请核销；对不符合核销条件的，在执行申诉信访系统中提请继续督办。

经本执行部门信访负责人审核同意，提请核销的交办信访案件予以核销；提请继续督办的交办信访案件退回执行法院重新办理。

第十六条　（其他事项）

本规范自发布之日起施行。

（四）最高人民法院关于建立健全执行信访案件“接访即办”工作机制的意见

2021年11月4日　法〔2021〕227号

为深入贯彻落实中央关于全国政法队伍教育整顿有关决策部署，践行“以人民为中心”发展理念，进一步健全完善新时期执行信访工作长效机制，提高执行信访案件办理质效，规范执行行为，维护信访人合法权益，根据相关法律、司法解释的规定，就建立健全执行信访案件“接访即办”工作机制，提出如下意见。

一、本意见所称“接访即办”，是指人民法院对于收到的执行信访材料，给予即时录入、快速督办、及时反馈、高效化解的信访管理工作机制。

二、建立健全“接访即办”工作机制，应当坚持依法、公正、规范、及时、便民的原则。

高级、中级人民法院对辖区人民法院“接访即办”工作承担监督管理职责；各地人民法院对其本院初访信访案件的办理承担主体责任。

三、人民法院执行部门应当确定专人处理涉及执行案件的来信、来访，所有执行信访案件均应及时、全面录入人民法院执行申诉信访办理系统，并且全流程在人民法院执行申诉信访办理系统上办理。

四、人民法院执行部门对收到的信访材料，应当先予形式审查，于5个工作日内在人民法院执行申诉信访办理系统中完成申诉信访登记，并确定承办人办理。

对于来信来访涉及本院执行部门正在办理的执行案件的，应当及时将相关材料转交案件承办人。

五、对于反映本院执行案件办理问题的信访材料，各地人民法院信访工作承办人应当于30日内办结，并及时将办理结果告知信访人。

六、对于反映下级人民法院执行案件办理问题的信访材料，高级、中级人民法院的承办人应当于15个工作日内完成甄别工作，紧急情况应即刻办理、及时报告、及时采取措施。

七、对于上级人民法院挂网交办的执行信访案件，执行法院应当于45日内办理完毕，并及时告知信访人；办理意见经执行部门相关负责人审批同意后，通过人民法院执行申诉信访办理系统层报上级交办法院核销。

八、上级人民法院收到交办信访案件的核销申请后，应当于5个工作日内完成核销工作。

九、对于已阶段化解和终局化解的信访案件，上一级人民法院应当对信访人进行回访，了解信访诉求办理的响应、解决、满意度等情况。

十、各高级人民法院每季度对辖区中级、基层人民法院办理执行信访案件情况进行通报。对执行信访案件办理情况进行常态化监督，发现执行法院不进行初信初访登记、登记后未实际处理或者未在合理期限内采取措施，导致群体访、越级赴省进京信访的，对执行法院主要负责人和其他相关责任人进行约谈。

十一、执行信访案件办理情况纳入年度平安建设考评内容。对于“接访即办”工作长期滞后的，上级人民法院应及时提出限期整改要求。

十二、执行法院或者执行人员在“接访即办”工作中弄虚作假或者不执行上级人民法院的监督意见，以及执行人员存在消极执行、违法执行等情形，造成恶劣影响或者严重后果的，除责令限期纠正外，相关人民法院应当启动“一案双查”工作机制予以查处。

十三、进一步提高执行申诉信访工作信息化建设与应用水平，发挥人民法院执行申诉信访办理系统上下贯通、节点控制的监督作用，加强系统数据分析，研判提出解决问题的对策和方法。

十四、各级人民法院应当建立健全执行信访互联网申诉应用平台，引导鼓励信访当事人通过网络反映问题，方便当事人快速便捷提出信访诉求，降低信访成本。

十五、加强预防、妥善处理涉执群体访案件，完善预警机制，健全与公安机关、检察机关、综治部门的协同联动机制，做到及时快速规范处理。

十六、各级人民法院要按照“三同步”原则对执行信访负面舆情及早发现，及时应对。上级人民法院要按照程序交办重大、涉敏感舆情执行信访案件，妥善指导下级人民法院应对执行信访负面舆情，防范化解风险。

（五）最高人民法院
关于进一步完善执行权制约机制　加强执行监督的意见

2021年12月6日　法〔2021〕322号

党的十八大以来，在以习近平同志为核心的党中央坚强领导下，全国法院坚决贯彻落实党的十八届四中全会关于“切实解决执行难”的重大决策部署，攻坚克难，锐意进取，如期实现“基本解决执行难”的阶段性目标，执行工作取得显著成效，人民群众获得感持续增强。但是，执行难在有些方面、有些地区仍然存在，甚至还比较突出。特别是全国政法队伍教育整顿以来执行领域暴露出的顽瘴痼疾和查处的违纪违法案件，反映出执行监督管理不到位，执行权制约机制不完善问题。为全面贯彻落实党中央关于全国政法队伍教育整顿决策部署，进一步规范执行行为，强化对执行权的监督制约，不断清除执行领域的顽瘴痼疾，筑牢不敢腐不能腐不想腐的制度堤坝，确保高效公正规范文明执行，切实维护人民群众合法权益，努力让人民群众在每一个司法案件中感受到公平正义，提出以下意见。

一、始终坚持执行工作正确的政治方向

1. 坚持党的绝对领导。坚持以习近平新时代中国特色社会主义思想为指导，深入贯彻落实习近平法治思想，始终把党的政治建设摆在首位，增强“四个意识”、坚定“四个自信”、做到“两个维护”，不断提高政治判断力、政治领悟力、政治执行力，筑牢政治忠诚，始终在思想上政治上行动上同以习近平同志为核心的党中央保持高度一致。严格落实执行领域重要工作、重大问题和重要事项向上级人民法院党组、地方党委请示报告制度，确保党中央决策部署在人民法院执行工作中不折不扣贯彻落实。充分发挥党总揽全局、协调各方的领导核心作用，统筹各方资源，构建从源头综合治理执行难的工作格局和常态化工作机制。

2. 突出政治教育。始终把政治建设摆在首位，加强理论武装，提高政治理论修养。深入持久开展理想信念教育，弘扬伟大建党精神，赓续红色司法基因，引导执行干警树立正确人生观、价值观、权力观。深入持久开展宗旨意识教育，坚持以人民为中心，带着对人民群众的深厚感情和高度责任感高效公正规范文明办理好每一个执行案件，切实解决群众观念缺失、“冷硬横推”、“吃拿卡要”等作风不正突出问题。

3. 强化警示教育。以刀刃向内、刮骨疗毒的自我革命精神，彻查执行领域违纪违法案件，清除害群之马，持续保持执行领域反腐倡廉高压态势。有针对性地深入持久开展执行人员纪法教育、警示教育，以案明纪、以案释法、以案促改，促使执行人员知敬畏、存戒惧、守底线，恪守司法良知。坚决杜绝违反“三个规定”、与当事人和律师不正当交往、违规干预过问案件、有令不行有禁不止、以权谋私等执行不廉行为。

4. 压实全面从严治党主体责任。各级人民法院党组要切实担负起执行领域党风廉政建设主体责任。党组书记、院长是本院执行领域党风廉政建设第一责任人，院领导、执行局长根据职责分工履行“一岗双责”，对职责范围内的党风廉政建设负领导责任。各级人民法院党组要定期研究部署执行领域的党风廉政建设工作，强化责任考核，倒逼责任落实。

二、深化审执分离改革

5. 深化审判权与执行权分离。有效发挥审判、破产、国家赔偿程序对执行权的制约作用。执行中的重大实体争议问题，严格按照民事诉讼法及司法解释的规定，通过相应诉讼程序解决，避免违规以执代审。执行中发现企业法人不能清偿到期债务，并且资产不足以清偿全部债务或者明显缺乏清偿能力的，应当暂缓财产分配，及时询问申请执行人、被执行人是否申请或者同意将案件移送破产审查，避免影响各债权人的公平受偿权；对于无财产可供执行的终本案件，要及时启动执转破程序，清理僵尸企业，有序消化终本案件存量。人民法院收到移送破产审查决定书面通知的，应依法中止执行，坚决杜绝在破产案件受理后不配合解除相应保全措施、搞地方保护等现象。执行错误的，依法及时启动国家赔偿程序，完善执行错误案件国家赔偿制度机制，有效及时挽回因执行错误给当事人造成的损失，维护当事人的合法权益。

6. 深化执行裁决权与执行实施权分离。具备条件的人民法院可单独设立执行裁判庭，负责办理执行异议、复议、执行异议之诉案件，以及消极执行督办案件以外的执行监督案件。不具备条件的人民法院，执行异议、复议、消极执行督办案件以外的执行监督案件由执行机构专门合议庭负责审查，执行异议之诉案件由相关审判庭负责审理。充分发挥执行裁决权对执行实施权的制衡和约束作用。

7. 健全事务集约、繁简分流的执行权运行机制。首次执行案件应在立案后或者完成集中查控后，根据查控结果，以有无足额财产可供执行、有无财产需要处置、能否一次性有效执行等为标准，实施繁简分流，实现简案快执、难案攻坚。简易执行案件由快执团队办理，普通案件由以法官为主导的团队办理。做好简易执行案件与普通案件的衔接，简易执行案件无法在既定期限内执结的，应转为普通案件办理。通过对繁简案件分类考核、精准管理，有效避免繁简案件混杂引发的选择性执行问题。

8. 确立专人监督管理制度。建立流程节点自动预警和专人监管的双重管理机制。设专人履行专项监管职责，对案件承办团队是否及时查控财产、发放执行案款、终本案件是否合规等关键节点进行日常核查，及时提示办案人员采取相应措施纠正违规行为，对未采取相应纠正措施的，及时向有关负责同志报告。各级人民法院要对专人监督管理制度制定相应的实施办法。

9. 严格落实合议制度。依照法律和司法解释规定应当合议的事项，必须由合议庭讨论决定，不得搞变通，使合议流于形式。健全专业法官会议制度和审判委员会制度，完善合议庭评议、专业法官会议与审判委员会讨论的工作衔接机制。

10. 制定完善执行权力和责任清单。各级人民法院要根据法律规定和司法责任制要求，制定符合新的执行权运行模式的权力和责任清单，完善“四类案件”管理机制，并嵌入执行案件流程管理系统，实现对履职行为的提醒、留痕、倒查和监督，压实院长、执行局长监管职责，严格落实“谁审批、谁负责”要求。

11. 深化执行公开。进一步优化执行信息化公开平台，将执行当事人、终本案件、限制消费、失信惩戒、财产处置、执行裁判文书等信息向社会全面公开，对依法应当公开的执行流程节点、案件进展状态通过手机短信、微信、诉讼服务热线、手机 APP 等及时向案件当事人推送，实现执行案件办理过程全公开、节点全告知、程序全对接、文书全上网，保障当事人和社会公众的知情权、参与权和监督权，让执行权在阳光下运行。广泛开展“正在执行”全媒体直播等活动，凝聚全社会了解执行、理解执行、支持执行的共识。有效解决暗箱操作、权力寻租顽疾。

三、强化执行流程关键节点管理

12. 全面升级执行案件流程管理系统。实现四级法院对执行程序关键节点可视化监管。全面推行全案电子卷宗随案生成、信息自动回填、文书自动生成、执行节点自动提醒、执行过程自动公开、执行风险自动预警、违规操作自动拦截等智能化功能，做到全节点可查询、全进程可预期、全流程可追溯。确保执行程序关键节点信息真实全面准确，确保线下执行与线上系统信息的一致性，彻底堵塞执行程序关键节点信息随意填报、随意改动的技术漏洞。

13. 依法及时查封财产。执行部门收到立案部门移送的案件材料后，必须在 5 个工作日内通过“总对总”“点对点”网络查控系统对被执行人财产发起查询，查询范围应覆盖系统已开通查询功能的全部财产类型。经线上查询反馈被执行人名下有财产可供执行的，应当立即采取控制措施，无法线上采取控制措施的，应当在收到反馈结果后 3 个工作日内采取控制措施。申请执行人或者案外人提供财产线索明确、具体，情况紧急的，应在 24 小时内启动调查核实，经查属实的，应当立即采取控制措施。有效解决消极、拖延执行、选择性执行顽疾。

14. 同步录入财产信息。人民法院必须将全部已查控财产统一纳入节点管控范围，对于通过网络查控系统线上控制到的财产，财产信息同步自动录入执行案件流程管理系统；对于线下查控到的财产，执行人员应当及时将财产信息手动录入执行案件流程管理系统。财产查控信息应及时向当事人推送，彻底消除查控财产情况不公开不透明、规避监管和“体外循环”现象。

15. 严禁超标的查封、乱查封。强制执行被执行人的财产，以其价值足以清偿生效法律文书确定的债权额为限，坚决杜绝明显超标的查封。冻结被执行人银行账户内存款的，应当明确具体冻结数额，不得影响冻结之外资金的流转和账户的使用。需要查封的不动产整体价值明显超出债权额的，应当对该不动产相应价值部分采取查封措施；相关部门以不动产登记在同一权利证书下为由提出不能办理分割查封的，人民法院在对不动产进行整体查封后，经被执行人申请，应当及时协调相关部门办理分割登记并解除对超标的部分的查封。有多种财产的，选择对当事人生产生活影响较小且方便执行的财产查封。

人民法院采取诉讼保全措施，案外人对保全裁定或者保全裁定实施过程中的执行行为不服，基于对标的物享有实体权利提出异议的，人民法院应当依照民事诉讼法第二百二十七条规定处理，切实将案外人权利救济前移。

一方当事人以超标的查封为由提出执行异议，争议较大的，人民法院可以根据当事人申请进行评估，评估期间不停止查封。

16. 合理确定财产处置参考价。财产处置参考价应当通过全国法院询价评估系统确定。人民法院查封、扣押、冻结财产后，对需要拍卖、变卖的财产，应当在30日内启动确定财产处置参考价程序，参考价确定后10日内启动财产变价程序。

双方当事人议价一致的，优先采取议价方式确定财产处置参考价，当事人议价不成的，可以网络询价或者定向询价。无法采取上述方式确定参考价的，应当委托评估机构进行评估。

17. 探索建立被执行人自行处置机制。对不动产等标的额较大或者情况复杂的财产，被执行人认为委托评估确定的参考价过低、申请自行处置的，在可控制其拍卖款的情况下，人民法院可以允许其通过网络平台自行公开拍卖；有确定的交易对象的，在征得申请执行人同意或者能够满足执行债权额度的情况下，人民法院可以允许其直接交易。自行处置期限由人民法院根据财产实际情况、市场行情等因素确定，但最长不得超过90日。

18. 坚持网络拍卖优先原则。人民法院以拍卖方式处置财产的，应当采取网络司法拍卖方式，但法律、行政法规和司法解释规定必须通过其他途径处置，或者不宜采用网络司法拍卖方式处置的除外。

各级人民法院不得在最高人民法院司法拍卖网络服务提供者名单库中进一步限定网络司法拍卖平台，不得干预、替代申请执行人进行选择。

拍卖财产为不动产且被执行人或者他人无权占用的，人民法院应当依法负责腾退，不得在公示信息中载明“不负责腾退交付”等信息。

严格贯彻落实《最高人民法院关于加强对司法拍卖辅助工作管理的通知》，由高级人民法院制定拍卖辅助机构管理办法，建立名单库并规范委托拍卖辅助机构开展拍卖辅助工作。

19. 完善“一案一账号”工作机制和信息化系统。各级人民法院要做到“一案一账号”系统与执行案件流程管理系统对接，全面实现执行案款管理的全流程化和信息化。

历史性执行案件往来款必须于2021年12月30日前全部甄别完毕，在此之后不得出现无法与执行案件对应的不明款。彻底解决款项混同、边清边积顽疾。

20. 完善“一案一账号”工作制度。执行立案时，必须向申请执行人确认接受案款方式和具体账户，以便案款发放准确及时。执行通知书、风险告知书等相关法律文书中必须载明：案件对应的具体账户；被执行人有权拒绝向文书指定账户以外的账户付款；如发现有执行人员指定其他案款交付途径的，可向12368举报。线下扣划时，严禁执行人员将案款扣划至文书指定账户以外的其他账户内。有效解决截留、挪用执行案款顽疾。

21. 推行设立案款专户专用。各级人民法院要协调财政部门为执行案款单独设立执行款专户，形成专户专用，对执行款建立专项管理、独立核算、专款专付的长效机制。

22. 及时发放执行案款。具备发放条件的，执行部门应当在执行案款到账后10个工作日内向财务部门发出支付案款通知，财务部门在接到通知后5个工作日内向申请执行人发放案款。部分案款有争议的，应当先将无争议部分及时发放。有效解决执行案款发放不及时问题。

执行案款发放要严格履行审批程序，层层把关，做到手续完备、线下和线上手续相互印证。对于有法定事由延缓发放或者提存的，应当在法定期限内提出申请，严格履行报批手续。

23. 严格规范失信惩戒及限制消费措施。严格区分和把握采取纳入失信名单及限制消费措施的适用条件，符合失信情形的，纳入失信名单同时限制消费，仅符合限制消费情形的，不得纳入失信名单。

被执行人履行完毕的，人民法院必须在3个工作日内解除限制消费令，因情况紧急当事人申请立即解除的，人民法院应当立即解除限制消费令；在限制消费期间，被执行人提供有效担保或者经申请执行人同意的，人民法院应当在3个工作日内解除限制消费令。被执行人的法定代表人发生变更的，应当依当事人申请及时解除对原法定代表人的限制消费令。

纳入失信名单必须严格遵守法律规定并制作决定书送达当事人。当事人对将其纳入失信名单提出纠正申请的，人民法院应及时审查，及时纠正，不得拖延。案件执行完毕的，人民法院应当及时屏蔽失信信息并向征信部门推送，完善失信被执行人信用修复机制。

探索施行宽限期制度。人民法院可以根据案件具体情况，设置一定宽限期，在宽限期内暂不执行限制消费令和纳入失信名单，通过宽限期给被执行人以警示，促使其主动履行。

24. 严格把握规范终结本次执行程序的程序标准和实质标准。严禁对有财产可供执行的案件以终结本次执行方式结案，严禁因追求结案率而弄虚作假、虚假终本，损害申请执行人的合法权益。

依法穷尽必要的合理的财产调查措施。必须使用“总对总”“点对点”网络查控系统全面核查财产情况；当事人提供财产线索的，应当及时核查，有财产的立即采取控制措施；有初步线索和证据证明被执行人存在规避执行、逃避执行嫌疑的，人民法院应当根据申请执行人申请采取委托专项审计、搜查等措施，符合条件的，应当采取罚款、司法拘留或者追究拒执罪等措施。

执行中已查控到财产的，人民法院应当依法及时推进变价处置程序，不得滥用《最高人民法院关于严格规范终结本次执行程序的规定（试行）》第四条关于“发现的财产不能处置”的规定，不得以申请执行人未申请拍卖为由不进行处置而终结本次执行程序；不得对轮候查封但享有优先权的财产未经法定程序商请首封法院移送处置权而终结本次执行程序。

人民法院终结本次执行程序应当制作执行裁定书并送达当事人。申请执行人对终结本次执行程序有异议的，人民法院应及时受理。严禁诱导胁迫申请执行人同意终结本次执行程序或者撤回执行申请。

四、加强层级指挥协调管理

25. 以信息化为依托，健全“统一管理、统一指挥、统一协调”的执行工作机制。结合人民法院的职能定位，明确各层级监管职责，压实各层级监管责任，依托案件流程管理系统实现各层级法院对关键流程节点齐抓共管，构建“层级分明、责任清晰、齐抓共管”的执行案件监督管理体系。

26. 把执行工作重心下移到中级、基层人民法院，就地化解矛盾、解决纠纷。强化中级人民法院对辖区法院执行工作“统一管理、统一指挥、统一协调”枢纽作用。中级人民法院对基层人民法院执行工作全方位管理、指挥、协调，调配力量、调配案件并进行监督考核；对辖区内跨区域执行案件、一个被执行人涉及多起关联案件、疑难复杂案件等统筹调配执行力量，集中执行、交叉执行、联动执行。

探索建立“区（县）人民法院执行机构接受本级人民法院和中级人民法院执行机构双重领导，在执行业务上以上级执行机构领导为主”的管理体制，使“三统一”管理机制落到实处。

27. 依法及时协调执行争议案件。两个或者两个以上人民法院发生执行争议的，应及时协商解决，协商不成的，应逐级报共同上级人民法院协调解决。上级人民法院应当在1个月内解决争议，提出协调方案，下级人民法院对下达的协调意见必须在15个工作日内有效落实，无正当理由不得拖延。人民法院与检察机关、公安机关及税务、海关、土地、金融、市场管理等执法机关因执行发生争议的，要依法及时协商解决，协商不成的，及时书面报送同级党委政法委或者依法治省（市、区〔县〕）委员会协调，需要报上级人民法院协调有关部门的，应当在5个工作日内报请上级人民法院协调解决。上级人民法院应当在10个工作日内启动与其他部门的协调程序，切实有效解决因部门之间长期不能达成一致意见，久拖不决，损害人民群众合法权益问题。

实行执行案件委托向执行事项委托的彻底转变，强化全国执行一盘棋的理念，健全以执行事项委托为主的全国统一协作执行工作机制。依托执行指挥管理平台，畅通异地事项委托的运行渠道，切实提高事项委托办理效率，降低异地执行成本。

28. 纠正错误执行，防止消极执行。上级人民法院发现下级人民法院错误的执行裁定以及违法、失当、失范执行行为的，应函告下级人民法院自行纠正，或者直接下达裁定、决定予以纠正；对存在消极执行或者疑难重大复杂的案件，上级人民法院应充分运用民事诉讼法第二百二十六条规定，及时督促执行、提级执行或者指令其他法院执行；指令其他法院执行必须坚持有利于及时公正执行标准，严禁以“指令其他法院执行”之名，行消极执行、拖延执行之实。

29. 改革执行监督案件审查程序。当事人、利害关系人对高级人民法院依照民事诉讼法第二百二十五条作出的发生法律效力的复议裁定，认为有错误的，参照《最高人民法院关于完善四级法院审级职能定位改革试点的实施办法》第十一条至第十五条规定办理。

30. 充分发挥执行信访发现执行工作突出问题、解决人民群众“急难愁盼”的工作窗口作用。切实完善四级法院“统一办理机制、统一化解标准、统一解决程序”工作机制，确保接访即办，有错必纠，件件有录入，事事有回应。人民法院收到信访材料后5个工作日内必须录入执行信访办理系统，30个工作日内办结，并将办理结果及时反馈当事人。

31. 切实加强“一案双查”工作。各级人民法院要坚持执行工作“一案双查”制度，加强督察部门与执行部门的协作配合，严格落实《最高人民法院关于对执行工作实行“一案双查”的规定》，将检查案件执行情况与检查执行干警纪律作风情况同步进行，充分发挥“一案双查”的威慑、警示作用。要通过线索受理、涉执信访、日常舆情等途径，探索拓展“一案双查”覆盖领域。督察部门对当事人反映执行行为存在规范性合法性问题，情节较为严重的，应及时转执行部门核查处理。执行部门发现执行人员存在违纪违法问题的，应及时与督察部门会商并依程序移送处理。

32. 健全完善“一案双查”工作机制。各级人民法院要进一步完善督察部门与执行部门的联席会议和会商机制，适时召开联席会议，定期研究会商具体案件。健全完善依法履职保护机制，既要严肃整治消极执行、选择性执行、违法执行、弄虚作假、监管失职、不落实上级人民法院工作部署及意见等行为，确保依法规范公正廉洁执行，及时堵塞执行廉政风险漏洞，又要注重充分保护执行干警正当权益，防范和减少办案风险。

33. 充分发挥巡查督察作用。上级人民法院要加大对下级人民法院监督指导的力度，将执行领域存在的突出问题纳入司法巡查工作范围，适时组织开展执行专项巡查。充分发挥审务督察利剑作用，精准发现执行工作存在的司法作风、执行不规范等问题。对司法巡查、审务督察工作中发现的问题，要明确整改措施、整改期限，逐案整改、逐一销号，切实扭转执行领域违纪违法问题高发态势。

五、主动接受外部监督

34. 主动接受纪检监察专责监督。执行工作中发现的违纪违法线索，应当及时向纪检监察部门移送。纪检监察部门因办案需要，查看调取执行信息系统相关信息，人民法院应当主动积极配合。

35. 主动接受人大监督和民主监督。拓展主动接受人大、政协监督渠道。依法接受和配合人大常委会开展执法检查、专题调研、专题询问，积极争取人大、政协对执行工作的支持。各级人民法院要向人大常委会专题报告执行工作，听取意见建议，及时改进工作。对社会影响较大、群众关注度高的重大案件，邀请人大代表、政协委员参与听证、见证执行。

提升建议、提案办理及相关工作的办理质效。各级人民法院要健全人大代表建议、政协委员提案办理工作机制，加强对建议、提案反映问题的深入调查研究，及时沟通意见，形成有针对性、切实可行的答复意见，切实转化为工作成果有效落实。

36. 主动接受检察机关法律监督。切实落实《中共中央关于加强新时代检察机关法律监督工作的意见》，建立健全“全国执行与法律监督信息化工作平台”，推动建立法检信息共享，畅通监督渠道，与检察机关共同完善执行检察监督机制，使执行检察监督规范化、常态化、机制化。

对重大敏感复杂、群体性及人民群众反映强烈的执行案件，人民法院应主动邀请检察机关监督，必要时可邀请检察机关到现场监督执行活动。

37. 主动接受社会舆论监督。对媒体曝光反映的执行问题，及时核查、及时纠正、及时回应社会关切。

六、加强执行队伍建设

38. 加强执行人员配备。克服“重审判、轻执行”的错误观念，强化执行工作力量配备，确保在编人员占比符合中央文件要求。根据四级法院审级职能定位进一步优化执行资源配置，完善落实“以案定编”“以案定额”的人员编制、员额动态调整机制，根据执行案件任务量足额配备员额法官。严把执行队伍入口关，提高准入门槛，真正将政治强、业务精、作风好的干部充实到执行队伍。畅通执行队伍出口，及时将不适应执行工作发展需要的人员调离岗位，不断优化队伍结构，切实加强对人员配备和保障的监督核查。

39. 加强执行局领导班子建设。坚持德才兼备、以德为先用人标准，选优配强各级人民法院执行局领导班子。积极争取组织部门支持，及时配齐执行局长，增强执行工作领导力量。落实下级人民法院执行局长向上级人民法院报告述职制度。下级人民法院执行部门的主要负责人不称职的，上级人民法院可以建议有关部门予以调整、调离或者免职。

40. 加强执行队伍专业化建设。加强专业培训，开展执行人员分批分类培训和实操考核，对全国法院执行人员全员轮训。建立分级培训和考核工作机制，明确和落实四级法院的培训职责、任务和要求。探索实行上下级法院执行人员双向挂职锻炼制度。

41. 进一步从严管理执行队伍。加强执行队伍党风廉政建设，持续正风肃纪，深入开展规范执行行为专项整治活动，引导执行干警树牢公正、善意、文明执行理念。坚决纠治执行工作中的形式主义、官僚主义以及消极执行、选择性执行、乱执行等行为，以零容忍态度惩治执行领域司法腐败，努力建设一支纪律严明、行为规范、作风优良的执行铁军。健全与执行权力运行体系相适应的廉政风险防控体系，强化“事前预警、事中监控、事后查究”的监督防线。

42. 建立常态化交流轮岗机制。完善执行队伍交流机制，强化权力运行监督制约，执行部门担任领导职务的人员和独立承办案件的执行人员，在同一职位任职满 5 年的必须交流，其他人员在同一职位工作满 10 年的必须交流。

43. 健全执行人员激励机制。对执行工作业绩突出的干警要及时提拔任用。

完善抚恤优待政策，落实带薪休假、调休轮休、心理疏导等机制，严防执行干警厌烦心理和畏难情绪，不断提高执行干警的职业荣誉感、自豪感。

（六）最高人民法院关于高级人民法院统一管理执行工作若干问题的规定

2000年1月14日　法发〔2000〕3号

为了保障依法公正执行，提高执行工作效率，根据有关规定和执行工作具体情况，现就高级人民法院统一管理执行工作的若干问题规定如下：

一、高级人民法院在最高人民法院的监督和指导下，对本辖区执行工作的整体部署、执行案件的监督和协调、执行力量的调度以及执行装备的使用等，实行统一管理。地方各级人民法院办理执行案件，应当依照法律规定分级负责。

二、高级人民法院应当根据法律、法规、司法解释和最高人民法院的有关规定，结合本辖区的实际情况制定统一管理执行工作的具体规章制度，确定一定时期内执行工作的目标和重点，组织本辖区内的各级人民法院实施。

三、高级人民法院应当根据最高人民法院的统一部署或本地区的具体情况适时组织集中执行和专项执行活动。

四、高级人民法院在组织集中执行、专项执行或其他重大执行活动中，可以统一调度、使用下级人民法院的执行力量，包括执行人员、司法警察、执行装备等。

五、高级人民法院有权对下级人民法院的违法、错误的执行裁定、执行行为函告下级法院自行纠正或直接下达裁定、决定予以纠正。

六、高级人民法院负责协调处理本辖区内跨中级人民法院辖区的法院与法院之间的执行争议案件。对跨高级人民法院辖区的法院与法院之间的执行争议案件，由争议双方所在地的两地高级人民法院协商处理；协商不成的，按有关规定报请最高人民法院协调处理。

七、对跨高级人民法院辖区的法院与公安、检察等机关之间的执行争议案件，由执行法院所在地的高级人民法院与有关公安、检察等机关所在地的高级人民法院商有关机关协调解决，必要时可报请最高人民法院协调处理。

八、高级人民法院对本院及下级人民法院的执行案件，认为需要指定执行的，可以裁定指定执行。

高级人民法院对最高人民法院函示指定执行的案件，应当裁定指定执行。

九、高级人民法院对下级人民法院的下列案件可以裁定提级执行：

1. 高级人民法院指令下级人民法院限期执结，逾期未执结需要提级执行的；

2. 下级人民法院报请高级人民法院提级执行，高级人民法院认为应当提级执行的；

3. 疑难、重大和复杂的案件，高级人民法院认为应当提级执行的。

高级人民法院对最高人民法院函示提级执行的案件，应当裁定提级执行。

十、高级人民法院应监督本辖区内各级人民法院按有关规定精神配备合格的执行人员，并根据最高人民法院的要求和本辖区的具体情况，制定培训计划，确定培训目标，采取切实有效措施予以落实。

十一、中级人民法院、基层人民法院和专门人民法院执行机构的主要负责人在按干部管理制度和法定程序规定办理任免手续前应征得上一级人民法院的同意。

上级人民法院认为下级人民法院执行机构的主要负责人不称职的，可以建议有关部门予以调整、调离或者免职。

十二、高级人民法院应根据执行工作需要，商财政、计划等有关部门编制本辖区内各级人民法院关于交通工具、通讯设备、警械器具、摄录器材等执行装备和业务经费的计划，确定执行装备的标准和数量，并由本辖区内各级人民法院协同当地政府予以落实。

十三、下级人民法院不执行上级人民法院对执行工作和案件处理作出的决定，上级人民法院应通报批评；情节严重的，可以建议有关部门对有关责任人员予以纪律处分。

十四、中级人民法院、基层人民法院和专门人民法院对执行工作的管理职责由高级人民法院规定。

十五、本规定自颁布之日起执行。

（七）最高人民法院关于进一步规范跨省、自治区、直辖市执行案件协调工作的通知

2006年9月30日　法〔2006〕285号

各省、自治区、直辖市高级人民法院，解放军军事法院，新疆维吾尔自治区高级人民法院生产建设兵团分院：

为了充分发挥高级人民法院对执行工作一管理、统一协调的职能作用，进一步规范跨省、自治区、直辖市（以下简称省）执行案件协调工作，现就有关事项通知如下：

一、跨省执行争议案件需要报请最高人民法院协调处理的，应当在上报前，经过争议各方高级人民法院执行局（庭）负责人之间面对面协商；对重大疑难案件，必要时，应当经过院领导出面协商。

协商应当形成书面记录或者纪要，并经双方签字。

二、相关高级人民法院应当对本辖区法院执行争议案件的事实负责。对于下级法院上报协调的案件，高级人民法院应当对案件事实进行核查，必要时应当采取听证方式进行。

三、高级人民法院报请最高人民法院协调的执行争议案件，必须经过执行局（庭）组织研究，形成处理意见，对下级法院报送的意见不得简单地照抄照转。

四、相关高级人民法院在相互协商跨省执行争议案件过程中，发现本辖区法院的执行行为存在错误的，应当依法纠正。

五、相关高级人民法院之间对处理执行争议的法律适用问题不能达成一致意见的，应当各自经审委会讨论后形成倾向性意见。

六、请求最高人民法院协调跨省执行争议案件的报告，应当经高级人民法院主管院领导审核签发，一式五份。报告应当附相关法律文书和高级人民法院之间的协调记录或纪要，必要时应附案卷。

七、跨省执行争议案件，一方法院提出协商处理请求后，除采取必要的控

制财产措施外，未经争议各方法院或者最高人民法院同意，任何一方法院不得处分争议财产。

八、跨省执行争议案件经最高人民法院协调达成一致处理意见的，形成协调纪要。相关高级人民法院应当负责协调意见的落实；协调不成的，由最高人民法院作出处理意见。必要时，最高人民法院可以作出决定或者裁定，并直接向有关部门发出协助执行通知书。

以上通知，请遵照执行。

出台背景

《执行规定》第71条规定："上级人民法院依法监督下级人民法院的执行工作。最高人民法院依法监督地方各级人民法院和专门法院的执行工作。"这是自1998年至今我国上级法院对下级法院履行监督职能的法律依据。2000年《最高人民法院关于高级人民法院统一管理执行工作若干问题的规定》和2009年《最高人民法院关于进一步加强和规范执行工作的若干意见》均有关于强化执行监督的规定，执行监督作为一项基本原则在执行工作中确立下来，但关于执行监督的方式、路径结果以及与执行异议、复议程序之间的区分仍然不明确。

另外，审判监督程序是否适用于执行程序，也没有一个确定的定论。法律规定的不完善造成执行权力过大，执行权在"真空"状态下运行，容易损害当事人的合法权益。在我国执行工作总体水平不高的情况下，有必要在民事强制执行法中保留执行监督程序，对于制止、纠正违法及不当执行的裁定、行为和措施，督促下级法院提高执行效率、排除执行干扰、保护当事人及利害关系人合法权益，具有十分重要的意义。

《民事诉讼法》设立异议和复议制度之前，对于违法和错误的执行行为、措施和裁定，均需要通过上下级法院之间的执行监督程序予以纠正。比如，最高人民法院1998年7月21日在针对山东省高级人民法院的鲁高法函〔1998〕57号《关于人民法院在执行程序中作出的裁定如发现确有错误应按何种程序纠正的请示》和鲁高法函〔1998〕58号《关于人民法院发现本院作出的诉前保全裁定确有错误或者人民检察院对人民法院作出的诉前保全提出抗诉人民法院应如何处理的请示》作出的《最高人民法院关于人民法院发现本院作出的诉前保全裁定和在执行程序中作出的裁定确有错误以及人民检察院对人民法院作出的诉前保全裁定提出抗诉人民法院应当如何处理的批复》，认为人民法院院长对本院已经发生法律效力的诉前保全裁定和在执行程序中作出的裁定，发现确有错误，认为需要撤销的，应当提交审判委员会讨论决定后，裁定撤销原裁定。人民检察院对人民法院作出的诉前保全裁定提出抗诉，没有法律依据，人民法院应当通知其不予受理。

《民事诉讼法》第232条规定："当事人、利害关系人认为执行行为违反法律规定的，可以向负责执行的人民法院提出书面异议。当事人、利害关系人提出书面异议的，人民法院应当自收到书面异议之日起十五日内审查，理由成立的，裁定撤销或者改正；理由不成立的，裁定驳回。当事人、利害关系人对裁定不服的，可以自裁定送达之日起十日内向上一级人民法院申请复议。"立法赋予当事人及利害关系人提出异议及申请复议的权利，从当事人权利行使的视角加大对执行程序的监督力度，赋予当事人和利害关系人法定的监督权利，实际上存在通过当事人提出复议的方式实现上级法院执行机构对下级法院执行行为进行监督的目的。

但对于执行申诉信访和执行监督之间如何区分和协调，对越级要求最高人民法院监督的案件如何处理，经过上级法院监督过的案件或者行为是否还可以继续要求其上级法院继续监督等问题，依然不够清晰、不够规范，亟须出台有关执行监督的专门意见指导各级法院执行监督工作的开展。

理解与适用

（一）执行监督的含义

执行监督属于广义的执行救济范畴，执行监督和狭义的执行救济都是纠正和制止违法执行行为的制度安排，因执行权兼具行政权和司法权性质，民事程序法侧重于执行权的不同性质，分别设计了依申请的救济和依职权的救济制度。以执行权的行政权属性为理论基础，可以建构以权力制约权力的执行权内部监督模式；以执行权的司法权属性为理论基础，可以通过赋予当事人异议权和诉权，实现权利救济的目的。

执行监督作为一种内部纠错制度，是指上级法院对下级法院所承办的执行案件的监督，包括监督案件的来源、监督方式和监督结果等。《民事诉讼法》未明文规定执行监督制度，《民事诉讼法解释》也没有作出规定。这就导致上级法院对下级法院执行行为、措施和裁定的监督，在现有立法尚未明确规定可以参照审判监督程序的情况下，当事人的权利救济存在较大的不确定性。①《最高人民法院关于人民法院办理执行信访案件若干问题的意见》虽然未使用执行监督的概念，但实际上是以监督的思路确立了对执行当事人的权利救济路径，形成了以“执行救济为主、执行监督为辅”的二元体制。

执行监督系强制执行法应当设立的重要制度，截至2021年年底，正在提交审议的民事强制执行法在总则编第八章中专门规定了执行监督，包括上级法院监督和检察监督。②

（二）执行监督的类型

从执行案件的类型来看，执行实施案件和执行审查案件，当事人可以利用的救济方式不同。对执行实施案件的监督申请，主要是反映下级法院消极执行，请求上级法院督促执行，一般通过执行信访案件交办督办制度交由下级法院办理，或者督促执行案件进行审查，而有的法院遵照“执行到位、有效化解”原则，确保执行到位或争取当事人息诉罢访。对执行审查案件，则遵照“诉访分离”原则，引导当事人通过执行异议、案外人异议等程序审查处理，如当事人已尽救济程序或因法院的原因未能用尽救济程序，应以执行监督案件进行审查。

（三）执行监督、执行信访与执行救济的关系

执行监督审查案件，当事人除了对异议裁定不服向上级法院申请复议之外，还可以进行执行的申诉信访，但执行信访案件的范围大于执行监督案件的范围。执行信访，是指当事人申诉信访，反映执行行为违反法律规定或对执行标的主

① 一般认为，执行监督制度源于《执行规定》，后最高人民法院在若干司法解释中规定了执行监督的有关内容，如《最高人民法院关于高级人民法院统一管理执行工作若干问题的规定》（法发〔2000〕3号）、《最高人民法院关于进一步加强和规范执行工作的若干意见》（法发〔2009〕43号）。

② 在起草过程中，一度将本院监督纳入执行监督范畴，所谓本院监督，是指人民法院院长认为本院的执行行为违反法律规定或者应当实施执行行为未实施的，可以责令纠正；认为本院在执行中作出的其他生效裁定、决定确有错误的，应当提交审判委员会讨论决定。

张实体权利，请求纠正执行错误的诉求。执行信访包罗万象，概念外延大于执行监督和执行救济，当事人信访中涵盖了部分执行异议、复议案件以及应当监督的案件，甚至还包括部分应当启动民事再审程序的案件。执行审查信访案件的办理，遵照“诉访分离”原则。如果当事人的权利能通过《民事诉讼法》及相关司法解释予以救济，则须通过法律程序审查；如果违法执行行为属于审判程序、国家赔偿程序处理范畴，应告知当事人通过相应程序寻求救济。信访当事人向执行法院请求纠正执行错误，如果符合执行异议、案外人异议受理条件，应当严格按照立案登记制要求，正式立案审查。信访当事人未向执行法院提交《执行异议申请》，但以“申诉书”“情况反映”等形式主张执行行为违反法律规定或对执行标的主张实体权利的，应当参照执行异议申请予以受理。

从执行监督功能来看，与执行异议、复议等执行救济路径相似，执行信访呈现逐渐与执行救济制度趋同的态势。目前，最高人民法院倾向将部分典型执行信访纳入法律程序处理。

信访当事人向上级人民法院申诉信访，主张下级人民法院执行行为违反法律规定或对执行标的主张实体权利。例如，案件尚未经过异议程序或复议程序处理，上级人民法院一般不进行实质性审查，告知信访当事人按照相关规定寻求救济；通过信访制度交办督办，责令下级人民法院按照异议程序或执行监督程序审查。

对于执行裁决类案件，如果符合下列情形，上级法院应当进行监督。一是当事人、利害关系人不服人民法院依据《民事诉讼法》第232条作出的执行复议裁定，向上一级人民法院申诉信访，上一级人民法院应当作为执行监督案件立案审查，以裁定方式作出结论。二是当事人、利害关系人在异议期限之内已经提出异议，但是执行法院未予立案审查，如果当事人、利害关系人在异议期限之后继续申诉信访，执行法院应当作为执行监督案件立案审查，以裁定方式作出结论。当事人、利害关系人对执行法院的监督裁定不服，向上一级人民法院继续申诉信访，上一级人民法院应当作为执行监督案件立案审查，以裁定方式作出结论。三是当事人、利害关系人向上级人民法院申诉信访，反映异议、复议案件严重超审限的，上级人民法院应当通过信访制度交办督办，责令下级人民法院限期作出异议、复议裁定。当然，对于当事人、利害关系人提出执行异议，经异议、复议及执行监督程序审查，最终结论驳回其请求，如果仍然反复申诉，可以依法终结信访，不再启动执行监督程序。

对于执行实施案件的信访经过甄别后，如果符合下列情形，上级法院不予监督：一是案件已经执行完毕，但申请执行人以案件尚未执行完毕为由申诉信访，应告知其针对结案通知书提出执行异议；二是被执行人确无财产可供执行，申请执行人以案件尚未执行完毕为由申诉信访，应告知其针对终结本次执行程序裁定提出执行异议；被执行人确无财产可供执行，申请执行人书面承诺息诉罢访，如果又以相同事由反复申诉、缠访闹访，可以依法终结信访。

实务操作指引

执行监督是1998年《执行规定》设置的依职权救济路径，20多年来该制度未发生实质变化，《民事诉讼法》增设执行异议、复议、案外人异议和执行异议之诉等救济途径后，新旧两种路径在实践中必然会发生竞合，这就存在一个如何选择、取舍和完善的问题。

（一）执行监督实行逐级监督原则

执行监督程序的启动由过去执行法院依职权提起逐渐过渡到通过信访当事人申请提起。申请执行监督案件的主体主要为当事人、利害关系人、案外人。所谓逐级监督，是指对于当事人、利害关系人不服执行复议裁定向上级法院申诉的，上级人民法院应当作为执行监督案件立案审查，以裁定的方式作出结论的监督方式。对上级法院的执行监督行为，当事人不得提出执行异议。对于越级信访的案件，如果涉及执行裁定错误，可由上级监督下级交办后，启动本院审判监督程序予以纠正。《广东省高级人民法院关于办理执行监督案件的指引》在明确省法院对中级法院的执行案件进行监督，不直接监督基层法院执行案件的原则之外，对越级监督作出了例外规定：一是最高人民法院指令省法院立案监督的；二是案件重大、紧急，确有必要，经分管院长批准由省法院监督的。

需要注意的是，2007年《民事诉讼法》修正之前，并无执行异议的法律规定，因此，对2008年4月1日以前执行法院作出的执行行为，当事人和利害关系人不能提出异议和复议，只能依据《最高人民法院关于执行工作中正确适用修改后民事诉讼法第202条、第204条规定的通知》向上级法院申请执行监督。如果执行行为确有错误，当事人在法定期限内未及时提出异议，也可以向执行监督程序转化，对裁定不予执行仲裁裁决、驳回不予执行仲裁裁决申请的裁定，虽然法律和司法解释没有赋予当事人提出异议和复议的权利，但仍然可以向上级法院申请执行监督。

（二）申请执行监督是否必须进行听证

办理执行监督案件可以根据案件具体情况，采取书面审查、调卷审查、听证审查等方式，必要时可以调查取证及询问当事人。执行监督案件一般实行书面审查，原案遗漏重要事实或者主要事实认定不清、可能存在错误，且适用法律、处理结果争议较大的，以及重大疑难复杂、社会关注度较高的执行监督案件，可以采取听证审查方式，其他案件基本上不组织当事人进行听证，依据申诉材料难以作出结论时，上级法院可以向下级法院调取卷宗，询问核实执行情况。

（三）执行监督审查期间的是否可以中止执行

申诉人提供充分、有效的担保请求暂缓执行，可以根据案件情况决定是否暂缓执行；对方当事人提供充分、有效的担保请求继续执行的，应当继续执行。决定暂缓执行或者继续执行，应当书面通知执行法院。上级法院认为原执行案件可能错误、将来难以执行回转，经分管院长批准，可以书面通知执行法院维持执行现状。经本院院长提交审判委员会讨论后决定立案监督的，可以裁定中止执行案件。

（四）对执行监督裁定如何予以救济

对执行监督结果不服，如何进行救济，现行法律尚未明确，各地法院做法各异。执行监督从外延上看，不仅指向上级法院监督下级法院的执行裁定和执行行为，执行法院自己也可以启动执行监督程序。[①] 比如，拍卖成交后，拍卖裁定由执行法院通过执行监督程序撤销，未尝不可，对于撤销拍卖裁定之后，当事人和案外人是否还有救济路径，目前观点存在较大分歧。广东省高级人民法

① 《广东省高级人民法院关于办理执行监督案件的指引》第1条规定："本指引所称的执行监督，是指对执行实施、执行审查等各类执行案件进行监督审查的执行救济制度，包括上级法院对下级法院进行执行监督和本院自行启动执行监督。"

院在相关案例中体现的观点认为，对于执行监督的后续救济，应分三种情形作出不同处理：(1) 如果执行法院的执行监督裁定维持原执行行为的，由于执行监督行为未改变原执行行为，未导致执行状态或执行结果变化，视为新的执行行为未发生，当事人或利害关系人如对执行监督裁定不服，应通过执行申诉寻求救济。(2) 如果执行法院的执行监督裁定撤销或改变原执行行为的，必然导致执行状态发生变化，该执行监督行为应视为新的执行行为，如当事人或利害关系人不服，可向执行法院提出执行异议。执行法院应予受理，并依《民事诉讼法》的规定进行审查处理。异议人不服执行法院的异议裁定，还可以向上级人民法院申请复议。(3) 如果执行监督裁定是执行法院的上级法院作出的，无论是否撤销或改变执行法院的原执行行为，均应继续遵循执行监督途径予以解决。

第五节 审判监督

支付令的程序救济

复函原文

最高人民法院关于支付令生效后发现确有错误应当如何处理给山东省高级人民法院的复函

1992 年 7 月 13 日　法函〔1992〕98 号

山东省高级人民法院：

你院鲁高法函〔1992〕35 号请示收悉。经研究，答复如下：

1. 债务人未在法定期间提出书面异议，支付令即发生法律效力，债务人不得申请再审；超过法定期间债务人提出的异议，不影响支付令的效力。

2. 人民法院院长对本院已经发生法律效力的支付令，发现确有错误，认为需要撤销的，应当提交审判委员会讨论通过后，裁定撤销原支付令，驳回债权人的申请。

出台背景

人民法院根据债权人的申请，向债务人发出支付令后，债务人未在法定期间提出书面异议，支付令即发生法律效力。已生效并申请执行的支付令，虽然均是建立在已经审查的基础上签发的，但由于一些债务人提出异议不及时，往往等到通知其执行时又拿出了异议证据。还有的债权人申请支付令时陈述的事实和债权标的不实，故意隐瞒部分事实，加大标的数额，承办人审查不严，轻率发出支付令，造成已发生法律效力的支付令确有错误。对于已发生效力的支付令确有错误应如何处理的问题，1991《民事诉讼法》对此并没有作出规定，①在当时属于法律空白。针对这一问题，究竟是通过再审程序予以纠正，还是直接裁定撤销原支付令，在实践中存在不同的认识。本复函旨在解决实践中的这一问题。

理解与适用

对于债权债务关系明确、当事人之间并不存在争议的案件，债权人可以不通过正常的诉讼程序，直接向人民法院提出申请，以支付令的简便方式获得执行依据，这就是民事诉讼制度上的督促程序。督促程序的特点是不需开庭，没有“两造”对抗，没有双方当事人的辩论与质证，不解决当事人之间债权债务关系的争议。本复函主要解决已生效的错误支付令的救济途径问题，包含以下两层含义。

第一，对于已经生效的支付令不得申请再审。根据《民事诉讼法》第223条的规定，人民法院受理申请后，经审查债权人提供的事实、证据，对债权债

① 本复函出具之日的次日通过的1992年《最高人民法院〈关于适用《中华人民共和国民事诉讼法》若干问题的意见〉的通知》（已废止）亦未对此作出规定。

务关系明确、合法的，应当在受理之日起15日内向债务人发出支付令；申请不成立的，裁定驳回。债务人应当自收到支付令之日起15日内清偿债务，或者向人民法院提出书面异议。债务人在收到支付令15日内，不提出异议又不履行支付令的，支付令即生效（债务人超过法定期间提出的异议，不影响支付令的效力），债权人可根据《民事诉讼法》第246条的规定在申请执行时效期间内向人民法院申请执行。对于已经生效的支付令，即使在执行过程中发现确实存在错误，也不应该再审。

第二，生效后的支付令确有错误的应当依法撤销。根据本复函，对于已经生效的支付令发现确有错误时，救济途径不是再审，而是由执行法院审判委员会讨论通过，裁定撤销原支付令并驳回债权人的申请，然后再裁定终结执行程序。2001年起施行的《最高人民法院关于适用督促程序若干问题的规定》（已废止）第11条与本复函内容完全一致。《民事诉讼法解释》第441条再次对此进行了重申。

实务操作指引

（一）权利人申请支付令应具备的条件

虽然申请支付令具有快速实现债权等优点，但必须符合法定条件，否则法院在收到支付令申请书后五日内将通知债权人不予受理。根据《民事诉讼法解释》的第427条，申请支付令应具备的条件包括：(1) 限于特定的债权债务关系，即债务人给付的标的必须是金钱或者有价证券（包括汇票、本票、支票以及股票、债券、国库券、可转让的银行存款单等）。(2) 债权人请求给付的金钱或有价证券已经到期且数额确定，并写明了请求所根据的事实和证据。(3) 债权人不存在对待给付义务。(4) 支付令能够送达债务人。(5) 债务人在中国境内且未下落不明。(6) 须向有管辖权的法院（债务人所在地基层人民法院）提出申请。(7) 债权人未向人民法院申请诉前保全。

（二）人民法院签发支付令时的审查内容

根据《民事诉讼法解释》第428条第1款的规定，法院受理申请后，由审判员一人进行审查。经审查，有下列情形之一的，应当在受理之日起15日内裁定驳回申请：(1) 申请人不具备当事人资格的；(2) 给付金钱或者有价证券的证明文件没有约定逾期给付利息或者违约金、赔偿金，债权人坚持要求给付利息或者违约金、赔偿金的；(3) 要求给付的金钱或者有价证券属于违法所得的；(4) 要求给付的金钱或者有价证券尚未到期或者数额不确定的。

（三）人民法院对债务人异议只作形式审查

债务人必须在收到支付令15日内，通过书面形式提异议，而且异议内容必须是实体上的拒绝[①]才构成有效异议。以下三种异议无效，视为未提出异议：一是口头异议；二是超过法定期间提异议；三是不提异议而向其他法院起诉的(但债务人在法定期间向本院就案涉债务起诉的，为有效异议，可致支付令失效)。经审查，异议成立的，[②] 应当裁定终结督促程序，支付令自行失效。支付令失效的，转入诉讼程序，但申请支付令的一方当事人不同意提起诉讼的除外。

第六节　检 察 监 督

一、民事执行检察监督实务研究

规划、意见、规定原文

（一）人民检察院民事诉讼监督规则（节选）

2021年6月26日　高检发释字〔2021〕1号

第七章　对执行活动的监督

第一百零四条　人民检察院对人民法院执行生效民事判决、裁定、调解书、

---

① 根据《民事诉讼法解释》第436条第1款的规定，债务人对债务本身没有异议，只是提出缺乏清偿能力、延缓债务清偿期限、变更债务清偿方式等异议的，不影响支付令的效力。

② 法院对异议只作形式审查，不作实体审查，即不核实双方之间是否存在真实的债权债务关系。只要债务人书面表示“我不欠他钱”，哪怕不提供任何证据，即构成有效异议。

支付令、仲裁裁决以及公证债权文书等法律文书的活动实行法律监督。

第一百零五条 人民检察院认为人民法院在执行活动中可能存在怠于履行职责情形的，可以依照有关规定向人民法院发出《说明案件执行情况通知书》，要求说明案件的执行情况及理由。

第一百零六条 人民检察院发现人民法院在执行活动中有下列情形之一的，应当向同级人民法院提出检察建议：

（一）决定是否受理、执行管辖权的移转以及审查和处理执行异议、复议、申诉等执行审查活动存在违法、错误情形的；

（二）实施财产调查、控制、处分、交付和分配以及罚款、拘留、信用惩戒措施等执行实施活动存在违法、错误情形的；

（三）存在消极执行、拖延执行等情形的；

（四）其他执行违法、错误情形。

第一百零七条 人民检察院依照本规则第三十条第二款规定受理后交办的案件，下级人民检察院经审查认为人民法院作出的执行复议裁定、决定等存在违法、错误情形的，应当提请上级人民检察院监督；认为人民法院作出的执行复议裁定、决定等正确的，应当作出不支持监督申请的决定。

第一百零八条 人民检察院对执行活动提出检察建议的，应当经检察长或者检察委员会决定，制作《检察建议书》，在决定之日起十五日内将《检察建议书》连同案件卷宗移送同级人民法院，并制作决定提出检察建议的《通知书》，发送当事人。

第一百零九条 人民检察院认为当事人申请监督的人民法院执行活动不存在违法情形的，应当作出不支持监督申请的决定，并在决定之日起十五日内制作《不支持监督申请决定书》，发送申请人。

第一百一十条 人民检察院发现同级人民法院执行活动中执行人员存在违法行为的，参照本规则第六章有关规定执行。

（二）最高人民法院、最高人民检察院关于建立全国执行与法律监督工作平台进一步完善协作配合工作机制的意见

2020年7月10日　法发〔2020〕23号

为促进人民法院依法执行，规范人民检察院对民事、行政、刑事裁判涉财产部分执行工作的法律监督活动，贯彻落实中央全面依法治国委员会《关于加强综合治理从源头切实解决执行难问题的意见》（中法委〔2019〕1号）精神，根据《中华人民共和国民事诉讼法》《中华人民共和国行政诉讼法》《中华人民共和国刑事诉讼法》《最高人民法院、最高人民检察院关于民事执行活动法律监督若干问题的规定》和其他有关规定，结合人民法院执行工作和人民检察院相关法律监督工作实际，就建立全国执行与法律监督工作平台、加强协作配合、完善工作机制、实现信息共享、提高执行工作与法律监督信息化规范化水平等事项提出以下意见。

一、最高人民法院、最高人民检察院各自建立监督工作系统并进行对接，搭建全国执行与法律监督工作平台（以下简称工作平台）。工作平台建成后，检察监督意见及人民法院回复意见的提出、案件信息的传输等均通过工作平台操作和流转，有关统计分析数据从工作平台提取。工作平台信息需要从其他系统导入的，应当同步更新。

工作平台的建设分阶段开展。工作平台建成前，最高人民法院和最高人民检察院每月通过一定方式集中交换全国检察监督意见的相关信息。

二、人民检察院实施法律监督，应当突出重点，着重对损害国家利益或者社会公共利益、严重损害当事人合法权益、造成重大社会影响等违法执行行为进行监督。

三、人民检察院认为人民法院执行活动不存在违法情形的，应当将不支持监督申请的决定或者终结审查决定通过工作平台推送给人民法院。

四、人民检察院提出检察监督意见应当由检察官办案组或者检察官办理，经检察长批准或者检察委员会决定，制作检察监督意见法律文书，以人民检察

院的名义提出。检察监督意见法律文书应当通过工作平台推送给人民法院。

五、检察监督意见法律文书应当包含文号、执行法院、执行案号、执行当事人、案由、案件事实、证据材料、监督理由、违法类型、法律依据、建议内容等。针对人民法院异议、复议程序进行监督的，应当注明异议、复议案件办理法院。经过检察委员会讨论的，应当注明。一份检察监督意见法律文书一般只应针对一个执行案号，包括执行实施案件案号或者执行审查案件案号，就多个案件的共性问题提出检察监督意见的，可以分别列明案号。

六、有关人民法院收到针对具体案件的检察监督意见法律文书后，应在三十日内依程序立“执监字”案件办理。被监督的执行行为或者执行裁定的承办人、合议庭成员应当回避。

七、人民法院办理检察监督意见应由独任法官或者合议庭审查，以人民法院名义回复意见。由检察委员会讨论决定后提出的检察监督意见，人民法院作出答复前原则上应当经审判委员会讨论决定。

八、人民法院办理人民检察院提出检察监督意见的执行监督案件，实行书面审查。案情复杂、争议较大的，应当进行听证，并在听证三日前通知同级人民检察院、当事人、利害关系人、案外人。同级人民检察院应当派员参加听证。人民检察院因履行法律监督职责调查核实的情况，应当向人民法院提交并予以说明，由当事人、利害关系人、案外人进行质证。

书面审查的案件，人民法院可以将检察监督意见法律文书送达当事人、利害关系人、案外人，通知当事人、利害关系人、案外人可以在限定期限内提出书面意见。

人民法院在办理人民检察院提出检察监督意见的执行监督案件过程中，可以参照《最高人民法院关于人民法院办理执行异议和复议案件若干问题的规定》等有关程序规则。

九、人民法院对检察监督意见，可以按照下列情形，分别处理；

（一）采纳或者部分采纳检察监督意见的，裁定撤销、变更相关执行行为或者有关异议、复议裁定，但执行行为无撤销、变更内容，或者异议、复议裁定认定事实、适用法律虽有瑕疵，但结果正确的，裁定维持有关执行行为或者有关异议、复议裁定；

（二）不予采纳检察监督意见的，裁定维持相关执行行为或者有关异议、复议裁定；

（三）对涉嫌消极执行行为提出的检察监督意见，以及针对共性问题等提出改进工作的检察监督意见，以回复意见函的形式回复人民检察院。

十、人民法院应当依照有关规定依法及时将回复意见函、裁定书等法律文书回复人民检察院，必要时可附相关证据材料。有特殊情况需要延长的，应当与人民检察院协商，经本院院长批准，可以延长不超过一个月。

十一、人民法院的回复意见函、裁定书应当包含回函或者裁定书文号、执行法院、执行案号、执行当事人、案由、检察监督意见法律文书文号、检察监督意见主要内容、案件事实及证据材料、是否违法、违法类型、采纳情况、理由、如何纠正等。采纳情况分为全部采纳、部分采纳和不予采纳。

人民法院的回复意见函、裁定书应当通过工作平台回复人民检察院。

十二、上级法院、检察院应当对检察监督意见的提出和办理情况加强管理和督促，适时开展质量评查和综合分析。人民法院要将检察监督意见的办理情况纳入绩效考核，作为加强执行工作日常管理的重要抓手，要将检察监督意见作为发现干警违法违纪线索的重要来源，及时整治问题，净化执行队伍。

（三）最高人民法院关于对执行工作实行“一案双查”的规定

2019年10月15日　法〔2019〕232号

为贯彻落实中央全面依法治国委员会《关于加强综合治理从源头切实解决执行难问题的意见》《最高人民法院关于深化执行改革健全解决执行难长效机制的意见》等文件精神，加强人民法院执行工作系统管理，规范执行行为，强化执行监督，促进提升执行工作水平，制定本规定。

第一条　执行工作“一案双查”，是指上级法院执行机构和监察机构协调配合，统筹督查下级法院执行案件办理、执行工作管理问题和干警违规违法违纪问题，依照法律、司法解释及有关规定作出处理。

第二条　各级人民法院要将“一案双查”作为落实执行工作“三统一”要

求，规范执行行为，强化执行管理的重要抓手，建立健全相关工作机制。

执行工作“一案双查”，要始终坚持执行机构与监察机构分工协作，检查案件执行情况与检查执行干警履职情况同步进行，严格查处执行干警违规违法违纪行为与完善执行干警依法履职保护机制紧密结合，既要严肃整治消极执行、选择性执行、乱执行，弄虚作假、不落实上级法院工作部署及意见等行为，确保依法规范公正廉洁执行，又要注重充分保护执行干警正当权益，防范和减少办案风险。

第三条　执行工作“一案双查”线索来源主要包括：

（一）人民群众来信来访；

（二）人大代表、政协委员以及其他党政机关反映或转交；

（三）检察机关提出检察建议；

（四）司法巡查或审务督察中发现的问题；

（五）院领导、执行机构负责人等为依法履行监督管理职责重点督办事项；

（六）涉执行重大突发事件、舆情事件；

（七）办理执行复议、协调、监督等案件中发现的问题；

（八）执行指挥中心运行管理过程中发现的问题；

（九）其他途径发现的涉执行问题。

第四条　最高人民法院、高级人民法院和中级人民法院执行机构应确定专门人员组成工作组负责收集、筛选“一案双查”线索，提请执行机构主要负责人审核通过后与监察机构会商；监察机构收到涉执行举报投诉的，也可以作为“一案双查”线索与执行机构会商。

执行机构和监察机构应建立联席会议制度，共同研究确定对有关线索是否启动“一案双查”。联席会议根据工作需要，定期或不定期召开。

司法巡查或审务督察中发现的线索，由司法巡查组、审务督察组或联合检查组提出意见，提交执行机构、监察机构联席会议讨论决定是否启动“一案双查”。

第五条　确定“一案双查”线索后，上级法院执行机构和监察机构应联合通过执行指挥中心向下级法院执行机构和监察机构进行交办。

下级法院收到“一案双查”线索后，应立即组成执行机构和监察机构联合调查组开展相关检查工作。上级法院执行机构和监察机构可以根据需要，共同派员组成联合督导组或联合调查组，对下级法院联合调查工作的开展情况进行专项督导检查，或直接开展相关检查工作。

最高人民法院对确定交办的“一案双查”线索，可以根据需要指令相关高级人民法院直接组成联合调查组开展相关工作。

第六条 各级人民法院“一案双查”联合调查组可采取以下方式开展工作：

（一）调卷审查，通过查阅卷宗检查执行程序与执行措施是否合法、及时、全面；

（二）系统检查，通过执行案件流程管理系统等查看节点是否完整，是否存在节点超期、数据造假等情形；

（三）听取当事人意见，通过电话约谈、走访面谈等方式与案件当事人或信访人沟通，了解诉求及案件情况；

（四）内部谈话，约谈相关执行机构负责人、案件承办人、合议庭成员等相关人员，了解案件办理和监管工作情况；

（五）其他方式。

第七条 各级人民法院“一案双查”联合调查组在工作中，要坚持全面检查原则，既要检查执行案件办理、执行工作管理方面是否存在问题，包括执行案件办理程序是否符合法律规定，是否存在消极执行、选择性执行、乱执行等不规范执行行为，执行质效数据是否弄虚作假，执行管理是否存在漏洞，机制建设是否完善以及是否存在贯彻落实上级法院部署或意见不及时、不到位等情形；也要检查执行干警是否存在违反政治纪律、廉洁纪律、群众纪律、办案纪律与作风建设规定等问题，执行工作监督管理的主体责任是否到位，以及是否存在其他违规违法违纪行为。

第八条 下级法院应在上级法院指定期限内上报“一案双查”调查报告，报告应包含调查经过、查明事实、问题分析和处理意见等内容。上级法院认为需要继续调查核实的，可责令下级法院限期补充调查，也可直接派员赴当地调查，必要时还可以组织听证，对有关问题进行核查。

第九条 上级法院执行机构和监察机构收到下级法院调查报告并分别核查后，应及时召开联席会议进行会商，形成检查结论，分别以下不同情形处理：

（一）执行监督纠正。发现案件办理确有错误的，可以将问题反馈至执行法院，由执行法院自行纠正，也可以由上级法院直接立案监督纠正。

（二）督促限期办理。发现案件存在消极执行、选择性执行等情形的，应当逐级向执行法院发出督办意见，要求在指定期限内采取执行措施、推进执行进程等；发现执行管理方面存在问题或漏洞的，可要求下级法院限期改进。

（三）违纪行为处分。发现执行干警存在违规违法违纪等问题的，根据处分权限移送相关法院或职能部门，依照《中国共产党纪律处分条例》《人民法院工作人员处分条例》等规定处理；涉嫌犯罪的，建议相关法院移送有关监察、司法机关依法处理。

（四）通报、约谈及纳入考评。经启动"一案双查"发现下级法院执行工作存在需要整改的典型问题，以及下级法院对"一案双查"工作开展不力的，上级法院可启动约谈机制责令整改。凡经最高人民法院启动"一案双查"被约谈或通报的，将作为该省、自治区、直辖市年度平安建设考评（执行难综合治理及源头治理部分）扣分项处理。

第十条　上级法院启动"一案双查"后需要向相关当事人或信访人反馈的，对反映执行行为违法、不规范等问题的案件，以执行机构为主，监察机构配合共同做好反馈及息访疏导工作；对反映执行干警违规违法违纪的案件，以监察机构为主，执行机构配合做好反馈及息访疏导工作。

第十一条　上级法院经"一案双查"结论为举报或反映问题不实，执行干警不存在违规违法违纪或违反作风建设规定等问题的，应明确告知举报人或者反映人检查结果，同时在一定范围内予以澄清，保护执行干警依法履职、担当作为的积极性。

第十二条　各高级、中级人民法院可根据本规定，结合本地工作实际制定实施细则，规范有序开展执行工作"一案双查"。最高人民法院对全国法院开展"一案双查"工作情况适时予以通报。

第十三条　本规定 2019 年 10 月 28 日起施行。

（四）最高人民法院　最高人民检察院
关于民事执行活动法律监督若干问题的规定

法发〔2016〕30 号　2016 年 11 月 2 日

为促进人民法院依法执行，规范人民检察院民事执行法律监督活动，根据《中华人民共和国民事诉讼法》和其他有关法律规定，结合人民法院民事执行和人民检察院民事执行法律监督工作实际，制定本规定。

第一条　人民检察院依法对民事执行活动实行法律监督。人民法院依法接受人民检察院的法律监督。

第二条　人民检察院办理民事执行监督案件，应当以事实为依据，以法律为准绳，坚持公开、公平、公正和诚实信用原则，尊重和保障当事人的诉讼权利，监督和支持人民法院依法行使执行权。

第三条　人民检察院对人民法院执行生效民事判决、裁定、调解书、支付令、仲裁裁决以及公证债权文书等法律文书的活动实施法律监督。

第四条　对民事执行活动的监督案件，由执行法院所在地同级人民检察院管辖。

上级人民检察院认为确有必要的，可以办理下级人民检察院管辖的民事执行监督案件。下级人民检察院对有管辖权的民事执行监督案件，认为需要上级人民检察院办理的，可以报请上级人民检察院办理。

第五条　当事人、利害关系人、案外人认为人民法院的民事执行活动存在违法情形向人民检察院申请监督，应当提交监督申请书、身份证明、相关法律文书及证据材料。提交证据材料的，应当附证据清单。

申请监督材料不齐备的，人民检察院应当要求申请人限期补齐，并明确告知应补齐的全部材料。申请人逾期未补齐的，视为撤回监督申请。

第六条　当事人、利害关系人、案外人认为民事执行活动存在违法情形，向人民检察院申请监督，法律规定可以提出异议、复议或者提起诉讼，当事人、利害关系人、案外人没有提出异议、申请复议或者提起诉讼的，人民检察院不予受理，但有正当理由的除外。

当事人、利害关系人、案外人已经向人民法院提出执行异议或者申请复议，人民法院审查异议、复议期间，当事人、利害关系人、案外人又向人民检察院申请监督的，人民检察院不予受理，但申请对人民法院的异议、复议程序进行监督的除外。

第七条 具有下列情形之一的民事执行案件，人民检察院应当依职权进行监督：

（一）损害国家利益或者社会公共利益的；

（二）执行人员在执行该案时有贪污受贿、徇私舞弊、枉法执行等违法行为、司法机关已经立案的；

（三）造成重大社会影响的；

（四）需要跟进监督的。

第八条 人民检察院因办理监督案件的需要，依照有关规定可以调阅人民法院的执行卷宗，人民法院应当予以配合。

通过拷贝电子卷、查阅、复制、摘录等方式能够满足办案需要的，不调阅卷宗。

人民检察院调阅人民法院卷宗，由人民法院办公室（厅）负责办理，并在五日内提供，因特殊情况不能按时提供的，应当向人民检察院说明理由，并在情况消除后及时提供。

人民法院正在办理或者已结案尚未归档的案件，人民检察院办理民事执行监督案件时可以直接到办理部门查阅、复制、拷贝、摘录案件材料，不调阅卷宗。

第九条 人民检察院因履行法律监督职责的需要，可以向当事人或者案外人调查核实有关情况。

第十条 人民检察院认为人民法院在民事执行活动中可能存在怠于履行职责情形的，可以向人民法院书面了解相关情况，人民法院应当说明案件的执行情况及理由，并在十五日内书面回复人民检察院。

第十一条 人民检察院向人民法院提出民事执行监督检察建议，应当经检察长批准或者检察委员会决定，制作检察建议书，在决定之日起十五日内将检察建议书连同案件卷宗移送同级人民法院。

检察建议书应当载明检察机关查明的事实、监督理由、依据以及建议内容等。

第十二条 人民检察院提出的民事执行监督检察建议，统一由同级人民法院立案受理。

第十三条 人民法院收到人民检察院的检察建议书后，应当在三个月内将审查处理情况以回复意见函的形式回复人民检察院，并附裁定、决定等相关法律文书。有特殊情况需要延长的，经本院院长批准，可以延长一个月。

回复意见函应当载明人民法院查明的事实、回复意见和理由并加盖院章。不采纳检察建议的，应当说明理由。

第十四条 人民法院收到检察建议后逾期未回复或者处理结果不当的，提出检察建议的人民检察院可以依职权提请上一级人民检察院向其同级人民法院提出检察建议。上一级人民检察院认为应当跟进监督的，应当向其同级人民法院提出检察建议。人民法院应当在三个月内提出审查处理意见并以回复意见函的形式回复人民检察院，认为人民检察院的意见正确的，应当监督下级人民法院及时纠正。

第十五条 当事人在人民检察院审查案件过程中达成和解协议且不违反法律规定的，人民检察院应当告知其将和解协议送交人民法院，由人民法院依照民事诉讼法第二百三十条的规定进行处理。

第十六条 当事人、利害关系人、案外人申请监督的案件，人民检察院认为人民法院民事执行活动不存在违法情形的，应当作出不支持监督申请的决定，在决定之日起十五日内制作不支持监督申请决定书，发送申请人，并做好释法说理工作。

人民检察院办理依职权监督的案件，认为人民法院民事执行活动不存在违法情形的，应当作出终结审查决定。

第十七条 人民法院认为检察监督行为违反法律规定的，可以向人民检察院提出书面建议。人民检察院应当在收到书面建议后三个月内作出处理并将处理情况书面回复人民法院；人民法院对于人民检察院的回复有异议的，可以通过上一级人民法院向上一级人民检察院提出。上一级人民检察院认为人民法院建议正确的，应当要求下级人民检察院及时纠正。

第十八条　有关国家机关不依法履行生效法律文书确定的执行义务或者协助执行义务的，人民检察院可以向相关国家机关提出检察建议。

第十九条　人民检察院民事检察部门在办案中发现被执行人涉嫌构成拒不执行判决、裁定罪且公安机关不予立案侦查的，应当移送侦查监督部门处理。

第二十条　人民法院、人民检察院应当建立完善沟通联系机制，密切配合，互相支持，促进民事执行法律监督工作依法有序稳妥开展。

第二十一条　人民检察院对人民法院行政执行活动实施法律监督，行政诉讼法及有关司法解释没有规定的，参照本规定执行。

第二十二条　本规定自2017年1月1日起施行。

出台背景

"执行难"和"执行乱"是困扰民事执行的顽疾，不仅直接损害了当事人的利益，还会损害司法权威和司法公信力，在一定程度上影响社会安定。相比成因复杂的"执行难"，"执行乱"更突出的表现是执行法院或法官有法不依、滥用职权、渎职失职。① 在民事执行检察监督尚没有法律依据的情况下，各地已经开始进行民事执行检察监督的尝试，② 同时引发了是否应对民事执行活动进行检察监督的讨论。有学者提出，民事执行检察监督权作为具有比法院内部更高透明度、更强监督力以及更能取信于民的权力，有利于保证执行公正、制约"执行乱"，对我国的执行实践亦具有极大的实用价值。③ 2011年，最高人民法院、最高人民检

---

① 参见郭兴莲、曹琳：《民事执行检察监督的范围、方式及相关的程序设计》，载《法学家》2010年第3期。

② 1999年海南省人民检察院民事行政监察部门根据当事人及案外人的申诉，针对民事执行程序中法官不当或违法执行、滥用执行权徇私枉法的问题，运用检察建议、督促执行意见、监督意见书、纠正违法通知书等形式，开展民事执行检察监督，先后成功纠正了20多起执行错案，涉及金额数亿元，并查处了涉嫌犯罪的海南省高级人民法院原执行局局长马某等人。重庆市人民检察院也通过检察建议等方式进行了民事执行检察监督的尝试。参见江必新主编：《强制执行法理论与实务》，中国法制出版社2014年版，第503～504页。

③ 参见崔伟、廖中洪：《民事执行检察监督权：价值、根据与立法完善》，载《现代法学》2008年第3期。

察院选择了12个直辖市的法院、检察院试点民事执行检察监督工作。[①] 2012年《民事诉讼法》修正，民事执行检察监督被正式写入《民事诉讼法》，虽然仅有一条原则性的规定，但结束了长期以来对人民检察院是否有权对民事执行活动进行监督的争论。[②]

2016年，最高人民检察院、最高人民法院联合发布《关于民事执行活动法律监督若干问题的规定》（以下简称《监督规定》），使民事执行检察监督真正具备可操作的程序规范。2021年《人民检察院民事诉讼监督规则》（以下简称《监督规则》）对规则细化，进一步提升了民事执行检察监督的规范性和可操作性。虽然仍有诸多细节亟待完善，但民事执行检察监督的基本框架已经形成。

理解与适用

（一）执行检察监督的方式和范围

1. 执行检察监督的范围

《监督规则》第104条明确了人民检察院对人民法院执行生效民事判决、裁定、调解书、支付令、仲裁裁决以及公证债权文书等法律文书的活动实行法律监督。从文义上看，法院的全部执行活动均属于检察监督的范围。

（1）执行审查行为和执行实施行为。《监督规则》第106条结合执行权的构造，明确了执行审查行为和执行实施行为均属于执行监督的范围。检察机关发现法院行使执行审查权和执行实施权存在违法、错误的，应当向同级法院提出检察建议。

普遍认为，上级法院对下级法院执行争议作出的协调意见属于法院内部管理行为，当事人不能提出执行异议。而是否属于执行检察监督的范围则存有争议。最高人民检察院认为，上级法院作出的协调决定有关法院必须执行，而且协调案件具有独立的案号，按照一案一号的规则，是上级法院的执行案件，属

① 《最高人民法院、最高人民检察院关于在部分地方开展民事执行活动法律监督试点工作的通知》（高检会〔2011〕2号）（已废止）。

② 《民事诉讼法》第242条规定："人民检察院有权对民事执行活动实行法律监督。"

于执行检察监督对象范围。[①]

（2）积极执行行为和消极执行行为。受到监督的执行行为既包括法院积极的执行行为也包括消极的执行行为。消极执行行为如依法应当受理的执行申请而不受理的，不依法作出执行裁定，无正当理由未在法定期限内采取执行措施或者执行结案，违法不受理执行异议、复议或者受理后逾期未作出裁定、决定，不按规定恢复执行，依法应当变更或者解除执行措施而不变更、解除等情形。

（3）对事的监督和对人的监督。对人的监督主要体现在对执行人员违法行为的监督。2019 年《最高人民法院关于对执行工作实行“一案双查”的规定》第 3 条规定，对案件执行情况与执行干警履职情况进行“一案双查”的线索来源包括检察机关提出的检察建议。《监督规定》第 7 条规定，执行人员在执行案件时有贪污受贿、徇私舞弊、枉法执行等违法行为、司法机关已经立案的，人民检察院应当依职权进行监督。《监督规则》第 110 条规定，人民检察院发现同级人民法院执行活动中执行人员存在违法行为的，参照对审判程序中审判人员违法行为的监督规定执行。

《监督规定》第 18 条和第 19 条将监督对象扩展至作为被执行人的国家机关及涉嫌构成拒不执行判决、裁定罪且公安机关不予立案侦查的被执行人。

需要注意的是，涉及执行异议之诉案件受理及裁判相关的问题，属于审判监督范畴，不属于《监督规定》及《监督规则》规范的执行监督事项。检察机关以作为执行依据的裁判文书、仲裁裁决或公证债权文书错误为由，认为执行行为违法并提出民事执行监督检察建议的，也被认为不属于执行监督事项，法院将不予采纳。

2. 执行检察监督的方式

《监督规则》和《监督规定》明确了执行监督案件通过检察建议方式进行监督，该监督方式源于 2011 年《关于在部分地方开展民事执行活动法律监督试

① 参见最高人民检察院第六检察厅编：《〈人民检察院民事诉讼监督规则〉理解与适用》，中国检察出版社 2021 年版，第 174 页。

点工作的通知》（已废止）的规定。[①] 而在此之前的司法实践中，地方检察院及法院采用过多种执行监督手段，包括抗诉、检察建议、监督建议、纠正违法通知书、暂缓执行建议、现场调查、要求法院书面说明执行情况等。[②]

关于监督方式的争论始终未停止过。有观点认为，执行监督方式不应过于单一，可以采取抗诉、检察建议相结合，并辅之以暂缓执行建议的方式。[③] 关于执行中的裁定或者决定是否能抗诉的争论最为激烈。有观点认为，基于执行程序可以比照审判程序的原则，抗诉也应当属于执行监督手段之一，只不过具体适用应当受到审慎原则的约束。[④] 更主流的观点认为，在纠错的意义上，执行检察监督因受到民事执行效率价值的制约以及检察监督作用范围的限制，必须奉行克制、谦抑的原则。[⑤]《监督规定》和《监督规则》强调了通过检察建议监督执行活动，表明"两高"目前的态度未将抗诉纳入法定的执行监督方式之中，且仍现行有效的《最高人民法院关于对执行程序中的裁定的抗诉不予受理的批复》也体现了最高人民法院在这一问题上的态度。对于暂缓执行的建议，《最高人民法院关于如何处理人民检察院提出的暂缓执行建议问题的批复》指出，根据《民事诉讼法》的规定，人民检察院对人民法院生效民事判决提出暂缓执行的建议没有法律依据。由此可以认为，目前法定的执行监督方式仅有检察建议一种。

实践中另外一种理解和做法是将暂缓执行的建议纳入检察建议的整体范围之中，将检察建议大致分为两类：中止或暂缓执行、撤销或变更相关执行行为或裁定。例如，《江苏省高级人民法院关于加强和规范民事执行检察监督案件办理工作的指导意见》第 11 条第 1 款第 3 项、第 4 项规定，执行行为或者执行措

---

① 《最高人民法院、最高人民检察院关于在部分地方开展民事执行活动法律监督试点工作的通知》（高检会〔2011〕2 号）（已废止）第 3 条第 1 款规定："人民检察院对符合本通知第二条规定情形的民事执行活动，应当经检察委员会决定并通过提出书面检察建议的方式对同级或者下级人民法院的民事执行活动实施法律监督。"

② 参见谷佳杰：《民事执行检察监督的当下境遇》，载《当代法学》2015 年第 2 期。

③ 参见郭兴莲、曹琳：《民事执行检察监督的范围、方式及相关的程序设计》，载《法学家》2010 年第 3 期。

④ 参见谷佳杰：《民事执行检察监督的当下境遇》，载《当代法学》2015 年第 2 期。

⑤ 参见肖建国：《民事执行中的检法关系问题——民事执行检察监督法理基础的另一种视角》，载《法学》2009 年第 3 期。

施造成重大社会影响，检察机关建议暂缓执行或者依法变更执行行为、执行措施的，法院应予采纳；检察机关对人民法院据以执行的民事判决、裁定已经提出抗诉，建议中止执行或者暂缓执行的，法院应予采纳。

（二）执行检察监督与执行救济程序的关系

《监督规定》第6条第1款规定，对于法律规定可以提出异议、复议或者提起诉讼，当事人、利害关系人、案外人没有提出异议、申请复议或者提起诉讼而直接申请检察监督的，人民检察院不予受理，但有正当理由的除外。人民法院正在审查的执行异议和复议案件，人民检察院不予受理，但申请对人民法院的异议、复议程序进行监督的除外。该规定被认为是出于避免司法资源浪费的目的。只有在法律规定的救济途径和内部纠错机制不能发挥有效作用时，检察监督才会介入。① 这意味着大部分执行监督应当在走完法律规定的异议、复议等前置救济程序后方能申请。地方高级人民法院制定的有关执行监督的指导性文件中，也将执行救济作为申请民事执行监督的前置程序，如《江苏省高级人民法院关于加强和规范民事执行检察监督案件办理工作的指导意见》第12条第3款规定，执行当事人、利害关系人或者案外人应当依法行使执行救济权利，无正当理由不寻求救济而直接申请检察监督的，人民法院不予采纳。

但《监督规定》第6条又留出了两个除外条款，一是有“正当理由”，二是申请监督的对象是“人民法院的异议、复议程序”。对“正当理由”的把握决定了前置程序法院的内部纠错机制是否会名存实亡。在如何正确理解和判断“正当理由”方面，《江苏省高级人民法院关于加强和规范民事执行检察监督案件办理工作的指导意见》的做法值得参考和借鉴，该指导意见第13条列举的可以被认为是“正当理由”的情形包括：（1）执行法院作出执行行为时未制作法律文书或法律文书未依法送达的；（2）执行法院在执行裁定或相关法律文书中未告知或错误告知救济权利的；（3）执行法院拒不受理执行异议或者执行复议案件的；（4）执行异议或复议案件未依法办理的；（5）违法处置执行标的或者违法终结执行，无法提出执行异议的；（6）因意外事件或者不可抗力导致其无

① 参见郑新俭：《最高人民法院、最高人民检察院〈关于民事执行活动法律监督若干问题的规定〉的理解与适用》，载《人民检察》2017年第2期。

法在法定期限内行使权利，相关事由消除后主张权利未获受理的；（7）因被限制人身自由或者因严重疾病等客观原因不能及时行使权利，且无法委托他人代为行使权利，相关事由消除后主张权利未获受理的；（8）有证据证明他人以暴力、胁迫、欺诈等方式阻止其依法行使权利，事后主张权利未获受理的；(9) 存在其他客观上不能依法行使权利的情形。上述条款的核心是，不能依法行使救济权利的结果非因执行当事人、利害关系人或案外人的过错所导致，此时赋予执行当事人、利害关系人和案外人申请执行监督的救济权利，具备正当性、合理性。

（三）执行检察监督的手段

1. 向法院了解情况

《监督规则》第105条规定了一种特殊的监督手段，在人民检察院认为人民法院在执行活动中可能存在怠于履行职责情形的，可以依照有关规定向人民法院发出《说明案件执行情况通知书》，要求说明案件的执行情况及理由。该条源自《监督规定》第10条，而《监督规定》第10条还规定了法院应在15日内书面回复人民检察院。从两个层面解读该监督手段，一是有强制力，法院应当在限期内答复人民检察院；二是不具备监督效力，其结果是法院作出回复但并非纠正其行为。[①] 当然，如果人民检察院认为法院的答复不成立或者通过答复认为人民法院存在违法错误执行行为的，可以采取检察建议的形式进行监督。

实践中，对于检察院要求说明执行情况的处理，江苏省采取由立案部门在收函后5日内编立"执检函"字号案件移送执行机构办理的做法，虽然不纳入司法统计范围，但通过系统办理实现全程留痕。

2. 调阅卷宗

《监督规定》第8条第1款规定，人民检察院因办理监督案件的需要，依照有关规定可以调阅人民法院的执行卷宗，人民法院应当予以配合。该条规定是出于回应现实情况的需要，因部分法院认为《最高人民法院办公厅、最高人民检察院办公厅关于调阅诉讼卷宗有关问题的通知》规定的检察院可以调阅的卷宗限于诉讼卷宗，导致检察院在调阅执行卷宗时存在障碍。为了解决这一问题，该

---

① 参见王真：《两高〈关于民事执行活动法律监督若干问题的规定〉的全文解析（下）》，载微信公众号"天同诉讼圈"2017年2月16日，https://mp.weixin.qq.com/s/SiIwLVtP21tQBhOR7OZAFQ。

条不仅规定了检察院调阅的形式，还明确了法院应当配合协助的机构及办理时限。

3. 调查核实

《监督规定》第 9 条规定了人民检察院因履行法律监督职责的需要，可以向当事人或者案外人调查核实有关情况，结合《监督规则》第 63 条的规定，调查核实措施已相当丰富，包括但不限于查询、调取、复制相关证据材料，询问当事人或者案外人，委托鉴定、评估、审计，勘验物证、现场等。

（四）执行检察监督案件的审查与处理

1. 执行检察监督案件的审查

当事人不服上级人民法院复议裁定、决定提出监督申请的案件，实行“同级受理”衔接“交办审查”的模式，即作出复议裁定、决定的上级人民法院同级的人民检察院受理执行监督申请后，可以将案件交由原执行案件的人民法院所在地的人民检察院审查。原因在于执行案件虽经上级法院复议、决定，但实际执行的法院仍是下级法院。而且人民检察院向同级人民法院调取案卷材料、了解执行案件情况更为便利。需要注意的是，此处的“上级”不限于上一级人民检察院。因为实践中可能存在当事人对复议裁定不服，向高级人民法院或最高人民法院提起申诉的情况，高级人民法院或最高人民法院作出裁定或决定后，当事人申请执行监督，省级人民检察院或最高人民检察院受理后，可以交办给执行案件的基层人民法院所在地的县级人民检察院审查。[①] 下级人民检察院经审查认为人民法院作出的执行复议裁定、决定存在违法、错误情形的，应当提请“上级”人民检察院监督。

人民检察院经审查认为申请监督理由成立的，应当制作《检察建议书》，连同案件卷宗移送同级人民法院。从《监督规定》第 10 条和《监督规则》第 108 条的规定来看，检察建议书已经不必经检察委员会决定，检察长签批亦可，这改变了之前检察建议书必须经检察委员会决定的规则。相较之前，执行监督的启动效率提高、启动难度减小。但从严格把握监督标准、提高监督质量的角度来看，对于疑难复杂案件或社会影响大、争议大的案件，仍应提交检察委员会

① 参见最高人民检察院第六检察厅编：《〈人民检察院民事诉讼监督规则〉理解与适用》，中国检察出版社 2021 年版，第 178 页。

研究决定。[①] 检察建议书无须送达当事人，以通知书的形式告知当事人检察机关对案件的办理结果较为适宜。[②]

人民检察院经审查认为人民法院执行活动不存在违法情形的，应当制作《不支持监督申请决定书》，发送申请人。根据《监督规则》第 31 条的规定，人民检察院不受理监督申请的，当事人可以向上一级人民检察院申请监督。

2. 法院对执行检察监督案件的办理

《最高人民法院、最高人民检察院关于建立全国执行与法律监督工作平台进一步完善协作配合工作机制的意见》第 6 条规定，有关人民法院在收到针对具体案件的检察监督意见书法律文书后，应在 30 日内依程序立“执监字”案件办理。《监督规定》第 13 条规定，人民法院收到人民检察院的检察建议书后，应当在 3 个月内将审查处理情况以回复意见函的形式回复人民检察院，并附裁定、决定等相关法律文书。[③] 不采纳检察建议的，应当说明理由。《监督规定》第 14 条还细化了跟进监督的机制，以应对人民法院对检察建议书不予处理或处理不当的问题。

《江苏省高级人民法院关于加强和规范民事执行检察监督案件办理工作的指导意见》根据采纳的检察建议所针对的执行行为对处理方式予以区分，针对积极执行行为的检察建议，应当依法裁定撤销、变更相关执行行为或者责令执行法院对相关执行行为依法予以撤销、变更；针对消极执行行为的检察建议，应当依法作出采取执行行为的裁定、决定，或者责令执行法院依法作出执行行为、采取执行措施。

---

① 参见郑新俭：《最高人民法院、最高人民检察院〈关于民事执行活动法律监督若干问题的规定〉的理解与适用》，载《人民检察》2017 年第 2 期。

② 参见最高人民检察院第六检察厅编：《〈人民检察院民事诉讼监督规则〉理解与适用》，中国检察出版社 2021 年版，第 178 页。

③ 实践中对法院回复检察院检察建议的期限问题存有争议。2016 年《监督规定》规定的是 3 个月，2019 年《人民检察院检察建议工作规定》规定的是 2 个月。2020 年《最高人民法院、最高人民检察院关于建立全国执行与法律监督工作平台进一步完善协作配合工作机制的意见》规定的是 3 个月。最高人民检察院认为，应当适用“两高”会签的文件，即以 3 个月为宜。参见最高人民检察院第六检察厅编：《〈人民检察院民事诉讼监督规则〉理解与适用》，中国检察出版社 2021 年版，第 179 页。

实务操作指引

最高人民检察院于2021年4月27日发布的第二十八批指导性案例均为执行监督案，三个案例涉及的问题为执行中冲突较为激烈的领域，如检例第108号是关于执行担保的认定、执行行为异议与执行标的异议救济途径的区分，检例109号是关于执行标的物评估，检例110号是关于变更追加被执行人。人民检察院围绕着上述领域中执行法院存在的法律适用问题和违法执行问题开展监督。以下从民事执行监督受理条件、审查重点、监督方式等实务操作核心问题的角度，对三个指导性案例进行分析总结。

（一）执行检察监督的受理条件

执行检察监督与执行救济程序的关系在理解与适用部分已经进行了较为详细的论述，即只有在法律规定的救济途径和内部纠错机制不能发挥有效作用时，检察监督才会介入。

1. 法院错误指引导致救济错位

检例第108号案例中，江苏某银行作为银行存单的质权人，向法院申请解除另案对存单的质押，依据法院的要求出具了承诺，载明“现我单位申请解除对该质押存单的冻结，若申请解除冻结的行为存在错误导致损失的，我单位提供反担保，对上述存单的申请解除冻结行为承担责任”。后另案的执行法院（扬中市中级人民法院）以该承诺构成某银行对出质人毛某芹提供担保为由，在执行毛某芹的过程中裁定追加某银行为被执行人，要求其在保证责任范围内对另案的申请执行人某小贷公司承担清偿责任。某银行不服向扬中市中级人民法院提出异议，扬中市中级人民法院驳回异议，并告知不服可向法院提起诉讼。某银行根据法院指引提起执行异议之诉，扬中市中级人民法院认为，该案应当依照审判监督程序处理，裁定驳回起诉。某银行不服提起上诉，镇江市中级人民法院认为某银行应当通过普通确认诉讼另行主张质权，驳回上诉。某银行又以毛某芹为被告、某小贷公司为第三人提起质押合同诉讼，经两审法院判决，确认某银行对涉案存单享有质权，其提供的承诺书不构成对毛某芹债务的担保。

在该案中，某银行提出的异议是对执行行为的异议而非执行标的的异议，故在裁定驳回异议后，扬中市中级人民法院应引导某银行提起复议而非执行异议之诉。执行异议之诉中法院应审查某银行对存单的质权是否可以排除小贷公司的执行，而非以某银行应申请执行监督为由驳回起诉。故虽然某银行没有走完执行异议、复议的救济程序，但非由其自身原因引起，而是因法院的错误引导所致，故某银行申请执行监督符合受理条件。

2. 法院对执行异议未予处理

检例第109号案例中，武汉中院在拍卖担保人某房地产公司的土地使用权过程中，委托评估机构对土地使用权价值进行评估，评估价为5778.57万元。某房地产公司及本案其他债权人对评估结果不服，曾于2014年9月和2015年2月提出执行异议。武汉中院未对评估过程中是否存在程序违法进行审查，亦未交评估机构对异议内容进行复核。法院对执行异议未作出处理，符合执行监督受理条件。

3. 法院驳回当事人的异议及复议申请

检例第110号案例中，铁力市中级人民法院在执行魏某与张某借款合同纠纷案过程中，以张某向魏某的借款系夫妻共同债务为由裁定追加已经与张某离婚的何某为被执行人，并冻结何某工资。何某向铁力市中级人民法院提出执行异议，铁力市中级人民法院认为婚姻关系存续期间，夫妻一方以个人名义所负债务，除债权人与债务人明确约定为个人债务或夫妻约定婚姻关系存续期间财产归各自所有外，都应视为夫妻共同债务，裁定驳回何某的异议。何某不服该裁定，向伊春市中级人民法院申请复议。伊春市中级人民法院驳回何某的复议申请。

（二）执行检察监督的对象

《监督规则》第106条明确规定，执行监督针对的是违法、错误的执行活动(包括执行审查活动和执行实施活动)、消极拖延执行以及其他执行违法错误情形。

1. 质权人为申请解除对质物的冻结，向法院承诺对申请解除冻结错误造成的损失承担责任，不是对出质人债务履行提供担保，法院裁定执行质权人财产的行为存在错误。

在检例第108号案例中，执行程序中将案外人认定为保证人，意味着直接使生效法律文书列明的被执行人以外的人承担实体责任，对当事人权利义务将产生无法律依据的不当影响，因此关于保证责任的认定应严格遵循有关法律规定，根据当事人真实意思表示慎重审查认定。某银行出具的承诺书不属于《执行规定》第85条规定的“保证人为被执行人提供保证”的情形，人民法院据此裁定执行某银行的财产错误。

除此之外，某银行对法院执行其财产的异议是对法院执行行为的异议，而非对执行标的提出的异议，对该异议裁定不服的救济途径为复议程序，法院引导其提起执行异议之诉，程序指引有误。某银行提起执行异议之诉后，法院应当对某银行就涉案存单是否享有足以排除强制执行的民事权益进行审理，但法院认为该案应当依照审判监督程序处理，驳回起诉亦属适用法律错误。

需要注意的是，执行异议之诉已属审判程序，不是执行检察监督的范畴。

2. 法院在委托评估鉴定过程中未向评估鉴定机构提供真实、完整、充分的评估鉴定材料、未对当事人执行异议进行审查处理、未依法送达法律文书，均属违法执行行为。

执行标的物评估结果失实，特别是评估结果明显低于市场价格损害财产权利人利益，是执行监督中当事人反映比较集中的一类问题。土地作为执行标的物时，其市场价格与土地容积率、地段、周边配套等因素密切相关，检察院调查核实违法情形时应当重点围绕决定土地价格的密切相关因素进行。执行法院调取的案涉土地原始地籍资料显示容积率为4.16，但执行人员未向评估机构提供地籍资料，评估人员自行依据周边情况设定容积率为2.0，导致土地估值结果严重失实。

根据《财产处置价规定》第23条的规定，当事人、利害关系人对评估报告提出异议的，人民法院应当在3日内交评估机构予以书面说明。评估机构在5日内未作说明或者当事人、利害关系人对作出的说明仍有异议的，人民法院应当交由相关行业协会在指定期限内组织专业技术评审。执行法院对被执行人、利害关系人提出的异议未交评估机构作出说明，属于严重的程序违法。

3. 生效判决未确认案涉款项为夫妻共同债务的，执行阶段直接追加被执行人的配偶为被执行人，无法律依据，属程序违法。

办理可能涉及夫妻共同债务的案件，既要注重保护债权人的合法权利，又要注重保护未共同举债的夫妻另一方的合法权利。变更、追加被执行人应当遵循法定原则，对于法律或司法解释规定情形之外的，不能轻易变更、追加，否则实质上剥夺了当事人的诉讼权利，属于程序违法。如有证据证明可能存在夫妻双方恶意串通损害债权人利益的，应经由审判程序认定夫妻共同债务，而非在执行程序中直接追加配偶为被执行人。

（三）执行检察监督的方式

目前法定的执行检察监督方式仅有检察建议一种。三个指导性案例检察院都是通过发出检察建议书的方式进行监督。法院不采纳检察建议或者不予回复的，检察院应当按照有关规定进行监督，或者提请上级检察院监督。

检例110号案中，铁力市中级人民法院认为追加何某为被执行人适用法律准确、程序合法，故不予采纳铁力市人民检察院的检察建议。铁力市人民检察院提请伊春市人民检察院跟进监督。伊春市人民检察院向伊春市中级人民法院发出检察建议书，伊春市中级人民法院采纳了检察建议，撤销了追加何某为被执行人的裁定、解除了对何某工资账户的冻结。

二、检察建议在保全与执行程序中的适用

批复原文

（一）最高人民法院关于对执行程序中的裁定的抗诉不予受理的批复

1995年8月10日　法复〔1995〕5号

广东省高级人民法院：

你院粤高法〔1995〕37号《关于人民法院在执行程序中作出的裁定检察院是否有权抗诉的请示》收悉。经研究，答复如下：

根据《中华人民共和国民事诉讼法》的有关规定，人民法院为了保证已发生法律效力的判决、裁定或者其他法律文书的执行而在执行程序中作出的裁定，不属于抗诉的范围。因此，人民检察院针对人民法院在执行程序中作出的查封财产裁定提出抗诉，于法无据。对于坚持抗诉的，人民法院应通知不予受理。

此复

（二）最高人民法院关于人民法院发现本院作出的诉前保全裁定和在执行程序中作出的裁定确有错误以及人民检察院对人民法院作出的诉前保全裁定提出抗诉人民法院应当如何处理的批复

1998年7月30日　法释〔1998〕17号

山东省高级人民法院：

你院鲁高法函〔1998〕57号《关于人民法院在执行程序中作出的裁定如发现确有错误应按何种程序纠正的请示》和鲁高法函〔1998〕58号《关于人民法院发现本院作出的诉前保全裁定确有错误或者人民检察院对人民法院作出的诉前保全提出抗诉人民法院应如何处理的请示》收悉。经研究，答复如下：

一、人民法院院长对本院已经发生法律效力的诉前保全裁定和在执行程序中作出的裁定，发现确有错误，认为需要撤销的，应当提交审判委员会讨论决定后，裁定撤销原裁定。

二、人民检察院对人民法院作出的诉前保全裁定提出抗诉，没有法律依据，人民法院应当通知其不予受理。

此复

（三）最高人民法院关于如何处理人民检察院提出的暂缓执行建议问题的批复

2000年7月10日　法释〔2000〕16号

广东省高级人民法院：

你院粤高法民〔1998〕186号《关于检察机关对法院生效民事判决建议暂缓执行是否采纳的请示》收悉。经研究，答复如下：

根据《中华人民共和国民事诉讼法》的规定，人民检察院对人民法院生效民事判决提出暂缓执行的建议没有法律依据。

此复

出台背景

对人民法院的民事审判活动实行法律监督，是人民检察院行使法律监督权的重要内容。但对执行工作开展检察监督试点较晚，直至2011年3月，《最高人民法院、最高人民检察院关于在部分地方开展民事执行活动法律监督试点工作的通知》（已废止），才正式在实践中探索对执行活动的检察监督。2012年修订《民事诉讼法》时，于第235条明确规定，人民检察院对民事执行活动实行法律监督。2016年，最高人民法院、最高人民检察院再次颁布《关于民事执行活动法律监督若干问题的规定》，基本上明确了执行检察监督的范围、内容、方式，但实践中法院自行监督，当事人依法行使异议权和检察监督之间的交叉与重合问题，尚待进一步研究解决。从民事执行制度设计和执行活动规律出发，法律和司法解释已经针对执行程序的关键环节赋予了当事人、利害关系人和案外人广泛的救济权利，另外，法院内部尚存“自上而下”的执行监督程序，总体上可以实现纠正错误违法执行行为的目的。在这种情况下，检察监督可以发挥保障执行权依法行使的补充和辅助作用。“即使人民法院的审判活动违法，人民检察院也只能通过一定程序提出，由人民法院自己纠正”。[①] 最高人民法院的法释〔1998〕17号批复，就坚持了自我纠正的精神，将民事诉讼保障制度中的“诉前保全裁定”排除在抗诉范围之外。对于人民检察院坚持抗诉的，人民法院应通知不予受理。

一般认为检察机关对民事执行活动进行法律监督应采取更为审慎的态度，没有法律依据则不能受理。最高人民法院法释〔2000〕16号批复认为“人民检察院对人民法院生效民事判决提出暂缓执行的建议没有法律依据”。法复〔1995〕5号批复将“在执行程序中作出的裁定”排除在抗诉范围之外，均是审慎态度的表现。

---

① 1990年5月22日，《最高人民法院经济审判庭关于北京龙凤酒厂诉牡丹江市西安钢木门窗厂购销合同货款纠纷案的电话答复》中，最高人民法院经济审判庭表达了以下观点：“根据法理和法学界的一般看法，以及检察院对刑事审判活动实行监督的规定，即使人民法院的审判活动违法，人民检察院也只能通过一定程序提出，由人民法院自己纠正。”

理解与适用

2011 年，最高人民法院、最高人民检察院在部分地区进行试点后，[①] 全国共有 441 个检察机关结合当地实际，采取各种方法开展执行监督工作，[②] 最高人民法院、最高人民检察院联合制定的《关于民事执行活动法律监督若干问题的规定》，再次明确人民检察院依法对民事执行活动实施法律监督。人民法院依法接受人民检察院的法律监督。从监督范围上看，人民检察院对人民法院执行生效民事判决、裁定、调解书、支付令、仲裁裁决以及公证债权文书等法律文书的活动实施法律监督。人民检察院的监督可以依申请，也可以依职权。依申请监督，是指当事人、利害关系人、案外人认为民事执行活动存在违法情形，向人民检察院申请监督，人民检察院予以受理的情形。依申请监督原则上需要当事人、利害关系人、案外人穷尽人民法院内部的救济途径。依职权监督，是指具有下列情形之一的民事执行案件，人民检察院应当依职权进行监督：（1）损害国家利益或者社会公共利益的；（2）执行人员在执行该案时有贪污受贿、徇私舞弊、枉法执行等违法行为、司法机关已经立案的；（3）造成重大社会影响的；（4）需要跟进监督的。[③]

从检察监督的方式看，有抗诉、检察建议和调查核实多种，但抗诉并不适合执行检察监督，人民检察院监督执行活动应采用检察建议形式，而非抗诉

---

① 《最高人民法院、最高人民检察院关于在部分地方开展民事执行活动法律监督试点工作的通知》（高检会〔2011〕2 号，已废止）第 2 条："人民检察院可以依当事人、利害关系人的申请，对下列民事执行活动实施法律监督：

（一）人民法院收到执行案款后超过规定期限未将案款支付给申请执行人的，有正当理由的除外；

（二）当事人、利害关系人依据《中华人民共和国民事诉讼法》第二百零二条之规定向人民法院提出书面异议或者复议申请，人民法院在收到书面异议、复议申请后，无正当理由未在法定期限内作出裁定的；

（三）人民法院自立案之日起超过两年未采取适当执行措施，且无正当理由的；

（四）被执行人提供了足以保障执行的款物，并经申请执行人认可后，人民法院无正当理由仍然执行被执行人其他财产，严重损害当事人合法权益的；

（五）人民法院的执行行为严重损害国家利益、社会公共利益的。"

② 参见李娜：《民事执行监督试点一年破解执行乱——最高检：纠正一批违法案件法院执行受监督理念渐获认同》，载《法制日报》2012 年 6 月 5 日。

③ 参见《最高人民法院、最高人民检察院关于民事执行活动法律监督若干问题的规定》（法发〔2016〕30 号）第 1 条、第 3 条、第 6 条、第 7 条。

形式。

诉前保全属于民事诉讼保障措施，诉前保全裁定一经作出就产生法律效力，但并不是最终的裁定，当事人对保全裁定不服的，可以申请复议。诉前保全裁定由立案机构作出裁定，一般应当移送执行机构实施。[①] 诉前保全裁定的实施应理解为广义的民事执行活动。人民法院为了保证已发生法律效力的执行依据的执行而在执行程序中作出的裁定，法律明确规定了相应的异议、复议权[②]，属于民事执行活动。暂缓执行，是指人民法院在执行程序中因法定事由，依申请或者依职权决定在一定期限内暂时停止执行的措施。执行程序开始后，除法定事由外，人民法院不得决定暂缓执行[③]。当事人对暂缓执行决定不服，可以申请复议。[④] 暂缓执行的决定主体是人民法院[⑤]，属于民事执行活动。

综上所述，如果具体的民事执行案件具备法定情形，人民检察院可以依职权提出检察建议。如果当事人认为暂缓执行、诉前保全裁定、执行中作出的裁定存在违法情形，向人民检察院申请监督，应先申请异议、复议，在其异议、复议结果未确定之前，人民检察院不予受理，但有正当理由的除外。当事人已经向人民法院申请异议、复议，人民法院审查异议、复议期间，当事人又向人民检察院申请监督的，人民检察院不予受理，但申请对人民法院的复议、异议程序进行监督的除外。

---

① 参见《最高人民法院关于人民法院办理财产保全案件若干问题的规定》第 2 条。

② 参见《民事诉讼法》第 232 条、第 234 条。

③ 参见《最高人民法院关于正确适用暂缓执行措施若干问题的规定》第 3 条："有下列情形之一的，经当事人或者其他利害关系人申请，人民法院可以决定暂缓执行：（一）执行措施或者执行程序违反法律规定的；（二）执行标的物存在权属争议的；（三）被执行人对申请执行人享有抵销权的。"

④ 参见《最高人民法院关于正确适用暂缓执行措施若干问题的规定》第 12 条规定："上级人民法院发现执行法院对不符合暂缓执行条件的案件决定暂缓执行，或者对符合暂缓执行条件的案件未予暂缓执行的，应当作出决定予以纠正。执行法院收到该决定后，应当遵照执行。"

⑤ 《民事诉讼法》第 238 条规定："在执行中，被执行人向人民法院提供担保，并经申请执行人同意的，人民法院可以决定暂缓执行及暂缓执行的期限。被执行人逾期仍不履行的，人民法院有权执行被执行人的担保财产或者担保人的财产。"

实务操作指引

（一）检察建议的提出、回复与处理

人民检察院向人民法院提出民事执行监督检察建议，应当经检察长批准或者检察委员会决定，制作检察建议书，在决定之日起15日内将检察建议书连同案件卷宗移送同级人民法院。检察建议书应当载明检察机关查明的事实、监督理由、依据以及建议内容等。

人民检察院提出的民事执行监督检察建议，统一由同级人民法院立案受理。

人民法院收到人民检察院的检察建议书后，应当在3个月内将审查处理情况以回复意见函的形式回复人民检察院，并附裁定、决定等相关法律文书。有特殊情况需要延长的，经本院院长批准，可以延长1个月。回复意见函应当载明人民法院查明的事实、回复意见和理由并加盖院章。不采纳检察建议的，应当说明理由。

人民法院收到检察建议后逾期未回复或者处理结果不当的，提出检察建议的人民检察院可以依职权提请上一级人民检察院向其同级人民法院提出检察建议。上一级人民检察院认为应当跟进监督的，应当向其同级人民法院提出检察建议。人民法院应当在3个月内提出审查处理意见并以回复意见函的形式回复人民检察院，认为人民检察院的意见正确的，应当监督下级人民法院及时纠正。

当事人、利害关系人、案外人申请监督的案件，人民检察院认为人民法院民事执行活动不存在违法情形的，应当作出不支持监督申请的决定，在决定之日起15日内制作不支持监督申请决定书，发送申请人，并做好释法说理工作。人民检察院办理依职权监督的案件，认为人民法院民事执行活动不存在违法情形的，应当作出终结审查决定。

（二）检察监督中可以达成执行和解

当事人在人民检察院审查案件过程中达成和解协议且不违反法律规定的，人民检察院应当告知其将和解协议送交人民法院，由人民法院依照《民事诉讼法》第237条的规定进行处理。

（三）违法检察监督行为的应对

人民法院认为检察监督行为违反法律规定的，可以向人民检察院提出书面建议。人民检察院应当在收到书面建议后3个月内作出处理并将处理情况书面回复人民法院；人民法院对于人民检察院的回复有异议的，可以通过上一级人民法院向上一级人民检察院提出。上一级人民检察院认为人民法院建议正确的，应当要求下级人民检察院及时纠正。

第二编

执行程序通则

第十章　执 行 立 案

一、执行依据内容不明的处理

意见原文

最高人民法院

关于人民法院立案、审判与执行工作协调运行的意见

2018年5月28日　法发〔2018〕9号

为了进一步明确人民法院内部分工协作的工作职责，促进立案、审判与执行工作的顺利衔接和高效运行，保障当事人及时实现合法权益，根据《中华人民共和国民事诉讼法》《中华人民共和国刑事诉讼法》《中华人民共和国行政诉讼法》等有关法律规定，制定本意见。

一、立案工作

1. 立案部门在收取起诉材料时，应当发放诉讼风险提示书，告知当事人诉讼风险，就申请财产保全作必要的说明，告知当事人申请财产保全的具体流程、担保方式及风险承担等信息，引导当事人及时向人民法院申请保全。

立案部门在收取申请执行材料时，应发放执行风险提示书，告知申请执行人向人民法院提供财产线索的义务，以及无财产可供执行导致执行不能的风险。

2. 立案部门在立案时与执行机构共享信息，做好以下信息的采集工作：

（1）立案时间；

（2）当事人姓名、性别、民族、出生日期、身份证件号码；

（3）当事人名称、法定代表人或者主要负责人、统一社会信用代码或者组织机构代码；

（4）送达地址；

（5）保全信息；

（6）当事人电话及其他联系方式；

（7）其他应当采集的信息。

立案部门在立案时应充分采集原告或者申请执行人的前款信息，提示原告或者申请执行人尽可能提供被告或者被执行人的前款信息。

3. 在执行案件立案时，有字号的个体工商户为被执行人的，立案部门应当将生效法律文书注明的该字号个体工商户经营者一并列为被执行人。

4. 立案部门在对刑事裁判涉财产部分移送执行立案审查时，重点审查《移送执行表》载明的以下内容：

（1）被执行人、被害人的基本信息；

（2）已查明的财产状况或者财产线索；

（3）随案移送的财产和已经处置财产的情况；

（4）查封、扣押、冻结财产的情况；

（5）移送执行的时间；

（6）其他需要说明的情况。

《移送执行表》信息存在缺漏的，应要求刑事审判部门及时补充完整。

5. 立案部门在受理申请撤销仲裁裁决、执行异议之诉、变更追加执行当事人异议之诉、参与分配异议之诉、履行执行和解协议之诉等涉及执行的案件后，应提示当事人及时向执行法院或者本院执行机构告知有关情况。

6. 人民法院在判决生效后退还当事人预交但不应负担的诉讼费用时，不得以立执行案件的方式退还。

二、审判工作

7. 审判部门在审理案件时，应当核实立案部门在立案时采集的有关信息。信息发生变化或者记录不准确的，应当及时予以更正、补充。

8. 审判部门在审理确权诉讼时，应当查询所要确权的财产权属状况。需要确权的财产已经被人民法院查封、扣押、冻结的，应当裁定驳回起诉，并告知当事人可以依照民事诉讼法第二百二十七条的规定主张权利。

9. 审判部门在审理涉及交付特定物、恢复原状、排除妨碍等案件时，应当查明标的物的状态。特定标的物已经灭失或者不宜恢复原状、排除妨碍的，应告知当事人可申请变更诉讼请求。

10. 审判部门在审理再审裁定撤销原判决、裁定发回重审的案件时，应当注意审查诉讼标的物是否存在灭失或者发生变化致使原诉讼请求无法实现的情形。存在该情形的，应告知当事人可申请变更诉讼请求。

11. 法律文书主文应当明确具体：

(1) 给付金钱的，应当明确数额。需要计算利息、违约金数额的，应当有明确的计算基数、标准、起止时间等；

(2) 交付特定标的物的，应当明确特定物的名称、数量、具体特征等特定信息，以及交付时间、方式等；

(3) 确定继承的，应当明确遗产的名称、数量、数额等；

(4) 离婚案件分割财产的，应当明确财产名称、数量、数额等；

(5) 继续履行合同的，应当明确当事人继续履行合同的内容、方式等；

(6) 排除妨碍、恢复原状的，应当明确排除妨碍、恢复原状的标准、时间等；

(7) 停止侵害的，应当明确停止侵害行为的具体方式，以及被侵害权利的具体内容或者范围等；

(8) 确定子女探视权的，应当明确探视的方式、具体时间和地点，以及交接办法等；

(9) 当事人之间互负给付义务的，应当明确履行顺序。

对前款规定中财产数量较多的，可以在法律文书后另附清单。

12. 审判部门在民事调解中，应当审查双方意思的真实性、合法性，注重调解书的可执行性。能即时履行的，应要求当事人即时履行完毕。

13. 刑事裁判涉财产部分的裁判内容，应当明确、具体。涉案财物或者被害人人数较多，不宜在判决主文中详细列明的，可以概括叙明并另附清单。判处没收部分财产的，应当明确没收的具体财物或者金额。判处追缴或者责令退赔的，应当明确追缴或者退赔的金额或财物的名称、数量等有关情况。

三、执行工作

14. 执行标的物为特定物的，应当执行原物。原物已经毁损或者灭失的，经双方当事人同意，可以折价赔偿。双方对折价赔偿不能协商一致的，按照下列方法处理：

（1）原物毁损或者灭失发生在最后一次法庭辩论结束前的，执行机构应当告知当事人可通过审判监督程序救济；

（2）原物毁损或者灭失发生在最后一次法庭辩论结束后的，执行机构应当终结执行程序并告知申请执行人可另行起诉。

无法确定原物在最后一次法庭辩论结束前还是结束后毁损或者灭失的，按照前款第二项规定处理。

15. 执行机构发现本院作出的生效法律文书执行内容不明确的，应书面征询审判部门的意见。审判部门应在15日内作出书面答复或者裁定予以补正。审判部门未及时答复或者不予答复的，执行机构可层报院长督促审判部门答复。

执行内容不明确的生效法律文书是上级法院作出的，执行法院的执行机构应当层报上级法院执行机构，由上级法院执行机构向审判部门征询意见。审判部门应在15日内作出书面答复或者裁定予以补正。上级法院的审判部门未及时答复或者不予答复的，上级法院执行机构层报院长督促审判部门答复。

执行内容不明确的生效法律文书是其他法院作出的，执行法院的执行机构可以向作出生效法律文书的法院执行机构发函，由该法院执行机构向审判部门征询意见。审判部门应在15日内作出书面答复或者裁定予以补正。审判部门未及时答复或者不予答复的，作出生效法律文书的法院执行机构层报院长督促审判部门答复。

四、财产保全工作

16. 下列财产保全案件一般由立案部门编立“财保”字案号进行审查并作出裁定：

（1）利害关系人在提起诉讼或者申请仲裁前申请财产保全的案件；

（2）当事人在仲裁过程中通过仲裁机构向人民法院提交申请的财产保全案件；

（3）当事人在法律文书生效后进入执行程序前申请财产保全的案件。

当事人在诉讼中申请财产保全的案件，一般由负责审理案件的审判部门沿用诉讼案号进行审查并作出裁定。

当事人在上诉后二审法院立案受理前申请财产保全的案件，由一审法院审判部门审查并作出裁定。

17. 立案、审判部门作出的财产保全裁定，应当及时送交立案部门编立“执保”字案号的执行案件，立案后送交执行。

上级法院可以将财产保全裁定指定下级法院立案执行。

18. 财产保全案件的下列事项，由作出财产保全裁定的部门负责审查：

（1）驳回保全申请；

（2）准予撤回申请、按撤回申请处理；

（3）变更保全担保；

（4）续行保全、解除保全；

（5）准许被保全人根据《最高人民法院关于人民法院办理财产保全案件若干问题的规定》第二十条第一款规定申请自行处分被保全财产；

（6）首先采取查封、扣押、冻结措施的保全法院将被保全财产移送给在先轮候查封、扣押、冻结的执行法院；

（7）当事人或者利害关系人对财产保全裁定不服，申请复议；

（8）对保全内容或者措施需要处理的其他事项。

采取保全措施后，案件进入下一程序的，由有关程序对应的受理部门负责审查前款规定的事项。判决生效后申请执行前进行续行保全的，由作出该判决的审判部门作出续行保全裁定。

19. 实施保全的部门负责执行财产保全案件的下列事项：

（1）实施、续行、解除查封、扣押、冻结措施；

（2）监督被保全人根据《最高人民法院关于人民法院办理财产保全案件若干问题的规定》第二十条第一款规定自行处分被保全财产，并控制相应价款；

（3）其他需要实施的保全措施。

20. 保全措施实施后，实施保全的部门应当及时将财产保全情况通报作出财产保全裁定的部门，并将裁定、协助执行通知书副本等移送入卷。“执保”字案件单独立卷归档。

21. 保全财产不是诉讼争议标的物，案外人基于实体权利对保全裁定或者执行行为不服提出异议的，由负责审查案外人异议的部门根据民事诉讼法第二百二十七条的规定审查该异议。

五、机制运行

22. 各级人民法院可以根据本院机构设置，明确负责立案、审判、执行衔接工作的部门，制定和细化立案、审判、执行工作衔接的有关制度，并结合本院机构设置的特点，建立和完善本院立案、审判、执行工作衔接的长效机制。

23. 审判人员、审判辅助人员在立案、审判、执行等环节中，因故意或者重大过失致使立案、审判、执行工作脱节，导致生效法律文书难以执行的，应当依照有关规定，追究相应责任。

出台背景

立案、审判和执行在信息共享和相互衔接方面的不畅是造成“执行难”的原因之一，如立案时录入的信息不准确、不全面，生效法律文书内容不具有可执行性、财产保全的申请和实施不及时等。无论保全、审判还是申请执行，最终目的都是确保胜诉权利得到及时实现，以此为目标，有必要在“案件一体化”理念的指引下，“将执行阵地前移，树立立案、审判中的执行思维，在立案阶段考虑执行，在审判阶段兼顾执行，将执行要素分解到立案、审判、执行各个环节”。①

最高人民法院也比较重视立审执协调不畅所造成的裁判困境的破解。《执行工作纲要》提出，健全切实解决执行难的源头治理机制，建立生效法律文书执行内容不明确的处理机制；《立审执协调意见》更为细致地提出完善立审执协调配合机制。除了尝试建立执行局参与特定案件的执行立案审查工作机制和强化保全意识外，要求裁判的执行内容必须明确具体，各级法院应将调解和裁判内容的可执行性作为考核案件质效和工作绩效的重要因素。《立审执协调意见》对人民法院立案部门、审判部门和执行机构的职责事项进行了较为明确的列举，旨在从裁判的可执行性以及最大程度确保裁判能够最终得到执行两个维度入手

---

① 唐学兵：《立审执协调：坚持系统思维合力解决执行难》，载《人民法院报》2018 年 9 月 5 日，第 8 版。

缓解以法院自身作出的裁判作为执行依据存在的执行难问题，但是《立审执协调意见》规定的审执征询答复和补正裁定机制在实践中落实起来并不尽如人意，对判项不明的司法对策需要进行更加微观化的研判。

理解与适用

《立审执协调意见》辐射的范围较分散，但核心问题集中在裁判主文的明确性和裁判之前的保全程序，因此，本部分主要针对裁判可执行性问题进行分析。

从实践反映的情况看，当事人持主文内容不明确的裁判申请执行后，执行法院的做法要么是裁定驳回权利人的执行申请；要么要求当事人启动再审程序对判项内容进一步予以明确，案件较少的法院一般会运用执行自由裁量权直接对判项内容进行有利于执行的解释进而采取执行措施，或者向审判机构发函征询，在得到更为具体明确的解释后再采取执行措施。但局限于审执分离的基本模式和避免当事人质疑法院解释判项内容的行为，多数法院对运用执行权解释主文持非常慎重的态度，以免落下以审代执的口实。

（一）执行依据判项不明的类型

从类型化上看，判决主文判项不明主要有金钱给付的数额或计算方式不明确，义务人交付的特定物未能确定、行为履行和对象范围不明，继续履行合同的标准和期限无法从合同中推导，导致判决或调解书不具有执行力。① 需要注意的是，判项不明是案件审理中的主观原因造成的，与确权判决和判后标的物灭失以及既判力基准时后新发生事实不同。

（二）判项不明的处理机制

2015 年《民事诉讼法解释》起草过程中，曾经拟定第 463 条第 3 款“对权利义务主体、给付内容不明确的法律文书，裁定不予受理；已受理的裁定驳回申请”。但实践中，判项不明确的法律文书不少源于当事人诉讼请求的不明确，并非合议庭主观裁判所致，该款条文最终在通过之前被删除，仍然保留了给当

---

① 参见陈斯、谢奕：《民事判项给付内容不明的理性思辨与路径构建——基于“审执衔接三元法”的分析》，载《法律适用》2020 年第 19 期。

事人要求法律文书作出机构进行补正和说明的空间。执行机构受理了判项不明的执行依据，在补充执行力的过程中，必然要对不明确的判项进行解释，该解释分为审判权解释和执行权解释两种模式，主流倾向为审判权解释，[①] 但实践中也并非一概排除执行权解释的可能性。德国、日本和韩国的执行立案制度，采立案的形式要件与执行力要件相分离模式，法律文书在启动执行前要交由专门的机关审查是否具有执行力，当事人还享有执行文赋予之诉的救济权利，使判项不明导致的执行力欠缺问题较易解决。

裁判文书判项不明对债权人的权利实现影响巨大。实践中，对于裁判文书判项不明的处理尚不统一，如裁定不予受理或驳回执行申请，当事人自行协商解决或执行和解，审判答复解释与补正裁定，另提确认之诉，执行听证制度及提起执行异议之诉，然而前述做法均存有商榷的空间。[②]

一种观点认为，《强制执行法草案（第六稿）》第 21 条对执行依据内容不清晰、不明确的情况进行了规定，当事人有争议的，经当事人申请或执行法院决定，由制作该法律文书的机构进行解释。制作该法律文书的机构无法进行解释的，由执行法官进行解释。当事人对执行法官的解释裁定不服的，可以提出执行异议。另一种观点认为，执行依据的内容不清晰、不明确，当事人有争议的，由执行法院裁定解释其文义。当事人不服该裁定的，可以提出执行异议。当事人对前款异议所作的裁定不服的，可以向上级人民法院申请复议。

前一种观点是将审判解释与执行解释相结合，但审判机构无法进行解释的由执行法官进行解释，其合理性存疑。从探究生效法律文书真意的应然状态的角度来说，只有全程参与案件审理的审判机构才具备了解当事人诉求及对判项内容作出真意解释的条件。若是审判机构拒绝作出解释，此时由执行法官进行解释，从对债权人权益维护的角度来说，才具有合理性。

后一种观点是排除了审判解释，直接进行执行解释。由执行法官依职权进行，仅限于一种情形：判项存在文义性不明，但判决的事实查明与说理部分均

---

① 参见杨荣馨、邱星美：《执行权与审判权的界限》，载刘贵祥、宋朝武主编：《强制执行的理论与制度创新——“中国执行论坛”优秀论文集》，中国政法大学出版社 2017 年版。

② 参见陈斯、谢奕：《民事判项给付内容不明的理性思辨与路径构建——基于“审执衔接三元法”的分析》，载《法律适用》2020 年第 19 期。

有充分论述，不需要对实体权利义务重新定性，主文不明对判项实体权利义务明确性影响程度较轻。“不仅以主文所载为范围，即主文有遗漏或不明了而据其所附理由，苟已判断明晰，与主文不相抵触，亦应依照执行。”①

解释方法以书面形式审查为原则，结合判决全文，综合运用文义解释、体系解释、目的解释和历史解释等解释方法。如在最高人民法院（2015）执申字第52号执行裁定中，将当事人真实意思解释为交付采挖出的矿石并变更权属登记，即为目的解释。但解释不等于修补，不应适用限缩解释或扩张解释。有观点认为，我国台湾地区同样没有执行文制度，可借鉴其“强制执行法”第8条由执行法官调阅卷宗进行执行解释，② 即可解决问题。但该方式还包括“若解释仍无法明确，执行法官驳回执行申请，债权人基于同一请求原因可再提给付之诉。”再提给付之诉又与我国《民事诉讼法》禁止重复起诉不符，故单一的执行解释制度无法解决全部判项不明问题。由于执行解释可体现在具体执行行为，当事人嗣后仅得提执行行为异议。③

从上述分析可以看出，单纯地通过在执行程序进行制度构造解决执行依据内容不明确的问题不具备可行性，执行内容明确性和可执行性问题需要系统化和结构化的解决方案，需要在立审执协调的方向和框架下进一步清晰该问题的解决思路。《立审执协调意见》提出的审执征询答复和补正裁定机制未能有效得到落实，一方面是缺乏相应的强制机制予以保障，另一方面是缺乏有效的内外监督。在现有框架下，提升规范层级、落实责任承担以及引入当事人救济制度和检察监督，有利于发挥现有制度的功能。

实务操作指引

以下通过一则案件对执行依据内容与判决的“本院认为”相矛盾时，执行

---

① 郑兢毅：《强制执行法释义》，商务印书馆2014年版，第35页。

② 我国台湾地区“强制执行法”第8条规定：“关于强制执行事项及范围发生疑义时，执行法院应调阅卷宗。前项卷宗，如为他法院所需用时，应自作缮本或节本，或嘱托他法院移送缮本或节本。”

③ 参见陈斯、谢奕：《民事判项给付内容不明的理性思辨与路径构建——基于“审执衔接三元法”的分析》，载《法律适用》2020年第19期。

法院应如何处理进行说明。①

在陈某辅、刘某嘉、连云港嘉茂教育咨询有限公司与李某文、祁某林、窦某道转让合同纠纷一案中，江苏省连云港市中级人民法院作出（2012）连民初字第0035号民事判决：（1）三被告返还原告陈某辅、刘某嘉购买学校支付的预付款、转让学校款、学校投入款合计10,342,360元，于该判决生效后30日内付清；（2）三被告返还原告陈某辅、刘某嘉购买学校支付的预付款2万元，于该判决生效后30日内付清；（3）反诉被告陈某辅、刘某嘉向反诉三原告李某文、祁某林、窦某道返还赣榆县新世纪双语学校所有房地产及学校经营权［含赣榆县金鹏建筑工程有限公司（郭某财）占有的26间商铺］，于该判决生效后30日内返还；（4）反诉被告陈某辅、刘某嘉向反诉三原告返还“赣集建（1998）字第00128号”集体土地建设用地使用证、“赣国土资建［2004］059号”使用土地批复，综合楼、教学楼“赣建规2006年第01号”建设规划许可证，放线红线图两份，教学楼、综合楼建设许可证各一份，38万元预收用地费收据一份，于该判决生效后30日内返还；（5）驳回原告陈某辅、刘某嘉、连云港嘉茂教育咨询有限公司其他诉讼请求；（6）驳回反诉原告李某文、祁某林、窦某道其他诉讼请求。

该判决“本院认为”中载明：“2007年3月1日，新世纪职业技术学校（陈某辅、刘某嘉）与赣榆县金鹏建筑工程有限公司（郭某财）签订协议，确定综合楼工程总造价9,466,145.97元，已付580万元，尚欠3,666,145.97元及违约金50万元，合计4,166,145.97元。由于陈某辅、刘某嘉同意用综合楼26间商铺折抵工程款4,166,145.97元并已交付赣榆县金鹏建筑工程有限公司（郭某财），且现由郭某财占有，致本案不能直接返还，本院确定对于该26间商铺的相应权利、义务转由李某文等三人享有和承担。由于综合楼的造价和26间商铺相关法律问题，涉及案外人赣榆县金鹏建筑工程有限公司（郭某财）权利和义务，对于综合楼的最终造价及26间商铺的处理，由各当事人另行解决。”

因李某文、祁某林、窦某道未按生效判决履行义务，陈某辅、刘某嘉向连云港市中级人民法院申请执行。连云港市中级人民法院立案执行，执行案号为

① 最高人民法院执行裁定书，（2020）最高法执监187号。

(2014) 连执字第485号。执行过程中，连云港市中级人民法院对三被执行人名下的银行账户、房产、车辆、土地等财产信息进行查询，查询结果为：李某文、祁某林、窦某道三人名下均无房产、土地登记信息；李某文、窦某道名下无车辆登记信息，祁某林名下登记一辆桑塔纳小型轿车；李某文、祁某林银行账户余额均低于百元，窦某道的银行账户已被连云港市中级人民法院冻结，冻结金额合计995元。2015年4月20日，连云港市中级人民法院查封了位于赣榆区204国道西侧赣榆县新世纪双语学校内所有的房地产。

因本案双方当事人互负履行义务，陈某辅、刘某嘉亦未履行生效法律文书确定的义务，李某文、祁某林、窦某道向连云港市中级人民法院申请执行，连云港市中级人民法院立案执行，执行案号为（2014）连执字第501号。依据生效判决，陈某辅、刘某嘉应向李某文、祁某林、窦某道返还赣榆县新世纪双语学校所有的房地产及学校经营权［含赣榆县金鹏建筑工程有限公司（郭某财）占有的26间商铺］。该26间商铺位于学校综合楼一层，在本案进入执行程序前已经陈某辅、刘某嘉同意折抵工程款4,166,145.97元，并已交付榆赣县金鹏建筑工程有限公司（郭某财），现由郭某财实际占有，因此该26间商铺暂时无法实际交付给李某文、祁某林、窦某道三人。连云港市中级人民法院于2015年12月10日作出（2014）连执字第004852号执行裁定，认为根据该院（2012）连民初字第0035号民事判决确定，申请执行人与被执行人之间互负履行义务，因申请执行人不能按生效判决履行返还财产的义务，被执行人也不能履行返还相关款项的义务，故本案双方当事人无法实际履行义务，应予以终结本次执行。

陈某辅、刘某嘉不服连云港市中级人民法院（2014）连执字第004852号执行裁定，提出执行异议称，（1）本案不存在《民事诉讼法》第257条规定的可裁定终结执行的法定事由，本案有大量可供执行财产，涉案的赣榆县新世纪双语学校所有的房地产、土地使用权及学校经营权均可进行评估拍卖。（2）连云港市中级人民法院（2014）连执字第004852号执行裁定对该院（2012）连民初字第0035号民事判决理解错误。连云港市中级人民法院（2012）连民初字第0035号民事判决并未要求异议人将26间商铺腾空再返还给李某文等三人。该判决书第27页第二段的“本院认为”中已明确写明由李某文等三人负责清理郭某财占有的26间商铺的理由。如果26间商铺的清理工作由异议人负责，会造成判决内容显失公平。异议人在签订转让合同时支付了1000多万元，如由异议人负责清理26间商铺，需另外支付400余万元，则异议人最终只能收回500余万元。郭某财承建工程归李某文等三人所有，该部分工程款应由李某文等三人支付。(3) 本案不存在异议人不能履行的问题。本案执行过程中，连云港市中级人民法院曾组织双方进行交接，但在交接过程中李某文等三人无故拒绝接收，目前赣榆县新世纪双语学校的房地产（包括26间被郭某财占有的商铺）都已经被李某文等三人实际控制，异议人的义务已基本履行完毕，李某文等三人尚未履行任何义务。请求撤销连云港市中级人民法院（2014）连执字第004852号执行裁定，按照连云港市中级人民法院（2012）连民初字第0035号民事判决的内容，恢复对李某文、祁某林、窦某道的执行。

被执行人李某文、祁某林、窦某道辩称，案件执行的依据是判决内容，应按照判决执行，刘某嘉、陈某辅将学校的全部财产（含26间商铺）及有关证件返还给被执行人，被执行人才能交付相应款项。

连云港市中级人民法院认为，根据连云港市中级人民法院（2012）连民初字第0035号民事判决，异议人陈某辅、刘某嘉与被执行人李某文、祁某林、窦某道双方互负履行义务，陈某辅、刘某嘉应向李某文等三人返还赣榆县新世纪双语学校所有的房地产，目前学校综合楼一层的26间商铺已被案外人郭某财实际占有，陈某辅、刘某嘉未能履行返还义务，故该院无法启动对学校房地产的处置程序。同时，该院经对李某文、祁某林、窦某道三人名下的银行账户、房产、土地、车辆等财产信息进行查询，均未发现可供执行财产，申请执行人亦未能提供其他可供执行的财产线索，故对连云港市中级人民法院（2014）连执字第004852号执行案件裁定终结本次执行程序并无不当。

陈某辅、刘某嘉不服连云港市中级人民法院（2016）苏07执异8号执行裁定，向江苏省高级人民法院申请复议。江苏省高级人民法院认为，本案争议焦点为连云港市中级人民法院（2014）连执字第004852号执行裁定以无可供执行财产为由裁定本案程序终结是否有事实依据。

1. 因赣榆县新世纪双语学校拖欠赣榆县金鹏建筑工程有限公司（郭某财）工程款，将综合楼26间商铺折抵欠款。26间商铺在本案中不能直接返还，对26间商铺的处理，由各当事人在本案之外另行解决。连云港市中级人民法院

(2012) 连民初字第0035号民事判决主文第三项陈某辅、刘某嘉向李某文、祁某林、窦某道返还赣榆县金鹏建筑工程有限公司（郭某财）占有的26间商铺，应理解为该26间商铺的相应权利、义务转由李某文等三人享有和承担，而不是在本案中由陈某辅、刘某嘉负责腾空26间商铺交付给李某文、祁某林、窦某道。该判决主文第一项李某文、祁某林、窦某道返还陈某辅、刘某嘉购买学校支付的预付款、转让学校款、学校投入款合计10,342,360元，系指返还陈某辅、刘某嘉已支付的款项，并不包含26间商铺的相应对价。连云港市中级人民法院(2016) 苏07执异8号执行裁定认为“目前学校综合楼一层的26间商铺已被案外人郭某财实际占有，陈某辅、刘某嘉未能履行返还义务，故该院无法启动对学校房地产的处置程序”的认定不当。

2. 目前陈某辅、刘某嘉已将除赣榆县金鹏建筑工程有限公司（郭某财）占有的26间商铺之外的赣榆县新世纪双语学校所有的房地产交付给李某文、祁某林、窦某道，并由李某文等三人占有控制。关于判决主文第四项的履行，连云港市中级人民法院异议听证笔录载明，系因李某文等三人不愿接收综合楼、教学楼的相关权属凭证及资料，陈某辅、刘某嘉已按执行依据履行了相关义务，李某文、祁某林、窦某道至今未按判决履行义务。因陈某辅、刘某嘉已将除26间商铺之外的赣榆县新世纪双语学校所有的房地产交付给李某文、祁某林、窦某道，连云港市中级人民法院（2016）苏07执异8号执行裁定认定李某文、祁某林、窦某道无可供执行财产与事实不符。连云港市中级人民法院（2014）连执字第004852号执行裁定以无可供执行财产为由裁定终结本次执行程序没有事实依据。

李某文、祁某林、窦某道不服江苏省高级人民法院裁定，向最高人民法院申诉。

最高人民法认为，本案的焦点是案涉26间商铺如何执行的问题。执行依据中“本院认为”部分与判决主文的内容存在冲突。江苏省高级人民法院根据执行依据中“本院认为”部分载明的“由于陈某辅、刘某嘉同意用综合楼26间商铺折抵工程款4,166,145.97元并已交付赣榆县金鹏建筑工程有限公司（郭某财），且现由郭某财占有，致本案中不能直接返还，本院确定对于该26间商铺的相应权利、义务转由李某文等三人享有和承担。由于综合楼的造价和26间商铺相关法律问题，涉及案外人赣榆县金鹏建筑工程有限公司（郭某财）权利和义务，对于综合楼的最终造价及26间商铺的处理，由各当事人另行解决”的内容，直接认定“返还”应理解为该26间商铺的相应权利、义务转由李某文等三人享有和承担，而不是在本案中由陈某辅、刘某嘉负责腾空26间商铺交付李某文、祁某林、窦某道。但对于执行内容不明确的问题，根据《立审执协调意见》第15条“执行机构发现本院作出的生效法律文书执行内容不明确的，应书面征询审判部门的意见。审判部门应在15日内作出书面答复或者裁定予以补正。审判部门未及时答复或者不予答复的，执行机构可层报院长督促审判部门答复”的规定，对执行内容不明确的，执行机构应向作出生效法律文书的审判部门书面征询意见。本案中，江苏省高级人民法院对执行依据直接作出解释，超越职权范围，缺乏法律依据，应予纠正。

从上述案例来看，目前最高人民法院对执行解释的适用态度是趋于保守的。在执行依据内容与判决说理内容存在冲突的情况下，仅通过文义解释难以实现探究裁判真意的目的，此时为避免出现以执代审的情况，征询审判机构明确执行内容更为合理。但如前所述，在审执征询答复作为执行内容不明确的处理机制的同时，需要解决当事人救济路径的问题，否则当事人的权益将可能在审执推诿中遭受严重侵害。

二、担保人申请执行主债务人的条件

答复原文

最高人民法院关于判决书主文已经判明担保人承担担保责任后有权向被担保人追偿，该追偿权是否须另行诉讼问题请示的答复

2009年5月8日　〔2009〕执他字第4号

四川省高级人民法院：

原则同意你院倾向性意见中无须另行诉讼的意见。即对人民法院的生效判

决书已经确定担保人承担担保责任后，可向主债务人行使追偿权的案件，担保人无须另行诉讼，可以直接向人民法院申请执行。但行使追偿权的范围应当限定在抵押担保责任范围内。

出台背景

中信银行成都分行与西藏华西药业集团有限公司（以下简称华西药业）、成都达义物业有限责任公司（以下简称达义公司）借款合同纠纷一案，四川省高级人民法院作出（2006）川民初字第89号民事判决书，判令中信银行成都分行就上述借款本金2500万元及利息、律师费、保全费、案件受理费对达义公司提供抵押的财产在2600万元范围内享有抵押权。达义公司承担抵押担保责任后，有权向华西药业追偿。

达义公司承担担保责任后，依判决确定的追偿权向华西药业追偿，鉴于华西药业拒绝履行，达义公司直接向四川省高级人民法院申请执行。在执行过程中，华西药业向四川省人大、省高级人民法院等部门反映，请求中止执行，应通过另案起诉的方式解决。

四川省高级人民法院审判委员会经讨论后形成倾向性意见：抵押担保人承担了担保责任后，依据生效判决申请执行是其行使追偿权的合法方式，法院应当受理其执行申请。作为担保人的追偿权，本质上是一种代位权，担保人在代替主债务人履行债务后，取得原债权人的法律地位。如果判决中判明了抵押担保人的追偿权，抵押担保人和债务人之间的权利义务关系已通过生效判决确认，追偿数额和追偿对象明确，具备可执行性，故本案无须另行起诉。

四川省高级人民法院形成倾向性意见后，为了慎重起见，向最高人民法院进行了请示。最高人民法院执行局合议庭评议后，结合最高人民法院民二庭和研究室的意见，最终作出了〔2009〕执他字第4号答复。

理解与适用

（一）担保人追偿权的法律性质决定了担保人可以直接申请执行的方式行使追偿权

担保人追偿权，是指担保人在履行保证债务后，得请求主债务人偿还的权利。其本质属性是一种代位请求权，担保人在向债权人履行担保责任后，即取得了债权人的法律地位，故担保人可依原判决直接申请执行，无须另诉。《民法典》对保证人、抵押人和质押人可以向债务人追偿的规定是一致的，其中第392条规定，“提供担保的第三人承担担保责任后，有权向债务人追偿”。第700条规定：“保证人承担保证责任后，除当事人另有约定外，有权在其承担保证责任的范围内向债务人追偿，享有债权人对债务人的权利，但是不得损害债权人的利益。”

（二）判决主文判明担保人享有追偿权是担保人以直接申请执行的方式行使追偿权的形式要件

判决主文中判明担保人在承担担保责任后有权向主债务人追偿这一表述，即赋予担保人向债权人履行担保债务后，享有向债务人追偿的权利。故依据该判决即可申请执行，无须另诉取得新的执行依据。

《最高人民法院关于适用〈中华人民共和国担保法〉若干问题的解释》（已废止）第42条第1款规定：“人民法院判决保证人承担保证责任或者赔偿责任的，应当在判决书主文中明确保证人享有担保法第三十一条规定的权利。判决书中未予明确追偿权的，保证人只能按照承担责任的事实，另行提起诉讼。”该规定要求人民法院在判决保证人承担担保责任的同时，赋予了保证人在承担责任后享有追偿的权利。虽然该规定所依据的《担保法》（已废止）第1条已被《民法典》第700条修改，但其符合《民法典》精神和《民事诉讼法》原理，该规定所确立的审判思路仍可沿袭适用。因此，现行法律法规及司法解释虽未明确要求人民法院应当在判决书主文中明确为债务人抵押、质押的第三人承担保证责任后享有追偿权，但保证人、抵押人、质押人在承担担保责任后有权向债务人追偿应当遵循同一规则，故判决主文同样应当明确抵押人、质押人追偿权。

（三）判决主文对追偿权义务主体的确定和追偿数额的明确，是担保人直接申请执行的实质要件

判决主文对担保人追偿权的表述，明确地确定了追偿权的义务主体为主债务人，追偿数额为担保人的担保范围。这使该判决具有可执行性，直接申请执行有利于节约司法资源。人民法院的执行部门可以依据判决直接执行，不违反“审执分离”的原则。

实务操作指引

（一）担保人及其代理人应当在诉讼中明确要求人民法院在判决主文中判明担保人在承担保证责任后，享有向主债务人追偿的权利

四川省高级人民法院作出的（2006）川民初字第89号民事判决书在第二项判决主文中已经确定达义公司在承担抵押担保责任后，有权向华西药业追偿。通过司法判决确定了抵押担保人享有追偿权，虽然达义公司承担的是抵押担保责任，而非保证担保责任，但均为承担担保义务，在法律关系上无实质区别，均享有对华西药业的追偿权。而此种追偿权已经过审理，在审理过程中担保人与债务人均享有充分发表意见的权利。在此基础上作出的判决可以保护各方当事人的权利。担保人为履行该判决承担担保责任后，依据该判决享有追偿权。这些都是遵循该判决主文要求作出的行为，不能认为担保人的追偿权未经审判直接进入执行。

（二）担保人申请执行立案时需提交其承担担保责任的证据

因为担保人的代偿行为完成在判决生效之后，判决只规定了担保人和债务人的应然状态，无法对担保人是否实际完成了担保责任作出认定，故担保人在行使追偿权申请执行债务人时应当提交其履行担保责任的证据。该证据因为是为完成判决所作出的，故法院的执行机构能依据该证据对担保人是否完成担保责任作出认定，并不违背“审执分离”的原则。

该证据因担保责任的履行方式不同而不同，如担保人通过法院执行履行的，应当提交执行法院开具的案款收据。如担保人自行履行的，应当提交银行汇款凭证及主债权人出具的其收到清偿款项的收据和证明。这些证据起到两方面的

作用。一是证明担保人已经履行了担保责任，替债务人完成了还款义务，主债权债务关系已经消灭。二是担保人完成担保责任是担保人行使追偿权的事实基础。两者存在密切关系，债务人在判决中确定的对主债权人的债务已经因担保人承担担保责任而归于消灭，而债务的消灭并非因为债务人的履行而是担保人的代为清偿行为。担保人完成代为清偿后，在法学理论上应当认为是一种债权转移的行为，故依据判决自动取得对债务人的追偿权。

（三）担保人履行担保债务时，应注意担保范围，超出担保范围的部分不能直接申请执行

有些案件的担保范围与主债务数额并不一致，担保人履行时应当只履行担保范围内的债务，超出部分不在判决书所赋予的追偿权内，不能通过直接执行的方式追偿。四川省高级人民法院作出的（2006）川民初字第89号民事判决书认定中信银行成都分行对达义公司提供抵押的财产在2600万元范围内享有抵押权。但是，达义公司在实际履行过程中向中信银行成都分行承担了2700万元的担保责任，超出了判决100万元。该超出部分不能享有追偿权，不能通过直接执行的方式追偿。

（四）以直接执行的方式行使追偿权可以适用于多种类型的判决

追偿权的范围广泛且复杂，不仅仅适用于主债务人，还可适用于连带债务人、反担保人以及共同担保人。只要是在判决主文中明确了追偿权义务主体和追偿权范围或份额的，均可以直接执行的方式行使追偿权。

三、执行依据连带责任人行使追偿权及补充责任人履行清偿义务的条件

复函原文

（一）最高人民法院经济审判庭关于生效判决的连带责任人代偿债务后应以何种诉讼程序向债务人追偿问题的复函

1992 年 7 月 29 日　法经〔1992〕121 号

吉林省高级人民法院：

你院经济审判庭吉高法经请字〔1992〕1 号《关于在执行生效判决时，连带责任人代偿债务后，应依何种诉讼程序向债务人追偿问题的请示》收悉。经研究，答复如下：

根据生效的法律文书，连带责任人代主债务人偿还了债务，或者连带责任人对外承担的责任超过了自己应承担的份额的，可以向原审人民法院请求行使追偿权。原审人民法院应当裁定主债务人或其他连带责任人偿还。此裁定不允许上诉，但可复议一次。如果生效法律文书中，对各连带责任人应承担的份额没有确定的，连带责任人对外偿还债务后向其他连带责任人行使追偿权的，应当向人民法院另行起诉。

此复。

（二）最高人民法院关于判决中已确定承担连带责任的一方向其他连带责任人追偿数额的可直接执行问题的复函

1996 年 3 月 20 日　经他〔1996〕4 号

陕西省高级人民法院：

你院陕高法［1995］93 号请示收悉。经研究，答复如下：

基本同意你院报告中的第二种意见。我院法经［1992］121号复函所指的追偿程序，针对的是判决后连带责任人依照判决代主债务人偿还了债务或承担的连带责任超过自己应承担的份额的情况。而你院请示案件所涉及的生效判决所确认的中国机电设备西北公司应承担的连带责任已在判决前履行完毕，判决主文中已判定该公司向其他连带责任人追偿的数额，判决内容是明确的，可执行的。据此，你院可根据生效判决和该公司的申请立案执行，不必再作裁定。

出台背景

吉林省高级人民法院和陕西省高级人民法院分别向最高人民法院请示连带责任追偿权的行使程序，最高人民法院根据具体情况分别进行答复。

理解与适用

（一）实体法上的连带责任

根据《民法典》第178条的规定，连带责任是两个及两个以上民事主体依据法律规定或者当事人约定对债权人承担的一种民事责任。债权人有权请求部分或者全部连带责任人承担全部责任。连带责任人内部根据各自责任大小确定承担责任的份额，难以确定责任大小的，平均承担责任。实际承担的责任超过自己责任份额的连带责任人有权向其他连带责任人追偿。

（二）连带责任人的追偿权

连带责任人实际承担的责任超过其责任份额时，有权就其负担的超过其责任份额的部分向其他连带责任人追偿。连带责任的追偿权本质上是债务人内部责任分担的再平衡。在任一连带责任债务人清偿债权之后，其已经从原有的连带责任法律关系中脱离。但是，各连带债务人之间进一步产生了债权债务法律关系。赋予实际承担责任的连带责任债务人追偿权是平衡债务人之间连带责任所带来的债务比例承担失衡问题的必要措施。

有观点认为追偿权的范围应当包括：（1）超过自己分担部分的给付额；

(2) 免责时起的利息；(3) 非因该债务人应单独负责的事由所致的损害和支付的费用。[1] 但是，现行有效的法律依据尚未对追偿权的范围作扩展性规定，仅仅包括超过自己份额的给付额一部分。法律规定的缺失实际上是对实际责任承担人的权利的漠视，首先，任何资金都是有成本的，实际承担责任人的清偿致使其他连带责任人对债权人共同免责，相当于替其他连带责任人偿还了借款，故在免责时起应享有向其他连带责任人追偿利息支出的权利。其次，实际承担责任人在清偿债权人时，除连带责任之债外，还需负担诉讼费、执行费及诉讼过程发生的其他费用。如果上述费用均由实际承担责任人自己负担也显失公平。

(三) 连带责任追偿权的行使程序

首先，完全追偿权由于实际承担责任人并不最终承担实体债务清偿责任，故其行使追偿权时可直接申请执行，无须另诉。对此，《最高人民法院关于适用〈中华人民共和国担保法〉若干问题的解释》(已废止) 第42条已有明确规定，最高人民法院也曾作出《关于判决书主文已经判明担保人承担担保责任后有权向被担保人追偿，该追偿权是否须另行诉讼问题请示的答复》。

其次，对于部分追偿权的行使，最高人民法院在所涉两个复函中根据民事判决对于连带责任确认的精确程度区分为三种情况：

第一，生效法律文书所确认的实际承担责任人应承担的连带责任已在判决前履行完毕，判决主文中已判定该责任人向其他连带责任人追偿的数额，判决内容明确，可执行。此种情况，实际承担责任人直接以该民事判决书为执行依据向人民法院申请强制执行。

第二，根据确定各连带责任人份额的生效法律文书，连带责任人代主债务人偿还了债务，或者连带责任人对外承担的责任超过了自己应承担的份额的，可以向原审人民法院请求行使追偿权。原审人民法院应当裁定主债务人或其他连带责任人偿还。此裁定不允许上诉，但可复议一次。

第三，如果生效法律文书中，对各连带责任人应承担的份额没有确定的，连带责任人对外偿还债务后向其他连带责任人行使追偿权的，应当向人民法院另行起诉。

---

① 参见宋刚：《论连带债务中的追偿权之行使》，载《政治与法律》2014年第5期。

需要注意的是，法经〔1992〕121号复函所规定的行使追偿权裁定实际上不具有可行性。因其并未明确实际承担责任人行使追偿权的申请的受理机构是立案部门、审判部门，还是执行部门。况且，该复函发布至今已有20余年，也鲜见各级法院适用该批复作出过追偿权裁定。大量责任承担份额确定的代偿案件仍然是以实际承担责任人另诉来行使追偿权的。建议最高人民法院细化该类追偿权的行使程序，明确法院内部各部门在追偿权程序中的作用与分工，简化环节，以方便当事人并节约司法资源。

实务操作指引

（一）确认连带责任的生效法律文书的判项

在承担连带责任案件的审理过程中，审判法官应当在裁判文书主文中明确涉及连带责任的判项，使之尽可能具体化：(1) 连带责任人之间承担的份额及具体数额；(2) 连带责任人履行债务后有权向债务人追偿，连带责任人履行债务超过自己应当分担部分的，有权向其他连带责任人追偿。在存在多个连带责任人且各连带责任人承担的偿还限额不一致时，判决主文明确各连带责任人之间承担的份额及具体数额对于连带责任人之间的定分止争显得尤为重要。

产生连带责任的法律关系不同，各连带责任人承担的偿还份额也不同。比如，在股东清偿责任纠纷中，各股东均以自己持股的份额承担偿还责任。在担保法律关系中，各担保人的担保限额也可能不尽一致。只有在法律没有规定和连带责任人没有约定的情况下，法律才推定各连带责任人平均承担偿还份额。准确确定各连带责任人之间应承担的份额是连带责任人向其他连带责任人追偿的基础，因此，判决主文中应明确，以免连带责任人向债权人履行完债务后行使追偿权时另起纷争。

在最高人民法院作出的（2018）最高法执监240号执行裁定中，最高人民法院认为，执行依据（2010）辽审二民再字第26号民事判决虽然判令金百公司对鞍钢修造厂的债务承担连带责任，但并无金百公司承担责任后可以对鞍钢修造厂进行追偿以及追偿数额的判项。因此，金百公司主张依原判决直接行使追偿权申请执行鞍钢修造厂并无法律依据。辽宁省高级人民法院驳回金百公司对鞍钢修造厂的执行申请并无不当，故裁定驳回金百公司的申诉。

（二）连带责任人向债权人清偿时的注意事项

连带责任人向债权人清偿债务时，首先要确定自己的清偿序位和清偿范围。比如，在担保之债中，在当事人对债权实现没有约定的情况下，连带保证人的清偿序位就在主债务人自己提供的物的担保之后。清偿范围也是在债务人的物的担保之外的债权承担保证责任。① 连带保证人在债权人未获得担保物的优先受偿之前，有权拒绝承担担保责任。

连带责任人向债权人清偿债务时，需提前做好行使追偿权的准备。比如：(1) 保留向债权人履行债务的证据；(2) 要求债权人出具收据；(3) 如在履行债务过程中产生其他费用的，要求相关方面出具收款凭证。

连带责任人如果在审理之前向债权人给付其他费用的，应当征得其他连带责任人认可，否则，在生效判决确定范围之外的责任，实际承担责任人无权向其他连带责任人追偿。

（三）连带责任人行使追偿权

连带责任人行使追偿权的起点在于主债务已经因获得清偿而消灭。在主债务未消灭前，任一连带责任人均负有代为清偿主债务的义务，故在主债务未消灭前赋予连带责任人追偿权，实际上是赋予了其与主债权人竞争的权利，而竞争的结果是其取得主债务人或其他连带责任人的代偿后仍需向主债权人清偿，无实质意义。故在主债务未获完全清偿前，即使某一债务人的清偿超出其应负担的份额，但仍不能向主债务人或其他连带责任人追偿。

连带责任人行使追偿权时应当根据判决和实际履行情况确定追偿的数额。

---

① 《担保法》（已废止）第28条规定：“同一债权既有保证又有物的担保的，保证人对物的担保以外的债权承担保证责任。债权人放弃物的担保的，保证人在债权人放弃权利的范围内免除保证责任。”《最高人民法院关于适用〈中华人民共和国担保法〉若干问题的解释》（已废止）（法释〔2000〕第44号）第38条第1款规定：“同一债权既有保证又有第三人提供物的担保的，债权人可以请求保证人或者物的担保人承担担保责任。当事人对保证担保的范围或者物的担保的范围没有约定或者约定不明的，承担了担保责任的担保人，可以向债务人追偿，也可以要求其他担保人清偿其应当分担的份额。”《民法典》第392条：“被担保的债权既有物的担保又有人的担保的，债务人不履行到期债务或者发生当事人约定的实现担保物权的情形，债权人应当按照约定实现债权；没有约定或者约定不明确，债务人自己提供物的担保的，债权人应当先就该物的担保实现债权；第三人提供物的担保的，债权人可以就物的担保实现债权，也可以请求保证人承担保证责任。提供担保的第三人承担担保责任后，有权向债务人追偿。”

在向其他连带责任人行使追偿权时，不但应当考虑承担清偿责任的总额，还需考虑其他连带责任人是否丧失了履行能力。如果某一连带责任人已经实际上丧失清偿能力，则其应承担的清偿份额应由其他连带责任人平均分担。在最高人民法院公报案例英贸公司诉天元公司保证合同纠纷一案中，云南省高级人民法院认为，作为共同保证人之一的珑艺公司不能到庭承担担保责任，此风险不能由已经承担保证责任的英贸公司一家承担，应由现有的三家保证人分担。英贸公司有权向天元公司追偿1/3的保证责任份额。①

连带责任人行使追偿权的实际操作方式主要有：（1）直接提起强制执行；（2）另案诉讼。连带责任人通过执行程序行使追偿权，除向法院提交执行申请书外，还需提交原生效法律文书的原件和复印件，以及其履行债务的证据。

连带责任人另诉行使追偿权的诉讼时效应当从其实际承担责任履行债务之日起算。根据《民法典》第188条规定，诉讼时效为3年，从知道或者应当知道权利受到侵犯之日起算。

追偿权诉讼只能要求其他连带责任人在自己应承担的份额内承担清偿责任。存在多个其他连带责任人时，已经承担连带责任的人向其他连带责任人行使追偿权时，不得要求其他连带责任人再承担连带责任。如果有其他连带责任人失联或明显丧失清偿能力，剩余各连带责任人应对不能承担责任的部分平均分担。关于共同担保人是否享有追偿权的问题，《民法典》《民法典担保解释》施行后，裁判规则发生了巨大变化。最高人民法院在顾某康等诉湖北汇城置业有限公司追偿权纠纷再审案（〔2017〕最高法民再137号）中认为：连带责任应由当事人约定或法律规定。顾某康与汇城公司均为农行华中支行的担保人，二者之间并未约定，承担担保责任的一方在行使追偿权时有权要求另一方承担连带责任。根据《最高人民法院关于适用〈中华人民共和国担保法〉若干问题的解释》（已废止）第38条规定，汇城公司承担抵押担保责任后，有权要求顾某康清偿其“应当分担”的份额，即顾某康对汇城公司应承担按份责任。从混合担保中担保人之间追偿制度设立的初衷来看，主要是为了平衡担保人之间的利益关系，防止因担保责任完全由一方承担而有失公平。

① 参见“英贸公司诉天元公司保证合同追偿权纠纷案”。

关于共同担保人的追偿问题，共同保证，担保人之间是否具有追偿权，无论是在《民法典》的制定过程中还是在出台之后，都存在争议。《担保法司法解释》（已废止）第38条明确规定，承担了担保责任的担保人可以要求其他担保人清偿其应当分担的份额，但《物权法》（已废止）第176条并未作出类似规定，根据《物权法》（已废止）第178条关于“担保法与本法的规定不一致的，适用本法”的规定，承担了担保责任的担保人向其他担保人追偿的，人民法院不予支持，但担保人在担保合同中约定可以相互追偿的除外。

《民法典》第392条规定，被担保的债权既有物的担保又有人的担保的，债务人不履行到期债务或者发生当事人约定的实现担保物权的情形，债权人应当按照约定实现债权；没有约定或者约定不明确，债务人自己提供物的担保的，债权人应当先就该物的担保实现债权；第三人提供物的担保的，债权人可以就物的担保实现债权，也可以请求保证人承担保证责任。提供担保的第三人承担担保责任后，有权向债务人追偿。《民法典》第700条规定，保证人承担保证责任后，除当事人另有约定外，有权在其承担保证责任的范围内向债务人追偿，享有债权人对债务人的权利，但是不得损害债权人的利益。《民法典担保解释》第13条对担保人之间能否相互追偿的问题作出了明确规定：同一债务有两个以上第三人提供担保，担保人之间约定相互追偿及分担份额，承担了担保责任的担保人请求其他担保人按照约定分担份额的，人民法院应予支持；担保人之间约定承担连带共同担保，或者约定相互追偿但是未约定分担份额的，各担保人按照比例分担向债务人不能追偿的部分。同一债务有两个以上第三人提供担保，担保人之间未对相互追偿作出约定且未约定承担连带共同担保，但是各担保人在同一份合同书上签字、盖章或者按指印，承担了担保责任的担保人请求其他担保人按照比例分担向债务人不能追偿部分的，人民法院应予支持。除前两款规定的情形外，承担了担保责任的担保人请求其他担保人分担向债务人不能追偿部分的，人民法院不予支持。第14条规定，同一债务有两个以上第三人提供担保，担保人受让债权的，人民法院应当认定该行为系承担担保责任。受让债权的担保人作为债权人请求其他担保人承担担保责任的，人民法院不予支持；该担保人请求其他担保人分担相应份额的，依照本解释第13条的规定处理。

至此，最高人民法院秉持尊重《民法典》立法原意原则，明确担保人之间原则上不能相互追偿，但是担保人之间约定相互追偿、约定承担连带共同担保，或者虽未作出这样的约定，但是各担保人在同一份合同书上签字、盖章或者按指印或者担保人之间因共同关系而形成连带债务关系的除外，解决了审判实践中的绝大多数问题。

（四）执行补充责任人条件成就的认定标准

补充责任，是指数个债务人对债权人负担的，由负担基础债务的债务人先行履行，在其无力履行时由负担补充债务的债务人就其履行余额递补履行，并以满足债权为限的数个清偿责任。① 补充责任的核心在于承担责任的补充性，这也使履行的顺序性成了补充责任的本质属性。②

我国补充责任主要包括一般保证责任、侵权补充责任和公司法上的补充责任三种类型。③ 在司法实践中，适用补充责任的情形却并不限于上述三种情况。④ 此外，第三人在执行程序中向法院作出承诺或提供担保，称愿在被执行人不能履行的范围内承担清偿义务，亦被视为是承担补充责任。在生效法律文书如判决书中，补充责任一般表述为，对主债务人财产不能清偿或者不足以清偿

---

① 肖建国、宋春龙：《民法上补充责任的诉讼形态研究》，载《国家检察官学院学报》2016 年第 2 期。

② 参见张海燕：《民事补充责任的程序实现》，载《中国法学》2020 年第 6 期。

③ 但一般保证责任人的补充责任、公司法上股东的补充责任及侵权法上补充责任的法理基础各不相同。侵权法上安全保障义务人、校园管理责任人因未尽到法定的安全保障或管理职责，给第三人实施侵权行为提供了机会、创造了条件，因此须在未尽到法定义务的情况下承担相应的补充责任。未履行或未全面履行出资义务的股东、抽逃出资的股东在未出资的本息范围内对公司债务不能清偿的部分承担补充赔偿责任，原因在于股东违反了公司资本确定、资本维持及资本不变三原则。参见张海燕：《民事补充责任的程序实现》，载《中国法学》2020 年第 6 期；孙华璞：《关于补充责任问题的思考》，载《人民司法（应用）》2018 年第 1 期；江必新、何东宁等：《最高人民法院指导性案例裁判规则理解与适用（公司卷）》（第三版 · 上册），中国法制出版社 2018 年版，第 111 ~ 112 页。

④ 例如，《最高人民法院关于会计师事务所为企业出具虚假验资证明应如何承担责任问题的批复》（已废止）规定，会计师事务所为企业出具虚假验资报告，给利害关系人造成损失的，应当先由债务人负责清偿，不足部分，再由会计师事务所在其证明金额的范围内承担赔偿责任。再如，《最高人民法院关于审理存单纠纷案件的若干规定》规定，出资人未将资金交付给金融机构，而是依照金融机构的指定将资金直接转给用资人，金融机构给出资人出具存单或进账单、对账单或与出资人签订存款合同的，首先由用资人偿还出资人本金及利息，金融机构对用资人不能偿还出资人本金及利息部分承担补充赔偿责任；利息按人民银行同期存款利率计算至给付之日。《最高人民法院关于适用〈中华人民共和国担保法〉若干问题的解释》（已废止）第 26 条规定："第三人向债权人保证监督支付专款专用的，在履行了监督支付专款专用的义务后，不再承担责任。未尽监督义务造成资金流失的，应当对流失的资金承担补充赔偿责任。"

部分，承担补充赔偿责任或在一定范围内承担补充赔偿责任。因此，对主债务人财产不能清偿或不足以清偿的判断，关系能否对补充赔偿责任人进行执行的问题。《最高人民法院关于适用〈中华人民共和国担保法〉若干问题的解释》（已废止）第131条尝试对“不能清偿”进行界定，即“对债务人的存款、现金、有价证券、成品、半成品、原材料、交通工具等可以执行的动产和其他方便执行的财产执行完毕后，债务仍未能得到清偿的状态”。最高人民法院在之后通过判例对该条规定的“不能清偿”做了进一步的解释说明。

1. “财产不便执行”亦属于“不能执行”的范畴

（2017）最高法执复38号执行裁定书指出，“并非只有在债务人没有任何财产可供执行的情形下，才可以要求一般保证人承担责任，即使债务人有财产，但只要其财产不方便执行，即可执行一般保证人的财产”。该案中，被执行人仅有在建工程及相应的土地使用权可供执行，评估价值4.8亿元，而申请执行金额为2000万元，最高人民法院认为执行土地及在建工程既不经济也不方便，因此法院可以直接执行补充责任人。实践中，被执行人无财产可供执行或者不方便执行案件，法院一般会作出终本裁定，一些法院即依据“主债务人财产不方便执行，即可执行补充责任人财产”的精神，认为法院裁定对主债务人终本的，意味着已具备执行补充责任人的条件。①

毫无疑问，上述案例放宽了“不能清偿”的审查标准，对债权人更为有利，但亦存在损害补充责任人利益的可能。最高人民法院在（2019）最高法执监343号裁定中对“无力履行”的认定采取了更为严格的标准。同样是被执行人仅有土地使用权及在建工程，其财产价值远高于执行标的，并且涉及非法集资，“不方便执行”的程度较上述案例更为严重。但最高人民法院认为，尚未经刑事判决确认为赃物，其未经变价程序，不宜认定被执行人无力履行。②

2. “不能清偿”不等于“未清偿”

在（2020）最高法执监41号执行裁定中，被执行人名下银行及网络银行无

---

① 内蒙古自治区高级人民法院执行裁定书，（2021）内执复13号。

② 虽然该案中最高人民法院认为补充责任人出具的承诺书不构成执行担保，亦与实体法上的一般保证有别，应对“无力履行”坚持严格的审查判断标准，不宜参照《最高人民法院关于适用〈中华人民共和国担保法〉若干问题的解释》（已废止）第131条的规定。

存款可冻结、扣划，在执行法院涉执行案件2000多件，涉及金额6亿多元，其名下房产因涉刑被公安机关查封，经核查，土地和房产的现状与登记信息资料严重不符，大量存在违规建设、坐标不明、一房多卖、房产实际面积与登记面积不一致、房产实际占有人与产权人不一致等严重问题，导致暂时无法处置；已执行到位案款远少于执行债权金额，暂未分配。执行法院裁定对被执行人终结本次执行。其后，申请执行人申请恢复执行，并对补充责任人采取执行措施。最高人民法院认为，“不能清偿”不等于“未清偿”，只有对主债务人启动了强制执行程序，对能够执行的财产已经执行完毕，而债务仍未全部得到清偿，才能认为达到了不能清偿的状态。即执行法院首先对查控到的财产进行变现处置，予以分配。如果分配后不足以清偿债务，才可以执行补充赔偿责任人。

3. 终结本次执行作为认定主债务人经强制执行仍不能履行的标准之一

《民法典》第694条第1款规定，一般保证的债权人在保证期间届满前对债务人提起诉讼或者申请仲裁的，从保证人拒绝承担保证责任的权利消灭之日起，开始计算保证债务的诉讼时效。所谓保证人拒绝承担保证责任的权利消灭之日，是指债权人经过诉讼或者仲裁，并就债务人财产依法强制执行仍不能获得债权实现之日。[①] 实践中，对依法强制执行仍不能履行的标准是有争议的，一种观点认为，应当根据实际情况具体判断被执行人是否不能履行，不宜采取一个统一的标准，否则对补充责任人利益造成影响。另一种观点则认为，应设定一个简单统一的标准。最高人民法院最终采纳第二种观点。[②] 依据《民法典担保解释》第28条第1款的规定，人民法院作出终结本次执行裁定，或者依据2017年《民事诉讼法》第257条（现第264条）第3项、第5项的规定作出终结执行裁定的，应当认为已符合对主债务人依法强制执行仍不能履行的标准。[③] 考虑到申

---

① 最高人民法院民法典贯彻实施工作领导小组主编：《中华人民共和国民法典合同编理解与适用（三）》，人民法院出版社2020年版，第1358页。

② 参见最高人民法院民事审判庭第二庭：《最高人民法院民法典担保制度司法解释理解与适用》，人民法院出版社2021年版，第283～284页。

③ 《民事诉讼法》第264条规定：“有下列情形之一的，人民法院裁定终结执行：（一）申请人撤销申请的；（二）据以执行的法律文书被撤销的；（三）作为被执行人的公民死亡，无遗产可供执行，又无义务承担人的；（四）追索赡养费、扶养费、抚养费案件的权利人死亡的；（五）作为被执行人的公民因生活困难无力偿还借款，无收入来源，又丧失劳动能力的；（六）人民法院认为应当终结执行的其他情形。”

请执行后，有些法院消极执行或拖延执行，在已符合前述情形的条件下，未在规定期限内作出相应裁定，对申请执行人执行一般保证人造成障碍，有损其利益。为此，最高人民法院曾建议参考2017年《民事诉讼法》第226条的规定，以申请执行后6个月为界限。① 但考虑到实践中更为复杂的情况，最终决定以1年为标准，即人民法院自收到申请执行书之日起1年内未作出终本裁定或未依据2017年《民事诉讼法》第257条第3项或第5项终结执行裁定的，亦视为对主债务人依法强制执行仍不能履行，但有证据证明债务人仍有财产可供执行的除外。

但以终本或终结执行裁定的统一标准取代法院对债务人是否符合经强制执行仍不能履行的客观判断，其效果有赖于法院能否正确适用终结本次执行制度。事实上，实践中不乏法院为推进结案或者推诿执行而滥用终本程序，为了治理该乱象，最高人民法院先后发布《终本规定》《关于进一步规范近期执行工作相关问题的通知》等规定予以规制。事实上，绝大多数债权人采取的诉讼策略是同时起诉债务人及一般保证人，所以对主债务人终本直接关系到是否可以执行一般保证人的问题。根据《民法典担保解释》的规定，终本裁定自送达债权人时起，即意味着一般保证人承担补充责任的条件已成就，申请执行人即可申请法院对一般保证人采取执行措施。若终本裁定本身并不符合法律及司法解释的规定，这无疑会对一般保证人利益造成损害，也使主债务人逃避了责任，向主债务人追偿的压力转嫁给了一般保证人。除此之外，如果参照《民法典担保解释》第28条对侵权补充责任、股东补充责任或其他补充责任的主债务人经依法强制执行仍不能履行进行认定的话，因其他类型的补充责任人并非均能如一般保证人一样向主债务人追偿，错误的终本裁定对此类补充责任人的利益影响更大。

根据规定，当事人、利害关系人对终结本次执行程序有异议的，可以提出异议，法院应依照《民事诉讼法》第232条进行审查。补充责任人认为法院作出的终本裁定错误的，可以提出异议予以救济，但因执行异议审查和复议期间不停止执行，若情况紧急的，补充责任人可通过提供担保的方式申请法院暂缓执行。

---

① 参见最高人民法院民法典贯彻实施工作领导小组主编：《中华人民共和国民法典合同编理解与适用（三）》，人民法院出版社2020年版，第1358页。

第十一章　执行措施与妨碍执行的强制措施

一、失信及限制消费措施的采取与解除

通知原文

最高人民法院
关于进一步规范近期执行工作相关问题的通知

2018 年 5 月 28 日　法〔2018〕141 号

各省、自治区、直辖市高级人民法院，解放军军事法院，新疆维吾尔自治区高级人民法院生产建设兵团分院：

为进一步推进“用两到三年时间基本解决执行难问题”整体目标的实现，充分保障当事人的合法权益，结合近期执行工作中发现的问题，现就有关问题通知如下：

一、关于失信被执行人名单相关问题

（一）执行法院应当严格依照《最高人民法院关于公布失信被执行人名单信息的若干规定》（法释〔2017〕7 号，以下简称《失信规定》）第一条的规定审查被执行人是否符合纳入名单的法定情形，严禁将不符合条件的被执行人纳入失信名单。

（二）具有《失信规定》第三条规定情形之一的，不得依据《失信规定》第一条第一项的规定将被执行人纳入失信名单。已经纳入的，应当撤销，纳入

后才具有《失信规定》第三条第（一）、（二）项情形之一的，应当屏蔽。

（三）对于有失信期限的失信被执行人名单信息，失信被执行人履行完毕的，应当依照《失信规定》第二条第二款的规定提前删除失信信息，具体操作按我院“法明传〔2018〕33号”通知要求进行。

（四）案件已经以终结本次执行程序方式报结，执行法院按照我院“法明传〔2017〕699号”通知要求，已将案件标注为实结，尚有失信被执行人名单信息处于发布状态的，应当屏蔽；如果纳入失信被执行人名单错误的，应当撤销。

二、关于终结本次执行程序相关问题

（一）原终结本次执行程序中已发出限制消费令的恢复执行案件，人民法院再次终结本次执行程序的，可无须再根据《终本规定》第一条第二项发出限制消费令。

（二）在严格按照《终本规定》的程序标准和实质标准完成必要的执行措施后，人民法院终结本次执行程序的，可不受《终本规定》第一条第四项三个月期限的限制。同时，要严格杜绝随立随结、违规报结等滥用终结本次程序的行为。立案后不满三个月即终结本次执行程序的案件，将作为日常考核和本次巡查、评估工作中重点抽查的案件。

（三）执行法院通过总对总网络执行查控系统查询被执行人财产的，必须完成对所有已开通查询功能的财产项目的查询，仅查询部分财产项目的，不符合完成网络调查事项的要求。拟终结本次执行程序时距完成前次总对总网络查控已超过三个月的，还应在终结本次程序之前再次通过总对总网络执行查控系统查询被执行人的财产。

（四）根据《终本规定》第五条征求申请执行人意见时，可以采取面谈、电话、邮件、传真、短信、微信等方式，必须将征求意见情况记录入卷为凭；有下列情形之一的，可不再征求申请执行人意见：

1. 执行内容仅为追缴诉讼费或罚款的；

2. 行政非诉执行案件；

3. 刑事财产刑执行案件；

4. 申请执行人申请终结本次执行程序的。

（五）人民法院终结本次执行程序前，应严格执行《最高人民法院关于民事执行中财产调查若干问题的规定》，积极采取现场调查等方式，查明被执行人财产状况和履行义务能力，一般应当完成下列调查事项：

1. 对申请执行人提供的财产线索，必须予以核实，并将核实情况记录入卷；

2. 向被执行人发出报告财产令时，应及时传唤被执行人或其法定代表人、负责人、实际控制人到人民法院接受调查询问；

3. 住房公积金、金融理财产品、收益类保险、股息红利等未实现网络查控的财产，应前往现场调查，并制作调查笔录附卷为凭；

4. 被执行人是自然人的，向被执行人所在单位及居住地周边群众调查了解被执行人生活居住、劳动就业、收入、债权、股权等情况，并制作调查笔录附卷为凭；

5. 被执行人是法人或其他组织的，对其住所地、经营场所进行现场调查；全面核查被执行人企业性质及设立、合并分立、投资经营、债权债务、变更终止等情况，并可依申请进行审计调查。

（六）本辖区中级、基层人民法院机构发生调整的，对此前已裁定终结本次执行程序的案件，高级人民法院应及时指定相关法院负责后续管理。

三、关于和解长期履行案件的报结问题

当事人达成执行和解协议，需要长期履行的，可以以终结执行方式（选择“和解长期履行”情形）报结。执行案件流程系统须进行相应改造，在终结执行内增加“和解长期履行”作为终结执行的一种情形；同时，对该种情形终结执行的案件在报结时可以不作必须解除强制执行措施的要求。因被执行人不履行和解协议申请执行人申请恢复执行原生效法律文书的，以恢复执行方式立案。对接使用最高人民法院执行案件流程信息管理系统的执行法院，由各高级人民法院负责改造系统；直接使用最高人民法院执行案件流程信息管理系统的执行法院，由我院负责改造系统并进行远程升级。

以上通知，请遵照执行。执行中发现的新情况、新问题，请及时报告我院。

出台背景

人民法院依法采取执行措施和对错误不当的执行措施予以充分救济，是执行制度始终无法回避的问题。保障当事人的救济途径可以从外部修正错误的执行行为，实现权力设置目的。纳入失信限制消费、终本及执行和解都是容易发生滥用执行自由裁量权的领域，也是对债权人、债务人、第三人权利影响巨大的领域，执行法院和当事人难以妥善把握。① 本通知虽然涉及失信、终本及和解协议长期履行的报结问题，但本部分仅讨论对失信限制消费制度的理解及实务操作要点。终本及和解协议问题在本书其他部分另作详细论述。

失信及限制消费是强制执行中的信用惩戒措施，但应当明确的是信用惩戒只是手段而不是目的。如果实施信用惩戒，不利于债务人恢复生机甚至妨害其履行义务，就有必要及时进行信用修复，提高债务人履行义务的能力。在实践中失信限制消费存在的问题是信用恢复的高门槛、高难度，当事人可以利用的救济手段匮乏、救济成本过高。《执行工作纲要》针对纳入失信的不规范现象，提出细化信用分级机制，根据比例原则对不同程度的失信行为采取相应力度的惩戒措施。同时，畅通信用惩戒的救济渠道，对于错误纳入、未及时屏蔽、公布信息不准等问题及时予以纠正，探索建立失信被执行人信用修复制度。

理解与适用

（一）纳入失信名单和限制消费措施制度概述

纳入失信名单作为强制措施，属于间接执行行为。从性质上看，纳入失信名单属于信用惩戒。人民法院可以依据申请执行人申请或依职权决定将符合条件的被执行人纳入失信名单。人民法院决定将被执行人纳入失信名单的，应当制作决定书，决定书应当写明纳入失信名单的理由；有纳入期限的，还应当写明纳入期限。决定书由院长签发，自作出之日起生效。决定书应当依法送达当事人。

限制消费制度是一项执行强制措施，被采取限制消费措施不一定被纳入失

① 2015 年 7 月，最高人民法院将《最高人民法院关于限制被执行人高消费的若干规定》修改为《最高人民法院关于限制被执行人高消费及有关消费的若干规定》，因此本部分的“限制消费”系指《最高人民法院关于限制被执行人高消费及有关消费的若干规定》规定的限制高消费及非生活或者经营必需的有关消费。

信名单。对于限制消费措施的采取，司法解释并无期限的要求，原则上直至义务履行完毕为止。对限制消费制度的功能定位曾有目的与手段的讨论。限制消费制度如作为一种处罚方式，则限制消费措施的实施是执行程序的终点，因被执行人未能履行生效法律文书确定的义务而限制其消费行为作为惩戒；限制消费制度如作为一种保全可供执行财产的手段，则限制消费措施的实施应当作为执行程序的起点，因被执行人未主动履行生效法律文书确定的义务已造成债权人的不安，有挥霍财产、转移资产的风险，需立即限制其此类行为，保障有财产可供执行。限制消费本质是对被执行人行为进行限制，目的是限制被执行人对其财产的不当处分行为，防止责任财产的不当减损，保证被执行人有财产可供执行，具有履行保障功能，是民事执行强制性的体现。因此，在功能定位上，限制消费制度以实现胜诉利益为目的，而非在于惩戒被执行人。在善意执行的理念下，限制消费制度应作为一项实现债权的手段而非目的。

限制消费制度是相对限制被执行人行为自由，因此无论是在交通工具乘坐、出行住宿方面，还是在子女教育、生活消费等方面，都给予一定程度的自由空间，限制的仅是超出一般标准的消费行为，并不剥夺被执行人的消费自由。此外，应当注意的是限制消费制度仍是强制执行措施的一种。

（二）限制消费与纳入失信名单的联系与区别

1. 纳入失信名单与限制消费之间的关系

《限制高消费规定》第1条规定：“被执行人未按执行通知书指定的期间履行生效法律文书确定的给付义务的，人民法院可以采取限制消费措施，限制其高消费及非生活或者经营必需的有关消费。纳入失信被执行人名单的被执行人，人民法院应当对其采取限制消费措施。”

从上述规定可以看出，限制消费既可以单独采取，也可以与纳入失信名单同时采取。限制消费并不意味着被纳入失信名单，但被纳入失信名单意味着同时会被限制消费。限制消费的立法本意是，无论被执行人是有履行能力而拒不履行还是确实无能力履行，被执行人都没有理由再进行高消费或非生活或者经营必需的有关消费。

2. 纳入失信被执行人名单与限制消费的区别

虽然案件执行中可能会同时采取限制消费和纳入失信名单措施，但限制消费和纳入失信名单是两种不同的强制措施。失信人通常被称作“老赖”，本身就含有伦理道德和价值层面的评判，而限制消费则是基于被执行人未按照执行通知指定的期间履行法律义务这一事实而采取的限制措施，不带有明显的价值评判。

从制度设计目的出发，纳入失信名单的目的是惩罚被执行人的失信行为，是与罚款类似的执行惩戒措施。纳入失信名单限制的是被执行人参与市场活动如招标投标、政府采购、融资信贷的行为；罚款则是对被执行人另设支付货币的积极义务。无论是纳入失信名单还是罚款，从内容上看均是在减损被执行人财产，而限制消费制度则是通过在一定程度上限制被执行人行为自由，而防止被执行人财产不当减损。

从程序上来看，限制消费措施是制作限制消费令，纳入失信名单是制作决定书。此外，对于单位作为被执行人，能够纳入失信名单的只有单位本身，人民法院不得将其法定代表人、主要负责人、影响债务履行的直接责任人员和实际控制人纳入失信名单。而限制消费的主体除单位本身外，还包括法定代表人、主要负责人、影响债务履行的直接责任人员和实际控制人。

（三）纳入失信名单、限制消费的救济程序

根据《失信规定》第 11 条、第 12 条的规定，认为法院：（1）不应将其纳入失信名单的；（2）记载和公布的失信信息不准确的；（3）失信信息应予删除的，被纳入失信名单的公民、法人或其他组织可以向人民法院申请纠正。执行法院应当自收到书面纠正申请之日起 15 日内审查，理由成立的，应当在 3 个工作日内纠正；理由不成立的，决定驳回。公民、法人或其他组织对驳回决定不服的，可以自决定书送达之日起 10 日内向上一级人民法院申请复议。上一级人民法院应当自收到复议申请之日起 15 日内作出决定。如果执行法院纠正了“纳失”措施，申请执行人对纠正措施不服，可以依据《民事诉讼法》的规定提出执行行为异议。

在《善意文明执行意见》出台前，实践中一般将限制消费措施视为法院的执行行为，当事人对限制消费措施有异议的直接向法院提起执行行为异议。《善意文明执行意见》出台后，救济程序有所变化，其第 18 条第 1 款规定，“自然人、法人或其他组织对被纳入失信名单申请纠正的，人民法院应当依照失信名单规定第十二条规定的程序和时限及时审查并作出处理决定。对被采取限制高消费措施申请纠正的，参照失信名单规定第十二条规定办理”。由此，如对法院采取的限制消费措施有异议的，应当先向执行法院申请纠正，而非提起执行行为异议。

在北京合生北方房地产开发有限公司（以下简称合生北方公司）与大厂回族自治县林青常园林绿化工程有限责任公司（以下简称大厂林青常园林公司）、齐某勇一案执行过程中，法院对大厂林青常园林公司法定代表人尤某采取限制消费措施。尤某以其与大厂林青常园林公司不存在任何关联，并非该公司的股东和实际控制人，且已离职不再担任法定代表人并办理工商变更登记为由提起异议，要求解除对其采取的限制消费措施。法院经审查认为，《善意文明执行意见》第18条及《失信规定》第12条就自然人、法人或其他组织对被纳入失信被执行人名单、被采取限制消费措施申请纠正的救济渠道做了明确规定。根据上述规定，尤某请求撤销限制消费措施，应向执行实施部门提出纠正申请，由执行实施部门审查处理，尤某所提异议，不属于《民事诉讼法》规定的执行行为异议的审查范围。故裁定驳回尤某的异议申请。①

（四）善意执行理念下的失信与限消制度完善

从最高人民法院司法解释和指导意见，可以分析出失信和限制消费的几个层次：

首先，不得纳入失信名单和采取限制消费措施的情形总结。基于对未成年人的保护不得将其纳入失信措施。比如，对全日制在校生因“校园贷纠纷”成为被执行人的，一般不得对其采取纳入失信名单或限制消费措施。其次，分情况规定了纳入失信名单的期限，增加了案件“终本后两次以上查询无财产的要解除失信”的规定；最后，严格了纳入失信名单的程序规定，增加了审查期限和院长审批的要求，明确了“纳失”错误的救济途径。但是，实践中仍然存在一些认识误区，实际操作上存在较多瑕疵。例如，对屏蔽和撤销不做区分。因此，本通知专门对失信名单相关问题进行规定，严禁将不符合条件的被执行人纳入失信名单。对于撤销和屏蔽也做了进一步区分，纳入失信名单错误的，应

① 北京市第三中级人民法院执行裁定书，（2021）京03执异87号。

该用撤销；纳入后才出现不应纳入失信名单情形的，应采取屏蔽措施。

从善意执行的角度出发，限制消费等强制措施制度的完善可以从以下几个方面入手：

一是严把"入口"。严格适用纳入失信名单和限制消费措施的条件和程序，确保惩戒对象准确。比如，单位是失信被执行人的，不得将其法定代表人、主要负责人、影响债务履行的直接责任人员、实际控制人等纳入失信名单。同时，还要体现法律的"温情"，对特殊群体给予特别的保护和关爱。此外，对于决定纳入失信名单或者采取限制消费措施的被执行人，可以根据案件具体情况给予其1～3个月的宽限期，督促被执行人自动履行。最高人民法院于2020年5月13日印发的《关于依法妥善办理涉新冠肺炎疫情执行案件若干问题的指导意见》第7条也明确规定，对受疫情影响较大、暂时经营困难的企业尤其是中小微企业，人民法院在依法采取失信惩戒或者限制消费措施前，原则上要给予3个月的宽限期。

二是畅通出口。对于适用失信名单和限制消费措施的人员，符合删除（屏蔽）、撤销条件的，应当及时删除（屏蔽）、撤销。此外，对单位"四类人"提出以个人财产从事消费行为并经审查属实的以及单位法定代表人、主要负责人确因经营管理需要发生变更，原法定代表人、主要负责人申请解除对其本人的限制消费措施，经审查属实的，人民法院应予准许。另外，被限制消费的个人因本人或近亲属重大疾病就医，近亲属丧葬，以及本人执行或配合执行公务，参加外事活动或重要考试等紧急情况亟须赴外地申请暂时解除乘坐飞机、高铁限制的，经严格审查并经本院院长批准，人民法院可以给予其最长不超过1个月的暂时解除期间。

三是畅通救济渠道。人民法院应当及时审查并处理被执行人提出的纠正纳入失信名单或采取限制消费措施的申请。

四是准确理解限制被执行人子女就读高收费学校的标准问题。

五是探索建立惩戒分级分类机制和守信激励机制，让失信惩戒、限制消费措施更精准，更符合比例原则。

实务操作指引

（一）单位法定代表人、实际控制人等被采取限制消费措施的原因

《限制高消费规定》第3条第2款规定："被执行人为单位的，被采取限制消费措施后，被执行人及其法定代表人、主要负责人、影响债务履行的直接责任人员、实际控制人不得实施前款规定的行为……"

根据上述规定可知，在单位的法定代表人、主要负责人、实际控制人等本身并未被纳入失信名单的情况下，其被采取限制消费措施是源于单位被限制消费。而单位被限制消费源于两种情况：一种是单位因未履行生效法律文书确定的义务而直接被采取限制消费措施，另一种是单位被纳入失信名单的同时被采取限制消费措施。

（二）对法定代表人、实际控制人限制消费异议的审查与处理

1. 认为法院对单位限制消费或者纳入失信名单存在错误，进而认为对法定代表人采取限制消费措施也是错误，法院应同时撤销对单位及法定代表人采取的措施。此种情况下要实现对法定代表人限制消费措施的解除，法院需要审查单位是否符合删除失信信息或解除限制消费的条件，进而决定是否撤销对法定代表人等采取的限制消费措施。

在某市中级人民法院执行甲证券公司营业部与乙公司借款合同纠纷一案中，某市中级人民法院将乙公司纳入失信名单，对乙公司法定代表人丙采取限制消费措施。丙以某市中级人民法院对其采取限制消费并纳入失信名单措施违法为由请求解除。某市中级人民法院经审查认为，乙公司有履行能力而拒不履行生效判决，将其列入失信名单并无不当，丙作为乙公司的法定代表人，根据《限制高消费规定》的规定，对其采取限制消费措施于法有据，故驳回了丙的异议请求。丙不服向省高级人民法院提起复议。省高级人民法院以同样的理由认定某市中级人民法院对丙采取限制消费措施并无不当，决定驳回丙的复议请求。丙向最高人民法院申诉。最高人民法院经审查认为，对乙公司法定代表人丙采取的限制消费措施，源于乙公司被采取限制消费措施和被纳入失信名单。因此，要审查是否解除针对丙的限制消费措施，需要审查是否删除乙公司作为失信被执行人的失信信息。《失信规定》第10条规定了删除失信信息的条件，包括

“终结本次执行程序后，通过网络执行查控系统查询被执行人财产两次以上，未发现有可供执行财产，且申请执行人或其他人未提供有效财产线索”等情形，这是审查能否删除失信信息的法律依据。某市中级人民法院也曾认定被执行人乙公司“已被吊销营业执照、多年没有经营，也无经营场所、暂无财产可供执行”，多年来一直没有恢复执行。如属实，乙公司有可能符合删除失信信息的条件。相应地，丙也有被解除限制消费措施的可能。但两级人民法院未对丙提出的应解除列入失信名单、限制消费措施的申请进行审查和回应，仅对原来采取的纳入失信名单、限制消费措施是否合法进行审查处理，并据此驳回了丙的异议申请和复议申请，属于认定基本事实不清。故最高人民法院裁定撤销某市中级人民法院的执行异议裁定及省高级人民法院的复议决定，由作为执行法院的中级法院重新审查。

该案例集中体现和反映了实务操作中非常重要但经常被忽略的问题：一是如果自然人是作为被执行人的法定代表人，因被执行人被纳入失信名单进而被采取限制消费措施的，自然人提出的应解除限制消费措施的异议，需要溯源审查被执行人纳入失信名单的情况。二是法院对纳入失信名单及限制消费措施，应当“两头审查”，在审查将被执行人及相关当事人纳入失信名单及采取限制消费是否合法外，还应当审查被执行人及相关当事人是否已符合删除失信信息或解除限制消费的条件。只审“进”不审“出”，容易引起事实认定错误。

2. 自然人以其不再担任单位的法定代表人为由请求解除对其采取的限制消费措施。此种情况下，法院无须审查对单位采取的措施是否合法，只需审查异议人所述是否属实，即审查异议人是否已不再担任单位的法定代表人。

在上海德峰广告传播有限公司（以下简称德峰公司）与智行唯道（北京）信息技术有限公司（以下简称智行唯道公司）合同争议仲裁一案执行过程中，法院对智行唯道公司法定代表人彭某采取限制消费措施。彭某以其不再担任法定代表人为由请求解除对其采取的措施。法院经审查后认为，法院于2017年10月9日对智行唯道公司采取限制消费措施时，彭某系被执行人智行唯道公司的法定代表人，因此法院以彭某系被执行人的法定代表人为由，对其限制消费符合法律规定。2017年12月18日，被执行人智行唯道公司法定代表人变更后，彭某已不是智行唯道公司的法定代表人，执行法院再以彭某为智行唯道公司法定代表人的理由对其限制消费于法无据。故彭某提出的解除对其限制消费措施的异议请求符合法律规定，予以支持。遂解除对彭某采取限制消费措施。①

3. 实践中还存在认为法院已经查封、扣押、冻结被执行人财产或被执行人已申请破产重整，被执行人不属于拒不履行生效法律文书确定义务的情形，不应当对被执行人及其法定代表人采取限制消费措施。还有依据《失信规定》第3条的规定，称被执行人已被采取查封、扣押、冻结等措施的财产足以清偿生效法律文书确定债务的，故不得将被执行人纳入失信名单，要求解除对法定代表人的限制消费措施。对此，法院的观点是此类属于对法律规定的理解有偏差。根据《限制高消费规定》第1条、第2条的规定，限制消费措施可以单独采取，被执行人有财产而未在指定期间履行给付义务，法院对被执行人及其法定代表人采取限制消费措施，符合司法解释的规定，并不以被执行人必须被纳入失信名单为前提。

（三）对法定代表人、实际控制人、影响债务履行的直接责任人员的认定

1. 法定代表人的认定

关于法定代表人的认定，实践中以工商登记信息为准，如工商登记信息显示异议人已不再是单位的法定代表人，则应解除对异议人的限制消费措施。若异议人主张工商登记信息有误的，则应通过其他法律途径予以纠正。

在广东某银行与某影视公司的执行过程中，法院对某影视公司及其时任法定代表人曹某采取限制消费措施，曹某以其身份信息被冒用，并非某影视公司的法定代表人为由申请解除限制消费措施。法院经审查认为，根据工商登记信息，曹某确系某影视公司的法定代表人，对曹某采取限制消费措施并无不当，若曹某认为其身份信息被冒用导致其被法院采取限制消费措施，可通过其他法律途径予以救济。并据此驳回曹某的执行异议请求。

2. 实际控制人的认定

《公司法》第216条对实际控制人进行了界定，“实际控制人，是指虽不是公司的股东，但通过投资关系、协议或者其他安排，能够实际支配公司行为的

---

① 北京第一中级人民法院执行裁定书，（2020）京01执异32号。

人”。但该定义仍不具备为实践中对于实际控制人的认定提供统一标准的要件。

在某贸易公司与某影视公司合同纠纷执行案中，法院以卫某系被执行人某影视公司的股东、实际控制人为由对卫某采取限制消费措施。而卫某以其不再为某影视公司的股东，并非实际控制人为由向法院申请解除对其采取的措施。法院经审查认为，卫某虽不再是某影视公司的股东，但其仍担任某影视公司高管职位，且卫某系某房地产公司的法定代表人及持股70%，而该房地产公司持有某影视公司90%的股权，故卫某能够实际支配某影视公司。认定卫某为某影视公司的实际控制人并无不当，驳回了卫某的执行异议。

3. 影响债务履行的直接责任人员的认定

法律法规及司法解释均无关于“影响债务履行的直接责任人员”的认定。“目前北京法院对‘影响债务履行的直接责任人员’的认定达成共识：‘影响债务履行的直接责任人员’包括对是否履行债务具有决策权的董事长（非法定代表人）等人员和财务、仓储管理等直接负责债务履行的人员，必须是被执行人的现任职员，不得仅以其系被执行人的股东或原法定代表人为由，认定其为‘影响债务履行的直接责任人员’。”①

在北京某银行与某贸易公司金融借款合同纠纷一案执行过程中，法院认为，某贸易公司股东并担任该公司经理的邢某属于“影响债务履行的直接责任人员”并对其采取了限制消费措施。邢某认为其已经不再担任某贸易公司经理，提出异议申请解除。法院经审查认为，认定为被执行人公司“影响债务履行的直接责任人员”必须是被执行人的现任职员，如果已经不再是现任职员仅系被执行人的股东不能认定为“影响债务履行的直接责任人员”，遂撤销了对邢某采取的限制消费措施。

① 《北京二中院发布五起限制消费执行异议典型案例》，载全国法院切实解决执行难信息网2020年9月23日，http：//jszx. court. gov. cn/main/ExecuteCase/278220. jhtml。

二、司法拘留在执行中的运用

意见原文

最高人民法院、公安部关于开展司法拘留社会矛盾化解工作的意见

2016年11月6日　法发〔2016〕25号

司法拘留是人民法院对妨害诉讼或执行的行为人依法采取的强制措施，对于维护司法秩序、构建社会诚信体系和促进解决执行难发挥了重要作用。对被司法拘留人全面开展矛盾化解工作，是社会大调解体系的重要组成部分，是人民法院和公安机关共同肩负的政治责任、法定责任和社会责任，是解决执行难的重要举措，也是完善矛盾纠纷多元化解机制、加强和创新社会治理、深化平安中国建设的创新之举。为全面规范人民法院和公安机关对被司法拘留人开展矛盾化解工作的方式和程序，现提出如下意见：

一、指导思想和基本原则

（一）指导思想

全面贯彻党的十八大和十八届三中、四中、五中全会精神，主动适应经济发展新常态和政法工作新形势，严格执行《中华人民共和国民事诉讼法》和《拘留所条例》，坚持惩戒与教育相结合的原则，人民法院与公安机关应紧密配合、相互协作，充分发挥各自职能优势，共同探索新形势下涉诉矛盾纠纷化解的科学方法和有效路径，建立健全有机衔接、协调联动、高效便捷的矛盾纠纷化解机制，最大限度化解被司法拘留人所涉矛盾纠纷，及时消除不和谐因素，确保司法拘留措施和拘留所管理教育工作的法律效果和社会效果，为解决执行难和平安中国建设做出应有贡献。

（二）基本原则

——依法拘留、及时收拘。人民法院根据妨碍诉讼或执行的行为人违法行为性质和具体情形，确实需要采取司法拘留措施的，应当及时依法作出拘留决定并送交指定拘留所执行。拘留所对于符合收拘条件的被司法拘留人，应当及

时收拘，不得无故拖延或拒绝。

——依法管理、有机衔接。拘留所依法开展管理教育工作，以促使被司法拘留人消除对抗、服从管教、确保安全为前提，以化解矛盾、解决纠纷为目标，积极主动开展教育和化解工作，尽力而为，重在成效。人民法院和公安机关在司法拘留的每个环节都应当做好衔接工作，加强节点管理，确保司法拘留工作顺畅有序开展。

——相互沟通、协同配合。人民法院和公安机关开展司法拘留矛盾化解工作，应当依法履职，相互沟通、各尽其责、协同配合、强化落实、优势互补、注重细节。

——维护权益、公平公正。人民法院和公安机关开展司法拘留矛盾化解工作，应当坚持自愿、公开、公平、公正的原则。应当保障当事人的合法权益，保护当事人的个人隐私。对因拒不履行生效法律文书确定义务被采取司法拘留措施的，应当本着实现债权人权益的原则开展说服教育和矛盾化解工作。

——督促履行、案结事了。对因拒不履行生效法律文书确定义务被采取司法拘留措施的，人民法院和公安机关在做好矛盾化解工作的过程中，要依法督促被司法拘留人履行相关义务，真正做到案结事了。

二、工作机制

（三）协作联动机制

各省、自治区、直辖市高级人民法院、公安厅（局）应当针对司法拘留社会矛盾化解工作建立健全协作联动机制，并指导辖区范围内的市、县、区法院和公安机关尽快建立协作联动机制。人民法院和公安机关应当就司法拘留矛盾化解问题，分别指定专人负责，相互之间定期交流，互通有无、形成共识。

（四）联席会商机制

人民法院和公安机关应当定期或不定期召开联席会议，通报被司法拘留人收拘、管理、教育及社会矛盾化解工作进展情况，就存在的问题进行会商研究，共同开展业务培训、经验交流和总结工作。

（五）信息共享机制

人民法院与公安机关应当不断推进信息化建设，运用信息化手段，建立“点对点”专线，作为开展司法拘留矛盾化解工作的信息网络通道，实现对被司法拘留人基本信息、案情等方面的信息共享。逐渐实现远程视频谈话与会见，便于人民法院工作人员、拘留所工作人员、被司法拘留人及其家属通过远程视频对话，开展心理疏导和矛盾化解。

（六）动态反馈机制

拘留所应当将被司法拘留人的日常表现、认错悔过、履行意愿、矛盾化解工作进展情况等及时反馈人民法院。拘留期限届满前，人民法院认为需要提前解除司法拘留的，应当及时通知拘留所，并办理相关解除拘留手续。

（七）应急保障机制

人民法院和公安机关应当制定被司法拘留人应急预案，对于在拘留期间发生突发情况的，应当在第一时间启动应急处理机制，妥善安排，快速化解，确保安全。

三、化解程序

（八）全程化解

人民法院对于符合采取司法拘留措施的行为人，在办理拘留手续过程中，案件承办人应当做好被司法拘留人的说服教育工作和矛盾化解工作，争取被司法拘留人认错悔过，积极主动履行相关义务。公安机关应当在拘留所内设置司法拘留矛盾化解工作室和心理咨询室，建立被司法拘留人矛盾化解台账，对化解矛盾过程实行全程留痕，形成完备的矛盾化解档案。人民法院和公安机关对于矛盾化解情况，应当记入谈话笔录，或者留有音频、视频资料。

（九）拘留衔接

拘留所应简化司法拘留手续，提高被司法拘留人收拘效率。对人民法院已经决定采取拘留措施的行为人依法快速办理收拘手续，确保衔接工作顺畅。拘留所应当与相关医院建立针对被司法拘留人体检的绿色通道。拘留所发现已收拘人员患有严重疾病等不适宜拘留情形的，应当及时建议人民法院停止执行拘留，人民法院应当立即予以处理并回复拘留所。

（十）案件对接

人民法院将被司法拘留人送拘时，送拘人员应当向拘留所告知被司法拘留人所涉案件案由及矛盾纠纷的焦点、重点，并提供相关案情材料、承办人及被司法拘留人家属联系方式。拘留所应当及时掌握矛盾纠纷情况，按照矛盾化解工作规范要求，明确矛盾化解责任人和参与人，制定矛盾化解具体工作方案。

（十一）教育疏导

收拘后，拘留所管教民警应当在二十四小时内对被司法拘留人开展首次谈话教育，把握矛盾化解的黄金时间和最佳契机。要坚持耐心释法，循序渐进，晓之以理，动之以情，因案施策，因人施教，开展多种形式的教育引导和情感关怀。人民法院在拘留期间，应当指派工作人员主动到拘留所或者通过视频连线，与被司法拘留人进行谈话，了解其思想动态和履行意愿，开展说服教育和疏导工作，争取矛盾纠纷早日化解。

（十二）分类化解

拘留所应当根据被司法拘留人矛盾纠纷性质、影响、危害程度和化解难度，实行分级分类化解，落实到具体责任人。被司法拘留人有悔改表现、化解难度较小的矛盾纠纷可由管教民警专门负责；重大疑难矛盾纠纷，经与人民法院协商，可以由人民法院或者拘留所领导牵头负责，管教民警具体实施。必要时，拘留所可以引入社会资源和专业机构对被司法拘留人开展疏导教育工作。人民法院可以指定经验丰富的法官协同拘留所专门针对被司法拘留人开展心理疏导工作。

（十三）跟踪回访

对因达成和解协议并被解除司法拘留的行为人，人民法院可以派人跟踪回访，巩固矛盾化解成果，督促当事人按期履行义务。需要拘留所派员参加的，拘留所应当积极配合，指派参与矛盾化解的民警参加回访。

四、工作要求

（十四）提高认识，加强领导

各级人民法院和公安机关要充分认识开展司法拘留矛盾化解工作的重要意义，牢固树立大局观念，增强工作责任感，切实加强领导，精心组织，认真履职，密切协作，积极构建司法拘留矛盾化解工作联动机制，共同承担起保障拘留所安全、化解社会矛盾、解决法院执行难、促进和谐稳定的政治和社会责任。

（十五）完善机制、规范运作

人民法院和公安机关要加强制度建设，完善对被司法拘留人的拘留措施审批程序，制定开展司法拘留矛盾化解工作的操作规范，并不断在实践中总结完善，建立健全司法拘留矛盾化解工作的长效机制。

（十六）明确责任、加强保障

各级人民法院和公安机关要落实领导责任制，将司法拘留矛盾化解工作纳入绩效考核。加强矛盾化解队伍建设，强化矛盾化解工作理论学习和业务培训。人民法院和公安机关对拘留所开展司法拘留矛盾化解工作所需经费应当给予必要的支持和保障。

（十七）总结经验、推广典型

人民法院和公安机关应当定期评估矛盾化解工作成效，不断改进和提高矛盾化解工作能力和水平，培养和发现先进典型，对工作成绩突出的单位和个人予以表彰奖励，及时总结推广好经验、好做法，加大对外宣传，树立良好形象。

出台背景

司法拘留是体现执行程序强制性的重要环节，也有利于执行债权的实现。在我国台湾地区，司法拘留被称为管收债务人。但拘留难、送拘难以及拘留化解矛盾难一直困扰着执行人员，也使司法拘留的作用难以充分发挥。为解决上述问题，进一步规范和深化司法拘留社会矛盾化解工作，更好地发挥公安机关拘留所在保障司法诉讼活动顺利进行、维护社会和谐稳定方面的职能优势，深化执行联动机制，合力解决人民法院判决、裁定执行难问题，最高人民法院、公安部在总结、吸收部分地方人民法院和公安机关开展司法拘留社会矛盾化解工作机制成功经验和做法的基础上，共同制定出台该意见。

理解与适用

（一）司法拘留在执行过程中的功能定位

近年来，人民法院为解决执行难问题，采取了多种方法，耗费了大量精力，虽然有一定成效，但却没能从根本上解决。其中重要原因是社会科技的发展，被执行人转移财产、规避执行的手段日趋隐秘，给执行法院查找被执行人财产造成严重困难。同时，对被执行人规避执行的行为，法律缺乏有效的制裁手段，造成被执行人规避执行成本较低，敢于以身试法。尤其是近几年，被执行人规避执行的情况愈演愈烈，规避执行的方式也更为多样。在一些案件中，被执行人利用非法转移和隐匿财产、假租赁、假离婚、不正当关联交易、假诉讼、假仲裁等规避执行的新手段、新方法层出不穷，严重影响了执行工作的开展，损害了债权人的合法利益，破坏了正常的社会经济秩序，对诚信社会的建立造成了较大的冲击。如何防范和规制规避、逃避执行行为成为人民法院执行工作亟待解决的重大问题。耶林说，不以法律强制力作为后盾的法律命题是相互矛盾的，是无焰的火，不亮的灯。① 民事执行是民事执行机关根据法律的规定，以生效的法律文书为根据，行使民事执行权，采取强制性的执行措施，迫使拒绝履行义务的当事人履行义务，实现生效法律文书内容的活动。② 因此，强制性是执行的本质属性，贯穿于执行过程的始终。实践证明，许多执行难问题都是由于偏离了执行工作的强制性造成的，一味迁就妥协，反而导致恶性循环，难上加难。因此，在讲究执行方式方法的同时，应当依法突出执行工作的强制性。周强院长也提出民事执行工作要依法“突出执行工作的强制性，全力推进执行工作信息化，大力加强执行工作规范化”的工作思路（“一性两化”思路），③ 为解决执行难开辟了新路径。司法拘留是司法强制措施中的重要内容之一。

（二）司法拘留的条件

我国实践中司法拘留分为两种，分别为拒执和妨碍，从拒执看，应以被执行人具备履行能力为前提，但有的法官在宣布拘留被执行人前，往往忽视了对被执行人财产状况的调查，只要被执行人没有履行生效法律文书，就采取拘留措施，容易导致司法拘留的扩大化。我国台湾地区“强制执行法”对应予管收的情形做了列举规定，便于执行法官在实际办理案件时准确掌握，我国正在起草的强制执行法，也应对司法拘留的条件进行细化。

---

① 参见［美］罗·庞德：《法律的任务》，商务印书馆 1984 年版，第 88 页。

② 参见谭秋桂：《民事执行法学》（第 2 版），北京大学出版社 2010 年版，第 6 页。

③ 2013 年 11 月 18 日，周强院长在广东省高级人民法院召开的全国法院执行工作规范化信息化建设现场会上，提出上述“一性两化”的工作思路。

实务操作指引

（一）要注重对被拘留人的权利保障

首先，决定司法拘留被执行人，须经院长审批，实践中应避免先拘后报批的现象；其次，要将拘留决定书送达被拘留人，并在笔录中告知被拘留人在3日内向上级法院复议的权利，同时，应将拘留被执行人的事实告知被拘留人的亲属。

（二）注意司法拘留与追究拒执罪程序的衔接

如果被执行人有履行能力拒不执行或者存在转移财产、逃避执行的行为，被人民法院采取司法拘留措施的，申请执行人可以要求执行法院追究被执行人刑事责任，执行法院经审查认为被执行人行为符合拒执罪构成要件，应尽快移送公安机关。因我国目前司法拘留期限过短，只有15天。在司法拘留期限届满、被执行人解除拘留措施后，容易造成被执行人下落不明的后果，给拒执罪的适用造成障碍。

（三）反复司法拘留的正当性思考

实践中，有的被执行人债务较多，其在某一法院有多起不同债权人申请执行的案件，执行法官为加大惩罚和威慑力度，在依据其中一起执行案件办理的司法拘留期限届满后，再次以其他执行案件拘留被执行人，这种做法目前仍存在争议。有观点认为法院不应重复拘留。实际上，法律只是禁止对同一拒执行为重复拘留，如果被执行人拒执行为或妨碍行为发生多次，可以采取多次司法拘留措施。另外，执行法院还能以虚假报告财产为由拘留被执行人。

三、规避执行行为的识别与反制

意见原文

（一）最高人民法院关于依法制裁规避执行行为的若干意见

2011年5月27日　法〔2011〕195号

为了最大限度地实现生效法律文书确认的债权，提高执行效率，强化执行效果，维护司法权威，现就依法制裁规避执行行为提出以下意见：

一、强化财产报告和财产调查，多渠道查明被执行人财产

1. 严格落实财产报告制度。对于被执行人未按执行通知履行法律文书确定义务的，执行法院应当要求被执行人限期如实报告财产，并告知拒绝报告或者虚假报告的法律后果。对于被执行人暂时无财产可供执行的，可以要求被执行人定期报告。

2. 强化申请执行人提供财产线索的责任。各地法院可以根据案件的实际情况，要求申请执行人提供被执行人的财产状况或者财产线索，并告知不能提供的风险。各地法院也可根据本地的实际情况，探索尝试以调查令、委托调查函等方式赋予代理律师法律规定范围内的财产调查权。

3. 加强人民法院依职权调查财产的力度。各地法院要充分发挥执行联动机制的作用，完善与金融、房地产管理、国土资源、车辆管理、工商管理等各有关单位的财产查控网络，细化协助配合措施，进一步拓宽财产调查渠道，简化财产调查手续，提高财产调查效率。

4. 适当运用审计方法调查被执行人财产。被执行人未履行法律文书确定的义务，且有转移隐匿处分财产、投资开设分支机构、入股其他企业或者抽逃注册资金等情形的，执行法院可以根据申请执行人的申请委托中介机构对被执行人进行审计。审计费用由申请执行人垫付，被执行人确有转移隐匿处分财产等情形的，实际执行到位后由被执行人承担。

5. 建立财产举报机制。执行法院可以依据申请执行人的悬赏执行申请，向社会发布举报被执行人财产线索的悬赏公告。举报人提供的财产线索经查证属实并实际执行到位的，可按申请执行人承诺的标准或者比例奖励举报人。奖励资金由申请执行人承担。

二、强化财产保全措施，加大对保全财产和担保财产的执行力度

6. 加大对当事人的风险提示。各地法院在立案和审判阶段，要通过法律释明向当事人提示诉讼和执行风险，强化当事人的风险防范意识，引导债权人及时申请财产保全，有效防止债务人在执行程序开始前转移财产。

7. 加大财产保全力度。各地法院要加强立案、审判和执行环节在财产保全方面的协调配合，加大依法进行财产保全的力度，强化审判与执行在财产保全方面的衔接，降低债务人或者被执行人隐匿、转移财产的风险。

8. 对保全财产和担保财产及时采取执行措施。进入执行程序后，各地法院要加大对保全财产和担保财产的执行力度，对当事人、担保人或者第三人提出的异议要及时进行审查，审查期间应当依法对相应财产采取控制性措施，驳回异议后应当加大对相应财产的执行力度。

三、依法防止恶意诉讼，保障民事审判和执行活动有序进行

9. 严格执行关于案外人异议之诉的管辖规定。在执行阶段，案外人对人民法院已经查封、扣押、冻结的财产提起异议之诉的，应当依照《中华人民共和国民事诉讼法》第二百零四条和《最高人民法院关于适用民事诉讼法执行程序若干问题的解释》第十八条的规定，由执行法院受理。

案外人违反上述管辖规定，向执行法院之外的其他法院起诉，其他法院已经受理尚未作出裁判的，应当中止审理或者撤销案件，并告知案外人向作出查封、扣押、冻结裁定的执行法院起诉。

10. 加强对破产案件的监督。执行法院发现被执行人有虚假破产情形的，应当及时向受理破产案件的人民法院提出。申请执行人认为被执行人利用破产逃债的，可以向受理破产案件的人民法院或者其上级人民法院提出异议，受理异议的法院应当依法进行监督。

11. 对于当事人恶意诉讼取得的生效裁判应当依法再审。案外人违反上述管辖规定，向执行法院之外的其他法院起诉，并取得生效裁判文书将已被执行法院查封、扣押、冻结的财产确权或者分割给案外人，或者第三人与被执行人虚构事实取得人民法院生效裁判文书申请参与分配，执行法院认为该生效裁判文书系恶意串通规避执行损害执行债权人利益的，可以向作出该裁判文书的人民法院或者其上级人民法院提出书面建议，有关法院应当依照《中华人民共和国民事诉讼法》和有关司法解释的规定决定再审。

四、完善对被执行人享有债权的保全和执行措施，运用代位权、撤销权诉讼制裁规避执行行为

12. 依法执行已经生效法律文书确认的被执行人的债权。对于被执行人已经生效法律文书确认的债权，执行法院可以书面通知被执行人在限期内向有管辖权的人民法院申请执行该生效法律文书。限期届满被执行人仍怠于申请执行的，执行法院可以依法强制执行该到期债权。

被执行人已经申请执行的，执行法院可以请求执行该债权的人民法院协助扣留相应的执行款物。

13. 依法保全被执行人的未到期债权。对被执行人的未到期债权，执行法院可以依法冻结，待债权到期后参照到期债权予以执行。第三人仅以该债务未到期为由提出异议的，不影响对该债权的保全。

14. 引导申请执行人依法诉讼。被执行人怠于行使债权对申请执行人造成损害的，执行法院可以告知申请执行人依照《中华人民共和国合同法》第七十三条的规定，向有管辖权的人民法院提起代位权诉讼。

被执行人放弃债权、无偿转让财产或者以明显不合理的低价转让财产，对申请执行人造成损害的，执行法院可以告知申请执行人依照《中华人民共和国合同法》第七十四条的规定向有管辖权的人民法院提起撤销权诉讼。

五、充分运用民事和刑事制裁手段，依法加强对规避执行行为的刑事处罚力度

15. 对规避执行行为加大民事强制措施的适用。被执行人既不履行义务又拒绝报告财产或者进行虚假报告、拒绝交出或者提供虚假财务会计凭证、协助执行义务人拒不协助执行或者妨碍执行、到期债务第三人提出异议后又擅自向被执行人清偿等，给申请执行人造成损失的，应当依法对相关责任人予以罚款、拘留。

16. 对构成犯罪的规避执行行为加大刑事制裁力度。被执行人隐匿财产、虚构债务或者以其他方法隐藏、转移、处分可供执行的财产，拒不交出或者隐匿、销毁、制作虚假财务会计凭证或资产负债表等相关资料，以虚假诉讼或者仲裁手段转移财产、虚构优先债权或者申请参与分配，中介机构提供虚假证明文件或者提供的文件有重大失实，被执行人、担保人、协助义务人有能力执行而拒不执行或者拒不协助执行等，损害申请执行人或其他债权人利益，依照刑法的规定构成犯罪的，应当依法追究行为人的刑事责任。

17. 加强与公安、检察机关的沟通协调。各地法院应当加强与公安、检察机关的协调配合，建立快捷、便利、高效的协作机制，细化拒不执行判决裁定罪和妨害公务罪的适用条件。

18. 充分调查取证。各地法院在执行案件过程中，在行为人存在拒不执行判决裁定或者妨害公务行为的情况下，应当注意收集证据。认为构成犯罪的，应当及时将案件及相关证据材料移送犯罪行为发生地的公安机关立案查处。

19. 抓紧依法审理。对检察机关提起公诉的拒不执行判决裁定或者妨害公务案件，人民法院应当抓紧审理，依法审判，快速结案，加大判后宣传力度，充分发挥刑罚手段的威慑力。

六、依法采取多种措施，有效防范规避执行行为

20. 依法变更追加被执行主体或者告知申请执行人另行起诉。有充分证据证明被执行人通过离婚析产、不依法清算、改制重组、关联交易、财产混同等方式恶意转移财产规避执行的，执行法院可以通过依法变更追加被执行人或者告知申请执行人通过诉讼程序追回被转移的财产。

21. 建立健全征信体系。各地法院应当逐步建立健全与相关部门资源共享的信用平台，有条件的地方可以建立个人和企业信用信息数据库，将被执行人不履行债务的相关信息录入信用平台或者信息数据库，充分运用其形成的威慑力制裁规避执行行为。

22. 加大宣传力度。各地法院应当充分运用新闻媒体曝光、公开执行等手段，将被执行人因规避执行被制裁或者处罚的典型案例在新闻媒体上予以公布，以维护法律权威，提升公众自觉履行义务的法律意识。

23. 充分运用限制高消费手段。各地法院应当充分运用限制高消费手段，逐步构建与有关单位的协作平台，明确有关单位的监督责任，细化协作方式，完善协助程序。

24. 加强与公安机关的协作查找被执行人。对于因逃避执行而长期下落不明或者变更经营场所的被执行人，各地法院应当积极与公安机关协调，加大查找被执行人的力度。

（二）最高人民法院关于防范和制裁虚假诉讼的指导意见

2016年6月20日　法发〔2016〕13号

当前，民事商事审判领域存在的虚假诉讼现象，不仅严重侵害案外人合法权益，破坏社会诚信，也扰乱了正常的诉讼秩序，损害司法权威和司法公信力，人民群众对此反映强烈。各级人民法院对此要高度重视，努力探索通过多种有效措施防范和制裁虚假诉讼行为。

1. 虚假诉讼一般包含以下要素：（1）以规避法律、法规或国家政策谋取非法利益为目的；（2）双方当事人存在恶意串通；（3）虚构事实；（4）借用合法的民事程序；（5）侵害国家利益、社会公共利益或者案外人的合法权益。

2. 实践中，要特别注意以下情形：（1）当事人为夫妻、朋友等亲近关系或者关联企业等共同利益关系；（2）原告诉请司法保护的标的额与其自身经济状况严重不符；（3）原告起诉所依据的事实和理由明显不符合常理；（4）当事人双方无实质性民事权益争议；（5）案件证据不足，但双方仍然主动迅速达成调解协议，并请求人民法院出具调解书。

3. 各级人民法院应当在立案窗口及法庭张贴警示宣传标识，同时在“人民法院民事诉讼风险提示书”中明确告知参与虚假诉讼应当承担的法律责任，引导当事人依法行使诉权，诚信诉讼。

4. 在民间借贷、离婚析产、以物抵债、劳动争议、公司分立（合并）、企业破产等虚假诉讼高发领域的案件审理中，要加大证据审查力度。对可能存在虚假诉讼的，要适当加大依职权调查取证力度。

5. 涉嫌虚假诉讼的，应当传唤当事人本人到庭，就有关案件事实接受询问。除法定事由外，应当要求证人出庭作证。要充分发挥民事诉讼法司法解释有关当事人和证人签署保证书规定的作用，探索当事人和证人宣誓制度。

6. 诉讼中，一方对另一方提出的于己不利的事实明确表示承认，且不符合常理的，要做进一步查明，慎重认定。查明的事实与自认的事实不符的，不予确认。

7. 要加强对调解协议的审查力度。对双方主动达成调解协议并申请人民法院出具调解书的，应当结合案件基础事实，注重审查调解协议是否损害国家利益、社会公共利益或者案外人的合法权益；对人民调解协议司法确认案件，要按照民事诉讼法司法解释要求，注重审查基础法律关系的真实性。

8. 在执行公证债权文书和仲裁裁决书、调解书等法律文书过程中，对可能存在双方恶意串通、虚构事实的，要加大实质审查力度，注重审查相关法律文书是否损害国家利益、社会公共利益或者案外人的合法权益。如果存在上述情形，应当裁定不予执行。必要时，可向仲裁机构或者公证机关发出司法建议。

9. 加大公开审判力度，增加案件审理的透明度。对与案件处理结果可能存在法律上利害关系的，可适当依职权通知其参加诉讼，避免其民事权益受到损害，防范虚假诉讼行为。

10. 在第三人撤销之诉、案外人执行异议之诉、案外人申请再审等案件审理中，发现已经生效的裁判涉及虚假诉讼的，要及时予以纠正，保护案外人诉权和实体权利；同时也要防范有关人员利用上述法律制度，制造虚假诉讼，损害原诉讼中合法权利人利益。

11. 经查明属于虚假诉讼，原告申请撤诉的，不予准许，并应当根据民事诉讼法第一百一十二条的规定，驳回其请求。

12. 对虚假诉讼参与人，要适度加大罚款、拘留等妨碍民事诉讼强制措施的法律适用力度；虚假诉讼侵害他人民事权益的，虚假诉讼参与人应当承担赔偿责任；虚假诉讼违法行为涉嫌虚假诉讼罪、诈骗罪、合同诈骗罪等刑事犯罪的，民事审判部门应当依法将相关线索和有关案件材料移送侦查机关。

13. 探索建立虚假诉讼失信人名单制度。将虚假诉讼参与人列入失信人名单，逐步开展与现有相关信息平台和社会信用体系接轨工作，加大制裁力度。

14. 人民法院工作人员参与虚假诉讼的，要依照法官法、法官职业道德基本准则和法官行为规范等规定，从严处理。

15. 诉讼代理人参与虚假诉讼的，要依法予以制裁，并应当向司法行政部门、律师协会或者行业协会发出司法建议。

16. 鉴定机构、鉴定人参与虚假诉讼的，可以根据情节轻重，给予鉴定机构、鉴定人训诫、责令退还鉴定费用、从法院委托鉴定专业机构备选名单中除名等制裁，并应当向司法行政部门或者行业协会发出司法建议。

17. 要积极主动与有关部门沟通协调，争取支持配合，探索建立多部门协调配合的综合治理机制。要通过向社会公开发布虚假诉讼典型案例等多种形式，震慑虚假诉讼违法行为。

18. 各级人民法院要及时组织干警学习了解中央和地方的各项经济社会政策，充分预判有可能在司法领域反映出来的虚假诉讼案件类型，也可以采取典型案例分析、审判业务交流、庭审观摩等多种形式，提高甄别虚假诉讼的司法能力。

（三）最高人民法院、最高人民检察院、公安部、司法部关于进一步加强虚假诉讼犯罪惩治工作的意见

2021 年 3 月 4 日　法发〔2021〕10 号

第一章　总　则

第一条　为了进一步加强虚假诉讼犯罪惩治工作，维护司法公正和司法权威，保护自然人、法人和非法人组织的合法权益，促进社会诚信建设，根据《中华人民共和国刑法》《中华人民共和国刑事诉讼法》《中华人民共和国民事诉讼法》和《最高人民法院、最高人民检察院关于办理虚假诉讼刑事案件适用法律若干问题的解释》等规定，结合工作实际，制定本意见。

第二条　本意见所称虚假诉讼犯罪，是指行为人单独或者与他人恶意串通，采取伪造证据、虚假陈述等手段，捏造民事案件基本事实，虚构民事纠纷，向人民法院提起民事诉讼，妨害司法秩序或者严重侵害他人合法权益，依照法律应当受刑罚处罚的行为。

第三条　人民法院、人民检察院、公安机关、司法行政机关应当按照法定

职责分工负责、配合协作，加强沟通协调，在履行职责过程中发现可能存在虚假诉讼犯罪的，应当及时相互通报情况，共同防范和惩治虚假诉讼犯罪。

第二章　虚假诉讼犯罪的甄别和发现

第四条　实施《最高人民法院、最高人民检察院关于办理虚假诉讼刑事案件适用法律若干问题的解释》第一条第一款、第二款规定的捏造事实行为，并有下列情形之一的，应当认定为刑法第三百零七条之一第一款规定的“以捏造的事实提起民事诉讼”：

（一）提出民事起诉的；

（二）向人民法院申请宣告失踪、宣告死亡，申请认定公民无民事行为能力、限制民事行为能力，申请认定财产无主，申请确认调解协议，申请实现担保物权，申请支付令，申请公示催告的；

（三）在民事诉讼过程中增加独立的诉讼请求、提出反诉，有独立请求权的第三人提出与本案有关的诉讼请求的；

（四）在破产案件审理过程中申报债权的；

（五）案外人申请民事再审的；

（六）向人民法院申请执行仲裁裁决、公证债权文书的；

（七）案外人在民事执行过程中对执行标的提出异议，债权人在民事执行过程中申请参与执行财产分配的；

（八）以其他手段捏造民事案件基本事实，虚构民事纠纷，提起民事诉讼的。

第五条　对于下列虚假诉讼犯罪易发的民事案件类型，人民法院、人民检察院在履行职责过程中应当予以重点关注：

（一）民间借贷纠纷案件；

（二）涉及房屋限购、机动车配置指标调控的以物抵债案件；

（三）以离婚诉讼一方当事人为被告的财产纠纷案件；

（四）以已经资不抵债或者已经被作为被执行人的自然人、法人和非法人组织为被告的财产纠纷案件；

（五）以拆迁区划范围内的自然人为当事人的离婚、分家析产、继承、房屋买卖合同纠纷案件；

（六）公司分立、合并和企业破产纠纷案件；

（七）劳动争议案件；

（八）涉及驰名商标认定的案件；

（九）其他需要重点关注的民事案件。

第六条 民事诉讼当事人有下列情形之一的，人民法院、人民检察院在履行职责过程中应当依法严格审查，及时甄别和发现虚假诉讼犯罪：

（一）原告起诉依据的事实、理由不符合常理，存在伪造证据、虚假陈述可能的；

（二）原告诉请司法保护的诉讼标的额与其自身经济状况严重不符的；

（三）在可能影响案外人利益的案件中，当事人之间存在近亲属关系或者关联企业等共同利益关系的；

（四）当事人之间不存在实质性民事权益争议和实质性诉辩对抗的；

（五）一方当事人对于另一方当事人提出的对其不利的事实明确表示承认，且不符合常理的；

（六）认定案件事实的证据不足，但双方当事人主动迅速达成调解协议，请求人民法院制作调解书的；

（七）当事人自愿以价格明显不对等的财产抵付债务的；

（八）民事诉讼过程中存在其他异常情况的。

第七条 民事诉讼代理人、证人、鉴定人等诉讼参与人有下列情形之一的，人民法院、人民检察院在履行职责过程中应当依法严格审查，及时甄别和发现虚假诉讼犯罪：

（一）诉讼代理人违规接受对方当事人或者案外人给付的财物或者其他利益，与对方当事人或者案外人恶意串通，侵害委托人合法权益的；

（二）故意提供虚假证据，指使、引诱他人伪造、变造证据、提供虚假证据或者隐匿、毁灭证据的；

（三）采取其他不正当手段干扰民事诉讼活动正常进行的。

第三章 线索移送和案件查处

第八条 人民法院、人民检察院、公安机关发现虚假诉讼犯罪的线索来源包括：

（一）民事诉讼当事人、诉讼代理人和其他诉讼参与人、利害关系人、其他自然人、法人和非法人组织的报案、控告、举报和法律监督申请；

（二）被害人有证据证明对被告人通过实施虚假诉讼行为侵犯自己合法权益的行为应当依法追究刑事责任，且有证据证明曾经提出控告，而公安机关或者人民检察院不予追究被告人刑事责任，向人民法院提出的刑事自诉；

（三）人民法院、人民检察院、公安机关、司法行政机关履行职责过程中主动发现；

（四）有关国家机关移送的案件线索；

（五）其他线索来源。

第九条 虚假诉讼刑事案件由相关虚假民事诉讼案件的受理法院所在地或者执行法院所在地人民法院管辖。有刑法第三百零七条之一第四款情形的，上级人民法院可以指定下级人民法院将案件移送其他人民法院审判。

前款所称相关虚假民事诉讼案件的受理法院，包括该民事案件的一审、二审和再审法院。

虚假诉讼刑事案件的级别管辖，根据刑事诉讼法的规定确定。

第十条 人民法院、人民检察院向公安机关移送涉嫌虚假诉讼犯罪案件，应当附下列材料：

（一）案件移送函，载明移送案件的人民法院或者人民检察院名称、民事案件当事人名称和案由、所处民事诉讼阶段、民事案件办理人及联系电话等。案件移送函应当附移送材料清单和回执，经人民法院或者人民检察院负责人批准后，加盖人民法院或者人民检察院公章；

（二）移送线索的情况说明，载明案件来源、当事人信息、涉嫌虚假诉讼犯罪的事实、法律依据等，并附相关证据材料；

（三）与民事案件有关的诉讼材料，包括起诉书、答辩状、庭审笔录、调查笔录、谈话笔录等。

人民法院、人民检察院应当指定专门职能部门负责涉嫌虚假诉讼犯罪案件的移送。

人民法院将涉嫌虚假诉讼犯罪案件移送公安机关的，同时将有关情况通报同级人民检察院。

第十一条　人民法院、人民检察院认定民事诉讼当事人和其他诉讼参与人的行为涉嫌虚假诉讼犯罪，除民事诉讼当事人、其他诉讼参与人或者案外人的陈述、证言外，一般还应有物证、书证或者其他证人证言等证据相印证。

第十二条　人民法院、人民检察院将涉嫌虚假诉讼犯罪案件有关材料移送公安机关的，接受案件的公安机关应当出具接受案件的回执或者在案件移送函所附回执上签收。

公安机关收到有关材料后，分别作出以下处理：

（一）认为移送的案件材料不全的，应当在收到有关材料之日起三日内通知移送的人民法院或者人民检察院在三日内补正。不得以材料不全为由不接受移送案件；

（二）认为有犯罪事实，需要追究刑事责任的，应当在收到有关材料之日起三十日内决定是否立案，并通知移送的人民法院或者人民检察院；

（三）认为有犯罪事实，但是不属于自己管辖的，应当立即报经县级以上公安机关负责人批准，在二十四小时内移送有管辖权的机关处理，并告知移送的人民法院或者人民检察院。对于必须采取紧急措施的，应当先采取紧急措施，然后办理手续，移送主管机关；

（四）认为没有犯罪事实，或者犯罪情节显著轻微不需要追究刑事责任的，或者具有其他依法不追究刑事责任情形的，经县级以上公安机关负责人批准，不予立案，并应当说明理由，制作不予立案通知书在三日内送达移送的人民法院或者人民检察院，退回有关材料。

第十三条　人民检察院依法对公安机关的刑事立案实行监督。

人民法院对公安机关的不予立案决定有异议的，可以建议人民检察院进行立案监督。

第四章　程序衔接

第十四条　人民法院向公安机关移送涉嫌虚假诉讼犯罪案件，民事案件必须以相关刑事案件的审理结果为依据的，应当依照民事诉讼法第一百五十条第一款第五项的规定裁定中止诉讼。刑事案件的审理结果不影响民事诉讼程序正常进行的，民事案件应当继续审理。

第十五条　刑事案件裁判认定民事诉讼当事人的行为构成虚假诉讼犯罪，

相关民事案件尚在审理或者执行过程中的，作出刑事裁判的人民法院应当及时函告审理或者执行该民事案件的人民法院。

人民法院对于与虚假诉讼刑事案件的裁判存在冲突的已经发生法律效力的民事判决、裁定、调解书，应当及时依法启动审判监督程序予以纠正。

第十六条 公安机关依法自行立案侦办虚假诉讼刑事案件的，应当在立案后三日内将立案决定书等法律文书和相关材料复印件抄送对相关民事案件正在审理、执行或者作出生效裁判文书的人民法院并说明立案理由，同时通报办理民事案件人民法院的同级人民检察院。对相关民事案件正在审理、执行或者作出生效裁判文书的人民法院应当依法审查，依照相关规定做出处理，并在收到材料之日起三十日内将处理意见书面通报公安机关。

公安机关在办理刑事案件过程中，发现犯罪嫌疑人还涉嫌实施虚假诉讼犯罪的，可以一并处理。需要逮捕犯罪嫌疑人的，由侦查该案件的公安机关提请同级人民检察院审查批准；需要提起公诉的，由侦查该案件的公安机关移送同级人民检察院审查决定。

第十七条 有管辖权的公安机关接受民事诉讼当事人、诉讼代理人和其他诉讼参与人、利害关系人、其他自然人、法人和非法人组织的报案、控告、举报或者在履行职责过程中发现存在虚假诉讼犯罪嫌疑的，可以开展调查核实工作。经县级以上公安机关负责人批准，公安机关可以依照有关规定拷贝电子卷或者查阅、复制、摘录人民法院的民事诉讼卷宗，人民法院予以配合。

公安机关在办理刑事案件过程中，发现犯罪嫌疑人还涉嫌实施虚假诉讼犯罪的，适用前款规定。

第十八条 人民检察院发现已经发生法律效力的判决、裁定、调解书系民事诉讼当事人通过虚假诉讼获得的，应当依照民事诉讼法第二百零八条第一款、第二款等法律和相关司法解释的规定，向人民法院提出再审检察建议或者抗诉。

第十九条 人民法院对人民检察院依照本意见第十八条的规定提出再审检察建议或者抗诉的民事案件，应当依照民事诉讼法等法律和相关司法解释的规定处理。按照审判监督程序决定再审、需要中止执行的，裁定中止原判决、裁定、调解书的执行。

第二十条 人民检察院办理民事诉讼监督案件过程中，发现存在虚假诉讼犯罪嫌疑的，可以向民事诉讼当事人或者案外人调查核实有关情况。有关单位和个人无正当理由拒不配合调查核实、妨害民事诉讼的，人民检察院可以建议有关人民法院依照民事诉讼法第一百一十一条第一款第五项等规定处理。

人民检察院针对存在虚假诉讼犯罪嫌疑的民事诉讼监督案件依照有关规定调阅人民法院的民事诉讼卷宗的，人民法院予以配合。通过拷贝电子卷、查阅、复制、摘录等方式能够满足办案需要的，可以不调阅诉讼卷宗。

人民检察院发现民事诉讼监督案件存在虚假诉讼犯罪嫌疑的，可以听取人民法院原承办人的意见。

第二十一条 对于存在虚假诉讼犯罪嫌疑的民事案件，人民法院可以依职权调查收集证据。

当事人自认的事实与人民法院、人民检察院依职权调查并经审理查明的事实不符的，人民法院不予确认。

第五章 责任追究

第二十二条 对于故意制造、参与虚假诉讼犯罪活动的民事诉讼当事人和其他诉讼参与人，人民法院应当加大罚款、拘留等对妨害民事诉讼的强制措施的适用力度。

民事诉讼当事人、其他诉讼参与人实施虚假诉讼，人民法院向公安机关移送案件有关材料前，可以依照民事诉讼法的规定先行予以罚款、拘留。

对虚假诉讼刑事案件被告人判处罚金、有期徒刑或者拘役的，人民法院已经依照民事诉讼法的规定给予的罚款、拘留，应当依法折抵相应罚金或者刑期。

第二十三条 人民检察院可以建议人民法院依照民事诉讼法的规定，对故意制造、参与虚假诉讼的民事诉讼当事人和其他诉讼参与人采取罚款、拘留等强制措施。

第二十四条 司法工作人员利用职权参与虚假诉讼的，应当依照法律法规从严处理；构成犯罪的，依法从严追究刑事责任。

第二十五条 司法行政机关、相关行业协会应当加强对律师、基层法律服务工作者、司法鉴定人、公证员、仲裁员的教育和管理，发现上述人员利用职务之便参与虚假诉讼的，应当依照规定进行行政处罚或者行业惩戒；构成犯罪的，依法移送司法机关处理。律师、基层法律服务工作者、司法鉴定人、公证员、仲裁员利用职务之便参与虚假诉讼的，依照有关规定从严追究法律责任。

人民法院、人民检察院、公安机关在办理案件过程中，发现律师、基层法律服务工作者、司法鉴定人、公证员、仲裁员利用职务之便参与虚假诉讼，尚未构成犯罪的，可以向司法行政机关、相关行业协会或者上述人员所在单位发出书面建议。司法行政机关、相关行业协会或者上述人员所在单位应当在收到书面建议之日起三个月内作出处理决定，并书面回复作出书面建议的人民法院、人民检察院或者公安机关。

第六章　协作机制

第二十六条　人民法院、人民检察院、公安机关、司法行政机关探索建立民事判决、裁定、调解书等裁判文书信息共享机制和信息互通数据平台，综合运用信息化手段发掘虚假诉讼违法犯罪线索，逐步实现虚假诉讼违法犯罪案件信息、数据共享。

第二十七条　人民法院、人民检察院、公安机关、司法行政机关落实“谁执法谁普法”的普法责任制要求，通过定期开展法治宣传、向社会公开发布虚假诉讼典型案例、开展警示教育等形式，增强全社会对虚假诉讼违法犯罪的防范意识，震慑虚假诉讼违法犯罪。

第七章　附　　则

第二十八条　各省、自治区、直辖市高级人民法院、人民检察院、公安机关、司法行政机关可以根据本地区实际情况，制定实施细则。

第二十九条　本意见自2021年3月10日起施行。

（四）最高人民法院
关于深入开展虚假诉讼整治工作的意见（节选）

2021年11月10日　法〔2021〕281号

二、精准甄别查处，依法保护诉权。单独或者与他人恶意串通，采取伪造证据、虚假陈述等手段，捏造民事案件基本事实，虚构民事纠纷，向人民法院提起民事诉讼，损害国家利益、社会公共利益或者他人合法权益，妨害司法秩序的，构成虚假诉讼。向人民法院申请执行基于捏造的事实作出的仲裁裁决、调解书及公证债权文书，在民事执行过程中以捏造的事实对执行标的提出异议、申请参与执行财产分配的，也属于虚假诉讼。诉讼代理人、证人、鉴定人、公证人等与他人串通，共同实施虚假诉讼的，属于虚假诉讼行为人。在整治虚假诉讼的同时，应当依法保护当事人诉权。既要防止以保护当事人诉权为由，放松对虚假诉讼的甄别、查处，又要防止以整治虚假诉讼为由，当立案不立案，损害当事人诉权。

九、严格依法执行，严防虚假诉讼。在执行异议、复议、参与分配等程序中应当加大对虚假诉讼的查处力度。对可能发生虚假诉讼的情形应当重点审查。从诉讼主体、证据与案件事实的关联程度、各证据之间的联系等方面，全面审查案件事实及法律关系的真实性，综合判断是否存在以捏造事实对执行标的提出异议、申请参与分配或者其他导致人民法院错误执行的行为。对涉嫌虚假诉讼的案件，应当传唤当事人、证人到庭，就相关案件事实当庭询问。主动向当事人释明参与虚假诉讼的法律后果，引导当事人诚信诉讼。认定为虚假诉讼的案件，应当裁定不予受理或者驳回申请；已经受理的，应当裁定驳回其请求。

十、加强执行审查，严查虚假非诉法律文书。重点防范依据虚假仲裁裁决、仲裁调解书、公证债权文书等非诉法律文书申请执行行为。在非诉法律文书执行中，当事人存在通过恶意串通、捏造事实等方式取得生效法律文书申请执行嫌疑的，应当依法进行严格实质审查。加大依职权调取证据力度，结合当事人关系、案件事实、仲裁和公证过程等多方面情况审查判断相关法律文书是否存在虚假情形，是否损害国家利益、社会公共利益或者他人合法权益。存在上述情形的，应当依法裁定不予执行，必要时可以向仲裁机构或者公证机关发出司法建议。

十一、加强证据审查，查处虚假执行异议之诉。执行异议之诉是当前虚假诉讼增长较快的领域，要高度重视执行异议之诉中防范和惩治虚假诉讼的重要性、紧迫性。正确分配举证责任，无论是案外人执行异议之诉还是申请执行人执行异议之诉，均应当由案外人就其对执行标的享有足以排除强制执行的民事权益承担举证责任。严格审查全案证据的真实性、合法性、关联性，对涉嫌虚假诉讼的案件，可以通过传唤案外人到庭陈述、通知当事人提交原始证据、依职权调查核实等方式，严格审查案外人权益的真实性、合法性。

十二、厘清法律关系，防止恶意串通逃避执行。执行异议之诉涉及三方当事人之间多个法律关系，利益冲突主要发生在案外人与申请执行人之间，对于被执行人就涉案外人权益相关事实的自认，应当审慎认定。被执行人与案外人具有亲属关系、关联关系等利害关系，诉讼中相互支持，缺乏充分证据证明案外人享有足以排除强制执行的民事权益的，不应支持案外人主张。案外人依据执行标的被查封、扣押、冻结后作出的另案生效确权法律文书，提起执行异议之诉主张排除强制执行的，应当注意审查是否存在当事人恶意串通等事实。

出台背景

债务人规避执行是造成执行难的众多原因之一。被执行人运用各种手段规避执行的情况日益严重，相当一部分实际上有履行能力的被执行人，但却千方百计规避执行，导致执行程序无法进行，执行工作难以正常开展，债权被延缓、缩水或根本无法实现。为了对规避执行行为采取有效的反制措施，遏制和扭转规避执行行为造成的恶劣影响和严重后果，最大限度地实现胜诉债权，维护法律尊严和司法权威，促进和完善社会信用体系建设，有必要从制度建设层面有效制裁规避执行行为。为引起全社会的广泛关注与重视，营造全社会支持人民法院治理规避执行行为的良好氛围，人民法院与相关协助单位对规避执行的行为进行反击、压制和处罚，采取多种手段和措施压缩被执行人规避执行的空间，建立健全反规避执行的法律体系和措施体系。

2011 年 5 月 27 日《制裁规避执行行为意见》发布后，最高人民法院又公布了关于反规避执行的九起典型案例，供各级法院参照适用。这些案例分别从落实财产报告，审计被执行人、加大财产保全力度，对无偿转移财产行为提起撤销权诉讼，运用拘留、罚款强制措施、限制出境、追究拒执罪等多个层面释明了法院在反规避执行中可以采取的措施。2017 年 5 月，最高人民法院公布施行《财产调查规定》，将审计和悬赏正式作为财产调查手段规定在司法解释中。

理解与适用

（一）从财产调查方面反制规避执行行为

如何查找可供执行的财产系执行工作的重点，多渠道查明被执行人财产，将被执行人报告、申请执行人提供线索和法院依职权调查三种方式相结合，才能达到穷尽财产调查措施的效果。同时，执行实践中，审计执行和悬赏举报对于有履行能力的债务人，也是行之有效的执行措施。

第一，被执行人报告财产。执行法院要严格落实无财产可供执行的被执行人应定期报告的制度，避免被执行人以无财产可供执行为由不进行财产报告。申请执行人提供财产线索也是查找被执行人财产的渠道之一，对于迅速准确地查控被执行人财产、缓解人民法院案多人少的压力都有积极的作用。

第二，依职权调查、律师持令调查与委托调查。以财产调查令或委托调查函等赋予代理律师法律规定范围内的财产调查权。[①] 人民法院依职权进行财产调查，要充分发挥联动机制的作用，与各有关单位完善查控网络，拓宽调查渠道，简化调查手续，提高调查效率。

第三，审计执行和悬赏举报。审计执行和悬赏举报是《财产调查规定》确认的法定调查手段，对于制裁被执行人以转移隐匿财产等方式规避执行效果甚佳。这两种调查方法根据申请执行人的申请启动，但审计费用和举报奖励资金的承担原则不同。审计费用由申请执行人垫付、实际执行到位后由被执行人承担，是因为发生审计的前提是被执行人既不履行义务，又有转移隐匿处分财产的行为，造成被执行人名下无可供执行财产的假象，被执行人有明显过错；而悬赏举报奖励资金因其性质不同则规定由申请执行人承担。审计和悬赏既可以单独使用，又可以与其他财产调查方式结合使用。

第四，运用财产保全。“实践中，大量案件债务人预先知晓自己财产可能被采取查封、扣押、冻结措施，在诉讼中甚至诉讼前转移、隐匿、变卖财产或者

---

① 截至 2020 年 4 月，全国已经有 19 个高级人民法院出台了有关律师调查令的指导意见。

设定抵押等财产负担，导致案件进入执行程序后无财产可供执行或者难以变现。”① 因此要加大对当事人的风险提示、加大财产保全力度和强化对担保财产的执行措施，人民法院在立案、审判和执行的各个环节都要强化当事人的风险防范意识，降低债务人或者被执行人转移隐匿财产的风险。进入执行程序后，法院要依法加大对保全财产和担保财产的执行力度。

（二）对以虚假、恶意诉讼规避执行行为的反制

虚假和恶意诉讼是利用法律程序规避执行的行为，与其他规避执行行为相比，影响更为恶劣。2016 年最高人民法院发布了《防制虚假诉讼意见》，指出虚假诉讼一般具有如下特征：（1）以规避法律、法规或政策谋取非法利益为目的；（2）双方当事人存在恶意串通；（3）虚构事实；（4）借用合法民事程序；（5）侵害国家利益、社会公共利益或案外人合法权益。

第一，案外人异议之诉实行专属管辖。《民事诉讼法》赋予案外人就执行标的主张实体权利时可提起异议之诉的权利，案外人异议之诉由执行法院管辖。但在执行实践中，被执行人与案外人恶意串通，在执行法院之外的其他法院就执行标的提起确权诉讼，且多是通过调解结案，达到通过生效裁判文书将执行标的确权给案外人、损害申请执行人利益的目的。其他法院如果受理了异议之诉，尚未作出裁判的，应当中止审理或撤销案件，告知案外人向执行法院起诉。

第二，加强对破产案件的监督。对于不符合破产条件的被执行人通过虚假破产逃避执行的，执行法院或申请执行人均可以向受理破产案件的人民法院提出，申请执行人还可以向其上级法院提出申诉，有关法院应当依法进行监督。

第三，对恶意诉讼生效裁判进行再审。通过恶意诉讼规避执行的情形一般有两种，一是被执行人与案外人恶意串通，将执行标的确权或分割给案外人；二是被执行人与第三人恶意串通、虚构事实，取得生效裁判文书后由第三人申请参与分配，导致申请执行人的合法债权被稀释、缩水或者根本无法执行。对此，执行法院可以向作出该裁判文书的人民法院或其上级法院提出书面建议，

---

① 曹凤国：《最高人民法院关于人民法院办理财产保全案件若干问题的规定理解与适用》，法律出版社 2020 年版，第 25 页。

有关法院应当依法启动再审。

第四，虚假诉讼罪的适用。《刑法修正案（九）》增加了虚假诉讼罪，2018年最高人民法院和最高人民检察院联合制定了《虚假诉讼解释》，规定采取伪造证据、虚假陈述等手段、捏造民事法律关系、虚构民事纠纷，向人民法院提起诉讼的，以虚假诉讼罪论处。其中，向人民法院申请执行基于捏造的事实作出的仲裁裁决、公证债权文书，或者在民事执行中以捏造的事实对执行标的提出异议、申请参与分配的，属于《刑法》第307条第1款规定的“以捏造事实提起民事诉讼”，情节严重，构成虚假诉讼罪。

（三）对规避执行行为进行处罚

《民事诉讼法》第248条规定对拒绝报告或虚假报告的被执行人或其法定代理人、有关单位的主要负责人或直接责任人可以罚款、拘留；《全国人大常委会通过关于〈刑法〉第313条的解释》《拒执罪解释》规定，对于被执行人、担保人、协助执行人等负有执行义务的人存在隐藏转移变卖毁损可供执行财产、拒不协助执行或者抗拒执行等情形的，可以依法追究刑事责任。

（四）不能超越法律和司法解释变更追加案外人为被执行人

实践中反映，不少法院为了制裁规避执行的行为，对与被执行人有关联关系的企业、亲属和商业交易主体采取变更追加措施，《变更追加规定》施行后，在无法律明确规定的情况下，不得追加案外人为被执行人清偿债务。

实务操作指引

（一）规避执行的行为甄别

1. 拒不申报或者虚假申报财产。被执行人的法制意识不强，拒不申报或进行虚假的申报，人为制造障碍。

2. 转移财产。被执行人在诉讼或执行阶段，采取转移、隐匿或变卖可供执行财产的方法造成无履行能力的假象，以此来逃避执行。该类行为有多种表现方式：将个人财产如房屋、土地使用权、交通工具等变卖或变更在亲朋好友名下；作为被执行人的法人、其他组织采取公款私存、公车私牌、多头开户、固定资产不入账等形式。

3. 设定权利负担。这类规避行为属于转移财产，被执行人通过在责任财产上设定抵质押权、租赁权、承包经营权等，来达到对抗执行的目的。

4. 虚构债务。转移财产是减少责任财产，虚构债务是增加责任财产上的负债，稀释申请执行人债权的受偿比例，从而达到逃避执行的目的。有的虚构债务后直接偿还或以物抵债，有的虚构债务后再配合虚假诉讼，取得法律文书后进入参与分配程序。实践中还存在被执行人与第三人串通，通过隐瞒或捏造事实获取确认虚假债权的生效法律文书，再由第三人依据该生效法律文书参与对被执行人财产的分配，达到通过第三人获得被执行人财产而迂回逃避债务的情况。一方面，被执行人与第三人在债权债务已消灭或者自始不存在债权债务的情况下向法院起诉获取裁判文书，已经构成妨碍司法秩序或者严重侵害他人合法权益。另一方面，又以该裁判文书参与分配，致使法院作出错误的财产分配方案。此时被执行人与第三人的行为已经符合《刑法》和司法解释规定的虚假诉讼罪的行为特征和定罪条件。

5. 走为上策。被执行人为了规避执行，离开其住所地躲避申请执行人与法院，抱着“案件时间久了，自然就销了”的侥幸心理，拒不履行义务。据有些地方法院统计，该类规避方式占无财产可供执行案件的30%。

6. 滥用权利救济途径拖延执行。在执行程序中滥用执行异议、复议，或串通案外人提出执行异议，拖延执行程序的进行。

7. 拉拢腐蚀执行人员或托人说情。这类被执行人想方设法拉关系对法院执行机构施加压力，或贿赂执行人员，要求网开一面，以达到其规避执行的目的。

8. 阻碍执行。实践中，有的被执行人不惜绞尽脑汁，采取让年迈老人、弱势群体等出面阻挡的方式公开阻碍执行，在排除妨碍、腾退房屋等案件中较为常见。

9. 抗拒执行。有的是蛮不讲理、胡搅蛮缠、公开抗拒；有的是围攻、谩骂、殴打执行人员；有的煽动不明真相的群众、职工聚众闹事。

10. 其他形式。采取虚假协议离婚、虚假仲裁、虚假公证、虚假破产、虚假诉讼等形式规避执行。

被执行人为房地产开发企业或者名下有较多房产的企业或自然人逃避执行的典型做法是通过虚构房屋买卖合同、伪造付款凭证，串通案外人或冒用案外人身份依据《异议复议规定》第28条、第29条向执行法院提出异议排除执行。在被执行人与案外人串通提出执行异议的情况下，被执行人与案外人往往具有亲属关系、关联关系等利害关系，执行法院对被执行人与案外人是否构成虚假诉讼逃避执行尚有可突破的空间。更铤而走险的做法是被执行人通过非法途径获取他人身份信息，再以他人名义提出的异议，自导自演完成案外人异议的操作，因为其隐蔽性更强而难以甄别。此种情形下执行法院容易受到误导作出支持其虚假执行异议的错误裁判。此种情况需要法院更加高度警觉是否存在虚假诉讼的可能性，依法加大依职权调取证据的力度。一旦查证属实，应当对被执行人破坏社会诚信，扰乱正常司法秩序的恶劣行为予以严惩。

在被执行人财产涉及夫妻共同财产时，被执行人为了逃避执行，往往通过假离婚或者提供虚假的离婚协议书，将房产、车辆等财产分割给配偶，再由配偶提出异议，达到转移财产逃避执行的非法目的。通过提供虚假的离婚协议提出执行异议或执行异议之诉逃避执行是当前虚假诉讼增长较快的领域。执行法院在处理被执行人原配偶提出的异议时，要结合当事人关系、案件事实、执行依据取得过程等多方面情况审查判断是否存在虚假诉讼情形。执行法院在审查过程中要注意对被执行人的离婚原因、离婚时点、离婚方式进行审查，通过将异议人提交的离婚协议书与民政部门存档的离婚协议书进行对照等方式，判断案外人是否存在虚假诉讼以排除执行的情形。

利用虚假诉讼规避执行，虚假诉讼的行为人除依法承担刑事责任外，还应当就其虚假诉讼行为致人损害的结果承担侵权赔偿责任。《防制虚假诉讼意见》第12条规定，虚假诉讼侵害他人民事权益的，虚假诉讼参与人应当承担赔偿责任。在最高人民法院发布的虚假诉讼典型案例中，某公司实际控制人傅某为转移公司财产逃避债务串通其同学邵某，通过伪造银行流水、签订虚假合同、提起虚假诉讼等方式，将公司资产抵押给邵某，再由邵某授权傅某低价处置财产，对抗公司的债权人实现债权。傅某与邵某因虚假诉讼被追究刑事责任。公司债权人起诉要求邵某对公司流失的资产承担赔偿责任。法院经审理判定，傅某与邵某二人采取的共同行动导致了公司资产流失结果的发生，二人构成共同侵权，承担连带赔偿责任。

（二）规避执行行为的破解

1. 在查找被执行人方面，各级法院依托各区县街镇、居村社区的基层组织，发挥基层干部“人熟地熟情况熟”的优势，建立基层协助执行网络和协助执行联络员制度；发挥公安等协助执行部门在户籍和流动人口管理、技术侦查上的资源优势，建立公安协助查控被执行人的工作机制；按照《民事诉讼法》和司法解释的规定，全面采取限制出境措施。

2. 在财产调查方面，建立银行与法院间“点对点”集中快速查询被执行人账户的工作机制；申请人调查财产有困难的，由代理律师申请开具调查令；建立举报奖励制度，法院及时通过网络等媒体予以公告；通过公安机关的车辆年检年审、随机检查等途径及时发现被执行车辆；畅通被执行人养老金、保险理赔款的执行程序。

3. 在财产处分方面，严禁对有财产可供执行的案件以终本执行方式结案。在保障被执行人基本居住的前提下，强制处分其产权房，迫使其履行法定义务。

4. 在执行威慑机制建设方面，强化舆论宣传，在全社会形成防范和制裁规避执行行为的威慑氛围；将不履行义务的被执行人名册纳入当地相关征信系统，使其在经营、置业、消费、就业等方面处处受限；加强立审执配合，打击虚假诉讼；加大民事强制措施与刑事处罚的适用力度。

5. 在长效机制建设方面，建立健全法院外部执行联动机制，形成综合治理“执行难”的合力；制定反规避执行的规范性文件，使反规避执行规范化与制度化；加强队伍建设，提高执行法官反规避执行的能力。

四、拒执罪公诉转自诉的条件

通知、解释原文

（一）最高人民法院关于拒不执行判决、裁定罪自诉案件受理工作有关问题的通知

2018年5月30日 法〔2018〕147号

各省、自治区、直辖市高级人民法院，解放军军事法院，新疆维吾尔自治区高级人民法院生产建设兵团分院：

近期，部分高级人民法院向我院请示，申请执行人以负有执行义务的人涉嫌拒不执行判决、裁定罪向公安机关提出控告，公安机关不接受控告材料或者接受控告材料后不予书面答复的；人民法院向公安机关移送拒不执行判决、裁定罪线索，公安机关不予书面答复或者明确答复不予立案，或者人民检察院决定不起诉的，如何处理？鉴于部分高级人民法院所请示问题具有普遍性，经研究，根据相关法律和司法解释，特通知如下：

一、申请执行人向公安机关控告负有执行义务的人涉嫌拒不执行判决、裁定罪，公安机关不予接受控告材料或者在接受控告材料后60日内不予书面答复，申请执行人有证据证明该拒不执行判决、裁定行为侵犯了其人身、财产权利，应当依法追究刑事责任的，人民法院可以以自诉案件立案审理。

二、人民法院向公安机关移送拒不执行判决、裁定罪线索，公安机关决定不予立案或者在接受案件线索后60日内不予书面答复，或者人民检察院决定不起诉的，人民法院可以向申请执行人释明；申请执行人有证据证明负有执行义务的人拒不执行判决、裁定侵犯了其人身、财产权利，应当依法追究刑事责任的，人民法院可以以自诉案件立案审理。

三、公安机关接受申请执行人的控告材料或者人民法院移送的拒不执行判决、裁定罪线索，经过60日之后又决定立案的，对于申请执行人的自诉，人民法院未受理的，裁定不予受理；已经受理的，可以向自诉人释明让其撤回起诉

或者裁定终止审理。此后再出现公安机关或者人民检察院不予追究情形的，申请执行人可以依法重新提起自诉。

（二）最高人民法院关于审理拒不执行判决、裁定刑事案件适用法律若干问题的解释

2021年1月1日　法释〔2020〕21号

为依法惩治拒不执行判决、裁定犯罪，确保人民法院判决、裁定依法执行，切实维护当事人合法权益，根据《中华人民共和国刑法》《中华人民共和国刑事诉讼法》《中华人民共和国民事诉讼法》等法律规定，就审理拒不执行判决、裁定刑事案件适用法律若干问题，解释如下：

第一条　被执行人、协助执行义务人、担保人等负有执行义务的人对人民法院的判决、裁定有能力执行而拒不执行，情节严重的，应当依照刑法第三百一十三条的规定，以拒不执行判决、裁定罪处罚。

第二条　负有执行义务的人有能力执行而实施下列行为之一的，应当认定为全国人民代表大会常务委员会关于刑法第三百一十三条的解释中规定的“其他有能力执行而拒不执行，情节严重的情形”：

（一）具有拒绝报告或者虚假报告财产情况、违反人民法院限制高消费及有关消费令等拒不执行行为，经采取罚款或者拘留等强制措施后仍拒不执行的；

（二）伪造、毁灭有关被执行人履行能力的重要证据，以暴力、威胁、贿买方法阻止他人作证或者指使、贿买、胁迫他人作伪证，妨碍人民法院查明被执行人财产情况，致使判决、裁定无法执行的；

（三）拒不交付法律文书指定交付的财物、票证或者拒不迁出房屋、退出土地，致使判决、裁定无法执行的；

（四）与他人串通，通过虚假诉讼、虚假仲裁、虚假和解等方式妨害执行，致使判决、裁定无法执行的；

（五）以暴力、威胁方法阻碍执行人员进入执行现场或者聚众哄闹、冲击执

行现场，致使执行工作无法进行的；

（六）对执行人员进行侮辱、围攻、扣押、殴打，致使执行工作无法进行的；

（七）毁损、抢夺执行案件材料、执行公务车辆和其他执行器械、执行人员服装以及执行公务证件，致使执行工作无法进行的；

（八）拒不执行法院判决、裁定，致使债权人遭受重大损失的。

第三条 申请执行人有证据证明同时具有下列情形，人民法院认为符合刑事诉讼法第二百一十条第三项规定的，以自诉案件立案审理：

（一）负有执行义务的人拒不执行判决、裁定，侵犯了申请执行人的人身、财产权利，应当依法追究刑事责任的；

（二）申请执行人曾经提出控告，而公安机关或者人民检察院对负有执行义务的人不予追究刑事责任的。

第四条 本解释第三条规定的自诉案件，依照刑事诉讼法第二百一十二条的规定，自诉人在宣告判决前，可以同被告人自行和解或者撤回自诉。

第五条 拒不执行判决、裁定刑事案件，一般由执行法院所在地人民法院管辖。

第六条 拒不执行判决、裁定的被告人在一审宣告判决前，履行全部或部分执行义务的，可以酌情从宽处罚。

第七条 拒不执行支付赡养费、扶养费、抚育费、抚恤金、医疗费用、劳动报酬等判决、裁定的，可以酌情从重处罚。

第八条 本解释自发布之日起施行。此前发布的司法解释和规范性文件与本解释不一致的，以本解释为准。

出台背景

拒不执行判决、裁定罪（以下简称拒执罪）是我国《刑法》第313条规定的罪名，现已成为打击规避、逃避、抗拒执行行为的有力手段。早在1998年，《最高人民法院、最高人民检察院、公安部、国家安全部、司法部、全国人大常委会法制工作委员会关于刑事诉讼法实施中若干问题的规定》（已废止）第4条列明的自诉案件中明确排除了拒执罪，规定拒执罪仍由公安机关侦查，属于公诉案件，只能适用公诉程序。但是，由于对拒执罪的认知方面的差异，以及公安机关、检察机关执行专业人才的缺乏，致使公安机关及检察机关追究犯罪嫌疑人拒执罪的积极性不高，鲜有公安机关主动追究执行义务人拒执罪的情况，无法发挥拒执罪在切实解决“执行难”的强大作用。

为了解决上述问题，最高人民法院于2015年7月6日发布的《拒执罪解释》第3条规定：(1) 负有执行义务的人拒不执行判决、裁定，侵犯了申请执行人的人身、财产权利，应当依法追究刑事责任的；(2) 申请执行人曾经提出控告，而公安机关或者人民检察院对负有执行义务的人不予追究刑事责任的，人民法院对于符合条件的自诉案件，应当及时立案处理。

随着该解释的实施，激活了拒执罪的惩戒、威慑的“功能”。不少法院为实施该解释与公安机关成立协调中心，公安机关在接到申请执行人关于拒执罪的控告材料或者人民法院提供的关于拒执罪的犯罪线索后，即使认为不符合公诉案件的立案侦查条件，也会配合申请执行人提起自诉案件的要求出具《不予立案通知书》。以河南省柘城县人民法院为例，该院追究拒执罪的案件中，自诉案件已经达到90%以上的比例。但是，在个别地区，仍然存在公安机关不接受申请执行人关于拒执罪的控告材料，或者接受控告材料后既不立案也不书面答复的情况。即使人民法院移送拒执罪线索材料，有的公安机关也束之高阁，既不立案，也不书面答复。更有甚者，在公安机关完成侦查工作移送起诉后，人民检察院不予起诉。公安机关在接到申请执行人关于拒执罪的控告材料或人民法院移交的证据线索后，既不立案也不书面答复的行为，导致申请执行人无法获取公安机关不予接收案件材料、不予答复的证据，而该证据又是拒执罪公诉转自诉程序所必需，人民法院在未取得上述证据时，也不好把握是否能作为自诉案件立案。各地法院为解决上述问题，想出了一些折中办法，有的派员陪同申请执行人一起立案，有的将移送公安机关的犯罪线索记录在卷，把笔录作为申请执行人自诉立案的证据等，上述办法虽然解决了能证明公安机关已经收到举报材料或证据线索的问题，但是，公安机关自收到材料到立案仍需要一段时间了解案件情况，法院仍不好把握公安机关在收到上述材料后多长时间不予立案或者书面答复可以自诉案件的期限，故各地高级人民法院多向最高人民法院请示，要求予以明确。最高人民法院作出《关于拒不执行判决、裁定罪自诉案件受理工作有关问题的通知》对此问题予以明确，使通过自诉程序追究执行义务人的拒执罪更有可操作性。

理解与适用

（一）拒执罪解析

拒执罪，是指对人民法院判决、裁定有能力执行而拒不执行，情节严重的行为。

拒执罪的主体为执行义务人，具体包括被执行人、协助执行义务人、担保人等。其中，被执行人是指在生效判决、裁定中承担实体义务的人；协助执行义务人是人民法院在执行程序中通知其协助执行生效判决、裁定所确定内容的人，既包括法人也包括自然人；拒执罪中涉及的执行担保人是指依照《民事诉讼法》第238条的规定，为担保被执行人履行生效法律文书确定的全部或者部分义务，向人民法院提供担保的人。[①] 其所提供的担保既可以是财产担保，也可以是保证担保。

拒执罪的客体为双重客体，既包括人民法院的司法权威，也包括申请执行人的合法权益。拒执罪首先损害的是人民法院的司法权威，在人民法院作出的判决、裁定生效后，负有执行义务的人应当履行。如果有能力履行的人拒不履行生效判决、裁定确定的义务，将严重影响人民法院的司法权威，破坏执行程序的顺利进行。对于申请执行人的合法权益是否为拒执罪的保护客体，理论界有不同意见，有学者认为拒执罪的保护客体是单一的，只包括人民法院的司法权威，不包括申请执行人的合法权益。被执行人的合法权益仅是在人民法院的司法权威受到损害时间接受到影响。这种观点是偏颇的，随着拒执罪公诉转自诉程序的确立，申请执行人的合法权益已经是公认的拒执罪的保护客体。因为刑事自诉案件中适格的自诉人是指遭受犯罪行为直接侵害的被害人及其法定代理人和近亲属。如果申请执行人的合法权益不作为拒执罪的保护客体，其就不

---

① 参见《执行担保规定》第1条。

能作为适格的刑事自诉人。

拒执罪的主观方面表现为直接故意，即明知判决、裁定已经生效，为了抗拒执行而采取隐匿、转移财产等行为，使人民法院不能执行，从而达到获得非法利益的目的。如果诉讼中相关文书经公告送达，被执行人并不知道判决、裁定已经生效，而在执行程序开始后转移财产的行为因不具备直接故意而不能认定为拒执罪。

拒执罪的客观方面表现为有能力履行而拒不履行，情节严重的行为。这里所述的有履行能力既包括全部履行能力，也包括部分履行能力。被执行人即使不具备全部履行判决、裁定的能力，但其转移、隐匿资产，致使执行案件在其转移、隐匿资产的范围内未得到执行，也构成拒执罪。在理解拒执罪的客观方面时也要注意其履行能力与履行行为相适应的问题。特别是以被执行人具有拒绝报告或者虚假报告财产情况、违反人民法院限制高消费及有关消费令等拒不执行行为，经采取罚款或者拘留等强制措施后仍拒不执行的①情形，追究被执行人拒执罪时，应当严格把握其履行能力与经采取罚款或者拘留等强制措施后的履行行为相适应的问题。实践中，有的法院采取拘留或罚款行为后就要求被执行人全部履行执行义务，否则就追究被执行人拒执罪，并不考虑被执行人的履行能力，这也不符合拒执罪的客观方面要求。

（二）拒执罪立法解释中关于“判决、裁定”范围的立法疏漏及改进建议

执行依据除了人民法院作出的判决外，还有支付令、调解书；商事仲裁机关作出的仲裁裁决和调解书；劳动仲裁机关作出的劳动仲裁裁决书和调解书；行政机关作出的行政处罚决定书、行政处理决定书和行政裁决书；公证机关作出的赋予强制执行效力的公证债权文书。为了避免拒执罪中“判决、裁定”的范围过窄的问题，全国人民代表大会常务委员会于2002年作出了《关于〈中华人民共和国刑法〉第三百一十三条的解释》，该解释明确人民法院为依法执行支付令、生效的调解书、仲裁裁决、公证债权文书等所作的裁定属于拒执罪规定

① 《拒执罪解释》第2条第1项规定：“负有执行义务的人有能力执行而实施下列行为之一的，应当认定为全国人民代表大会常务委员会关于刑法第三百一十三条的解释中规定的‘其他有能力执行而拒不执行，情节严重的情形’：（一）具有拒绝报告或者虚假报告财产情况、违反人民法院限制高消费及有关消费令等拒不执行行为，经采取罚款或者拘留等强制措施后仍拒不执行的。”

的裁定。该解释试图将拒执罪的保护范围扩大到全部执行依据，做到同种拒执行为同等处罚的法律效果和社会效果。但是，在实践中，判决书以外的执行依据除了行政机关申请强制执行时，由人民法院审查前置，作出准予强制执行裁定书外，申请执行人持判决书之外的其他执行依据申请强制执行时，人民法院并无要求必须作出裁定。法律只规定了执行开始后，承办法官要作出执行通知书和财产报告令。但是，这两种法律文书都不是裁定书，不是拒执罪的保护对象。

这种情况就造成了被执行人出现拒执行为之后，执行依据是判决书的，就构成拒执罪，执行依据是非判决书的，因为其拒执行为发生时所涉执行案件尚无生效的裁定书，故不构成拒执罪。为了解决上述问题，建议将《刑法》关于拒执罪的条文修改为“对人民法院办理的执行案件，有能力执行而拒不执行，情节严重的行为，处三年以下有期徒刑……”这样在追究犯罪嫌疑人拒执罪时，就不必纠结于执行依据是判决书还是其他生效法律文书。在刑法未作出修改之前，无锡市中级人民法院的经验值得借鉴，《无锡市中级人民法院执行实施案件办案指南》第 1 条第 3 款规定“对民事调解书、强制执行公证债权文书、仲裁裁决、仲裁调解书等执行依据，应当作出强制执行该执行依据的执行裁定，明确被执行人的义务事项”。在非判决书执行依据执行中，另外再做一个执行该依据的裁定书，也是解决上述问题的好办法。

（三）拒执罪公诉转自诉程序及注意事项

首先，拒执罪仍属于公诉案件，拒执罪被害人即执行案件的申请执行人无权直接向人民法院申请自诉案件立案。其次，拒执罪在特定情况下可以作为自诉案件立案。为了防止公安机关、检察机关有案不立，致使受害人告诉无门，《刑事诉讼法》第 210 条第 3 项规定，被害人有证据证明对被告人侵犯自己人身、财产权利的行为应当依法追究刑事责任，且有证据证明曾经提出控告，而公安机关或者人民检察院不予追究被告人刑事责任的案件，可以作为自诉案件由人民法院执行受理。《拒执罪解释》第 3 条正是将《刑事诉讼法》规定的特殊救济渠道与拒执罪的具体情况相结合，明确了拒执罪在公安机关、检察机关不予追究负有执行义务的人刑事责任时，可作为自诉案件立案。

拒执罪公诉转自诉的条件有二，一为负有执行义务的人拒不执行判决、裁定，侵犯了申请执行人的人身、财产权利，应当依法追究刑事责任的；二为申请执行人曾经提出控告，而公安机关或者人民检察院对负有执行义务的人不予追究刑事责任。[①]

实践中，由于公安机关收到控告后不予书面答复，申请执行人往往无法提供证据证明曾经提出过控告。最高人民法院已经明确：具有下列情形之一的，属于《刑事诉讼法》第204条第3项规定的“不予追究被告人刑事责任”的情形：（1）公安机关、检察机关作出《不予立案通知书》或者《不予起诉决定书》的；（2）申请执行人向公安机关、检察机关报案，公安机关、检察机关不予接收材料、不予答复的。[②] 但是，由于公安机关在决定是否立案时，也需要时间了解案情，如果不设定公安机关书面答复的期限，只要提交控告即可作为拒执罪自诉立案的证据，在实践中会产生大量拒执罪案件在人民法院自诉立案后，公安机关决定立案的情况发生，不但浪费司法资源，还会造成刑事侦查、审判秩序的混乱。因此，本通知第1条、第2条规定了公安机关接到申请执行人的控告材料或人民法院移送的案件线索后60日内不予书面答复的，人民法院可以进行对拒执罪作为自诉案件立案。

拒执罪有两种不同启动方式，即申请执行人控告和人民法院移送。在公诉案件中，人民法院发现涉嫌刑事犯罪的，应当将犯罪线索、材料移交公安机关查处。执行法院掌握的负有执行义务的人构成拒执罪的证据显然比申请执行人更加丰富全面。因此，人民法院移送犯罪线索也是拒执罪的启动方式之一。申请执行人提出拒执罪控告时，执行法院应当允许申请执行人复制证明其人身、财产权利受到侵犯的证据。

公安机关在接受申请执行人的控告材料或者人民法院移送的拒不执行判决、裁定罪线索，经过60日之后又决定立案的情形下，人民法院对自诉案件的处理

---

① 《最高人民法院关于审理拒不执行判决、裁定刑事案件适用法律若干问题的解释》（法释〔2015〕16号）第3条规定：“申请执行人有证据证明同时具有下列情形，人民法院认为符合刑事诉讼法第二百零四条第三项规定的，以自诉案件立案审理：（一）负有执行义务的人拒不执行判决、裁定，侵犯了申请执行人的人身、财产权利，应当依法追究刑事责任的；（二）申请执行人曾经提出控告，而公安机关或者人民检察院对负有执行义务的人不予追究刑事责任的。”

② 参见刘贵祥、刘慧卓：《〈关于审理拒不执行判决、裁定刑事案件适用法律若干问题的解释〉的理解与运用》，载《人民司法》2015年第23期。

为：还未受理的，裁定不予受理；已经受理的，向当事人释明让其撤回起诉或裁定终止审理。在公安机关已经决定立案的情形下，人民法院审理拒执罪自诉案件的前提条件已经不存在，拒执罪应当作为公诉案件由公安机关负责侦查。

（四）被执行人下落不明与被执行人外出逃避执行的区别

被执行人外出逃避执行已经成为“执行难”的原因之一。被执行人不到案，不但执行法院无法核实财产线索，而且无法对被执行人采取执行措施，对执行案件的解决造成相当大的困难。申请执行人和执行实施部门想利用公安机关完善的网上追逃系统对负有执行义务的人予以抓捕也是追究负有执行义务的人拒执罪的动因之一。《刑事诉讼法解释》第 320 条第 2 款规定，被告人下落不明的，应当说服自诉人撤回起诉；自诉人不撤回起诉的，裁定不予受理。如果人民法院因申请执行人无法促使拒执罪的犯罪嫌疑人到案就不予受理拒执罪自诉案件，将使外出逃避执行的人获得不被自诉追究拒执罪的利益，这种利益将鼓励更多的负有执行义务的人以不到案的方式逃避抗拒执行，这显然不是立法者的本意，因此，人民法院应当严格区分外出逃避执行和下落不明，如果被执行人在执行依据作出过程中积极主张权利，仅仅是执行依据生效后不履行义务，则应认定为外出逃避执行。如果在执行依据作出过程中，被执行人就没有参加，通过公告送达缺席判决等方式取得的执行依据，则人民法院应当认定被执行人下落不明，对申请执行人提起的拒执罪自诉案件，应当说服其撤回起诉或者裁定不予受理。

实务操作指引

（一）收集证据

执行法院或者申请执行人认为负有执行义务的人存在拒执罪嫌疑的，应当注意收集其构成犯罪的证据。

第一，犯罪嫌疑人的主体身份信息，包括：犯罪嫌疑人为自然人的，其身份证、户籍信息。犯罪嫌疑人为单位的，其登记信息，法定代表人或者负责人、负执行义务自然人的身份证和户籍信息等。

第二，证明犯罪嫌疑人负有执行义务的信息，执行依据为判决书的，一审、二审判决书，未经历二审的，审理法院证明判决已经生效的文件。执行依据为判决书以外的生效法律文书的，人民法院应当制作强制执行该执行依据的裁定书并随执行通知书一并送达。证明有协助义务的协助执行通知书和裁定书，证明承担执行担保责任的担保书和执行法院关于担保的笔录等。

第三，证明犯罪嫌疑人具有履行能力的证据，包括其财产权证、银行账户对账单、股权登记文件等。

第四，证据犯罪嫌疑人拒不履行的证据，包括执行法院作出的财产报告令、限制消费令、将其列入失信名单的信息，执行法院对其违反财产报告令或限制高消费令作出的罚款通知书、拘留通知书等。犯罪嫌疑人隐匿、转移财产的证据。

申请执行人自行控告的，执行法院应当允许其复制留存上述证据，并作出情况说明。

（二）控告或者移送

申请执行人向公安机关提出拒执罪控告的，应当提交控告书并附相关证据。执行法院向公安机关移送拒执罪犯罪线索的，应当制作案情移送函，连同证据材料一并移送。公安机关应当接受控告或移送材料并当即出具回执。

公安机关收到拒执罪控告或移送材料应当及时作出立案或不予立案决定。公安机关作出上述决定后，应当书面通知控告人或移送法院。控告人对公安机关的不予立案决定不服的，可以在7日内申请复议，也可以请求人民检察院予以监督。

公安机关不接受控告人的控告材料，公安机关接到控告人的控告材料或执行法院移送的犯罪线索后60日内不予书面答复的，执行法院可以以拒执罪自诉案件立案。申请执行人未提起拒执罪刑事自诉的，执行法院应当向申请执行人予以释明。

（三）公安机关受理

公安机关受理拒执罪案件后，应当在规定的侦查期限内侦查完结，并移送人民检察院审查起诉。犯罪嫌疑人在逃的，公安机关应当通过追逃系统将犯罪嫌疑人缉拿归案。符合逮捕条件的，应当申请人民检察院批准逮捕。

（四）移送起诉

人民检察院对于公安机关移送的拒执罪案件，人民检察院应当依法审查，符合起诉的条件的，应当在法定期限内提起公诉。不符合起诉条件的，人民检察院应当作出《不予起诉决定书》，并送达公安机关和控告人，同时函告移送法院。公安机关认为不予起诉决定错误的，可以提请上一级人民检察院复核，控告人对《不予起诉决定书》不服的，可以向上一级检察院申诉。

移送法院收到人民检察院作出的《不予起诉决定书》的，应当向申请执行人释明，其可以提起拒执罪刑事自诉。

（五）审判

人民法院收到申请执行人的刑事自诉状后，应当审查是否符合刑事自诉条件，即（1）负有执行义务的人拒不执行判决、裁定，侵犯了申请执行人的人身、财产权利，应当依法追究刑事责任的；（2）申请执行人曾经提出控告，而公安机关或者人民检察院对负有执行义务的人不予追究刑事责任的。

对于公安机关已经立案侦查的案件，人民法院应当说服申请执行人撤回起诉或者裁定不予受理。人民法院受理拒执罪刑事自诉案件后，如果犯罪嫌疑人在逃的，应当依法决定逮捕，并送达公安机关，由公安机关通过内部追逃系统缉拿归案。人民法院审理拒执罪期间，如果犯罪嫌疑人自动履行或协助履行全部或部分义务的，可以从轻处罚。因犯罪嫌疑人自动履行或协助履行全部或部分义务自诉人撤诉的，人民法院应当准许，并解除强制措施。

第十二章 协 助 执 行

一、非首封法院要求协助义务机关处置执行财产的责任

复函原文

最高人民法院办公厅关于房地产管理部门协助人民法院执行造成转移登记错误，人民法院对当事人提起的行政诉讼的受理及赔偿责任问题的复函

2006年12月15日 法办〔2006〕610号

建设部办公厅：

你部《关于房地产权属登记机关协助人民法院执行造成转移登记错误，人民法院对当事人提起的行政诉讼的受理及赔偿责任问题的函》（建住房函〔2006〕281号）收悉。经研究，函复如下：

一、根据最高人民法院《关于行政机关根据法院的协助执行通知书实施的行政行为是否属于人民法院行政诉讼受案范围的批复》（法释〔2004〕6号）的规定，行政机关根据人民法院的协助执行通知书实施的行为，是行政机关必须履行的法定协助义务，不属于人民法院行政诉讼受案范围。但如果当事人认为行政机关在协助时缩小或扩大了范围或违法采取措施造成其损害，提起行政诉讼的，人民法院应当受理。

二、根据最高人民法院、国土资源部、建设部《关于依法规范人民法院执行和国土资源房地产管理部门协助执行若干问题的通知》（法发〔2004〕5号）

第三条规定，国土资源、房地产管理部门在协助人民法院执行土地使用权、房屋时，不对生效法律文书和协助执行通知书进行实体审查。国土资源、房地产管理部门认为人民法院查封、预查封或者处理的土地、房屋权属错误的，可以向人民法院提出审查建议，但不应当停止办理协助执行事项。

三、根据最高人民法院《关于人民法院民事执行中查封、扣押、冻结财产的规定》（法释〔2004〕15号）第二十八条规定，对已被人民法院查封的财产，其他人民法院可以进行轮候查封。查封解除的，登记在先的轮候查封即自动生效。在查封尚未解除之前，轮候查封的法院要求协助处置查封标的物的，房地产管理部门应当及时告知查封法院，以便人民法院之间及时协调，在协调期间，协助执行的义务机关暂停协助执行事项。轮候查封的法院违法要求协助义务机关处置查封标的物造成执行申请人损失的，应当进行执行回转，无法执行回转的，根据《最高人民法院关于审理人民法院国家赔偿确认案件若干问题的规定（试行）》（法释〔2004〕10号）第十一条第（八）项的规定，由错误发出协助执行通知的法院承担司法赔偿责任，协助执行义务机关不承担赔偿责任。

此复

出台背景

建设部向最高人民法院发函源于一些地方房产登记机关向建设部反映，应当事人申请，不同的法院先后对同一房地产进行查封和轮候查封。在查封期间，进行轮候查封的法院向房地产管理部门发出协助执行通知，要求房地产管理部门办理所有权转移登记，房产管理部门按照轮候法院要求办理完毕后，作出首先查封裁定的人民法院的协助执行要求不能实现，首封法院便直接裁定房地产管理部门对登记当事人或利害关系人的损失承担全额赔偿责任，甚至冻结或强行划转该房屋权属登记机关财务账户的办公经费或廉租住房专项资金，影响房地产管理部门正常登记业务的办理及房地产权利人权利的行使。不同法院对房地产管理部门协助执行的要求不尽一致甚至冲突，造成房地产管理部门无所适从甚至要承担债务履行责任。

2006年10月16日，建设部以《关于房地产权属登记机关协助人民法院执行造成转移登记错误，人民法院对当事人提起的行政诉讼的受理及赔偿责任问题的函》，向最高人民法院提出房地产部门协助人民法院执行中存在的四个问题：（1）房屋权属登记机关协助人民法院执行而进行的转移登记行为，是否属于司法行为的延伸；（2）当事人就该转移登记行为向人民法院提起行政诉讼，人民法院是否受理；（3）造成首封的申请执行人损失的，应当由房地产管理部门承担赔偿责任或者由错误发出协助执行通知的法院承担司法赔偿责任，还是进行执行回转；（4）人民法院能否不通过审判而直接通过裁定即确定房地产管理部门承担赔偿责任。最高人民法院对以上问题作出了复函。[①]

理解与适用

（一）行政机关的协助执行行为的定性

复函首先重申了《最高人民法院关于行政机关根据法院的协助执行通知书实施的行政行为是否属于人民法院行政诉讼受案范围的批复》（法释〔2004〕6号，已废止）的内容，即除非行政机关在协助执行时缩小或扩大了范围或违法采取措施造成当事人受到损害，否则法院不会受理当事人针对行政机关协助执行行为提起的行政诉讼。

在此基础上，明确了根据《国土房管部门协助执行通知》第3条第2款规定，国土资源、房地产管理部门在协助人民法院执行土地使用权、房屋时，不对生效法律文书和协助执行通知书进行实体审查。国土资源、房地产管理部门认为人民法院查封、预查封或者处理的土地、房屋权属错误的，可以向人民法院提出审查建议，但不应当停止办理协助执行事项。行政机关的协助执行行为是司法行为的延伸，而不是行政机关单独作出的行政行为。法院向行政机关发出协助执行通知书，行政机关对协助执行通知书不进行实体审核，而是应当依照《民事诉讼法》和相关法律规定直接办理。正因如此，针对行政机关协助执行行为的行政诉讼，法院不应受理。

① 参见王达：《司法权在协助执行中的限制及其责任承担——房地产登记机关协助人民法院执行中的问题探析》，载《中国房地产》2007年第4期。

（二）查封与轮候查封的关系以及协助执行义务机关暂停协助

实践中，房地产管理部门按照轮候查封法院要求处置已被其他法院查封的房屋，而查封法院裁定房地产管理部门对登记当事人或利害关系人的损失承担全额赔偿责任。

对于轮候查封，《查扣冻规定》第26条第1款中规定：“对已被人民法院查封、扣押、冻结的财产，其他人民法院可以进行轮候查封、扣押、冻结。查封、扣押、冻结解除的，登记在先的轮候查封、扣押、冻结即自动生效。”登记在先的查封没有解除的，轮候查封并不生效，轮候查封法院不应要求房地产管理部门直接处置被查封的财产。因此，本复函表示：在查封尚未解除之前，轮候查封的法院要求协助处置查封标的物的，房地产管理部门应当及时告知查封法院，以便人民法院之间及时协调，在协调期间，协助执行的义务机关暂停协助执行事项。

在查封并未解除的情况下，如符合法定条件，轮候查封法院和查封法院沟通参与分配案款事宜，但是不能直接要求协助执行的行政机关处置被查封的财产。轮候查封法院要求协助义务机关处置被查封标的物就等于否定了查封的效力，是违法的。因国土资源、房地产管理部门在协助法院执行土地使用权、房屋时，不对生效法律文书和协助执行通知书进行实体审查。如果认为法院查封、预查封或者处理的土地、房屋权属错误的，只能向法院提出审查建议，但不能停止办理协助执行事项。但轮候查封法院要求处置查封财产显然不能适用这一规定，行政机关如果仍然予以协助，不仅有损法律权威，而且可能会造成难以挽回的损失，本复函作出了一定的突破：轮候查封法院违法要求处置的，房地产管理部门应当及时告知查封法院，在法院协调期间暂停协助执行事项。这是对《国土房管部门协助执行通知》的调整，在保证行政机关不对生效法律文书和协助执行通知书进行实体审查的前提下，面对明显的违法协助执行要求，行政机关可以暂停协助执行。

（三）对首封债权人的救济方式及责任承担

根据《执行规定》26条规定精神，轮候查封法院擅自处分已被查封、扣押、冻结的财产，人民法院有权责令其限期追回或承担相应的赔偿责任。因此，如果轮候查封法院违法要求协助义务机关处置查封标的物造成申请执行人损失的，有两种救济方式：一是执行回转；二是国家赔偿。执行回转是优先适用的救济方式，通过执行回转来挽回当事人的损失。如果无法执行回转的，根据《执行司法赔偿解释》第2条第5项的规定，由错误发出协助执行通知的法院承担司法赔偿责任，协助执行义务机关不承担赔偿责任。当事人可以向法院提出国家赔偿申请，由法院按照国家赔偿法律程序处理。申请执行人遭受的损失只有部分通过执行回转挽回的，其他损失也应该通过国家赔偿方式解决。而协助执行的行政机关不承担法律责任，这和当事人对行政机关的协助执行行为提出行政诉讼，法院不予受理的规则是一致的。

实务操作指引

（一）实践中对本复函的适用

涉及本复函的案件数量不多，但已有的案件充分说明了本复函以及与本复函有关的法释〔2004〕6号批复的理解与适用情况。

案例①

田某芳因与被告连云港市国土资源局（以下简称市国土局）土地查封登记顺序一案，不服连云港市连云区人民法院（以下简称连云法院）（2017）苏0703行初175号行政裁定，向连云港市中级人民法院提起上诉。

连云港市中级人民法院经审理查明，2012年3月27日，连云法院依据田某芳的诉讼保全申请，裁定对案涉土地使用权予以查封，并于4月6日向市国土局送达法律文书。2014年4月6日，连云法院裁定继续查封，并向市国土局送达法律文书。2015年9月23日，连云法院在杨某春申请执行的案件中，裁定查封同一土地使用权，并于同日向市国土局送达法律文书。2016年8月3日，连云法院在田某芳申请执行的案件中发现，市国土局电脑系统中第一顺序查封申请人是杨某春而非田某芳。因市国土局未主动确定田某芳为第一顺序查封申请人，田某芳对市国土局提起行政诉讼。一审时，连云法院查明，市国土局协助法院所做的保全、查封土地登记是按照第一次保全、查封时间录入系统的，之

① 参见连云港市中级人民法院行政裁定书，（2018）苏07行终82号。

后顺序发生变化是系统自动生成的，不能人为操作，实际的查封顺序同自动生成的顺序不完全一致。据此，连云法院认为，市国土局无职权确定实际查封顺序，法院可依法确定第一顺序查封申请人，市国土局电脑系统中的查封顺序对田某芳的合法权益不产生实际影响，裁定驳回田某芳的起诉。田某芳不服，提起上诉。

连云港市中级人民法院认为，市国土局系统里查封顺序的变化是电脑自动生成，非人为不当操作造成，市国土局在协助查封时并没有存在缩小或扩大执行范围或采取违法措施造成其损害的情形，故该案依法不属于法院审理行政案件的受案范围，裁定驳回上诉，维持原裁定。

根据两审法院认定的事实，连云法院对涉案的土地使用权在不同案件中进行了查封与轮候查封。因采取保全查封措施的时间早，田某芳应为涉案土地使用权第一顺序查封申请人，但市国土局电脑系统却显示另一案件申请执行人杨某春为第一顺序查封申请人。该案应该尚未涉及本复函中“在查封尚未解除之前，轮候查封的法院要求协助处置查封标的物”的情况。但是，由于协助执行机关市国土局虽然按照第一次保全、查封时间录入该局电脑系统进行登记，但电脑系统将顺序在后的申请执行人列为第一顺序查封申请人，应为第一顺序查封申请人的田某芳就可能面临本不是第一查封顺序的案件将执行标的物处置的情况。就此，市国土局的电脑系统显然存在问题，但在并非人为不当操作的情况下，市国土局在协助查封时并不存在缩小或扩大执行范围或采取违法措施造成其损害的情形。执行法院可以根据本复函第 3 条规定及相关司法解释和文件的规定、查封的实际顺序确定第一顺序查封申请人，而不以市国土局电脑系统中的顺序来确定。这样对田某芳的合法权益不会产生实际影响，不会出现本复函中轮候查封法院违法要求协助义务机关处置查封标的物造成执行申请人损失的情况，故一审法院、二审法院均未支持田某芳的诉请。

（二）普通债权执行法院之间的协调

关于不同法院之间财产处置权的协调问题，最高人民法院在 2016 年 4 月 12 日作出《关于首先查封法院与优先债权执行法院处分查封财产有关问题的批复》（法释〔2016〕6 号），明确了应该由首先查封、扣押、冻结法院负责处分查封财产，只有在符合特殊规定的情况下，财产处置权才会由首先查封、扣押、冻结法院转移到优先债权执行法院。除此之外，应该保障首先查封、扣押、冻结法院的处置权。这一司法解释明确了在不同法院的不同案件都针对同一财产采取强制执行措施及轮候措施时，在首先查封、扣押、冻结法院与对执行标的享有优先债权案件执行法院之间如何分配对财产的处置权问题。但对于都是普通债权执行案件的不同法院关于财产处置权发生的争议，尚无明确规定。如果轮候查封法院违法要求协助义务机关处置查封标的物，只能报请共同的上级法院协调。

（三）对其他法院已经依法采取保全或执行措施的财产违法执行的国家赔偿责任

本复函中确定的执行回转，应该首先由发出违法处置要求的轮候查封法院撤销处置查封标的物的法律文书，然后由该法院进行执行回转。执行回转按照相关法律和司法解释规定来进行，既可以依职权进行，也可以依当事人的申请。执行回转的被执行人应该是轮候查封法院所执行案件的申请执行人。如果轮候查封法院不积极进行执行回转，当事人可以申请国家赔偿。

关于对其他法院已经依法采取保全或执行措施的财产违法执行的，《司法赔偿解释》中并未有明确规定，《执行司法赔偿解释》则将其单列为一项，作为典型的错误执行行为进行规制。因此，本复函中规定的轮候查封法院违法对已查封标的物进行处分，可将《执行司法赔偿解释》第2条第5项作为申请国家赔偿的依据。

（四）设置查封财产顺位的正当性分析

现行法律法规及司法解释仅规定人民法院有权查封、扣押、冻结被执行人应当履行义务部分的财产，并未规定财产控制的顺位。理论上，执行法院可以对被执行人的动产、不动产及其他财产权益均采取查封、扣押、冻结措施。但在实践操作中，执行法院会考虑查封的难易程度、财产变价难易程度、对当事人利益的影响等因素，坚持效率和成本最小原则选择查封财产，并形成了一些约定俗成的规则，如现金及银行存款的绝对优先性；相较于不动产，应优先选择查封动产；上市公司股票和非上市公司股权，原则上优先查封前者；到期债权的执行因其涉及第三人的利益具有劣后性和补充性，只有在被执行人无其他财产可供执行的情况下，才考虑执行到期债权。因实践中被执行人财产状况复杂多变，司法实践中虽然对查封财产的顺位有一定的“默契”，但仍未形成统一标准，更多的是依靠执行法院及法官根据具体情况自由裁量。

山东省高级人民法院2021年8月6日发布的《山东省高级人民法院关于规范查封、扣押、冻结财产的工作指引》（鲁高法办〔2021〕18号）中对于执行法院查封财产顺位的规定引人关注。该指引第12条规定，执行法院可以按照下列顺位选择查封财产，前一顺序财产能够实现债权的，优先查封前一顺序的财产：(1) 现金、银行存款；(2) 股票、债券等可流通证券；(3) 收入；(4) 土地、房屋等不动产；(5) 车辆、机器设备、生产原料等动产；(6) 债权；(7) 股权；(8) 其他财产。被执行人请求优先查封某项财产的，人民法院应当准许；不予准许的，应当有合理正当的理由。

从山东省高级人民法院的上述规定来看，对查封财产的选择仍是以变现难易程度作为主要考量因素，如动产原则上优先于不动产。同时兼顾对被执行人生产生活的影响，如将对车辆、机器设备、生产原料等动产的查封置于土地、房产等不动产之后，便是考虑到车辆、机器设备及生产原料对被执行人的生活生产关系重大，对其采取查封措施可能反而会影响被执行人的履行能力。从执行程序规范化及抑制滥用职权的角度看，山东省高级人民法院的上述规定有其积极意义，对执行程序中法院选择查封财产的顺序具有一定指导价值。

但就实操性而言，对查封财产顺序进行硬性规定违背执行效率及公平原则。实际上，财产变现的难易程度及对被执行人生活生产造成的影响，并不存在统一认识与判断标准。财产之间可能存在处置难易的差别，但这种差别并不是绝对的，而是需要在个案中进行具体判断及衡量。查封财产对被执行人生产生活的影响更是需要结合案件的具体情况进行分析。如查封被执行人持有的上市公司股票可能比查封土地使用权或房屋对被执行人及该上市公司造成的影响更大。被执行人为自然人的，查封房屋给被执行人造成的影响未必比查封车辆更大。因此，为查封财产设置先后顺序的科学性及合理性值得怀疑。此外，关于被执行人请求优先查封某项财产，人民法院应当准许的规定也值得商榷，查封财产是为了财产变价实现债务清偿，只有被执行人了解财产存在何种权利负担或瑕疵，如果其恶意主张优先查封从形式上看财产价值相当，但未来难以变现或实际价值减损的财产，申请执行人的利益将遭受严重损害。

执行与现实紧密结合的特点决定了执行法官自由裁量权存在的必要性，执行规范应当在约束执行行为维护当事人利益和调动执行法官主观能动性高效推进债权实现之间取得平衡。在查封财产的顺序上，法律法规和司法解释层面始终没有出台相关规定，可能也是出于这方面的考虑。此种情况下，如何抑制职权的滥用，则需要通过结构性设计予以解决，如完善的内外部监督机制和当事人救济途径。

二、金融机构未经准许擅自划拨冻结款项的认定与责任

函复、答复原文

（一）最高人民法院关于银行擅自划拨法院已冻结的款项如何处理问题的函

1989年3月26日　法经函〔1989〕10号

江西省高级人民法院：

你院赣法经（1986）第03号关于对银行擅自划拨已冻结款项如何处理的请示收悉，经研究答复如下：

根据《民事诉讼法（试行）》第一百六十四条[①]和最高人民法院、中国人民银行《关于查询、冻结和扣划企业事业单位、机关、团体的银行存款的联合通知》[②] 的规定，银行有义务协助人民法院冻结企业事业单位、机关、团体的银行存款；已被冻结款项的解决，应以人民法院的通知为凭，银行不得自行解冻，只有超过六个月冻结期限[③]，法院未办理继续冻结手续的才视为自动撤销冻结。

① 现《民事诉讼法》第249条、第250条。

② 该通知现已废止。参见《中国人民银行、最高人民法院、最高人民检察院、公安部关于查询、冻结、扣划企业事业单位、机关、团体银行存款的通知》。

③ 《民事诉讼法解释》第485条规定："人民法院冻结被执行人银行存款的期限不得超过一年，查封、扣押动产的期限不得超过两年，查封被执行财产、冻结其他财产权的期限不得超过三年。申请执行人申请延长期限的，人民法院应当在查封、扣押、冻结期限届满前办理续行查封、扣押、冻结手续，续行期限不得超过前款规定的期限。人民法院也可以依职权办理续行查封、扣押、冻结手续。"

南宁市常乐贸易公司的银行存款于1985年6月27日被法院依法冻结。据你院来文所述，九江市中级人民法院的执行人员于1985年12月18日到工商银行南宁市支行民生路信用部要求划拨被冻结的款项时，该款已被民生路信用部扣划抵还其贷款。民生路信用部的行为，显属违反《民事诉讼法（试行）》和最高人民法院、中国人民银行联合通知的规定，应责成信用部将款追回并可依据《民事诉讼法（试行）》第七十七条的规定对直接人员追究责任。

（二）最高人民法院经济审判庭
关于银行不根据法院通知私自提取人民法院冻结
在银行的存款应如何处理问题的电话答复

1988年3月8日

云南省高级人民法院：

你院云法字〔1987〕第35号请示收悉，经研究并征询有关部门意见，现答复如下：

景东县人民法院在审理个体户李世民诉云县航运公司一案时，依法冻结航运公司在营业所的存款后，营业所不经法院准许，仅根据航运代理人的证明，就让航运公司将款取走。如取款时未超过六个月的冻结期限，或者虽已超过六个月，但法院又进行了续冻，则营业所的这一作法违反了最高人民法院、中国人民银行《关于查询、冻结和扣划企业事业单位、机关、团体的银行存款的联合通知》的有关规定，也违反民事诉讼法（试行）第七十七条第一款第三项规定的精神，应由营业所负责将款追回；无法追回、航运公司又无其他财产可以执行，营业所应承担经济赔偿责任。

此复

附：

云南省高级人民法院关于银行不根据法院通知私自提取人民法院冻结在银行的存款应如何处理的请示

（1987 年 9 月 12 日　云法字〔1987〕第 35 号）

最高人民法院经济庭：

根据思茅地区中级人民法院经济庭反映，景东县人民法院经济庭在审理景东县个体户李世民诉云县航运公司一案时，法院为了便于执行，冻结云县航运公司在禄丰县广通镇营业所的账户存款 5.000 元。结案判决后，航运公司不服，上诉思茅中院。航运公司并在上诉期间由其诉讼代理人（云县法律顾问处律师）谭然出具证明，从营业所把冻结款取走，结果二审审结后无法执行。根据最高人民法院、中国人民银行《关于查询、冻结和扣划企业事业单位、机关、团体的银行存款的联合通知》中关于“已被冻结款项的解冻，应以人民法院的通知为凭，银行不得自行解冻”的规定，我们认为营业所的做法是不符合上述文件精神，他们私自提取人民法院的冻结款，应由他们负责追回。无法追回时应负连带赔偿责任。当否？请批复。

特此报告。

出台背景

人民法院在执行工作中，经常与银行等金融机构发生摩擦，主要原因是商业银行不依法履行协助执行的义务，给法院冻结、划拨账户存款工作制造困难。在最高人民法院网络执行查控系统开发使用前，商业银行协助司法机关查询、冻结、扣划存款的业务频繁发生，但部分银行在司法机关要求时，拒不协助、拖延办理、通风报信帮助被执行人转移资金、私自划拨冻结资金、提供信息不及时不完整、故意刁难执行人员等情况时有发生，甚至有的银行要求办理业务的法院工作人员必须双人双证，有的银行工作人员业务生疏，有的银行负责人心存私念，假装对执行依据主文进行实质审查，无理质疑执行裁定书冻结、扣划金额的正当性。更有甚者，拖延办理协助业务的银行人员面对执法人员的批评教育恼羞成怒，向执行法官所在的法院投诉。从舆论上看，因拒不协助或协助不当而受到法院处罚的案例常见于媒体与报端。协助有权机关查询、冻结、扣划账户存款是法律赋予银行的义务，在人民法院依法作出裁定并向其送达协助执行通知书后，银行只能对法律文书进行形式审查，不得进行实体审查，且应及时履行协助执行义务。否则，法院有权对其采取处罚措施并追究金融机构负责人和直接责任人员的责任。

理解与适用

（一）金融机构的协助执行义务

金融机构有应当协助人民法院执行的义务，我国《民事诉讼法》第三编的执行程序中已作出了相应的规定，第249条规定："被执行人未按执行通知履行法律文书确定的义务，人民法院有权向有关单位查询被执行人的存款、债券、股票、基金份额等财产情况。人民法院有权根据不同情形扣押、冻结、划拨、变价被执行人的财产。人民法院查询、扣押、冻结、划拨、变价的财产不得超出被执行人应当履行义务的范围。人民法院决定扣押、冻结、划拨、变价财产，应当作出裁定，并发出协助执行通知书，有关单位必须办理。"可以看出，有协助执行义务的金融机构不限于银行，证券公司、保险公司、信托公司、资产管理公司和登记结算公司都有协助法院执行的法定义务。

（二）银行擅自划拨冻结款项应承担的责任

《民事诉讼法》第117条规定：有义务协助调查、执行的单位有下列行为之一的，人民法院除责令其履行协助义务外，并可以予以罚款：（1）有关单位拒绝或者妨碍人民法院调查取证的；（2）有关单位接到人民法院协助执行通知书后，拒不协助查询、扣押、冻结、划拨、变价财产的；（3）有关单位接到人民法院协助执行通知书后，拒不协助扣留被执行人的收入、办理有关财产权证照转移手续、转交有关票证、证照或者其他财产的；（4）其他拒绝协助执行的。人民法院对有前款规定的行为之一的单位，可以对其主要负责人或者直接责任人员予以罚款；对仍不履行协助义务的，可以予以拘留；并可以向监察机关或者有关机关提出予以纪律处分的司法建议。

《执行规定》第26条也规定了银行擅自划拨的法律责任："金融机构擅自解冻被人民法院冻结的款项，致冻结款项被转移的，人民法院有权责令其限期追回已转移的款项。在限期内未能追回的，应当裁定该金融机构在转移的款项范围内以自己的财产向申请执行人承担责任。"

实践中，对银行的协助执行义务不能做过于狭隘的理解，否则将有损申请执行人的合法权益。比如，执行法院发现被执行人在银行有尚未发放的贷款，据此要求银行协助冻结贷款合同项下约定的接收贷款的账户。银行在协助冻结该账户的同时，为被执行人重新开立账户并将贷款发放入新账户，随后被执行人将贷款转出用于偿还其他债务，使申请执行人债权难以得到清偿。此种情况下能否认定银行违反协助执行义务并应在不能追回贷款的范围内承担赔偿责任？最高人民法院在（2018）最高法执监481号执行裁定中认为，从严格解释《执行规定》第26条内容角度来看，银行未解除协助执行书中载明账户的冻结，银行没有违反协助执行义务。

最高人民法院的裁判理由似乎无可指摘，但该案的裁判结果却造成事实上申请执行人的债权难以得到及时清偿。更令人担忧的是，银行通过利用规则漏洞帮助被执行人逃避执行的行为未受到法律制裁，可能会引起金融机构争相效仿。法院冻结账户的目的是控制账户内现有的及未来进入账户资金的转出，结合银行在法院冻结账户当日为被执行人开设新账户的行为，银行明知法院冻结该账户目的是冻结银行向被执行人发放的贷款。从表现形式上看，银行的行为虽然不属于明示的拒不履行协助执行义务，但确实是利用了协助执行的规则漏洞使法院的冻结措施目的落空，并且主观上存有故意，应当认定其构成《民事诉讼法》规定的其他拒绝协助执行的行为，对其予以处罚，也给协助执行义务人投机取巧、损害司法权威的行为敲响警钟。

（三）银行拒不协助执行应承担责任的范围

包括银行在内的协助执行人不履行义务应承担实体责任和程序责任。

实体责任是协助执行人因拒不履行协助义务对申请执行人的实体权利受损所承担的一种赔偿责任。确定协助执行人承担某种实体责任，对申请执行人的实体权利产生影响，能保障权利人的权利顺利实现，如追加为被执行人、向申请执行人承担赔偿责任等。按照《执行规定》第26条的精神，因银行原因导致冻结款项被转移的，人民法院首先要责令其限期追回，限期内未能追回的，应当裁定银行在转移的款项范围内以自己的财产向申请执行人承担责任。

程序责任是指协助执行人在执行过程中因拒不履行协助义务，向国家承担的程序法责任，表现为对负有协助义务的单位给予罚款和对其主要负责人或直接责任人员予以罚款、拘留，并向有关机关提出对相关人员给予纪律处分的司法建议等。程序责任属公法的范畴，不对申请执行人的实体权利产生影响。

实务操作指引

因银行系统等技术问题导致查封错误从而引发执行错误，致使当事人利益受损时，银行是否应承担责任，法院是否应撤销原执行行为，对于这些问题目前都无规范可循，但实践中却并不少见。

案例1

在一起借款合同纠纷执行案中，执行协助义务人某银行唐山分行对执行法院发出的协助扣划存款通知书不服，提出异议。法院审理查明案情如下：在自然人宋某诉博志房地产、姜某、博志集团借款合同纠纷一案中，法院判决博志房地产公司偿还宋某借款9125万元及相应利息，姜某、博志集团承担连带赔偿责任。宋某申请执行后，法院于2018年5月20日作出裁定，依法冻结了博志房地产、姜某、博志集团银行存款2亿元，并于同年10月29日向某银行唐山分行送达执行裁定及协助冻结存款通知书，冻结期限为2018年10月29日至2019年10月28日。2019年4月4日，法院作出执行裁定，扣划被执行人博志房地产、姜某、博志集团银行存款1.79亿元，并于同年4月11日作出协助扣划存款通知书送达某银行唐山分行。某银行唐山分行经审查，其系统中该案是首轮冻结，遂于当日协助法院扣划博志房地产公司账户内的存款1.79亿元，目前该笔执行款已经发放给申请执行人宋某。

而在另一起唐百公司与博志房地产的借款合同纠纷中，法院于2017年4月

6日作出（2017）冀民初21号民事裁定，冻结博志房地产8.3亿元的银行存款或查封其同等价值的其他财产，并于2017年4月11日作出（2017）冀执保19号协助冻结存款通知书送达某银行唐山分行，冻结期限为2017年4月11日至2018年4月10日。2018年3月29日，法院向某银行唐山分行送达（2018）冀执保17号协助冻结存款通知书，内容是关于博志房地产公司账户内的存款2亿元，请暂停支付12个月（2018年3月29日至2019年3月20日）。而该案在最高人民法院二审期间，最高人民法院于2019年3月20日作出裁定，主要内容是（2018）冀执保17号查封通知所查封的4个银行账户中共计3.8亿元的查封期限即将届满，唐百公司提出续行保全申请，符合法律规定，裁定继续冻结3.8亿元的存款。2019年3月25日，河北省高级人民法院作出（2018）冀执保17号协助冻结存款通知书，要求某银行唐山分行对博志房地产公司账户内的存款2亿元暂停支付12个月（2019年3月25日至2020年3月24日）。

某银行唐山分行认为，由于银行系统错误，导致应显示为首轮冻结的河北省高级人民法院的冻结被显示为轮候冻结，而应该是轮候冻结的唐山市中级人民法院的冻结被显示为首轮冻结。在河北省高级人民法院首轮冻结尚未解封的情况下，唐山市中级人民法院的轮候冻结并不发生效力，唐山市中级人民法院作出协助扣划存款通知书违反了法律规定，损害了当事人的合法权益，故请求撤销协助扣划存款通知书，裁定宋某返还已取得的执行款。

法院经审查认为，某银行唐山分行作为协助义务单位，在执行机构扣划时并未提示属轮候查封、不得扣划的情形，且某银行唐山分行经过审查、核实后，积极配合执行机构履行了相应的协助义务，执行机构的扣划并未对某银行唐山分行造成损害，故某银行唐山分行的异议请求理由不足，裁定驳回。

某银行唐山分行不服提起复议，认为唐山市中级人民法院的冻结不能因执行单位标记错误而获得首封的法律效力，而且唐百公司与博志房地产的案件尚在审理中，唐百公司的权利如果因唐山中院的执行行为受到损害，其当然有权利向某银行唐山分行提出主张，某银行唐山分行存在承担赔偿责任的可能性。而且唐山市中级人民法院的执行行为存在明显的人为错误，其执行行为导致错误执行，损害了第三方利益，应在发现查封及执行错误后纠正。

复议法院认为，案件的焦点在于唐山市中级人民法院执行机构扣划被执行人博志房地产银行账户内的存款的执行行为有无错误。本案中，执行机构在扣划该款项时进行查询，某银行唐山分行提供的档案显示唐山市中级人民法院的冻结系首轮冻结。在此情形下，唐山市中级人民法院依法裁定扣划并要求某银行唐山分行协助执行，而某银行唐山分行经过了审查、核实后，积极履行了相应的协助义务，法院的扣划行为，并无不当。法院扣划被执行人存款的执行裁定书一经作出，即发生法律效力，该案中执行机构已经扣划该款项并已经发放给申请执行人，在执行法院的执行行为不存在错误的情形下，某银行唐山分行以标记错误为由，要求撤销法院扣划的执行行为，将已经发放的款项返还的复议理由，不予支持，裁定驳回了某银行唐山分行的复议申请。

案例2

2014年8月25日，青岛市市南区人民法院将青岛和兴工贸有限公司在中国建设银行股份有限公司即墨支行（以下简称即墨支行）处开立的账户查封，该查封为首轮查封，后进行过续封。2015年4月24日，青岛市即墨区人民法院将该账户查封，该查封为轮候查封。2015年9月28日，因建设银行新一代系统上线出现差错，导致首封法院信息转换不成功，轮候查封的即墨区人民法院在系统中成为首封法院。后即墨区人民法院将账户资金扣划。2017年3月23日，市南区人民法院到银行扣划，导致即墨支行为青岛和兴工贸有限公司垫付案款193,199.54元。此后，即墨支行向法院诉请判令青岛和兴工贸有限公司返还不当得利193,199.54元及自2017年3月24日起至实际返还之日止的利息。一审法院认为，该案不属于民事案件受案范围，裁定驳回起诉。二审法院认为，被上诉人青岛和兴工贸有限公司应否偿还该款项需经过实体审理才能确定。故一审法院应对上诉人的诉请进行实体审理。裁定指令即墨区人民法院审理。即墨区人民法院于2020年7月27日作出判决，认为因青岛和兴工贸公司账户余额不足以偿付其在市南区人民法院及即墨区人民法院两案的案款，导致即墨区人民法院作为首封法院先行扣划案款，后市南区人民法院就不足部分从即墨支行账户扣划193,199.54元，即即墨支行代青岛和兴工贸公司向法院履行了193,199.54元的付款义务。该情况虽系即墨支行工作人员工作失误造成，但未给青岛和兴工贸公司造成损失，仅是权利人由另案原告变更为即墨支行，且青岛和兴工贸公司获得该193,199.54元利益无法律依据，即墨支行就该193,199.54

元损失有权要求青岛和兴工贸公司返还。

案例3

在瑞奇公司与工行城南支行侵权损害赔偿一案中，工行城南支行因工作人员操作失误，出具错误的冻结回执，在债务人实际存款只有8万元的情况下在冻结回执中载明：应冻结70万元，已冻结70万元，未冻结金额为0元，导致瑞奇公司未再采取其他措施，后瑞奇公司另外支付债务人57万元加工款。因债务人已无任何财产，瑞奇公司在取得胜诉判决后无法实现其债权，起诉要求工行城南支行承担损失。法院认为，银行作为专业金融机构未能尽到较高的注意义务，属于重大过失，对瑞奇公司的损失存在过错，但瑞奇公司的损失是多因一果的结果，瑞奇公司亦应承担选择交易对象和支付方式不谨慎的责任，遂判决工行城南支行承担瑞奇公司损失的70%。①

从上述案例来看，因银行的系统差错或操作失误导致的查封错误损害了当事人债权的，原则上如若执行法院不存在错误，应由银行自行承担因系统差错或操作失误导致的不利后果。法律赋予银行等金融机构协助执行的法定义务，银行亦应注重协助执行中的法律风险。银行作为专业金融机构，其经办人员应该熟悉协助执行相关程序，了解法院的冻结扣划关系当事人重大经济利益，在经办过程中尽到较高的注意义务，尤其是在扣划款项之前不应完全依赖系统记录，必要时需对查封账户的所有协助执行通知进行核对，确保查封顺序无误后再行扣划。防止出现诸如上述案例中因查封顺序错误导致银行承担赔偿责任的情况。

---

① 参见高洁、陈程：《银行协助执行中侵害债权的法律责任》，载《人民司法》2010年第14期。

三、轮候法院因协助执行义务机关查封登记错误而处置执行财产行为的效力

答复原文

最高人民法院
关于法院冻结财产的户名与账号不符银行能否自行解冻的请示的答复①

1997年1月20日　法经〔1997〕32号

江西省高级人民法院：

你院赣高法研〔1996〕6号请示收悉，经研究，答复如下：

人民法院根据当事人申请，对财产采取冻结措施，是我国民事诉讼法赋予人民法院的职权，其他单位、组织和个人均不得加以妨碍。人民法院在完成对财产冻结手续后，银行如发现被冻结的户名与账号不符，应主动向法院提出存在的问题，由法院更正，而不能自行解冻；如因自行解冻不当造成损失，应视其过错程度承担相应的法律责任。

此复

出台背景

江西省高级人民法院发现辖区内有银行出现了以下行为：法院去银行冻结存款，银行也依照“协助冻结存款通知书”对账户进行了冻结并填写了回执。银行在事后内部审核的时候发现了“协助冻结存款通知书”上的户名与账号不符，为了避免对存款人造成一定的影响，承担一定的责任，银行未通知法院，自行将账户予以解除冻结。针对“银行自行解除账户行为的性质是否构成妨碍执行”“因银行自行解冻造成了损失，后果如何承担”这两个主要问题，江西省高级人民法院向最高人民法院进行了请示，最高人民法院作出上述答复予以了解答。

---

① 该答复已修正，将“其他单位、”改为“任何”，“组织和个人均”改为“组织或者个人”，“户名与账号不符”改为“户名与账号不符时”。

理解与适用

银行在受理冻结存款业务时，不能进行实质审查，只可进行形式审查。银行应审查“协助冻结存款通知书”填写的被冻结单位开户银行名称、户名和账号、大小写金额。人民法院不能提供存款账号的，银行应当要求人民法院补充相关身份信息并进行查询，有义务将查询结果告知。① 在冻结期限内，只有在原作出冻结决定的有权机关作出解冻决定并出具解除冻结存款通知书的情况下，金融机构才能对已经冻结的存款予以解冻。被冻结存款的单位或个人对冻结提出异议的，金融机构应告知其与作出冻结决定的有权机关联系，在存款冻结期限内金融机构不得自行解冻。② 如因自行解冻不当造成损失，应视其过错程度承担相应的法律责任。

实务操作指引

（一）冻结期限内的解冻

被冻结的款项在冻结期限内如需解冻，应以作出冻结决定的人民法院签发的“解除冻结存款通知书”为凭，银行不得自行解冻。③

《中国人民银行关于发布〈金融机构协助查询、冻结、扣划工作管理规定〉的通知》（银发〔2002〕1号）中明确“在冻结期限内，只有在原作出冻结决定的有权机关作出解冻决定并出具解除冻结存款通知书的情况下，金融机构才能对已经冻结的存款予以解冻。被冻结存款的单位或个人对冻结提出异议的，金融机构应告知其与作出冻结决定的有权机关联系，在存款冻结期限内金融机构

---

① 《中国人民银行关于发布〈金融机构协助查询、冻结、扣划工作管理规定〉的通知》第12条第2款规定：“金融机构在协助有权机关办理查询、冻结和扣划手续时，应对下列情况进行登记：有权机关名称，执法人员姓名和证件号码，金融机构经办人员姓名，被查询、冻结、扣划单位或个人的名称或姓名，协助查询、冻结、扣划的时间和金额，相关法律文书名称及文号，协助结果等。”第15条规定：“有权机关在查询单位存款情况时，只提供被查询单位名称而未提供账号的，金融机构应当根据账户管理档案积极协助查询，没有所查询的账户的，应如实告知有权机关。”

② 《中国人民银行关于发布〈金融机构协助查询、冻结、扣划工作管理规定〉的通知》第18条。

③ 《中国人民银行、最高人民法院、最高人民检察院、公安部关于查询、冻结、扣划企业事业单位、机关、团体银行存款的通知》第2条第2款。

不得自行解冻”。①

（二）冻结账户错误时的纠正

人民法院冻结单位银行存款发生失误，应及时予以纠正，并向被冻结银行存款的单位作出解释。②

最高人民法院发现地方各级人民法院冻结、解冻、扣划有关单位在银行、非银行金融机构的存款有错误时，上级人民法院发现下级人民法院冻结、解冻、扣划有关单位在银行、非银行金融机构的存款有错误时，可以依照法定程序作出决定或者裁定，送达本系统地方各级或下级有关法院限期纠正。有关法院应当立即执行。

有关法院认为上级机关的决定或者裁定有错误的，可在收到该决定或者裁定之日起5日以内，向作出决定或裁定的人民法院请求复议。最高人民法院或上级人民法院经审查，认为请求复议的理由不能成立，依法有权直接向有关银行发出法律文书，纠正各自的下级机关所作的错误决定，并通知原作出决定的机关；有关银行、非银行金融机构接到法律文书后，应当立即办理，不得延误，不必征得原作出决定机关的同意。③

（三）金融机构违法解除冻结的责任

金融机构擅自解冻被人民法院冻结的款项，致冻结款项被转移的，人民法院有权责令其限期追回。在限期内未能追回的，应当裁定该金融机构在转移的款项范围内以自己的财产向申请执行人承担责任。④

银行人员违反有关法律规定，无故拒绝协助执行、擅自转移或解冻已冻结

---

① 《中国人民银行关于发布〈金融机构协助查询、冻结、扣划工作管理规定〉的通知》（银发〔2002〕1号）第18条。

② 《中国人民银行、最高人民法院、最高人民检察院、公安部关于查询、冻结、扣划企业事业单位、机关、团体银行存款的通知》第2条第5款。

③ 参见《最高人民法院、最高人民检察院、公安部关于对冻结、扣划企业事业单位、机关团体在银行、非银行金融机构存款的执法活动加强监督的通知》（法〔1996〕83号）。《中国人民银行关于发布〈金融机构协助查询、冻结、扣划工作管理规定〉的通知》第19条规定：“有权机关在冻结、解冻工作中发生错误，其上级机关直接作出变更决定或裁定的，金融机构接到变更决定书或裁定书后，应当予以办理。”

④ 参见《执行规定》第26条。

的存款，为当事人通风报信、协助其转移、隐匿财产的，应依法承担责任。①

四、不动产登记机构错误注销抵押登记行为的撤销

批复原文

最高人民法院关于房地产管理机关能否撤销错误的注销抵押登记行为问题的批复

2003 年 11 月 17 日　法释〔2003〕17 号

广西壮族自治区高级人民法院：

你院《关于首长机电设备贸易（香港）有限公司不服柳州市房产局注销抵押登记、吊销（1997）柳房他证字第 0410 号房屋他项权证并要求发还 0410 号房屋他项权证上诉一案的请示》收悉。经研究答复如下：

房地产管理机关可以撤销错误的注销抵押登记行为。

此复

出台背景

1997 年 1 月 3 日，海隆国际有限公司（以下简称海隆公司）为担保履行其与首长机电设备贸易（香港）有限公司（以下简称首长公司）的购销合同，将其评估价值为 2. 34 亿元的某商场作为抵押物，并于 1997 年 3 月 10 日办理了抵押登记手续。次日，柳州市房产局颁发了（1997）柳房他证字第 0410 号房屋他项权证。1997 年 9 月 25 日，海隆公司委托代理人到柳州市房产交易所申请办理上述房地产抵押注销登记，称两公司的债权债务已结算完毕，要求解除双方的

① 参见《中国人民银行、最高人民法院、最高人民检察院、公安部关于查询、冻结、扣划企业事业单位、机关、团体银行存款的通知》第 8 条。《最高人民法院、中国人民银行关于依法规范人民法院执行和金融机构协助执行的通知》第 4 条。

抵押关系，且称（1997）柳房他证字第0410号房屋他项权证不慎遗失。当日，柳州市房产局注销了（1997）柳房他证字第0410号房屋他项权证，并由海隆公司委托代理人办理手续，在《柳州日报》上登记声明该证遗失作废。与此同时，海隆公司与华商银行签订了《综合融资授信合同》，海隆公司同样以上述抵押物作为抵押担保。1997年10月10日，海隆公司和华商银行向柳州市房产局申请办理了柳房他证字第00666号房屋他项权证。1998年10月22日，首长公司向柳州市公安局报案，称海隆公司法定代表人伪造首长公司证明，私刻首长公司印章、冒充首长公司法定代表人签名、印章，制造债务已清偿的假象，骗取柳州市房产局注销了海隆公司和首长公司的房产抵押登记，又将房产抵押给了华商银行，请求公安机关追究诈骗罪犯的法律责任。次日，柳州市公安局作出了《印章印文及笔迹检验鉴定书》，证明了海隆公司伪造首长公司文件的事实。后首长公司与海隆公司分别于1998年10月30日、11月2日向柳州市房产局申请恢复抵押登记。1999年6月9日，柳州市房产局恢复首长公司对上述抵押物的抵押登记，重新给首长公司颁发了柳房他证字第1000898号房屋他项权证，注明该证的有效期从原登记日1997年3月21日起算，并书面通报华商银行。华商银行向柳州市中级人民法院提起诉讼，请求撤销柳州市房产局恢复首长公司对该商场的抵押权登记的具体行政行为。该案经一审、二审程序，广西壮族自治区高级人民法院于2002年3月26日作出（2001）桂行终字第21号行政判决，认为柳州市房产局给首长公司恢复抵押权登记无法律依据，且侵犯了华商银行的利益，判决撤销了柳州市房产局恢复首长公司对该商场作抵押权登记的具体行政行为。在该案审理期间，首长公司于2000年11月12日向柳州市中级人民法院提起行政诉讼，请求确认柳州市房产局1997年9月注销首长公司1997年3月办理的抵押登记、吊销（1997）柳房他证字第0410号房屋他项权证的行为违法，判令柳州市房产局发还被其非法吊销的（1997）柳房他证字第0410号房屋他项权证，赔偿其违法行政行为已造成的经济损失8万元。柳州市中级人民法院一审判决驳回了首长公司的诉讼请求。在二审中，广西壮族自治区高级人民法院对柳州市房产局依据海隆公司伪造的文件材料作出的注销海隆公司与首长公司的房屋抵押登记、吊销（1997）柳房他证字第0410号房屋他项权证的行为属于主要证据不足，依法应予撤销的问题并无争议，但对是否责令柳州市房产局给予上诉人恢复抵押登记，该院形成了支持和反对两种意见。就此问题，广西壮族自治区高级人民法院于2003年6月9日向最高人民法院请示，最高人民法院于2003年10月14日作出了《关于房地产管理机关能否撤销错误的注销抵押登记行为问题的批复》。①

理解与适用

房地产管理机关可以撤销错误的注销抵押登记行为，实际上确立了行政机关可以自我纠错的机制。

（一）关于能否恢复抵押登记的争议

关于错误的注销抵押登记行为被撤销后房产局是否可以恢复抵押登记的问题，支持的理由如下：（1）严重违法的具体行政行为被撤销后，该行为自始无效，相对人的权利应恢复到原来的行政法律关系状况；（2）违法的行政行为被撤销后，行政机关应有纠正错误的权力和义务；（3）恢复登记不存在法律上的障碍，因为抵押物仍在且所有权并没有转移，后一抵押权的存在不能当然否定前一抵押权的存在和效力，恢复登记后上诉人与第三人的抵押权顺序纠纷属于民事纠纷，不属恢复登记时就作处理的问题。反对的理由如下：（1）我国现行立法没有“恢复”抵押登记的提法，抵押权是通过登记而产生的，而不是通过恢复产生的，抵押权生效时间应从登记之日起，如果上诉人要取得抵押权，必须重新办理抵押登记。（2）根据行政法原理，行政行为一经作出就具有公定力、确定力，对行政机关和相对人都产生约束力。如果行政行为是违法的，行政机关有权予以撤销或变更。但是，如果行政行为已经使行政相对人对其产生信赖，行政相对人在此信赖基础上已经作出一定行为，行政机关在考虑撤销违法或不当行政行为时，应保护行政相对人的信赖利益。②

① 参见刘家琛主编：《最高人民法院司法解释·批复·答复集成4》，中国城市出版社2009年版，第2410～2412页。

② 参见刘家琛主编：《最高人民法院司法解释·批复·答复集成4》，中国城市出版社2009年版，第2412页。

（二）对争议问题的评析

其一，具体行政行为严重违法或错误的，行政机关有自我纠错的权力。一直以来，在“有错必纠”的思想指导下，除有特殊规定外，行政机关以及上级行政机关一般有权撤销违法的行政行为。有观点认为，行政机关的这种做法已经形成了一种行政惯例。《最高人民法院关于复议机关是否有权改变复议决定请示的答复》（〔2004〕行他字第5号）规定，“行政复议机关认为自己作出的已经发生法律效力的复议决定有错误，有权自行改变。因行政机关改变或者撤销其原行政行为给当事人造成损害的，行政机关应该承担相应的责任”。有学者认为，“这两个司法解释可以看作是成文法吸收上述行政惯例的典型”。[①]

其二，撤销违法行政行为并非行政机关唯一的选择，当行政行为违法时，行政机关还可以变更违法行政行为。具体到不动产登记的问题，《房屋登记办法》（已废止）第81条[②]规定了撤销登记这一补救措施，但有观点认为，在《物权法》（已废止）第19条已经规定出现登记簿错误时应通过更正登记来消除错误的情况下，没有必要也不应在更正登记之外再赋予登记机构撤销登记的权力。[③] 值得注意的是，2015年3月1日开始施行的《不动产登记暂行条例》，[④]并未规定撤销登记这一登记类型。

其三，行政机关撤销违法的行政行为应受到一定的限制。通说认为，违法的具体行政行为被撤销的，应自始无效，行政相对人的权利恢复到该行政行为作出之前的状态。当违法的行政行为涉及国家利益、公共利益以及第三人信赖利益的保护时，该行政行为不得任意撤废。根据有关分析，近年来，最高人民法院对“有错必纠”原则的认识也在逐渐转变，这些改变集中体现在最高人民法院公布的一系列公报案例中，如益民公司诉河南省周口市政府等行政行为违

---

① 章剑生：《行政惯例的法学思考》，载《政治与法律》2010年第6期。

② 该条规定，司法机关、行政机关、仲裁委员会发生法律效力的文件证明当事人以隐瞒真实情况、提交虚假材料等非法手段获取房屋登记的，房屋登记机构可以撤销原房屋登记，收回房屋权属证书、登记证明或者公告作废，但房屋权利为他人善意取得的除外。

③ 参见程啸：《论依职权登记》，载《中国房地产》2011年第10期。

④ 该条例第3条规定，不动产首次登记、变更登记、转移登记、注销登记、更正登记、异议登记、预告登记、查封登记等，适用本条例。

法案[①]、焦志刚诉和平公安分局治安管理处罚决定行政纠纷案[②]等。有学者认为，从焦志刚诉和平公安分局治安管理处罚决定行政纠纷案开始，最高人民法院在对待违法行政决定的撤销问题上，已从“有错必纠”原则的意识形态中淡出，转而接纳了现代行政法上行政决定确定力和撤销规则法理。[③] 而《最高人民法院关于房地产管理机关能否撤销错误的注销抵押登记行为问题的批复》并未提及对抗善意第三人的问题，“原因在于是否对抗善意第三人问题属于民事审判的范畴，不属于行政审判解决问题的范围。同时，就本案而言，有关民事主体是否属于善意第三人，不宜在有关行政审判的司法解释中直接进行判断，应当由二审法院根据具体案情进行判断”。[④]

实务操作指引

（一）注销房地产抵押登记的有关规定

目前，涉及注销房地产抵押登记的规定主要有：(1)《城市房地产抵押管理办法》第35条第1款规定，抵押合同发生变更或者抵押关系终止时，抵押当事人应当在变更或者终止之日起15日内，到原登记机关办理变更或者注销抵押登记。(2)《不动产登记暂行条例实施细则》第70条规定，“有下列情形之一的，当事人可以持不动产登记证明、抵押权消灭的材料等必要材料，申请抵押权注销登记：（一）主债权消灭；（二）抵押权已经实现；（三）抵押权人放弃抵押权；（四）法律、行政法规规定抵押权消灭的其他情形。”

（二）不动产登记机构承担责任的情形

《民法典》第222条规定，“当事人提供虚假材料申请登记，给他人造成损害的，应当承担赔偿责任。因登记错误，给他人造成损害的，登记机构应当承

---

① 在该公报案例中，最高人民法院首次引入了“信赖利益保护”理论。

② 在该公报案例中，二审法院认为，“依法作出的行政处罚决定一旦生效，其法律效力不仅及于行政相对人，也及于行政机关，不能随意被撤销。已经生效的行政处罚决定如果随意被撤销，也就意味着行政处罚行为本身带有随意性，不利于社会秩序的恢复和稳定。”

③ 参见章剑生：《“有错必纠”的界限》，载《中国法学》2013年第2期。

④ 江必新主编：《解读最高人民法院司法解释之行政·国家赔偿·综合卷》，人民法院出版社2011年版，第199页。

担赔偿责任。登记机构赔偿后，可以向造成登记错误的人追偿”。《不动产登记暂行条例》第29条规定，“不动产登记机构登记错误给他人造成损害，或者当事人提供虚假材料申请登记给他人造成损害的，依照《中华人民共和国物权法》的规定承担赔偿责任”。《房屋登记办法》（已废止）第92条规定，“申请人提交错误、虚假的材料申请房屋登记，给他人造成损害的，应当承担相应的法律责任。房屋登记机构及其工作人员违反本办法规定办理房屋登记，给他人造成损害的，由房屋登记机构承担相应的法律责任。房屋登记机构承担赔偿责任后，对故意或者重大过失造成登记错误的工作人员，有权追偿”。《最高人民法院关于审理房屋登记案件若干问题的规定》（法释〔2010〕14号）第12条规定，“申请人提供虚假材料办理房屋登记，给原告造成损害，房屋登记机构未尽合理审慎职责的，应当根据其过错程度及其在损害发生中所起作用承担相应的赔偿责任”。由上述规定可知，不动产登记机构承担赔偿责任均是以登记错误给他人造成损害为前提。因登记错误而给他人造成损害的，应根据《国家赔偿法》第4条[①]的规定，承担相应的赔偿责任，而由于不动产登记机构轻微过失导致的登记错误且未造成实际损害的，可以通过更正登记予以弥补。

五、证券登记结算机构的协助执行义务

通知原文

最高人民法院　最高人民检察院　公安部　中国证券监督管理委员会
关于查询、冻结、扣划证券和证券交易结算资金有关问题的通知[②]

2008年1月10日　法发〔2008〕4号

各省、自治区、直辖市高级人民法院、人民检察院、公安厅（局），解放军军事

---

① 《国家赔偿法》第4条规定，“行政机关及其工作人员在行使行政职权时有下列侵犯财产权情形之一的，受害人有取得赔偿的权利：（一）违法实施罚款、吊销许可证和执照、责令停产停业、没收财物等行政处罚的；（二）违法对财产采取查封、扣押、冻结等行政强制措施的；（三）违法征收、征用财产的；（四）造成财产损害的其他违法行为”。

② 参见《最高人民检察院公报》2008年第4期。

法院、军事检察院，新疆维吾尔自治区高级人民法院生产建设兵团分院，新疆生产建设兵团人民检察院、公安局：

为维护正常的证券交易结算秩序，保护公民、法人和其他组织的合法权益，保障执法机关依法执行公务，根据《中华人民共和国刑事诉讼法》、《中华人民共和国民事诉讼法》、《中华人民共和国证券法》等法律以及司法解释的规定，现就人民法院、人民检察院、公安机关查询、冻结、扣划证券和证券交易结算资金的有关问题通知如下：

一、人民法院、人民检察院、公安机关在办理案件过程中，按照法定权限需要通过证券登记结算机构或者证券公司查询、冻结、扣划证券和证券交易结算资金的，证券登记结算机构或者证券公司应当依法予以协助。

二、人民法院要求证券登记结算机构或者证券公司协助查询、冻结、扣划证券和证券交易结算资金，人民检察院、公安机关要求证券登记结算机构或者证券公司协助查询、冻结证券和证券交易结算资金时，有关执法人员应当依法出具相关证件和有效法律文书。

执法人员证件齐全、手续完备的，证券登记结算机构或者证券公司应当签收有关法律文书并协助办理有关事项。

拒绝签收人民法院生效法律文书的，可以留置送达。

三、人民法院、人民检察院、公安机关可以依法向证券登记结算机构查询客户和证券公司的证券账户、证券交收账户和资金交收账户内已完成清算交收程序的余额、余额变动、开户资料等内容。

人民法院、人民检察院、公安机关可以依法向证券公司查询客户的证券账户和资金账户、证券交收账户和资金交收账户内的余额、余额变动、证券及资金流向、开户资料等内容。

查询自然人账户的，应当提供自然人姓名和身份证件号码；查询法人账户的，应当提供法人名称和营业执照或者法人注册登记证书号码。

证券登记结算机构或者证券公司应当出具书面查询结果并加盖业务专用章。查询机关对查询结果有疑问时，证券登记结算机构、证券公司在必要时应当进行书面解释并加盖业务专用章。

四、人民法院、人民检察院、公安机关按照法定权限冻结、扣划相关证券、资金时，应当明确拟冻结、扣划证券、资金所在的账户名称、账户号码、冻结期限，所冻结、扣划证券的名称、数量或者资金的数额。扣划时，还应当明确拟划入的账户名称、账号。

冻结证券和交易结算资金时，应当明确冻结的范围是否及于孳息。

本通知规定的以证券登记结算机构名义建立的各类专门清算交收账户不得整体冻结。

五、证券登记结算机构依法按照业务规则收取并存放于专门清算交收账户内的下列证券，不得冻结、扣划：

（一）证券登记结算机构设立的证券集中交收账户、专用清偿账户、专用处置账户内的证券。

（二）证券公司在证券登记结算机构开设的客户证券交收账户、自营证券交收账户和证券处置账户内的证券。

六、证券登记结算机构依法按照业务规则收取并存放于专门清算交收账户内的下列资金，不得冻结、扣划：

（一）证券登记结算机构设立的资金集中交收账户、专用清偿账户内的资金；

（二）证券登记结算机构依法收取的证券结算风险基金和结算互保金；

（三）证券登记结算机构在银行开设的结算备付金专用存款账户和新股发行验资专户内的资金，以及证券登记结算机构为新股发行网下申购配售对象开立的网下申购资金账户内的资金；

（四）证券公司在证券登记结算机构开设的客户资金交收账户内的资金；

（五）证券公司在证券登记结算机构开设的自营资金交收账户内最低限额自营结算备付金及根据成交结果确定的应付资金。

七、证券登记结算机构依法按照业务规则要求证券公司等结算参与人、投资者或者发行人提供的回购质押券、价差担保物、行权担保物、履约担保物等担保物，在交收完成之前，不得冻结、扣划。

八、证券公司在银行开立的自营资金账户内的资金可以冻结、扣划。

九、在证券公司托管的证券的冻结、扣划，既可以在托管的证券公司办理，也可以在证券登记结算机构办理。不同的执法机关同一交易日分别在证券公司、证券登记结算机构对同一笔证券办理冻结、扣划手续的，证券公司协助办理的为在先冻结、扣划。

冻结、扣划未在证券公司或者其他托管机构托管的证券或者证券公司自营证券的，由证券登记结算机构协助办理。

十、证券登记结算机构受理冻结、扣划要求后，应当在受理日对应的交收日交收程序完成后根据交收结果协助冻结、扣划。

证券公司受理冻结、扣划要求后，应当立即停止证券交易，冻结时已经下单但尚未撮合成功的应当采取撤单措施。冻结后，根据成交结果确定的用于交收的应付证券和应付资金可以进行正常交收。在交收程序完成后，对于剩余部分可以扣划。同时，证券公司应当根据成交结果计算出同等数额的应收资金或者应收证券交由执法机关冻结或者扣划。

十一、已被人民法院、人民检察院、公安机关冻结的证券或证券交易结算资金，其他人民法院、人民检察院、公安机关或者同一机关因不同案件可以进行轮候冻结。冻结解除的，登记在先的轮候冻结自动生效。

轮候冻结生效后，协助冻结的证券登记结算机构或者证券公司应当书面通知做出该轮候冻结的机关。

十二、冻结证券的期限不得超过二年，冻结交易结算资金的期限不得超过六个月。

需要延长冻结期限的，应当在冻结期限届满前办理续行冻结手续，每次续行冻结的期限不得超过前款规定的期限。

十三、不同的人民法院、人民检察院、公安机关对同一笔证券或者交易结算资金要求冻结、扣划或者轮候冻结时，证券登记结算机构或者证券公司应当按照送达协助冻结、扣划通知书的先后顺序办理协助事项。

十四、要求冻结、扣划的人民法院、人民检察院、公安机关之间，因冻结、扣划事项发生争议的，要求冻结、扣划的机关应当自行协商解决。协商不成的，由其共同上级机关决定；没有共同上级机关的，由其各自的上级机关协商解决。

在争议解决之前，协助冻结的证券登记结算机构或者证券公司应当按照争议机关所送达法律文书载明的最大标的范围对争议标的进行控制。

十五、依法应当予以协助而拒绝协助，或者向当事人通风报信，或者与当事人通谋转移、隐匿财产的，对有关的证券登记结算机构或者证券公司和直接责任人应当依法进行制裁。

十六、以前规定与本通知规定内容不一致的，以本通知为准。

十七、本通知中所规定的证券登记结算机构，是指中国证券登记结算有限责任公司及其分公司。

十八、本通知自2008年3月1日起实施。

出台背景

证券市场在我国政治经济生活中具有特殊的地位，实务中，强制执行证券和证券交易结算资金的案件逐渐增多。2004年11月，最高人民法院发布的《关于冻结、扣划证券交易结算资金有关问题的通知》未对证券交易结算资金的豁免执行范围作出具体规定。2005年修订的《证券法》第167条、第168条[①]对证券和证券交易结算资金的执行作出了规定，重点确立了清算履约财产的豁免执行制度，即证券交易达成后，已进入清算交收程序的证券资产不得强制执行。

但是，《证券法》的上述规定较为原则，操作性不强。例如，对何为清算履约财产的界定并不清楚，对查询、冻结、扣划证券和证券交易结算资金以及协助单位如何协助执法缺乏可操作的程序性规定。这就给实务带来一系列问题，执法机关之间、执法机关与协助义务单位之间不断发生争议，加大了协助义务单位的经营成本，损害当事人利益，影响证券结算秩序的正常运行。

为此，最高人民法院、最高人民检察院、公安部、中国证监会联合发布通知，就执法机关查询、冻结、扣划证券和证券交易结算资金以及登记结算机构和证券公司协助执法的有关程序进行了规范。出台通知主要有三个方面的考虑：一是落实2005年修订的《证券法》相关规定；二是维护证券交易结算体系安全

---

① 《证券法》在2013年、2014年、2019年又经过三次修订，这两个条文分别对应2019年修订后的《证券法》第158条、第159条。第158条规定："证券登记结算机构作为中央对手方提供证券结算服务的，是结算参与人共同的清算交收对手，进行净额结算，为证券交易提供集中履约保障。证券登记结算机构为证券交易提供净额结算服务时，应当要求结算参与人按照货银对付的原则，足额交付证券和资金，并提供交收担保。在交收完成之前，任何人不得动用用于交收的证券、资金和担保物。结算参与人未按时履行交收义务的，证券登记结算机构有权按照业务规则处理前款所述财产。"第159条规定："证券登记结算机构按照业务规则收取的各类结算资金和证券，必须存放于专门的清算交收账户，只能按业务规则用于已成交的证券交易的清算交收，不得被强制执行。"

运行；三是规范执法机关对证券和证券交易结算资金的执行行为。

理解与适用

（一）协助执行义务主体及协助内容

当投资者为被执行人，对其托管在证券公司的资产进行冻结、扣划时，协助执行义务主体是证券公司还是证券登记结算机构？对此有“一元制”和“二元制”的观点。前者是指只有证券公司是协助主体，后者是指证券公司和证券登记结算机构都是协助主体。由于我国实行“直接持有，两级托管”的证券存管体制，证券公司处于证券结算的前端，其有能力实现即时冻结、扣划。证券结算机构处于证券交易的后端，投资者需要以实名在证券登记结算机构开设账户，证券登记结算机构掌握每一名投资者证券账户中的余额及变动情况，并且负责办理交易双方的证券过户登记手续，故其也可以对特定投资者的证券进行冻结和扣划。鉴于此，我国法律设定的证券和证券结算资金的协助执行义务主体为“二元制”①，即证券公司和证券登记结算机构都负有协助执行义务。

由于证券公司和登记结算公司分别处于交易结算体系的前、后端，两者的协助内容不同，要求也不同：就证券公司而言，因其处于证券结算的前端，任何一单证券交易都从证券公司报单开始，其有能力实现即时冻结、扣划。因此，在执法机关送达相关法律文书之后，其应当立即实施冻结事项，保证对冻结、扣划的证券和资金不下单，已经下单但尚未交易成功的要及时撤单。同时，已经下单并撮合成功的可以允许其进行正常交收，但是交易对应的应收资金和应收证券应当纳入冻结、扣划的效力范围。

就证券登记结算机构而言，由于其处于结算后端，在协助执行时并不知哪些交易已经被交易所撮合成功，故只能等待受理日收盘后才能知道哪些是需要进行交收的资金和证券，然后对交收结果之外需要冻结、扣划的证券和资金采取锁定措施，故其只能在受理日对应的交收日交收程序完成后根据交收结果协

① 中国证券登记结算有限责任公司于2005年发布的《关于协助司法机关冻结流通证券有关问题的通知》以及最高人民法院于2004年发布的《关于冻结、扣划证券交易结算资金有关问题的通知》等文件，均规定了协助执行义务主体的“二元制”。

助冻结、扣划，无法要求其即时冻结、扣划。

（二）执法机关和协助单位的各自义务

执法机关在查询、冻结、扣划证券和交易结算资金时，应当遵循法定程序。一是应当表明身份并出具有效法律文书。执法人员应当出示工作证等表明身份的证件，同时还要出具有效法律文书以表明自己系在执行公务，执法行为合法有据，具有正当性。二是应当明确查询和冻结、扣划的对象。协助执行义务单位既要配合执法，也要对公民和法人的财产状况进行保密并保证财产安全，故执法机关的查询、冻结、扣划对象必须指向特定的当事人或者特定的财产。为了保证查询对象的唯一性，查询自然人需提供其姓名和身份证号码；查询法人需提供其名称和营业执照或者法人注册登记证书号码①。

此外，执行实务中存在一些执法机关协助通知书因内容模糊而导致协助义务单位无所适从的现象，为解决这类问题，执法机关必须明确冻结、扣划对象的名称、数量或数额、所在账户、冻结期限等信息。

同时，登记结算机构和证券公司具有协助执行和签收法律文书等义务。执法机关协助执法的要求系通过送达法律文书的方式进行传递的，协助义务单位必须无条件签收法律文书，签收法律文书即表明执法机关的协助要求已经传递到了协助单位。当然，由于证券市场实行特殊的结算规则，如 T+1、T+3 交收等，送达时并不一定能立即办理有关协助事项，但签收行为只表明协助单位收到了相关法律文书，至于是否能够协助或者协助行为的办理时间则属于另外一个问题。若不能办理协助事项，协助单位只需在执法机关的送达通知书上的“备注”栏注明情况即可，所以《最高人民法院、最高人民检察院、公安部、中国证监会关于查询、冻结、扣划证券和证券交易结算资金有关问题的通知》只是笼统规定了协助单位应当签收。

（三）豁免执行的证券、资金范围

现代证券结算的法律关系可以归纳为“两段式法律结构”，即证券登记结算机构与证券公司进行一级结算，证券公司与投资者进行二级结算。在结算环节，

---

① 在 2015 年全面推行工商注册登记制度改革后，实现营业执照、税务登记证和组织机构代码证的“三证合一”，即可根据工商部门发放营业执照上标记的统一社会信用代码识别企业。

证券登记结算机构只与证券公司发生法律关系，不与投资者发生法律关系。证券交易结算履约优先是2005年《证券法》修订时所确立的重要规则，即证券交易达成后，履约义务人已进入清算交收程序的财产优先用于清偿证券交易清算交收债务。

根据《证券法》第158条规定，证券登记结算机构为证券交易提供净额结算[①]服务时，应当要求结算参与人按照货银对付[②]的原则，足额交付证券和资金，并提供交收担保。在交收完成之前，任何人不得动用用于交收的证券、资金和担保物。但《证券法》的这一规定较为原则，豁免执行的证券、资金范围仍不明确。

根据本通知第5条、第6条，在交收完成之前，任何人不得动用证券登记结算机构按照业务规则收取并存放于专门清算交收账户内用于交收的几类特定证券、资金。如果这几类证券资产被允许强制执行，将会导致这些财产无法交付给交易对手方，进而破坏正常交收秩序，并最终导致无辜投资者合法权益遭到损害。从境外实践情况看[③]，证券公司等结算参与人即使进入破产清算程序，其对结算体系的交收义务也必须优先履行，不受破产清算程序影响。《证券法》确立的证券交易结算履约优先的原则，为证券登记结算系统安全运营、切实保护投资者的利益提供了法律保障。[④]

《证券法》对登记结算机构的清算财产予以特殊保护的原因在于：登记结算机构提供沪、深两市所有上市证券的登记、存管与结算服务，不以营利为目的。其作为中央对手方介入双方的证券买卖合同关系之中，固定作为证券交易的买

① 净额结算，是指以结算参与人为单位，对其买入和卖出交易的余额进行轧差，以轧差得到的一个净额与结算参与人进行交收的制度。现代证券市场参与证券买卖的投资者数量很多，每天成交笔数和金额都很大，而且很多是通过电子交易系统以匿名方式进行。如果由买卖双方自行逐笔交收，效率低，成本高，风险大，不能满足现代证券市场飞速发展的需要。为了提高证券交易的交收效率，保证交易安全，降低交收风险，证券登记结算机构一般采取“净额结算”的方式，这是国际证券市场的通行做法。

② 货银对付（Delivery Versus Payment，DVP），就是将证券交收和资金交收联系起来的机制，通俗地说就是“一手交钱，一手交货”，是全球证券结算系统普遍采用的重要原则。在此机制下，一旦结算参与人发生资金或证券交收违约，证券登记结算机构可以暂不向违约参与人交付其买入的证券或应收的资金，从而防范本金损失的风险。

③ 欧盟1998年制定的《关于支付和证券结算体系中结算最终性的指令》，其核心内容是一项交收指令一旦被输入结算体系，即不受其他债权债务影响，确保完成对结算系统的交收义务。

④ 参见沙玲：《证券法对我国证券登记结算制度的完善》，载《人民法院报》2006年2月8日。

方或者卖方与结算参与人进行资金和证券的交收。买卖双方证券交易达成以后，卖方卖出的证券或者买方用于买入证券的资金虽然尚未交付，但这些证券或资金已指定了特定的用途，进入了特定的结算法律关系之中，属于已进入交收程序的财产，需要交付给交易对手方。登记结算机构对结算参与人的履约义务，不以任何一方结算参与人是否正常履约为前提。但前手结算参与人不能向登记结算机构交付资金与证券，登记结算机构向后手结算参与人交付资金和证券也必然受到影响，进而造成结算参与人向投资者履约困难。

（四）豁免执行的担保物范围

关于担保物的豁免冻结、扣划问题，本通知制定时曾有不同观点。一种观点认为，结算参与人提供的担保物对于防范结算风险具有重要作用，按照《证券法》，只要是结算参与人提供的担保物，在交收完成之前，执法机关就不能冻结、扣划。另一种观点认为，从传统民法理论的规定来看，担保物权人享有的担保物权并不具有禁止执法机关对担保物强制冻结、扣划的效力，只不过执法机关在处理担保物时要保证其优先权而已。《证券法》中“任何人不得动用”的规定，仅是限制证券结算机构以及证券公司从业人员的规定，不能成为限制执法机关冻结、扣划的理由。

最高人民法院曾就此问题征求全国人大常委会法工委经济法室的意见，该室书面答复认为：用于交收的担保物，不同于民事法律关系中的一般意义上的担保，其担保的不是特定债权，而是证券交易中交收违约的风险。《证券法》所称“任何人不得动用”，包括人民法院等司法机关不得冻结、扣划。

最终，最高人民法院采纳了立法机关的意见。据此，豁免冻结、扣划的担保物包括证券公司等结算参与人、投资者或者发行人提供的回购质押券、价差担保物、行权担保物、履约担保物等，它们在交收完成之前，不得冻结、扣划。

（五）证券机构自营资金不属于豁免执行对象

证券公司的业务有自营业务和经纪业务之分。前者是指证券公司以自己的名义和资金买卖证券从而获取利润，简单地说，就是证券机构用自己的钱并以自己的名义买卖证券来营利；后者是指证券公司通过为投资者提供代理买卖证券的服务来从中赚取佣金，这是证券公司主要业务和收入来源。证券交易结算资金，包括客户交易结算资金和证券机构从事自营业务的自有资金，证券公司必须将两这类资金分开办理，其业务人员、财务账户均应分开，不得混合操作。

明确证券公司自营业务和经纪业务的区别，也就清楚了客户交易结算资金和证券机构自营资金的区别。显然，客户交易结算资金只能用于客户证券交易和客户提款，属于客户所有，而证券公司在银行开立的自营资金账户内的资金，则属于其所有的自有资金。因此，当证券公司为被执行人时，可以冻结、划拨其自营账户内的资金。

（六）证券和证券交易结算资金执行中的其他问题

1. 关于冻结顺位问题

如果不同的执法机关在同一交易日分别在证券公司、证券登记结算机构对同一笔证券办理冻结、扣划手续的，证券公司顺位在先。这是因为，证券公司处于结算链条前端，而登记结算机构处于结算链条的后端，无法实现即时控制和冻结，且这一规则也有利于引导和鼓励执法机关优先去找证券公司办理。不同执法机关就同一笔证券均要求进行冻结、扣划时，应遵循“送达在先”的顺位规则：由协助义务单位按照送达协助冻结、扣划通知书的先后顺序办理协助事项。

2. 关于轮候冻结问题

不同执法机关对同一笔证券和资金可以轮候冻结，同时，协助义务单位在轮候冻结生效时，应书面通知作出轮候冻结的执法机关。另需注意的是，如果不同的执法机关在同一交易日对同一笔证券分别在证券公司和登记结算机构办理轮候冻结手续的，在证券公司办理的轮候冻结亦应顺位在先。

3. 关于冻结期限问题

在最高人民法院司法解释和规范性文件中，统一规定了冻结证券的期限最长为2年，冻结交易结算资金的期限最长为6个月，续冻期限也是一样。但是，这一期限较短，不少案件的审理和执行程序很难在这一冻结期限内完成，法院要在期限届满后前往办理续封、续冻等手续，耗费大量的司法资源。《民事诉讼法解释》第485条对此作出了延长期限的重大改变，对交易结算资金的冻结期限最长可达1年，对证券的冻结期限最长可达3年。

4. 冻结是否存在“先刑后民”问题

冻结顺位是否与案件类型有关？实践中由于没有明确依据，执法机关在冻结证券和资金时，可能会发生争议。根据《通知》第13条，轮候冻结一体适用于法院、检察院和公安机关，即只要一个执法机关冻结在先的，其他执法机关的冻结措施只能做轮候处理；冻结解除的，登记在先的轮候冻结自动生效。这就意味着，这些冻结措施并不会因为是民事案件还是刑事案件而在效力上有先后之分。因此，实践中个别执法机关主张的刑事冻结、扣划优先或者民事冻结、扣划优先的观点，均缺乏法律依据。

5. 关于争议解决机制问题

当不同执法机关因冻结、扣划事项发生争议时，解决争议有两个原则：一是协调原则。发生争议后，先由争议机关自行协商。如果协商不成的，由其共同上级机关决定；没有共同上级机关的，由其各自的上级机关协商解决。二是维持现状原则。在争议解决之前，协助冻结的机关应当按照争议机关所送达法律文书载明的最大标的范围对争议标的进行控制。

实务操作指引

（一）对证券公司自营资金的冻结

需要注意的是，登记结算机构虽然有能力对证券公司自营证券进行冻结、扣划，但却无法协助对证券公司自营资金进行冻结、扣划。除了资金交收账户外，证券公司并不在登记结算机构开设资金账户，其资金账户开设在存管银行报证监会备案的自有资金专用存款账户内。因此，对证券公司自营资金冻结的协助义务主体只能是有关托管银行。

（二）证券变价的程序

根据最高人民法院于2004年发布的《关于冻结、扣划证券交易结算资金有关问题的通知》第4条，人民法院冻结证券后，应以书面形式责令被执行人在7日内提供可供执行的其他财产。被执行人提供了其他可供执行的财产的，人民法院应当先执行其他财产；逾期不提供或提供的财产不足清偿债务的，人民法院可以执行已冻结的证券。此即证券资产的“劣后执行”规则，最高人民法院曾对此多次发文强调。但该通知中并未提到期限要求，故执行证券前并非必须给被执行人7天提供其他财产的期限。但是，实务中为了减少纠纷和争议，执行法院应尽量优先执行其他财产。

在司法实践中，人民法院需要对上市公司股票采取强制执行措施的，一般采取二级市场集中竞价、大宗股票司法协助和网络司法拍卖交易三种处置方式。执行法院可以根据处置股票的数量或金额、股票的流通性、其处置对股票市场产生的影响等区分不同情况选择适用不同的处置方式：对于股票数量较小或交易金额较小、处置该股票不会对该股票价格产生较大影响的，采取二级市场集中竞价方式进行处置；如果拟处置的股票在股票二级市场强制卖出可能对该股票价格产生较大影响的，为了避免二级市场交易对股价产生重大影响，一般采取大宗股票司法协助执行方式，即通过与证券交易所约定的信息渠道发布大宗股票司法处置公告，依托证券交易所提供的大宗股票司法协助执行平台，完成竞买申报、竞买匹配、结果公示等询价竞买相关事项。此外，处置上市公司限售流通股、存托凭证，根据限售条件、解禁条件、案件情况亦可选择适用大宗股票司法协助执行方式。对于流通性较差的股票或者股权分置改革未完成的上市公司的股票可以采取网络司法拍卖的方式，如在中华人民共和国境内注册的发行人在境外公开发行的上市公司股票、“新三板”股票或其他流通性较差的股票，上述股票的处置优先适用网络司法拍卖。对于上市公司限售流通股、存托凭证，既可以选择适用大宗股票司法协助执行方式，也可以选择适用网络司法拍卖，网络司法拍卖的成交价格一般会低于集中竞价和大宗股票司法协助处置方式。

尽管股票为流通股股份，如已被证券交易所采取了限制交易措施，且证监会、证交所对上市公司大股东通过集中竞价交易或大宗股票司法协助的方式有时间和比例的限制，无法通过集中竞价或大宗股票司法协助的方式进行变价。作为控股权在股票变价时有较大的溢价可能，分批变价可能对二级市场产生不良影响和价值贬损；而证券交易场所不具有拍卖股票的相关配套流程及机构，在证券公司进行分批变价也不具有现实可操作性，为了充分保护申请执行人及被执行人的合法权益，采用在网络司法拍卖平台上整体公开拍卖的方法对股票进行处置，拍卖成交的买受人将取得涉案股票的所有权益，包括大股东的身份及控股权，不属于减持的情形。中国证监会发布的《上市公司股东、董监高减持股份的若干规定》系规范性文件，效力低于法律规定，此时可不受减持的限制。

在确定处置价方面，根据《拍卖变卖规定》第4条第1款规定，对拟拍卖的财产，人民法院可以委托具有相应资质的评估机构进行价格评估。对于财产价值较低或者价格依照通常方法容易确定的，可以不进行评估。如为无限售流通股，已有公开市场交易价格，因此，执行法院可参照市场公开交易价格确定该股票拍卖的起拍价，而无须再委托评估机构进行评估确定。

无论是出质人配合出售股票还是执行法院强制执行股票，均要遵守证监会及证券交易所出台的《上市公司股东、董监高减持股份的若干规定》《上海证券交易所上市公司股东及董事、监事、高级管理人员减持股份实施细则》《深圳证券交易所上市公司股东及董事、监事、高级管理人员减持股份实施细则》的相应规则。通过集中竞价交易方式处置股票的，适用《减持新规》及《减持细则》中关于集中竞价交易减持的规定。如果是通过司法扣划、划转等非交易过户的，比照适用《减持新规》《减持细则》关于协议转让减持的规定，但不受《减持细则》第6条第1款关于受让比例、转让价格等限制条件的约束。股票被司法扣划、划转后，出让方（过出方）不再具有大股东身份或者过户标的为特定股份的，出让方（过出方）、受让方（过入方）的后续减持应当遵守《减持细则》第6条第2款、第3款有关减持比例、信息披露的规定。

六、执行联动机制的困境与对策

意见、通知原文

（一）最高人民法院、公安部
关于建立快速查询信息共享及网络执行查控协作
工作机制的意见

2016年1月31日　法〔2016〕41号

各省、自治区、直辖市高级人民法院、公安厅（局），解放军军事法院，新疆维吾尔自治区高级人民法院生产建设兵团分院、新疆生产建设兵团公安局：

根据《中华人民共和国民事诉讼法》《最高人民法院关于适用〈中华人民共和国民事诉讼法〉的解释》《中华人民共和国人民警察法》等相关法律规定，为深入贯彻落实《中央政法委关于切实解决人民法院执行难问题的通知》（政法〔2005〕52号）、《关于建立和完善执行联动机制若干问题的意见》（法发〔2010〕15号）、《关于建立实名制信息快速查询协作机制的实施意见》（公通字〔2011〕3号）的文件精神，最高人民法院、公安部决定建立快速查询信息共享及网络执行查控协作工作机制。现就有关工作提出以下意见：

一、总体规划

最高人民法院与公安部通过“ZF801”工程专线分别建设信息共享平台，按照安全、有序、高效的原则建立快速查询信息共享及网络执行查控协作工作机制。以相关信息电子化传输替代书面纸质材料传输，实现网络核查被执行人身份信息和车辆财产信息、联合发布对被执行人员和被执行车辆的预警指令、协作限制人员出境、共享被执行人和失信被执行人信息。

最高人民法院执行局与公安部科技信息化局分别负责协调本系统推进本工作机制的顺利进行。

二、快速查询信息共享协作工作内容

（一）最高人民法院提供信息

1. 执行案件信息。包括：当事人姓名或名称、公民身份号码或组织机构代码、案号、立案时间、执行法院、执行状态、申请执行标的额；

2. 失信被执行人信息。包括：当事人姓名或名称、公民身份号码或组织机构代码、案号、立案时间、执行法院、执行状态、申请执行标的额，被执行人失信行为的具体情形；

3. 司法审判信息。包括：司法判决文书电子版。

（二）公安部提供信息

1. 被告、被执行人身份信息。包括：姓名、曾用名、出生日期、户籍地、住址、公民身份号码、照片；

2. 诉讼保全被告的出入境证件信息。包括：姓名、性别、出生日期、所有证件种类名称、证件号码、照片；

3. 被执行人出入境证件及出入境信息。包括：姓名、性别、出生日期、所有证件种类名称、证件号码、照片、出入境时间、前往国家（地区）名称、登记联系电话；

4. 诉讼保全被告、被执行人车辆登记信息。包括：车辆车牌号、车辆品牌、型号、类型、车辆识别码、注册登记机关及注册日期、抵押权人、查封扣押机关名称、查封扣押文书名称。

5. 被执行人旅店住宿信息。包括：入住时间、退房时间、住宿旅馆名称、住宿旅馆地址、登记联系电话。

三、网络执行查控协作工作内容

（一）协助限制出境

1. 最高人民法院向公安部提供被决定限制出境的当事人（自然人）信息，提供执行法院信息、案件承办人姓名及联系电话、控制期限及边控要求；

2. 公安机关各边检总站、边防总队负责对本省法院系统边控对象进行布控，各地边检机关与当地法院建立相关的查控联络机制，及时有效处理相关问题。

（二）协助查找车辆

最高人民法院向公安部提供加盖电子签章的查封车辆裁定书、协助执行通知书，提供执行法院信息、案件承办人姓名及联系电话。公安机关交管部门将上述车辆信息纳入车辆管理信息系统，限制其转让过户或新增抵押登记，在办理车辆年检、转移登记、执勤执法的过程中发现上述车辆的，应及时通知人民法院。

（三）协助查找被执行人

最高人民法院向公安部提供被决定司法拘留的当事人（自然人）信息，并推送对应的加盖电子签章的拘留决定书及协助执行通知书，提供执行法院信息、案件承办人姓名及联系电话；公安机关及派出机构在日常执法过程中发现上述人员时，应及时通知人民法院。

人民法院应当及时将解除查控措施的当事人信息推送至公安部。

（四）最高人民法院建立全国执行指挥系统，统一指挥、协调，负责督导各省之间的查控执行工作。

四、协作机制工作内容

（一）最高人民法院与公安部建立快速查询信息共享及网络执行查控协作工作机制，适时相互通报情况、协调工作、总结交流经验。

（二）最高人民法院与公安部决定本协作机制相关信息的技术规范细节，对本协作共享内容扩展或修改由双方确定的联系部门共同商定。

（三）人民法院在本协作机制框架下出具的电子法律文书与纸质法律文书具有同等效力。

（四）人民法院通过网络实施本协作机制的行为，与执行人员赴现场处置具有同等效力。

（五）双方应于系统发生异常的24小时内通知对方，共同排查、协商解决。

五、工作要求

（一）最高人民法院、公安部建立健全内部管理机制，严格按照相关制度规定查询和使用共享的信息。

（二）协作过程中双方应建立完备系统日志，完整记录用户的访问、操作及客户端信息，确保系统的安全和正常使用；建立必要的技术隔离措施，保护敏感核心信息的数据安全，杜绝超权限操作。

（三）各省、自治区、直辖市高级人民法院及公安厅（局）、新疆生产建设兵团分院及公安局可根据本意见制定实施细则。

（二）中央全面依法治国委员会关于印发《关于加强综合治理从源头切实解决执行难问题的意见》的通知

2019年7月14日　中法委发〔2019〕1号

为深入贯彻落实党的十八届四中全会提出的“切实解决执行难”、“依法保障胜诉当事人及时实现权益”重大决策部署，进一步健全完善综合治理执行难工作大格局，确保切实解决执行难目标实现，现就加强执行难综合治理，深化执行联动机制建设，加强人民法院执行工作，提出如下意见。

一、深刻认识解决执行难工作的重要意义

人民法院执行工作是依靠国家强制力确保法律全面正确实施的重要手段，是维护人民群众合法权益、实现社会公平正义的关键环节。做好执行工作、切实解决长期存在的执行难问题，事关全面依法治国基本方略实施，事关社会公平正义实现，具有十分重要的意义。党的十八大以来，以习近平同志为核心的党中央站在全局和战略的高度，将解决执行难确定为全面依法治国的重要内容，作出重大决策部署。三年来，在以习近平同志为核心的党中央坚强领导下，在各地各有关部门共同努力下，执行工作取得了显著成效。同时，一些制约执行工作长远发展的综合性、源头性问题依然存在，实现切实解决执行难的目标仍需加倍努力。

各地区各有关部门要坚持以习近平新时代中国特色社会主义思想为指导，增强“四个意识”、坚定“四个自信”、做到“两个维护”，充分认识加强执行工作、切实解决执行难的重大意义，加大工作力度，强化责任落实，形成强大工作合力，确保完成党中央提出的切实解决执行难的目标任务。

二、推进执行联动机制建设

（一）健全网络执行查控系统。加大信息化手段在执行工作中的应用，整合完善现有信息化系统，实现网络化查找被执行人和控制财产的执行工作机制。通过国家统一的电子政务网络实现人民法院执行查控网络与公安、民政、人力资源社会保障、自然资源、住房城乡建设、交通运输、农业农村、市场监管、金融监管等部门以及各金融机构、互联网企业等单位之间的网络连接，建成覆盖全国及土地、房产、证券、股权、车辆、存款、金融理财产品等主要财产形式的网络化、自动化执行查控体系，实现全国四级法院互联互通、全面应用。人民法院、人民检察院要加强沟通，密切协作，探索建立全国执行与监督信息法检共享平台。要确保网络执行查控系统的自身数据安全，信息调取、使用等要严格权限、程序、责任，防止公民、企业信息外泄。

（二）建立健全查找被执行人协作联动机制。人民法院与公安机关建立完善查找被执行人协作联动机制，协作查找被执行人下落、协作查扣被执行人车辆、限制被执行人出境，建立网络化查人、扣车、限制出境协作新机制。对人民法院决定拘留、逮捕或者人民检察院批准逮捕的被执行人以及协助执行人，公安机关应当依法及时收拘。对暴力抗拒执行的，公安机关应及时出警、及时处置。

（三）加快推进失信被执行人信息共享工作。通过国家“互联网 + 监管”系统及全国信用信息共享平台，推进失信被执行人信息与公安、民政、人力资源社会保障、自然资源、住房城乡建设、交通运输、文化和旅游、财政、金融监管、税务、市场监管、科技等部门以及有关人民团体、社会组织、企事业单位实现公共信用信息资源共享。明确电信企业可以配合调取信息的范围，规范配合调取的程序。建立完善社会信用档案制度，将失信被执行人信息作为重要信用评价指标，纳入社会信用评价体系。

（四）完善失信被执行人联合惩戒机制。各有关部门尽快完成与国家“互联网＋监管”系统及全国信用信息共享平台联合惩戒系统的联通对接和信息共享，做好失信被执行人身份证、护照等所有法定有效证件全部关联捆绑制度，将人民法院发布的失信被执行人名单信息嵌入本单位“互联网＋监管”系统以及管理、审批工作系统中，实现对失信被执行人名单信息的自动比对、自动监督，自动采取拦截、惩戒措施，推动完善一处失信、处处受限的信用监督、警示和惩戒体系。建立执行联动工作考核机制，对失信被执行人信用监督、警示和惩戒机制落实情况开展专项检查，加大考核和问责力度。规范失信名单的使用，完善纠错、救济机制，依法保护失信被执行人的合法权益。

（五）强化对公职人员的信用监督。人民法院应及时将党员、公职人员拒不履行生效法律文书以及非法干预、妨害执行等情况，提供给组织人事部门等单位掌握，采取适当方式共同督促改正。对拒不履行生效法律文书、非法干预或妨碍执行的党员、公职人员，构成违纪违法的，分别按照《中国共产党纪律处分条例》和《中华人民共和国监察法》等有关规定处理。

（六）加大对拒不执行生效判决、裁定等违法犯罪行为打击力度。公、检、法等政法机关加强协调配合，统一立案标准，建立常态化打击拒执犯罪工作机制。对拒不执行生效判决、裁定以及其他妨碍执行的犯罪行为，公安机关应当依法及时立案侦查，检察机关应当依法及时批准逮捕和审查起诉，人民法院应当依法及时审理。公安机关不予立案、检察机关不予起诉的，应当出具法律文书，畅通当事人自诉渠道。逐步建立起以当事人刑事自诉为主的拒不执行判决、裁定罪的诉讼模式，加大对以虚假诉讼、虚假仲裁、虚假公证等方式转移财产、逃避执行违法犯罪行为的打击力度。

三、加强和改进人民法院执行工作

（一）推进执行信息化建设。完善执行查控系统建设，实现对被执行人不动产、车辆、证券、股权、存款及其他金融产品等主要财产形式的网络化、自动化查控。加强联合惩戒系统建设并与“互联网+监管”系统联通对接，对失信被执行人实现网络化自动监督、自动惩戒。建立健全司法网络询价制度，利用云计算、大数据等现代信息技术手段进行网络询价，确定财产处置的参考价格。完善网络司法拍卖工作，实现司法拍卖模式迭代升级。完善四级法院一体化的执行案件办案平台，强化节点管控，实现案件管理的信息化、智能化。

（二）提升执行规范化水平。健全执行规范制度体系，加强执行领域司法解释工作，建立完善以操作规程为核心的执行行为规范体系。加大执行公开力度，全面推进阳光执行。规范无财产可供执行案件的结案程序，完善恢复执行程序。强化全国执行指挥系统建设，确保统一管理、统一指挥、统一协调的执行工作机制有效运行。树立依法执行、规范执行、公正执行、善意执行、文明执行理念，依法保护产权。依法严格区分个人财产和企业法人财产，严格区分非法所得和合法财产，最大限度降低对企业正常生产经营活动的不利影响。拓宽执行监管渠道，健全执行监督体系。

（三）加大强制执行力度。依法充分适用罚款、拘留、限制出境等强制执行措施，加大对抗拒执行、阻碍执行、暴力抗法行为的惩治力度。完善反规避执行工作机制，严厉打击拒执犯罪，切实增强执行威慑力。

（四）创新和拓展执行措施。人民法院可以根据当事人申请，要求被执行人或协助执行人就其重大资产处置和重要事项变更等向人民法院申报和备案。执行程序中，除查封、扣押、冻结、拍卖、变卖、以物抵债等传统执行手段外，探索直接交付、资产重组、委托经营等执行措施，加快推进委托审计调查、依公证方式取证、悬赏举报等制度。推进将涉诉政府债务纳入预算管理。区分执行权核心事务与辅助性事务，明确执行辅助事务外包的范围，建立辅助事务分流机制，探索将案款发送、送达，以及财产查控、司法拍卖中的执行辅助事务适度外包。

（五）完善执行工作机制。完善立审执协调配合、案件繁简分流、执行与破产有序衔接等工作机制。加强执行工作的系统管理，完善上下级法院执行工作管理模式，强化上级法院对下级法院执行工作的监督责任。建立健全法院内部组织人事、监察部门与执行业务部门协调配合工作机制。

四、强化执行难源头治理制度建设

（一）加快社会信用体系建设。建立覆盖全社会的信用交易、出资置产、缴费纳税、违法犯罪等方面信息的信用体系，完善失信联合惩戒机制，建立完善公共信用综合评价与披露制度，畅通市场主体获取信息渠道，引导市场主体防范交易风险，从源头上减少矛盾纠纷发生。

（二）完善市场退出工作制度机制。研究破产过程中的破产费用来源渠道，探索建立多渠道筹措机制。畅通执行案件进入司法破产重整、和解或清算程序的渠道，充分发挥企业破产制度功能，促进“僵尸企业”有序退出市场。

（三）完善司法救助制度。积极拓宽救助资金来源渠道，简化司法救助程序，加强司法救助与社会救助的衔接配合，切实做好执行过程中对困难群众的救助工作。

（四）完善责任保险体系。扩大责任保险覆盖范围，鼓励相关单位投保食品安全责任、环境责任、雇主责任等责任保险，发挥保险制度分担风险、分摊损失作用，充分保障大规模受害人合法权益。

（五）完善相关法律制度。健全完善民事法律制度，加快推进制定民事强制执行法，为民事执行提供有力法律保障。依法明确法定代表人和高级管理人员任职条件和对公司资产的监管责任，限制随意变更法定代表人和高级管理人员。依法强化公司账簿管理，建立健全公司交易全程留痕制度，防止随意抽逃公司资产。健全完善行政强制执行和刑罚财产刑执行相关法律法规。

五、全面加强组织保障和工作保障

（一）加强组织领导。各级党委要统筹各方资源，实行综合治理，推动建立党委领导、政法委协调、人大监督、政府支持、法院主办、部门联动、社会参与的综合治理执行难工作大格局，纳入工作督促检查范围，适时组织开展专项督查。

（二）健全执行工作部门协作联动机制。由党委政法委牵头健全执行工作部门协作联动机制，人民法院承担主体责任，公安、民政、人力资源社会保障、自然资源、住房城乡建设、交通运输、农业农村、市场监管、金融监管等部门各司其职、通力协作、齐抓共管，形成工作整体合力。检察机关要加强对民事、行政执行包括非诉执行活动的法律监督，推动依法执行、规范执行。纪检监察机关加强对党政机关及领导干部干扰执行工作的责任追究。对于帮助进行虚假诉讼、公证、仲裁等以转移财产、逃避执行的律师、公证员、仲裁员等法律服务人员，由行业协会和司法行政主管部门加大惩罚力度。各地区及相关部门要进一步加强执行机构建设，强化人、财、物保障。最高人民法院执行局作为执行工作部门协作联动机制日常联络机构，切实负起责任。对确定的各项任务措施，明确责任部门和时间表、路线图，确保2019年年底前落实到位。

（三）加强执行队伍建设。推动执行队伍正规化、专业化、职业化，努力建设一支信念坚定、执法为民、敢于担当、清正廉洁的执行队伍，为解决执行难提供有力组织保障。各地区各部门积极引入专业力量参与执行，建立健全仲裁、公证、律师、会计、审计等专业机构和人员深度参与执行的工作机制，形成解决执行难的社会合力。

（四）加强舆论宣传工作。综合运用传统媒体和新媒体，加强正面宣传，充分展现加强执行工作、切实解决执行难的决心和成效。有计划地宣传报道一批典型案件，彰显法治权威，形成全社会理解支持参与的浓厚氛围。完善落实“三同步”工作机制，加强舆论引导，做好法律政策宣讲、解疑释惑等工作，及时回应，有效引导。

出台背景

查找被执行人难、查找被执行人财产难是“执行难”绕不开的问题。被执行人往往动用自己熟悉环境中的一切资源，无论是人力、物力还是财力以牵制执行人员的措施与行为，是典型的“游击战”对“正式军”的“作战”方式。①但人民法院社会治理职能有限，仅依靠人民法院的力量是无法完成对故意藏匿的被执行人及被执行财产的查控的。公安机关在社会治理方面承担的职能决定了其在查控人员及财产方面所具备的超强优越性。人民法院通过与公安机关协作，在查找被执行人、被执行财产、限制出入境以及追究被执行人抗拒执行责任，克服“执行难”方面具有巨大价值。为此，最高人民法院及公安部出台了《关于建立快速查询信息共享及网络执行查控协作工作机制的意见》，为落实协作机制提供制度保障。

① 参见栗峥：《中国民事执行的当下境遇》，载《政法论坛》2012年第2期。

理解与适用

（一）“执行难”是社会系统性问题

诸多围绕“执行难”的讨论及提出的方案对解决问题并无实质突破，“执行难”是司法问题，但更是一个社会问题。执行面对的是社会整体制度环境的牵制。民事执行规范的落实始终是在多重目标和不同利益部门机构相互作用下展开的，这既是推动执行问题化解的动力，也是影响执行措施效果的阻力，如法院对财产监控系统建立的推动与金融机构因担忧客户隐私及负担加重产生的抗拒之间的博弈。而且执行作为一种侵入被执行人生活圈的活动，会自然地受到被执行人所发动的地缘优势上的抗拒，执行过程中的每一种执行行为都可能被被执行人的某些油滑的策略消解。[①] 法院在社会治理中的有限职能在面对社会系统性的阻力面前，呈现“执行难”的局面几乎是必然的。

（二）执行联动机制的建立

正是注意到此类问题，《中央政法委关于切实解决人民法院执行难问题的通知》（政法〔2005〕52 号）、《中央纪律检查委员会、中央组织部、中央宣传部、中央社会治安综合治理委员会办公室、最高人民法院、最高人民检察院、国家发展和改革委员会、公安部、监察部、民政部、司法部、国土资源部、住房和城乡建设部、中国人民银行、国家税务总局、国家工商行政管理总局、国务院法制办公室、中国银监会、中国证监会关于印发〈关于建立和完善执行联动机制若干问题的意见〉的通知》（法发〔2010〕15 号）等政策文件构建了一个通过社会力量合作推进解决执行问题的联动机制。

在《最高人民法院、公安部关于建立快速查询信息共享及网络执行查控协作工作机制的意见》出台前，部分省市已经开始了联动执行的探索，尤其是在与公安部门进行查控被执行人、被执行人财产、拒不执行判决裁定等违法犯罪行为等方面开展合作。如浙江省高级人民法院和省公安厅早在 2006 年就联合发布了《关于依法规范人民法院执行和公安机关协助执行若干问题的通知》（浙高法〔2006〕205 号），对公安机关的协助执行工作进行了细致的规定。

---

① 参见栗峥：《中国民事执行的当下境遇》，载《政法论坛》2012 年第 2 期。

联动机制的建立，虽然在一定程度上改善了“执行难”问题，但“联而不动”的问题突出，联动机制的效果差异巨大，“执行难”的局面并未得到根本改善。其主要原因在于联动机关协助义务不具体、责任不明确以及行政管理体制的制约，导致政策贯彻较慢，需要同层级机构之间层层会签，以落实协作机制，影响效率。① 最为关键的还是联动机关与法院之间的协作没有形成硬性的长效约束机制，更多的是由人事关系在维系。联动机制往往是在建立之初能够积极发挥作用，但很快便偃旗息鼓。

（三）“联而不动”的解决路径

如前所述，目前建设的联动机制，无论层级高低、范围宽窄、详细程度，都无法长久持续发挥作用，其根本原因还是在于联动机关一无外力施压、二无内驱动力。联动执行机制要真正能发挥作用在于将联动机关基于“协作”的“帮忙”思维转化成基于“协助”的“义务”履行思维。

我国台湾地区“强制执行法”第 3－1 条规定，执行人员于执行职务时，遇有抗拒者，得用强制力实施之。但不得逾必要之程度。实施强制执行时，为防止抗拒或遇有其他必要之情形者，得请警察或有关机关协助。前项情形，警察或有关机关有协助之义务。由此，警察或有关机关的协助执行义务成为一项法定义务。此外，还在搜寻财产线索、查封财产、交付执行、被执行人有妨碍执行行为等具体执行活动中规定了警察的协助执行义务内容。②

参考我国台湾地区的做法，将公安机关等联动机关的协助义务及违反协助

---

① 参见高桂林、李帅：《民事协助执行中的隐性不协助研究》，载《人民司法》2015 年第 23 期。

② 我国台湾地区“强制执行法”第 48 条规定：“查封时，得检查、启视债务人居住所、事务所、仓库、箱柜及其他藏置物品之处所。查封时，如债务人不在场，应命其家属或邻右之有辨别事理能力者到场，于必要时，得请警察到场。”第 77－1 条规定：“执行法官或书记官，为调查前条第一项第二款情事或其他权利关系，得依下列方式行之：一、开启门锁进入不动产或讯问债务人或占有之第三人，并得命其提出有关文书。二、向警察及其他有关机关、团体调查，受调查者不得拒绝。前项情形，债务人无正当理由拒绝陈述或提出文书，或为虚伪陈述或提出虚伪之文书者，执行法院得依债权人声请或依职权管收债务人。但未经讯问债务人，并认非予管收，显难查明不动产状况者，不得为之。第三人有前项情形或拒绝到场者，执行法院得以裁定处新台币一万五千元以下之罚款。”第 99 条规定：“债务人应交出之不动产，现为债务人占有或于查封后为第三人占有者，执行法院应解除其占有，点交于买受人或承受人；如有拒绝交出或其他情事时，得请警察协助。第三人对其在查封前无权占有不争执或其占有为前条第二项但书之情形者，前项规定亦适用之。依前二项规定点交后，原占有人复即占有该不动产者，执行法院得依声请再解除其占有后点交之。前项执行程序，应征执行费。”第 109 条规定：“管理人因强制管理及收益，得占有不动产，遇有抗拒，得请执行法院核办，或请警察协助。”

义务的法律责任写入《民事诉讼法》或正在制定的“强制执行法”，作为一项法定义务，是一项可行举措。事实上，《民事强制执行法草案》（征求意见稿）第七章专门对协助义务进行了规定，其中对公安机关、财产登记管理部门、基层组织的协助执行义务、协助执行程序以及违反协助执行义务的法律责任均进行了规定。如此，人民法院在请求联动机关协助执行时有法律依据作为保障，联动机关协助执行也有了外在压力，联动执行机制才能长久有效地运行。

实务操作指引

公安机关协助查控被执行人或被执行人财产时常会遭遇来自被执行人提出的违法行政行为的指控。在吴某忠与广州市公安局交通警察支队车辆管理所公安行政管理：道路交通管理（道路）行政诉讼一案中，① 原告吴某忠诉称，广州市公安局交通警察支队车辆管理所不予办理车辆检验手续，不履行法定职责。被告广州市公安局交通警察支队车辆管理所辩称，吴某忠名下车牌号为粤A×××××的车辆目前状态是“锁定”，“锁定”原因是应广州市天河区人民法院的协助执行要求，查封该车档案，查封期间，不予办理该车年审、过户、换牌等手续。按照《最高人民法院关于行政机关根据法院的协助执行通知书实施的行政行为是否属于人民法院行政诉讼受案范围的批复》（已废止）的规定，不予年审是协助司法机关采取执行措施的司法协助行为，是必须履行的法定协助义务，不属于人民法院行政诉讼受案范围。

广州铁路运输法院经审查认为，被告是依据广州市天河区人民法院发出的《协助执行通知书》要求，不予办理该车年审、过户、换牌等手续。根据《行政诉讼法解释》第1条第2款第7项规定，行政机关根据人民法院的生效裁判、协助执行通知书作出的执行行为不属于人民法院行政诉讼的受案范围，行政机关扩大执行范围或者采取违法方式实施的除外。遂裁定驳回原告起诉。

① 广州铁路运输法院行政裁定书，（2019）粤7101行初1597号。

第十三章 执行和解与执行担保

第一节 执行和解

一、执行和解协议的履行与恢复执行

答复原文

最高人民法院研究室
关于执行和解协议约定一次性履行但未约定履行期限，
被执行人分多次履行完毕后，申请执行人反悔，
该执行和解协议是否应认定为已完全履行问题的电话答复

2017年7月 法研〔2017〕号

宁夏回族自治区高级人民法院：

你院宁高法〔2017〕76号《关于执行和解协议约定一次性履行但未约定履行期限，被执行人分多次履行完毕后，申请执行人反悔，该执行和解协议是否应认定为已完全履行的请示》收悉。经研究，答复如下：

对于请示问题，属于事实认定问题，请你院根据相关法律规定依法处理。

此复

出台背景

《民事诉讼法》第237条及《民事诉讼法解释》第465条规定了在签订执行和解协议的情况下，当事人申请恢复执行的条件为："不履行或不完全履行和解协议。"也就是在当时相关法律及司法解释没有赋予执行和解协议一方当事人诉权的前提下，和解协议没有得到履行或完全履行的情况下，其救济途径为恢复执行原生效法律文书。因此，和解协议的履行情况及和解协议是否得到履行或完全履行的认定，就成为法院执行程序中审查认定的关键，因为这直接关系到后续当事人的权利救济能否实现。而实践中，和解协议的履行情况、履行方式等异常复杂，需要结合案件事实予以判断。因此，最高人民法院通过答复的形式认为，对于和解协议是否履行完毕的认定属于事实认定问题，简言之，该类情况需要结合具体案件情况及相关法律规定予以综合判断。2018年《执行和解规定》，相较之前的法律规定也有较大突破与变化。但是，执行和解协议履行完毕的认定仍是需要研究探讨的问题。

理解与适用

（一）执行和解协议的属性

执行和解协议，是在执行程序中，双方当事人通过平等协商，就变更执行依据所确定的给付标的、标的物及其数额、履行期限、履行方式等所达成的合意。本质上，也属于合同的一种，它体现了当事人的合意，以原执行根据所确定的法律关系内容为客体，对执行程序产生一定的影响，可以成为一种阻却执行的事由。

（二）迟延履行、不完全履行等轻微违约行为之界定

我国法律通常使用不履行或不完全履行合同的概念来表述违约行为。理论上将违约行为划分为根本违约与非根本违约。但是，仅仅是根据违约行为的严重程度划分为根本违约与非根本违约仍未免粗略，这对于判断违约行为的严重程度对守约方造成的损害程度以及合同目的实现的衡量不利，最终因违约行为而需承担违约责任的判断只能交给法官按照自由裁量作出处理。《合同法》（已

废止）并未使用根本违约的概念，而是将根本违约定义为合同一方当事人违反合同，致使合同目的不能实现的行为。合同一方出现根本违约行为，相对方获得法定合同解除权。《民法典》第563条第1款第4项规定："当事人一方迟延履行债务或者有其他违约行为致使不能实现合同目的，当事人可以解除合同。"执行和解协议本质上也是合同，也会存在被执行人不履行和解协议的行为。关于不完全履行协议的界定，实践中一直争议较大。《合同法》（已废止）中的不完全履行一般包括瑕疵履行、加害给付和迟延履行，执行和解协议语境下的不完全履行主要指迟延履行和瑕疵履行，以迟延履行为常态。如何判断被执行人的不完全履行导致申请执行人获得了恢复执行原执行依据的权利，便成为此类案件中的难点。《执行和解规定》第15条规定："执行和解协议履行完毕，申请执行人因被执行人迟延履行、瑕疵履行遭受损害的，可以向执行法院另行提起诉讼。"对于执行过程中被执行人根据当事人自行达成但未提交人民法院的和解协议，或者一方当事人提交人民法院但其他当事人不予认可的和解协议提出执行异议的，人民法院经审查，认定和解协议履行完毕的，可以裁定终结原生效法律文书的执行。

（三）债务人迟延履行执行和解协议，债权人未提出异议并接受履行不视为根本违约

最高人民法院在（2021）最高法执监55号执行裁定中对债务人在签订执行和解协议后发生了持续性的迟延履行的情况后债权人能否据此申请恢复执行原判决问题作出了定性和判断，该案中，原申请执行人中行高平支行与被执行人三甲公司、赵庄煤业之间本为借款合同纠纷，履行过程中，赵庄煤业将每期还款日由每年6月20日延迟至年底，在此期间并未收到债权人的催告，原申请执行人及债权转让过程中的债权人亦未提出过异议。后该债权发生转让，中朋公司接受该债权后，认为债务人根本违约，要求恢复原判决执行，执行法院晋城中院裁定不予恢复对224号判决的强制执行，中朋公司提出执行异议，执行法院经过审理认为，赵庄煤业每期履行日已变更至每年年底，履行日期的变更自然对中朋公司具有约束力，本案当事人达成的和解协议正在履行过程中，不符合恢复执行的条件，依照《执行和解规定》第11条第3项的规定，本着善意文明执行的理念，体现执行和解对于化解实际矛盾的现实意义，认定事实无误，

适用法律正确。晋城中院于2020年5月22日作出（2020）晋05执异10号执行裁定，驳回中朋公司的异议请求，异议人复议到山西省高级人民法院后，山西省高级人民法院维持了异议裁定，复议申请人再次向最高人民法院申请执行监督，最高人民法院经过审查，维持了复议裁定。

最高人民法院认为，从执行和解协议实际履行情况看，尽管债务人并未严格按照协议约定的期限履行付款义务，而是将付款时间迟延，但申请执行人及后续执行债权受让人均未对债务人迟延付款行为提出异议，亦未以不履行或者不完全履行执行和解协议为由，及时向执行法院申请恢复对判决的强制执行，而是受领了债务人支付的款项，可视为对债务人迟延付款行为的认可。应当视为债务人和原执行债权人以实际履行行为方式对执行和解协议约定的履行期限进行了变更。该案件较为典型之处在于，如果执行和解协议约定的付款义务已履行到位，也没有证据证实债务人的迟延付款行为给债权人合法权益造成实质上的损害、导致执行和解协议根本目的无法实现，那么债务人没有违反执行和解协议，债权人还不能获得恢复执行原执行依据的申请权。

（四）有效和解协议应具备的条件

盐城市中级人民法院针对中国农业发展银行盐城市盐都支行（以下简称盐都农发行）与帜和公司借款合同纠纷，于2013年10月28日作出（2012）盐执字第0149号执行裁定：终结执行（2012）盐商初字第0089号民事判决；如发现被执行人有可供执行的财产，申请执行人可向该院申请恢复执行。2019年6月10日，依盐都农发行的申请，盐城市中级人民法院恢复对（2012）盐商初字第0089号民事判决的执行，并向帜和公司发出恢复执行通知书及报告财产令。

帜和公司对此提出异议，认为其已与盐都农发行达成执行和解并履行完毕。帜和公司认为，盐都农发行在本案生效判决空白处手写并加盖印章的内容（以下简称情况说明）是双方达成的和解协议，其内容为："经集体研究，并请示市分行，鉴于贵公司历史包袱重，资产处置难等，同意贵公司在尽力归还一定现金，承担全部诉讼费用，包括我行的一切费用，不再提起上诉，积极配合我行向上级审报核销并获批准的前提下，我行不再追偿。"落款时间为2012年7月26日。另有盐都农发行提交的时间为2012年11月15日双方盖章的和解协议书一份，载明"一、盐城帜和实业有限公司自愿将存放在该公司的房产、设备抵偿本案债务。二、盐都农发行委托进行评估，双方共同请求法院进行拍卖，拍卖所得款项给盐都农发行抵偿债务。三、对盐城帜和实业有限公司房产、设备抵偿本案债务不足的部分，由法院视情况依法处理。”

盐城市中级人民法院及江苏省高级人民法院认为，无论是情况说明还是和解协议书均不属于帜和公司与盐都农发行之间达成的有效的和解协议，驳回了帜和公司的异议申请和复议申请。帜和公司向最高人民法院申诉，最高人民法院以盐城市中级人民法院和江苏省高级人民法院在审查本案时均未涉及关系到本案是否应恢复执行的《执行结案通知书》，属于认定事实不清，故裁定撤销盐城市中级人民法院的异议裁定及江苏省高级人民法院的复议裁定，由盐城市中级人民法院重新审查处理。

本案涉及的执行程序是否已终结暂且不论，从盐城市中级人民法院及江苏省高级人民法院关于和解协议是否成立的论证可以总结出法院对于有效和解协议的认定规则。

1. 从盐城市中级人民法院否定情况说明及和解协议书的理由来看，盐城市中级人民法院认为，有效的和解协议应该具备的条件是“履行内容明确具体+已向法院提交”。

盐城市中级人民法院认为，情况说明是在（2012）盐执字第0149号终结本次执行裁定书作出之前，帜和公司或盐都农发行也并未向法院提交。情况说明中并未明确帜和公司应当履行给付款项的具体数额，履行内容也不明确。而盐都农发行提交的和解协议书也未向法院提交，且执行内容也不明确。

关于和解协议是否必须提交法院，从2017年《民事诉讼法》第230条“在执行中，双方当事人自行和解达成协议的，执行员应当将协议内容记入笔录，由双方当事人签名或者盖章”及《执行和解规定》第5条“当事人协商一致，可以变更执行和解协议，并向人民法院提交变更后的协议，或者由执行人员将变更后的内容记入笔录，并由各方当事人签名或者盖章。”的规定来看，向法院提交或由法院记入笔录似乎是和解协议的生效要件。[①] 从《执行和解规定》第19条的规定来看，未向法院提交的和解协议也会在一定程度上影响执行程序的

① 参见张卫平：《执行和解制度的再认识》，载《法学论坛》2016年第4期。

进行，如和解协议履行完毕的，裁定终结原生效法律文书的执行。江苏省高级人民法院在论述情况说明及和解协议书是否构成有效和解协议时，未再涉及“是否将向法院提交”的问题。

2. 从江苏省高级人民法院论证情况说明及和解协议书不构成和解协议的理由来看，江苏省高级人民法院认为，有效的和解协议需具备的要件是“执行程序中达成+履行内容具体明确+履行完毕具有终结执行的效果”。

（1）和解协议的达成时间：执行开始后

本案中的情况说明形成于执行程序开始前。普遍认为，我国执行领域中的和解协议通常是指在执行开始之后，双方就执行事项达成的合意。2017年《民事诉讼法》第230条规定将和解协议限定为“在执行中”。有观点指出，“由于我国仅对执行中有关执行和解协议作出了相关规定，承认其有限的效力，因此，可以反过来推论，执行根据成立之后，执行开始之前双方当事人达成的有关执行事项的和解与诉讼外的和解协议一样没有法律上的效力。”[①] 江苏省高级人民法院强调本案中盐都农发行出具的情况说明是在盐都农发行申请执行之前作出的，不符合法律规定的执行和解协议。值得注意的是，在安徽省滁州市建筑安装工程有限公司与湖北追日电气股份有限公司建设工程施工合同纠纷执行案中，[②] 最高人民法院认为《执行和解规定》第19条中的“和解协议”包括诉讼外和解协议，并不以必须在执行过程中达成为前提。

（2）和解协议的内容：明确具体可执行

江苏省高级人民法院与盐城市中级人民法院在情况说明和和解协议书内容不明确的问题上形成一致认识，认为情况说明中没有明确具体履行的金额、时间及方式，加之其形成于本案执行之前，所以只能算是双方有和解的意愿，但未能达成具体的、符合法律规定的和解协议。

和解协议书的第1条和第2条虽然有了明确具体的履行内容，但第3条关于对帜和公司房产、设备抵偿本案债务不足的部分，由法院视情况依法处理的约定，江苏省高级人民法院认为，没有法律依据，应当视为约定不明。但从后续论证来看，江苏省高级人民法院认为，和解协议书最大的问题在于其不具备履

---

① 张卫平：《执行和解制度的再认识》，载《法学论坛》2016年第4期。

② 最高人民法院执行裁定书，（2018）最高法执复88号。

行完毕之后终结执行的效果，这是不被认定为和解协议的主要原因。

（3）和解协议应具备的效果：履行完毕之后执行结案

和解协议履行完毕具有终结执行的效果在司法解释上有明确规定，《执行和解规定》第8条规定，“执行和解协议履行完毕的，人民法院作执行结案处理”。本案中，根据和解协议书的约定，在不考虑第3条约定不明的情况下，在案涉帜和公司房产、设备后续流拍由帜和公司自行处置，将所得180万元价款支付给盐都农发行后，帜和公司已经完成了和解协议书约定的内容，但后续盐都农发行申请法院终结本次执行程序，其申请书中并没有关于终结本案执行的明确意思表示，在法院作出终结本次执行程序的裁定后，帜和公司也未提出任何异议。由此，江苏省高级人民法院认为，和解协议书并不具备履行完毕后终结执行的效果，其不能视为符合法律规定的执行和解协议。

（五）当事人在执行和解协议中约定不放弃申请再审权利的，和解协议履行完毕后有权申请再审

《民事诉讼法》第206条规定，当事人对已经发生法律效力的判决、裁定，认为有错误的，可以向上一级人民法院申请再审；当事人一方人数众多或者当事人双方为公民的案件，也可以向原审人民法院申请再审。当事人申请再审的，不停止判决、裁定的执行。从程序法的理论层面看，执行和解后，当事人对据以执行的判决如果认为有错误的，当然可以申请再审。申请再审的理由可以用民事行为效力进行解释，据以执行的判决如果有错误，而在执行程序中却以执行和解的方式按照错误的判决让当事人实现权利、履行义务，这种执行和解的民事行为应为无效民事行为或可撤销的民事行为。[①] 但从司法解释的规定来看，最高人民法院对执行和解协议履行完毕后申请再审设置了条件。

《民事诉讼法解释》第400条第3项规定，当事人在执行和解协议中明确表示不放弃申请再审权利的，即使执行和解协议已经履行完毕，仍可申请再审。[②] 也就是说，如果当事人没有在执行和解协议中对保留申请再审的权利进行明确

---

① 参见黄德海、潘明宏等：《对执行和解后当事人可以申请再审问题的探讨》，载《人民司法》2008年第19期。

② 最初规定在2008年《最高人民法院关于适用〈中华人民共和国民事诉讼法〉审判监督程序若干问题的解释》第25条的内容被纳入《民事诉讼法解释》后，《最高人民法院关于适用〈中华人民共和国民事诉讼法〉审判监督程序若干问题的解释》删除了相应内容。

约定，原则上执行和解协议履行完毕后当事人不能申请再审。当事人申请再审的，法院也将终止审查。此规定的意旨在于，在当事人已经实体调整或变更了生效裁判，且履行到位的情况下，即达成执行和解协议且履行完毕后，再对已被调整或变更的裁判提出异议，已经没有实际的价值和意义。① 简言之，和解协议已经将裁判文书确认的内容进行了调整或变更，A 已经变为了 B。而申请再审是对 A 的纠正。在当事人没有明确表明其将保留申请再审权利的情况下，应当默认当事人之间已经对权利义务关系的调整达成了新的契约，即一方当事人即便认为 A 有错误，但同意执行和解就在一定程度上表明其对自身权利自愿做了处分。和解协议履行完毕后，全部法律关系已经达成了新的平衡，此时再允许当事人申请再审纠正 A，不仅是对诚实信用原则的违反，也会造成已经达成平衡的法律关系的不安定。此外，达成执行和解协议但又保留申请再审权利的情况听起来不合常理但其实并不矛盾，在中止执行未必对当事人有利的情况下，如果当事人认为执行依据有错误，但又想尽快从烦琐的法律程序中解脱出来，达成保留申请再审权利的执行和解协议不失为一个不错的选择。

放弃申请再审权利的声明必须以明示方式作出，如果当事人在协议和解中未对是否放弃申请再审权利作出约定，则视为放弃申请再审权利。② 在对放弃申请再审权利的认定上，并不需要明确表述为“放弃申请再审的权利”，例如，在（2020）最高法民申 4561 号裁定中，最高人民法院认为，和解协议第 1 条约定的“甲方自愿向沧州市中级人民法院撤回（2020）冀 09 执 119 号案件中对乙方的强制执行申请，并自愿放弃对乙方申请强制执行的权利，永不再申请执行”及第 2 条约定的“甲方自愿放弃（2019）冀民终 872 号民事判决书第四项判决的‘河北沧润房地产开发有限公司对青县中润商贸有限公司本判决第二项所负债务的 30% 承担赔偿责任’，不再向乙方主张任何权利”。即可以被认定为当事人放弃了原判决确定的对沧润公司的权利。并且，执行和解协议中一方放弃再审申请权利的，另一方也不能申请再审，其再审请求应通过和解的方式实现。③

① 参见张彦强：《对再审中发现执行和解且履行完毕情形的处理原则》，载《人民司法》2013 年第 16 期。

② 最高人民法院民事裁定书，（2020）最高法民申 4335 号。

③ 最高人民法院民事裁定书，（2020）最高法民申 4561 号。

执行和解协议履行完毕后，申请人申请再审并且法院撤销了原判决、裁定的，根据新判决、裁定结果，当事人可以申请执行回转。

实务操作指引

（一）被执行人存在迟延履行、瑕疵履行时能否恢复执行

对于执行和解协议履行过程中迟延履行、瑕疵履行行为的认定，可以通过利益衡量原则予以判定。在利益衡量原则中，一般是对争议各方所涉及的利益进行衡量，但有时是对一方所得利益与另一方所受损失之间的关系做衡量，有时是对双方应当承担的“责任”进行综合地衡量，有时是对一方的行为及责任与另一方的损失进行衡量，而利益衡量不仅包括质量上的衡量还包括数量上的衡量。例如，对于一个标的额 1 亿元的执行案件，分五次履行完毕，最后一次迟延了 3 天的情况，就不应再予以恢复。若执行和解内容均已履行完毕，仅是在履行时间、履行方式等方面有所迟延、有所瑕疵，且迟延时间极短，履行方式的瑕疵也极其轻微；此时可以根据涉案标的额等因素综合判断，若根据迟延履行时间、履行方式等与标的额相比对，从利益衡量的角度并未对申请执行人造成较大损失，同时轻微违约一方亦无明显过错，则并不影响认定和解协议已经履行完毕。

（二）执行和解协议不履行情况下的救济途径

根据《民事诉讼法》第 237 条第 2 款之规定，达成和解协议后，被执行人不履行义务的，申请执行人可以要求恢复执行。但是，对申请执行人能否起诉被执行人，要求其履行执行和解协议约定的义务，法律并未明确规定。这一问题也一直是学界争论的焦点。《执行和解规定》对过去执行和解中出现的诸多争议或模糊不清的法律问题，予以了明确界定，明确赋予了申请执行人的选择权，即在被执行人不履行执行和解协议时，申请执行人既可以申请恢复执行，也可以就履行执行和解协议提起诉讼。同时，第 15 条规定：“执行和解协议履行完毕，申请执行人因被执行人迟延履行、瑕疵履行遭受损害的，可以向执行法院另行提取诉讼。”其实，最高人民法院的一些判例早已支持过这一观点。《最高人民法院关于云南江川龙翔实业有限责任公司申请执行四川省烟草公司资阳分

公司简阳卷烟营销管理中心债务纠纷执行一案的意见》（〔2005〕执监字第24－1号）写明：“……根据我国民事诉讼法和我院司法解释的有关规定，执行和解协议已经履行完毕的，人民法院不予恢复执行。至于当事人对迟延履行和解协议的争议，不属于执行程序处理，应由当事人另诉解决……”早在1995年2月，最高人民法院经济庭（内设执行组）作出经他〔1995〕2号《关于当事人在执行中达成和解协议且已履行完毕的不应恢复执行的函》，认为和解协议履行完毕后，债权人提出和解协议中确定的以物抵债的标的物质量不合格的，应当通过另行诉讼解决。

综上所述，在执行和解协议未得到任何履行或得到部分履行的情况下，申请执行人既可针对未履行的和解协议内容申请恢复执行，也可就和解协议履行问题提起诉讼；在执行和解协议已经履行完毕的情况下，申请执行人可以就其所遭受的损失提起诉讼。因此，从整体上看，无论执行和解协议的履行情况如何，目前，对申请执行人的救济渠道都是畅通的，能够及时保障实现申请执行人的合法权益。

二、迟延履行执行和解协议的争议解决

复函原文

最高人民法院关于当事人对迟延履行和解协议的争议应当另诉解决的复函

2005年6月24日　〔2005〕执监字第24－1号

四川省高级人民法院：

关于云南川龙翔实业有限责任公司（下称龙翔公司）申请执行四川省烟草公司资阳分公司简阳卷烟营销管理中心（下称烟草公司）债务纠纷一案，你院以〔2004〕川执请字第1号答复资阳市中级人民法院，认为龙翔公司申请恢复执行并无不当。烟草公司不服你院的答复，向我院提出申诉。

我院经调卷审查认为，根据我国民事诉讼法和我院司法解释的有关规定，执行和解协议已履行完毕的人民法院不予恢复执行。本案执行和解协议的履行尽管存在瑕疵，但和解协议确已履行完毕，人民法院应不予恢复执行。至于当事人对延迟履行和解协议的争议，不属执行程序处理，应由当事人另诉解决。请你院按此意见妥善处理该案。

此复

出台背景

2004年，资阳市中级人民法院受理了龙翔公司申请执行烟草公司一案，在法院执行过程中，双方达成执行和解并签署执行和解协议。后续执行和解协议履行过程中，烟草公司最后一笔付款履行时间超过执行和解协议约定期限两个多月，龙翔公司在此期间没有向法院申请恢复原调解书，且之后接受了烟草公司最后一笔超时的付款。但龙翔公司在接受烟草公司付款后的第二天，以最后一笔款项的支付时间超过了双方在和解协议约定的最后一次履行时间为由，向法院提出了恢复执行申请。但就是否恢复执行问题，资阳市中级人民法院出现了意见分歧，一种意见认为，在执行和解协议过程中，烟草公司未按和解协议约定的时间履行义务，申请人可以申请恢复执行；另一种意见认为，虽然烟草公司没有按和解协议所规定的时间履行义务，但按和解协议已履行了全部义务，申请人要求恢复执行理由不当。

资阳市中级人民法院倾向于第一种观点，遂报四川省高级人民法院请示。四川省高级人民法院执行局讨论中也出现了上述两种意见，对此，四川省高级人民法院执行局报审委会研究。四川省高级人民法院审委会最终得出的意见是：尽管申请人也接受了被执行人支付的最后一笔款项，但该笔款项的支付时间确已超过了双方在和解协议中约定的最后一次履行时间，故申请人申请恢复执行并无不当。决定按违约比例在原放弃的本息部分承担责任。四川省高级人民法院就此作出“〔2004〕川执请字1号”处理意见答复资阳市中级人民法院。

烟草公司不服，申诉到最高人民法院，最高人民法院作出本复函。

理解与适用

（一）执行和解协议不履行或不完全履行时可恢复执行原生效法律文书

一方当事人不履行或者不完全履行执行和解协议，对方当事人可以申请恢复原生效法律文书的执行。执行和解具有诉讼行为和私法行为的双重属性，执行和解协议属于当事人就其权利义务达成的新协议，应视为当事人之间形成了新的民事法律关系，改变了原生效法律文书的权利义务关系，但其并不具有执行依据的效力，根据《民事诉讼法解释》第465条的规定，一方当事人不履行或者不完全履行在执行中双方自愿达成的和解协议，对方当事人申请执行原生效法律文书的，人民法院应当恢复执行，但和解协议已履行的部分应当扣除。

（二）被执行人已履行完毕的不应恢复执行，如有瑕疵应另诉解决

1998年《执行规定》第87条规定，当事人之间达成的和解协议合法有效并已履行完毕的，人民法院作执行结案处理。根据上述规定，一旦和解协议履行完毕，当事人就丧失了申请法院恢复执行原生效裁判文书的权利。

按照该复函理解，对履行过程中存在瑕疵的争议，属实体上的争议，在义务方履行完毕之后，申请人不能因为履行过程中的瑕疵，申请恢复执行，而是应当另行起诉追究债的瑕疵履行责任。实践中，被执行人如果有迟延履行行为，也要区分具体情况认定能否恢复执行。如果申请执行人提交恢复执行申请书时，和解协议约定的履行期限已经届满，但和解协议未能完全履行，仍可以恢复执行。因此是否应当恢复执行，关键要判断在申请恢复执行的时候，和解协议是否履行完毕。①

实务操作指引

2018年《执行和解规定》对执行和解协议设定了全新的规则，实务操作中应注意法律规范适用的准确性。

① 最高人民法院执行裁定书，（2018）最高法执监612号；最高人民法院执行裁定书，（2019）最高法执监447号。

（一）“执行和解协议”和“执行外和解协议”

“执行和解协议”要具备一定的形式要件：一是双方达成合意，二是向法院提交。这里的“提交”可以是双方当事人共同向法院提交，也可以是一方提交另一方同意，还可以是双方达成口头和解协议条款并记入法院谈话笔录。如果仅双方私下达成和解协议，但未向法院提交，属于“执行外和解协议”，不构成“执行和解协议”。两者的法律效果不同，执行和解协议直接对执行程序产生影响，而执行外和解协议，并不当然引起执行中止的法律效果，需通过提起执行异议分别处理。

（二）申请执行人反悔或不履行义务时对被执行人的救济

从相关司法解释规定看，只要被执行人按照和解协议履行了义务，申请执行人不得反悔，因此也没有赋予被执行人另行起诉的救济途径。申请人反悔多见于在执行和解协议中减少了履行金额后反悔，这时被执行人可以将相关款项提存。

这给申请执行人的提示是，如果申请执行人认为被执行人迟延履行或瑕疵履行要求申请恢复执行的，应当在被执行人迟延履行或者瑕疵履行的履行当时就拒绝接受，而不能在接受后再要求恢复执行，如果接受了，主张迟延履行或瑕疵履行造成损害的，只能通过另诉解决。

三、执行前和解能否中断申请执行时效

复函原文

（一）最高人民法院关于生效法律文书未确定履行期限能否依当事人约定的履行期限受理执行的请示的复函

2005年6月29日　〔2004〕执他字第23号

山西省高级人民法院：

你院《生效法律文书未确定履行期限能否依当事人约定的履行期限受理执

行的请示》收悉，经研究，答复如下：

一、关于法律文书生效后，当事人在自动履行期间内达成和解协议，申请执行期限是否可以延长的问题，现行法律及司法解释没有明确规定。

二、从本案的实际情况看，当事人是在一审法院审判法官的主持下多次达成和解协议，这是造成债权人未能在法律文书生效后及时向人民法院申请强制执行的主要原因。为充分保护债权人的合法权益，本案可参照最高人民法院《关于适用〈中华人民共和国民事诉讼法〉若干问题的意见》第267条规定的精神，作为个案的特殊情况妥善处理。

此复

（二）最高人民法院执行办公室关于如何处理因当事人达成和解协议致使逾期申请执行问题的复函

1999年4月21日　［1999］执他字第10号

广东省高级人民法院：

你院［1997］粤高法执请字第36号《关于深圳华达化工有限公司申请执行深圳东部实业有限公司一案申请执行期限如何认定问题的请示报告》收悉。经研究，答复如下：

《民事诉讼法》第二百一十九条规定，申请执行的期限，双方或者一方当事人是公民的为1年，双方是法人或者其他组织的为6个月。申请执行人未在法定期限内申请执行，便丧失了请求法院强制执行保护其合法权益的权利。双方当事人于判决生效后达成还款协议，并不能引起法定申请执行期限的更改。本案的债权人超过法定期限申请执行，深圳市中级人民法院仍立案执行无法律依据。深圳华达化工有限公司的债权成为自然债，可自行向债务人索取，也可以深圳东部实业有限公司不履行还款协议为由向有管辖权的人民法院提起诉讼。

此复

（三）最高人民法院执行工作办公室关于申请执行前当事人达成新的“协议”如何认定其效力问题的复函

2003 年 12 月 1 日　〔2003〕执他字第 4 号

山东省高级人民法院：

你院《关于在人民法院判决、裁定、调解结案后，至申请执行前，当事人之间又达成了新的“协议”，如何认定其效力的请示》收悉。经研究，答复如下：

当事人之间在执行前达成的和解协议，具有民事合同的效力。但协议本身并不当然影响债权人申请强制执行的权利。债权人在法定的申请执行期限内申请执行的，人民法院应当受理。

但你院请示的案件中，负有担保责任的被执行人提出，因债权人远东国际贸易有限公司与主债务人等四方达成和解协议（简称四方协议），并且在其向人民法院申请解除保全查封时，明确表示调解书中确定的债务已经全部履行完毕，因此本案不能强制执行。鉴于我国目前尚无债务人异议之诉制度，执行法院应当在实际开始执行前对此予以审查核实。如果四方协议确实已经履行了，则说明原调解书确定的债务已经消灭，不能再以该调解书为依据强制执行；否则可以强制执行。

审查中应注意：债权人自己向法院所作的关于债务已经履行完毕的明确表示，应视为债务得到履行的确定性证据。此后其主张债务没有履行，必须提供充分的相反证据证明。同时，因按照四方协议，抵债的股票直接转让给最终债权人中融国际投资有限公司，因此关于该协议是否得到履行，应从该公司取得相关证明。

出台背景

复函一的背景如下：山西省第六建筑有限公司（以下简称六建公司）诉山

西省通信公司晋中分公司（以下简称通信公司）等三家公司拖欠工程款纠纷一案，晋中市中级人民法院经过审理后于2000年4月16日作出一审民事判决，判决三被告共同给付原告六建公司工程款536万余元及利息。

三被告不服一审判决，向山西省高级人民法院提起上诉。在二审期间，双方当事人在一审法院原审判人员的主持下，双方当事人达成减免债务总额及分期履行的和解协议，后三被告向山西省高级人民法院申请撤回上诉并被准许。但三被告并未履行上述和解协议。

2001年3月1日，双方当事人在一审法官的主持下再次达成和解协议，截至2001年12月，和解协议得到部分履行，三债务人仅给付债权人150万元。

2003年9月27日，双方当事人再次达成和解协议。双方在协议中约定，如债务人逾期履行时债权人可向人民法院申请执行原生效判决。

由于三债务人再次违约，六建公司于2003年10月15日向晋中市中级人民法院申请执行，要求通信公司等三债务人按照一审判决履行剩余的金钱债务。但三债务人以债权人已经超过法定申请执行期限为由提出抗辩，请求法院驳回六建公司的强制执行申请。

晋中市中级人民法院认为，申请人六建公司在判决生效后半年内不申请执行，其对三债务人享有的债权已经转为自然债。双方当事人在判决生效后达成的协议，并不能引起法定执行期限的更改。故裁定驳回了六建公司的执行申请。

六建公司向山西省高级人民法院申诉，该院在研究过程中，意见有分歧。多数人认为应当立案执行，理由如下：第一，一审法院三次主持当事人达成和解协议。被执行人有履行能力，却一次次拒不履行还款义务，是申请人未申请执行原判决的主要原因，致使申请人蒙受了重大经济损失。第二，从法律维护的诚实信用原则出发，债权人的合法权益应得到应有的保护。第三，既然双方已约定如不履行可申请执行原生效判决，法院应予支持。少数人认为不应受理申请人的执行申请，应按一审判决生效之日起确定申请执行期限，判决生效半年内申请人未提出执行申请，已丧失申请执行权。

复函二的背景如下：1995年8月24日（1995）深中法房初字第066号民事判决书就华达公司诉东部公司买卖房屋合同纠纷一案，判决东部公司返还华达公司1629万元本金及利息。判决送达后，华达公司没有申请强制执行，而是于

1995年9月11日自愿与东部公司达成一份履行判决的还款协议书，但东部公司没有按协议履行。1996年9月26日华达公司向深圳市中级人民法院申请强制执行后，东部公司即向深圳市中级人民法院提出异议，认为此案已经超过申请执行期限。

深圳市中级人民法院认为，对该案立案执行于法有据。广东省高级人民法院则认为，华达公司申请执行东部公司已经超过法定期限，法院不应立案执行。

第三个复函是关于当事人在执行前达成和解协议，并按照和解协议全部履行完毕或者有部分履行行为，债权人又申请执行，债务人提出实体异议后应如何处理的内容。因我国民事诉讼和强制执行立法到目前为止，只能由执行机构在执行程序中审查和认定，当时《异议复议规定》尚未出台，因此，复函要求执行实施机构对债务是否消灭进行核实后，决定是否继续强制执行。

理解与适用

（一）权利人应当在法定期间内申请强制执行

申请执行期间，是我国《民事诉讼法》对债权人必须在法定期间内申请启动执行程序的强制性规定。如果超过申请执行期间，债权人既不能启动执行程序，也不能通过强制执行程序实现该债权。

根据1991年《民事诉讼法》第219条的规定，双方是法人或其他组织，申请人须在6个月内申请执行；一方或双方当事人是公民的，申请人须在1年内申请执行。上述期限从法律文书规定履行期间的最后一日起计算；法律文书规定分期履行的，从规定的每次履行期间的最后一日起计算。

对于申请执行期间的不同规定，存在较多批评，主要集中在以下三方面：第一，针对不同的主体适用不同的期限，不符合民事主体平等的原则；第二，申请执行的期限过短，不利于债权人权益的保护；第三，没有关于申请执行期限中断、中止和延长的规定。

《民事诉讼法》在2007年和2012年的两次修订中，对申请执行期间问题进行了修正。现行《民事诉讼法》第246条不再按主体区分申请执行时限，统一将申请执行期间确定为2年，且申请执行时效的中止、中断，适用法律有关诉讼时效中止、中断的规定。上述期间，从法律文书规定履行期间的最后一日起计算；法律文书规定分期履行的，从规定的每次履行期间的最后一日起计算；法律文书未规定履行期间的，从法律文书生效之日起计算。《执行程序解释》第19条、第20条、第21条对申请执行时效期间的中止、中断和起算点又做了细化规定。

（二）承担对待给付义务的申请执行人的履行行为产生执行时效中断的效果

当生效法律文书确定双方互负债务，申请执行人一方的权利行使以另一方附条件履行为前提，如申请执行人要求被执行人交付房屋以申请执行人支付房款为前提的，交付房屋的申请执行时效从何时起算？《民事诉讼法》及相关司法解释并无明确规定。申请执行时效制度的设立目的是督促当事人行使权利，尽快实现法律文书确立的权利义务关系，保证法律文书的严肃性和有效性。享有权利是行使权利的前提，申请执行时效的起算应以申请执行人享有生效法律文书确定的实体权利为前提条件。因此，在申请执行人对被执行人所负义务未履行完毕前，申请执行人一方并不享有生效法律文书确定的要求被执行人履行义务的权利，自然也就不存在申请执行时效的起算问题。若一方全部或部分履行己方义务，另一方始终未履行，履行义务一方申请执行期间从何时起算？最高人民法院在（2020）最高法执监211号执行裁定中认为，一方履行义务的行为，既是对生效法律文书确定的己方义务的履行，也是在积极促成另一方履行义务所附条件的成就，应当视为该方在积极行使权利，将产生申请执行时效中断的法律效果。因此，申请执行期限以该方最后一次履行己方义务时起算更加符合申请执行期限制度的立法精神，亦更加公平合理。也就是说，生效法律文书确定双方互负义务的情况下，各自享有的权利及应承担的义务受法律的平等保护。一方履行己方义务的潜在意思表示系向对方提出履行要求，另一方又接受履行的，视为《执行程序解释》规定的“当事人一方提出履行要求”及“同意履行义务”，产生双方申请执行时效中断的结果。

（三）对部分连带债务人申请执行，执行时效中断效力及于其他连带债务人

《民事诉讼法》第246条第1款规定，申请执行的期间为2年。申请执行时效的中止、中断，适用法律有关诉讼时效中止、中断的规定。《诉讼时效规定》第15条第2款规定，对于连带债务人中的一人发生诉讼时效中断效力的事由，

应当认定对其他连带债务人也发生诉讼时效中断的效力。按照上述规定，对部分连带债务人申请执行的，执行时效中断效力及于其他连带债务人。

在广东省高级人民法院（2020）粤执监79号执行案件中，生效法律文书确定广洋环保公司应向田某支付借款本金1,993,384元及利息，吴某、周某对广洋环保公司上述债务承担连带清偿责任。田某在申请执行立案时仅将广洋环保公司及吴某列为被执行人，在案件因无财产可供执行被终本后，田某向法院申请追加周某为被执行人。周某认为，田某提出追加其为被执行人已经超过了2年的申请执行时效。黄埔法院采纳该意见，据此驳回了田某的追加申请，田某对此提出异议。黄埔法院裁决部门经审查认为，周某作为连带债务人之一，在原执行案中未被列为被执行人，故田某对其提出执行请求，并非执行异议案件范围内的追加被执行人案件。在申请执行时效期间内，申请执行人田某在申请执行立案时虽仅将生效法律文书确定的部分连带债务人列为被执行人，但因申请执行部分连带债务人产生的申请执行时效中断的效力及于其他连带债务人，而根据《终本规定》第9条的规定，申请恢复执行不受申请执行时效期间的限制。因此，在执行过程中申请执行人再申请增加其他连带债务人为被执行人，未超过申请执行时效的，人民法院应予支持。广州市中级人民法院及广东省高级人民法院亦持此种观点。①

实务操作指引

（一）申请执行时效期间从除斥期间转为诉讼时效

1991年《民事诉讼法》第219条规定了申请执行的期限，上述期限是不变期限，不能适用中止、中断的规定，是除斥期间。复函中的案例就受上述期限的调整，申请人六建公司的申请执行期限是适用6个月的除斥期间，按照当时的规定是不能适用中止、中断的，因此，严格从法律上来说六建公司的债权不能再行申请执行，属于自然债权，但这种做法并不合理。

---

① 类似典型案例还有张某妹诉中国工商银行股份有限公司上海市闵行支行金融借款合同纠纷案，上海市第一中级人民法院民事判决书，(2016) 沪01民终12794号。

2007 年《民事诉讼法》对申请执行期限进行了改造，首先将申请执行的期间统一修改为 2 年，其次对申请执行的期间进行诉讼时效化改造，申请执行时效的中止、中断，适用法律有关诉讼时效中止、中断的规定，从而明确改变了原《民事诉讼法》规定的申请执行期限为不可改变的除斥期间的性质。2012 年《民事诉讼法》对此加以保留和继承。①

（二）执行前和解适用诉讼时效中断

在 2007 年《民事诉讼法》之前，在执行过程中，双方当事人达成和解协议的，执行法院应中止执行。在对方不履行和解协议时，当事人须在申请执行期限内向执行法院恢复执行原生效法律文书。②《民事诉讼法》经过两次修订后，执行中的和解都适用诉讼时效中断，自和解协议约定的履行期限的最后一日起重新计算。③ 但就执行前达成和解的，之前一直没有规定，《执行程序解释》④确认了执行前和解适用诉讼时效中断，明确申请执行时效因当事人双方达成和解协议而中断，从中断时起，申请执行时效期间重新计算。

《执行程序解释》对执行前和解和执行中和解在时效问题上没有区别对待，一致都适用诉讼时效中断。其中第 20 条明确只要当事人双方达成和解协议、当事人一方提出履行要求或者同意履行义务，申请执行时效就中断，中断时起，申请执行时效期间重新计算。而《民事诉讼法解释》第 466 条规定，申请恢复执行原生效法律文书，适用《民事诉讼法》第 246 条申请执行期间的规定。当事人不履行执行和解协议的，申请恢复执行期间自执行和解协议约定履行期间的最后一日起计算。

---

① 《民法典》第 188 条、第 194 条、第 195 条、第 196 条沿袭了《民法总则》（已废止）的相关规定，将普通诉讼时效期间由 2 年延长为 3 年，并改变了诉讼时效中止、中断的计算规则，人格权请求权不适用诉讼时效。诉讼时效原有规则的改变，也有必要根据《民法典》的相关规定和立法精神，对申请执行时效期间制度做相应调整，对申请执行期限从宽把握。参见《贯彻落实民法典推动执行工作再上新台阶》，载《人民司法》2020 年第 25 期。

② 参见 1991 年《民事诉讼法》第 211 条和 1992 年《最高人民法院关于适用〈中华人民共和国民事诉讼法〉若干问题的意见》第 266 条、第 267 条。

③ 参见《执行程序解释》第 20 条、《民事诉讼法解释》第 466 条。

④ 参见《执行程序解释》第 20 条规定："申请执行时效因申请执行、当事人双方达成和解协议、当事人一方提出履行要求或者同意履行义务而中断。从中断时起，申请执行时效期间重新计算。"

（三）法院不主动援引申请执行时效

法院作为中立机关，不能主动对当事人是否在申请执行时效内申请强制执行进行审查，也不能依职权向债务人释明：

《诉讼时效规定》已明确，在义务人无主张诉讼时效抗辩权的意思表示情形下，人民法院不应对诉讼时效问题进行释明，这一原则同样适用于执行时效。根据《民事诉讼法解释》第481条规定，即使申请执行人超过申请执行时效期间申请执行，人民法院也应受理，被执行人履行义务后以不知申请执行时效期间届满为由请求执行回转的，人民法院不予支持。具体而言：

第一，申请人立案时，立案庭不能因为超过申请执行时效而不予立案。

第二，承办案件的执行法官不能主动告知被申请人案件已经超过申请执行时效，更不能在被执行人没有申请的情况下，因为超过执行时效而不采取执行措施。

第三，如果被执行人没有发现申请人超过申请执行时效申请强制执行，且履行了全部或者部分义务，其就不能以超过申请执行时效为由要求执行回转。

第四，如果被执行人在没有履行或者部分履行义务后发现该案件已经超过执行时效，被执行人应该对此向人民法院提出执行异议，由人民法院进行审理后裁定是否不予执行。

人民法院对于超过执行时效的案件，虽然是被动审查，但应当注意，对于此类案件，应当在采取强制措施之前将执行通知书等法律文书提前送达，最好做一次谈话。这是对于被执行人是否行使时效抗辩权的应有保证。如果在没有通知被执行人的情况下，就采取强制措施，并执行到位，会导致被执行人无法行使时效抗辩权的事实。

此外，根据《民事诉讼法解释》第481条的规定，被执行人可以对超过执行时效提出异议，对被执行人时效异议经审理认可后应当裁定不予执行。

四、执行和解的债权人是否具有恢复执行的权利

答复、函复原文

（一）最高人民法院执行工作办公室
关于在执行中当事人双方达成执行和解协议后
申请执行人反悔能否恢复原判决执行的请示的答复

2003年11月18日　〔2001〕执他字第24号

湖南省高级人民法院：

你院湘高法函〔2001〕187号《关于在执行中当事人双方达成执行和解协议后，申请执行人反悔，能否恢复原判决执行的请示》收悉，经研究，答复如下：

同意你院第二种意见。根据《中华人民共和国民事诉讼法》第二百一十一条①第二款和最高人民法院《关于适用〈中华人民共和国民事诉讼法〉若干问题的意见》第266条②的规定，执行和解协议达成后，在一方当事人反悔的情况下，人民法院恢复对原生效法律文书执行的前提条件是，对方当事人的申请。因为，执行中的和解协议是双方当事人在法院主持下自愿达成的，该和解协议是双方当事人对自身权利义务的处分，体现了民法中的契约自由和意思自治的原则。一旦达成和解协议并履行，即变更了原生效法律文书的内容。虽然现行法律和司法解释规定了双方当事人都有反悔的权利，但恢复执行原生效法律文书并不是必然的，而是要有“对方当事人”的申请，否则不能恢复执行。本案中，因“对方”为被执行人，在其履行执行和解协议，并不申请执行原生效法律文书的情况下，不得恢复执行原判决。

此复。

---

① 现《民事诉讼法》第237条。

② 1992年《民诉意见》已于2015年2月4日被依法废止，原条文被最高人民法院《民事诉讼法解释》第465条取代。

（二）最高人民法院关于当事人在执行中达成和解协议且已履行完毕的不应恢复执行的函

1995 年 2 月 5 日　经他〔1995〕2 号

广东省高级人民法院：

关于广州市国营新合企业公司（以下简称“新合公司”）与深圳市蛇口区对外经济发展公司（以下简称“蛇口外经公司”）购销电冰箱合同纠纷一案的执行问题，本院经济庭曾于 1994 年 1 月 6 日要求你院查处，并报结果，但至今未收到你院有关处理情况的报告。新合公司清算组又多次向我院要求纠正广州市东山区法院的错误执行做法。

经审查当事人提供的材料，我院认为：新合公司与蛇口外经公司于 1989 年 12 月 8 日达成的以空调器抵债的和解协议已经履行完毕。蛇口外经公司提出空调器质量不合格证据不足，否认和解协议已履行完毕缺乏依据，广州市东山区法院不应恢复执行〔1989〕东法经字第 231 号民事判决，请你院通知广州市东山区法院终结执行。蛇口外经公司对空调器质量的异议，可由广州市中级人民法院对该公司向天河区法院起诉的空调器质量纠纷一案通过审判监督程序处理。

（三）最高人民法院执行工作办公室关于和解协议已经履行完毕的不应再恢复执行原生效法律文书问题的函

1996 年 1 月 9 日　法经〔1996〕19 号

陕西省高级人民法院、江苏省高级人民法院：

你们两院关于陕西省八一铜矿（下称八一铜矿）诉江苏省靖江市无机化工厂（下称化工厂）、江苏省靖江市有色金属精炼厂（下称精炼厂）、江苏省中外合资扬州惠柱冶化有限公司（下称惠柱公司）购销合同货款纠纷一案执行争议问题的来函收悉。经研究答复如下：

八一铜矿诉化工厂、精炼厂、惠柱公司购销合同货款纠纷一案，陕西省汉中地区中级法院作出〔1994〕汉中法经终判字第48号民事判决。一审法院宁强县法院在执行该判决的过程中，于1994年11月23日，在江苏省靖江市法院的协助下，促成八一铜矿与惠柱公司双方达成了执行和解协议。该协议约定：惠柱公司以价值35万元的铜管抵付货款，一次结清；以1.26万元现金支付八一铜矿预交的诉讼费；此和解协议履行完毕，〔1994〕汉中法经终判字第48号民事判决书不再执行，如一方在和解执行中反悔，按法律规定处理；本协议限定于双方签约当日内履行；双方代表签字生效。

查此执行和解协议系双方当事人在平等、自愿的条件下，自主处分权力和承诺义务，共同协商达成的。意思表示真实，所列条款协商一致，执行和解协议是合法有效的。此和解协议于签订的当日下午履行完毕，应视为该协议执行终结。

该和解协议履行完毕时过一日，八一铜矿反悔，向宁强县法院申请恢复执行原判决。依据《关于适用〈中华人民共和国民事诉讼法〉若干问题的意见》第266条规定，宁强县法院应予驳回申请，不予恢复执行原判决。但该院却裁定确认已履行完毕的执行和解协议无效，恢复执行原判决；并继而扣押了惠柱公司的一辆丰田大霸王子弹头面包车，扣划了该公司账户存款3.4万元，严重违反法律规定。宁强县法院对此的辩解理由不能成立。应依法撤销宁强县法院的〔1994〕宁法经初字第28号民事裁定书；该院扣押处理的丰田大霸王子弹头面包车应返还惠柱公司；扬州市郊区法院应将其查封八一铜矿35万元铜管予以解封，交由八一铜矿。

上述意见，请两省高级人民法院互相配合，监督执行，并于2个月内报告处理结果。

出台背景

湖南省高级人民法院请示的案例，是双方当事人在执行过程中达成了执行和解，后申请执行人因故反悔，不想再继续履行和解协议，因此，向执行法院申请恢复执行原生效法律文书。执行法院收到恢复执行申请书后，因是否应该恢复执行发生争论。湖南省高级人民法院存在两种意见：第一种意见是支持申请执行人的申请，执行法院应恢复对原生效法律文书的执行。第二种意见是不支持恢复执行，如果被执行人按照和解协议履行，应该维护和解协议的效力。

在本复函出台时，与执行和解有关的规范基础主要就是1991年《民事诉讼法》第211条，《最高人民法院关于适用〈中华人民共和国民事诉讼法〉若干问题的意见》（已废止）第266条，1998年《执行规定》第86条、第87条和第108条，由上述法条可知：第一，在执行过程中，双方当事人可以自愿达成和解协议，变更生效法律文书确定的履行义务主体、标的物及其数额、履行期限和履行方式；第二，对于该和解协议，一方当事人不履行和解协议的，人民法院可以根据对方当事人的申请，恢复对原生效法律文书的执行，但和解协议已履行的部分应当扣除；第三，执行和解协议已履行完毕的，人民法院不予恢复执行，并予以执行结案。

因此，对于湖南省高级人民法院的案例，发生争议的原因就是在于执行法院对与执行和解有关的法条理解不到位。执行法院没有明确认识到必须基于遵守和解协议一方的申请，才能启动恢复原执行依据执行的程序。对违反了和解协议的一方申请恢复原执行依据的执行的，法院无法律依据启动恢复执行程序。

理解与适用

（一）申请执行人作为和解协议的反悔方无权申请恢复执行

对于当事人达成和解协议后，申请执行人反悔的，向人民法院申请恢复执行原生效法律文书的，本答复明确不予支持。其理由是和解协议是双方当事人对自身权利义务的处分，体现了民法中的契约自由和意思自治原则。一旦达成和解协议并履行，即变更了原生效法律文书的内容。同时，基于诚信原则，在实践中，只有遵守协议的一方才有权利申请恢复执行。即申请执行人不履行和解协议的，无权向执行法院申请恢复强制执行，只要被执行人按照和解协议履行完毕，执行程序即可终结。

（二）申请人能够恢复执行的法定事由

第一，被执行人不履行或不完全履行和解协议时，申请执行人方可申请恢复执行原生效法律文书。

第二，根据《民事诉讼法》第237条的规定，如果申请执行人能证明是因受欺诈、胁迫与被执行人达成的和解协议，人民法院可以根据申请执行人的申请，恢复对原生效法律文书的执行。

第三，根据《执行和解规定》第16条第1款的规定，如果申请执行人认为执行和解协议无效或者应予撤销的，可以向执行法院提起诉讼。执行和解协议被法院确认无效或者撤销后，申请执行人才可以据此申请恢复执行。除此之外，不能申请恢复执行。

实务操作指引

（一）被执行人不履行和解协议时申请执行人起诉后不得要求恢复执行

和解协议中未获履行，当事人是否享有另行起诉的权利？早在《民事诉讼法解释》起草过程中，草案最初的意见是认为应赋予当事人选择就违反和解协议的行为另行诉讼的权利，但在随后的讨论过程中被否决，理由在于执行和解协议不同于一般的合同，协议的目的是解决生效法律文书的执行问题，立法已经规定了恢复原生效法律文书执行的救济手段，因此，不宜再准许此类协议进入诉讼程序，以避免程序的反复和烦琐。① 但应否准许另诉，是有不同认识的。因为从和解协议私法属性和具有实体法效力上分析，赋予当事人选择就违反和解协议的行为另行诉讼的权利也是有法理依据的。

《执行和解规定》施行后，情况又发生了变化。该规定第9条明确在被执行人一方不履行执行和解协议时，申请执行人既可以选择申请恢复执行原生效法律文书，也可以选择就履行执行和解协议向执行法院提起诉讼。因此，在被执行人违反和解协议约定后，申请执行人又有了新的权利救济途径。

《执行和解规定》对申请执行人申请恢复执行与提起诉讼进行了排他性的设定，该规定第13条明确指出，执行法院恢复执行后，对申请执行人就履行执行

① 江必新、刘贵祥主编，最高人民法院执行局编著：《最高人民法院执行最新司法解释统一理解与适用》，中国法制出版社2016年版，第18页。

和解协议提起的诉讼，人民法院不予受理。也就是说，恢复执行后，申请执行人不能就被执行人的违约等另行诉讼，等于是放弃了诉权；如果在该规定生效以前双方当事人达成的和解协议，被执行人未按照和解协议履行，在该规定生效时申请执行人尚未申请恢复执行，且未过申请执行期间，那么，此时申请执行人可以选择恢复执行，也可以选择就和解协议另行进行诉讼。

（二）执行和解义务人的救济途径

如果是在和解协议履行过程中被执行人反悔的，是否有救济途径？第一，其可以选择不履行和解协议。对此，申请执行人可以申请恢复执行，也可以不恢复执行，而就继续履行和解协议进行诉讼。这里需要被执行人在继续履行和解协议或是承担不履行和解协议的违约责任进行判断和取舍。第二，如果被执行人认为执行和解协议无效或者应予撤销的，也可以按照《执行和解规定》第16条向执行法院提起诉讼，请求确认执行和解协议无效或者撤销该协议。但是，被执行人以执行和解协议无效或者应予撤销为由提起诉讼的，不影响申请执行人申请恢复执行。

（三）当事人私下达成和解协议并履行完毕的，法院能否恢复执行原生效法律文书

根据1998年《执行规定》第86条的规定，执行和解协议需具备明确的履行义务主体、标的物及其数额、履行期限和履行方式等实质要件外，还须具备一定的形式要件，如一般应当采书面形式，执行人员应将和解协议副本附卷。无书面协议的，执行人员应将和解协议的内容记入笔录，并由双方当事人签名或盖章。不符合前述形式要件的和解协议被视为当事人私下达成的和解协议。

在《执行和解规定》出台前，最高人民法院曾在（2016）最高法执监445号执行裁定中认为，当事人之间达成的且已经履行完毕但未按规定向执行法院提交书面和解协议副本附卷，也未请求执行法院的执行人员将和解协议的内容记入笔录并盖章的和解协议不符合执行和解协议的形式要件，视为当事人之间未达成执行和解协议。申请执行人申请恢复执行原生效法律文书的，法院可依法裁定恢复执行。由此可以看出，当时的司法实践不认可当事人私下达成的和解协议能对执行程序产生影响。但2018年《执行和解规定》作出了不同的处理，第19条明确规定，执行过程中，被执行人根据当事人自行达成但未提交人

民法院的和解协议，或者一方当事人提交人民法院但其他当事人不予认可的和解协议，依照《民事诉讼法》第232条规定提出异议的，若和解协议已经履行完毕的，人民法院应当裁定终结原生效法律文书的执行。通过司法解释确认了执行程序中当事人私下达成的和解协议对执行程序产生的影响。而在（2020）最高法执监445号执行裁定中，最高人民法院根据《执行和解规定》第19条规定的精神对当事人之间在生效裁判文书作出之后申请强制执行之前即诉讼和执行程序之外达成的和解协议亦给予了认可，认为和解协议已经履行完毕的，人民法院可以裁定终结原生效法律文书的执行。

事实上，私下达成的和解协议即便履行完毕，也无法阻却申请执行人向法院申请强制执行或恢复执行，因为法院无从得知并审查该和解协议。正是基于这一原因，《执行和解规定》赋予了被执行人依据《民事诉讼法》第232条提起执行异议的权利，即在法院作出强制执行裁定或恢复执行裁定后，被执行人可以通过执行异议程序向法院提交当事人私下达成的和解协议及已经履行完毕的证据，为被执行人提供救济。

第二节 执行担保

一、执行程序中保证人的时效抗辩

答复原文

（一）最高人民法院执行工作办公室关于权利人逾期申请执行保证人不应予以执行立案的答复

2000年12月21日 〔2000〕执他字第18号

广东省高级人民法院：

你院粤高法〔2000〕27号《关于是否受理深圳蛇口社会保险公司申请强制

执行京光（广州）房地产实业有限公司一案的请示》，收悉。经研究，答复如下：

同意你院审委会倾向性意见。鉴于深圳蛇口社会保险公司没有在法定申请执行期限内，向人民法院申请强制执行保证人京光（广州）房地产实业有限公司的财产，应视为对该项权利的放弃。深圳蛇口社会保险公司逾期申请强制执行京光（广州）房地产实业有限公司的财产，已丧失了法定立案条件，人民法院不应予以执行立案。

此复

（二）最高人民法院执行工作办公室关于申请执行人在法定期限内向法院申请执行主债务人但未申请执行负有连带责任的担保人，在法定申请期限届满后，法院是否可以依申请人的申请强制执行连带责任人的请示的答复

2005 年 6 月 15 日 〔2004〕执他字第 29 号①

广东省高级人民法院：

你院《关于申请执行人在法定期限内向法院申请执行主债务人但未申请执行负有连带责任的担保人，在法定申请期限届满后，法院是否可以依申请人的申请强制执行连带责任人的请示》收悉。经研究，答复如下：

同意你院审委会多数意见。生效法律文书确定保证人和主债务人承担连带责任的，连带责任保证人与主债务人即各自独立对债权人承担全部连带债务，债权人向连带责任保证人和主债务人申请强制执行的期限应当同时开始计算。债权人在法定申请强制执行期限内只对主债务人申请强制执行，而未申请执行保证人的，在申请执行期限届满后即丧失了对连带责任保证人申请强制执行的权利。

此复

① 参见江必新主编：《人民法院执行工作规范全集》（第 2 版），人民法院出版社 2017 年版，第 327 页。

出台背景

债权人逾期申请执行连带责任保证人，人民法院认为债权人已经丧失申请强制执行的权利的答复具有特定的时代背景：一是申请执行期间届满后对申请执行权如何给予保护的规定不够明确；二是债权人超过申请执行期限申请执行，人民法院应否立案受理以及受理后程序如何开展，没有相应的法律依据。一般情况下，单一债务人作为被执行人的案件较为常见，但作为执行依据的生效法律文书往往确定多个义务主体，既有主债务人，也有承担补充清偿责任的债务人或者连带责任保证人，如果债权人滥用申请执行权，只选择申请执行某一个债务人，对其他债务人则不申请执行，根据我国法律制度，法院不能依职权主动追加其他债务人为被执行人进入执行程序，是否申请执行以及何时申请执行其他债务人取决于债权人的意思自治。但在实践中，无论债权人出于何种考量，其所选择的债务人的清偿能力并不一定准确无误，当其选定的债务人无财产可供执行时，再次申请执行其他债务人，就可能超过了《民事诉讼法》规定的申请执行时效。答复的原始初衷是要债权人对自己选择性的权利行使行为承担法律后果。

已过诉讼时效的债权成为自然债权，又称不完全债权，自然债权欠缺间接请求力，不具有强制执行力，债权人向法院起诉，债务人进行时效抗辩的，债权人也得不到法院的支持。债权人只有法律上的受领权和道德上的请求权，仅具有受领并保持受领利益的权利。生效法律文书确认的债权也面临同样的问题，如果超出申请执行期间申请法院执行，债权人实体权利可能无法得到法律的有效保护。《民事诉讼法解释》施行前，申请执行的期间作为除斥期间，很多案件原告在除斥期间经过后，已经无法申请执行，即使申请执行，人民法院也不予立案受理。现行司法解释已经将除斥期间变更为执行时效，可以适用诉讼时效中止、中断和延长的规定，只要债权人在申请执行时效期间向保证人主张权利或者保证人履行了部分清偿义务，执行时效中断并重新起算，债权人不会丧失申请执行的权利。

理解与适用

以上两个答复都是将当事人已过执行期间的申请执行权等同于实体权利消灭，现在看来，已经不合时宜，被新的司法解释条文替代，但其反映出的立法精神的变化和立法者对执行时效的立场和态度仍然值得进一步深入分析。

（一）申请执行时效的规范对象应是执行依据所载实体请求权

申请执行时效，是当事人请求人民法院对生效法律文书确认债权进行强制兑现的保护期限，规制的是执行依据所载的债权人之私法请求权的消灭时效，而不应当是指公法上强制执行申请权的存续期间①。时效届满后，债务人获得不履行的抗辩权。超过申请执行时效，并不丧失实体权利，申请执行时效不是执行案件立案受理的前提条件，人民法院在受理执行申请后，债务人对申请执行时效期间提出异议的，人民法院经审查异议成立，裁定不予执行。被执行人提出申请执行时效抗辩前已经履行的部分，无论是自动履行、他人代偿还是强制执行，均不能以时效抗辩要求法院执行回转。

德国法和我国台湾地区有关规定均没有对执行时效设有专门内容，而统一适用民法上的消灭时效规定。理论上，执行请求权和执行依据所载实体请求权不同，公法性质的申请执行权不应受到时效期间的限制。

（二）诉讼阶段保证人在执行程序中承担执行义务的限制

在判决作为执行依据的案件中，可以作为被执行人的当事人除主债务人外还有负有连带清偿责任的保证人或者担保人，债权人向法院申请强制执行时，既可以同时将债务人、连带责任保证人、担保人作为被执行人，也可以选择其中一类当事人作为被执行人，要求其偿还全部债务。一般情况下，被执行人数量越多，债权人的保障越充分，债权实现的可能性就越大，但是如果债权人只申请执行主债务人，而在法定期间内不要求强制执行连带责任保证人或者担保人，执行法院则会尊重债权人的选择，不会主动依职权追加其他具有履行责任的义务人强行进入执行程序，当申请执行时效届满后，债权人因债务人履行能力欠缺，无法偿还债务，向法院申请执行连带责任保证人时，可能会遭遇连带

---

① 参见刘学在：《论执行时效制度之理解误区及其矫正》，载《北方法学》2014年第4期。

责任保证人提出执行时效抗辩，这是债权人最初行使选择权时应当预料并负担的法律后果。

如果第三人对债权人提供物权担保，则债权人仍可行使抵质押权。物权的设立不同于保证责任，如果第三人以名下动产或者不动产为债权人设定抵押权或者质押权，即使债权人在向法院申请强制执行时，没有一并申请实现抵押权或者质押权，之后仍可以单独提起实现抵质押权的程序，并不因此丧失对抵质押人的程序权利和实体权利。

（三）执行程序中法院不主动认定当事人之间的期限利益

〔2000〕执他字第18号答复认为，深圳蛇口社会保险公司逾期申请强制执行京光（广州）房地产实业有限公司的财产，已丧失了法定立案条件，人民法院不应予以执行立案。该指导意见在当时具有一定合理性，但随着法律观念的更新和权利保护观念的强化，目前看来该答复体现的司法精神已经不合时宜。通说认为，无论是在诉讼程序还是在执行程序中，人民法院在当事人一方未自行主张的情况下，不主动援引诉讼时效条款，除非享有时效利益一方当事人提出抗辩，法院才会审查诉讼时效是否成为权利实现的障碍。因此，本案中申请人向法院申请执行时，应予立案，如保证人主张申请执行期间届满，经法院审查，抗辩成立的，可以裁定驳回申请人的执行申请。

实务操作指引

（一）申请执行人对连带责任人具有选择清偿的权利

如一起侵权案件中，法院判决宋某赔偿受害人损失58万元，劳务公司承担连带责任，后申请人与被执行人宋某达成执行和解，宋某给付申请人28万元，申请人放弃对宋某的执行。被执行人劳务公司以存在和解协议为由要求法院终结执行。认为债权人选择权的行使导致劳务公司有执行豁免权，劳务公司不应继续履行判决。申请人放弃对主债务人的执行意味着放弃全部债权，否则劳务公司承担了清偿责任后，不能行使追偿权，对劳务公司不公平。

因宋某与劳务公司被判承担连带责任，申请人有选择的权利，可以要求任何一方承担判决确定义务，劳务公司仍应要履行支付余款的义务，不具有执行豁免权。连带责任宗旨是保障债权人的权利实现，任一连带义务人均负有清偿全部债务的责任。权利人享有对数个连带责任人履行债务的选择权，在整体责任范围内，向谁主张权利也属于债权人的选择权，申请人仅与宋某达成了和解协议，而未与劳务公司达成协议，放弃对宋某的执行，并不等于放弃对劳务公司要求支付赔偿款的权利，也不影响劳务公司依法行使追偿权。追偿权的行使是指在连带责任人之间，已承担了赔偿责任之后的连带责任人有权向其他应负责任而未负责任的连带责任人追偿，劳务公司应在赔偿申请人之后，如果认为支付赔偿金额超过应担的责任，就可向连带责任人宋某追偿；如果发生争议，劳务公司可以向法院起诉，要求宋某承担相应责任。但法律应当对债权人申请执行的选择权进行必要的规制，债权人虽然有申请对谁执行的权利，但是也必须对这种选择承担应有的后果，如果债权人只选择其中一名债务人执行，但该债务人却没有可供执行的财产，而有财产的债务人因债权人的放弃没有加入执行程序，执行时效经过后，债权人再次想提请执行时，已经无法通过执行程序兑现其实体权利。

（二）执行法院不主动审查执行时效但债务人抗辩后应裁定不予执行

法律文书生效后，债务人不自动履行，在审执分离的模式下，人民法院也不会主动立案启动执行程序，需要债权人在申请执行期限内申请强制执行。《民事诉讼法》将执行时效和诉讼时效并立，同诉讼时效一样，并非案件受理的条件，实践中具体的实务操作模式也发生了转变，即从不予受理到裁定不予执行。债权人持生效法律文书向人民法院立案申请执行，即使超过了申请执行期间，人民法院也应予受理，根据《民事诉讼法》第246条和《民事诉讼法解释》第481条的规定，执行过程中，如债务人提出时效抗辩的异议，人民法院经审查异议成立的，裁定不予执行。被执行人没有对申请执行时效提出异议的，人民法院不应主动释明以及适用申请执行时效的规定。如果被执行人已经履行了全部或部分义务后，又以超过申请执行期间为由要求执行回转，人民法院也不予支持。

尽管最高人民法院的答复指向债权人承担自愿选择被执行人的行为导致的不利后果，但一般情况下，民事裁判文书主文内容不清晰、不明确也严重影响了债权人权利的顺利实现。如判决主文对债务人义务的履行设置了前提条件，存在先后履行顺序，载明某一债务人在主债务人不能履行的范围内承担40%的补充清偿责任，而对于前提条件成就的标准和不能履行的界定都缺少明确的尺度，将导致债权人申请执行时无法正常立案受理。

（三）逾期申请强制执行的后果和补救

实践中，债权人因疏忽大意、欠缺法律常识、委托代理人失职、债务人失信或其他客观原因，导致超期申请执行的情况屡见不鲜，债权人逾期申请强制执行，导致生效法律文书执行力可能遭遇执行时效抗辩，当事人也不能再次通过起诉主张权利，执行债权沦为自然债权。如果生效法律文书存在错误，可以通过审判监督程序申请再审。

二、担保财产的执行顺位

函复原文

最高人民法院执行工作办公室关于执行担保问题的函

1996年12月11日　法经〔1996〕423号

山东省高级人民法院：

北京大中商贸公司致函我院，反映烟台经济技术开发区法院违法办案的情况。信中称：北京大中商贸公司已提供一辆本田轿车和朝集建［95］字第087628、087631、087632三栋别墅作为抵押，承担担保责任。但烟台经济技术开发区法院不执行这些担保财产，而继续对本公司其他财产采取执行措施，侵犯了其合法权益。

经审查，我们认为，北京大中商贸公司反映的情况基本属实。其所提供的担保合法有效，且超出担保债务价值。在此情况下，烟台经济技术开发区法院应执行担保财产，而不应再对被执行人和担保人的其他财产采取执行措施。

现将此案的相关材料转去，请你院监督烟台经济技术开发区法院纠正错误，依法执行此案，并将处理结果书面报告我院。

出台背景

1991 年《民事诉讼法》第 212 条规定了执行担保制度，被执行人逾期不履行义务的，人民法院有权执行被执行人的担保财产或者担保人的财产。该条规定赋予了人民法院对担保财产或者担保人的财产享有直接执行的权利，但这是否意味着人民法院必须优先执行担保财产？在本函复所涉案例中，担保人北京大中商贸公司提供了车辆和房产作为抵押，人民法院是否必须先执行抵押财产？在抵押财产超出担保债务价值的情况下，对被执行人及担保人的其他财产采取执行措施是否属于超标的查封？本函复的内容被普遍解读为“在有抵押担保的情形下，法院应先执行担保财产”。实践中，不乏当事人以本函复为依据申请法院解除对担保财产之外的其他财产采取的执行措施。

《九民纪要》《民法典》《民法典担保解释》在有选择地吸收《担保法》（已废止）、《最高人民法院关于适用〈中华人民共和国担保法〉若干问题的解释》（已废止）、《物权法》（已废止）的基础上，全面构建了《民法典》时代的担保体系及担保制度的一般规则，以形式区分典型担保和非典型担保，注重担保的功能主义，强化了担保的从属性，原则上否认共同担保人之间的相互追偿权，但也为担保人的相互追偿留下了一定的空间；《民法典担保解释》在公司对外提供担保问题上延续了《九民纪要》确立的司法政策。① 新的担保制度规则对强制执行工作和立法产生深远影响。《民法典担保解释》预设了共同担保人之间不能互相追偿的立场，而执行机构选择执行哪项担保存在不确定性，在被执行人财产不足以清偿债务的情况下，若承担了担保责任的担保人无法向其他共同担保人追偿，就意味着其需要承担向债务人不能追偿部分的全部风险。除当事人在提供担保时作出慎重商业安排外，为防止当事人之间的利益失衡，是否应对执行机构的财产选择权予以一定的程序约束？如果构建一个财产执行顺位的规则是否会对执行效率产生影响？《民法典》时代全新的担保制度规则给民事强制执行工作带来了新的挑战，亟待民事强制执行立法的进一步完善。

① 参见刘贵祥：《担保制度的一般规则的新发展及其适用——以民法典担保制度解释为中心》，载《比较法研究》2021 年第 5 期。

理解与适用

（一）被执行人有多种财产可供执行时应坚持比例原则

民事执行虽存在债权人、执行机构、债务人三方法律关系，但基于执行机关与被执行人之间关系的单向性、主动性、强制性等特点，民事执行权的行使要符合行为目的的达成，避免无益执行。民事执行的目的是实现生效法律文书确定的债权，执行行为是否有助于债权的部分或全部实现，须综合考量时间、费用、执行方法、方式与范围等因素。根据最少侵害性原则，在达成执行目的的多个方法中，应选择对被执行人或利害关系人最少侵害的执行措施，使用损害较小的满足执行债权的手段。在责任财产的执行顺序上，可以按责任财产的类型、执行的难易程度来确定执行顺序。收入、现金、银行存款、有价证券、动产等容易变现，能够迅速执行到位，一般优先于不动产执行；对于有担保物权、法定优先权、用益物权、承租权等权利负担的财产，强制执行时可能需要除去权利负担，会减损相关人的权益，容易诱发实体权利的争议，执行效率较低，此时法院可以优先执行无权利负担的财产。至于动产与其他财产权的执行，何者对被执行人的损害较轻，执行法官很难做出判断和选择，宜由法院组成合议庭进行合议，并征求申请执行人和被执行人的意见。

（二）被担保债权物保人保并存时的清偿顺序

我国实体法对债权存在担保和保证的情况下如何受偿的规定变化较大。根据《担保法》（已废止）第28条第1款，同一债权既有物保又有保证的，保证人只对物的担保之外的债务承担连带清偿责任，也不产生清偿后的追偿问题；《最高人民法院关于适用〈中华人民共和国担保法〉若干问题的解释》（已废止）第38条引入了保证人优待原则和担保人之间的平等主义，明确规定物保和保证并存时，债务人自己提供物的担保情况下，债权人可以请求保证人或者物的担保人承担担保责任，保证人仅就物保之外的剩余债权进行清偿，如果系第三人提供物的担保情况下，承担了担保责任的担保人，可以向债务人追偿或者要求其他担保人清偿其应分担的份额。

《物权法》（已废止）第176条在《最高人民法院关于适用〈中华人民共和国担保法〉若干问题的解释》（已废止）确立的清偿规则基础上对该清偿制度

又进行了改进，规定被担保的债权既有物的担保又有人的担保的，债务人不履行到期债务或者发生当事人约定的实现担保物权的情形，债权人应当按照约定实现债权。没有约定或者约定不明确，债务人自己提供物的担保的，债权人应当先就该物的担保实现债权；第三人提供物的担保的，债权人可以就物的担保实现债权，也可以要求保证人承担保证责任。提供担保的第三人承担保证责任后，有权向债务人追偿。《民法典》沿用了《物权法》（已废止）的规定，也就是说，物的担保和保证担保处于同等地位，债权人有清偿的选择权，债权人放弃担保物权，对保证人不发生影响。如此，当事人之间可以对债务的内部分担进行约定，充分尊重市场主体的意思自治，并缩小了追偿的范围，仅规定担保人可以向债务人追偿，而不能向其他担保人追偿或要求其他担保人分担。实践中，为避免债权人和某一担保人之间恶意串通，违背诚实信用原则，损害其他担保人利益，一般允许担保人承担责任后向其他担保人追偿。

《民法典担保解释》第 13 条则对实践中的做法进行了提炼和升华，对担保人之间相互追偿作出了较为明确的规定，即同一债务有两个以上第三人提供担保，担保人之间约定相互追偿及分担份额，承担了担保责任的担保人请求其他担保人按照约定分担份额的，人民法院应予支持；担保人之间约定承担连带共同担保，或者约定相互追偿但是未约定分担份额的，各担保人按照比例分担向债务人不能追偿的部分。同一债务有两个以上第三人提供担保，担保人之间未对相互追偿作出约定且未约定承担连带共同担保，但是各担保人在同一份合同书上签字、盖章或者按指印，承担了担保责任的担保人请求其他担保人按照比例分担向债务人不能追偿部分的，人民法院应予支持。除前两款规定的情形外，承担了担保责任的担保人请求其他担保人分担向债务人不能追偿部分的，人民法院不予支持。

对于担保人受让债权后担保责任的承担问题，《民法典担保解释》第 14 条也区分不同情况作出了规定，同一债务有两个以上第三人提供担保，担保人受让债权的，人民法院应当认定该行为系承担担保责任。受让债权的担保人作为债权人请求其他担保人承担担保责任的，人民法院不予支持；该担保人请求其他担保人分担相应份额的，依照《民法典担保解释》第 13 条的规定处理。

（三）被执行人担保财产与其他财产并存时的执行方法

被执行人同时有担保财产和其他财产时是否应优先执行担保财产？事实上该问题需要具体分析，如果担保财产是由债务人自己提供的，根据债务人应以自身全部财产作为责任财产担保债务清偿的原则，除依据法律、司法解释规定应当豁免执行的财产外，人民法院有权执行债务人的全部财产。担保物权的设立，是为了保障债权的实现，而不能理解为是对债权实现设置的前置程序。所以被执行人以人民法院应当先执行担保财产不能执行其他财产为由提出异议的，法院应不予支持。如果担保财产是由第三人提供的，申请执行人既可以申请执行担保财产，也可以申请执行主债务人的财产。主债务人不能以存在担保财产为由要求人民法院必须先执行担保财产而不能执行主债务人的财产。而在执行第三人提供的担保财产时，第三人仅承担抵押、质押责任，其承担责任的财产范围限于抵押、质押财产，不能执行第三人的其他财产。①

实务操作指引

（一）民事执行中慎重采用顺位原则

强制执行是公法行为，对何种财产予以执行属于执行方法，应当由人民法院依职权确定，也要保护当事人的选择权；在具体的执行案件中，应当由执行法官综合案件的具体情况，判断对何种财产予以执行，不能僵化地确定一个执行顺位，比如，被执行人欠债2000万元，有现金50万元，机器设备价值200万元，不动产价值500万元，有限公司股权价值3000万元。如果严格按照财产除尽原则，执行法院就需要对现金、设备、不动产、股权全部予以执行，既无助于保护被执行人的利益，也增大了执行成本。从实践的情况看，出于便利性的考虑，人民法院通常也会按照现金、动产、不动产、债权、股权的顺序执行，坚持财产除尽原则可能实际意义并不是特别大；即便一般性地认可财产除尽原则，也要同时确立有利于债权人原则，也就是说，对执行标的物的执行顺序不能仅考虑被执行人的利益，还要考虑是否有利于实现债权。

① 最高人民法院执行复议裁定书，（2012）执复字第18号。

（二）被执行人提供的担保财产难以变现时可以执行其他财产

本函复针对特定申诉案件设定了执行的基本原则，即所提供的担保合法有效，且超出担保债务价值的情况下，应执行担保财产，而不应再对被执行人和担保人的其他财产采取执行措施。实践中，债务人提供了担保财产的情况下，尽管不宜执行非担保财产，但因该担保财产价值不大，存在流拍、贬值等难以变现的客观情况，人民法院仍然可以执行债务人所有的其他容易变现的财产。因此，该函复要求不能执行被执行人其他财产的规则只限定在个案范围，不能扩展到其他执行案件。

（三）执行程序中主债务人有财产时也可执行一般保证人财产

法理上，一般保证人享有先诉抗辩权（又称检索抗辩权），一般保证人在主合同纠纷未经审判或者仲裁，并就债务人财产依法强制执行仍不能履行债务的，对债权人可以拒绝承担保证责任。所谓债务人不能履行债务，是指对债务人的存款、现金、有价证券、成品、半成品、原材料、交通工具等可以执行的动产和其他方便执行的财产已经执行完毕后，债务仍未能得到清偿的状态。《民法典》第687条第2款规定，在四种情形下，债权人可以突破一般保证人的检索抗辩权，直接要求一般保证人对执行债权履行清偿责任。这四种情形分别是：(1)债务人下落不明，且无财产可供执行；(2)人民法院已经受理债务人破产案件；(3)债权人有证据证明债务人的财产不足以履行全部债务或者丧失履行债务能力；(4)保证人书面表示放弃检索抗辩权。

执行案件有一般保证人作为被执行人的，对一般保证人的执行，需要以债务人财产不足清偿为前提，有观点认为，以债务人无财产可供执行符合终结本次执行程序的条件才能开始执行一般保证人的财产。实际上，只要作为被执行人的主债务人财产不方便执行，如在建工程、土地使用权等不动产变现困难或被其他人民法院和司法机关在先采取查封措施，就可以执行一般保证人的财产，而不能理解为以对主债务人穷尽执行措施为前提。

第十四章　执 行 竞 合

一、查封财产处置权的移送

批复原文

最高人民法院关于首先查封法院与优先债权执行法院处分查封财产有关问题的批复

2016 年 4 月 12 日　法释〔2016〕6 号

福建省高级人民法院：

你院《关于解决法院首封处分权与债权人行使优先受偿债权冲突问题的请示》（闽高法〔2015〕261 号）收悉。经研究，批复如下：

一、执行过程中，应当由首先查封、扣押、冻结（以下简称查封）法院负责处分查封财产。但已进入其他法院执行程序的债权对查封财产有顺位在先的担保物权、优先权（该债权以下简称优先债权），自首先查封之日起已超过 60 日，且首先查封法院就该查封财产尚未发布拍卖公告或者进入变卖程序的，优先债权执行法院可以要求将该查封财产移送执行。

二、优先债权执行法院要求首先查封法院将查封财产移送执行的，应当出具商请移送执行函，并附确认优先债权的生效法律文书及案件情况说明。

首先查封法院应当在收到优先债权执行法院商请移送执行函之日起 15 日内出具移送执行函，将查封财产移送优先债权执行法院执行，并告知当事人。

移送执行函应当载明将查封财产移送执行及首先查封债权的相关情况等内容。

三、财产移送执行后，优先债权执行法院在处分或继续查封该财产时，可以持首先查封法院移送执行函办理相关手续。

优先债权执行法院对移送的财产变价后，应当按照法律规定的清偿顺序分配，并将相关情况告知首先查封法院。

首先查封债权尚未经生效法律文书确认的，应当按照首先查封债权的清偿顺位，预留相应份额。

四、首先查封法院与优先债权执行法院就移送查封财产发生争议的，可以逐级报请双方共同的上级法院指定该财产的执行法院。

共同的上级法院根据首先查封债权所处的诉讼阶段、查封财产的种类及所在地、各债权数额与查封财产价值之间的关系等案件具体情况，认为由首先查封法院执行更为妥当的，也可以决定由首先查封法院继续执行，但应当督促其在指定期限内处分查封财产。

此复。

出台背景

《民事诉讼法》第231条规定，执行案件的管辖法院为第一审法院或与第一审法院同级的被执行财产所在地法院，这就导致针对同一被执行人的案件可能分散在各个不同的法院辖区，而我国目前也无对同一债务人的集中管辖制度，必然引发不同法院关于财产处置权的竞合与冲突。

《执行规定》第56条赋予了首封法院对执行财产的处置权，规定对参与被执行人财产的具体分配，应当由首先查封、扣押或冻结的法院主持进行。

这就确立了执行程序中由首先采取查封措施的法院处分查封财产的规则。该规则符合查封制度的法理，有利于调动申请执行人的积极性，及时发现、控制财产并实现生效法律文书确定的债权，实践中的效果总体良好。

但是，当财产上存在清偿顺位在先的优先债权时，首封法院迟延处分财产，就可能会损害优先债权人的权益，使优先债权难以尽快实现。尤其当财产价值不足以清偿优先债权时，迟延处分财产对优先债权人的损害更为明显。

首封法院对查封的设有优先权的财产不及时处置，可能有以下几点原因：

一是首封法院的案件是保全查封案件，尚在诉讼或者审理阶段，未进入执行程序，不能对财产进行处置；二是因优先权数额较大，财产价值不一定能覆盖优先债权，首封法院在处置财产时必须考虑无益拍卖的因素，不愿意或者不能处置，导致财产被长期搁置；三是首封法院的债权人不同意将处置权移交优先债权执行法院，希望通过拉长财产的处理时间胁迫优先债权人给予一定的补偿，以实现其利益最大化。除此之外，可能还存在地方保护主义等因素。

由于首封法院与轮候查封的优先债权执行法院关于财产处置权移送规定的缺失，使优先债权执行法院和首封法院在财产处置上难以达成一致意见，且在沟通协调过程中，普遍面临执行依据不足的困境，相互之间互相推诿、互相扯皮的现象层出不穷，不仅损害了优先债权人的权益，还损害了法院的司法公信力。

这个问题也引起了部分全国人大代表的关注，其中具有代表性的是蒋秋桃代表在十二届全国人大四次会议上提出了关于“请最高人民法院对《关于人民法院执行工作若干问题的规定（试行）》第91条（现第56条）进行修改”的建议。她在建议中提出：在司法实践中，经常会出现担保物被某个债权人抢先查封的情况。如果根据《执行规定》第91条（现第56条）的规定，首封法院享有对查封物的优先处置权，即便首封法院系普通债权法院，其处置权依然优先于担保债权执行法院。首封法院优先处置权很大程度上影响了担保债权人对担保物的优先受偿权的实现。实践当中，有的首封债权人在诉讼阶段保全查封财产以后不申请执行，有的担保债权人的抵押财产被不同的法院首先查封，查封法院怠于执行或拒不配合执行，担保债权人优先受偿权将无法及时得以实现。

针对《执行规定》第56条在司法实践中存在的问题，蒋秋桃代表也提出了相应的修改建议。在这样的背景下，最高人民法院根据福建省高级人民法院的请示，于2016年4月12日作出《关于首封法院与优先债权执行法院处分查封财产有关问题的批复》。

理解与适用

批复的目的在于解决实践中普遍存在的首封法院与优先债权执行法院对查

封财产处分权的冲突问题，基本思路是为保障实体法上优先债权的实现，兼顾执行程序法上首先查封制度的价值，在协调实体法与程序法制度的基础上，以批复这种形式，短、平、快地解决执行实践中的突出问题。

（一）优先债权执行法院可要求首封法院移交财产处置权

需要强调的是，首先，由首封法院处置财产仍然是执行程序中处分财产的基本原则，不管在本批复出台前还是之后，该原则并未改变。在执行过程中，仍应当由首先查封、扣押、冻结法院负责处分查封财产。其次，在查封财产存在顺位在先的优先债权情况下，首封法院应将查封财产向优先债权执行法院移送执行。但处置权的移送需要满足四个条件：一是优先债权为生效法律文书所确认。二是优先债权进入了执行程序。三是自首先查封之日起已经超过了60日。这60日并非要给首封法院留出足够的处分财产时间，而是要给首封法院一个缓冲期，避免某些很快就能进入拍卖或者变卖程序的财产变更处分法院。这一期限体现了保障优先债权人的意图。四是首封法院尚未就该查封财产发布拍卖公告或者进入变卖程序。需要注意的是，只有同时符合上述四个条件，优先债权执行法院才能要求首封法院移送执行。

（二）处置权移送的注意事项

财产处置权商请移送过程中，有几个问题要引起注意：第一，优先债权执行法院在向首封法院出具商请移送执行函时，要一并附上确认优先债权的生效法律文书及案件情况说明。这里的生效法律文书必须要有明确的内容确认该债权是优先债权，执行依据的主文部分必须对债权的优先性质进行确认，如果仅是在论述部分进行了描述，但在主文部分没有确认，也应该视为不明确。以一起执行案件为例，执行依据为公证债权文书，尽管能通过多种途径确认申请执行人对被执行人财产享有抵押权，但如果作为执行依据的公证债权文书主文没有描述，首封法院一般不予认可，很难实现移送。第二，如果符合本批复第1项规定的条件后，首封法院对于优先债权执行法院的商请是应当依法移送，不是可以，否则就违反了司法解释的规定。第三，首封法院在移送时，可以告知当事人移送的事实，不需要征询当事人同意与否的意见。即使当事人不同意，也不影响移送。实践中，很多法院以当事人不同意为由不予移送，并不符合本批复第2条的精神，系对司法解释的曲解。

（三）处置权移送争议的解决

对于移送与否发生争议时，逐级报请双方共同的上级法院来指定该财产的执行法院。报请的发起者多是优先债权执行法院，因其在商请移送程序中是被动接受移送的一方。通过争议双方共同的上级法院的协调，可以解决处置权的移送争议：一是应当移送执行而不移送的案件；二是虽然在形式上符合移送条件，但基于案件特殊情况可以不移送执行的案件。协调程序的设置是为高效解决法院之间行使财产处置权发生的争议，故共同的上级法院不应拖延，应在收到报请之后迅速核实情况，作出决定。

实务操作指引

（一）优先债权的含义及范围

优先债权事实上是指就被执行人的财产在变现后应该优先得到受偿的债权，该优先债权的范围较广，包括但不限于担保物权。主要可分为以下几类：第一，基于担保物权而享有的债权。根据《执行规定》第55条，基于担保物权而享有的债权优先于其他金钱债权受偿。包括抵押权①、质权②和留置权③等，执行实践中较为常见，是典型的优先债权。第二，船舶优先权④、民用航空器优先权⑤、建设工程价款优先权⑥、装修装饰工程款优先权⑦等优先债权。属于法定优先债权，应当优先受偿。第三，其他应该优先受偿的债权，包含破产清算中破产企业所欠职工工资和劳动保险费用、破产企业所欠缴的税款⑧、执行回

---

① 参见《民法典》第394条。

② 参见《民法典》第425条。

③ 参见《民法典》第447条。

④ 参见《海商法》第21条至第29条的规定。

⑤ 参见《民用航空法》第18条至第25条的规定。

⑥ 参见《民法典》第807条。

⑦ 参见《最高人民法院关于装修装饰工程款是否享有合同法第二百八十六条规定的优先受偿权的复函》（〔2004〕民一他字第14号）。

⑧ 参见《企业破产法》第113条的规定。

转中申请人的优先权[1]、划拨国有土地使用权出让金优先权[2]、民办学校财产优先权[3]等。

实际操作中，需要注意优先权的范围，如建设工程价款的优先权仅限于工程款，不包括利息、违约金及损失等；其他的优先债权人对迟延履行期间的债务利息并不享有优先权。

（二）首封法院为保全查封时应当移送执行

保全阶段查封的财产移送执行后不会影响审理程序的正常进行，而且对保全的债权人有益。因查封负担优先债权的财产，申请人的利益在逻辑上仅及于查封财产除去优先债权后剩余的份额。将查封财产移送优先债权法院处分，不但不会损害保全查封债权人的利益，还可以最大限度地维护债权人的利益。因为财产越早处置，优先债权的数额在财产变价款中所占比例就会越小，首先查封债权人能够分配到的比例就会越高，因此，移送执行对于首先查封债权人来说有益无害。

本批复发布后，最高人民法院执行局负责人在答记者问时谈到本批复制定过程中曾考虑过区分保全查封与执行查封，考虑区分并不是担心影响审理程序，而是出于执行实际工作的需要。当时的具体想法是，当优先债权执行法院商请移送时，如果首先查封为保全查封，首封法院应立即移送；如果首先查封是执行查封，则在满60日不处分时予以移送。因保全查封一般会比执行查封在财产处分上更为迟延，更有移送的必要。后来考虑到这种区分的实践意义不大，为了简明规则，本批复最终统一做了规定。

（三）上级法院在协调处置权移送争议时把握的原则

上级法院协调解决争议的机制在打破地方保护、创新机制体制方面有积极作用。协调争议时，原则上应坚持按照本批复第1条的规则处理。但是，在特殊情况时，上级法院协调时应该就本批复第4条所具体列举的如查封债权所处的诉讼阶段、查封财产的种类及所在地、各债权数额与查封财产价值之间的关

---

① 参见《最高人民法院执行工作办公室关于执行回转案件的申请执行人在被执行人破产案件中能否得到优先受偿保护的请示的答复》（〔2005〕执他字第27号）。

② 参见《民法典担保解释》第50条。

③ 参见《民办教育促进法》第59条。

系等案件具体情况，予以综合考量，总体把握。

上级法院在协调时主要把握以下几点：第一，“首先查封债权所处的诉讼阶段”大致能反映出将来处分财产的时间，及对优先债权实现的迟延程度。第二，“查封财产的种类及所在地”，主要是不动产应优先考虑由不动产所在地法院执行。第三，关于“各债权数额与首先查封财产价值之间的关系”，可以理解为：优先债权数额占查封财产价值的比例越高，则移送的必要性越大。如果比例极低，比如，优先债权100万元，查封财产价值5000万元，则移送的必要性不大；只要比例相当，原则上就应予以移送；如果比例超过了100%，则除非案件极为特殊，否则应一律移送。第四，案件情况千差万别，如果存在影响移送的其他因素的，也应予以考虑，比如，涉案财产涉及首封法院当地职工的大量劳动债权，就可以不予移送。

二、建设工程价款优先受偿权与物之交付请求权的执行竞合

解释、函复、复函原文

（一）最高人民法院关于审理建设工程施工合同纠纷案件适用法律问题的解释（一）（节选）

2021年1月1日　法释〔2020〕25号

第三十五条　与发包人订立建设工程施工合同的承包人，依据民法典第八百零七条的规定请求其承建工程的价款就工程折价或者拍卖的价款优先受偿的，人民法院应予支持。

第三十六条　承包人根据民法典第八百零七条规定享有的建设工程价款优先受偿权优于抵押权和其他债权。

第三十七条　装饰装修工程具备折价或者拍卖条件，装饰装修工程的承包人请求工程价款就该装饰装修工程折价或者拍卖的价款优先受偿的，人民法院应予支持。

第三十八条　建设工程质量合格，承包人请求其承建工程的价款就工程折价或者拍卖的价款优先受偿的，人民法院应予支持。

第三十九条　未竣工的建设工程质量合格，承包人请求其承建工程的价款就其承建工程部分折价或者拍卖的价款优先受偿的，人民法院应予支持。

第四十条　承包人建设工程价款优先受偿的范围依照国务院有关行政主管部门关于建设工程价款范围的规定确定。

承包人就逾期支付建设工程价款的利息、违约金、损害赔偿金等主张优先受偿的，人民法院不予支持。

第四十一条　承包人应当在合理期限内行使建设工程价款优先受偿权，但最长不得超过十八个月，自发包人应当给付建设工程价款之日起算。

第四十二条　发包人与承包人约定放弃或者限制建设工程价款优先受偿权，损害建筑工人利益，发包人根据该约定主张承包人不享有建设工程价款优先受偿权的，人民法院不予支持。

（二）最高人民法院关于
装修装饰工程款是否享有合同法第二百八十六条规定的
优先受偿权的函复①

2004年12月8日　〔2004〕民一他字第14号

福建省高级人民法院：

你院闽高法〔2004〕143号《关于福州市康辉装修工程有限公司与福州天胜房地产开发有限公司、福州绿叶房产代理有限公司装修工程承包合同纠纷一案的请示》收悉。经研究，答复如下：

装修装饰工程属于建设工程，可以适用《中华人民共和国合同法》第二百八十六条关于优先受偿权的规定，但装修装饰工程的发包人不是该建筑的所有权人或者承包人与该建筑物的所有权人之间没有合同关系的除外。享有优先权

① 《最高人民法院关于装修装饰工程款是否享有合同法第二百八十六条规定的优先受偿权的函复》中的《合同法》已经废止，该条文现为《民法典》第807条。

的承包人只能在建筑物因装修装饰而增加价值的范围内优先受偿。

此复。

（三）最高人民法院执行局关于如何处理建设工程款债权与请求交付房产的债权冲突问题的复函

2008年11月5日 〔2008〕执他字第8号

青海省高级人民法院：

浙江省东阳市第三建筑公司（以下简称东阳三建）请求青海华峰房地产有限公司（以下简称华峰公司）支付建筑工程款的权利以及青海量具刃具有限责任公司（以下简称量具公司）请求华峰公司交付房产的权利均为债权。依据《物权法》第九条、第三十条之规定，争议房产仍然属于华峰公司所有，应当作为华峰公司的责任财产由有关债权人按照法定的顺序受偿。依据《合同法》第二百八十六条以及本院《关于建设工程价款优先受偿权问题的批复》第一条之规定，应当对相应的争议房产进行变价，变价款由东阳三建优先受偿。东阳三建受偿后，剩余价款及未变价处理的房产应当交付量具公司。

此复。

出台背景

《民法典》第807条规定："发包人未按照约定支付价款的，承包人可以催告发包人在合理期限内支付价款。发包人逾期不支付的，除根据建设工程的性质不宜折价、拍卖外，承包人可以与发包人协议将该工程折价，也可以请求人民法院将该工程依法拍卖。建设工程的价款就该工程折价或者拍卖的价款优先受偿。"该条规定沿袭《合同法》（已废止）第286条所创设的工程价款的优先受偿权，保障了建筑工程施工人的合法权益。

然而，实践中对诸如建设工程价款优先受偿权的性质、发生权利冲突时的受偿顺位、优先受偿的范围、有无行使期限等问题，争议很大。上海市高级人民法院对这些问题加以梳理后以《合同法》(已废止)第286条理解与适用为题向最高人民法院请示要求作出批复。

事实上，建设工程价款优先受偿权的法律适用引发的问题，早已经引起了最高人民法院与相关部门及专家学者的注意。2001年7月16日，全国律师协会、人民法院报和建筑时报共同举办了研讨会，邀请国家和地方的建设主管部门、最高人民法院和有关地方法院的领导、民法专家、律师和施工企业的代表出席，就相关问题进行探讨。最高人民法院经过反复的斟酌和论证后，以批复的形式通过了《关于建设工程价款优先受偿权问题的批复》(已废止)。

该批复适用过程中个别法院又发现了新的问题。比如，福建省高级人民法院请示的关于装修装饰工程是否属于建筑工程，装修装饰工程款是否也适用优先受偿的规定。

福州市康辉装修工程有限公司(以下简称康辉公司)因装修工程承包合同纠纷，将福州天胜房地产开发有限公司(以下简称天胜公司)和福州绿叶房产代理有限公司(以下简称绿叶公司)诉至法院。基本案情简述如下：2001年6月25日，康辉公司与绿叶公司签订了装修合同，将一商场的装修工程发包给康辉公司施工，该商场的开发商天胜公司盖章确认对合同承担连带保证责任。工程竣工验收后，经双方确认，绿叶公司尚欠康辉公司工程款299万元。装修工程大部分属于室内装修装饰项目，小部分为线路、管道安装、外墙立面以及商场的外广场项目。因绿叶公司和天胜公司未能按约支付所欠装修工程的工程款，康辉公司诉至法院，请求判令绿叶公司支付尚欠装修工程款及逾期付款违约金等，天胜公司承担连带责任，并请求对涉案工程进行拍卖，所得款项由原告康辉公司优先受偿。

一审法院判决认为，绿叶公司尚欠康辉公司装修工程款299万元，应予支付；天胜公司作为保证人，应按约定承担连带保证责任。因装修合同不属于建设工程合同，因而不适用有关“建设工程的价款就该工程折价或者拍卖的价款优先受偿”的规定。宣判后，康辉公司不服，向福建省高级人民法院提起上诉。

对于康辉公司是否享有优先受偿权问题，福建省高级人民法院讨论后形成两种不同意见：多数意见认为，康辉公司施工的工程属于室内大型装修工程项目，康辉公司与绿叶公司签订的有关“天字一号”商场装修合同属于合同法中所指的建设工程合同，康辉公司依法享有优先受偿权。少数意见认为，土建工程和水电安装工程属于建设工程没有异议，但对室内装修装饰工程是否属于建设工程，法律没有明确规定。因此，主张本案中的线路、管道安装、外墙立面、商场的外广场项目属于土建和水电工程项目，其工程款享有优先受偿权；而剩下的室内装修装饰项目的工程款，不能享有优先受偿权。

理解与适用

（一）建筑工程价款优先受偿权优先于抵押权和其他债权劣后于消费者的物权期待权

理论界对建设工程价款优先受偿权的权利性质主要有三种观点，即留置权说、法定抵押权说和优先权说。尽管存在争论，但根据梁慧星教授的论述，《合同法》（已废止）自1993年开始起草至1999年通过，建设工程价款的优先受偿始终被界定为法定抵押权，当时参与的专家学者对此并无异议，没有人提出过优先权的主张。“所谓在立法过程中曾发生过激烈争论，形成三种不同观点，最后采纳了优先权主张的说法，是完全不符合事实的臆测。”①

将建设工程价款优先权视为法定抵押权，因为其直接来自法律规定，无须当事人间订立抵押合同，也不须办理抵押权登记。其成立有五个条件：（1）建设工程已竣工；（2）须是建设工程合同所生债权；（3）其债权为依建设工程合同所应支付的价款；（4）法定抵押权的标的物为承包人施工所完成的，属于发包人所有的建设工程（不动产）及其基地使用权；（5）须不属于“不宜折价、拍卖”的建设工程。②

既然建设工程价款的优先受偿权源于法定抵押权，其优先于约定的抵押权和一般债权而先予受偿，符合法律本意。

但是，在满足一定条件的情况下，消费者的物权期待权先于建设工程价款

① 参见梁慧星：《是优先权还是抵押权——合同法第286条的权力性质及其使用》，载《中国律师》2001年第10期。

② 参见梁慧星：《是优先权还是抵押权——合同法第286条的权力性质及其使用》，载《中国律师》2001年第10期。

实现。结合最高人民法院的其他答复[①]和《异议复议规定》第29条之规定，消费者物权期待权如果先于建设工程价款实现需满足三个条件：第一，对象界定于消费者；第二，消费者必须是在交付购买商品房的全部或者大部分款项后才享有对抗承包人的建筑工程款优先受偿权的权利；第三，查封之前已签订合同并且买受人名下无其他用于居住的房屋。

对于青海省高级人民法院请示中的案例，最高人民法院执行局认为，量具公司对于华峰公司的债权是一般债权，量具公司不是消费者，不能按照消费者物权期待权优先东阳三建的建筑工程价款而得到优先保护，只能按照一般债权，在东阳三建的建筑工程价款后受偿。

（二）承包人优先受偿的建设工程价款的范围

承包人优先受偿的建设工程价款的范围，主要是三个方面：一是承包人为建设工程应当支付的工作人员报酬；二是承包人为建设工程应当支付的材料款；三是承包人为建设工程实际支出的费用。但承包人因发包人违约所造成的损失不属于优先受偿的范围。

最高人民法院对建筑工程价款的范围又作出了进一步的界定，[②] 界定内容如下：建设部印发的《建设工程施工发包与承包价格管理暂行规定》第5条规定，建设工程价款由成本（直接成本、间接成本）、利润（酬金）和税金构成。根据该条规定，一般来说，工程价款可分为四个部分：一是直接成本，又称直接费，包括定额直接费、其他直接费、现场管理费和材料差价。其中，定额直接费又包括人工费、材料费和施工机构使用费三部分。二是间接成本或称企业管理费，包括管理人员工资、劳动保护费等十多项。三是利润，由发包人按工程造价的差别利率计付给承包人。四是税金，包括营业税、城市建设税、教育费附加税三种。这四部分构成工程价款的整体，缺一不可。在实践中，建设工程价款的表现形式有工程估算价、设计概算价、施工图预算价、施工预算（概算）

---

① 本答复具体是指《最高人民法院关于最高人民法院执行工作办公室关于〈最高人民法院关于建设工程价款优先受偿权问题的批复〉中有关消费者权利应优先保护的规定应如何理解的答复》（〔2005〕执他字第16号）。

② 参见最高人民法院民事审判第一庭编：《民事审判指导与参考》（第38辑），人民法院出版社2009年版，第306～307页。

价和竣工结算价五种。工程价款如指已竣工工程，应指竣工结算价。未竣工工程则应以施工预算价为基础进行评估确定工程价款。《民法典》第 807 条的立法精神是保护建筑施工企业被拖欠的工程款，主要是工人的工资、承包人的管理费和正常的利润。利润是工程价款的重要组成部分，也应享有优先受偿权。

实践中长期存在两个疑问：一是承包人垫资款是否享有优先受偿权；二是承包人因发包人违约造成的损失是否享有优先受偿权。根据 2020 年《建设工程合同解释（一）》第40 条的规定，现已经达成共识：垫资款纳入承包人的优先受偿权的范围，建筑工程价款包括承包人为建设工程应当支付的材料款等实际支出的费用，不包括承包人因发包人违约造成的损失。

综上所述，优先保护的建筑工程价款的范围可以界定为，如指已竣工工程，应指竣工结算价，未竣工工程则应以施工预算价为基础进行评估确定工程价款，既包括承包人的正常利润，也包括承包人的垫资款，但不包括承包人因发包人违约造成的损失利息和损害赔偿金。

（三）装修装饰工程属于建设工程范围

关于装修工程是否属于建设工程的争议，需要在相关的行政法规中寻找答案。根据国务院发布的相关规范性文件，我国的建设工程，是指土木工程、建筑工程、线路管道和设备安装工程及装修工程。[①] 另外，在《国民经济行业分类与代码》的国家标准中，建筑业按从事工程建设的不同专业划分为“房屋建筑业”“土木工程建筑业”、建筑安装业”和“建筑装饰和其他建筑业”四大类。[②]

无论遵循上述哪种划分标准，装修装饰工程都属于建设工程的范畴，最高人民法院认定装修装饰工程属于建设工程的结论准确。因此，对于装修装饰工程引发的建设工程价款必须优先给予保护。

（四）建设工程承包人行使优先受偿权的期限和起算点及行使方式

2021 年 1 月 1 日新的建设工程司法解释施行前，建设工程承包人行使优先权的期限为 6 个月，自建设工程竣工之日或者建设工程合同约定的竣工之日起

---

① 参见国务院《建设工程质量管理条例》第 2 条、《建设工程安全生产管理条例》第 2 条第 2 款。

② 参见《国民经济行业分类》（GB/T4754－2017），由国家统计局起草，原国家质量监督检验检疫总局、国家标准化管理委员会批准发布，于 2017 年 10 月 1 日实施。

计算。最高人民法院曾经对此有比较清晰的论述，[1] 原《施工合同解释》第14条规定，关于竣工日期的起算点，按照以下情形分别处理：（1）建设工程经竣工验收合格的，以竣工验收合格之日为竣工日期；（2）承包人已经提交竣工验收报告，发包人拖延验收的，以承包人提交验收报告之日为竣工日期；（3）建设工程未经竣工验收，发包人擅自使用的，以转移占有建设工程之日为竣工日期。

起算建设工程承包人行使优先权的建设工程竣工之日不包括原《施工合同解释》第14条第2项、第3项规定的两种情形。人民法院依据原《施工合同解释》第14条第2项、第3项规定认定建设工程实际竣工日期的两种情形，是针对发包人恶意拖延工程竣工验收时间，以期达到拖延支付工程价款的违法目的而作出的惩罚性规定。人民法院不宜依据最高人民法院惩罚性规定，作为承包人行使优先权的6个月期限的起算点，认定承包人超过法律规定的工程价款优先权行使期限，反而使发包人因恶意拖延工程竣工验收时间而获利。

最高人民法院于2011年下发《关于印发〈全国民事审判工作会议纪要〉的通知》（法办〔2011〕442号），其中第26条规定，非因承包人的原因，建设工程未能在约定期间内竣工，承包人依据《合同法》（已废止）第286条规定享有的优先受偿权不受影响；承包人行使优先受偿权的期限为6个月，自建设工程合同约定的竣工之日起计算；建设工程合同未约定竣工日期，或者由于发包人的原因，合同解除或终止履行时已经超出合同约定的竣工日期的，承包人行使优先受偿权的期限自合同解除或终止履行之日起计算。第27条规定，当事人以原《施工合同解释》第14条第2项、第3项规定的竣工日期作为承包人行使建设工程价款优先受偿权期间起算点的，不予支持。

2020年《建设工程合同解释（一）》施行后，承包人行使优先权的最长期限变更为18个月，起算点也统一为自发包人应当给付建设工程价款之日。

相较于建设工程价款优先受偿权的起算时间问题，实践中对于建设工程价款优先受偿权的行使方式缺乏关注，在法律法规及司法解释层面也无相关规范

① 参见最高人民法院民事审判第一庭编：《民事审判指导与参考》（总第46辑），人民法院出版社2011年版，第244页。

可循。从相关判例结果来看，很多法院均认为建设工程价款优先受偿权的行使期间为除斥期间，承包人应通过诉讼或仲裁的方式行使该权利，此种观点为《江苏省高级人民法院关于审理建设工程施工合同纠纷案件若干法律问题的解答》（已废止）采纳。典型裁判观点如（2016）最高法民申2502号、（2017）最高法民再389号。[①] 相反观点则认为，工程价款优先受偿权是法定优先权，不需要经法院确认即享有，既可以通过诉讼、仲裁主张，也可以通过其他方式如参与分配、发函明示、折价抵偿等方式主张。《浙江省高级人民法院执行局执行中处理建设工程价款优先受偿权有关问题的解答》持此种观点。[②] 最高人民法院在（2018）最高法民再84号民事判决中认可承包人通过发出催告函主张建设工程价款优先受偿权的方式符合在法定期限内行使建设工程价款优先受偿权的规定。在2021年11月9日最高人民法院发布的第171号指导性案例中，最高人民法院确认了承包人在发包人的其他债权人对发包人申请执行程序中向执行法院主张建设工程价款优先受偿权属于行使建设工程价款优先受偿权的合法方式。其原因在于建设工程价款优先受偿权的效力优先于设立在建设工程上的抵押权和发包人其他债权人所享有的普通债权。人民法院依据发包人的其他债权人或抵押权人申请对建设工程采取强制执行行为，会对承包人的建设工程价款优先受偿权产生影响。但需要注意的是，承包人在执行程序中参与分配的债权额应以承包人另行诉请发包人且由法院判决确认承包人享有优先受偿权的建设工程价款为准。

---

① 《江苏省高级人民法院关于审理建设工程施工合同纠纷案件若干法律问题的解答》（已废止）第18条规定："承包人行使建设工程价款优先受偿权的方式如何认定？承包人通过提起诉讼或申请仲裁的方式，主张建设工程价款优先受偿权的，属于行使建设工程价款优先受偿权的有效方式。承包人通过发函形式主张建设工程价款优先受偿权的，不认可其行使的效力。"

② 《浙江省高级人民法院执行局执行中处理建设工程价款优先受偿权有关问题的解答》第2条规定："哪些方式可以认定为具有行使优先权的效力？建设工程承包人自行与发包人协商以该工程折价抵偿尚未支付的工程价款，或者提起诉讼、申请仲裁要求确认其对该工程拍卖价款享有优先受偿权，或者直接申请法院将该工程拍卖以实现工程款债权，或者申请参加对建设工程变价款的参与分配程序主张优先受偿权，均属于对建设工程价款依法行使优先权。建设工程承包人提起诉讼、申请仲裁仅要求判决或裁决由发包人向其支付工程款，未要求确认其对该工程拍卖价款享有优先受偿权的，不视为行使优先权。"

实务操作指引

（一）优先受偿不等于首先受偿，其顺位还要服从法律的规定

虽然根据2020年《建设工程合同解释（一）》第36条规定，承包人的优先受偿权优于抵押权和其他债权，但并不等于其在执行案款分配中处于第一顺位，是否第一个得到受偿，还要根据法律规定。比如，根据《刑事涉财执行规定》第13条，人身损害赔偿中的医疗费用在法定优先受偿权之前受偿。在有人身损害赔偿医疗费用存在的情况下，承包人优先权的受偿顺位要劣后。同时还要注意消费者的物权期待权要优于承包人的优先受偿权得到保护。

（二）因建设工程价款迟延履行产生的迟延履行利息不在优先受偿范围

对于优先受偿的建设工程价款迟延履行而产生的迟延履行利息，是否属于优先受偿的范围，此前规定都没有明确。执行实践中也不完全一致，有的法院支持，有的法院不支持，即使同一法院不同执行法官的态度也不一致。《最高人民法院执行最新司法解释统一理解与适用》一书中"关于迟延履行利息与优先受偿权保护范围"的论述明确了优先受偿的债权产生的迟延履行利息不属于优先受偿的范围。2020年《建设工程合同解释（一）》施行后，解决了这个长期争议的问题，第40条已经明确，承包人就逾期支付建设工程价款的利息、违约金和损害赔偿金等主张优先受偿权的，人民法院不予支持。

三、税收优先权在民事执行中的实现

复函原文

国家税务总局关于人民法院强制执行被执行人财产有关税收问题的复函

2005年9月12日 国税函〔2005〕869号

最高人民法院：

你院《关于人民法院依法强制执行拍卖、变卖被执行人财产后，税务部门

能否直接向人民法院征收营业税的征求意见稿》（〔2005〕执他字第12号）收悉。经研究，函复如下：

一、人民法院的强制执行活动属司法活动，不具有经营性质，不属于应税行为，税务部门不能向人民法院的强制执行活动征税。

二、无论拍卖、变卖财产的行为是纳税人的自主行为，还是人民法院实施的强制执行活动，对拍卖、变卖财产的全部收入，纳税人均应依法申报缴纳税款。

三、税收具有优先权。《中华人民共和国税收征收管理法》第四十五条规定，税务机关征收税款，税收优先于无担保债权，法律另有规定的除外；纳税人欠缴的税款发生在纳税人以其财产设定抵押、质押或者纳税人的财产被留置之前的，税收应当先于抵押权、质权、留置权执行。

四、鉴于人民法院实际控制纳税人因强制执行活动而被拍卖、变卖财产的收入，根据《中华人民共和国税收征收管理法》第五条的规定，人民法院应当协助税务机关依法优先从该收入中征收税款。

出台背景

民事执行中，人民法院通过拍卖、变卖或者抵债等方式处置不动产时，税收债权与执行债权在各自实现过程中容易发生冲突。税收债权对于司法拍卖价款是否具有优先权以及优先受偿的范围，法律并无明确规定，目前，税务机关会同不动产登记机关建立“先税后征”制度，对未完税的不动产权属变更登记不予办理，导致申请执行人和买受人的权利受到影响。

执行程序中，拍卖、变卖的财产涉及税收问题主要有三方面：一是拍卖、变卖财产本身产生的税款，二是不动产历史欠税未缴，三是税收滞纳金。《网络司法拍卖规定》第30条只解决了拍卖过程形成税费的承担问题，对其他两个问题未予明确。法院的强制执行活动不属于应税行为，但司法拍卖、变卖过程中纳税人应承担纳税义务，因此，应完善执行程序与税收征收工作的衔接机制。

理解与适用

（一）税务部门不能向人民法院的强制执行活动征税

人民法院的强制执行活动属司法活动，不具有经营性质，不属于应税行为。从司法与行政执法关系来看，行政执法权的征税主体是从事生产、经营活动的纳税人，人民法院作为国家司法机关，通过执行程序处置不动产，不同于平等民事主体之间的买卖关系，不能作为被征税对象，税务机关对涉案不动产征税，也不能阻却人民法院的强制执行程序。

但对拍卖、变卖财产的全部收入，纳税人均应依法申报缴纳税款。

（二）税收优先权的行使

《税收征收管理法》第45条规定了税收优先权制度，税收优先于无担保债权，在符合一定条件的前提下，可以优先于担保债权实现，即税款发生在纳税人以其财产设定抵押、质押或者纳税人的被留置之前的，税收应当先于抵押权、质权、留置权的执行。

实践中，欠缴税款的时间很难准确认定，缺乏明确的标准，另外，“先税后征”也是税收优先权在执行中的体现，《契税暂行条例》（已废止）第11条，《土地增值税暂行条例》第12条都规定纳税人未出具契税完税凭证或未缴纳土地增值税的，原土地管理部门、房地产管理部门不得办理有关权属变更手续。《不动产登记暂行条例实施细则》也规定完税或缴费凭证齐全作为不动产权属登记审查的必要条件。拍卖财产的历史欠税是否具有优先性，各地法院认定标准不同。如海南高院在（2019）琼执8号执行案件中，认为执行债权与税款征收产生冲突时，拍卖款应优先支付税款。而北京市高级人民法院在（2017）京批复65号案件中则认为，税收优先权并无可在执行程序中参加案款分配并优先实现的法律依据。

债权人参与分配的前提：一是持有生效的法律文书，二是已向法院申请执行。税务机关在不具备该两项前提条件的情况下，主张优先权，且被执行人欠税时间长，所欠税款未经认定，有无优先权难以甄别，如果数额过大，法院代为扣缴后影响债权人债权的实现；如果税务机关长期怠于作为，却利用法院执行程序坐享其成，损害其他债权人的利益。就拍卖、变卖标的物的受让人而言，如果要如期取得不动产权属证书，就必须代被执行人缴纳相关税费，而代缴的税费又很难向被执行人主张清偿，给被执行财产的过户造成障碍。

（三）执行变价行为产生税费的承担

法律法规明确规定负担主体的，应由相应主体负担，而不是一概由买受人承担，对于被执行人负担的变价产生的税费，可以在拍卖款中扣划后交付税收部门，也可由买受人自行缴纳后向执行法院申请退还垫付的税费，对被执行人历史欠缴的税费，税务部门可以依法向执行法院申请受偿，但被执行人有其他财产可供执行的，对税务部门的申请不予支持。[①] 人民法院能否在拍卖、变卖公告中要求买受人承担全部税费，争议较大，公告中写明税费全由买受人担负，目的在于提高财产处置效率，避免出现因被执行人无法缴税致使买受人不能办理不动产过户的情形。但有观点认为，这种做法违反了《网络司法拍卖规定》第30条规定而无效，江苏省高级人民法院也在《正确适用〈最高人民法院关于人民法院网络司法拍卖若干问题的规定〉若干问题的通知》中指出："在法律、行政法规对税费须担主体有明确规定的情况下，人民法院不得在拍卖公告中规定一律由买受人承担。"

实务操作指引

（一）执行程序中涉税冲突的表现形式

第一，法院处置财产过程中所产生的特项税负在执行款项分配中的顺位及各项请求权受偿程度。执行中涉及对特定财产处置后权属变更登记时，对于应由被执行人缴纳的高额税负，如营业税、增值税、企业所得税等，该如何承担、处置？目前，税务征收机关会同权属登记管理部门实行先税后证制度，即必须先行缴纳税款，而后方能办理产权证书，未完税的不得办理产权变更登记。如不优先拨付或缴纳税款便无法办理变现标的物的权属变更，但该部分税收的性质究竟如何认定？除却流转过程中必须缴纳的契税、印花税等为任何不动产登

① 参见《浙江省高级人民法院执行局关于规范不动产网络司法拍卖、变卖工作指引》（浙高法执〔2020〕6号）。浙江省高级人民法院，2020年2月21日发布。

记变更所必不可少的之外，对于司法拍卖财产所征收的增值税、营业税是否具有必然优先于民事债权尤其是民事优先权的效力？对此，税务征收机关与申请执行人难以形成一致意见，冲突时有发生。①

第二，法院依生效法律文书裁定权属变更登记过程中特项税负的承担问题。对于依照生效法律文书申请不动产转移变更登记的案件，法院在执行过程中常遇到此类问题，被执行人或拒不配合，或积极躲避，或根本无力承担因涉诉不动产转移所产生的税负，法院生效判决的执行因为与税务机关的先税后证相互冲突而举步维艰，权利人信访、闹访等现象也屡有发生。如何协调解决此类冲突，成为现行税收征管体系下开展民事强制执行工作的一大难题。②

第三，不动产权属登记机关所负司法协助义务及税收征管协助义务的协调问题。《民事诉讼法》第258条规定，在执行中，需要办理有关财产权证照转移手续的，人民法院可以向有关单位发出协助执行通知书，有关单位必须办理。由此可见，不动产权属登记机关负有协助办理权属变更登记的义务，但依据税收征管法以及税收征管的相关行政法规、规章，不动产权属登记机关又负有协助征税的义务。缘于司法权与税收征管权以及现行法律、法规之间的冲突，在缺失完税凭证的情形下，面对司法机关的协助执行要求，如何衡平两种义务，不动产权属登记机关往往处于夹缝地位，看似是协助机关的困境，其实反映的仍是围绕民事强制执行中涉税优先权的问题以及相关法律规定之间的冲突和不协调。③

（二）执行程序中涉税冲突的解决

执行程序中的涉税冲突，不仅损害债权人的合法权益、影响法院执行机关和税务机关正常行使权利，更对国家的司法公信力造成了严重危害。因此，应当对税收优先权和其他优先权之间进行顺位比较，合理解决涉税冲突。

第一，执行程序中合理设定优先权受偿顺位。涉税冲突中需要解决的就是税收受偿顺位立法不明的问题，目前关于优先权的立法采取的是二元模式，在

① 参见上海市黄埔人民法院课题组：《民事强制执行程序中涉税冲突问题研究》，载《人民司法（应用）》2013年第5期。

② 参见上海市黄埔人民法院课题组：《民事强制执行程序中涉税冲突问题研究》，载《人民司法（应用）》2013年第5期。

③ 参见上海市黄埔人民法院课题组：《民事强制执行程序中涉税冲突问题研究》，载《人民司法（应用）》2013年第5期。

执行程序中制定优先权受偿顺位，符合我国的现行法律体系，能够使参与分配的债权人能合理预测自己的债权受偿顺位。执行程序作为个别债权实现程序，其核心价值是效率优先兼顾公平，在执行程序中制定优先权受偿顺位也要遵循这一核心价值，首先是确保执行效率，其次应当坚持生存价值优先。具体的清偿顺序：共益费用；劳动债权和人身侵权之债；法定担保物权；抵押权、质权；税收。具体理由为，共益费用是保证执行程序顺利进行，债权人获得债权的必要支出。劳动债权和人身侵权之债属于一般优先权的范畴，基于保护劳动者生存利益以及保护弱势群体的利益，这也与破产程序的清偿顺序以及破产司法实践中对人身侵权之债的保护不谋而合，容易在伦理层面被社会公众普遍认同。考虑到我国优先权的二元立法模式，将法定优先权分为法定担保物权和一般优先权，将留置权从与抵押权、质权并列的情形下，归入法定担保物权的范围；就抵押权、质权而言，抵押权、质权为约定担保物权，法定担保物权与约定担保物权冲突时，法定担保物权优先受偿。关于抵押权、质权优先于税收的原因是物权公示公信原则，抵押权、质权作为担保物权，需要以公示的方式获得，市场主体基于对公示的信赖利益而衡量交易风险，实现交易安全。交易主体为了最大限度地避免交易风险而通过合意设定担保物权，将自身所需要负担的风险限制在可以控制、可以接受的范围内，不仅可以维护市场交易秩序，更促进了经济的繁荣。而税收优先权以欠税发生的时间作为其产生时间，但现行税收法律体制中欠税公告制度不完善的情形下，抵押权人、质权人在交易前是难以获知的。因此，仅以发生在先的税收优先权优先于抵押权人、质权人，无疑会增大抵押权人、质权人在交易中所负担的不合理的风险。因此，有公示的抵押权、质权应优先于无公示的税收优先权。此外，未经公示的欠税优先于无担保债权也不利于民事执行的稳定。《查扣冻规定》要求不能超标的查封，这意味着申请执行人对查封财产具有一定的信赖利益，如果未经公示的欠税当然优先于无担保债权，则未经公示欠税的不确定性将使民事执行处于不稳定之中，查封财产可能无法覆盖债务，这可能使申请执行人承担利益受损的风险。①

---

① 参见金殿军：《税收优先权在民事执行中的实现路径》，载《人民法院报》2021年9月8日，第7版。

第二，完善税收优先权的具体规定。(1) 税收优先权应以对外公示时间为发生时间。《税收征收管理法》中没有明确规定税收优先权的发生时间。《国家税务总局关于贯彻〈中华人民共和国税收征收管理法〉及其实施细则若干具体问题的通知》(国税发〔2003〕47号) 第7条确定税收优先的时间为纳税人应缴纳税款的期限届满之次日。对此，仅税务机关和纳税人知道税收优先权的发生，与纳税人具有经济往来的第三人将无从知晓纳税人是否欠税，不利于普通债权人规避交易风险。因此，应当健全完善欠税公告制度，通过一定的公示方式将税收优先权予以公示，故税收优先权的发生时间应以欠税公告日为准。(2) 建立健全欠税公示制度。目前的欠税公告行为仅为督促纳税人自觉缴纳欠税，防止新的欠税的发生，保证国家税款的及时足额入库的目的使用，并未建立欠税公示对抗制度，这不仅不利于税收优先权在执行程序中的分配，亦不利于相对人了解交易对方的欠税信息，进而不利于对交易安全的保护。为此，有必要建立健全欠税公示制度，将税收管理理念由征收管理向为纳税人服务转变，欠税公告向公示公信转变。唯有建立起完善的欠税公示制度，税收优先权才具备正当性基础，也容易被市场交易主体所获知、信赖，进而推动市场经济的健康发展。

第三，明确先税后证中税的种类、数额，并将之对外公示。不应简单规定为办理不动产物权变更登记前缴清所有税费，应当对不动产办理变更登记的税的种类、缴税主体、数额等予以明确，进而规定税收优先权的范围。对于执行程序开始之前即已欠缴的税款，税务机关应主动通过非诉行政执行程序予以追缴，对于税务机关已经控制被执行人的财产，应与执行法院主动协调，确定税收优先权的范围，并赋予申请执行人等程序参与主体异议以及要求听证的权利，而不能一概将其转嫁给不动产受让人或一概在被执行财产上优先收取。产权登记部门亦应就前述问题主动与税收征收机关协调，并应积极配合法院办理变更登记，如果认为法院的协助要求不符合法律以及相关规定，可以向法院提出相关建议，而非拒绝协助。对于产权登记部门不予办理登记的，应属于《民事诉讼法》第117条规定的有关单位拒不协助办理有关财产权证照转移手续的情形，法院可以对其主管人员采取罚款、拘留或向检察机关提起纪律处分的司法建议。

第四，税务机关与法院之间关于涉税信息的共享。建立与税务部门的信息交换制度，及时获取税务部门的税收计算方式及认定标准，特别是对不同财产类型的征收标准，是否存在欠税等信息。法院启动财产评估程序时，即函告税务机关，要求其明确待处置财产的欠税信息及成交后需要交纳的税款，法院在强制拍卖时在公告中予以明确。这样本来由被执行人应缴纳税款的责任，转移由买受人承担，从而确保税收的优先权，实现对税款的源泉控管，也能有效避免新的纠纷，竞买人在报名前，应当认真阅读公告内容，自行前往税务机关或通过其他途径了解税费信息，在竞价时会将税费作为出价考虑因素，使拍卖的财产取得一个较为合理的成交价格。

第五，加强立法，明确司法处置程序中的税费承担和纳税主体监管问题。在法院判决中，纳税主体一般是明确的，但被执行人往往已经没有能力履行纳税义务，甚至到强制执行阶段便查无下落无法联系，导致纳税主体的缺失，对其监控的难度也就大大增加。需要建立完善税收监管制度，进一步加强公民的纳税意识，督促被执行人自行申报被拍卖不动产的纳税及拖欠税款情况。

四、商品房消费者物权期待权能否对抗抵押权和建设工价款优先受偿权

答复原文

最高人民法院执行工作办公室
关于《最高人民法院关于建设工程价款优先受偿权问题的批复》
中有关消费者权利应优先保护的规定应如何理解的答复

2005年12月25日　〔2005〕执他字第16号

广东省高级人民法院：

你院〔2004〕粤高法执督字第384号《关于康永贤等13人执行异议请求案》收悉，经研究，现答复如下：

《最高人民法院关于建设工程价款优先受偿权问题的批复》（法释〔2002〕

16号）第二条关于已交付购买商品房的全部或者大部分款项的消费者权利应优先保护的规定，是为了保护个人消费者的居住权而设置的，即购房应是直接用于满足其生活居住需要，而不是用于经营，不应作扩大解释。

特此函复

出台背景

《最高人民法院关于建设工程价款优先受偿权问题的批复》（已废止）第2条规定，"消费者交付购买商品房的全部或者大部分款项后，承包人就该商品房享有的工程价款优先受偿权不得对抗买受人"。[①] 理论上认为，该司法解释首次确立了商品房消费者物权期待权。这是立法对商品房消费者生存权更高价值的维护。

商品房消费者物权期待权的保护，是指支付了大部分购房款的购房人对房屋所有权的期待权利应受到保护，并能对抗承包人对其所购房屋享有的工程价款优先受偿权。实践中，对如何判断商品房的购买者属于"消费者"存在不同的认识。对消费者的法律认定关系到案外人能否排除执行以及能否就建设工程价款优先受偿的实体权利。最高人民法院从"直接满足生活居住需要的视角"对"消费者"作出了界定。

理解与适用

物权期待权是指设立在物权上的期待权，系基于债权法律关系的债权人对债务人享有的物权请求权，具有准物权性质。关于消费者物权期待权的优先保护，最高人民法院在审理再审申请人北京英嘉房地产开发有限公司与被申请人

① 买受人物权期待权始于德国帝国法院1920年的判例。我国对该项权利的保护首见于2002年的《最高人民法院关于建设价款优先受债权问题的批复》；2004年《关于依法规范人民法院执行和国土资源房地产管理部门协助执行若干问题的通知》第15条将保护对象扩大至自开发商处受让房屋的所有买受人；《查扣冻规定》第17条将保护的对象再次扩大到所有登记财产的买受人；《异议复议规定》第28条、第29条再次强调对这项权利的保护。

杨某物权确认纠纷一案中，曾指出：“交付了购买商品房的全部或者大部分款项后，消费者就所购商品房对出卖人享有的债权，有别于普通无担保债权，是一种针对特定不动产所享有的具有非金钱债务属性的特殊债权，在受偿顺序上优先于有担保债权的建设工程价款优先受偿权亦不得对抗该债权。”①

《消费者权益保护法》第2条规定，“消费者为生活消费需要购买、使用商品或者接受服务，其权益受本法保护，本法未作规定的，受其他有关法律、法规保护”。享有商品房物权期待权的“消费者”与《消费者权益保障法》中的消费者含义相同，即“为生活消费需要”购买商品房的主体，不包括为经营目的而购买商品房的消费者。这与国际标准化组织消费者政策委员会对消费者的定义相同，即“为个人目的购买或者使用商品和接受服务的个体社会成员”。因此，购买商品房的人必须是为生活消费，才能成为物权期待权的享有者，才能享有比建设工程价款优先受偿权更优先的权利。否则，不能对抗建设工程价款优先受偿权。

在具体的案件中，如何判断一个购房人到底是不是消费者。首先，从自然属性上看，消费者必须是自然人。法人或者其他组织由于不存在生活消费的问题，不在消费者之列。但是，如果法人或者其他组织以单位名义购买，却已经分配给职工个人居住，此时的职工可以认定为消费者。

其次，以房屋购买时的客观性质（辅以考察所购房屋后的实际用途）来作为判断是否用于居住的“客观标准”。在判断购房人是为“生活需要”还是为“生产经营需要”的问题上，确实存在技术上的难题，因为猜测一个人主观上的想法存在困难。比如，有的人购买普通居住用房可能是为了出租谋利，有的人购买商业用房可能是为了收取租金。从近年来的司法实践来看，各地法院主要是根据房屋购买时的客观性质作为判断标准。例如，如果购房者所购房屋的性质为居住用房，则一般认定为消费者，如果购房者所购房产为写字楼、门面房等经营性用房，则一般不认为是消费者。

最后，对“用于居住”应当作宽泛理解。不管是单纯的居住房还是商住两

---

① 参见最高人民法院民事裁定书，（2015）民申字第1158号。

用住房，只要是有居住功能的，都应该视为用于居住的房屋。[①]

关于建设工程价款优先受偿权和商品房消费者物权期待权的冲突及价值权衡问题，一般认为，建设工程价款优先受偿权立法目的在于保证建设工人的工资能够得到支付，而购房消费者请求权保护的法律价值为保障消费者基本生存权利。生存权利优于经营权系消费者请求权保护的重要法理依据，也是国际通行的做法。对商品房消费者的物权期待权进行特别保护，使其顺位上优先于承包人的优先受偿权和抵押权，这一法律拟制性规定具有深刻的社会背景和现实基础。消费者购房的目的都是用来居住，在房价高企的当代社会，许多消费者毕其一生，甚至两代人的积蓄，方得在竞争激烈的城市购得一安身立命的居所，法律赋予其对房屋的物权期待权在顺位上的优先性，具有逻辑及伦理上的正当性。

实务操作指引

（一）消费者物权期待权优于承包人权利的表现

《异议复议规定》第29条规定了商品房消费者的物权期待权具有排除执行的效力，可以明确建设工程中各相关权利的顺位：商品房消费者的物权期待权＞承包人的优先受偿权＞抵押权＞一般债权。

第一，房屋的所有权尚未转移给买受人时（如尚未竣工或者虽已竣工但尚未交付房屋，或者虽已交付但尚未办理过户登记），此时存在承包人的优先受偿权与买受人的商品房交付请求权之间的冲突。消费者支付购买商品房的全部或者大部分款项后，承包人就该商品房享有的工程价款优先受偿权不得对抗买受人。

《异议复议规定》第28条、第29条均涉及不动产买受人的异议，其共同之处在于申请执行的都是金钱债权，均要求买受人在法院查封之前已经签订房屋

① 江必新、刘贵祥主编，最高人民法院执行局编著：《最高人民法院关于人民法院办理执行异议和复议案件若干问题规定理解与适用》，人民法院出版社2015年版，第433页。

买卖合同。[①] 但二者的不同之处体现了第28条与第29条之间是一般规定和特别规定的关系，其具体区别如下：

首先是异议指向的执行标的，第29条限定为房地产开发企业名下的商品房，且买受的目的是用于居住。第28条对此没有规定，既可以是一手交易的商品房，也可以是二手房；既可以用于居住，也可以用于经营。其次是对案外人的要求，第29条规定的是买受人名下无其他用于居住的房屋，第28条则对案外人没有附加任何限定条件。再次是支付价款要求。第29条仅要求已支付价款超过合同约定总价款的50%，[②] 而第28条则提出了更为严格的标准，要求已支付全部价款，或者已按照合同约定支付部分价款且将剩余价款按照法院要求交付执行。复次是买受人是否占有房屋。第28条要求买受人在查封前已经合法占有不动产，第29条则无此要求。最后是未办理过户登记买受人主观上是否存在过错。第28条要求买受人不存在过错，第29条对此没有规定。

由此看出，因第29条对执行标的和案外人施加的限定条件，使第29条在价款支付、是否占有以及未办理过户是否存在过错等问题上较第28条获得更宽松的适用条件。两条规定虽然适用于不同的情形，但当被执行人为房地产开发企业，且被执行的不动产为登记于其名下的商品房时，第28条与第29条在适用上产生竞合。需要特别强调的是，二者并非排斥适用关系，即并不适用特别条款优先于一般条款规则，案外人可以选择适用第28条或第29条规定。而法院在审查中，只要案外人的异议符合第28条或第29条中任一条的规定，法院即应支持其异议。在第156号指导性案例中，最高人民法院指出，一审法院认定案外人异议符合第28条的规定，能够排除执行，而二审以其不符合第29条规定为由驳回异议，属于适用法律错误。[③] 在（2021）最高法民终108号判决中，最高人民法院又重审了上述观点，案外人所提异议符合第28条或第29条规定的，即可排除执行，法院无须再对是否符合第28条或第29条进行审查。

---

① 参见江必新、刘贵祥主编，最高人民法院执行局编著：《最高人民法院关于人民法院办理执行异议和复议案件若干问题规定理解与适用》，人民法院出版社2015年版，第432页。

② 最高人民法院在（2021）最高法民终600号判决中指出，案外人已支付的房价款虽尚未达到总价款的50%，但表示愿意将剩余价款按照人民法院的要求交付执行，在案外人将剩余价款交付执行后，取得物权期待权，可以排除执行。

③ 最高人民法院民事裁定书，（2016）最高法民申254号。

若抵押权人作为申请执行人，案外人异议符合第28条规定的，能否排除执行，其实质是一般房屋买受人的物权期待权与抵押权之间何者优先的问题。实践中，司法机关对于该问题的观点并非一以贯之。在（2019）最高法民终223号判决中，最高人民法院认为，《异议复议规定》第28条即属第27条规定的“但法律、司法解释另有规定的除外”情形，旨在保护无过错买受人的物权期待权，在符合第28条规定的情形下，即使案涉房产上设定有抵押权，案外人亦享有足以排除强制执行的民事权益。但有观点提出，根据《九民纪要》第126条的规定，能够优先于抵押权的商品房消费者权利应当从严把握，避免扩大范围，以免动摇抵押权具有优先性的原则。非消费者购房人的权利或二手房买受人的权利不应当优先于抵押权人。[①] 最高人民法院在（2021）最高法民终604号判决中认为，《异议复议规定》第28条、第29条分别规定了案外人的“物权期待权”和“消费者生存权”，“物权期待权”被赋予“物权”名义，但毕竟不是既得的物权，本质上仍属于债权请求权，故虽优先于普通债权，但应劣后于工程价款优先受偿权及担保物权等。也就是说，《异议复议规定》第27条规定的“除外”内容包括第29条，但不包括第28条。

上述争论的实质是第28条规定的一般不动产买受人的“物权期待权”是否与第29条规定的“消费者生存权”的优先性等同。从对物权期待权在我国的起源及发展过程进行考察可以看出，可以排除执行的购房人范围在逐渐扩大，[②] 但明确可以对抗抵押权的却仅有《最高人民法院关于建设工程价款优先受偿权问

---

① 最高人民法院民事审判庭第二庭编著：《〈全国法院民商事审判工作会议纪要〉理解与适用》，人民法院出版社2019年版，第636页。

② 《最高人民法院关于建设工程价款优先受偿权问题的批复》（已废止）规定：“人民法院在审理房地产纠纷案件和办理执行案件中，应当依照《中华人民共和国合同法》第二百八十六条的规定，认定建筑工程的承包人的优先受偿权优于抵押权和其他债权。消费者交付购买商品房的全部或者大部分款项后，承包人就该商品房享有的工程价款优先受偿权不得对抗买受人。”《国土房管部门协助执行通知》第15条规定：“下列房屋虽未进行房屋所有权登记，人民法院也可以进行预查封：（一）作为被执行人的房地产开发企业，已办理了商品房预售许可证且尚未出售的房屋；（二）被执行人购买的已由房地产开发企业办理了房屋权属初始登记的房屋；（三）被执行人购买的办理了商品房预售合同登记备案手续或者商品房预告登记的房屋。”《查扣冻规定》（2008年）第17条规定：“被执行人将其所有的需要办理过户登记的财产出卖给第三人，第三人已经支付部分或者全部价款并实际占有该财产，但尚未办理产权过户登记手续的，人民法院可以查封、扣押、冻结；第三人已经支付全部价款并实际占有，但未办理过户登记手续的，如果第三人对此没有过错，人民法院不得查封、扣押、冻结。”

题的批复》（已废止）规定的交付购买商品房全部或者大部分款项的消费者。〔2005〕执他字第16号答复又明确了，购房应是直接用于满足其生活居住需要，而不是用于经营，不应做扩大解释。从这个角度出发，符合《最高人民法院关于建设工程价款优先受偿权问题的批复》（已废止）精神的仅有《异议复议规定》第29条。因此，虽然第28条与第29条存在竞合适用的情况，但其规定的却是两种优先性完全不同的权利。《九民纪要》第126条的规定使可以对抗抵押权的消费者物权期待权回归最初的制度设计目的。

第二，商品房的所有权已转移给消费者时，承包人的优先受偿权不可对抗消费者的房屋所有权。根据《民法典》第807条，承包人的优先受偿权仅限于建设工程折价或者拍卖所得价款，也就是说，承包人的优先权只能存在于属于发包人所有的建筑物或者建设工程上，如果商品房的所有权已登记在了买受人名下，承包人的优先受偿权当然不复存在。

（二）消费者可选择排除执行或优先受偿房屋变价款

另需注意的是，在个案执行中，由于被执行的房屋千差万别，有的消费者可能并不主张排除执行，而是主张就其购房款对房屋变价款优先受偿。从法理上讲，由于购房人的物权期待权本身可以对抗建设工程承包人的优先受偿权，既然建设工程承包人对房屋变价款有优先受偿权，那就没有理由否定购房人就其购房款对房屋变价款享有优先受偿的权利。

而且，购房人在可以排除执行的情况下放弃物权期待权，转而就房屋变价款主张优先受偿，有利于执行，法院没有理由不支持。《异议复议规定》原本拟就此作出规定，后来考虑到该问题并不属于执行异议、复议范畴，且涉及案外人在分配顺序上的优先权问题，比较复杂，故留待在参与分配司法解释中作出规定。①

① 参见江必新、刘贵祥主编，最高人民法院执行局编著：《最高人民法院关于人民法院办理执行异议和复议案件若干问题规定理解与适用》，人民法院出版社2015年版，第436页。

第十五章　暂缓执行、中止执行、终结本次执行和终结执行

一、暂缓执行、中止执行、终结本次执行与终结执行的区分

规定、意见、通知原文

（一）最高人民法院关于严格规范终结本次执行程序的规定（试行）

2016年10月29日　法〔2016〕373号

为严格规范终结本次执行程序，维护当事人的合法权益，根据《中华人民共和国民事诉讼法》及有关司法解释的规定，结合人民法院执行工作实际，制定本规定。

第一条　人民法院终结本次执行程序，应当同时符合下列条件：

（一）已向被执行人发出执行通知、责令被执行人报告财产；

（二）已向被执行人发出限制消费令，并将符合条件的被执行人纳入失信被执行人名单；

（三）已穷尽财产调查措施，未发现被执行人有可供执行的财产或者发现的财产不能处置；

（四）自执行案件立案之日起已超过三个月；

（五）被执行人下落不明的，已依法予以查找；被执行人或者其他人妨害执

行的，已依法采取罚款、拘留等强制措施，构成犯罪的，已依法启动刑事责任追究程序。

第二条 本规定第一条第一项中的“责令被执行人报告财产”，是指应当完成下列事项：

（一）向被执行人发出报告财产令；

（二）对被执行人报告的财产情况予以核查；

（三）对逾期报告、拒绝报告或者虚假报告的被执行人或者相关人员，依法采取罚款、拘留等强制措施，构成犯罪的，依法启动刑事责任追究程序。

人民法院应当将财产报告、核实及处罚的情况记录入卷。

第三条 本规定第一条第三项中的“已穷尽财产调查措施”，是指应当完成下列调查事项：

（一）对申请执行人或者其他人提供的财产线索进行核查；

（二）通过网络执行查控系统对被执行人的存款、车辆及其他交通运输工具、不动产、有价证券等财产情况进行查询；

（三）无法通过网络执行查控系统查询本款第二项规定的财产情况的，在被执行人住所地或者可能隐匿、转移财产所在地进行必要调查；

（四）被执行人隐匿财产、会计账簿等资料且拒不交出的，依法采取搜查措施；

（五）经申请执行人申请，根据案件实际情况，依法采取审计调查、公告悬赏等调查措施；

（六）法律、司法解释规定的其他财产调查措施。

人民法院应当将财产调查情况记录入卷。

第四条 本规定第一条第三项中的“发现的财产不能处置”，包括下列情形：

（一）被执行人的财产经法定程序拍卖、变卖未成交，申请执行人不接受抵债或者依法不能交付其抵债，又不能对该财产采取强制管理等其他执行措施的；

（二）人民法院在登记机关查封的被执行人车辆、船舶等财产，未能实际扣押的。

第五条 终结本次执行程序前，人民法院应当将案件执行情况、采取的财产调查措施、被执行人的财产情况、终结本次执行程序的依据及法律后果等信息告知申请执行人，并听取其对终结本次执行程序的意见。

人民法院应当将申请执行人的意见记录入卷。

第六条　终结本次执行程序应当制作裁定书，载明下列内容：

（一）申请执行的债权情况；

（二）执行经过及采取的执行措施、强制措施；

（三）查明的被执行人财产情况；

（四）实现的债权情况；

（五）申请执行人享有要求被执行人继续履行债务及依法向人民法院申请恢复执行的权利，被执行人负有继续向申请执行人履行债务的义务。

终结本次执行程序裁定书送达申请执行人后，执行案件可以作结案处理。人民法院进行相关统计时，应当对以终结本次执行程序方式结案的案件与其他方式结案的案件予以区分。

终结本次执行程序裁定书应当依法在互联网上公开。

第七条　当事人、利害关系人认为终结本次执行程序违反法律规定的，可以提出执行异议。人民法院应当依照民事诉讼法第二百二十五条的规定进行审查。

第八条　终结本次执行程序后，被执行人应当继续履行生效法律文书确定的义务。被执行人自动履行完毕的，当事人应当及时告知执行法院。

第九条　终结本次执行程序后，申请执行人发现被执行人有可供执行财产的，可以向执行法院申请恢复执行。申请恢复执行不受申请执行时效期间的限制。执行法院核查属实的，应当恢复执行。

终结本次执行程序后的五年内，执行法院应当每六个月通过网络执行查控系统查询一次被执行人的财产，并将查询结果告知申请执行人。符合恢复执行条件的，执行法院应当及时恢复执行。

第十条　终结本次执行程序后，发现被执行人有可供执行财产，不立即采取执行措施可能导致财产被转移、隐匿、出卖或者毁损的，执行法院可以依申请执行人申请或依职权立即采取查封、扣押、冻结等控制性措施。

第十一条　案件符合终结本次执行程序条件，又符合移送破产审查相关规定的，执行法院应当在作出终结本次执行程序裁定的同时，将执行案件相关材料移送被执行人住所地人民法院进行破产审查。

第十二条 终结本次执行程序裁定书送达申请执行人以后，执行法院应当在七日内将相关案件信息录入最高人民法院建立的终结本次执行程序案件信息库，并通过该信息库统一向社会公布。

第十三条 终结本次执行程序案件信息库记载的信息应当包括下列内容：

（一）作为被执行人的法人或者其他组织的名称、住所地、组织机构代码及其法定代表人或者负责人的姓名，作为被执行人的自然人的姓名、性别、年龄、身份证件号码和住址；

（二）生效法律文书的制作单位和文号，执行案号、立案时间、执行法院；

（三）生效法律文书确定的义务和被执行人的履行情况；

（四）人民法院认为应当记载的其他事项。

第十四条 当事人、利害关系人认为公布的终结本次执行程序案件信息错误的，可以向执行法院申请更正。执行法院审查属实的，应当在三日内予以更正。

第十五条 终结本次执行程序后，人民法院已对被执行人依法采取的执行措施和强制措施继续有效。

第十六条 终结本次执行程序后，申请执行人申请延长查封、扣押、冻结期限的，人民法院应当依法办理续行查封、扣押、冻结手续。

终结本次执行程序后，当事人、利害关系人申请变更、追加执行当事人，符合法定情形的，人民法院应予支持。变更、追加被执行人后，申请执行人申请恢复执行的，人民法院应予支持。

第十七条 终结本次执行程序后，被执行人或者其他人妨害执行的，人民法院可以依法予以罚款、拘留；构成犯罪的，依法追究刑事责任。

第十八条 有下列情形之一的，人民法院应当在三日内将案件信息从终结本次执行程序案件信息库中屏蔽：

（一）生效法律文书确定的义务执行完毕的；

（二）依法裁定终结执行的；

（三）依法应予屏蔽的其他情形。

第十九条 本规定自2016年12月1日起施行。

（二）最高人民法院
关于正确适用暂缓执行措施若干问题的规定

2002 年 9 月 28 日　法发〔2002〕16 号

为了在执行程序中正确适用暂缓执行措施，维护当事人及其他利害关系人的合法权益，根据《中华人民共和国民事诉讼法》和其他有关法律的规定，结合司法实践，制定本规定。

第一条　执行程序开始后，人民法院因法定事由，可以决定对某一项或者某几项执行措施在规定的期限内暂缓实施。

执行程序开始后，除法定事由外，人民法院不得决定暂缓执行。

第二条　暂缓执行由执行法院或者其上级人民法院作出决定，由执行机构统一办理。

人民法院决定暂缓执行的，应当制作暂缓执行决定书，并及时送达当事人。

第三条　有下列情形之一的，经当事人或者其他利害关系人申请，人民法院可以决定暂缓执行：

（一）执行措施或者执行程序违反法律规定的；

（二）执行标的物存在权属争议的；

（三）被执行人对申请执行人享有抵销权的。

第四条　人民法院根据本规定第三条决定暂缓执行的，应当同时责令申请暂缓执行的当事人或者其他利害关系人在指定的期限内提供相应的担保。

被执行人或者其他利害关系人提供担保申请暂缓执行，申请执行人提供担保要求继续执行的，执行法院可以继续执行。

第五条　当事人或者其他利害关系人提供财产担保的，应当出具评估机构对担保财产价值的评估证明。

评估机构出具虚假证明给当事人造成损失的，当事人可以对担保人、评估机构另行提起损害赔偿诉讼。

第六条　人民法院在收到暂缓执行申请后，应当在十五日内作出决定，并在作出决定后五日内将决定书发送当事人或者其他利害关系人。

第七条 有下列情形之一的，人民法院可以依职权决定暂缓执行；

（一）上级人民法院已经受理执行争议案件并正在处理的；

（二）人民法院发现据以执行的生效法律文书确有错误，并正在按照审判监督程序进行审查的。

人民法院依照前款规定决定暂缓执行的，一般应由申请执行人或者被执行人提供相应的担保。

第八条 依照本规定第七条第一款第（一）项决定暂缓执行的，由上级人民法院作出决定。依照本规定第七条第一款第（二）项决定暂缓执行的，审判机构应当向本院执行机构发出暂缓执行建议书，执行机构收到建议书后，应当办理暂缓相关执行措施的手续。

第九条 在执行过程中，执行人员发现据以执行的判决、裁定、调解书和支付令确有错误的，应当依照最高人民法院《关于适用〈中华人民共和国民事诉讼法〉若干问题的意见》第258条的规定处理。

在审查处理期间，执行机构可以报经院长决定对执行标的暂缓采取处分性措施，并通知当事人。

第十条 暂缓执行的期间不得超过三个月。因特殊事由需要延长的，可以适当延长，延长的期限不得超过三个月。

暂缓执行的期限从执行法院作出暂缓执行决定之日起计算。暂缓执行的决定由上级人民法院作出的，从执行法院收到暂缓执行决定之日起计算。

第十一条 人民法院对暂缓执行的案件，应当组成合议庭对是否暂缓执行进行审查，必要时应当听取当事人或者其他利害关系人的意见。

第十二条 上级人民法院发现执行法院对不符合暂缓执行条件的案件决定暂缓执行，或者对符合暂缓执行条件的案件未予暂缓执行的，应当作出决定予以纠正。执行法院收到该决定后，应当遵照执行。

第十三条 暂缓执行期限届满后，人民法院应当立即恢复执行。

暂缓执行期限届满前，据以决定暂缓执行的事由消灭的，如果该暂缓执行的决定是由执行法院作出的，执行法院应当立即作出恢复执行的决定；如果该暂缓执行的决定是由执行法院的上级人民法院作出的，执行法院应当将该暂缓执行事由消灭的情况及时报告上级人民法院，该上级人民法院应当在收到报告后十日内审查核实并作出恢复执行的决定。

第十四条　本规定自公布之日起施行。本规定施行后，其他司法解释与本规定不一致的，适用本规定。

（三）最高人民法院
关于人民法院办理执行案件若干期限的规定

2006年12月23日　法发〔2006〕35号

为确保及时、高效、公正办理执行案件，依据《中华人民共和国民事诉讼法》和有关司法解释的规定，结合执行工作实际，制定本规定。

第一条　被执行人有财产可供执行的案件，一般应当在立案之日起6个月内执结；非诉执行案件一般应当在立案之日起3个月内执结。

有特殊情况须延长执行期限的，应当报请本院院长或副院长批准。

申请延长执行期限的，应当在期限届满前5日内提出。

第二条　人民法院应当在立案后7日内确定承办人。

第三条　承办人收到案件材料后，经审查认为情况紧急、需立即采取执行措施的，经批准后可立即采取相应的执行措施。

第四条　承办人应当在收到案件材料后3日内向被执行人发出执行通知书，通知被执行人按照有关规定申报财产，责令被执行人履行生效法律文书确定的义务。

被执行人在指定的履行期间内有转移、隐匿、变卖、毁损财产等情形的，人民法院在获悉后应当立即采取控制性执行措施。

第五条　承办人应当在收到案件材料后3日内通知申请执行人提供被执行人财产状况或财产线索。

第六条　申请执行人提供了明确、具体的财产状况或财产线索的，承办人应当在申请执行人提供财产状况或财产线索后5日内进行查证、核实。情况紧急的，应当立即予以核查。

申请执行人无法提供被执行人财产状况或财产线索，或者提供财产状况或财产线索确有困难，需人民法院进行调查的，承办人应当在申请执行人提出调查申请后10日内启动调查程序。

根据案件具体情况，承办人一般应当在1个月内完成对被执行人收入、银行存款、有价证券、不动产、车辆、机器设备、知识产权、对外投资权益及收益、到期债权等资产状况的调查。

第七条 执行中采取评估、拍卖措施的，承办人应当在10日内完成评估、拍卖机构的遴选。

第八条 执行中涉及不动产、特定动产及其它财产需办理过户登记手续的，承办人应当在5日内向有关登记机关送达协助执行通知书。

第九条 对执行异议的审查，承办人应当在收到异议材料及执行案卷后15日内提出审查处理意见。

第十条 对执行异议的审查需进行听证的，合议庭应当在决定听证后10日内组织异议人、申请执行人、被执行人及其他利害关系人进行听证。

承办人应当在听证结束后5日内提出审查处理意见。

第十一条 对执行异议的审查，人民法院一般应当在1个月内办理完毕。

需延长期限的，承办人应当在期限届满前3日内提出申请。

第十二条 执行措施的实施及执行法律文书的制作需报经审批的，相关负责人应当在7日内完成审批程序。

第十三条 下列期间不计入办案期限：

1. 公告送达执行法律文书的期间；

2. 暂缓执行的期间；

3. 中止执行的期间；

4. 就法律适用问题向上级法院请示的期间；

5. 与其他法院发生执行争议报请共同的上级法院协调处理的期间。

第十四条 法律或司法解释对办理期限有明确规定的，按照法律或司法解释规定执行。

第十五条 本规定自2007年1月1日起施行。

（四）最高人民法院关于执行案件立案、结案若干问题的意见

2014年12月17日 法发〔2014〕26号

为统一执行案件立案、结案标准，规范执行行为，根据《中华人民共和国民事诉讼法》等法律、司法解释的规定，结合人民法院执行工作实际，制定本意见。

第一条 本意见所称执行案件包括执行实施类案件和执行审查类案件。

执行实施类案件是指人民法院因申请执行人申请、审判机构移送、受托、提级、指定和依职权，对已发生法律效力且具有可强制执行内容的法律文书所确定的事项予以执行的案件。

执行审查类案件是指在执行过程中，人民法院审查和处理执行异议、复议、申诉、请示、协调以及决定执行管辖权的移转等事项的案件。

第二条 执行案件统一由人民法院立案机构进行审查立案，人民法庭经授权执行自审案件的，可以自行审查立案，法律、司法解释规定可以移送执行的，相关审判机构可以移送立案机构办理立案登记手续。

立案机构立案后，应当依照法律、司法解释的规定向申请人发出执行案件受理通知书。

第三条 人民法院对符合法律、司法解释规定的立案标准的执行案件，应当予以立案，并纳入审判和执行案件统一管理体系。

人民法院不得有审判和执行案件统一管理体系之外的执行案件。

任何案件不得以任何理由未经立案即进入执行程序。

第四条 立案机构在审查立案时，应当按照本意见确定执行案件的类型代字和案件编号，不得违反本意见创设案件类型代字。

第五条 执行实施类案件类型代字为“执字”，按照立案时间的先后顺序确定案件编号，单独进行排序；但执行财产保全裁定的，案件类型代字为“执保字”，按照立案时间的先后顺序确定案件编号，单独进行排序；恢复执行的，案

件类型代字为“执恢字”，按照立案时间的先后顺序确定案件编号，单独进行排序。

第六条 下列案件，人民法院应当按照恢复执行案件予以立案：

（一）申请执行人因受欺诈、胁迫与被执行人达成和解协议，申请恢复执行原生效法律文书的；

（二）一方当事人不履行或不完全履行执行和解协议，对方当事人申请恢复执行原生效法律文书的；

（三）执行实施案件以裁定终结本次执行程序方式报结后，如发现被执行人有财产可供执行，申请执行人申请或者人民法院依职权恢复执行的；

（四）执行实施案件因委托执行结案后，确因委托不当被已立案的受托法院退回委托的；

（五）依照民事诉讼法第二百五十七条的规定而终结执行的案件，申请执行的条件具备时，申请执行人申请恢复执行的。

第七条 除下列情形外，人民法院不得人为拆分执行实施案件：

（一）生效法律文书确定的给付内容为分期履行的，各期债务履行期间届满，被执行人未自动履行，申请执行人可分期申请执行，也可以对几期或全部到期债权一并申请执行；

（二）生效法律文书确定有多个债务人各自单独承担明确的债务的，申请执行人可以对每个债务人分别申请执行，也可以对几个或全部债务人一并申请执行；

（三）生效法律文书确定有多个债权人各自享有明确的债权的（包括按份共有），每个债权人可以分别申请执行；

（四）申请执行赡养费、扶养费、抚养费的案件，涉及金钱给付内容的，人民法院应当根据申请执行时已发生的债权数额进行审查立案，执行过程中新发生的债权应当另行申请执行；涉及人身权内容的，人民法院应当根据申请执行时义务人未履行义务的事实进行审查立案，执行过程中义务人延续消极行为的，应当依据申请执行人的申请一并执行。

第八条 执行审查类案件按下列规则确定类型代字和案件编号：

（一）执行异议案件类型代字为“执异字”，按照立案时间的先后顺序确定案件编号，单独进行排序；

（二）执行复议案件类型代字为“执复字”，按照立案时间的先后顺序确定案件编号，单独进行排序；

（三）执行监督案件类型代字为“执监字”，按照立案时间的先后顺序确定案件编号，单独进行排序；

（四）执行请示案件类型代字为“执请字”，按照立案时间的先后顺序确定案件编号，单独进行排序；

（五）执行协调案件类型代字为“执协字”，按照立案时间的先后顺序确定案件编号，单独进行排序。

第九条　下列案件，人民法院应当按照执行异议案件予以立案：

（一）当事人、利害关系人认为人民法院的执行行为违反法律规定，提出书面异议的；

（二）执行过程中，案外人对执行标的提出书面异议的；

（三）人民法院受理执行申请后，当事人对管辖权提出异议的；

（四）申请执行人申请追加、变更被执行人的；

（五）被执行人以债权消灭、超过申请执行期间或者其他阻止执行的实体事由提出阻止执行的；

（六）被执行人对仲裁裁决或者公证机关赋予强制执行效力的公证债权文书申请不予执行的；

（七）其他依法可以申请执行异议的。

第十条　下列案件，人民法院应当按照执行复议案件予以立案：

（一）当事人、利害关系人不服人民法院针对本意见第九条第（一）项、第（三）项、第（五）项作出的裁定，向上一级人民法院申请复议的；

（二）除因夫妻共同债务、出资人未依法出资、股权转让引起的追加和对一人公司股东的追加外，当事人、利害关系人不服人民法院针对本意见第九条第（四）项作出的裁定，向上一级人民法院申请复议的；

（三）当事人不服人民法院针对本意见第九条第（六）项作出的不予执行公证债权文书、驳回不予执行公证债权文书申请、不予执行仲裁裁决、驳回不予执行仲裁裁决申请的裁定，向上一级人民法院申请复议的；

（四）其他依法可以申请复议的。

第十一条 上级人民法院对下级人民法院，最高人民法院对地方各级人民法院依法进行监督的案件，应当按照执行监督案件予以立案。

第十二条 下列案件，人民法院应当按照执行请示案件予以立案：

（一）当事人向人民法院申请执行内地仲裁机构作出的涉港澳仲裁裁决或者香港特别行政区、澳门特别行政区仲裁机构作出的仲裁裁决或者临时仲裁庭在香港特别行政区、澳门特别行政区作出的仲裁裁决，人民法院经审查认为裁决存在依法不予执行的情形，在作出裁定前，报请所属高级人民法院进行审查的，以及高级人民法院同意不予执行，报请最高人民法院的；

（二）下级人民法院依法向上级人民法院请示的。

第十三条 下列案件，人民法院应当按照执行协调案件予以立案：

（一）不同法院因执行程序、执行与破产、强制清算、审判等程序之间对执行标的产生争议，经自行协调无法达成一致意见，向共同上级人民法院报请协调处理的；

（二）对跨高级人民法院辖区的法院与公安、检察等机关之间的执行争议案件，执行法院报请所属高级人民法院与有关公安、检察等机关所在地的高级人民法院商有关机关协调解决或者报请最高人民法院协调处理的；

（三）当事人对内地仲裁机构作出的涉港澳仲裁裁决分别向不同人民法院申请撤销及执行，受理执行申请的人民法院对受理撤销申请的人民法院作出的决定撤销或者不予撤销的裁定存在异议，亦不能直接作出与该裁定相矛盾的执行或者不予执行的裁定，报请共同上级人民法院解决的；

（四）当事人对内地仲裁机构作出的涉港澳仲裁裁决向人民法院申请执行且人民法院已经作出应予执行的裁定后，一方当事人向人民法院申请撤销该裁决，受理撤销申请的人民法院认为裁决应予撤销且该人民法院与受理执行申请的人民法院非同一人民法院时，报请共同上级人民法院解决的；

（五）跨省、自治区、直辖市的执行争议案件报请最高人民法院协调处理的；

（六）其他依法报请协调的。

第十四条 除执行财产保全裁定、恢复执行的案件外，其他执行实施类案件的结案方式包括：

（一）执行完毕；

（二）终结本次执行程序；

（三）终结执行；

（四）销案；

（五）不予执行；

（六）驳回申请。

第十五条　生效法律文书确定的执行内容，经被执行人自动履行、人民法院强制执行，已全部执行完毕，或者是当事人达成执行和解协议，且执行和解协议履行完毕，可以以"执行完毕"方式结案。

执行完毕应当制作结案通知书并发送当事人。双方当事人书面认可执行完毕或口头认可执行完毕并记入笔录的，无需制作结案通知书。

执行和解协议应当附卷，没有签订书面执行和解协议的，应当将口头和解协议的内容作成笔录，经当事人签字后附卷。

第十六条　有下列情形之一的，可以以"终结本次执行程序"方式结案：

（一）被执行人确无财产可供执行，申请执行人书面同意人民法院终结本次执行程序的；

（二）因被执行人无财产而中止执行满两年，经查证被执行人确无财产可供执行的；

（三）申请执行人明确表示提供不出被执行人的财产或财产线索，并在人民法院穷尽财产调查措施之后，对人民法院认定被执行人无财产可供执行书面表示认可的；

（四）被执行人的财产无法拍卖变卖，或者动产经两次拍卖、不动产或其他财产权经三次拍卖仍然流拍，申请执行人拒绝接受或者依法不能交付其抵债，经人民法院穷尽财产调查措施，被执行人确无其他财产可供执行的；

（五）经人民法院穷尽财产调查措施，被执行人确无财产可供执行或虽有财产但不宜强制执行，当事人达成分期履行和解协议，且未履行完毕的；

（六）被执行人确无财产可供执行，申请执行人属于特困群体，执行法院已经给予其适当救助的。

人民法院应当依法组成合议庭，就案件是否终结本次执行程序进行合议。

终结本次执行程序应当制作裁定书，送达申请执行人。裁定应当载明案件的执行情况、申请执行人债权已受偿和未受偿的情况、终结本次执行程序的理由，以及发现被执行人有可供执行财产，可以申请恢复执行等内容。

依据本条第一款第（二）（四）（五）（六）项规定的情形裁定终结本次执行程序前，应当告知申请执行人可以在指定的期限内提出异议。申请执行人提出异议的，应当另行组成合议庭组织当事人就被执行人是否有财产可供执行进行听证；申请执行人提供被执行人财产线索的，人民法院应当就其提供的线索重新调查核实，发现被执行人有财产可供执行的，应当继续执行；经听证认定被执行人确无财产可供执行，申请执行人亦不能提供被执行人有可供执行财产的，可以裁定终结本次执行程序。

本条第一款第（三）（四）（五）项中规定的“人民法院穷尽财产调查措施”，是指至少完成下列调查事项：

（一）被执行人是法人或其他组织的，应当向银行业金融机构查询银行存款，向有关房地产管理部门查询房地产登记，向法人登记机关查询股权，向有关车管部门查询车辆等情况；

（二）被执行人是自然人的，应当向被执行人所在单位及居住地周边群众调查了解被执行人的财产状况或财产线索，包括被执行人的经济收入来源、被执行人到期债权等。如果根据财产线索判断被执行人有较高收入，应当按照对法人或其他组织的调查途径进行调查；

（三）通过最高人民法院的全国法院网络执行查控系统和执行法院所属高级人民法院的“点对点”网络执行查控系统能够完成的调查事项；

（四）法律、司法解释规定必须完成的调查事项。

人民法院裁定终结本次执行程序后，发现被执行人有财产的，可以依申请执行人的申请或依职权恢复执行。申请执行人申请恢复执行的，不受申请执行期限的限制。

第十七条 有下列情形之一的，可以以“终结执行”方式结案：

（一）申请人撤销申请或者是当事人双方达成执行和解协议，申请执行人撤回执行申请的；

（二）据以执行的法律文书被撤销的；

（三）作为被执行人的公民死亡，无遗产可供执行，又无义务承担人的；

（四）追索赡养费、扶养费、抚育费案件的权利人死亡的；

（五）作为被执行人的公民因生活困难无力偿还借款，无收入来源，又丧失劳动能力的；

（六）作为被执行人的企业法人或其他组织被撤销、注销、吊销营业执照或者歇业、终止后既无财产可供执行，又无义务承受人，也没有能够依法追加变更执行主体的；

（七）依照刑法第五十三条规定免除罚金的；

（八）被执行人被人民法院裁定宣告破产的；

（九）行政执行标的灭失的；

（十）案件被上级人民法院裁定提级执行的；

（十一）案件被上级人民法院裁定指定由其他法院执行的；

（十二）按照《最高人民法院关于委托执行若干问题的规定》，办理了委托执行手续，且收到受托法院立案通知书的；

（十三）人民法院认为应当终结执行的其他情形。

前款除第（十）项、第（十一）项、第（十二）项规定的情形外，终结执行的，应当制作裁定书，送达当事人。

第十八条　执行实施案件立案后，有下列情形之一的，可以以“销案”方式结案：

（一）被执行人提出管辖异议，经审查异议成立，将案件移送有管辖权的法院或申请执行人撤回申请的；

（二）发现其他有管辖权的人民法院已经立案在先的；

（三）受托法院报经高级人民法院同意退回委托的。

第十九条　执行实施案件立案后，被执行人对仲裁裁决或公证债权文书提出不予执行申请，经人民法院审查，裁定不予执行的，以“不予执行”方式结案。

第二十条　执行实施案件立案后，经审查发现不符合《最高人民法院关于人民法院执行工作若干问题的规定（试行）》第18条规定的受理条件，裁定驳回申请的，以“驳回申请”方式结案。

第二十一条 执行财产保全裁定案件的结案方式包括：

（一）保全完毕，即保全事项全部实施完毕；

（二）部分保全，即因未查询到足额财产，致使保全事项未能全部实施完毕；

（三）无标的物可实施保全，即未查到财产可供保全。

第二十二条 恢复执行案件的结案方式包括：

（一）执行完毕；

（二）终结本次执行程序；

（三）终结执行。

第二十三条 下列案件不得作结案处理：

（一）人民法院裁定中止执行的；

（二）人民法院决定暂缓执行的；

（三）执行和解协议未全部履行完毕，且不符合本意见第十六条、第十七条规定终结本次执行程序、终结执行条件的。

第二十四条 执行异议案件的结案方式包括：

（一）准予撤回异议或申请，即异议人撤回异议或申请的；

（二）驳回异议或申请，即异议不成立或者案外人虽然对执行标的享有实体权利但不能阻止执行的；

（三）撤销相关执行行为、中止对执行标的的执行、不予执行、追加变更当事人，即异议成立的；

（四）部分撤销并变更执行行为、部分不予执行、部分追加变更当事人，即异议部分成立的；

（五）不能撤销、变更执行行为，即异议成立或部分成立，但不能撤销、变更执行行为的；

（六）移送其他人民法院管辖，即管辖权异议成立的。

执行异议案件应当制作裁定书，并送达当事人。法律、司法解释规定对执行异议案件可以口头裁定的，应当记入笔录。

第二十五条 执行复议案件的结案方式包括：

（一）准许撤回申请，即申请复议人撤回复议申请的；

（二）驳回复议申请，维持异议裁定，即异议裁定认定事实清楚，适用法律正确，复议理由不成立的；

（三）撤销或变更异议裁定，即异议裁定认定事实错误或者适用法律错误，复议理由成立的；

（四）查清事实后作出裁定，即异议裁定认定事实不清，证据不足的；

（五）撤销异议裁定，发回重新审查，即异议裁定遗漏异议请求或者异议裁定错误对案外人异议适用执行行为异议审查程序的。

人民法院对重新审查的案件作出裁定后，当事人申请复议的，上级人民法院不得再次发回重新审查。

执行复议案件应当制作裁定书，并送达当事人。法律、司法解释规定对执行复议案件可以口头裁定的，应当记入笔录。

第二十六条 执行监督案件的结案方式包括：

（一）准许撤回申请，即当事人撤回监督申请的；

（二）驳回申请，即监督申请不成立的；

（三）限期改正，即监督申请成立，指定执行法院在一定期限内改正的；

（四）撤销并改正，即监督申请成立，撤销执行法院的裁定直接改正的；

（五）提级执行，即监督申请成立，上级人民法院决定提级自行执行的；

（六）指定执行，即监督申请成立，上级人民法院决定指定其他法院执行的；

（七）其他，即其他可以报结的情形。

第二十七条 执行请示案件的结案方式包括：

（一）答复，即符合请示条件的；

（二）销案，即不符合请示条件的。

第二十八条 执行协调案件的结案方式包括：

（一）撤回协调请求，即执行争议法院自行协商一致，撤回协调请求的；

（二）协调解决，即经过协调，执行争议法院达成一致协调意见，将协调意见记入笔录或者向执行争议法院发出协调意见函的。

第二十九条 执行案件的立案、执行和结案情况应当及时、完整、真实、准确地录入全国法院执行案件信息管理系统。

第三十条 地方各级人民法院不能制定与法律、司法解释和本意见规定相抵触的执行案件立案、结案标准和结案方式。

违反法律、司法解释和本意见的规定立案、结案，或者在全国法院执行案件信息管理系统录入立案、结案情况时弄虚作假的，通报批评；造成严重后果或恶劣影响的，根据《人民法院工作人员纪律处分条例》追究相关领导和工作人员的责任。

第三十一条 各高级人民法院应当积极推进执行信息化建设，通过建立、健全辖区三级法院统一使用、切合实际、功能完备、科学有效的案件管理系统，加强对执行案件立、结案的管理。实现立、审、执案件信息三位一体的综合管理；实现对终结本次执行程序案件的单独管理；实现对恢复执行案件的动态管理；实现辖区的案件管理系统与全国法院执行案件信息管理系统的数据对接。

第三十二条 本意见自2015年1月1日起施行。

（五）最高人民法院关于进一步规范指定执行等执行案件立案、结案、统计和考核工作的通知

2018年5月31日 法明传〔2018〕335号

为进一步规范执行立案、结案、统计和考核工作，解决一案多立带来的数据失真问题，确保一个执行依据原则上只能立一个首次执行案件的工作要求落地，让相关数据真实反映执行工作情况，现就指定执行、提级执行、委托执行（全案）、裁定终结执行或终结本次执行程序后恢复执行原生效法律文书等的立案、结案、统计和考核工作通知如下：

一、需要委托异地法院执行的，原则上要通过事项委托方式办理，不提倡将全案委托执行，确需全案委托执行的，委托法院和受托法院要严格按照有关司法解释的规定层报各自所在的高级人民法院备案。各高级人民法院要加强对下辖法院全案委托执行和受托执行工作的管理。

二、执行案件依据民事诉讼法第二百五十七条规定裁定终结执行或终结本

次执行程序后，符合恢复执行原生效法律文书条件，执行法院依申请或依职权又恢复执行的，立“恢执”字案号，恢复执行案件统计作为内部管理项，不再纳入司法统计。

三、首次执行案件因指定执行、提级执行、委托执行（全案）结案的，以“销案”方式结案，不纳入司法统计；接受指定执行、提级执行、委托执行（全案）而立执行案件的，立“执”字案号，作为首次执行案件纳入司法统计，其中申请执行标的金额为前案未实际执行到位的金额。销案、不予执行、驳回申请结案的，其中申请执行标的金额和已实际执行到位金额不予计算。

各级法院自2018年6月1日起按通知要求认真贯彻执行，执行过程中遇到的问题，请及时报告最高人民法院执行局。

特此通知。

出台背景

我国个人破产制度尚未建立，法人破产制度尚未全面落实，导致破产不得的“僵尸企业”大量存在，大量案件因无财产可供执行不得不长期滞留在执行程序中。2009年，中央政法委、最高人民法院联合发布《关于规范集中清理执行积案结案标准的通知》，以规范性文件的形式认可了“终结本次执行程序”的结案方式，全国各地法院也将终结本次执行程序作为处理此类案件的一项机制，但终结本次执行程序并非《民事诉讼法》确立的法律制度，而是在司法实践中总结出来的执行结案措施。所谓终结本次执行程序，主要是指对确无财产可供执行的案件，法院将暂时终结执行程序并做结案处理，待发现财产后继续恢复执行的一项制度。2015年2月，最高人民法院在制定《民事诉讼法解释》时，对终结本次执行程序制度予以正式规定。但《民事诉讼法解释》对终结本次执行程序的具体标准、程序及其后续管理等系列问题都没有规定，各地法院普遍存在适用标准过宽、程序过于简化、终本后恢复执行难等不规范问题，不少有财产可供执行案件也作为无财产可供执行案件处理，损害了债权人的合法权益。为更好解决上述问题，严格规范终结本次执行程序，有效防止为片面追求结案率而滥用终结本次执行程序，严格规定终结本次执行程序的要件，畅通终结本次执行程序案件的恢复机制，完善终结本次执行程序后的救济管理，最高人民法院经过充分调研、酝酿，出台了《终本规定》。

理解与适用

民事执行以实现债权人生效法律文书确定的债权为目的，力求高质低耗，迅速结案。因此，执行程序启动后，一般不得中途停止，直至申请执行人债权实现。但是，执行程序因特定事由暂时停止，有利于尊重当事人的处分权及维护债务人和案外人的合法权益，体现法律适用的原则性和灵活性、效率和公正的统一。①

（一）暂缓执行

暂缓执行是指人民法院在执行程序中因法定事由，依申请或依职权决定在一定期限内暂时停止执行措施。②

1. 暂缓执行的事由

（1）当事人依申请暂缓执行

《民事诉讼法》第238条规定，被执行人向人民法院提供担保，并经申请执行人同意的，人民法院可以决定暂缓执行。此即执行担保制度。实际上，暂缓执行本质上并不属于法定的可独立适用制度，它总是跟执行担保联系在一起。其目的是以提供担保的方式使债务人履行义务的期限有所延缓，让债务人能够有机会整顿生产、经营，筹措资金，防止破产倒闭，对于保护债务人的合法权益，稳定发展有积极意义。③ 与其说执行担保是暂缓执行的必要条件，不如说暂缓执行是执行担保的作用结果。

最高人民法院在2002年颁布的《暂缓执行规定》对当事人申请执行暂缓的

---

① 参见谭秋桂：《民事执行原理研究》，中国法制出版社2001年版，第304页。

② 参见江必新主编：《强制执行法理论与实务》，中国法制出版社2014年版，第293页。

③ 参见刘璐：《执行担保的性质及其法律适用问题研究》，载《法律科学（西北政法大学学报）》2009年第5期。

事由进行了限定，而且不以申请执行人同意为前提。[①] 实际上，这种做法已经突破了暂缓执行作为执行担保结果的制度原意。执行担保制度实际上仍是以债务人愿意履行债务为前提，只不过是经债权人同意可以延缓履行的期限。但《暂缓执行规定》列举三种可以依申请暂缓执行的情形，即执行措施或执行程序违反法律规定、执行标的物存在权属争议、被执行人对申请执行人享有抵销权，其目的及效果已经脱离执行担保的范畴。为了保障此种突破情形下申请执行人的利益，同时规定如果是被执行人或者其他利害关系人申请暂缓执行，而申请执行人也提供担保要求继续执行的，法院可以继续执行。

《暂缓执行规定》第 3 条规定的经当事人或其他利害关系人申请人民法院可以决定暂缓执行的情形中，第一项关于执行措施错误或者执行程序违反法律规定，并不具备充足的合理性。首先，执行措施或者执行程序错误是法院应予纠正的事项，执行法院在审查当事人或利害关系人申请时认为确实存在该情形的，就应当立即予以纠正，再要求当事人或利害关系人提供担保暂缓执行，并不合理；其次，当事人或利害关系人可以通过提出执行异议复议或执行监督或检察监督予以救济，当事人或利害关系人需要提供担保暂缓执行的做法，无甚必要。

总的来说，当事人申请暂缓执行的路径有二，一是以双方达成合意为前提的延期履行即执行担保，最长不能超过 1 年。二是依据《暂缓执行规定》第 3 条提出申请，目的是纠正法院的违法执行行为、暂缓对标的物的执行以及行使抵销权。

(2) 人民法院依职权暂缓执行

面对复杂多变的现实，在不符合法定的中止执行情形，有时又确实需要对某一项或几项执行措施暂缓实施，否则将导致无法挽回的损害后果，如上级法院协调执行争议、上级法院发现下级法院的执行裁定或具体执行行为存在错误应予以纠正的，或是执行依据确有错误正在审判监督审查但尚未作出再审裁定等情形，需要有一项制度可以满足暂时停止执行措施，又不与现有制度框架相冲突。基于上述原因，暂缓执行的适用被逐渐扩大化，法院依职权决定暂缓执

① 《暂缓执行规定》第 3 条规定："有下列情形之一的，经当事人或者其他利害关系人申请，人民法院可以决定暂缓执行：（一）执行措施或者执行程序违反法律规定的；（二）执行标的物存在权属争议的；（三）被执行人对申请执行人享有抵销权的。"

行应运而生。法院依职权暂缓执行根据决定作出的主体又分为上级人民法院依职权决定暂缓执行和本级人民法院依职权决定暂缓执行。《暂缓执行规定》列举了上级人民法院处理执行争议及执行依据错误按照审判监督审查两项，①《执行规定》则将暂缓执行广泛运用于执行监督审查程序之中。② 网络司法拍卖异议审查期间，法院亦可以采取暂缓或中止执行。③

2. 暂缓执行的审查与救济

无论是执行担保还是当事人根据法定事项申请暂缓执行，人民法院并不一定会同意暂缓执行。当事人或利害关系人不服法院作出的暂缓执行的决定或者不予暂缓执行的决定，可通过提起执行行为异议予以救济。④

对于法院依职权作出的暂缓执行决定，上级人民法院予以监督。如发现执

---

① 《暂缓执行规定》第 7 条规定："有下列情形之一的，人民法院可以依职权决定暂缓执行；（一）上级人民法院已经受理执行争议案件并正在处理的；（二）人民法院发现据以执行的生效法律文书确有错误，并正在按照审判监督程序进行审查的。人民法院依照前款规定决定暂缓执行的，一般应由申请执行人或者被执行人提供相应的担保。"第 9 条规定："在执行过程中，执行人员发现据以执行的判决、裁定、调解书和支付令确有错误的，应当依照最高人民法院《关于适用〈中华人民共和国民事诉讼法〉若干问题的意见》第 258 条的规定处理。在审查处理期间，执行机构可以报经院长决定对执行标的暂缓采取处分性措施，并通知当事人。"

② 《执行规定》第 72 条规定："上级法院发现下级法院在执行中作出的裁定、决定、通知或具体执行行为不当或有错误的，应当及时指令下级法院纠正，并可以通知有关法院暂缓执行。下级法院收到上级法院的指令后必须立即纠正。如果认为上级法院的指令有错误，可以在收到该指令后五日内请求上级法院复议。上级法院认为请求复议的理由不成立，而下级法院仍不纠正的，上级法院可直接作出裁定或决定予以纠正，送达有关法院及当事人，并可直接向有关单位发出协助执行通知书。"第 75 条规定："上级法院在监督、指导、协调下级法院执行案件中，发现据以执行的生效法律文书确有错误的，应当书面通知下级法院暂缓执行，并按照审判监督程序处理。"第 76 条规定："上级法院在申诉案件复查期间，决定对生效法律文书暂缓执行的，有关审判庭应当将暂缓执行的通知抄送执行机构。"

③ 《网络司法拍卖规定》第 36 条规定："当事人、利害关系人认为网络司法拍卖行为违法侵害其合法权益的，可以提出执行异议。异议、复议期间，人民法院可以决定暂缓或者裁定中止拍卖。案外人对网络司法拍卖的标的提出异议的，人民法院应当依据《中华人民共和国民事诉讼法》第二百二十七条及相关司法解释的规定处理，并决定暂缓或者裁定中止拍卖。"

④ 《异议复议规定》第 7 条规定："当事人、利害关系人认为执行过程中或者执行保全、先予执行裁定过程中的下列行为违法提出异议的，人民法院应当依照民事诉讼法第二百二十五条规定进行审查：（一）查封、扣押、冻结、拍卖、变卖、以物抵债、暂缓执行、中止执行、终结执行等执行措施；（二）执行的期间、顺序等应当遵守的法定程序；（三）人民法院作出的侵害当事人、利害关系人合法权益的其他行为。被执行人以债权消灭、丧失强制执行效力等执行依据生效之后的实体事由提出排除执行异议的，人民法院应当参照民事诉讼法第二百二十五条规定进行审查除本规定第十九条规定的情形外，被执行人以执行依据生效之前的实体事由提出排除执行异议的，人民法院应当告知其依法申请再审或者通过其他程序解决。"

行法院对不符合暂缓执行条件的案件决定暂缓执行，或者对符合暂缓执行条件的案件未予暂缓执行的，应当作出决定予以纠正。执行法院收到该决定后，应当遵照执行。①

3. 暂缓执行的期限及恢复执行

因担保执行暂缓执行的，最长期限不得超过1年。被执行人或者担保人对担保的财产在暂缓执行期间有转移、隐藏、变卖、毁损等行为的，人民法院可以恢复强制执行。

除担保执行之外其他暂缓执行的适用情形，期限不得超过3个月。因特殊事由需要延长的，可以适当延长，延长的期限不得超过3个月。一旦期限届满或者在期限届满前据以决定暂缓执行的事由消灭的，则法院应当立即作出恢复执行的决定。

（二）中止执行

执行中止是指在执行过程中，由于特定事由的出现而暂时停止执行程序，待情况消失后再恢复执行的制度。②

1. 执行中止的事由

（1）应当中止执行的情形

应当中止执行的事由主要可以分为以下几类：③

---

① 参见《暂缓执行规定》第12条。

② 参见江必新主编：《强制执行法理论与实务》，中国法制出版社2014年版，第299页。

③ 应当中止执行的情形：（1）申请人表示可以延期执行的；（2）案外人对执行标的提出确有理由的异议的；（3）作为一方当事人的公民死亡，需要等待继承人继承权利或者承担义务的；（4）作为一方当事人的法人或者其他组织终止，尚未确定权利义务承受人的；（5）人民法院已受理以被执行人为债务人的破产申请的，或者依据《最高人民法院关于适用〈中华人民共和国民事诉讼法〉的解释》第513条规定，将案件移送破产审查的；（6）执行的标的物是法院或者仲裁机构正在审理的案件所争议的标的物，需要等待该案件审理终结确定权属的；（7）一方当事人申请执行仲裁裁决，另一方当事人申请撤销仲裁裁决的；（8）被执行人申请撤销仲裁裁决并已由人民法院受理的，或者被执行人、案外人对仲裁裁决执行案件提出不予执行申请并提供适当担保的；（9）执行依据按审判监督程序决定再审的，但追索赡养费、扶养费、抚育费、抚恤金、医疗费用、劳动报酬等案件，可以不中止执行的除外；（10）执行过程中发现有非法集资犯罪嫌疑的，或者执行标的物属于公安机关、人民检察院、人民法院侦查、起诉、审理非法集资刑事案件的涉案财物的；（11）被执行人根据当事人自行达成但未提交人民法院的和解协议，或者一方当事人提交人民法院但其他当事人不予认可的和解协议，依照民事诉讼法的规定提出异议的，和解协议约定的履行期限尚未届至或者履行条件尚未成就的，或被执行人一方正在按照和解协议约定履行义务的；（12）人民法院认为应当中止执行的其他情形。

第一类是当事人对自身权利的处分，如申请执行人同意延期履行的、当事人因达成和解协议又因履行问题发生争议。

第二类是执行标的物的权属可能存在实体争议，此时暂时失去了对执行标的物进行执行的基础，如案外人对执行标的提出确有理由的异议的、执行的标的物是法院或者仲裁机构正在审理的案件所争议的标的物，需要等待该案件审理终结确定权属的、执行过程中发现有非法集资犯罪嫌疑的，或者执行标的物属于公安机关、人民检察院、人民法院侦查、起诉、审理非法集资刑事案件的涉案财物的。

第三类是执行程序转入其他程序，需要在新程序中参与分配的，如人民法院已受理以被执行人为债务人的破产申请的，或者依据《民事诉讼法解释》第511 条规定，将案件移送破产审查的。

第四类是执行当事主体的确定问题，如当事人的公民死亡或者法人或其他组织终止，需要确定权利义务承继人的。①

第五类是已经存在需要重新审查实体权利义务关系的必要，涉及执行依据可能被撤销的问题，如仲裁裁决被申请撤销、不予执行或执行依据按审判监督程序决定再审的。

《民事诉讼法》明确规定的应当中止执行的情形只有五类，其中还包括一个兜底条款，“人民法院认为应当中止执行的其他情形”，该兜底条款的存在实际上使法院在裁定是否中止执行时保留了较大的自由裁量权。

（2）可以中止执行的情形

可以中止执行的情形包括《民事诉讼法解释》第 296 条规定的人民法院受理第三人撤销之诉案件后，该第三人提供相应担保，请求中止原生效判决、裁定、调解书执行的，以及第 466 条规定的申请执行人与被执行人达成和解协议后请求中止执行的。

2. 执行中止的效力

从执行中止的法定情形可以看出，中止执行的核心是为了在动摇执行程序

---

① 有观点提出被执行人死亡时中止执行并不合理。因为被执行人死亡时，以其遗产偿还债务。无论被执行人是否有继承人或者继承人是否愿意表示承担义务，都不影响人民法院对遗产的执行。参见王胜明主编：《中华人民共和国民事诉讼法释义》，法律出版社 2012 年版，第 597 页。

进行基础的事由尚未确定之前，防止继续执行可能引发的执行错误而采取的一种执行阻却措施。除尊重当事人对自身利益的处置权和执行当事人承继等纯粹程序事项外，其他中止执行的情形都伴随着对实质内容的审查，也决定了执行中止的后续并不必然是恢复执行。例如，再审改变了原判决内容的，原执行程序的结果可能是继续执行，也可能是终结执行或执行回转。

3. 暂缓执行与中止执行的区别

中止执行与暂缓执行最大的区别在于，中止执行是《民事诉讼法》明确规定的制度，暂缓执行则并非一种独立的程序制度，而是执行担保的结果。而现如今的暂缓执行已经突破执行担保的制度原意，在适用范围上亦有与中止执行重叠的地方，在适用上易引起混淆。

（1）适用情形

通过对暂缓执行适用情形进行分析可以发现，法院依职权暂缓执行的情形大多集中在执行监督领域，如执行措施或程序有错误、执行法院就执行问题发生争议、执行依据有错误等。在依被执行人或其他利害关系人申请暂缓执行的情形中，既涉及当事人权利义务的问题，也涉及法院执行行为违法的问题。

中止执行的适用情形则更多地聚焦在当事人权利义务问题上，如申请执行人同意中止执行或当事人达成执行和解是对自身权益的处分，当事人死亡或法人、其他组织终止是需要确定执行权利义务的主体，执行依据被裁定再审或提审涉及执行力的存废。

（2）产生的效果

普遍认为，暂缓执行只是针对一项或几项执行措施，并不直接影响整个执行程序，也就是说，对于未被采取暂缓执行的执行措施，可以继续执行。

中止执行分为整个执行程序的中止和个别执行程序的中止。如因执行异议而中止执行的，仅限于案外人提出异议部分的财产范围。①

（3）期限

双方达成合意暂缓执行的，最长不超过 1 年。其他情形的暂缓执行，最长不超过 6 个月。中止执行则无期限一说。

---

① 参见江必新主编：《强制执行法理论与实务》，中国法制出版社 2014 年版，第 304 页。

（4）是否提供担保

暂缓执行的适用情形中，当事人依申请暂缓执行的，必须提供担保；法院依职权决定暂缓执行的，上级法院处理执行争议及因执行依据确有错误按照审判监督程序审查引起的，一般也应由申请执行人或者被执行人提供相应的担保。由此可见，暂缓执行的适用以提供担保为原则，不提供担保为例外。

从中止执行的相关规定可以看出，因一方提供担保中止执行的系特殊情形如第三人撤销之诉，但并不改变中止执行不以提供担保为必要条件的基本原则。

（5）法律文书

人民法院决定暂缓执行的，应当制作暂缓执行决定书，并及时送达当事人。而中止执行，则是由执行机构根据上级法院或本院作出的中止执行裁定书中止执行。

（三）终结本次执行

终结本次执行（以下简称终本）是由执行实务需要催生的一种特殊制度，它改变了我国法院对无财产可供执行案件裁定执行中止的传统处理方式，为大量无财产可供执行案件预留出口，以利于执行积案的化解。终本与中止执行最大的不同，在于它是一种执行案件退出机制，法院可以据以结案。①

1. 终本的情形

根据《终本规定》第1条的规定，人民法院终结本次执行程序应同时符合下列条件：（1）已向被执行人发出执行通知、责令被执行人报告财产；（2）已向被执行人发出限制消费令，并将符合条件的被执行人纳入失信名单；（3）已穷尽财产调查措施，未发现被执行人有可供执行的财产或者发现的财产不能处置；（4）自执行案件立案之日起已超过3个月；（5）被执行人下落不明的，已依法予以查找；被执行人或者其他人妨害执行的，已依法采取罚款、拘留等强制措施，构成犯罪的，已依法启动刑事责任追究程序。另外，终结本次执行程序前，应当将案件执行情况、采取的财产调查措施、被执行人的财产情况、终结本次执行程序的依据及法律后果等信息告知申请执行人，并听取其对终结本

---

① 参见百晓峰：《程序变革视角下的终结本次执行程序制度——以〈民诉法解释〉第519条为中心》，载《华东政法大学学报》2015年第6期。

次执行程序的意见，并将申请执行人意见记录入卷。可见，案件终本要满足发出限制消费令、穷尽财产调查措施、立案超过3个月、依法查找被执行人和终本约谈等方面的要求。需要注意的是，《终本规定》施行前终结本次执行程序的标准按照《执行立结案意见》第16条的规定执行。

2. 终本的后果

终结本次执行程序后，执行法院应当在7日内将相关案件信息录入最高人民法院终结本次执行程序案件信息库，并通过该信息库统一向社会公布，已对被执行人依法采取的执行措施和强制措施继续有效，当事人、利害关系人申请变更、追加执行当事人，符合法定情形的应予支持；被执行人或者其他人妨害执行的，可以依法予以罚款、拘留；构成犯罪的，依法追究刑事责任。执行法院如发现案件符合终本条件，又符合移送破产审查相关规定的，在作出终本裁定的同时，应将案件相关材料移送被执行人住所地人民法院进行破产审查。《最高人民法院关于进一步规范近期执行工作相关问题的通知》对终本的程序标准和实质标准做进一步细化，首先，明确恢复执行案件再次终本不用重复发出限制消费令。其次，突破了《终本规定》关于终本案件从立案执行起需超过3个月的期限限制，杜绝滥用终结本次执行程序的行为。再次，对穷尽财产调查措施进行细化。一方面，只有完成总对总网络执行查控系统所有已开通查询功能的财产项目的查询，才符合完成网络调查事项的要求，且终结本次执行程序前3个月必须要进行总对总网络查控；另一方面，细化通过现场调查查明被执行人财产情况和履行能力的要求。复次，明确终本约谈的方式及除外情形。最后，对管辖法院发生调整的，规定应由高级人民法院指定相关法院负责后续管理。当事人、利害关系人如认为执行法院终结本次执行程序违反法律规定的，可以提出执行异议。执行法院应当依照《民事诉讼法》第232条的规定进行审查。

3. 终本的恢复问题

实践中，对当事人影响较大的环节是终本后恢复执行难度较大。不少法院为了结案需要，甚至为了被执行人利益，对于有财产可供执行的案件，在终结本次执行程序后，人民法院不断提高恢复执行门槛使债权人申请恢复时遭遇障碍。另外一种情形是，对于应当终本的案件，法院以终结形式进行了处理，但恢复执行时又拒绝恢复，导致债权人的权利没有救济途径，变相侵害了债权人的合法权益。

青海高院在执行青海银行股份有限公司（以下简称青海银行）与青海东湖宾馆旅业有限公司（以下简称东湖宾馆）借款合同纠纷一案中，① 法院对东湖宾馆整体资产进行拍卖，两次流拍而青海银行不接受以物抵债。该案历经两次终本后，青海银行第三次申请恢复执行。东湖宾馆提出异议称，青海银行不接受以物抵债，再次申请恢复执行距离上一次终本不到 1 年，在没有其他新的可供执行的财产、原来的财产无法变现、无可供执行的条件下，东湖宾馆的资产没有发生根本性的变化，没有恢复执行的必要。青海银行申请恢复执行是滥用诉权浪费司法资源。最高人民法院在复议时指出，终本后被执行人仍然负有向申请执行人履行债务的义务，在发现被执行人有可供执行财产的情况下，申请执行人有权再次申请执行。东湖宾馆现有资产价值远超执行债权，而且本质上不属于不可强制执行的财产，通过重新确定合理的财产处置参考价或者将原来的整体处置调整为分别处置等方式，具备可供执行的条件。至于是否能在执行程序中变价成功，不是申请恢复执行的前提条件。

补充赔偿责任承担也会涉及终本恢复的问题，如法院判决在依法强制执行 B 财产后仍不足以赔偿 C 损失的，A 在一定范围内向 C 承担补充赔偿责任。法院依法对 B 采取执行措施，在已查控财产属轮候查封，未发现其他可供执行财产线索的情况下作出终本裁定。此时，是否已符合判决规定的依法强制执行 B 财产后仍不足以赔偿 C 的损失，将成为 C 申请恢复本案执行并执行 A 财产能否得到法院支持的前提条件。若法院从 B 处执行到的财产不能清偿或者不足以清偿 C 申请执行的债权金额，则 C 申请恢复执行的请求应当得到支持。

4. 终本与终结执行的关系处理

理论上，终结执行以后不再恢复执行，② 但从《民事诉讼法》第 264 条规定来看，终止执行本身是一个包含多种法律效果的概念。③ 例如，《民事诉讼法解

---

① 最高人民法院执行裁定书，(2021) 最高法执复 32 号。

② 参见张卫平：《民事诉讼法学》，法律出版社 2009 年版，第 445 页。肖建国主编：《民事执行法》，中国人民大学出版社 2014 年版，第 152 ~ 154 页。

③ 参见百晓峰：《程序变革视角下的终结本次执行程序制度——以〈民诉法解释〉第 519 条为中心》，载《华东政法大学学报》2015 年第 6 期。

释》规定，因撤销申请终结执行的，当事人在法律规定的执行时效期间内再次申请执行的，人民法院应予受理。再如，作为被执行人的公民因生活困难无力偿还借款，无收入来源，又丧失劳动能力的，在恢复劳动能力或者拥有新的收入来源之后，应当再次启动执行程序。因此，从解决终本的法律依据角度出发，对《民事诉讼法》264条“终结执行”进行重新理解，将其作为执行程序整体结束和终本的上位概念，未尝不可。[①]

（四）终结执行

执行终结分为正常情况下的执行终结和特殊情况下的执行终结。前者是指执行法院按照已经生效的法律文书要求采取相应措施全部执行完毕；后者是执行开始后，出现法定的特殊事由，使执行程序永远无法进行或者无须进行，从而结束执行程序的一种结案方式。[②] 本部分仅讨论特殊情况下的终结执行。

1. 终结执行的情形

终结执行的情形散见于《民事诉讼法》第264条，《民事诉讼法解释》第513条、第518条，《执行立结案意见》及《最高人民法院执行工作办公室关于破产和解后以破产债务人为被执行人的案件能否继续执行的请示答复》（法〔执〕明传〔2007〕10号）等。具体如下：

（1）申请人撤销申请或者当事人双方达成执行和解协议，申请执行人撤回执行申请的；（2）据以执行的法律文书被撤销的；（3）作为被执行人的公民死亡，无遗产可供执行，又无义务承担人的；（4）追索赡养费、扶养费、抚育费案件的权利人死亡的；（5）作为被执行人的公民因生活困难无力偿还借款，无收入来源，又丧失劳动能力的；（6）作为被执行人的企业法人或其他组织被撤销、注销、吊销营业执照或者歇业、终止后既无财产可供执行，又无义务承受人，也没有能够依法追加变更执行主体的；（7）依照《刑法》第53条规定免除罚金的；（8）被执行人被人民法院裁定宣告破产的；（9）行政执行标的灭失的；（10）案件被上级人民法院裁定提级执行的；（11）案件被上级人民法院裁定指

① 参见百晓峰：《程序变革视角下的终结本次执行程序制度——以〈民诉法解释〉第519条为中心》，载《华东政法大学学报》2015年第6期。

② 参见法律出版社法规中心编：《中华人民共和国民事诉讼法注释本》，法律出版社2020年版，第219页。

定由其他法院执行的；（12）按照《最高人民法院关于委托执行若干问题的规定》，办理了委托执行手续，且收到受托法院立案通知书的；（13）被执行人在破产程序中与全体债权人达成破产和解协议经破产法院确认并已履行完毕的；（14）人民法院认为应当终结执行的其他情形。

除上述第10项和第11项提级执行和指定执行，以及第12项委托执行外，其他情形终结执行的应当制作裁定书，载明终结执行的事项和法律依据，并送达当事人，送达当事人后立即生效。

2. 终结执行的救济

根据《异议复议规定》第7条的规定，当事人、利害关系人在收到终结执行裁定之日起60日内可以依照《民事诉讼法》第232条规定对终结执行行为提出异议。未收到终结执行裁定的，自知道或应当知道人民法院终结执行之日起60日内提出。根据《最高人民法院关于对人民法院终结执行行为提出执行异议期限问题的批复》（法释〔2020〕21号）的规定，超过上述期限提出执行异议的，人民法院不予受理。

3. 再次申请执行

绝大部分情况下，终结执行的案件无法再恢复执行，但因撤销申请而终结执行后，当事人可以在申请执行时效期间内再次申请执行。因达成和解协议而撤回执行申请的，符合申请执行人因受欺诈、胁迫达成和解协议或一方当事人不履行或者不完全履行和解协议，申请执行人可以申请恢复原生效法律文书的执行。

需要注意的是，如果法院作出的终结执行裁定违法，则案件应当自然恢复到原执行状态，并不涉及是否在执行时效内申请恢复的问题。在（2020）最高法执监495号执行监督案中，铁岭市中级人民法院在执行华融沈阳公司与福神公司、元吉水泥公司、陆某君等借款合同纠纷一案中，华融沈阳公司于2005年5月10日申请强制执行，因华融沈阳公司将该笔债权出卖给他人，法院以其已经丧失申请执行主体资格为由，于2006年8月17日作出（2005）铁执字第35号执行裁定（以下简称35号裁定），终结该案的执行。2019年5月华融沈阳公司申请恢复执行。该案债权受让人陈某良上访至辽宁省高级人民法院，辽宁省高级人民法院函示铁岭市中级人民法院查清本案终结执行有无法律依据。铁岭市中级人民法院自行复查，并立（2019）辽12执恢16号执行案件予以执行。被执行人以华融沈阳公司申请恢复执行已超过2年申请执行时效提出异议，铁岭市中级人民法院又作出（2019）辽12执异42号裁定，对（2019）辽12执恢16号案件不予执行。申请执行人不服铁岭市中级人民法院异议裁定，向辽宁省高级人民法院申请复议。辽宁省高级人民法院认为，申请执行时效的规定并不适用于上级法院立案督办，责令下级法院自行复查的案件，遂作出裁定撤销了铁岭市中级人民法院的异议裁定。被执行人向最高人民法院申诉。最高人民法院认为，关于申请恢复执行如何适用申请执行时效的问题，关键是需要判断铁岭市中级人民法院35号裁定是否符合法律规定。如果35号裁定违法，则案件应当自动恢复到原执行状态。因原执行案件系申请执行人是在法定申请执行期间内提出的执行申请，故不涉及申请执行时效的问题。铁岭市中级人民法院及辽宁省高级人民法院均为未审查35号裁定是否违法，属于事实认定不清，应当重新审查。

如果35号裁定违法，意味着判决确认的债权人在申请执行前转让债权，其仍可以以自己的名义向法院申请执行，法院在立案受理后不能以申请执行人丧失实体权利为由裁定终结执行。执行法院裁定终结执行违法，因此案件应自动恢复至原执行状态，并不涉及恢复执行的问题，也就无关申请执行时效问题。但最高人民法院并未对铁岭市中级人民法院裁定终结执行是否违法作出分析。实践中，很多债权受让人为了诉讼或执行程序简便的需要或者因部分法院对债权转让变更申请执行人持不配合的态度，选择仍由原债权人参与诉讼或执行程序，若法院可以依职权对已经转让债权但未变更申请执行人的案件终结执行，此时若原债权人不配合债权受让人出具债权转让确认书无法完成变更申请执行人的，债权受让人的权益应如何保障？因此，仅从实务操作的角度看，铁岭市中级人民法院的做法也并不可取。

实务操作指引

以下通过一则案例对终本与终结执行的关系进行分析说明。

申请执行人中国工商银行通化市新华支行（现中国工商银行股份有限公司

通化市新华支行）与被执行人通化市五金交电化工采购供应站（现通化市五金商厦有限责任公司）借款合同纠纷一案，吉林省通化市中级人民法院于2000年7月19日作出（2000）通中经初字第35号民事判决。申请执行人中国工商银行通化市新华支行于2000年9月16日申请通化市中级人民法院执行该判决，该院予以立案执行，案件号为（2000）通中执字第28号。通化市中级人民法院在执行回款630万元后，以查明被执行人再无财产可供执行为由，于2004年12月27日作出终结执行（2000）通中经初字第35号判决的裁定。后程某辉作为执行债权的受让人于2020年12月向通化市中级人民法院申请恢复执行，因执行法院要求先变更申请人再恢复执行，故该恢复执行的申请法院一直未进行审查。程某辉于2021年1月提出申请，要求变更其为（2000）通中执字第28号案件的申请执行人。

程某辉申请变更其为申请执行人依据的事实是：中国工商银行吉林省分行与中国东方资产管理公司长春办事处分别于2005年6月27日、2005年7月31日签订《可疑类信贷资产转让协议》《债权转让协议》，约定中国工商银行吉林省分行将其享有的对被执行人通化市五金交电化工采购供应站的债权（本金2，326，000元及相应利息）转让给中国东方资产管理公司长春办事处。中国东方资产管理股份有限公司吉林省分公司（原中国东方资产管理公司长春办事处）与程某辉分别于2019年12月16日、2020年3月10日签署COAMC－吉－2019－A－17－001《资产转让协议》、《单户资产转让协议》，约定中国东方资产管理股份有限公司吉林省分公司将其享有的对被执行人通化市五金交电化工采购供应站的债权（本金2，326，000元及相应利息）转让给程某辉。中国东方资产管理股份有限公司吉林省分公司与程某辉在报纸上发布了债权转让通知暨债务催收联合公告。

程某辉提出变更申请执行人的申请后，通化市中级人民法院认为，（2000）通中执字第28号民事裁定书作出的时间为2004年12月27日，内容为：终结执行。其依据的是当时的《民事诉讼法》第235条第6款的规定“有下列情形之一的，人民法院裁定终结执行：（六）人民法院认为应当终结执行的其他情形”。该终结执行即为执行程序的终结。而终结本次执行的规定是2015年颁布实施的《民事诉讼法解释》中新增加的条款。程某辉依据2015年实施的《民事诉讼法解释》认为（2000）通中执字第28号执行案件为终本，并要求变更为申请执行人，不符合《变更追加当事人规定》的受案条件，不能得到法院的支持。通化市中级人民法院据此作出（2021）吉05执异8号执行裁定，驳回程某辉提出的变更其为（2000）通中执字第28号案件申请执行人的申请。程某辉不服通化市中级人民法院（2021）吉05执异8号执行裁定，向吉林省高级人民法院提出复议。

对（2000）通中执字第28号案件是处于终结执行还是终本状态以及程某辉申请变更为申请执行人的请求是否应得到支持的问题，分析如下：

1. 不能僵化理解《民事诉讼法》264条（1991年《民事诉讼法》第253条）的终结执行仅指终结整体执行程序，第264条的终结执行本身包含终结整体执行程序和终结本次执行程序两种法效果。

我国学界和实务界通常认为，终结执行是指执行程序因发生法定事由，不可能或没有必要继续执行，从而彻底结束执行程序的法律制度。但《民事诉讼法》第264条（1991年《民事诉讼法》第253条）的“终结执行”应理解为终结整体执行程序和终结本次执行程序的上位概念，也是《民诉法解释》第519条终结本次执行制度的法律依据。第264条规定的前五种终结执行的情形中，除第2项“据以执行的法律文书被撤销的”外，其他情形都不会必然导致执行依据失去执行力，并有再次启动执行程序的可能。比如，申请执行人在撤销申请后重新申请执行，或当事人被宣告死亡后重新出现，或失去劳动能力、没有收入来源的当事人获得捐赠等。虽然1991年《民事诉讼法》及相关司法解释没有关于终结本次执行制度的规定，但无论在理论理解还是实际操作上，均有终结本次执行程序的存在，即案件在裁定终结执行后，若终结执行的情形消失，申请执行人可申请恢复执行。

2. 对《民事诉讼法》第264条第6款“人民法院认为应当终结执行的其他情形”的理解。目前尚没有对第264条第6款“人民法院认为应当终结执行的其他情形”具体适用情形的司法解释，但第6款“人民法院认为应当终结执行的其他情形”同样存在《民事诉讼法》第264条终结执行所包含的两种法效果。

3. “无财产可供执行”的终结执行符合终结本次执行程序要件，其本质属于终结本次执行程序的状态，而不是终结整体执行、完全退出执行程序，其仍处于执行过程中。被执行人无财产可供执行并不意味着不可能或没有必要继续执行，还存在再次启动执行程序的可能。如因无财产可供执行裁定终结执行的，当无财产可供执行的情形消失时，为何不允许申请执行人申请恢复执行呢？因此，无财产可供执行的终结执行本质上属于终本，执行程序处于中止状态，不是永久退出执行程序，仍在执行过程中。（2000）通中执字第28号案件终结执行的理由是被执行人无财产可供执行，因此（2000）通中执字第28号案的终结执行实际上是终本，该案仍处于执行过程中。

4.（2000）通中执字第28号案符合《变更追加当事人规定》的受案条件，程某辉符合变更申请执行人的条件，人民法院应予以变更。

依据《终本规定》第16条“终结本次执行程序后，当事人、利害关系人申请变更、追加执行当事人，符合法定情形的，人民法院应予支持。变更、追加被执行人后，申请执行人申请恢复执行的，人民法院应予支持”及《变更追加当事人规定》第9条“申请执行人将生效法律文书确定的债权依法转让给第三人，且书面认可第三人取得该债权，该第三人申请变更、追加其为申请执行人的，人民法院应予支持”之规定，因（2000）通中执字第28号案件仍处于执行过程中，程某辉在依法取得（2000）通中执字第28号案涉债权后，申请变更其为（2000）通中执字第28号申请执行人的，符合相关法律规范关于申请执行人变更的要件，人民法院应予变更，并且在完成变更后，申请执行人请求恢复执行的，人民法院也应恢复执行。

概言之，《民事诉讼法》第264条（1991《民事诉讼法》第253条）的终结执行本身包含了终结整体执行程序和终结本次执行程序两种法效果，因无财产可供执行的执行终结并不意味着被执行人执行不能或者没有必要继续执行，在无财产可供执行的情形消失后，申请执行人当然有权申请恢复执行。因此，无财产可供执行的终结执行符合终结本次执行程序的要件。（2000）通中执字第28号案件的终结执行是由于被执行人无财产可供执行造成的，故本质上该案属于终结本次执行程序的状态，而非终结整体执行程序状态，仍然处于执行过程中。故，（2000）通中执字第28号案符合《变更追加当事人规定》的受案条件，程某辉在依法取得（2000）通中执字第28号案涉债权后，申请变更其为（2000）通中执字第28号申请执行人的，符合相关法律规范关于申请执行人变更的要件，人民法院应予变更。

二、申请破产对执行程序的影响

答复、批复原文

（一）最高人民法院关于对重庆高院《关于破产申请受理前已经划扣到执行法院账户尚未支付给申请执行人的款项是否属于债务人财产及执行法院收到破产管理人中止执行告知函后应否中止执行问题的请示》的答复

2017年12月12日　〔2017〕最高法民他72号

重庆市高级人民法院：

你院（2017）渝民他12号《关于破产申请受理前已经划扣到执行法院账户尚未支付给申请执行人的款项是否属于债务人财产及执行法院收到破产管理人中止执行告知函后应否中止执行问题的请示》收悉，经研究，答复如下：

人民法院裁定受理破产申请时已经扣划到执行法院账户但尚未支付给申请执行人的款项，仍属于债务人财产，人民法院裁定受理破产申请后，执行法院应当中止对该财产的执行。执行法院收到破产管理人发送的中止执行告知函后仍继续执行的，应当根据《最高人民法院关于适用〈中华人民共和国企业破产法〉若干问题的规定（二）》第五条依法予以纠正，故同意你院审判委员会的倾向性意见。由于法律、司法解释和司法政策的变化，我院2004年12月22日作出的《关于如何理解〈最高人民法院关于破产法司法解释〉第六十八条的请示的答复》（〔2003〕民二他字第52号）相应废止。

此复

（二）最高人民法院关于对破产案件的债务人未被执行的财产均应中止执行问题的批复

1993年9月17日　法复〔1993〕9号

四川省高级人民法院：

你院川高法执（1993）字第4号《关于执行案件已冻结的款能否再作为破产财产清偿的请示报告》收悉，经研究，答复如下：

根据《中华人民共和国企业破产法（试行）》关于“人民法院受理破产案件后，对债务人财产的其他民事执行程序均应中止”的规定，以破产案件的债务人为被执行人的执行案件，执行法院虽对该债务人的财产已决定采取或者已经采取了冻结、扣留、查封或扣押等措施的，仍属于未执行财产，均应当依法中止执行。

执行程序中止后，该执行案件的债权人，可凭生效的法律文书向受理破产案件的人民法院申报债权。如果受理破产案件的人民法院裁定宣告债务人（被执行人）破产，被中止执行的财产应当作为破产财产；如果破产案件审理终结，债务人不被宣告破产，被中止的执行程序可恢复进行。

出台背景

对于人民法院裁定受理破产申请时已扣划到执行法院账户但尚未支付给申请执行人的款项如何定性的问题，主要有以下两种观点：一种观点认为，已扣划到执行法院账户的款项，即使尚未支付给申请执行人，也不属于债务人财产，受理破产案件后不应中止执行。主要理由有：一是债务的履行不等于债权的实现，两者之间可能存在一定的时间差。执行款项扣划到执行法院账户后，应视为债务人已经履行义务，因为此时对债务人而言已停止计算迟延履行利息。[①] 二是已扣划到执行法院的款项，本质上属于人民法院为债权人的利益而经管的财物。根据《52号答复》精神，已扣划到执行法院账户的款项，毫无疑问已脱离了债务人的实际控制，不应再视为债务人所有，相对于债务人而言，该款项的权属距离债权人更近，只要发款即可归属债权人，因此，应视为已向权利人交付，不应再被列入债务人财产。另一种观点认为，已扣划但尚未支付的被执行款项，因该执行行为的目的尚未完全实现，该款项的所有权并未转移，故仍属于债务人财产，破产案件受理后，执行法院应中止执行。主要理由：一是《企业破产法》第19条规定，人民法院受理破产申请后，有关债务人财产的保全措施应当解除，执行程序应当中止。受理破产申请后，如果仍然允许对个别债权人进行清偿属于违法执行，势必会损害其他债权人的合法权益。二是在参与分配制度中，对执行程序中已扣划但尚未支付的执行款项一直是按未执行完毕处理。既然未执行完毕，就应视为债务人的财产，应中止执行。[②] 三是最高人民法院于2017年1月20日出台的《执转破意见》第16条、第17条对此问题已有明确规定。第16条规定，执行法院收到受移送法院受理裁定后，应当于7日内将已经扣划到账的银行存款、实际扣押的动产、有价证券等被执行人财产移交给受理破产案件的法院或管理人。第17条规定，执行法院收到受移送法院受理裁定时，已通过拍卖程序处置且成交裁定已送达买受人的拍卖财产，通过以物抵债偿还债务且抵债裁定已送达债权人的抵债财产，已完成转账、汇款、现金交付的执行款，因财产所有权已经发生变动，不属于被执行人的财产，不再移交。从《执转破意见》正反两个方面的规定看，已扣划到执行法院账户但尚未支付的执行款，仍属于被执行人的财产，应向受理破产案件的法院或管理人移交。

---

① 执行款到账后，法院就可以对款项直接进行实际分配，执行款到账即视为生效法律文书的内容得以有效履行，相应部分应付计息债务的加倍部分债务利息停止计算。至此，法院对已划拨、提取的被执行人财产能够采取的执行措施已经进行完毕，就该部分财产而言，无须再采取强制执行措施，不宜再令被执行人对该部分债务继续承担迟延履行责任。参见江必新、刘贵祥主编：《最高人民法院关于执行程序中计算迟延履行期间的债务利息司法解释理解与适用》，人民法院出版社2014年版，第74页。

② 参见王富博：《关于〈最高人民法院关于执行案件移送破产审查若干问题的指导意见〉的解读》，载《法律适用》2017年第11期。

对此问题，重庆市高级人民法院专门向最高人民法院进行请示。最高人民法院经研究，于2017年12月12日作出了〔2017〕最高法民他72号答复。

理解与适用

（一）界定执行债务人财产的一般规则

在民事执行程序中如何判断债务人财产的问题，可以从“时间节点＋执行状态”的视角加以分析。“时间节点”，主要有“破产申请受理时”和“宣告破产时”两个。从时间轴上看，“破产申请受理时”在前，“宣告破产时”在后。从法律规范上看，《企业破产法（试行）》（已废止）第28条第1款①规定的“时间节点”是“宣告破产时”。而《企业破产法》第30条②规定“时间节点”是“破产申请受理之时”。“执行状态”，主要指被执行财产是否已经执行完毕。而判断被执行财产是否执行完毕，主要是以被执行财产的权属是否发生变动为标准。综上，判断是否属于债务人财产的规则，可简单概括为：在破产申请受理之时，若被执行财产尚未执行完毕的仍属于债务人财产，执行法院应当中止执行；若被执行财产已执行完毕的已不属于债务人财产，更遑论列入破产财产的问题了。那么，具体如何判断被执行财产是否已经执行完毕呢？最高人民法院曾出台过多个批复、复函对此问题进行规定，主要有以下三个基本规则：

规则一，已经由人民法院拍卖、变卖并裁定过户的财产不应列入债务人财产。法函〔1996〕89号复函③认为，不动产所有权的转移以执行法院作出裁定并送达生效为准，不以办理不动产登记为依据。〔1997〕经他字第23号复函④认为，执行法院针对涉案房地产作出的裁定送达生效的时间即为权利转移的时间，

---

① 破产财产由下列财产构成：（1）宣告破产时企业经营管理的全部财产；（2）破产企业在破产宣告后至破产程序终结前所取得的财产；（3）应当由破产企业行使的其他财产权利。

② 破产申请受理时属于债务人的全部财产，以及破产申请受理后至破产程序终结前债务人取得的财产，为债务人财产。

③ 参见《最高人民法院关于山西省太原市中级人民法院执行深圳市罗湖对外经济发展公司房产问题的复函》。

④ 参见《最高人民法院关于新疆石河子地区中级人民法院裁定转移给石河子八一棉纺织厂的财产不应列入承德市针织二厂破产财产问题的复函》。

视为已执行完毕，不属于债务人财产，不以房地产已经做出登记为前提。〔2001〕执协字第8号复函[①]认为，执行法院针对涉案房产作出的裁定已送达生效且涉案房产已完成过户手续的，不属于债务人财产。

规则二，执行法院已经要求银行扣划给申请执行人的存款不属于债务人财产。〔1998〕经他字第49号复函[②]认为，吉林市中级人民法院在执行吉林省高级人民法院〔1996〕吉经终字第274号民事判决书中，依法将被执行人合肥无线电工厂的银行存款89万元扣划给申请执行人吉林北方电子供销公司，银行根据法院协助执行通知书办理完电汇手续，将电汇凭证回单加盖转讫章交给执行法院后，按照《银行结算办法》（已废止）第20条规定，应视为该款权属已经转移，已不是被执行人的款项。

规则三，已经脱离债务人实际控制的财产不属于债务人财产。该规则主要源于《52号答复》。《52号答复》第2条规定，人民法院针对被执行财产采取了相应执行措施，该财产已脱离债务人实际控制，视为已向权利人交付，该执行已完毕，该财产不应列入破产财产。

（二）关于已扣划但尚未支付的执行款项的定性

对于已扣划但尚未支付的执行款项，并不涉及裁定过户的问题，故不能适用规则一进行判断。而规则二主要适用于人民法院已经要求银行协助扣划至申请执行人账户的情形，并不适用于扣划到人民法院账户的未发放款项。若按照规则三进行判断，已扣划到人民法院的被执行款项，显然已经脱离债务人实际控制，因此，不再属于债务人财产。但是，《52号答复》出台后，法律、司法解释和司法政策确已发生了根本性的变化，部分内容已经过时。主要体现在：(1)《物权法》（已废止）第9条、第23条的规定。上述两条确立了不动产以登记、动产以交付作为物权变动的标准。而在《52号答复》中，“以财产交付作为执行完毕的一般标准，符合《物权法》（已废止）关于动产物权变动的一

---

① 参见《最高人民法院关于湖南省高级人民法院与北京市高级人民法院执行中国机电总公司协调案的复函》。

② 参见《最高人民法院关于破产案件受理之前已被执行的债务人银行存款不应列入破产财产问题的复函》。

般规定，但不符合不动产物权变动的规定”,[①] 因此，确有必要予以纠正。(2)《执转破意见》第16条、第17条的规定，破产申请受理后，执行法院已经扣划到账的银行存款仍属于被执行人的财产，只有已完成转账、汇款、现金交付的执行款，因财产所有权已经发生变动，不属于被执行人的财产，不再移交。(3) 最高人民法院裁判立场的改变。在安徽永禾置业有限公司执行审查执行裁定书一案中，最高人民法院认为，《民事诉讼法解释》及《执转破意见》有关规定均体现了对债权人进行公平清偿的精神。从价值衡量角度看，个别债权人和全体债权人利益冲突的衡量，应该要向全体债权人倾斜，以有利于矛盾纠纷的化解。《52号答复》以“脱离债务人实际控制”为界限将被执行财产视为已向权利人交付的观点，与《民事诉讼法解释》有关规定精神及《执转破意见》精神并不完全一致。[②] 综上，既然在破产申请受理时已扣划但尚未支付的款项仍属于债务人财产，若执行法院仍然继续执行的，理应执行回转，该财产执行回转后，应当认定为债务人财产，对全体债权人进行公平分配。

（三）对答复的一点评价

〔2017〕最高法民他72号答复在为司法实务提供了债务人财产适用标准的同时，也可能带来道德风险和责任承担问题，应当引起足够警惕。根据答复确定的标准，案款发放是否及时对已进入执行程序的债权人意义重大。为避免执行款项被“截留”，债权人可能会全力“公关”，争取早日发款，给原本就是廉政风险高发点的案款发放环节增添了更多的不确定性。相反，若债权人认为自己的债权不能清偿是由于执行人员未及时发款造成的，其可能会反过来要求追究执行人员的法律责任，执行人员可能面临的信访压力不容小觑。此外，需要注意的是，目前将执行款项直接扣划到债权人账户的做法，并未受到完全禁止。[③]

---

① 王富博：《关于〈最高人民法院关于执行案件移送破产审查若干问题的指导意见〉的解读》，载《法律适用》2017年第11期。

② 参见中国裁判文书网2018年5月13日，http：//wenshu. court. gov. cn/content/content? DocID = ccae456d - a346 - 420a - 80dc - a89a01070ff9&KeyWord = % E5% AE% 89% E5% BE% BD | % E5% 9B% BD% E4% BF% A1。

③ 《最高人民法院关于执行款物管理工作的规定》第6条规定，被执行人可以将执行款直接支付给申请执行人；人民法院也可以将执行款从被执行人账户直接划至申请执行人账户。但有争议或需再分配的执行款，以及人民法院认为确有必要的，应当将执行款划至执行款专户或案款专户。人民法院通过网络执行查控系统扣划的执行款，应当划至执行款专户或案款专户。

因该做法不存在被认定为破产财产的风险，为实现利益最大化，在实务中存在被滥用的可能。

（四）破产撤销权与生效执行裁定的冲突

《企业破产法》第31条规定，人民法院受理破产申请前一年内，涉及债务人无偿转让财产的、以明显不合理的价格进行交易的、对没有财产担保的债务提供财产担保的、对未到期的债务提前清偿的、放弃债权的，管理人有权请求人民法院予以撤销。若前述涉及债务人财产的处置行为在执行程序中被法院生效裁判所确认，管理人应通过何种途径维护债务人权益?

在中意置业有限公司（以下简称中意公司）、珠海鑫光集团股份有限公司（以下简称鑫光公司）破产撤销权纠纷案中，[①] 2013年6月25日鑫光公司与中意公司达成了执行和解协议，但双方均未履行。珠海中院于2014年1月17日受理了对鑫光公司的破产申请。2014年1月26日，北京市第一中级人民法院根据执行和解协议作出（2016）一中执字第1473号执行裁定，裁定鑫光公司名下案涉房产归中意公司所有。2014年6月17日，珠海中院向北京一中院发出中止执行鑫光公司的公告函，但案涉房产仍于2014年9月22日过户至中意公司名下。鑫光公司遂向珠海中院提起撤销权诉讼，珠海中院一审判决撤销鑫光公司与中意公司依据2013年6月25日执行和解协议作出的鑫光公司对中意公司“以物抵债”的个别清偿行为。中意公司提起上诉。

该案涉及破产管理人的撤销权与生效执行裁定之间的冲突。广东省高级人民法院在处理该案件时首先从程序角度出发，将其转化为执行法院在债务人破产申请受理后作出的执行裁定应如何处理的问题。《企业破产法》第19条规定，人民法院受理破产申请后，有关债务人财产的保全措施应当解除，执行程序应当中止。该案中北京一中院是在珠海中院受理破产申请后作出的以物抵债裁定。根据《最高人民法院关于适用〈中华人民共和国企业破产法〉若干问题的规定（二）》第5条的规定，破产申请受理后，有关债务人财产的执行程序未依照《企业破产法》第19条的规定中止的，采取执行措施的相关单位应当依法予以纠正。具体到执行和解协议中，关于以物抵债的内容已得到法院的确认并作出

① 广东省高级人民法院民事判决书，（2017）粤民终676号。

裁定，而一份生效的法律文书必须保持其权威性。如需推翻的话，只能通过法定程序启动审判或执行监督程序，而非通过破产撤销权之诉。

该案也反映出法院依据当事人之间达成以物抵债和解协议作出以物抵债裁定带来的问题，如果北京一中院未对中意公司与鑫光公司达成的执行和解协议作出以物抵债裁定，本案中鑫光公司破产管理人即可以通过破产撤销权诉讼申请撤销。正是基于此类纠纷屡见不鲜，《执行和解规定》第6条明确当事人达成以物抵债和解协议的，人民法院不得依据该协议作出以物抵债裁定。

实务操作指引

（一）已执行到位但尚未发放的案款属被执行人财产

在〔2017〕最高法民他72号答复发布前，实践中很多法院以《52号答复》（已于2017年12月12日被〔2017〕最高法民他72号答复所废止）第2项规定作为依据，[①] 认为法院执行到账的债务人款项，已脱离债务人实际控制，视为已向权利人交付，不应列入破产财产。还有的法院依据《最高人民法院关于执行款物管理工作的规定（试行）》（已于2017年被《最高人民法院关于执行款物管理工作的规定》废止）中关于执行款应在1个月内通知申请执行办理领款手续的规定，佐证法院已经执行到账的案款归申请执行人所有。[②] 在深圳市新源兴五金塑胶有限公司（以下简称新源兴公司）与深圳健利来电器制品有限公司（以下简称健利来公司）买卖合同纠纷一案执行过程中，宝安区法院于2016年6

---

① 《52号答复》："河北省高级人民法院：你院［2003］冀民二请字第4号《关于如何理解〈最高人民法院关于破产法司法解释〉第六十八条的请示》收悉。经研究，答复如下：人民法院受理破产案件前，针对债务人的财产，已经启动了执行程序，但该执行程序在人民法院受理破产案件后仅作出了执行裁定，尚未将财产交付给申请人的，不属于司法解释指的执行完毕的情形，该财产在债务人被宣告破产后应列入破产财产。但应注意以下情况：一、正在进行的执行程序不仅作出了生效的执行裁定，而且就被执行财产的处理履行了必要的评估拍卖程序，相关人已支付了对价，此时虽未办理变更登记手续，且非该相关人的过错，应视为执行财产已向申请人交付，该执行已完毕，该财产不应列入破产财产；二、人民法院针对被执行财产采取了相应执行措施，该财产已脱离债务人实际控制，视为已向权利人交付，该执行已完毕，该财产不应列入破产财产。此复"

② 参见广东省高级人民法院执行裁定书，（2018）粤执监74号；江西省高级人民法院执行裁定书，（2017）赣执复12号。

月8日依法扣划被执行人健利来公司银行存款至执行账户，深圳市中级人民法院于2017年2月22日受理健利来公司的破产清算。被执行人健利来公司认为执行案款应列入破产财产。宝安区法院、深圳市中级人民法院均依据《52号答复》认为执行案款已脱离被执行人实际控制，视为已向申请执行人交付，不应列入破产财产范畴。被执行人不服向广东省高级人民法院申诉。广东省高级人民法院认为，无论是依据《最高人民法院关于执行款物管理工作的规定（试行）》还是《最高人民法院关于执行款物管理工作的规定》，执行法院于2016年6月8日将涉案款项扣划到账，至迟应于同年7月8日划付给申请执行人新源兴公司。故涉案款项在被执行人破产受理前，属于执行法院应当划付申请执行人的执行款无疑。

《52号答复》在实践中引发了诸多争议，与对债权人进行公平清偿的精神有不相符之处。最高人民法院在〔2017〕最高法民他72号答复出台之前，已在相关判例中对《52号答复》的规定有所反思。在安徽永禾置业有限公司（以下简称永禾公司）与安徽国信建设集团有限公司（以下简称国信公司）建设工程合同执行纠纷案中，[①] 执行法院在被执行人的破产申请受理前，将财政局应退还给被执行人的土地出让金提取至法院执行款账户。破产法院认为退还的土地出让金属于永禾公司财产，应当移送破产法院处置。申请执行人提出异议。最高人民法院认为，《52号答复》与《民事诉讼法解释》《执转破意见》体现的对债权人进行公平清偿的精神并不完全一致。根据《民事诉讼法解释》《执转破意见》的规定，已经扣划到执行法院账户的银行存款等执行款，但未完成向申请执行人转账、汇款、现金交付的，财产权利归属未发生变动，仍属于被执行人的财产。

关于已经扣划到执行法院账户但尚未支付给申请执行人的款项应中止执行的起算时点，实质上是受理破产申请裁定发生的中止执行的法律效果从何时对执行法院产生拘束力的问题，其关涉到如果执行法院是在法院裁定受理破产申请后、收到破产裁定前将已执行到的案款发还给申请执行人或者作出以物抵债裁定的，是否需要撤销或执行回转？

---

① 最高人民法院执行裁定书，（2017）最高法执监422号。

实践中对此问题有不同认识。在光大兴陇信托有限责任公司（以下简称光大公司）与江苏东来房地产开发有限公司（以下简称东来公司）、承某、张某亚金融借款合同纠纷执行案中，法院于2019年3月21日作出受理对东来公司破产清算的裁定，2019年4月15日甘肃高院作出将东来公司房产交付给光大公司抵偿债务的裁定，该裁定于2019年4月17日送达光大公司。2019年4月17日，东来公司管理人向甘肃高院邮寄受理破产申请裁定书。东来公司提出，以物抵债的裁定是在法院受理破产申请之后作出的，违反了《企业破产法》第19条的规定，应予撤销。最高人民法院认为，受理破产清算申请的裁定自作出之日起即发生法律效力，对东来公司的执行应当于受理破产清算裁定作出之日起中止。而以物抵债裁定是在破产清算申请受理之后作出的，应视为涉案房产的所有权未发生变动，仍属于被执行人的财产。光大公司提出的《执转破意见》第17条关于如果以物抵债裁定已经送达给受让人，则案涉房产的所有权已经发生变动，不应再属于破产财产的规定；而最高人民法院认为，《执转破意见》主要规范的是“执行案件移送破产审查工作”中的程序性问题，且该指导意见属于规范性文件而非法律或司法解释。在此案中最高人民法院的观点认为，无论执行法院是否收到或于何时收到的破产裁定，执行程序均应自受理破产申请裁定作出之日起中止，在收到破产裁定之前作出的执行行为，应予以撤销。持相同观点的还有（2017）最高法执监151号执行裁定。

但在天津七所高科技有限公司与兴东方公司仲裁纠纷执行案①中，北京市高级人民法院提出了不同意见，其认为，执行法院应从知悉其他法院裁定受理对被执行人的破产申请后中止对被执行人的执行程序。执行法院在发还执行案款前，申请执行人、被执行人或其管理人均未告知其他法院已受理对被执行人的破产申请，执行法院亦未收到破产案件受理法院的相关裁定或通知。因此，执行法院在不知悉其他法院已受理对被执行人破产申请的情况下，将执行到位的案款发还申请执行人并无不当。对被执行人提出的执行回转请求不予支持。在（2019）最高法执监249号执行裁定中，最高人民法院也认为，对于已经扣划到执行法院账户但尚未支付给申请执行人的款项应中止执行是从执行法院收到破

① 北京市高级人民法院执行裁定书，（2021）京执复70号。

产裁定之日起。

从法院裁定受理被执行人破产申请到相关执行法院收到破产裁定之间必然存在一定的时间差，要求所有涉及被执行人财产执行的法院无论是否知悉其他法院已受理对被执行人的破产申请，均应从受理破产申请裁定作出之日起中止执行，必然会导致大量的执行裁定被撤销或执行回转，这对已经领取案款的申请执行人或者财产受让人的利益造成重大影响，司法权威受到挑战，同时也给执行法院造成额外负担。因此，从执行法院知悉法院受理对被执行人的破产申请之日起中止执行更为合理，知悉的途径不限方式，既可以是通过破产法院发出相关裁定或通知，也可以是破产管理人发出中止执行通知函等。

（二）执行法院应当及时发放执行案款

执行款项被扣划到执行法院账户的，可能存在因案款发放不及时被认定为债务人财产，进而导致债权人承担不能受偿或不能完全受偿的风险。因此，除有特殊情况外，执行法院应当严格根据《最高人民法院关于执行款物管理工作的规定》第10条规定，[①] 在30日内完成执行款发放等工作，以免因迟延发款诱发不必要的纷争。

（三）当事人可以积极利用法律规定最大限度地实现债权

根据《民事诉讼法解释》第506条第1款的规定，被执行人为公民或者其他组织，在执行程序开始后，被执行人的其他已经取得执行依据的债权人发现被执行人的财产不能清偿所有债权的，可以向人民法院申请参与分配。第513条规定，在执行中，作为被执行人的企业法人符合《企业破产法》第2条第1款规定情形的，执行法院经申请执行人之一或者被执行人同意，应当裁定中止对该被执行人的执行，将执行案件相关材料移送被执行人住所地人民法院。之所以规定被执行人为企业法人的不允许进行参与分配，是为倒逼更多债权人主动申请债务人破产。因此，当事人特别是对于清偿顺位在后或未提起诉讼的债

---

① 执行人员应当在收到财务部门执行款到账通知之日起30日内，完成执行款的核算、执行费用的结算、通知申请执行人领取和执行款发放等工作。有下列情形之一的，报经执行局局长或主管院领导批准后，可以延缓发放：（1）需要进行案款分配的；（2）申请执行人因另案诉讼、执行或涉嫌犯罪等原因导致执行款被保全或冻结的；（3）申请执行人经通知未领取的；（4）案件被依法中止或者暂缓执行的；（5）有其他正当理由需要延缓发放执行款的。上述情形消失后，执行人员应当在10日内完成执行款的发放。

权人，应当认真领会法律规定以及〔2017〕最高法民他72号答复精神，及时通过启动针对债务人的破产程序，最大限度地扩大债务人财产范围，从而实现对个别债权人清偿转变为对全体债权人清偿的目的。

第十六章　执行程序与破产程序的衔接

一、以未履行法定审批手续的国有划拨土地使用权设定抵押的效力

批复、通知、答复、复函原文

（一）最高人民法院关于破产企业国有划拨土地使用权应否列入破产财产等问题的批复

2003 年 4 月 16 日　法释〔2003〕6 号[①]

湖北省高级人民法院：

你院鄂高法〔2002〕158 号《关于破产企业国有划拨土地使用权应否列入破产财产以及有关抵押效力认定等问题的请示》收悉。经研究，答复如下：

一、根据《中华人民共和国土地管理法》第五十八条第一款第（三）项及《城镇国有土地使用权出让和转让暂行条例》第四十七条的规定，破产企业以划拨方式取得的国有土地使用权不属于破产财产，在企业破产时，有关人民政府可以予以收回，并依法处置。纳入国家兼并破产计划的国有企业，其依法取得的国有土地使用权，应依据国务院有关文件规定办理。

二、企业对其以划拨方式取得的国有土地使用权无处分权，以该土地使用权设定抵押，未经有审批权限的人民政府或土地行政管理部门批准的，不影响

---

① 2002 年 10 月 11 日最高人民法院审判委员会第 1245 次会议通过，根据 2020 年 12 月 23 日最高人民法院审判委员会第 1823 次会议通过的《最高人民法院关于修改〈最高人民法院关于破产企业国有划拨土地使用权应否列入破产财产等问题的批复〉等二十九件商事类司法解释的决定》修正。

抵押合同效力；履行了法定的审批手续，并依法办理抵押登记的，抵押权自登记时设立。根据《中华人民共和国城市房地产管理法》第五十一条的规定，抵押权人只有在以抵押标的物折价或拍卖、变卖所得价款缴纳相当于土地使用权出让金的款项后，对剩余部分方可享有优先受偿权。但纳入国家兼并破产计划的国有企业，其用以划拨方式取得的国有土地使用权设定抵押的，应依据国务院有关文件规定办理。

三、国有企业以关键设备、成套设备、建筑物设定抵押的，如无其他法定的无效情形，不应当仅以未经政府主管部门批准为由认定抵押合同无效。

本批复自公布之日起施行，正在审理或者尚未审理的案件，适用本批复，但对提起再审的判决、裁定已经发生法律效力的案件除外。

此复。

（二）最高人民法院关于转发国土资源部《关于国有划拨土地使用权抵押登记有关问题的通知》的通知

2004年3月23日　法发〔2004〕11号

各省、自治区、直辖市高级人民法院，解放军军事法院，新疆维吾尔自治区高级人民法院生产建设兵团分院：

国土资源部于2004年1月15日发布了国土资发〔2004〕9号《关于国有划拨土地使用权抵押登记有关问题的通知》。现将该《通知》转发给你们，在《通知》发布之日起，人民法院尚未审结的涉及国有划拨土地使用权抵押经过有审批权限的土地行政管理部门依法办理抵押登记手续的案件，不以国有划拨土地使用权抵押未经批准而认定抵押无效。已经审结的案件不应依据该《通知》提起再审。

特此通知。

关于划拨国有土地使用权抵押登记有关问题的通知（略）

（三）最高人民法院关于人民法院执行以划拨方式取得的土地使用权的请示的答复

2006年1月10日　〔2005〕执他字第15号

安徽省高级人民法院：

你院〔2004〕皖执监字第175号《关于中国农业银行砀山县支行申请执行安徽省国营砀山葡萄酒罐头工业公司、安徽省砀山果园场借款合同纠纷一案的请示》收悉。经研究，答复如下：

经审查，原则同意你院审判委员会倾向性意见。宿州市中级人民法院〔2003〕宿中法执字第130－1号民事裁定书所处置的财产虽然涉及国有划拨土地使用权，但事先已经双方当事人同意，事后砀山县土地主管部门又予以认可，符合《中华人民共和国城市房地产管理法》和《中华人民共和国城镇国有土地使用权出让和转让暂行条例》的相关规定及国家土地局〔1997〕国土函字第96号《对最高人民法院法经〔1997〕18号函的复函》精神。因此，宿州市中级人民法院上述民事裁定并无不当。但是在具体工作中应严格程序，注意及时同相关部门沟通协商。

此复。

（四）国家土地管理局关于人民法院裁定转移土地使用权问题对最高人民法院经〔1997〕18号函的复函

1997年8月18日　〔1997〕国土函字第96号

最高人民法院：

你院法经〔1997〕18号函收悉。经研究，现复函如下：

一、以出让、转让方式取得的国有土地使用权属当事人自有财产，人民法院对土地使用权（包括以土地为载体的各种权利、义务）转移的裁定，应作为土地权属转移的合法依据，土地管理部门应根据法院的裁定，及时进行变更土地登记。但人民法院在裁定中应明确告知当事人三十日内到人民政府土地管理部门申请办理变更土地登记。并将裁定或判决内容以有效法律文书形式及时通知土地管理部门。

二、土地管理部门在对裁定的土地办理变更登记手续时，其权利取得的时间，应以人民法院裁定的权利取得时间为依据。对不申请办理变更登记或逾期申请的，其土地权利不受法律保护，涉及的土地按违法用地处理。

三、为维护人民法院判决裁定和土地登记的严肃性，凡当事人在规定时间内申请办理变更登记手续的，土地管理部门应以法院裁定或判决时间先后为序确认土地权利。

四、对通过划拨方式取得的土地使用权，由于不属于当事人的自有财产，不能作为当事人财产进行裁定。但在裁定转移地上建筑物、附着物涉及有关土地使用权时，在与当地土地管理部门取得一致意见后，可裁定随地上物同时转移。

凡属于裁定中改变土地用途及使用条件的，需征得土地管理部门同意，补交出让金的，应在裁定中明确，经办理出让手续，方可取得土地使用权。

五、对尚未确定土地权属的土地，应先依据《土地管理法》第十三条规定处理后，人民法院再行裁定。

出台背景

第一个批复针对的是企业破产过程中企业取得的划拨国有土地使用权的处置问题。一般情况下，破产企业拥有的土地使用权应该作为破产财产。根据我国的土地管理法律制度，划拨土地由土地使用权人无偿取得。从1998年《土地管理法》（已修正）和《城镇国有土地使用权出让和转让暂行条例》（已修订）的相关规定看，划拨土地不应该作为企业的破产财产，实践中的情况更为复杂。企业在使用的划拨土地上会修建厂房等建筑物，可能会以划拨土地使用权进行抵押，这些情况在企业破产划拨土地不纳入破产财产时应该如何处理一直缺乏明确的规则。在这样的背景下，湖北省高级人民法院将案件中遇到的问题集中向最高人民法院请示，最高人民法院作出了批复。

首先，法释〔2003〕6 号批复重申了土地管理法律制度确认的划拨土地不属于企业破产财产的规定，确保法院的司法程序能够与土地管理法律制度衔接和并行不悖。其次，对于企业划拨土地可能涉及的土地抵押以及地上建筑物抵押问题，法释〔2003〕6 号批复在 2021 年修改之前也根据当时施行的相关土地管理法律制度、《担保法》（已废止）、最高人民法院的其他批复对这两方面的问题进行了明确，强调在划拨土地上建筑物抵押的特殊性。最后，关于企业以关键设备、成套设备、厂房设定抵押的效力，最高人民法院针对重庆市高级人民法院请示作出的《关于国有工业企业以机器设备等财产为抵押物与债权人签订的抵押合同的效力问题的批复》（已废止）态度较为明确。在该批复被废止后，修订后的法释〔2003〕6 号也将与此相关的问题做了修正，国有企业以关键设备、成套设备、建筑物设定抵押的，如无其他法定无效情形，不应仅以未经政府主管部门批准为由认定抵押合同无效。

此外，关于国有划拨土地使用权抵押的效力的问题，国土资源部在 2004 年发布了国土资发〔2004〕9 号《关于国有划拨土地使用权抵押登记有关问题的通知》（已废止，最高人民法院也转发了这个通知），对以国有划拨土地使用权为标的物设定抵押的批准又作出了新的规定。

法释〔2003〕6 号批复根据 2021 年 1 月 1 日起施行的《最高人民法院关于修改〈最高人民法院关于破产企业国有划拨土地使用权应否列入破产财产等问题的批复〉等二十九件商事类司法解释的决定》进行了修改，而《关于国有划拨土地使用权抵押登记有关问题的通知》《关于国有工业企业以机器设备等财产为抵押物与债权人签订的抵押合同的效力问题的批复》分别在 2016 年、2021 年被废止。

理解与适用

（一）企业破产时，划拨土地使用权由政府收回

国有划拨土地使用权的流转具有特殊性。首先，根据 1998 年《土地管理法》和《城镇国有土地使用权出让和转让暂行条例》的相关规定，企业破产时，划拨土地使用权不按照破产财产的处置程序进行处置，而是由政府收回及依法

处置。

《城镇国有土地使用权出让和转让暂行条例》第47条规定，“无偿取得划拨土地使用权的土地使用者，因迁移、解散、撤销、破产或者其他原因而停止使用土地的，市、县人民政府应当无偿收回其划拨土地使用权，并可依照本条例的规定予以出让。对划拨土地使用权，市、县人民政府根据城市建设发展需要和城市规划的要求，可以无偿收回，并可依照本条例的规定予以出让。无偿收回划拨土地使用权时，对其地上建筑物、其他附着物，市、县人民政府应当根据实际情况给予适当补偿”。法释〔2003〕6号批复第1条是对上述规定的重申。

1998年《土地管理法》在2019年修正时，第58条第1款第4项的条文序号被修改为第3项，所以法释〔2003〕6号批复在2021年修改时，对第1条中《土地管理法》的条文序号进行了相应调整。

（二）划拨土地设定抵押的处理

法释〔2003〕6号批复第1条虽然明确了划拨土地使用权不属于破产财产，但是，对于政府应该采取何种程序收回划拨的土地使用权、收回的范围大小、收回后如何处置等具体法律问题没有作出明确的规定。例如，在实践中，会出现企业取得划拨的土地使用权后，为了融资需求而将土地抵押的情形。对于设定了抵押的划拨土地，企业破产时应该如何处理也有可能成为争议问题，所以法释〔2003〕6号批复第2条根据相关法律规定对设定抵押的划拨土地破产时的处理进行了规定。

具体而言，对于企业就划拨土地签订抵押合同的行为，修订后的法释〔2003〕6号批复第2条依据《最高人民法院关于适用〈中华人民共和国合同法〉若干问题的解释（一）》（已废止）的精神，采取了“债物二分”的处理原则，即一方面对于抵押合同之债，虽然企业对其以划拨方式取得的国有土地使用权无处分权，但不影响抵押合同本身的效力；另一方面对于土地使用权上的抵押权，则采取登记要件主义，须经审批登记方可设立。据此，抵押合同的成立不以审批登记为前提，若抵押合同生效后企业因无法获得审批登记而不能设立相应抵押权，则企业依据抵押合同承担违约责任等法律后果。

法释〔2003〕6号批复作出未经批准抵押无效的规定，是对当时法律规定的重申。1990年5月19日开始实施的《城镇国有土地使用权出让和转让暂行条例》第44条明确："划拨土地使用权，除本条例第四十五条规定的情况外，不得转让、出租、抵押。"而第45条主要内容就是指经市、县人民政府土地管理部门和房产管理部门批准，并且交纳土地出让金。但在2004年，原国土资源部发布了国土资发〔2004〕9号《关于国有划拨土地使用权抵押登记有关问题的通知》（已废止），该通知指出：以国有划拨土地使用权为标的物设定抵押，土地行政管理部门依法办理抵押登记手续，即视同已经具有审批权限的土地行政管理部门批准，不必再另行办理土地使用权抵押的审批手续。最高人民法院在2004年3月23日转发了这个通知，明确要求：在通知发布之日起，人民法院尚未审结的涉及国有划拨土地使用权抵押经过有审批权限的土地行政管理部门依法办理抵押登记手续的案件，不以国有划拨土地使用权抵押未经批准而认定抵押无效。已经审结的案件不应依据该通知提起再审。原国土资源部的这一通知实际变更了法释〔2003〕6号批复中划拨土地使用权未经批准抵押无效的规定。但在2016年5月27日，原国土资源部发布了《国土资源部关于公布已废止或者失效的规范性文件目录的公告》，原国土资源部根据《国务院办公厅关于做好行政法规部门规章和文件清理工作有关事项的通知》（国办发〔2016〕12号）的有关要求，开展了规范性文件清理工作，将已废止或者失效的规范性文件目录予以公布，其中包含《关于国有划拨土地使用权抵押登记有关问题的通知》，因此该通知已废止。①

2021年1月1日起施行的《民法典担保解释》第50条规定："抵押人以划拨建设用地上的建筑物抵押，当事人以该建设用地使用权不能抵押或者未办理批准手续为由主张抵押合同无效或者不生效的，人民法院不予支持。抵押权依法实现时，拍卖、变卖建筑物所得的价款，应当优先用于补缴建设用地使用权出让金。当事人以划拨方式取得的建设用地使用权抵押，抵押人以未办理批准手续为由主张抵押合同无效或者不生效的，人民法院不予支持。已经依法办理抵押登记，抵押权人主张行使抵押权的，人民法院应予支持。抵押权依法实现时所得的价款，参照前款有关规定处理。"该条明确了划拨土地使用权抵押合同

① 司法实践中，仍有参照该通知内容认定划拨土地使用权抵押有效的案例。如2019年9月作出判决的汕尾市中级人民法院（2019）粤15民终416号案件，2020年3月作出判决的河南省高级人民法院（2019）豫民终1674号案件等。

与政府批准的关系问题，后者不是前者生效的条件。

2021年1月1日起施行的《最高人民法院关于修改〈最高人民法院关于破产企业国有划拨土地使用权应否列入破产财产等问题的批复〉等二十九件商事类司法解释的决定》将本批复第2条中“应经具有审批权限的人民政府或土地行政管理部门批准”的条件删除，并且强调未经审批，不影响抵押合同的效力。同时，由于《担保法》已废止，《担保法》第56条不再适用。法释〔2003〕6号批复第2条中删除了对《担保法》第56条的援引，和法释〔2003〕6号批复第1条一样相应调整了《土地管理法》的序号。

（三）企业以在划拨土地上的厂房等设定抵押的效力

除了将土地设定抵押外，实践中，将土地和土地上的建筑物一并设定抵押也是常见的操作，故对于将划拨土地和地上建筑物一并设定抵押应该如何处理也成为一个需要明确的问题。2021年修改前的法释〔2003〕6号批复第3条就是为了解决这一问题。但修订前的该条规则延续了根据不同土地使用权取得方式区分处理的思路：如果将土地上的建筑物与以划拨方式取得的土地使用权一并设定抵押，对土地使用权的抵押需履行法定的审批手续，否则，应认定抵押无效。以出让、转让方式取得的国有土地使用权，如果和地上建筑物一并设定了抵押，无须经过有关主管部门的批准，抵押有效。这也是法释〔2002〕14号批复确定的原则，法释〔2003〕6号批复第3条与法释〔2002〕14号批复只是在抵押物方面有所区别。显然，修订前的第3条仍然受限于《合同法解释(一)》出台前对无权处分合同效力的错误认识，没有严格区分合同行为和物权行为在生效条件上的不同。

此后，国土资发〔2004〕9号《关于国有划拨土地使用权抵押登记有关问题的通知》（已废止）对抵押效力问题的变更以及该通知之后被废止，法释〔2003〕6号批复第3条涉及的国有企业以建筑物设定抵押的效力问题如何判断，在实践中有争议。[①]

根据2021年1月1日起施行的《最高人民法院关于废止部分司法解释及相

---

① 关于修改之前的法释〔2003〕6号批复第3条的争议，可参见忻州市中级人民法院民事判决书，(2018)晋09民终581号；漳州市中级人民法院民事判决书，(2017)闽06民终2910号；漯河市中级人民法院民事判决书，(2015)漯民再初字第37号。

关规范性文件的决定》，法释〔2002〕14 号批复被废止。与法释〔2002〕14 号批复的废止相适应，本批复的第 3 条在 2021 年被修改为：国有企业以关键设备、成套设备、建筑物设定抵押的，如无其他法定的无效情形，不应当仅以未经政府主管部门批准为由认定抵押合同无效。这改变了之前根据不同土地使用权取得方式区分处理的方法，不再将政府部门批准作为抵押合同有效的前提。

（四）总结

1. 该批复的内容主要明确了国有企业划拨土地使用权在企业破产时的若干处理规则。

2. 2021 年对法释〔2003〕6 号的修订，全面改变了旧文中的土地使用权抵押效力认定规则，把抵押合同生效与抵押权成立二者区分开来。

3. 从法律适用的角度上来说，由于上述修订实际上仅仅是对无权处分合同有效原则的确认，所以并无实质意义。无权处分合同有效原则是《最高人民法院关于适用〈中华人民共和国合同法〉若干问题的解释（一）》出台以来逐渐被理论和实务界接受，直至 2020 年《民法典》放弃《合同法》（已废止）第 51 条的规定而完全确立，因此，即便没有该次修订，根据法律优位原则和司法解释的效力层级规则，与《民法典》及其他更高层级司法解释相矛盾的旧批复内容，也早已不能适用。

综上所述，法释〔2003〕6 号的本次修订主要是一种形式上的文字清理工作，其修订后的内容在修订之前已经可以通过法律解释的方法自然得出，故本次修订并未对实体法律产生影响。

实务操作指引

（一）对设定抵押房屋所占用范围内的划拨土地使用权的执行

以依法取得的国有土地使用权上的房屋抵押的，该房屋占用范围内的国有土地使用权同时抵押，人民法院可以直接执行。

（二）对非抵押情形下的国有划拨土地使用权的执行

人民法院执行地上建筑物，附属物涉及国有划拨土地使用权，在与当地土地管理部门取得一致意见后，可以采取执行措施。如果被执行人作为国有划拨土地使用权人被人民政府或土地管理部门批准转让划拨土地使用权的，人民法院可以直接执行。

（三）抵押的划拨土地与土地上建筑物一并处理

按照原法释〔2003〕6号批复第3条的内容，建筑物与以划拨方式取得的土地使用权一并设定抵押没有经过有关主管部门批准的，应是土地抵押无效，对建筑物抵押的效力，并未否认。实现抵押权时，处置抵押建筑物和政府收回划拨土地可能需要一并进行。为便于操作，可采用政府间接收回划拨土地使用权的方式进行，即经有批准权的政府同意，将划拨土地使用权及其地上建筑物一并由法院、企业清算组织或破产清算组统一处置，交由委托拍卖的中介机构以公开拍卖形式进行拍卖，拍卖所得价款，由批准同意的政府依法先收回相应的土地出让金，剩余的属地上建筑物的价款由抵押权人优先受偿。这一方式符合2007年《城市房地产管理法》第51条的规定。实践中可以通过对案例的分析进一步了解法律适用情况。

案例①

再审申请人抚州市大象投资顾问有限公司因诉被申请人天津市国土资源和房屋管理局履行法定职责一案，不服天津市第一中级人民法院（2016）津01行终153号行政裁定，向天津市高级人民法院提起再审申请。

抚州市大象投资顾问有限公司申请再审称：（1）被申请人天津市国土资源和房屋管理局有将涉案土地及房屋收回的法定职责。依据《最高人民法院关于破产企业国有划拨土地使用权应否列入破产财产等问题的批复》（法释〔2003〕6号）的规定，根据1998年《土地管理法》第58条第1款第4项及《城镇国有土地使用权出让和转让暂行条例》第47条的规定，破产企业以划拨方式取得的国有土地使用权不属于破产财产，在企业破产时，有关人民政府可以予以收回，并依法处置。根据上述法律规定，被申请人应当依职权收回划拨给天津市刃具厂使用的土地，并予以补偿。（2）破产程序导致再审申请人清偿率零与天津市国土资源和房屋管理局未依法及时收回涉案房屋及土地的行为有直接的联系，致使再审申请人在破产清算程序中未能实现抵押权。（3）被申请人天津市国土

① 天津市高级人民法院行政裁定书，（2016）津行申389号。

资源和房屋管理局未依法履行法定职责导致了抵押物的灭失，损害了再审申请人的合法利益，再审申请人是合法的诉讼主体。再审申请人请求撤销二审裁定，依法改判支持再审申请人的一审诉讼请求或发回重审。

天津市高级人民法院认为：根据两审法院查明的案件事实，天津市刃具厂于2010年向天津市南开区人民法院申请破产清算，2010年6月18日，天津市南开区人民法院主持召开第一次债权人会议，该次会议决定的第5项为："会议提出要查清账外土地相关情况，如不属于划拨土地，要依法公开拍卖，若为划拨土地则交由破产企业上级主管部门处理。"2010年9月6日，天津市刃具厂破产管理人与天津市二轻集团（控股）有限公司签订《土地使用权移交确认书》，将天津市刃具厂的国有划拨性质土地依据法释〔2003〕6号司法解释及津政发〔2006〕104号文件规定，移交给天津市二轻集团（控股）有限公司。天津市南开区人民法院于2012年6月裁定终结天津市刃具厂破产程序。根据再审申请人提起本案诉讼的一审诉状，再审申请人是在法院破产程序中，债权人会议作出将天津市刃具厂的国有划拨性质土地移交其上级主管部门天津市二轻集团（控股）有限公司决定后的2012年5月7日，从天津豫东方投资咨询有限公司受让的天津市刃具厂欠嘉沃环球基金香港资产管理投资公司有财产担保债权人民币29,482,250.42元，因此，再审申请人针对天津市刃具厂的债权已通过破产清算程序处理，其债权的实现与诉请天津市国土资源和房屋管理局履行法定职责，收回国有土地使用权不存在利害关系。天津市第一中级人民法院裁定驳回再审申请人的起诉，认定事实清楚，适用法律正确。再审申请人如认为破产程序违法，侵犯其合法权益，应该按照破产法的有关规定寻求救济。天津市高级人民法院裁定驳回抚州市大象投资顾问有限公司的再审申请。

本案是破产企业的债权人对国土部门提起的行政诉讼，争议焦点是债权人认为破产企业将其划拨土地交给破产企业上级主管部门处理不符合法律规定，债权人认为应将划拨土地应由政府部门收回，故起诉国土部门，要求履行职责。提出主张的依据之一正是原《最高人民法院关于破产企业国有划拨土地使用权应否列入破产财产等问题的批复》。本案中，法院认为债权人对破产企业的债权已通过破产清算程序处理，债权的实现与诉请国土部门履行法定职责，收回国有土地使用权不存在利害关系。债权人对于破产企业债权人会议决议的异议，应该按照破产法的有关规定寻求救济来解决，故一审、二审法院驳回了债权人的起诉，再审法院驳回了债权人的再审申请。

具体而言，债权人对债权人会议决议的异议，可以根据《企业破产法》第64条第2款“债权人认为债权人会议的决议违反法律规定，损害其利益的，可以自债权人会议作出决议之日起十五日内，请求人民法院裁定撤销该决议，责令债权人会议依法重新作出决议”的规定来寻求救济。本案中，根据法院认定的事实，2010年6月18日，天津市南开区人民法院主持召开第一次债权人会议，该次会议决定的第5项为：“会议提出要查清账外土地相关情况，如不属于划拨土地，要依法公开拍卖，若为划拨土地则交由破产企业上级主管部门处理。”而提起再审申请的债权人是在上述债权人会议作出将天津市刃具厂的国有划拨性质土地移交其上级主管部门天津市二轻集团（控股）有限公司决定后的2012年5月7日，从天津豫东方投资咨询有限公司受让的天津市刃具厂欠嘉沃环球基金香港资产管理投资公司有财产担保债权。从本案债权人会议作出决议到本案债权人受让债权已经过去近2年时间，所以，本案债权人已经失去了根据《企业破产法》第64条第2款请求法院裁定撤销债权人会议决议，责令债权人会议依法重新作出决议的权利。提出行政诉讼应该是变通的做法，但是并未获得法院支持。

在法释〔2003〕6号批复2021年修改及《民法典担保解释》第50条施行之后，实践中的操作可能会简化。与《担保法》（已废止）第56条强调抵押权人只有在拍卖划拨土地使用权所得的价款先缴纳土地使用权出让金后才能优先受偿不同，第50条强调的是拍卖、变卖划拨土地使用权的价款应当优先补缴土地使用权出让金。因此，可以尝试通过将拍卖、变卖建筑物所得的价款优先用于补缴建设用地使用权出让金的方式来推进划拨土地上建筑物抵押权的实现。当然，法院可能还是需要提前和政府土地管理部门沟通，新规则的实际实施效果如何还有待观察。

（四）划拨土地使用权执行问题

实践中，对于能否执行划拨土地使用权这个问题，国家土地管理局〔1997〕国土函字第96号复函中指出：“对通过划拨方式取得的土地使用权，由于不属于当事人的自有财产，不能当作当事人财产进行裁定。但裁定转移地上建筑物、附属物涉及有关土地使用权时，在与当地土地管理部门取得一致意见后，可以裁定随地上物同时转移。”即原则上不能执行划拨土地使用权，但是执行划拨土地上建筑物、附属物时，与土地管理部门形成一致意见后，可以裁定转移。这符合“地随房走，一并处置”的基本原则，但是如何能够与土地管理部门形成一致意见，这一复函语焉不详，没有明确规则和标准。

最高人民法院法官在解读《国土房管部门协助执行通知》时指出：“划拨的国有土地使用权能否进行转让？存在三种不同的观点：第一种观点认为，划拨的土地使用权是国家划拨给土地使用权人专项使用的，不可转让。第二种观点认为，划拨的土地使用权可以转让，但必须将划拨的土地使用权先转为有偿出让的土地使用后才能转让。第三种观点认为，划拨的土地使用权的转让有利于提高土地的使用效益，促进城市土地建设的发展，应当允许转让，法律无须限制。对于法院能否在执行程序中转移以划拨方式取得的土地使用权，同样存在上述不同的观点。在《国土房管部门协助执行通知》的草案中曾综合了后两种观点，认为法院在执行中涉及转移以划拨方式取得的土地使用权时，应当与土地管理部门取得一致意见后，再行裁定转移；对原属划拨方式取得但不再属于供地范围的，应告知权利受让人办理国有土地使用权出让手续，但此意见没有列入《国土房管部门协助执行通知》中。当然，这并不排除法院在执行程序中，需要转移被执行人通过划拨取得的国有土地使用权的，仍可与国土资源管理部门协商，取得一致意见后予以执行。法院在处理上述两个问题时，应当多与有关政府部门协调，本着既有利于债权人最大化实现债权，又不违反现行法律规定的原则，进行妥善处理。”①关于执行划拨土地使用权的意见最终没有写入《国土房管部门协助执行通知》中，最高人民法院还是强调要与国土资源管理部门协商，形成一致意见后再执行。

2005 年，最高人民法院作出的〔2005〕执他字第 15 号批复肯定宿州市中级人民法院执行划拨土地使用权的做法，其重要前提之一便是土地管理部门对执行予以认可。

---

① 参见人民法院出版社编：《司法解释理解与适用全集 · 执行卷》，人民法院出版社 2018 年版，第 617 页。

由于划拨土地使用权的特殊性，最高人民法院观点较为谨慎，强调执行划拨土地使用权的诸多前提条件。根据〔1997〕国土函字第96号复函和法释〔2003〕6号批复的规定，已经抵押的划拨土地使用权或者已经抵押的建筑物范围内的划拨土地使用权可以执行，但也应该满足特定条件。执行实践中，虽然目前没有关于执行划拨土地使用权的直接明确规定，但已逐步形成了执行划拨土地使用权的惯例。在（2018）最高法执监92号案件中，执行法院的做法和最高人民法院的裁判可以充分体现这种惯例①。

该案中，生效的（2002）中中经初字第78号民事判决书中，对中国工商银行中山市分行与翠亨宾馆签订的《中国工商银行最高额抵押合同》已予认定，由翠亨宾馆提供自有的证号为中府国用（1995）字第2800114号国有土地使用权和证号为粤房字第2776132、2776146、2776147、2776148号房屋的所有权为宇游科幻城在人民币6654万元贷款限额内作抵押担保。中山中院以（2012）中中法执恢字第236号执行裁定，对翠亨宾馆名下位于中山市南朗镇翠亨村翠亨大道的证号为中府国用（1995）字第2800114号国有土地中的182,745.5平方米土地使用权进行拍卖。虽然涉案土地为国有划拨土地使用权，但属于被执行人的财产性利益。在裁定执行被执行人划拨土地使用权之前，中山中院已按照《城市房地产管理法》第40条的规定，向中山市人民政府函询了是否准予转让、向中山市国土资源局函询房地产拍卖应补缴的费用，经中山市人民政府批准，中山市国土资源局出具《关于翠亨宾馆用地协议出让方案的复函》（中土函〔2015〕167号）、中山市城乡规划局《关于翠亨宾馆用地规划情况的复函》（函〔2014〕878号）对翠亨宾馆上述182,745.5平方米用地函复准予出让。中山中院的执行行为已经取得了有批准权的中山市国土资源局批准，按法律规定办理相关手续并缴纳土地出让金，执行措施和程序均未违反法律关于执行划拨土地使用权的规定。最高人民法院最终驳回了被执行人的申诉。因此，通过中山中院执行这一案例，本书认为，划拨土地使用权的关键是如何满足特定条件。

根据上述复函、批复、答复，并结合案例，这些条件可能包括但不限于：（1）与当地政府、土地管理部门、规划部门形成一致意见，包括但不限于政府

① 最高人民法院执行裁定书，（2018）最高法执监92号。

及相关部门同意土地出让，认可法院执行等；(2) 划拨土地使用权变现款应该优先交纳土地出让金及相关的必要款项、税费；(3) 应办理划拨土地使用权转为出让土地使用权的相关手续。原则上应由买受人办理，法院可以出具协助执行通知书予以协助。

此外，《民法典担保解释》第50条可能会给划拨土地使用权的执行带来一定变化，因为该条肯定了划拨土地使用权及地上建筑物（土地、建筑物一体处置）抵押权实现时，拍卖、变卖建筑物所得的价款应优先用于补缴建设用地使用权出让金的做法。虽然该条中没有明确提出可以不经过政府土地管理部门的同意，但也确实为实践中推进划拨土地使用权的执行提供了新的契机，当事人、法院在处理此类问题时可以予以考虑。

二、破产和解协议执行完毕后能否以破产债务人保留主体资格为由对破产企业继续执行

答复原文

最高人民法院执行工作办公室
关于破产和解后以破产债务人为被执行人的案件能否继续执行的答复

2007年3月9日 法（执）明传〔2007〕10号

湖南省高级人民法院：

关于黑龙江省牡丹江市中级人民法院受理黑龙江圣方科技股份有限公司（简称圣方科技公司）破产案件后，你院继续执行中科软件集团有限公司（简称中科软件公司）诉圣方科技公司一案问题，我院曾向你院发出法（执）明传〔2006〕48号明传，要求你院撤销执行裁定。后你院又报来《关于执行黑龙江圣方科技股份有限公司欠款纠纷一案的情况汇报》，认为应当继续执行，并请求我院进行协调。经研究，答复如下：

牡丹江市中级人民法院破产案件终结，是因为债权人会议通过了和解协议

并执行完毕，债务人圣方科技公司按照和解协议规定的条件清偿了债务，破产原因消除。经破产法院裁定认可的和解协议，对债务人和全体债权人均有约束力。中科软件公司参加了破产程序，依法应当受该和解协议的约束。破产和解是债务人破产再生程序，和解协议执行完毕后，其法人资格仍存续，但不再承担和解协议规定以外的债务的清偿责任。对此，当时法律虽无明文规定，但参照新《中华人民共和国企业破产法》，应作此理解。此种情况下圣方科技公司未被宣告破产，并保留主体资格，这一点不能成为你院恢复执行的理由。在牡丹江市中级人民法院裁定终结破产程序后，你院应当裁定对圣方科技公司执行终结。

对于中科软件公司的权益保护问题。首先，依和解协议中科软件公司应当受偿的款项，据反映现由长沙中院为执行以中科软件公司为债务人的案件，而予以冻结。如该款项解冻，则可通过破产清算组领取。其次，终结对圣方科技公司的执行，并不妨碍其按照你院判决第二项，对于同案中另外二被告质押给中科软件公司的共1.8亿股权行使优先受偿权。至于中科软件公司对牡丹江市中级人民法院在破产程序中涉及其权益处理的异议，应当通过对破产裁定的申诉或其他适当途径解决，而不应由你院再启动执行程序解决。

出台背景

上市公司破产重整，相关法律未作专门规定。公司在进入破产重整或者破产和解程序后，在受理法院的主持下，通过重整计划草案或者达成和解协议并且履行完毕，受理法院因此裁定终结破产程序，上市公司通过破产重整或者破产和解重组成功。然而，其他法院由于诸多原因，在破产和解之后又受理该上市公司原债权人的起诉，并冻结了该上市公司的财产，破坏了上市公司来之不易的破产重整成果，也损害了法律的尊严。因此，此种局面亟待最高人民法院及时协调解决，本答复就是在这样的背景下出台的。

2006年3月20日，圣方科技公司（000620）因债权人申请被黑龙江省牡丹江市中级人民法院作出（2006）牡民商破字第1-1号民事裁定进入破产还债程序。

2006年6月30日，牡丹江市中级人民法院作出（2006）牡民商破字第1-10号民事裁定书，确认债务人与债权人会议达成的和解协议自2006年7月3日法院公告之日起生效；中止圣方科技公司破产程序。

2006年9月22日，牡丹江市中级人民法院以（2006）牡民商破字第1-11号民事裁定书裁定终结圣方科技公司的破产程序。至此，圣方科技公司债务和解协议在规定时间履行完毕。

2006年12月20日，深交所接到湖南省高级人民法院作出的（2006）湘高法执字第19号民事裁定书，该裁定书的主要内容为：申请执行人为中科软件公司，被执行人包括圣方科技公司、西安圣方科技股份有限公司、三亚宽频数码港有限责任公司。法院依据发生法律效力的（2005）湘高法民二初字第12号民事判决书，于2006年9月1日向被执行人黑龙江圣方科技股份有限公司、西安圣方科技股份有限公司、三亚宽频数码港有限责任公司发出执行通知书，责令被执行人于2006年9月12日前自动履行生效法律文书所确定的义务，但上述被执行人未履行义务。根据《民事诉讼法》第221条、第223条（现《民事诉讼法》第249条、第251条）之规定，裁定冻结黑龙江圣方科技股份有限公司银行存款人民币188,471,930元及相应利息或查封、扣押其相应价值的财产。

理解与适用

（一）破产程序与执行程序的关系

破产与民事执行都是保证债权人利益实现的程序，但普通民事执行程序是为保护个别债权人利益而设，破产程序作为概括债务清偿程序，目的是保护全体债权人的利益。两种法律程序的立法目的、功能均有所区别，不能相互取代。

实践中，因两种法律程序事关当事人切身利益，在如何适用问题上便难免发生冲突。《企业破产法》第19条规定："人民法院受理破产申请后，有关债务人财产的保全措施应当解除，执行程序应当中止。"依据法理，在同一财产之上不能同时并存两种性质冲突的执行程序，破产程序启动后，有关债务人财产的其他执行程序应当中止。这一立法规定确立了破产程序优先于民事执行程序的原则，目的是保障对全体债权人的公平清偿。破产申请受理后，一般可能发生三种后果，破产重整、破产和解和宣告破产。本批复涉及的是破产和解的效力问题。

（二）关于破产预重整程序能否中止执行的分析

1. 预重整程序的性质

预重整制度源于美国破产实践，作为法庭外重组（自愿重组谈判）和法庭内正式重整两大基本机制之间的衔接桥梁，其目的在于使受到影响的债权人在程序启动前的自愿重组谈判中商定的计划发生法律效力，并且尽量减少进入正式重整程序引起的费用和拖延。美国、英国、德国、韩国等国家的破产法都规定了预重整制度。[①]

2018 年《全国法院破产审判工作会议纪要》明确要探索推行庭外重组与庭内重整制度的衔接。在企业进入重整程序之前，可以先由债权人与债务人、出资人等利害关系人通过庭外商业谈判，拟定重组方案。重整程序启动后，可以重组方案为依据拟定重整计划草案提交人民法院依法审查批准。《九民纪要》沿用了上述概念。2019 年发改委等十三部门联合颁布的《加快完善市场主体退出制度改革方案》再次提出研究建立预重整和庭外重组制度。完善金融机构债权人委员会制度，明确金融机构债权人委员会制度和庭内债权人委员会制度的程序转换和决议效力认可机制。研究建立预重整制度，实现庭外重组制度、预重整制度与破产重整制度的有效衔接，强化庭外重组的公信力和约束力，明确预重整的法律地位和制度内容。

2021 年 11 月 25 日发布的《国务院关于开展营商环境创新试点工作的意见》（国发〔2021〕24 号），在国务院层面提出“推行破产预重整制度，建立健全企业破产重整机制，允许债权人等推荐选任破产管理人”，并在首批营商环境创新试点改革事项清单中明确规定，由最高人民法院负责探索建立破产预重整制度。目前实践中已有部分地方法院进行了预重整实践。

（1）破产申请前的预重整

以政府为主导、法院积极介入的温州模式。如在吉尔达鞋业有限公司预重整案中，温州市政府专门成立预重整工作领导小组，包括金融办、人民银行、

① 参见张艳丽、陈俊清：《预重整：法庭外重组与法庭内重整的衔接》，载《河北法学》2021 年第 2 期。

银监分局、法院等多家单位参与。由政府发文作为程序启动依据；给予债务人政策扶持，使破产财产保值增值；沟通主要债权人，取得同意票。温州市中级人民法院则提前介入预重整工作，进行法律指导与监督，加强与温州市处置办及管理人等部门、机构的协调，就预重整与重整程序衔接、战略投资人引进方式、重整计划草案预表决等重大事项进行深入探讨，提出专业意见和建议，力推预重整工作。①

以债权人、债务人主导的预重整模式。如中国第二重型机械集团公司与二重集团（德阳）重型装备股份有限公司破产重整案。二重集团、二重重装与主要债权人金融机构进行了庭外重组谈判，并达成了框架性金融债务重组方案。此后向法院申请破产重组，法院在司法框架范围内，尽可能推动维持了重组方案确定的原则，将其纳入重整计划，得到了金融债权人的认可。②

（2）破产重整申请后法院受理前的预重整

《深圳市中级人民法院破产案件立案规程》规定，受理破产申请前，债权人和债务人可以自行协商和解或提前准备重整方案。其与《浙江省高级人民法院关于企业破产案件简易审若干问题的纪要》有相似之处，该纪要规定法院在受理破产申请后，经过合理评估，可以对符合适用集中管辖措施化解和处置企业债务危机、是否构成破产原因存在不确定性需进一步论证、商业银行启动信贷风险会商帮扶机制、已提出破产重整申请但已知重要债权人等利害关系人对债务人进行重整存在较大意见分歧、经法院释明申请人同意法院进行企业破产申请预登记等情形的企业适用破产申请预登记。预登记期间，由债权人、债务人自主开展预重整工作。债权人在预登记期间对债务清偿方案所作的不可反悔的承诺，在债务人进入破产和解或重整程序后，对债权人仍然具有约束力。③

2. 预重整程序可否中止执行的实践考察

对于预重整程序是否与重整程序一样可以引起中止执行的效果，从各地法

① 参见潘光林、方飞潮等：《预重整制度的价值分析及温州实践——以温州吉尔达鞋业有限公司预重整案为视角》，载《法律适用》2019 年第 12 期。

② 参见《人民法院关于依法审理破产案件推进供给侧结构性改革典型案例》，载《人民法院报》2016 年 6 月 16 日，第 3 版。

③ 参见浙江省杭州市余杭区人民法院课题组：《房地产企业预重整的实务探索及建议》，载《人民司法（应用）》2016 年第 7 期。

院出台的涉及预重整程序的指引或审理规程来看，实践中尚未形成统一认识。

（1）预重整程序可以中止执行

《深圳市中级人民法院审理企业重整案件的工作指引（试行）》第 33 条第 2 款规定，“在预重整期间，合议庭应当及时通知执行部门中止对债务人财产的执行。已经采取保全措施的执行部门应当中止对债务人财产的执行”。北京第一中级人民法院发布的《北京破产法庭破产重整案件办理规范（试行）》第 36 条规定，预重整期间，执行案件移送破产重整审查的，临时管理人应当及时通知所有已知执行法院中止对债务人财产的执行程序。北海市人民法院发布的《破产重整案件审理操作指引（试行）》的规定与北京市第一中级人民法院的规定一致。《山东淄博市中级人民法院关于审理预重整案件的工作指引（试行）》第 13 条规定，“执行案件移送破产审查的，债务人进入预重整程序后，由合议庭通知所有已知执行法院中止对债务人财产的执行程序。也可以由临时管理人协调债权人，向执行法院申请中止对债务人财产的执行”。成都市中级人民法院发布的《破产案件预重整操作指引（试行）》第 5 条规定，“作出预重整决定的，本市辖区内法院应中止对债务人为被执行人的相关执行、保全措施”。

（2）预重整程序不能中止执行

《陕西省高级人民法院破产案件审理规程（试行）》第 169 条对预重整程序的效力进行了明确规定：“预重整程序不具有重整程序所具有的中止执行、解除保全、冻结担保债权的行使等法定程序效力。但在预重整期间，受理预重整案件的人民法院可以根据预重整的需要，通过采取和相关执行法院（执行部门）协调、沟通等方式，取得有关执行法院（执行部门）的配合，解除有关保全措施和中止有关执行程序，以便保障预重整程序顺利进行”。重庆市第五中级人民法院发布的《预重整工作指引（试行）》第 9 条第 1 款规定，“预重整期间，债务人应当与债权人积极协商，争取债权人在预重整期间暂缓对债务人财产的执行”。与前述规定持同样态度的还有苏州吴中区人民法院发布的《关于审理预重整案件的实施意见（试行）》、攀枝花中级人民法院发布的《破产案件预重整操作指引（试行）》等。

（3）最高人民法院裁判观点

在再审申请人中资国本成都投资有限公司（以下简称中资国本成都公司）、

四川丰泰投资集团有限公司（以下简称丰泰投资公司）、四川丰泰金科投资有限公司（以下简称丰泰金科公司）与被申请人天地建筑创新技术成都有限公司（以下简称天地公司）合同纠纷一案再审裁定中，[①] 关于预重整程序是否发生中止审理的法律效果的争议，最高人民法院认为，中资国本成都公司等申请人向二审法院提交（2020）川 0704 破申 2 号决定书载明的内容是法院决定对丰泰投资公司、丰泰金科公司等公司实施破产预重整，但预重整属于启动正式破产程序前的庭外债务重组机制，并不能产生人民法院裁定受理破产申请的效力，二审法院据此对中资国本成都公司等申请人要求中止审理的申请不予准许，并无不当。

根据最高人民法院的观点，预重整程序并不产生与裁定受理破产申请相同的效力，依据《企业破产法》第 19 条“人民法院受理破产申请后，有关债务人财产的保全措施应当解除，执行程序应当中止”的规定，法院决定实施预重整程序，并不具有中止执行或解除保全措施的效力。笔者认为，上述地方法院发布的指引或审判规程中，陕西省高级人民法院及重庆市第五中级人民法院所持的“预重整原则上不发生中止执行效果，但可以协商中止执行”的做法更为妥当。

3. 典型案例分析

某资产管理公司向某房地产公司发放委托贷款 20 亿元，某房地产公司以土地使用权作为抵押担保。其后，该房地产公司资金链断裂，启动破产程序。因牵涉大量港澳业主的售后返租债务，引起当地政府高度重视和深度介入。2020 年 11 月，当地政府启动该房地产公司预重整工作。12 月 2 日，当地中级人民法院发布了对该房地产公司进行预重整的决定书。12 月 3 日，当地中级人民法院向北京某中级人民法院发出要求中止执行该房地产公司名下财产的函。此时，就会产生如下问题：当地中院以预重整为名要求其他法院中止执行程序的做法是否具备法律依据及效力？正式破产程序启动后能否再转入预重整程序？

预重整程序是在重整程序启动前进行的部分，其性质是当事人之间自愿进行的庭外重组。无论是政府还是法院主导下进行的预重整程序，作为当事人之

① 最高人民法院民事裁定书，（2021）最高法民申 1488 号。

间的庭外重组，都不具备法庭内重整程序才具有的中止执行的法律效力。依据有三：第一，预重整是债权人与债务人、出资人等利害关系人自愿进行的、以当事人意思为核心的商业庭外重组。第二，最高人民法院出台的相关规范性文件中也将预重整定性为利害关系人的“庭外重组、庭外商业谈判”。第三，以预重整为由要求中止执行违反《企业破产法》的明确规定。只有《企业破产法》明确规定的正式的庭内破产程序才可能具备中止执行的法律效力。预重整是利害关系人在重整前进行的意思自治谈判和庭外重组，主要目的是尽量减少进入正式重整程序引起的费用和拖延，一旦进入了法庭内的正式破产程序，就不可能再转入预重整程序。

（三）破产和解后债务人作为被执行人的案件的处理

所谓破产和解，是指债务人为了避免企业破产清算，主动提出以延期履行债务、减少债务数额为条件的协议草案，由债权人在互谅互让的基础上形成的和解协议并由法院认可生效从而了结全部债权债务关系的制度。

《企业破产法》第95条规定，“债务人可以依照本法规定，直接向人民法院申请和解；也可以在人民法院受理破产申请后、宣告债务人破产前，向人民法院申请和解。债务人申请和解，应当提出和解协议草案”。第98条规定：“债权人会议通过和解协议的，由人民法院裁定认可，终止和解程序，并予以公告。管理人应当向债务人移交财产和营业事务，并向人民法院提交执行职务的报告。”

破产和解有以下特点：（1）申请主体特定。破产和解申请只能由债务人提出，其他债权人及利害关系人无权提出。（2）妥协性。破产和解协议草案经债务人提出后，债权人要基于互谅互让的意思表示对受偿金额以及期限作出一定的让步。（3）强制性。第一，和解协议是要经过债权人会议表决通过的，但是需要注意的是，并不是全体债权人一致通过，而是由出席会议的有表决权的债权人过半数同意，并且其所代表的债权额占无财产担保债权总额的2/3以上即可。也可以称之为强制和解。第二，和解协议表决通过后，即使没参加债权人会议或者不同意和解协议的债权人也要受到该和解协议的约束。第三，和解协议通过后还要经过法院的认可，这是和解协议强制性的外部表现。（4）预防性。和解协议通过后并经人民法院裁定认可，债务人就避免进入清算程序，对稳定市场经济秩序有一定的促进作用。

从最高人民法院给湖南省高级人民法院的复函来看，圣方科技公司是依法进入破产程序后向法院提交了破产和解协议草案，已经过债权人会议表决通过和法院的认可。中科软件公司参加了破产程序，即应当已申报了债权，即使其对和解协议持有保留意见，也应当受到和解协议的约束。

如前所述，破产和解中，债务人和债权人就和解事项达成的和解协议一旦生效，破产程序即告中止，只要债务人能够按照和解协议的约定履行清偿义务，即可避免宣告破产，和解协议已履行完毕，破产程序应当宣告终结。全部债权债务关系已消灭。破产债务人作为被执行人所涉及的执行案件，应当直接依照《民事诉讼法》第264条第6项（人民法院认为应当终结执行的其他情形）的规定，裁定终结执行。①

从该批复可以推断出，湖南省高级人民法院在破产和解协议履行完毕且破产程序终结后，拟继续以圣方科技公司作为被执行人采取强制执行措施，理由应是圣方科技公司的法人主体资格依然存续，既然主体资格存续即被执行人的法律地位也应存续。对此，当时的法律及司法解释并无明文规定。最高人民法院从破产和解的立法本意及制度设计的角度分析，认为破产程序是一并解决破产企业债权债务关系的有效途径，从而否定了湖南省高级人民法院的意见。

实务操作指引

（一）破产和解后以破产债务人为被执行人的案件终结执行

实务中经常出现破产程序和民事执行程序竞合的问题。虽然最高人民法院在明确了破产和解履行完毕后，破产案件终结，债务人不再承担和解协议规定以外的债务的清偿责任，其他债权人不得再通过执行程序单独受偿，但申请执行人仍有实现债权的其他途径。《企业破产法》第101条规定："和解债权人对

① 参见黄金龙：《中科软件集团有限公司诉圣方科技股份有限公司案——破产和解后以破产债务人为被执行人的案件能否继续执行》，载最高人民法院执行工作办公室编：《执行工作指导》2007年第2辑（总第22辑），人民法院出版社2007年版。

债务人的保证人和其他连带债务人所享有的权利，不受和解协议的影响。”如担保人以股权质押的形式对主债务人的债务承担了保证责任。那么，债权人虽然依据《企业破产法》的规定不得再对已经破产和解程序的主债务人强制执行，但是依然可以对抵质押给申请执行人的财产行使优先受偿权，对该担保财产采取评估、拍卖等执行措施。

由此延伸，为破产债务人提供抵押、质押担保的担保人可否预先行使追偿权从而进入破产程序?《企业破产法》第51条规定：“债务人的保证人或者其他连带债务人已经代替债务人清偿债务的，以其对债务人的求偿权申报债权。债务人的保证人或者其他连带债务人尚未代替债务人清偿债务的，以其对债务人的将来求偿权申报债权。但是，债权人已经向管理人申报全部债权的除外。”本条确定了债务人的保证人或者其他连带债务人的求偿权，另外，《担保法》（已废止）第32条同样明确了保证人追偿权预先行使的前提，“人民法院受理债务人破产案件后，债权人未申报债权的，保证人可以参加破产财产分配，预先行使追偿权”。通常情况下，只有在保证人承担了保证责任后，才有权向主债务人追偿。

但是法律尚未规定债权人已申报债权的情况下担保人以将来求偿权申报破产债权的权利，我们认为对此法律规定不能采取扩大解释，《担保法》（已废止）中也未规定抵押人、质押人可以行使将来求偿权。但可以让担保人作为利害关系人参与重整计划或和解协议的表决程序并发表自己的意见，以制约债权人的表决权的行使。

综上所述，破产和解后导致破产程序终结的案件，以破产债务人为被执行人的案件应当终结执行。

（二）“执转破”程序中被执行人财产的甄别与移交

依据2017年《执转破意见》的规定，执行案件移送破产审查的案件包括两种类型：一类是执行法院在执行过程中发现被执行人无财产可供执行的案件；另一类是被执行人有一定财产，且已由执行法院对这些财产采取查封、冻结和保全措施的案件。对于前一种情况，自然不涉及财产的甄别与移交等问题，对于后一种案件，情况较为复杂。

对于是否移交财产以及移交的具体方式，《执转破意见》做了明确规定，总体原则是以是否执行完毕作为标准，对于“通过拍卖程序处置且成交裁定已送达买受人的拍卖财产，通过以物抵债偿还债务且抵债裁定已送达债权人的抵债财产，已完成转账、汇款、现金交付的执行款”，因财产所有权已经发生变动，不属于移交的财产范畴。而对于“已扣划到账的银行存款、实际扣押的动产、有价证券等被执行人财产”则属于移交的财产，这实际上是将这些财产纳入债务人财产的范畴，为可能启动的破产程序保留尽可能多的财产，有利于破产程序的顺利推进。在此前的实践中，对某项财产是否属于“已执行完毕的财产”的理解存在争议，《执转破意见》就此予以明确。这些财产应当移交给破产法院指定的管理人，如破产受理法院未指定管理人时，则移交给破产受理法院。对于在移交之前已经由执行法院采取查封、扣押、冻结措施的，《执转破意见》亦要求执行法院继续保持这些措施，以保障这些财产的安全。

但是，在执行法院移送案件的过程中，鉴于距离受移送法院裁定受理被执行人破产尚有一定的时间差，此时如何阻止其他执行法院的执行程序？《执转破意见》对此问题做了技术性处理，其要求“执行法院作出移送决定后，应当书面通知所有已知执行法院，执行法院均应中止对被执行人的执行程序”，这较之于对执行程序自法院裁定受理破产申请时的“自动中止”制度前进了一步。

三、经生效法律文书确权但未办理过户登记的财产是否属于破产财产

复函、意见原文

（一）最高人民法院

关于法院已判决确权的财产不应列入破产财产的处理意见及复函

〔2005〕执协字第19-1号

江苏省高级人民法院、天津市高级人民法院：

江苏省高级人民法院报送的〔2005〕苏执他字第5号《关于请求协调江阴市人民法院与天津市高级人民法院破产案件产生争议的报告》和天津市高级人

民法院〔2005〕117号《关于天津金铭发展有限公司破产还债一案的紧急报告》及补充报告和有关材料均已收悉。经本院审查研究，提出处理意见如下：

经查明，1993年2月8日，天津市河北区百货公司（以下简称百货公司）与珠海金铭发展公司（以下简称珠海金铭公司）签订《合作协议书》，约定合作项目为中山商厦（现名为金铭广场），珠海金铭公司向百货公司交付前期费用补偿后，可独立进行7~30层商品房的工程管理及销售，并约定所得利润在交付有关费用后归珠海金铭公司所有。同年6月，该项目正式开工建设。截止1996年底，该项目在建工程经委托评估价值为2.7亿元人民币。

1995年6月16日，珠海金铭公司与江阴第二纺织厂等债权人分别签订《还款协议》，约定珠海金铭公司应于同年12月底偿还欠款，逾期不付则用其在天津开发的中山商厦商品房按每平方米4000元的价格抵偿债务。该还款协议经江阴市公证处公证。因珠海金铭公司未按协议履行，江阴第二纺织厂等债权人分别向江阴市人民法院起诉。1997年12月12日、12月18日，江阴市人民法院分别作出（1996）澄郊民初字第141、142、191号民事判决书，确认上述还款协议合法有效；珠海金铭公司应归还欠款，逾期则以中山公寓A栋13层、14层、B栋13层、14层共计12套商品房按每平方米4000元的价格抵债，产权归债权人所有；珠海金铭公司应当在中山公寓竣工后6个月交房等。

1996年12月3日、1997年1月13日，百货公司分别与天津金铭发展有限公司（以下简称天津金铭公司）、珠海金铭公司签订了基本内容相同的两份《项目转让合同书》，约定百货公司退出该项目，将该项目全部转让给对方独立开发经营，并占全部股份。天津市河北区政府以北政复（1997）5号批复同意百货公司与珠海金铭公司所签订的《项目转让合同书》。

2004年5月27日，天津市高级人民法院受理天津金铭公司破产案，同年8月11日裁定宣告破产。经债权人会议表决同意，清算组委托拍卖机构于2005年1月将金铭广场项目公开拍卖，上海金龙科技投资有限公司以1.98亿元竞买成功。

上述事实，均有两高级人民法院报送的证据材料为证。

经本院协调，江阴市人民法院已将2004年9月9日查封的金铭广场30套商品房解封，天津市高级人民法院同意预留部分拍卖价款，待本院作出最终处理意见后依法处理。

本院认为，珠海金铭公司作为金铭广场的前期开发商，在天津金铭公司未参与金铭广场项目开发之前，依照合同约定有权处分其独立开发销售的部分房产。在金铭广场项目破产之前，珠海金铭公司自愿以其独立开发销售的部分房产抵债所欠债务，是其真实意思表示，并不违反法律规定，也不损害第三方的利益，且天津金铭公司此后对以房抵债的事实也予以认可。该以房抵债协议经公证机关公证，并经江阴市人民法院判决确认合法有效，12套商品房的产权应自判决生效之日起即视为转移给江阴第二纺织厂等债权人，不属于破产财产。天津市高级人民法院在明知金铭广场部分房产尚有争议的情况下，将金铭广场项目整体拍卖的做法不妥。鉴于金铭广场已经在破产程序中被整体拍卖，故江阴第二纺织厂等债权人可依据判决确定的12套房屋，按照拍卖价格在拍卖预留款中折价受偿。不足清偿债权的部分可向破产清算组申报债权。

（二）最高人民法院印发《关于执行案件移送破产审查若干问题的指导意见》的通知

2017年1月20日　法发〔2017〕2号

各省、自治区、直辖市高级人民法院，解放军军事法院，新疆维吾尔自治区高级人民法院生产建设兵团分院：

现将《最高人民法院关于执行案件移送破产审查若干问题的指导意见》印发给你们，请认真遵照执行。

推进执行案件移送破产审查工作，有利于健全市场主体救治和退出机制，有利于完善司法工作机制，有利于化解执行积案，是人民法院贯彻中央供给侧结构性改革部署的重要举措，是当前和今后一段时期人民法院服务经济社会发展大局的重要任务。为促进和规范执行案件移送破产审查工作，保障执行程序与破产程序的有序衔接，根据《中华人民共和国企业破产法》《中华人民共和国民事诉讼法》《最高人民法院关于适用〈中华人民共和国民事诉讼法〉的解释》等规定，现对执行案件移送破产审查的若干问题提出以下意见。

一、执行案件移送破产审查的工作原则、条件与管辖

1. 执行案件移送破产审查工作，涉及执行程序与破产程序之间的转换衔接，不同法院之间，同一法院内部执行部门、立案部门、破产审判部门之间，应坚持依法有序、协调配合、高效便捷的工作原则，防止推诿扯皮，影响司法效率，损害当事人合法权益。

2. 执行案件移送破产审查，应同时符合下列条件：

（1）被执行人为企业法人；

（2）被执行人或者有关被执行人的任何一个执行案件的申请执行人书面同意将执行案件移送破产审查；

（3）被执行人不能清偿到期债务，并且资产不足以清偿全部债务或者明显缺乏清偿能力。

3. 执行案件移送破产审查，由被执行人住所地人民法院管辖。在级别管辖上，为适应破产审判专业化建设的要求，合理分配审判任务，实行以中级人民法院管辖为原则、基层人民法院管辖为例外的管辖制度。中级人民法院经高级人民法院批准，也可以将案件交由具备审理条件的基层人民法院审理。

二、执行法院的征询、决定程序

4. 执行法院在执行程序中应加强对执行案件移送破产审查有关事宜的告知和征询工作。执行法院采取财产调查措施后，发现作为被执行人的企业法人符合破产法第二条规定的，应当及时询问申请执行人、被执行人是否同意将案件移送破产审查。申请执行人、被执行人均不同意移送且无人申请破产的，执行法院应当按照《最高人民法院关于适用〈中华人民共和国民事诉讼法〉的解释》第五百一十六条的规定处理，企业法人的其他已经取得执行依据的债权人申请参与分配的，人民法院不予支持。

5. 执行部门应严格遵守执行案件移送破产审查的内部决定程序。承办人认为执行案件符合移送破产审查条件的，应提出审查意见，经合议庭评议同意后，由执行法院院长签署移送决定。

6. 为减少异地法院之间移送的随意性，基层人民法院拟将执行案件移送异地中级人民法院进行破产审查的，在作出移送决定前，应先报请其所在地中级人民法院执行部门审核同意。

7. 执行法院作出移送决定后，应当于五日内送达申请执行人和被执行人。申请执行人或被执行人对决定有异议的，可以在受移送法院破产审查期间提出，由受移送法院一并处理。

8. 执行法院作出移送决定后，应当书面通知所有已知执行法院，执行法院均应中止对被执行人的执行程序。但是，对被执行人的季节性商品、鲜活、易腐烂变质以及其他不宜长期保存的物品，执行法院应当及时变价处置，处置的价款不作分配。受移送法院裁定受理破产案件的，执行法院应当在收到裁定书之日起七日内，将该价款移交受理破产案件的法院。

案件符合终结本次执行程序条件的，执行法院可以同时裁定终结本次执行程序。

9. 确保对被执行人财产的查封、扣押、冻结措施的连续性，执行法院决定移送后、受移送法院裁定受理破产案件之前，对被执行人的查封、扣押、冻结措施不解除。查封、扣押、冻结期限在破产审查期间届满的，申请执行人可以向执行法院申请延长期限，由执行法院负责办理。

三、移送材料及受移送法院的接收义务

10. 执行法院作出移送决定后，应当向受移送法院移送下列材料：

（1）执行案件移送破产审查决定书；

（2）申请执行人或被执行人同意移送的书面材料；

（3）执行法院采取财产调查措施查明的被执行人的财产状况，已查封、扣押、冻结财产清单及相关材料；

（4）执行法院已分配财产清单及相关材料；

（5）被执行人债务清单；

（6）其他应当移送的材料。

11. 移送的材料不完备或内容错误，影响受移送法院认定破产原因是否具备的，受移送法院可以要求执行法院补齐、补正，执行法院应于十日内补齐、补正。该期间不计入受移送法院破产审查的期间。

受移送法院需要查阅执行程序中的其他案件材料，或者依法委托执行法院办理财产处置等事项的，执行法院应予协助配合。

12. 执行法院移送破产审查的材料，由受移送法院立案部门负责接收。受移送法院不得以材料不完备等为由拒绝接收。立案部门经审核认为移送材料完备的，应以“破申”作为案件类型代字编制案号登记立案，并及时将案件移送破产审判部门进行破产审查。破产审判部门在审查过程中发现本院对案件不具有管辖权的，应当按照《中华人民共和国民事诉讼法》第三十六条的规定处理。

四、受移送法院破产审查与受理

13. 受移送法院的破产审判部门应当自收到移送的材料之日起三十日内作出是否受理的裁定。受移送法院作出裁定后，应当在五日内送达申请执行人、被执行人，并送交执行法院。

14. 申请执行人申请或同意移送破产审查的，裁定书中以该申请执行人为申请人，被执行人为被申请人；被执行人申请或同意移送破产审查的，裁定书中以该被执行人为申请人；申请执行人、被执行人均同意移送破产审查的，双方均为申请人。

15. 受移送法院裁定受理破产案件的，在此前的执行程序中产生的评估费、公告费、保管费等执行费用，可以参照破产费用的规定，从债务人财产中随时清偿。

16. 执行法院收到受移送法院受理裁定后，应当于七日内将已经扣划到账的银行存款、实际扣押的动产、有价证券等被执行人财产移交给受理破产案件的法院或管理人。

17. 执行法院收到受移送法院受理裁定时，已通过拍卖程序处置且成交裁定已送达买受人的拍卖财产，通过以物抵债偿还债务且抵债裁定已送达债权人的抵债财产，已完成转账、汇款、现金交付的执行款，因财产所有权已经发生变动，不属于被执行人的财产，不再移交。

五、受移送法院不予受理或驳回申请的处理

18. 受移送法院做出不予受理或驳回申请裁定的，应当在裁定生效后七日内将接收的材料、被执行人的财产退回执行法院，执行法院应当恢复对被执行人的执行。

19. 受移送法院作出不予受理或驳回申请的裁定后，人民法院不得重复启动执行案件移送破产审查程序。申请执行人或被执行人以有新证据足以证明被执行人已经具备了破产原因为由，再次要求将执行案件移送破产审查的，人民法院不予支持。但是，申请执行人或被执行人可以直接向具有管辖权的法院提出破产申请。

20. 受移送法院裁定宣告被执行人破产或裁定终止和解程序、重整程序的，应当自裁定作出之日起五日内送交执行法院，执行法院应当裁定终结对被执行人的执行。

六、执行案件移送破产审查的监督

21. 受移送法院拒绝接收移送的材料，或者收到移送的材料后不按规定的期限作出是否受理裁定的，执行法院可函请受移送法院的上一级法院进行监督。上一级法院收到函件后应当指令受移送法院在十日内接收材料或作出是否受理的裁定。

受移送法院收到上级法院的通知后，十日内仍不接收材料或不作出是否受理裁定的，上一级法院可以径行对移送破产审查的案件行使管辖权。上一级法院裁定受理破产案件的，可以指令受移送法院审理。

出台背景

《企业破产法》第19条规定："人民法院受理破产申请后，有关债务人财产的保全措施应当解除，执行程序应当中止。"《破产规定》第68条规定："债务人的财产被采取民事诉讼执行措施的，在受理破产案件后尚未执行的或者未执行完毕的剩余部分，在该企业被宣告破产后列入破产财产。因错误执行应当执行回转的财产，在执行回转后列入破产财产。"《破产法解释（二）》第22条规定："破产申请受理前，债权人就债务人财产向人民法院提起本规定第二十一条第一款所列诉讼，人民法院已经作出生效民事判决书或者调解书但尚未执行完毕的，破产申请受理后，相关执行行为应当依据企业破产法第十九条的规定中止，债权人应当依法向管理人申报相关债权。"法院对债务人的财产是否已强制执行完毕，成为界定是否属于破产财产的重要标准。对此，司法实践中一直存在三种划分界限的观点：第一，裁定说，即以人民法院下达民事裁定为标准，只要下达了民事裁定，并送达了案件当事人，即为执行完毕。第二，过户说，即以有关部门办完财产过户手续为标准，只要未办理过户手续则均视为未执行完毕，则这些财产均应认定为破产企业的财产。第三，送达协助执行机关说，即人民法院的执行裁定下达后并已送达到有关协助执行机关，如土地、房屋、车辆管理部门，无论该部门是否已办理了相应手续均认定已执行完毕。

最高人民法院对这个问题在不同时期也有过不一致的意见，主要分歧意见在于究竟是以法院作出的裁判文书为标准，还是以执行财产权利的实际转移为标准，该复函主要解决了这个分歧。

金铭广场项目案件主要经历的阶段如下：

1. 合作开发阶段

百货公司与珠海金铭公司签订《合作协议书》约定共同开发金铭广场项目，后经天津市河北区政府批准，百货公司将全部项目转让给天津金铭公司和珠海金铭公司，后两者占有全部股权。据此推断，有一个重要信息复函中并没有表述，即珠海金铭公司应当将其项目或全部股权再次转让给了天津金铭公司，否则，天津金铭公司破产后是无法将金铭广场整体拍卖的。

2. 以房抵债并经司法确权阶段

在百货公司与天津金铭公司和珠海金铭公司签订《项目转让合同书》之前，珠海金铭公司与江阴第二纺织厂等债权人已签订了《还款协议》，约定了以房抵债内容并经过公证，后经江阴市人民法院判决确认合法有效。

3. 破产清算处置财产阶段

天津金铭公司申请破产后经天津市高级人民裁定宣告破产，经债权人会议审议通过且经清算组委托拍卖并成交。这里需要说明的是，债权人会议的决议是债权人团体一致表示的意思，对全体债权人具有普遍约束力，无须法院的特别许可。这是为了提高债权人会议效率的制度设计。

本案在推进当中出现的问题：

最高人民法院在复函中明确指出“天津市高级人民法院在明知金铭广场部分房产尚有争议的情况下，将金铭广场项目整体拍卖的做法不妥”。存在以下理由：

1. 破产法院对债权人会议确定破产财产时监督不力

破产财产由下列财产构成：（1）宣告破产时破产企业经营管理的全部财产；（2）破产企业在破产宣告后至破产程序终结前所取得的财产；（3）应当由破产

企业行使的其他财产权利。[①]

本案中金铭广场在破产程序启动时虽然在天津金铭公司名下，但是该所有权是存在瑕疵的，债权人会议[②]对以房抵债的12套房产情况是知道或者是应当知道的。早在1995年6月16日，珠海金铭公司与江阴第二纺织厂等债权人分别签订《还款协议》，约定了珠海金铭公司逾期不付欠款则用其在金铭广场的商品房按每平方米4000元的价格抵偿债务，产权归债权人所有等内容，并且经过公证和法院判决确认。据此可知，破产管理人在调查债务人财产状况时存在失职情况，破产法院对破产管理人的监督并不到位。

2. 破产法院在清算组对金铭广场整体处置时未及时中止拍卖行为

破产清算组在对金铭广场进行拍卖时，破产法院对金铭广场的部分房产存在司法查封的情况是明知或应当知道的，因为在此复函中表述"经本院协调，江阴市人民法院已将2004年9月9日查封的金铭广场30套商品房解封……""1997年12月12日、12月18日，江阴市人民法院分别作出（1996）澄郊民初字第141、142、191号民事判决书，确认上述还款协议合法有效……"故江阴市人民法院对金铭广场部分房产的查封必然是在破产程序启动前（申请执行的期限是在判决生效后两年内，而且，依据当时法律及司法解释对不动产的查封期限为两年）。破产法院对此情况没有充分考虑。

理解与适用

最高人民法院经研究认为：鉴于金铭广场已经在破产程序中被整体拍卖，故江阴第二纺织厂等债权人可依据判决确定的12套房屋，按照拍卖价格在拍卖预留款中折价受偿。不足清偿债权的部分可向破产清算组申报债权。

---

① 《企业破产法》实施后，对"债务人财产"及"破产财产"做了区分，第30条规定，"破产申请受理时属于债务人的全部财产，以及破产申请受理后至破产程序终结前债务人取得的财产，为债务人财产"。第107条第2款规定："债务人被宣告破产后，债务人称为破产人，债务人财产称为破产财产，人民法院受理破产申请时对债务人享有的债权称为破产债权。"

② 1986年《企业破产法（试行）》（已废止）第15条规定债权人会议的职权是：（1）审查有关债权的证明材料，确认债权有无财产担保及其数额；（2）讨论通过和解协议草案；（3）讨论通过破产财产的处理和分配方案。

在司法实践中，出现上述情况可以分两个步骤进行：

第一，已确权的房屋按照拍卖价格在拍卖预留款中折价受偿。

由于涉案的特定物已经被拍卖，则拍卖款就具有了物上代位性，债权人可对拍卖款主张权利。值得注意的是，此复函中采用了“折价受偿”的表述，金铭广场在1996年年底，经委托评估价值为2.7亿元人民币，而2005年1月将金铭广场项目公开拍卖，上海金龙科技投资有限公司以1.98亿元竞买成功，成交价低于评估价的16.7%。故债权人只能依据拍卖价格折价受偿，若是其依据评估价受偿则侵害了其他破产债权人的合法权益。

第二，债权人未足额受偿的部分向破产清算组申报债权。

这里的“申报债权”应与破产案件受理后的申报债权有所区别。根据《企业破产法》第45条规定：“人民法院受理破产申请后，应当确定债权人申报债权的期限。债权申报期限自人民法院发布受理破产申请公告之日起计算，最短不得少于三十日，最长不得超过三个月。”本案中天津市高级人民法院于2004年5月27日受理天津金铭公司破产案，同年8月11日裁定宣告破产，2005年1月将金铭广场项目公开拍卖。债权人申报债权的3个月最长期限早已届满，但在此种情况下，未受偿的部分还可以向清算组申报债权应该是一种“特殊对待”。

另外，此种情况下申报债权后，对受偿的顺序也应当区别对待，即应有优先受偿的权利。根据《企业破产法》第38条规定，“人民法院受理破产申请后，债务人占有的不属于债务人的财产，该财产的权利人可以通过管理人取回。但是，本法另有规定的除外”。《破产法解释（二）》第27条规定，“权利人依据企业破产法第三十八条的规定向管理人主张取回相关财产，管理人不予认可，权利人以债务人为被告向人民法院提起诉讼请求行使取回权的，人民法院应予受理。权利人依据人民法院或者仲裁机关的相关生效法律文书向管理人主张取回所涉争议财产，管理人以生效法律文书错误为由拒绝其行使取回权的，人民法院不予支持”。在经过人民法院司法确认所有权的情况下，虽然未办理产权登记，但债权人可以参照取回权制度向清算组主张权利。如前所述，涉案标的物已经被拍卖价款取代，债权人仍然可以依据取回权将未足额受偿的债权取回。对此，有必要明确此情况下存在取回权与善意取得的冲突问题。债权人应依据人民法院确权的判决行使取回权，但拍卖房产的竞买人对此并无过错，应当依据善意取得制度取得竞买标的物的所有权，由于清算组的无权处分行为，将已经法院生效判决确权的财产纳入破产财产之列。清算组应当承担因其无权处分行为给债权人造成损失的责任，即对债权人拍卖后未足额受偿的部分优先给付。

实务操作指引

《企业破产法（试行）》（已废止）第28条以列举方式规定了破产财产的构成，“（一）宣告破产时企业经营管理的全部财产；（二）破产企业在破产宣告后至破产程序终结前所取得的财产；（三）应当由破产企业行使的其他财产权利。已作为担保物的财产不属于破产财产；担保物的价款超过其所担保的债务数额的，超过部分属于破产财产”。《企业破产法》未直接定义破产财产，而是在第30条规定：“破产申请受理时属于债务人的全部财产，以及破产申请受理后至破产程序终结前债务人取得的财产，为债务人财产。”在第107条规定：“人民法院依照本法规定宣告债务人破产的，应当自裁定作出之日起五日内送达债务人和管理人，自裁定作出之日起十日内通知已知债权人，并予以公告。债务人被宣告破产后，债务人称为破产人，债务人财产称为破产财产，人民法院受理破产申请时对债务人享有的债权称为破产债权。”

根据《企业破产法》的规定，不属于债务人的财产以及不属于债务人但被债务人占有的财产，权利人需要通过行使取回权，向破产管理人申请取回。

2013年实施的《破产法司法解释（二）》（已修正）第2条规定：“下列财产不应认定为债务人财产：（一）债务人基于仓储、保管、承揽、代销、借用、寄存、租赁等合同或者其他法律关系占有、使用的他人财产；（二）债务人在所有权保留买卖中尚未取得所有权的财产；（三）所有权专属于国家且不得转让的财产；（四）其他依照法律、行政法规不属于债务人的财产。”根据上述规定，排除在债务人财产之外的财产，首先是属于他人的财产，债务人仅是占有或使用人；其次是所有权保留买卖中没有获得所有权的财产；再次是所有权属于国家的财产；最后是兜底条款。

一般的取回权因有司法解释的明确规定，法律特征明显，但有一类取回权比较特殊，《最高人民法院关于审理企业破产案件若干问题的规定》第71条第6项规定的尚未办理产权证或者产权过户手续但已向买方交付的财产，不属于破产财产。该规定并未被废止，未与《企业破产法》抵触的部分仍然有效。结合《异议复议规定》第28条、第29条规定和《九民纪要》第125条、第127条的规定，“尚未办理产权证或者产权过户手续的不动产”有“物权期待权”和“消费者生存权”两种情形，《异议复议规定》和《九民纪要》的相关条文都是针对执行程序而作的规定，在破产程序中如何适用，并无明确指引，但司法实践中已有多个参照上述条文确定权利人是否可以行使取回权的案例。

对于债务人设定担保物权的财产，2013年《破产法司法解释（二）》第3条第1款明确规定：“债务人已依法设定担保物权的特定财产，人民法院应当认定为债务人财产。”但担保权人有权在担保范围内行使优先受偿权，这种债权人因债设有担保物而就债务人特定财产在破产程序中享有的单独、优先受偿权利是别除权，只有在担保物权消灭或在实现担保物权后有剩余的，才用于清偿其他破产债权。另外，需注意的是，《民法典》第745条将《合同法》（已废止）第242条规定的“承租人破产的，租赁物不属于破产财产”予以删除。

四、被执行人股东对公司享有的破产债权能否抵销其应补足的注册资金

复函原文

最高人民法院
关于破产债权能否与未到位的注册资金抵销问题的复函

1995年4月10日　法函（1995）32号

湖北省高级人民法院：

你院（1994）鄂经初字第10号请示报告收悉，经研究，答复如下：

据你院报告称：中国外运武汉公司（下称武汉公司）与香港德仓运输股份

有限公司（下称香港公司）合资成立的武汉货柜有限公司（下称货柜公司），于1989年3月7日至8日曾召开董事会议，决定将注册资金由原来的110万美元增加到180万美元。1993年1月4日又以董事会议对合资双方同意将注册资金增加到240万美元的《合议书》予以认可。事后，货柜公司均依规定向有关审批机构和国家工商行政管理局办理了批准、变更手续。因此，应当确认货柜公司的注册资金已变更为240万美元，尚未到位的资金应由出资人予以补足。货柜公司被申请破产后，武汉公司作为货柜公司的债权人同货柜公司的其他债权人享有平等的权利。为保护其他债权人的合法权益，武汉公司对货柜公司享有的破产债权不能与该公司对货柜公司未出足的注册资金相抵销。

出台背景

复函中的武汉公司作为货柜公司的股东，未出足增资资金，应在未出资的范围内向公司承担补足责任。但本复函所涉案例特殊之处在于：武汉公司作为货柜公司的股东，因增资不实要向货柜公司承担出资责任，此时其是公司的债务人；同时也是货柜公司的债权人，对公司享有债权。在货柜公司被申请破产的情况下，武汉公司作为货柜公司的股东，其对公司享有的债权能否与其对公司未出足的增资资金相抵销？实务中，不乏股东既是公司债权人，又是公司债务人的情形出现。最高人民法院对此给出了明确的否定回复。

理解与适用

股东在公司增资时未全面履行出资义务的，应向公司承担资本补足责任，此时公司与股东之间系普通的债权债务关系。如果股东对公司也享有债权，不能相互抵销。破产程序中，股东瑕疵增资所产生的相关还款义务属于破产人债权，应由管理人代表公司向股东进行追讨，追回的财产作为破产财产应按照破产法的规定进行统一分配，而不允许特定债权人在破产清算程序中实现个别清偿。

复函所涉案例的货柜公司进入破产程序后，武汉公司作为货柜公司的众多债权人之一，其享有的不再是普通债权，而是破产债权，故应按照破产法的规定和其他债权人一样依法向破产清算组申报债权，按比例参与破产分配。债权具有平等性，在货柜公司资不抵债的情况下，武汉公司虽系破产人货柜公司的股东，但其并无优先受偿权，而是和其他债权人一样享有平等的按债权比例受偿的权利。

公司被申请破产后，股东对公司享有的破产债权不可能完全受偿，而只能视公司负债情况按一定的比例受偿。如果允许这两种不同性质的金钱债务相互抵销，则相当于股东在破产分配之前，领先其他债权人提前实现了个别清偿，武汉公司以破产债权抵销了普通债权，必然损害货柜公司其他债权人的合法权益。

实际上，《破产法解释（二）》第46条对《最高人民法院关于破产债权能否与未到位的注册资金抵销问题的复函》的内容再次进行了规定，“债务人的股东主张以下列债务与债务人对其负有的债务抵销，债务人管理人提出异议的，人民法院应予支持：（一）债务人股东因欠缴债务人的出资或者抽逃出资对债务人所负的债务；（二）债务人股东滥用股东权利或者关联关系损害公司利益对债务人所负的债务”。

实务操作指引

（一）股东未届认缴期的破产债务可加速到期

在审判和执行程序中，未届认缴期的出资义务能否加速到期的问题在理论及实践中存在争议。但在公司清算（包括自愿清算、强制清算或破产清算）程序中，根据《公司法解释（二）》第22条、《破产法》第35条、《破产法解释（二）》第20条的规定，股东到期应缴而未缴以及认缴期限未届至的出资义务均视为到期，股东不得以认缴期未届至进行抗辩。

（二）出资不实股东对公司享有的债权应劣后受偿

最高人民法院于2015年3月31日公布了四个典型案例，在第一个沙港公司诉开天公司执行分配方案异议的案例中指出，“公司法律明确规定有限责任公司的股东以其认缴的出资额为限对公司承担责任。开天公司因出资不实而被扣划的45万元应首先补足茸城公司责任资产向作为公司外部的债权人原告沙港公司进行清偿。开天公司以其对茸城公司也享有债权要求参与其自身被扣划款项的分配，对公司外部债权人是不公平的，也与公司股东以其出资对公司承担责任的法律原则相悖。696,505.68元执行款中的45万元应先由原告受偿，余款再按比例进行分配的意见予以采纳”。[①] 并且认为，“美国历史上深石案所确立的衡平居次原则……否定了出资不实股东进行同等顺位受偿的主张，对本案的处理具有一定的借鉴意义”。

但是，从案情来看，在扣划69万余元后，还有进一步扣款的必要。问题是，从开天公司扣划45万元够不够？开天公司的出资是否已足？如果不足，那就继续补足，开天公司当然无权参与这45万元的分配，此时无须借鉴深石规则。其次，假定扣划45万元后开天公司对茸城公司的投资已经足额，那就产生第二个问题：其他股东的“出资不实”是货币不实还是实物不实？如果是后者，则不但该股东应该补足，而且开天公司也要承担连带责任（《公司法》第30条），所以也不能参与对45万元的分配，此时也无须借鉴深石规则。最后，如果上述两种情形都不存在，开天公司作为股东在45万元扣划之后已经没有任何出资义务，那就发生了它是否有权参与平等分配的问题，也就是它作为股东对公司的债权要不要降级的问题。最高人民法院的评论中使用了“衡平居次”一词，似乎股东的债权清偿顺序都在外部债权人之后，这是不对的。适用深石规则对股东债权降级是有条件的，那就是该债权在发生的时候，本质上不是借款，而是股东为了救公司而不得不对公司进行增资。没有这样的条件，股东的债权应当与外部债权平等受偿。本案中没有此条件的任何证据，因而其判决显得有些粗糙。[②]

（三）破产受理后应中止对瑕疵增资股东的追加

作为被执行人的公司法人进入破产程序后，如果公司股东因瑕疵增资而被追加为被执行人的，则应中止执行。这是因为，执行程序和破产程序虽均为强

---

① 参见《最高人民法院发布的四起典型案例》，载《人民法院报》2015年4月1日，第3版。

② 参见朱锦清：《公司法学》（上）（第1版），清华大学出版社2017年版，第232页。关于股东对公司债权应否劣后受偿的问题比较复杂，对最高人民法院公布的这个典型案例以及深石规则的详细解读，参见党海娟：《我国破产法引入衡平居次规则必要性和可行性的反思——从最高院发布的一则典型案例说起》，载《河北法学》2016年第3期；陈克：《论股东债权劣后清偿规则》，载《法律适用》2018年第5期。

制实现债权人权利的程序，但前者是实现特定债权的个别清偿，后者是实现全部债权的概括清偿，不允许特定申请执行人在执行程序中继续实现个别清偿。最高人民法院在2004年9月给山东省高级人民法院的〔2004〕执他字第24号复函中，亦明确指出："破产宣告后，所有未清偿完毕的债务人均应依法向破产清算组申报债权，基于对开办单位注册资金不实而追加被执行人的新华医药集团的执行应依法中止执行，其应清偿的债务由破产清算组依法一并处理。"

执　行　典　范　丛　书

顾问　宋朝武　金俊银

最高人民法院
执行批复理解与适用

（下册）

曹凤国　张阳　主编

曹凤国　审订

法律出版社
LAW PRESS·CHINA
北京

目　录

第三编　实现金钱债权的执行

第四编　实现非金钱债权的执行

第五编　特殊案件的执行

第三编

实现金钱债权的执行

第十七章　一 般 规 定

第一节　利 息 通 则

一、金融资产管理公司在保全、诉讼、执行和破产程序中转让、处置政策性和商业性不良资产所适用的特殊规则

通知原文

最高人民法院
关于金融资产管理公司收购、处置银行不良资产有关问题的补充通知

2005 年 5 月 30 日　法〔2005〕62 号

各省、自治区、直辖市高级人民法院，新疆维吾尔自治区高级人民法院生产建设兵团分院：

为了深化金融改革，规范金融秩序，本院先后下发了《关于审理金融资产管理公司收购、管理、处置国有银行不良贷款形成的资产的案件适用法律若干问题的规定》、《关于贯彻执行最高人民法院“十二条”司法解释有关问题的函的答复》和《关于国有金融资产管理公司处置国有商业银行不良资产案件交纳诉讼费用的通知》。最近，根据国务院关于国有独资商业银行股份制改革的总体部署，中国信达资产管理公司收购了中国银行、中国建设银行和交通银行剥离的不良资产。为了维护金融资产安全，降低不良资产处置成本，现将审理金融

资产管理公司在收购、处置不良资产发生的纠纷案件的有关问题补充通知如下：

一、国有商业银行（包括国有控股银行）向金融资产管理公司转让不良贷款，或者金融资产管理公司受让不良贷款后，通过债权转让方式处置不良资产的，可以适用本院发布的上述规定。

二、国有商业银行（包括国有控股银行）向金融资产管理公司转让不良贷款，或者金融资产管理公司收购、处置不良贷款的，担保债权同时转让，无须征得担保人的同意，担保人仍应在原担保范围内对受让人继续承担担保责任。担保合同中关于合同变更需经担保人同意的约定，对债权人转让债权没有约束力。

三、金融资产管理公司转让、处置已经涉及诉讼、执行或者破产等程序的不良债权时，人民法院应当根据债权转让协议和转让人或者受让人的申请，裁定变更诉讼或者执行主体。

出台背景

我国金融资产管理公司是经国务院决定设立的收购国有商业银行不良贷款，管理和处置因收购不良贷款形成的资产的国有非银行金融机构。最高人民法院关于金融资产管理公司不良资产的司法解释和指导意见中所称的不良债权一般指两类债权：一是政策性不良债权，具体指1999年至2000年四家金融资产管理公司在国家统一安排下通过再贷款或者财政担保的商业票据形式支付收购成本从中国银行、中国农业银行、中国建设银行、中国工商银行收购的不良债权；二是商业性的不良债权，具体指2004年至2005年四家金融资产管理公司在政府主管部门主导下从交通银行、中国银行、中国建设银行、中国工商银行收购的不良债权。

因金融不良债权的特殊性，《金融资产管理公司条例》也赋予金融资产管理公司特殊法律地位，可以通过打包出售、债务重组、债转股、资产证券化等手段，最大限度保全国有资产。由于不良资产收购、管理和处置涉及面广，法律和政策问题交叉，人民法院在审理和执行相关案件时适用的规则也具有很强的政策性和不确定性，造成相关法律不能平等适用的困境。

理解与适用

金融资产管理公司在开展业务过程中，迫切需要法律、行政法规、司法解释及指导意见给予其一定的“特殊法律地位”，以便其收购、管理和处置不良债权这类特殊资产。自2001年始，最高人民法院最大化扩张、创造性解释现行法律，使金融资产管理公司可以作为市场中的“特殊法律地位”成员，为政策性商业化收购资产的处置作出了最有效、最基础的法律安排。具有代表性的法律文件为：《十二条规定》、《最高人民法院关于国有金融资产管理公司处置国有商业银行不良资产案件交纳诉讼费用的通知》（法〔2001〕156号，已废止）、《最高人民法院对〈关于贯彻执行最高人民法院“十二条”司法解释有关问题的函〉的答复》（法函〔2002〕3号）、《十二条补充通知》等，为金融不良资产转让确立了特殊的司法规则，主要如下：

一是人民法院在审理金融资产管理公司收购、处置银行不良资产的案件纠纷过程中，制定司法政策时，首先，要重点考虑如何支持金融体制改革，保障金融不良债权处置工作顺利进行。其次，是防止国有资产的流失。人民法院在审理相关案件的过程中发现，国有不良债权转让过程中易发生利益输送的情况，导致国有资产流失。最后，维护企业职工的利益和社会稳定。相对不良债权的债务人，包括担保人，这些债权、债务关系多形成于特定的历史时期，很多的债务人和担保人都是国有企业，承担了多年的历史包袱，包括职工安置包袱。所以，在解决债权债务关系的时候，不得不考虑这些存在历史遗留的国有企业职工利益的保护，以及由此带来的社会稳定问题。

二是通知义务。根据《十二条规定》第6条规定，不良债权在转让过程中，原债权银行在全国或省级有影响的报纸上所发布的有关债权转让的公告或通知，该公告或通知视为《民法典》第546条规定的债权转让时应当通知债务人的通知方式。一般债权转让时，应当明确地通知债务人，金融不良债权转让过程中，有的资产是打包处理的，涉及众多债务人，为提高处置效率，当时专门做了这样特殊的规定，只要发了公告或通知，这个公告或通知就视为已经向各个债务人进行了通知。

三是担保债权转让的效力。首先，在特殊不良资产处置的案件中，最高额抵押所担保的不特定债权特定后，原债权银行转让主债权的，可以认定转让债权的行为有效。其次，抵押的登记效力。金融资产管理公司受让有抵押担保的债权后，可以依法取得对债权的抵押权，原抵押权登记继续有效（简化抵押登记手续，降低资产处置成本）。如果担保合同中有关于合同变更须经担保人同意的约定，该条款对债权人转让债权没有约束力。

四是诉讼或执行主体的变更。金融资产管理公司转让、处置已经涉及诉讼、执行或破产等程序的不良债权时，人民法院应当根据债权转让协议和转让人或者受让人的申请，裁定变更诉讼或者执行主体。①

实务操作指引

资产管理公司经过转型成为市场化运营的主体后，资产管理公司收购和处置不良债权成为常态，法律对资产管理公司有无特殊保护的必要性，资产管理公司收购、转让不良债权是否应适用平等市场主体之间的交易法则，这些不良资产从业人员高度关注的问题，至今没有厘清。

一是金融不良债权转让形式的特殊性使实践中区分债务人的所有制性质并采取不同的处理规范难以操作。上述规定大多都是以国有企业债务人为规范对象的，并未涵盖非国有企业债务人。随着市场经济的深入发展，金融资产管理公司在转让不良债权时，最为常见的形式是将多笔不良债权搭配组合，打成资产包整体转让。资产包中往往既有国有企业债务人，也有非国有企业债务人。由于资产包转让采取整体报价、整包交易形式，这使资产包中的多笔债权已经组合成一个不可分割的整体，在发生纠纷时，无法再依据债务人所有制性质的不同而将其拆分处理并适用不同的裁判规则。应将涉及债务人的金融不良债权转让案件统一适用规则，以增强其适用性，为人民法院充分而适当地履行职能提供有力的制度保障。

二是金融债权是否可转让给非金融机构。实践中，各文件之间存在矛盾。

---

① 《变更追加规定》第9条："申请执行人将生效法律文书确定的债权依法转让给第三人，且书面认可第三人取得该债权，该第三人申请变更、追加其为申请执行人的，人民法院应予支持。"

《中国人民银行办公厅关于商业银行借款合同项下债权转让有关问题的批复》（银办函〔2001〕648号）规定由贷款而形成的债权及其他权利只能在具有贷款业务资格的金融机构之间转让。未经许可，商业银行不得将其债权转让给非金融企业。《海南会议纪要》第11条规定，国有银行向金融资产管理公司转让不良债权，或者金融资产管理公司受让不良债权后，通过债权转让方式处置不良资产的，可以适用《最高人民法院关于贯彻执行最高人民法院“十二条”司法解释有关问题的函的答复》、《最高人民法院关于金融资产管理公司收购、管理、处理银行不良资产有关问题的补充通知》和《最高人民法院关于国有金融资产管理公司处置银行不良资产案件交纳诉讼费用的通知》。《中国银行业监督管理委员会关于商业银行向社会投资者转让贷款债权法律效力有关问题的批复》（银监办发〔2009〕24号）规定：第一，银行转让债权不违反法律、行政法规的强制性规定，转让合同应被认定有效；第二，商业银行可以将贷款债权转让给自然人、其他组织，以及金融机构和非金融机构法人；第三，转让具体贷款债权的行为属于债权人将合同的权利转让给第三人，并非向社会不特定对象发放贷款的经营性活动，不涉及从事贷款业务的资格问题，受让主体无须具备从事贷款业务的资格。同时，该行为也不是一种规避“非金融企业之间不得借贷”的行为。现在监管机构和法院都倾向于认定向非金融机构转让债权有效，为充分规避风险，应提前研究监管规定。

三是关于金融债权转让是否必须变更抵押登记问题。《中国银行业监督管理委员会关于进一步规范银行业金融机构信贷资产转让业务的通知》（银监发〔2010〕12号）第6条第4款规定，拟转让的信贷资产有抵质押物的，应当完成抵质押物变更登记手续或将质物移交占有、交付，确保担保物权有效转移。抵押人不肯配合，会造成抵押登记无法进行变更，则债权受让人可能面临无法实现抵押权的风险。但《九民纪要》和《民法典》施行后，抵押权失权风险已经消除。《民法典》第407条规定，债权转让的，担保该债权的抵押权一并转让，除非法律另有规定或当事人另有约定。第547条第2款则规定，受让人取得从权利不因该权利未办理转移登记手续或未转移占有而受到影响。《九民纪要》第62条明确受让人向抵押人主张行使抵押权，抵押人以受让人不是抵押合同的当事人、未办理变更登记等为由提出抗辩的，不予支持。

二、金融不良债权转让追偿纠纷中主张受让日后利息的裁判规则

答复、纪要原文

（一）最高人民法院对《关于贯彻执行最高人民法院“十二条”司法解释有关问题的函》的答复

2002年1月7日　法函〔2002〕3号

信达、华融、长城、东方资产管理公司：

你们于2001年10月15日发出的“信总报〔2001〕64号”关于贯彻执行最高人民法院“十二条”司法解释有关问题的函收悉。经研究，现就函中所提出问题答复如下：

依据我院《关于审理涉及金融资产管理公司收购、管理、处置国有银行不良贷款形成的资产的案件适用法律若干问题的规定》（以下简称《规定》）第十条规定，为了最大限度地保全国有资产，金融资产管理公司在全国或省级有影响的报纸上发布的有催收内容的债权转让公告或通知所构成的诉讼时效中断，可以溯及至金融资产管理公司受让原债权银行债权之日；金融资产管理公司对已承接的债权，可以在上述报纸上以发布催收公告的方式取得诉讼时效中断（主张权利）的证据。关于涉及资产管理公司清收不良资产的诉讼案件，其“管辖问题”应按《规定》执行。

（二）最高人民法院关于审理涉及金融不良债权转让案件工作座谈会纪要（节选）

2009年3月30日　法发〔2009〕19号

九、关于受让人收取利息的问题

会议认为，受让人向国有企业债务人主张利息的计算基数应以原借款合同本金为准；受让人向国有企业债务人主张不良债权受让日之后发生的利息的，

人民法院不予支持。但不良债权转让合同被认定无效的，出让人在向受让人返还受让款本金的同时，应当按照中国人民银行规定的同期定期存款利率支付利息。

十、关于诉讼或执行主体的变更

会议认为，金融资产管理公司转让已经涉及诉讼、执行或者破产等程序的不良债权的，人民法院应当根据债权转让合同以及受让人或者转让人的申请，裁定变更诉讼主体或者执行主体。在不良债权转让合同被认定无效后，金融资产管理公司请求变更受让人为金融资产管理公司以通过诉讼继续追索国有企业债务人的，人民法院应予支持。人民法院裁判金融不良债权转让合同无效后当事人履行相互返还义务时，应从不良债权最终受让人开始逐一与前手相互返还，直至完成第一受让人与金融资产管理公司的相互返还。后手受让人直接对金融资产管理公司主张不良债权转让合同无效并请求赔偿的，人民法院不予支持。

十一、关于既有规定的适用

会议认为，国有银行向金融资产管理公司转让不良债权，或者金融资产管理公司受让不良债权后，通过债权转让方式处置不良资产的，可以适用最高人民法院《关于审理金融资产管理公司收购、管理、处置国有银行不良贷款形成的资产的案件适用法律若干问题的规定》、《关于贯彻执行最高人民法院“十二条”司法解释有关问题的函的答复》、《关于金融资产管理公司收购、管理、处置银行不良资产有关问题的补充通知》和《关于国有金融资产管理公司处置国有商业银行不良资产案件交纳诉讼费用的通知》。受让人受让不良债权后再行转让的，不适用上述规定，但受让人为相关地方人民政府或者代表本级人民政府履行出资人职责的机构、部门或者持有国有企业债务人国有资本的集团公司除外。

国有银行或者金融资产管理公司根据《关于贯彻执行最高人民法院“十二条”司法解释有关问题的函的答复》的规定，在全国或省级有影响的报纸上发布有催收内容的债权转让通知或公告的，该公告或通知之日应为诉讼时效的实际中断日，新的诉讼时效应自此起算。上述公告或者通知对保证合同诉讼时效发生同等效力。

十二、关于《纪要》的适用范围

会议认为，在《纪要》中，国有银行包括国有独资商业银行、国有控股商业银行以及国有政策性银行；金融资产管理公司包括华融、长城、东方和信达等金融资产管理公司和资产管理公司通过组建或参股等方式成立的资产处置联合体。国有企业债务人包括国有独资和国有控股的企业法人。受让人是指非金融资产管理公司法人、自然人。不良债权转让包括金融资产管理公司政策性和商业性不良债权的转让。政策性不良债权是指1999年、2000年上述四家金融资产管理公司在国家统一安排下通过再贷款或者财政担保的商业票据形式支付收购成本从中国银行、中国农业银行、中国建设银行、中国工商银行以及国家开发银行收购的不良债权；商业性不良债权是指2004年至2005年上述四家金融资产管理公司在政府主管部门主导下从交通银行、中国银行、中国建设银行和中国工商银行收购的不良债权。

《纪要》的内容和精神仅适用于在《纪要》发布之后尚在一审或者二审阶段的涉及最初转让方为国有银行、金融资产管理公司通过债权转让方式处置不良资产形成的相关案件。人民法院依照审判监督程序决定再审的案件，不适用《纪要》。

（三）最高人民法院关于如何理解最高人民法院法发〔2009〕19号《会议纪要》若干问题的请示之答复

2009年9月25日　〔2009〕民二他字第21号

云南省高级人民法院：

你院《关于如何理解最高人民法院法发〔2009〕19号〈会议纪要〉若干问题的请示》收悉。经研究，答复如下：

我院于2009年4月3日发布的法发〔2009〕19号《关于审理涉及金融不良债权转让案件工作座谈会纪要》（以下简称《纪要》）所要解决的问题实质是如何解决和化解计划经济时期形成的历史遗留问题。其主要目的在于规范金融不良债权转让行为，维护企业和社会稳定，防止国有资产流失，保障国家经济安全。根据《纪要》的精神和目的，涉及非国有企业债务人的金融不良债权转让纠纷案件，亦应参照适用《纪要》的规定。债务人未对不良债权转让合同的效力提出异议，但案件的事实和相关证据情况能够引发人民法院对不良债权转让合同效力产生合理怀疑的，人民法院可以依职权主动审查不良债权转让合同的效力。

以上意见供参考。

（四）最高人民法院关于非金融机构受让金融不良债权后能否向非国有企业债务人主张全额债权的请示的答复

2013年11月26日 〔2013〕执他字第4号

湖北省高级人民法院：

你院《关于非金融机构受让金融不良债权后能否向非国有企业债务人主张全额债权的请示》（鄂高法〔2012〕323号）收悉。经研究并经我院审判委员会讨论决定，答复如下：

一、非金融机构受让经生效法律文书确定的金融不良债权能否在执行程序中向非国有企业债务人主张受让日后利息的问题，应当参照我院2009年3月30日《关于审理涉及金融不良债权转让案件工作座谈会纪要》（法发〔2009〕19号，以下简称《海南座谈会纪要》）的精神处理。

二、根据《海南座谈会纪要》第十二条规定，《海南座谈会纪要》不具有溯及力。《海南座谈会纪要》发布前，非金融资产管理公司的机构或个人受让经生效法律文书确定的金融不良债权，或者受让的金融不良债权经生效法律文书确定的，发布日之前的利息按照相关法律规定计算；发布日之后不再计付利息。《海南座谈会纪要》发布后，非金融资产管理公司的机构或个人受让经生效法律文书确定的金融不良债权的，受让日之前的利息按照相关法律规定计算；受让日之后不再计付利息。

根据上述规定，本案中的利息（包括《中华人民共和国民事诉讼法》第二百五十三条规定的迟延履行利息）应按照法律规定计算至《海南会议纪要》发布之日。

出台背景

不良资产债权的处置过程中的利息问题体现了国家对该领域制定的特殊法律政策，《海南会议纪要》第9条主要涉及作为非金融资产管理公司的法人、自然人受让债权如何收取利息的问题。为保护国有企业债务人的利益，防止不良金融债权的转让造成国有资产流失，经过会议一致研讨，认为受让人向国有企业债务人主张利益的计算基数应以原借款合同本金为准，人民法院对向国有企业债务人主张不良债权受让日之后发生的利息的请求，不予支持。该有关利息的规定与一般的债权转让的法理和规则有别。也就是说，不良金融债权处置适用于不同于普通债权转让的特殊裁判规则，具有很强的国家政策性特征。

理解与适用

（一）金融不良债权利息的计算规则是否适用于非国有企业债务人

《海南会议纪要》关于利息的规定，在实践中出现了理解上的分歧。在金融不良债权转让案件中，有观点认为不应对国有企业特殊保护，而对于债务人为非国有企业的案件，该类债务人是否也享有国有企业的特殊待遇，给予平等的保护，不无争议。最高人民法院民二庭通过〔2009〕民二他字第21号答复作出了明确的表态，即根据《海南会议纪要》的精神和目的，涉及非国有企业债务人的金融不良债权转让纠纷案件，亦应参照适用《海南会议纪要》的规定执行。该答复形式上针对人民法院能否主动审查不良债权转让合同的效力问题，抽象出了国有企业和非国有企业实行平等保护的原则。至此，最高人民法院以答复的形式扩大了《海南会议纪要》的适用范围，由国有企业扩大到所有金融不良债权的债务人。

（二）《海南会议纪要》的利息计算规则是否适用执行程序

因《海南会议纪要》第12条明确了其适用范围仅限于一审及二审案件，是否适用于执行阶段迟延履行利息的计算，没有进一步明确。如果不拘泥于字面解释，从配合金融体制改革、推进金融不良债权处置工作出发，在计算迟延履行利息的执行程序中也应适用特殊的规则。2013年湖北省高级人民法院向最高人民法院请示该问题后，最高人民法院经过审委会讨论后，于2013年11月26日下发〔2013〕执他字第4号函，明确了执行程序中关于迟延履行利息的计算，也同样适用《海南会议纪要》的利息计算规则，并没有作为例外情况对待，这是对国有企业和非国有企业平等保护原则的体现。

（三）金融不良债权利息的计算规则与其他关于迟延履行利息司法解释的适用冲突

2014年8月1日，最高人民法院颁布了《迟延履行利息解释》作为执行案件债务人迟延履行应支付利息的一般法律规则，《海南会议纪要》以及此后的指导意见属于特别法律规则，可以优先得到适用。但以下几点需要注意：

首先，如果金融资产管理公司从银行受让债权后，一直没有对外转让，而是自行处置，仍然要计算迟延履行利息，不转让不免除利息的原则应当得到遵守。

其次，《海南会议纪要》发布前，非金融资产管理公司的机构或者个人受让的金融不良债权，仍然需要按照法律规定计算利息，只是发布之日后不再计息。

最后，如果在《海南会议纪要》发布后受让的金融不良债权，比如，2016年12月1日该金融不良债权向非金融资产管理公司的机构或个人转让，则受让日之前的利息仍需要根据相关司法解释计算利息，而2016年12月1日后不再计算迟延履行利息。

（四）关于不良债权受让日的理解与认定

《海南会议纪要》第9条规定，受让人向国有企业债务人主张不良债权受让日之后发生的利息的，人民法院不予支持。第12条又规定，受让人是指非金融资产管理公司法人、自然人。由此，金融资产管理公司可以向国有企业债务人主张不良债权受让日后的利息而作为非金融资产管理的受让人不能，已经成为实践中普遍的做法。[①] 但当金融不良资产存在多次转让的情况时，《海南会议纪要》第9条所指的不良债权受让日究竟系指银行首次转让不良债权的受让日还是首次转让给非金融资产管理公司时的受让日抑或最后受让人受让不良债权之日，司法实践尚未形成统一认识，亟待澄清。

---

① 参见最高人民法院民事裁定书，（2020）最高法民申7084号；江西省高级人民法院民事判决书，（2020）赣民终269号。有裁判观点认为，地方资产管理公司不属于《海南会议纪要》规定的金融资产管理公司，属于第9条规定的受让人，故不能向债务人主张受让日后的利息。

1. 以银行首次转让不良债权时的受让日为准

将《海南会议纪要》第9条中的受让日认定为银行首次转让不良债权时的受让日，以（2021）最高法民申6426号民事裁定为典型代表。该案中，再审申请人杭州炳盛认为，《海南会议纪要》第9条规定的债权受让日系其受让长城资产河南分公司对安阳电池厂的债权之日即2019年4月22日，而非长城资产河南分公司从工行河南分公司受让不良债权之日2005年7月19日。最高人民法院认为，杭州炳盛并非金融资产管理公司，并不当然享有长城资产河南分公司作为金融资产管理公司特殊身份而享有的权利，即杭州炳盛并不享有向债务人主张2005年7月20日至2019年4月22日的利息、罚息的权利。① 对于银行首次转让不良债权的受让主体为地方资产管理公司的，有法院认为同样适用。② 至于较为特殊的因农行股权剥离产生的不良资产，有法院认为应当将财政部认定为《海南会议纪要》第9条规定的"受让人"，受让日确定为2008年1月1日。农行受财政部委托处置此类不良资产，其受让主体均不能向债务人主张2008年1月1日后的利息。③

2. 以最后受让人受让不良债权时的受让日为准

在（2019）闽民终332号民事判决中，2015年4月17日工行桐山支行将一笔不良债权转让给华融福建分公司。2015年5月22日华融福建分公司又将其转让给华某正。对华某正主张的截至2015年5月22日的利息，福建省高级人民法院予以支持。最高人民法院（2020）最高法民申3397号裁定对此予以确认。

3. 以首次转让给非金融资产管理公司时的受让日为准

在（2020）甘民终275号民事判决中，2000年5月22日中国银行甘肃分行将一笔不良债权转让给东方兰州办事处，2018年7月5日，东方兰州办事处又将其转让给自然人刘某宏，债权转让协议确定的基准日为2018年2月20日。

---

① 相似案例还有林州市对外贸易有限公司、郭某军金融不良债权追偿纠纷案，河南省高级人民法院（2020）豫民再250号再审民事判决书；黑石香港投资（一）有限公司、安阳市金钟电池有限责任公司金融不良债权追偿纠纷案，河南省高级人民法院（2019）豫民终298号二审民事判决书。

② 参见福建省高级人民法院民事判决书，（2019）闽民终1145号；最高人民法院民事裁定书，（2020）最高法民申3502号。

③ 参见江西省高级人民法院民事判决书，（2019）赣民终191号；最高人民法院民事裁定书，（2019）最高法民申3340号。

2018 年 7 月 25 日，刘某宏又将该债权转让给天泰公司。最终法院确认天泰公司可向债务人主张截至 2018 年 2 月 20 日的利息。

目前，最高人民法院对如何理解受让日，标准并不统一。因金融资产管理公司向债务人主张利息不受限制，就从金融资产管理公司受让不良债权的受让人而言，其具有可以向债务人主张受让日前利息的预期。但如果以受让人不能享有作为金融机构特殊身份而享有的权利，否定受让人可主张金融资产管理公司从收购银行不良债权至转让不良债权期间的利息，无疑会对收购处置不良债权的潜在市场参与者的积极性造成消极影响。从兼顾金融资产管理公司的特殊身份、承担的职责与市场参与主体预期利益保护的角度来看，将受让日理解为不良债权首次转让给非金融资产管理公司时的受让日更为合理。

实践中，四大资产管理公司向其他受让人转让债权时，和后手签订的法律文本中，一般设有免责条款，旨在提示后手不能主张从资产管理公司受让债权之后的利息。资产管理公司对外转让债权时，标的债权（包括本金、利息、罚息违约金、实现债权的费用等）已经形成，资产管理公司持有期间的利息本身就包含在转让标的中。如果将受让日理解成银行转让债权给资产管理公司之日，如果不认可后手主张资产管理公司持有期间产生的利息，实际上是变相剥夺了资产管理公司的债权权益，很多情况下资产管理公司对外转让的价格包括本息费全额在内。从另一个视角看，对债务人收取利息，也并非金融机构特别享有的权利。如果不允许资产管理公司的后手收取资产管理公司持有债权期间的利息，而在债权转让的相关文本中未提示受让人可能无法主张资产管理公司受让债权后产生的利息，有可能诱发后手在遭遇利息主张障碍时，反过来要求作为前手的资产管理公司承担瑕疵担保责任，这必然导致金融不良债权对外转让的难度增加和价格提高，不良资产市场秩序因没有预期性，处于不稳定状态。

实务操作指引

司法实务方面，关于《海南会议纪要》的适用范围问题，因〔2009〕民二他字第 21 号答复及〔2013〕执他字第 4 号答复的出台，对于最初转让方为银行、金融资产管理公司通过转让方式处置的不良债权均普遍参照适用《海南会议纪要》的规定，即对于不属于《海南会议纪要》限定的不良债权，受让人也不能向债务人主张受让日后的利息。

〔2016〕最高法执监433号案件则作出了具有反思性的新结论，该裁定书认为：不良债权转让包括金融资产管理公司政策性和商业性的不良债权的转让，政策性不良债权是专指1999～2000年四家金融资产管理公司在国家统一安排下通过再贷款或者财产担保的商业票据形式支付收购成本，即从中国银行、中国农业银行、中国建设银行、中国工商银行及国家开发银行收购的不良债权；商业性不良债权是指2004～2005年四家金融资产公司在政府部门主导下从交通银行、中国建设银行、中国银行和中国工商银行收购的不良债权。由此可见，《海南会议纪要》是对特定范围内的金融不良债权转让案件确立的特殊处置规则，对转让时间和转让主体均有明确限定；该范围之外的一般不良金融债权转让案件一律参照《海南会议纪要》精神，没有明确的法律和司法解释上的依据，与依法平等保护各类民事主体财产权益的司法精神相悖。对于一般的金融不良债权转让，受让人也是国有的金融资产管理公司，如果一律不允许计算利息，会损害受让人的合法权益，不利于防止国有资产流失。

虽然〔2016〕最高法执监433号属于个案评判，并未形成如何参照适用《海南会议纪要》的统一标准。但最高人民法院之后在处理涉及金融不良债权转让的计息问题上，大部分裁判将案涉金融不良债权是否属于《海南会议纪要》规定的政策性或商业性不良债权作为争议焦点进行认定。

在明策伟华有限公司、厨师食品股份有限公司等金融不良债权转让合同纠纷案中，[①] 最高人民法院认为该案涉债权发生时间为2014年，2015年3月工行漳州分行将债权转让至华融公司，华融公司于2015年5月又将债权转让至明策伟华公司，其具体形式与发生时间均不属于《海南会议纪要》中规定的政策性不良债权，无法适用《海南会议纪要》的规定，因此明策伟华公司受让债权后有权要求债务人按照原合同内容之规定给付借款利息及逾期付款利息。在金融不良债权转让执行纠纷案中，最高人民法院的部分裁定同样体现了上述观点。在（2019）最高法执复45号裁定中，最高人民法院认为，最高人民法院

① 最高人民法院民事判决书，（2021）最高法民终426号。

〔2013〕执他字第4号答复从配合金融体制改革，推进金融不良债务处置工作，解决历史遗留问题的政策导向出发，明确了执行程序中对于迟延履行利息的计算，也参照适用该规则。但该答复意见所涉案件中的金融不良债权属于《海南会议纪要》第12条规定的特定范围内的债权。故该答复对不属于《海南会议纪要》规定的金融不良债权的处理不具有指导意义。最终，该执行案的结案通知书因未计算债权受让日后的利息及被执行人迟延履行期间的加倍利息被撤销。

但是，最高人民法院在对地方资产公司是否能主张受让日后的利息问题上，却得出了相互矛盾的结论。

在甘肃省白龙江林管局河西综合开发局、甘肃资产管理有限公司金融借款合同纠纷案中，① 最高人民法院严格按照《海南会议纪要》关于适用范围的规定对案涉金融不良债权是否适用《海南会议纪要》进行认定。该案涉贷款形成于1998年~2004年，农业银行转让债权的时间为2016年12月，受让主体是地方资产管理公司。最高人民法院认为无论是转让时间还是受让主体，均与《海南会议纪要》第12条的规定不符，故不应适用《海南会议纪要》中关于债权受让日之后发生的利息不予支持的规定。

在再审申请人华润渝康资产管理有限公司（以下简称渝康资管公司）与被申请人成都天兴仪表（集团）有限公司（以下简称天兴仪表公司）金融不良债权追偿纠纷案中，② 中国农业银行股份有限公司重庆南川支行（以下简称农行南川支行）将其对天兴仪表公司从1994~2016年放贷形成的债权转让给渝康资管公司。渝康资管公司认为，其作为地方资产管理公司与金融资产管理公司均是在金融监管部门监管下，开展批量不良资产收购处置的持牌机构，其业务资质、业务类型、展业规则，适用法律、法规、政策等方面均相同。依据《海南会议纪要》的规定，其与金融资产管理公司一样，有权收取不良债权受让日之后的利息。最高人民法院经审查认为，根据《海南会议纪要》的规定，不良资产受让人是非金融资产管理公司的，无权向国有企业债务人主张不良债权受让日之后发生的利息。再根据〔2009〕民二他字第21号答复关于涉及非国有企业债务

① 最高人民法院民事判决书，（2018）最高法民终1303号。
② 最高人民法院民事裁定书，（2021）最高法民申3693号。

人的金融不良债权转让纠纷案件亦应参照适用《海南会议纪要》的规定，渝康资管公司不是金融资产管理公司，无权收取不良债权受让日后的利息。

上述两个案件中不良资产的受让人均是地方资产管理公司，但其对受让日后利息的主张却得到完全相反的回应。在（2018）最高法民终1303号案中，最高人民法院从根本上否定了案涉不良债权属于《海南会议纪要》规定的不良债权，所以受让人无论是地方资产管理公司、非金融资产管理公司还是个人，均可以主张受让日的利息。而在（2021）最高法民申3693号案中，最高人民法院并没有论证不良债权本身是否属于《海南会议纪要》规定的不良债权，而是直接以地方资产管理公司不属于《海南会议纪要》规定的四个资产管理公司否定其可以主张受让日后利息的权利。

《海南会议纪要》所规范的形成于特定历史时期、承担特定职责、采取特殊措施处置的不良债权已经不再是现今不良资产处置市场中的主流，参照适用《海南会议纪要》的统一标准仍亟待最高人民法院厘清，以解决目前法院因认识理解不统一造成的裁判标准不一致。目前，最高人民法院正在起草制定关于审理金融不良债权转让案件若干问题的规定，以其替代《海南会议纪要》对此前滞后规则进行修订，以期建立一套符合市场经济规律、公平保护不同债权人和债务人的全新的不良债权转让及处置规则体系。

三、迟延履行期间债务利息的计算

批复、答复、解释、通知原文

（一）最高人民法院关于在执行工作中如何计算迟延履行期间的债务利息等问题的批复

2009年5月11日　法释〔2009〕6号

四川省高级人民法院：

你院《关于执行工作几个适用法律问题的请示》（川高法〔2007〕390号）

收悉。经研究，批复如下：

一、人民法院根据《中华人民共和国民事诉讼法》第二百二十九条[①]计算“迟延履行期间的债务利息”时，应当按照中国人民银行规定的同期贷款基准利率计算。

二、执行款不足以偿付全部债务的，应当根据并还原则按比例清偿法律文书确定的金钱债务与迟延履行期间的债务利息，但当事人在执行和解中对清偿顺序另有约定的除外。

此复。

附：具体计算方法

（1）执行款＝清偿的法律文书确定的金钱债务＋清偿的迟延履行期间的债务利息。

（2）清偿的迟延履行期间的债务利息＝清偿的法律文书确定的金钱债务×同期贷款基准利率×2×迟延履行期间。

（二）最高人民法院执行办公室关于暂缓执行期间如何计算迟延履行期间的债务利息的请示的答复（节录）

2006年12月1日 〔2005〕执监字第59－1号

山东省高级人民法院：

根据你院《关于执行华和国际租赁有限公司与中国建设银行费县支行融资租赁合同担保纠纷议案的情况汇报》，现就有关的法律适用问题提出如下意见：

关于暂缓执行期间是否计算双倍贷款利息的问题，按照《中华人民共和国民事诉讼法》第二百三十二条的规定，被执行人未按判决履行的，即应当加倍支付延迟履行期间的债务利息。暂缓执行并未改变被执行人未按判决履行的状态，而且此案暂缓执行是因被执行人申诉，为被执行人的利益而采取的。在申诉复查期间暂缓执行已经保护了被执行人的利益，申诉被驳回的，被执行人应

① 现《民事诉讼法》第260条。

当承担未按判决履行的不利后果。

（三）最高人民法院关于执行程序中计算迟延履行期间的债务利息适用法律若干问题的解释

2014 年 8 月 1 日　法释〔2014〕8 号

为规范执行程序中迟延履行期间债务利息的计算，根据《中华人民共和国民事诉讼法》的规定，结合司法实践，制定本解释。

第一条　根据民事诉讼法第二百五十三条规定加倍计算之后的迟延履行期间的债务利息，包括迟延履行期间的一般债务利息和加倍部分债务利息。

迟延履行期间的一般债务利息，根据生效法律文书确定的方法计算；生效法律文书未确定给付该利息的，不予计算。

加倍部分债务利息的计算方法为：加倍部分债务利息 = 债务人尚未清偿的生效法律文书确定的除一般债务利息之外的金钱债务 × 日万分之一点七五 × 迟延履行期间。

第二条　加倍部分债务利息自生效法律文书确定的履行期间届满之日起计算；生效法律文书确定分期履行的，自每次履行期间届满之日起计算；生效法律文书未确定履行期间的，自法律文书生效之日起计算。

第三条　加倍部分债务利息计算至被执行人履行完毕之日；被执行人分次履行的，相应部分的加倍部分债务利息计算至每次履行完毕之日。

人民法院划拨、提取被执行人的存款、收入、股息、红利等财产的，相应部分的加倍部分债务利息计算至划拨、提取之日；人民法院对被执行人财产拍卖、变卖或者以物抵债的，计算至成交裁定或者抵债裁定生效之日；人民法院对被执行人财产通过其他方式变价的，计算至财产变价完成之日。

非因被执行人的申请，对生效法律文书审查而中止或者暂缓执行的期间及再审中止执行的期间，不计算加倍部分债务利息。

第四条　被执行人的财产不足以清偿全部债务的，应当先清偿生效法律文书确定的金钱债务，再清偿加倍部分债务利息，但当事人对清偿顺序另有约定的除外。

第五条　生效法律文书确定给付外币的，执行时以该种外币按日万分之一点七五计算加倍部分债务利息，但申请执行人主张以人民币计算的，人民法院应予准许。

以人民币计算加倍部分债务利息的，应当先将生效法律文书确定的外币折算或者套算为人民币后再进行计算。

外币折算或者套算为人民币的，按照加倍部分债务利息起算之日的中国外汇交易中心或者中国人民银行授权机构公布的人民币对该外币的中间价折合成人民币计算；中国外汇交易中心或者中国人民银行授权机构未公布汇率中间价的外币，按照该日境内银行人民币对该外币的中间价折算成人民币，或者该外币在境内银行、国际外汇市场对美元汇率，与人民币对美元汇率中间价进行套算。

第六条　执行回转程序中，原申请执行人迟延履行金钱给付义务的，应当按照本解释的规定承担加倍部分债务利息。

第七条　本解释施行时尚未执行完毕部分的金钱债务，本解释施行前的迟延履行期间债务利息按照之前的规定计算；施行后的迟延履行期间债务利息按照本解释计算。

本解释施行前本院发布的司法解释与本解释不一致的，以本解释为准。

（四）最高人民法院关于在民事判决书中增加向当事人告知民事诉讼法第二百三十二条规定内容的通知①

2007年2月7日　法〔2007〕19号

全国地方各级人民法院、各级军事法院、各铁路运输中级法院和基层法院、各海事法院，新疆生产建设兵团各级法院：

根据《中共中央关于构建社会主义和谐社会若干重大问题的决定》有关

① 现《民事诉讼法》第260条。

“落实当事人权利义务告知制度”的要求，为使胜诉的当事人及时获得诉讼成果，促使败诉的当事人及时履行义务，经研究决定，在具有金钱给付内容的民事判决书中增加向当事人告知民事诉讼法第二百三十二条规定的内容。现将在民事判决书中具体表述方式通知如下：

一、一审判决中具有金钱给付义务的，应当在所有判项之后另起一行写明：如果未按本判决指定的期间履行给付金钱义务，应当依照《中华人民共和国民事诉讼法》第二百三十二条之规定，加倍支付迟延履行期间的债务利息。

二、二审判决作出改判的案件，无论一审判决是否写入了上述告知内容，均应在所有判项之后另起一行写明第一条的告知内容。

三、如一审判决已经写明上述告知内容，二审维持原判的判决，可不再重复告知。

特此通知。

出台背景

《民事诉讼法》第260条（1991年《民事诉讼法》第232条）规定，被执行人未按判决、裁定和其他法律文书指定的期间履行给付金钱义务的，应当加倍支付迟延履行期间的债务利息。被执行人未按判决、裁定和其他法律文书指定的期间履行其他义务的，应当支付迟延履行金。《民事诉讼法》规定的加倍支付迟延履行期间的债务利息，是指在按银行同期贷款最高利率计付的债务利息上增加一倍。但是，该规定过于原则，可操作性不强，实务中的计算标准也不统一。主要争议点集中在以下几个方面：究竟如何理解“加倍支付迟延履行期间的债务利息”？按银行同期贷款最高利率计付的债务利息上增加一倍计算，是按中国人民银行规定的基准利率还是按各商业银行执行的贷款利率计算？当执行款不足以偿付全部债务时，是先支付本金还是先支付利息等。为进一步统一利息计算标准，针对四川省高级人民法院的请示，最高人民法院于2009年3月30日作出了法释〔2009〕6号批复。2014年最高人民法院再次出台《迟延履行利息解释》，生效法律文书执行期间的迟延履行利息计算规则出现了重大变化。

理解与适用

法释〔2009〕6号批复在施行后的5年多时间内一直是计算迟延履行期间的债务利息的主要依据，对统一迟延履行期间债务利息计算标准等问题发挥了重要作用。这种情况一直持续到2014年《迟延履行利息解释》出台。目前，实践中对迟延履行利息的计算仍存有争议，有必要结合现有规定，对迟延履行期间债务利息计算问题进行整体分析。

（一）计算方法

自《民诉意见》开始至《迟延履行利息解释》出台，在长达22年的时间里，计算迟延履行期间债务利息时，均是按照“同期贷款基准利率×2”的标准执行，人们对迟延履行期间债务利息计算的基本认识是：“加倍=2倍。”而《迟延履行利息解释》对“加倍”的概念重新进行了诠释。根据《民事诉讼法》第260条规定加倍计算之后的迟延履行期间的债务利息，包括迟延履行期间的一般债务利息和加倍部分债务利息。迟延履行期间的一般债务利息，根据生效法律文书确定的方法计算；生效法律文书未确定给付该利息的，不予计算。加倍部分债务利息的计算方法为：加倍部分债务利息=债务人尚未清偿的生效法律文书确定的除一般债务利息之外的金钱债务×日万分之一点七五×迟延履行期间。据此，“迟延履行期间的债务利息”的计算方法不再是以往的“加倍=2倍”的概念，而是“迟延履行期间的一般债务利息”与“迟延履行期间的加倍部分债务利息”相加之和。而且，两部分利息的计算方法各不相同，互不影响。其中，一般债务利息完全取决于生效法律文书是否规定以及如何规定，若生效法律文书未确定给付该利息的，不予计算，该部分利息即为零，而加倍部分债务利息则是直接采用日万分之一点七五的固定日利率进行计算。

（二）计算要素

1. 利率标准

法释〔2009〕6号批复明确规定，计算迟延履行期间的债务利息应当按照中国人民银行规定的同期贷款基准利率计算。至于具体确定同期贷款基准利率的方法，可归纳为：“纵向定档、横向定值、分段计算”，即先将迟延履行的天数与不同档次的贷款基准利率[①]进行对比，确定应适用的贷款利率档次；然后，再根据迟延履行的具体区间以及该区间的贷款利率变动情况，分段计算出各区间的数值。例如，2011 年 4 月 6 日 ~10 月 22 日这个区间，共计 200 天，应适用 6 个月 ~1 年（含 1 年）这个档次的贷款利率；该区间的贷款利率变化了两次，分别为：2011 年 4 月 6 日 ~7 月 6 日这一区间对应的 6. 31%，以及 2011 年 7 月 7 日 ~10 月 22 日这一区间对应的 6. 56%；因此，计算利息时，要分别使用上述两个贷款利率分段计算。而对于《迟延履行利息解释》中规定的“加倍部分债务利息”，采用的是日 1. 75‰的固定利率。这种方法与中国人民银行的贷款基准利率脱钩，消除了变动的贷款基准利率对利息计算的影响。

2. 计息基数

法释〔2009〕6 号批复只规定了计息基数为“清偿的法律文书确定的金钱债务”，但未对这一概念进行界定。实务中有三种做法：一是只以本金作为计息基数；二是以本金和生效法律文书确定的利息之和作为计息基数；三是以本金、利息以及诉讼费用等其他费用之和作为计息基数。例如，《北京市高级人民法院关于计付迟延履行利息、迟延履行金若干问题的解答》第 7 条第 1 款规定：“迟延履行利息的计算基数包括执行依据确定的主债务本金、利息、违约金（罚息、滞纳金）。对于案件受理费、申请保全费、评估费、鉴定费、公告费、仲裁费等因诉讼或仲裁所支出的费用，执行依据的主文未确定由一方当事人向另一方当事人支付的，不计算迟延履行利息；执行依据的主文确定由一方当事人向另一方当事人支付的，计算迟延履行利息。”《迟延履行利息解释》对“加倍部分债务利息”的计算基数进行了明确规定，即“债务人尚未清偿的生效法律文书确定的除一般债务利息之外的金钱债务”，也就是通常所说的“原本之债”。

3. 迟延履行期间

关于计息的起算日期，《民事诉讼法解释》第 504 条规定，被执行人迟延履

---

① 中国人民银行规定的同期贷款基准利率，即金融机构人民币贷款基准利率，分 6 个月以内（含 6 个月）、6 个月 ~1 年（含 1 年）、1 ~3 年（含 3 年）、3 ~5 年（含 5 年）、5 年以上 5 个档次，从 1991 年 4 月 21 日开始至今已调整了 40 次。自 2014 年 11 月 22 日起，金融机构人民币贷款基准利率期限档次简并为 1 年以内（含 1 年）、1 ~5 年（含 5 年）和 5 年以上 3 个档次，具体贷款利率数据可查阅中国人民银行官网，参见中国人民银行 2017 年 10 月 24 日，http：//www. pbc. gov. cn/zhengcehuobisi/125207/125213/125440/125838/125888/2968985/index. html。

行的，迟延履行期间的利息或者迟延履行金自判决、裁定和其他法律文书指定的履行期间届满之日起计算。《民事诉讼法》第 85 条第 2 款规定，期间开始的时和日不计算在期间内。虽然根据《民事诉讼法解释》第 504 条的规定，从履行期间届满之日起计算迟延履行利息，但是起算之日不计入迟延履行期间，履行期间届满的次日才算 1 日。例如，某月 5 日为指定履行期间的最后一日，该日为迟延履行利息的起算之日，但到 6 日才算一日。[①]《迟延履行利息解释》第 2 条亦明确规定，加倍部分债务利息自生效法律文书确定的履行期间届满之日起计算；生效法律文书确定分期履行的，自每次履行期间届满之日起计算；生效法律文书未确定履行期间的，自法律文书生效之日起计算。

关于计息的截止日期，实务中的一般做法是根据不同执行对象分别确定。在吸收各地实践经验的基础上，《迟延履行利息解释》第 3 条对计息截止日期作出规定，加倍部分债务利息计算至被执行人履行完毕之日；被执行人分次履行的，相应部分的加倍部分债务利息计算至每次履行完毕之日。人民法院划拨、提取被执行人的存款、收入、股息、红利等财产的，相应部分的加倍部分债务利息计算至划拨、提取之日；人民法院对被执行人财产拍卖、变卖或者以物抵债的，计算至成交裁定或者抵债裁定生效之日；人民法院对被执行人财产通过其他方式变价的，计算至财产变价完成之日。非因被执行人申请，对生效法律文书审查而中止或者暂缓执行的期间及再审中止执行的期间，不计算加倍部分债务利息。

4. 清偿顺序

关于执行款不足以偿付全部债务时究竟是先还本还是先还息的问题，法释〔2009〕6 号批复与《迟延履行利息解释》的规定并不相同。法释〔2009〕6 号批复规定的是本息并还原则，利随本清。之所以这样规定，主要考虑是对双方当事人来说更为公平。而《迟延履行利息解释》第 4 条规定，被执行人的财产不足以清偿全部债务的，应当先清偿生效法律文书确定的金钱债务，再清偿加倍部分债务利息，但当事人对清偿顺序另有约定的除外。实际上，确立了先本

① 参见刘贵祥、王宝道：《〈关于执行程序中计算迟延履行期间的债务利息适用法律若干问题的解释〉的理解与适用》，载《人民司法》2014 年第 17 期。

后息的原则。之所以改变了原来的清偿原则，“这是因为，迟延履行利息与一般债务利息不同，只是一项惩罚和补偿措施，具有一定公法性质，相比生效法律文书所确定的债权较为次要，不适用一般民法债权的清偿抵充顺序。所以，迟延履行利息应当后于生效法律文书所确定的债权受偿”。[①] 虽然两个司法解释规定的清偿顺序不同，但对当事人的处分权都给予了足够尊重。在当事人对清偿顺序另有约定的情况下，可以不受清偿顺序的限制。需要注意的是，《迟延履行利息解释》规定的清偿顺序仅是迟延履行利息与其他金钱债务的清偿顺序，如执行款尚不足以支付全部金钱债务，则应参照《民法典》第561条规定的清偿顺序进行支付。

5. 其他问题

《迟延履行利息解释》第5条规定了外币案件迟延履行利息计算的规则：原则上以生效法律文书确定的外币为基准计算加倍部分的债务利息，申请执行人可以行使选择权，主张以人民币计算加倍部分的债务利息；以人民币计算加倍部分的债务利息的，应当先按照折算或套算规则将外币折算或套算为人民币后再计算。《迟延履行利息解释》第6条对执行回转程序中的利息计算问题进行了强调，规定原申请执行人迟延履行金钱给付义务的，应当按照本解释的规定承担加倍部分债务利息。

实务操作指引

在计算迟延履行期间债务利息时，应当正确处理法释〔2009〕6号批复和《迟延履行利息解释》的关系。对于《迟延履行利息解释》施行时尚未执行完毕部分的金钱债务，施行前的迟延履行期间债务利息按照之前的规定计算；施行后的迟延履行期间债务利息按照本解释计算。对于《迟延履行利息解释》施行时未执行完毕的案件而言，要以2014年8月1日为分界点分段计算，2014年8月1日之前的按照法释〔2009〕6号批复计算；2014年8月1日之后的按照

---

① 参见刘贵祥、王宝道：《〈关于执行程序中计算迟延履行期间的债务利息适用法律若干问题的解释〉的理解与适用》，载《人民司法》2014年第17期。

《延迟履行利息解释》计算。可见，法释〔2009〕6号批复并未废止，仍在特定情况下继续适用。

对于如何分段计息，试举一例：一份生效判决确定债务人应偿还债权人借款本金10,000元，并支付自2011年1月1日始至借款付清之日止以日万分之五计算的利息。计算迟延履行期间的债务利息的起算日期为2011年5月1日，债务人于2014年2月1日偿还欠款5000元，若被执行人于2015年10月1日偿还所有欠款，应缴纳执行款多少元？具体计算过程如下：

（一）根据法释〔2009〕6号批复计算出2014年8月1日之前未执行完毕部分的金钱债务

第一，计算出迟延履行期间债务利息的计息基数。迟延履行期间债务利息的计息基数＝本金＋一般债务利息＝10,000元＋10,000元×0.05%×1308天（2011年1月1日～2014年7月31日）＝10,000元＋6540元＝16,540元。

第二，计算出2014年2月1日偿还的欠款5000元中的本金和迟延履行期间债务利息的具体金额。

2011年5月1日～2014年2月1日这一区间，共计1008天，适用1～3年（含3年）的贷款利率计算。同时，由于这一期间利率调整4次，需要分段计算：

①5000元＝本次清偿的本金＋本次清偿的本金产生的利息。

②本次清偿的本金产生的利息＝本次清偿的本金×同期贷款基准利率×2×迟延履行期间。

将②代入①，可得：

③5000元＝本次清偿的本金＋本次清偿的本金×同期贷款基准利率×2×迟延履行期间＝本次清偿的本金×（1＋同期贷款基准利率×2×迟延履行期间）＝本次清偿的本金×（1＋6.4%÷365×2×67＋6.65%÷365×2×337＋6.4%÷365×2×28＋6.15%÷365×2×576）＝本次清偿的本金×（1＋0.350216）＝本次清偿的本金×1.350216。

由③推导可得：

本次清偿的本金＝5000元÷1.350216＝3703元；

本次清偿的本金产生的利息＝5000元－3703元＝1297元。

第三，计算出2014年8月1日之前未执行完毕部分的金钱债务。

未执行完毕部分的金钱债务 = 借款本金 - 本次清偿的本金 = 10,000 元 - 3703 元 = 6297 元。

（二）根据《迟延履行利息解释》计算出2014 年8 月1 日之后被执行人应付的全部执行款

第一，2014 年8 月1 日 ~2015 年10 月1 日债务全部清偿之日，这一迟延履行期间共计427 天。

第二，迟延履行期间的一般债务利息 = 6297 元 ×0. 05% ×427 天 = 1344 元。

第三，迟延履行期间的加倍部分债务利息 = 6297 元 ×0. 0175% ×427 天 = 471 元。

综上所述，截至2015 年10 月1 日债务全部清偿之日止，被执行人应支付的全部执行款金额 = 6297 元 + 1344 元 + 471 元 = 8112 元。

第二节　执行财产范围

一、行政单位预算资金的执行豁免

复函原文

（一）最高人民法院关于河南省西华县艾岗粮管所申请执行河南省西平县人民政府、西平县城乡建设环境保护局一案如何执行问题的复函

1993 年3 月9 日　〔93〕经他3 号

河南省高级人民法院：

你院关于如何执行西平县人民政府财产的请示报告收悉。经研究，答复如下：

根据国务院《关于加强预算外资金管理的通知》和财政部有关预算外资金

管理的文件规定，地方财政的预算外资金属于地方财政部门按国家规定管理的各项附加收入，应主要用于社会公益，由地方财政部门统一管理，专项安排，专项使用。法院根据生效的判决依法执行时，不能划拨该项资金，应划拨县政府机关的预算外资金。至于本案西平县人民政府是否应当与西平县城乡建设环境保护局共同承担连带责任问题，也应慎重研究，请再酌。

此复

（二）最高人民法院执行工作办公室对甘肃高院《关于能否强制执行金昌市东区管委会有关财产的请示》的复函

2001年4月19日 〔2001〕执他字第10号

甘肃省高级人民法院：

你院甘高法〔1999〕07号《关于能否强制执行金昌市东区管委会有关财产的请示》收悉。经研究，答复如下：

我们认为，预算内资金和预算外资金均属国家财政性资金，其用途国家有严格规定，不能用来承担连带经济责任。金昌市东区管委会属行政性单位，人民法院在执行涉及行政性单位承担连带责任的生效法律文书时，只能用该行政单位财政资金以外的自有资金清偿债务。为了保证行政单位正常的履行职能，不得对行政单位的办公用房、车辆等其他办公必需品采取执行措施。

此复

出台背景

复函一背景如下：

随着地方政府负债规模的日渐增长，全国各地涌现起诉地方国家机关的案例，部分判决已进入强制执行程序。当财政性资金面临被人民法院强制执行时，形成了公法与私法、公权与私权之间的博弈，引发行政权和司法权的冲突。政府负债案件的执行直接关系到政府信用和司法权威，理顺这一问题既要维护国家机关所担负的公共行政职能的正常运转，维护财政性资金的安全，又要保护债权人的合法利益，在兼顾的前提下寻找解决之道。

该复函涉及如何执行预算外资金的问题。随着经济体制的改革和生产事业的发展，预算外资金有了很大增长。由于管理制度不健全，预算外资金的使用脱离财政管理和各级人大监督，乱支滥用现象十分严重，也给人民法院界定何为预算外资金带来了较大的困难。在复函一中，最高人民法院认为不能执行由地方财产部门统一管理的地方财政的预算外资金，只能执行地方政府下辖行政机关的预算外资金。

复函二的背景如下：

1999 年 10 月，甘肃省高级人民法院向最高人民法院报送了《关于能否强制执行金昌市东区管委会有关财产的请示》。该院报告称，金昌市中级人民法院在执行申请人江苏省盐城市燃料物资公司金昌办事处与被申请人金昌市东区管委会拖欠货款纠纷的案件中，对负有连带责任的国家机关的可支配财产中，哪些财产人民法院能够采取强制执行措施，因缺乏法律依据而难以掌握，遂请示。

甘肃高级人民法院经审判委员会讨论，形成倾向性意见认为，东区管委会是享有独立的民事权利能力和民事行为能力的法人，对其应负的连带责任，应由其全部自有财产承担，自有财产包括自有的资金和财产，既包括预算内资金，也包括预算外资金。执行中人民法院可依法予以执行。但是，国家机关预算内资金是国家财政拨给其进行正常公务活动的必要经费。如果被执行机关无预算外资金，人民法院对其预算内资金采取强制执行措施，必然影响该机关正常开展工作，实践中也存在较大困难，故将上述问题请示最高人民法院。

最高人民法院征求了财政部的意见。财政部以财法函字〔2000〕8 号作出答复意见如下：（1）各级国库库款的支配权属于本级政府财政部门，必须按照法律规定的程序和用途使用，不能用来承担连带经济责任。1994 年《预算法》第 48 条第 4 款规定："各级国库库款的支配权属于本级政府财政部门，除法律、行政法规另有规定外，未经本级政府财政部门同意，任何部门、单位和人都无权动用国库库款或者以其他方式支配已入国库的库款。"《国家金库条例》第 4 条规定："各级国库库款的支配权，按照国家财政体制的规定，分别属于同级财政机关。"按照上述法律、行政法规的规定，各级国库库款的支配权属于各级政府财政部门，其他任何单位和个人无权动用。各级政府的预算草案经过本级人大的批准后，具有法律约束力，各级政府财政部门必须按照经本级人大批准的预算动用国库库款，因此，在党政机关、军队、武警部队承担连带经济责任时，任何单位和个人不能查封各级政府的国库库款，将库款用来承担连带经济责任。(2) 各级政府财政部门拨付给本级党政机关的预算资金，以及中央财政拨付给军队、武警部队的预算资金，是为了满足各级党政机关和军队、武警部队履行职能、维护机构正常运行所需的经费。上述资金均在各级人大批准的本级政府预算中安排，必须严格按照规定的用途使用。如果用来承担连带经济责任偿还债务，则改变了资金的用途，违反1994年《预算法》等有关法律、法规的规定。因此，各级政府财政部门拨付给各级党政机关，以及中央财政拨付给军队、武警部队的预算资金，不能用来承担连带经济责任。(3) 存入各级“财政专户”由各级政府部门负责管理的预算外资金，以及各级政府所属部门代政府收取应缴未缴的预算外资金，属于财政性资金，不能用来承担连带经济责任。《国务院关于加强预算外资金管理的决定》(国发〔1996〕29号) 第5条第1款规定：“预算外资金是国家财政性资金，不是部门和单位自有资金，必须纳入财政管理……部门和单位的预算外收入必须上缴同级财政专户，支出由同级财政按预算外资金收支计划和单位财政收支计划统筹安排，从财政专户中拨付，实行收支两条线管理。”各级政府财政部门管理的预算外资金或各级政府所属部门代政府收取应缴未缴的财政外预算资金，属于财政性资金，其所有权属于各级政府，并由各级政府财政部门具体负责结合预算内资金统筹安排使用，其他部门和单位无权支配。因此，不能用来承担任何机关、部门或单位的连带经济责任。(4) 党政机关、军队、武警部队在经济纠纷中，只能以上述资金以外的其他资金和财产为限承担连带经济，但不影响各级党政机关、军队、武警部队正常的公务活动。

最高人民法院认为上述财政部复函已明确预算外资金属各级政府的财政性资金，故过去执行中所称可以执行预算外资金的规定即国务院国发〔1990〕68号文件，因《国务院关于加强预算外资金管理的决定》(国发〔1996〕29号) 的颁布，而不再适用。而且，最高人民法院于2001年3月20日又发布了《关于审理军队、武警部队、政法机关移交、撤销企业和与党政机关脱钩企业相关纠纷案件若干问题的规定》（法释〔2001〕8 号，已修正），进一步明确人民法院在执行涉及单位承担民事责任的生效判决时，只能用开办单位财政资金以外的自有资金清偿债务。如果开办单位没有财政资金以外自有资金的，应当依法裁定终结执行。最高人民法院遂作出〔2001〕执他字第 10 号复函。

理解与适用

行政性单位的资金包括财政性资金和自有资金，其中财政性资金包括预算内资金和预算外资金。预算内资金是指列入国家预算进行收、支和管理的资金，它是财政资金的主体；预算外资金是指不列入国家预算，由各地区、各单位按照国家规定单独管理、自收自支的资金，它是预算内资金的重要补充。自有资金是指除了国库集中支付制度的单一账户体系以外的行政性单位其他银行账户中存放的资金。自有资金来源和构成复杂，由实行国库集中支付改革前的存量资金、预算单位上下级往来资金、非本级政府安排的其他财政性资金等构成。

首先，最高人民法院明确人民法院不得执行行政性单位的预算内资金。

其次，最高人民法院对执行预算外资金的态度发生变化。根据《预算外资金管理实施办法》（已废止）的有关规定，预算外资金是指国家机关（国家权力机关、国家行政机关、审判机关和检察机关）、事业单位、社会团体、具有行政管理职能的企业主管部门（集团）和政府委托的其他机构（以下简称部门和单位），为履行或代行政府职能，依据国家法律法规和具有法律效力的规章而收取、提取、募集和安排使用，未纳入财政预算管理的各种财政性资金。预算外资金包括以下未纳入财政预算管理的财政性资金：（1）根据国家法律、法规和具有法律效力的规章收取、提取的各种行政事业性收费、基金（资金、附加收入）和凭借政府职权筹集的资金等。（2）按照国务院和省、自治区、直辖市人民政府及其财政和计划（物价）部门共同审批的项目和标准，收取和得到的各种行政事业性收费收入。（3）按照国务院和财政厅审批的项目和标准向企事业部门和个人征收、募集或以信誉建立的具有特定用途的各种基金（资金、附加收入）。（4）主管部门按照国家规定从所属企事业单位和社会团体集中的管理费及其资金。主管部门是指独立核算的企业、事业单位和社会团体的行政主管机构（含各级代行政府管理职能的总公司和行业性组织）。(5) 用于乡（镇）政府开支的乡自筹资金和乡统筹资金。乡自筹资金和乡统筹资金是指乡（镇）政府按照国家政策规定筹集的、由乡（镇）政府用于本乡（镇）经济建设、事业发展、公共福利等方面的资金。主要包括乡（镇）企业上缴的利润、事业单位上缴的收入和个人筹集的乡统筹费等。(6) 其他未纳入财政预算管理的财政性资金。主要包括以政府名义获得的各种捐赠资金，财政拨款有偿使用回收资金中未纳入财政预算管理的部分，国家行政机关派驻境外机构的非经营性收入，财政专户利息等。

根据《国务院关于加强预算外资金管理的决定》的有关规定，预算外资金是国家财政性资金，不是部门和单位自有资金。

从 2010 年起，财政部依次出台了《关于将按预算外资金管理的收入纳入预算管理的通知》《关于进一步做好将预算外资金纳入预算管理工作的通知》，决定从 2011 年 1 月 1 日起，将按预算外资金管理的收入（不含教育收费）全部纳入预算管理。在收入科目中，将预算外专户收入科目全部调整为一般预算科目，在支出科目中，删除“预算外资金”的内容。

最高人民法院对预算外资金执行的态度经历了从可以执行到部分可以执行再到不得执行的转变：《国务院关于在清理整顿公司中被撤并公司债权债务清理问题的通知》（国发〔1990〕68 号）第 7 条规定：“党政机关及其所属编制序列的事业单位，对所属被撤销公司的债务，按本通知要求必须承担责任的，只能用预算外资金承担责任。”为此，最高人民法院于 1991 年 3 月 16 日出台了《关于在经济审判中适用国务院国发〔1990〕68 号文件有关问题的通知》（已废止），其第 3 条规定：“该《通知》公布前，各级人民法院已经生效的法律文书尚未执行或者未执行完毕的部分，应当依照该《通知》第七条的规定执行。”可见，在当时最高人民法院的态度是可以执行预算外的资金。随后，1993 年 3 月 9 日，在《最高人民法院关于河南省西华县艾岗粮管所申请执行河南省西平县人民政府、西平县城乡建设环境保护局一案如何执行问题的复函》中，最高人民法院认为不能划拨地方财政的预算外资金，只能划拨县政府机关的预算外资金。2001 年 4 月 19 日，《最高人民法院执行工作办公室对甘肃高院〈关于能否强制执行金昌市东区管委会有关财产的请示〉的复函》中强调预算内资金和预算外资金均属国家财政性资金，其用途国家有严格规定，不能用来承担连带经济责任，只能用行政单位财政资金以外的自有资金清偿债务。

最后，最高人民法院明确人民法院可以执行行政性单位的自有资金。

实务操作指引

在实务中如何确定复函中行政性单位的范围对于处理类案具有重大意义。确定行政性单位的范围关键在于厘清行政性单位与行政机关、行政性单位与事业单位的概念和关联。

第一，行政性单位与行政机关。行政性单位是指进行国家行政管理、组织经济建设和文化建设、维护社会公共秩序的单位，主要包括国家权力机关、行政机关、司法机关以及实行预算管理的其他机关、政党组织等。行政性单位的概念与行政机关是有区别的，区别主要在于财政上的概念，即单位经费、工资福利等由政府拨付的即应当属于行政性单位的范畴。因此，行政性单位的范畴包含并大于行政机关的范畴。

第二，行政性单位与事业单位。事业单位是指由政府利用国有资产设立的，从事教育、科技、文化、卫生等活动的社会服务组织，事业单位接受政府领导，是表现形式为组织或机构的法人实体。事业单位分为普通事业单位和参公事业单位。普通事业单位又分为全额拨款事业单位、差额拨款事业单位、自收自支事业单位。事业单位是否能适用复函的有关规定主要取决于人民法院执行的事业单位的财产是否属于国家财政性资金。因此，行政性单位与事业单位是两个有交集但又互相区别的概念。

以案为例。在李某旺申请执行王某吉、安阳市残疾人联合会（以下简称市残联）一案中①，2010年4月，林州市人民法院到安阳市财政局国库支付中心查询市残联在国库中心的管理账户存款，2010年5月冻结该账户存款31万元。市残联2010年6月向林州市人民法院提出执行异议，该院2010年6月25日作出（2010）林法执异字第2号执行裁定，驳回异议。市残联不服裁定，2010年

① 参见河南省安阳市中级人民法院执行裁定书，（2010）安法执复字第19号。

7月6日向安阳市中级人民法院提出复议。2010年7月，安阳市财政局国库支付中心出具证明，称“安阳市残疾人联合会于2003年纳入市国库支付中心管理，经费实行全额预算管理，其资金性质为财政专项资金”。安阳市中级人民法院认为，依据安阳市人民政府办公室安政办〔2003〕19号《关于印发〈安阳市残疾人联合会机构编制方案〉的通知》和安阳市财政国库支付中心出具的证明，市残联为正县级群众团体，其经费实行全额预算管理。林州市人民法院在安阳市财政局国库支付中心冻结市残联的资金属于财政性专项资金。参照最高人民法院执行工作办公室对甘肃省高级人民法院《关于能否强制执行金昌市东区管委会有关财产的请示》的复函，人民法院不能对财政性专项资金采取执行措施，林州市人民法院对该款的冻结行为不符合法律规定，市残联对该裁定的复议理由成立。故安阳市中级人民法院作出（2010）安法执复字第19号裁定书，撤销冻结账户和驳回异议的裁定。

在本案中，安阳市残疾人联合会作为事业单位，其经费实行全额预算管理，性质为财政专项资金，因此就属于复函二中“行政性单位”的范畴。人民法院在执行事业单位的财产时，应当特别注意执行的财产是否属于国家财政性资金。

二、作为开办单位的军队、武警部队、政法机关和党政机关因移交、撤销、脱钩企业而承担民事责任的执行程序

规定原文

最高人民法院关于审理军队、武警部队、政法机关移交、撤销企业和与党政机关脱钩企业相关纠纷案件若干问题的规定（节选）

2001年3月20日　法释〔2001〕8号

为依法准确审理军队、武警部队、政法机关移交、撤销企业和与党政机关脱钩的企业所发生的债务纠纷案件和破产案件，根据《中华人民共和国民法通

则》、《中华人民共和国公司法》、《中华人民共和国民事诉讼法》、《中华人民共和国企业破产法（试行）》的有关规定，作如下规定：

三、财产保全和执行

第十五条 人民法院在审理有关移交、撤销、脱钩的企业的案件时，认定开办单位应当承担民事责任的，不得对开办单位的国库款、军费、财政经费账户、办公用房、车辆等其他办公必需品采取查封、扣押、冻结、拍卖等保全和执行措施。

第十六条 人民法院在执行涉及开办单位承担民事责任的生效判决时，只能用开办单位财政资金以外的自有资金清偿债务。如果开办单位没有财政资金以外自有资金的，应当依法裁定终结执行。

出台背景

在审理移交、撤销、脱钩的企业债务纠纷案件和移交、撤销、脱钩企业破产案件时，在对开办单位采取保全和执行措施时，各地法院对开办单位哪些资金可以采取强制措施产生了分歧。最高人民法院出台《关于审理军队、武警部队、政法机关移交、撤销企业和与党政机关脱钩企业相关纠纷案件若干问题的规定》，以统一裁判和执行尺度。该规定仅适用于审理军队、武警部队、政法机关移交、撤销企业和与党政机关脱钩的企业所发生的债务纠纷案件和破产案件。

理解与适用

（一）适用范围限于移交、撤销和脱钩企业

在江苏科威环保技术有限公司申请执行南京东大能源环保科技有限公司（以下简称东大能源公司）建筑工程施工合同纠纷一案中，东大能源公司不服江苏省南京市中级人民法院（2014）宁执异字第6号执行裁定，向江苏省高级人民法院申请复议。[①] 东大能源公司在复议答辩中援引本规定第15条，称南京市

① 江苏省高级人民法院执行裁定书，（2014）苏执复字第0064号。

中级人民法院查封的账户系该公司作为课题责任单位承担的国家重大专项课题财政专户，南京市中级人民法院冻结该公司专用账户中的资金并非该公司自有财产，不能用于清偿债务。江苏省高级人民法院认为该公司并非“军队、武警部队、政法机关移交、撤销企业和与党政机关脱钩企业”，该司法解释并不能适用于本案。南京市中级人民法院冻结该公司承接相关科研课题而设立的专用存款账户中的款项，并不违反现有法律、法规的禁止性规定，从而驳回了东大能源公司的复议申请。

（二）认定财政资金与自有资金的标准

财政资金由国家预算资金和预算外资金两个部分组成。预算资金是指列入国家预算进行收支和管理的资金，它是财政资金的主体；预算外资金是指不列入国家预算，由各地区、各单位按照国家规定单独管理、自收自支的资金，是国家预算资金的重要补充。

财政资金的特征表现在：(1) 它是政府及其所属机构直接掌握支配的资金，其资金的使用是直接为行使和实现国家职能的需要；(2) 资金的征集和拨付主要是采取无偿分配，部分地采取国家信用的方式，即以国家为债务人或债权人形式征集或发放；(3) 资金的运用都是以国家为主体，缴款者或接受拨款者都是直接与国家政权发生关系。开办单位除了上述财政资金外的资金可以认为是自有资金。

在吕某庆申请执行瓦房店市土城乡人民政府（以下简称土城乡政府）租赁合同侵权赔偿纠纷一案中，① 土城乡政府援引《最高人民法院关于审理军队、武警部队、政法机关移交、撤销企业和与党政机关脱钩企业相关纠纷案件若干问题的规定》提出执行异议，认为瓦房店市人民法院冻结的土城乡政府的账户系财政账户，属于地方财政预算内资金，上述款项系专款专用，其中有用于抗旱资金、粮食直补专用，以及用于支付土城乡政府公务人员、工作人员开资、日常办公经费，请求法院立即解除对财政账户的冻结。瓦房店市人民法院经审查，认为冻结的被执行人账户并非被执行人的专款专用账户，被冻结的资金也并非法律禁止执行的资金，理由有二：一是通过异议人土城乡政府提交的证据“科

① 辽宁省瓦房店市人民法院执行裁定书，(2016) 辽0281执异71号。

目明细账”载明的支出摘要可以看出，被冻结账户中存在非专款专用或针对公益福利事业的支出，这些相关支出亦并非政府维持正常工作运行的必要性支出；二是被执行人并未提交充足证据证明被冻结的资金就是专款专用资金。可以看出，瓦房店市人民法院通过账户支出明细、资金的用途来判断账户中资金性质，并将证明冻结资金为财政资金的举证责任分配给异议人土城乡政府。

实务操作指引

党政机关作为被执行人时应当如何执行一直是社会关注的问题，最高人民法院曾组织过有关涉党政机关案件执行的专项活动。党政机关参加民事经济活动时依法及时履行生效法律文书确定的义务，对于全社会尊法、守法具有很强的示范效应，对于建设社会主义法治国家意义重大。党政机关作为被执行人不及时履行义务将会损害司法权威、降低政府公信力，不利于社会的和谐稳定。

《中共中央办公厅、国务院办公厅关于加快推进失信被执行人信用监督、警示和惩戒机制建设的意见》提到应从三个方面进一步完善党政机关支持人民法院执行工作制度，分别是：进一步加强协助执行工作、严格落实执行工作综治考核责任、强化对党政机关干扰执行的责任追究。

实践中，党政机关作为被执行人时应注意如下事项：

第一，对于案件复杂、执行难度较大的案件，可就执行方案及时向当地党委政法委和党委、政府主要领导报告，提请党政领导或者被执行单位的上级分管领导负责协调督办，督促被执行单位明确责任，通过将所需资金纳入财政预算、督促相关单位落实偿还责任、争取有关部门支持等措施，尽快制定还款计划和偿债期限，尽快履行生效法律文书。

第二，对有履行能力但拒不执行的被执行人，可向被执行人的上级单位或主管部门发出司法建议，向监察机关、组织人事部门通报案件情况，必要时采取强制措施，确保依法执行到位。

第三，对确实缺乏履行能力的被执行人，可以促使有关党政机关和申请执行人达成和解，并将所需资金纳入财政预算，按期支付。

第四，司法机关为被执行人的，考虑到司法机关的特殊性质，应当尽快向党委政法委汇报，请求督促被执行单位迅速筹集资金，尽快执结，原则上不得拖延。

三、对大宗商品交易资金结算账户的执行

答复原文

最高人民法院关于被执行人大宗商品交易资金结算账户内资金能否采取执行措施的答复

2012年7月9日　〔2012〕执他字第7号

山东省高级人民法院：

你院（2012）鲁执他字第5号《关于被执行人大宗商品交易资金结算账户内的资金能否采取冻结、扣划措施问题的请示》收悉。我院经研究认为：对于山东新龙鼎电子商务股份有限公司（以下简称龙鼎公司）名下大宗商品交易资金结算账户，执行法院应当查明账户资金的性质，严格区分账户内龙鼎公司自有资金与客户交易资金，并只能对龙鼎公司自有资金予以执行。

在本案执行过程中，应当切实保障当事人举证权利，审慎查明案涉账户内资金情况，维护市场秩序安全，避免影响社会稳定。

此复。

出台背景

大宗商品是指可进入流通领域，但非零售环节，具有商品属性，用于工农业生产与消费使用的大批量买卖的物质商品。大宗商品中远期交易市场，是指企业设立的以现货“仓单”为交易标的，交易品种以大宗农产品和生产资料为主，采取集中竞价、匿名交易、电子撮合的交易方式，实行涨跌停板、每日无负债结算、强行平仓和保证金交易风险管理制度，可以做空和对冲平仓，商品

交割期限一般在1年内的市场（一些市场的交易标的已由“仓单”衍化为商品的标准化合同）。

此类市场采取的这种交易方法和有关管理制度，与期货交易机制类似，改变了商贸流通属性，具有金融性质，投机性较强，具有较大的风险隐患。由于缺乏规范管理，风险不断暴露，国务院先后下发《国务院关于清理整顿各类交易场所切实防范金融风险的决定》（国发〔2011〕38号）、《国务院办公厅关于清理整顿各类交易场所的实施意见》（国办发〔2012〕37号）等有关文件，确保大宗商品中远期交易市场有序回归现货市场。

答复涉及的龙鼎公司为一家大宗商品中远期交易市场，作为被执行人，人民法院对其名下的大宗商品交易资金结算账户内的资金是否可以采取冻结和扣划措施，需要从立法上予以明确。最高人民法院认为应当严格区分账户内自有资金与客户交易资金，对客户交易资金不应采取强制执行措施，切实维护市场秩序安全。

理解与适用

大宗商品交易资金包括客户交易资金与自有资金。客户交易资金，是指客户为保证足额交收而存入的资金，包括出售大宗商品所得到的所有款项（减去经纪佣金和其他正当费用），上述资金获得的利息，以及其他有关资金。自有资金是指交易市场持有的区别于交易客户持有而缴存的资金。

根据“市场管交易，银行管资金”的原则，大宗商品交易资金一般须全额存入具备条件的银行业金融机构（以下简称存管银行），单独立户管理，由商业银行作为交易市场、客户之外的第三方负责客户交易结算资金托管。交易市场应当将客户交易结算资金和其自有资金分开办理、管理，不得混合操作。交易市场一般在存管银行要至少开设客户交易结算资金专用存款账户和自有资金账户。客户交易结算资金的动用有明确的规定，除客户进行交易的结算或者客户提款、客户支付与交易有关的费用或者税款等情形外，交易市场和客户一般不得动用客户交易结算资金。从权属上看，客户交易结算资金不属于交易市场公司所有。

实务操作指引

（一）实践中如何区分大宗商品的客户交易资金和自有资金

由于大宗商品交易资金的存管目前没有统一的法律规定，在《商品现货市场交易特别规定（试行）》第14条第2款中只有原则性的规定："市场经营者不得以任何形式侵占或挪用交易者的资金"。我们认为可以参照《客户交易结算资金管理办法》的有关规定判断何为客户交易资金、何为自有资金。

一是根据账户的有关材料判断资金性质。客户交易资金与自有资金应当是各自单独开设银行账户，人民法院可以向账户开设银行查询账户相关资料或向市场主体的上级主管部门查询相关备案材料来初步判断账户内的资金性质。二是根据账户资金流向判断资金性质。客户交易资金账户的资金流向较为清晰，主要是客户提款、存款以及交易市场向客户收取有关交易费用，因此，资金流向的关联账户一般为客户银行账户和自有资金账户。

（二）执行交易资金结算账户应当注意的事项

人民法院执行该类账户时应当根据资金的不同性质区别对待。当交易市场为被执行人时，人民法院可以冻结、扣划该交易市场开设的自有资金存款账户中的资金，但不得冻结、扣划该交易市场开设的客户交易结算资金专用存款账户中的资金。当客户为被执行人时，对于交易市场在存管银行开设的客户交易结算资金专用存款账户中属于所有客户共有的资金，人民法院一般不得冻结、扣划。

四、国防科研经费的执行豁免

函复原文

最高人民法院执行工作办公室关于哈尔滨工程大学国防科研经费解除冻结，停止扣划的函

1995年4月18日 法经〔1995〕118号

辽宁省高级人民法院：

哈尔滨工程大学向我院反映，抚顺市中级人民法院在执行该院［1994］抚经初字第115号民事判决书（被执行人为哈尔滨工程大学）过程中，将该被执行人在中国工商银行哈尔滨市大直支行××××××××××－××帐户上的国防科研经费冻结210万元，扣划110万元。

经查，哈尔滨工程大学是承担国家国防科技预研重点项目和国防科技重点实验室建设项目的单位。根据中国工商银行、国防科工委《关于办理国防科研试制费委托拨款工作有关问题的通知》的规定，该校在中国工商银行哈尔滨市大直支行××××××××××－××帐户的存款，应属国防科工委拨付给其为完成上述项目的国家预算内拨款，不能挪作他用。请你院尽快核实，如抚顺市中级人民法院冻结和扣划的款项确属上述性质，应立即解除冻结，停止扣划，以确保国防科研重点项目工作的正常进行。

出台背景

抚顺市中级人民法院在案件执行过程中，将被执行人哈尔滨工程大学在中国工商银行哈尔滨市大直支行账户上的国防科研经费冻结210万元，扣划110万元。哈尔滨工程大学前身为中华人民共和国第一所高等军事技术学府“中国人民解放军军事工程学院”（哈军工），由国防科工委、教育部、黑龙江省、海军四方共建，承担着大量涉及国防的高精尖科研项目，并划拨大批国防科研经费。法院对国防科研经费冻结和扣划，一定程度上影响了国防科研项目的运行，故哈尔滨工程大学向最高人民法院反映执行行为的妥当性问题。最高人民法院经研究认为该项国防科研经费是国防科工委拨付的国家预算内拨款，不能作为强制执行的对象。

理解与适用

（一）国防科研经费的性质

国防科研经费是国家财政拨款，主要用于支持科研院所、高等院校等进行国防科技研究，专款专用，不允许挪作他用，且科研项目完成后，结余经费将收回。根据财政部、国防科工委印发的《国防科技工业科研经费管理暂行办法》（财防〔2008〕11 号）第 2 条规定："本办法所称国防科技工业科研经费，是指由国防科工委归口管理，并与国防科技工业研究开发活动直接相关的各种科研经费，包括中央财政拨款和项目研制单位配套自筹两部分。"第 5 条第 4 项规定："项目核算，专款专用。科研经费纳入单位财务统一管理，按项目进行单独核算，确保专款专用，建立并实施经费管理和使用的追踪问效机制。"

（二）国防科研经费不属于被执行人责任财产范围

依照《查扣冻规定》第 2 条规定："人民法院可以查封、扣押、冻结被执行人占有的动产、登记在被执行人名下的不动产、特定动产及其他财产权。"国防科工委负责管理的国防科研资金，各科研院单位有权使用该资金开展科研活动。作为被执行人的哈尔滨工程大学，其账户内的国防科研经费，是被执行人名下的一种特殊财产，是国防科工委拨付给的国家预算内拨款，哈尔滨工程大学仅有特定使用权，没有所有权，属于财政性资金，其用途国家有严格规定，不能用来承担连带经济责任。

实务操作指引

被执行人国防科研经费不属可供执行的财产。国防科研经费是国家财政性资金，其用途国家有严格规定，不能用来承担连带经济责任。国防科研经费虽然在科研单位名下账户内，但该单位仅有使用权，没有所有权。法院在执行过程中，一般对账户资金性质难以分辨，可以先行冻结。被执行人对冻结有异议的，人民法院不予支持。资金的实际所有人对冻结有异议的，人民法院应当按照《民事诉讼法》第 234 条规定处理，经审查符合规定的，裁定解除冻结。

五、对银行贷款账户的冻结

批复原文

最高人民法院关于银行贷款账户能否冻结的请示报告的批复

2014年4月2日　〔2014〕执他字第8号

河南省高级人民法院：

你院（2013）豫法执复字第00042号《关于银行贷款账户能否冻结的请示报告》收悉，经研究，答复如下：

在银行作为协助执行人时，现行法律和司法解释只规定了可以对被执行人的银行存款账户进行冻结，冻结银行贷款账户缺乏依据。强制执行应当通过控制和处分被执行人财产的措施来实现。银行开立的以被执行人为户名的贷款账户，是银行记载其向被执行人发放贷款及收回贷款情况的账户、其中所记载的账户余额为银行对被执行人享有的债权，属于贷款银行的资产，并非被执行人的资产，而只是被执行人对银行的负债。

因此，通过“冻结”银行贷款账户不能实现控制被执行人财产的目的。只要人民法院冻结到了被执行人的银行存款账户或控制其他可供执行的财产，即足以实现执行的目的，同时也足以防止被执行人以冻结或查封的资产向银行清偿债务。而所谓“冻结”被执行人银行贷款账户，实质是禁止银行自主地从法院查封、扣押、冻结的被执行人财产以外的财产中实现收回贷款的行为。这种禁止，超出执行的目的。将侵害银行的合法权益，如果确实存在银行在法律冻结被执行人存款账户之后，擅自扣收贷款的情况，则可以依法强制追回。

因此，在执行以银行为协助执行人的案件时，不能冻结户名为被执行人的银行贷款账户。

出台背景

人民法院在办理执行案件过程中，经常对被执行人名下账户采取冻结措施，如果冻结的是贷款账户，被执行人开设贷款账户的银行提出执行异议，要求中止对贷款账户的执行，是否应予准许，认识不一。河南省高级人民法院就该问题以（2013）豫法执复字第00042号《关于银行贷款账户能否冻结的请示报告》，向最高人民法院请示处理意见。

最高人民法院认为法院冻结存款账户于法有据，冻结贷款账户缺乏依据。从贷款账户的性质看，贷款账户的余额属于贷款银行的资产，而非被执行人的资产，冻结贷款账户不能实现控制被执行人财产的目的，反而损害了银行的合法权益，因此，不能冻结户名为被执行人的银行贷款账户。

理解与适用

（一）银行贷款账户的性质

银行贷款账户一般是借款人申请贷款后，银行为内部核算管理以借款人名称设立的账户，用于登记借款人欠款情况。账户反映的是借款人对银行的负债。批复中最高人民法院关于不能冻结银行贷款账户的观点明确。那么，银行贷款账户能否扣划呢？应当根据举轻以明重的法理进行判断：既然强制性相对较弱的冻结措施被禁止，那么强制性相对较强烈的扣划措施当然更应当禁止。

（二）被执行人贷款账户是否完全豁免执行

首先，银行贷款账户与企业存款账户不同。企业存款账户是企业在银行开立的办理资金收付结算的人民币活期存款账户。按用途分为基本存款账户、一般存款账户、专用存款账户和临时存款账户。此类账户反映企业在银行的资产。银行贷款账户是借款人申请贷款后，银行为内部核算管理以借款人名称设立的账户，用于登记借款人欠款情况。此类账户反映的是借款人对银行的负债，不是借款人在银行的存款。人民法院冻结、扣划的应是被执行人在银行的存款。

其次，贷款账户是否有被执行人用于银行存款的可能。因贷款账户不具有存款和对外支付功能，是银行因内部核算管理需要，以借款人名称设立的账户，账户反映的不是被执行人在银行的存款，而是借款人的负债。账户的开立主体并不是被执行人而是贷款银行，从批复中“如果确实存在银行在法律冻结被执行人存款账户之后，擅自扣收贷款的情况，则可以依法强制追回”的表述可以判断，所谓贷款账户系贷款银行用来从被执行人其他未被法院冻结的存款账户扣收应当归还贷款的款项，排除了被执行人主动向该贷款账户存款的可能性。

再次，被执行人贷款账户不能完全豁免执行。批复实际上预设了贷款账户执行豁免的前提条件，即作为贷款人的被执行人除贷款账户外，还有其他银行存款账户可供冻结，且该账户也不会给被执行人使用。通过“冻结”银行贷款账户能否实现控制被执行人财产的目的，应当结合具体案件进行分析。如果人民法院冻结到的被执行人的银行存款账户或控制其他可供执行的财产，足以实现执行的目的，同时也足以防止被执行人以冻结或查封的资产向银行清偿债务。但如果被执行人除被冻结的贷款账户之外没有其他财产可供执行，也没有其他存款账户可供冻结，人民法院只能“冻结”被执行人银行贷款账户。此时，银行也无法自主地从法院查封、扣押、冻结的被执行人财产以外的财产中实现收回贷款，很难说冻结贷款账户的行为超出执行的目的。如果被执行人无其他存款账户，而是将用于清偿债务的款项汇往该贷款账户，此时应当允许人民法院予以冻结。

最后，执行程序对债务人名下财产的识别奉行形式审查原则，对于被执行人名下的银行账户从表面上很难判断是何种性质的账户，只有先行采取冻结措施，如果银行认为属于贷款账户，可以向执行法院提出异议，经过举证和法院审查，最终被认定为贷款账户的，应当解除对贷款账户的冻结。因此，贷款账户的执行豁免是在异议程序中实现的。

实务操作指引

（一）如何识别银行贷款账户

当事人、案外人可在执行异议程序中主张冻结的账户为贷款账户。被执行人可以就法院的冻结行为提出执行异议，开设账户的银行可以就账户内资产为其所有提出案外人异议。一笔正常的贷款业务从借款人提出贷款申请到收回贷款，一般要经过贷款申请、贷款调查和审批、签订借款或贷款合同、发放贷款、贷后检查、贷款回收，因此执行异议审查法官在认定贷款账户时，首先应当审查贷款或借款合同中是否对发放和收回贷款的账户有明确约定，是否有明确的账号；其次，应当审查冻结账户的对账单和流水，审查账户是否仅仅用于发放、回收贷款，是否还用于其他业务结算。

在绍兴县虹盛纱业有限公司申请执行浙江客家马针织有限公司一案中，浙江省绍兴市人民法院作出的（2014）浙绍执复字第13号执行裁定书就支持了申请复议人中国工商银行股份有限公司袍江支行的请求，裁定解除对以被执行人名称开立贷款账户的冻结措施。①

（二）银行存款优先受偿权的认定

实践中，还有一种经常出现的情况是银行作为案外人就法院冻结被执行人的账户提出案外人异议，主张优先受偿权。认定银行的优先受偿权，需要符合金钱质押的条件，包括金钱特定化和移交债权人占有两个要件。

金钱特定化是指双方当事人已依约为出质金钱开立了保证金专用账户并存入保证金，该账户未作日常结算使用。特定化并不等于固定化，账户资金因业务开展发生浮动不影响特定化的构成。移交债权人占有是指对账户进行控制和管理的事实状态，银行取得该账户的控制权，实际控制和管理该账户即应认定符合出质金钱移交债权人占有的要求。

六、粮棉油政策性收购资金专户及粮棉油的执行豁免

通知、复函原文

（一）最高人民法院关于对粮棉油政策性收购资金形成的粮棉油不宜采取财产保全措施和执行措施的通知

2000年11月16日　法〔2000〕164号

各省、自治区、直辖市高级人民法院，解放军军事法院，新疆维吾尔自治区高

① 浙江省绍兴市中级人民法院执行裁定书，（2014）浙绍执复字第13号。

级人民法院生产建设兵团分院：

根据国务院国发〔1998〕15号《关于进一步深化粮食流通体制改革的决定》和国发〔1998〕42号《关于深化棉花流通体制改革的决定》以及《粮食收购条例》等有关法规和规范性文件的规定，人民法院在保全和执行国有粮棉油购销企业从事粮棉油政策性收购以外业务所形成的案件时，除继续执行我院法函〔1997〕97号《关于对粮棉油政策性收购资金是否可以采取财产保全措施问题的复函》外，对中国农业发展银行提供的粮棉油收购资金及由该项资金形成的库存的粮棉油不宜采取财产保全措施和执行措施。

（二）最高人民法院关于对粮棉油政策性收购资金是否可以采取财产保全措施问题的复函

1997年8月14日　法函〔1997〕97号

山东省高级人民法院：

你院鲁法经〔1997〕33号《关于对粮棉油政策性收购资金专户是否可以采取财产保全措施问题的请示》收悉。经研究，答复如下：

同意你院请示的倾向性意见。粮棉油政策性收购资金是用于国家和地方专项储备的粮食、棉花、油料的收购、储备、调销资金和国家定购粮食、棉花收购资金。包括各级财政开支的直接用于粮棉油收购环节的价格补贴款、银行粮棉油政策性收购贷款和粮棉油政策性收购企业的粮棉油调销回笼款。该资金只能用于粮棉油收购及相关费用支出。人民法院在审理涉及政策性粮棉油收购业务之外的经济纠纷案件中，不宜对粮棉油政策性收购企业在中国农业发展银行及其代理行或经人民银行当地分行批准的其他金融机构开立账上的这类资金采取财产保全措施，以保证这类资金专款专用，促进农业的发展。

出台背景

粮棉油政策性收购企业既承担政策性粮棉油收购任务，也在一定程度上参与了市场经济活动，经济纠纷时有发生。人民法院保全和执行粮棉油政策性收购资金，乃至查封、扣押收购资金形成的粮棉油的情况较为常见，对正常的政策性粮食收购秩序造成一定影响。1997 年，多地省级政府发文，要求承担政策性业务的粮棉企业只能在农业发展银行开立账户，乡镇粮棉油收购企业因业务需要确需在农业发展银行以外的金融机构开立辅助账户的，必须经农业发展银行当地分、支行审核，并报人民银行当地分、支行批准。1998 年，国务院发布《关于进一步深化粮食流通体制改革的决定》，要求转换粮食企业经营机制，实行政企分开，完善粮食储备体系，实行储备和经营分开。加快完善中央和地方两级粮食储备体系，建立健全储备粮管理制度，对储备粮与企业经营周转粮分开管理。

最高人民法院结合国家有关政策，明确政策性收购资金及形成的粮棉油不能作为企业经济纠纷中财产保全或执行的对象，为国家政策性粮棉油收购资金和财产的管理提供了法律保障。

理解与适用

《国务院关于进一步深化粮食流通体制改革的决定》（国发〔1998〕15 号）、《国务院办公厅转发国家发展计划委员会等部门关于实施粮食企业附营业务与收储业务分离方案的通知》（国办发〔1998〕19 号）、《中国农业发展银行关于贯彻落实中国人民银行等六部门〈关于支持粮棉油收储企业附营业务信贷资金需求的通知〉的通知》（农发行传字〔1998〕32 号）等文件载明，国储粮库的业务分为国家、地方政府的收储业务和附营业务。

（一）粮棉油政策性企业的经营模式

我国实行粮食行政管理职能与粮食企业经营分离的运行模式。粮食行政主管部门代表政府对全社会粮食流通进行管理，与粮食企业在人、财、物等方面彻底脱钩，不参与粮食经营，不直接干预企业自主的经营活动。所有国有粮食企业（包括乡镇粮库）都要面向市场，实行独立核算，成为自主经营、自负盈亏的经济实体，不承担粮食行政管理职能。粮食收储企业的附营业务必须与粮食收储业务划开，设立单独法人。中央储备粮除利用中央直属粮食储备库外，可以利用地方粮库和社会仓储设施储存。中央直属粮食储备库的人、财、物由国家粮食储备局下设的中央储备粮管理公司管理。地方粮库和社会仓储设施储存中央储备粮，实行资格审核制度。中央储备粮管理公司应与承储单位签订合同，确保储备粮安全。

（二）粮棉油政策性收购资金的认定

中央及省级储备粮油所需收购贷款由农业发展银行根据储备计划、实际收购数量变化情况，在财政应拨补储备费用、利息及时足额到位的前提下，按照“库贷挂钩”的原则管理。粮食收购、调销、储备贷款执行同期同档次商业贷款基准利率，不得上浮，中央及地方储备粮棉油的贷款实行分段计息的办法。中央或者地方政府需要储备粮食，要有专门的粮食储备计划文件，对粮食的品种、数量及贷款贴息要有明确规定。也就是说，粮棉油企业的资金来源为农业发展银行的贷款，补贴款，资金具有专款专用的特征，只能用于粮棉油收购及相关费用支出。

（三）粮棉油政策性收购资金所形成的粮棉油的认定

我国粮食储备分为中央和地方两级体系，中央或者地方政府对储备粮与企业经营周转粮实行分开管理。中央储备粮实行垂直管理体制，粮权属国务院，未经国务院批准，任何单位和个人都不得动用。各地区根据国家的要求逐步建立省级粮食储备，粮权属省级政府。储备粮企业对储备粮与企业经营周转粮实行分离管理，要求两种业务贷款账户互相分离，粮食也要分开储存。粮食行政主管部门要加强对政策性收购资金的使用和收购粮食仓储的管理；作为储备粮管理公司及储备粮库，要确保政策性收购资金专项使用，储备粮专仓保管，与企业附加经营业务的粮食保持分离，并做好入库记录；农业发展银行要严格按照主管机关核准的储备计划、储备费用，加强对政策性资金使用的监管，确保国家储备粮安全。

实务操作指引

（一）准确甄别被执行人财产

人民法院在对粮棉油及相关资金采取执行或保全措施时，可以依职权或者依当事人申请，责令被执行人报告财产，并对相关财产采取查封等控制措施。需要强调的是，该通知和批复明确的是国有粮棉油购销企业从事粮棉油政策性收购以外业务所形成的案件时，对粮棉油收购资金及由该项资金形成的库存的粮棉油不宜采取财产保全措施和执行措施，但对涉及国有粮棉油购销企业从事粮棉油政策性收购本身所产生的诉讼和执行案件，人民法院可以采取保全或执行措施。

（二）由主张政策性收购资金或粮棉油的一方提出执行异议的方式实现执行豁免

人民法院在保全和执行国有粮棉油购销企业从事粮棉油政策性收购以外业务所形成的案件时，为避免被执行人转移财产，在短期内无法确定财产的性质时，可以先行采取查封措施，对粮棉油的查封既涉及当事人的合法权益，也涉及国家粮食安全，应由主张涉案粮食属于国家或者地方储备粮的一方承担举证责任，及时向法院提交证据材料，包括但不限于粮食主管机关明确储备粮收购的文件、农业发展银行核准的贷款和补贴、使用政策性资金收购粮食的票据、粮食入库证明及独立仓储的证据等；经审查符合政策性资金及收购粮食条件的，停止执行、解除查封；不符合条件的，根据实际情况，可以及时采取变卖、提存的方式，防止粮食长期未处置带来贬值风险。

七、国有企业下岗职工基本生活保障专项资金的执行豁免

通知原文

最高人民法院关于严禁冻结或划拨国有企业下岗职工基本生活保障资金的通知

1999年11月24日　法〔1999〕228号

各省、自治区、直辖市高级人民法院，新疆维吾尔自治区高级人民法院生产建设兵团分院：

据悉，最近一些地方人民法院在审理或执行经济纠纷案件中，冻结并划拨

国有企业下岗职工基本生活保障资金，导致下岗职工基本生活无法保障，影响了社会稳定。为杜绝此类事件发生，特通知如下：

国有企业下岗职工基本生活保障资金是采取企业、社会、财政各承担三分之一的办法筹集的，由企业再就业服务中心设立专户管理，专项用于保障下岗职工基本生活，具有专项资金的性质，不得挪作他用，不能与企业的其他财产等同对待。各地人民法院在审理和执行经济纠纷案件时，不得将该项存于企业再就业服务中心的专项资金作为企业财产处置，不得冻结或划拨该项资金用以抵偿企业债务。

各地人民法院应对已审结和执行完毕的经济纠纷案件做一下清理，凡发现违反上述规定的，应当及时依法予以纠正。

出台背景

20世纪90年代中后期，国企改革导致下岗职工问题凸显。从1995年至2012年，国有企业职工减少了近4000万人，大部分属于下岗职工。中共中央、国务院发布《关于切实做好国有企业下岗职工基本生活保障和再就业工作的通知》（中发〔1998〕10号）以及原劳动和社会保障部和国家经济贸易委员会、财政部等六部委联合下发的《关于加强国有企业下岗职工管理和再就业服务中心建设有关问题的通知》（劳社部发〔1998〕8号）明确规定，凡是有下岗职工的国有企业，都要建立再就业服务中心或类似机构，保障国有企业下岗职工基本生活，负责为本企业下岗职工发放基本生活费和代下岗职工缴纳养老、医疗、失业等社会保险费用，组织下岗职工参加职业指导和再就业培训。

人民法院在审理或执行经济纠纷案件中，存在冻结并划拨国有企业下岗职工基本生活保障资金的现象，导致下岗职工基本生活无法保障，最高人民法院出台通知，对下岗职工基本生活保障资金的可执行性问题予以明确，原劳动和社会保障部办公厅也对该通知进行了转发。

理解与适用

（一）国有企业下岗职工基本生活保障资金是特殊时期的产物

下岗职工是指尚未与企业解除劳动关系，在原企业已无生产或工作岗位，且未在社会上从事其他有关劳动收入的人员。厂内轮训、停薪留职、离岗退养、劳务输出、多种经营、协议保留劳动关系、脱产接受学历教育人员等不属于下岗职工。基本生活保障工作实行分级负责，企业负担为主，政府、社会筹资补助的原则。国有独资盈利（含不盈不亏）企业和国有参股、控股企业下岗职工的基本生活保障资金原则上全部由企业负担。

（二）国有企业下岗职工基本生活保障资金的性质和用途

国有企业下岗职工安置和生活保障等问题在国企改革的特定时期较为突出，关系国企改革能否成功以及社会经济的长治久安，为此，国家出台了国有企业下岗职工基本生活保障制度。其主要内容是建立企业再就业服务中心，对国有企业下岗职工在未实现就业的特定期间内发放基本生活费，基本生活费不得低于当地失业救济标准。关于资金的来源，原则上采取“三三制”的办法，即财政预算安排1/3，企业负担1/3，社会筹集（包括从失业保险基金中调剂）1/3。所以其具有专项资金的性质，不能与企业的其他财产等同对待，应参照社会保险基金进行管理，分别建账，分账核算，执行国家统一的会计制度，应专款专用，不允许任何组织和个人以任何形式侵占或者挪用。

实务操作指引

（一）国有企业下岗职工基本生活保障资金不能作为企业财产处置

根据财政部、原劳动和社会保障部《国有企业下岗职工基本生活保障和再就业资金管理暂行办法》（财社字〔1998〕94号，已废止）第15条的规定：“企业再就业服务中心应在银行开设专门账户，对财政统一拨付和企业自行筹集的国有企业下岗职工基本生活保障和再就业资金进行专户管理，专款专用，不得挤占和挪用。”《中央财政拨付地方国有企业下岗职工基本生活保障和再就业补助费管理暂行办法》（财社字〔1998〕49号，已废止）第2条第4款规定，此项补助费必须专款专用，只能用于上述开支范围，严禁用于再就业服务中心的人员经费和管理费用的开支。国有企业下岗职工基本生活保障资金存于企业再就业服务中心，不属于企业责任财产，不得挪作他用，不能与企业的其他财产等同对待，人民法院在审理和执行经济纠纷案件时，不得将该项的专项资金作为企业财产处置。

（二）下岗职工作为被执行人时能否执行基本生活保障资金

依照《查扣冻规定》第2条第1款的规定："人民法院可以查封、扣押、冻结被执行人占有的动产、登记在被执行人名下的不动产、特定动产及其他财产权。"同时，依照该规定第3条第8项的规定，除非法律和司法解释明确禁止，被执行人所有的财产均可以作为责任财产由人民法院查封、扣押、冻结。被执行人应得的基本生活保障资金在性质上属于资金请求权，是被执行人所有一类特殊债权，应当视为被执行人在第三人处的收入，属于其责任财产的一部分，依照《民事诉讼法》第250条的规定，人民法院当然可以冻结、扣划。但是，由于涉及的群体比较特殊，其谋生的能力相对较差，所以在冻结、扣划前，依照《查扣冻规定》第3条的规定，必须预留"被执行人及其所扶养家属所必需的生活费用"。

（三）企业再就业服务中心专户资金与企业其他资金的区分

批复没有明确的是，企业再就业服务中心专户中的资金是否都认定为下岗职工基本生活保障资金，如果被执行人将其他存款放入上述专户中，人民法院在执行中也应注意识别，避免规避执行行为的发生。

八、产业工会、基层工会的工会经费及工会经费集中户款项的执行豁免

批复原文

最高人民法院关于产业工会、基层工会是否具备社团法人资格和工会经费集中户可否冻结划拨问题的批复[①]

1997年5月16日　法复〔1997〕6号

各省、自治区、直辖市高级人民法院，解放军军事法院：

山东等省高级人民法院就审判工作中如何认定产业工会、基层工会的社团法人资格和对工会财产、经费查封、扣押、冻结、划拨的问题，向我院请示。经研究，批复如下：

一、根据《中华人民共和国工会法》（以下简称工会法）的规定，产业工会社团法人资格的取得是由工会法直接规定的，依法不需要办理法人登记。基层工会只要符合《中华人民共和国民法通则》（以下简称民法通则）、工会法和《中国工会章程》规定的条件，报上一级工会批准成立，即具有社团法人资格。人民法院在审理案件中，应当严格按照法律规定的社团法人条件，审查基层工会社团法人的法律地位。产业工会、具有社团法人资格的基层工会与建立工会的企业法人是各自独立的法人主体。企业或企业工会对外发生的经济纠纷，各自承担民事责任。上级工会对基层工会是否具备法律规定的社团法人的条件审查不严或不实，应当承担与其过错相应的民事责任。

二、确定产业工会或者基层工会兴办企业的法人资格，原则上以工商登记为准；其上级工会依据有关规定进行审批是必经程序，人民法院不应以此为由冻结、划拨上级工会的经费并替欠债企业清偿债务。产业工会或基层工会投资兴办的具备法人资格的企业，如果投资不足或者抽逃资金的，应当补足投资或

① 该批复已修改。

者在注册资金不实的范围内承担责任；如果投资全部到位，又无抽逃资金的行为，当企业负债时，应当以企业所有的或者经营管理的财产承担有限责任。

三、根据工会法的规定，工会经费包括工会会员缴纳的会费，建立工会组织的企业事业单位、机关按每月全部职工工资总额的百分之二的比例向工会拨交的经费，以及工会所属的企业、事业单位上缴的收入和人民政府的补助等。工会经费要按比例逐月向地方各级总工会和全国总工会拨交。工会的经费一经拨交，所有权随之转移。在银行独立开列的“工会经费集中户”，与企业经营资金无关，专门用于工会经费的集中与分配，不能在此帐户开支费用或挪用、转移资金。因此，人民法院在审理案件中，不应将工会经费视为所在企业的财产，在企业欠债的情况下，不应冻结、划拨工会经费及“工会经费集中户”的款项。

出台背景

工会是职工自愿结合的工人阶级的群众组织。在与工会相关的法律关系中，有两个方面的关系容易混淆，一是工会与所属企业之间的法律关系，二是工会与其所开办的企业之间的法律关系。在办理企业经济纠纷案件中，部分企业生产经营困难，没有可供执行的财产或者财产不足以清偿债务，有的法院对作为被执行人企业的工会财产和经费进行查封、冻结乃至划拨，在一定程度上影响了企业工会的正常运转，甚至影响到企业职工工会福利的发放和使用。个别办案人员对产业工会、基层工会的社团法人资格认识不清，对工会财产、经费的性质和用途不了解，对在何种情况下能够查封、扣押、冻结、划拨工会财产、经费把握不准。有部分银行等协助执行单位对此认识也不统一，还有个别企业工会经费管理混乱，出现工会经费集中户闲置，将工会会费存入普通账户，或者将企业其他资金存入工会经费集中户的情况，甚至因生产资金紧张而长期拖欠、占用已计提的工会会费。为解决上述问题，最高人民法院经研究作出该批复。

理解与适用

（一）产业工会、基层工会取得社团法人资格的条件和程序

按照《工会法》第15条的规定："中华全国总工会、地方总工会、产业工会具有社会团体法人资格。基层工会组织具备民法典规定的法人条件的，依法取得社会团体法人资格。"法人以其全部财产独立承担民事责任。

因此，产业工会社团法人资格的取得是由工会法直接规定的，依法不需要办理法人登记。基层工会只有具备规定的法人条件，才能取得社会团体法人资格。需要明确的是，取得工会社团法人资格的程序和成立工会的审批程序不同。具备社团法人资格的工会应当是其所在的企业经工商部门核准登记，取得法人资格的企业单位，经上一级工会审查批准成立，独立管理经费的同级工会委员会。

（二）各级工会的工会经费必须实行独立核算

工会应当根据经费独立原则，建立预算、决算和经费审查监督制度。工会的财产、经费和国家拨给工会使用的不动产，任何组织和个人不得侵占、挪用和任意调拨，各级地方工会和基层工会应当根据经费独立原则，单独开立账户，独立进行核算，不允许与本单位行政财务或党、团等其他组织财务合并账户集中核算，也不允许将工会财务纳入当地会计结算中心管理。

（三）产业工会或者基层工会兴办企业的法人资格

《中华全国总工会、国家工商行政管理局、国家税务局关于工会兴办企业若干问题的规定》（工总事字〔1992〕11号）及《中华全国总工会〈关于工会兴办企业若干问题的规定〉的补充通知》（工总事字〔1992〕28号）规定，产业工会或者基层工会兴办企业的法人资格原则上以工商登记为准；其上级工会依据有关规定进行审批是必经程序，但人民法院不应以此为由冻结、划拨上级工会的经费并替欠债企业清偿债务。

工会对投资兴办的具有法人资格的企业，按照法律规定承担责任。如果投资全部到位且无抽逃资金的行为，不承担责任，应由所办企业所有的或经营管理的财产承担有限责任；如果投资不实或抽逃出资，应当补足投资或在出资不实范围内承担责任；对那些尚未办理法人营业执照的工会企业，工会就要依法承担该企业的全部责任。

实务操作指引

（一）工会社团法人资格的取得

按照《最高人民法院关于产业工会、基层工会是否具备社团法人资格和工会经费集中户可否冻结划拨问题的批复》：基层工会只要符合《民法典》、《工会法》和《中国工会章程》规定的条件，报上一级工会批准成立，即具有社团法人资格。根据中华全国总工会《基层工会法人资格登记办法》（总工发〔2008〕39号）第3条第1款的规定：“基层工会依照本办法的规定经核准登记、领取证书后，即取得工会法人资格，依法独立享有民事权利、承担民事义务。”

（二）工会的诉讼主体资格

按照《工会法》第49条规定：“工会对违反本法规定侵犯其合法权益的，有权提请人民政府或者有关部门予以处理，或者向人民法院提起诉讼。”因此，一般说来，工会可以作为民事诉讼主体参与民事诉讼。根据《工会法》第43条、第46条规定，工会的自身权利受到伤害的情形主要是企业事业单位拖延或者拒不拨缴工会经费以及工会的财产、经费和国家拨给工会使用的不动产受到他人的侵害，对于此种侵害，工会可以作为民事诉讼的原告提起民事诉讼。

（三）工会经费不属于所在企业的财产

工会经费的来源有五个方面：一是工会会员缴纳的会费；二是建立工会组织的企业、事业单位、机关按每月全部职工工资总额的2%向工会拨缴的经费；三是工会所属的企业、事业单位上缴的收入；四是人民政府的补助；五是其他收入。主要来源是工会会员缴纳的会费和按每月全部职工工资总额的2%向工会拨交的经费，其中2%工会经费是经费的最主要来源。工会经费是依照国家法律法规取得的，它的来源的合法性受国家法律保护，任何组织和个人不得干涉。《工会法》对工会经费的计提、拨付、使用、管理等都有明确的确定。

工会经费一经拨交，所有权随之转移，不应将工会经费视为所在企业的财产，在企业欠债的情况下，不应冻结、划拨工会经费。工会经费与企业的经营资金无关，任何组织和个人不得侵占、挪用和任意调拨，企业负债不能动用工会经费抵偿，即使企业破产，也不能将工会经费列入企业破产财产。

九、对企业职工建房集资款的执行

函复原文

最高人民法院执行工作办公室
关于企业职工建房集资款不属企业所得问题的函

1997年1月27日 法经〔1997〕12号

湖北省高级人民法院：

陕西建光机器厂给我院来函反映：你省荆州市沙市区人民法院在执行荆州市中级人民法院〔1996〕荆经字第175号生效判决时，将所有权不属于该厂的职工建房集资款60万元人民币予以冻结。为此，该厂向沙市区人民法院提出异议，沙市区人民法院则以此款是职工预购房款，属该厂所有为由，驳回其异议。

经审查，陕西建光机器厂为解决本厂职工住房困难，于1995年12月15日以集资修建职工住房方案为题下发了〔1995〕180号文件，该文件明确了集资对象、条件及方式。经上报市房改办公室获批后，该厂按市房改办批复的要求，将上述职工个人集资款存入指定银行的专项帐户。上列事实清楚，证据充分。国务院住房制度改革领导小组办公室还专就此事致函我办，明确指出："此款其性质属于职工个人的，不应视为企业的其他资金。"请你院接到此函后，通知并监督荆州市沙市区人民法院立即将此款解冻。

出台背景

从20世纪90年代开始，随着国家城镇住房制度改革，逐步停止住房实物分配，实行住房分配货币化，要求在符合城市总体规划和坚持节约用地的前提下，可以继续发展集资建房和合作建房，多渠道加快经济适用住房建设。① 很多

① 《国务院关于进一步深化城镇住房制度改革加快住房建设的通知》（国发〔1998〕23号）第17条规定："在符合城市总体规划和节约用地的前提下，可以继续发展集资建房和合作建房，多渠道加快经济适用住房建设。"

单位为解决职工住房问题，相继集资合作兴建职工住宅，用于解决本单位或本系统职工住房问题。随着集资建房的大规模推广，当集资建房单位涉及诉讼时，对于集资房的性质、集资建房款的性质和所有权等问题，出现了很多争议和纠纷，有些案件一直上诉或反映到最高人民法院、国务院有关部门，亟待统一解决和规范。

理解与适用

（一）企业集资建房的性质

所谓集资建房是指由职工所在单位以自己的名义，在自有的国有划拨土地上筹建房屋，国家予以减免部分税费，由参加集资的职工部分或全额出资建设。房屋建成后由单位依据内部集资建房的政策，按成本价销售给职工的房屋，不对外出售。按照相关规定，单位职工集资建房属于经济适用房的一种，是政策性住房。最开始，集资房是不可以办理房产证的，因为集资房是企事业单位为了解决内部职工的住房问题，不能在市场上自由转让。集资房的产权以整体产权的形式属于企事业单位，职工购买的仅是房产的使用权，对房产没有完全产权，所以，集资房没有独立的房产登记凭证。

（二）建房集资款的归属

根据《经济适用住房管理办法》（建住房〔2007〕258号）第38条的规定："向职工收取的单位集资合作建房款项实行专款管理、专项使用，并接受当地财政和经济适用住房主管部门的监督。"职工个人集资款要专项管理、专项使用，以区别于集资合作建房的单位的自有资金；国务院住房制度改革领导小组办公室的致函中明确指出："此款其性质属于职工个人的，不应视为企业的其他资金。"也就是说，职工个人集资款是集资职工的财产，不是企业的资金，要专门用于集资建房。

实务操作指引

随着国家住房政策的调整，现在各地单位集资建房的现象逐渐减少，监管机构对集资建房进行限制和规范[①]。2007 年，由建设部、发改委等多部门联合印发的《经济适用住房管理办法》规定，[②] 任何单位不得利用新征用或新购买土地组织集资合作建房，各级国家机关一律不得搞单位集资合作建房，对企业集资建房也做了严格的限制。在实务中，如何认定企业账户上的资金是否为职工建房集资款，应从以下几方面考量：

一是集资建房单位的性质。

单位集资房由单位和职工共同出资，房屋的产权包括房屋所有权和土地使用权，集资房和普通商品房的区别在于集资房的土地使用权归集资单位所有，出资建房的个人只有房屋使用权，因集资建房政策的特殊性和地方限制，部分职工经过一段过渡时期可能取得产权，单位职工在取得房屋产权证之前仅享有房屋的使用权。当国家或地方政府在该集资房的土地上有新的建设规划时，房屋的拆建补偿也是由集资单位和出资人协商。

二是集资建房是否经主管部门审批。

集资建房应当纳入当地经济适用住房建设计划和用地计划管理，其建设标准、优惠政策、供应对象、产权关系等均按照经济适用住房的有关规定严格执行。单位集资合作建房必须要有当地住房管理部门的审批手续。

三是职工个人集资建房款的管理和使用。

向职工收取的单位集资合作建房款项要实行专款管理、专项使用，并接受当地财政和经济适用住房主管部门的监督。在确认资金是否为职工个人集资建

---

① 原建设部、原监察部、原国土资源部联合下发《关于制止违规集资合作建房的通知》（建住房〔2006〕196 号）规定，严禁党政机关利用职权或其影响，以任何名义、任何方式搞集资合作建房，超标准为本单位职工牟取住房利益。

② 《经济适用住房管理办法》（建住房〔2007〕258 号）第 34 条规定："距离城区较远的独立工矿企业和住房困难户较多的企业，在符合土地利用总体规划、城市规划、住房建设规划的前提下，经市、县人民政府批准，可以利用单位自用土地进行集资合作建房。参加单位集资合作建房的对象，必须限定在本单位符合市、县人民政府规定的低收入住房困难家庭。"第 35 条规定："单位集资合作建房是经济适用住房的组成部分，其建设标准、优惠政策、供应对象、产权关系等均按照经济适用住房的有关规定严格执行。单位集资合作建房应当纳入当地经济适用住房建设计划和用地计划管理。"第 36 条规定："任何单位不得利用新征用或新购买土地组织集资合作建房；各级国家机关一律不得搞单位集资合作建房。单位集资合作建房不得向不符合经济适用住房供应条件的家庭出售。"第 37 条规定："单位集资合作建房在满足本单位低收入住房困难家庭购买后，房源仍有少量剩余的，由市、县人民政府统一组织向符合经济适用住房购房条件的家庭出售，或由市、县人民政府以成本价收购后用作廉租住房。"

房款时，要核实职工的交款或企业收款凭证、查看指定存入银行的票据以及在主管部门是否有备案等材料，综合认定金额和范围。

四是集资建房单位的自有资金可以执行。

如果集资建房是由职工和企业共同出资建设，职工个人的集资款要与单位用于集资建房的自有资金予以区分，企业用于集资建房的自有资金，所有权是企业，可以被依法采取冻结、划拨等执行措施。但在执行时，要综合考虑职工利益和稳定因素，优先执行企业其他可供执行的财产。

十、党费的执行豁免

通知原文

最高人民法院关于强制执行中不应将企业党组织的党费作为企业财产予以冻结或划拨的通知

2005年11月22日　法〔2005〕209号

各省、自治区、直辖市高级人民法院，解放军军事法院，新疆维吾尔自治区高级人民法院生产建设兵团分院：

据悉，近一个时期，少数法院在强制执行过程中，将企业党组织的党费账户予以冻结，影响了企业党组织的正常工作。为避免此类情况发生，特通知如下：

企业党组织的党费是企业每个党员按月工资比例向党组织交纳的用于党组织活动的经费。党费由党委组织部门代党委统一管理，单立账户，专款专用，不属于企业的责任财产。因此，在企业作为被执行人时，人民法院不得冻结或划拨该企业党组织的党费，不得用党费偿还该企业的债务。执行中，如果申请执行人提供证据证明企业的资金存入党费账户，并申请人民法院对该项资金予以执行的，人民法院可以对该项资金先行冻结；被执行人提供充分证据证明该项资金属于党费的，人民法院应当解除冻结。

各级人民法院发现执行案件过程中有违反上述规定情形的，应当及时依法纠正。

出台背景

法院是否可对将涉案企业党组织的党费账户采取冻结、划拨措施，实践中争议较大，如果将党费作为债务人财产予以保全、执行，对企业党组织的正常运转产生巨大影响。为了厘清企业本身与企业党组织之间财产的关系，最高人民法院专门发文明确，除非发生财产混同情形，否则人民法院不得冻结或划拨企业党组织的党费，不得用党费偿还企业的债务。

理解与适用

（一）党费的来源和用途

企业党组织的党费是企业每个党员按月工资比例向党组织交纳的用于党组织活动的经费。党员交纳的党费，除要上缴中组部党费总额的5%之外，在各级党委按不同比例留存。党费使用主要用于培训党员、补助生活困难的党员和修缮因灾受损的基层党员教育设施等，不能用来清偿企业所欠债务。

（二）党费的日常管理

党费由党委组织部门代党委统一管理，单立账户，专款专用，不属于企业的责任财产。专款专用是指："指定用途的资金，应当按规定的用途使用，并单独核算反映。"上级党组织下拨的党费，作为专项资金也应当按专款专用原则进行管理。按规定，党费应当存入中国工商银行、中国农业银行、中国银行、中国建设银行、交通银行、中国邮政储蓄银行，不得存入其他银行。对于暂时没有上述银行储蓄网点的乡镇，可以暂时存入农村信用社，待本地有上述银行储蓄网点时再将党费改存上述国有或国有控股银行。各级党委组织部门内设的财务机构或者同级党委的财务机构（如办公室、财务科、会计结算中心等）代办党费的具体财务工作，主要指资金核算、往来结算、会计核算、账务管理、会计监督等。

（三）党费不属于被执行人的责任财产

《最高人民法院关于强制执行中不应将企业党组织的经费作为企业财产予以冻结或划转的通知》、《中央组织部关于依法保障党费账户安全的通知》（组电明字〔2006〕56 号）要求，在经济纠纷中，党组织所在单位作为被执行人时，不得冻结或划拨该单位党组织的党费，不得用党费偿还该单位的债务。如发生因单位之间经济纠纷，所在单位的党组织的党费被冻结或划拨的现象，有关地方和单位党委组织部门要依据有关规定，及时协调有关机构和部门妥善解决。但需要明确的是，如果企业资金和党费发生混同，人民法院是可以采取冻结措施的，如需解除冻结，需要被执行人提供证据证明账户内财产的性质。

实践中，部分企业党费管理不规范，有些企业违反党费管理规定，将企业或个人的其他资金存入党费账户，或者将党费存入企业其他账户。将党费与其他资金混同，容易带来执行风险。

实务操作指引

一是为防止被执行人转移资金，如果申请执行人提供证据证明企业的资金存入党费账户，并申请人民法院对该项资金予以执行的，人民法院可以对该项资金先行冻结。

二是如果申请人并未提供证据证明企业的资金存入党费账户，人民法院依职权将党费账户冻结的，被执行人可依据《民事诉讼法》第 232 条提出执行行为异议。

三是如果企业党费存入企业普通账户被冻结，人民法院难以区分从而采取冻结措施的，企业所在党组织可依据《民事诉讼法》第 234 条提出案外人异议，提供充分证据证明该项资金属于党费的，人民法院应当解除冻结。

十一、对社会保险基金的执行

通知原文

最高人民法院关于在审理和执行民事、经济纠纷案件时不得查封、冻结和扣划社会保险基金的通知

2000 年 2 月 18 日　法〔2000〕19 号

各省、自治区、直辖市高级人民法院，新疆维吾尔自治区高级人民法院生产建设兵团分院：

近一个时期，少数法院在审理和执行社会保险机构原下属企业（现已全部脱勾）与其它企业、单位的经济纠纷案件时，查封社会保险机构开设的社会保险基金帐户，影响了社会保险基金的正常发放，不利于社会的稳定。为杜绝此类情况发生，特通知如下：

社会保险基金是由社会保险机构代参保人员管理，并最终由参保人员享用的公共基金，不属于社会保险机构所有。社会保险机构对该项基金设立专户管理，专款专用，专项用于保障企业退休职工、失业人员的基本生活需要，属专项资金，不得挪作他用。因此，各地人民法院在审理和执行民事、经济纠纷案件时，不得查封、冻结或扣划社会保险基金；不得用社会保险基金偿还社会保险机构及其原下属企业的债务。

各地人民法院如发现有违反上述规定的，应当及时依法予以纠正。

出台背景

我国社会保险制度改革后，原本属于社会保险机构的下属企业逐步与社会保险机构脱离，独立承担民事责任。少数法院在审理和执行社会保险机构已完成脱钩的下属企业与其他企业、单位的经济纠纷案件时，查封社会保险机构开设的社会保险基金账户，影响了社会保险基金的正常发放，不利于社会稳定，

最高人民法院发布《关于在审理和执行民事、经济纠纷案件时不得查封、冻结和扣划社会保险基金的通知》予以规范。

理解与适用

（一）社会保险基金的性质和用途

社会保险基金是指为了保障保险对象的社会保险待遇，按照国家法律、法规，由缴费单位和缴费个人分别按缴费基数的一定比例缴纳以及通过其他合法方式筹集的专项资金。是国家为举办社会保险事业而筹集的，用于支付劳动者因暂时或永久丧失劳动能力或劳动机会时所享受的保险金和津贴的资金。按照保险类型确定资金来源，逐步实行社会统筹，用人单位和劳动者必须依法参加社会保险，缴纳社会保险费。主要包括基本养老保险基金、基本医疗保险基金、工伤保险基金、失业保险基金和生育保险基金。

（二）社会保险基金不属于社会保险机构

各项社会保险基金专项用于保障企业退休职工、失业人员的基本生活需要，属专项资金，不属于社会保险机构，更不属于其他任何组织和个人，社会保险机构对社会保险基金仅有管理权，并没有所有权。社会保险基金按照社会保险险种分别建账，分账核算，执行国家统一的会计制度，应专款专用，不允许任何组织和个人以任何形式侵占或者挪用。因此，通知要求各地人民法院在审理和执行民事、经济纠纷案件时，不得查封、冻结或扣划社会保险基金，不得用社会保险基金偿还社会保险机构及其原下属企业的债务。

实务操作指引

（一）人民法院可以执行被执行人领取的社会保险金

如果社会保险基金的参保人员作为被执行人时，人民法院可以执行其领取的社会保险基金。依照《执行规定》第29条规定，社会保险基金应当属于被执行人在有关单位尚未支取的收入，在符合提取条件可以参照收入强制执行。

（二）执行社会保险基金应当遵循善意文明的执行理念

社会保险基金是由社会保险机构代参保人员管理，并最终由参保人员享用的公共基金，专项用于保障企业退休职工、失业人员的基本生活需要，属专项资金。虽然在参保人员作为被执行人时，人民法院可以执行其名下的社会保险基金，但该类人群比较特殊，从法律规定和人道主义角度考虑，应当为其预留必要的生活费用。

十二、金融机构办公楼、运钞车、营业场所的执行豁免

通知原文

最高人民法院关于不得对中国人民银行及其分支机构的办公楼、运钞车、营业场所等进行查封的通知

1999 年 3 月 4 日　法〔1999〕28 号

各省、自治区、直辖市高级人民法院，解放军军事法院，新疆维吾尔自治区高级人民法院生产建设兵团分院：

近年来，一些地方发生中国人民银行分支机构因行使金融监管权而被列为被告的案件，有的受案法院查封了人民银行的办公楼（内有金库）、运钞车、营业场所，影响了人民银行金融监管工作的正常进行。为防止和杜绝类似事件的发生，特就有关问题通知如下：

中国人民银行是依法行使国家金融行政管理职权的国家机关，根据《中国人民银行法》和《非法金融机构和非法金融活动取缔办法》的规定，对金融业实施监督管理，行使撤销、关闭金融机构，取缔非法金融机构等行政职权。因此，被撤销、关闭的金融机构或被取缔的非法金融机构自身所负的民事责任不应当由行使监督管理职权的中国人民银行承担，更不应以此为由查封中国人民银行及其分支机构的办公楼、运钞车和营业场所。各级人民法院在审理、执行当事人一方为被撤销、关闭的金融机构或被取缔的非法金融机构的经济纠纷案

件中，如发现上述问题，应当及进依法予以纠正。

对确应由中国人民银行及其分支机构承担民事责任的案件，人民法院亦不宜采取查封其办公楼、运钞车、营业场所的措施。中国人民银行及其分支机构应当自觉履行已生效的法律文书，逾期不履行的，人民法院在查明事实的基础上，可以依法执行其其他财产。

出台背景

中国人民银行于1999年向最高人民法院发出《关于商请对中国人民银行及其分支机构办公楼、金库、运钞车、营业部等不应查封的函》（银函〔1999〕34号），主要反映近几年来，连续发生多起中国人民银行分支机构因依法行使监管职责而被作为被告并被判决败诉的重大案件，导致中国人民银行办公大楼（内有金库）、运钞车、营业部（办理日常票据交换和资金清算业务）被查封，中国人民银行的金融监管工作受到了影响，并给当地的金融安全造成隐患。中国人民银行认为，不应为监管对象承担民事责任，中国人民银行的办公楼、金库、运钞车和人民银行的营业场所、办公设施不应查封，对确需由中国人民银行承担的民事责任，可以通过其他方式解决。

中国人民银行是依法行使国家金融行政管理职权的国家机关，不应承担行政管理相对人的民事责任。中国人民银行对金融业实施监督管理，对金融机构进行撤销、关闭，对非法金融机构予以取缔均是行使法律赋予的国家行政职权，中国人民银行与行政管理相对人之间是一种行政法律关系，中国人民银行可以依法承担行政法律责任，但不应承担被撤销、被关闭金融机构或非法金融机构自身应承担的民事责任。

中国人民银行作为国家宏观调控部门，除了依法制定和实施货币政策，对金融业实施监督管理外，还大量承担着同城和异地的票据交换任务；当商业银行头寸不足时，需要向人民银行提取库款；人民银行还承担了对人民币现钞的调运、保管、发行、回笼等管理工作。查封了办公楼、金库、营业场所、运钞车等，以上工作将无法正常运行，势必造成金融秩序的混乱，严重影响金融机构的正常运行和正常的金融秩序。

理解与适用

（一）中国人民银行不承担被撤销、关闭、取缔的企业的民事责任

按照公司法的要求，企业被撤销有两种情形，一是法律、行政命令直接规定撤销；二是因企业违反法律的规定而被撤销，如企业从事违法经营活动，对国家、社会或他人造成严重损害的，主管机关可依法撤销该企业。企业法人被撤销后，只有在特定情况下，其上级主管部门才会有条件地承担责任。例如，上级主管部门抽逃、转移企业资金或者隐匿企业财产逃避债务的；被诉企业法人因资不抵债而被撤销，其上级主管部门若自愿接管下属企业法人的债权债务的；上级主管部门为下属企业法人提供资信担保的，等等。根据《非法金融机构和非法金融业务活动取缔办法》（已废止），非法金融机构一经中国人民银行宣布取缔，有批准部门、主管单位或者组建单位的，由批准部门、主管单位或者组建单位负责组织清理清退债权债务；没有批准部门、主管单位或者组建单位的，由所在地的地方人民政府负责组织清理清退债权债务。因参与非法金融业务活动受到的损失，由参与者自行承担。非法金融业务活动所形成的债务和风险，不得转嫁给未参与非法金融业务活动的国有银行和其他金融机构以及其他任何单位。所以，中国人民银行不应承担监管对象的民事责任。

（二）对人民银行及分支机构的执行措施

中国人民银行在作为平等民事主体参与经济活动的过程中，对确应由中国人民银行及其分支机构承担民事责任的案件，人民法院也不宜采取查封其办公楼、运钞车、营业场所的措施。作为国家机关，如果被查封了办公楼、金库、营业场所、运钞车等，势必影响管理权的正常运行，影响金融秩序。中国人民银行及其分支机构应当自觉履行已生效的法律文书，逾期不履行的，人民法院在查明事实的基础上，可以依法执行其他财产。

实务操作指引

银行和非银行金融机构作为被执行人时应当自动履行法定义务，拒不履行的，司法机关可以依照法律规定采取必要的强制措施。《执行规定》第27条规

定："被执行人为金融机构的，对其交存在中国人民银行的存款准备金和备付金不得冻结和扣划，但对其在本机构、其他金融机构的存款，及其在人民银行的其他存款可以冻结、划拨，并可对被执行人的其他财产采取执行措施，但不得查封其营业场所。"其中提及的"两金"是有法定用途的，是人民银行对商业银行监督管理的重要手段，事关中国人民银行对宏观经济的调控，所以不宜视为一般意义上的存款。司法机关对商业银行存在人民银行的"两金"不宜冻结、扣划，但对非"两金"的其他资金可以依法冻结、扣划。

十三、封闭贷款结算专户的执行豁免

通知原文

最高人民法院关于执行《封闭贷款管理暂行办法》和《外经贸企业封闭贷款管理暂行办法》中应注意的几个问题的通知

2000年1月10日　法发〔2000〕4号

各省、自治区、直辖市高级人民法院，新疆维吾尔自治区高级人民法院生产建设兵团分院：

1999年7月26日，中国人民银行、国家经贸委、国家计委、财政部和国家税务总局联合下发了《封闭贷款管理暂行办法》（银发〔1999〕261号）[①]，同年8月5日中国人民银行、国家计委、财政部、外经贸部和国家税务总局又联合下发了《外经贸企业封闭贷款管理暂行办法》（银发〔1999〕285号）[②]。封闭贷款是商业银行根据国家政策向特定企业发放的具有特定用途的贷款，为保

① 该办法已经废止，参见《商务部、国家发展和改革委员会、财政部、中国人民银行、国家税务总局、联合发布关于废止有关文件的通知》（商财发〔2007〕228号）。

② 该办法已经废止，参见《商务部、国家发展和改革委员会、财政部、中国人民银行、国家税务总局、联合发布关于废止有关文件的通知》（商财发〔2007〕228号）。

证这项工作的顺利进行，使封闭贷款达到预期目的，现将有关问题通知如下：

一、人民法院审理民事经济纠纷案件，不得对债务人的封闭贷款结算专户采取财产保全措施或者先予执行。

二、人民法院在执行案件时，不得执行被执行人的封闭贷款结算专户中的款项。

三、如果有证据证明债务人为逃避债务将其他款项打入封闭贷款结算专户的，人民法院可以仅就所打入的款项采取执行措施。

四、如果债权人从债务人的封闭贷款结算专户中扣取了老的贷款和欠息，或者扣收老的欠税及各种费用，债务人起诉的，人民法院应当受理，并按照《封闭贷款管理暂行办法》第十四条的规定处理。债务人属于外经贸企业的，则按照《外经贸企业封闭贷款管理暂行办法》第二十一条的规定处理。

执行中有何问题，请及时向我院报告。

此复

出台背景

封闭贷款是贷款人对因资产负债率较高、亏损严重等原因，按照正常条件不能取得贷款，但政府已决定救助的国有工业企业发放并实行封闭管理的流动资金贷款。一般是对企业部分有销路、有效益的产品，在资金投入、生产、产品销售的全过程中，实行封闭管理的一种贷款管理方式。实行产品“封闭贷款”的企业要对这类产品单独进行成本核算。它对缓解国有工业企业债务压力、尽快摆脱困境、保证贷款资金的安全具有重要意义。封闭贷款是应时而生的一项新的金融业务。

封闭贷款具备以下特点：一是封闭性，借款企业在原材料采购、生产、库存、销售的整个环节中资金都能够封闭运行，对贷款单独核算，供、产、销单独记账，成本费用单独核算，效益利润单独反映，各项公积金的提取、纳税、分红应单独处理。将这部分的财务处理与企业其他各项财务完全分隔开，以独立反映封闭贷款资金的投入、使用、获利等情况。二是债权债务的排他性。商业封闭贷款产生的债权债务关系包括两部分。一为商业银行给予企业封闭贷款所产生的商业银行与企业之间的债权债务关系；二为企业在使用封闭贷款过程中，与其他企业或单位形成的债权债务关系。这些债权债务因贷款的封闭运行而和其他债权债务分开，其他业务不能涉及该部分债权债务。例如，企业不得将用封闭贷款生产的产品抵偿该借款以外的债务。因此，因封闭贷款产生的债权债务是排他的，与其他债权债务不能发生联系，不能混同处理，以保证封闭贷款资金的安全。三是多重制约性。封闭贷款是商业性贷款，由商业银行自主审查发放。但它又不是普通意义的商业性贷款，给予了商业银行的利益以特殊保护。就决定了这种贷款是在特定时期、对特定对象实施的，要受多种条件的制约。一为政府行为的制约。封闭贷款的对象是由政府决定给予救助的国有工业企业，政府根据国有企业脱困目标实施的情况，选择那些不宜实行破产、兼并，但又陷入困境急需资金支持的工业企业。因此，要首先通过政府给予救助的审查决定，是企业获得封闭贷款的前提条件。二为司法行为的制约。封闭贷款是否安全，重要条件之一是要实现封闭贷款及使用贷款产生的债权债务和其他债权债务分开。这取决于有无规范上述行为的明确法律依据，以及司法机关能否正确理解和执行有关规定。三为企业和商业银行本身条件的制约。企业要能保证贷款封闭运行，能够通过使用贷款达到营利的目的。商业银行要能够正确评价企业的资产状况、管理能力和营利能力，有必要的专业人才和科学管理制度，切实对封闭贷款进行管理、监督。

封闭贷款实际上作为国家金融政策的产物，法律风险体现为两个方面：一是封闭贷款管理法律规定的效力位价较低。1999 年 7 月 26 日中国人民银行、国家经贸委、计委、财政部、税务总局发布的《封闭贷款管理暂行办法》属行政规章，没有国家法律、行政法规那样的普遍约束力，其内容不得与法律法规的内容相抵触。司法机关办案以法律法规为主要依据，对与法律法规无抵触的行政规章可以参照执行。而规定封闭贷款在债权债务上的排他性，与民法、民事诉讼法的有关规定相抵触。二是法律制度相互矛盾，难以操作。司法部门不应以企业其他债务纠纷为由，冻结封闭贷款账户和扣收专户资金，目的是防止以封闭贷款资金清偿企业的其他债务，但它仅保护封闭贷款账户和专户资金。司法机关仍可以对用封闭贷款资金购买的原材料和生产的成品进行查封、扣押。

理解与适用

（一）封闭贷款结算专户可以执行豁免

我国现有法律对执行中豁免财产范围的规定较为模糊，法院认识尺度不一致，依据《民事诉讼法》第 251 条规定，在对被执行人的财产采取控制性、处分性措施时，应当保留被执行人及其所抚养家属的生活必需品。执行豁免制度意味着并非被执行人名下的财产都能够采取强制措施。以债权人的视角看，执行豁免制度损害了权利人的权益，致使债权的实现受到了限制，因此，在执行程序中，应严格确定执行财产豁免的范围，以保证被执行人基本生活、生产、不违背公序良俗及社会公共利益为原则。[①] 如对企业的生产设备、机器等，原则上不采取处分性措施。不能执行封闭性贷款本质是对特殊国有企业的豁免，对封闭贷款结算专户不能采取财产保全或者先予执行措施，对封闭贷款结算专户中的款项也不能采取执行措施。

（二）封闭性贷款执行豁免的例外情况

如果被执行人为逃避履行债务将其他款项打入封闭贷款结算专户的，人民法院可以就所打入的款项采取执行措施，但对原属于封闭贷款账户中的款项仍不能采取执行措施。

如果债务人属于外经贸企业的，应按照《外经贸企业封闭贷款管理暂行办法》（已废止）第 21 条的规定处理。贷款在封闭运行期间，贷款人不得从专户中扣取老的贷款和欠息；企业不能用其支付拖欠的工资，不得用专户上的资金支付企业的其他债务；有关部门不能从专户中扣收老的欠税及各种费用。[②]

实务操作指引

封闭贷款业务不仅确立了商业银行债权的排他性，保证贷款资金的安全和

---

① 参见《最高人民法院关于在经济审判中适用国发〔1990〕68 号文件有关问题的通知》。

② 参见中国人民银行、原国家计委、财政部、原外经贸部、国家税务总局《关于颁布〈外经贸企业封闭贷款管理暂行办法〉的通知》（银发〔1999〕285 号）。

贷款企业经营，而且对基于贷款银行的债权的保全措施和执行措施也进行了很大程度的限制，需要注意的是，因《封闭贷款管理暂行办法》2007年被原中国银监会发文废止，如果贷款企业不是外经贸企业，已经不再享有执行财产豁免的权利。

第三节　查封、扣押、冻结

一、强制执行措施的期限

答复原文

最高人民法院关于民事执行中查封、扣押、冻结财产有关期限问题的答复

2006年7月11日　法函〔2006〕第76号

上海市高级人民法院：

你院《关于民事执行续行查封、扣押、冻结财产问题的请示》（沪高法〔2006〕12号）收悉。经研究，答复如下：

同意你院倾向性意见，即《最高人民法院关于人民法院民事执行中查封、扣押、冻结财产的规定》施行前采取的查封、扣押、冻结措施，除了当时法律、司法解释及有关通知对期限问题有专门规定的以外，没有期限限制。但人民法院应当对有关案件尽快处理。

此复

出台背景

本答复是针对《查扣冻规定》作为司法解释是否溯及既往问题作出的答复。

《查扣冻规定》实施之前，关于查封、扣押、冻结措施的期限，只是在一些规范性文件中有过零星的规定。中国人民银行、最高人民法院、最高人民检察院、公安部、司法部 1980 年 11 月 22 日发布的《关于查询、停止支付和没收个人在银行的存款以及存款人死亡后的存款过户或支付手续的联合通知》，最高人民法院、中国人民银行 1983 年 12 月 28 日联合颁布的《关于查询、冻结和扣划企业事业单位、机关、团体的银行存款的联合通知》（已废止）以及中国人民银行印发的、自 2002 年 2 月 1 日开始实施的《金融机构协助查询、冻结、扣划工作管理规定》中都规定停止支付、冻结单位存款的期限最长不超过 6 个月。这是实践中银行存款冻结期限为 6 个月的渊源。2004 年 3 月 1 日起实施的最高人民法院、原国土资源部、原建设部《国土房管部门协助执行通知》中规定查封不动产的最长期限是 2 年。2001 年《注册商标权保全解释》规定注册商标权保全的期限不得超过 6 个月，2020 年 12 月 23 日法释〔2020〕19 号决定将该期限修改为 1 年。除此之外，其他规范性文件对于查封、冻结、扣押措施的期限并没有系统规定。[①]

《查扣冻规定》实施后，之前已经采取的强制执行措施是否也适用关于期限的规定在实践中出现了争议。如果《查扣冻规定》具有溯及力，那么在实施之前采取的查封、冻结、扣押也应该受到期限的约束。但是，基于《查扣冻规定》实施前很多查封、冻结、扣押措施没有期限限制的现实情况，如果确定适用新的期限规定，可能就会出现在 2005 年 1 月 1 日司法解释实施时，之前查封、冻结、扣押措施已超过新司法解释规定的期限且措施不能续行的情况。例如，在 2001 年 1 月 1 日查封了房屋，当时没有期限限制。如果到 2005 年 1 月 1 日后要溯及既往地适用 2 年查封期限的规定，那么查封在 2002 年 12 月 31 日就已经到

---

① 除上述文件外，最高人民法院、最高人民检察院、公安部、中国人民银行等部门曾就冻结、扣划、执行、协助执行等事项制定过多个文件，包括：1993 年的《中国人民银行、最高人民法院、最高人民检察院、公安部关于查询、冻结、扣划企事业单位、机关、团体银行存款的通知》、1996 年的《最高人民法院、最高人民检察院、公安部关于对冻结、扣划企业事业单位、机关团体在银行、非银行金融机构存款的执法活动加强监督的通知》、1997 年的《中国人民银行关于贯彻落实中共中央政法委关于司法机关冻结、扣划银行存款问题的意见的通知》、2000 年的《最高人民法院、中国人民银行关于依法规范人民法院执行和金融机构协助执行的通知》、2004 年的《最高人民法院关于冻结、扣划证券交易结算资金有关问题的通知》。在《查扣冻规定》施行之前，对强制措施期限的规定分散于各种文件中，并没有对查封、冻结、扣押的期限作出统一规定。

期，查封措施已经失效，而且已经不能再续封，只能重新查封。这在实践中可能会引发严重问题，上海市高级人民法院请示后，最高人民法院作出了答复。

理解与适用

（一）民事执行查封、扣押、冻结措施的期限

《民事诉讼法》没有规定查封期限，2004年《查扣冻规定》第29条规定，人民法院冻结被执行人的银行存款及其他资金的期限不得超过6个月，查封、扣押动产的期限不得超过1年，查封不动产、冻结其他财产权的期限不得超过2年。法律、司法解释另有规定的除外。申请执行人申请延长期限的，人民法院应当在查封、扣押、冻结期限届满前办理续行查封、扣押、冻结手续，续行期限不得超过前款规定期限的1/2。

此后，2008年《最高人民法院、最高人民检察院、公安部、中国证监会关于查询、冻结、扣划证券和证券交易结算资金有关问题的通知》中对冻结证券和交易结算资金的期限进行规定："冻结证券的期限不得超过二年，冻结交易结算资金的期限不得超过6个月。需要延长冻结期限的，应当在冻结期限届满前办理续行冻结手续，每次续行冻结的期限不得超过前款规定的期限。"2015年《民事诉讼法解释》又对查封、扣押、冻结期限问题进行了全面修改，该解释第487条规定："人民法院冻结被执行人的银行存款的期限不得超过一年，查封、扣押动产的期限不得超过两年，查封不动产、冻结其他财产权的期限不得超过三年。申请执行人申请延长期限的，人民法院应当在查封、扣押、冻结期限届满前办理续行查封、扣押、冻结手续，续行期限不得超过前款规定的期限。人民法院也可以依职权办理续行查封、扣押、冻结手续。"

纵观司法解释的规定，查封、扣押、冻结的期限从无到有，逐步细化。《查扣冻规定》首先确定了根据执行标的的不同类别，规定不同期限的做法。体现的思路是：（1）无论是何种执行标的，采取强制执行措施都应当有期限，一方面督促法院尽快执行，另一方面实现和保护当事人的合法权益。（2）越难以处置的财产，强制执行措施的期限越长，反之越短。在现实中，一些执行难度较大的案件，往往需要耗费不少精力去办理强制执行措施的续行手续。因此，实

践中有取消强制执行措施期限的呼声。《民事诉讼法解释》没有采纳取消期限的意见，仍然予以保留：一方面，延长了各种执行标的强制执行措施的期限，尽量解决因为续行强制执行措施而增加执行工作量的问题；另一方面，还是坚持了强制执行措施有期限，[①] 根据处置难易程度不同，期限也有长有短，平衡保护当事人的权益。

《查扣冻规定》并没有溯及力，对《查扣冻规定》实施以前采取的强制执行措施，除了采取强制执行措施时法律、司法解释及有关通知对期限问题有专门规定的以外，没有期限限制。当然，最高人民法院也强调，虽然没有期限限制，但是法院也还是应该尽快处理。无论是否规定强制执行措施的期限，应该始终强调执行工作的效率。

（二）续行查封、扣押、冻结

既然有执行措施期限规定，就有到期延长的问题。2004 年《查扣冻规定》关于延长期限的规定，有 3 层含义：（1）申请执行人申请延长，没有确定法院依职权延长；（2）应当在强制执行措施到期前办理续行手续；（3）续行期限不得超过法定期限的 1/2。延长期限续封由当事人主导，旨在督促当事人积极行使权利和法院积极执行。但实践中的问题是，当事人可能不一定清楚强制措施到期的时间而及时提出申请，而续行期限短也在无形中增加了法院的工作量。可能是考虑到这一点，《最高人民法院、最高人民检察院、公安部、中国证券监督管理委员会关于查询、冻结、扣划证券和证券交易结算资金有关问题的通知》对于延长期限的规定进行了调整，续行的期限不再是原查封期限的 1/2，而是可以与法定期限一致。《民事诉讼法解释》延续了这一思路，并作出了新的规定，法院可以依职权办理续行手续，弥补仅仅依靠当事人申请来进行续行的不足，但并没有确定法院一定有依职权进行续行延期的义务。

---

① 需要说明的是，实践中，对于银行存款的冻结，有“余额冻结”与“账户冻结”两种惯例操作方式，一般而言，前者是指作出冻结时就确定具体冻结金额并足额冻结，后者是指作出冻结时账户内余额低于要求冻结的具体金额，而对账户做“只收不付”的处理，直至达到要求的冻结金额。而无论是“余额冻结”还是“账户冻结”，都应该受冻结期限的限制。

实务操作指引

（一）查封措施期限的意义

设置查封期限的目的就是督促法院尽快对执行财产进行处理。在没有期限限制的情况下，当事人难以获得确定的预期，与执行财产有关的法律关系可能就会受到影响。

案例①

上诉人刘某泉与被上诉人刘某荣房屋买卖合同纠纷一案，不服海口市龙华区人民法院作出的（2014）龙泉法初字第79号民事判决，向海口市中级人民法院提起上诉。

海口市中级人民法院经审理查明：2005年8月12日，刘某荣与刘某泉签订《房地产买卖契约》，刘某荣以16万元购买刘某泉名下的房屋。签约当日刘某荣支付10万元，刘某泉将房屋使用权交付刘某荣，但未过户。双方约定，刘某泉完成所有过户手续后，刘某荣再支付6万元。2008年3月3日，双方又签订《商品房买卖补充协议》，签约当日刘某荣支付尾款6万元。双方约定，如果约定房屋在2年内无法拆迁，刘某泉必须将其过户给刘某荣。

因房屋一直没有拆迁，刘某荣在龙华区人民法院对刘某泉提起诉讼，并申请诉前财产保全，龙华区人民法院做了查封房屋的执行措施。刘某泉主张该房在他人法定继承纠纷案中向法院提供诉讼保全担保，已在2002年7月被查封。目前法定继承纠纷案仍未审结，查封依然有效，因此不能过户。龙华区人民法院认为，刘某泉的行为已构成违约。房屋曾因他案被查封，后未办理延期手续，该查封效力已消灭，判决刘某泉将房屋过户至刘某荣名下。刘某泉不服，向海口市中级人民法院上诉。

海口市中级人民法院认为，房屋是2002年7月被查封，根据《最高人民法院关于民事执行中查封、扣押、冻结财产有关期限问题的答复》，查封不适用《查扣冻规定》中有关期限的规定。2002年7月的查封仍然有效，龙华区人民法院认为2002年7月的查封效力已消灭，属适用法律错误。但另查，在刘某泉为

① 海口市中级人民法院民事判决书，（2015）海中法民一终字第248号。

他人提供诉讼保全担保的法定继承纠纷案中，刘某荣已明确表示同意代为清偿担保债务或者受让后以该房继续承担诉讼担保责任。因此，法定继承纠纷案中担保权人的权利能够获得充分保障。由于刘某荣受让并无过错，[①] 法律不应允许恶意违约人因其违约行为而获得利益，该案比照担保权人对担保物享有物上追及权或者善意受让人对担保物享有涤除权的原则处理比较妥当。在法定继承纠纷案件尚未审结而刘某荣愿意以受让后房屋继续承担诉讼担保责任的情况下，判令刘某泉将房屋过户给刘某荣并无不当。龙华区人民法院认定事实基本清楚，适用法律虽有错误，但处理结果正确，海口市中级人民法院依法对处理结果予以维持，判决驳回上诉，维持原判。

本案例体现出查封房屋没有期限限制对此后进行的房屋交易会产生很大的影响。争议房屋因为作为诉讼保全的担保财产而被查封，但此后刘某泉又将自己的房屋出售给刘某荣。二审法院确认了按照本答复的精神，在 2002 年 7 月查封的房屋，不适用于《查扣冻规定》中有关期限的规定。[②] 因此，在先的查封并没有失去效力。但是，如果以查封状态一直持续而驳回刘某荣的诉讼请求，显然对刘某荣不公平。而违反合同约定的刘某泉反而会因此受益，明显有悖于一般法理。因此，尽管海南中院认为龙华区人民法院确认查封失效属于适用法律错误，但是基于刘某荣愿意继续以受让后房屋承担诉讼保全担保责任的承诺，支持了刘某荣的诉讼请求。该案中，海口市中级人民法院适当地进行了利益衡量，巧妙地解决了较早之前查封情况不明、没有期限对此后房屋交易造成的影响，合理地维护了买房人的权利。

（二）其他机关查封、扣押、冻结的期限

除了执行法院，其他机关在其他法律程序中也可能会进行查封、冻结、扣押，因此，也涉及期限问题。

2013 年 9 月 1 日施行的《公安机关办理刑事案件适用查封、冻结措施有关

---

① 该案判决书显示，虽然法院 2002 年作出了查封裁定并送达给了房产管理部门，但房产管理部门并未对此进行登记。龙华区人民法院查实，在房产管理部门的查封登记，只有刘某荣申请的保全查封登记，除该次查封登记以外，没有登记其他的查封（包括刘某泉所称的担保查封）。因此，法院认为刘某荣无法从房屋登记角度知晓房屋已在 2002 年被查封的情况，并无过错。

② 本案中查封房屋的时间也早于 2004 年 3 月 1 日起实施的《国土房管部门协助执行通知》，因此也不能适用其中查封房屋 2 年期限的规定。

规定》第7条有明确规定：“查封期限不得超过二年。期限届满可以续封一次，续封应当经作出原查封决定的县级以上公安机关负责人批准，在期限届满前五日以内重新制作查封决定书和协助查封通知书，送交有关部门协助办理，续封期限最长不得超过一年。案件重大复杂，确需再续封的，应当经设区的市一级以上公安机关负责人批准，在期限届满前五日以内重新制作查封决定书和协助查封通知书，且每次再续封的期限最长不得超过一年。查封期限届满，未办理续封手续的，查封自动解除。公安机关应当及时将续封决定告知有关当事人。”第26条规定：“冻结存款、汇款、证券交易结算资金、期货保证金等资金，或者投资权益等其他财产的期限为六个月。需要延长期限的，应当经作出原冻结决定的县级以上公安机关负责人批准，在冻结期限届满前五日以内办理续冻手续。每次续冻期限最长不得超过六个月。对重大、复杂案件，经设区的市一级以上公安机关负责人批准，冻结存款、汇款、证券交易结算资金、期货保证金等资金的期限可以为一年。需要延长期限的，应当按照原批准权限和程序，在冻结期限届满前五日以内办理续冻手续。每次续冻期限最长不得超过一年。冻结债券、股票、基金份额等证券的期限为二年。需要延长冻结期限的，应当经作出原冻结决定的县级以上公安机关负责人批准，在冻结期限届满前五日以内办理续冻手续。每次续冻期限最长不得超过二年。冻结期限届满，未办理续冻手续的，冻结自动解除。”

公安机关办理刑事案件的查封期限一般情况下为2年，冻结期限为6个月。特殊情况有另外的期限规定。《民事诉讼法解释》施行后刑事案件和民事执行案件查封、扣押、冻结的期限并不一致，这点需要注意。

原中国银监会、最高人民检察院、公安部、国家安全部联合发布的《银行业金融机构协助人民检察院公安机关国家安全机关查询冻结工作规定》第18条规定：“冻结涉案存款、汇款等财产的期限不得超过六个月。有特殊原因需要延长的，作出原冻结决定的人民检察院、公安机关、国家安全机关应当在冻结期限届满前按照本规定第8条办理续冻手续。每次续冻期限不得超过六个月，续冻没有次数限制。对于重大、复杂案件，经设区的市一级以上人民检察院、公安机关、国家安全机关负责人批准，冻结涉案存款、汇款等财产的期限可以为一年。需要延长期限的，应当按照原批准权限和程序，在冻结期限届满前办理续冻手续，每次续冻期限最长不得超过一年。冻结期限届满，未办理续冻手续的，冻结自动解除。”

（三）法院应告知当事人执行措施的期限，申请人也应主动了解

为了当事人能够在期限届满前及时申请延期，法院应当将执行措施的期限告知当事人。实践中，向当事人一并通知采取强制执行措施的种类、结果、期限等情况，这对于当事人了解执行工作进展，及时行使权利是十分必要的。

（四）申请人应主动申请续封，必要时法院可依职权续封

《民事诉讼法解释》规定了法院可以依职权办理延期，但法院不是必须依职权办理，所以申请人应该主动申请。我们认为，延期不是目的，还应尽快执行，在实践中应该始终坚持执行效率原则，不能本末倒置，为了延期而延期。

二、查封瑕疵导致财产转移对善意取得人的保护

复函原文

最高人民法院关于人民法院查封的财产被转卖是否保护善意取得人利益问题的复函

1999年11月17日　〔1999〕执他字第21号

河北省高级人民法院：

你院《关于被执行人转卖法院查封财产第三人善意取得是否应予保护的请示》收悉。经研究，答复如下：

人民法院依法查封的财产被转卖的，对买受人原则上不适用善意取得制度。但鉴于所请示的案件中，有关法院在执行本案时，对液化气铁路罐车的查封手续不够完备，因此在处理时对申请执行人和买受人的利益均应给予照顾，具体可对罐车或其变价款在申请执行人和买受人之间进行公平合理分配。

此复

出台背景

本复函作出的时间是1999年，针对是法院查封被执行人的动产（液化气铁路罐车），在查封手续不完备的情况下，被执行人转卖该财产能否依法追回的问题。这与1997年4月7日《最高人民法院关于转卖人民法院查封房屋行为无效问题的复函》（〔1997〕经他字第8号）所反映的问题十分类似，都是在当时法院查封、冻结、扣押规范不完善的情况下，当事人与第三人围绕执行标的的归属出现了争议。

案件的简要情况如下：解放军6410工厂依据河北省石家庄市井陉矿区法院1996年10月作出的调解书，申请执行辽宁省抚顺市油气运销公司。在执行中，井陉矿区法院于1996年11月13日裁定查封了被执行人6台液化气铁路罐车。此后被执行人给付了82万元，并表示如到期不能付清余款，可以用查封的罐车折价偿还。但是，被执行人从1996年11月26日开始，将查封的罐车转卖给他人，其中转让给中国南方航空动力机械公司4台，每台24万元，共计96万元。中国南方航空动力机械公司付款后取得了这4台车的实际占有，并办理了有关车辆的过户手续，办理了新的《液化气罐车使用证》等，并将罐车投入运营。此后，井陉矿区法院在铁路上查到被转移的车辆，再次将该4台罐车扣押到债权人解放军6410工厂的铁路专用线。在准备拍卖时，中国南方航空动力机械公司提出异议，河北省高级人民法院通知井陉矿区法院暂缓执行。

河北省高级人民法院当时有两种意见，第一种意见认为，中国南方航空动力机械公司购买罐车时并不知道该财产已被法院查封，属于无过错的善意取得，罐车应属中国南方航空动力机械公司所有。井陉矿区法院应对被执行人转卖法院查封财产的违法行为进行处罚，并追回售车款项。第二种意见认为，法院查封的财产被非法转卖，属无效行为，法律不予保护，应予追回，中国南方航空动力机械公司可另行起诉被执行人。河北省高级人民法院就此专门向最高人民法院请示。①

---

① 参见人民法院出版社编：《司法解释理解与适用全集·执行卷》，人民法院出版社2018年版，第672页。

人民法院对动产采取强制执行措施，也应该进行必要的公示，当事人以外的第三人就可以根据公示情况决定是否与当事人进行交易。动产权利变动通过交付进行公示，即转移占有来完成的。对于有登记的机动车、船舶、航空器等特殊动产，《民法典》第224条、第225条规定，特殊动产的物权变动，采用的是交付生效、不登记不对抗善意第三人的登记对抗主义。因此，登记是特殊动产所有权变动的对抗要件，而不是生效要件，交付仍然是生效要件。相应地，对动产的查封、扣押，应该通过占有来进行公示，有登记的特殊动产还可以扣押财产权证，通知登记机关办理查封登记手续。故关键就在于查封手续和公示是否完备。在查封、扣押公示的情况下，第三人应该了解和知晓查封、扣押情况，故不能适用善意取得制度。

理解与适用

法院查封制度处于一个不断完善的过程。

依据1998年《执行规定》第41条的规定，对动产的查封，应当采取加贴封条的方式。不便加贴封条的，应当张贴公告。对有产权证照的动产或不动产的查封，应当向有关管理机关发出协助执行通知书，要求其不得办理查封财产的转移过户手续，同时可以责令被执行人将有关财产权证照交人民法院保管。必要时也可以采取加贴封条或张贴公告的方法查封。既未向有关管理机关发出协助执行通知书，也未采取加贴封条或张贴公告的办法查封的，不得对抗其他人民法院的查封。①

在本复函制作过程中，有两种意见，第一种意见认为，法院查封的财产不容被执行人随意处分，擅自处分是无效的，应由其恢复原状。不能恢复原状的，转卖到哪里，法院可以追到哪里。第三人虽然在道义上也应受同情，但不能对抗债权人的利益，只应向擅自处分的被执行人追偿。法院查封手续不完备也不能让债权人承担损失。第二种意见认为，法院查封财产对所有人处分行为的限制与一般民事交易中限制处分应一样对待，不能因法院的执行失误让善意取得

---

① 该条内容已被法释〔2020〕21号删除。

人受损失。最终复函采用了折中的观点，一是认为对买受人原则上不适用善意取得制度，这主要是考虑法院查封财产被转卖的情况与一般民事交易中善意取得制度有一定差别，善意取得制度中，让与人系无权处分，而法院查封是对所有权人的权利进行限制，与善意取得制度适用的对象不完全相同，同时也考虑当时执行工作的现状，有必要保护债权人的利益，加强法院执行权威，延续过去同类案件的做法；[①] 二是查封手续不够完备，应对申请执行人和买受人的利益均给予照顾，具体可对罐车变价款在申请执行人和买受人之间进行公平合理分配。主要是考虑通过对当时劳动部颁发的《压力容器使用登记管理条规则》及其对该规则的说明的分析，液化气罐车这类压力容器的产权转让和过户是由劳动部门控制的，劳动部门对液化气罐车颁发的使用证就像汽车行驶证一样起到产权证的作用。井陉矿区法院在查封时既没有直接对罐车进行加贴封条、张贴公告，也未在劳动部门办理限制被执行人转移过户的协助执行手续，查封手续存在不完善的问题。但根据当时的理论论证，也难以据此认定其查封不成立。1998 年《执行规定》第 41 条主要考虑法院之间的查封争议的处理，并未涉及查封债权人与善意受让人之间的争议处理。但正是由于法院查封的手续不完善，对外界没有进行公示，才造成第三人能够成功买到查封财产。如第三人确属善意，不给予一定的保护也不合理。所以复函采用了折中的办法。而如能证明第三人非善意取得，则不能按照复函中的意见处理。[②]

复函是在 1998 年《执行规定》实施之后《查扣冻规定》出台之前作出的，1998 年《执行规定》对于复函涉及的问题没有明确规定，而《查扣冻规定》第 6 条至第 9 条对查封、扣押、冻结财产的具体方法做了更详细的规定，第 24 条对查封、扣押、冻结的法律效力作出了明确规定，明确了查封、扣押、冻结公示与否将决定法院查封、扣押、冻结措施是否能够对抗善意第三人。

---

① 最高人民法院法官在此处解读中提到的同类案件的做法。一是《最高人民法院关于法院扣押的财产被转卖应否追索问题的复函》（经他〔1993〕19 号）中对内蒙古自治区高级人民法院关于开鲁县法院扣押的拖拉机是否应追究请示的答复。二是《最高人民法院关于转卖人民法院查封房屋行为无效问题的复函》（〔1997〕经他字第 8 号）中对北京市高级人民法院《关于查封房屋因未告知房管部门被出卖应如何执行的请示》的答复。本书对这两个复函另行进行介绍和解读。

② 人民法院出版社编：《司法解释理解与适用全集·执行卷》，人民法院出版社 2018 年版，第 672~676 页。

关于查封、扣押财产的方法，可以将动产分为普通动产与有产权证照、已登记的特殊动产（如车辆、船舶），有产权证照、已登记的特殊动产，可以扣押、保管产权证照，通知有关产权登记部门不予办理该项财产的转移手续。必要时查封财产，可以采取加贴封条或张贴公告的方式进行。因此，判断特殊动产是否被查封，可以到登记部门进行查询和查看封条、公告。

没有产权证照、没有登记的普通动产，应当采取加贴封条或张贴公告的方式进行。查看封条、公告是判断一般动产是否被查封的方式。

人民法院依据法律司法解释规定的方式采取查封、扣押、冻结措施，才能产生法定的公示效果，保证查封、扣押、冻结效力的稳定性。（1）被执行人就已经查封、扣押、冻结的财产所作的移转、设定权利负担或者其他有碍执行的行为，不得对抗申请执行人。法院的查封、扣押、冻结措施具有相对效力，而不是绝对效力。（2）第三人未经人民法院准许占有查封、扣押、冻结的财产或者实施其他有碍执行的行为的，人民法院可以依据申请执行人的申请或者依职权解除其占有或者排除其妨害。（3）人民法院的查封、扣押、冻结没有公示的，其效力不得对抗善意第三人。

《查扣冻规定》对查封手续、查封效力与公示的关系、对善意第三人的保护作出了明确规定后，实践中再出现与本复函所涉案件类似的情况时，应该按照新司法解释的规定处理。① 随着查封手续的完善，法院对公示的重视以及第三人注意义务的提高，被执行人转卖被查封财产的可能性也会降低。

实务操作指引

（一）查封、扣押动产的实际操作

人民法院对财产采取查封、扣押、冻结措施时，应根据《民法典》《民事诉讼法》《查扣冻规定》等规定，按照法定程序和要求进行，采用适当方式进行公示：第一，法院应当制作执行裁定书，裁定查封被执行人的动产，并送达案件

① 参见最高人民法院执行局编著：《最高人民法院执行司法解释条文适用编注》，人民法院出版社 2019 年版，第 507 页。

当事人。第二，法院应该对财产加贴封条。不便加贴封条的，应该张贴公告。第三，对于有产权证照、已登记的特殊动产，法院应该制作协助执行通知书，明确查封财产的具体情况，连同裁定书一起送达相关登记部门，通知登记部门办理查封登记。第四，无论是何种动产，法院都应确定财产的占有、控制和保管方式：法院可以直接占有、控制该财产，并进行保管。也可以视具体情况指定被执行人、委托第三人或者申请执行人占有、保管该财产。法院指定被执行人保管财产的，如果继续使用对该财产的价值无重大影响，法院可以允许被执行人继续使用；由法院保管或者委托第三人、申请执行人保管的，被执行人不得使用该财产。

实际操作中，对于没有登记的普通动产，由于封条、公告可能会被撕毁、灭失，只通过粘贴封条或公告的方式并不能完全保证第三人充分了解查封、扣押的情况，还必须通过对动产的实际控制（占有、保管）来进行更进一步的公示。公示的最好方式便是确定妥善的保管方式和保管人，以能够排除被执行人擅自处分的占有、保管为标准。所以，要么是法院直接占有、控制（财产由法院直接保管），要么是法院通过指定保管人，明确保管职责而占有、控制。

对于有登记的特殊动产，可以到登记机关办理查封登记，这与查封不动产类似。但是，进行查封登记并不意味着已经完成了充分的公示，有登记的特殊动产一般是船舶、航空器、机动车，《民法典物权编解释（一）》第6条规定："转让人转移船舶、航空器和机动车等所有权，受让人已经支付对价并取得占有，虽未经登记，但转让人的债权人主张其为民法典第二百二十五条所称的'善意第三人'的，不予支持，法律另有规定的除外。"① 第19条规定："转让人将民法典第二百二十五条规定的船舶、航空器和机动车等交付给受让人的，

① 《民法典》第225条规定，机动车物权变动采用的是登记对抗主义。本条强调的是基于交付所取得的特殊动产所有权，未经登记仅欠缺对抗效力，非无物权效力。

应当认定符合民法典第三百一十一条第一款第三项规定的善意取得的条件。”[①]这意味着在没有实现对有登记特殊动产实际占有控制的情况下，占有动产的善意第三人有可能会取得动产的所有权。进而引发案外人异议和异议之诉。

实践中，特殊动产一般由被执行人占有，法院、申请执行人往往并不知晓财产的具体所在，要实现占有与控制确有困难，法院对特殊动产通常先进行查封登记，然后再进行扣押。《财产调查规定》第16条规定：“人民法院对已经办理查封登记手续的被执行人机动车、船舶、航空器等特定动产未能实际扣押的，可以依照相关规定通知有关单位协助查找。”这是强调，对于机动车、船舶、航空器，法院不能仅做登记查封，还应当实际扣押。

从救济程序角度看，第三人如果对查封财产主张实体权利，也应该通过案外人异议及异议之诉来解决，这就可以避免出现类似本复函中直接进行利益平衡的情况。

（二）保护善意第三人的问题

原则上，对购买被查封财产的买受人不适用善意取得制度，但实践中，仍有与本复函类似的案例，因查封动产的公示较为特殊，如何把握本复函中的精神，是实践中的关键问题。

案例[②]

上诉人王某锁因与被上诉人赵某明案外人执行异议之诉一案，不服太原市中级人民法院（2017）晋01民初684号民事判决，向山西省高级人民法院提起上诉。

山西省高级人民法院经审理查明：2011年，郭某兵与富阳泰公司签订《泰和苑小区认购合同》，郭某兵购买富阳泰公司开发的位于太原市杏花岭区杨家峪剪子湾村马道坡街20号“泰和苑小区”6幢甲单元28层1号房屋（以下简称1

---

① 《民法典》第311条第1款规定：“无处分权人将不动产或者动产转让给受让人的，所有权人有权追回；除法律另有规定外，符合下列情形的，受让人取得该不动产或者动产的所有权：……（三）转让的不动产或者动产依照法律规定应当登记的已经登记，不需要登记的已经交付给受让人。”由此，对于机动车等特殊动产的善意取得，不需要以登记为前提，交付成为是否属于善意取得的关键因素。这也是判断机动车实际权属的一个关键因素。参见杜万华主编：《最高人民法院物权法司法解释（一）理解与适用》，人民法院出版社2016年版，第457页。

② 参见山西省高级人民法院民事判决书，（2017）晋民终672号。

号房屋）。2015年5月11日，王某锁与郭某兵约定1号房屋转让给王某锁，并经富阳泰公司同意将《泰和苑小区认购合同》的买受人由郭某兵变更为王某锁。

2014年12月10日，太原市中级人民法院诉前保全查封了1号房屋。王某锁提出执行异议，认为其已购买1号房屋，房屋属其所有，法院不应查封。法院并未对查封情况进行公告，查封对王某锁（善意第三人）不产生效力。太原市中级人民法院作出（2017）晋01执异110号执行裁定书，驳回王某锁执行异议申请。王某锁提起执行异议之诉。

太原市中级人民法院认为，王某锁在1号房屋被查封后购买该房，驳回王某锁执行异议申请并无不当。太原市中级人民法院判决驳回王某锁的诉讼请求。王某锁不服，向山西省高级人民法院提起上诉。

山西省高级人民法院认为，原审判决驳回王某锁诉讼请求是正确的，应予维持；关于王某锁提出法院查封案涉房屋时没有公示，其为善意第三人的上诉理由，根据《最高人民法院关于人民法院查封的财产被转卖是否保护善意取得人利益问题的复函》"人民法院依法查封的财产被转卖的，对买受人原则上不适用善意取得制度"所规定的内容，王某锁的上诉理由不能成立。山西省高级人民法院判决驳回上诉，维持原判。

本案中，当事人之间争议的标的财产并不是动产，而是房屋。而无论动产还是不动产，都面临查封、扣押的公示以及如何处理第三人利益问题，① 法院在论述判决理由时也援引了复函，王某锁主张的理由之一便是在其购买1号房屋时，法院并未对查封情况进行公告。对于不动产查封最重要的公示方式应该是物权登记。为了保证公示效力和效果，有必要粘贴封条或公告。但在已经进行了查封登记的情况下，不能认为没有张贴封条或公告是没有对查封进行公示。对于房屋的买卖交易，到登记部门查询房屋权属、是否查封等登记情况是买房人应尽的注意义务，也是交易惯例。买房人没有查询而购买被查封房屋的，不能适用善意取得制度。

而实践中有争议的是，法院在进行查封时，有登记的机动车、船舶、航空

---

① 对于查封不动产相关问题的分析，可见本书关于《最高人民法院关于转卖人民法院查封房屋行为无效问题的复函》部分内容。

器等特殊动产往往是被被执行人占有，法院、申请执行人往往并不知晓财产的具体所在，要实现确实的占有与控制确有困难。按照《民法典物权编解释（一）》第6条，被执行人将查封后特殊动产转卖给其他人，作为债权人的申请执行人并不属于《民法典》第225条中的善意第三人①。占有特殊动产的受让人可以对抗申请执行人。② 执行中即使在登记机关做了查封登记，也不能阻止被执行人将财产出卖。如果被执行人故意隐匿并出卖被查封的特殊动产，而申请执行人不能以未登记进行对抗，这可能就给被执行人转移财产、逃避执行留下了空间。

因此，在强调动产以交付发生物权变动效力的同时，限缩可主张对抗第三人范围的同时，应确认查封登记具有对抗效力，有登记的特殊动产被查封后，申请执行人可以对抗主张特殊动产所有权的受让人；在第三人主张特殊动产所有权的场合，参考适用《查扣冻规定》第17条、《异议复议规定》第28条的规定，以交易必须发生在查封前、第三人没有过错为判断标准，即第三人在交易时对是否存在查封登记有注意义务。为了避免被执行人恶意转移财产、逃避执行，这些问题应引起立法部门的高度重视，早日写入强制执行法中。

---

① 《民法典物权编解释（一）》第6条与《物权法解释（一）》第6条内容几乎一致。最高人民法院在关于《物权法解释（一）》的解读中明确，根据《物权法解释（一）》第6条的规定，转让人的债权人（强制执行申请人）不属于《物权法》（已废止）第24条中的善意第三人。参见杜万华主编：《最高人民法院物权法司法解释（一）理解与适用》，人民法院出版社2016年版，第189～190页。

② 参见本书关于《最高人民法院关于执行案件中车辆登记单位与实际出资购买人不一致应如何处理问题的复函》的部分内容，尤其是其中案例1的解读与分析。

三、抵押登记期限对优先受偿权的影响

答复原文

最高人民法院执行工作办公室
关于超过抵押登记期限的房地产被查封处理后
原抵押权人是否有权优先受偿的请示的答复

2002年7月10日　〔2000〕执他字第10号

湖南省高级人民法院：

你院〔2001〕湘高法执请字第4号《关于超过抵押登记期限的房地产被查封处理后，原抵押权人是否有权优先受偿的请示》收悉。经研究，答复如下：

依据《中华人民共和国担保法》第52条规定："抵押权与其担保的债权同时存在，债权消灭的，抵押权也消灭。"抵押期限对抵押权的存续不具有法律约束力，抵押权人不因当事人约定的或者登记部门要求登记的期限经过而消灭。本案中交通银行深圳分行发展大厦支行对金田大厦第九层三、四、五号房产设定的抵押权仍然有效。汨罗法院对该房产拍卖所得价款应当由抵押权人优先受偿。深圳市规划国土局罗湖分局应当根据汨罗法院协助执行通知书的要求协助执行。

此复

出台背景

所谓抵押权的存续期间，一般也称为抵押权的行使期限，是指人民法院支持抵押权人向抵押人主张行使抵押优先受偿权的起止时间范围。当然，也有观点认为，抵押权的行使期间和抵押权的存续期间有区别，《民法典》第419条中规定的是前者，对后者没有作出规定。我们认为，这种区分实无必要，似有文

字游戏之嫌，抵押权的行使期限就是抵押权的存续期间。①

所谓“抵押期限”或“抵押登记期限”的提法，检索有关担保和物权的相关法律法规，均无法律条文有过这种表述。因此，这两种提法均不属于专业法律术语，意义不大且容易导致理解上的混乱，故应弃之不用。为避免歧义和误解，应统一使用“抵押权的存续期间”这一更加精准明确的提法为宜。

关于抵押权的存续期间能否由当事人约定的问题。梁慧星教授主编的《中国物权法草案建议稿》第311条规定：“抵押合同中约定有抵押权的存续期间的，其约定无效。”这一立法理由认为：其一，抵押权是物权，物权原则上不受当事人所约定期间的限制；其二，抵押权以抵押物的交换价值担保债权的实现，从属于被担保的债权而存在，债权不消灭，抵押权没有单独归于消灭的理由；其三，抵押权存续期间会直接降低抵押担保的信用，与抵押担保的价值不符。②《最高人民法院关于适用〈中华人民共和国担保法〉若干问题的解释》（已废止）第12条第1款规定，“当事人约定的或者登记部门要求登记的担保期间，对担保物权的存续不具有法律约束力”。2000年9月，《最高人民法院关于抵押权不受抵押登记机关规定的抵押期限影响问题的函》亦规定：“依照《中华人民共和国担保法》第五十二条的规定，抵押权与其担保的债权同时存在，办理抵押物登记的部门规定的抵押期限对抵押权的效力不发生影响。”此外，2007年11月，原国土资源部通过的《土地登记办法》（已废止）第55条规定，“土地抵押期限届满，当事人未申请土地使用权抵押注销登记的，除设定抵押权的土地使用权期限届满外，国土资源行政主管部门不得直接注销土地使用权抵押登记”。

可以看出，登记的抵押期限对抵押权的效力不具有法律约束力，抵押权的效力不受登记抵押期限届满的影响。但是，在办理抵押权登记的实践中，有些当事人因不太熟悉相关法律规定而习惯于约定抵押期限，不少银行或房地产登记部门也习惯于要求或依当事人约定赋予抵押权一定的“抵押登记期限”（如一

① 参见王冬：《担保借款法律难点及强制执行实务》，法律出版社2015年版，第189页。在所附的（2012）沪一中民二（民）终字第2156号参考案例中，法院在民事判决的本院认为部分，明确指出“（《物权法》第202条）所规定的抵押权的行使期限就是抵押权的存续期限”。

② 参见梁慧星：《中国物权法草案建议稿》，社会科学文献出版社2001年版，第614~615页。

年或两年等），以记载于房地产登记的他项权证书的附栏内。此时，抵押权是否因抵押期限经过而消灭，则容易产生一些疑问和不同的认识。

理解与适用

（一）关于约定抵押权存续期间效力的争论

关于约定抵押期间的效力在民法理论界争论已久，主要有否定说、肯定说、区分说三说。否定说认为，允许约定抵押期间违反物权法定原则。肯定说立足于私法自治，认为法律应尊重当事人意思自治，虽然《最高人民法院关于适用〈中华人民共和国担保法〉若干问题的解释》（已废止）第 12 条否定了当事人约定抵押权存续期间的效力，但《民法典》对此并无明确规定，且民法上有承认约定物权存续期间的例子（如地役权）。区分说认为，“对债务人以其自有财产提供的抵押而言，法律应当排除约定抵押期限，但第三人提供抵押的情况不一样，若法律也排除其与债权人约定抵押期限有所不妥”①。

总体来看，不管是理论界还是实务界，否定说都占据主导地位。“对抵押权存续期间的约定效力承认与否，非三言两语即能简单说明，但综合考虑法律对物权包括担保物权形成模式和制约的态度，担保物权的性质、地位和功能，以及与法定期间的关系等各种因素，对抵押权存续期间的约定效力作否定判断应更为妥当。”②

不允许当事人约定抵押权存续期间，主要原因在于《民法典》第 116 条规定的物权法定原则，物权的种类和内容都要由法律作出规定，排除当事人约定改变。抵押权是物权的一种，抵押权的存续期间作为抵押权的内容之一，同样要由法律作出规定。否则，如果允许当事人通过约定改变或排除适用，这无异于承认当事人可以通过约定改变物权的内容。《民法典》第 116 条属于法律的效力性强制性规定，当事人通过约定改变或排除适用的，违反物权法定原则。根

---

① 江丁库主编：《银行贷款担保实务详解与法律风险防范》（第 2 版），中国法制出版社 2017 年版，第 169 页。区分说为少数观点。

② 张驰：《论抵押权的存续期间——兼评我国〈物权法〉第 202 条》，载《法学》2010 年第 4 期。

据《民法典》第 153 条第 1 款，属于“违反法律的强制性规定的民事法律行为”，应视为无效约定，或者视为没有约定而依法不发生效力。[①]

当然，也有人认为动产抵押应允许当事人约定抵押权存续期间。有观点认为，“原则上否定约定抵押权存续期间的效力，并不是说法律不能设置例外情况。如前所述，对于动产抵押就应另当别论，动产抵押的形成本身就是兼顾动产担保和用益功能的产物，具有特殊性。同时为减少交易成本，提高交易效率，通常立法采登记对抗主义”[②]。不过，对于不动产尤其是房地产的抵押而言，不允许当事人约定抵押权的存续期间，已基本成为现今理论界和实务界的通说和共识。

（二）《民法典》对抵押权存续期间的规定

对于抵押权的存续期间，我国立法经过了一个变化的过程。根据法理和物权法、担保法的有关规定，主债权消灭、抵押权实现、债权人放弃抵押权以及抵押财产灭失的，抵押权消灭。[③] 那么，在上述任何一种情形都没发生的情况下，抵押权是一直存续下去，还是有一定的存续期间呢？显然，抵押权作为一种从权利，其要依附于主债权而存在，不可能像所有权那样永久存续下去。因此，《物权法》（已废止）立法过程中，比较一致的意见是应当规定抵押权的存续期间，但如何规定则存在四种不同意见。

第一种意见认为，抵押权所担保的债权的诉讼时效期间届满后，抵押权人在两年内不行使抵押权的，抵押权应当消灭。理由是：主债权的诉讼时效期间届满后，主债权并没有消灭，而只是债权人失去了胜诉权，由于主债权的存在，其抵押权也附随存在。但是，如果抵押权一直存在，可能会导致抵押权人怠于行使抵押权，不利于发挥抵押财产的经济效用，阻碍经济发展，因此，再给抵押权人两年的行使期间是比较合理的，两年内不行使的，抵押权消灭。

《最高人民法院关于适用〈中华人民共和国担保法〉若干问题的解释》（已

---

① 需要注意的是，当事人关于抵押期限的约定无效的，既不影响抵押合同的效力，也不影响抵押合同中其他约定条款的效力。

② 张驰：《论抵押权的存续期间——兼评我国〈物权法〉第 202 条》，载《法学》2010 年第 4 期。

③ 《民法典》第 393 条规定，“有下列情形之一的，担保物权消灭：（一）主债权消灭；（二）担保物权实现；（三）债权人放弃担保物权；（四）法律规定担保物权消灭的其他情形”。

废止）第12条第2款持这种观点，其规定“担保物权所担保的债权的诉讼时效结束后，担保权人在诉讼时效结束后的二年内行使担保物权的，人民法院应当予以支持”。也有人认为两年较短，不利于保护抵押权人的利益，建议改为五年。

第二种意见认为，担保物权因其担保的主债权履行期间届满后4年内不行使而消灭，理由是：将抵押权的存续期间与主债权的诉讼时效挂钩不合理。由于诉讼时效有中止、中断的情形，可能会使担保物权长期存在，加重了抵押人的负担，也不利于法律关系的稳定和市场交易。规定4年的除斥期间，可以解决这一问题。

第三种意见认为，应当在担保物权一般规定一章中规定，主债权诉讼时效期间届满未行使担保物权的，担保物权消灭。这样可以将抵押权、质押权和留置权的存续期间都包含进去。

第四种意见认为，抵押权人应当在主债权诉讼时效期间行使抵押权；未行使的，人民法院不予保护。

《民法典》第419条借鉴一些国家将抵押权的存续期间与主债权的消灭时效或者诉讼时效挂钩的做法，采纳了上述第四种意见。该条规定了“抵押权人应当在主债权诉讼时效期间行使抵押权；未行使的，人民法院不予保护”。鉴于抵押权是主债权的从权利，规定抵押权的存续期间与主债权诉讼时效期间相重合，既能够促使抵押权人积极行使权利，促进经济的发展，又保证了主权利与从权利在行使时间上的完全一致性。

如果按第一种意见，在抵押人为第三人的情况下，抵押人在这两年期间内承担了担保责任后，应当有权向债务人追偿。但由于主债权已过诉讼时效，债务人对抵押权人清偿债务的请求享有抗辩权，这种抗辩权能否对抗抵押人的追偿权？如果不能对抗，诉讼时效对债务人来说就失去了意义；如果能够对抗，抵押人的追偿权就无法得到保障。第二种意见中的4年，作为除斥期间是一个固定的不变期间，不适用中止或者中断，而主债权的诉讼时效期间有中止或者中断，这就可能造成主债权的诉讼时效期间尚未届满，而抵押权已经消灭的情形，从而使抵押权失去担保主债权履行的功能。如果按第三种意见，主债权诉讼时效期间届满未行使质押权、留置权的，质权、留置权消灭，那么此时质权人、留置权人应当向出质人、债务人返还质押物、留置物，这对已经实际占有担保物的质权人、留置权人显然是不公平的。关于质权、留置权的问题，《民法典》根据各自权利的特点单独做了规定。

可以看出，《担保法》（已废止）第52条是没有问题的，只是《最高人民法院关于适用〈中华人民共和国担保法〉若干问题的解释》（已废止）第12条作出错误解释，2002年最高人民法院作出的答复予以纠正，《物权法》（已废止）第202条才回归正轨，《民法典》第419条也未作任何修改。因此，抵押权人对已登记的抵押物是否享有优先受偿权，取决于抵押权人是否在主债权诉讼时效期间内主张权利，而与当事人约定的所谓的“抵押登记期限”无关。

实务操作指引

《民法典》第419条过于简单影响操作，对实践中存在的问题并不能全面提供适用依据。很多问题较为复杂，还有待探讨。

（一）抵押权存续期间届满是否意味着抵押权消灭

抵押权人在主债权诉讼时效期间内未行使抵押权的，《民法典》第419条规定的是“人民法院不予保护”，而不是“抵押权消灭”。至于“不予保护”的原因，存在两种解释。一种观点认为，既然主债权过了时效只丧失胜诉权，不消灭权利本身，那作为依附主债权而存在的从权利，抵押权当然也是如此。故主债权诉讼时效期间届满后，抵押权人丧失的是抵押权受法院保护的权利，即胜诉权。[①] 另一种观点认为，主债权诉讼时效期间届满后，抵押权本身已消灭。

对此，多数观点认为，主债权诉讼时效期间届满后，抵押权本身已消灭。如最高人民法院有关领导在《物权法》（已废止）生效后，曾撰文指出：从《物权法》（已废止）第202条关于“人民法院不予保护”的表述看，类似于《民法通则》（已废止）关于诉讼时效届满后法律后果的表述。而诉讼时效届满的法律后果，应系债权人丧失胜诉权，并非实体权利的消灭。但是，抵押权存续期间显然不是诉讼时效，应属除斥期间，按除斥期间之法理，在该期间内不

① 参见胡康生主编：《中华人民共和国物权法释义》，法律出版社2007年版，第441页。

行使权利，导致权利消灭之后果。因此，不应因表述上的巧合而望文生义，得出抵押权期限届满抵押权人丧失胜诉权的结论。①

重庆市高级人民法院2009年6月发布的《审理金融债权及担保纠纷案件研讨会纪要》第二部分第3条载明："关于抵押权人在主债权诉讼时效期间届满后行使抵押权的法律后果，即《中华人民共和国物权法》第二百零二条'抵押权人应当在主债权诉讼时效期间行使抵押权；未行使的，人民法院不予保护'之规定的理解问题，会议认为，该规定是对抵押权存续期限的规定，超过该期限未行使抵押权的，抵押权消灭。"刘保玉教授也认为："依据现有的规定，不能理解为抵押权存在诉讼时效期间，即抵押权没有诉讼时效问题，它只是一个行使权利的期间，或称作失权期间，作用类似于除斥期间，只是该期间附随于主债权的诉讼时效期间而已，该期间经过的法律后果就是抵押权消灭。"②

从审判实践看，人民法院主动审查导致失权的案例并不多，但在主债权诉讼时效届满后，抵押人主动起诉抵押权人，请求确认抵押权消灭并请求办理抵押权注销登记的，③ 基本上都会获得法院支持。最高人民法院的公报案例亦曾在裁判要旨中指出："抵押权人在主债权诉讼时效期间未行使抵押权将导致抵押权消灭，而非胜诉权的丧失。抵押权消灭后，抵押人要求解除抵押权登记的，人民法院应当支持。"④

2019年11月8日，《九民纪要》第59条第1款，⑤ 也对此作出了明确规定。⑥ 2021年1月1日生效的《民法典担保解释》第44条进一步规定，主债权

① 参见刘贵祥：《〈物权法〉关于担保物权的创新及审判实务面临的问题（下）》，载《法律适用》2007年第9期。

② 刘保玉：《担保物权制度：理解适用与规则完善（下）》，载《山东审判》2017年第4期。

③ 确权之诉分为积极的确权之诉和消极的确权之诉，前者诉请确认权利存在，后者诉请确认某种权利不存在或已消灭。抵押人请求确认抵押权已消灭的，即属于典型的消极的确权之诉。

④ 参见《最高人民法院公报》2017年第7期刊登的王某诉李某抵押合同纠纷案。

⑤ 该条款规定："抵押权人应当在主债权的诉讼时效期间内行使抵押权。抵押权人在主债权诉讼时效届满前未行使抵押权，抵押人在主债权诉讼时效届满后请求涂销抵押权登记的，人民法院依法予以支持。"

⑥ 如果只是抵押人产生诉讼时效抗辩，抵押权本身不消灭，则抵押人不能请求涂销登记，就会出现抵押权人不能行使抵押权而抵押人又不能请求涂销登记的"僵尸"。参见最高人民法院民事审判第二庭编著：《〈全国法院民商事审判工作会议纪要〉理解与适用》，人民法院出版社2019年版，第360页。

诉讼时效期间届满后，抵押权人主张行使抵押权的，人民法院不予支持；抵押人以主债权诉讼时效期间届满为由，主张不承担担保责任的，人民法院应予支持。主债权诉讼时效期间届满前，债权人仅对债务人提起诉讼，经人民法院判决或者调解后未在民事诉讼法规定的申请执行时效期间内对债务人申请强制执行，其向抵押人主张行使抵押权的，人民法院不予支持。

（二）抵押权的存续期间是否为可变期间

为促使抵押权人及时行使权利，避免抵押的财产长期处于被动等待状态，抵押权人应在主债时效期间内行使抵押权，否则面临失权风险。问题是：如果债权人通过催告不断中断主债权诉讼时效，那抵押权的行使期间是否也随着不断“中断”而重新起算？在作为人保的保证期间为不变期间的情况下，抵押权的行使期间是可变期间还是不变期间？这个问题目前属于法律空白，有待司法解释作出明确规定。

对此，有观点认为：正确的理解应当是诉讼时效乃可变期间，在具有中断、中止、延长事由的情况下，其可能延续若干年，如2年、4年，甚至6年、8年，但无论延续多少年，只要诉讼时效没有届满或完成，法院对抵押权人行使抵押权的诉讼请求就应支持。如果将“在诉讼时效期间行使抵押权”理解为等同于普通诉讼时效的两年（《民法典》已修改为三年）的绝对期间，是错误的。①

（三）关于抵押权存续期间的实务要点总结

（1）抵押权存续期间就是抵押权行使期间，两者没有区别；（2）《民法典》第419条规定了抵押权的存续期间，该期间与主债权诉讼时效期间重合，不允许当事人约定，否则无效；（3）抵押权存续期间的性质是除斥期间，不存在中止、延长，但却是可变期间，随着主债权时效的中断而不断“中断”重新起算；（4）抵押权存续期间届满后，抵押权消灭，抵押人可主动提起确权之诉请求确认抵押权已消灭并请求注销抵押权登记；（5）抵押人缺席审理，或抵押人虽出庭但未提出抵押权消灭抗辩的，人民法院可依职权主动审查抵押权存续期间是否已经届满以及抵押权是否已经消灭。

---

① 参见刘贵祥：《〈物权法〉关于担保物权的创新及审判实务面临的问题（下）》，载《法律适用》2007年第9期。

四、违法占有、处分查封财产的责任

复函原文

最高人民法院关于法院扣押的财产被转卖应否追索问题的复函

1993年8月16日　经他〔1993〕19号

内蒙古自治区高级人民法院：

你院内高法〔1993〕20号关于开鲁县法院扣押的拖拉机是否应追究的请示收悉。现答复如下：

鉴于对开鲁县人民法院在扣押张洪杰的拖拉机时手续不够完备，而根据你院报送的材料尚难以断定建材厂知道拖拉机已被扣押，以后建材厂又实际占有并出资对拖拉机进行了修理，因此，同意你院提出的不再追索拖拉机，而由建材厂一次性给付小街基供销社五千余元，由张洪杰赔偿建材厂所受损失及承担执行费用的处理意见。

关于执行过程中发生冲突及伤害问题，请你院根据查明的事实依法妥善处理。

此复

出台背景

人民法院扣押财产手续不完备的情况下，如何判断已经占有财产的受让人知晓财产已被扣押的事实，进而决定是否需要追索财产，是执行实践中利益衡量和价值判断的难题。

《民事诉讼法》对动产如何扣押未作出详细规定，内蒙古自治区高级人民法院向最高人民法院请示是否需要追回财产。本案中，法院扣押的拖拉机由被执行人张洪杰转卖给购买人建材厂，因执行法院对拖拉机的扣押手续不完备，一定程度上使第三人难以知晓拖拉机被扣押的事实，因此，出现关于拖拉机权属的争议。最高人民法院同意不再追索拖拉机，由购买人建材厂给付债权人小街基供销社5000余元，由被执行人张洪杰赔偿购买人建材厂所受损失及承担执行费用。曾有最高人民法院的法官在解读本复函时提到，复函观点实际上还是主要保护了债权人的利益，而对购买人给予了较少的保护。[①] 考虑到特定的案情和历史背景，本复函意见是适当的。执行中如何防止和处理当事人与案外第三人围绕执行标的物权属而发生的争议，在后续的法律、司法解释、最高人民法院规范性文件中都有涉及。[②] 按照现有规定，为了保障扣押效果，扣押措施必须手续完备，应该进行必要的公示。扣押动产的，可以直接控制该财产，也可以粘贴封条或采取其他公示方法后交由他人控制。有登记的动产，还需要到登记机关办理登记手续。未登记的，不能对抗其他已经办理了登记手续的扣押。如果手续完备，被执行人就已扣押财产所作的移转、设定权利负担或者其他有碍执行的行为，不得对抗申请执行人。第三人未经法院准许占有扣押财产或者实施其他有碍执行行为的，法院可以解除其占有或者排除其妨害。另外，如何理解和适用执行中追回财产制度也需要认真分析。

理解与适用

关于执行中“追回”财产，《执行规定》有六个条文做了相关规定，分别为第26条、第30条、第32条、第40条、第42条、第51条。

第32条规定：“被执行人或其他人擅自处分已被查封、扣押、冻结财产的，人民法院有权责令责任人限期追回财产或承担相应的赔偿责任。”其中的“其他人”，应是对查封、扣押、冻结财产有保管义务的人。此处追回制度的实质是被执行人或保管人擅自处分财产后，因财产已经被法院采取强制措施，法律关系明确，所以法院可以不经其他程序，在执行程序中就可以直接责令责任人限期追回财产或承担相应的赔偿责任。如此操作，能保证强制执行措施的效力和执

① 参见人民法院出版社编：《司法解释理解与适用全集·执行卷》，人民法院出版社2018年版，第661页。

② 参见本书关于《最高人民法院关于人民法院查封的财产被转卖是否保护善意取得人利益问题的复函》及《最高人民法院关于转卖人民法院查封房屋行为无效问题的复函》的解读与分析。

行工作的效率，但在实践中也容易引起纠纷。本复函案例中，一是法院扣押财产的手续有瑕疵，不好判断第三人是否知晓财产已被扣押；二是第三人已实际占有财产并有后续投入。如此，即便考虑《执行规定》第32条，法院也很难以财产已被扣押直接予以追回，所以出现了下级法院提出未经法定程序而直接平衡和确定各方利益与责任的方案，最高人民法院答复同意的情况。追回适用的前提，一是法院的保全、执行程序完整，按照法定程序进行了查封、扣押、冻结，执行措施合法有效。二是被执行人或其他人明知或应知不能处分而仍然处分已查封、扣押、冻结财产，法院才能适用追回制度。否则，正如最高人民法院在复函中指出的，并不能适用追回财产。适用前提条件的特殊性以及处理方式的特殊性就成了追回制度的显著特点。

除《执行规定》外，法律、司法解释未见“追回”制度的直接规定，只有间接规定。《查扣冻规定》第24条规定：“被执行人就已经查封、扣押、冻结的财产所作的移转、设定权利负担或者其他有碍执行的行为，不得对抗申请执行人。第三人未经人民法院准许占有查封、扣押、冻结的财产或者实施其他有碍执行的行为的，人民法院可以依据申请执行人的申请或者依职权解除其占有或者排除其妨害。人民法院的查封、扣押、冻结没有公示的，其效力不得对抗善意第三人。”该条明确了被执行人转移被扣押财产的，不能对抗申请执行人。第三人如果没有合法理由占有被扣押财产的，法院可以解除占有。这里的解除占有与责令追回财产相辅相成，前者是法院主动保障扣押的效力，后者是法院责令被执行人或其他责任人来保障扣押的效力。这些举措的前提都是法院对扣押措施进行了公示，否则，法院有重大瑕疵的强制执行措施不能对抗善意第三人，被执行人或其他责任人也难以追回财产。

实务操作指引

虽然“追回”制度较为特殊，但实践中也确有实例，通过对实际案例的分析，可以更进一步明晰追回财产相关规定的适用。

案例[①]

复议申请人益进实业香港有限公司（以下简称益进公司）不服三明市中级人民法院（2017）闽04执异2号执行裁定，向福建省高级人民法院申请复议。

福建省高级人民法院查明：福州市中级人民法院在审理益进公司诉三明市恒盛服饰织造有限公司（以下简称恒盛公司）定作合同纠纷一案中，保全查封了恒盛公司在晋江市青阳镇泉安中路兴隆路文丽商住楼2楼的男装棉大衣等货物302箱、针车设备85台。福州市中级人民法院在进行保全时，向时任恒盛公司的总经理赖某芳送达了财产保全的裁定书及制作了询问笔录，在该询问笔录中载明了查封财产的所在地、种类、数量并要求查封财产在查封期间未经法院同意不得擅自进行任何处分，否则，由此引起的民事责任及行政处罚均由恒盛公司以及赖某芳承担。2008年12月20日因聘用合同到期，赖某芳被解聘。

该案判决生效后，由泰宁县人民法院执行。泰宁县人民法院发现，在2008年年底~2009年1月，保全财产已被恒盛公司法定代表人林某龙的妻子林某香以28万元左右的价格处理掉，用于支付恒盛公司拖欠工人工资及材料款等债务。泰宁县人民法院即以赖某芳未尽保管义务致查封财产被处分为由，作出(2008）泰执监字第1号责令责任人追回财产通知书，责令赖某芳追回上述财产。2015年12月31日，福建省高级人民法院裁定该案改由三明市中级人民法院执行。赖某芳于2017年1月向三明市中级人民法院提出异议，请求撤销追回财产通知书。三明市中级人民法院作出（2017）闽04执异2号执行裁定，撤销了泰宁县人民法院作出的追回财产通知书，益进公司不服，向福建省高级人民法院申请复议。

三明市中级人民法院在审查时认为，赖某芳系恒盛公司聘请的总经理，并非被执行人恒盛公司的股东，也无证据证实赖某芳是被执行人恒盛公司的实际控制人。福州市中级人民法院向赖某芳制作笔录时并未明确要求赖某芳看护好查封物，现亦无证据证明被擅自变卖的财产是赖某芳所为。因此，泰宁县人民法院在执行程序中作出追究赖某芳未尽到保管义务导致查封财产被擅自处分责

① 福建省高级人民法院执行裁定书，（2017）闽执复17号；三明市中级人民法院执行裁定书，(2017）闽04执异40号。

任的追回财产通知书，于法无据，应予以撤销。福建省高级人民法院在复议程序中认为，福州市中级人民法院办理保全查封时，向赖某芳所作的笔录，要求赖某芳不得擅自处分查封财产，否则应承担相应的法律责任，赖某芳已签字确认，该事实足以认定赖某芳对查封财产的保管责任。至于查封财产是否由赖某芳本人处分并不影响赖某芳应承担的保管责任。三明市中级人民法院在异议审查中，未查清查封财产灭失的时间，即认定赖某芳不承担保管责任，显然事实不清、证据不足，故将该案发回三明市中级人民法院重新审查。

三明市中级人民法院重新审查认为，泰宁县人民法院依照1998年《执行规定》第44条的规定，作出追回财产通知书，于法有据，赖某芳提出的异议请求不能成立，裁定驳回赖某芳的异议请求。

本案福建省高级人民法院虽然在复议中没有直接作出裁决，但在论述理由时，指出了可以适用财产追回的两点理由：一是福州市中级人民法院在查封财产时向赖某芳所作笔录中已经要求赖某芳不得擅自处分查封财产，否则应承担相应的法律责任，并且赖某芳已签字确认，赖某芳对查封财产负有保管责任；二是被查封财产是否由赖某芳本人处分并不影响赖某芳应承担的保管责任。即保管责任既是保管人自己不能处分，也是保管财产不能让其他人处分。

所以，一方面，法院查封、扣押、冻结公示是避免争议的前提条件，也是追回制度能够适用的前提条件。另一方面，合理合法地确定保管人及保管责任是适用追回财产的直接条件。只有在负有保管责任的保管人未尽保管义务而造成财产灭失的情况下，才有追回财产的必要。实践中，首先，应结合被保管财产特点与保管人的意愿、保管能力等因素，确定由法院、被执行人、申请执行人或者第三人保管财产。其次，需要制作笔录和相应法律文书。在裁定书中应该注明管理人及相应责任，由申请执行人、第三人保管的，需要制作保管财产委托书。

在程序方面，适用追回财产的，应先制作并送达责令追回财产通知书，如无法追回，也应制作相应法律文书要求义务人承担赔偿责任。

五、保管人违法处分查封财产的责任

批复原文

最高人民法院赔偿委员会
关于人民法院委托的查封财产保管人擅自动用处分其保管的财产国家不承担赔偿责任的批复

1998年3月11日 〔1997〕赔他字第8号

西藏自治区高级人民法院：

你院〔1997〕藏高法赔字第01号《关于拉萨市中级人民法院诉前保全措施不当引起的国家赔偿一案应如何处理的请示》收悉。经研究，答复如下：

党兴、唐国君申请诉前财产保全并提供相应价值的担保，拉萨市中级人民法院根据法律规定采取诉前财产保全措施并责令金敬土保管被查封的财产，均符合法律规定。该院得知金敬土擅自处理被查封的财产后，未采取措施予以制止是不对的，但财产无法执行的原因不是人民法院实施了违法行为，而是金敬土违法动用、变卖了人民法院已经查封的财产。依照《国家赔偿法》的有关规定，本案不属于国家赔偿范围。

出台背景

执行法院根据法律规定采取诉前保全措施并责令第三人保管保全财产，但保管人擅自处分被保全财产，执行法院未及时采取必要措施予以制止，最高人民法院对此种情况下执行法院是否应当承担国家赔偿责任作出批复。

《国家赔偿法》第16条第1项规定，行使侦查、检察、审判职权的机关以及看守所、监狱管理机关及其工作人员在行使职权时违法对财产采取查封、扣押、冻结、追缴等措施的，受害人有取得赔偿的权利。第38条规定，人民法院在民事诉讼、行政诉讼过程中，违法采取对妨害诉讼的强制措施、保全措施或者对判决、裁定及其他生效法律文书执行错误，造成损害的，赔偿请求人要求赔偿的程序，适用刑事赔偿程序的规定。在上述案例中，执行法院的查封措施经过核实，符合法律规定，不属于违法对财产采取查封措施，因此不应承担国家赔偿责任。《司法赔偿解释》第7条第3项也规定，人民法院依法指定的保管人对查封、扣押、冻结的财产违法动用、隐匿、毁损、转移或者变卖的，国家不承担赔偿责任。不同时期的司法解释、指导意见都对人民法院承担赔偿责任的前提条件进行界定，批复的内容为后来相关法律规定确定的国家赔偿范围提供了依据。

理解与适用

（一）查封财产保管人的责任承担

保管人因违法动用、变卖了人民法院已经查封的财产，应当承担由此产生的风险和责任。实践中，下列情形中保管人应当承担责任：（1）保管人为第三人、申请执行人，且未经法院允许使用查封财产的。但为了保管、处置被扣押车辆，或者维护该车辆正常状态等目的，对该车辆实施的驾驶行为，不属于此“使用”的范畴。（2）保管人在保管期限内隐藏、转移、变卖、毁损查封财产的。（3）在保管期间内因保管人保管不善造成保管物毁损、灭失的。但保管是无偿的，保管人证明自己没有重大过失的，不承担损害赔偿责任。另外，保管费用是为了实现债权产生的必要费用，人民法院处置查封财产时，该笔费用属于执行费用，应当优先受偿。

（二）可以对违法保全措施申请国家赔偿的范围

《司法赔偿解释》规定人民法院在民事、行政诉讼过程中，违法采取保全措施，侵犯公民、法人和其他组织合法权益并造成损害的，赔偿请求人可以依法向人民法院申请赔偿。违法采取保全措施，包括以下情形：（1）依法不应当采取保全措施而采取的；（2）依法不应当解除保全措施而解除，或者依法应当解除保全措施而不解除的；（3）明显超出诉讼请求的范围采取保全措施的，但保全财产为不可分割物且被保全人无其他财产或者其他财产不足以担保债权实现的除外；（4）在给付特定物之诉中，对与案件无关的财物采取保全措施的；

（5）违法保全案外人财产的；（6）对查封、扣押、冻结的财产不履行监管职责，造成被保全财产毁损、灭失的；（7）对季节性商品或者鲜活、易腐烂变质以及其他不宜长期保存的物品采取保全措施，未及时处理或者违法处理，造成物品毁损或者严重贬值的；（8）对不动产或者船舶、航空器和机动车等特定动产采取保全措施，未依法通知有关登记机构不予办理该保全财产的变更登记，造成该保全财产所有权被转移的；（9）违法采取行为保全措施的；（10）其他违法情形。

实务操作指引

第一，人民法院在查封、扣押动产时要指定合适的保管人。实践中，人民法院对查封、扣押的动产可以直接控制，如将扣押的车辆停放至法院专门扣押车辆的场地。但有些情况下查封、扣押的财产不宜由人民法院保管，例如，异地查封、扣押财产不宜运回人民法院所在地的，可以就地查封、扣押；又如，查封、扣押的财产数量过多或过大，人民法院无法自行保管，如石材厂制作的大件石制工艺品；再如，因动产本身的特殊性需要特定保管条件的，小麦就应当在符合国家标准的粮库中储存。出现上述情况时，人民法院可以指定保管人保管。

为避免因查封、扣押财产灭失、转移而承担国家赔偿责任的情况发生，人民法院要注意保管人的指定。在指定保管人的同时，应明确保管方式、保管期限、保管地点、保管范围等。

在海南新世界彩色冲印有限公司申请海南省海口市中级人民法院违法保全赔偿案中，① 海口市中级人民法院在（1995）海口法民保字第38-1号民事裁定执行过程中，在查封财产被转移后，没有委托或指定专人负责看管，也没有依法采取适当的保全措施。海南省高级人民法院赔偿委员会认为：海口市中级人民法院因具有监管不力等情形，依法应承担其所造成查封财产损失的相应过错

① 参见《最高人民法院办公厅关于印发非刑事司法赔偿典型案例的通知》（法办〔2013〕158号）案例4：海南新世界彩色冲印有限公司申请海南省海口市中级人民法院违法保全赔偿案。

责任，由海口市中级人民法院对损失承担50%的赔偿责任。此案中，法院就因查封财产被转移后未指定保管人导致财产损失承担了国家赔偿责任。

在老挝力宏摩托车组装有限公司申请重庆市第五中级人民法院违法保全赔偿案中，[①]赔偿委员会认为保全法院已经指定申请保全人为保管人，在发现其擅自处分财产后及时变更保管人，不存在故意不履行监管职责的情形，赔偿请求人所受损害系因申请保全人在保管期间擅自处分查封财产的违法行为所致，保全法院不承担国家赔偿责任，决定驳回申请保全人的赔偿申请。此案中，法院就因查封财产时指定了保管人以及发现保管人擅自处分财产后及时变更保管人，避免了承担国家赔偿责任的风险。

第二，要注意区分保全中的审查行为和实施行为。

审查行为是指人民法院依申请作出的保全裁定。保全裁定应当依法作出。若存在保全裁定违法的情形，如在给付特定物之诉中，对与案件无关的财物采取保全措施的或者违法保全案外人财产的，保全法院有可能承担国家赔偿责任。

实施行为是指在具体保全实施的过程中，保全法院的执行行为、实施行为应符合法律规定。以查封财产为例：在查封动产时，人民法院将查封、扣押的动产交付其他人控制的，应当在该动产上加贴封条或者采取其他足以公示查封、扣押的适当方式；在查封不动产时，人民法院应当张贴封条或者公告。对被查封、扣押的财产，执行人员必须造具清单，制作笔录。保全的实施应严格符合上述规定，否则将存在风险，如在古某学申请陕西省汉中市中级人民法院违法保全赔偿案中[②]，陕西省高级人民法院就作出确认裁定：对汉中法院在不便对保全财产加贴封条的情况下又未张贴查封、扣押公告的行为确认违法。

第三，因违法采取强制措施、保全措施、错误执行承担国家赔偿责任，既可能表现为积极作为的情形，也可能表现为怠于履行法定职责的情形。

在酒泉市绿宝鑫啤酒花有限责任公司申请甘肃省酒泉市中级人民法院违法

---

① 参见《最高人民法院办公厅关于印发非刑事司法赔偿典型案例的通知》（法办〔2013〕158号）案例5：老挝力宏摩托车组装有限公司申请重庆市第五中级人民法院违法保全赔偿案。

② 参见《最高人民法院办公厅关于印发非刑事司法赔偿典型案例的通知》（法办〔2013〕158号）案例3：古厚学申请陕西省汉中市中级人民法院违法保全赔偿案。

保全赔偿案中，[①] 被保全人多次申请解除对13.2吨压缩啤酒花的查封并提供房产作为担保，但赔偿义务机关违反法律规定，对应予解封的不宜长期保存财产未予解封，又未依法及时处理或变卖保存价款，导致查封财产毁损变质，违反了《民事诉讼法解释》第153条“人民法院对季节性商品、鲜活、易腐烂变质以及其他不宜长期保存的物品采取保全措施时，可以责令当事人及时处理，由人民法院保存价款；必要时，人民法院可予以变卖，保存价款”的规定，也违反了《保全规定》第22条“财产纠纷案件，被保全人或第三人提供充分有效担保请求解除保全，人民法院应当裁定准许”的规定，该案最终由酒泉市中级人民法院对因查封造成绿宝鑫公司的财产损失支付48万元。此案为人民法院采取保全措施后怠于履行法定职责而承担赔偿责任的典型案例。

六、被执行人出租已查封不动产的法律效果

答复原文

最高人民法院关于人民法院能否在执行程序中以被执行人擅自出租查封房产为由认定该租赁合同无效或解除该租赁合同的答复

2009年12月22日　〔2009〕执他字第7号

山东省高级人民法院：

你院《关于被执行人擅自出租已查封的财产执行程序中人民法院排除执行妨害能否认定该合同无效或解除租赁合同的请示》收悉。经研究，答复如下：

在执行程序中被执行人擅自处分法院的查封物，包括本案中以出租的形式妨害查封效果的行为，执行法院有权以裁定形式执结予以处理。根据最高人民法院《关于人民法院执行中查封、扣押、冻结财产的规定》第26条，被执行人擅自处分查封物，与第三人签订的租赁合同，并不当然无效，只是不得对抗申

---

① 参见《最高人民法院办公厅关于印发非刑事司法赔偿典型案例的通知》（法办〔2013〕158号）案例1：泉市绿宝鑫啤酒花有限责任公司申请甘肃省酒泉市中级人民法院违法保全赔偿案。

请执行人。第三人依据租赁合同占有查封物的，人民法院可以解除其占有，但不应当在裁定中直接宣布租赁合同无效或解除租赁合同，而仅应指出租赁合同不能对抗申请执行人。

此复

出台背景

强制执行法上的查封产生限制债务人处分财产的法律效力，也必然对当事人、利害关系人的实体权利产生重大影响。因此，程序法上的执行措施与实体法上的租赁权相互碰撞时，有必要确立有利于交易秩序和程序安定的法律规则。

租赁权作为一种特殊债权，各国立法一般给予类似物权的特殊保护。理论上，租赁权的创设要对外公示，但我国立法对设立租赁权的公示并无明确规定，导致实践中以倒签合同创设长期租赁权来对抗执行的情况较为普遍。法院在拍卖被执行人的不动产时，承租人经常以对该不动产享有租赁权为由，主张排除对执行标的物的交付或处分，被执行人、案外人利用租赁关系规避执行的困境有待破解。

从立法上看，《查扣冻规定》第24条第1款规定："被执行人就已经查封、扣押、冻结的财产所作的移转、设定权利负担或者其他有碍执行的行为，不得对抗申请执行人。"如果被执行人在执行法院采取查封措施后设立租赁权作为权利负担，第三人依据租赁合同占有查封标的，人民法院能否直接解除其占有，还是在裁定中直接宣布租赁合同无效或解除租赁合同，实践中不无争议。另外，《拍卖变卖规定》第28条规定，司法拍卖对于担保物权采用涤除主义；对于用益物权、租赁权采用承受主义。人民法院对于在查封前设立的租赁权的一般处理方法为保留租赁权进行拍卖，在拍卖公告中披露权利负担，同时通知租赁权人可以行使优先购买权。《异议复议规定》第31条规定，承租人请求在租赁期内阻止向受让人移交占有被执行的不动产，在人民法院查封之前已签订合法有效的书面租赁合同并占有使用该不动产的，人民法院应予支持。承租人与被执行人恶意串通，以明显不合理的低价承租被执行的不动产或者伪造交付租金证据的，对其提出的阻止移交占有的请求，人民法院不予支持。现行司法解释规定了案外人基于不动产租赁权提出执行异议的审查标准，承认查封效力的优先性，但没有否认处分行为的效力。

更为复杂的场景是被执行人就其名下不动产已设定抵押，又对外出租给第三人，执行程序能否就租赁权与抵押权冲突作出认定，直接涤除租赁权，各地法院做法不一。有观点认为，执行程序中对被执行人与案外人之间签订的租赁合同效力以及是否具有对抗抵押权的效力，无权作出认定，应通过诉讼解决。另有观点认为，被执行人与案外人设定的租赁关系直接影响人民法院对执行标的物的处分，人民法院有权依据查明的事实，对该租赁合同的效力直接作出认定。《民法典》第 405 条规定，抵押权设立前，抵押财产已经出租并转移占有的，原租赁关系不受该抵押权的影响。《民法典担保解释》第 54 条亦规定，抵押人将已抵押的财产出租的，抵押权实现后，租赁合同对受让人不具有约束力。

山东省高级人民法院就查封物上租赁关系的处理问题请示最高人民法院，最高人民法院通过答复确立了查封的相对效力。

理解与适用

（一）查封的生效要件

人民法院查封不动产的，应当张贴封条或者公告，并可以提取保存有关产权证照。查封、扣押、冻结已登记的不动产、特定动产及其他财产权，应当通知有关登记机关办理登记手续。但无论是张贴封条、公告还是办理查封登记，目的都是通过公示实现执行法院对标的物的控制。

动产和不动产的查封生效要件不同。同一有产权证照的动产或不动产，人民法院办理查封登记与到现场进行实物查封之间也会存在时间差，查封何时生效，不同法院、不同案件之间查封如何协调？都要从查封生效要件予以分析。从确定顺位看，如果法院既未向协助义务机关发出协助执行通知书，也未加贴封条或张贴公告，则不得对抗其他人民法院的查封。《查扣冻规定》第 7 条第 2 款和第 24 条第 3 款规定，办理查封登记的效力优先，如果未办理查封登记，人民法院的查封措施必须公示，否则其效力不得对抗善意第三人，说明我国采取查封公示的对抗要件说。

（二）被执行人出租查封标的物的绝对无效与相对无效

查封是法院依据生效法律文书对财产实施控制的行为，具有公法和私法上的双重效力。查封的公法效力包括财产所有人、占有人在内的所有相对人，不得再行处分或移转查封财产。即使转让和处分，该行为也绝对无效。长期以来，对查封效力的理解停留在公法层面，作为一种控制性强制措施，查封并未改变标的物的权属，一概否认相对人对物的所有权不利于物的价值的实现。因此，从查封的目的以及物的权能角度分析，所有权人的处分权虽然受到查封的约束，但其处分行为只是相对无效。所有权人对标的物占有、使用、收益和处分行为，也不应因查封一律认定为无效。相对效力说既能实现查封的目的，又能兼顾查封后被执行人及第三人之利益，较为合理。①

相对效力说认为，法院查封后，并不当然剥夺原权利人的占有权和使用权。《查扣冻规定》第10条第2款规定，由人民法院指定被执行人保管的财产，如果继续使用对该财产的价值无重大影响，可以允许被执行人继续使用。同时规定被执行人就已经查封、扣押、冻结的财产所作的移转、设定权利负担或者其他有碍执行的行为，不得对抗申请执行人。关于不得对抗申请执行人的表述与对申请执行人不生效力或无效表述不完全一致，含义上也存在些许差异。②

（三）被执行人处分查封财产不得对抗申请执行人的内涵

执行程序中对被执行人处分查封标的物行为的认定和处理应以排除执行妨害为限，凡是妨害执行的处分行为都应当予以排除，但不宜在裁定中认定处分查封标的物占有、使用权能的行为无效。

人民法院在查封后指定被执行人保管查封标的物的，并不排斥被执行人对查封标的物的占有、使用，亦未否定其在不影响本案执行的情形下，可将查封标的物对外出租。因此，被执行人将查封标的物对外出租后，承租人可以对查封标的物占有使用，但应受到查封的限制。人民法院在对标的物采取变现措施时，需要排除执行妨害，解除承租人的占有，但只需否定租赁合同中妨害执

---

① 参见杨与龄：《强制执行法论》，中国政法大学出版社2002年版，第337页；赵晋山：《论查封、扣押的效力——以动产、不动产的查封、扣押为中心》，载《执行工作指导》2004年第1辑。

② 参见黄金龙、葛洪涛：《人民法院能否在执行程序中以被执行人擅自出租查封房产为由认定该租赁合同无效或解除租赁合同的请示与答复》，载《执行工作指导》2009年第4辑。

行的部分。即剥夺承租人请求继续履行合同的权利。至于合同的其他部分与整体效力，并不影响执行程序的开展，所以无须否认。

租赁合同不能对抗申请执行人的真正含义是人民法院只需剥夺第三人依据租赁合同对查封标的物的占有，而不必裁定租赁合同无效或解除租赁合同。第三人对查封标的物的占有被解除后，其与被执行人之间的租赁合同纠纷可以通过另行诉讼或仲裁程序解决。有权机关对于合同效力的认定不影响执行裁定的效力。①

（四）被执行人出租抵押财产的行为不得对抗申请执行人

山东省高级人民法院曾向最高人民法院请示关于抵押人未经抵押权人同意又将抵押物出租，抵押权人能否通过诉讼程序请求解除租赁合同的问题，2011年10月8日，《最高人民法院关于抵押人未经抵押权人同意擅自出租抵押物，抵押权人能否通过诉讼程序请求解除租赁合同的答复》（〔2011〕民二他字第18号）答复如下：“根据《〈担保法〉司法解释》规定的精神，抵押人未经抵押权人同意将抵押物出租的，原则上抵押权人不能通过另行提起诉讼的方式请求解除抵押人与第三人订立的租赁合同，抵押权的实现应当在执行程序中解决。对于在执行程序中抵押人作为被执行人擅自出租经法院查封抵押物的行为，最高人民法院执行局已经另案答复你院。执行法院有权以裁定形式直接予以处理。第三人依据租赁合同占有查封物的，人民法院可以在执行程序中解除其占有，但不应当在裁定中直接宣布租赁合同无效或解除租赁合同，而仅应当指出租赁合同不能对抗申请执行人。”因此，被执行人对外出租抵押财产也应与被执行人对外出租查封财产一样，其行为不能对抗申请执行人。该批复还明确了抵押权人行使抵押权的方式，即不能通过另行提起诉讼的方式请求解除抵押人与第三人签订的租赁合同，而应当在执行程序中实现抵押权。

关于司法查封与抵押权、租赁权的关系可作如下理解：一是被执行人与承租人在申请执行人设立抵押权或法院查封之前已签订合法有效的书面租赁合同并由承租人占有使用该不动产的，承租人取得了该不动产的租赁权，法院在租

---

① 参见黄金龙、葛洪涛：《人民法院能否在执行程序中以被执行人擅自出租查封房产为由认定该租赁合同无效或解除租赁合同的请示与答复》，载《执行工作指导》2009年第4辑。

赁期内带租拍卖。承租人请求在租赁期内阻止向受让人移交占有被执行的不动产，人民法院应予支持。承租人与被执行人恶意串通，以明显不合理的低价承租被执行的不动产或者伪造交付租金证据的，对其提出的阻止移交占有的请求，人民法院不予支持。二是承租人在申请执行人设立抵押权、法院查封之后占有使用该不动产的，人民法院应排除承租人对租赁物的占有。执行程序中判断租赁权是否成立限定于占有使用租赁物而不是租赁合同的签订，以占有作为认定租赁权能否对抗抵押权和查封的标准。对于抵押权人、承租人与被执行人之间的权利义务关系，仍然受双方合同的约束。抵押在先的情况下，承租人虽然不能对抗抵押权人，但是其可以依据合同要求出租人承担违约责任；成立在后的抵押权人也可依据抵押合同向抵押人主张权利。

（五）司法拍卖中承租人提出的异议及审查

法院查封后发布带租的拍卖公告，未通知承租人涤除租赁或者承认租赁有效，承租人的法律地位未被削弱，承租人不能提出执行行为异议或者案外人异议。执行法院发布不带租拍卖公告、通知承租人涤除租赁或者不承认租赁有效，此时竞买人取得没有租赁负担的不动产，承租人可以提出异议。该异议以其具有足以排除执行的实体权利为由，应当适用案外人异议程序审查。如果执行法院发布是带租拍卖公告，却要求承租人迁出，承租人自可依据《民事诉讼法》第232条提出行为异议。另外，申请执行人如不服带租拍卖裁定，提出异议被驳回后，可以提起许可执行之诉，要求法院许可对该财产不带租拍卖。还有观点认为，申请执行人也可以提起诉讼确认被执行人与承租人之间的租赁合同无效，取得生效判决后，再要求执行法院不带租拍卖，但此举必然增加申请执行人的诉累，且以此中止执行法院带租拍卖的行为仍存在较大障碍。

实务操作指引

在执行程序中，执行法院的查封行为符合法律规定的要件，且满足查封的公示原则，第三人不能以承租人身份对抗法院的强制执行行为。实务中，应重点关注以下几点：

（一）对以租赁关系排除执行行为的识别

承租权受到侵害可以通过案外人异议程序救济，但被执行人与案外人恶意串通，在伪造租赁合同及相关证据后由案外人提出异议的情形下，会导致作为租赁物的执行标的变现价格降低，损害申请执行人利益。人民法院在判断是否存在租赁关系时，应当从承租人是否办理了租赁登记备案手续、公证、缴纳租金等方面综合判断，对于倒签租赁合同的处理，一般认为，倒签合同的时间，法院依法委托司法鉴定机构对租赁合同签署时间进行鉴定，通过技术手段，鉴定签订合同的真实时间，以此对合同的真实性或虚假性作出判断。

（二）以租赁关系排除执行行为异议的处理

租赁关系发生在法院查封、抵押权设定之后，承租人提出的异议不纳入案外人异议及异议之诉的程序处理。执行法院应将该异议作为利害关系人异议，按照《民事诉讼法》第232条的规定审查。案外人异议及异议之诉制度的设立目的在于审查案外人对执行标的是否享有能够排除执行的实体权利。第三人以享有租赁权为由阻止涉案不动产转让、交付的，人民法院原则上应当按照案外人异议程序进行审查处理，并告知案外人、当事人提起异议之诉的权利。但是，如果案外人主张的租赁关系发生在涉案房产的查封、抵押之后，不管该租赁权是否有效成立，均不能对抗申请执行人、抵押权人对涉案房产的执行。案外人对涉案房产是否享有实体权利，不构成判断其异议能否排除执行的前提条件。

在青岛市中级人民法院办理的申请执行人长城公司与被执行人恩利公司、青岛罐头厂金融借款合同纠纷一案中，生效判决确认债权人对青岛罐头厂抵押的涉案土地使用权及地上建筑物在最高债权额范围内优先受偿。该案审理过程中，青岛市中级人民法院保全查封了涉案土地使用权。该案进入执行程序后，青岛市中级人民法院裁定拍卖青岛罐头厂名下涉案土地使用权及地上建筑物，并作出公告，要求上述不动产的使用人在30日内迁出。承租人向青岛市中级人民法院提出执行异议称，其与青岛罐头厂签订房屋租赁合同，约定将案涉财产租赁给异议人使用，异议人如约履行并实际占有使用至今，现尚在租赁期限内。请求法院依法确认异议人享有对案涉财产的租赁权，裁定对上述财产带租评估、拍卖，并停止要求迁出案涉财产。青岛市中级人民法院认为，涉案不动产查封、抵押在先而租赁在后，遂将该异议作为利害关系人异议，依照《民事诉讼法》

第232条规定进行了审查，作出（2021）鲁02执异184号执行裁定，驳回了异议请求。承租人不服，向山东省高级人民法院申请复议称，青岛市中级人民法院对其异议应适用《民事诉讼法》第234条规定进行审查，并确认其对案涉财产享有租赁权。山东省高级人民法院在复议程序审查后认为，涉案房产租赁合同签订之前，涉案房产已抵押给债权人，且已被法院查封。青岛罐头厂在涉案房产查封之后又将其对外租赁的行为，系对涉案房产设定权利负担阻碍执行的行为，不得对抗申请执行人。同时，该案申请执行人亦对涉案房产享有抵押权，该抵押权在先，涉案租赁在后，故应当依照《拍卖变卖规定》第28条第2款规定，将阻碍在先抵押权实现的租赁权除去后进行拍卖。承租人主张的租赁关系因发生在涉案房产的查封、抵押之后，无论该租赁权是否有效成立，均不能对抗本案申请执行人也即抵押权人对涉案房产的拍卖，故无须纳入案外人异议及异议之诉的程序处理。因此，青岛市中级人民法院将承租人所提异议作为利害关系人异议，按照《民事诉讼法》第232条审查处理，适用法律正确，程序得当。复议申请人提出的带租拍卖及停止交付房产的异议理由不成立，并作出裁定驳回了复议申请人的复议申请。

（三）承租人的救济

承租人需要注意的是，如查封措施在先，租赁行为在后，竞买人在合法取得查封财产的所有权之后，除非其同意，原租赁关系不能适用于新所有权人。承租人的救济要根据其是否知道执行标的物被查封而定。如承租人知道或者应当知道执行标的物已被查封，则损失应自行承担；如承租人不知道或者不应当知道执行标的物已被查封，则损失应由承租人和出租人按租赁合同约定承担。

七、被执行人转让保全财产对申请执行人的效力和影响

复函原文

最高人民法院关于转卖人民法院查封房屋行为无效问题的复函

1997年4月7日　〔1997〕经他字第8号

北京市高级人民法院：

你院京高法〔1996〕385号《关于查封房屋因未告知房管部门被出卖应如何执行的请示》收悉，经研究，答复如下：

北京市第二中级人民法院在审理广州市海珠区南华西物资公司诉北京亚运特需供应公司购销合同纠纷一案中，依法作出的（1994）中法调字第23号民事裁定书虽未抄告房管部门，但已送达当事人，根据《中华人民共和国民事诉讼法》第一百四十一条规定，诉前保全的裁定是不准上诉的裁定，依该裁定书保全查封被告的房产，属合法有效。北京亚运特需供应公司在此后擅自将其已被查封的房产转卖给北京沃克曼贸易开发有限责任公司的行为是违法的，所订立的房屋买卖合同系无效合同。北京市高级人民法院（1995）高经终字第11号民事判决书确定该案保全查封的房产为执行的标的物是正确的。北京亚运特需供应公司在其未能履行生效判决书所确定的还债义务时，以拍卖或变卖本案保全查封的房产的价款偿还债务，于法有据。至于北京沃克曼开发有限责任公司是否为善意第三人及其利益的保护等问题，可通过诉讼另案解决。

此复

出台背景

本复函解决的是案件审理中被告将法院已保全查封的房屋转卖给第三人的行为效力问题。该案例中，法院已作出查封房屋保全裁定，并送达当事人，但未抄告房管部门，而当事人将查封房屋擅自转卖。从法院查封的角度，1991年

《民事诉讼法》及相关司法解释并没有要求法院在查封房屋时必须向有关产权登记部门发出协助执行通知书，因此北京市第二中级人民法院的保全查封应为有效查封。但是，不向产权登记部门送达查封手续面临的问题是法院的查封如何产生公示效力。法院查封只有依法公示，当事人以外的第三人才可知悉房屋的查封状态而不再与当事人发生交易。虽然法院将查封房屋的裁定书送达给了当事人，但是如果当事人不向第三人出示该文书，第三人也无法从其他途径了解房屋被查封的事实，那么就可能出现第三人善意与之交易的情况。而善意第三人的利益如何保护，如何处理当事人与第三人之间围绕房屋而出现的争议都是非常迫切的问题。因此，北京市高级人民法院就如何认定转卖被查封房产的行为，是否可以继续执行，如何处理第三人等问题向最高人民法院请示。

理解与适用

1991 年《民事诉讼法》第 230 条规定："在执行中，需要办理有关财产权证照转移手续的，人民法院可以向有关单位发出协助执行通知书，有关单位必须办理。"该条并未要求法院查封不动产必须向登记机关送达协助执行手续。

《查扣冻规定》第 1 条规定："人民法院查封、扣押、冻结被执行人的动产、不动产及其他财产权，应当作出裁定，并送达被执行人和申请执行人。采取查封、扣押、冻结措施需要有关单位或者个人协助的，人民法院应当制作协助执行通知书，连同裁定书副本一并送达协助执行人。查封、扣押、冻结裁定书和协助执行通知书送达时发生法律效力。"第 7 条规定："查封不动产的，人民法院应当张贴封条或者公告，并可以提取保存有关财产权证照。查封、扣押、冻结已登记的不动产、特定动产及其他财产权，应当通知有关登记机关办理登记手续。未办理登记手续的，不得对抗其他已经办理了登记手续的查封、扣押、冻结行为。"第 24 条规定："被执行人就已经查封、扣押、冻结的财产所作的移转、设定权利负担或者其他有碍执行的行为，不得对抗申请执行人。第三人未经人民法院准许占有查封、扣押、冻结的财产或者实施其他有碍执行的行为的，人民法院可以依据申请执行人的申请或者依职权解除其占有或者排除其妨害。人民法院的查封、扣押、冻结没有公示的，其效力不得对抗善意第三人。"

这些规定细化了查封房屋时法院应当采取何种方式进行公示以及公示的效力问题。法院查封时，应当向登记部门发出协助执行通知书办理查封登记手续以及张贴封条或者公告，以此作为公示。已经公示的，被执行人转卖被查封财产的行为不能对抗申请执行人；没有公示的，不得对抗其他已经办理了登记手续的查封，不能对抗善意第三人。按照目前的法律规定，查封以及相应的公示是处理申请执行人、被执行人、第三人因执行标的物权属发生纠纷的关键。对于第三人是否为善意以及其利益的保护等问题，可通过诉讼另案解决。虽然当时并没有案外人异议和执行异议之诉制度，但是本复函的观点与案外人异议、执行异议之诉制度有契合之处。

实务操作指引

（一）司法查封的公示

为了防止第三人在不知房屋被查封的情况下与被执行人进行房屋买卖交易而使其利益受损，案件执行受到影响或者是查封未进行公示而使查封不能对抗其他查封或善意第三人，法院应当按照法定程序和要求进行查封和公示。

具体而言，执行法院及不动产登记部门需要按照《民法典》第209条、《不动产登记暂行条例》第3条以及《查扣冻规定》第1条、第7条、第24条的规定进行操作：第一，法院应当制作执行裁定书，裁定查封被执行人名下的房屋，并送达案件当事人；第二，法院应该制作协助执行通知书，明确查封房屋的具体情况，连同裁定书一起送达不动产登记部门，通知不动产登记部门办理查封登记；第三，不动产登记部门应该按照协助执行通知书、裁定书办理相应查封登记，并签署送达回证或制作其他回执，向法院说明查封登记时间及其他情况（如房屋是否存在抵押，是否已有在先查封而属于轮候查封等）；第四，根据案件具体情况，法院还可以现场查封房屋，即在房屋处张贴封条或者公告，并向被执行人提取房屋权证予以保存。

为了强化查封的效果，人民法院在协助义务机关办理完毕查封登记后，还可以粘贴封条或公告。而如果继续居住对房屋价值无重大影响，可以允许被执行人在房屋中继续居住，不进行“死封”，而是“活封”，即不限制使用，而只是限制转移财产所有权①。查封登记应该是法定的公示方式，封条或公告应该是对查封起辅助作用，对已经登记的不动产，在办理了查封登记而没有张贴封条、公告的情况下，不能认为没有张贴封条或公告是没有对查封进行公示。②

查封经公示后，被执行人就已经查封的房屋进行买卖、设定权利负担，不得对抗申请执行人。房屋的购买人也无法成为不动产交易中的善意第三人。

（二）转卖的合同效力

在查封规范日渐完善的情况下，第三人一般知晓房屋被查封的情况，如果仍与被执行人达成交易，往往以被执行人解除房屋查封作为支付购房款的前提条件。被执行人可以出卖房屋的价款偿还对申请执行人的债务。第三人与被执行人还可以与申请人、法院沟通，在取得同意情况下，被执行人向第三人出售房屋来偿还债务。③ 因此，虽然房屋被查封期间不能进行所有权变更，但也不能因为买卖标的是查封房屋而一概认为买卖合同无效。

法院查封、扣押、冻结措施具有相对效力，而非绝对效力，即被执行人就查封物所为的处分行为并非绝对无效，而是相对无效，只是不能对抗申请执行人，在被执行人与处分行为的相对人之间仍属有效。在不妨害查封目的、保护申请执行人利益的前提下，为了保护交易安全，维护交易秩序，被执行人对查封物所为的转移、设定负担或者其他有碍查封的行为，仍然有效。④ 本复函中提出“北京亚运特需供应公司在此后擅自将其已被查封的房产转卖给北京沃克曼贸易开发有限责任公司的行为是违法的，所订立的房屋买卖合同系无效合同”

---

① 《善意文明执行意见》指出：灵活采取查封措施。对能“活封”的财产，尽量不进行“死封”，使查封财产能够物尽其用，避免社会资源浪费。

② 对于没有登记的不动产，则必须粘贴封条或公告。为了保证封条或公告的公示效力，还应该明确不动产的管理人，通过张贴封条或公告加占有管理的方式来进行公示。这与查封、扣押动产类似，具体操作情况可见本书关于《最高人民法院关于人民法院查封的财产被转卖是否保护善意取得人利益问题的复函》及《最高人民法院关于法院扣押的财产被转卖应否追索问题的复函》的解读与分析。

③ 《善意文明执行意见》指出：查封在建商品房或现房后，在确保能够控制相应价款的前提下，可以监督被执行人在一定期限内按照合理价格自行销售房屋。

④ 参见人民法院出版社编：《司法解释理解与适用全集·执行卷》，人民法院出版社 2018 年版，第 661 页。

的观点应该是基于当时的法律规定和司法环境作出的，符合当时的情况[①]，《查扣冻规定》施行后，对同类问题应该不能再按照复函中的观点来处理，《最高人民法院关于人民法院能否在执行程序中以被执行人擅自出租查封房产为由认定该租赁合同无效或者解除该租赁合同的答复》也明确指出，在执行程序中被执行人擅自处分法院的查封物，包括本案中以出租的形式妨害查封效果的行为，执行法院有权以裁定形式直接予以处理。根据《查扣冻规定》第24条的规定，被执行人擅自处分查封物，与第三人签订的租赁合同，并不当然无效，只是不得对抗申请执行人。第三人依据租赁合同占有查封物的，人民法院可以解除其占有，但不应当在裁定中直接宣布租赁合同无效或解除租赁合同，而仅应指出租赁合同不能对抗申请执行人[②]。本复函还是对日后的司法实践产生了一定影响。

案例1[③]

再审申请人福建省长发贸易有限公司（以下简称长发公司）因与被申请人章某清、应某庆房屋买卖合同纠纷一案，不服福建省南平市中级人民法院（2016）闽07民终99号民事判决，向福建省高级人民法院申请再审。

福建省高级人民法院经审理查明，1995年7月24日，福建省长泰县长发厦门贸易总公司武夷山分公司获得位于武夷山市营盘山桔子园（武夷新村项目）国有土地使用权证。1996年9月19日，福建省长发厦门贸易总公司经核准注销，公司人员、设备、财产、债务等全部转给长发公司。此后，长发公司法定代表人杨某发委托章某清全权处理武夷新村项目销售事宜。1998年10月28日，章某清与应某庆签订《房屋转让协议》，以福建省长发厦门贸易总公司武夷山分

---

① 在分析《最高人民法院关于人民法院查封的财产被转卖是否保护善意取得人利益问题的复函》时，最高人民法院法官指出，作出该复函的考虑之一是应考虑过去处理此类案件的做法，法律意见应具有一定的连续性。此处提到的过去此类案件就包括了本复函涉及的北京市第二中级人民法院查封的房产被转卖的案件，处理思路是从法院查封的财产任何人不得处分的角度，没有保护购买人的利益。参见人民法院出版社编：《司法解释理解与适用全集·执行卷》，人民法院出版社2018年版，第675页。无论是不保护房屋购买人的利益还是认为房屋买卖合同无效，这些观点是与当时的情况和环境相适应的。虽然后续司法解释有了不同规定，但不能否认这些观点在当时的正当性。

② 最高人民法院执行局编著：《最高人民法院执行司法解释条文适用编注》，人民法院出版社2019年版，第508页。

③ 参见福建省高级人民法院民事判决书，（2016）闽07民终99号；福建省高级人民法院民事判决书，（2016）闽民申1931号。

公司的名义与应某庆签订《土地使用合同》（该合同时间倒签为1996年12月30日），向应某庆转让武夷新村375号、376号、391号三个地块及房产。章某清共获得土地转让款43.6万元。

1998年8月24日，法院冻结长发公司武夷新村项目土地使用权有关转让过户手续。后南平市中级人民法院解除武夷山市营盘山桔子园（武夷新村项目）375号、376号、391号地块的查封。作为对长发公司申请强制执行的申请执行人，郭某和不服南平市中级人民法院解除查封的裁定，提出执行异议。福建省高级人民法院作出（2012）×执监字第×号执行裁定书，责令长发公司和章某清在其非法转让武夷新村375号、376号、391号地块及房产所收取的转让款43.6万元范围内承担赔偿责任。后章某清支付了43.6万元，申请执行人郭某和作出同意对该三块土地执行结案的表示。涉案房屋所在地块解除查封后，应某庆分别到土地、房管部门办理了该房屋土地使用权证及房屋所有权证。

此后，长发公司对章某清提起诉讼，长发公司认为，《房屋转让协议》及《土地使用合同》系法院查封后才签署，章某清系违法转让法院查封的财产，合同应属无效。一审法院判决驳回长发公司的诉讼请求。长发公司上诉，福建省南平市中级人民法院作出（2016）闽07民终99号判决：驳回上诉，维持原判。长发公司申请再审。

福建省高级人民法院认为，第一，长发公司依据《合同法》（已废止）第52条第2项、第5项规定及《最高人民法院关于转卖人民法院查封房屋行为无效问题的复函》（〔1997〕经他字第8号）及《最高人民法院关于人民法院查封的财产被转卖是否保护善意取得人利益问题的复函》（〔1999〕执他字第21号）主张讼争合同无效。上述复函系个案复函，而根据2009年颁布的《最高人民法院关于适用〈中华人民共和国合同法〉若干问题的解释（二）》（已废止）第14条规定，章某清虽然违反《城市房地产管理法》第38条第2项“司法机关和行政机关依法裁定、决定查封或者以其他形式限制房地产权利的房地产”不得转让的规定，但其违反的是管理性强制性规定，不属《合同法》（已废止）第52条第5项规定的无效情形。第二，章某清虽转让了上述被法院查封的财产，但其转让所得的全部款项已被法院依法追回并用于清偿长发公司对郭某和的金钱债务，郭某和确认领取了上述转让款并同意对讼争房地产执行完毕。应某庆支付了全部转让款，并占有使用讼争房产多年，且在法院解除讼争房产查封措施后办理了房屋所有权证与土地使用权证，所支付的转让款已作为执行标的偿还给申请执行人。长发公司再审申请不符合《民事诉讼法》规定的情形。福建省高级人民法院最终裁定驳回长发公司的再审申请。

案例2①

再审申请人王某峰因与被申请人夏某盼、李某伟房屋买卖合同纠纷一案，不服北京市第二中级人民法院（2016）京02民终6517号民事判决，向北京市高级人民法院申请再审。北京市高级人民法院于2017年5月19日作出（2017）京民申794号民事裁定，指令北京市第二中级人民法院再审。

北京市第二中级人民法院在再审中审理查明，2015年11月23日，经北京链家房地产经纪有限公司（丙方）居间介绍，夏某盼（甲方）与王某峰（乙方）签订《买卖定金协议书》，夏某盼将诉争房屋出售给王某峰，价款313万元。协议中约定："乙方应当同时以资金托管的方式向甲方支付定金人民币二十万元整。""甲乙双方应于签署本协议后60个工作日内签署《北京市存量房屋买卖合同》等相关法律文件。""如甲方违约，甲方应向乙方双倍返还定金""丙方已告知甲乙双方，此房有查封，双方均认可，双方约定甲方于2016年1月28日前将房屋解除查封，查封解除后三方签署买卖合同，如在约定时间内不是双方原因致不能解除查封，三方互不承担违约责任，定金退还给乙方。"合同签订后，王某峰以资金托管的方式向夏某盼支付定金20万元。此后，夏某盼未于2016年1月28日将房屋解除查封，并表示房子不卖了，双方因此未能签订房屋买卖合同。王某峰对夏某盼、李某伟提起诉讼，要求支付定金罚金20万元。一审法院作出（2016）京0115民初5724号民事判决，判决夏某盼于判决生效之日起10日内给付王某峰20万元。夏某盼、李某伟不服一审判决，提起上诉。

北京市第二中级人民法院在二审时认为，王某峰与夏某盼签订的《买卖定金协议书》具备房屋买卖合同意思表示的要素，可以认定双方成立了房屋买卖合同关系。王某峰与夏某盼均明知诉争房屋处于被法院查封状态，根据《城市房地产管理法》第38条规定、《最高人民法院关于转卖人民法院查封房屋行为

① 参见北京市第二中级人民法院民事判决书，（2017）京02民再115号。

无效问题的复函》（〔1997〕经他字第8号），双方的房屋买卖合同应属自始无效，王某峰依照合同要求夏某盼、李某伟履行定金罚则，法律依据不足。二审法院作出（2016）京02民终6517号民事判决，判决撤销（2016）京0115民初5724号民事判决并驳回王某峰的诉讼请求。

北京市第二中级人民法院在再审时认为，从《买卖定金协议书》约定的内容来看，王某峰支付的20万元定金为立约定金，《买卖定金协议书》仅为预约合同，并非房屋买卖合同。涉案房屋虽被法院查封，但双方明确约定，由夏某盼负责将房屋解除查封，查封解除后再签署正式买卖合同。双方并不存在买卖被查封房屋的主观恶意。夏某盼未按《买卖定金协议书》约定将房屋按时解封，属于违约行为。王某峰要求夏某盼支付相当于定金金额的罚金20万元的诉讼请求，于法有据。再审判决撤销（2016）京02民终6517号民事判决，维持（2016）京0115民初5724号民事判决。

案例1和案例2都涉及了买卖被查封房屋、土地合同的效力问题，很典型地反映了出台时间较早的复函中关于合同无效的表述对案件审理的重大影响。案例1中，福建省高级人民法院从合同违反的是“管理性规定”还是“效力性规定”角度来进行分析，认为《城市房地产管理法》第38条第2项关于“司法机关和行政机关依法裁定、决定查封或者以其他形式限制房地产权利的房地产”不得转让的规定不属于效力性规定，并且《最高人民法院关于转卖人民法院查封房屋行为无效问题的复函》（〔1997〕经他字第8号）及《最高人民法院关于人民法院查封的财产被转卖是否保护善意取得人利益问题的复函》（〔1999〕执他字第21号）属于个案复函，因此，买卖被查封财产的合同是有效的。而且，在该案中，章某清虽转让了被法院查封的财产，但其转让所得的全部款项已被法院依法追回并用于清偿长发公司对郭某和所负的金钱债务，郭某和确认领取了上述转让款并同意对讼争房地产执行完毕，郭某和申请查封的目的已经实现。就此而言，申请执行人的债权也通过被查封财产的转让而获得了实现。从利益角度和交易安全而言，维持合同效力也不损害申请执行人的利益。

而案例2则从另外一个角度说明了认定买卖查封房屋合同有效的必要性。虽然第三人没有取得房屋，但从追究出卖人定金罚金的角度而言，认定合同有效对于保护第三人的利益有利。第三人明知房屋已被查封，双方交易的前提条件是房屋解除查封。第三人没有与被执行人串通，协助被执行人转移财产逃避执行，就此而言，第三人仍为善意。这种附条件交易的房屋买卖交易并不会对案件执行产生影响，购房人也不能根据房屋买卖合同对抗申请执行人，阻碍对被查封房屋的执行，不会对案件的申请执行人权利产生影响。

因此即便在第三人明知房屋已被查封的情况下，如果以解除查封作为双方交易的条件并且不影响被查封房屋所涉案件的顺利执行，那么不应该否定买卖被查封房屋合同的效力。

八、轮候查封的法律效力

批复、通知原文

（一）最高人民法院

关于查封法院全部处分标的物后轮候查封的效力问题的批复

2007年9月11日　法函〔2007〕100号

北京市高级人民法院：

你院《关于查封法院全部处分标的物后，轮候查封的效力问题的请示》（京高法〔2007〕208号）收悉。经研究，答复如下：

根据最高人民法院《关于人民法院民事执行中查封、扣押、冻结财产的规定》（法释〔2004〕15号）第二十八条第一款的规定，轮候查封、扣押、冻结自在先的查封、扣押、冻结解除时自动生效，故人民法院对已查封、扣押、冻结的全部财产进行处分后，该财产上的轮候查封自始未产生查封、扣押、冻结的效力。同时，根据上述司法解释第三十条的规定，人民法院对已查封、扣押、冻结的财产进行拍卖、变卖或抵债的，原查封、扣押、冻结的效力消灭，人民法院无需先行解除该财产上的查封、扣押、冻结，可直接进行处分，有关单位应当协助办理有关财产权证照转移手续。

此复

（二）最高人民法院
关于正确处理轮候查封效力相关问题的通知

2022年4月14日　法〔2022〕107号

各省、自治区、直辖市高级人民法院，新疆维吾尔自治区高级人民法院生产建设兵团分院：

轮候查封制度对于确保人民法院间查封处置财产的有序衔接，防止债务人转移财产规避执行，维护轮候查封债权人合法权益，具有重要作用。但实践中部分法院未能准确掌握和运用轮候查封制度，尤其在首封法院处置查封物所得价款由在先查封债权人受偿后有剩余的情况下对轮候查封效力问题存在错误认识，导致相关财产处置损害轮候查封债权人合法权益。为了正确处理轮候查封效力相关问题，现将有关事项通知如下。

一、轮候查封具有确保轮候查封债权人能够取得首封债权人从查封物变价款受偿后剩余部分的作用。首封法院对查封物处置变现后，首封债权人受偿后变价款有剩余的，该剩余价款属于轮候查封物的替代物，轮候查封的效力应当及于该替代物，即对于查封物变价款中多于首封债权人应得数额部分有正式查封的效力。轮候查封债权人对该剩余价款有权主张相应权利。

二、轮候查封对于首封处置法院有约束力。首封法院在所处置的查封物有轮候查封的情况下，对于查封物变价款清偿首封债权人后的剩余部分，不能径行返还被执行人，首封债权人和被执行人也无权自行或协商处理。首封法院有义务将相关处置情况告知变价款处置前已知的轮候查封法院，并将剩余变价款移交给轮候查封法院，由轮候查封法院依法处理；轮候查封法院案件尚在诉讼程序中的，应由首封处置法院予以留存，待审判确定后依法处理。

三、首封处置法院在明知拍卖标的物有轮候查封的情况下，违反上述义务，径行将剩余变价款退还被执行人的，构成执行错误。

请各级人民法院严格遵照执行上述要求，遇有问题，请及时层报最高人民法院。

出台背景

《民事诉讼法》确定了不能对财产重复进行查封、冻结、扣押的原则。有关指导意见和司法解释只规定了轮候查封、冻结、扣押。对于查封与轮候查封之间的关系及轮候查封的效力，实践中出现的典型问题有：（1）在先查封的法院对财产进行处分之后，由于财产上还有轮候查封，在财产所有权变更登记或交付过程中，轮候查封案件的执行法院、当事人阻碍在先查封法院办理相关手续。而协助执行人（如土地、房屋登记机关）有时以存在轮候查封为由，不予办理所有权变更登记手续或交付财产并要求先解除轮候查封。（2）法院对已查封的财产进行拍卖、变卖或抵债的，在办理所有权变更登记手续或交付财产时，协助执行人要求先解除查封手续，但由于财产上还有轮候查封，一旦解除，轮候查封就发生效力。如此反复，出现了在先查封法院处分财产后，被处分财产还被查封的逻辑悖论，处分财产的目的无法实现。（3）轮候查封法院直接处分财产。有的案件中，轮候查封法院在没有告知在先查封法院及当事人的情况下直接处分了已经被在先查封的财产，造成在先查封案件的当事人不能获得清偿，甚至失去了通过参与分配首先受偿的权利和机会。另外，由于在先查封的存在，要么是协助执行人不能对财产进行所有权变更登记或交付，要么是强行变更登记或交付后，造成在先查封案件的当事人、法院与轮候查封案件的当事人、法院以及协助执行人之间出现纠纷。

本批复所涉问题就是当查封法院处分（拍卖、变卖或抵债）查封财产并需要协助执行机关办理有关产权过户手续时，协助执行机关与查封法院就轮候查封的效力问题存在不同认识的情形下产生的。协助执行机关认为，当查封财产进行全部处分后，要求协助办理过户手续时，应适用《查扣冻规定》第 26 条第 1 款的规定，如财产存在轮候查封，查封法院在要求协助过户的通知中隐含着先行解除原有查封的要求，登记在先的轮候查封在原有查封解除的瞬间，自动转为正式查封；要顺利完成过户手续，查封法院须与轮候查封的法院进行协商，使轮候查封得以先行解除。查封法院则认为，查封法院对查封财产全部处分后，轮候查封即自动失效，协助机关应配合查封法院办理过户手续。理由是：一是根据《拍卖变卖规定》第 26 条，查封标的物经拍卖、变卖或以物抵债，动产、不动产、有登记的特定动产或者其他财产权自拍卖成交或者抵债裁定送达买受人或者承受人时起转移。因此，此时财产已为第三人或以物抵债承受人所有，不再属于被执行人责任财产的范围，轮候查封自然不能转为正式查封。二是实务中，一个标的物上可能存在多个轮候查封，要求查封法院在处分查封标的物后与所有轮候查封法院分别协调解封，不具可操作性。北京市高级人民法院就全部处分标的物后轮候查封的效力问题向最高人民法院请示，最高人民法院作出了批复。

理解与适用

（一）轮候查封及其效力

《民事诉讼法》禁止重复查封可以避免不同法院因为同一执行标的出现争议，但是并没有完全解决如何处理不同执行案件都可能指向同一执行标的的问题，轮候查封、扣押、冻结制度因此而生。

2004 年《国土房管部门协助执行通知》对轮候查封作出了规定。第 19 条规定："两个以上人民法院对同一宗土地使用权、房屋进行查封的，国土资源、房地产管理部门为首先送达协助执行通知书的人民法院办理查封登记手续后，对后来办理查封登记的人民法院作轮候查封登记，并书面告知该土地使用权、房屋已被其他人民法院查封的事实及查封的有关情况。"第 20 条第 1 款规定："轮候查封登记的顺序按照人民法院送达协助执行通知书的时间先后进行排列。查封法院依法解除查封的，排列在先的轮候查封自动转为查封；查封法院对查封的土地使用权、房屋全部处理的，排列在后的轮候查封自动失效；查封法院对查封的土地使用权、房屋部分处理的，对剩余部分，排列在后的轮候查封自动转为查封。"

轮候查封制度主要内容有四点：（1）可以对土地、房屋进行轮候查封。（2）相关部门按照法院送达协助执行通知书的先后顺序办理查封或轮候查封。（3）查封法院解除查封的，排列在先的轮候查封转为查封。（4）查封法院全部处理土地、房屋的，轮候查封自动失效。部分处理的，对剩余部分，轮候查封转为查封。这一通知首次明确了轮候查封制度，但是通知中并未提及轮候查封的效力问题。

《查扣冻规定》第26条对轮候查封做了进一步规定："对已被人民法院查封、扣押、冻结的财产，其他人民法院可以进行轮候查封、扣押、冻结。查封、扣押、冻结解除的，登记在先的轮候查封、扣押、冻结即自动生效。其他人民法院对已登记的财产进行轮候查封、扣押、冻结的，应当通知有关登记机关协助进行轮候登记，实施查封、扣押、冻结的人民法院应当允许其他人民法院查阅有关文书和记录。"这一规定对轮候查封的效力进行反向解释，在查封解除前，轮候查封没有生效。这正是轮候查封和重复查封的区别，只有第一顺位的查封是有效的，其余的轮候查封并不生效，只是确定先后顺序。

查封解除是轮候查封生效的前提条件。查封、扣押、冻结解除或者按照《查扣冻规定》第27条第1款的规定，查封、扣押、冻结期限届满，人民法院未办理延期手续导致查封、扣押、冻结的效力消灭，轮候查封、扣押、冻结才会生效。

实践中出现争议是因为《国土房管部门协助执行通知》和《查扣冻规定》中没有直接明确法院处分财产时可以不解除查封，所以，有的登记机关要求法院进行处分时必须解除查封，存在轮候查封时，就要求处分财产的法院与轮候查封的法院协调。

查封法院在处分财产时，如果因为处分而解除查封，那么轮候的查封就会发生效力。在先查封的法院要处分财产，轮候查封的法院则认为轮候查封已经生效，两家法院因此出现分歧。从法理而言，轮候查封不能影响对财产的处分。如果为了处分财产需要解除在先的查封，轮候查封因此生效而阻碍对财产的处分，显然与处分财产的目的背道而驰。在有多个轮候查封的情况下，除了最后顺位法院之外任何一家法院想处分财产都会面临这个矛盾。在这种情况下，轮候查封实际上就和重复查封一样会引起不同法院之间的分歧，这也应该不是设立轮候查封制度的初衷。《国土房管部门协助执行通知》规定的查封法院对查封的土地使用权、房屋全部处理的，排列在后的轮候查封自动失效，虽然针对的查封标的物是不动产，但关于查封法院全部处分标的物后轮候查封的效力问题应该是原则性规定，应同样适用于动产或者其他财产权。而尽管实践中有"先解封再处分"的做法，但是这种做法一是没有法律依据。二是不符合查封的目的。查封是为了将来可能的处分做准备，查封是手段，处分是目的，查封法院对自己查封的标的物进行处分符合查封的目的，法律禁止的是查封法院之外的任何人对该标的物进行处分。三是查封法院的处分行为替代了查封措施，不必先解除查封再处分，客观上能避免因此可能发生的标的物流失问题。所以，查封法院在处分查封标的物时，无须先解除查封，可以直接处分。①

（二）执行中处分财产的法律效果

人民法院制作的土地使用权、房屋所有权转移裁定送达权利受让人时即发生法律效力，人民法院应当明确告知权利受让人及时到国土资源、房地产管理部门申请土地、房屋权属变更、转移登记。国土资源、房地产管理部门依据生效法律文书进行权属登记时，当事人的土地、房屋权利应当追溯到相关法律文书生效之时。

修订后的《拍卖变卖规定》第26条也对所有权转移进行了统一规定：不动产、动产的所有权、其他财产权自拍卖成交或者抵债裁定送达买受人或者承受人时起转移。

2021年《民法典物权编解释（一）》第7条对《民法典》第229条“因人民法院、仲裁机构的法律文书或者人民政府的征收决定等，导致物权设立、变更、转让或者消灭的，自法律文书或者征收决定等生效时发生效力”的内容进行了进一步解释，规定：“人民法院、仲裁机构在分割共有不动产或者动产等案件中作出并依法生效的改变原有物权关系的判决书、裁决书、调解书，以及人民法院在执行程序中作出的拍卖成交裁定书、变卖成交裁定书、以物抵债裁定书，应当认定为民法典第二百二十九条所称导致物权设立、变更、转让或者消灭的人民法院、仲裁机构的法律文书。”

尽管相对于《物权法解释（一）》，《民法典物权编解释（一）》第7条扩展了人民法院法律文书的范围，将变卖成交裁定书容纳在内，但不同时期的法律规定，思路是一贯和一致的。法院对财产进行处分后，不动产、动产或者其他财产权自法院作出的确认的裁定书送达后即行转移。就此而言，轮候查封显然

① 参见人民法院出版社编：《司法解释理解与适用全集·执行卷》，人民法院出版社2018年版，第666页。

不能对在先查封财产的法院处分财产的行为产生影响，否则，财产的所有权就无法在法院处分并作出文书后发生转移。

实务操作指引

(一) 执行法院对轮候查封财产进行处分没有法律依据

申请复议人常州市天宁区九龙农村小额贷款有限公司（以下简称九龙小贷公司）因申请执行人金某与被执行人常州新区新业房地产开发有限公司（以下简称新业房产公司）、常州市新北区汇通农村小额贷款有限公司（以下简称汇通小贷公司）借款合同纠纷一案，不服江苏省常州市中级人民法院（2014）常执异字第44号执行裁定，向江苏省高级人民法院申请复议。①

常州市中级人民法院查明：在申请人金某与被申请人新业房产公司、汇通小贷公司借款合同纠纷一案中，金某提交财产保全申请后，常州市中级人民法院作出（2013）常仲保字第49号民事裁定，并在2013年11月18日向常州市国土资源局发出协助执行通知书：查封新业房产公司名下的土地使用权，在2013年11月22日向常州市新北区房管局发出协助执行通知书：预查封新业房产公司名下12幢若干房屋。常州市国土资源局反馈称：新业房产公司名下证号为常国用（2010）变03××4号的土地使用权已被其他案件先予查封，查封顺序如下：(1) 常州市中级人民法院，登记时间为11月13日，文号（2013）常商初字第0044号；(2) 常州市中级人民法院，登记时间为11月18日，文号（2013）常仲保字第49号。2014年1月28日，常州仲裁委员会作出（2013）常仲裁字第396号仲裁裁决书。此后金某向常州市中级人民法院申请执行。在常州市中级人民法院对新业公司名下房产进行两次拍卖未成交后，根据申请执行人金某的申请，常州市中级人民法院作出（2014）常执字第00086－2号执行裁定，确定流拍房产中，有33套作价4105.28万元抵偿给申请人金某。

案外人九龙小贷公司对该执行裁定不服，提出执行异议。九龙小贷公司在异议中主张，其曾向常州市中级人民法院申请诉前财产保全，常州市中级人民

---

① 江苏省高级人民法院执行裁定书，（2015）苏执复字第00033号。

法院作出（2013）常商诉保字第0044号民事裁定，并于2013年11月13日向常州市国土资源局发出协助执行通知书：查封新业房产公司名下证号为常国用（2010）变03××4号的土地使用权。常州市中级人民法院对土地首轮查封的效力应当及于土地上的建筑物，该院将新业房产公司上述土地上的33套房地产抵偿给金某是错误的。常州市中级人民法院认为：折抵给金某的33套商品房中，有9套与本案争议的土地没有关联。对其他24套商品房，商品房与土地使用权的登记分别属于不同的机关，九龙小贷公司诉前保全限于涉案土地使用权，未对地上商品房办理查封登记，其保全查封效力不当然及于地上商品房。常州市中级人民法院裁定驳回九龙小贷公司提出的执行异议。

江苏省高级人民法院认为：轮候查封仅自在先查封已经解除时才发生法律效力，如若首封法院对查封财产进行全部处分，则轮候查封自始未产生查封效力。本案中，在九龙小贷公司已对常国用（2010）变03××4号土地使用权采取查封措施且未予解封的情况下，对该土地使用权的轮候查封仍未发生查封的效力，常州市中级人民法院对未产生查封效力的土地使用权进行处分没有法律依据。故江苏省高级人民法院裁定撤销了常州市中级人民法院的执行异议裁定和以物抵债裁定。

在本案中，金某案件的轮候查封并未发生查封的效力，常州市中级人民法院不能根据轮候查封对所涉土地使用权进行处分，否则在先查封的案件就不能对在先查封的财产进行处分以实现申请执行人的权利。即便从本案申请执行人可以通过参与分配平衡利益的角度来看，九龙小贷公司基于对土地使用权的在先查封，可以在参与分配过程中首先受偿，故常州市中级人民法院将被执行人的房屋抵债给金某，也侵犯了九龙小贷公司的合法权益。

总之，轮候查封不能对在先查封法院处分财产产生影响，阻碍执行。只有在特殊情况下，处分财产的权力可以从在先查封法院转移给轮候查封法院，但是仍然需要保障在先查封案件申请执行人优先受偿的权利。一是在先保全法院向在先轮候查封法院转移，根据《保全规定》第21条第1款、第2款："保全法院在首先采取查封、扣押、冻结措施后超过一年未对被保全财产进行处分的，除被保全财产系争议标的外，在先轮候查封、扣押、冻结的执行法院可以商请保全法院将被保全财产移送执行。但司法解释另有特别规定的，适用其规定。

保全法院与在先轮候查封、扣押、冻结的执行法院就移送被保全财产发生争议的，可以逐级报请共同的上级法院指定该财产的执行法院。”二是在先查封法院向优先债权执行法院转移，即《优先债权执行批复》规定的情形。

（二）案外人向轮候查封法院提出执行异议应否受理

案外人陆某茜因中国金谷国际信托有限责任公司（以下简称金谷信托公司）与润地利科技实业投资集团有限公司（以下简称润地利公司）、中城建科技产业园南通有限公司（以下简称中城建公司，其原名为南通润万嘉置业投资有限公司）、王某平、刘某慧公证债权文书执行一案，不服江苏省高级人民法院对其购买的原南通润万嘉置业投资有限公司（以下简称润万嘉公司）名下润华国际中心1幢2205、2505房产的查封，向江苏省高级人民法院提出执行异议。[①]

案外人陆某茜称：2012年11月4日，其与润万嘉公司签订合同，购买两套房产，房号分别为1幢2205、2505。其于当日支付首付款，剩余房款通过银行按揭贷款支付。直至今日其一直在偿还贷款。由于开发商倒闭，其购买的房屋没有办理产权登记，但仍属其所有。江苏省高级人民法院对上述房产的查封行为错误，请求解除对上述房产的查封。

江苏省高级人民法院查明：申请执行人金谷信托公司与被执行人润地利公司、中城建公司、王某平、刘某慧公证债权文书执行一案，江苏省高级人民法院于2016年12月1日向南通市开发区不动产登记中心送达执行裁定及协助执行通知书，请求协助轮候查封润万嘉公司名下润华国际中心在建工程1幢和3幢的房地产。南通市开发区不动产登记中心工作人员签收了上述文书，并在江苏省高级人民法院送达回证上注明：轮候，土地首封南通市中级人民法院（以下简称南通中院），在建工程1幢首封南通中院，3幢首封无锡市滨湖区人民法院。江苏省高级人民法院轮候查封的上述房地产中包括陆某茜主张的两套房产。

江苏省高级人民法院认为，根据《查扣冻规定》第26条第1款、《国土房管部门协助执行通知》第20条以及《最高人民法院关于查封法院全部处分标的物后轮候查封的效力问题的批复》精神，陆某茜向江苏省高级人民法院提出执行异议时，江苏省高级人民法院对陆某茜主张的两套房产系轮候查封，在首查

---

① 江苏省高级人民法院执行裁定书，（2017）苏执异34号。

封法院尚未解除对该房产查封的情况下，江苏省高级人民法院的轮候查封尚未转为查封。据此，陆某茜应向首查封法院提出执行异议。陆某茜径行向江苏省高级人民法院提出执行异议，不符合执行异议案件受理条件，故裁定驳回了案外人陆某茜的执行异议申请。

在本案中，就强制执行措施的效力而言，异议人应该向首查封法院提出执行异议，而不是向轮候查封法院提出执行异议。这方面，北京市高级人民法院的意见和江苏省高级人民法院一致。《北京市高、中级法院执行局（庭）长座谈会（第三次会议）纪要——关于执行审查、裁决工作若干问题的意见》就提出："对人民法院轮候查封标的物，案外人依据《中华人民共和国民事诉讼法》第二百零四条提出异议的，裁定驳回异议。该裁定为终局裁定。"正是因为轮候查封、扣押、冻结不发生正式的法律效力，因此也不应就轮候查封、扣押、冻结适用执行异议的救济。

但近来的司法实践对案外人针对轮候查封提出的异议应否受理提出了不同看法。最高人民法院和北京市高级人民法院均出现了认为法院应受理对轮候查封提起的异议的判例。

黑龙江省高级人民法院在审理黑龙江省滨辉建筑工程集团有限责任公司（以下简称滨辉公司）与黑龙江太平湖房地产开发有限公司（以下简称太平湖公司）建设工程施工合同纠纷一案中，案外人张某伟依据《异议复议规定》第28条对该院诉讼保全查封位于黑龙江省哈尔滨市××农场太平湖旅游小镇××期×号楼×单元×室、×室房屋（以下简称案涉房屋）提出书面执行异议，请求解除对案涉房屋的查封。

黑龙江省高级人民法院查明，滨辉公司与太平湖公司建设工程施工合同纠纷一案，黑龙江省高级人民法院于2019年1月24日作出（2019）黑民终31号民事裁定，裁定查封太平湖公司开发建设的位于黑龙江省哈尔滨市××农场太平湖旅游小镇××期部分房产（含案涉房屋）。根据不动产产权登记情况表显示，案涉房屋的首封法院为哈尔滨市道里区人民法院（以下简称道里区人民法院），黑龙江省高级人民法院为轮候查封法院。

黑龙江省高级人民法院认为，道里区人民法院尚未对案涉房屋解除查封，黑龙江省高级人民法院对案涉房屋的查封未发生法律效力，张某伟提出对案涉房屋排除执行异议的请求，不符合法律规定的执行异议案件受理条件。遂作出裁定驳回张某伟的异议请求。张某伟向最高人民法院提出复议。

最高人民法院经审查认为，虽然黑龙江省高级人民法院对案涉房屋的查封为轮候查封，不属于正式查封，能否产生正式查封的法律效力处于待定状态，但根据《保全规定》第27条第1款关于“人民法院对诉讼争议标的以外的财产进行保全，案外人对保全裁定或者保全裁定实施过程中的执行行为不服，基于实体权利对被保全财产提出书面异议的，人民法院应当依照民事诉讼法第二百二十七条规定审查处理并作出裁定”之规定，案外人张某伟系基于对案涉房屋主张实体权利而提出的异议，人民法院应当受理并依据《民事诉讼法》第227条（现234条）的规定审查处理，作出裁定。黑龙江省高级人民法院认为张某伟所提异议不符合执行异议案件受理条件，属适用法律错误，应予纠正。[①]

在（2019）京执复138号执行裁定中，北京市高级人民法院阐述法院应受理对轮候查封提出的执行异议的理由是，法律和司法解释并未禁止案外人向轮候查封的人民法院提出异议，亦未规定案外人仅能向首先查封的人民法院提出异议。轮候查封虽未产生查封的效力，但有转为查封的可能，对案外人的权益具有影响，故案外人有权向轮候查封的人民法院提出异议。

认为针对轮候查封提起的执行异议应不予受理的主要理由是，轮候查封在转为正式查封之前，仅是一种效力待定的执行措施，并不直接影响案外人的实体权利。其对采取轮候查封措施的财产的效力变动取决于前一查封措施，如果允许案外人针对轮候查封提起执行异议，不符合效益优先的价值取向。[②] 支持法院受理对轮候查封提起的异议的主要理由也集中在轮候查封对案外人的实体权利造成的影响。有观点认为，轮候查封也是具有效力的，其效力在于在先的查封效力一经解除，其后的轮候查封即自动生效，因此不能认为自动生效以前轮候查封不具有效力。而查封裁定一经作出就对案外人的权利产生了法律拘束力。而且根据《执行程序解释》第14条规定的精神，[③] 只要案外人对执行标的具有

---

① 最高人民法院执行裁定书，（2021）最高法执复9号。

② 参见刘瑜：《仅针对轮候查封提起的执行异议应不予受理》，载《人民司法》2015年第2期。

③ 《执行程序解释》第14条规定：“案外人对执行标的主张所有权或者有其他足以阻止执行标的转让、交付的实体权利的，可以依照民事诉讼法第二百二十七条的规定，向执行法院提出异议。”

实体民事权利，其财产被查封或者轮候查封，就有权提出异议，获得救济。①

法院受理案外人对轮候查封提出的异议，除上述理由外，还有更重要的现实意义。根据《民事诉讼法》的规定，如案外人向首封法院提出的异议理由成立的，法院应裁定中止执行。已经采取的查封、扣押或冻结等保全措施应予撤销。按照惯常思维，案外人对执行标的的实体权利排除了首封法院的执行，轮候查封必然也应自动解除，“但在现实中，执行法院出于执行效率和规避风险（主动解除强制措施可能引起申请执行人对执行法官消极执行的投诉等）的考虑，常常不会选择主动对执行标的解除强制措施，而是告知案外人提出执行异议”②。这就导致，即便案外人对首封法院提出的异议理由成立从而解除了首封法院的查封措施，轮候查封在法院不主动解除的情况下将转为正式查封，案外人仍然需要提出异议对其进行排除。法院受理案外人对轮候查封提出的异议的积极意义在于，案外人可以事先将轮候查封的执行措施予以排除，无须等待必须在排除首封后再逐一对转为正式查封的轮候查封提出异议。

（三）轮候查封的实际作用和操作方式

在先查封解除是轮候查封生效的前提条件，尽管轮候查封不会发生法律效力，但实践中针对同一执行标的物的不同案件都还是会进行轮候查封。这是因为轮候查封在法律上仍然有积极的作用。《执行规定》第55条第1款规定：多份生效法律文书确定金钱给付内容的多个债权人分别对同一被执行人申请执行，各债权人对执行标的物均无担保物权的，按照执行法院采取执行措施的先后顺序受偿。轮候查封虽然不发生正式效力，但是也属于执行措施，因此，对于可能适用参与分配的场合，轮候查封就能确定受偿的顺序。即便是执行标的物不

① 参见韩松：《案外人针对轮候查封的执行异议法院应予受理》，载《人民法院报》2017年1月4日，第8版。

② 吴永林、李炳录：《轮候查封情形下案外人的救济》，载《人民司法》2020年第14期。案外人通过执行异议排除了首封法院的强制执行，但不能据此当然排除轮候查封法院执行的主要理由是，执行异议或异议之诉的审查，本质上是在某一具体案件中，案外人对执行标的享有的实体权利与申请执行人对被执行人享有的债权孰者优先的对比。虽然案外人对执行标的享有的实体权利相同，但不同案件申请执行人享有的债权是不同的，因此这种具体个案对比范围的特定性决定了对比结果适用的有限性，不能适用于对该执行标的采取强制执行措施的所有执行案件或同一被执行人的所有案件。但也有法官认为这种做法给案外人带来了巨大的诉累，使其陷入接连不断的诉讼中去，在程序正义的成本和代价如此之大的情况下，案外人异议或异议之诉作为救济手段的实效将大打折扣。

足以清偿在先查封的债权，我们认为也还是应该进行轮候查封。因为在先的查封可能会解除，解除后最先进行的轮候查封就会成为正式查封，此时债权人就有可能因此获得清偿。

实践中，有的法院直接以多个案号一并查封财产，并且要求协助执行人不明确顺序。这一做法实际上是属于重复查封，并不符合司法解释的规定，也不能确定不同案件之间采取强制执行措施的先后顺序，其他法院再进行轮候查封，就会出现争议。而且，一旦有其他案件进行轮候查封，就有可能因为查封的效力问题而在不同案件、不同法院和不同当事人之间出现争议。《最高人民法院关于同一法院在不同案件中是否可以对同一财产采取轮候查封、扣押、冻结保全措施问题的答复》(〔2005〕执他字第24号）明确："设立轮候查封、扣押、冻结制度，目的是解决多个债权对同一执行标的物受偿的先后顺序问题。因此，根据最高人民法院《关于人民法院民事执行中查封、扣押、冻结财产的规定》第二十八条规定的精神，只要不是同一债权，不论是不是同一个债权人，受理案件的法院是不是同一个法院，都应当允许对已被查封、扣押、冻结的财产进行轮候查封、扣押、冻结；同一法院在不同案件中也可以对同一财产采取轮候查封、扣押、冻结保全措施。"因此，实践中，即便是同一法院，如有指向同一执行标的物的不同案件，也可以并且应该对同一执行标的物进行轮候查封。①

在实务中，轮候查封还牵涉两个关于当事人利益的重要问题，一是轮候查封是否有法律效力，如有，从何时开始计算？二是轮候查封在转为正式查封时如何计算查封期限。以下通过最高人民法院发布的一则案例对上述问题进行

---

① 实践中比较困惑的问题在于同一法院同一法官承办的不同申请执行人的不同案件难以确定采取强制执行措施的先后顺序。例如，甲、乙、丙同时对A公司提起劳动争议诉讼，法院在同时作出了终审判决。甲、乙、丙同时申请执行，法院同时受理对A公司的3个执行案件，由同一名执行法官承办。执行法官查询发现，A公司的银行账户中只有4万元存款，除此之外，没有其他财产，而甲主张的债权是5万元，乙主张的债权是6万元，丙主张的债权是7万元。执行3个案件的这名法官在进行冻结时，一般而言都是统一制作法律文书，一次性前往银行冻结，此时就难以区分送达法律文书即采取强制执行措施的先后顺序。而由于被执行人的财产不足以清偿任何一个案件的债权，3个案件中无论选择哪个案件作为首先冻结的案件，都会造成其他两个案件的申请人无法获得清偿。而且，这种选择带有主观性，并非因客观原因造成送达法律文书的先后。如果不同案件的申请执行人是同一人，那么不会出现利益不平衡的问题。而一旦申请执行人不是同一人，那么就会出现这一问题。我们认为，还需要设置更为特殊的专门规则来解决这一问题。

说明。

在白山市方泰商贸有限公司（以下简称方泰公司）与白山市生源煤业有限责任公司（以下简称生源煤业公司）借款合同纠纷执行一案中，白山中院向协助执行义务机关吉林省自然资源厅送达协助执行通知书，要求自然资源厅协助轮候冻结白山市缸窑矿业有限公司（以下简称缸窑矿业）在自然资源厅的矿山环境恢复治理备用金（以下简称备用金）4,941,000.00元及利息，冻结期限1年。该备用金的首封是白山法院在执行申请执行人刘某与被执行人缸窑矿业等合同纠纷一案中，于2016年11月30日作出的，冻结期限1年，从2016年12月1日至2017年11月30日。首封冻结期限到期后未办理续行冻结手续。2018年5月10日，自然资源厅向缸窑矿业支付了该笔备用金。白山中院责令自然资源厅限期追回。因款项未追回，白山中院裁定自然资源厅在擅自支付而未能追回的5,118,048.18元范围内向方泰公司承担责任。自然资源厅不服提出异议。①

本案的争议焦点是自然资源厅向缸窑矿业支付备用金是否属于擅自处分已被冻结财产，其核心问题是自然资源厅在向缸窑矿业支付备用金时，备用金是否处于冻结状态。进一步分析，是对轮候查封的法律效力、效力期限的认定以及转为正式查封后查封期限的计算问题。实践中，很多协助执行义务机关认为轮候查封不发生查封效力，轮候查封本身并无法律效力，法院送达查封通知的时间并非轮候查封生效的时间，而是法院轮候排序的时间。② 因轮候查封无法律效力可言，故轮候查封也没有期限一说，即便轮候查封通知中载明了查封期限，到期也无须续行查封。轮候查封转为正式查封的，查封期限从转为正式查封之日起开始计算查封期限。早期最高人民法院也持此种观点。③ 但在具体实践操作中，法院在发出查封的协助执行通知时并不知晓财产的查封状况，有的会写明具体的查封起止时间，有的直接写明查封年限，这就导致了协助执行义务机关在处理轮候查封时的混乱。普遍的做法是，如协助执行通知上注明了查封的具体期限，如2016年7月7日至2019年6月6日，首封在2018年8月8日解除或

① 最高人民法院执行裁定书，（2020）最高法执监312号。

② 参见邱丽丽：《协助执行房屋轮候查封登记问题的法律探析》，载《中国房地产》2015年第34期。

③ 参见最高人民法院执行局：《人民法院办理执行案件规范》，人民法院出版社2017年版。

到期未续封的，则轮候查封转为正式查封后，查封期限是从2018年8月8日至2019年6月6日。若协助执行通知仅注明查封3年或从转为正式查封后查封3年，则查封期限是从2018年8月8日至2021年8月7日。也就是说，协助执行通知书注明的“查封3年”与具体的查封期限在办理正式查封时结果是一致的，但在办理轮候查封时的结果却是不同的。

但有观点认为，轮候查封对财产不产生正式的查封效力并不意味着轮候查封自身无法律效力。轮候查封的法律效力在于在先的查封效力一经解除相应在后的轮候查封即自动生效，自动生效意味着查封法院可以强制执行标的物。[①] 在本案中，最高人民法院肯定了轮候查封的法律效力，并指出轮候查封自轮候冻结裁定书及其协助执行通知书送达协助执行义务机关之日起发生法律效力。而且，轮候查封的法律效力亦有期限限制，最高人民法院认为，协助执行通知书载明的查封日期或期间具有公示效力，对协助执行的单位具有拘束力。期间届满时如需要继续冻结，人民法院应当及时办理续行冻结手续。在轮候查封转为正式查封时查封期限的起止问题上，实践中也存在如本案中白山中院与吉林高院一样的认识差异。白山中院认为，首封未办理续行冻结，轮候冻结从首封冻结期限结束后转为正式查封，冻结期限1年，即从2017年12月1日至2018年11月30日，故自然资源厅2018年5月10日支付备用金时备用金仍处于冻结期限内。吉林高院则认为，轮候查封的协助执行通知书是在2016年12月29日送达的，冻结期限为1年，即从2016年12月29日至2017年12月28日止，白山中院的冻结在2017年12月28日已到期，且未办理续行冻结，故自然资源厅2018年5月10日将备用金支付给缸窑矿业，不属于擅自处分已冻结财产。最高人民法院认为，协助执行通知书载明的冻结期间，并未明确“自在先冻结解除之日起计算”，应当按照通常理解，从送达之日起开始计算轮候冻结一年的期间。概言之，轮候查封的协助执行通知书载明查封年限但未载明起止时间的，原则上从协助执行通知书送达协助执行义务机关之日起计算查封期限，且不受转为正式查封的影响。这与实践中的普遍做法稍有不同。实践中，对于未注明

---

① 参见韩松：《案外人针对轮候查封的执行异议法院应予受理》，载《人民法院报》2017年1月4日，第8版。

查封的具体起止期限的，无论载明的查封年限是否明确是从转为正式查封之日起计算，普遍是从正式查封之日起计算查封期限。

根据上述分析，最高人民法院的裁判观点实际上仍是将法院是否知晓本次查封为轮候查封做了区分处理，为协助执行通知书明确了“自在先冻结解除之日起计算”冻结期限的情况留下了处理空间，但并未明确具体的处理规则。如仅在协助执行通知书上注明从转为正式查封之日起计算3年的查封期限，则轮候查封是否仍是从送达协助执行通知书之日起发生法律效力？该法律效力是否将一直持续至首封法院将查封财产处置完毕或转为正式查封后3年？在首封法院将查封财产处置完毕或转为正式查封之前，都无须考虑续行查封的问题？从统一管理和方便协助执行义务机关办理查封的角度看，为了避免理解和认识上的混乱造成当事人利益受损，最高人民法院应当对轮候查封的法律效力、期限、续期以及转为正式查封后的期限计算问题作出统一的规定，尤其是对法院出具的协助执行通知书中查封的表述内容进行统一规范，以提高执行效率和保障当事人行为预期。

（四）对标的物的查封是否及于其变价款

在融泓嘉毅（天津）股权投资基金合伙企业（有限合伙）（以下简称融泓嘉毅）申请执行宁波信达风盛投资合伙企业（有限合伙）（以下简称宁波风盛）等民间借贷纠纷一案中，南京市中级人民法院于2019年8月14日轮候冻结了宁波风盛持有的16,233,766股三七互娱股票。首封法院将上述三七互娱股票全部处分，案件执行完毕后尚余8200万元变价款，存放于宁波风盛开设在华创证券的股票资金账户。首封法院于2020年1月17日解除该资金账户冻结，贵阳中院应另案债权人贵阳某公司申请于2020年1月19日在华创证券冻结该资金账户，南京市中级人民法院遂轮候冻结该资金账户。南京市中级人民法院认为，轮候冻结旨在等候冻结解除或者冻结财产处分后的剩余价值，以产生冻结效力。冻结的标的物与其处分后的变价款，实质上是同一执行财产，案涉股票被首封法院全部处分后，变价款尚有剩余，股票上冻结效力消灭后，轮候冻结的效力及于该变价款的剩余部分。并且，《查扣冻规定》第27条第2款“查封、扣押、冻结的财产已经被执行拍卖、变卖或者抵债的，查封、扣押、冻结的效力消灭”及《最高人民法院关于查封法院全部处分标的物后轮候查封的效力问题的批复》

中“人民法院对已查封、扣押、冻结的全部财产进行处分后，该财产上的轮候查封自始未产生查封、扣押、冻结的效力”所述的“财产”应限缩解释为“标的物”，即只有在标的物全部被处分没有剩余价值的情况下才适用轮候查封自始未产生查封效力的规定。由此，南京市中级人民法院对股票的查封先于贵阳中院对资金账户的查封。南京市中级人民法院以此促成了融泓嘉毅、另案债权人贵阳某公司就剩余8200万元变价款的分配达成和解协议。

上述案例中南京市中级人民法院所持的观点与最高人民法院在（2012）执复字第19号执行裁定中体现的观点一致，即“轮候查封制度的作用在于确保轮候查封债权人能够取得在先查封债权人从查封物中所得利益的剩余部分。轮候查封的效力应当及于查封标的物的替代物，即对于标的物变价款中多于在先查封债权人应得数额的部分，有正式查封的效力，轮候查封债权人有权对该部分主张权利”。如仅是因为未再查封标的物的变价款导致其丧失了顺序在先的受偿机会，将使前期对标的物的查封措施完全落空，对轮候查封债权人来说，超出其预期且有失公允。因此对轮候查封做上述理解，对积极行使权利采取了轮候查封措施的债权人来说更为公平合理。但在现行规范框架内，南京市中级人民法院的解释是否符合原有的规范意旨，是否能作出此种解释，值得商榷。一方面，南京市中级人民法院未就“标的物及其变价款为同一执行标的”的法理基础进行论证；另一方面，将《查冻扣规定》及《最高人民法院关于查封法院全部处分标的物后轮候查封的效力问题的批复》中的“财产”限缩解释为“标的物”，是否超越其解释权限？对于无法查封股票但查封了资金账户的债权人来说，受限于在先的股票查封，是否又具备公平性？

我们认为，引发这一问题的主要原因在于对标的物的查封与对其变价款的控制并不是同步的。若对股票的查封及于其变价款，则查封资金账户略显多余，但为防止被执行人将资金账户中的财产转移，故允许在查封股票的同时查封资金账户，目的是对变价款进行控制。但实践中有的债权人仅申请对股票进行查封，未对资金账户进行查封，但未采取对变价款的控制措施并不是可以否定查封效力的理由，若首封债权仅冻结股票未查封资金账户，在股票变现资金进入资金账户后，有另案债权人首轮查封了资金账户，这种结果显然是有失公允的。在上述问题仍然尚存争议的情况下，有效防范此类风险的做法就是在查封股票的时候同时查封其变价款所存入的资金账户。

实践中，首封法院在处置标的物时，往往忽视对标的物轮候查封债权人合法权益的保护，直接将执行余款退回给被执行人的现象时有发生，导致另案执行困难。如果轮候查封法院在查封后没有及时告知首封法院，首封法院一般也不关注标的物的轮封，另外有的轮候法院在轮候查封后还向首封法院送达协助执行通知书，要求冻结扣划首封法院处置标的物的剩余款项，而该法院不一定是首先轮候查封法院。也有的法院没有轮候查封，直接要求首封法院冻结扣划剩余执行变现款。各种做法随意性较大，出现了对当事人权利未予平等保护的问题。

《最高人民法院关于正确处理轮候查封效力相关问题的通知》明确了轮候查封的效力及于首封债权人受偿后的执行余款，即在首封法院对查封物处置变现后，如果首封债权人受偿后变价款有剩余的，则该剩余价款属于轮候查封物的替代物。此时轮候查封对于查封物变价款中多于首封债权人应得数额的部分有正式查封的效力，轮候查封债权人对该剩余价款有权主张相应权利，而无须轮封法院向首封法院另行出具法律文书申请冻结该剩余价款。

另外，该通知明确了首封法院的主动查明义务和通知义务。首封法院在将执行余款退回给被执行人前，要查明是否存在轮封债权人，首封法院要主动将相关处置情况告知变价款处置前已知的轮候查封法院，并将执行余款移交给轮候查封法院处理。根据该通知，首封法院的处置权和发放案款义务较重。首封债权人足额受偿，相应案件执行完毕，轮候查封应转为首封，因而变价款和分配权应转至首先轮候查封法院。

（五）不同法院之间的协调与配合

目前的法律和司法解释没有明确要求处分财产的法院将财产处分的情况和结果通知采取轮候强制措施的法院，但考虑到一旦财产被处分，轮候法院可能就需要执行被执行人的其他财产，或者如果处分财产所得价款有剩余的话，轮候法院案件的申请执行人也应获得受偿。所以，处分法院应以适当方式将财产处分情况和结果告知轮候法院，以便轮候法院采取相应措施，继续案件的执行。

九、同一法院能否在不同案件中对同一执行财产轮候查封

答复原文

最高人民法院关于同一法院在不同案件中是否可以对同一财产采取轮候查封、扣押、冻结保全措施问题的答复

2006年1月10日　〔2005〕执他字第24号

江苏省高级人民法院：

你院关于同一法院在不同案件中是否可以对同一财产采取轮候查封、扣押、冻结保全措施问题的请示收悉。经研究，答复如下：

设立轮候查封、扣押、冻结制度，目的是为了解决多个债权对同一执行标的物受偿的先后顺序问题。因此，根据最高人民法院《关于人民法院民事执行中查封、扣押、冻结财产的规定》第二十八条规定的精神，只要不是同一债权，不论是不是同一个债权人，受理案件的法院是不是同一个法院，都应当允许对已被查封、扣押、冻结的财产进行轮候查封、扣押、冻结；同一法院在不同案件中也可以对同一财产采取轮候查封、扣押、冻结保全措施。

此复

出台背景

2004年2月10日前，我国的法律法规中没有轮候查封制度，只是规定对同一财产不得重复查封。当时的司法解释认为，重复查封是法律所排斥和禁止的，而轮候查封制度还未创设。《国土房管部门协助执行通知》第19条和第20条[①]

---

① 第19条全文如下："两个以上人民法院对同一宗土地使用权、房屋进行查封的，国土资源、房地产管理部门为首先送达协助执行通知书的人民法院办理查封登记手续后，对后来办理查封登记的人民法院作轮候查封登记，并书面告知该土地使用权、房屋已被其他人民法院查封的事实及查封的有关情况。"第20条全文如下："轮候查封登记的顺序按照人民法院送达协助执行通知书的时间先后进行排列。查封法院依法解除查封的，排列在先的轮候查封自动转为查封；查封法院对查封的土地使用权、房屋全部处理的，排列在后的轮候查封自动失效；查封法院对查封的土地使用权、房屋部分处理的，对剩余部分，排列在后的轮侯查封自动转为查封。预查封的轮候登记参照第十九条和本条第一款的规定办理。"

才确立了轮候查封制度，但其范围仅限于土地使用权、房屋这两种不动产。《查扣冻规定》明确将轮候查封适用范围扩大到所有财产，确立了我国普遍意义上的轮候查封制度，轮候查封制度解决了多个债权人对同一执行标的物执行时受偿的先后顺序问题，司法实践意义重大。

答复中的案例发生在《查扣冻规定》施行后。2005 年南京市中级人民法院在审理广东发展银行股份有限公司南京鼓楼支行（以下简称鼓楼广发行）诉深圳市泰丰通讯电子有限公司（以下简称泰丰公司）借款合同纠纷一案中，鼓楼广发行向南京市中级人民法院提出财产保全的申请，要求对泰丰公司所持有的商标“泰丰 + TAIFENG”和“泰丰 888”采取保全措施。南京市中级人民法院依法裁定并派人前往国家工商行政管理总局商标局（现为国家知识产权局商标局，以下简称商标局）要求其协助查封上述商标，但遭到商标局工作人员的拒绝。拒绝的理由为，在此之前，上述商标已由南京市中级人民法院另案查封。根据最高人民法院修订后的《查扣冻规定》第 26 条第 1 款规定，对已被人民法院查封的财产，其他法院可以进行轮候查封，而南京市中级人民法院不属于“其他法院”，故不得再次轮候查封，双方为此产生争议。

后南京市中级人民法院具函向江苏省高级人民法院请示。江苏省高级人民法院经研究后认为，《查扣冻规定》第 26 条中“轮候”一词，就是“排队”之意。所谓“轮候查封”就是按先来后到的顺序对须保全的财产进行查封，这样设置的根本目的是解决不同的案件中需对同一财产采取财产保全措施时的秩序问题。“轮候”的主体只能是不同的案件，而与这些案件是否由同一法院或不同法院受理无关。因此，《查扣冻规定》第 26 条的规定既应适用于其他法院的轮候查封，也同样应适用于同一法院其他案件的轮候查封，商标局应当协助南京市中级人民法院办理对泰丰公司两个商标的轮候查封。经研究后，江苏省高级人民法院认为该问题涉及对《查扣冻规定》的理解与适用，具有普遍性，特向最高人民法院请示。

理解与适用

从广义上来说，轮候查封就是对有权机关已经查封的财产，其他有权机关依次按时间先后在登记机关办理查封登记，或者在登记机关进行记载、排队等候，查封依法解除后，在先的轮候查封自动转化为正式查封的制度。这里的有权机关不仅包括法院，还包括公安机关、检察院、监察机关等部门。

（一）轮候查封制度设立的目的

轮候查封制度设立的目的是解决多个债权对同一执行标的物受偿的先后顺序问题。《执行规定》第 55 条第 1 款规定多份生效法律文书确定金钱给付内容的多个债权人分别对同一被执行人申请执行，各债权人对执行标的物均无担保物权的，按照执行法院采取执行措施的先后顺序受偿。由此可知，轮候查封制度坚持的是债权人先到先得原则，债权按照法院采取查封措施的先后顺序进行清偿。

但应当注意的是，上述清偿的前提条件是被执行人的财产足够清偿其债务，债权人按照查封的先后顺序受偿。如果债务人的财产不足值，债权人的受偿顺位与查封顺位的关系，则会因债务人是公民、其他组织，还是公司等企业法人而有所不同。

（二）对轮候查封制度的扩张解释

对已被人民法院查封的财产，其他人民法院可以进行轮候查封。首先查封解除的，登记在先的轮候查封即自动生效。《查扣冻规定》第 26 条第 1 款将采取轮候查封措施的机关限定为其他法院，按照条文字面文义理解是不包含已经采取了查封措施的法院，但实践中不免存在争议。因轮候查封制度解决的是受偿的先后顺序问题，如果不允许同一法院轮候查封，那么该法院其他执行案件的债权人受偿的顺位将会受到影响，同一法院执行案件当事人权益反而不如其他法院执行案件当事人权益保护得周到、高效。显然，不准许同一法院在不同案件中对同一财产采取轮候查封存有缺陷，导致执行实践中产生了不同的理解，造成了个别案件执行中的混乱。

因此，最高人民法院意在通过答复对轮候查封制度及《查扣冻规定》第 26 条进行扩张解释，不再受只有其他法院才能采取轮候查封的限制，明确了只要不是同一债权，不论是不是同一个债权人，受理案件的法院是不是同一个法院，都应当允许对已被查封的财产进行轮候查封；同一法院在不同案件中也可以对同一财产采取轮候保全措施。

实务操作指引

（一）参与分配时轮候查封的顺位与受偿顺位的关系

根据《民事诉讼法解释》第506条第1款规定，被执行人为公民或者其他组织，在执行程序开始后，被执行人的其他已经取得执行依据的债权人发现被执行人的财产不能清偿所有债权的，可以向人民法院申请参与分配。

轮候查封虽然解决的是受偿的先后顺序问题，但在被执行人为公民或者其他组织且满足法律规定的情形下，所有债权人适用参与分配制度，而在参与分配制度下轮候查封顺位与受偿顺位无关。如果被执行人是公司等企业法人，则不适用参与分配，须要严格遵循先到先得的原则，按照查封顺序进行受偿，除非作为被执行人的公司等企业法人进入破产程序。破产程序启动后，除优先权人外，各债权人实行平均分配。目前，我国没有建立个人破产制度，在被执行人为公民或者其他组织的财产不足以清偿全部债务时，债权人通过参与分配受偿。

（二）轮候查封的效力问题

轮候查封非属正式查封，不产生查封的效力，不应存在查封期限计算的问题。轮候查封只有在转为正式查封之日起才开始计算期限。但在实践中，不同的协助义务机关有不同的理解，其对法院协助执行时所提的要求并不一致。因此，执行法院在轮候查封时是否需要注明起始和截止日期，还要注意听取各协助执行义务机关的意见。

（三）执行法院办理同一被执行人系列案件的注意事项

实践中，对于同一被执行人的系列案件，执行法院在分案时多会指定由同一名执行法官或者同一个合议庭办理。但是，近年来有了一些新的变化。为了建立更加公正、高效、竞争、科学的审判执行工作运行机制，很多法院采取以电脑随机分案为主、个别调整为辅的原则进行执行分案。在这种分案模式下，案件被立案受理后，通过电脑随机分配，就直接分到了承办人名下。这一分案方式减少了执行局内部进行二次分案的环节，好处是更加公正高效，缺点是对整体案件缺少掌控，导致同一被执行人的系列案件由多名法官分别执行。执行法官之间存在信息不对称、沟通不畅等情形，出现执行法官各自为战、同一执行工作多次重复操作的现象，严重浪费了司法资源。

为避免这种情况的出现，有些执行法院定期通过执行立案系统主动检索，及时发现此类情况，并按照个别调整的原则，将案件调整至同一名法官名下或者由同一个合议庭办理，力争相关执行案件统一处理。一些法院的执行实施部门设有专案组，专门处理被执行人为同一主体的“串案”。

在执行过程中，严格来说应该坚持所有普通债权案件都进行查封的原则。如果是财产不足以偿还全部债务的情况下，被执行人是公司等企业法人，普通债权执行案件要做到一案一查封，因为查封的顺位就是受偿的顺位；如果被执行人为公民或者其他组织时，债权人可以申请参与分配，各自按照债权比例进行受偿，查封顺位此时就不那么重要了。

(四) 刑事案件对同一财产进行轮候查封后，首封法院是否须遵循“先刑后民”

“先刑后民”指在民事诉讼活动中，发现涉嫌刑事犯罪时，应当在侦查机关对涉嫌刑事犯罪的事实查清后，由法院先对刑事犯罪进行审理，再就涉及的民事责任进行审理，或者由法院在审理刑事犯罪的同时，附带审理民事责任部分。在此之前不应当单独就民事案件进行审理。

2014 年 3 月 25 日《最高人民法院、最高人民检察院和公安部关于办理非法集资刑事案件适用法律若干问题的意见》第 7 条的规定，[①] 明显具有“先刑后民”的倾向。该条对首封法院能否处置查封财产有直接的影响。比如，对于公安机关、人民检察院、人民法院正在侦查、起诉、审理的非法集资刑事案件，有关单位或者个人申请执行涉案财物的，人民法院应当不予受理，并将有关材料移送公安机关或者检察机关。又如，人民法院在执行过程中，发现有非法集资犯罪嫌疑的，应当裁定中止执行，并及时将有关材料移送公安机关或者检察机关。公安机关、人民检察院、人民法院在侦查、起诉、审理非法集资刑事案

① 第 7 条全文如下：“对于公安机关、人民检察院、人民法院正在侦查、起诉、审理的非法集资刑事案件，有关单位或者个人就同一事实向人民法院提起民事诉讼或者申请执行涉案财物的，人民法院应当不予受理，并将有关材料移送公安机关或者检察机关。人民法院在审理民事案件或者执行过程中，发现有非法集资犯罪嫌疑的，应当裁定驳回起诉或者中止执行，并及时将有关材料移送公安机关或者检察机关。公安机关、人民检察院、人民法院在侦查、起诉、审理非法集资刑事案件中，发现与人民法院正在审理的民事案件属同一事实，或者被申请执行的财物属于涉案财物的，应当及时通报相关人民法院。人民法院经审查认为确属涉嫌犯罪的，依照前款规定处理。”

件中，发现被申请执行的财物属于涉案财物的，应当及时通报相关人民法院。人民法院经审查认为确属涉嫌犯罪的，依照前款规定处理。

实践中，该类刑民交叉的案件，公安机关要求执行法院不予受理、中止执行或者移送案件，但执行法院经审查后，与公安机关对上述法条的理解不一致，无法按其要求协助，但也难以再正常推进，导致执行工作搁置，当事人不断信访和上访。

事实上，《刑事涉财执行规定》第 13 条规定，被执行人在执行中同时承担刑事责任、民事责任，其财产不足以支付的，按照人身损害赔偿中的医疗费用、退赔被害人的损失、其他民事债务、罚金、没收财产的顺序受偿。债权人对执行标的依法享有优先受偿权，其主张优先受偿的，在前款人身损害赔偿中的医疗费用后受偿。

《刑事涉财执行规定》对受偿顺位有明确的规定，操作规则更为明确，因此，建议在涉及刑民交叉时，首先查封的执行法院不须考虑先刑后民的问题，只需依法处置查封财产，在处置完查封财产后，在财产分配的规则上遵循《刑事涉财执行规定》第 13 条的规定即可。这样做首先有法可依，其次能避免财产的迟延执行，在少支付优先债权金额的同时，也最大限度地增加其他债权人可分配的金钱数额，无论对于优先债权人，还是对须退赔损失的被害人，抑或一般债权人，都是有利的。

“先刑后民”作为我国民商事审判中的一个习惯做法，并非审理案件的基本原则，虽已被大多数法律工作者所承认，但在我国现行的法律及司法解释中，却很难找到十分具体的规定。

第四节　变　　价

一、评估异议的提出与审查

复函原文

最高人民法院执行工作办公室
关于诸城兴贸玉米开发有限公司申请执行
国营青岛味精厂案中有关财产评估、变卖等问题的复函

2003 年 8 月 25 日　〔2002〕执他字第 14 号

山东省高级人民法院：

你院鲁高法函〔2002〕41 号《关于案件执行中涉及有关财产评估、变卖等问题的请示报告》收悉。经研究，答复如下：

根据你院报告，诸城兴贸玉米开发有限公司申请执行国营青岛味精厂一案中。执行的财产属于无法拍卖的特品。如此情况属实，则可以变卖。评估报告未送达给有关当事人，并不影响依据评估报告确定变卖的价格。被执行人提出评估价格过低的问题，如查证属实，应当对变卖价款进行适当调整，但仍应维持执行法院变卖财产裁定的效力。执行法院撤销此变卖财产裁定的裁定，应予撤销。

鉴于在四方区法院作出变卖财产裁定后，青岛市中级人民法院受理了以被执行人为债务人的破产案件，如果变卖裁定中所涉及的财产的所有权尚未转移给买受人，则应当交由破产程序处理。对于不动产和有登记的特定动产，应当以变卖裁定生效日期为财产权转移日期；对于动产，应当以实际交付给买受人的日期为财产权转移日期。

此复

出台背景

拍卖、变卖和以物抵债是人民法院处置执行财产的主要方式，为最大化地实现债权人的利益，拍卖成为法院对执行财产变现的主要途径，只有在特定情况下才可以不经过拍卖而直接进行变卖。无论拍卖或变卖，作为执行程序中法定处置财产的方式，都必须依法进行。目前，在拍卖、变卖前通过议价、询价或评估确定处置财产的价格是拍卖、变卖的必经程序。本复函反映的问题，1998 年《执行规定》未能明确，而《拍卖变卖规定》当时尚未出台。对拍卖、变卖如何区分适用，评估报告如何送达，当事人对评估报告提出异议如何处理，拍卖、变卖财产所有权发生变动的时间点与破产等其他程序如何衔接等问题没有直接明确的规定。本复函案件系青岛市四方区法院在没有直接明确规定的情况下，确定通过变卖处置被执行人特定财产，在没有送达评估报告且被执行人提出变卖价格过低后又撤销变卖裁定，同时法院作出变卖裁定后，被执行人又进入了破产程序，变卖与破产如何衔接，被处置的财产所有权是否发生了转移。这些问题经由法院逐级上报后，山东省高级人民法院向最高人民法院请示。最高人民法院通过复函明确了问题的处理方式。最高人民法院在这之后出台的《拍卖变卖规定》《财产处置价规定》等司法解释基本解决了本复函的问题。但梳理各种规定的发展变化过程并深挖规范的理论基础仍有很大价值。

理解与适用

（一）不经拍卖直接变卖执行标的物的条件

《拍卖变卖规定》第 2 条规定：人民法院对查封、扣押、冻结的财产进行变价处理时，应当首先采取拍卖的方式，但法律、司法解释另有规定的除外。

第 31 条规定：对查封、扣押、冻结的财产，当事人双方及有关权利人同意变卖的，可以变卖。金银及其制品、当地市场有公开交易价格的动产、易腐烂变质的物品、季节性商品、保管困难或者保管费用过高的物品，人民法院可以决定变卖。

这两条规定与 1998 年《执行规定》第 46 条的精神基本一致，确定了法院对执行标的财产进行变价处置的原则：优先采取拍卖方式，特定情形可直接变卖。但《拍卖变卖规定》对拍卖、变卖孰先孰后，直接变卖的条件做了更具体的规定，同时，对《执行规定》第33条关于被执行人在人民法院的监督下可自行申请变卖的做法未做变动。

本复函中明确了如执行的财产属于无法拍卖的特品，则可以不经拍卖而直接变卖，与《拍卖变卖规定》体现的上述原则和精神是一致的。

（二）评估报告的送达

实践中，法院委托评估机构作出评估报告后，经常难以向被执行人送达。有的法院仿照诉讼程序中公告送达的方式，向被执行人送达评估报告。由于公告期为60日（现为30日），会影响执行程序的效率，实践中争议较大。2004年《拍卖变卖规定》第6条第1款规定："人民法院收到评估机构作出的评估报告后，应当在五日内将评估报告发送当事人及其他利害关系人。当事人或者其他利害关系人对评估报告有异议的，可以在收到评估报告后十日内以书面形式向人民法院提出。"该条并没有使用"送达"一词，而使用的是"发送"。有观点认为，"发送"与"送达"应当区别，"发送"的要求没有"送达"严格。如果不能用一般送达方式向被执行人或其他利害关系人完成送达，法院不必采取公告的方式来进行送达。不公告送达，并不影响评估报告的效力，也不影响依据评估报告确定的价格进行的拍卖、变卖的效力。

最高人民法院主流观点认为："在执行中适用公告送达的方式时，公告的期间是否适用《民事诉讼法》规定的60日（现为30日），因为执行程序确实不同于一般的诉讼程序，其重大价值是迅速及时。如果被执行人下落不明，而确有财产可供执行，一定要等待60日（现为30日）后才进行处理确属不合理，对及时保护债权人利益不利。有的法院确定这一期间为10日或15日。公告的媒介也不一定非是报纸，也可考虑在被执行人住宅、单位、基层组织等建筑物墙上、附件文告栏上或其他便于张贴公告、而又有众人阅览的地方张贴公告。"①

2017年《人民法院办理执行案件规范》，也对评估报告的发送进行了分析。第397条提出：人民法院收到评估机构作出的评估报告后，应当在5日内将评

---

① 江必新主编：《民事执行法律条文释义》，人民法院出版社2011年版，第144页。

估报告发送当事人及其他利害关系人。被执行人或者其他利害关系人下落不明，可以采取请被执行人的近亲属转交、张贴在被执行人所在的自然村或小区公共活动场所、邮寄至生效法律文书载明的被执行人住所地等适当方式送达，无须公告送达。这一规范来自本复函的精神。①

考量执行程序的效率价值，在执行程序中对于评估报告的送达不必要严格适用诉讼程序中的公告送达制度，但由于法律和司法解释并没有作出相应修改予以明确，实践中仍然有对评估报告适用60日（现为30日）公告送达的情况。《财产处置价规定》第21条规定："人民法院收到定向询价、网络询价、委托评估、说明补正等报告后，应当在三日内发送给当事人及利害关系人。当事人、利害关系人已提供有效送达地址的，人民法院应当将报告以直接送达、留置送达、委托送达、邮寄送达或者电子送达的方式送达；当事人、利害关系人下落不明或者无法获取其有效送达地址，人民法院无法按照前述规定送达的，应当在中国执行信息公开网上予以公示，公示满十五日即视为收到。"第1款规定包括评估报告在内的处置参考价报告应当在3日内发送，即仍然使用"发送"一词。而第2款就明确了应该根据有效送达地址，② 依法进行送达。在不能用直接送达等方式完成送达的情况下，可以进行网上公示。并且，网上公示期限为15日，不适用《民事诉讼法》第95条第1款规定的30日公告期限，适当地缩短了送达时间。就此而言，"发送"和"送达"没有本质区别。评估是确定拍卖、变卖财产处置价的主要方式。为了保障被执行人的权利，无论是拍卖还是变卖，评估报告都应该发送给被执行人，没有送达评估报告不影响变卖的价格并不能被理解为不需要向被执行人发送评估报告。《财产处置价规定》第21条的规定考虑了执行程序的特点和最高人民法院的观点，简化了执行程序中以直接送达等方式无法完成评估报告送达后的处理方式。

（三）对评估异议的处理

2004年《拍卖变卖规定》第6条第2款规定，当事人或者其他利害关系人

① 参见最高人民法院执行局：《人民法院办理执行案件规范》，人民法院出版社2017年版，第168～169页。

② 执行程序中当事人的有效送达地址，可以依据《民事诉讼法解释》第136条、第137条的规定，确认当事人在一审程序中确认的送达地址（包括电子送达地址）为执行程序中的有效送达地址。

有证据证明评估机构、评估人员不具备相应的评估资质或者评估程序严重违法而申请重新评估的，人民法院应当准许。[①] 这一款的规定是针对当事人或者其他利害关系人在收到评估报告后 10 日内以书面形式向法院提出异议时的处理。《拍卖变卖规定》施行时，关于执行行为异议的制度尚未确立，而且对评估机构作出的评估报告提出异议，也和执行行为异议有所不同，所以这里的“异议”不能等同于执行行为异议，应将审查的范围限定于评估机构、评估人员是否具备相应的评估资质或者评估程序是否严重违法等方面，即评估的程序性违法问题。而对于评估报告的内容，主要是评估价格，法院并不是进行评估的机构，不应该进行审查或直接变更，而是应该交由评估机构进行复核。

对于评估报告异议，应区分评估程序事项和评估实体事项，适用不同的救济路径。《财产处置价规定》第 22 条第 1 款规定，当事人、利害关系人认为评估报告具有下列情形之一的：（1）财产基本信息错误；（2）超出财产范围或者遗漏财产；（3）评估机构或者评估人员不具备相应评估资质；（4）评估程序严重违法，可以在收到报告后 5 日内提出书面异议。按照第 22 条第 2 款的规定，这里的书面异议按照《民事诉讼法》第 232 条规定来处理，因此，针对评估的程序性违法或错误，通过执行异议程序来处理。

《财产处置价规定》第 23 条第 1 款规定，当事人、利害关系人收到评估报告后 5 日内可以对评估报告的参照标准、计算方法或者评估结果等提出书面异议，法院应当在 3 日内交评估机构予以书面说明。评估机构在 5 日内未作说明或者当事人、利害关系人对作出的说明仍有异议的，法院应当交由相关行业协会在指定期限内组织专业技术评审，并根据专业技术评审出具的结论认定评估结果或者责令原评估机构予以补正。这里的书面异议指向的是评估的具体方法、结果，不属于执行异议，不按照《民事诉讼法》第 232 条规定来处理。

对于评估的程序异议与内容异议的关系，以及两种情况竞合时的处理，《财产处置价规定》第 23 条第 2 款规定，当事人、利害关系人提出本规定第 23 条第 1 款规定的异议，同时涉及本规定第 22 条第 1 款第 1 项、第 2 项情形的，按照第 23 条第 1 款的规定处理；同时涉及本规定第 22 条第 1 款第 3 项、第 4 项情

---

① 《拍卖变卖规定》第 6 条，已经被最高人民法院法释〔2020〕21 号决定删除。

形的，按照《民事诉讼法》第232条先对第3项、第4项情形进行审查，异议成立的，应当通知评估机构3日内将法院委托评估时移交的材料退回，另行委托下一顺序的评估机构重新进行评估；异议不成立的，按照第23条第1款的规定处理。

《财产处置价规定》第22条第1款第1项是对评估财产基本信息的异议，第2项是对评估财产范围（超出或遗漏）的异议，与第23条所列举对评估报告参照标准、计算方法或者评估结果的异议，属于可以通过评估机构说明、补正或由专业技术评审认定予以弥补的评估瑕疵。第22条第1款第3项是对评估机构或评估人员资质的异议，第4项是对评估程序的异议。此两项异议成立，意味着评估报告存在严重的实体或程序问题，必须另行委托评估机构重新进行评估。因此，如果当事人、利害关系人同时提出涉及第23条和第22条第1款第1项或第2项异议的，可以按照对第23条异议的处理办法一并解决，即提交评估机构作出说明，对说明仍有异议的，交专业技术评审。如果提出的异议同时涉及第23条和第22条第1款第3项或第4项的，因第3项或第4项异议关系到是否要重新评估的问题，故优先对第3项或第4项异议进行处理：（1）异议成立的，评估报告将因实体或程序严重违法无效，法院应另行委托下一顺位的评估机构重新进行评估。此种情况下，第23条的异议无论成立与否，都会被原评估报告无效的后果所吸收，因此法院无须也没有必要再对第23条的异议进行处理。（2）异议不成立的，再对第23条异议进行处理。

根据上述规定，法院在审查当事人或利害关系人对评估报告提出的多项异议时，首先应先判断异议的类型，如存在上述异议竞合情形的，再按照相应的规则处理。最高人民法院在（2021）最高法执复6、7、8号执行裁定中就纠正了浙江省高级人民法院在对评估报告的异议审查中未区分异议类型的做法。被执行人认为评估报告存在评估机构自行委托审计、签字资产评估师未参与评估、仅采用一种评估方法导致评估结果低估等问题，既涉及对评估程序的异议，也涉及对计算方法、评估结果的异议。根据《财产处置价规定》第23条第2款的规定，法院应当先按照《民事诉讼法》审查评估程序异议是否成立。但浙江省高级人民法院未按照上述司法解释予以阐释，在异议审查中未区分异议情形的情况下即对被执行人提出的针对评估结果的异议进行了审查处理，属于程序错误。

本复函中指出被执行人提出评估价格过低查证属实的，法院应当对变卖价款进行适当调整，这一点在目前的司法实践中不再适用。

（四）影响拍卖变卖效力的评估程序问题

依据《财产处置价规定》第23条第2款的规定，评估机构或评估人员缺乏相应评估资质、评估程序严重违法的，法院应另行委托下一顺位的评估机构重新进行评估。这意味着建立在原评估报告基础上进行的拍卖变卖或以物抵债会被撤销，对当事人、买受人的利益产生重大影响。相较于评估机构或评估人员是否具备相应评估资质，评估程序严重违法缺乏统一的判断标准和尺度，使评估程序是否违法成为影响评估报告效力最不确定的因素。

1. 财产处置价的确定方式

《财产处置价规定》列举了当事人议价、定向询价、网络询价、委托评估四种确定财产处置参考价的方式以及适用的顺序原则。首先是法定优先原则，即依法应当进行评估的，只能采取委托评估方式。其次是当事人自治原则，除法律法规规定必须委托评估外，当事人可以自由选择四种方式的任意一种。最后是客观实际原则，如财产没有计税基准价、政府定价或者政府指导价的，就不能采取定向询价的方式。网络询价的适用也有前提条件，需要由专业人员现场勘验或者鉴定，或者尚不具备网络询价条件的，就不能采用网络询价。[①] 上述特殊情形均不存在的，原则上按照当事人议价、定向询价、网络询价、委托评估的顺序确定。

违反上述确定财产处置价方式的适用条件或顺序也会导致程序违法，引发撤销拍卖变卖行为的严重后果。在交通银行连云港分行与张某国、丁某霞、港龙混凝土公司、明国餐饮公司等金融借款合同纠纷执行案中，[②] 执行法院定向询价的对象为评估公司而非政府相关职能部门。评估公司给出的询价结果亦是通过比较法等评估方法测算得出的结果，并非计税基准价、政府定价或者政府指导价。最高人民法院认为，该案中定向询价的本质并非定向询价而是委托评估，但执行法院亦未遵循委托评估的法定程序，属于程序违法。最终以执行法院按

---

① 参见孙建国：《〈最高人民法院关于人民法院确定财产处置参考价若干问题的规定〉的几个亮点问题》，载《人民法院报》2018年9月19日，第8版。

② 江苏省高级人民法院执行裁定书，（2019）苏执复262号。

照询价结果作出的定价无事实和法律依据为由撤销定价通知，重新进行价格认定。

2. 委托评估手续的瑕疵

在（2021）最高法执复 6、7、8 号执行裁定中，对股权的评估涉及对股权所在公司的审计，评估公司自行委托会计师事务所进行审计出具审计报告。最高人民法院认为，根据《财产处置价规定》第 3 条的规定，人民法院有义务查明财产的权属、权利负担、占有使用、欠缴税费、质量瑕疵等事项。查明事项需要先行审计、鉴定的，可以先行审计、鉴定。因此，委托审计的主体应该是人民法院，会计师事务所未经委托审计出具审计报告，审计报告未经当事双方确认，而评估机构在该审计报告的基础上出具了评估报告，属于评估程序严重违法。

在涉及对股权进行评估时，对股权所在公司的审计是必不可少的内容，而为了保障审计结果和评估结果的独立性和公正性，人民法院应将财务审计和资产评估分开委托，原则上不应由同一机构开展财务审计与资产评估。

需要说明的是，如果仅是选定委托机构时及委托评估机构后未及时通知当事人、委托手续不全、评估机构未在规定期限内完成评估等情形，尚不足以认定评估程序严重违法，此时不宜据此撤销评估报告及拍卖变卖行为。①

3. 对评估异议的处理

在委托评估过程中，人民法院应区分当事人、利害关系人提出的异议类型并采取不同处置措施。在凯迪生态环境科技股份有限公司（以下简称凯迪公司）、中信金融租赁有限公司等合同纠纷执行案中，② 凯迪公司对评估报告结果提出异议，评估机构回复凯迪公司的异议。凯迪公司再次提出异议，北京市第二中级人民法院未予处理。其后，北京市第二中级人民法院以评估报告确定的价格作为保留价进行司法拍卖，流拍后以物抵债给申请执行人。最高人民法院认为，凯迪公司在评估机构作出说明后仍提出异议，执行法院未按照规定将评估报告交由行业协会组织专业技术评审，即以该报告确定的参考价启动拍卖程

① 最高人民法院执行裁定书，（2015）执申字第 36 号。
② 最高人民法院执行裁定书，（2020）最高法执监 486 号。

序，存在明显程序违法。执行法院以评估报告为基础的拍卖行为及以物抵债裁定因此被撤销。

4. 使用过期失效的评估报告

使用过期失效的评估报告是否会影响拍卖或变卖裁定效力？最高人民法院在〔2001〕执监字第232号复函中，一方面认为在评估报告已经失效的情况下委托评估拍卖违反法定程序；另一方面又认为拍卖行为并不当然无效，关键在于评估报告确定的价格与拍品的市场价格是否大致相符，这与《江苏省高级人民法院关于执行疑难问题的解答》所持的“评估报告已超过有效期的，除超期时间过长或市场行情发生重大变化外，原则上可以依该评估报告确定保留价”观点类似。但过期失效的评估报告是否能反映拍卖变卖时财产的真实市场价值，法官是无法进行准确判断的，因此上述处理方式并不具备实际可行性，最切实有效的方法仍然是确定一个客观标准，将拍卖变卖时间距评估基准日的期限作为判断依据，如《财产处置价规定》第27条所规定的，在议价、询价、评估结果有效期内发布一拍拍卖公告或者直接进入变卖程序，拍卖、变卖时未超过有效期6个月的，无须重新确定参考价，但法律、行政法规、司法解释另有规定的除外。

（五）执行程序与破产程序的衔接及被执行财产所有权转移的时间

《企业破产法》第19条规定：“人民法院受理破产申请后，有关债务人财产的保全措施应当解除，执行程序应当中止。”

如果受理破产案件后，被执行财产的所有权并未转移，那么执行不应再继续，而是应该将财产交由破产程序处理。所以，被执行财产的所有权何时转移是问题的关键。本复函中指出对于不动产和有登记的特定动产，应当以变卖裁定生效日期为财产权转移日期；对于动产，应当以实际交付给买受人的日期为财产权转移日期。

但根据修订后的《拍卖变卖规定》第26条规定，不动产、动产或者其他财产权拍卖成交或者抵债后，该不动产、动产的所有权、其他财产权自拍卖成交或者抵债裁定送达买受人或者承受人时起转移。因此，复函中关于动产以实际交付给买受人的日期为财产权转移日期的规定于2021年1月1日后已不再适用。

《执转破意见》第17条规定：“执行法院收到受移送法院受理裁定时，已通过拍卖程序处置且成交裁定已送达买受人的拍卖财产，通过以物抵债偿还债务且抵债裁定已送达债权人的抵债财产，已完成转账、汇款、现金交付的执行款，因财产所有权已经发生变动，不属于被执行人的财产，不再移交。”

另外，如何判断变卖裁定生效的时间，一直是个悬而未决的难题，修订前的《拍卖变卖规定》、《物权法》（已废止）、《物权法解释（一）》、《执转破意见》规定的都是拍卖的情形，未将变卖裁定容纳进去。这就导致法院变卖财产后，在确定变卖财产所有权归属问题上，经常引发争议，尤其在执行和破产衔接领域，易出现损害执行债权人的情形。《民法典》《民法典物权编解释（一）》施行后，加上修订后《拍卖变卖规定》第26条之规定，已经明确，变卖成交裁定属于导致物权设立、变更、转让或者消灭的人民法院法律文书，而且，动产和不动产、其他财产权利一视同仁，自拍卖、变卖、抵债裁定送达买受人或承受人时裁定生效，权属发生转移。

实务操作指引

《财产处置价规定》施行后，关于评估报告的送达、网上公示有了明确规定。

案例①

申请执行人耿某海与被执行人吴某友民间借贷纠纷执行案中，江苏省涟水县人民法院（以下简称涟水法院）查封了登记在异议人淮安城开置业有限公司（以下简称淮安公司）名下、申请执行人与异议人所签商品房买卖合同涉及的房屋。涟水法院后委托评估公司对被查封房屋进行评估。2017年11月14日，涟水法院在被查封房屋处张贴公告公示评估结果。11月29日，涟水法院作出裁定拍卖该房。2018年1月5日，淮安公司提出书面异议，主张法院没有向其送达评估报告，执行程序违法，要求停止拍卖。

涟水法院认为，可采取在被执行人或其他利害关系人住所地张贴公告公示评估结果的方式发送评估报告结果。评估报告未实际送达给有关当事人，并不

① 江苏省涟水县人民法院执行裁定书，（2018）苏0826执异4号。

影响依据评估报告确定拍卖、变卖的价格。本案中，在无法向异议人送达评估报告的情况下，在紧邻异议人注册住所地的被查封房屋处张贴公告公示评估结果并据此对案涉房屋进行司法拍卖，符合法律规定及相关司法精神，亦未影响异议人的合法权益。淮安公司的异议请求，法院不予支持。

根据现有法律及司法解释的规定，法院首先应该按照当事人、利害关系人的有效送达地址，以直接送达等方式进行送达。无法送达的，进行网上公示。

为了贯彻效率优先的价值，执行程序中法律文书的送达应当与审判程序有所区别。而执行效率与送达要求的矛盾集中体现在是否公告送达评估报告的问题上。从保护当事人权益的角度，不进行公告送达也不合适，但是进行30日的公告送达，又确实会影响执行效率。以15日网上公示的方式来解决这一问题，将30日公告的方式简化、时间缩短，平衡了执行效率与送达的要求。

二、设立中的公司参加拍卖的效力

复函、意见函、答复原文

（一）最高人民法院关于司法拍卖程序中竞买人资格审查问题的复函

2014年4月9日　〔2014〕执他字第4号①

安徽省高级人民法院：

设立中公司虽然不具有法人资格，但是可以从事设立公司所必需的民事行为。发起人为设立中公司购买财产，并以设立中公司名义参与司法拍卖的，不应仅以竞买人是设立中公司为由否定司法拍卖的效力。

此复

① 参见江必新等主编：《执行工作指导》（2014年第4辑），人民法院出版社2014年版，第96页。

（二）最高人民法院关于无权通过民事诉讼程序判定强制拍卖无效问题的处理意见函

2008年4月17日 〔2006〕执协字第15－1号

河北省高级人民法院、辽宁省高级人民法院：

邯郸市峰峰矿区人民法院（下称矿区法院）与营口市中级人民法院、营口市鲅鱼圈区人民法院（下称鲅鱼圈法院）围绕中国煤炭物资沈阳公司（下称煤炭公司）相关房产的执行和审判所产生的争议协调一案，我院已经审查完毕，现提出如下处理意见：

一、矿区法院查封与营口市中级人民法院轮候查封的位于营口市经济技术开发区三家子街的房产，虽然房产证号不同，但均指向同一幢房产，矿区法院查封在先，且查封面积大于营口市中级人民法院的轮候查封面积，营口市中级人民法院的查封依法不能生效。在矿区法院依法于2005年7月18日作出拍卖成交裁定后，依据我院《关于人民法院民事执行中拍卖、变卖财产的规定》第二十九条之规定，上述涉案房产的所有权就依法转移给竞买人徐万龙所有，营口市中级人民法院不得将已经转移给徐万龙的房产作为煤炭公司的财产予以执行，不得阻拦矿区法院将拍卖成交的房产交付竞买人徐万龙。

二、人民法院的强制拍卖属于公法意义上的拍卖，如果竞买人或者相关利害关系人对强制拍卖的效力存在异议，可以依法向执行法院或者执行法院的上级法院提出，其他任何机构和个人均无权认定。鲅鱼圈法院无权通过民事诉讼程序判定矿区法院的强制拍卖无效。

以上意见，请遵照执行。

（三）最高人民法院关于执行程序中资产评估公司资质问题的答复

2013年8月8日　〔2013〕执他字第9号

辽宁省高级人民法院：

你院《关于执行程序中资产评估公司资质问题的请示》收悉。经研究，答复如下：

资产评估机构及评估人员能否从事房地产估价业务在评估行业争议由来已久。《国务院对确需保留的行政审批项目设定行政许可的决定》（以下简称《决定》）对房地产评估机构资质的核准部门做了规定，但对在《决定》生效之前已经取得房地产评估资质的资产评估机构及评估人员，在法律、法规未作出进一步明确规定前，应尊重行政权力的行使，不宜否定其从事房地产评估的资质。请你院在核查具体事实基础上，按照上述精神，妥善处理好相关案件。

此复。

出台背景

（一）〔2014〕执他字第4号复函的源起

安徽省淮北市中级人民法院在执行张某霞等17个申请执行人申请执行淮北市新桥汽车贸易有限公司（以下简称淮北新桥公司）等被执行人的14个系列案件过程中，依法查封了淮北新桥公司名下的淮北市淮土国用（2010）第82号土地使用权及地面附属物。2013年3月12日，该院委托淮北淮信资产评估事务所对该资产进行评估，评估值为18,570,743.5元。同年6月18日，该院作出（2013）淮执字第00013－2号执行裁定书，裁定拍卖该资产，并委托淮北市宝盛拍卖有限公司（以下简称宝盛拍卖公司）进行拍卖。2013年7月18日，宝盛拍卖公司在《淮北日报》上刊登拍卖公报，定于2013年8月16日上午10时拍卖上述土地使用权及地面附属物。在拍卖公告期内，共有3个竞买人登记申请参加竞买，其中包括设立中的淮北中源汽车销售服务有限公司（以下简称淮北中源公司）。该公司于2013年8月12日召开筹备会，作出《淮北中源汽车销售服务有限公司筹备会会议纪要》，内容为："决定竞买上述土地使用权及地面附属物，由拟任该公司法定代表人的袁某建，委托工作人员周某参加竞拍。竞拍成功后，土地使用权等手续办理在淮北中源公司名下。"同日，宝盛拍卖公司书面告知执行法院司法鉴定中心，内容为："经前期调查，因本次拍卖标的很特殊，只能针对汽车销售服务行业，故可能有报名人数少或者有流拍的可能性。汽车经销商袁某建有购买意向，于2013年8月12日决定专门成立淮北中源公司，如竞拍成功，将于10个工作日内完成新公司注册，并由新公司支付所有费用，要求将拍卖物办在新公司名下。袁某建的要求和做法，符合拍卖中追求最高变现值的要求，另外，根据历年的拍卖经验，多一个竞买人就对拍卖成交和实现最高变现值多一分希望。为顺利完成委托，特向贵院提出此汇报。"2013年8月15日，设立中的淮北中源公司又出具《委托函》，递交给宝盛拍卖公司，函中称："今淮北中源公司法人代表（法定代表人）袁某建委托周某全权代理新桥汽贸土地及附属物拍卖事宜。"2013年8月16日，3个竞买人均参加了竞拍，最终，淮北中源公司以18,570,743.5元的最高应价竞得上述土地使用权及地面附属物。2013年8月22日，淮北中源公司成立。另据宝盛拍卖公司于8月16日作出的《拍卖成交确认书》所载，买受人签字栏书写为："淮北中源公司，法定代表人袁某建，委托代理人周某。"8月23日，宝盛拍卖公司作出的《成交结论函》和《标的移交通知函》称："淮北新桥公司名下的淮土国用（2010）第82号土地使用权及地面附属物，经我公司在8月16日拍卖会上，被淮北中源公司以18,570,743.5元的最高应价竞得，拍卖成交，现成交价款已按规定期限汇入中级人民法院账户，请贵院办理标的交接过户手续。"

淮北市中级人民法院合议庭进行合议时，多数人意见是应对拍卖成交确认书中的买受人资格进行审查，买受人签字栏书写有"淮北中源公司，法定代表人袁某建，委托代理人周某"，表述不清，让执行局难以确认谁是买受人。鉴定中心应再给执行局一个过户确认函，以进一步确定具体的买受人。同时，依据《民法通则》（已废止）第36条第2款规定，法人的民事权利能力和民事行为能力，从法人成立时产生，到法人终止时消灭。上述土地使用权及地面附属物在2013年8月16日拍卖时，淮北中源公司尚在成立过程中，参加竞买是否适格，买受是否有效应进行审查，建议向审判委员会汇报，请审判委员会决定。少数人意见是制发拍卖成交确认裁定书的依据是拍卖公司移交的《拍卖成交确认书》、《成交结论函》及《标的移交通知函》，至于竞买人有无资格购买，应由拍卖公司审核并承担责任。此《拍卖成交确认书》、《成交结论函》及《标的移交通知函》已表明买受人为淮北中源公司，并已全额付款，就应将淮北新桥公司名下的淮土国用（2010）第82号土地使用权及地面附属物过户给淮北中源公司。理由是根据公司法的精神，公司在成立过程中的行为，公司成立的，由成立后的公司承担；公司未成立的由股东承担。且经咨询国土部门相关人士，实践中也常有先买地后成立公司的。后经提交该院审判委员会讨论，审判委员会意见为：在宝盛拍卖公司重新制作明确的过户确认书的情况下，同意合议庭少数人意见。2013年10月25日，宝盛拍卖公司重新向执行法院提交拍卖成交确认书，买受人栏填写为淮北中源公司。2013年10月28日，执行法院据此作出（2013）淮执字第00013－3号执行裁定书，裁定淮北新桥公司名下的淮土国用（2010）第82号土地使用权及地面附属物归买受人淮北中源公司所有，并将裁定送达给买受人和申请执行人、被执行人。

（二）被执行人的申诉理由

2013年11月4日，被执行人淮北新桥公司提出申诉，称宝盛拍卖公司与淮北中源公司在拍卖过程中弄虚作假，严重违反了法律的强制性规定，该拍卖行为无效。具体理由为：《拍卖法》第32条规定竞买人是指参加竞购拍卖标的的公民、法人或其他组织，第33条规定法律、行政法规对拍卖标的的买卖条件有规定的，竞买人应当具备规定的条件。从上述法律规定来看，竞买人参加拍卖会必须具有民事权利能力和相应的民事行为能力，持有法定的证明文件。法人应持法人资格证和资信证明，包括资格证明书、代表证明书、组织机构代码证、营业执照，并预交保证金，才可取得竞拍资格。而该案竞买人淮北中源公司在参加竞拍时根本就未成立，无营业执照和组织机构代码，更谈不上具有民事权利能力及民事行为能力。而宝盛拍卖公司明知淮北中源公司不具备法人资格，仍允许其参加竞拍，并最终竞拍成功。淮北市中级人民法院未尽到监督义务，没有依据2004年《拍卖变卖规定》第20条的规定撤回拍卖委托，侵害了淮北新桥公司的合法权利。虽然拍卖后，竞买人淮北中源公司取得了法人资格，但不能因为之后的补正来改变之前无效的行为，淮北市中级人民法院应依法认定该拍卖无效，撤回拍卖委托。

（三）各级法院的处理意见

针对淮北新桥公司信访材料中反映的问题，淮北市中级人民法院审判委员会再次进行了审查，经复议，审判委员会多数人意见认为，在2013年8月16日宝盛拍卖公司对淮北新桥公司名下的土地使用权及地面附属物进行拍卖时，淮北中源公司尚未成立，不具有竞买人资格。理由是，依照《民法通则》（已废止）第36条第2款规定，淮北中源公司参加拍卖时尚未成立，没有民事权利能力和民事行为能力，不具有竞买人资格。审判委员会少数人意见认为，2013年8月16日，宝盛拍卖公司对淮北新桥公司名下的土地使用权及地面附属物进行拍卖时，淮北中源公司虽尚未成立，但已处在设立过程中，具备竞买人资格。具体理由为：2013年8月12日，设立中的淮北中源公司召开筹备会，作出《淮北中源汽车销售服务有限公司筹备会会议纪要》；2013年8月15日，设立中的淮北中源公司作出委托函，递交给宝盛拍卖公司；2013年8月16日拍卖会上，设立中的淮北中源公司以18,570,743.5元的最高应价竞得上述土地使用权及地面附属物。依据《公司法解释（三）》第3条第1款之规定，设立中的淮北中源公司具有竞买人资格。淮北市中级人民法院遂就这一问题向安徽省高级人民法院请示。经了解，宝盛拍卖公司在《拍卖公告》第4项“竞买人的申请登记”中要求，办理竞买手续时，企业法人提供营业执照、法人身份证、竞买保证金凭证复印件。宝盛拍卖公司的《拍卖会拍卖须知》也要求竞买人须是具有合法资格的企事业单位、其他经济组织或自然人。宝盛拍卖公司于2013年8月12日向淮北市中级人民法院鉴定中心书面说明了正在设立的淮北中源公司申请参加竞买的情况，但淮北市中级人民法院鉴定中心未作答复，在拍卖过程中宝盛拍卖公司也没有向被执行人说明淮北中源公司是正在设立中的公司这一信息。该次拍卖采取电子竞价拍卖方式，其他两位竞买人均未报价，最终由设立中的淮北中源公司以拍卖物的起拍价18,570,743.5元拍得。

安徽省高级人民法院合议庭讨论认为，设立中的淮北中源公司不具有完全民事行为能力，它只能从事与公司设立有关的民事行为，其直接参加竞拍，超出其民事行为能力范围。安徽省高级人民法院审判委员会经讨论，多数委员同意淮北市中级人民法院审判委员会少数人意见：2013 年 8 月 16 日，宝盛拍卖公司对淮北新桥公司名下的土地使用权及地面附属物进行拍卖时，淮北中源公司虽尚未成立，但已处在设立过程中，依据《公司法解释（三）》第 3 条第 1 款的规定，发起人以设立中公司名义对外签订合同，公司成立后合同相对人请求公司承担合同责任的，人民法院应予支持。淮北中源公司具备竞买人资格。少数委员同意淮北市中级人民法院审判委员会多数人意见：2013 年 8 月 16 日，宝盛拍卖公司对淮北新桥公司名下的土地使用权及地面附属物进行拍卖时，淮北中源公司尚未成立，设立中公司无资格参加司法拍卖，淮北中源公司不具有竞买人资格。

理解与适用

（一）设立中的公司具备参加司法拍卖的资格

对设立中的公司，法律一般赋予其一定范围内的主体资格，《法国民法典》允许以办理设立登记前筹建中的公司名义进行民事活动，并对所产生的债务负责，登记的公司可以承担当时被视为一开始就由该公司承担的义务。德国法上，设立中公司可以在银行开户，可以用表明公司的名称进行土地登记簿的登记。我国法律允许设立中公司从事一定范围的行为，比如，《公司法》第 28 条规定设立中公司可以开设银行账户以及办理财产转移手续。《公司法解释（三）》第 3 条第 1 款规定："发起人以设立中公司名义对外签订合同，公司成立后合同相对人请求公司承担合同责任的，人民法院应予支持。"

设立中公司虽不具有法人资格，但它已具有行为能力、意思能力和责任能力，能够从事一定的法律行为，享有一定的权利，承担一定的义务和责任。不应将设立中公司认定为无权利能力的主体。设立中公司应视为准民商事法律关系主体，享有有限的法律人格，可以从事在法律上和经济上以公司设立和开业准备为目的所必需的活动，如公司登记时必须有其固定的住所，发起人均是以设立中公司名义租赁房屋为公司住所。发起人为设立公司而采取的行为，法律后果归属于设立中公司。公司成立时，此法律后果再由设立中公司转归成立后的公司；如果公司不能成立，发起人对设立中公司的债务承担连带责任。

我国已经实行公司注册资本认缴登记制，成立后的公司要为公司设立过程中发起人的行为承担责任的情况下，更加不宜以公司尚未成立而否定设立公司中行为的法律效力。

结合本案情况，袁某建作为淮北中源公司的设立发起人，以公司的名义参与司法拍卖，属于为设立中公司直接注入资产的行为。设立中公司属于纯受益方，由设立后的公司享有权利，承担义务，其中不存在偷逃税费等规避法律强制性规定的问题。拍卖之前，拍卖公司已经向执行法院书面报告，虽然拍卖时还没有收到执行法院的允许，但是也说明其中不存在与拍卖公司的串通等违规行为。该案执行拍卖情况运行顺利，符合执行程序对财产快速变现的基本要求。相反，如果仅以设立中的公司不具有竞买资格为由撤销拍卖，无论是法律依据还是社会效果都不充分。因此，为设立公司需要，以设立中公司名义参与司法拍卖的，不宜仅以设立中公司不具有民事主体资格为由否定司法拍卖的效力。

（二）司法拍卖违反法律、司法解释规定应认定无效

司法拍卖是对被执行人财产进行变现的重要手段，关系到申请执行人利益的保障、生效法律文书载明权利义务的实现以及竞拍人、债务人保护。已经完成的司法拍卖，欠缺法律上的生效要件，可能被人民法院认定无效。在非司法拍卖中，对拍卖无效采用了严格限制的态度，《拍卖法》第 65 条仅规定竞买人之间、竞买人与拍卖人之间恶意串通，给他人造成损害的拍卖行为无效。而在司法拍卖中，拍卖人自行购买或者使他人为其购买、不存在执行依据或债权人缺乏程序及实体上的请求权、拍卖物未经查封、扣押，或者查封、扣押无效以及拍卖物属于第三人所有或为违禁物、禁止流通物的，竞买人没有法定竞买资格，一般应认定无效。

司法拍卖改革后，对被执行人财产的处置大多实行网络司法拍卖，司法拍卖无效的认定以及拍卖无效后对权利的救济方式，还需要进一步研究。对于司法拍卖的效力，应从实体和程序两个层面去考察。另外，司法拍卖作为强制性拍卖，属于公法行为，应依照《民事诉讼法》及有关司法解释予以判断。

（三）依职权认定无效与依异议申请撤销程序的异同

司法拍卖以公法性为基本定位，以程序安定性为制度设计的逻辑起点，无效认定应限于拍卖严重违反程序规定的情形。司法拍卖的效力认定应区分执行

标的执行终结前、执行标的执行终结后至执行程序结案前和执行程序结案之后不同阶段，分别确立依职权审查不动产拍卖的效力、依执行异议申请撤销拍卖程序。

最高人民法院在第35号指导性案例中确立了法院依职权认定拍卖无效的规则：受人民法院委托进行的拍卖属于司法强制拍卖，与公民、法人和其他组织自行委托拍卖机构进行的拍卖不同，人民法院有权对拍卖程序及拍卖结果的合法性进行审查。即使拍卖已经成交，人民法院发现其所委托的拍卖行为违法，仍可以根据《拍卖法》第65条等法律规定，对在拍卖过程中存在恶意串通，导致拍卖不能公平竞价、损害他人合法权益的情形，裁定拍卖无效。至于买受人在拍卖过程中与拍卖机构是否存在恶意串通，应从拍卖过程、拍卖结果等方面综合考察。如果买受人与拍卖机构存在关联关系，拍卖过程没有进行充分竞价，而买受人和拍卖机构明知标的物评估价和成交价明显过低，仍以该低价成交，损害标的物相关权利人合法权益的，可以认定存在恶意串通。

同时，评估价格是否合理与拍卖结果是否公正有直接关系。拍卖机构明知价格过低，却通过亲属购买房产，未经多轮竞价，严重侵犯了他人的合法利益。比如，与拍卖标的物相关的权利有申请交付预售房屋、回迁房屋和申请返还购房款、工程款、银行借款等，总额达15亿多元，仅购房人登记所交购房款即超过2亿元，而拍卖价款仅为2000多万元，对于没有优先受偿权的申请执行人毫无利益可言，明显属于无益拍卖。拍卖导致与拍卖标的物相关的权利人的权益受侵害，拍卖机构与买受人之间构成恶意串通。广东高级人民法院认定拍卖人景茂拍卖行和买受人龙正公司在拍卖广丰大厦中存在恶意串通行为，导致广丰大厦拍卖不能公平竞价、损害了购房人和其他债权人的利益，故（1997）粤高法执字第7-1号及（2011）粤高法执异字第1号执行裁定并无不当。

第35号指导性案例创设的依职权认定拍卖无效程序，最高人民法院认为其正当性在于：人民法院有权对拍卖程序及拍卖结果的合法性进行审查。但有不同观点认为，执行实施机构主动对拍卖成交裁定进行“合法性审查”，其正当性值得怀疑。“法院执行机关的变价权，并非以债权人与债务人间实存之法律关系为基础，乃系由于发生公法上之强制执行关系而来者，法院拍卖行为即为国家机关有公信力之执行行为。”法院的执行实施机构依职权主动对已发生法律效力的裁定重新审查，进而撤销了拍卖裁定，不具有程序上的正当性。拍卖成交裁定能够引起物权变动，原因在于该裁定是强制执行权行使的结果，拍卖标的物的所有权变动是基于公权力的行使而发生，该物权变动具有公示公信效力。因此，从拍卖成交裁定所产生的实体法和程序法效力角度考察，也不能由原执行实施机构依职权予以撤销或者认定无效。第35号指导性案例竞买人在向广东省高级人民法院提出执行异议时也指出了程序上存在的瑕疵：未经审判监督程序，(1997) 粤高法执字第7-1号裁定撤销 (1997) 粤高法执字第7号裁定，违反了《民事诉讼法》相关规定，程序严重违法。

在法院依职权主动审查拍卖的效力程序外，还有依当事人异议申请撤销拍卖的程序。《异议复议规定》《网络司法拍卖规定》已经明确，在司法拍卖中出现恶意串通等重大程序瑕疵的情况下，当事人和利害关系人有权“提出异议请求撤销拍卖”，确立了通过执行异议程序撤销拍卖裁定的规则。由此可见，在司法拍卖中存在重大程序瑕疵的情形，存在两种不同的处理路径，一是法院依职权认定拍卖无效，二是由当事人和利害关系人提出异议进行审查。需要注意的是，第35号指导性案例确定的由法院依职权撤销原生效拍卖裁定的做法是否合理，两种处理程序在适用上该如何衔接，需要在理论上反思司法拍卖存在重大瑕疵时的救济程序如何设计。

与依职权主动认定拍卖无效不同的是，《异议复议规定》允许在司法拍卖存在重大程序瑕疵的情形下，当事人、利害关系人有权提出异议。因司法拍卖与私法上的拍卖不同，具有公法性，拍卖结果应当获得尊重，即使司法拍卖严重违反法定程序，损害了当事人和其他利害关系人的合法权益，应当予以撤销，也应通过当事人、利害关系人提出异议的方式启动撤销拍卖的程序。《网络司法拍卖规定》延续《异议复议规定》的做法，未明确赋予法院依职权撤销拍卖成交裁定的权力。

实务操作指引

第一，买受人不具备变卖公告规定的资格条件，拍卖和变卖裁定应予撤销。①

① 参见最高人民法院执行裁定书，(2019) 最高法执监403号。

《网络司法拍卖规定》第12条规定，网络司法拍卖、变卖应当先期公告，公告应当包括竞买人条件等信息。基于国家安全和社会公共利益的需要，对特定的财产的拍卖规定了特殊的竞买资格。例如，《商业银行法》规定了任何单位和个人购买商业银行5%以上的股权必须经过国务院、银行业监督管理机构批准。再如，在建工程的买受人需要具备房地产开发资质，司法拍卖、变卖要遵守法律对竞买人竞买资格的要求，如果竞买人不具备这样的资格，拍卖、变卖也应当予以撤销。

法律、行政法规如果规定了行业主体资格，司法拍卖程序应予遵循。比如，具备房地产开发资质才能从事房地产开发经营业务，是国务院行政法规的强制性规定。国务院制定的《城市房地产开发经营管理条例》第9条规定："房地产开发主管部门应当根据房地产开发企业的资产、专业技术人员和开发经营业绩等，对备案的房地产开发企业核定资质等级。房地产开发企业应当按照核定的资质等级，承担相应的房地产开发项目。具体办法由国务院建设行政主管部门制定。"《房地产开发企业资质管理规定》（建设部令77号）第3条规定："房地产开发企业应当按照本规定申请核定企业资质等级。未取得房地产开发资质等级证书的企业，不得从事房地产开发经营业务。"

如果法院在拍卖、变卖被执行人涉案财产之前，公开发布了在建工程的公告且明确规定了竞买人资格条件，要求"买受人须具备相应房地产开发资质"。而买受人明知不具备房地产开发资质，仍然参与竞买，法院也明知竞买公司不具备房地产开发资质，仍然准许其参与竞买，这就违反了拍卖、变卖公告规定的竞买人必须具备开发资质的条件，也违反了司法解释关于司法拍卖、变卖的禁止性规定。买受人违法参与竞买的行为属于《网络司法拍卖规定》第31条第4项规定的买受人不具备法律、行政法规和司法解释规定的竞买资格的法定情形，当事人提出异议请求撤销拍卖、变卖的，人民法院应当裁定撤销。执行法院违法采取变卖措施处置被执行人财产，当事人提出异议要求撤销变卖的，人民法院应予支持。

第二，执行法院发布的变卖公告规定买受人必须具备房地产开发资质的竞买资格，但准许不符合资格条件的买受人竞买，属于《异议复议规定》第21条规定的违法限制其他竞买人参加竞买或对不同竞买人设置不同竞买条件，拍卖、变卖裁定应予撤销。

《异议复议规定》第21条规定，“当事人、利害关系人提出异议请求撤销拍卖，符合下列情形之一的，人民法院应予支持……（三）违法限制竞买人参加竞买或者对不同的竞买人规定不同竞买条件的，当事人、利害关系人请求撤销变卖的，参照前款规定处理”。另外，《网络司法拍卖规定》第31条第5项亦规定，违法限制竞买人参加竞买或者对享有同等权利的竞买人规定不同竞买条件的，当事人、利害关系人请求撤销网络司法拍卖的，人民法院应予准许。

拍卖公告规定竞买资格后，又允许不具备公告载明资格的买受人参与竞买，从性质上看，实际上是故意设置障碍不允许其他竞买人参与竞价，拍卖行为属于“限制竞买人参加竞买或者对不同的竞买人规定不同竞买条件的”情形，直接导致其他众多潜在购买人无法报名参与竞价，必然导致竞价不充分，直接违反现行司法解释的明确规定，严重损害被执行人的合法权益，当事人提出异议的，拍卖、变卖裁定应予撤销。

第三，允许不具备资格的竞买人进行拍卖、变卖行为严重违反网络司法拍卖程序且损害被执行人的利益，应予撤销。

《异议复议规定》第21条第1款第5项规定，其他严重违反变卖程序且损害当事人或竞买人利益的情形，当事人、利害关系人提出异议请求撤销拍卖、变卖，人民法院应予支持。《网络司法拍卖规定》第31条第6项亦规定，其他严重违反网络拍卖、变卖程序且损害当事人或竞买人利益的情形，当事人、利害关系人提出异议请求撤销网络司法拍卖、变卖，人民法院应当支持。如果执行法院在拍卖、变卖公告中公开规定竞买人须具有房地产开发资质的前提条件，将众多潜在购买人排除出竞买范围，却指定买受人作为唯一的竞买人参与竞买，造成被执行人的财产在变卖程序中不能充分竞价，只能以极低价格由唯一买受人成交，必然给被执行人造成巨大经济损失，符合司法解释规定的严重违反网络司法拍卖程序且损害当事人或者竞买人利益情形，应予撤销。

买受人不具备司法变卖公告所规定的竞买人条件，既违反了法律、行政法规设定的竞买资格，也违反了《异议复议规定》《网络司法拍卖规定》规定的条件，变卖行为违法限制其他竞买人参加竞买，实质上对不同的竞买人规定了不同竞买条件，同时严重违反网络司法变卖程序且损害当事人利益。申请人提出的关于撤销变卖的异议，人民法院应予支持，并裁定撤销拍卖、变卖裁定，指令法院重新评估、拍卖、变卖被执行人财产，用以清偿债权，维护申请人合法权益。但被执行人未提出异议的，执行法院和上级法院不宜主动审查。

三、司法拍卖的效力瑕疵与救济

通知、规定原文

（一）最高人民法院关于进一步规范人民法院网络司法拍卖工作的通知

2017年4月19日 法明传〔2017〕253号

自《最高人民法院关于人民法院网络司法拍卖若干问题的规定》于2017年1月1日正式施行以来，地方各级人民法院积极响应、迅速贯彻落实司法解释精神，全国网络司法拍卖工作取得良好开端。但实践中，有部分省份尚未全面部署网拍工作，有部分法院对司法解释的理解与适用、一些实务问题的处理及有关系统的使用方面仍存在问题。为进一步规范人民法院网络司法拍卖工作，解决实务中出现的问题，现提出如下要求：

一、关于各高级人民法院下发的实施意见、明传通知的规范性问题。各高级人民法院结合本地工作实际，以出台具体实施意见、下发明传通知等方式指导辖区法院开展网络司法拍卖工作，应当在充分理解司法解释内容及我院法(2016) 431号文件要求的前提下进行。司法解释、文件有明确要求的，应严格遵守：除拍卖财产本身因性质原因不宜通过网络司法拍卖方式处置的外，司法拍卖应当以网络司法拍卖方式为主，以委托拍卖方式为辅，不得任意扩大通过委托拍卖方式处置财产的范围；应严格落实最高法院网络服务提供者名单库制度，确保申请执行人从五家网站中选择平台，不得擅自缩小名单库范围；应按照431号文件的要求充分保障申请执行人选择平台权利，指导、协调执行部门与立案部门将申请执行人选择平台程序前置到立案阶段。

二、关于网拍辅助工作的有关问题。辅助工作机构如何选定、工作如何开展、费用如何收取，是影响网络司法拍卖工作能否顺利推进的主要因素之一。各高级人民法院应以有利于工作开展、防范消极怠工、杜绝司法不廉为基本出发点，加强调研、创新思路、因地制宜，拟定具体实施方案，明确辅助工作机构的选择标准、工作内容、收费标准及监督管理办法等，可采取先行试点—总结经验—全面铺开的方法，进一步规范网拍辅助工作。各高级人民法院制定的实施细则应报最高人民法院执行局备案。

三、关于加价幅度如何确定的问题。司法解释要求加价幅度应经过合议庭合议后确定，但实践中部分法院认为较难把握，加价幅度的确定也较为混乱，存在过低或过高的问题。加价幅度可参考以下原则确定：起拍价为10万元以下（含10万元）的标的物，加价幅度不宜超过起拍价的2%；起拍价为10万元至100万元（含100万元）的标的物，加价幅度不宜超过起拍价的1%，起拍价为100万元以上的标的物，加价幅度不宜超过起拍价的0.5%。

四、关于加大培训力度的问题。人民法院网络司法拍卖平台连接了办案系统与五家网络服务提供者，作为内网操作系统已于3月1日正式上线，运行情况良好。但各地使用情况参差不齐，有的省份使用法院覆盖率达到85%以上，有的省份仅有一两家法院在使用，这主要与网拍工作开展不够深入和系统操作不熟练有关，同时也有未能很好掌握司法解释内容本身的原因。各高级人民法院应加大对辖区法院的培训、指导力度，提供必要的业务和技术支持，积极推进网拍工作的开展及平台的广泛使用，定期对辖区法院拍卖情况进行监管、检查和督促，确保辖区法院与全国其他法院统一步调，顺利通过内网开展好网络司法拍卖工作。

五、关于及时报告的要求。网络司法拍卖正在全面推进中，各高级人民法院应注意收集辖区法院工作过程中和系统使用中遇到的情况、问题与建议。定期整理并报告最高人民法院执行局，以便及时发现问题、解决问题。

六、认真贯彻落实党中央关于设立河北雄安新区的重大决策部署，各级人民法院应统一思想、提高认识，在处置涉该新区有关土地、房产过程中，凡可能影响新区整体建设规划、不符合新区整体布局安排的，可在最高执行局报备后暂停司法拍卖工作。

（二）最高人民法院

关于人民法院司法拍卖房产竞买人资格若干问题的规定

2022 年 1 月 1 日　法释〔2021〕18 号

为了进一步规范人民法院司法拍卖房产行为，保护当事人合法权益，维护社会和经济秩序，依照《中华人民共和国民法典》《中华人民共和国民事诉讼法》等法律规定，结合司法实践，制定本规定。

第一条　人民法院组织的司法拍卖房产活动，受房产所在地限购政策约束的竞买人申请参与竞拍的，人民法院不予准许。

第二条　人民法院组织司法拍卖房产活动时，发布的拍卖公告载明竞买人必须具备购房资格及其相应法律后果等内容，竞买人申请参与竞拍的，应当承诺具备购房资格及自愿承担法律后果。

第三条　人民法院在司法拍卖房产成交后、向买受人出具成交裁定书前，应当审核买受人提交的自其申请参与竞拍到成交裁定书出具时具备购房资格的证明材料；经审核买受人不符合持续具备购房资格条件，买受人请求出具拍卖成交裁定书的，人民法院不予准许。

第四条　买受人虚构购房资格参与司法拍卖房产活动且拍卖成交，当事人、利害关系人以违背公序良俗为由主张该拍卖行为无效的，人民法院应予支持。

依据前款规定，买受人虚构购房资格导致拍卖行为无效的，应当依法承担赔偿责任。

第五条　司法拍卖房产出现流拍等无法正常处置情形，不具备购房资格的申请执行人等当事人请求以该房抵债的，人民法院不予支持。

第六条　人民法院组织的司法拍卖房产活动，竞买人虚构购房资格或者当事人之间恶意串通，侵害他人合法权益或者逃避履行法律文书确定的义务的，人民法院应当根据情节轻重予以罚款、拘留；构成犯罪的，依法追究刑事责任。

第七条　除前六条规定的情形外，人民法院组织司法拍卖房产活动的其他事宜，适用《最高人民法院关于人民法院网络司法拍卖若干问题的规定》《最高人民法院关于人民法院民事执行中拍卖、变卖财产的规定》以及《最高人民法院关于适用〈中华人民共和国民事诉讼法〉的解释》的有关规定。

第八条 人民法院组织司法变卖房产活动的，参照适用本规定。

第九条 本规定自2022年1月1日起施行。

施行前最高人民法院公布的司法解释与本规定不一致的，以本规定为准。

出台背景

《最高人民法院关于落实“用两到三年时间基本解决执行难问题”的工作纲要》提出，要针对当前经济形势，树立互联网思维，加大被执行财产的处置力度，网络司法拍卖作为强制执行程序中处置财产的一种新措施，对提高执行工作的质效，破解“执行难”，及时、有效兑现债权人权益等方面有着重要作用。但是，各地网拍形式多种多样，拍卖主体多元并存，操作规程各不相同，迫切需要在总结经验的基础上，统一法律适用标准，规范操作程序。《网络司法拍卖规定》虽然对人民法院自主开展的网络司法拍卖的平台准入规则、运行模式、各主体之间的权责划分、具体的竞拍规则进行了梳理和规范。但各地法院在适用网络拍卖司法解释过程中，出现了一定程度的偏差，最高人民法院发布本通知予以规范。

理解与适用

（一）网络拍卖优先原则

《民事诉讼法》第254条规定：“财产被查封、扣押后，执行员应当责令被执行人在指定期间履行法律文书确定的义务。被执行人逾期不履行的，人民法院应当拍卖被查封、扣押的财产；不适于拍卖或者当事人双方同意不进行拍卖的，人民法院可以委托有关单位变卖或者自行变卖。国家禁止自由买卖的物品，交有关单位按照国家规定的价格收购。”1991年《民事诉讼法》第226条规定，人民法院处理执行标的物，只能交有关单位拍卖或变卖，并无自主拍卖、变卖案涉财产的权力，2007年修订后的《民事诉讼法》不仅赋予了人民法院自主拍卖的权力，还确立了拍卖优先的财产处置原则。

相对于传统司法拍卖，网络拍卖以其“市场范围超地域化、拍卖成本低廉化、拍卖信息透明化”的特点，为拍卖程序透明化、拍卖价格利益最大化提供了重要手段。《网络司法拍卖规定》明确“人民法院以拍卖方式处置财产的，应当采取网络司法拍卖方式，但法律、行政法规和司法解释规定必须通过其他途径处置，或者不宜采用网络拍卖方式处置的除外”。从司法解释层面确定人民法院通过拍卖方式处置财产时采取网络拍卖优先原则。

（二）拍卖过程中加价原则

关于竞拍过程中加价幅度问题，《网络司法拍卖规定》第 20 条第 1 款规定：“网络司法拍卖从起拍价开始以递增出价方式竞价，增价幅度由人民法院确定。竞买人以低于起拍价出价的无效。”最高人民法院以发布通知的方式为网络拍卖的加价提供了具体标准：起拍价为 10 万元以下（含 10 万元）的标的物，加价幅度不宜超过起拍价的 2%；起拍价为 10 万元至 100 万元（含 100 万元）的标的物，加价幅度不宜超过起拍价的 1%；起拍价为 100 万元以上的标的物，加价幅度不宜超过起拍价的 0.5%。

（三）网络拍卖前财产处置价格的确定

《网络司法拍卖规定》第 10 条规定，网络司法拍卖应当确定保留价，拍卖保留价即为起拍价。起拍价由人民法院参照评估价确定；未作评估的，参照市价确定，并征询当事人意见。起拍价不得低于评估价或者市价的 70%。根据《财产处置价规定》的规定，对需要拍卖、变卖的财产，人民法院应当在 30 日内启动确定财产处置参考价程序。确定财产处置参考价，主要有当事人议价、定向询价、网络询价、委托评估四种方式。除法律、行政法规规定必须委托评估或双方当事人要求委托评估的，当事人议价优先于其他几种方式，其原因在于当事人议价具有灵活、便捷、高效的特点，压缩了定价周期，提高了财产处置效率，为被执行人节约了成本，兼顾了被执行人的合法权益，尤其是在拍卖成交后的交付环节，有效减少了冲突对抗等执行风险，亦节约了司法成本。但由于法律及司法解释对当事人议价的规定较为简单，在司法实践中也引发了一些问题。

1. 当事人议价结果损害他人合法权益

《财产处置价规定》第 4 条第 2 款明确规定，双方当事人提交的议价结果一致，且不损害他人合法权益的，议价结果为参考价。但对于“不损害他人合法权益”如何进行把握是执行实践操作中面临的难题。以某建设工程优先价款受偿执行案为例，建设工程承包人与债务人（某房地产公司）对在建工程的处置价格达成一致，在流拍后按照保留价进行以物抵债，因保留价少于建设工程优先受偿债权数额，结果就是在建工程的抵押权人已无法实现其优先债权。抵押权人认为，当事人议价达成的价格远低于市场价格，严重损害了抵押权人的利益。此即议定价格远低于市场价可能会出现的问题。而如果议定的价格远高于市场价，如将市值 200 万元的财产协商确定为 1200 万元，由于远超市场价值，成交概率极低，申请执行人愿以物抵债的还需要再向被执行人支付超出债权的价款。此种不合常理的情况通常是，申请执行人如果自己负债较多，可能会与被执行人串通转移申请执行人财产、逃避申请执行人自身的债务，其结果是申请执行人的债权人利益可能受损。由此可见，无论议定价格是明显高于还是低于市场价值，都会导致被执行人或申请执行人或其他债权人的利益受损。而根据《财产处置价规定》第 24 条第 2 款的规定，当事人、利害关系人对议价或者定向询价提出异议的，人民法院不予受理。就会出现上述案例中抵押权人利益受损但无法得到救济的情况。

对于上述问题，司法实务界形成的普遍认识是，当事人议价并不是随意定价，只有在议定价格与财产的实际价值大致相符的情况下，才不会造成申请执行人、被执行人及其他债权人之间利益失衡。从对现行规范进行整体理解的角度，当事人议价并非没有限制，法院可以在实际操作中划定当事人议价的边界，具体分析如下：

（1）对当事人议价的财产范围进行限制，对于需要专业鉴定评估等不容易确定价值的财产，不宜采用当事人议价的方式。

《拍卖变卖规定》第 4 条规定，“对拟拍卖的财产，人民法院可以委托具有相应资质的评估机构进行价格评估。对于财产价值较低或者价格依照通常方法容易确定的，可以不进行评估。当事人双方及其他执行债权人申请不进行评估的，人民法院应当准许。对被执行人的股权进行评估时，人民法院可以责令有关企业提供会计报表等资料；有关企业拒不提供的，可以强制提取”。第5条第2款规定：“拍卖财产经过评估的，评估价即为第一次拍卖的保留价；未作评估的，保留价由人民法院参照市价确定，并应当征询有关当事人的意见。”《网络司法拍卖规定》第10条亦有类似规定。即对于拟拍卖财产的价格确定，以评估为原则，不评估为例外，进行评估的按照评估价，未进行评估的按照市场价。《财产处置价规定》的四种方式，除当事人议价外，其余三种均是以市场价或者评估价为准。整体理解上述规定的精神，均旨在公平合理地确定财产拍卖价格。总的来说，当事人议价的财产应限于可以不进行评估的财产，即财产价值较低或者价格依照通常方法容易确定的财产。当然，对于不容易确定价格的财产，如股权、商标、专利、在建工程等，如果当事人可以提供确定协商价格的依据如评估报告等，则应该允许当事人以议价的方式确定财产处置价格。但此种情况实质上仍然是通过评估确定价格。而且，对于不容易取得市场参考价格的财产，如果要求当事人议价需提供确定价格的依据，则与委托评估无异，当事人议价也就失去了其灵活、便捷、高效的优势。

（2）执行法官应对当事人议价结果进行审查，对容易确定价值的拍卖财产，执行法官有能力审查当事人议定的价格是否基本与市场价格相符。

在对议价的财产范围进行限制的情形下，因当事人议价的随意性和主观性可能对债务人或其他债权人造成的损害便会降低。而要实现上述约束，则需要执行法院承担起审查当事人议价结果的职责。由上述司法解释可知，审查议定价格，确保不损害其他债权人利益，是法院职责的应有之义，当事人议价并不意味着法院对于当事人议价的结果不承担任何责任。如果放任当事人任意确定价格，导致价格严重偏离财产实际价值损害其他人利益的，同样会引发追责。

第一，执行法官应在当事人选择议价方式时向其释明议定价格不能严重偏离市场价格。第二，对当事人提交的议定价格予以审查，对当事人的议定价格严重偏离市场价格的，不予通过。

有观点指出，可以将当事人议价结果通知利害关系人，由利害关系人以提起异议的方式实现对议价结果的监督。该种方式在实务操作中存在较大的难度，一是法院无法把握利害关系人的范围。二是获取利害关系人的信息会花费大量的人力物力，这对原本执行资源就很紧张的法院来说，无疑是增加了负担。三是法院如果对于利害关系人的异议都予以审查，既增加了工作量，又影响了财产处置效率，如果处置不当还将引发进一步的执行风险。从执行效率兼顾公平的角度看，由执行法官对当事人议定价格进行审查是更为合适的选择。

2. 当事人议价处置财产时的财产瑕疵问题

对于未经评估而由当事人直接议定价格拍卖的财产，实践中可能会出现财产存在严重瑕疵，议定价格高于其实际价值的情况，此时对于通过拍卖取得了财产的买受人来说，其利益受损应该通过何种途径救济亦是实践中的难题。如申请执行人与被执行人就某车辆议价60万元进行拍卖，案外人竞拍成功，其后发现该车辆系泡水车，实际价值不到30万元。案外人认为，法院未经专业机构检测评估直接拍卖导致其利益受损，要求法院撤销拍卖并赔偿其损失。法院则认为，其已经根据《网络司法拍卖规定》在竞拍须知中明确提示拍卖是以现状为准，法院不承担标的物瑕疵担保责任，案外人无权要求其赔偿。由此引发了关于未经评估而由当事人议价财产的瑕疵担保责任由谁承担的问题。

对于财产内部难以通过外部观察辨别出的瑕疵，必须通过专业的评估机构进行评估，而如果要进行评估，则与评估定价无异。既要维持当事人议价高效、便捷、灵活的制度价值，又要保障买受人利益，由对财产瑕疵明知或应知的被执行人承担瑕疵担保责任是最合理的。有观点认为，在通过议价程序确定标的物参考价时，为避免被执行人或有关人员故意隐瞒标的物有关瑕疵，应当责令被执行人或有关人员书面说明已知该标的物的一般瑕疵和重大瑕疵，没有瑕疵的，应当由被执行人或有关人员签署质量保证书，保证书应写明相关人员保证该标的物质量上没有足以影响使用或者严重影响价值的重大瑕疵，否则，将承担相应的法律责任。[①] 此外，法院应在拍卖公告中对拍品未经鉴定评估进行特别提示，由竞买人自行决定是否承受质量可能存在瑕疵的风险。

（四）拍卖公告出现严重错误时的处理

在执行程序中，司法拍卖会因执行不当、系统技术问题或参与主体的恶意

---

① 参见赵伯虎：《通过一起案例探索网络司法拍卖中以双方当事人议价方式确定财产处置参考价的几个问题及建议》，载重庆法院网，https：//cqfy. chinacourt. gov. cn/article/detail/2019/10/id/4566784. shtml。

串通等原因被撤销。[1] 例如，因人民法院未尽到审查职责，导致拍卖公告内容出现严重错误，致使买受人目的无法实现遭受巨大利益损失时，在符合《网络司法拍卖规定》第 31 条第 1 项规定要件的情况下，法院应撤销该拍卖行为，将拍卖款返还给买受人。

广东省中山市第一人民法院在执行黄某里与郭某民间借贷纠纷一案时，对郭某名下的国有出让土地使用权进行评估拍卖。但法院未向规划及国土部门函询，在涉及该土地的控制性详细规划已将该地块的用途变更为“公共绿地”的情况下，仍然按照该土地使用证载明的“住宅”委托评估机构进行评估，评估结果为 40 万元。最终由陈某振以 42 万元最高价竞得。陈某振发现该土地用途并非拍卖公告载明的“住宅”而是“公共绿地”，遂提出执行异议，请求执行法院撤销对标的物的拍卖并返还拍卖款。执行法院认为土地用途的调整对买受人实现竞买目的影响较大，按照竞买价格成交对买受人有失公平，遂裁定撤销拍卖，将价款返还。黄某里向中山市中级人民法院申请复议。中山市中级人民法院经过审查，认为根据国土部门登记的案涉土地用途进行评估拍卖符合法律规定，执行行为应予维持，故撤销了执行法院的异议裁定。

陈某振向中山市人民检察院申请检察监督。中山市人民检察院另行委托评估机构按照公共绿地对案涉土地进行评估，评估结果为 9.2 万元。同时发函向自然资源局查询案涉土地规划情况，答复称案涉土地于 2011 年被规划为公共绿地，案涉土地使用证的用途与规划用途不符，将无法办理建设工程规划许可证。中山市人民检察院认为，法院未履行对拍卖土地进行规划查询的法定职责，致使买受人产生重大误解，导致竞拍成功后不能实现竞买目的，提出撤销拍卖的检察建议。中山市中级人民法院未采纳。中山市人民检察院遂提请广东省人民

---

① 《网络司法拍卖规定》第 31 条规定：“当事人、利害关系人提出异议请求撤销网络司法拍卖，符合下列情形之一的，人民法院应当支持：（一）由于拍卖财产的文字说明、视频或者照片展示以及瑕疵说明严重失实，致使买受人产生重大误解，购买目的无法实现的，但拍卖时的技术水平不能发现或者已经就相关瑕疵以及责任承担予以公示说明的除外；（二）由于系统故障、病毒入侵、黑客攻击、数据错误等原因致使拍卖结果错误，严重损害当事人或者其他竞买人利益的；（三）竞买人之间，竞买人与网络司法拍卖服务提供者之间恶意串通，损害当事人或者其他竞买人利益的；（四）买受人不具备法律、行政法规和司法解释规定的竞买资格的；（五）违法限制竞买人参加竞买或者对享有同等权利的竞买人规定不同竞买条件的；（六）其他严重违反网络司法拍卖程序且损害当事人或者竞买人利益的情形。”

检察院跟进监督。广东省人民检察院认为，本案的拍卖行为已构成《网络司法拍卖规定》第31条第1项“由于拍卖财产的文字说明、视频或者照片展示以及瑕疵说明严重失实，致使买受人产生重大误解，购买目的无法实现的，但拍卖时的技术水平不能发现或者已经就相关瑕疵以及责任承担予以公示说明的除外”规定的应予撤销拍卖的情形。首先，土地规划用途属于影响财产拍卖的重大信息，执行法院在拍卖公告中错将“公共绿地”说明为“住宅”，属于“文字说明、瑕疵说明严重失实”。其次，土地规划条件并不属于“拍卖时的技术水平不能发现”的情况，应属于“已知瑕疵”的范畴。最后，对拍卖财产的说明严重失实，致使竞买人产生重大误解。陈某振以42万元的高价竞得价值仅9万余元的绿地，购买后“建房”的目的不能实现，竞买人的利益受到严重损害。最终，广东省高级人民法院采纳了该检察建议，启动执行监督程序，作出（2021）粤执监1号裁定，撤销了中山市中级人民法院的执行裁定，维持了执行法院关于撤销拍卖的执行裁定。

在适用《网络司法拍卖规定》第31条时，需要注意每项情形需满足的成立要件。如第1项“财产的文字说明、视频或者照片展示以及瑕疵说明严重失实”，并不以法院的执行行为违法为前提，而是以法院的失职及结果失衡为要件。本案中的土地规划用途由住宅变更为公共绿地，但土地使用证未进行相应变更，本质是行政主管部门衔接不畅，导致了评估结果和拍卖公告信息出现重大错误。第2项系统故障、病毒入侵、黑客攻击等原因，同样也是以损害结果为要件。第3项恶意串通及第4项买受人资格问题既源于拍卖参与主体存在扰乱正常交易秩序的违法行为，也与法院审查不严有关。第5项“违法限制竞买人参加竞买或者对享有同等权利的竞买人规定不同竞买条件的”则强调了只有法院的执行行为具备“违法性”时，拍卖才能被撤销。

（五）执行法院自定竞拍规则的拍卖效力

河北省丰宁县满族自治县人民法院在执行申请执行人王某芝、丰宁满族自治县金华小额贷款有限公司（以下简称金华小贷公司）、王某中、丰宁宏顺达典当有限责任公司（以下简称宏顺达公司）、吴某龙与被执行人丰宁集成矿业有限责任公司（以下简称集成矿业公司）、刘某等借款合同（民间借贷）纠纷一案中，对集成矿业公司的采矿权予以拍卖，在第一次拍卖流拍后重新拍卖时，丰宁县满族自治县人民法院修改了竞拍规则：“如本次拍卖的出价最高者未按规定时间付款，即买受人未如期付款，则以出价第二高者为本次拍卖的买受人，出价第二高者拒绝买受或同意买受但未按期付款，则以出价第三高者为本次拍卖的买受人，以此类推，直至成交。出价最高者未如期付款应承担补齐与最终成交价差价的责任。”在2020年4月27日进行的拍卖中，出价最高者金相遇珠宝有限公司（出价1.692亿元）及出价第二高者承德谦道商贸有限公司（出价1.691亿元）均悔拍。丰宁县满族自治县人民法院作出裁定，被执行人集成矿业公司的采矿权归出价第三高者天润吉成矿业公司（出价6267.19万元）所有。被执行人集成矿业公司认为丰宁县满族自治县人民法院拍卖行为违法，向丰宁县满族自治县人民法院提出异议。丰宁县满族自治县人民法院驳回了其异议。被执行人集成矿业公司又向承德中院申请复议，认为丰宁县满族自治县人民法院越权修改拍卖规则，独创场外成交的变价处置新规并予以执行，严重违反拍卖程序和拍卖公开原则及法定变价处置规则，且损害当事人、竞买人利益。承德中院以竞拍规则已详细披露未加重竞买人负担为由驳回了该复议申请。[①] 被执行人集成矿业公司再向河北高院申请执行监督，河北高院认为丰宁县满族自治县人民法院违反《网络司法拍卖规定》制定的竞买规则，对集成矿业公司采矿权进行网络司法拍卖，严重违反网拍程序，损害当事人或竞买人利益，故撤销了承德中院和丰宁县满族自治县人民法院的执行裁定。[②]

民事执行理论认为，强制执行法并非仅保护债权人之利益，在立法上对债务人之利益亦有所兼顾。[③] 狭义比例原则要求实现债权人的利益与对债务人造成的损害不能呈现不合比例的关系。这种损害并非指执行所求利益对应的给付，而是指因强制执行行为给被执行人带来的附属损害，例如，以远低于市场的价格贱卖被执行人财产，此市场价与成交价的差额即可被认定为债务人所受的损

---

① 河北省丰宁满族自治县人民法院执行裁定书，（2020）冀0826执异6号；河北省承德市中级人民法院执行裁定书，（2020）冀08执复67号。

② 宋婕、陈锋：《金矿采矿权网拍1.69亿竟以6000万成交？丰宁县满族自治县人民法院修改拍卖规则，河北省高院裁定来了》，载华夏时报网2022年1月5日，https：//www.chinatimes.net.cn/article/113813.html。

③ 参见姜世明：《民事程序法之发展与宪法原则》，台北，元照出版有限公司2009年版，第325页。

害。在强制执行立法中对拍卖变卖被执行人财产的次数及降价幅度进行规定，即是狭义比例原则的体现，其目的是防止因实现债权人债权而不计代价地推进财产变现，损害债务人利益。《网络司法拍卖规定》第 24 条对拍卖成交后买受人悔拍的处理进行了明确的规定，即应当重新拍卖。其目的就是保障被拍卖财产得到充分的竞价，以发现其真正的市场价值。

执行法院修改拍卖规则的做法存在三个方面的瑕疵：首先，违反了《网络司法拍卖规定》制定的拍卖规则，属于严重的程序违法。如前所述，法律法规及司法解释之所以对拍卖次数及降价幅度都进行了明确的规定，即是为了防止此类不计代价推进债权变现侵害被执行人财产权的做法。其次，修改后的规则并不合理。修改后的规则对竞买人造成巨大的负担。按照一般拍卖规则，竞买人的出价在有其他竞买人有更高应价时即丧失约束力。但按照修改后的规则，竞买人要随时承担比自己出价更高的竞买人悔拍的风险，这对实现拍卖财产变现无疑是有利的，但也使拍卖制度发现市场价格的机制设计落空，并且对被执行人的财产权造成巨大的侵害。最后，修改后的规则极容易使恶意竞买者串通以极低的价格竞得拍卖财产。

民事执行中缺乏比例意识的结果是容易造成执行法院将实现申请执行人债权作为最初及最终目的，而忽略了申请执行人债权实现与对被执行人造成损害之间应当实现的利益平衡，否则不仅被执行人权益受到影响，申请执行人也未必能从中获益。执行法院擅自修改竞拍规则不仅不具备合法性，也不具备合理性，依据该竞拍规则进行的竞拍及作出的裁定，应当予以撤销。

实务操作指引

（一）网络拍卖司法平台的选择

最高人民法院组成了专门的评审委员会，负责每年对网络服务提供者进行选定。网络服务提供者须符合如下条件：提供符合规定的网络司法拍卖平台，具有信息公示、网上报名、竞价、结算的功能；提供安全便捷配套的电子支付对接系统；全面、及时展示人民法院及其委托的社会机构或者组织提供的拍卖信息；保证拍卖全程的信息数据真实、准确、完整和安全。网络拍卖司法平台原则上由申请执行人从名单库中选择；未选择或者多个申请执行人的选择不一致的，由人民法院指定。最初的平台为五家，分别为淘宝网、京东网、人民法院诉讼资产网、公拍网、中国拍卖行业协会网。2019 年 6 月 1 日，经第二届司法拍卖网络服务提供者名单评审委员会评审，新增工商银行融 e 购和北京产权交易所作为网络司法拍卖平台。

（二）网络拍卖过程中人民法院的职责

人民法院主要有如下职责：（1）制作、发布拍卖公告：除通过法定途径发布外，还同时在网络平台发布，拍卖动产的，在拍卖 15 日前公告，拍卖不动产的，在拍卖 30 日前公告；（2）查明拍卖财产现状、权利负担等内容，并予以说明；（3）确定拍卖保留价、保证金的数额、税费负担等；（4）确定保证金、拍卖款项等支付方式；（5）通知当事人和优先购买权人；（6）制作拍卖成交裁定；（7）办理财产交付和出具财产权证照转移协助执行通知书；（8）开设网络司法拍卖专用账户；（9）其他依法由人民法院履行的职责。

（三）竞买人资格及参拍流程

1. 竞买人资格

竞买人应当具备完全民事行为能力，法律、行政法规和司法解释对买受人资格或者条件有特殊规定的，竞买人应当具备规定的资格或者条件。部分拍卖的财产存在优先购买权人，包括共有财产中其他共有人、房屋的承租人、企业股份拍卖过程中的其他股东等，需经人民法院确认后，方可取得优先竞买资格，否则，不得以优先购买权人身份参与竞买。

实践中，对于司法拍卖是否要受房产所在地限购政策约束一直存在不同意见，尤其是在房产限购政策执行较为严格的地区，如北京、广州、深圳等。反对的观点认为，司法拍卖属公权力的行使，不受对市场交易等私法行为进行调整的政策约束，而且遵循限购政策将会影响房产的处置效率，影响债权人的债权实现。更何况司法拍卖相较于市场交易，对房价的影响非常有限。支持的观点则认为，司法拍卖不受限购政策约束客观上会推升房价，并且使通过司法拍卖取得房屋所有权的主体获得了比通过市场交易途径更多的利益。认识上的差异导致各地法院做法不一，造成了政策理解和适用上的混乱。最高人民法院发布的《房产竞买人资格规定》为上述争论画下句号，第 1 条便开宗明义地指出人民法院组织的司法拍卖房产活动，受房产所在地限购政策约束的竞买人申请参与竞拍的，人民法院不予准许。同时，将流拍后的以物抵债及变卖也纳入其中。但这也意味着，这将与不具有购房资格的债权人或优先购买权人的权利行使发生冲突。该规定同时明确了法院对买受人的资格审核责任。即在报名阶段无须审核，通过事后审查并追究虚构资格买受人导致拍卖行为无效的赔偿责任的形式落实限购政策。该规定将主张拍卖无效及追究虚构资格买受人赔偿责任的请求权赋予了当事人、利害关系人。人民法院除不予出具拍卖成交裁定书以外，对竞买人虚构购房资格或者当事人之间恶意串通，侵害他人合法权益或者逃避履行法律文书确定的义务的，还应当根据情节轻重予以罚款、拘留；构成犯罪的，依法追究刑事责任。司法实务中有观点认为，除由当事人、利害关系人依申请认定虚构购房资格买受人的拍卖无效外，法院应当可以依职权认定拍卖无效。而且参照《股权执行规定》中关于买受人明知不符合竞买资格或者条件依然参加竞买，且在成交后未能在合理期限内取得相关部门股权变更批准手续的，交纳的保证金不予退还的规定，人民法院对于虚构购房资格的买受人交纳的保证金应当有权不予退还。对于该规定实施之前已经在进行的司法拍卖，成交时间在该规定实施之前的，应当不受该规定的影响。尚未完成的拍卖，如有需要的，应当调整拍卖公告内容。①

2. 参拍流程

竞买人应当在参加拍卖前以实名交纳保证金，保证金的数额由人民法院确定，一般在起拍价的5%～20%，保证金交至人民法院指定的账户或由网络服务提供者在其提供的支付系统中对相应款项予以冻结，未交纳的，不得参加竞买。委托他人代为竞买的，应当在竞价程序开始前经人民法院确认，并通知网络服务提供者。

网络司法拍卖从起拍价开始以递增出价方式竞价，增价幅度由人民法院确定。竞买人以低于起拍价出价的无效。竞价时间不少于24小时，竞价程序结束前5分钟内无人出价的，最后出价即为成交价；有出价的，竞价时间自该出价

① 参见段鹏、赵奇：《司法拍卖房产限购的规范要旨与适用思考》，载《人民法院报》2022年1月27日，第8版。

时点顺延5分钟。竞买人的出价时间以进入网络司法拍卖平台服务系统的时间为准。拍卖成交的，买受人交纳的保证金可以充抵价款，买受人同时按公告的要求在规定的时间内将剩余款项交至人民法院指定的账户，网络司法拍卖平台以买受人的真实身份自动生成确认书并公示。拍卖财产所有权自拍卖成交裁定送达买受人时转移。其他竞买人的保证金在竞价程序结束后24小时内退还或者解冻。

拍卖成交买受人交付全部价款后，由人民法院负责向买受人交付拍卖财产并协助买受人办理相关过户手续。

（四）竞买人需注意的事项

1. 拍卖前准备阶段

竞买人应认真阅读人民法院在拍卖平台公示的信息。在网拍前，人民法院除通过法定途径发布外，还同时在网络平台发布拍卖公告，拍卖动产的，在拍卖15日前公告，拍卖不动产的，在拍卖30日前公告。公告内容包括拍卖财产、价格、保证金、竞买人条件、拍卖财产已知瑕疵、相关权利义务、法律责任、拍卖时间、网络平台和拍卖法院等信息。同时，人民法院还会在平台公示：执行所依据的法律文书；评估报告副本，或者未经评估的定价依据；拍卖时间、起拍价以及竞价规则；拍卖财产权属、占有使用、附随义务等现状的文字说明、视频或者照片等；优先购买权主体以及权利性质；通知或者无法通知当事人、已知优先购买权人的情况；拍卖保证金、拍卖款项支付方式和账户；拍卖财产产权转移可能产生的税费及承担方式；执行法院名称，联系、监督方式等信息。竞买人可通过上述信息了解拍卖流程及拍卖财产情况。竞买人须特别注意，在决定参与竞买前，一定要认真阅读评估报告及关于拍卖财产已知瑕疵和权利负担的说明，并实地看样，因为根据《网络司法拍卖规定》竞买人决定参与竞买的，视为对拍卖财产完全了解，并接受拍卖财产一切已知和未知瑕疵；人民法院按《网络司法拍卖规定》要求予以公示和特别提示，且在拍卖公告中声明不能保证拍卖财产真伪或者品质的，不承担瑕疵担保责任。

2. 参与拍卖阶段

竞买人须注意有无优先购买权人参与拍卖，在同等条件下，拍卖财产由优先购买权人竞得。

3. 拍卖成交后续事项的办理

拍卖成交后，平台自动生成成交确认书，竞买人应按公告的要求将剩余款项汇入法院指定账户。人民法院作出成交裁定和协助执行通知，并送达有关协助执行义务机关，办理财产交付。拍卖财产所有权自拍卖成交裁定送达买受人时转移。拍卖成交后买受人悔拍的，交纳的保证金不予退还，依次用于支付拍卖产生的费用损失、弥补重新拍卖价款低于原拍卖价款的差价、冲抵本案被执行人的债务以及与拍卖财产相关的被执行人的债务。悔拍后重新拍卖的，原买受人不得参加竞买。

四、执行财产的司法变卖

通知原文

最高人民法院关于认真做好网络司法拍卖与网络司法变卖衔接工作的通知

2017年7月18日　法明传〔2017〕455号

变卖是执行程序财产处置程序的重要组成部分，《最高人民法院关于人民法院网络司法拍卖若干问题的规定》（以下简称《网拍规定》）明确规定通过互联网平台进行变卖的，参照《网拍规定》执行。司法解释实施以来，网络司法拍卖二拍流拍后进行网络司法变卖的，各地法院操作不统一，为规范人民法院网络司法变卖行为，做好网络司法拍卖与网络司法变卖的衔接工作，现通知如下：

一、关于网络司法变卖平台选择的问题。网络司法拍卖二拍流拍后，人民法院采取网络司法变卖方式处置财产的，应当在最高人民法院确定的网络服务提供者名单库中的平台上实施。原则上沿用网拍程序适用的平台，但申请执行人在网拍二拍流拍后10日内书面要求更换到名单库中的其他平台上实施的，执行法院应当准许。

二、关于发布网络司法变卖公告期限的问题。网拍二拍流拍后，人民法院应当于10日内询问申请执行人或其他执行债权人是否接受以物抵债。不接受以物抵债的，人民法院应当于网拍二拍流拍之日起15日内发布网络司法变卖公告。

三、关于网络司法变卖公告期、变卖期的问题。网络司法变卖期为60天，人民法院应当在公告中确定变卖期的开始时间。变卖动产的，应当在变卖期开始7日前公告；变卖不动产或者其他财产权的，应当在变卖期开始15日前公告。变卖公告应当包括但不限于变卖财产、变卖价、变卖期、变卖期开始时间、变卖流程、保证金数额、加价幅度等内容，应当特别提示变卖成交后不交纳尾款的，保证金不予退还。

四、关于变卖价确定的问题。网络司法变卖的变卖价为网络司法拍卖二拍流拍价。各级人民法院应当认真领会《网拍规定》关于确定一拍、二拍起拍价的精神，在评估价（或市场价）基础上按《网拍规定》进行降价拍卖。

五、关于竞买人资格确定的问题。竞买人交齐变卖价全款后，取得竞买资格。竞买人可以向法院指定的账户交纳，也可以在变卖平台上在线报名并交纳。竞买人向法院指定账户交纳的，人民法院应当及时通过操作系统录入并推送给确定的变卖平台。

六、关于网络司法拍卖变卖流程问题。变卖期开始后，取得竞买资格的竞买人即可以出价。自第一次出价开始进入24小时竞价程序，其他取得竞买资格的竞买人可在竞价程序内以递增出价方式参与竞买。竞价程序参照《网拍规定》第二十条规定进行，加价幅度参照我院法明传（2017）第253号通知要求进行设置。竞价程序内无其他人出价的，变卖财产由第一次出价的竞买人竞得；竞价程序内有其他人出价的，变卖财产由竞价程序结束时最高出价者竞得。变卖成交的，竞价程序结束时变卖期结束。

七、关于网络司法变卖结束后相关事宜处理的问题。变卖成交的，由平台以买受人的真实身份自动生成确认书并公示；变卖期内无人出价的，变卖期结束时变卖程序结束，相关财产按相关司法解释和规范性文件依法处置。

八、关于变卖成交后买受人不交纳尾款如何处理的问题。经过竞价变卖成交后，买受人反悔不交纳尾款的，从所交纳变卖价款中扣留变卖公告中所确定的保证金不予退还，扣留的保证金参照《网拍规定》第二十四条处理，买受人反悔不交纳尾款导致人民法院重新变卖的，原买受人不得再次参与竞买。

九、关于未经拍卖直接变卖财产如何处置的问题。未经拍卖直接变卖的财产，按照《最高人民法院关于人民法院民事执行中拍卖、变卖财产的规定》进行变卖。

各高级人民法院应当及时指导辖区内法院认真学习本通知精神，按通知要求开展好网络司法变卖工作。我院已根据上述规则要求各网络服务提供者进行程序改造，同时一并开发内网变卖操作系统，系统具体上线时间及操作手册将另行下发。请各高级人民法院工作中注意收集辖区内法院在实施过程中遇到的问题、提出的意见及建议，及时报告我院。

特此通知

出台背景

自2012年部分法院在淘宝网实行网络司法拍卖以来，网络司法拍卖凭借其“一免双高三充分”，即免佣金、高成交率、高溢价率、信息展示充分、参与方式充分、拍卖过程充分的优势，迅速在全国得到推广。2016年8月2日，最高人民法院出台《网络司法拍卖规定》，明确人民法院以拍卖方式处置财产的，应当采取网络司法拍卖方式。确立了除拍卖财产本身因性质原因不宜通过网络司法拍卖方式处置外，司法拍卖应当遵循以网络司法拍卖方式为主、不得任意扩大通过委托拍卖方式处置财产范围的原则。《网络司法拍卖规定》第37条第1款规定，人民法院通过互联网平台以变卖方式处置财产的，参照该规定执行。变卖也是执行程序中处置财产的一种重要方式，但《网络司法拍卖规定》仅规定网络司法变卖参照适用网络司法拍卖的规定，对具体如何参照适用却未予详细规定。因此，《网络司法拍卖规定》施行后，一些拍卖标的经二次网络司法拍卖仍然流拍需进行网络司法变卖的，由于没有具体规则，各地法院操作多不统一。为弥补网络司法变卖的制度缺陷、统一规范网络司法变卖行为，做好网络司法拍卖与变卖的衔接工作，提高执行工作质效，最高人民法院发布了本通知。

理解与适用

本通知分9条内容对网络司法变卖行为做了规定。通知总结概括出网络司法变卖行为所应遵守的规范，具有极强的操作性及实务指导性。

（一）网络司法变卖平台的选择

《网络司法拍卖规定》第26条第2款规定“再次拍卖流拍的，可以依法在同一司法拍卖平台变卖”；第5条规定：“网络服务提供者由申请执行人从名单库中选择；未选择或者多个申请执行人的选择不一致的，由人民法院指定。”因此，网络司法拍卖二拍流拍后，可以依法在网络司法拍卖时的网络平台上进行变卖。但同时《网络司法拍卖规定》第5条又确立了以申请执行人选择网拍平台的原则，因此，无论是网络司法拍卖还是网络司法变卖均应以该原则优先。综上，该通知规定网络司法变卖平台原则上仍沿用网拍程序适用的平台，但是申请执行人在网拍二拍流拍后10日内书面要求更换到网拍名单库中的其他平台上实施的，执行法院应当准许。

（二）发布网络司法变卖公告的期限

《网络司法拍卖规定》第26条第1款规定，网络司法拍卖流拍后，应当在30日内在同一网络司法拍卖平台再次拍卖。30日内包括二拍的公告期，而第二次网拍不动产应至少公告15日、动产应至少公告7日，人民法院应当于网拍一拍流拍后15日内发布不动产拍卖公告、23日内发布动产拍卖公告。可见，对于网络拍卖，何时启动二拍已有明确规定。

《拍卖变卖规定》第24条、第25条规定，对于第二次拍卖仍流拍的动产、不动产，人民法院可以将其作价交申请执行人或者其他执行债权人抵债。以物抵债的规定对网络司法拍卖仍然适用。同时，《网络司法拍卖规定》第26条虽然规定了再次拍卖流拍的，可以依法在同一网络司法拍卖平台变卖，但对于二拍流拍后启动以物抵债的期限及何时启动变卖却未作出明确规定，实践中，流拍后以物抵债的时间依当事人申请，执行法院具体掌握，一般不应超过2个月。鉴于此，此次通知明确规定网络司法拍卖二拍流拍后，人民法院应当于二拍流拍后10日内询问申请执行人或其他执行债权人是否接受以物抵债；若不接受以物抵债的，人民法院应当于二拍流拍之日起15日内发布网络司法变卖公告。

（三）网络司法变卖公告期、变卖期

《拍卖变卖规定》第25条第2款规定："第三次拍卖流拍且申请执行人或者其他执行债权人拒绝接受或者依法不能接受该不动产或者其他财产权抵债的，人民法院应当于第三次拍卖终结之日起七日内发出变卖公告。自公告之日起六十日内没有买受人愿意以第三次拍卖的保留价买受该财产，且申请执行人、其他执行债权人仍不表示接受该财产抵债的，应当解除查封、冻结，将该财产退还被执行人，但该财产可以采取其他执行措施的除外。"这是传统委托拍卖时对于变卖期及变卖公告期的规定。此次通知在变卖期限上仍大部分内容沿用了前述规定，规定网络司法变卖期为60日，人民法院应当在公告中确定变卖期的开始时间：变卖动产的，应当在变卖期开始7日前公告；变卖不动产或者其他财产权的，应当在变卖期开始15日前公告。同时，明确规定了变卖公告的内容。变卖公告应当包括但不限于变卖财产、变卖价、变卖期、变卖期开始时间、变卖流程、保证金数额、加价幅度等内容，应当特别提示变卖成交后不交纳尾款的，保证金不予退还。

（四）变卖价的确定

网络司法变卖的变卖价即为网络司法拍卖二拍流拍价。另外，《网络司法拍卖规定》第10条第2款明确规定："起拍价由人民法院参照评估价确定；未作评估的，参照市价确定，并征询当事人意见。起拍价不得低于评估价或者市价的百分之七十。"之所以规定第一次拍卖便可降价，同时最多可以降至评估价或市价的70%，是考虑到《网络司法拍卖规定》已将传统委托拍卖规定的最多可拍卖3次降至2次，那么便需在第一次拍卖时即允许降价，且降价幅度增大。由此可见，立法者所倡导的一拍降价起拍，且可降至最低，用足一拍降价措施促使拍卖标的物更易拍出的指导思想。因此，此次通知又着重对一拍、二拍降价作出重点说明，并明确规定一拍、二拍应当降价拍卖。

（五）关于竞买人资格的确定

对于网络拍卖，竞买人只需按照拍卖公告的要求交齐以起拍价一定比例计算的保证金，即可取得竞买资格。但是，由于网络司法变卖与网络司法拍卖有所不同，所以，此次通知规定了竞买人需交齐变卖价全款，也就是需按照二拍流拍价交齐全款后，方能取得竞买资格。至于钱款的交纳方式，与网络司法拍卖一致，竞买人既可以向法院指定的账户交纳，也可以在变卖平台上在线报名并交纳；竞买人向法院指定账户交纳的，人民法院应当及时通过操作系统录入并推送给确定的变卖平台。

（六）网络司法变卖的流程

变卖期开始后，取得竞买资格的竞买人即可以出价；自有人第一次在变卖期内出价开始，便进入网络变卖的24小时竞价程序，此时对不动产或动产的竞价周期并不区分，一律规定为24小时竞价周期；竞价仍然与网络拍卖一致，以递增出价方式参与竞买。竞价程序内无其他人出价的，变卖财产由第一次出价的竞买人竞得；竞价程序内有其他人出价的，变卖财产由竞价程序结束时最高出价者竞得；若变卖期内无人出价的，变卖期结束时变卖程序结束，相关财产按相关司法解释和规范性文件的规定依法处置。

（七）网络司法变卖结束后的处理

《网络司法拍卖规定》第22条规定："网络司法拍卖成交的，由网络司法拍卖平台以买受人的真实身份自动生成确认书公示。"因此，网络拍卖已经对成交后公示买受人身份信息的内容作出规定。对于网络司法变卖，此次通知也与网络拍卖保持一致，变卖成交的，由平台以买受人的真实身份自动生成确认书并公示。

（八）变卖成交后买受人不交纳尾款的处理

网络司法变卖由于取得竞拍资格以交齐变卖价全款为要件，参照《网络司法拍卖规定》第24条规定，买受人反悔不交纳尾款的，从所交纳变卖价款中扣留变卖公告中所确定的保证金不予退还，扣留的保证金依次用于支付变卖产生的费用损失、弥补重新变卖价款低于原变卖价款的差价、冲抵本案被执行人的债务以及与拍卖财产相关的被执行人的债务。同时，买受人反悔不交纳尾款导致人民法院重新变卖的，原买受人不得再次参与竞买。

（九）未经拍卖直接变卖财产

司法变卖有两种形式：一是不经拍卖直接变卖；二是拍卖流拍后的变卖。

未经拍卖直接变卖的财产，按照《拍卖变卖规定》进行变卖，也就是不适用本通知的相关规定。《拍卖变卖规定》第31条规定了可以不经拍卖直接变卖的情形："对查封、扣押、冻结的财产，当事人双方及有关权利人同意变卖的，可以变卖。金银及其制品、当地市场有公开交易价格的动产、易腐烂变质的物品、季节性商品、保管困难或者保管费用过高的物品，人民法院可以决定变卖。”按照该通知要求，这种不经拍卖直接变卖的情形不适用该通知所明确的网络司法变卖规定。

在通过执行程序变现财产过程中，现行法律和司法解释确立了以网络司法拍卖、变卖为主的财产变现方式，但最高人民法院随后发布的《善意文明执行意见》在网络公开拍卖、变卖基础上，没有完全排除法院在特殊情况下直接处置涉案财产的权力。

1. 网络司法拍卖流拍情形下法院可以直接变卖或强制变卖财产

这种财产变卖模式也被称为协议变卖。但法院直接变卖或强制变卖财产需要满足两个条件，一是不损害执行债权人、第三人或社会公共利益，二是财产经拍卖后流拍且执行债权人不接受抵债，第三人申请以流拍价购买的，可以准许。例如，在房产二次流拍后，第三人申请以第二次拍卖的流拍价购买财产的，人民法院可将其直接变卖给第三人。在制度评价上，对于以流拍价直接变卖财产给第三人是否要征求被执行人的意见，是否会受到被执行人的挑战，实践中一直有争议。有观点提出，在坚持网络司法拍卖优先的基础上，法院应当对是否变卖有一定的自由裁量权。以前述房产二次流拍变卖给第三人为例，首先，《拍卖变卖规定》并未禁止第一、二次流拍后不能以流拍价变卖。“第三次拍卖流拍且申请执行人或者其他执行债权人拒绝接受或者依法不能接受该不动产或者其他财产权抵债的，人民法院应当于第三次拍卖终结之日起七日内发出变卖公告”规定的条件只是法院决定进行变卖的一个考虑因素。[①] 其次，第一、二次流拍后既然申请执行人可以以流拍价以物抵债，在申请执行人不同意的情况下，如果进行第三次拍卖，再次降价才能卖出的可能性极大，此时第三人同意以二拍流拍价购买对于申请执行人及被执行人的利益实际更有保障。

2. 被执行人自行处置涉案财产的权利

根据目前法律和司法解释，似乎被执行人并无自行处置涉案财产的权利，

---

① 参见邓展雄、刘恒军：《浅析以流拍价变卖不动产是否必须经被执行人同意》，载中国法院网，https：//www. chinacourt. org/article/detail/2006/11/id/225570. shtml。

但根据《善意文明执行意见》的规定，在以下几种情形下，法院也可以准许被执行人自行变卖涉案财产：

（1）经被执行人申请，在确保能够控制相应价款的前提下，法院监督被执行人在一定期限内按照合理价格变卖财产清偿债务。变卖期限由人民法院根据财产实际情况、市场行情等因素确定，但最长不得超过60日。此种情形下的被执行人自行变卖有三个控制要素，一是人民法院可以控制相应的价款，二是要以合理的价格，三是有变卖期的规定。实践中，房地产开发企业作为被执行人时，考虑到房地产开发企业已经构建的销售网络和渠道，由其自行对查封房产变现更为便宜，也更能体现市场价值，法院在控制了商品房销售资金账户的情况下，对于查封的商品房的变现可以采取由房地产开发商自行变卖的形式。

（2）被执行人申请对查封财产不经拍卖直接变卖的，经执行债权人同意或者变卖款足以清偿所有执行债务的，人民法院可以不经拍卖直接变卖。

《民事诉讼法解释》第489条规定："经申请执行人和被执行人同意，且不损害其他债权人合法权益和社会公共利益的，人民法院可以不经拍卖、变卖，直接将被执行人的财产作价交申请执行人抵偿债务。"与前述规定的原理类似，经申请执行人同意不经拍卖直接变卖，表明申请执行人对于变卖及其结果持认可态度，这与经申请执行人同意的以物抵债内涵是一致的。申请执行人同意直接变卖，应当以不损害第三人或社会公共利益为前提。如果变卖款足以清偿所有执行债务，被执行人申请不经拍卖而直接变卖的，不存在损害其他债权人利益问题。

（3）被执行人认为网络询价或评估价过低，申请以不低于网络询价或评估价自行变卖查封财产清偿债务的，人民法院经审查认为不存在被执行人与他人恶意串通低价处置财产情形的，可以监督其在一定期限内进行变卖。

需注意的是，如果被执行人以上述理由申请自行变卖，又依据《财产处置价规定》第22条、第23条对网络询价报告或评估报告提出异议，或者在提出前述异议后又申请以不低于网络询价或评估价自行变卖查封财产清偿债务的，完全有理由认为被执行人是滥用权利故意拖延执行，法院不应准许。

但有观点提出，此种做法是建立在认为拍卖价大概率会低于网络询价或评估价的基础上，如果拍卖价格高于网络询价或评估价的，未经拍卖直接变卖会对申请执行人不利。事实上，客观准确的询价或评估和充分的拍卖维护了申请执行人的利益，但更多的是保障了被执行人的利益，如果财产以远低于真实价值的价格被拍卖，对于申请执行人来说，其虽然未能获得充分清偿，但仍可对被执行人主张剩余债务。但就被执行人而言，在清偿债务之外，还遭受了财产被低价拍卖的损失。

（4）网络司法拍卖二次流拍后，被执行人提出以流拍价融资的，人民法院应结合拍卖财产基本情况、流拍价与市场价差异程度以及融资期限等因素，酌情考虑。准许融资的，暂不启动以物抵债或强制变卖程序。允许被执行人以流拍价融资，其实质是一定期限内的暂缓执行，而被执行人是否能够实现融资具有不确定性，势必对申请执行人权益造成影响。因此，在考虑是否准许被执行人以流拍价进行融资时，要符合“第二次流拍”的前提条件，即拍卖财产已经市场验证较难处置，继续变卖未必会有更好的结果，此时被执行人如果能以流拍价格获得融资，不失为一个实现债务清偿的契机。除此之外，法院还须综合考虑融资的可行性和实现的概率，在影响债权实现效率和债权实现程度之间取得平衡。

3. 整体查封的财产可否分别予以变现的问题

对于同一类型的执行财产数量较多的，应拆分变价还是整体变价应以能够最大限度实现财产价值为原则进行处理。根据《善意文明执行意见》的规定，对于体量较大的整栋整层楼盘、连片商铺或别墅等不动产、预售商品房，已经分割登记或事后可以分割登记的，被执行人认为分批次变价能够实现不动产最大价值的，一般应当准许。

4. 不动产收益权质权的执行

不动产收益权作为伴随国家大规模基础设施建设产生与发展起来的重要融资工具，其融资功能主要通过权利质押和资产证券化等方式。① 不动产收益权质权如何实现，通过拍卖收益权变现，还是执行不动产收益权获得收益，如以收

① 参见肖攀：《不动产收益权的权利属性与登记公示》，载《中国房地产》2020 年第 16 期。

取的高速公路费直接优先受偿，并无规范依据可循。[①] 公路、桥梁、隧道等不动产收益权是预期性的特许经营项目的收益权，[②] 未来稳定的收益是其重要特征，在法律属性上，不动产收益权质权究竟是更接近于权利质权还是金钱质权，始终存有争议。从执行的视角看，在不动产收益权对应的收费账户内流入资金时，可以认为是不动产收益权的自我变现，因此质权行使条件成就的，质权人可直接对收益权收费账户内的资金实现其质权。也就是说，质权人既可以通过变现不动产收益权实现其质权，也可以对不动产收益权收费账户内资金直接优先受偿。收费账户内资金足以清偿债务的，法院不再对被执行人的收益权进行强制变价。

实务操作指引

在实务操作中，变卖程序如下：

1. 网络变卖平台：原则上为此前网拍平台，除非申请执行人在二拍流拍后10日内书面申请变更为名单库内其他平台；

2. 询问以物抵债的期限：二拍流拍10日内询问，不接受以物抵债时发布变卖公告；

3. 发布网络变卖公告的期限：二拍流拍15日内；

4. 网络变卖价等同二拍流拍价；

5. 变卖期为60日；

6. 变卖公告内容：要特别提示，如尾款不交纳，保证金不退还；

7. 变卖期开始时间：动产需距离发布变卖公告至少7日，不动产及其他财产权需距离发布变卖公告至少15日；

8. 竞买人交纳变卖价全款后取得竞买资格；

---

① 有观点认为，收益权质押属于权利质押中的一种，权利质权的实现方式除以折价、拍卖或变卖入质权利并以卖得价金优先受偿外，尚有另一类方式，即取代出质人的地位，向入质权利的义务主体直接行使入质权利，并通过直接行使入质权利使被担保的债权优先受偿。参见周春梅：《收益权质押的法律效力认定》，载中国法院网，https：//www.chinacourt.org/article/detail/2003/06/id/62742.shtml。

② 参见肖攀：《不动产收益权的权利属性与登记公示》，载《中国房地产》2020年第16期。

9. 变卖期开始的时间：竞买人第一次出价即启动24小时竞价程序。

比如，2017年8月9日，法院对某房产进行第一次网络司法拍卖，后流拍；8月21日，法院依法对该房产发布第二次网络司法拍卖的公告，并定于9月6日进行第二次网络司法拍卖；结果第二次网络司法拍卖也因无人竞价而流拍；法院于二拍流拍后10日内即9月8日便征询申请执行人的意见，询问其是否同意以物抵债，申请执行人表示不同意；于是法院于9月9日依法发布网络司法变卖公告，公告内容为定于15日后，即9月25日进行网络司法变卖，变卖期为60日。后竞买人于9月26日竞买成功。网络司法变卖不同于网络司法拍卖：网络司法变卖的变卖期是60日，如有竞买人在60日内的变卖期中的任意时间出价，网络司法变卖则自动进入24小时竞价倒计时；24小时竞价周期内，其他报名用户可加价参与竞买，如有人在竞价结束前的5分钟内出价，则系统自动延时5分钟，循环往复至最后5分钟内无人出价。网络司法变卖的规则为：至少一个人报名且出价不低于变卖价，方可成交。

五、逾期支付拍卖价款的处理

复函原文

最高人民法院关于竞买人逾期支付价款是否应当重新拍卖的复函

〔2006〕执监字第94－1号

福建省高级人民法院：

关于福州市直房地产开发有限公司、福州金源房地产有限公司与福建龙宇房地产有限公司楼盘权益转让合同纠纷执行一案，你院〔2001〕号闽法执申字第36－15、36－16号报告均已收悉。经研究，答复如下：

一、同意你院关于福建国际青年广场开发有限公司（下称青广公司）异议不成立的意见。在你院及福州市中级人民法院执行以青广公司为被执行人和执行担保人的多个案件的情况下，你院对青广公司所有的国际青年交流中心综合楼及其土地使用权采取相关执行措施，有利于案件的协调统一解决。但是，你院在没有作出提级执行裁定或未明确多个债权人参与分配情况下组织拍卖，程序上存在瑕疵，应注意完善有关手续。

二、不同意你院关于重新拍卖的意见。最高人民法院《关于人民法院民事执行拍卖、变卖财产的规定》第二十五条的规定，是为了促使买受人尽快支付价款、确保债权尽快实现。本案中，买受人福建关兴房地产开发有限公司（下称关兴公司）虽然逾期支付拍卖价款，但已于2006年5月18日全部付清，不应仅因其延迟付款而认定拍卖目的难以实现，故拍卖效力应予维持。

三、因买受人关兴公司未按照约定支付价款，根据拍卖法第三十九条之规定，应当承担相应的违约责任。

出台背景

福建省高级人民法院在执行福州市直房地产开发有限公司、福州金源房地产有限公司申请执行福建龙宇房地产有限公司楼盘转让合同纠纷一案中，查明：被执行人福建龙宇房地产有限公司在福建国际青年广场开发有限公司（以下简称青广公司）名下的国际青年交流中心综合楼及其土地使用权项目上享有2000万元的权益，遂裁定查封了该项目。因青广公司作为被执行人有多起案件尚未执行完毕，故福建省高级人民法院决定亲自执行，之后按照程序要求委托评估公司对上述财产进行评估，并于其后依法选定拍卖机构对上述财产进行拍卖。在2005年12月31日的拍卖中，买受人福建关兴房地产开发有限公司（以下简称关兴公司）以6200万元的最高价竞得了上述财产。

根据《竞买注意事项》和《拍卖成交确认书》的要求，买受人应在2006年2月28日前付清成交款。同时，作为买受条件之一，关兴公司与有关方面签订《拆迁补偿协议》，拍卖成交的次日支付拆迁补偿履约保证金500万元。但是，关兴公司实际付清成交款的日期为2006年5月18日，支付拆迁补偿履约保证金也拖至6月5日才付讫。

福建省高级人民法院认为，竞买人关兴公司未在约定时间内付清拍卖价款，已经构成违约，应当重新拍卖，并据此作出重新拍卖的民事裁定书和拍卖委托书，于2006年6月8日送达给双方当事人以及拍卖公司。2006年6月16日将关兴公司已支付的6200万元拍卖款予以退还。

关兴公司对此提出了申诉，其认为根据《成交确认书》，该公司应于2006年2月28日前支付全部拍卖款，但由于资金困难，只按期支付了3170万元，但余款3340万元（含拍卖佣金310万元）已于5月18日全部支付，且6月2日也支付了500万元拆迁补偿履约保证金。虽然其公司逾期支付部分拍卖款一事属实，但并未致使拍卖目的难以实现，因此拍卖结果应受保护。

福建省高级人民法院认为，关兴公司不但违反了《拍卖规则注意事项》和《拍卖成交确认书》特别规定的及时支付拍卖价款的义务，逾期付款近3个月的时间，而且违反了同样亦作为买受条件的特别约定，即支付500万元拆迁补偿履约保证金的支付期限。依照2004年《拍卖变卖规定》第25条的规定，应当重新拍卖。

最高人民法院依申请对该案启动了执行监督程序，其关注重点如下：第一，福建省高级人民法院执行青广公司财产的程序是否合法；第二，买受人逾期付款时是否必须重新拍卖；第三，买受人违约后应承担的违约责任。在经过充分研究后，作出了复函中的指导意见。

理解与适用

（一）上级法院对下级法院的执行工作进行监督、指导和协调时要注重程序的完善

《执行规定》第71条规定了上级人民法院执行机构负责对本院及下级人民法院执行工作的监督、指导和协调。福建省高级人民法院有权对本院及下级福州市中级人民法院的执行案件，进行监督、指导和协调，必要时可根据《最高人民法院关于高级人民法院统一管理执行工作若干问题的规定》第9条[①]的规定将相关案件提级执行。这是司法解释赋予上级人民法院的职权，也是其应该遵

① 第9条第1款内容如下："高级人民法院对下级人民法院的下列案件可以裁定提级执行：……3. 疑难、重大和复杂的案件，高级人民法院认为应当提级执行的……"

循的法定程序。

本案中福建省高级人民法院通过将相关案件进行沟通协调，最后统一由该院对查封的被执行人的财产进行处置，以此方式来争取尽快实现债权人的债权。最高人民法院认为这有利于案件的协调统一解决，有利于当事人权益的早日实现，执行效果很好。同时，最高人民法院指出了福建省高级人民法院工作中存在的问题。一是在未作出提级执行决定时，就对相关案件开展执行工作，这不符合法律程序要求，有瑕疵；二是在未明确参与分配的多个债权人的情况下就组织拍卖，程序上有瑕疵。

关于问题二，《拍卖变卖规定》第 11 条要求人民法院应当在拍卖 5 日前以书面或者其他能够确认收悉的适当方式，通知当事人和已知的担保物权人、优先购买权人或者其他优先权人于拍卖日到场。同时，根据《执行规定》关于参与分配的相关内容，各债权人对执行标的物均无担保物权的，按照各债权比例受偿，具体分配由首封法院主持进行。但是，当时规定并未要求一定要在拍卖前就要明确参与分配的债权人，1998 年《执行规定》第 90 条原意是在被执行的财产执行完毕前，对该被执行人已经取得金钱债权执行依据的其他债权人可以申请对该被执行人的财产参与分配。而且，参与分配的方式是债权人向其原申请执行法院提交参与分配申请书，并写明理由等，由该执行法院转交给主持分配的法院，并说明执行情况。①

因此，最高人民法院指出的第二个问题值得商榷。按照当时之规定，在拍卖前不明确参与分配的债权人名单并无不当，因财产执行完毕前，其他金钱债权人均可提出申请。另外，被执行人为公民或其他组织的，无其他财产可供执行或其他财产不足清偿全部债务的才可申请参与分配，被执行人为企业法人，其财产不足清偿全部债务的，当事人可依法申请被执行人破产。因此，本案被执行人为企业法人时也不适用参与分配。故认为不经参与分配程序而启动拍卖存在问题并不准确。

---

① 1998 年《执行规定》第 92 条规定："债权人申请参与分配的，应当向其原申请执行法院提交参与分配申请书，写明参与分配的理由，并附有执行依据。该执行法院应将参与分配申请书转交给主持分配的法院，并说明执行情况。"法释〔2020〕21 号决定已将 1998 年《执行规定》第 89 条、第 90 条、第 92 条删除。

（二）从执行效率角度考量是否裁定重新拍卖

《拍卖变卖规定》第22条[①]之所以规定买受人逾期未支付价款可以重新拍卖，立法本意主要是为了促使买受人尽快支付价款；同时，通过赋予法院可以裁定重新拍卖的权力，使法院能够在拍卖过程中始终处于主导地位，有效控制整个拍卖程序的顺利进行，从而最大限度地降低执行成本，避免拍卖程序过分拖延，防止衍生出新的问题和纠纷，确保生效法律文书确认的债权尽快得到实现。因此，最高人民法院提出，不能简单地认为只要买受人未如期支付价款，法院即应裁定重新拍卖，而应该考虑哪种处理方式有利于债权尽快得到实现，更有利于降低拍卖成本。

另外，从案件的实际情况看，买受人确实逾期支付了拍卖价款，但在2006年6月8日福建省高级人民法院裁定重新拍卖之前，买受人已向执行法院全额支付了拍卖价款、佣金及拆迁补偿履约保证金，此时拍卖目的已经实现，拍卖程序结束，债权也可以立即得以实现。如果法院裁定重新拍卖，既增加了拍卖成本，也降低了执行效率，显然不是最优的选项。因此，最高人民法院认为这样做与司法解释立法本意不相吻合，更与拍卖的根本目的相悖。

该复函在司法拍卖中引入了程序公正与执行效率相均衡的新理念。拍卖的目的是实现债权人的债权，为拍卖而设置的程序是为了保证司法公正，而执行效率的高低则直接决定着当事人实现债权的快慢。法院拍卖只要严格遵守相关拍卖程序，没有过错，买受人没在规定时间内支付完毕剩余款项，属于违约行为，法院裁定重新拍卖就坚守了程序正义，捍卫了司法公正，但这可能降低了执行效率。如果将执行效率引入，执行法院在确定是否重新拍卖时需要综合考虑程序公正和执行效率的关系。如果重新拍卖确有利于提高执行效率，就直接裁定重新拍卖，反之，不应裁定重新拍卖。比如，对于那些只是不能在规定时间内支付、法院稍微宽限一些时日就能交齐竞买款的买受人，或者对于在裁定

① 第22条内容如下："拍卖成交或者以流拍的财产抵债后，买受人逾期未支付价款或者承受人逾期未补交差价而使拍卖、抵债的目的难以实现的，人民法院可以裁定重新拍卖。重新拍卖时，原买受人不得参加竞买。重新拍卖的价款低于原拍卖价款造成的差价、费用损失及原拍卖中的佣金，由原买受人承担。人民法院可以直接从其预交的保证金中扣除。扣除后保证金有剩余的，应当退还原买受人；保证金数额不足的，可以责令原买受人补交；拒不补交的，强制执行。"

重新拍卖之前已将款项交齐的，原则上应该坚持不重新拍卖，这不但有利于执行效率，有利于拍卖目的，最终也利于债权人早日实现债权。

（三）竞买人迟延交付竞买尾款要承担违约责任

最高人民法院在维护拍卖效力的情况下，重申了买受人应根据《拍卖法》第39条[①]之规定，承担相应的违约责任。该条规定的违约责任其实有两层意思：第一层意思是竞买人未按照约定时间支付全部竞买款项，但在拖延一段时间后最终交齐，买受人就其迟交竞买款项所应承担的违约责任。但该违约责任的具体内容是什么，目前法律法规没有明确规定。第二层意思是竞买人未按照约定支付相应金额，导致拍卖标的再行拍卖的，原买受人应承担的违约责任。具体来说，这个违约责任就是再行拍卖的价款低于原拍卖价款时，原买受人要承担补足差额的责任。

《拍卖变卖规定》第22条规定："拍卖成交或者以流拍的财产抵债后，买受人逾期未支付价款或者承受人逾期未补交差价而使拍卖、抵债的目的难以实现的，人民法院可以裁定重新拍卖。重新拍卖时，原买受人不得参加竞买。重新拍卖的价款低于原拍卖价款造成的差价、费用损失及原拍卖中的佣金，由原买受人承担。人民法院可以直接从其预交的保证金中扣除。扣除后保证金有剩余的，应当退还原买受人；保证金数额不足的，可以责令原买受人补交；拒不补交的，强制执行。"司法拍卖程序中竞买人违约责任可作如下理解：（1）重新拍卖时，原买受人不得参加竞买；（2）重新拍卖的价款低于原拍卖价款造成的差价、费用损失及原拍卖中的佣金，由原买受人承担。相较于《拍卖法》，该规定的违约责任有所增加，就是重新拍卖时原买受人不得参加竞买。但对于竞买人只是未按照约定时间支付全部竞买款项、最终交齐时，买受人是否要就其迟交竞买款项承担违约责任没有规定。

从法理上分析，竞买人作为合同相对方，其遵守合同约定按期付款是其合同义务，而其违反合同约定义务，没有在限期之内交齐拍卖款，就此行为承担

① 《拍卖法》第39条内容如下："买受人应当按照约定支付拍卖标的的价款，未按照约定支付价款的，应当承担违约责任，或者由拍卖人征得委托人的同意，将拍卖标的再行拍卖。拍卖标的再行拍卖的，原买受人应当支付第一次拍卖中本人及委托人应当支付的佣金。再行拍卖的价款低于原拍卖价款的，原买受人应当补足差额。"

违约责任亦是合同约定的内容。因此，本复函重新强调了这一基于合同关系的违约责任。但鉴于《拍卖法》及其他相关法律法规并无明确具体且可执行的违约处罚条款，最高人民法院为慎重起见，在本复函中回避了具体违约后的处罚措施，交福建省高级人民法院自行研究决定竞买人的违约责任。

时至今日，法律法规对此依然没有明确的规定。

实务操作指引

（一）网络司法拍卖竞买人违约后的处理结果

《拍卖变卖规定》第22条规定的竞买人违约后的处理结果与《网络司法拍卖规定》第24条①的规定有所不同。

根据《网络司法拍卖规定》的要求，人民法院以拍卖方式处置财产的，都应当采取网络司法拍卖方式，但法律、行政法规和司法解释规定必须通过其他途径处置，或者不宜采用网络拍卖方式处置的除外。因此，自2017年开始，全国各地法院在执行工作中基本上都是通过网络进行司法拍卖。按照《网络司法拍卖规定》，拍卖后买受人悔拍的，已交纳的保证金不予退还。即使再次拍卖后，该保证金弥补重新拍卖价款低于原拍卖价款的差价后还有剩余，不再按照《拍卖变卖规定》退还原买受人，而是冲抵本案被执行人的债务以及与拍卖财产相关的被执行人的债务。如果之后还有剩余的，是没收上缴国库，还是做其他处理，上述规定没有说明，但是可以明确的是不能退还原买受人。

对于重新拍卖的价款低于原拍卖价款造成的差价、费用损失、保证金不足以覆盖，如何处理的问题，《网络司法拍卖规定》没有规定，按照该规定第37条第3款之规定，对网络司法拍卖行为没有规定的，适用其他有关司法拍卖的规定。因此，可以直接按照《拍卖变卖规定》执行，由原买受人承担，法院直接从其预交的保证金中扣除，保证金数额不足的，可以责令原买受人补交；拒

① 《网络司法拍卖规定》第24条第1款内容如下："拍卖成交后买受人悔拍的，交纳的保证金不予退还，依次用于支付拍卖产生的费用损失、弥补重新拍卖价款低于原拍卖价款的差价、冲抵本案被执行人的债务以及与拍卖财产相关的被执行人的债务。"

不补交的，强制执行。

如果是传统的拍卖，不是网络拍卖，则不适用《网络司法拍卖规定》第 24 条的规定，仍然适用《拍卖变卖规定》第 22 条的规定。

（二）买受人要承担的违约责任不明确

买受人迟延支付价款的，根据《拍卖法》第 39 条第 1 款之规定，应当承担相应的违约责任。但违约责任是什么，由哪个主体通过什么程序确定，并不明确。最高人民法院关于违约责任有两种不同的观点：一种意见认为，执行法院作为委托人，在买受人逾期付款的情况下，可以要求竞买人支付延期付款期间的利息，买受人承担违约责任的方式及数额均可以在执行程序中加以确认，便于提高执行效率。另一种意见认为，买受人逾期付款，实际上给被执行人或申请执行人造成了损失，应由受损害的执行当事人提出申请，通过诉讼程序确认。

从上述两种观点可以看出，最高人民法院在对违约责任的确定上还是存有分歧的，不能达成一致意见。但对于司法实践中发生的这类问题，还是要详细了解各地高级人民法院是否有相关的规范性文件对此加以规范。比如，2013 年《北京市法院执行工作规范》第 101 条规定，被执行财产拍卖成交后，买受人迟延支付拍卖价款但法院未决定重新拍卖的，该迟延支付拍卖价款期间的迟延履行利息由买受人承担。

六、执行程序中抵销权的行使

复函原文

最高人民法院关于被执行人在执行程序中能否行使抵销权问题的复函

2014 年 10 月 9 日　〔2014〕执他字第 25 号

山东省高级人民法院：

你院《关于在贸易中心与华港公司借贷纠纷执行一案中被执行人能否行使

抵销权问题的请示报告》(〔2014〕鲁执三他字第1号）收悉。经研究，答复如下：

原则同意你院第二种意见。抵销权是《合同法》规定的当事人的实体权利，被执行人在执行程序中可以行使。执行法院应当依照《合同法》的相关规定，对于抵销权行使的条件是否具备等进行合法性审查。对于被执行人受让债权后主张抵销的，执行法院还应当审查被执行人受让债权的合法性，防止损害对方当事人、第三人的合法权益或者社会公共利益。当事人对于审查结果不服的，可以依照《民事诉讼法》第二百二十五条的规定进行救济。对请示所涉案件而言，应结合具体案情，严格审查抵销权行使的条件，依法保护各方当事人的权利。

出台背景

本复函针对青岛市城阳物资贸易中心（以下简称贸易中心）依据（2012）鲁商终字第147号民事判决书，于2012年11月申请执行山东华港房地产开发有限公司（以下简称华港公司）借贷纠纷执行案件（华港公司应偿还贸易中心1270.232万元并支付资金占用费）中出现的抵销权争议。法律、司法解释对于执行中的债务抵销问题没有明确规定。裁判文书披露了本复函的背景，即贸易中心与华港公司之间抵销权争议的具体情况①。

2002年1月10日，青岛市商业银行向阳路支行（以下简称商行向阳路支行）与贸易中心借款合同纠纷一案，青岛市李沧区人民法院（以下简称李沧区法院）作出（2001）李经初字第975号民事判决，判决贸易中心偿还商行向阳路支行借款1600万元及利息，青岛城阳区物资集团总公司承担连带责任。2002年9月4日，李沧区法院在执行中向商行向阳路支行发放了债权凭证。2005年，商行向阳路支行将包含上述债权在内的1.7亿元不良资产转让给青岛国信实业有限公司（以下简称国信公司），具体明细为（2001）李经初字第975号民事判决债权金额2801.96万元。2013年7月5日，国信公司发布债权出售公告，债权总额9362万元，其中本金1600万元。2013年7月8日，华港公司以2010万元购买了上述债权。同日，国信公司向贸易中心和青岛城阳区物资集团总公司

① 最高人民法院执行裁定书，(2017）最高法执监3号。

法定代表人邮寄送达债权转让通知书，但均因原址查无此人被退回。2013 年 7 月 8 日，华港公司向聊城市中级人民法院提交暂缓执行程序申请书，请求暂缓本案的执行程序并确定债权等额抵销。2013 年 7 月 9 日，国信公司和华港公司在《青岛日报》发布债权转让公告。2013 年 8 月 14 日，国信公司和华港公司申请鲁西公证处对向贸易中心送达债权转让通知和债务抵销通知进行了公证。后经聊城市中级人民法院核实，已送达给贸易中心法定代表人吕某祥。此时，由于华港公司自国信公司处受让了对贸易中心的债权，华港公司对贸易中心既是债务人，又是债权人，执行中出现了债务抵销的争议。

2013 年 11 月 19 日，贸易中心向聊城市东昌府区人民法院起诉请求确认国信公司与华港公司签订的资产转让协议无效，确认华港公司向申请执行人提出的债务抵销通知无效。东昌府区人民法院认为国信公司与华港公司签订资产转让协议后，除在报纸上刊登债权转让通知外，还将债权转让通知书和债务抵销通知书送达给贸易中心的法定代表人，并将送达过程以公证书的形式进行了公证，贸易中心的诉讼请求于法无据，依法予以驳回。贸易中心不服原审判决，向聊城市中级人民法院提起上诉。二审审理认为，国信公司将对贸易中心享有的债权转让于华港公司，并未增加贸易中心对国信公司债务的负担义务，故国信公司与华港公司的转让行为未损害贸易中心的利益，判决驳回上诉，维持原判。

2013 年 7 月 8 日，贸易中心与青岛伟仕投资服务有限公司（以下简称伟仕公司）共同向聊城市中级人民法院提交书面申请，请求变更伟仕公司为本案申请执行人，理由为：伟仕公司与贸易中心于 2013 年 6 月 18 日签订了债权转让和抵偿债务协议，伟仕公司取代贸易中心成为本案债权人。在审查是否应将伟仕公司变更为申请执行人的过程中，法院内部出现了两种不同的意见：第一种意见认为应将伟仕公司变更为申请执行人，第二种意见认为因为债权抵销，不应将伟仕公司变更为申请执行人。山东省高级人民法院遂向最高人民法院提出请示报告，最高人民法院作出了本复函。

理解与适用

抵销权是《民法典》规定的当事人的实体权利，被执行人在执行程序中可以行使抵销权。具体而言，被执行人在执行程序中主张抵销权的，执行法院应当依照《民法典》的相关规定，对于抵销权行使的条件是否具备等进行合法性审查。如果是被执行人受让债权后再主张抵销的，执行法院还应当审查被执行人受让债权的合法性，防止损害对方当事人、第三人的合法权益或者社会公共利益。

就程序而言，执行实施部门对于是否可以行使抵销权作出审查结果后，当事人可以按照《民事诉讼法》第232条的规定提出异议，寻求救济。申请执行人与被执行人是否互负债务，债务是否到期，是否符合《民法典》规定的抵销条件涉及实体问题的判断，但因为发生在执行程序中，救济途径是按照《民事诉讼法》第232条的规定通过执行行为异议程序解决。虽然明确了当事人的救济渠道，但通过执行异议程序进行救济是否能够充分保障当事人实体权利，是不是以执代审仍有争议。

对请示所涉案件，最高人民法院的意见是应结合具体案情，严格审查抵销权行使的条件，依法保护各方当事人的权利。这与本复函关于执行中债务抵销法律适用问题的观点是一致的，一是要严格审查抵销的条件，二是要依法平等保护各方当事人的利益，三是尊重当事人意思自治，即使没有经过生效法律文书的确定，如果申请执行人认可，被执行人也可以和申请执行人进行债务抵销。综上所述，在《异议复议规定》施行后，本复函已不能再作为处理执行中债务抵销问题的依据，应当依据《异议复议规定》第19条来处理执行中的债务抵销问题。

2015年《异议复议规定》对执行中的债务抵销问题做了进一步的明确规范。第19条规定，当事人互负到期债务，被执行人请求抵销，请求抵销的债务符合下列情形的，除依照法律规定或者按照债务性质不得抵销的以外，人民法院应予支持：（1）已经生效法律文书确定或者经申请执行人认可；（2）与被执行人所负债务的标的物种类、品质相同。

《异议复议规定》严格按照《合同法》（已废止）第99条关于抵销权行使的条件来规定执行中被执行人提出抵销请求的条件，包括当事人互负到期债务，该债务的标的物种类、品质相同，不属于依照法律规定或者按照合同性质不得抵销的债务；有条件地限缩了执行中可抵销债务的范围，在申请执行人不认可的情况下，只有已经生效法律文书确定的自动债权，被执行人才可以主张抵销。这是为了避免在执行程序中对当事人之间的实体问题进行判断（如是否互负到期债务，已过诉讼时效的债务能否抵销等），执行程序只处理已经审判、仲裁等程序，实体权利已由生效法律文书确定的债务抵销问题。并且，自动债权与受动债权都是根据已经生效的法律文书确定，执行依据之间彼此平等，对申请执行人、被执行人都是公平的。本复函中没有明确只有经过生效法律文书确定的债务才能主张抵销，如果实践中被执行人主张的自动债权还没有被生效法律文书确定，而申请执行人对该债权予以否认，那么执行程序及执行异议程序就不适合处理此类实体问题，所以《异议复议规定》第19条作出的限缩是符合执行程序及执行异议程序的功能定位与审执分离原则的。

本复函涉及的案件，对于是否可能变更伟仕公司为申请执行人，聊城市中级人民法院、山东省高级人民法院、最高人民法院分别作出了三份执行异议裁定书，进行了相应的论述和判断①。

聊城市中级人民法院认为，华港公司称贸易中心对华港公司享有的债权应与华港公司享有的对贸易中心的债权抵销，并向聊城市中级人民法院提交了书面申请，请求确认贸易中心享有的债权与本案债权等额抵销。华港公司受让的债权系（2001）李经初字第975号民事判决确认的债权，且贸易中心对华港公司和国信公司之间的债权转让协议以及债务抵销通知起诉请求确认无效，已被法院判决驳回诉讼请求，同时，确认该转让行为不损害国家、集体或第三人的利益。故华港公司主张的抵销权符合法定情形，应依法予以支持。聊城市中级人民法院认为，该案执行债权因抵销而丧失，伟仕公司和贸易中心请求变更伟仕公司为本案申请执行人的申请，依法不予支持。2016年9月27日，聊城市中级人民法院以（2012）聊执字第148－7号执行裁定，驳回贸易中心和伟仕公司要求变更伟仕公司为本案申请执行人的申请。

山东省高级人民法院认为，聊城市中级人民法院认定本案执行债权已经因

---

① 三份执行审查裁定书分别是（2012）聊执字第148－7号执行裁定书、（2016）鲁执复285号执行裁定书及（2017）最高法执监3号执行裁定书，三份执行审查裁定书作出时，《异议复议规定》已开始施行。以下关于案件审查观点和结论的内容，参见中国裁判文书网上公开的最高人民法院执行裁定书，（2017）最高法执监3号。

为抵销而消灭符合法律规定。在本案执行债权消灭的情况下，执行案件已无执行内容，故聊城市中级人民法院驳回贸易中心和伟仕公司的变更申请并无不当，依法予以维持。

最高人民法院根据案件情况，总结了本案涉及的四个争议焦点问题，并进行了分析。（1）关于华港公司是否具备行使抵销权的主体资格的问题。华港公司受让取得了对贸易中心的债权，具备行使抵销权的主体资格，其是否在李沧区法院（2001）李经初字第975号民事判决的执行案件中变更为申请执行人，并不影响其依据《合同法》（已废止）的有关规定行使抵销权。（2）关于山东省高级人民法院复议裁定认定本案执行债权已经因抵销而消灭是否不当的问题。华港公司享有的债权明显大于贸易中心享有的债权，贸易中心亦未提供证据证明其所负债务已部分清偿。聊城市中级人民法院在本案后续执行中作出了（2012）聊执字第148号结案通知书，对抵销债务的数额进行了具体计算，截至华港公司行使抵销权的通知送达贸易中心之日，即债务抵销之日，华港公司享有对贸易中心债权75,283,768.61元，贸易中心对华港公司享有债权45,268,526元，本案执行债权经抵销全部消灭，本案执行终结。据此，山东省高级人民法院复议裁定认定本案债务全部抵销并无明显不当。（3）关于本案是否应变更伟仕公司为申请执行人的问题。本案虽是因贸易中心、伟仕公司申请变更申请执行人提起的审查程序，但华港公司在审查中抗辩主张其已行使抵销权致使本案执行债权消灭，该抗辩理由与本案是否应变更申请执行人继续执行的结论具有直接关联，聊城市中级人民法院、山东省高级人民法院依据《合同法》（已废止）相关规定对本案进行全面审查，认为本案执行债权在华港公司行使抵销权后实质上已经消灭，已无执行内容，据此驳回贸易中心和伟仕公司的变更申请并无不当。（4）关于山东省高级人民法院复议程序是否违法的问题。人民法院对执行异议和复议案件可以实行书面审查，听证并非必经程序。对于案件是否属于“案情复杂、争议较大”，由人民法院认定，如果案件事实清楚，不是必须通过听证才能查明的疑难问题，可以进行书面审查。综合全案情况，聊城市中级人民法院已通过两次听证查明了本案的事实，山东省高级人民法院通过书面审查并不违反法定程序。最高人民法院认为，山东省高级人民法院（2016）鲁执复285号执行裁定认定事实清楚，适用法律正确，予以维持。

实务操作指引

（一）生效法律文书确定的债权

《异议复议规定》第19条没有列明生效法律文书的类型，这里的生效法律文书应该和可以作为执行依据的生效法律文书范围一致，包括判决书、调解书、仲裁裁决书、公证债权文书等。并且，生效法律文书要确认被执行人对申请执行人享有债权。这样，自动债权和受动债权在债权依据方面都是平等的。

（二）主张抵销的程序

被执行人[①]主张债务抵销的，应当在执行中向执行法院提交书面的异议申请，并附相关的证明材料（生效法律文书），由执行法院以执行异议程序进行审查。[②] 在实践中，也可能会出现执行实施部门先作出债务是否抵销认定的情况，此时当事人可以提出异议，由执行审查部门对执行实施部门的认定进行审查。

本复函涉及的案件比较特殊，执行法院是在申请执行人贸易中心与案外人伟仕公司申请变更申请执行人的审查程序中判断是否能进行债务抵销。这是由于在变更申请执行人的同时，被执行人也在主张债务抵销。如果债务抵销成立，那么就无须进行申请执行人的变更，所以在申请执行人变更程序中对债务抵销问题进行了判断，但这并不是执行中债务抵销问题审查程序的常态。

（三）审查的标准

执行中审查是否抵销，只能进行形式审查，不能进行实体审查。对于经过生效法律文书确定的债权，被执行人提出抵销申请的，执行法院应该审查法律文书的效力，债权债务的类型，是否属于法律规定不能抵销的债权债务等。

如果被执行人主张抵销的债务没有经过生效法律文书确认，执行法院应该询问申请执行人的意见。只有申请执行人同意抵销，才能确定抵销，否则不能在执行中确认抵销。如果执行法院对被执行人没有经过诉讼等程序确认的债权不进行抵销，被执行人可以对申请执行人另行提起诉讼。这一方面可以保障执行程

---

① 《异议复议规定》第19条中只明确了被执行人可以提出抵销申请，申请执行人不能在执行中提出抵销申请。

② 参见人民法院出版社编：《司法解释理解与适用全集·执行卷》，人民法院出版社2018年版，第1477页。

序的效率和申请执行人的意思自治，另一方面也保障了被执行人享有的固有诉权。

最高人民法院认为，如果申请执行人对被执行人主张用于抵销的自动债权本身没有异议，只是以该债权没有经过诉讼确认为由主张不能抵销执行债权的，执行部门应该允许被执行人抵销。如果申请执行人对被执行人主张抵销的自动债权部分有异议，对没有异议的部分可以进行抵销，有异议的部分，被执行人可以通过诉讼等程序另行解决。①

本复函提出，对于被执行人受让债权后主张抵销的，执行法院还应当审查被执行人受让债权的合法性，防止损害对方当事人、第三人的合法权益或者社会公共利益。《异议复议规定》第19条没有指出在处理债务抵销问题时要注意防止损害第三人的合法权益或者社会公共利益，但是在实践中，确实有可能出现申请执行人同意被执行人的债务抵销申请，而损害到第三人的情况。如果申请执行人与被执行人通过虚假诉讼，虚构经过生效法律文书确定的债权债务，并在执行程序中进行抵销，那么可能会损害到申请执行人债权人的利益。在债权多次转让的情形下，当事人之间的关系也变得更加复杂。因此，从当事人的角度来看，有可能通过虚假诉讼或者虚假债权转让来规避执行，损害第三人的利益；从法院的角度来看，也应在债务抵销审查中注意保护第三人利益，注意当事人是否可能存在虚假诉讼、虚假债权转让的情况，对债权转让的过程和合法性进行审查。

（四）经生效法律文书确认但已过执行时效的债权能否在执行程序中主张抵销

被执行人申请以已经生效法律文书确定的债权抵销执行债权的，申请执行人以该主动债权已过执行时效为由提出不予抵销抗辩的，法院应如何处理？

支持法院不应强制抵销的观点认为，根据《民事诉讼法解释》第481条第1款的规定，被执行人对申请执行时效期间提出异议，人民法院经审查异议成立的，裁定不予执行。因此已过执行时效的主动债权属于自然债权，不为国家强制执行力所保护，申请执行人提出执行时效抗辩的，法院不得强制进行抵销。②

---

① 参见人民法院出版社编：《司法解释理解与适用全集·执行卷》，人民法院出版社2018年版，第1477页。

② 宁夏回族自治区吴忠市红寺堡开发区人民法院执行裁定书，(2011) 红法执异字第1号。

支持法院应抵销的观点则认为，当事人未在法定期限内申请执行，丧失的是请求人民法院强制执行的权利。但这并不导致当事人实体权利的消灭，其请求在对方当事人申请强制执行时抵销对方当事人所欠其种类、品质相同的债务，并不为法律所禁止。①

已过执行时效的经生效法律文书确认的债权可以主张抵销更为合理。首先，执行时效与诉讼时效存在差别，不能简单地将已过执行时效的债权等同于已过诉讼时效的债权。浙江省高级人民法院在（2018）浙民再12号民事判决中即认为，人民法院作出的生效判决具有既判力和强制力，债务人必须自动履行，债权人未在法定期间内向法院申请强制执行的债权，就债务人而言并不完全等同于诉讼时效消灭而产生的自然债务。法律设置诉讼时效制度和申请强制执行时效制度的功能和初衷不同。法律规定诉讼时效期间具有稳定债权债务关系秩序并防止期间过长使证据灭失的功能，而生效判决对当事人之间的债权债务关系已经确定且债务人有自动履行的义务，债权人未在法定期间内申请执行只是丧失请求人民法院强制执行的权利。如果申请执行期间届满的生效判决确立的债权不能抵销，不利于促进债务人自动履行生效判决。② 其次，对于已过诉讼时效的债权是否能主张抵销在理论及实践中也是存在分歧的。既有截然相反的肯定论和否定论，也存在时效抗辩论。③ 最高人民法院作出的相关裁判也未形成一致观点。即便将已过执行时效的债权等同于已过诉讼时效的债权，也不必然得出已过执行时效的债权不能主张抵销的结论，而是要涉及抵销权是否成立的实体问题的判断。例如，在（2014）民二终字第256号民事判决中最高人民法院认为，已过诉讼时效的债权无法通过主动的诉讼方式实现之后，可以通过被动抵销的方式寻求救济。在（2017）最高法民申854号民事裁定中则提出“允许以超过诉讼时效的债权行使抵销权，无异于赋予超出诉讼时效债权法律强制力，不符合抵销权和诉讼时效制度的法律精神”。在（2018）最高法民再51号民事判决中又采取了折中的方式，对已过诉讼时效的债权能否作为主动债权主张抵

---

① 最高人民法院执行裁定书，（2016）最高法执监83号。

② 浙江高级人民法院民事判决书，（2018）浙民再12号。

③ 即已过诉讼时效的债权可以主张注销，但相对方主张时效抗辩的除外。参见夏昊晗：《〈民法典〉中抵销权与时效抗辩的冲突及其化解》，载《暨南学报》，2021年第268期。

销确立了以下裁判规则：主动债权的诉讼时效届满之前，被动债权进入履行期的，此时双方债权均处于没有时效抗辩的可履行状态，应当认为满足双方债务均已到期之条件，抵销权成立。在抵销权有效成立的情况下，抵销权的行使不受诉讼时效的限制。最后，从《异议复议规定》第19条规定来看，最高人民法院认为，两个已经生效法律文书确认的债权进行抵销不涉及实体审查问题；[①] 也并未对债权是否已申请执行作出特别要求。从实务角度看，如果将已过执行时效的债权排除在抵销权行使范围之外，对解决执行难及提高执行效率也无益处。

（五）抵销权行使与参与分配的冲突处理

最高人民法院在（2016）最高法执监155号执行裁定中确立了抵销权行使与参与分配制度的冲突处理规则，即多个申请执行人申请执行同一债务人，债务人对第三人享有生效法律文书确认的债权，该第三人从债务人的债权人处受让了对债务人的债权，债权转让协议被生效法律文书所确认。该第三人向债务人主张抵销的，导致抵销权行使与参与分配制度产生冲突的，抵销主张无法得到支持。

最高人民法院的裁判理由是，针对被执行人有多个债权人的情形，执行程序规定了参与分配制度，需根据债权人的债权性质及被执行人的财产状况等具体情况确定参与分配的比例和数额。如果债务人通过受让，取得了对债权人的债权，但该债权人作为被执行人，有其他多个债权人向其主张权利，那么债务人受让的债权在执行程序中能否实现以及能够实现多少，要按照相关法律规定在执行程序中确定，不能直接将其债务抵销。第三人受让对债务人的债权，如果与其对债务人的债务相抵销，意味着其优先于其他债权人进行了受偿，将可能损害债务人其他债权人的合法权益。

---

① 参加刘贵祥、范向阳：《〈关于人民法院办理执行异议和复议案件若干问题的规定〉的理解与适用》，载《人民司法》2015年第11期。

七、执行中以物抵债裁定的效力

答复原文

最高人民法院关于成都市铁路局申请执行中关村证券股份有限公司国债侵权纠纷的请示答复

2007年2月6日 〔2006〕执他字第19号

四川省高级人民法院：

你院〔2006〕川执请字第8号有关适用法律问题的请示收悉，经研究答复如下：

行政托管是国家证券监督管理部门对于严重违法违规经营，危害证券市场稳定，损害投资者和债权人合法权益的证券公司所采取的一种行政处理措施，是一种行政管理行为。国家证券监督管理部门对托管人、被托管人、托管事项等相关问题所作出的《托管公告》是行政管理行为的一部分。行政托管决定及《托管公告》发布，都属于行政管理的范畴。人民法院依法实施的执行行为，不论该执行行为是在《托管公告》发布之前或之后实施的，均不受其影响。

我院关于“三暂缓”通知中明文规定，通知自发布之日起施行，故该通知不适用其施行之前已执行完毕的案件。

此复。

出台背景

2006年5月10日，成都铁路运输中级法院向四川省高级人民法院提交了《关于执行成都铁路局申请执行中关村证券股份有限公司国债侵权纠纷一案有关问题的请示》。由于请示的内容涉及对最高人民法院2006年3月8日作出的《关于对以中关村证券股份有限公司及其附属机构、关联企业为被告、第三人、协助执行人的民商事案件暂缓受理、暂缓审理、暂缓执行的通知》（以下简称

“三暂缓”通知）的具体适用等问题，经审判委员会会议讨论后，四川省高级人民法院以〔2006〕川执请字第8号请示报告请示最高人民法院。

成都铁路局申请执行中关村证券股份有限公司（以下简称中关村公司）国债侵权纠纷一案主要案情为：成都铁路局通过被告中关村公司申购财政部发行的2002年第10期记账式国债1.5亿元，并托管于中关村公司。2005年1月14日，因中关村公司未经成都铁路局的授权擅自将上述记账式国债质押，成都铁路局向成都铁路运输中级法院起诉，请求判令被告中关村公司返还该批国债，并赔偿由此带来的损失。2005年3月16日，成都铁路运输中级法院根据双方达成的调解协议作出民事调解书。2005年11月4日，在调解书履行过程中，双方当事人签订了《协议书》，主要内容为：（1）中关村公司将500万元划入成都铁路局指定账户，用以提前归还所欠的国债款；（2）中关村公司将按揭购买的北京市朝阳区裕民路12号中国国际科技会展中心11层A－P号的房产，以原购买价格过户到成都铁路局名下，最后以双方认可的房产评估价值冲抵国债款；（3）中关村公司将在（1999）汕中法经二初字第89号民事调解书和（2002）汕中法经二初字第48号民事判决书中享有的权利转让给成都铁路局，该债权按实际执行的结果冲抵未归还的国债款。如以上资产不足以偿付成都铁路局1.5亿元国债，中关村公司将用自有其他财产偿还。因中关村公司仅履行了《协议书》的第1项，成都铁路局于2006年2月18日向成都铁路运输中级法院申请执行，要求中关村公司给付人民币1.45亿元，并承担案件的执行费用。执行过程中，成都铁路运输中级法院于2006年2月24日上午9时将以物抵债裁定书（裁定书大致内容为：将中关村公司名下的位于北京市朝阳区裕民路12号中国国际科技会展中心11层A－P号的房产过户至成都铁路局名下）送达成都铁路局，同日下午4时50分将该裁定书和协助执行通知书分别送达中关村公司和协助执行单位北京市建委房地产管理局。同日，中国证券监督管理委员会北京监管局发出公告（在互联网上以及在中关村公司办公地点发布公告的时间均为2006年2月27日），内容为：“鉴于中关村公司严重违法违规经营，为了严肃法纪，维护证券市场稳定，保护投资者和债权人合法权益，根据《证券法》和国家有关规定，中国证券监督管理委员会决定于2006年2月24日（周五）收市后委托中国证券投资者保护基金公司对中关村公司经纪业务及所属证券营业部进行托管，托管期间，证券经纪及相关业务正常进行。”2006年2月27日，中关村公司行政清理工作组发出债权登记公告，要求中关村公司的债权人于2006年3月15日至6月15日（后又通知提前至5月底）向行政清理工作组申报并登记债权。2006年3月8日，最高人民法院发出了“三暂缓”通知，决定自通知发布之日起1年内，对以中关村公司及其附属机构、关联企业为被告、第三人、协助执行人的民商事案件暂缓受理、已经受理的暂缓审理、已经进入执行程序的暂缓执行。成都铁路运输中级法院因此暂缓了对中关村公司的执行工作。

四川省高级人民法院请示的问题为：（1）成都铁路运输中级法院以物抵债裁定书是在中关村公司被行政托管的同一天作出并在2006年2月24日上午9时送达了成都铁路局，同日下午4时50分将该裁定书和协助执行通知书分别送达中关村公司和协助执行义务单位，而中关村公司被行政托管的时间为2006年2月24日（周五）下午收市后，其托管的时间在裁定书送达之后，《托管公告》是否影响本案的执行；（2）成都铁路运输中级法院以物抵债裁定书先于最高人民法院2006年3月8日作出的“三暂缓”通知。在通知作出之前，成都铁路运输中级法院在本案中裁定以物抵债的执行已经完毕，本案是否还应适用最高人民法院“三暂缓”通知。

理解与适用

（一）关于四川省高级人民法院请示问题的理解

四川省高级人民法院请示的第一个问题是《托管公告》是否影响执行法院以物抵债裁定书和协助执行通知书的效力；第二个问题是“三暂缓”通知是否溯及已经执行完毕的以物抵债这个事项。上述问题可总结为：一是法院强制执行行为是否受行政管理行为的影响；二是“三暂缓”通知的适用范围。最高人民法院针对这两个问题作出了答复。

关于强制执行行为与行政管理行为的关系，最高人民法院认为强制执行行为不受行政管理行为的限制和影响。行政管理行为指的是行政机关为履行其法定职责，在法律授权的权力范围内对特定的公民、法人和其他组织作出的有关其权利义务的管理行为。第一个问题实质上是司法权与行政权的冲突协调及效力优先问题。本答复可以抽象出的一个规则是：人民法院的执行行为系行使司法权的表现，除法律明确规定外，司法权行使不以行政审批、行政管理等为前提，即强制执行行为不受行政管理行为的限制和影响。

关于“三暂缓”问题，最高人民法院认为“三暂缓”通知的效力不溯及既往，即已经执行完毕的以物抵债事项不适用该通知的有关规定。“三暂缓”通知中已经明文规定该通知自发布之日起施行，根据法不溯及既往的基本原则，该通知不适用施行前已经发生的执行行为、已经执行完毕的执行事项。“三暂缓”是特定时期的产物，绝大多数暂缓执行的案件并非程序本身导致的，缺乏法律依据，当事人因无法确切获知最高人民法院“三暂缓”通知的内容，更无法提出异议，此类通知缺少透明性，得不到有效监督。目前仍有不少法院以“三暂缓”为由中止案件的执行，导致涉案财产长期不能处置，严重影响了债权人合法权益。

（二）对强制执行行为效力的理解

强制执行行为是一种公法行为。以拍卖划拨土地使用权为例，《城市房地产管理法》第40条第1款规定：“以划拨方式取得土地使用权的，转让房地产时，应当按照国务院规定，报有批准权的人民政府审批。有批准权的人民政府准予转让的，应当由受让方办理土地使用权出让手续，并依照国家有关规定缴纳土地使用权出让金。”该规定属于对划拨土地出让的限制性规定。但是，人民法院对被执行人名下的划拨性质的土地进行拍卖时，是否需要有批准权的人民政府审批呢？法院强制委托拍卖房地产或土地使用权的行为不属于平等主体之间房地产转让或土地使用权出让的行为，不应适用《城市房地产管理法》，应适用《民事诉讼法》及相关司法解释关于人民法院强制执行的规定。因此，拍卖划拨的土地使用权时无须人民政府审批，只是拍卖所得的价款应先缴纳土地使用权出让金后再予受偿，并根据《国土房管部门协助执行通知》第25条的规定，不得改变原土地用途和出让年限。实践中，执行法院一般会征求或协调国土部门，把划拨土地批准为买受人缴纳土地出让金后转为出让，然后再予以拍卖。只要法院启动了司法拍卖程序，买受人过户时缴清土地出让金，拍卖效力不受影响，土地性质变为出让，能够办理土地使用权的过户手续。

实务操作指引

关于执行程序中的以物抵债问题较为复杂，实务中主要注意以下几点：

一是拍卖、变卖财产的抵债，是指被执行人的财产经拍卖或者变卖流拍的，根据《拍卖变卖规定》第16条、第26条的规定，人民法院将该项财产作价后交付申请执行人或其他债权人抵偿债务。

二是合意抵债，指的是根据《民事诉讼法解释》第489条的规定，经申请执行人和被执行人同意，且不损害其他债权人合法权益和社会公共利益的，人民法院可以不经拍卖、变卖，直接将被执行人的财产作价交申请执行人抵偿债务。对剩余债务，被执行人应当继续清偿。

合意抵债需要掌握的基本原则：(1)《拍卖变卖规定》第2条规定，人民法院对查封、扣押、冻结的财产进行变价处理时，应当首先采取拍卖的方式，但法律、司法解释另有规定的除外。此条确定了拍卖优先原则，因此，选择不经拍卖、变卖直接抵债的处置方式进行财产变价要格外慎重。(2) 最高人民法院在《嵊州市吉祥房地产开发有限公司执行申诉案驳回申诉通知书》[(2009) 执监字第189-1号] 中认为①，以物抵债的相关规定应在不损害其他债权人利益的前提下适用，因此，合意抵债时一定要核清被执行人其他债权债务情况。(3) 最高人民法院在《中国银行股份有限公司山东省分行与汇统房地产有限公司、烟台银信投资管理有限公司等金融借款合同纠纷、合同、无因管理、不当得利纠纷执行裁定书》[(2016) 最高法执监85号] 中认为②，执行程序中双方当事人协商以物抵债是一种私法行为，属于执行和解的一种形式，人民法院应当审查执行当事人抵债行为是否触犯第三人权益，不宜出具执行裁定予以确认，以防止当事人恶意串通损害第三人利益或者通过执行裁定来规避行政审查等情形发生。《执行和解规定》第6条对上述情况作出了明确的禁止性规定："当事人达成以物抵债执行和解协议的，人民法院不得依据该协议作出以物抵债裁定。"

---

① 最高人民法院驳回申诉通知书，(2009) 执监字第189-1号。

② 最高人民法院执行裁定书，(2016) 最高法执监85号。

三是当执行财产存在多轮查封，首封法院处置不能后解除查封的，轮候法院能否将财产以首封法院拍卖保留价裁定抵偿给执行债权人？最高人民法院在（2016）最高法执监191号执行裁定中给出了明确答复。在该案中，被查封股权经历两次流拍，首封申请执行人不同意以流拍保留价抵债，首封法院遂解除查封，轮候查封转为正式查封。经征询轮候查封执行债权人，其同意以保留价抵债，执行法院作出了以物抵债的裁定。被执行人不服提出异议。最高人民法院认为，根据《拍卖变卖规定》第16条及第24条的规定，拍卖时无人竞买或者竞买人的最高应价低于保留价，到场的申请执行人或者其他执行债权人申请或者同意以该次拍卖所定的保留价接受拍卖财产的，应当将该财产交其抵债。对于第二次拍卖仍流拍的动产，人民法院可以将其作价交申请执行人或者其他执行债权人抵债。由此可知，申请执行人及轮候的其他执行债权人均有权接受执行财产抵债。法律与司法解释也并未要求启动评估、拍卖程序的法院与裁定以物抵债的法院必须是同一法院。但需要注意的是，如果执行财产的市场价值是在流拍后发生了较大变化，此时再以流拍保留价抵债对被执行人或债权人显失公平，属于《拍卖变卖规定》所指的依法不能交付执行债权人抵债的情形，应当由执行法院依法启动评估程序。

八、对国有企业资产的评估拍卖

复函原文

最高人民法院关于人民法院在强制执行程序中处分被执行人国有资产适用法律问题的请示报告的复函

2001年12月27日　〔2001〕执他字第13号

陕西省高级人民法院：

你院（2000）陕执请字第09号《关于人民法院在强制执行程序中处分被执行人国有资产适用问题的请示报告》收悉。经研究，答复如下：

国务院1991年发布的《国有资产评估管理办法》(国务院91号令)关于国有资产评估中申请立项及审核确认的规定，确定了对国有资产占用单位在自主交易中进行评估的程序，其委托评估的主体是国有资产的占有企业，在特殊情况下可由国有资产管理部门委托评估。该《办法》对人民法院在执行程序中委托评估作为被执行人的国有企业的资产，并无相应的规定。人民法院在执行中委托评估也无须参照适用该《办法》，而应根据《最高人民法院关于人民法院执行工作若干问题的规定（试行)》第47条的规定办理，即由人民法院自行委托依法成立的资产评估机构进行；对评估机构的评估结论，应由执行法院独立审核确认并据以确定拍卖、变卖的底价。因此，只要执行法院委托了依法成立的评估机构进行评估，并据以判断认为评估结论不存在重大错误，该评估程序和结果就是合法有效的。故石泉县人民法院在执行中委托评估的执行行为合法，应予以维持。

此复

出台背景

陕西省石泉县金元城市信用社、中国建设银行石泉县支行、中国工商银行石泉县支行申请执行陕西省石泉县物资总公司一案中，陕西省石泉县人民法院于1998年对被执行人陕西省石泉县物资总公司的部分房产和土地进行了查封、委托评估并处置变现。陕西省石泉县物资总公司部分职工对石泉县人民法院变卖房产提出执行异议，认为法院处分房产的评估程序存在问题，应参照《国有资产评估管理办法》进行评估。陕西省安康市中级人民法院对此案进行审查，认为石泉县人民法院执行错误，要求恢复原状，重新执行。石泉县人民法院向陕西省高级人民法院请示，得到陕西省高级人民法院支持。陕西省高级人民法院认为此案涉及《国有资产评估管理办法》的理解和适用，对全国有指导意义，遂向最高人民法院请示。

石泉县人民法院认为该案的执行是正确的，法院采取的强制措施是依据

《民事诉讼法》的有关规定进行，其第220条[①]规定：“被执行人未按执行通知履行法律文书确定的义务，人民法院有权查封、扣押、冻结、拍卖、变卖被执行人应当履行义务部分的财产。”在执行中委托有资质证书的专门从事房地产评估的评估机构对房产价格作出评估，符合法律规定。《民事诉讼法》作为国家的基本法，其效力高于行政法规。另外，《国有资产评估管理办法》第2条规定：“国有资产评估的，除法律、法规另有规定外，适用本办法。”人民法院委托评估就属于法律另有规定的情形。

安康市中级人民法院认为石泉县人民法院执行错误，石泉县物资总公司的房产属于国有资产，将其变卖时违反了1991年《国有资产评估管理办法》的规定。该办法第2条规定：“国有资产评估，除法律、法规另有规定外，适用本办法。”石泉县人民法院在处分石泉县物资总公司房产时，委托了不具有国有资产评估资格证书的房地产评估机构评估，评估时没有按照《国有资产评估管理办法》规定的程序评估，评估结果也没有经国有资产管理部门确认。因此，石泉县人民法院变卖该房产无效，应当恢复原状。

陕西省高级人民法院同意石泉县人民法院的意见，认为强制执行中对国有资产的处分，不属于《国有资产评估管理办法》调整的范围，该办法对人民法院依职权对被执行人所管理的国有资产进行评估、处分无约束力。该办法所要求的是国有资产占有单位自行进行资产评估的程序，人民法院执行中办理评估事项不是出于作为被执行人的国有资产占有单位的意志，因此无法要求该单位办理申请立项手续。目前对司法机关委托进行国有资产评估，并没有专门的程序性规定，法院委托执行评估的结果，不必经过报请国有资产管理部门确认的程序。

① 现《民事诉讼法》第251条，该条规定：“被执行人未按执行通知履行法律文书确定的义务，人民法院有权查封、扣押、冻结、拍卖、变卖被执行人应当履行义务部分的财产。但应当保留被执行人及其所扶养家属的生活必需品。采取前款措施，人民法院应当作出裁定。”

理解与适用

国有企业作为被执行人的案件，如何准确、规范、有效地采取执行措施，是执行工作中的难点。目前该复函适用的法治环境已发生较大变化，但涉及国有资产的评估、拍卖法律适用问题仍需重点分析。

（一）处分被执行人国有资产的法律适用

人民法院根据生效的法律文书将被执行人的财产依法评估、拍卖，是一种国家基于公权力而实施的财产处置行为，这种行为不是基于被执行人的意愿，而是民事执行的强制措施之一。法律、行政法规和司法解释对人民法院在执行程序中委托评估国有企业的资产，并无专门的规定。人民法院在执行程序中，应依据《民事诉讼法》及相关司法解释进行评估、拍卖、变卖。

（二）对国有资产的执行适用普通的评估、拍卖程序

法律、行政法规对国有资产占用单位在自主交易中的评估进行了约束，委托评估的主体是国有资产的占有企业，在特殊情况下可由国有资产管理部门委托评估。关于处置国有资产要经过国有资产管理部门审批的规定，属于国有资产管理人处置国有资产的内部审批程序，不能约束人民法院的强制执行行为。人民法院在执行程序中委托评估、拍卖被执行人国有企业的资产，并无必须经国有资产管理部门审批的规定。

包括国有企业在内的任何债务人都有履行生效法律文书确定内容的法定义务，不履行义务的，人民法院予以强制执行。人民法院在执行中应根据《民事诉讼法》《执行规定》《网络司法拍卖规定》等司法解释自行委托依法成立的资产评估机构依法进行评估或询价，如果评估程序合法，评估结论不存在重大错误，该评估结果合法有效。

实务操作指引

（一）法律和行政法规关于国有资产评估的规定

《国有资产评估管理办法》第 12 条规定：“国有资产评估按照下列程序进行：（一）申请立项；（二）资产清查；（三）评定估算；（四）验证确认。”按

照该程序，资产占有单位经其主管范围审查同意后，需要向其同级国有资产行政管理部门提交资产评估立项申请书。最后收到资产评估结果后，还要报其主管部门审查、同意后，报请同级国有资产行政主管部门确认资产评估结果。

《企业国有资产法》第48条规定："国有独资企业、国有独资公司和国有资本控股公司应当委托依法设立的符合条件的资产评估机构进行资产评估；涉及应当报经履行出资人职责的机构决定的事项的，应当将委托资产评估机构的情况向履行出资人职责的机构报告。"

《企业国有资产交易监督管理办法》第7条规定："国资监管机构负责审核国家出资企业的产权转让事项。其中，因产权转让致使国家不再拥有所出资企业控股权的，须由国资监管机构报本级人民政府批准。"第12条规定："对按照有关法律法规要求必须进行资产评估的产权转让事项，转让方应当委托具有相应资质的评估机构对转让标的进行资产评估，产权转让价格应以经核准或备案的评估结果为基础确定。"

（二）对国有资产的执行不得违反法律和行政法规的禁止性规定

如果法律、行政法规定对财产权益的转让有禁止性规定的，包括但不限于国有企业的资产，人民法院在执行程序中应当遵守。比如，《公司法》第142条第1款规定："发起人持有的本公司股份，自公司成立之日起一年内不得转让。公司公开发行股份前已发行的股份，自公司股票在证券交易所上市交易之日起一年内不得转让。"《商业银行法》《中国银保监会中资商业银行行政许可事项实施办法》对商业银行股权转让的受让方有明确的资格要求，人民法院在处置时不应违反。如果行政法规中对人民法院执行中与行政机关协调配合方面设定了比较明确或合理的衔接程序，人民法院也应当遵守。

九、上市公司国有法人股的拍卖

答复、复函、规定、通知原文

（一）最高人民法院执行工作办公室
关于在被执行人仍有其他财产可供执行的情况下不宜执行其持有的上市公司国有股有关问题的答复

2003年11月4日　〔2003〕执他字第8号

甘肃省高级人民法院：

你院甘高法〔2002〕224号请示报告收悉，经研究现答复如下：

甘肃皇台酿造（集团）有限责任公司（下称皇台集团）将股权划转到北京皇台商贸公司（下称皇台商贸），系经甘肃省政府和财政部批准以划转的方式进行的，受让方皇台商贸不需向皇台集团支付对价。该划转行为是政府为实现企业跨地区发展战略需要的一种行为，不宜认定是当事人规避法律，逃避债务的行为，应当予以维持。皇台集团曾提出以成品酒等财产偿还债务，债权人拒绝接受，但执行法院应当执行该财产，以变价款清偿债务。根据《最高人民法院关于冻结、拍卖上市公司国有股和社会法人股若干问题的规定》第8条的规定，在皇台集团仍有其他财产可供执行的情况下，为维护广大股民的投资利益，维护证券市场的稳定，不宜执行股权。

请你院接此函后即解除对皇台集团所持有的皇台九冶股权的查封措施，通过对皇台集团其他财产的处理来实现债权人的债权。

（二）最高人民法院
关于请求协调解决上市国有法人股股票变更问题的请示的答复函

2005年6月25日　〔2005〕执他字第6号

天津市高级人民法院：

你院〔2004〕执他字第7号《关于请求协调解决上市国有法人股股票变更

问题的请示》收悉。经研究，答复如下：

关于上市公司国有法人股股权转让和性质界定的有关事宜，2004年2月1日财政部《企业国有产权转让管理暂行办法》、2001年11月2日财政部《关于上市公司国有股权被人民法院冻结拍卖有关问题的通知》和2000年5月19日财政部《关于股份有限公司国有股权管理工作有关问题的通知》等规范性文件有明确规定。按照上述文件的规定，对企业国有产权的转让必须经过有关机关的行政审批。因此，在没有明文规定的情况下，对企业国有产权的变动，人民法院的执行程序不能替代前述规范性文件要求的行政审批程序。你院请示的问题应按有关规定的要求办理。

此复

（三）最高人民法院执行工作办公室致陕西省高级人民法院的复函

2005年8月23日　〔2005〕执他字第10号

陕西省高级人民法院：

你院就如何适用《最高人民法院关于冻结、拍卖上市公司国有股和社会法人股若干问题的规定》第八条第三款的问题向我院请示。经研究，答复如下：

最高人民法院《关于冻结、拍卖上市公司国有股和社会法人股若干问题的规定》第八条第三款明确规定，人民法院执行股权，必须经过拍卖。你院应严格按照该法律规定执行。

此复

（四）最高人民法院关于冻结、拍卖上市公司国有股和社会法人股若干问题的规定

2001年9月21日　法释〔2001〕28号

为了保护债权人以及其他当事人的合法权益，维护证券市场的正常交易秩序，根据《中华人民共和国证券法》、《中华人民共和国公司法》、《中华人民共

和国民事诉讼法》，参照《中华人民共和国拍卖法》等法律的有关规定，对人民法院在财产保全和执行过程中，冻结、拍卖上市公司国有股和社会法人股（以下均简称股权）等有关问题，作如下规定：

第一条 人民法院在审理民事纠纷案件过程中，对股权采取冻结、评估、拍卖和办理股权过户等财产保全和执行措施，适用本规定。

第二条 本规定所指上市公司国有股、包括国家股和国有法人股。国家股指有权代表国家投资的机构或部门向股份有限公司出资或依据法定程序取得的股份；国有法人股指国有法人单位，包括国有资产比例超过50%的国有控股企业，以其依法占有的法人资产向股份有限公司出资形成或者依据法定程序取得的股份。

本规定所指社会法人股是指非国有法人资产投资于上市公司形成的股份。

第三条 人民法院对股权采取冻结、拍卖措施时，被保全人和被执行人应当是股权的持有人或者所有权人。被冻结、拍卖股权的上市公司非依据法定程序确定为案件当事人或者被执行人，人民法院不得对其采取保全或执行措施。

第四条 人民法院在审理案件过程中，股权持有人或者所有权人作为债务人，如有偿还能力的，人民法院一般不应对其股权采取冻结保全措施。

人民法院已对股权采取冻结保全措施的，股权持有人、所有权人或者第三人提供了有效担保，人民法院经审查符合法律规定的，可以解除对股权的冻结。

第五条 人民法院裁定冻结或者解除冻结股权，除应当将法律文书送达负有协助执行义务的单位以外，还应当在作出冻结或者解除冻结裁定后7日内，将法律文书送达股权持有人或者所有权人并书面通知上市公司。

人民法院裁定拍卖上市公司股权，应当于委托拍卖之前将法律文书送达股权持有人或者所有权人并书面通知上市公司。

被冻结或者拍卖股权的当事人是国有股份持有人的，人民法院在向该国有股份持有人送达冻结或者拍卖裁定时，应当告其于5日内报主管财政部门备案。

第六条 冻结股权的期限不超过一年。如申请人需要延长期限的，人民法院应当根据申请，在冻结期限届满前办理续冻手续，每次续冻期限不超过6个月。逾期不办理续冻手续的，视为自动撤销冻结。

第七条 人民法院采取保全措施，所冻结的股权价值不得超过股权持有人或者所有权人的债务总额。股权价值应当按照上市公司最近期报表每股资产净值计算。

股权冻结的效力及于股权产生的股息以及红利、红股等孳息，但股权持有人或者所有权人仍可享有因上市公司增发、配售新股而产生的权利。

第八条 人民法院采取强制执行措施时，如果股权持有人或者所有权人在限期内提供了方便执行的其他财产，应当首先执行其他财产。其他财产不足以清偿债务的，方可执行股权。

本规定所称可供方便执行的其他财产，是指存款、现金、成品和半成品、原材料、交通工具等。

人民法院执行股权，必须进行拍卖。

股权的持有人或者所有权人以股权向债权人质押的，人民法院执行时也应当通过拍卖方式进行，不得直接将股权执行给债权人。

第九条 拍卖股权之前，人民法院应当委托具有证券从业资格的资产评估机构对股权价值进行评估。资产评估机构由债权人和债务人协商选定。不能达成一致意见的，由人民法院召集债权人和债务人提出候选评估机构，以抽签方式决定。

第十条 人民法院委托资产评估机构评估时，应当要求资产评估机构严格依照国家规定的标准、程序和方法对股权价值进行评估，并说明其应当对所作出的评估报告依法承担相应责任。

人民法院还应当要求上市公司向接受人民法院委托的资产评估机构如实提供有关情况和资料；要求资产评估机构对上市公司提供的情况和资料保守秘密。

第十一条 人民法院收到资产评估机构作出的评估报告后，须将评估报告分别送达债权人和债务人以及上市公司。债权人和债务人以及上市公司对评估报告有异议的，应当在收到评估报告后7日内书面提出。人民法院应当将异议书交资产评估机构，要求该机构在10日之内作出说明或者补正。

第十二条 对股权拍卖，人民法院应当委托依法成立的拍卖机构进行。拍卖机构的选定，参照本规定第九条规定的方法进行。

第十三条 股权拍卖保留价，应当按照评估值确定。

第一次拍卖最高应价未达到保留价时，应当继续进行拍卖，每次拍卖的保留价应当不低于前次保留价的90%。经三次拍卖仍不能成交时，人民法院应当将所拍卖的股权按第三次拍卖的保留价折价抵偿给债权人。

人民法院可以在每次拍卖未成交后主持调解，将所拍卖的股权参照该次拍卖保留价折价抵偿给债权人。

第十四条　拍卖股权，人民法院应当委托拍卖机构于拍卖日前10天，在《中国证券报》、《证券时报》或者《上海证券报》上进行公告。

第十五条　国有股权竞买人应当具备依法受让国有股权的条件。

第十六条　股权拍卖过程中，竞买人已经持有的该上市公司股份数额和其竞买的股份数额累计不得超过该上市公司已经发行股份数额的30%。如竞买人累计持有该上市公司股份数额已达到30%仍参与竞买的，须依照《中华人民共和国证券法》的相关规定办理，在此期间应当中止拍卖程序。

第十七条　拍卖成交后，人民法院应当向证券交易市场和证券登记结算公司出具协助执行通知书，由买受人持拍卖机构出具的成交证明和财政主管部门对股权性质的界定等有关文件，向证券交易市场和证券登记结算公司办理股权变更登记。

（五）中华人民共和国财政部关于上市公司国有股被人民法院冻结拍卖有关问题的通知

2001年11月2日　财企〔2001〕656号

国务院有关部委，各省、自治区、直辖市、计划单列市财政厅（局），上海市、深圳市国有资产管理办公室，中央管理企业，中国人民解放军总后勤部，新疆生产建设兵团财务局，上海证券交易所，深圳证券交易所：

为进一步完善国有股权管理工作，提高国有股东授权代表单位的风险防范意识，切实加强国有股权的监管，维护债权人和其他当事人的合法权益，现就上市公司国有股被人民法院冻结、拍卖的有关问题通知如下：

一、国有股东授权代表单位应当依法行使股东权利，履行国家规定的职责，建立健全内部资金管理制度，明确资金调度的权限和程序，控制负债规模并改善债务结构，注意防范财务风险。

国有股东授权代表单位确需通过国有股质押融资时，应当建立严格的审核程序和责任追究制度，并对质押贷款项目进行周密的可行性论证，用于质押的国有股数量不得超过其所持该上市公司国有股总额的50%。

国有股东授权代表单位确需对外提供担保时，应当遵守《中华人民共和国担保法》的规定，充分考虑被担保单位的资信和偿债能力，并按内部管理制度规定的程序、权限审议决定。

二、国有股东授权代表单位所持国有股被人民法院司法冻结的，应当在接到人民法院冻结其所持国有股通知之日起5个工作日内，将该国有股被冻结的情况报财政部备案，并通知上市公司。国有股东授权代表单位属地方管理的，同时抄报省级财政机关。

国有股东授权代表单位对冻结裁定持有异议的，应当及时向作出冻结裁定的人民法院申请复议；人民法院依法作出解除冻结裁定后，国有股东授权代表单位应当在收到有关法律文书之日起5个工作日内，将该国有股解冻情况报财政部备案，并通知上市公司。国有股东授权代表单位属地方管理的，同时抄报省级财政机关。

三、国有股东授权代表单位所持国有股被冻结后，应当在规定的期限内提供方便执行的其他财产，其他财产包括银行存款、现金、成品和半成品、原材料和交通工具等，其他财产不足以清偿债务的，由人民法院执行股权拍卖。

四、拍卖人受托拍卖国有股，应当于拍卖日前10天在国务院证券监督管理部门指定披露上市公司信息的报刊上刊登上市公司国有股拍卖公告。

拍卖公告包括但不限于以下内容：拍卖人、拍卖时间、地点、上市公司名称、代码、所属行业、主营业务、近3年业绩、前10名股东持股情况、原持股单位、被拍卖的国有股数量、占总股本的比例、竞买人应具备的资格、参与竞买应具备的手续。

五、国有股拍卖必须确定保留价。当事人应当委托具有证券从业资格的评估机构对拟拍卖的国有股进行评估，并按评估结果确定保留价。

评估结果确定后，评估机构应当在股权拍卖前将评估结果报财政部备案。国有股东授权代表单位属地方管理的，同时抄报省级财政机关。

六、对国有股拍卖的保留价，有关当事人或知情人应当严格保密。第一次拍卖竞买人的最高应价未达到保留价时，应当继续拍卖，每次拍卖的保留价应当不低于前次保留价的90%。第三次拍卖最高应价仍未达到保留价时，该应价不发生效力，拍卖机构应当中止国有股的拍卖。

七、竞买人应当具备法律、行政法规规定的受让国有股的条件。

八、拍卖成交后，国有股东授权代表单位应当在接到人民法院关于其所持国有股拍卖结果通知之日起5个工作日内，将该国有股被拍卖情况报财政部备案，并通知上市公司。国有股东授权代表单位属地方管理的，同时抄报省级财政机关。

九、国有股拍卖后，买受人持拍卖机构出具的成交证明以及买受人的工商营业执照、公司章程等证明买受人身份性质的法律文件，按照《最高人民法院关于冻结、拍卖上市公司国有股和社会法人股若干问题的规定》，向原国有股东授权代表单位主管财政机关提出股权性质界定申请，并经界定后向证券登记结算公司办理股权过户手续。

十、国有股东授权代表单位应当切实维护国有股权益，若发现有关当事人或知情人泄露拍卖保留价，或有关当事人与竞买人、债权人恶意串通等违法行为，应当及时请求人民法院中止拍卖，并依法追究有关责任人的责任。

若因国有股东授权代表单位过失，使国有股权益遭受损失的，主管财政机关给予通报批评，并依法追究相关责任。

十一、本通知自印发之日起施行。

出台背景

对上市公司国有股的执行集中体现了司法程序与行政程序的矛盾和冲突。人民法院采取执行措施不应以行政审批为前置条件，但在中国特定国情下，国有资产的保值增值具有特殊的意义，《最高人民法院关于冻结、拍卖上市公司国有股和社会法人股若干问题的规定》，与财政部于2001年11月2日发布的《关于上市公司国有股被人民法院冻结拍卖有关问题的通知》（财企〔2001〕656号）内容上高度一致又相互协调，基本上解决了上市公司国有股的执行问题。

此后最高人民法院针对地方法院在个案执行中提出的具体问题，以上述法律文件的规定为依据作出答复意见。

理解与适用

（一）上市公司的国有股权的管理

根据《财政部关于股份有限公司国有股权管理工作有关问题的通知》（财管字〔2000〕200号，已废止）的规定，上市公司国家股权、发起人国有法人股权发生直接或间接转让、划转以及因司法冻结、担保等引起的股权变动及或有变动，属于财政部国有股权管理职能。具体管理方式为：（1）国有股权由地方单位持有的，国有股权管理事宜由省级财政（国资）部门审核后报财政部批准。（2）国有股权由中央单位持有的，国有股权管理事宜由中央单位审核后报财政部批准。其中，涉及司法冻结、质押担保引起国有股权或有变动事项由财政审批制改为财政备案制，为上市公司国有股权执行程序的顺利衔接奠定了有利的基础。后根据国家机关行政职能的调整，财政部承担的国有资产管理的职能并入了国有资产监督委员会，但上述关于国有股权的行政管理模式并未变更。

（二）上市公司股权分置改革

上市公司股权分置改革，是通过非流通股股东和流通股股东之间的利益平衡协商机制，消除A股市场股份转让制度性差异的过程。[①] 非流通股包括国有股和法人股。法人股根据投资人是否为国有，进一步分为国有法人股和社会法人股。国有投资主体投资上市公司非上市流通股权形成的股份为国有法人股，非国有投资主体投资上市公司非上市流通股权形成的股份为社会法人股。

由于非流通股的存在使我国股市的定价机制背离了上市公司实际价值，故在《国务院关于推进资本市场改革开放和稳定发展的若干意见》（已废止）中要求有关部门积极稳妥解决股权分置问题；规范上市公司非流通股份的转让行为，防止国有资产流失；稳步解决目前上市公司股份中尚不能上市流通股份的

① 参见《上市公司股权分置改革管理办法》（证监发〔2005〕第86号，2005年9月4日发布）第2条。

流通问题。[①] 具体解决的方式为非流通股在股权分置改革方案实施之日起 12 个月内不得上市交易或转让，在此期限过后的 12 个月内，持有上市公司股份总数 5% 以上的原非流通股股东通过证券交易所挂牌交易出售原非流通股股份，出售数量占该公司股份总数的比例在 12 个月内不得超过 5%，在 24 个月内不得超过 10%。限售期过后，原非流通股股份可以通过证券交易所出售，这就是证券市场所述的“限售股解禁”。

（三）上市公司国有股权执行中的除尽原则

财产除尽原则，是指在执行程序中要首先执行顺位在先的财产，只有顺位在先的财产执行穷尽后，才能执行顺位在后的财产。根据被执行财产变现的难易程度，执行顺序一般为：（1）现金存款；（2）动产；（3）不动产；（4）债权；（5）股权。在上市公司的国有股执行中，一定程度上适用财产除尽原则。

《最高人民法院关于冻结、拍卖上市公司国有股和社会法人股若干问题的规定》第 8 条第 1 款规定，“人民法院采取强制执行措施时，如果股权持有人或者所有权人在限期内提供了方便执行的其他财产，应当首先执行其他财产。其他财产不足以清偿债务的，方可执行股权”。这就要求被执行人如果在法院规定的期限内提供可供执行的其他财产，人民法院应当首先执行其他财产。被执行人提供的其他财产应当与执行标的相适应，如果被执行人提供的财产明显少于执行标的，人民法院有不执行其他财产的选择权。

（四）国有法人股的评估问题

在拍卖上市公司国有法人股之前，人民法院应当委托具有证券从业资格的资产评估机构对股权价值进行评估。现有的国有法人股处置机制在评估过程中容易产生以下问题：

第一，在上市公司非流通股股权分置改革方案实施以后，国有法人股从不得上市流通变为限售期过后即可上市流通，故在评估国有法人股时多采用市场法，考虑流通股股价的权重越来越大，评估价值也越来越接近流通股股价。

第二，在评估上市公司股权时，评估机构不能取得上市公司的财务账册，

① 参见《国务院关于推进资本市场改革开放和稳定发展的若干意见》（国发〔2004〕3 号，2004 年 1 月 31 日发布，已废止）第 3 条。

只能依据之前上市公司公布的历史财务数据。历史财务数据并不能反映当期上市公司的财务情况，评估结果不可避免与上市公司股权的实际价值产生背离。

第三，一般持有国有法人股的单位均为上市公司的管理方，在现行体制下，其自身的经营不可避免地与上市公司的经营产生联系。在大股东陷入财务困境无法履行债务导致其持有的上市公司股权被执行时，该上市公司也会受到不利影响，直接的反应就是流通股股价下跌。在评估时，由于消息没有公开，其参考的流通股股价是下跌前的价格。随着拍卖等不利消息的传播，很可能在拍卖时产生非流通股的评估价格高于流通股的市场价格的情况，影响上市公司国有法人股的拍卖成交。

（五）国有法人股的拍卖问题

人民法院执行股权，应当经过拍卖。在还没有进行上市公司股权分置改革前，不存在国有法人股在改革方案实施后解禁的问题。随着限售股解禁的推进，绝大部分上市公司已经完成了股权分置改革方案。在非流通股解禁后，部分甚至全部国有法人股可以通过证券市场挂牌交易。面临上述情况，在处置国有法人股时坚持通过拍卖方式会面临如下问题。

1. 解禁后的国有法人股的定性

国有法人股指国有法人单位，包括国有资产比例超过50%的国有控股企业，以其依法占有的法人资产向股份有限公司出资形成或者依据法定程序取得的股份。国有法人股在限售期满后可以通过证券市场挂牌交易，这部分可以上市交易的国有法人股依然符合该规定给出的定义。那么，人民法院在执行可以上市交易的国有法人股时是否受该规定限制，必须采取评估拍卖程序？如果依照通常方法容易确定价值仍坚持必须评估，会明显加重当事人的负担，且评估结果与市场形成的交易价格并不一致。因此，在处置可以通过证券市场挂牌交易的国有法人股时，宜采取和处置上市公司流通股相同的方式，直接委托证券公司出售，无须评估拍卖。

2. 国有法人股的拍卖程序与一般股权拍卖程序的不同点

第一，首次拍卖保留价与评估价值的比例不同。人民法院在拍卖国有法人股时，应当按照评估价值确定拍卖保留价；而拍卖一般股权时，可以按照不低于评估价的70%确定保留价。

第二，流拍时降价的幅度不同。国有法人股流拍的，可以再次拍卖。每次拍卖的保留价应当不低于前次保留价的90%。一般股权流拍的，再行拍卖时，可以酌情降低保留价，但每次降低的数额不得超过前次保留价的20%。

第三，竞买人条件不同。国有法人股拍卖时，应当设定竞买人条件，只有经过审核依法具备受让国有股条件的竞买人才能参与竞拍。一般股权拍卖时无此限制。

《国有股东转让所持上市公司股份管理暂行办法》（已废止）第21条规定："受让国有股东所持上市公司股份后拥有上市公司实际控制权的，受让方应为法人，且应当具备以下条件：（一）受让方或其实际控制人设立三年以上，最近两年连续盈利且无重大违法违规行为；（二）具有明晰的经营发展战略；（三）具有促进上市公司持续发展和改善上市公司法人治理结构的能力。"拍卖人应当在拍卖公告中公布竞买国有股权需要的资格。

实务操作指引

上市公司国有股权的执行除按照上市公司非流通股执行的一般程序外，还须遵照以下程序执行：

（一）查封

人民法院在冻结股权时，应当将裁定等法律文书送达协助义务人。在冻结股权7日内，应当将冻结裁定送达给股权持有人或所有权人，以便股权持有人或所有人报主管部门备案。同时，由于股权被冻结会对上市公司的稳定经营乃至控制权产生影响，故人民法院也应当在上述期限内书面通知上市公司。

（二）备案

如前所述，因对人民法院生效判决的执行任何行政机关不得设置前置审批程序，故国有资产管理机关将涉及司法机关冻结的国有股权变动事宜变为备案制。根据人民法院和国有资产管理机关的要求，备案程序为：

第一，人民法院冻结上市公司国有股权的，在向该国有股份持有人送达冻结或者拍卖裁定时，应当告其于5日内报国有资产管理部门备案。备案主体为被执行人即被冻结股权的国有股份持有人。

第二，国有股份持有人（国有股东授权代表单位）所持国有股被人民法院司法冻结的，应当在接到人民法院冻结其所持国有股通知之日起5个工作日内，将该国有股被冻结的情况报国有资产管理部门备案，并通知上市公司。国有股东授权代表单位属地方管理的，同时抄报省级国有资产管理机关。

第三，人民法院解除对国有股份的冻结，国有股份持有人也需按上述程序进行备案。

第四，拍卖成交后，国有股份持有人应当在接到人民法院关于其所持国有股拍卖结果通知之日起5个工作日内，将该国有股被拍卖情况报国有资产管理部门备案，并通知上市公司。国有股东授权代表单位属地方管理的，同时抄报省级国有资产管理部门。

（三）对拟拍卖股权进行评估

对拟拍卖的股权进行评估应由具备证券从业资格的评估机构完成。对股权的评估有收益法、重置法、市场法等多种评估方法。在股权分置改革完成的上市公司，因其限售股在一定时间之后可以作为流通股上市交易，故多采用市场法进行评估。人民法院可以要求上市公司为配合评估向评估机构如实介绍情况并提供一定的资料。债权人和债务人对评估结果有异议的，应在收到评估报告之日起7日内书面提出。评估机构应在10日内对异议进行说明或补正。

（四）拍卖公告的披露

人民法院拍卖上市公司国有股权的，应当于拍卖日前10日在国务院证券监督管理部门指定披露上市公司信息的报刊上刊登上市公司国有股拍卖公告。

拍卖公告应当包括以下内容：拍卖人、拍卖时间、地点、上市公司名称、代码、所属行业、主营业务、近3年业绩、前10名股东持股情况、原持股单位、被拍卖的国有股数量、占总股本的比例、竞买人应具备的资格、参与竞买应具备的手续。

（五）买受人取得核准文件后办理变更登记

拍卖成交后，人民法院应当向证券交易市场和证券登记结算公司出具协助执行通知书，由买受人持成交证明向国有资产监督部门申请审核批准。国有资产监督部门应当根据《上市公司国有股权监督管理办法》第24条、第25条[①]的规定进行审核，符合条件的予以批准。买受人取得核准文件后，连同《协助执行通知书》、成交证明一起向证券交易市场和证券登记结算公司办理股权变更登记。

① 《上市公司国有股权监督管理办法》第24条规定："国有股东与受让方签订协议后，属于本办法第七条规定情形的，由国家出资企业审核批准，其他情形由国有资产监督管理机构审核批准。"第25条规定："国家出资企业、国有资产监督管理机构批准国有股东所持上市公司股份公开征集转让时，应当审核以下文件：（一）受让方的征集及选择情况；（二）国有股东基本情况、受让方基本情况及上一年度经审计的财务会计报告；（三）股份转让协议及股份转让价格的定价说明；（四）受让方与国有股东、上市公司之间在最近12个月内股权转让、资产置换、投资等重大情况及债权债务情况；（五）律师事务所出具的法律意见书；（六）财务顾问出具的尽职调查报告（适用于上市公司控股权转移的）；（七）国家出资企业、国有资产监督管理机构认为必要的其他文件。"

第十八章　对不动产的执行

一、对不动产的强制执行

通知原文

最高人民法院、国土资源部、建设部
关于依法规范人民法院执行和国土资源房地产管理部门
协助执行若干问题的通知

2004年2月10日　法发〔2004〕5号

各省、自治区、直辖市高级人民法院，解放军军事法院，新疆维吾尔自治区高级人民法院生产建设兵团分院；各省、自治区、直辖市国土资源厅（国土环境资源厅、国土资源和房屋管理局、房屋土地资源管理局、规划和国土资源局），新疆生产建设兵团国土资源局；各省、自治区建设厅，新疆生产建设兵团建设局，各直辖市房地产管理局：

为保证人民法院生效判决、裁定及其他生效法律文书依法及时执行，保护当事人的合法权益，根据《中华人民共和国民事诉讼法》、《中华人民共和国土地管理法》、《中华人民共和国城市房地产管理法》等有关法律规定，现就规范人民法院执行和国土资源、房地产管理部门协助执行的有关问题通知如下：

一、人民法院在办理案件时，需要国土资源、房地产管理部门协助执行的，国土资源、房地产管理部门应当按照人民法院的生效法律文书和协助执行通知书办理协助执行事项。

国土资源、房地产管理部门依法协助人民法院执行时，除复制有关材料所必需的工本费外，不得向人民法院收取其他费用。登记过户的费用按照国家有关规定收取。

二、人民法院对土地使用权、房屋实施查封或者进行实体处理前，应当向国土资源、房地产管理部门查询该土地、房屋的权属。

人民法院执行人员到国土资源、房地产管理部门查询土地、房屋权属情况时，应当出示本人工作证和执行公务证，并出具协助查询通知书。

人民法院执行人员到国土资源、房地产管理部门办理土地使用权或者房屋查封、预查封登记手续时，应当出示本人工作证和执行公务证，并出具查封、预查封裁定书和协助执行通知书。

三、对人民法院查封或者预查封的土地使用权、房屋，国土资源、房地产管理部门应当及时办理查封或者预查封登记。

国土资源、房地产管理部门在协助人民法院执行土地使用权、房屋时，不对生效法律文书和协助执行通知书进行实体审查。国土资源、房地产管理部门认为人民法院查封、预查封或者处理的土地、房屋权属错误的，可以向人民法院提出审查建议，但不应当停止办理协助执行事项。

四、人民法院在国土资源、房地产管理部门查询并复制或者抄录的书面材料，由土地、房屋权属的登记机构或者其所属的档案室（馆）加盖印章。无法查询或者查询无结果的，国土资源、房地产管理部门应当书面告知人民法院。

五、人民法院查封时，土地、房屋权属的确认以国土资源、房地产管理部门的登记或者出具的权属证明为准。权属证明与权属登记不一致的，以权属登记为准。

在执行人民法院确认土地、房屋权属的生效法律文书时，应当按照人民法院生效法律文书所确认的权利人办理土地、房屋权属变更、转移登记手续。

六、土地使用权和房屋所有权归属同一权利人的，人民法院应当同时查封；土地使用权和房屋所有权归属不一致的，查封被执行人名下的土地使用权或者房屋。

七、登记在案外人名下的土地使用权、房屋，登记名义人（案外人）书面认可该土地、房屋实际属于被执行人时，执行法院可以采取查封措施。

如果登记名义人否认该土地、房屋属于被执行人，而执行法院、申请执行人认为登记为虚假时，须经当事人另行提起诉讼或者通过其他程序，撤销该登记并登记在被执行人名下之后，才可以采取查封措施。

八、对被执行人因继承、判决或者强制执行取得，但尚未办理过户登记的土地使用权、房屋的查封，执行法院应当向国土资源、房地产管理部门提交被执行人取得财产所依据的继承证明、生效判决书或者执行裁定书及协助执行通知书，由国土资源、房地产管理部门办理过户登记手续后，办理查封登记。

九、对国土资源、房地产管理部门已经受理被执行人转让土地使用权、房屋的过户登记申请，尚未核准登记的，人民法院可以进行查封，已核准登记的，不得进行查封。

十、人民法院对可以分割处分的房屋应当在执行标的额的范围内分割查封，不可分割的房屋可以整体查封。

分割查封的，应当在协助执行通知书中明确查封房屋的具体部位。

十一、人民法院对土地使用权、房屋的查封期限不得超过二年。期限届满可以续封一次，续封时应当重新制作查封裁定书和协助执行通知书，续封的期限不得超过一年。确有特殊情况需要再续封的，应当经过所属高级人民法院批准，且每次再续封的期限不得超过一年。

查封期限届满，人民法院未办理继续查封手续的，查封的效力消灭。

十二、人民法院在案件执行完毕后，对未处理的土地使用权、房屋需要解除查封的，应当及时作出裁定解除查封，并将解除查封裁定书和协助执行通知书送达国土资源、房地产管理部门。

十三、被执行人全部缴纳土地使用权出让金但尚未办理土地使用权登记的，人民法院可以对该土地使用权进行预查封。

十四、被执行人部分缴纳土地使用权出让金但尚未办理土地使用权登记的，对可以分割的土地使用权，按已缴付的土地使用权出让金，由国土资源管理部门确认被执行人的土地使用权，人民法院可以对确认后的土地使用权裁定预查封。对不可以分割的土地使用权，可以全部进行预查封。

被执行人在规定的期限内仍未全部缴纳土地出让金的，在人民政府收回土地使用权的同时，应当将被执行人缴纳的按照有关规定应当退还的土地出让金交由人民法院处理，预查封自动解除。

十五、下列房屋虽未进行房屋所有权登记，人民法院也可以进行预查封：

（一）作为被执行人的房地产开发企业，已办理了商品房预售许可证且尚未出售的房屋；

（二）被执行人购买的已由房地产开发企业办理了房屋权属初始登记的房屋；

（三）被执行人购买的办理了商品房预售合同登记备案手续或者商品房预告登记的房屋。

十六、国土资源、房地产管理部门应当依据人民法院的协助执行通知书和所附的裁定书办理预查封登记。土地、房屋权属在预查封期间登记在被执行人名下的，预查封登记自动转为查封登记，预查封转为正式查封后，查封期限从预查封之日起开始计算。

十七、预查封的期限为二年。期限届满可以续封一次，续封时应当重新制作预查封裁定书和协助执行通知书，预查封的续封期限为一年。确有特殊情况需要再续封的，应当经过所属高级人民法院批准，且每次再续封的期限不得超过一年。

十八、预查封的效力等同于正式查封。预查封期限届满之日，人民法院未办理预查封续封手续的，预查封的效力消灭。

十九、两个以上人民法院对同一宗土地使用权、房屋进行查封的，国土资源、房地产管理部门为首先送达协助执行通知书的人民法院办理查封登记手续后，对后来办理查封登记的人民法院作轮候查封登记，并书面告知该土地使用权、房屋已被其他人民法院查封的事实及查封的有关情况。

二十、轮候查封登记的顺序按照人民法院送达协助执行通知书的时间先后进行排列。查封法院依法解除查封的，排列在先的轮候查封自动转为查封；查封法院对查封的土地使用权、房屋全部处理的，排列在后的轮候查封自动失效；查封法院对查封的土地使用权、房屋部分处理的，对剩余部分，排列在后的轮候查封自动转为查封。

预查封的轮侯登记参照第十九条和本条第一款的规定办理。

二十一、已被人民法院查封、预查封并在国土资源、房地产管理部门办理了查封、预查封登记手续的土地使用权、房屋，被执行人隐瞒真实情况，到国土资源、房地产管理部门办理抵押、转让等手续的，人民法院应当依法确认其行为无效，并可视情节轻重，依法追究有关人员的法律责任。国土资源、房地产管理部门应当按照人民法院的生效法律文书撤销不合法的抵押、转让等登记，并注销所颁发的证照。

二十二、国土资源、房地产管理部门对被人民法院依法查封、预查封的土地使用权、房屋，在查封、预查封期间不得办理抵押、转让等权属变更、转移登记手续。

国土资源、房地产管理部门明知土地使用权、房屋已被人民法院查封、预查封，仍然办理抵押、转让等权属变更、转移登记手续的，对有关的国土资源、房地产管理部门和直接责任人可以依照民事诉讼法第一百零二条的规定处理。

二十三、在变价处理土地使用权、房屋时，土地使用权、房屋所有权同时转移；土地使用权与房屋所有权归属不一致的，受让人继受原权利人的合法权利。

二十四、人民法院执行集体土地使用权时，经与国土资源管理部门取得一致意见后，可以裁定予以处理，但应当告知权利受让人到国土资源管理部门办理土地征用和国有土地使用权出让手续，缴纳土地使用权出让金及有关税费。

对处理农村房屋涉及集体土地的，人民法院应当与国土资源管理部门协商一致后再行处理。

二十五、人民法院执行土地使用权时，不得改变原土地用途和出让年限。

二十六、经申请执行人和被执行人协商同意，可以不经拍卖、变卖，直接裁定将被执行人以出让方式取得的国有土地使用权及其地上房屋经评估作价后交由申请执行人抵偿债务，但应当依法向国土资源和房地产管理部门办理土地、房屋权属变更、转移登记手续。

二十七、人民法院制作的土地使用权、房屋所有权转移裁定送达权利受让人时即发生法律效力，人民法院应当明确告知权利受让人及时到国土资源、房地产管理部门申请土地、房屋权属变更、转移登记。

国土资源、房地产管理部门依据生效法律文书进行权属登记时，当事人的土地、房屋权利应当追溯到相关法律文书生效之时。

二十八、人民法院进行财产保全和先予执行时适用本通知。

二十九、本通知下发前已经进行的查封，自本通知实施之日起计算期限。

三十、本通知自2004年3月1日起实施。

出台背景

房地产作为最重要的不动产类型，是执行实践中除存款之外最常见的执行标的物，对房地产的执行也一直是执行中的老大难问题。一是法律适用难。对房地产的执行并无专门的法律规制，实践中各地法院在查封和变现房地产时做法不一，常常发生情况相同的个案处理结果却相异，损害了法律适用的严肃性和统一性。二是协助执行难。有的房地产登记管理部门或拒不履行人民法院要求协助执行的通知书，或对人民法院查封的房地产未经允许擅自解封，违规办理过户手续，或在协助执行时向人民法院收取名目繁多的费用，或找出种种借口推诿拖延，给人民法院的执行工作设置障碍。三是房地产变现难。依我国现行的土地政策，可供交易的土地范围极小，只有通过出让方式取得的国有土地使用权才能进入市场交易，集体所有的土地使用权禁止交易，这就给涉及集体土地的不动产的变现带来困难。

基于上述理由，地方各级法院纷纷要求最高人民法院与有关政府部门协调，对执行房地产过程中所遇到的有关问题进行明确规范。同时，国土资源和房地产管理部门也反映，人民法院在查封和处理房地产时，存在法律手续不全，确认房地产权属失准，甚至随意对房地产登记管理部门及人员进行罚款、拘留，要求与最高人民法院联合发文就执行和协助执行房地产问题作出具体规定。最高人民法院执行局与建设部经过反复调查研究，于2004年2月发布了这个重要通知。

理解与适用

人民法院对房地产的查封、预查封，以及查封冲突时的处理对执行债权人和债务人的权利保护都比较重要。

（一）执行法院和协执部门的职责

人民法院在要求国土资源、房地产管理部门协助查询、查封、预查封、办理过户登记等事项时，应完成法律要求的规定内容：一是表明身份，向有关人员出示工作证件；二是出具相关法律文书；三是支付复制材料所必需的工本费等必要的协助执行费用。协助执行人的义务如下：一是必须依法履行协助执行义务；二是不得向人民法院收取除必须工本费外的其他费用；三是不对法院的法律文书进行实体审查；四是应履行告知义务。

（二）执行实施程序不动产权属的判断标准

执行查控时的不动产权属判断标准，应当采取表面证据规则，实行形式审查。形式审查的标准是：物权公示原则和权利外观主义。物权公示原则与权利外观主义一脉相承，具有内在的契合性，物权公示原则是外观主义在不动产查控中的具体适用。也就是说，执行查控时贯彻财产权属的外观主义判断标准，只要房屋、土地使用权登记在被执行人名下，执行法院都可以先行查控。[①] 如果权属证明与权属登记不一致的，以权属登记为准。权属登记之所以优先于权属证明，是基于维护国家登记的公信力，执行程序中一般不宜直接否认登记机构的登记行为。但根据《民法典物权编解释（一）》第2条的规定，当事人有证据证明不动产登记簿的记载与真实权利状态不符，可以在异议之诉中主张确认物权归属。

财产查控时坚持权属判断的外观主义标准亦为后续颁布的司法解释与规范性文件所确认，在《查扣冻规定》第2条第1款中也得到了更充分的体现。[②] 外观主义标准具有合理性，“（在执行过程中）严格遵循这一规则，可以使法院在执行查控时快速地对财产权属作出判断，并决定是否采取查控措施，这既契合执行工作效率优先的价值追求，也有利于尽可能降低因错误执行案外人财产带

① 需要注意的是，即使该查封后来被执行异议或异议之诉推翻而解除查封，也并不意味着执行法院当初采取的查控措施违法，因为当初查封时遵循了执行查控时的财产权判断规则，没有不当之处，后来之所以又解除查封是因为案外人的实体救济请求得到了支持。典型如买受人根据《异议复议规定》第28条、第29条的规定，对登记在被执行人名下的房产提案外人执行异议和异议之诉，主张排除执行且获得支持，执行法院为此解除查封。

② 《查扣冻规定》第2条第1款规定，“人民法院可以查封、扣押、冻结被执行人占有的动产、登记在被执行人名下的不动产、特定动产及其他财产权”。

来法律风险”。①

对于登记在第三人（案外人）名下的不动产，即使该不动产事实上由被执行人占有、使用和收益，执行法院也不得依申请执行人要求或依职权查封，除非该第三人承认该不动产属于被执行人财产或者同意作为被执行财产接受强制执行。如果申请执行人认为登记虚假，一般有三种救济渠道：一是向有关登记机构反映，请求撤销该登记；二是依据《民法典》中的撤销权诉讼，通过审判程序撤销案外第三人的虚假登记行为；三是通过提起行政诉讼，撤销登记机构的登记行政行为。

如果人民法院发现登记为虚假，则只能建议登记机构撤销虚假登记。原登记被撤销后，要恢复为被执行人登记，人民法院方可采取查封措施。对于被执行人通过继承、判决和执行等合法途径已经取得的房地产所有权，还没有进行物权变动登记的，依《国土房管部门协助执行通知》第 8 条的规定，应当先由登记机构办理过户登记后，人民法院才能查封。但实践中，对于这些被执行人已实际所有的不动产，执行法院也采取查封措施。

（三）预查封适用情形、效力和期限

预查封是与查封并存的一项强制执行措施，它是指对尚未在登记机关进行物权登记但又履行了一定的批准或者备案等预登记手续、被执行人享有未公示或者物权期待权的不动产所采取的控制性措施，即由人民法院作出预查封裁定书和协助执行通知书，由协助执行机关办理预查封登记手续，待该房地产权属登记完结时转为正式查封。

对于被执行人尚未办理土地使用权登记的，但已经全部或部分缴纳了土地出让金的，人民法院对土地使用权可以进行预查封。主要考虑到当事人全部或者部分缴纳了土地出让金，虽然尚未进行土地使用权登记，但出让合同已经过批准，被执行人享有的物权期待权具有排他性，但同时又具有不稳定性，极易流失，对其进行预查封有利于保障债权人实现债权。

就房屋预查封而言，主要是指作为被执行人的房地产开发企业虽然已对所

① 禹明逸、雷运龙：《执行查控时的财产权属判断规则——以不动产查控为例》，载《人民法院报》2018 年 4 月 11 日，第 8 版。

建房屋享有物权，但由于该物权尚未登记公示，不能进行移转处分，法院可预查封。另外，作为被执行人的购房者，虽不对该房屋享有真正意义上的物权，但已经享有期待权，具有排他性，可作为责任财产进行预查封。

预查封在限制标的物转让上的效力和正式查封完全相同。预查封期间，任何单位和个人不得擅自处分预查封财产，有关部门也不得办理转让、抵押手续。预查封期间，登记机关除了可以将预查封的房地产登记在被执行人名下外，不得进行任何其他登记行为。在预查封期间，一旦房地产权属登记在被执行人名下，预查封就自动转为查封。

关于预查封的期限，《国土房管部门协助执行通知》第 17 条规定为 2 年，与《民事诉讼法解释》第 485 条相悖，现在已失去效力。根据新的司法解释规定，查封不动产不得超过 3 年，预查封期限应参照正式查封的期限也为 3 年。

（四）关于查封和预查封的轮候制度

人民法院对同一标的物不得重复查封，但当被执行人存在多个债权人时，禁止重复查封可能会损害其他债权人利益。为解决这一问题，《国土房管部门协助执行通知》第 19 条、第 20 条确立了（预）查封的轮候制度。轮候查封制度的创立，解决了“不得重复查封”留下的弊端，虽然不直接产生查封的效力，但却平等保护了不同生效法律文书所确定债权人的合法权益，对于提高执行效率，具有重要的意义。

（五）对查封标的物处分的效力

查封的实质在于禁止或者限制被执行人处分其特定财产，被执行人的财产一旦被查封，即表明该财产处于非正常状态，直接影响其对该财产的占有、使用和收益。

从实践来看，被执行人对被查封财产的处分可分为事实上的处分和法律上的处分。前者是指对查封财产施以毁损、变动等行为，后者是指对查封财产转移权属或者设定权利负担的行为。对于前者，人民法院可以妨害执行行为论处。对于后者的效力，理论界存在两种观点：一是绝对无效说。该说认为，查封系公法行为，为贯彻禁止被执行人处分的目的，其在查封期间的处分行为属于绝对无效，查封的效果能使被执行人绝对丧失对查封物的处分权，被执行人就查封物所为的处分行为，不但对申请执行人无效，而且对任何第三人均无效。二是相对无效说。该说认为，查封仅使被执行人在查封目的范围内丧失对于查封物的处分权，被执行人就查封物所为的处分行为并非绝对无效，而只是相对无效，只是不得对抗申请执行人，在被执行人与处分行为的相对人之间仍属有效。《国土房管部门协助执行通知》第 21 条采绝对无效说。理由是“主要考虑到我国担保法关于把人民法院查封的财产列为禁止抵押物，即使设定担保亦属无效担保，不生抵押效力的规定，改采绝对无效说。这有利于查封财产的安全，增强申请执行人实现债权的力度”。①

但是，绝对无效说过于僵化，不符合执行实践的需要。其一，绝对无效说破坏了交易秩序。财产不流动会导致整个社会缺乏活力，动辄认定法律行为无效，不利于促进市场交易，不利于增加社会财富。例如，被执行人甲将已被法院查封的机械设备出卖给了第三人乙，在申请执行人撤回执行申请或者其债权已被甲用其他财产进行清偿的情况下，此时，根据绝对无效说的观点，甲、乙之间的买卖仍应认定为无效，第三人乙不能取得该机械设备的所有权。这一结论，扼杀了甲、乙之间的市场交易行为，显然是不合理的。其二，相对无效说并不会减弱申请执行人实现债权的力度。根据相对无效说，被执行人对查封的财产进行转让、设定抵押、质押、出租等处分行为的，申请执行人仍可根据执行依据所载债权，请求对该财产进行执行，不受上述处分行为的限制，也无须考虑保护处分行为相对人的利益。可见，只要规定被执行人对查封物的处分不得对抗申请执行人，则申请执行人权益就不会受到损害，至于被执行人和第三人之间的行为效力，可以另行解决。因绝对无效说存在较大弊端，《查扣冻规定》第 24 条第 1 款规定：“被执行人就已经查封、扣押、冻结的财产所作的移转、设定权利负担或者其他有碍执行的行为，不得对抗申请执行人。”从而摒弃了《国土房管部门协助执行通知》的观点，采纳了查封效力相对性。② 又如，最高人民法院在给山东省高级人民法院的〔2009〕执他字第 7 号答复中也指出，被执行人擅自与他人签订的租赁合同并不当然无效，只是不得对抗申请执行人。

---

① 范向阳、葛行军：《〈关于依法规范人民法院执行和国土资源房地产管理部门协助执行若干问题的通知〉的理解与适用》，载《人民司法》2004 年第 4 期。

② 参见王飞鸿：《〈最高人民法院关于人民法院民事执行中查封、扣押、冻结财产的规定〉的理解与适用》，载《人民司法》2004 年第 12 期。

第三人依据租赁合同占有查封物的，人民法院可以解除其占有，但不应当在裁定中直接宣布租赁合同无效或解除租赁合同，而仅应指出租赁合同不能对抗申请执行人。该答复内容，同样体现了查封效力相对性的观点。目前，相对无效说已经成为理论与实务界的通说。

实务操作指引

（一）“房地一体主义”的含义

房产和土地构成一个整体，才能最大限度上发挥物的效用，减少分别处置带来的麻烦。为此，我国多个部门法，均从不同的角度确立了“房地一体”原则。具体表现为以下三层含义：

一是房地一并抵押原则，即房和地要抵一起抵。根据《民法典》第397条的规定，当地上附有建筑物时，房和地应一并抵押，若单独办理房产或土地抵押的，该条强制规定“（房和地）视为一并抵押”。

二是房地一并查封原则，即房和地要封一起封。房屋所有权和土地使用权属同一权利主体时应当“同时查封”，但一并查封原则并不等于“查封一个视为及于另一个”，《查扣冻规定》第21条第1款又对此进行了弥补性规定。

三是房地一并处置原则，即房和地，要卖一起卖。房地产权在处置时一并转移，《民法典》第356条、第357条再次确立了“房随地走，地随房走”的原则。对房和地的处置，可根据房地的权属是否归同一主体，区别如下：其一，若房屋所有权和土地使用权为同一主体，应当同时查封（若只查封一个，效力及于另一个），处置时应一并变现，将房和地受让给一个主体。其二，若房屋所有权和土地使用权分属不同主体，应分别查封（若只查封一个，效力不及于另一个）。处置时可分别评估，分别确定各自在总价值中的比例，然后一并拍卖，将房和地受让给一个主体，[①] 拍卖成交后再将土地使用权对应的价款交付给第三人，即“分别查封、分别评估、一并处置”。

---

① 房地权属分离大多是历史遗留问题造成，但受让时，一定要受让给同一主体，避免在执行实务中将房和地分别受让给不同的主体。

2019 年《全国法院民商事审判工作会议纪要》第61条规定，在房地分别抵押时，基于“房地一体”规则，此时应将建筑物和建设用地使用权视为同一财产，依照《物权法》（已废止）第199条确定清偿顺序：登记在先的先清偿；同时登记的，按照债权比例清偿。同一天登记的，视为同时登记。该条中的“视为同一财产”，其应有之义就是房地要一并处置；“登记在先的先清偿”，系指登记在先的权利人就房和地的变价款均有权优先受偿，其蕴含的精神就是房地视为一并抵押。

2015 年以前，我国的不动产登记比较混乱，房屋和土地分别由建设、国土两个不同的部门负责登记，实践中经常出现不同主体对同一房地产分别查封、分别抵押的情形。导致房地的查封债权人和抵押权人分离，给后续房地产的评估、拍卖、受偿、变更登记，带来困难，并且滋生了大量复杂的执行异议、申诉纠纷。

2015 年《不动产登记暂行条例》作出重大改革，对房屋和土地实行统一登记制度,[①] 并改由国土部门统一负责,[②] 中国的不动产统一登记将逐步迈向正规，因抵押、查封分离带来的执行纠纷会越来越少。

（二）强制执行程序中如何进行房地产变更登记

执行程序中行政部门对房地产变更登记的协助执行，实践中一般存在于两种情形，分别如下：

1. 拍卖、变卖或以房抵债时的权属转移

在以金钱给付为标的的执行案件中，被执行人不能履行债务，人民法院通过拍卖、变卖或是以房抵债方式对房地产予以处分，因而作出协助执行通知书要求行政部门对房地产变更登记。此时的变更受让主体主要为买受人等执行案件利害关系人，在以房抵债方式下则是申请执行人。在拍卖、变卖、以房抵债的情形，执行法院作出的拍卖成交裁定、变卖裁定、以房抵债裁定，一经送达受让人，物权就发生变动。[③] 但此时房地产登记部门的登记并未发生变更，实践

---

① 参见《不动产登记暂行条例》第4条第1款规定，“国家实行不动产统一登记制度”。

② 参见《不动产登记暂行条例》第6条第1款规定，“国务院国土资源主管部门负责指导、监督全国不动产登记工作”。

③ 参见《民事诉讼法解释》第491条。

中，法院一般都会向行政部门送达裁定书和协助执行通知书要求将权属协助变更登记在受让人名下。[①] 这种情况下的变更登记并不产生设权性的效力，而是确权性效力，是对裁定书中物权归属的确认。

这里要对《国土房管部门协助执行通知》第27条第1款有正确理解，该通知于2004年出台时，《物权法》（已废止）尚未出台，当时对不动产权属登记是物权变动的生效要件，还是对抗第三人的要件，存在争议。该条是对两种观点进行折中的结果。即原则上法院所作出的土地使用权和房屋所有权转移的裁定虽然一经送达权利受让人即发生法律效力，但仅赋予当事人以登记请求权，只有经登记后方产生物权变动的效果。同时，作为折中，当事人一旦进行登记，其物权变动的日期并非从登记之日起算，而是从法院所作出的权属转移裁定生效之日起计算。因此，该条款系当时特定背景下的特定产物，现在已经失去了适用价值。

2. 以房地产本身为确权判项的执行

人民法院作出的关于房地产确认、房地产转让等以房地产本身为判项的民事判决书、调解书等生效法律文书（如法院判决"登记在被告B名下的房屋归原告A所有"），这就涉及确权判决的执行问题。有3个问题需要讨论：

其一，权利人能否持该确权判决请求行政部门直接将案涉房地产变更至其名下？答案是肯定的。房地产管理部门应当径行变更，不得拒绝，无须权利人向法院单独立案执行。

相关依据如下：（1）建设部《房屋登记办法》（已废止）第80条规定，"人民法院、仲裁委员会的生效法律文书确定的房屋权利归属或者权利内容与房屋登记簿记载的权利状况不一致的，房屋登记机构应当按照当事人的申请或者有关法律文书，办理相应的登记"。（2）2015年《不动产登记暂行条例》第14条规定，"因买卖、设定抵押权等申请不动产登记的，应当由当事人双方共同申请。属于下列情形之一的，可以由当事人单方申请……（三）人民法院、仲裁委员会生效的法律文书或者人民政府生效的决定等设立、变更、转让、消灭不

---

① 根据《不动产登记暂行条例》第14条、《不动产登记暂行条例实施细则》第19条第1款的规定，受让人此时可持执行法院送达的生效裁定直接到行政部门单方申请变更登记，行政部门应当办理。但由于行政部门有可能不受理，实践中法院一般都会给行政部门下文书要求协助过户。

动产权利的……”（3）2019年《不动产登记暂行条例实施细则》第19条第1款规定，“当事人可以持人民法院、仲裁委员会的生效法律文书或者人民政府的生效决定单方申请不动产登记”。

其二，在司法实践中，权利人持确权判决单方向行政部门申请变更登记时，障碍颇多，部分地方房地产部门基于担心相关人员伪造生效法律文书等多种原因，往往以执行地方政策为由拒绝受理此类申请，权利人只好向人民法院申请强制执行。但对于这类确权判决，法院是否应受理权利人的执行申请？

应该肯定的是，如果在确权的同时将对方当事人协助办理变更登记的义务写入判决书主文，[①] 因协助行为本身就是给付内容，行为给付是可以强制执行的，此时属于确权判决和给付判决的并存，法院应当受理。

如果只有确权判项，无协助义务的判项，法院应否受理则存在争议。否定说认为，确权判决无执行内容，不应受理，权利人可提起行政诉讼让行政机关予以办理变更登记；肯定说认为，确权判决当然蕴含了给付内容，另提起行政诉讼增加当事人诉累，法院应当受理。我们认为，从个案效果来说，肯定说较为合理。毕竟法院一纸文书能解决的简单问题，实无必要让权利人另行提起行政诉讼。[②]

其三，确权判项中的权利人请求义务人变更登记的请求权，是否罹于诉讼时效？例如，离婚判决丈夫A名下的房产归妻子B所有；丈夫A于10日内协助妻子B办理过户登记手续。判决生效3年后，B向法院申请强制执行，要求A协助过户，A则提出B的申请已超过2年的申请执行时效的抗辩。应如何处理？

从2016年《第八次全国民商事审判工作会议（民事部分）纪要》第24条

---

① 如判决：（1）登记在被告B名下的房屋归原告A所有；（2）B在判决生效后10日内协助A将房屋过户到A名下。此时，B如拒不协助，则属具有可执行内容的“作为执行”。这也警示诉讼参与人（尤其是原告律师），在提出诉讼请求或签订调解协议时，避免将对方的这项协助过户的义务遗漏，以避免后续执行程序中可能产生的争议。

② 但从长远角度来看，权利人提起行政诉讼有利于督促相关行政机关依法行政，依法受理受让人的单方变更申请，从而使这个问题回到法律规定的正确轨道上来。

规定的旨意看，[①] 不应支持A的时效抗辩。法理考量可能在于，B的这种变更登记的请求权指向的是不动产物权，与时效制度适用的对象（债权请求权）并不同质。

（三）不动产登记部门擅自撤销依据协助执行通知作出的登记行为，属于超越职权，依法应予撤销

《国土房管部门协助执行通知》强调了国土资源、房地产管理部门在协助人民法院执行土地使用权、房屋时，不对生效法律文书和协助执行通知书进行实体审查，其目的在于维护生效法律文书的权威性及保障执行效率。国土资源、房地产管理部门即便认为人民法院查封、预查封或者处理的土地、房屋权属错误的，应当向人民法院提出审查建议，但不应当停止办理协助执行事项。已办理完毕协助执行事项后发现土地、房屋权属错误的，应及时通知执行法院，等待执行法院对生效法律文书、协助执行通知书作出审查处理后再作出相应处理决定，在人民法院未改变或撤销原生效法律文书和协助执行通知书之前，不能擅自更正或撤销依据原生效法律文书和协助执行通知书作出的协助执行行为，否则其行为实质上是对人民法院的生效法律文书和协助执行通知书进行了实体审查，亦等同于撤销了法院的执行行为，属于超越职权，行为违法，应予撤销。

在（2018）最高法行申6774号行政裁定案中，大连华美建设发展公司（以下简称华美建设）因无力偿还贷款，于1999年将大连市中山区秀月街10号楼共计48套房屋以签订商品房销售合同的方式抵债给中信银行大连分行，并完成了交付，但未办理产权过户登记。中信银行大连分行则陆续将房屋出售给案外人。2008年，智远公司因债权转让纠纷将华美建设诉至大连市甘井子区人民法院，该案进行执行程序后，大连市国土房屋局依照大连市甘井子区人民法院作出的执行裁定及协助执行通知书的要求将华美建设名下的8套房屋转移登记至智远公司名下并颁发了房屋所有权证。随后中信银行大连分行向大连市国土房屋局主张对涉案8套房屋的所有权，并申请注销（撤销）上述8套房屋的所有权证。大连市国土房屋局经审查认为其协助甘井子区人民法院办理登记的房屋

① 《第八次全国民商事审判工作会议（民事部分）纪要》第24条规定，“已经合法占有转让标的物的受让人请求转让人办理物权变更登记……对方当事人以超过诉讼时效期间抗辩的，均应不予支持”。

权属错误，向大连市甘井子区人民法院发出建议函，主要内容为“建议贵院以事实为依据，撤销为智远公司进行房屋登记的文书，我们登记机构将依次撤销该公司的房地产权证”，并作出《撤销8房屋所有权登记决定》。中信银行大连分行遂将上述房屋出售给案外人。大连市中山区人民法院分别作出8份民事判决，判令涉案房屋归案外人所有，中信银行大连分行协助案外人办理房屋所有权证。大连市中山区人民法院又于2010年10月18日作出8份民事裁定，要求大连市房地产交易登记中心将涉案8套房屋的产权先办理到中信银行大连分行名下，然后过户给案外人。大连市国土房屋局于2010年10月将涉案8套房屋的房地产权证颁发给中信银行大连分行，后因智远公司提起行政赔偿诉讼，一直未将涉案房屋再过户至案外人名下。

智远公司起诉要求确认大连市国土房屋局作出的《撤销8房屋所有权登记决定》违法，撤销《撤销8房屋所有权登记决定》。辽宁省高级人民法院认为，房地产管理部门不应当对生效法律文书和协助执行通知书进行实体审查，大连市国土房屋局虽然向法院发出了撤销为智远公司进行房屋登记的建议函，但应在甘井子区人民法院对生效法律文书、协助执行通知书作出审查处理后，再行作出相应处理决定，其自行作出《撤销8房屋所有权登记决定》，属超越职权，依法应当撤销。但因本案中涉及善意取得的案外人，故判决大连市国土房屋局作出的《撤销8房屋所有权登记决定》违法但保留其效力。最高人民法院对此予以认可。

从上述案例引申出一个问题，即协助执行的理论基础是什么，协助执行义务人为何要配合法院的执行行为，如果执行行为违法能否拒绝协助执行？

“民事执行是一项社会工作，其涉及面广、情况复杂，利益关系强、社会影响大，因此，民事执行工作进行中经常需要其他国家机关和有关单位和个人的配合和协助。”① 不同组织机构承担的社会职能不同，人民法院社会治理职能有限，仅依靠人民法院的力量是无法完成对故意藏匿的被执行人及被执行财产的查控的。如何发现、控制被执行人及其可供执行财产，实现对被执行财产的及时处分都依赖于包括公安机关、工商管理部门、房地产管理部门等国家职能部

① 童兆洪：《论民事执行权的运行》，载《法律适用》2004年第1期。

门，银行、证券公司等金融机构以及其他知晓被执行人及其财产状况的单位或者个人的协助查询、查封、扣押、冻结、划拨、提取、办理过户登记等行为。①

协助执行被视为是公法上义务。② 我国最早在1982年《民事诉讼法（试行)》（已废止）第164条规定了单位和个人的普遍协助执行义务。③ 1991年《民事诉讼法》（已修改）及其后的修正案均删除了上述规定，但在1982年《民事诉讼法（试行)》（已废止）的基础上拓展了具体的协助执行主体和事项，《海事诉讼特别程序法》等数十部法律和司法解释以及行政机关发布的上百部部门规章和规范性文件也进一步拓展了具体的协助执行主体和事项。④《民事强制执行法草案》（征求意见稿）专章规定了协助执行，并规定人民法院根据工作需要，有权通知有关单位和个人予以协助，有关单位和个人应当协助。

关于协助执行义务人能否拒绝协助执行的问题，应从两个层面进行把握。一是如果协助执行义务人的权力、权利来自宪法、法律时，协助执行事项的确定不能超越协助执行义务人基于宪法、法律获取的权力、权利。⑤ 此时如果要求协助执行义务人协助办理超越其权限的事项，既不具备合法性，也不具备可行性。例如，《最高人民法院办公厅关于转发邮电部〈关于人民法院要求邮电部门协助执行若干问题的批复〉的通知》规定，“对人民法院以督促当事人履行义务为由，要求邮电部门停止提供通信服务的做法，与我国《宪法》第四十条的规定相抵触，邮电部门不予协助执行”。

二是法院要求协助执行的事项在协助执行义务人的权力、权利范围内，法院的执行行为也要合乎法律上的规定。我国台湾地区学者认为强制执行属司法行政，执行机关的各种行为，以宪法、法律、行政命令及一般法律原理原则等客观的法规范作为基础。行政行为要依法依规，故执行行为是否有法律上的依

① 参见江必新主编：《强制执行法理论与实务》，中国法制出版社2014年版，第402页。

② 参见沈建兴：《强制执行法逐条释义》（上），台北，元照出版有限公司2020年版，第30页。

③ 1982年《民事诉讼法（试行)》（已废止）第164条规定：“有关单位和个人都有义务按照人民法院的通知，协助执行。无故推拖、拒绝或者妨碍执行的，依照本法第七十七条的规定处理。”

④ 参见肖建国、庄诗岳：《论协助执行义务的边界》，载《法学杂志》2020年第11期。

⑤ 参见肖建国、庄诗岳：《论协助执行义务的边界》，载《法学杂志》2020年第11期。

据，就成为执行合法性的首要问题。[①] 在（2020）最高法执监7号执行裁定中，唐山中院作出协助执行通知书，要求国家税务总局石家庄市桥西区税务局（以下简称桥西区国税局）未经唐山中院准许，自2018年11月22日起，不得为被执行人河北工程公司提供税务发票，不得为该公司办理跨区域涉税事项报告手续。被执行人河北工程公司提出异议，唐山中院及河北高院均认为执行法院直接要求桥西区国税局不得为被执行人提供税务发票、不得为被执行人办理跨区域涉税事项报告手续的执行行为没有法律依据，撤销了协助执行通知书。申请人不服向最高人民法院申请执行监督。最高人民法院经审查认为，人民法院作出执行行为，作为一种公权力应当遵循“法无授权即禁止”的原则。对《民事诉讼法》第262条规定的“法律规定的其他措施”不能做任意扩大解释，要求税务机关不得为被执行人提供税务发票及办理跨区涉税事项报告手续并非法律法规、司法解释明文规定可以采取的措施。此外，《税收管理法》授予税务机关可以对违法企业实施停止向其出售发票的行政执法权，并非等同于赋予人民法院强制税务机关行使行政执法权的权利。

需要注意的是，执行行为违法并非协助执行义务主体可以拒绝协助执行的理由。协助执行行为的性质是执行命令行为，第三人协助执行时没有独立意志，必须根据协助执行通知书的内容履行协助执行义务。[②] 此外，即使允许协助执行义务人对法院执行行为的合法性进行审查，即对司法行为的审查，但法定的可以对司法行为进行审查的主体并不包括协助执行义务人。从规范上考察，《国土房管部门协助执行通知》规定国土资源、房地产管理部门不对生效法律文书及协助执行通知书进行实体审查。《民事强制执行法草案》（征求意见稿）也规定，有关单位和个人在协助执行过程中，不对协助执行通知的内容进行实质审查，认为协助执行内容错误的，可以向人民法院提出书面异议，但不得停止协助。有关单位和个人提出书面异议的，按照针对违法执行行为的异议进行处理。由此可见，法律并未赋予协助执行义务主体对执行行为合法性予以审查的权利，但提供了相应的救济途径。

---

① 参见沈建兴：《强制执行法逐条释义》（上），台北，元照出版有限公司2020年版，第7页。

② 参见肖建国、庄诗岳：《论协助执行义务的边界》，载《法学杂志》2020年第11期。

二、对违章建筑及不具备初始登记条件房屋的执行

函复原文

（一）最高人民法院关于转发住房和城乡建设部《关于无证房产依据协助执行文书办理产权登记有关问题的函》的通知

2012年6月15日　法〔2012〕151号

各省、自治区、直辖市高级人民法院，解放军军事法院，新疆维吾尔自治区高级人民法院生产建设兵团分院：

现将住房和城乡建设部《关于无证房产依据协助执行文书办理产权登记有关问题的函》（建法函〔2012〕102号）转发你们，请参照执行，并在执行中注意如下问题：

一、各级人民法院在执行程序中，既要依法履行强制执行职责，又要尊重房屋登记机构依法享有的行政权力；既要保证执行工作的顺利开展，也要防止"违法建筑"等不符合法律、行政法规规定的房屋通过协助执行行为合法化。

二、执行程序中处置未办理初始登记的房屋时，具备初始登记条件的，执行法院处置后可以依法向房屋登记机构发出《协助执行通知书》；暂时不具备初始登记条件的，执行法院处置后可以向房屋登记机构发出《协助执行通知书》，并载明待房屋买受人或承受人完善相关手续具备初始登记条件后，由房屋登记机构按照《协助执行通知书》予以登记；不具备初始登记条件的，原则上进行"现状处置"，即处置前披露房屋不具备初始登记条件的现状，买受人或承受人按照房屋的权利现状取得房屋，后续的产权登记事项由买受人或承受人自行负责。

三、执行法院向房屋登记机构发出《协助执行通知书》，房屋登记机构认为不具备初始登记条件并作出书面说明的，执行法院应在30日内依照法律和有关规定，参照行政规章，对其说明理由进行审查。理由成立的，撤销或变更《协助执行通知书》并书面通知房屋登记机构；理由不成立的，书面通知房屋登记

机构限期按《协助执行通知书》办理。

特此通知

此复

（二）住房和城乡建设部关于无证房产依据协助执行文书办理产权登记有关问题的函[①]

2012年5月30日　建法函〔2012〕102号

浙江省住房和城乡建设厅：

《关于无证房产可否依据协助执行文书直接办理产权登记的请示》（浙建房〔2011〕72号）收悉。经商最高人民法院，函复如下：

一、对已办理初始登记的房屋，房屋登记机构应当按照人民法院生效法律文书和协助执行通知书的要求予以办理。

二、对未办理初始登记的房屋，在完善相关手续后具备初始登记条件的，房屋登记机构应当按照人民法院生效法律文书和协助执行通知书予以登记；不具备初始登记条件的，房屋登记机构应当向人民法院书面说明情况，在人民法院按照法律和有关规定作出处理前，房屋登记机构暂停办理登记。

三、房屋登记机构依据人民法院协助执行通知书予以登记的，应当在房屋登记簿上记载基于人民法院生效的法律文书予以登记的事实。

出台背景

实践中，对五证不全的商品房、小产权房，农村宅基地房屋及违章建筑查封和处置一直是执行中的难点，对以上不动产，法院虽可以进行预查封或现状查封，但处置后房屋登记机关难以办理权属变更登记，影响买受人或承受人对取得不动产的权利行使。房屋登记机关依据人民法院作出的协助执行通知书办

① 该函已废止。

理产权登记，是《民事诉讼法》规定的协助执行义务的履行内容。协助办理房屋登记的执行模式主要有两种：一是严格根据《国土房管部门协助执行通知》第3条第2款规定，“国土资源、房地产管理部门在协助人民法院执行土地使用权、房屋时，不对生效法律文书和协助执行通知书进行实体审查”。协助义务机关依据协助执行通知书载明的内容办理初始登记和转移登记，不审查房屋是否已经登记以及是否属于违章建筑。二是先补办需协助执行的房屋的初始登记，再办理相应的转移登记，体现依法行政的程序性和实质性要求，违章建筑虽然违反了建筑许可行政管理制度，但并非绝对禁止交易的不流通物。因建造事实行为的完成，仍然可以作为交易的标的物，现实生活中也存在违章建筑交易的情形。违章建筑可以占有、使用、收益，具有财产权益内容，应属执行标的范围。根据物权理论，违章建筑被相关部门行使公权力予以拆除或自行拆除前，违章建筑的业主对建筑物中的建材享有的所有权、基于出资兴建建筑物而进行的实际占有、使用、支配，都理应得到法律的保护。另外，依据我国现行法律法规，对于违章建筑应当视不同情形分别采取不同的处理措施：严重影响规划的违章建筑，限期予以拆除或没收；不影响规划的违章建筑，可责令补办手续或罚款；部分影响规划的可限期部分拆除。即使拆除，建筑物拆后残值自然归违章建筑人拥有，国家并不予以没收；如补办证照的，可以使违章变为合法，能够满足债权受偿的目的。违章建筑虽然存在不受法律保护的内容，但也同样具有受法律保护的合法财产权益的内容。尤其是当违章建筑为被执行人唯一可供执行的财产时，可以成为执行标的。

执行法院对违章建筑的执行并不妨碍行政管理。依据通知精神，在处置违章建筑时告知承受人存在于其上的权利瑕疵，由其决定是否承受，如果承受人基于违章建筑之上存在的预期收益而承受，即使行政管理部门对违章建筑强行拆除，也在承受人的预期风险之内，可以最大限度保护债权人的利益。由于违章建筑的特殊性，如果简单套用已登记房地产的执行程序与方法，对违章建筑拒绝执行、拖延执行，不仅会使债权得不到保护，也会造成大量社会资源的闲置和浪费。法院应当坚持原则性和灵活性的统一，既要严格依法执行，又不能无视违章建筑大量存在的客观事实，不作简单的“一刀切”，尽量做到物尽其用，以节约有限的社会资源。

可见，最高人民法院并未排除人民法院对违章建筑作为责任财产采取执行措施，该通知指明了人民法院对无证房屋可以区分情况采取处分措施，以平衡私权与公权之间的冲突。

理解与适用

（一）人民法院对不动产的执行应当对财产进行合法性审查

初始登记是在房屋竣工以后 90 日内，由开发商向登记机关申报，经过房屋土地管理部门的审核，确认某一房地产的所有权、使用权的隶属关系和他项权利。通过确权以后，开发商取得《房屋所有权证》（大产权证）。没有初始登记，不能办理个人的《房屋所有权证》。只有开发商进行初始登记，取得了大产权证以后，购房者才能申请办理转移登记。《民法典》第 209 条规定，“不动产物权的设立、变更、转让和消灭，经依法登记，发生效力；未经登记，不发生效力，但法律另有规定的除外。依法属于国家所有的自然资源，所有权可以不登记”。首先，初始登记是办理不动产转移的前提条件。《城市房地产管理法》第 38 条规定未依法登记领取权属证书的房地产不得转让；《民法典》第 231 条、第 232 条规定房屋合法建造即取得物权，但如需处分则需先办理登记，无初始登记便无其他后续登记。

其次，申请房屋所有权转移登记，应当提交房屋所有权证书或者房地产权属证书，需提交证明房屋所有权发生转移的材料，可以是买卖合同、互换合同、赠与合同、受遗赠证明、继承证明、分割协议、合并协议、人民法院或者仲裁委员会作出的生效的法律文书，或者其他证明房屋所有权发生转移的材料。可以看出，生效法律文书和权属证书是两个完全不同的登记要件，权属证书应当理解为需转移登记的房屋已经完成登记的意思。

最后，按照《不动产登记暂行条例》第 8 条第 3 款的规定，不动产登记簿应当记载：不动产的坐落、界址、空间界限、面积、用途等自然状况；不动产权利的主体、类型、内容、来源、期限、权利变化等权属状况；涉及不动产权利限制、提示的事项；其他相关事项。以上依赖于首次登记或前手登记予以确定，否则不动产物权的合法性和真实性无法保障。

（二）裁判权的行使不能创设行政权力未经许可的权利

人民法院对司法权的行使要体现对房屋登记机构依法享有的行政权力的应有尊重，防止“违法建筑”等不符合法律、行政法规规定的房屋通过协助执行行为合法化，比如土地使用权或者建筑施工许可、规划许可，须经有权的行政机关通过行政程序予以审批，人民法院在行政审批对象为合法标的的前提下，才可以裁判权利的归属或者转移。在没有签订土地使用权出让合同而非法占地、没有合法施工许可的情况下，如果通过人民法院的执行程序直接裁定转移给案外第三人，虽然登记机构可能不承担法律责任，但会损害社会公共秩序和公共利益。

（三）集体土地上违建房屋的执行问题

实践中无法办理产权登记的房屋类型繁多，其中违章建筑和集体土地上的建筑因其成因的复杂性和特殊性，能否作为执行处置标的物的争议较大。

违章建筑，是指违反《土地管理法》《城乡规划法》等相关法律法规，不符合土地或建筑规划，未能取得用地或建筑审批的建筑物、构筑物或其他设施。对于违章建筑能否执行实践中存在完全相反的两种做法。以（2018）苏执监912号执行裁定为例，被执行人名下仅有一处位于集体非农业用地上的自建房屋，拍卖变卖未成交后申请执行人申请以物抵债。执行法院经函询国土资源部门得知，该房屋位置不符合土地及建设规划，属于违章建筑，处置后房屋受让人无法补办用地手续，不能进行不动产登记。同时，申请执行人非本集体经济组织成员，村委会明确表示不同意外来人员居住使用。执行法院和复议法院均认为，案涉房屋属违规建筑，即便处置，由于规划限制的因素也不能补办用地手续和进行不动产登记，申请执行人以物抵债的申请不能得到支持。江苏省高级人民法院认为，集体土地上未经批准建造的房产，执行程序中可以进行现状处置，处置时应在拍卖公告中披露房屋不具备登记条件的现状及土地性质，买受人或承受人按照房屋现状取得房屋，后续的产权登记事项及将来可能面临的拆除、拆迁及补偿不能等风险由买受人或承受人自行负责。变价不成的，债权人可以接受该房屋抵债。变价或抵债裁定中应载明上述内容和风险。买受人或承受人，不限于集体经济组织成员。以上述方式处置房产，买受人或承受人对该房产的使用受到一定的限制，自行承担相应的风险，该“违法建筑”并未被确认为合法，亦未侵犯该村集体组织及其成员的利益。

江苏省高级人民法院的上述观点与其2018年发布的《关于执行疑难问题的解答》中关于无证房屋执行的做法一脉相承。首先，违章建筑并不意味着一定会被拆除，从《城乡规划法》等法律法规的规定来看，违章建筑在一定条件下具备转化为合法建筑的条件。其次，违章建筑只是从行政管理的角度上进行的观察和评价，并不能改变违章建筑的民法上财产的属性，[①] 买受人在了解买受该建筑物的风险后仍然愿意以物抵债的，应尊重其通过债权换取房屋使用权的债权实现方式。最后，违章建筑并未因法院的执行而合法化，在法院充分披露违章建筑无法办理产权证的情况下，法院无须向土地管理、规划或建设部门发出协助通知，买受人自行承担无法办理产权登记的后果及风险。

（2018）苏执监912号执行案中执行标的物不仅是违章建筑，还属于在集体土地上建造农村房屋。对于农村房屋是否可以执行，司法机关在实践中经历了从肯定到否定再到理性审慎的阶段，[②] 主要源于对农村房屋的执行涉及集体土地和宅基地的流转问题，受让人原则上应该是本集体经济组织内没有宅基地的成员。如（2018）苏执监912号执行案中村委会明确表示不同意外来人员居住使用，但这无疑会大大降低农村房屋的处置效率。事实上，在2018年《江苏省高级人民法院关于执行疑难问题的解答》关于“在集体土地上未经批准建造的房屋，是否可以处置”的解答中，江苏省高级人民法院已经明确了参照《最高人民法院关于转发住房和城乡建设部〈关于无证房产依据协助执行文书办理产权登记有关问题的函〉的通知》（法〔2012〕151号）进行“现状处置”的做法，但并未涉及受让人是否必须是本集体经济组织成员这一敏感问题。因此，江苏省高级人民法院在（2018）苏执监912号执行裁定中认为买受人或承受人不限于集体经济组织成员，将农村房屋以物抵债给本集体经济组织以外成员未侵犯该村集体组织及其成员的利益，无疑是一种巨大的突破。

由此看出，对违章建筑的执行并不具备实质障碍，但对于涉及集体土地或宅基地的房屋执行时，在法律层面尚未有重大突破的情况下，法院普遍在实务中持有较为理性的态度。

---

① 参见江必新主编：《强制执行法理论与实务》，中国法制出版社2014年版，第128页。

② 参见江必新主编：《强制执行法理论与实务》，中国法制出版社2014年版，第131～132页

（四）人民法院区分是否具备初始登记条件采取相应的执行措施

首先，对具备初始登记条件的房屋的处理。执行程序中处置未办理初始登记的房屋时，具备初始登记条件的，执行法院处置后可以依法向房屋登记机关发出《协助执行通知书》。

其次，暂时不具备初始登记条件的，执行法院处置后可以向房屋登记机构发出《协助执行通知书》，并载明待房屋买受人或承受人完善相关手续具备初始登记条件后，由房屋登记机构按照《协助执行通知书》予以登记。

最后，对于不具备初始登记条件的房屋，原则上进行“现状处置”，即处置前披露房屋不具备初始登记条件的现状，买受人或承受人按照房屋的权利现状取得房屋，后续的产权登记事项由买受人或承受人自行负责。

实务操作指引

第一，执行法院向房屋登记机构发出《协助执行通知书》，房屋登记机构认为不具备初始登记条件并作出书面说明的，执行法院应在30日内依照法律和有关规定，参照行政规章，对其说明理由进行审查。理由成立的，撤销或变更《协助执行通知书》并书面通知房屋登记机构；理由不成立的，书面通知房屋登记机构限期按《协助执行通知书》办理。《国土房管部门协助执行通知》第3条第2款规定，国土资源、房地产管理部门认为人民法院查封、预查封或者处理的土地、房屋权属错误的，可以向人民法院提出审查建议，但不应当停止办理协助执行事项。

第二，申请涉案房屋初始登记时，该房屋尚未建成，不具有独立使用功能，不符合初始登记条件，如房屋登记机构未经现场勘查即作出初始登记，允许将尚未建成的房屋对外出售，虽然侵害了当事人的合法权益，但商品房购买者无权申请行政复议要求撤销该初始登记。商品房购买者与房屋初始登记行为不具有利害关系，不能提出相应的行政复议申请或者提起行政诉讼。

第三，在他人土地上建造房屋，如没有办理初始登记，根据相关规定，未登记的建筑物和土地使用权，依据土地使用权的审批文件和其他相关证据确定权属，如无法证明房屋权属归自己所有，不能排除对该土地及房屋的强制执行。

三、对国有土地使用权的执行

批复原文

最高人民法院
关于能否将国有土地使用权折价抵偿给抵押权人问题的批复①

1998年9月3日 法释〔1998〕25号

四川省高级人民法院：

你院川高法〔1998〕19号《关于能否将国有土地使用权以国土部门认定的价格抵偿给抵押权人的请示》收悉。经研究，答复如下：

在依法以国有土地使用权作抵押的担保纠纷案件中，债务履行期届满抵押权人未受清偿的，可以通过拍卖的方式将土地使用权变现。如果无法变现，债务人又没有其他可供清偿的财产时，应当对国有土地使用权依法评估。人民法院可以参考政府土地管理部门确认的地价评估结果将土地使用权折价，经抵押权人同意，将折价后的土地使用权抵偿给抵押权人，土地使用权由抵押权人享有。

此复。

出台背景

以国有土地使用权设定抵押的担保纠纷案件，债务履行期届满而抵押权人未受清偿的，法院应该如何执行；经过司法拍卖，土地使用权未能变现，债务人又没有其他可供清偿的财产时，如果以国有土地使用权抵偿债务，应该如何操作。上述问题当时并没有具体的法律依据。最高人民法院针对四川省高级人民法院的请示作出批复，对土地无法拍卖后折价抵偿的条件、程序作出了规定，

---

① 《最高人民法院关于能否将国有土地使用权折价抵偿给抵押权人问题的批复》已于1998年9月1日由最高人民法院审判委员会第1019次会议通过，现予公布，自1998年9月9日起施行。

强调应对土地使用权价值进行评估，折价需经抵押权人同意。

理解与适用

（一）执行标的物的折价抵偿

以执行标的物折价抵偿债务，也称以物抵债，是执行中清偿债权的一种方式。根据时间节点、条件的不同，折价抵偿方式有两种：一是合意的折价抵偿，二是处置不能后的折价抵偿。

1. 合意的折价抵偿

对合意的折价抵偿的规制是一个不断完善的过程。《民诉意见》第 301 条规定："经申请执行人和被执行人同意，可以不经拍卖、变卖，直接将被执行人的财产作价交申请执行人抵偿债务，对剩余债务，被执行人应当继续清偿。"

2004 年《国土房管部门协助执行通知》第 26 条规定："经申请执行人和被执行人协商同意，可以不经拍卖、变卖，直接裁定将被执行人以出让方式取得的国有土地使用权及其地上房屋经评估作价后交由申请执行人抵偿债务，但应当依法向国土资源和房地产管理部门办理土地、房屋权属变更、转移登记手续。"以上司法解释和指导意见对抵债的要求和条件相对宽松，只要双方当事人同意，即可不经拍卖变卖程序，直接以物抵债。

《民事诉讼法解释》对执行中的以物抵债的适用条件相对严格，第 489 条规定："经申请执行人和被执行人同意，且不损害其他债权人合法权益和社会公共利益的，人民法院可以不经拍卖、变卖，直接将被执行人的财产作价交申请执行人抵偿债务。对剩余债务，被执行人应当继续清偿。"不难看出，虽然经双方当事人同意，仍可以不经拍卖、变卖程序直接作价以物抵债，但设定了"不损害其他债权人合法权益和社会公共利益"的前置条件。为公平起见，实践中很少使用这种直接抵债方式。

《执行和解规定》针对执行中当事人自行协商抵债的行为，要求法院不得配合当事人作出裁定进行确认。第 6 条规定："当事人达成以物抵债执行和解协议的，人民法院不得依据该协议作出以物抵债裁定。"

综上所述，折价抵偿的基本条件是：申请执行人与被执行人同意，被执行人财产（执行标的物）需要作价，可以不经拍卖、变卖，不损害其他债权人合法权益和社会公共利益，剩余债务被执行人应当继续清偿。当事人达成以物抵债执行和解协议，法院不作出以物抵债裁定，实际上是说，法院不会向相关登记部门发出协助执行通知书，要求协助办理抵债财产的过户登记。关于法院是否要就合意以物抵债作出裁定在2015年《民事诉讼法解释》第491条起草过程中曾有不同意见，当时并没有明确，现在已通过新的司法解释作出了明确规定。如果当事人在执行和解中合意以物抵债，应由当事人自行办理抵债财产的权属转移手续。

2. 处置不能后的折价抵偿

处置不能后的折价抵偿源于《拍卖变卖规定》第16条，该条规定“拍卖时无人竞买或者竞买人的最高应价低于保留价，到场的申请执行人或者其他执行债权人申请或者同意以该次拍卖所定的保留价接受拍卖财产的，应当将该财产交其抵债。有两个以上执行债权人申请以拍卖财产抵债的，由法定受偿顺位在先的债权人优先承受；受偿顺位相同的，以抽签方式决定承受人。承受人应受清偿的债权额低于抵债财产的价额的，人民法院应当责令其在指定的期间内补交差额”。在第二次拍卖、变卖之后，如果仍然流拍或者不能变卖的，也可以将财产抵债。与合意的折价抵偿不同，处置不能后的折价抵偿只需要债权人同意即可，不需要债务人同意。

《网络司法拍卖规定》施行后，《拍卖变卖规定》关于以财产抵偿债务的规定仍然有效，网络拍卖、变卖后，执行标的物没有处置成功，也可以抵偿债务。处置不能后的以物抵债，法院有权作出以物抵债裁定，向相关部门发出协助执行通知书。

（二）折价抵偿的程序

折价抵偿的前提是被执行人的财产无法通过拍卖变现，债务人又没有其他可供清偿的财产，对国有土地使用权进行评估后，经抵押权人同意，将折价后的土地使用权抵偿给抵押权人，土地使用权由抵押权人享有。这一过程和处置不能后的折价抵偿不完全相同。后者是指对拟拍卖的财产，法院应当委托具有相应资质的评估机构进行价格评估。拍卖保留价由法院参照评估价确定。流拍后的折价抵偿是以该次拍卖的保留价来进行，保留价已经是以评估价为基础，所以不必再次进行评估，而是可以按照拍卖保留价，在抵押权人同意的情况下，抵偿给抵押权人。按照现行法律和司法解释的规定，如有与批复内容类似的案件，应适用《拍卖变卖规定》的内容。

实务操作指引

（一）抵押权人应当申请执行

执行标的物无法拍卖变现后折价抵偿给抵押权人的情况较为特殊。流拍后可以接受折价抵偿的承受人是申请执行人或者其他执行债权人，我们认为这应该是指申请执行的债权人，包括拍卖执行标的物案件所对应的申请执行人和其他执行案件的申请执行人。实际上“在依法以国有土地使用权作抵押的担保纠纷案件中，债务履行期届满抵押权人未受清偿的，可以通过拍卖的方式将土地使用权变现”表达的含义应该是指抵押权人先提起以国有土地使用权作抵押的担保纠纷诉讼，在后续的执行阶段，抵押权人未受清偿的，可以通过拍卖的方式将土地使用权变现。因为在诉讼阶段，抵押的国有土地使用权是不能变现的，所以实际并不能进行折价抵偿。而且，《民事诉讼法》增加了不经过诉讼直接实现担保物权的程序，抵押权人可以根据《民事诉讼法》第204条的规定，申请法院作出裁定，进而直接申请执行，以申请执行人的身份来接受折价抵偿。

（二）适当折价后才能进行抵偿

折价抵偿的一个重要内容就是折价。在合意的折价抵偿中，财产应该折算为公允的价格来抵偿债务，这一方面是保护债务人的利益，另一方面也是为了避免债权人与债务人串通，以过低的价格转移债务人的财产，损害其他债权人的利益。所以，合意的折价抵偿应该通过第三方评估来确定财产的价值，这样才能充分保障各方的利益。而在处置不能后的折价抵偿中，折价是以该次拍卖、变卖的保留价确定的。如果抵押权人应受清偿的债权额低于抵债财产的价额的，抵押权人应该根据法院的要求，在指定的期间内补交差额。

（三）对当事人合意以物抵债的严格审查

关于合意的以物抵债，司法解释的规定越来越严格，主要是为了避免申请执行人与被执行人恶意串通，通过以物抵债的方式转移财产，损害其他债权人的利益或者社会公共利益。实践中，已有相关案例体现出了对合意以物抵债的审查标准。

案例①

申请复议人孙某胜不服安徽省池州市中级人民法院（2016）皖17执异4号之一执行裁定，向安徽省高级人民法院申请复议。

池州市中级人民法院在根据（2014）皖民二初字第00038号民事调解书，执行孙某胜与池州市滨江置业有限公司（以下简称滨江公司）民间借贷纠纷一案中，根据双方当事人于2015年5月26日自行达成的执行和解协议，于同日作出（2015）池执字第00160－1号执行裁定：（1）将滨江公司所有的玉庭龙湾花园432套房产作价115,697,612元，抵偿给申请执行人孙某胜；（2）待该楼盘经有关部门综合验收后，孙某胜可持本裁定书到有关机构办理相关产权过户登记手续。

（2015）池执字第00160－1号执行裁定作出后，承建玉庭龙湾花园楼盘的安徽省池州市第三建筑工程有限公司（以下简称池州三建）提出书面异议，请求撤销池州市中级人民法院（2015）池执字第00160－1号执行裁定书，并中止对玉庭龙湾花园432套房产的执行。

经多次审查，池州市中级人民法院最终认为，池州三建承建的玉庭龙湾花园楼盘项目2014年下半年即停工，未进行综合验收，工程款也未进行决算结清，孙某胜与滨江公司以房抵债的和解协议不符合2015年《民事诉讼法解释》第491条规定，故池州市中级人民法院作出（2016）皖17执异4号之一执行裁定，撤销该院确认以物抵债的（2015）池执字第00160－1号执行裁定。

孙某胜不服（2016）皖17执异4号之一执行裁定，向安徽省高级人民法院申请复议。安徽省高级人民法院认为，根据2015年《民事诉讼法解释》第491条的规定，执行法院在作出抵债裁定前，应依法严格审查当事人之间的以物抵债协议是否存在损害其他债权人合法权益、社会公共利益的情形。池州市中级人民法院在孙某胜与滨江公司达成以房抵债协议的当日即作出裁定，将2014年下半年即停工、未综合验收的房产抵偿给孙某胜，而对工程款是否决算清结、

① 参见安徽省高级人民法院执行裁定书，（2016）皖执复70号。

是否抵债房产价值、抵债房产中是否包括已售房源、是否损害其他债权人合法权益等未进行审查。因此，池州市中级人民法院作出的（2015）池执字第00160－1号执行裁定，适用法律错误。孙某胜的复议理由不成立，裁定驳回复议申请，维持原裁定。

池州市中级人民法院于双方达成和解协议的同一天便作出以物抵债裁定，对工程款是否决算清结、是否抵债房产价值、抵债房产中是否包括已售房源、是否损害其他债权人合法权益等未进行审查。抵债裁定不符合2015年《民事诉讼法解释》第491条中规定的不损害其他债权人合法权益和社会公共利益的前提条件。这体现出法院对于执行中申请执行人与被执行人通过合意达成的以物抵债的严格态度。法院在执行中不仅需要对当事人的以物抵债和解协议进行形式合法性的审查，更要对是否损害其他债权人合法权益和社会公共利益进行实质性审查。如果其他债权人对申请执行人与被执行人之间的以物抵债协议有异议，可以通过执行异议程序来维护自己的利益，撤销相关协议和法律文书。

（四）执行程序中处置不能的财产不能直接抵债给案外人

需要注意的是，依据《民事诉讼法解释》第490条[①]、《拍卖变卖规定》第16条、第24条及第25条的相关规定，[②] 在执行程序中因财产处置不能，可以申请以物抵债的主体只能是申请执行人或其他执行债权人，接受抵债的主体也只能是申请执行人或其他执行债权人。与被执行人不存在债权债务关系的案外人不能作为接受抵债的主体。

---

① 《民事诉讼法解释》第490条规定："被执行人的财产无法拍卖或者变卖的，经申请执行人同意，且不损害其他债权人合法权益和社会公共利益的，人民法院可以将该项财产作价后交付申请执行人抵偿债务，或者交付申请执行人管理；申请执行人拒绝接收或者管理的，退回被执行人。"

② 《拍卖变卖规定》第16条规定："拍卖时无人竞买或者竞买人的最高应价低于保留价，到场的申请执行人或者其他执行债权人申请或者同意以该次拍卖所定的保留价接受拍卖财产的，应当将该财产交其抵债……"第24条规定："对于第二次拍卖仍流拍的动产，人民法院可以依照本规定第十六条的规定将其作价交申请执行人或者其他执行债权人抵债……"第25条规定："对于第二次拍卖仍流拍的不动产或者其他财产权，人民法院可以依照本规定第十六条的规定将其作价交申请执行人或者其他执行债权人抵债。申请执行人或者其他执行债权人拒绝接受或者依法不能交付其抵债的，应当在六十日内进行第三次拍卖。第三次拍卖流拍且申请执行人或者其他执行债权人拒绝接受或者依法不能接受该不动产或者其他财产权抵债的，人民法院应当于第三次拍卖终结之日起七日内发出变卖公告。自公告之日起六十日内没有买受人愿意以第三次拍卖的保留价买受该财产，且申请执行人、其他执行债权人仍不表示接受该财产抵债的，应当解除查封、冻结，将该财产退还被执行人，但对该财产可以采取其他执行措施的除外。"

在六盘水农村商业银行股份有限公司（以下简称六盘水农商行）与六盘水德兴源煤焦销售有限公司（以下简称德兴源公司）、宗鑫公司、王某才、吴某先、蒋某仲、黄某仙、陈某、赵某生金融借款合同纠纷执行案中，被执行人宗鑫公司名下的三项土地使用权未能拍卖变卖成交。六盘水农商行与德兴源公司、宗鑫公司达成和解协议，六盘水农商行撤销执行申请，该案终结执行。其后，因德兴源公司、宗鑫公司未履行和解协议，法院以（2018）黔02执恢19号立案执行。六盘水农商行向法院提交申请，请求将宗鑫公司名下的土地使用权按变卖保留价抵债给六盘水农商行，并将其裁定过户给案外人六盘水安阳贵房地产开发有限公司钟山分公司（以下简称钟山分公司）及六盘水恒邦房地产开发有限公司（以下简称恒邦公司），理由是六盘水农商行与钟山分公司、恒邦公司签署了资产抵债承接协议，两案外人自愿承接上述土地使用权并承担相关风险。六盘水中院审查后作出裁定，将宗鑫公司名下的三项土地使用权作价抵偿给六盘水农商行，将其中两项土地使用权过户给钟山分公司，一项土地使用权过户给恒邦公司。宗鑫公司提出异议，认为可以接受变卖财产抵债的主体只包括债权人、参与分配的债权人、优先购买人。六盘水中院及贵州省高级人民法院均驳回了其异议请求。宗鑫公司向最高人民法院申请执行监督。就关于能否将案涉土地使用权直接裁定过户给案外人的问题，最高人民法院认为，对于无法拍卖或变卖的被执行人财产，人民法院可以依据申请执行人或其他执行债权人的申请裁定将该财产作价抵偿债务，接受抵债的主体应为申请执行人或者其他执行债权人，而非案外人。故六盘水中院直接裁定将案涉土地使用权过户给案外人，于法无据，应予纠正。①

另外，从严格解释《民事诉讼法解释》第490条、《拍卖变卖规定》第16条、第24条及第25条规定的角度看，即便是与被执行人存在债权债务关系，但若该债权尚未进入执行程序，则该债权人亦不能作为接受抵债的主体。

① 最高人民法院执行裁定书，（2019）最高法执监298号。

四、“房地一体”原则在执行程序中的适用

复函原文

最高人民法院关于房屋与占用范围内的土地使用权欠缺一并处分条件时如何执行的问题的复函

2010年6月29日　〔2010〕执他字第8号

辽宁省高级人民法院：

你院〔2009〕辽执一复字第3号《关于房屋与占用范围内的土地使用权欠缺一并处分条件的应否单独处分房屋问题的请示》收悉，经研究，现答复如下：

原则同意你院审判委员会多数人意见。根据房随地走，地随房走的原则及《物权法》第一百四十六条、第一百四十七条和我院《关于人民法院民事执行中查封、扣押、冻结财产的规定》第二十三条第一款的规定，人民法院在执行中需要处理房地产时亦应遵循上述原则和规定。本案中，兴城市市政管理处办公楼系1983年建造，由于当时管理不规范等原因致使权利人与房地产管理部门没有办理相应手续，造成土地权属不明。你院可责成执行法院与当地房地产管理部门协调处理，协调处理不成时，应按照房地一致原则处理房产。

出台背景

我国实行不动产统一登记之前实行的是房地分离登记，即将土地和其上面的建筑物及其附属设施分开登记，一个房屋会有房屋所有权和土地使用权证。在实践中，登记机关的不一致容易导致房屋所有权主体和对应土地使用权主体不一致或两证不全的问题。法院处理涉及房屋、土地的纠纷时，特别是对房产或者土地执行的时候，房地产权不一致，很容易产生后续纠纷。

复函背景是：2007年，法院生效判决判令辽宁省兴城市市政管理处支付某建筑公司工程款81万余元及利息，执行法院查封了被执行人兴城市市政管理处

名下1983年修建但始终未办土地使用权手续的办公楼，且执行过程中仅对房屋而未对土地使用权做评估。兴城市市政管理处对此向执行法院提出执行异议，异议被驳回后兴城市市政管理处向辽宁省高级人民法院申请复议，该案件经辽宁省高级人民法院审委会讨论，审委会未能形成一致意见，请示最高人民法院作出批复。

理解与适用

被执行人名下房产占用的土地权属不清，能否单独处理地上房产问题，是应依照《民法典》第356条、第357条及《城市房地产管理法》第32条的规定，地随房走，还是应依照《国土房管部门协助执行通知》第23条的规定，单独处分房屋，情况比较复杂。因为土地性质、权属的不同，执行方式应有所区别。

（一）土地权属状态不同，执行处置方式不同

如果处分房屋时，土地使用权登记在其他权利人名下，那么可以适用《国土房管部门协助执行通知》第23条的规定，即在变价处理土地使用权、房屋时，土地使用权、房屋所有权同时转移；土地使用权与房屋所有权归属不一致的，受让人继受原权利人的合法权利。另一种情况是如果房屋所有权人仅是因历史原因未及时办理土地使用权登记，可以先补办土地使用权手续后，房屋与占用范围内的土地一并评估拍卖，所得的土地价款补足土地出让金后用于执行清偿。

（二）处理房地产法律关系时坚持"房地一致"原则

我国在处理房地产法律关系时历来强调房屋所有权主体与房屋占用范围内的土地使用权主体一致的原则，俗称"房随地走，地随房走"。这也是目前我国的立法精神，《民法典》《城镇国有土地使用权出让和转让暂行条例》等法律法规均对"房地一致"原则做了不同程度的肯定，本批复对因历史原因造成房屋与占用范围内的土地使用权相分离欠缺一并处分条件如何处置作出了指示，可以看出，"房地一致"原则应为发展常态。在执行程序处置房地时宜尽量使房地

一致，减少因历史遗留问题形成更多的纠纷①。

本批复作出的同一年，最高人民法院在另一则案例中也贯穿了“房地一体原则”。最高人民法院（2010）执复字第6号《赤峰信安畜牧养殖有限责任公司与赤峰德宝房地产开发有限责任公司土地使用权转让合同纠纷执行案复议裁定书》，裁判理由部分写明：“双方当事人2006年11月23日签订的《土地转让合同》第三条和本案生效判决明确规定，本案的执行标的物应为‘赤国用（2002）字第2144号《中华人民共和国国有土地使用证》及该证下50,589.83平方米的土地及地上有证房屋’，据此不能确定该宗土地上的无证房屋和其他地上附着物属于执行标的物的范围。但根据《暂行条例》第二十三条的规定，土地使用权转让时，其地上建筑物、其他附着物所有权随之转让。故本案土地上的无证房屋和地上附着物必须依法与土地使用权一并转让，内蒙古高院在执行土地时将无证房屋和地上附着物一并执行给德宝公司符合上述规定……但是，鉴于双方当事人所签订的《土地转让合同》第三条特别注明信安公司‘在该宗土地上的有证房屋一并转让’，并约定了总价款，由此可以判断该宗地上的无证房屋和其他地上附着物具有独立的价值。根据公平原则，应当在执行中对原权利人信安公司予以合理补偿……综上，内蒙古高院在执行土地时将该宗地上的无证房屋和其他地上附着物一并执行给德宝公司是正确的，复议申请人要求撤销内蒙古高院的执行行为和（2010）内执异字第2号执行裁定书的请求，本院不予支持。”

（三）不动产抵押中的“房地一体”问题

《民法典》第397条规定，“以建筑物抵押的，该建筑物占用范围内的建设用地使用权一并抵押。以建设用地使用权抵押的，该土地上的建筑物一并抵押。抵押人未依照前款规定一并抵押的，未抵押的财产视为一并抵押”。这依然贯穿了“房随地走，地随房走”原则。但第417条又规定，“建设用地使用权抵押后，该土地上新增的建筑物不属于抵押财产。该建设用地使用权实现抵押权时，应当将该土地上新增的建筑物与建设用地使用权一并处分，但新增建筑物所得

① 参见李海军：《关于房屋与占用范围内的土地使用权欠缺一并处分条件时如何执行的问题》，载江必新主编、最高人民法院执行局编：《执行工作指导》2010年第4辑（总第36辑），人民法院出版社2010年版。

的价款，抵押权人无权优先受偿”。这说明，房随地走并不是绝对的，抵押中的房随地走，应该是土地抵押时连同土地上已建的房屋一并抵押；土地抵押时地上尚未建造房屋的，则需要抵押权人后续自己及时办理在建工程抵押，在建工程建造完工时，再及时办理房屋抵押。依据前述规定，以及《民法典》第398条“乡（镇）、村企业的土地使用权不得单独抵押。以乡（镇）、村企业的厂房等建筑物抵押的，其占用范围内的土地使用权同时抵押”，对于房产抵押，应是仅就房屋及房屋占用范围内的相应土地使用权一并抵押。

实务操作指引

（一）财产控制、处分阶段适用房地一致原则的注意事项

按照“房地一致原则”处分房产是基于《民法典》的规定，对房地产的转移实行一体主义，依据《民事诉讼法解释》第484条的规定，除了银行存款可以直接扣划外，对被执行的财产，人民法院非经查封、扣押、冻结不得处分。人民法院在对被执行人的房产所有权、土地使用权进行处分前必须进行控制，[①]因此，在执行程序中，必须一并对被执行人的房产所有权及其所属土地使用权进行控制、处分，避免因强制执行措施的采取造成“房地分离”的情况。

由于土地登记与房屋登记分属不同行政机关，所有权人/被执行人会分别或共同持有国有土地使用权证与房屋产权证，在两者分别被不同法院查封时，不同法院就会因为一方是房屋首封，另一方是土地首封，产生争议。如何处理二者之间的争议，依据本复函的精神，可依据“房随地走，地随房走”的原则及时处理。对于哪一法院负责具体执行工作，则需要根据案件情况及法律规定视实情判定。

---

① 《查扣冻规定》第21条规定：查封地上建筑物的效力及于该地上建筑物使用范围内的土地使用权，查封土地使用权的效力及于地上建筑物，但土地使用权与地上建筑物的所有权分属被执行人与他人的除外。地上建筑物和土地使用权的登记机关不是同一机关的，应当分别办理查封登记。《国土房管部门协助执行通知》第6条规定：“土地使用权和房屋所有权归属同一权利人的，人民法院应当同时查封；土地使用权和房屋所有权归属不一致的，查封被执行人名下的土地使用权或者房屋。”

目前，我国已经实施房地产统一登记制度，这种情况在不动产统一登记后逐渐消失，但需要注意，目前还有一些地区由不同登记机关负责房屋和土地的登记事项，执行过程中要去不同登记机关做好查封手续。

（二）历史形成的“房地分离”情况且一方为案外人时的处理

由于历史原因，确实存在房屋所有权人和土地使用权人不一致的情况，即“房地分离”。这种情况下，如果权利人分别是被执行人和案外人，就不能统一处置，因为执行的原则是只能查封被执行人名下的财产，不能查封案外人名下的财产。根据《国土房管部门协助执行通知》第23条的规定，土地使用权与房屋所有权归属不一致的，受让人继受原权利人的合法权利。受让人继受原权利人的合法权利就是只能对被执行人名下的房屋或土地单独进行变现。

因此，这种房地主体分离的财产，只能按照权属的现状处置。

（三）房地分别抵押时效力范围的确定

房地分离登记制度，很难避免土地和地上建筑物分别设定抵押权的情况，在建工程抵押体现得尤为明显，债务人先以土地使用权向抵押权人设定抵押，后又以在建工程向另外的抵押权人设定抵押。导致执行中处置不动产需要确定不动产抵押效力范围的问题。这种情况下，两个抵押权人都可以要求行使抵押权，根据“宗地不可分割”和“房地一体”原则，土地与在建工程一并处分，土地使用权和在建工程分别估值并根据最终成交价确定各自最终价值，土地抵押权人就土地使用权价值优先受偿，在建工程抵押权人就在建工程价值优先受偿。

五、不动产的实际权利人能否对抗抵押权人的优先受偿权

答复、复函原文

（一）最高人民法院执行工作办公室 关于被执行人房产的登记名义人以被执行人的房产 另案为他人借款提供有效抵押担保执行中应当保护另案抵押权人 优先受偿权等有关问题的答复

2004 年 5 月 10 日　〔2003〕执他字第 2 号

甘肃省高级人民法院、北京市高级人民法院：

你们两院关于兰州市中级人民法院执行甘肃省租赁有限公司（简称租赁公司）诉甘肃省新地实业发展集团公司（简称新地公司）案与北京市海淀区人民法院执行北京市农村信用合作社营业部（简称信用社）诉银恒信投资有限公司（简称银恒信公司）及赵永吉案发生争议的有关报告收悉。经研究答复如下：

据北京市海淀区人民法院〔2002〕海民初字第 7850 号和 7 消 1 号两项判决所确认，赵永吉以位于北京市昌平区史各庄乡定福皇庄 75 号之碧水庄园一期 1－1 房产（房地产权号为 1260010）和 1－7 房产（房地产权号为 1260012）为抵押，分别为银恒信公司于 2001 年 11 月 8 日向信用社所贷的两笔贷款（一笔是 200 万，另一笔贷款为 180 万）提供担保，并办理了抵押登记。

经我们审阅案件材料并向登记机关核实，信用社向房屋登记机关出具的“注销证明”，其同意注销的是 2000 年 6 月 5 日签订的借款合同（到期日为 2001 年 10 月）及其项下的抵押，注销原抵押登记是为了办理 2001 年 11 月签订的新借款合同（到期日为 2002 年 4 月）的抵押。登记机关所回收的他项权证也是 2000 年 6 月办理的原来的抵押权证书。2001 年 11 月办理的新的抵押并没有注销，他项权证也没有收回。

兰州市中级人民法院在执行中，查明被执行人新地公司将公司财产登记在赵永吉名下，因此将赵永吉追加为被执行人，这一做法虽并无不当，但因登记

名义人赵永吉以该房产抵押且抵押权有效设立，抵押权人信用社仍有权就该房产优先受偿。兰州市中级人民法院2002年7月17日在两院协调期间，做出（2002）兰法执字第122-2号裁定，将上述房产抵债给租赁公司，这一做法是错误的，侵害了信用社的优先受偿权，应当予以纠正。如租赁公司能够在合理期限内直接向信用社清偿，可维持该裁定；否则，兰州市中级人民法院应当撤销该裁定。如上述房产的价值在优先清偿信用社债权后没有剩余，应交予北京市海淀区人民法院执行。

请你们两院监督兰州市中级人民法院和北京市海淀区人民法院做好下一步的落实工作。

（二）最高人民法院关于对超过执行期限的抵押权在另案中是否准予优先受偿问题的请示的复函

2007年12月12日　〔2007〕执民他字第10号

广东省高级人民法院：

你院《关于对超过执行期限的抵押权在另案中是否准予优先受偿问题的请示》收悉，经研究，答复如下：

同意你院审判委员会多数人意见。抵押权从属于主债权，与其担保的主债权同时存在，抵押权的成立、转移和消灭从属于主债权的发生、转移和消灭。现行法律并未赋予抵押权独立的强制执行申请权，其强制执行力从属于担保的主债权的强制执行力，受主债权强制执行申请期限的限制。《最高人民法院关于适用〈中华人民共和国担保法〉若干问题的解释》第十二条第二款规定延长两年保护的期限是指抵押权的诉讼时效，并非强制执行申请期限，故该条款不适用对抵押权强制执行申请权的保护。主债权因超过强制执行申请期限而丧失强制执行力的保护及于抵押权，不能以参与另案执行的方式而重新赋予其强制执行力。因此，以丧失强制执行力保护的抵押权在另案中主张优先受偿的请求，应不予支持。

出台背景

不动产登记簿是指记载不动产上的权利状况并备存于登记机关的簿册。根据《民法典》第216条、第217条的规定，不动产登记簿是物权归属和内容的根据，由登记机构管理，不动产权属证书是权利人享有该不动产物权的证明，不动产权属证书记载的事项，应当与不动产登记簿一致；记载不一致的，除有证据证明不动产登记簿确有错误外，以不动产登记簿为准。所以人民法院在办理查封手续时，应以从登记机构调取的不动产登记信息作为权属判断标准。但受当事人规避限购政策、隐藏真实财产或其他原因影响，在实践中“借名买房”的情形经常发生，导致人民法院、登记机关和债权人难以有效辨别财产的真实权利人，在人民法院查封或者处置过程中，常有案外第三人通过对被执行人另案提起诉讼或者仲裁的方式，主张对该不动产的所有权，取得生效的确权法律文书，然后向执行法院提出异议，要求法院解除查封。第三人所持确权法律文书主要有六种类型：（1）基于事实行为所作出的确权（该物权尚未登记）；（2）基于买卖法律关系作出的确权；（3）基于合作开发关系作出的确权；（4）基于投资法律关系所作出的确权；（5）基于债务抵偿关系所作出的确权；（6）基于委托代理法律关系作出的确权。该批复的背景是北京市海淀区人民法院查封了被执行人赵某吉名下的不动产，该不动产已经被抵押给第三人。而兰州市中级人民法院在办理案件中，发现被执行人新地公司是该房产的实际出资人，将房产登记在赵某吉名下。两地法院对该房产的处理存在争议。需要最高人民法院的答复定分止争。

理解与适用

（一）借名买房协议的效力

关于借名买房协议的效力，实务界一般认为：（1）当事人约定一方以他人名义购买房屋，并将房屋登记在他人名下，借名人实际享有房屋权益，借名人依据合同约定要求登记人办理房屋所有权转移登记的，可予支持。但是，该房屋因登记人的债权人查封或其他原因依法不能办理转移登记或者涉及善意第三人利益的除外。（2）当事人一方提供证据证明其对房屋的购买确实存在出资关系，但不足以证明双方之间存在借名登记的约定，其主张确认房屋归其所有或要求登记人办理房屋所有权转移登记的，不予支持；其向登记人另行主张出资债权的，应当根据出资的性质按照相关法律规定处理。（3）借名人违反相关政策、法规的规定，借名购买经济适用住房等政策性保障住房，并登记在他人名下，借名人主张确认房屋归其所有或者依据双方之间的约定要求登记人办理房屋所有权转移登记的，一般不予支持。

（二）善意第三人的权利优于借名人的权利

“借名买房”仅对协议双方有约束力，不能对抗外部善意第三人。《民法典》第410条规定，抵押权设定后，当债务人不履行债务时，债权人有权依照本法规定以该财产折价或者以拍卖、变卖该财产的价款优先受偿。抵押权人的优先受偿权是抵押权人最主要的权利，也是抵押权最主要的效力，抵押权人若无此权利，抵押权将失去存在的意义。抵押权基本的法律意义在于，为债权人在其原有的债权请求权之外又增加了一项物权请求权，债权人依据其债权，可以向债务人提出履行义务的请求权；而设立抵押权，又给债权人增加了一项支配设置抵押的标的物，并从对该标的物的变价中优先实现其权利的物权请求权。

从部分高级人民法院的指导意见来看，善意第三人的有效抵押权应当得到保护。《北京市高级人民法院关于审理房屋买卖合同纠纷案件适用法律若干问题的指导意见（试行）》第15条第1款规定，“当事人约定一方以他人名义购买房屋，并将房屋登记在他人名下，借名人实际享有房屋权益，借名人依据合同约定要求登记人（出名人）办理房屋所有权转移登记的，可予支持。但是，该房屋因登记人的债权人查封或其他原因依法不能办理转移登记，或者涉及善意交易第三人利益的除外”。可以看出，其本意是善意第三人、债权人查封的权利优于借名人的权利。

基于伪造手续将他人房产抵押的，不构成善意取得，抵押权善意取得时的“善意”判断，应根据受让人自身状况及交易经验判定其应尽到何种程度的注意义务。

（三）实际权利人对登记在被执行人名下的不动产提出异议能否排除执行

在案外第三人另案确权的事由中，除基于事实行为主张确权的情形外，其他情况都不应当作出确权判决或裁决。只有在物权所有权状态不明，当事人对所有权权属产生争议的情况下，才能通过诉讼或者仲裁确权。在登记机关已经将涉案财产登记在被执行人名下之后，第三人不能直接主张物权，如果认为登记错误，可以依据《民法典》第220条的规定，申请更正登记，也可以依法提起诉请撤销错误登记；如果认为涉案财产应移转登记在自己名下，应当主张登记过户请求权，但在另案申请执行人根据判决办理完毕所有权移转登记之前，该权利仍然属于债权性质。依据《异议复议规定》第28条的规定："金钱债权执行中，买受人对登记在被执行人名下的不动产提出异议，符合下列情形且其权利能够排除执行的，人民法院应予支持：（一）在人民法院查封之前已签订合法有效的书面买卖合同；（二）在人民法院查封之前已合法占有该不动产；（三）已支付全部价款，或者已按照合同约定支付部分价款且将剩余价款按照人民法院的要求交付执行；（四）非因买受人自身原因未办理过户登记。"上述规定表明，买受人可以主张不动产的物权期待权排除执行，但应符合法定的案件。

实务操作指引

（一）执行程序中符合条件的可以"以物抵债"

所谓以物抵债，即双方当事人经协议约定以债务人或经第三人同意的第三人所有的财产折价归债权人所有，用以消灭债务人对债权人所负的金钱债务。具体到执行程序中的以物抵债，根据现行法律、司法解释规定，只有在拍卖或变卖流拍后，债权人或第三人才可能通过法定程序实现以物抵债。《拍卖变卖规定》第16条规定，拍卖时无人竞买或者竞买人的最高应价低于保留价，到场的申请执行人或者其他执行债权人申请或者同意以该次拍卖所定的保留价接受拍卖财产的，应当将该财产交其抵债。承受人应受清偿的债权额低于抵债财产的价额的，人民法院应当责令其在指定的期间内补交差额。这里以物抵债的承受人只能是申请执行人或者其他执行债权人，面对司法网拍的新形势，为进一步拓展接受以物抵债的主体，提高处置效率，将承受人扩大到第三人。《善意文明执行意见》第9条第4项提到，"财产经拍卖后流拍且执行债权人不接受抵债，第三人申请以流拍价购买的，可以准许”。但实现以物抵债的，应当保障抵押权人的优先受偿权，《民事诉讼法解释》第508条对此有明确规定，参与分配中，所得价款扣除执行费用，并清偿应当优先受偿的债权后，对于普通债权，原则上按照其占全部申请参与分配债权数额的比例受偿。清偿后的剩余债务，被执行人应当继续清偿。该案中，如果兰州市中级人民法院在对该房产进行拍卖后流拍的，可以将上述房产抵债给租赁公司，但其错误在于在两院协调期间，径直作出裁定抵债，没有保障该信用社的优先受偿权。所以，最高人民法院在该答复中提出，如果租赁公司能够在合理期限内直接向信用社清偿，可维持该抵债裁定，否则，兰州市中级人民法院应当撤销该裁定。

（二）特定条件下可以查封登记在案外人名下的房产

《国土房管部门协助执行通知》第7条规定：“登记在案外人名下的土地使用权、房屋，登记名义人（案外人）书面认可该土地、房屋实际属于被执行人时，执行法院可以采取查封措施。如果登记名义人否认该土地、房屋属于被执行人，而执行法院、申请执行人认为登记为虚假时，须经当事人另行提起诉讼或者通过其他程序，撤销该登记并登记在被执行人名下之后，才可以采取查封措施。”登记在他人名下的房产只有在登记名义人出具书面声明，认可该房产实际属于被执行人时，才可以申请法院进行查封；否则，只能通过诉讼或其他程序，撤销该登记并登记在被执行人名下之后，才可以申请法院查封。

（三）另案确权案件的专属管辖

由于执行程序中不能阻止第三人的另案确权，[①] 导致实践中认定另案确权生效法律文书的效力处境尴尬，如果对于确权文书无条件认可，将会给被执行人串通第三人通过确权损害申请执行人利益留下制度缺口，而如果对确权法律文书通过执行异议或者异议之诉程序重新判断，则造成诉讼或者仲裁确权时已经耗费的司法资源和社会资源的浪费。因此，为给当事人以及案外人充分的程序

---

① 关于在执行异议之诉外能否允许另案提起确权之诉，实务中争议很大，各地做法不一，如《江苏省高级人民法院执行异议之诉案件审理指南》允许案外人向有管辖权的法院提起确权之诉，北京市高级人民法院则在《北京市高级人民法院关于审理执行异议之诉案件适用法律若干问题的指导意见（试行）》中认为不应予以受理。

保障，维护执行程序的安定，建议《民事强制执行法》确立案外人异议和异议之诉的专属程序和执行法院的专属管辖权，即对已被人民法院查封、扣押、冻结的财产，案外人如果主张具有能够排除执行的权利，则只能向执行法院提起执行异议和异议之诉，不得另案提起确权程序，对另案提出的确权之诉，裁定不予受理；已经受理的，裁定驳回起诉。

六、因拍卖、变卖、以物抵债裁定发生的物权变动

答复原文

最高人民法院

关于不动产所有权发生转移的时间如何确定的请示与答复

2008 年 10 月 6 日　〔2007〕执他字第 19 号

云南省高级人民法院：

你院《关于拍卖、变卖财产规定第二十九条第二款规定不动产所有权发生转移是否包括“变卖方式的情形”的请示报告》收悉。经研究，答复如下：

人民法院在执行过程中依法裁定变卖土地使用权的，对该土地使用权转移时间的确定，适用最高人民法院《关于人民法院民事执行中拍卖、变卖财产的规定》第二十九条第二款和最高人民法院、国土资源部、建设部《关于依法规范人民法院执行和国土资源房地产管理部门协助执行若干问题的通知》（法发〔2004〕5 号）第二十七条的规定。你院请示的陕西弘丰农业生产资料有限公司是否已根据陕西省高级人民法院（2002）陕高法执一民字第 025－2 号民事裁定书取得争议土地使用权的问题，应当按照上述规定精神，依法予以确定并妥善处理。

此复。

出台背景

云南三环化工股份有限公司（以下简称三环公司）与陕西省农业生产资料有限公司（以下简称陕农公司）买卖合同纠纷一案，昆明市西山区人民法院经过审理后作出（2004）西法民初字第1560号民事判决，判决要求陕农公司支付三环公司货款502万余元及负担诉讼费用。

判决生效后，陕农公司拒不履行法定义务，三环公司向西山区人民法院申请强制执行。2005年3月29日，西山区人民法院作出（2005）西法执字第165号裁定查封了被执行人陕农公司名下位于西安市尚德路24号房屋产权及土地使用权。后案外人陕西弘丰农业生产资料有限公司（以下简称弘丰公司）向西山区人民法院提出执行异议，称该房产为其所有，其在陕西省高级人民法院的变卖中取得，陕西省高级人民法院为其出具了民事裁定已确认查封房产为其所有，只是还未在登记机关办理所有权人名称的变更，因此请求法院中止执行。

西山区人民法院经审查后认为，陕西省高级人民法院已于2003年12月23日将成交裁定送达给异议人，异议人应当在收到裁定书之日起30日内到房地产登记部门申请办理变更登记，对不申请办理变更登记或逾期申请的，其权利不受法律保护。2005年3月29日，经向西安市房屋产权产籍管理中心查询，该房产的产权人为被执行人陕农公司，因此认定该房产的所有权人及土地使用权人实际仍然为被执行人陕农公司，据此西山区人民法院认为案外人弘丰公司没有提供充分有效的证据来支持其主张。

另外，西山区人民法院还查明：（1）弘丰公司于2003年12月9日成立，注册资金60万元，其法定代表人与被执行人陕农公司的法定代表人为同一人，且弘丰公司的股东都是陕农公司的中、高级管理人员。（2）根据西安市房屋产权产籍管理中心房地产档案记载，2005年2月2日，被执行人陕农公司因房改，该办公大楼要与职工家属楼分别办证，陕农公司重新申请办证，仍然将尚德路24号的房屋产权登记在陕农公司名下。（3）陕农公司2004年工作总结及2005年工作安排要点中反映出尚德路24号的房屋及土地使用权实际是由陕农公司占有、收益和处分，说明陕农公司正在对该房屋行使收益和处分权。因此，2005年7月25日，西山区人民法院作出了（2005）西法执字第165号民事裁定，裁定驳回弘丰公司的异议，本案继续进行。

弘丰公司不服，向昆明市中级人民法院申请复议，请求撤销（2005）西法执字第165号民事裁定书。昆明市中级人民法院认为：虽然该房产登记在陕农公司名下，但实际上权属已经转移到弘丰公司，根据《拍卖变卖规定》第29条第2款的规定，弘丰公司自签收陕西省高级人民法院民事裁定书起已取得了该房产所有权及土地使用权，弘丰公司异议成立。据此，昆明市中级人民法院作出了（2005）昆执申复字第7号民事裁定，裁定撤销西山区人民法院（2005）西法执字第165号民事裁定。

三环公司不服，请求云南省高级人民法院监督执行。云南省高级人民法院审判委员会经讨论，形成两种意见。

第一种意见认为：西山区人民法院查封该房屋产权及土地使用权时，其权属登记在被执行人陕农公司名下，根据2004年《拍卖变卖规定》第2条的规定，可以查封。昆明市中级人民法院以2004年《拍卖变卖规定》第29条第2款规定为由，认定弘丰公司自签收陕西省高级人民法院民事裁定书起已取得了该房产所有权及土地使用权的观点不能成立。因该条款仅是对"拍卖成交"或"以物抵债"中物权变动的特别规定，并不包括"变卖"的情形。而陕西省高级人民法院民事裁定书确认的成交方式是变卖关系，并非拍卖或者抵债行为。所以该公司签收陕西省高级人民法院民事裁定书，并不能当然发生权属转移为其所有的效力，而仅是赋予当事人登记请求权，只有经登记才能产生物权变动的效果。未经登记的，其权属不发生转移。弘丰公司虽然支付了部分价款，其既未到房地产及土地管理部门申请变更，也未进行登记，根据2004年《查扣冻规定》第17条规定之精神，该财产可以查封。案外人弘丰公司提出的执行异议不能成立。

第二种意见认为：2004年《拍卖变卖规定》第29条第2款确定了不动产、有登记的特定动产的所有权自人民法院作出裁定送达买受人时起转移的原则。该司法解释虽没有写明变卖这一行为，但执行程序中的变卖也是强制执行措施，且该司法解释就是规范拍卖变卖财产的规定。执行过程中因变卖引起所有权转移与因民事法律行为引起的所有权转移是没有区别的。本案中，不能适用不动产物产变动的一般原则，弘丰公司自签收陕西省高级人民法院民事裁定书起已取得该房屋所有权及土地使用权。

因意见不统一，该院就本案不动产所有权转移时间的确定是否适用2004年《拍卖变卖规定》第29条第2款的问题向最高人民法院请示，最高人民法院经研究作出了答复。

理解与适用

（一）物权变动以登记生效为原则

《民法典》第209条规定，不动产物权的设立、变更、转让和消灭，经依法登记，发生效力；未经登记，不发生效力，但法律另有规定的除外。依法属于国家所有的自然资源，所有权可以不登记。我国对不动产物权变动采用的是登记生效主义。如果没有登记，就不产生物权变动的效力，不包括法律规定的例外情形。物权变动可以不经登记生效的，主要包括非依法律行为而发生的物权变动情形和地役权等特殊物权。

《民法典》第214条规定，不动产物权的设立、变更、转让和消灭，依照法律规定应当登记的，自记载于不动产登记簿时发生效力。不动产登记簿是物权归属和内容的根据。不动产登记簿由登记机构管理，在判定不动产所有权时，首先应该根据不动产登记簿的内容确定，不动产物权发生变更或者转让的，自记载于不动产登记簿时发生效力，不动产登记簿是判断所有权人的依据。

本请示中的案例发生时间较早，西山区人民法院根据法律规定，依据西安市房屋产权产籍管理中心查询的结果，得出该房产的产权人为被执行人陕农公司所有的论断。事实上，西山区人民法院的结论符合法律的判断准则，查封行为符合《查扣冻规定》第1条、第2条及第9条规定之精神，合法正当。但是，案外人提供的发生所有权变动的变卖成交裁定，是能够引起物权变动的特别规定情形，执行法院没有认真研究，导致驳回异议裁定被上级法院撤销。

（二）司法拍卖、变卖、以物抵债裁定产生物权变动的法律效力

拍卖和变卖、以物抵债都是人民法院将被执行财产变现的主要方式。拍卖是人民法院财产变现优先选择的强制措施，已为《拍卖变卖规定》所确定，并形成了以拍卖为主、变卖和以物抵债为辅的财产变现格局。这三种方式属于强

制执行措施，都能引起物权变动的法律效果，但与引起物权变动的民事法律行为有本质上的区别，不能适用物权变动的一般原则。

拍卖与变卖、以物抵债应适用同样的法律规则，符合法律、司法解释的本意。最高人民法院认为变卖后的物权变动时间应适用2004年《拍卖变卖规定》第29条第2款关于拍卖成交的规定，即该不动产的所有权自变卖成交裁定送达买受人时起转移。另外，变卖成交的，不动产的管理部门应该根据《国土房管部门协助执行通知》第27条的规定为变卖不动产的买受人办理权属变更、转移登记。不动产管理部门办理物权变动登记时，应该将变卖的不动产的所有权追溯到相关法律文书生效之时。所以，本案例中弘丰公司在后续的产权登记时，其权利可以追溯到裁定文书送达之时。

实务操作指引

（一）财产所有权转移时间的规定

本答复是针对不动产的所有权的转移时间作出的。因此，结合本答复及新出台的法律法规，有必要再明确一下财产所有权转移时间的最新规则。

《拍卖变卖规定》在修正之前对财产所有权转移时间区分为两类：（1）不动产、有登记的特定动产或者其他财产权，自拍卖成交、变卖成交或抵债裁定送达买受人或者承受人时起转移；（2）没有登记的动产自该动产交付时起所有权转移给买受人或承受人。2016年出台的《网络司法拍卖规定》已不再区分动产、其他财产权及不动产，统一规定为拍卖财产所有权自拍卖成交裁定送达买受人时转移。① 2020年12月29日修改后的《拍卖变卖规定》与《网络司法拍卖规定》保持一致。

（二）案外人对异议裁决不服的救济途径发生改变

本案例的请示中，弘丰公司不服西山区人民法院的执行异议裁定，向昆明市中级人民法院申请复议，因当时法律未规定案外人异议之诉制度。案外人异

① 参见《网络司法拍卖规定》第22条第2款内容，该款规定“拍卖财产所有权自拍卖成交裁定送达买受人时转移”。

议之诉，是指案外人就执行标的物享有足以排除强制执行的实体权利（如所有权或者足以阻止执行标的转让、交付的实体权利），在执行程序终结前，向执行法院对申请执行人（必要时，被执行人可列为共同被告）提起的旨在阻止对执行标的物的强制执行的诉讼。相比复议制度，诉讼更有利于对案外人权利的保护。

《民事诉讼法》经多次修订后，案外人的救济制度发生了变化，对异议裁定不服，认为原判决、裁定错误的，依照审判监督程序办理；认为与原判决、裁定无关的，可以自裁定送达之日起15日内向人民法院提起诉讼。①

七、债务重组协议、还款协议能否作为主债权合同办理不动产抵押登记

通知原文

中国银监会、国土资源部关于金融资产管理公司等机构业务经营中不动产抵押权登记若干问题的通知

2017年5月15日　银监发〔2017〕20号

各银监局，各省、自治区、直辖市国土资源主管部门，新疆生产建设兵团国土资源局，各政策性银行、大型银行、股份制银行，邮储银行，外资银行，金融资产管理公司：

为贯彻落实党中央、国务院“三去一降一补”工作的决策部署，进一步发挥好金融资产管理公司服务实体经济发展、防范和化解金融风险的重要作用，根据《中华人民共和国物权法》、《中华人民共和国担保法》、《中华人民共和国城市房地产管理法》、《不动产登记暂行条例》等法律法规，现就金融资产管理公司等机构经营活动中涉及不动产抵押权登记的有关问题通知如下：

① 参见《民事诉讼法》第234条。

一、金融资产管理公司是经国家有关部门依法批准设立的非银行金融机构。金融资产管理公司及其分支机构（以下统称金融资产管理公司）在法定经营范围内开展经营活动，需要以不动产抵押担保方式保障其债权实现的，可依法申请办理不动产抵押权登记。

二、金融资产管理公司收购不良资产后重组的，与债务人等交易相关方签订的债务重组协议、还款协议或其他反映双方债权债务内容的合同，可作为申请办理不动产抵押权登记的主债权合同。金融资产管理管理公司收购不良资产涉及大量办理不动产抵押权转移登记或者变更登记的，不动产登记机构要积极探索批量办理的途径和方法，切实依法规范、高效便利，为金融资产管理公司健康发展提供有力保障。

三、金融资产管理公司收购不良资产后重组的，需要以在建建筑物、房屋、土地使用权抵押担保其债权实现的，不动产登记机构应根据当事人的申请依法予以登记。

四、金融资产管理公司、银行等依法批准设立的金融机构与抵押人持不动产权属证书、主债权合同和抵押合同等必要材料可以直接向不动产登记机构申请不动产抵押权登记，不动产登记机构应当依法受理、及时办理，不得要求金融资产管理公司、银行或者抵押人提供没有法律法规依据的确认单、告知书等材料，不得将没有法律法规依据的审核、备案等手续作为不动产登记的前置条件或纳入不动产登记流程。

五、各省、自治区、直辖市人民政府（含计划单列市人民政府）按照规定设立或授权，并经中国银监会公布的地方资产管理公司，在从事金融企业不良资产批量转让、收购和处置业务活动中需办理抵押权登记的，参照本通知执行。

出台背景

2020 年我国商业银行不良贷款余额已达 3.5 万亿元，不良贷款率将超 1.92%。不良资产处置的力度不断加大，不良资产的收购、处置、管理、盘活，大多离不开金融资产管理公司的参与。因此，金融资产管理公司在服务实体经济发展、防范和化解金融风险方面发挥了重要作用。

金融资产管理公司在开展不良债权收购、重组和处置等业务中，为了控制风险，保障债权最终得到清偿，一般会要求债务人或第三人为重组债权提供担保，而不动产抵押则是发生频率最高的担保方式。《民法典》对不动产抵押采取登记生效主义，不动产抵押登记制度是不动产抵押担保功能得以发挥的基础。不动产抵押权的设立和转让是否顺畅直接决定了金融债权能否如期实现。而在实践中，由于登记机关和工作人员对不良资产公司经营模式认识不充分，部分地区的抵押登记机关不支持或者变相拒绝为金融资产管理公司或其分支机构办理抵押登记，使金融资产管理公司的利益未能得到及时和充分保障。因此，广大金融机构对我国不动产登记制度的设计和运行高度关注，不动产登记制度对金融业务的影响也受到相关行政部门和行业监管部门的重视。正是在这一背景下，有关完善金融资产管理公司不动产登记制度的规范性文件正式出台。该通知的出台，有效破解了金融资产管理公司等金融机构在办理抵押登记过程中遇到的困境，确保金融机构权益得以保障，也相应促进了金融稳定和经济发展。

理解与适用

（一）关于金融资产管理公司办理抵押登记的主体资格

金融监管部门出台资管新规之后，实质性重组已经成为资产管理公司的主要业务之一，但重组协议达成后，有的地方不动产登记部门对抵押权人资格审查过于严格，以未办理过、不了解金融资产管理公司业务、金融资产管理公司不具有贷款资质等为由，对金融资产管理公司或其分支机构申请办理不动产抵押登记的主体资格不予认可，拒绝办理相关抵押登记手续，导致金融资产管理公司等非银行金融机构债权人无法顺利成为新的抵押权人。现已明确规定，金融资产管理公司及其分支机构在法定经营范围内开展经营活动，以不动产抵押担保方式保障其债权实现的，可依法申请办理不动产抵押登记，从而正式确认了金融资产管理公司具备办理不动产抵押登记的主体资格。

《民法典》第387条第1款规定：“债权人在借贷、买卖等民事活动中，为保障实现其债权，需要担保的，可以依照本法和其他法律的规定设立担保物权。”法律并未限定仅银行类金融机构可以成为债权人和抵押权人，其他民事主体也可以设立担保物权。《民法典》第394条规定："为担保债务的履行，债务人或者第三人不转移财产的占有，将该财产抵押给债权人的，债务人不履行到期债务或者发生当事人约定的实现抵押权的情形，债权人有权就该财产优先受偿。前款规定的债务人或者第三人为抵押人，债权人为抵押权人，提供担保的财产为抵押财产。"抵押权的设立，同样不限于银行等金融机构。根据《民法典》第407条之规定，债权转让的，担保该债权的抵押权一并转让，但是法律另有规定或者当事人另有约定的除外。金融资产管理公司从银行等机构收购不良资产后，取得原银行的抵押权人地位，需要变更自己为新的抵押权人。可见，对于金融资产管理公司等非银行类金融机构办理抵押登记的主体资格进行限制没有法律依据。

（二）关于办理抵押登记的申请

在金融资产管理公司的重组项目中，债权合同多数并非借款合同，部分登记机关以办理抵押登记的主债权合同应是借款合同为由，不接受金融资产管理公司不良资产收购重组业务中签订的债务重组协议或还款协议作为抵押担保的主合同；还有一些登记机关要求提供原金融机构出具的确认单、告知书等材料，否则不予办理抵押登记。这些额外要求没有法律依据，金融资产管理公司收购不良资产后重组的，与债务人等交易相关方签订的反映双方债权债务内容的合同，均可作为申请办理不动产抵押登记的主债权合同；登记机关不得将提供没有法律法规依据的审核、备案等手续作为不动产抵押登记的前置条件。

2016年《不动产登记操作规范（试行）》第14条规定："抵押权首次登记应当由抵押人和抵押权人共同申请。"申请抵押权首次登记，提交的材料包括不动产登记申请书、申请人身份证明、不动产权属证书、主债权合同。最高额抵押的，应当提交一定期间内将要连续发生债权的合同或者其他登记原因文件等必要材料，另外，还要提供抵押合同，主债权合同中包含抵押条款的，可以不提交单独的抵押合同书。最高额抵押的，应当提交最高额抵押合同。如果同意将最高额抵押权设立前已经存在的债权转入最高额抵押担保的债权范围的，应当提交已存在债权的合同以及当事人同意将该债权纳入最高额抵押权担保范围的书面材料；在建建筑物抵押的，应当提交建设工程规划许可证。不动产登记机构不得随意扩大登记申请材料的种类和范围，法律、行政法规以及《不动产登记暂行条例实施细则》没有规定的材料，不得作为登记申请材料。对于主债权合同，只要反映出当事人双方债权债务内容即可。对于上述规定中没有要求的其他材料，登记机关一律不得要求再行提供。

（三）关于抵押物的审查

登记机关不应对抵押物进行实质审查，房产、土地使用权等不动产一般均可作为抵押物。实践中，对于在建工程能否作为抵押物，部分登记机关在审查中根据《城市房地产抵押管理办法》第3条第5款的规定，认为在建工程抵押，是指抵押人为取得在建工程继续建造资金的贷款，以其合法方式取得的土地使用权连同在建工程的投入资产，以不转移占有的方式抵押给贷款银行作为偿还贷款履行担保的行为，在建工程的抵押权人只能是贷款银行，借款必须用于该工程建设，金融资产管理公司并非银行，项目款项未用于在建工程建设，不能办理在建工程抵押登记。但是，金融资产管理公司收购银行债权后，需要在做好产权核查、评估、处置、变现风险防控的基础上，扩大可作为抵押物的范围；同时，更多的财产需要通过抵押的方式实现其交换价值和资金融通功能。因此，规定资产管理公司收购不良资产后重组的，需要以在建建筑物、房屋、土地使用权抵押担保其债权实现的，不动产登记机构应根据当事人的申请依法予以登记。

《最高人民法院关于〈城市房地产抵押管理办法〉在建工程抵押规定与上位法是否冲突问题的答复》（〔2012〕行他字第8号）中也明文规定，在建工程属于《担保法》（已废止）规定的可以抵押的财产范围。法律对在建工程抵押权人的范围没有作出限制性规定，《城市房地产抵押管理办法》第三条第五款有关在建工程抵押的规定，是针对贷款银行作为抵押权人时的特别规定，但并不限制贷款银行以外的主体成为在建工程的抵押权人。可见，在建工程属于不动产之一，金融资产管理公司可以作为在建工程的抵押权人。

（四）关于抵押变更登记的问题

在实践中，由于相关规定模糊、地方保护主义等多种原因，当事人办理抵押权转让变更登记手续困难重重。很多地方的登记机构的实际做法是：要求当事人在转让设有不动产抵押担保的债权后，先由抵押人与原抵押权人共同申请注销抵押登记，然后由抵押人与受让债权的主体一并申请抵押权的设立登记，给债权人造成了巨大的法律风险。此外，还有不少登记主管机关明确拒绝办理抵押权转让变更登记，甚至有些当事人为此不得不提起行政诉讼。针对当时的抵押权登记制度现实状况，《最高人民法院关于适用〈中华人民共和国担保法〉若干问题的解释》（已废止）不得已而对不动产物权登记生效条件作出让步，规定因登记部门的原因致使无法办理抵押物登记的债权人有特殊优先受偿权。随着不动产抵押登记规章和行政法规的陆续出台，我国抵押变更登记的相关规定不断完善，各地登记机关落实登记规范的力度也在不断加大。根据《城市房地产抵押管理办法》第37条第1款的规定，抵押权可以随债权转让。抵押权转让时，应当签订抵押权转让合同，并办理抵押权变更登记。抵押权转让后，原抵押权人应当告知抵押人。《土地登记办法》（已废止）第44条也规定了办理土地抵押权变更登记需提交的文件。北京市国土资源和房屋管理局于2000年发布了《关于房地产抵押权变更登记有关问题的通知》，明确了办理抵押权变更登记的机关、申请主体、所需文件等。根据国务院2015年的《不动产登记暂行条例》和原国土资源部《不动产登记暂行条例实施细则》的规定，因主债权转移引起不动产抵押权转移的，当事人可以向不动产登记机构申请转移登记。当事人可以持不动产权属证书、不动产登记证明、被担保主债权的转让协议、债权人已经通知债务人的材料等相关材料，申请抵押权的转移登记。在该背景下，通知专门就金融资产管理公司等机构经营活动中涉及不动产抵押权变更登记的问题作出规定：金融资产管理公司收购不良资产涉及大量办理不动产抵押权转移登记或者变更登记的，不动产登记机构要积极探索批量办理的途径和方法。可见，对于金融资产管理公司的抵押权变更登记不但应当直接办理，而且还要批量加快办理，为金融资产管理公司健康发展提供有力保障。

实务操作指引

（一）金融资产管理公司可依法、批量办理不动产抵押登记

金融资产管理公司是经国家有关部门依法批准设立的非银行金融机构，收购不良资产后重组，需要以在建建筑物、房屋、土地使用权担保其债权实现的，与抵押人持不动产权属证书、主债权合同和抵押合同等必要材料可以直接向不

动产登记机构申请不动产抵押权登记，不动产登记机构应当依法受理、及时办理，不得要求金融资产管理公司、银行或者抵押人提供没有法律法规依据的确认单、告知书等材料，不得将没有法律法规依据的审核、备案等手续作为不动产登记的前置条件或纳入不动产登记流程。金融资产管理公司收购不良资产涉及大量办理不动产抵押权转移登记或者变更登记的，不动产登记机构在依法办理的基础上还应当探索批量办理的途径，最大限度支持金融资产管理公司依法开展经营活动。

（二）金融资产管理公司可将债务重组协议等作为主债权合同

金融资产管理公司收购不良资产后重组的，与债务人等交易相关方签订的债务重组协议、还款协议或其他能够反映双方债权债务内容的合同，均可作为申请办理不动产抵押权登记的主债权合同，登记机关不得拒绝接受。

（三）在建工程可以作为金融不良债权的抵押物

资产管理公司收购不良资产后重组的，需要以在建建筑物担保其债权实现的，不动产登记机构应根据当事人的申请依法予以登记。

（四）抵押合同签订后未办理抵押登记的处理

抵押合同签订后，未办理抵押登记不影响抵押合同效力，抵押义务人负有为债权人设立不动产抵押权的合同义务。抵押义务人未履行上述义务的，债权人有权请求其承担违约损害赔偿责任，要求抵押义务人在担保范围内，以抵押物的现有价值为限，就主债务的未偿还部分向债权人承担清偿责任。

（五）不动产抵押权未办理变更登记的效力

在债权转让中，对于债权转让与变更抵押登记的关系，立足《民法典》和审判实践，主债权转让的，担保该债权的不动产抵押权一并转让，但法律另有规定或者当事人另有约定的除外。不动产抵押权未办理变更登记的，受让人也享有抵押权，因债权受让人取得的抵押权系基于法律的明确规定，并非基于新的抵押合同重新设定抵押权，故不因受让人未及时办理抵押权变更登记手续而消灭。债权受让人可以取得和行使原债权的抵押权，债权受让人未办理抵押变更登记不影响其享有和行使抵押权。

八、对唯一住房的执行

规定原文

最高人民法院
关于人民法院办理执行异议和复议案件若干问题的规定（节选）

2020 年 12 月 29 日 法释〔2020〕21 号

第二十条 金钱债权执行中，符合下列情形之一，被执行人以执行标的系本人及所扶养家属维持生活必需的居住房屋为由提出异议的，人民法院不予支持：

（一）对被执行人有扶养义务的人名下有其他能够维持生活必需的居住房屋的；

（二）执行依据生效后，被执行人为逃避债务转让其名下其他房屋的；

（三）申请执行人按照当地廉租住房保障面积标准为被执行人及所扶养家属提供居住房屋，或者同意参照当地房屋租赁市场平均租金标准从该房屋的变价款中扣除五至八年租金的。

执行依据确定被执行人交付居住的房屋，自执行通知送达之日起，已经给予三个月的宽限期，被执行人以该房屋系本人及所扶养家属维持生活的必需品为由提出异议的，人民法院不予支持。

出台背景

《查扣冻规定》第 4 条规定，对被执行人及其所扶养家属生活所必需的居住房屋，人民法院可以查封，但不得拍卖、变卖或者抵债。这是强调执行中应坚持比例原则，保障被执行人基本的生存权。然而，对被执行人的责任财产实行豁免，必然在某种程度上削弱对债权人的保护，因此，遭到了以银行为代表的债权人的强烈反对。银行界认为，在银行作为抵押权人的案件中，债务人已经抵押的房屋经常为其名下唯一住房，如果不能得到依法变现，却体现以人为本、加强对被执行人基本生存权保护，极易诱发道德风险，可能成为债务人恶意逃废债的“保护伞”，加大了房贷无法收回的风险，增加不良贷款清收的难度，不利于抵押权的实现。从长远来看，如果设定抵押的房屋不能执行，不利于维护银行债权，不利于住房按揭市场的发展，不利于社会诚信体系的建立。为消除《查扣冻规定》带来的不利影响，各地银行纷纷通过提高首付比例、要求贷款人提供两套住房证明、紧缩甚至停止偿债能力弱的贷款人申请贷款等手段提高房贷门槛，以规避信贷风险。如此一来，造成许多原本可以获得银行贷款的购房人无法贷款买房，最终损害了广大消费者的利益。为此，最高人民法院多次召开座谈会，进行了充分调研，并结合人民法院执行工作的实践经验，制定了关于人民法院如何执行设定抵押的房屋的司法解释。[①] 该司法解释于2020年年底被最高人民法院清理司法解释时被废止。

理解与适用

《最高人民法院关于人民法院执行设定抵押的房屋的规定》（已废止）的出台，虽然具有特定的历史环境，但评价褒贬不一。赞成的观点认为，它为以银行为代表的抵押权人实现个人住房贷款债权提供了政策支持，降低了个人住房贷款市场的经营风险，改变了自2005年开始的银行惜贷的局面，获得了金融界的普遍认可。反对的观点认为，最高人民法院制定的司法解释，朝令夕改，在《查扣冻规定》施行不到一年后就出台与之立法精神相反的规定，是屈服于金融和房地产强势利益群体的表现。我们认为，当时以一部司法解释纠正另一部司法解释中的偏差，消除人们对被执行人唯一住房不可执行的误解，对法院的执行工作具有积极意义。

（一）人民法院可以执行已经设定抵押的房屋

对已经设定抵押的房屋可以依法拍卖、变卖或者抵债的出发点是，“与没有权利负担的房屋相比，已经设定抵押的房屋确有其特殊性，该房屋作为债权实

① 参见王飞鸿：《〈关于人民法院执行设定抵押的房屋的规定〉的理解与适用》，载《人民司法》2006年第1期。

现的一种保证，功用明确，被执行人也非常清楚不能清偿债务的后果。因此为了公平保护抵押债权人的利益，应当允许对设定抵押的房屋予以执行。这也是保护我国住房按揭市场、促进国民经济健康发展的现实需要”。[①] 已经设定抵押的房屋即使是被执行人唯一住房，也能执行，目前已无争议。从多部司法解释的本意看，人民法院可以执行超过被执行人及其所扶养家属生活所必需的房屋，进一步澄清了人们对被执行人唯一住房不可执行的错误认识，《异议复议规定》第 20 条[②]则为执行唯一住房提供了明确的法律依据。

（二）人民法院可以视案件具体情况给被执行人相应的腾房宽限期

人民法院将被执行人及其所扶养家属居住的房屋裁定拍卖、变卖或者抵债后，无论该房屋是否被抵押，应给予被执行人一定的宽限期，以便被执行人有足够时间主动腾退房屋，而不应立即强制迁出被执行人及其所扶养家属。除交付房屋案件的执行外，金钱债权执行案件拍卖房屋的，宽限期由法院指定，只有在宽限期届满后被执行人仍未迁出的，人民法院才能按照《民事诉讼法》第 257 条的规定强制执行。有观点认为，人民法院在房屋仍有实际居住人的情况下进行的拍卖、变卖或者抵债，属于标的物瑕疵，容易造成流拍，即便成交，如果被执行人超过宽限期未主动腾房，买受人便会迟迟拿不到拍卖房屋，容易产生不交吉[③]的纠纷。

（三）申请执行人无为被执行人及其所扶养家属提供临时住房的义务

在被执行人无法自行解决居住问题时，原来司法解释规定，申请执行人有为被执行人及其所扶养家属提供临时住房的义务。体现了这样一种理念，即被执行人的财产只有一处已设定抵押的房屋时，人民法院在执行中可以“由大到

---

① 王飞鸿：《〈关于人民法院执行设定抵押的房屋的规定〉的理解与适用》，载《人民司法》2006 年第 1 期。

② 金钱债权执行中，符合下列情形之一，被执行人以执行标的系本人及所扶养家属维持生活必需的居住房屋为由提出异议的，人民法院不予支持：（1）对被执行人有扶养义务的人名下有其他能够维持生活必需的居住房屋的；（2）执行依据生效后，被执行人为逃避债务转让其名下其他房屋的；（3）申请执行人按照当地廉租住房保障面积标准为被执行人及所扶养家属提供居住房屋，或者同意参照当地房屋租赁市场平均租金标准从该房屋的变价款中扣除 5～8 年租金的。执行依据确定被执行人交付居住的房屋，自执行通知送达之日起，已经给予 3 个月的宽限期，被执行人以该房屋系本人及所扶养家属维持生活的必需品为由提出异议的，人民法院不予支持。

③ 拍卖后不负责交付房屋。

小、由好到坏、由近到远，但不能由有到无”，[①] 充分体现了人民法院保障的是被执行人的居住权而非房屋所有权的执行理念。但根据现有规定申请执行人已经没有义务为被执行人提供临时住房，而是转化成房屋租金的形式对被执行人的生存权予以保障，即可以从拍卖变卖款中直接留出5~8年租金给被执行人。

实务操作指引

（一）对抵押房屋的附属设施应一并执行

根据最高人民法院2011年9月19日作出的（2011）执监字第82号驳回申诉通知书的裁判精神，消防、电梯、配电室等相关附属设施，属于房屋组成部分，具备相关配套附属设施的房屋才能正常使用，否则房屋就不具备应有的作用和功能，故相关附属设施应与房屋一并转让和抵押，不能单独分割于房屋整体之外。因此，实践中，执行抵押房屋时，被执行人以消防、电梯、配电室等相关附属设施未设定抵押为由请求排除执行的，人民法院不予支持。[②]

（二）设定抵押的共有房产的执行顺序

对于设定抵押的共有房产，若抵押人均系共有人，则执行法院可直接对抵押房产进行变现，再将所得拍卖款优先偿还抵押权人的债务。若抵押人仅对抵押房产享有部分份额时，根据《查扣冻规定》第12条[③]的规定，则应当先析产、后变现。在符合特定条件的情况下，有的法院从执行效率和执行经济的原则出发，尝试采取先变现、再析产的变通执行办法，即将抵押房产拍卖，用所得拍卖款清偿抵押债权，剩余不需要执行的余款暂时由执行法院保管，待共有人析

---

① 参见王飞鸿：《〈关于人民法院执行设定抵押的房屋的规定〉的理解与适用》，载《人民司法》2006年第1期。

② 最高人民法院执行局编：《人民法院办理执行案件规范》，人民法院出版社2017年版，第233页。

③ 对被执行人与其他人共有的财产，人民法院可以查封、扣押、冻结，并及时通知共有人。共有人协议分割共有财产，并经债权人认可的，人民法院可以认定有效。查封、扣押、冻结的效力及于协议分割后被执行人享有份额内的财产；对其他共有人享有份额内的财产的查封、扣押、冻结，人民法院应当裁定予以解除。共有人提起析产诉讼或者申请执行人代位提起析产诉讼的，人民法院应当准许。诉讼期间中止对该财产的执行。

产确定份额后再予以发还,[①] 亦取得不错的执行效果。

九、法人分支机构设定抵押的效力

答复原文

最高人民法院关于企业法人分支机构[②]未经授权以登记在其名下的房地产为他人提供的抵押合同的效力应如何认定问题请示之答复

2005 年 11 月 16 日　〔2005〕民二他字第 8 号

河南省高级人民法院:

你院《关于企业法人分支机构未经授权为他人提供抵押担保的效力应如何认定的请示》收悉。经研究，答复如下:

根据我国房地产法律关于登记确权规定之精神，企业法人的分支机构以登记在其名下的房地产为他人债权设定抵押，该抵押设定行为符合担保法规定的抵押权设定生效条件的，人民法院应当认定有效。

出台背景

《民法典》规定法人的分支机构也可以自己的名义担任保证人，使《担保法》(已废止)、《最高人民法院关于适用〈中华人民共和国担保法〉若干问题的解释》(已废止）关于企业法人的分支机构、职能部门不得为保证人的规定发生了重大变化。《民法典》施行前企业法人的分支机构有法人书面授权的，可以

---

① 沈志先主编:《2012 年上海法院案例精选》，上海人民出版社 2012 年版，第 629 页。

② 《民法典》改变了《民法通则》(已废止）关于法人分类的方法，不再将法人划分为企业法人、机关、事业单位和社会团体法人，而是划分为营利法人、非营利法人和特别法人。《民法典》施行后，“企业法人分支机构”将逐步被“法人分支机构”“分支机构”所替代。

在授权范围内提供保证。未经法人书面授权或者超出授权范围与债权人订立保证合同的，该合同无效或者超出授权范围的部分无效，债务人、担保人、债权人有过错的，应当根据其过错各自承担相应的民事责任。

对于分支机构未经企业法人书面授权而以登记在其名下的房地产为他人提供抵押时的抵押合同以及抵押行为效力问题，属于立法上的空白地带。河南省高级人民法院向最高人民法院请示时陈述了截然相反的两种意见：否定意见认为：分支机构对法人交与其经营管理的财产只有经营管理权而无处分权，分支机构若为经营需要可为自己的债务进行抵押担保，但未经法人授权为他人债务提供抵押的，应属无权处分而认定无效。虽然《最高人民法院关于适用〈中华人民共和国担保法〉若干问题的解释》（已废止）第17条只规定分支机构未经法人授权提供的保证合同无效，而未对提供抵押担保的效力作出明确规定，但根据《民法通则》（已废止）、《担保法》（已废止）等相关规定，应当认定该抵押无效。肯定意见认为：《最高人民法院关于适用〈中华人民共和国担保法〉若干问题的解释》（已废止）只规定分支机构未经法人授权不得提供保证，而没有将该项规定为不得提供担保。在分支机构以登记在其名下的房地产为他人提供抵押的情况下，由于不动产登记的公示性使债权人有理由认为分支机构对抵押物有处分权，因此法人将房地产登记在分支机构名下这一行为本身就应认定是对分支机构的授权，分支机构以这些房地产提供抵押的，无须法人另行授权，故不应认定担保无效，而应认定有效。最高人民法院民事审判第二庭在征求其他相关庭室的意见的基础上，经研究，作出了企业法人分支机构未经授权以登记在其名下的房地产为他人提供的抵押合同有效的结论。①

理解与适用

《民法典》施行前，最高人民法院法官曾撰文提出，分支机构未经企业授权设定抵押属于无权处分。关于无权处分合同的效力，有“无效说”“效力待定

① 参见宋晓明、王闯：《未经授权的房地产抵押效力之考量——关于最高人民法院〔2005〕民二他字第8号请示答复之解析》，载《中国审判》2006年第2期。

说”和“有效说”之分,[①] 其认为“合同有效说”应为通说：其一，无论是否属于无权处分，皆应区分负担行为和处分行为，明确坚持“物权变动原因和结果区分”原则。其二，即便分支机构未经法人授权而为他人提供抵押的行为属于无权处分，亦应区分抵押合同和抵押设定行为。抵押合同是负担行为，应当确定有效，不以权利人的意思为转移；抵押设定行为是处分行为，其效力处于待定状态，并取决于权利人是否追认或者抵押设定人是否嗣后取得处分权。其三，《担保法》（已废止）第41条所谓的登记，是“抵押权生效条件”，即能否创设或设定抵押权的条件，而不是抵押合同生效条件。根据《物权法》（已废止）基本原理，不动产物权以登记为公示方式，登记是不动产物权取得、丧失、变更的重要根据，具有物权变动的公示效力。[②]

《民法典》放弃了《合同法》（已废止）第51条无权处分制度，其第215条采纳了物权行为理论中的物权行为与债权行为相区分的原则，规定当事人之间订立有关设立、变更、转让和消灭不动产物权的合同，除法律另有规定或者合同另有约定外，自合同成立时生效；未办理物权登记的，不影响合同效力。当事人之间订立有关设立、变更、转让和消灭不动产物权的合同属于引起物权变动的原因行为，而物权的设立、变更、转让和消灭属于物权变动的结果，两者是不同的概念。合同编第597条亦体现了物权变动的合同效力与物权效力相区分的原则。

在此基础上，解析本答复涉及两个层面的问题：一是分支机构未经授权对外签署抵押合同的效力问题，二是抵押合同效力对抵押权效力的影响。

（一）分支机构未经授权对外提供抵押所签署的抵押合同的效力分析

有观点认为，《民法典》关于分支机构以自己的名义从事民事活动的规定，可以认为分支机构以自己的名义提供的担保有效，但《民法典担保解释》第11条明显否定了该观点，举重以明轻，如果公司对外提供担保都需要决议程序，公司分支机构提供担保时不可能不再需要决议程序。该条规定公司的分支机构

---

① 《合同法》（已废止）第51条规定：“无处分权的人处分他人财产，经权利人追认或者无处分权的人订立合同后取得处分权的，该合同有效。”可以认为，立法上采效力待定说。

② 参见宋晓明、王闯：《未经授权的房地产抵押效力之考量——关于最高人民法院〔2005〕民二他字第8号请示答复之解析》，载《中国审判》2006年第2期。

未经公司股东（大）会或者董事会决议以自己的名义对外提供担保，相对人请求公司或者分支机构承担担保责任的，人民法院不予支持，但是相对人不知道且不应当知道分支机构对外提供担保未经公司决议程序的除外。《民法典担保解释》使用“担保”这一表述，即表明无论是对外提供保证还是对外提供物的担保，均含括其中。因此，分支机构未经授权对外签署的抵押合同未必无效，取决于相对人是否善意，而对善意，应理解为相对人是否审查了依据《公司法》、公司章程规定的有权决定是否同意对外提供担保的机关的决议。

（二）抵押合同无效情形下抵押权是否成立的问题

需要明确的是，《民法典》虽然已经明确区分了合同效力与物权效力，但在物权变动问题上并未采无因性理论，换言之，作为物权变动原因行为的合同行为效力对物权效力产生影响。抵押合同被认定为无效，则抵押权并未有效设立，债权人无权对抵押物享有优先受偿权。

在甘肃省融资担保集团股份有限公司、甘肃绿环生物科技开发有限公司、甘肃金江房地产开发集团有限责任公司庆阳分公司等追偿权纠纷一案中，甘肃金江房地产开发集团有限责任公司庆阳分公司（以下简称金江集团庆阳分公司）为担保甘肃绿环生物科技开发有限公司的债务，与甘肃省融资担保集团股份有限公司（以下简称省融资担保公司）签署抵押合同，将其名下房产抵押给省融资担保公司并办理了抵押登记。关于抵押合同及抵押权效力问题，一审法院兰州中院认为，省融资担保公司已经审查了金江集团庆阳分公司出具的股东会决议，应认定其为善意，抵押合同有效，判决省融资担保公司对金江集团庆阳分公司抵押房产的折价或者以拍卖、变卖所得价款享有优先受偿权。二审法院甘肃高院认为，因金江集团庆阳分公司未取得金江集团董事会或股东（大）会决议同意文件，而省融资担保公司审查的是金江集团庆阳分公司的股东会决议，而非金江集团董事会或者股东会、股东大会决议文件，未尽到法律规定的审查义务，不能认定其为善意，因此抵押合同无效。并判决撤销了关于省融资担保公司对抵押房产变现款享有优先受偿权的判项。甘肃省高级人民法院虽未对抵押合同效力如何影响抵押权效力进行论证，但判决结果实质上否定了抵押权有效成立。省融资担保公司申请再审，最高人民法院持与甘肃省高级人民法院同样观点，驳回了再审申请。

再回到本答复，其结论似乎与上述判例相悖，但应当认为答复结论成立的前提是分支机构签署的抵押合同有效。无论是依据《合同法》（已废止）第51条的规定还是《民法典担保解释》第11条的规定，分支机构未经授权签署的抵押合同都未必无效。如果抵押合同无效的，则答复的结论不成立。

实务操作指引

（一）分支机构超越法人授权从事民事活动的效力

根据《民法典》第74条的规定，法人可以依法设立分支机构，分支机构以自己的名义从事民事活动，产生的民事责任由法人承担。但法人分支机构是在法人授权范围内即为分支机构设定的经营范围内以分支机构名义对外从事各种民事活动，这种授权是一种概括授权，无须再得到法人的事先批准或事后追认。分支机构超越法人授权对外订立合同的，属于越权代理，除构成表见代理外，法人不应承担责任，第三人只能要求实际行为人承担责任。①

（二）公司分支机构未经内部决议对外提供保证的责任承担

《民法典担保解释》第11条对公司分支机构对外提供担保的责任承担问题作出了新的规定，公司的分支机构未经公司股东（大）会或者董事会决议以自己的名义对外提供担保，相对人请求公司或者其分支机构承担担保责任的，人民法院不予支持，但是相对人不知道且不应当知道分支机构对外提供担保未经公司决议程序的除外。

金融机构的分支机构在其营业执照记载的经营范围内开立保函，或者经有权从事担保业务的上级机构授权开立保函，金融机构或者其分支机构以违反《公司法》关于公司对外担保决议程序的规定为由主张不承担担保责任的，人民法院不予支持。金融机构的分支机构未经金融机构授权提供保函之外的担保，金融机构或者其分支机构主张不承担担保责任的，人民法院应予支持，但是相对人不知道且不应当知道分支机构对外提供担保未经金融机构授权的除外。

---

① 参见最高人民法院民法典贯彻实施工作领导小组主编：《〈中华人民共和国民法典总则编〉理解与适用》（上），人民法院出版社2020年版，第378页。

担保公司的分支机构未经担保公司授权对外提供担保，担保公司或者其分支机构主张不承担担保责任的，人民法院应予支持，但是相对人不知道且不应当知道分支机构对外提供担保未经担保公司授权的除外。

公司的分支机构对外提供担保，相对人非善意，请求公司承担赔偿责任的，参照《民法典担保解释》第17条的有关规定处理。

（三）分支机构在执行程序中承担责任的主要情形

分支机构不具有独立的法人资格，不能独立承担民事责任，分支机构从事民事活动产生的民事责任应由法人承担。但也可以先以该分支机构管理的财产承担，不足以承担的，由法人承担。这样规定一方面便于分支机构债权人就近选择分支机构主张权利，另一方面减轻了业务覆盖范围广、拥有众多分支机构的法人的负担。①

在实务中，法人分支机构在执行程序中承担责任主要有以下三种情形：首先，作为被执行人的企业法人无力偿还债务时，可以执行该企业法人分支机构的财产。法［经］函〔1991〕38号②认为，“对总厂的债务，第二审法院可以裁定由总厂的分支机构负责偿还”。

其次，作为被执行人的企业法人分支机构无力偿还债务时，可以执行该企业法人以及该企业法人其他分支机构的财产。1998年《执行规定》第78条第1款规定，被执行人为企业法人的分支机构不能清偿债务时，可以裁定企业法人为被执行人。企业法人直接经营管理的财产仍不能清偿债务的，人民法院可以裁定执行该企业法人其他分支机构的财产。该条被吸收进《变更追加规定》第15条。第15条规定，作为被执行人的法人分支机构，不能清偿生效法律文书确定的债务，申请执行人申请变更、追加该法人为被执行人的，人民法院应予支持。法人直接管理的责任财产仍不能清偿债务的，人民法院可以直接执行该法人其他分支机构的财产。作为被执行人的法人，直接管理的责任财产不能清偿生效法律文书确定债务的，人民法院可以直接执行该法人分支机构的财产。

---

① 参见最高人民法院民法典贯彻实施工作领导小组主编：《〈中华人民共和国民法典总则编〉理解与适用》（上），人民法院出版社2020年版，第374页。

② 《最高人民法院关于企业法人无力偿还债务时可否执行其分支机构财产问题的复函》。

十、另案取得执行依据的抵押权人对普通债权执行程序中以物抵债的抵押财产置换的价款是否享有优先受偿权

答复原文

关于执行案件中所涉房产在另案中已取得执行依据并有抵押权的债权人主张优先受偿的情况下能否分割执行问题的请示的答复

2001 年 4 月 30 日 〔2001〕执他字第 6 号

湖北省高级人民法院：

你院（2000）鄂执呈字第 60 号请示报告收悉。经研究，答复如下：

关于你院执行最高人民法院（1996）经终字第 270 号民事判决一案所涉及的房产，在已取得执行依据并有抵押权的债权人主张优先受偿的债权人主张优先受偿的情况下能否分割执行的问题，我们认为，鉴于该房产是被执行人唯一可供执行的财产，且经多次拍卖不成，为公平保护抵押权人、申请执行人、债务人的合法权益，你院可以在申请执行人同意以物抵债的情况下，将该房产按照最后拍卖未成交的底价 750 万元折价，在申请执行人与抵押权人之间分割执行。折价后的房产应优先扣除有抵押权的债权额部分，剩余部分抵偿给本案债权人。对有抵押权的债权额的核定等事项，应当听取该债权人与被执行人及其执行法院的意见。

此复。

出台背景

最高人民法院（1996）经终字第 270 号民事判决在强制执行过程中遇到了抵押权优先受偿、唯一住房、以物抵债、财产分配等几个问题，本答复的核心问题是被执行人财产分配，其他是在财产分配过程中遇到的具体事项。本案中，

申请执行人申请对被执行人唯一可供执行的房产进行拍卖，但在经过多次拍卖后仍流拍，无法变现。这就造成了如下困境：一是如果享有抵押权的优先债权人和普通债权人直接对房产进行分割，房产作为不动产，不易实体分割，只能按比例共有，此时该如何解决；二是如果将该房产折价以物抵债，那么应该抵给谁，优先债权人和普通债权人之间因此出现争议如何解决；三是在以上两种情况下，优先债权人是否还有优先权；四是房屋价格如何确定，是依评估价还是最后的流拍价；五是如果有多个普通债权人，多个普通债权人之间如何分配。

对于以上诸多问题，湖北省高级人民法院请示最高人民法院作出答复。

理解与适用

（一）抵押权人在以物抵债中仍享有优先受偿权

根据《执行规定》第55条规定："多份生效法律文书确定金钱给付内容的多个债权人分别对同一被执行人申请执行，各债权人对执行标的物均无担保物权的，按照执行法院采取执行措施的先后顺序受偿。多个债权人的债权种类不同的，基于所有权和担保物权而享有的债权，优先于金钱债权受偿。有多个担保物权的，按照各担保物权成立的先后顺序清偿。一份生效法律文书确定金钱给付内容的多个债权人对同一被执行人申请执行，执行的财产不足清偿全部债务的，各债权人对执行标的物均无担保物权的，按照各债权比例受偿。"

《民法典》第390条规定，担保期间，担保财产毁损、灭失或被征收等，担保物权人可以就获得的保险金、赔偿金或者补偿金等优先受偿。如果法院对抵押物进行拍卖取得拍卖款，抵押权人对拍卖款享有优先受偿的权利，如果抵押物以物抵债给其他债权人，则其他债权人亦应当保证抵押权人的优先受偿权。

（二）以物抵债的分割执行问题

当有多个执行债权人且被拍卖标的物为被执行人唯一可供执行财产且经拍卖流拍后，就可能会产生以物抵债的分割执行问题。如果多个执行债权人都申请以物抵债的，按照《拍卖变卖规定》由法定受偿顺位在先的债权人优先承受，如果承受人的应受偿额高于抵债财产的价额的，则由承受人全额接受抵债，不发生分割执行问题；如果承受人应受清偿的债权额低于抵债财产的价额的，人民法院应当责令其在指定的期间内补交差额，该差额作为被执行人财产由其他执行债权人按法定顺序受偿。如果法定受偿顺位在先的债权人放弃以物抵债，由受偿顺位在后的债权人接受以物抵债的，则承受人应向法院补交法定受偿顺位在先的债权人的应受偿额作为差价，从而确保其优先受偿权，此情形多见于受偿顺位在先的债权人为建设工程款优先权人。

（三）抵押权人优先受偿范围的确定

本答复中对于抵押权人债权额的范围确定没有给出明确答案，有担保物权的债权在执行分配中优先受偿的范围问题确实是一个比较有争议的问题。实践中一直有两种观点，一种是抵押权人优先受偿范围只有本金，另一种是抵押权人优先受偿范围包括本金利息、违约金和实现抵押权费用等。

我国抵押登记实践中在他项权证上只把本金登记为“债权数额”，但抵押合同中一般会约定担保范围包括本金及利息等。而《最高人民法院关于适用〈中华人民共和国担保法〉若干问题的解释》（已废止）第61条规定，抵押物登记记载的内容与抵押合同约定的内容不一致的，以登记记载的内容为准。因此，过去实践中一般以他项权证登记的本金作为抵押权人优先受偿的范围。但最高人民法院在（2015）执复字第38号一案认为第61条是对抵押登记内容的规定，而非是对抵押担保范围的规定，他项权证记载的权利数额与抵押担保范围系不同事项，当抵押合同对于抵押担保范围进行明确约定的情况下应依照合同约定执行。2021年1月1日施行的《民法典担保解释》第47条规定：“不动产登记簿就抵押财产被担保的债权范围等所作的记载与抵押合同约定不一致的，人民法院应当根据登记簿的记载确定抵押财产、被担保的债权范围等事项。”

因此，担保物权人在申请实现抵押权时，要申请法院在判决主文中明确抵押权人享有优先受偿权的范围，从而消除进入执行程序后产生的争议，也能很好地保障抵押权人的权益实现。

实务操作指引

有两个以上执行债权人申请以拍卖财产抵债的，由法定受偿顺位在先的债权人优先承受；受偿顺位相同的，以抽签方式决定承受人。承受人应受清偿的债权额低于抵债财产的价额的，人民法院应当责令其在指定的期间内补交差额。

以物抵债无须征得被执行人同意。财产经拍卖、变卖程序流拍后，在申请执行人同意以物抵债的情况下可以以物抵债，不必征求被执行人的意见，在以物抵债时一般不考虑被执行人是否同意，只考虑申请人是否同意，被执行人无权提出反对意见。但对抵押权的债权额的核定等事项，应当听取该债权人与被执行人的意见。

申请人以物抵债不能损害第三人利益尤其是享有优先权的债权人利益。依据《民事诉讼法解释》第490条规定，“被执行人的财产无法拍卖或者变卖的，经申请执行人同意，且不损害其他债权人合法权益和社会公共利益的，人民法院可以将该项财产作价后交付申请执行人抵偿债务，或者交付申请执行人管理；申请执行人拒绝接收或者管理的，退回被执行人”。因此，申请执行人在依据执行依据申请被执行人财产以物抵债时，应提前查清该财产是否涉及第三人利益，尤其是享有优先债权的债权人利益。

第十九章　强 制 管 理

对经营权的强制管理

答复原文

最高人民法院执行工作办公室关于人民法院在执行过程中裁定将被执行人的经营权归申请执行人所有是否合法的请示的答复

2004年3月24日　〔2004〕执他字第26号

福建省高级人民法院：

你院闽高法〔2004〕213号《关于人民法院在执行过程中裁定将被执行人的经营权归申请执行人所有是否合法的请示》收悉。经研究，答复如下：

我们认为，经营权不属于物权的范畴，执行经营权既涉及到主体资格的问题，也涉及到原经营权人是否同意的问题。因此，在目前法律没有明确规定的情况下，人民法院不能依职权执行经营权。

出台背景

经营权是一个变化发展的概念，肇始于20世纪80年代国有企业改革。1988年《全民所有制工业企业承包经营责任制暂行条例》《全民所有制小型工业企业租赁经营暂行条例》提出了所有权与经营权的分离，经营权在我国有了经济学意义上的独立价值。随着经济发展和市场改革的深入，经营权在以公司制企业为主导的市场环境下被赋予了新的内涵，由股东会产生董事会（或董事），由董事会（或董事）行使公司经营权，公司经营权也纳入财产权范畴。

实践中，将被执行人的财产折价交给申请执行人抵偿债务是经常采取的执行措施，当企业、公司本身无财产可供执行或者其财产无法强制执行时，人民法院是否可以将“企业、公司的经营权”纳入执行客体范畴。有的法院认为，一切有价值的财产或者财产性权利都可以成为执行标的物，经营权具有经济价值，自然也可以成为执行标的物，可以采用以物抵债方式执行；有的法院认为，具有人身性的财产性权利不能成为强制执行标的物，不能采取以物抵债方式执行。认识上的分歧导致了理论界的争议和实务界的混乱。那么，应如何认识经营权？经营权是否属于物权的范畴？是否能够裁定将被执行人的经营权归申请执行人所有？带着这些疑问，福建省高级人民法院请示最高人民法院给予答复。

理解与适用

（一）经营权的概念和内涵

经营权并不是一个严格意义上的法律概念，它是随着技术、经济和历史的原因从所有权职能中分离出的一个相对独立的经济学概念。企业是财产的创造实体，又是财产实体本身。经营企业的过程，就是运用企业的人、财、物及各种无形资产来创造财产的过程。经营权本质是一种决策权与控制权，它通过决策与控制在事实上占有资产并享有经营权收入。经营权本质是一种技术性权力，经营权利益只是这种权力使用的派生结果。①

很多试图从法学概念理解经营权的观点，均是以《全民所有制工业企业转换经营机制条例》中关于“企业经营权是指企业对国家授予其经营管理的财产享有占有、使用和依法处分的权利”之规定进行解读，但需要认识到这种概念界定是为了解决我国国有企业改革时社会主义公有制与企业自主经营之间的矛盾，是以全民所有制企业作为载体的一种权利，而这与目前市场经济环境下的企业经营权已经有了本质差别。目前实践中，企业经营权是指所有者让渡对企

---

① 参见肖毅敏：《论企业经营权的性质、转让与收入》，载《求索》1991年第3期。

业资产进行占有、控制和决策从而实现收入的权利。而更广泛意义上的经营权则具备更加丰富复杂的内涵，不仅包括企业所有者对企业享有的经营权，还包括自然人、法人或非法人组织对其他民事主体的资产享有的经营权，如酒店经营管理人对酒店享有的经营权。经营权更准确地说是固定资产、设备、经营资质等的集合体，某些情况下还包含人力资源。

（二）经营权作为执行标的的正当性

围绕经营权能否作为执行标的的争议根源于对经营权是否具备物权属性存在不同认知。有观点认为，经营权并不属于物权的范畴，因此原则上并不能作为执行标的。但也有观点认为，就具有收益的经营权而言，其收益是被执行人财产的组成部分，对被执行人的预期利益进行执行无任何障碍，而且经营权本质是通过对资金、设备、土地、房屋、技术等有形或无形的物的支配实现收益的一种技术性权利，就性质上而言经营权也是一种物权；再就经营权的特征而言，其包含占用、使用、收益和处分权能。综合来看，经营权的支配内容和其权利行使的派生结果都表明经营权的财产性，这就决定了经营权具备可执行性。

〔2004〕执他字第26号批复否定了经营权的物权属性。而有学者通过在实践中已有企业将经营权抵押用于贷款来论证经营权作为物权的合理性。2002年，中外合资企业泰州安格里安永水务有限公司将其收购的江苏泰州市陵海水厂经营权抵押给工商银行获取贷款。而在哈尔滨市富利达公共设施有限公司与交通银行哈尔滨分行的借款合同纠纷中，黑龙江省高级人民法院认为，哈尔滨市富利达公共设施有限公司将其对富利达地下商贸城长期管理权、出租权进行抵押的做法并不违反法律规定，富利达公司对富利达地下商贸城享有的长期管理权、出租权系用益物权，该权利是能够给权利人带来收益的财产性权利，行使权利的结果完全能够达到债务履行的目的。在华夏银行与乔丰公司借款合同纠纷中，对于乔丰公司以物业使用经营权作为借款担保的行为，法院认为，行使物业经营权的结果完全能够达到债务履行的目的，属于用益物权，因此认定担保合同有效。该观点指出，企业经营权与上述管理权、出租权和物业经营权并无本质区别，应承认企业经营权的物权属性。①

---

① 参见王中：《论企业经营权抵押》，载《求索》2005年第6期。

（三）司法实务中对经营权可否作为执行标的的态度

通常情况下，经营权属于所有者本人，但也可以根据法律、行政命令和依照所有者的意志转移给他人，经营权与所有权分离，但不能与企业、公司分离，其行使必须符合国家关于企业、公司的有关规定。经营权既涉及主体资格问题，也涉及原经营权人是否同意的问题。① 故在法律没有明确规定的情况下，人民法院不应依职权对经营权强制执行，这里的不能执行，既包括将经营权用于抵债，也包括将经营权用于强制管理。〔2004〕执他字第26号批复即持此观点。

在司法实践中，将经营权直接抵债给申请执行人的操作大多已取得被执行人的同意，以执行和解形式结案。② 典型案例如重庆某酒店将其酒店经营权交付给申请执行人，以每年517万元额定数额冲抵债权，直至冲抵完毕。但近年鲜少再有直接将经营权以物抵债的操作，企业经营权更多的是通过司法拍卖的形式被处置。发生这种转变的原因在于法律和司法解释对企业经营权的性质没有进行清楚地界定，导致是否能对其进行执行仍有巨大分歧，而在最高人民法院作出法院不能依职权执行经营权的批复后，对被执行人经营权进行强制执行的通道被关闭。但在现实情况下，很多被执行人确无其他财产可供执行，如果能将被执行人的经营权进行变现，既可以实现申请执行人的债权，也有盘活被执行人资产的可能，执行经营权兼顾了各方利益，有其正当性与合理性。但鉴于经营权的复杂属性，尤其是企业经营权与公司治理结构之间的衔接问题，将经营权变现或以物抵债的，应取得申请执行人同意，通过执行和解的方式进行更为妥当。

（四）经营权以物抵债的操作

首先，执行法院需要论证将经营权抵债的可行性，主要涉及经营权执行劣后原则和申请执行人与被执行人以经营权抵债的意愿问题。

经营权执行劣后原则，是指在金钱债权执行中应当根据被执行人财产执行

---

① 参见江必新主编：《强制执行法理论与实务》，中国法制出版社2014年版，第175页。

② 参见曾凡青、江兴亮：《经营权抵债　执行难案迎刃而解》，载湖南省高级人民法院网2011年10月19日，https：//hunanfy. chinacourt. gov. cn/article/detail/2011/10/id/1405054. shtml。参见蔡贵明：《未能自觉履行判决义务　以被执行人经营权抵债》，载北京法院网2006年12月19日，https：//bjgy. chinacourt. gov. cn/article/detail/2006/12/id/848314. shtml。

的难易程度有选择性地执行，如银行存款、现金等应当优先执行，动产原则上优先于不动产执行，上市公司股票优先于有限责任公司股权执行，已到期债权执行优先于未到期债权的执行，如果是经营权这种法律关系较为复杂的，应当是在被执行人确无其他可供执行财产的情况下，再考虑对其进行执行。

此外，如若未经当事人同意强制执行经营权，会面临法律规定不甚清晰的挑战，也会给经营权继受主体的后续经营造成障碍。经营权的概念并没有清晰的界定标准，实践中，公司与承包方会就经营权的范围在承包合同中进行详细的界定，避免经营权与公司治理机构职权之间可能产生的冲突矛盾。在近期部分法院发布的关于优化营商环境的司法措施中，均有关于“切实加大执行和解力度，综合运用债权转股权、分批分期履行、企业经营权抵债等方式，努力促成执行和解”的内容。① 可见，实务中形成的普遍认知是通过执行和解的方式对经营权进行以物抵债。

其次，经营权作为一种特殊的财产权益，本质是对被执行人预期收益的执行，从防范被执行人、申请执行人及其他债权人利益失衡的角度出发，应当对经营权的价值进行评估确定。如在上述列举的以酒店经营权抵债的案例中，就以测算后该酒店每年净现金流入额517万元作为每年经营权的抵债对价。

再次，对于经营权的处置应考虑通过拍卖竞价等更为公平透明的方式，但需要注意，对受让主体有资格限制的经营权，执行法院应在拍卖公告中明确强调。通过拍卖的方式转让经营权，一方面是为了能够让经营权得到充分的竞价，维护被执行人利益；另一方面也是为了使整个处置过程更为透明、公正，消除被执行人对于经营权转让的天然抵触心理，更加配合受让主体进行后续的经营。

最后，为确定企业经营权被转让期间产生的债权债务的控制与处理以及与公司原有治理结构及机制的衔接等问题，应当由经营权的受让主体与被执行人签署承包经营合同，有效控制经营权被转让期间可能存在的风险。如前所述，经营权本质是决策和控制。这无疑会与现有企业的治理机构股东会、董事会、监事会等的职权行使发生冲突，在经营权转让期间，董事会、总经理、监事会

---

① 参见《吉林省高级人民法院关于服务企业发展进一步优化营商法治环境的十项措施》，载《吉林日报》2019年12月12日，第4版。

是否需要更换人选？企业的证照、印章如何管理？股东会与经营权的受让主体之间对公司事务权限的划分界面如何确定？经营权的受让主体的经营行为对公司或股东造成损失如何处理等问题，都是经营权转让期间必须考虑的问题。

综上所述，企业经营权虽然仍因属性复杂未被作为执行标的，但现实中却无法回避需要对企业经营权进行执行的问题，无论是目前的执行和解抑或是将来可以直接强制执行，都需要考虑经营权与公司治理之间纵横交错的复杂关系，探索进一步执行方式。

实务操作指引

实践中，如果申请执行人与被执行人无法就经营权抵债达成执行和解，在不能对经营权进行强制执行的情况下，是否可以探索对经营权采取强制管理，通过控制被执行人经营收益的方式以实现债务的清偿？

（一）强制管理措施

强制管理指的是针对已查封、扣押的财产，由执行法院安排专门的人员进行经营管理，并用其收益清偿债权的执行方法。它表现为物权权能的集合，一方面充分利用了物权权能分离的特点，使物尽其用；另一方面有利于平衡双方当事人利益，最大限度地实现司法公平与执行效率的统一。学界普遍认为强制管理系针对不动产采取的一种执行措施，① 执行标的是不动产的孳息。“惟强制管理乃将不动产所生收益之整体为执行之标的物，亦即使债务人丧失其收益权能而将其移由管理人行使，以其所得收益充清偿债权之用。强制管理，无论系依声请或依职权，性质上均属于强制执行之方法。”②

各国（地区）司法实践中强制管理的具体形态取决于对强制管理的功能定位，因此存在着不同的观点，一是将强制管理视为强制执行措施的一种，独立

① “强制管理系以不动产之收益为执行对象之一种换价方法，乃执行法院得因债权人之声请或依职权，由执行法院选任管理人实施管理债务人所有已查封之不动产”，参见赖来焜：《强制执行法各论》，台北，元照出版有限公司2008年版，第406页。但也有观点认为理论上一切财产权都可以成为强制管理的对象。参见张榕、杨兴忠：《执行强制管理制度若干基础理论研究——兼评我国〈民事强制执行法（草案）〉相关规定》，载《现代法学》2004年第26期。

② 杨与龄编著：《强制执行法论》，台北，三民书局股份有限公司2007年版，第515页。

于强制拍卖。根据查封财产的不同情况，因物制宜，采取适合的执行措施。《德国民事诉讼法》第866条规定："对土地强制执行，已登记债券上的担保抵押权，可以强制拍卖与强制管理的方式实施。债权人可以要求，只是使用这些措施之一，或者并用几种措施。"① 同时，德国也制定了《强制拍卖与强制管理法》，更凸显了强制管理在强制执行中的重要地位。二是将强制管理视为依附于强制拍卖的一种措施，以强制拍卖的进行为前提。而根据对强制拍卖的设立地位不同，学界将强制管理的实施形态总结为三类：(1) 单纯的强制管理，即不需要先经拍卖程序，可直接选择实施强制管理。(2) 并行的强制管理，即在实施强制拍卖程序的同时，对查封财产亦实施强制管理，二者并行实施。我国台湾地区"强制执行法"第75条规定，不动产之强制执行，以查封、拍卖、强制管理之方法行之。前项拍卖及强制管理之方法，于性质上许可并认为适当时，得并行之。(3) 辅助的强制管理，即在对查封财产实施强制拍卖后，拍卖不成的情况下，可实施强制管理。我国台湾地区"强制执行法"第95条规定："经二次减价拍卖而未拍定之不动产，债权人不愿承受或依法不得承受时，执行法院应于第二次减价拍卖期日终结后十日内公告愿买受该不动产者，得于公告之日起三个月内依原定拍卖条件为应买之表示，执行法院得于询问债权人及债务人意见后，许其买受，债权人复愿为承受者，亦同。前项三个月期限内，无人应买前，债权人亦得声请停止前项拍卖，而另行估价或减价拍卖，如仍未拍定或由债权人承受，或债权人未于该期限内声请另行估价或减价拍卖者，视为撤回该不动产之执行。"②

我国民事诉讼立法中仅《民事诉讼法解释》第490条对强制管理措施做了概括性的规定，"被执行人的财产无法拍卖或者变卖的，经申请执行人同意，且不损害其他债权人合法权益和社会公共利益的，人民法院可以将该项财产作价后交付申请执行人抵偿债务，或者交付申请执行人管理；申请执行人拒绝接收或者管理的，退回被执行人"。对强制管理措施的适用对象、管理人的任免和权利义务以及法院监管等事项，均未作明确规定。从前述规定来看，我国的强制

① 《德意志联邦共和国民事诉讼法》，谢怀栻译，中国法制出版社2001年版，第212页。

② 陶百川等编：《最新综合六法全书》，台北，三民书局股份有限公司，2021年版，第叁－204页。

管理制度特点鲜明，一是将强制管理视为依附于强制拍卖的一种措施，将启动强制管理的条件设定为要先行对被执行人责任财产采取拍卖、变卖强制措施，流拍后再采取，使强制管理作为执行阶段财产处置的补充和备用手段。可能的考虑是不能在采取财产变现措施之前单独使用强制管理措施，以免延宕债权的清偿期限。二是将财产交付申请执行人管理。而最高人民法院执行局对强制管理的态度较上述规定更为开放，一方面将可以适用强制管理的情形扩大至“被执行人的财产不宜拍卖、变卖”以及“人民法院认为可以交付申请执行人管理的其他情形”，另一方面认为《民事诉讼法解释》第490条并未排除将财产交付给第三人管理。①

实践中，部分法院通过实践经验的积累作出了突破理论和现行规定对强制管理措施桎梏的努力并取得了良好的法律效果和社会效果。在北京和雅堂食品有限公司申请执行鸡西金源农场、黑龙江东北大有机食品集团有限公司欠款纠纷案中，被执行人仅有的财产为土地使用权，土地价值较大变现困难，首封法院长期未进行处置，也未对土地出租的经营收入采取执行措施。执行法院认为，首封法院对土地使用权的查封不能及于其经营性收入，因此可以对已查封土地使用权的经营性收入单独适用强制管理措施，最终有效避免被执行人资产流失、债务扩大、提高资产利用率，稳步实现申请执行人债权清偿的目的，维护了双方当事人的利益。执行法院将强制管理措施作为独立执行措施予以运用在执行实践上具有很强的创新意义。从理论角度出发，强制管理与强制拍卖各有其内涵和作用，强制管理无须依附强制拍卖存在，完全可以独立适用。而且，单独适用强制管理措施并不会对后续的强制拍卖措施造成阻碍。前述德国及我国台湾地区的司法实践已经予以印证。从实践出发，法院采取查封措施后长期不能拍卖、变卖财产的比例一直居高不下，如果不能及时采取变通的强制管理措施，必然影响债权人的清偿利益，降低案件的实际执行率。而强制管理独立或并行适用优化了执行效益，解决了某些财产处置上的法律或事实障碍，有利于提高查封财产的收益、提高债权的清偿比率，符合追求申请人执行人利益及时实现

① 参见最高人民法院执行局：《人民法院办理执行案件规范》，人民法院出版社2017年版，第196页。

和最大化的执行效率原则。同时，该措施不改变财产权属，相对温和，兼顾了被执行的利益。由此，强制管理措施完全具备作为独立执行措施的必要性。把强制管理视为一种辅助手段，从属于拍卖措施，其根本原因是认识上对强制管理存在偏见和不信任。

实践中，是先使用强制管理，还是先使用强制拍卖，要结合具体个案的实际财产情况以及各方当事人的请求，从而作出具体的实施方案。如果实施强制管理更合适，则应当选择适用强制管理；如果施用强制拍卖更合适，当然应选用强制拍卖；也可以两者并行适用。

（二）对经营权采取强制管理的可行性分析

强制管理的核心在于对查封财产的使用价值进行管理取得收益，清偿债务。经营权作为一种可以创造收益的财产性权利，同样具备适用强制管理的条件。

首先，经营权本身具备脱离所有权的独立价值属性，与强制管理利用查封财产的使用价值并无本质不同。在实践中，有很多加油站、水电站、酒店、景区、幼儿园、KTV等场所及制造企业一定年限的经营权被作为执行标的进行拍卖，其经营权内涵覆盖范围包括价值巨大的不动产、数量众多的配套设备以及从事经营所需的经营资质（通常表现为各类证照、许可、批准等），受让人在取得经营权后可以投入资金进行生产或运营获取收益。对经营权的强制管理本质是对经营权覆盖范围内的不动产、动产和经营资质在一定期限内使用价值的管理。

其次，理论上认为强制管理的执行标的是不动产孳息。同样地，将经营权交给申请执行人或专业的管理机构进行管理，执行法院同样可以对管理产生的收益进行执行。

最后，从实操性角度出发，强制管理行为本身相对温和的处置方式适用于对经营权的执行。最高人民法院之所以坚持经营权不能被强制执行，其中一个原因就是考虑了经营权复杂的属性，需要兼顾申请执行人和被执行人双方利益。因此，采用强制管理这种更加兼顾利益平衡的方式对经营权进行执行无疑更为妥当。

第二十章　对动产的执行

一、对机动车的执行

复函原文

（一）最高人民法院关于执行案件中车辆登记单位与实际出资购买人不一致应如何处理问题的复函

2000年11月21日　〔2000〕执他字第25号

上海市高级人民法院：

你院沪高法〔1999〕321号《关于执行案件车辆登记单位与实际出资购买人不一致应如何处理的请示》收悉。经研究，答复如下：

本案被执行人即登记名义人上海福久快餐有限公司对其名下的三辆机动车并不主张所有权；其与第三人上海人工半岛建设发展有限公司签订的协议书与承诺书意思表示真实，并无转移财产之嫌；且第三人出具的购买该三辆车的财务凭证、银行账册明细表、缴纳养路费和税费的凭证，证明第三人为实际出资人，独自对该三辆机动车享有占有、使用、收益和处分权。因此，对本案的三辆机动车不应确定登记名义人为车主，而应当依据公平、等价有偿原则，确定归第三人所有。故请你院监督执行法院对该三辆机动车予以解封。

此复

（二）最高人民法院研究室
关于如何认定买卖合同中机动车财产所有权转移时间问题的复函

2000年12月25日　法研〔2000〕121号

陕西省高级人民法院：

你院陕高法〔2000〕50号《关于如何认定买卖合同中机动车财产所有权转移时间的请示》收悉。经研究，答复如下：

关于如何认定买卖合同中机动车财产所有权转移时间问题，需进一步研究后才能作出规定，但请示中涉及的具体案件，应认定机动车所有权从机动车交付时起转移。

此复

（三）公安部关于确定机动车所有权人问题的复函

2000年6月5日　公交管〔2000〕98号

最高人民法院执法工作办公室：

你办5月23日来函收悉，现复函如下：

根据现行机动车登记法规和有关规定，公安机关办理的机动车登记，是准予或者不准予上道路行驶的登记，不是机动车所有权登记。为了交通管理工作的需要，公安机关车辆管理所在办理车辆牌证时，凭购车发票或者人民法院判决、裁定、调解的法律文书等机动车来历凭证确认机动车的车主。因此，公安机关登记的车主，不宜作为判别机动车所有权的依据。

特此函复

（四）公安部关于机动车财产所有权转移时间问题的复函

2000年6月16日　公交管〔2000〕110号

最高人民法院研究室：

你室《关于征求〈关于如何认定机动车财产所有权转移时间问题的批复

（稿）〉意见的函》（法研〔2000〕41号）收悉，现复函如下：

根据现行机动车登记法规和有关规定，公安机关办理的机动车登记，是准予或者不准予机动车上道路行驶的登记，不是机动车所有权登记。因此，将车辆管理部门办理过户登记的时间作为机动车财产所有权转移的时间没有法律依据。

特此函复

出台背景

最高人民法院执行工作办公室、研究室，针对下级法院的请示，就机动车权属判断标准以及所有权转移时间问题，分别作出了〔2000〕执他字第25号复函、法研〔2000〕121号复函，作为指导意见供各级法院参照适用。

〔2000〕执他字第25号复函涉及案件的争议焦点是执行中已经查封的三辆机动车归登记名义人还是归第三人所有，即是否能够根据车辆登记来判断机动车的权属并采取强制执行措施，这涉及机动车登记效力、机动车权属判断的问题。当时，《物权法》（已废止）、《查扣冻规定》、《异议复议规定》均没有实施，关于机动车所有权的设立、变更、转让及公示没有直接和明确的法律规定；对于被执行人将其所有的需要办理过户登记的财产出卖给第三人但没有办理登记的问题如何处理也没有具体规定。在〔2000〕执他字第25号复函作出之前，公安部曾就最高人民法院执行工作办公室的来函作出答复（公交管〔2000〕98号复函），提出“公安机关办理的机动车登记，是准予或者不准予上道路行驶的登记，不是机动车所有权登记”，公安机关登记的车主，不宜作为判断动车所有权人的依据。因此，在执行案件中机动车登记人与实际出资人不一致的，最高人民法院认为被查封的机动车应归第三人所有，执行法院对该三辆机动车应予解封。

法研〔2000〕121号复函要解决的问题和〔2000〕执他字第25号复函类似。陕西省高级人民法院报送的《关于如何认定机动车财产所有权转移时间的请示》涉及的案件大致情节为：原告将被告诉至法院前，被告就其所有的汽车与第三人达成了买卖协议，并在第三人支付款项后将汽车交付给第三人。虽然未到车辆管理部门办理过户登记，但第三人接受该车后在工商管理的汽车交易市场上办理了交易手续，并将该车投入运营。原告起诉要求法院采取财产保全措施扣押被告已卖掉的汽车。对法院是否可以对该车采取财产保全措施，产生了两种意见：一种意见认为，虽然被告与第三人就该车达成了买卖协议并且被告交付了车辆，但未到车辆管理部门办理过户登记手续，买卖行为无效，车辆仍属于被告所有，原告提出的财产保全措施有道理，法院应当支持。另一种意见认为，尽管被告或第三人未到车辆管理部门办理过户登记手续，但目前的法律和行政法规并未规定车辆管理部门的登记是机动车买卖行为生效的必要条件，既然被告收受了第三人支付的车款并将汽车交付给第三人，该车的财产所有权应当已转移到第三人。如果法院扣押第三人的汽车，就属于扣押案外人的财产，不符合《民事诉讼法》的规定。故法院不应当支持原告财产保全的要求。这个案件的争议焦点之一便是机动车财产所有权转移的时间，如果所有权转移发生在起诉保全之前，那么法院不能查封，反之就能够进行查封。进一步延伸便是车辆管理部门的登记是不是机动车所有权变动的必要条件问题。最高人民法院研究室针对此问题向公安部发出了《关于征求〈关于如何认定机动车财产所有权转移时间问题的批复（稿）〉意见的函》（法研〔2000〕41号），公安部在《关于机动车财产所有权转移时间问题的复函》（公交管〔2000〕110号）中指出，根据机动车登记法规和有关规定，公安机关办理的机动车登记，是准予或者不准予机动车上道路行驶的登记，不是机动车所有权登记。因此，将车辆管理部门办理过户登记的时间作为机动车财产所有权转移的时间没有法律依据。公交管〔2000〕110号未就机动车所有权转移时间作出明确答复，只是确定请示中涉及的具体案件，应认定机动车所有权从机动车交付时起转移。

理解与适用

最高人民法院在两个复函中只是回答了具体案件应当如何处理，均没有明确判断机动车权属和如何执行的一般标准。两复函作出时间距今已有20年，而复函涉及的问题在实践中仍不断出现，后续的法律、法规、司法解释对这一问题逐步作出了规定。通过对两个复函所涉问题、相关条文和案例的梳理，能够清晰地把握机动车权属的判断和如何执行的问题。本书将从机动车登记制度、机动车物权，执行中机动车权属判断和处置等几个方面对前述问题展开分析。

（一）机动车登记制度

1988 年《道路交通管理条例》（已废止）第 17 条规定，车辆必须经过车辆管理机关检验合格，领取号牌、行驶证方准行驶；2004 年《道路交通安全法》也延续了这一规定。该法第 8 条规定，国家对机动车实行登记制度。机动车经公安机关交通管理部门登记后，方可上道路行驶。该法第 12 条规定，机动车所有权发生转移的，应当办理相应的登记；2004 年《道路交通安全法实施条例》延续并细化了上述规定。

2001 年《机动车登记办法》（公安部令第 56 号，已废止）第 12 条规定："已注册登记机动车的财产所有权发生转移，且原机动车所有人和现机动车所有人的住址或者临时住址在同一车辆管理所管辖区的，现机动车所有人应当于财产所有权转移之日起 30 日内，向车辆管理所申请办理过户登记。申请时，提交下列证明和材料：（一）过户登记申请书；（二）现机动车所有人的身份证明；（三）机动车登记证书；（四）财产所有权转移后的机动车来历凭证；（五）属于海关监管车辆的，还应当提交监管海关出具的《中华人民共和国海关监管车辆解除监管通知书》。车辆管理所对符合本办法规定的，自受理之日起 5 个工作日内（进口机动车除外），对超过检验周期的机动车进行检验；在机动车登记证书上登记过户信息；对于不需要改变机动车登记编号的，收回原机动车行驶证，重新核发机动车行驶证；对于需要改变机动车登记编号的，收回原机动车号牌和原机动车行驶证，重新核发机动车号牌和机动车行驶证。"2004 年《机动车登记规定》（公安部令第 72 号，已废止），2008 年《机动车登记规定》（公安部令第 102 号，已修订），以及 2012 年 9 月 12 日《公安部关于修改〈机动车登记规定〉的决定》修正均延续了这一规定。

不难看出，相关部门将机动车登记作为管理机动车上路行驶的方式之一，机动车的转移登记在机动车所有权发生转移后进行，只是没有明确机动车登记是否为所有权登记或是所有权变动的生效要件。公安部的两个复函与此契合，最高人民法院在两个复函中对个案问题作出的答复，也没有以机动车登记作为判断权属的依据。

（二）机动车动产物权

2007 年《物权法》（已废止）将机动车作为特殊动产对待。第 6 条规定，不动产物权的设立、变更、转让和消灭，应当依照法律规定登记。动产物权的设立和转让，应当依照法律规定交付。第 23 条规定，动产物权的设立和转让，自交付时发生效力，但法律另有规定的除外。第 24 条规定，船舶、航空器和机动车等物权的设立、变更、转让和消灭，未经登记，不得对抗善意第三人。《物权法》（已废止）对机动车的物权变动，采用的是交付时生效，不登记不可对抗善意第三人的登记对抗主义。因此登记是机动车所有权变动的对抗要件，而不是生效要件，交付才是生效要件。就此而言，登记的时间应该不是机动车所有权变动的时间，交付时间才是所有权转移的时间。《民法典》对《物权法》（已废止）的上述规定没有进行调整，《民法典》第 208 条、第 225 条、第 226 条分别沿袭了《物权法》（已废止）第 6 条、第 23 条、第 24 条之规定内容。

（三）执行实施程序对机动车权属的认定

从〔2000〕执他字第 25 号复函的精神看，判断案外人（实际出资购买人）是否实际对机动车享有所有权的标准可以归纳为三点：（1）第三人与被执行人签订了意思表示真实的协议书与承诺书，没有转移财产的恶意；（2）第三人提供了购买该三辆车的财务凭证、银行账册明细表、缴纳养路费和税费的凭证，可以证明实际出资购买了车辆；（3）第三人已实际占有和使用车辆。在符合这些条件的前提下，最高人民法院确定三辆机动车不应属于登记名义人所有，而应当依据公平、等价有偿原则，确定归第三人所有。后续的法律、司法解释逐渐完善了在执行程序中机动车权属判断的标准、程序，明确了何时可以执行，何时不能执行。从根本上来说，与〔2000〕执他字第 25 号复函中的精神并无二致。

《查扣冻规定》第 15 条提出的标准和复函基本一致：被执行人将其所有的需要办理过户登记的财产出卖给第三人，第三人已经支付部分或者全部价款并实际占有该财产，但尚未办理产权过户登记手续的，人民法院可以查封、扣押、冻结；第三人已经支付全部价款并实际占有，但未办理过户登记手续的，如果第三人对此没有过错，人民法院不得查封、扣押、冻结。《查扣冻规定》提出了在执行程序中需要办理过户登记，但在出卖后没有办理过户登记手续的财产是否可以执行的审查标准，即第三人已经支付全部价款，实际占有且第三人对此没有过错。

《异议复议规定》强调了相关管理部门的登记对于执行程序中判断机动车权属的意义，第25条第1款第2项规定："已登记的机动车、船舶、航空器等特定动产，按照相关管理部门的登记判断；未登记的特定动产和其他动产，按照实际占有情况判断。"与案外人异议之诉不同，案外人异议程序只是对案外人异议的初步审查判断，更侧重于效率价值。案外人异议审查仍属执行程序的组成部分，审查标准总体上与执行实施程序中财产判断规则更为相近，而不能完全以案外人异议之诉的审判标准衡量执行程序中的案外人异议审查①。因此，对于机动车，案外人异议审查采取的是形式审查标准，以登记作为判断权属的标准。而在执行异议之诉程序中，登记并不一定是判断机动车权属、所有权转移时间的标准。但目前关于执行异议之诉的司法解释并未出台，最终的判断标准根据现有规则加以分析。

《异议复议规定》第25条第1款第2项认为在执行异议审查程序中对特定动产应采用外观主义标准判断其权属，《查扣冻规定》第15条则是规定需要办理过户登记的财产，在符合条件时不应查封、扣押、冻结。问题在于诸如机动车这样需要办理登记的特定动产，是否可以在执行异议审查阶段就依据《查扣冻规定》第15条的规定排除执行；是否可以在执行异议之诉中也参照《查扣冻规定》第15条排除执行。我们认为，应该结合两个复函的精神，在执行异议审查阶段，根据《查扣冻规定》第15条的规定对机动车权属和是否可以执行作出判断。或者，即便在执行异议审查阶段不根据《查扣冻规定》第15条，而根据《异议复议规定》第25条第1款第2项进行判断，在执行异议之诉程序中，也应根据《民法典》《民法典物权编解释（一）》的规定，并参照两个复函及《查扣冻规定》第15条的内容进行判断，对机动车的权属进行实质审查。

与《民法典》同时施行的《民法典物权编解释（一）》第6条规定："转让人转让船舶、航空器和机动车等所有权，受让人已经支付合理价款并取得占有，

---

① 参见江必新、刘贵祥主编，最高人民法院执行局编著：《最高人民法院关于人民法院办理执行异议和复议案件若干问题规定理解与适用》，人民法院出版社2015年版，第348页。

虽未经登记，但转让人的债权人主张其为民法典第二百二十五条所称的‘善意第三人’的，不予支持，法律另有规定的除外。”《民法典物权编解释（一）》第19条规定，转让人将《民法典》第225条规定的船舶、航空器和机动车等交付给受让人的，应当认定符合《民法典》第311条第1款第3项[①]规定的善意取得的条件。

综合上述法律规定，交付在判断机动车所有权权属时具有重要意义：一是如果受让人支付了对价，机动车已经转移占有，那么未经登记的受让人也可以对抗机动车转让人的债权人，在执行程序中，可以对抗申请执行人，和〔2000〕执他字第25号复函的精神一致。[②] 二是尽管机动车没有登记，但只要机动车已经交付，就符合《民法典》第311条第1款第3项规定的善意取得条件。综合来看，这两点也和《查扣冻规定》第15条遥相呼应。除此之外，我们认为还应该要满足第15条中受让人对没有登记不存在过错的条件，毕竟《民法典》第311条第1款第3项也只是善意取得的条件之一，特别是受让人必须是善意。因此，机动车所有权自交付时起转移，如果没有办理登记，在满足法律、司法解释规定的条件时，受让人可以对抗申请执行人，有权排除法院的强制执行。

根据复函和后续法律、司法解释的规定，机动车登记至多是执行实施程序和执行异议审查程序中的外观主义判断标准，在执行异议之诉的实质审查阶段，并不按照机动车登记来确定机动车的归属，而应按照如下标准来综合判断：(1) 案外人与登记人已经就交易机动车达成真实有效的合同（签订书面合同）；(2) 合同已经实际履行，案外人已经支付全部价款；(3) 案外人已经实际占用

---

① 《民法典》第311条第1款第3项规定，无处分权人将不动产或者动产转让给受让人的，所有权人有权追回；除法律另有规定外，符合下列情形的，受让人取得该不动产或者动产的所有权：转让的不动产或者动产依照法律规定应当登记的已经登记，不需要登记的已经交付给受让人。《最高人民法院关于适用〈中华人民共和国民法典〉物权编的解释（一）》第17条规定：“民法典第三百一十一条第一款第一项所称的“受让人受让该不动产或者动产时”，是指依法完成不动产物权转移登记或者动产交付之时。当事人以民法典第二百二十六条规定的方式交付动产的，转让动产民事法律行为生效时为动产交付之时；当事人以民法典第二百二十七条规定的方式交付动产的，转让人与受让人之间有关转让返还原物请求权的协议生效时为动产交付之时。法律对不动产、动产物权的设立另有规定的，应当按照法律规定的时间认定权利人是否为善意。”

② 参见最高人民法院执行局编著：《最高人民法院执行司法解释条文适用编注》，人民法院出版社2019年版，第608页。

和使用车辆；（4）案外人对未办理登记没有过错，属于善意。

实务操作指引

（一）法院采取强制措施时间对于机动车权属判断的影响

实践中，是否能够不区分查封的先后而直接认为第三人可以对抗申请执行人，这可能成为争议中的难点。

法院在查封时，机动车往往由被执行人占有，人民法院、申请执行人并不知晓机动车的具体所在，法院是通过办理查封登记来公示该财产已经被查封，而无法立即实现对被查封机动车的扣押。如果认为在法院查封机动车之后，被执行人转让机动车，受让人仍然可以根据《民法典物权编解释（一）》第6条规定对抗申请执行人，可能引发的问题是，执行中即使在登记机关办理了查封机动车手续，也不能阻止被执行人将财产对外转让。如果被执行人故意隐匿并出卖被查封的机动车，而申请执行人不能以登记进行对抗的，这就可能给被执行人转移财产、逃避执行制造了法律漏洞。

因此，在强调动产交付时发生物权变动的效力，适当限缩可主张对抗第三人范围的同时，应以机动车交易必须发生在司法查封前，即第三人在交易时对查封登记尽到足够的注意义务为前提条件。《查封扣冻规定》第15条区分两种情况来规定法院是否可以查封、扣押、冻结，该条中的特殊情况是发生在法院查封、扣押、冻结之前。《民法典物权编解释（一）》第19条虽然认定将机动车交付符合《民法典》第311条第1款第3项的规定，但整体而言，受让人要满足《民法典》第311条第1款的全部条件才能实现善意取得。有登记的机动车被查封后再被转让，哪怕受让人主张已全部支付对价、实际占有使用机动车，但申请执行人仍然可以对抗主张机动车所有权的受让人，受让人没有注意查封登记或者明知有查封登记而仍然交易的，不能认定为善意。这不仅可以避免被执行人恶意转移财产、逃避执行，也和复函、法律、司法解释规定相符。

（二）法院采取强制措施类型对强制执行机动车的影响

在执行中，人民法院除了办理查封机动车登记手续外，还应该实际扣押和实际控制机动车。[①] 查封没有实现对机动车的占有，被执行人仍然有可能将机动车转让并交付给第三人，第三人仍有可能占有机动车，只是被执行人与第三人不能再办理转移登记，不能对抗申请执行人；而扣押完成了对机动车的占有，从根本上杜绝转移占有、物权发生变动的可能性。即使被执行人与受让人达成转让机动车的协议，机动车无法交付，受让人也不能取得机动车的所有权，法院可以对机动车采取强制措施以清偿申请执行人的债权。

实践中可能出现不同法院分别查封、扣押机动车的情况，对此本书认为，由于扣押实现了对机动车的占有，从机动车物权变动对抗效力的角度来说，扣押在执行上的效力应该优于单纯的查封，即扣押法院可以直接处置机动车，而查封法院则不能。

（三）案例分析

案例1[②]

上诉人李某毅因与被上诉人曹某、原审第三人孙某林案外人执行异议之诉一案，不服北京市顺义区人民法院（2016）京0113民初7836号民事判决，向北京市第三中级人民法院提起上诉。

北京市第三中级人民法院查明：2009年5月17日李某毅与孙某林达成协议：李某毅于2009年5月17日购买孙某林黑色羚羊轿车一辆，车牌为京×，从购车之日起车辆发生的所有违章与交通事故都与孙某林无关。因黑色羚羊轿车报废，2012年3月6日李某毅与孙某林再达成协议：李某毅于2012年3月6日全款购买一辆黑色现代悦动轿车，因无指标借用孙某林车辆指标一个，发动机号×。从今以后，所有事故违章都与孙某林无关，发生经济纠纷也与车主孙某林无关。车辆识别代号/车架号码为×的京×机动车车辆登记机动车所有人为孙某林。2013年3月12日后，涉诉车辆进行维修，结算单顾客名为李某毅；涉诉车辆投保，被保险人均为李某毅，保险车辆车主为孙某林。顺义区人民法院在

---

① 2017年5月1日起施行《财产调查规定》第16条规定，人民法院对已经办理查封登记手续的被执行人机动车、船舶、航空器等特定动产未能实际扣押的，可以依照相关规定通知有关单位协助查找。本书认为，这就是强调对于机动车，法院不能仅做查封，还必须实际扣押。在具体操作中，法院可以通知公安交通管理部门、高速公路管理部门等在车辆年检、高速公路通行过程中协助法院查找和扣押车辆。

② 北京市第三中级人民法院民事判决书，（2017）京03民终4537号。

执行申请执行人曹超与被执行人孙某林一案中，查封了登记在孙某林名下、牌号为京×的机动车。案外人李某毅提出书面异议，主张该车系其所有，是因无购车指标，而借用了孙某林车牌报废后的更新指标上牌。顺义区人民法院先后驳回了李某毅的执行异议请求和执行异议之诉请求，李某毅提出上诉。

北京市第三中级人民法院认为，首先，李某毅提交的其与其妻子的取款记录、2013 年、2015 年至 2016 年的机动车保险单及相应交款发票联、汽车维修结算单、2012 年 3 月 6 日的协议等证据，能够证明李某毅为涉案车辆的实际购买人，且李某毅占有涉案车辆，该车所有权应归属出资购买人、占有人李某毅。其次，关于涉案车辆的登记问题。公安机关办理的机动车登记，是准予或者不准予上道路行驶的登记，并不是机动车所有权登记。仅依据涉案车辆登记车主为孙某林并不能据此认定机动车的所有权人为孙某林。故北京市第三中级人民法院最终支持了李某毅的上诉请求，判决撤销北京市顺义区人民法院（2016）京 0113 民初 7836 号民事判决；北京市顺义区人民法院不得执行车牌号为京×的机动车。

此外，关于涉案车辆的牌照问题。北京市第三中级人民法院特别指出，根据《〈北京市小客车数量调控暂行规定〉实施细则》（2013 年修订）第 33 条第 2 款的规定，因法院判决、裁定、调解发生小客车所有权转移，申请在本市办理小客车转移登记或由外省（区、市）转入本市时，现机动车所有人需提交已取得的北京市小客车指标证明文件。本案中，虽然涉案车辆的实际权利人为李某毅，但其并未提交其取得北京市小客车指标的证明文件，故其并不具备在京购车资格，因此，北京市第三中级人民法院虽支持李某毅就涉案车辆排除强制执行的诉求，但并非确认李某毅享有京×车牌号的权利。李某毅借名买车的行为应当由相关行政部门依照法律法规予以处理。

案例 2①

上诉人樊某 1 与被上诉人麻某梅案外人执行异议之诉一案，不服太原市杏花岭区人民法院（2016）晋 0107 民初 2282 号民事判决，向太原市中级人民法院提出上诉。

① 太原市中级人民法院民事判决书，（2017）晋 01 民终 4586 号。

太原市中级人民法院查明：在依据（2015）杏民初字第00018号民事判决书执行申请执行人麻某梅与被执行人樊某2民间借贷纠纷一案中，杏花岭区人民法院先是于2015年查封了登记在樊某2名下的号牌为×××的英菲尼迪轿车，后于2017年5月扣押了该车。樊某1与樊某2系姐妹，樊某1对杏花岭区人民法院扣押号牌为×××的英菲尼迪轿车提出书面异议，称樊某2已于2014年10月28日将涉案车辆顶账给自己，涉案车辆归其所有。杏花岭区人民法院先后驳回了樊某1的执行异议请求和执行异议之诉请求，樊某1提出上诉。杏花岭区人民法院在执行过程中对樊某2进行了两次询问，樊某2均表示愿意以涉案的车辆抵偿欠麻某梅的款项，而且没有向法院表明涉案车辆已经抵账和交付给樊某1。杏花岭区人民法院还对王某进行了两次询问，王某表示该车是他开的，由于樊某2欠他的钱，所以不同意将车给麻某梅，也没有提到该车和樊某1有关。

太原市中级人民法院认为，虽然樊某1提交了其和樊某2的《顶账协议书》，但樊某2在执行过程中并没有陈述涉案车辆已经顶账给樊某1，而且表示同意将法院扣押的涉案车辆交付麻某梅抵顶所欠款项；从杏花岭区人民法院对王某的调查笔录中也不能证明涉案车辆是由樊某1控制和使用。樊某1除《顶账协议书》外再无其他证据证明该车由其控制和使用。因此，不能证明涉案车辆已经由樊某1实际占有和使用，即不符合有关司法解释和相关法律规定的所有权已经发生转移的情况。太原市中级人民法院未支持樊某1的上诉请求，判决驳回上诉，维持原判。

上述两个案例从一正一反两个方面说明了实践中在机动车登记名义人与主张自己是机动车实际所有者之间判断机动车权属的规则。案例1中，法院认定根据李某毅提交的协议、取款记录、维修结算单、保险单等证据，其能够证明先购买了孙某林车牌为京×的黑色羚羊轿车，该车报废后，由李某毅实际出资，以孙某林名义全款购买了一辆黑色现代悦动轿车，李某毅此举是借用孙某林名下京×黑色羚羊车报废后北京市机动车更新指标，为其出资购买的现代悦动轿车登记上牌。此后，李某毅实际占有和使用该车。法院据此认定车辆的所有权应归属车辆的出资购买人李某毅所有，同时法院也根据《公安部关于确定机动车所有权人问题的复函》指出公安机关登记的车主，不宜作为判断机动车所有权的依据；根据《物权法解释一》第6条指出曹某系孙某林的债权人，但并非善意第三人，即李某毅对车辆的权利主张可以对抗名义登记人孙某林的债权人曹某。最后，法院还指出虽然涉案车辆的实际权利人为李某毅，但其并未提交其取得北京市小客车指标的证明文件，故其并不具备在京购车资格，因此，法院虽支持李某毅就涉案车辆排除强制执行的诉求，但并非确认李某毅享有京X车牌号的权利。李某毅借名买车的行为应当由相关行政部门依照法律法规予以处理。

案例2中，在2015年麻某梅与樊某2民间借贷纠纷诉讼中，杏花岭区人民法院查封了樊某2名下的英菲尼迪轿车。这里的查封应该是对机动车登记手续的查封，因为在2017年5月，杏花岭区人民法院才实际扣押了该英菲尼迪轿车。异议人樊某1主张樊某2已于2014年10月28日将涉案车辆顶账给自己，涉案车辆归其所有。樊某1提交的证据只是2014年10月28日与樊某2的《顶账协议书》，但樊某2在执行过程中并没有陈述涉案车辆已经顶账给樊某1，相反则是表示同意将扣押车辆交付麻某梅抵顶欠款。太原市中级人民法院最终认定樊某1不能证明其已经实际占有和使用车辆，因此驳回了樊某1的上诉。

综上所述，对于当事人来说，主张自己是车辆实际所有者必须证明其在车辆被查封、扣押前与车辆登记人之间有真实合法有效的车辆交易关系，已经支付对价并实际控制、占用和使用车辆，对于未能登记没有过错。这些正是前述总结的4个法院判断车辆实际权属的准则。

二、对船舶、航空器的执行

复函原文

最高人民法院关于船东所有的船舶能否因期租人对第三方负有责任而被扣押等问题的复函

2001年1月3日　〔1998〕交他字1号

上海市高级人民法院：

你院〔1996〕沪高经终字第515号《关于船东所有的船舶能否因期租人对

第三方负有责任而被扣押等问题的请示》收悉。经研究，同意你院倾向性意见。现答复如下：

一、根据最高人民法院《关于海事法院诉讼前扣押船舶的规定》第三条第（一）款、第（三）款的规定，海事法院可以扣押对海事请求负有责任的船舶经营人、承租人所有的、经营的或租用的其他船舶。故三善海运株式会社可以申请扣押亚马大益卡埃琳达斯公司期租给亚马大益卡埃劳埃德公司的“阿曼达·格劳列”轮。因该轮关系到所有权归属问题，所以不能变卖。

二、亚马大益卡埃劳埃德公司对“阿曼达·格劳列”轮的扣押负有责任，给船舶所有人亚马大益卡埃琳达斯公司造成的损失应负赔偿责任。其在与亚马达益卡埃琳达斯公司的期租船合同责任期间，提出解除合同的行为应属无效。该行为不影响财产保全的效力。

三、根据2000年7月1日起实施的《中华人民共和国海事诉讼特别程序法》第二十三条的规定，对定期租船人或者航次租船人经营的或租用的船舶不得扣押。该案是发生在《中华人民共和国海事诉讼特别程序法》颁布实施以前，所以应适用最高人民法院《关于海事法院诉讼前扣押船舶的规定》。

此复

出台背景

上海市高级人民法院在审理上诉人印度尼西亚共和国亚马大益卡埃琳达斯公司（以下简称琳达斯公司）与被上诉人韩国三善海运株式会社（以下简称三善海运）错误申请扣船损害赔偿纠纷一案过程中，对船东所有的船舶能否因期租人对第三方负有责任而被扣押等问题有不同意见，故形成《关于船东所有的船舶能否因期租人对第三方负有责任而被扣押等问题的请示》（〔1996〕沪高经终字第515号），向最高人民法院请示。①

基本案情是琳达斯公司所有的“阿曼达·格劳列”轮自1994年10月起出

① 详细案情参见万鄂湘主编：《中国涉外商事海事审判指导与研究》（第1卷），人民法院出版社2001年版。

租给案外人埃劳德公司18个月。租赁期内，三善海运因与埃劳德公司有其他租船合同纠纷，向上海海事法院申请诉前扣押埃劳德公司“所属”的“阿曼达·格劳列”轮，随后转为诉讼保全。负责审理的上海海事法院认定，“阿曼达·格劳列”轮为琳达斯公司所有，我国现行的扣船规定允许扣押承租人租用的其他船舶，原告琳达斯公司请求停止侵权、释放船舶不属本判决处置范围，将另行处理，对原告的诉讼请求判决不予支持。琳达斯公司不服，提起上诉。

上海市高级人民法院向最高人民法院的请示主要涉及两个问题：

一是关于船东期租出去的船舶能否扣押的问题，当时有两种意见。一种意见认为：民事诉讼财产保全的范围仅仅限于当事人的请求及与本案有关的财物。由于《最高人民法院关于海事法院诉讼前扣押船舶的规定》允许扣押对海事请求负有责任的“船舶经营人、承租人所有的、经营的或租用的其他船舶”，与前述规定不尽一致，在扣船时应特别慎重。1952年《统一海船扣押某些规定的公约》第3条第4款规定，申请人对被申请人光船承租的船舶可以实施扣押，登记的船舶所有人的其他船舶不宜因为期租人对第三方负有责任而遭扣押。

另一种意见认为：船舶的所有权人包括了占有、使用、收益、处分四种权利，这四种权利可以与所有权人相分离。按照最高人民法院现行的扣船规定，经过严格的司法程序，可以对承租人所有的、经营的或租用的其他船舶依法扣押。我国并未参加1952年《统一海船扣押某些规定的公约》，对于我国的司法实践没有约束力。

二是关于租船合同履行期间船舶被司法扣押，合同能否解除及损失如何赔偿问题。一种意见认为，正常的租船合同履行期间，出租人可以从承租人使用船舶所创造的利益中收取租金，一旦租出的船舶由于某种原因被扣押，承租人因为无法实际使用船舶，其当然可以停付租金，并解除合同。出租人因司法扣押收不到租金，为了自己的利益，根据海商法的规定也可以解除合同。

另一种意见认为，因为承租人对船舶扣押负有责任，其提出解除合同的主张实际上就是一种规避法律的行为，解除合同的要求应属无效，由此引起出租人经济损失全部应由承租人负责赔偿。出租人为了自己的利益要求解除合同，因其不是财产保全的被申请人，无法对抗司法扣押的强制效力，有关损失可以依据租船合同向承租人追偿。

在请示中，上海市高级人民法院表示以上问题都倾向于第二种意见，认为本案三善海运对劳埃德公司租用的"阿曼达·格劳列"轮依据现行扣船规定可以申请扣押，但最终因船舶所有人琳达斯公司无过错，船舶不能拍卖，只能释放。在租船合同履行期间承租人因对船舶被扣负有责任，应向船东赔偿损失，其单方面解除合同行为无效。租船合同履行期终结后，"阿曼达·格劳列"轮不再由劳埃德公司经营，三善海运不撤销扣船申请需赔偿责任。

理解与适用

关于船东所有的船舶能否因期租人对第三方负有责任而被扣押、拍卖，从法律及司法解释的规定来看，主要经历了"不可扣不可卖""可扣不可卖""可扣可卖"三个阶段。

（一）第一阶段：不可扣不可卖

1986 年施行的《最高人民法院关于诉讼前扣押船舶的具体规定》（已废止），第 2 条为"可扣押船舶的范围"，规定具有海事请求权的当事人"可以申请扣押发生该海事请求的当事船舶，但有两个条件，一是该当事船舶的所有人应对该海事请求负有责任，二是除了为行使优先受偿权申请扣船外，该当事船舶在申请扣押时和发生海事请求时必须属于同一船舶所有人"。该规定明确了可扣押的范围应为当事船舶，并且是被请求人所有的船舶。也就是说，被请求人光租的船舶不在可扣押船舶的范围之内，不能被申请拍卖以偿还债务。这一规定被认为"在实践中证明对充分保护债权人的利益是极为不利的，即光租人在船舶营运中引起了海事请求后逃避责任，债权人又不能扣押当事船舶保全自己的请求。"这和当时人们的认识水平相关，在其他国家也有类似规定。例如，英国 1956 年《司法行政法》第三节第 4 款规定，由于承租人原因产生的法定船舶留置权是不能扣押船舶的，因为根据该法，被扣押的船舶必须是由责任方受益所有的，而光船承租人对船舶所享有的权利并不是这种受益所有权。[①]

---

① 参见王孝平：《关于扣船制度的探讨》，载《当代海商法的理论与实践》，人民交通出版社 1997 年版，第 178 页。

针对可扣押船舶的范围过窄的问题，1992 年最高人民法院交通庭在佛山市召开关于修改该规定的专题会议上形成的修改送审稿中将可扣押船舶分为当事船舶、姐妹船和其他船舶等三类，被最高人民法院采纳，并体现在之后的司法解释中。

（二）第二阶段：可扣不可卖

1994 年《最高人民法院关于海事法院诉讼前扣押船舶的规定》（已废止），第 3 条“扣押船舶的范围”中要求“被扣押的船舶所有人、经营人或承租人应对该海事请求负有责任，扣押当事船舶，必须是在申请扣押时和发生海事请求时，该当事船舶属于同一船舶所有人、同一经营人或同一承租人，但为行使船舶优先权而申请扣押船舶的除外”。该规定明确了可以扣押包括光租船舶在内的非船舶所有人占有的船舶。但是，同为 1994 年颁布的《最高人民法院关于海事法院拍卖被扣押船舶清偿债务的规定》（已废止）中，明确规定了被拍卖船舶的所有人必须是被告，且应对该项海事请求确实负有责任。

上述两个规定直接导致了“可扣不可卖”的矛盾情形。《最高人民法院关于海事法院诉讼前扣押船舶的规定》（已废止）中可扣押的船舶包括经营人、承租人经营、租用的当事船舶，自然包括光租船舶。而《最高人民法院关于海事法院拍卖被扣押船舶清偿债务的规定》（已废止）则要求被扣押船舶拍卖的必须是船舶所有人的船舶，而船舶经营人、承租人经营和租用的船舶不属于可拍卖的范围。这种规定的不一致也导致了海事请求权保障的不彻底性。经营人、承租人在法定期限届满拒不提供可靠的担保时，申请人无权请求拍卖船舶。不允许为了保障海事请求权而侵犯船舶所有人的合法权益，则扣船的意义大打折扣，且被扣押船舶也处于既不能释放又不能拍卖的两难境地。

（三）第三阶段：可扣可卖

《海事诉讼特别程序法》第 23 条规定：“有下列情形之一的，海事法院可以扣押当事船舶：（一）船舶所有人对海事请求负有责任，并且在实施扣押时是该船的所有人；（二）船舶的光船承租人对海事请求负有责任，并且在实施扣押时是该船的光船承租人或者所有人……海事法院可以扣押对海事请求负有责任的船舶所有人、光船承租人、定期租船人或者航次租船人在实施扣押时所有的其他船舶，但与船舶所有权或者占有有关的请求除外。从事军事、政府公务的船舶不得被扣押。”第 29 条规定，“船舶扣押期间届满，被请求人不提供担保，而且船舶不宜继续扣押的，海事请求人可以在提起诉讼或者申请仲裁后，向扣押船舶的海事法院申请拍卖船舶”。

2005 年《最高人民法院关于扣押与拍卖船舶适用法律若干问题的规定》第 3 条规定，船舶因光船承租人对海事请求负有责任而被扣押的，海事请求人依据《海事诉讼特别程序法》第 29 条的规定，申请拍卖船舶用于清偿光船承租人经营该船舶产生的相关债务的，海事法院应予准许。

实务操作指引

(一) 船东所有的船舶可因期租人对第三方负有责任而被扣押和拍卖

可扣不可卖的规定有时会造成债权人的权益无法得到有效保护，船东也会遭受无端损失，而真正负有责任的债务人却毫发未损的尴尬局面。该规定不能保护债权人的合法权益，如复函中提到的被扣押船舶在被实施扣押 1 年后最终裁定释放，扣船申请人希望通过扣船保障债权的希望完全落空。目前，法律及司法解释的规定已与该复函的内容相比发生了较大变化，根据《海事诉讼特别程序法》第 29 条、《最高人民法院关于扣押和拍卖船舶适用法律若干问题的规定》第 3 条的规定，在符合条件的情况下，海事法院可以扣押对海事请求负有责任的船舶所有人、光船承租人、定期租船人或者航次租船人在实施扣押时所有的其他船舶。船舶因光船承租人对海事请求负有责任而被扣押的，海事请求人申请拍卖船舶用于清偿光船承租人经营该船舶产生的相关债务的，符合规定的，海事法院应予准许。[①]

(二) 拍卖光租船舶难以保证申请人海事请求保全的目的实现

船舶扣押实务中，申请人扣船往往是为了迫使船方提供放船担保，而不是为了拍卖被扣押船舶。因为被扣押船舶可能负担有各种隐性的船舶优先权，或虽经登记但未为扣押申请人所知的船舶抵押权，致使扣船申请人难以从船舶拍

---

① 参见李伟：《光租船舶扣押与拍卖的法律问题研究——兼评 2015 年〈最高人民法院关于扣押与拍卖船舶适用法律若干问题的规定〉第三条》，载《社会科学辑刊》2015 年第 6 期。

卖款中实现其请求权，因此，申请拍卖被扣押船舶往往是申请人最无奈的选择。船舶扣押措施一般可以达到迫使船方提供放船担保的目的。

按照现行规定，光租船舶被扣押后，在扣押期间届满，被申请人不提供担保，船舶不宜继续扣押的情况下，可以拍卖。但海事请求人对光船承租人的债权一般是船舶经营过程中的普通债权，位于船舶优先权之后，也位于船舶抵押权、船舶留置权等担保物权之后，加上并非光船承租人的财产，海事法院未必会向其分配船舶价款。① 因此，海事请求人期望通过拍卖船舶来实现债权仍然存在巨大的法律风险。

（三）航空器的保全及执行

与同样作为特殊动产的机动车、船舶相比，航空器在保全或执行案件中并不常见。根据《国际民用航空公约》的规定，航空器可分为国家航空器和民用航空器两个类型。根据我国《民用航空法》的规定，民用航空器是指用于执行军事、海关、警察飞行任务外的航空器。本部分所讨论的航空器的保全及执行限于民用航空器。司法实践中，航空器作为保全或执行标的物的情况较少，也尚未形成关于航空器保全及执行的操作规范及流程，在常规财产保全及执行的基础上，民用航空器的保全及执行有其需要特别注意的事项。

1. 拟查封的民用航空器权的确定

如同查封车辆需要提供车牌号、查封房屋需要提供房屋产权证号或不动产登记证号一样，查封民用航空器也需要提供能够确定具体航空器的相关信息。

根据《民用航空法》《民用航空器权利登记条例》的规定，民用航空器的权利登记包括所有权、占有权、抵押权及优先权登记。民用航空器权利登记簿上载明民用航空器国籍、国籍标志和登记标志；所有权人的姓名或名称、地址及其法定代表人的姓名；共有情况；所有权的取得方式和取得日期；制造人名称、制造日期和制造地点；民用航空器价值、机体材料和主要技术数据；抵押权设定情况；所有权登记日期及其他信息。《民用航空器权利登记条例实施办法》第4条关于“民用航空器权利人认为需要进行权利登记的，可申请办理民

---

① 参见冯金如：《论光租船舶被扣押后的拍卖及拍卖价款的分配》，载《中国海商法研究》2013年第1期。

用航空器权利登记”的规定被认为是民用航空器权利登记采自愿原则的根据。实际上，因所有权登记是否办理并不影响民用航空器的使用，因此民用航空器未办理权利登记的情况并不少见。根据《民用航空法》第90条的规定，民用航空器飞行必备文件包括国籍登记证书；适航证书；无线电台执照；航行记录簿；机组人员相应的执照；载有旅客的，应有所载旅客姓名及其出发地点和目的地点的清单；载有货物的，应有所载货物的舱单和明细的申报单。国籍登记证、适航证书及无线电台证又被称为民用航空器必备三证。根据《民用航空器国籍登记条例》第9条的规定，民用航空器国籍登记簿载明民用航空器国籍标志和登记标志、民用航空器制造人名称、民用航空器型号、民用航空器出厂序号、所有人名称及其地址、占有人名称及其地址、民用航空器登记日期、民用航空器国籍登记证书签发人姓名。

概言之，民用航空器权利登记并非必须，但国籍登记是必须的，司法实践中民用航空局亦是通过国籍登记证上载明的国籍标志及登记标志、出厂序号等确定对应的民用航空器，协助进行查封。国籍标志和登记标志一般由拉丁字母B加一组数字构成，如B－1527，喷涂在航空器机身上。但出厂序列号需要通过国籍登记证确定。

因此，如果申请人或者申请执行人拟查封被申请人或被执行人拥有的民用航空器，需要向法院提供该航空器的国籍标志和登记标志以及出厂序列号。如果无法自行获取的，可以向法院申请调查令向民用航空局进行查询。法院亦可以通过发函的形式进行查询。需要注意的是，拟查封的民用航空器可能会出现没有办理权利登记的情况。有的法院认为，因《民用航空器国籍登记条例》第6条明确规定，民用航空器国籍登记，不得作为民用航空器所有权的证据；当事人仅提供了国籍登记证的，不能实施查封。[①] 此种做法可能稍欠妥当。事实上，鉴于民用航空器的所有权登记采自愿原则，如果民用航空器未办理所有权登记，但国籍登记证上显示所有权人为被申请人或被执行人的，在没有其他证据显示该航空器为案外人所有的情况下，人民法院应当予以查封。案外人如向法院主张航空器所有权的，可通过案外人异议程序进行解决。实践中，大多数法院或

---

① 河南省商丘市中级人民法院执行裁定书，（2021）豫14执95号。

在当事人提供了民用航空器的国籍标志和登记标志及出厂序列号，或自行向民航局发函获取航空器的国籍标志和登记标志及出厂序列号的情况下，裁定予以查封。

2. 民用航空器的权利查封及实物查封

我国台湾地区“强制执行法”规定，对“民用航空法”所规定的航空器的强制执行，除有特别规定外，准用船舶执行的规定。而船舶的执行除另行规定外，准用不动产执行的规定。依据不动产及船舶执行的相关规定，对于自运送人或船长发航准备完成时起，以迄航行完成时止的船舶，仍可进行强制执行，[①] 但根据我国台湾地区“民用航空法”第21条的规定，除法律另有规定外，自开始飞航（系指航空器之起飞、航行、降落及起飞前降落后所需在飞行场之滑行）时起，至完成该次飞行时止，不得施行扣留、扣押或假扣押。[②] 已登记的航空器，执行法院应先通知登记机关进行查封登记。[③] 航空器被查封后，应取去证明航空器国籍之文书及民用航空器适航证书，以防其逃逸，并使其停机在一定处所，且应通知当时民用航空主管机关。[④] 航空器得交由当地民用航空主管机关保管，[⑤] 若民用航空主管机关无适当之航空器保管设备、仪器及技术人员，受执行法院指定后，可以指定由拥有同种类航空器之民用航空公司或当地航空事业机构等专业机构协助保管。[⑥] 经债权人同意，执行法院得因当事人或利害关系人的声请，准许其飞行。债务人或利害关系人，得以债权额及执行费用额或航空器之价款，提供担保金额或相当物品，声请撤销航空器之查封。前述担保得由保险人或经营保险业务的银行出具担保书代之，担保书应载明债务人不履行债务

---

① 我国台湾地区“强制执行法”第114条第2项规定：“对于船舶之强制执行，自运送人或船长发航准备完成时起，以迄航行完成时止，仍得为之。”

② 参见沈建兴：《强制执行法逐条释义》（下），台北，元照出版有限公司2020年增订二版，第426页。

③ 我国台湾地区“强制执行法”第76条第3项规定：“已登记之不动产，执行法院并应先通知登记机关为查封登记，其通知于第一项执行行为实施前到达登记机关时，亦发生查封之效力。”

④ 参见赖来焜：《强制执行法各论》，台北，元照出版有限公司2008年版，第485页。

⑤ 我国台湾地区“强制执行法”第114-1条第1项规定：“船舶于查封后，应取去证明船舶国籍之文书，使其停泊于指定之处所，并通知航政主管机关。但经债权人同意，执行法院得因当事人或利害关系人之声请，径许其航行。”第114-4条第2项规定：“查封之航空器，得交由当地民用航空主管机关保管之。航空器第一次拍卖期日，距公告之日，不得少于一个月。”

⑥ 参见赖来焜：《强制执行法各论》，台北，元照出版有限公司2008年版，第486页。

时，由其负责清偿或并赔偿一定之金额。撤销航空器查封时，得就该项担保续行执行，如担保人不履行义务时，执行法院得因债权人之声请，径向担保人为强制执行。①

我国司法实践中关于民用航空器的查封同样分为权利查封和实物查封两部分。

(1) 民用航空器的权利查封

民用航空器的权利查封（也称档案查封）是指在查封期间，要求民用航空局不得办理航空器的转让、过户、抵押、变卖、赠与等登记手续，防止被申请人或被执行人对航空器进行转移。此前实践中普遍认为，对民用航空器的查封，仅冻结权利登记，对国籍登记证及适航证不产生影响。也就是说，对民用航空器的权利查封并不影响民用航空器的运营使用，所有权人可以对其进行事实上处分和交付，受让人办理国籍登记证或适航证的变更并无障碍。因此，应当强调对航空器进行实物查封，降低其被恶意处置的风险。但经咨询民用航空局，现行的做法是，民用航空器被查封的，查封期间权利登记证、国籍登记证及适航证均无法进行变更。

需要特别注意的是未进行过权利登记的航空器，因其在进行处分时也可以不进行权利登记，在判断航空器权属时应当根据物权变动规定进行实证审查，即以交付为生效要件，登记为对抗要件。在湖北省武汉市江汉区人民法院(2019)鄂0103执异10号、(2019)鄂0103民初4768号案外人执行异议及异议之诉案件中，星野科技与通用航空在执行程序中达成和解，通用航空将其注册号为B-7081号直升机抵债给星野科技，办理了国籍登记证变更，将国籍登记证中的所有权人从通用航空变更为星野科技。在通用航空与广厦建设的建设工程施工合同纠纷中，广厦科技申请法院查封了通用航空的B-7081号直升机，星野科技提出案外人异议，认为其系该直升机的所有权人。执行法院驳回其异

① 我国台湾地区“强制执行法”第114-1条第2项、第3项、第4项、第5项规定：“债务人或利害关系人，得以债权额及执行费用额或船舶之价额，提供担保金额或相当物品，声请撤销船舶之查封。前项担保，得由保险人或经营保证业务之银行出具担保书代之。担保书应载明债务人不履行义务时，由其负责清偿或并赔偿一定之金额。依前二项规定撤销船舶之查封时，得就该项担保续行执行。如担保人不履行义务时，执行法院得因债权人之声请，径向担保人为强制执行。第二项、第三项系就债权额及执行费用额提供担保者，于担保提出后，他债权人对该担保不得再声明参与分配。”

议。星野科技提出案外人异议之诉，法院经审查认为，因案涉直升机一直未办理过权利登记，因此其权属应当根据我国有关动产物权变动的规定进行实证审查。在广厦建设申请查封之前，通用航空与星野科技已经达成执行和解协议并实际将该直升机交付给星野科技。星野科技虽未在登记机关办理权利登记但已经占有了涉案直升机。而《民法典物权编解释（一）》第6条规定："转让人转让船舶、航空器和机动车等所有权，受让人已经支付合理价款并取得占有，虽未经登记，但转让人的债权人主张其为民法典第二百二十五条所称的'善意第三人'的，不予支持，法律另有规定的除外。"因此不能认定广厦建设为"善意第三人"。星野科技对案涉直升机享有的所有权可以对抗广厦建设，并排除强制执行。换言之，在查封之前已经善意取得民用航空器所有权的受让人对航空器的所有权可排除对民用航空器的查封。

根据《民用航空器权利登记条例》《民用航空器国籍登记条例》的规定，国务院民用航空主管部门统一管理民用航空器的权利登记、国籍登记工作。需要注意的是，全国范围内的办理民用航空器权利登记、国籍登记工作的机构是位于北京市东城区的中国民用航空局。因此，无论是查询民用航空器的权利登记信息还是进行权利登记查封，其协助执行机构均为中国民用航空局。人民法院在办理民用航空器权利登记查封时，承办人员应提供法院查封裁定、协助执行通知书、承办法官的工作证件等。

(2) 民用航空器的实物查封

有观点认为，若要彻底防范民用航空器被恶意处置的风险，应当对民用航空器进行实物查封，此即所谓的"死封"。对于民用航空器进行实物查封，首先需要知道民用航空器所处位置。正常情况下，民用航空器一般停放在机场或者维修企业场地，对于处于执行飞行任务的航空器，因涉及承运顾客或货物托运人的利益，应当暂缓进行实物扣押，待任务完成后再行扣押。法院在进行实物查封之前，应当与民航管理部门、机场以及航空器的托管人或运营人进行事前的沟通确认，一方面是锁定航空器的具体位置以实施扣押，[①] 另一方面是落实航

---

① 还有观点认为，诸如塔台指挥系统、飞机无线点控制系统、飞机油料公司服务系统、被执行人服务的客户名单系统等均可以作为查找航空器位置线索的途径。参见黄振达：《民用航空器司法执行法律问题研究》，载德衡商法网2020年4月15日，http：//www.deheng.com.cn/about/info/16169。

空器的保管及维护问题。因在民用航空器对存放、维修及保养均有一定的要求，对于中型及大型航空器来说，其维保费用花费巨大。如果航空器在查封后无法进行日常的维修养护，其价值贬损速度极快，甚至可能成为一堆废铁。法院在进行实物查封时如果不能解决航空器的保管及维护问题，债务人或债权人的利益都会遭受严重影响，偏离了实现债权的初衷。司法实践中，法院往往是先与航空器所停放的机场或其他场所做好前期沟通，在解决了航空器的保管及保养问题后，再进行查封。① 在对民用航空器进行实际查封时，建议将与航行必须具备的证照一并扣押，以便后续处置工作的开展。

3. 民用航空器查封后的保管及维护

如前所述，因民用航空器的特殊性，法院无法像保管机动车一样直接保管民用航空器，绝大多数情况下，为了确保航空器能顺利实施拍卖，对于原本委托航空器托管公司、维修单位或者机场进行保管维护的航空器，法院在扣押后会继续委托其保管维护。根据《民用航空法》的规定，保管及维护民用航空器的必需费用属于优先权，优先于民用航空器的抵押权受偿。② 这也是导致民用航空器查封及处置难度较大的一个重要原因，民用航空器的保管及维护费用不菲，变现概率又偏低，即便在降价后成功拍卖变卖，其变现价款也将优先用于支付保管及维护费用，债权人所能获得的清偿仍未可知，法院及债权人处置动力不足。例如，有的民用航空器一直被托管在案外人处，法院在查封后，继续让案外人托管。但因保管费用巨大，法院认为处置有困难，从而终结本次执行程序。③ 实践中也有未考虑民用航空器专业保管及维护的问题就查封的，但其结果往往是加速航空器的贬值，即便起拍价格较低，最终仍是以流拍为主。严重损害了债务人的利益，对债权人权益实现也无益。

4. 民用航空器的司法拍卖变卖

我国台湾地区“强制执行法”对民用航空器的拍卖有特别规定，一是对第

---

① 参见宋霞：《航空公司拖欠工资近千万　法院查封飞机将尽快变现》，载光明网 https：//m. gmw. cn/sogou/201911/12/33311698. html。

② 《民用航空法》第 19 条规定：“下列各项债权具有民用航空器优先权：（一）援救该民用航空器的报酬；（二）保管维护该民用航空器的必需费用。前款规定的各项债权，后发生的先受偿。”

③ 上海市浦东新区人民法院执行裁定书，（2013）浦执字第 22205 号。

一次拍卖期日与公告日之间的间隔期限有要求，不得少于1个月。源于航空器拍卖具有国际性，参照《国际承认航空器权利公约》第7条的规定，拍卖的时间、地点应在6个星期以前确定，并在航空器进行国籍登记的地点，依该国国内法的规定至迟在确定的拍卖日期1个月以前进行公告，确保不在国内的航空器所有人或其他权利人，能有充裕时间在拍卖期日主张权利。① 二是对拍卖航空器的公告记载事项有要求，因航空器的特殊性，除拍卖公告载明之必要事项外，还应载明航空器所在地、国籍、标志、登记号码、型式及其他足以影响购买意愿的事项。三是拍卖公告应揭示执行法院及航空器所在地。除此之外，执行法院应通知民用航空器主管机关登记的债权人。所谓登记的债权人，系指登记的航空器抵押权人及租赁权人；也包括依空难救助或因保存航空器所产生的债权，以及其他向民用航空主管机关登记的债权人。当然，执行法院还应通知执行债权人及债务人，以保护该等债权人及时主张权利的机会。如执行法院未能通知的，当事人或利害关系人可以执行法院违背程序为由声明异议。② 无法通知的自不在此限。③

我国目前还没有针对航空器司法执行的专门规定，司法实践中亦是通过常规司法拍卖程序进行变现。需要关注的主要是航空器价格评估问题。一般是在航空器购买价格的基础上，从实物性能及飞行证照两个方面做减法，即航空器是否仍具备使用价值，总飞行时长多少，是否一直在进行日常维护保养，是否按规定进行检查及大修，复飞所需的花费，以及航空器是否仍具备运营价值，即适航证、电台许可证等是否仍在有效期内。失去适航能力的航空器，其评估价格与其购买价相比会大打折扣。

有观点认为，之所以民用航空器流拍率居高不下，还有目前法院仍然是按照一般财产拍卖的处置思路处置民用航空器，其忽略了航空器的潜在购买者对航空器技术层面的披露有更高要求的现实情况。因此，建议法院一方面在委托

---

① 参见赖来焜：《强制执行法各论》，台北，元照出版有限公司2008年版，第486页。

② 参见赖来焜：《强制执行法各论》，台北，元照出版有限公司2008年版，第487页。

③ 我国台湾地区“强制执行法”第114－4条第2项、第3项规定：“拍卖航空器之公告，除记载第八十一条第二项第二款至第五款事项外，并应载明航空器所在地、国籍、标志、登记号码、型式及其他事项。前项公告，执行法院应通知民用航空主管机关登记之债权人。但无法通知者，不在此限。”

评估机构进行评估的时候应当要求评估机构对航空器的瑕疵进行客观详尽的披露，并将其纳入影响评估价格的因素范围，另一方面应当为竞买人充分全面地了解拟拍卖的民用航空器创造条件，如安排飞机试飞等。

5. 民用航空器的强制管理

除此之外，对于民用航空器这类资产价值高、变现难度大的执行标的物，尤其是具备飞行条件的航空器，原则上具备适用强制管理的空间，在初步判定变现难度较大或者拍卖变卖仍无法变现后，可以考虑对其进行强制管理，我国台湾地区有学者提出，“强制执行法”并未排除强制管理之适用，但航空器作为精密科技产物，其维护、管理及使用，须由专业人员且有专门特殊设备，应当慎选管理人，并命其提供担保，执行法院并应予以监督，所以确非有必要的，不宜贸然采取强制管理的方法。① 而我国目前尚未形成强制管理的完整规范，如何对航空器进行强制管理仍有待司法实践的探索。

① 参见赖来焜：《强制执行法各论》，台北，元照出版有限公司2008年版，第484页。

第二十一章　对债权的执行

一、次债务人向被执行人履行的法律效果

复函原文

最高人民法院执行办公室
关于对案外人未协助法院冻结债权应如何处理问题的复函

2003 年 6 月 14 日　〔2002〕执他字第 19 号

江苏省高级人民法院：

你院《关于案外人沛县城镇郝小楼村村委会未协助法院冻结债权应如何处理的请示报告》收悉。经研究，答复如下：

徐州市中级人民法院在诉讼中做出了查封冻结盐城金海岸建筑安装有限公司（下称建筑公司）财产的裁定，并向沛县城镇郝小楼村村委会（下称村委会）发出了冻结建筑公司对村委会的债权的协助执行通知书。当你院〔2001〕苏民终字第 154 号民事调解书确定建筑公司对村委会的债权时，徐州市中级人民法院对该债权的冻结尚未逾期，仍然有效，因此村委会不得就该债权向建筑公司支付。如果村委会在收到上述调解书后，擅自向建筑公司支付，致使徐州市中级人民法院的生效法律文书无法执行，则除可以根据《中华人民共和国民事诉讼法》第一百零二条①的规定，对村委会妨害民事诉讼的行为进行处罚外，

① 现《民事诉讼法》第 114 条。

也可以根据最高人民法院《关于执行工作若干问题的规定（试行）》第四十四条的规定，责令村委会限期追回财产或承担相应的赔偿责任。

出台背景

本复函涉及江苏省徐州市中级人民法院审理的与建筑公司有关的两起案件，简要情况如下：

第一起为建筑公司与徐州一中百货商店（以下简称百货商店）货款纠纷案，该案在审理中，徐州市中级人民法院于2001年6月1日向村委会发出协助执行通知书，要求村委会协助查封建筑公司在该村委会的债权20万元（以判决书为准），自即日起不得支付建筑公司款项，查封期限1年。徐州市中级人民法院于2001年6月25日作出（2000）徐经初字第94号民事调解书："建筑公司欠百货商店货款103.8368万元，违约金40万元，于2001年底前还清。调解书生效后，建筑公司先以其在村委会的到期债权偿还，到期债权不能偿还部分，再由建筑公司偿还。"

第二起为建筑公司与村委会工程款纠纷案，徐州市中级人民法院于2001年6月15日作出（2000）徐民初字第2号民事判决书，判决村委会支付建筑公司工程款40余万元及其利息。村委会不服一审判决，向江苏省高级人民法院提起上诉。2001年11月23日江苏省高级人民法院作出（2001）苏民终字第154号民事调解书："村委会给付建筑公司工程款16万元，签收调解书时支付1万元，15万元于2001年12月20日前支付。"

在建筑公司对村委会享有的债权被徐州市中级人民法院冻结期间，村委会依据江苏省高级人民法院的民事调解书自行向建筑公司履行了还款义务。2002年1月9日，徐州市中级人民法院向村委会发出通知，要求其追回16万元。村委会到期未能追回。2002年1月15日，徐州市中级人民法院研究决定，根据《执行规定》第30条的规定，作出（2001）徐执字第255号民事裁定书，裁定村委会以自己的财产向建筑公司支付的16万元，向百货商店承担赔偿责任。裁定书下达后，村委会不服，认为其行为系履行江苏省高级人民法院（2001）苏民终字第154号民事调解书所致，不应承担责任。

江苏省高级人民法院在立案监督徐州市中级人民法院执行的建筑公司与徐州一中百货商店贷款纠纷一案中，对村委会拒不执行法院协助执行通知书的行为应如何适用法律处罚的问题向最高人民法院提出请示报告，江苏省高级人民法院审判委员会研究提出三种不同处理意见：第一种意见认为，根据《最高人民法院关于对案外人的财产能否进行保全问题的批复》（法释〔1998〕10号，已废止）规定："对于债务人的财产不能满足保全请求，但对案外人有到期债权的，人民法院可以依债权人的申请裁定该案外人不得对债务人清偿。该案外人对其到期债务没有异议并要求偿付的，由人民法院提存财物或价款。但是，人民法院不应对其财产采取保全措施。"该裁定的协助执行通知书送达给村委会后，接受协助执行通知书的村委会未协助法院执行，却履行了到期债权，应在其履行的范围内承担赔偿责任。本案应当适用《执行规定》第30条①。第二种意见认为，本案不适用《执行规定》第30条，而应当适用1991年《民事诉讼法》第103条的规定，对村委会不协助执行的行为进行制裁处理。对于已向债务人履行的到期债权，由于缺少其承担实体义务的法律规定，故不能要求其承担实体义务。第三种意见认为，村委会是到期债务人，对其不履行到期债务的行为，应当按照《执行规定》第45条，应先向其发送履行通知书，不适用《执行规定》第30条。

对于协助执行人或第三人擅自转移已被人民法院冻结的财产应向申请执行人承担法律责任的问题，1995年《最高人民法院关于信用社非法转移人民法院冻结款项应如何承担法律责任的复函》（法函〔1995〕51号，已废止）就上述问题提出了明确意见："任何金融机构都有义务协助执行人民法院依法冻结有关单位的帐户，成都市新华东路城市信用社（以下简称信用社）在案件当事人的存款帐户被冻结期间与被冻结帐户的当事人串通，转走应入被冻结帐户的款项，非法将资金转移，致使人民法院生效的法律文书无法执行，其行为是违法的。根据《中华人民共和国民事诉讼法》第一百零三条的规定，信用社应承担妨害民事诉讼的法律责任，什邡县人民法院对其处以罚款是正确的。同时，由于信

---

① 《执行规定》第30条规定："有关单位收到人民法院协助执行被执行人收入的通知后，擅自向被执行人或其他人支付的，人民法院有权责令其限期追回；逾期未追回的，应当裁定其在支付的数额内向申请执行人承担责任。"

用社的行为还侵犯了债权人的权益，对此信用社亦应在被转移的款项数额内承担连带赔偿责任。”

协助执行人擅自处分已被人民法院查封、扣押、冻结的财产，不但妨害了人民法院的执行工作，而且侵害了申请执行人的实体权益，除了应该承担程序法上的妨害执行的责任外，还应该承担实体法上的赔偿责任。最高人民法院对协助执行人擅自处分该种财产应该承担责任的立场始终没有改变。

本案建筑公司对村委会的债权，徐州市中级人民法院在诉讼中已经进行了保全，并向村委会发出了协助执行通知书，在江苏省高级人民法院作出的民事调解书生效的同时该债权到期，但村委会根据之后生效的民事调解书擅自向建筑公司履行了还款义务，造成被法院冻结的款项无法执行，损害了百货商店的实体权益。

理解与适用

协助执行是指受理执行案件的人民法院通知有关单位、个人或者要求有关机构协助执行生效法律文书所确定内容的一种制度。协助执行义务人本身并非执行主体，也不是当事人，就债权的协助执行而言，由于其与债务人之间存在特定的债权债务关系，人民法院要强制将债务人的对外债权用于清偿债务人的债务，必须得到协助执行义务人的配合、辅助和支持。协助执行是法定义务，不得拒绝，否则，就要承担相应的法律责任。

（一）追究协助执行义务人赔偿责任的程序

被执行人对第三人的债权具有财产属性，应当纳入被执行人的责任财产范围，执行法院作出查封、冻结债权的裁定，并向次债务人发出协助执行通知书，作为协助执行义务人的次债务人负有对人民法院和权利人保全该财产的责任，同时失去了对冻结财产的处分权。

本案中，村委会虽与建筑公司另案达成调解，该调解书确认了双方的债权、债务关系并明确了村委会的给付义务，但由于执行法院已对该笔债权进行了冻结，实质上限制了村委会直接向建筑公司履行债权的方式。村委会如欲履行给付义务，必须经冻结债权的执行法院批准，如未经批准直接履行，则属于“转移已被冻结财产”的行为，执行法院可以依据《民事诉讼法》第 114 条、第 117 条的规定，以妨碍人民法院执行工作为由对其进行处罚，同时执行法院还可以根据《执行规定》第 30 条、第 32 条、第 51 条的规定，让村委会承担实体法上的赔偿责任。

综上，追究协助执行义务人拒不协助人民法院执行，擅自处分人民法院查封冻结的财产承担责任的程序，应先责令转移财产的协助执行义务人限期追回，在不能追回的情况下裁定其承担相应的赔偿责任，并可同时对其进行处罚。

（二）协助执行人拒不协助执行的法律后果

实践中，协助执行义务人出于各种考量不协助法院执行，有的认为自己不是被执行人，法院不能强制执行，进而无视法院协助执行通知书；也有部分协助义务人因为怕遭到被执行人打击报复，不敢协助法院执行。殊不知，拒不协助法院执行，也是一种违法行为。当协助执行义务人不协助执行的，优先适用《执行规定》第 32 条，并可同时适用《民事诉讼法》及其司法解释的相应规定。

根据《民事诉讼法》第 114 条及《民事诉讼法解释》第 189 条的规定，诉讼参与人或者其他人，接到人民法院协助执行通知书后，给当事人通风报信、协助其转移、隐匿财产；拒不履行人民法院已经发生法律效力的判决、裁定，或者存在《民事诉讼法》第 117 条规定有义务协助调查、执行的单位拒不协助的几种情形的，人民法院可以依法采取如下强制措施：

第一，罚款。罚款是人民法院对妨害民事执行的行为人采取的，责令其在指定的期间内缴纳一定数额的金钱的强制措施。罚款措施的适用条件与拘留措施的适用条件相同。在具体选择适用这两种强制措施时，应根据妨害民事执行行为的危害程度以及情节轻重进行决定。危害程度不大，情节较轻的适用罚款；危害程度大，情节较重或情节恶劣的，适用拘留。罚款适用于实施妨害民事执行的行为人；如行为人为单位的，还可适用于该单位主要负责人或者直接责任人员，对个人的罚款金额，为人民币 10 万元以下。对单位的罚款金额，为人民币 5 万元以上 100 万元以下。

同时，对同一妨害民事执行行为的罚款不得连续适用。但发生了新的妨害民事执行的行为，人民法院可以重新予以罚款。被罚款人对罚款决定不服的，可以向上一级人民法院申请复议，但复议期间不停止执行。

第二，拘留。拘留的期限为15日以下。被拘留人对决定不服的，可以向上一级人民法院申请复议一次，但复议期间不停止决定的执行。

第三，司法建议。人民法院针对办理案件过程中发现的问题，可以向监察机关或者有关机关提出予以纪律处分的司法建议。司法建议可以单独使用，也可与罚款、拘留合并使用。

2012年3月15日的《最高人民法院印发〈关于加强司法建议工作的意见〉的通知》（法〔2012〕74号），是继2007年3月《最高人民法院发布关于进一步加强司法建议工作为构建社会主义和谐社会提供司法服务的通知》之后，指导全国各级法院司法建议工作的又一重要司法文件，若协助执行义务人不协助执行的，人民法院坚持以审判执行工作为出发点，充分发挥司法建议延伸审判职能的作用，坚持必要性、针对性、规范性和实效性等原则，向党政机关、企事业单位、社会团体及其他社会组织提出司法建议。司法建议要做到把握问题准确、分析问题透彻、依据充足、说理充分、建议客观合理、方案切实可行、行文严谨规范、保证建议质量。①

第四，拒不执行判决、裁定罪。对协助执行义务人、担保人等负有执行义务的人，有能力执行而拒不执行，情节严重的，构成拒不执行判决裁定犯罪的，人民法院将有关材料移交公安机关处理，或者由申请执行人提起自诉，在量刑上，适用《刑法》第313条规定（对人民法院的判决、裁定有能力执行而拒不执行，情节严重的，处3年以下有期徒刑、拘役或者罚金；情节特别严重的，处3年以上7年以下有期徒刑，并处罚金。单位犯前款罪的，对单位判处罚金，并对其直接负责的主管人员和其他直接责任人员，依照前款的规定处罚）。

实务操作指引

实践中，对债权的执行是个难点，程序方面，对被执行人债权的执行也要受一定的限制。对不同性质的债权，应采取不同的执行措施。

---

① 参见黄晓云：《建言献策服务大局最高人民法院研究室主任胡云腾谈司法建议工作》，载《中国审判》2012年第5期。

（一）对到期债权的执行

1. 经生效法律文书确认的到期债权。

依据《最高人民法院关于依法制裁规避执行行为的若干意见》（法〔2011〕195号）第12条规定，对于已经生效法律文书确认的债权，执行法院可以书面通知被执行人在限期内向有管辖权的人民法院申请执行该生效法律文书，被执行人申请执行后，执行法院可向该案件的执行法院发出协助执行通知书，请求将该案执行款项在本案的执行范围内交本案法院处理；若限期届满被执行人仍怠于申请执行的，执行法院可以依法强制执行该到期债权。同时，根据《民事诉讼法解释》第499条第3款的规定，他人对生效法律文书确定的债权予以否认的，人民法院不予支持。

可见，对被执行人对他人的经生效法律文书确认的到期债权采取执行措施，应根据上述法律规定的程序予以执行，他人对此到期债权提出异议的不应被支持。

2. 被执行人对他人的未经生效法律文书确认的到期债权的执行

根据《民事诉讼法解释》第499条、《执行规定》第45条至第49条规定，执行法院应首先裁定冻结被执行人对他人的到期债权，并向该他人发出履行到期债权通知书，该他人对该债权有异议的，应在履行通知指定的期间内提出，人民法院不对异议部分的债权强制执行，也就是说，对于无异议部分的债权应强制执行；该他人在履行通知指定的期限内没有提出异议又不履行的，执行法院有权裁定对其强制执行；被执行人放弃对他人的债权或者延缓履行期限的行为无效；利害关系人提出异议的，人民法院应当按照《民事诉讼法》第234条审查异议理由是否成立，理由成立的，应中止执行；不成立的，裁定驳回。

（二）对未到期债权的执行

对于被执行人未到期债权如何执行，在2011年之前一直没有明确的规定，各地法院做法不一，有的通过下达民事裁定的方式予以冻结，有的以下达协助执行通知书的方式要案外人停止支付。《最高人民法院关于依法制裁规避执行行为的若干意见》第13条规定："依法保全被执行人的未到期债权。对被执行人的未到期债权，执行法院可以依法冻结，待债权到期后参照到期债权予以执行。第三人仅以该债务未到期为由提出异议的，不影响对该债权的保全。"依照《民事诉讼法解释》第499条之规定，次债务人提出异议的，执行法院不支持对异议部分强制执行的请求，但对次债务人的异议是否应予以审查，实践中做法各异。

（三）次债务人提异议时对申请执行人的救济

由于未经生效法律文书确认的到期债权，法律赋予次债务人异议权，在其对执行法院的裁定或履行到期债权通知书提出异议时，执行法院不得对其强制执行，对异议原则上不进行审查，到期债权的执行程序随之终结。申请人可以通过其他方式采取补救措施，保障自身权益。

1. 代位权诉讼

被执行人怠于行使债权对申请执行人造成损害的，申请执行人可依据《民法典》第535条的规定向有管辖权的人民法院行使代位权诉讼，即申请执行人可以向人民法院请求以自己的名义代位行使被执行人的债权。同时，《执行规定》第50条规定："被执行人收到人民法院履行通知后，放弃其对第三人的债权或延缓第三人履行期限的行为无效，人民法院仍可在第三人无异议又不履行的情况下予以强制执行。"

2. 撤销权

被执行人放弃或无偿转让债权的，申请人可依据《民法典》第538条的规定行使撤销权，即请求人民法院撤销被执行人的行为，撤销权的行使范围以债权人的债权为限，撤销权的除斥期间为1年，自债权人知道或应当知道撤销事由之日起。自债务人的行为发生之日起5年内没有行使撤销权的，该撤销权永久消灭。

二、次债务人异议的性质与审查

函复、答复、通知、复函原文

（一）最高人民法院执行工作办公室关于在被执行人已支付第三人款项后，可否执行第三人的相应财产的函

1998年7月23日　法经〔1998〕299号

广东省高级人民法院：

你院〔1997〕粤高法执字第46－2号《关于汕头市中院执行惠阳市惠达公

司欠款一案的情况报告》，收悉。经研究，答复如下：

根据最高人民法院《关于适用〈中华人民共和国民事诉讼法〉若干问题的意见》第三百条规定，强制执行到期债权必须以第三人对该债权债务关系没有异议，且又在通知规定的期限内不履行为前提条件。本案第三人惠阳市源兴实业有限公司已提出异议，故不应对其强制执行。汕头市中级人民法院在执行程序中裁定由第三人惠阳市源兴实业有限公司将其所得1080万元土地款直接退给申请执行人并以此裁定为执行依据进一步裁定查封、拍卖第三人财产，不符合法律规定。但是，鉴于该案被执行人惠州市大亚湾惠达工贸公司确已支付给第三人1080万元，并约定在购置的16,040平方米土地使用权中占有53%的权益，第三人对此并无异议，且协助有关部门办理了有关手续，以及被执行人已名存实亡，对此权益无人主张的实际情况，执行法院可在执行中对相关的土地使用权依法妥处，以保护申请执行人的合法权益；对确属第三人的财产的查封应予解除。

（二）最高人民法院执行工作办公室关于到期债权执行中第三人超过法定期限提出异议等问题如何处理的请示的答复

2006年3月13日 〔2005〕执他字第19号

辽宁省高级人民法院：

你院《关于开原农村信用社、开原市农村信用合作社联合社申请执行辽宁华银实业开发总公司一案的疑请报告》收悉。经研究，答复如下：

一、本案执行法院在向第三人送达履行到期债务通知书的同时，即裁定将第三人列为被执行人，并查封其财产，在程序上是错误的，应予纠正。

二、第三人在收到履行到期债务通知书后，未在法定期限内提出异议，并不发生承认债务存在的实体法效力。第三人在法院开始强制执行后仍有异议的，应当得到司法救济。

三、考虑到目前我国尚无第三人异议之诉的法律制度，为公平保护各方当事人的合法权益，根据本案中已经责令双方兑帐及当事人提出审计要求的实际情况，可在执行程序中通过对被执行人与第三人双方的全部往来账目进行逐笔核对，或者委托有关单位进行审计并经三方共同认可，最终审核确认后，决定是否继续执行。鉴于该案各方反映强烈，审核确认宜由你院组织进行。

四、参照最高人民法院《关于人民法院执行工作若干问题的规定（试行）》第六十四条第二款的规定，审核确认应以被执行人与第三人均认可的法律关系和一致记载的账目为准。经核对确认，如双方账目记载一致的部分说明不欠款，则应撤销对第三人的执行程序；如说明欠款，则可以在执行标的额范围内，予以执行。对第三人与被执行人之间的法律关系，可按第三人占有被执行人所投入的本金应予以返还的原则把握。

（三）最高人民法院关于认真贯彻实施民事诉讼法及相关司法解释有关规定的通知

2017年12月29日　法〔2017〕369号

各省、自治区、直辖市高级人民法院，解放军军事法院，新疆维吾尔自治区高级人民法院生产建设兵团分院：

为进一步规范民事诉讼活动，保障当事人合法权益，切实提升民事审判和执行工作水平，现就正确理解和适用《最高人民法院关于适用〈中华人民共和国民事诉讼法〉的解释》（以下简称《民诉法解释》）有关规定通知如下：

一、在审理案件中，应当依法审慎适用拘传措施。对必须到庭的被告，人民法院适用拘传的，应当符合民事诉讼法第一百零九条和《民诉法解释》第一百七十四条规定，限于负有赡养、抚育、扶养义务或者是不到庭就无法查清案情的被告。有独立请求权的第三人参加的民事诉讼、被告提出反诉的诉讼，本诉原告相对于有独立请求权的第三人、反诉人处于被告地位，可以依照上述法律和司法解释规定适用拘传。

对于原告经传票传唤无正当理由拒不到庭或者未经法庭许可中途退庭的，应当依照民事诉讼法第一百四十三条规定按撤诉处理。依照民事诉讼法第一百四十五条、《民诉法解释》第二百三十八条规定，当事人有违反法律的行为需要依法处理，人民法院裁定不准撤诉或者不按撤诉处理的案件，原告经传票传唤无正当理由拒不到庭的，应当依照民事诉讼法第一百四十五条第二款规定缺席判决。属于民事诉讼法第一百一十二条规定的虚假诉讼或者第五十五条规定的公益诉讼案件，对不到庭就无法查明案件基本事实的原告，可以依照《民诉法解释》第一百七十四条第二款规定适用拘传。

对当事人适用拘传的，应当严格依照《民诉法解释》第一百七十五条规定的程序进行。

二、在执行程序中适用《民诉法解释》第四百八十四条采取拘传措施的，应当严格遵守法定的条件与程序。拘传措施对于查明被执行财产、调查案件事实具有重要意义，同时也会严重影响被拘传人的人身自由。执行法院在采取拘传措施前必须经过依法传唤，对于无正当理由拒不到场的被执行人、被执行人的法定代表人、负责人或者实际控制人，应进行说服教育，经说服教育后仍拒不到场的，才能采取拘传措施。

对于已经控制被执行人的财产且财产权属清晰、没有必要调查询问的被执行人、被执行人的法定代表人、负责人或者实际控制人，不宜采取拘传措施。采取拘传措施必须严格遵守法定的时间期限，不能以连续拘传的形式变相羁押被拘传人。

三、被执行人的债权作为其财产的重要组成部分，是其债务的一般担保，不能豁免执行。但是执行到期债权涉及次债务人的权利保护，法律关系较为复杂，在执行程序中适用《民诉法解释》第五百零一条时，应当严格遵守法定条件与程序，兼顾相关各方主体的权利保护。

在对到期债权的执行中，应当依法保护次债务人的利益，对于次债务人在法定期限内提出异议的，除到期债权系经生效法律文书确定的外，人民法院对提出的异议不予审查，即应停止对次债务人的执行，债权人可以另行提起代位权诉讼主张权利。对于其他利害关系人提出的异议符合民事诉讼法第二百二十七条规定的，人民法院应当按照相应程序予以处理。

被执行人有银行存款或者其他能够执行的财产的，人民法院原则上应优先予以执行；对于被执行人未到期的债权，在到期之前，只能冻结，不能责令次债务人履行。

四、在适用民事诉讼法及相关司法解释过程中，发现有新的问题的，应当及时层报我院。

（四）最高人民法院执行工作办公室关于第三人无权对已经仲裁确认的债权提出实质上异议的复函

2001年6月19日　〔2000〕执他字第19号

内蒙古自治区高级人民法院：

你院〔2000〕内高法执请字第1号乌盟电业局物资供应公司、北京华油公司申请执行辽宁省营口华油实业公司、辽宁省营口市油品加工厂联营购销合同纠纷一案的请示报告收悉。经研究，答复如下：

根据执行法院乌兰察布盟中级人民法院补充提供的材料，该案所执行的辽宁营口市华油实业公司（以下简称营口华油）对第三人沈阳龙源石油化工有限公司（以下简称沈阳龙源）的到期债权是经营口仲裁委仲裁确认的，且营口华油已经向营口市中级人民法院申请执行。乌盟中院在执行前已经与营口市中级人民法院沟通，故乌盟中院可以直接执行该债权。同样因为该债权已经仲裁确认，第三人沈阳龙源无权对该债权的存在与否提出实质上的异议，因此是否对其事先通知，并不能影响执行结果。沈阳龙源与营口华油之间虽然签订了还款协议，但由于该协议没有明确的还款期限，故可以依法认定营口华油可以随时请求其履行，执行法院可以随时根据营口华油的申请恢复对仲裁调解书的执行。因此执行中已经扣划的款项不应退还给沈阳龙源，但应将执行结果告知营口市中级人民法院，以便及时扣减营口华油对沈阳龙源的可执行债权的数额。至于有关案外人提出的执行异议，应由执行法院依法审查。

（五）最高人民法院关于法院判决的债权能否适用到期债权执行的复函

2000 年 9 月 22 日　〔2000〕执监字第 304 号

江苏省高级人民法院：

你院（1998）苏法执字第 9 号《关于执行第三人石狮市德辉开发建设有限公司（以下简称德辉公司）有关情况的报告》收悉，经研究，答复如下：

你院在执行江苏省针棉织品进出口（集团）公司（以下简称针棉公司）诉中国天衡国际贸易合作公司（以下简称天衡公司）第四被告融资合同纠纷一案生效判决的过程中，针棉公司以被执行人天衡公司对德辉公司享有到期债权，且经本院（1997）民终字第 38 号民事判决书确认为由向你院提出申请，请求执行天衡公司的此笔到期债权。你院即依据本院《关于适用〈中华人民共和国民事诉讼法〉若干问题的意见》第 300 条（以下简称"第 300 条"）的规定，向德辉公司发出《执行通知书》，此后又作出（1998）苏执字第 9 号民事裁定书裁定德辉公司将应偿还给天衡公司的 5359 万元人民币直接支付给针棉公司，并查封了德辉公司部分土地及建筑物。对此，德辉公司向你院提出异议向本院申诉，请求本院监督处理。

本院认为，法院判决的债权不适用"第 300 条"的规定。"第 300 条"规定的到期债权是指未经法院判决的债权，如果把经法院判决的债权视为"第 300 条"规定的到期债权去执行，就会使当事人的申请执行权、执行和解权和法院的执行管辖权及执行实施权发生冲突。因此，你院依据"第 300 条"的规定执行德辉公司的财产属于适用法律错误，应当予以纠正。

本院（1997）民终字第 38 号民事判决书判决德辉公司应返还天衡公司垫资款及利息等。由于被执行人天衡公司怠于行使该判决书确定的其对德辉公司享有的债权，未向执行法院福建省高级人民法院申请执行，损害了债权人针棉公司的利益，故针棉公司可代位向福建省高级人民法院申请执行天衡司对德辉公司享有的债权。代位申请执行的标的范围以针棉公司对天衡公司的债权为限，并不得超过天衡公司对德辉公司享有的债权数额。代位申请执行的期限与《中华人民共和国民事诉讼法》第219条规定的申请执行期限一致。

鉴于针棉公司已在法定的期限内向江苏省高级人民法院提出了执行天衡公司对德辉公司的债权的请求，而且江苏省高级人民法院采取了执行措施，故该案作为特殊情况可视为针棉公司已在法定期限内提出了代位申请执行的请求。请你院将本案有关对德辉公司财产的查封手续移送福建省高级人民法院，由该院依法执行本院（1997）民终字第38号民事判决书，以偿还天衡公司欠付针棉公司的债务。

（六）最高人民法院执行工作办公室关于第三债务人异议问题的函

1997年3月4日　法经〔1997〕16号

内蒙古自治区高级人民法院：

北京帝都商贸发展公司向我院反映：赤峰市红山区法院在执行［1996］赤公证字380号公证书中，根据最高人民法院《关于适用〈中华人民共和国民事诉讼法〉若干问题的意见》（以下简称《适用意见》）第三百条的规定，向该公司发出通知书，要求该公司就其所欠被执行人赤峰市第一造纸厂的债务186,363.92元本金和利息向申请执行人赤峰市基本建设投资公司履行，同时采取了冻结该公司银行存款的措施。该公司否认通知书中所述的债权债务关系，提出了异议。但赤峰市红山区法院的冻结措施仍未解除。

我们认为：按照我院《适用意见》第三百条的规定向第三人发出履行债务通知后，如第三人就其与被执行人之间的债权债务关系提出了否定的异议，即不应对第三人采取强制执行措施。现将有关材料转你院，请认真核查。如所反映赤峰市红山区法院采取冻结措施的情况属实，应依法纠正。请将处理结果报告我院。

出台背景

对第三人到期债权的执行是指被执行人不能清偿债务，但对案外第三人享有到期债权，人民法院可以依申请执行人或被执行人的申请，对该到期债权予以执行的程序。

〔2005〕执他字第19号答复的案件背景如下：开原市农村信用社与华银公司因借款发生纠纷，协商无效诉至法院，经辽宁省铁岭市中级人民法院调解，华银公司向信用社支付借款1300万元本金及利息。

调解书生效后，华银公司没有履行义务，信用社申请铁岭市中级人民法院立案执行。华银公司声明对第三人金鼎公司享有债权，并出示了1999年4月21日华银公司与金鼎公司均盖章的欠款“认定书”。“认定书”载明：金鼎公司欠华银公司3007万元。2001年9月22日法院向第三人金鼎公司（以下简称金鼎）送达了履行到期债务的通知书，给出15天异议期。但同日，该院又下达裁定书，查封了金鼎公司的房产及汽车一辆。裁定书中将金鼎公司列为被执行人。

金鼎公司在超期后的2001年11月1日才提出书面异议，因此，法院在10月29日冻结了金鼎公司银行存款，并扣划。对此，金鼎公司提出与华银公司对账，法院同意。对账后，华银公司意见同认定书，但承认金鼎公司已经还了500万元，金鼎公司则提出反对意见，认为已经全部返还且多支付给了华银公司，并提出进行审计，但华银公司坚持以“认定书”为准，如审计只能针对“认定书”形成以后的账目进行。此后，金鼎在辽宁省高级人民法院启动了监督程序。辽宁省高级人民法院经审委会讨论，形成两种不同意见，因此报请最高人民法院给予答复。

次债务人异议的随意性与代位权诉讼程序启动难、保全难、胜诉难成为执行到期债权的主要障碍。现行司法解释对次债务人的异议权作出了规定，而且要求法院对次债务人的异议权不进行实质审查，只要次债务人提出异议，人民法院就应停止执行。为了破解被执行人与次债务人相互串通故意提出异议妨碍执行的困局，有观点认为，执行法院应对次债务人提出的异议进行实质审查，并建议按照《民事诉讼法》第232条的规定处理，以保障申请执行人的权益。对到期债权执行的制度设计旨在保护申请执行人的债权利益的同时，也保护次债务人的利益。不对第三人的异议权进行实质审查实际上是保护次债务人的权益。《民事诉讼法解释》明确了在第三人提出异议时，申请执行人可通过代位权诉讼寻求救济。只不过代位权诉讼在实践中并没有发挥其应有的作用，债权执行制度因此被架空。

在实践中，法院依法制作到期债权履行通知书并送达第三人后，次债务人一般不承认该债务并拒绝对申请人自动履行。另外，次债务人在收到履行通知之后，多数情况下会和债务人沟通、串通，进而转移财产，或者合谋提出异议来阻碍法院的执行程序，更有甚者，次债务人面对多个执行法院的到期债务履行通知书，只是有选择性地提出异议，导致没收到异议的法院能够继续执行，收到异议的法院无法执行的局面。

理解与适用

（一）到期债权执行的不同机理

1. 我国到期债权执行的机理

对被执行人债权进行强制执行的制度是在“债务人的财产是其所负债务的担保之原理”及“债权具有可代位性”的基础上发展而来的，因此该制度又称为“代位执行制度”。①

从法理上，债务人的全部财产是其所负债务的担保，债权作为一项拥有财产价值的权利，自然也属于责任财产范畴，作为债权人债权实现的担保。② 此即解释了对被执行人债权进行执行的正当性问题。

根据《民事诉讼法解释》第 499 条的规定，对到期债权执行是由执行法院向第三人发出履行通知，要求其直接向申请执行人履行。由此可以看出，到期债权的执行与一般执行显著的不同在于前者必然涉及第三人。执行的基本原理要求执行必须以执行名义为依据，③ 债权人申请法院执行的名义如判决、调解书

---

① 参见江必新主编：《强制执行法理论与实务》，中国法制出版社 2014 年版，第 654 页。

② 参见谭秋桂：《民事执行原理研究》，中国法制出版社 2001 年版，第 277 页。

③ 参见谭秋桂：《民事执行原理研究》，中国法制出版社 2001 年版，第 278 页。

等涉及的当事人仅为申请执行人与被执行人，并不包括第三人。这就引发了执行法院要求第三人向申请执行人履行其对被执行人所负债务的执行依据为何的疑问。关于到期债权执行的执行名义存在履行通知书说、原生效法律文书说、冻结裁定说、加强制执行裁定说等多种不同观点。[①] 履行通知书说及原生效法律文书说均存在难以周延之处，履行通知只是推进执行的一种程序性法律文书，不具备判定实体权利义务的功能，不能作为执行名义；[②] 原生效法律文书说认为，对第三人执行源于生效法律文书执行力主观范围的扩张，但执行力主观范围一般只能扩张至当事人权利义务的继受人及债权债务转移后的受让人，[③] 难以扩张至次债务人。债权冻结裁定和加强制执行裁定能否作为到期债权的执行名义取决于裁定能否单独作为执行名义。有观点主张，仅为实现执行名义确定的内容而采取的执行措施不能作为新的执行名义，但若执行裁定具有给付内容，并且该给付义务在原执行名义中未予规定，或确立了非原执行名义的执行力所及的新被执行人，则应当承认此种裁定属于新的执行名义。到期债权执行中，保全阶段的债权冻结裁定和变价阶段的强制执行裁定，均已超出原执行名义效力所及的主体和规定义务，故债权冻结裁定及强制执行裁定分别构成了到期债权执行程序保全阶段和变价阶段的执行名义。[④] 基于此，向次债务人发出的法律文书应同时包括债权冻结裁定及履行到期债务通知书。

结合上述观点，可以认为到期债权执行的性质是一种略式程序，即省略了被执行人对第三人债权的实体审理，通过一定法律程序将债权人与债务人之间经过实体审理的债权债权关系与债务人与第三人之间未经实体审理的债权债务关系融合在一起进行处理，其理论基础是债权人对债务人的实体及程序代位权。[⑤]

---

① 参见谢春和、黄胜春：《代位执行制度的理论与实践》，载《现代法学》1995 年第 6 期；吴英姿：《代位执行之我见》，载《南京大学法律评论》1998 年秋季号；江必新、贺荣主编：《强制执行法的起草与论证（三）》，中国法制出版社 2014 年版，第 264 页。

② 参见李哲：《到期债权执行若干理论和实务问题探析》，载《人民司法》2021 年第 10 期。

③ 参见肖建国、刘文勇：《论执行力主观范围的扩张及其正当性基础》，载《法学论坛》2016 年第 4 期。

④ 参见李哲：《到期债权执行若干理论和实务问题探析》，载《人民司法》2021 年第 10 期。

⑤ 参见江必新主编：《强制执行法理论与实务》，中国法制出版社 2014 年版，第 654 页。

2. 我国台湾地区债权执行的机理

我国台湾地区“强制执行法”第 115 条、第 115－1 条、第 115－2 条就对债务人对于第三人之金钱债权的执行进行了规定。其执行程序可分解为两步，第一步是执行法院向债务人与第三人发扣押命令，禁止债务人收取或为处分，并禁止第三人向债务人清偿。违反扣押命令的，对执行债权人不生效力。法院在核发扣押命令前，应审查该债权是否属于法律上或性质上禁止扣押的债权，但无须审查债权是否存在。第二步是扣押后，要实现债权须进行换价。换价方法有四种，四种方式性质及效果互有不同，执行法院除斟酌具体情形外，还应询问债权人意见，以保护债权人利益。以下对四种换价方式的适用进行简要介绍：①

（1）执行法院核发收取命令。收取命令，是指执行法院以命令授予执行债权人收取权，准许债权人以自己的名义直接向第三人收取所扣押之金钱债权，但债权人并未取得债务人对第三人之债权人身份。即债务人仅丧失其收取权，并未丧失其债权。

收取命令的执行程序须进行至债权人已收取该债权金额完毕后才结束。如债权人尚未收取完毕，有其他债权人并案执行或参与分配，执行法院应撤销该收取命令，改核发支付转给命令，并制作分配表。债权人未能从第三人处收取全部或部分债权金额的，未收取之部分债权不消灭，仍可依原执行名义申请对债务人执行。

收取命令在送达第三人时生效，收取命令生效后，第三人对债务人之抗辩均可对抗债权人。但第三人在收到扣押命令或收取命令后 10 日内未声明异议的，债权人可申请执行法院对第三人强制执行。如第三人依法声明异议的，债权人须另行起诉第三人。

（2）执行法院核发移转命令。移转命令，是指法院以命令将扣押之金钱债权移转给债权人，以扣押之金钱债权为代物清偿，债务人丧失债权人之地位，债权人取得被扣押之金钱债权的债权人地位。执行债权人的债权在移转范围内消灭。但如果被移转之金钱债权一部分或全部不存在的，不发生移转效果，债

---

① 参见沈建兴：《强制执行法逐条释义》（下），台北，元照出版有限公司 2020 年增订二版，第 428～482 页。

权人可以主张移转命令无效，再对债务人其他财产强制执行。若第三人资力不足以清偿的，已消灭的债权不会再恢复，债权人不能再向债务人请求清偿。移转命令于送达第三人时生效，生效后该移转命令执行程序即已终结。

适用移转命令的债权应符合的要件：第一，被扣押之金钱债权须无法律上或性质上不能扣押、让与、抵销的。第二，金钱债权具有一定金钱数额，且能够即时明确决算的，如附条件或附期限或应为对待给付之债权无法即时确定金钱数额，不能适用核发移转命令（薪资或其他继续行给付债权除外）。若移转之金钱债权确有对待给付，第三人行使同时履行抗辩权致使债权人无法实现债权的，移转命令无实益，属无效。第三，须无其他债权人并案执行或参与分配。

（3）执行法院核发支付转给命令。如有其他债权人并案执行或参与分配，除有优先受偿权外，应平均分配，不能单独由某债权人受偿，此时，应核发支付转给命令，由法院制作分配表分配。支付转给命令系指执行法院以命令，命第三人将扣押之金钱债权，向执行法院支付，再由执行法院转给债权人。在执行法院未收到钱，债务人仍是扣押金钱债权的主体，故因第三人无资力给付，仍应由债务人承担损失，并对债务人其他财产执行。

支付转给命令生效后，第三人未支付转给执行法院，并未于收受执行命令后10日内声明异议的，执行债权人可声请执行法院执行第三人。

（4）执行法院拍卖变卖。被扣押之金钱债权因附条件、附期限、存在对待给付，缺乏确定性，执行法院难以适用上述三种命令换价，执行法院得依申请，准用动产拍卖或变卖程序进行变价。

（二）对次债务人强制执行应符合法定的要件

对被执行人的到期债权采取执行措施应具备如下要件：一是被执行人不能清偿债务。不能清偿债务不等同于破产还债程序中的不能清偿。是指被执行人由于某种原因暂时缺乏偿还能力，或只具有部分偿还能力。二是被执行人对第三人享有到期债权，第三人对该债务依法有向被执行人清偿的义务。三是申请执行人对被执行人的到期债权向人民法院提出执行申请。人民法院发现被执行人对第三人有到期债权，也可以依职权予以执行。四是人民法院对第三人采取强制执行措施前，应当首先作出冻结裁定和到期债务履行通知书，并附生效法律文书的副本，通知第三人在指定的期限内向申请执行人履行债务。第三人有协助人民法院执行的义务。五是第三人对到期债务没有提出异议。六是第三人在通知指定的期限内没有履行。符合以上条件，人民法院可以对次债务人财产采取强制执行措施。

（三）人民法院对到期债权的冻结

人民法院对被执行人到期债权实际执行前，应当先采取冻结措施，即使次债务人提出异议也有利于与诉讼程序的衔接，《执行规定》虽然规定到期债权执行的前提是向第三人送达到期债权履行通知书，但该履行通知书并不具有冻结的效力。《民事诉讼法解释》第 499 条保留了到期债权执行制度但进行了改造，规定人民法院在对第三人到期债权采取强制措施前可以在送达通知的同时作出冻结裁定，对到期债权予以冻结，但不能追加第三人为被执行人。

需要注意的是，诉讼阶段对到期债权进行保全，第三人即次债务人始终只处于协助义务人的地位，其根本义务仅在于服从执行法院对被执行人债权的保全。第三人没有对是否存在到期债权进行回应的义务。第三人未提出异议并不意味着第三人认可被保全人对其享有到期债权，更不表明案件在转入执行程序后认可执行法院对到期债权的执行。而且即便第三人提出债权未到期或者对债权数额存有争议等异议，因并不涉及对债权债务关系的实体认定，也不会对第三人财产权利造成限制，所以不影响法院对相关债权采取保全措施。[①] 根据《执行规定》第 45 条的规定，第三人对到期债权的异议是在收到履行通知后 15 日内向执行法院提出。[②] 即只有在执行阶段，在将第三人从协助义务人转变为被执行人的过程中，因其法律后果直接关涉到第三人的利益，[③] 故赋予了第三人针对法院对到期债权执行作出的履行通知提出异议的权利。而一旦第三人提出的是债权已消灭或已过诉讼时效等实体异议，执行法院就不应对异议内容进行实质

---

① 最高人民法院执行裁定书，（2015）执复字第 36 号。

② 《执行规定》第 45 条规定：“被执行人不能清偿债务，但对本案以外的第三人享有到期债权的，人民法院可以依申请执行人或被执行人的申请，向第三人发出履行到期债务的通知（以下简称履行通知）。履行通知必须直接送达第三人。履行通知应当包含下列内容：（1）第三人直接向申请执行人履行其对被执行人所负的债务，不得向被执行人清偿；（2）第三人应当在收到履行通知后的十五日内向申请执行人履行债务；（3）第三人对履行到期债权有异议的，应当在收到履行通知后的十五日内向执行法院提出；（4）第三人违背上述义务的法律后果。”

③ 根据《执行规定》第 49 条的规定，第三人在履行通知指定的期限内没有提出异议，而又不履行的，执行法院有权裁定对其强制执行。此裁定同时送达第三人和被执行人。

审查并应停止对第三人的进一步执行。以下通过最高人民检察院发布的一则民事执行检察监督典型案例予以说明。

沈阳大东区法院在诉讼阶段对被告的到期债权采取保全措施，向辽宁某集团公司第四分公司（以下简称第四分公司）发出协助执行通知书，要求其停止向被告李某江支付工程款536万元。第四分公司未提出异议，但也未向李某江支付。判决生效后的执行阶段，大东区法院作出执行裁定，扣留被执行人李某江在第四分公司的收入536万元。第四分公司提出异议称，在法院采取保全措施前，该公司与李某江的工程款已结算完毕，李某江对第四分公司不享有到期债权。大东区法院及沈阳中院均以第四分公司在保全阶段未提出异议导致申请执行人债权无法实现为由驳回了该异议。第四分公司申请检察监督。检察院提出检察建议的理由基于两点：一是保全阶段，第三人仅负有停止支付的协助义务，没有提出异议的权利。第四分公司未向被保全人李某江支付，其已履行了协助执行义务，追究其责任于法无据。二是执行阶段，第三人在规定期限内提出债权已消灭的实体异议，拥有排除执行的绝对效力。执行法院驳回异议申请并继续强制执行属于严重的程序违法。三级检察机关通过三次执行监督，最终辽宁省高级人民法院采纳了检察建议，认为第四分公司作为第三人在保全阶段未提出异议不表明其认可到期债权的存在。第四分公司在执行程序中对执行行为提出异议行使了其法定权利，执行法院驳回异议的做法违反了法律规定，应予纠正。相似案例还有最高人民法院（2015）执申字第23号执行裁定。①

（四）次债务人提出异议的处理

实践中，有的法院对基于到期债权执行提出的异议予以审查，异议理由不成立的，作出驳回第三人异议通知书，并予以强制执行；异议理由成立的，不

---

① 最高人民法院在（2015）执申字第23号执行裁定中就已明确指出，在保全阶段，第三人的法律地位是协助执行人，只要其未支付财产，即视为履行了保全裁定确定的义务。因为在此阶段第三人只需履行消极的不作为义务，其财产并不会被处分，故第三人可能不会提出复议，但其不提出复议并不意味着其认可到期债权的真实存在，更不表明其在案件进入执行阶段后，认可执行法院据此对到期债权采取执行措施。执行法院不能因第三人在诉讼阶段对到期债权的保全未提起复议，就推断被执行人对第三人享有的到期债权真实成立。案件进入执行阶段后，执行法院未向第三人送达履行到期债务通知书，直接冻结被执行人在第三人名下的银行存款1100万元，亦未赋予第三人在法定期限内提出异议的权利，实际上变相剥夺了第三人对到期债务履行的异议权利，属于程序违法。

能执行，但双方没有结算的，要限期予以结算，对双方争议较大无法进行结算的，责令被执行人提起诉讼。最高人民法院对这种做法表示担忧，如果第三人对到期债务提出异议时人民法院予以审查，对异议不成立的，作出驳回第三人异议通知书并予以强制执行，容易造成未审先判，第三人的合法权益不能得到应有的保障。

第三人在期限内提出实体异议，人民法院不应对异议是否真实进行审查，这是现行法律对限缩执行自由裁量权提出的要求。《执行规定》第 45 条、第 47 条规定，法院在发出履行到期债务通知书时，应指定异议期间，如第三人在期限内提出异议则不能执行。到期债权的执行实际上是债权人代债务人行使追偿其债权的权利，是一种代位制度，在债权存在争议的情况下，权利义务还没有确定，不能由执行机构直接执行。第三人提出异议的内容涉及债权债务关系是否存在、有无抵销、免除等情况，均为实体异议，执行机构不能直接确认实体法律关系。到期债权的次债务人在履行到期债务通知书规定的期限内提出异议，人民法院即应停止对该到期债权的执行。最高人民法院法〔2017〕369 号通知已经明确，人民法院对次债务人提出的异议不予审查，债权人可以另行提起代位权诉讼主张权利。但并非所有次债务人提出的异议都导致不能执行的后果，《民事诉讼法解释》第 499 条第 3 款规定，对生效法律文书确定的债权，次债务人否认的，人民法院不予支持。江苏省高级人民法院在（2020）苏执复 139 号执行裁定中认为，次债务人对已经生效法律文书确定的到期债权予以否认的，执行法院应审查后确定是否支持，而非径直驳回其异议。《民事诉讼法解释》第 499 条规定，次债务人对生效法律文书确定的到期债权予以否认的，法院不予支持。原因在于被执行人与次债务人之间的债权已经生效法律文书确认，次债务人否认其存在并无依据。但如果该债权在法律文书生效后已由于履行、抵销、免除等原因消灭的，则对到期债权的执行已无执行对象，缺乏事实和法律依据。此时如果仍然按照《民事诉讼法解释》第 499 条的规定驳回次债务人的异议，次债务人的实体权益将受到损害。该案中，次债务人并未否认一审判决中确认的其与被执行人存在债权的事实，但因双方在二审程序中达成庭外和解撤回上诉，且已经履行完毕，故次债务人否认的是生效法律文书确定的到期债权在执行法院要求次债务人履行时仍然存在的事实。江苏省高级人民法院指出，按照

《异议复议规定》，被执行人提起以实体事由排除执行的异议法院应参照《民事诉讼法》第232条进行审查。在对到期债权进行执行的情形下，次债务人的实体法律地位实际等同于被执行人，次债务人亦应有可以提出已履行到期债务等实体事由来排除执行异议的权利。此外，第三人提出的自己无履行能力或其与申请执行人无直接法律关系的异议不能发生排除执行的效果。①

被执行人对第三人的到期债权，人民法院采取执行措施时，被执行人和次债务人之间正在诉讼或仲裁程序中，不影响执行法院采取冻结措施向次债务人送达履行到期债务的通知。无论是诉讼阶段就到期债权保全向第三人发出的协助执行通知还是执行阶段向第三人发出的冻结裁定及履行通知书，除了约束第三人不得向债务人清偿外，对被执行人处分债权亦产生限制。《查扣冻规定》第24条第1款规定，被执行人就已经查封、扣押、冻结的财产所作的移转、设定权利负担或者其他有碍执行的行为，不得对抗申请执行人。根据前述规定，在冻结到期债权的法律文书生效后，债务人及次债务人之间债权债务关系进行的变更、解除、债权转让或者其他有碍执行的行为均不能对抗申请执行人，申请执行人仍可以按法定程序向次债务人主张权利。即次债务人不能以协助执行通知生效后权利义务关系发生变化为由提出不履行债务的异议。否则无异于认可在冻结债权的法律文书生效后仍可以对债权进行处分，这将导致实质性否定冻结的法律效力。即便是在冻结的法律文书生效后另案生效法律文书改变了债权债务关系，也不能对抗申请冻结债权的申请执行人，次债务人不能以履行另案调解书为由对履行到期债权通知提出异议。② 这种对抗效力源于实体法上债权人对债务人危害债权的行为所享有的撤销权。③《最高人民法院执行办公室关于对案外人未协助法院冻结债权应如何处理问题的复函》就对到期债权冻结期间，另案生效法律文书对债务人与次债务人之间的债权予以确定，次债务人以履行生效法律文书义务为由向债务人进行支付的行为如何处理作出了说明。概言之，生效法律文书确定债务人与次债务人债权时执行法院对该债权的冻结仍然有效的，次债务人就不得就该债权向债务人支付。如果因次债务人的支付行为导致

① 参见《执行规定》第48条第1款。

② 最高人民法院执行裁定书，（2019）最高法执监328号。

③ 参见江必新主编：《强制执行法理论与实务》，中国法制出版社2014年版，第661页。

债权人债权无法执行的，则可以追究次债务人妨碍民事诉讼责任，也可以责令次债务人限期追回或承担相应的赔偿责任。在（2019）最高法执监 328 号执行裁定中，最高人民法院即以另案调解书生效时间是在到期债权冻结协助执行通知书之后，债权冻结后债权主体变化不能产生对抗申请执行人的效力，次债务人所提异议理由不能产生阻却执行的效力，驳回了次债务人的异议。

换言之，在冻结到期债权法律文书生效之前发生的债权处置行为，执行法院只能告知申请执行人依据《民法典》有关撤销权的规定提起撤销权诉讼，以确定被执行人处分行为的效力。以（2019）最高法执监 424 号执行裁定为例，在黄冈中院执行杜某雄与武汉治历公司、湖北治历公司、朱某彬、徐某礼借款合同纠纷一案中，黄冈中院对武汉治历公司对湖北山河公司享有的到期债权采取冻结措施。其后，武汉治历公司与湖北山河公司的执行案件，申请执行人由武汉治历公司变更为润鼎泰公司。湖北山河公司以武汉治历公司已将对其债权转让给润鼎泰公司为由，请求黄冈中院终止对湖北山河公司的执行。最高人民法院认为，虽然黄冈中院对武汉治历公司对湖北山河公司享有到期债权采取的冻结措施在先，武汉中院变更申请执行人，即变更湖北山河公司的债权人为润鼎泰公司的裁定在后，但武汉治历公司与润鼎泰公司的债权转让行为早于黄冈中院冻结行为。因债权转让，武汉治历公司对湖北山河公司已不存在到期债权。黄冈中院以武汉治历公司对湖北山河公司享有到期债权为由，继续对湖北山河公司采取强制执行措施，已缺乏事实依据。申请执行人杜某雄对武汉治历公司与润鼎泰公司之间的债权转让合同效力存有异议，应通过诉讼程序寻求救济。

（五）第三人超过指定异议期提出异议的处理

法院在送达履行到期债务通知书时，应指定异议期间，如第三人在期限内提出异议则不能执行。但是，第三人超过 15 天异议期提出异议应如何处理，法律和司法解释没有明确规定。最高人民法院〔2005〕执他字第 19 号答复认为，第三人收到通知书后，未在法定期限内提出异议，并不发生承认债务存在的实体法效力。第三人在法院开始强制执行后仍有异议的，应得到司法救济。到期债权执行程序只是一种基于程序上的便利设置的程序，没有及时提出异议并没有确定实体权利义务关系的效力。到期债权执行程序应当有必要的诉讼程序予以补充，以确定到期债权的真实存在。次债务人超过异议期提出异议也要依法进行审查。依照答复精神，如果第三人没有在履行期限内提出异议，也应当保障其异议权利，但提出的异议不必然导致对到期债权执行行为的停止。

（六）人民法院不能依债权人申请对次债务人对他人享有的到期债权予以执行

对于这个问题，最高人民法院曾于1997年5月13日，以法经〔1997〕133号函复新疆维吾尔自治区高级人民法院，指出不能执行次债务人对他人享有的到期债权，《民法典》第535条、第536条、第537条均未规定债权人可以向次债务人的债务人连续主张权利。

实务操作指引

（一）对利害关系人提出异议的审查

《民事诉讼法解释》第499条规定，利害关系人对到期债权有异议的，人民法院应当按照《民事诉讼法》第234条规定处理。本条中的利害关系人具有特定含义，实际上是指《民事诉讼法》第234条中的“案外人”。它是对执行标的“对他人的到期债权”享有实体权利的人。次债务人不能作为此处的利害关系人提起异议之诉。

（二）对到期债权与收入执行的区分

根据《民事诉讼法》及《执行规定》，我国执行立法对收入和到期债权设计了不同的执行方法。对收入执行时，人民法院应当作出裁定，并发出协助执行通知书，第三人处于协助执行人的地位，必须按照协助执行通知书的要求办理，否则需承担相应的法律责任。[①] 而对于到期债权，人民法院应向第三人发出

① 《民事诉讼法》第250条规定：“被执行人未按执行通知履行法律文书确定的义务，人民法院有权扣留、提取被执行人应当履行义务部分的收入。但应当保留被执行人及其所扶养家属的生活必需费用。人民法院扣留、提取收入时，应当作出裁定，并发出协助执行通知书，被执行人所在单位、银行、信用合作社和其他有储蓄业务的单位必须办理。”《执行规定》第29条规定：“被执行人在有关单位的收入尚未支取的，人民法院应当作出裁定，向该单位发出协助执行通知书，由其协助扣留或提取。”第30条规定：“有关单位收到人民法院协助执行被执行人收入的通知后，擅自向被执行人或其他人支付的，人民法院有权责令其限期追回；逾期未追回的，应当裁定其在支付的数额内向申请执行人承担责任。”

履行债务通知书，告知第三人有提出异议的权利，第三人未按通知书载明的期限履行债务又未提出异议的，第三人的地位转化为被执行人，人民法院可对其强制执行。而对于第三人提出异议的，人民法院应停止执行，对异议不得进行实质审查。概言之，对于收入，人民法院可以直接执行；而对于到期债权，人民法院能否执行，取决于第三人是否在规定期限内提出了符合规定的异议。[①] 由此可见，收入提取程序较为简便快捷，第三人利用程序漏洞拖延执行的可能性较小。相较于到期债权，对收入的执行，程序效率更高但程序保障也更弱。这必然会影响到执行当事人和第三人的合法权益，也容易因适用不同执行方法引起争议进而造成混乱。[②] 由此可见，如何界定“收入”与“到期债权”成为解决问题的核心。

有观点提出，运用文义及体系解释的方法理解《民事诉讼法》第250条的规定，从“保留被执行人及其家属的生活必需费用”“被执行人所在单位”等用语可以看出，该条规定的被执行人应为自然人。[③] 最高人民法院在（2020）最高法执监288号执行裁定中亦持此观点，指出被执行人的收入，应指该自然人依法所得和依法应得的收入。企业或其他组织不符合提取收入的被执行人主体资格。而之所以“收入”的执行具备更便捷的条件，原因在于收入具有经常性、连续性，形成收入的法律关系特定，如劳动、储蓄、投资、租赁等，双方权利义务关系简单明了，并且给付时间、地点、金额和方式确定。而到期债权往往涉及的法律关系复杂，是否存在给付义务、给付金额及方式等须依具体法律关系确定，[④] 故赋予了第三人异议权以保障其权益。

将收入的被执行人主体限于自然人是否合理有待商榷。实务中有观点提出，法人或其他组织的租金收入，其法律关系稳定、数额明确无争议、给付时间固定，与自然人收入并无二致，应当按照收入进行执行。事实上，实践中将法人、

---

① 《执行规定》第48条第1款规定，第三人提出自己无履行能力或其与申请执行人无直接法律关系，不属于本规定所指的异议。

② 《执行规定》第48条第1款规定，第三人提出自己无履行能力或其与申请执行人无直接法律关系，不属于本规定所指的异议。参见李哲：《到期债权执行若干理论和实务问题探析》，载《人民司法》2021年第10期。

③ 参见冉崇高、邓德荣等：《到期债权执行的若干实务问题》，载《人民司法》2011年第15期。

④ 参见冉崇高、邓德荣等：《到期债权执行的若干实务问题》，载《人民司法》2011年第15期。

其他组织的租金视为收入的做法并不少见。[①] 而且从《执行规定》关于被执行人应得的股息、红利等收益的规定来看，未区分被执行人是自然人还是法人或者其他组织。[②] 要平衡对第三人利益保护和防止第三人利用程序漏洞拖延执行二者的关系，更合理的做法可能是，“民事强制执行法”或者司法解释对“收入”进行更明确的界定和列举，使其能够与到期债权进行精确区分。

（三）冻结到期债权与冻结次债务人名下财产的区分

对到期债权的冻结，是限制第三人向被执行人清偿，人民法院不能对第三人自身财产采取查封、扣押和冻结措施，被执行人对第三人虽有到期债权，但第三人财产并非申请执行人与被执行人争议的财产，也不是被执行人的责任财产。对于已经被法院冻结的到期债权，被执行人对外转让的，不能对抗申请执行人。如果次债务人既承认到期债权的存在，又未经允许擅自支付，对其擅自支付的金额，执行法院可以作出裁定责令追回并赔偿申请执行人损失。[③]

（四）对虚假异议的识别和处理

被执行人对次债务人是否享有到期债权，实践中经常作为一个事实判断问题纠缠不清，次债务人提出虚假异议的不在少数，需要予以识别。责令当事人进行对账和审计，从而确定债权是否存在及债权的金额范围，不失为一个处理虚假异议的有效办法。

（五）协助执行通知书不能替代到期债务履行通知书

《民事诉讼法解释》第499条规定，人民法院执行到期债权可以采用裁定书先行冻结，但未明确冻结后是否依然需要向次债务人送达到期债务履行通知书，还是可以协助执行通知书代替。从立法的连续性上看，送达到期债务履行通知书仍然是必需环节，有的法院以协执替代，属不规范执行行为，应予纠正。

---

① 参见李哲：《到期债权执行若干理论和实务问题探析》，载《人民司法》2021年第10期。

② 《执行规定》第36条规定：“对被执行人从有关企业中应得的已到期的股息或红利等收益，人民法院有权裁定禁止被执行人提取和有关企业向被执行人支付，并要求有关企业直接向申请执行人支付。对被执行人预期从有关企业中应得的股息或红利等收益，人民法院可以采取冻结措施，禁止到期后被执行人提取和有关企业向被执行人支付。到期后人民法院可从有关企业中提取，并出具提取收据。”

③ 最高人民法院执行裁定书，（2017）最高法执监441号。

第二十二章　对收入及其他款项的执行

一、对未到期可得收益的执行

解释原文

最高人民法院关于适用
《中华人民共和国民事诉讼法》的解释（节选）①

2015 年 1 月 30 日　法释〔2015〕5 号

第一百五十八条　人民法院对债务人到期应得的收益，可以采取财产保全措施，限制其支取，通知有关单位协助执行。

出台背景

1982 年《民事诉讼法》只规定了提取、扣留被执行人收入的执行措施，并无对被执行人财产权益执行的规定。对被执行人的到期财产权益进行执行应无疑问，实践中对被执行人未到期财产权益能否采取保全或执行措施，仍存在不同的认识。地方法院在把握不准的情况下向最高人民法院进行请示，最高人民法院作出《关于对尚未到期的财产收益可否采取诉讼保全措施的批复》（已废

① 根据 2022 年 3 月 22 日最高人民法院审判委员会第 1866 次会议通过的《最高人民法院关于修改〈最高人民法院关于适用《中华人民共和国民事诉讼法》的解释〉的决定》修正。

止），肯定了在被执行人无其他财产可供执行且不影响企业正常营业的情况下，可以对尚未到期的财产收益采取控制性措施。2011 年最高人民法院发布的《制裁规避执行行为意见》吸收了前述批复内容，明确规定："对被执行人的未到期债权，执行法院可以依法冻结，待债权到期后参照到期债权予以执行。第三人仅以该债务未到期为由提出异议的，不影响对该债权的保全。"并且未再设定被执行人无其他财产可供执行等前提条件。

在执行程序中，人民法院可以依法对被执行人的财产采取多种执行措施，这些措施分为两类：一类是不会引起权利变动的控制性措施，如查封、扣押、冻结等；另一类是引起权利变动的处分性措施，如划拨（银行存款）、拍卖（房产、车辆）等。在诉讼程序中，由于各方当事人权利义务处于未决状态，法院不能对被告的财产采取处分性措施，只能依申请对被告财产采取控制性措施，以防止被告在诉讼阶段转移财产，造成将来执行的障碍。虽然《制裁规避执行行为意见》规定的是执行程序中可以对未到期债权进行冻结，未说明在诉讼程序中是否也可以进行冻结。从保障判决实现的角度，结合《最高人民法院关于对尚未到期的财产收益可否采取诉讼保全措施的批复》（已废止）的规定，在诉讼程序中对被告的未到期债权进行财产保全并无不当。

理解与适用

对被告的到期财产权益采取保全措施，我国不同时期的立法均有规定。1992 年《民诉意见》第 104 条规定，"人民法院对债务人到期应得的收益，可以采取财产保全措施，限制其支取，通知有关单位协助执行"。《民事诉讼法解释》第 158 条对该条予以原文保留。[①] 现行司法解释规定了可以在诉讼程序中对被告的到期财产权益采取保全措施，在执行程序中可以对被执行人的到期财产权益采取执行措施。

被执行人的"到期财产权益"、"收入"及"对第三人到期债权"较难区

① 注意，该条文中的"协助执行"，其规范意义是指协助单位负有协助保全的义务，而不能据此理解为案件处于执行程序中。

分。"收益"与"收入"可视为同一类财产。《民事诉讼法解释》第158条规定，人民法院对债务人到期应得的收益，可以采取财产保全措施，限制其支取，通知有关单位协助执行。该条中的"收益"与批复中的"财产收益"含义无本质差别。在现代社会，财产形式日益丰富，应对"收益"作扩大解释较为合理。实务中，区分"收益"与"收入"只有概念法学上的意义，两者均系被执行人存在于他人处尚未被其实际占有支配的一切形式的金钱利益，包括但不限于对他人享有的债权，工资、奖金、承包经营、提供服务等所获得的劳务报酬，以及继承或受赠的财产、财产租赁或转让所得、知识产权特许使用费、中奖或中彩偶然所得，利息、稿费收入，储蓄或投资型的保险变价、股权分红等投资权益。①

实务操作指引

（一）对被执行人享有财产权益的执行程序

根据《制裁规避执行行为意见》第13条，对被执行人的未到期债权也可以依法冻结，待债权到期后参照到期债权予以执行，第三人仅以该债务未到期为由提出异议的，不影响对该债权的保全。据此，不管被执行人享有的财产权益是否到期，均可以采取执行措施，只不过未到期的财产权益要等到期后，才能发出履行通知。对被执行人享有财产权益的具体执行程序，可参照对收入的执行方式。

（二）对收入执行的实务要点

依据《民事诉讼法》的规定，被执行人未按执行通知履行法律文书确定的义务，人民法院有权向有关单位查询被执行人的存款、债券、股票、基金份额等财产情况。人民法院有权根据不同情形扣押、冻结、划拨、变价被执行人的财产。被执行人未按执行通知履行法律文书确定的义务，人民法院有权扣留、

① 有观点认为，到期应得收益是被保全人对其具有的资本性质的投资所应得的利益，保全的方式是限制债务人支取，协助义务人一般是债务人的工资，薪金、劳务发放单位或者某项应得权益的提供者。参见曹凤国：《最高人民法院关于人民法院办理财产保全案件若干问题的规定理解与适用》，法律出版社2020年版，第201页。

提取被执行人应当履行义务部分的收入。但应当保留被执行人及其所扶养家属的生活必需费用。《执行规定》第29条规定："被执行人在有关单位的收入尚未支取的，人民法院应当作出裁定，向该单位发出协助执行通知书，由其协助扣留或提取。"由此可知，扣留、提取收入与冻结、划拨被执行人的银行存款，属于针对不同的财产类型采取的不同执行措施，仅冻结、划拨被执行人的工资账户的银行存款，并不能产生扣留、提取收入的法律效果。如果执行过程中，有的执行法院对被执行人的工资收入采取执行措施，其他执行法院对被执行工资账户的银行存款采取执行措施，后者的措施并不必然产生扣留、提取被执行人收入的法律效果，不存在对同一标的进行轮候查封的情形，依法扣留、提取被执行人收入的法院措施得当，能够得到优先执行。《民事诉讼法》对执行被执行人的存款和收入分别作出了不同的规定。冻结、划拨被执行人银行存款与扣留、提取被执行人的收入，属于针对不同的财产类型采取的不同执行措施，仅冻结、划拨被执行人工资账户的银行存款，并不能产生扣留、提取收入的法律效果。执行法院在采取扣留、提取收入的执行措施时，如果需要冻结、划拨被执行人在银行开立的工资账户内的存款，那么可在向被执行人收入发放单位送达协助执行通知书的同时，对被执行人工资账户内的存款采取冻结、划拨措施，尽量避免不同法院之间以及债权人之间发生争议。

（三）对被告未到期收益可以采取保全措施

根据《民事诉讼法解释》第158条，人民法院可以在诉讼阶段保全被告到期应得的收益，"未到期"收益能否在诉讼阶段保全？就像在诉讼阶段能否保全被告对第三人享有的未到期债权。目前，各地法院做法也不尽相同。我们认为，考虑到冻结被告的未到期收益并不会对被告或其他相关第三人的权益造成实质性影响，应允许对被告的未到期债权或收益采取保全措施。如此，可防止被告与第三人串通，提前向债务人清偿损害债权人合法权益。

二、对银行存款的执行

复函原文

最高人民法院
关于冻结单位银行存款六个月期限如何计算起止时间的复函

1995年1月16日　法经〔1995〕16号

江西省高级人民法院：

你院《关于冻结单位银行存款六个月期限如何计算起止时间的请示》收悉，经研究，答复如下：

根据《中华人民共和国民事诉讼法》第七十五条第二款的规定，期间开始的时和日，不计算在期间内。宜春地区中级人民法院1994年4月18日冻结某企业的银行存款，冻结期限6个月应从1994年4月19日起算，到同年10月18日当天银行停止营业时止。冻结的效力则应从1994年4月18日冻结手续办结之时开始。

此复

出台背景

本复函针对的是冻结银行存款6个月期限的起止时间如何计算的问题。《查扣冻规定》施行之前，关于查封、扣押、冻结措施的期限，司法解释并没有全面和系统的规定。中国人民银行、最高人民法院、最高人民检察院、公安部、司法部1980年11月22日发布的《关于查询、停止支付和没收个人在银行的存款以及存款人死亡后的存款过户或支付手续的联合通知》，最高人民法院、中国人民银行1983年12月28日联合颁布的《关于查询、冻结和扣划企业事业单位、机关、团体的银行存款的联合通知》（〔1993〕法研字第30号，已废止）以及中国人民银行印发，自2002年2月1日开始实施的《金融机构协助查询、冻结、扣划工作管理规定》都规定停止支付、冻结单位存款的期限最长不超6个月。也正是江西省高级人民法院请示中提出的冻结单位银行存款6个月期限的出处。1991年《民事诉讼法》中没有明确规定冻结银行存款期限和期限起止时间的情况下，有的法院在银行冻结存款时就会出现法院计算的冻结限期与银行认为的冻结期限不一致的情况。例如，在1月1日到银行冻结存款，冻结期限为6个月的话，冻结期限是从1月1日还是1月2日开始计算，冻结是截至6月30日还是7月1日。这可能会影响到法院对银行存款的控制，如有疏忽，甚至可能造成执行财产被转移。因此，江西省高级人民法院向最高人民法院请示，最高人民法院对冻结存款期限的起止时间作出了明确的答复。

理解与适用

（一）冻结银行存款期限起止时间的计算

《民事诉讼法》中并没有对查封、扣押、冻结措施的期限作出规定。2008年《查扣冻规定》第29条第1款规定：人民法院冻结被执行人的银行存款及其他资金的期限不得超过6个月，查封、扣押动产的期限不得超过1年，查封不动产、冻结其他财产权的期限不得超过2年。法律、司法解释另有规定的除外。《民事诉讼法解释》第485条第1款规定：人民法院冻结被执行人的银行存款的期限不得超过1年，查封、扣押动产的期限不得超过2年，查封不动产、冻结其他财产权的期限不得超过3年。

但是，这些司法解释并没有明确期限的起止日。对于这个问题，复函确定期限从日次起算。《民事诉讼法》第85条第2款规定："期间以时、日、月、年计算。期间开始的时和日，不计算在期间内"，这与《民法典》第201条第1款"按照年、月、日计算期间的，开始的当日不计入，自下一日开始计算"，以及之前《民法通则》（已废止）的相关规定也是一致的。所以，冻结期限从冻结日的次日开始计算。

而冻结期限的停止，我们认为应该按照《民事诉讼法》第85条和《民法典》第203条的规定，除节假日外，以期限的最后一日止。实践中，有的银行并不按此操作，应当予以纠正。具体到停止的时间，本复函中提到"到同年10

月 18 日当天银行停止营业时止”，这与《民法典》第 203 条第 2 款的规定是一致的：“期间的最后一日的截止时间为 24 时；有业务时间的，停止业务活动的时间为截止时间。”

（二）冻结银行存款的效力

需要注意的是，本复函中区分了冻结期限的起算点和冻结的生效时间。虽然冻结期限是从次日起算，但是冻结的效力则应从冻结手续办结之时开始。这一点应该和此后的《查扣冻规定》第 1 条一致，即“人民法院查封、扣押、冻结被执行人的动产、不动产及其他财产权，应当作出裁定，并送达被执行人和申请执行人。采取查封、扣押、冻结措施需要有关单位或者个人协助的，人民法院应当制作协助执行通知书，连同裁定书副本一并送达协助执行人。查封、扣押、冻结裁定书和协助执行通知书送达时发生法律效力”。冻结裁定书和协助执行通知书在送达时发生法律效力，冻结措施也就随之生效。如果冻结措施是和冻结期限一样从次日生效的话，那么被执行人在当日仍然可能转移存款，冻结目的无法实现。所以，冻结措施必须在当日生效，与冻结期限的起算有所差别。而冻结效力应该在冻结期限结束时失效。并且，这种失效并不需要法院再作出解除冻结的文书。

实务操作指引

（一）存款冻结起止期限的计算

实践中，关于存款冻结期限起止的计算已经出现过争议，通过案例分析，能够更加深入地理解本复函的内容。

案例①

申请复议人中国农业银行股份有限公司石河子市兵团支行（以下简称农行石河子支行）因东飞马佐里纺机有限公司（以下简称马佐里公司）与新疆天盛实业有限公司（以下简称天盛公司）买卖合同纠纷一案，不服江苏省盐城市中级人民法院（2013）盐执异字第 0011 号民事裁定，向江苏省高级人民法院申请复议。

① 参见江苏省高级人民法院执行裁定书，（2013）苏执复字第 0078 号。

江苏省高级人民法院经审查查明，马佐里公司依据（2012）苏商终字第0103号民事判决书向盐城市中级人民法院对天盛公司申请执行。该案一审时，根据马佐里公司的财产保全申请，盐城市中级人民法院于2011年8月对天盛公司在农行石河子支行开设的账户存款进行冻结。2012年2月6日，盐城市中级人民法院对该账户存款解冻后又重新冻结，向农行石河子支行发出协助冻结存款通知书，要求对该账户存款533.4万元暂停支付6个月（从2012年2月6日起至8月5日止）。农行石河子支行在协助冻结存款通知书回执上载明已冻结4,457,309.24元。2012年8月6日，盐城市中级人民法院在农行石河子支行对上述存款续冻时，农行石河子支行告知此存款已被天盛公司当日转走，该账户余额仅为289.91元。2012年9月6日，盐城市中级人民法院致函要求农行石河子支行在2012年9月30日前追回因擅自解冻被转移的款项，如果未能追回该院将裁定该行在转移款项范围内以自己的财产向申请执行人承担责任。2013年1月29日，盐城市中级人民法院作出（2012）盐执字第0178－1号民事裁定，根据1998年《执行规定》第33条的规定，裁定农行石河子支行在被转移的人民币4,457,019.33元范围内以其自己的财产向马佐里公司承担责任。

农行石河子支行向盐城市中级人民法院提出执行异议。盐城市中级人民法院认为，该院要求异议人协助冻结的期限从2012年2月6日起至8月5日止。但8月5日系星期日，根据《民事诉讼法》中关于“期间届满的最后一日是节假日的，以节假日后的第一日为期间届满的日期”的规定，该次冻结期限届满之日应为星期日后的第一日即8月6日。该院作出（2013）盐执异字第0011号民事裁定，驳回农行石河子支行的执行异议。农行石河子支行不服，向江苏省高级人民法院申请复议。

江苏省高级人民法院认为：2012年《民事诉讼法》第82条对期间做了明确规定，是该法律总则部分的条款，应适用于各种具体的期间，冻结期限适用期间规定符合该条法律规定的精神。且《最高人民法院关于冻结单位银行存款六个月期限如何计算起止时间的复函》中明确了计算冻结期限的法律依据是2012年《民事诉讼法》第82条（2007年《民事诉讼法》第75条）中关于期间的相关规定。因此，法院对银行账户的冻结期限应受上述法律规定调整。在盐城市中级人民法院指定的冻结期限最后一日即2012年8月5日为节假日的情况下，其冻结效力应当顺延至节假日期满后的第一日即2012年8月6日。故江苏省高级人民法院最终裁定：驳回农行石河子支行执行复议申请，维持（2013）盐执异字第0011号民事裁定。

本案中，关于冻结存款期限起止日期的争议非常典型。盐城市中级人民法院是在2012年2月6日对账户存款解冻后又重新冻结，协助执行通知书写明的期限是2012年2月6日~8月5日。由于2012年8月5日是星期日，应该按照《民事诉讼法》的规定，期限最后一日是节假日的，期限应该顺延到节假日期满后的第一日，冻结的效力也相应顺延。银行在2012年8月5日将账户解除冻结的做法不符合法律规定。如前所述，实践中有的银行对此没有注意，应该予以纠正。而需要说明的是，盐城市中级人民法院协助执行通知书中冻结期限的起始日不应该写为冻结当日，而是应改写为冻结次日。正如江苏省高级人民法院指出的，本案账户冻结的期限看，可以明确为2012年2月7日~8月6日，即从冻结之日的次日开始。另外，如果是明确期限为2012年2月6日~8月5日，在2012年8月5日是星期日的情况下，冻结期限及冻结效力应相应顺延至次日。

实际操作中，协助执行通知书应注明冻结期限的起止时间，同时应特别注明期限届满的最后一日是节假日的，以节假日后的第一日为期限届满的日期或者直接在协助执行通知书中注明最后一日是节假日的，期限顺延至节假日结束后的第一日。当事人也应予以注意，及时提示法院或银行等协助执行单位依法操作。①

（二）不申请续封的法律后果

《民事诉讼法解释》第485条规定申请执行人申请延长期限的，人民法院应当在期限届满前办理续行查封手续，续行期限不得超过前款规定的期限。人民法院也可以依职权办理续行查封手续。法律虽然规定了法院可以依职权办理延期，但不是必须依职权办理，所以申请人应该及时申请延期。一般而言，在期

---

① 需要说明的是，实践中，对于银行存款的冻结，有“余额冻结”与“账户冻结”两种惯例操作方式，一般而言，前者是指作出冻结时就确定具体冻结金额并足额冻结，后者是指作出冻结时账户内余额低于要求冻结的具体金额，而对账户做“只收不付”的处理，直至达到要求的冻结金额。而无论是“余额冻结”与“账户冻结”，都应该受冻结期限的限制，也应该按照正常期限计算规则计算起止日。

限到期之前1个月至2个月就应该向法院提交书面申请，以保证法院能够在期限届满之前顺利延期。如果申请人没有申请延期，法院也没有依职权延期，那么强制措施的效力就会消失。如果查封、冻结、扣押之后有轮候查封、冻结、扣押，那么轮候查封、冻结、扣押转变为正式查封、冻结、扣押，开始具有法律效力；如果之后没有轮候查封、冻结、扣押，那么相应财产就不再受到限制，被执行人可以处分相应财产，其风险和后果应该由申请人来承担。法院不能因为没有依职权延期而承担相关责任，因为延期毕竟是当事人自己的选择，也是当事人的义务，法院不应因此而承担责任。

三、对离休金、退休金和养老金的执行

答复、复函原文

（一）最高人民法院研究室关于执行程序中能否扣划离退休人员离休金退休金清偿其债务问题的答复

2002年1月30日　法研〔2002〕13号

天津市高级人民法院：

你院津高法〔2001〕28号《关于劳动保障部门应依法协助人民法院扣划被执行人工资收入的请示》收悉。经研究，答复如下：

为公平保护债权人和离退休债务人的合法权益，根据《民法通则》和《民事诉讼法》的有关规定，在离退休人员的其他可供执行的财产或者收入不足偿还其债务的情况下，人民法院可以要求其离退休金发放单位或者社会保障机构协助扣划其离休金或退休金，用以偿还该离退休人员的债务。上述单位或者机构应当予以协助。

人民法院在执行时应当为离退休人员留出必要的生活费用。生活费用标准可参照当地的有关标准确定。

此复

（二）最高人民法院关于能否要求社保机构协助冻结、扣划被执行人的养老金问题的复函

2014年6月26日　〔2014〕执他字第22号

浙江省高级人民法院：

你院浙高法〔2014〕29号《关于请求商人力资源和社会保障部废止劳社厅函〔2002〕27号复函的报告》收悉。经研究，提出如下意见：

一、被执行人应得的养老金应当视为被执行人在第三人处的固定收入，属于其责任财产的范围，依照《中华人民共和国民事诉讼法》第二百四十三条之规定，人民法院有权冻结、扣划。但是，在冻结、扣划前，应当预留被执行人及其所抚养家属必须的生活费用。

二、《中华人民共和国民事诉讼法》第二百四十二条规定："人民法院决定扣押、冻结、划拨、变价财产，应当作出裁定，并发出协助执行通知书，有关单位必须办理。"本院《关于人民法院执行工作若干问题的规定（试行）》第36条也规定："被执行人在有关单位的收入尚未支取的，人民法院应当作出裁定，向该单位发出协助执行通知书，由其协助扣留或提取"。依照前述规定，社会保障机构作为养老金发放机构，有义务协助人民法院冻结、扣划被执行人应得的养老金。

三、在执行被执行人的养老金时，应当注意向社会保障机构做好解释工作，讲清法律规定的精神，取得理解和支持。如其仍拒绝协助的，可以依法制裁。

此复。

出台背景

答复一的背景如下：2000年左右，离退休人员的工资发放方式发生了变化，由离退休人员的工作单位发放改为由劳动社会保障机构①的基金管理中心统一发

① 现为中华人民共和国人力资源和社会保障部。

放。在人民法院对以离退休人员为被执行人的案件中，因为对变更后的协助主体的不同认识，导致法院无法对上述人员的离休金、退休金采取有效强制措施予以查控，使申请执行人的胜诉权益无法尽快得到实现。

原劳动和社会保障部办公厅专门给最高人民法院办公厅致函称，近日，我部收到新疆生产建设兵团劳动局的请求，具体内容是：兵团农四师物资公司退休人员姜某，因爱人董某欠他人贷款未还，法院判决董某偿还，姜某承担连带责任。执行中，法院将姜某的养老金抵扣贷款，保留152元的基本生活费，并要求姜某单位协助执行。为此，新疆生产建设兵团劳动局请示，人民法院在处理涉及离退休人员的经济纠纷案时，能否判决扣发离退休人员养老金？社会保险经办机构是否有义务协助代扣养老金？原劳动和社会保障部认为，离退休人员按国家规定享受养老待遇，按时足额领取养老金是法律赋予的权利。养老金是离退休人员的“活命钱”，离退休人员能否按时足额领取养老金直接关系到离退休人员的合法权益和社会稳定，任何单位不得扣发和代扣。社会保险经办机构不能作为人民法院的协助执行机构，以直接扣发养老金的形式协助人民法院执行离退休人员的债务。

天津市劳动社会保障局也向天津市高级法院提供了原劳动和社会保障部的函文。天津市高级法院认为，所有公民在法律面前都是平等的，对人民法院生效判决确定的义务必须履行，不能只享受权利不承担义务。离退休人员的离休金、退休金是其固定合法收入，与《最高人民法院关于在审理和执行民事、经济纠纷案件时不得查封、冻结和扣划社会保障基金的通知》（法〔2000〕19号）中所提到的社会保障基金的性质是不同的。对于作为被执行人的离退休人员，在无其他财产可供执行时，人民法院有权依照《民事诉讼法》第222条①和1998年《执行规定》第36条的规定，要求作为离退休人员统一发放机构的社会保障基金管理中心，依法协助人民法院冻结、扣划被执行人的合法收入即离休金、退休金。当然，离退休人员作为一个特殊群体，人民法院在冻结、扣划其离休金、退休金时，应当参照当地的基本养老金保障标准，留出必要的生活费用，再确定适当的冻结、扣划数额。劳动和社会保障机构拒不履行协助执行义

---

① 现《民事诉讼法》第249条。

务的，人民法院可以根据《民事诉讼法》第103条[①]的规定予以处罚，以维护法律的严肃性，保护当事人的合法权益。

天津市高级人民法院针对这一问题，向最高人民法院请示。最高人民法院执行办会同研究室就该问题进行了研究，并作出了上述答复。

复函二的背景如下：2014年，浙江省高级人民法院以关于请求商人力资源和社会保障部废止劳社厅函〔2002〕27号复函的报告，请求最高人民法院协调人力资源和社会保障部，废止原劳动和社会保障部办公厅答复重庆市劳动和社会保障局的《关于对扣发离退休人员基本养老金抵偿债务问题的复函》（劳社厅函〔2002〕27号函），复函的主要内容为："基本养老金是保障离退休人员的'养命钱'，离退休人员能否按时足额领取养老金直接关系到离退休人员的合法权益和社会稳定。同时，基本养老金在发放给离退休人员之前，仍属于养老保险基金，任何单位不得查封、冻结和划扣。《最高人民法院关于在审理和执行民事、经济纠纷案件时不得查封、冻结和扣划社会保险基金的通知》（法〔2000〕19号）对此也作出了相应规定。社会保险经办机构作为法定授权的社会保险基金收支、管理和运营机构，承担着将基本养老金按时足额发放给离退休人员的职能，社会保险经办机构不能直接扣发离退休人员基本养老金抵偿法院判决的债务。"

最高人民法院认为，浙江省高级人民法院所请示事项不属于协调事项，而是审判执行中法律适用问题的请示，经过研究后以函文形式直接答复浙江省高级人民法院。

理解与适用

（一）离休金、退休金和养老金的概念

1. 离休金。离休是对新中国成立前参加中国共产党所领导的革命战争、脱产享受供给制待遇的和从事地下革命工作的老干部，达到离职休养年龄的，实行离职休养的制度。离休后的基本政治待遇不变，生活待遇略微从优。离职后

---

① 现《民事诉讼法》第117条。

工资照发，并按照参加革命工作的不同时间，每年增发 1 ~ 2 个月的本人标准工资作为生活补贴。

2. 退休金。国营、公私合营的企业、事业单位和国家机关、人民团体的工人、职员，符合条件的，应该退休[①]。工人、职员退休以后，按月发给退休费，直至本人去世。企业不得采取一次性结算退休金的办法。

3. 养老金。养老金是参加基本养老保险的个人，达到法定退休年龄且累计缴费满 15 年，可按月领取的基本养老收入。

离休金、退休金、养老金一般由国家劳动社会保障部门设立的社会保障基金管理中心统一进行管理。社会保障基金管理中心不是社会保险基金的所有者，而是管理者，具有按时、足额向离退休人员发放离休金、退休金、养老金的法定职责。

（二）退休人员基本养老金可以抵偿债务

人社部《关于对扣发离退休人员基本养老金抵偿债务的复函》已不再适用。第一，被执行人为离退休人员时，其有权领取的基本养老金属于被执行人的收入，是被执行人的责任财产，可以用于清偿债务。我国建立社会保险基金制度后，退休人员工资发放方式由原工作单位发放，改为由社会保障机构统一发放养老金。社会保障机构应当对人民法院执行被执行人的养老金负有协助执行的义务。第二，复函中原劳动和社会保障部引用的《最高人民法院关于在审理和执行民事、经济纠纷案件时不得查封、冻结和扣划社会保险基金的通知》（法〔2000〕19 号）的内涵与复函情况不符。前述通知的背景是少数法院在审理和

---

① 《国务院关于工人、职员退休处理的暂行规定》（已废止）第 2 条规定："国营、公私合营的企业、事业单位和国家机关、人民团体（以下简称企业、机关）的工人、职员，符合下列条件之一的，应该退休：（一）男工人、职员年满六十周岁，连续工龄满五年，一般工龄（包括连续工龄，下同）满二十年的；女工人年满五十周岁、女职员年满五十五周岁，连续工龄满五年，一般工龄满十五年的；（二）从事井下、高空、高温、特别繁重体力劳动或者其他有损身体健康工作的工人、职员，男年满五十五周岁、女年满四十五周岁，其连续工龄和一般工龄又符合本条（一）项条件的；（三）男年满五十周岁、女年满四十五周岁的工人、职员，连续工龄满五年，一般工龄满十五年，身体衰弱丧失劳动能力，经过劳动鉴定委员会确定或者医生证明不能继续工作的；（四）连续工龄满五年，一般工龄满二十五年的工人、职员，身体衰弱丧失劳动能力，经过劳动鉴定委员会确定或者医生证明不能继续工作的；（五）专职从事革命工作满二十年的工作人员，因身体衰弱不能继续工作而自愿退休的。"

执行社会保险机构原下属企业（现已全部脱钩）与其他企业、单位的经济纠纷案件时，查封社会保险机构开设的社会保险基金账户，影响了社会保险基金的正常发放，不利于社会的稳定。社会保险机构作为被执行人时，因社会保险基金不属于社会保险机构所有，故人民法院不得查封、冻结或扣划社会保险基金。而离退休人员作为被执行人时，人民法院有权查封、冻结或扣划离退休人员的离休金、退休金和养老金。

实务操作指引

（一）离休金、退休金和养老金的执行规程

首先，依法传唤被执行人并询问其是否按月领取离休金、退休金、养老金并要求如实申报财产，申报事项包括但不限于领取的银行账号、每月发放的数额等，执行法官根据上述线索去相应银行核实，若属实依法冻结扣划即可，但应当注意保留被执行人及其所扶养家属的生活必须费用。其次，如果被执行人经传唤拒不到庭或下落不明的，执行法官可通过询问申请执行人或者根据被执行人工作单位、年龄初步判断被执行人是否符合按月领取离休金、退休金、养老金的条件。经初步判断符合条件的，执行法官可向被执行人工作单位所在地或户籍地人力资源和社会保障部门查询发放情况。目前，一般可查询被执行人名下领取社会保障机构发放养老金的银行账户等，再根据查询信息前往相应银行冻结、扣划。

（二）保留被执行人及其所扶养家属的生活必需费用

保障生活必需费用是执行时应当遵循的基本原则，在实务中有以下两个方面需要予以关注：（1）生活必需费用标准的确定。按照被执行人户籍地或者经常居住地的最低生活保障标准来确定保留数额。（2）所扶养家属范围的确定。《税收征收管理法实施细则》中规定了“个人所扶养家属是指与纳税人共同居住生活的配偶、直系亲属以及无生活来源并由纳税人扶养的其他亲属”。其他家属不在保障范围，同时针对被执行人与案外人共同扶养的家属按比例保留生活必需费用。

四、对出口退税款的执行

答复原文

最高人民法院执行工作办公室关于被执行人拒不申报退税款，税务机关又不协助应如何处理的请示的答复

2000年12月19日 〔2000〕执他字第33号

天津市高级人民法院：

你院（1999）津高法执请字第32号《关于被执行人拒不申报退税款，税务机关又不协助应如何处理的请示报告》收悉。经研究，答复如下：

根据国家税务总局《出口货物退（免）税管理办法》的有关规定，企业出口退税，须经出口企业申请，由国家税务机关审查批准后，通过银行办理退税款事项。如果作为被执行人的出口企业拒不办理申报手续及负有协助执行义务的机关拒不协助，可以依照民事诉讼法第102、103条①的有关规定分别追究责任。

出台背景

税务机关是代表国家行使税收征收权、税收管理权等职能的行政机关。税务机关收税时需将税款分级划入国库，不得挪用和提留。同时，税务机关在审查出口退税时，也仅是向出口退税企业出具收入退还书，由国库直接将出口退税款项划入出口退税企业的账户。而对于被执行人拒不办理申报退税的行为，执行法院应如何处理又成为实践中面临的难题，经天津市高级人民法院请求，最高人民法院作出该批复，对此问题的操作进行了明确的指示。

① 现《民事诉讼法》第114条、第117条。

理解与适用

（一）出口退税的性质

出口退税，是指出口商自营或委托出口的货物，除法律另有规定外，可在货物报关出口并在财务上做销售核算后，凭有关凭证报送所在地税务机关批准退还或免征其增值税、消费税。① 出口退税制度，是一个国家税收的重要组成部分，主要目的是使出口商品以不含税价格进入国际市场，避免对跨国流动物品重复征税，从而促进该国家和地区的对外出口贸易。②

出口货物退税在性质上分析是企业将货物出口后，国家将出口货物已在国内征收的流转税退还给企业的行为。其来自企业已经缴纳的税款，在退入企业出口退税账户后成为企业的自有资产。既然是企业的自有资产，如果该企业涉及被执行案件，则人民法院有权对其出口退税账户内的退税款进行强制执行。

（二）税务机关在出口退税款执行中的协助义务

协助执行，是指负有协助执行义务的有关单位、组织或者个人根据人民法院的要求，在其职责和权限范围内履行相应的协助执行义务以保证执行措施的顺利实施。③ 协助执行的内容是协助义务人在其职责和权限范围内配合法院采取执行措施，故协助执行义务与其职权范围紧密相关。

在出口退税程序中，税务机关仅仅负责根据出口退税企业的申请进行审核，并对符合条件的申请予以批准，批准后向出口退税企业出具用于办理金库退税手续的《税收收入退还书》。由出口退税企业持《税收收入退还书》向代理金库的银行办理税费退还手续，并由银行直接将出口退税款汇至出口退税专用账户。在此程序中税务机关并不持有出口退税款，也没有直接拨付出口退税款的职权。故税务机关在人民法院关于出口退税款的执行中，其协助执行范围并不包括协助法院直接划拨其并不持有的退税款项。

虽然税务机关的协助执行义务不包括直接扣划出口退税款，但并不是说税

---

① 《出口货物退（免）税管理办法（试行）》（国税发〔2005〕51 号，2005 年 3 月 16 日发布，2016 年 5 月 29 日废止）第 2 条。

② 参见陈共编著：《财政学》，中国人民大学出版社 2007 年版，第 457 页。

③ 参见江必新主编：《强制执行法理论与实务》，中国法制出版社 2014 年版，第 402 页。

务机关在协助执行中就无所作为，2017 年 11 月 8 日，最高人民法院和国家税务总局签署了《关于网络执行查控及信息共享合作备忘录》，明确税务机关协助法院查询被执行人退税账户及退税金额等信息。与税务机关职权范围紧密相关的协助执行义务有以下几项：

1. 提供退税账户

在执行案件中，最直接的执行方式就是划扣被执行人银行账户内的存款。因此，了解并查封被执行人的银行存款账户是划扣存款的前提条件。实务工作中，执行法官对被执行人银行账户的掌握通常是通过网络查控平台查询，由于各银行对网络查控平台开放的账户种类不同，有部分银行账户并不能准确地在网络查控平台上体现。并且，被执行人往往在不同银行开立多个账户，其银行账户位于不同的地区。执行法官要想查封全部被执行人的账户，通过网络查控平台还难以实现，还需亲自去银行开户网点现场查封。人民法院可能也不确定哪个账户是被执行人的出口退税账户。出口退税企业在办理出口退税申请时，需要填报出口退税账户，如果变更出口退税账户时，也需要向税务机关申请，否则银行无法从国库将退税款拨入公司账户。因此，税务机关掌握的出口退税企业的退税账户是最准确的，如提供给法院，将能大幅提高法院执行的效率。①

2. 提供出口退税数额

被执行人账户内的资金数额直接决定执行方案的确定，如果账户内资金等于或大于执行标的额，则执行法官只需查封账户，并划扣相应的资金。如果小于执行标的额，则执行法官还需继续采取执行措施，查找被执行人的其他财产线索。如果税务机关能准确提供被执行人的出口退税数额，有利于执行法官根据被执行人出口退税数额决定办理执行案件的下一步措施。

3. 提供出口退税时间

掌握被执行人账户的入款时间，有利于准确地采取执行措施。由于税务机关掌握的出口退税账户也是来自出口退税企业自行申报。如果过早地查封了出口退税账户，被执行人发觉后，可以向税务机关申请变更出口退税账户来逃避

① 参见《最高人民法院〈关于税务机关是否有义务协助人民法院直接划拨退税款问题的批复〉理解与适用》，载《执行法官必备法律解释解读（执行版）》，人民法院出版社 2011 年版。

执行。当然，执行法院在向税务机关出具协助执行通知书时，可以限制或禁止被执行人变更出口退税账户，则对该账户查封越早越好，以免被其他法院查封，丧失首封权。

（三）出口退税质押托管账户质押贷款的执行

很多金融机构开设了出口退税专用账户质押贷款，是指借款人将出口退税专用账户托管给贷款银行，并承诺以该账户中的退税款作为还款保证的贷款。出口退税专用账户质押贷款银行对该账户内的出口退税款有优先受偿权。执行法院一般不得对已设质的出口退税专用账户内的款项采取财产保全措施或者执行措施。

在执行法院查封出口退税专用账户时，如贷款银行提出其已经托管该出口退税专用账户，且其发放的出口退税专用账户质押贷款尚未收回时，执行法院应当予以解封。除非执行法院已经掌握存在下列情形的证据：（1）借款人将非退税款存入出口退税专用账户的；（2）贷款银行将出口退税专用账户内的退税款扣还其他贷款，且数额已经超出质押贷款金额的；（3）贷款银行同意税务部门转移出口退税专用账户的；（4）贷款银行有其他违背退税账户专用性质，损害其他债权人利益行为的。

（四）税务机关其他的协助执行事项

《关于网络执行查控及信息共享合作备忘录》除包括税务机关提供被执行人的退税账户、退税金额及退税时间等相关信息外，还包括以下内容：一是国家税务总局协助最高人民法院进行网络执行查控。查询内容包括查询被执行人税务登记信息、纳税税款、申领发票等相关信息。二是国家税务总局对失信被执行人采取联合惩戒措施。惩戒措施包括将失信被执行人名单纳入纳税信用评价体系；将失信被执行人和以失信被执行人为法定代表人、实际控制人、董事、监事、高级管理人员的单位，作为重点监管对象，加大日常监管力度，提高随机抽查的比例和频次；在实施税收优惠政策时，查询相关机构及其法定代表人、实际控制人、董事、监事、高级管理人员是否为失信被执行人，作为其享受税收优惠政策的审慎性参考。

实务操作指引

（一）查询被执行人是否从事进出口贸易

人民法院首先根据被执行人营业执照上的经营范围判断被执行人是否从事进出口贸易。只有从事出口贸易的企业才有可能获得出口退税。其次，人民法院还可以通过商务部门签发的对外贸易经营者备案登记表、海关签发的自理报关单位注册登记证明书、税务机关颁发的出口企业退税登记证、外汇管理局颁发的外汇管理局登记备案证等文件判断被执行人是否有自营进出口经营权。如果被执行人具备自营进出口资格，则人民法院可以向海关查询被执行人近期有无从事应出口退税的贸易。

（二）向税务机关发出协助执行通知书

人民法院在判断被执行人可能从事应出口退税的贸易后，应向被执行人所在地税务机关发出协助执行通知书，要求税务机关提供被执行人在银行的退税账户、退税数额及退税时间等情况。

（三）向银行发出协助执行通知书

人民法院依据税务机关提供的被执行人的退税账户，依法向被执行人出口退税账户的开户行出具法院冻结、扣划裁定和协助冻结、扣划存款通知书对需执行的款项予以冻结或划扣。

（四）出口退税专用账户质押权人提出异议的处理

在执行法院对出口退税专用账户内的款项冻结时，该账户的质押权人提出异议，并能够提供出口退税质押贷款合同及实际托管出口退税专用账户证据的，执行法院不得对该账户采取保全或执行措施。但是，可以要求银行打印该账户对账单以了解账户内资金来源情况，要求银行提供出口退税质押贷款的还款情况。执行法院采取保全或执行措施后，该账户质押权人对执行法院采取的保全或执行措施有异议的，可以根据《民事诉讼法》第234条提出案外人异议。

五、对住房公积金的执行

复函原文

最高人民法院关于强制划拨被执行人
住房公积金问题的请示报告的复函

2013 年 7 月 31 日　〔2013〕执他字第 14 号函

安徽省高级人民法院：

你院（2012）皖执他字第 00050 号《关于强制划拨被执行人住房公积金问题的请示报告》收悉。经研究，答复如下：

根据你院报告中所述事实情况，被执行人吴某某已经符合国务院《住房公积金管理条例》第二十四条规定的提取职工住房公积金账户内的存储余额的条件，在保障被执行人依法享有的基本生活及居住条件的情况下，执行法院可以对被执行人住房公积金账户内的存储余额强制执行。

此复

出台背景

合肥市蜀山区人民法院在执行李某某申请执行刘某、吴某某民间借贷纠纷一案中，于 2012 年 5 月 30 日向省直住房公积金管理分中心送达协助执行通知书，要求其扣划省直住房公积金缴存职工吴某某的住房公积金 71,493.15 元至该院账户。省直住房公积金管理分中心协助冻结了吴某某的公积金，但同时复函提出，根据《住房公积金管理条例》，该中心无权划扣缴存的公积金。双方就是否应当协助划拨吴某某名下住房公积金一事发生争议。

2012 年 6 月 6 日，合肥市蜀山法院致函省直住房公积金管理中心，责令其于 2012 年 6 月 20 日之前协助扣划吴某某名下公积金至该院账户，如逾期仍未扣划，将依法对该中心予以处罚。6 月 18 日，省直住房公积金管理分中心向安徽省高级人民法院发出《关于蜀山区人民法院要求扣划职工住房公积金一事的请示》，提请安徽省高级人民法院答复。

安徽省高级人民法院审判委员会讨论后，形成两种不同的意见。多数意见认为，根据《住房公积金管理条例》第5条的规定，住房公积金是特殊的专款专用资金，在性质上不同于被执行人所有的普通存款，人民法院虽然可以根据《民事诉讼法》相关规定予以冻结，但不能扣划。如果被执行人符合支取条件，且自行支取住房公积金时，法院可以按被执行人的到期债权处理。少数意见认为，根据《住房公积金管理条例》第3条、第24条的规定，职工在职期间支取住房公积金需保证专款专用，但在职工退休后，住房公积金实质上已转换为个人存款，人民法院可以裁定对住房公积金进行冻结、划拨。

因未能形成一致意见，安徽省高级人民法院决定就本案向最高人民法院请示，最高人民法院经研究作出了〔2013〕执他字第14号复函。

理解与适用

（一）住房公积金的性质和特点

根据《住房公积金管理条例》第2条第2款的规定，住房公积金是指国家机关、国有企业、城镇集体企业、外商投资企业、城镇私营企业及其他城镇企业、事业单位、民办非企业单位、社会团体及其在职职工缴存的长期住房储金，包括职工个人缴存的和职工所在单位为职工缴存的两个部分。

住房公积金制度是我国在住房资金运行模式由计划经济向市场经济转换的过程中，为解决居民保障问题，在借鉴外国住房公积金制度的基础上于1991年首先在上海进行试点，后迅速在全国推广的一种住房保障政策。该制度主要目的在于引导个人在住房方面进行长期的定向储蓄，使广大职工逐渐具备购买房屋的支付能力，以不断改变职工住房观念，实现住房资金的良性循环。住房公积金有以下四个特征：

一是缴存具有强制性、长期性。强制性体现在对于缴存的程序、比例作出强制性规定，以及对于违反缴存规定的行为制定了严厉的惩罚措施；长期性体现在职工在职期间必须不间断地按规定缴存，除职工离退休或发生法定情形外，不得中止、中断。

二是缴存地域、主体的特定性。公积金制度只在城镇建立，农村不建立公积金制度；只有在职职工才建立公积金制度，无工作的城镇居民、离退休职工不实行住房公积金制度。

三是缴存具有保障性、福利性。设立住房公积金制度，目的在于提高城镇居民的居住水平，为切实解决职工的基本住房问题提供制度上的保障，个人缴存和单位缴存这两个部分都属于职工个人所有，职工可以通过住房公积金贷款的方式解决个人住房问题，体现了住房公积金的福利性。

四是住房公积金的管理具有行政强制性。住房公积金虽然是个人所有的合法财产，但国务院通过发布《住房公积金管理条例》的方式，确定了住房公积金的管理实行住房公积金管理委员会决策、住房公积金管理中心运作、银行专户存储、财政监督的原则，在对住房公积金管理机构及职责作出了明确规定的同时，也对住房公积金管理机构的监督作出了明确的分工。

（二）对住房公积金能否执行的争议

关于住房公积金能否执行的问题，我国现行法律法规、司法解释并无明确规定，执行实践中曾长期存在争议。不同意执行公积金的理由主要有：

第一，住房公积金是单位及其在职职工缴存的长期住房基金，与职工养老、医疗和失业保险并称为“三险一金”，属于公益性和保障性的专项资金，有豁免执行性质。住房公积金并非储蓄存款，不具备到期债权性质。

第二，《住房公积金管理条例》是特别法，《民事诉讼法》是普通法，按照特别法优于普通法的原则，提取当事人公积金应首先依据《住房公积金管理条例》的相关规定。

第三，《住房公积金管理条例》第5条规定：“住房公积金应当用于职工购买、建造、翻建、大修自住住房，任何单位和个人不得挪作他用。”扣划职工个人住房公积金改变了公积金的性质和用途，于法无据。住房公积金管理中心不予扣划，是遵守《住房公积金管理条例》的表现，不属于拒不协助执行。

第四，住房公积金管理中心是依据《住房公积金管理条例》设立的事业单位，其职责是对归集的住房公积金进行管理，不属于民事诉讼法规定的银行、非银行金融机构、其他有储蓄业务的单位，无权协助扣划职工个人住房公积金。

同意执行公积金的理由主要有：执行程序中面对各种新类型财产，法院应遵循“法无禁止即可执行”的原则。只要是属于被执行人名下的财产，只要不是法律明文规定禁止执行的，则不管其以什么形式存在，都可以作为被执行人的责任财产予以执行。根据《住房公积金管理条例》第3条，住房公积金作为工资的一部分，属于被执行人所有的个人财产，且不属于《查扣冻规定》第5条等法律法规和司法解释所明文规定的豁免财产范围之内，理应纳入可供强制执行的财产范围。

（三）强制执行住房公积金的实践演变

住房公积金属于职工个人财产，但作为保障职工住房的专项资金，其提取、使用受到严格限制，能否纳入强制执行，住房公积金管理部门是否应协助执行？以前的司法实践中有两种截然不同的意见，一种意见认为，住房公积金具有很强的人身属性和专用性，不能被强制执行；另一种意见认为，住房公积金属于公民的个人合法收入，强制执行不应有障碍。

司法机关的认识逐渐发生了变化。最高人民法院在〔2006〕执他字第9号对福建省高级人民法院的请示答复中着重强调住房公积金使用范围上的限制，即用途的特定性，认为住房公积金是职工个人缴存或其所在单位为其缴存的住房储备金，虽属于职工个人所有，但使用范围上受严格限制。因住房公积金问题复杂，涉及面广，政策性强，在法律法规未作出进一步明确规定前，不宜轻易强制执行。而在〔2012〕执他字第5号对山东省高级人民法院的请示答复中态度已经有所缓和，认为关于住房公积金的执行问题，执行法院应确保住房公积金对案涉当事人的基本住房保障功能，在充分调查研究的基础上，本着审慎原则，依法妥善处理。在2013年对安徽省高级人民法院的〔2013〕执他字第14号答复及此后对浙江省高级人民法院的答复，态度则已经非常鲜明，只要符合提取条件，只要保障了被执行人的基本生活及居住条件，就可以强制执行。

因此，住房公积金本质上属于个人收入，在保障被执行人依法享有的基本生活及居住条件的情况下，执行法院可以对被执行人住房公积金账户内的存储余额强制执行，住房公积金管理部门应予协助。

（四）住房公积金在什么情况下可以被强制执行

近年来，不少地方法院与公积金管理中心建立了执行协作联动机制，从而将公积金的强制执行予以制度化。例如，重庆市高级人民法院早在2012年5月就与重庆市住房公积金管理中心联合下发了《关于建立协作联动机制的若干意见》，规定执行法院对被执行人名下的财产进行“四查”后，确定其无可供执行的财产或财产不足以清偿债务的，被执行人有住房公积金且符合下列情形之一的，法院可以通知住房公积金管理中心及其办事处协助扣划被执行人的住房公积金：(1）退休的；(2）出境定居的；(3）调离本市或户口迁出本市的；(4）职工与单位解除劳动关系满两年未再就业的；(5）涉及住房消费类债权债务纠纷（如购买自住住房、偿还购房贷款本息以及支付房租引起的债务纠纷）；(6）将原有住房自行出卖又外出下落不明的；(7）申请执行人为孤寡老人、孤儿、农村“五保户”、农村和城镇享受最低生活保障的人员、没有固定生活来源的残疾人、患有重大或严重疾病的人；(8）执行标的属于追索赡养费、抚养费、扶养费、抚育费、抚恤金的、农民工工资、人身损害赔偿金；(9）婚姻、继承、析产等案件的生效法律文书已对住房公积金作出明确分配并符合提取条件的。

从实践看，多地中级法院与当地市级公积金管理中心联合出台了《关于建立住房公积金执行协作联动机制的若干意见》等类似文件，对被执行人在符合什么条件下可强制执行其公积金的情况作出了界定。尽管目前各地对什么情况下可以执行住房公积金尚有不同的认识，范围有窄有宽，但一般认为，符合以下两种情形之一时,[①] 可以对住房公积金采取冻结、划拨等强制执行措施：

一是满足《住房公积金管理条例》第24条规定的提取条件。此时的公积金已近乎转化为个人的普通财产，执行不会影响住房公积金这项政策专项资金的稳定和立法目的，不会影响公积金制度的正常运转。二是当住房公积金已经失去其住房保障功能时。如被执行人及其家庭成员已经有自有住房，且没有购房贷款或者购房贷款已经清偿完毕的，或者被执行人户口已经迁出所在市、县，但住房公积金尚未提取的。

在第一种情形下，因符合《住房公积金管理条例》第24条中的提取条件而被强制执行的，公积金管理部门大多会配合协助执行，一般不存在太大的问题。

---

① 参见潘勇锋：《关于强制执行住房公积金问题的研究》，载江必新等主编：《执行工作指导》2014年第1辑（总第49辑），人民法院出版社2014年版，第97～98页。

在第二种情形下，由于不符合法定提取情形，公积金系因丧失去住房保障功能而被强制执行的，鉴于目前没有明确的法律规定，实践中的做法也不统一，需要谨慎对待。因此，〔2013〕执他字第14号复函的内容没有涉及这一类情形，而是留给各地因地制宜，妥善处理强制执行权与行政管理权之间的协调关系。

实务操作指引

（一）关于住房公积金的协助查询

住房公积金实行国家统一管理，省级政府所在地的市及其他设区的市（地、州、盟）设立公积金管理中心，县、区一般设立分支机构作为分中心，负责公积金的管理运作。公积金管理中心作为政府直属的不以营利为目的的独立事业单位，专职对职工个人资金的管理，负有协助人民法院执行的义务。人民法院因执行案件需要，可以向被执行人工作单位查询，通过了解公积金缴纳情况后到当地公积金管理中心查询，也可以直接到被执行人所在地的公积金管理中心查询其公积金账户余额等相关信息。

公积金查询与一般财产调查手续相同，只需提供协助查询通知书（注明被查询人的个人身份信息），由工作人员出示执行公务证和工作证即可。执行人员不仅要查公积金余额，还要查提取情况，以及被执行人是否有尚未结清的住房公积金个人住房贷款及转贷情况，并可以通过公积金提取、贷款情况调查被执行人及配偶其他住房和财产情况。公积金管理中心应当协助人民法院查询，并在查询完毕后，在相关材料上加盖印章并当场交付执行人员。

（二）关于住房公积金的协助冻结、划拨

执行法院需要冻结、划拨被执行人的住房公积金账户及其余额的，公积金管理中心应当予以协助。需要注意的是，不管是职工个人缴存的公积金，还是职工所在单位缴存的公积金，都是属于职工个人所有的工资收入，执行法院不得将单位为职工缴存的公积金作为企业的财产予以冻结、划拨。法院在冻结、划拨被执行人的住房公积金账户时，向住房公积金管理中心送达裁定书和协助执行通知书，明确冻结金额、冻结期限或划拨数额。

公积金管理中心应当根据协助执行通知书的要求，立即冻结被执行人公积金账户内的资金，或者将被执行人住房公积金转移至执行法院的指定账户，并在协助执行通知书回执上填写办理结果后加盖单位印章当场交付执行人员。公积金作为工资收入，其冻结期限与银行存款一致，不超过1年，期满后应及时续冻。轮候冻结的，应查清冻结在先的执行法院的冻结数额、时间、案情等情况，以便按照轮候冻结的相关规定处理。

此外，目前不少地方法院与当地公积金管理中心建立了执行协作联动机制，并联合出台了相关政策文件将公积金的强制执行予以制度化。法院强制执行公积金前，应先行注意当地法院有没有与公积金管理中心建立相关的协作机制。

（三）被执行人用住房公积金办理房屋贷款时的执行

实践中，有的地方规定，住房公积金在偿还贷款的，应优先扣除还贷本息后对余额予以冻结；还有的以公积金贷款尚未归还完毕，或以公积金贷款只能用于购房等为由拒绝协助的，均于法无据。这是因为，被执行人用公积金贷款买房时，贷款银行作为抵押权人，其优先受偿权指向的对象，是作为抵押标的物的房产本身，而不是住房公积金。公积金并非抵押财产，抵押权人对公积金并不享有优先受偿权，公积金作为被执行人名下的一般责任财产可以执行。

公积金管理中心以还贷付息等为由拒绝协助的，混淆了优先受偿权的对象，无法律依据，拒不协助的，执行法院可依据《民事诉讼法》第117条的规定予以处罚。当然，被执行人以其房屋为住房公积金贷款合同作抵押担保的，对该抵押的房屋强制执行时，不影响贷款银行的优先受偿权。

六、对保单现金价值的执行

批复原文

（一）中华人民共和国保险法（节选）①

1995年6月30日 主席令第51号

第四十七条 投保人解除合同的，保险人应当自收到解除合同通知之日起三十日内，按照合同约定退还保险单的现金价值。

（二）最高人民法院关于适用《中华人民共和国保险法》若干问题的解释（三）（节选）②

2015年11月25日 法释〔2015〕21号

第十六条 人身保险合同解除时，投保人与被保险人、受益人为不同主体，被保险人或者受益人要求退还保险单的现金价值的，人民法院不予支持，但保险合同另有约定的除外。

投保人故意造成被保险人死亡、伤残或者疾病，保险人依照保险法第四十三条规定退还保险单的现金价值的，其他权利人按照被保险人、被保险人的继承人的顺序确定。

---

① 根据2015年4月24日第十二届全国人民代表大会常务委员会第十四次会议《关于修改〈中华人民共和国计量法〉等五部法律的决定》修正。

② 根据2020年12月23日最高人民法院审判委员会第1823次会议通过的《最高人民法院关于修改〈最高人民法院关于破产企业国有划拨土地使用权应否列入破产财产等问题的批复〉等二十九件商事类司法解释的决定》修正。

（三）最高人民法院关于人民法院民事执行中查封、扣押、冻结财产的规定（节选）[①]

2004年11月4日　法释〔2004〕15号

第二条　人民法院可以查封、扣押、冻结被执行人占有的动产、登记在被执行人名下的不动产、特定动产及其他财产权。

未登记的建筑物和土地使用权，依据土地使用权的审批文件和其他相关证据确定权属。

对于第三人占有的动产或者登记在第三人名下的不动产、特定动产及其他财产权，第三人书面确认该财产属于被执行人的，人民法院可以查封、扣押、冻结。

出台背景

保险合同分为人身保险合同和财产保险合同。财产保险还包含责任保险。投保人在人身保险合同中可以指定受益人。新型人身保险还有分红型、万能型和投资连接型等种类繁杂的各种保险，保险已经成为投保人、被保险人和受益人的重要财产形式。保险法律关系主体作为被执行人的，何种情形下可以执行保险赔偿金？采取何种方法执行？法律和司法解释目前没有明确规定。

实践中，既出现了被执行人购买高额保险产品以逃避执行，也出现了在交通事故纠纷案件执行中，因被执行人长期下落不明，无法办理保险理赔手续，保险公司拒绝协助提取保险赔偿金的情况。为此，最高人民法院出台的批复，对涉及保险赔偿金案件的执行具有现实指导意义。

---

① 根据2020年12月23日最高人民法院审判委员会第1823次会议通过的《最高人民法院关于修改〈最高人民法院关于人民法院扣押铁路运输货物若干问题的规定〉等十八件执行类司法解释的决定》修正。

理解与适用

（一）保险合同关系

保险是指投保人根据合同约定，向保险人支付保险费，保险人对于合同约定的可能发生的事故因其发生所造成的财产损失承担赔偿保险金责任，或者当被保险人死亡、伤残、疾病或者达到合同约定的年龄、期限等条件时承担给付保险金责任的商业保险行为。保险合同是投保人与保险人约定保险权利义务关系的协议。保险合同的双方当事人是投保人和保险人。[①] 投保人在保险合同中确定被保险人。被保险人是指其财产或者人身受保险合同保障，享有保险金请求权的人。投保人可以为被保险人。在人身保险合同中投保人可以指定受益人。受益人是指人身保险合同中由被保险人或者投保人指定的享有保险金请求权的人，投保人、被保险人可以作为受益人。

人身保险合同签订应当约定犹豫期，在犹豫期内投保人解除合同的，可以退回除工本费外的全部费用。根据原中国保监会《关于规范人身保险业务经营有关问题的通知》第 4 条第 1 款、第 3 款规定，"犹豫期"是从投保人收到保险单并书面签收日起 10 日内的一段时期。在犹豫期内，投保人可以无条件解除保险合同，保险公司除扣除不超过 10 元的成本费以外，应退还全部保费，并不得对此收取其他任何费用。[②] 人身保险合同的投保人在犹豫期后选择解除合同的，保险人只退保单的现金价值。现金价值又称"解约退还金"，是人身保险的保险人为履行合同责任，提取的责任准备金。在投保人因故解除保险合同，保险人

---

① 《保险法》第 10 条规定："保险合同是投保人与保险人约定保险权利义务关系的协议。投保人是指与保险人订立保险合同，并按照合同约定负有支付保险费义务的人。保险人是指与投保人订立保险合同，并按照合同约定承担赔偿或者给付保险金责任的保险公司。"

② 《关于规范人身保险业务经营有关问题的通知》（保监发〔2011〕36 号）

"四、关于犹豫期

"（一）'犹豫期'是从投保人收到保险单并书面签收日起 10 日内的一段时期。

"（二）投保单或保险条款中应载明投保人在犹豫期内的权利，保险公司销售人员展业时以及保险公司向投保人、被保险人发送保单时，应对犹豫期内的权利进行说明。

"（三）在犹豫期内，投保人可以无条件解除保险合同，保险公司除扣除不超过 10 元的成本费以外，应退还全部保费，并不得对此收取其他任何费用。保险公司对投资连结保险投保人在犹豫期内解除保险合同的费用扣除应当符合《人身保险新型产品信息披露管理办法》的有关规定。"

并未承担依据合同应当承担的保险责任，故将其提取的责任准备金退还投保人。

在保险合同有效期内，保险人收到被保险人或者受益人的赔偿或者给付保险金的请求后，应当及时作出核定；对属于保险责任的，履行赔偿或者给付保险金义务。

（二）对退保金和保单现金价值的执行

退保金和保单现金价值属于投保人所有，如果投保人是被执行人的话，人民法院可以予以强制执行。但是，在保险合同生效期间，人民法院可否强制解除保险合同，扣划退保金和保单的现金价值？理论界和实务界多有争议。《浙江省高级人民法院关于加强和规范对被执行人拥有的人身保险产品财产利益执行的通知》（浙高法执〔2015〕8号）第5条规定，人民法院要求保险机构协助扣划保险产品退保后可得财产利益时，一般应提供投保人签署的退保申请书，但被执行人下落不明，或者拒绝签署退保申请书的，执行法院可以向保险机构发出执行裁定书、协助执行通知书要求协助扣划保险产品退保后可得财产利益，保险机构负有协助义务。该规定第一次明确人民法院可以在投保人未签署退保申请书的情况下裁定保险公司解除保险合同，并扣划退保后的可得财产利益。广东省高级人民法院对待强制退保以执行现金价值的观点则相反，《广东省高级人民法院关于执行案件法律适用疑难问题的解答意见》规定，虽然人身保险产品的现金价值是被执行人的，但关系人的生命价值，如果被执行人同意退保，法院可以执行保单的现金价值，如果不同意退保，法院不能强制被执行人退保。显然，两个高院规定冲突的根源在于对在执行程序中人民法院是否有权解除被执行人正在履行中的合同持不同认识。通常情况下，人民法院在执行程序中有权处置被执行人的责任财产，因涉及案外人的利益，现行法律并未授权人民法院可以强制解除被执行人履行中的合同，仅可以在合同终止后处置被执行人因合同取得的利益。这也是对被执行人到期债权的执行机制的设计理念。在对存款的执行中，执行法院可强制划取被执行人的定期存款，无须等到该存款到期。这可视为人民法院依职权强制解除了被执行人的存款合同。在邓某、兴铁一号产业投资基金合伙企业财产份额转让纠纷执行案中，① 最高人民法院明确了执行

---

① 最高人民法院执行裁定书，（2020）最高法执复71号。

法院可以强制解除被执行人所购人身保险合同并扣划保单现金价值的观点，这与浙江省高级人民法院的观点不谋而合。人身保险的保单现金价值之所以可以纳入被执行人责任财产范围，主要基于以下考量：首先，人身保险产品虽然具有一定的人身保障功能，但其根本目的和功能是经济补偿，其本质上属于一项财产性权益，具有一定的储蓄性和有价性，属于《查扣冻规定》的“其他财产权利”的范围，可以对其采取强制执行措施。其次，人身保险的保单现金价值系投保人交纳的，是为了支付后年度风险之用的费用，与保险事项发生后，保险公司应当支付的保险金不同，并不具有人身依附性的专属性，也不是被执行人及其所扶养家属所必需的生活物品和生活费用。最后，依据《限制高消费规定》第3条第1款第8项关于被执行人为自然人的，不得支付高额保费购买保险理财产品的规定精神，如被执行人拒不执行生效法律文书确定的义务，在其可以单方面行使保险合同解除权而未行使，致使债权人的债权得不到清偿，人民法院在此情形下可以强制被执行人予以行使，代替投保人解除所购的保险合同。在王某凤、王某东等借款合同纠纷执行案中，[①] 最高人民法院从诚实信用角度解释了法院强制解除被执行人所购保险合同的正当性，即在被执行人负有采取积极措施履行生效裁判的义务，在其无其他财产清偿债务的情况下，理应主动依法提取保险单的现金价值履行债务。不主动提取保险单现金价值，明显违背诚信原则，损害申请执行人的权利。故执行法院要求保险人协助扣划被执行人名下保险单的全部保费以偿还其所负债务，实现申请执行人的胜诉债权，符合人民法院执行行为的强制性特征，具有正当性、合理性。

实践中，对于法院强制执行人身保险合同现金价值的做法已达成共识，但对解除被执行人人身保险合同的合法性及正当性基础却缺少讨论，我国法律仅为投保人设定了合同任意解除权，保险人除有法定或约定情形外不得解除合同。执行法院要求保险公司协助解除合同或者直接解除保险合同，并无实体法律依据。[②] 从上述案例中最高人民法院的裁判理由来看，仍然无法解释执行法院何以能够代被执行人解除其与保险公司订立的合同。有观点认为，执行法院代被执

① 最高人民法院执行裁定书，（2021）最高法执监35号。

② 参见吴永辉：《对保单现金价值强制执行冲突的调和》，载《法律科学》2020年第3期。

行人解除保险合同的权利来自对债权人利益的保护，实践中，被执行人通过购买保险转移财产逃避执行屡见不鲜。还有人提出债权人代位执行说。[①] 我国台湾地区法院判例对此亦有不同见解。肯定执行法院可代被执行人终止保险合同的观点认为，被执行人对保险公司有附条件请求返还保单现金价值的请求权，而根据我国台湾地区关于执行债务人对第三人债权的规定，附条件或附期限的债权均可以作为执行标的，因此，执行法院可以向被执行人及保险公司发扣押命令，禁止被执行人就扣押标的进行收取或为其他处分。为使保险合同的保险现金价值具化为现实可用于清偿的金钱债权，保险契约终止权的行使应属执行法院为实现换价目的之必要执行方法。与为换价目的行使被执行人基于消费寄托契约之终止权并无不同。[②] 因查封系执行法院剥夺债务人对其特定财产之处分权，改由国家取得处分权之执行行为，所以执行法院发扣押命令后债务人就丧失其处分权，处分权由法律规定强制转移至执行法院，而终止保险合同并非专属于被执行人之权利，如投保人破产的，破产管理人可终止保险合同。执行法院有权利及义务代被执行人行使其形成权的换价命令，代被执行人行使终止权，以利债权人之受偿。[③] 我国司法实务界亦有类似观点认为，进入执行程序后，被执行人的相关民事法律活动应受限，执行法院有权介入相关民事法律活动。比如，执行被执行人到期债权、银行定期存款，均不以被执行人同意为前提。再如，破产管理人对破产申请受理前成立而债务人和对方当事人均未履行完毕的合同有权解除或者继续履行。[④]

此外，若执行法院可以代被执行人解除保险合同的逻辑成立，进一步需要面对的问题是，执行法院是否可以代被执行人解除其他约定被执行人有任意解除权的合同？我国台湾地区学者认为，关于人身保险合同在合同解除情况下，

---

① 参见吴永辉：《对保单现金价值强制执行冲突的调和》，载《法律科学》2020 年第 3 期。

② 储户与金融机构之间的活期存款契约即为消费寄托契约。

③ 参见沈建兴：《强制执行法逐条释义》（下），台北，元照出版有限公司 2020 年增订二版，第 439 ~ 449 页。

④ 参见史小峰：《强制执行保单现金价值的路径思考》，载《人民法院报》2021 年 11 月 3 日，第 7 版。

保险公司应返还保单现金价值的时间及金额均有法律规定。[①] 其他类型的合同，即使被执行人具有任意解除权，但被执行人是否对合同相对人享有债权或债权金额、履行期间等均存在不确定性，可能引发债权是否存在的实体争议。因此，就实现执行债权所需耗费的司法成本而言，人身保险合同现金价值具备“标准化”的特点，具备执行的便利性。但如反对执行法院可代被执行人解除保险合同的观点所言，保险合同并非关涉投保人一人利益，还有保险公司、被保险人、受益人等，如认同保险合同可被任意解除，恐将影响多方利益。[②] 在找到充实的法律依据或理论依据前，对于通过法院代为行使合同解除权才能使债权人得到清偿的做法还应慎重对待，对于类似人身保险合同现金价值等具备“标准化”特点的合同，也应在穷尽其他执行措施后被执行人财产不足以用于清偿债务时，才可考虑对其强制执行。

鉴于保险合同的解除，会对被保险人、受益人的权利造成较大影响，法律赋予了被保险人、受益人介入权，其可以在向投保人支付相当于保单现金价值的款项并通知保险人后，消灭投保人的任意解除权。[③] 在人民法院强制解除被保险人、受益人为投保人之外的保险合同时，应当保护被保险人、受益人的介入权。具体为人民法院在强制解除被执行人的保险合同前，应当通知保险合同的被保险人、受益人，告知其在指定时间内可以通过替代被执行人交纳相当于保单现金价值的款项的方式行使保险合同介入权。在被保险人、受益人根据通知要求付款后，人民法院应当通知保险人，不得强制解除被执行人的保险合同。2019 年 4 月的《民事强制执行法草案》（征求意见稿）第 190 条对人身保险合同现金价值的执行进行了规定。人民法院执行被执行人作为投保人享有的现金价值请求权的，应当通知保险公司解除人身保险合同。投保人与被保险人、受

---

① 参见沈建兴：《强制执行法逐条释义》（下），台北，元照出版有限公司 2020 年增订二版，第 445 页。

② 参见沈建兴：《强制执行法逐条释义》（下），台北，元照出版有限公司 2020 年增订二版，第 437 页。

③ 《最高人民法院关于适用〈中华人民共和国保险法〉若干问题的解释（三）》第 17 条规定，投保人解除保险合同，当事人以其解除合同未经被保险人或者受益人同意为由主张解除行为无效的，人民法院不予支持，但被保险人或者受益人已向投保人支付相当于保险单现金价值的款项并通知保险人的除外。

益人不一致的，人民法院应当告知被保险人、受益人可以在指定期限内向人民法院支付相当于保单现金价值的价款，变更自己为投保人。被保险人、受益人拒绝支付或者逾期未支付的，人民法院通知保险公司解除人身保险合同。

实务操作指引

（一）投保信息的获得

人民法院获取被执行人关于其投保的信息，可以通过被执行人报告财产，也可以由申请执行人提供财产线索。还有一种方式就是查询被执行人的银行对账单，如果发现被执行人的银行账户有保险公司或保险经纪公司的资金往来，可以作为被执行人投保的证据线索。人民法院可以自行调查或由申请执行人的律师持调查令进行调查。人民法院有权向各保险公司查询被执行人的投保情况，保险公司应当将其与被执行人所签保险合同提供给人民法院，并对被执行人依据该保险合同所得的权益向人民法院说明。所得权益包括保险赔偿金、保单红利、退保金、保单现金价值等。

上海高院在对人身保险产品财产利益的执行方面进行了更深入的探索，通过与保险机构建立协助执行机制的方式实现对人身保险合同财产权益有效、快速、规范的执行。[①] 在协助查询方面，法院可通过保险机构指定网点、EMS法院专递以及电子文书传输方式进行查询；并规定协助执行通知中需要保险机构反馈的具体保险信息以及法院执行人员所需提交证件材料。执行法院可在协助执行通知中载明保险机构回馈查询结果的期限。

（二）冻结

人民法院应当作出冻结裁定书，将被执行人基于保险合同所取得的保险赔偿金、保单红利等予以冻结。冻结裁定应载明保险公司禁止向被执行人给付保险赔偿金。人民法院也可以要求保险公司不得与被执行人签订变更保险合同的

---

① 参见上海市高级人民法院与中国人寿上分、太保寿险上分、平安人寿上分、友邦人寿、工银安盛人寿、泰康人寿上分、新华保险上分、上海人寿上分等主要保险机构达成的《关于建立被执行人人身保险产品财产利益协助执行机制的会议纪要》。

协议，防止被执行人变更受益人或提取保单红利。人民法院还可以冻结被执行人的保险缴费账户。

（三）履行

人民法院应当向保险公司送达履行通知书，履行通知书应包括以下内容：(1) 要求保险公司将财产保险赔偿金、未指定受益人的人身保险赔偿金、保险红利等向申请执行人履行，不得给付被执行人。(2) 保险公司应当在收到通知15日内向申请执行人给付保险赔偿金、保险红利等。(3) 保险公司对向申请执行人给付上述债务有异议的，应当在收到通知后15日内向执行法院提出。(4) 保险公司违背上述义务的法律后果。

（四）执行

人民法院可以先说服教育被执行人解除保险合同。被执行人主动解除保险合同的，人民法院可以对其保单的现金价值予以执行。被执行人拒不解除保险合同的，人民法院可以强制执行人身保单权益，程序如下：

1. 确定被执行人及执行标的

(1) 被执行人为投保人的，可冻结或扣划归属于投保人的现金价值、红利等保单权益。投保人、被保险人或受益人均为被执行人同一人时，法院可直接冻结或扣划。投保人与被保险人或受益人不一致时，法院应保障被保险人或受益人赎买保单的权益。即在冻结保单后通知被保险人或受益人，给予其一定期限的赎买期（一般不少于15日）。被保险人或受益人支付相当于保单现金价值的款项的，由赎买人直接交予法院，法院不得再继续执行该保单的现金价值、红利等权益。赎买期结束无人赎买或者被投保人或受益人明确表示不赎买的，法院可强制执行该保单的现金价值、红利等权益。

(2) 被执行人为被保险人或受益人的，可冻结或扣划归属于被保险人或受益人的生存金等保险权益。此外，法院执行的债权金额小于保单的现金价值的，保险机构可以按规定对保单进行减保处理，协助法院扣划减保对应的现金价值。既可以实现债务清偿的目的，也使被执行人依然享有保单项下的保障权益；[①] 若

① 减保是指被保险人不想承担或无法承担高额的保费时，可以选择减少保额的方法来少交一部分保费，且可以继续享受保单带来的保障。减保相当于部分退保，保险公司将退回保单的一部分现金价值，而留下另一部分继续保障被保险人，被保险人将来出险所能得到的保险金额相应减少。

保险机构无法对该保单做减保处理的，则应扣划保单的全部现金价值一并交执行法院处理。

2. 协助履行

人民法院向保险公司送达的协助执行通知书应包括以下内容：(1) 要求保险公司提取被执行人保单的现金价值、红利、生存金[①]等。(2) 保险公司有异议的，应当在收到通知后向执行法院提出。(3) 保险公司违背上述义务的法律后果。

执行法院可在协助执行通知书中载明保险机构办理扣划的期限。保险机构认为保单不宜进行扣划的，应在回执中予以说明。

3. 特殊免执行的保单

对于重大疾病保险、意外伤残保险、医疗费用保险等人身专属性较强、保单现金价值较低但可能获得保障大的保险产品，法院应慎重对其进行扣划。[②]

(五) 异议

保险公司有异议的，应在接到协助执行通知后向人民法院书面提出。执行法院对保险公司提出的异议，可以按照《民事诉讼法》第232条进行审查。在责任保险合同中，申请人是因被执行人行为遭受损害的第三人的，保险公司仅以被保险人未提出理赔申请为由提出异议，人民法院不予支持。保险公司未提出确有理由的异议，又在履行通知指定的期限内没有履行的，人民法院可以对保险公司强制执行。保险公司擅自向被执行人给付保险赔偿金、保单现金价值、红利或生存金的，执行法院可以责令保险公司追回。保险公司不能追回的，执行法院应当责令保险公司在给付保险赔偿金的范围内承担连带清偿责任。

① 被保险人与保险公司签订的合同约定的时间到期后，保险公司向被保险人按保险金额给付的保险金、生存金具有很强的储蓄性。

② 参见上海市高级人民法院与中国人寿上分、太保寿险上分、平安人寿上分、友邦人寿、工银安盛人寿、泰康人寿上分、新华保险上分、上海人寿上分等主要保险机构达成的《关于建立被执行人人身保险产品财产利益协助执行机制的会议纪要》。

七、对企业住房基金的执行

复函原文

最高人民法院关于对企业住房基金执行问题的复函

1996年7月9日　经他〔1996〕17号

浙江省高级人民法院：

你院〔1996〕浙高法执字第9号请示报告收悉。经研究，现答复如下：

《中华人民共和国民法通则》第48条规定："全民所有制企业法人以国家授予它经营管理的财产承担民事责任，……。"临海市化肥厂将属其经管的房产出售给本厂职工，所得28万元款项仍属国营企业经营管理的财产。至于作为"住房基金"，仅仅是临海市化肥厂对这笔财产的一种用途，并不能改变这笔财产是国家授予其经营管理的性质。因此，可以用于承担民事责任。

鉴于临海市化肥厂已将售房款用作"住房基金"，直接涉及企业职工的切身利益，因此，执行此案时一定要慎重。在确无其他可供执行财产的情况下，应在切实做好有关方面工作的基础上予以执行。

出台背景

浙江省临海市化肥厂作为案件被执行人，被人民法院冻结了28万元的"住房基金"。"住房基金"不同于住房公积金，是临海市化肥厂将属其经管的房产出售给本厂职工所获得款项。被执行人认为，此款项的性质和用途比较特殊，不宜用于清偿临海市化肥厂债务。浙江省高级人民法院向最高人民法院请示，最高人民法院作出可以执行的答复。

理解与适用

（一）“住房基金”的概念

住房基金是指按国家政策法规和财务制度规定，由国家财政和单位共同筹集，用于单位住房制度改革和住房建设的专项基金，是国家为了保证和促进住房制度改革的顺利进行，实现住房商品化，加快住房建设而要求企业设立的一种基金。资金主要源于委托代管和自管住房的租金收入、住房出售净收入、企业收取的住房租赁保证金、上级主管部门下拨的住房资金以及企业住房基金的利息等。

住房基金主要的用途包括：缴纳住房公积金、企业按规定给职工提供的住房补贴和住房困难补助、企业住房的维修和管理费用、归还住房借款本息和住房租赁保证金以及用于住房方面的其他支出。职工住房提取的折旧、公益金中用于住房方面的资金和借入的住房资金不能用于费用性支出。

（二）“住房基金”属于企业责任财产

国有企业长期以来通过出售企业自有房产等方式为职工获取福利，国企中的住房实物补贴包括两种：一种是国有企业利用国家无偿划拨的用地进行单位的集资建房。另一种是企业购买市场上的商品房，以较低的价格出售给本企业员工。虽然国家已经叫停实物住房，但在现实中，由于国有企业无偿或者低价占用大量土地，为自建房提供了“有利的条件”。该案中临海市化肥厂将所属经管的房产出售给本厂职工，所得 28 万元款项实质上就是企业内部的卖房款，仍属国营企业经营管理的财产。

（三）企业住房基金与住房公积金的区分

企业的“住房基金”与住房公积金不同。住房公积金是国家机关、国有企业、城镇集体企业、外商投资企业、城镇私营企业及其他城镇企业、事业单位、民办非企业单位、社会团体及其在职职工缴存的长期住房储金，是职工工资的组成部分，但不以现金形式发放，并且必须存入住房公积金管理中心在受委托银行开设的专户内，实行专户管理，专款专用，按规定在购、建、大修自住住房或交纳房租等特定条件下提取。《住房公积金管理条例》第 3 条规定：“职工个人缴存的住房公积金和职工所在单位为职工缴存的住房公积金，属于职工个人所有。”《民法典婚姻家庭编解释（一）》第25条也明确规定住房公积金属于夫妻共同财产，说明住房公积金属于公民个人财产。

实务操作指引

对“住房基金”强制执行以确无其他可供执行财产为前提。执行过程中，当事人不履行生效法律文书确定义务的，法院可以强制执行企业住房基金。人民法院禁止执行的财产，应当有法律、法规或司法解释的明文规定，不在执行豁免范围内的财产，都应纳入可供执行的财产范围。

“住房基金”虽属企业所有，但因涉及职工利益，执行时要注意财产的顺位安排，以确无其他可供执行财产为前提，且应在切实做好矛盾化解工作的基础上予以执行。

八、对保证金的执行

规定、通知原文

（一）最高人民法院关于人民法院能否对信用证开证保证金采取冻结和扣划措施问题的规定[①]

1997年9月13日　法释〔1997〕4号

信用证开证保证金属于有进出口经营权的企业向银行申请对国外（境外）方开立信用证而备付的具有担保支付性质的资金。为了严肃执法和保护当事人的合法权益，现就有关冻结、扣划信用证开证保证金的问题规定如下：

一、人民法院在审理或执行案件时，依法可以对信用证开证保证金采取冻

① 根据2020年12月23日最高人民法院审判委员会第1823次会议通过的《最高人民法院关于修改〈最高人民法院关于人民法院扣押铁路运输货物若干问题的规定〉等十八件执行类司法解释的决定》修正。

结措施，但不得扣划。如果当事人、开证人认为人民法院冻结和扣划的某项资金属于信用证开证保证金的，应当依法提出异议并提供有关证据予以证明。人民法院审查后，可按以下原则处理：对于确系信用证开证保证金的，不得采取扣划措施；如果开证银行履行了对外支付义务，根据该银行的申请，人民法院应当立即解除对信用证开证保证金相应部分的冻结措施；如果申请开证人提供的开证保证金是外汇，当事人又举证证明信用证的受益人提供的单据与信用证条款相符时，人民法院应当立即解除冻结措施。

二、如果银行因信用证无效、过期，或者因单证不符而拒付信用证款项并且免除了对外支付义务，以及在正常付出了信用证款项并从信用证开证保证金中扣除相应款额后尚有剩余，即在信用证开证保证金帐户存款已丧失保证金功能的情况下，人民法院可以依法采取扣划措施。

三、人民法院对于为逃避债务而提供虚假证据证明属信用证开证保证金的单位和个人，应当依照民事诉讼法的有关规定严肃处理。

（二）最高人民法院 住房和城乡建设部 中国人民银行关于规范人民法院保全执行措施确保商品房预售资金用于项目建设的通知

2022 年 1 月 11 日　法〔2022〕12 号

各省、自治区、直辖市高级人民法院，解放军军事法院，新疆维吾尔自治区高级人民法院生产建设兵团分院；各省、自治区、直辖市住房和城乡建设厅（委、管委），新疆生产建设兵团住房和城乡建设局；中国人民银行上海总部、各分行、营业管理部、各省会（首府）城市中心支行、副省级城市中心支行，各国有商业银行，中国邮政储蓄银行，各股份制商业银行：

为了确保商品房预售资金用于有关项目建设，切实保护购房人与债权人合法权益，进一步明确住房和城乡建设部门、相关商业银行职责，规范人民法院的保全、执行行为，根据《中华人民共和国城市房地产管理法》《中华人民共和国民事诉讼法》等法律规定，通知如下：

一、商品房预售资金监管是商品房预售制度的重要内容，是保障房地产项目建设、维护购房者权益的重要举措。人民法院冻结预售资金监管账户的，应当及时通知当地住房和城乡建设主管部门。

人民法院对预售资金监管账户采取保全、执行措施时要强化善意文明执行理念，坚持比例原则，切实避免因人民法院保全、执行预售资金监管账户内的款项导致施工单位工程进度款无法拨付到位，商品房项目建设停止，影响项目竣工交付，损害广大购房人合法权益。

除当事人申请执行因建设该商品房项目而产生的工程建设进度款、材料款、设备款等债权案件之外，在商品房项目完成房屋所有权首次登记前，对于预售资金监管账户中监管额度内的款项，人民法院不得采取扣划措施。

二、商品房预售资金监管账户被人民法院冻结后，房地产开发企业、商品房建设工程款债权人、材料款债权人、租赁设备款债权人等请求以预售资金监管账户资金支付工程建设进度款、材料款、设备款等项目建设所需资金，或者购房人因购房合同解除申请退还购房款，经项目所在地住房和城乡建设主管部门审核同意的，商业银行应当及时支付，并将付款情况及时向人民法院报告。

住房和城乡建设主管部门应当依法妥善处理房地产开发企业等主体的资金使用申请，未尽监督审查义务违规批准用款申请，导致资金挪作他用，损害保全申请人或者执行申请人权利的，依法承担相应责任。

三、开设监管账户的商业银行接到人民法院冻结预售资金监管账户指令时，应当立即办理冻结手续。

商业银行对于不符合资金使用要求和审批手续的资金使用申请，不予办理支付、转账手续。商业银行违反法律规定或合同约定支付、转账的，依法承担相应责任。

四、房地产开发企业提供商业银行等金融机构出具的保函，请求释放预售资金监管账户相应额度资金的，住房和城乡建设主管部门可以予以准许。

预售资金监管账户被人民法院冻结，房地产开发企业直接向人民法院申请解除冻结并提供担保的，人民法院应当根据《中华人民共和国民事诉讼法》第一百零四条、《最高人民法院关于适用〈中华人民共和国民事诉讼法〉的解释》第一百六十七条的规定审查处理。

五、人民法院工作人员在预售资金监管账户的保全、执行过程中，存在枉法裁判执行、违法查封随意解封、利用刑事手段插手民事经济纠纷等违法违纪问题的，要严肃予以查处。

住房和城乡建设主管部门、商业银行等相关单位工作人员在预售资金监管账户款项监管、划拨过程中，滥用职权、玩忽职守、徇私舞弊的，依法追究法律责任。

（三）最高人民法院关于矿山地质灾害和地质环境治理恢复保证金能否作为执行标的的答复

2018年9月30日　（2018）最高法执他11号

贵州省高级人民法院：

你院（2017）黔执他3号《关于矿山地质灾害和地质环境治理恢复保证金能否作为执行标的的请示》收悉。经研究，答复如下：

原则同意你院审判委员会多数意见。设立矿山地质环境治理恢复保证金，是为了确保有充足资金用于治理恢复因矿产资源勘查开采活动造成的矿山地质环境破坏，以促进矿产资源的合理开发利用和经济社会、资源环境的协调发展。矿山地质环境治理恢复保证金虽为企业所有，但应当遵循政府监管、专款专用的原则，只有在符合法定条件时，才可以返还采矿权人。在返还之前，采矿权人对保证金的使用受到严格限制，缺乏自主处分权利。人民法院在执行以采矿权人为被执行人的案件中，可向有关单位发出协助执行通知书，先对保证金采取查控措施，待保证金符合返还条件时再予执行。

此复

出台背景

一般而言，保证金账户内资金无论其是否具有担保的性质，法院都可以对保证金账户内的资金予以冻结、扣划，但如何保障银行对保证金账户内资金的优先受偿权不受侵害，是执行过程中需要作出判断的难点。如果允许法院对保证金账户内资金予以扣划，银行将无法控制保证金，更无法及时从开证申请人处获得补偿，损害了开证银行作为第三人的利益，影响信用证业务的正常操作，同时也增加了信用证这种被普遍使用的国际结算工具的风险。因此，厘清信用证开证保证金的性质并明确何种情况下可以采取冻结或扣划措施就很有必要。

理解与适用

信用证开证保证金账户（以下简称保证金账户）是登记在账户申请人名下的银行账户，但它与登记在企业名下的普通银行账户存在一定区别。保证金账户内的保证金是属于有进出口经营权的企业向银行申请对国外（境外）方开立信用证而备付的具有担保支付性质的资金。进出口企业需要向外开具信用证，银行接到开证申请人进出口企业完整的指示后，按该指示开立信用证。此时，银行将会要求申请人交出一定数额的资金并予以冻结，作为银行执行其指示的保证。

由于法律对法院是否可以对开证申请人在信用证项下的开证保证金实施冻结和扣划缺乏明确规定，加之对开证保证金的性质在理解上有偏差，当开证申请人作为被保全人或被执行人时，法院要求银行协助冻结或扣划开证申请人保证金账户内的保证金的情况时有发生，影响银行的合法权益。

（一）信用证开证保证金的概念

保证金账户一般用于两类业务，即信用证业务和托收业务。虽然同属于保证金账户，但托收业务和信用证业务项下的款项却有着不同的性质和功能。在托收业务中，货款的收付完全是买卖双方的事，银行只是作为客户清偿债权债务的中介。从本质上看，托收业务并不涉及银行自身资金的支付，客户在托收业务项下存入保证金账户的资金应仅具有备付的性质，没有担保支付的性质。但在信用证业务中，信用证是由开证银行依照申请人的要求和指示，在符合信用证条款的条件下，凭规定单据向第三方或其指定方进行付款的书面文件。简言之，信用证是银行开立的有条件的承诺付款证书，本质上是以银行信用代替商业信用，开证银行承担的是第一位的付款义务，即无论开证申请人是否向开证行提供了与信用证金额相符的资金，开证行都要无条件履行其在信用证项下的付款责任。依据开证申请书，开证行在对外履行了付款责任后有权从开证申请人处获得偿付。开证申请人存入保证金账户的资金即是开证银行最终从开证申请人获得补偿的一种担保。

1997 年中国人民银行《国内信用证结算办法》，要求国内银行对国内信用证开证申请人应当收取不低于开证金额 20% 的保证金，这种保证金就是本规定所指"信用证开证保证金"。

（二）信用证开证保证金的性质

《最高人民法院关于适用〈中华人民共和国担保法〉若干问题的解释》（已废止）第 85 条规定："债务人或者第三人将其金钱以特户、封金、保证金等形式特定化后，移交债权人占有作为债权的担保，债务人不履行债务时，债权人可以以该金钱优先受偿。"

开证申请人将货币在以保证金的形式特定化之后，在信用证开证银行开立保证金账户并将足额货币存入该账户时，开证申请人即完成了将动产特定化并交付质权人实际控制从而设定质押权这一系列规定动作，信用证开证保证金具有动产质押的效力。具体分析理由如下：第一，开证申请人已经将一定数额的货币作为保证金特定化，这部分资金已由种类物转化为了特定物，任何人不能挪作他用；第二，开证申请人在将上述资金存入开证银行之时，就已完成了质押财产的交付，银行实际占有，符合设立质权的条件；第三，开证申请人在交付资金的时候有将该账户用于质押的意思表示，即开证申请人同意在发生债务不能如期清偿时，可以将特定账户的资金优先偿还给银行。

（三）法院对信用证开证保证金应当慎用强制措施

银行开立信用证后，承担了对受益人支付款项的义务，银行收取保证金是为了保证开证人能够依约赎单。信用证的性质要求法院对信用证开证保证金的执行有严格的限制条件。为了保证信用证这种支付工具充分发挥作用，应慎重对信用证开证保证金采取冻结、扣划等强制措施。

（四）银行优先受偿权的行使

法释〔1997〕4 号一方面澄清了具有担保性质的保证金账户内的资金能否冻结扣划的问题；另一方面结合信用证业务的特点，将开证行处分保证金账户内资金获得补偿的时机提前，即如果开证保证金为外汇，单单、单证相符，法院应立即解除冻结，开证行可在对外付款前或付款后立刻处分开证保证金；如开证保证金为人民币，开证行在对外付款后即有权处分开证保证金。这样开证行便可相对及时地从申请人处获得补偿，无须等到法院案件审理告一段落、需要处理冻结资金时才能行使优先受偿权。

（五）信用证开证保证金的执行

1. 信用证开证保证金的冻结

由于信用证开证保证金是以被执行人（开证申请人）的名义开立的账户资金，依然是被执行人（开证申请人）名下的财产，人民法院依法可以冻结，但开证银行作为质权人不仅享有优先受偿权，还享有法释〔1997〕4号赋予的特殊权利，在开证银行主张权利时人民法院进行审查应注意以下几点：（1）开证银行因信用证无效、过期，或因单证不符拒付信用证项下款项并且免除了对外支付义务，货物所有权未从信用证受益人转至开证申请人。此时，保证金账户存款的担保功能已经丧失，账户内资金归属开证申请人所有，成为一般存款。人民法院有权依法冻结。（2）开证银行因单证不符拒付，开证行第一性付款责任解除但并未完全解除付款责任，开证保证金仍具有担保支付的功能，人民法院有权冻结。（3）如果开证行已经依信用证独立原则，又符合严格的单证相符对受益人或对偿付行付款，且货物所有权转移至开证申请人，开证行取代第一受益人而取得对开证申请人的债权地位，人民法院经过审查确认后应当立即解除冻结措施。如果开证银行履行了部分付款责任，人民法院经审查确认后应当解除相应部分的冻结措施。在审查时，应由开证银行向人民法院提交开证申请人的申请材料、保证金汇入账户的资金往来凭证、开证行履行付款责任的证明等证据，由人民法院进行全面实质审查。在审查后，人民法院会作出继续冻结、扣划或者解除冻结的决定，申请执行人或者被执行人以及利害关系人，尤其是开证银行有权对上述执行行为提出异议，开证银行也有权对开证保证金主张实体权利，向人民法院提出案外人异议。还有一种情况，就是开证银行既针对人民法院冻结、扣划的执行行为提出异议，又对开证保证金主张实体权利，这样便形成了执行异议与案外人异议的竞合，人民法院应当对上述异议请求依据《民事诉讼法》第232条和第234条分别进行审查，分别出具执行裁定书。开证银行可针对人民法院分别作出的执行裁定书提出复议和提起案外人异议之诉来进行权利救济。

2. 对信用证开证保证金的扣划

法院扣划信用证开证保证金只限于两种情况，一是银行免除对外支付义务。必须存在开证银行拒付信用证款项的法定事由且免除银行对外支付义务。二是开证保证金丧失保证金功能。开证人申请银行开立信用证并支付保证金，如果银行依约支付了信用证款项后尚有剩余时，法院可以扣划开证保证金的剩余部分。①

3. 关于保证金利息的归属

开证申请人一旦申请远期信用证，因付款期限长，开证保证金存于开证行的时间也相应长，必然产生利息。依据《民法典》第430条规定，“质权人有权收取质押财产的孳息。但是合同另有约定的除外。前款规定的孳息应当先充抵收取孳息的费用”。开证保证金的利息应该归于开证行占有，成为开证行开证担保标的物的一部分，这是质权的效力及于质物孳息的具体体现。

4. 当事人利用信用证保证金逃避履行债务应当承担法律责任

按照本规定，人民法院对信用证开证保证金的冻结和扣划有严格的条件。但是，如果当事人利用信用证保证金逃避履行债务，人民法院不仅有权冻结扣划，还可以依照《民事诉讼法》追究参与人或责任人的责任。

实务操作指引

除法释〔1997〕4号提及的信用证开证保证金以外，实践中还存在种类繁多的保证金。对于其他类型保证金能否执行是当事人及执行法院尤为关注的问题。

（一）承兑汇票保证金

银行承兑汇票保证金是银行承兑汇票出票人向银行申请承兑而备付的资金，这类资金存放在承兑银行自己专门设立的保证金账户，是出票人提供的承担最

① 参见江必新主编：《执行法官必备法律司法解释解读》（修订版），人民法院出版社2012年版。

后付款责任的担保。此保证金存入保证金账户后，其支付、划出均受到银行的限制。[①] 根据保证金与承兑金额的比例，银行承兑汇票分为全额保证金银行承兑汇票和敞口保证金银行承兑汇票。

对于银行承兑汇票保证金是否可以执行的问题，中国人民银行在2000年作出的《中国人民银行关于银行承兑汇票保证金冻结、扣划问题的复函》（银条法〔2000〕9号），指出银行承兑汇票保证金的性质与信用证开证保证金类似，可以参照最高人民法院对信用证开证保证金的有关规定。即可以依法冻结，但不应扣划。如果承兑银行已兑付且出票人未能履行最后付款责任，承兑银行有权以该银行承兑汇票的保证金优先受偿，若人民法院已冻结此保证金，承兑银行可申请参加参与分配程序，主张优先受偿权。

同年，最高人民法院、中国人民银行发布的《关于依法规范人民法院执行和金融机构协助执行的通知》（法发〔2000〕21号）第9条规定，人民法院依法可以对承兑汇票保证金采取冻结措施，但不得扣划。如果金融机构已对汇票承兑或者已对外付款，根据金融机构的申请，人民法院应当解除对银行承兑汇票保证金相应部分的冻结措施。银行承兑汇票保证金已丧失保证金功能时，人民法院可以依法采取扣划措施。

1. 银行从何时起对承兑汇票保证金享有优先受偿权

普遍认为，银行承兑汇票保证金在银行与出票人之间成立金钱质押关系，属动产质押。在出票人将保证金存入银行开设的承兑汇票保证金账户时动产质押成立。但根据担保从属性的特点，被执行人在银行开设有承兑汇票保证金账户的，并不意味着银行必然对该保证金享有优先受偿权。根据银行承兑汇票业务的操作流程，在银行签发承兑汇票后，承兑汇票到期前，银行会通知出票人将票款足额存入其账户内用以付款，若出票人未足额交存票款的，承兑行应无条件向持票人付款，根据与出票人签署的承兑协议约定，从承兑汇票保证金专户和其他存款账户中扣款，不足的部分由银行垫付。也就是说，银行未签发承兑汇票或出票人足额交存票款或银行垫付后出票人向银行履行了付款义务的，

① 《中国人民银行关于银行承兑汇票保证金冻结、扣划问题的复函》。

银行与出票人之间并未成立债权债务关系，[①] 保证金与出票人的一般存款无异，也即法发〔2000〕21号所指的保证金丧失保证功能，法院可以依法冻结、扣划。只有银行为出票人垫付资金且出票人未能按约定向银行履行付款义务的，此时银行与出票人之间才真正成立债权债务关系，应当认为从银行垫付资金之日起，银行对承兑汇票保证金享有优先受偿权。

从上述分析可以看出，银行是否对承兑汇票保证金享有优先受偿权，应当具体审查承兑汇票保证金是否符合金钱质权的成立要件、银行兑付情况下是否与被执行人成立债权债务关系等实体问题，这也意味着对银行提出异议的审查无法简单通过执行程序完成。

2. 法院处理银行对承兑汇票保证金主张优先受偿权的方式

实践中，法院处理银行提出的异议时主要有三种做法，一是通过利害关系人执行行为异议处理，二是通过案款分配程序处理，三是通过案外人异议程序处理。[②]

银条法〔2000〕9号复函认为银行可以通过参加参与分配程序实现优先受偿权，被认为是法院采取第二种处理方式的根据。而法发〔2000〕21号通知则规定，法院应依银行申请解除冻结措施。但对该申请是通过利害关系人异议程序审查还是通过案外人异议程序审查，并未明确。如前所述，审查银行对承兑汇票保证金是否享有优先受偿权会涉及诸多实体问题，仅通过利害关系人异议和复议程序，难以确保不会对各方当事人的实体权益造成损害，并且会有以执代审的嫌疑。最高人民法院在"对十三届全国人大三次会议第1068号建议的答复"中明确了该申请应通过案外人异议程序进行审查。[③]（2017）最高法执监29号和（2017）最高法执监39号执行裁定也体现了上述观点。

事实上，银条法〔2000〕9号复函和法发〔2000〕21号通知在处理银行对

---

① 按照银行对承兑汇票保证金账户的管理，承兑汇票保证金账户内的资金按照定期存款给付利息。

② 参见刘旭峰：《金钱质押执行异议的处理》，载《人民司法》2019年第11期。

③ 金融机构以案外人身份提出异议，主张法院冻结账户内资金的性质为保证金的，执行法院一般将停止扣划；如果在异议或异议之诉程序中终局性认定金钱质押成立、账户确属保证金账户、金融机构的兑付符合法定或约定条件的，金融机构即对保证金享有合法的优先受偿权，人民法院应当解除对保证金的冻结。

承兑汇票保证金主张的优先受偿权时的差异，本质上是对动产质权人能否提起案外人异议之诉的不同认识，即银行对承兑汇票保证金享有的金钱质权是否为足以阻止执行标的转让、交付的实体权利。

理论上，少数观点认为，在对质物和留置物强制执行时，质权人和留置权人应通过申请参与分配，而不能提起案外人异议之诉排除强制执行。① 银条法〔2000〕9号复函便持此种观点，提出银行可以直接依据1998年《执行规定》第93条的规定申请参与分配，主张优先受偿权。根据《执行规定》关于被执行人所有的财产被抵押、质押、留置不影响法院查封、扣押、冻结措施的规定，自然也不涉及冻结措施的解除问题。即便银行对保证金享有的优先受偿权存疑，也可以通过分配方案异议和分配方案异议之诉解决。但这一处理模式涉及多个案件的衔接，且要将所有已知债权人牵涉到诉讼程序中，可能导致诉讼效率极其低下、诉讼周期非常漫长，仅就效率而言非合理明智的选择。②

理论上多数观点认为，动产质权和留置权均以占有动产为权利存在的要件，如果因执行而侵害标的物占有的，质权和留置权即因丧失占有而消灭，故质权人和留置权人可以提起案外人异议之诉，以排除强制执行。③ 但即便银行的异议成立，在法院仅对保证金采取冻结措施时，银行对保证金并未丧失占有，无法解释法发〔2000〕21号规定法院应解除对保证金相应部分的冻结措施。上述理论未考虑当金钱作为质物时的特殊性，更为简单合理的解释是，金钱不同于一般动产，无须经过拍卖、变卖等程序变价，一旦认定银行对承兑汇票保证金的动产质押权成立，银行就对保证金直接享有优先权。④ 即承兑汇票保证金账户内与银行债权等额的资金已经属于银行所有。因此，一旦银行提出的异议成立或在异议之诉中得到支持，就意味着承兑汇票保证金账户内与银行债权等额的资金的所有权归银行所有，所有权是足以排除法院执行的实体权利，法院应当解除对保证金相应部分的冻结。

---

① 参见吴光陆：《强制执行法》，台北，三民书局股份有限公司2007年版，第233～234页。

② 参见刘旭峰：《金钱质押执行异议的处理》，载《人民司法》2019年第11期。

③ 参见陈荣宗：《强制执行法》，三民书局2000年修订二版，第219页；杨与龄：《强制执行法论》，中国政法大学出版社2002年版，第208页。

④ 参见最高人民法院执行裁定书，（2017）最高法执监32号；最高人民法院执行裁定书，（2017）最高法执监39号。

3. 法院审查银行异议时的要点

最高人民法院公布的第54号指导性案例［（2013）皖民二终字第00261号］对保证金账户质押成立的司法认定标准进行了详细分析，具有很强的实践指导意义。主要是从以下两个方面进行判断。①

首先，当事人之间是否签订书面的质押合同，这是为了判断当事人之间是否存在金钱质押的合意。对质押合同的判断要分析合同的实质内涵，即便合同或条款中未带有“质押”字样，但若其表明了：（1）债务人或担保人开立专用账户，按照贷款额度或信用证或承兑汇票的比例缴存保证金；（2）未经银行同意债务人或担保人不得自由使用该账户内资金；（3）贷款或垫付资金未清偿前，银行有权采取直接扣划保证金用于清偿等实质内容的；就可以认定当事人之间达成了金钱质押合意。需要注意的是，优先受偿是金钱质权成立的法律结果，因此，协议中是否约定银行对保证金享有优先受偿权并不影响金钱质押合意的达成。

其次，金钱是否转移占有。基于金钱“占有即所有”的特性，金钱质押中质物的转移占有不是直接通过物理占有形式完成，而是通过特定形式完成。即账户是否特定化及是否移交银行占有。特定化要达到的目的是使出质金钱独立于出质人及质权人的财产，并且要与普通动产一样能够经转移占有而不改变所有权主体。要实现此目的，从形式上，要设立单独账户；关于保证金账户是否必须为银行的专用存款账户，不宜做僵化理解。（2015）执复字第53号、（2018）最高法民再27号均是根据相应银行的账户管理规定及会计科目，判断账户是否为保证金账户。但对账户进行识别是为了将其区分于其他账户。如在（2016）京02民初151号判决中，当事人将款项以定期存单的形式存入账户，将定期存单交由银行保管，约定《银行承兑协议》项下债务到期时无条件同意银行将定期存单变现抵偿债务，法院认为，银行对定期存单享有的质权已设立。从资金变动及用途上，不能将特定化、僵化理解为账户内资金必须固定不能浮动。保证金账户资金发生浮动但均与保证金业务相对应，除缴存保证金外，支出的款

① 参见霍楠、夏敏：《保证金账户质押生效则不能成为另案执行标的》，载《人民司法》2014年第4期。

项均用于保证金的退还和扣划，未作日常结算使用，就应当认定符合资金特定化的要求。[①] 在转移占有方面，当事人约定未经银行同意债务人或担保人不能自由使用账户内资金，表明银行已取得对保证金账户的控制权和管理权。此时应认定符合转移债权人占有的要件。未约定银行对保证金的扣划权不影响移交占有的认定。[②]

此外，第54号指导性案例认为担保债权与保证金无须一一对应，即保证金是在担保多笔贷款或承兑汇票的情况下，某一笔贷款或承兑汇票垫付资金不能清偿，银行并非只能扣划该笔贷款发放或承兑汇票兑付时缴存的保证金，银行对进入保证金账户内的资金均享有质权。但如果仅概括性的约定保证金可对债务人的债务或一定比例的债务进行担保，如××××账户内的保证金担保债务人在××银行的债务，无法将保证金与所担保的债务进行对应的，则也不构成保证金的特定化。如果保证金账户内的资金还混同了其他保证金业务或用于非对应贷款或承兑汇票项下的保证金业务支出，不能认定保证金特定化。[③]

需要注意的是，法院在审查银行提出的异议时，除应重点审查上述提及的保证金是否特定化、是否由银行实际控制外，还应对银行的兑付是否符合条件等实体问题进行审查。[④]

（二）贷款保证金、按揭贷款保证金

贷款保证金是指根据约定，由借款人或担保人按贷款额度一定比例存入专门账户，用以担保借款人按期偿还贷款的资金。对贷款保证金的执行虽然在司法解释层面没有相关规定，但地方法院出台的指导意见中已有涉及，如《江西省高级人民法院、中国银行业监督管理委员会江西监管局关于规范、协助人民法院执行银行保证金账户资金工作的指导意见》（赣高法〔2015〕141号）对人民法院冻结、扣划被执行人的贷款保证金提出了具体的操作要点。司法实践中

---

① 福建省高级人民法院在（2014）闽民终字第686号民事判决中，以保证金账户资金存入后存在多次转账、进出的情形否定了款项特定化。湖南省高级人民法院在（2014）湘高法民二终字第62号民事判决中，以“多次将该账户内的资金用于非担保业务”为由认为保证金账户内资金没有特定化。但也有观点认为，保证金账户的资金浮动造成质物的不确定性，有违物权法定原则。

② 参见刘旭峰：《金钱质押执行异议的处理》，载《人民司法》2019年第11期。

③ 参见北京市第二中级人民法院民事判决书，（2011）二中民终字第15465号。

④ 参见最高人民法院“对十三届全国人大三次会议第1068号建议的答复”。

对贷款保证金的执行已是屡见不鲜，最高人民法院第54号指导性案例涉及的便是对专业担保公司存放于银行的贷款保证金的执行。

按揭贷款保证金，是指房地产开发商与银行订立协议，约定房地产开发商为银行给购房人提供的按揭贷款提供担保，为此房地产开发商按照贷款额度一定比例存入双方约定的专用存款账户作为质押担保的资金。司法实践中，对被执行人提供的按揭贷款保证金的执行采肯定态度。值得注意的是，房地产开发商提供担保的按揭贷款购房人往往数量较多，但银行一般会约定最高贷款额度。在（2020）最高法民终1307号民事判决中，最高人民法院就认为，根据保证金质押合同的主合同为购房人与贷款银行签署的《个人一手住房贷款合同》，不能得出质押合同未对被担保债权及数额进行约定的结论。

贷款保证金及按揭贷款保证金本质与信用证开证保证金、银行承兑汇票保证金类似。因此，法院对被执行人的贷款保证金或按揭贷款保证金进行执行时，只能冻结而不能直接扣划。银行对法院的执行提出异议主张对贷款保证金享有优先受偿权的，法院应当按照案外人异议程序进行审查。

（三）保函保证金

《最高人民法院关于审理独立保函纠纷案件若干问题的规定》第24条规定："对于按照特户管理并移交开立人占有的独立保函开立保证金，人民法院可以采取冻结措施，但不得扣划。保证金账户内的款项丧失开立保证金的功能时，人民法院可以依法采取扣划措施。开立人已履行对外支付义务的，根据该开立人的申请，人民法院应当解除对开立保证金相应部分的冻结措施。"司法机关对独立保函开证保证金的执行亦采取了肯定的态度。

从（2018）最高法民终507号民事判决可以看出，法院在处理银行主张对保函保证金享有足以排除强制执行的民事权益时，其审判思路与承兑汇票保证金一脉相承。法院分别从账户编码、双方约定及账户使用情况三个方面论证案涉账户为保函保证金账户，自款项进入上述账户后一直由银行占有和控制，可以认定账户中款项属于质押物，在银行对外垫付了保函项下的款项后，银行对保证金享有优先受偿权，足以排除法院的强制执行。

（四）期货保证金

期货市场采取杠杆交易的方式，其核心在于参与者只需缴纳一定数量的保证金便可以进行超过保证金数额数十倍的交易，获得数十倍的收益或承担数十倍的损失，放大了资金利用价值，吸引众多投资者。同时保证金承担着保证交易顺利进行的作用，在保证金不足时要求参与者进行追加，不及时追加的可以强行平仓等规定。上述内容共同构成了期货交易风险控制制度。可以说，保证金制度是期货交易的基本制度，也是风险控制的核心制度。

根据《期货交易管理条例》的规定，客户要向期货公司缴纳保证金，期货公司（结算会员）要向期货交易所缴纳保证金。一个投资者与期货公司签订经纪合同，在期货公司的保证金账户中存入15万元（根据《期货交易管理条例》，期货公司要为每一个客户单独开立专门的账户，设置交易编码）。该投资者买入一手阴极铜，合约价值30万元，保证金率为10%，则该投资者的保证金账户中参与交易、被合约持仓占用的3万元（30×10%）就是交易保证金，剩余的12万元被称为结算准备金（也叫维持保证金）。同样地，期货公司也要向期货交易所缴纳保证金，也区分为交易保证金和结算准备金。

期货合约的价格是不断变化的，为防范风险，期货交易所实行逐日盯市、当日无负债结算。在每个交易日结束后，交易所会对期货公司保证金账户的盈亏状况进行结算。当日盈利划入结算准备金，当日亏损从结算准备金中扣划。具体为：当日结算时计算出的交易保证金（当日结算价×当日交易结束后的持仓总量×交易保证金比例）多于昨日结算时的交易保证金的，多出的部分则从结算准备金中扣划。当日结算时的交易保证金低于昨日结算时的交易保证金的，则释放出的资金划入结算准备金。如果亏损严重导致被扣划后的结算准备金低于交易所规定的最低额度（一般设置为0）时，交易所会通知期货公司追加保证金。与上述操作类似，期货公司也是在每个交易日结束后，对每个客户的保证金账户进行结算。期货公司或客户未在规定期限（一般是下一交易日开市前）追加保证金或者在开市后自行平仓的，期货交易所或期货公司有权强行平仓，以使结算准备金高于或等于最低额度。经结算后账户内还有结算准备金余额的，客户可提取。

根据上述分析可知，在期货公司或客户所持合约未全部平仓（针对持仓方向做相反方向的对冲买卖，买入持仓的就是卖出，卖出持仓的就是买入）或交割（持有合约进行实际交割，买入持仓的就是交付全部合约价金，卖出持仓的就是交付全部货物）之前，保证金账户内的资金将始终处于被交易影响的状态。

在考虑对保证金账户冻结前，需要分析冻结保证金账户的后果。首先，保证金账户无法再出金（提取结算准备金）。其次，是否禁止交易需要具体分析。新建持仓无疑会新增占用的交易保证金，并且盈利或亏损无法预期，因此原则上也不应允许新建持仓。对于已持仓的，如果不允许进行平仓操作，要么是合约到期需要进行交割，但无论是交付货物还是支付合约价款，都意味着产生了新的债务。要么是因价格变动朝持仓不利方向变化，被强制平仓，此时不仅保证金账户可用资金为0，甚至还需要承担向交易所或期货公司支付垫付资金的赔偿责任，亦产生新的债务。即仅在价格朝持仓有利方向变动时允许平仓才有意义。可以看出，在客户所持合约未全部平仓或交割之前，保证金账户内是否有可用资金、能否作为被执行人的资金被冻结或扣划仍然是一个未知数。因此，在未平仓或交割结算前，对其进行冻结的意义非常有限，甚至无法达到财产控制的目的。

通过上述分析可以看出，期货交易围绕着保证金开展，是对期货保证金账户的执行，更确切地说是对持仓期货合约的执行。有观点指出，在保证金账户内资金失去了保证金作用后，人民法院可对其依法冻结、划拨，主要包括以下几种情形：（1）债务人所有期货合约都已经平仓，没有开口头寸；（2）满足交易保证金、维持保证金、追加保证金及期货交易所章程要求的其他费用后的剩余保证金；（3）开口头寸全部平仓后的保证金余额。[①] 实际上，上述第二种情形在实际操作中很难把握，维持保证金和追加保证金会根据市场情况随时变动，并无客观标准。那么上述三种情形都可以归结为一点，即要将所持合约全部平仓或交割，在结算后方能确定保证金账户内可冻结扣划的金额。因此要冻结、扣划期货保证金账户的资金，首先应先冻结被执行人开设的用于期货交易出入金的银行结算账户（以下简称期货结算账户），其次是将全部持仓期货合约做平仓处理，经结算后有剩余资金的，剩余资金全部划入期货结算账户。最后再是扣划期货结算账户内的资金。

① 参见江必新主编、最高人民法院民事审判第二庭编著：《最高人民法院〈关于审理期货纠纷案件若干问题的规定〉的理解与适用》，人民法院出版社2015年版，第248页。

（五）取保候审保证金

取保候审保证金是指司法机关在刑事诉讼过程中，决定对犯罪嫌疑人或被告人采取取保候审强制措施时，责令其交纳一定数量的货币，以保证其不逃避刑事诉讼活动且随传随到的一种法律制度。①

对被执行人取保候审保证金的执行常见于刑事判决涉财产部分的执行，如赔偿金、罚金、退缴违法所得等。② 对被执行人取保候审保证金的执行需要注意以下问题：

1. 执行法院需先查明取保候审保证金的状况

根据《最高人民法院、最高人民检察院、公安部、国家安全部关于取保候审若干问题的规定》，被取保候审人在取保候审期间未违反《刑事诉讼法》相关规定也未故意重新犯罪的，在解除取保候审、变更强制措施或者执行刑罚的同时，应当退还保证金。对被取保候审人判处罚金或者没收财产的判决生效后，如果保证金属于其个人财产，人民法院可以书面通知执行机关将保证金移交人民法院执行刑罚，但剩余部分应当退还被取保候审人。

如果是依法应当没收的保证金，即使尚未收缴国库，法院也不得对其进行执行。

2. 是否只能执行被执行人自己交纳的取保候审保证金

实践中，取保候审保证金并非均由犯罪嫌疑人或被告人交纳，很多时候是由其亲属或朋友代交，对于由他人代交的取保候审保证金法院能否执行的问题，实践中存在争议。

支持的观点认为，根据《刑事诉讼法》第68条关于“人民法院、人民检察院和公安机关决定对犯罪嫌疑人、被告人取保候审，应当责令犯罪嫌疑人、被告人提出保证人或者交纳保证金”的规定，被责令交纳保证金的是被取保候审的犯罪嫌疑人、被告人本人，而非其他人。即便是由他人交纳，也应视为被取

---

① 参见蒋玲娟、何晓兰：《取保候审保证金执行中的问题和对策》，载《上海公安学院学报》2020年第5期。

② 参见山东省烟台经济技术开发区人民法院执行裁定书，（2016）鲁0691执1491号；温岭市人民法院执行裁定书，（2021）浙1081执6605号之一；大连长兴岛经济技术开发区人民法院执行通知书，（2021）辽0292执716号等。

保候审人交纳的。因此，法院在执行被取保候审人为被执行人的案件中，可以依法执行取保候审保证金。具体案例可参考（2018）粤2071民初26604号民事判决。

反对的观点认为，根据《最高人民法院、最高人民检察院、公安部、国家安全部关于取保候审若干问题的规定》第8条的规定，决定机关的《取保候审决定书》应送达被取保候审人和为其提供保证金的单位或者个人。也就是说，保证金可以由他人代交。再结合《刑事诉讼法解释》第159条关于保证金属于被告人个人财产，法院可以书面通知公安机关将保证金移交法院，用以退赔被害人、履行附带民事赔偿义务或者执行财产刑，剩余部分应当退还被告人的规定，可以看出，在应当退还保证金的情况下，保证金由谁交纳就应退还给谁。人民法院可以执行取保候审保证金，但前提必须是该保证金属于被告人的个人财产。具体案例可参考（2020）鲁01执复258号执行裁定。

由他人代交取保候审保证金并不意味着保证金已属于被取保候审人的财产。保证金应当是由谁交纳，归谁所有。因此，仅从财产执行是以被执行人所有的物或有财产价值的权利为执行标的的角度考虑，[①] 对他人代交的取保候审保证金进行执行并无法律依据。

（六）建设工程领域保证金

1. 投标保证金

投标保证金是指投标人根据招标文件的要求提交给招标人或招标代理机构的现金、银行出具的银行保函、保兑支票、银行汇票或现金支票等，在投标人中途撤销投标、中标后放弃中标、不签署合同、实质修改合同内容及不提交履约保证金等违约情况下，招标人有权没收投标保证金。[②]

当投标人作为被执行人时，因投标结果具有不确定性，法院能否冻结其在招标人或招标代理机构处的投标保证金，取决于投标保证金是否具备返还条件。根据《工程建设项目施工招标投标办法》的相关规定，以下几种情况下涉及招标保证金的退还：（1）招标人在发布招标公告、发出投标邀请书或者售出招标文件或资格预审文件后终止招标的，应当及时退还所收取的投标保证金及银行

① 参见江必新主编：《强制执行法理论与实务》，中国法制出版社2014年版，第120页。

② 参见《工程建设项目施工招标投标办法》第37条。

同期存款利息。(2) 投标人未中标的，招标人最迟在与中标人签订合同后5日内向未中标的投标人返还投标保证金。(3) 投标人中标的，但投标保证金未转化为履约保证金的，招标人应按照招标文件的规定予以退还。在上述情况下，对被执行人投标保证金的执行是对到期债权的执行，招标人以存在应当没收投标保证金情形为由向法院提出异议的，此时法院不应进行实质审查，并终止对保证金的执行，申请执行人若对此不服的，法院应向其释明通过代位权诉讼主张权利。

2. 履约保证金

《招标投标法》第46条规定招标文件要求中标人提交履约保证金的，中标人应当提交。第60条规定中标人不履行与招标人订立的合同的，履约保证金不予退还，给招标人造成的损失超过履约保证金数额的，还应当对超过部分予以赔偿；没有提交履约保证金的，应当对招标人的损失承担赔偿责任。由此可见，履约保证金是一种特殊的督促中标人履行债务的措施，但与债务的法定担保方式有所不同。①《招标投标法》规定履约保证金的形式包括现金、银行保函、保兑支票或现金支票等。关于履行保证金的性质有违约金说、定金说、质押担保说等不同观点，② 从最高人民法院（2013）民提字第133号及（2017）最高法民再377号反映出的裁判观点来看，履约保证金的性质及效力应视合同中具体约定而定。

实践中，将履约保证金作为被执行人的到期债权进行执行的做法较为普遍。在（2021）最高法执监14号执行裁定中，最高人民法院虽然认为履约保证金系对债务履行的担保，在双方当事人准备解除协议时，履约保证金是否退回被执行人，有赖于被执行人是否具有违约行为及违约程度，并非确定的到期债权。但依据《民事诉讼法解释》第499条关于到期债权执行的规定，认可在第三人提出异议的情况下，法院不应对履约保证金再予执行。在（2020）最高法民申5423号民事裁定中，最高人民法院认为，履约保证金不符合《最高人民法院关

① 参见王利群：《论投标保证金和履约保证金的法律性质》，载《中国政府采购》2009年第8期。

② 参见林前枢：《违约金和定金条款并存时履约保证金的处理》，载《人民司法（案例）》2018年第11期；高玉兰：《建设工程招标投标中履约保证金问题分析》，载《建筑经济》2011年第7期。

于适用〈中华人民共和国担保法〉若干问题的解释》（已废止）第85条特定化条件成立金钱质权的，作为一般种类物，应属于收取履约保证金的主体所有，至于双方之间因返还履约保证金产生的纠纷，属于债权债务关系。

基于履约保证金担保债务履行的功能定位，不可避免地会涉及被执行人与收取履约保证金的第三人之间是否存在违约、是否应退还履约保证金等实体权利义务问题的争论。而无论是将履约保证金作为动产质押还是作为到期债权，案外人执行异议制度及次债务人的异议制度均能够为第三人权益提供保障，不会使第三人救济无门。

3. 建设工程价款

建设工程项目的特点是资金投入大、工程周期长，工程竣工后再结算会导致承包人资金占用严重，容易陷入资金链断裂的风险。从控制发包人风险和缓解承包人资金压力的角度，发包人根据建设工程形象进度的不同阶段，按照承包人完成的工程量，支付给承包人的工程价款，是工程项目竣工结算前发包人工程投资支付的主要方式。

因工程结算涉及验收、工程签证、洽商、罚款、违约等诸多不确定因素，极容易产生纠纷，在未解除合同或双方未进行结算或由法院或仲裁委员会对工程价款作出裁判之前，被执行人对发包人具体享有的工程价款债权数额并不确定。对工程建设过程中的工程进度款进行执行时因涉及继续施工和农民工工资问题，更易引起争议。司法实践中普遍认为，即使被执行人对第三人享有工程款债权时，但对该工程的工程进度款、应付工人工资不得强制执行。① 当发包人作为被执行人时，被执行的预售资金监管账户内资金如若涉及工程进度款，承包人有权作为利害关系人提出异议。②

在对工程价款债权的执行中常遇到的问题是第三人对被执行人对其享有工程价款债权没有异议，但对债权数额有异议。此时法院一般按照《民事诉讼法解释》第499条第2款的规定，根据第三人提供的工程结算金额进行执行。需明确的是，法院根据第三人提供的工程结算金额对第三人进行执行，仅表明第

---

① 江苏省高级人民法院执行裁定书，（2019）苏执监481号。

② 参见最高人民法院执行裁定书，（2016）最高法执复33号。

三人对其与被执行人之间债权金额的认可，并不意味着被执行人与第三人之间的工程结算价款得到了法院的确认。

4. 建设工程质量保证金

建设工程质量保证金（以下简称质保金）是指发包人与承包人在建设工程承包合同中约定，从应付的工程款中预留，用以保证承包人在缺陷责任期内对建设工程出现的缺陷进行维修的资金。

实践中，对于质保金在未发还给承包人之前归谁所有存有争议。有观点认为，质保金是从应付的工程价款中预留的，言外之意即保证金的所有权人是承包人，预留的目的是担保工程质量瑕疵，其法律性质应该是金钱质押物，发包人对其享有优先受偿权。因此，在质押期间或是缺陷责任期间，质保金不能被强制执行，但承包人的债权人可以申请对该款项进行保全。待质保金的保证责任解除或承担保证责任后尚有余款时，可以对余款进行执行。[①] 而其他观点认为，建设工程质量修复与质保金的返还互为对价，故质保金并不具有《担保法》（已废止）上的含义，而且质保金在未交付给承包人之前不属于承包人的财产，自然也就不符合承包人将其资金出质转移占有给发包人这一《最高人民法院关于适用〈中华人民共和国担保法〉若干问题的解释》（已废止）第85条关于金钱特定化的要件。在合同约定的质保金返还条件已具备的情况下，承包人享有要求发包人返还质保金的到期债权。

根据《建设工程质量保证金管理办法》的规定，发包人可在招标文件中明确保证金的预留、返还等内容，并可与承包人对预留、返还的方式、比例、期限、利息、工程维修质量、费用等争议的处理程序等事项进行约定。表明双方可以在不违反法律规定的基础上另行对质保金作出约定，也决定了质保金是否需要返还、返还的数额存在较大的不确定性。质保金采取预留的形式与金钱质权的构成要件并不相符，而且由法院审查发包人与承包人之间工程质量维修问题是否形成债权债务也不符合执行效率原则。因此，将质保金作为债权进行保全或执行更为合适。

---

① 参见孔红：《建设工程质量保证金可否强制执行》，载中华人民共和国最高人民检察院网，https：//www.spp.gov.cn/llyj/201608/t20160803_161294.shtml。

5. 预售资金监管账户

预售资金监管账户内的资金虽然不属于严格意义上的保证金，但因其具有保障购房交易安全、防范资金被挪用导致建设停滞无法竣工交付的功能，在房地产开发商作为被告或被执行人时，预售资金监管账户是否能被冻结或扣划的问题不仅关系到房地产开发企业，还关涉建设工程承包方、设备材料供应商以及购房人的切身利益。司法实践中因冻结或扣划预售资金监管账户引发的争议不断，[①] 因此规范法院对预售资金监管账户的保全及执行十分有必要。

2022年1月14日，最高人民法院发布《关于充分发挥司法职能作用　助力中小微企业发展的指导意见》（法发〔2022〕2号），作出了预售资金监管账户可冻结及有条件的划拨的规定。[②] 最高人民法院、住房和城乡建设部、中国人民银行联合发布《关于规范人民法院保全执行措施确保商品房预售资金用于项目建设的通知》进一步系统规范对预售资金监管账户的保全及执行。主要从以下方面进行把握：

（1）人民法院可冻结预售资金监管账户，但只可有条件地对外支付

因预售收取的购房款属于房地产开发商所有，因此当房地产开发商为被告或被执行人时，预售资金监管账户作为其财产原则上可以被冻结，但又因预售形式下购房者承担较大风险，《城市房地产管理法》规定“商品房预售所得款项，必须用于有关的工程建设”，以此确保开发商按期交付房屋，降低购房者交易风险。故预售资金监管账户内的资金不能直接划拨。也就是说，虽然预售资

① 最高人民法院办公厅曾在答复原住房城乡建设部办公厅关于商品房预售款项目可否用于偿还公司股东个人债务有关问题的函中指出，对于商品房预售资金能否以及如何查封、扣押和冻结等，涉及商品房预售资金的监管方式、监管效果，法院审判权、执行权行使，当事人诉权保护等诸多方面，比较复杂，需进一步加强调研，甄别不同情况后妥善处理。参见《最高人民法院办公厅关于商品房预售款项目可否用于偿还公司股东个人债务有关问题意见的函》［法办函〔2016〕712号］。

② 《最高人民法院印发〈关于充分发挥司法职能作用　助力中小微企业发展的指导意见〉的通知》（法发〔2022〕2号）第14条规定：“建立健全办理拖欠中小微企业账款案件长效机制。将拖欠中小微企业账款案件纳入办理拖欠农民工工资案件的快立快审快执‘绿色通道’，确保农民工就业比较集中的中小微企业及时回笼账款，及时发放农民工工资。与拖欠中小微企业账款监管部门密切协作，推进协同治理。加大平安建设考评（执行难综合治理及源头治理部分）在机关、事业单位拖欠中小微企业账款案件中的适用力度。推动将清理拖欠中小微企业账款工作情况纳入营商环境指标体系。开展拖欠中小微企业账款案件专项执行行动，依法加大失信惩戒、限制消费等措施的适用力度，及时兑现中小微企业胜诉权益。”

金监管账户可以被冻结，但冻结是以不得影响工程进度款的拨付、建设项目的进行及竣工交付为前提，如需支付工程进度款、材料款、设备款等项目建设所需资金的，可以从该账户中支付。此外，在购房合同解除的情况下，房地产开发商应退还购房款，出于对购房人权益的保护，预售资金监管账户中对应的购房款也允许从该账户中支付。符合上述情形的，已冻结的预售资金监管账户进行对外支付无须取得法院的同意，但为了确保从该账户中支付的款项符合上述情形，由房地产开发项目所在地住房和城乡建设主管部门负责审核。因此，人民法院冻结预售资金监管账户的，应及时通知当地住房和城乡建设主管部门。经住房和城乡建设主管部门审核同意的，银行应及时支付，并将付款情况向人民法院报告。《最高人民法院、住房和城乡建设部、中国人民银行关于规范人民法院保全执行措施确保商品房预售资金用于项目建设的通知》还规定，住房和城乡建设主管部门未尽监督审查义务违规批准用款申请损害保全申请人或执行申请人权利的，依法承担相应责任。

（2）可扣划的三种情形

首先，预售资金监管实质是对监管额度的监管，账户内资金超出剩余工程建设节点用款额度后，房地产开发企业可向监管银行申请支取超出部分的资金。监管额度由各地住房和城乡建设委员会根据项目综合建设费用、交付使用条件、开发企业信用水平和经营状况等综合确定。也就是说，在确保工程建设资金充足的情况下，可以扣划账户内资金。《最高人民法院、住房和城乡建设部、中国人民银行关于规范人民法院保全执行措施确保商品房预售资金用于项目建设的通知》规定，在商品房项目完成房屋所有权首次登记前，对于预售资金监管账户中监管额度内的款项，人民法院不得采取扣划措施。最高人民法院（2016）最高法执复42号裁定也体现了相同的观点。

其次，当申请执行债权是工程建设进度款、材料款、设备款等，可以扣划预售资金监管账户内的资金。因预售资金监管的目的就是保障资金用于工程建设，在申请执行债权是用于工程建设时，扣划预售监管账户内的资金也是为了确保工程顺利进行。此种情况下的债权执行，即便是监管额度内的资金也可以用于扣划。

最后，当商品房完成房屋所有权首次登记后，可以扣划。首次登记完成意味着商品房已经竣工验收，购房者办理产权证的条件已具备。对预售资金的监管也宣告结束，按照规定，办理完首次登记后，房地产开发企业可以向监管银行申请解除资金监管。因此，在完成首次登记后，预售资金监管账户内的资金不再承担保障工程建设或竣工交付的责任，属于房地产开发商可自由支配的资金，人民法院可以依法予以扣划。

(3) 房地产开发企业可提供担保释放监督额度或申请解除冻结

对预售资金监管账户的冻结及支付使用限制会在一定程度上影响房地产开发企业的资金流动。因此《最高人民法院、住房和城乡建设部、中国人民银行关于规范人民法院保全执行措施确保商品房预售资金用于项目建设的通知》规定，房地产开发企业提供银行等金融机构出具的保函，要求释放预售资金监管账户相应额度资金的，住房和城乡建设主管部门可以予以准许。需注意，此处释放的是监管额度。而在账户被法院冻结的情况下，房地产开发企业提供担保申请解除对账户冻结的，法院应按照《民事诉讼法》第 107 条及《民事诉讼法解释》第 167 条的规定进行审查。①

（七）农民工工资专用账户资金和工资保证金

农民工工资专用账户资金和工资保证金，是指有关单位在银行业金融机构开设的农民工工资专用账户和工资保证金账户（以下简称两类账户）中存储的专项用于支付为本项目提供劳动的农民工工资的资金。②

国家高度重视建设工程领域农民工工资的保障问题。此前地方出台的关于农民工工资专户资金不能用于清偿建设工程企业普通债务的规定因其层级效力问题，在排除法院执行行为时碰壁。③ 2019 年 12 月 30 日国务院发布的《保障农民工工资支付条例》规定，施工总承包单位应当按照有关规定开设农民工工资专用账户，专项用于支付该工程建设项目农民工工资。施工总承包单位应当按照有关规定存储工资保证金，专项用于支付为所承包工程提供劳动的农民工被

---

① 《民事诉讼法》第 107 条规定："财产纠纷案件，被申请人提供担保的，人民法院应当裁定解除保全。"《民事诉讼法解释》第 167 条规定："财产保全的被保全人提供其他等值担保财产且有利于执行的，人民法院可以裁定变更保全标的物为被保全人提供的担保财产。"

② 参见《最高人民法院、人力资源社会保障部、中国银保监会关于做好防止农民工工资专用账户资金和工资保证金被查封、冻结或者划拨有关工作的通知》（人社部发〔2020〕93 号）。

③ 参见广东省广州市越秀区人民法院执行裁定书，(2014) 穗越法执恢异字第 253－1 号。

拖欠的工资。除法律另有规定外，农民工工资专用账户资金和工资保证金不得因支付为本项目提供劳动的农民工工资之外的原因被查封、冻结或者划拨。即首次在行政法规层面确立了农民工工资专户和保证金豁免执行。

2020年12月25日最高人民法院、人力资源社会保障部、中国银保监会联合发布《关于做好防止农民工工资专用账户资金和工资保证金被查封、冻结或者划拨有关工作的通知》明确规定，人民法院在查封、冻结或者划拨相关单位银行账户资金时，应当严格审查账户类型，除法律另有专门规定外，不得因支付为本项目提供劳动的农民工工资之外的原因查封、冻结或者划拨两类账户资金。但人民法院可以依法对两类账户进行预冻结措施，当工程完工且未拖欠农民工工资时，监管部门按规定解除对两类账户监管，此时预冻结措施自动转为冻结措施，并可依法划拨剩余资金。

在（2020）最高法执复121号执行裁定中，最高人民法院就执行程序中涉及农民工工资的问题提出了两点内容：一是一般不得查封、冻结或者划拨农民工工资专用账户资金和工资保证金；二是应当保障建设单位按照合同约定及时将人工费用及时足额拨付至农民工工资专用账户，在需要建设单位垫付农民工工资的情况发生时，应保障农民工工资的支付。即被执行人在第三人处工程价款债权被冻结的情况下，如果第三人申请按照约定将被冻结债权的农民工工资部分进行对外支付的，执行法院在查证属实后应予同意。

（八）私募投资基金账户内资金的执行

根据《私募投资基金监督管理暂行办法》的规定，私募投资基金（以下简称私募基金），是指以非公开方式向投资者募集资金设立的投资基金。非公开募集资金，以进行投资活动为目的设立的公司或者合伙企业，资产由基金管理人或者普通合伙人管理。根据《证券投资基金法》的规定，基金财产是独立于基金管理人、基金托管人的固有财产，非因基金财产本身承担的债务，不得对基金财产强制执行。

从法律关系上，根据《九民纪要》《中国人民银行、中国银行保险监督管理委员会、中国证券监督管理委员会、国家外汇管理局关于规范金融机构资产管理业务的指导意见》的规定，应当认为私募基金份额持有人与私募基金管理人构成信托关系。根据《信托法》第5条、第7条、第100条的规定，信托财产具有独立性，只有基于受托人处理信托事务或信托财产本身产生的债务等法定情形，如信托管理人报酬的管理费与托管费，信托管理人管理运用信托财产所支出费用或对第三人所负债务，信托财产本身应负担的税款，人民法院才可以对信托财产强制执行。私募基金管理人开立的私募基金账户内的资金是独立于基金管理人、基金托管人的独立固有财产。当私募基金管理人或基金托管人作为被执行人时，法院不得对私募基金账户内的资金采取保全或执行措施。

在苏州市中级人民法院执行王某与歌斐资产管理有限公司（以下简称歌斐公司）仲裁财产保全一案中，歌斐公司对法院保全其名下银行账户的行为提出异议，称被冻结的账户为歌斐公司作为基金管理人管理的零号基金的托管账户，其中的资金系零号基金的财产，既非被保全人财产，亦不属于申请保全人王某所持有份额的一号基金的财产。江苏省高级人民法院认为本案应适用《信托法》，根据《信托法》的规定，歌斐公司作为基金管理人开立零号基金账户，并委托国信证券股份有限公司对该基金进行托管服务。该账户内财产独立于基金管理人歌斐公司的固有资产，歌斐公司只是负责管理合同标的的资产，不得将该基金资产归入其固有资产。据此，苏州市中级人民法院不得强制执行歌斐公司名下零号基金账户。①

在青岛市南区人民法院执行申某菡与青岛圆融金融投资有限公司（以下简称圆融投资）国内非涉外仲裁裁决一案中，执行法院根据申某菡的申请冻结了圆融投资名下银行账户内存款。圆融投资提出异议，称该账户为圆融投资管理的青岛圆融国鹏盛世1、2号契约型私募基金财产，并非圆融投资的财产。青岛市中级人民法院认为，根据《证券投资基金法》的规定，圆融投资的异议成立，解除对该账户的冻结措施。②

---

① 江苏省高级人民法院执行裁定书，（2020）苏执复203号。

② 山东省青岛市中级人民法院执行裁定书，（2021）鲁02执复4号。

九、对旅行社质量保证金的执行

通知原文

最高人民法院
关于执行旅行社质量保证金问题的通知

2001 年 1 月 8 日　法〔2001〕1 号

各省、自治区、直辖市高级人民法院，新疆维吾尔自治区高级人民法院生产建设兵团分院：

人民法院在执行涉及旅行社的案件时，遇有下列情形而旅行社不承担或无力承担赔偿责任的，可以执行旅行社质量保证金：

（1）旅行社因自身过错未达到合同约定的服务质量标准而造成旅游者的经济权益损失；

（2）旅行社的服务未达到国家或行业规定的标准而造成旅游者的经济权益损失；

（3）旅行社破产后造成旅游者预交旅行费损失；

（4）人民法院判决、裁定及其他生效法律文书认定的旅行社损害旅游者合法权益的情形。

除上述情形之外，不得执行旅行社质量保证金。同时，执行涉及旅行社的经济赔偿案件时，不得从旅游行政管理部门行政经费帐户上划转行政经费资金。

特此通知。

出台背景

旅行社质量保证金的相关规定主要见于行政部门规定，《旅行社质量保证金暂行规定》、《旅行社质量保证金暂行规定实施细则》（1995 年 1 月 1 日，国家旅游局令第 2 号）以及后来出台的《旅行社质量保证金赔偿暂行办法》（1995

年7月1日，国家旅游局令第4号）、《国家旅游局、财政部关于颁发〈旅行社质量保证金财务管理暂行办法〉的通知》（1995年6月28日，旅财发〔1995〕120号）及《财政部、国家旅游局关于下发〈旅行社质量保证金财务管理若干问题的补充规定〉的通知》（1997年12月29日，财外字〔1997〕563号，已废止）对旅行社质量保障金的管理使用做了规范。

2009年，上述规定被《国家旅游局关于印发〈旅行社质量保证金存取管理办法〉的通知》（旅发〔2009〕25号，已废止）及《旅游投诉处理办法》[①]（2010年5月5日，国家旅游局令第32号）所废止。此后，《国家旅游局关于印发〈旅行社质量保证金存取管理办法〉的通知》被2013年颁布的《国家旅游局办公室关于将〈旅行社质量保证金存取管理办法〉修改为〈旅游服务质量保证金存取管理办法〉的通知》（旅办发〔2013〕170号）所修改，并被2016年3月1日发布的《国家旅游局关于规范性文件清理结果的公告》（国家旅游局公告2016年8号）废止。现在行之有效的是《国家旅游局办公室关于将〈旅行社质量保证金存取管理办法〉修改为〈旅游服务质量保证金存取管理办法〉的通知》及《旅游投诉处理办法》（2010年5月5日，国家旅游局令第32号）两个规范性文件，而旅办发〔2013〕170号文件中特别提出，将旅行社质量保证金定位为旅游服务质量保证金，在《旅游法》实施后，缴纳数额、存入方式等仍按《旅行社条例》《旅行社条例实施细则》执行，使用范围除执行《旅行社条例》有关规定外，增加《旅游法》第31条用于垫付旅游者人身安全遇有危险时紧急救助费的内容。

旅行社质量保证金（旅游服务质量保证金）体现的形式是旅行社名下的银行账户内资金，属于旅行社财产，但该保证金用于旅游服务质量赔偿支付和团队旅游者人身安全遇有危险时紧急救助费用的垫付。执行实践中，在旅行社作为被执行人时，能否执行作为被执行人财产的旅行社质量保证金不无争议，最高人民法院对旅行社质量保证金的执行问题予以明确。

---

① 《旅行社质量保证金暂行规定》《旅行社质量保证金暂行规定实施细则》《旅行社质量保证金赔偿暂行办法》均被《旅游投诉处理办法》修订，《旅游投诉处理办法》仍现行有效。

理解与适用

（一）旅游服务质量保证金定义

旅游服务质量保证金是指根据《旅游法》及《旅行社条例》的规定，由旅行社在指定银行缴存或由银行担保提供的一定数额用于旅游服务质量赔偿支付和团队旅游者人身安全遇有危险时紧急救助费用垫付的资金。保证金实行专户管理，专款专用，银行为旅行社开设保证金专用账户。

（二）保证金的开户与余额

关于旅游服务质量保证金的开户与数额，《旅行社条例》第13条规定："旅行社应当自取得旅行社业务经营许可证之日起3个工作日内，在国务院旅游行政主管部门指定的银行开设专门的质量保证金账户，存入质量保证金，或者向作出许可的旅游行政管理部门提交依法取得的担保额度不低于相应质量保证金数额的银行担保。经营国内旅游业务和入境旅游业务的旅行社，应当存入质量保证金20万元；经营出境旅游业务的旅行社，应当增存质量保证金120万元。质量保证金的利息属于旅行社所有。"第14条规定："旅行社每设立一个经营国内旅游业务和入境旅游业务的分社，应当向其质量保证金账户增存5万元；每设立一个经营出境旅游业务的分社，应当向其质量保证金账户增存30万元。"

（三）保证金的提取

根据《旅游服务质量保证金存取管理办法》第11条至第14条规定的内容可知，旅游服务质量保证金在取款上有着极为严格的限制：一是旅行社因解散或破产清算、业务变更或撤减分社减交、3年内未因侵害旅游者合法权益受到行政机关罚款以上处罚而降低保证金数额50%等原因，需要支取保证金时，须向许可的旅游行政主管部门提出，许可的旅游行政主管部门审核出具《旅游服务质量保证金取款通知书》。银行根据《旅游服务质量保证金取款通知书》，将相应数额的保证金退还给旅行社。二是在发生旅行社违反旅游合同约定，侵害旅游者合法权益，经旅游行政管理部门查证属实的或旅行社因解散、破产或者其他原因造成旅游者预交旅游费用损失的情况下银行根据旅游行政主管部门出具的《旅游服务质量保证金取款通知书》及《旅游行政主管部门划拨旅游服务质量保证金决定书》，经与旅游行政主管部门核实无误后，在5个工作日内将保证金以现金或转账方式直接向旅游者支付。三是在发生人民法院判决、裁定及其他生效法律文书认定旅行社损害旅游者合法权益，旅行社拒绝或者无力赔偿，人民法院可以从旅行社的质量保证金账户上划拨赔偿款的情况下，银行是根据人民法院判决、裁定及其他生效法律文书执行。四是在旅游者人身安全遇有危险时紧急救助费用垫付的情形，旅行社提出申请的，旅游行政主管部门应立即予以审核；旅游行政主管部门决定垫付的，需按实际所需确定垫付额度。申请额度和决定垫付额度均应在保证金账户现有额度内。

实务操作指引

（一）旅行社质量保证金只用于特殊案件的清偿

旅行社保证金只有在特定类型的案件中才能执行，即在旅行社因自身责任导致旅游者合法权益受到损失的案件，具体情形包括服务未达到合同约定或者国家或行业规定的标准、旅行社破产造成旅游者预交旅游费损失以及人民法院判决或裁定及其他生效法律文书认定的旅行社损害旅游者合法权益的情形，除此之外不得执行保证金。

《旅行社条例》第16条规定："人民法院判决、裁定及其他生效法律文书认定旅行社损害旅游者合法权益，旅行社拒绝或者无力赔偿的，人民法院可以从旅行社的质量保证金账户上划拨赔偿款。"对于上述三种旅行社损害旅游者合法权益的情形，经人民法院判决、裁定或其他生效法律文书认定，即可执行旅游服务保证金。

而旅行社破产后造成旅游者预交旅行费损失的情形如何适用法律比较复杂。

所谓"破产后"是指破产申请被人民法院受理后，还是破产清算程序终结后？目前看，不宜做扩大解释，应当理解为破产申请受理后。在破产程序中，旅行社（债务人）的破产管理人会对旅行社全部财产进行审核，除法律规定的不属于破产财产的范围之外，都应纳入破产财产。我们认为，旅游服务质量保证金不属于破产财产，不应纳入债务人财产范围向债权人清偿。

另外需注意的是，人民法院在执行涉及旅行社的经济赔偿案件时，不得从旅游行政部门行政经费账户上划转行政经费资金。

（二）四种情形外对保证金的执行

在不具备通知所列四种情形的前提下，对旅行社质量保证金并非一定不能执行。

四种情形外旅行社作为被执行人的，可以对旅游服务质量保证金先采取控制性措施。理由如下：首先，旅游服务质量保证金是旅行社在指定银行的存款，所有权依然属于旅行社，只不过具有了“旅游服务质量保证”的功能，成为专用款项，性质上转变为保证金。其次，旅行社在具备特定条件时，可以取回旅游服务质量保证金，质量保证金被取回后，旅游服务质量保证金就失去了保证的性质，转变为旅行社的存款，采取强制措施并无障碍。

需要注意的是，在对保证金采取冻结等控制性措施后，相关权利主体可以依法提出执行异议，主张实体权利。

十、对军队或其所属单位的特种企业存款和经营性往来结算资金的保全和执行

批复原文

最高人民法院关于军队单位作为经济纠纷案件的当事人可否对其银行帐户上的存款采取诉讼保全和军队费用能否强行划拨偿还债务问题的批复

1990年10月9日　法（经）复〔1990〕15号

河北省高级人民法院，江苏省高级人民法院：

（87）冀法请字第5号关于军队单位作为经济纠纷案件的当事人可否对其银行帐户上的存款采取诉讼保全的请示和苏法经（1987）51号关于军队费用能否强行划拨偿还债务的请示均已收悉。经研究，现答复如下：

一、最高人民法院和中国人民银行《关于查询、冻结和扣划企事业单位、机关、团体的银行存款的通知》，同样适用于军队系统的企事业单位。

二、按照中国人民银行、中国工商银行、中国农业银行、中国人民解放军总后勤部（1985）财字第110号通知印发的《军队单位在银行开设帐户和存款的管理办法》中“军队工厂（矿）、农场、马场、军人服务部、省军区以上单位实行企业经营的招待所（含经总部、军区、军兵种批准实行企业经营的军以下单位招待所）和企业的上级财务主管部门等单位，开设‘特种企业存款’有息存款”的规定，军队从事生产经营活动应当以此帐户结算。因此，在经济纠纷诉讼中，人民法院根据对方当事人申请或者依职权有权对军队的“特种企业存款”帐户的存款采取诉讼保全措施，并可依照《民事诉讼法（试行）》第一百七十九条的规定，对该帐户的存款采取执行措施。

三、人民法院在审理经济纠纷案件过程中，如果发现军队机关或所属单位以不准用于从事经营性业务往来结算的帐户从事经营性业务往来结算和经营性借贷或者担保等违反国家政策、法律的，人民法院有权依法对其帐户动用的资金采取诉讼保全措施和执行措施。军队一方当事人的上级领导机关，应当协助人民法院共同查清其帐户的情况，依法予以冻结或者扣划。

此复

出台背景

涉军执行工作直接关系司法公信力和军队的良好形象。涉军案件执行难也属于长期无法克服的“顽疾”，成为切实解决执行难攻坚战中的重点。作为国家武装力量的军队，其资金主要来源于国家财政拨款，对其银行账户内的存款实行特殊管理。1978年《中国人民银行、中国人民解放军总后勤部关于军队单位现金管理的几项规定》根据机密程度，将在人民银行开户的军队单位划分为一类单位和二类单位。1985年5月4日，国务院、中央军委批转《关于军队从事生产经营和对外贸易的暂行规定》后，涉及军队的纠纷逐渐增多。当军队单位作为经济纠纷案件的当事人时，人民法院能否对其银行账户上的存款采取保全和执行措施，实务中有不同的认识和做法。因此，河北省高级人民法院、江苏省高级人民法院分别向最高人民法院进行请示，最高人民法院作出法（经）复〔1990〕15号批复。

理解与适用

人民法院可以对军队单位的哪些银行存款采取强制执行措施，应当有一个明晰的判断标准。

（一）关于查询、冻结和扣划的规定适用于军队单位

批复提及的《最高人民法院、中国人民银行关于查询、冻结和扣划企事业单位、机关、团体的银行存款的通知》（〔1983〕法研字第30号，已废止），对查询、冻结和扣划企业事业单位、机关、团体的银行存款进行了规定，根据批复精神，军队系统的企事业单位同样适用上述通知的相关规定，人民法院有权对其采取相应的执行措施。该通知已被1993年12月11日发布实施的《中国人民银行、最高人民法院、最高人民检察院、公安部关于查询、冻结、扣划企业事业单位、机关、团体银行存款的通知》（银发〔1993〕356号）所代替。新的通知专设“关于冻结、扣划军队、武警部队存款的问题”作为第5条，对人民法院执行军队、武警部队存款的问题进行了规定。

（二）人民法院对军队单位的“特种企业存款”可以采取保全和执行措施

批复中提及的《军队单位在银行开设帐户和存款的管理办法》，是中国人民银行、中国工商银行、中国农业银行、中国人民解放军总后勤部于1985年3月8日以〔1985〕财字第110号通知联合印发的。根据该管理办法，军队单位可在银行设置“特种存款”“特种企业存款”“机关团体一般存款”“单位其他存款”“特种其他存款”以及按其资金性质开设地方有关科目的有息存款账户等六类账户。根据批复精神，在经济纠纷诉讼中，人民法院有权对第二类“特种企业存款”有息存款账户内的存款采取诉讼保全措施。

1992年4月29日，中国人民银行、中国人民解放军总后勤部以〔1992〕后财字第205号通知印发《军队银行帐户和存款管理规定》[①]（已废止）第3条、

① 关于军队单位银行账户存款的管理规定，1992年之后又有过几次调整。1997年1月31日，中国人民银行、中国人民解放军总后勤部印发《银行军队账户和存款管理规定》，废止了1992年4月29日的《军队银行帐户和存款管理规定》。另外，2004年4月27日，中国人民银行、财政部等部门又发布《军队单位银行账户管理规定》。1997年1月31日中国人民银行、总后勤部曾发布的《银行军队账户和存款管理规定》即行废止。参见中国人民银行编著：《中国人民银行六十年1948～2008》，中国金融出版社2008年版，第295页。

第6条、第13条、第19条规定：开户单位仍分为一类保密单位和二类保密单位两大类。一类保密单位包括团或相当团以上单位、连队、边防台站，企业主管部门，武器装备修理、军需工厂等；二类保密单位包括军队幼儿园、食堂、非武器装备修理的企业化工厂、军办工厂（矿）、军人服务社、农场、军马场、公司、宾馆、招待所及其他生产经营单位等。按资金性质，开户科目具体划分为“特种预算存款”“特种预算外存款”“特种其他存款”“特种事业存款”“特种企业存款”“特种一般企业存款”等六大类。在账户使用上，“特种预算存款”“特种预算外存款”“特种其他存款”和“特种事业存款”账户，不得用于从事经营性收付业务。在存款管理上，军队一类保密单位开设的“特种预算存款”“特种其他存款”和连队账户的存款，原则上不得采取扣划或冻结等诉讼保全措施。

（三）军队单位特种账户不可执行的例外情形

根据批复精神，军队机关或所属单位以不准用于从事经营性业务往来结算的账户从事经营性业务往来结算和经营性借贷或者担保等违反国家政策、法律的，人民法院有权采取执行措施。因军费和军队用于从事生产经营活动的资金收益，在性质上具有明显差异。人民法院原则上不得对军费采取冻结或扣划措施，而军队用于从事生产经营活动的资金收益则不具有这种豁免权。在财务管理上，两者也要严格区分，分别管理。一旦出现资金混合难以界定资金性质时，人民法院有权对该账户资金采取相应的执行措施，以确保军队单位与其他民事主体在经济纠纷案件中处于平等地位。例如，前述银发〔1993〕356号通知第5条，除了规定军队、武警部队一类保密单位开设的特种预算存款、特种其他存款和连队账户的存款，原则上不采取冻结或扣划等诉讼保全措施外，还特别规定了军队、武警部队的其余存款可以冻结和扣划。

实务操作指引

军队单位作为被执行人的案件是执行工作中的难点。涉军执行案件主要存在以下困难：一是有的军队单位对人民法院的裁判重视程度不够，主动履行意识不强。还有的军队单位虽具有履行意愿，但没有动用经费偿还债务的权限，需要上级审批。二是军队单位管理严格，执行法官一般难以进入军区送达法律文书，督促其履行执行义务，少数情况下还会发生执行依据所确定的军队单位被裁撤而义务承继主体不明的情况。三是查控、处置军队单位财产存在困难。执行法院一般无法全面调查掌握军队单位的财产状况，且考虑到军地团结以及法律规定的限制，直接冻结、扣划军队单位存款比较困难，处置变现军队其他固定资产难度更大。四是出于保密要求，一般很难掌握军队单位详细信息，难以对军队单位采取限制高消费等惩戒措施。

为有效化解涉军执行难问题，各地法院总结归纳了一些有效的经验办法：一是地方法院与军队单位建立常态化的审执沟通协调机制，确定专门的办案团队与军队单位对接，共同做好涉军案件的审执工作。二是加强对涉军单位的普法宣传，增强军队单位法律意识，促使其主动履行人民法院的生效裁判。三是加强军地法院之间的业务合作，特别是强化高级人民法院与解放军军事法院的协作对接，构建高效顺畅的执行工作协作机制，将“军队一方为被执行人的，可通过部队组织督促被执行人履行法定义务，必要时可以请部队所在地的军事法院协助执行”① 的规定落到实处。四是灵活、变通执行。执行法院积极发挥能动性，充分运用执行和解手段，共同推动涉军执行案件得到妥善化解，切实维护胜诉当事人合法权益。

十一、对保险赔偿款的执行

复函原文

最高人民法院关于人民法院能否提取投保人在保险公司所投的第三人责任险应得的保险赔偿款问题的复函

2000年7月13日　〔2000〕执他字第15号

江苏省高级人民法院：

你院〔1999〕苏法执他字第15号《关于人民法院能否提取投保人在保险公

---

① 参见《最高人民法院关于进一步加强人民法院涉军案件审判工作的通知》第10条。

司所投的第三人责任险应得的保险赔偿款的请示》收悉。经研究，答复如下：

人民法院受理此类申请执行案件，如投保人不履行义务时，人民法院可以依据债权人（或受益人）的申请向保险公司发出协助执行通知书，由保险公司依照有关规定理赔，并给付申请执行人；申请执行人对保险公司理赔数额有异议的，可通过诉讼予以解决；如保险公司无正当理由拒绝理赔的，人民法院可依法予以强制执行。

出台背景

1999 年 6 月 25 日，江苏省高级人民法院在向最高人民法院提交的请示中反映，该省一些基层法院受理了不少关于交通事故损害赔偿的执行案件，因投保人肇事后逃逸，下落不明，法院在裁定提取投保人在保险公司应得的第三人责任险赔偿款时，保险公司以投保人未索赔，无法确定理赔数额为由，拒绝协助提取，造成案件无法执行。江苏省高级人民法院认为：人民法院向保险公司发出协助执行通知书，保险公司应予协助。主要依据有三：一是《保险法》第 65 条第 1 款规定："保险人对责任保险的被保险人给第三者造成的损害，可以依照法律的规定或者合同的约定，直接向该第三者赔偿保险金"；二是《合同法》（已废止）第 73 条第 1 款规定："因债务人怠于行使其到期债权，对债权人造成损害的，债权人可以向人民法院请求以自己的名义代位行使债务人的债权，但该债权专属于债务人自身的除外"；三是《执行规定》第 29 条规定："被执行人在有关单位的收入尚未支取的，人民法院应当作出裁定，向该单位发出协助执行通知书，由其协助扣留或提取。"最高人民法院经研究认为，保险公司以投保人未索赔，无法确定理赔数额为由，拒绝协助执行的做法有违法律规定，实质上是变相限制第三人（受益人）的合法权益，是违反法律规定的行为。2000 年 7 月 13 日，最高人民法院作出了《关于人民法院能否提取投保人在保险公司所投的第三人责任险应得的保险赔偿款问题的复函》，同意江苏省高级人民法院的意见，明确执行法院可裁定由保险公司直接向第三人赔偿保险金。[①]

理解与适用

被执行人投保第三者责任险后应得的保险赔偿款以及投保人购买的人身保险产品、依保单约定可获得的生存保险金，以现金方式支付的保单红利，退保后保单的现金价值，均属于被执行人的责任财产，人民法院可以执行，但执行的方法和程序，在操作层面还存在争议。

（一）保险赔偿款的性质

第三者责任险，全称为机动车商业第三者责任保险，指被保险人向有关保险公司购买第三者责任险后发生事故，依法应当由被保险人支付的赔偿金额，由保险人依照保险合同的规定给予赔偿。2004 年《道路交通安全法》实施前，第三者责任保险在一定程度上充当了机动车交通事故责任强制保险（交强险）的功能，但从本质上看属于商业险的一种。[②] 对于投保第三者责任险后应得的保险赔偿款的性质，实践中存在争议，大致有四种观点：第一种观点认为，保险赔偿款系被执行人的收入，可以依据《民事诉讼法》第 250 条以及《执行规定》第 29 条有关执行被执行人收入的规定，要求保险公司协助扣留或提取。第二种观点认为，保险赔偿款系被执行人的到期债权，系一种可期待且金额并不确定的债权，人民法院应当按照有关到期债权的规定执行，保险公司有提出异议的权利。此外，当被执行人怠于行使索赔权的，债权人有权依照《民法典》第 535 条的规定，代位行使求偿权。第三种观点认为，支付保险赔偿款，本质上属于被保险人对保险公司享有的支付请求权，并不能直接等同于财产，不能直接扣留或提取。第四种观点认为，保险赔偿款系被执行人应得的一项财产性利益。根据《查扣冻规定》第 2 条的规定，人民法院可以查封、扣押、冻结被执行人的动产、不动产以及其他财产权利。保险赔偿款，具有财产利益的特征，应当

---

① 参见江必新、贺荣主编：《最高人民法院执行案例精选》，中国法制出版社 2014 年版，第 701～702 页。

② 参见 2006 年 8 月 2 日《中国保险监督管理委员会关于转发最高人民法院明确机动车第三者责任保险性质的明传电报的通知》（保监厅发〔2006〕第 68 号）。

列入被执行人的责任财产范围。无论保险赔偿款的性质如何界定，第三者责任险的可执行性在实践中已得到确认。

（二）保险金的权属

人身保险合同中，虽然投保人是交纳保险费的义务人，但其并非当然是保险赔偿金权利人。首先，投保人可以给其具有保险利益的其他人投保。其次，投保人和被保险人还可以指定受益人。只有被保险人和受益人才享有最终的保险金请求权，并有权在保险事故发生后取得保险赔偿金。因此，人身保险的保险赔偿金通常情况下是属于被保险人的财产。被保险人指定受益人的，保险赔偿金是属于受益人的财产。只有符合《保险法》第 42 条第 1 款规定的三种情形，保险赔偿金将作为被保险人的遗产。① 因此，在被执行人是被保险人时，只有在没有指定受益人的情况下才可以直接执行其保险赔偿金。

在财产保险中，保险人承担的是保险标的的损害赔偿责任。被保险人对保险标的必须存在保险利益，即法律上承认的利益。因此，被保险人对保险赔偿金享有所有权。在被保险人为被执行人时，保险赔偿金可以作为责任财产予以执行。

在责任保险中，保险人对责任保险的被保险人给第三者造成的损害，可以依照法律的规定或者合同的约定，直接向该第三者赔偿保险金。

法律赋予了受损害的第三者直接向保险人请求保险赔偿金的法律地位。无论被保险人是否向保险人请求，保险人均有法定义务向该第三者赔偿责任范围内的保险金。被保险人怠于请求的，第三者有权就其应获赔偿部分直接向保险人请求赔偿保险金。执行程序中，人民法院有权直接向保险公司发出协助执行通知书，在保险公司无正当理由拒绝赔偿的情况下，人民法院有权强制执行。

责任保险的保险标的为被保险人对第三者依法应负的赔偿责任。《保险法》第 65 条规定责任保险的被保险人给第三者造成损害，被保险人未向该第三者赔

---

① 《保险法》第 42 条第 1 款规定："被保险人死亡后，有下列情形之一的，保险金作为被保险人的遗产，由保险人依照《中华人民共和国继承法》的规定履行给付保险金的义务：（一）没有指定受益人，或者受益人指定不明无法确定的；（二）受益人先于被保险人死亡，没有其他受益人的；（三）受益人依法丧失受益权或者放弃受益权，没有其他受益人的。"

偿的，保险人不得向被保险人赔偿保险金。[①] 由此可见，责任保险的赔偿金名义上的所有权人虽然是被保险人，但其最终所有权人应为因保险事故受到损害的第三者。执行程序中，只有申请执行人为该第三者可以直接执行责任保险的赔偿金，其他案件的债权人不得要求对该保险金查封扣划。当然，在被保险人履行了赔偿责任提取保险赔偿金后，该赔偿金即与其他财产无异，可以查封扣划。

（三）对拒绝赔偿的“正当理由”应严格限制

在保险赔偿款的执行中，保险公司有时会提出拒绝理赔的“正当理由”，我们认为，对保险公司所谓的“正当理由”应严格，限于以下几个方面：保险公司与投保人之间不存在第三者责任险保险合同、存在保险合同但已过诉讼时效、理赔对象不一致、具有免赔事由导致无应得的保险理赔款、申请执行人对保险理赔款金额持有异议。而保险公司提出的投保人出险后没有及时通知保险公司、投保人自己没有提出理赔申请、投保人没有提供理赔材料、投保人未签字确认理赔款等理由，本质上属于保险公司的行业内部规范，并不构成对抗人民法院强制执行的“正当理由”。如果保险公司无正当理由拒不履行协助义务的，人民法院有权强制执行，并可对保险公司进行处罚。不过，也有反对观点认为，如果依据复函内容审查保险公司的“正当理由”，实质上赋予了执行部门判断保险公司是否具有实体权利的权力，混淆了审判与执行的职能分工，会将保险公司置于极为不利的境地。

（四）保险公司在执行程序中的法律地位

以原告是否起诉保险公司为标准，保险公司的法律地位可能是案外第三人，也可能是案件当事人。若受害人只起诉侵权人未起诉保险公司的，保险公司自然不会参与到诉讼程序中来。这种情况多发生在未实行交强险之前，且受害人

---

① 《保险法》第65条规定：“保险人对责任保险的被保险人给第三者造成的损害，可以依照法律的规定或者合同的约定，直接向该第三者赔偿保险金。

责任保险的被保险人给第三者造成损害，被保险人对第三者应负的赔偿责任确定的，根据被保险人的请求，保险人应当直接向该第三者赔偿保险金。被保险人怠于请求的，第三者有权就其应获赔偿部分直接向保险人请求赔偿保险金。

责任保险的被保险人给第三者造成损害，被保险人未向该第三者赔偿的，保险人不得向被保险人赔偿保险金。

责任保险是指以被保险人对第三者依法应负的赔偿责任为保险标的的保险。”

对侵权人是否投保不知情的情况下。若受害人既起诉了侵权人又起诉了保险公司的，保险公司便是一方当事人。而且，通常承保交强险和商业三者险的保险公司是同一主体。在这种情况下，根据2012年《最高人民法院关于审理道路交通事故损害赔偿案件适用法律若干问题的解释》第16条第1款①确定的赔付顺序，首先由交强险赔付，其次由商业险赔付，最后由侵权行为人赔偿。需要注意的是，复函内容只适用投保人因债权造成第三人损害的赔偿纠纷案件，如果投保人作为被执行人的案件为其他经济纠纷案件，不能执行其投保的第三者责任保险赔偿款。

实务操作指引

实践中，应当根据保险公司所处的不同法律地位分别采取执行措施：

保险公司作为被执行人拒不履行赔偿义务的，人民法院有权直接向其送达执行通知书、财产报告令等法律文书，督促保险公司在限定期限内履行赔偿义务，并将保险理赔款打入法院指定的账户内。逾期不履行的，人民法院可以依法直接采取冻结、扣划银行存款、纳入失信名单等强制措施，以保护债权人的合法权益。

保险公司作为协助执行义务人时，人民法院可以遵循以下程序执行：(1) 启动。若被执行人不履行义务且有可供执行的保险赔偿款的，人民法院可以依据申请执行人的申请启动执行保险赔偿款程序，也可以依职权启动该程序。(2) 通知。人民法院应当向保险公司发出协助执行通知书，要求保险公司履行理赔义务，并向申请执行人给付。(3) 确定数额。保险公司在收到人民法院的协助执行通知书后，应当依照有关规定核算确定理赔金额，申请执行人对保险公司理赔数额有异议的，人民法院不宜强制执行，告知申请执行人通过诉讼程

① 该解释第16条第1款规定："同时投保机动车第三者责任强制保险（以下简称交强险）和第三者责任商业保险（以下简称商业三者险）的机动车发生交通事故造成损害，当事人同时起诉侵权人和保险公司的，人民法院应当按照下列规则确定赔偿责任：（一）先由承保交强险的保险公司在责任限额范围内予以赔偿；（二）不足部分，由承保商业三者险的保险公司根据保险合同予以赔偿；（三）仍有不足的，依照道路交通安全法和侵权责任法的相关规定由侵权人予以赔偿。"

序解决。（4）强制提取。保险公司无正当理由拒绝理赔的，人民法院依法予以强制执行。

十二、对国库券的执行

批复原文

最高人民法院关于对被执行人存在银行的凭证式国库券可否采取执行措施问题的批复

2021年1月1日　法释〔2020〕21号

北京市高级人民法院：

你院《关于对被执行人在银行的凭证式记名国库券可否采取冻结、扣划强制措施的请示》（京高法〔1997〕194号）收悉。经研究，答复如下：

被执行人存在银行的凭证式国库券是由被执行人交银行管理的到期偿还本息的有价证券，在性质上与银行的定期储蓄存款相似，属于被执行人的财产。依照《中华人民共和国民事诉讼法》第二百四十二条规定的精神，人民法院有权冻结、划拨被执行人存在银行的凭证式国库券。有关银行应当按照人民法院的协助执行通知书将本息划归申请执行人。

出台背景

凭证式国库券于1994年开始发行，采用填制“国库券收款凭证”的方法，该凭证可记名、可挂失，不可转让。国库券的持有人并未实际持有国库券实物，而是依据国库券收款凭证作为购买国库券以及办理提前兑付或到期兑现的依据。1996年取消了“凭证式国库券”的说法，改为发行凭证式国债，但依然采取填制“国库券收款凭证”的方式发行。至1997年发行的凭证式国债开始改为填制“凭证式国债收款凭证”，凭证式国库券的发行正式退出历史舞台。凭证式国库券的特点是可记名、可挂失但不可转让，固定期限、固定利率、一次性到期还本付息，如提前兑付的将根据持有时间按档计息，与事先约定期限、利率，到期后支取本息的固定存款非常相似。因此，对于凭证式国库券是否可以被执行的问题在实践中引起了关注，最早由北京市高级人民法院提出，报最高人民法院请示。

关于记名凭证式国库券是否可以执行，最高人民法院向中国人民银行征求意见，中国人民银行于1997年7月9日作出《中国人民银行关于对凭证式记名国库券能否采取强制措施的意见》，提出："不能转让的凭证式记名国库券是国库券一种，属于有价证券，可以成为执行客体，人民法院可以对其采取强制措施。代财政发行凭证式记名国库券的金融机构应该协助人民法院办理冻结、扣划。"依据该意见，最高人民法院于1998年作出了法释〔1998〕2号批复答复北京市高级人民法院，指出凭证式国库券在性质上与定期储蓄存款类似，属于被执行人的财产，依据1991年《民事诉讼法》第221条"被执行人未按执行通知履行法律文书确定的义务，人民法院有权向银行、信用合作社和其他有储蓄业务的单位查询被执行人的存款情况，有权冻结、划拨被执行人的存款，但查询、冻结、划拨存款不得超出被执行人应当履行义务的范围"规定的精神，人民法院有权对其进行冻结、划拨。2007年对1991年《民事诉讼法》进行了修订，原第221条序号调整为第218条。依据《最高人民法院关于调整司法解释等文件中引用〈中华人民共和国民事诉讼法〉条文序号的决定》，批复内容也进行了相应修订。2020年12月29日《最高人民法院关于修改〈最高人民法院关于人民法院扣押铁路运输货物若干问题的规定〉等十八件执行类司法解释的决定》对该批复中援引的《民事诉讼法》的相关条款序号再次进行了修正。

理解与适用

批复认为凭证式国库券的性质与银行的定期储蓄存款类似，属于被执行人的财产，因此可以进行冻结、划拨。

（一）凭证式国库券的性质

从债券形式看，我国的国债总体可分为凭证式国债、无记名国债和记账式国债。[①] 这三种类型的国债并不是同时出现，我国早期发行的国债和1981年开始发行的大部分国库券都属于无记名国债，其特点是不记名、不挂失、不可流通，1988年开始试点在指定场所机构进行上市交易，1997年发行最后一期。1994年，凭证式国债以凭证式国库券的形式首次发行，是通过填制“国库券收款凭证”的方式记录持有人债权的一种国债，特点是可记名、可挂失，但不可上市流通。1995年，记账式国债开始通过交易所系统发行，是国债无纸化的开端，可记名、可挂失，以流动性和市场化为特征。

国库券是我国国债发行历史上阶段性的一个称谓，1981～1986年，我国每年只发行一种国债即国库券，因此国库券几乎成为国债的代名词。1987年后，国债品种增多，“国库券”无法包容所有国债，于是“国库券”的用法渐渐退出历史舞台，1998年我国停止了国库券的发行，如今国库券已成为一种收藏。我国国库券的发行历史从1981年开始，1981～1991年，每年由国务院制定并公布当年度的国库券条例，就国库券的发行数额、发行对象、利息、偿还期限、面额、发行时间、流通限制等具体问题作出相应规定，由财政部具体执行发行工作。1992年开始国债实行市场化改革，国库券条例的规定开始抽象化、规范化，如不再具体规定国库券的发行数量、发行时间和利息等，2011年对1992年《国库券条例》进行修订，构建了目前我们看到的国库券发行的适用规范，即2011年《国库券条例》。

从1994年开始，国家开始发行少量的凭证式国库券，采用填制“国库券收款凭证”的方法发行，该凭证可记名、可挂失，但不可上市转让。从1996年开始，“凭证式国库券”的用法已经被“凭证式国债”所取代，但依然采用填制“国库券收款凭证”的方法发行，1997年收款凭证正式改为“凭证式国债收款凭证”，而1999年则开始使用中国人民银行监制的统一的凭证式国债收款凭证，改变了此前各承销机构根据统一格式自行印制收款凭证的做法。[②] 根据财政部公告2016年第120号《凭证式国债更名为储蓄国债（凭证式）的公告》的规定，

---

① 也有观点认为，我国的国债从形式来看应该分为凭证式国债、无记名国债、记账式国债和储蓄国债四大类。但我们认为储蓄国债的债券类型只是凭证式和电子式（形式上接近于记账式）的变形，并未创制新的债券类型。

② 参见《中国人民银行关于统一印制凭证式国债凭证格式的通知》（银发〔1998〕566号）。

自 2017 年起凭证式国债更名为储蓄国债（凭证式）。

根据凭证式国库券的相关规定，凭证式国库券的特点可以概括为以下几个方面：

1. 凭证式国库券的收益：利息固定、一次性还本付息

1981 ~ 1991 年，每年的《国库券条例》虽然对利息有不同的规定，如部分年份会给单位认购和个人认购设定不同利息，但均为固定利息。1981 ~ 1984 年规定国库券利息是在偿还本金时一次给付，不计复利。本金分期偿还。到了 1985 年，定为在发行后第 6 年一次偿还本息。1988 年规定，本息在发行后第 4 年一次性偿还。至 1992 年《国库券条例》开始确定为"国库券按期偿还本金。国库券利息在偿还本金时一次付给，不计复利"，2011 年修订保留了这一规定。《中国人民银行关于 1995 年凭证式国库券发行工作的通知》（银传〔1995〕12 号）及《1995 年凭证式国库券计息方法》均规定，1995 年凭证式国库券期限为 3 年，到期后由财政部一次还本付息，逾期不计付利息。

2. 凭证式国库券的流通：可记名、可挂失，但不可上市转让

国库券的流通经历了逐渐开放的过程，从 1981 年的"不得当作货币流通，不得自由买卖"到 1985 年可以进行抵押贷款以及贴现，至 1988 年国库券可以转让。1991 年，国库券可以在国家指定的交易场所办理转让，但不得作为货币流通。在国库券分化为凭证式国库券和记账式国库券后，凭证式国库券的流通遵循可记名、可挂失但不得上市转让的规定，如《中国人民银行关于 1995 年凭证式国库券发行工作的通知》规定，凭证式国库券可记名、可挂失，但不可上市转让。司法实践中，对于当事人之间买卖国库券并约定到期回购所产生的纠纷，法院的态度是国库券回购合同没有实物券做保证，属卖空买空行为，其名为国债回购，实为资金拆借，违反了国家有关金融法规，应认定为无效合同。①

3. 凭证式国库券的发行：无实物国库券，以填制"国库券收款凭证"方式发行

国库券的发行方式经历了从实物国库券到凭证发行再到无纸化的记账式的

---

① 参见最高人民法院民事判决书，（1998）经终字第 403 号。

过程。《中国人民银行关于1995年凭证式国库券发行工作的通知》明确规定，凭证式国库券采用填制“国库券收款凭证”的方法发行。在凭证式国库券变更为凭证式国债后，凭证式国债仍是以开具收款凭证的形式发行，根据《中国人民银行关于统一印制凭证式国债凭证格式的通知》规定，凭证式国债的收款凭证由中国人民银行统一印制并发送给各商业银行。到了2016年凭证式国债更名为储蓄国债（凭证式），根据《储蓄国债（凭证式）管理办法》的规定，“本办法所称储蓄国债（凭证式）是指财政部在中华人民共和国境内发行，通过承销团成员面向个人投资者销售的，采用填制‘中华人民共和国储蓄国债（凭证式）收款凭证’方式记录债权关系的不可流通人民币国债”，即凭证式国库券的持有人并不实际持有国库券实物，可以理解为凭证式国库券存放于办理购买的银行等金融机构。

4. 凭证式国债的兑付

凭证式国库券虽不能像记账式国库券一样自由转让，但可以在发行期结束后持国库券收款凭证随时到原购买网点进行兑付，兑付需要支付一定的手续费，并按照持有时间分档计算利息。

从上述凭证式国债的特点可以看出，凭证式国债在性质上更接近定期存款。在银行的实践操作中对凭证式国库券也是比照定期存款办理，如中国建设银行下发的《关于出具个人存款证明业务管理补充规定》中明确规定，“申请人要求对其在我行购买的凭证式国库券出具证明时，可将凭证式国库券视同定期储蓄存单，比照出具个人存款证明的有关规定办理。在‘中国建设银行个人存款证明书’、‘凭证账号’栏中填列凭证式国库券的号码及购买日和到期日，在‘种类’栏中填写‘凭证式国库券’”。

（二）凭证式国库券的执行

在法院的实践操作中，对凭证式国库券的执行参照对存款的执行，制定的凭证式国库券的执行规范一般也是放在存款执行部分，如《北京市法院执行工作规范》。

对凭证式国库券的执行需要注意以下几个问题：

1. 冻结、划拨凭证式国库券的办理机构

根据《中国人民银行关于1995年凭证式国库券发行工作的通知》可知，凭证式国库券是由中国人民银行组织分配指标，由国有银行及国债服务部等机构承购包销，再由承购包销单位逐级组织本系统的营业机构和储蓄所进行分销。而国库券的收款凭证是由各承销单位按照统一格式自行印制。持券人遇到特殊情况需要兑现时，可到国库券收款凭证的原签发机构办理提前兑取本息。因此原则上，凭证式国库券的冻结和划拨应向被执行人持有的凭证式国库券的原购买机构申请办理。如原机构被注销、撤销、合并或分立的，应向承接其职责的机构申请办理。

2. 对凭证式国库券的查询

虽然相关规定要求办理凭证式国库券兑付时，购买人应出具本人身份的有效证件，[①] 但因凭证式国库券的发行时间较早且实践操作不规范等原因，在办理认购时可能并未要求实名制，因此可能存在持券人与国库券收款凭证的户名不一致的情形。在（2015）华法民初字第4893号王某恩与中国农业银行股份有限公司濮阳经济技术开发区支行储蓄存款合同纠纷一审中，原告王某恩所持三张国库券对应的三个户名皆不相同，且均不是原告本人，银行则以王某恩并非三张国库券户名对应的主体为由多次拒绝王某恩要求兑付国库券本息的请求，而法院最终以“原告持有国库券原件，对国库券的来源进行了合理陈述，并且当时办理业务时尚未实行实名制，所以，原告享有要求被告兑付国库券的权利”为由支持了王某恩的诉讼请求。因此，在申请对被执行人的凭证式国库券进行执行时，要注意被执行人是不是以自己的名义在银行购买的凭证式国库券，即户名是否为被执行人，可能存在被执行人为他人购买凭证式国库券，或者完全是名字相同的人购买国库券的情况，会存在第三人对执行标的物提出异议的可能，同时也要注意搜寻被执行人以他人名义购买凭证式国库券的线索。

3. 对凭证式国库券的冻结

对凭证式国库券的冻结与对银行存款的冻结类似，向相关银行等金融机构发出止付令。对银行存款的冻结要求不能超过被保全或被执行金额，但由于凭证式国债不能部分兑付或支取，因此如果是对凭证式国库券进行冻结，则意味着需要对凭证式国库券进行整体冻结，如金额1000万元的凭证式国库券，无法

---

① 《财政部关于财政部门2000年办理国债兑付有关事宜的通知》。

实现500万元部分的冻结，只能冻结该金额1000万元的凭证式国库券。

4. 对凭证式国库券的划拨

根据批复的规定，有关银行应当按照人民法院的协助执行通知书将本息划归申请执行人。凭证式国库券是到期本息一次性偿还，对于到期持券人未进行兑付的，逾期不加计利息的一种国库券，因此凭证式国库券的本息在到期日及之后的数额是确定的，如果被执行人的国库券已到期，法院的划拨即应视作凭证式国库券被兑付。对于被执行金额少于凭证式国库券本息数额情形的，按照银行等金融机构的实践操作，凭证式国债是无法部分兑付或支取的，因此，在银行将被执行金额划拨给申请执行人后，凭证式国库券本息中剩余的部分应直接支付给被执行人。

因凭证式国库券的发行历史比较短暂，已发行的几期凭证式国库券到目前均已届满，对未届满的凭证式国库券的执行问题进行讨论已不具备现实意义，但从凭证式国库券的特征和兑付原理来看，如果是对未届满的国库券进行执行，应视为其在划拨当天提前兑付，银行应按照其持有时间和对应的档位计算利息。

实务操作指引

（一）对储蓄国债（凭证式）、储蓄国债（电子式）的执行

1. 对储蓄国债（凭证式）的执行

虽然批复适用的执行对象是存在银行的凭证式国库券，但从该批复的精神出发，可以认为其适用范围不仅限于凭证式国库券，或者说应将凭证式国库券的范围做扩大解释。凭证式国库券因时代的发展演变为凭证式国债，到2016年又更名为储蓄国债（凭证式），同时也成为储蓄国债的一个分支，与储蓄国债（电子式）共同构成了储蓄国债。虽然名称有所变化，但其类银行定期存款的性质并未发生实质改变。《人民银行、财政部关于印发〈储蓄国债（凭证式）管理办法〉的通知》（银发〔2021〕20号）规定，储蓄国债（凭证式）为记名国债，记名方式采用实名制，记名办法参照《个人存款账户实名制规定》办理，投资者办理储蓄国债（凭证式）相关业务时，需出示本人有效身份证件。储蓄国债（凭证式）不得更名，不可流通转让，可以挂失、提前兑取、质押贷款、

约定转存等。因此，我们认为，根据批复的精神，人民法院同样可以对被执行人的储蓄国债（凭证式）进行冻结、划拨。

2. 对储蓄国债（电子式）的执行

储蓄国债（电子式）从2006年开始正式发行，是仅面向个人投资者销售的、以电子方式记录债权的不可流通人民币债券。其具体操作为，投资者在商业银行开设个人债权托管账户并提供相应的清算银行账户，商业银行将投资者购买的储蓄国债以电子的形式记录在债权托管账户内，债权托管账户的余额即为储蓄国债的数额，当投资者需要提前兑付或者到期兑付时，商业银行将相应本息划入资金清算账户，而转入资金清算账户的本息资金作为居民存款由承办银行按活期存款利率计付利息。储蓄国债（电子式）的特点是不可流通转让，但可以办理提前兑取、质押贷款、非交易过户等。与储蓄国债（凭证式）的主要差别在于记录债权的方式，储蓄国债（凭证式）是通过“凭证式国债收款凭证”证明持券人的债权，而储蓄国债（电子式）则是通过开设个人债权托管账户记录债权。因为电子化的记录方式，使储蓄国债（电子式）相较于储蓄国债（凭证式）多了一个“非交易过户”①的功能，这也导致在对储蓄国债（电子式）进行冻结和划转时与对储蓄国债（凭证式）的处理有所差别。

（1）对储蓄国债（电子式）的冻结

第一，因储蓄国债（电子式）不可流通交易的特点，对个人债权托管账户内的储蓄（电子式）进行冻结主要表现为不予办理账户内国债的赠与、提前兑付的业务申请。

第二，国债（电子式）除个人债权托管账户外还有对应的资金清算账户。根据相关规定，商业银行应于付息日和到期日营业开始前向投资者资金清算账户一次足额划付资金。因此，在对储蓄国债（电子式）进行冻结时，还应注意冻结对应资金清算账户内相当于储蓄国债到期本息的数额。此外，因国债持有人可以变更清算账户，因此在冻结储蓄国债（电子式）时，还应注意要求承办银行不予办理变更清算账户的申请。

---

① 非交易过户，是指因继承、赠与、司法判决等非交易行为引起的债权变更。

(2) 对储蓄国债（电子式）的划拨

因储蓄国债（电子式）仅向个人出售，因此，对储蓄国债（电子式）的执行根据申请执行人的不同，可以进行区别处理。对于申请执行人是自然人的，根据《储蓄国债（电子式）相关业务实施细则（试行）》的相关规定，因法院判决而扣划给其他个人的储蓄国债债权，收券方应在付券方开户的商业银行开立个人国债账户，商业银行应依据判决结果办理非交易过户。

而对于申请执行人是非自然人的，根据《储蓄国债（电子式）相关业务实施细则（试行）》中关于“对于司法冻结，如需要做清偿处理的，按质押清偿方式处理”之规定，依照《储蓄国债（电子式）质押管理暂行办法》中关于质押清偿的处置方式，“若贷款人逾期归还贷款的，则贷款人可按提前兑取的正常程序办理兑付，提前兑取可进行一定的利益扣除，并按兑付本金的一定比例收取由借款人承担的手续费，在抵偿了贷款本息及罚息后，应将剩余款项退还借款人”。

需要注意的是，因储蓄国债（电子化）特别的债权记录方式，储蓄国债（电子式）是可以办理部分提前兑取的，因此如果个人债权账户内的余额大于需要划拨的金额的，应仅对需要划拨的部分办理提前兑取。

（二）无记名国债及记账式国债的执行

在前面提到，我国债券可分为无记名国债、记账式国债与凭证式国债三大类，以下对无记名国债、记账式国债的执行进行简要分析。

1. 无记名国债的执行

无记名国债又叫实物国债，是一种票面上不记载债权人姓名或单位名称，以实物券面形式（券面上印有发行年度、券面金额等内容）记录债权而发行的国债。我国成立初期及1981年开始发行的国库券大多数都是无记名国债，1997年发行了最后一期无记名国债。至2000年，所有无记名国债均已到期，无记名国债正式退出国债发行舞台。无记名式国债的特点是：不记名、不挂失，可以上市流通。由于不记名、不挂失，其持有的安全性不如凭证式国债和记账式国债，但购买手续简便。由于可上市转让，流通性较强。无记名国债的流通必须通过经批准的金融中介机构进行交易，任何私下进行交易的行为将会被认定为倒卖国库券。

虽然无记名国债已不再发行且早已到期，但对于仍可以办理兑付的无记名国债，[①] 法院可依法对其进行执行。

2. 记账式国债的执行

记账式国债是以记账的方式记录债权，在交易所系统发行、流通的国债。我国从1995年开始试点发行记账式国债，记账式国债可记名、可挂失、可上市流通。记账式国债依托交易所系统，实现了国债的无纸化发行。投资者购买记账式国债，可以通过在中国证券登记结算有限责任公司开立的股票和基金账户或是在中央国债登记结算有限责任公司开立的债券账户或是通过商业银行柜台开立的债券托管账户。

记账式国债与储蓄国债（电子式）有很多相似之处，例如，投资者都需要开设一个债券托管账户或类似性质账户，同时还需提供一个对应的资金清算账户，均可以进行非交易过户。但记账式国债的发行对象不限于个人投资者且可以上市流通。

（1）记账式国债的冻结

参考《中国农业银行柜台记账式国债交易及二级托管业务管理办法、风险控制办法和操作规程》的规定，对记账式国债的冻结包括债券账户冻结和债券份额冻结。债券账户冻结，停止任何交易。债券份额冻结时，冻结份额停止任何交易。冻结期限最长不超过6个月，有特殊原因需要延长的，应重新办理冻结手续；冻结期限届满，系统自动解冻。债券账户冻结和债券份额冻结期间发生的派息、兑付资金进入投资人清算账户，另有规定的除外。解冻人必须是冻结申请人。冻结、解冻必须在原债券账户开户网点办理。

因此，在办理记账式国债的冻结时，要特别注意6个月冻结期限的规定以及对清算账户的控制。

（2）记账式国债的划拨

根据相关案例，需要将债券托管账户内的国债余额划拨给其他主体的，因机构投资者与个人投资者之间不能进行非交易过户，需分情况处理：将个人投

---

① 《无记名国债仍可兑付 全市常年兑付网点有22家（附兑付网点名单）》，载重庆日报网，https：//app. cqrb. cn/economic/2019－05－05/80588_ pc. html。

资者的记账式国债划拨给个人或者将机构投资者的记账式国债划拨给机构的，可以按照非交易过户进行操作，根据承办银行的规定提供相应资料。对于将个人投资者的记账式国债划拨给机构或者将机构投资者的记账式国债划拨给个人的，参照记账式国债贷款抵押对国债处置清偿的操作办法，执行机构可直接要求承办银行进行记账式国债的卖出操作，将转入清算账户内的国债变现价款划拨给申请执行人。债券托管账户内的余额大于应划拨的款项的，剩余国债份额将留存在记账式国债账户中，持有人可在记账式国债到期日前，继续办理记账式国债的有关交易。

第二十三章　对共有份额和夫妻共同财产的执行

夫妻共同债务的认定与夫妻共同财产的执行

答复、复函、通知原文

（一）最高人民法院民一庭关于婚姻关系存续期间夫妻一方以个人名义所负债务性质如何认定的答复

2014 年 7 月 12 日　〔2014〕民一他字第 10 号

江苏省高级人民法院：

你院（2014）苏民他字第 2 号《关于婚姻关系存续期间夫妻一方以个人名义所负债务的性质如何认定问题的请示》收悉。

经研究，同意你院审判委员会的倾向性意见。在不涉及他人的离婚案件中，由以个人名义举债的配偶一方负责举证证明所借债务用于夫妻共同生活，如证据不足，则其配偶一方不承担偿还责任。在债权人以夫妻一方为被告起诉的债务纠纷中，对于案涉债务是否属于夫妻共同债务，应当按照《最高人民法院关于适用〈中华人民共和国婚姻法〉若干问题的解释（二）》第二十四条规定认定。如果举债人的配偶举证证明所借债务并非用于夫妻共同生活，则其不承担偿还责任。

（二）最高人民法院民一庭关于夫妻一方对外担保之债能否认定为夫妻共同债务的复函

2015年9月9日 〔2015〕民一他字第9号

福建省高级人民法院：

你院（2014）闽民申字第1715号《关于再审申请人宋某、叶某与被申请人叶某某及一审被告陈某、李某民间借贷纠纷一案的请示》收悉。经研究，答复如下：

同意你院审判委员会多数意见，即夫妻一方对外担保之债不应当适用《最高人民法院关于适用〈中华人民共和国婚姻法〉若干问题的解释（二）》第二十四条的规定认定为夫妻共同债务。

（三）最高人民法院关于依法妥善审理涉及夫妻债务案件有关问题的通知

2017年2月28日 法〔2017〕48号

各省、自治区、直辖市高级人民法院，解放军军事法院，新疆维吾尔自治区高级人民法院生产建设兵团分院：

家事审判工作是人民法院审判工作的重要内容。在家事审判工作中，正确处理夫妻债务，事关夫妻双方和债权人合法权益的保护，事关婚姻家庭稳定和市场交易安全的维护，事关和谐健康诚信经济社会建设的推进。为此，最高人民法院审判委员会第1710次会议讨论通过《最高人民法院关于适用〈中华人民共和国婚姻法〉若干问题的解释（二）的补充规定》，对该司法解释第二十四条增加规定了第二款和第三款。2017年2月28日，最高人民法院公布了修正的《最高人民法院关于适用〈中华人民共和国婚姻法〉若干问题的解释（二）》。为依法妥善审理好夫妻债务案件，现将有关问题通知如下：

一、坚持法治和德治相结合原则。在处理夫妻债务案件时，除应当依照婚姻法等法律和司法解释的规定，保护夫妻双方和债权人的合法权益，还应当结合社会主义道德价值理念，增强法律和司法解释适用的社会效果，以达到真正化解矛盾纠纷、维护婚姻家庭稳定、促进交易安全、推动经济社会和谐健康发展的目的。

二、保障未具名举债夫妻一方的诉讼权利。在审理以夫妻一方名义举债的案件中，原则上应当传唤夫妻双方本人和案件其他当事人本人到庭；需要证人出庭作证的，除法定事由外，应当通知证人出庭作证。在庭审中，应当按照《最高人民法院关于适用〈中华人民共和国民事诉讼法〉的解释》的规定，要求有关当事人和证人签署保证书，以保证当事人陈述和证人证言的真实性。未具名举债一方不能提供证据，但能够提供证据线索的，人民法院应当根据当事人的申请进行调查取证；对伪造、隐藏、毁灭证据的要依法予以惩处。未经审判程序，不得要求未举债的夫妻一方承担民事责任。

三、审查夫妻债务是否真实发生。债权人主张夫妻一方所负债务为夫妻共同债务的，应当结合案件的具体情况，按照《最高人民法院关于审理民间借贷案件适用法律若干问题的规定》第十六条第二款、第十九条规定，结合当事人之间关系及其到庭情况、借贷金额、债权凭证、款项交付、当事人的经济能力、当地或者当事人之间的交易方式、交易习惯、当事人财产变动情况以及当事人陈述、证人证言等事实和因素，综合判断债务是否发生。防止违反法律和司法解释规定，仅凭借条、借据等债权凭证就认定存在债务的简单做法。

在当事人举证基础上，要注意依职权查明举债一方作出有悖常理的自认的真实性。对夫妻一方主动申请人民法院出具民事调解书的，应当结合案件基础事实重点审查调解协议是否损害夫妻另一方的合法权益。对人民调解协议司法确认案件，应当按照《最高人民法院关于适用〈中华人民共和国民事诉讼法〉的解释》要求，注重审查基础法律关系的真实性。

四、区分合法债务和非法债务，对非法债务不予保护。在案件审理中，对夫妻一方在从事赌博、吸毒等违法犯罪活动中所负的债务，不予法律保护；对债权人知道或者应当知道夫妻一方举债用于赌博、吸毒等违法犯罪活动而向其出借款项，不予法律保护；对夫妻一方以个人名义举债后用于个人违法犯罪活动，举债人就该债务主张按夫妻共同债务处理的，不予支持。

五、把握不同阶段夫妻债务的认定标准。依照婚姻法第十七条、第十八条、第十九条和第四十一条有关夫妻共同财产制、分别财产制和债务偿还原则以及有关婚姻法司法解释的规定，正确处理夫妻一方以个人名义对外所负债务问题。

六、保护被执行夫妻双方基本生存权益不受影响。要树立生存权益高于债权的理念。对夫妻共同债务的执行涉及到夫妻双方的工资、住房等财产权益，甚至可能损害其基本生存权益的，应当保留夫妻双方及其所扶养家属的生活必需费用。执行夫妻名下住房时，应保障生活所必需的居住房屋，一般不得拍卖、变卖或抵债被执行人及其所扶养家属生活所必需的居住房屋。

七、制裁夫妻一方与第三人串通伪造债务的虚假诉讼。对实施虚假诉讼的当事人、委托诉讼代理人和证人等，要加强罚款、拘留等对妨碍民事诉讼的强制措施的适用。对实施虚假诉讼的委托诉讼代理人，除依法制裁外，还应向司法行政部门、律师协会或者行业协会发出司法建议。对涉嫌虚假诉讼等犯罪的，应依法将犯罪的线索、材料移送侦查机关。

以上通知，请遵照执行。执行中有何问题，请及时报告我院。

（四）《民法典》（节选）

2021年1月1日　中华人民共和国主席令第45号

第一千零六十四条　夫妻双方共同签名或者夫妻一方事后追认等共同意思表示所负的债务，以及夫妻一方在婚姻关系存续期间以个人名义为家庭日常生活需要所负的债务，属于夫妻共同债务。

夫妻一方在婚姻关系存续期间以个人名义超出家庭日常生活需要所负的债务，不属于夫妻共同债务；但是，债权人能够证明该债务用于夫妻共同生活、共同生产经营或者基于夫妻双方共同意思表示的除外。

（五）最高人民法院关于适用《中华人民共和国民法典》婚姻家庭编的解释（一）（节选）

2021年1月1日　法释〔2020〕22号

第三十三条　债权人就一方婚前所负个人债务向债务人的配偶主张权利的，人民法院不予支持。但债权人能够证明所负债务用于婚后家庭共同生活的除外。

第三十四条　夫妻一方与第三人串通，虚构债务，第三人主张该债务为夫妻共同债务的，人民法院不予支持。

夫妻一方在从事赌博、吸毒等违法犯罪活动中所负债务，第三人主张该债务为夫妻共同债务的，人民法院不予支持。

出台背景

2001年修订后的《婚姻法》（已废止）施行后，最高人民法院分别于2001年、2003年、2011年出台了三部有关婚姻的司法解释，对于夫妻共同债务的认定问题，《最高人民法院关于适用〈中华人民共和国婚姻法〉若干问题的解释（二）》（已废止）第24条规定："债权人就婚姻关系存续期间夫妻一方以个人名义所负债务主张权利的，应当按夫妻共同债务处理。但夫妻一方能够证明债权人与债务人明确约定为个人债务，或者能够证明属于婚姻法第十九条第三款规定情形的除外。夫妻一方与第三人串通，虚构债务，第三人主张权利的，人民法院不予支持。夫妻一方在从事赌博、吸毒等违法犯罪活动中所负债务，第三人主张权利的，人民法院不予支持。"依据上述司法解释，夫妻一方以自己的名义与第三人之间产生的债务，无论具体为夫妻共同生活所负的债务，还是个人债务，都先推定为夫妻共同债务，配偶主张为个人债务的，应承担举证证明责任。实际上，《最高人民法院关于适用〈中华人民共和国婚姻法〉若干问题的解释（二）》（已废止）第24条所确立的债务认定规则基本符合《婚姻法》（已废止）的立法精神，对夫妻共同债务的认定和判决遵循的原则也不存在实质性瑕疵，不过是由配偶一方还是由债权人一方承担举证责任的问题。推定夫妻关系存续期间的债务为共同债务的法理基础为夫妻家事代理权与婚后共同财产制。既然婚后夫妻的收入共同所有，为共同生活所负债务也就应当共同偿还。债务人的配偶抗辩该债务不属于夫妻共同债务的价值在于，如果其有婚前个人财产，则不以个人财产还债，如果其离婚，则不必为另一方债务进行清偿。如果该债务被认定为夫妻共同债务，则夫妻双方要对债务的清偿负连带责任，且不仅仅以夫妻共同财产为限，离婚、债务人死亡，均不能作为免除其配偶连带清偿责任的法定事由。但在司法实践中，对夫妻共同债务认定的司法裁判尺度确实千差万别，在具体案件审理过程中，存在要求配偶一方承担举证责任过重现象。2014 年，最高人民法院民一庭针对江苏省高级人民法院的请示作出的答复认为，在不涉及他人的离婚案件中，由以个人名义举债的配偶一方负责举证证明所借债务用于夫妻共同生活，如证据不足，则其配偶一方不承担偿还责任。在债权人以夫妻一方为被告起诉的债务纠纷案件中，对案涉债务是否属于夫妻共同债务，应当按照《最高人民法院关于适用〈中华人民共和国婚姻法〉若干问题的解释（二）》（已废止）第 24 条规定认定。这实际上对婚姻关系存续期间的债务形成了内外区分判断的标准，对内强调对非举债配偶一方的保护，对外则倾向于对债权人的权利保护。

司法裁判对夫妻债务认定标准的不确定性，引起了强烈的社会反应。各地乃至全国妇联组织经常接到投诉，认为《最高人民法院关于适用〈中华人民共和国婚姻法〉若干问题的解释（二）》（已废止）第 24 条过分保护债权人利益，损害了未举债配偶一方利益，有的法院判决高利贷、赌博、非法集资、非法经营、吸毒等违法犯罪行为形成的所谓“债务”为夫妻共同债务，由不知情的配偶承担；甚至夫妻一方利用该条规定与第三方相互串通，坑害另一方等。“被负债的一方”甚至成立了“反二十四条联盟”“二十四条公益群”，实行抱团维权，要求进一步健全完善有关夫妻共同债务认定的法律制度。

因《最高人民法院关于适用〈中华人民共和国婚姻法〉若干问题的解释（二）》（已废止）第 24 条实行由配偶一方承担证明夫妻一方所负债务不属于夫妻共同债务的举证责任，只有举证证明所借债务并非用于夫妻共同生活，才不承担偿还责任，对非举债配偶一方所施加的举证责任无疑过重。关于举证责任分配，对于夫妻来说，如果一方在外举债不告知其配偶，而所借款项又未用于家庭共同生活，要求债务人的配偶举证证明其不知道该债务的存在并不合理；反之，举证责任分配给债权人更具有合理性。

实践中，对举债一方与债权人相互串通承担巨额债务，然后由配偶一方共同承担，损害配偶一方合法权益的行为缺乏法律规制，因此，不少人大代表也以维护妇女权益为名，对《最高人民法院关于适用〈中华人民共和国婚姻法〉若干问题的解释（二）》（已废止）第 24 条的存废展开广泛而热烈的讨论。有的代表要求对该条文进行修改或废止，全国妇女维权机构也相继发声，要求最高人民法院重新审议《最高人民法院关于适用〈中华人民共和国婚姻法〉若干问题的解释（二）》（已废止）第 24 条继续适用的正当性和实践妥适性。在此社会舆论影响下，最高人民法院于 2017 年 2 月针对《最高人民法院关于适用〈中华人民共和国婚姻法〉若干问题的解释（二）》（已废止）第 24 条出台了《最高人民法院关于适用〈中华人民共和国婚姻法〉若干问题的解释（二）的补充规定》（以下简称《补充规定》），明确配偶一方承担举证责任的例外原则，即夫妻一方与第三人串通，虚构债务，第三人主张权利的，人民法院不予支持；夫妻一方在从事赌博、吸毒等违法犯罪活动中所负债务，第三人主张权利的，人民法院不予支持。

《补充规定》只是把部分不合理债务排除出夫妻共同债务的范围，但对债务性质不明时应推定为个人债务还是共同债务以及举证责任如何承担的问题并未彻底解决。因此，最高人民法院关于认定夫妻债务的裁判思路，继续不断进行调整。为积极应对司法实践中认定夫妻债务存在的问题，最高人民法院又出台了一系列司法解释、司法政策或规范性文件，从多个角度加强对各级人民法院的指导，并与全国妇联成立联合调研组，先后分赴 8 个省区市开展有关调研工作，深入了解各地法院认定夫妻债务的情况，加强对夫妻债务认定的指导。厘清了审判实践中夫妻债务认定问题的症结主要在于非举债配偶的举证困难和法院查证的困难，对于非举债配偶不知情但又无法证明并非用于家庭共同生活的合法债务，是否应当认定为夫妻共同债务，实践中认定标准很不统一，要解决以上问题，需要明确《婚姻法》（已废止）第 19 条第 3 款的准确含义及其与第 41 条之间的关系。鉴于此，最高人民法院于 2018 年再次出台了《最高人民法院关于审理涉及夫妻债务纠纷案件适用法律有关问题的解释》（已废止），进一步细化和完善夫妻共同债务认定标准，合理分配举证证明责任，平衡保护各方当事人的合法权益，正式确立了“家庭日常生活”和“共债共签”原则。在《民法典》制定过程中，婚姻家庭编吸收和沿袭了《最高人民法院关于审理涉及夫妻债务纠纷案件适用法律有关问题的解释》（已废止）的主要内容，2021 年 1 月 1 日施行的《婚姻编解释（一）》第 34 条又承继了《补充规定》的内容，至此，关于夫妻共同债务认定主要由《民法典》和《婚姻编解释（一）》进行调整，夫妻共同债务的司法裁判尺度渐趋稳定。

2020 年 12 月 23 日《最高人民法院关于废止部分司法解释及相关规范性文件的决定》（法释〔2020〕16 号）虽然废止了三部婚姻法解释和《补充规定》以及《最高人民法院关于审理涉及夫妻债务纠纷案件适用法律有关问题的解释》（已废止），但《最高人民法院关于婚姻关系存续期间夫妻一方以个人名义所负债务性质如何认定的答复》《最高人民法院民一庭关于夫妻一方对外担保之债能否认定为夫妻共同债务的复函》《最高人民法院关于依法妥善审理涉及夫妻债务案件有关问题的通知》这三部有关夫妻共同债务认定的规范性文件并未被同时废止。

理解与适用

（一）夫妻共同债务认定的裁判规则

《民法典》第 1060 条规定了夫妻的日常家事代理权，夫妻一方因家庭日常生活需要而实施的民事法律行为，对夫妻双方发生效力，但是夫妻一方与相对人另有约定的除外。夫妻之间对一方可以实施的民事法律行为范围的限制，不得对抗善意相对人。《民法典》沿用了将家庭日常生活需要作为构成夫妻共同债务的推定规则。

在夫妻未约定分别财产制或者虽有约定但债权人不知情的情况下，夫妻一方以个人名义为家庭日常生活需要所负的债务，应当认定为夫妻共同债务。《民法典》第 1065 条第 3 款规定：“夫妻对婚姻关系存续期间所得的财产约定归各自所有，夫或者妻一方对外所负的债务，相对人知道该约定的，以夫或者妻一方的个人财产清偿。”对于夫妻共同债务的清偿原则，《民法典》第1089条规定：“离婚时，夫妻共同债务应当共同偿还。共同财产不足清偿或者财产归各自所有的，由双方协议清偿；协议不成的，由人民法院判决。”

《民法典》施行后，夫妻共同债务的认定首先应遵循共债共签原则，即夫妻双方共同签字或者夫妻一方事后追认以及以其他共同意思表示形式所负的债务，属于夫妻共同债务。比如，商业银行在办理贷款业务时，对已婚者一般都要求夫妻双方共同到场签字。一方确有特殊原因无法亲自到场，也必须提交经过公证的授权委托书。

以夫妻一方名义举债的案件审理中，原则上应当传唤夫妻双方和案件其他当事人到场；需要证人出庭作证的，除法定事由外，应当通知证人出庭作证。未具名举债一方不能提供证据，但能够提供证据线索的，人民法院应当根据当事人的申请进行调查取证；区分合法债务和非法债务，对非法债务不予保护。家庭日常生活需要的支出一般是指夫妻双方共同消费支配，或者用于形成夫妻共同财产，或者基于夫妻共同利益管理共同财产产生的支出，性质上属于夫妻共同生活的范围。对于超出家庭日常生活需要所形成的债务，如果债权人能够证明该债务用于夫妻共同生活、共同生产经营或者基于夫妻双方共同意思表示的，也应当认定为夫妻共同债务。

夫妻共同债务的认定规则，经历了用途标准、时间标准、内外有别标准，直到《民法典》施行后，以家事代理权为理论基础，确立的共债共签和家庭日常生活需要为基础的裁判原则。

（二）日常家事代理权对夫妻共同债务判断的影响

就第三人而言，家事代理权制度的主要功能表现为可以发生夫妻共同债务推定的法律效果，《民法典》规定的家事代理权主要作用是辅助判断夫妻共同举债合意的存在，但并不能作为单独判断夫妻共同债务的规则。即使不属于家事代理权范围，但该债务被用于夫妻共同生活和家庭生产经营活动，也可以认定为夫妻共同债务；反之，即使落入日常家事代理权，如果未能用于家庭日常生活，也无法作为夫妻共同债务处理。

目前，虽然夫妻共同债务的裁判规则相对明确，但对于家事代理权的范围和夫妻日常生活需要的判断是一个难点，目前法律界定还不明晰，司法实践中仍需要法官运用自由裁量权进行判断，同案不同判的问题仍会比较突出。

（三）夫妻一方以个人名义设立的担保之债的性质认定

就夫妻一方以个人名义设立的担保之债而言，如果其对外担保并获得经济利益，该利益往往用于家庭生活，该担保之债则应作为夫妻共同债务处理。而对于夫妻一方无偿担保产生的债务则不应认定为夫妻共同债务。在（2016）最高法民申2908号执行异议之诉案件中，最高人民法院认为，《最高人民法院民一庭关于夫妻一方对外担保之债能否认定为夫妻共同债务的复函》仅是针对个案相关情况作出的处理意见，不具有普遍约束力，就个案处理而言，夫妻一方对外担保之债不能一概认定为夫妻共同债务，重点还应考量该担保之债与夫妻共同生活是否密切相关。担保人寇某系债务人方欣公司的法定代表人和股东，而寇某又是方欣公司另一股东北京华易腾投资管理有限公司的法定代表人、股东，方欣公司的经营状况直接影响寇某的个人收益，与寇某及李某某婚姻关系存续期间夫妻共同财产的多少也有直接关系。李某某主张寇某因担保而形成的债务并非用于夫妻共同生活，对此，李某某负有举证责任，而李某某并未提供充分证据证明寇某未将方欣公司的经营收益用于夫妻共同生活。因此，二审判决将本案所涉债务认定为夫妻共同债务，在事实认定和法律适用上均无不当。李某某关于本案所涉债务为寇某个人债务的申请理由，不能成立。该案的裁判仍建立在《最高人民法院关于适用〈中华人民共和国婚姻法〉若干问题的解释（二）》（已废止）第24条基础之上，当该规范被废止后，判断一方对外担保之债是否为夫妻共同债务，需要回到日常家事代理权和家庭日常生活需要的范畴加以判断，该案例已经不具有参考价值。

实务操作指引

（一）夫妻共同债务的三步判断法

债权人将夫妻作为共同债务人起诉时，配偶一方可以诉争债务属于“个人债务”“债权人明知夫妻双方采用约定财产制”“并非用于夫妻共同生活”等理由进行抗辩。从《民法典》和《婚姻编解释（一）》规定的夫妻共同债务类型看，可分为共同意思表示所负的夫妻共同债务、家庭日常生活所负的夫妻共同债务、债权人能够证明的夫妻共同债务。从举证证明责任分配的角度，可分为家庭日常生活所负的共同债务和超出家庭日常生活所负的共同债务。对于前者，可以推定为夫妻共同债务，债权人无须举证证明；如果配偶一方反驳认为不属于夫妻共同债务的，则需要举证证明所负债务并非用于家庭日常生活。对于后者，虽然债务形成于婚姻关系存续期间和夫妻共同财产制下，但并不当然推定为夫妻共同债务；如果只有夫妻一方签字，债权人主张属于夫妻共同债务的，应证明该债务属于夫妻共同生活、共同生产经营所负债务，或者所负债务基于夫妻双方共同的意思表示；否则，则不能认定为夫妻共同债务。

至于基于共同意思表示所负的夫妻共同债务，债权人一般用以证明的证据，包括夫妻双方共同签字的借款合同、借据，以及夫妻一方事后追认或者电话、短信、微信、邮件等其他体现共同举债意思表示的有关证据。

（二）执行程序中不应追加配偶为被执行人

在执行程序中，依申请执行人申请追加第三人为被执行人，意味着直接通过执行程序确定生效法律文书列明的债务人以外的主体对债权人承担实体责任，必然会对被追加的当事人的实体权利和程序权利产生实质性影响。因此，追加被执行人程序应当遵循法定主义原则，不能超出法律和司法解释明确规定的范围，不能通过引用实体裁判规则而直接追加。2016 年《变更追加规定》出台时，正处于社会各界对《最高人民法院关于适用〈中华人民共和国婚姻法〉若干问题的解释（二）》第 24 条激烈争论的微妙时刻，故在公布的最后时刻删除了追加配偶为被执行人的司法解释条文，从而阻断了在执行程序中追加配偶为被执行人的实践可行性。2017 年 2 月 28 日，最高人民法院发布《关于依法妥善审理涉及夫妻债务案件有关问题的通知》（法〔2017〕48 号），重申未经审判程序，不得要求未举债的夫妻一方承担民事责任。

也就是说，现行法律和司法解释并无在执行程序中追加债务人配偶或者原配偶为被执行人的规定，即使被执行人在生效裁判中所负债务为婚姻存续期间的共同债务，如果该生效裁判未将被执行人配偶、原配偶列为共同被告，也不能在执行程序中直接追加配偶为被执行人。

有观点认为，夫妻共同债务只能在审判阶段而不能在执行程序中认定，否则未能参加诉讼的配偶一方则失去通过一审、二审和审判监督程序进行权利救济的机会。禁止在执行程序中追加配偶为被执行人，也就意味着不得在执行阶段认定夫妻共同债务，这是最高人民法院一再强调的立场。实际上，《变更追加规定》施行后，即使在执行程序中基于共同债务直接追加配偶为被执行人，被追加的配偶也可以通过执行异议之诉程序实现救济，不存在失去通过一审、二审和审判监督程序进行权利救济机会的问题。

（三）执行程序中对夫妻共同财产的执行困境

夫妻一方举债的情形在现实生活中非常复杂，实践中不仅存在夫妻一方以个人名义在婚姻关系存续期间举债给其配偶造成损害的情况，也存在夫妻合谋以离婚为手段，将共同财产分配给一方，将债务分给另一方，借以达到逃避债务、损害债权人利益目的的情形，通常夫妻共同合谋逃避对外债务的情形更为普遍。

因执行程序不能对债务性质作出认定，导致在生效法律文书未明确债务性质或者确定债务为个人债务情况下对夫妻共同财产的执行陷入极大困境。如果执行依据未确定债务的性质，执行中也只能暂时作为被执行人个人债务处理，追加配偶为被执行人之路便行不通。目前，执行夫妻共同财产已经成为执行实践中的重要难点。面对夫妻共同财产，不同地区法院的做法也不尽相同，被执行人名下的财产不足以清偿执行债权时，应允许执行登记在配偶一方名下的夫妻共同财产。对于被执行人与其配偶共同占有或者登记在双方名下的财产以及登记在被执行人配偶一方名下或者由其单独占有的财产，依据《查冻扣规定》第12条第3款规定，如果共有人不能协议分割或者虽然协议分割但不能取得债权人的认可，则必须经过共有人析产诉讼或者申请执行人代位提起析产诉讼，对夫妻共同财产进行诉讼分割后再予以执行，而诉讼期间执行程序中止。实践证明，这一制度设计是失败的，实践效率低下，共有人协议分割或者共有人主动提起析产诉讼的案例极为罕见，申请执行人提起代位析产诉讼的积极性也不高。另外，夫妻共同共有不同于其他共同共有关系，夫妻共同财产的析产诉讼一般在离婚的前提下进行，夫妻不离婚的前提下，执行程序无法对被执行人享有的份额进行确定分割。虽然《民法典》第1066条规定："婚姻关系存续期间，有下列情形之一的，夫妻一方可以向人民法院请求分割共同财产：（一）一方有隐藏、转移、变卖、毁损、挥霍夫妻共同财产或者伪造夫妻共同债务等严重损害夫妻共同财产利益的行为；（二）一方负有法定扶养义务的人患重大疾病需要医治，另一方不同意支付相关医疗费用。”但该条规定为夫妻一方利益所设立，并不适用于债权人的利益保护，而且《婚姻编解释（一）》第38条明确规定，婚姻关系存续期间，除《民法典》第1066条规定情形以外，夫妻一方请求分割共同财产的，人民法院不予支持。因此，寄希望于夫妻合意析产确定财产份额后再执行的做法难以在实践中贯彻施行。目前，实践中较为普遍的做法是，执行程序对夫妻共同财产直接予以变现，就处置价款进行比例分割，属于被执行人的财产份额用于清偿债权人，剩余份额部分返还给被执行人配偶。对登记在配偶一方名下财产采取查封、扣押、冻结措施后，应当给予另一方作为案外人提出异议的权利，但该案外人异议不能阻止人民法院对共同财产的变现和清偿。

越南在夫妻共同财产执行问题上的做法值得肯定与借鉴。越南《民事判决执行法》第74条第1款第3项规定，对于夫妻共有财产，由执行员依照婚姻家庭相关法律规定，确定共有财产中夫妻双方各自所有的部分并通知夫妻双方。夫妻双方不同意的，有权自执行员确定夫妻双方对共有财产各自所有权之日起30日内提起诉讼，请求法院分割夫妻共有财产。期限届满当事人未提起诉讼的，由执行员处置所涉财产，并向被执行人的配偶返还其持有的共有财产中的相应价值数额。[①] 此种规则设计，一方面，既保证了夫妻双方可以通过析产诉讼维护自身权益；另一方面，又通过“不诉讼即可能承担不利后果”的规则设计促使当事人积极行使权利，保障执行程序的稳定推进，不至于陷入因当事人怠于诉讼致使执行程序迟滞不前的困境之中。

---

① 参见越南《民事判决执行法》第74条。

第二十四章　对股权等其他财产权的执行

一、对公司股权及投资权益的执行

通知、复函、规定原文

（一）最高人民法院　国家工商总局关于加强信息合作规范执行与协助执行的通知

2014年10月10日　法〔2014〕251号

各省、自治区、直辖市高级人民法院，解放军军事法院，新疆维吾尔自治区高级人民法院生产建设兵团分院；各省、自治区、直辖市工商行政管理局：

按照中央改革工商登记制度的决策部署，根据全国人大常委会、国务院对注册资本登记制度改革涉及的法律、行政法规的修改决定，以及国务院印发的《注册资本登记制度改革方案》《企业信息公示暂行条例》，最高人民法院、国家工商行政管理总局就加强信息合作、规范人民法院执行与工商行政管理机关协助执行等事项通知如下：

一、进一步加强信息合作

1. 各级人民法院与工商行政管理机关通过网络专线、电子政务平台等媒介，将双方业务信息系统对接，建立网络执行查控系统，实现网络化执行与协助执行。

2. 人民法院与工商行政管理机关要积极创造条件，逐步实现人民法院通过企业信用信息公示系统自行公示相关信息。

3. 已建立网络执行查控系统的地区，可以通过该系统办理协助事项。

有关网络执行查控系统要求、电子文书要求、法律效力等规定，按照《最高人民法院关于网络查询、冻结被执行人存款的规定》（法释〔2013〕20 号）执行。通过网络冻结、强制转让股权、其他投资权益（原按照法释〔2013〕20 号第九、十条等规定执行）的程序，按照本通知要求执行，但协助请求、结果反馈的方式由现场转变为通过网络操作。

4. 未建成网络执行查控系统的地区，工商行政管理机关有条件的，可以设立专门的司法协助窗口或者指定专门的机构或者人员办理协助执行事务。

5. 各级人民法院与工商行政管理机关通过网络专线、电子政务平台等媒介，建立被执行人、失信被执行人名单、刑事犯罪人员等信息交换机制。工商行政管理机关将其作为加强市场信用监管的信息来源。

二、进一步规范人民法院执行与工商行政管理机关协助执行

6. 人民法院办理案件需要工商行政管理机关协助执行的，工商行政管理机关应当按照人民法院的生效法律文书和协助执行通知书办理协助执行事项。

人民法院要求协助执行的事项，应当属于工商行政管理机关的法定职权范围。

7. 工商行政管理机关协助人民法院办理以下事项：

（1）查询有关主体的设立、变更、注销登记，对外投资，以及受处罚等情况及原始资料（企业信用信息公示系统已经公示的信息除外）；

（2）对冻结、解除冻结被执行人股权、其他投资权益进行公示；

（3）因人民法院强制转让被执行人股权，办理有限责任公司股东变更登记；

（4）法律、行政法规规定的其他事项。

8. 工商行政管理机关在企业信用信息公示系统中设置“司法协助”栏目，公开登载人民法院要求协助执行的事项。

人民法院要求工商行政管理机关协助公示时，应当制作协助公示执行信息需求书，随协助执行通知书等法律文书一并送达工商行政管理机关。工商行政管理机关按照协助公示执行信息需求书，发布公示信息。

公示信息应当记载执行法院，执行裁定书及执行通知书文号，被执行人姓名（名称），被冻结或转让的股权、其他投资权益所在市场主体的姓名（名称），股权、其他投资权益数额，受让人，协助执行的时间等内容。

9. 人民法院对股权、其他投资权益进行冻结或者实体处分前，应当查询权属。

人民法院应先通过企业信用信息公示系统查询有关信息。需要进一步获取有关信息的，可以要求工商行政管理机关予以协助。

执行人员到工商行政管理机关查询时，应当出示工作证或者执行公务证，并出具协助查询通知书。协助查询通知书应当载明被查询主体的姓名（名称）、查询内容，并记载执行依据、人民法院经办人员的姓名和电话等内容。

10. 人民法院对从工商行政管理机关业务系统、企业信用信息公示系统以及公司章程中查明属于被执行人名下的股权、其他投资权益，可以冻结。

11. 人民法院冻结股权、其他投资权益时，应当向被执行人及其股权、其他投资权益所在市场主体送达冻结裁定，并要求工商行政管理机关协助公示。

人民法院要求协助公示冻结股权、其他投资权益时，执行人员应当出示工作证或者执行公务证，向被冻结股权、其他投资权益所在市场主体登记的工商行政管理机关送达执行裁定书、协助公示通知书和协助公示执行信息需求书。

协助公示通知书应当载明被执行人姓名（名称），执行依据，被冻结的股权、其他投资权益所在市场主体的姓名（名称），股权、其他投资权益数额，冻结期限，人民法院经办人员的姓名和电话等内容。

工商行政管理机关应当在收到通知后三个工作日内通过企业信用信息公示系统公示。

12. 股权、其他投资权益被冻结的，未经人民法院许可，不得转让，不得设定质押或者其他权利负担。

有限责任公司股东的股权被冻结期间，工商行政管理机关不予办理该股东的变更登记、该股东向公司其他股东转让股权被冻结部分的公司章程备案，以及被冻结部分股权的出质登记。

13. 工商行政管理机关在多家法院要求冻结同一股权、其他投资权益的情况下，应当将所有冻结要求全部公示。

首先送达协助公示通知书的执行法院的冻结为生效冻结。送达在后的冻结为轮候冻结。有效的冻结解除的，轮候的冻结中，送达在先的自动生效。

14. 冻结股权、其他投资权益的期限不得超过两年。申请人申请续行冻结的，人民法院应当在本次冻结期限届满三日前按照本通知第 11 条办理。续冻期限不得超过一年。续行冻结没有次数限制。

有效的冻结期满，人民法院未办理续行冻结的，冻结的效力消灭。按照前款办理了续行冻结的，冻结效力延续，优先于轮候冻结。

15. 人民法院对被执行人股权、其他投资权益等解除冻结的，应当通知当事人，同时通知工商行政管理机关公示。

人民法院通知和工商行政管理机关公示的程序，按照本通知第 11 条办理。

16. 人民法院强制转让被执行人的股权、其他投资权益，完成变价等程序后，应当向受让人、被执行人或者其股权、其他投资权益所在市场主体送达转让裁定，要求工商行政管理机关协助公示并办理有限责任公司股东变更登记。

人民法院要求办理有限责任公司股东变更登记的，执行人员应当出示工作证或者执行公务证，送达生效法律文书副本或者执行裁定书、协助执行通知书、协助公示执行信息需求书、合法受让人的身份或资格证明，到被执行人股权所在有限责任公司登记的工商行政管理机关办理。

法律、行政法规对股东资格、持股比例等有特殊规定的，人民法院要求工商行政管理机关办理有限责任公司股东变更登记前，应当进行审查，并确认该公司股东变更符合公司法第二十四条、第五十八条的规定。

工商行政管理机关收到人民法院上述文书后，应当在三个工作日内直接在业务系统中办理，不需要该有限责任公司另行申请，并及时公示股东变更登记信息。公示后，该股东权利以公示信息确定。

17. 人民法院可以对有关材料查询、摘抄、复制，但不得带走原件。

工商行政管理机关对人民法院复制的书面材料应当核对并加盖印章。人民法院要求提供电子版，工商行政管理机关有条件的，应当提供。

对于工商行政管理机关无法协助的事项，人民法院要求出具书面说明的，工商行政管理机关应当出具。

18. 工商行政管理机关对按人民法院要求协助执行产生的后果，不承担责任。

当事人、案外人对工商行政管理机关协助执行的行为不服，提出异议或者行政复议的，工商行政管理机关不予受理；向人民法院起诉的，人民法院不予受理。

当事人、案外人认为人民法院协助执行要求存在错误的，应当按照民事诉讼法第二百二十五条之规定，向人民法院提出执行异议，人民法院应当受理。

当事人认为工商行政管理机关在协助执行时扩大了范围或者违法采取措施造成其损害，提起行政诉讼的，人民法院应当受理。

19. 人民法院冻结股权、其他投资权益的通知在2014年2月28日之前送达工商行政管理机关、冻结到期日在2014年3月1日以后的，工商行政管理机关应当在2014年11月30日前将冻结信息公示。公示后续行冻结的，按照本通知第11条办理。

冻结到期日在2014年3月1日以后、2014年11月30日前，人民法院送达了续行冻结通知书的，续行冻结有效。工商行政管理机关还应当在2014年11月30日前公示续行冻结信息。

人民法院对股权、其他投资权益的冻结未设定期限的，工商行政管理机关应当在2014年11月30日前将冻结信息公示。从公示之日起满两年，人民法院未续行冻结的，冻结的效力消灭。

各高级人民法院与各省级工商行政管理局可以根据本通知，结合本地实际，制定贯彻实施办法。对执行本通知的情况和工作中遇到的问题，要及时报告最高人民法院、国家工商行政管理总局。

附件：主要文书参考样式（略）

（二）最高人民法院执行工作办公室关于依法向相关有限责任公司、其他法人企业送达冻结被执行人投资权益或股权的法律文书即为合法有效冻结的复函

2001年4月13日　〔2001〕执协字第16号

上海市、安徽省、四川省、陕西省、新疆维吾尔自治区、天津市、北京市、福建省高级人民法院：

近日，联合证券有限责任公司（以下简称联合公司）向我院反映，有多家法院冻结了中国重型汽车集团公司（以下简称重汽公司）所持其公司的股权，

冻结股权的数额已超出重汽公司所有的份额，影响了其正常的经营活动，请求本院协调处理。

经查，联合公司反映的情况属实。重汽公司只拥有联合公司 8000 万股股权，价值 9220.8 万元人民币，1998 年 12 月至 2000 年 7 月，上海二中院、安徽省高级人民法院、四川眉山中院、陕西西安市中级人民法院、新疆维吾尔自治区高级人民法院、天津市第一中级人民法院、北京市第二中级人民法院等 7 家法院在执行以重汽公司为债务人的生效判决过程中，却先后裁定冻结了联合公司的股权共 12,334 万股，超出被执行人拥有的股权份额。按照《最高人民法院关于人民法院执行工作若干问题的规定（试行）》第 88 条的规定，本案各债权人对执行标的物均无担保物权，应当按照执行法院采取执行措施的先后顺序受偿。在采取执行措施的时间顺序上，各家法院均无争议，依次为上海二中院、安徽省高级人民法院、四川眉山中院、陕西西安市中级人民法院、新疆维吾尔自治区高级人民法院、天津市第一中级人民法院、北京市第二中级人民法院。但天津市第一中级人民法院、北京市第二中级人民法院提出，上海二中院和四川眉山中院虽然在先向联合公司送达了冻结股权的相关法律文书，但没有在工商机关办理登记手续，应视其冻结措施无效，不能对抗在后既向联合公司送达了相关法律文书，又在工商机关办理了登记手续的法院所采取的冻结措施。

我们认为，根据《最高人民法院关于人民法院执行工作若干问题的规定（试行）》第 53 条的规定，人民法院冻结被执行人在有限责任公司、其他法人企业的投资权益或股权的，只要依法向相关有限责任公司、其他法人企业送达了冻结被执行人投资权益或股权的法律文书，即为合法有效。因此，本案中上海二中院、四川眉山中院实施的冻结重汽公司股权的措施是合法有效的。天津市第一中级人民法院、北京市第二中级人民法院关于既向联合公司送达冻结股权的法律文书，又到商管理机关进行登记才发生冻结效力的主张，并无法律规定，故不能否定上海二中院、四川眉山中院冻结股权的效力。天津市第一中级人民法院、北京市第二中级人民法院冻结股权的措施，实际上是在重汽公司已无股权可供执行的情况下进行的，当属无效，应当解除。两院可依法执行被执行人的其他财产。

此外，厦门中院关于重汽公司不承担有关民事责任的判决已经发生法律效力，应当解除该院在审判过程中对重汽公司股权冻结的保全措施。接此函后，请天津、北京、福建省高级人民法院监督所辖相关法院立即解除对重汽公司的股权冻结措施，以保证本案执行工作的顺利进行。

（三）最高人民法院
关于人民法院强制执行股权若干问题的规定

2022年1月1日　法释〔2021〕20号

为了正确处理人民法院强制执行股权中的有关问题，维护当事人、利害关系人的合法权益，根据《中华人民共和国民事诉讼法》《中华人民共和国公司法》等法律规定，结合执行工作实际，制定本规定。

第一条　本规定所称股权，包括有限责任公司股权、股份有限公司股份，但是在依法设立的证券交易所上市交易以及在国务院批准的其他全国性证券交易场所交易的股份有限公司股份除外。

第二条　被执行人是公司股东的，人民法院可以强制执行其在公司持有的股权，不得直接执行公司的财产。

第三条　依照民事诉讼法第二百二十四条的规定以被执行股权所在地确定管辖法院的，股权所在地是指股权所在公司的住所地。

第四条　人民法院可以冻结下列资料或者信息之一载明的属于被执行人的股权：

（一）股权所在公司的章程、股东名册等资料；

（二）公司登记机关的登记、备案信息；

（三）国家企业信用信息公示系统的公示信息。

案外人基于实体权利对被冻结股权提出排除执行异议的，人民法院应当依照民事诉讼法第二百二十七条的规定进行审查。

第五条　人民法院冻结被执行人的股权，以其价额足以清偿生效法律文书确定的债权额及执行费用为限，不得明显超标的额冻结。股权价额无法确定的，可以根据申请执行人申请冻结的比例或者数量进行冻结。

被执行人认为冻结明显超标的额的，可以依照民事诉讼法第二百二十五条的规定提出书面异议，并附证明股权等查封、扣押、冻结财产价额的证据材料。人民法院审查后裁定异议成立的，应当自裁定生效之日起七日内解除对明显超标的额部分的冻结。

第六条　人民法院冻结被执行人的股权，应当向公司登记机关送达裁定书和协助执行通知书，要求其在国家企业信用信息公示系统进行公示。股权冻结自在公示系统公示时发生法律效力。多个人民法院冻结同一股权的，以在公示系统先办理公示的为在先冻结。

依照前款规定冻结被执行人股权的，应当及时向被执行人、申请执行人送达裁定书，并将股权冻结情况书面通知股权所在公司。

第七条　被执行人就被冻结股权所作的转让、出质或者其他有碍执行的行为，不得对抗申请执行人。

第八条　人民法院冻结被执行人股权的，可以向股权所在公司送达协助执行通知书，要求其在实施增资、减资、合并、分立等对被冻结股权所占比例、股权价值产生重大影响的行为前向人民法院书面报告有关情况。人民法院收到报告后，应当及时通知申请执行人，但是涉及国家秘密、商业秘密的除外。

股权所在公司未向人民法院报告即实施前款规定行为的，依照民事诉讼法第一百一十四条的规定处理。

股权所在公司或者公司董事、高级管理人员故意通过增资、减资、合并、分立、转让重大资产、对外提供担保等行为导致被冻结股权价值严重贬损，影响申请执行人债权实现的，申请执行人可以依法提起诉讼。

第九条　人民法院冻结被执行人基于股权享有的股息、红利等收益，应当向股权所在公司送达裁定书，并要求其在该收益到期时通知人民法院。人民法院对到期的股息、红利等收益，可以书面通知股权所在公司向申请执行人或者人民法院履行。

股息、红利等收益被冻结后，股权所在公司擅自向被执行人支付或者变相支付的，不影响人民法院要求股权所在公司支付该收益。

第十条　被执行人申请自行变价被冻结股权，经申请执行人及其他已知执行债权人同意或者变价款足以清偿执行债务的，人民法院可以准许，但是应当在能够控制变价款的情况下监督其在指定期限内完成，最长不超过三个月。

第十一条 拍卖被执行人的股权，人民法院应当依照《最高人民法院关于人民法院确定财产处置参考价若干问题的规定》规定的程序确定股权处置参考价，并参照参考价确定起拍价。

确定参考价需要相关材料的，人民法院可以向公司登记机关、税务机关等部门调取，也可以责令被执行人、股权所在公司以及控制相关材料的其他主体提供；拒不提供的，可以强制提取，并可以依照民事诉讼法第一百一十一条、第一百一十四条的规定处理。

为确定股权处置参考价，经当事人书面申请，人民法院可以委托审计机构对股权所在公司进行审计。

第十二条 委托评估被执行人的股权，评估机构因缺少评估所需完整材料无法进行评估或者认为影响评估结果，被执行人未能提供且人民法院无法调取补充材料的，人民法院应当通知评估机构根据现有材料进行评估，并告知当事人因缺乏材料可能产生的不利后果。

评估机构根据现有材料无法出具评估报告的，经申请执行人书面申请，人民法院可以根据具体情况以适当高于执行费用的金额确定起拍价，但是股权所在公司经营严重异常，股权明显没有价值的除外。

依照前款规定确定的起拍价拍卖的，竞买人应当预交的保证金数额由人民法院根据实际情况酌定。

第十三条 人民法院拍卖被执行人的股权，应当采取网络司法拍卖方式。

依据处置参考价并结合具体情况计算，拍卖被冻结股权所得价款可能明显高于债权额及执行费用的，人民法院应当对相应部分的股权进行拍卖。对相应部分的股权拍卖严重减损被冻结股权价值的，经被执行人书面申请，也可以对超出部分的被冻结股权一并拍卖。

第十四条 被执行人、利害关系人以具有下列情形之一为由请求不得强制拍卖股权的，人民法院不予支持：

（一）被执行人未依法履行或者未依法全面履行出资义务；

（二）被执行人认缴的出资未届履行期限；

（三）法律、行政法规、部门规章等对该股权自行转让有限制；

（四）公司章程、股东协议等对该股权自行转让有限制。

人民法院对具有前款第一、二项情形的股权进行拍卖时，应当在拍卖公告中载明被执行人认缴出资额、实缴出资额、出资期限等信息。股权处置后，相关主体依照有关规定履行出资义务。

第十五条 股权变更应当由相关部门批准的，人民法院应当在拍卖公告中载明法律、行政法规或者国务院决定规定的竞买人应当具备的资格或者条件。必要时，人民法院可以就竞买资格或者条件征询相关部门意见。

拍卖成交后，人民法院应当通知买受人持成交确认书向相关部门申请办理股权变更批准手续。买受人取得批准手续的，人民法院作出拍卖成交裁定书；买受人未在合理期限内取得批准手续的，应当重新对股权进行拍卖。重新拍卖的，原买受人不得参加竞买。

买受人明知不符合竞买资格或者条件依然参加竞买，且在成交后未能在合理期限内取得相关部门股权变更批准手续的，交纳的保证金不予退还。保证金不足以支付拍卖产生的费用损失、弥补重新拍卖价款低于原拍卖价款差价的，人民法院可以裁定原买受人补交；拒不补交的，强制执行。

第十六条 生效法律文书确定被执行人交付股权，因股权所在公司在生效法律文书作出后增资或者减资导致被执行人实际持股比例降低或者升高的，人民法院应当按照下列情形分别处理：

（一）生效法律文书已经明确交付股权的出资额的，按照该出资额交付股权；

（二）生效法律文书仅明确交付一定比例的股权的，按照生效法律文书作出时该比例所对应出资额占当前公司注册资本总额的比例交付股权。

第十七条 在审理股东资格确认纠纷案件中，当事人提出要求公司签发出资证明书、记载于股东名册并办理公司登记机关登记的诉讼请求且其主张成立的，人民法院应当予以支持；当事人未提出前述诉讼请求的，可以根据案件具体情况向其释明。

生效法律文书仅确认股权属于当事人所有，当事人可以持该生效法律文书自行向股权所在公司、公司登记机关申请办理股权变更手续；向人民法院申请强制执行的，不予受理。

第十八条 人民法院对被执行人在其他营利法人享有的投资权益强制执行

的，参照适用本规定。

第十九条 本规定自2022年1月1日起施行。

施行前本院公布的司法解释与本规定不一致的，以本规定为准。

出台背景

债务人名下所有或实际持有的股权和其他投资权益已经成为民事执行的重要客体，但股权执行需要得到工商登记机关的积极协助。因股权系股东对公司享有的人身和财产权益的结合体，对股权的查封与处置具有一定的特殊性。从股权执行的规范基础看，在2014年以前，法院与工商部门尚未建立具有可操作性的有关股权执行的制度。仅有1998年《执行规定》中的6个条文（第51条至第56条），以及最高人民法院、原国家工商总局根据下级单位请示就个案作出的几个批复或答复，无法满足执行实践的需要。

1999年原国家工商行政管理局出台的《关于协助人民法院执行冻结或强制转让股权问题的答复》（已废止）主要内容是就股权在执行程序中如何强制转让，规定了依股权所在企业主动申请变更的程序，但该做法已不能适应形势发展，实践操作效果欠佳。此外，股权强制转让时如何保障其他股东的优先购买权，受让股东的特定任职资格的限制谁来审查，这些问题都缺乏明确指引。2013年，公司资本制度和工商登记制度实行重大改革，全国人大常委会修改了公司法，国务院出台了《注册资本登记制度改革方案》《企业信息公示暂行条例》等多部文件。公司登记制度改革给股权执行工作提出了新课题，传统执行模式面临挑战，亟须制定新的规范性文件作出相应的调整与安排。近十年来，人民法院和工商机关的信息化建设都取得了长足发展，双方之间具备了信息网络对接的技术条件，也需要对双方实现信息互联共享作出相应规定。

因此，最高人民法院和原国家工商总局于2013年组成联合调研组赴多地调研会商，数易其稿，历经两年出台了《关于加强信息合作规范执行与协助执行的通知》（以下简称《信息合作通知》）。

在总结司法实践经验的基础上，最高人民法院于2021年12月20日发布的《股权执行规定》，对涉及股权执行过程中诸多模糊的地带的问题予以澄清、给出解决路径，进一步完善和规范了人民法院对股权的强制执行。

理解与适用[①]

（一）人民法院通过网络查询、冻结股权与股东办理股权变更登记的机制

第一，法院与股权登记机关可以通过网络专线或电子政务平台等媒介，实现业务系统的对接。但是，由于市场监管总局业务系统是在统合省级业务系统的基础上建立的，不是统一开发的全国系统，有些资料在上级工商机关系统中无法查看。同时，需要冻结、强制股权变更登记又必须在注册登记地的登记机关办理，这样通过上级登记机关的系统可能难以完成某些协助事项。只有积极创造条件，才能逐步实现法院通过企业信用信息公示系统自行公示相关信息。

第二，《信息合作通知》是按照现场执行设定的程序，所以在转化为网络执行的过程中，应把发送协助请求、结果反馈的方式，由现场操作改为通过网络操作。这两项行为之外应由工商机关办理的协助执行工作，都可以通过信息化方式由其在业务系统中办理。

第三，关于现场执行与网络查控的关系。原则上，所有的执行与协助执行行为都能最终通过网络进行。但是，当前不能取消法院到工商机关现场执行，相反，在多年来未对现场执行的程序制定规范的当下，要把现场执行与协助执行的程序设计好，为将来转化为网络操作打下制度和实践基础。目前，股权执行的协助义务机关没有设立专门的司法协助窗口或者指定专门的机构、人员办理协助执行事务。主要考虑很多基层工商机关也存在“业多人少”的压力，无力增派专门的窗口和人员等实际困难。

（二）协助执行的原则及具体协执事项

股权执行协助义务机关在协助执行时，不能出现设定复杂的内部审批程序、收取超标费用、不确定时间等消极协助的行为。同时，也要遵循合法原则。人

---

① 此处分析《信息合作通知》为主，兼顾《关于协助人民法院执行冻结或强制转让股权问题的答复》，并参照刘贵祥、黄文艺：《关于加强信息合作规范执行与协助执行的通知的理解与适用》，载《人民司法（应用）》2015 年第 3 期。

民法院应在工商机关权限范围内提出协助要求，不能要求工商机关超出法定职责权限办理协助事项（如不能要求冻结非上市公司股份）。

关于工商机关协助执行的内容，主要包括四项：一是查询。查询内容包括有关主体的设立、变更、注销登记，对外投资，以及受处罚等情况及原始资料，对于在企业信用信息公示系统已经公示的信息，人民法院可直接登录相关网站查询。二是冻结。包括对被执行人股权、其他投资权益的冻结、解除冻结、续行冻结等情况进行公示。三是强制转让被执行人股权。四是法律、行政法规规定的其他“兜底性”事项。只要是工商机关掌握的被执行人的所有登记、备案材料，如股权、其他投资权益的质押登记等信息，都有义务协助提供给人民法院。此外，能够借以查明被执行人财产或线索的其他市场主体的工商登记情况，也有义务提供给人民法院。

（三）对股权执行措施的协助公示

按照传统的公司登记管理模式，公司成立时须在工商部门登记公司名称、住所、注册资本等信息，[①] 对其他市场主体来说，很难通过上述信息了解该公司的信用记录。这些有限的信息可能是滞后的，不足以判断一个公司的偿付能力，而且这些信息并不公开，只有按登记机关的规定提供证明与该公司有特定利害关系才能在登记机关查阅这些信息。原有的企业年度检验制度要求公司每年在规定时间，按要求提交“年度检验报告书”“年度资产负债表和损益表”“企业法人营业执照副本”，也即俗称的“年检”。登记机关根据这些材料，对“与公司登记事项有关的情况”进行审查。送检材料同样不公开。年检的目的是审查企业经营是否“规范”，是否能继续保有营业资格，而不是向其他市场主体披露可用的企业信用信息。

2014 年的工商登记制度改革通过制度设计弱化了工商登记的管理和许可功能，将商事登记定位于服务功能，通过工商登记为社会公众提供经营者基本资料的公示服务和信息查询服务，强调信息公示作用。这也是市场经济发达国家的通行做法。《企业信息公示暂行条例》，以年度报告公示和信息即时公示取代

---

① 根据《公司登记管理条例》（已废止）第 9 条的规定，登记事项包括 8 项：（1）名称；（2）住所；（3）法定代表人姓名；（4）注册资本；（5）公司类型；（6）经营范围；（7）营业期限；（8）有限责任公司股东或者股份有限公司发起人的姓名或者名称。

了年检制度，建立“异常名录”“违法名单”等约束机制，旨在通过更多信息的及时公开，将企业的资产、经营、管理等方面信息转化为企业信用（或声誉）纪录，进而为其他市场主体和各政府管理部门提供评价企业信用的依据。[①]

具体做法是，工商机关在企业信用信息公示系统中设置“司法协助”栏目，公开登载人民法院要求协助执行的事项。人民法院要求工商机关协助公示时，制作协助公示执行信息需求书，随协助执行通知书等法律文书一并送达工商机关。工商机关按照协助公示执行信息需求书，发布公示信息，社会公众可以从企业信用信息公示系统中的“司法协助”栏目查询企业的股权协执信息。

根据《查扣冻规定》第24条，人民法院的查封、扣押、冻结没有公示的，其效力不得对抗善意第三人。通过倒逼使股权协执信息在互联网上向社会公示，拓展了公示的范围，加强了公示的效力，实现了法律效果的最大化。

（四）查询股权或其他投资权益的程序

第一，执行股权或其他投资权益首先应当查明被执行人享有这类权益的情况，但出于反规避执行或其他法定理由，查询范围不应限于登记在被执行人名下的股权。同时要注意，执行时应遵循股东财产与法人财产相分离的原则。

第二，查询的顺序。全国企业信用信息公示系统的公示事项比较全面，各级法院在执行时首先应通过该系统查询。需要进一步到工商机关的业务系统查询有关信息或者查看有关登记、备案资料原件的，可以到工商机关查询。

第三，现场查询的注意事项。一是查询时只需出示工作证或者执行公务证的一种。二是协助执行通知书在查询阶段直接称为“协助查询通知书”。对股权及其他投资权益的执行和协助执行，涉及查询、冻结和强制转让多个阶段，而且每个阶段的协助执行方式和程序差别很大。按照查询、冻结和过户的三个阶段。协助执行通知书细分为“协助查询通知书”“协助公示通知书”和“协助执行通知书”，只有协助执行股权过户时才称为“协助执行通知书”。

（五）冻结股权、其他投资权益的程序

1. 可以冻结的股权、其他投资权益的范围

理论上，对于被执行人名下的投资权益，执行法院都可以强制执行。但工

① 参见王军：《中国公司法》（第2版），高等教育出版社2017年版，第88页。

商登记、股东名册、股权凭证、公司章程中记载的股东姓名有可能不一致，还可能存在股权代持的情形，此时如何确定股权是否在被执行人名下，存在争议，目前我国法律无明确规定。一般认为，由于很多有限责任公司并不置备股东名册，股东名册是公司内部文件且很容易被伪造，当事人之间的隐名投资协议只能约束签约的双方当事人（根据合同相对性原则），故以工商登记作为认定股权归属的标准具有合理性。

毕竟，工商登记对社会具有公示公信效力，善意第三人对公司登记文件的真实性具有信赖利益，这种合理的信赖利益值得法律保护。即使该股权登记有瑕疵，第三人也有理由认为是真实的，并据此要求登记股东承担责任，执行法院可依据公示登记的内容强制执行，这也是商法公示主义与外观主义的体现。实务中，有观点认为我国商事外观主义和执行程序中的外观主义原则在一定时期内恐难以完全树立，现在规定有些超前，实践效果难以保证，最终《信息合作通知》规定了可以冻结股权、投资权益的范围，而回避了权属确认标准这一法律争议。因此，实践中对从工商机关业务系统、企业信用信息公示系统以及公司章程中查明属于被执行人名下的股权、其他投资权益，执行法院都可以冻结。实际权利人主张权利的，按照案外人异议和异议之诉程序处理。

2. 冻结法律文书送达及协助公示程序

对于冻结股权、其他投资权益法律文书送达的范围，《信息合作通知》第11条规定送达的主体有三个，具体表现为：人民法院可以向被执行人及其股权、其他投资权益所在市场主体送达冻结裁定，向工商机关送达执行裁定书、协助公示通知书和协助公示执行信息需求书。但规定三个被送达主体看似提供了更多的选择，实际却造成了适用上的混乱。实践中，如果不同案件的法院同时向市场监督管理部门送达协助执行通知，以先送达者为先并无争议，但多个法院有的向公司送达协助执行通知，有的向市场监督管理部门送达协助执行通知，究竟以向公司送达还是向市场监督管理部门送达的发生冻结效力？或是市场监督管理部门作出的协助公示时发生效力？若均发生效力，又以何者冻结在先？这些问题引发了不少争议，尤其是对于非上市股份公司的冻结。原因在于市场监督管理部门仅受理非上市公司股份公司发起人的变更登记，对于非发起人股东，市场监督管理部门既不掌控也不受理。最高人民法院2021年12月20日发布的《股权执行规定》对该问题的处理做了统一规定。第 6 条规定，人民法院冻结被执行人的股权，应当向公司登记机关送达裁定书和协助执行通知书，要求其在国家企业信用信息公示系统进行公示。股权冻结自在公示系统公示时发生法律效力。多个人民法院冻结同一股权的，以在公示系统先办理公示的为在先冻结。法院应当及时向被执行人、申请执行人送达裁定书，并将股权冻结情况书面通知股权所在公司。由此，实践中一直引起争议的股权冻结问题尘埃落定，今后无论是冻结有限责任公司股权还是非上市股份公司股份，均应向登记机关送达协助执行通知书，登记机关公示在先，冻结在先。需要注意的是，最高人民法院采取了对股东冻结不及于股息、红利的立场，如果人民法院冻结的是被执行人基于股权享有的股息、红利等收益，应当向股权所在公司送达裁定书，并要求其在收益到期时通知人民法院。这是因为能够对股息、红利的发放作出控制性措施的只能是公司，公司登记机关无法施加此种影响。在股息、红利等收益被冻结后，股权所在公司擅自向被执行人支付或者变相支付的，不影响人民法院要求该公司支付股息、红利等收益。工商机关协助公示的一般程序需要注意两点：

一是从“协助冻结”到“协助公示”的转变。工商机关协助冻结的行为只是对冻结的协助公示，而不是协助冻结。工商管理机关认为，此次工商登记制度的修改，工商机关的法定职权发生了变化，其协助执行的方式也应发生变化，如果还是称为协助冻结，有违改革的内容和初衷。对股权的协助冻结，工商机关仅是实行公示监管，将执行法院冻结信息公示，已经尽到了协助义务。最高人民法院认同了这些观点。二是工商机关收到通知后应当在 3 个工作日内公示。最高人民法院曾希望工商机关收到通知后立即在系统中公示，但原工商总局表示基层工商机关无法做到，希望能适用 7 日的期限。最终经过讨论，双方确定了 3 日的办理期限，并将这个期限作为提前办理续行冻结的期限和工商机关在业务系统办理有限公司股权变更登记的期限。

3. 关于冻结股权、其他投资权益的效力

对股权的冻结裁定对被执行人、被执行人股权或其他投资权益所在的市场主体以及其他主体的法律效力，不管“协助冻结”，还是“协助公示冻结”，只是叫法不同而已，效果都是一样的，最终的法律效力并没有变化，还是两个禁止：“禁止转让” +“禁止设定权利负担”。

4. 关于轮候冻结、续行冻结、冻结期限、解除冻结

冻结股权、其他投资权益存在轮候冻结、续行冻结、冻结期限、解除冻结等不同样态。根据《民事诉讼法解释》第485条第1款的规定，股权属于独立于银行存款、动产之外的“其他财产权”，冻结期限（含续冻期限）为三年。因此，《信息合作通知》第14条第1款中关于最长两年冻结期限的规定，因与其后生效的司法解释相冲突而失去效力。①

（六）股权司法拍卖处置价的确定

《财产处置价规定》规定了当事人议价、定向询价、网络询价、委托评估四种确定财产处置参考价的方式以及适用的顺序原则。《股权执行规定》第11条也明确规定，拍卖被执行人的股权，人民法院应当依据上述规定的程序确定股权处置参考价，并参照参考价确定起拍价。

值得注意的是，《股权执行规定》第12条是对委托评估确定处置参考价的规定。如果评估机构因缺少评估所需完整资料无法进行评估或者认为影响评估结果，被执行人未能提供且人民法院无法调取补充材料的，人民法院应当通知评估机构根据现有材料进行评估，并告知当事人因缺乏材料可能产生的不利后果。评估机构根据现有材料无法出具评估报告的，经申请执行人书面申请，人民法院可以根据具体情况以适当高于执行费用的金额确定起拍价，但是股权所在公司经营严重异常，股权明显没有价值的除外。实践中，有被执行人通过不提供股权相关资料等方式抵抗法院的拍卖行为，《股权执行规定》如此做法就是对被执行人抗拒执行的有效规制，其不仅无法阻止人民法院对股权的拍卖，还可能因无法评估只能以执行费用作为参考标准导致低价拍卖，最终受损的是试图规避执行的被执行人自身利益。

（七）强制股权、其他投资权益过户的程序

执行程序中行政部门对有限责任公司股权变更的协助执行，实践中一般存在于两种情形：

① 《信息合作通知》公布后仅两个月，《民事诉讼法解释》通过，最高人民法院间隔如此之近的两个文件对股权冻结期限却作出不一致的规定，因为查封期限是司法解释规定的，只有通过司法解释才能修改。

一是权利人依据人民法院作出的关于股权确认、股权转让等以股权本身为判项指向的民事判决，请求行政部门基于民事判决直接将案涉股权变更至其名下，如行政部门拒绝径行变更，权利人向法院申请执行，法院作出协助执行通知书要求行政部门变更，此时的股权变更受让主体为申请执行人。[①] 二是在以金钱给付债权为标的的执行案件中，被执行人不能履行债务，法院通过司法拍卖、变卖或是以股权抵债方式对股权予以处分，因而作出协助执行通知书要求行政部门对股权变更，此时的股权受让主体主要为买受人，在以股抵债方式下则是申请执行人。

关于股权转让在执行程序中如何操作，存在以下三种不同的意见。

第一种意见认为，应当要求当事人提出变更申请（由法定代表人提交签署的申请书、新股东的决议、修改后的章程、新董事会的决议等材料），当事人逾期不提出申请的，工商机关对其进行行政处罚。蕴含的逻辑是：对于人民法院的股权协助变更要求，工商部门不是“径行变更”，而是“要求公司主动申请变更”，再通过行政处罚手段来威慑公司的“拒不申请”。实践中，常出现工商部门要求被执行股权所在公司提交申请文件，公司拒不提交或以其他非适当理由不予配合，人民法院要求协助执行的目的因而不能实现。第二种意见认为，应当依据协助执行通知书的内容直接变更股权。第三种意见认为，应当采用折中的方法处理，先通知当事人提出变更申请，如果当事人逾期不申请变更，再直接依据协助执行通知书的内容变更股权。

最终，《信息合作通知》采纳了第二种意见，摒弃了第一种意见。这是一个巨大的变化。执行法院要求办理有限责任公司股东变更登记的，执行人员应当出示工作证或者执行公务证，送达生效法律文书副本或者执行裁定书、协助执行通知书、协助公示执行信息需求书、合法受让人的身份或资格证明，到被执行人股权所在有限责任公司登记的工商机关办理。工商机关收到人民法院上述文书后，应当在3个工作日内直接在业务系统中办理，并及时公示股东变更登记信息，无须股权所在的有限责任公司提交烦琐的文件另行提出申请。

---

① 对于具有股权变更内容的民事判决，权利人持判决向工商部门申请变更登记的，工商部门应当径行变更，无须进入执行程序，但这种规则在实践中障碍颇多，部分地方工商部门拒绝受理此类变更，权利人只有向人民法院申请强制执行。

（八）法院审查股权强制转让中的限制条件

在股权变更的协助执行方式上，经历了长时间的讨论，原工商总局考虑到公司不履行或者怠于履行法定义务、不予协助办理变更登记的，确实缺乏必要的惩戒措施，不利于维护良好的市场秩序和加强监管，最终同意工商部门依据协助执行通知书的内容协助人民法院直接强制转让有限公司股东的股权。但是，原国家工商总局同时附加了三个条件，即将法律规定有限公司股权转让中三种限制情况的审查义务主体赋予了执行法院。

第一，由执行法院依法保护其他股东的优先购买权。根据《公司法》第 72 条，① 股东对其他股东在执行程序中被强制转让的股权享有优先购买权，但这种先买权的保护非常复杂（德国法明确规定强制执行不受股东优先购买权的限制）。我国公司法虽基于有限公司人合性的考虑，规定了股东的这项权利，但却缺乏详细的操作规程，② 以致实践中各地法院的做法不尽相同。

那么，究竟该如何设定保护其他股东优先购买权的操作规程，《信息合作通知》没有作出回答，只是将这项义务赋予了法院，留待后续的司法解释作出明确规定。最终使这个问题得以基本解决的，是 2017 年施行的《公司法解释（四）》。第 17 条至第 22 条共计 6 个条文，③ 详细解释了什么是"书面通知""通知""同等条件"，从而使股权优先购买权在强制执行程序中的转让操作得以细化。

第二，法律、行政法规对股东资格、持股比例等有特殊规定的，执行法院应当事先进行审查。比如，《公司法》第 146 条中对公司董事、监事、高管任职资格的限制。应该强调的是，这类强制性规定中，有的要求行政主管部门实质性审批，根据司法权和行政权分离的原理，人民法院不应在执行程序中代替行政机关作出某类主体符合审批条件的判断。实践中，很多执行法院按照法律规

---

① 《公司法》第 72 条规定："人民法院依照法律规定的强制执行程序转让股东的股权时，应当通知公司及全体股东，其他股东在同等条件下有优先购买权。其他股东自人民法院通知之日起满二十日不行使优先购买权的，视为放弃优先购买权。"

② 《拍卖变卖规定》中关于优先购买权的规定只有 3 个条文，比较简单，不能满足股权执行实践需要。

③ 应当认为，这些条文对优先购买权保护的设计规则，既适用于一般市场交易主体之间签订的股权转让合同，又适用于人民法院在强制执行程序中的股权转让。

定的条件，在拍卖公告中设定股权竞买人的资格，拍定后由买受人向有关机关报批，经批准后再办理工商变更登记，这种做法值得肯定。

《股权执行规定》第 15 条将上述做法进行了更系统完善的规定。股权变更应当由相关部门批准的，人民法院应当在拍卖公告中载明法律、行政法规或者国务院决定规定的竞买人应当具备的资格或者条件。必要时，人民法院可以就竞买资格或者条件征询相关部门意见。拍卖成交后，买受人持成交确认书向相关部门申请办理股权变更审批手续。买受人取得批准手续的，人民法院作出拍卖成交裁定书；买受人未在合理期限内取得批准手续的，应当重新对股权进行拍卖。重新拍卖的，原买受人不得参加竞买。买受人如果明知不符合竞买资格或者条件依然参加竞买，且在成交后未能在合理期限内取得相关部门股权变更批准手续的，有妨碍拍卖的嫌疑，其交纳的保证金不予退还。保证金不足以支付拍卖产生的费用损失、弥补重新拍卖价款低于原拍卖价款差价的，人民法院可以裁定原买受人补交；拒不补交的，可以强制执行。

上述规定是在股权变价过程中通过竞买人资格的设置将法院对竞买人资格的审查义务进行适当的转移，其合理性在于对于需要经过相关部门审批的股权转让，一般均涉及专业性审查，如保险等金融机构的股权变更需要由银保监会审批。法院的审查结果代替不了相关部门的批准，增加一道审查程序徒增司法成本。

第三，由人民法院确认该公司股东变更符合法定条件。比如，《公司法》第 24 条（有限责任公司股东人数上限 50 人）、第 58 条（一个自然人只能投资设立一个一人有限责任公司）等规定，均是强制性规定，不能因法院强制执行而突破。从操作层面讲，通过查阅工商档案资料等途径，即可避免违反这两条规定。

由执行法院而非工商部门来审查受让股东的特定主体资格是合理的。这不仅是因为法院在这方面更专业，更在于对股权进行工商登记的本质是行政确认，而非行政许可，由工商部门收到相关法律文书后应当径行变更，而不宜先行实体审查，否则就混淆了司法权和行政权的关系。此外，原国家工商总局基于《民事诉讼法》中关于协助执行的相关规定，曾于 2010 年 6 月作出《关于〈工商行政管理机关对人民法院的协助执行通知书是否负有审核责任的请示〉的批复》（工商法字〔2010〕116号），[①] 这个批复内容也从侧面印证了《信息合作通知》第16条第3款的合理性。

（九）对协助执行的责任和救济

协助执行行为是人民法院司法行为的延伸，协助执行机关不因协助执行承担不利于自己的后果，但对于超出协助执行范围的事项以及协助执行行为造成的损害，应当承担责任。这一规定与最高人民法院2013年7月29日作出的〔2012〕行他字第17号《关于行政机关不履行人民法院协助执行义务行为是否属于行政诉讼受案范围的答复》精神，仍然保持一致。

如果工商部门拒不履行协助执行义务，并不是由执行法院追加其为被执行人向申请执行人承担责任，而是由执行法院按照妨害执行行为对工商部门予以司法制裁。工商部门拒不履行股权协助变更义务，属于“有关单位拒不协助办理有关财产权证照转移手续”，构成《民事诉讼法》第117条第1款第3项的妨害执行行为。法院可以责令工商部门履行，并可采取罚款、拘留、发送司法建议等措施。

（十）对工商登记改革前后法院执行与工商机关协助执行的衔接

首先，要求对人民法院冻结股权、其他投资权益的通知在2014年2月28日之前送达工商机关、冻结到期日在2014年3月1日以后的，工商机关应当在2014年11月30日前将冻结信息公示。公示以后，执行法院续行冻结的，按照《信息合作通知》第11条办理。其次，对工商机关在2014年3月1日实施新的登记制度后，人民法院已经续行冻结的案件如何处理也作出了安排。一是明确冻结到期日在2014年3月1日以后、2014年11月30日前，人民法院送达了续行冻结通知书的，续行冻结有效。二是要求工商机关应当在2014年11月30日前公示续行冻结信息。最后，对人民法院没有设定期限的冻结规定了处理方法。

---

① 该批复原文如下：“一、行政部门根据人民法院的协助执行通知书实施的行为，是行政部门必须履行的法定协助义务；二、工商行政管理机关在协助人民法院执行时，不对生效法律文书和协助执行通知书进行实体审查，不负有审核责任。工商行政管理机关认为协助执行事项存在错误的，可以向人民法院提出书面建议，并要求其记录在案，但不应当停止办理协助执行事项。三、根据最高人民法院《关于行政机关根据法院的协助执行通知书实施的行政行为是否属于人民法院行政诉讼受案范围的批复》（法释〔2004〕6号）的规定，行政机关根据人民法院的协助执行通知实施的行为，不属于人民法院行政诉讼受案范围。”

亦即，人民法院对股权、其他投资权益的冻结未设定期限的，工商机关应当在2014年11月30日前将冻结信息公示。从公示之日起满两年，人民法院未续行冻结的，冻结的效力消灭。

调研表明，存在不少对股权、投资权益无期限的冻结，有的甚至是在20世纪80年代的“睡眠”冻结。最高人民法院在2006年作出的《关于民事执行中查封、扣押、冻结财产有关期限问题的答复》（法函〔2006〕76号）中规定，《查扣冻规定》施行前采取的冻结措施，除了当时法律、司法解释及有关通知对期限问题有专门规定的以外，没有期限限制，但人民法院应当对有关案件尽快处理。

实务操作指引

（一）股权交付请求权的执行

生效法律文书的内容是被执行人向申请执行人交付股权的，如判决A将其持有的某公司30%的股权交付给B。如被执行人持有的股权在执行依据作出后发生变化的，例如，该公司引入新股东导致A持股比例被稀释的，此时法院要如何确定应交付的股权。《股权执行规定》指出，生效法律文书已经明确交付股权的出资额的，按照该出资额交付股权。生效法律文书仅明确交付一定比例的股权的，按照生效法律文书作出时该比例所对应的出资额占当前公司注册资本总额的比例交付股权。

按照上述规定，如果A持有的某公司30%的股权对应的出资额是300万元，无论是因为有其他股东退股还是因新股东加入导致持股比例上升或下降的，A的出资额在生效判决作出时是确定的。假设因增资，A的持股比例从30%下降为20%，即增资完成后A的300万元出资对应的是20%的持股比例。虽然执行依据规定交付的是A持有的30%的股权，但此时交付30%的股权既不现实也不合理。此种情况下，法院执行的内容是A交付20%的股权。这也提示了法院在作出以交付股权为内容的判决时，应将交付股权对应的出资额予以明确，方便后续执行。

（二）股权强制转让后的法律效果及公示义务

股权被强制转让后，原股东退出，新股东加入，股权受让人作为新股东在企业信用信息公示系统中进行变更登记（这可以视为一种对外公示），否则不得对抗第三人。根据《公司法》第73条，有限公司的股权在执行程序中被强制转让的，公司即产生如下三项义务（这可以视为一种对内公示）：(1) 注销原来的出资证明书；(2) 向新股东签发出资证明书；(3) 修改公司章程和股东名册中有关股东及其出资额的记载（对公司章程的该项修改不需再由股东会表决）。受让股权的人（新股东）有权请求公司履行上述三项义务。

（三）对股权的执行原则上应遵循“劣后执行”原则

由于股权处置中的评估、拍卖程序较为烦琐，还有优先购买权的保障、股东资格的审查等程序，且处置股权对被执行人所投资的商事主体的人合性有一定影响，故应遵循“劣后执行”原则，选择对被执行人影响较小的执行方式。在被执行人有其他财产可供执行时，应优先执行其他财产，无其他财产可供执行时，才考虑执行股权。这一原则对不同的企业形式都是适用的，也有相关法律及规范性文件的参照依据。①

（四）对一人有限公司股权的执行

《执行规定》第39条第1款规定：“被执行人在其独资开办的法人企业中拥有的投资权益被冻结后，人民法院可以直接裁定予以转让，以转让所得清偿其对申请执行人的债务。”这里的“独资开办的法人企业”主要是指一人公司。②执行一人公司股权时，并不意味着一定要把100%的股权都执行，而是应当根据执行标的数额，执行相应比例的权益。③另需注意的是，对于被执行人独资设立的一人公司，虽然其占有100%的股权，但其无权直接支配经营公司的资产，其权利只能通过处分其股权或收取投资权益来实现。因此，执行法院要尊重该一

① 如《最高人民法院关于贯彻最高人民法院法发〔1997〕27号通知应注意的几个问题的紧急通知》第1条对证券经营机构清算资金的执行等。但是，执行实践非常复杂，股权劣后执行原则也不宜作绝对理解。

② 虽然《执行规定》在1998年出台，当时施行的1993年公司法中并没有规定一人公司（只有国有独资公司），但根据司法解释起草者的解读，这里的“独资开办的法人企业”就是指一人公司。

③ 执行一人公司相应的部分股权后，一人公司就转变为合资企业或普通的有限公司了，这种做法并无法律障碍。

人公司作为独立企业法人所享有的独立财产权，只能选择执行股东在一人公司的股权或投资权益，而不能将一人公司财产当作被执行人的财产直接予以执行，[①] 也即不允许执行程序中直接逆向刺穿一人公司面纱。

（五）关于股份公司中的股权冻结和强制转让

股份公司以资合性为主，股东众多，股权冻结和强制转让较为复杂，尤其是上市公司更是如此。《信息合作通知》主要是针对有限公司进行的规则设计，但对于两类公司股权（股份）执行中的共性问题，《信息合作通知》确立的一般规则应该是通用的。对于股份公司股权执行的特殊问题，可依照《执行规定》第37条[②]、《关于冻结、拍卖上市公司国有股和社会法人股若干问题的规定》（法释〔2001〕28号）以及最高人民法院的其他对具体个案的复函[③]来处理。

在非上市股份公司的股权冻结生效要件和冻结顺位问题上，对于向工商登记机关送达协助执行通知进行公示是不是冻结行为的生效要件，最高人民法院曾经出现截然相反的两种观点。

在河北唐山农村商业银行股份有限公司丰润支行、北京京城电气工程有限公司金融借款合同纠纷执行案中，[④] 最高人民法院认为，结合《执行规定》第53条第2款及《信息合作通知》第11条第1款、第13条等相关规定可知，人民法院在冻结股权、其他投资权益时，除应向被执行人及其股权、其他投资权益所在市场主体送达冻结裁定等法律文书外，还应要求工商行政管理机关协助公示。据此，就非上市股份有限公司股权的冻结而言，执行法院除应向股权所在市场主体送达冻结裁定及协助执行通知书外，还应向工商行政管理机关送达

---

① 但是，实务界有一种观点认为，在冻结被执行人持有的一人公司全部股权后，为避免在评估变价期间股东转移公司财产，执行法院可以对公司的财产予以适当控制。该做法虽有侵犯一人公司独立法人人格之嫌，但程度较轻，且不这样做将很难防范股东转移公司财产，故存在一定的争议，读者可思考该做法是否妥当。

② 该条规定："对被执行人在其他股份有限公司中持有的股份凭证（股票），人民法院可以扣押，并强制被执行人按照公司法的有关规定转让，也可以直接采取拍卖、变卖的方式进行处分，或直接将股票抵偿给债权人，用于清偿被执行人的债务。"

③ 如《最高人民法院执行工作办公室关于执行股份有限公司发起人股份问题的复函》（〔2000〕执他字第1号）、《最高人民法院关于请求协调解决上市公司国有法人股股票变更问题的请示》的答复函（〔2005〕执他字第6号）等。

④ 最高人民法院执行裁定书，（2020）最高法执监2号。

协助公示通知书等法律文书，要求工商行政管理机关协助公示，并以此项送达情况确定冻结是否生效及顺位。

但在山东三联集团有限责任公司、山东三联城市建设有限责任公司借款合同纠纷执行案中，[①] 最高人民法院认为，以登记机关协助登记或公示作为人民法院对财产权的查封冻结生效要件的，应以存在该种财产权的登记义务机关为前提。具体到对公司股权的冻结，还应根据被执行主体所持股的公司的性质按照相关法律规定来判断。目前对于非上市股份公司的登记机关并无明确规定为市场监管部门。而依照《公司法》及《公司登记管理条例》（已废止）的规定，就非上市股份公司而言，除发起人以外，其他股东不在市场监督管理部门的登记范围内。即非上市股份公司非发起人股东名称及其股权的变动不属于市场监督管理部门的法定登记事项。因此，对于非上市股份公司的股权采取查封、冻结等执行行为的效力不应以是否向相关市场监管部门登记公示为必要条件。对不在工商管理机关法定登记范围的非上市股份公司股权的冻结，在判断执行顺位的先后时，应考虑多个法院向被执行所持股的市场主体送达通知时查封生效的顺序，而不应仅以向协助执行主体送达时公示的时间为准。

从冻结股权的目的看，(2020) 最高法执监520号中最高人民法院的观点更具有合理性。首先，工商登记部门仅登记非上市股份公司发起人的姓名或名称，对非上市股份公司的股东情况及其持股情况既不登记，也不掌握。工商登记部门对协助冻结的通知无法做到基本的形式审查，更遑论对其进行冻结。其次，如果以向工商登记部门送达协助公示通知书等法律文书为冻结行为的生效要件，则否定了法院向非上市股份公司送达协助执行通知的效力，既然协助冻结通知不产生效力，是否意味着非上市股份公司可以不履行协助冻结义务，无须遵守"不得再行办理被冻结股权、其他投资权益的转移手续，不得向被执行人支付股息或红利"等规定？如此做法显然本末倒置，实际可以完成股权冻结操作的是非上市股份公司而非工商登记部门。因此，无论是从可行性还是从逻辑周延性出发，以向工商登记机关送达协助执行通知进行公示作为冻结非上市股份公司股权的生效要件不具备合理性。

---

① 最高人民法院执行裁定书，(2020) 最高法执监520号。

但从实际操作的便利性出发，最高人民法院2021年12月20日发布的《股权执行规定》对该问题的处理做了统一规定。即无论是冻结有限责任公司股权还是非上市公司的股权的，均应向公司登记机关送达协助执行通知书，登记机关公示在先，冻结在先。由此确定了股权冻结的一元化处理模式。

（六）冻结股权份额是否及于股息、红利与投资收益

分配股息、红利、利润是公司行为，工商部门的协助执行无法实现“不得分配股息、红利、利润”。执行法院要对投资收益进行冻结，除向工商登记部门送达裁定和协执外，还应向股权、份额所在的公司或合伙企业送达相关手续。送达给工商部门和被执行人股权所在市场主体的裁定书和协执书主文内容有所不同。前者一般表述为“冻结期间，未经人民法院许可，不得转让，不得设定质押或者其他权利负担”等内容。后者除写明不得转让和设定权利负担外，还会写明“禁止被执行人提取和有关企业向被执行人支付股息、红利”等内容（不管该投资权益是否到期）①；此时，若相关市场主体仍擅自向股东支付股息或红利，则属于违反裁定的抗拒执行行为，执行法院可依法处罚并责令追回。②

所以，如果“禁止向被执行人分配股息、红利、利润”已被写入裁定书主文并送达，那目标公司当然不得再向被执行人分配利润，此时自然谈不上“冻结股权是否及于股息、红利”的问题。③ 当然，如果不把这项协执义务写入裁定书，那就会造成被执行人所在公司能否向股东分配红利、股息的争议。因此，为避免产生无谓的争议，执行实践中应在裁定书和协助执行通知书中载明。

（七）有无必要送达工商部门协助公示执行信息需求书

《信息合作通知》第8条第1款规定，工商机关在企业信用信息公示系统中设置“司法协助”栏目，公开登载人民法院要求协助执行的事项。法院就另行

---

① 参见《执行规定》第36条、第38条第2款。

② 参见《执行规定》第40条。

③ 有观点以红利、股息为法定孳息为由，认为冻结股权当然及于孳息，如《关于冻结、拍卖上市公司国有股和社会法人股若干问题的规定》第7条就认为“股权冻结的效力及于股权产生的股息以及红利、红股等孳息”。但这种观点存在疑问。毕竟股息和红利的本质是被执行人的（到期）债权，股权作为一种综合性权利，虽然是以财产权为主，但恐怕也不能简单地将股息和红利视为股权孳息。而且，禁止转让（设定权利负担）和禁止支付系不同的协执内容，简单的断定前者及于或包括后者，缺乏充分的理由，亦不符合文意解释结论。

制作协助公示执行信息需求书予以送达（《信息合作通知》出台以前不需要送达该文书），将工商机关需要公示的信息记载在协助公示执行信息需求书上。

从实践来看，不少法院冻结时并不送达“协助公示执行信息需求书”，而有些工商部门也不做硬性要求。

从协助公示执行信息需求书模板来看，其记载的信息有：（1）执行文书文号；（2）执行事项；（3）被执行人姓名（名称）；（4）被执行人证件种类及号码；（5）被冻结的股权、投资权益数额；（6）冻结期限；（7）公示日期。但是，从协助公示通知书应当载明的信息来看，“协助公示执行信息需求书”上记载的信息全部被“协助公示通知书”所涵盖，甚至后者反而更全面。而且，“协助公示执行信息需求书”上记载的信息在送达的执行裁定书上也几乎全部都有。

所以，工商部门仅根据协助公示通知书即可完成公示，而且从现行企业信用信息公示系统中已公示的部分“司法协助”信息来看，也没有超出“协助公示通知书”所记载信息的涵盖范围，故另行送达“协助公示执行信息需求书”实无必要。

二、对流通证券的执行

通知、意见原文

（一）中国证券登记结算有限责任公司
关于协助司法机关冻结流通证券有关问题的通知

2005 年 11 月 14 日　中国结算发字〔2005〕184 号

各证券公司：

为了进一步做好协助司法机关依法冻结被执行人所有的已完成清算交收后的流通证券的工作，根据相关法律、最高人民法院通知以及证券市场业务规则，并报经中国证券监督管理委员会核准，现就有关事项通知如下：

一、司法机关依法要求冻结确属被执行人所有的流通证券的，由托管该证券的证券公司协助办理。

司法机关要求登记结算公司直接冻结确属被执行人所有的流通证券的，登记结算公司书面向司法机关明确声明拟冻结的证券可能已在托管该证券的证券公司被卖出、若与其他司法机关发生重复冻结则本次冻结无效等操作风险，司法机关签署认可该声明后登记结算公司协助办理。

流通证券的冻结结果以登记结算公司实施的冻结登记结果为准。

二、证券公司、登记结算公司同日（指“交易日”，下同）分别接到不同司法机关要求协助冻结同一被执行标的的，证券公司接到的冻结要求顺序在先。

证券公司同日接到不同司法机关要求协助冻结同一被执行标的的，或者登记结算公司同日接到不同司法机关要求协助冻结同一被执行标的的，先送达者顺序在先。

证券公司、登记结算公司对已经冻结生效的流通证券依法不得协助实施重复冻结。

司法机关要求对已经冻结的流通证券实施轮候冻结的，证券公司、登记结算公司均可依法协助办理。若两家以上司法机关对同一被执行标的要求轮候冻结的，参照本条前述确定冻结先后顺序的规定区分轮候冻结的先后顺序。

三、证券公司受理司法机关协助办理流通证券冻结的法律文书后，应当立即核查相应证券是否已经被冻结或卖出，对未被冻结且未卖出的相应证券应当于最近的交易时刻前立即进行交易冻结，即锁定相应证券以限制卖出。

证券公司办理该项交易冻结后，必须于办理当日日间将交易冻结数据按规定数据格式发送登记结算公司，进行冻结登记。登记结算公司于交收日日终，根据证券公司发送的交易冻结数据在相应证券账户中进行冻结登记。已进行冻结登记的流通证券，未依规解冻前不能被卖出。

四、登记结算公司受理司法机关协助办理流通证券冻结的法律文书后，于交收日日终对冻结登记数据进行核查，并视核查结果实施或不实施冻结。

若冻结登记数据核查结果表明该被执行标的尚未被其他司法机关冻结的，登记结算公司即在相应证券账户中实施冻结登记。登记结算公司实施冻结登记的数据，于下一个交易日前发送证券公司。

若冻结登记数据核查结果表明该被执行标的已经被其他司法机关冻结（含交收日及交收日之前由证券公司协助办理的冻结、交收日之前由登记结算公司协助办理的冻结）的，登记结算公司不实施重复冻结。

登记结算公司实施冻结的结果于交收日的次日后书面通知司法机关。

五、司法机关需要对本机关已经冻结的流通证券解除冻结时，由协助办理冻结的证券公司或者协助办理冻结的登记结算公司协助办理解冻。

证券公司协助办理流通证券的解冻手续时，应当于办理当日日间将申请解冻数据按规定数据格式发送登记结算公司，登记结算公司于当日日终在相应证券账户中解除冻结登记，相应证券可于次日起卖出。

登记结算公司协助办理流通证券的解冻手续时，于受理当日日终在相应证券账户中解除冻结登记，相应证券可于次日起卖出。

六、证券公司、登记结算公司之间必须建立协助司法机关办理流通证券冻结（含解冻）的数据交换机制，相互之间应当按照规定真实、准确、完整、及时地交换冻结、解冻数据。

因证券公司向登记结算公司发送数据有误或延误而造成登记结算公司实施重复冻结、冻结无效等情形的，由此引起的相应法律责任由该证券公司承担。

因登记结算公司向证券公司发送数据有误或延误而造成证券公司实施重复冻结、冻结无效等情形的，由此引起的相应法律责任由登记结算公司承担。

七、对已做回购质押的债券和已提交登记结算公司作为交收担保品的证券，根据最高人民法院《关于冻结、扣划证券或期货交易所、证券登记结算机构、证券经营或期货经纪机构清算账户资金等问题的通知》（法发〔1997〕27 号）第三条、《关于冻结、扣划证券交易结算资金有关问题的通知》（法〔2004〕239 号）第四条和证券市场有关业务规则的规定，不予冻结。

八、司法机关要求冻结已冻结的流通证券产生的孳息的，由执行冻结流通证券的义务主体负责协助。通过登记结算公司派发尚未发放到证券公司属于被执行人的孳息，由登记结算公司协助办理冻结；通过证券公司派发属于被执行人的孳息，由证券公司协助办理冻结。

九、对本通知实施之前证券公司已经办理并仍处于冻结状态的流通证券司法冻结的情况，请各有关证券公司以总部为单位，按照登记结算公司要求的时间将冻结数据报送登记结算公司，登记结算公司汇总后报送证监会。具体报送时间另行通知。

十、其它证券经营机构托管的流通证券的冻结，比照上述关于证券公司托管的流通证券冻结的规定办理。

十一、本通知适用于在登记结算公司登记的流通股票、债券、封闭式基金等流通证券的协助司法冻结业务。

十二、本通知自2006年3月1日起实施。

（二）中国证券登记结算有限责任公司关于协助司法机关冻结流通证券有关问题的补充通知

2006年2月24日　中国结算发字〔2006〕34号

各证券公司：

为支持上市公司股权分置改革，确保未来上海、深圳证券交易所跨市场市值配售股份（上海证券代码为609×××、深圳证券代码为003×××，以下统称“跨市场配售股份”）跨市场转登记工作的顺利进行，现就本公司《关于协助司法机关冻结流通证券有关问题的通知》（中国结算发字〔2005〕184号）执行中有关跨市场配售股份的司法冻结事项补充通知如下：

一、跨市场配售股份的司法冻结由托管该股份的证券公司协助办理。证券公司协助办理跨市场配售股份司法冻结、进行交易控制后，暂不向登记结算公司申报跨市场配售股份的司法冻结数据。该部分股份司法冻结数据的处理，按照登记结算公司有关跨市场转登记业务的相关规定办理。跨市场转登记业务的相关规定另行通知。

二、其他证券经营机构办理跨市场配售股份的司法冻结，比照上述规定执行。

（三）最高人民法院　最高人民检察院　公安部中国证券监督管理委员会关于进一步规范人民法院冻结上市公司质押股票工作的意见

2021 年 3 月 1 日　法发〔2021〕9 号

为进一步规范人民法院冻结上市公司质押股票相关工作，强化善意文明执行理念，依法维护当事人、利害关系人合法权益，依照民事诉讼法，结合执行工作实际，提出以下意见。

第一条　人民法院要求证券登记结算机构或者证券公司协助冻结债务人持有的上市公司股票，该股票已设立质押且质权人非案件保全申请人或者申请执行人的，适用本意见。

人民法院对前款规定的股票进行轮候冻结的，不适用本意见。

第二条　人民法院冻结质押股票时，在协助执行通知书中应当明确案件债权额及执行费用，证券账户持有人名称（姓名）、账户号码，冻结股票的名称、证券代码，需要冻结的数量、冻结期限等信息。

前款规定的需要冻结的股票数量，以案件债权额及执行费用总额除以每股股票的价值计算。每股股票的价值以冻结前一交易日收盘价为基准，结合股票市场行情，一般在不超过 20% 的幅度内合理确定。

第三条　证券登记结算机构或者证券公司受理人民法院的协助冻结要求后，应当在系统中对质押股票进行标记，标记的期限与冻结的期限一致。

其他人民法院或者其他国家机关要求对已被标记的质押股票进行冻结的，证券登记结算机构或者证券公司按轮候冻结依次办理。

第四条　需要冻结的股票存在多笔质押的，人民法院可以指定某一笔或者某几笔质押股票进行标记。未指定的，证券登记结算机构或者证券公司对该只质押股票全部进行标记。

第五条　上市公司依照相关规定披露股票被冻结的情况时，应当如实披露人民法院案件债权额及执行费用、已在系统中被标记股票的数量，以及人民法院需要冻结的股票数量、冻结期限等信息。

第六条　质押股票在系统中被标记后，质权人持有证明其质押债权存在、实现质押债权条件成就等材料，向人民法院申请以证券交易所集中竞价、大宗交易方式在质押债权范围内变价股票的，应当准许，但是法律、司法解释等另有规定的除外。人民法院将债务人在证券公司开立的资金账户在质押债权、案件债权额及执行费用总额范围内进行冻结后，应当及时书面通知证券登记结算机构或者证券公司在系统中将相应质押股票调整为可售状态。

质权人申请通过协议转让方式变价股票的，人民法院经审查认为不损害案件当事人利益、国家利益、社会公共利益且在能够控制相应价款的前提下，可以准许。

质权人依照前两款规定自行变价股票的，应当遵守证券交易、登记结算相关业务规则。

第七条　质权人自行变价股票且变价款进入债务人资金账户或者人民法院指定的账户后，向人民法院申请发放变价款实现质押债权的，应予准许，但是法律、司法解释等另有规定的除外。

第八条　在执行程序中，人民法院可以对在系统中被标记的质押股票采取强制变价措施。

第九条　在系统中被标记的任意一部分质押股票解除质押的，协助冻结的证券登记结算机构或者证券公司应当将该部分股票调整为冻结状态，并及时通知人民法院。

冻结股票的数量达到人民法院要求冻结的数量后，证券登记结算机构或者证券公司应当及时通知人民法院。人民法院经审查认为冻结的股票足以实现案件债权及执行费用的，应当书面通知证券登记结算机构或者证券公司解除对其他股票的标记和冻结。

第十条　轮候冻结转为正式冻结的，或者对在本意见实施前已经办理的正式冻结进行续冻的，依当事人或者质权人申请，人民法院可以通知证券登记结算机构或者证券公司依照本意见办理。

第十一条　上市公司股票退市后，依照本意见办理的冻结按照相关司法冻结程序处理，冻结股票的数量为证券登记结算机构或者证券公司在系统中已标记的股票数量。

第十二条 其他国家机关在办理刑事案件过程中，就质押股票处置变价等事项与负责执行的人民法院产生争议的，可以协商解决。协商不成的，报各自的上级机关协商解决。

第十三条 本意见自2021年7月1日起实施。

附件：协助冻结通知书参考样式（略）

出台背景

执行程序中，以流通证券作为被执行人责任财产的案件数量不断增多，证券行业如何更好地协助司法机关冻结流通证券成为一个难点。按证券市场行业规则，应由证券公司协助司法机关冻结流通证券。但从实践来看，这一规则不能完全满足执行实务的需要，个别司法机关坚持要求证券登记结算公司直接协助冻结，实务中也有证券登记结算公司在司法机关的坚持要求下办理了协助冻结手续。这就可能出现被执行人持有的同一标的证券由不同司法机关分别在证券公司和证券登记结算公司被冻结的情况，造成重复冻结和冻结的顺位争议，给执行法院和协助义务机关均带来诸多不便。为进一步规范证券公司和证券登记结算公司协助冻结流通证券的业务操作，避免重复冻结，降低司法协助风险，经中国证监会核准，中国证券登记结算有限责任公司在征求部分证券公司、托管银行、证券业协会及证监会等部门意见和建议的基础上，制定了与冻结流通证券有关的两个通知，对协助流通证券司法冻结业务作出调整。

理解与适用

证券清算是结算的前提，清算之后才有结算和交收的问题。交收是指在证券交易的过程中根据清算的结果在约定时间内履约的行为，即交易双方在交易次日完成与交易有关的证券、款项收付，买方收到证券、卖方收到款项。清算和结算不发生财产的转移，而交收会产生财产的转移。这意味着被执行人买入的流通证券，只有经过清算交收之后，才能作为其名下的责任财产从而成为执行法院强制执行的对象。因此，中国结算发字〔2005〕184号通知开头特意将协助冻结的流通证券限定在“已完成清算交收后”范围。中国结算发字〔2005〕184号通知分别规定了冻结主体、顺序、程序和共建数据交换机制，以及证券孳息的冻结、适用范围及实施时间等问题。

（一）协助办理流通证券冻结的两类主体

我国证券市场的证券发行和交易全部实行无纸化，流通证券除了由证券登记结算公司进行权属登记外，还需要指定或托管到证券公司席位上才可以进行交易。即实行“直接持有，两级托管”的证券存管体制，证券公司处于证券结算的前端，证券登记结算公司处于证券结算的后端。完成流通证券的交易需经过两个环节：一是在托管该证券的证券公司办理买卖手续；二是在证券登记结算公司办理财产权属的转移登记手续，两个环节缺一不可。这就如同要完成房屋交易一样，买卖双方既要到房地产管理部门签订房屋买卖合同并备案，也要到不动产登记部门办理房产权属转移登记手续。

因此，要防止被执行人将其所有的流通证券成功卖出，只需阻断证券交易过程中两个环节中的任何一个即可。执行法院既可以选择在证券公司采取冻结措施以限制流通证券的交易，也可以选择在证券登记结算公司进行冻结登记以防止权属变更。此外，虽然执行法院可以选择到证券公司或者证券登记结算公司办理流通证券司法冻结手续，但从实务操作角度来看，证券登记结算公司当然希望执行法院优先选择证券公司协助执行。因为执行法院直接找证券登记结算公司协助冻结可能存在卖出纠纷和重复冻结的风险。证券登记结算公司只能在交收日完成交收后且按规定检查发现在证券公司处没有对该流通证券进行冻结时才能协助冻结。如果直接冻结，则被执行人所有的该流通证券有可能在托管该证券的证券公司已经被卖出，或者已经被其他司法机关先行冻结。2015年中国证券登记结算有限责任公司在全国仅下设上海、深圳两个分公司。[①] 如果全国法院协助冻结流通证券的业务都在证券登记结算公司办理，业务负担也较重。

---

① 中国证券登记结算有限责任公司成立于2001年，同年下设上海、深圳两个分公司。2010年11月，在北京新设立了第三家分公司，即中国证券登记结算有限责任公司北京分公司。

（二）同日接到不同冻结要求的先后顺序

由于证券公司和证券登记结算公司均可以办理冻结证券的手续，实务中就可能出现两类主体同日分别接到不同司法机关要求协助冻结同一被执行标的的情况，由于两类主体之间存在空间距离和实时数据交换的双重困难，如不确定顺位，必然导致重复冻结的发生。中国结算发字〔2005〕184号规定，应保证证券公司的冻结顺序在先，这其中的原因在于，不管我国A股交易是实行证券的当日（T+0）日终交收制度，还是实行次日（T+1）或更长期限（如B股的T+3）交收，在完成证券交收之前，证券登记结算公司因无法判断司法机关要求冻结的流通证券是否被卖出，故无法实现对流通证券的实时控制。在这种情况下，证券登记结算机构日间收到司法协助冻结通知，必须在日终完成证券交收之后，才能进行核查并判断能否执行冻结，但是，证券公司却可以通过控制流通证券交易的方式实现流通证券的实时冻结。因此，证券公司、证券登记结算公司同日分别接到不同司法机关要求协助冻结同一被执行标的的，规定证券公司的冻结生效时间先于证券登记结算公司的冻结生效时间，具有合理性。

（三）两类主体的各自协助冻结和解冻程序

对证券公司和证券登记结算公司协助办理流通证券司法冻结的程序和时效要求不同，即司法机关要求证券公司协助司法冻结的，证券公司应即时核查、即时进行交易冻结以限制卖出，并在当日日间将交易冻结数据发证券登记结算公司，由证券登记结算公司进行冻结登记；司法机关要求证券登记结算公司协助司法冻结的，证券登记结算公司只能在交收日日终对冻结登记数据进行核查，并视核查结果实施或不实施冻结。同理，司法机关需要对已经冻结的流通证券进行解除冻结的，按照“谁冻结，谁解冻”的原则，规定了证券公司和证券登记结算公司协助司法机关办理解冻的程序。

（四）数据交换机制的共建及责任承担问题

针对可能存在的重复冻结问题，一个有效的解决方案是，在证券公司和证券登记结算公司之间建立协助司法机关办理流通证券冻结、解冻的数据交换机制。具体操作方案是：证券公司和证券登记结算公司必须将各自受理的协助司法冻结信息进行互换，让对方知道已经办理冻结的情况，这样才有可能避免重复冻结和无效冻结的发生。因此，在证券公司与证券登记结算公司之间建立冻结数据传送机制非常重要。中国证券登记结算有限责任公司上海、深圳分公司对此高度重视，随后分别于2006年1月、2015年6月出台了协助冻结流通证券的业务指引。

同时，为了督促和保障数据传送的准确性和及时性，本着按照“谁错报，谁担责”“谁延报，谁担责”的原则，规定了证券公司和证券登记结算公司因发送数据有误或延误而造成重复冻结、冻结无效等情形下的法律责任承担问题。因此，证券公司和证券登记结算公司应当各自妥善保存其协助执行所涉及的司法文书原件，并对所办理事项的真实、准确以及数据传输的准确性和及时性负责，任何一方因操作失误或冻结、解冻数据发送错误或延误而造成重复冻结、冻结无效的，由造成问题的一方依法承担法律责任。

（五）其他问题

两类特殊证券及证券孳息的冻结。已做回购质押的债券和已提交证券登记结算公司作为交收的担保品依法不得冻结，流通证券孳息可以冻结。流通证券涵盖的范围包括在登记结算公司登记的流通股票、债券、封闭式基金等流通证券。

实务操作指引

（一）关于中国结算发字〔2006〕34号通知中跨市场配售股份冻结的特别规定

跨市场市值配售股份是指在2002年5月~2005年8月，为了方便投资者新股认购，上海、深圳两地证券市场共同配合实行新股跨市场市值配售方式发行的股份。这种跨市场市值配售发行的股份有两种：一是上海市场投资者可以凭其上海证券账户上股份市值认购深圳市场发行中小板企业配售股份（证券代码为609×××），该跨市场市值配售股份登记在其上海证券账户上；二是深圳市场投资者可以凭其深圳证券账户上股份市值认购上海市场发行股份（证券代码为003×××），该跨市场市值配售股份登记在其深圳证券账户上。为支持上市公司股权分置改革，确保未来上海证券交易所和深圳证券交易所跨市场市值配售股份的转登记工作顺利进行，中国证券登记结算有限责任公司于2006年2月以中国结算发字〔2006〕34号通知的方式对有关跨市场配售股份的司法冻结事项作出了特别规定。

与冻结普通的流通证券相比，对有关跨市场配售股份的司法冻结有两点特别之处：一是仅由托管该股份的证券公司协助办理；二是证券公司协助办理跨市场配售股份司法冻结、进行交易控制后，暂不向登记结算公司申报跨市场配售股份的司法冻结数据。该部分股份司法冻结数据的处理，按照登记结算公司有关跨市场转登记业务的相关规定办理。

（二）委托中国证券登记结算有限责任公司（含分支机构）所在地人民法院执行

需要注意的是，为保证协助执行事项得到准确、有效、及时处理，司法机关不宜通过邮寄送达方式要求证券公司和证券登记结算公司协助冻结流通证券。同时，执行法院因工作原因无法持协助执行通知书至中国证券登记结算有限责任公司（含分支机构）办理业务时，可以委托中国证券登记结算有限责任公司（含分支机构）所在地的人民法院代为执行。

（三）上市公司股票的强制执行

在司法实践中，人民法院需要对上市公司股票采取强制执行措施的，一般采取二级市场集中竞价、大宗股票司法协助平台执行和司法拍卖交易三种处置方式。执行法院可以根据处置股票的数量或金额、股票的流通性、其处置对股票市场产生的影响等区分不同情况选择适用不同的处置方式：

第一，对于股票数量较小或交易金额较小、处置该股票不会对该股票价格产生较大影响的，采取二级市场集中竞价方式进行处置；如果拟处置的股票在股票二级市场强制卖出可能对该股票价格产生较大影响的，为了避免二级市场交易对股价产生重大影响，一般采取大宗股票司法协助执行方式，即通过与证券交易所约定的信息渠道发布大宗股票司法处置公告，依托证券交易所提供的大宗股票司法协助执行平台，完成竞买申报、竞买匹配、结果公示等相关事项。此外，处置上市公司限售流通股、存托凭证，根据限售条件、解禁条件、案件情况亦可选择适用大宗股票司法协助执行方式。

第二，对于流通性较差的股票或者股权分置改革未完成的上市公司的股票，可以采取司法拍卖的方式。如在中华人民共和国境内注册的发行人在境外公开发行的上市公司股票、“新三板”股票或其他流通性较差的股票，优先适用网络司法拍卖。对于上市公司限售流通股、存托凭证，也可以选择适用网络司法拍卖。司法拍卖的成交价格一般会低于集中竞价和大宗交易处置方式。

股票为流通股股份，但已被证券交易所采取了限制交易措施，因证监会、证交所对上市公司大股东通过集中竞价交易或大宗交易的方式有时间和比例的限制，将无法通过集中竞价交易或大宗交易的方式进行变价。控股权在股票变价时有较大的溢价可能，分批变价可能对二级市场产生不良影响和价值贬损；而证券交易场所不具有拍卖股票的相关配套流程及机构，在证券公司进行分批变价也不具有现实可操作性。为了充分保护申请执行人及被执行人的合法权益，采用在网拍平台上整体公开拍卖的方法对股票进行处置，拍卖成交的买受人将取得涉案股票的所有权益，包括大股东的身份及控股权，不属于减持的情形。中国证监会发布的《上市公司大股东、董监高减持股份的若干规定》（以下简称《减持新规》）系规范性文件，效力低于法律规定，此时可不受减持的限制。

在确定处置价方面，根据《拍卖变卖规定》第 4 条第 1 款的规定，对拟拍卖的财产，人民法院可以委托具有相应资质的评估机构进行价格评估。对于财产价值较低或者价格依照通常方法容易确定的，可以不进行评估。如为无限售流通股，已有公开市场交易价格，因此，执行法院可参照市场公开交易价格确定该股票拍卖的起拍价，而无须委托评估机构进行评估确定。

从各地具有代表性的法院制定的有关上市公司股票执行的指导意见和典型案例看，上市公司股票的价格确定和变现方式对当事人的影响较大：

1. 集中竞价、大宗交易

集中竞价和大宗交易是通过证券二级市场完成变价的方式。《广东省深圳市中级人民法院关于强制执行上市公司股票的工作指引（试行）》（以下简称《深圳股票执行指引》）第 14 条规定，非上市公司董监高持有的无限售流通股，其拟变价股票数量占上市公司总股本比例为 5% 以下（不含本数）的，原则上通过大宗交易处置；不符合大宗交易条件或者大宗交易后的剩余股票，可以通过集中竞价方式处置。《上海金融法院关于执行程序中处置上市公司股票的规定（试行）》（以下简称《上海股票执行规定》）第 16 条和第 17 条则规定，拟处置的股票数量小于 30 万股或交易金额（注：交易金额按照决定处置日前 20 个交易日收盘均价乘以股票数量计算）小于人民币200万元的，或者拟处置的股票数量虽大于30万股或交易金额大于人民币200万元，但其数量小于该股票决定处置日前20个交易日的平均成交量，处置该股票不会对该股票价格产生较大影响的，采取二级市场集中竞价方式进行处置；拟处置的上市公司股票数量大于30万股或交易金额大于人民币200万元，且在股票二级市场强制卖出可能对该股票价格产生较大影响的，一般采取大宗股票司法协助执行方式。此外，处置上市公司限售流通股、存托凭证，根据限售条件、解禁条件、案件情况亦可选择适用大宗股票司法协助执行方式。大宗交易司法协助执行方式是《上海股票执行规定》的一项创新，即法院通过与证券交易所约定的信息渠道发布大宗股票司法处置公告，依托证券交易所提供的大宗股票司法协助执行平台，完成竞买申报、竞买匹配、结果公示等竞买相关事项。采取大宗股票司法协助执行方式处置股票的，可处置三次。

2. 网络司法拍卖

网络司法拍卖方式一般适用于流通性较差的股票或者股权分置改革未完成的上市公司的股票。《上海股票执行规定》规定，网络司法拍卖主要适用两种情况，一是处置在中华人民共和国境内注册的发行人在境外公开发行的上市公司股票、“新三板”股票或其他流通性较差的股票；二是处置上市公司限售流通股、存托凭证。《深圳股票执行指引》规定，执行限售流通股，一般应当采取网络司法拍卖方式进行变价；非上市公司董监高持有的无限售流通股，其拟变价股票数量占上市公司总股本比例为5%以上（含本数），或者股票长期停牌（6个月以上），采取网络司法拍卖方式进行变价。实践中，法院对网络司法拍卖的适用更为灵活，在孟某、中信证券股份有限公司保证合同纠纷执行案［（2018）粤0304执异1号］中，法院认为拟处置的虽然是流通股，但被证券交易所采取了限制交易措施，且受限于监管规定对集中竞价、大宗交易的时间和比例的限制，故通过网络司法拍卖进行处置并无不当。

财产处置参考价是网络司法拍卖的另一项重要内容。无限售流通股的处置价有公开市场价格作为参考，更容易确定。依据《上海股票执行规定》的规定，无限售流通股的处置保留价为不低于上市公司股票前20个交易日收盘平均价的90%，《深圳股票执行指引》则规定为不低于拍卖日前20个交易日平均收盘价的 70%。对于限售流通股，《上海股票执行规定》规定应当委托具有证券从业资格的资产评估机构对股票价值进行评估；《深圳股票执行指引》则规定先由当事人议价，议价不成的再通过网络询价，网络询价不成的，采取委托评估方式确定。

3. 司法扣划、划转

《〈上海证券交易所上市公司股东及董事、监事、高级管理人员减持股份实施细则〉问题解答（一）》第 8 条及《关于就〈深圳证券交易所上市公司股东及董事、监事、高级管理人员减持股份实施细则〉有关事项答投资者问（二）》第 9 条列举的司法强制执行方式中，除了上述提及的集中竞价、大宗交易以外，还有司法扣划、划转。司法扣划一般适用于流拍后的以股抵债。司法划转是实践中一种为实现变价而采取的技术手段，主要用于限售流通股的处置，即先将限售流通股强制扣划至申请执行人账户，待办理解禁手续转为非限售流通股之后再通过二级市场处置。在实践中亦有法院对非限售流通股采取司法划转的处置方式。①

无论采取上述何种方式，如涉及对上市公司大股东、实际控制人或董监高所持股票进行司法强制执行，都会导致其所持股票在客观上出现减持，而减持行为在监管层面受到《减持新规》、《上海证券交易所上市公司股东及董事、监事、高级管理人员减持股份实施细则》、《深圳证券交易所上市公司股东及董事、监事、高级管理人员减持股份实施细则》（以下简称《减持细则》）的限制和约束。由此，引发了关于“对上市公司股票采取司法强制执行是否需要受到《减持新规》约束”的疑问，目前该问题在法律层面尚无定论。

《减持新规》第 4 条第 2 款规定：“因司法强制执行、执行股权质押协议、赠与、可交换债换股、股票权益互换等减持股份的，应当按照本规定办理。”从《〈上海证券交易所上市公司股东及董事、监事、高级管理人员减持股份实施细则〉问题解答（一）》第 8 条及《关于就〈深圳证券交易所上市公司股东及董事、监事、高级管理人员减持股份实施细则〉有关事项答投资者问（二）》第 9 条的规定来看，司法强制执行应按照具体执行方式分别适用《减持细则》，其列

---

① 参见广东省高级人民法院执行裁定书，(2013) 粤高法执复字第 39 号。

举的主要的司法强制执行方式包括集中竞价、大宗交易及司法扣划、划转，并未涉及司法拍卖。

第一，集中竞价、大宗交易及司法划扣、划转。

上述关于《减持细则》的问答进一步指出，股票通过大宗交易执行的，适用《减持新规》及《减持细则》关于大宗交易减持的规定；通过集中竞价交易方式处置的，适用《减持新规》及《减持细则》中关于集中竞价交易减持的规定；通过司法扣划、划转等非交易过户的，比照适用《减持细则》关于协议转让减持的规定，但《减持细则》关于受让比例、转让价格下限的规定除外。

实践中普遍认为采用集中竞价或大宗交易处置的方式通常受到《减持新规》的约束，在孟某、中信证券股份有限公司保证合同纠纷执行案中［（2018）粤0304 执异1 号］，法院也是认为“证监会、证交所对上市公司大股东通过集中竞价交易或大宗交易的方式有时间和比例的限制”，所以在短期内无法通过集中竞价或大宗交易方式完成占公司股本22.7%的股份的变价，转而采取网络司法拍卖方式。

第二，网络司法拍卖。

对于网络司法拍卖上市公司股票是否受《减持新规》的影响，实践中已有法院通过司法裁判给予了否定。在孟某、中信证券股份有限公司保证合同纠纷执行案中［（2018）粤0304 执异1 号］，被执行人以其属于《减持新规》第6条第1项规定的被证监会立案调查期间不得减持股份的情形，对法院拟拍卖股票的行为提出异议。深圳市福田区人民法院认为，在淘宝网拍平台上整体处分涉案股票，拍卖成交的买受人将取得涉案股票的所有权益，包括大股东的身份及控股权，不属于减持的情形，且《减持新规》系规范性文件，效力低于法律规定，不得以此为由要求暂缓执行。该案例被认为是司法拍卖上市公司股票不受《减持新规》限制的典型代表。[①]

① 实践中，涉嫌证券期货违法犯罪被司法机关立案侦查期间的上市公司实际控制人因被司法强制执行拍卖上市公司股票，被证监会以违反《减持新规》第6条的规定给予通报批评。参见2020年1月3日深圳证券交易所发布的《关于对刘德群给予通报批评处分的决定》。

三、对证券交易所、证券登记结算机构清算账户内资金、交易席位、托管债券和交易保证金的执行

通知、函复原文

（一）最高人民法院关于冻结、划拨证券或期货交易所、证券登记结算机构、证券经营或期货经纪机构清算账户资金等问题的通知

1997年12月2日　法发〔1997〕27号

各省、自治区、直辖市高级人民法院，解放军军事法院：

为了维护证券、期货市场的正常交易秩序，现对人民法院在财产保全或执行生效法律文书过程中，冻结、划拨证券或期货交易所、证券登记结算机构、证券经营或期货经纪机构清算账户清算资金等问题，作如下通知：

一、证券交易所、证券登记结算机构及其异地清算代理机构开设的清算账户上的资金，是证券经营机构缴存的自营及其所代理的投资者的证券交易清算资金。当证券经营机构为债务人，人民法院确需冻结、划拨其交易清算资金时，应冻结、划拨其自营账户中的资金；如证券经营机构未开设自营账户而进行自营业务的，依法可以冻结其在证券交易所、证券登记结算机构及其异地清算代理机构清算账户上的清算资金，但暂时不得划拨。如果证券经营机构在法院规定的合理期限内举证证明被冻结的上述清算账中的资金是其他投资者的，应当对投资者的资金解除冻结。否则，人民法院可以划拨已冻结的资金。

证券经营机构清算账户上的资金是投资者的进行证券交易缴存的清算备付金。当投资者为债务人时，人民法院对证券经营机构清算账户中该投资者的相应部分资金依法可以冻结、划拨。

人民法院冻结、划拨期货交易所清算账户上期货经纪机构的清算资金及期货经纪机构清算账户上投资者的清算备付金（亦称保证金），适用上述规定。

二、证券经营机构的交易席位系该机构向证券交易所申购的用以参加交易

的权利，是一种无形财产。人民法院对证券经营机构的交易席位进行财产保全或执行时，应依法裁定其不得自行转让该交易席位，但不能停止该交易席位的使用。人民法院认为需要转让该交易席位时，按交易所的有关规定应转让给有资格受让席位的法人。

人民法院对期货交易所、期货经纪机构的交易席位采取财产保全或执行措施，适用上述规定。

三、证券经营机构在证券交易所、证券登记结算机构的债券实物代保管处托管的债券，是其自营或代销的其他投资者的债券。当证券经营机构或投资者为债务人时，人民法院如需冻结、提取托管的债券，应当通过证券交易所查明该债务人的托管的债券是否已作回购质押，对未作回购质押，而且确属债务人所有的托管债券可以依法冻结、提取。

四、交易保证金是证券经营机构向证券交易所缴存的用以防范交易风险的资金，该资金由证券交易所专项存储，人民法院不应冻结、划拨交易保证金。但在该资金失去保证金作用的情况下，人民法院可以依法予以冻结、划拨。

（二）最高人民法院关于贯彻最高人民法院法发〔1997〕27号通知应注意的几个问题的紧急通知

1998年7月22日　法明传〔1998〕213号

各省、自治区、直辖市高级人民法院、解放军军事法院：

最高人民法院法发〔1997〕27号《关于冻结、划拨证券或期货交易所、证券登记结算机构、证券经营或期货经纪机构清算账户资金等问题的通知》（以下简称27号通知）下发后，多数法院执行是好的，但少数法院未能严格执行，有的地区甚至发生影响社会稳定的问题。为保障金融和社会秩序的稳定，现就有关贯彻27号通知中应注意的几个问题通知如下：

一、对证券经营机构、期货经纪机构为债务人的案件，在保全或执行其财产时，首先要指令该证券经营机构、期货经纪机构提供可供执行的不动产或其它财产。经查明该证券经营机构、期货经纪机构确有可供执行的不动产或其他财产的，人民法院应当先执行该财产。

二、如无上述可供执行的财产，需要执行证券经营机构或期货经纪机构清算资金时，必须严格按27号通知第一条的有关规定冻结、划拨其自营账户中的资金。

三、对未开设自营账户而进行自营业务的证券经营机构、期货经纪机构，需采取冻结其在证券或期货交易所、证券登记结算机构或异地清算代理清算账户内的清算资金措施时，必须十分慎重。只能依法在债务人承担的债务数额范围内予以冻结。同时，依据27号通知第一条的有关规定，必须保障证券经营机构、期货经纪机构的举证权利，如有证据证明上述账户中的资金是其它投资者的，必须对其它投资者的资金及时解除冻结。

四、在执行27号通知时，如遇有影响金融和社会秩序安全的情况时，应当及时采取暂缓或中止执行措施。

特此通知

（三）最高人民法院执行工作办公室关于股民保证金不宜作为证券公司财产执行的函

1997年9月5日　法经〔1997〕300号

江苏省高级人民法院：

据全国证券回购债务清欠办公室和江西证券公司反映，盐城市中级人民法院在执行该院［1995］盐法经初字第84号、85号民事判决书过程中，于今年7月31日扣划了被执行人江西省证券公司上海业务部在工商银行上海市分行营业部开设的深圳股票交易资金清算户上的资金1426万元，该账户上的资金全部为客户保证金，此资金的划拨，影响了股民进行股票交易和提出存款，影响社会的安定团结。

我院认为，证券机构代理股民买卖股票的资金即股民保证金，其所有权属于股民。证券经营机构必须通过保证金账户保证股民经营的正常清算支付。证券经营机构在银行开立的证券经营资金结算账户，是股民保证金账户的存在形式，人民法院在执行以证券经营机构为被执行人的案件时，可以通过冻结证券商自营账户上的资金、股票、国库券以及其自有财产的办法解决，不宜冻结、扣划证券经营机构在其证券经营资金结算账户上的存款。

出台背景

证券交易结算资金的执行，涉及众多投资者的切身利益，为保障金融和社会秩序的稳定，切实维护股民合法权益，防范金融风险，最高人民法院于1997年12月2日下发了27号通知，对人民法院涉及证券交易机构的清算资金、交易席位、托管债券、交易保证金的保全和执行的问题进行了规范。但27号通知下发后，少数法院未能严格执行27号通知内容，错把属于股民所有的客户交易结算资金当作证券机构的责任财产予以执行，引发社会关注。鉴于此，在27号通知下发7个多月后，最高人民法院再次下发《关于贯彻最高人民法院法发〔1997〕27号通知应注意的几个问题的紧急通知》（以下简称《紧急通知》），再次对证券机构清算资金的执行问题予以强调。

理解与适用

（一）客户交易结算资金和证券机构自营资金的区分

要理解27号通知及《紧急通知》这两个通知精神，首先要厘清证券公司自营业务和经纪业务的区别。所谓证券自营业务，是指证券经营机构以自己的名义和资金买卖证券从而获取利润的证券业务。根据《证券公司证券自营业务指引》的相关规定，证券机构不得将自营业务与资产管理业务、经纪业务混合操作；不得以他人名义开立自营账户；不得使用非自营席位从事证券自营业务。因此，证券机构开展自营业务必须用自己的钱，并且以自己的名义在银行开设独立的自营账户，该账户内的钱即为证券机构从事自营证券业务的自有资金。

所谓证券经纪业务，是指证券机构为投资者提供代理买卖证券的服务，并从中收取佣金的证券业务。在证券公司总部一般有经纪业务总部，管着全国几十个或者几百个证券营业部，而这些证券营业部通过现场或者非现场的方式给投资者提供了股票、基金买卖的平台。证券经纪业务最为广大投资者熟悉，也是证券公司较为稳定的收入来源。

证券交易结算资金，包括客户交易结算资金和证券机构从事自营业务的自有资金（以下简称证券机构自营资金）。理解了证券公司自营业务和经纪业务的区别，也就明晰了客户交易结算资金和证券机构自营资金的区别。人民法院办理涉及证券交易结算资金的案件，应当根据资金的不同性质区别对待。证券机构自营资金属于证券机构，当证券机构为被执行人时，人民法院当然可以冻结、划拨其自营账户内的资金。而客户交易结算资金则由证券机构全额存放于客户交易结算专用存款专户和结算备付金专户，以每个客户的名字在商业银行单独立户管理，属于客户所有，当证券机构为被执行人时，不能对其进行执行。

2004 年 11 月 9 日发布的《最高人民法院关于冻结、扣划证券交易结算资金有关问题的通知》（法〔2004〕239 号）第 1 条第 2 款和第 3 款[①]，再次对此作出明确规定。同时，《证券法》第 131 条第 2 款也对此作出了规定[②]。

（二）执行证券结算资金应遵循“劣后执行”原则

27 号通知第 1 条和《紧急通知》都确立了一个重要的原则，叫作“劣后执行”原则。简单地说，就是对证券经营机构、期货经纪机构作为债务人的案件，在保全或执行其财产时，首先要保全或执行该债务人的动产、不动产等其他财产，只有确无其他财产可供执行时，才考虑执行证券经营机构或期货经纪机构的清算资金。考量在于，直接执行证券经营机构或期货经纪机构的清算资金，可能会对其业务开展造成一定的影响，进而影响股民等投资者的权益。在有其他财产可供执行的前提下，应符合比例原则，坚持“谦抑执行”，尽量采用对其影响较小的方式进行执行。此外，在未发现证券经营机构或期货经纪机构有其

---

① 该条规定，“当证券公司为被执行人时，人民法院可以冻结、扣划该证券公司开设的自有资金存款账户中的资金，但不得冻结、扣划该证券公司开设的客户交易结算资金专用存款账户中的资金。当客户为被执行人时，人民法院可以冻结、扣划该客户在证券公司营业部开设的资金账户中的资金，证券公司应当协助执行”。

② 该条规定，“证券公司不得将客户的交易结算资金和证券归入其自有财产。禁止任何单位或者个人以任何形式挪用客户的交易结算资金和证券。证券公司破产或者清算时，客户的交易结算资金和证券不属于其破产财产或者清算财产。非因客户本身的债务或者法律规定的其他情形，不得查封、冻结、扣划或者强制执行客户的交易结算资金和证券。”

他财产可供执行，需要执行其清算资金时，应首先冻结、划拨其自营账户的资金，然后才冻结其在证券或期货交易所、证券登记结算机构或异地清算代理清算账户内的清算资金。

（三）证券机构自营业务中未开设自营账户时的执行

实践中，有的证券机构在从事自营业务时，并未按照规定开设专门的独立自营账户，就有可能出现证券机构自营资金和客户交易结算资金不容易判断（甚至相混合）的问题。所以，《紧急通知》专门强调，如果证券机构在自营业务中未开设自营账户，在执行证券或期货交易所、证券登记结算机构或异地清算代理清算账户内的清算资金时“必须十分慎重”。因为，此时代理清算账户内的清算资金可能是证券机构的，也有可能是客户的。根据《紧急通知》第 3 条，“必须十分慎重”的具体要求体现为三点：一是先冻结，再扣划，也即先控制，后处分，留有余地，不能即时扣划。二是不能超额冻结，只能在债务人承担债务的范围内予以冻结。三是充分保障证券机构、期货经纪机构的举证、异议权利。人民法院应当认真审查异议，必要时，可以提交中国证监会审查认定，如有证据证明所冻结账户资金是其他投资者的，应及时解冻。

（四）期货交易所及期货经纪机构清算账户资金的执行

1997 年年底颁布 27 号通知时，证券业中券商的自营业务占其业务的较大比例，对期货经纪机构自营业务也没有严格禁止，故 27 号通知将证券、期货两个行业放在一起规范，符合当时期货业的状况。因此，对期货交易所清算账户上期货经纪机构的清算资金及期货经纪机构清算账户上投资者的清算备付金的保全和执行，27 号通知第 1 条同样可以适用。但是，《期货交易管理暂行条例》（已废止）在 1999 年 9 月 1 日正式施行后，期货行业的业务模式发生了变化，期货经纪公司自营业务被禁止，只能为客户做经纪业务（代理业务）。从现在来看，27 号通知中提到的期货交易所清算账户上的资金组成，去掉期货经纪公司自营资金后，剩下的属于投资者所有的清算备付金也就不能执行了。

（五）证券机构交易席位和交易保证金的执行

交易席位是证券公司作为证券交易所会员在证券交易所交易大厅内进行交易的固定位置，只有取得了交易席位后才能从事实际的证券交易业务，交易席位代表了会员在证券交易所拥有的权利，是会员享有交易权限的基础和交易资格的象征。交易席位可以转让，会员转让席位取得对价的同时，应当将席位所属权益一并转让。交易席位作为无形物既然可以转让，那其就是一种可供执行的无形财产。当证券机构为被执行人时，人民法院可以裁定其不得转让交易席位，不得转让会员资格，同时，为保障物尽其用，人民法院不得停止该交易席位的使用。人民法院如果认为需要执行交易席位的，有权采取强制执行措施并按交易所的规定转让席位。交易保证金虽然也是证券机构的财产，但其用途特定，由证券交易所收取并专项存储，用于防范交易风险。交易保证金类似于商业银行为保证客户提取存款和清算需要而向中央银行交纳的存款准备金，其具有专款专用的性质，证券机构不得随便动用。因此，人民法院不得对交易保证金采取强制执行措施。当然，如果该资金失去了保证金作用，就转化成为证券机构的一般责任财产，此时则可以执行。

实务操作指引

1. 关于对证券和证券交易结算资金的执行，目前可以依据的法律或司法文件主要有：《证券法》、27号通知、《紧急通知》、《最高人民法院关于冻结、扣划证券交易结算资金有关问题的通知》（法〔2004〕239号）、《最高人民法院 最高人民检察院 公安部 中国证券监督管理委员会关于查询、冻结、扣划证券和证券交易结算资金有关问题的通知》（法发〔2008〕4号）等。这些依据明确、具体，可操作性强，详细规范了证券交易结算资金的查询、冻结、扣划问题。此外，2016年3月4日，最高人民法院与中国证监会联合下发了《关于试点法院通过网络查询、冻结被执行人证券有关事项的通知》（法〔2016〕72号），决定在试点地区，通过“总对总”查控网实现对被执行人证券交易结算资金的查询。

2. 由于执行实务的复杂性，个案千差万别，“劣后执行”作为一种对证券经营机构清算资金的执行理念，完全“一刀切”地贯彻也未必合理。在具体案件中，如果证券公司的动产、不动产等责任财产确实难以处置，而执行债权金额较小，或者证券公司自营账户的清算资金较为充足，执行该自有资金对股民权益及其正常业务的开展影响较小的，选择执行证券机构自营账户资金可能更为合适。

3. 实践中，有的法院将证券机构在银行开设的股票交易资金清算账户上的资金当作证券公司的责任财产直接予以扣划，并不妥当。证券机构代理股民买卖股票的资金系股民保证金，所有权属于股民，执行法院强行扣划侵犯了案外人财产权益，影响了股民提出存款和正常的股票交易。

四、未记载于股东名册的股权质押能否对抗取得股权的善意第三人

答复原文

最高人民法院关于以有限责任公司以股份出质但没有履行相应的登记、备案等公示手续该质押合同不能对抗第三人的问题的答复

2004 年 4 月 14 日　〔2003〕执他字第 34 号

北京市高级人民法院：

你院京高法〔2003〕320 号《关于中国长城工业总公司申请执行中国租赁有限公司一案中全资子公司投资收益质押是否有效向题的请示》收悉。经研究，现答复如下：

虽然有关法律和相关司法解释对全资子公司的股权质押是否应当公示以及应当如何进行公示尚没有作出具体规定，但根据《担保法》第六十四条、第七十八条之规定和我院《关于适用担保法若干问题的解释》第一百零三条之规定，有限责任公司以股份出质的，质押合同自股份出质记载于股东名册之日起生效。本案中，中国租赁有限公司与中信实业银行总行营业部签订的质押合同发生在《担保法》生效后，如果质押合同没有履行相应的登记、备案等公示手续，该质押合同不能对抗第三人。

出台背景

北京市第一中级人民法院在执行中国长城工业总公司诉中国租赁有限公司

存单纠纷一案中，于2001年7月25日查封了中国租赁有限公司持有的北京中租铸造模具技术开发公司100%股权，案外人中信实业银行总行营业部向北京一中院提出执行异议，认为中国租赁有限公司已以上述股权对其提供质押担保，要求对该股权享有优先受偿权，北京一中院对案外人是否对该股权享有优先受偿权的问题向北京市高级人民法院进行请示。

北京市高级人民法院认为，中信实业银行总行营业部是否对该股权享有优先受偿权，关键在于认定中国租赁有限公司以该股权设定的质押是否符合法律规定的生效条件。北京中租铸造模具技术开发公司为全民所有制的国有独资公司，未制备股东名册，无法将其股权质押记载于股东名册，而现行法律也未对全资子公司股权质押应履行何种公示手续作出明确规定，因此，中国租赁有限公司向中信实业银行总行营业部提供的股权质押是否具备生效要件，无明确的法律依据。

鉴于中国租赁有限公司就其持有的北京中租铸造模具技术开发公司100%股权设定质押时，法律和司法解释并未就全资子公司的股权质押是否应当公示以及如何进行公示作出明确规定，北京市高级人民法院倾向于质押合同有效，应当保护案外人中信实业银行总行营业部对该股权享有的优先受偿权。

本案中存在的问题主要受制于当时的经济体制改革的阶段性、立法经验的匮乏、法理储备的不足以及苏联民法典的影响，1986年《民法通则》（已废止）对股权质押问题语焉不详，仅在第89条①第2项规定了债务人或者第三人可以提供一定的财产作为抵押物担保债务的履行，对“一定的财产”的范围、“抵押

① 1986年《民法通则》（已废止）第89条规定：“依照法律的规定或者按照当事人的约定，可以采用下列方式担保债务的履行：

“（一）保证人向债权人保证债务人履行债务，债务人不履行债务的，按照约定由保证人履行或者承担连带责任；保证人履行债务后，有权向债务人追偿。

“（二）债务人或者第三人可以提供一定的财产作为抵押物。债务人不履行债务的，债权人有权依照法律的规定以抵押物折价或者以变卖抵押物的价款优先得到偿还。

“（三）当事人一方在法律规定的范围内可以向对方给付定金。债务人履行债务后，定金应当抵作价款或者收回。给付定金的一方不履行债务的，无权要求返还定金；接受定金的一方不履行债务的，应当双倍返还定金。

“（四）按照合同约定一方占有对方的财产，对方不按照合同给付应付款项超过约定期限的，占有人有权留置该财产，依照法律的规定以留置财产折价或者以变卖该财产的价款优先得到偿还。”

物”的含义没有做出进一步的规定和解释。

1993 年《公司法》第 149 条第 3 款[①]只禁止股份有限公司接受本公司的股票作为抵押权的标的，但未提及有限责任公司股权质押问题。

1995 年《担保法》（已废止）第 64 条[②]规定了质押合同自质物移交于质权人占有时生效；第 75 条[③]第 2 项首次确认了股权质押制度，允许依法可以转让的股份、股票可以质押；第 78 条[④]规定了股权质押合同的效力。

2000 年《最高人民法院关于适用〈中华人民共和国担保法〉若干问题的解释》（已废止）第 103 条[⑤]规定了股份有限公司、上市公司、非上市公司股份出质质押合同生效的条件。

以上相关法律、司法解释仅对股份有限公司及有限责任公司股份出质时的公示方式进行了规定，对于“本批复”涉及的有限责任公司将持有的“全资子公司”股权和投资收益出质时怎样进行公示没有具体规定，以致出现“以全资子公司投资权益出质时”质押合同的效力无法认定的问题，另外，当时理论界和实务界对于公示影响质押合同的对抗性效力的争论很多。

最高人民法院以批复的形式对有限责任公司持有全资子公司的股权质押未经公示能否对抗第三人的立法滞后造成的漏洞予以填补。

---

① 1993 年《公司法》第 149 条第 3 款规定：“公司不得接受本公司的股票作为抵押权的标的。”

② 《担保法》（已废止）第 64 条规定：“出质人和质权人应当以书面形式订立质押合同。质押合同自质物移交于质权人占有时生效。”现参见《民法典》第 426 条、第 429 条。

③ 《担保法》（已废止）第 75 条第 2 项规定：“下列权利可以质押：……（二）依法可以转让的股份、股票。”现参见《民法典》第 440 条。

④ 《担保法》（已废止）第 78 条规定：“以依法可以转让的股票出质的，出质人与质权人应当订立书面合同，并向证券登记机构办理出质登记。质押合同自登记之日起生效。股票出质后，不得转让，但经出质人与质权人协商同意的可以转让。出质人转让股票所得的价款应当向质权人提前清偿所担保的债权或者向与质权人约定的第三人提存。以有限责任公司的股份出质的，适用公司法股份转让的有关规定。质押合同自股份出质记载于股东名册之日起生效。”现参见《民法典》第 443 条。

⑤ 2000 年《最高人民法院关于适用〈中华人民共和国担保法〉若干问题的解释》（已废止）第 103 条规定：“以股份有限公司的股份出质的，适用《中华人民共和国公司法》有关股份转让的规定。以上市公司的股份出质的，质押合同自股份出质向证券登记机构办理出质登记之日起生效。以非上市公司的股份出质的，质押合同自股份出质记载于股东名册之日起生效。”

理解与适用

股权质押属于权利质押的一种，股权出质是指为了担保债务的履行，债务人或者第三人将其股权出质给债权人，如果债务人不履行到期债务或发生当事人约定的实现质权的情形，债权人有权就该股权优先受偿。① 股权质权作为物权的一种，其设立必须采取法律规定的方式予以公示，依法公示才能获得普遍的公信力。

（一）记载于股东名册的公示方法

股权质押有别于动产质押，不能以转移占有作为质押的公示方法。《担保法》（已废止）及相关司法解释对于以股份、股票出质的方式做了特别的规定，以依法可以转让的股票出质的，出质人与质权人应当订立书面合同，并向证券登记机构办理出质登记；以有限责任公司的股权出质的，适用《公司法》股权转让的有关规定，质押合同自股权出质记载于股东名册之日起生效；以股份有限公司的股份出质的，适用《公司法》有关股份转让的规定，其中，以上市公司的股份出质的，质押合同自股份出质向证券登记机构办理出质登记之日起生效；以非上市公司的股份出质的，质押合同自股份出质记载于股东名册之日起生效。

《担保法》（已废止）关于权利质押的制度设计存在一定的缺陷，混淆了股权质押合同生效与股权质权成立的关系。根据物权区分原则，在发生物权变动时，物权变动的原因与物权变动的结果作为两个法律事实，他们的成立生效依据不同的法律。质押合同是股权变动的原因，质权设定是股权变动的结果。原因行为只要双方意思表示一致即可，而质权的设定应经过公示成立。《担保法》（已废止）第 78 条的规定实质上是将公示行为与合同效力联系在一起，未经公示不仅股权质权未成立，连合同也未生效。

（二）在证券登记结算机构办理登记的公示方法

股票质押需要在证券登记结算机构办理出质登记。《物权法》（已废止）也

---

① 参见徐海燕：《有限责任公司股权质押效力规则的反思与重构》，载《中国法学》2011 年第 3 期。

规定，以证券登记结算机构登记的股权出质的，在证券登记结算机构办理出质登记。

（三）在工商行政管理部门登记的公示方法

《物权法》（已废止）第226条规定，以基金份额、股权出质的，质权自证券登记结算机构办理出质登记时设立；以其他股权出质的，质权自工商行政管理部门办理出质登记时设立。但这种股权质押登记“两分法”的规定并不严谨，没有考虑区域性股权市场的证券登记结算机构等其他股权登记机构。《民法典》第443条明确了质权设立的时间即“自办理出质登记时设立”，将合同的成立与质权的设立予以区分。现在，股权质押不再是以公司股东名册作为登记方式，但《民法典》未明确由哪个部门办理出质登记，意味着合法确定的机构均有可能承担股权出质登记职能。

2008年《工商行政管理机关股权出质登记办法》明确以持有的有限责任公司和股份有限公司股权出质，办理出质登记的，登记机关为工商行政管理部门，已在证券登记结算机构登记的股份有限公司的股权除外。有限责任公司和股份有限公司的股权出质登记均属于工商总局的业务范围，已经在证券登记结算机构登记了的股份有限公司的股权的出质登记业务仍由证券登记结算机构负责。原国家工商行政管理总局发布的《股权出质登记文书格式文本》，也规定出质股权所在公司为有限责任公司或者股权未在证券登记结算机构登记的股份有限公司。依据《民法典》、《证券法》和2019年《中国证监会关于规范发展区域性股权市场的指导意见》（131号文），以后省级股交中心将成为区域性的股权登记市场机构。

实务操作指引

有限责任公司和股份有限公司股份转让的条件不同，不同公司股权出质的条件不同，在实践中应予注意。

（一）有限责任公司股权质押

1. 一般规定

《公司法》第71条规定，有限责任公司的股东对外质押其股权适用其对外转让股份的规定，即应当经过其他股东过半数同意，而且质押合同自股份出质记载于股东名册后才生效。《民法典》第443条规定，以基金份额和股权出质的，质权自办理出质登记时设立。

2. 国有独资公司股权质押

国有独资公司是有限责任公司的一种特殊形式，《公司法》规定，国有独资公司的资产转让，依照法律、行政法规的规定，由国家授权投资的机构或国家授权的部门办理审批和财产转移手续。根据《国有资产监督管理暂行条例》的规定，核定企业国有资本、监管国有资本变动是各级国有资产管理部门的主要职责。因此，国有独资公司的股权在对股东以外的人出质时，须报经国有资产管理部门的批准。

3. 外商投资企业股权质押

《外商投资法》及《外商投资法实施条例》于2020年1月1日施行后，《中外合资经营企业法》《外资企业法》《中外合作经营企业法》及相应的实施条例、实施细则等行政法规同时废止。原法律、行政法规关于"外商投资企业的投资者以其拥有的股权设立质押"的相关规定不再适用。

《外商投资法》及《外商投资法实施条例》对外商投资企业股权质押问题未做任何具体规定，但《外商投资法实施条例》规定外商投资企业的组织形式、组织机构及活动准则，仍适用《公司法》《合伙企业法》等法律的规定，现有外商投资企业的组织形式、组织机构等依法调整后，原合营、合作各方在合同中约定的股权或者权益转让办法等，可以继续按照约定办理。从《外商投资法》及《外商投资法实施条例》立法目的来看，我国对外商投资企业的相关规定回归《公司法》，《外商投资法》实施之后设立的外商投资企业股权质押应适用《公司法》的规定。那么，原合营、合作各方在合同中约定的股权或者权益转让仍适用原有规定。

原对外经济贸易合作部，原国家工商行政管理总局于1997年5月28日发布的《外商投资企业投资者股权变更的若干规定》（〔1997〕外经贸法发第267号）①

① 《外商投资企业投资者股权变更的若干规定》已被2019年12月28日商务部颁布的《商务部关于废止部分规章的决定》（商务部令2019年第3号）废止。

第2条第3项规定，外商投资企业投资者经其他各方投资者同意将其股权质押给债权人，质权人或受益人依照法律规定和合同约定取得该投资者股权；第3条规定，未经审批机关批准的股权变更无效；第6条规定，经企业其他投资者同意，缴付出资的投资者可以依据有关规定，通过签订质押合同并经审批机关批准将其已缴付出资部分形成的股权质押给质权人。投资者不得质押未缴付出资部分的股权。投资者不得将其股权质押给本企业。根据上述规定，外商投资企业的投资者以其拥有的股权设立质押，必须经其他各方投资者同意，若有一个股东不同意，便不能出质，且外商投资企业股权质押须经审批机关批准，否则股权质押无效。

同时，《外商投资企业投资者股权变更的若干规定》（已废止）规定，如果中外合资、合作企业中方投资者的股权变更而使企业变成外资企业，且该企业属于限制设立外资企业的行业，则该企业中方投资者的股权变更必须经政府有关部门批准；以国有资产投资的中方投资者股权质押，实现质权时必须经有关国有资产评估机构对需质押的股权进行价值评估，并经国有资产管理部门确认，经确认的评估结果应作为该股权质押的作价依据；除法律、法规另有规定外，外商投资股份有限公司非上市股份的转让，参照本规定执行。

（二）股份有限公司股权质押

1. 一般规定

股份有限公司股票出质需要满足的条件和法律对其限制性规定归纳如下：

股票出质应当满足以下条件：(1) 股票可以依法转让；(2) 出质人与质权人应当订立书面质押合同；(3) 办理出质登记。

股票出质的限制性规定：(1) 未经同意不得转让。未经出质人与质权人协商同意，股票出质后，不得转让。转让所得价款，出质人应优先清偿所担保的债权或交第三人提存。(2) 公司不得接受本公司股票作为质押权标的。根据《公司法》第142条的规定，公司不得接受本公司的股票作为质押权的标的。该规定属于法律的效力性强制性规定，如果股东以其持有的公司的股票作为质押权标的，为公司对第三人的债权提供担保，相关担保合同无效。(3) 特定持有人股份质押的限制。根据《公司法》第141条的规定，发起人持有的该公司股份，自公司成立之日起1年内不得出质。公司公开发行股份前已发行的股份，自公司股票在证券交易所上市交易之日起1年内不得出质；公司董事、监事、高级管理人员任职期间每年转让的股份不得超过其所持有本公司股份总数的25%，所持本公司股份自公司股票上市交易之日起1年内不得出质。上述人员离职后半年内，不得出质其所持有的本公司股份。

2. 上市公司国有股质押

根据《财政部关于上市公司国有股质押有关问题的通知》第3条，国有股东授权代表单位持有的国有股只限于为本单位及其全资或控股子公司提供质押。国有股东授权代表单位用于质押的国有股数量不得超过其所持该上市公司国有股总额的50%。国有股东授权代表单位办理国有股质押备案应当向省级以上主管财政机关申请。

五、对中外合资企业外商股份的执行

复函原文

最高人民法院关于对中外合资企业股份执行问题的复函

1998年8月26日　〔1998〕执他字第1号

宁夏回族自治区高级人民法院：

你院［1998］宁法执字第05号《关于中外合资企业外商股份能否执行及如何办理转股手续的请示报告》收悉，经研究答复如下：

根据我院《关于人民法院执行工作若干问题的规定（试行）》第五十五条规定，中外合资企业的外商股份可以作为执行标的，依法转让。你院将被执行人香港太嘉勋发有限公司在天津温泉大酒店有限公司中的30%股份执行转让给申请执行人中国包装进出口宁夏公司，并无不当，应依据有关规定办结相关手续，其中需要天津市对外经济贸易委员会协助执行的事宜，你院应主动联系，请其按你院协助执行通知书依法处理。

出台背景

我国改革开放早期受招商引资，保护外商投资利益等观念的影响，对于合营者在中外合资企业中的股份的执行非常慎重，尤其是最高人民法院在1992年《关于被执行人以其全部资产作股本与外方成立合资企业的应当如何执行问题的复函》（法函〔1992〕114号）中，明确不宜直接执行被执行人在合资企业中的财产，可以将被执行人在合资企业的部分股份（相当于应当偿还的债务）转让，但转让合资企业的股权需经合资对方同意，否则只能执行红利或其他收益。该复函为执行中外合资企业的股权设置了红线，限制了对债权人权益的保护。随着社会主义市场经济法律体系不断完善，《最高人民法院关于被执行人以其全部资产作股本与外方成立合资企业的应当如何执行问题的复函》的精神有违当事人地位平等原则，1998年《执行规定》第55条第2款明确“如果被执行人除在中外合资、合作企业中的股权以外别无其他财产可供执行，其他股东人不同意转让的，可以直接强制转让被执行人的股权但应当保护合资他方的优先购买权”。本复函对于如何适用《执行规定》第55条做了较好的诠释。

理解与适用

1998年《执行规定》第55条①只列明“对被执行人在中外合资、合作经营企业中的投资权益或股权，在征得合资或合作他方的同意和对外经济贸易主管机关的批准后，可以对冻结的投资权益或股权予以转让”。主要是因为外商投资企业以合资、合作的形式设立居多，但并不能涵盖所有外商企业，如外商独资企业。法院在实践中，一般比照1998年《执行规定》第55条规定处理。

（一）外商投资企业股份的范围

外商投资企业股份主要指外国投资者持有的在中国境内依法设立的企业中的股权或投资者权益。改革开放后，外商投资企业因出资方式、合作模式等方

① 2020年修正后的《最高人民法院关于人民法院执行工作若干问题的规定（试行）》将本条删除。

面不同可分别依据1979年《中外合资企业法》（已废止）、1986年《外资企业法》（已废止）、1988年《中外合作经营企业法》（已废止）设立。2020年《外商投资法》施行，上述三部法律一并废止，《外商投资法》第2条第2款明确了外商企业的具体出资形式：（1）外国投资者单独或者与其他投资者共同在中国境内设立外商投资企业；（2）外国投资者取得中国境内企业的股份、股权、财产份额或者其他类似权益；（3）外国投资者单独或者与其他投资者共同在中国境内投资新建项目；（4）法律、行政法规或者国务院规定的其他方式的投资。

另根据国务院同期颁布的《外商投资法实施条例》第48条的规定，涉香港特别行政区、澳门特别行政区的投资者及定居在国外的中国公民在境内的投资，除法律法规另有规定外，参照外商投资法和本条例执行；台湾地区投资者在大陆投资，适用《台湾同胞投资保护法》，该法未规定的事项，参照《外商投资法》和《外商投资法实施条例》执行。

（二）对外商投资企业股份的处分性执行措施

法院依据《执行规定》对被执行人在企业的股份采取处分性措施时一般分两种方式，第一种是提取股份对应的股息、红利和其他收益；第二种是以拍卖、变卖或包括自行转让等其他方式转让。第一种方式对外资或内资企业没有区别。

（三）执行程序中的以物抵债

执行程序中以物抵债（又称代物清偿），即以被执行人的财产作价抵偿其债务。复函中被执行人香港太嘉勋发有限公司在天津温泉大酒店有限公司中的30%股份就是以“以物抵债”的方式执行转让给申请执行人中国包装进出口宁夏公司。

根据相关司法解释，执行实践中以物抵债分为两种方式。一是主动式，双方当事人协商一致，经法院审查不损害其他债权人合法权益和社会公共利益的，直接作价抵偿债务；二是被动式，即被执行人的财产经法院拍卖、变卖均无法变现时，在不损害其他债权人合法权益和社会公共利益的前提下，以该财产作价抵偿给债权人，但价格不能低于评估价格的1/2。

实务操作指引

《外商投资法》实施后，法院在处置外商在合资企业中的股份时应当依据《公司法》办理。基于有限责任公司“人合性”的特点，仅对《公司法》第72条的股东优先购买权的行使和保护实务进行分析。

（一）法院拍卖股份的前置条件

法院在启动拍卖程序前，应当通知公司其他股东“在同等条件下对拟拍卖股份有优先购买权”，其他股东在收到法院通知起满20日内，不向法院明示行使优先购买权的，视为放弃。对于主张行使优先购买权的股东，法院会在拍卖5日前通知优先购买权人到场参加拍卖，若不到场，同样视为放弃优先购买权。

（二）拍卖程序中股东行使优先购买权的方式

在股份拍卖过程中，我国法院一般采用“跟价法”的方式，即优先购买权人以“竞买人”的身份参加拍卖。拍卖过程中，有最高应价时，优先购买权人可以表示以该最高价买受，如无更高应价，则拍归优先购买权人；如有更高应价，而优先购买权人不作表示的，则拍归该应价最高的竞买人。

（三）对于同一顺位优先购买权人出价相同时的确认规则

对于顺序相同的多个优先购买权人在拍卖过程中在同等条件下均表示买受的，如何确定买受人，司法解释有一定矛盾之处。之前法院拍卖财产，一般以组织拍卖会的方式进行，故最高人民法院2004年出台的《拍卖变卖规定》第16条第2款规定出现上述情况“以抽签方式决定买受人”；2017年以后，最高人民法院要求，除“法律、行政法规和司法解释规定必须通过其他途径处置，或者不宜采用网络拍卖方式处置的除外”，法院通过拍卖方式处置财产，应当采取网络司法拍卖方式，而根据《网络司法拍卖规定》，出现类似情况应当“由出价在先的优先购买权人竞得”。故在实践中，应当注意，法院拍卖方式不同，确定买受人的规则亦不相同。

六、在香港特别行政区办理涉外股权质押的效力

复函原文

最高人民法院关于涉外股权质押未经登记
在执行中质押权人是否享有优先受偿权问题的复函

2003年10月9日　〔2003〕执他字第6号

江苏省高级人民法院：

你院（2002）苏执监字第114号报告收悉，经研究，答复如下：

同意你院审判委员会第一种意见。（香港）越信隆财务有限公司（以下简称越信隆）与香港千帆投资有限公司（以下简称香港千帆）于1995年7月13日签订的《抵押契约》所涉及的质押物，是香港千帆在南京千帆房地产开发有限公司（以下简称南京千帆）持有的65%股权。虽然我国法律对涉外动产物权的法律适用没有明确的规定，但根据《民法通则》第142条第3款规定的精神，本案可参照世界各国目前普遍采用的物之所在地法原则。因南京千帆系在中华人民共和国注册成立的有限责任公司，故该公司股权的质押是否有效，应根据中华人民共和国的法律法规来认定。上述《抵押契约》订立时，《中华人民共和国担保法》已经全国人大常委会通过并颁布，且于1995年10月1日实施。《担保法》实施后，越信隆应当按照该法第78条第3款的规定，将香港千帆在南京千帆持有的65%股权在内地办理股份出质记载手续，但越信隆未办理股份出质登记。因此，其抵押权不具有对抗第三人的效力。鉴于香港千帆所持南京千帆65%股权已经南京有关行政主管部门批准转让，非经法定程序不得撤销。

此复

出台背景

当事人以具有涉外性质的股权质押作为债务履行的担保，在经济活动中经

常出现，1997 年 5 月 28 日，原对外贸易与经济合作部、原国家工商行政管理总局联合发布了《关于外商投资企业投资者股权变更的若干规定》（已废止），明确经企业其他投资者同意，缴付出资的投资者可以依据《担保法》（已废止）的有关规定，通过签订质押合同并经审批机关批准将其已缴付出资部分形成的股权质押给质权人。

本案中，江苏省高级人民法院请示的问题是，越信隆与香港千帆签订抵押契约，约定由香港千帆将其财产、权利（不论地点、性质）浮动抵押给越信隆，并在香港有关部门办理了抵押登记手续。对于该抵押关系所涉及的香港千帆在南京千帆持有的股权的浮动抵押行为，我国内地能否承认其效力。江苏省高级人民法院审判委员会存在两种意见：第一种意见认为，越信隆对香港千帆所持南京千帆股权的抵押权，不能对抗善意第三人；第二种意见认为，对越信隆与香港千帆关于抵押南京千帆股权的行为，应承认其效力，越信隆对南京千帆 65% 股权的转让价款享有优先受偿权。

内地与香港特别行政区属不同法域，香港特别行政区投向内地的资本仍属于外商投资范畴，在当时立法不完善的情况下，最高人民法院通过对个案答复，明确了涉外股权质押未在内地办理出质登记的效力。

理解与适用

（一）物之所在地法原则适用

物之所在地法是民事法律关系的客体的物所在地的法律。“物之所在地法原则”常用于解决物权方面的法律冲突。本案中，《抵押契约》的签约双方均为在香港特别行政区注册的公司，首先应当考虑双方产生争议后的法律适用问题。

股权属于无形动产，我国法律对涉外动产物权的法律适用没有明确的规定，《民法通则》（已废止）第 144 条只确定涉外不动产所有权适用不动产所在地法律，未涉及动产物权。世界上大多数国家在解决涉外物权法律冲突时普遍采用“物之所在地法原则”，无形动产的所在地应该是该财产能被追索或执行的地方。

就本案而言，《抵押契约》的质押物为香港千帆持有的南京千帆 65% 的股权，南京千帆注册地在中华人民共和国境内，属中国企业，应以南京千帆所在地为对该公司股权处分所在地，故确认该公司股权质押是否有效应依照我国内地的法律来认定。

2011 年《涉外民事关系法律适用法》第 40 条规定“权利质权，适用质权设立地法律”，本案涉及问题有了法律明文规定。

（二）股权质押合同的效力

质权的设立一般是以转移占有为前提条件的，但股权作为权利质权的客体，由于其本身的特殊性，质权人无法以转移占有的方式取得对质物的控制权，故一般采取登记的方式限制出质人对股权的处分权。

《担保法》（已废止）第 78 条第 3 款存在很大缺陷。一是没有将股权质押合同生效与股权质权设立区别开。根据物权行为理论，质押合同是物权变动的起因，质权设定是物权变动的结果，股权质押合同用以确定出质人与质权人的权利义务关系，合同应自成立时生效，未办理质权登记的，不影响股权质押合同的效力。而股权质权侧重于公示效力，自登记时设立，质押登记是为了让质押的事实为社会公众、特别是与相关股权有涉的交易者所知悉，以此保障质权人拥有对抗第三人的优先权。但《担保法》（已废止）只规定质权合同的生效条件，将质权合同生效与质权设定同一，并不利于质权的行使。二是对于有限责任公司以股份出质的登记方式，只要求“记载于股东名册”，忽视了质权设定的公示目的，削弱了质权人对质物的控制权。《物权法》（已废止）、《民法典》为弥补上述缺陷，将质押合同生效与质权的设立予以区分。

实务操作指引

2020 年《外商投资法》废止了《中外合资经营企业法》、《中外合作经营企业法》和《外资企业法》，外资企业的法律规制进入了新的阶段。《外商投资法》没有对涉外股权的质押问题予以特别限制，涉外股权的质押行为应适用《民法典》及《公司法》的相关规定。

《民法典》第 443 条沿袭了《物权法》（已废止）第 226 条关于股权出质的规定，但不再明确办理质权的登记机构，为今后建立统一的登记机关留有空间，但短期内，股权办理质押的登记机关应当还会继续由法律原来确定的机构负责，需要按照现行的办理方式予以说明。

（一）股权质权的设立

1. 签订书面质押合同。《民法典》第427条规定："设立质权，当事人应当采用书面形式订立质押合同。质押合同一般包括下列条款：（一）被担保债权的种类和数额；（二）债务人履行债务的期限；（三）质押财产的名称、数量等情况；（四）担保的范围；（五）质押财产交付的时间、方式。"其中质权担保的债权范围，一般包括主债权及利息、违约金、损害赔偿金和实现质权的费用，双方亦可自行约定；同时股权质押效力所及的标的股权或股票，因其会产生法定孳息，如分红、股息、转增股等，若质押合同未作相反约定，质权人有权收取。

2. 办理出质登记。《民法典》第443条第1款规定："以基金份额、股权出质的，质权自办理出质登记时设立。"但未明确具体的登记机关，故在一定时期内，以证券登记结算机构登记的股权（上市公司股权）出质的，在证券登记结算机构办理出质登记；以其他股权出质的，质权自工商行政管理部门办理出质登记时设立。其中证券登记结算机构，是指上海证券交易所和深圳证券交易所，实际操作中，流通股的登记手续在证券公司营业部办理，有限售条件的流通股和非流通股的登记手续基本上是直接到证券登记结算机构办理；对于有限责任公司、非上市股份有限公司的股权出质登记，则应到公司注册地工商行政管理部门办理。

（二）质押财产的变价方法

债务人不履行到期债务或者发生当事人约定的实现质权的情形时，《民法典》确定了双方协议折价、拍卖、变卖三种方式处置质押财产。需要注意的是，我国的法律禁止"质权人在债务履行期限届满前，与出质人约定债务人不履行到期债务时质押财产归债权人所有"这种"流质"方式，故当事人"协议折价"的处置方式只能在质押合同"当事人约定的实现质权的情形"发生后进行。

（三）涉外股权能否重复质押

我国现行法律法规并未规定股权不能重复质押，《民法典》也未对此作出禁止性规定，但《民法典》对于已出质股权的转让问题作出了相关规定。《民法典》第443条规定，股权出质后，不得转让，但是出质人与质权人协商同意的除外。该规定一方面出于对质权人利益的保护，提出了转让已出质股权的一般性规则；另一方面也认可在取得质权人同意、质权人利益得以保障的前提下，允许已出质的股权再次流转，以此在质权人、出质人、受让质押股权的第三人之间实现利益平衡，既充分保障质权人权利不受侵害，又不过分妨碍股权的自由流转，充分发挥物的效益。虽然股权质押不等同于股权转让，但质权人一旦依法行使质权，必然涉及股权的转让问题，两者的相关规则存在一致性。因此，股权的再出质可行，只是在实际操作（工商登记）层面会有明显障碍，如北京、江苏、山东、湖北、广西、天津等地有地方性规定禁止股权重复质押登记。

当股权被重复质押时，质权人权利清偿顺位如何判断，《民法典》仅规定了抵押权利顺位的一般规则，并未规定权利质权顺位规则，结合最高人民法院在复函中的司法观点，股权质押的清偿顺序应基于以下规则，即均进行了质押登记的，按照登记的时间先后确定清偿顺序；已经登记的先于未登记的受偿；均未登记的，按照债权比例清偿。

在实践中，各方应如何更好地维护权利？作为出质人，行使权利、履行义务应当遵循诚实信用原则。若出质人已将其股权质押给第三人，应及时告知质权人，以使质权人能够作出正确判断。如果出质人并未及时告知质权人，甚至恶意隐瞒股权已质押给第三方的事实，造成质权人不能完全实现质权的结果，出质人的该项行为违背了作为履行义务的一方当事人应当遵循的诚实信用原则，对此存在过错，应当依法承担损害赔偿责任。

作为质权人，在签订《股权质押合同》过程中，务必对该笔股权质押状况进行审查，如查阅公司的股东名册，查阅登记机关有无相关记载，更重要的是及时到登记机关办理股权质押登记。当然，对于出质人将已经依法设定质权的股权进行再质押，在前质权人利益得以保障的前提下，应尊重当事人的意思自治，允许质押股权再次流转，这也符合我国保障各方当事人利益平衡和促进物尽其用的立法精神。

七、对限售期内股份的执行

复函原文

（一）最高人民法院执行办公室关于执行股份有限公司发起人股份问题的复函

2000年1月10日 〔2000〕执他字第1号

福建省高级人民法院：

你院报我办的〔1998〕闽经初执字第19号请示收悉。经研究，答复如下：

同意你院的意见。《公司法》第一百四十七条[①]中关于发起人股份在3年内不得转让的规定，是对公司创办者自主转让其股权的限制，其目的是为防止发起人借设立公司投机牟利，损害其他股东的利益。人民法院强制执行不存在这一问题。被执行人持有发起人股份的有关公司和部门应当协助人民法院办理转让股份的变更登记手续。为保护债权人的利益，该股份转让的时间应从人民法院向有关单位送达转让股份的裁定书和协助执行通知书之日起算。该股份受让人应当继受发起人的地位，承担发起人的责任。

此复。

---

① 本批复所引用《公司法》第147条为1999年12月25日修订后的版本，第147条具体规定为：发起人持有的本公司股份，自公司成立之日起3年内不得转让。公司董事、监事、经理应当向公司申报所持有的本公司的股份，并在任职期间内不得转让。现行有效的《公司法》为2013年12月28日修订后的版本，关于发起人和公司董事、监事、经理转让所持本公司股份的限制的规定为第141条，第141条具体规定为：发起人持有的本公司股份，自公司成立之日起1年内不得转让。公司公开发行股份前已发行的股份，自公司股票在证券交易所上市交易之日起1年内不得转让。公司董事、监事、高级管理人员应当向公司申报所持有的本公司的股份及其变动情况，在任职期间每年转让的股份不得超过其所持有本公司股份总数的25%；所持本公司股份自公司股票上市交易之日起1年内不得转让。上述人员离职后半年内，不得转让其所持有的本公司股份。公司章程可以对公司董事、监事、高级管理人员转让其所持有的本公司股份作出其他限制性规定。

（二）最高人民法院执行工作办公室关于上市公司发起人股份质押合同及红利抵债协议效力问题请示案的复函

2004年4月15日　〔2002〕执他字第22号

江苏省高级人民法院：

你院《关于上市公司发起人以其持有的法人股在法定不得转让期内设质押担保在可转让时清偿期届满的债权其质押合同效力如何确认等两个问题的请示报告》收悉。经研究，答复如下：

一、关于本案发起人股份质押合同效力的问题，基本同意你院的第二种意见。《公司法》第147条规定对发起人股份转让的期间限制，应当理解为是对股权实际转让的时间的限制，而不是对达成股权转让协议的时间的限制。本案质押的股份不得转让期截止到2002年3月3日，而质押权行使期至2005年9月25日才可开始，在质押权人有权行使质押权时，该质押的股份已经没有转让期间的限制，因此不应以该股份在设定质押时依法尚不得转让为由确认质押合同无效。

二、关于本案中三方当事人达成的以股份所产生的红利抵债的协议（简称三方抵债协议），我们认为：首先，该协议性质上属于三方当事人之间的连环债务的协议抵消关系。在协议抵消的情况下，抵消的条件、标的物、范围，均由当事人自主约定。《合同法》第100条关于双方当事人协议抵消的规定，并不排除本案中三方当事人协议抵消的做法。其次，该协议属于预定抵消合同。根据这种合同，当事人之间将来发生可以抵消的债务时，无须另行作出抵消的意思表示，而当然发生抵消债务的效果。这种协议并不违反法律的强制性规定，应予以认可。本案中吴江工艺织造厂（以下简称织造厂）在中国服装股份有限公司（以下简称服装公司）中的预期红利收益处于不确定状态，符合这种预定抵消合同的特点。

三、关于股份质押协议与三方抵债协议的关系问题，因本案股份质押权的行使附有期限，故质押的效力只能及于质押权行使期到来（2005 年 9 月 25 日）之后该股份产生的红利，质押权人中国银行吴江支行（以下简称吴江支行）不能对此前的红利行使质押权。因此，对于织造厂于 2001 年 6 月 9 日从服装公司分得的该期红利，吴江支行不能以股份质押合同有效而对抗服装公司依据三方抵债协议所为的抵消。

四、织造厂在服装公司的红利一旦产生，按照三方抵债协议的约定，服装公司给付织造厂的红利即时自动抵消面料厂对服装公司的债务，不需要实际支付。因此，在宜兴市人民法院向服装公司送达协助执行通知时，被执行人织造厂在服装公司的红利债权已经消灭，不再有可供执行的债权。宜兴市人民法院从服装公司划拨红利的执行是错误的，应予纠正。

出台背景

股份转让是公司股东的法定权利，但是作为发起人的股东与因认购或受让公司股份的股东不同，《公司法》在规定股份可以依法转让的同时，为照顾相关利益，对股份有限公司发起人转让股份作出了限制性规定。主要考量发起人的特殊法律地位及其与公司的密切关系，对公司的成立及成立初期的财产稳定和组织管理有着重要影响。[①] 发起人在公司成立初期转让股份容易造成公司经营不稳定，损害公司或其他认购人的利益。为了防止发起人非以经营为目的设立公司，在公司成立后转让股份以逃避责任，有必要对股份有限公司发起人转让股份的时间作出限制。

现行《公司法》第 141 条规定："发起人持有的本公司股份，自公司成立之日起一年内不得转让。公司公开发行股份前已发行的股份，自公司股票在证券交易所上市交易之日起一年内不得转让。公司董事、监事、高级管理人员应当向公司申报所持有的本公司的股份及其变动情况，在任职期间每年转让的股份不得超过其所持有本公司股份总数的百分之二十五；所持本公司股份自公司股票上市交易之日起一年内不得转让。上述人员离职后半年内，不得转让其所持

① 参见江平、李国光主编：《最新公司法条文释义》，人民法院出版社 2006 年版，第 356 页。

有的本公司股份。公司章程可以对公司董事、监事、高级管理人员转让其所持有的本公司股份作出其他限制性规定。”在执行程序中，强制执行权的行使应否受限于这些实体法规定，对作为被执行人的发起人持有的在法定限售期的股份能否强制执行，争议较大。那么，《公司法》关于限售期股份转让的特别规定是对发起人主动转让股份的限制还是对包括人民法院强制执行在内的所有导致股份所有人变更的行为的限制？是限制订立股份转让的合同还是限制股份转让本身？在发起人法定不得转让股份期间能否设置股份质押担保？股份质押合同的效力能否及于股份质押权行使期之前产生的红利？以红利抵债是否需要实际支付等？最高人民法院两个批复对股份有限公司发起人股份执行的问题作出了一定程度上的回应。

理解与适用

（一）股份有限公司发起人的权利和义务

根据《公司法解释（三）》第1条规定：“为设立公司而签署公司章程、向公司认购出资或者股份并履行公司设立职责的人，应当认定为公司的发起人，包括有限责任公司设立时的股东。”从定义上看，相比其他非发起人股东，发起人股东多了一份履行公司设立职责、承担公司设立前后的民事责任的义务，这也是发起人股东与非发起人股东主要的区别。

《公司法》未赋予发起人享有异于非发起人股东的特殊权利，却详细地规定了发起人的义务。这些义务主要有：（1）签订公司发起人协议，明确各自在公司设立过程中的权利和义务。（2）负责订立公司章程，采用募集方式设立的经创立大会通过。（3）选举公司组织机构。（4）依《公司法》和章程规定认购相应股份。（5）在公司募集设立时，办理募集的相关手续。（6）公司不能成立时，对公司债权人、认股人等承担连带责任。（7）在法定限售期内禁止转让股份。

（二）人民法院可以执行发起人在法定限售期内的股份

从《公司法》第141条的立法旨意出发，结合发起人在公司设立过程中的法律地位以及权利义务，该条规定的立法目的是防止发起人通过转让股份牟利，损害其他投资者的利益，禁止发起人自行对外转让股份行为。而人民法院的强制执行是依照法定程序，按照生效法律文书的内容强制债务人履行义务的公法行为，此种情况下，股份公司发起人是被动接受人民法院的强制执行行为。另外，《最高人民法院执行工作办公室关于执行股份有限公司发起人股份问题的复函》已明确发起人股份可以强制执行。如果人民法院不能强制执行发起人在法定限售期内的股票，不仅将使申请执行人的利益得不到保护，而且会成为被执行人恶意阻却或拖延执行生效法律文书的借口。中国证券登记结算有限责任公司上海分公司2020年4月30日发布的《中国证券登记结算有限责任公司上海分公司协助执法业务指南》规定，“扣划有限售条件流通股份和非流通股份时，还需提供相关拍卖成交证明文件材料”。据此可知，通过司法拍卖的方式处置上市公司发起人法定限售期内的股份后，向证券登记结算机构提供拍卖成交确认书后，其是可以协助办理限售流通股及非流通股的司法过户的。

综上所述，人民法院可以通过司法拍卖的方式执行发起人持有的在法定限售期内的股份，拍卖成功后，股份有限公司和其他协助义务人应当协助人民法院办理股份变更登记手续。但是，为了防止当事人借执行程序以逃避法律对发起人转让股份的限制性规定，股份受让人应当继受发起人义务，在法律规定的限售期间内，不得再次转让股份。

（三）发起人在法定限售期内签订股份质押合同的效力

《最高人民法院执行工作办公室关于上市公司发起人股份质押合同及红利抵债协议效力问题请示案的复函》所涉案件中，发起人在法定不得转让期内签订股份质押合同，但其担保的债权在其所持股份可转让时才至清偿期。而《公司法》对发起人股份转让的期间限制，应当理解为是对股权实际转让的时间限制，而不是对达成股权转让协议的时间限制。本案在质押权人有权行使质押权时，该质押的股份已经没有转让期间的限制，因此不应以该股份在设定质押时依法尚不得转让为由确认质押合同无效。

在现行法律制度框架下，发起人在法定限售期内签订股份质押合同，在无其他导致合同无效的情形下，股权质押合同有效已经没有争议，且在法定限售期的股份是可以质押并办理质押登记的。首先，我国采取的是物债二分的立法模式，合同效力与物权效力是区分的。《民法典》第215条规定，当事人之间订立有关设立、变更、转让和消灭不动产物权的合同，除法律另有规定或者合同另有约定外，自合同成立时生效；未办理物权登记的，不影响合同效力。故除法律另有规定或者合同另有约定外，股份质押合同自成立时生效；即使未办理股份质押登记也不影响合同效力。其次，《公司法》限制发起人在一定期限内转让其持有的股份，但是并未剥夺其股份出质的权利，从人民法院可以司法拍卖发起人股份并办理过户登记也可知，在法定限售期内的发起人股份，在本质上仍然属于可以设定质权的股份。《民法典》第 440 条规定，债务人或者第三人有权处分的基金份额和股权可以出质，并未禁止限售期内的股份设定质权。上海证券交易所、深圳证券交易所、中国证券登记结算有限责任公司发布的《股票质押式回购交易及登记结算业务办法》（2018 年修订）也很明确，可以办理有限售条件股份的质押登记。

综上所述，发起人在法定限售期内签订的股份质押合同，在无其他导致合同无效的情形下，股权质押合同有效。质权自在股权质押登记机关办理质押登记之日起成立，但即使未办理股份质押登记也不影响合同效力。质权的行使，如果是通过司法拍卖的方式实现质权的，可以参照人民法院强制执行发起人股份的方式处理，不用等限售期满即可行使质权；否则，必须待限售期满方可行使质权。

（四）预期股份红利抵债合同的法律分析

《民法典》第 568 条规定："当事人互负债务，该债务的标的物种类、品质相同的，任何一方可以将自己的债务与对方的到期债务抵销；但是，根据债务性质、按照当事人约定或者依照法律规定不得抵销的除外。当事人主张抵销的，应当通知对方。通知自到达对方时生效。抵销不得附条件或者附期限。"第 569 条规定："当事人互负债务，标的物种类、品质不相同的，经协商一致，也可以抵销。"

股份红利是公司向股东分配利润的一种形式，根据《公司法》的规定，公司并不是必须向股东分配利润，在经公司股东大会决议后，公司可以不向股东分配利润，如果公司向股东分配利润的，需要先由董事会制订公司的利润分配方案然后报股东大会审议通过。因此，在公司的利润分配方案未经股东大会审议通过前，股份红利属于预期收益，而法律并不禁止当事人以预期产生的收益进行抵债。《执行规定》第 36 条第 2 款规定，"对被执行人预期从有关企业中应得的股息或红利等收益，人民法院可以采取冻结措施，禁止到期后被执行人提取和有关企业向被执行人支付。到期后人民法院可从有关企业中提取，并出具提取收据”。也进一步证明，预期股份红利可以作为抵债标的。

在股份红利未确定时，当事人签订股份红利抵债协议并不违反法律强制性规定，应当认定有效。在公司的利润分配方案经股东大会审议通过后，股份红利转变为确定之债后，根据当事人之间的约定，可以自动抵销当事人互负债务，达到债务相互抵销的法律效果。

（五）质权效力及于股份红利

《民法典》第430条第1款规定：“质权人有权收取质押财产的孳息，但是合同另有约定的除外。”在当事人之间没有约定或者约定不明的情况下，股份质押后，质权人有权收取质押期间经过股东大会审议通过的公司利润分配方案确定的股份红利，作为实现债权的担保。

实务操作指引

在被执行人为发起人时，其持有的在法定限售期内的股份执行的实务操作如下：

（一）查询发起人股份权属

为了保证执行措施的准确有效，人民法院应当首先向发起人股份登记机关查询股份权属。根据《最高人民法院、国家工商总局关于加强信息合作规范执行与协助执行的通知》之规定，人民法院可以向发起人股份所在股份有限公司的工商登记机关查询股份权属。但是，当发起人持有的是上市公司股份时，根据《最高人民法院、最高人民检察院、公安部、中国证券监督管理委员会关于查询冻结扣划证券和证券交易结算资金问题的通知》第3条之规定：“人民法院、人民检察院、公安机关可以依法向证券登记结算机构查询客户和证券公司的证券账户、证券交收账户和资金交收账户内已完成清算交收程序的余额、余额变动、开户资料等内容。人民法院、人民检察院、公安机关可以依法向证券公司查询客户的证券账户和资金账户、证券交收账户和资金交收账户内的余额、余额变动、证券及资金流向、开户资料等内容。查询自然人账户的，应当提供自然人姓名和身份证件号码；查询法人账户的，应当提供法人名称和营业执照或者法人注册登记证书号码。证券登记结算机构或者证券公司应当出具书面查询结果并加盖业务专用章。查询机关对查询结果有疑问时，证券登记结算机构、证券公司在必要时应当进行书面解释并加盖业务专用章。”人民法院可以向中国证券登记结算有限责任公司在京、沪、深任何一地柜台查询，也可以就近向指定交易、证券托管券商处查询，律师持法院调查令和律师工作证件也可以进行查询。

（二）冻结发起人股份

人民法院可以要求发起人股份所在股份有限公司的工商登记机关协助冻结发起人股份，并对冻结信息进行公示。对于上市公司发起人股份，在证券公司托管的证券的冻结、扣划，既可以在托管的证券公司办理，也可以在证券登记结算机构办理。不同的执法机关同一交易日分别在证券公司、证券登记结算机构对同一笔证券办理冻结、扣划手续的，证券公司协助办理的为在先冻结、扣划。冻结、扣划未在证券公司或者其他托管机构托管的证券或者证券公司自营证券的，由证券登记结算机构协助办理。股份冻结的协助机构为证券公司或对应的结算公司分公司。需要特别强调的是，人民法院要求各分公司冻结发起人持有的上市公司股份时，应在协助执行文书上注明股份是否存在质押，如果存在质押的，还要进一步注明质押登记编号。

人民法院裁定冻结发起人持有的股份，除应当将法律文书送达负有协助执行义务的机构外，还应当在作出冻结裁定后7日内，将法律文书送达发起人并书面通知被冻结股份所在的股份有限公司。冻结期限不得超过3年，在冻结期限届满前3日，可以申请续行冻结。续行冻结的期限也不得超过3年，但是续行冻结没有次数限制。

（三）提取收益

对发起人应得的已到期的股息或红利等收益，人民法院可以裁定要求公司禁止向被执行人支付，而直接向申请执行人支付。对发起人预期从有关企业中应得的股息或红利等收益，人民法院可以先行采取冻结措施，禁止公司向发起人支付。到期后，人民法院再从公司提取。不过在执行实务中，通过提取收益而受偿的案例很少，实践中大多数公司很少向股东分配利润，提取收益的效果并不佳。

（四）司法拍卖

对于发起人持有的在法定限售期内的股份，可以通过司法拍卖的方式进行处置，在拍卖成交后，法院再解除冻结并要求股份登记机关及其他协助执行机构协助过户至买受人名下。

（五）司法划转

目前部分法院对发起人持有上市公司在法定限售期内股份的处置，除了采取评估拍卖方式处置外，也开始采取其他新的方式。比较典型的是先将发起人持有的法定限售期内的股份先强制扣划至申请执行人账户，待法定限售期满办理解禁手续转为无限售条件流通股后通过二级市场处置。例如，江苏省高级人民法院2018年发布的《江苏省高级人民法院关于印发〈关于执行疑难问题的解答〉的通知》第6条规定，“执行被执行人所持上市公司流通股（股票）时，执行法院在采取控制措施后，经申请执行人同意，可以责令被执行人限期30日内自行处置，并由执行法院控制相应价款，也可以直接指令证券公司限期抛售（强制平仓）或者按照收盘价直接抵债给债权人并办理过户手续。被执行人自行处置时，不得损害债权人利益。执行被执行人所持上市公司限售流通股（股票），可以先将限售流通股强制扣划至申请执行人账户，待限售股办理解禁手续转为流通股后再行处置。在此过程中，执行法院视情况可以冻结申请执行人该账户，防止变价款高于执行标的额时申请执行人转移变价款损害被执行人利益。执行被执行人所持上市公司国有股或社会法人股时，如果股权持有人或所有权人在限期内提供了方便执行的其他财产，应当首先执行其他财产。其他财产不足以清偿债务的，方可执行股权，且应当采取拍卖的方式。”此种司法扣划不仅有助于解决执行难问题，更有助于保证证券市场的稳定，但是需要注意，该执行方式目前仅适用于处置发起人持有的上市公司在法定限售期内的股份，对于发起人持有的其他法定限售期的股份，还是应当采取司法拍卖的方式进行处置。

八、对金融理财产品的执行

意见原文

最高人民法院　中国银行业监督管理委员会
关于人民法院与银行业金融机构开展金融理财产品网络执行查控的意见

2017年1月4日　法〔2017〕1号

为依法规范人民法院与银行业金融机构之间的关于金融理财产品网络执行查控工作，提高网络查询、冻结（包括续冻和解冻）被执行人金融理财产品的工作效率，保护当事人、利害关系人的合法权益，根据《中华人民共和国民事诉讼法》、《最高人民法院关于网络查询、冻结被执行人存款的规定》（法释〔2013〕20号）、《人民法院、银行业金融机构网络执行查控工作规范》（法〔2015〕321号）、《最高人民法院、中国银行业监督管理委员会关于人民法院与银行业金融机构开展网络执行查控和联合信用惩戒工作的意见》（法〔2014〕266号）的规定，制定本意见。

一、本意见所称金融理财产品（以下简称理财产品）是指被执行人所持有的银行业金融机构（以下简称银行）及其他金融机构发行的具有财产价值和理财性质的产品。包括金融机构直销和代销的银行理财产品、信托产品、基金产品、保险产品、资产管理计划产品等。其中金融机构直销的理财产品是指金融机构自有研发、设计、发行并通过本机构渠道（含营业网点和电子渠道）销售的理财产品。

二、人民法院在执行被执行人持有的理财产品时，银行应当依法予以协助。

人民法院按照法〔2015〕321号文规定的方式通过“总对总”网络查控专线向金融机构发送查控请求，接收金融机构查询、冻结的结果数据和电子回执。

三、人民法院查询的理财产品属于银行机构直销的理财产品的，银行应当协助反馈产品的名称、种类（保本或非保本；直销或代销）、编号/代码、数量/

份额、发行人、到期日/开放日、产品对应的回款资金账户（被执行人名下或与他人共有专户）、产品状态（质押/冻结/其他担保/正常）、质押权人、联系电话等信息；

人民法院查询的理财产品属于银行代销的理财产品的，银行应当协助反馈产品的名称、种类（保本或非保本；直销或代销）、编号/代码、数量/份额、发行人/实际管理人、托管人、受益人、期限（成立日、赎回日）、托管账号（本行）、产品对应的回款资金账户（被执行人名下或与他人共有专户）、联系电话等信息；

被执行人未持有理财产品的，银行应当反馈查无理财产品信息。

银行反馈信息，仅以协助办理查控事项时的银行系统的数据为限。

四、银行应当在收到查控请求及电子法律文书后，根据办理结果数据生成加盖电子印章（可以是单位公章或网络查控专用章）的协助执行结果回执，通过网络执行查控系统向执行法院反馈。

五、人民法院冻结银行直销的理财产品时，应当在执行裁定书中裁定冻结被执行人所持有的理财产品及产品所对应的回款资金账户。

六、人民法院裁定冻结银行直销的理财产品时，应当在协助执行通知书中载明所冻结理财产品的名称、编号/代码、数量/份额/金额、冻结期限、产品所对应的回款资金账户及数额等。

七、人民法院裁定冻结银行直销的理财产品时，银行应当协助同时冻结该理财产品及产品所对应的回款资金账户，该回款资金账户在人民法院冻结理财产品之前已经被其他机关冻结的，不影响人民法院对该理财产品的冻结。

理财产品冻结期间，除平仓、补仓或补充保证金外，发行人、管理人、托管人不得进行赎回、变现、交付、转让、转换或变更该理财产品对应的回款资金账户等操作。理财产品冻结期限届满前，人民法院可以续冻、解冻。

八、人民法院裁定冻结银行代销的理财产品时，应当向该理财产品的发行人发出协助执行通知书，要求发行人冻结被执行人持有的理财产品及所对应的资金回款账户。协助执行通知书中应当载明所冻结理财产品的名称、编号/代码、数量/份额、金额等。

人民法院裁定冻结银行代销的理财产品时，应当同时向该理财产品所对应的回款资金账户所在行发出协助执行通知书，银行应当协助冻结理财产品所对应的回款资金账户；冻结期间，不得为被执行人变更该理财产品所对应的回款资金账户。

九、银行、其他金融机构或第三人对人民法院冻结理财产品有异议的，可以依法向执行法院提出异议，执行法院应当依法审查处理。审查处理期间，执行法院不得强制扣划该理财产品。

被执行人与案外人开设联名账户等共有账户，案外人对人民法院执行理财产品有异议的，参照上述规定处理。

十、银行、其他金融机构接收查控数据及相关电子法律文书后，无法协助人民法院对被执行人的理财产品采取冻结措施的，应当在反馈回执中载明原因。

十一、人民法院和银行、其他金融机构通过网络执行查控系统实施查询、冻结理财产品的，不受地域限制。

十二、最高人民法院与中国银行业监督管理委员会制定理财产品网络执行查控系统的技术规范（包括数据格式、法律文书、查控结果回执样式等），作为本规范的附件。

十三、已与最高人民法院通过专线对接的二十一家商业银行，应当根据附件1的技术规范，对本行业务系统进行改造，并在2017年2月底之前完成金融理财产品的网络查控工作（包括系统研发、联调、测试及上线）。

十四、按照《关于开展〈人民法院、银行业金融机构网络执行查控工作规范〉实施工作的通知》（银监办便函〔2016〕204号）采用文件交换软件传输接口文件的金融机构，应当根据附件2的技术规范，对本行业务系统进行改造，并在2017年6月底之前完成金融理财产品的网络查控工作（包括系统研发、联调、测试及上线）。

十五、最高人民法院与中国银行业监督管理委员会建立理财产品网络查控工作应急处理机制，负责解决人民法院与金融机构间因网络查控发生的一切事宜。

出台背景

金融理财产品是指由商业银行及其他金融机构自行设计并发行，根据产品合同的约定将其募集到的资金投入相关金融市场或者购买相关金融产品，获取投资收益后，再根据合同的约定分配给投资人的一种金融产品。原中国银监会〔2011〕5 号《商业银行理财产品销售管理办法》（已废止）第 17 条规定："理财产品宣传材料应当在醒目位置提示客户，'理财非存款，产品有风险，投资须谨慎'。"可见，理财不是存款，购买理财产品的行为是一种投资行为，而且是一种委托代理投资行为。2018 年，中国人民银行、中国银行保险监督管理委员会、中国证券监督管理委员会、国家外汇管理局联合发布的《关于规范金融机构资产管理业务的指导意见》（银发〔2018〕106 号）将理财归类为资产管理业务。[①]同时规定了资产管理业务是金融机构的表外业务，金融机构开展资产管理业务时不得承诺保本保收益。出现兑付困难时，金融机构不得以任何形式垫资兑付。金融机构不得在表内开展资产管理业务。理财产品之所以不同于银行存款，其特征之一就是银行存款有固定的利息收入，存款到期本息照收，无风险可言，而"理财产品有投资风险，只保障理财资金本金，不保证理财收益"。但在实践中，各商业银行推出的或代销的理财产品大多属于保值增值型，而且预期收益率均高于银行存款利率，因而广受客户青睐，很多人将储蓄转为购买理财产品。

但是，理财产品既不是存款，也不是债权，加之相关法律法规的严重缺失，购买理财产品很容易成为被执行人隐匿财产、逃避法院执行的手段。近年来法院执行信息化建设大大加强，通过网络查控系统查询、冻结被执行人的银行存款越来越便捷、有效。但银行碰到要求协助执行被执行人理财产品的概率较小，也不懂得如何规范操作，有时会以系统不支持为由，拒绝协助执行；甚至法院与银行等金融机构对理财产品能否执行、如何执行，一直存在不同的意见。因此，有必要对金融理财产品的网络执行查控进行统一规范。

---

① 2018 年，中国人民银行、中国银行保险监督管理委员会、中国证券监督管理委员会、国家外汇管理局联合发布的《关于规范金融机构资产管理业务的指导意见》（银发〔2018〕106 号）："……二、资产管理业务是指银行、信托、证券、基金、期货、保险资产管理机构、金融资产投资公司等金融机构接受投资者委托，对受托的投资者财产进行投资和管理的金融服务。金融机构为委托人利益履行诚实信用、勤勉尽责义务并收取相应的管理费用，委托人自担投资风险并获得收益。金融机构可以与委托人在合同中事先约定收取合理的业绩报酬，业绩报酬计入管理费，须与产品一一对应并逐个结算，不同产品之间不得相互串用……"

理解与适用

银行理财产品属于新型金融资产，具有财产属性，该类资产的执行具有程序上的特殊性。

（一）可供执行的理财产品范围

可供执行的理财产品是指银行及其他金融机构发行的具有财产价值和理财性质的产品。包括金融机构直销和代销的银行理财产品、信托产品、基金产品、保险产品、资产管理计划产品等。

（二）案外人对执行理财产品可以提出异议

银行、其他金融机构或第三人对人民法院冻结理财产品有异议的，可以依法向执行法院提出异议，执行法院应当根据异议的内容，分别审查处理，如果是对执行行为提出的异议，按照《民事诉讼法》第232条审查，如果是主张有阻却执行的实体权利，则按照《民事诉讼法》第234条审查。审查处理期间，执行法院虽不得强制扣划该理财产品，但冻结理财产品的执行措施不应解除。

被执行人与案外人开设联名账户等共有账户，案外人对人民法院执行理财产品有异议的，也需要根据异议内容是执行行为异议还是案外人异议分别进行审查处理。

（三）对理财产品的强制回赎

如果理财产品未到期，人民法院是否可以裁定要求银行强制回赎至指定账户后划拨到法院账户，对此，法院和银行之间很难达成一致。多数银行认为，购买理财产品的被执行人与银行之间是合同关系，如果约定了不能提前回赎，法院只能先冻结理财账户，待理财产品到期后再由法院裁定强制赎回。法院直接要求银行对未到回赎期的理财产品强制回赎，缺乏法律依据。

（四）对理财产品执行的程序

法院向银行出具的执行裁定书一般载明："强制赎回并划拨于某某名下在银行开立的某账号下购买的某某人民币理财产品投资本金及孳息。"但有的被执行人购买的理财产品，属于封闭型或者定开型，当事人只有在特定的时间段里可以赎回，如果理财产品不在可赎回期，银行系统又不支持提前赎回，在非开放期内，购买人即被执行人不享有提前赎回的权利，产品不可赎回，银行难以配合，理财产品资金投资的目标也多为定期型产品，客观上未做随时赎回的资金安排，且清算价格在非赎回期缺乏计算标准，难以计算，无法扣划相应资金。

根据《商业银行理财业务监督管理办法》的规定，理财产品具有非保本和浮动收益的特点，购买理财产品应属于投资而不是存款。投资者享有的权益完全需靠双方签订的理财产品协议予以明确。理财产品的强制执行可以比照存款，但又不能完全按照存款来进行强执。开放型理财产品是可以随时赎回的，比照存款的执行要求比较可行；而固定期限的理财产品则不宜比照，应当在理财产品协议约定的条件内行使权利。也就是说，理财购买人与银行之间签订了购买协议，双方权利义务靠协议来约束，法院执行购买人的理财产品，其权利范围只限于购买人的权利范围，不能超出理财协议的约定来实现投资权益，亦即法院在执行理财产品过程中要尊重理财发行人的合同权利。被执行的标的是有固定期限和特别赎回机制的理财产品，法院应当尊重协议的约定来作出执行要求，其作出的“强制赎回”的裁定并不合适，一是银行没有义务配合这种超出合同范围的要求，二是银行根据理财产品的投向作出了投资，很多投资目标是有固定期限的，不是说赎回就能赎回的，银行在资金安排上无法满足提前赎回的操作。

从实践的做法看，银行的观点有一定的道理，2015 年《浙江省高级人民法院关于规范人民法院执行金融理财产品和银行业金融机构协助执行的纪要》对理财产品的执行规定较为详细：一是明确理财产品是财产权，可以被执行；二是协助通知必须明确是冻结交易账户还是既冻结交易账户又冻结金融理财产品本身，对于银行代售产品，只能冻结账户；三是通知书既要载明处分该理财产品转化为资金，又要载明从该金融理财产品所对应账户扣划相应的资金；四是对于有固定期限的银行自营产品，人民法院应当在到期以后处分；五是理解理财属于新兴业务，产品设置、合同约定、系统功能等方面不完善，法院要考虑银行的具体权限和系统功能，银行应积极争取总行支持，尽早实现对理财的执行和对账户的控制；六是执行法院应尊重在先设立的理财质权，可在冻结后对丧失质押功能的理财或余值采取处分措施。

实务操作指引

本通知涉及执行实务中的理财产品查询、财产控制、扣划三方面内容。

（一）理财产品的查询

“全国法院网络执行查控系统”可以查询银行金融理财产品，银行要根据直销和代销理财产品的不同要求进行协助反馈，对被执行人未持有理财产品的，银行应当反馈无理财产品信息。在反馈信息时，以协助办理查控事项的银行系统的数据为限。

（二）理财产品的冻结

理财产品是被执行人持有的一种财产权利，而非直接的财产，对理财产品的控制一般是冻结。冻结财产，一般是直接禁止权利人提取或转移其已经控制的资产，而冻结财产权，由于财产权还没有形成财产，权利人尚不控制财产，所以，一方面禁止权利人提取财产，另一方面是禁止义务人向权利人交付财产。以信托为例，冻结受益权时，一方面禁止受益人提取其信托利益，另一方面也需要禁止信托公司向受益人分配信托利益。实践中，法院在冻结被执行人受益权后，也将被执行人分配账户予以冻结，理财产品终止后如仍未结案，法院解除对受益权的冻结，银行等金融机构可以将理财收益分配到被冻结的被执行人收益账户中，如此，既实现了法院继续冻结被执行人财产的目的，又不影响银行等金融机构的正常经营。

对于查询到的理财产品，应采取冻结措施进行财产控制。人民法院冻结银行直销理财产品时，应当在执行裁定书中裁定冻结被执行人所持有的理财产品及产品所对应的回款资金账户。冻结银行代销的理财产品时，代销银行在接到法院协助冻结执行通知书后，应当协助冻结理财产品所对应的回款资金账户。冻结期间，不得为被执行人变更该理财产品所对应的回款资金账户。

（三）理财产品的变现

对封闭式基金的执行不同于开放式基金。法院应冻结银行基金交易账户，并通过二级市场卖出该基金份额，将变现资金转入法院指定账户。理财产品属委托合同关系，即便约定期限未届至，执行法院仍然可以强制执行。

对开放式基金的冻结除冻结银行开立的基金交易账户外，还需要向基金所在公司发出协执进行冻结，并要求基金公司办理回赎手续。

人民法院在决定对理财产品强制回赎前，首先判断是自营产品还是代销产品。如果是代销产品，银行只能查、冻、扣该理财产品对应的资金账户，无法对理财产品本身采取任何措施。

其次判断是开放式还是封闭式产品。如果是开放式或正处于开放期的理财产品，可以协助扣划，即将理财资产转变为资金，并将资金扣划到执法机关指定账户。封闭式的或未处于开放期的，则不可扣划，只能冻结，并可于到期后扣划。

应区分协助执行内容是账户还是理财产品。理财产品有对应的资金账户，用来清算及返还理财资金，也能被冻结或扣划，因此，法律文书中应明确是针对账户的执行还是理财的执行，还是对两者同时执行。书写不明的，可以补记。按行为目的分析，扣划理财产品的，控制相应账户是应有之义。

理财产品质押的效力优先于执行。如执行标的已经做了质押，银行应当向法院出示与质押有关的法律文书等证明材料。质押的理财产品可以冻结，可在质押解除后进行扣划，或质押实现后有余值的可以进行扣划。

九、对注册商标专用权的执行

复函原文

最高人民法院民事审判第三庭
关于对注册商标专用权进行财产保全和执行等问题的复函

2002年1月9日　〔2001〕民三函字第3号

国家工商行政管理总局商标局：

你局商标〔2001〕66号来函收悉。经研究，对该函中所提出的问题答复如下：

一、关于不同法院在同一天对同一注册商标进行保全的协助执行问题

根据《民事诉讼法》和我院有关司法解释的规定，你局在同一天内接到两

份以上对同一注册商标进行保全的协助执行通知书时，应当按照收到文书的先后顺序，协助执行在先收到的协助执行通知书；同时收到文书无法确认先后顺序时，可以告知有关法院按照《最高人民法院关于人民法院执行工作若干问题的规定（试行）》（以下简称《执行规定》）第125条关于"两个或两个以上人民法院在执行相关案件中发生争议的，应当协商解决。协商不成的，逐级报请上级法院，直至报请共同的上级法院协调处理"的规定进行协商以及报请协调处理。在有关法院协商以及报请协调处理期间，你局可以暂不办理协助执行事宜。

二、关于你局在依据法院的生效判决办理权利人变更手续过程中，另一法院要求协助保全注册商标的协助执行问题

《执行规定》第88条第1款规定，各债权人对执行标的物均无担保物权的，按照执行法院采取执行措施的先后顺序受偿。根据这一规定，对于某一法院依据已经发生法律效力的裁判文书要求你局协助办理注册商标专用权权利人变更等手续后，另一法院对同一注册商标以保全原商标专用权人财产的名义再行保全，又无权利质押情形的，同意你局来函中提出的处理意见，即协助执行在先采取执行措施法院的裁判文书，并将协助执行的情况告知在后采取保全措施的法院。

三、关于法院已经保全注册商标后，另一法院宣告其注册人进入破产程序并要求你局再行协助保全该注册商标的问题

根据《中华人民共和国企业破产法（试行）》第11条的规定，人民法院受理破产案件后，对债务人财产的其他民事执行程序必须中止。人民法院应当按照这一规定办理相关案件。在具体处理问题上，你局可以告知审理破产案件的法院有关注册商标已被保全的情况，由该法院通知在先采取保全措施的法院自行解除保全措施。你局收到有关解除财产保全措施的通知后，应立即协助执行审理破产案件法院的裁定。你局也可以告知在先采取保全措施的法院有关商标注册人进入破产程序的情况，由其自行决定解除保全措施。

四、关于法院裁决将注册商标作为标的执行时应否适用《商标法实施细则》第二十一条规定的问题

根据《商标法实施细则》第二十一条的规定，转让注册商标专用权的，商

标注册人对其在同一种类或者类似商品上注册的相同或者近似的商标，必须一并办理。法院在执行注册商标专用权的过程中，应当根据上述规定的原则，对注册商标及相同或者类似商品上相同和近似的商标一并进行评估、拍卖、变卖等，并在采取执行措施时，裁定将相同或近似注册商标一并予以执行。商标局在接到法院有关转让注册商标的裁定时，如发现无上述内容，可以告知执行法院，由执行法院补充裁定后再协助执行。

来函中所涉及的具体案件，可按照上述意见处理。

出台背景

人民法院在保全程序和执行程序中对注册商标权采取查封措施需要得到国家知识产权局商标局（以下简称商标局）的协助。《执行规定》第 35 条第 1 款规定：“被执行人不履行生效法律文书确定的义务，人民法院有权裁定禁止被执行人转让其专利权、注册商标专用权、著作权（财产权部分）等知识产权。上述权利有登记主管部门的，应当同时向有关部门发出协助执行通知书，要求其不得办理财产权转移手续，必要时可以责令被执行人将产权或使用权证照交人民法院保存。”2001 年《注册商标权保全解释》，明确了对于注册商标权进行财产保全，应当向商标局发出协助执行通知书，载明要求商标局协助保全的注册商标的名称、注册人、注册证号码、保全期限以及协助执行保全的内容。人民法院对已经进行保全的注册商标权，不得重复进行保全。

从以往情况看，法院在执行注册商标专用权和商标局协助执行的程序中，均存在一些不规范的地方，商标权作为一种无形资产，价值较有形资产难以确定且无法分割，在商标权保全裁定的执行中，出现的问题较多。例如，仍然有同一法院要求重复保全或者多家法院进行保全的情形出现。在实际操作过程中，如果当事人涉及多起案件，并由不同的法院审理，相同的或者近似的注册商标成为不同案件审理的标的物，商标局收到不同的法院发出的协助执行通知书时，由于均是人民法院作出的法律文书，法律效力相同，协助执行部门无所适从，给各方的工作造成困难。

商标局就其遇到的执行问题，专门向最高人民法院进行了请示。① 最高人民法院民事审判第三庭对商标局在对注册商标专用权财产保全协助执行过程中遇到的问题统一进行了答复。

理解与适用

（一）以法律文书送达时间的先后确定查封顺位

复函中涉及的前三个问题，主要涉及针对同一标的物不同法院强制措施效力问题，实体判决与程序性查封裁定间的效力问题，已进入破产程序的当事人之财产又被其他法院查封产生的效力问题。此问题属于不同法院在执法中产生的冲突，而商标局作为注册商标权的登记、审查主管部门，只能负责协助法院查封财产，无权亦无能力区分和解决不同法院出具的不同类型法律文书的效力问题。最高人民法院在复函中明确此类问题按法律文书送达时间的先后顺序办理查封或财产转移手续，便于协助部门操作。

（二）不同法院执行争议由其共同的上级法院协调处理

不同法院之间对同一注册商标专用权的执行产生争议，应当按照《执行规定》第 67 条第 1 款关于“两个或两个以上人民法院在执行相关案件中发生争议的，应当协商解决。协商不成的，逐级报请上级法院，直至报请共同的上级法院协调处理”的规定办理。

（三）依据生效的裁判文书协助办理权利人变更手续后，另一法院再行保全的，协助执行部门应执行在先的裁判文书

不同法院对同一注册商标均发出了协助执行通知书，均无权利质押的，商标局按照收到法律文书的时间先后顺序协助执行。对于在先法院依据已经发生法律效力的裁判文书要求商标局协助办理注册商标专用权权利人变更等手续后，在后法院在无权利质押情形下要求对同一注册商标再行保全的，商标局可以拒绝在后法院的协助执行要求，并将协助执行的情况告知在后采取保全措施的

① 参见《国家工商行政管理总局商标局关于对注册商标权进行财产保全有关问题的函》（商标变〔2001〕66 号）。

法院。

注册商标专用权出质的，出质人与质权人应当向商标局办理质权登记，因此，商标局作为注册商标专用权质权登记的管理部门，若收到在先法院发出的协助执行通知书要求办理权利人变更手续，发现商标存在权利质押的，应告知在先的法院存在权利质押的情况。

（四）商标注册人进入破产程序后，在先法院应解除保全措施，协助执行部门应中止执行

《企业破产法》第19条规定："人民法院受理破产申请后，有关债务人财产的保全措施应当解除，执行程序应当中止。"《民事诉讼法解释》第165条规定："人民法院裁定采取保全措施后，除作出保全裁定的人民法院自行解除或者其上级人民法院决定解除外，在保全期限内，任何单位不得解除保全措施。"人民法院按照这一规定办理相关案件，对于财产保全措施的解除只能由作出裁定的人民法院自行解除和由其上级法院决定解除。对于人民法院自行解除的，可以由协助执行部门告知审理破产案件的法院，由该法院告知在先采取保全措施的法院自行解除，也可以由协助执行部门直接告知在先采取保全措施的法院，由其自行决定解除。

实务操作指引

（一）商标局拒不履行协助义务的是否属于行政诉讼受案范围

行政机关根据人民法院的协助执行通知书实施的行为，是行政机关必须履行的法定协助义务，公民法人或者其他组织对该行为不服提起诉讼的，不属于人民法院行政诉讼受案范围。

根据《最高人民法院关于行政机关不履行人民法院协助执行义务行为是否属于行政诉讼受案范围的答复》（〔2012〕行他字第17号）规定："行政机关拒不履行协助执行义务的，人民法院应当依法采取执行措施督促其履行；当事人请求人民法院判决行政机关限期履行协助执行义务的，人民法院不予受理。但当事人认为行政机关不履行协助执行义务造成其损害，请求确认不履行协助执行义务行为违法并予以行政赔偿的，人民法院应当受理。"

（二）商标权保全担保的数额限制

通常情况下，当事人申请财产保全的，需要提供担保，以便赔偿可能因保全错误对被保全人造成的损失。《保全规定》在充分考虑因保全可能对被保全财产造成实际损失的情况下，对保全担保数额予以调整，规定诉讼保全的担保数额不超过请求保全数额或争议标的财产价值的30%，以平衡保护各方当事人的合法权益。注册商标权作为无形资产，亦有相应的财产价值，因此，对于注册商标进行诉讼财产保全提供担保的，担保数额不超过保全请求金额的30%，特殊情况下，在具体案件中，人民法院可以酌情提高或降低担保数额，并不考虑商标本身的价值。

第二十五章　对非财产权益的执行

一、执行非财产权益的条件和范围

通知原文

最高人民法院办公厅转发邮电部《关于人民法院要求邮电部门协助执行若干问题的批复》的通知

1992年12月19日　法办发〔1992〕14号

各省、自治区、直辖市高级人民法院，解放军军事法院：

现将邮电部《关于人民法院要求邮电部门协助执行若干问题的批复》（邮部〔1992〕788号文件）转发给你们，请参照执行。

附：

邮电部《关于人民法院要求邮电部门协助执行若干问题的批复》

1992年11月26日　邮部〔1992〕788号

福建省邮电管理局：

你局闽邮（1992）局字716号请示收悉。现批复如下：

一、发生法律效力的民事判决、裁定和刑事判决、裁定中的财产部分，以及法律规定由人民法院执行的其他法律文书，涉及电话、无线移动电话、无线寻呼机的改名、过户事项，人民法院要求邮电部门协助执行的，邮电部门应予协助执行。具体执行时，应由人民法院出具《协助执行通知书》，附相关的法律文书副本经邮电部门审核无误，并由相关用户缴纳应付所需费用后，邮电部门予以办理改名，过户手续。

因协助人民法院执行办理改名、过户有错误的，由人民法院承担责任。

二、对人民法院以督促当事人履行义务为由，要求邮电部门停止提供通信服务的做法，与我国《宪法》第四十条的规定相抵触，邮电部门不予协助执行。

出台背景

发生法律效力的民事判决、裁定和刑事判决、裁定中的财产部分，以及法律规定由人民法院执行的其他法律文书，涉及电话、无线移动电话、无线寻呼机的改名、过户事项，人民法院要求邮电部门协助执行的，邮电通信部门应予协助执行，应无异议，因协助义务机关的协助事项本身就是执行依据的判项内容。但实践中一个比较新颖的热点问题是，假如执行依据确定的债权为金钱债权，对于通信号码、经营资质、药品批准文号等形式上不属于财产权益的范围但却能衍生巨大财产权益的客体，执行法院能否采取限制性或变现性的执行措施，以满足实现债权的需要，这在理论和实务操作层面曾引起较大争议。①

对被执行人名下财物与行为的执行已经为我国《民事诉讼法》和相关司法解释明确认可，② 除司法限制债务人人身自由的间接强制执行之外，法治社会不准许对人身直接执行相关措施，但现代社会经济结构变化和技术创新，财产以及财产权益的形态和类型呈多样化发展，执行法院对非常规财产的查控和甄别难度空前加大。那些游离于财产范畴之外的非财产权益对债权人的权利实现至

---

① 参见曹凤国：《对非财产权益执行的正当性研究》，载贺荣主编：《全国法院第25届学术讨论会获奖论文集·公正司法与行政法实施问题研究》（上册），人民法院出版社2014年版。

② 1992年《民诉意见》第254条规定：强制执行的标的应当是财物或者行为，2015年《民事诉讼法解释》对执行客体的范围未作明确限制，这说明执行客体随着经济社会的演进，越来越多元化，很难再用“财物或行为”予以概括，另外，如果将财物和行为之外的财产权益和非财产权益排除在执行客体之外，不仅债权人利益无法保障，就是反规避执行机制也难以构建，而且这也不应是立法本意。

关重要。当前立法对执行客体予以狭义界定的做法已难以适应反规避执行行为的要求，将非财产权益纳入执行视野迫在眉睫。应将非财产权益纳入执行范畴，并对该种财产外权益的执行范围、方法和程序规制进行考量，以此推动执行实践进一步发展。例如，作为被执行人的公司具备二级机票代售资质，遂查封该公司工商登记信息并在国家民航管理部门冻结其代售业务资质，导致其无法按期进行资质年检。又如，法院依法要求相关部门协助停止相关主体承建房地产的资质年审，对其业务开展进行暂时限制。

对以非财产内容表现的铁路、航空售票资质、烟草、食盐专卖资格、建设行业资质、教师、导游、律师资格等权益采取执行措施具有一定的法理基础。一切足以供人需要或满足欲望之有形或无形的权益，都会给被执行人带来收益，既然有必要将非财产权益纳入执行范畴，那么首先要对该项权益予以内涵和外延双向度的界定。①非财产权益在法学理论和立法层面与财产权益相对应，②指虽然不具有财产和财产权的外在形态，但可为该权益所有者创造或增加财产内容的资质、资格、机会、从业条件或权利。其特征如下：（1）本身没有财产内容，但其使用可为被执行人带来经济或精神上的收益，其资质或权利的稀缺性可产生潜在收益；（2）一般不可转让，但可在特定情形下许可使用；（3）具有主体专有性和权益稀缺性，只能由特定主体所享有；（4）具有明显的主体依附性，无论是商业性权益、政治性权益还是民事人身权益，都具有主体或者人身依附性特征。

理解与适用

很多早期不作为执行标的的非财产权益随着立法的完善和实践的需要，逐

① 我国民事实体法和程序法的立法和概念使用受《刑法》影响较大，很多概念直接从《刑法》借用而来，"强制执行法"中的客体概念就存在此种问题。

② 财物应为有形财产的表现形式，不能涵盖无形财产。财产性权益，则指广义的财产内容，包括积极财产的增加与消极财产的减少。《民诉意见》受刑法理论影响，对执行客体以"财物或行为"予以界定未免过于狭义。

渐被接受为执行客体，如被执行人消费自由、出境自由和信用等，[①] 非财产权益在实践中具有被渐进认可的特性。基于权益内容的不同，可将其分为两大类型：一是复合性权益。这类权益人身依附性不紧密但能独占使用，包括商业性权益、许可性权益和政治性权益，如经营资质、实名制微博、教师资格，这些资质年审在《律师法》《律师执业管理办法》[②]《教师法》[③]《注册会计师法》[④] 等法律、法规、规章和行业协会章程中均有明确规定和操作办法，可通过限制使用或年检、准入等执行措施对其施加压力，最终兑现债权。二是人身依附性权益。这类权益由人身权演化而来，如自由、名誉、荣誉和信用，它们本身不作为受偿内容，其与执行措施相结合发生给付债权的法律效果。

抽象的肯定不及具体的否定，原理的支持无法保证具体措施的真正实施。虽然诚信原则和《民事诉讼法》赋予法院对被执行人可采取限制出境、查询征信系统记录、公布失信被执行人信息以及对非财产权益进行执行的权力，如不通过具体措施落实，权力赋予只是"镜花水月"，无法真正落实对被执行人的制约和惩罚。同时，对被执行人非财产内容的执行，绝非授予法官无限的执行权力，也绝非意味着法官可以滥用执行权限。[⑤] 强制执行目的在于通过一系列法定执行措施，平衡当事人间权益，使社会秩序通过法院判决的"安定"由应然状态转为实然状态，成为现实的安定。执行程序是实现法的安定的最终途径，法的安定是执行程序的最终目的。[⑥] 执行目的多重性和多样性的特点要求法官站在有度行使国家公权力的立场上，合理采取不同的执行措施，宽容与威慑并施，有效促使被执行人履行义务。这也必然要求将非财产内容的执行限制在特定的案件和执行环境中，即遵循一定的标准和原则方可对非财产权益采取冻结等执

① 如《民事诉讼法》中限制出境以及司法解释中的限制高消费、公布失信被执行人信息，在早前的立法中并未准许。

② 参见《律师执业管理办法》第 24 条，《长沙市律师管理办法》（长司发〔2009〕34 号）第 36 条。

③ 参见《教师法》第 8 条。

④ 参见《注册会计师法》第 6 条。

⑤ 参见方晓侯：《论强制执行法基本原则》，载中国法院网，http：// chinacourt. org/ article /detail /2005/01/id/147029. shtml。

⑥ 参见陈兴林：《从执行目的出发探索执行理念创新与执行方式改革》，载 http：// www. lawtime. cn/info/xingfa/xingfalunwen/20111025/129695. html。

行措施。

（一）执行非财产权益的基本原则

在具体的制度设计上，法官对于非财产权益的执行，必须经过一个排他性的执行过程才能最后使用。具体表现为：对被执行人采取措施首先应当对其是否具有履行能力进行分析。有履行能力拒不履行的，应加大对被执行人的处罚力度；如无法确定被执行人的履行能力，则根据生道执行、谦抑执行的原则，在执行中严格按照以下原则采取执行措施。

1. 财产执行在先原则

强制执行非财产权益并非适用所有案件，在被执行人实际控制这些非财产权益之时，如其名下财产和财产权足以偿还债权，则不应舍重就轻，刻意限制和冻结这些非财产权益的使用，否则构成对当事人权利和日常生活的不当干扰。只有被执行人掏空其名下财产，并有规避执行的嫌疑时，才可对其非财产权益采取执行措施。也就是说，应该遵守财产执行在先原则。但笔者不赞成财产执行穷尽原则的提法，因为财产是否穷尽在客观上无法完全确定，从而影响对非财产权益的执行。

2. 执行顺位原则

我国《民事诉讼法》和相关司法解释除规定应该向被执行人发送执行通知外，对法官按何种顺序开展调查和执行无明确要求。[①] 如果被执行标的为财产性权益，实践中通常遵照执行通知→报告财产→常规性财产调查→非财产权益执行→限制出行、消费的顺位采取措施。[②]

执行的顺位原则还要求对案件的性质和类别加以区分，以执行难度系数和执行效率进行顺位排序，采取合适的执行措施。执行对象为赔礼道歉、恢复原状、探视权等行为本身的，冻结被执行人非财产权益可促使其尽快履行；当为财产给付义务的，若其刻意逃避、规避执行，导致法院无法查找到被执行人和财产线索的，迅速启动非财产权益执行程序也当属必需。

---

① 参见李仁玉：《从顺位权试析民法之实体程序》，载《北京工商大学学报（社会科学版）》2001 年第 5 期。

② 在实践中，执行案件一般须经执行通知督促、报告财产令施压、财产权益扣划、财产内容的复合型权益控制几个过程。

3. 执行目的对应原则

执行措施的采取应体现执行目的适切性，应尽可能地使债权人获得合于债务本旨的给付，切合于实现实体权利状态。这种目的与手段的对应性同样适用于对非财产权益的执行①：

（1）债权兑现目的

债权兑现为执行的首要目的，无论对非财产权益采取何种执行措施，均为保障债权之满足，尽管这种满足具有间接性，但从被执行人能自动履行义务的角度来看，还是具有直接内容。

（2）威慑性目的

由于被执行人规避执行时的失信行为及违法行为，不许其拥有诚信社会可选择的便捷生活，这样才会促使其做出趋利避害的自觉选择，使其放弃逃避，最终进入法院固定的执行程序轨道。

（3）惩罚性目的

《民事诉讼法》对于被执行人不履行义务的惩罚措施只有拘留和罚款两种，且拘留期限过短，很难实现惩罚目的。如果其违法情节严重，但又无法追究刑事责任时，可通过限制其权益的获得机会和权益的支配自由，阻碍其权益实现，使其受到应有的惩罚。

（二）对非财产权益执行的可行方法

"法院在执行实践中，迫切需要的是针对社会、经济发展的现状，依法找出更切合实际、更为有效的、最佳的执行方法，以求得最好的法律效果和社会效果。"② 针对非财产权益的不同类型，可以使用权益冻结、权益减等和权益取消等执行方法。

1. 权益冻结

对于被执行人的复合性权益中的微博、微信等商业性权益，特许经营权等许可性权益与人身依附性权益中的消费、出境、投资自由，应该以冻结和限制为基本的执行方法。对于其从事某项活动、开展某种业务的资格、资质、机会、

---

① 参见孔令章：《论民事强制执行方法的体系化》，载《理论界》2011年第4期。

② 山东省高级人民法院执行局：《执行方法研究》，载《山东审判》2007年第1期。

准入条件予以停止，等于暂时剥夺或缩小其业务活动的自由空间，从而使被执行人产生将所减少的积极财产转变成满足执行债权的财产之愿望。

2. 权益减等

权益冻结并非执行非财产权益的唯一方法，对被执行人的信用、名誉和荣誉等人身依附性权益，执行法院可以采取降低其名誉、荣誉评价和信用等级的方式，使其权益减等，让被执行人付出“不利益”的高昂代价。公布失信被执行人信息就是执行法院对被执行人信用权益减等的典型表现。

3. 权益取消

被执行人的入党提干、职位升迁与公务员、事业编制职位考录等政治权益的取得应以主体诚信为基本前提，当其构成拒绝执行时，执行法院应取消其获得政治权益的资格与机会，最终达到使其履行判决的目的。

实务操作指引

实践中，对非财产权益执行，要实行必要的程序控制，任何程序本身不单是一种理想化的工具制度，它包含了对社会多方面价值需求的平衡，执行制度所设定的各种执行方法及其适用程序集中体现了社会价值的平衡。① 对非财产权益执行的裁量权是一把“双刃剑”，因其毕竟不是常规的执行方式，应该设定合理的程序进行控制，用以保护被执行人权利不至于被过分剥夺，同时也要保障权利实现的程序透明化。

在法院外部，执行行为指向被执行人非财产权益时，执行反射效力导致这些权益授予的机构和服务提供者自动成为法律上的协助义务人，这是司法权优于行政权的具体表现，但对这种权益的执行，法院与协助机构的关系还需要立法进一步完善，以减少外部对非财产权益执行的干扰。

在法院内部，应以申请人书面申请为启动的必要条件。在申请之后，对于可以到庭的被执行人，法院应该要求其报告财产和1年内的财产变动情况，根据被执行人的财产情况，决定是否开展对非财产权益的执行。如果被执行人拒

---

① 参见孔令章：《论民事强制执行方法的体系化》，载《理论界》2011年第4期。

不配合法院工作或下落不明，申请人申请之后，法院应该立即启动该执行程序，防止被执行人转让该非财产权益，经由法院主管领导审批后实施。

二、对药品批准文号的执行

答复原文

最高人民法院

关于人民法院在执行中能否查封药品批准文号的答复

2010年6月10日　〔2010〕执他字第2号

安徽省高级人民法院：

你院（2009）皖执复字第0022号《关于人民法院在执行中能否查封被执行人拥有的药品批准文号的请示报告》收悉。经研究，答复如下：

原则同意你院第二种意见即少数意见。药品批准文号系国家药品监督管理部门准许企业生产的合法标志，该批准文号受行政许可法的调整，本身不具有财产价值。因此，人民法院在执行中对药品批准文号不应进行查封。

出台背景

安徽省阜阳市中级人民法院在执行安徽华源医药股份有限公司（以下简称华源公司）与万荣三九药业有限公司（以下简称三九药业公司）、陕西新天地医药有限公司（以下简称新天地公司）、海南朗致药业有限公司（以下简称朗致公司）产品质量纠纷一案中，根据华源公司申请，于2009年7月21日作出（2009）阜执字第8号执行裁定书，查封被执行人三九药业公司拥有的143个国药准字批准文号及注册商标权。2009年8月10日，三九药业公司向阜阳市中级人民法院提出执行异议，认为药品批准文号是一项针对特定主体的行政许可，药品批准文号禁止转让，不是一项财产，法院对非财产不应进行查封。阜阳市中级人民法院审查认为，药品批准文号的特殊性决定了它属于药品生产企业的无形财产之一，对药品批准文号予以查封并不违反法律的规定，不属于法律规定禁止查封的财产范围，亦不违反法律规定的禁止药品批准文号转让的规定，遂于同年8月28日作出（2009）阜执裁字第3号执行裁定驳回异议。三九药业公司不服，以药品批准文号不属于财产范畴，法院不应查封为由向安徽省高级人民法院申请复议。安徽省高级人民法院审判委员会对该案进行了研究，形成两种意见：多数意见认为，药品批准文号与药品生产许可证、经营许可证、合格证、专利技术所有权等共同使用，构成了药品生产企业的无形资产，该无形资产的重要组成部分为药品批准文号，否则将是违法生产。人民法院对被执行人的药品批准文号予以查封，其根本目的是促使被执行人履行法定义务，并无不当。虽然现行法律规定药品批准文号不得转让，但未明确药品批准文号不得查封，被执行人以药品批准文号不得转让为由，认为法院不能查封药品批准文号，没有法律依据，应驳回被执行人三九药业公司的复议申请。此外，按照《药品管理法》等现行法律规定，药品批准文号是指药品生产企业在生产药品前报请国家药品监督管理部门批准后获得的身份证明，是依法生产药品的合法标志。药品批准文号的审发程序属于行政许可，现行法律规定药品批准文号不得转让，人民法院对药品批准文号这一行政许可进行查封在目前情况下没有实际意义，应通过沟通、协调的方式处理。

最高人民法院执行局在征求民三庭意见后，于2010年6月10日作出了最高人民法院〔2010〕执他字第2号函，原则同意安徽高级人民法院的少数意见，认为：药品批准文号系国家药品监督管理部门准许企业生产的合法标志，该批准文号受行政许可法的调整，本身不具有财产价值。因此，人民法院在执行中对药品批准文号不应进行查封。①

本批复内容对以后法院案件执行影响很大，因2010年6月以后全国范围内仍有不少人民法院向国家药品监督管理部门送达协助执行通知书，要求对药品批准文号予以冻结，并限制被执行人转让，国家药品监督管理部门均援引本批

---

① 参见刘丽芳：《人民法院在执行程序中能否查封药品批准文号的请示与答复》，载江必新主编：《执行工作指导》2010年第4辑（总第36辑），人民法院出版社2010年版。

复认为《药品管理法》及相关法律法规未授予其查封药品生产技术，限制药品技术转让和授权使用的职责。如国家药监局办公室于2018年8月24日分别向大连市中级人民法院、江苏泰州医药高新技术产业开发区人民法院作出药监办函〔2018〕187号、188号复函，均持上述观点。

理解与适用

（一）药品批准文号的概念

药品批准文号，作为药品生产合法性的标志，是药品监督管理部门准许企业生产某一类药品的法律认可凭证。《药品管理法》第31条规定："生产新药或者已有国家标准的药品的，须经国务院药品监督管理部门批准，并发给药品批准文号。"药品批准文号格式为：国药准字+1位字母+8位数字，试生产药品批准文号格式：国药试字+1位字母+8位数字，分别代表不同的含义，以"国药准字H2001××××"为例，"H"代表化学药品，"20"代表2002年1月1日以前国家药品监督管理局批准的药品，"01"代表公元年号的后两位数字，即2001年，"××××"为顺序号。

（二）药品批准文号的特点或属性

第一，药品批准文号是国务院药品监督管理部门对药品生产企业生产某一类药品所作出的行政许可，受《行政许可法》调整。药品生产企业只有在取得药品批准文号后方可生产该类药品。本质上是一种资格，一旦药品生产企业获得了行政许可，便享有了生产该类药品的资格。第二，药品批准文号有期限限制。根据《药品注册管理办法》第120条的规定，原国家食品药品监督管理局核发的药品批准文号有效期为5年。有效期届满，需要继续生产或者进口的，申请人应当在有效期届满前6个月申请再注册。第三，药品批准文号一般禁止转让。《行政许可法》第9条规定："依法取得的行政许可，除法律、法规规定依照法定条件和程序可以转让的外，不得转让。"《药品管理法》第122条规定，伪造、变造、买卖、出租、出借许可证或者药品批准证明文件的，没收违法所得，并处违法所得1倍以上5倍以下的罚款。

（三）药品批准文号的价值

药品批准文号与药品生产许可证、经营许可证、合格证、专利技术所有权等共同使用，构成了药品生产企业的无形资产，但药品批准文号是行政许可的产物，本身不等于药品生产技术，并不能直接对应价值，本身不属于知识产权的范畴，但其是否具有财产价值需要辩证分析。因企业是否拥有药品批准文号将直接影响企业的经营收益，那么它就构成了能给企业产生收益的无形财产，这也是药品生产企业之间以存在各种转移药品批准文号为目的的并购和投资行为的原因。因此，对药品批准文号的价值判断是对产品市场销售财务收益的评估，不是单纯对批准证明文件的价值评估。不过，行政许可行为本身不应当用商业价值衡量，这就是答复认为药品批准文号不具有财产价值的深层内涵。

综上所述，以传统的财产执行观来看，作为执行对象的财物可以是被执行人占有的动产、不动产及其他财产权。财物本身要具有财产价值，能够自由转让和流通，能够通过变现的方式实现债权。而药品批准文号不宜承认其具有财产价值，且无法像其他财产一样自由转让，导致人民法院查封、变现的目的无法实现，如果强制执行还会对债务人正常的生产经营产生不必要的负面影响。

但最高人民法院认为人民法院在执行中对药品批准文号不应进行查封的观点，似乎有进一步探讨的空间。药品批准文号自身虽然不属于财产性权利，但却能产生财产性的权利，给当事人带来巨大的收益，“某些非财产权益比财产权益更具有价值性，对其执行符合执行程序的效率价值和成本节约的司法需求”。①但司法实务中仍坚持不能查封的立场，如有的裁判文书明确指出，“就本案所涉药品生产证照，其须与企业的药品生产设备、相关专利、专有技术、生产工艺等组合在一起，方可成为企业的无形资产，对拥有该药品生产证照、药品批准文号、资质证照的企业自身而言，具有一定财产价值。但单纯对药品生产证照本身而言，其价值无法判断，通过药监局的回函亦不能确定药品生产证照本身

① “非财产权益是指虽然不具有财产和财产权的外在形态，但可为该权益所有者创造或增加财产内容的资质、资格、机会、从业条件或权利。”参见曹凤国、田强：《对非财产权益执行的正当性研究》，载《全国法院第25届学术讨论会获奖论文集：公正司法与行政法实施问题研究》（上册），人民法院出版社2014年版。

的价值”。[①]

实务操作指引

（一）药品监管部门援引答复内容不予协助执行

针对相关法院要求协助查封被执行人药品批准文号的问题，监管部门在最高人民法院下发〔2010〕执他字第2号函后，又相继作出了食药监办注函〔2010〕544号、食药监办药化管函〔2015〕743号、食药监办药化管函〔2016〕598号、食药监办药化管函〔2017〕641号等复函，表示对药品批准文号的管理将严格按照《药品管理法》和最高人民法院的有关意见执行。一些地方的监管部门，甚至通过对人民法院要求协助查封药品批准文号的执行行为提出执行异议的方式表明自己的立场，即人民法院在执行中不应查封药品批准文号。需要注意的是，在该答复结论未作调整之前，人民法院不能对药品批准文号采取查封措施。

（二）积极运用失信惩戒制度破解困局

失信被执行人名单制度施行后，丰富了人民法院强制执行的手段，拓展了强制执行的空间，改变了单纯追求控制、处分被执行人财产的传统执行方式，可以在一定程度上破解人民法院不能执行药品批准文号的困局。2016年1月20日国家发展改革委、最高人民法院、中国人民银行等44家中央单位联合签署的《关于对失信被执行人实施联合惩戒的合作备忘录》，为人民法院限制生产企业从事药品生产提供了最直接的政策依据。备忘录中提及的“将失信被执行人信息作为从事药品、食品安全行业从严审批的参考”，实质上，就是对失信被执行人从事药品、食品等行业的一种“准入限制”。对作为被执行人的药品生产企业，人民法院可以在符合条件的情况下将其纳入失信被执行人名单，并将失信信息推送给监管部门，以便监管部门在进行审批时不予行政许可其药品批准文号。如此，即使人民法院不直接查封被执行人的药品批准文号，也能间接实现迫使被执行人偿还债务的目的。

① 北京市第三中级人民法院民事判决书，（2018）京03民终2128号。

第二十六章　清偿和分配

建设工程价款优先受偿权与不动产收益权质权在执行程序中的受偿

答复原文

最高人民法院关于公路建设单位对公路收费权是否享有建设工程价款优先受偿权以及建设工程价款优先权是否优于质权的请示的答复

2006年6月14日　〔2005〕执他字第31号

江西省高级人民法院：

你院《关于公路建设单位对公路收费权是否享有建设工程价款优先受偿权以及建设工程价款优先权是否优先于质权的请示》收悉。经研究，答复如下：

原则同意你院审委会多数人的意见。《合同法》286条规定的建设工程的折价或者拍卖虽原则上指工程所有权的转让，但对收费公路这类特殊工程的可转让的经营权，也应适用。因此，申请执行人作为公路施工单位，有权通过对被执行人享有的公路工程经营权的执行优先受偿。车辆通行收费权是公路经营权中的主要内容，执行中可以转让收费权或者直接从所收费中提取款项。施工单位的优先受偿权应及于该收费权，可以从提取的款项中优先受偿。根据《担保法》及最高人民法院有关司法解释的精神，工程款优先受偿权应优先于异议人就公路收费设定的质押权。

出台背景

建设工程价款优先受偿权作为一项具有物权特征的担保权利，一般以建设工程作为权利客体，收费公路的经营权和收费权能否作为优先受偿权的客体，在法律和司法解释中难以找到明确的答案。实践中，工程施工模式不断变化，与传统工程施工模式相比，政府负有投资责任的公益性项目，工程款最终来自政府的补贴、回购款项或以授予建设单位经营权、收费权来实现。因此，有必要将具有经济价值的经营权和收费权纳入优先受偿权客体范围。

收费公路的施工单位对公路经营权和收费权是否具有建设工程价款优先受偿权，实践中争议较大。在执行过程中，对公路收费权设立了质押的质权人提出案外人异议主张优先权，要求执行法院中止对公路收费权的执行能否得到支持，对作为施工单位的申请执行人影响甚大。最高人民法院以答复的形式允许公路项目的承包人以建设单位在建项目中的经营权和收费权作为客体，就该权利转让所得款项或直接行使该权利获得的款项，优先实现承包人的建设工程价款。

理解与适用

（一）收费公路、收费公路经营权及其可转让性

收费公路，是指按照《公路法》和《收费公路管理条例》规定，经批准依法收取车辆通行费的公路（含桥梁和隧道）。收费公路包括政府还贷公路和经营性公路。政府还贷公路，是指县级以上地方人民政府交通运输主管部门利用贷款或者向企业、个人有偿集资建成的收费公路。经营性公路，是指国内外经济组织依法投资建设或者依法受让政府还贷公路收费权的收费公路。收费公路的经营权包括收费公路的收费权、广告经营权、服务设施经营权。收费公路的经营权是可以转让的，同一个收费公路项目的收费权、广告经营权、服务设施经营权，既可以合并转让，也可以单独转让。但转让收费公路权益，不得有下列行为：（1）将一个依法批准的收费公路项目分成若干段转让收费权；（2）将收费公路权益项目与非收费公路权益项目捆绑转让；（3）受让方没有全部承继转让方原对政府和社会公众承担的责任、义务；（4）将政府还贷公路权益无偿划

转给企业法人。

（二）公路承包人对经营权享有优先受偿权

《收费公路权益转让办法》第35条规定，受让方依法拥有转让期限内的公路收费权益，转让收费公路权益的公路、公路附属设施的所有权仍归国家所有。因此，收费公路的所有权人为国家。现行法律规定下，公路属于特殊性质的建设工程，一般无法转让、拍卖，而公路经营权是附着在公路上的具备财产价值且可转让的主要权利，为了保障工程施工单位的合法权益，应允许公路施工单位对于公路经营权享有优先受偿权。

（三）收费权的工程款优先受偿权优先于质权

首先，司法解释对于建设工程价款优先受偿权优先于抵押权有明确的规定。2020年《建设工程合同解释（一）》第36条规定，承包人根据《民法典》第807条规定享有的建设工程价款优先受偿权优于抵押权和其他债权。其次，公路收费权是一种权利，可以设立质押。现有法律未对建设工程价款优先受偿权是否优先于质权有明确的规定，原因在于建设工程价款优先受偿权是对建设工程的折价款或拍卖款享有优先受偿权，建设工程属于不动产，而可以设立质权的标的物系动产和权利，因此，一般来说建设工程价款优先受偿权与质权没有交集，故无明确规定的必要。在执行公路经营权案件中，建设工程价款优先受偿权优先于质权符合法律规定和立法精神。

但在实践中要注意的是，公路施工单位作为申请执行人的，对被执行人所有的公路收费权的优先受偿权的范围仅限于公路工程的价款，对被执行人的其他普通债权不享有优先受偿权。在北京瑞华赢科技发展有限公司申请执行湖南长浏高速公路建设发展有限公司建设工程施工合同纠纷一案中，案外人中国建设银行股份有限公司湖南省分行不服法院冻结被执行人的通行拆分款的执行行为，以其享有对被执行人所有的公路收费权设立的质权为由，提出执行异议，湖南省长沙市中级人民法院依据上述思路作出（2020）湘01执复44号执行裁定书，裁定中止对被执行人应给付给申请执行人除享有建设工程价款优先权的工程款外其他款项（不含仲裁受理费、处理费、执行费）的执行。

（四）担保物权及其他优先权参与分配

债务人的财产，是全体债权人债权的总担保，故原则上各债权人均可从债务人的财产中获得债权清偿。[①] 当同一债务人的多个债权人同时对其申请执行，而债务人的财产不足以清偿全部债务时，参与分配制度就具备了适用空间。[②] 我国民事执行参与分配制度确立于 1992 年《民诉意见》。[③] 1998 年《执行规定》将被执行人区分为企业法人和公民或其他组织，对参与分配进行了更详细的规定。[④] 2008 年《执行程序解释》第 25 条、第 26 条对分配方案异议及异议之诉作出了规定。[⑤] 2015 年《民事诉讼法解释》明确规定参与分配的被执行人为公民或者其他组织。[⑥] 因此，有观点认为在我国破产法律适用主体限于企业法人，即采取有限破产主义。我国民事执行参与分配程序深层的立法考虑，在于利用个别执行程序解决自然人或者非法人组织不具备破产能力情形下债权平等清偿的问题。[⑦]

虽然《民事诉讼法解释》将参与分配适用的被执行人限定为公民或其他组织，即企业法人并不适用参与分配，但实践中对此存在诸多批评和反思的声音。在（2019）最高执复 14 号执行裁定中，最高人民法院提出了广义参与分配和狭义参与分配的概念。广义参与分配系指无论被执行人是否为企业法人，执行法院按照《执行程序解释》启动分配程序的分配方式。狭义参与分配特指被执行

---

① 参见陈荣宗：《强制执行法》，台北，三民书局股份有限公司 2000 年版，第 263 页。

② 参见丁亮华：《参与分配：解析与检讨》，载《法学家》2015 年第 5 期。

③ 1992 年《民诉意见》第 297 条规定："被执行人为公民或者其他组织，在执行程序开始后，被执行人的其他已经取得执行依据的或者已经起诉的债权人发现被执行人的财产不能清偿所有债权的，可以向人民法院申请参与分配。"

④ 1998 年《执行规定》第 89 ~ 96 条。第 89 条规定："被执行人为企业法人，其财产不足清偿全部债务的，可告知当事人依法申请被执行人破产。"第 90 条规定："被执行人为公民或其他组织，其全部或主要财产已被一个人民法院因执行确定金钱给付的生效法律文书而查封、扣押或冻结，无其他财产可供执行或其他财产不足清偿全部债务的，在被执行人的财产被执行完毕前，对该被执行人已经取得金钱债权执行依据的其他债权人可以申请对该被执行人的财产参与分配。"第 96 条规定："被执行人为企业法人，未经清理或清算而撤销、注销或歇业，其财产不足清偿全部债务的，应当参照本规定 90 条至 95 条的规定，对各债权人的债权按比例清偿。"

⑤ 现为《执行程序解释》第 17 条、第 18 条。

⑥ 2015 年《民事诉讼法解释》（已修正）第 508 条规定："被执行人为公民或者其他组织，在执行程序开始后，被执行人的其他已经取得执行依据的债权人发现被执行人的财产不能清偿所有债权的，可以向人民法院申请参与分配。对人民法院查封、扣押、冻结的财产有优先权、担保物权的债权人，可以直接申请参与分配，主张优先受偿权。"

⑦ 参见肖建国、庄诗岳：《参与分配程序：功能调整与制度重构——以一般破产主义为基点》，载《山东社会科学》2020 年第 3 期。

人为公民或者其他组织时，在其财产不能清偿所有债权的情况下，按债权比例公平清偿，由《民事诉讼法解释》第506条所规范的分配方式。而《民事诉讼法解释》第506条的规定不能否定广义参与分配程序对企业法人的适用，只是不采取按债权比例清偿。在担保物权人申请参与分配的情况下，应当按照《执行程序解释》的规定予以处理，而不能片面理解“参与分配”的概念，仅以被执行人为企业法人就不符合参与分配的情形。此外，对于担保物权人的担保物权是否已经消灭的问题，执行法院应将该担保物权人参与分配的情况告知其他债权人，由其他债权人决定是否提出异议，而非由执行法院在执行程序中对担保物权人的债权是否消灭的实体问题作出认定。

2019年9月的《民事强制执行法》草案不再对被执行人范围进行限制，规定“执行债权人为两人以上且执行款不足以清偿全部债务和执行费用的，人民法院应当主持分配。执行中，发现被执行人符合破产条件的，有管辖权的人民法院可以依职权宣告破产”。作出如此安排，在我国将来确立个人破产制度改采一般破产主义的情况下，为参与分配的制度功能从“替代个人破产程序发挥平等清偿的功能”转化为“利用同一执行程序解决金钱债权终局执行之间的竞合”提供了空间。[①]

无论是现有《执行规定》还是正在制定中的“民事强制执行法”，均对担保物权人等享有优先受偿权的债权人参与分配进行了规定，但对于未取得执行依据的优先债权人如何参与分配、如何确定债权数额却未进行规定。实务层面，最高人民法院执行局在《人民法院办理执行案件规范》中明确了对未取得执行依据的优先权人、担保物权人可直接申请参与分配，提交的参与分配申请书应写明优先受偿的金额、事实和理由，并提交相关的权利证明文件。[②] 在（2018）最高法民申1281号民事裁定中，最高人民法院对未经法院判决确认的建设工程价款优先受偿权是否能直接申请参与分配的回应亦体现了与执行局一脉相承的逻辑。其指出，建设工程价款优先受偿权为法定优先权，原则上自符合合同有

---

① 参见肖建国、庄诗岳：《参与分配程序：功能调整与制度重构——以一般破产主义为基点》，载《山东社会科学》2020年第3期。

② 参见最高人民法院执行局：《人民法院办理执行案件规范》，人民法院出版社2017年版，第198页。

效、建设工程施工已竣工或因发包人原因停建，且不属于不宜折价、拍卖的范围等法定条件时起设立，而非依生效确权裁判确认后设立。建设工程价款优先受偿权成立之后，无须另外明示，且可以依法直接行使。另有观点从对《民事诉讼法解释》第506条的解读对上述观点给予支持。即根据该条规定，普通债权人申请参与分配需要取得执行依据，而对于有优先权、担保物权的债权人，规定并未强调是否已经取得执行依据，由此可以认为优先债权人无须取得执行依据即可以申请参与分配。而在最高人民法院对未取得执行依据的优先权人、担保物权人如何申请参与分配进行明确前，实践中已有部分地方法院作出了有益的探索，《北京市高、中级法院执行局（庭）长座谈会（第五次会议）纪要——关于案款分配及参与分配若干问题的意见》提出，对法院查封、扣押或冻结的财产享有担保物权和法律规定的其他优先受偿权的债权人未取得执行依据的，主持参与分配的法院告知其依照相关法律规定取得执行依据，但在分配案款时为其预留相应款项。

实务操作指引

（一）公路收费权的执行

公路收费权是一种特殊的经营性权利。公路收费权的价值高，涉及金额大，转让公路收费权涉及的主体和程序较多，流程较为复杂。执行中，人民法院既可以强制转让收费权，也可以从日常的收费中冻结和提取相应款项用于清偿。如果对收费权强制转让，流程如下：（1）调查核实清楚公路收费的详细情况，核实公路收费权的内容，查清收费公路的概况和收费标准。实践中公路收费权不仅包括对于公路上车辆通行费用收取的权利，通常还包括收费站的房屋建筑物及构筑物、收费岗亭、机器设备等财产。（2）对公路收费权进行评估。涉及国有资产的，需要按照国有资产评估有关规定和方法进行资产评估。（3）拍卖公告中应明确竞买人的条件并明确有关强制性规定。根据《收费公路权益转让办法》第12条，公路收费权的受让方应当具备下列条件：财务状况良好，企业所有者权益不低于受让项目实际造价的35%；商业信誉良好，在经济活动中无重大违法违规行为；法律、法规规定的其他条件。受让方在依法取得收费公路权益后，依法成立的公路经营企业应当按照国家规定的标准和规范要求，做好公路养护管理、绿化以及公路用地范围内的水土保持工作，并对收费公路及沿线设施进行日常检查、检测、维护，保证收费公路处于良好的技术状态。(4) 依法进行备案。拍卖成交后，应在项目转让协议签订之日起30个工作日内完成备案手续。国道收费权转让报交通运输部备案，国道以外其他公路收费权转让报省（区、市）政府备案，备案材料应同时抄送省级交通运输主管部门。

（二）公路收费权的质押

公路桥梁、公路隧道或者公路渡口等不动产收益权可以出质，根据《民法典》第445条第1款规定，以应收账款出质的，质权自办理出质登记时设立。根据《动产和权利担保统一登记办法》的规定，应收账款是指权利人因提供一定的货物、服务或设施而获得的要求义务人付款的权利以及依法享有的其他付款请求权，包括现有的和未来的金钱债权，但不包括因票据或其他有价证券而产生的付款请求权，以及法律、行政法规禁止转让的付款请求权。中国人民银行征信中心是应收账款质押的登记机构。根据《国务院关于收费公路项目贷款担保问题的批复》，公路建设项目法人可以用收费公路的收费权质押的方式向国内银行申请抵押贷款，以省级人民政府批准的收费文件作为公路收费权的权力证书，地市级以上交通运输主管部门作为公路收费权质押的登记部门。质权人可以依法律和行政法规许可的方式取得公路收费权，并实现质押权。可见，利用公路收费权设立质权融资时，需要在信贷征信机构办理登记，融资对象为银行时，还需要在地市级以上交通运输主管部门办理登记。

第四编

实现非金钱债权的执行

第二十七章　物之交付请求权的执行

一、物之交付请求权执行制度概述

答复、复函原文

（一）最高人民法院执行工作办公室关于第三人无偿占有生效法律文书指定交付的财产应如何处理的答复

2006年10月9日　〔2006〕执他字第14号

山西省高级人民法院：

你院《关于阳泉市城区法院执行胡满和与柴丽珍离婚一案能否追加被执行人的请示报告》收悉。经研究，答复如下：

如果法院能够认定第三人无偿占有了生效法律文书指定交付的财产，可以依照《中华人民共和国民事诉讼法》第二百二十八条第三款①的规定，通知第三人交出。拒不交出的，确有必要时，可将第三人追加被执行人。

---

① 现《民事诉讼法》第256条规定："法律文书指定交付的财物或者票证，由执行员传唤双方当事人当面交付，或者由执行员转交，并由被交付人签收。有关单位持有该项财物或者票证的，应当根据人民法院的协助执行通知书转交，并由被交付人签收。有关公民持有该项财物或者票证的，人民法院通知其交出。拒不交出的，强制执行。"

（二）最高人民法院执行办公室关于判决交付的特定物灭失后如何折价问题的复函

2000年12月25日　〔2000〕执他字第31号

山东省高级人民法院：

你院鲁高法函〔1999〕78号《关于判决交付的特定标的物灭失后如何折价问题的请示》收悉。经研究，答复如下：

山东省聊城地区中级人民法院〔1993〕聊中法民终字第166号民事判决，系判决交付可替代的种类物的执行案件而不是判决交付特定物的执行案件。如被执行人有该种类物，执行法院直接执行即可；如被执行人无该种类物，应发出履行通知书要求被执行人依判决购买该种类物偿还债务；被执行人拒不购买交付的，执行法院可以该种类物的现时市场价格及运费确定其债务数额，命被执行人预行交付；拒不交付的，可裁定强制执行被执行人的其他财产。鉴于本案的特殊情况，可就执行标的问题征求申请执行人意见，或按上述关于执行可替代物的有关原则办理；或直接裁定转入金钱代偿执行。对本案的迟延履行金，应当按照《最高人民法院关于适用〈中华人民共和国民事诉讼法〉若干问题的意见》第二百九十五条①的规定办理。

此复

出台背景

胡某和与柴某珍离婚一案中，离婚判决已经生效。阳泉市城区法院在执行中查明，生效法律文书指定交付的财产已经不处于被执行人占有状态之下，而被第三人占有。就如何继续执行，阳泉市城区法院产生了困惑。为了更好地解决类似的执行案件，阳泉市城区法院逐级请示山西省高级人民法院、最高人民

① 该条规定已经被《民事诉讼法解释》第505条替代。

法院，最高人民法院作出了答复，认为“如果法院能够认定第三人无偿占有了生效法律文书指定交付的财产，可以通知第三人交出。拒不交出的，确有必要时，可将第三人追加被执行人”。

理解与适用

（一）物之交付请求权执行制度概述

1. 物之交付请求权执行的概念界定

物之交付请求权执行，是指执行机关，为了实现债权人请求债务人交付一定动产或者不动产之请求权，而转移该物之占有之执行。物之交付请求权包括物权请求权（如所有物之返还请求权）与债权请求权（如交付租赁物请求权）。[①] 所谓交付，是指将生效法律文书确定的物转移为债权人直接占有或支配，如果生效法律文书只是确定了债权人对物的间接占有，如享有所有权但物仍由债务人占有的，则不构成物之交付请求权执行的执行根据。[②]

物之交付请求权执行与金钱债权执行都涉及对动产、不动产采取执行措施，但金钱债权执行须将执行之标的金钱化，因此还需要经历变价、清偿等程序。而物之交付请求权执行以使债权人或第三人能对物进行直接占有或支配为目的。

单论“物之交付”，属行为请求权执行的范围。物之交付请求权执行之所以有别于行为请求权执行，在于物之交付请求权执行并非以物之交付行为本身作为执行标的，[③] 而是以执行标的物即应交付之物的存在为前提，目的是转移物的占有。在某些情况下，执行名义并非单纯交付物，同时还需实施一定的行为。关于此类混合型案件应如何执行理论上存在争议。德国主流观点认为，为了保证所有行为都可以强制执行，可以将物之交付请求权执行与行为请求权执行合并在一起。另一种观点认为，只能按照物之交付请求权执行处理，如果行为非

---

① 参见杨与龄编著：《强制执行法论》，中国政法大学出版社 2002 年版，第 548 页。

② 参见江必新主编：《强制执行法理论与实务》，中国法制出版社 2014 年版，第 745 页。

③ 参见杨与龄编著：《强制执行法论》，中国政法大学出版社 2002 年版，第 549 页。有学者对杨与龄教授的观点存在误读，参见谭秋桂：《民事执行原理研究》，中国法制出版社 2001 年版，第 252 ~ 253 页。

他人所能替代履行者，债务人不履行时，法院也只能通过处怠金、管收等强制措施迫使债务人实施，但无法改变应交付之物不存在、物之交付请求权执行无法进行的状况。此时与标的物灭失、损毁情形基本相同，[①] 法院只能作出终结执行处理，由债权人另行起诉向债务人主张赔偿。从实现执行名义中债权人权益的角度，如果物之交付请求权执行以行为请求权执行为前提或者二者合并时，例如，以拆屋还地或要求债务人向债权人交付图纸为内容的执行名义，就以请求债务人拆除房屋或绘制图纸的行为执行为前提。此种情形，执行法院应先命债务人履行一定行为之义务，不能仅就物之交付行为实施执行。[②] 但如果行为义务能够与物之交付义务相分离，如向债权人交付机器设备后对机器设备的安装修理义务，则应当分别进行强制执行。

2. 交付动产请求权之执行

交付动产的执行方法，因执行标的物及执行标的物占有状态而存有差异。动产的范围可以是特定之物、可代替物、书据、印章或有价证券等凭证。执行名义命交付之动产为代替物或有价证券的，执行名义必须表明名称、种类、数量、品质、面额等内容，否则将因标的物无从特定而难以实施执行。[③]

（1）交付特定物产请求权的执行

首先，应交付之标的物由债务人占有时，德国和日本等国家或地区均采执行法院得径行解除债务人之占有，将该动产取交债权人的做法。[④] 标的物由债务人之辅助占有人占有，仅债务人列为直接占有人，应认为是债务人占有而直接取交给债权人。[⑤]

我国《民事诉讼法》未对标的物进行区分，规定的执行方式是双方当事人

---

① 参见江必新主编：《强制执行法理论与实务》，中国法制出版社 2014 年版，第 747 页。

② 参见杨与龄编著：《强制执行法论》，中国政法大学出版社 2002 年版，第 549 页。

③ 参见杨与龄编著：《强制执行法论》，中国政法大学出版社 2002 年版，第 550 页。

④ 《德国民事诉讼法》第 883 条规定，债务人应交付动产或一定数量的特定动产，由执行员将物从债务人处取出并交与债权人。《日本民事执行法》第 169 条第 1 款规定，对于前条第 1 款规定的动产以外的动产（包括有价证券）的强制执行，由执行官以从债务人处收取该动产，然后交付给债权人的方法进行。我国台湾地区“强制执行法”第 123 条规定，执行名义系命债务人交付一定之动产而不交付者，执行法院得将该动产取交债权人。债务人应交付之物为书据、印章或其他相类之凭证而依前款规定执行无效果者，得准用第 121 条、第 128 条第 1 项之规定强制执行之。

⑤ 杨与龄编著：《强制执行法论》，中国政法大学出版社 2002 年版，第 551 页。

当面交付或由执行员转交。[①] 2019 年 9 月的《民事强制执行法草案》专章规定了物之交付请求权的执行，对“交付动产的执行”的规定仍然保留了前述《民事诉讼法》的做法。[②]

其次，当应交付之标的物由第三人占有时，情况较为复杂。我国台湾地区学者杨与龄认为，应交付之物系第三人占有时，因其不是执行名义所载之债务人，原则上不能对之执行，但有两项例外，一是第三人为执行名义效力所及者。标的物在诉讼系属后由债务人之继承人，或为债务人或继承人占有请求标的物之人（如保管人、受任人、受寄人、管理人）占有时，乃执行名义效力所及，而居于债务人之地位。二是债务人对第三人有请求交还标的物的权利，无论系基于物权关系还是债权关系。[③] 德国和日本等国家和地区均对第二项例外情形进行了规定。《德国民事诉讼法》第 886 条规定，应交付的物由第三人保管时，依债权人的申请，按照关于金钱债权的扣押与转付的规定，将债务人的物的交付请求权转付于债权人。《日本民事诉讼法》第 170 条规定，第三人占有强制执行的物而对债务人负交付该物义务时，其交付之强制执行，执行法院以扣押债务人对第三人之交付请求权，并发命令许债权人行使请求之方法为之。[④] 此外，我国台湾地区“强制执行法”的规定与德国及日本稍有不同，未规定应先经扣押程序。[⑤] 债权人在取得移转命令后，第三人不将占有的动产交付的，债权人得诉请第三人交付，取得请求第三人交付动产的执行名义。如债务人对第三人交付动产请求权已取得执行名义的，债权人得依执行法院之移转命令，以特定继受人之地位，依该执行名义声请强制执行。[⑥]

---

① 《民事诉讼法》第 256 条第 1 款规定：“法律文书指定交付的财物或者票证，由执行员传唤双方当事人当面交付，或者由执行员转交，并由被交付人签收。”

② 《民事强制执行法草案》（2019 年 9 月征求意见稿）第 211 条第 1 款规定：“执行依据指定被执行人交付特定动产的，由人民法院传唤双方当事人当面交付，或者由人民法院转交，并由被交付人签收。”

③ 参见杨与龄编著：《强制执行法论》，中国政法大学出版社 2002 年版，第 551 页。

④ 参见江必新主编：《强制执行法理论与实务》，中国法制出版社 2014 年版，第 750 页。

⑤ 我国台湾地区“强制执行法”第 126 条规定：第 123 条及第 124 条应交付之动产、不动产或船舶及航空器为第三人占有者，执行法院应以命令将债务人对于第三人得请求交付之权利移转于债权人。

⑥ 参见杨与龄编著：《强制执行法论》，中国政法大学出版社 2002 年版，第 552 页。

我国《民事诉讼法》第256条第2款、第3款将第三人区分为单位及公民。执行程序为先向第三人发出协助执行通知，要求其将物直接交付给债权人或者交由法院转交给债权人。拒不交出的，强制执行。[①] 对此规定持批评态度的观点认为，在未区分第三人占有性质的情况下，对第三人进行强制执行无法律及理论依据，突破了执行名义的相对性。[②] 2019年9月的《民事强制执行法草案》给出的解决方案是根据第三人是否为自己的利益占有执行依据指定的交付标的物，采取不同的处理方式。第217条规定，第三人为自己的利益，合法、有偿占有执行依据指定交付的标的物的，人民法院不得强制执行。申请执行人认为应当强制执行的，可以以第三人为被告向法院起诉。除前述情形之外，人民法院可以对第三人强制执行。

最后，应交付之标的物占有人不明时，《德国民事诉讼法》第883条规定，应交付的物不在时，债务人依债权人的申请，应作出保证记入记录以代宣誓，保证他并未占有该物，也不知悉物之所在。第802条之五规定的适格执行员传唤债务人并安排代宣誓保证。我国台湾地区“强制执行法”对此未作出规定，但如果标的物系被债务人隐匿的，则仍属于债务人占有，执行法院得命债务人报告或予拘提、管收，或科处怠金等间接执行措施。[③] 我国《执行规定》第41条、第42条对债务人转移隐匿应交付标的物的处理亦有规定，原物被隐匿或非法转移的，人民法院有权责令其交出。有关组织或者个人持有法律文书指定交付的财物或票证，在接到人民法院协助执行通知书或通知书后，协同被执行人转移财物或票证的，人民法院有权责令其限期追回；逾期未追回的，应当裁定其承担赔偿责任。2019年9月的《民事强制执行法草案》也规定了对拒不交付标的物的罚款措施。

特定物毁损、灭失的，我国《民事诉讼法解释》第492条规定，经双方当事人同意，可以折价赔偿。双方当事人对折价赔偿不能协商一致的，人民法院

---

① 《民事诉讼法》第256条第2款、第3款规定：“有关单位持有该项财物或者票证的，应当根据人民法院的协助执行通知书转交，并由被交付人签收。有关公民持有该项财物或者票证的，人民法院通知其交出。拒不交出的，强制执行。”

② 参见江必新主编：《强制执行法理论与实务》，中国法制出版社2014年版，第750页。

③ 参见杨与龄编著：《强制执行法论》，中国政法大学出版社2002年版，第552页。

应当终结执行程序。申请执行人可以另行起诉被执行人主张损失赔偿。

(2) 交付代替物请求权的执行

交付代替物请求权执行与交付特定物请求权执行的区别体现在债务人既未占有该代替物，又无请求第三人交付之权利。我国台湾地区的做法是，债务人未占有时，仍应依执行名义，购买此代替物而交付之。债务人不为此项行为时，执行法院得依"强制执行法"第127条之规定，以债务人之费用，命第三人代为采买交付。命令债务人支付费用之裁定，得为执行名义，对债务人之一切财产进行执行。[①] 上述处理方式是将可代替物的购买视为可代替行为，从而按照可代替行为请求权的执行进行强制执行。第三人既不自行购买又不支付购买费用的，此时对行为的强制执行转为对金钱债权的强制执行。[②] 2019年9月的《民事强制执行法草案》选择了类似的解决途径。[③]

(3) 交付书据、印章或其他相类凭证的执行

2019年9月的《民事强制执行法草案》对交付书据、印章或其他相类凭证的执行的规定吸收了我国台湾地区"强制执行法"的规定，如"特定动产为证照、印章或者其他凭证的，人民法院可以根据申请执行人的申请裁定宣告上述凭证作废，申请执行人持该裁定向有关单位申请制发新的证照、印章或者有关凭证的，有关单位应当办理"[④]。

---

① 我国台湾地区"强制执行法"第127条规定，依执行名义，债务人应为一定行为而不为者，执行法院得以债务人之费用，命第三人代为履行。前项费用，由执行法院酌定数额，命债务人预行支付或命债权人代为预纳，必要时，并得命鉴定人鉴定其数额。

② 参见江必新主编：《强制执行法理论与实务》，中国法制出版社2014年版，第749页。

③ 2019年9月的《民事强制执行法草案》第212条规定："执行依据指定被执行人交付种类物的，人民法院可以依照前条第一款规定的方法执行，也可以责令被执行人在合理期限内支付购买费用，由申请执行人自行购买或者委托他人购买后交付申请执行人。申请执行人申请垫付购买费用的，人民法院应当准许。被执行人未依照前款规定支付购买费用的，人民法院应当裁定强制执行。"

④ 我国台湾地区"强制执行法"第123条第2项规定，债务人应交付之物为书据、印章或其他相类之凭证而依前款规定执行无效果者，得准用第121条、第128条第1项之规定强制执行之。第121条规定，债务人对于第三人之债权或其他财产权持有书据，执行法院命其交出而拒绝者，得将该书据取出，并得以公告宣示未交出之书据无效，另作证明书发给债权人。第128条第1项规定，依执行名义，债务人应为一定之行为，而其行为非他人所能代履行者，债务人不为履行时，执行法院得定债务人履行之期间。债务人不履行时，得处新台币3万元以上30万元以下之怠金。其续经定期履行而仍不履行者，得再处怠金或管收之。但究竟是准用第121条还是第128条，或者两者并用，由执行法院斟酌个案具体情况而定。参见杨与龄编著：《强制执行法论》，中国政法大学出版社2002年版，第552页。

3. 交出不动产请求权之执行

（1）债务人占有不动产

与交付动产请求权之执行须将该动产之占有移转于债权人不同，交出不动产请求权之执行中所谓“交出”，兼指单纯将执行标的物之占有移转于债权人及将不动产上之动产取去或使居住人迁出后，将其交付于债权人。①

根据我国台湾地区“强制执行法”的规定，执行名义系命债务人交出不动产而不交出者，执行法院得解除债务人之占有，点交于债权人，如有拒绝交出或者其他情事的，得请警察协助。房屋内或土地上之动产，除应与不动产同时强制执行外，应取去点交债务人或其代理人、家属或受雇人。无前项之人接受点交时，应将动产暂付保管，向债务人为期限领取之通知，债务人逾期不领取时，得拍卖之而提存其价金，或为其他适当之处置。②

我国《民事诉讼法》第257条规定了强制迁出房屋或者退出土地的执行方法。2019年9月的《民事强制执行法草案》中对交出不动产请求权执行的规定

---

① 参见杨与龄编著：《强制执行法论》，中国政法大学出版社2002年版，第555页。

② 参见我国台湾地区“强制执行法”第76条规定，查封不动产，由执行法官命书记官督同执达员依左列方法行之：（1）揭示。（2）封闭。（3）追缴契据。前项方法，于必要时得并用之。已登记之不动产，执行法院应先通知登记机关为查封登记，其通知于第1项执行行为实施前到达登记机关时，亦发生查封之效力。第99条规定，债务人应交出之不动产，现为债务人占有或于查封后为第三人占有者，执行法院应解除其占有，点交于买受人或承受人；如有拒绝交出或其他情事时，得请警察协助。第三人对其在查封前无权占有不争执或其占有为前条第2项但书之情形者，前项规定亦适用之。依前二项规定点交后，原占有人复即占有该不动产者，执行法院得依声请再解除其占有后点交之。前项执行程序，应征执行费。第100条规定，房屋内或土地上之动产，除应与不动产同时强制执行外，应取去点交债务人或其代理人、家属或受雇人。无前项之人接受点交时，应将动产暂付保管，向债务人为限期领取之通知，债务人逾限不领取时，得拍卖之而提存其价金，或为其他适当之处置。前二项规定，于前条之第三人适用之。第101条规定，债务人应交出书据而拒绝交出时，执行法院得将书据取交债权人或买受人，并得以公告宣示未交出之书据无效，另作证明书发给债权人或买受人。第124条规定，执行名义系命债务人交出不动产而不交出者，执行法院得解除债务人之占有，使归债权人占有。如债务人于解除占有后，复即占有该不动产者，执行法院得依声请再为执行。前项再为执行，应征执行费。执行名义系命债务人交出船舶、航空器或在建造中之船舶而不交出者，准用前二项规定。

相较于《民事诉讼法》做了更精简的设计，采取了与我国台湾地区类似的做法。①

此外，动产或不动产再为债务人占有，系另一侵权行为，债权人欲排除此侵害的，须另行取得执行名义。但我国台湾地区“强制执行法”第124条第1项规定，债务人于解除占有后复即占有该不动产者，执行法院得依声请再为执行。此与债务人复行占有动产，债权人须另行取得执行名义，再行声请执行不同。有学者解释称，为确保执行之效果，避免债权人再受讼累，特对债务人复即占有不动产的情况予以补救。再为执行，需要征收执行费。② 2019年9月的《民事强制执行法草案》对被执行人再次占有已交付财产的处理进行了规定，在执行依据指定交付的标的物转移给申请执行人占有之日起6个月内，被执行人或者原占有人再次强行占有该标的物的，人民法院可以根据申请执行人的申请再次强制执行。

（2）第三人占有不动产时

我国台湾地区学者认为，第三人占有应交付之不动产，无论其占有何时发生，只要非执行名义所载之债务人，原则上就不能对该第三人执行，但第三人为执行名义效力所及者、第三人有交付不动产于债务人之义务者，以及第三人对其无权占有不争执者例外。③ 我国台湾地区“强制执行法”规定，第三人在查封之前无权占有不争执者或因发生于设定抵押权之后的地上权、永佃权、地役权、典权或租赁关系而占有者，执行法院可适用债务人占有不动产时的执行规定。④ 但第三人对无权占有之事实有争议的，仍须债权人另行取得执行名义。

---

① 2019年9月的《民事强制执行法草案》第213条规定：执行依据指定被执行人交付不动产的，人民法院应当发布公告，责令被执行人在指定期限内迁出。被执行人在指定期限内迁出的，人民法院应当将不动产交付申请执行人；被执行人逾期未迁出的，应当强制迁出，必要时，可以通知公安机关派员到场协助。第214条规定：执行依据确定交付的不动产或者船舶、航空器、机动车等动产中有不属于执行标的物的财产的，人民法院可以强制除去后交付，但双方当事人同意不除去的除外。依照前款规定除去财产的，人民法院应当通知被执行人或者其成年家属、主要负责人员等有关人员到场领取。无法通知或者经通知拒不到场领取的，人民法院可以对除去的财产进行变价，变价款扣除相关费用后退还被执行人。被执行人拒收或者下落不明的，人民法院予以提存；自提存之日起超过3年无人领取的，上缴国库。

② 参见杨与龄编著：《强制执行法论》，中国政法大学出版社2002年版，第557页。

③ 参见杨与龄编著：《强制执行法论》，中国政法大学出版社2002年版，第556页。

④ 参见我国台湾地区“强制执行法”第98～100条。

（3）债务人及负有向债务人交付不动产义务之第三人均未占有不动产时

债务人及负有向债务人交付不动产义务之第三人均未占有不动产时，如应交付之房屋毁损、灭失的，即无从执行，此时执行程序终结，债权人可通过另诉向债务人主张赔偿损失。

4. 交出船舶、航空器之请求权的执行

我国台湾地区对交出船舶、航空器之请求权的执行，大体上准用交出不动产请求权执行的规定，[①] 但限于海商法所定的船舶或建造中的船舶及民用航空法所定之航空器。其余船舶、航空器，则属于交付动产请求权执行之范围。[②]

（二）实现物之交付请求权执行的程序

在实现物之交付请求权的执行过程中，执行方式一般分为两个阶段，即解除占有和转交。执行机构解除被执行人对指定交付的物的直接占有后，再转交给申请执行人直接占有或者支配。执行机构因此采取的搜查、扣押等直接执行措施，无须被执行人的积极配合，被执行人仅负有容忍强制执行的义务。

在金钱债权执行过程中，被执行人的特定财产因法律的特别规定而免于执行，最为典型的就是生活必需品。[③] 但是，在实现物之交付请求权的执行中，即使执行依据确定的交付的标的物是生活必需品，一旦强制执行将会使被执行人陷入生活窘境，执行机构也不应当停止执行或者放弃执行。[④]

（三）“确有必要时，可将第三人追加被执行人”的理解

对答复中“确有必要时，可将第三人追加被执行人”的处理方式，目前实务中有不同的理解。《变更追加规定》坚持非因法定事由，不得变更、追加当事人的原则。一种意见认为，〔2006〕执他字第14号答复就是法定事由，“可将第

① 我国台湾地区“强制执行法”第124条规定，执行名义系命债务人交出不动产而不交出者，执行法院得解除债务人之占有，使归债权人占有。如债务人于解除占有后，复即占有该不动产者，执行法院得依声请再为执行。前项再为执行，应征执行费。执行名义系命债务人交出船舶、航空器或在建造中之船舶而不交出者，准用前二项规定。

② 参见杨与龄编著：《强制执行法论》，中国政法大学出版社2002年版，第560页。

③ 《查扣冻规定》第3条第1项规定：“人民法院对被执行人下列的财产不得查封、扣押、冻结：（一）被执行人及其所扶养家属生活所必需的衣服、家具、炊具、餐具及其他家庭生活必需的物品。”

④ 参见江必新主编：《强制执行法理论与实务》，中国法制出版社2014年版，第744页。

三人追加被执行人”。我们认为,《变更追加规定》已经通过详细列举的方式将法定事由列明,〔2006〕执他字第14号答复“可将第三人追加被执行人”已经不合时宜。在第三人拒不交出的情况之下,法院可以直接执行生效法律文书指定交付的财产,第三人拒绝协助的,可依照《民事诉讼法》第117条、第118条规定处理,没必要经过追加被执行人程序。

实务操作指引

(一)根据动产的种类选择执行方式

执行人员首先要对执行依据确定的需要被执行人交付的动产进行认定,认定其属于特定物还是可以替代的种类物。① 执行标的物为特定物的,应当执行原物。原物确已毁损或者灭失的,经双方当事人同意,可以折价赔偿。双方当事人对折价赔偿不能协商一致的,人民法院应当终结执行程序。申请执行人可以另行起诉。②

执行标的物为种类物的,直接执行即可;如被执行人无该种类物,应要求被执行人购买该种类物偿还债务;被执行人拒不购买交付的,可以该种类物的现时市场价及运费确定其债务数额,命被执行人预行交付;被执行人不预付前款购买费用的,可以依照关于金钱债权执行的有关规定,对被执行人的财产强制执行。③

(二)根据占有状态采取不同的执行措施

人民法院要对执行依据确定的需要被执行人交付的动产的状态进行调查,查明由谁占有,再根据查明的结果采取下一步的执行措施。

1. 被执行人占有

被执行人占有是常态,一般的执行方式是“法律文书指定交付的财物或者

---

① 特定物,是指根据当事人的意思或者其他事实具体指定的物。不特定物也称种类物,是指以品种、规格、质量、数量、容量或重量即可明确的物,具有可替代性。参见王利明、杨立新、王轶、程啸:《民法学》,法律出版社2011年版,第236页。

② 参见《民事诉讼法解释》第492条。

③ 参见《最高人民法院执行办公室关于判决交付的特定物灭失后如何折价问题的复函》(〔2000〕执他字第31号)。

票证，由执行员传唤双方当事人当面交付，或者由执行员转交，并由被交付人签收”。[①] 实践中，动产的交付并非必须经由被执行人之手直接交付申请执行人，也可以通过其他已经对动产形成事实管领的人来完成。[②]

2. 第三人占有标的物的执行

第三人为自己的利益，合法、有偿占有执行依据指定交付的标的物的，人民法院不得强制执行。申请人认为应当执行的，可以提起诉讼。如果第三人为被执行人利益占有，法院通知其在指定期限内交付或迁出，逾期未迁出的，强制执行。[③]

他人持有法律文书指定交付的财物或者票证，人民法院依照《民事诉讼法》第256条第2款、第3款规定发出协助执行通知后，拒不转交的，可以强制执行，并可依照《民事诉讼法》第117条、第118条规定处理。他人持有期间财物或者票证毁损、灭失的，参照《民事诉讼法解释》第492条规定处理。他人主张合法持有财物或者票证的，可以根据《民事诉讼法》第234条规定提出执行异议。[④] 2019年9月的《民事强制执行法草案》第211条规定，特定动产为证照、印章或者其他凭证的，人民法院可以依申请宣告凭证作废，申请执行人持裁定向有关单位申请制发新的证照、印章或有关凭证的，有关单位应当办理。

3. 对隐匿动产的执行

实践中，人民法院查找不到应交付的动产，有以下三方面原因：一是该动产已经毁损、灭失，原物无法再现；二是被执行人已经丧失控制，原物下落不明；三是被执行人故意对抗执行，隐匿、转移该动产。原物毁损、灭失或者下落不明，人民法院可以参照《民事诉讼法解释》第492条规定处理。被执行人隐匿、转移的，人民法院除可依照《民事诉讼法》第114条第1款第6项规定对其处理外，还应责令被执行人交出隐匿、转移的财产。被执行人拒不交出的，人民法院可以采取搜查措施。[⑤]

---

① 《民事诉讼法》第256条第1款。

② 如判决被告钱某某返还原告许某某蚕丝被两套执行案中，钱某某外出务工，屋里物品由其母亲事实管领，其母亲直接将蚕丝被交由许某某完成交付。

③ 参见2019年9月的《民事强制执行法草案》第217条。

④ 《民事诉讼法解释》第493条。

⑤ 《民事诉讼法解释》第494条。

（三）案外人的救济途径

审判实践中，案外人有时依据另案生效裁判所认定的与执行标的物有关的权利提起执行异议之诉，请求排除对标的物的执行。此时，鉴于作为执行依据的生效裁判与作为案外人提出执行异议依据的生效裁判，均涉及以同一标的物权属或给付的认定，性质上属于两个生效裁判所认定的权利之间可能产生的冲突，人民法院在审理执行异议之诉时，需区别不同情况作出判断：如果作为执行依据的生效裁判是确权裁判，无论作为执行异议依据的裁判是确权裁判还是给付裁判，一般不应据此排除执行，但人民法院应当告知案外人对作为执行依据的确权裁判申请再审；如果作为执行依据的生效裁判是给付标的物的裁判，而作为提出异议之诉依据的裁判是确权裁判，一般应据此排除执行，此时人民法院应告知申请执行人对确权裁判申请再审；如果两个裁判均属给付标的物的裁判，人民法院需依法判断哪个裁判所认定的给付权利具有优先性，进而判断是否可以排除执行。

如果案外人依据另案生效裁判对金钱债权的执行提起执行异议之诉，作为执行依据的生效裁判并未涉及执行标的物，只是执行中为实现金钱债权对特定标的物采取了执行措施。对此种情形，《异议复议规定》第 26 条规定了解决案外人执行异议的规则，在审理执行异议之诉时可以参考适用。依据该条规定，作为案外人提起执行异议之诉依据的裁判将执行标的物确权给案外人，可以排除执行；作为案外人提起执行异议之诉依据的裁判，未将执行标的物确权给案外人，而是基于不以转移所有权为目的的有效合同（如租赁、借用、保管合同），判令向案外人返还执行标的物的，其性质属于物权请求权，亦可以排除执行；基于以转移所有权为目的的有效合同（如买卖合同），判令向案外人交付标的物的，其性质属于债权请求权，不能排除执行。

应予注意的是，在金钱债权执行中，如果案外人提出执行异议之诉依据的生效裁判认定以转移所有权为目的的合同（如买卖合同）无效或应当解除，进而判令向案外人返还执行标的物的，此时案外人享有的是物权性质的返还请求权，本可排除金钱债权的执行，但在双务合同无效的情况下，双方互负返还义务，在案外人未返还价款的情况下，如果允许其排除金钱债权的执行，将会使申请执行人既执行不了被执行人名下的财产，又执行不了本应返还给被执行人的价款，显然有失公允。为平衡各方当事人的利益，只有在案外人已经返还价款的情况下，才能排除普通债权人的执行。反之，案外人未返还价款的，不能排除执行。

二、对执行标的物的腾退

答复原文

最高人民法院执行局关于《执行程序中能否对案外人财产进行处理的请示》的答复

2010年3月8日 〔2010〕执他字第1号

吉林省高级人民法院：

你院《关于法院执行程序中能否对案外人财产进行处理的请示》收悉。经研究，答复如下：

执行程序中案外人无合法依据占有被执行的标的物不动产的，执行法院依法可以强制迁出；案外人拒不迁出，对标的物上的财产，执行法院可以指定他人保管并通知领取；案外人不领取或下落不明的，为避免保管费过高或财产价值减损，执行法院可以处分该财产，处分所得价款，扣除搬迁、保管及拍卖变卖等相关费用后，保存于执行法院账户，通知该案外人领取。

此复

出台背景

《民事诉讼法》第257条规定："强制迁出房屋或者强制退出土地，由院长签发公告，责令被执行人在指定期间履行。被执行人逾期不履行的，由执行员强制执行。强制执行时，被执行人是公民的，应当通知被执行人或者他的成年家属到场；被执行人是法人或者其他组织的，应当通知其法定代表人或者主要负责人到场。拒不到场的，不影响执行。被执行人是公民的，其工作单位或者房屋、土地所在地的基层组织应当派人参加。执行员应当将强制执行情况记入笔录，由在场人签名或者盖章。强制迁出房屋被搬出的财物，由人民法院派人运至指定处所，交给被执行人。被执行人是公民的，也可以交给他的成年家属。因拒绝接收而造成的损失，由被执行人承担。”

《民事诉讼法》对交付房屋类案件的执行程序尽管作出了详细的规定，但该法律规定一般适用于在执行时被执行人占有房屋的情况，有关强制措施也指向被执行人。实践中，应当交付的房屋在执行时往往并非由被执行人占有，被执行人在诉讼前、诉讼中或者法律文书生效后通过租赁、买卖等形式将该诉争房屋转由第三人占有的情形较多，对此类案件如何处理，现行法律不甚清晰。如果被执行人配合法院执行，积极履行生效法律文书确定的交付义务，案件能够得到顺利执行；如果被执行人故意与第三人建立无权占有关系，使房屋由第三人事实上占有使用，或者补签可以排除执行的各种合同，案件执行可能陷入困境。

实践中，各地法院多将腾退和交付不动产的判决的执行案件作为疑难案件对待，北京市高级人民法院还专门以会议纪要的形式出台了《关于强制执行腾房类案件若干问题的意见》，统一规范办理程序。腾房类执行案件主要分为两类，一是执行依据直接确定被执行人腾退房屋，将房屋交付申请执行人的案件；二是对房屋变价前或变价后交付过程中的腾退事项。无论哪类案件，都存在第三人干扰和妨碍执行，甚至有将房屋转由他人占有或者被执行人交给老弱病残等特殊群体占有，加大对人民法院强制执行的对抗力度。如果人民法院不采取强制执行措施，申请执行人的合法权益难以得到保障；如果人民法院不区分情况，不讲究执行时机、方法和措施，不仅有可能侵害第三人的合法权益，还可能引发暴力抗法、负面舆论、恶性事件或不良社会影响。人民法院对占有房屋的案外人采取强制性措施，也要根据案外人占有的时间和事由依法进行。

理解与适用

（一）案外人占有标的物的性质判断

对案外人占有的交付房屋的执行，要区分案外人是否合法、有偿、善意等具体情况分别予以处理。一是案外人占有房屋是否合法，一般从案外人占有房屋的时间来判断；二是案外人占有房屋是否善意，一般从是否为有偿占有来判断。如果案外人系非法占有，则人民法院应当强制执行，责令第三人限期搬出，如拒不搬出，则以妨碍执行为由对其采取强制执行措施。如果第三人系合法占有，则应进一步审查案外人占有房屋的时间，如果占有事实发生在法律文书生效之前，则人民法院不能对案外人强制执行，而应当终结执行程序，由申请执行人另案起诉被执行人和案外人或提起再审；如果占有事实发生在法律文书生效之后，则需要进一步区分第三人是否为善意占有。

（二）执行法院对案外人拒不迁出标的物上的财产可以指定他人保管并通知领取

被执行人从标的房屋中腾退，但案外人继续占有房屋，实践中存在不同的处理方式。一是仍由执行法院责令该案外人腾退房屋，拒绝腾退的可以按照妨碍执行对其采取强制措施。二是认为被执行人已经腾退房屋，执行义务已经履行完毕，案外人占据房屋属新发生的法律事实，是否应腾退不应由执行机构予以判断，应再次通过诉讼程序解决。从诉讼目的看，被执行人仅将不动产腾空但没有成功交付申请执行人控制，不符合判决主文的裁判旨意，不能视为生效法律文书已经得到执行，申请执行人仍有权要求对占据不动产的案外人强制执行，在腾退过程中，办案人员对现场的财产进行清理登记前告知案外人自行取走财物，对告知和取走过程进行录像并制作笔录。清理登记财物时，进行拍照、录像，制作清单。由清理登记人员负责监督搬运人员运到指定处所，案外人为公民的，可以交给其成年家属。

（三）案外人不领取执行法院可以处分该财产并保存在法院账户

对于案外人拒绝接收且不宜长期保管、保管困难或者保管费用过高的物品，可通过评估、拍卖、变卖等程序及时依法予以处置，变现价款存在法院账户后由案外人自行领取。

实务操作指引

（一）房屋腾退案件的一般执行程序

强制执行开始时，先对被执行人及房屋的实际占有使用人员进行说服教育，督促其自行离开。拒不离开的，强制带离。强制执行前，要求被执行人明确接收财物的处所，并告知其拒不接收财物的法律后果，包括因拒绝接收造成的损失由被执行人承担。被执行人不明确处所的，可根据案件的实际情况指定处所，由人民法院强制执行的因征收拆迁案件引发的房屋腾退案件，可协调有关部门指定临时周转房或安置房作为接收财物的处所。在其他腾房类执行案件中，可指定预先查明的被执行人的其他居所作为接收财物的处所；未查明被执行人有其他居所的，可要求申请执行人联系、租赁临时处所作为接收财物的指定处所，并由其预付或垫付一定期间的租赁费。对于预付或垫付的租赁费，申请执行人不愿承担的，由被执行人负担。

（二）对占有不动产标的物的案外人可以采取间接执行措施

腾房类案件的执行过程中，发现案外人实际占有被腾退房屋的，首先对其进行说服教育，督促其自行腾退。案外人在执行依据作出后占有被腾退房屋的，经说服教育仍拒不腾退的，可将其作为协助执行义务人一并予以腾退。对拒不履行腾退义务的案外人，可采取责令支付迟延履行金、罚款、拘留、限制出境、在征信系统记录、通过媒体公布不履行义务信息等间接强制执行措施，促使其自动腾退。间接强制执行措施可以单独适用，也可以与直接强制执行措施一并适用。在同一案件的执行过程中，间接强制执行措施可以多次适用。案外人对间接强制执行措施提出异议的，适用《民事诉讼法》第232条的规定，但拘留作为间接强制执行措施采取的，适用《民事诉讼法》第119条的规定进行处理。案外人提出执行行为异议或案外人异议的，依照《民事诉讼法》的相关规定进行审查。腾房类执行案件迟延履行金的确定与执行，申请执行人的损失可参照同类地段类似房屋市场租金的标准确定。

（三）案外人占据房屋给申请执行人造成损失的应当赔偿

案外人妨碍法院执行，恶意占有应腾退交付申请执行人的不动产，给申请执行人造成损失的，如房屋买卖的差价损失和经营损失，申请执行人可以在申请执行的同时，另行提起损害赔偿之诉，案外人不仅负有腾退房屋的法定义务，还应赔偿妨碍申请执行人占有、使用、收益和处分房屋造成的损失。

（四）房屋腾退案件不适用终结本次执行程序

房屋腾退案件不同于金钱债权案件的执行，对采取了各种执行措施、强制措施但仍不能实际执结的，不应裁定终结本次执行程序。

（五）司法拍卖、变卖房屋的清退和移交

《拍卖变卖规定》第27条规定，人民法院裁定拍卖成交或者以流拍的财产抵债后，除有依法不能移交的情形外，应当于裁定送达后15日内，将拍卖的财产移交买受人或者承受人。被执行人或者第三人占有拍卖财产应当移交而拒不移交的，强制执行。《网络司法拍卖规定》第6条第7项规定，实施网络司法拍卖，人民法院应当办理财产交付。但实践中，因有的案件腾退难度较大，有的人民法院采取事先公告的做法，房屋的腾退、迁出和接收或后续产权登记事宜由买受人自行解决，法院不负责标的物的清场移交，这容易导致拍卖标的物成交价格降低或流拍。也有在公告中没有说明存在妨碍清退的情况，导致成交后买受人长期无法占有使用房屋，而法院怠于履行清退职责，甚至买受人起诉要求占有人腾退的，人民法院仍判决驳回买受人移交请求。① 从债权人和竞买人的视角看，司法拍卖、变卖程序中，人民法院应当承担不动产清场交付的职责，江苏省高级人民法院出台指导意见规定，法院拍卖不动产，一般均应负责交付买受人。《安徽省高级人民法院关于强制执行中房屋腾退若干问题的指导意见》第3条也规定，执行法院拍卖房屋时，原则上应当先清空后拍卖，确有特殊情况未能清空的，可先行拍卖，但应当在拍卖公告中说明未予清空的原因，且必须在交付前予以清空。对于裁定确认拍卖、变卖成交、以物抵债的房屋，应负责交付。

① 广东省高级人民法院针对实践中出现的不移交现象，专门制定了《关于进一步规范司法拍卖不动产移交工作的指导意见》，要求司法拍卖以清场移交为原则，除4种可以不予清场移交的情形外，应一律实行清场移交买受人或承受人。

三、执行标的物交付后妨害行为的排除

复函原文

最高人民法院执行办公室关于已执行完毕的案件被执行人又恢复到执行前的状况应如何处理问题的复函

2001 年 1 月 2 日　〔2000〕执他字第 34 号

天津市高级人民法院：

你院〔1999〕津高法执请字第 31 号《关于已执行完毕的案件，被执行人又恢复执行前状况，应如何处理的请示》收悉。经研究，答复如下：

被执行人或者其他人对人民法院已执行的标的又恢复执行前的状况，虽属新发生的侵权事实，但是与已经生效法律文书认定的侵权事实并无区别，如果申请执行人另行起诉，人民法院将会作出与已经生效法律文书完全相同的裁判。这样，不仅增加了申请执行人的讼累，同时也增加了人民法院的审判负担。因此，被执行人或者其他人在人民法院执行完毕后对已执行的标的又恢复到执行前状况的，应当认定为对已执行标的的妨害行为，依照《最高人民法院关于适用〈中华人民共和国民事诉讼法〉若干问题的意见》第三百零三条的规定对其作出拘留、罚款，直至追究刑事责任的处理。对申请执行人要求排除妨害的，人民法院应当继续按照原生效法律文书执行。至于被执行人或者其他人实施同样妨害行为的次数，只能作为认定妨害行为情节轻重的依据，并不涉及诉讼时效问题，不能据以要求申请执行人另行起诉；如果妨害行为给申请执行人或者其他人造成新的损失，受害人可以另行起诉。

此复

出台背景

已执行完毕的案件，被执行人又恢复到执行前状况应如何处理的问题，天

津市高级人民法院在向最高人民法院进行请示前，有两种意见：第一种意见认为，应按新的侵权事实另行起诉。理由是：人民法院已经按法律文书的规定执行完毕，被执行人已经履行义务，已按结案处理。被执行人（有时包含案外人）又恢复到执行前状况的时间不一。另外，《民事诉讼法》规定的申请执行时效是有限的，不能无期限延长。对此，应按新发生的侵权事实，让申请人另行起诉为宜。第二种意见认为，人民法院应在一定期限内（不宜过长，以 5 日内为好）按原法律文书执行，超过一定期限的另诉解决。理由是：应该把这种行为看成是被执行人拒不履行人民法院判决等生效法律文书行为的延伸。同时，人民法院也不能无期限延长执行期限和执行次数，否则有失法律的严肃性。凡是构成新的侵权事实的，告知被侵权人依据新的事实和理由另行起诉。该院倾向于第二种意见。最高人民法院执行办公室经研究，于 2001 年 1 月 2 日作出了本复函。①

理解与适用

执行完毕后妨害已执行标的行为一般发生在交付或腾退特定不动产的执行案件中。

（一）现行法律规范

《民事诉讼法解释》第 519 条规定，在执行终结 6 个月内，被执行人或者其他人对已执行的标的有妨害行为的，人民法院可以依申请排除妨害，并可以依照《民事诉讼法》第 114 条规定进行处罚。因妨害行为给执行债权人或者其他人造成损失的，受害人可以另行起诉。

（二）本复函与《民事诉讼法解释》第 519 条的异同分析

1. 相同点

第一，侵权主体是被执行人或者其他人。“被执行人”容易理解，而“其他人”具体如何界定存在争议。最高人民法院的主流观点认为：“对于‘其他人’，应理解为与原执行程序有密切关系的人，比如被执行人的近亲属或者被腾

① 参见《最高人民法院请示与答复》（民事卷），中国法制出版社 2004 年版，第 779 页。

空房屋的实际占有人等。对于与被执行人、原执行程序缺乏较为紧密联系的人所实施的妨害行为，应认定为新的侵权行为，排除于本条文的调整范围。”[①] 第二，被侵害对象限于已执行的标的，即人民法院已经执行终结的标的物。倘若被侵害的对象并非人民法院已经执行的标的物，则不存在再次执行的问题，受害人可以通过其他途径解决。第三，被侵害人仍为原执行债权人，即原案申请执行人。当然，在另行提起损害赔偿诉讼时，权利主体并不限于原案申请执行人，还可以包括其他受到损失的权利主体。第四，侵权行为内容系对已执行标的的妨害行为。侵权行为和妨害执行并不属于同一概念，被执行人或者其他人对人民法院已执行的标的又恢复到执行前的状况，本质上属于新的侵权事实，但为了减少申请执行人讼累，减轻人民法院审判负担，才将“对人民法院已执行的标的又恢复到执行前的状况”定性为“对已执行标的的妨害行为”。第五，因妨害行为给申请执行人或者其他人造成损失的，涉及了实体认定问题，受害人可另行提起损害赔偿之诉。

2. 不同点

第一，是否规定妨害已执行标的的发生时间。实务中，在案件执结多年后人民法院再次执行排除妨害的案例并不鲜见。主要是因为本复函未限定妨害已执行标的的发生时间，无论案件执行完毕后多久，一旦出现妨害已执行标的的行为，人民法院仍然需要按照原生效裁判再次执行，排除妨害。这种做法的最大弊端是使已经执行完毕的案件可能会长期处于一种不稳定的状态。《民事诉讼法解释》第 519 条对发生妨害已执行标的的时间进行了限定，即“在执行终结六个月内”。增加时间限定的主要考虑是，“问题的关键是妨害行为再次发生的时间。如果发生在执行终结后很短时间内，通常会被认为是公然对抗原执行程序、破坏原执行目的的行为，理应被再次直接予以排除。但是如果行为发生在执行终结很长时间之后，由于时间的流逝，该行为与原执行程序的联系不再密切。在通常观念中，妨害行为成为新的侵权行为，也就失去了再次直接排除的

① 最高人民法院修改后民事诉讼法贯彻实施工作领导小组编著：《最高人民法院民事诉讼法司法解释理解与适用》，人民法院出版社 2015 年版，第 1379 页。

合理性与必要性。因此，本条修改增加了6个月的时间限制”。① 第二，救济方式不尽相同。依据本复函的规定，当出现妨害行为时，并不需要当事人提出申请，人民法院就可以依职权启动执行程序，并可根据1991年《民事诉讼法》第102条②的规定，依职权对妨害行为人作出拘留、罚款，直至追究刑事责任的处理，以达到间接迫使侵权行为人自动履行法律义务的目的。当申请执行人要求排除妨害时，人民法院应当继续按照原生效法律文书执行。但根据《民事诉讼法解释》第519条的规定，人民法院可以依申请排除妨害，可以依照《民事诉讼法》第114条规定进行处罚，虽未明确排除依职权排除妨碍的可能，但未经申请的，人民法院不宜主动排除。

实务操作指引

（一）注意调整规范的沿革与变化

《民事诉讼法解释》第519条增加的“在执行终结六个月内”的时间限制，实质上是对本复函作出了修改，应当以《民事诉讼法解释》第519条的规定为准。

（二）注意再次执行、另行起诉与继续执行的关系

“在执行终结六个月内”中的“执行终结”，并非指终结执行，应是指案件执行完毕，生效法律文书的内容全部实现。在此情况下，若再次出现妨害已执行标的行为的，需要根据是否超过“执行终结六个月”这一时间点进行判断，没有超过这个期限的，人民法院可以再次执行；超过这个期限的，权利人只能另行起诉，而不能要求人民法院再次执行。根据《民事诉讼法》第261条的规定，人民法院采取执行措施后，被执行人仍不能偿还债务的，应当继续履行义务。债权人发现被执行人有其他财产的，可以随时请求人民法院执行。可见，在生效法律文书的内容并未全部实现的情况下，应当继续执行，不存在再次执行或另行起诉的问题。

---

① 杜万华主编：《最高人民法院民事诉讼法司法解释实务指南》，中国法制出版社2015年版，第837~838页。

② 现《民事诉讼法》第114条。

四、上市公司国有股和社会法人股抵偿案件的执行程序

复函原文

最高人民法院执行工作办公室关于以上市公司社会法人股抵债的民事调解书如何执行问题的复函

2006年11月13日　〔2006〕执他字第20号

广东省高级人民法院：

广州银达担保投资经营有限公司（以下简称银达担保）取得广州科源中小企业投资经营有限公司（以下简称科源投资）拥有的鲁北化工100万股、澳柯玛100万股、江泉实业42万股股份（以下简称涉案股权），是基于广州市中级人民法院（2004）穗中法民二初字第457号民事调解书。该民事调解书的法律效力与人民法院的民事判决书相同。该涉案股权的过户，是广州市中级人民法院（2004）穗中法民二初字第457号民事调解书确定的内容。广州市中级人民法院对涉案股权的执行，不同于法院执行程序中对上市公司国有股和社会法人股的变现，鉴于本案中广州市中级人民法院对涉案股权办理过户手续，不具有我院法释〔2001〕28号司法解释规定的情形，因此，不适用该司法解释，上海证券交易所的理解有误。请你院向上海证券交易所做好解释工作，以便涉案股权得到及时执行。

此复。

出台背景

上市公司的国有股和社会法人股是我国证券市场发展初期的产物，对上市公司国有股和社会法人股的执行既没有国外的成熟经验可以借鉴，也没有既往案例可以参考。为了妥善解决在金钱债权案件的执行中冻结、拍卖上市公司国有股和社会法人股的问题，《最高人民法院关于冻结、拍卖上市公司国有股和社

会法人股若干问题的规定》设计了上市公司国有股和社会法人股的变价程序。明确人民法院执行股权，必须进行拍卖。股权的持有人或者所有权人以股权向债权人质押的，人民法院执行时也应当通过拍卖方式进行，不得直接将股权执行给债权人。证券交易所基于司法解释所设计的上市公司国有股和社会法人股特殊变价规则，在协助人民法院对上市公司国有股及社会法人股执行时，误认为所有该类股票均应进行拍卖，不得直接将股权执行给债权人。为了消除此类误解，经广东省高级人民法院请示，最高人民法院作出〔2006〕执他字第 20 号复函，明确了在非金钱债权的执行中，执行依据直接确定以股权抵债的，应当直接办理股权过户手续，无须进行评估拍卖。

理解与适用

（一）金钱债权的执行与非金钱债权的执行

根据执行债权内容之不同，分为金钱债权和非金钱债权。金钱债权的执行是将被执行人的财产转换为金钱偿付或分配于申请执行人。非金钱债权不以债务人支付金钱为目的，视其内容分为物之交付、行为或不行为之请求权。物之交付请求权的执行，既包括动产、不动产，也包括财产性权利，实现的形式是将执行依据所载之具体的物交付给申请执行人。行为或不行为请求权的执行，即强制被执行人为一定行为或不为一定行为。①

本复函所涉的广州市中级人民法院（2004）穗中法民二初字第 457 号民事调解书的执行即是典型的物之交付请求权的执行，该案债权的实现仅为完成案涉股权的过户，并没有具体的金钱债权数额。

（二）物之交付请求权执行的特点

1. 执行标的为执行依据所确定的物，其目的是将该确定物的所有权转移至申请执行人。执行措施一般包括两个环节，一是解除占有，二是交付申请执行人占有。由于不涉及金钱债权，不需要对物进行变价，相应地，也就没有评估拍卖程序。

---

① 参见许士宦：《强制执行法》，台北，新学林出版股份有限公司 2017 年版，第 90 页。

2. 不能交付原物的，应当予以折价赔偿。赔偿金额如经双方当事人协商一致，可对赔偿金额继续执行。如果双方当事人对赔偿金额不能达成一致，人民法院需终结执行程序，申请执行人可以另行起诉。①

（三）以物抵债调解书

以“社会法人股”抵债的调解书属于以物抵债调解书的一种，其抵债物为社会法人股。以物抵债调解书在执行实务中引起较大争议，由于其未经原被告双方充分辩论，很容易成为规避行政管理或逃避债权等非法行为的工具。为此，有的地方高级人民法院在审理债权债务纠纷时，对当事人要求出具以物抵债调解书的，不予支持②。其实，一味地否定以物抵债调解书的积极作用，拒绝出具以物抵债调解书有违民事诉讼的基本原则，只要以物抵债调解书不存在侵害其他债权人利益、逃避行政管理等违法行为，还是应当根据双方当事人的意思表示出具以物抵债调解书。

但是，以物抵债调解书赋予债权人的权利，仅仅来自债权的物的请求权，是债务人用其所有的物来替代金钱清偿债权。债权人实现该调解书确定的权利仍需基于债务人的变更登记，其本身并不发生物权变动的效力。该调解书不属于《民法典》第229条规定的导致物权设立、变更、转让或者消灭的法律文书类型，债权人不因该调解书的生效取得抵债物的物权，在债务人不履行该调解书时，债权人仍需申请人民法院强制执行。同理，由于以物抵债调解书不发生物权变动的效力，债权人也不得据此排除司法机关对该物的查封措施。

---

① 《民事诉讼法解释》第492条规定，执行标的物为特定物的，应当执行原物。原物确已毁损或者灭失的，经双方当事人同意，可以折价赔偿。双方当事人对折价赔偿不能协商一致的，人民法院应当终结执行程序。申请执行人可以另行起诉。

② 《江苏省高级人民法院关于以物抵债若干法律适用问题的审理纪要》：“……四、关于诉讼中当事人自愿以物抵债的处理，会议认为，在债权债务案件诉讼过程中，当事人自愿达成以物抵债协议，并要求法院制作调解书的，人民法院应建议当事人申请撤诉。当事人不申请撤诉而要求法院制作调解书的，人民法院应不予支持，对当事人之间债权债务法律关系继续审理。当事人双方持人民调解组织主持达成的以物抵债调解协议，向人民法院申请司法确认的，经审查，当事人尚未完成物权转移手续的，人民法院应裁定驳回申请……”

（四）在实现物的请求权案件执行中，人民法院可以直接要求登记机构协助办理案涉股权的变更登记手续，在金钱债权的执行案件中，人民法院非经拍卖不得执行国有股和社会法人股

我国证券登记系统实现电子记账，所有的交易均由结算公司登记确定，因此，在对国有股和社会法人股的执行案件中办理变更登记既解除了被执行人的占有，也实现了将案涉股权向申请执行人交付。

在实现物的请求权的执行案件中，由于执行标的为案涉股权，故无须进行拍卖变卖等变价程序即可直接要求协助机关办理股权过户手续。在实现金钱债权的执行案件中，出于防止侵害其他债权人权益等原因，人民法院非经拍卖变卖等程序不得出具以股权抵债的裁定。即使双方当事人协商一致，人民法院也不得依据以物抵债和解协议作出以物抵债裁定。①

实务操作指引

由于执行依据所确定的以物抵债请求权仍然为债权，并不产生优于其他债权的效力。故案涉股权可能存在已经被其他执法机关处置或已经被执行人转让，因此导致无法执行的情形。此种情形下被执行人应当折价赔偿，双方当事人如能协商一致，则人民法院可按双方协议确定的金额继续执行被执行人的赔偿款；如果双方当事人无法达成一致意见，则人民法院应当裁定终结执行案件，由申请执行人另行起诉，通过诉讼程序确定赔偿金额。

① 《执行和解规定》第6条规定，当事人达成以物抵债执行和解协议的，人民法院不得依据该协议作出以物抵债裁定。

第二十八章　行为请求权的执行

对抚养权及探视权的执行

复函原文

最高人民法院执行办公室关于人身可否强制执行问题的复函

1999 年 10 月 15 日　〔1999〕执他字第 18 号

湖北省高级人民法院：

你院鄂高法〔1998〕107 号《关于刘满枝诉王义松、赖烟煌、陈月娥等解除非法收养关系一案执行中有关问题的请示》报告收悉。经研究，答复如下：

武汉市青山区人民法院〔1996〕青民初字第 101 号民事判决书已经发生法律效力，依法应予执行。但必须注意执行方法，不得强制执行王斌的人身。可通过当地妇联、村委会等组织在做好养父母的说服教育工作的基础上，让生母刘满枝将孩子领回。对非法干预执行的人员，可酌情对其采取强制措施。请福建省高级人民法院予以协助执行。

此复

出台背景

刘某枝请求法院解除其子王某与王某松、张某兰、赖某煌、赖某玲、陈某娥非法收养关系一案，武汉市青山区人民法院于1996 年11 月作出判决，判令上述五被告与王某的收养关系无效，五被告均有义务将被收养人王某送还原告刘某枝抚养；刘某枝给付赖某煌、陈某娥抚养王某期间的生活费等3600元人民币；王某松、张某兰、赖某玲各赔偿刘某枝1000元人民币损失费。判决生效后，因五被告没有履行生效法律文书确定的义务，刘某枝于1997年1月14日向青山区人民法院申请执行。该院就有关财产部分执行完毕，对王某的抚养问题有关当事人各方自愿达成了和解协议：（1）王某暂由被执行人赖某煌、陈某娥抚养。此间，被执行人应满足王某受教育的权利，使其健康成长，不得对其进行虐待、遗弃、转卖。（2）被执行人赖某煌、陈某娥需满足刘某枝探望其子的权利，并承担探望期间的一切费用（包括车费、住宿费、生活费等），同时，还应保证刘某枝的人身安全及与其子同吃住的要求，探望期间、探望时间由刘某枝决定。（3）待王某有识别能力后如愿随生母回武汉市生活，被执行人应尊重其选择。此后，申请执行人刘某枝反悔，请求法院恢复对原生效判决的执行。青山区人民法院仅就判决的财产部分执行完毕，但在王某交还问题上，由于王某不愿随其生母回武汉市生活，执行法院拟将其强制带回交给其生母，但考虑到缺乏法律依据，故逐级请示至湖北省高级人民法院。

针对王某的人身能否采取强制措施问题，湖北省高级人民法院向最高人民法院书面请示，认为：（1）青山区人民法院可以继续做被执行人的工作，尽量满足被执行人要求申请执行人支付代养王某期间的医疗费、生活费等费用；（2）不同意对王某采取强制带回的方式，理由是没有法律依据。但该案争议的焦点是人身作为执行标的能否进行强制执行，如果不予强制执行，在被执行人不积极主动履行的情况下，申请执行人的权利又将无法实现。针对湖北省高级人民法院的请示，最高人民法院执行办公室作出了对作为执行标的的人身不得强制执行的复函意见。

理解与适用

武汉市青山区人民法院〔1996〕青民初字第101号民事判决主文内容为：五被告均有义务将被收养人王某送还原告刘某枝抚养。依执行标的分类，该案为行为请求权的执行，申请执行人权利的实现，要求被执行人积极实施一定的行为。《民事诉讼法》第259条规定了“行为义务”的两种方式：一是强制执行，二是委托他人履行（替代履行）。理论认为，强制执行对应不可替代履行的行为义务，替代履行对应可以替代履行的行为义务。[①] 因该送还被抚养人的行为具有人身属性，在性质上专属于被执行人，应为不可替代履行的行为义务。

在实务中，如果未成年子女未与生效法律文书确定的有抚养权的一方共同生活，抚养权人有权向人民法院申请执行，要求不直接抚养一方送还未成年子女。可将此类案件总结为“交付未成年子女的执行”。[②] 这样的执行内容，主要存在于“收养无效或者解除收养关系[③]”“离婚关系[④]”“变更抚养关系”等案件中。生效法律文书的主文一般表述为“李某与李小某的收养关系无效/解除、李小某送还或交付给赵某抚养”，“准许张某与刘某离婚、子女张小某由张某/刘某抚养”，“子女张小某变更由张某/刘某抚养”等。

法律、司法解释明确规定了人民法院强制执行的标的只能是财产和行为，将人身作为执行标的进行强制执行缺乏法律依据。因此，人民法院也不得将未成年子女的人身作为执行标的。

因交还未成年子女的行为系不可替代履行的行为义务，故原则上只能采取

① 参见江必新、刘贵祥主编，最高人民法院执行局编著：《最高人民法院执行最新司法解释统一理解与适用》，中国法制出版社2016年版，第78页。

② 需要重点强调的是，“交付未成年子女的执行”和“探望权的执行”的执行内容是不一样的。探望权的执行是指执行机关为了实现申请执行人请求被执行人探望未成年子女的执行程序。探望权的法律依据来自《婚姻法》（已废止）第38条、第48条。《民法典》第1086条对《婚姻法》（已废止）第38条未作实质性修改。现内容为“离婚后，不直接抚养子女的父或者母，有探望子女的权利，另一方有协助的义务。行使探望权利的方式、时间由当事人协议；协议不成的，由人民法院判决。父或者母探望子女，不利于子女身心健康的，由人民法院依法中止探望；中止的事由消失后，应当恢复探望。”探望权案件判决主文一般表述为：“自××××年××月起，张某每个月可探视张小某N次，每次×个小时，探视时间及地点双方自行协商，刘某可在场陪同”或者“张某探视张小某的时间为每个月第一周和第三周的周六上午九点接走至晚上八点送回。”

③ 参见《民法典》第1113～1118条。

④ 《民法典》第1084条规定：父母与子女间的关系，不因父母离婚而消除。离婚后，子女无论由父或者母直接抚养，仍是父母双方的子女。离婚后，父母对于子女仍有抚养、教育、保护的权利和义务。离婚后，不满两周岁的子女，以由母亲直接抚养为原则。已满两周岁的子女，父母双方对抚养问题协议不成的，由人民法院根据双方的具体情况，按照最有利于未成年子女的原则判决。子女已满八周岁的，应当尊重其真实意愿。

间接执行措施，即依照《民事诉讼法》第 114 条第 1 款第 6 项和第 2 款规定①处理，通过对被执行人心理上的强制迫使其出于对处罚后果的恐惧主动为一定的行为。被执行人在人民法院确定的履行期间内仍不履行的，人民法院可以予以罚款、拘留，构成犯罪的，依法追究刑事责任。经采取强制措施或者依法追究刑事责任后，被执行人仍应履行义务。

在实务中，人民法院可否将未成年子女直接抱走或者领走交付申请执行人呢？一种观点认为，将子女直接抱走或者领走交付申请执行人会带来一定的副作用，法院强制将子女带回交付申请执行人，势必会使用一些强制性的手段，包括但不限于对子女自由的限制等，不利于保护未成年人的身心健康。另一种观点认为，特殊情况下可以采取直接执行的方式，即直接将未成年子女从被执行人处强行抱走或领走。其理由为：一是该类案件的未成年人一般年龄较小，对事物缺乏准确判断和识别力，且较多为无民事行为能力或限制民事行为能力人，法院在执行中强制将其抱走或者领走并不违背其意志。二是法院直接将子女抱走或者领走并非对该子女人身简单的强制执行，而是为了实现法律文书确定的交付内容。随着未成年子女年龄的增长和其世界观、人生观、价值观的形成，鉴于其与申请执行人特殊的关系，一定会有一个正确的认识。三是如果不将孩子直接抱走或者领走，势必会放纵被执行人的违法行为，给申请执行人造成更大损失。四是从执行效果上看，如果法院采取直接强制抱走或者领走的方式，既可以及时实现申请执行人的权利，提高这类案件的执行效率和质量，又可以避免因案件久拖不决而带来的社会负面影响。②

第二种观点为主流观点，我国台湾地区“强制执行法”第 128 条第 3 项也认为执行名义，系命债务人交出子女或被诱人者，除适用第一项规定外，得用直接强制方式，将该子女或被诱人取交债权人。2019 年 9 月的《民事强制执行法草案》第 221 条也持此种观点，规定“执行依据确定被执行人交出未成年子

① 《民事诉讼法》第 114 条规定：“诉讼参与人或者其他人有下列行为之一的，人民法院可以根据情节轻重予以罚款、拘留；构成犯罪的，依法追究刑事责任：……（六）拒不履行人民法院已经发生法律效力的判决、裁定的。人民法院对有前款规定的行为之一的单位，可以对其主要负责人或者直接责任人员予以罚款、拘留；构成犯罪的，依法追究刑事责任。”

② 参见江必新主编：《人民法院执行工作规范全集》（下册），人民法院出版社 2015 年版，第 665 ~666 页。

女的，除依照前条规定执行外，人民法院也可以将该子女领交申请执行人”。所谓“领交”，在被执行人一方拒不协助配合并设置障碍时，法院可自行对妨碍之人采取强制措施。

在人民法院采取执行措施的过程中，如果有非法干预执行的人员，人民法院可酌情对其采取强制措施。

实务操作指引

（一）探视权的法律性质

探视权是父母对子女亲权的延伸。探视权的意义在于保证夫妻离异后非直接抚养一方能够定期与子女团聚，满足父或母对子女的关心、抚养和教育的情感需要，弥合家庭解体造成的感情伤害，更好地对子女进行抚养教育，促进未成年子女健康成长。①

（二）探视权执行的特点与难点

有学者提出探视权的执行难点在于执行标的模糊、执行内容不明确、执行具有变动性、长期性和反复性。但这些认识过于片面和理论，在生效法律文书对探视权的行使进行具体明确规定的情况下，探视权的执行标的和内容是非常明确的，而所谓的执行具有变动性、长期性和反复性，可能是所有类型案件的执行都会遇到的问题。探视权执行与其他金钱债权、物之交付请求权最大的不同在于其是要求抚养一方配合探视权的行使，需要抚养一方采取积极行为，而与其他执行行为不同的是，探视权的执行具有亲权属性的“柔”与判决执行的“刚”之间的矛盾。

基于上述特点，探视权执行的难点主要表现在如可以确定非抚养子女一方的探视权确实没有得到落实，法院要采取何种措施实现探视权的问题。目前来看，法院只能通过民事间接强制措施如罚款或拘留等迫使抚养子女的一方履行义务，但这无疑会加剧双方当事人之间的对立情绪。而一旦采取的措施过激将

① 参见姜世波：《论探视权的强制执行》，载《山东理工大学学报（社会科学版）》2003 年第 1 期。

会对后续执行造成阻碍，长期的实现仍有赖于长效机制的建立。

（三）比较视角下的探视权执行

美国有些州法律规定，当有监护权的一方不允许有探视权的一方探视，情节轻微的，法院可以增加判决内容或执行条件，以保证将来对探视权判决的执行。对拒不执行判决、具有藐视法庭情况的，既可以处以罚金或监禁，也可以在规定时间内进行变更监护权的听证，取消监护权人的监护权。① 我国台湾地区“家事事件法”第194条规定，执行名义系命交付子女或会面交往者，执行法院应综合审酌下列因素，决定符合子女最佳利益之执行方法，并得择一或并用直接或间接强制方法：(1) 未成年子女之年龄及有无意思能力。(2) 未成年子女之意愿。(3) 执行之急迫性。(4) 执行方法之实效性。(5) 债务人、债权人与未成年子女间之互动状况及可能受执行影响之程度。我国台湾地区“强制执行法”第128条第3款规定，执行名义，系命债务人交出子女或被诱人者，除适用第一项规定外，得用直接强制方式，将该子女或被诱人者取交债权人。可见，我国台湾地区为保证实现探视权，可用直接强制方法，将子女取交申请执行人。

（四）探视权执行原则及对策

鉴于探视权执行的特点和难点，在探视权执行的过程中，应保证未成年子女的身心健康及维护法律尊严权威。

首先，在诉前调解阶段、诉中及执行阶段都要做好思想教育及法制宣传工作，释明探视权对子女身心健康及成长的重要意义。让抚养子女一方知晓，探视权是基于血缘关系的亲权，是维系非抚养一方与子女之间情感纽带的重要途径，不应横加阻拦，更不能被剥夺。②

其次，进入执行阶段后，执行法院应当首先发出执行通知书，责令被执行人交付未成年子女，抚养子女一方未按执行通知履行的，可以先对抚养子女一方进行说服教育或者通过居委会、村委会、妇联、学校等其他机构对被执行人进行说服教育。经说服教育后，抚养子女一方仍不履行的，人民法院应启动处

---

① 参见姜世波：《论探视权的强制执行》，载《山东理工大学学报（社会科学版）》2003年第1期。

② 参见王明森：《探视权执行中存在的问题和对策》，载《人民法院报》2019年10月17日，第8版。

罚程序，抚养子女一方在人民法院确定的履行期间内仍不履行的，《民事强制执行法草案》(2019年9月征求意见稿）规定人民法院也可以将该未成年子女抱走或领走交付给申请执行人。[①] 应交付的未成年子女由第三人看护的，人民法院可以责令第三人将该子女交给申请执行人。第三人未交付的，参照上述方式执行。

再次，慎用强制措施。对于父母矛盾激烈、对立情绪严重的，可以考虑通过学校、妇联或青少年权益保护部门协助执行探视。从立法层面来说，可考虑将探视权的主体扩展至祖父母或外祖父母，有些子女对于非抚养一方的父或母有抵触情绪，但对于祖父母或外祖父母没有。对于阻碍非抚养一方探视已经影响子女身心健康的，可以考虑将其作为申请变更抚养关系的法定理由。对于恶意阻止探视的，必要情况下，应对抚养一方施以训诫、罚款或拘留等措施。而对于严重挑战司法权威的做法，亦可考虑适用拒不执行生效判决罪。但上述措施的采取须以保障未成年人身心健康为前提。

最后，分析探视权行使障碍的成因，视不同情况进行处理：以（2013）朝执字第11130号为例，依据法院作出判决，田某某以高某某阻拦导致其十多年未探视高某为由，向法院申请强制执行探视权。高某某则提出，田某某一直未行使探视权，被探视者高某从小都是由养母高某某抚养，不知有生母，且高某目前正处于高二的关键阶段，学习优秀、性格开朗，此时若让田某某探视可能会对孩子的成长造成影响，希望能在高考结束后再进行探视。法院在走访学校，与高某的班主任、级部主任及校长沟通后认为，此时强制执行办理探视会对高某的身心健康造成影响，建议暂缓执行。田某某同意后，本案被依法中止执行。高考结束后，在执行法官的安排下，申请人田某某顺利行使了探视权，双方当

---

① 关于法院强制执行时是否需要征求子女的意见的问题，2019年9月的《民事强制执行法草案》第六稿第三编第241条给出了一个界定，以10周岁的年龄为分界线，“申请执行人申请执行时，子女已经年满10周岁的，应当征求该子女本人的意见。该子女本人明确表示不愿意改变现实的抚养关系的，裁定不予执行”。2019年9月的《民事强制执行法草案》（2019年9月征求意见稿）对此未作规定。如果人民法院在执行程序中直接裁定不予执行将有损生效法律文书的公信力，不能最终解决纠纷。如果该子女本人明确表示不愿意改变现实的抚养关系的，非抚养一方可以向法院提出变更抚养关系的诉讼请求，通过审判程序变更抚养人，最终解决交付子女的纠纷。

事人对法官的执行措施表示理解和感谢，取得了良好的法律和社会效果。①

在实践中更难处理的是子女拒绝探视的情况。探视权并不是为父或母的利益而设立，而是优先考虑子女利益。② 但某些法院直接以子女拒绝探视而终止探视权的执行的做法并不妥当。法院应根据子女的年龄和意思表示能力，正确判断子女拒绝探视的原因，究竟是子女独立作出拒绝探视的表示还是受到抚养一方的挑唆而不愿意接受探视。上述判断的作出需要执行法官加强与子女、双方亲属、学校、社区的沟通，从父母离婚原因、子女与非抚养一方关系在离婚前后的对比、子女目前的生活状态等方面进行综合考虑。如果子女确实具备了对是否愿意与非抚养一方见面交流作出独立意思表示的能力，且明确表达了不想见非抚养一方的意思，此时法院应尊重子女的意愿，中止探视权的执行。如果子女是因直接抚养子女一方怀抱对前妻或前夫的愤恨而有意唆使子女拒绝探视的，情节严重的，法院应当对直接抚养子女一方进行训诫，经说服教育仍不改正的，可以采取罚款甚至拘留等措施，促使抚养子女的一方履行配合探视的义务。

---

① 参见田强：《探视权行使的阻却事由》，载《人民司法（案例）》2016 年第 14 期。

② 参见邓富国：《论探视权的执行》，载《法治研究》2009 年第 8 期。

第五编

特殊案件的执行

第二十九章　财产保全与先予执行

一、财产保全案件的管辖

批复、解释原文

（一）最高人民法院关于诉前财产保全几个问题的批复

1998年11月27日　法释〔1998〕29号

湖北省高级人民法院：

你院鄂高法〔1998〕63号《关于采取诉前财产保全几个问题的请示》收悉。经研究，答复如下：

一、人民法院受理当事人诉前财产保全申请后，应当按照诉前财产保全标的金额并参照《中华人民共和国民事诉讼法》关于级别管辖和专属管辖的规定，决定采取诉前财产保全措施。

二、采取财产保全措施的人民法院受理申请人的起诉后，发现所受理的案件不属于本院管辖的，应当将案件和财产保全申请费一并移送有管辖权的人民法院。

案件移送后，诉前财产保全裁定继续有效。

因执行诉前财产保全裁定而实际支出的费用，应由受诉人民法院在申请费中返还给作出诉前财产保全的人民法院。

此复。

（二）最高人民法院关于当事人申请财产保全错误造成案外人损失应否承担赔偿责任问题的解释

2005 年 8 月 24 日　法释〔2005〕11 号

近来，一些法院就当事人申请财产保全错误造成案外人损失引发的赔偿纠纷案件应如何适用法律问题请示我院。经研究，现解释如下：

根据《中华人民共和国民法通则》第一百零六条、《中华人民共和国民事诉讼法》第九十六条等法律规定，当事人申请财产保全错误造成案外人损失的，应当依法承担赔偿责任。

此复。

出台背景

我国财产保全制度目前仍然不够完善，《保全规定》实施前，只有《民事诉讼法》和《民事诉讼法解释》中有少量条文，对财产保全作出规定，这些条文较为原则和笼统。实践中，财产保全功能没有得到充分发挥，财产保全领域还存在大量空白之处，最高人民法院于 1995 年和 1998 年作出的 2 个复函和 3 个批复，针对各地高级人民法院的请示，提出了有关诉前保全后的起诉和案件管辖问题的指导意见，至今仍具有法律效力。

财产保全从制度层面的确需要进行一次结构性的变革，而在诉前保全的实践操作层面，长期以来存在两方面亟待解决的问题，亟须为当事人和案件承办法官提供法律上的依据：一是保全法院与受诉法院之间对管辖的争议和协调，二是保全措施与当事人、利害关系人之间的关系和权利救济。第一个问题主要出现在当事人向被保全财产所在地法院申请保全后，又因地域管辖和级别管辖问题向另外一个法院提起诉讼这种情况，引发保全案件与案件受理法院之间如何有效衔接和案件如何移送审理，以及一审法院对采取保全措施的案件审结后，其中一方当事人提起上诉，保全措施到期后如何续保的问题。实践中，保全法院与受诉法院之间的沟通与协调方式不尽一致，不同地区的做法也差别较大，需要最高人民法院制定统一明确的指导意见。第二个问题主要表现在被保全财产的实际权利人在保全程序中提出异议，应经由何种程序进行救济。这个问题看似简单，实际复杂。保全法院一般不会对非归属于被保全人名下的财产采取保全措施，除非占有使用财产的第三人书面自认。但现代社会的发展导致财产形式越来越多元化，代持财产较普遍，如隐名股权、借名购房等，以及将来必然归被保全人所有的财产性权益。有观点认为都应当纳入保全财产范围，以确保将来的判决能得到有效执行。但保全阶段毕竟不同于执行程序，对财产权属不宜进行实体判断，保全程序追求效率，具有紧急性、临时性、密行性的特性，这就导致了人民法院也可能对实际归属于案外人的财产采取保全措施。

目前，对于保全法院和受诉法院之间的协调配合，最高人民法院立案庭正在起草有关诉前保全的司法解释，希望该司法解释能够拿出一个比较符合实际、操作性较强的方案。对于案外人的救济，《保全规定》第 27 条已经赋予财产保全阶段的案外人参照执行程序，通过案外人异议和异议之诉予以救济的权利，具体实施效果还有待于司法实践进一步检验。①

理解与适用

（一）诉前保全应遵守级别管辖和专属管辖的规定

《民事诉讼法》第 104 条第 1 款规定："利害关系人因情况紧急，不立即申请保全将会使其合法权益受到难以弥补的损害的，可以在提起诉讼或者申请仲裁前向被保全财产所在地、被申请人住所地或者对案件有管辖权的人民法院申请采取保全措施。申请人应当提供担保，不提供担保的，裁定驳回申请。"也就是说，诉前保全案件，被保全财产所在地、被申请人住所地和对案件有管辖权

① 《保全规定》第 27 条规定："人民法院对诉讼争议标的以外的财产进行保全，案外人对保全裁定或者保全裁定实施过程中的执行行为不服，基于实体权利对被保全财产提出书面异议的，人民法院应当依照民事诉讼法第二百二十七条规定审查处理并作出裁定。案外人、申请保全人对该裁定不服的，可以自裁定送达之日起十五日内向人民法院提起执行异议之诉。人民法院裁定案外人异议成立后，申请保全人在法律规定的期间内未提起执行异议之诉的，人民法院应当自起诉期限届满之日起七日内对该被保全财产解除保全。"

的法院都有管辖权，但《民事诉讼法》只解决了财产保全的地域管辖的问题，没有涉及级别管辖和专属管辖。上述批复或复函与《民事诉讼法解释》第160条规定的精神一脉相承，其明确了当事人向采取诉前保全措施以外的其他有管辖权的人民法院起诉的，采取诉前保全措施的人民法院应当将保全手续移送受理案件的人民法院，诉前保全的裁定视为受移送人民法院作出的裁定。

诉前保全案件的受理也不能逾越我国《民事诉讼法》关于级别管辖和专属管辖的规定。如果保全法院受理当事人起诉后发现没有管辖权的，应当将案件移送给有管辖权的法院，如果申请保全人向保全法院起诉，可以告知其向有管辖权法院起诉，并将保全的全部材料移送给有管辖权的受诉法院。

（二）民事二审保全、再审保全和保全错误损害赔偿案件管辖法院的确定

关于二审期间的保全措施问题，《民事诉讼法解释》第161条规定："对当事人不服一审判决提起上诉的案件，在第二审人民法院接到报送的案件之前，当事人有转移、隐匿、出卖或者毁损财产等行为，必须采取保全措施的，由第一审人民法院依当事人申请或者依职权采取。第一审人民法院的保全裁定，应当及时报送第二审人民法院"。第二审人民法院裁定对第一审人民法院采取的保全措施予以续保或者采取新的保全措施的，可以自行实施，也可以委托第一审人民法院实施。对于再审案件采取保全措施问题，再审人民法院裁定对原保全措施予以续保或者采取新的保全措施的，可以自行实施，也可以委托原审人民法院或者执行法院实施。对于错误保全造成损害的诉讼赔偿案件，《民事诉讼法解释》第27条规定，"当事人申请诉前保全后没有在法定期间起诉或者申请仲裁，给被申请人、利害关系人造成损失引起的诉讼，由采取保全措施的人民法院管辖。当事人申请诉前保全后在法定期间内起诉或者申请仲裁，被申请人、利害关系人因保全受到损失提起的诉讼，由受理起诉的人民法院或者采取保全措施的人民法院管辖"。

（三）诉前保全申请人应向符合级别管辖的人民法院起诉

不论受理保全申请的人民法院对保全案件是否有地域管辖权，该法院采取保全措施后，如果案件诉讼标的金额超出了级别管辖受案范围，应告知当事人向有管辖权的上级法院提起诉讼。

（四）保全法院可以对到期债权采取保全措施但不应查封次债务人财产

对于债务人的财产不能满足保全请求，但对案外人有到期债权的，人民法院在诉前保全阶段就可以依债权人的申请裁定该案外人不得对债务人清偿。该案外人对其到期债务没有异议并要求偿付的，由人民法院提存财物或价款。但是，人民法院不应对其财产采取保全措施。这就明确了对到期债权采取诉前保全措施的前提和条件，一是次债务人没有异议，二是不得对次债务人自身财产采取保全措施。这一点和执行程序中执行到期债权的规定有所区别，执行程序中如果次债务人在收到到期债权履行通知书后15日内没有提出异议，执行法院可以对次债务人自身的财产采取强制执行措施，用来清偿申请执行人的债权。

实务操作指引

（一）关于诉前保全的级别管辖和专属管辖

如申请诉前财产保全的诉讼标的已超过了基层法院受理案件级别管辖的范围，基层法院对该案没有管辖权，应由相应级别的法院受理该诉前财产保全申请。除专属管辖案件外，民商事案件的起诉和受理都应适用级别管辖的规定。诉前财产保全案件也属于民商事案件范畴，适用级别管辖的规定乃应有之义。申请人在法院采取诉前财产保全后向有管辖权的法院起诉，应理解为向作出诉前保全裁定的同一级别的法院起诉为宜，故不能认为诉前财产保全案件都由基层法院管辖。

级别管辖适用诉前财产保全，也方便实务操作。采取诉前财产保全措施后，诉前财产保全的材料、保全费以及保全担保等都应当及时移送给有管辖权的法院。如果民事案件按其标的应由中级人民法院管辖，结果由基层法院采取诉前财产保全措施，则基层法院须将案件材料、保全费以及担保一并移送给中级人民法院，无形中增加了环节，不利于实务操作。《民事诉讼法》第104条第2款规定："人民法院接受申请后，必须在四十八小时内作出裁定；裁定财产保全措施的，应当立即开始执行。"人民法院受理诉前财产保全案件前应当按照诉前财产保全的标的和专属管辖的规定决定是否受理诉前财产保全，而不是先受理诉前保全再判断是否符合级别管辖和专属管辖的规定。

对于专属管辖，如果诉讼标的物是不动产等特殊财产，当事人申请保全的财产和诉讼标的物一致，需要向不动产所在地法院申请保全，如果诉前保全案件不是专属管辖案件，但被保全财产是不动产，则既可以向不动产所在地人民法院申请，也可以向有管辖权的人民法院申请保全。

（二）关于保全法院与受诉法院之间的协调

采取保全措施的法院和受理案件的法院可能不一致，那么采取诉前保全措施的法院应该将保全裁定和保全财产移送给有管辖权的受诉法院，如果保全法院没有移送，当事人可以请求受诉法院函请促使法院移送。不服一审法院判决提起上诉过程中，在一审卷宗移送到二审法院前，一审法院负责保全措施的采取和续保，二审法院在审理期间采取保全措施的，有权自己实施，也可以委托一审法院实施；再审期间的保全措施既可以由提审法院实施，也可以由原审法院实施；案件如果进入执行程序的，考虑到保全的效率性，也可以委托执行法院实施。

（三）关于诉前保全阶段保全到期债权的特殊注意事项

对到期债权能否采取诉前保全措施，存在不同认识。反对采取诉前保全措施的观点认为，执行程序中，对被执行人所享有的到期债权能够执行，是基于申请执行人的权利已经为生效法律文书所确认，而诉前保全程序，原被告之间的法律关系尚未经过法院审理，甚至原告申请保全后是否提起诉讼都尚未可知，而对到期债权的保全又牵涉案外第三人，超越了当事人之间的法律关系，直接影响案外人的实体权利。支持的观点则认为，《民事诉讼法解释》第158条、第159条均明确指出法院可以对债务人到期债权进行保全。该保全不区分是在诉前、诉中还是诉后采取。因此，法院可以对到期债权采取诉前保全措施，但对未到期的债权不能采取诉前保全措施，如果债权分期履行，履行期限分段到期，可以保全已到期部分，对未到期债权不得进行保全。但是，如果分期多次保全，又可能造成司法资源浪费。这种情况下，法院可在保全之前征求第三人意见。如果第三人对该分期债权的数额没有异议，且同意一次性将未到期的债权进行保全，可以一次性保全，如果第三人只同意对已到期部分保全，不同意对未到期部分保全，法院应分期保全，不能一次性将未到期的同时保全。

（四）关于诉前保全程序中次债务人的救济路径

根据现有规定，到期债权的次债务人，在审判程序中的权利救济方式与在执行程序中不同，在保全阶段，次债务人仅有作为利害关系人对保全裁定申请复议的权利及有权对保全实施行为提出异议。在执行程序中，次债务人可以对其与债务人之间的实体债权债务关系提出异议。

人民法院对债务人到期债权的冻结或执行，在保全和执行程序中使用的法律文书也存在差异，执行程序中可以使用民事裁定书、协助执行通知书以及到期债权履行通知书；保全程序中，人民法院向次债务人送达的是保全裁定。次债务人对裁定只能提出复议，对保全实施行为提出执行行为异议，但不能停止对裁定的执行。而对于执行阶段的到期债务履行通知书，次债务人则可以行使异议权，直接停止人民法院针对到期债权的执行行为。《民事诉讼法解释》实施后，对于到期债权的执行程序也可以使用裁定书，次债务人对于执行程序中执行法院送达的裁定书可以提出异议。《保全规定》颁布后，保全阶段的被保全人可以对裁定提出复议，而次债务人则可以根据《保全规定》第 26 条之规定，作为利害关系人提出行为异议，[①] 但不能作为第三人提出案外人实体性异议，法院在审查次债务人异议后所作出的裁定也不能赋予其提起执行异议之诉的权利。[②] 但是，利害关系人如系对该到期债权申请代位执行的其他债权人或被保全债权的受让人，所提出的异议则可以按照《民事诉讼法》第 234 条之规定予以处理。

---

① 《保全规定》第 26 条："申请保全人、被保全人、利害关系人认为保全裁定实施过程中的执行行为违反法律规定提出书面异议的，人民法院应当依照民事诉讼法第二百二十五条规定审查处理。"

② 《民事诉讼法解释》第 499 条："人民法院执行被执行人对他人的到期债权，可以作出冻结债权的裁定，并通知该他人向申请执行人履行。该他人对到期债权有异议，申请执行人请求对异议部分强制执行的，人民法院不予支持。利害关系人对到期债权有异议的，人民法院应当按照民事诉讼法第二百三十四条规定处理。对生效法律文书确定的到期债权，该他人予以否认的，人民法院不予支持。"

二、对注册商标专用权的财产保全

意见、解释原文

（一）最高人民法院对国家知识产权局《关于征求对协助执行专利申请权财产保全裁定的意见的函》的答复意见

2001年10月25日　〔2000〕民三函字第1号

国家知识产权局：

贵局《关于征求对协助执行专利申请权财产保全裁定的意见的函》收悉。经研究，对有关问题答复如下：

一、专利申请权属于专利申请人的一项财产权利，可以作为人民法院财产保全的对象。人民法院根据《民事诉讼法》有关规定采取财产保全措施时，需要对专利申请权进行保全的，应当向国家知识产权局发出协助执行通知书，载明要求保全的专利申请的名称、申请人、申请号、保全期限以及协助执行保全的内容，包括禁止变更著录事项、中止审批程序等，并附人民法院作出的财产保全民事裁定书。

二、对专利申请权的保全期限一次不得超过6个月，自国家知识产权局收到协助执行通知书之日起计算。如果期限届满仍然需要对该专利申请权继续采取保全措施的，人民法院应当在保全期限届满前向国家知识产权局重新发出协助执行通知书，要求继续保全。否则，视为自动解除对该专利申请权的财产保全。

三、贵局收到人民法院发出的对专利申请权采取财产保全措施的协助执行通知书后，应当确保在财产保全期间专利申请权的法律状态不发生改变。因此，应当中止被保全的专利申请的有关程序。同意贵局提出的比照《专利法实施细则》第八十七条的规定处理的意见。

以上意见供参考。

（二）最高人民法院对国家知识产权局《关于如何协助执行法院财产保全裁定的函》的答复意见

2000年1月28日　〔2000〕法知字第3号函

国家知识产权局：

贵局《关于如何协助执行法院财产保全裁定的函》收悉。经研究，对有关问题的意见如下：

一、专利权作为无形财产，可以作为人民法院财产保全的对象。人民法院对专利权进行财产保全，应当向国家知识产权局送达协助执行通知书，写明要求协助执行的事项，以及对专利权财产保全的期限，并附人民法院作出的裁定书。根据《中华人民共和国民事诉讼法》第九十三条、第一百零三条的规定，贵局有义务协助执行人民法院对专利权财产保全的裁定。

二、贵局来函中提出的具体意见第二条中拟要求人民法院提交“中止程序请求书”似有不妥。依据人民法院依法作出的财产保全民事裁定书和协助执行通知书，贵局即承担了协助执行的义务，在财产保全期间应当确保专利申请权或者专利权的法律状态不发生变更。在此前提下，贵局可以依据《专利法》和《专利审查指南》规定的程序，并根据法院要求协助执行的具体事项，自行决定中止有关专利程序。

三、根据最高人民法院《关于适用〈民事诉讼法〉若干问题意见》第一百零二条规定，对出质的专利权也可以采取财产保全措施，但质权人有优先受偿权。至于专利权人与被许可人已经签订的独占实施许可合同，则不影响专利权人的权利状态，也可以采取财产保全。

四、贵局协助人民法院对专利权进行财产保全的期限为6个月，到期可以续延。如到期末续延，该财产保全即自动解除。

以上意见供参考。

（三）最高人民法院关于人民法院对注册商标权进行财产保全的解释

2020 年 12 月 29 日　法释〔2020〕19 号

为了正确实施对注册商标权的财产保全措施，避免重复保全，现就人民法院对注册商标权进行财产保全有关问题解释如下：

第一条　人民法院根据民事诉讼法有关规定采取财产保全措施时，需要对注册商标权进行保全的，应当向国家知识产权局商标局（以下简称商标局）发出协助执行通知书，载明要求商标局协助保全的注册商标的名称、注册人、注册证号码、保全期限以及协助执行保全的内容，包括禁止转让、注销注册商标、变更注册事项和办理商标权质押登记等事项。

第二条　对注册商标权保全的期限一次不得超过一年，自商标局收到协助执行通知书之日起计算。如果仍然需要对该注册商标权继续采取保全措施的，人民法院应当在保全期限届满前向商标局重新发出协助执行通知书，要求继续保全。否则，视为自动解除对该注册商标权的财产保全。

第三条　人民法院对已经进行保全的注册商标权，不得重复进行保全。

出台背景

诉讼、仲裁过程中，利害关系人、当事人为确保将来裁判能得到执行，有权申请人民法院对被保全人的财产采取查封、扣押、冻结等保全措施。对有登记财产的保全需要有关部门协助办理。注册商标权作为可供保全的财产形式，对其采取保全措施需要得到商标局的协助执行。但关于商标权保全裁定的协助执行事项，缺少统一完备的操作规范予以规制，在一定程度上制约了保全和执行工作的开展。《执行规定》第 35 条第 1 款规定："被执行人不履行生效法律文书确定的义务，人民法院有权裁定禁止被执行人转让其专利权、注册商标专用权、著作权（财产权部分）等知识产权。上述权利有登记主管部门的，应当同时向有关部门发出协助执行通知书，要求其不得办理财产权转移手续，必要时可以责令被执行人将产权或使用权证照交人民法院保存。”2001 年《注册商标权保全解释》明确规定对于注册商标权进行财产保全，应当向商标局发出协助执行通知书，并载明要求商标局协助保全的注册商标的名称、注册人、注册证号码、保全期限以及协助执行保全的内容，人民法院对已经进行保全的注册商标权，不得重复进行保全。

从实践情况看，商标权是一种无形资产，其价值较有形资产难以确定且无法分割，在对商标权采取保全措施过程中，会出现同一法院要求重复保全或者多家法院同时要求保全的情形出现。如果商标权注册人涉及多起案件，并由不同的法院审理，相同的或者近似的注册商标成为不同案件审理的标的物，当商标局收到多家法院发出的协助执行通知书时，因均是人民法院作出的法律文书，法律效力相同，会造成商标局不知如何处理的困境。

《注册商标权保全解释》施行后，商标局积极协助各地人民法院做好对注册商标权进行财产保全的工作，半年多的时间，协助执行诉讼保全案件 380 多件，涉及注册商标 1300 余件。但商标局在工作中还是遇到了《注册商标权保全解释》未涉及的情况。商标局就其遇到的协助执行问题专门向最高人民法院发函。[①] 最高人民法院对商标局在对注册商标专用权财产协助保全过程中遇到的问题统一进行了答复。

理解与适用

（一）商标局按照法律文书送达时间的先后顺序办理协助事项

《执行规定》第 35 条虽然规定了被执行人不履行生效法律文书确定的义务，人民法院有权裁定禁止被执行人转让其注册商标专用权，同时向有关部门（商标局）发出协助执行通知书，要求其不得办理财产权转移手续。但对针对同一注册商标专用权不同法院采取强制措施的效力、实体判决与程序性查封裁定间的效力、已进入破产程序的当事人财产又被其他法院查封产生的效力问题没有

① 参见《国家工商行政管理总局商标局关于对注册商标权进行财产保全有关问题的函》（商标变〔2001〕66 号）。

作出规定。上述问题，本质上属于不同法院在执行中发生的竞合，商标局作为注册商标权的登记、审查主管部门，只能负责协助法院办理查封手续和商标权的过户转移登记，无权亦无能力区分和解决不同法院出具的不同类型法律文书的效力问题。最高人民法院在《关于对注册商标专用权进行财产保全和执行等问题的复函》中明确商标局按法律文书送达时间的先后顺序办理查封或财产转移登记，便于协助义务部门操作。

（二）不同法院在执行过程中产生的争议应由其共同的上级法院协调处理

不同法院因对同一注册商标专用权的保全或执行顺位产生争议，应当协商解决。协商不成的，逐级报请上级法院，直至报请共同的上级法院协调处理。

（三）注册商标权利人变更后，其他法院不得再行保全

不同法院对同一注册商标均发出了协助执行通知书，均无权利质押的，商标局按照收到法律文书时间的先后顺序协助执行。对于在先法院依据已经发生法律效力的裁判文书要求商标局协助办理注册商标专用权权利人变更等手续后，在后法院在无权利质押情形下要求对同一注册商标再行保全的，商标局可以拒绝在后法院的协助执行要求，并将协助执行的情况告知在后采取保全措施的法院。

注册商标专用权出质的，出质人与质权人应当向商标局办理质权登记，因此，商标局作为注册商标专用权质权登记的管理部门，在收到在先法院发出要求办理权利人变更手续的协助执行通知书，发现协助执行的商标存在权利质押的，应告知在先的法院存在权利质押的情况。

（四）商标注册权利人进入破产程序后应解除保全措施

《民事诉讼法解释》第 165 条规定：“人民法院裁定采取保全措施后，除作出保全裁定的人民法院自行解除或者其上级人民法院决定解除外，在保全期限内，任何单位不得解除保全措施。”但依据《企业破产法》第 19 条的规定，破产申请被裁定受理后，保全措施就应当解除，但究竟由哪个法院解除，立法没有明确，实践中，需要保全法院自行解除的，可以由协助执行义务部门告知审理破产案件的法院，由破产法院通知在先采取保全措施的法院解除，也可以由协助执行义务部门直接告知在先采取保全措施的法院解除保全措施。实际上，破产法院也可持相关手续，自行解除保全法院已经采取的保全措施。目前，最高人民法院正在起草关于破产申请受理后对债务人财产的保全措施进行转化的

规定，完善不同程序中财产保全的衔接机制。

（五）对同一种类或者类似商品上注册的相同或者近似商标，应裁定一并保全或执行

按照《商标法》第42条第2款的规定，转让注册商标的，商标注册人对其在同一种商品上注册的近似的商标，或者在类似的商品上注册的相同或者近似的商标，应当一并转让。《商标法实施条例》第32条第2款规定，注册商标专用权移转的，注册商标专用权人在同一种或者类似商品上注册的相同或者近似的商标，应当一并移转；未一并移转的，由商标局通知其限期改正；期满未改正的，视为放弃该移转注册商标的申请，商标局应当书面通知申请人。

因此，法院在保全执行注册商标专用权的过程中，应裁定将相同的或者近似的商标一并保全或执行，商标局在接到法院有关转让注册商标的裁定时，如发现无上述内容，可以告知执行法院，由执行法院补充裁定后再协助执行。

实务操作指引

（一）对专利权和注册商标权保全的内容

相对于其他财产形式，注册商标权具有一定特殊性，人民法院裁定保全商标权时应全面具体，不仅包括禁止转让和在商标权上设定权利负担，而且包括禁止注销商标和变更注册事项等内容。对专利权的保全，裁定应当明确禁止变更著录事项、中止审批程序及专利申请程序，确保专利申请权不改变现存法律状态。

（二）保全商标权应提供的担保

通常情况下，当事人申请财产保全，需要提供担保，以便赔偿可能因保全错误对被保全人造成的损失。《保全规定》对保全担保数额予以合理调整，规定诉讼保全的担保数额不超过请求保全数额或争议标的财产价值的30%。

注册商标权作为无形资产，亦有相应的财产价值，因此，对于注册商标财产保全提供担保的，如果商标权作为争议标的，担保数额不超过商标估值的30%，如果商标权仅为被保全人名下财产，非属争议标的，申请保全人可按保全请求金额的30%提供担保。在特殊情况下，人民法院可以酌情提高或降低担保数额。

（三）对商标权、专利权保全期限的特别规定

我国对财产的查封期限是根据财产的不同属性分别设立的，商标权和专利权应归属于《民事诉讼法解释》第485条规定的其他权利范畴，查封期限应为2年，但是司法解释和指导意见就商标权、专利权的保全期限作出了专门规定，每次查封不得超过1年，到期可以续封。

第三十章　仲裁裁决的执行

一、仲裁协议效力确认、仲裁保全与仲裁裁决执行案件的管辖

通知、批复原文

（一）最高人民法院关于实施《中华人民共和国仲裁法》几个问题的通知

1997年3月2日　法发〔1997〕第4号

各省、自治区、直辖市高级人民法院：

现就人民法院实施《中华人民共和国仲裁法》（以下简称《仲裁法》），需要明确的几个问题，通知如下：

一、《仲裁法》施行前当事人依法订立的仲裁协议继续有效。有关当事人向人民法院起诉的，人民法院不予受理，应当告知其向依照《仲裁法》组建的仲裁机构申请仲裁。

当事人双方书面协议放弃仲裁后，一方向人民法院起诉的，人民法院应当依法受理。

二、在仲裁过程中，当事人申请财产保全的，一般案件由被申请人住所地或者财产所在地的基层人民法院作出裁定；属涉外仲裁案件的，依据《中华人民共和国民事诉讼法》第二百五十八条的规定，由被申请人住所地或者财产所在地的中级人民法院作出裁定。有关人民法院对仲裁机构提交的财产保全申请应当认真进行审查，符合法律规定的，即应依法作出财产保全的裁定；如认为

不符合法律规定的，应依法裁定驳回申请。

三、对依照《仲裁法》组建的仲裁机构所作出的涉外仲裁裁决，当事人申请执行的，人民法院应当依法受理。

最高人民法院

一九九七年三月二十六日

（二）最高人民法院关于确认仲裁协议效力的几个问题的批复

1998 年 10 月 26 日　法释〔1998〕第 27 号

（1998 年 10 月 21 日　最高人民法院审判委员会第 1029 次会议通过）

山东省高级人民法院：

你院鲁高法函〔1997〕84 号《关于认定重建仲裁机构前达成的仲裁协议的效力的几个问题的请示》收悉。经研究，答复如下：

一、在《中华人民共和国仲裁法》实施后重新组建仲裁机构前，当事人达成的仲裁协议只约定了仲裁地点，未约定仲裁机构，双方当事人在补充协议中选定了在该地点依法重新组建的仲裁机构的，仲裁协议有效；双方当事人达不成补充协议的，仲裁协议无效。

二、在仲裁法实施后依法重新组建仲裁机构前，当事人在仲裁协议中约定了仲裁机构，一方当事人申请仲裁，另一方当事人向人民法院起诉的，经人民法院审查，按照有关规定能够确定新的仲裁机构的，仲裁协议有效。对当事人的起诉，人民法院不予受理。

三、当事人对仲裁协议的效力有异议，一方当事人申请仲裁机构确认仲裁协议效力，另一方当事人请求人民法院确认仲裁协议无效，如果仲裁机构先于人民法院接受申请并已作出决定，人民法院不予受理；如果仲裁机构接受申请后尚未作出决定，人民法院应予受理，同时通知仲裁机构终止仲裁。

四、一方当事人就合同纠纷或者其他财产权益纠纷申请仲裁，另一方当事人对仲裁协议的效力有异议，请求人民法院确认仲裁协议无效并就合同纠纷或者其他财产权益纠纷起诉的，人民法院受理后应当通知仲裁机构中止仲裁。人民法院依法作出仲裁协议有效或者无效的裁定后，应当将裁定书副本送达仲裁机构，由仲裁机构根据人民法院的裁定恢复仲裁或者撤销仲裁案件。

人民法院依法对仲裁协议作出无效的裁定后，另一方当事人拒不应诉的，人民法院可以缺席判决；原受理仲裁申请的仲裁机构在人民法院确认仲裁协议无效后仍不撤销其仲裁案件的，不影响人民法院对案件的审理。

出台背景

仲裁和诉讼是解决现代民商事纠纷的两种不同途径。当事人约定仲裁后，可以排除法院对案件的管辖权，与审判程序不同的是，民事诉讼案件实行两审终审，还可以启动审判监督程序进行救济，仲裁程序实行一裁终局，尽管法律和司法解释设立了不予执行仲裁裁决制度和撤销仲裁裁决制度，但为凸显仲裁机构的独立性，真正进入司法监督的仲裁案件比例很小，救济途径有限。

仲裁与诉讼程序的衔接中，仲裁协议的效力确认和仲裁保全是实践中的热点和难点问题。就仲裁协议的效力确认而言，如果当事人之间不存在有效的仲裁协议和条款，仲裁机构就失去了对案件的管辖权，人民法院有权依据当事人的起诉进行实体审理，否则，法院必须驳回当事人对实体争议的起诉。如果当事人在达成仲裁协议后，对仲裁协议的效力产生争议，需要就这个先决条件进行裁断，目前法律规定无论是仲裁机构还是人民法院对仲裁协议效力争议解决都有管辖权，但双方同时分别向仲裁机构和人民法院申请确认仲裁协议效力的，由法院还是仲裁机构处理，需要对该管辖的竞合问题作出明确的规定，批复坚持司法优先原则，同时秉持诉讼经济和意思自治原则，① 既尊重了仲裁机构的独立地位，又将司法监督仲裁的精神落到实处。

---

① 参见曹守晔：《〈关于确认仲裁协议效力几个问题的批复〉的理解和适用》，载《人民司法》1999 年第 1 期。

理解与适用

（一）仲裁协议的生效要件

仲裁协议包括合同中订立的仲裁条款和以其他书面方式在纠纷发生前或者纠纷发生后达成的请求仲裁的协议。仲裁协议应当具备请求仲裁的意思表示、仲裁事项、选定的仲裁机构等要素。没有约定仲裁机构或约定不明确的，可以达成补充协议，达不成补充协议的，仲裁协议无效。《仲裁法》实施后重新组建仲裁机构前，当事人达成的仲裁协议只约定了仲裁地点，未约定仲裁机构，双方当事人在补充协议中选定了在该地点依法重新组建的仲裁机构的，仲裁协议有效；双方当事人达不成补充协议的，仲裁协议无效。

（二）仲裁机构和法院对仲裁协议效力均有审查权

依照《仲裁法》第20条，当事人对仲裁协议的效力有异议的，可以请求仲裁委员会作出决定，仲裁机构有权就仲裁协议的效力作出决定。因此，如仲裁机构先于法院受理并且已经作出决定，人民法院则不再受理当事人的起诉。

当事人对仲裁协议的效力有异议，一方请求仲裁机构决定，另一方请求法院裁决的，由法院裁决。人民法院就仲裁协议的效力享有优先裁决权。因此，凡仲裁机构尚未作出决定的，应由人民法院裁决，仲裁机构的审查应予终止。

（三）提起诉讼的一方当事人既要求确认仲裁协议无效，又要求解决实体争议时的处理

人民法院受理后应当通知仲裁机构中止仲裁。人民法院依法作出仲裁协议有效或者无效的裁定后，应当将裁定书副本送达仲裁机构，由仲裁机构根据人民法院的裁定，或者恢复仲裁，或者撤销仲裁案件。人民法院依法对仲裁协议作出无效的裁定后，另一方当事人拒不应诉的，人民法院可以缺席判决；原受理仲裁申请的仲裁机构在人民法院确认仲裁协议无效后仍不撤销其仲裁案件的，不影响人民法院对案件的审理。

（四）仲裁财产保全的管辖

仲裁前或仲裁中，当事人申请财产保全的，一般由被申请人住所地或者财产所在地的基层人民法院作出裁定；属涉外仲裁案件的，由被申请人住所地或者财产所在地的中级人民法院作出裁定。目前，多数省份的高级人民法院为了

保持仲裁保全和仲裁裁决执行法院的一致性，规定仲裁保全也由中级人民法院受理并由立案部门审查后移送执行局执行。①

（五）仲裁裁决的执行管辖问题

当事人对仲裁裁决申请执行的，由被执行人住所地或者被执行财产所在地的中级人民法院管辖，存在《仲裁执行规定》第2条第2款规定情形的，可以由中级人民法院移交指定的基层人民法院管辖。如人民法院受理仲裁裁决执行案件后，发现案件不属于本院管辖的，应将案件移送有管辖权的人民法院，且有管辖权的人民法院不得以受移送时已超过法定期限为由拒绝接受移送。

实务操作指引

（一）仲裁保全管辖与仲裁裁决执行管辖的统一

仲裁裁决作为执行依据时，统一由中级人民法院管辖。《仲裁执行规定》第2条第2款规定，符合下列条件的，经上级人民法院批准，中级人民法院可以参照《民事诉讼法》第39条的规定指定基层人民法院管辖：（1）执行标的额符合基层人民法院一审民商事案件级别管辖受理范围；（2）被执行人住所地或者被执行财产所在地在被指定的基层人民法院辖区内。但仲裁保全的管辖法院不少仍在基层法院，导致采取保全措施的法院在仲裁裁决申请执行时，需向仲裁裁决执行法院移送保全财产。

《北京市高级人民法院关于仲裁执行案件统一由中级人民法院管辖的通知》（京高法发〔2006〕357号）规定，根据《民事诉讼法》《仲裁法》《仲裁法解释》的规定，明确当事人申请执行仲裁裁决书、调解书以及通过仲裁机构申请财产保全的案件，统一由被执行人住所地或者被执行财产所在地的中级人民法院管辖。高级人民法院和各基层人民法院不再受理上述案件，高级人民法院原则上不得将上述案件指定由基层人民法院执行。通知下发之前，各基层人民法院已经受理的案件，原则上不得移送中级人民法院管辖。通知所称“仲裁”，包

---

① 参见曹凤国：《最高人民法院关于人民法院办理财产保全案件若干问题的规定理解与适用》，法律出版社2020年版，第40~41页。

括国内仲裁、涉外仲裁和国际仲裁，但劳动仲裁除外。

《江苏省高级人民法院关于审理民商事仲裁司法审查案件若干问题的意见》第46条规定，仲裁机构根据《仲裁法》第28条的规定，提请人民法院采取财产保全措施的，由财产所在地的中级人民法院按照《民事诉讼法》的相关规定和《江苏省高级人民法院关于财产保全担保审查、处置若干问题的暂行规定》办理。

（二）管辖法院的选择

当两个法院都具有管辖权时，就发生管辖竞合问题。先立案的法院管辖。后立案的法院应当撤销案件。

被执行人如果对执行管辖有异议，应在收到执行通知书之日起10日内对管辖权提出异议的，由执行审查机构参照执行行为异议审查处理，异议成立的撤销执行案件，不成立的予以驳回。如果执行法院依职权发现已受理执行案件无管辖权，应撤销案件，并告知申请执行人向有管辖权的法院申请执行。

申请执行人可以向任一有管辖权的法院申请执行，但在实践中异地执行存在很多障碍，所以优先考虑选择被执行的主要财产所在地法院申请执行。

二、先予仲裁裁决和调解书的执行

批复、通知、复函原文

（一）最高人民法院关于仲裁机构“先予仲裁”裁决或者调解书立案、执行等法律适用问题的批复

2018年6月6日　法释〔2018〕10号

广东省高级人民法院：

你院《关于“先予仲裁”裁决应否立案执行的请示》（粤高法〔2018〕99号）收悉。经研究，批复如下：

当事人申请人民法院执行仲裁机构根据仲裁法作出的仲裁裁决或者调解书，

人民法院经审查，符合民事诉讼法、仲裁法相关规定的，应当依法及时受理，立案执行。但是，根据仲裁法第二条的规定，仲裁机构可以仲裁的是当事人间已经发生的合同纠纷和其他财产权益纠纷。因此，网络借贷合同当事人申请执行仲裁机构在纠纷发生前作出的仲裁裁决或者调解书的，人民法院应当裁定不予受理；已经受理的，裁定驳回执行申请。

你院请示中提出的下列情形，应当认定为民事诉讼法第二百三十七条第二款第三项规定的“仲裁庭的组成或者仲裁的程序违反法定程序”的情形：

一、仲裁机构未依照仲裁法规定的程序审理纠纷或者主持调解，径行根据网络借贷合同当事人在纠纷发生前签订的和解或者调解协议作出仲裁裁决、仲裁调解书的；

二、仲裁机构在仲裁过程中未保障当事人申请仲裁员回避、提供证据、答辩等仲裁法规定的基本程序权利的。

前款规定情形中，网络借贷合同当事人以约定弃权条款为由，主张仲裁程序未违反法定程序的，人民法院不予支持。

人民法院办理其他合同纠纷、财产权益纠纷仲裁裁决或者调解书执行案件，适用本批复。

此复。

（二）最高人民法院关于申请执行“先予仲裁”裁决案件报核问题的通知

2018 年 6 月 11 日 法明传〔2018〕369 号

为进一步规范仲裁司法审查案件的报核问题，现就关于申请执行“先予仲裁”裁决案件报核问题通知如下：

最高人民法院于 2018 年 6 月 11 日发布了法释〔2018〕10 号《关于仲裁机构“先予仲裁”裁决或者调解书立案、执行等法律适用问题的批复》，对于当事人申请人民法院执行仲裁机构“先予仲裁”裁决或者调解书的立案、执行等法律适用问题作出明确规定。鉴于人民法院受理的此类案件数量较大，最高人民法院《关于仲裁机构"先予仲裁"裁决或者调解书立案、执行等法律适用问题的批复》已经针对下级人民法院的请示明确了此类案件的审查尺度，统一了裁判标准，因此各中级人民法院对受理的当事人申请执行"先予仲裁"裁决的案件，如经审查认为根据该批复应不予执行仲裁裁决的，无需再根据《最高人民法院关于仲裁司法审查案件报核问题的有关规定》逐件向上级人民法院报核。

（三）最高人民法院执行工作办公室
关于执行监督程序中裁定不予执行仲裁裁决几个问题请示案的复函

〔2004〕执他字第13号

广东省高级人民法院：

你院《关于执行监督程序中裁定不予执行仲裁裁决几个问题的请示》收悉。经研究，答复如下：

一、关于审判部门裁定驳回当事人撤销仲裁裁决的申请后，执行部门能否再裁定不予执行的问题。

本院正在起草适用《中华人民共和国仲裁法》司法解释，其中涉及此问题已有意见，请你院待该司法解释生效后，按有关规定办理。

二、关于当事人未向审判部门提出撤销仲裁裁决的申请而在执行阶段申请不予执行的，是否由执行部门审查并依法作出裁定的问题。

《中华人民共和国民事诉讼法》第二百一十七条规定，"被申请人提出证据证明仲裁裁决有下列情形之一的，经人民法院组成合议庭审查核实，裁定不予执行……"。据此，只要是人民法院的审判人员组成的合议庭都符合法律规定。各法院可按照法院内部各部门之间业务分工的规定办理。

三、关于上级法院执行部门是否有权监督下级法院作出的不予执行仲裁裁决裁定，是否适用法复〔1996〕8号批复的问题。

本院《关于人民法院执行工作若干问题的规定（试行）》（以下简称《执行规定》）第一百三十条第一款规定："上级法院发现下级法院在执行中作出的裁定、决定、通知或具体执行行为不当或有错误的，应当及时指令下级法院纠正，并可以通知有关法院暂缓执行。”该条规定赋予了上级法院对下级法院在执行中作出的不当或错误裁定的监督权。上级法院的执行部门代表人民法院行使职权，有权依据《执行规定》第一百三十条监督纠正下级法院作出的不予执行仲裁裁决的裁定。而最高人民法院法复〔1996〕8号批复是针对当事人申请再审而言的，并不影响上级法院对下级法院执行工作的监督权。

此复。

出台背景

2017年以来，厦门市中级人民法院受理了大量由湛江仲裁委员会仲裁的北京某公司申请的网络P2P小额借贷纠纷执行案件。这类案件的执行依据均为湛江仲裁委根据“先予仲裁”模式作出的网络仲裁裁决，即双方当事人在网上签订借款协议的同时签订调解协议，并在短时间内申请仲裁并由仲裁委员会出具仲裁裁决书，如果贷款人逾期还款，放贷方直接依据仲裁裁决书申请法院强制执行。根据湛江仲裁委官网介绍：“先予仲裁”是指双方当事人在合同签订的同时，为保障其合法权利将来得以实现，预防纠纷，避免以后再去仲裁或诉讼的麻烦，迫使双方履行确定的条款，而约定通过本仲裁机构就合同所涉及的内容提前仲裁，以调解方式结案，并出具调解书或据双方要求制作裁决书的一种仲裁形式。厦门中院认为，该类案件所涉仲裁书裁决内容不属于给付内容明确之情形，应驳回申请执行人的执行申请。湛江仲裁委员会则认为厦门中院作为地方法院无权否认该仲裁模式。

广东省高级人民法院发现，2018年以来，大量当事人持“先予仲裁”申请人民法院执行的案件大多是网络借贷合同纠纷。对“先予仲裁”裁决的性质、应否执行、如何执行等法律问题各地法院存在较大分歧，法律适用标准及处理情况不统一。该院审判委员会讨论认为，“先予仲裁”不是《民事诉讼法》《仲裁法》规定的仲裁裁决，不应作为执行依据。因考虑属新类型案件，涉及疑难、复杂、重大的法律问题，特向最高人民法院请示。

最高人民法院在广泛征求了专家学者的意见并专门征求全国人大常委会法制工作委员会的意见基础上，作出了法释〔2018〕10号批复。

理解与适用

（一）仲裁机构在当事人未发生网络借贷合同纠纷时，先予作出的仲裁裁决或者调解书，不应作为执行依据

仲裁的前提在于有争议或者纠纷实际发生，无争议即无仲裁，仲裁的启动必须以实际发生争议为前提。而从“先予仲裁”案件的特点看，当事人间只是存在发生纠纷的可能性或者风险，仲裁机构在纠纷未实际发生时，事先径行作出给付裁决或者调解书，脱离了仲裁的基本原理和制度目的。因此，此类文书虽然名为仲裁裁决书、调解书，但不是《民事诉讼法》《仲裁法》意义上的仲裁裁决或者调解书，其性质类似于对合同进行见证。对这类所谓的仲裁裁决或者调解书进行强制执行，缺乏事实及法律依据。因此，仲裁机构在纠纷发生前作出的仲裁裁决或者调解书，当事人申请执行的，人民法院应当裁定不予受理；已经受理的，裁定驳回执行申请。

（二）网络借贷纠纷中仲裁程序违反法定程序应裁定不予执行

两类情形应认定符合裁定不予执行仲裁裁决法定事由中的“仲裁程序违反法定程序”。

第一类是仲裁机构未依照仲裁法规定的程序审理纠纷或者主持调解，径行根据网络借贷合同当事人在纠纷发生前签订的和解或者调解协议作出仲裁裁决、仲裁调解书，即当事人签订网络借贷合同且尚未发生纠纷时即签订调解、和解协议并申请仲裁，后一方不履行或者不完全履行合同，仲裁机构不经审理或者调解程序，就根据事先达成的调解、和解协议作出仲裁裁决或者仲裁调解书。因为调解、和解协议，是当事人为解决纠纷而达成的一致意思表示。仲裁庭没有审理合同履行的事实，没有听取当事人在纠纷发生后的意思表示，而是按纠纷发生前预设的调解、和解协议内容，径行作出仲裁裁决或者调解书，不但剥夺了当事人的基本程序权利，而且影响正确、公正裁决。所作裁决或者调解书也不是当事人关于和解内容的真实意思表示，应当认定为仲裁的程序违反法定程序，应裁定不予执行。

第二类是仲裁机构在仲裁过程中未保障当事人申请仲裁员回避、提供证据、答辩等仲裁法规定的基本程序权利，具体体现在部分网贷平台采用格式条款约

定借款人放弃申请仲裁员回避、提供证据、答辩等基本程序权利，甚至约定借款人放弃对仲裁裁决申请不予执行的权利。格式条款是当事人为重复使用而预先拟定，并在订立时未与对方协商的条款，因此，《民法典》规定格式条款不得加重对方责任、排除对方主要权利。同理，仲裁协议中通过格式条款排除当事人申请回避、举证质证的权利乃至仲裁裁决不予执行的抗辩权利等法律赋予的基本程序权利，该格式条款无效。因此，即使当事人事先放弃基本程序权利，但只要仲裁机构未保障前述权利的，仍应认定为仲裁的程序违反法定程序，应裁定不予执行。

（三）关于不予执行仲裁调解书和撤销仲裁调解书的争议

《仲裁法解释》第 28 条规定，当事人请求不予执行仲裁调解书或者根据当事人和解协议作出的仲裁裁决书，人民法院不予支持。《仲裁执行规定》第 9 条、第 17 条则改变了申请不予执行仲裁调解书一概不予支持的绝对化原则，规定了两种可以申请不予执行仲裁调解书的例外情形：一是案外人在仲裁当事人恶意申请仲裁、虚假仲裁的情况下，有权申请对该调解书不予执行；二是仲裁调解书、仲裁裁决违背社会公共利益，人民法院可以依据当事人申请裁定不予执行。

在申请撤销仲裁申请书的问题上，《仲裁法》第 58 条规定当事人有权申请撤销仲裁裁决书，但对于当事人是否有权申请撤销仲裁调解书，未予明确，由此引发了仲裁审查程序中所掌握的尺度出现严重不统一的现象。关于撤销仲裁调解书的争议集中在两个方面：一是仲裁当事人是否有权申请撤销；二是当事人申请撤销后，法院是否要进行审查。在（2020）京 01 民特 56 号民事裁定中，北京市第一中级人民法院认为，《仲裁法》第 58 条规定的撤销对象为仲裁裁决，并未包括仲裁调解书，对当事人的撤销调解书的申请予以驳回。在（2018）京 04 民特 541 号民事裁定中，北京市第四中级人民法院认为，《仲裁法》并未明确规定当事人可以向人民法院申请撤销仲裁调解书。该调解书是北京仲裁委员会根据仲裁当事人达成的和解协议制作的，与裁决书不同，要撤销该仲裁调解书，尚缺乏明确的法律依据。但在该院作出的（2021）京 04 民特 627 号、（2020）京 04 民特 26 号民事裁定中，其则认为，申请人申请撤销仲裁调解书属于申请撤销仲裁裁决案件，应根据《仲裁法》第 58 条的规定审查，至于审查之后是否能够撤销则未置可否。同样，在该院2022年3月发布的国内商事仲裁司法审查年度报告所附典型案例中，其认为仲裁调解书与仲裁裁决书具有同等效力，人民法院可以依据《仲裁法》第58条对当事人提出的撤销仲裁调解书申请进行审查，经人民法院审查，仲裁调解书符合人民法院通知仲裁庭重新仲裁的情形，经仲裁机构同意重新仲裁，人民法院终结审查程序。该变化后的司法观点最终在最高人民法院2022年1月24日发布的《全国法院涉外商事海事审判工作座谈会会议纪要》第99条得到印证，该条规定，仲裁调解书与仲裁裁决书具有同等法律效力。当事人申请撤销仲裁调解书的，人民法院应予受理。人民法院应当根据《仲裁法》第58条的规定，对当事人提出的撤销仲裁调解书的申请进行审查。当事人申请撤销涉外仲裁调解书的，根据《仲裁法》第70条的规定进行审查。该会议纪要实际上结束了长期以来关于仲裁当事人是否有权申请撤销调解书以及人民法院是否有权审查撤销仲裁调解书申请的争论。

实务操作指引

执行实务中，驳回执行申请和不予执行仲裁裁决的程序和效果不同。

（一）驳回仲裁裁决执行申请

立案后，执行机构发现申请执行不符合受理条件，根据执行依据不同可参照《民事诉讼法》第202条或依据《仲裁执行规定》第3条的规定，裁定驳回执行申请。

申请执行人对驳回执行申请裁定不服的，可以自裁定送达之日起10日内向上一级人民法院申请复议。

（二）不予执行仲裁裁决

根据《民事诉讼法》第244条第2款的规定："被执行人提出证据证明仲裁裁决有下列情形之一的，经人民法院组成合议庭审查核实，裁定不予执行：（一）当事人在合同中没有订有仲裁条款或者事后没有达成书面仲裁协议的；（二）裁决的事项不属于仲裁协议的范围或者仲裁机构无权仲裁的；（三）仲裁庭的组成或者仲裁的程序违反法定程序的；（四）裁决所根据的证据是伪造的；（五）对方当事人向仲裁机构隐瞒了足以影响公正裁决的证据的；（六）仲裁员在仲裁该案时有贪污受贿，徇私舞弊，枉法裁决行为的。”

应注意的是，如果当事人在仲裁程序中未对仲裁协议的效力提出异议，在仲裁裁决作出后提出诸如第 1 项、第 2 项等情形，以仲裁协议无效为由提出不予执行抗辩的，人民法院不予支持。

案外人提出不予执行仲裁裁决、仲裁调解书的申请应符合如下条件：(1) 有证据证明仲裁案件当事人恶意申请仲裁或者虚假仲裁，损害其合法权益；(2) 案外人主张的合法权益所涉及的执行标的尚未执行终结；(3) 自知道或者应当知道人民法院对该标的采取执行措施之日起 30 日内提出。[①]

实践中，不予执行仲裁裁决类案件是由执行裁决部门组成合议庭进行审查，审查流程参照执行异议的审查程序，因不予执行仲裁裁决类案件一般案情复杂，需召开听证会。合议庭应围绕被执行人、案外人申请的事由进行审查；对没有申请的事由不予审查，但仲裁裁决可能违背社会公共利益的除外。

人民法院裁定不予执行仲裁裁决、驳回或不予受理不予执行仲裁裁决申请，该裁定是一裁终局，当事人对该裁定提出执行异议或者复议，人民法院不予受理。如果该裁定确有错误，可以通过执行监督程序解决。如果被执行人申请不予执行仲裁裁决，要注意提出申请的时间点，即在执行通知书送达之日起 15 日内提出书面申请；有《民事诉讼法》第 244 条第 2 款第 4 项、第 6 项规定情形且执行程序尚未终结的，应当自知道或者应当知道有关事实或案件之日起 15 日内提出书面申请。

如果人民法院是基于案外人申请裁定不予执行仲裁裁决或者仲裁调解书，当事人不服的，可以自裁定送达之日起 10 日内向上一级人民法院申请复议；人民法院裁定驳回或者不予受理案外人提出的不予执行仲裁裁决、仲裁调解书申请，案外人不服的，可以自裁定送达之日起 10 日内向上一级人民法院申请复议。[②]

最后，如果当事人申请撤销仲裁裁决和申请不予执行仲裁裁决的事由一致，当事人向人民法院申请撤销仲裁裁决被驳回后，又在执行程序中以相同理由提出不予执行抗辩的，人民法院不予支持。

---

① 参见《仲裁执行规定》第 9 条。

② 参见《仲裁执行规定》第 22 条。

三、涉外仲裁裁决的执行

函件原文

最高人民法院执行工作办公室关于人民法院可否对执行标的不明的涉外仲裁裁决不予执行问题的函

1998年7月28日　法经〔1998〕302号

当事人申请执行仲裁裁决，人民法院应对该裁决中明确的被执行主体负有给付义务予以执行。涉外仲裁裁决书裁决对中外合资企业进行清算的，应当由当事人依照《中华人民共和国中外合资经营企业法实施条例》、《外商投资企业清算办法》的有关规定办理，由人民法院组织清算没有法律依据。对当事人申请执行此类涉外仲裁裁决的，人民法院应裁定不予受理。

出台背景

函文中，最高人民法院认为，涉外仲裁裁决书裁决对中外合资企业进行清算属于执行标的不明，没有确定的给付内容。依据当时的法律规定，人民法院组织中外合资企业进行清算没有法律依据。故批复规定，对当事人申请执行此类涉外仲裁裁决案件的，人民法院应当裁定不予受理。

从当时的法律依据看，一方面，根据《执行规定》第16条第3项的规定，人民法院受理执行案件应当符合的条件之一是申请执行的法律文书有给付内容，且执行标的和被执行人明确。当事人依据仲裁裁决申请执行也必须满足该条件，即裁决中应当明确被执行的主体负有给付义务。另一方面，根据当时施行的《中外合资经营企业法实施条例》《外商投资企业清算办法》的有关规定，人民法院不主管对合营企业的清算，外商投资企业有两种清算方式，即由企业自行组织清算委员会进行的普通清算和向企业审批机关申请进行的特别清算。当事人能自行清算的自行清算，不能自行清算的，由企业审批机关组织特别清算。

时过境迁，当时函文所依据的《中外合资经营企业法实施条例》被 2019 年 12 月 26 日发布、2020 年 1 月 1 日实施的《外商投资法实施条例》废止。《外商投资企业清算办法》于 2008 年 1 月 15 日废止。

目前，无论是组织清算的有权机关还是涉外商投资企业清算类案件执行，有关法律规定与当时相比，均已发生重大变化。

理解与适用

(一) 组织清算的有权机关的变化

本函文认为，人民法院组织清算没有法律依据。在《最高人民法院关于审理中外合资经营合同纠纷案件如何清算合资企业问题的批复》（法释〔1998〕1 号，已废止）中，最高人民法院认为中外合资经营企业一方当事人向人民法院提起诉讼，要求解散合营企业并追究对方违约责任的，人民法院仅应对合营合同效力、是否终止合营合同、违约责任等作出判决。合营企业清算问题则应根据《中外合资经营企业法实施条例》《外商投资企业清算办法》的有关规定办理，人民法院组织清算没有法律依据。2004 年《公司法》第 192 条规定，公司违反法律、行政法规被依法责令关闭的，应当解散，由有关主管机关组织股东、有关机关及有关专业人员成立清算组，进行清算。可见，当时组织中外合资经营企业清算的有权机关为主管机关即商务部门。

但此后最高人民法院对裁决清算案件的受理态度发生了转变，在《最高人民法院关于撤销中国国际经济贸易仲裁委员会（2009）CIETACBJ 裁决（0355）号裁决案的请示的复函》（〔2011〕民四他字第 13 号）中，最高人民法院同意了北京市高级人民法院的请示意见，北京市高级人民法院在请示中认为根据《公司法》及《最高人民法院关于适用〈中华人民共和国公司法〉若干问题的规定（二）》的规定，在解散公司案件和公司清算案件中，被解散、清算的目标公司为案件当事人，且解散、清算公司案件中可能会涉及公司事务及案外利害关系人，当事人有关公司解散、清算的请求只能向人民法院提出。2005 年《公司法》（已修正）第 184 条规定："公司因本法第一百八十一条第（一）项、第（二）项、第（四）项、第（五）项规定而解散的，应当在解散事由出现之日起十五日内成立清算组，开始清算。有限责任公司的清算组由股东组成，股份有限公司的清算组由董事或者股东大会确定的人员组成。逾期不成立清算组进行清算的，债权人可以申请人民法院指定有关人员组成清算组进行清算。人民法院应当受理该申请，并及时组织清算组进行清算。”组织清算的有权机关已由主管部门变更为人民法院。

可见，最高人民法院的认识，从“人民法院组织清算没有法律依据”到“当事人有关公司解散、清算的请求只能向人民法院提出”，发生了实质性的变化。

（二）最高人民法院对于执行裁决外资企业进行清算的仲裁裁决书态度的变化

最高人民法院认为仲裁裁决书裁决外资企业进行清算属于没有明确的给付义务，人民法院对此类案件应当裁定不予受理。但在《最高人民法院执行工作办公室关于确定外资企业清算的裁决执行问题的复函》（〔2002〕执他字第11号）中，最高人民法院对于澳大利亚庄臣有限公司依仲裁裁决申请执行广州金城房地产股份有限公司一案是否受理的问题进行了批复，认为仲裁裁决主文（裁决项）要求进行的清算属于给付内容，为了维护生效裁判文书的权威性，维护清算的法律秩序和经济秩序，人民法院应当在适当的条件下，以强制力保障根据法院判决或者仲裁裁决所作的清算的依法进行和清算结果的实现。对在该案中已经因清算结果而进一步明确的按比例分配资产的裁决内容，应当予以执行。

从“裁决外资企业进行清算的案件应当不予受理”到“以强制力保障清算的依法进行和清算结果的实现”，对于此类案件，最高人民法院不再以没有明确给付义务为由，裁定不予受理。

实务操作指引

（一）外商投资企业监管制度的沿革

外商投资企业的监管经历了从“审批制”到“负面清单+备案制”再到“信息报告制”的变化。我国初期外商投资监管制度因1979年7月8日颁布的

《中外合资经营企业法》(已废止)、1986 年 4 月 12 日颁布的《外资企业法》(已废止)、1988 年 4 月 13 日颁布的《中外合作经营企业法》(已废止) 等法规出台逐步建立起来。所有外商投资企业的设立及分立、合并或者其他重要事项变更(包括但不限于经营范围、注册资本的增加或减少、股权转让与清算) 均由国务院对外经济贸易主管部门或者国务院授权的机关审查批准(一般为商务部或地方商务主管部门)。在获得批准后才能向市场监管部门申请登记。此谓"审批制"。2016 年 9 月 3 日，全国人大常委会颁布《全国人民代表大会常务委员会关于修改〈中华人民共和国外资企业法〉等四部法律的决定》，决定中提到外商投资企业不涉及国家规定实施准入特别管理措施的(国务院颁布的外商投资"负面清单") 有关审批事项，适用备案管理。商务部于 2018 年 6 月 29 日颁布《外商投资企业设立及变更备案管理暂行办法》，"负面清单 + 备案制" 的监管制度正式建立。2020 年 1 月 1 日，《外商投资法》《外商投资法实施条例》《外商投资信息报告办法》同时施行，向商务部门备案的制度被信息报告制取代。信息报告制相对于备案制的最大区别是，负责受理外商投资企业信息报告的是市场监管部门；商务部门则接受来自市场监管部门的信息推送，不再另行要求投资者或企业进行报送。

(二)"企业清算类" 案件是否具备可执行性的认定

在澳大利亚庄臣有限公司依仲裁裁决申请执行广州金城房地产股份有限公司一案中，仲裁裁决的主文为：(1) 确认庄臣公司已投入合作公司人民币 1080 万元。(2) 终止合作合同。合作公司应按照"仲裁庭意见(三)" 中确定的清算原则依法进行清算。(3) 金城公司付给庄臣公司为办理本案支付的费用人民币 360, 466. 70 元。(4) 驳回庄臣公司的其他请求。(5) 金城公司付给庄臣公司仲裁费人民币 564, 600 元。其中，"仲裁庭意见(三)" 主要内容为：清算应以 1996 年 11 月 30 日为界限，此日期前合作公司的一切收益，包括已建和在建楼宇，在依法纳税后如有剩余资产，庄臣公司按其实际出资比例分得该资产 45%，而合作公司的一切亏损和债务均由金城公司承担；此日期后，合作公司的收益和亏损与庄臣公司无关。"仲裁庭意见(三)" 载于仲裁裁决文书的理由部分。

该案关于企业清算的内容具备可执行性。理由如下：首先，该案执行依据主文第 2 项公司清算具备明确的给付内容。其次，给付内容需将裁决主文与理由联系起来理解，理由部分所述内容应当理解为构成裁决主文的一部分。最后，其中关于清算后按比例分配资产的要求，是给付内容，但具体给付数额需要根据清算结果确定。可见，企业清算需具备可执行性应有具体的清算方式、清算内容，且该方式和内容应满足谁向谁给付的基本构成要件。

清算案件与“继续履行合同”类案件相似。无论是“企业清算”类案件还是“继续履行合同”类案件，需要在执行依据中（主文或说理部分）明确具体的履行内容，将空泛的“清算”或“履行合同”明确为金钱给付义务或者行为履行义务，才具备可执行性。

四、中外合作合同纠纷仲裁裁决的执行

复函原文

最高人民法院执行工作办公室
关于确定外资企业清算的裁决执行问题的复函

2003年10月10日　〔2002〕执他字第11号

广东省高级人民法院：

你院〔2001〕粤高法执监字第288号《关于是否受理澳大利亚庄臣有限公司依仲裁裁决申请执行广州金城房地产股份有限公司一案的请示报告》收悉。经研究，答复如下：

一、根据你院报告反映的情况，未发现本案仲裁裁决存在民事诉讼法第二百六十条规定的不予执行事由。

二、本案仲裁裁决主文（裁决项）要求进行的清算属于给付内容。只是根据现行司法解释和行政法规的规定，人民法院不主管对合营企业的清算，当事人不能自行清算的，由企业审批机关组织特别清算。因裁决主文明确指引清算以理由部分［仲裁庭的意见（三）］确定的原则进行，因此，本案裁决主文应当与理由联系起来理解，理由部分所述内容应当理解为构成裁决主文的一部分，

其中关于清算后按比例分配资产的要求，也是给付内容，但具体给付数额需要根据清算结果确定。

三、本案中企业审批机关组织了特别清算。对于清算结果的依法确认问题，同意你院关于仲裁委秘书处无权代表仲裁庭对清算结果进行确认的意见，同时本案中仲裁委秘书处实际上并未真正确认清算结果。但清算委员会的清算报告经过审批机关确认后，在利害关系人没有明确异议的情况下，应当视为是确定的、有效的。该清算的结果使裁决中按比例分配资产的内容在具体分配数额方面得以明确。

四、为了维护生效裁判文书的权威性，维护清算的法律秩序和经济秩序，人民法院应当在适当的条件下，以强制力保障根据法院判决或者仲裁裁决所作的清算的依法进行和清算结果的实现。对本案中已经因清算结果而进一步明确的按比例分配资产的裁决内容，应当予以执行。

五、执行中应当注意，如果利害关系人对清算结果依法提出了异议，并启动了相应的行政或司法程序，执行法院对其争议的财产或其相应的数额应当暂时不予处理。

出台背景①

（一）合作合同、纠纷及仲裁

申请执行人澳大利亚庄臣有限公司（以下简称庄臣公司）与被执行人广州金城房地产股份有限公司（以下简称金城公司）及另外一个公司于 1992 年 11 月在广州签订合作经营合同，拟设立“广州金丰房地产有限公司”（以下简称合作公司），开发经营房地产。该合作公司的注册资本为 14, 400 万元，庄臣公司与金城公司出资比例为 45% 和 55% 。

在合同履行过程中，因出资问题发生争议，庄臣公司于 1996 年 11 月向合同约定的仲裁机构中国国际经济贸易仲裁委员会深圳分会提请仲裁。深圳分会于

① 相关案情介绍参见黄金龙：《澳大利亚庄臣有限公司申请执行仲裁裁决案》，载江必新、贺荣主编，最高人民法院执行局编：《最高人民法院执行案例精选》，中国法制出版社 2014 年版。

1999 年 7 月作出裁决，其中与请示问题有关的裁决主文部分如下：

终止合作合同。合作公司应按照“仲裁庭的意见（三）”中确定的清算原则依法进行清算。

“仲裁庭的意见（三）”的主要内容为：仲裁庭认为合作公司自 1994 年以来实际上为金城公司单方控制，继续履行合作合同的共同意向已经破裂，双方实际上也失去了继续合作的基础和可能性，因此，支持庄臣公司关于解除合作合同的请求。合作合同终止后，合作公司应依法进行清算。鉴于金城公司单方控制合作公司的情况，以及申请人仅投入首期注册资本 1080 万元，仲裁庭认为，应以申请人申请仲裁的日期 1996 年 11 月 30 日为时间界限，经清算后，此日期前合作公司的一切收益包括已建和在建的楼宇，在依法纳税后，如有剩余资产，申请人应按其实际出资比例分得该资产 45%，而合作公司的一切亏损和债务均由金城公司承担。此日期后，合作公司的收益和亏损与庄臣公司无关。

（二）清算的进行及清算结果

裁决生效后，庄臣公司向广州市中级人民法院申请执行。广州市中级人民法院根据《最高人民法院关于审理中外合资经营合同纠纷案件如何清算合资企业问题的批复》（法释〔1998〕1 号，已废止），裁定对裁决中有关清算的内容不予执行。后庄臣公司向广州市外经贸委申请进行特别清算。广州市外经贸委 2000 年 3 月批准进行特别清算，并委托广州金桥律师事务所组织成立清算委员会。

2000 年 11 月，清算委员会出具清算报告。该报告名为《广州金丰房地产有限公司第一阶段清算报告》，所谓“第一阶段”就是指裁决书中提到的合作公司 1996 年 11 月 30 日前的阶段（庄臣公司有权利得到此日期前的剩余收益）。报告在关于清算财产的处理意见部分指出：庄臣公司应分得 45% 的剩余财产的数额为 14, 116, 202. 98 元（已扣除应纳税款 160 余万元）；此阶段的一切债务根据裁决书应由金城公司承担，有关的诉讼或仲裁不影响清算财产的处理。报告中对债权人申报的债权基本均未确认，但指出债权人可以申请复议，复议后可以向法院起诉。如果起诉，则清算前委员会不对争议的财产进行分配。

2000 年 12 月 11 日，广州市外经贸委对上述清算报告予以确认。

（三）申请执行清算报告及被执行人异议

庄臣公司根据清算结果，于 2001 年 1 月 2 日申请执行，要求落实清算方案中其应分得的款项。广州市中级人民法院立案后查封了金城公司的财产。金城公司于同年4月提出异议，请求中止执行，并向广州市中级人民法院和广东省高级人民法院申请对裁决不予执行。其异议理由为：（1）仲裁裁决没有给付内容，不符合执行立案条件。（2）仲裁机构无权指令法院进行清算，法院执行案外人清算没有法律依据。（3）仲裁程序严重违法。（4）裁决实体漏洞百出。（5）仲裁委秘书处无权代替仲裁庭作出裁决或对裁决进行任何修正。

该案请示到最高人民法院后，最高人民法院执行工作办公室作出《关于确定外资企业清算的裁决执行问题的复函》。

理解与适用[①]

本复函涉及比较复杂的程序法问题。因当时的法律未规定法院主管合营企业的清算，导致清算报告结果的确认以及仲裁裁决的可执行性需要明确。

（一）关于外资企业的强制清算主体问题

1996年《外商投资企业清算办法》（已废止）第3条规定，“企业能够自行组织清算委员会进行清算的，依照本办法关于普通清算的规定办理。企业不能自行组织清算委员会进行清算或者依照普通清算的规定进行清算出现严重障碍的，企业董事会或者联合管理委员会等权力机构、投资者或者债权人可以向企业审批机关申请进行特别清算。企业审批机关批准进行特别清算的，依照本办法关于特别清算的规定办理。企业被依法责令关闭而解散，进行清算的，依照本办法关于特别清算的规定办理。”

1997年最高人民法院审判委员会就山东省高级人民法院请示作出《关于审理中外合资经营合同纠纷案件如何清算合资企业问题的批复》（已废止）指出：国外合资经营企业一方当事人向人民法院提起诉讼，要求解散合营企业并追究对方违约责任的，人民法院仅应对合营合同效力、是否终止合营合同、违约责任等作出判决。合营企业清算问题则应根据《中外合资经营企业法实施条例》

① 由于现行法律规定发生重大变化，复函所涉外资企业清算报告的确认与执行现已不具有指导价值，以下分析主要立足于现行法律规定。

（已废止）《外商投资企业清算办法》（已废止）的有关规定办理，人民法院组织清算没有法律依据。国内有限责任公司有类似情形的，应依据《公司法》的有关规定办理。

本复函中“根据现行司法解释和行政法规的规定”即指合营企业投资方不能自行清算的，由企业审批机关组织特别清算，法院不组织强制清算。①

但是，2008 年《国务院关于废止部分行政法规的决定》废止了《外商投资企业清算办法》，针对《外商投资企业清算办法》被废止后的外资企业清算问题，商务部于 2008 年下发了《关于依法做好外商投资企业解散和清算工作的指导意见》（商法字〔2008〕31 号，已废止），明确“今后外商投资企业的解散和清算工作应按照公司法和外商投资法律、行政法规的相关规定办理。外商投资法律和行政法规有特别规定而公司法未做详细规定的，适用特别规定”。

《外商投资企业清算办法》废止后，《最高人民法院关于审理中外合资经营合同纠纷案件如何清算合资企业问题的批复》（已废止）中关于人民法院不主管合营企业清算的内容，即不应再发生效力。当合营企业的投资者拒绝或怠于清算时，债权人应当获得通过公司法中强制解散程序予以救济的权利。事实上，合营企业的审批机关由于不具备相关专业知识和经验，且缺乏明确适用的清算规则，由审批机关负责清算的实践效果并不好。

（二）关于裁决书主文不明确时的解释方法

裁决书主文作为执行依据，如果主文本身存在歧义或双方当事人对主文内容产生不同的理解，属于执行依据不明确时的解释问题。执行人员可以尝试运用文意解释、系统解释、目的解释等方法结合裁决理由对主文的履行事项予以明确，仍无法确定的，可以“提请生效法律文书的作出机构结合案件审理期间查明的情况，对不明确的执行内容予以补正或者进行解释说明”。②

执行依据只能是裁决主文，裁决理由可作为解释裁决主文的辅助理由，也即《最高人民法院执行工作办公室关于确定外资企业清算的裁决执行问题的复函》中所述的“本案裁决主文应当与理由联系起来理解”。但裁决理由本身并非

① 2008 年以前，许多合营企业投资者在起诉解除合资或合作合同时，往往会同时提出清算的诉请，法院只解决合同效力问题，而对原告提出的清算诉请予以驳回。

② 最高人民法院裁定书，（2015）执申字第 52 号。

执行依据，“理由部分所述内容应当理解为构成裁决主文的一部分”，系由于裁决书主文在表述上明确指向理由部分，要求根据理由部分所述的原则进行清算。

（三）关于外资企业清算报告的确认与执行问题

由审批机关负责组织强制清算的，清算委员会作出的清算报告当然要由审批机关确认，在利害关系人无异议的情况下，将清算报告作为执行依据亦无明显不当。但如前所述，自《外商投资企业清算办法》在2008年被废止后，外资企业的强制清算应向人民法院提出申请，由人民法院按照公司法及其解释、《最高人民法院关于审理公司强制清算案件工作座谈会纪要》（法发〔2009〕52号）来处理，必要时可参照企业破产法的规定处理。参照《最高人民法院关于审理公司强制清算案件工作座谈会纪要》第36条、《企业破产法》第116条，清算组（管理人）制作的外资企业清算报告在报人民法院确认后，由清算组（管理人）负责执行。

由于清算组（管理人）在清算过程中已经全面接管并变现了债务人财产，故在清算报告（破产分配方案）被法院确认后，只需据此将清算财产对债权人进行按比例分配，然后由法院裁定终结清算程序即可。

实务操作指引

（一）外资企业的解散和清算程序应依照公司法进行

外资企业的解散、清算与公司法上普通有限公司的清算程序并无本质区别，故在当前法律框架下，外资企业的解散和清算程序实际上就是按照公司法进行的，实践中只需按照相关法律程序操作即可。另需注意的是，合营企业因解散而清算时，如果发现公司资不抵债的，应和有限公司一样，由相关主体向法院申请宣告破产。

（二）解除合资与合作合同不等于解散合资与合作企业

尽管合资与合作合同是投资各方所签，其在合营企业中居于重要地位，但就像公司设立以后，不可能通过解除公司设立协议而即能解散公司一样，解除合资与合作合同也不可能等于解散合资与合作企业。这是因为，解除合同与解散公司属于两类不同的诉讼：其一，两诉的被告完全不同，前诉被告是作为合作合同一方当事人的公司股东，而后诉被告是公司本身。其二，法院需查明的事实不同，前诉需要查明当事人是否存在违约行为而符合法律规定的或约定的解除条件，而后诉需要查明公司是否形成法定的公司僵局状态，两诉中原告主张的理由和法院需查明的路径并不相同。

在投资方通过仲裁或诉讼程序解除合资或合作合同后，如果想解散合资或合作企业并进行清算，但合资、合作方不配合解散清算的，尚需要根据《公司法》的相关规定另行提起公司解散之诉和公司清算之诉。

第三十一章　公证债权文书的执行

一、公证机关赋予强制执行效力的债权文书的范围

通知原文

最高人民法院、司法部、中国银监会关于充分发挥公证书的强制执行效力服务银行金融债权风险防控的通知

2017年7月13日　司发通〔2017〕76号

各省、自治区、直辖市高级人民法院、司法厅（局），解放军军事法院，新疆维吾尔自治区高级人民法院生产建设兵团分院、新疆生产建设兵团司法局；各银监局，各政策性银行、大型银行、股份制银行，邮储银行，外资银行，金融资产管理公司，其他有关金融机构：

为进一步加强金融风险防控，充分发挥公证作为预防性法律制度的作用，提高银行业金融机构金融债权实现效率，降低金融债权实现成本，有效提高银行业金融机构防控风险的水平，现就在银行业金融机构经营业务中进一步发挥公证书的强制执行效力，服务银行金融债权风险防控通知如下：

一、公证机构可以对银行业金融机构运营中所签署的符合《公证法》第37条规定的以下债权文书赋予强制执行效力：

（一）各类融资合同，包括各类授信合同，借款合同、委托贷款合同、信托贷款合同等各类贷款合同，票据承兑协议等各类票据融资合同，融资租赁合同，保理合同，开立信用证合同，信用卡融资合同（包括信用卡合约及各类分期付

款合同）等；

（二）债务重组合同、还款合同、还款承诺等；

（三）各类担保合同、保函；

（四）符合本通知第二条规定条件的其他债权文书。

二、公证机构对银行业金融机构运营中所签署的合同赋予强制执行效力应当具备以下条件：

（一）债权文书具有给付货币、物品、有价证券的内容；

（二）债权债务关系明确，债权人和债务人对债权文书有关给付内容无疑义；

（三）债权文书中载明债务人不履行义务或不完全履行义务时，债务人愿意接受依法强制执行的承诺。该项承诺也可以通过承诺书或者补充协议等方式在债权文书的附件中载明。

三、银行业金融机构申办强制执行公证，应当协助公证机构完成对当事人身份证明、财产权利证明等与公证事项有关材料的收集、核实工作；根据公证机构的要求通过修改合同、签订补充协议或者由当事人签署承诺书等方式将债务人、担保人愿意接受强制执行的承诺、出具执行证书前的核实方式、公证费和实现债权的其他费用的承担等内容载入公证的债权文书中。

四、公证机构在办理赋予各类债权文书强制执行效力的公证业务中应当严格遵守法律、法规规定的程序，切实做好当事人身份、担保物权属、当事人内部授权程序、合同条款及当事人意思表示等审核工作，确认当事人的签约行为的合法效力，告知当事人申请赋予债权文书强制执行效力的法律后果，提高合同主体的履约意识，预防和降低金融机构的操作风险。

五、银行业金融机构申请公证机构出具执行证书应当在《中华人民共和国民事诉讼法》第二百三十九条所规定的执行期间内提出申请，并应当向公证机构提交经公证的具有强制执行效力的债权文书、申请书、合同项下往来资金结算的明细表以及其他与债务履行相关的证据，并承诺所申请强制执行的债权金额或者相关计算公式准确无误。

六、公证机构受理银行业金融机构提出出具执行证书的申请后，应当按照法律法规规定的程序以及合同约定的核实方式进行核实，确保执行证书载明的债权债务明确无误，尽力减少执行争议的发生。

公证机构对符合条件的申请，应当在受理后十五个工作日内出具执行证书，需要补充材料、核实相关情况所需的时间不计算在期限内。

七、执行证书应当载明被执行人、执行标的、申请执行的期限。因债务人不履行或不完全履行而发生的违约金、利息、滞纳金等，以及按照债权文书的约定由债务人承担的公证费等实现债权的费用，有明确数额或计算方法的，可以根据银行业金融机构的申请依法列入执行标的。

八、人民法院支持公证机构对银行业金融机构的各类债权文书依法赋予强制执行效力，加大对公证债权文书的执行力度，银行业金融机构提交强制执行申请书、赋予债权文书强制执行效力公证书及执行证书申请执行公证债权文书符合法律规定条件的，人民法院应当受理，切实保障银行业金融机构快速实现金融债权，防范金融风险。

九、被执行人提出执行异议的银行业金融机构执行案件，人民法院经审查认为相关公证债权文书确有错误的，裁定不予执行。个别事项执行标的不明确，但不影响其他事项执行的，人民法院应对其他事项予以执行。

十、各省（区、市）司法行政部门要会同价格主管部门合理确定银行业金融债权文书强制执行公证的收费标准。公证机构和银行业金融机构协商一致的，可以在办理债权文书公证时收取部分费用，出具执行证书时收齐其余费用。

十一、银行业监督管理机构批准设立的其他金融机构，以及经国务院银行业监督管理机构公布的地方资产管理公司，参照本通知执行。

出台背景

从强制执行效力上看，公证债权文书可以分为两类，一类是不具备强制执行效力的公证债权文书，另一类是具有强制执行效力的公证债权文书。公证机关依法赋予强制执行效力的债权文书，具体是指对以给付为内容的债权文书进行公证，公证机关根据当事人的申请，债务人自愿接受强制执行承诺，如果债务人不履行义务，债权人可以不经过诉讼直接向人民法院申请强制执行而实现债权。但并非所有的债权文书都能被赋予强制执行效力，必须要符合法律、司法解释和相关指导意见规定的要件。

在银行等金融机构不良贷款余额不断攀升的经济形势下，传统的诉讼程序相对漫长，原告还需先行垫付高额的案件受理费用。为有效提升债权实现效率、降低清收成本，公证债权文书作为非诉实现债权方案受到金融机构的认同和欢迎，与诉讼和仲裁相比，赋强公证能够在很大程度上缩短债权的实现周期，在市场不良债权供应量增加，市场主体违约风险加大的背景下，可以拓展金融债权实现的渠道，大大提高金融资产管理公司收购、管理和处置不良资产的能力。

目前，越来越多的金融机构认识到赋强公证在维权方面发挥的重要作用，人民法院和公证机关对赋强公证债权文书的使用也持支持态度。2013～2015 年，全国法院共受理执行依据为公证债权文书的案件 8 万件，采用赋强公证的金融机构和可予赋强的债权文书逐渐多样化。①

理解与适用

赋予强制执行效力的公证债权文书是法定的执行依据之一，但并非所有的经过公证的债权文书都能被赋予强制执行效力，进而成为有效的执行依据。只有经过公证的以给付为内容并载明债务人愿意接受强制执行承诺的债权文书，才具有强制执行力。因此，纳入赋强公证的债权文书的范围以及办理赋强公证的程序是决定公证债权文书能否申请执行的关键。

（一）赋予强制执行效力的债权文书范围

《联合通知》以“列举＋兜底”的方式，指明了可被赋予强制执行效力的债权文书范围，明确列举的五类包括：借款合同、借用合同、无财产担保的租赁合同；赊欠货物的债权文书；各种借据、欠单；还款（物）协议；以给付赡

---

① 最高人民法院于 2016 年发布的《关于人民法院进一步深化多元化纠纷解决机制改革的意见》（法发〔2016〕14 号），也要求人民法院进一步深化多元化纠纷解决机制改革、完善诉讼与非诉讼相衔接的纠纷解决机制，其中强调了人民法院与公证机构的对接。人民法院支持公证机构对法律行为、事实和文书依法进行核实和证明，支持公证机构对当事人达成的债权债务合同以及具有给付内容的和解协议、调解协议办理债权文书公证，支持公证机构在送达、取证、保全、执行等环节提供公证法律服务，在家事、商事等领域开展公证活动或者调解服务，依法执行公证债权文书。

养费、扶养费、抚育费、学费、赔（补）偿金为内容的协议。相比《联合通知》，《最高人民法院、司法部、中国银监会关于充分发挥公证书的强制执行效力服务银行金融债权风险防控的通知》中规定金融机构可赋予强制执行效力的公证债权文书的类型更加多元化，除了还款合同外，还有各类融资合同、债务重组合同、还款承诺、各类担保合同、保函，[①] 均为公证机关可以赋予强制执行效力的债权文书，扩大了可赋予强制执行效力的债权文书范围。为了避免不能穷尽现实中众多无名合同，还以兜底条款的形式对未列举的符合条件的其他债权文书进行了概括。同时，对于实践中广泛运用的附回购条款的资产"收益权"合同，如果公证机关能够确认基础关系和真实意思就是信托贷款，或者即使不是信托贷款，但符合给付标的为货币、物品、有价证券，债权债务关系明确，债务人承诺愿意接受依法强制执行的条件，该类合同也可赋予强制执行的效力。

（二）赋予强制执行效力的债权文书应具备的条件

《联合通知》规定公证机关对债权文书赋予强制执行效力时，必须审查是否满足三个要件：一是公证债权文书的给付内容是否确定。[②] 作为执行依据的公证债权文书，其给付内容必须明确具体，以免执行依据不明可能导致将来执行不能。这种确定的给付义务限于单方义务，通常以追偿债款、物品为内容，具体表现为交付货币的金钱给付请求权的执行，以及交付物品、有价证券等非金钱给付请求权的执行。二是审查债权债务关系是否明确。债权人和债务人对债权文书中的给付内容要意见一致，不存在争议。三是审查是否有债务人不履行义务时自愿接受强制执行的书面意思表示。公证机关并非司法机关，其行使的并非司法判断权，公证债权文书之所以具有强制执行效力，系来自当事人的承诺和授权。因此，债务人的这种承诺是公证债权文书生效的必要条件，必须以明示的方式进行。《关于充分发挥公证书的强制执行效力服务银行金融债权风险防控的通知》重申了上述内容，并补充规定了债务人愿意依法接受强制执行的承

---

① 由于《联合通知》第 2 条未将担保合同列入，使担保合同能否公证赋强的问题长期存在争议，最高人民法院（2014）执他字第 36 号复函、《异议复议规定》第 22 条、《公证执行规定》第 6 条相继出现后，平息了争议。

② 担保合同中的抵押合同、质押合同，由于不具有直接给付内容，其赋强实际上是对债权人优先权的一种确认。债权文书必须具有给付内容才能赋强的传统观点受到了挑战。

诺可以通过承诺书或补充协议等方式在债权文书的附件中载明，该补充规定的内容曾在《公证协会指导意见》中有所提及。

（三）申请公证债权文书的注意事项

首先，当事人应向公证机关申请办理债权文书公证，应注意以下几点：第一，向有管辖权的公证机关申请（《公证程序规则》第14条、第15条）。第二，由当事人共同（或担保人）向公证机关提出申请（《公证协会指导意见》第2条）。第三，债权债务关系应当约定明确（《公证协会指导意见》第5条）。第四，债权文书应当载明债务人（包括担保人）愿意接受强制执行的承诺（《公证协会指导意见》第6条）。第五，债权文书在履行过程中，或就履行过程中出现的争议、违约订立新的协议，也可以申请公证机关赋予强制执行力（《联合通知》第2条、《公证协会指导意见》第4条）。

公证机关受理申请后，进行审查和告知，债权文书符合赋予强制执行的条件和范围的，公证机关将出具公证书，依法赋予该债权文书以强制执行效力。

（四）公证债权文书个别执行标的不明确可以裁定部分不予执行

执行证书记载的个别执行标的不明确，是否属于公证债权文书确有错误应不予执行的范畴，最高人民法院在（2011）执监字第180号执行裁定书中认为："执行证书是否多计算债权数额，不能构成人民法院不予执行的理由。如果确实存在多计算债权数额的问题，人民法院查实后在执行程序中可以进行核减。"由于该意见仅为最高人民法院判例中的观点，并非必须遵循的裁判标准，实践中，存在很多执行法院因个别执行标的不明确而裁定整个公证债权文书不予执行的情况。个别事项执行标的不明确，但不影响其他事项执行的，人民法院应对其他事项予以执行。因此，在执行内容可分的情况下，人民法院可裁定对于不明确的个别执行标的不予执行，不应对整个执行申请裁定不予执行。

（五）金融机构与公证机关的核实义务

金融机构在申请公证机构出具执行证书时，应收集、核实当事人身份证明、财产权利证明等与公证事项有关材料，尤其需要核实合同项下往来资金结算明细以及所申请执行债权金额的计算公式和计算结果，并承诺其向公证机关所提交的与债务履行相关的证据材料准确无误。

公证机关在办理赋予各类债权文书强制执行效力的公证业务中，应切实做好当事人身份、担保物权属、当事人内部授权程序、合同条款及当事人意思表示等审核工作，按照法定的程序以及合同约定的核实方式就债权人已履行义务、债务人未履行或未适当履行债务的事实证据进行核实，确认债务人对债权文书约定的履行义务无疑义，并据此对债权文书的实际履行情况作出实质判断，以确保执行证书载明的债权债务明确无误，避免执行争议的发生。

实务操作指引

（一）金融机构办理公证债权文书时的注意义务

一是完善公证债权文书的合同条款。公证机关受理银行业金融机构提出出具执行证书的申请后，按照法律法规规定的程序以及合同约定的核实方式进行核实，但实践中，银行业金融机构与债务人通常对债务不履行或不适当履行的核实方式在合同中缺乏约定。因此，建议金融机构可以与债务人（包括担保人）在合同中约定出具执行证书过程中双方当事人的举证责任和对债务人（包括担保人）不履行或者不适当履行债务的核实方式。

二是协助公证机关出具执行证书。金融机构申请公证机关出具执行证书应当在《民事诉讼法》第 246 条所规定的执行期间内提出申请，并应当向公证机关提交经公证的具有强制执行效力的债权文书、申请书、合同项下往来资金结算的明细表以及其他与债务履行相关的证据，并承诺所申请强制执行的债权金额或者相关计算公式准确无误。

三是关于管辖法院。在地域管辖上，《公证执行规定》第 2 条第 1 款规定的管辖法院与《执行规定》第 10 条第 1 款的规定一致，适用《民事诉讼法》第 231 条第 2 款“法律规定由人民法院执行的其他法律文书①，由被执行人住所地或者被执行的财产所在地人民法院执行”的规定。在级别管辖上，《公证执行规定》第 2 条第 2 款规定的管辖法院与《执行规定》第 10 条第 2 款的规定一致，即参照人民法院受理第一审民商事案件级别管辖的规定确定。各级法院受理第

① 该条款中的“其他法律文书”，包括公证债权文书、民商事仲裁裁决书及调解书、劳动人事争议仲裁裁决及调解书等执行依据。

一审民商事案件级别管辖的最新规定，是最高人民法院于2015年下发的《关于调整高级人民法院和中级人民法院管辖第一审民商事案件标准的通知》（法发〔2015〕7号），2018年就贵州、陕西、甘肃、青海、宁夏、新疆六省区下发的《关于调整部分高级人民法院和中级人民法院管辖第一审民商事案件标准的通知》（法发〔2018〕13号）作出的补充规定，以及2021年9月17日最高人民法院发布的《关于调整中级人民法院管辖第一审民事案件标准的通知》（法发〔2021〕27号）。由此可见，在公证债权文书执行案件的管辖上，基层、中级、高级人民法院均有可能成为执行法院。

需要注意的是，当事人不得约定排除公证债权文书执行管辖法院。在公证债权文书的执行上，法律确定的管辖法院的连结点只有两个：一是被执行人住所地；二是被执行财产所在地。《民事诉讼法》中关于协议管辖的规定仅适用于民事诉讼程序，而不适用于执行程序。《民事诉讼法》属于公法性的规范，法律没有赋予的权力就是禁止，人民法院对执行案件的管辖权属于法律保留事项，不管是地域管辖还是级别管辖，都不允许当事人通过约定或默认的方式排除适用。[①] 这有利于申请执行人快速、准确申请立案，也避免了因执行法院管辖不明而引发的申请执行人立案难、法院立案错误、执行不当等相关问题。同时，当事人无权约定执行法院，公证机关自然也就无权通过赋予强制执行效力的债权文书排除公证债权文书案件的管辖法院。

（二）关于公证债权文书的执行

一是裁定不予受理或驳回公证债权文书执行申请的情形。根据《公证执行规定》属于不得经公证赋予强制执行效力的文书、公证债权文书未载明债务人接受强制执行承诺、公证词载明的权利义务主体或者给付内容不明、债权人未提交执行证书等不符合执行受理条件情形的，应当裁定不予受理；已经受理的，应当裁定驳回执行申请。因此，现行司法解释对于属于公证债权文书组成部分的公证词等内容提出了更高要求，同时也解决了实践中常见的公证词中记载的

---

① 例如，最高人民法院在（2015）执申字第42号民事裁定书中指出："《中华人民共和国民事诉讼法》有关应诉管辖的规定适用于诉讼程序，在执行程序中适用没有法律依据、法理依据。因此，当事人通过协议方式选择，或通过不提管辖异议、放弃管辖异议等默认方式来确定无管辖权的法院享有管辖权，均不符合法律的规定。"

给付内容不明确、不具体的问题。例如，因债务人不履行或不完全履行而发生的违约金、利息、滞纳金等，以及按照债权文书的约定由债务人承担的公证费、律师费等实现债权的费用，有明确数额或计算方法的，可以根据申请人的申请依法列入执行标的。如果公证词仅载明由债务人给付“律师费”“公证费”“实现债权的必要费用”等，但未明确其金额或计算方式等内容的，属于给付内容不明确、不具体，对该部分的执行申请应当驳回。

二是裁定不予执行公证债权文书的情形。《民事诉讼法》第245条第2款“公证债权文书确有错误的，人民法院裁定不予执行”，《民事诉讼法解释》第478条、《公证执行规定》第12条对“公证债权文书确有错误”的情形进行了列举和说明。对于涉及公证债权文书的实体问题，应在诉讼程序中申请不予执行。严重违反法定公证程序的情形可在执行程序中申请不予执行。这里需要注意的是法定公证程序应当指全国人大及其常委会制定的法律、国务院制定的行政法规及司法部制定的部门规章中所明文规定的公证程序，除此之外的规范性文件所规定的公证程序不宜理解为法定公证程序。此外，人民法院如果认定执行公证债权文书违背公序良俗的，有权裁定不予执行。

（三）公证债权文书可诉性分析

2008年《最高人民法院关于当事人对具有强制执行效力的公证债权文书的内容有争议提起诉讼人民法院是否受理的批复》（已废止）规定，除非公证债权文书确有错误，人民法院裁定不予执行，债权人或者债务人对公证债权文书的内容有争议直接向人民法院提起民事诉讼的，人民法院不予受理。这就使有瑕疵的公证债权文书既不能进入执行程序，也不能通过诉讼解决当事人之间的争议。针对这种情况，《公证执行规定》对不予受理、驳回执行申请、公证机关决定不予出具执行证书三种情形，规定了债权人可以向法院提起诉讼。另外，《公证执行规定》第24条规定了债权人和利害关系人对公证债权文书涉及的实体纠纷的诉权，债权人和利害关系人有权以公证债权文书载明的民事权利义务关系与事实不符、经公证的债权文书具有法律规定的无效、可撤销等实体事由就公证债权文书涉及的民事权利义务争议直接向有管辖权的法院提起诉讼。同时，具有公证债权文书载明的权利义务关系与事实不符、经公证的债权文书具有法律规定的无效、可撤销等情形以及公证债权文书载明的债权因清偿、提存、抵销、免除等原因全部或部分消灭三类实体事由，债务人可以通过诉讼程序请求不予执行。①

二、执行证书的申请与取得

答复原文

最高人民法院关于赋予强制执行效力的公证债权文书在签发执行证书时当事人应否到场问题的请示的答复

2006年6月19日　〔2006〕执他字第1号

陕西省高级人民法院：

你院〔2005〕陕执复字第02号报送的《关于西安国际投资有限公司依据公证债权文书申请执行陕西东隆投资有限公司、西部信用担保有限公司、宋胜广借款担保的六起案件的请示报告》收悉。经研究，答复如下：

对最高人民法院和司法部于2000年9月21日会签联合发布的《关于公证机关赋予强制执行效力的债权文书执行有关问题的联合通知》第五条相关内容应理解为：公证机关在作出赋予强制执行效力的公证债权文书时，已要求当事人到场接受询问或作出承诺，因此，公证机关在签发执行证书时，只要依照上述联合通知的规定进行审查即可，并未有要求债务人、担保人再次接受询问的明确规定。至于请示中所涉的案件，请陕西省高级人民法院依照法律和上述联合通知的精神予以处理。对担保人申诉中提出的一些问题，也请陕西省高级人民法院认真予以审查并依法妥善处理。

---

① 参见曹凤国主编：《公证债权文书执行司法解释理解与适用》，法律出版社2021年版，第1～10页。

出台背景

西安市中级人民法院执行（2004）西执证经字第54号等六起案件中，陕西省高级人民法院根据被执行人西部信用担保有限公司的申诉，向西安市中级人民法院发出（2004）陕执监字第35号监督函，函示西安市中级人民法院对该六案裁定不予执行。西安市中级人民法院作出不予执行裁定并送达后，申请人西安国际信托投资有限公司不服，向陕西省高级人民法院申诉。陕西省高级人民法院将申诉材料转西安市中级人民法院，要求其依法审查。西安市中级人民法院审查后建议陕西省高级人民法院重新对35号函予以审查，陕西省高级人民法院以复议案件立案后认为：公证机关在签发执行证书时应当依据《联合通知》第5条[①]之规定进行审查，但对审查方式没有规定。因此，只要申请执行人提出申请并提交足以证明借款人对未还款数额无异议的证据，即认为公证机关进行了审查，没有必要必须通知借款人和担保人到场，征询借款人和担保人是否愿意接受法院强制执行，故不应裁定不予执行。

理解与适用

（一）公证机关签发执行证书时的审查要求

以金融借贷合同为例。首先，公证机关应当审查借款合同的期限，如果在申请出具执行证书之日时尚未到期，则还需审查合同中是否有债权人可以要求提前偿还贷款的约定。其次，公证机关应当审查债权人发放借款的数额和时间，有无在发放借款时提前扣除利息的行为。如果有，应当以扣除利息后的数额作为本金。另外，民间借贷出借人除收取法律规定民间借贷利率上限的利息外，还以关联方的名义收取一定的居间费用。这些居间费用是否应当受利息不应超过国家规定利率上限的限制？实践中，只要能认定居间费用和利息最终是出借

① 《联合通知》第5条规定：“……五、公证机关签发执行证书应当注意审查以下内容：（一）不履行或不完全履行的事实确实发生；（二）债权人履行合同义务的事实和证据，债务人依照债权文书已经部分履行的事实；（三）债务人对债权文书规定的履行义务有无疑义。”

方收取，则应受到法律规定的借贷利息上限的限制。再次，应当审核债务人的还款情况，是否按照借款合同约定的利率和期限支付利息，是否有超过利率约定还款的情况，超过利率还款部分应当视为归还本金。最后，公证机关要审查债务人对归还债务有无异议。

公证机关经审核后，应当根据审查结果出具执行证书。债务人已经履行的部分，在执行证书中予以扣除。因债务人不履行或不完全履行而发生的违约金、利息、滞纳金等，可以列入执行标的。

（二）出具执行证书前的审核

2008 年《公证协会指导意见》第 9 条规定：公证机关可以指导当事人就出具执行证书过程中双方当事人的举证责任和对债务人（包括担保人）不履行或者不适当履行债务的核实方式做出约定。债务人（包括担保人）可以约定采用"公证处信函核实"或者"公证处电话（传真）核实"等核实方式。该约定可以记载在债权文书或者其附件（包括补充条款、承诺书）中。

"公证处信函核实"是指公证机关在出具执行证书前，应当根据当事人约定的寄送方式和通讯地址向债务人（包括担保人）以信函方式核实债务人（包括担保人）不履行或者不适当履行债务的事实。

"公证处电话（传真）核实"是指公证机构在出具执行证书前，应当根据当事人约定的通讯号码向债务人（包括担保人）以电话（传真）方式核实债务人（包括担保人）不履行或者不适当履行债务的事实。

两种核实方式均不要求债务人到场，理由是实践中有大量债务人在无法还清贷款的情况下外出躲债，逃避执行。公证机关并没有强制债务人到场的职责和能力。如果要求债务人必须到场，则大量公证债权文书无法出具执行证书，与设立赋予强制执行效力的公证制度相违背。

实践中，只要当事人在变更地址或电话后，及时通知公证机关，公证机关都能按公证书约定的方式进行核实。债务人接到电话或信函后，及时将债权债务履行情况反馈给公证机关，实际上是维护债务人的合法权益。

（三）公证书和执行证书的出具与送达

依据《公证程序规则》第 44 条规定，公证书自出具之日起生效。需要审批的公证事项，审批人的批准日期为公证书的出具日期；不需要审批的公证事项，承办公证员的签发日期为公证书的出具日期；现场监督类公证需要现场宣读公证证词的，宣读日期为公证书的出具日期。这与诉讼中的法律文书送达生效是有区别的。

公证机关制作的公证书正本，由当事人各方各收执一份。实践中，大量的赋予强制执行效力的公证书均由债权人或债权人的代理人充当债务人的代理人领取公证书，这种方式是不妥的。根据《民法典》第 168 条规定，代理人不得以被代理人的名义与自己实施民事行为，代理人不得以被代理人的名义与自己代理的其他人实施民事行为。此种方式不能保证债务人持有其应收执的公证书正本。

执行证书依债权人单方申请出具，出具后由债权人领取。对于执行证书是否向债务人送达，采取何种方式送达，法律、行政法规及《公证程序规则》甚至《公证协会指导意见》均未规定。实践中，公证机关也不向债务人送达执行证书，这对债务人的合法权益保护不周。执行证书作为与债务人自身利益相关的法律文件，债务人在债权人申请执行前没有途径知悉，与现代法律原则相违背。

实务操作指引

（一）办理具有强制执行效力的债权文书公证书的注意事项

1. 当事人办理具有强制执行效力的债权文书公证书应当亲自或委托代理人到场

当事人申请办理具有强制执行效力的债权文书公证，应当由债权人和债务人共同向公证机关提出。涉及第三人担保的债权文书，担保人（包括保证人、抵押人、出质人、反担保人）承诺愿意接受强制执行的，担保人应当向公证机关提出申请。[①]

债务人（包括担保人）的委托代理人代理申办公证时，在债权文书中增设愿意接受强制执行承诺条款的，其授权委托书中应当包括授权增设愿意接受强

---

① 参见《公证协会指导意见》第 2 条第 1 款。

制执行承诺的内容，或者包括授权申办具有强制执行效力债权文书公证的内容，或者包括授权代理签订合同的内容。①

2. 债务人应当作出其不履行或不适当履行义务时愿意接受强制执行的书面承诺

债务人接受强制执行的承诺应当记载于债权文书的正文中，债务人（包括担保人）仅在债权文书的附件（包括补充条款、承诺书）中载明愿意接受强制执行承诺的，当事人应当在附件上签名（盖章）。该附件应当与债权文书一并装订在公证书中。当事人在公证申请表、询问笔录等债权文书（包括附件）以外的其他文书上所作的愿意接受强制执行的承诺，不宜单独作为公证机关办理具有强制执行效力的债权文书公证的依据。②

公证机关还应当重点告知债务人（包括担保人）对债权人申请出具执行证书提出异议的程序、期限和举证责任。

（二）出具执行证书的注意事项

执行证书由债权人单方申请，债权人申请出具执行证书时需提交已履行了债权文书约定义务的证明材料。债权人如有债务人（包括担保人）不履行或者不适当履行债务的证明材料，应当向公证机构一并提交。③

公证机构在出具执行证书前，对债务人（包括担保人）不履行或者不适当履行债务的事实进行核实时，当事人对核实方式有约定的，应当按照当事人约定的方式核实；当事人没有约定的，可以依据前述规定自行决定核实方式。公证机构按照当事人约定的方式进行核实时，无法与债务人（包括担保人）取得联系，或者债务人（包括担保人）未按约定方式回复，或者债务人（包括担保人）回复时提出异议但未能提出充分证明材料，不影响公证机构按照法定程序出具执行证书。④

（三）公证债权文书在执行过程中的注意事项

债权人申请执行公证债权文书的期间自公证债权文书确定的履行期间的最

---

① 参见《公证协会指导意见》第7条。

② 参见《公证协会指导意见》第6条。

③ 参见《公证协会指导意见》第11条。

④ 参见《公证协会指导意见》第13条。

后一日起计算；分期履行的，自公证债权文书确定的每次履行期间的最后一日起计算。债权人向公证机构申请出具执行证书的，申请执行时效自债权人提出申请之日起中断。在执行期限因债权人申请出具执行证书中断后，债权人应以此日为起算点重新计算申请执行期限。

三、公证债权文书申请执行时效

函复原文

最高人民法院执行工作办公室关于赋予强制执行效力的公证债权文书申请执行期限如何起算问题的函

〔2006〕执监字第56-1号

贵州市高级人民法院：

关于中国工商银行贵阳市万东支行申请执行贵州豪力房地产开发有限公司、贵州华新房地产开发有限公司借款担保合同纠纷一案，你院〔2006〕黔高执字第1号报告收悉。经研究，现就本案涉及的有关法律适用问题答复如下：

根据最高人民法院与司法部《关于公证机关赋予强制执行效力的债权文书执行有关问题的联合通知》（下称《联合通知》）的精神，原公证书和执行证书一起构成人民法院强制执行的依据。但该《联合通知》并未明确规定执行证书应当在什么期限内出具。虽然司法部《公证程序规则》第五十五条明确了执行证书应当在法律规定的执行期限内出具，但该《公证程序规则》自2006年7月1日起施行，对本案不具有溯及力。故在司法部《公证程序规则》施行前，债权人申请执行的期限可理解为从公证机关签发执行证书后起算。①

① 《公证执行规定》对该批复做了实质性变更。第9条第1款："申请执行公证债权文书的期间自公证债权文书确定的履行期间的最后一日起计算；分期履行的，自公证债权文书确定的每次履行期间的最后一日起计算。"

出台背景

2004年3月26日，中国工商银行贵阳市万东支行（以下简称工行万东支行）与贵州豪力房地产开发有限公司（以下简称豪力公司）、贵州华新房地产开发有限公司（以下简称华新公司）分别签订补充合同和借款合同，对之前一笔到期未偿还贷款的数额和还款期限做了确认。约定豪力公司应于2004年12月12日前分三次归还工行万东支行借款本金5100万元并承担相应的利息；华新公司对其中350万元本金及利息承担抵押担保责任。合同各方将上述两份合同在贵阳市公证处办理了赋予强制执行效力公证（〔2004〕筑公经字第361号和第1272号）。由于借款人豪力公司未还款，担保人华新公司也未承担担保责任，故工行万东支行于2005年12月9日向贵阳市公证处申请取得了〔2005〕筑公经字5216号执行证书，并于同月12日持原公证书和执行证书向法院申请执行。

法院受理后，被执行人认为，公证书所公证的内容是两公司应于2004年12月12日之前分期偿还所欠贷款及利息。法律规定双方是法人或者其他组织的，申请执行期限为6个月。[①] 故工行万东支行的申请执行期限应为2004年12月13日起计算6个月内。而该行于2005年12月12日才提出申请，已经超过申请执行期限，法院对其申请不应受理。

执行法院认为，债权人工行万东支行是根据《联合通知》第5条“债务人不履行或不完全履行公证机关赋予强制执行效力的债权文书的，债权人可以向原公证机关申请执行证书”，以及第7条“债权人凭原公证书及执行证书可以向有管辖权的人民法院申请执行”之规定向法院申请强制执行的，法院受理符合规定。《联合通知》对于申请执行证书的期限未作规定，仅规定要凭原公证书和执行证书申请执行。人民法院只能对执行证书是否超过申请执行期限进行审查。该案债权人在向公证机关申请取得执行证书后立即申请执行，法院立案受理并

---

① 1991年《民事诉讼法》第219条第1款规定，申请执行的期限，双方或者一方当事人是公民的为1年，双方是法人或者其他组织的为6个月。

无不当。[①]该批复作出后，公证债权文书的申请执行期限均自公证机关签发执行证书之日起算。

在公证债权文书为执行依据的案件中，只有执行证书在内容上具有可供执行内容，公证债权文书只是被赋予强制效力的合同类文件，作出时当事人双方的债权债务均未履行，人民法院无法仅仅依据公证债权文书确定执行内容。故有观点认为执行证书应当替代公证债权文书作为执行依据。在《联合通知》颁布后，执行证书与公证债权文书一并成为执行依据成为理论界和实务界的主流观点。这与《民事诉讼法》未将执行证书列为执行依据相悖。《公证执行规定》将执行证书定性为证明债权履行情况的证据，需在申请执行时与公证债权文书等执行材料一并提交。这就使关于执行证书的性质之争最终尘埃落定。既不违背《民事诉讼法》规定的执行依据，又弥补了公证债权文书没有可供执行的内容的缺陷。

将执行证书定性为证据之后，其不再作为执行依据，也就无法起到确定执行期限起算点的作用。根据现行规定，申请执行时效适用中止、中断的规定，将执行公证债权文书的期间确定为自公证债权文书确定的履行期间的最后一日起计算；分期履行的，自公证债权文书确定的每次履行期间的最后一日起计算。债权人申请出具执行证书成为申请执行时效中断的事由。

理解与适用

当债务人不履行或者不完全履行公证机关赋予强制执行效力的债权文书时，债权人需向原公证机关申请执行证书，并提交如下资料：申请公证机关出具执行证书的申请书，申请书应当包括债权人保证所提交证明材料真实的承诺；经公证的具有强制执行效力的债权文书；委托代理人的，提交授权委托书；已履行了债权文书约定义务的证明材料；债务人（包括担保人）不履行或者不适当履行债务的证明材料。

---

① 参见江必新、贺荣主编：《最高人民法院执行案例精选》，中国法制出版社2014年版，第310～311页。

（一）申请出具执行证书的期限

根据《联合通知》第4条的规定，债务人不履行具有强制执行效力的债权文书的债权人可以向原公证机关申请执行证书，但该条没有就申请执行证书的期限及起算点作出明确规定。2005年10月14日，《司法部关于如何适用〈公证程序规则〉第三十五条第二款规定的批复》（司复〔2005〕18号）指出，“债权人根据《公证程序规则》第三十五条第二款申请公证机构签发执行证书的，应当在《中华人民共和国民事诉讼法》第二百一十九条规定的期限内提出；逾期的，公证机构不予受理”。这是第一份对申请出具执行证书期限有法律约束力的批复。《最高人民法院、司法部、中国银监会关于充分发挥公证书的强制执行效力服务银行金融债权风险防控的通知》第5条规定：“银行业金融机构申请公证机构出具执行证书应当在《中华人民共和国民事诉讼法》第二百三十九条所规定的执行期间内提出申请……”《民法典》已经将普通诉讼时效由2年延长为3年，但2021年修正的《民事诉讼法》第246条规定的申请执行期限并未相应作出调整。因此，债务人不履行具有强制执行效力的债权文书的，债权人可以在公证债权文书规定的履行期限届满之日起2年内向公证机关申请出具执行证书。

本批复所涉案件虽然在2005年12月9日申请出具执行证书时，《司法部关于如何适用〈公证程序规则〉第三十五条第二款规定的批复》已经规定：“公证机构在办理符合赋予强制执行条件和范围的债权文书公证，依法赋予该债权文书具有强制执行效力时，应当告知或者注明《中华人民共和国民事诉讼法》第二百一十九条规定的期限为申请签发执行证书的期限，同时也是凭原公证书及执行证书向有管辖权的人民法院申请执行的期限。”但是，由于其涉案公证债权文书系在2004年作出，当时公证机关没有注明或告知义务。故对申请执行期限问题应作出有利于债权人的解释，司法部的批复不对本案申请执行证书产生溯及性约束力。

（二）申请出具执行证书的期限与申请执行的期限的关系

赋予强制执行效力的公证债权文书作为执行依据，其必须借助执行证书才能使案件顺利执行。公证债权文书与执行证书所担负的作用各有不同。公证债权文书系确定当事人之间债权债务关系并且债务人承诺在其不履行或不完全履行义务时接受强制执行的法律文件，其产生于所约定的债权债务不履行行为发生之前。而执行证书是根据公证债权文书所确定的权利义务，对债务人的履行情况及其不履行或不完全履行给付义务的事实予以确认的法律文件，其产生于所约定的债权债务不履行或不完全履行行为发生之后。

也可以说，执行证书就是为了申请执行公证债权文书案件所需提供的必要证据。从公证债权文书执行案件的流程上看，申请出具执行证书的时间必然要早于申请执行的时间。那么，如何看待两者的关系呢？公证债权文书作为法律确定的执行依据，只能以其确定的履行期间的最后一日作为执行期限的起算点。执行证书作为公证债权文书执行案件所必需的证据，对执行案件有重大影响。如果不考虑债权人申请出具执行证书的期限，必然影响债权人的执行期限利益。为此，最高人民法院在《公证执行规定》中规定申请执行时效自债权人申请出具执行证书之日起中断，很好地协调了两者的关系，保障了债权人的执行时效利益。

（三）债权人申请执行的期限自公证债权文书确定的履行期间的最后一日起计算

根据《联合通知》第6条，公证机关签发执行证书应当注明被执行人、执行标的和申请执行的期限，说明申请执行的期限是执行证书必备要件之一。公证机关在出具执行证书时应当根据《公证执行规定》第9条的规定，注明公证债权文书确定的履行期间的最后一日作为执行期限的起算点。同时注明债权人申请出具执行证书的日期，告知债权人申请执行时效自该日中断。如果债务人以执行时效进行抗辩，人民法院审查申请执行的期限时不但要依据公证债权文书确定的履行期间的最后一日，同时也依据执行证书上列明的债权人申请出具执行证书的日期。

另外，需要注意的是，公证债权文书确定的债权是分期履行的，则执行时效自每期履行期间的最后一日起算。

（四）债权人未在申请出具执行证书的期限内提出申请，导致公证机关不予出具执行证书的，有权就债权文书提起民事诉讼

现行申请出具执行证书的期间为2年，从公证债权文书确定的履行期限的最后一日起算。如果债权人逾期申请出具执行证书的，公证机关不予受理，则

债权人就无法取得执行证书并依据执行证书申请强制执行。但是，债权人与债务人之间的债权文书依然有效，仅仅是不能被赋予强制执行效力。所以，就该债权文书引起的法律纠纷依然能够通过诉讼解决。为此，《公证执行规定》第8条规定，公证机关决定不予出具执行证书的，当事人可以就公证债权文书涉及的民事权利义务争议直接向人民法院提起诉讼。当事人持公证机关开具的《不予出具执行证书决定书》,① 可以就公证债权文书涉及的民事权利义务争议直接向人民法院提起诉讼，根据《公证执行规定》第8条的规定,② 人民法院应当受理。从而明确了公证机关经过审查终止公证强制执行程序，转由当事人以诉讼方式解决纠纷的程序，使公证机关自身对公证债权文书、债务履行等情况的核查在结果上落到了实处。此前的实务中，曾有观点认为，债权人只有在获得不予执行裁定的情形下才能起诉，这是不妥的。这是因为，债权人并未取得公证部门出具的执行证书，其债权无法通过申请执行的方式实现，法院若按驳回执行申请去处理，会使债权人的权利缺乏救济途径。

《民法典》将诉讼时效期限确定为3年后，诉讼时效的期限长于申请执行时效的期限，也长于与申请执行时效相同的申请出具执行证书的期限。在此情况下，明确赋予未取得执行证书的债权人以诉权，更具现实意义。对此，最高人民法院在（2016）最高法民申473号民事裁定书中认为："案涉借款合同虽然经过了公证，但王某青未能取得执行证书，无法申请强制执行。故王某青就案涉借款合同向人民法院提起民事诉讼、人民法院予以受理并无不当。"虽然该案并非指导性案例，但代表了最高人民法院对不能取得执行证书的债权人依然享有诉权的主流观点，对各级人民法院审理类似案件具有统一裁判尺度的作用。

（五）公证机关签发执行证书时的审查及核实

根据《联合通知》第5条、第6条的规定，公证机关签发执行证书时要重

① 《公证协会指导意见》第14条规定："有下列情形之一的，公证机构不予出具执行证书：（一）债权人未能对其已经履行义务的主张提出充分的证明材料；（二）债务人（包括担保人）对其已经履行义务的主张提出了充分的证明材料；（三）公证机构无法在法律规定的执行期限内完成核实；（四）人民法院已经受理了当事人就具有强制执行效力的债权文书提起的诉讼。"

② 该条允许直诉的法理和第20条是一致的，不管是不予出具执行证书还是裁定不予执行，当事人之间的权利义务并无执行依据确认，故应赋予当事人通过诉讼解决实体争议的权利。

点审查债务人是否履行，已经履行多少，对还需履行的内容有无异议等内容。参照《最高人民法院、司法部、中国银监会关于充分发挥公证书的强制执行效力服务银行金融债权风险防控的通知》第6条的规定，公证机关对符合条件的申请，应当在受理后15个工作日内出具执行证书（需要补充材料、核实相关情况所需的时间不计算在期限内），参照《公证协会指导意见》第9条、第13条的规定，公证机关可以根据当事人约定的方式核实债务人是否履行义务。按照约定方式无法与债务人取得联系或债务人未按约定方式回复的，不影响公证机关出具执行证书。公证机关据此出具执行证书的，不属于严重违反法定程序的情形。当事人没有约定的，公证机关可以自行决定核实方式。经审查，具有《公证协会指导意见》第14条情形之一的，不予出具执行证书。

（六）执行证书和公证债权文书共同构成执行依据

与判决、仲裁裁决等法律文书的执行不同，赋强公证程序中除公证债权文书之外，还存在执行证书这一特有文书。执行证书是在长期实践中探索形成的经验，在核实债务履行情况方面起到积极作用。关于执行证书能否为执行依据的问题，长期存在争议。肯定说认为，由于执行证书具有核实债权债务的作用，故公证债权文书和执行证书记载的债权金额可能不一致，如果认为执行证书不是执行依据，那么法院在执行程序中还要承担实体核实义务，这会增加执行局工作量。否定说认为，《民事诉讼法》列举的执行依据中并未提到执行证书，法定执行依据只有公证债权文书，当事人如在执行程序中对债权数额有争议，可通过债务人异议制度解决①。

从司法实践来看，法院在执行立案时都会让申请执行人提供执行证书，故实务界大多持肯定说，也即双执行依据说。

《公证执行规定》在出台前亦对此展开热烈讨论，最终第3条对此作出迂回处理，回避了执行证书能否为执行依据这个非黑即白的争议问题。该条规定权利人申请执行时，除应当把公证债权文书作为执行依据予以提交外，同时还应

---

① 2017年在西安召开的第八届执行论坛，与会者曾就此问题展开热烈讨论，当时出席会议的笔者经观察发现，理论界的学者多持否定说，实务界的执行法官多持肯定说。

当提交证明履行情况的执行证书。① 这样规定，既照顾了执行工作的现实需要，又与《民事诉讼法》保持了协调，避免了在成文法之外通过司法解释增加一种新的执行依据。

实务操作指引

（一）公证机关应当在办理赋予强制执行效力的债权文书的公证书时注明申请执行证书的期限

公证机关在办理符合赋予强制执行条件和范围的债权文书公证时，依法赋予该债权文书具有强制执行效力，应当告知或者注明申请签发执行证书的期限。

《公证协会指导意见》第10条规定："公证机构办理具有强制执行效力的债权文书公证，除需要按照《公证程序规则》规定向当事人进行告知外，还应当重点告知下列内容……（二）债权人申请出具执行证书的程序、期限和举证责任。公证机构告知上述内容可以采用告知书、询问笔录等方式，书面告知应当由当事人签名。"

（二）债权人应当在执行期限内申请公证机关出具执行证书

债权人知道或应当知道债务人不履行或不完全履行赋予强制执行效力的公证债权文书约定的义务时，可以向原公证机关申请出具执行证书。

《公证程序规则》第55条第1款规定："债务人不履行或者不适当履行经公证的具有强制执行效力的债权文书的，公证机构可以根据债权人的申请，依照有关规定出具执行证书。执行证书应当在法律规定的执行期限内出具。" 此处规定的期限为申请出具执行证书的期限。

（三）债权人未在法律规定的执行期限内申请出具执行证书的，可以根据公证机关出具的不予出具执行证书的证明，另行提起诉讼

在债权人不能取得执行证书时，可以根据公证书、公证机关出具的不予出具执行证书的证明及债务人不履行或不完全履行债务的证据，提起民事诉讼。

---

① 根据《公证执行规定》第5条的规定，权利人不提交执行证书的后果是裁定不予受理或驳回执行申请。据此，执行证书虽未被明文规定为执行依据，但实际上是变相地承认了双执行依据说。

人民法院应当予以受理。

（四）债权人在取得执行证书后，应当自申请出具执行证书之日重新计算执行期限，并在执行期限内申请强制执行

《民事诉讼法》规定的申请执行的期间为2年。申请执行时效的中止、中断，适用法律有关诉讼时效中止、中断的规定。执行时效自债权人申请出具执行证书之日中断，债权人取得执行证书之后，应当以此日重新计算执行期限。

（五）人民法院受理以赋予强制执行效力的公证债务文书为执行依据的执行案件时，不得以超过申请执行时效期间为由不予受理

鉴于执行时效适用于诉讼时效的法律规定，人民法院不得主动适用诉讼时效。《民事诉讼法解释》第481条第1款规定，申请执行人超过申请执行时效期间向人民法院申请强制执行的，人民法院应予受理。被执行人对申请执行时效期间提出异议，人民法院经审查异议成立的，裁定不予执行。

（六）被执行人可以提出时效异议，申请执行人可以以执行时效中止或中断抗辩

被执行人对申请执行时效期间提出异议，人民法院经审查异议成立的，裁定不予执行。被执行人提出申请执行时效异议的，申请执行人可以根据《民法典》关于诉讼时效中止或中断的规定进行抗辩。①

---

① 《民法典》第194条："在诉讼时效期间的最后六个月内，因下列障碍，不能行使请求权的，诉讼时效中止：（一）不可抗力；（二）无民事行为能力人或者限制民事行为能力人没有法定代理人，或者法定代理人死亡、丧失民事行为能力、丧失代理权；（三）继承开始后未确定继承人或者遗产管理人；（四）权利人被义务人或者其他人控制；（五）其他导致权利人不能行使请求权的障碍。自中止时效的原因消除之日起满六个月，诉讼时效期间届满。"第195条："有下列情形之一的，诉讼时效中断，从中断、有关程序终结时起，诉讼时效期间重新计算：（一）权利人向义务人提出履行请求；（二）义务人同意履行义务；（三）权利人提起诉讼或者申请仲裁；（四）与提起诉讼或者申请仲裁具有同等效力的其他情形。"

四、担保合同的赋强公证

答复原文

最高人民法院关于公证机关赋予强制执行效力的包含担保协议的公证债权文书能否强制执行的请示的答复

2014年9月18日　〔2014〕执他字第36号

山东省高级人民法院：

你院《关于公证机关赋予强制执行效力的包含担保协议的公证债权文书能否强制执行的请示》（〔2014〕鲁执复议字第47号）收悉。经研究，答复如下：

原则同意你院执行复议审查意见。人民法院对公证债权文书的执行监督应从债权人的债权是否真实存在并合法，当事人是否自愿接受强制执行等方面进行审查。《中华人民共和国民事诉讼法》第二百三十八条第二款规定，公证债权文书确有错误的，人民法院裁定不予执行，并将裁定书送达双方当事人和公证机关。现行法律、司法解释并未对公证债权文书所附担保协议的强制执行作出限制性规定，公证机构可以对附有担保协议债权文书的真实性与合法性予以证明，并赋予强制执行效力。

本案当事人泰安志高实业集团有限责任公司、淮南志高动漫文化科技发展有限责任公司、江东廷、岳洋、江焕溢等，在公证活动中，提交书面证明材料，认可本案所涉《股权收益权转让及回购合同》、《支付协议》、《股权质押合同》、《抵押合同》、《保证合同》等合同的约定，承诺在合同、协议不履行或不适当履行的情况下，放弃诉权，自愿直接接受人民法院强制执行。但当债权人申请强制执行后，本案担保人却主张原本由其申请的公证事项不合法，对公证机构出具执行证书提出抗辩，申请人民法院不予执行，作出前后相互矛盾的承诺与抗辩，有违诚实信用原则，不应予以支持。公证机构依法赋予强制执行效力的包含担保协议的公证债权文书，人民法院可以强制执行。

此复

出台背景

（一）答复所涉及案例背景

2012 年 7 月 3 日，长安国际信托股份有限公司与泰安志高实业集团有限责任公司、淮南志高动漫文化科技发展有限公司、江某廷、岳某、江某溢分别签订了股权收益权转让及回购合同、支付协议、股权质押合同、抵押合同、保证合同，约定了各方的权利义务。各方在合同协议中约定办理具有强制执行效力的公证债权文书，并承诺在不履行协议时自愿接受人民法院强制执行。当日，各方当事人在西安市公证处办理了公证，公证处出具了公证书。

由于被执行人没有按协议履行，2013 年 8 月 16 日，西安市公证处出具了执行证书，确定执行标的额为 3.3 亿元。在出具执行证书过程中，公证处向被执行人送达了核实函，被执行人未提出异议。申请执行人长安国际信托公司依据公证书、执行证书向山东省高级人民法院申请强制执行，山东省高级人民法院指定济南铁路运输中级法院执行。

被执行人提出不予执行申请，理由是依照《公证法》《联合通知》，担保合同不在公证机关赋予强制执行效力的债权文书范围内，且申请执行金额已经超出诉争金额 3 亿元。济南铁路中院认为，本案赋予强制执行效力的债权文书具有货币给付内容，债权债务关系明确，当事人在不履行义务时，有自愿接受依法强制执行的承诺。执行标的额的争议不属于不予执行的理由，被执行人对执行债权数额不认可，可以提出有理有据的认可数额。最终以被执行人申请不予执行的理由没有法律依据为由，驳回了不予执行申请。

被执行人不服，向山东省高级人民法院申请复议，请求撤销该裁定。理由是：（1）公证机关的基本职能是证明而非审判，其赋予强制执行效力的债权文书范围并不包括担保协议。（2）本案所涉担保协议法律关系较为复杂，涉及抵押物、担保人、质押物及违约责任的认定，公证机关作为一个证明机关，不能以公证代替审判。（3）超标的查封申请复议人财产的处理也需要通过诉讼解决。山东省高级人民法院审判委员会经研究认为，多年来，对包含担保协议的公证债权文书是否应当予以执行，各地法院做法不尽统一。为妥善处理本案，准确适用法律，就该问题请示最高人民法院。

最高人民法院经研究，作出了〔2014〕执他字第36号答复，原则同意山东省高级人民法院复议意见，认为担保协议可以与主债权文书一并被公证机关赋予强制执行的效力。

（二）担保合同能否被赋强的争议根源

上述案例问题产生争议的根源在于，《联合通知》第2条规定的公证机关赋予强制执行效力的六种债权文书并不包括担保合同。2003年8月26日，最高人民法院执行工作办公室作出的《关于中国银行海南省分行质押股权异议案的复函》（〔2000〕执监字第126号）又认为，“追偿债款，物品的文书”不包括担保协议。

此后，是否可以赋予担保合同强制执行效力，是公证债权文书执行中争议最大的问题之一，理论上多种观点相互碰撞，司法实践中一直没有形成统一的认识，长期困扰公证机关和执行部门。由于缺乏法律依据，实践中做法不一，存在肯定论、否定论、区分论三种观点。肯定论认为，担保债权文书作为债权文书的一种，既然公证机关赋予其强制执行效力，人民法院就应当依法予以执行。否定论认为，一切有担保的债权均不属于公证赋强范围，人民法院对赋予强制执行效力的担保债权文书裁定不予执行，并无不当。区分论认为，对于连带保证可以出具强制执行公证文书，一般保证、抵押合同和质押合同不属于公证赋强范围。

（三）担保合同赋强公证的司法实践发展

从理论上看，认为担保协议不能赋予强制执行效力的观点，距今已经十几年，目前来看不合理且已难以适应社会经济发展的实际需要。公证活动的本质是民事法律行为，根据“私法自治”和“法无禁止即可为”的原则，既然担保人承诺放弃诉权，双方当事人意思表示真实且达成合意，人民法院没有必要不予承认。从实践需要看，现实中大量担保债权经公证后，进入执行程序。尤其在收益权融资交易中，关于增信措施所签订的保证合同、股权质押合同、抵押合同等担保合同，一般均随股权/资产收益权转让（及回购）合同一起或单独办理了强制执行公证。如果对上述担保合同不赋予强制执行效力，将导致司法实务、公证实务和金融投融资活动新模式严重脱节，就上述担保合同办理的公证书也失去了意义。

正因为如此，部分省份出台的地方规范性文件也突破了前述《联合通知》中第 2 条规定的范围，赋予了担保合同强制执行效力，如《江苏省公证条例》第 25 条、《云南省高级人民法院、云南省司法厅关于公证债权文书强制执行效力有关问题的通知》第 1 条等。近年来，最高人民法院在相关监督和复议案例中，也支持担保债权可以被赋予强制执行效力的观点。[①] 本答复认为担保合同“可与（主）债权文书一并执行”。但是，由于答复并非司法解释，仅为个案请示的答复意见，效力较低，不具有普遍适用效力，且对担保合同能否独立申请办理强制执行公证语焉不详，这一问题并未彻底解决。

《异议复议规定》第 22 条确立了对主债务和担保债务可以分别赋予强制执行效力的规则。现在，这个问题在立法论上已无争议。另外，2017 年 7 月 13 日，最高人民法院、司法部、原中国银监会联合下发的《关于充分发挥公证书的强制执行效力服务银行金融债权风险防控的通知》第 1 条，再次强调“各类担保合同、保函”可以被公证机关赋予强制执行的效力。《公证执行规定》第 6 条再次对《异议复议规定》第 22 条予以重申。

可见，对于含担保协议的公证债权文书是否应予执行的问题，最高人民法院的观点也经历了从“不予执行”到“可（与主债权文书）一并执行”，最后再到“可（与主债权文书分离）单独执行”的变化过程。

如不能对赋强担保合同强制执行，申请执行人只能另行申请实现担保物权，会导致本可以作为一个案件申请执行却不得不分裂为两个不同的案件分别申请执行和诉讼，不仅对债权人保护不利，也浪费了宝贵的司法资源。

理解与适用

（一）对担保合同赋予强制执行效力的实践理性

1. 公证债权文书范围限制下对担保合同赋予强制执行效力的排斥

早在新中国成立初期，最高人民法院和司法部就共同发文要求各地人民法

---

① 如最高人民法院（2011）执监字第 180 号公证债权文书执行纠纷案，以及最高人民法院于 2014 年 4 月 30 日公布的魏某夫申请执行张某峰、张某政、李某明公证债权文书纠纷执行案等。

院迅速建立公证制度，在认证契约时，载明强制执行条款，嗣后如有一方当事人违约，另一方当事人即可请求法院依照契约执行，但并未涉及担保债权赋强后可以直接执行的问题。在之后的司法实践中，受公证债权文书范围的限制，主流观点认为，公证机关能够证明有强制执行效力的债权文书仅限于《公证暂行条例》（已废止）第4条第10项规定的“追偿债款，物品的文书”，不及于担保合同。1985年最高人民法院和司法部共同颁布的《关于已公证的债权文书依法强制执行问题的答复》（已废止）也未涉及担保债权可以赋强的问题。1992年司法部《抵押贷款合同公证程序细则》（已废止）第6条虽然规定，双方当事人可以在合同中约定，借款人违约时，贷款人可以申请公证机关出具强制执行证书，向人民法院申请强制执行借款人的抵押财产，但没有直接释明在执行抵押财产之前是否必须对抵押合同办理强制执行公证。而且该抵押人与债务人应为同一主体，如果提供抵押物主体为第三人而非债务人时，抵押担保合同仍不能被赋予强制执行效力。2000年《联合通知》第2条将有财产担保的租赁合同排除在可赋予强制执行效力的债权文书之外，尽管该条设定了“符合赋予强制执行效力条件的其他债权文书”作为兜底条款，但也无法解读出担保合同属于可以赋予强制执行效力的债权文书范围。2003年《最高人民法院执行工作办公室关于中国银行海南省分行质押股权异议案的复函》（〔2000〕执监字第126号）则更为明确，认为即使“此后司法解释扩大了公证管辖的范围，仍不包括担保协议”，公证机关对抵押协议作出具有强制执行法律效力的公证书，不符合法律规定，属于公证文书确有错误的情形，应当不予执行。

2. 对主合同与担保合同一并赋予强制执行效力的肯定

自最高人民法院作出〔2000〕执监字第126号复函后，在长达十年的时间内，人民法院对担保合同赋强后的可执行性问题，尽管偶尔有所松动，总体上仍持否定态度。2008年中国公证协会发布的《公证协会指导意见》第2条规定，涉及第三人担保的债权文书，担保人（包括保证人、抵押人、出质人、反担保人）承诺愿意接受强制执行的，担保人应当向公证机关提出申请。这虽然肯定了公证机关对担保合同可以赋予强制执行效力，但并未得到执行法院关于可执行性的正面回应。直到2014年，最高人民法院针对山东省高级人民法院请示作出《最高人民法院关于公证机关赋予强制执行效力的包含担保协议的公证债权文书能否强制执行的请示的答复》（〔2014〕执他字第36号），对担保合同赋强后执行效力的态度发生了实质性转变。该答复认为，人民法院对公证债权文书的执行监督应从债权人的债权是否真实存在并合法、当事人是否自愿接受强制执行等方面进行审查，现行法律、司法解释并未对公证债权文书所附担保协议的强制执行作出限制性规定，公证机关可以对附有担保协议债权文书的真实性与合法性予以证明，并赋予强制执行效力。该答复明确，执行法院不应从区分主债权和担保债权的视角审查公证债权文书的可执行性，而应将审查的重点放在债权（包括担保债权）的真实性与合法性上。不难发现，最高人民法院认可附有担保协议的债权文书可以办理强制执行公证并可向人民法院申请执行，但对于单独的担保合同是否可以办理赋强公证以及能否作为执行依据的态度仍不明朗。

3. 担保合同单独作为执行依据的效力认可

实践中，金融机构在投融资交易过程中，因交易结构较为复杂，债权转让和债务重组频繁发生，增信措施不断涌现，债权人与债务人、担保人协商办理债权文书的赋强公证事宜，并非能够同时取得各方主体的一致同意，对主债权和从债权分别办理强制执行公证的问题已经不可避免。2015年《异议复议规定》（已修正）第22条规定，公证债权文书对主债务和担保债务同时赋予强制执行效力的，人民法院应予执行；仅对主债务赋予强制执行效力未涉及担保债务的，对担保债务的执行申请不予受理；仅对担保债务赋予强制执行效力未涉及主债务的，对主债务的执行申请不予受理。人民法院受理担保债务的执行申请后，被执行人仅以担保合同不属于赋予强制执行效力的公证债权文书范围为由申请不予执行的，不予支持。该规定从担保人是否有权申请不予执行的视角给担保合同是否可以纳入《联合通知》第2条第6项规定的“符合赋予强制执行效力条件的其他债权文书”的争议画上句号。《公证执行规定》第6条从赋予强制效力的担保债权文书的可执行性上，进一步明确主债权合同赋强公证的，除非担保债权一并被赋予强制执行效力，否则不能申请执行担保债权合同。对主从合同中全部或部分合同办理了赋强公证的可执行性予以进一步明确，债权人便可以选择与部分债务人或担保人办理赋强公证，而其他未办理赋强公证的合同，则可以通过诉讼或者仲裁方式解决，一定程度上有利于债权人便利地实现其合法权益。

4. 可独立赋予强制执行效力的担保合同范围之扩展

2017 年，最高人民法院、司法部、原中国银监会颁布《关于充分发挥公证书的强制执行效力服务银行金融债权风险防控的通知》，进一步将担保合同、保函纳入可单独办理赋强公证的债权文书范围。除此之外，融资租赁合同、保理合同、让与担保合同等非典型担保合同也纳入了可以赋强公证的范畴。

（二）可以赋予强制执行效力的担保合同类型化分析

从合同性质看，经公证的担保合同必须具备三个特点：一是担保合同作为主债务的从合同，其主债务内容必须具有给付性，往往以有价证券、不动产、物品、货币以及财产性收益等偿付债务；二是质押、抵押、保证所担保的主债权具有确定性；三是担保人与债务人意思表示一致，作出自愿放弃诉权、接受强制执行的承诺。根据《民法典》第 388 条的规定，主债权债务合同无效，担保合同无效，反之担保合同无效，并不影响主债权债务合同的效力，担保合同对主债权具有依附性。担保合同虽从属于主债权，但在主债权合同存续且有效的前提下，当事人可以单独就担保合同办理赋强公证，从而赋予担保合同强制执行效力。下面就保证合同、抵押合同、质押合同、留置合同和让与担保合同赋予强制执行效力的问题逐一进行探讨。

1. 意定担保合同

（1）保证合同

从文义上理解，保证是由第三人向债权人担保债务人履行债务，在债务人不履行时，由该第三人负责履行债的部分或全部的一种担保形式。实践中，保证担保多以承诺函或单方保函等形式存在，只要债权人接受，保证关系便有效成立。虽然保证是以人的信用为担保，但这种信用反映到债务具体履行，也是以有价证券、物品、货币给付为内容的。只要双方对主合同的给付内容没有争议，并且承诺债务人不履行义务或不完全履行义务时，保证人自愿接受依法强制执行，就可以经公证赋予保证合同以强制执行效力。

保证存在连带责任保证和一般保证两种方式。连带责任保证是指债权人在主合同规定的履行期限届满且债务人未履行债务时，有权要求债务人履行债务，也可以要求保证人在其保证范围内履行债务，此时保证人不得拒绝。一般保证是当事人在保证合同中约定，债务人不能履行债务时，由保证人承担保证责任的一种保证方式。这两种保证方式的主要差别在于，对于连带责任保证，在主债务履行期限届满且债务人未履行债务时，债权人有权直接向保证人主张权利，要求保证人在其保证范围内承担保证责任。而在一般保证中，除法律另有特别规定外，如果保证人未放弃先诉抗辩权，债权人不能直接向保证人主张权利，应首先向债务人追偿债务，而保证人在主合同纠纷未经审判或仲裁，且在依法强制执行债务人财产仍不能履行债务前，可以拒绝对债权人承担保证责任。

（2）抵质押合同

从物债二分的视角，抵押合同与质押合同属于物权合同，不属于债权文书范畴，但物权合同目的在于保障债权的实现，抵押权人不能把物权和债权分割开来单独转让，《民法典》第407条规定，抵押权不得与债权分离而单独转让或者作为其他债权的担保，债权转让的，担保该债权的抵押权一并转让。这就为抵押合同办理赋强公证打下了最坚实的基础。

第一，赋予强制执行效力的抵质押合同是以生效法律文书的形式对债权人的优先受偿权进行确认。抵押合同是指债务人或者第三人为担保债务的履行，不转移财产的占有，将该财产抵押给债权人，在债务人不履行到期债务或发生当事人约定的实现抵押权的情形，债权人有权就该财产优先受偿的合同。质押合同是指债务人或第三人将其财物（通常是动产、有价证券等）移交债权人占有，将该财物作为债权的担保，当债务人不履行债务时，债权人有权依法就该财物变现所得价金优先受偿的合同。根据安徽法院姚军法官的观点，与保证合同不同的是，物权担保合同不直接具有给付内容，被赋予强制执行后的效力体现为以生效法律文书的形式对债权人的优先受偿权进行确认，在效果上相当于《民事诉讼法》中的实现担保物权特别程序。抵质押合同办理赋强公证时，公证机关对抵押人主体资格和抵押物审查较严。抵质押合同在赋予强制执行效力之前，需要先办理担保物权的登记或交付手续。

第二，抵质押合同不办理物权登记手续不具有可执行性。需要注意的是，如果抵质押物没有办理物权登记，即使抵质押合同被赋予强制执行效力，也不具有可执行性。北京市第三中级人民法院受理的（2017）京03执复45号赵某华与高某英借款纠纷执行一案中，赵某华出借75万元给耿某，高某英以其房产做抵押担保，三方办理公证并赋予强制执行效力。公证处出具了执行证书，将并未办理房屋抵押登记的高某英列为被执行人，高某英虽承认以自己名下的房产提供抵押担保，但是未办理抵押登记，除此以外，高某英并未提供其他担保。执行证书中将高某英列为被执行人，属于载明的内容与事实严重不符的情形，高某英提出对执行证书中涉及其个人的部分不予执行，于法有据，应予以支持。执行法院遂裁定对执行证书中涉及高某英的部分不予执行。由此可见，人民法院受理担保债务的执行申请后，公证债权文书担保合同内容与事实不符的，人民法院应裁定不予执行。

第三，最高额抵押合同赋予强制执行效力问题分析。《民法典》第420条规定的最高额抵押，是指抵押人与抵押权人协议，在最高债权额限度内，以抵押物对一定期间内连续发生的债权作担保。最高额抵押有如下几个特点：一是最高额抵押属于限额抵押。设定抵押时，抵押人与抵押权人协议约定抵押财产担保的最高债权限额，无论将来实际发生的债权如何增减变动，抵押权人只能在最高债权额范围内对抵押财产享有优先受偿权。二是为将来发生的债权提供担保。最高额抵押权设定时，不以主债权的存在为前提，是典型的担保将来债权的抵押权。所谓“将来债权”是指设定抵押时尚未发生，在抵押期间内将要发生的债权。三是最高额抵押所担保的最高债权额是确定的，但实际发生额不确定。由于最高额抵押的特殊性，在实践中对于其是否能够经公证被赋予强制执行效力有不同的观点。一种观点认为，在最高额抵押合同订立时，债权并未完全确定，并不符合公证债权文书要求的债务给付数额明确，因此无法经公证赋予其强制执行效力；另一种观点认为，只要在公证机关出具执行证书的时候能够确定最高额抵押所担保的债权数额即可，这与公证债权文书要求债务数额明确的要求并不相悖。

实际上，最高额抵押担保的债权本质上是不确定的、抽象的债权，根据《民法典》第421条规定，在主债权确定之前，法律允许最高额抵押担保的部分债权转让，但最高额抵押权不随之转让，已经转让的部分债权成为普通债权，不享有优先受偿的权利。但当事人在转让时约定最高额抵押权可以随债权全部或者部分转让的除外。因此，最高额抵押权合同办理赋强公证不存在难以破除的法律障碍。

2. 法定担保合同

留置权与质押、抵押等意定担保物权不同，属于法定担保物权，由于留置物被债权人直接占有，当事人一般不会事先约定留置权的行使。实践中，加工承揽合同、运输合同、保管合同是最为典型的、能够产生留置动产的法律关系，《联合通知》第2条并未明确列举加工承揽合同、运输合同、保管合同、无因管理之债、不当得利之债和侵权之债等合同，但结合该条第6款“符合赋予强制执行效力的其他债权文书”的概括性规定和《联合通知》第1条公证机关赋予强制执行效力的债权文书所应具备的条件，公证机关赋予留置合同强制执行效力并无法律障碍，但《民法典担保解释》第44条第2款规定，主债权诉讼时效期间届满后，财产被留置的债务人或者对留置财产享有所有权的第三人请求债权人返还留置财产的，人民法院不予支持；债务人或者第三人请求拍卖、变卖留置财产并以所得价款清偿债务的，人民法院应予支持。因债权人直接占有留置的财产，并可以就该财产拍卖、变卖价款优先受偿，似乎没有必要对留置合同办理赋强公证，因而实践中极少出现以赋予强制执行效力的留置合同作为执行依据申请人民法院执行的情形。

3. 非典型担保合同——以股权让与担保合同的赋强公证为例

以金融创新名义出现的股权让与担保等各种新类型担保形式的赋强公证，要求公证机关尽到比金融从业人员更高的审查义务。让与担保是指债务人或第三人为担保债务人的债务，将担保标的物的所有权等权利转移于担保权人，在债务清偿后，担保标的物应返还于债务人或第三人；在债务不履行时，担保权人得就该标的物优先受偿的一种非典型担保形式。有的公证机关认为，让与担保合同办理赋强公证的依据不足，让与担保不属于《民法典》物权编列明的担保物权方式，双方转让股权的行为名为转让，实为担保，该行为是否属于虚假意思表示，目前观点分歧较大。有判例认为上述转让股权属于“法律手段超越经济目的”的“效果意思表示”，不属于虚假意思表示；根据刘贵祥专委在全国法院民商事审判工作会议上的讲话，虚假的意思表示即股权转让协议因其并非当事人真实意思表示而无效，而隐藏的行为即让与担保行为则要根据合同法的相关规定认定其效力。让与担保本身并不存在违反法律、行政法规的强制性规定的情形，依法应当认定有效。因此，以虚伪意思表示为由认定让与担保无效缺乏法律依据。

从价值功能上看，与留置合同相似，根据《民法典担保解释》第 68 条规定，债务人违约后，债权人可以直接处分债务人或第三人转移至自己名下的股权，并就处分后的财产优先受偿，如果让与担保合同办理赋强公证后，债权人需要向公证处申请出具执行证书，再向法院申请执行自己名下的财产，理论上虽然依然可行，但从救济角度上看有舍近求远之嫌。

（三）赋予强制执行效力的保证合同的可执行性问题

公证债权文书赋予强制执行效力的范围包括保证担保债权，但具体到一般保证和连带责任保证，在实际操作时又应加以区别。如公证债权文书赋予强制执行效力的范围同时包含主债务和保证债务的，人民法院应当依法予以执行，对于连带责任保证债权，必须将保证人与债务人共同列为被执行人，因为债务人与连带保证的保证人所承担的义务没有先后和主次之分。

1. 赋予强制执行效力的一般保证合同与一般保证人的先诉抗辩权

一般保证人在办理赋强公证时承诺放弃诉权，不等于默示放弃了先诉抗辩权，否则就背离了一般保证合同的基本属性。但如果保证人在公证活动中提交书面证明材料明确表示在合同不适当履行或不履行的情形下放弃先诉抗辩权，自愿直接接受法院强制执行的，即便在案件进入执行程序后保证人再提出抗辩，由于保证人这一违反承诺的行为有违诚实信用原则，人民法院也应对公证机关赋予强制执行效力的包括担保合同的公证债权文书予以强制执行。一般保证的主债务合同未办理赋强公证，保证人未放弃先诉抗辩权的，只有在债务人财产依法强制执行仍不能偿还全部债务时，才可以申请执行一般保证人。

2. 保证合同赋强后执行证书的出具

公证债权文书赋予强制执行效力的范围仅包含主债务的，人民法院对保证债务部分的执行申请不予受理，对于未办理赋强公证的保证合同，债权人可以通过诉讼方式起诉连带责任保证人，或在主债务未能全部实现的前提下，诉请一般保证人承担保证范围内的担保责任。如果公证债权文书赋予强制执行效力的范围仅包含保证合同债务的，人民法院对主债务部分的执行申请不予受理。在这种情况下，对于连带责任保证债权，人民法院应予以受理并依法进行强制执行。

对于未放弃先诉抗辩权的一般保证债务，如果被赋强公证的主债务逾期未获清偿，债权人将主债务人和一般保证人均作为被申请人申请公证机关出具执行证书的，公证机关应在执行证书中明确债务人和保证人清偿债务的先后次序，或者只对主债务出具执行证书，对保证债务不出具执行证书，只有在主合同纠纷经审判或仲裁，且在债务人财产依法强制执行仍不能偿还全部债务的事实发生时，公证机关才能够出具一般保证债务的执行证书，否则即使出具了执行证书，对一般保证人的执行申请，法院也不予以受理，或在受理后裁定驳回申请。

3. 债权人取得对债务人的公证债权文书并申请执行后，一般保证人不得以债权人未起诉或申请仲裁进行抗辩

公证债权文书与判决、调解书和裁定书均属于法定执行依据，为法律规定的债权实现路径。《民法典担保解释》第 27 条规定："一般保证的债权人取得对债务人赋予强制执行效力的公证债权文书后，在保证期间内向人民法院申请强制执行，保证人以债权人未在保证期间内对债务人提起诉讼或者申请仲裁为由主张不承担保证责任的，人民法院不予支持。"从这一条款中可以解读出一种可能性，一般保证的债权人和债务人就主债权办理赋强公证的，对该赋强公证的主债权合同申请执行将产生与起诉债务人或申请仲裁同样的法律效果，一般保证人不能再次要求债权人起诉或申请仲裁。①

实务操作指引

（一）应区分赋强效力的范围是主合同还是从合同

公证债权文书在对主债务和担保债务赋予强制执行效力时，有以下三种可能的选择方式：一是同时对主债务和担保债务赋予强制执行效力；二是仅对主债务赋予强制执行效力；三是仅对担保债务赋予强制执行效力。根据《异议复议规定》第 22 条的规定，这三种方式都是允许的。主债务和担保债务的强制执行效力各自独立，前者的强制执行效力并不当然及于后者，反之亦然。人民法

① 参见最高人民法院民事审判第二庭：《最高人民法院民法典担保制度司法解释理解与适用》，人民法院出版社 2021 年版，第 278～280 页。

院在执行程序中，应注意甄别主债务和担保债务各自的强制执行效力，区分是三种方式中的哪一种。另需注意的是，根据《民法典》的相关规定，担保合同依附于主合同，主合同和担保合同的关系是主从关系，保证、抵质押合同不具有独立性。但是，担保合同依附于主合同这一事实，并不影响债权人和担保人可以仅就保证合同、抵质押合同办理强制执行公证作出约定。也就是说，主合同和担保合同不是必须一并办理强制执行公证，而是可以分开各自单独办理。

（二）对主合同和担保合同分别赋强出现的不同法律后果

不同债权人基于商业交易模式的差异或者对债权债务纠纷可以采取不同的救济方式的考量，往往主债权合同和担保合同未能同时办理赋强公证，导致通过赋强公证程序迅速实现债权的目的难以实现。一般会交叉出现以下几种不同场景：

1. 主债权被赋予强制执行效力而担保合同没有办理强制执行公证的处理

尽管主债权合同可以申请强制执行，但如果债务人或者第三人只有担保财产无其他财产，仍需要债权人提起诉讼或者通过担保物权实现程序对担保财产进行处置，无法实现通过赋强公证程序快速高效实现债权的目的。

2. 主债权合同未办理赋强公证而担保合同办理了赋强公证的处理

如果是抵质押合同单独赋予强制执行效力，虽然可以独立进入强制执行程序对抵质押物进行处理，但因主债权未经诉讼或者仲裁，不能确认主债权的合法有效性以及最终的给付金额，担保物权的执行程序有时需要等待诉讼或者仲裁的最终裁判结果。因担保合同可以单独赋予强制执行效力，如果主债务没有被赋予强制执行效力，对于放弃先诉抗辩权的一般保证合同，虽然可以直接办理赋强公证，但实践中，公证机关一般要求当事人转换成连带保证，而不仅仅是在补充协议中载明保证人放弃优先抗辩权。但是，这种保守做法在《民法典》施行后似乎可以停止了，因为《民法典》第687条规定，如果一般保证人放弃先诉抗辩权，即使主合同纠纷未经审判和仲裁，并就债务人财产依法强制执行仍不能履行债务前，保证人也不得拒绝向债权人承担保证责任。如果是一般保证合同和主债务合同均办理了赋强公证，在一般保证人放弃了先诉抗辩权或先诉抗辩权失效的前提下，公证机关应依债权人申请出具执行证书。如果一般保证人不放弃先诉抗辩权，而债权人坚持对一般保证合同进行赋强公证，公证机关也不应当拒绝办理，但应告知债权人可能产生的执行障碍。

3. 主债权合同和担保合同的效力对可执行性的影响

从主债权合同和合同的效力上看，即使担保合同办理了赋强公证，如果主债权无效或者存在可撤销情形，需要当事人重新提起诉讼，担保合同无法得到执行。在主债权合同、从合同均归于无效或者主债权合同有效而从合同无效，即使担保合同办理赋强公证，仍然无法取得强制执行的效力，即使就担保合同申请执行，法院会告知当事人应重新提起诉讼。

4. 赋予强制执行效力的抵押合同债权人仍可以申请法院实现担保物权

实现担保物权程序属于《民事诉讼法》规定的特别程序，不属于严格意义上的诉讼程序。有的法院认为，如果对抵押合同办理了赋强公证，作为债权人的申请人在未对具有强制执行效力的公证债权文书申请执行并被裁定不予执行的情况下，直接申请实现担保物权不符合法律规定。实际上，从有利于债权实现的角度看，应当赋予债权人更多的救济路径选择权，人民法院不应因抵押合同被赋予强制执行效力而拒绝受理债权人提出的实现担保物权申请。实践中，办理赋强公证的抵押债权人向法院申请实现担保物权，多数情况下都会得到法院的认可和支持。

（三）不同类型的担保合同被赋强后的效力不同

典型担保合同包括抵押合同、质押合同、保证合同和定金合同，抵押、质押合同需要办理担保物权登记或交付手续后，公证机关才会赋予强制执行效力。担保合同的类型不同，被赋强后的法律效力自然也有不同的表现：就连带保证合同而言，由于债权人可以直接向保证人主张给付，故保证合同被赋强后的效力体现为可以单独（或与主合同一起）作为执行依据被人民法院强制执行和给付；就抵押合同、质押合同而言，由于其不具有直接的给付内容，[①] 难以单独作为执行依据被人民法院强制执行，故其被赋强后的法律效力实际上体现为以生效法律文书的形式对债权人优先受偿权予以确认。

---

① 《联合通知》第1条明确规定，公证机关赋强的债权文书应具有给付内容。正是在这个意义上，有观点认为，应当对能够被赋予强制执行效力的担保合同做限缩解释，即仅限于保证合同，不包括不具有给付内容的抵押合同、质押合同。但这种解释方法较为古板，于实务无益，并不可取，毕竟实践中赋予抵押合同、质押合同强制执行效力以确认优先权有适用余地。

五、公证债权文书实体争议的解决

通知、规定原文

（一）最高人民法院、司法部关于公证机关赋予强制执行效力的债权文书执行有关问题的联合通知

2000年9月1日　司发通〔2000〕107号

为了贯彻《中华人民共和国民事诉讼法》、《中华人民共和国公证暂行条例》的有关规定，规范赋予强制执行效力债权文书的公证和执行行为，现就有关问题通知如下：

一、公证机关赋予强制执行效力的债权文书应当具备以下条件：

（一）债权文书具有给付货币、物品、有价证券的内容；

（二）债权债务关系明确，债权人和债务人对债权文书有关给付内容无疑义；

（三）债权文书中载明债务人不履行义务或不完全履行义务时，债务人愿意接受依法强制执行的承诺。

二、公证机关赋予强制执行效力的债权文书的范围：

（一）借款合同、借用合同、无财产担保的租赁合同；

（二）赊欠货物的债权文书；

（三）各种借据、欠单；

（四）还款（物）协议；

（五）以给付赡养费、扶养费、抚育费、学费、赔（补）偿金为内容的协议；

（六）符合赋予强制执行效力条件的其他债权文书。

三、公证机关在办理符合赋予强制执行的条件和范围的合同、协议、借据、欠单等债权文书公证时，应当依法赋予该债权文书具有强制执行效力。

未经公证的符合本通知第二条规定的合同、协议、借据、欠单等债权文书，在履行过程中，债权人申请公证机关赋予强制执行效力的，公证机关必须征求

债务人的意见；如债务人同意公证并愿意接受强制执行的，公证机关可以依法赋予该债权文书强制执行效力。

四、债务人不履行或不完全履行公证机关赋予强制执行效力的债权文书的，债权人可以向原公证机关申请执行证书。

五、公证机关签发执行证书应当注意审查以下内容：

（一）不履行或不完全履行的事实确实发生；

（二）债权人履行合同义务的事实和证据，债务人依照债权文书已经部分履行的事实；

（三）债务人对债权文书规定的履行义务有无疑义。

六、公证机关签发执行证书应当注明被执行人、执行标的和申请执行的期限。债务人已经履行的部分，在执行证书中予以扣除。因债务人不履行或不完全履行而发生的违约金、利息、滞纳金等，可以列入执行标的。

七、债权人凭原公证书及执行证书可以向有管辖权的人民法院申请执行。

八、人民法院接到申请执行书，应当依法按规定程序办理。必要时，可以向公证机关调阅公证卷宗，公证机关应当提供。案件执行完毕后，由人民法院在十五日内将公证卷宗附结案通知退回公证机关。

九、最高人民法院、司法部《关于执行〈民事诉讼法（试行）〉中涉及公证条款的几个问题的通知》和《关于已公证的债权文书依法强制执行问题的答复》自本联合通知发布之日起废止。

（二）最高人民法院
关于公证债权文书执行若干问题的规定（节选）

2018年10月1日　法释〔2018〕18号

第十一条　因民间借贷形成的公证债权文书，文书中载明的利率超过人民法院依照法律、司法解释规定应予支持的上限的，对超过的利息部分不纳入执行范围；载明的利率未超过人民法院依照法律、司法解释规定应予支持的上限，被执行人主张实际超过的，可以依照本规定第二十二条第一款规定提起诉讼。

第二十条 公证债权文书被裁定不予执行的，当事人可以就该公证债权文书涉及的民事权利义务争议向人民法院提起诉讼；公证债权文书被裁定部分不予执行的，当事人可以就该部分争议提起诉讼。

当事人对不予执行裁定提出执行异议或者申请复议的，人民法院不予受理。

第二十二条 有下列情形之一的，债务人可以在执行程序终结前，以债权人为被告，向执行法院提起诉讼，请求不予执行公证债权文书：

（一）公证债权文书载明的民事权利义务关系与事实不符；

（二）经公证的债权文书具有法律规定的无效、可撤销等情形；

（三）公证债权文书载明的债权因清偿、提存、抵销、免除等原因全部或者部分消灭。

债务人提起诉讼，不影响人民法院对公证债权文书的执行。债务人提供充分、有效的担保，请求停止相应处分措施的，人民法院可以准许；债权人提供充分、有效的担保，请求继续执行的，应当继续执行。

第二十三条 对债务人依照本规定第二十二条第一款规定提起的诉讼，人民法院经审理认为理由成立的，判决不予执行或者部分不予执行；理由不成立的，判决驳回诉讼请求。

当事人同时就公证债权文书涉及的民事权利义务争议提出诉讼请求的，人民法院可以在判决中一并作出裁判。

第二十四条 有下列情形之一的，债权人、利害关系人可以就公证债权文书涉及的民事权利义务争议直接向有管辖权的人民法院提起诉讼：

（一）公证债权文书载明的民事权利义务关系与事实不符；

（二）经公证的债权文书具有法律规定的无效、可撤销等情形。

债权人提起诉讼，诉讼案件受理后又申请执行公证债权文书的，人民法院不予受理。进入执行程序后债权人又提起诉讼的，诉讼案件受理后，人民法院可以裁定终结公证债权文书的执行；债权人请求继续执行其未提出争议部分的，人民法院可以准许。

利害关系人提起诉讼，不影响人民法院对公证债权文书的执行。利害关系人提供充分、有效的担保，请求停止相应处分措施的，人民法院可以准许；债权人提供充分、有效的担保，请求继续执行的，应当继续执行。

出台背景

从公证债权文书制度的发展看，自1982年国务院颁布的《公证暂行条例》（已废止）明确债权文书可以经公证赋予强制执行效力以来，由于缺少操作层面的法律规范，影响了公证债权文书在实践中的运用。《联合通知》主要解决了债权文书应当具备的条件和可赋予强制执行效力的债权文书的范围。《联合通知》尽管不是司法解释，但施行20多年至今仍发挥着重要作用。目前，公证机关在办理赋强业务中，仍然存在法律依据不清晰，程序不统一，审核尺度多元化的问题，《公证执行规定》施行后，弥补了《联合通知》中的空白，使公证债权文书执行制度更加成熟。目前有关公证债权文书的法律、法规和司法解释主要有《公证法》《公证程序规则》《民事诉讼法》《民事诉讼法解释》《公证执行规定》和最高人民法院发布的相关批复和指导意见。

理解与适用

《民事诉讼法》第245条第2款规定："公证债权文书确有错误的，人民法院裁定不予执行，并将裁定书送达双方当事人和公证机关。"《民事诉讼法解释》第478条列举的不予执行的几种情形中，既包括了内容与事实不符或者违反法律强制性规定、违背社会公共利益等实体争议，也包括被执行人未到场且未委托代理人到场办理公证等严重违反公证程序的情形。《公证执行规定》将实体错误从法定"确有错误"中抽离出来，针对实体错误，由之前的执行部门审查变更为审判部门审查。主要是考虑实体争议较为复杂，执行部门的审查不如审判程序严谨、具体，以诉讼程序进行救济对当事人权益保障更为周全，同时也体现了"审执分离"的司法改革趋向。[①]

（一）以往司法解释否定公证债权文书内容争议的可诉性

具有强制执行效力的公证债权文书内容争议是否具有可诉性，涉及两种情况：一是债权人提起诉讼应否受理；二是债务人提起诉讼应否受理。实践中主

① 曹凤国主编：《公证债权文书执行司法解释理解与适用》，法律出版社2021年版，第187页。

要出现两种状况：一是公证债权文书的债权人未在法定执行时效内提出强制执行申请，而是直接提起民事诉讼。二是债权人提出强制执行申请后，债务人以存在民事争议为由向法院提起民事诉讼。对此如何处理，理论上有不同观点，实务上也有不同做法。

江苏、重庆等多个高级人民法院分别向最高人民法院请示，要求予以明确。司法部也来函希望以司法解释的形式解决这一问题。① 2008 年 12 月，《最高人民法院关于当事人对具有强制执行效力的公证债权文书的内容有争议提起诉讼人民法院是否受理问题的批复》②（已废止），明确指出不予受理。之后出台的《最高人民法院关于审理涉及公证活动相关民事案件的若干规定》（法释〔2014〕6 号，已修改）第 3 条第 2 款③，再次对此作出否定回答。

（二）债务人在三种情况下可提起不予执行的异议之诉

受前述规定的影响，长期以来的司法实践中，被执行人在对"赋强公证债权文书"的内容、有效性等产生争议时，无法直接起诉，只能在执行程序中申请不予执行。实务中不乏这方面的案例④。

但是，根据《公证执行规定》第 22 条的规定，对于公证债权文书载明的民

---

① 参见罗东川、林文学：《〈关于当事人对具有强制执行效力的公证债权文书的内容有争议提起诉讼人民法院是否受理问题的批复〉的理解与适用》，载《人民司法》2009 年第 3 期。

② 该批复规定："各省、自治区、直辖市高级人民法院，解放军军事法院，新疆维吾尔自治区高级人民法院生产建设兵团分院：关于当事人对具有强制执行效力的公证债权文书的内容有争议提起诉讼人民法院是否受理的问题，我院陆续收到江苏、重庆等高级人民法院的请示，经研究，批复如下：根据《中华人民共和国民事诉讼法》第二百一十四条和《中华人民共和国公证法》第三十七条的规定，经公证的以给付为内容并载明债务人愿意接受强制执行承诺的债权文书依法具有强制执行效力。债权人或者债务人对该债权文书的内容有争议直接向人民法院提起民事诉讼的，人民法院不予受理。但公证债权文书确有错误，人民法院裁定不予执行的，当事人、公证事项的利害关系人可以就争议内容向人民法院提起民事诉讼。"

③ 该款规定："当事人、公证事项的利害关系人对具有强制执行效力的公证债权文书的民事权利义务有争议直接向人民法院提起民事诉讼的，人民法院依法不予受理。但是，公证债权文书被人民法院裁定不予执行的除外。"

④ 如（2017）最高法民申 1171 号裁定中指出：皓月公司对具有强制执行效力的（2014）西莲证经字第 8757 号公证债权文书记载的实际借款数额有争议，向一审法院提起民间借贷诉讼，一审法院不予受理，二审予以维持并无不当……张某斌依据（2014）西莲证经字第 8757 号公证书向陕西渭南中院申请执行，该院作出执行裁定。皓月公司申请对上述公证书不予执行，该院裁定驳回其申请；经复议，陕西省高级人民法院维持了该裁定。故（2014）西莲证经字第 8757 号公证书不属于《最高人民法院关于审理涉及公证活动相关民事案件的若干规定》第 3 条第 2 款规定"公证债权文书被人民法院裁定不予执行"的情形。

事权利义务关系与事实不符、因违反法律强制性规定而无效（可撤销）以及债权因清偿、提存、抵销、免除等原因全部或者部分消灭等三类实体事由，债务人可在执行程序终结前，以债权人为被告，向执行法院提起诉讼，请求不予执行公证债权文书。这就赋予了被执行人在执行程序中直接通过诉讼的方式，对抗、抵销申请执行人执行债权的权利。一般认为，这是我国执行法上首次在公证债权文书领域创设了债务人异议之诉制度。

因此，《公证执行规定》第 22 条对债务人直诉开了“口子”，明确了债务人据以提起不予执行诉讼的三种事由，作出了与此前规定不同的内容。按照“新法优于旧法”的原则，应以新规定为准。据此，应当认为，在《公证执行规定》生效后，《最高人民法院关于当事人对具有强制执行效力的公证债权文书的内容有争议提起诉讼人民法院是否受理问题的批复》（已废止）和《最高人民法院关于审理涉及公证活动相关民事案件的若干规定》第 3 条第 2 款将不再发生效力，而最高人民法院于 2019 年 7 月发布的《关于废止部分司法解释（第十三批）的决定》（法释〔2019〕11 号）也明确将前者废止。即并非债务人对“赋强公证债权文书”的所有争议都无法起诉，在符合三种事由时，债务人可以起诉请求不予执行公证债权文书。

1. 公证债权文书的内容与事实不符

公证债权文书的内容与事实不符，主要体现为以下几种情况：第一，执行证书载明债权人已经履行合同义务或者债务人未履行或未完全履行义务但与实际履行情况不符的；第二，经公证的债权文书以合法形式掩盖非法目的；第三，经公证的债权文书不是双方当事人的真实意思表示的；第四，债权人或债务人在公证时对债权文书载明的有关给付内容未予同意但公证机关作出公证书和执行证书的。

2. 公证债权文书具有法律规定的无效、可撤销等情形

根据《民法典》的相关规定，违反法律、行政法规的强制性规定的民事法律行为无效。但是，该强制性规定不导致该民事法律行为无效的除外。违背公序良俗的民事法律行为无效；行为人与相对人恶意串通，损害他人合法权益的民事法律行为无效；行为人与相对人以虚假的意思表示实施的民事法律行为无效。

可撤销的情形包括但不限于：基于重大误解实施的民事法律行为；一方以

欺诈手段，使对方在违背真实意思的情况下实施的民事法律行为；第三人实施欺诈行为，使一方在违背真实意思的情况下实施的民事法律行为，对方知道或者应当知道该欺诈行为的；一方或者第三人以胁迫手段，使对方在违背真实意思的情况下实施的民事法律行为；一方利用对方处于危困状态、缺乏判断能力等情形，致使民事法律行为成立时显失公平等。

3. 公证债权文书载明的债权因清偿、提存、抵销、免除等原因全部或者部分消灭

《公证执行规定》第22条第1款第3项规定的债的消灭事由与《民法典》第557条规定的债权债务终止情形基本一致。需要注意的是，本项规定的债权灭失事由应当发生在公证债权文书出具以后，如果发生在出具之前，说明公证债权文书本身存在错误，属于第1项公证债权文书载明的民事权利义务关系与事实不符的情形。①

4. 公证债权文书违背社会公序良俗的，既可以由债务人提起不予执行的申请，也可以由法院依职权进行审查

《公证执行规定》确定的不予执行审查规则可概括为，程序问题由执行机构（含执行裁判机构）审查，实体问题由法院审判机构审查。是否违背公序良俗属于实体判断事由，但《公证执行规定》却未如其他实体判断事由一样需要由被执行人提起诉讼，而是赋予了执行机构依职权进行审查实体并可以直接作出不予执行裁定的权力。② 但需要注意的是，法院依职权审查公证债权文书是否违背公序良俗，并不意味着被执行人不能再以公证债权文书违背公序良俗为由提出不予执行的诉请，根据《公证执行规定》第22条第1款的规定，经公证的债权文书具有法律规定的无效、可撤销等情形，被执行人可以起诉请求不予执行，而公证债权文书违背公序良俗属法律规定的无效情形。

（三）债权人在两种情况下可就公证债权文书的争议起诉

《公证执行规定》第22条赋予了债务人诉讼的权利，为对当事人平等适用

---

① 参见曹凤国主编：《公证债权文书执行司法解释理解与适用》，法律出版社2021年版，第305页。

② 参见曹凤国主编：《公证债权文书执行司法解释理解与适用》，法律出版社2021年版，第258页。

法律，也应该赋予债权人提起诉讼的权利。根据《公证执行规定》第24条的规定，对于公证债权文书载明的民事权利义务关系与事实不符、因违反法律强制性规定而无效（可撤销）这两类实体事由，债权人、利害关系人可以就公证债权文书涉及的民事权利义务争议直接向有管辖权的人民法院提起诉讼。

实务操作指引

（一）执行法院应主动审查民间借贷的利率标准

根据《民间借贷规定》第25条第1款的规定，审理民间借贷案件时，判决支持的利息有合同成立时年期贷款市场报价利率的四倍的上限规定。人民法院运用公权力对公证债权文书予以执行，也应当遵循这个标准，按照《公证执行规定》第11条的规定对超出法律保护上限的利息部分不纳入执行范围，这是法院在执行实施中依职权主动审查的内容。对于超出的利息部分，执行法院以执行通知裁定等方式明确告知当事人不纳入执行范围，当事人有异议，通过执行异议程序救济。如果公证债权文书载明的年利率未超过法律保护的上限，债务人主张存在以“违约金”“服务费”等情形变相突破上限的，或者主张存在“利滚利”“砍头息”等情形实质超过上限的，因属于实体争议，不适用利息区分执行的规定，债务人可以依据《公证执行规定》第22条第1款的规定，通过提起诉讼予以救济。

（二）债权人可基于约定起诉追究债务人违约责任

在实践中，受《最高人民法院关于当事人对具有强制执行效力的公证债权文书的内容有争议提起诉讼人民法院是否受理问题的批复》（已废止）的影响，有观点认为：当债务人违约时，债权人只能基于“赋强公证债权文书”向法院申请强制执行，而不得就债务人不履行义务的违约行为进行起诉，除非“赋强公证债权文书”被法院裁定不予执行。持这种观点的判例亦不鲜见。①

① 比如，在“黄某军等诉李某等民间借贷纠纷一案”［（2017）川01民终10964号］中，一审法院已受理债权人李某要求债务人履行案涉担保借款合同的诉讼请求并作出判决，二审法院却认为“李某作为被赋予强制执行效力的担保借款合同的出借人，应当根据公证机关出具的相关债权凭证向有管辖权的法院申请强制执行，其直接向法院提起诉讼应予驳回”。

对此，最高人民法院审理“王某诉森工融信投资集团等借款合同纠纷案”时，在作出的（2017）最高法民申4503号裁定中曾认为：依公证书申请强制执行还是另行诉讼，是债权人的权利，法律并未禁止当事人行使诉讼权利。法释〔2008〕17号批复仅对“债权文书的内容有争议直接向人民法院提起民事诉讼”予以否定，而本案森工融信公司并非基于对债权文书的内容有争议向人民法院提起民事诉讼，而是依据合同约定诉请王某红承担连带还款责任，本案不属于上述批复规定的情形，人民法院受理本案并无不当。

最高人民法院上述判例中的观点存在合理性。债务人的违约行为，不属于公证债权文书内容争议的范畴。因此，不能认为公证债权文书被赋予强制执行效力后，债权人即丧失了追究债务人不履行义务的违约行为的诉权。

（三）未完全履行和解协议的情形

公证债权文书执行程序中双方达成执行和解，申请执行人以被执行人未完全履行和解协议为由申请恢复执行原公证债权文书，被执行人以已履行和解协议为由提起债务人异议之诉，法院应如何处理？

《最高人民法院执行工作办公室关于在执行中当事人双方达成执行和解协议后申请执行人反悔能否恢复原判决执行的请示的答复》中指出，“双方当事人一旦达成和解协议并履行，即变更了原生效法律文书的内容”。根据《执行和解规定》第9条的规定，被执行人一方不履行执行和解协议的，申请执行人可以申请恢复执行原生效法律文书，也可以就履行执行和解协议向执行法院提起诉讼。被执行人认为恢复执行违反法律规定的，可以依照《民事诉讼法》第232条的规定提出异议。但公证债权文书比较特殊，其并不具备如生效判决一样的既判力，债务人在执行程序终结前可以债权不成立或消灭为由通过债务人异议之诉排除公证债权文书的执行力。当事人之间达成了执行和解协议，申请执行人以被执行人未履行或未完全履行和解协议为由申请恢复执行原公证债权文书，法院裁定恢复执行的，被执行人是应当对法院恢复执行提出异议还是依据《公证执行规定》第22条第1款第3项“公证债权文书载明的债权因清偿、提存、抵销、免除等原因全部或者部分消灭”起诉不予执行公证债权文书？

在开始分析之前需要明确一个问题，即《公证执行规定》第22条第1款第3项规定的“公证债权文书载明的债权因清偿、提存、抵销、免除等原因全部或者部分消灭”的形成时间是有限制的。如果债权清偿、提存、抵销等发生在公证债权文书出具之前，则说明公证债权文书本身存在错误，应属于第1项“公证债权文书载明的民事权利义务关系与事实不符”；如果债权清偿、提存、抵销、免除等发生在执行程序开始后，应认定为被执行人主动履行或申请执行人主动放弃执行债权，此时也没有债务人异议之诉排除执行依据的执行力的适用空间，毕竟如果被执行人希望排除公证债权文书的执行力，难以解释为何被执行人要主动履行债务。由此，“公证债权文书载明的债权因清偿、提存、抵销、免除等原因全部或者部分消灭”的形成时间应当是在公证债权文书出具之后强制执行程序开始之前。

在此基础上，申请执行人与被执行人达成执行和解协议，被执行人履行执行和解协议并不属于《公证执行规定》第22条第1款第3项规定的“公证债权文书载明的债权因清偿、提存、抵销、免除等原因全部或者部分消灭”的情形。因此，如果被执行人仅对是否履行执行和解协议、法院恢复执行有争议的，应当依据《民事诉讼法》第232条的规定提出执行异议。如（2018）豫01执异427号裁定中，双方当事人在执行过程中于2016年3月18日和8月11日分别达成了执行和解协议及执行和解补充协议。申请执行人认为，被执行人未完全履行和解协议，申请恢复执行。法院恢复执行后向被执行人发出执行通知。被申请人提出执行异议，认为其已于2016年9月9日全部履行完毕了两个协议的内容，法院不应恢复执行，应当作出执行结案的裁定。

但如果被执行人不是对执行和解协议履行有争议，而是主张债权已经清偿完毕的，则应当根据《公证执行规定》第22条诉请不予执行公证债权文书。如上述（2018）豫01执异427号裁定中，法院对被执行人提出的执行和解协议已经履行完毕的主张不予采纳的原因在于被执行人提供的证明已经履行完毕的主要转账记录均发生在执行证书签发之前，即使证据材料均具有真实性和合法性，但上述款项与本案执行依据没有直接的法律关联性。但法院也提出，对于前述转账记录的争议，被执行人可以依照《公证执行规定》第22条通过诉讼程序解决。即形成于执行证书签发之前的所谓债务清偿转账记录，如果影响公证债权文书项下的债权是否已经清偿的，被执行人可以通过债务人执行异议之诉解决。

综上所述，若被执行人以履行全部或部分和解协议为由诉请不予执行公证债权文书的，法院应予受理。[①] 但因执行程序中的履行（无论是主动履行还是被动执行）并不属于《公证执行规定》第22条第1款第3项规定的“公证债权文书载明的债权因清偿、提存、抵销、免除等原因全部或者部分消灭”，法院将判决驳回诉讼请求。若被执行人对是否履行执行和解协议、恢复执行有争议的，法院应向其释明依据《民事诉讼法》第232条提出执行异议进行救济。

① 《公证执行规定》第22条第1款所列举的事由是否存在、能否成立，人民法院只有审查以后才能确定，因此只要债务人以该条列举的事由起诉，人民法院就应当受理。参见曹凤国主编：《公证债权文书执行司法解释理解与适用》，法律出版社2021年版，第304页。

第三十二章 人事争议和劳动仲裁裁决的执行

一、人事争议仲裁裁决的执行

批复、复函原文

（一）最高人民法院执行工作办公室关于人事部门人事争议仲裁委员会作出的裁决能否由人民法院强制执行问题的批复

2002年6月20日 〔2002〕执他字第8号

河北省高级人民法院：

你院〔2002〕冀法执请字第1号报告收悉。经研究，答复如下：

人事争议仲裁委员会是人事部门根据《人事争议处理暂行规定》设立的仲裁机构，该《暂行规定》（已废止）虽未明确规定一方当事人逾期不履行仲裁裁决的，另一方当事人可以申请人民法院强制执行，但是，我国现行的人事争议仲裁制度与劳动争议仲裁制度的性质相同，两仲裁裁决应具有同等效力。基于支持、规范人事仲裁制度发展的需要，在目前法律没有明文规定的情况下，一方当事人逾期不履行人事争议仲裁裁决，另一方当事人向人民法院申请强制执行的，人民法院可以比照劳动争议仲裁裁决执行的有关规定予以受理。

此复

（二）劳动部办公厅关于已撤诉的劳动争议案件劳动争议仲裁委员会是否可以再受理的复函

1997年7月8日　劳办发〔1997〕61号

河北省劳动厅：

你厅《关于已按撤诉处理和申诉人申请撤诉的劳动争议案件是否可以再立案的请示》（冀劳办〔1997〕146号）收悉，经研究并与最高人民法院协商一致，现答复如下：

根据《中华人民共和国民事诉讼法》第一百一十一条第5项关于“对判决、裁定已发生法律效力的案件，当事人又起诉的，告知原告按申诉处理，但人民法院准许撤诉的裁定除外”的规定，最高人民法院在《关于适用〈中华人民共和国民事诉讼法〉若干问题的意见》（法发〔1992〕22号）第一百四十四条明确规定：“当事人撤诉或人民法院按撤诉处理后，当事人以同一诉讼请求再次起诉的，人民法院应予受理。”据上述规定精神，当事人撤诉或者劳动争议仲裁委员会按撤诉处理的案件，如当事人就同一仲裁请求再次申请仲裁，只要符合受理条件，劳动争议仲裁委员会应当再次立案审理，申请仲裁时效期间从撤诉之日起重新开始计算。

出台背景

人事争议仲裁委员会是指各级政府人事部门设立的处理事业单位人事争议的仲裁委员会，对以下争议作出仲裁裁决：（1）实施公务员法的机关与聘任制公务员之间、参照《公务员法》管理的机关（单位）与聘任工作人员之间因履行聘任合同发生的争议；（2）事业单位与工作人员之间因解除人事关系、履行聘用合同发生的争议；（3）社团组织与工作人员之间因解除人事关系、履行聘用合同发生的争议；（4）军队聘用单位与文职人员之间因履行聘用合同发生的争议；（5）依照法律、法规规定可以仲裁的其他人事争议。

该批复作出时《人事争议处理暂行规定》（已废止）未明确规定一方当事人逾期不履行仲裁裁决的，另一方当事人可以申请人民法院强制执行。2003 年《最高人民法院关于人民法院审理事业单位人事争议案件若干问题的规定》（法释〔2003〕13 号）第 2 条规定："当事人对依照国家有关规定设立的人事争议仲裁机构所作的人事争议仲裁裁决不服，自收到仲裁裁决之日起十五日内向人民法院提起诉讼的，人民法院应当依法受理。一方当事人在法定期间内不起诉又不履行仲裁裁决，另一方当事人向人民法院申请执行的，人民法院应当依法执行。"至此，最高人民法院对人事争议仲裁委员会作出的调解书或者裁决书能否申请执行的问题以司法解释的形式作出了明确规定。2007 年 10 月 1 日《人事争议处理规定》（国人部发〔2007〕109 号，已修正）第 33 条规定："对发生法律效力的调解书或者裁决书，当事人必须履行。一方当事人逾期不履行的，另一方当事人可以依照国家有关法律法规和最高人民法院相关司法解释的规定申请人民法院执行。"另外，《公务员法》第 100 条也明确了人事争议仲裁委员会对聘任制公务员与所在机关之间因履行聘任合同发生争议作出的仲裁裁决可以申请人民法院执行。

理解与适用

（一）人事争议仲裁委员会作出的仲裁裁决的可诉性

批复作出时，人事争议仲裁委员会作出的仲裁裁决不具有可诉性，当事人有证据证明裁决有下列情形之一的，可以自收到裁决书之日起 10 日内向作出裁决的仲裁委员会申请复议：（1）仲裁庭的组成或者仲裁的程序是违反法定程序的；（2）裁决所依据的证据是伪造的；（3）对方当事人隐瞒了足以影响公正裁决的证据的；（4）仲裁员在仲裁该案时有受贿索贿、徇私舞弊、枉法裁决行为的。可见，在当时人事争议仲裁委员会作出的仲裁裁决不可起诉，只能申请复议。若仲裁委员会经审查核实裁决有前款规定情形之一的，应当另行组成仲裁庭处理。复议期间，不影响裁决的执行。但 2007 年《人事争议处理规定》（已修正）第 3 条中规定："当事人对仲裁裁决不服的，可以向人民法院提起诉讼。"该条规定明确了仲裁裁决的可诉性。可见，人事争议仲裁委员会作出的仲裁裁决经历了由不可诉到可诉的历史变迁。

（二）特殊劳动争议案件的申请执行

首先，针对多个劳动者的劳动争议作出仲裁裁决，部分劳动者提起诉讼，其他劳动者能否申请强制执行的问题。《劳动争议解释（一）》第17条规定："劳动争议仲裁委员会对多个劳动者的劳动争议作出仲裁裁决后，部分劳动者对仲裁裁决不服，依法向人民法院起诉的，仲裁裁决对提出起诉的劳动者不发生法律效力；对未提出起诉的部分劳动者，发生法律效力，如其申请执行的，人民法院应当受理。"其次，针对预先支付劳动者劳动报酬、工伤医疗费、经济补偿或者赔偿金的仲裁裁决如何申请强制执行的问题。《最高人民法院关于审理劳动争议案件适用法律若干问题的解释（二）》（已废止）第8条第1款规定，当事人不服劳动争议仲裁委员会作出的预先支付劳动者部分工资或者医疗费用的裁决，向人民法院起诉的，人民法院不予受理。《劳动争议解释（一）》增加了"一裁终局"的情形，将经济补偿和赔偿金纳入不可起诉范围。《劳动争议解释（一）》第10条规定："当事人不服劳动争议仲裁委员会作出的预先支付劳动者劳动报酬、工伤医疗费、经济补偿金或者赔偿金的裁决，依法提起诉讼的，人民法院不予受理。用人单位不履行上述裁决中的给付义务，劳动者依法申请强制执行的，人民法院应予受理。"

实务操作指引

（一）用人单位向人民法院申请撤销终局裁决执行程序的处理

《劳动争议解释（一）》第25条规定："劳动人事争议仲裁委员会作出终局裁决，劳动者向人民法院申请执行，用人单位向劳动人事争议仲裁委员会所在地的中级人民法院申请撤销的，人民法院应当裁定中止执行。用人单位撤回撤销终局裁决申请或者其申请被驳回的，人民法院应当裁定恢复执行。仲裁裁决被撤销的，人民法院应当裁定终结执行。用人单位向人民法院申请撤销仲裁裁决被驳回后，又在执行程序中以相同理由提出不予执行抗辩的，人民法院不予支持。"

（二）申请不予执行仲裁裁决的处理

《劳动争议解释（一）》第24条对人民法院可以裁定不予执行的劳动争议仲

裁裁决书、调解书的情形作出了规定，在原来司法解释规定的四种情形基础上又增加了三种可裁定不予执行的情形，原来的情形为：(1) 裁决的事项不属于劳动争议仲裁范围，或者劳动争议仲裁机构无权仲裁的；(2) 适用法律确有错误的；(3) 仲裁员仲裁该案，有徇私舞弊、枉法裁决行为的；(4) 人民法院认定执行该劳动争议仲裁裁决违背社会公共利益的。违反法定程序、裁决所根据的证据是伪造的及当事人隐瞒了足以影响公正裁决的证据的，属于增加的情形。人民法院在不予执行的裁定书中，应当告知当事人在收到裁定书之次日起30日内，可以就该劳动争议事项向人民法院起诉。应注意，以前不予执行劳动人事仲裁的适用范围比不予执行商事仲裁的适用范围要窄，现在已经保持一致。

（三）劳动争议案件的财产保全

仲裁阶段劳动者申请保全的，劳动仲裁委员会应及时向人民法院转交申请书及仲裁案件受理通知书等相关材料。① 劳动争议方提起诉讼过程中采取保全措施的，劳动者应当在裁决书或人民法院的裁判文书生效后3个月内申请强制执行。逾期不申请的，人民法院应当裁定解除保全措施。因此，劳动者应当注意申请强制执行的时限，避免因逾期申请而造成脱保的情况出现。

二、劳动争议复议决定书的执行

批复、意见原文

（一）最高人民法院关于劳动争议仲裁委员会的复议仲裁决书可否作为执行依据问题的批复

1996年7月21日　法复〔1996〕10号

河南省高级人民法院：

你院（1995）豫法执请字第1号《关于郑劳仲复裁字（1991）第1号复议

① 参见曹凤国：《最高人民法院关于人民法院办理财产保全案件若干问题的规定理解与适用》，法律出版社2020年版，第45页。

仲裁决定书能否作为执行依据的请示》收悉。经研究，答复如下：

仲裁一裁终局制度，是指仲裁决定一经作出即发生法律效力，当事人没有提请再次裁决的权利，但这并不排除原仲裁机构发现自己作出的裁决有错误进行重新裁决的情况。劳动争议仲裁委员会发现自己作出的仲裁决定书有错误而进行重新仲裁，符合实事求是的原则，不违背一裁终局制度，不应视为违反法定程序。因此对当事人申请执行劳动争议仲裁委员会复议仲裁决定的，应予立案执行。如被执行人提出申辩称该复议仲裁决定书有其他应不予执行的情形，应按照民事诉讼法第二百一十七条的规定，认真审查，慎重处理。

（二）人力资源社会保障部、最高人民法院关于加强劳动人事争议仲裁与诉讼衔接机制建设的意见

2017年11月8日　人社部发〔2017〕70号

各省、自治区、直辖市人力资源社会保障厅（局）、高级人民法院，解放军军事法院，新疆生产建设兵团人力资源社会保障局、新疆维吾尔自治区高级人民法院生产建设兵团分院：

加强劳动人事争议仲裁与诉讼衔接（以下简称裁审衔接）机制建设，是健全劳动人事争议处理制度、完善矛盾纠纷多元化解机制的重要举措。近年来，一些地区积极探索加强裁审衔接工作，促进了劳动人事争议合法公正及时解决，收到了良好的法律效果和社会效果。但是，从全国来看，劳动人事争议裁审衔接机制还没有在各地区普遍建立，已建立的也还不够完善，裁审工作中仍然存在争议受理范围不够一致、法律适用标准不够统一、程序衔接不够规范等问题，影响了争议处理质量和效率，降低了仲裁和司法的公信力。为进一步加强劳动人事争议裁审衔接机制建设，现提出如下意见。

一、明确加强裁审衔接机制建设的总体要求

做好裁审衔接工作，要全面贯彻党的十九大和十九届一中全会精神，以习近平新时代中国特色社会主义思想为指导，坚持以人民为中心的发展思想，切实落实深化依法治国实践以及提高保障和改善民生水平、加强和创新社会

治理的决策部署，按照《中共中央　国务院关于构建和谐劳动关系的意见》（中发〔2015〕10号）、《中共中央办公厅　国务院办公厅关于完善矛盾纠纷多元化解机制的意见》（中办发〔2015〕60号）有关要求，积极探究和把握裁审衔接工作规律，逐步建立健全裁审受理范围一致、裁审标准统一、裁审程序有效衔接的新规则新制度，实现裁审衔接工作机制完善、运转顺畅，充分发挥劳动人事争议处理中仲裁的独特优势和司法的引领、推动、保障作用，合力化解矛盾纠纷，切实维护当事人合法权益，促进劳动人事关系和谐与社会稳定。

二、统一裁审受理范围和法律适用标准

（一）逐步统一裁审受理范围。各地劳动人事争议仲裁委员会（以下简称仲裁委员会）和人民法院要按照《中华人民共和国劳动争议调解仲裁法》等法律规定，逐步统一社会保险争议、人事争议等争议的受理范围。仲裁委员会要改进完善劳动人事争议受理立案制度，依法做到有案必立，有条件的可探索实行立案登记制，切实发挥仲裁前置的功能作用。

（二）逐步统一裁审法律适用标准。各地仲裁委员会和人民法院要严格按照法律规定处理劳动人事争议。对于法律规定不明确等原因造成裁审法律适用标准不一致的突出问题，由人力资源社会保障部与最高人民法院按照《中华人民共和国立法法》有关规定，通过制定司法解释或指导意见等形式明确统一的法律适用标准。省、自治区、直辖市人力资源社会保障部门与高级人民法院要结合裁审工作实际，加强对法律适用问题的调查研究，及时提出意见建议。

三、规范裁审程序衔接

（一）规范受理程序衔接。对未经仲裁程序直接起诉到人民法院的劳动人事争议案件，人民法院应裁定不予受理；对已受理的，应驳回起诉，并告知当事人向有管辖权的仲裁委员会申请仲裁。当事人因仲裁委员会逾期未作出仲裁裁决而向人民法院提起诉讼且人民法院立案受理的，人民法院应及时将该案的受理情况告知仲裁委员会，仲裁委员会应及时决定该案件终止审理。

（二）规范保全程序衔接。仲裁委员会对在仲裁阶段可能因用人单位转移、藏匿财产等行为致使裁决难以执行的，应告知劳动者通过仲裁机构向人民法院申请保全。劳动者申请保全的，仲裁委员会应及时向人民法院转交申请书及仲裁案件受理通知书等相关材料。人民法院裁定采取保全措施或者裁定驳回申请的，应将裁定书送达申请人，并通知仲裁委员会。

（三）规范执行程序衔接。仲裁委员会依法裁决先予执行的，应向有执行权的人民法院移送先予执行裁决书、裁决书的送达回证或其他送达证明材料；接受移送的人民法院应按照《中华人民共和国民事诉讼法》和《中华人民共和国劳动争议调解仲裁法》相关规定执行。人民法院要加强对仲裁委员会裁决书、调解书的执行工作，加大对涉及劳动报酬、工伤保险待遇争议特别是集体劳动人事争议等案件的执行力度。

四、完善裁审衔接工作机制

（一）建立联席会议制度。各地人力资源社会保障部门和人民法院要定期或不定期召开联席会议，共同研究分析劳动人事争议处理形势，互相通报工作情况，沟通协调争议仲裁与诉讼中的受理范围、程序衔接、法律适用标准等问题，推进裁审工作有效衔接。

（二）建立信息共享制度。各地人力资源社会保障部门和人民法院要加强劳动人事争议处理工作信息和统计数据的交流，实现信息互通和数据共享。人力资源社会保障部门要加强争议案件处理情况追踪，做好裁审对比情况统计分析，不断改进争议仲裁工作，人民法院要积极支持和配合。要建立健全案卷借阅制度，做好案卷借阅管理工作。有条件的地区，可以实行电子案卷借阅或通过信息平台共享电子案卷，并做好信息安全和保密工作。

（三）建立疑难复杂案件办案指导制度。各地仲裁委员会和人民法院要加强对疑难复杂、重大劳动人事争议案件的研讨和交流，开展类案分析，联合筛选并发布典型案例，充分发挥典型案例在统一裁审法律适用标准、规范裁审自由裁量尺度、服务争议当事人等方面的指导作用。

（四）建立联合培训制度。各地人力资源社会保障部门和人民法院要通过举办师资培训、远程在线培训、庭审观摩等方式，联合开展业务培训，增强办案人员的素质和能力，促进提高裁审衔接水平。

五、加强组织领导

各地人力资源社会保障部门和人民法院要高度重视加强劳动人事争议裁审

衔接机制建设工作，将其作为推进建立中国特色劳动人事争议处理制度的重要措施，纳入劳动人事关系领域矛盾纠纷多元处理工作布局，加强领导，统筹谋划，结合当地实际联合制定实施意见，切实抓好贯彻落实。人力资源社会保障部门要积极主动加强与人民法院的沟通协调。人民法院要明确由一个庭室统一负责裁审衔接工作，各有关庭室要积极参与配合。省、自治区、直辖市人力资源社会保障部门、高级人民法院要加强对市、县裁审衔接工作的指导和督促检查，推动裁审衔接工作顺利开展。要加大政策引导和宣传力度，增进劳动人事争议当事人和社会公众对裁审衔接工作的了解，引导当事人依法理性维权，为合法公正及时处理争议营造良好氛围。

出台背景

仲裁裁决书、调解书和人民法院的判决书、调解书一样，均为法定执行依据。实务中，不排除劳动争议仲裁委员会在作出仲裁裁决书后，又发现自己作出的仲裁裁决书存在错误的情形。本着实事求是、有错必究的原则，劳动争议仲裁委员会可根据需要重新仲裁。那么，重新仲裁后作出的复议仲裁裁决是否违背一裁终局制度？复议仲裁裁决书是否与仲裁裁决书一样为法定的执行依据？权利人能否据此申请强制执行？对此，实践中存在不同的认识。河南省高级人民法院的请示主要源于实践中对复议仲裁决定能否执行的争议。

理解与适用

（一）部分劳动争议对用人单位实行一裁终局制度

我国民商事仲裁实行一裁终局制度，即仲裁裁决书自作出之日即发生法律效力，一方当事人不履行裁决内容，对方当事人可以持裁决书作为执行依据向人民法院申请强制执行。

而劳动争议处理实行的是“一调一裁两审”制度。仲裁是诉讼前置程序，不经仲裁，当事人不能直接向人民法院起诉。案件通过调解和仲裁，有利于使劳动争议尽快得到解决，减少打官司、耗费司法资源。而劳动争议仲裁，以前的做法是不实行一裁终局原则，当事人对劳动仲裁裁决书不服的，可以自收到裁决书之日起15日内向人民法院提起诉讼。但在司法实践中发现，部分用人单位明知起诉并不能胜诉，仍滥用诉讼权利，利用诉讼程序恶意拖欠劳动者工资，完全适用一裁终局制度存在一定的弊端，不利于遏制实践中滥用诉讼权利的不诚信行为。

《劳动争议调解仲裁法》第47条、第48条对一裁终局制度作出重大立法突破，确立了特定劳动争议仲裁的单方终局制度。对于追索劳动报酬、工作医疗费、经济补偿金或者赔偿金，不超过当地月最低工资标准12个月金额的争议，以及因执行国家的劳动标准在工作时间、休息休假、社会保险等方面发生的争议，对用人单位实行一裁终局，不能再次起诉；对劳动者则不适用，如果劳动者不服，则可以起诉。

根据现行立法，在劳动争议仲裁程序中，除上述两类特定劳动争议案件采用单方终局制度外，其余并不适用一裁终局制度。所谓的“（劳动）仲裁决定一经作出即发生法律效力”的表述并不严谨。

（二）仲裁委为纠正错误重新作出的裁决可以作为执行依据

劳动争议仲裁委员会发现自己作出的仲裁裁决书确有错误而重新仲裁作出的裁决书，能否作为执行依据？应该说，仲裁裁决作出后，当事人确实没有提请再次裁决的权利，但是，如果原仲裁机构发现自己作出的裁决确有错误的，本着实事求是的原则，仲裁庭也可以重新决定仲裁。这种为纠正错误而重新作出的复议仲裁裁决书，与一般的劳动争议仲裁裁决书并无本质区别，当然也可以作为执行依据。

需要注意的是，《劳动争议解释（一）》第8条规定，“劳动争议仲裁机构为纠正原仲裁裁决错误重新作出裁决，当事人不服，依法提起诉讼的，人民法院应当受理”。据此，原仲裁裁决如确有错误，劳动争议仲裁委员会为纠正原仲裁裁决错误有权重新作出裁决。一旦重新作出裁决，那么原仲裁裁决将不再发生效力。

如果认为重新作出的裁决书不具有强制执行效力，那么该劳动争议将缺乏定案法律文书，显然欠妥。此外，对劳动争议仲裁委员会为纠正原仲裁裁决错误重新作出的裁决书不服的，其救济途径与普通的劳动仲裁裁决书一样，可以起诉。这也从侧面印证了“劳动争议仲裁委员会为纠正原仲裁裁决错误重新作出的裁决书”与普通的劳动仲裁裁决书并无二致，都可以作为申请执行的依据。

实务操作指引

（一）劳动争议仲裁裁决的撤销

用人单位对于一裁终局的仲裁裁决，虽然不具有诉权，但根据《劳动争议调解仲裁法》第49条的规定，在符合法定情形的条件下，可以自收到仲裁裁决书之日起30日内向劳动争议仲裁委员会所在地的中级人民法院申请撤销裁决：(1) 适用法律、法规确有错误的；(2) 劳动争议仲裁委员会无管辖权的；(3) 违反法定程序的；(4) 裁决所根据的证据是伪造的；(5) 对方当事人隐瞒了足以影响公正裁决的证据的；(6) 仲裁员在仲裁该案时有索贿受贿、徇私舞弊、枉法裁决行为的。

人民法院经组成合议庭审查，核实裁决有前款规定情形之一的，应当裁定撤销。仲裁裁决被撤销的，当事人可以自收到裁定书之日起15日内就该劳动争议事项向法院提起诉讼。

（二）劳动争议仲裁裁决（调解）书的执行管辖

除《劳动争议调解仲裁法》第47条、第48条规定的两种特定情况实行一裁终局外，当事人对其他劳动争议案件的仲裁裁决不服的，可以自收到仲裁裁决书之日起15日内向人民法院提起诉讼；期满不起诉的，裁决书发生法律效力。一方当事人逾期不履行发生法律效力的劳动争议仲裁调解书、裁决书的，另一方当事人可以依照民事诉讼法向人民法院申请执行。

在地域管辖上，劳动争议仲裁案的调解书、裁决书属于《民事诉讼法》第231条第2款中的“法律规定由人民法院执行的其他法律文书”。因此，劳动争议仲裁案的调解书、裁决书的执行管辖法院应为被执行人住所地或者被执行的财产所在地人民法院。

在级别管辖上，目前并无明文规定由哪一级法院立案执行。有观点认为，可参照《仲裁法解释》第29条关于国内民商事仲裁执行管辖的规定，由中级人民法院受理，但劳动争议仲裁与国内民商事仲裁裁决是两种性质不同的仲裁，国内仲裁裁决是一裁终局，对裁决不服不可再诉，仅在某些情形下可向中级人民法院申请撤销；而对劳动争议仲裁不服，尚可诉讼，且在基层人民法院诉讼，诉讼后仍由该法院执行。因此，劳动争议仲裁的执行无须中级人民法院受理，基层人民法院完全可以受理并执行该类案件。

综上所述，劳动争议仲裁的执行管辖法院，应当是被执行人住所地或者被执行人的财产所在地的基层人民法院。

（三）劳动争议仲裁裁决（调解）书的不予执行

根据《劳动争议解释（一）》第24条的规定，当事人申请执行劳动争议仲裁机构作出的发生法律效力的裁决书、调解书，被申请人提出证据证明劳动争议仲裁裁决书、调解书有下列情形之一，并经审查核实的，法院可以根据《民事诉讼法》第244条的规定，裁定不予执行：（1）裁决的事项不属于劳动争议仲裁范围，或者劳动争议仲裁机构无权仲裁；（2）适用法律、法规确有错误的；（3）违反法定程序的；（4）裁决所根据的证据是伪造的；（5）对方当事人隐瞒了足以影响公正裁决的证据的；（6）仲裁员在仲裁该案时有索贿受贿、徇私舞弊、枉法裁决行为的；（7）人民法院认定执行该劳动争议仲裁裁决违背社会公共利益的。人民法院在不予执行的裁定书中，应当告知当事人在收到裁定书之次日起30日内，可以就该劳动争议事项向人民法院提起诉讼。

（四）劳动争议仲裁裁决的先予执行

1. 先予执行和部分裁决

商事仲裁理论中通常会根据作出的时间、性质或效力等，将仲裁裁决的类型分为中间裁决、部分裁决、最终裁决。在早期的仲裁规则中，未对中间裁决和部分裁决进行细致区分，适用范围和对象也是一致的，仲裁庭早期出具的部分裁决书或中间裁决书，多是根据当事人申请的裁决名称而命名。随着研究的不断深入，部分裁决和中间裁决的不同功能和价值逐渐明朗，实践中也逐渐将两者区分开来。部分裁决是针对当事人仲裁申请中提出的已经审理清楚的某项或某几项仲裁请求而作出，其系终局性的裁决，和最终裁决具有相同的效力，可作为强制执行的依据。而中间裁决则是针对案件争议中的程序事项或者有关实体方面的先决事项作出的裁决，其并非针对仲裁请求作出，不是对仲裁请求的终局处理。部分裁决可申请强制执行与人民法院裁定先予执行是不同的，前者对仲裁纠纷中的部分事实进行裁决，是终局性的生效裁决；而先予执行裁定是在人民法院尚未作出生效法律文书的情况下作出的，两者存在显著差异。

2. 先予执行的法律规定

第一，先予执行的纠纷类型。《劳动争议调解仲裁法》第44条第1款规定：仲裁庭对追索劳动报酬、工伤医疗费、经济补偿或者赔偿金的案件，根据当事人的申请，可以裁决先予执行，移送人民法院执行。根据《民事诉讼法》第109条和《民事诉讼法解释》相关规定，先予执行限于当事人诉讼请求的范围，并以当事人的生活、生产经营的急需为限。根据当事人的申请，下列案件可以裁定先予执行：追索赡养费、扶养费、抚育费、抚恤金、医疗费用的；追索劳动报酬的；需要立即停止侵害、排除妨碍的；需要立即制止某项行为的；追索恢复生产、经营急需的保险理赔费的；需要立即返还社会保险金、社会救助资金的；不立即返还款项，将严重影响权利人生活和生产经营的；因情况紧急需要先予执行的。另根据《行政诉讼法》第57条规定，人民法院对起诉行政机关没有依法支付抚恤金、最低生活保障金和工伤、医疗社会保险金的案件，权利义务关系明确、不先予执行将严重影响原告生活的，可以根据原告的申请，裁定先予执行。

第二，先予执行的条件。人民法院裁定先予执行，应当符合下列条件：一是当事人之间权利义务关系明确，不先予执行将严重影响申请人的生活或者生产经营的。二是被申请人有履行能力。人民法院可以责令申请人提供担保，申请人不提供担保的，驳回申请。但是，考虑到劳动者的经济能力，以及其一般处于弱势地位的现状，在劳动争议仲裁程序中劳动者申请先予执行的，可以不提供担保。

第三，先予执行裁定的复议。当事人对先予执行裁定不服的，可以自收到裁定书之日起5日内向作出裁定的人民法院申请复议。人民法院应当在收到复议申请后10日内审查。裁定正确的，驳回申请；裁定不当的，变更或者撤销原裁定。

第四，申请先予执行的程序。首先，申请人应向审判机构或者仲裁庭提交先予执行的申请，并提交证据证明当事人之间权利义务关系明确且不先予执行将严重影响其生产经营或者生活。其次，审判机构或者仲裁庭进行审查后作出先予执行的裁定或裁决，先予执行应当限于当事人诉讼请求的范围，并以当事人的生活、生产经营的急需为限。最后，移交执行机构执行。

三、劳动监察指令书能否作为执行依据

答复原文

最高人民法院
关于劳动行政部门作出责令用人单位支付劳动者工资报酬、经济补偿和赔偿金的劳动监察指令书是否属于可申请法院强制执行的具体行政行为的答复

1998年5月17日　〔1998〕法行字第1号

广东省高级人民法院：

你院《关于如何处理〈劳动监察指令书〉问题的请示》收悉。经研究，原则同意你院意见，即：劳动行政部门作出责令用人单位支付劳动者工资报酬、经济补偿和赔偿金的劳动监察指令书，不属于可申请人民法院强制执行的具体行政行为，人民法院对此类案件不予受理。劳动行政部门作出责令用人单位支付劳动者工资报酬、经济补偿和赔偿金的行政处理决定书，当事人既不履行又不申请复议或者起诉的，劳动行政部门可以依法申请人民法院强制执行。

出台背景

行政机关作出的（具体）行政行为原则上由行政机关申请人民法院强制执行，只有在法律、法规有特别授权时，行政机关才享有自行强制执行的权力。实践中，人民法院对行政机关（具体）行政行为的执行习惯上称为“非诉行政执行”，即行政机关作出具体行政行为后，公民、法人或者其他组织在法定期限内，既不向人民法院提起行政诉讼，又拒不履行已生效的行政行为所确定的义

务时，行政机关可以向人民法院申请强制执行，由人民法院采取强制措施，使具体行政行为的内容得以实现。

当用人单位未向劳动者支付工资报酬时，劳动行政监察部门往往会根据劳动者的投诉，在查清事实的基础上向用人单位发出劳动监察指令书，责令用人单位向劳动者支付工资报酬、经济补偿和赔偿金等。但这种劳动监察指令书能否作为非诉执行依据，其与劳动行政部门向用人单位作出的行政处理决定书有何差别，实践中还存在不同的认识。

理解与适用

《行政强制法》第53条规定，当事人在法定期限内不申请行政复议或者提起行政诉讼，又不履行行政决定的，没有行政强制执行权的行政机关可以自期限届满之日起三个月内，申请人民法院强制执行。《行政诉讼法》第97条确立了中国行政强制执行制度两分法的基本格局：对于行政机关作出行政行为，如该机关具有法律赋予的强制执行权，[①] 则由其自行采取强制执行措施（不得申请法院执行）；如果没有法律赋予的强制执行权，则可以申请法院执行。

劳动行政部门不具有强制执行权，其作出的劳动监察指令书能否申请法院执行，关键看劳动监察指令书是否为行政行为，是则可以向法院申请执行，反之则不能申请执行。劳动监察指令书和行政处理决定书不同，后者是行政行为，前者则不属于行政行为。劳动监察指令书和行政处理决定书的区分，涉及行政法理论上的阶段性行政行为的概念。所谓阶段性行政行为是指行政机关在一个行政行为尚未最终完成时作出的阶段性处理意见，此时行政行为尚未最终完成，不可能对当事人产生任何效力，当事人也就不能对其提起行政诉讼，只有在该行政行为最终完成后才能对最后的决定提起行政诉讼。

阶段性行政行为在实践中比较常见，如车主乱停车时，交警贴在车上的交通处罚告知书。再如，在有些行政处罚程序中，行政机关经过初步调查会形成一个初步的处罚意见，并将此意见告知当事人并告知其享有听证的权利，这种

① 如公安、国安、税务、工商、海关以及县级以上政府等机关。

文书通常被称为行政处罚告知书。“这种告知书并非最后的处罚决定，最后的处罚决定只有等听证结束后才作出，而这个最后决定完全有可能改变告知书中的初步处罚意见。因此，当事人不能因为行政机关告知有对其实施处罚的可能性，就提起行政诉讼。”①

就劳动监察指令书而言，其虽然载明有责令用人单位支付相关款项等内容，但此时用人单位和劳动者之间的权利义务关系尚处于未决状态，用人单位还可以就此向劳动行政部门进行陈述、申辩，待劳动部门作出最后的劳动监察决定书。由于劳动监察指令书不是劳动部门的最后处理决定，所以，其属于典型的阶段性行政行为，用人单位不能就劳动监察指令书提起行政诉讼，劳动部门也不能以此作为执行依据申请法院强制执行。

如果用人单位没有按照劳动监察指令书上指明的内容作出相关行为，劳动行政部门则可以作出行政处理决定书。该行政处理决定书属于行政行为，其内容可能是对原劳动监察指令书内容的重申，也可能是对用人单位不履行劳动监察指令书而作出的相应处罚，用人单位如不履行决定书内容，则劳动行政部门可以申请法院执行。

实务操作指引

在水城县人力资源和社会保障局、贵州荣珏建设工程有限公司劳动和社会保障行政管理再审案［（2020）黔行申42号］中，关于水城县人力资源和社会保障局作出的劳动保障监察责令改正决定书是否具有可诉性成为案件的争议焦点。②

（一）基本案情

贵州荣珏建设工程有限公司（以下简称荣珏建设）承包了水城县阿戛片区城市棚户区改造项目勘探施工总承包工程的劳务。水城县棚户区改造服务中心

① 林鸿潮：《行政法入门》，中国法制出版社2012年版，第121页。

② 以下主要摘录了一审、二审及再审裁判文书中与《劳动保障监察责令改正决定书》是否具有可诉性相关的内容，对其他争议焦点仅做简略概括。

将工程款支付给荣珏建设用于支付工人工资。后王某龙向水城县人力资源和社会保障局（以下简称水城县人社局）投诉荣珏建设拖欠工资，水城县人社局予以立案监察，并于2018年10月10日向荣珏建设、陈某作出劳动保障监察责令改正决定书（以下简称决定书），决定书载明："限你单位于2018年10月22日前将该项目拖欠的21名民工工资共计845,540.5元（大写：捌拾肆万伍仟伍佰肆拾元伍角）支付完毕，并将支付凭证报水城县劳动监察大队……""拒不履行本责令改正决定的，依据《贵州省劳动保障监察条例》第二十八条之规定处2万元以上10万元以下的罚款，逾期未支付将以涉嫌拒不支付劳动报酬罪移送公安机关"。陈某及荣珏建设于当日签收决定书。2018年10月18日，水城县人社局将《劳动保障涉嫌犯罪案件移送审批表》审批完毕，同意移送公安机关立案侦查，但制作的卷宗材料未体现于何时移送给公安机关。

荣珏建设及陈某向六盘水市钟山区人民法院起诉请求撤销水城县人社局作出的决定书。

（二）一审法院裁判

一审法院认为，水城县人社局作出的决定书中要求荣珏建设于2018年10月22日前将该项目拖欠民工工资支付完毕，对荣珏建设的权利义务产生了实际影响，该决定书依法属于行政诉讼受案范围。另外，一审法院认定水城县人社局作出的决定书证据不充分、程序不合法。遂作出（2019）黔0201行初10号行政判决，撤销水城县人社局作出的决定书。

水城县人社局不服一审判决，向六盘水市中级人民法院提起上诉，理由为：从《最高人民法院关于劳动行政部门作出责令用人单位支付劳动者工资报酬、经济补偿和赔偿金的劳动监察指令书是否属于可申请法院强制执行的具体行政行为的答复》可以看出，水城县人社局对荣珏建设及陈某作出《决定书》的行为属于行政执法中的过程性行为。依据《行政处罚法》第23条之规定，决定书应视为行政机关作出行政处罚行为的一个前置阶段行为，不是独立的行政行为，不具有可诉性。劳动保障监察行政处罚决定书才具有可诉性。

（三）二审法院判决

二审法院六盘水市中级人民法院认为，判断行政行为是否可诉，应以行政行为是否具有法效性为标准。所谓法效性，是指行政行为直接对外发生法律效果。“直接”是指法律效果直接对相对人发生，导致法律关系的发生、变更或消灭。“对外”是指行政行为对行政主体之外的人发生法律效果。即一个行政行为只要对相对人或利害关系人的权利义务产生了实际的影响，就是可诉的。从决定书的内容来看，已对行政相对人设立了义务，对相对人的权利义务产生了实际的影响，且已送达相对人，足以认定该决定书对相对人已经直接产生了法律效果，属可诉的行政行为。

二审法院认定水城县人社局作出的决定书不合法，遂于2019年9月11日作出（2019）黔02行终142号行政判决，驳回水城县人社局上诉，维持原判。

水城县人社局不服二审判决，向贵州省高级人民法院申请再审。

（四）再审裁定

贵州省高级人民法院认为，根据《行政诉讼法解释》第1条第1款第10项关于对公民、法人或者其他组织权利义务不产生实际影响的行为不属于行政诉讼受案范围之规定，以及原审查明的事实，该决定书对荣珏建设、陈某设定了义务并明确告知了不履行义务将依法处以罚款的金额范围以及逾期不支付将以涉嫌拒不支付劳动报酬罪移送公安机关的后果，对荣珏建设、陈某的权利义务产生了直接影响。因此，原审法院认定案涉决定书具有可诉性并无不当。

另外，水城县人社局认定荣珏建设拖欠民工工资的证据不足，在未查明相关事实及决定书确定的履行期限尚未届满的情况下，就已经决定将相对人移送公安机关并完成审批，也违反了正当程序的要求。

贵州省高级人民法院认为原审法院认定案涉决定书认定事实不清，证据不足，予以撤销并无不当。再审申请人的再审理由不成立。遂于2020年9月14日作出（2020）黔行申42号行政裁定，驳回水城县人社局的再审申请。

从上述案例可以看出，在阶段性行政行为是否具有可诉性的判断上，法院采取实质重于形式的审查原则，虽然本案决定书在形式上是行政处罚的阶段性行为，并非最终的处罚决定书，但从水城县人社局出具的决定书的具体内容及其之后采取的行为来看，其未保障相对人的程序权利，对相对人的权利义务产生了实质、直接的影响，属于违法行政行为。如果法院不予受理，将导致权利义务受到违法行政行为影响的相对人救济无门。

第三十三章　行政案件的执行

一、行政非诉执行程序概述

通知原文

最高人民法院
关于办理行政机关申请强制执行案件有关问题的通知

1998 年 8 月 18 日　法〔1998〕77 号

各省、自治区、直辖市高级人民法院，新疆维吾尔自治区高级人民法院生产建设兵团分院：

关于人民法院办理行政机关申请强制执行其作出的具体行政行为的案件，行政庭与执行庭如何分工的问题，经我院审判委员会讨论，并已正式下发文件（法发〔1996〕12 号）。我院《关于人民法院执行工作若干问题的规定（试行)》下发后，一些法院就上述两个文件的关系问题向我院提出询问。现就有关问题重申如下：

一、行政机关申请人民法院强制执行案件由行政审判庭负责审查。经教育，行政行为相对人自动履行的，即可结案。需要强制执行的，由行政审判庭移送执行庭办理。

二、对于申请执行的具体行政行为，人民法院必须认真进行审查，切实履行法律赋予的监督职责，坚决防止和杜绝违法失职现象的发生。因不审查或不认真审查而给被申请人造成损失的，应当追究有关人员的责任。

三、人民法院经审查，确认申请执行的具体行政行为有明显违法问题，侵犯相对人实体合法权益的，裁定不予执行，并向申请机关提出司法建议。

出台背景

中华人民共和国和成立以后到改革开放以前，我国没有相对独立的行政强制执行制度。改革开放后至1989年《行政诉讼法》颁布前这一时期，开始形成由单行法、行政法规规定行政机关自行执行和申请人民法院强制执行的二元模式。1989年《行政诉讼法》施行后，第66条①首次以法律形式确立了非诉行政执行案件的基本模式。1996年4月29日，最高人民法院下发了《关于处理行政机关申请人民法院强制执行案件分工问题的通知》（法发〔1996〕12号，已废止），规定行政机关申请人民法院强制执行的案件，由行政审判庭负责审查。需要强制执行的，由行政审判庭移送执行庭。《执行规定》将“依法应由人民法院执行的行政处罚决定、行政处理决定”作为执行依据，与民事、行政判决、裁定、调解书，以及刑事附带民事判决、裁定、调解书一样，由执行机构负责执行。地方法院就上述两个文件的关系问题，向最高人民法院请示，最高人民法院于1998年8月18日作出《最高人民法院关于办理行政机关申请强制执行案件有关问题的通知》，以进一步规范非诉行政执行案件的办理工作。

理解与适用

非诉行政执行案件应先由行政审判庭审查，然后再移送执行，审查标准及执行模式如下：

（一）非诉行政执行案件的审查标准

对行政机关申请强制执行的行政行为采用何种审查标准一直存在争议：一种观点认为，应进行程序审查，不进行实体审查。若采取这种审查标准，可能

① 公民、法人或者其他组织对具体行政行为在法定期间不提起诉讼又不履行的，行政机关可以申请人民法院强制执行，或者依法强制执行。

会使大量违法的行政行为进入强制执行程序中，损害相对人的合法权益；另一种观点认为，不仅应进行程序审查，还应进行严格的实体审查，甚至要达到行政诉讼法对行政行为的审查标准。若采取这种审查标准，可能会使大量的行政行为被挡在强制执行程序之外，在行政机关没有行政强制权的情况下，最终会影响到行政管理的效率和秩序。

最高人民法院坚持“明显违法”的审查标准。[①]《最高人民法院行政审判庭关于贯彻最高人民法院法发〔1996〕12 号文件，做好非诉行政执行案件的审查工作的通知》(〔1996〕法行字第12 号，已废止）第3 条规定，经审查，具体行政行为有重大明显错误，侵犯当事人实体合法权益的，经院长批准，裁定不予执行，并可向有关部门提出司法建议。这正是坚持“明显违法”的审查标准的体现。《最高人民法院关于执行〈中华人民共和国行政诉讼法〉若干问题的解释》(法释〔2000〕8 号，已废止）第 95 条首次以司法解释的形式确立了非诉行政执行案件“三个明显违法”[②] 的审查标准。《行政强制法》第 58 条吸收了上述规定精神，并以法律的形式加以确认，同时规定人民法院发现行政行为具有“明显违法”情形的，在作出裁定前可以听取被执行人和行政机关的意见。《行政诉讼法解释》第 160 条、第 161 条继续沿用了“三个明显违法”的审查标准。

(二）非诉行政执行案件的执行模式

通说认为，行政强制执行模式大体分为行政机关执行模式、司法机关执行模式以及行政机关和司法机关共享行政强制执行权的混合执行模式。我国实行的是混合执行模式，但由于缺乏统一标准，对于非诉行政执行案件的审查、裁定和执行的主体也是几经变化，先后出台的规范性文件确定的标准并不统一。

其一，审查权、裁定权和执行权均由执行机构行使。1991 年《最高人民法院关于贯彻执行〈中华人民共和国行政诉讼法〉若干问题的意见（试行)》(已废止）第 88 条第 1 款规定，对行政机关申请人民法院强制执行其具体行政行为的，由执行庭负责审查和执行。这种模式的弊端比较明显，由于对执行机构缺

---

① 反对观点认为，“明显违法”的审查标准本身具有一定的模糊性和不确定性，难免会出现因理解不同造成执法尺度不统一的问题。

② 被申请执行的具体行政行为具有“明显缺乏事实根据的”“明显缺乏法律依据的”“其他明显违法并损害被执行人合法权益的”情形之一的，人民法院应当裁定不准予执行。

乏有效的监督与制约，容易造成权力滥用，侵害相对人合法权益。

其二，审查权、裁定权和执行权分别由行政审判庭和执行机构行使。对于行政机关申请人民法院强制执行的案件，《最高人民法院关于处理行政机关申请人民法院强制执行案件分工问题的通知》（已废止）改变了执行机构既负责审查又负责执行的工作模式，首次明确了行政审判庭负责审查、执行庭负责执行的基本模式。

其三，审查权、裁定权由行政审判庭行使，执行权由本院负责强制执行非诉行政行为的机构执行。（1）行政审判庭负责对行政机关申请执行的行政行为的合法性进行审查已成共识。《执行权配置意见》第 13 条①以及《行政诉讼法解释》第 3 条②均进行了明确规定。（2）执行非诉行政行为的机构各地并不统一，甚至比较混乱。从各地执行工作实际出发，不宜“一刀切”地规定执行权统一由执行机构行使，而是采用相对灵活和务实的处理方式，规定“需要采取强制执行措施的，由本院负责强制执行非诉行政行为的机构执行”。至于本院负责强制执行非诉行政行为的机构具体是指哪个机构，由各院根据自己的实际情况确定，既可能是行政审判庭执行，也可能是执行机构执行，还可能是法警队执行。虽然《执行权配置意见》第 13 条明确规定行政非诉案件、行政诉讼案件的执行申请，由立案机构办理执行立案登记后移交执行局执行，试图对非诉行政执行案件的执行机构进行统一，然而《行政诉讼法解释》第 160 条并未在统一非诉行政执行案件的执行机构上有所突破。

实务操作指引

（一）申请条件

根据《行政诉讼法》第 97 条③的规定，行政机关申请执行其行政行为时，

---

① 行政非诉案件、行政诉讼案件的执行申请，由立案机构登记后转行政审判机构进行合法性审查；裁定准予强制执行的，再由立案机构办理执行立案登记后移交执行局执行。

② 各级人民法院行政审判庭审理行政案件和审查行政机关申请执行其行政行为的案件。专门人民法院、人民法庭不审理行政案件，也不审查和执行行政机关申请执行其行政行为的案件。铁路运输法院等专门人民法院审理行政案件，应当执行《行政诉讼法》第 18 条第 2 款的规定。

③ 公民、法人或者其他组织对行政行为在法定期限内不提起诉讼又不履行的，行政机关可以申请人民法院强制执行，或者依法强制执行。

应当具备七个条件：行政行为依法可以由人民法院执行；行政行为已经生效并具有可执行内容；申请人是作出该行政行为的行政机关或者法律、法规、规章授权的组织；被申请人是该行政行为所确定的义务人；被申请人在行政行为确定的期限内或者行政机关催告期限内未履行义务；申请人在法定期限内提出申请；被申请执行的行政案件属于受理执行申请的人民法院管辖。

（二）申请材料

行政机关向人民法院申请强制执行，应当提供下列材料：强制执行申请书；行政决定书及作出决定的事实、理由和依据；当事人的意见及行政机关催告情况；申请强制执行标的情况；法律、行政法规规定的其他材料。强制执行申请书应当由行政机关负责人签名，加盖行政机关的印章，并注明日期。

（三）立案审查

人民法院对符合条件的申请，应当在5日内立案受理，并通知申请人。对不符合条件的申请，应当裁定不予受理。行政机关对不予受理裁定有异议，在15日内向上一级人民法院申请复议的，上一级人民法院应当在收到复议申请之日起15日内作出裁定。

（四）合法性审查

人民法院受理行政机关申请执行其行政行为的案件后，应当在7日内由行政审判庭对行政行为的合法性进行审查，并作出是否准予执行的裁定。

人民法院在作出裁定前发现行政行为明显违法并损害被执行人合法权益的，应当听取被执行人和行政机关的意见，并自受理之日起30日内作出是否准予执行的裁定。行政机关对不准予执行的裁定有异议，在15日内向上一级人民法院申请复议的，上一级人民法院应当在收到复议申请之日起30日内作出裁定。

（五）强制执行

1. 执行前保全

行政机关或者行政行为确定的权利人申请人民法院强制执行前，有充分理由认为被执行人可能逃避执行的，可以申请人民法院采取财产保全措施。行政行为确定的权利人申请强制执行的，应当提供相应的财产担保。

2. 执行费用负担

行政机关申请人民法院强制执行，不缴纳申请费。强制执行的费用由被执行人承担。人民法院以划拨、拍卖方式强制执行的，可以在划拨、拍卖后将强制执行的费用扣除。

3. 特殊非诉行政执行案件的执行程序

对涉及公共安全的特殊非诉行政执行案件，因情况紧急，为保障公共安全，行政机关可以申请人民法院立即执行，经人民法院院长批准，人民法院应当自作出执行裁定之日起5日内执行。

4. 不能直接变更被执行人

执行中，作为被执行人的法人出现分立、合并、兼并、合营等情况，原具体行政行为仍应执行的，人民法院不应直接变更被执行人，而应通知申请机关进行变更。对变更后的被执行人，人民法院应当依法进行审查。①

二、执行中发现具体行政行为违法的处理

答复原文

最高人民法院对《当事人对人民法院强制执行生效具体行政行为的案件提出申诉人民法院应如何受理和处理的请示》的答复

1995年8月22日　法行〔1995〕12号

吉林省高级人民法院：

你院《关于当事人对人民法院强制执行生效具体行政行为的案件提出申诉人民法院应如何受理和处理的请示》收悉。经研究认为：公民、法人和其他组织认为人民法院强制执行生效的具体行政行为违法，侵犯其合法权益，向人民法院提出申诉，人民法院可以作为申诉进行审查。人民法院的全部执行活动合法，而生效具体行政行为违法的，应转送作出具体行政行为的行政机关依法处理，并通知申诉人同该行政机关直接联系；人民法院采取的强制措施等违法，

① 参见《最高人民法院对关于非诉执行案件中作为被执行人的法人终止，人民法院是否可以直接裁定变更被执行人的请示的答复》（法行〔2000〕16号）。

造成损害的，应依照国家赔偿法的有关规定办理。

出台背景

在非诉行政执行案件中，行政机关申请人民法院执行时需要经过两个环节：首先需要人民法院行政审判庭对行政机关申请人民法院强制执行的行政行为的合法性进行审查。在人民法院作出准予执行的行政裁定书后，再由人民法院负责强制执行非诉行政行为的机构执行。如果当事人认为人民法院强制执行生效行政行为违法，侵犯其合法权益，应向哪个机关主张损害赔偿，需要履行哪些程序，缺乏明确规定，实践中的做法也不尽相同。

理解与适用

行政机关与人民法院分担责任情形的明确，在一定程度上解决了此类案件救济渠道不清、责任主体不明的问题。

（一）对行政相对人的救济方式

第一，当事人有权提出申诉。在非诉行政执行案件中，公民、法人和其他组织对人民法院强制执行不服的，有权提出申诉，人民法院可以作为申诉案件进行审查，并分别予以处理：如果是人民法院全部执行活动合法，而生效具体行政行为违法的，转送作出具体行政行为的行政机关依法处理。如果是人民法院采取的强制措施等违法，造成损害的，依照国家赔偿法的有关规定办理。此处有争议的问题是，如何看待行政审判庭针对非诉强制执行申请作出准予执行裁定的行为性质。实务中认为，根据《行政诉讼法》及相关司法解释规定的精神，人民法院针对行政机关提出的非诉强制执行申请作出的裁定，不适用于只针对诉讼案件作出裁判的再审审理程序，当事人的权益主张宜通过其他途径向有关部门提出，亦不属于国家赔偿案件的受理范围。批评的观点认为，“此举推卸了法院对申请强制执行的具体行政行为进行合法性审查的责任，增加了当事人权利救济、解决行政纠纷的难度，且法院在非诉行政行为裁定中的程序与诉讼案件审理程序并无多少差异，法院对错误的准予执行裁定封闭处理，杜绝检察机关的法律监督，并无充足理据”。[1]

第二，当事人在非诉审查程序中有权提出异议。最高人民法院在审查何某与重庆市沙坪坝区人民政府确认行政行为违法一案[2]中认为，当事人可以在行政机关申请人民法院强制执行的非诉审查程序中提出异议，包括对是否符合受理条件提出异议，或者在审查期间，人民法院根据需要调取相关证据、询问当事人、组织听证或者进行现场调查时，依法提出异议。当事人既不在非诉审查程序中提出异议又不对人民法院强制执行提出申诉，而选择直接提起行政诉讼的，并不具有保护其权利的必要性及实效性，缺乏诉的利益，也不利于纠纷的及时解决，易形成当事人的诉累，且造成有限司法资源的浪费，因此没有通过行政诉讼加以救济的必要性及实效性。

（二）赔偿的义务主体

在非诉行政执行案件中，关于赔偿义务主体一直存在争议。有观点认为，应当由作出行政行为的行政机关承担赔偿责任。也有观点认为，应当由人民法院承担赔偿责任。主流观点则认为，应根据造成损害的基础原因确定赔偿义务主体：若是由于基础行政行为违法导致损害发生的，由行政机关承担赔偿责任，若是由于后续执行行为违法导致损害发生的，由人民法院承担赔偿责任。司法实务中这样的案例并不鲜见。例如在河北省高级人民法院（2016）冀委赔监22号驳回申诉通知书中，清晰地阐述了法院和行政机关责任承担的基本界线：一是行政机关的行政处罚行为所起的作用是主导的、决定性的，法院的执行行为必须依附于行政机关的行政处罚决定的效力，不能孤立存在。二是在法院的执行行为未超出行政处罚决定范围的前提下，法院执行行政处罚决定行为的后果也应当统一归属于作出行政处罚决定的行政机关承担，法院执行行为在此种情形下不应产生独立的司法赔偿责任。三是法院执行行为产生独立责任的情形只

① 葛晓燕：《我国行政检察监督的检讨与重构——兼及〈行政诉讼法〉的修改》，载《南京社会科学》2014 年第 6 期。

② 参见中国裁判文书网 2018 年 5 月 9 日，http：//wenshu. court. gov. cn/list/list/？sorttype = 1&number = AUM2GRXB&guid = 3735 d65e − 883e − 219ca1cb − f94b671eea72&conditions = searchWord + QWJS + + + % E5% 85% A8% E6% 96% 87% E6% A3% 80% E7% B4% A2：% EF% BC% 882017% EF% BC% 89% E6% 9C% 80% E9% AB% 98% E6% B3% 95% E8% A1% 8C% E7% 94% B32885% E5% 8F% B7。

应限于出现超出行政处罚决定对相对方造成行政处罚决定范围之外的损害的情形。①

实务操作指引

在非诉行政执行案件中，注意把握以下三个问题：

1. 被执行人的救济手段。执行中，若被执行人认为人民法院执行行为违法的，可以依据《民事诉讼法》第232条的规定，通过异议、复议程序寻求救济。若被执行人对执行依据提出不同意见的，并不属于执行异议的审查范畴，且因此前行政审判部门已对案涉行政行为的合法性进行了审查并作出结论，故其只能依据该批复精神通过申诉程序解决。

2. 行政机关承担赔偿责任的具体情形。主要包括两种情况：一是因执行依据错误承担行政赔偿责任。根据法行〔1995〕12号答复精神以及此后《最高人民法院关于审理行政赔偿案件若干问题的规定》（法发〔1997〕10号，已废止）第19条的规定，行政机关依据1990年《行政诉讼法》第66条（现为《行政诉讼法》第97条）的规定申请人民法院强制执行具体行政行为，由于据以强制执行的根据错误而发生行政赔偿诉讼的，申请强制执行的行政机关为被告。二是因错误执行承担行政赔偿责任。在“裁执分离”② 模式中，行政机关在实施过程中作出错误执行行为造成损害的，需承担赔偿责任。

3. 人民法院承担赔偿责任的具体情形。根据《国家赔偿法》第38条③以及《行政强制法》第8条第2款④的规定以及最高人民法院相关文书精神，人民法院仅对后续强制执行过程中的违法行为或者扩大强制执行范围造成损害的行为

---

① 河北省高级人民法院驳回申请通知书，（2016）冀委赔监22号。

② 所谓“裁执分离”模式，是指作出裁决的机关与负责执行的机关相分离，裁决权和执行权不再由同一机关行使。

③ 人民法院在民事诉讼、行政诉讼过程中，违法采取对妨害诉讼的强制措施、保全措施或者对判决、裁定及其他生效法律文书执行错误，造成损害的，赔偿请求人要求赔偿的程序，适用本法刑事赔偿程序的规定。

④ 公民、法人或者其他组织因人民法院在强制执行中有违法行为或者扩大强制执行范围受到损害的，有权依法要求赔偿。

承担赔偿责任。①

三、依协助执行通知书作出的行政行为的可诉性

解释原文

最高人民法院关于

适用《中华人民共和国行政诉讼法》的解释（节选）

2018年2月6日　法释〔2018〕1号

第一条　公民、法人或者其他组织对行政机关及其工作人员的行政行为不服，依法提起诉讼的，属于人民法院行政诉讼的受案范围。

下列行为不属于人民法院行政诉讼的受案范围：

（一）公安、国家安全等机关依照刑事诉讼法的明确授权实施的行为；

（二）调解行为以及法律规定的仲裁行为；

（三）行政指导行为；

（四）驳回当事人对行政行为提起申诉的重复处理行为；

（五）行政机关作出的不产生外部法律效力的行为；

（六）行政机关为作出行政行为而实施的准备、论证、研究、层报、咨询等过程性行为；

（七）行政机关根据人民法院的生效裁判、协助执行通知书作出的执行行为，但行政机关扩大执行范围或者采取违法方式实施的除外；

（八）上级行政机关基于内部层级监督关系对下级行政机关作出的听取报告、执法检查、督促履责等行为；

（九）行政机关针对信访事项作出的登记、受理、交办、转送、复查、复核

① 例如，最高人民法院（2014）确监字第35号驳回申诉通知书阐明："行政非诉执行引起的国家赔偿纠纷中……仅人民法院后续强制执行过程中的具体执行行为是否违法属于国家赔偿确认案件受案范围。"

意见等行为；

（十）对公民、法人或者其他组织权利义务不产生实际影响的行为。

出台背景

人民法院在要求行政机关协助执行时，必须向行政机关送达执行裁定书和协助执行通知书。行政机关根据执行裁定书和协助执行通知书实施的具体行为，也是行政机关必须履行的法定协助义务。由于行政机关实施的协助执行行为会直接涉及执行案件当事人（甚至案外人）的权益，因此，在实践中出现了当事人、案外人对行政机关的协助执行行为提起行政诉讼的情况。实践中，法院对此类起诉是否属于行政诉讼案件的受案范围出现了不同的观点。有观点认为，此类起诉应该属于行政诉讼案件的受案范围，因其符合法院受理行政诉讼案件的基本条件；也有观点认为虽然符合行政诉讼案件受理的基本条件，但是此类起诉针对的是特殊的行政行为，即行政机关根据法院执行裁定书和协助执行通知书实施的协助执行行为，如果受理，有悖法理，程序上亦有矛盾，故此类起诉不应属于行政诉讼案件的受案范围。山东省高级人民法院就此问题向最高人民法院请示，最高人民法院于2004年作出《关于行政机关根据法院的协助执行通知书实施的行政行为是否属于人民法院行政诉讼受案范围的批复》（已废止），明确规定行政机关根据人民法院的协助执行通知书实施的行为，是行政机关必须履行的法定协助义务，不属于人民法院行政诉讼受案范围。

最高人民法院在制定《行政诉讼法解释》时将前述批复内容予以吸收，明确将“行政机关根据人民法院的生效裁判、协助执行通知书作出的执行行为”排除出行政诉讼的受案范围，但行政机关扩大执行范围或者采取违法方式实施的除外。原因在于可诉的行政行为须是行政机关基于自身意思表示作出的行为。行政机关依照人民法院生效裁判作出的行为，本质上属于履行生效裁判的行为，具有一定的司法性，并非行政机关自身依职权作出的行为，因此不属于可诉的行为。[①]

① 参见最高人民法院行政审判庭编著：《最高人民法院行政诉讼法司法解释理解与适用》（上），人民法院出版社2018年版，第51页。

理解与适用

（一）行政诉讼的受案范围

行政诉讼受案规则是：（1）属于《行政诉讼法》所列举不予受理范围的，法院不予受理；（2）属于《行政诉讼法》所列举受理范围的，或者法律、法规规定可以提起诉讼的，法院受理。《行政诉讼法》修订后，受案范围也进行了调整和扩充，从正反两个方面列举受理与不予受理范围的方式没有变化。

（二）行政机关根据法院协助执行通知书实施行为的性质

行政机关根据法院协助执行通知书实施的行为，是行政机关必须履行的法定协助义务，不属于行政诉讼受案范围。只有当事人认为行政机关在协助执行时扩大了范围或违法采取措施造成其损害，法院才受理当事人提起的行政诉讼。

我国《民事诉讼法》针对被执行人和协助义务人设计了执行通知制度和协助执行通知制度。法院向行政机关发出协助执行通知书，行政机关对协助执行通知书不进行审核，而是应当依照《民事诉讼法》和相关法律规定直接办理，否则法院还可以依据《民事诉讼法》对行政机关进行罚款。行政机关的协助执行行为是司法行为的延伸，而不是行政机关单独作出的行政行为，行政机关就此没有单独的意思表示。如果行政机关根据协助执行通知书实施的行为还可能面临行政诉讼，那么行政机关就可能对协助法院执行表现出犹豫或拒绝，而且当事人与行政机关之间的诉讼也很有可能被当事人引向执行依据的生效法律文书已经确定的法律关系，影响生效法律文书的既判力。所以，作出这样的批复，既是保障行政机关配合法院执行的积极性，也是为了维护生效法律文书的效力和强制执行制度的严肃性。

另外，不予受理的前提应该是行政机关按照法院协助执行通知书确定的内容来协助执行，如果行政机关扩大了协助执行的范围或违法采取措施的，那么法院应该受理当事人提出的行政诉讼。《行政诉讼法》第 12 条第 2 款“除前款规定外，人民法院受理法律、法规规定可以提起诉讼的其他行政案件”应作广义的解释，包括最高人民法院的司法解释，例如，法院向不动产登记机关发出协助执行通知书，要求将登记在被执行人乙名下的房屋过户登记至申请执行人甲名下，但不动产登记机关却将房屋过户登记至丙名下，那么显然不动产登记机关实施的行为超出了协助执行通知书的范围，当事人向法院提起行政诉讼，法院应当受理。

实务操作指引

法院向行政机关发出协助执行通知书时，首先应该符合《民事诉讼法》和相关司法解释的规定，其次应该根据执行依据和执行裁定书确定要求行政机关协助执行的内容，力求明确具体。2016年7月，最高人民法院公布了新的《人民法院民事裁判文书制作规范》及《民事诉讼文书样式》，对1992年的文书样式进行了全面的更新，法院应该按照文书样式来制作协助执行通知书。

行政机关收到协助执行通知书后，不对协助执行通知书进行审查，应该按照法律规定、执行依据、执行裁定书和协助执行通知书的内容严格执行，不应改变（扩大或缩小）协助执行的内容，也不能在协助执行时违反法律规定。

案例①

再审申请人杨某萍因与河南省新蔡县人民政府（以下简称新蔡县政府）、第三人杨某平房屋行政登记一案，不服河南省高级人民法院（2016）豫行终1503号行政裁定，向最高人民法院提出再审申请。

最高人民法院经审理查明，2011年7月20日，新蔡县政府依据新蔡县人民法院（以下简称新蔡法院）（1999）新法字第17号协助执行通知书，向杨某平颁发了位于古吕镇西城××西关粮库院内五座房屋的新蔡县房权证字第××号房屋所有权证。杨某萍认为新蔡县政府的颁证行为侵犯其合法权益，提起行政诉讼，请求确认新蔡县政府为杨某平确认涉案产权的行为违法。

新蔡法院认为，新蔡县政府依据人民法院的协助执行通知书，将涉诉房屋登记给杨某平，且登记时亦未扩大人民法院协助执行通知书界定的范围。杨某萍提起的行政诉讼不属于人民法院行政诉讼受案范围，遂裁定驳回杨某萍的起诉。杨某萍不服，提起上诉。河南省高级人民法院二审裁定驳回上诉，维持原裁定。杨某萍不服，向最高人民法院申请再审。

---

① 参见最高人民法院行政裁定书，（2017）最高法行申511号。

最高人民法院认为，根据《最高人民法院关于行政机关根据法院的协助执行通知书实施的行政行为是否属于人民法院行政诉讼受案范围的批复》的规定，本案中，杨某萍没有提供证据证明新蔡县政府在协助执行时扩大了范围或违法采取措施造成其损害，故杨某萍提起的本案诉讼，不属于行政诉讼的受案范围。最终裁定驳回杨某萍的再审申请。

本案是适用《最高人民法院关于行政机关根据法院的协助执行通知书实施的行政行为是否属于人民法院行政诉讼受案范围的批复》的一个典型例证，新蔡县政府依据法院的协助执行通知书，将涉诉房屋登记给第三人杨某平，而新蔡县政府在进行登记时并没有扩大法院协助执行通知书所界定的范围，所以根据批复内容，原告杨某萍提起的诉讼并不属于法院行政诉讼的受案范围。包括最高人民法院在内的三级法院都一致确认了这一结果。

四、涉党政机关特殊主体案件的执行

意见原文

最高人民法院
关于深化执行改革健全解决执行难长效机制的意见

——人民法院执行工作纲要（2019—2023）

2019年6月3日　法发〔2019〕16号

党的十八届四中全会明确提出“切实解决执行难”“依法保障胜诉当事人及时实现权益”。为坚决贯彻落实党中央重大决策部署，2016年3月，最高人民法院在十二届全国人大四次会议上提出“用两到三年时间基本解决执行难问题”。2016至2018年，全国法院在以习近平同志为核心的党中央坚强领导下，认真谋划、真抓实干、同心协力、攻坚克难，执行工作发生历史性变化，取得跨越式发展，“基本解决执行难”这一阶段性目标如期实现。但与党中央提出的“切实解决执行难”目标和人民群众期待相比还有差距，在有些方面、有些地区，执行难问题仍然存在甚至还较为突出。

为深入贯彻习近平总书记全面依法治国新理念新思想新战略，全面贯彻落实党的十九大和十九届二中、三中全会精神，巩固“基本解决执行难”成果，建立健全执行工作长效机制，进一步提升执行工作水平，奋力向“切实解决执行难”的目标迈进，最高人民法院制定《关于深化执行改革健全解决执行难长效机制的意见》，作为人民法院执行工作2019年至2023年工作纲要予以实施。

一、总体要求

（一）指导思想

坚持以习近平新时代中国特色社会主义思想为指导，全面贯彻党的十九大和十九届二中、三中全会精神，紧紧围绕统筹推进“五位一体”总体布局和协调推进“四个全面”战略布局，坚持以人民为中心的发展思想，坚持稳中求进工作总基调，落实推进国家治理体系和治理能力现代化、推进社会诚信体系建设要求，充分发挥中国特色社会主义政治优势、制度优势，充分发挥执行工作强制性特点，充分运用现代信息技术，大力加强执行规范化建设，全面提升执行公信力，推进执行工作体系和执行工作能力现代化。

（二）基本原则

——坚持正确政治方向。坚持党对人民法院工作的绝对领导，坚持以习近平新时代中国特色社会主义思想武装头脑指导实践推动工作，增强“四个意识”、坚定“四个自信”、做到“两个维护”，坚定不移走中国特色社会主义法治道路，紧紧依靠党总揽全局、协调各方的领导核心作用，进一步发展和完善中国特色执行制度，推动创造更高水平的社会主义司法制度。

——坚持以人民为中心。坚持群众路线，站稳人民立场，增进群众感情，积极回应人民群众对执行工作的新要求新期待，着力解决人民群众反映最强烈的突出问题，创新为民服务、为民解忧工作机制，努力让人民群众在每一个司法案件中感受到公平正义。

——坚持服务大局。充分发挥人民法院执行职能，确保党中央重大决策部署在人民法院得到不折不扣贯彻执行，为经济社会发展提供优质司法服务，为优化营商环境提供有力保障。

——坚持遵循执行规律。既遵循司法活动的一般规律，又尊重执行工作自身规律，建立健全符合执行权运行规律的配套改革措施、履职保障机制和执行单独考核机制，确保各项工作举措符合实际，经得起检验。

——坚持问题导向。增强工作的针对性，针对影响执行权威和执行公信力、制约执行工作质量和效率的突出问题，加大工作力度，解决实际问题，取得实际成效。

——坚持改革创新。尊重和保护基层首创精神，鼓励各地法院积极实践探索，不断积累经验，及时推广运用，实现基层探索和顶层设计的良性互动。

——坚持"标本兼治"。既要立足现实，着力解决当前执行领域的突出问题，又要坚持战略思维、系统思维，建立健全长效工作机制，从源头综合治理执行难。

——坚持"一性两化"。"一性两化"即依法突出执行工作的强制性，全力推进执行工作信息化，大力加强执行工作规范化。要准确把握人民法院执行工作是以国家强制力实现当事人合法权益的特点，依法打击规避、抗拒、干预执行的行为，形成强大的威慑力和高压态势。坚持以现代信息科技为支撑，形成现代化的执行模式。深化执行体制机制改革，完善执行监督管理体系，规范执行行为，转变执行作风，提高执行公信力。

（三）总体目标

巩固和深化"基本解决执行难"工作成果，建立健全解决执行难长效机制，全面提高执行工作水平，奋力向"切实解决执行难"目标迈进。

——确保执行工作良性循环状态和"3+1"核心指标高标准运行常态化。

——确保"一把手抓、抓一把手"工作机制常态化。

——确保以现代信息技术为支撑的执行工作模式常态化。

——确保对消极执行、选择性执行、乱执行等不规范执行行为严肃整治常态化。

——确保对规避执行、抗拒执行、干预执行的高压态势常态化。

——进一步推进综合治理执行难工作格局制度化机制化，把执行工作纳入国家治理体系和治理能力现代化总体框架，从源头综合治理执行难。

——进一步深化执行体制机制改革，完善执行法律体系及配套制度，逐步形成成熟、稳定的中国特色执行制度、执行机制和执行模式。

——进一步推进现代信息科技在执行领域的广泛应用、深度应用，全面提升执行信息化、智能化水平，实现执行管理监督模式、执行保障模式、执行查控模式、执行财产变现模式现代化。

——进一步转变执行理念，严格公正规范文明执行，更加注重执行方法与执行效果，切实提高执行公信力，努力实现执行工作法律效果、政治效果和社会效果的有机统一。

——进一步优化各种强制执行措施综合应用，努力实现高效、精准、精细打击规避执行、抗拒执行、干预执行及惩戒失信行为，推进社会诚信体系建设，大幅提高当事人主动履行生效法律文书的比例。

——进一步加强队伍建设，充实执行力量，优化人员结构，全面提升执行队伍“四化”水平，锻造一支对党忠诚、服务人民、勇于担当、执法公正、纪律严明的执行铁军。

二、主要任务

（一）完善综合治理执行难工作大格局

1. 不断深化“党委领导、政法委协调、人大监督、政府支持、法院主办、部门联动、社会参与”的执行难综合治理工作大格局。推动出台地方性法规、规范性文件，使综合治理执行难格局制度化、机制化，具有长远性和可持续性。

2. 加强执行工作综治考核。推动将执行工作作为全面依法治国的重要内容统筹部署，把解决执行难纳入各地依法治省（区、市）指标体系。有效利用综治工作（平安建设）考核评价体系及营商环境评价体系，充分发挥执行工作在平安建设和营商环境建设中的职能作用。

3. 推进执行工作部门协作联动机制化。落实中央政法委提出的“共建、共治、共享”要求，由政法委牵头各协作、协助部门健全联席会议制度，把执行联动各项工作纳入各联动部门职责范围，明确任务，夯实责任，加强考核。促进执行联动工作机制常态化运转，切实解决“联而不动、动而乏力”的问题。

4. 加强基层执行工作网格化管理。充分发挥基层党组织作用，依托基层综治中心，将协助执行工作纳入基层社会治安综合治理网格化管理的内容，整合各方面资源，建立基层综治网格员协助送达、查找当事人、协查财产线索、督促履行、化解涉执信访、开展执行宣传等工作机制。推动综治平台与人民法院执行指挥、办案平台互联互通，实时向基层综治网格员推送失信被执行人名单、限制消费人员名单、悬赏公告等执行信息。建立基层综治网格员协助执行的教育培训、监督考核、激励保障等机制，促进基层治理与人民法院执行工作的良性互动。

（二）推进执行难源头治理

5. 提高社会信用体系基础信息的完整性、全面性和准确性。把握历史机遇，以会商、联席会议等形式推进市场监督管理信息、税务登记信息、公民个人财产信息、人口资源信息、理财投资信息准确、全面、完整，夯实社会诚信体系建设基础，从源头上解决执行财产和被执行人信息不准确、不全面，导致执行查控系统功能不能有效发挥的问题。

6. 积极参与并推进构建完善的社会诚信体系。及时向社会诚信体系建设牵头单位及联席会议反映执行中发现的各种问题，促进社会诚信信息资源整合，促进社会诚信惩戒各系统集成，形成相互衔接、相互补充、布局有序、层次分明的社会诚信体系及社会信用评价体系，从根本上解决执行工作的核心难题。

7. 推动提升全社会法律意识、风险防范意识及诚信意识。按照“谁执法谁普法”工作要求，通过全媒体网络直播、发布典型案例、播放影视作品等形式加强强制执行法治宣传教育，增强当事人自觉履行生效法律文书的主动性、自觉性，推动形成“守法守信光荣、违法失信可耻”的社会氛围，让守法守信逐渐内化为信念，成为习惯。培养市场主体的风险意识，帮助市场主体充分认识、注意防范市场风险，特别是商业陷阱。帮助当事人充分认识诉讼风险以及被执行人丧失履行能力的风险，引导当事人申请采取保全措施。

8. 强化执行程序与社会保障体系、商业保险体系的有效衔接。建立健全人民法院与社会保障部门化解涉民生执行案件合作机制，推动将被执行人丧失履行能力的涉民生案件纳入社会保障体系。探索推进商业保险特别是责任保险的适用范围，让人身伤害、财产侵权等类型债务在被执行人丧失履行能力情况下能够得到及时赔付。推动建立与强制执行程序相关联，符合法律规定和市场规律的保险体系。

9. 加大司法救助力度。积极拓宽救助资金来源渠道，规范救助程序和救助标准，简化审批流程，切实做好执行案件中困难当事人的救助工作，依法有序分流“执行不能”案件。

10. 完善执转破工作机制。落实最高人民法院关于执转破工作相关制度措施，强化执行程序中“僵尸企业”的清出力度，从根本上减少执行案件存量。进一步优化、规范执转破工作流程，完善当事人申请或同意执转破的激励和约束机制，做到应转必转、当破必破，确保渠道畅通，运转有序。着力解决执转破进程中缺少破产费用的问题，推动建立清出“僵尸企业”的专项基金。完善办理执转破案件及审理破产案件考核机制，调动各级人民法院推动执转破工作的积极性。推进简易破产程序设计，快速审理“无财产可破”案件。加强执行信息系统与破产案件审理信息系统对接，推进措施资源、信息资源和财产处置资源共享。

11. 推进完善强制执行法律体系及配套制度。按照立法规划，2019年底之前完成民事强制执行法调研起草工作。配合做好破产法修改相关工作，推进执行程序与破产程序的有效衔接，将执行转破产、破产简易程序等行之有效的经验法律化。开展与个人破产制度功能相当的试点工作，为建立个人破产制度打下实践基础。配合公司法的修改工作，通过完善公司治理结构、财务管理制度、公司控股股东及高级管理人员责任、公司法人人格否认等制度，从源头遏制转移、隐匿财产等规避执行行为。

（三）深入推进执行体制改革

12. 推进人民法院执行管理体制改革。依托执行指挥中心强化“三统一”执行管理，探索推进执行管理体制改革。支持各地法院在地方党委领导下，经最高人民法院批准，结合编制和人事管理改革，开展执行管理体制改革试点。试点模式包括：一是市（地）中级人民法院对区（县）人民法院执行机构垂直领导；二是区（县）人民法院执行机构接受本级人民法院和中级人民法院级执行机构双重领导，在执行业务上以上级执行机构领导为主。试点工作在2020年底前完成。

13. 加快推进审执分离体制改革。将执行权区分为执行实施权和执行裁判权，案件量大及具备一定条件的人民法院在执行局内或单独设立执行裁判庭，由执行裁判庭负责办理执行异议、复议以及执行异议之诉案件。不具备条件的法院的执行实施工作与执行异议、复议等裁判事项由执行机构不同法官团队负责，执行异议之诉案件由相关审判庭负责办理。

14. 建立基层人民法院派出法庭审理的案件由该派出法庭执行的机制。具备人员条件的派出法庭设立专门执行团队，不具备条件的可确定相对固定人员负责执行。派出法庭的执行工作由基层人民法院执行机构统一管理，专职或兼职人员纳入执行人员名册，案件纳入统一的执行案件管理平台。

15. 全面推行执行团队办案模式。实行以法官为主导的“法官＋法官助理（执行员）＋法警＋书记员”团队办案模式，优化团队之间、团队内部的任务分工和职权划分，完善“人员分类、事务集约、权责清晰、配合顺畅”的执行权运行模式。

16. 推进司法警察参与执行。按照“编队管理、派驻使用”原则，向执行机构派驻相对固定的司法警察，警队统一管理，执行机构调度使用，警队和执行机构共同考核、培训。执行机构在编的法官助理、书记员符合条件的，可以按自愿原则转为司法警察，编入警队管理。赋予司法警察在执行警务保障中体现执行工作要求的执法权限，发挥司法警察采取强制措施、打击拒执行为、收集证据等作用，提升执行效率和威慑力。

17. 积极引入专业力量参与执行。建立健全仲裁、公证、律师、会计、审计等专业机构和人员深度参与执行的工作机制，区分执行权核心事务与辅助性事务，建立辅助事务分流机制，探索将财产查控、网拍辅助、案款发放、送达等执行工作中的辅助事务适度外包专业社会力量。健全完善人民法院购买社会化服务工作机制，确保公开竞标、质量评估、运营监督、保密协议、业务培训等各类行为合法合规、外包机制公平公开。

（四）健全现代化执行工作机制

18. 健全繁简分流、事务集约的执行权运行机制。执行指挥中心对执行案件进行类型化处理，实现“简案快执，难案精执”。加强事务性工作集约化处理，将执行程序中的财产查控、文书制作和送达、终本案件管理、涉执信访等事务性较强的工作，统一交由专门团队进行集约化处理，提高执行工作效率。

19. 完善立审执协调配合机制。强化执行立案审查，有条件的法院可将恢复执行，调解书、仲裁裁决、公证债权文书执行，执行异议、复议、监督等特定案件立案审查工作交由执行局负责，或建立执行局参与特定案件执行立案审查工作机制。建立立案阶段提示执行不能风险制度，使当事人对诉讼结果及执行结果有合理预期。加强保全立案，推广保全保险担保、执行事务中心工作机制。探索多元纠纷化解机制，由执行人员参与诉前、诉中调解，一揽子化解矛盾，实现案结事了。加强对财产保全工作监督和考核，防止保全措施滥用。严格贯彻裁判的执行内容必须明确具体的要求，2019 年底前，各级人民法院要出台规定，将调解和裁判内容的可执行性作为考核案件质效和工作绩效的重要因素。修订人民法院裁判文书样式，在裁判文书中明确申请执行的期限、受理执行的法院、义务人不履行义务的后果等内容。制定规范诉讼费退费和追缴的管理规定，规范诉讼费的强制执行。

20. 完善无财产可供执行案件监管、恢复和退出机制。进一步完善终结本次执行程序案件结案标准和程序，通过信息化手段加强终本案件监管和考核。建立终本案件统一定期统查、自动提示工作机制，规范案件恢复执行的管理。完善终本案件转破产审查工作机制，规范并推动执行不能案件退出执行程序。

21. 健全特殊案件执行工作机制。对涉党政机关、涉军、涉民生等特殊案件实行分类管理，形成常态化专项执行机制。健全军地法院执行协作机制，妥善处理军地互涉执行案件，为国防和军队建设提供良好法治环境。完善涉党政机关执行案件沟通协调机制，通过定期与党委政法委联合通报、督办约谈，与发展改革委等部门开展联合信用惩戒，实行综治考核，将涉诉政府债务清偿纳入预算管理等方式，促进党政机关带头履行生效裁判。建立涉民生案件执行长效机制，将传统节日涉民生专项执行活动与日常工作机制相结合，坚持优先立案、优先执行、优先发放执行案款，维护群众切身利益。2020 年底前，建立涉党政机关、涉军、涉民生等特殊案件执行信息系统，实现网上查询、汇总、督办功能。

22. 健全异地执行协作和协同执行机制。强化全国执行一盘棋的理念，健全以执行事项委托为主的全国统一协作执行工作机制，建立异地执行向上一级法院和执行地法院执行指挥中心备案制度，切实强化上级法院的案件管理责任，加强对异地执行的协助和保障。建立全国法院执行协调案件办理系统，协调案件的报请、证据交换、后续跟踪、督办落实等全部通过系统办理。加强协同执行工作力度，加大案件管理和工作考核力度。

23. 完善民事、刑事、行政案件执行一体化工作机制。在进一步完善民事执行制度的同时，加强刑事涉财产部分执行和行政执行制度建设，完善相关工作机制，补齐刑事、行政案件执行短板。完善刑事涉财产部分执行案件立审执协调配合机制及执行与减刑、假释工作衔接机制，提升刑事涉财产部分执行力度与规范化水平。完善刑事涉财产部分执行案件的涉案财物管理，健全涉案财物保管、拍卖、变卖、上缴国库等工作程序。重点强化并推进贪腐案件财产刑的全面执行，加强涉民生案件财产追缴退赔、附带民事诉讼案件执行力度。结合执行信息化建设，进一步强化刑事涉财产执行案件信息化管理与监督，进一步规范行政执行案件范围、执行规则和流程。

（五）深化以现代信息技术为支撑的执行模式变革

24. 完善“1+2+N”执行信息化系统。加快以执行指挥中心综合管理平台为核心，以四级法院统一的办案系统和执行公开系统为两翼，以网络查控、评估拍卖、信用惩戒、执行委托等N个执行办案辅助系统为子系统的执行信息化系统建设。强化系统应用，通过信息化手段落实执行工作“三统一”管理的各项要求。大力推行文档电子化和电子卷宗即时生成，实现系统对执行信息资源的智能化读取、识别，推动法律文书自动生成、关键节点自动回填，为法官提供智力支持与辅助性、事务性工作支持。进一步升级执行办案系统，以信息化手段约束执行权、规范执行行为。进一步优化执行查控、网络评估、网络拍卖、信用惩戒系统，为一线干警采取执行措施、提高执行效率、加大执行力度提供信息技术支撑。依法依规部署执行应急系统，实现执行管理“专网+互联网”全覆盖，进一步提升管理能力和水平。通过APP、即时通讯、微信小程序等技术手段，加强风险提示、节点推送，为当事人提供“一站式”诉讼服务，促进当事人、律师广泛参与执行。探索送达工作网络化办理，节约送达成本、提升送达效率。加大执行业务中以区块链技术为代表的新技术的应用和转化，提高执行效率，增强人民群众获得感。

25. 完善四级法院统一的执行办案平台。用一到两年时间全面升级案件流程信息管理系统，优化、强化关键流程节点自动回填、自动控制，实现办案流程全程在线、全程留痕、全方位多层次监控。实现文书发送、财产查控、询价评估、拍卖变卖、案款发放等案件节点的可视化、标准化监管。增强系统服务功能，升级执行节点、执行期限、前置程序等的自动预警和提示功能，提升系统操作用户体验。加强移动执行工作系统建设，及时回传和存储现场执行数据、图片、视频等，推送案件信息，实现线下执行与线上系统有效对接，逐步实现执行工作移动网上办公，为执行干警外出执行提供信息系统保障。加强对被执行人拘留及相关数据的统筹管理，实现与公安机关网络联通，全面掌握拘留地点、拘留天数、拘留次数、重复拘留等数据。

26. 加快推进执行指挥中心实体化运行。加强执行指挥中心制度建设，2019年底前制定相关规范，明确各级人民法院执行指挥中心职能定位、运行机制、装备标准、运行保障等，为执行指挥中心建设提供明确依据。充分发挥执行指挥中心在团队化办案中的支持、保障作用，做到事务工作办理集约化、工作流程标准化、规范化。充分发挥执行指挥中心指挥调度作用，以事项委托为基础，推进跨区域、跨部门之间的事项协作，加快执行指挥应急管理系统部署，尽快实现全国法院全覆盖，打通内、外网连接，有效解决执行指挥中心与外出执行人员、外出执行人员之间的执行信息联通问题，逐步形成覆盖全国、上下一体、内外联动、响应及时、保障有力的执行指挥调度工作新格局。充分发挥执行指挥中心在执行管理、执行考核中的中枢作用，实现对执行案件、执行事项和执行人员的全方位管理，强化对下督办、分级分时督办等工作机制，将各项监管职能逐步下沉至中级、基层人民法院执行指挥中心。加强值班备勤，逐步建立各级人民法院实时联动的24小时备勤和应急处理工作机制。

27. 完善人民法院网络执行查控系统。坚持以全国统一的执行查控系统为主，以地方各级人民法院执行查控系统为补充的建设思路。进一步拓宽查控系统的覆盖范围，加快推进与互联网金融全面对接，将保险产品等各种理财产品纳入查控系统，实现对不动产以及车辆、船舶等特殊动产线上查封，从根本上解决在一些财产形式上查控扣功能不齐全问题，实现所有财产形式查控扣一体化。尽快解决查控系统运行不畅、信息反馈不及时不准确、线上线下查询不一致等突出问题。提高系统智能化水平，实现批量勾选、自动查询、全天候查询、智能筛选、批量冻结等功能。利用人工智能对反馈结果作深度发掘，形成条目完备、结构简明、方便适用的查控财产反馈清单和财产线索图，便于执行法官确定财产查控方向和措施。在确保系统安全的前提下，推动查控系统向移动端发展，方便干警随时随地利用查控系统为办案服务。强化系统应用，定期组织系统性的操作培训，加强对查控系统应用的监督和指导力度，强化执行干警应用查控系统的意识和能力。严格规范信息调取、使用等，明确权限、程序、责任，全程留痕，防止公民、企业信息外泄，确保查控在合法合规轨道上运行。

28. 完善失信惩戒系统。通过国家“互联网＋监管”系统及全国信用信息共享平台，推进失信被执行人信息与公安、民政、人力资源社会保障、自然资源、住房城乡建设、交通运输、文化和旅游、财政、金融监管、税务、市场监管、科技等部门以及有关人民团体、社会组织、企事业单位公共信用信息实现资源共享。在2020年底前完成将失信被执行人名单信息嵌入各联合惩戒单位“互联网＋监管”系统以及管理、审批工作系统中，实现对失信被执行人名单信息的自动比对、自动监督、自动惩戒。细化信用惩戒分级机制，根据比例原则对不同程度的失信行为采取相应力度的惩戒措施。畅通信用惩戒救济渠道，对于错误纳入、未及时屏蔽、公布信息不准等问题及时予以纠正。结合执行工作实际，探索建立守信激励和失信被执行人信用修复制度。

29. 建设并全面推行执行财产评估系统。2019年在全国法院上线运行财产评估系统。全面落实相关司法解释，确保评估环节公开、透明、高效。制定网络询价平台名单库管理办法，建立全国性的司法网络询价平台名单库，加快推进网络询价工作，逐步形成人民法院确定财产处置参考价工作的新模式。制定委托评估专业技术评审规则，建立科学合理、切实有效、标准统一的专业技术评审工作机制。推进询价评估系统与全国性评估行业协会系统对接，实现委托评估机构行业自律、当事人在线选取，推广使用定向询价评估系统，不断完善定向询价评估系统功能，确保询价评估工作依法规范、精准操作、全程留痕、全程监管。

30. 进一步加强网络司法拍卖系统建设。落实网拍优先原则，拓展网络拍卖使用范围，提高财产变现的及时性。建立司法拍卖辅助工作省级统一标准、统一管理的工作机制，加强对司法拍卖辅助工作标准化、规范化管理。完善配套工作机制，有效解决拍卖财产腾退和交付、车辆违章消除等影响财产处置效率的问题。在不影响债权人合法权益的前提下尽可能降低被执行人偿债成本，加快推进被执行人指定期限内自行处置财产制度、被执行人特定期限内赎买拍卖物制度以及被执行人以查封财产融资偿债机制建设，依法保障各方当事人合法权益。

31. 加强执行信息安全措施。严格落实网络信息等级保护及涉密保护技术措施，制定相应的工作流程和制度，确保执行信息系统安全。

（六）健全规范执行行为制度体系

32. 完善执行规范体系。全面梳理执行领域司法解释，2019 年完成司法解释完善编注工作，解决执行规范体系层级复杂、关系模糊、内容冲突等问题。及时制定司法解释，解决执行实践中的法律适用问题。针对执行工作中出现的新情况、新问题，及时出台指导性意见和规范性文件，填补规则漏洞，统一办案标准。做好民事强制执行法的贯彻实施工作。

33. 健全执行案件督办机制。2019 年底前出台规定明确执行督办案件的办理流程、时限、结案标准等，提升督办案件办理规范化水平。加大督办案件办理力度，建立工作台账，专人负责、定期通报，建立责任落实和报告反馈机制，加强对督办案件的综治考核和执行绩效考核。加强信息化管理，把督办案件纳入执行指挥平台督导案件系统统一办理，加强统计分析，提高办理效率，提升监督管理效果，防范化解涉执重大风险。

34. 加强执行信访管理。加强执行信访工作考核，将“信访案件办结率 90% 以上”继续作为考核执行工作的核心指标之一，将信访案件办结率、化解率、案访比、进京信访比等重要指标纳入季度、年度综治考评项目以及日常考核。强化执行信访案件督办，坚持以实体化解为目标，细化执行信访案件实体化解标准。2019 年底前建立上级法院有明确意见的执行信访案件台账，对未落实上级法院明确意见的案件督办到底。优化升级执行申诉信访信息化管理系统，实现执行申诉信访系统与执行案件办理系统、网上申诉平台、全国法院涉诉信访系统等的互联互通、信息共享，发挥执行申诉信访管理系统上下贯通、节点控制的监督作用，加强系统数据分析，为执行工作决策提供参考。

35. 加强执行款物管理。2019 年底前对全国法院的“一案一账号系统”进行验收，完善“一案一账号”工作机制和信息化系统，完成款物管理系统或财务系统与案件流程信息管理系统对接，实现案款到账短信通知、逾期未发放款项预警提示等功能，全面实现款物管理的全流程化和信息化。建立案款提存工作机制，明确提存部门、责任分工，加强对积压案款的集中监管。建立执行款物管理系统，在线完成财产甄别，建立网络化收付款工作机制，确保执行案款收支便利、全程留痕、发放及时。

36. 严肃整治执行不规范行为。发挥执行约谈制度作用，对存在消极执行、拖延执行、违法执行等问题的，及时启动执行约谈程序，督促限期予以纠正。落实责任倒查、“一案双查”制度，完善相关问题线索移交、联合调查、督办问责等工作机制，将违纪违法问题查处结果纳入综治考核。

37. 加强执行工作考核。2019 年底前，各级人民法院要修订执行考核指标，遵循执行工作规律，突出执行工作特点，建立有别于审判工作的单独执行工作考核机制。2020 年开始将执行案件与审判案件分开统计，在法院工作报告中分别表述。修改综治工作（平安建设）考核评价工作（法院执行工作部分）实施细则，将“3+1”核心指标、执行督办落实情况等纳入考核范围，合理设定加减分项目和分值，探索实行月汇总、季度通报、年终扣分制度。强化考核结果运用，健全执行机构配合组织人事部门考核执行队伍工作机制，将执行工作考核结果作为干部考核的重要方面。

（七）综合运用强制执行措施，提高执行工作权威性及公信力

38. 加大财产调查力度。落实财产报告制度，加大对不报告、报告不实等行为的处罚力度，增强制度威慑力。对被执行人存在违反财产报告制度，或者有隐匿财产、财产凭证、会计账簿等行为的，坚决采取搜查措施。在信息系统未覆盖领域采用传统调查措施，加强对被执行人所在社区、营业场所的调查力度。探索建立律师调查被执行人财产等制度，加快推进委托审计调查、公证取证、悬赏举报等制度，最大限度丰富调查手段，拓宽财产发现渠道。

39. 严厉惩戒拒执违法行为。加大对拒执行为的惩处力度，依法适用罚款、拘留、限制出境等强制措施。联合公安机关尽快建立限制出境网络化操作机制，联合公安机关、检察机关出台指导性意见，解决司法拘留“送拘难”、拒执罪“立案难”等突出问题，建立依法高效办理拒执案件的常态化工作机制。2021 年前完善拒执罪公诉、自诉案件相关法律制度，统一证据采信和法律适用标准。

40. 坚决打击规避执行行为。持之以恒开展反规避执行专项整治行动，选择重点案件，采取内外联动、上下联动等手段查明事实，依法以变更追加被执行

人、采取强制措施等方式予以惩戒。加强对滥用异议权、诉权问题的研究，进一步明确滥用异议权、诉权拖延、规避执行的处罚程序和标准。研究被执行人转移、隐匿财产的具体形式，有针对性地完善财产追回等制度。

（八）健全开放、动态、透明、便民的阳光执行制度体系

41. 健全完善执行公开工作机制。贯彻主动、依法、全面、及时、实质公开原则，坚持“以公开为原则，以不公开为例外”，不断拓展执行公开范围、健全公开形式、畅通公开渠道、加强平台建设、强化技术支撑。深入推进执行公开的规范化、标准化、信息化建设，准确划分向当事人公开和向社会公众公开的标准，明确执行公开的责任主体。

42. 拓展执行公开的广度和深度。认真落实《最高人民法院关于进一步深化司法公开的意见》（法发〔2018〕20号），推动实现执行案件流程信息、被执行人信息、失信被执行人名单信息、网络司法拍卖信息、强制措施、财产调查处置措施等在同一平台集中统一公开。

43. 鼓励支持律师参与执行。2019年会同司法部、中华全国律师协会出台律师参与执行的意见，多措并举提升律师参与执行的比例，建设信息化平台，为律师参与执行提供便利，充分发挥律师在执行中的作用。

44. 打造集约化执行公开平台。将执行信息公开网建设成集约化的执行公开平台，继续做好平台与法院专网内的执行案件管理系统、失信惩戒系统、限制消费系统、询价评估系统、网拍平台、终本系统的对接，向当事人和社会提供更优质的“一站式”执行信息公开服务。增强执行公开网的交流互动性，为当事人提供更加便捷的联系法官的渠道，完善执行线索提供和悬赏公告功能，调动社会各界参与执行、支持执行、监督执行的积极性。

45. 创新执行信息公开手段。2019年底前有条件的法院要利用手机短信、微信、诉讼服务热线、手机APP等，把执行流程关键节点告知当事人，满足社会公众多渠道了解人民法院执行工作的需求。加快与相关部门建立快速查询信息共享机制，向当事人手机推送案件节点等执行信息。

（九）健全执行监督体系

46. 主动接受人大监督和政协民主监督。定期向人大报告执行工作，认真听取人大代表、政协委员对执行工作的意见建议，联合开展执法检查，定期邀请

代表视察调研、见证执行。健全建议、提案办理工作机制，明确责任，加强督查督办，确保建议提案办理质效。加强对建议、提案办理答复数据库及相关系统的管理，实现建议、提案网上办理、跟踪督办，将答复数据库与执行信息公开网对接，更大范围地将办理情况向社会公开，提升建议、提案办理工作的规范化、精细化、信息化水平。

47. 依法接受检察监督。会同检察机关完善民事、刑事、行政案件执行活动法律监督制度，依法办理执行监督检察建议。建立执行检察监督案件通报制度，把执行检察监督案件纳入执行案件系统，加强日常管理。主动邀请检察机关监督具有重大影响以及群体性、敏感性执行案件、被执行人为特殊主体或因外界干预难以执行的案件、被执行人以暴力或其他方式抗拒执行的案件等，推动改善执行环境。

48. 广泛接受社会监督。推广在执行指挥中心下建立“执行事务中心”，搭建一站式执行事务服务窗口。畅通人民法院与当事人沟通渠道，邀请群众代表观摩法院执行工作、调研座谈，充分保障群众知情权、参与权、表达权和监督权。

（十）建设新时代“执行铁军”

49. 加强执行队伍革命化建设。坚持用习近平新时代中国特色社会主义思想武装头脑指导实践推动工作，坚持以党的政治建设为统领，教育引导广大执行干警增强“四个意识”、坚定“四个自信”、做到“两个维护”，确保执行工作正确政治方向。强化使命意识，锤炼政治担当，帮助全体执行干警牢固树立正确的世界观、人生观、价值观。按照党管干部的要求，加强执行干警队伍建设，认真落实党中央各项决策部署，将理想信念教育作为执行干警工作的一项战略工程常抓不懈，锻造一支让党中央放心、让人民群众满意的高素质执行队伍。

50. 加强执行队伍正规化建设。把握人民法院执行工作规律，深入研究各级人民法院执行工作职能定位，区分管理、办案等工作比重，确定不同层级法院执行人员配备标准。加强各级人民法院执行局班子建设，认真落实《最高人民法院关于高级人民法院统一管理执行工作若干问题的规定》（法发〔2000〕3号）要求，各级人民法院执行局局长在办理任免手续前，应征得上一级人民法院同意，上级人民法院认为下级人民法院执行局局长不称职的，可以建议有关部门予以调整、调离或者免职。建立下级人民法院执行局长向上一级人民法院报告述职制度，述职结果作为干部考核的重要依据。严格落实执行干警比例要求，根据工作需要加强员额法官、法官助理（执行员）、司法警察和书记员配备，防止出现队伍力量薄弱、结构老化、不适应执行发展需要等问题，加强人员配备和保障的监督核查。

51. 加强执行队伍专业化建设。加强专业培训，发挥国家法官学院执行学院资源优势，编辑出版执行培训教材，开展执行人员分批分类培训和实操考核，争取三年内完成全国执行人员全员轮训。继续办好“执行大讲堂”，围绕新出台的执行规范性文件、司法解释和执行实务中的热点难点问题等，适时组织培训和解读。建立分级培训和考核工作机制，明确和落实四级法院的培训职责、任务和要求。充分发挥执行专业委员会作用，加强理论研究和实践调查，提高专业化水平。探索实行上下级法院执行人员双向挂职锻炼制度，促进执行人员在办大案、处急事、破难题中增长本领。加强执行部门与审判部门法官的任职交流，任命为员额法官前原则上要有一年的执行实施工作经验。

52. 加强执行队伍职业化建设。建立健全执行实施人员、司法警察、执行工作辅助人员职业资格条件、招录、晋升、转岗等制度规范，优化执行队伍构成，提升执行队伍素质。以深化司法体制综合配套改革和全面落实司法责任制为契机，明确各类执行人员的身份定位和职权范围，推进执行人员单独职务序列管理。创新激励机制，建立执行工作容错纠错机制，完善执行干警依法履职保护机制，依法惩处诬告陷害、威胁恐吓执行干警等行为。健全执行干警职业保障制度，从政治上关心、工作上支持、生活上保障，全面关心关爱执行干警，完善抚恤优待政策，落实带薪休假、调休轮休、心理疏导等机制，解决后顾之忧，提高执行干警的职业荣誉感、自豪感、归属感。

53. 加强执行队伍党风廉政建设。坚持全面从严治党，持之以恒正风肃纪，坚定不移推进反腐败斗争。统筹深化司法体制综合配套改革与党风廉政建设，健全与执行权力运行体系相适应的廉政风险防控体系，确保公正廉洁执行。完善司法巡查，整合监督力量，强化督办落实。加强关键岗位定期轮换交流。完善岗位职权利益回避制度，规范执行工作人员与当事人、律师、特殊关系人、中介组织的接触、交往行为。严格查处执行违法违纪行为，坚决清除执行队伍中的害群之马。

三、组织实施

（一）加强组织领导

最高人民法院相关部门要加强对本纲要任务的统筹协调、推进实施、督促落实、总结评估，通过建立台账、挂账管理、跟踪督办、督察问责，确保有重点、有步骤地推进各项任务落实。严格贯彻落实“一把手抓、抓一把手”工作机制，强化各级人民法院“一把手”主体责任，加强工作任务分解，逐项明确时间表、路线图、责任人，确保每项任务有人盯、有人抓。

（二）加强工作保障

严格落实《人民法院执行工作业务装备标准》（法办发〔2018〕7号），执行工作车辆保障单独预算列支，为执行人员配备移动办公终端、便携打印机、执行现场手机信号屏蔽器等必要的执行装备，加强人民法院执行指挥应急调度服务平台在全国法院部署安装的经费保障。优化运维服务管理制度和人员保障，健全执行工作装备保障机制，构建现代化执行后勤保障体系。

（三）加强执行机构建设

严格落实中央关于加强执行机构建设的要求，积极争取地方党委支持，加强执行力量配备。各级人民法院有关执行机构的改革方案要层报最高人民法院审核。

（四）加强执行法治宣传

宣传工作是执行工作的重要组成部分。要进一步提高对执行宣传工作重要性的认识，加强组织领导，健全工作机制，建立执行宣传联席会议制度，形成宣传合力，强化考核指导，实现四级法院上下一体同频共振的执行宣传工作格局。突出宣传重点，拓展宣传方式，促进社会理解执行、尊重执行、协助执行，提升法治意识，促进主动履行法律义务。加强舆情引导，落实专人负责制度，严格落实“三同步”原则，及时回应、有效引导，做好法律政策宣讲、解疑释惑等工作。

出台背景

行政机关作为被执行人的案件可大致分为涉公法领域的行政侵权案件和涉

私法领域的民事案件。前者承担的是行政赔偿责任,[①] 后者承担的是民事赔偿责任。事实上，法院在执行以行政机关作为被执行人的案件时，与执行其他主体作为被执行人的案件并无本质不同。但由于行政机关主体地位的特殊性以及体制、国情等原因，以行政机关为被执行人的案件往往是法院执行积案的重灾区，在一定程度上影响司法权威及行政机关的社会公信力。造成此类案件执行难的成因复杂，如尽管《国家赔偿法》明确将赔偿费用列入财政预算，但不同地域的行政机关的财政负担能力存在差别，财政压力较大的地区就很难保证相对充足的赔偿经费，从而影响了赔偿案件的执行。实践中，往往是先申请法院中止执行，将赔偿费用纳入下一年度财政预算，待赔偿费用到位后再继续执行。为此，最高人民法院曾于1993年作出《关于对行政侵权赔偿案件执行中有关问题的复函》(已废止)，明确对暂无执行能力的行政机关应当中止执行。[②]

针对行政机关作为被执行人的执行积案问题，各地区主要通过开展集中清理活动突击解决，但始终是治标不治本。2016年最高人民法院发布了《关于落实“用两到三年时间基本解决执行难问题”工作纲要》，明确提出要建立特别案件执行长效机制。对于涉党政机关执行案件，通过联合通报机制督促自动履行，推动将特殊主体的债务纳入预算管理，形成破解涉党政机关执行积案的合力与机制；建立涉民生案件执行常态化、随时性、优先性机制，逐步改变每逢年节要靠组织开展集中清理活动突击解决问题的状况。

理解与适用

(一) 行政机关作为被执行人的域外考察

《德国民事诉讼法》及其相关法律对涉及公法上的法人以及市政作为被执行人的情形作出了特别的规定。该种强制执行的合法性源于德国理论界认为债权

---

① 行政侵权赔偿，是指行政机关或者行政机关工作人员在执行职务实施具体行政行为时，侵犯了公民、法人或者其他组织的合法权益并造成损害，依法由国家行政机关承担侵权赔偿责任的制度。

② 根据该复函出具时《民事诉讼法》及相关司法解释的规定，被执行人暂无履行能力并不属于中止执行的法定情形。1998年《执行规定》出台时才将被执行人确无财产可供执行列入应当中止执行的情形。

人的债权是归属于《德国基本法》第 14 条意义上的所有权范畴，受宪法保护。

德国对公法法人进行民事强制执行时区分债权性质，当债权人基于物权实施执行时，作为债务人的公法法人不享有特殊法律地位，适用有关强制执行的一般法律规定；当债权人基于金钱债权实施执行时，则要适用特殊规定，目的是避免因实施强制执行措施而损害公法法人的公共服务职能，以及因强制执行给公法组织的声誉造成损害。

根据《德国民事诉讼法》第 882a 条的规定，对公法法人进行执行，首先要进行执行告知，即债权人应将其实施强制执行的意愿告知有权代理债务人的官厅及主管的（州或者联邦）财政部长，自告知之日起四周后方可以开始强制执行。告知是一种诉讼行为，使其主管机构有自行清偿债务或主张权利救济的机会。其次是规定了豁免执行的财产范围，即债务人为履行公务所必需的物，或者其转让与公共利益相冲突的物，如文物、档案等。

对市镇以及市镇共同体进行执行适用州法而非《德国民事诉讼法》第 882a 条。在强制执行前，通常要求获得监管机关的许可。这使得监管机关预先获知针对市镇债务的强制执行，从而促使市镇履行债务，以保证市镇的公共职能得到履行。监管机构无权审查执行名义正确性，并且应当发放许可，但有权对可执行的财产标的以及执行的时刻作出选择。为实施规定的行政管理或者为照管市民所必需的财产和标的，不得对其进行强制执行，但该豁免执行范围的确定存在较大困难，常常借助国家预算法上“行政财产”和“财政财产”的概念来界定。即行政建筑、其他公共建筑及设施等属于“行政财产”，不得扣押；仅以财产价值或收益间接服务于公共行政的财产，属于“财政财产”，可以扣押。①

（二）行政机关作为被执行人案件的特点

1. 执行主体特殊

行政机关担负行使公共权利、管理公共事务的职责。即便其参与一般民事活动时受民事法律规范的调整，但因其特殊的法律属性，在需要承担民事责任的情况下，具备与一般民事主体不同的特征。例如，强制执行原则上以不影响

---

① 参见赵秀举：《德国对公法法人和市镇的执行》，载《域外政府机构等特殊主体执行制度专题研究客体启动会论文集》，第 15～22 页。

行政机关正常履行行政管理职能为前提，所以，穷尽执行措施的要求并不完全适用于行政机关作为被执行人的案件。

行政机关双重身份给可以执行的行政机构财产的判断制造了困难。按照财政资金性质，可划分为预算内资金和预算外资金，实务界人士提出对于预算外资金，因其在国家预算体系中起到的是补充作用，具有自主性的特点，可以作为执行标的。[①] 根据最高人民法院执行工作办公室作出的〔2001〕执他字第10号答复函、财政部作出的财法函字〔2000〕8号答复函，预算内资金和预算外资金均属于国家财政性资金，不能用于来承担连带经济责任，只能执行政府机关自有资金。而且，为了保证行政单位正常的履行职能，不得对行政单位的办公用房、车辆等其他办公必需品采取执行措施。也有学者提出与德国法上类似的“行政财产”和“普通财产”的划分方式，用于保障行政机关正常运转和履行职责的财产，例如，政府的办公大楼、公务用车、工资、福利等行使职权所必备的，排除在执行财产范围之外；行政机关掌握的行政财产以外的其他财产即普通财产，可以用于承担民事责任。[②]

2. 执行难

造成行政机关作为被执行人案件执行难的成因复杂，被执行主体身份特殊是主要原因，还有我国官本位文化因素以及机构设置等特殊因素的影响。行政机关普遍存在消极对待法院执行的情况，更有甚者出现干预执行的情况。此间原因复杂，有的是“新官不理旧账”，有的是财政困难。除此之外，受法院经费受制于地方财政以及需承担地方经济建设大局等职能定位等因素的影响，法院执行人员在执行行政机关时是存有顾虑的。

3. 执行结果影响范围大

对行政机关的执行，不仅关系到当事人合法权益的实现，法律尊严和司法权威的维护，更重要的是其关乎对政府机关作为“国家”形象代表的声誉。因此，行政机关作为被执行人的案件往往受到较多关注。如果长期得不到执行，

---

① 参见蒋昕：《析明政府财产　理顺执行关系——对于政府作为民事被执行人的研讨》，载《人民法院报》2010年4月28日，第8版。

② 参见蒋昕：《析明政府财产　理顺执行关系——对于政府作为民事被执行人的研讨》，载《人民法院报》2010年4月28日，第8版。

将会严重损害司法权威，对行政机关声誉造成不利影响，加重“官官相护”的错误观念。①

（三）解决以行政机关作为被执行人案件执行难的措施

1. 提级管辖及报请政法委督办

广东省高级人民法院在2003年发布《关于统一管理行政机关作为被执行人案件的暂行规定（试行）》，提出基层人民法院立案执行的以本辖区行政机关作为被执行人的案件，移送其所属的中级人民法院执行或指定执行。中级人民法院立案执行的以本辖区县（含县级市、区）、市级行政机关作为被执行人的案件，在法定期限内不能执结的，应根据省政法委《关于党委政法委挂牌督办人民法院“老大难”执行案件的通知》的规定，报请同级党委政法委挂牌督办，在督办6个月后仍未能执结的，移送省法院执行或指定执行。

2. 采取特殊措施

行政机关作为被执行人案件的执行效果如何直接关系政府公信和司法权威。当行政机关拒绝履行时，人民法院可以根据《行政诉讼法》第96条的规定，采取以下强制执行措施：（1）划拨，即从行政机关的账户内直接划拨银行存款。（2）执行罚，即行政机关在规定期限内不履行的，从期满之日起，对该行政机关负责人按日处50～100元的罚款。（3）公告，即将行政机关拒绝履行法律义务的情况予以公告。（4）司法建议，即向监察机关或者该行政机关的上一级行政机关提出司法建议。（5）追究法律责任，即行政机关拒绝履行造成恶劣社会影响的，可以对该行政机关直接负责的主管人员和其他直接责任人员予以拘留；情节严重，构成犯罪的，依法追究刑事责任。另外，人民法院应紧紧依靠党委政府领导，充分发挥执行联动机制作用，切实加大执行力度，加快推进联合信用惩戒，广泛运用执行和解手段，促使负有赔偿义务的行政机关自觉履行法律义务。

3. 扩大宣传，增加社会舆论监督

以行政机关作为被执行人的案件，在不涉及国家机密、商业秘密和个人隐

① 参见韩继成：《关于以行政机关为被执行人案件的调查报告》，载黑河市中级人民法院网2012年8月1日，http：//hhzy. hljcourt. gov. cn/public/detail. php？id＝197。

私的情况下，其执行过程要对社会公开，以增加社会舆论对行政机关履行义务的监督。尤其是对其中一些典型案例要通过各种新闻渠道加大宣传，对那些长期拒不履行、不协助、不配合的机关要选择一些典型利用执行威慑机制列入黑名单。这样才能使该类案件最大化地置于整个社会的关注下，达到执行机关及其人员不敢不执行，涉案的行政单位不敢不履行、不配合、不协助，以创造良好的执行环境。①

4. 政府机关出台落实政策

基于行政机关作为被执行人案件大量积压给政府声誉带来的负面影响，许多地方政府出台相应的政策，对不能按时完成案件清理任务的单位，采取通报批评或者追究有关领导和人员责任的督促措施。② 还可以采取将不履行生效法律文书的行为纳入政绩考核体系、实行领导人责任制的方式。

实务操作指引

北海市中级人民法院在执行申请执行人北海市第二建筑工程公司（以下简称北海二建）与被执行人北海市卫生和计划生育委员会（原为北海市卫生局，以下简称为北海卫计委）建设工程施工合同纠纷一案中，于2014年3月20日作出（2005）北执一查字第8－12号执行裁定，扣划了被执行人北海卫计委存于北海市爱国卫生运动会办公室（以下简称爱卫办）在中国工商银行股份有限公司北海分行南珠支行（以下简称工行北海分行南珠支行）21×××59账户存款354.579148万元至该院账户。该账户内资金性质以及法院是否能够扣划，当事人及法院有不同认识。

申请执行人认为，该354.579148万元长期存放在北海卫计委基本账户，后又转给爱卫办，是可供执行的财产。

被执行人北海卫计委认为，该354.579148万元既不属于爱卫办的资金，也

① 参见杨永瑶：《行政机关为被执行人案件执行难的原因及对策》，载法律资讯网，http://www.dyzxw.org/html/article/201308/26/142245.shtml。

② 参见《河南省人民政府办公厅关于支持配合人民法院解决政府机关为被执行人案件执行难问题的通知》。

不属于北海卫计委的自有资金，而是北海市财政局根据中央和自治区民生项目任务安排，通过其账户划拨给卫生项目实施单位的专项资金。即以财政授权支付方式将专项资金从该单位设在工行北海分行南珠支行零余额账户21×××43转到21×××27基本账户上，再划拨给项目实施单位。

北海市中级人民法院认为，该354.579148万元是地方财政的预算外资金，属于地方财政部门按国家规定管理的各项附加收入，应主要用于社会公益，由地方财政部门统一管理、专项安排、专项使用，法院根据生效的判决依法执行时，不能划拨该项资金。北海市中级人民法院在复查后又认为，所谓专项资金，是国家或有关部门或上级部门下拨行政、事业单位具有专门指定用途或特殊用途的资金，这种资金要求进行单独核算，专款专用，并需要单独报账结算，专项资金是具有专门指定用途或特殊用途的资金，专项资金应当存在单位零余额账户。根据《北海市直财政国库管理制度改革资金支付管理办法》的规定，预算单位不能违反规定把零余额户的资金向本单位其他账户和上级主管部门、所属下级单位划拨资金。北海卫计委所提供的证据不足以认定本院扣划的涉案资金属不可执行的专项资金。

广西壮族自治区高级人民法院认为，北海市财政局通过同城转账的方式，将北海卫计委申请批准预算的专项款项从零余额账户21×××43转到21×××27基本账户，36笔合计622.3395万元。而零余额账户作为财政部门或财政部门为预算单位在商业银行开设用于办理预算资金支付清算的账户，其日终余额与设立在中央银行的国库单一账户清算后结零，零余额账户设立的目的是办理预算资金支付清算的账户，链接了财政部门与预算单位的资金运载。虽然《中国人民银行、最高人民法院、最高人民检察院、公安部关于查询、冻结、扣划企业事业单位、机关、团体银行存款的通知》明确了查询、冻结、扣划存款的范围不包括国库库款，但资金性质在流转中不断发生变化。本案中，零余额账户款项流转前账户内资金属于国库资金，在零余额账户款项流转至基本账户后资金性质发生了变化，经本院查明，北海市财政局仅对零余额账户予以监管，对基本账户资金使用并不进行监管，因而原存于零余额账户资金的性质就不再是专项资金而成为北海卫计委的财产。因此，北海卫计委通过北海市财政局将存于零余额账户的专项资金流转到基本账户，可以作为可供执行的财产进行保全并扣划。

实践中，对于行政机关作为被执行人时可执行财产界限的认定较为混乱。上述案例中，广西壮族自治区高级人民法院通过案款所在账户的性质判断案款性质，认为案款从零余额账户流转出去之后，其性质就从国库款变为北海卫计委财产的结论有待商榷。在（2019）最高法执监101号案中，营口市人民政府认为大连海事法院扣划的资金来自营口市财政局预算外资金集中存款专户，是国家授权财政部门代管的保证金，其所有权属于矿产企业。辽宁省高级人民法院则认为，执行豁免制度，是出于保护被执行人的基本人权和维护社会公共利益的目的。因此，国家机关的财产，除了其履行公共管理职能不可缺少的财物外，原则上都可以予以执行。大连海事法院扣划的营口市人民政府的银行存款为1,849,287.02元，只占其全年财政收入的0.01%，对该笔存款的执行不会导致其无法履行公共管理职能。

第三十四章 涉港澳台案件的执行

港澳与内地相互协助保全与执行判决、仲裁裁决实务

通知、安排原文

（一）最高人民法院、司法部关于涉港公证文书效力问题的通知

1996年2月18日　司发通〔1996〕026号

各省、自治区、直辖市高级人民法院、司法厅（局）：

为解决香港居民回内地处理民事、经济法律事务所需公证证明问题，从1981年开始，司法部经商中央有关主管部门同意，建立了委托公证人制度，即由司法部考核后委托部分香港律师作为委托公证人，负责出具有关公证文书，经司法部在香港设立的中国法律服务（香港）有限公司审核并加章转递后，送回内地使用。十多年来的实践证明，该项制度维护了当事人的合法权益，为人民法院和内地其他机关处理涉港案件提供了真实合法有效的证明文件。1997年7月1日中国政府恢复对香港行使主权后，这一制度仍将继续实行。

随着香港与内地民事、经济和其他交往的不断增多，各类公证事务也日益增加。到1995年10月底为止，司法部共委托了207名香港律师作为中国委托公证人。各级人民法院办理涉港案件时，应严格审核确认公证文书的合法性，防止未经授权的机构、人员出具的无效证明和不法人员伪造的公证文书。为此，现将该207名委托公证人名单和司法部中国法律服务（香港）有限公司审核转递专用章式样印发给你们。在办理涉港案件中，对于发生在香港地区的有法律

意义的事件和文书，均应要求当事人提交上述委托公证人出具并经司法部中国法律服务（香港）有限公司审核加章转递的公证证明；对委托公证人以外的其他机构、人员出具的或未经审核加章转递程序的证明文书，应视为不具有《中华人民共和国民事诉讼法》中规定的公证文书的证明效力和执行效力，也不具有《中华人民共和国担保法》第四十三条规定的对抗第三人的效力，所涉及的行为不受法律保护。

（二）最高人民法院
关于内地与香港特别行政区相互执行仲裁裁决的安排

2000 年 1 月 4 日　法释〔2000〕3 号

根据《中华人民共和国香港特别行政区基本法》第九十五条的规定，经最高人民法院与香港特别行政区（以下简称香港特区）政府协商，香港特区法院同意执行内地仲裁机构（名单由国务院法制办公室经国务院港澳事务办公室提供）依据《中华人民共和国仲裁法》所作出的裁决，内地人民法院同意执行在香港特区按香港特区《仲裁条例》所作出的裁决。现就内地与香港特区相互执行仲裁裁决的有关事宜作出如下安排：

一、在内地或者香港特区作出的仲裁裁决，一方当事人不履行仲裁裁决的，另一方当事人可以向被申请人住所地或者财产所在地的有关法院申请执行。

二、上条所述的有关法院，在内地指被申请人住所地或者财产所在地的中级人民法院，在香港特区指香港特区高等法院。

被申请人住所地或者财产所在地在内地不同的中级人民法院辖区内的，申请人可以选择其中一个人民法院申请执行裁决，不得分别向两个或者两个以上人民法院提出申请。

被申请人的住所地或者财产所在地，既在内地又在香港特区的，申请人不得同时分别向两地有关法院提出申请。只有一地法院执行不足以偿还其债务时，才可就不足部分向另一地法院申请执行。两地法院先后执行仲裁裁决的总额，不得超过裁决数额。

三、申请人向有关法院申请执行在内地或者香港特区作出的仲裁裁决的，应当提交以下文书：

（一）执行申请书；

（二）仲裁裁决书；

（三）仲裁协议。

四、执行申请书的内容应当载明下列事项：

（一）申请人为自然人的情况下，该人的姓名、地址；申请人为法人或者其他组织的情况下，该法人或其他组织的名称、地址及法定代表人姓名；

（二）被申请人为自然人的情况下，该人的姓名、地址；被申请人为法人或者其他组织的情况下，该法人或其他组织的名称、地址及法定代表人姓名；

（三）申请人为法人或者其他组织的，应当提交企业注册登记的副本。申请人是外国籍法人或者其他组织的，应当提交相应的公证和认证材料；

（四）申请执行的理由与请求的内容，被申请人的财产所在地及财产状况；

执行申请书应当以中文文本提出，裁决书或者仲裁协议没有中文文本的，申请人应当提交正式证明的中文译本。

五、申请人向有关法院申请执行内地或者香港特区仲裁裁决的期限依据执行地法律有关时限的规定。

六、有关法院接到申请人申请后，应当按执行地法律程序处理及执行。

七、在内地或者香港特区申请执行的仲裁裁决，被申请人接到通知后，提出证据证明有下列情形之一的，经审查核实，有关法院可裁定不予执行：

（一）仲裁协议当事人依对其适用的法律属于某种无行为能力的情形；或者该项仲裁协议依约定的准据法无效；或者未指明以何种法律为准时，依仲裁裁决地的法律是无效的；

（二）被申请人未接到指派仲裁员的适当通知，或者因他故未能陈述意见的；

（三）裁决所处理的争议不是交付仲裁的标的或者不在仲裁协议条款之内，或者裁决载有关于交付仲裁范围以外事项的决定的；但交付仲裁事项的决定可与未交付仲裁的事项划分时，裁决中关于交付仲裁事项的决定部分应当予以执行；

（四）仲裁庭的组成或者仲裁庭程序与当事人之间的协议不符，或者在有关当事人没有这种协议时与仲裁地的法律不符的；

（五）裁决对当事人尚无约束力，或者业经仲裁地的法院或者按仲裁地的法律撤销或者停止执行的。

有关法院认定依执行地法律，争议事项不能以仲裁解决的，则可不予执行该裁决。

内地法院认定在内地执行该仲裁裁决违反内地社会公共利益，或者香港特区法院决定在香港特区执行该仲裁裁决违反香港特区的公共政策，则可不予执行该裁决。

八、申请人向有关法院申请执行在内地或者香港特区作出的仲裁裁决，应当根据执行地法院有关诉讼收费的办法交纳执行费用。

九、1997 年 7 月 1 日以后申请执行在内地或者香港特区作出的仲裁裁决按本安排执行。

十、对 1997 年 7 月 1 日至本安排生效之日的裁决申请问题，双方同意：

1997 年 7 月 1 日至本安排生效之日因故未能向内地或者香港特区法院申请执行，申请人为法人或者其他组织的，可以在本安排生效后六个月内提出；如申请人为自然人的，可以在本安排生效后一年内提出。

对于内地或香港特区法院在 1997 年 7 月 1 日至本安排生效之日拒绝受理或者拒绝执行仲裁裁决的案件，应允许当事人重新申请。

十一、本安排在执行过程中遇有问题和修改，应当通过最高人民法院和香港特区政府协商解决。

（三）最高人民法院
关于内地与香港特别行政区法院相互认可和执行
当事人协议管辖的民商事案件判决的安排

2008 年 7 月 3 日法释〔2008〕9 号

根据《中华人民共和国香港特别行政区基本法》第九十五条的规定，最高人民法院与香港特别行政区政府经协商，现就当事人协议管辖的民商事案件判决的认可和执行问题作出如下安排：

第一条 内地人民法院和香港特别行政区法院在具有书面管辖协议的民商事案件中作出的须支付款项的具有执行力的终审判决，当事人可以根据本安排向内地人民法院或者香港特别行政区法院申请认可和执行。

第二条 本安排所称“具有执行力的终审判决”：

（一）在内地是指：

1. 最高人民法院的判决；

2. 高级人民法院、中级人民法院以及经授权管辖第一审涉外、涉港澳台民商事案件的基层人民法院（名单附后）依法不准上诉或者已经超过法定期限没有上诉的第一审判决，第二审判决和依照审判监督程序由上一级人民法院提审后作出的生效判决。

（二）在香港特别行政区是指终审法院、高等法院上诉法庭及原讼法庭和区域法院作出的生效判决。

本安排所称判决，在内地包括判决书、裁定书、调解书、支付令；在香港特别行政区包括判决书、命令和诉讼费评定证明书。

当事人向香港特别行政区法院申请认可和执行判决后，内地人民法院对该案件依法再审的，由作出生效判决的上一级人民法院提审。

第三条 本安排所称“书面管辖协议”，是指当事人为解决与特定法律关系有关的已经发生或者可能发生的争议，自本安排生效之日起，以书面形式明确约定内地人民法院或者香港特别行政区法院具有唯一管辖权的协议。

本条所称“特定法律关系”，是指当事人之间的民商事合同，不包括雇佣合同以及自然人因个人消费、家庭事宜或者其他非商业目的而作为协议一方的合同。

本条所称“书面形式”是指合同书、信件和数据电文（包括电报、电传、传真、电子数据交换和电子邮件）等可以有形地表现所载内容、可以调取以备日后查用的形式。

书面管辖协议可以由一份或者多份书面形式组成。

除非合同另有规定，合同中的管辖协议条款独立存在，合同的变更、解除、终止或者无效，不影响管辖协议条款的效力。

第四条　申请认可和执行符合本安排规定的民商事判决，在内地向被申请人住所地、经常居住地或者财产所在地的中级人民法院提出，在香港特别行政区向香港特别行政区高等法院提出。

第五条　被申请人住所地、经常居住地或者财产所在地在内地不同的中级人民法院辖区的，申请人应当选择向其中一个人民法院提出认可和执行的申请，不得分别向两个或者两个以上人民法院提出申请。

被申请人的住所地、经常居住地或者财产所在地，既在内地又在香港特别行政区的，申请人可以同时分别向两地法院提出申请，两地法院分别执行判决的总额，不得超过判决确定的数额。已经部分或者全部执行判决的法院应当根据对方法院的要求提供已执行判决的情况。

第六条　申请人向有关法院申请认可和执行判决的，应当提交以下文件：

（一）请求认可和执行的申请书；

（二）经作出终审判决的法院盖章的判决书副本；

（三）作出终审判决的法院出具的证明书，证明该判决属于本安排第二条所指的终审判决，在判决作出地可以执行；

（四）身份证明材料：

1. 申请人为自然人的，应当提交身份证或者经公证的身份证复印件；

2. 申请人为法人或者其他组织的，应当提交经公证的法人或者其他组织注册登记证书的复印件；

3. 申请人是外国籍法人或者其他组织的，应当提交相应的公证和认证材料。

向内地人民法院提交的文件没有中文文本的，申请人应当提交证明无误的中文译本。

执行地法院对于本条所规定的法院出具的证明书，无需另行要求公证。

第七条　请求认可和执行申请书应当载明下列事项：

（一）当事人为自然人的，其姓名、住所；当事人为法人或者其他组织的，法人或者其他组织的名称、住所以及法定代表人或者主要负责人的姓名、职务和住所；

（二）申请执行的理由与请求的内容，被申请人的财产所在地以及财产状况；

（三）判决是否在原审法院地申请执行以及已执行的情况。

第八条 申请人申请认可和执行内地人民法院或者香港特别行政区法院判决的程序，依据执行地法律的规定。本安排另有规定的除外。

申请人申请认可和执行的期间为二年。

前款规定的期间，内地判决到香港特别行政区申请执行的，从判决规定履行期间的最后一日起计算，判决规定分期履行的，从规定的每次履行期间的最后一日起计算，判决未规定履行期间的，从判决生效之日起计算；香港特别行政区判决到内地申请执行的，从判决可强制执行之日起计算，该日为判决上注明的判决日期，判决对履行期间另有规定的，从规定的履行期间届满后开始计算。

第九条 对申请认可和执行的判决，原审判决中的债务人提供证据证明有下列情形之一的，受理申请的法院经审查核实，应当裁定不予认可和执行：

（一）根据当事人协议选择的原审法院地的法律，管辖协议属于无效。但选择法院已经判定该管辖协议为有效的除外；

（二）判决已获完全履行；

（三）根据执行地的法律，执行地法院对该案享有专属管辖权；

（四）根据原审法院地的法律，未曾出庭的败诉一方当事人未经合法传唤或者虽经合法传唤但未获依法律规定的答辩时间。但原审法院根据其法律或者有关规定公告送达的，不属于上述情形；

（五）判决是以欺诈方法取得的；

（六）执行地法院就相同诉讼请求作出判决，或者外国、境外地区法院就相同诉讼请求作出判决，或者有关仲裁机构作出仲裁裁决，已经为执行地法院所认可或者执行的。

内地人民法院认为在内地执行香港特别行政区法院判决违反内地社会公共利益，或者香港特别行政区法院认为在香港特别行政区执行内地人民法院判决违反香港特别行政区公共政策的，不予认可和执行。

第十条 对于香港特别行政区法院作出的判决，判决确定的债务人已经提出上诉，或者上诉程序尚未完结的，内地人民法院审查核实后，可以中止认可和执行程序。经上诉，维持全部或者部分原判决的，恢复认可和执行程序；完全改变原判决的，终止认可和执行程序。

内地地方人民法院就已经作出的判决按照审判监督程序作出提审裁定，或者最高人民法院作出提起再审裁定的，香港特别行政区法院审查核实后，可以中止认可和执行程序。再审判决维持全部或者部分原判决的，恢复认可和执行程序；再审判决完全改变原判决的，终止认可和执行程序。

第十一条 根据本安排而获认可的判决与执行地法院的判决效力相同。

第十二条 当事人对认可和执行与否的裁定不服的，在内地可以向上一级人民法院申请复议，在香港特别行政区可以根据其法律规定提出上诉。

第十三条 在法院受理当事人申请认可和执行判决期间，当事人依相同事实再行提起诉讼的，法院不予受理。

已获认可和执行的判决，当事人依相同事实再行提起诉讼的，法院不予受理。

对于根据本安排第九条不予认可和执行的判决，申请人不得再行提起认可和执行的申请，但是可以按照执行地的法律依相同案件事实向执行地法院提起诉讼。

第十四条 法院受理认可和执行判决的申请之前或者之后，可以按照执行地法律关于财产保全或者禁制资产转移的规定，根据申请人的申请，对被申请人的财产采取保全或强制措施。

第十五条 当事人向有关法院申请执行判决，应当根据执行地有关诉讼收费的法律和规定交纳执行费或者法院费用。

第十六条 内地与香港特别行政区法院相互认可和执行的标的范围，除判决确定的数额外，还包括根据该判决须支付的利息、经法院核定的律师费以及诉讼费，但不包括税收和罚款。

在香港特别行政区诉讼费是指经法官或者司法常务官在诉讼费评定证明书中核定或者命令支付的诉讼费用。

第十七条 内地与香港特别行政区法院自本安排生效之日（含本日）起作出的判决，适用本安排。

第十八条 本安排在执行过程中遇有问题或者需要修改，由最高人民法院和香港特别行政区政府协商解决。

附：截止2006年5月31日，内地经授权管辖第一审涉外、涉港澳台民商事案件的基层人民法院名单（略）

（四）最高人民法院关于内地与香港特别行政区法院相互认可和执行婚姻家庭民事案件判决的安排

2022年2月14日　法释〔2022〕4号

第一条　当事人向香港特别行政区法院申请认可和执行内地人民法院就婚姻家庭民事案件作出的生效判决，或者向内地人民法院申请认可和执行香港特别行政区法院就婚姻家庭民事案件作出的生效判决的，适用本安排。

当事人向香港特别行政区法院申请认可内地民政部门所发的离婚证，或者向内地人民法院申请认可依据《婚姻制度改革条例》（香港法例第178章）第Ⅴ部、第ⅤA部规定解除婚姻的协议书、备忘录的，参照适用本安排。

第二条　本安排所称生效判决：

（一）在内地，是指第二审判决，依法不准上诉或者超过法定期限没有上诉的第一审判决，以及依照审判监督程序作出的上述判决；

（二）在香港特别行政区，是指终审法院、高等法院上诉法庭及原讼法庭和区域法院作出的已经发生法律效力的判决，包括依据香港法律可以在生效后作出更改的命令。

前款所称判决，在内地包括判决、裁定、调解书，在香港特别行政区包括判决、命令、判令、讼费评定证明书、定额讼费证明书，但不包括双方依据其法律承认的其他国家和地区法院作出的判决。

第三条　本安排所称婚姻家庭民事案件：

（一）在内地是指：

1. 婚内夫妻财产分割纠纷案件；

2. 离婚纠纷案件；

3. 离婚后财产纠纷案件；

4. 婚姻无效纠纷案件；

5. 撤销婚姻纠纷案件；

6. 夫妻财产约定纠纷案件；

7. 同居关系子女抚养纠纷案件；

8. 亲子关系确认纠纷案件；

9. 抚养纠纷案件；

10. 扶养纠纷案件（限于夫妻之间扶养纠纷）；

11. 确认收养关系纠纷案件；

12. 监护权纠纷案件（限于未成年子女监护权纠纷）；

13. 探望权纠纷案件；

14. 申请人身安全保护令案件。

（二）在香港特别行政区是指：

1. 依据香港法例第179章《婚姻诉讼条例》第Ⅲ部作出的离婚绝对判令；

2. 依据香港法例第179章《婚姻诉讼条例》第Ⅳ部作出的婚姻无效绝对判令；

3. 依据香港法例第192章《婚姻法律程序与财产条例》作出的在讼案待决期间提供赡养费令；

4. 依据香港法例第13章《未成年人监护条例》、第16章《分居令及赡养令条例》、第192章《婚姻法律程序与财产条例》第Ⅱ部、第ⅡA部作出的赡养令；

5. 依据香港法例第13章《未成年人监护条例》、第192章《婚姻法律程序与财产条例》第Ⅱ部、第ⅡA部作出的财产转让及出售财产令；

6. 依据香港法例第182章《已婚者地位条例》作出的有关财产的命令；

7. 依据香港法例第192章《婚姻法律程序与财产条例》在双方在生时作出的修改赡养协议的命令；

8. 依据香港法例第290章《领养条例》作出的领养令；

9. 依据香港法例第179章《婚姻诉讼条例》、第429章《父母与子女条例》作出的父母身份、婚生地位或者确立婚生地位的宣告；

10. 依据香港法例第13章《未成年人监护条例》、第16章《分居令及赡养令条例》、第192章《婚姻法律程序与财产条例》作出的管养令；

11. 就受香港法院监护的未成年子女作出的管养令；

12. 依据香港法例第189章《家庭及同居关系暴力条例》作出的禁制骚扰令、驱逐令、重返令或者更改、暂停执行就未成年子女的管养令、探视令。

第四条 申请认可和执行本安排规定的判决：

（一）在内地向申请人住所地、经常居住地或者被申请人住所地、经常居住地、财产所在地的中级人民法院提出；

（二）在香港特别行政区向区域法院提出。

申请人应当向符合前款第一项规定的其中一个人民法院提出申请。向两个以上有管辖权的人民法院提出申请的，由最先立案的人民法院管辖。

第五条 申请认可和执行本安排第一条第一款规定的判决的，应当提交下列材料：

（一）申请书；

（二）经作出生效判决的法院盖章的判决副本；

（三）作出生效判决的法院出具的证明书，证明该判决属于本安排规定的婚姻家庭民事案件生效判决；

（四）判决为缺席判决的，应当提交法院已经合法传唤当事人的证明文件，但判决已经对此予以明确说明或者缺席方提出申请的除外；

（五）经公证的身份证件复印件。

申请认可本安排第一条第二款规定的离婚证或者协议书、备忘录的，应当提交下列材料：

（一）申请书；

（二）经公证的离婚证复印件，或者经公证的协议书、备忘录复印件；

（三）经公证的身份证件复印件。

向内地人民法院提交的文件没有中文文本的，应当提交准确的中文译本。

第六条 申请书应当载明下列事项：

（一）当事人的基本情况，包括姓名、住所、身份证件信息、通讯方式等；

（二）请求事项和理由，申请执行的，还需提供被申请人的财产状况和财产所在地；

（三）判决是否已在其他法院申请执行和执行情况。

第七条 申请认可和执行判决的期间、程序和方式，应当依据被请求方法律的规定。

第八条 法院应当尽快审查认可和执行的请求，并作出裁定或者命令。

第九条 申请认可和执行的判决，被申请人提供证据证明有下列情形之一的，法院审查核实后，不予认可和执行：

（一）根据原审法院地法律，被申请人未经合法传唤，或者虽经合法传唤但未获得合理的陈述、辩论机会的；

（二）判决是以欺诈方法取得的；

（三）被请求方法院受理相关诉讼后，请求方法院又受理就同一争议提起的诉讼并作出判决的；

（四）被请求方法院已经就同一争议作出判决，或者已经认可和执行其他国家和地区法院就同一争议所作出的判决的。

内地人民法院认为认可和执行香港特别行政区法院判决明显违反内地法律的基本原则或者社会公共利益，香港特别行政区法院认为认可和执行内地人民法院判决明显违反香港特别行政区法律的基本原则或者公共政策的，不予认可和执行。

申请认可和执行的判决涉及未成年子女的，在根据前款规定审查决定是否认可和执行时，应当充分考虑未成年子女的最佳利益。

第十条 被请求方法院不能对判决的全部判项予以认可和执行时，可以认可和执行其中的部分判项。

第十一条 对于香港特别行政区法院作出的判决，一方当事人已经提出上诉，内地人民法院审查核实后，可以中止认可和执行程序。经上诉，维持全部或者部分原判决的，恢复认可和执行程序；完全改变原判决的，终止认可和执行程序。

内地人民法院就已经作出的判决裁定再审的，香港特别行政区法院审查核实后，可以中止认可和执行程序。经再审，维持全部或者部分原判决的，恢复认可和执行程序；完全改变原判决的，终止认可和执行程序。

第十二条 在本安排下，内地人民法院作出的有关财产归一方所有的判项，在香港特别行政区将被视为命令一方向另一方转让该财产。

第十三条 被申请人在内地和香港特别行政区均有可供执行财产的，申请人可以分别向两地法院申请执行。

两地法院执行财产的总额不得超过判决确定的数额。应对方法院要求，两地法院应当相互提供本院执行判决的情况。

第十四条 内地与香港特别行政区法院相互认可和执行的财产给付范围，包括判决确定的给付财产和相应的利息、迟延履行金、诉讼费，不包括税收、罚款。

前款所称诉讼费，在香港特别行政区是指讼费评定证明书、定额讼费证明书核定或者命令支付的费用。

第十五条 被请求方法院就认可和执行的申请作出裁定或者命令后，当事人不服的，在内地可以于裁定送达之日起十日内向上一级人民法院申请复议，在香港特别行政区可以依据其法律规定提出上诉。

第十六条 在审理婚姻家庭民事案件期间，当事人申请认可和执行另一地法院就同一争议作出的判决的，应当受理。受理后，有关诉讼应当中止，待就认可和执行的申请作出裁定或者命令后，再视情终止或者恢复诉讼。

第十七条 审查认可和执行判决申请期间，当事人就同一争议提起诉讼的，不予受理；已经受理的，驳回起诉。

判决获得认可和执行后，当事人又就同一争议提起诉讼的，不予受理。

判决未获认可和执行的，申请人不得再次申请认可和执行，但可以就同一争议向被请求方法院提起诉讼。

第十八条 被请求方法院在受理认可和执行判决的申请之前或者之后，可以依据其法律规定采取保全或者强制措施。

第十九条 申请认可和执行判决的，应当依据被请求方有关诉讼收费的法律和规定交纳费用。

第二十条 内地与香港特别行政区法院自本安排生效之日起作出的判决，适用本安排。

第二十一条 本安排在执行过程中遇有问题或者需要修改的，由最高人民法院和香港特别行政区政府协商解决。

第二十二条 本安排自2022年2月15日起施行。

（五）最高人民法院、香港特别行政区政府关于内地与香港特别行政区法院相互认可和执行民商事案件判决的安排

2019年1月18日

根据《中华人民共和国香港特别行政区基本法》第九十五条的规定，最高人民法院与香港特别行政区政府经协商，现就民商事案件判决的相互认可和执行问题作出如下安排：

第一条 内地与香港特别行政区法院民商事案件生效判决的相互认可和执行，适用本安排。

刑事案件中有关民事赔偿的生效判决的相互认可和执行，亦适用本安排。

第二条 本安排所称“民商事案件”是指依据内地和香港特别行政区法律均属于民商事性质的案件，不包括香港特别行政区法院审理的司法复核案件以及其他因行使行政权力直接引发的案件。

第三条 本安排暂不适用于就下列民商事案件作出的判决：

（一）内地人民法院审理的赡养、兄弟姐妹之间扶养、解除收养关系、成年人监护权、离婚后损害责任、同居关系析产案件，香港特别行政区法院审理的应否裁判分居的案件；

（二）继承案件、遗产管理或者分配的案件；

（三）内地人民法院审理的有关发明专利、实用新型专利侵权的案件，香港特别行政区法院审理的有关标准专利（包括原授专利）、短期专利侵权的案件，内地与香港特别行政区法院审理的有关确认标准必要专利许可费率的案件，以及有关本安排第五条未规定的知识产权案件；

（四）海洋环境污染、海事索赔责任限制、共同海损、紧急拖航和救助、船舶优先权、海上旅客运输案件；

（五）破产（清盘）案件；

（六）确定选民资格、宣告自然人失踪或者死亡、认定自然人限制或者无民

事行为能力的案件；

（七）确认仲裁协议效力、撤销仲裁裁决案件；

（八）认可和执行其他国家和地区判决、仲裁裁决的案件。

第四条 本安排所称“判决”，在内地包括判决、裁定、调解书、支付令，不包括保全裁定；在香港特别行政区包括判决、命令、判令、讼费评定证明书，不包括禁诉令、临时济助命令。

本安排所称“生效判决”：

（一）在内地，是指第二审判决，依法不准上诉或者超过法定期限没有上诉的第一审判决，以及依照审判监督程序作出的上述判决；

（二）在香港特别行政区，是指终审法院、高等法院上诉法庭及原讼法庭、区域法院以及劳资审裁处、土地审裁处、小额钱债审裁处、竞争事务审裁处作出的已经发生法律效力的判决。

第五条 本安排所称“知识产权”是指《与贸易有关的知识产权协定》第一条第二款规定的知识产权，以及《中华人民共和国民法总则》第一百二十三条第二款第七项、香港《植物品种保护条例》规定的权利人就植物新品种享有的知识产权。

第六条 本安排所称“住所地”，当事人为自然人的，是指户籍所在地或者永久性居民身份所在地、经常居住地；当事人为法人或者其他组织的，是指注册地或者登记地、主要办事机构所在地、主要营业地、主要管理地。

第七条 申请认可和执行本安排规定的判决：

（一）在内地，向申请人住所地或者被申请人住所地、财产所在地的中级人民法院提出；

（二）在香港特别行政区，向高等法院提出。

申请人应当向符合前款第一项规定的其中一个人民法院提出申请。向两个以上有管辖权的人民法院提出申请的，由最先立案的人民法院管辖。

第八条 申请认可和执行本安排规定的判决，应当提交下列材料：

（一）申请书；

（二）经作出生效判决的法院盖章的判决副本；

（三）作出生效判决的法院出具的证明书，证明该判决属于生效判决，判决有执行内容的，还应当证明在原审法院地可以执行；

（四）判决为缺席判决的，应当提交已经合法传唤当事人的证明文件，但判决已经对此予以明确说明或者缺席方提出认可和执行申请的除外；

（五）身份证明材料：

1. 申请人为自然人的，应当提交身份证件复印件；

2. 申请人为法人或者其他组织的，应当提交注册登记证书的复印件以及法定代表人或者主要负责人的身份证件复印件。

上述身份证明材料，在被请求方境外形成的，应当依据被请求方法律规定办理证明手续。

向内地人民法院提交的文件没有中文文本的，应当提交准确的中文译本。

第九条　申请书应当载明下列事项：

（一）当事人的基本情况：当事人为自然人的，包括姓名、住所、身份证件信息、通讯方式等；当事人为法人或者其他组织的，包括名称、住所及其法定代表人或者主要负责人的姓名、职务、住所、身份证件信息、通讯方式等；

（二）请求事项和理由；申请执行的，还需提供被申请人的财产状况和财产所在地；

（三）判决是否已在其他法院申请执行以及执行情况。

第十条　申请认可和执行判决的期间、程序和方式，应当依据被请求方法律的规定。

第十一条　符合下列情形之一，且依据被请求方法律有关诉讼不属于被请求方法院专属管辖的，被请求方法院应当认定原审法院具有管辖权：

（一）原审法院受理案件时，被告住所地在该方境内；

（二）原审法院受理案件时，被告在该方境内设有代表机构、分支机构、办事处、营业所等不属于独立法人的机构，且诉讼请求是基于该机构的活动；

（三）因合同纠纷提起的诉讼，合同履行地在该方境内；

（四）因侵权行为提起的诉讼，侵权行为实施地在该方境内；

（五）合同纠纷或者其他财产权益纠纷的当事人以书面形式约定由原审法院地管辖，但各方当事人住所地均在被请求方境内的，原审法院地应系合同履行地、合同签订地、标的物所在地等与争议有实际联系地；

（六）当事人未对原审法院提出管辖权异议并应诉答辩，但各方当事人住所地均在被请求方境内的，原审法院地应系合同履行地、合同签订地、标的物所在地等与争议有实际联系地。

前款所称“书面形式”是指合同书、信件和数据电文（包括电报、电传、传真、电子数据交换和电子邮件）等可以有形地表现所载内容的形式。

知识产权侵权纠纷案件以及内地人民法院审理的《中华人民共和国反不正当竞争法》第六条规定的不正当竞争纠纷民事案件、香港特别行政区法院审理的假冒纠纷案件，侵权、不正当竞争、假冒行为实施地在原审法院地境内，且涉案知识产权权利、权益在该方境内依法应予保护的，才应当认定原审法院具有管辖权。

除第一款、第三款规定外，被请求方法院认为原审法院对于有关诉讼的管辖符合被请求方法律规定的，可以认定原审法院具有管辖权。

第十二条　申请认可和执行的判决，被申请人提供证据证明有下列情形之一的，被请求方法院审查核实后，应当不予认可和执行：

（一）原审法院对有关诉讼的管辖不符合本安排第十一条规定的；

（二）依据原审法院地法律，被申请人未经合法传唤，或者虽经合法传唤但未获得合理的陈述、辩论机会的；

（三）判决是以欺诈方法取得的；

（四）被请求方法院受理相关诉讼后，原审法院又受理就同一争议提起的诉讼并作出判决的；

（五）被请求方法院已经就同一争议作出判决，或者已经认可其他国家和地区就同一争议作出的判决的；

（六）被请求方已经就同一争议作出仲裁裁决，或者已经认可其他国家和地区就同一争议作出的仲裁裁决的。

内地人民法院认为认可和执行香港特别行政区法院判决明显违反内地法律的基本原则或者社会公共利益，香港特别行政区法院认为认可和执行内地人民法院判决明显违反香港特别行政区法律的基本原则或者公共政策的，应当不予认可和执行。

第十三条　申请认可和执行的判决，被申请人提供证据证明在原审法院进行的诉讼违反了当事人就同一争议订立的有效仲裁协议或者管辖协议的，被请求方法院审查核实后，可以不予认可和执行。

第十四条 被请求方法院不能仅因判决的先决问题不属于本安排适用范围，而拒绝认可和执行该判决。

第十五条 对于原审法院就知识产权有效性、是否成立或者存在作出的判项，不予认可和执行，但基于该判项作出的有关责任承担的判项符合本安排规定的，应当认可和执行。

第十六条 相互认可和执行的判决内容包括金钱判项、非金钱判项。

判决包括惩罚性赔偿的，不予认可和执行惩罚性赔偿部分，但本安排第十七条规定的除外。

第十七条 知识产权侵权纠纷案件以及内地人民法院审理的《中华人民共和国反不正当竞争法》第六条规定的不正当竞争纠纷民事案件、香港特别行政区法院审理的假冒纠纷案件，内地与香港特别行政区法院相互认可和执行判决的，限于根据原审法院地发生的侵权行为所确定的金钱判项，包括惩罚性赔偿部分。

有关商业秘密侵权纠纷案件判决的相互认可和执行，包括金钱判项（含惩罚性赔偿)、非金钱判项。

第十八条 内地与香港特别行政区法院相互认可和执行的财产给付范围，包括判决确定的给付财产和相应的利息、诉讼费、迟延履行金、迟延履行利息，不包括税收、罚款。

前款所称“诉讼费”，在香港特别行政区是指讼费评定证明书核定或者命令支付的费用。

第十九条 被请求方法院不能认可和执行判决全部判项的，可以认可和执行其中的部分判项。

第二十条 对于香港特别行政区法院作出的判决，一方当事人已经提出上诉，内地人民法院审查核实后，中止认可和执行程序。经上诉，维持全部或者部分原判决的，恢复认可和执行程序；完全改变原判决的，终止认可和执行程序。

内地人民法院就已经作出的判决裁定再审的，香港特别行政区法院审查核实后，中止认可和执行程序。经再审，维持全部或者部分原判决的，恢复认可和执行程序；完全改变原判决的，终止认可和执行程序。

第二十一条 被申请人在内地和香港特别行政区均有可供执行财产的，申请人可以分别向两地法院申请执行。

应对方法院要求，两地法院应当相互提供本方执行判决的情况。

两地法院执行财产的总额不得超过判决确定的数额。

第二十二条 在审理民商事案件期间，当事人申请认可和执行另一地法院就同一争议作出的判决的，应当受理。受理后，有关诉讼应当中止，待就认可和执行的申请作出裁定或者命令后，再视情终止或者恢复诉讼。

第二十三条 审查认可和执行判决申请期间，当事人就同一争议提起诉讼的，不予受理；已经受理的，驳回起诉。

判决全部获得认可和执行后，当事人又就同一争议提起诉讼的，不予受理。

判决未获得或者未全部获得认可和执行的，申请人不得再次申请认可和执行，但可以就同一争议向被请求方法院提起诉讼。

第二十四条 申请认可和执行判决的，被请求方法院在受理申请之前或者之后，可以依据被请求方法律规定采取保全或者强制措施。

第二十五条 法院应当尽快审查认可和执行的申请，并作出裁定或者命令。

第二十六条 被请求方法院就认可和执行的申请作出裁定或者命令后，当事人不服的，在内地可以于裁定送达之日起十日内向上一级人民法院申请复议，在香港特别行政区可以依据其法律规定提出上诉。

第二十七条 申请认可和执行判决的，应当依据被请求方有关诉讼收费的法律和规定交纳费用。

第二十八条 本安排签署后，最高人民法院和香港特别行政区政府经协商，可以就第三条所列案件判决的认可和执行以及第四条所涉保全、临时济助的协助问题签署补充文件。

本安排在执行过程中遇有问题或者需要修改的，由最高人民法院和香港特别行政区政府协商解决。

第二十九条 本安排在最高人民法院发布司法解释和香港特别行政区完成有关程序后，由双方公布生效日期。

内地与香港特别行政区法院自本安排生效之日起作出的判决，适用本安排。

第三十条　本安排生效之日，《关于内地与香港特别行政区法院相互认可和执行当事人协议管辖的民商事案件判决的安排》同时废止。

本安排生效前，当事人已签署《关于内地与香港特别行政区法院相互认可和执行当事人协议管辖的民商事案件判决的安排》所称“书面管辖协议”的，仍适用该安排。

第三十一条　本安排生效后，《关于内地与香港特别行政区法院相互认可和执行婚姻家庭民事案件判决的安排》继续施行。

本安排于二零一九年一月十八日在北京签署，一式两份。

（六）最高人民法院关于内地与香港特别行政区法院就仲裁程序相互协助保全的安排

2019年10月1日　法释〔2019〕14号

根据《中华人民共和国香港特别行政区基本法》第九十五条的规定，最高人民法院与香港特别行政区政府经协商，现就内地与香港特别行政区法院关于仲裁程序相互协助保全作出如下安排：

第一条　本安排所称“保全”，在内地包括财产保全、证据保全、行为保全；在香港特别行政区包括强制令以及其他临时措施，以在争议得以裁决之前维持现状或者恢复原状、采取行动防止目前或者即将对仲裁程序发生的危害或者损害，或者不采取可能造成这种危害或者损害的行动、保全资产或者保全对解决争议可能具有相关性和重要性的证据。

第二条　本安排所称“香港仲裁程序”，应当以香港特别行政区为仲裁地，并且由以下机构或者常设办事处管理：

（一）在香港特别行政区设立或者总部设于香港特别行政区，并以香港特别行政区为主要管理地的仲裁机构；

（二）中华人民共和国加入的政府间国际组织在香港特别行政区设立的争议解决机构或者常设办事处；

（三）其他仲裁机构在香港特别行政区设立的争议解决机构或者常设办事处，且该争议解决机构或者常设办事处满足香港特别行政区政府订立的有关仲裁案件宗数以及标的金额等标准。

以上机构或者常设办事处的名单由香港特别行政区政府向最高人民法院提供，并经双方确认。

第三条 香港仲裁程序的当事人，在仲裁裁决作出前，可以参照《中华人民共和国民事诉讼法》《中华人民共和国仲裁法》以及相关司法解释的规定，向被申请人住所地、财产所在地或者证据所在地的内地中级人民法院申请保全。被申请人住所地、财产所在地或者证据所在地在不同人民法院辖区的，应当选择向其中一个人民法院提出申请，不得分别向两个或者两个以上人民法院提出申请。

当事人在有关机构或者常设办事处受理仲裁申请后提出保全申请的，应当由该机构或者常设办事处转递其申请。

在有关机构或者常设办事处受理仲裁申请前提出保全申请，内地人民法院采取保全措施后三十日内未收到有关机构或者常设办事处提交的已受理仲裁案件的证明函件的，内地人民法院应当解除保全。

第四条 向内地人民法院申请保全的，应当提交下列材料：

（一）保全申请书；

（二）仲裁协议；

（三）身份证明材料：申请人为自然人的，应当提交身份证件复印件；申请人为法人或者非法人组织的，应当提交注册登记证书的复印件以及法定代表人或者负责人的身份证件复印件；

（四）在有关机构或者常设办事处受理仲裁案件后申请保全的，应当提交包含主要仲裁请求和所根据的事实与理由的仲裁申请文件以及相关证据材料、该机构或者常设办事处出具的已受理有关仲裁案件的证明函件；

（五）内地人民法院要求的其他材料。

身份证明材料系在内地以外形成的，应当依据内地相关法律规定办理证明手续。

向内地人民法院提交的文件没有中文文本的，应当提交准确的中文译本。

第五条　保全申请书应当载明下列事项：

（一）当事人的基本情况：当事人为自然人的，包括姓名、住所、身份证件信息、通讯方式等；当事人为法人或者非法人组织的，包括法人或者非法人组织的名称、住所以及法定代表人或者主要负责人的姓名、职务、住所、身份证件信息、通讯方式等；

（二）请求事项，包括申请保全财产的数额、申请行为保全的内容和期限等；

（三）请求所依据的事实、理由和相关证据，包括关于情况紧急，如不立即保全将会使申请人合法权益受到难以弥补的损害或者将使仲裁裁决难以执行的说明等；

（四）申请保全的财产、证据的明确信息或者具体线索；

（五）用于提供担保的内地财产信息或者资信证明；

（六）是否已在其他法院、有关机构或者常设办事处提出本安排所规定的申请和申请情况；

（七）其他需要载明的事项。

第六条　内地仲裁机构管理的仲裁程序的当事人，在仲裁裁决作出前，可以依据香港特别行政区《仲裁条例》《高等法院条例》，向香港特别行政区高等法院申请保全。

第七条　向香港特别行政区法院申请保全的，应当依据香港特别行政区相关法律规定，提交申请、支持申请的誓章、附同的证物、论点纲要以及法庭命令的草拟本，并应当载明下列事项：

（一）当事人的基本情况：当事人为自然人的，包括姓名、地址；当事人为法人或者非法人组织的，包括法人或者非法人组织的名称、地址以及法定代表人或者主要负责人的姓名、职务、通讯方式等；

（二）申请的事项和理由；

（三）申请标的所在地以及情况；

（四）被申请人就申请作出或者可能作出的回应以及说法；

（五）可能会导致法庭不批准所寻求的保全，或者不在单方面申请的情况下批准该保全的事实；

（六）申请人向香港特别行政区法院作出的承诺；

（七）其他需要载明的事项。

第八条 被请求方法院应当尽快审查当事人的保全申请。内地人民法院可以要求申请人提供担保等，香港特别行政区法院可以要求申请人作出承诺、就费用提供保证等。

经审查，当事人的保全申请符合被请求方法律规定的，被请求方法院应当作出保全裁定或者命令等。

第九条 当事人对被请求方法院的裁定或者命令等不服的，按被请求方相关法律规定处理。

第十条 当事人申请保全的，应当依据被请求方有关诉讼收费的法律和规定交纳费用。

第十一条 本安排不减损内地和香港特别行政区的仲裁机构、仲裁庭、当事人依据对方法律享有的权利。

第十二条 本安排在执行过程中遇有问题或者需要修改的，由最高人民法院和香港特别行政区政府协商解决。

第十三条 本安排在最高人民法院发布司法解释和香港特别行政区完成有关程序后，由双方公布生效日期。

本安排于二零一九年四月二日在香港特别行政区签署，一式两份。

（七）最高人民法院关于内地与香港特别行政区相互执行仲裁裁决的补充安排[①]

2021年5月18日 法释〔2020〕13号

依据《最高人民法院关于内地与香港特别行政区相互执行仲裁裁决的安排》（以下简称《安排》）第十一条的规定，最高人民法院与香港特别行政区政府经协商，作出如下补充安排：

---

① 2020年11月9日由最高人民法院审判委员会第1815次会议通过，并于2020年11月26日公告：本司法解释第一条、第四条自2020年11月27日起施行，第二条、第三条在香港特别行政区完成有关程序后，由最高人民法院公布施行日期。现香港特别行政区已完成有关程序，本司法解释第二条、第三条自2021年5月19日起施行 法释〔2020〕13号。

一、《安排》所指执行内地或者香港特别行政区仲裁裁决的程序，应解释为包括认可和执行内地或者香港特别行政区仲裁裁决的程序。

二、将《安排》序言及第一条修改为："根据《中华人民共和国香港特别行政区基本法》第九十五条的规定，经最高人民法院与香港特别行政区（以下简称香港特区）政府协商，现就仲裁裁决的相互执行问题作出如下安排：

'一、内地人民法院执行按香港特区《仲裁条例》作出的仲裁裁决，香港特区法院执行按《中华人民共和国仲裁法》作出的仲裁裁决，适用本安排。'"

三、将《安排》第二条第三款修改为："被申请人在内地和香港特区均有住所地或者可供执行财产的，申请人可以分别向两地法院申请执行。应对方法院要求，两地法院应当相互提供本方执行仲裁裁决的情况。两地法院执行财产的总额，不得超过裁决确定的数额。"

四、在《安排》第六条中增加一款作为第二款："有关法院在受理执行仲裁裁决申请之前或者之后，可以依申请并按照执行地法律规定采取保全或者强制措施。"

五、本补充安排第一条、第四条自2020年11月27日起施行，第二条、第三条在香港特别行政区完成有关程序后，由最高人民法院公布施行日期。

（八）最高人民法院
关于内地与澳门特别行政区就仲裁程序相互协助保全的安排

2022年2月24日　法释〔2022〕7号

根据《中华人民共和国澳门特别行政区基本法》第九十三条的规定，经最高人民法院与澳门特别行政区协商，现就内地与澳门特别行政区关于仲裁程序相互协助保全作出如下安排。

第一条　本安排所称"保全"，在内地包括财产保全、证据保全、行为保全；在澳门特别行政区包括为确保受威胁的权利得以实现而采取的保存或者预行措施。

第二条　按照澳门特别行政区仲裁法规向澳门特别行政区仲裁机构提起民

商事仲裁程序的当事人，在仲裁裁决作出前，可以参照《中华人民共和国民事诉讼法》《中华人民共和国仲裁法》以及相关司法解释的规定，向被申请人住所地、财产所在地或者证据所在地的内地中级人民法院申请保全。被申请人住所地、财产所在地或者证据所在地在不同人民法院辖区的，应当选择向其中一个人民法院提出申请，不得分别向两个或者两个以上人民法院提出申请。

在仲裁机构受理仲裁案件前申请保全，内地人民法院采取保全措施后三十日内未收到仲裁机构已受理仲裁案件的证明函件的，内地人民法院应当解除保全。

第三条 向内地人民法院申请保全的，应当提交下列材料：

（一）保全申请书；

（二）仲裁协议；

（三）身份证明材料：申请人为自然人的，应当提交身份证件复印件；申请人为法人或者非法人组织的，应当提交注册登记证书的复印件以及法定代表人或者负责人的身份证件复印件；

（四）在仲裁机构受理仲裁案件后申请保全的，应当提交包含主要仲裁请求和所根据的事实与理由的仲裁申请文件以及相关证据材料、仲裁机构出具的已受理有关仲裁案件的证明函件；

（五）内地人民法院要求的其他材料。

身份证明材料系在内地以外形成的，应当依据内地相关法律规定办理证明手续。

向内地人民法院提交的文件没有中文文本的，应当提交中文译本。

第四条 向内地人民法院提交的保全申请书应当载明下列事项：

（一）当事人的基本情况：当事人为自然人的，包括姓名、住所、身份证件信息、通讯方式等；当事人为法人或者非法人组织的，包括法人或者非法人组织的名称、住所以及法定代表人或者主要负责人的姓名、职务、住所、身份证件信息、通讯方式等；

（二）请求事项，包括申请保全财产的数额、申请行为保全的内容和期限等；

（三）请求所依据的事实、理由和相关证据，包括关于情况紧急，如不立即保全将会使申请人合法权益受到难以弥补的损害或者将使仲裁裁决难以执行的说明等；

（四）申请保全的财产、证据的明确信息或者具体线索；

（五）用于提供担保的内地财产信息或者资信证明；

（六）是否已提出其他保全申请以及保全情况；

（七）其他需要载明的事项。

第五条　依据《中华人民共和国仲裁法》向内地仲裁机构提起民商事仲裁程序的当事人，在仲裁裁决作出前，可以根据澳门特别行政区法律规定，向澳门特别行政区初级法院申请保全。

在仲裁机构受理仲裁案件前申请保全的，申请人应当在澳门特别行政区法律规定的期间内，采取开展仲裁程序的必要措施，否则该保全措施失效。申请人应当将已作出必要措施及作出日期的证明送交澳门特别行政区法院。

第六条　向澳门特别行政区法院申请保全的，须附同下列资料：

（一）仲裁协议；

（二）申请人或者被申请人为自然人的，应当载明其姓名以及住所；为法人或者非法人组织的，应当载明其名称、住所以及法定代表人或者主要负责人的姓名、职务和住所；

（三）请求的详细资料，尤其包括请求所依据的事实和法律理由、申请标的的情况、财产的详细资料、须保全的金额、申请行为保全的详细内容和期限以及附同相关证据，证明权利受威胁以及解释恐防受侵害的理由；

（四）在仲裁机构受理仲裁案件后申请保全的，应当提交该仲裁机构出具的已受理有关仲裁案件的证明；

（五）是否已提出其他保全申请以及保全情况；

（六）法院要求的其他资料。

如向法院提交的文件并非使用澳门特别行政区的其中一种正式语文，则申请人应当提交其中一种正式语文的译本。

第七条　被请求方法院应当尽快审查当事人的保全申请，可以按照被请求方法律规定要求申请人提供担保。

经审查，当事人的保全申请符合被请求方法律规定的，被请求方法院应当作出保全裁定。

第八条 当事人对被请求方法院的裁定不服的，按被请求方相关法律规定处理。

第九条 当事人申请保全的，应当根据被请求方法律的规定交纳费用。

第十条 本安排不减损内地和澳门特别行政区的仲裁机构、仲裁庭、仲裁员、当事人依据对方法律享有的权利。

第十一条 本安排在执行过程中遇有问题或者需要修改的，由最高人民法院和澳门特别行政区协商解决。

第十二条 本安排自2022年3月25日起施行。

出台背景

为了回应社会各界需求，确保涉港公证文书的合法性，自1981年起，司法部建立了委托公证人制度，该制度为人民法院办理涉港案件提供了极大便利。《最高人民法院、司法部关于涉港公证文书效力问题的通知》于1996年2月18日发布并实施，处于香港特别行政区回归祖国前夕，最高人民法院和司法部联合发布该通知，明确了1997年7月1日中国政府恢复对香港特别行政区行使主权后，这一制度仍将继续实行。时至今日，该制度仍然在“一国两制”下发挥着极为重要的作用。

委托公证人制度包括两个方面，一是司法部考核后委托部分香港律师作为委托公证人，负责出具有关公证文书；二是公证文书需要经司法部在香港特别行政区设立的中国法律服务（香港）有限公司审核并加章转递，否则不发生相应的法律效力。

对于委托公证人。根据《中国委托公证人（香港）管理办法》的有关规定，委托公证人由司法部考试、考核合格后委托。委托期为3年，特殊情况可相应变更委托期限。委托期满，本人提出申请，经司法部考核合格并接受业务培训后，可连续委托。委托公证人的业务范围是证明发生在香港特别行政区的法律行为、有法律意义的事实和文书。证明的使用范围在内地。具备下列条件的香港特别行政区律师，可向司法部提出成为委托公证人的申请：（1）拥护

《宪法》，拥护《香港特别行政区基本法》；（2）在香港特别行政区具有永久居留权的中国公民；（3）担任香港特别行政区律师10年以上；职业道德良好，未有因不名誉或违反职业道德受惩处的记录；（4）掌握内地有关法律、法规和办证规则；（5）能用中文书写公证文书，能用普通话进行业务活动。委托公证人在任期内必须为委托公证人协会会员。根据司法部于2019年12月27日最新发布的《司法部关于印发2020年度注册的中国委托公证人（香港）名单的通知》，现有林汉武等444名中国委托公证人（香港）予以2020年度注册。

对于中国法律服务（香港）有限公司审核并加章转递。中国法律服务（香港）有限公司是经司法部批准，在香港登记注册的提供中国法律服务的专门机构，是司法部遵照"一国两制"的方针，在香港特别行政区设立并依托香港开展国际交流与合作的窗口公司。公司下属机构有：中国法律律师事务所、中国委托公证人公证文书审核转递办公室、中国法律杂志社有限公司、中国法律与经济服务（美国）有限公司。中国委托公证人公证文书审核转递办公室全权负责对香港特别行政区的中国委托公证人出具的发往内地使用的公证文书，进行核查并加章转递，核查需符合出证程序以及文书格式要求。

理解与适用

除委托人公证制度外，内地与香港特别行政区关于民商事司法协助有着广泛深入的合作与安排。根据《香港特别行政区基本法》第95条规定，香港特别行政区可与全国其他地区的司法机关通过协商依法进行司法方面的联系和相互提供协助，这为内地与香港特别行政区展开司法协助提供了基本法律依据。香港特别行政区自回归祖国以来，与内地先后签署了八项民商事司法协助的安排，共涉及五类领域。

第一类是相互执行仲裁裁决及仲裁程序相互协助保全的安排，涉及的规定有：2000年1月24日发布的《最高人民法院关于内地与香港特别行政区相互执行仲裁裁决的安排》（以下简称《执行仲裁裁决安排》，已修改）；2020年11月26日发布的《最高人民法院关于内地与香港特别行政区相互执行仲裁裁决的补充安排》（以下简称《执行仲裁裁决补充安排》），《执行仲裁裁决补充安排》第

1条、第4条自公布之日起施行，第2条、第3条在香港特别行政区完成有关程序后，由最高人民法院公布生效日期；2019年9月26日发布的《最高人民法院关于内地与香港特别行政区法院就仲裁程序相互协助保全的安排》（以下简称《仲裁程序协助保全安排》）。

第二类是相互执行民商事案件判决的安排，涉及的规定有：2008年7月3日发布的《最高人民法院关于内地与香港特别行政区法院相互认可和执行当事人协议管辖的民商事案件判决的安排》（以下简称《协议管辖民商事判决安排》）；2019年1月18日发布的《最高人民法院、香港特别行政区政府关于内地与香港特别行政区法院相互认可和执行民商事案件判决的安排》（以下简称《民商事判决安排》），该安排在最高人民法院发布司法解释和香港特别行政区完成有关程序后，由双方公布生效日期，截至2022年3月21日，《民商事判决安排》尚未生效，《民商事判决安排》生效之日，《协议管辖民商事判决安排》同时废止。

第三类是互相执行婚姻家庭民事案件判决的安排，涉及的主要规定有：2017年6月20日发布的《最高人民法院、香港特别行政区政府关于内地与香港特别行政区法院相互认可和执行婚姻家庭民事案件判决的安排》，该安排在最高人民法院发布司法解释和香港特别行政区完成有关内部程序后，由双方公布生效日期，截至2022年3月21日，该安排尚未生效。

第四类是相互委托取证的安排，涉及的规定主要有：2017年2月27日发布的《最高人民法院关于内地与香港特别行政区法院就民商事案件相互委托提取证据的安排》，根据该安排，对于民商事案件，内地法院请求香港特别行政区方面协助的范围包括：讯问证人，取得文件，检查、拍摄、保存、保管或扣留财产，取得财产样品或对财产进行试验，对人进行身体检验。香港特别行政区委托内地法院协助的范围包括：取得当事人的陈述及证人证言，提供书证、物证、视听资料及电子数据，勘验、鉴定。

第五类是相互委托送达文书的安排，涉及的规定主要有：1999年3月29日发布的《最高人民法院关于内地与香港特别行政区法院相互委托送达民商事司法文书的安排》，该安排规定内地法院和香港特别行政区法院可以通过各高级人民法院和香港特别行政区高等法院相互委托送达民商事司法文书。在内地，可以委托送达的司法文书包括：起诉状副本、上诉状副本、授权委托书、传票、判决书、调解书、裁定书、决定书、通知书、证明书、送达回证。在香港特别行政区，可以委托送达的司法文书包括：起诉状副本、上诉状副本、传票、状词、誓章、判案书、判决书、裁决书、通知书、法庭命令、送达证明。

实务操作指引

（一）香港特别行政区和内地相互执行仲裁裁决及仲裁程序相互协助保全之实务

1. 关于"认可"程序。执行内地或者香港特别行政区仲裁裁决的程序，应解释为包括认可和执行内地或者香港特别行政区仲裁裁决的程序。由于两地分属两个法域，对于仲裁裁决需经认可才具备执行力。认可程序在《执行仲裁裁决安排》未明确规定，导致长时间来各地法院对于是否需要认可的认识不一，司法实践操作较为混乱。例如，深圳市中级人民法院于2017年9月29日作出（2017）粤03执异97号执行裁定，该裁定在"本院认为"部分载明："香港仲裁机构作出的仲裁裁决如需在中华人民共和国人民法院申请强制执行，必须先向人民法院申请承认。《执行仲裁裁决安排》未就香港仲裁机构作出的仲裁裁决在内地申请承认事宜作出规定，并不代表无须申请承认。申请执行人认为根据《执行仲裁裁决安排》，香港仲裁机构作出的仲裁裁决可以在不申请承认的情况下直接申请强制执行，不符合法律规定，不予支持。"但在武汉市中级人民法院于2019年9月9日作出的（2019）鄂01执异387号执行裁定书中，在"本院认为"部分载明："本案中，根据《执行仲裁裁决安排》立法目的和《执行仲裁裁决安排》中的相关规定，英特尔投资（开曼）公司、英特尔投资公司、德国电信股份有限公司可以直接向本院申请执行香港仲裁裁决，而无须先经申请承认认可后才能申请强制执行。"直到2020年发布的《执行仲裁裁决补充安排》才对先认可后执行的原则予以明确。

2. 关于认可和执行仲裁裁决的范围。根据《执行仲裁裁决补充安排》的规定，内地人民法院执行按香港特别行政区《仲裁条例》作出的仲裁裁决，既包括香港仲裁机构作出的仲裁裁决，也包括临时仲裁裁决和香港特别行政区以外仲裁机构作出的仲裁裁决；香港特别行政区法院执行按《仲裁法》作出的仲裁裁决，不再限制为由内地仲裁机构作出的裁决，按照《仲裁法》作出的裁决均可向香港特别行政区法院申请认可和执行。

3. 关于同时在两地申请执行仲裁裁决。根据《执行仲裁裁决安排》的规定，被申请人的住所地或者财产所在地，既在内地又在香港特别行政区的，申请人不得同时分别向两地有关法院提出申请。为进一步体现执行程序的高效快捷，及时维护当事人合法权益，《执行仲裁裁决补充安排》将上述规定修改为："被申请人在内地和香港特区均有住所地或者可供执行财产的，申请人可以分别向两地法院申请执行。应对方法院要求，两地法院应当相互提供本方执行仲裁裁决的情况。两地法院执行财产的总额，不得超过裁决确定的数额。"

4. 关于保全措施。保全在内地包括财产保全、证据保全、行为保全；在香港特别行政区包括强制令以及其他临时措施。《仲裁程序协助保全安排》规定，在仲裁裁决作出前可以申请保全；《执行仲裁裁决补充安排》明确了受理执行仲裁裁决申请之前亦可以申请保全。

（二）香港特别行政区和内地相互认可和执行民商事判决之实务

《民商事判决安排》相对于《协议管辖民商事判决安排》，对适用判决的范围进行了很大的拓展。主要体现为：（1）《民商事判决安排》规定适用判项包括金钱与非金钱判项。关于非金钱判项，《协议管辖民商事判决安排》并未明确。《民商事判决安排》打破了关于"非金钱判项"的僵局，将非金钱判项也纳入认可和执行的范围。（2）将知识产权纠纷纳入认可和执行的范围。明确规定了知识产权案件管辖范围、侵犯知识产权的惩罚性赔偿以及侵害商业秘密的非金钱责任等，力图更好地服务内地与香港特别行政区的创新科技发展。具体而言，《民商事判决安排》将外观设计专利、商标、著作权、不正当竞争、商业秘密的侵权判决，均纳入认可和执行的范围，且包括了知识产权纠纷中的惩罚性赔偿判项。但同时，《民商事判决安排》明确排除了知识产权有效性判决以及发明专利、实用新型专利侵权案件的适用。

（三）内地与澳门特别行政区、大陆与台湾地区有关法院作出的文书认可和执行程序

内地与澳门特别行政区有关法院作出的文书认可和执行程序主要依据的法

律规定为《最高人民法院内地与澳门特别行政区相互认可和执行民商事判决的安排》，案件适用范围为内地与澳门特别行政区民商事案件（在内地包括劳动争议案件，在澳门特别行政区包括劳动民事案件）判决，亦适用于刑事案件中有关民事损害赔偿的判决、裁定，不适用于行政案件。

2007年《最高人民法院关于内地与澳门特别行政区相互认可和执行仲裁裁决的安排》规定了仲裁裁决的相互认可和执行，其中第11条规定，法院在受理认可和执行仲裁裁决申请之前或之后，可以依当事人的申请，按照法院地法律规定，对被申请人的财产采取保全措施。但未对仲裁裁决作出前阶段的保全作出安排。2021年中共中央、国务院印发《横琴粤澳深度合作区建设总体方案》，提出要“加强粤澳司法交流协作，建立完善国际商事审判、仲裁、调解等多元化商事纠纷解决机制”，为应对内地与澳门特别行政区深化司法交流合作的新挑战，2022年2月24日最高人民法院发布《关于内地与澳门特别行政区就仲裁程序相互协助保全的安排》，通过建立仲裁程序中的保全相互协助实现两地民商事领域司法协助的全覆盖。根据该安排，内地《民事诉讼法》《仲裁法》规定的财产保全、证据保全、行为保全及澳门特别行政区民事诉讼法律规定的普遍保全、特定保全①均属于可采取的保全类型。并将可相互提供保全协助的仲裁程序限定于两地仲裁机构管理的民商事仲裁程序，排除了临时仲裁程序以及其他国家和地区仲裁机构管理的仲裁程序。此外，该安排规定的申请保全的阶段为“在仲裁裁决作出前”，即无论是仲裁程序开始前还是仲裁程序进行中，均可以申请保全。内地受理保全申请的法院为被申请人住所地、财产所在地或者证据所在地的中级人民法院。澳门特别行政区受理保全申请的法院为澳门特别行政区初级法院②。

---

① 普通保全，是指任何人有理由恐防他人对其权利造成严重且难以弥补之侵害，得声请采取具体适当之保存或预行措施，以确保受威胁之权利得以实现。特定保全包括占有之临时返还、法人决议之中止执行、临时扶养、裁定给予临时弥补、假扣押、新工程之禁制、制作清单等七种。参见《〈关于内地与澳门特别行政区就仲裁程序相互协助保全的安排〉的理解与适用》，载最高人民法院网2022年2月25日，https://www.court.gov.cn/zixun-xiangqing-347161.html。

② 需要说明的是，根据《最高人民法院关于内地与澳门特别行政区相互认可和执行仲裁裁决的安排》的规定，澳门特别行政区有权受理认可仲裁裁决申请的法院为中级法院，有权执行的法院为初级法院。

大陆与台湾地区有关法院作出的文书认可和执行程序主要依据的法律规定为最高人民法院于2015年发布的《最高人民法院关于认可和执行台湾地区法院民事判决的规定》和台湾地区在1992年实施的“台湾地区与大陆地区人民关系条例”（以下简称“关系条例”）。台湾地区民事判决及与判决效力相当的文书都属于申请人可向大陆法院申请认可和执行的范围，可申请认可和执行的台湾地区法院民事判决包括生效民事判决、裁定、和解笔录、调解笔录、支付命令等。根据“关系条例”的规定，申请人需根据“关系条例”向台湾地区法院声请裁定认可相关大陆判决，台湾地区法院会考量该判决有无违反台湾地区的“公序良俗”等，若符合法定标准，则台湾地区法院会裁定认可大陆判决，其后申请人可持之向台湾地区法院申请强制执行。需要注意的是，按照“台湾地区与大陆地区人民关系条例施行细则”的规定，申请台湾地区法院裁定认可的大陆判决，应经台湾“行政院”设立或指定之机构或委托之民间团体“验证”。在实务操作中，大陆作出的民事判决书及生效证明书正本须先由大陆涉台公证处公证后，再持之往“海基会”办理公证文书“验证”手续。“验证”完成后方能向台湾地区法院申请认可大陆判决。

第三十五章　刑事案件的执行

一、对刑事裁判涉财产部分的执行

批复、通知原文

（一）最高人民法院关于适用刑法第六十四条有关问题的批复

2013年10月21日　法〔2013〕229号

河南省高级人民法院：

你院关于刑法第六十四条法律适用问题的请示收悉。经研究，批复如下：

根据刑法第六十四条和《最高人民法院关于适用〈中华人民共和国刑事诉讼法〉的解释》第一百三十八条、第一百三十九条的规定，被告人非法占有、处置被害人财产的，应当依法予以追缴或者责令退赔。据此，追缴或者责令退赔的具体内容，应当在判决主文中写明；其中，判决前已经发还被害人的财产，应当注明。被害人提起附带民事诉讼，或者另行提起民事诉讼请求返还被非法占有、处置的财产的，人民法院不予受理。

（二）最高人民法院关于进一步做好刑事财产执行工作的通知

2016年8月16日　法明传〔2016〕497号

各省、自治区、直辖市高级人民法院，解放军军事法院，新疆维吾尔自治区高级人民法院生产建设兵团分院：

2016年7月29日，最高人民检察院下发高检发执检字〔2016〕11号《关于全国检察机关开展财产刑执行专项检察活动的通知》，决定于2016年8月至12月在全国开展刑事财产执行专项检察活动。本次专项活动针对罚金刑、没收财产刑、没收违法所得、责令退赔、没收供犯罪所用本人财物的执行。借此执行专项检察活动契机，为进一步做好刑事财产执行工作，现将相关事项通知如下：

一、高度重视，积极配合

各级人民法院要高度重视本次刑事财产执行专项检察活动，依法接受检察机关法律监督，积极配合检察机关法律监督工作，保障刑事财产执行工作依法进行，提高执行工作规范化水平。

二、具体工作要求

（一）核查清理，摸清底数

各级人民法院应对近年来的刑事财产执行案件进行全面核查清理，摸清各类案件底数。掌握依法应当移送执行机构执行而未移送、移送执行后尚未执结的刑事财产执行案件数量，核实清楚案件信息，为本次专项检察活动做好准备工作。

（二）梳理问题，自查自纠

各级人民法院对刑事财产执行工作中存在的问题，应进行梳理总结。在专项检察活动开展的同时，积极进行自查自纠，及时发现问题并予以纠正，改进刑事财产执行工作。对于依法应当移送执行而未移送的案件，应当协调刑事审判部门及时移送立案执行。对于已经进入执行程序尚未执行完毕的案件，应当加大执行力度，尽快依法执结。

（三）重点做好五类犯罪案件执行工作

本次专项检察活动将对2013年1月1日至2016年6月30日人民法院刑事裁判确定的所有涉财产部分执行案件开展检察监督。检察监督的重点对象是刑事财产尚未执行完毕的“五类犯罪”：

一是职务犯罪，即国家工作人员实施的刑法分则第八章规定的贪污贿赂犯罪、第九章规定的渎职犯罪，以及国家机关工作人员利用职权实施的非法拘禁、非法搜查、刑讯逼供、暴力取证、虐待被监管人、报复陷害、破坏选举等侵犯公民人身权利、民主权利的犯罪。

二是金融犯罪，即刑法分则第三章第四节规定的破坏金融管理秩序犯罪、第三章第五节规定的金融诈骗犯罪。

三是涉黑犯罪，即《刑法》第二百九十四条规定的组织、领导、参加、包庇、纵容黑社会性质组织犯罪。

四是破坏环境资源犯罪，即刑法分则第六章第六节规定的破坏环境资源保护犯罪。

五是危害食品药品安全犯罪，即刑法分则第三章第一节规定的生产、销售伪劣商品犯罪中有关危害食品药品安全的犯罪。

对于以上“五类犯罪”刑事财产执行案件，各级人民法院在本次专项检察活动中，应当予以重点关注。

（四）加强与检察机关沟通协调

各级人民法院对检察机关提出的检察建议，应依法妥善处理，遇到相关问题，可以与检察机关沟通协调解决。本级法院处理确有困难的，可以逐级报请上级法院协调处理。

三、抓住机遇，改革执行机制

刑事财产案件执行中的问题，与该项工作很多机制不健全有密切关系。各级人民法院应结合执行改革抓住本次专项检察活动契机，深入研究总结刑事财产执行工作特点和规律，探索建立破解执行难的长效机制。各级人民法院要注意及时总结，向上级法院报送动态信息、经验做法、典型案例以及工作中遇到的问题等相关情况。同时还要注意与检察机关建立信息沟通和交流机制，及时通报有关情况，共同研究解决刑事财产执行中遇到的困难和问题，形成工作合力。有条件的法院，可以与检察机关共同制定有关规章制度，联合出台相关文件，提高工作规范化水平。特此通知。

出台背景

最高人民法院研究室曾对《最高人民法院关于适用〈刑法〉第六十四条有关问题的批复》进行过解读，参考该解读内容及其他相关文件资料，可知河南省高级人民法院在过往的刑事审判实践中，已经很多次遇到过有关《刑法》第

64 条“犯罪分子违法所得的一切财物，应当予以追缴或者责令退赔”如何适用的问题。问题主要集中在以下三个方面：第一个方面是在审理侵财类犯罪案件时，法院是否应在判决主文中，依照《刑法》第 64 条之规定判决继续追缴违法所得的财物；第二个方面是如果法院在判决主文中判决追缴违法所得的财物，在判决生效后，被害人能否依该判决向人民法院申请执行，法院移交至公安机关执行，有无法律依据；第三个方面是如果追缴没有到位，被害人能否向有管辖权的法院就未追缴到位的部分另行提起民事诉讼。

对上述问题，审判实践中存在不同意见。第一种意见认为，追缴违法所得不属于刑罚的种类之一，因此在刑事判决书的主文部分不应该出现追缴违法所得的内容。同时，现有法律法规对追缴违法所得的执行主体及相关程序性规定不明确，即使法院判决了追缴违法所得，难以保证判决结果得到实际落实，因此被害人应向有管辖权法院另行提起民事诉讼。第二种意见认为，审理法院可以在刑事判决主文中根据《刑法》第 64 条的规定写明追缴违法所得的内容，但对于如何执行的问题上，又形成三种不同的意见：一是认为追缴违法所得是公安机关职责所在，应当交由公安机关执行，法院未被赋予追缴权，无法实际追缴；二是认为追缴违法所得应由法院的执行实施部门负责，如无法执行或者执行案款不足以弥补被害人损失的，应由执行实施部门对此出具相应文书，被害人可以持此文书向有管辖权法院就损失部分另行提起民事诉讼；三是认为法律仅规定财产刑和附带民事裁判由第一审人民法院负责裁判执行的机构执行，而追缴违法所得不在上述范畴内，因此，追缴违法所得交由法院执行实施部门执行的法律依据不足。

因追缴违法所得和责令退赔是刑事审判实践中经常需要面对的问题，具有普遍性，河南省高级人民法院于 2013 年 4 月 1 日就《刑法》第 64 条适用中的有关问题请示最高人民法院。最高人民法院拟出批复初稿后，就其内容征求了全国人大常委会法工委、公安部、司法部、国家安全部等中央政法机关以及部分高级人民法院意见，根据反馈意见对批复稿做了修改。需要说明的是，根据既有的资料显示，该批复并未经审判委员会讨论，也未使用法释号，因此，从法律效力位阶来说不属于司法解释，属于在全国法院系统内部适用的规范性法律文件。

理解与适用

《刑法》第64条规定："犯罪分子违法所得的一切财物，应当予以追缴或者责令退赔；对被害人的合法财产，应当及时返还；违禁品和供犯罪所用的本人财物，应当予以没收。没收的财物和罚金，一律上缴国库，不得挪用和自行处理。"《刑事诉讼法解释》第176条规定："被告人非法占有、处置被害人财产的，应当依法予以追缴或者责令退赔。被害人提起附带民事诉讼的，人民法院不予受理。追缴、退赔的情况，可以作为量刑情节考虑。"这是追缴违法所得和责令退赔的法律出处。

追缴违法所得其实就是追缴赃款赃物，简称为追赃。所谓追赃，是指国家司法机关在刑事诉讼中对违法犯罪行为人直接或间接通过非法手段所获取的现金、物资及其他财产和经济利益依法予以追回，并返还被害人或者予以没收的司法行为。①

责令退赔是司法机关强制行为人将违法所得退还或赔偿被害人。② 以下内容将以批复作为依据，结合追缴违法所得和责令退赔在司法实践中的执行情况，从六个方面展开论述：

（一）追缴违法所得和责令退赔的定性

根据《刑法》规定，刑事财产刑包括罚金刑和没收财产刑两种，因此，追缴违法所得和责令退赔不属于刑事财产刑范畴。

从性质上看，两者的具体法律定性是什么呢？根据《刑事涉财执行规定》，追缴违法所得属于该规定第1条第1款第3项中处置随案移送的赃款赃物范畴，而责令退赔是第2项的内容。同时《刑事涉财执行规定》第10条明确了赃款赃物的追缴原则：人民法院对赃款赃物及其收益应当一并追缴；被执行人将赃款赃物投资或者置业，对因此形成的财产及其收益，人民法院应予追缴；被执行人将赃款赃物与其他合法财产共同投资或者置业，对因此形成的财产中与赃款

---

① 参见曹云清、钟琳、金麒：《追赃制度研究论纲》，载《政法学刊》2002年第1期。

② 参见最高人民法院执行局编著：《最高人民法院关于刑事裁判涉财产部分执行的若干规定理解与适用》，中国法制出版社2017年版，第175页。

赃物对应的份额及其收益，人民法院应予追缴。因此，追缴违法所得和责令退赔虽然都不属于财产刑，但属于人民法院依据《刑事涉财执行规定》中刑事裁判涉财产部分内容，是人民法院应该予以立案执行的法定事由。

（二）追缴违法所得和责令退赔的执行主体

批复发布时，当时的法律法规及司法解释只是统一规定财产刑和附带民事裁判由第一审人民法院负责裁判执行的机构执行，而追缴违法所得和责令退赔并不属于财产刑和附带民事裁判的内容，因此，对于追缴违法所得和责令退赔由谁执行没有明确规定，存在争议。

2014 年《刑事涉财执行规定》对此作出了明确规定。该规定第 1 条明确本规定所称刑事裁判涉财产部分的执行，是指发生法律效力的刑事裁判主文确定的罚金、没收财产、责令退赔、处置随案移送的赃款赃物、没收随案移送的供犯罪所用本人财物、其他应当由人民法院执行的相关事项。刑事附带民事裁判的执行，适用民事执行的有关规定。其中的处置随案移送的赃款赃物就是追缴违法所得的内容。根据《刑事涉财执行规定》第 2 条规定，刑事裁判涉财产部分的执行，包括追缴违法所得和责令退赔，明确由第一审人民法院负责执行，第一审人民法院可以委托财产所在地的同级人民法院执行。从该规定开始，法院作为执行主体得以明确，不再有争议。

（三）追缴违法所得和责令退赔能否执行合法财产

追缴限定于违法所得的特定范围，不能执行被执行人合法财产。追缴的是违法所得，是赃款赃物，而且该违法所得必须明确，需要在判决主文中列明。根据《刑事涉财执行规定》第 6 条第 3 款规定，判处追缴或者责令退赔的，应当明确追缴或者退赔的金额或财物的名称、数量等相关情况。需要强调的是，就是在刑事判决的查明事实部分，还应当就该财产之所以被认定为违法所得的事实进行说明，对其违法性进行清晰的法律描述，保证判决书的前后一致和相互对应。此外，判决主文需要对追缴违法所得的财产的后续处置进行明确，或者变价后发还被害人，或者没收上缴国库。因此，追缴违法所得必须是违法财产，是赃款赃物，不能执行合法财产。

责令退赔的“退”是指原物存在的，将原物退还，“赔”是指原物不存在或者已被处分的，按其价值状况折价赔偿。因此，责令退还时，退的就是违法所得原物；而责令赔偿时，则需要对被告人或者被执行人的合法财产进行变价赔偿。

但是，即使是追缴违法所得，当违法犯罪的财产下落不明时，实践中仍然可以追缴其他合法等值的财产。2018 年 1 月 16 日发布的《最高人民法院、最高人民检察院、公安部、司法部印发〈关于办理黑恶势力犯罪案件若干问题的指导意见〉的通知》（法发〔2018〕1 号）第 29 条、2019 年发布的《最高人民法院、最高人民检察院、公安部、司法部关于办理黑恶势力刑事案件中财产处置若干问题的意见》第 19 条均规定，在追缴违法所得的执行程序中，应当先对违法所得财产进行追缴，如果违法所得财产无法找到、价值灭失、他人善意取得或与其他合法财产混合且不可分割，可以强制执行被执行人其他等值财产，即使该财产不属于犯罪违法所得。[①]

（四）追缴违法所得和责令退赔的实现顺位

根据《刑事涉财执行规定》第 13 条的规定，被执行人在执行中同时承担刑事责任、民事责任，其财产不足以支付的，按照下列顺序执行：（1）人身损害赔偿中的医疗费用；（2）退赔被害人的损失；（3）其他民事债务；（4）罚金；（5）没收财产。债权人对执行标的依法享有优先受偿权，其主张优先受偿的，人民法院应当在第 1 项规定的医疗费用受偿后，予以支持。

责令退赔的实现顺位是比较明确的，排在人身损害赔偿中的医疗费用和优先权之后，但优于其他民事债务、罚金和没收财产。但追缴违法所得的实现顺位并没有清晰明确的规定。追缴违法所得的处置方式，或者是退赔被害人的损失，或者是没收上缴国库。如果是退赔被害人损失，应直接按照上述顺位实现。如果是没收上缴国库，在这种情况下其实是不参与上述顺位的排列，原因是上述第 3 ~5 项都需要通过被告或者被执行人名下合法财产的变价款来实现，如果已经被认定是赃款赃物，其变价款应该是排在上述人身损害赔偿中的医疗费用[②]和优先权后直接没收上缴国库。

---

① 参见广东省高级人民法院执行裁定书，（2019）粤执监字第 170 号。

② 人身损害赔偿中的医疗费用是用于被害人的抢救、治疗而支出的合理费用，体现的是对于被害人生命权、健康权的尊重和保护，因此，放在第一顺位，而且无论赃物是退赔被害人还是没收上缴国库依然应该遵循这样的排列顺位。

但在实践中，对追缴违法所得后没收上缴国库优先于一般民事债务实现还是存在较大争议，尤其在有较多一般民事债权存在的情况下。那些没有实现债权的当事人就会通过多个渠道向执行法院反映其诉求，认为国家与民夺利，不考虑保护民事主体的合法财产。其实问题产生的主要原因还是在整个刑事侦查及后续的审判中，对赃款赃物的认定上存在争议。众所周知，现在很多刑事案件涉及面特别广、涉及资金量特别大、涉及的主体特别多，而其中的资金等财产既有非法所得，又有正常生意往来，要想做到完全分开、完全查清楚难度特别大。办案机关又有办案期限的压力，导致最终在事实不清的情况下，作出追缴违法所得并没收上缴国库的结论。而这些财产中不乏有一些合法财产或者难以认定的财产被认定为违法所得的情况，导致一般民事债权人的权益无法实现。所以建议审判机关在判决时应该尽量慎重裁判，注意保护正常民事债权人的合法权益，在没有做到事实完全清楚的情况下，尽量在判决中作出罚金或者没收财产这样的财产刑。

（五）追缴违法所得与善意取得之间的冲突

《民法典》第 311 条①、第 312 条②、第 319 条③分别规定了善意取得制度的基本内容及例外情形。善意取得又称即时取得，是指无权处分人将动产或不动产处分给他人，善意受让人依法取得该动产或不动产的所有权或其他物权。善意受让人取得财产所有权的依据不是原权利人让与的意思表示，而是基于法律的强制性规定。

---

① 《民法典》第 311 条规定："无处分权人将不动产或者动产转让给受让人的，所有权人有权追回；除法律另有规定外，符合下列情形的，受让人取得该不动产或者动产的所有权：（一）受让人受让该不动产或者动产时是善意；（二）以合理的价格转让；（三）转让的不动产或者动产依照法律规定应当登记的已经登记，不需要登记的已经交付给受让人。受让人依据前款规定取得不动产或者动产的所有权的，原所有权人有权向无处分权人请求损害赔偿。当事人善意取得其他物权的，参照适用前两款规定。"

② 《民法典》第 312 条规定："所有权人或者其他权利人有权追回遗失物。该遗失物通过转让被他人占有的，权利人有权向无处分权人请求损害赔偿，或者自知道或者应当知道受让人之日起二年内向受让人请求返还原物；但是，受让人通过拍卖或者向具有经营资格的经营者购得该遗失物的，权利人请求返还原物时应当支付受让人所付的费用。权利人向受让人支付所付费用后，有权向无处分权人追偿。"

③ 《民法典》第 319 条规定："拾得漂流物、发现埋藏物或者隐藏物的，参照适用拾得遗失物的有关规定。法律另有规定的，依照其规定。"

《刑事涉财执行规定》第 11 条就对在追赃的过程中适用善意取得作出了规定，并设置了排除适用善意取得的例外规则。在关于赃款赃物是否适用善意取得制度方面，最高人民法院前后的立场也发生了较大的变化。从 1965 年 12 月 1 日发布的《最高人民法院、最高人民检察院、公安部、财产部关于没收和处理赃款赃物若干问题的暂行规定》（已废止）的有条件适用、酌情追缴的立场，到 1992 年 8 月 26 日发布的《最高人民法院研究室关于对诈骗后抵债的赃物能否判决追缴问题的电话答复》（已废止）的不予适用、一律追缴的立场，再到 1996 年 12 月 16 日发布的《最高人民法院关于审理诈骗案件具体应用法律的若干问题的解释》、2011 年 3 月 1 日发布的《最高人民法院、最高人民检察院关于办理诈骗刑事案件具体应用法律若干问题的解释》的予以适用、不予追缴的立场。整体而言，对于赃款赃物是否适用善意取得制度经历了从倾向否定到基本肯定的立场转变，现在更加强调对善意第三人利益的保护。[①] 最高人民法院最终明确了第三人善意取得的涉案财物在执行程序中不予追缴的总原则。

（六）追缴违法所得与责令退赔的异同

首先，两者在法律法规上基本都是同时出现，两者之间确实存在很多的共同点。第一，两者都不是《刑法》明确规定的财产刑，但都属于人民法院管辖的刑事裁判涉财产部分的执行内容。第二，两者指向的都是违法财产，追缴违法所得明确的是赃款赃物，责令退赔是针对被告人侵害了被害人的合法财产，原物在的予以退还，原物不在的折价赔偿。第三，当追缴违法所得的目的是退赔被害人时，其更多承担的是与责令退赔一样的对被害人的救济职能。

其次，两者之间也存在一些不同。第一，从性质上看，追缴违法所得侧重惩罚性的法律功能，即使其有时是为了退赔被害人，但出发点在于对违法犯罪分子的惩罚，兼有救济被害人的功能。而责令退赔则侧重对被害人进行救济，体现的是对被害人合法财产的保护功能。第二，两者的实现顺位还是有所差别。如果追缴违法所得的目的是没收上缴国库，那么其实现顺位要先于责令退赔，除非判决明确追缴的该赃款赃物的目的是发还给被害人。

---

① 参见最高人民法院执行局编著：《最高人民法院关于刑事裁判涉财产部分执行的若干规定理解与适用》，中国法制出版社 2017 年版，第 148 ~ 149 页。

实务操作指引

（一）追缴和责令退赔判项必须要明确才能得到执行

根据最高人民法院于1999年10月27日发布的《全国法院维护农村稳定刑事审判工作座谈会纪要》的相关规定，“如赃款赃物尚在的，应一律追缴；已被用掉、毁坏或挥霍的，应责令退赔”。但在司法实践中，刑事审判部门往往因难以查清赃物持有人，或者难以查清现持有人是否属于善意取得，因此一般笼统地判决继续追缴赃物发还被害人。但根据执行实践，如果只是笼统地判决继续追缴赃物发还被害人，属于判项不明，无法执行。根据《刑事涉财执行规定》第6条规定，判处追缴或者责令退赔的，应当明确追缴或者退赔的金额或财物的名称、数量等相关情况。因此，在执行实践中，对于判项不明的情况，执行部门应发函请刑事审判庭对此进行说明，如无法说明或者不予说明，执行部门可将该项执行内容退回。因此，刑事审判庭不能再像过去一样继续笼统地判决继续追缴赃物发还被害人，而应明确追缴或者退赔的金额或财物的名称、数量等相关情况，再行判决。

（二）经过追缴或者退赔仍不能弥补损失的被害人能否另行提起民事诉讼

经过追缴或者退赔仍不能弥补损失，被害人能否向人民法院另行提起民事诉讼，实质是刑事判决追缴或者责令退赔是否排斥当事人民事诉权的问题。

《最高人民法院关于刑事附带民事诉讼范围问题的规定》（已废止）第5条第2款规定，对于经过追缴或者退赔仍不能弥补损失，被害人向人民法院民事审判庭另行提起民事诉讼的，人民法院可以受理。而2012年《刑事诉讼法解释》（已废止）第139条规定，被告人非法占有、处置被害人财产的，应当依法予以追缴或者责令退赔。被害人提起附带民事诉讼的，人民法院不予受理。追缴、退赔的情况，可以作为量刑情节考虑。2013年《最高人民法院关于适用刑法第六十四条有关问题的批复》对此做了进一步释明，“被害人提起附带民事诉讼，或者另行提起民事诉讼请求返还被非法占有、处置的财产的，人民法院不予受理”。在《最高人民法院关于刑事附带民事诉讼范围问题的规定》于2015年被废止前，因该规定与2013年《刑事诉讼法解释》第139条、《最高人民法院关于适用刑法第六十四条有关问题的批复》同时有效，因此关于经过追缴或者退赔仍不能弥补损失，被害人能否向人民法院另行提起民事诉讼，实践中存有争议。[①]

从《最高人民法院关于刑事附带民事诉讼范围问题的规定》在2015年被废止，且废止理由是“已被《刑事诉讼法解释》修改”来看，[②] 最高人民法院显然是希望将被告人非法占有、处置被害人财产的追缴及退赔问题一并在刑事诉讼程序中解决。在排除了被害人可以通过民事诉讼程序对被告人非法占有、处置被害人财产予以救济的情形下，为了有效维护被害人的合法权益，使刑事裁判中关于追缴及退赔的内容能够得到有效执行，被告人非法占有、处置被害人财产的追缴及退赔问题就需要在刑事裁判的判项中予以明确。为此，《最高人民法院关于适用刑法第六十四条有关问题的批复》着重强调“追缴或者责令退赔的具体内容，应当在判决主文中写明；其中，判决前已经发还被害人的财产，应当注明”。《刑事涉财执行规定》第6条则进行了更具体的规定，“刑事裁判涉财产部分的裁判内容，应当明确、具体。涉案财物或者被害人人数较多，不宜在判决主文中详细列明的，可以概括叙明并另附清单。判处没收部分财产的，应当明确没收的具体财物或者金额。判处追缴或者责令退赔的，应当明确追缴或者退赔的金额或财物的名称、数量等相关情况”。

从上述规定来看，在刑事判决已对当事人损失问题作出处理的情况下，似乎排除了当事人的民事请求权。实际上该问题不能简单地一概而论，通过对相关判例的整理分析发现，经追缴或退赔不能弥补损失的被害人，并非一概不能再提起民事诉讼。

1. 经追缴或退赔不能弥补损失的被害人可以另行提起民事诉讼的情形

（1）刑事判决未写明追缴或退赔的具体内容，对当事人权益保护不周，被害人权益无法完全通过公力救济实现的，应当允许当事人另行提起民事诉讼。此时民事判决与刑事判决对保护被害人的权益是相互补充的，并未加重被告人赔偿责任，也并未使被害人双重受偿。

在（2017）最高法民申4094号民事裁定案中，邢某、沈某刚、温某擎、申

① 参见黄应生：《〈关于适用刑法第六十四条有关问题的批复〉的解读》，载《人民司法》2014年第5期。

② 《最高人民法院关于废止部分司法解释和司法解释性质文件（第十一批）的决定》。

某霞因合同诈骗罪被判处刑罚，（2013）辽刑二终字第19号刑事裁定主文第四项内容为，“案发后扣押的赃款、赃物返还被害人，其余赃款、赃物继续追缴”。上述被告的诈骗行为造成李某经济损失943万元。经追赃返还李某一台奥迪车价值60万元。温某攀为取得李某谅解，与李某达成赔偿500万元赔偿协议，该协议并未履行，已另案诉讼。李某向法院诉请上述被告赔偿剩余本金383万元及利息损失。一审法院认为，生效的刑事法律文书判令被告人对案发后扣押的赃款、赃物返还被害人，其余赃款、赃物继续追缴，并未注明责令被告人退赔被非法占有、处置的财产，且追缴财产的金额或财物的名称、数量等相关情况并不明确、具体。并且，刑事法律文书追缴的范围仅限于赃款、赃物，不利于充分保护被害人的合法权益。但责令退赔的财产不一定仅限于违法所得，当犯罪分子非法处置了被害人的财物时，返还或是追缴原物已不可能，当然是责令犯罪分子用自己的合法财产退赔。追缴与责令退赔在对刑事被害人权利救济上是相辅相成的，目的在于保护被害人合法利益不受损害。因此，依据《最高人民法院关于刑事附带民事诉讼范围问题的规定》（已废止）的规定，在刑事裁判没有判令责令被告人退赔其非法占有、处置的财产的情况下，因刑事裁判并未充分赋予被害人救济途径，李某的损失经过追缴仍不能弥补全部损失，可以另行提起民事诉讼。最高人民法院认为，在通过刑事追赃、退赔不能弥补被害人全部损失的情况下，赋予被害人向人民法院另行提起民事诉讼的权利，有利于最大限度地保护被害人的合法权益，刑事判决与民事判决对于保护被害人的合法权益是相互补充的，并未加重温某攀等人的赔偿责任，人民法院受理被害人提起的民事诉讼并无不当。

但也有裁判观点指出，因刑事裁判关于追缴及退赔的判项内容不规范引发的当事人权益保护问题仍应通过刑事裁判执行程序解决。在（2017）最高法民申1158号民事裁定中，最高人民法院认为，音西洗煤公司诉讼请求的款项，系江某和、王某作为音西洗煤公司股东期间所侵占公司的财产，江某和、王某已因此被追究刑事责任，音西洗煤公司作为被害人，应在刑事诉讼中通过追缴或责令退赔等方式寻求权利救济并挽回损失；在获得退回的部分款项后，就剩余未退回款项，应属刑事案件继续追缴或责令退赔的范围，不属于民事诉讼的受案范围。如因刑事裁判文书未对追缴及退赔情况予以说明导致受害人难以主张权利的，受害人应按照相应程序寻求救济。

（2）刑事案件的被害人经过追缴或退赔不能弥补损失的，以刑事案件的被告人之外的责任主体为被告提起民事诉讼主张损失的，并无不当。

在（2018）最高法民再360号判决中，林某锦为偿还民生银行福州分行的到期贷款以办理续贷为由向林某何借款，林某何派人到民生银行福州分行核实贷款情况后向林某锦出借款项用于偿还贷款，民生银行福州分行收贷后以抵押物存在瑕疵为由未继续向林某锦提供贷款，致使林某何的借款未能收回产生损失。林某锦因上述行为以涉嫌犯合同诈骗罪被提起公诉，福建省高级人民法院作出（2014）闽刑终字第293号刑事判决，判决林某锦犯诈骗罪、退赔被害人林某何经济损失人民币9,192,394.01元。林某因未获退赔提起民事诉讼，以民生银行福州分行配合林某锦隐瞒事实诱骗林某何提供借款为由要求民生银行福州分行返还扣划的款项并赔偿利息损失。最高人民法院认为，《刑事诉讼法解释》第139条所禁止的是在刑事诉讼过程中被害人向被告人提起附带民事诉讼，并未禁止刑事诉讼结束后被害人可以另行针对其他应负责任的民事主体提起民事诉讼以寻求救济。刑事案件的被害人经过追缴或者退赔不能弥补损失的，以刑事案件的被告人之外的责任主体为被告提起民事诉讼主张损失赔偿，并不违反一事不再理的原则，法院受理并无不当。

类似案例还有（2021）最高法民申7283号民事裁定，林某标与罗某峰合作经营期间，虚构事实，以低价购买的老料科檀木充当高价值的印度小叶紫檀木，骗取罗某峰向其支付款项24,951,300元。罗某峰以其被林某标诈骗遭受物质损失，经过刑事追缴、退赔仍不足以弥补损失为由，向法院另行提起民事诉讼，请求判令林某标的配偶杨某芝返还罗某峰被林桂标诈骗的款项22,551,300元及其利息损失，法院予以受理。

（3）生效刑事判决认定的犯罪行为与民事法律行为并非同一事实，被害人有权另行提起民事诉讼。

在（2018）最高法民终509号判决中，晟元江西分公司负责人徐某生利用私刻的公章以晟元江西分公司名义向韦某借款2.699亿元。生效刑事判决认定徐某生犯集资诈骗罪，从被害人韦某处募集得人民币97,780万元（另有实际用于生产经营的1000万元未放入），已归还人民币79,168.4万元，至今尚有人民币18,611.6万元无法归还。判决追缴徐某生违法所得返还给各被害人，不足部分责令徐某生退赔给各被害人。韦某向法院起诉晟元江西分公司、晟元公司及徐某生偿还借款本息。一审法院江西高院认为，《刑事诉讼法解释》第139条规定的被害人提起附带民事诉讼的对象是"被告人"，民事诉讼针对的是"被告人非法占有、处置"的财产，并未禁止"被害人"针对"被告人"之外的其他民事责任主体另行提起民事诉讼（包括刑事附带民事诉讼），也未禁止"被害人"针对刑事裁判中确定的"被告人非法占有、处置被害人财产"之外还存在的其他财产损失另行提起民事诉讼。最高人民法院认为，案涉刑事判决责令徐某生退赔韦某所欠款项的事实，并不影响韦某基于民事合同关系主张本案，刑事判决追究的是行为人违反刑法的责任，民事合同的当事人应否承担民事责任及如何承担责任应当通过民事诉讼程序处理。

在（2017）最高法民申1914号民事裁定中，最高人民法院认为，尽管签订案涉代理协议等行为被认定为诈骗行为，构成合同诈骗罪，但在民商事领域，并不当然导致合同无效，在效力上应认定为可撤销合同。在撤销权人不行使撤销权的情形下，该合同应认定有效。在刑事判决明确进行追赃，民事判决责任人承担民事责任的情形下，可能存在的双重受偿问题，应对追赃与民事责任的认定和执行进行协调。在民事案件审理过程中，追赃款应在民事责任人赔偿范围内扣减。在执行过程中，执行法院应结合民事责任、刑事责任的认定，确定民事责任人应承担的民事责任范围和赃款的退还对象，避免民事权利人（刑事被害人）双重受偿。

2. 经追缴或退赔不能弥补损失的被害人不能另行提起民事诉讼的情形

从对上述经追缴或退赔不能弥补损失的被害人可以另行提起民事诉讼的情形的分析，可以从反面勾勒出《刑事诉讼法解释》第139条及《最高人民法院关于适用刑法第六十四条有关问题的批复》的适用条件，即被害人基于同一事实、向刑事判决的被告人主张已经被生效刑事判决所涵盖的民事诉讼请求，不属于民事诉讼的受案范围。其体现的是将惩罚犯罪与救济被害人全部通过刑事诉讼的公力救济程序予以解决的思路。也可以说，被害人只能通过刑事诉讼的退赔退赃形式主张权利，该情形主要出现在刑事路径排斥民事路径类刑民交叉案件中。

如在（2017）最高法民申106号民事裁定中，王某林因他人非法吸收公众存款的犯罪行为而受到财产损失，在通过追缴和退赔不能弥补损失的情况下另行提起民事诉讼。最高人民法院认为，生效刑事判决已对包括王某林在内的被害人的财产损失作出处理，王某林起诉的被告与生效刑事判决认定的承担的刑事责任的被告人完全竞合，不涉及其他责任主体，且该刑事判决对涉案财产的处理结果已涵盖民事诉讼请求的赔偿范围，被害人已获得公力救济。王某林基于同一事实、相同的诉讼标的、事实和理由另行提起民事诉讼，违反《民事诉讼法》“一事不再理原则”。类似的案例还有（2018）最高法民终100号民事裁定，该案中最高人民法院认为，案涉保理合同项下的贷款系翔盛公司、郝某良、郝某萍等以欺骗手段非法取得的，建行佳木斯分行提起的本案诉讼与生效刑事判决认定的翔盛公司、郝某良、郝某萍构成骗取贷款罪一案系基于同一事实。诉请偿还的案涉保理合同项下欠款与刑事判决中查明认定的翔盛公司无法偿还的贷款及判令相关被告人返还及继续追缴的赃款亦重合。故建行佳木斯分行提起诉讼诉请翔盛公司、郝某萍、郝某良偿还的案涉保理合同项下欠款应通过刑事案件继续追缴，不属于民事诉讼的受案范围。

综上，关于经追缴或退赔不能弥补损失的，被害人是否可以提起民事诉讼需要具体问题具体分析。《刑事诉讼法解释》第139条、《最高人民法院关于适用刑法第六十四条有关问题的批复》凸显了民刑纠纷一体解决的决心，但相比民事诉讼，刑事诉讼对当事人民事权利的保护尚有不充分之处。[①] 因此，对于排斥当事人另行提起民事诉讼权利的情形应严格其适用条件，并予以充分的制度保障，以避免被害人权益维护屏障残缺。如刑事裁判中未对追缴或退赔进行具体规定，在刑事裁判执行因判项不清晰受阻，又不能通过民事诉讼主张权利的情况下，要如何保障被害人的权利？如前述案例所体现的，在对此类问题的解决没有设立有效的救济路径前，即便《最高人民法院关于刑事附带民事诉讼范围问题的规定》已经被废止，但赋予被害人另行提起民事诉讼的权利也并无不当。

---

① 参见最高人民法院民事审判第二庭编著：《〈全国法院民商事审判工作会议纪要〉理解与适用》，人民法院出版社2019年版，第653页。

二、刑民交叉案件的程序处理与合同效力

规定、函复原文

（一）最高人民法院关于在审理经济纠纷案件中涉及经济犯罪嫌疑若干问题的规定

2020年12月29日　法释〔2020〕17号

根据《中华人民共和国民法典》《中华人民共和国刑法》《中华人民共和国民事诉讼法》《中华人民共和国刑事诉讼法》等有关规定，对审理经济纠纷案件中涉及经济犯罪嫌疑问题作以下规定：

第一条　同一自然人、法人或非法人组织因不同的法律事实，分别涉及经济纠纷和经济犯罪嫌疑的，经济纠纷案件和经济犯罪嫌疑案件应当分开审理。

第二条　单位直接负责的主管人员和其他直接责任人员，以为单位骗取财物为目的，采取欺骗手段对外签订经济合同，骗取的财物被该单位占有、使用或处分构成犯罪的，除依法追究有关人员的刑事责任，责令该单位返还骗取的财物外，如给被害人造成经济损失的，单位应当承担赔偿责任。

第三条　单位直接负责的主管人员和其他直接责任人员，以该单位的名义对外签订经济合同，将取得的财物部分或全部占为己有构成犯罪的，除依法追究行为人的刑事责任外，该单位对行为人因签订、履行该经济合同造成的后果，依法应当承担民事责任。

第四条　个人借用单位的业务介绍信、合同专用章或者盖有公章的空白合同书，以出借单位名义签订经济合同，骗取财物归个人占有、使用、处分或者进行其他犯罪活动，给对方造成经济损失构成犯罪的，除依法追究借用人的刑事责任外，出借业务介绍信、合同专用章或者盖有公章的空白合同书的单位，依法应当承担赔偿责任。但是，有证据证明被害人明知签订合同对方当事人是借用行为，仍与之签订合同的除外。

第五条　行为人盗窃、盗用单位的公章、业务介绍信、盖有公章的空白合

同书，或者私刻单位的公章签订经济合同，骗取财物归个人占有、使用、处分或者进行其他犯罪活动构成犯罪的，单位对行为人该犯罪行为所造成的经济损失不承担民事责任。

行为人私刻单位公章或者擅自使用单位公章、业务介绍信、盖有公章的空白合同书以签订经济合同的方法进行的犯罪行为，单位有明显过错，且该过错行为与被害人的经济损失之间具有因果关系的，单位对该犯罪行为所造成的经济损失，依法应当承担赔偿责任。

第六条 企业承包、租赁经营合同期满后，企业按规定办理了企业法定代表人的变更登记，而企业法人未采取有效措施收回其公章、业务介绍信、盖有公章的空白合同书，或者没有及时采取措施通知相对人，致原企业承包人、租赁人得以用原承包、租赁企业的名义签订经济合同，骗取财物占为已有构成犯罪的，该企业对被害人的经济损失，依法应当承担赔偿责任。但是，原承包人、承租人利用擅自保留的公章、业务介绍信、盖有公章的空白合同书以原承包、租赁企业的名义签订经济合同，骗取财物占为已有构成犯罪的，企业一般不承担民事责任。

单位聘用的人员被解聘后，或者受单位委托保管公章的人员被解除委托后，单位未及时收回其公章，行为人擅自利用保留的原单位公章签订经济合同，骗取财物占为已有构成犯罪，如给被害人造成经济损失的，单位应当承担赔偿责任。

第七条 单位直接负责的主管人员和其他直接责任人员，将单位进行走私或其他犯罪活动所得财物以签订经济合同的方法予以销售，买方明知或者应当知道的，如因此造成经济损失，其损失由买方自负。但是，如果买方不知该经济合同的标的物是犯罪行为所得财物而购买的，卖方对买方所造成的经济损失应当承担民事责任。

第八条 根据《中华人民共和国刑事诉讼法》第一百零一条第一款的规定，被害人或其法定代理人、近亲属对本规定第二条因单位犯罪行为造成经济损失的，对第四条、第五条第一款、第六条应当承担刑事责任的被告人未能返还财物而遭受经济损失提起附带民事诉讼的，受理刑事案件的人民法院应当依法一并审理。被害人或其法定代理人、近亲属因被害人遭受经济损失也有权对单位另行提起民事诉讼。若被害人或其法定代理人、近亲属另行提起民事诉讼的，有管辖权的人民法院应当依法受理。

第九条 被害人请求保护其民事权利的诉讼时效在公安机关、检察机关查处经济犯罪嫌疑期间中断。如果公安机关决定撤销涉嫌经济犯罪案件或者检察机关决定不起诉的，诉讼时效从撤销案件或决定不起诉之次日起重新计算。

第十条 人民法院在审理经济纠纷案件中，发现与本案有牵连，但与本案不是同一法律关系的经济犯罪嫌疑线索、材料，应将犯罪嫌疑线索、材料移送有关公安机关或检察机关查处，经济纠纷案件继续审理。

第十一条 人民法院作为经济纠纷受理的案件，经审理认为不属经济纠纷案件而有经济犯罪嫌疑的，应当裁定驳回起诉，将有关材料移送公安机关或检察机关。

第十二条 人民法院已立案审理的经济纠纷案件，公安机关或检察机关认为有经济犯罪嫌疑，并说明理由附有关材料函告受理该案的人民法院的，有关人民法院应当认真审查。经过审查，认为确有经济犯罪嫌疑的，应当将案件移送公安机关或检察机关，并书面通知当事人，退还案件受理费；如认为确属经济纠纷案件的，应当依法继续审理，并将结果函告有关公安机关或检察机关。

（二）最高人民法院经济庭
关于经济犯罪案件已移送公安机关后原来采取的查封措施应予解除的函

1993年6月23日 法经〔1993〕121号

海南省高级人民法院：

你院《关于上海电视机一厂就本院对海南南方信托投资公司诉广东中山汇丰工贸集团有限公司借款合同纠纷一案诉前保全财产提出异议情况的报告》收悉。从你院报告看，本案涉嫌经济犯罪，已从案移送海南省公安厅查处，并将所查封的财产一并移交，但对有关财产的查封措施并未解除。我们认为，人民法院对已经受理的经济纠纷案件，经审查认为确属经济犯罪全案移送公安机关，并将所查封的财产一并移交，且公安机关又对该财产采取查封措施后，原来采取的查封措施即应解除。因此，请你院收到本函后立即解除你院对储存于广州市对外储运公司的彩色电视机的查封。至于该批彩电是否属于赃物，应否发还上海电视机一厂，应由公安机关查明情况后，依法处理。

出台背景

刑民交叉案件的办理是司法实务中的难点和热点。因程序问题和实体问题交织，涉及刑事、民事两个部门法的融合与衔接，不仅法律关系复杂，事实认定难度大，法院裁判的尺度严重不统一，立法层面尚无明确的可供参照的标准。刑民交叉案件不是一个纯粹的法律概念，而是对司法实践现象的描述，既包括刑事法律关系，又包括民事法律关系，需要从实体上分析民事和刑事两种不同的法律责任能否同时并行存在。

从法律关系发生竞合的角度看民事案件审理过程，如果发现当事人之间的纠纷可能涉嫌刑事犯罪，应当如何处理，是继续审理、驳回起诉还是移送刑事侦查机关立案。1985 年 8 月，最高人民法院、最高人民检察院、公安部联合发布了《关于及时查处在经济纠纷案件中发现的经济犯罪的通知》（已废止）规定：“……各级人民法院在审理经济纠纷案件中，如发现有经济犯罪，应按照 1979 年 12 月 15 日最高人民法院、最高人民检察院、公安部《关于执行刑事诉讼规定的案件管辖范围的通知》，将经济犯罪的有关材料分别移送给有管辖权的公安机关或检察机关侦查、起诉，公安机关或检察机关均应及时予以受理。”该规定确立了先刑后民的处理原则，对解决刑民交叉案件具有重大的实践意义。

但当事人为了维护自己利益的最大化或者实现其他利益，实践中出现了反向适用，将本应通过民事诉讼解决的经济纠纷报案至侦查机关，侦查机关以经济纠纷涉嫌犯罪为由，要求人民法院或中止审理、执行，或移送案件。在监督及约束均不足的情况下，不时会出现侦查机关过度插手经济纠纷的情形。鉴于此，最高人民法院对先刑后民的处理原则进行了补充。1998 年《最高人民法院关于在审理经济纠纷案件中涉及经济犯罪嫌疑若干问题的规定》（已修正）明确了以“同一法律事实”“同一法律关系”作为区分刑民交叉案件处理方式的标准，即刑事案件、民商事案件分属不同法律事实的，刑事、民商事并行审理；刑事案件、民商事案件属于同一法律事实的，先刑后民。

2014 年《最高人民法院、最高人民检察院、公安部关于办理非法集资刑事案件适用法律若干问题的意见》①、2020 年《民间借贷规定》② 以及 2019 年《九民纪要》③ 均采用了比“同一法律事实”“同一法律关系”更严谨的“同一事实”的表述。即涉及同一事实时，应当先刑后民。涉及不同事实时，对不涉及犯罪事实的民商事纠纷继续审理；对涉及犯罪事实的线索、材料应当移送侦查机关。

另外一个较为重要的问题是对刑民交叉案件中民事法律行为的效力是否因受刑事犯罪行为的影响而归于无效，这关系到对刑事判决认定的案涉刑事犯罪的事实与民事合同是否为同一事实的认定，而同一事实的认定标准目前仍存在较大争议，个案间的处理方式亦存在差异。

理解与适用

刑民交叉案件，从实体法角度观察，刑事法律关系是指刑事犯罪，而民事法律关系是指民事不法，应当以此为内容对刑民交叉案件进行界定。不同的部

① 《最高人民法院、最高人民检察院、公安部关于办理非法集资刑事案件适用法律若干问题的意见》第 7 条规定：“关于涉及民事案件的处理问题对于公安机关、人民检察院、人民法院正在侦查、起诉、审理的非法集资刑事案件，有关单位或者个人就同一事实向人民法院提起民事诉讼或者申请执行涉案财物的，人民法院应当不予受理，并将有关材料移送公安机关或者检察机关。人民法院在审理民事案件或者执行过程中，发现有非法集资犯罪嫌疑的，应当裁定驳回起诉或者中止执行，并及时将有关材料移送公安机关或者检察机关。公安机关、人民检察院、人民法院在侦查、起诉、审理非法集资刑事案件中，发现与人民法院正在审理的民事案件属同一事实，或者被申请执行的财物属于涉案财物的，应当及时通报相关人民法院。人民法院经审查认为确属涉嫌犯罪的，依照前款规定处理。”关于涉及民事案件的处理问题：对于公安机关、人民检察院、人民法院正在侦查、起诉、审理的非法集资刑事案件，有关单位或者个人就同一事实向人民法院提起民事诉讼或者申请执行涉案财物的，人民法院应当不予受理，并将有关材料移送公安机关或者检察机关。

② 《民间借贷规定》第 6 条规定：“人民法院立案后，发现与民间借贷纠纷案件虽有关联但不是同一事实的涉嫌非法集资等犯罪的线索、材料的，人民法院应当继续审理民间借贷纠纷案件，并将涉嫌非法集资等犯罪的线索、材料移送公安或者检察机关。”

③ 《九民纪要》第 128 条规定，同一当事人因不同事实分别发生民商事纠纷和涉嫌刑事犯罪，民商事案件与刑事案件应当分别审理。

门法对刑民交叉案件关注的内容是完全不同的，民法学者更注重的是在刑民交叉案件中行为人构成犯罪的情况下，相应的民事行为是否仍然有效，诉讼法学者主要关注在刑民交叉案件，且刑事诉讼与民事诉讼竞合的情况下，究竟是优先选择刑事诉讼还是民事诉讼的问题。①

最高人民法院刘贵祥在全国民商事审判工作会议上明确指出：刑民交叉案件的一个基本规则是刑事案件与民事案件涉及"同一事实"的，原则上通过刑事诉讼的方式解决。"同一事实"并非指民事、刑事法律规范涉及的要件同一，应理解为刑事、民事法律规范指向的自然意义上的事实同一。"同一事实"的认定规则会影响刑民交叉案件处置中是适用"先刑后民"原则，还是适用"刑民并行"原则。

但也有学者提出不同观点，如肖建国教授认为，"先刑后民""刑事判决绝对化"理念是一个巨大的错误，民事诉讼程序和刑事诉讼程序本身就是两个平行的程序，而且各自的审判逻辑和证据采纳标准也不同，因此不应当让一个判决成为另一个判决的前提。所谓的"刑民交叉"案件，本身就是人为构造出来的特殊情形，所谓"刑事认定"比"民事认定"更准确，也并不准确。要解决刑民交叉问题，首先是要推动人们在认知上接纳同一案件在不同审判中出现不同认定的情况。

（一）关于先刑后民、中止民事案件审理和移送公安机关的判断

1. 刑事、民事程序的适用问题

对于涉众型经济犯罪案件，因其所涉人数众多、当事人分布地域广、标的额大、影响社会稳定等因素，基于通过刑事追赃、退赔的方式有助于被害人公平受偿、维护社会稳定的考量，采取"先刑后民"的程序予以处理，但前提仍然是"当事人以同一事实将犯罪嫌疑人、被告人作为民事诉讼的被告提起诉讼"，即贯彻"同一事实"的标准。② 对于普通的经济犯罪案件，以"同一事实"为标准，决定是否分别受理、分别审理。

---

① 参见陈兴良：《刑民交叉案件的刑法适用》，载《法律科学（西北政法大学学报）》2019年第2期。

② 参见姜耀飞：《民事检察监督中刑民交叉案件的审查思路》，载《检察日报》2021年8月11日，第7版。

最高人民法院对“同一事实”的表述历经了从“同一法律事实”“同一法律关系”向“同一自然事实”的转变。1998年《最高人民法院关于在审理经济纠纷案件中涉及经济犯罪嫌疑若干问题的规定》（已修正）中表述为“同一法律关系”“同一法律事实”，而在《最高人民法院、最高人民检察院、公安部关于办理非法集资刑事案件适用法律若干问题的意见》中，直接表述为“同一事实”。有学者提出，“同一事实”的表达更为准确，因为所谓法律事实是一种对事物本身的法律评价，民事法律关系与刑事法律关系是不同的法律关系，不可能在“法律关系”上存在“同一”。“同一法律事实”和“同一法律关系”实际上是指民、刑案件在自然事实上的同一。① 在梅某娇与李某玲、海南鸿凌投资担保有限公司等借款合同纠纷申请再审民事裁定中，最高人民法院指出，对“同一事实”的认定，并非指民事法律规范和刑事法律规范作出规定的要件事实，而应是自然意义上的事实本身。

最高人民法院刘贵祥在全国法院民商事审判工作会议的讲话中，明确提出刑民交叉案件中“同一事实”认定的三个方面：一是从行为实施主体的角度判断。不同主体实施的行为不属于同一事实。要特别注意的是，法定代表人、负责人以及其他工作人员等对外以法人名义从事的职务行为，应当由法人承担相应的民事后果。如果法定代表人、负责人以及其他工作人员构成犯罪，但法人本身不构成犯罪的，鉴于犯罪行为的主体与民事行为的主体属于不同的主体，一般不宜认定为“同一事实”。二是要从法律关系的角度。如刑事案件的受害人同时也是民事法律关系的相对人的，一般可以认定该事实为“同一事实”。三是从要件事实的角度认定。只有在民事案件争议的事实，同时也是构成刑事犯罪的要件事实的情况下，才属于“同一事实”。

2. 非基于“同一事实”时的民商事案件的中止审理

同一公民、法人或非法人组织因不同案件事实分别涉及刑事法律关系和民事法律关系，基于民事诉讼在价值取向、诉讼目的、证据认定标准、责任构成要件等方面与刑事诉讼存在较大差异，一般而言，应分别受理、分别审理。

应当注意，在民商事案件审理中，不能因为存在刑事犯罪线索就全案移送，

---

① 参见张卫平：《民刑交叉诉讼关系处理的规则与法理》，载《法学研究》2018年第3期。

一概驳回起诉，仅能将与案件有牵连的刑事犯罪嫌疑线索、材料进行移送，其余属于民商事法律关系的部分，应继续审理。如果认定双方当事人之间实质为刑事犯罪，当事人之间并无民商事法律关系的，则应裁定驳回起诉，将全案移送侦查机关。如果民商事案件必须以相关刑事案件的审理结果为依据，而刑事案件尚未审结的，应当根据《民事诉讼法》第 153 条第 5 项的规定裁定中止诉讼。待刑事案件审结后，再恢复民商事案件的审理。如果民商事案件不是必须以相关的刑事案件的审理结果为依据，则民商事案件应当继续审理。对于符合移送条件的民商事案件，《最高人民检察院、公安部关于公安机关办理经济犯罪案件的若干规定》第 20 条、第 23 条规定了较为详细的犯罪线索移送和审查、立案要求，人民法院应当按照要求进行移送。

但实践中普遍存在的一个问题就是只要涉及刑民交叉，大部分民事案件（尤其是在刑事案件涉及人数较多时）会因此中止审理，法院出于各种担忧缺乏主动审查是否构成“同一事实”的动力，更倾向于等待刑事处理的结果。其结果是导致整个司法程序十分漫长，这无疑给涉及侵财类犯罪的当事人造成较大的困扰。虽然《九民纪要》对“刑民交叉”案件中哪些属于应当分别审理的不同事实做了解释，但仍需等待实践检验，尤其是刑事审判、甚至检察院、公安系统等会在多大程度上对其予以认可。

3. 民事执行程序中发现犯罪线索时的处理

在执行已经生效的法律文书过程中，如果发现犯罪线索或者出现了另一刑事案件，导致当事人对执行标的物的权益发生了变化①，该如何处理？

一般而言，另一刑事案件对民事执行将产生两个方面的影响：（1）对原执行依据的影响。执行依据生效即发生法律效力，未经法定事由和法定程序不得变更，任何人均应当遵守，但在出现法定事由和经过法定程序后，执行依据也存在被撤销、改判或者变更的可能。在执行过程中，如果发现与本案执行标的物有关的犯罪线索，人民法院也应当移送侦查机关，移送犯罪线索的方法与在审理中发现后移送的方法一致。如果该线索有可能导致执行依据出现错误，执行程序应当暂缓执行，人民法院可以要求申请执行人或者被执行人提供相应的

① 如果没有出现导致当事人对执行标的物的权益发生变化的情形，民事案件的执行应该继续。

担保。[①]（2）对执行标的物的影响。如果发现执行标的物系另一刑事案件的涉案财物且已经被侦查机关查封、扣押或者冻结，原则上应当中止对该执行标的物的执行。如果认为另一刑事裁判中对执行标的物是否属于赃款赃物认定错误或者应予认定而未认定，案外人或被害人可以向执行法院提出书面异议，可以通过裁定补正的，执行机构应当将异议材料移送刑事审判部门处理；无法通过裁定补正的，应当告知异议人通过审判监督程序处理。[②] 在异议或者审判监督程序处理期间，应中止对该执行标的物的执行。

在将案件移送至侦查部门时，法院已保全的材料应一并移交，对人民法院移送侦查机关的保全财产，侦查机关应当在接收后予以审查。法经〔1993〕121号出台之时，我国《民事诉讼法》尚未规定“轮候查封”制度，[③] 也就是针对同一财产不得“重复查封”，法经〔1993〕121号规定，公安机关如果对法院移送的保全财产又采取了查封措施的，原来法院采取的查封措施即应解除，以确保不发生法律所排斥和禁止的重复查封的情形。《查扣冻规定》第26条已经确立了轮候查封制度，[④] 查封的顺位影响对查封财产处理权的实现。2017年《最高人民检察院、公安部关于公安机关办理经济犯罪案件的若干规定的通知》第49条对侦查部门的查控、冻结措施明确“已被依法查封、冻结的涉案财物，公安机关不得重复查封、冻结，但是可以轮候查封、冻结。已被人民法院采取民事财产保全措施的涉案财物，依照前款规定办理”。即如果系侦查犯罪需要的涉案财物，不得重复查封、冻结，但是可以轮候查封、冻结，已被人民法院采取

---

① 《暂缓执行规定》第7条规定：“有下列情形之一的，人民法院可以依职权决定暂缓执行：（一）上级人民法院已经受理执行争议案件并正在处理的；（二）人民法院发现据以执行的生效法律文书确有错误，并正在按照审判监督程序进行审查的。人民法院依照前款规定决定暂缓执行的，一般应由申请执行人或者被执行人提供相应的担保。”

② 《刑事涉财执行规定》第15条。

③ 《国土房管部门协助执行通知》第19条、第20条的规定确立了我国最初的轮候查封制度模板，但其范围仅限于土地使用权、房屋这两种典型的不动产。

④ 《查扣冻规定》第26条规定：“对已被人民法院查封、扣押、冻结的财产，其他人民法院可以进行轮候查封、扣押、冻结。查封、扣押、冻结解除的，登记在先的轮候查封、扣押、冻结即自动生效。其他人民法院对已登记的财产进行轮候查封、扣押、冻结的，应当通知有关登记机关协助进行轮候登记，实施查封、扣押、冻结的人民法院应当允许其他人民法院查阅有关文书和记录。其他人民法院对没有登记的财产进行轮候查封、扣押、冻结的，应当制作笔录，并经实施查封、扣押、冻结的人民法院执行人员及被执行人签字，或者书面通知实施查封、扣押、冻结的人民法院。”

民事财产保全措施的涉案财物移送侦查机关后的保全顺位不变。如果经查明确实与刑事案件无关的，应当在3日以内解除查封、扣押、冻结，予以退还。[①]

（二）同一当事人因不同事实分别发生民商事纠纷和涉嫌刑事犯罪，不应否定民事合同的效力

同一当事人因不同事实分别发生民商事纠纷和涉嫌刑事犯罪，民商事案件与刑事案件应当分别审理，主要有下列情形：（1）主合同的债务人涉嫌刑事犯罪或者刑事裁判认定其构成犯罪，债权人请求担保人承担民事责任的；（2）行为人以法人、非法人组织或者他人名义订立合同的行为涉嫌刑事犯罪或者刑事裁判认定其构成犯罪，合同相对人请求该法人、非法人组织或者他人承担民事责任的；（3）法人或者非法人组织的法定代表人、负责人或者其他工作人员的职务行为涉嫌刑事犯罪或者刑事裁判认定其构成犯罪，受害人请求该法人或者非法人组织承担民事责任的；（4）侵权行为人涉嫌刑事犯罪或者刑事裁判认定其构成犯罪，被保险人、受益人或者其他赔偿权利人请求保险人支付保险金的；（5）受害人请求涉嫌刑事犯罪的行为人之外的其他主体承担民事责任的。[②] 在上述情形下，如果人民法院仍然以民商事案件涉嫌刑事犯罪为由不予受理或者裁定驳回起诉的，应予纠正。

关于涉犯罪合同的效力，争议观点主要有三种：（1）无效说，其认为，合同一方的行为一旦构成经济犯罪，合同就应被认定为无效。（2）有效说，其认为，对同一行为，可以从不同的法律规范进行评判，审查民事案件时，应按照民法思维，合同一方的行为在刑法上被评价为犯罪，并不影响该行为在民事法律关系中的评价，更重要的是从维护市场经济的正常流转角度出发，从不轻易认定合同无效的原则出发，对涉犯罪合同一般应认定为有效，如典型的涉诈骗犯罪合同，应为有效但可撤销。（3）区分说，其认为应区分情况，认定民事合同的效力。按照区分标准不同，该观点又可分为三种：①应当根据相关经济犯罪中犯罪分子订立合同的目的即犯罪目的作为区分合同效力的标准。如果犯罪人内心的主观目的就是要直接侵害被害人的私益，根本没有形成民事法律关系

① 《刑事诉讼法》第144条、第145条。

② 《九民纪要》第128条。

的真实意思，则合同应被认定为无效；反之，合同有效。②应当根据犯罪阶段区分合同效力的标准，犯罪前、犯罪预备阶段的合同行为一般不受犯罪行为的影响，应为有效；犯罪着手后的合同行为再根据犯罪客观要件的组成部分，按照合同当事人与犯罪对象的关系做区分；犯罪既遂后的合同行为主要表现为销售赃物、挥霍赃款两种，如果明知是犯罪所得而予以代购的，因标的违法而合同无效，利用赃款挥霍消费的行为，一般不能认定为无效。③应当根据犯罪构成和规范目的，区分违反市场准入型犯罪和非违反市场准入型犯罪两大类来认定合同效力：非法吸收公众存款罪等违反市场准入型犯罪等相关合同不因成立犯罪而无效。非违反市场准入型犯罪，若根据犯罪构成，交易行为本身系刑法所禁止的对象，则合同因违反法律强制性规定而无效，典型如诈骗罪；若刑法并未根本否定民法上的缔约意思，则合同不因犯罪而无效，典型如骗取贷款罪。

根据《民法典》第153条和《九民纪要》第30条对强制性规定识别的思路，对涉刑事犯罪的民事合同的效力，要纳入民事法律评价体系，严格按照民事合同效力的判断规则，兼顾考察违法性程度和交易安全保护等因素，综合认定。在审查涉犯罪合同的效力时，应以充分保护被害人的合法权益为出发点，慎重认定合同无效。对于典型的合同诈骗，合同一方当事人构成合同诈骗罪的诈骗行为，在民事上，应认定为主观上构成欺诈，刑法实体上的诈骗犯罪评判并不影响民法视野下欺诈的认定，此时，所涉民事合同的效力一般应认定为可撤销，相对方若不撤销，则合同当然有效。①

但值得注意的是，在民事案件审理过程中，法院往往将刑事案件认定的相关事实和证据直接予以引用，对于刑事案件未予认定的事实或证据予以排除，而不经过民事质证环节。但民事和刑事在认定事实上采取的标准并不一致，上述做法的合理性值得商榷。

（三）刑事涉财部分的执行与民事执行的竞合

刑事案件执行过程中，首先主要的难点是刑事裁判判项不明确，导致执行

---

① 参见姜耀飞：《民事检察监督中刑民交叉案件的审查思路》，载《检察日报》2021年8月11日，第7版。

法院难以对违法财产与合法财产的区分作出理性的判断。此外，在对涉案财产进行查封时，由于公安机关对财产认定的权限较大，导致对犯罪嫌疑人的财产不加区分的全部进行查封，这对享有优先受偿权的抵押权人造成较大影响，抵押物因为查封时间过长而使抵押权人承担过高的资金成本。其次是对刑事涉财部分的执行与民事执行竞合的处理。狭义执行竞合是指针对被执行人的同一财产，不同权利主体依据不同的执行依据申请对此财产强制执行。刑事涉财部分的执行与民事执行的竞合主要指以下几种情形：（1）刑事退赔与民事执行程序的竞合，主要是指在民事执行程序中，刑事判决认定民事行为构成犯罪的，法院将民事程序的申请执行人作为被害人，作出刑事退赔的裁判并移送执行。财产处置中另案法律文书中的债权人债权行使的顺序能否被刑事案件退赔程序所吸收，需要经过刑事法院对“同一事实”认定。（2）被执行人同时作为刑事案件的被告和另案民事执行案的被执行人，刑事裁判文书中可能涉及财产类的判项内容主要是财产刑及《刑法》第 64 条中规定的与处置财产有关的措施，主要包括追缴、责令退赔、返还被害人、违法所得的一切财物、违法所得的没收、违禁品的处置及供犯罪所用的本人财物，而被执行人所有的责任财产都可以成为民事执行标的。此时则不可避免地会发生财产处置权的竞合。

1. 追缴、责令退赔和民事强制执行的竞合

之所以说刑事判项中规定的与处置财产有关的措施中只有追缴和责令退赔与民事执行程序存在交叉关系，是因为追缴及责令退赔不属于财产刑，其与刑罚惩罚和预防犯罪目的无关，是对被害人合法财产权的一种救济方式，究其本质仍是一种民事救济实现方式。此种竞合源于法律责任的竞合。① 实践中对责令退赔与民事执行程序竞合的处理方式一般是以民事判决或调解书的权利义务主体、给付内容与刑事判决书责令退赔一致，案涉款项属于违法所得，应责令退赔被害人而裁定终结民事执行程序。

因被害人在刑事案件中的可得赔偿范围限于其损失，实践中被害人尤其是金融机构往往不愿意承认被害人身份。

---

① 参见邢会丽：《论刑民交叉案件中刑事退赔程序与民事执行程序的竞合》，载《法律适用》2019 年第 21 期。

2. 财产处置权的竞合

根据《刑事涉财执行规定》第13条的规定，被执行人在执行中同时承担刑事责任、民事责任、其财产不足以支付的，按照人身损害赔偿中的医疗费用、退赔被害人损失、其他民事债务、罚金、没收财产的顺序进行执行，由此可见民事执行应当在刑事退赔之后受偿。对于已采取执行措施的财产，执行中应当由首先查封、扣押、冻结法院负责处分查封财产，轮候查封的优先债权法院享有商请移送的权利，引发财产处置权的竞合。（1）刑事案件执行法院为首封法院时，因涉案财产上有顺位在先的担保物权、优先权，面临无益拍卖的窘境，刑事查封法院往往怠于处置查封财产；（2）顺位在后的优先债权执行法院在与作为首封法院的刑事案件执行法院协调处置权时，刑事案件执行法院往往因涉案财产属于赃款赃物购买或存在刑事纠纷为由拒绝移送处置；（3）顺位在后的刑事案件执行法院往往会以涉案财产涉嫌刑事追赃、退赔向首封法院索要处置权，但首封法院往往因与集资案件不是基于“同一事实”或无法律规定而拒绝移送。就上述问题，有观点提出，公安机关的查封与法院之间的查封是否能参照适用民事执行中首封法院与优先权法院的处置权移送制度。遗憾的是，该观点在“民事强制执行法”草案的修改过程中遭到公安机关和行政机关的强烈反对。

此外，根据《刑事涉财执行规定》第13条的规定，债权人对执行标的依法享有优先受偿权先于退赔被害人的损失，如果被害人与抵押权人身份重合，此时债权人能否主张优先受偿权也需要进一步探讨。

实务操作指引

以下结合案例对刑民交叉案件中“同一事实”的认定以及刑事判决结果对民事法律行为效力的影响进行分析。

在二十一世纪支行与工艺品公司、朱某辉、天地合旅游公司金融借款合同纠纷一案中，二十一世纪支行向工艺品公司发放贷款，朱某辉承担连带责任，天地合旅游公司提供抵押担保，各方签署了《授信协议》《最高额不可撤销担保书》《最高额抵押合同》。二十一世纪支行依约向工艺品公司开具了国际信用证并垫付资金。因工艺品公司未清偿到期债务，二十一世纪支行起诉。郑州中院在审理时还查明，陈某亮、蒋某智、二十一世纪支行行长彤某营、赵某山等被（2018）豫0191刑初472号刑事判决认定构成骗取金融票证罪，退赔二十一世纪支行34,253,752.22元。郑州中院判决工艺品公司偿还二十一世纪支行信用证垫付款512万美元及利息（刑事追赃退赔款项应予扣减），二十一世纪支行对天地合旅游公司抵押物的拍卖变卖款享有优先受偿权，朱某辉对工艺品的债务承担连带清偿责任。工艺品公司未缴纳上诉费，一审判决生效。其后，天地合旅游公司申请再审，河南省高级人民法院裁定提审该案。

另外，（2018）豫0191刑初472号刑事判决认定的事实为：2014年5月，陈某亮化名陈某，伙同蒋某智以雨田公司的名义与工艺品公司签订联合经营协议，约定成立工艺品公司国际业务部，开展国际信用证业务，独立核算、自负盈亏。后陈某亮、蒋某智成立工艺品公司国际业务部。2014年10月，陈某亮、蒋某智伙同身为二十一世纪支行行长彤某营以及天地合旅游公司法定代表人赵某山，在明知天地合旅游公司的不动产已经抵押给他人的情况下，故意隐瞒该事实，并由彤某营出具二次抵押告知函，将该不动产另行抵押给二十一世纪支行，且由彤某营找熟人增大该不动产的评估价值，以工艺品公司的名义获取2亿元人民币的信用证授信额度。后在开具信用证的过程中，陈某亮、蒋某智等人在无真实贸易的情况下，又通过使用玛嘉利公司和楼某斌公司提供的单据，在2014年11月~2015年2月，在二十一世纪支行开出信用证18单，其中4单信用证本金逾期未归还，共计512万美元。陈某亮、蒋某智将骗取的信用证套现后金额共计1.6亿元，分别用于支付银行再次开具信用证的保证金、支付玛嘉利公司和楼某斌公司为其提供单据的提成、出借给赵某山以及陈某亮购买车辆、手表等奢侈品自用、蒋某智自用等。

在认定《授信协议》《最高额不可撤销担保书》《最高额抵押合同》合同效力问题上，河南省高级人民法院认为，根据（2018）豫0191刑初472号刑事判决查明的事实可以认定，本案是犯罪分子陈某亮、蒋某智伙同二十一世纪支行行长彤某营、天地合旅游公司的法定代表人赵某山等人恶意串通，为达到套取银行资金的非法目的而实施的骗取金融票证的犯罪手段，是虚假的意思表示。刑事判决认定的犯罪事实与本案民事案件涉及的是同一事实。根据《合同法》

（已废止）第52条第1款第3项之规定，案涉《授信协议》《最高额不可撤销担保书》《最高额抵押合同》是彤某营等人以合法形式掩盖非法目的，为骗取信用证套现而签订，是虚假的意思表示，应为无效合同。

彤某营等人骗取金融票证罪的事实与本案金融借贷合同的事实是否为同一事实？案涉金融借贷合同及担保合同是否有效？

（一）关于“同一事实”

在本案中，骗取金融票证罪的主体是陈某亮、蒋某智、彤某营、赵某山，而《授信合同》《最高额不可撤销担保书》《最高额抵押合同》的签署主体是二十一世纪支行、工艺品公司、天地合旅游公司以及朱某辉。二十一世纪支行行长、天地合旅游公司法定代表人构成犯罪，但二十一世纪支行、天地合旅游公司本身不构成犯罪的。从行为实施主体的角度，陈某亮等人骗取金融票证罪的事实与金融借贷的事实并非同一事实。

（二）“同一事实”对民事合同效力的影响

在我国司法实务中，否定涉罪合同效力的裁判观点极为普遍。持此种观点主要基于以下理由：（1）刑法是强制性法律规范，根据《合同法》（已废止）第52条第5项的规定，应属无效；（2）民事应与刑事对同一事实的法律评价保持一致，避免出现认定合同有效与构成犯罪的矛盾；（3）认为当事人在签订合同时主观上就是以犯罪为目的，签订合同等民事行为是作为犯罪的手段或工具，完全符合以合法形式掩盖非法目的的情形。

但无效论的观点受到越来越多的质疑和挑战。2015年《最高人民法院关于审理民间借贷案件适用法律若干问题的规定》（已修正）第13条规定，“借款人或者出借人的借贷行为涉嫌犯罪，或者已经生效的判决认定构成犯罪，当事人提起民事诉讼的，民间借贷合同并不当然无效……”最高人民法院民事审判第一庭编著的《最高人民法院〈民间借贷司法解释〉理解与适用》一书中从三个方面批判了“无效论”的观点，（1）刑法不应该成为《合同法》（已废止）第52条第5项所指的“法律、行政法规的强制性规定”；（2）涉合同的诈骗犯罪存在有所牵连但截然不同的两个行为，即诈骗行为与合同行为，在一方犯诈骗罪的情形下，合同为可撤销合同，相对方若不撤销，则合同当然有效；（3）在违反市场准入类犯罪的情形下，公法所规制的是当事人的市场准入资格，而非该种类型的合同。故行为人仅系违反市场准入的管理性规定，合同并不因此而无效。反对无效论的主流观点认为，“刑民交叉案件应当区分两个部门法的价值及效力的不同予以处理。在涉犯罪合同效力的判断上，应当避免以刑法的判断代替民法的判断、以刑法的犯罪事实代替民法合同效力构成而进行简单推论”。以非法吸收公众存款罪涉及的民间借贷为例，非法吸收公众罪的规范目的在于否定无经营存贷款业务资质却擅自向公众吸收存款的行为，考察单个民间借贷行为，其完全具有有效合同的全部要件。可见，刑法和民法的行为效力选择并非必须始终保持一致。再以诈骗类犯罪为例，目前学界对涉诈骗类犯罪的民事合同的效力认定有两种观点：第一种观点认为既然构成诈骗类犯罪，合同应被认定为无效；第二种观点认为，应根据相对方或其工作人员是否也参与了诈骗进行区分，如果仅有一方当事人构成诈骗罪的，属于可撤销合同；如果相对人或其工作人员也参与其中，依据《合同法》（已废止）第52条第2项“合法形式掩盖非法目的”，则合同无效。

在本案例中，仅从民事裁判规则考虑，二十一世纪支行并不知晓相对方是通过提供虚假的资料骗取银行资金，向工艺品公司提供贷款的意思表示真实，完全按照贷款审批的流程进行了调查、审查、放贷等一系列操作，虽然二十一世纪支行行长彤某营参与了骗取银行资金的犯罪活动，但仅为其个人的犯罪行为，二十一世纪支行并未参与其中。从意思表示角度看，案涉《授信合同》《最高额不可撤销担保书》《最高额抵押合同》为二十一世纪支行受到欺诈所订立的合同，属于可撤销的合同，在法定期限内未行使撤销权的，合同有效。

跋

“士之读书治学，盖将以脱心志于俗谛之桎梏，真理因得以发扬”，而探研实务之专者，虽不能企望于启迪覆尘之心灵，但仍可弥补知识之匮乏。

民法显学，博大精深，卷帙浩繁，取舍由人，阳春白雪，曲高和寡，自得其乐。执行高地，攀登险困，须实体法根基、程序法敏锐，接地气，近实践，立前沿、祛空论。执难行远，甘霖不降，荒芜有时，学院派视之为末流，实务界弃之如弊履，偶有问津，意识不彰，浅尝辄止、虚与委蛇者众；洞若观火、切中时弊、真材实料者鲜见也！

程序为经、实体为纬，参酌判例，目光流转、密织网络，前纵后深，辐射全域，构建百科，以为业内导引，此初心一也；司法变革、规则迭代，实践蜕变，月异日新，目不暇接，挑战甚巨，填补空白、推进商谈，此契机二也；强执立法，迁延有时，几欲难产，法条不清，制度未明，行权受阻，诟病难消，有志于执行研究者，能不愁肠忧心乎？此情怀三也！

大师文宗，高山景行，作序诫勉，谆谆叮咛，有教无类，业业兢兢。四海才俊，一时之选，博观约取，厚蓄薄鸣，宵衣旰食，聚薪成火，集思广益，佳作遂成。

“凤岂以讥而不灵，麟岂以伤而不仁”？撰写者呕心沥血，审订人竭虑殚精，虚阴五载，增删十次，然未成定论与共识之罅隙犹存，奈何统稿者学浅才疏，受累于红尘琐事，敢期所持论片言之一劳永逸乎？担重者必无畏，执念所归，唯耆宿方家，霹雳痛陈，讽评一二，幡然醒悟，继往开来，不枉学术之大幸也！

曹凤国

壬寅年元日于国子监